© LAIF / KRISTENSEN

W0077251

© DUMONT BILDARCHIV / MIKE SCHRÖDER, HARTMUT SCHWARZENBACH

2

3

2 **GREAT BARRIER ISLAND**
Die größte Insel im Hauraki Gulf wartet mit goldenen Surfstränden und bewaldeten Bergen auf. S. 196

3 **BAY OF ISLANDS** Der Fischreichtum in den klaren, blauen Gewässern zieht Taucher und Angler an. S. 224

4 **HÖHLENABENTEUER IN WAITOMO** Das von Glühwürmchen beleuchtete Höhlenlabyrinth bietet Gelegenheit für verschiedenste Arten der Erkundung. S. 281

STEFAN LOOSE
TRAVEL HANDBÜCHER

NEUSEELAND

Laura Harper, Catherine Le Nevez,
Tony Mudd, Paul Whitfield

5. vollständig überarbeitete Auflage

1 **AUCKLAND** Polynesische Kultur und eine sehr gemächliche Lebensart prägen die City of Sails. S. 129

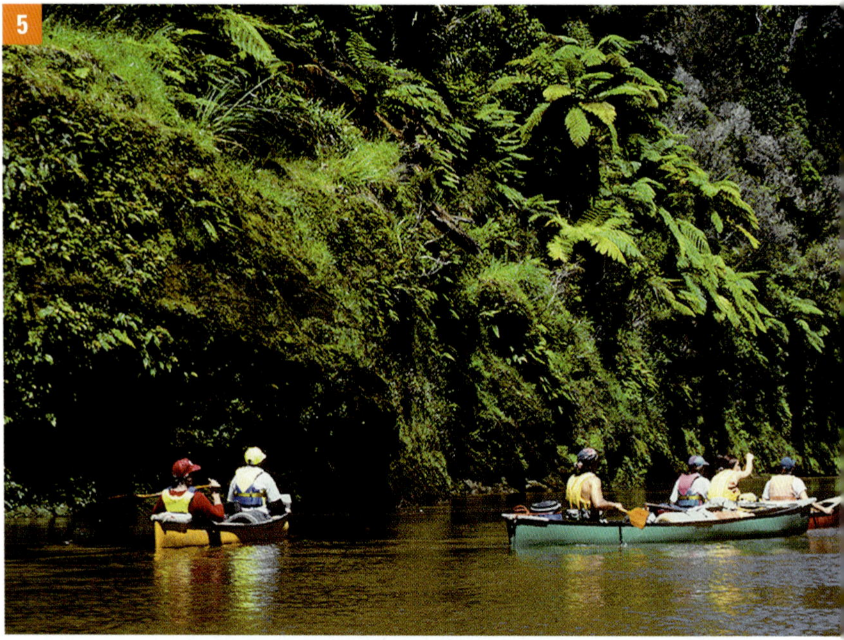

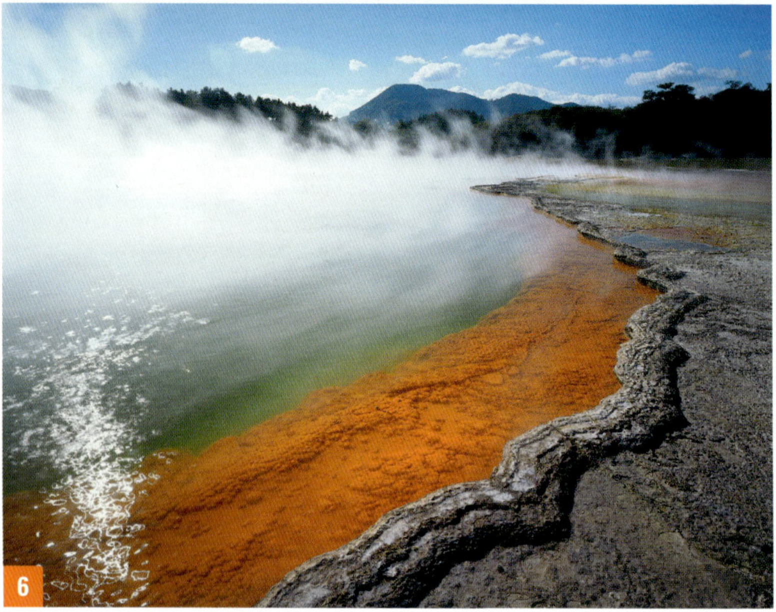

© BILDAGENTUR HUBER / POPP & HACKNER

© ISTOCKPHOTO / FKIENAS

5 WHANGANUI RIVER
Ein dreitägiger Kanutrip auf dem geschichtsträchtigen Fluss führt durch wunderschöne Landschaft abseits der Zivilisation. S. 305

6 WAI-O-TAPU, ROTORUA
Das beste der Geothermalfelder um Rotorua beeindruckt mit schönen, von Mineralien bunt gefärbten Seen, einem pünktlich emporspritzenden Geysir und blubbernden Schlammlöchern. S. 343

7 TONGARIRO ALPINE CROSSING
Die Tageswanderung durch die Vulkanlandschaft des Tongariro National Park führt am Kegel des Mount Ngauruhoe und am Ufer türkisfarbener Seen entlang. S. 363

© ISTOCKPHOTO / PISKUNOV

7

8

© LAIF / ARNO GASTEIGER

9

© DUMONT BILDARCHIV / CLEMENS EMMLER

8 NAPIER Die geschlossene Ansammlung von Art-déco-Architektur verdankt ihre Existenz dem verheerenden Erdbeben von 1931, nach dem Napier wieder aufgebaut wurde. S. 450

9 WELLINGTON Die kosmopolitische Hauptstadt Neuseelands besticht mit einer lebendigen Kulturszene. S. 477

10 ABEL TASMAN NATIONAL PARK Die Küste des wunderschönen Nationalparks lässt sich hervorragend zu Fuß oder im Kajak erkunden. S. 541

11 KAIKOURA Die Wale vor der Küste der Kaikoura Peninsula sind ein echter Besuchermagnet. Als Alternative zur Bootstour gibt es Flugzeug- und Hubschrauberflüge hinaus aufs Meer. S. 570

© LOOK-PHOTO / KARL JOHAENTGES

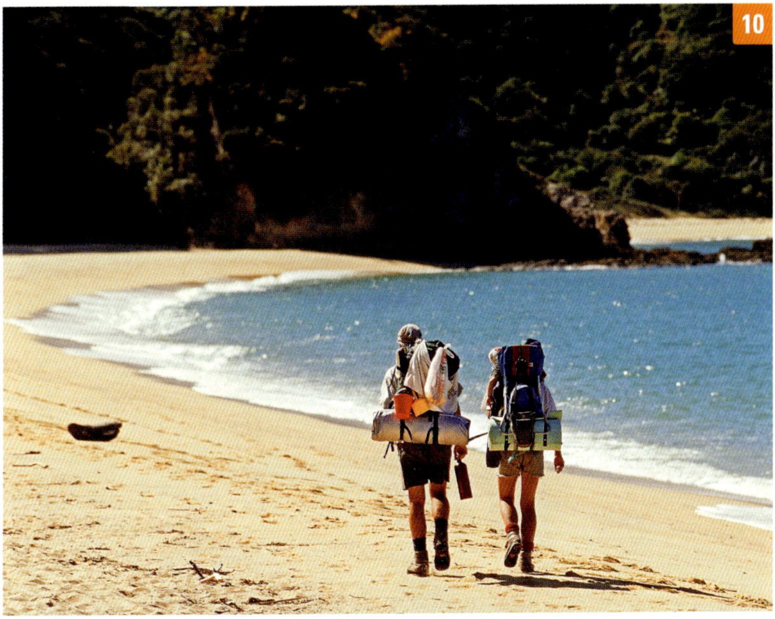

10

© LAIF / ARNO GASTEIGER

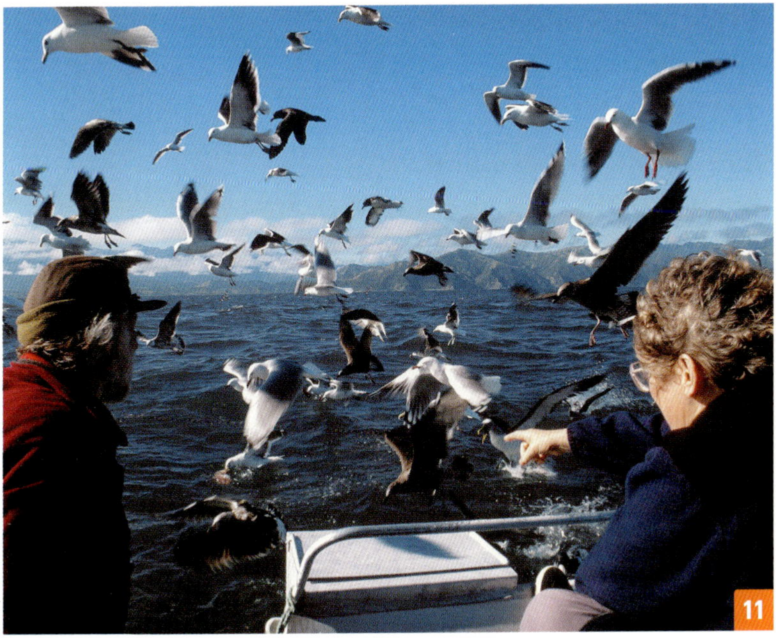

11

12   **MOUNT COOK NATIONAL PARK**   Der mit 3754 m höchste Gipfel Neuseelands gehört zum Weltnaturerbe der Unesco. S. 649

13 **DUNEDIN** Die historischen Bauwerke der schottisch geprägten Unistadt sind bestens erhalten. S. 661

14 **OTAGO PENINSULA** Pinguine, Königsalbatrosse und andere Seevögel fühlen sich hier wohl. S. 679

15 **CATLINS COAST** Robben und Delphine sowie ein entspannter Lebensrhythmus machen die Catlins zu einem tollen Ziel abseits des Touristentrubels. S. 683

16 **STEWART ISLAND** Die Wildnis der größtenteils unbewohnten Insel zieht Naturliebhaber an. S. 699

© GETTY IMAGES / LONELY PLANET IMAGES / CHRISTIAN ASLUND

© DUMONT BILDARCHIV / MIKE SCHRÖDER, HARTMUT SCHWARZENBACH

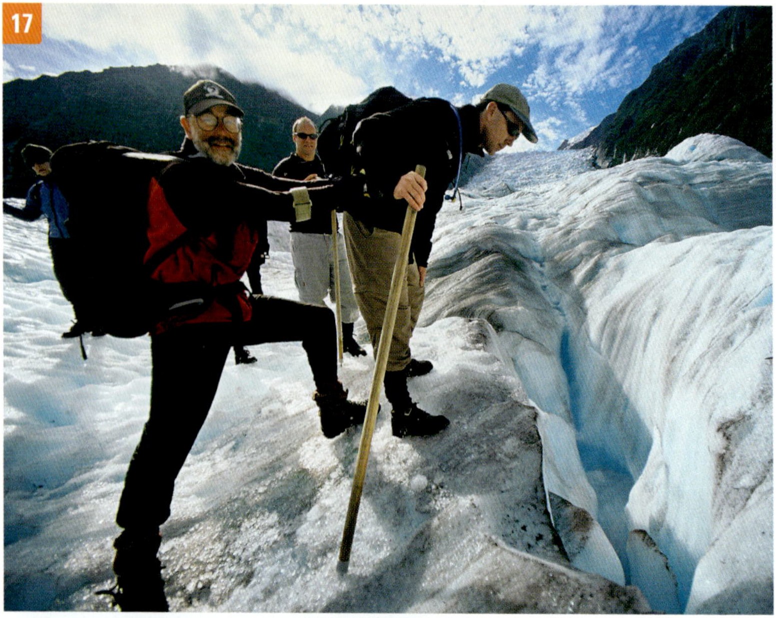

© DUMONT BILDARCHIV / CLEMENS EMMLER

© DUMONT BILDARCHIV / CLEMENS EMMLER

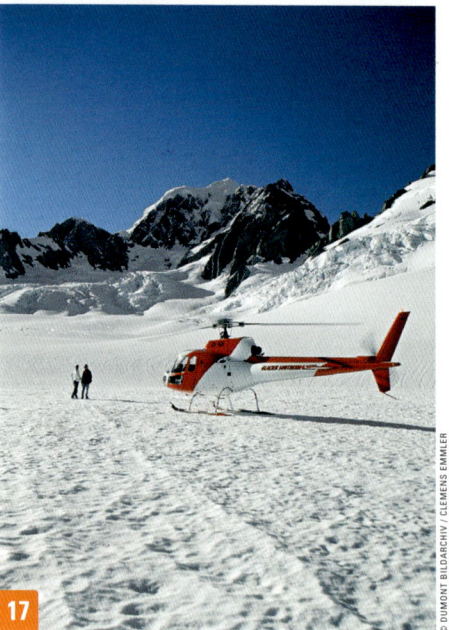

17 GLETSCHER Die eindrucksvollen steilen Gletscher Fox und Franz Josef können im Rahmen von Gletscherbegehungen, Eisklettertouren und Hubschrauberflügen mit Landung im Schnee erforscht werden. S. 744 und S. 748

18 QUEENSTOWN Die selbst ernannte Hauptstadt des Abenteuertourismus bietet Adrenalin-Junkies jede Menge Spaß. S. 762

19 ROUTEBURN TRACK Bewaldete Täler, eine reiche Vogelwelt, Wasserfälle, Seen und eine herrliche Bergkulisse machen den Routeburn Track zu einem der schönsten Wanderwege des Landes. S. 795

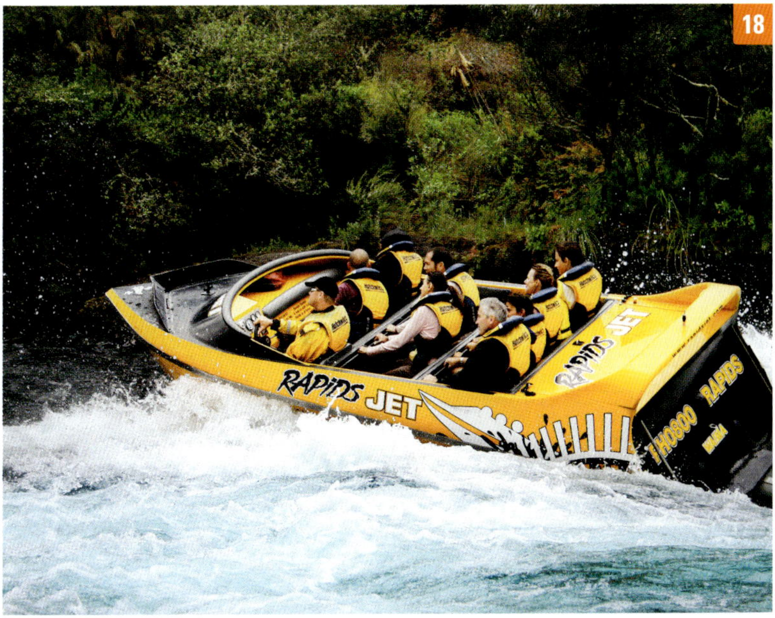

© ROUGH GUIDES

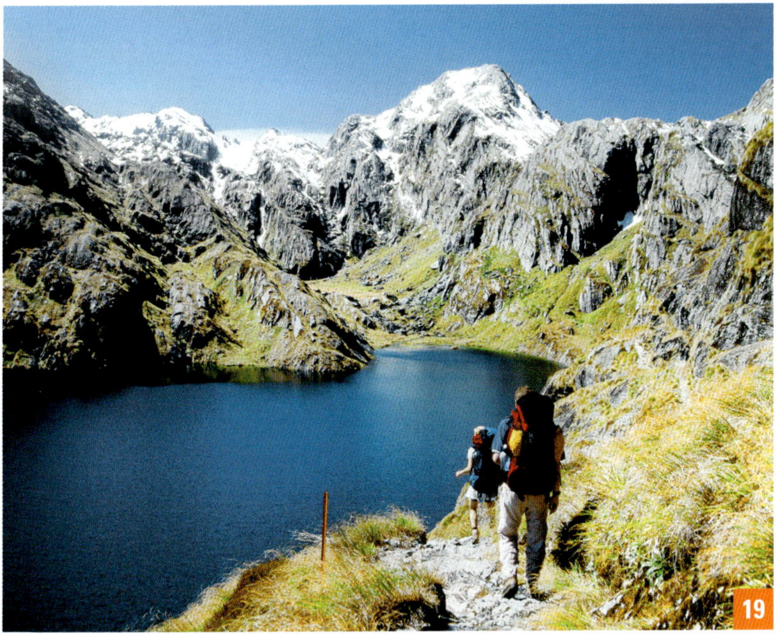

© GETTY IMAGES / LONELY PLANET IMAGES / SALLY DILLON

© PICTURE-ALLIANCE/LONELY PLANET IMAGES / HOLGER LEUE

20 **MILFORD SOUND** Die erhabene Schönheit des leicht zugänglichen Fjords ist ein eindrucksvolles Erlebnis. S. 842

Inhalt

Northland 205

Westliche Nordinsel 265

Poverty Bay, Hawke's Bay und das Wairarapa ... 435

Wellington und Umgebung 477

Marlborough, Nelson und Kaikoura ... 509

Anhang 861

Fiordland 825

Reiseatlas 877

© DUMONT BILDARCHIV / MIKE SCHRÖDER, HARTMUT SCHWARZENBACH

Reiseziele und Routen

Die „Kiwis" – benannt nach dem liebenswerten, flugunfähigen Vogel, der zum Nationalsymbol wurde – wähnen sich im Paradies, in "Godzone" (God's own country), wie sie ihr Land nennen. Auch im Ausland rangiert das Land Jahr um Jahr unter den zehn Traumzielen – und nie trifft man jemanden, der in Neuseeland war und nicht begeistert ist von diesem Land. Was sollte man auch nicht daran mögen? Mit ihren zerklüfteten Küsten, urzeitlichen Wäldern, schneebedeckten Hochgebirgen, gletschergespeisten Seen und eindrucksvollen Geysiren ist die Landschaft schlichtweg atemberaubend. Durch die Wälder streift eine weltweit einmalige Vogelwelt, und an den Küsten tummeln sich Pinguine, Wale und Robben. Maori besiedelten das Land erst vor rund 800 Jahren, und sie pflegen bis heute faszinierende Bräuche.

So ist die schier grenzenlose Vielfalt an Aktivitäten wenig überraschend – vom stimmungsvollen Spaziergang am windgepeitschten Strand über mehrtägige Wanderungen bis zu Adrenalin fördernden Unternehmungen wie Bungy-Jumping, Skifahren und Seekajak- oder Wildwasserfahrten. Einige Besucher betrachten das Land als überdimensionalen Abenteuerspielplatz, auf dem es in möglichst kurzer Zeit so viele Feuerproben wie möglich zu bestehen gilt.

Viele Naturphänomene sind tektonischen oder vulkanischen Kräften geschuldet, woran die Einwohner von Canterbury bei den **Erdbeben von Christchurch** 2010 und 2011 schmerzhaft erinnert wurden. Die Beben richteten schwere Verwüstungen in der Stadt an, doch langsam kommt sie wieder auf die Beine.

Tausende Bewohner haben Christchurch verlassen, dennoch bleibt es die zweitgrößte Stadt des Landes – nach Auckland und knapp vor der Hauptstadt Wellington. Andernorts fährt man viele Kilometer durch wunderschönes Farmland und begegnet dabei keiner Menschenseele: Einige Gebiete sind so schwer zugänglich, dass

Schon gewusst?

- Wellington liegt auf dem 41. südlichen Breitengrad und ist damit die am weitesten südlich gelegene Hauptstadt der Welt. Mit dem 2000 km entfernten Canberra teilt es sich zudem den Ruhm, die abgelegenste Hauptstadt zu sein.
- Possums sind eine landesweite Plage. Wenn diese eingeführten Beuteltiere auf der Straße auftauchen, werden selbst die sanftmütigsten Kiwis zu Killern. Überall sieht man überfahrene Exemplare.
- Die Maori und ehemalige Prostituierte Georgina Beyer wurde 1999 die erste transsexuelle Parlamentsabgeordnete der Welt.
- In Neuseeland gibt es keine Schlangen, nur ein paar giftige Spinnen, die man aber selten zu Gesicht bekommt.
- Die vielen Maori-Wörter, die sich in die Alltagssprache eingeschlichen haben, können Besucher leicht verwirren: aroha heißt Liebe; kia kaha bedeutet „sei stark"; kia ora kann „Hallo" heißen oder Zustimmung bedeuten; und koha ist eine Spende oder ein Geschenk.
- Neuseeländische Aale können 80 Jahre alt werden, laichen aber nur einmal, am Ende ihres Lebens – und dafür schwimmen sie bis nach Tonga.

Autorentipps

Unsere Autoren sind mit Bus, Auto, zu Fuß und per Boot kreuz und quer durch Neuseeland gereist. Hier stellen sie einige ihrer persönlichen Highlights vor.

© DUMONT BILDARCHIV / MIKE SCHRÖDER, HARTMUT SCHWARZENBACH

Entspannung im Hot Pool Kerosene Creek hat keine Umkleidekabinen, kein Café, keinen Souvenirladen – nur einen natürlich beheizten Bach, der sich über einen kleinen Wasserfall in ein Becken ergießt. Himmlisch! S. 343

Der diebische Kea Es fällt schwer, ihn nicht zu mögen, selbst wenn einer dieser trickreichen Bergpapageien einem gerade die Scheibenwischer zerpflückt hat. S. 635

Höhlenerkundung auf eigene Faust Es ist ein großes Abenteuer, ganz auf sich allein gestellt den Cave Stream zu erkunden, einen 600 m langen Tunnel, der von einem Bergbach ausgehöhlt wurde. S. 632

Der spannendste Spaziergang Neuseeland von einer ganz anderen Seite erlebt man auf einem nächtlichen Bummel über Aucklands Karangahape Road, eine etwas verrufene, aber anziehende Gegend mit Cafés und Läden, die ein buntes Publikum aus angeheiterten Angestellten, schwulen Pärchen, zum Abendessen verabredeten Vorstädtern und aufgebrezelten Transen zusammenbringen. S. 164

Seafood-Paradies In Fleur's Place, einem gemütlichen Restaurant am Meer südlich von Christchurch, wissen die Gäste, dass der Fisch frisch ist. Denn Fleurs Fischerboot dümpelt draußen in der Bucht. S. 622

Die beste Küstenstrecke Auf der Route Picton–Kaikoura locken Sauvignon-Blanc-Weingüter, Ausblicke auf die überwältigenden Kaikoura Ranges und eine zerklüftete Küste, an die azurblaue Wellen krachen. S. 569

Baden im Busch Unter einer alten Metallwanne Feuer machen und dann mit einem Freund den südlichen Sternenhimmel betrachten, während man sich im wohlig warmen Wasser rekelt. S. 607 und S. 724

Forellenangeln im Tongariro River Die neuseeländischen Vorschriften verbieten den Verkauf von Forellen. Wenn man also Appetit darauf hat, muss man sie schon selbst angeln, am besten im Tongariro River nahe Turangi. S. 359

Das sind längst nicht alle **unsere Empfehlungen**. Wir haben unsere Lieblingsorte – herrlich gelegene Unterkünfte, stimmungsvolle Cafés, besondere Restaurants – im gesamten Buch mit dem Loose-Koffer gekennzeichnet.

sie mit großer Wahrscheinlichkeit noch nie ein Mensch betreten hat.

Die neuseeländische Landmasse spaltete sich schon früh vom Superkontinent Gondwanaland ab. So entwickelte sich ein einzigartiges **Ökosystem**, in dem die Vögel die Lücke der fehlenden Säugetiere füllten und, da sie keine natürlichen Feinde hatten, ihre Flugfähigkeit einbüßten. Dies änderte sich vor etwa 800 Jahren mit der Ankunft polynesischer Seefahrer, als das Land, das sie **Aotearoa** – „Land der langen weißen Wolke" – nannten, als letzte größere Landmasse der Erde von Menschen besiedelt wurde. Mit der Ankunft der Maori wurde das fragile Ökosystem empfindlich gestört; so starb der straußengroße Laufvogel Moa, der einen wichtigen Teil der Ernährung der Maori bildete, schließlich gänzlich aus. Dann erreichte das Land zwischenzeitlich wieder ein prekäres Gleichgewicht, bis Mitte des 19. Jhs. die vom kolonialen Eifer erfüllten ersten Europäer, vor allem Briten, ankamen – die **Pakeha**. Sie sollten das Land auf ewig verändern.

Die fragile Koexistenz von maori- und europäischstämmigen Neuseeländern prägt die gegenwärtigen Auseinandersetzungen um kulturelle Identität und die Rechte an Land und natürlichen Ressourcen. Die Briten eroberten die Inseln nicht im eigentlichen Sinne und zögerten in gewisser Weise eher, 1040 den **Treaty of Waitangi**, das Gründungsdokument des Landes, abzuschließen. Mit dem Vertrag traten die Maori im Prinzip Neuseeland an die britische Krone ab, auch wenn ihnen der Besitz ihres Landes und ihre traditionellen Jagd- und Fischereirechte garantiert wurden. Im Laufe der Zeit kamen jedoch immer mehr neue Siedler ins Land und verlangten von den Maori immer mehr Land, was schließlich zu gewalttätigen Auseinandersetzungen führte. Nachdem die Maori unterworfen worden waren, wurde **Maoritanga**, die Kultur und Lebensweise der Maori, durch eine Politik der teilweisen Integration weitgehend zerstört. Doch blieben die Maori von einer wirklichen Teilhabe an einer neuen europäischen Ordnung so gut wie ausgeschlossen – die aufkeimende nationale Identität sollte nicht durch zu große Unterschiede gefährdet werden. Dies trifft zum Teil auch heute noch zu, und die alten Werte der Anglikaner und Presbyterianer haben sich oft als sehr hartnäckig erwiesen. Doch hat die Großzügigkeit und Gastfreundschaft der Maori auch auf die Mehrheitsgesellschaft abgefärbt. Die koloniale Erfahrung hat außerdem nicht nur einen gewissen kumpelhaften Umgang unter Neuseeländern gefördert, sondern auch den festen Glauben daran, dass sich alles irgendwie regeln lässt.

Erst in den letzten 40 Jahren ist Neuseeland wirklich den Kinderschuhen entwachsen und hat ein wahres nationales Selbstbewusstsein ausgebildet, u. a. weil Großbritannien die kolonialen Verbindungen weitgehend kappte und die Maori ein neues Bewusstsein für ihre Kultur entwickelten. Den Forderungen der Maori ist durch die Pakeha, die sich mehrheitlich für eine Wiedergutmachung des in den letzten

Filmkulissen

Als Peter Jackson Neuseeland als Schauplatz für seine *Herr der Ringe*-Trilogie wählte, jubelte das Land. Es wurde sogar eigens ein Minister für das Projekt berufen. Doch nur Wenige ahnten damals, wie sehr der Rummel um die Filme das Land vereinnahmen würde. Für tausende Besucher sind der Besuch einer Hobbit-Höhle in „Hobbingen", eine Wallfahrt zum Weta Workshop in Wellington, wo die Modelle und Miniaturen angefertigt wurden, und das Abklappern der Drehorte um Queenstown inzwischen feste Bestandteile der Reise. Die zweite Welle der Drehorttouristen ließ sich ihre Reiseroute vom Film *Die Chroniken von Narnia: Der König von Narnia* vorgeben, und nun droht ein weiterer Ansturm von Filmfans, die versessen darauf sind, in die Fußstapfen der Hobbits von Peter Jacksons neuem Dreiteiler (basierend auf J.R.R Tolkiens *Der Hobbit*) zu treten. Obwohl die Reise zu den Drehorten eine gute Gelegenheit darstellt, in atemberaubende Landschaften einzutauchen, muss angemerkt werden, dass die Szenerie nur in den seltensten Fällen so aussieht wie im Film. Schön genug ist das Land allerdings auch ohne Bearbeitung der Bilder am Computer.

170 Jahren begangenen Unrechts aussprachen, so weit nachgegeben worden, wie es den hohen Lebensstandard und die Dominanz der Pakeha nicht beeinträchtigte. Dabei ist das Bemühen um Integration durch das nicht ganz unproblematische Konzept des **Bikulturalismus** ersetzt worden, bei dem zwei Kulturen nebeneinander existieren, aber gleichzeitig möglichst viele Berührungspunkte haben. Diese Anschauung ist durch den verstärkten Zuzug von **Einwanderern** aus China, Korea und Südasien in jüngster Zeit jedoch etwas unterhöhlt worden.

Obwohl sie so viel Gutes besitzen und leisten, leiden die Neuseeländer im Gegensatz zu ihren australischen Nachbarn unter mangelndem Selbstvertrauen: So werden Besucher unter Umständen noch vor dem Verlassen des Flughafens schon nach ihrer Meinung über das Land gefragt. Den Ausgleich bildet eine grenzenlose **Begeisterung für Sport und Kultur**; besonders stolz sind die Kiwis, wenn sie es als kleine Nation mit den Großen der Welt aufnehmen und diese sogar besiegen.

Reiseziele

Neuseeland lockt mit viel Sehenswertem auf relativ begrenztem Raum. Für die wichtigsten Stationen braucht man nur wenige Wochen. Wer sich jedoch etwas eingehender umsehen möchte, sollte schon einen oder zwei Monate einplanen (S. 34).

Die Nordinsel

Das moderne **Auckland** (S. 130) breitet sich zunehmend um den glitzernden Waitemata Harbour aus, einen Meeresarm des mit Inseln gespickten Hauraki-Golfs. Von hier fahren die meisten Touristen nach Süden weiter und verpassen dabei **Northland** (S. 205), die in herrlichen subtropischen Wald mit den größten Kauri-Bäumen Neuseelands gebettete Wiege der Einwanderung von Maori und Pakeha.

Östlich von Auckland ragt die lang gezogene **Coromandel Peninsula** (S. 382) ins Meer, eine

grüne, von Sandstränden gesäumte Halbinsel. Südöstlich davon liegen die Strandorte der **Bay of Plenty** (S. 407); unmittelbar südlich sich die von ständigem Schwefelgeruch durchzogene Gegend um **Rotorua** (S. 325) mit ihren spuckenden Geysiren und wabernden Schlammtümpeln.

In der vulkanischen Hochebene im Zentrum der Nordinsel breiten sich die reichen Forellenfanggründe um den **Lake Taupo** (S. 345) aus, der im Schatten dreier schneebedeckter Vulkane liegt. Freunde der Unterwelt begeben sich westlich von Taupo zu den unheimlichen Kalksteinhöhlen von **Waitomo** (S. 281). Weiter südlich bietet der **Whanganui River** (S. 305), ein breiter, smaragdgrüner und von undurchdringlicher Wildnis gesäumter Fluss, hervorragende Bedingungen zum Kanufahren. Wer sich die Füße nicht nass machen möchte, fährt nach Westen zum Egmont National Park mit dem beinahe perfekt geformten Vulkankegel des **Mount Taranaki** (S. 287).

Östlich von Taupo erheben sich die Bergketten, die das Rückgrat der Nordinsel bilden, jenseits davon liegt das Weinanbaugebiet von **Hawke's Bay** (S. 435) mit der Art-déco-Stadt Napier als Zentrum. Weiter südlich erstreckt sich die aufstrebende Weinregion **Martinborough** (S. 472). Rund eine Autostunde von hier entfernt ist die neuseeländische Hauptstadt **Wellington** (S. 477). Ihr Zentrum ist auf ein dem Meer abgerungenes Stück Land begrenzt, während die Vororte sich an steile Hänge schmiegen und schöne Ausblicke auf die glitzernden Buchten eröffnen. Politiker und Bürokraten verleihen Wellington eine hübsch polierte und urbane Atmosphäre, die durch eine ständig wachsende Café- und Nachtszene weitere Belebung erfährt.

Die Südinsel

Die Südinsel beginnt im Norden mit den weltbekannten Weinkellereien von **Marlborough** (S. 563) und der hübschen, kompakten Stadt **Nelson** (S. 525 mit reizenden Stränden vor der Haustür. Von hier aus leicht zu erreichen ist das hügelige Land in der Umgebung des **Nelson Lakes National Park** (S. 559) und das fabelhaf-

© ROUGH GUIDES

Eines der sinnlichsten Vergnügen in Neuseeland besteht darin, sich im Busch in einem heißen Naturbecken zu aalen und zu den Sternen hinaufzuschauen. Da Neuseeland am „Feuerring" des Pazifischen Ozeans liegt, gehören Erdbeben und vulkanische Aktivität zur Normalität. Vielerorts bahnt sich überhitzter Dampf seinen Weg an die Erdoberfläche – in Form von Geysiren (nur in der Umgebung von Rotorua), kochenden Schlammtümpeln (Rotorua und Taupo) oder heißen Quellen. Allein in den nördlichen zwei Dritteln der Nordinsel gibt es etwa 80 heiße Quellen, weitere 15 konzentrieren sich in einem schmalen Streifen an der Westseite der Neuseeländischen Alpen.

Über 30 kommerzielle Resorts locken mit lauwarmen Schwimmbecken, fast brühheißen Bädern, Schlammpackungen und Verwöhnprogramm. Alle anderen sind natürliche Becken, entweder im Busch, an einem Bach oder sogar am Strand – als blubbernder Tümpel im Sand. Einige sind nicht so leicht zu finden, denn die Neuseeländer behalten die besten Stellen für sich. Vor dem Aufbruch zu einer Tour lohnt ein Besuch auf der Website 🖥 www.nzhotpools.co.nz. Auch empfiehlt es sich, die Hinweise über Amöbenmeningitis auf S. 53 in diesem Buch zu lesen. Als Starthilfe folgt eine Auswahl einiger der besten Orte (von Norden nach Süden):

- **Polynesian Spa** Die kommerzielle Anlage in Rotorua bietet für jeden etwas: Mineralbecken, Familienbad, einen Komplex unter freiem Himmel nur für Erwachsene und alle möglichen Packungen und Anwendungen. S. 329
- **Hot Water Beach** Den Strand bei Ebbe aufsuchen, einen Spaten ausleihen und ein heißes Becken neben dem kühlen Meerwasser graben. S. 397
- **Maruia Springs** Das kleine Resort in den Bergen 200 km nördlich von Christchurch ist im Winter besonders zauberhaft. S. 630
- **Welcome Flat Hot Springs** Vier Naturbecken in einer Berglandschaft unmittelbar südlich des Fox-Gletschers. Die Wanderung dorthin dauert 6–7 Stunden, übernachten kann man in der benachbarten DOC-Hütte. S. 753

te Seekajakrevier des **Abel Tasman National Park** (S. 548).

Auf der anderen Seite der Südinsel liegen das Walbeobachtungsrevier um **Kaikoura** (S. 570) und, weiter südlich, die größte Stadt der Südinsel – das puritanische und fest mit den traditionellen Werten von „Good Old England" verbundene **Christchurch** (S. 579). Die alten englischen Bauwerke mögen von Erdbeben zerstört worden sein – und die Einwohner immer noch unter dem Schock der Katastrophe stehen –, aber die Normalität kehrt langsam wieder zurück. Der Wiederaufbau ist in vollem Gang, und es sieht so aus, als wäre Christchurch wild entschlossen,

Neuseeland wird von mehreren Tausend Kilometern Wanderwegen durchzogen. Acht der schönsten Wege und eine Flussreise wurden als sogenannte Great Walks ausgewiesen. Selbst die viel begangenen darunter bestechen durch unverfälschte, herrliche Natur.

Nordinsel

- Der **Tongariro Northern Circuit** (3–4 Tage, S. 364) führt durch eine fantastische Landschaft aus Vulkanen und Halbwüste.
- Der sanfte **Lake Waikaremoana Track** (3–4 Tage, S. 446) umrundet einen der schönsten Seen des Landes.
- Die **Whanganui River Journey** (2–4 Tage, S. 305) lässt sich am besten in einer Kombination aus Kajaktouren und kurzen, stimmungsvollen Wanderungen genießen.

© DUMONT BILDARCHIV / CLEMENS EMMLER

Südinsel

- Der beliebte **Abel Tasman Coast Track** (2–4 Tage, S. 545) erschließt unberührte Strände und kristallklare Buchten, die sich toll per Seekajak erkunden lassen.
- Der **Heaphy Track** (4–5 Tage, S. 558) durch den Kahurangi-Nationalpark vereinigt subalpine Höhenlagen und von Brandung gepeitschte Strände.
- Der **Kepler Track** (4 Tage, S. 835) ist berühmt für seine Wanderwege über Bergkämme und durch jungfräulichen Buchenwald.
- Der weltberühmte **Milford Track** (4 Tage, S. 848) führt durch eine atemberaubend vergletscherte Bergwelt mit grandiosen Wasserfällen.
- Der **Rakiura Track** (3 Tage, S. 704) auf Stewart Island folgt der von Regenwald gesäumten Küste und bietet Gelegenheit zum Beobachten von Kiwis in freier Wildbahn.
- Der **Routeburn Track** (3 Tage, S. 795) zählt zu den schönsten Wanderwegen des Landes und sorgt für ein fantastisches Naturerlebnis oberhalb der Buschgrenze.

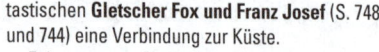

sich zur aufregendsten Stadt des Landes zu entwickeln. Eine der landschaftlich schönsten Zugfahrten Neuseelands führt von hier durch das Landesinnere über den **Arthur's Pass** (S. 633) bis an die Westküste. Südwestlich von Christchurch breitet sich die wie ein Flickenteppich anmutende Schwemmlandebene Canterbury Plains aus, bevor die Landschaft wieder hügeliger wird und schließlich die 3000 m hoch aufragenden Neuseeländischen Alpen mit dem **Aoraki/Mount Cook** (S. 649) erreicht. Von hier schaffen die fantastischen **Gletscher Fox und Franz Josef** (S. 748 und 744) eine Verbindung zur Küste.

Folgt man von Christchurch dagegen der Ostküste, kommt man durch das Farmland von Canterbury in die von schöner Architektur gekennzeichnete Stadt **Oamaru** (S. 613) und schließlich ins unverkennbar schottisch beeinflusste **Dunedin** (S. 661). Letzteres eignet sich gut als Ausgangspunkt für eine Erkundung der Tierwelt der **Otago Peninsula** (S. 679), die mit einer Albatros-Kolonie, Robben, Seelöwen und Pinguinen aufwartet. Mitte des 19. Jhs. kamen hier die ersten Goldsucher an und machten sich auf den Weg, um im Landesinneren von Otago ihr Glück zu suchen. Dort liegt in atemberaubender Lage die Stadt **Queenstown** (S. 762), die sich inzwischen zu einem geschäftstüchtigen Zentrum für Abenteueraktivitäten entwickelt hat, vor allem Bungy-Jumping, Rafting, Jetboottouren und Skifahren. Nicht weit davon entfernt ist **Glenorchy** (S. 791) ein Paradies für Wanderer. Hier nimmt der **Routeburn Track** (S. 795) ins regenverwöhnte Fiordland seinen Anfang. Bei **Te Anau** (S. 828), dem Tor zum Fiordland, beginnen einige der berühmtesten Wanderwege des Landes wie der Milford Track. Weiter südlich wird der aus der Antarktis blasende Wind beißender. Seine größte Kraft entfaltet er auf der drittgrößten Insel Neuseelands, der abgelegenen **Stewart Island** (S. 699). Hier besteht die Vegetation größtenteils aus dichtem Küstenregenwald, und die Chance, einen Kiwi in freier Natur zu Gesicht zu bekommen, ist groß.

Die Maori

Die Maori tragen ihre traditionellen Trachten nur bei besonderen Anlässen, Gesichtstätowierungen sind selten, und einen *haka* bekommt man wahrscheinlich nur bei einem Rugbyspiel oder einer Kulturveranstaltung zu sehen, denn Maori sind längst in der Moderne angekommen. Aber wer hinter die Fassade der Musik-, Tanz- und Hangi-Shows blickt, kann eine Parallelwelt entdecken, über die Nicht-Maori kaum etwas wissen.

Die Kenntnis des persönlichen **Stammbaums** *(whakapapa)* ist wichtig, um ein Gefühl für die eigene Identität zu bekommen. Spirituell fühlen Maori sich mit dem Berg oder Fluss ihrer Heimatregion verbunden. **Redekunst** und die Fähigkeit, spontan ein Lied zum Besten zu geben, werden in der Maori-Kultur hoch geschätzt. Alle Neuseeländer wissen, was *mana* ist, eine Mischung aus Prestige, Charisma und Einfluss, die durch mutige oder selbstlose Taten vermehrt wird.

Maori-Kultur hautnah

Die unmittelbarste und beliebteste Einführung in die Maori-Kultur ist eine Kombination aus Konzert und Hangi (Festschmaus). Praktisch alle Rotorua-Touristen besuchen einen dieser im Allgemeinen authentischen und unterhaltsamen Kulturabende. Es gibt sie auch in Christchurch und Queenstown. Konzert und Hangi finden normalerweise auf einem *marae* statt, einem traditionellen Versammlungsplatz (ein paar billigere Veranstaltungen auch in Hotels).

Die **Kawa** (Verhaltensregeln) schreiben vor, *manuhiri* (Besucher) zuerst auf die Probe zu stellen, um ihre freundlichen Absichten zu testen, bevor man sie auf den *marae* lässt.

Die Besucher müssen sich einen „Häuptling" wählen, der sie während dieses *wero* genannten Rituals vertritt. Dabei kommt ein furchterregender Krieger, einen *taiaha* (Speer) schwingend, wild züngelnd und mit hervorquellenden Augen auf die Gäste zu. Nach Annahme eines rituellen Geschenks stoßen die Frauen den *karanga* (Willkommensruf) aus und brechen damit das *tapu*, dann folgt der *powhiri* (Begrüßungsgesang). Dies ist der Auftakt zum zeremoniellen „Nasenkuss", **Hongi** genannt, der *manuhiri* (Besucher) und *tangata whenua* (Gastgeber) körperlich und spirituell verbindet.

Dann beginnt das Konzert in traditioneller Tracht. Höhepunkte sind der *haka* der Männer und der *poi*-Tanz der Frauen. Auf das Konzert folgt der Hangi-Festschmaus, der traditionell im Erdofen gedämpft wird oder, in Rotorua, über einer Erdwärmequelle.

Über die kommerziellen Konzerte und Hangi hinaus bieten die folgenden Tourveranstalter und Unterkünfte die Möglichkeit, tiefer in die Kultur der Maori einzutauchen. Die Website 🖥 inz.maori.nz liefert einen Zugang zu Maori-Tourismusbetrieben im ganzen Land.

- **Footprints Waipoua**, Northland. S. 257
- **Kapiti Island**, nahe Wellington. S. 320
- **Maori Tours**, Kaikoura. S. 575
- **TIME Unlimited Tours**, Auckland S. 170
- **Maraehako Bay Retreat**, East Cape. S. 430
- **Tipuna Tours**, East Cape. S. 433

Leider wird die Maori-Gemeinde von sozialen Problemen gebeutelt: Das Durchschnittseinkommen liegt unter dem der Pakeha; fast die Hälfte aller Gefängnisinsassen sind Maori; und die Gesundheitsstatistiken sind erschreckend.

Hoffnung auf Besserung machen bikulturelle Bemühungen, die Gleichberechtigung und Integration betonen, aber Nicht-Maori und Maori trotzdem ihre unterschiedliche Identität lassen.

Was es bedeutet, ein Maori zu sein, wird im Kapitel „Land und Leute" (S. 120) behandelt.

Reiserouten

Die folgenden Reiserouten führen zu den wichtigsten Attraktionen Neuseelands. Die erste kombiniert Strände, Maori-Kultur, Stadtleben und grandiose Landschaften. Die zweite konzentriert sich auf die Vogelwelt, Thermalquellen und den Sternenhimmel und die dritte auf Abenteueraktivitäten. Unsere Empfehlungen lassen sich natürlich auch völlig anders kombinieren – ein Einblick in Aotearoas erstaunliche Vielfalt ist auf jeden Fall garantiert!

Neuseeland für Eilige

Neuseeland ist nicht besonders groß, aber dafür gibt es erstaunlich viele Sehenswürdigkeiten. Um alles zu sehen, braucht man mindestens drei Wochen.

Northland Der winterlose Norden bietet weite Strände, riesige Sanddünen und idyllische kleine Häfen. S. 205

Rotorua Der Geruch nach faulen Eiern sollte einen nicht davon abhalten, das geothermale Wunderland voller Geysire und blubbernder Schlammteiche zu erkunden, wo Haka, Tanz und ein im Erdofen zubereitetes Hangi in die Maori-Kultur einführen. S. 325

Napier Die Art-déco-Architektur ist der passende Rahmen für das gute Essen in der Hawke's Bay und für einige der besten Rotweine des Landes. S. 435

Wellington Die Hauptstadt ist die attraktivste Stadt Neuseelands, mit einem überschaubaren Zentrum, dessen Museen, Cafés und muntere Bars einen eleganten Bogen um den malerischen Hafen bilden. S. 477

Malerischer geht's kaum: die Church of good Shepherd am Lake Tekapo

© ROUGH GUIDES

www.stefan-loose.de/neuseeland

Kauri-Wald

NORTHLAND

Neuseeland für Abenteurer

Hot Water Beach

Auckland

NORDINSEL

Kaituna

Waitomo Caves

Rotorua

Tongariro NP

Napier

T a s m a n s e e

Golden Bay

Kapiti Island

Neuseeland für Eilige

ABEL TASMAN NP

Picton

Wellington

Nelson

Neuseeland ganz natürlich

SÜDINSEL

WEST COAST

Franz Josef Glacier

Christchurch

Aoraki/Mt Cook

Lake Tekapo

Milford Sound

Queens-town

Wanaka

FIORD-LAND NP

Lake Wakatipu

Nevis Bungy

Pazifik

Te Anau

Otago Peninsula

Dunedin

Invercargill

STEWART ISLAND

N

0   200 km

Nelson und Golden Bay Goldene Sandstrände, alternative Märkte und die Freizeitaktivitäten an der Küste des Abel Tasman National Park machen die Gegend zur reizvollsten Ecke des Landes. S. 544

Die West Coast Entlang dieser ungezähmt wilden und atemberaubend schönen Küste fallen tiefgründer, üppiger Urwald und eisige weiße Gletscher schroff zur tosenden Brandung hinab. S. 177

Aoraki/Mount Cook Neuseelands höchster Gipfel thront wie ein schneebedeckter Wächter über den unglaublich blauen Seen und goldenen Gräsern des Mackenzie Country. S. 649

Queenstown Die traumhafte Berglandschaft, die ungeheure Palette an Abenteueraktivitäten, tolle Wanderrouten und einige der besten Restaurants und Bars der Südinsel sollte man nicht verpassen. S. 762

Fiordland Zwischen mehrtägigen Wanderungen auf dem Kepler Track oder dem Milford Track kann man im Milford und Doubtful Sound eine Kreuzfahrt unternehmen, Kajak fahren oder sogar tauchen. S. 825

Neuseeland ganz natürlich

Geysire, Fjorde, Bergpapageien, Pinguine, Wale und mehrere Delphinarten bereichern die atemberaubende neuseeländische Landschaft.

Kiwi-Beobachtung im Kauri-Wald Wer sich nachts im Kauri-Wald ganz ruhig verhält, hört die klagenden Rufe des Kiwis und bekommt die scheuen Vögel – mit viel Glück – auch zu sehen. S. 258

Hot Water Beach Man gräbt sich ein Loch in den Sand und entspannt im heißen Wasser eines Tümpels, das hin und wieder von der Brandung abgekühlt wird. S. 397

Vögel auf Kapiti Island Auf dieser Insel wimmelt es von faszinierenden Vögeln – Waldpapageien, Sittichen, Graufächerschwänzen, Zwergkiwis und sogar ein paar der weltweit noch 250 lebenden Takahe. S. 320

Schwimmen mit Robben Man sollte den Delphinen mal eine Pause gönnen: Robben sind sowieso meist verspielter, besonders im klaren Wasser des Abel Tasman National Park. S. 549

Die Tierwelt der Otago Peninsula Vor den Toren Dunedins wartet eine reiche Tierwelt, darunter zwei Pinguinarten, Robben und eine leicht zugängliche Kolonie von Albatrossen. S. 679

Sterne gucken Weil die Nächte hier so klar und dunkel sind, wurde Tekapo zum ersten „Starlight Reserve" (Sternenhimmelschutzgebiet) des Landes erklärt. S. 645

Stewart Island Nachdem man von Papageienschwärmen begrüßt wurde, geht es zu Sattel-

staren, Ziegensittichen und Makomakos auf Ulva Island und dann zu den Kiwis in der Mason Bay. S. 699

Neuseeland für Abenteurer

Nirgendwo sonst auf der Welt haben Adrenalinjunkies so viele Abenteueraktivitäten zur Auswahl wie in Neuseeland.

Rafting auf dem Kaituna Der Kaituna bietet eine großartige, üppig grüne Schlucht, steil abfallende Stromschnellen und einen 7 m hohen Wasserfall. S. 336

Verborgene Welt Der Untergrund von Waitomo ist mit Kalksteinhöhlen durchzogen; am besten lassen sie sich erkunden, indem man sich langsam in die Tiefe abseilt und dann ein paar Stunden durch die Gewölbe klettert und watet. S. 281

Wandern auf dem Tongariro Alpine Crossing Neuseelands schönste Tageswanderung führt durch die karge Vulkanlandschaft des Tongariro National Park. S. 363

Kajakfahren im Abel Tasman National Park Nach einer Paddeltour auf warmen, ruhigen Gewässern campt man an einem goldenen Sandstrand. S. 548

Franz-Josef-Gletscher Mit dem Hubschrauber geht es zunächst auf den Gletscher, wo man anschließend ein paar Stunden mit einem Guide über Schneefelder und durch Eishöhlen wandert. S. 744

Niger Stream Canyoning In den wunderschönen Schluchten von Wanaka kann man in tiefe Becken springen und sich an Wasserfällen abseilen. S. 811

Bungy-Sprung über dem Nevis Wenn schon, denn schon: Acht Sekunden freier Fall von einer 134 m hohen Gondel über einem Fluss. S. 779

Radfahren im Wakatipu Basin Einfache Strecken an Seen entlang, tolle Geländefahrten und die einzigen mit Seilbahn erreichbaren Abfahrten für Mountainbiker in Neuseeland machen Queenstown zum perfekten Ziel für Radfahrer. S. 775

Ungestüm und mit mächtig viel PS: Eine Jetbootfahrt auf dem Shotover River in Central Otago

Klima und Reisezeit

Die sonnigen Sommermonate (Oktober bis April) sind die **beliebteste Reisezeit** für Neuseeland-besucher. Dafür hält der Winter tolle Ski- und Snowboardpisten bereit, und die Tage sind in dieser Zeit oft klar und freundlich, wenn auch kühl. Der hohe Norden wird gern als „winter-loser Norden" bezeichnet, obwohl die kältere Jahreszeit selbst in dieser subtropischen Gegend frisch sein kann. Der tiefe Süden ist die kälteste Ecke des Landes – Surfer brauchen hier das ganze Jahr über einen Neoprenanzug.

Angesichts der Lage des Landes mitten im Ozean überrascht es nicht, dass Neuseelands

Klima von der See geprägt ist. In den Sommer-monaten Dezember bis März ist es warm, und selbst im Winter wird es niemals wirklich kalt.

Das Wetter wird erheblich von den vorherr-schenden Westwinden bestimmt. Sie nehmen über der Tasmansee Feuchtigkeit auf, die sich in den westlichen Hälften beider Hauptinseln wieder abregnet. Die Südinsel bekommt dabei den Löwenanteil ab, die Westküste und Fiordland zählen sogar zu den regenreichsten Regionen der Erde. Die ganz Neuseeland der Länge nach durchziehenden Bergketten halten eine Menge Regen von den östlichen Landesteilen ab, die sich deshalb insgesamt trockener präsentieren.

Im Süden des Landes ist es im Schnitt ein paar Grad kühler als im übrigen Neuseeland, während das subtropische Auckland und North-land eine deutlich höhere Luftfeuchtigkeit auf-zuweisen haben. Auf der Nordinsel geht der feuchtwarme Sommer praktisch unbemerkt in einen nasskalten Winter über. Je weiter man hin-gegen nach Süden kommt, desto ausgeprägter zeigen sich die vier verschiedenen Jahreszeiten.

Die meisten Leute kommen im Sommer nach Neuseeland, doch man kann das Land das gan-ze Jahr über bereisen, solange man seine Ziele mit Bedacht wählt. Im **Sommer** von Dezember bis März sind alle touristischen Einrichtungen geöff-net. Die neuseeländische Bevölkerung verreist in Massen zwischen Weihnachten und Mitte Janu-ar, was erhebliche Engpässe bei den Unterkünf-ten zur Folge haben kann. Der Großteil der aus-ländischen Touristen besucht das Land während der **Übergangszeiten**, d. h. im Oktober, Novem-ber und April. Dann sind die Sehenswürdigkeiten nicht so überlaufen, und auch eine Unterkunft ist einfacher zu bekommen. Der **Winter** (Mai

Auckland

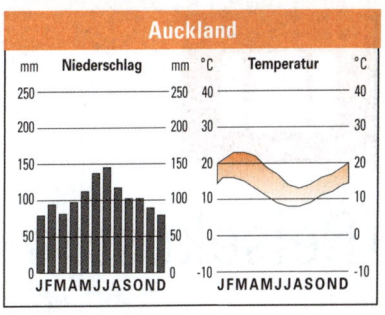

Christchurch

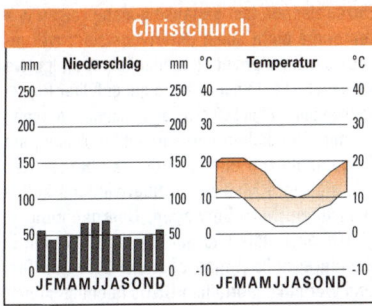

Hokitika

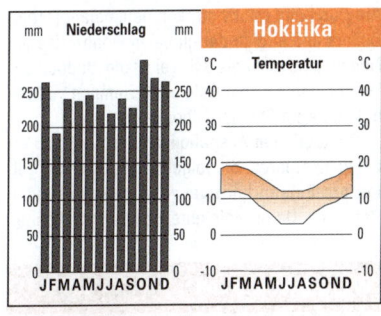

Napier

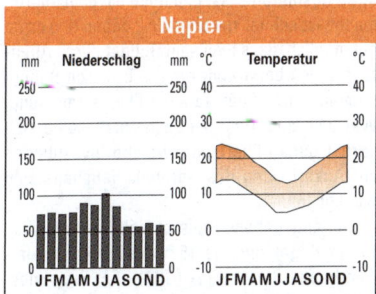

Queenstown

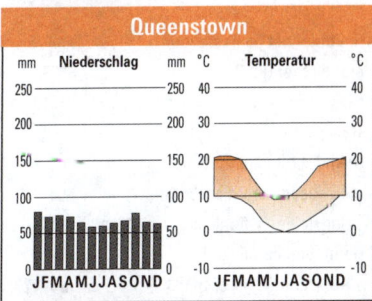

Wellington

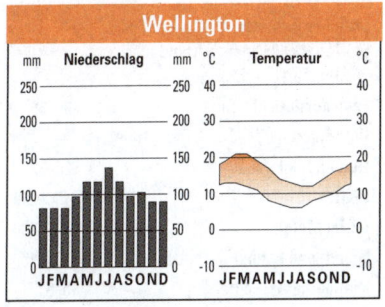

bis September) ist die feuchteste, kälteste und folglich am wenigsten beliebte Reisezeit, es sei denn, man ist Wintersportfan. Im Winter gewinnen Südwinde gegenüber den Westwinden die Oberhand und sorgen an der Westküste häufig für kaltes, trockenes und wolkenloses Wetter. Die Neuseeländischen Alpen und die zentrale Nordinsel bekommen starke Schneefälle ab und machen Neuseeland zu einem der abwechslungsreichsten und am wenigsten besuchten Ski- und Snowboardgebiete überhaupt.

© DUMONT BILDARCHIV / MIKE SCHRÖDER, HARTMUT SCHWARZENBACH

Reisekosten

Aufgrund des relativ starken neuseeländischen Dollars und infolge der globalen Finanzkrise gilt Neuseeland nicht als Billigreiseland. Jedoch bekommt man für sein Geld auch ziemlich viel geboten, da die Standards hoch sind.

Die **täglichen Ausgaben** können natürlich erheblich variieren; die folgenden Richtwerte gelten pro Person bei zwei zusammen reisenden Personen. Da es viele gute Hostels gibt, können

Einzelreisende fast genauso günstig reisen wie Leute, die nicht allein unterwegs sind; wer jedoch ein Einzelzimmer haben möchte, zahlt etwa 30 % mehr. Leute mit nicht so gut gefüllter Reisekasse können mit $60 pro Tag auskommen, wenn sie mit öffentlichen Verkehrsmitteln reisen, auf Campingplätzen oder in Hostels übernachten und sich ihre Mahlzeiten überwiegend selbst zubereiten. Mit Mietwagen, Übernachtung in günstigen Hotels und gelegentlichen Essen in Restaurants liegt man eher bei $160 pro Tag. Und wer in komfortablen B&Bs nächtigt, in netteren Restaurants isst und noch ein paar Touren macht, ist schnell mit über $350 dabei. Und es ist gut möglich, dass man sein Budget durch Abenteuertrips überstrapaziert – z. B. durch Bungy-Jumping oder einen Tandem-Fallschirmsprung. Wer also aufs Geld schauen muss, sollte sich vorher genau überlegen, welche Investitionen zur Ankurbelung des Adrenalinhaushalts sich wirklich lohnen.

Der angegebene Preis ist nicht verhandelbar. In der Regel sind die 15 % **Mehrwertsteuer** – Goods and Service Tax (GST) – im Preis inbegriffen, außer in einigen Business-Hotels. Eine GST-Befreiung erfolgt beim Erwerb teurerer Gegenstände, die ausgeführt werden – Kaufbelege aufheben und gekaufte Gegenstände im Handgepäck mitnehmen.

Ermäßigungen für Studenten gibt es selten, aber beim Transport und bei Übernachtungen lässt sich eine Menge Geld sparen, wenn man eine der Backpacker- oder YHA-Karten (S. 85) kauft; **Kinder** und **Senioren** erhalten auf die meisten Zug-, Bus- und Eintrittstickets zu Sehenswürdigkeiten einen Preisnachlass von bis zu 50 %

Was kostet wie viel?	
Verpflegung	
Hauptgericht im Restaurant	ab $25
großes Bier (Pint)	$6–9
Glas Wein	$7–12
Transport	
Busfahrt (Standardpreis)	
Auckland–Rotorua (235 km)	$50
Christchurch–Queenstown (484 km)	$85
Bahn (Standardticket)	
Auckland–Wellington (500 km)	ca. $129
Mietwagen	
örtlicher Anbieter, Kleinwagen pro Tag (bei 2 Wochen Mietdauer im Sommer)	$37–60
Fahrradmiete pro Tag	$30–55
Unterkunft	
Bett im Schlafsaal	$23–32
B&B	$100–250
DZ im Motel	$100–200
Home- und Farmstay pro DZ	$120–200
Wanderhütte pro Person	$0–52

© DUMONT BILDARCHIV / CLEMENS EMMLER

Traveltipps von A bis Z

Anreise

Um nach Neuseeland zu gelangen, ist man in der Regel auf einen **Linienflug** angewiesen. Der Preis hängt stets von der Jahreszeit ab: Am teuersten ist der Flug im neuseeländischen Sommer (Dez–Feb). In der Vor- und Nachsaison (Sep–Nov und März–Mai) sinken die Preise, am niedrigsten sind sie im neuseeländischen Winter (Juni–Aug). Zahlreiche Fluggesellschaften bieten dann Flüge für ab etwa 1200 € an, was angesichts der zurückgelegten Entfernung relativ preiswert ist. Wählt man den billigsten Flug, muss man jedoch unter Umständen auf einigen Komfort verzichten.

Auch wenn man noch so schnell in Neuseeland ankommen möchte – v. a. unter gesundheitlichem Aspekt ist ein Zwischenstopp sinnvoll. Die meisten Linienflüge erlauben mehrere **Stopover** entweder in Nordamerika und dem Pazifik oder in Dubai, Asien und Australien. Wer nicht von Australien aus anreist, hat bei den Zielflughäfen nur die Wahl zwischen den internationalen Flughäfen **Auckland** und **Christchurch**. In Christchurch landen weniger Direktflüge, aber viele Linienfluggesellschaften haben ein Codesharing-Abkommen für einen Anschlussflug von Auckland ohne Extrakosten.

Am praktischsten ist ein **Gabelflug** (Hinflug von der einen, Rückflug von der anderen Stadt). Er kostet i. d. R. nicht mehr als ein gewöhnlicher Hin- und Rückflug und hat den Vorteil, dass man nicht wieder an den Ausgangspunkt der Reise zurück muss. Überlegenswert sind auch attraktive **Fly-&-Drive**-Arrangements, die Flug und Mietwagen bzw. Wohnmobil beinhalten.

Touristen und Personen mit einem zeitlich befristeten Arbeitsvisum (S. 55) müssen bei der Einreise nach Neuseeland ein Ticket für die Rück- oder Weiterreise vorweisen. Wer ein Rückflugticket hat und länger bleiben oder nicht auf der geplanten Route weiterfliegen will, kann das Flugdatum bei der Fluggesellschaft oder in einem Reisebüro ändern lassen, je nach Nutzungsbedingungen des Flugtickets; häufig ist dafür eine Gebühr fällig. Die Flugroute lässt sich aber nicht so leicht ändern.

Falls Neuseeland nur ein Zwischenziel auf einer längeren Reise ist, kann der Kauf eines **Round-the-World**-Tickets erwogen werden. Bei diesen Tickets stehen entweder etwa ein halbes Dutzend Stopps fest (oft ist Auckland darunter), oder man stellt sich selbst eine Flugroute zusammen, was allerdings in der Regel um,einiges teurer ist.

Der **South Pacific Airpass** von Air New Zealand berechtigt zu Einfachflügen innerhalb von

---

Weniger fliegen – länger bleiben! Reisen und Klimawandel

Der Klimawandel ist vielleicht das dringlichste Thema, mit dem wir uns in Zukunft befassen müssen. Wer reist, erzeugt auch CO_2: Der Flugverkehr trägt mit einem Anteil von bis zu 10 % zur globalen Erwärmung bei. Wir sehen das Reisen dennoch als Bereicherung: Es verbindet Menschen und Kulturen und kann einen wich-

nachdenken · klimabewusst reisen
atmosfair

tigen Beitrag für die wirtschaftliche Entwicklung eines Landes leisten. Reisen bringt aber auch eine Verantwortung mit sich. Dazu gehört darüber nachzudenken, wie oft wir fliegen und was wir tun können, um die Umweltschäden auszugleichen, die wir mit unseren Reisen verursachen. Wir können insgesamt weniger reisen – oder weniger fliegen, länger bleiben und Nachtflüge meiden (da sie mehr Schaden verursachen). Und wir können einen Beitrag an ein Ausgleichsprogramm wie **www.atmosfair.de** leisten.

Dabei ermittelt ein Emissionsrechner, wie viel CO_2 der Flug produziert und was es kostet, eine vergleichbare Menge Klimagase einzusparen. Mit dem Betrag werden Projekte in Entwicklungsländern unterstützt, die den Ausstoß von Klimagasen verringern helfen.

Neuseeland oder in drei Zonen eingeteilte Pazifikrundreisen. Ebenso wie RTW-Tickets unterliegt der Kauf bestimmten Sonderbestimmungen und die Zahl der Stopover ist begrenzt.

Weitere Informationen sind im Reisebüro oder bei den Fluggesellschaften erhältlich.

Flüge im Netz buchen

Folgende Websites haben in Tests gut abgeschnitten:

- 🖥 billigflieger.de
- 🖥 expedia.de
- 🖥 opodo.de
- 🖥 travelchannel.de
- 🖥 weg.de

Air New Zealand
26–28 Hammersmith Grove, London, W6 7HA, Großbritannien,
📞 0800 183 0619 (gebührenfrei),
🖥 airnewzealand.de.

Quantas Airways
Postfach 71 01 63,
60491 Frankfurt/Main,
📞 0421 69641 100,
🖥 quantas.com.au

Botschaften und Konsulate

Neuseeländische Vertretungen im Ausland

Kontaktadressen und Websites neuseeländischer Botschaften und Konsulate im Ausland sind zu finden unter 🖥 nzembassy.com.

Australien
Botschaft
Canberra, 📞 02 6270 4211,
📧 nzhccba@bigpond.net.au
Außerdem Konsulate in Sydney und Melbourne

Deutschland
Botschaft
Friedrichstr. 60, 10117 Berlin,
📞 030 206 210, 📠 2062 1114,
🖥 nzembassy.com/germany,
📧 nzembber@infoem.org,
🕐 Mo–Do 9–13, 14–17.30; Fr 9–16.30 Uhr

Österreich
Botschaft
Mattiellistr. 2–4/3, 1040 Wien.
📞 01 1505 3021, 📠 1505 3020,
📧 nzemb@aon.at

Schweiz
Generalkonsulat
2 Chemin des Fins, 1218 Grand Saconnex, Genf
📞 022 929 0350, 📠 929 0377,
📧 mission.nz@bluewin.ch

Postadresse:
Case Postale 334, 1211 Genève 19

Ausländische Vertretungen in Neuseeland

Deutschland
Botschaft
90-92 Hobson St, Thorndon,
6011 Wellington,
📞 04 473 6063, 📠 473 6069,
📧 info@wellington.diplo.de,
🖥 wellington.diplo.de

Honorarkonsulate
Level 13, PWC Tower, 188 Quay Street,
Auckland 1010,
📞 09 375 8718, 📠 3655 209
10 Wairarapa Terrace, Christchurch,
📞 03 344 62 70, 📠 344 62 78

Österreich
Honorargeneralkonsulat
(ohne Passbefugnis)
Level 4, 75 Ghuznee Street, Wellington,
📞 04 384 1402

Honorarkonsulate
22a William Pickering Drive,
North Harbour, 0753 Auckland,
✆/🖄 09/476 0994

ohne Passbefugnis:
19, Joyce Crescent, Ilam,
Christchurch 8041,
✆ 03 2144 0164

Schweiz

Botschaft
Embassy of Switzerland, Maritime Tower,
10 Customhouse Quay, Level 12,
Wellington, New Zealand
✆ 04 472 1593, 🖄 499 6302,
✉ helpline@eda.admin.ch,
🖥 eda.admin.ch/wellington

Postadresse:
Embassy of Switzerland, P.O. Box 25004,
Wellington 6146, New Zealand

Konsulat Auckland
3 Marine Parade, Herne Bay,
Auckland 1011,
✆/🖄 09/366 0403,
✉ auckland@honrep.ch

Einkaufen

Eines der beliebtesten Andenken aus Neuseeland ist ein **Schmuckanhänger** aus *greenstone*
(Jade) im Maori-Design. Am besten kauft man
sie dort, wo das Rohmaterial herstammt, nämlich in der Gegend von Greymouth und Hokitika
an der Westküste der Südinsel. Die meisten billigeren Varianten sind aus chinesischer Jade
gefertigt, die als minderwertiger gilt. Man sollte also auf neuseeländischem, vor Ort verarbei-
tetem *pounamu* bestehen (Kasten S. 73/). Ein
ähnliches Reiseandenken sind **Knochenschnitz-
arbeiten**.

Beliebte Mitbringsel sind auch **Lammfell- und
Wollprodukte** sowie **Kleidung**, die zumindest
teilweise aus Possumfell besteht. Ein sehr guter
Überwurf kostet mehr als $1000, Kissenbezüge

gibt es schon erheblich günstiger. Schaffelle
kosten ab etwa $100.

Im Bereich Outdoor-Garderobe gibt es ein
reichhaltiges Angebot, aber interessant sind vor
allem die stilvollen Kleidungsstücke aus Merino-
wolle von Icebreaker, 🖥 icebreaker.com, Un-
touched World, 🖥 untouchedworld.co.nz, und
Glowing Sky, 🖥 glowingsky.co.nz. Sie sind
ziemlich teuer, halten aber warm, fühlen sich gut
an und riechen nicht so unangenehm.

Einige neuseeländische Modedesigner sind
Weltklasse. Modelle von Karen Walker, Kate
Sylvester, Trelise Cooper, Alexandra Owen, Zam-
besi und World sind teuer, aber einzigartig.

Essen und Trinken

Neuseelands kulinarische Szene ist rundum
einfach klasse, von der Qualität der Lebensmittel, über die Zubereitung bis zur Präsentation
der Speisen.

Die **gastronomischen Wurzeln** des Landes
liegen in der Tradition Großbritanniens – ein un-
glückseliges Erbe, dem insbesondere von einigen Kiwis der älteren Generation hartnäckig
die Treue gehalten wird. Tatsächlich haben die
einheimischen Köche erst in den vergangenen
25 Jahren die Möglichkeiten entdeckt, die sich
ihnen durch superfrische und qualitativ hochwertige Zutaten bieten. Neben zartem Lamm,
saftigem Rindfleisch und Wild sowie köstlichen
Schalentieren findet man hier einige der besten
Milchprodukte der Welt, dazu Stein- und Kernobst, das zur Erntezeit spottbillig von Ständen
am Straßenrand zu haben ist.

All diese Zutaten sind zu einer modernen
neuseeländischen Küche verschmolzen, die außerdem Elemente der kalifornischen und zeitgenössischen australischen Küche mit Einflüssen
aus dem **Mittelmeerraum**, **Asien** und der **Südsee** kombiniert. Restaurants und Cafés im ganzen Land legen Wert darauf, ihre Speisekarte so
vielfältig wie möglich zu gestalten, und so tauchen neben dem üblichen Lamm und der Gour-
met-Pizza auch Seafood-Linguini, Couscous,
Sushi, Thai-Küche, Fleischbällchen aus Wildbret
und *chicken korma* auf.

Fleisch und Fisch

Neuseeländer lieben **Fleisch**, und die Qualität ist oft vorzüglich. Neuseeländisches Lamm rangiert oft ganz oben auf der Speisekarte, doch Reh- und Rindfleisch stehen ihm geschmacklich nicht nach.

Bei Neuseelands langer Küstenlinie verwundert es nicht, dass **Fisch** und andere Meeresfrüchte einen bedeutenden Anteil an der hiesigen Küche haben. Das weiße Fleisch des Schnapper *(snapper)* ist fast überall zu haben, aber man findet auch Thunfisch *(tuna)*, Schwertfisch *(John Dory)*, Zackenbarsch *(groper oder hapuku,* wie ihn die Maori nennen), Flundern *(flounder)*, Knurrhahn *(gurnard)*, Blue Cod und den festen und köstlichen Terakihi. Lachs *(salmon)* steht beinahe auf jeder Speisekarte, aber keine Forellen, die weder ge- noch verkauft werden dürfen. (In den meisten Hotelrestaurants ist es jedoch möglich, den eigenen Fang zubereiten zu lassen.) Diese alte Vorschrift diente ursprünglich zum Schutz des Sportangelns, nachdem Forellen im 19. Jh. in Neuseeland eingeführt worden waren.

Alle diese Fische schmecken geräuchert sehr gut, besonders aber Terakihi, Hapuku, Blue Cod, Marlin und Räucheraal. Eine viel geliebte Delikatesse ist *whitebait,* ein Sammelbegriff für fünf Arten von winzigen, silbernen Fischen, die zwischen August und November v. a. an der Westküste ins Netz gehen und im Ganzen frittiert serviert werden.

Schalentiere sind eine weitere Spezialität Neuseelands. Gelegentlich stößt man auf *tuatua,* die von den Stränden Northlands stammen, aber häufiger sind die leckeren Bluff-Austern (Kasten S. 703), Jakobsmuscheln *(scallops)* und die sensationellen Grünlippenmiesmuscheln *(green-lipped mussels),* die in Geschmack und Konsistenz kaum zu überbieten sind und im kühlen, klaren Gewässer der Marlborough Sounds, insbesondere um Havelock, gezüchtet werden. Lebende Grünlippenmiesmuscheln sind in jedem guten Supermarkt erhältlich.

Nicht minder köstlich und unbedingt empfehlenswert sind die Langusten *(crayfish),* die es überall an der Küste gibt, v. a. in der Gegend von Kaikoura und am East Cape.

Maori- und andere Küchen

In neuseeländischen Restaurants stehen selten polynesische oder **Maori-Gerichte** auf der Karte, wenngleich diese Küche in trendbewussten

Das Hangi

Um die traditionelle Küche kennenzulernen, sollte man ein **Hangi** besuchen, bei dem verschiedene Gemüse- und Fleischsorten sowie Fisch stundenlang in einem Erdofen gegart werden. Typischerweise wird dieses Mahl bei Familienfeierlichkeiten oder größeren Versammlungen zubereitet – als Tourist muss man meist zu einer öffentlichen Veranstaltung in Rotorua oder Christchurch gehen, um in den Genuss dieser Spezialität zu kommen. Dort ist man eher zahlender Kunde und kein Gast, aber die Geschmacksnoten eines Hangi sind in der Regel authentisch, auch wenn die Veranstalter manchmal moderne Methoden kreativ anwenden.

Die Zubereitung gestaltet sich wie folgt: Zunächst entfachen die Männer ein Feuer, in dessen Glut sie große Flusssteine legen. Während sich diese langsam erhitzen, wird eine ausreichend große Grube gebuddelt. Die heißen Steine legt man auf den Boden und bedeckt sie mit feuchtem Sackleinen. Unterdessen schneiden die Frauen Lamm, Schwein, Huhn, Fisch, Schalentiere und Gemüse (v. a. die Süßkartoffel Kumara) und machen kleine Portionen, die sie in Blätter wickeln und anschließend in Körben (ursprünglich aus Flachs, heute größtenteils aus Drahtgeflecht) stapeln. Die Körbe werden in der Grube versenkt und mit Erde bedeckt, sodass der Dampf und der Geschmack nicht verloren gehen. Ein paar Stunden später holt man die Körbe wieder heraus und das Festmahl kann beginnen: Die halb gegarten und halb geräucherten Zutaten sind überaus zart und haben einen leichten Erdgeschmack.

Lokalen durchaus angesagt ist. So kann man dort vielleicht einen *fern frond salad* (Farnkrautsalat) oder ein mit pfeffrigen *horopito*-Blättern eingeriebenes Steak bekommen. Um echtes Maori-Essen kennenzulernen, muss man aber ein Hangi besuchen (Kasten S. 43), am besten in Rotorua. Ein Grundnahrungsmittel der pazifischen Küche ist *kumara* (Süßkartoffel), die vor allem im Hangi oder in frittierter Form auftaucht.

Dank der vielen Zuwanderer aus Süd- und Ostasien hat sich die neuseeländische Restaurantszene in den letzten Jahrzehnten verändert. Heute hat nahezu jede Stadt ein **indisches** Restaurant, und **China-Restaurants** sind fast ebenso weit verbreitet. Auch **Thai-Lokale** sind nicht selten, aber um malaysische, singapurische, japanische oder koreanische Küche zu genießen, ist man auf die Großstädte angewiesen.

Vegetarisches Essen

Vegetarier, die sich selbst versorgen, können gut leben. Bei Restaurants dagegen verhält sich die Sache etwas anders. Außerhalb großer Zentren findet man kaum ein rein vegetarisches Restaurant und muss auf die vereinzelten fleischfreien Gerichte zurückgreifen, die in den meisten Gaststätten angeboten werden. **Veganer** werden vermutlich eine ungesunde Abhängigkeit von Nachos entwickeln und ab und zu den obligaten Veggieburger dazwischenschieben. Inzwischen bieten aber auch viele neue Bioläden hausgemachte vegetarische Kuchen an. Wer an einer längeren organisierten Tour teilnimmt, auf der das Essen inklusive ist, sollte die Veranstalter rechtzeitig vorher über seine Essgewohnheiten informieren.

Essen gehen

Die Qualität neuseeländischer **Restaurants** und Cafés ist im Allgemeinen fantastisch, die Portionen sind großzügig bemessen, und meist be-

---

Neuseeland für Naschkatzen

Afghans Der Ursprung des Namens ist unklar, aber die Schoko-Cornflakes-Kekse mit Schokoguss sind ein Dauerbrenner.
Anzac biscuit Kokos-Haferkeks.
Carrot Cake Ein Kiwi-Klassiker, der in Cafés und Tearooms im ganzen Land zu haben ist.
Lamington Ein Biskuitkuchen mit rosa Zuckerguss und Kokosraspeln.
Pavlova Die Baisertorte mit ordentlich Schlagsahne und Obst ist der Höhepunkt neuseeländischer Backkunst.

Essen und Trinken für Genießer

Eiscreme Waffeleis ist ein Klassiker und wird überall verkauft, aber eines der besten Eisangebote gibt es in gut sortierten Supermärkten, die die Marken Kapiti und Kohu Road auf Lager haben. Beide sind in vielen verschiedenen Geschmacksrichtungen erhältlich, darunter das köstliche *hokey pokey* – Vanilleeis mit dicken Karamellstücken.
Marmeladen und Eingemachtes aus eigener Herstellung werden auf verschiedenen Wochenmärkten *(farmers' markets)* verkauft, aber die im Supermarkt erhältlichen Marken Anathoth und Te Horo sind ebenfalls ausgesprochen lecker und preiswert.
Cheese Bland Cheddar ist der Nationalkäse, aber abgesehen davon produziert Neuseeland inzwischen eine große Bandbreite an anderen köstlichen Käsesorten. Weit verbreitet ist die Marke Kapiti, deren Kikorangi-Blauschimmelkäse besonders lecker ist. Ausschau halten sollte man auch nach kleineren Herstellern wie Whitestone, Meyer und Puhoi Valley.
Bier Hier sollte man die gängigen Sorten meiden und stattdessen die Erzeugnisse kleiner Brauereien probieren, z. B. Aucklands Epic, Croucher aus Rotorua, McCashin's aus Stoke bei Nelson, Emerson's aus Dunedin und die Biere der Invercargill Brewery aus dem tiefen Süden. Die meisten werden in *bottle stores* und besseren Supermärkten verkauft.

---

kommt der Gast wirklich etwas für sein Geld. Hauptgerichte kosten in den meisten Restaurants ab $25, für drei Gänge ohne Getränke muss man mit $55 rechnen. Trinkgeld wird keines erwartet, aber wer sich gut bedient fühlt, darf sich natürlich gern erkenntlich zeigen. An gesetzlichen **Feiertagen** wird per Gesetz ein Zuschlag (normalerweise 15 %) erhoben, damit die Mitarbeiter für den Verzicht auf die gesetzlich zustehende Freizeit entschädigt werden.

Das traditionelle neuseeländische Lokal ist der **Tearoom**, größtenteils ein Selbstbedienungslokal ohne Atmosphäre und mit billigen abgepackten Sandwiches, klebrigem Gebäck und ähnlicher ungesunder Kost. Der Kaffee ist hier bestenfalls mittelmäßig. Man findet solche Tearooms heute noch dort auf dem Land, wo früher die Fernbusse manchmal Station machten.

In größeren Städten sind die Tearooms weitgehend durch **Cafés** ersetzt worden, die von ausgezeichnetem Espresso und Muffins bis zu umfangreichem Frühstück und Mittagessen mit einer Auswahl an Weinen alles verkaufen. Viele schließen bereits um 16 Uhr, andere bleiben geöffnet und verwandeln sich dann in **Restaurants**. Restaurants und Cafés unterscheiden sich kaum – in einem Café bestellt und bezahlt man normalerweise am Tresen vorn und bekommt dann das Essen serviert; in Restaurants ist die Bedienung am Tisch die Regel.

Restaurants und viele Cafés besitzen eine Schanklizenz, aber manche pflegen auch noch die **BYO**-Tradition (*bring your own*, d. h. man bringt den Alkohol selbst mit). Das Korkgeld beträgt üblicherweise $5–15 pro Flasche, manche Lokale verlangen es aber auch pro Person.

In den meisten Pubs gibt es einfache **Pub Meals**, oft das billigste Essen weit und breit. Auf der Speisekarte stehen so bodenständige Mahlzeiten wie Steak und Pommes, aber auch Lasagne oder Burritos, die alle mit Salat serviert werden und weniger als $20 kosten.

Hervorragend essen kann man auch in den guten, aber oft teuren Restaurants der immer zahlreicheren **Weingüter**, die sich insbesondere um die Hauptanbaugebiete Hawke's Bay und Marlborough konzentrieren. Das Essen ist hier fast ausnahmslos gut, wobei viele Gerichte auf die Weine des Guts abgestimmt sind.

Snacks und Take aways

Typisch für die Großstädte sind die **Food Courts**, die man meist in Einkaufszentren findet und in denen billige Gerichte aus aller Welt angeboten werden. In den traditionellen **Burger Bars** bekommt man Hamburger, die in nichts an die schlappen Teile der internationalen Franchise-Unternehmen erinnern: feste Brötchen mit saftigem Hackfleisch, viel Ketchup, einer ganzen Menge Salat und Tomaten sowie der unverzichtbaren Scheibe Rote Bete. Eine andere Spielart der typischen Kiwi-Snacks sind **Meat Pies**, erhältlich in Bäckereien und aus Warmhaltetheken in Pubs. Die traditionellen Varianten mit Rind- und Hackfleisch werden inzwischen ergänzt durch Füllungen wie Speck und Ei, Wild, Steak und Käse, Steak und Austern, Räucherfisch und Kumara, und zunehmend sind auch vegetarische Pies im Angebot.

Fish 'n' Chips (in Anspielung auf ihren Fettgehalt auch *greasies* genannt) sind ebenfalls beliebt. Sehr häufig wird Hai verwendet – euphemistisch als *lemon fish* oder *flake* bezeichnet –, aber für etwas mehr Geld bekommt man auch leckerere Fischsorten. Gewöhnungsbedürftig ist der Geschmack der **Paua Fritters**, wofür Teile der Abalone-Meeresschnecke klein gehackt und in Form flacher „Kuchen" frittiert werden.

Selbstversorger

Proviant ist im örtlichen Supermarkt am preiswertesten. Pak 'n Save ist im Allgemeinen der billigste; New World hat normalerweise die beste Auswahl und Qualität. Im Notfall kann man sich auch in einem der zahlreichen Tante-Emma-Läden (*dairies* genannt) versorgen, die

Top 5: Fish 'n' Chips

- The Fishmonger, Auckland, S. 163
- Kaiaua Fisheries, Kaiaua, S. 186
- Original Smokehouse, Mapua, S. 537
- Shippey's, Paihia, S. 231
- Wellington Trawling Sea Market, Wellington, S. 499

nur Basisprodukte führen, aber länger geöffnet haben. Sie sind genau wie die Geschäfte auf Campingplätzen und in abgelegenen Gegenden, wo es keine Alternative gibt, oft überteuert.

Bessere Lebensmittel bieten dagegen die kleinen, unabhängigen Läden, die überwiegend Biowaren und/oder Erzeugnisse der Region im Angebot haben. Außerdem scheint inzwischen jeder größere Ort einen Bauernmarkt abzuhalten, meistens am Samstag- oder Sonntagvormittag – wir haben einige im Buch aufgeführt.

Getränke

Im ganzen Land haben Cafés und Restaurants mit Schanklizenz eine große Auswahl an neuseeländischen Weinen und Bieren auf Lager, aber die niedrigsten Preise und die ursprünglichste Atmosphäre findet man in einem **Pub**, wo man sich nach der Arbeit zum Biertrinken trifft und wenig Wert auf Ambiente oder schicke Einrichtung legt. In den großen Städten allerdings putzen sich die Pubs infolge der heftigen Konkurrenz durch Cafés immer mehr heraus. Kaum eine Veränderung dagegen spürt man auf dem Land, wo sich Fremde häufig fehl am Platze fühlen – sobald man jedoch am Tresen ins Gespräch kommt, fallen die Barrieren.

Die meisten Kneipen haben unter der Woche theoretisch mindestens bis Mitternacht, am Wochenende sogar bis 4 Uhr morgens oder noch länger geöffnet, aber in der Praxis schließen sie, wenn sie nur wenig Kundschaft haben, oft wesentlich früher. Alkohol darf nur an Personen ab 18 Jahren verkauft werden. Raucher müssen ihrem Laster draußen vor der Tür frönen.

Bier

Bier wird in Neuseeland gerne und viel getrunken. Fast das gesamte Bier des Landes stammt aus zwei großen Brauereien, New Zealand Breweries und Dominion Breweries (DB), die zahllose Sorten produzieren: Natürlich Lager und Pils sowie schale, tiefbraune Flüssigkeiten, die entweder frisch gezapft oder als *draught* in Flaschen verkauft werden, ein ferner und schwächerer Verwandter des britischen Fassbieres.

Ein Dauerbrenner ist Steinlager, das inzwischen auch in einer Variante „ohne Zusatzstoffe" namens Pure auf dem Markt ist. Insgesamt gibt es keine großen Unterschiede zwischen den Sorten, mit Ausnahme vielleicht des Alkoholgehalts, der üblicherweise um die 4 % liegt und nur beim sogenannten *export* 5 % beträgt.

Der Bierkonsum sinkt zurzeit allgemein, dafür erleben die **Kleinbrauereien** einen Boom (Kasten S. 44). Näheres darüber auf 🖥 realbeer. co.nz und 🖥 beertourist.co.nz.

Bier vom Fass wird normalerweise in **Pints** (etwas mehr als 0,5 l) ausgeschenkt. Ein „Half Pint" kommt immer in einem 0,3-l-Glas daher und kostet deshalb mehr als den halben Preis eines ganzen Pint. In ländlichen Gegenden halten sich Traditionen länger, weshalb man hier noch einen ganzen **Jug** (1 l) bestellen kann, der dann in die erforderliche Anzahl von Gläsern umgefüllt wird – normalerweise ein **Seven** (0,2 l – so genannt wegen der alten Maßeinheit von sieben Unzen), ein **Ten** (ca. 0,3 l) oder sogar ein **Twelve** (0,35 l).

Die **Preise** variieren enorm, aber mit $6–9 für ein Pint muss man rechnen. Billiger ist es, größere Mengen im *bottle shop* (auch *off-licence* oder *liquor store*) zu kaufen, der eine recht ordentliche Auswahl an Bieren großer und kleinerer Brauereien hat, normalerweise als Sechserpack mit 330-ml-Flaschen (um $12–15) oder in größeren Packungen.

Wein

Die Neuseeländer halten den einheimischen Winzern zu Recht die Treue – schließlich produzieren sie einige der besten Weine der Welt, vor allem Weißweine. Rasch hat sich Neuseeland auf die Spuren der französischen Loire-Region begeben, welche die Maßstäbe für den Sauvignon Blanc setzt, und der hiesige fruchtige Chardonnay sowie der nach Aprikosen und Zitrusfrüchten schmeckende Riesling finden immer mehr Anhänger. Auf den Weinkarten der Restaurants stehen unzählige neuseeländische **Weißweine**, während die **Rotweine** traditionell aus Australien stammen. Hier vollzieht sich jedoch gerade ein Wandel, seitdem verbesserte Technik und klügere Standortwahl die neuseeländischen Rotweine konkurrenzfähig gemacht haben (wenngleich sie manchmal teurer sind). Es gibt einige ausgezeichnete Cabernet Sauvignons und Merlots (insbesondere von Waiheke Island und der Hawke's Bay), aber die meistgeschätzten Rotweine sind die Pinot Noirs aus Central Otago, Marlborough und Martinborough sowie der Syrah der Hawke's Bay – im Grunde ein Shiraz, der aber dezenter ist als der australische.

Wer **Champagner** mag, bekommt die im Land nach der *méthode traditionelle* (Flaschengärung) hergestellten Schaumweine bereits ab $13 pro Flasche – zu Recht beliebt und fast überall erhältlich ist beispielsweise Montanas Lindauer Brut. Nicht Wenige runden ihren Restaurantbesuch mit einem **Dessertwein** ab (wegen seiner Konsistenz auch *sticky* genannt), produziert aus Trauben, die durch den Botrytis-Pilz am Rebstock schrumpeln.

In den meisten Bars und lizenzierten Restaurants wird eine gute Weinauswahl angeboten, darunter zahlreiche offene Weine ($7–12 pro Glas bzw. ab $8 für Dessertweine). Im Supermarkt oder Bottle Shop gibt es relativ gute Tropfen bereits ab $11 und sehr gute für $15–25.

Wer vor dem Kauf eine Weinprobe machen möchte, kann eine ganze Reihe von **Weingütern** besuchen, wo man rund ein halbes Dutzend unterschiedlicher Tropfen testen darf – meist gegen eine kleine Gebühr (v. a. wenn es sich um „Reserve Wines" handelt), die aber bei Abkauf grundsätzlich erstattet wird.

Möchte man sich mit der neuseeländischen Wein-Szene etwas näher beschäftigen, so findet man unter ⌨ nzwine.com gute Informationen.

Spirituosen

Der große Renner unter den neuseeländischen Spirituosen ist der **Wodka** namens **42 Below**, ⌨ 42below.com. Er ist recht gut und wird nicht nur pur, sondern auch in vielen verschiedenen Geschmacksrichtungen angeboten. Die Firma produziert auch den ausgezeichneten South Gin, ⌨ southgin.com.

Der Verkaufserfolg dieser Spirituosen hat Nachahmer wie Stolen Rum, ⌨ stolenrum.com, Smoke & Oakum's (Rum), ⌨ gunpowderrum. com, Broken Shed (Wodka), ⌨ brikenshed.com, und andere hervorgebracht.

Vor allem auf der Südinsel werden daneben auch ein paar Single Malt **Whiskys** hergestellt, die besten destilliert die New Zealand Malt Whisky Co., ⌨ thenzwhisky.com, in Oamaru. Kleinere Firmen haben sich auf **Fruchtliköre** spezialisiert. Einige sind köstlich, doch für den extrem süßen Likör aus Kiwi- oder Feijoa-Früchten entwickeln nur wenige Besucher eine Vorliebe. Er wird meist in Souvenirläden verkauft.

Tee und Kaffee

An **Tee** bekommt man meist die normalen indischen Mischungen sowie aromatisierte und Kräutertees. Alles, was mit **Kaffee** zu tun hat,

---

Bedeutende Weinbaugebiete

Die folgenden Weinbaugegenden sind von Nord nach Süd geordnet:

Henderson und **Kumeu:** Die meisten der Weingüter, 15 km westlich von Auckland, beziehen Trauben aus anderen Gegenden und bieten daher die Gelegenheit, Weine aus dem ganzen Land zu kosten.

Hawke's Bay: Erstklassige Weingegend um Napier und Hastings mit etwa 30 Weingütern, die Besuchern offen stehen; manche bieten auch Führungen und Restaurants. Einige der besten Chardonnays, Cabernet-Sauvignon-Verschnitte und Syrahs des Landes.

Martinborough: Die am einfachsten zugängliche Ansammlung von Weingütern, viele davon in Spaziernähe vom Ort. Edle Pinot Noirs und Cabernet-Sauvignon-Verschnitte.

Marlborough: 60 % der neuseeländischen Trauben werden rund um Blenheim und Renwick angebaut. Eine Riesenauswahl an erstklassigen Weingütern, teilweise mit Restaurants. Berühmt für Sauvignon Blanc, aber auch guter Pinot Noir und die meisten anderen Weißweine.

Central Otago: Wein, der in kühlem Klima gedeiht, an der Grenze der Machbarkeit, überwiegend um Bannockburn nahe Queenstown. Vor allem hervorragende Pinot Noirs.

wurde zu einer Kunstform erhoben und besitzt mittlerweile eine eigene Terminologie: Ein Espresso im italienischen Stil heißt **Short Black** (manchmal wird dazu ein Krug heißes Wasser auf den Tisch gestellt, um das Gebräu zu verdünnen); eine schwächere und größere Version ist der **Long Black**, der zum **Flat White** wird, sobald er Milch enthält. In besseren Cafés sind all diese Varianten auch koffeinfrei, dünner und mit Sojamilch erhältlich.

Feste und Feiertage

Auf der Südhalbkugel fällt Weihnachten in die **Sommerferien**, die von Mitte Dezember bis Ende Januar/Anfang Februar gehen. Vom Boxing Day (26. Dez) bis Anfang Februar strömen die Kiwis in wahren Scharen an die Strände, deshalb sind zu dieser Zeit unglaublich viele Menschen unterwegs. Es ist schwerer, eine Unterkunft zu finden, und die Preise für Motels und Campingplätze ziehen an – seltener für B&B- und Hotelzimmer. Um dem enormen Ansturm Herr zu werden, haben nicht nur die i-SITE-Touristenbüros länger geöffnet, sondern auch viele Touristenattraktionen.

Weitere **Schulferien** gibt es von Mitte bis Ende April für zwei Wochen, von Anfang bis Mitte Juli für 14 Tage sowie in den ersten beiden Oktoberwochen, aber die Auswirkungen sind bei Weitem nicht so schlimm wie im Sommer. **Feiertage** werden in Neuseeland ganz groß geschrieben und es scheint, als ob dann alles unterwegs ist – besser, man sucht sich für diese Tage einen ruhigen Fleck zum Entspannen und reist nicht durch die Gegend.

Jede Region feiert darüber hinaus einmal jährlich ihren **Anniversary Day** zur Erinnerung an die Gründung der ursprünglichen Provinzen Neuseelands. Nachstehend die offiziellen Termine. Das Fest findet aber meistens am nächstgelegenen Montag (manchmal auch Freitag) statt, um ein langes Wochenende genießen zu können.

Viele der unten aufgelisteten Feste werden in den jeweiligen Regionalkapiteln genauer beschrieben.

Januar

Neujahr
(1./2. Jan, Feiertage)

Whaleboat Racing Regatta
Kawhia, ⌨ kawhiaharbour.co.nz (1. Jan)

Highland Games
Waipu, ⌨ highlandgames.co.nz (1. Jan)

Glenorchy Races
⌨ glenorchy-nz.co.nz (1. Samstag)

Anniversary Day
Southland (17. Jan, Feiertag in Southland)

Anniversary Day
Wellington (22. Jan, Feiertag in Wellington)

Anniversary Day
Auckland, Northland, Waikato, Coromandel, Taupo und Bay of Plenty (29. Jan, jeweils regionale Feiertage); mit riesiger Segelregatta im Waitemata Harbour von Auckland

Februar

Anniversary Day
Nelson (1. Feb, Feiertag in Nelson)

Waitangi Day
offizielle Veranstaltungen in Waitangi (6. Feb, Feiertag)

Rippon Open Air Festival
Wanaka (erster Samstag in geraden Jahren); mit Top-Kiwi-Bands, Kasten S. 812.

Martinborough Fair
Martinborough, ⌨ martinboroughfair.org.nz (1. Samstag).

Wine Marlborough Festival
Blenheim, ⌨ wine-marlborough-festival.co.nz (2. Samstag)

Coast-to-Coast
Multisport-Rennen, ⌨ coasttocoast.co.nz (2. Wochenende)

Art Deco Weekend
Napier, ⌨ artdeconapier.com (3. Wochenende)

Devonport Food Wine & Music Festival
Devonport, ⌨ devonportwinefestival.co.nz (3. Wochenende)

Wellington Fringe Festival
Wellington, 🖵 fringe.org.nz (Mitte Feb–Anfang
März)

Burst: The Festival of Flowers
Christchurch, 🖵 festivalofflowers.co.nz
(Mitte Feb–Mitte März)

März
NZ International Arts Festival
Wellington, 🖵 nzfestival.co.nz (Ende Feb–
Ende März, nur in geraden Jahren)

Golden Shears
Schafscherwettbewerb, Masterton,
🖵 goldenshears.co.nz (1. Woche)

Martinborough Fair
Martinborough, 🖵 martinboroughfair.org.nz
(1. Samstag).

Pasifika Festival
Auckland, 🖵 aucklandcity.govt.nz/pasifika
(2. Samstag)

Wildfoods Festival
Hokitika, 🖵 wildfoods.co.nz (2. Samstag)

WOMAD, Weltmusik-Festival
New Plymouth (Mitte März), S. 294.

Sounds of Aotearoa
New Plymouth, 🖵 soundsaotearoa.com (Mitte
März), mit den besten Musikern Neuseelands

Ellerslie International Flower Show
Christchurch, 🖵 ellerslieflowershow.co.nz.
Die größte Blumenschau des Landes dauert
fünf Tage (Mitte März).

Round-the-Bays Sunday Fun Run
Auckland, 🖵 roundthebays.co.nz (Mitte März)

Te Houtaewa Challenge und
Te Houtaewa Surf Challenge
Ahipara (3. Wochenende), S. 247

Ngaruawahia Maori Regatta
Hamilton (nächstgelegener Samstag zum
17. März), S. 272

Anniversary Day
Otago (23. März, Feiertag in Otago)

Anniversary Day
Taranaki (31. März, Feiertag in Taranaki)

April
Karfreitag und Ostersonntag
(Ende März–Ende April)

Royal Easter Show
Auckland, 🖵 royaleastershow.co.nz
(Osterwoche)

Warbirds Over Wanaka Airshow
Wanaka (Osterwoche, nur in geraden Jahren),
Kasten S. 812

National Jazz Festival
Tauranga, 🖵 jazz.org.nz

ANZAC Day
(25. April, Feiertag) Morgenandachten bei
Ehrenmalen im ganzen Land

Festival of Colour
Wanaka (Ende April, nur in ungeraden Jahren),
5-tägiges Kulturfestival, Kasten S. 812

Arrowtown Autumn Festival
Arrowtown, 🖵 arrowtownautumnfestival.
org.nz (Mitte–Ende April)

Juni
Queen's Birthday
(1. Montag, Feiertag)

Fieldays Agricultural Show
Hamilton, 🖵 fieldays.co.nz. Größte Landwirtschaftsschau der südlichen Hemisphäre
(an einem Wochenende Mitte Juni)

Matariki
Maori-Neujahr, 🖵 matarikievents.co.nz
(Mitte–Ende Juni)

Queenstown Winter Festival
Queenstown, 🖵 winterfestival.co.nz
(Ende Juni–Anfang Juli)

Juli/August
New Zealand International Film Festival
🖵 nzff.co.nz, je zwei Wochen in den 14 größten
Städten des Landes (Anfang Juli–Ende Nov)

Deco Decanted Jazz Festival
Napier, 🖵 artdeconapier.com (3. Wochenende)

Taranaki International Festival of the Arts
Taranaki (Anfang Aug, nur in ungeraden
Jahren), S. 294

September

Alexandra Blossom Festival
Alexandra, 🖥 blossom.co.nz (Ende Sep–Anfang Okt)

World of Wearable Art Awards (WOW)
Wellington, 🖥 worldofwearableart.com (Ende Sep–Anfang Okt)

Oktober

Labour Day
(4. Montag, Feiertag)

Halloween
(31. Okt)

Taranaki Garden Spectacular
New Plymouth (Ende Okt–Anfang Nov), S. 294

November

Anniversary Day
Hawke's Bay und Marlborough
(1. Nov, jeweils regionaler Feiertag)

Guy Fawkes' Night Fireworks
(5. Nov)

New Zealand Cup & Show Week
Canterbury, 🖥 nzcupandshow.co.nz
(2. Woche)

Anniversary Day
Canterbury (3. Freitag, Feiertag in Canterbury)

Toast Martinborough
🖥 toastmartinborough.co.nz (3. Sonntag), kulinarisches Festival mit Musik

Dezember

Anniversary Day
Westland (1. Dez, Feiertag in Westland)

Festival of Lights
New Plymouth (Mitte Dezember–Januar); S. 294

Weihnachten
(25. Dez, Feiertag)

Boxing Day
(26. Dez, Feiertag)

Rhythm and Vines
Gisborne, 🖥 rhythmandvines.co.nz, 3-tägiges Musikfestival bis Silvester (Ende Dez)

Frauen unterwegs

Die männlichen Kiwis haben Frauen gegenüber eine recht aufgeklärte Einstellung, und für Frauen birgt das Reisen in Neuseeland keine besonderen Probleme. Frauen, die trotzdem in Schwierigkeiten geraten, können sich an 🖥 rapecrisis.org.nz wenden. Frauenzentren im ganzen Land sind auf der Website des Ministry of Women's Affairs, 🖥 mwa.govt.nz/directory, verzeichnet. Wer möchte, kann den Urlaub auch zum Teil über **Women Travel New Zealand**, 🖥 womentravel.co.nz, organisieren. Die Seite bietet Informationen für weibliche Reisende und Links zu Unterkünften, auf Frauen spezialisierte Veranstalter sowie einen Newsletter. Eine weitere Infoquelle ist der Women's Bookshop (S. 145) in Auckland, 🖥 womensbookshop.co.nz, der auch Lesungen veranstaltet.

Geld

Die neuseeländische Währung ist der „Kiwi Dollar" oder „buck", der sich in 100 Cents unterteilt. Es gibt Scheine zu $100, $50, $20, $10 und $5 und Münzen à $2, $1 (beide goldfarben), 50¢, 20¢ und 10¢. Lebensmittelpreise werden zwar auf den Cent genau angegeben, der Rechnungsbetrag wird jedoch auf 10¢ auf- oder abgerundet. Alle Preise im vorliegenden Buch sind in Neuseeland-Dollar angegeben.

Banken und Geldwechsel

Die großen **Banken** – ASB, ANZ, BNZ, Kiwibank (zu finden in Postämtern), National Bank und Westpac – unterhalten in jedem größeren Ort Filialen, ⏱ Mo–Fr 9.30–16.30 Uhr, in größeren Städten auch zum Teil samstags bis etwa 12.30 Uhr. In Großstädten und Touristenzentren gibt es außerdem **Wechselstuben**, die normalerweise tgl. von 8–20 Uhr geöffnet sind.

Wer im Land arbeiten möchte, braucht u. U. ein neuseeländisches Konto. Mit einer neuseeländischen EFTPOS-Karte (EC-Karte) kann man

Wechselkurse	
1 € = 1,53 $	1 $ = 0,65 €
1 sFr = 1,25 $	1 $ = 0,80 sFr

Der aktuelle Wechselkurs kann im Internet unter ⌨ oanda.com abgefragt werden.

fast im ganzen Land einkaufen und Bargeld bekommen. Ein Konto ist gewöhnlich innerhalb eines Tages eröffnet; Reisepass nicht vergessen!

Kredit- und EC-Karten

Neuseeland-Besucher nutzen für Einkäufe im Allgemeinen **Kreditkarten** – Visa, Mastercard und, in geringerem Maße, American Express –, die weit verbreitet sind. Viele Hostels, Campingplätze und Homestays akzeptieren aber nur Bargeld. Kreditkarten sind auch nützlich, um Unterkünfte und Transportmittel zu reservieren, und mit der persönlichen Geheimnummer bekommt man an 24 Stunden zugänglichen Geldautomaten, die fast überall zu finden sind, Bargeld. Je nach Kartenvertrag können dabei aber erhebliche Gebühren anfallen. An den meisten Geldautomaten kann man auch mit einer dem Plus- und Cirrus-Netz angeschlossenen internationalen **EC-Karte** Geld abheben.

Karten sperren

Zentrale Sperrnummer: ✆ +49/116116 (gilt nur, wenn das ausstellende Geldinstitut angeschlossen ist, Übersicht: ⌨ 116116.eu)
Visa: ✆ 0800-44-3019 (in Neuseeland)
MasterCard: ✆ 0800-44-9140 (in Neuseeland)
EC-/Maestro: ✆ +49/1805 021021
American Express: ✆ +49/69-97972000, ✆ 050 855 5358 (in Neuseeland)

Gesundheit

Neuseeland birgt keine größeren Gesundheitsrisiken. **Impfungen** sind für die Einreise nicht vorgeschrieben, aber man sollte darauf achten, dass die Auslandskrankenversicherung einen ausreichenden Schutz gewährt – v. a. wenn man beabsichtigt, größere Wanderungen zu unternehmen (Näheres zur Vorbereitung von Wandertouren auf S. 62).

Neuseeland hat ein gutes **Gesundheitssystem**. Die Kosten für die medizinische Versorgung sind im internationalen Vergleich relativ niedrig. Obwohl alle Neuseelandbesucher in das Unfallentschädigungssystem *(accident compensation scheme)* eingeschlossen sind, das bei einem Unfall einen Teil der Ausgaben für die medizinische Versorgung zurückerstattet, muss man dennoch auf eine hohe Rechnung gefasst sein, wenn die eigene Auslandskrankenversicherung nicht die volle Übernahme aller Kosten vorsieht. Bei kleineren Beschwerden kann man einen Arzt aufsuchen (ab etwa $60) und gegen Rezept jedes erforderliche Medikament in einer Apotheke kaufen.

Sonne und Meer

Ein nicht zu unterschätzendes Gesundheitsrisiko stellt die Sonne dar. Die schädlichen UV-Strahlen sind in Neuseeland weitaus intensiver als in der nördlichen Hemisphäre – im Frühling und Sommer dauert es ohne Sonnenschutz nur zehn Minuten, bis die Haut sich gefährlich rötet. Zwischen 11 und 15 Uhr sollte man daher ganz aufs Sonnenbaden verzichten und generell eine Sonnencreme mit maximalem Lichtschutzfaktor verwenden (alle paar Stunden und nach

✗ **Vorschlag für eine Reiseapotheke**
☐ **Paracetamol** gegen Schmerzen und Fieber
☐ **Imodium Akut** gegen Durchfall
☐ **Mückenschutz**
☐ **Mittel gegen Juckreiz** nach Insektenstichen und bei Allergien
☐ **Pflaster und Verbandzeug**
☐ **Pinzette**, um Dornen oder Splitter zu entfernen
☐ **Wund- und Heilsalbe**
☐ **Mittel gegen Reisekrankheit**
☐ **Sonnenschutz** mit UVA- und UVB-Filter
☐ **Sonnenschutzstift** für die Lippen

Eine starke Brandung umspült die neuseeländischen Küsten, und selbst geübte Schwimmer kommen trotz scheinbar guter Bedingungen gelegentlich in brenzlige Situationen. In der Ferienhochsaison von Weihnachten bis Ende Januar werden die beliebtesten Strände jeden Tag von etwa 10 bis 17 Uhr überwacht, im restlichen Sommer (November bis Ostern) am Wochenende. Die Rettungsschwimmer stecken am Strand mit zwei rot-gelben Flaggen einen Abschnitt ab, den sie dann überwachen. Folglich sollte man sich im Wasser immer zwischen diesen beiden Flaggen aufhalten!

Bevor man ins Wasser geht ist es ratsam, andere Badende zu beobachten, um zu sehen, ob sie durch eine starke **Küstenströmung** oder Brandungsrückströmung am Strand entlang getrieben werden. Wenn die Brandung Richtung Meer zurückweicht, entsteht eine Art Fluss mit relativ ruhigem, aber strudelreichem Wasser. Zunächst in relativ seichtem Wasser die Kraft der Wellen und der Strömung testen und durch einen Blick zurück zum Handtuch prüfen, wie weit man an der Küste abgedriftet ist. An Brandungsstränden stößt man manchmal urplötzlich auf **Sandbänke**. Genauso schnell kann man auch den Boden unter den Füßen verlieren, wenn man sich von einer Sandbank entfernt. Wer sich auf einem **Boogieboard** treiben lässt, kann ebenfalls rasch abgetrieben werden; daher nie ohne Schwimmflossen auf dem Wasser unterwegs sein.

Wer in **Schwierigkeiten** ist, sollte möglichst nicht in Panik geraten, einen Arm heben und probieren durch Rufen die Aufmerksamkeit anderer Schwimmer oder der Rettungsschwimmer auf sich zu lenken. Außerdem sollte man nicht gegen die Strömung ankämpfen, sondern versuchen, sie zu überschwimmen, oder sich hinaustreiben lassen. Etwa 100 bis 200 m vor der Küste lässt die Strömung oft nach, sodass man von ihr wegschwimmen und sich dann von der Brandung zurück zur Küste treiben lassen kann.

Wer sich retten lassen muss, sollte sich mit einer großzügigen Spende revanchieren. Rettungsschwimmer sind engagierte Freiwillige, denen es oft an guter Ausrüstung mangelt.

dem Schwimmen nachcremen). Außerdem sollte man auf Leberflecken am Körper achten und, falls diese sich während oder nach der Reise verändern, sofort einen Arzt aufsuchen.

Der Tod im Meer kommt schnell. Selbst erfahrene Schwimmer sollten unbedingt die **Warnhinweise** in diesem Buch beachten (s. Kasten).

Gefahren in der Natur

Neuseelands Tierwelt ist erstaunlich harmlos. Es gibt keine Schlangen, Skorpione oder andere tückische Tierchen und nur ein paar giftige **Spinnen**, die sich allerdings selten zeigen. Seit Jahren ist niemand mehr an einem Spinnenbiss gestorben, doch falls sich nach einem Biss eine auffällige Reaktion einstellen sollte, ist unbedingt ein Arzt oder das nächste Krankenhaus aufzusuchen, wo ein Gegenmittel verabreicht wird. Auch Angriffe von **Haien** sind selten – es

ist wahrscheinlicher, dass man von einer starken Strömung erfasst wird als vom Weißen Hai. Trotzdem sollte man beim Schwimmen örtliche Warnungen beachten.

Ein wesentlich größeres Problem stellen **Moskitos** und **Sandfliegen** dar, die aber im Allgemeinen keine gefährlichen Krankheiten übertragen. Die Westküste der Südinsel wird im Sommer am stärksten von den lästigen Tierchen geplagt, sie sind jedoch in geringerer Zahl auch an vielen anderen Orten im Land anzutreffen. Ein natürliches Abwehrmittel ist Lavendelöl.

Unbedingt zu vermeiden ist ein Kontakt mit **Giardia**, einem Parasiten, der in vielen Flüssen und Seen des Landes zu Hause ist. Eine Infektion wird durch das Trinken kontaminierten Wassers ausgelöst. Die Symptome treten erst einige Wochen später auf: aufgeblähter Bauch, Krämpfe, starke Durchfälle und Blähungen. Um das Risiko einer Infektion zu verringern, sollte das Trinkwasser mittels Jodtabletten gereinigt (normale Tabletten auf Chlorbasis wirken nicht gegen Giardia), mindestens sieben Minuten abgekocht oder durch einen giardia-sicheren Filter (erhältlich in Ausrüstungs- oder Campingläden) gefiltert werden.

Die relativ seltene **Amöbenmeningitis** ist eine weitere Gefahr, die vom Wasser ausgeht. Man kann sie sich in heißen Thermalquellen zuziehen. Während man in kommerziell genutzten Bädern zumeist auf der sicheren Seite ist, sollte man in von Erde umgebenen Naturbecken zur Sicherheit seinen Kopf über Wasser halten. Die Amöbe dringt durch Nase oder Ohren in den Körper ein und nistet sich dann im Hirn ein. Wochen später verursacht sie starke Kopfschmerzen, Nackensteifheit, Überempfindlichkeit gegen Licht und führt schließlich zum Koma. Wer unter einem dieser Symptome leidet, sollte unverzüglich einen Arzt aufsuchen.

Erdbeben

Neuseeland wird regelmäßig von **Erdbeben** erschüttert (S. 92). Doch obwohl Christchurch 2010 und 2011 von starken Beben heimgesucht wurde, sind die meisten Erdbeben harmlos. Bebt die Erde doch einmal stärker, sollte man sich am besten in einen Türrahmen stellen oder unter einen Tisch kriechen.

Hält man sich im Freien auf, sollte man versuchen, in einem Gebäude Schutz zu suchen; ist dies nicht möglich, hält man sich von Bäumen und Felsvorsprüngen fern, um nicht durch herabfallende Äste oder Steine verletzt zu werden.

Informationen

Fremdenverkehrsämter

Neuseeland wirbt im Ausland über **Tourism New Zealand**, ⌨ newzealand.com, um Touristen. Viele Touristeninformationen sowie einige Cafés, Bars und Jugendherbergen verfügen über einen Vorrat an kostenlosen, auf Rucksackreisende ausgerichteten **Zeitungen und Zeitschriften**, die

normalerweise voller Werbeanzeigen, aber trotzdem informativ sind. Das beste dieser Blätter ist wahrscheinlich *TNT*, ⌨ tntdownunder.com.

Jeder größere Ort hat ein **offizielles i-SITE Visitor Centre**. Mitunter läuft dort ein Video über die Gegend. Die Mitarbeiter sind hilfsbereit und kompetent. Sie händigen nicht nur Stadtpläne und Broschüren aus, sondern reservieren auch kostenlos Unterkünfte, Ausflüge und andere Aktivitäten sowie Transportmittel für die Weiterreise, aber nur mit Veranstaltern, die dort registriert sind. Einige kleinere Veranstalter ziehen es vor, sich nicht registrieren zu lassen. Trotzdem haben sie oft interessante Angebote; wir weisen an den jeweiligen Stellen im Buch auf sie hin.

In den Touristengegenden stößt man daneben auf alle möglichen Einrichtungen, die sich als **unabhängige Informationszentren** ausgeben und üblicherweise einem weiteren Zweck dienen – normalerweise werben sie für Veranstalter von Abenteueraktivitäten. Diese Stellen können hilfreich sein, aber man sollte immer im Hinterkopf haben, dass ihre Empfehlungen nicht unbedingt unparteiisch sind.

Weitere nützliche Informationsquellen sind die Büros und Feldforschungszentren des **Department of Conservation** (DOC), ⌨ doc.govt.nz, die sich normalerweise in der Nähe von Naturschutzgebieten und beliebten Wanderrouten befinden und manchmal zugleich als örtliche Touristeninformation fungieren. Sie sind äußerst hilfreich und mit Wettervorhersagen, Registrierungsformularen und Karten bestens auf die Bedürfnisse von Wanderern eingestellt. Vielerorts sind in den Zentren außerdem historische und/oder ökologische Schautafeln sowie audiovisuelle Ausstellungen zu sehen. Die Website des DOC ist eine Fundgrube an Informationen über Umweltfragen und aktuelle Naturschutzbelange, Nationalparks und die großen Wanderrouten (Great Walks).

Landkarten und GPS

Größere Buchläden haben ein passables Angebot an **Landkarten**. **Straßenatlanten** sind in Buchläden und an Tankstellen erhältlich; am detailliertesten sind die von Kiwi Pathfinder, die auch Sehenswürdigkeiten und den Straßenzustand verzeichnen. Interessant ist auch *A Driving Guide to Scenic New Zealand* ($40) mit praktischen Panoramakarten, die einen naturgetreuen Blick aufs Land erlauben. Viele Pkw- und Wohnmobilverleiher bieten außerdem **Navis**, gewöhnlich für $5–15 pro Tag.

Beim Wandern sind allerdings genauere Karten vonnöten. Für alle bekannteren Tracks gibt es mit Fotos illustrierte Karten aus der **Park Map**-Reihe (etwa $19, erhältlich in DOC-Büros und Buchläden).

Die Karten *Topo50* (1:50 000) und *Topo250* (1:250 000) decken das gesamte Land ab. Sie können unter ⌨ linz.govt.nz heruntergeladen oder in i-SITEs, Buch- und Ausrüstungsläden oder DOC-Büros gekauft werden.

Internet und E-Mail

Internetzugang bekommt man fast an jeder Ecke, auch wenn die Verbindungen oft nicht Schwindel erregend schnell sind. Die meisten Touristeninformationen, Backpacker-Hostels, Motels und Campingplätze haben normalerweise internetfähige Computer mit Münzeinwurf (rund $6/Std.). Teurere Unterkünfte verfügen oft über Computer zur kostenlosen Benutzung oder bieten Internetzugang über den mitgebrachten Laptop an. Besser ausgestattet und auch günstiger sind zumeist die überall in den Städten vorhandenen Internetcafés, die gewöhnlich $3–6 pro Stunde verlangen. Auch öffentliche Büchereien bieten Internetzugang, zum Teil sogar kostenlos.

Viele Campingplätze, Hostels, Motels und Hotels verfügen über einen **WLAN**-Hotspot, der mittels Kreditkarte oder über die Rezeption zugänglich ist. Die Kosten variieren zwischen vielleicht $10 für eine Stunde und $25 für 24 Stunden. Die besseren B&Bs und Hostels haben gewöhnlich kostenloses WLAN in allen Zimmern. Bei Anbietern wie Zenbu, ⌨ zenbu.net. nz, kann man das erworbene Guthaben auch zu späteren Zeitpunkten verwenden. Zu beachten ist, dass in Neuseeland meist eine Kilobyte-Obergrenze besteht.

Jobben in Neuseeland

Durch einen Gelegenheitsjob in Neuseeland wird man sicher nicht reich, jedoch lassen sich so durchaus Löcher in der Reisekasse stopfen. **Gelegenheitsjobs** finden sich meist in der Tourismusbranche und in Obstanbaugebieten.

In den letzten Jahren ist die Arbeitslosigkeit im Land relativ gering gewesen, sodass man mit den nötigen Papieren ausgestattet ziemlich leicht einen Gelegenheitsjob findet. Für Leute mit den entsprechenden Fähigkeiten sollte auch eine besser bezahlte zeitlich befristete Arbeitsstelle im Bereich des Möglichen liegen. Am besten wendet man sich an eine Arbeitsvermittlung oder schaut in Jobbörsen wie ⌨ search4jobs. co.nz und den Stellenangebotsteil von ⌨ trade me.co.nz rein.

Der Mindestlohn für offiziell Beschäftigte über 16 Jahren (mit Ausnahme von 16- oder 17-jährigen Jobanfängern oder Auszubildenden) liegt bei $13 pro Stunde. Wer sich nicht mit der neuseeländischen Bürokratie beschäftigen möchte (ein Besuchervisum erlaubt keine Arbeitsaufnahme), kann einfach irgendwo gegen **Kost und Logis** jobben, was allerdings offiziell ebenfalls als Arbeitsaufnahme gilt. Dabei wechselt kein Geld den Besitzer, aber für vier bis sechs Stunden Arbeit täglich erhält man eine kostenlose Schlafstatt und Verpflegung, was eine beliebte und billige Art ist, das Land kennenzulernen.

Farm Helpers in New Zealand (FHiNZ), ⌨ fhinz.co.nz, organisiert Aufenthalte auf Farmen, Obstgütern und in Großgärtnereien für Singles, Paare und Familien; Erfahrung wird keine benötigt. FHiNZ verfügt insgesamt über fast 200 Adressen, aufgelistet in einer übers Internet erhältlichen Broschüre ($25), mit Unterkünften, die von schlicht zu recht komfortabel reichen.

Willing Workers on Organic Farms (WWOOF), ⌨ wwoof.co.nz, listet in ihrem Führer (Online-Zugang $40, in gedruckter Form $50, inkl. Mitgliedschaft für 1 oder 2 Pers.) über 1000 Anlaufstellen – insbesondere Bauernhöfe, aber auch Obstgüter, Handelsgärtnereien und weitgehend autark lebende Kleinbauern – auf, alle mehr oder weniger an biodynamischer Anbauweise orientiert. Ein Mindestaufenthalt von fünf Nächten wird erwartet, üblicherweise bleibt man jedoch länger. Die Interessenten wenden sich direkt an den jeweiligen Gastgeber (am besten mindestens eine Woche im Voraus).

Da es auch hier schwarze Schafe gibt, die die billigen Arbeitskräfte gerne ausnutzen, sollte man sich bereits am Telefon nach den Erwartungen erkundigen. Die Eigentümer werden zwar überprüft, aber besonders **allein reisende Frauen** sollten sich lieber an einen Familienbetrieb wenden.

Eine ähnliche Organisation ist **Help Exchange**, 🖳 helpx.net, die im Internet regelmäßig aktualisierte Listen von Farmen, Homestays, B&Bs, Hostels und Lodges veröffentlichen, die eine zusätzliche Hilfe benötigen. Auch hier bekommt man im Gegenzug Kost und Logis. Die kostenlose Registrierung erfolgt online, die Buchung direkt bei der angegebenen Adresse.

Für Leute im Alter von 18 bis 30 Jahren bietet das **Working Holiday Scheme** (WHS) die einfachste Möglichkeit, legal in Neuseeland zu arbeiten. Damit erhält man eine auf 12 Monate befristete Arbeitserlaubnis. Deutsche können in unbegrenzter Zahl von dieser Möglichkeit Gebrauch machen. Für den Antrag, der $140 kostet, benötigt man einen Pass und ein Ticket für den Weiterflug von Neuseeland (oder die finanziellen Mittel dafür). Und man muss nachweisen, dass man sich in der Zeit des Aufenthalts finanziell über Wasser halten kann ($4200 insgesamt). Man kann das Visum online beantragen (mit Visa- oder MasterCard).

Wer dann später in Neuseeland die Bescheinigung vorlegt, dass er mindestens drei Monate im Bereich Garten- oder Weinbau gearbeitet hat, kann eine Verlängerung des Aufenthalts beantragen, die **Working Holidaymaker Extension** (WHE). Anträge sind zu richten an Immigration New Zealand, ✆ 09 914 4100, 🖳 immigration. govt.nz; die entsprechenden Formulare sind von der Website herunterladbar.

Wer illegal in Neuseeland arbeitet, riskiert eine Geldbuße oder die Ausweisung. Es gibt aber eine Reihe anderer Visa-Optionen, z. B. das neue **Silver Fern Visa** für 20–35-Jährige und Visa für Saisonarbeiter im Garten- oder Weinbau – Näheres beim Immigration Service.

Wer legal in Neuseeland beschäftigt ist, muss beim Inland Revenue Department, 🖳 ird.govt. nz, eine **Steuernummer** beantragen. Das kann zwar bis zu zehn Tagen dauern, aber man darf während der Wartezeit schon arbeiten. Je nach Einkommen liegt der Einkommensteuersatz bei 10,50 bis 47,04 %. Viele Arbeitgeber überweisen den Lohn nur auf ein neuseeländisches **Bankkonto**, das man allerdings ohne Weiteres eröffnen kann (S. 50).

Gelegenheitsarbeit

Einer der wichtigsten Bereiche für Gelegenheitsjobs sind die **Obsternte** und damit verbundene Arbeiten in Obstanbaugebieten. Die Hauptanbaugebiete sind Kerikeri an der Bay of Islands für Zitrusfrüchte und Kiwis, Hastings an der Hawke's Bay für Äpfel, Birnen und Pfirsiche, Tauranga und Te Puke für Kiwis und Alexandra und Cromwell in Central Otago für Steinobst. Die meisten Jobs gibt es während der **Erntezeit** (etwa von Januar bis Mai), aber teilweise ist auch außerhalb dieser Zeit problemlos Arbeit zu bekommen. In den wichtigsten Gebieten für Saisonarbeiter sind einige Hostels speziell auf diese Art von Gästen eingestellt, und hier bekommt man auch die besten Informationen über die Jobszene.

Die Obsternte kann eine körperlich anstrengende Arbeit sein, die normalerweise nach der geernteten Menge bezahlt wird. Packarbeiten werden dagegen meist auf Stundenbasis honoriert. **Informationen** über die Arbeit als Erntehelfer bieten die Websites 🖳 seasonalwork. co.nz, 🖳 pickapicker.net, 🖳 picknz.co.nz und 🖳 job.co.nz.

Freiwillige Arbeit

Das **Conservation Volunteer Programme** des Department of Conservation, 🖳 doc.govt.nz, ist eine tolle Möglichkeit, einige Zeit im neuseeländischen Wald zu verbringen und gleichzeitig etwas Positives für die Umwelt zu leisten. Zu den möglichen Projekten zählen Fledermausstudien, Kiwi-Beobachtung und -Nestkontrolle sowie handfestere Aufgaben wie Weg- und Hütteninstandsetzung und Baumpflanzung. Man kann nur einen Tag lang oder aber bis zu zwei Wochen mitarbeiten; manchmal ist für Verpflegung und Transport ein kleiner Betrag ($50–200) zu zahlen. Antragsformulare gibt es auf der Website. Diese Projekte sind sehr beliebt und die Arbeitsplätze oft schnell ausgebucht, sodass man sich am besten vor der Ankunft in Neuseeland einen Platz sichert.

Kinder

Neuseeland ist ein kinderfreundliches Land. Fremde Kinder werden zwar nicht ganz so verhätschelt wie in einigen Mittelmeerländern, aber Reisende mit Nachwuchs finden im Allgemeinen weit geöffnete Türen vor. Der lange Flug und die damit verbundene Zeitverschiebung stellen meistens den größten Stressfaktor dar. In den meisten Fällen zahlt es sich aus, die Reise in Etappen zu gestalten oder zumindest darauf zu achten, dass die Airline möglichst viele Angebote zur Unterhaltung ihrer kleinen Fluggäste im Angebot hat.

Die **Unterkunft** in Neuseeland stellt kein Problem dar. Fast alle Motels und Hostels haben Familienzimmer, und Holiday Parks (Campingplätze) bieten in der Regel Units für Selbstversorger an, in denen die ganze Familie Platz findet. Die besseren haben auch Kinderspielplätze und einen Pool.

Wer nach Unabhängigkeit strebt, kann sich ein mittelgroßes **Wohnmobil** mieten, das es auch mit Dusche und Toilette gibt. Der Nachteil: Man hockt immer eng aufeinander.

Unterwegs gibt es in den meisten Städten und an allen touristischen Orten **öffentliche Toiletten**, die im Allgemeinen hygienisch einwandfrei sind.

Ältere Kids können auch an **Abenteueraktivitäten** teilnehmen, für die allerdings Beschränkungen gelten können. Bungy-Veranstalter lassen Kinder in der Regel ab zehn Jahren springen, bei größeren Höhen manchmal auch erst ab elf oder zwölf. Rafting ist normalerweise ab zwölf Jahren möglich, es werden aber nicht

Nicht vergessen!

☐ **Reisepass**
☐ **Impfpass**
☐ **SOS-Anhänger** mit allen wichtigen Daten
☐ **Kleidung** – möglichst strapazierfähige, leichte Sachen
☐ **Wegwerfwindeln**
☐ **Babynahrung**
☐ **Fläschchen** für Säuglinge
☐ **MP3-Player**
☐ **Spiele** und **Bücher**
☐ **Fotos** von wichtigen Daheimgebliebenen gegen Heimweh
☐ **Kuscheltier** (muss gehütet werden wie ein Augapfel, denn ein verloren gegangener Liebling kann allen den Rest der Reise verderben – reiseerprobte Kinder beugen vor, indem sie nur das zweitliebste Kuscheltier mitnehmen)
☐ **Sonnencreme** mit hohem Lichtschutzfaktor
☐ **Kopfbedeckung**

viele auf Familien zugeschnittene Touren angeboten. Ähnliche Einschränkungen gelten auch für andere Aktivitäten und können bei der Buchung erfragt werden. **Familientickets** kosten meistens so viel wie die Karten für zwei Erwachsene und ein Kind, lohnen sich also erst ab zwei oder mehr Kindern.

In Cafés und **Restaurants** sind Kinder i. d. R. willkommen. Die meisten geben sich Mühe, auch ihre kleinen Gäste ordentlich zu bewirten.

Maße und Elektrizität

In Neuseeland gilt **das metrische System**: Entfernungen werden in Kilometern angegeben; Benzin kauft man pro Liter und Lebensmittel pro Kilo. In Neuseeland liegt die Spannung mit **230–240 Volt** etwas höher als bei uns, was Elektrogeräten normalerweise keine Probleme bereitet. Die Stecker haben allerdings drei flache Stifte, deshalb wird ein Adapter benötigt. Er ist vor Ort und an vielen internationalen Flughäfen erhältlich.

Medien

Für ein Land mit nur 4,3 Mio. Einwohnern wartet Neuseeland mit einer lebendigen Medienszene auf. Auckland behauptet von sich, über mehr Rundfunkstationen pro Kopf als jede andere Stadt der Welt zu verfügen, und in den Zeitschriftenläden finden sich jede Menge neuseeländische Wochen- und Monatsjournale. Die Qualität der Berichterstattung lässt zuweilen etwas zu wünschen übrig, aber zumeist erweist sich Neuseeland als gut informiertes Land. Ein guter Startpunkt im Internet ist ⌨ publicaddress.net, die wichtigste neuseeländische Blogsite.

Fernsehen

Die Neuseeländer empfangen fünf größere kostenlose **Fernsehsender**, einige Lokalsender und Sky TV, das es auch in den meisten Motels gibt.

Der größte Sender ist das staatliche **TVNZ**, das zwei mit Werbeunterbrechungen überfrachtete Kanäle betreibt. TV ONE bietet etwas ältere und vielleicht informativere Programme, TV2 präsentiert sich jünger und unterhaltungsorientierter.

Hauptkonkurrenten sind **TV3**, das etwas zwischen TV ONE und TV2 anzusiedeln ist, und das von Sky TV unterstützte **Prime**, das oft originellere Sendungen bietet. Außerdem gibt es seit 2004 noch **Maori TV**, das vom Staat subventioniert wird, aber auch Werbung sendet. Die auf Maori und Englisch ausgestrahlten Programme sollen der Förderung der Sprache und Kultur der Maori dienen. Neben guten Filmen und tollem Unterricht in der Maori-Sprache gibt es z. B. Maori-Kochsendungen, Lifestyle-Sendungen, Sitcoms sowie Nachrichten und Sportberichterstattung aus Sicht der Maori.

Rundfunk

Neuseeland verfügt nur über wenige landesweite Rundfunksender. Allerdings sind einige kommerzielle Sender im ganzen Land zu empfangen, und nur die Werbung ist dann regio-

nal. Auf den angegebenen Websites können die Sender im **Internet** gehört werden.

Politische Informationen und fundierte Berichte über Kunst und Musik liefert der staatlich finanzierte Sender **Radio New Zealand National** (101,0–101,6 FM; ⌨ radionz.co.nz), in Deutschland vergleichbar mit dem Deutschlandfunk. **Radio New Zealand Concert** (89–100 FM) bringt vor allem klassische Musik.

Obwohl meist von Amateuren betrieben, haben **studentische Radiosender** oft ein sehr gutes und abwechslungsreiches Programm, jedoch nur in der jeweiligen Unistadt: in Auckland bFM (95,0; ⌨ 95bfm.co.nz), in Wellington Active (89,0; ⌨ radioactive.co.nz), in Christchurch RDU (98,5; ⌨ rdu.org.nz) und in Dunedin Radio One (91,0; ⌨ r1.co.nz).

Ansonsten wird der Äther von den **kommerziellen Sendern** verstopft. Am interessantesten ist vielleicht noch **KiwiFM** (102,1–102,5; ⌨ kiwi fm.co.nz) mit einem überwiegend neuseeländischen Musikprogramm, das in Auckland, Wellington und Canterbury zu empfangen ist.

Zeitungen und Zeitschriften

Neuseeland hat keine überregionale **Tageszeitung**, stattdessen vier größere regionale Zeitungen, die alle montags bis samstags erscheinen, sowie zahlreiche kleinere Lokalblätter. Sie sind allesamt politisch eher neutral eingestellt. Die Nordinsel teilen sich die Aucklander *New Zealand Herald,* ⌨ nzherald.co.nz, und die Wellingtoner *Dominion Post,* ⌨ dompost.co.nz. Auf der Südinsel deckt *The Press,* ⌨ stuff.co.nz, Christchurch und Umgebung ab und die *Otago Daily Times,* ⌨ odt.co.nz, den tiefen Süden des Landes. Alle bringen Nachrichten aus Neuseeland und dem Ausland, Sport und Kultur, wobei viel Material von den Nachrichtenagenturen und großen britischen und amerikanischen Zeitungen stammt. **Sonntags** erscheinen das Boulevardblatt *Sunday News,* die bessere *Sunday Star-Times* und in Auckland der *Herald on Sunday*.

Den neuseeländischen Journalisten wird wenig Raum für fantasievollen und investigativen Journalismus gegeben. Diese Lücke zu füllen, versucht teilweise die vielfältige Themen abdeckende, leicht linksgerichtete **Wochenzeitschrift** *Listener,* 🖳 listener.co.nz. Mit Artikeln zu Politik, Kultur, den Medien, Literatur, Wissenschaft, Reisen usw. ermöglicht das Magazin vielleicht den besten Einblick in die aktuelle neuseeländische Szene.

Längere Artikel erscheinen in der Zeitschrift *North and South.* Wer sich vor allem über das Treiben der Aucklander informieren möchte, sollte einen Blick ins Hochglanzmagazin *Metro* werfen. Daneben gibt es noch eine Reihe Zeitschriften zu bestimmten Themen; *Wilderness,* 🖳 wildernessmag.co.nz, publiziert Artikel zum Wandern, Kajakfahren, Klettern und Mountainbiking; *Real Groove* ist das beste allgemeine Musikmagazin.

Die im zweimonatlichen Turnus erscheinende Zeitschrift *Mana,* 🖳 manaonline.co.nz, preist sich als „Maori-Nachrichtenmagazin für alle Neuseeländer" an und gewährt einen umfassenden Einblick in eine Parallelwelt, die von den Mainstream-Medien oft völlig vernachlässigt wird.

Öffnungszeiten

In größeren Städten und Touristenzentren werden die Öffnungszeiten locker gehandhabt: Cafés, Bars und Supermärkte sind bis spät abends geöffnet, viele andere Geschäfte ebenfalls auch abends. In ländlichen Gegenden gelten dagegen die klassischen Öffnungszeiten: Mo–Fr 9–17.30, Sa 9–12 Uhr. Auf Touristen abzielende Läden sind jedoch täglich bis 20 Uhr geöffnet.

Eine zunehmende Anzahl von **Supermärkten** hat täglich rund um die Uhr geöffnet und kleine Tante-Emma-Läden (*dairies, corner shops* oder *convenience stores* genannt) schließen erst spät am Abend und auch sonntags offen. **Museen** und andere **Sehenswürdigkeiten** öffnen üblicherweise gegen 9 Uhr, was jedoch nicht für ländliche Gebiete gilt, wo sie häufig nur am Nachmittag und/oder an speziellen Tagen ihre Pforten öffnen.

Allgemeine Feier- und Festtage sind auf S. 48 aufgeführt.

Post

In den Postämtern, den sogenannten PostShops (🕘 Mo–Fr 8.30–17 Uhr, in einigen größeren Städten zusätzlich Sa 9 oder 10–12 oder 13 Uhr) sind Briefmarken, Postkarten, Umschläge, Verpackungsmaterial und mehr erhältlich. Briefkästen in Rot-Silber stehen vor den Postämtern und an Straßenecken und werden täglich geleert.

Pakete zu versenden ist ziemlich teuer, denn die Zustellung auf dem Land- oder Seeweg ist passé, und mit dem Economy-Angebot spart man nur 15 % bei erheblich längerer Beförderungszeit.

In jeder größeren Stadt gibt es einen Post-Shop, der einen **Poste-Restante-Service** anbietet, d. h. Postsendungen empfängt und bis zu drei Monate lang aufbewahrt (danach geht sie an den Absender zurück). Die Adressen sind in den entsprechenden Kapiteln hier im Buch aufgeführt. Einen Postlagerservice bieten auch viele **Hostels** und **Hotels** an, bevorzugt mit dem Ankunftsdatum des Adressaten auf dem Umschlag.

Reisende mit Behinderungen

Im Allgemeinen ist Neuseeland behindertenfreundlich. Viele öffentliche Gebäude, Galerien und Museen sind **barrierefrei**, und viele Veranstalter tun ihr Möglichstes, um Menschen mit Behinderungen die Teilnahme an Aktivitäten wie Schwimmen mit Delphinen oder Robben zu ermöglichen. Restaurants und öffentliche Nahverkehrsmittel hingegen sind weniger auf Behinderte eingestellt.

Reiseplanung

Ein guter Startpunkt ist die Website von Tourism New Zealand, 🖳 newzealand.com, die nützliche Links für Reisende mit Behinderungen bereithält. Außerdem gibt es organisierte **Touren** und **Ferien** speziell für Reisende mit Behinderungen. Wenn man unabhängiger sein möchte, sollte man Reiseagenturen, **Versicherungen** und Reisebegleitern gegenüber hinsichtlich der eigenen Grenzen offen sein.

Das Kleingedruckte im Reisekrankenversicherungsvertrag sorgfältig lesen, um sicher zu stellen, dass Menschen mit Behinderung nicht ausgeschlossen sind. Die Reiseagentur kann dafür sorgen, dass die Reise erleichtert wird: Fluggesellschaften und Busunternehmen können mehr tun, wenn sie auf den behinderten Gast vorbereitet sind, z. B. am Flughafen einen Rollstuhl und Extra-Personal bereitstellen. Ein **medizinisches Gutachten** vom Arzt über die eigene Reisetauglichkeit ist äußerst hilfreich; einige Fluggesellschaften und Versicherungen bestehen darauf.

Unterkünfte

Jedes neu errichtete Hotel, Hostel oder Motel muss mindestens ein Zimmer behindertengerecht ausstatten. Auch viele bereits bestehende Unterkünfte haben Zimmer für entsprechende Bedürfnisse umgestaltet, darunter die meisten Jugendherbergen der YHA, einige Motels, Campingplätze und größere Hotels. Bei älteren Gebäuden, Homestays und B&Bs ist am wenigsten mit derartigen Umbauten zu rechnen.

Eine Liste mit behindertenfreundlichen Unterkünften findet man im Internet unter ⌨ acco mobility.co.nz.

Transport

Nur wenige Fluggesellschaften, Züge, Fähren und Busse gewähren vollständige Unabhängigkeit. Air New Zealand bietet auf Auslands-, jedoch nicht auf Inlandsflügen einen Rollstuhl, der schmal genug ist, um damit im **Flugzeug** herumzufahren. Die hinteren Toiletten sind größer als die anderen, um Rollstuhlfahrern den Zugang zu erleichtern.

Andere inländische Fluggesellschaften haben schlechtere Einrichtungen für Behinderte. Die Interislander-**Fähren** über die Cook Strait sind für behinderte Reisende einigermaßen zu-

gänglich; das Personal hilft bei Bedarf beim Einsteigen, und es gibt umgebaute Toiletten.

Bei vorheriger Ankündigung stellt die **Bahn** Mitarbeiter bereit, die Rollstuhlfahrern oder Sehbehinderten in den Zug helfen, es ist jedoch nicht möglich, in einem herkömmlichen Rollstuhl im Zug herumzufahren und Behindertentoiletten sind nicht vorhanden. Bei Reisen in **Fernbussen** gibt es ähnliche Probleme.

In den Städten stehen einige auf Rollstuhlfahrer ausgerichtete **Taxis** zur Verfügung, die im Voraus gebucht werden müssen. Sonst helfen Taxifahrer dem behinderten Fahrgast auf den Sitz und transportieren den Rollstuhl im Kofferraum.

Kontakte in Neuseeland

Access Tourism NZ,
⌨ accesstourismnz.org.nz
Informative Lobbyseite für Reisende mit Behinderungen
Disability Resource Centre,
14 Erson Ave, Royal Oak, Auckland,
✆ 09 625 8069, ⌨ disabilityresource.org.nz
Allgemeine Hilfestellungen
DPA, 4. Stock, 173–175 Victoria St,
Wellington, ✆ 04 801 9100, ⌨ dpa.org.nz
Hilfszentrum mit nützlichen Links auf der Website
Enable New Zealand, ✆ 0800 362 253,
⌨ enable.co.nz
Hilfsorganisation für Menschen mit Behinderungen, nicht speziell für Reisende

Schwule und Lesben

Obwohl es besonders in ländlichen Gegenden noch immer Ressentiments gibt, leben Homosexuelle in Neuseeland weitgehend unbehelligt. 1986 wurde Homosexualität entkriminalisiert und die sexuelle Mündigkeit auf 16 Jahre heruntergesetzt (genau wie für Heterosexuelle). Es ist strafbar, Homosexuelle und Menschen mit Aids zu diskriminieren (Letztere können daher auch ohne Einschränkung nach Neuseeland einreisen).

Homosexuelle müssen sich nicht in eigenen Vierteln verschanzen. Selbst in **Auckland** und **Wellington**, den einzigen beiden Städten mit einer lebendigen Schwulen- und Lesbenszene, gibt es keine ausgeprägten Homosexuellen-Viertel, und die meisten Bars und Clubs haben ein gemischtes Publikum. Am größten und aktivsten ist die Szene in Auckland, aber Wellington wirkt aufgrund seiner geringeren Größe zugänglicher und freundlicher. Kleine Schwulen- und Lesbengemeinden gibt es auch in Christchurch, Nelson und Queenstown.

Zu den wichtigsten **Veranstaltungen** für Schwule und Lesben zählt das **Vinegar Hill Summer Camp**, 🖥 vinegarhill.co.nz, das jedes Jahr vom 2. Weihnachtstag bis kurz nach Neujahr 5 km nördlich der Kleinstadt Hunterville auf der Nordinsel stattfindet. Dort kommen ein paar hundert homosexuelle Männer und Frauen zum Zelten und Feiern zusammen. Eintritt wird nicht erhoben (nur das Zelten kostet um $5).

Die beste lokale Infoquelle ist das Magazin **Express**, 🖥 expresstoday.co.nz. Es erscheint alle 14 Tage und ist kostenlos in nahezu jeder Buchhandlung, in schwulenfreundlichen Cafés und Schwulen-Treffpunkten erhältlich.

Reiseinformationen und Websites

🖥 **gaynewzealand.com** Lädt zu einer virtuellen Reise durch das Land mit zahlreichen Hinweisen für Lesben und Schwule ein.

🖥 **gaynz.net.nz** Nützliche Website mit allen möglichen Informationen für homo-, bi- und transsexuelle Männer und Frauen, darunter auch die **Pink Pages** mit Hinweisen auf Veranstaltungen für Schwule im ganzen Land.

🖥 **gaytravel.net.nz** Schwullesbischer Online-Buchungsdienst für Unterkünfte, Transport etc.

🖥 **rainbowtourism.com** Ausgezeichnete Internetseite für schwule und lesbische Traveller in Neuseeland und Australien mit Infos zu Unterkünften, Veranstaltungen, Clubs und Touren.

🖥 **samesextravel.com** Listet Unterkünfte in ganz Neuseeland (und Australien), die von Schwulen und Lesben geführt werden.

🖥 **purpleroofs.com** Umfassende Übersicht über schwulenfreundliche Unterkünfte in Neuseeland und darüber hinaus.

Sicherheit

Neuseelands Kriminalitätsrate ist vergleichbar mit der anderer „Erste-Welt"-Länder. Auch hier kursieren immer wieder irgendwelche Horrorgeschichten über Gewaltverbrechen in den Medien, doch zur Panik besteht kein Anlass. Solange man seinen gesunden Menschenverstand einsetzt, dürfte es keine Probleme geben.

Eine Portion Vorsicht ist in den schäbigeren Vierteln größerer Städte geboten, wo man bei Dunkelheit nicht allein herumspazieren sollte. Ein größeres Sicherheitsrisiko stellen die „**boy racer**" dar, die innenstädtische Straßen als Rennstrecken missbrauchen, wodurch schon Zuschauer und unbeteiligte Passanten zu Tode gekommen sind. Zwar versucht die Polizei das Problem in den Griff zu bekommen, man sollte jedoch spätabends in den Innenstädten auf der Hut sein.

Es kann nie schaden, sich gegen **Diebstahl**, besonders aus **Autos und Wohnmobilen**, zu schützen. Bei Stadtbesuchen sollte man seine Wertsachen nicht im Fahrzeug, sondern in der Unterkunft lassen, aber die Diebe haben es auch auf Fahrzeuge abgesehen, die an den Ausgangspunkten von Wanderwegen oder in der Nähe von Sehenswürdigkeiten stehen. Verständlicherweise üben **Wohnmobile** einen ganz besonderen Reiz aus, enthalten sie doch üblicherweise alle Besitztümer und stellen fast immer eine einträgliche Beute dar. Deshalb gilt: Sobald man das Auto verlässt, alle Wertsachen mitnehmen und Taschen außer Sichtweite packen.

Darüber hinaus kann man nicht viel mehr tun, außer vielleicht eine gute Versicherung abzu-

Notruf

📞 111 ist die kostenlose Notrufnummer, um die Polizei, Feuerwehr oder einen Krankenwagen zu rufen.

schließen. Wer auf eine Wanderung geht, sollte seinen Wagen für ein paar Dollar auf einem bewachten Parkplatz abstellen.

Polizei und Gesetz

Wer verhaftet wird, darf ein Telefongespräch führen und bekommt einen Pflichtverteidiger, sofern man sich keinen anderen Anwalt leisten kann. Es ist sehr unwahrscheinlich, dass das zuständige Konsulat Interesse an dem Fall zeigt, es sei denn, der Sachverhalt erweist sich als äußerst ungewöhnlich oder mit deutlichen Widersprüchen behaftet.

Die Gesetze bezüglich **Alkoholkonsums** in der Öffentlichkeit werden traditionell recht milde ausgelegt. Als Reaktion auf Randale haben jedoch einige Kommunen den öffentlichen Konsum von Alkohol gänzlich verboten. Im Allgemeinen wird jedoch niemand behelligt, wenn er am Strand ein Bier oder an einem Picknickplatz ein Glas Wein zu sich nimmt.

Bei **Trunkenheit am Steuer** lässt die Polizei aber nicht mit sich spaßen. Alkoholkontrollen sind weit verbreitet. Neuseeländisches **Marihuana** steht im Ruf, stark und leicht erhältlich zu sein. Der Besitz ist verboten. Gegen Besitzer größerer Mengen Rauschgift und gegen jegliche Verwicklungen mit **harten Drogen** gehen Polizei und Gerichte hart vor und verhängen lange Haftstrafen.

Diskriminierung

Neuseeländer betrachten sich gern als tolerante, offene Menschen, und ausländische Besucher werden meist herzlich empfangen. Rassismus ist jedoch alles andere als unbekannt, wenngleich kaum mit offener Diskriminierung zu rechnen ist. Auch dürfte es nicht passieren, dass man aufgrund seiner Rasse, Hautfarbe oder seines Geschlechtes abgewiesen wird.

Trotz Bemühungen, gute Beziehungen zwischen **Maori** und **Pakeha** aufrechtzuerhalten, gibt es latente Spannungen. Praktisch seit der Kolonisierung haben Maori eine schlechtere Ausbildung, verdienen weniger und zählen un-

verhältnismäßig viele Arbeitslose und Verhaftungen.

Die hohe Zahl von **Immigranten aus Ostasien**, insbesondere aus Hongkong, China und Taiwan, hat in jüngerer Zeit die Demografie in Auckland über den Haufen geworfen. Im Zentrum Aucklands gibt es außerdem mehrere englische Sprachschulen, die zumeist von asiatischen Studenten besucht werden. Das hat zur Folge, dass in einigen Stadtteilen (v. a. in Downtown) etablierte Neuseeländer in der Minderheit sind – ein Umstand, den sowohl einige Maori als auch Pakeha als störend empfinden. Offenem Rassismus begegnet man kaum, aber eine gesunde Durchmischung ist ebenso selten zu verzeichnen.

Sport und Aktivitäten

Das Leben in Neuseeland wird bestimmt von „The Great Outdoors", und kein Besuch im Land wäre vollständig, ohne nicht einen großen Teil seiner Zeit in der freien Natur zu verbringen. Die Liebe der Neuseeländer zur Natur manifestiert sich in der einzigartigen Ansammlung von **National-** und **Meeresparks** sowie anderen **Schutzgebieten**, die vom **Department of Conservation** (DOC, 🖵 doc.govt.nz, verwaltet werden.

Wichtigste Aufgabe des DOC ist es, die fragile Ökologie zu schützen und gleichzeitig den Ansprüchen des Tourismus zu genügen: Es gibt ein ausgedehntes Netzwerk gut beschilderter Pfade, eine Menge Campingplätze und Hütten, informative Besucherzentren mit Ausstellungen zur örtlichen Geschichte, Flora und Fauna sowie exzellente Broschüren (als Download im Internet) über die wichtigsten Wanderwege.

Die Gipfel der Southern Alps eignen sich in perfekter Weise zum **Bergsteigen** und **Skifahren**, während die tiefer gelegenen Hänge ideal für mehrtägige **Wanderungen** sind, auf denen man über nicht allzu hohe Pässe von Tal zu Tal – bewachsen mit subtropischem und gemäßigtem Regenwald – marschieren kann. Entlang den Küsten liegen geschützte Lagunen zum **Schwimmen** und **Bootfahren**, aber auch für **Surfer** gibt es genügend Strände, an die erstklassige Wellen branden.

Angesichts dieser natürlichen Gegebenheiten verwundert es kaum, dass sich Neuseeland selbst als Weltzentrum des **Abenteuersports** vermarktet. Überall im Land findet man Orte mit einem Angebot an **Bungy-Jumping**, **Rafting**, **Jetboating**, **Fallschirmspringen** (im Tandem), **Mountainbiking**, **Tauchen** etc. – in der Tat braucht man eigentlich nur einen Wunsch zu äußern und kann fast sicher gehen, dass alles zu seiner Erfüllung unternommen wird. Auch wenn Tausende von Menschen Tag für Tag ohne Zwischenfall an diesen Aktivitäten teilnehmen, variiert die Qualität der **Ausbildung** der Führer sehr. Für viele Veranstalter ist es eine Frage der Ehre, ihren Kunden so viel Angst wie möglich einzujagen. Diese Aufschneiderei sollte nicht mit mangelndem Sicherheitsbewusstsein verwechselt werden. Dennoch bleibt die Tatsache bestehen, dass die Medien in den letzten Jahren immer wieder über Verletzte und sogar Todesfälle berichtet haben – eine tragische Situation, der man mit einem allgemein anerkannten Ausbildungsstandard und internen Sicherheitskursen zu begegnen versucht. Bevor man sich auf eine Abenteuersportart einlässt, gilt es die eigene Versicherung zu überprüfen (S. 89).

Wandern

Einer der Hauptgründe für einen Besuch in Neuseeland ist für viele ausgedehntes Wandern – egal, ob man es nun *tramping*, *trekking*, *bushwalking* oder *hiking* nennt.

Unter *tramps* versteht man üblicherweise mehrtägige Wanderungen, die gut erkennbaren Wegen durch relativ unberührte Wildnis folgen, oft in einem der unzähligen Nationalparks des Landes. Unterwegs übernachtet man entweder im eigenen Zelt oder in Hütten, schleppt seine Ausrüstung im Rucksack mit und benötigt daher ein gewisses Maß an **Fitness**.

Wem das zu anspruchsvoll erscheint, der kann sich einer der **geführten Touren** anschließen, bei denen man zumeist in etwas komfortableren Hütten oder luxuriösen Lodges absteigt und sich nicht um das Essen und die Beförderung des Gepäcks kümmern muss. Infos über Veranstalter sind überall im Führer zu finden.

Die beste Zeit zum Wandern ist zwischen Oktober und Mai. Einige der beliebtesten Wege, darunter Milford, Routeburn und Kepler Track, befinden sich in der kühleren südlichen Hälfte der Südinsel, wo die Saison um ein paar Wochen verkürzt ist.

Die Wanderwege

Die frühen Eroberer und Rotwildjäger haben Neuseelands zerklüftetes Terrain mit einem Netz an Pfaden durchzogen, welche das Grundgerüst vieler heutiger Wanderwege darstellen.

Im vorliegenden Führer sind die verschiedenen Schwierigkeitsgrade weitestgehend notiert, als Basis diente das Klassifizierungssystem des DOC: Ein **Path** verläuft fast eben, ist begradigt und häufig sogar mit einem Rollstuhl befahrbar. **Walking Tracks** und **Tramping Tracks** (üblicherweise mit rot-weißen oder orangefarbenen Zeichen an Bäumen markiert) sind wesentlich anstrengender zu meistern, erfordern eine gewisse Fitness und die richtige Ausrüstung. Für die Begehung einer **Route** benötigt man bereits einiges an Erfahrung, da die Wege oftmals nur schlecht bezeichnet sind und oberhalb der Baumgrenze verlaufen.

Die vom DOC angegebenen **Wanderzeiten** können einen gehörig straucheln lassen: Während man die meist von Familien begangenen *paths* locker in der Hälfte der veranschlagten Zeit schafft, fällt es auf den schwierigen *routes* oft schwer, die Zeiten überhaupt einzuhalten (unsere Angaben beziehen sich auf durchschnittlich trainierte Wanderer). Sofern bekannt wurden bei den einzelnen Streckenbeschreibungen im Führer auch die Entfernungen und die eventuell nötigen Klette̥reinlagen benannt.

Wertvolle Informationen über Startpunkte und den Verlauf von Wanderwegen, Hütten, Zeltplätze sowie gute Kartenskizzen sind in den exzellenten **DOC-Broschüren** (jeweils ca. $1) enthalten. Die Titel von Broschüren über bestimmte Regionen sind in den entsprechenden Kapiteln dieses Buches aufgeführt, wobei Preise nur angegeben sind, wenn sie $2 oder mehr betragen. Viele können kostenlos unter ⬚ doc.govt.nz heruntergeladen werden. Die **Wanderkarten** in den DOC-Broschüren dürften ausreichen, solange die beschriebene Route nicht verlassen wird.

Erfahrene Wanderer, die ihre Routen individuell planen möchten, sollten sich detailliertere Wanderkarten besorgen, auf denen alle Landschaftsmerkmale der Umgebung eingetragen sind. In den meisten Hütten hängt übrigens die Kopie einer solchen Karte an der Wand oder ist auf den Tisch laminiert. Bei der Beschreibung der Wanderwege in Bezug auf Flüsse haben wir uns an der natürlichen Fließrichtung orientiert, d. h. das linksseitige Ufer („true left" genannt) bezieht sich auf die linke Uferseite flussabwärts gesehen.

Neun von Neuseelands schönsten und beliebtesten Wanderwegen (darunter eine Kanutour) wurden vom DOC unter der Bezeichnung **Great Walks** zusammengefasst. Sie bekommen den Löwenanteil der Finanzen, die das DOC jährlich zur Instandsetzung der Einrichtungen zur Verfügung hat – dementsprechend gut und breit sind die Wege, wobei über schlammige Abschnitte Planken und über fast jeden Fluss eine Brücke führt. Die Great Walks sind also die Vorzeigewege unter Neuseelands Wanderpfaden.

Der **Zugang** zu den Wegen stellt in viel besuchten Regionen selten ein Problem dar, erfordert aber manchmal eine gewisse Planung. Meist liegen Start- und Endpunkt einer Wanderung in einiger Entfernung zueinander, sodass ein eigenes Auto nur hinderlich ist; davon abgesehen scheinen die auf Wanderparkplätzen abgestellten Fahrzeuge wie ein Magnet auf Diebe zu wirken. Während es zu den Great Walks meist Busverbindungen von den nächstgelegenen größeren Ortschaften gibt, braucht man bei unbekannteren Wanderwegen schon etwas mehr Geduld, um dorthin zu gelangen.

Übernachtung unterwegs: Hütten und Zeltplätze

Das Hinterland Neuseelands ist mit nahezu 900 **Hütten** übersät, die weniger als eine Tageswanderung voneinander entfernt sind und oft in herrlicher Landschaft liegen. Bei allen handelt es sich mehr oder weniger um schlichte Gemeinschaftsunterkünfte, die vom DOC in fünf verschiedene Kategorien eingeteilt werden.

Basic Huts (kostenlos) sind oft recht primitiv und auf den bekannten Wanderwegen nur selten anzutreffen. **Standard Huts** ($5,10 p. P. und Nacht) können etwa zwölf Personen aufnehmen und haben Etagenbetten oder Podeste, auf denen man seine Isomatte und seinen Schlafsack ausrollen kann. Ihre Ausstattung ist sehr schlicht: Es gibt ein Plumpsklo, Trinkwasser, aber keinen Heizofen und keine Kochgelegenheit.

Serviced Huts ($15,30) sind größer und haben 20 oder mehr Herbergsbetten mit Matratzen. Zur Ausstattung gehören Waschbecken und manchmal auch eine Toilette mit Wasserspülung. Auch hier muss man seinen eigenen Kocher mitbringen, dafür gibt es eine Heizmöglichkeit. Im Falle eine Kamins/Holzofens wird erwartet, dass man die benutzten Scheite durch neue ersetzt.

Noch etwas luxuriöser geht es in den **Great Walk Huts** zu, die an den Great Walks zu finden sind. Die Hütten sind in mehrere Zimmer mit Etagenbetten unterteilt, es stehen Gaskocher (aber keine Kochutensilien) zur Verfügung, außerdem eine Heizung, ein Trockenraum und manchmal sogar Strom, der über Solarzellen erzeugt wird. Great-Walk-Hütten kosten $15–52 pro Erwachsenem und Nacht. Kinder im Schulalter bezahlen generell nur die Hälfte, und dank einer DOC-Initiative können Personen unter 18 Jahren jetzt

---

Te Araroa – The Long Pathway

Seit Mitte der 1970er-Jahre hegen die Neuseeländer den Traum eines ununterbrochenen Wanderwegs von einem Ende des Landes zum anderen. Jahrelang forcierte der Te Araroa Trust, eine private Gruppe von Freunden eines solchen Vorhabens, das Projekt Te Araroa – The Long Pathway, ⌨ teararoa.org.nz. Ziel der Stiftung war die Fertigstellung der gesamten Route über 2900 km von Cape Reinga nach Bluff, die im Dezember 2011 eröffnet wurde. Die Organisation hat sich am Aufbau kurzer Wanderwege beteiligt, mit denen das fragmentarische Netz zu einer ununterbrochenen Route zusammengeführt wurde.

Es existiert eine provisorische Strecke, die bemerkenswert abwechslungsreich ist. Viele Abschnitte führen durch recht abgelegene Regionen, wobei aber mit Absicht kleine Siedlungen angesteuert werden, damit sich die Wanderer verpflegen können.

Neuseeland lässt sich problemlos auf eigene Faust bereisen. Wer jedoch in bestimmte Dinge einen tieferen Einblick gewinnen oder einfach nicht die ganze Zeit alleine unterwegs sein möchte, hat die Wahl zwischen den unterschiedlichsten Touren.

Wandern, Natur und Tierwelt

Active Earth, 🖳 activeearthnewzealand.com. Geeignet für durchschnittlich trainierte Menschen, die das „andere" Neuseeland kennenlernen möchten. Unterhaltsame und kundige Führer gehen mit kleinen Gruppen zum Wandern, Klettern und Campen in nahezu unberührte Gebiete der Nordinsel. Ab $920 für 4 Nächte.

Hiking New Zealand, 🖳 hikingnewzealand.com. Das umweltbewusste Unternehmen veranstaltet alle möglichen Touren, von Wanderungen durch den äußersten Norden von Northland (6 Tage für $995) bis zu Bootstouren zu Neuseelands subantarktischen Inseln (9 Tage für $4082 plus US$250 Landungsgebühr). Dazu kommt jeweils ein täglicher Camping- und Proviantbeitrag von $25–35.

Kiwi Wildlife Tours, 🖳 kiwi-wildlife.co.nz. Höherpreisige Vogelbeobachtungstouren unterschiedlicher Dauer in kleinen Gruppen (ab $300 p. P. und Tag).

Kiwi Wildlife Walks, 🖳 nzwalk.com. Professionell geführte Wanderungen, u. a. auf Stewart Island, wo man sich auf die Suche nach Kiwis macht (4 Tage, $1995).

Real Journeys, 🖳 realjourneys.co.nz. Professionell durchgeführte Touren, z. B. eine Fahrt mit der *Fiordland Navigator* auf dem Doubtful Sound mit Übernachtung (4er-Kabine/Doppel ab $263/$473 p. P.) und Ausflügen per Kajak.

Ruggedy Range, 🖳 ruggedyrange.com. Auf Stewart Island ansässiges Unternehmen mit unterhaltsamen Ausflügen zur Tierbeobachtung (ab 1 Tag und 1 Nacht, $470).

Rad-, Reit- und Kajaktouren

Adventure South, 🖳 advsouth.co.nz. Umweltbewusste Agentur, die Fahrradtouren sowie Exkursionen mit verschiedenen Aktivitäten auf der Südinsel anbietet, bei denen man in stilvollen Lodges oder in Wanderhütten übernachtet. Unter anderem gibt es eine 21-tägige Rad- und Wandertour über die Südinsel ($9659). Bei allen Touren ist ein Einzelzimmerzuschlag zu zahlen.

Alpine Horse Safaris, Waitohi Downs, 🖳 alpinehorse.co.nz. Treks für erfahrene Reiter einschließlich Verpflegung und Unterkunft entlang alter Goldgräberpfade abseits der Zivilisation oder zumindest abseits der Straßen (4 Tage, $1340).

Cycle Touring Company, 🖳 cycletours.co.nz. Auf die Bedürfnisse der Kunden zugeschnittene geführte oder nicht geführte Touren im Northland. Im Angebot sind mehrere Routen zwischen 2 und 21 Tagen, wobei das Gepäck auf Wunsch transportiert und in Lodges, Homestays oder billigeren Backpackers übernachtet wird. Eine Tour mit 7 Übernachtungen, aber ohne Gepäckbeförderung kostet etwa $1607.

New Zealand Sea Kayak Adventures, 🖳 nzkayaktours.com. Geführte Seekajaktouren an der Küste von Northland und in der Bay of Islands mit Camping und Vollverpflegung. Die Touren, darunter ein beliebter 7-tägiger Trip ($1225), werden für alle Schwierigkeitsgrade angeboten.

Pacific Cycle Tours, 🖳 bike-nz.com. Agentur, die Mountainbike- und Straßentouren sowie Wandertouren mit unterschiedlich hohem Abenteuercharakter auf beiden Inseln anbietet, z. B. eine kombinierte Rad- und Weinverkostungstour (5 Tage, ab $835).

Pakiri Beach Horse Riding, 🖳 horseride-nz.co.nz. Hochprofessionelle Mehrtagestouren durch Wald und an Klippen entlang, darunter eine tolle Tour von Küste zu Küste (7 Tage, $3999).

Pedaltours, 🖳 wpedaltours.co.nz. Geführte Straßen- und Mountainbiketouren auf beiden Inseln, z. B. einwöchige Fahrt um die Nelson Lakes ($3150).

die Hütten und Zeltplätze an den Great Walks kostenlos benutzen – Plätze buchen müssen sie aber trotzdem.

Übernachtungsgebühren werden am besten im Voraus online, im örtlichen DOC-Büro, im Besucherzentrum oder in einer anderen Einrichtung nahe dem Startpunkt entrichtet. Für die Nutzung eines der Great Walks ist der **Great Walks Hut Pass** zwingend vorgeschrieben; er beinhaltet die Übernachtungskosten für die geplante Route. Eine Bestätigung muss mitgeführt werden, damit das Personal vor Ort die Kosten für jede Hütte nicht ein zweites Mal in Rechnung stellt. Pass und Reservierung werden gleichzeitig ausgestellt und garantieren dem Inhaber ein Bett in den Hütten Kepler, Milford, Routeburn, Abel Tasman und Heaphy. Bei den anderen Great Walks ist eine Reservierung nicht im Hüttenpass enthalten, v. a. weil es als sehr unwahrscheinlich gilt, dass die Hütten dort ausgebucht sind.

Weitere Informationen über die Great Walks und andere Wanderwege in Neuseeland gibt es auf der Website ⌨ tramper.co.nz.

Im Winter (Mai–Sep) werden die Hütten der Great Walks in die Kategorie Standard zurückgestuft – und haben dann oft keine Heizung und Kochgelegenheit mehr –, sodass man dann einen Hut Pass benutzen kann. Allerdings garantieren weder Pass noch Tickets einen Schlafplatz. Die Betten werden wie bei allen anderen Wanderwegen ohne Reservierungssystem nach dem Prinzip „wer zuerst kommt, mahlt zuerst" vergeben.

Wer im Rahmen seines Neuseeland-Aufenthalts viele Wanderungen außerhalb der Great Walks oder auf den Great Walks außerhalb der Saison unternehmen möchte, kann sich einen **Backcountry Hut Pass** ($122,60 für 12 Monate; $92 für 6 Monate) besorgen, mit dem man in allen Standard Huts und Serviced Huts übernachten kann. **Zelten** ist auf allen Wanderwegen außer dem Milford Track erlaubt. Bei Zeltplätzen nahe einer Hütte darf man deren sanitäre Einrichtungen und Kochgelegenheiten gerne mitbenutzen.

Ausrüstung

Wanderungen in Neuseeland können in eine gefährliche und schauerliche Erfahrung ausarten, wenn man die falsche Ausrüstung dabeihat.

Was die **Bekleidung** angeht, so sollte man sowohl Klamotten für heiße und sonnige Tage als auch für kaltes, windiges und nasses Wetter dabeihaben, da das Wetter plötzlich umschlagen kann. Die schönsten Touren führen durch einige der feuchtesten Regionen der Welt – auf einigen Abschnitten des Milford Track beispielsweise fallen über 6000 mm Regen pro Jahr. Ganz wichtig ist daher eine Regenjacke. Ein früher Aufbruch am Morgen hat oft zur Folge, dass man durch nasses Gras stolzieren muss, weswegen ein Paar kniehohe Gamaschen hervorragende Dienste leisten können.

Bequeme, gut eingelaufene Schuhe, welche die Fesseln stützen, sind ein absolutes Muss – entweder Lederschuhe oder leichte Trekkingschuhe; für den Abend eignen sich dünne Turnschuhe oder Sandalen. Ebenfalls zur Ausrüstung gehören Funktionsunterwäsche, ein warmer, schnell trocknender Pullover (am besten aus Fleece), ein guter Schlafsack, evtl. eine Isomatte und natürlich ein gut sitzender, wasserdichter Rucksack.

Unterwegs gilt es völlig autark zu sein. Auf den Great Walks bedarf es hierfür neben der Nahrung nur der **Kochutensilien**, auf anderen Wanderwegen auch eines Kochers mit Brennstoff. Am schwersten trägt man meist am **Essen**. Gefriergetrocknete Mahlzeiten wiegen zwar kaum etwas und schmecken auch ganz gut, sind aber teuer. Preisbewusste Wanderer bevorzugen daher Nudeln oder Reis, Tütensuppen und -soßen, Müsli, Milchpulver, eventuell Brot und Marmelade oder eine gehaltvolle Erdnussbutter, Süßigkeiten und Knabbermischungen (in Neuseeland *scroggin* genannt) für den Snack zwischendurch sowie Teebeutel, Kaffee und lösliche Getränke („Raro" ist eine gute Marke). Auf allen Hütten gibt es **Trinkwasser**, wohingegen das Wasser aus Seen und Flüssen mit Tabletten oder Filtern gereinigt werden sollte, um eine Giardia-Infektion zu vermeiden (S. 52).

Ebenfalls ins Gepäck gehört ein **medizinisches Notfallset** (inklusive Sonnencreme und Insektenmittel), eine **Taschenlampe** mit Ersatzbatterie und -birne, **Kerzen**, **Streichhölzer** oder ein Feuerzeug sowie ein **Kompass**. In den bekanntesten Wandergebieten kann man sich die nötige **Ausrüstung** vor Ort **leihen**. Der Rucksack sollte nie bis zum Bersten vollgestopft werden, da man alles stundenlang und über Tage hinweg mit sich schleppen muss. Zumeist bieten Hotels und Hostels der näheren Umgebung einen Aufbewahrungsservice für überflüssiges Gepäck an, entweder kostenlos oder gegen eine kleine Gebühr.

Sicherheit

Die meisten Leute wandern tage-, ja wochenlang durch Neuseeland und haben nichts weiter zu beklagen als Muskelkater und die juckenden Stiche der nervigen *sandflies*. Trotzdem sollte man das Thema Sicherheit nicht auf die leichte Schulter nehmen: Jedes Jahr gibt es einige Fälle, bei denen Wanderer aus gefährlichen Situationen gerettet oder sogar als vermisst gemeldet werden. Ursache ist meist das **Wetter** – oder besser gesagt: die unzureichende Ausrüstung der Wanderer. Man kann es nicht genug betonen, dass sich selbst im Hochsommer ein warmer, wolkenloser Tag innerhalb von einer Stunde in einen Sturm mit eisigen Temperaturen und dichtem Nebel verwandeln kann. Um eine solche Situation zu vermeiden, sollte man vor dem Aufbruch unbedingt die Wettervorhersage (hängt in DOC-Büros aus) verfolgen und warme, wind- und regendichte Kleidung dabeihaben.

Tödliche Unfälle passieren oft bei **Flussdurchquerungen**. Steht man vor einem Fließgewässer, das zu gefährlich erscheint, als dass man es zu Fuß durchwaten könnte, dann sollte man seinen Instinkten vertrauen – entweder man wartet, bis der Wasserstand fällt, oder man kehrt um. Sollte das Schlimmste geschehen, und man wird vom Wasser mitgerissen, so gilt: Niemals versuchen aufzustehen, weil man sich sonst die Füße zwischen Felsen einklemmen und ertrinken könnte; stattdessen auf den Rücken legen und mit den Beinen voraus treiben lassen, bis man eine Stelle erreicht, an der man ans Ufer schwimmen kann.

Bei Verletzungen oder Orientierungsverlust stehen die Chancen auf Rettung besser, wenn vor dem Aufbruch Freunde oder eine **Person des Vertrauens** am nächsten Etappenziel informiert werden, damit eine überfällige Ankunft auch bemerkt wird. Die DOC-Büros kümmern sich nicht darum, wo Wanderer abgeblieben sind, deshalb

sollte man Freunden über 🖵 adventuresmart.org.nz seine Absichten kundtun. Unterwegs sollte man sich zur Sicherheit in die Hüttenbücher eintragen, damit die einzelnen Etappen im Notfall nachvollziehbar sind. Nach der Wanderung nicht vergessen, sich bei der Kontaktperson wieder abzumelden!

Überhaupt kein Problem in Neuseelands Wildnis sind **Tiere**. Die größten Störenfriede sind die kleinen *sandflies,* deren Stiche teuflisch jucken können, und der Kea, ein Bergpapagei, der mit Vorliebe alles ergreift, was er zu fassen kriegt, um es aus reiner Neugier genüsslich in Stücke zu pflücken.

Wassersport

Das Leben der Neuseeländer ist untrennbar verknüpft mit dem Strand. Einige der schönsten Strände liegen ungeschützt an der Tasmansee oder am Pazifik, was für Schwimmer recht gefährlich sein kann. Zur Sicherheit sollte man deswegen nur an überwachten Abschnitten ins Wasser gehen. Die beliebtesten Strände werden im Sommer regelmäßig von Flugzeugen überflogen, die Ausschau nach gelegentlich auftauchenden **Haien** halten. Nicht unterschätzen sollte man die Kraft der **Sonne** auf der Südhalbkugel, weshalb unbedingt die nötigen Schutzmaßnahmen zu treffen sind (S. 51).

Surfen

Neuseelands Küste bietet die besten Voraussetzungen für **Wellenreiter** und **Windsurfer**. An belebteren Stränden gibt es häufig einen kleinen Laden, der das erforderliche Material – oft auch kleine Boote, Katamarane, Kanus und Boogie-Boards – im Verleih hat; das Gleiche gilt für viele am Meer gelegene Unterkünfte. Weitere Informationen findet man unter 🖵 surf.co.nz und 🖵 surf2surf.co.nz.

Segeln

Neuseelands zahlreiche Naturhäfen, übersät mit kleinen Inseln und gesäumt von einsamen Buchten, machen das Segeln zu einem beliebten Freizeitsport der Kiwis. Segelboote sieht man das ganze Jahr über, aber am geschäftigsten geht es natürlich im Sommer zwischen Dezember und März zu. Sofern man nicht Bekanntschaft mit einem „Yachtie" schließt, bleibt nur das **Chartern** eines Segelboots, was üblicherweise sehr teuer und nur mit einem Skipper möglich ist. Etwas günstiger kommt es, an einem der teilweise hervorragenden **Segeltörns** teilzunehmen oder eine kleine Jolle zu mieten, mit dem man vor der Küste kreuzen kann.

Tauchen und Schnorcheln

Die Gewässer rund um Neuseelands Küste bieten exzellente Möglichkeiten zum Tauchen und Schnorcheln. Was sie an Weitsicht, tropischer Wärme und bunten Fischen vermissen lassen, machen sie durch ihre unglaubliche Bandbreite an Revieren wieder wett. Gute Stellen zum **Schnorcheln** findet man praktisch entlang der gesamten Ostküste beider Inseln, am schönsten aber ist es im **Goat Island Marine Reserve** in Northland, wo es direkt vor der Küste eine große Anzahl unterschiedlicher Habitate gibt.

Northland rühmt sich auch einiger **Tauchreviere** von Weltklasse, insbesondere im **Poor Knights Islands Marine Reserve**, von Tutukaka aus per Boot erreichbar, sowie nahe der Matauri Bay, wo die *Rainbow Warrior* zum Wracktauchen einlädt. Ein anderes gutes Tauchrevier ist die Küste vor Great Barrier Island. Auf der Südinsel gibt es einige spannende Wracks an der Küste vor **Picton** sowie sagenhafte Bestände schwarzer und roter Korallen, die in den **Fjorden** südwestlich vom Milford Sound relativ dicht unter der Wasseroberfläche gedeihen.

Um einen Geschmack von der herrlichen Unterwasserwelt zu bekommen, kann man auch ohne Tauchschein gemeinsam mit einem Lehrer einen sogenannten *resort dive* unternehmen. Wer die Tiefen auf eigene Faust erkunden will, braucht eine PADI-Ausbildung. Mehr Informationen hierzu auf 🖥 divenewzealand.com.

Rafting

Rafting gehört zweifellos zu den spannendsten Abenteueraktivitäten, die Neuseeland zu bieten hat. Bedingt durch das Wetter – und die Besucherzahlen – ist die **Saison** auf die Zeit zwischen Oktober und Mai begrenzt. Bevor es losgeht, wird man mit allem Notwendigen ausgestattet (Badezeug, leichte Schuhe und Handtuch selbst mitbringen) und bekommt vom Raftguide eine Sicherheitseinweisung. Die meisten Anbieter erlauben die Teilnahme übrigens erst ab einem **Mindestalter** von zwölf Jahren.

In der Tat gilt jedoch Rafting als risikoreichste Abenteuersportart und hat in den letzten Jahren mehrere Tote gefordert. Die Anbieter haben ihren teilweise schlechten Ruf inzwischen zwar durch selbst auferlegte Ausbildungen verbessert, aber es gibt noch immer genügend „Fluss-Cowboys". Letztendlich sollte man seinem eigenen Instinkt vertrauen und vor allem aber den Anweisungen des Raftguides folgen.

Kanufahren

Neuseeland gilt als Paradies für Paddler und fast überall, wo es Wasser in der Nähe gibt, werden **Kajaks** oder **Kanadier** vermietet. Entweder man paddelt auf eigene Faust los oder schließt sich einer **geführten Tour** an, auf der man auch noch etwas über die jeweilige Gegend lernt. Ganzjähriger Favorit ist der landschaftlich traumhafte **Whanganui River**.

Jetbootfahren

Das seichte Flussnetz im Weideland von Canterbury stellte den Schaffarmer Bill Hamilton vor ein Problem – er löste es, indem er in den frühen 1960er-Jahren das **Hamilton Jetboat** erfand. Damit konnte er auf nur 10 cm tiefem Wasser die erstaunliche Geschwindigkeit von bis zu 80 km/h erreichen.

Seine ersten zahlenden Passagiere beförderte das Jetboat in einem tiefen, glasklaren Abschnitt des Shotover River, auf dem der bahnbrechende *Shotover Jet* auch heute noch seine actionreichen Runden dreht. Wesentlich ruhiger geht es bei den Wilderness Trips zu, die zwei Stunden oder länger dauern können.

Bungy-Jumping und Bridge Swinging

Maximalen Adrenalinausstoß und minimales Risiko erlebt man kaum irgendwo so hautnah wie beim **Bungy-Jumping**. Die erste kommerzielle

Anlage entstand auf der 43 m hohen **Kawerau Suspension Bridge** vor den Toren von Queenstown. Sie ist nach wie vor die beliebteste in Neuseeland, weil sie günstig liegt und Gelegenheit bietet, kurz ins Wasser einzutauchen.

Eine interessante Variante ist das **Bridge Swinging**, das einen vergleichbaren Kick bietet: Durch ein Seil abgesichert, stürzen sich die Teilnehmer von einer Brücke in die Tiefe und pendeln mit atemberaubender Geschwindigkeit in der Schlucht.

Canyoning

Beim Canyoning (und bei der Schwesterdisziplin am Meer, dem *coasteering*) erkundet man zusammen mit einem Führer tiefe Schluchten, seilt sich durch Wasserfälle ab, durchwatet Flüsse oder lässt sich hinuntertreiben, springt in tiefe Pools oder rutscht einfach über glatt geschliffene Felsen abwärts. Das Schluchtenabenteuer wird in einer Hand voll Orte angeboten, darunter **Auckland**, **Queenstown**, **Turangi** und **Wanaka**.

Bergsteigen

In Neuseeland gibt es wesentlich bessere Möglichkeiten zum Bergsteigen als zum Klettern. Fast alle Routen sind jedoch sehr anspruchsvoll und sollten nur von erfahrenen Leuten mit guter Ausrüstung angegangen werden. Zu den einfachsten Besteigungen gehören der **Mount Ruapehu**, mit 2796 m der höchste Punkt der Nordinsel, und der **Mount Taranaki** bei New Plymouth. Natürlich kann man sich auch einer geführten Tour auf einen von Neuseelands klassischen Gipfeln anschließen, z. B. auf den höchsten Berg des Landes, den **Aoraki/Mount Cook** (3754 m), der vom Bergsteigerzentrum Aoraki/Mount Cook Village bestiegen wird, oder auf Neuseelands schönsten Berg, den pyramidenförmigen **Mount Aspiring** (3030 m) bei Wanaka. In beiden Gebieten gibt es ausreichend Hütten, die sich als Basislager für derartige Unternehmungen anbieten.

Rundflüge, Fallschirmspringen, Parasailing, Drachen- und Gleitschirmfliegen

Fast jeder Ort in Neuseeland scheint einen Landeplatz für Flugzeuge oder Hubschrauber zu besitzen und fast überall findet man jemanden, der mit Freuden – natürlich gegen angemessene Bezahlung – einen halbstündigen **Rundflug** unternimmt. Hubschrauberflüge kosten etwa 50 % mehr als Rundflüge im Flugzeug. Hubschrauber können zwar nicht die gleichen Distanzen wie Flugzeuge zurücklegen, sind dafür aber wesentlich wendiger und landen zwischendurch an beeindruckenden Stellen. Beinahe das gleiche Landschaftserlebnis hat man auch auf einem Linienflug, beispielsweise auf der Strecke von Wanaka oder Queenstown zum Milford Sound, wo man eines der schönsten Gebiete des Fiordland überfliegt.

Mutigere können es mit einem **Tandem-Fallschirmsprung** versuchen und sich von einem Flugzeug aus 2500 m Höhe in die Tiefe stürzen – natürlich unter Obhut eines qualifizierten Lehrers, der die Kontrolle über den Fallschirm hat und nach etwa 45 Sekunden freiem Fall die Reißleine zieht. Die Tandem-Variante wird auch beim **Gleitschirm-** und **Drachenfliegen** und beim **Parasailing** angeboten.

Wintersport

Neuseelands **Skisaison** (Juni–Okt) beginnt, wenn sich der Schnee bei uns bereits davongemacht hat. In Verbindung mit den bis zu 3000 m hohen Gipfeln der Südinsel und den erhabenen Vulkanen der Nordinsel ist das Land wie geschaffen für Skifahrer der Nordhalbkugel, die auch im Sommer ihrer Leidenschaft frönen wollen, und das zu einem relativ günstigen Preis.

Viele Pisten sind auf einheimische Abfahrer ausgerichtet, und besonders an den Osthängen der Southern Alps findet man sogenannte **Club-Skigebiete** mit einer Handvoll Schlepp- und einfacher Sessellifte sowie einer Ansammlung privater Ski-Lodges. Zwar dürfen hier auch

Nicht-Mitglieder absteigen, aber einige sind nur mit dem Geländewagen und andere nur mittels eines längeren Fußmarsches erreichbar. Skischulen gibt es kaum.

Natürlich existieren auch rund ein Dutzend Ausnahmen zu dieser Norm: Kommerzielle Skigebiete mit ausgedehnten Pisten, schnellen Sessellliften, Skischulen und einem **Ausrüstungsverleih**. Vergeblich sucht man dagegen nach großen Skizentren wie in Nordamerika oder Europa – stattdessen pendeln die Skifahrer täglich von nahe gelegenen Orten zu den Pisten, was dank der guten Verkehrsanbindung kein Problem darstellt.

Zwei der größten und beliebtesten Skigebiete Neuseelands liegen auf der Nordinsel: **Turoa** und **Whakapapa** (S. 365), beide am Vulkan Mount Ruapehu.

Auf der Südinsel offerieren die **Gletscher Franz Josef** und **Fox** (S. 744 und 748) an der Westseite der Neuseeländischen Alpen zahlreiche Möglichkeiten zum Klettern. Attraktionen auf der anderen Seite der Alpen sind der schnelle Aufstieg zum **Mount Cook** (S. 649) und eine Fahrt mit dem Boot oder Kajak zum Fuß eines Gletschers. Außerdem locken mehrere kommerziell betriebene Skigebiete mit Partyatmosphäre und nicht selten leeren Pisten: **Coronet Peak** (S. 778) und **The Remarkables** (S. 778) bei Queenstown, **Treble Cone** (S. 805), **Cardrona** (S. 804) und die **Waiorau Snow Farm** (S. 805) bei Wanaka sowie **Porter Heights** (S. 632) und **Mount Hutt** (S. 638) weiter nördlich (beide nur zwei Autostunden von Christchurch entfernt). Diese Mischung garantiert unvergessliche Erlebnisse und einige der spektakulärsten Winterlandschaften, die man sich vorstellen kann.

Die beste Quelle für einschlägige Informationen ist der jährlich aktualisierte **Ski & Snowboard Guide** von Brown Bear Publications, 🖳 brownbear.co.nz, den man entweder kostenlos aus dem Internet herunterladen oder in Touristenbüros kaufen kann ($5). Darin wird jedes Skigebiet samt seiner Einrichtungen, Preise und Schwierigkeitsgrade ausführlich beschrieben. Ein Abschnitt beschäftigt sich mit **Heliskiing** und ein anderer listet alle größeren Ski-

orte auf. Interessierte können sich außerdem im Internet unter 🖳 snow.co.nz über das Thema unterrichten.

Angeln

Rund um Neuseelands Küste werden Kanu-, Segel- und andere Bootstrips angeboten, auf denen sich meistens die Gelegenheit bietet, die Angel auszuwerfen. Zwischen Dezember und Mai suchen Hochseeangler die Gewässer rund um die nördliche Hälfte der Nordinsel nach Marlin, Hai und Thunfisch ab. Informationen über Permits und sonstige Auflagen erteilt die Website des Ministry of Fisheries, 🖳 fish.govt.nz.

In den **Flüssen** und **Seen** im Landesinneren tummeln sich Regenbogen- und Bachforellen, Königs- und Atlantiklachse, alle speziell für die Sportfischerei gegen Ende des 19. Jhs. eingeführt. Natürlich gibt es auch hier Gebiete mit einem besonders guten Ruf: Der Lake Taupo ist bekannt für seine Regenbogenforellen; in den Flüssen der Südinsel, v. a. bei Gore, leben die besten Bachforellen des Landes, und die Kiesbettflüsse an den Osthängen der Southern Alps beherbergen riesige Lachse.

Eine **Angellizenz**, die – mit Ausnahme der Region um den Lake Taupo, wo eine örtliche Regelung besteht – sämtliche Seen und Flüsse des Landes abdeckt, kostet pro Jahr $113 und für 24 Stunden $22,50. Die Ausweise sind überall in Sportläden erhältlich bzw. direkt von der staatlichen Organisation Fish and Game NZ, 🖳 fishandgame.org.nz, auf deren Website weitere nützliche Hinweise eingesehen werden können. Eine Übertretung der **Gesetze** wird streng geahndet. Rund um den Fisch geht's auch auf den Websites 🖳 fishinginnewzealand.com und 🖳 fishing.net.nz.

Reiten

Neuseeland hat mehr als genug Platz für **Reittouren** – entlang einsamer Strände, durch Wälder oder über weites Farmland. Überall gibt es Reitställe, die sowohl für Anfänger als auch für

Fortgeschrittene das Passende im Programm haben. Häufig werden einwöchige Touren angeboten, bei denen man draußen nächtigt. Empfehlenswerte Reitställe sind in den entsprechenden Kapiteln des Führers aufgelistet, weitere findet man unter 🖳 truenz.co.nz/horsetrekking.

Mountainbiking

Vielerorts werden Mountainbikes vermietet. Die besten Gebiete zum Mountainbiking liegen um Rotorua, Queenstown, Mount Cook Village und Hanmer Springs, wo es auch verschiedene Agenturen gibt, die **geführte Touren** anbieten. Einen guten Einblick in die neuseeländische Mountainbike-Szene erhält man bei 🖳 mountainbike.co.nz.

Sportveranstaltungen

Wäre Gott ein Rugby-Trainer, wären fast alle Neuseeländer religiöse Fundamentalisten. Im Fernsehen und in Zeitungen dienen die Spielergebnisse und v. a. alle Nachrichten rund um die All Blacks häufig als Aufmacher, und einige Radiostationen berichten über nichts anderes als Sport. Die meisten wichtigen Spiele werden im Fernsehen übertragen, wenngleich zunehmend auf Pay-TV-Kanälen wie Sky TV, was die Menschen scharenweise in Pubs mit Großbildschirmen treibt.

Wer auch nur einen Funken Interesse an Sport oder Kultur der Kiwis hat, sollte während seines Aufenthalts ein Rugby-Spiel besuchen. Termine der wichtigsten Veranstaltungen (und zugleich Infos über den Ticketkauf) findet man in den Lokalzeitungen. **Reservierungen** für die größeren Events übernimmt Ticketek, 🖳 ticketek.co.nz. Mit Ausnahme internationaler Begegnungen oder wichtiger Endspiele bekommt man Eintrittskarten eigentlich immer kurz vor dem Spiel am Stadion.

Rugby

Die Gegner erzittern, die Fans johlen, aber kaum jemand bleibt ungerührt bei dem Anblick der 15 stattlichen **All Blacks**, Neuseelands Rugby-Nationalmannschaft, wenn diese vor Spielbeginn ihren berühmten Furcht erregenden Tanz (*haka*) aufführen. Das ist der Moment, in dem

Ein Hauch Wildwest in Neuseeland: Reittour in Otago

© DUMONT BILDARCHIV / CLEMENS EMMLER

den Kiwis das Herz aufgeht und sie wissen, dass ihre Nationalmannschaft zu den besten der Welt gehört. Die All Blacks haben ihr in der jüngeren Vergangenheit relativ schlechtes Abschneiden beim alle vier Jahre stattfindenden **Rugby World Cup** wiedergutgemacht, indem sie 2011 auf heimischem Boden das Endspiel gegen Frankreich gewannen.

Rugby wird im Winter gespielt. Die Saison beginnt mit den **Super 15 Series** (Mitte Februar bis Mai), bei denen Regionalmannschaften der Südhalbkugel (je fünf aus Neuseeland, Südafrika und Australien) gegeneinander antreten und nur die besten vier Teams in die *finals series* einziehen.

Die Besten der Super-15-Teams spielen bei den All Blacks, die im Winter zu ein oder zwei Länderpokalen antreten, darunter die alljährlichen **Tri-nations Series** (Mitte Juli bis August) gegen Südafrika und Australien. Spiele zwischen den All Blacks und Australien finden auch im Rahmen des **Bledisloe Cup** statt, die die eine oder die andere Nation ein Jahr lang prahlen lässt.

Die internationale Saison geht über in die **National Provincial Championship** (NPC), die von August bis Ende Oktober andauert. Jede Provinz stellt ein Team, wobei die größeren Provinzen in der ersten Gruppe gegeneinander antreten und die kleineren Provinzen üblicherweise die zweite Liga bilden. Während der Saison des **Ranfurly Shield**, 🖳 ranfurlyshield. com, liebevoll „Baumstamm" genannt, müssen sich die Pokalinhaber zu Hause den Herausforderern stellen – der Gewinner darf das Ranfurly Shield sein Eigen nennen.

Die **Ticketpreise** für normale Rugby-Begegnungen beginnen bei $15, bei internationalen Begegnungen ist ein ähnlicher Platz ab $45 zu haben. Infos zuhauf gibt's auf der offiziellen Website der NZ Rugby Union, 🖳 nzrugby.co.nz.

Die **Rugby League**, 🖳 rugbyleague.co.nz und 🖳 nzrl.co.nz, wurde schon immer als der kleine Bruder des Rugby angesehen, wenngleich Erfolge auf internationaler Ebene ihr Ansehen etwas gehoben haben. Neuseelands einziges Provinzteam von Bedeutung sind die **Warriors** aus Auckland, die während der Saison von März bis Anfang September in Australiens NRL spielen. Heimspiele werden im Mount Smart Stadium

abgehalten, wo man praktisch immer Karten bekommt. Die besten acht Mannschaften der Liga erreichen die *finals series* im September.

Cricket

Die meisten Besucher halten sich zwischen Oktober und März in Neuseeland auf, wenn in den Stadien der traditionelle Sommersport des Landes, Cricket, 🖳 nzcricket.co.nz, gespielt wird. Die neuseeländische Nationalmannschaft namens **Black Caps** rangiert auf internationaler Ebene lediglich im Mittelfeld und nur die sporadischen Glanzleistungen sowie der eine oder andere unerwartete Sieg über Australien halten die Fans bei der Stange. An **Eintrittskarten** vor Ort mangelt es selten, wenngleich die Spiele rund um Weihnachten und Neujahr schnell ausverkauft sind. Gleiches gilt für die internationalen Begegnungen, für die Karten ab etwa $25–30 zu haben sind. Günstiger sind die Karten für normale Spiele.

Andere Sportarten

Sämtliche andere Teamsportarten liegen im Interesse der Bevölkerung weit hinter Rugby und Cricket zurück, nur Frauen-**Korbball**, 🖳 net ballnz.co.nz, erfreut sich einer enthusiastischen Anhängerschaft. Internationale Spiele der Silver Ferns werden live im Fernsehen übertragen.

Obwohl inzwischen mehr Jugendliche **Fußball** als Rugby spielen, war es erst die Teilnahme der Nationalmannschaft All Whites an der WM 2010 in Südafrika, die dem Sport landesweit zu mehr Aufmerksamkeit verholfen hat. Näheres über Spiele auf Landesebene finden sich unter 🖳 nzfootball.co.nz.

Die einzige neuseeländische Mannschaft in der australischen A-League, 🖳 a-league. com.au, ist Wellington Phoenix, 🖳 wellington phoenix.com. Die Saison geht von Oktober bis Anfang April und die Heimspiele von Wellington Phoenix finden im Westpac Stadium von Wellington statt. **Karten** (ab $40) können entweder direkt vor dem Spiel oder über die Website des Teams erstanden werden.

Auckland liegt auf der Route vieler **Segelbootrennen** um die Welt und war zweimal Austragungsort des America's Cup. Neuseelands **olympische Erfolge** reduzieren sich auf gelegentliche Medaillen im Rudern und Segeln sowie eine lange Reihe von Mittelstreckenläufern. Heutzutage werden herausragende Leistungen vor allem in Multi- und Ausdauersport-Wettkämpfen erbracht, z. B. in Triathlons und den Iron-Man-Rennen.

Telefon

Öffentliche Fernsprecher sind in Neuseeland noch recht weit verbreitet, doch die Anzahl sinkt dank der Verbreitung von Handys und der Beliebtheit von Skype und ähnlichen Diensten kontinuierlich. Münztelefone sind selten geworden, aber alle öffentlichen Fernsprecher akzeptieren gängige Kreditkarten, aufladbare Telefonkarten und Telefonkarten mit einmaligem Guthaben. Erhältlich sind die Karten in Postfilialen, Zeitungskiosken, kleinen Lebensmittelläden, Tankstellen, i-SITE-Besucherzentren und Supermärkten.

Telefonkarten mit PIN-Code

Die günstigsten **Ferngespräche** führt man mit Telefonkarten, die über ein wiederauffüllbares Guthabenkonto abgerechnet werden und an jedem Telefon benutzt werden können. Von dieser Art Karten sind zahlreiche Versionen im Umlauf, was sich sehr positiv auf die Kosten auswirkt. Allerdings sollte man sich vor den ganz billigen Karten in Acht nehmen: Diese funktionieren häufig via Internet mit schlechten oder stark zeitversetzten Verbindungen.

Da bei den meisten öffentlichen Fernsprechern inzwischen eine Zusatzgebühr pro Minute für Guthabenkarten erhoben wird, sollte man sie nach Möglichkeit über einen Privatanschluss nutzen.

Mobiltelefone

Den neuseeländischen Mobilfunkmarkt teilen sich drei große Anbieter: Telecom, 🖳 telecom. co.nz, Vodafone, 🖳 vodafone.co.nz, und 2degrees, 🖳 2degreesmobile.co.nz. In den besiedel-

Rufnummern und Vorwahlen

Wichtige Rufnummern

Auskunft	☎ 018
Auslandsauskunft	☎ 0172
Notruf (gebührenfrei) Polizei, Krankenwagen und Feuerwehr	☎ 111

Internationale Vorwahlen

Nach der Landesvorwahl wird stets die erste Null der regionalen Vorwahl weggelassen.

Aus Neuseeland:

Australien	☎ 0061
Deutschland	☎ 0049
Österreich	☎ 0043
Schweiz	☎ 0041

Aus Deutschland, Österreich und der Schweiz:

Neuseeland	☎ 0064

Aus Australien:

Neuseeland	☎ 001164

Vorwahlen in Neuseeland

Auch bei Gesprächen zwischen zwei Städten innerhalb eines Bezirks muss manchmal die Vorwahl mitgewählt werden.

Auckland und Northland	☎ 09
Coromandel Peninsula, Bay of Plenty, Waikato und Central Plateau	☎ 07
East Coast, Hawkes Bay, Whanganui, Manawatu und Taranaki	☎ 06
Wellington und Umgebung	☎ 04
Südinsel	☎ 03

ten Gebieten ist der Netzempfang hervorragend, in abgelegenen Gebieten eher lückenhaft.

Wer sein eigenes Handy mit nach Neuseeland nehmen möchte, sollte vorher bei seinem Netzbetreiber nachfragen, ob er für Neuseeland einen **Roaming**-Vertrag besitzt und wie hoch die Gebühren sind (sie können horrend sein). Vorausgesetzt, man hat ein Handy ohne Netlock, kann man auch eine neuseeländische Prepaid-SIM-Karte kaufen.

Neuseeländische Handynummern beginnen mit ☎ 021, ☎ 022, ☎ 027 oder ☎ 029.

Transport

Neuseeland ist ein relativ kleines Land, in dem es sich einfach reisen lässt. Zu vielen Zielen besteht irgendeine öffentliche Transportverbindung, wenn auch manchmal nur einmal pro Tag. Es gibt zwar immer noch ein paar Orte, die ziemlich abgelegen sind, aber auch sie sind mit ein bisschen Geduld und Flexibilität erreichbar.

Inlandsflüge sind bei rechtzeitiger Buchung durchaus bezahlbar, aber nur auf dem Landweg lässt sich die herrliche Landschaft ausgiebig genießen. Am billigsten und einfachsten, aber auch am langsamsten, reist man per **Bus** (*coaches* oder *shuttle buses*). Das neuseeländische **Eisenbahnnetz** umfasst dagegen nur wenige Strecken, und die Beförderung geht ziemlich ins Geld.

Mietwagen und besonders die kleineren **Wohnmobile** können erstaunlich günstig sein, wenn man die Kosten durch mehrere Personen teilt. Wer einige Monate im Land bleiben möchte, sollte überlegen, ein Auto zu kaufen. Immer häufiger sieht man auch **Radfahrer** durch Neuseelands grüne Landschaft strampeln.

Bei den **Fährverbindungen** hält der Konkurrenzkampf die Preise für Passagiere im Rahmen; der Autotransport kann allerdings ein großes Loch in den Geldbeutel reißen. Auf dem Luftoder Wasserweg sind einige der vorgelagerten Eilande oder abgeschiedenen Orte auf den beiden Hauptinseln zu erreichen, die sich gegen jegliche Art von Erschließung durch Straßen zur Wehr setzen. Dank einer wachsenden Zahl spezieller Touranbieter wird das Vordringen in Wildnisgebiete jedoch immer einfacher.

Fernbusse

Die meisten Orte sind mit Fernbussen *(coaches)* oder den kleineren Shuttle-Bussen erreichbar. Letztere bieten mehr oder weniger den gleichen Service, sind jedoch eher dazu bereit, ihre Passagiere direkt an den Unterkünften abzusetzen oder abzuholen. Im Allgemeinen verkehren die Busse pünktlich und sind komfortabel. Infolge des Konkurrenzkampfes bewegen sich auch die Preise in erträglichem Rahmen. Die größeren Fahrzeuge verfügen meist über eine Klimaanlage, einige sogar über Toiletten. Alle paar Stunden wird unterwegs ein Stopp eingelegt, meist an einem Rasthaus und manchmal auch kurz an bedeutenden Sehenswürdigkeiten.

Intercity und Newmans

Das größte Busunternehmen ist **InterCity**, das mit seinen erstklassigen Fahrzeugen das ganze Land bedient. InterCity arbeitet eng mit

---

Der Travel Pass

Wer viel mit Bus und Zug reisen möchte, kann mit dem Travel Pass einiges sparen.

Scenic Rail Pass, von Tranz Scenic, 🖥 tranzscenic.co.nz. Ermöglicht unbegrenzte Fahrten in den Zügen von Tranz Scenic für eine Woche ($307).

Flexi-Pass, von InterCity/Newmans, Buchung online oder gebührenfrei unter ☏ 0800 222 146. Offeriert Busreisen pro Stunde – je mehr Stunden man kauft, desto billiger wird es. 45 Stunden ($349) werden benötigt, um eine der Hauptinseln zu besichtigen, mindestens 60 Stunden ($449) für eine komplette Tour; wem das noch nicht reicht, der kann auf seinen Pass z. B. 15 Stunden ($117) aufschlagen. Der Flexi-Pass ist ein Jahr gültig.

New Zealand Travel Passes, 🖥 travelpass.co.nz. Vor allem interessant für Reisende, die Neuseeland im Schnelldurchlauf erleben möchten oder müssen. Die Pässe erlauben die umfassende Nutzung des InterCity-Busnetzes und beinhalten eine Überfahrt mit der Fähre und ein paar andere Extras (der billigste Pass kostet $695, Backpacker $625). In den teureren Pässen sind auch eine Bahnfahrt und/oder ein Inlandsflug enthalten.

Schließlich gibt es noch die Pässe der **Backpacker-Tourbusse** (S. 74), die günstiger sind und meistens Partystimmung bieten, aber dafür sind die Fahrzeuge älteren Baujahrs.

Newmans zusammen, gemäß eigenen Angaben etwas luxuriöser und in erster Linie auf Sightseeing-Touren spezialisiert. In Wirklichkeit haben beide Unternehmen jedoch einen gemeinsamen Fahrplan, und InterCity-Pässe gelten oftmals auch für Newmans-Busse (ist im vorliegenden Buch von InterCity die Rede, bezieht sich dies auf den gemeinsamen Service von InterCity und Newmans).

Der Standardpreis für die einfache Fahrt von Auckland nach Rotorua liegt z. B. bei $50, von Christchurch nach Queenstown sind es $85. In der Nebensaison fallen die Preise, und man findet häufig Sonderangebote. So bietet der Saver-Tarif einen Preisnachlass von 25 % und der Super Saver von 50 %.

Daneben gibt es noch Extreme-Saver- und Web-Saver-Tarife: Die besten Preise gibt es bei frühzeitiger Buchung. YHA-, VIP- und BBH-Karteninhaber erhalten einen Rabatt von 15 % auf den Standardtarif, allerdings kommt man mit den verschiedenen Saver-Tickets besser weg.

InterCity bietet auf verschiedenen Strecken auch spezielle Travel Passes an, z. B. den Pass

Backpacker-Busse

Eine der billigsten Reisearten für Leute, die in kurzer Zeit relativ viel sehen möchten, sind die Backpacker-Busse. Üblicherweise kauft man sich für eine vorgegebene Route ein Ticket (bis zu zwölf Monate gültig) und bestimmt dann seine Reisegeschwindigkeit selbst. Man kann entweder einem Bus treu bleiben oder nach einem längeren Zwischenaufenthalt einfach den nächsten nehmen. In der Hochsaison sind die nachfolgenden Busse allerdings oft schon voll besetzt – eine mehrtägige Vorausplanung und -reservierung wird dann unerlässlich. Die Unternehmen halten ihren Betrieb das ganze Jahr über aufrecht, wenngleich im Winter mit eingeschränktem Fahrplan.

Bei allen nachfolgend aufgeführten Unternehmen ist es manchmal 5–10 % billiger, die Reise vor der Ankunft in Neuseeland zu buchen (einige Sonderangebote sind nur im Ausland erhältlich). Informationen dazu gibt es auf den Websites und im Reisebüro. Eine Mitgliedschaft in den Verbänden YHA, VIP, BBH oder ISIC spart zusätzlich ein paar Dollar. Der Ticketpreis beinhaltet in der Regel keine Übernachtungen, Aktivitäten (wenngleich diese oft billiger zu haben sind), Ausflüge oder Essen. Auch die Fährüberfahrt von der Nord- zur Südinsel muss extra bezahlt werden.

Einen sehr naturverbundenen Ansatz bietet **Flying Kiwi Wilderness Expeditions**, 🖳 flyingkiwi.com, die die Touristenpfade verlassen und lieber campen gehen als in den Hostels der Stadt zu übernachten. Die umgebauten Busse sind mit Fahrrädern, Kanus, Surfbrettern, Küche, Vorzelt, Kühlschrank, Betten, Zelten und heißer Dusche ausgestattet. Beim Kochen und Spülen helfen alle mit. Die Touren werden das ganze Jahr über angeboten, wobei man die gesamte Zeit mit derselben Gruppe verbringt. Im Programm sind verschiedene Touren, darunter der Northern Express (Wellington–Taupo–Auckland, 2 Tage, $268 inkl. Essen und Campinggebühren) oder eine komplette Neuseeland-Rundreise (27 Tage, $3740).

Kiwi Experience, 🖳 kiwiexperience.com, genießt den Ruf, partywütige Nachtschwärmer anzuziehen. Das Angebot ist groß, angefangen bei einer Tour von Auckland zum Cape Reinga (mind. 3 Tage, $199) bis zum Full Monty (mind. 32 Tage, $2125).

Der Anwärter auf die Backpacker-Bus-Krone ist **Magic Travellers Network**, 🖳 magicbus.co.nz, mit einer großen Auswahl an Touren und einem garantierten Sitzplatz, sofern man mindestens 24 Std. im Voraus bucht. Das Unternehmen arbeitet eng mit dem YHA zusammen (und bietet YHA-Mitgliedern erhebliche Rabatte) und zielt auf unabhängig gesinnte Reisende ab. Mit dem ein Jahr gültigen „Spirit of New Zealand Pass" lässt sich das gesamte Land an 22 Reisetagen für $1395 bereisen. Der Pass „Northern Discovery" umfasst die Fahrt von Auckland nach Rotorua, Taupo, Napier, Wellington und Waitomo und zurück (mind. 6 Tage, $485).

Stray, 🖳 straytravel.com, versucht Kiwi Experience die Rolle als wichtigster Partybus-Betreiber abspenstig zu machen. Touren: Südinsel (mind. 16 Tage, $940), Nordinsel (mind. 9 Tage, $535).

„Kupe's Voyage" (einschließlich Cape Reinga, $209, Backpacker $179), den Pass „Maui's Catch" (Auckland, Rotorua, Napier via Taupo, Wellington und zurück, $215, Backpacker $195), den „West Coast Passport" (von Nelson über die Westküste nach Queenstown, $159, Backpacker $145) und verschiedene neuseelandweite Pässe (Kia Ora: $645, Backpacker $579), die immer teurer werden.

Weitere Busse

Eine ganze Armee kleinerer **Bus-** und **Shuttle-Bus**-Unternehmen konkurriert mit InterCity/Newmans auf den Hauptrouten und schließt die Lücken im Busnetz. Häufig sind die Minibusse auf die Fahrpläne der großen Unternehmen abgestimmt und bedienen auch entlegenere Gebiete. Die Shuttle-Busse sind in der Regel günstiger (manchmal sogar erheblich). Sie sind auch eher bereit, ihre Kunden an der Unterkunft abzuholen oder abzusetzen. Bei längeren Fahrten ist jedoch ein größerer Bus weitaus bequemer.

In den i-SITE-Touristenbüros sind die Fahrpläne der Unternehmen erhältlich, die in der jeweiligen Region operieren, sodass man die Ziele und Preise miteinander vergleichen kann. Die Preisstruktur ist einfach zu durchschauen, da es keine komplizierten Rabattregeln gibt. Als Anhaltspunkte gelten: Auckland–Rotorua um $34, Christchurch–Queenstown um $45.

Im Folgenden sind die wichtigsten **Busgesellschaften** aufgelistet, viele weitere werden in den entsprechenden Kapiteln erwähnt:

Busunternehmen

Atomic Shuttles, ☎ 03 349 0697, 🖳 atomictravel.co.nz. Großes Minibus-Unternehmen auf der Südinsel, das vor allem Langstrecken bedient.
InterCity und **Newmans**, ☎ 09 583 5780, 🖳 intercitycoach.co.nz und newmanscoach. co.nz. Landesweiter Langstreckendienst.
NakedBus, ☎ 0900 62533, 🖳 nakedbus.com. Günstige, schnörkellose Busverbindungen auf beiden Hauptinseln.
Northliner Express, ☎ 09 583 5780, 🖳 northliner.co.nz. Busreisen im Northland; gehört zu InterCity.

Southern Link, ☎ 0508 458 835, 🖳 southernlinkcoaches.co.nz. Bedient Strecken auf der ganzen Südinsel.

Eisenbahn

Von Neuseelands Eisenbahnnetz ist nicht mehr viel übrig geblieben. Es gibt **Nahverkehrszüge** in Wellington und Auckland sowie ein paar Verbindungen zwischen Städten. Die noch existierenden **Fernzüge** verkehren alle auf landschaftlich herausragenden Strecken, aber die Waggons zuckeln so langsam dahin, dass sie für die meisten Neuseeländer kein wirklich nützliches Verkehrsmittel darstellen. Aber trotz des sinkenden Standards sind Bahnreisen nach wie vor ein schönes Erlebnis.

Die Züge haben Panoramafenster, zurückklappbare Sitze und Speisewagen, in dem es passables Essen und Bier gibt. Ein Ticket garantiert einen Sitzplatz, wobei die Fahrkartenkontrolle bereits auf dem Bahnsteig stattfindet; Taschen und Koffer werden in einem Gepäckwagen transportiert.

Betreiber aller Fernzüge ist **Tranz Scenic**, ☎ 094 495 0775 und 0800/872 467, 🖳 tranzscenic.co.nz, der nur drei Strecken bedient. Auf der längsten Fahrt, dem Overlander zwischen **Auckland und Wellington**, geht es vorbei an den Vulkangipfeln des Tongariro National Park. Interessante Stopps sind u. a. Te Awamutu, Te Kuiti (wo der Zug von einem Shuttle-Bus zu den Waitomo Caves erwartet wird) und National Park (Ausgangspunkt für den Mount Ruapehu und den Wanderweg Tongariro Crossing). Der Overlander verlässt Auckland und Wellington gegen 7.35 Uhr und erreicht sein Ziel um 19.20 Uhr.

Auf der Südinsel verbindet der TranzCoastal **Christchurch mit Picton**, eine hübsche Fahrt, die zum Teil entlang der Küste führt. Der Zug verlässt Christchurch um 7 Uhr, hält unterwegs in Kaikoura (9.54 Uhr) und Blenheim (11.33 Uhr) und erreicht um 12.13 Uhr Picton, wo er sich bereits um 13 Uhr wieder auf die Rückfahrt macht (Blenheim 13.33 Uhr, Kaikoura 15.28 Uhr, Christchurch 18.21 Uhr).

Die lohnenswerteste Bahnreise Neuseelands führt mit dem TranzAlpine von **Christchurch**

nach Greymouth an der Westküste (S. 596). Die **Preise** für Zugtickets sind höher als für Bustickets auf den gleichen Strecken, aber mit Ermäßigungen und einem Travel Pass lässt sich einiges Geld sparen.

Die meisten Passagiere fahren mit dem Standard- oder **Flexi-Fare**-Tarif, der bei Vorausbuchung mit einem Rabatt aufwartet; dafür ist das Ticketkontingent begrenzt, und wer sein Ticket nach Abfahrtszeit des Zuges zurückgibt, erhält nur 50 % des Preises erstattet.

Preisbeispiele für Standard-Tickets: Auckland–Wellington $129, Christchurch–Greymouth $185. Senioren (ab 60 Jahren) erhalten auf Standard-Fahrpreise 30 % Ermäßigung, aber meistens ist es besser, sich einen Scenic Rail Pass (Kasten S. 73) zu besorgen. Passagiere mit bestimmten Behinderungen zahlen beim Normalpreis 40 % weniger.

Abgesehen von einigen Kurzstrecken, die von Dampfloks bedient werden, verkehren die einzigen weiteren Passagierzüge auf dem **Taieri Gorge Railway** (S. 677) zwischen Dunedin und Middlemarch. Auch diese Strecke richtet sich vor allem an Touristen und ist landschaftlich ausgesprochen schön.

Flüge

Viele Touristen beginnen ihre Reise in Auckland und fliegen von Christchurch zurück, sodass sie sich gar nicht um Inlandsflüge kümmern müssen. Wer nur über einen begrenzten Zeitrahmen verfügt, aber dennoch alle wichtigen Sehenswürdigkeiten abklappern möchte, ist hingegen auf **Inlandsflüge** angewiesen, die teilweise erstaunlich günstig zu haben sind.

Das bei weitem größte Unternehmen ist Air New Zealand, das alle größeren sowie zahlreiche kleineren Orte anfliegt (insgesamt 25 Destinationen). Konkurrenz kommt in erster Linie von Jetstar, 💻 jetstar.com, die nur Auckland, Wellington, Christchurch, Dunedin, Rotorua und Queenstown auf dem Flugplan hat.

Air New Zealand verkauft für seine Flüge nur Tickets der gleichen Klasse, wobei sich die Preise in drei Kategorien staffeln: Zeitlich stark begrenzte Tickets sind am billigsten, während es zu

Inlandsflüge

Wer seine Inlandsflüge lange im Voraus im Internet bucht, kann bis zur Hälfte des Flugpreises sparen. Interessant könnten auch die von Air New Zealand, 💻 airnewzealand.de, angebotenen Flugpässe sein, die verschiedene Flüge von Auckland und Christchurch umfassen; sie sollten zusammen mit dem eigentlichen Flugticket gebucht werden. Alternativ lassen sich über die Website der Fluggesellschaft einfache Flüge zu verschiedenen Zielen im Land zu den Tarifen „Smart Saver" und „Flexi Plus" buchen, und man kann sich eine Reiseroute mit verschiedenen Inlandsflügen zusammenstellen. Jetstar, 💻 jetstar.com, bietet ähnliche Multistop-Tickets, allerdings zu höheren Preisen.

Stoßzeiten weniger günstige Angebote gibt. Jetstar hat ein ähnliches System. So kostet z. B. ein einfacher Flug von Auckland nach Christchurch zum Standardpreis $399, zum Flexi-Saver-Tarif ca. $289 und zum Smart-Saver-Tarif nur $139 bzw., wenn man kein Gepäck aufgibt, $89.

Zu weiteren gefragten Verbindungen zählen die Flüge von Auckland nach Great Barrier Island, über die Cook Strait sowie von Invercargill nach Stewart Island. Folgende **Fluggesellschaften** bedienen Ziele innerhalb Neuseelands:

Air New Zealand, ☎ 0800 737 000, 💻 airnewzealand.co.nz.

Great Barrier Airlines und **Air Coromandel**, ☎ 0800 900 600, 💻 greatbarrierairlines.co.nz. Verbindungen zwischen Auckland, Coromandel und Great Barrier Island.

Fly My Sky, ☎ 0800 222 123, 💻 flymysky.co.nz. Flüge zwischen Auckland und Great Barrier Island.

Jetstar, ☎ 0800 800 995, 💻 jetstar.com/nz.

Soundsair, ☎ 0800 505 005, 💻 soundsair.com. Verbindungen in kleinen Flugzeugen über die Cook Strait.

Stewart Island Flights, ☎ 03 218 9129, 💻 stewartislandflights.com. Regelmäßiger Flugdienst zwischen Invercargill und Stewart Island.

Auto und Wohnmobil

Wer mit einem eigenen Fahrzeug reist, ist natürlich erheblich flexibler und gelangt auch problemlos an Orte, die ansonsten nur schwer zu erreichen sind. Außerdem lässt sich, indem man zeltet oder etwas außerhalb der Stadtzentren übernachtet, einiges an Geld sparen. Für zwei oder mehr Personen kann dies eine sehr günstige Art zu reisen sein.

Um in Neuseeland Auto zu fahren, wird lediglich ein gültiger nationaler Führerschein benötigt, wenngleich ein internationaler Führerschein den Umgang mit Behörden vereinfachen kann. In Neuseeland herrscht **Linksverkehr**. Die Verkehrsschilder entsprechen den unsrigen, und für alle Insassen besteht Gurtpflicht. Geparkt werden darf nur in Fahrtrichtung. Außerhalb geschlossener Ortschaften sind maximal 100 km/h erlaubt, innerhalb von Wohngebieten ist die **Geschwindigkeit** auf 70 km/h oder 50 km/h begrenzt. Bei Geschwindigkeitsübertretungen werden derzeit mindestens $30 fällig. Ein altbekanntes Problem ist Trunkenheit am Steuer: Um die Zahl der tödlichen Verkehrsunfälle herabzusetzen, gibt es Alkoholkontrollen, und die Überschreitung der Promillegrenze von 0,5 wird streng bestraft.

Im Allgemeinen ist der **Straßenzustand** gut und der Verkehr schwach – zu Staus kommt es nur zu den Hauptverkehrszeiten im Großraum Auckland und Wellington. Die meisten Straßen sind geteert, aber es gibt auch viele Schotterstraßen, die auf Karten deutlich gekennzeichnet sind. Auf den Schotterstraßen kommt man natürlich etwas langsamer voran, und nach heftigen Regenfällen können sie unpassierbar werden. Einige Autoverleiher untersagen die Benutzung der schlimmsten Straßen – z. B. im Skippers Canyon und an der Nordspitze der Coromandel Peninsula. Vor der Abfahrt sollte man immer den Straßenzustand erfragen.

Zu weiteren **Verkehrshindernissen** gehören einspurige Brücken: Schilder vor der Brücke zeigen an, wer Vorfahrt hat. Auf längeren Brücken gibt es auf halber Strecke eine Haltebucht.

Die **Tankstellen** der größeren Städte haben meist rund um die Uhr geöffnet, aber in kleineren Orten schließen sie bereits gegen 20 Uhr.

Wer länger mit dem Auto unterwegs ist, kann sich in Büros der **New Zealand Automobile Association** (AA), ⌨ nzaa.co.nz, oder im Buchladen den *Road Guide* besorgen, der unter anderem auch über die Verkehrsregeln informiert. Die Mitgliedschaft im deutschen ADAC, DSV, DMYV, DCC und DTC oder deren Pendants in Österreich (ÖCC, ÖAMTC) und der Schweiz (TCS, CCS, SRB, ZKZ, ONST) wird vom neuseeländischen AA in gewissem Rahmen anerkannt.

Viele ausländische Automobilclubs haben überdies ein internationales Abkommen, sodass man beim AA nach Vorlage des nationalen Ausweises in den Genuss zahlreicher Leistungen kommt, darunter ein rund um die Uhr aktiver Pannendienst, ✆ 0800 500 222, kostenloses Kartenmaterial und Unterkunftsverzeichnisse.

Mietwagen

Wer Neuseeland mit dem Mietwagen bereist, startet meist in Auckland und fährt quer über die Nordinsel nach Wellington. Dort wird der erste Wagen stehen gelassen, mit der Fähre nach Picton übergesetzt und ein zweites Auto gemietet, mit dem man dann die Südinsel durchstreift und es in Christchurch wieder abgibt. Diese Tour kann auch in umgekehrter Richtung gemacht werden, was oftmals billiger ist. Oder man nimmt das Auto mit über die Cook Strait, wofür die einheimischen Autovermietungen keinen großen Aufschlag erheben.

Die **Preise** sind relativ günstig. Ab einer Mietdauer von vier Wochen bekommt man ältere Kleinwagen im Winter (Juni–Aug) schon für weniger als $37 pro Tag. In der Hochsaison steigen die Preise. Die meisten internationalen Firmen sind vor Ort vertreten und bieten neue Autos zu guten Bedingungen an. Einheimische Verleiher können mit einem günstigeren Preis-Leistungs-Verhältnis aufwarten, weil ihre Geschäftskosten niedriger sind und ihr Fuhrpark meist aus älteren, aber nicht minder leistungsfähigen Autos besteht. Noch billiger wird es mit Firmen, die nur lokal vertreten sind; ihre Autos eignen sich jedoch eher für Ausflüge in die nähere Umgebung, da die Firmen keine entsprechende Infrastruktur besitzen, die beispielsweise bei der Passage über die Cook Strait von Nutzen wäre. Kostenlose Pannenhilfe ist bei den meisten enthalten.

In der Hochsaison sollte man nach Möglichkeit im Voraus ein Auto reservieren. Zu anderen Zeiten lassen sich vor Ort häufig günstigere Angebote finden, besonders im Winter (außer in den Skigebieten), wenn man den Preis beinahe selbst bestimmen kann. Bei einer Miete ab vier Tagen werden in der Regel **unbegrenzte Kilometer** gewährt. Die im Folgenden aufgeführten Preise beziehen sich auf die Hauptsaison bei einer Mietdauer von zwei Wochen, allerdings sollte man immer versuchen, ein wenig zu handeln. Im Allgemeinen gilt: Ace, Apex, Omega und Pegasus verleihen neuere Autos zu moderaten Preisen. Die übrigen Mietwagenfirmen versuchen verzweifelt, sich gegenseitig zu unterbieten und haben daher **niedrige Preise**.

Für zwei Mietwochen im Sommer kostet ein **Kleinwagen** (1,3–1,8 l) bei den großen Unternehmen $45–70 und bei einheimischen Verleihern $37–60 pro Tag. Bei einem **Mittelklassewagen** (2–3 l) liegen die Preise zwischen $65–90 bei den großen und zwischen $35 und $80 bei den kleineren lokalen Firmen. Sofern man Neuseeland nicht im Winter bereist und ohne Schneeketten in die Skigebiete fahren möchte, ist ein **4WD** eigentlich unnötig. Er kostet im Allgemeinen $70–130 pro Tag und wird daher sinnvollerweise nur für einzelne Ausflüge gemietet.

Bei einer Mietdauer von mehreren Wochen wird die Gebühr für eine **Einwegmiete**, bei der das Auto an einer anderen Stelle als dem Abholort zurückgegeben wird, normalerweise erlassen; sie liegt bei $170–300. Mit etwas Verhandlungsgeschick kann man sich von diesen Kosten auch befreien, wenn man von Süden nach Norden reist – während der Saison stehen in Wellington, Picton, Christchurch und Queenstown manchmal so viele Wagen herum, die eigentlich woanders gebraucht würden, dass einige Verleiher interessante Preise für **Rücküberführungen** anbieten. Wie viel Zeit für den Transfer zur Verfügung steht, hängt vom jeweiligen Unternehmen ab.

Wer ein Auto ausleihen will, muss mindestens 21 Jahre alt sein und eine gültige Fahrerlaubnis haben; Fahrer unter 25 Jahren bezahlen oft wesentlich mehr für die Versicherung. Die Kosten für die **Versicherung** sind meist im angeführten Tarif enthalten. Für Glasschäden muss man selbst aufkommen, und die Selbstbeteiligung liegt bei $1000. Bei einigen Billiganbietern beträgt die Selbstbeteiligung bis zu $3000, wenn der Unfall selbst verschuldet wurde. Dieser Betrag lässt sich u. U. auf $250 oder null reduzieren, wenn pro Tag zusätzlich $10–20 für den Collision Damage Waiver bezahlt werden.

Bevor Verleihfirmen einen Wagen aushändigen, verlangen sie vom Kunden einen Kreditkarten-Beleg oder eine Kaution ($1500). Hat man einen Unfall, wird die Kaution zur Bezahlung der Schäden verwendet. In manchen Fällen zahlt man lediglich für den tatsächlichen Schaden, in anderen ist die gesamte Kaution weg, egal wie leicht der Unfall war. Vor Unterschreiben des Vertrags sollte man unbedingt das Kleingedruckte lesen und das Auto nach sichtbaren Schäden untersuchen, damit man am Ende seiner Reise nicht für die Fehler anderer haftbar gemacht wird. Außerdem gilt es, sich zu erkundigen, welche Einschränkungen für die Benutzung bestimmter Straßen gelten.

Neuseeländische Autovermieter

A2B Rentals, ☎ 0800 545 000, ⌨ a2brentals.co.nz
Ace Rental Cars, ☎ 0800 502 277, ⌨ acerentalcars.co.nz
Apex ☎ 0800 939 597, ⌨ apexrentals.co.nz
Bargain Rental Cars, ☎ 0800 001 122, ⌨ bargainrentals.co.nz
Jucy, ☎ 0800 399 736, ⌨ jucy.co.nz
Omega, ☎ 0800 112 2333, ⌨ omegarentalcars.com
Pegasus, ☎ 0800 803 580, ⌨ rentalcars.co.nz

Wohnmobil mieten

Den ganzen Sommer über sind Neuseelands Straßen übersät mit Wohnmobilen, hinter deren Steuer fast immer ausländische Urlauber sitzen. Sie fahren damit kreuz und quer durchs Land, übernachten auf Campingplätzen und campen ab und zu wild.

Ein kleines Wohnmobil birgt genügend Platz für zwei Erwachsene und zwei Kinder und ist mit einem herunterklappbaren Bett und einer Kochnische ausgestattet. Die größeren Modelle bieten vier oder mehr Erwachsenen Platz und besitzen oftmals eine Dusche und sogar eine Toilette.

Die **Mietpreise** für mittlere **Wohnmobile** (bei drei Wochen Dauer) liegen während der Hochsaison (Dez–Feb) bei $200–330 pro Tag und fallen im Winter auf $160. Zu den beiden größten Firmen zählen Maui und Britz (die eigentlich zusammengehören); ein paar kleinere Firmen bieten günstigere Preise (20–30 % weniger).

Kleine Campingbusse sind oft beengt und werden vor allem von spartanischen Rucksacktouristen bevorzugt, die bereitwillig auf mehr Komfort verzichten. Sie kosten normalerweise im Sommer $80–95, in den Übergangszeiten $75–85 und im Winter $60–70 pro Tag. Der aktuelle Trend: wild bemalte Busse mit schrägen Firmennamen wie Escape Rentals oder Wicked Campers. Eine gute Alternative sind die auffälligen, orangefarbenen Fahrzeuge von Spaceships, die einfallsreich umgebaut sind und zwei Erwachsenen Platz bieten. Ebenfalls erschwinglich und darüber hinaus wesentlich romantischer sind die restaurierten VW-Busse von Kiwi Kombis in Auckland, die je nach Zeit und Fahrzeug $140–210 pro Tag verlangen.

Für Wohnmobile gilt üblicherweise eine Mindestmietdauer von 5–7 Tagen. Dafür besteht keine Kilometerbegrenzung, und man bekommt eine Küchenausrüstung sowie unter Umständen kostenlosen Flughafentransfer dazu. Die Versicherung ist meist im Preis inbegriffen, wobei die Selbstbeteiligung satte $2000–7500 betragen kann – der zusätzliche Collision Damage Waiver sollte also unbedingt in Erwägung gezogen werden. Ein Großteil der Firmen verleiht für ein paar zusätzliche Dollar auch Campingausrüstung.

Für Wohnmobile wird zwar keine spezielle **Fahrerlaubnis** benötigt, aber man muss sich schon etwas umstellen und vorsichtiger fahren als mit einem Pkw, besonders bei starkem Wind, bei Steigungen und engen Kurven. Wohnmobilverleiher sind:

**Wohnmobilverleiher
(mittlere bis große Fahrzeuge)**
Adventure, ✆ 0800 123 555,
🖳 nzmotorhomes.co.nz
Backpacker Campervans, ✆ 800 422 267,
🖳 backpackercampervans.com

Britz, ✆ 0800 831 900, 🖳 britz.com
Eurocampers, ✆ 0800 489 226,
🖳 breakaway.co.nz
Freedom Campers, ✆ 0800 325 939,
🖳 freedomcampers.co.nz
Jucy, ✆ 0800 399 736, 🖳 jucy.co.nz
Kea Campers, ✆ 0800 520 052,
🖳 keacampers.com
Maui, ✆ 0800 651 080, 🖳 maui.co.nz

**Wohnmobilverleiher
(kleine Fahrzeuge und Umbauten)**
Backpackers Transport, ✆ 0800 226 769,
🖳 backpackernz.co.nz
Escape, ✆ 0800 216 171,
🖳 escaperentals.co.nz
Jucy, ✆ 0800 399 736, 🖳 jucy.co.nz
Kiwi Kombis, ✆ 09 533 9335,
🖳 kiwikombis.com
Spaceships, ✆ 0800 772 237,
🖳 spaceshipsrentals.co.nz
Wicked Campers, ✆ 0800 246 870,
🖳 wickedcampers.co.nz

Autokauf

Ein gebrauchtes Auto zu kaufen, kann sich bereits ab einem Aufenthalt von zwei Monaten lohnen und sogar billiger sein als öffentliche Transportmittel. Bei einem extrem billigen Wagen steigt das Pannenrisiko. Die meisten besorgen sich in Auckland ein Auto und verkaufen es wieder in Christchurch, wo man als Kunde eine entsprechend gute Auswahl und eine bessere Verhandlungsposition hat.

Einige der besten Angebote findet man an den **Anschlagbrettern der Backpacker-Hostels**, wo ältere Autos und Vans für $500–5000 ausgeschrieben werden. Ein halbwegs vernünftiges Gefährt ist ab $3000 zu haben. Es mag keinen Schönheitspreis gewinnen, und bei einem **Privatkauf** besteht auch keine Garantie, dass der Wagen die Urlaubsreise übersteht, dafür bekommt man häufig Campingausrüstung umsonst oder für wenig Geld als Beigabe dazu.

Sicherer, aber auch teurer sind **Händler**, die es in Auckland, Christchurch und Wellington zuhauf gibt und die Autos ab $5000 im Angebot haben. Einige dieser Firmen bieten auch einen **Rückkaufservice** an und nehmen das Auto nach der Tour für etwa die Hälfte des Kaufpreises wieder ab. So vergeudet man keine Urlaubstage mit dem Verkauf des Wagens; auf dem Privatmarkt erzielt man allerdings meist einen wesentlich besseren Preis.

Wer sich zutraut, den Zustand eines Wagens selbst einzuschätzen, kann zu einer **Auktion** gehen (in Auckland (S. 171) und Christchurch wöchentlich; Ort und Zeit werden in der Lokalpresse bekannt gegeben), wo man oft richtige Schnäppchen macht. Achtung: Üblicherweise werden auf das Gebot 10 % **Käuferprämie** aufgeschlagen.

Bevor man den Zuschlag gibt, sollte man sich an die NZ Transport Agency, 🖳 nzta.govt. nz, wenden, die auf ihrer Internetseite gute Ratschläge und Warnungen bezüglich des Autokaufs gibt. Sehr hilfreich ist auch das Informationsblatt *Buying a used car*.

Wer sich mit Autos nicht wirklich auskennt, sollte vor dem Kauf auf alle Fälle eine **Autoinspektion** durchführen lassen. Das kostet zwar Geld, aber vielleicht kann man den Kaufpreis danach wegen offenkundiger Mängel herunterhandeln – oder erspart sich eine Enttäuschung. Solche Untersuchungen werden durchgeführt von der AA, ✆ 0800 500 333, 🖳 aa.co.nz (Mitglieder $147, Nicht-Mitglieder $169), oder von den Car Inspection Services, ✆ 0800 500 800 für Auckland und Wellington, 🖳 carinspections.co.nz. Ein wichtiger Tipp zum Schluss: Vor Abschluss eines Kaufvertrags unbedingt AA LemonCheck, ✆ 0800 536 662, 🖳 aalemoncheck.co.nz, kontaktieren, um zu erfahren, ob das Auto gestohlen ist oder Schulden darauf lasten, die man mit dem Kauf automatisch übernehmen würde: Die Kosten belaufen sich auf $20 für Mitglieder und $30 für Nicht-Mitglieder.

Was bei uns der TÜV, ist in Neuseeland der **WOF** (Warrant of Fitness): die Überprüfung eines Autos auf seine Verkehrssicherheit. Untersuchungen dieser Art werden von speziellen Werkstätten und Prüfstellen durchgeführt und gelten ein Jahr, wenn das Auto jünger als sechs Jahre ist, oder sechs Monate bei älteren Autos. Beim Verkauf eines Autos darf die Überprüfung nicht länger als einen Monat zurückliegen. Außerdem sollte das Auto eine gültige **Vehicle registration** besitzen, die vor Ablauf erneuert

werden muss (für Privatfahrzeuge mit Benzinmotor – 1300–2600cc – 6 Monate $290,97, 12 Monate $431,04). Das wird am besten per Post oder in einem der AA-Büros erledigt, geht aber auch online unter 🖳 nzta.govt.nz.

Nach dem Kauf eines Autos muss der Zulassungsstelle der **Besitzerwechsel** bekannt gegeben werden, indem Verkäufer und Käufer gemeinsam ein Formular ausfüllen, das bei jedem Postamt eingereicht werden kann. Die Kennzeichen verbleiben beim Auto.

Zu guter Letzt wird noch eine **Versicherung** benötigt, entweder Vollkasko oder Haftpflicht, Feuer und Diebstahl. Die Preise differieren teilweise sehr. Eine Haftpflichtversicherung kostet für sechs Monate mindestens $350.

Motorrad

Auch Motorradfahrer benötigen lediglich einen nationalen Führerschein, der selbstverständlich für Krafträder ausgestellt sein muss. Es besteht **Helmpflicht**, und man sollte sich darauf einstellen, ab und zu auch Schotterstraßen zu befahren.

Wer ohne eigenes Motorrad unterwegs ist, kann sich von Unternehmen, die geführte Touren anbieten (s. unten), eine Maschine ausleihen. Ein recht teurer Spaß, denn für ein Motorrad mit 650 ccm bezahlt man im Sommer $190–280 pro Tag. Bike Adventure New Zealand, ✆ 0800 498 600, 🖳 bikeadventure.co.nz, bietet 600er Enduros für $95 pro Tag bei Kurzzeitmieten; der Preis fällt auf $55, wenn man die Maschine für zehn Wochen ausleiht. Ansonsten wird man bei denselben Quellen wie beim Autokauf fündig.

Motorradtouren

Die Alternative zum Mieten eines Motorrads ist eine organisierte Tour, mit oder ohne Reiseführung, wobei gewöhnlich sehr gute Unterkünfte und Restaurants gewählt und hervorragende Motorräder gestellt werden.

Adventure New Zealand Motorcycle Tours & Rentals, Nelson, 🖳 gotournz.com. Sehr teure Motorradtouren in kleinen Gruppen auf der Südinsel. Die Route kann maßgeschneidert werden, ein Luxusbus begleitet die Teilnehmer, und alles ist auf den höchsten Standard ausgerichtet.

Die Preise beginnen bei $9000 für einen 10-tägigen Standardtrip auf einem Durchschnittsmotorrad.

New Zealand Motorcycle Rentals & Tours, 🖥 nzbike.com. Hochpreisige Spezialagentur, die geführte All-inclusive-Touren mit Übernachtung in hervorragenden Unterkünften anbietet. Außerdem im Angebot: partiell geführte Touren und Motorradverleih. Eine geführte 19-tägige Tour über beide Inseln kostet bei Übernachtung in Hotels ab 6875 (je nach Motorrad).

Te Waipounamu Motorcycle Hire & Tours, 🖥 motorcycle-hire.co.nz. Organisiert Luxustouren durch die Südhälfte der Südinsel und verleiht Motorräder (BMW-Maschinen in der Hochsaison $230/Tag).

Fahrrad

Neuseeland lässt sich prima per Rad erkunden. Die Distanzen sind gering, das Klima im Allgemeinen angenehm, der Verkehr dünn und die Landschaft atemberaubend. Fast überall findet man Hostels und Campingplätze, wobei Letztere meist auch Zimmer und Cabins vermieten, sollte einem der Regen doch einmal zusetzen.

Allerdings birgt das Land auch ein paar Tücken für Radfahrer: Neuseelands Straßennetz ist so dünn, dass man in vielen Gegenden auf die Hauptstraßen angewiesen ist; Nebenstraßen sind häufig ungeteert; selbst im Sommer fällt einigermaßen viel Regen; und ein Großteil des Landes ist ausgesprochen hügelig.

Die Südinsel eignet sich besser zum Radfahren als die Nordinsel. Der von Nord nach Süd verlaufende Gebirgszug auf der Südinsel bildet praktisch die einzige geografische Barriere, während sowohl ein großer Teil der West- als auch zwei Drittel der Ostküste aus einer Ebene besteht. Auf der Nordinsel hingegen kann man kaum 10 km fahren, ohne auf irgendeinen größeren Hügel zu stoßen, und muss sich mit wesentlich mehr Verkehr herumschlagen – inklusive riesiger Holztransporte.

Für Radfahrer besteht **Helmpflicht**. Wer sich einer geführten Tour anschließen möchte, findet entsprechende Anbieter auf S. 64. Sehr gute **Informationen** enthalten die Radführer *Pedallers' Paradise,* 🖥 paradise-press.co.nz, sowie Bruce Ringers *New Zealand by Bike*.

Da man sich größtenteils auf Teerstraßen fortbewegt und nur gelegentlich auf eine Schotterpiste ausweichen muss, ist ein **Trekkingrad** am besten geeignet. Natürlich leistet auch ein **Mountainbike** gute Dienste, allerdings sollte man dann auf grobe Stollenreifen verzichten, um das Vorankommen nicht unnötig zu erschweren.

Bei einem Aufenthalt von mehreren Wochen ist es billiger, das **eigene Rad** mitzubringen. Viele internationale Fluggesellschaften betrachten Fahrräder lediglich als zusätzliches Gepäckstück und lassen sich den Transport nicht extra bezahlen, sofern man das erlaubte Gesamtgewicht nicht überschreitet. Jedoch verlangen die Airlines die Verpackung in einer **Fahrradtasche**, oder vor der Gepäckaufgabe müssen zumindest die Pedale abgeschraubt,

---

Nga Haerenga – der New Zealand Cycle Trail

Mit seinen bezaubernden Landschaften, Straßen und Campingmöglichkeiten ist Neuseeland seit langem ein beliebtes Ziel für Radfahrer, und offenbar ist das Land fest entschlossen, sich auch als Ziel für Offroad-Radtouren einen Namen zu machen.

Zur Bekämpfung der Rezession ließ die Regierung 18 Great Rides entwickeln: unabhängige, überwiegend Offroad-Strecken, die unter dem Namen **Nga Haerenga**, 🖥 nzcycletrail.com, zusammengefasst werden. Ein Großteil der Routen (von ein paar Stunden bis zu mehreren Tagen Dauer) wurde Anfang 2013 zumindest teilweise eröffnet, und die Sponsoren hoffen, dass das Projekt ähnlich erfolgreich wird wie der Otago Central Rail Trail (Kasten S. 821).

Interessierte können vor Ort ein Rad mieten und kürzere Strecken wie die „Mountains to the Sea" im Norden oder die „Old Ghost Road" im Süden in Angriff nehmen oder für einen Monat oder länger herkommen, um alle Strecken zu befahren.

der Lenker quergestellt sowie die Kette abgedeckt werden.

An einigen Flughäfen werden Radkartons verkauft. Sperrige Radtaschen können in den meisten Hostels kostenlos oder gegen eine geringe Gebühr für die Dauer des Aufenthalts gelagert werden – das geht natürlich nur, wenn man vom gleichen Ort wieder zurückfliegt.

Für kleinere Ausflüge vor Ort kann man sich auch ein **Fahrrad leihen**. Pro Tag ist je nach Ausstattung mit $30–55 zu rechnen, die Monatstarife liegen bei $200–250 für ein Trekkingrad und $300 oder mehr für ein voll gefedertes Mountainbike. Da lohnt es sich schon eher, ein Fahrrad zu kaufen. Für ein neues, voll ausgestattetes Rad werden mindestens $1500 fällig. **Gebrauchtangebote** findet man manchmal in Hostels (unter $500 ist ein recht guter Deal), oft gibt es noch zusätzliche Ausrüstung wie spezielle Kleidung, Helm und Pumpe dazu.

Manche Fahrradläden offerieren eine **Rückkaufgarantie**, die bei etwa 50 % des Kaufpreises liegt. Eine gute Adresse ist Adventure Cycles, 9 Premier Ave, Western Springs, Auckland, ☏ 09 940 2453, 🖥 adventure-auckland.co.nz/adventurecycles. Sie bieten auch einen Gepäckaufbewahrungsservice für Fahrradtaschen, helfen bei der Zusammenstellung eines „Notfallpakets" mit Ersatzteilen, senden Kleidung und Material hinterher und checken das eigene Fahrrad vor dem Start – alles für rund $50.

Wer des Radfahrens einmal müde wird oder eine Panne hat, kann seinen Drahtesel gewöhnlich in einen Bus oder Zug ($15–20 pro Fahrt) laden und sich ein wenig erholen. Allerdings ist der Gepäckraum meist begrenzt, daher empfiehlt es sich, möglichst im Voraus einen Platz zu reservieren. Interislander und Blue Bridge verlangen für die Fährüberfahrt von Nord- zu Südinsel $15–20 pro Fahrrad.

Kostenlos werden Räder transportiert (in Bussen, Zügen und auf Fähren), wenn sie in einer Radtasche verpackt sind und als normales Gepäckstück aufgegeben werden. Air New Zealand befördert Fahrräder zum Nulltarif, solange die Gewichtsgrenze für Gepäck nicht überschritten wird. Jetstar berechnet den normalen Preis für Mehrgepäck, rechnet das Fahrrad aber nicht in das zulässige Gesamtgewicht ein.

Fähren

Die am meisten benutzten (Auto-)Fähren Neuseelands pendeln über die Cook Strait und verbinden Wellington auf der Nord- mit Picton auf der Südinsel (S. 508). Weitere Fähren verkehren von Bluff im Süden der Südinsel nach Stewart Island (nur Personentransport) sowie von Auckland zu den Inseln im Hauraki Gulf, allen voran Waiheke, Rangitoto und Great Barrier (Auto- und Personenfähren). Diese Verbindungen werden in den Regionalkapiteln über Invercargill (S. 693) und Auckland (S. 173) näher erläutert.

Wesentlich mehr Zeit verbringen die meisten Besucher auf **Wassertaxis** oder bei einer der vielen angebotenen **Bootstouren**, sei es zum Beobachten von Walen, Schwimmen mit Delphinen oder einfach nur zum Sightseeing.

Übernachtung

Übernachtungskosten verschlingen einen Großteil des Reisebudgets, doch dafür wird durchgehend ein relativ hoher Standard geboten. Fast jede Stadt besitzt ein Motel oder ein Hostel. Deshalb ist die Suche nach einer Unterkunft selten ein Problem – obwohl man während der Hochsaison von Weihnachten bis Ende März unbedingt im Voraus reservieren sollte.

Neuseeländer verbringen ihre Ferien meist im eigenen Land, wobei sie sich am liebsten selbst versorgen und einen der zahlreichen, gut ausgestatteten **Campingplätze** (auch Holiday Parks genannt) oder eines der **Motels** besuchen, während sie die auf Pauschaltouristen und Geschäftsleute ausgerichteten **Hotels** eher meiden. Eine verlockende Alternative hierzu sind **Gästehäuser**, **B&Bs**, **Lodges** sowie **Home-** und **Farmstays**, die das gesamte Preisspektrum abdecken – vom schlichten Zimmer in einem unscheinbaren Vororthaus bis zu Luxus pur in einem herrschaftlichen Anwesen auf dem Lande.

Mitte der 1980er-Jahre hat Neuseeland die sogenannten **Backpacker-Hostels** aus der Taufe gehoben, eine weniger streng reglementierte

Alternative zu den traditionellen, die sich ihrerseits sehr ins Zeug gelegt haben, um mit der Konkurrenz mithalten zu können. Die Hostels sind über das ganze Land verteilt und bieten Reisenden mit schmalem Geldbeutel in der Regel eine hervorragende Unterkunft sowie andere Leistungen.

Viele Unterkünfte werden inzwischen nach dem landesweiten **Qualmark-System** klassifiziert (⌨ qualmark.co.nz). Danach erhalten unterschiedliche Kategorien (Luxus, Hotel, Selbstversorger, Gästehaus, Holiday Parks und Backpackers) einen bis fünf Sterne. Viele Unterkünfte sind diesem System nicht angeschlossen, was aber nicht heißt, dass sie nicht ebenso gut oder sogar besser sind.

Informationen über das Campen abseits offizieller Stellplätze sowie über Hütten für Wanderer auf S. 86.

Unterkunftsverzeichnisse und Websites

AA Accommodation Guide,
⌨ aatravel.co.nz
Jährlich erscheinende, landesweite Publikation auf der Basis von Anzeigen, in der vor allem Motels und Holiday Parks verzeichnet sind. Außerdem ein B&B-Verzeichnis und verschiedene Regionalführer. In den meisten Motels und i-SITE-Touristeninformationen kostenlos erhältlich.

BookABach,
⌨ bookabach.co.nz
Viele Kiwis besitzen Ferienhäuser (*bach* oder *crib* genannt), die oft an Stränden oder Seen liegen und auch vermietet werden. Um Weihnachten ziehen die Preise stark an, im Winter fallen sie. Manche Besitzer verlangen einen Mindestaufenthalt von zwei oder drei Nächten; von Weihnachten bis Ende Februar werden sie nur wochenweise vermietet, dann ziehen die Preise außerdem erheblich an und die Auswahl ist begrenzter. Im Winter kann man dagegen echte Schnäppchen machen. Holiday Houses, ⌨ holidayhouses.co.nz, hat ein ähnliches Angebot.

Charming Bed & Breakfast,
⌨ bnbnz.com
Edel aufgemachter B&B-Führer, der sich insbesondere auf die Unterkünfte mittlerer Kategorie spezialisiert, aber auch Unterkünfte auf dem Land und Farmstays aufführt. Man kann ihn als PDF runterladen, den Katalog gegen Portogebühr anfordern oder (meist kostenlos) in B&Bs bekommen. Offiziell kostet er $20.

Hotels und Motels

In Neuseeland verbergen sich hinter dem Begriff **Hotel** häufig etwas altmodische Pubs, die einst gesetzlich dazu verpflichtet waren, den Kneipengästen auch Zimmer zur Verfügung zu stellen. Viele dieser sogenannten Hotels fungieren schon lange nicht mehr als Unterkunft, andere wurden zu Backpacker-Hostels umfunktioniert, und wieder andere halten die alte Tradition aufrecht. Im besten Fall bieten sie komfortable Zimmer in historischen Gebäuden (für $100–140 pro Nacht).

Großstädte sowie Orte mit touristischer Anziehungskraft besitzen auch Hotels im klassischen Sinn ($180–350), die vor allem auf Ge-

Unterkünfte buchen

In größeren Städten und an beliebten Reisezielen sollten Unterkünfte von Dezember bis März ein paar Tage im Voraus reserviert werden. Wer ein bestimmtes Haus bevorzugt, bucht am besten schon einige Wochen vorher. Die meisten Neuseeländer machen ab Weihnachten zwei bis drei Wochen Urlaub. Deshalb sind vom **26. Dezember bis Mitte Januar** alle Unterkünfte in der Nähe eines schönen Strandes oder Sees ausgebucht. Das gilt ganz besonders für Holiday Parks (Campingplätze) und Motels, die dann auch ihre Preise erheblich erhöhen. In Gegenden, die keine neuseeländischen Urlauber anziehen, kann es zu dieser Zeit wiederum recht ruhig zugehen. Die Orte in der Nähe von **Skigebieten** sind gewöhnlich von Juli bis September am vollsten, v. a. an den Wochenenden und in den Schulferien.

schäfts- oder Pauschalreisende ausgerichtet sind. Dementsprechend tief muss man in die Tasche greifen, aber oft richtet sich der Preis nach der Nachfrage, sodass man besonders am Wochenende gute Sonderangebote finden kann.

Neuseeländer selbst bevorzugen auf Reisen meistens die überraschend gut ausgestatteten **Motels** (etwa $100–200), die sich entlang der Einfallstraßen aneinander reihen und deshalb eher für Selbstfahrer geeignet sind. In der Regel handelt es sich um nüchterne, funktionelle Betonblocks, die aber neben Fernsehgerät und Bad auch eine unterschiedlich ausgestattete Küche sowie kostenlosen Tee oder Kaffee zur Verfügung stellen.

Das Zimmerangebot reicht von **Studios**, bestehend aus einem Raum mit Betten, Wasserkocher, Toaster und Mikrowelle, über **Units** mit Schlafzimmer und zumeist getrennter Küche bis zu **Suiten** (gleicher Basispreis wie eine Unit, jeder zusätzliche Erwachsene kostet $20–25 extra), die zwei bis drei Schlafzimmer umfassen und besonders für Gruppen eine günstige Alternative darstellen.

Hinter einem **Motor Inn** ($140–240) oder Ähnlichem verbergen sich meist recht luxuriöse Unterkünfte mit Bar, Restaurant, Swimmingpool und Sauna, deren Zimmer jedoch keine Kochgelegenheit haben.

B&Bs, Lodges und Boutiquehotels

Während viele Familien das ungezwungene Ambiente eines Motels zu schätzen wissen, ziehen Paare häufig ein Homestay oder **B&B** ($100–250) vor. Oft ist es ein einfaches Zimmer, meist ohne eigenes Bad, dafür gibt's ein kleines Frühstück. Aber der Begriff umfasst auch luxuriöse Kolonialvillen, deren Zimmer (mit Bad) herrlich eingerichtet sind und wo man ein üppiges, hausgemachtes Frühstück bekommt. Die Unterkünfte am oberen Ende der Skala nennen sich **Lodges**, **Boutiquehotels** oder „Exclusive Retreats" ($300–2000), wobei sich der außerordentlich gute Service und hohe Standard deutlich im Preis niederschlagen.

In der Nebensaison fallen die Preise, und oft lassen sich richtige Schnäppchen machen. Alleinreisende, die sich mit Hostels nicht anfreunden können, zahlen in einem B&B 60–80 % des Preises für ein Doppelzimmer, manchmal auch nur 50 %.

Home- und Farmstays

Homestays ($120–200) bieten in der Regel ein oder zwei Gästezimmer in einem Privathaus, wo man mit den Besitzern zusammenkommt und gemeinsam das Frühstück einnimmt. Die Übernachtung in einer solchen Unterkunft stellt eine prima Gelegenheit dar, ganz „normale" Neuseeländer kennenzulernen. Außerdem wird man meist sehr gut umsorgt. Es gilt als höflich, seinen Besuch vorher anzumelden, und man sollte ausreichend Bargeld mit sich führen, da eine Bezahlung mit Kreditkarte oder Scheck selten möglich ist.

Die gleiche Art von Unterkunft heißt in ländlichen Gebieten **Farmstay** ($120–200). Auf eigenen Wunsch dürfen die Gäste, die mehrere Tage bleiben, bei der Arbeit auf dem Bauernhof zur Hand gehen. Home- und Farmstays kosten $100–160 pro Doppelzimmer inklusive Frühstück; je nach Bedarf wird auch ein Abendessen

($25–75 p. P.) aufgetischt, und wer den ganzen Tag auf der Farm verbringt, muss für das Mittagessen oder ein Lunchpaket meist nur eine kleine Summe bezahlen.

Hostels, Backpackers und YHAs

Neuseeland bietet mehr als 350 Billig- und Selbstversorger-Unterkünfte, die im Allgemeinen **Hostels** oder **Backpackers** genannt werden und für ein Bett im Schlafsaal $23–32 verlangen. Häufig sind diese Unterkünfte exzellent gelegen und ausgezeichnete Orte, um Gleichgesinnte zu treffen und sich mit Infos zu versorgen.

Die Hostels sind unterschiedlich groß und verfügen über vielleicht nur vier, vielleicht aber auch mehrere hundert Betten. Im Allgemeinen sind die Betten mit Bettwäsche bezogen (wegen der möglichen Verbreitung von Bettwanzen sind Schlafsäcke nicht gern gesehen oder sogar verboten); nur ein eigenes Handtuch muss man mitbringen, oder man leiht es für ein paar Dollar. Zu den Standardeinrichtungen gehören inzwischen Computer mit Internetzugang und vermehrt auch WLAN, wenngleich ein paar ländliche Hostels bewusst auf diese technischen Errungenschaften verzichten.

Je nach Lage findet man häufig auch Swimmingpools, Grillecken, Leihräder und -kanus sowie Infos zu örtlichen Arbeitsmöglichkeiten. In vielen Hostels bekommen die Gäste abschließbare Schränke, für die man jedoch meistens sein eigenes Vorhängeschloss mitbringen muss. Fast alle neuseeländischen Hostels arbeiten mit einheimischen und internationalen Organisationen zusammen, die ihren Mitgliedern Preisnachlässe bieten, sei es bei Übernachtungen, bei weiteren Reisevorhaben oder bei Abenteueraktivitäten.

Auf dem Grundstück vieler Hostels ist auch Zelten erlaubt (um $17 p. P. inkl. Nutzung der Einrichtungen). Die Preise für ein Bett im **Schlafsaal** *(dorm)* mit 6–12 Pers. liegen bei $23–28 im **Drei- und Vierbettzimmer** *(three-share* bzw. *four-share)* ein paar Dollar höher. Wer mehr Privatsphäre möchte, bekommt zumeist auch **Doppel-** oder **Zweibettzimmer** sowie **Familienzimmer**

(bis $50–80 für 2 Pers.), die teureren davon mit eigenem Bad. Alleinreisende, die sich nicht mit einem Dorm anfreunden können, bekommen manchmal ein **Einzelzimmer** für etwa $30–50, und viele größere Unterkünfte (besonders die Hostels von YHA und Base Backpackers) haben auch Dorms nur für Frauen.

YHA-Hostels

In Neuseeland sind etwa 25 Unterkünfte als **YHA Hostels**, ⌨ yha.co.nz, klassifiziert. Die strengen Regeln und Öffnungszeiten wurden längst abgelegt, aber in den Schlafsälen gilt nach wie vor die Geschlechtertrennung. Die neueren Hostels wurden ganz im Sinne des YHA erbaut und setzen dessen Einstellung zum Umweltschutz um. Wer kein Mitglied ist, zahlt den von uns angegebenen Preis, kann aber mit der Beantragung einer Hostelling International Card (vorzugsweise schon vor der Reise besorgen) 10 % sparen. Alternativ kann man in Neuseeland für $42 eine Jahresmitgliedschaft erwerben, die eine Gratis-Nacht im Dorm umfasst.

Weitere 26 Hostels sind mit dem YHA-Verband assoziiert und gewähren YHA-Karteninhabern oft einen Preisnachlass von ein oder zwei Dollar. Buchungen können entweder durch ein anderes Hostel, über die Reservierungszentrale von YHA New Zealand oder als Mitglied auch über den entsprechenden Verband im Heimatland getätigt werden.

YHA-Hostels und angeschlossene Unterkünfte sind auf der jährlich aktualisierten YHA Backpacker Map verzeichnet.

Die **Mitgliedschaft** im Deutschen Jugendherbergsverband kostet für Personen unter 27 Jahren 12,50 € und für Mitglieder ab 27 Jahren, Familien und Partner 21 € pro Jahr. In Österreich ist die Mitgliedschaft für Heranwachsende bis 15 Jahre kostenlos. Personen zwischen 16 und 26 Jahren zahlen 15 €, alle anderen 25 €. Eine Mitgliedschaft im Schweizer Jugendherbergsverband kostet bis zum Alter von 18 Jahren 22 sFr pro Jahr; Interessenten ab 18 Jahren zahlen 33 sFr, Familien 44 sFr. Kontaktadressen:

DJH Service GmbH
Bismarckstr. 8, 32756 Detmold,
✆ 05231/74010, ⌨ djh-service.de

Österreichisches Jugendherbergswerk (ÖJHW)
Mariahilferstraße 22-24, Stiege 1,
1. Stock, 1070 Wien, ☎ 01 533 1833,
🖥 oejhw.at

Schweizer Jugendherbergen
Schaffhauser Str. 14, 8042 Zürich,
☎ 044 3601414, 🖥 youthhostel.ch

Backpacker-Hostels

In Neuseeland gibt es viel mehr **Backpackers** als YHAs und überall herrscht eine andere Atmosphäre – die Palette reicht von familiär und ruhig bis zu unpersönlich und partyorientiert. Viele der Backpackers sind assoziiert mit der neuseeländischen Organisation **Budget Backpacker Hostels,** 🖥 bbh.co.nz, und mit aktuellen Preisangaben in der Broschüre **BBH Accommodation** aufgelistet, die man überall in den Unterkünften oder im Touristenbüro kostenlos bekommt. Die von den Hostels selbst formulierten Einträge geben nicht vor, objektiv zu sein, aber jedes Hostel bekommt eine Bewertung, die auf einer jährlichen Kundenbefragung und einem Voting im Internet basiert. Jedes Hostel, das bei der Bewertung über 80 % erreicht, ist hervorragend. Die wenigen Unterkünfte, die bei unter 60 % liegen, sollte man mit Vorsicht genießen.

In einem BBH-Hostel kann jeder absteigen; Preisnachlässe gibt's mit der **BBH Club Card** ($45), die pro Übernachtung in einem Schlafsaal oder einem Zimmer üblicherweise $3–4 spart. Verteiler der Mitgliedsausweise, die zugleich als wieder aufladbare Telefonkarten fungieren ($20 Anfangssumme), sind die Hostels selbst.

Base und Nomads

Die beiden australasiatischen Hostelketten Nomads, 🖥 nomadshostels.com, und Base, 🖥 stay atbase.com, unterhalten jeweils rund ein halbes Dutzend Hostels in den Touristenzentren Neuseelands. Beide bieten Rabatte, wenn man eine Kundenkarte besitzt oder ein Pauschalangebot bucht.

Holiday Parks, Cabins und Zeltplätze

Neuseeland besitzt einige der weltbesten Einrichtungen für Camper, und auch wer mit dieser Art der Übernachtung niemals zuvor zu tun hatte, findet sich oft in **Holiday Parks** (auch **Motor Camps** genannt) wieder. Hier kann man entweder zelten, einen der speziellen Plätze für Wohnmobile *(hook-ups)* belegen oder meistens auch in Dorms, Cabins und Motel Units übernachten. Natürlich gibt es nicht nur solche Riesenanlagen, sondern auch die schlichten, aber dafür meist herrlich gelegenen **DOC-Zeltplätze**.

Unterkunftsoptionen auf Holiday Parks

Tent site ($13–20 p. P.). Normalerweise ein Rasenplatz mit einem Wasserhahn in der Nähe.

Powered site ($15–23 p. P.). Rasen- oder Betonplatz mit Stromanschluss und Abwasserentsorgung *(dump station)* in der Nähe. Bei den besseren Plätzen muss man pro Stellplatz die Gebühr für mindestens zwei Personen zahlen.

Lodge ($20–25 p. P.). Unterkunft im Dorm, meist 8–12 Betten.

Standard Cabin ($50–85 für 2 Pers. plus $10–15 für jede weitere Pers.). Oft wenig mehr als eine Hütte mit Etagenbetten und eventuell einem Tisch. Für 2–4 Pers., Bettwäsche kostet extra.

Kitchen Cabin ($70–110 für 2 Pers. plus $10–20 für jede weitere Pers.). Wie eine *standard cabin*, aber mit Kochgelegenheit, Tisch und Stühlen, Töpfe und Teller werden gestellt. Meist für 4 Pers.; Bettwäsche kostet extra.

Tourist Cabin/Flat ($80–130 für 2 Pers. plus $15–25 für jede weitere Pers.). Wie eine *kitchen cabin*, aber mit eigener Dusche und WC und evtl. Fernseher. Manchmal auch als *self-contained unit* bezeichnet. Normalerweise für 4 Pers.; Bettwäsche ist manchmal inbegriffen.

Motel Unit ($100–195 für 2 Pers. plus $15–30 für jede weitere Pers.). Größer als eine Cabin und meist mit einem oder zwei separaten Schlafzimmern und TV/DVD. Bettwäsche und Handtücher inbegriffen.

Zelten bietet sich eher im Sommer (Nov–Mai) an, vor allem auf der Südinsel. Im schlimmsten Fall präsentiert sich Neuseeland feucht, windig und voller gieriger **Insekten**, die – nicht nur – Camper in den Wahnsinn treiben können. Reisende mit Zelt benötigen daher eine anständige Ausrüstung, insbesondere ein gut belüftetes Innenzelt mit einem intakten Fliegengitter.

Am vollsten sind die Motor Camps während der Schulferien, d. h. von Weihnachten bis Ende Januar sowie um Ostern. Während man um diese Zeit so weit wie möglich im Voraus **reservieren** sollte, reicht im Februar und März eine Ankündigung von zwei bis drei Tagen. Auf den DOC-Zeltplätzen kann man üblicherweise nicht reservieren, was fast nie ein Problem darstellt, aber um Weihnachten manchmal in ein schlimmes Gedränge ausartet.

Holiday Parks

Die Holiday Parks liegen typischerweise in den Außenbezirken der Städte und sind fast alle gleichermaßen gut ausgestattet: Sie haben eine Gemeinschaftsküche, einen Fernsehraum, einen Spieleraum, Waschmaschinen und manchmal sogar einen Swimmingpool. Man sollte eigene Töpfe, Teller und Besteck mitbringen, wenngleich einige Plätze auch ein Set vermieten. Selbst wer hier nicht übernachtet, kann oftmals für $2–5 duschen. Zelter bekommen üblicherweise die ruhigste und schattigste Ecke des Platzes zugeteilt und zahlen pro Person durchschnittlich $13–20 (die Angaben im Buch beziehen sich falls nicht anders angegeben immer auf den Preis für eine Person). Oft wird nicht unterschieden zwischen einem Platz für Zelter und für Wohnmobile, die einen Anschluss für Elektrizität haben und hierfür sowie für die Abwasserentsorgung meist $2–3 extra pro Person bezahlen.

Viele Holiday Parks verfügen auch über andere Unterkunftsmöglichkeiten (S. 86). Bettzeug oder Handtücher sind auf den billigeren Plätzen nur selten im Preis inbegriffen; also Schlafsack mitbringen, sonst muss man Bettwäsche gegen Gebühr leihen (normalerweise $5–10).

Die Holiday Parks arbeiten i. d. R. selbstständig, haben sich aber teilweise mit landesweiten Organisationen zusammengeschlossen, die einen Mindeststandard garantieren. Es lohnt sich, nach den **Top 10**, 🖳 top10.co.nz, Ausschau zu halten, die zwar etwas höhere Preise verlangen als die normalen, dafür aber sehr gute Einrichtungen besitzen. Wer im Besitz einer Mitgliedskarte ist ($40 für zwei Jahre, auch in Australien gültig), spart bei jeder Übernachtung 10 % und erhält am Ort vielleicht weitere Rabatte.

DOC-Zeltplätze

Nur wenige Holiday Parks können mit der idyllischen Lage der gut 250 **Zeltplätze** mithalten, die das **Department of Conservation**, 🖳 doc.govt. nz, in National- und Meeresparks und anderen Schutzgebieten unterhält. Dies ist Camping in seiner ursprünglichsten Art, wenngleich die meisten Plätze inzwischen fließend Wasser und irgendeine Art von Toilette haben.

Die Plätze sind in den kostenlosen DOC-Broschüren *Conservation Campsites* auf der Nord- bzw. Südinsel (erhältlich bei DOC-Büros) aufgelistet und unterteilen sich in vier Kategorien: **Basic** (kostenlos, d. h. häufig nur mit Plumpsklo und Wasser in der Nähe; **Backcountry** ($1,50–6), möglicherweise mit Kochgelegenheit und/oder Feuerstelle; **Standard** ($5–16 p. P., üblicherweise $6), mit einem Fahrzeug zugänglich und oft mit Grillplätzen, Feuerstellen, Picknicktischen und Müllbeseitigung; sowie **Serviced** ($7–19 p. P.), vergleichbar mit den gut ausgestatteten Holiday Parks, aber selten. Kinder erhalten zwischen 5 und 17 Jahren 25–50 % Ermäßigung; reserviert werden kann nur die oberste Kategorie.

Wildes Campen

Einer der Vorteile des Reisens mit einem Wohnmobil besteht in der Möglichkeit, ab und zu kostenlos auf Parkplätzen am Straßenrand oder Strand zu übernachten. Das war nie ganz legal, aber solange nur wenige wildes Campen betrieben, kümmerte sich niemand darum. Da diese Übernachtungspraxis jedoch immer beliebter geworden ist und dabei viel Dreck hinterlassen wird, dürfen Kommunen neuerdings **Geldstrafen** (mindestens $200) verhängen, wenn an Orten übernachtet wird, an denen es untersagt ist. Im ganzen Land sind an entsprechenden Stellen „No Camping"-Schilder aufgestellt worden, die Camper dazu zwingen, Plätze außerhalb der Ortschaften zu suchen.

Wildes Campen ist zwar komplizierter geworden, doch der Umgang damit variiert von Ort zu Ort. Fast nirgends wird es gern gesehen, wenn Fahrzeuge ohne Abwassertank wild campen – etwas anderes ist es, wenn man mit einem **autarken Wohnmobil** (mit grünem Diamantaufkleber) unterwegs ist. Manche Kommunen verhängen ein generelles Abstellverbot in einem Radius von 10 km um Ortschaften, andere weisen wilden Campern bestimmte Plätze zu. Das DOC hat auf die Veränderungen reagiert und mehr Conservation Campsites eingerichtet (einige gratis, die meisten nehmen $5 p. P.), in der Regel in landschaftlich schönen Gegenden in Ortsnähe. Außerdem können Reisende mit autarken Wohnmobilen im Rahmen des Projekts **Native Parks**, 🖳 nativeparks.co.nz, kostenlos auf Privatgrundstücken übernachten. Wer Mitglied wird ($75), bekommt einen Führer mit rund 90 Stellflächen.

Im Buch haben wir haben einige der besten Campinggegenden aufgeführt. Wer mehr erfahren möchte, findet auf 🖳 **camping.org.nz** Richtlinien zum wilden Campen und einen Link zu einer Website mit allen Campingregionen im Land. Darüber hinaus gibt es nützliche Apps, z. B. die kostenlose von 🖳 campermate.co.nz, die Campingstellen, Toiletten, Budget-Unterkünfte und WLAN-Hotspots im ganzen Land auflistet, und die gebührenpflichtige App von 🖳 rankers. co.nz/respect, die sich aufs Campen beschränkt, aber dafür detaillierter ist.

Verhaltenstipps

Mit der Ankunft der **Maori** in dem Land, das sie dann Aotearoa tauften, wurde Neuseeland zu einem Einwanderungsland. Die Vorfahren der heutigen Bewohner stammen meist aus Großbritannien und Irland, sodass die dominierende Kultur nordeuropäisch geprägt ist, aber es sind auch starke Maori- und polynesische Einflüsse vorhanden. Gemäß der Doktrin vom **Bikulturalismus** genießen die Werte der Maori und der Pakeha, der weißen Europäer, zumindest nominell einen gleichwertigen Status. In der Praxis basiert das Regierungs- und Rechtssystem aber auf den jeweiligen Systemen des britischen Mutterlands.

Die **Maori** sind überwiegend Teil der modernen neuseeländischen Gesellschaft. Die ethnischen Spannungen, die zweifellos existieren, entladen sich zumeist im Verborgenen. Als Besucher bekommt man davon wenig mit. **Asiaten** machen inzwischen rund 7 % der Bevölkerung aus, was etwa der Hälfte des Anteils an Maori entspricht. In der Region Auckland liegt der Anteil der Asiaten allerdings bei über 18 %, sodass für die Zukunft eigentlich ein Trikulturalismus angesagt ist.

Trotz dieser ethnischen Mischung wurzelt die **Kiwi-Persönlichkeit** im Kern in dem Traum, sich in einem einzigartigen und manchmal unwirtlichen Land ein besseres Leben zu schaffen. Die Neuseeländer haben eine ungeheure Schwäche für Geschichten über tapfere Kiwis.

Eine große Leidenschaft der Kiwis ist auch der **Sport**. Bei internationalen Wettkämpfen ist das kleine Land schon oft sehr erfolgreich gewesen; das gilt besonders für Rugby. Die Neuseeländer weisen außerdem immer wieder gerne darauf hin, dass sie in einer offenen und egalitären Gesellschaft leben, die als erste weltweit das Wahlrecht für Frauen eingeführt und seine Gewässer zur nuklearfreien Zone erklärt hat (S. 116). Im Allgemeinen herrscht eine **liberale gesellschaftliche Grundeinstellung** vor; heiße Themen sind z. B. japanischer Walfang und Genmanipulation.

Das Verhältnis Neuseelands zu seinem größeren Nachbarn **Australien** auf der anderen Seite des *ditch* (Graben, also die Tasmansee) ist eine unerschöpfliche Quelle der Unterhaltung auf beiden Seiten. Die beiden Verwandten streiten sich gerne, meist verbal, besonders in Sachen Sport. Aber ansonsten stehen sie einander bei, wenn es gegen Dritte geht.

Neuseeländer sind erfrischend locker und gradlinig, und die **Begrüßung** fällt dementsprechend informell aus. Auch der **Kleidungsstil** ist eher relaxt, und wer nicht gerade geschäftlich im Land unterwegs ist, kann Anzug und Krawatte getrost zu Hause lassen. Selbst in den besten Restaurants wird nur adrette Kleidung verlangt.

Das Mindestalter für **Alkoholkonsum** liegt bei 18 Jahren. Es kann vorkommen, dass man sich ausweisen muss, entweder mit einem neuseeländischen Führerschein oder einem Pass – ein ausländischer Führerschein reicht nicht aus. **Rauchen** wird immer mehr zurückgedrängt. Verboten ist es in allen öffentlichen Verkehrsmitteln und Gebäuden sowie an einigen Plätzen im Freien – mehr dazu unter 🖥 smokefree councils.org.nz.

Herrlich unkompliziert ist die neuseeländische Einstellung zum **Trinkgeld**: Es wird nämlich keins erwartet, aber man darf sich für guten Service natürlich trotzdem erkenntlich zeigen.

Versicherungen

Reisekrankenversicherung

Wichtig ist eine ausreichende **Reisekrankenversicherung**. Nur wenige private Krankenkassen bieten weltweiten Schutz im Krankheitsfall, d. h. jeder muss für seine Reise nach Neuseeland eine Auslandskrankenversicherung abschließen. Die meisten Reisebüros und einige Kreditkartenorganisationen bieten derartige Versicherungen an. Bei Krankheit – speziell Krankenhausaufenthalten – kann sehr schnell eine erhebliche Summe zusammenkommen, die aus eigener Tasche bezahlt werden müsste. Ist man versichert, kann man die Kosten gegen Vorlage der Rechnungen zu Hause geltend machen.

Einschränkungen gibt es natürlich auch hier, besonders bezüglich Zahnbehandlungen (nur Notfallbehandlung) und chronischen Krankheiten (Bedingungen durchlesen).

Die später bei der Versicherung einzureichende Rechnung sollte folgende Angaben enthalten:

- Name, Vorname, Geburtsdatum
- Behandlungsort und -datum
- Diagnose
- erbrachte Leistungen in detaillierter Aufstellung (Beratung, Untersuchungen, Behandlungen, Medikamente, Injektionen, Laborkosten, Krankenhausaufenthalt)
- Unterschrift des behandelnden Arztes und Stempel

Wer im Ausland schwer erkrankt, wird zu Lasten der Versicherung heimgeholt, wenn er plausibel darlegen kann, dass am Urlaubsort keine ausreichende Versorgung gewährleistet ist. Dann geht es mit Linienmaschinen oder auch mit eigens losgeschickten Ambulanzflugzeugen nach Hause.

Reiserücktrittskostenversicherung

Bei Pauschalreisen ist die Rücktrittskostenversicherung meistens im Preis eingeschlossen (nachfragen). Sie muss in der Regel bis 14 Tage nach Reisebuchung abgeschlossen werden. Die Stornokosten werden beim Tod eines Familienmitglieds oder Reisepartners und im Krankheitsfall übernommen, wenn die Reiseunfähigkeit ärztlich nachgewiesen werden kann. Die Kosten der Versicherung liegen meist bei 20–30 € pro 1000 € Reisepreis.

Reisegepäckversicherung

Wer nicht gerade eine wertvolle Fotoausrüstung zu teuren Sonderkonditionen versichern möchte, kann sich eine Reisegepäckversicherung eigentlich sparen, es sei denn, sie ist Teil eines günstigen Versicherungspakets. Denn die Bedingungen sind immer sehr eng gefasst und oft sind die Versicherer zahlungsunwillig und berufen sich auf die Unachtsamkeit des Reisenden.

Visa

Jeder, der nach Neuseeland reist, braucht einen Pass, der noch mindestens drei Monate über den Aufenthalt hinaus gültig ist. Deutsche, Österreicher und Schweizer benötigen für einen **Aufenthalt von bis zu drei Monaten kein Visum**. Sie erhalten bei der Einreise automatisch ein Visitor's Permit. Voraussetzung ist allerdings, dass ausreichende Mittel und ein Flugticket mit einem Weiterreise-Datum innerhalb der drei visafreien Monate nachgewiesen werden können. Auch **Kinder** und Jugendliche benötigen einen eigenen Pass.

Wer länger als drei Monate in Neuseeland bleiben möchte, muss im Voraus ein **Besuchervisum** bei einer neuseeländischen Botschaft beantragen. Es kostet $165 für einen Aufenthalt von bis zu neun Monaten. Eine Verlängerung um drei Monate auf zwölf Monate ist möglich. Mehr zu Arbeitsvisa auf S. 55.

Nähere Infos bekommt man bei den diplomatischen Vertretungen Neuseelands im Ausland sowie im Internet unter ⌨ immigration.govt.nz.

Zeit und Kalender

Die New Zealand Standard Time (NZST) ist der MEZ um elf Stunden voraus, d. h. wenn es in Neuseeland 12 Uhr mittags ist, ist es in Berlin ein Uhr nachts, während der europäischen Sommerzeit zwei Uhr morgens. Vom ersten Sonntag im Oktober bis zum dritten Sonntag im März wird die Uhr in Neuseeland für die **Sommerzeit** eine Stunde vorgestellt, sodass die Zeitdifferenz zur MEZ dann zwölf Stunden beträgt. Die **Datumsangabe** in Neuseeland stimmt mit der deutschen überein: 1/4/2013 bedeutet 1. April (und nicht 4. Januar wie in manchen Ländern üblich).

Der neuseeländische Sommer dauert offiziell vom 1. Dezember bis zum 28. (oder 29.) Februar, der Winter vom 1. Juni bis zum 31. August.

Zoll

Das neuseeländische Land- und Forstwirtschaftsministerium (MAF, ⌨ maf.govt.nz/quarantine) scheut keine Mühen, um die empfindliche heimische Umwelt zu schützen: Frische und verderbliche Lebensmittel aller Art, Pflanzen oder Teile von Pflanzen, Tiere (tote wie lebende) und Tierzubehör, Holzprodukte (einschließlich Musikinstrumente), Campingausrüstung, Golfschläger, gebrauchte Fahrräder und Wanderschuhe müssen beim Zoll deklariert werden. Campingausrüstung und Wanderschuhe werden eingesammelt, untersucht und falls nötig gesäubert.

Wer diese Vorsichtsmaßnahmen missachtet, muss mit einem drastischen Bußgeld rechnen. Wer es versäumt, frisches Obst, Gemüse und Fleisch in den dafür vorgesehenen Mülleimern zu entsorgen, zahlt auf der Stelle ein Bußgeld von $400 (sogar für eine vergessene Orange im Rucksack). Fertiggerichte werden meistens durchgelassen, sind aber meldepflichtig.

Besucher ab 18 Jahren dürfen folgende Waren **zollfrei** einführen: 200 Zigaretten, oder 250 g Tabak, oder 50 Zigarren; 4,5 l Wein oder Bier; drei Flaschen Spirituosen zu je 1125 ml sowie Geschenke im Wert von $700.

Exportbeschränkungen bestehen für Tiere, Pflanzen, Antiquitäten und Kunstwerke.

Weitere Auskünfte über Zoll- und Ausfuhrbestimmungen liefert die Website ⌨ customs.govt.nz.

© DUMONT BILDARCHIV / CLEMENS EMMLER

Land und Leute

Flora und Fauna

Obgleich relativ klein, besitzt Neuseeland einen ungeheuren Naturreichtum: subtropische Wälder, vulkanische Kraterbecken, brodelnde Tümpel und Geysire, zerklüftete Küsten mit goldfarbenen Sandstränden und spektakuläre Gebirgslandschaften. Die vielgestaltige Landschaft bietet einer ungeheuren Fülle von Tieren und Pflanzen einen Lebensraum. Fast 90 % der Pflanzen sind in ihrem Vorkommen auf Neuseeland beschränkt.

Die ruhelosen Inseln

Das älteste im Land gefundene Gestein entstammt vermutlich den kontinentalen Landzungen von Australien und der Antarktis, die wie Neuseeland zum gewaltigen Urkontinent **Gondwanaland** gehörten. Die Inseln entstanden im Zuge der Kontinentaldrift, d. h. jener Bewegung der riesigen, die Erdkruste bildenden Platten, die vor ca. 100 Mio. Jahren einen Inselbogen und einen ozeanischen Graben schuf.

Vor ungefähr 26 Mio. Jahren wurde die neuseeländische Landmasse weiter aus dem Meer angehoben und in ihrer heutigen Erscheinung durch Vulkanismus und kontinuierliche Verschiebungen entlang der Verwerfungslinien, insbesondere im Gebiet der Südalpen auf der Südinsel, geformt. Neuseeland liegt an der Grenze zweier tektonischer Platten, der australischen und der pazifischen. Im Bereich der Nordinsel kollidieren diese beiden, wobei sich die pazifische Platte unter die australische schiebt und dadurch reichlich vulkanische Aktivität begünstigt. An der Südinsel hingegen drückt sich die pazifische Platte über die australische, was den rasanten Aufbau von **Bergen** fördert und die Südalpen formt. All das Schieben und Drücken beschert Neuseeland nicht weniger als 400 **Erdbeben** pro Jahr, wovon allerdings nur ein Viertel spürbar ist. 2010 und 2011 erschütterten jedoch schwere Erdbeben in Canterbury die Region um Christchurch. Sie forderten zahlreiche Menschenleben und richteten große Schäden an (Kasten S. 586). Die **Vulkane** auf der Nord-

insel legen immer wieder eine beeindruckende Aktivität an den Tag. Regelmäßig steigen z. B. Dampfschwaden über White Island in der Bay of Plenty auf, und der Mount Ruapehu meldete sich gleich mit zwei gewaltigen Eruptionen 2006 und 2007. Das neuseeländische Frühwarnsystem für Vulkane stufte den Mount Ruapehu 2011 von Stufe 0 (normale seismische Aktivität) auf Stufe 1 (Anzeichen vulkanischer Unruhe) herauf, aber zum Zeitpunkt der Fertigstellung dieses Buchs waren Touristen davon nicht betroffen.

Das Ende der Isolation

Neuseelands Flora und Fauna entwickelte sich ungestört, bis vor rund 800 Jahren die ersten Menschen Aotearoa erreichten. Vor Ankunft der Maori war das Land dicht mit Wäldern überzogen, die Hunderte Baumarten beherbergten; Robben, Wale und Delphine in den Küstengewässern sowie einige Fledermausarten an Land waren die einzigen Säugetiere in diesem Gebiet. Andere Landsäuger gab es nicht, wodurch die einzigartige Situation geschaffen wurde, dass Vögel jene Position in der Nahrungskette einnahmen, die sonst Säugetiere innehatten. In Ermangelung von Feinden verloren die Vögel allmählich ihr Flugvermögen. Als der Mensch in ihren Naturraum einbrach – zuerst die Maori, die Hunde und auch Ratten mitbrachten, und dann die Pakeha mit all ihren neuen Tierarten –,

---

Umwelt- und Tierschutzorganisationen

Department of Conservation, 🖳 doc.govt.nz. Eine staatliche Behörde, die mit der Erhaltung des natürlichen und historischen Erbes Neuseelands betraut ist.
Forest and Bird Protection Society, 🖳 forestandbird.org.nz. Neuseelands führende unabhängige Umweltschutzorganisation.
NZ Birds, 🖳 nzbirds.com. Umfangreiche Website über sämtliches Federvieh in Neuseeland.
Save The Kiwi, 🖳 savethekiwi.org.nz. Aktion des DOC und der Bank of New Zealand, um die neuseeländische Ikone vor dem Aussterben zu retten.

---

hatten sie keine Chance. Etliche Arten starben aus, und viele der noch existierenden (Kasten S. 94) sind stark gefährdet.

Schon Cooks erste Forschungsreisen hinterließen ein zerstörerisches Erbe in Form von Schweinen, Schafen und Kartoffeln. Im frühen 19. Jh. wüteten Wal- und Robbenjäger in den Küstengewässern, an Land wurden riesige Urwaldflächen gerodet und als Weideland nutzbar gemacht. In dem Versuch, Neuseeland in ein „Neuengland" zu verwandeln, vergingen sich die Pioniere weiter am empfindlichen Gleichgewicht des Ökosystems. Ende des 19. Jhs. wurden im ganzen Land „Akklimatisierungsgesellschaften" ins Leben gerufen, die das Ziel hatten, Tiere und Pflanzen aus den europäischen Heimatländern einzuführen. Viele dieser Importe haben Neuseeland überhaupt erst zu einer erfolgreichen Agrarnation werden lassen. Neben nützlichen Spezies wurden jedoch auch zahllose schädliche Tiere und Pflanzen ins Land gebracht, die mit den einheimischen um Lebensräume konkurrierten oder ihnen schließlich den Garaus machten.

Das Tiefland

Selbst vom Flughafen ist es nicht weit bis zur nächsten, von einer schützenden Reihe Monterey-Zypressen umstandenen Koppel voller Schafe. Derzeit gibt es rund 40 Mio. **Schafe** in Neuseeland, ungefähr halb so viele wie noch vor drei Jahrzehnten, denn ein Großteil des Weidelands wird heute für andere Zwecke genutzt, z. B. für die Milchwirtschaft und die Zucht von Wild oder sogar Straußen. In anderen Gegenden ist man zum Gartenbau übergegangen, v. a. **Weintrauben** werden angebaut. Fast überall scheint es inzwischen Weinberge zu geben, die meisten davon in der Umgebung von Gisborne, Hastings, Martinborough, Blenheim, Nelson, Waipara und Cromwell. Viele Winzer erzeugen neben Wein auch **Oliven**.

Ein nahezu ständiger Begleiter auf dem Weg durch Farmland und Wälder ist der einheimische **Cabbage Tree** (wörtl. „Kohlbaum") oder Ti Kouka, über dessen dünnen, grauen und bis zu 10 m hohen Stamm lanzettförmige Blätter und Hunderte weißer Blüten wachsen.

Tieflandwälder

Als die Maori und die frühen europäischen Siedler in Neuseeland eintrafen, überzog noch dichter Wald das Tiefland Aotearoas. Der größte Teil wurde abgeholzt, abgebrannt und gerodet, um Platz für Farmen zu schaffen, doch ein paar Flecken ursprünglichen Waldes haben überdauert. In den Wäldern Northlands, auf der Coromandel Peninsula, an den Westküsten beider Inseln, in der Umgebung von Wellington sowie auf Stewart Island gedeiht eine große Vielfalt einheimischer Bäume. Im Tiefland finden sich zudem 60 endemische Blütenpflanzen, deren Farbspektrum weitgehend auf Weiß und Gelb beschränkt ist, denn angesichts der fehlenden Bienen als Bestäuber waren lebendigere Farben der Blüten gar nicht notwendig.

Neuseelands bekanntesten Baum, den **Kauri**, findet man in Mischwäldern im Tiefland, insbesondere in Northland. Zwischen 2000 und 4000 Jahre alt wird dieser prachtvolle König des Waldes und kann bis zu 30 m in die Höhe wachsen. Maorische Kanubauer schätzten ihn sehr und hielten vor dem Fällen eines Kauris stets eine feierliche Zeremonie ab. Schon bald entdeckten europäische Schiffsbauer die Vorzüge des Kauriholzes und zimmerten daraus Schiffsmasten und -planken; viele Kauris wurden aber auch einfach in den Holzhäusern verbaut. Aus den alten Kauriwäldern gewann man zudem das als Rohstoff geschätzte Kauri-Harz, das im späten 19. und frühen 20. Jh. exportiert wurde.

Auf offenen Flächen an Waldrändern und Flussufern saugen Tui (S. 95) Nektar aus den leuchtend gelben Trauben von **Kowhai**-Blüten, der Nationalblume, die vom gleichnamigen Baum herabhängen. Aus dem Holz des Baums wurden früher Kanupaddel und Stiele für Krummäxte gefertigt.

Auf der Nordinsel sowie im nördlichen Drittel der Südinsel wächst Neuseelands einzige einheimische Palme, die **Nikaupalme**, deren schlanker, astloser Stamm eine Höhe von bis zu 30 m erreicht und schmale, glänzende Wedel, lange, stachelige Blüten und rote Früchte trägt.

Der 20 m hohe **Pohutukawa** ist bis nach Otago im Süden verbreitet und wächst in küstennahen Wäldern sowie an Seeufern. Meist um die Weihnachtszeit trägt er karmesinrote Blüten und

Seltene und gefährdete Arten

In Neuseeland stehen derzeit 43 Tier- sowie zahlreiche Pflanzenspezies auf der Roten Liste der bedrohten Arten von Birdlife International, 🖥 www.redlist.org. Unter den Industrienationen haben nur die Vereinigten Staaten mehr gefährdete Arten zu verzeichnen. Rund 22 % der neuseeländischen Vogelarten sind vom Aussterben bedroht.

Bedrohte Vogelarten

Graufächerschwanz (Piwakawaka) Der Name dieses in den Wäldern relativ weit verbreiteten Vogels rührt von dem beständigen Auffächern der Schwanzfedern her.

Hihi Kleiner Vogel mit leicht gebogenem Schnabel und auffälligen gelben und weißen Flecken an den Seiten. Es soll nur noch wenige Exemplare geben, einige davon auf den Inseln Kapiti und Tiritiri Matangi.

Kea Der einzige Bergpapagei der Welt (Kasten S. 635).

Kiwi im Kasten auf S. 98

Kereru (Kukupa) Mit einem ausgewachsenen Gewicht von ca. 650 g ist die Maorifruchttaube die zweitgrößte Taubenart der Welt. Der hübsche Vogel mit seinem Federkleid in Grün, Purpur und Bronze über einer weißen Brust kann häufig in Tieflandwäldern beobachtet werden.

Kokako Der seltene, schiefergraue Graulappenvogel mit auffälligen blauen Kehllappen ist ein grottenschlechter Flieger. Er lebt hauptsächlich in geschützten Wäldern und auf „Festlandinseln", wo natürliche Feinde durch Fallen in Schach gehalten werden. Eng verwandt mit dem Sattelstar (S. 95) und auf dem $50-Schein abgebildet.

Kuckuckskauz (Ruru) Neuseelands einzige endemische Eule ist meist bei Dunkelheit im Busch zu hören. Mitunter wagt sich der kleine, braun gefiederte Vogel auch in Städte und die dortigen Parkanlagen vor. Der Maori-Name ist eine Nachahmung seines markanten Schreis.

Maorifalke (Karearea) Wird manchmal im Norden der Nordinsel, aber häufiger in den Neuseeländischen Alpen, in Fiordland und in den Wäldern von Westland beobachtet. Neuseelands einziger endemischer Raubvogel hat ein geflecktes Brustgefieder, ein kastanienbraunes Beinkleid und einen spitzen Kopf, der auf dem $20-Schein abgebildet ist.

Kakapo Der einzige flugunfähige Papagei der Welt war einst so weit verbreitet, dass er als Haustier gehalten wurde. Heute ist sein Bestand auf unter 100 Exemplare geschrumpft, die alle auf zwei raubtierfreien, für Besucher gesperrten Inseln vor der Küste Fiordlands leben.

Makomako (Korimako) Der scheue, blassgrüne Vogel, bekannt für seinen auffälligen „Mackmacko"-Ruf, ist noch relativ weit verbreitet in Wäldern und Buschland.

verleiht den Stränden eine festliche Note. Ebenfalls rot blüht der weithin bekannte **Rata**, der in Wäldern auf der Südinsel sehr häufig ist.

Bekannt ist Neuseeland außerdem für seine außergewöhnliche Familie von Koniferen, die **Steineiben** oder Podocarpaceen. Dazu gehört z. B. der majestätische, bis zu 60 m hoch aufragende **Rimu**, der kleine grüne Blüten, rote Zapfen und winzige grüne oder schwarze Früchte trägt. Einst war sein Holz sehr begehrt (und mit Öl gemischte Rimu-Kohle wurde früher als Farbe für Tätowierungen verwendet), doch trotz massiven Einschlags ist er in Mischwäl-

dern bis heute weit verbreitet. Weitere Vertreter der Familie sind **Matai** (engl. *black pine*), **Miro** (engl. *brown pine*), **Kahikatea** (engl. *white pine*) und **Totara**. Letzterer kann 1000 Jahre alt werden und wurde von den Maori für den Bau von Kriegskanus geschätzt.

Unter dem Blätterdach dieser hohen Bäume gedeiht eine unglaubliche Vielzahl an Baumfarnen, die oftmals nur schwer voneinander zu unterscheiden sind. Der bekannteste darunter und gleichzeitig mit dem Status eines Nationalsymbols ausgezeichnet ist der **Ponga**, der bis zu 10 m hoch wird und lange, ausladende Wedel

Sattelstar (Tieke) Dieser seltene, hübsche Vogel ist so groß ist wie eine Drossel und – bis auf das rotbraune Band auf seinem Rücken – schwarz gefiedert.

Saumschnabelente (Whio) Die einzigartige Entenart hält sich meist in Bergbächen auf und sucht dort nach Essbarem. Sie ist eine von vier endemischen Arten und besitzt weltweit keine nahen Verwandten. Zu erkennen ist sie an ihrem blaugrauen Federkleid, das an Brust und Flanken braun gefärbt ist. Weitere charakteristische Merkmale sind ein kurioser, an beiden Seiten mit einer schwarzen, flexiblen Membran ausgestatteter Schnabel sowie gelbe Augen, zu sehen auf dem $10-Dollar-Schein.

Schwarzer Stelzenläufer (Kaki) Der schlanke, schwarz gefiederte Vogel mit langen, roten Beinen zählt zu den seltensten Watvögeln der Welt und ist ausgesprochen scheu. Der Kaki bevorzugt sumpfige Areale und die Umgebung von Flussufern. Die besten Beobachtungsmöglichkeiten bietet ein eigens eingerichtetes Schutzgebiet nahe Twizel (S. 656).

Takahe Der truthahngroße Vogel galt bereits als ausgestorben (S. 829).

Tui Mit seiner weißen Kehle und einem samtigen Federkleid in Grün- und Purpur ist der Tui als Imitator anderer Vogelstimmen und nimmersatter Genießer von Nektar und Früchten bekannt. Sein Gesangsrepertoire ist umfangreicher als das des Makomako, umfasst aber auch einige recht unmelodische Kreisch-, Krächz- und Würgelaute.

Wekaralle Der mit am weitesten verbreitete flugunfähige Vogel Neuseelands ähnelt dem Kiwi, ist jedoch schlanker, weit weniger scheu und besitzt ein dunkelbraunes, von goldgelben Streifen durchsetztes Gefieder, v. a. im Brustbereich. Wie der Kiwi durchstreift auch die Wekaralle in der Dämmerung ihr Revier, lässt sich aber auch häufig am Tag blicken. Nicht wenige der Vögel besitzen gar den Mut und nähern sich Wanderern, um sich kleine Leckerbissen von diesen zu holen.

Ziegensittich (Kakariki) Der grüne Sittich kommt mit gelber, roter oder orangefarbener Stirnhaube vor. Er lebt in vielen Vogelschutzgebieten und auf küstennahen Inseln.

Weitere gefährdete Arten

Tuatara (Brückenechse) Das nachtaktive Reptil ist ein Relikt aus Dinosaurierzeiten und hat sich in den letzten 260 Mio. Jahren kaum verändert. Die Tuatara ernährt sich von Insekten, kleinen Säugetieren und Vogeleiern. Sie kann bis zu 60 cm lang und weit über 100 Jahre alt werden.

Weta Heuschreckenähnliches Insekt, das bereits seit 190 Mio. Jahren in Tieflandwäldern heimisch ist. Mehrere Arten leben im Busch, sind aber schwer zu entdecken, sodass man einer Weta am ehesten in Höhlen und Zoos begegnet. Die imposanteste Art ist die Riesenweta (Wetapunga), mit bis zu 71 g das schwerste Insekt der Erde.

besitzt, die auf der Oberseite matt grün, auf der Unterseite silbrig weiß sind. Der Tieflandwald ist der bevorzugte Lebensraum für die meisten gefährdeten neuseeländischen Vögel (s. Kasten).

Flüsse, Seen und Feuchtgebiete

Den hohen Bergen und ergiebigen Niederschlägen verdankt Neuseeland seine vielen Flüsse. Vor allem Canterbury und die Region Waitaki zeichnen sich durch verwilderte Flussläufe mit einem breiten, von mehreren Armen durchzogenen Schotterbett aus und bieten einer Vielzahl von Vögeln, Insekten, Fischen und Pflanzen einen Lebensraum. Hinzu kommen zahlreiche Seen, die Fische und Vögel mit reichlich Nahrung versorgen. Nicht wenige neuseeländische Feuchtgebiete sind auf der anderen Seite für die Landwirtschaft und die Gewinnung von Wohnraum erschlossen und trocken gelegt worden, einige sind jedoch in **Nationalparks und Naturschutzgebieten** erhalten geblieben. In den Feuchtarealen des Tieflands wächst der mit einer Höhe von über 60 m größte einheimische Baum, der **Kahikatea**.

In der Nähe von Seen stößt man fast unweigerlich auf den **Pukeko** (Purpurhuhn). Der vorwiegend dunkel und mittelblau gefiederte Vogel, der auch in Teilen Australiens beheimatet ist, besitzt große Füße, einen orangefarbenen Schnabel und stößt einen schrillen Schrei aus, wenn er aufgescheucht wird. Pukekos sind noch nicht gänzlich flugunfähig, ihre Entwicklung geht jedoch dahin.

Neuseeland wird für seinen Reichtum an Süßwasserfischen gerühmt, insbesondere für seine prächtigen **Bachforellen**, **Regenbogenforellen** und **Lachse**. Sie alle sind eingeführte Arten und haben sich so gut an die Gegebenheiten angepasst, dass sie hier größer werden als in anderen Regionen der Erde. Andererseits wurden durch sie viele einheimische Arten verdrängt.

Eine weitere Delikatesse sind einheimische **Aale**. Obwohl sie den Großteil ihres Lebens in neuseeländischen Flüssen verbringen, zieht es sie zum Laichen merkwürdigerweise in die mehr als 2000 km nördlich gelegenen Gewässer um Fidschi.

An Flussufern im Mackenzie Country und in Canterbury leistet der stark bedrohte **Schwarze Stelzenläufer** (Kasten S. 95) den Anglern Gesellschaft. Der **Gewöhnliche Stelzenläufer**, ein schwarzweiß gefiederter Vogel, konnte sich gegen eingeführte Säugetiere besser behaupten.

Auch der **Schiefschnabel** lebt an den Ufern der verzweigten Flüsse Canterburys. Mit seinem

Säugetierplagen

Seit der Besiedelung Neuseelands, sind 43 einheimische Vogelarten ausgestorben, und insgesamt entfallen auf Neuseeland heute 11 % der am stärksten gefährdeten Vogelarten der Welt. Schuld daran tragen die Menschen durch Landnahme und Einführung von neuen Pflanzen und Tieren.

Possums

In der Regel dauert es nicht lange, bis Neuseeland-Besucher Bekanntschaft mit dem nachtaktiven Possum (oder Fuchskusu, *Trichosurus vulpecula*) machen, und sei es nur in Form eines auf der Straße totgefahrenen Exemplars. Quicklebendig kann man Possums meist auf Wandertouren erleben, wenn sie nachts um die Hütten schleichen und ihre Augen das Licht der Taschenlampe reflektieren. Obgleich sie mit ihrem flauschigen Pelz possierlich erscheinen, richten sie enorme **Schäden an Flora und Fauna** an. Bäume verkümmern, weil die Tiere die neuen Triebe abknabbern, außerdem verspeisen sie Vogeleier und töten sogar Küken. Folglich hegen die Neuseeländer einen geradezu pathologischen Hass gegen das ursprünglich aus Australien stammende Beuteltier.

Schon vor der 1840 einsetzenden kontrollierten Zuwanderung aus Europa hatten private Geschäftsleute damit begonnen, Fuchskusus in Neuseeland auszusetzen, um den Grundstock für eine profitable Pelzindustrie zu legen. Erst um 1930 wurden die Auswilderungen eingestellt und erst 1951 Maßnahmen zur Eindämmung der Plage getroffen: Der Staat führte eine Prämie für jeden getöteten und noch nicht gehäuteten Fuchskusu ein. Noch bis Ende der 80er-Jahre wurden Possums ihrer **Pelze** wegen getötet, infolge erfolgreicher Pelzgegnerkampagnen fielen jedoch die Preise für Felle ins Bodenlose. Als Folge blieben die Jäger zu Hause, und die Zahl der Possums stieg explosionsartig an. Heute gibt es über 70 Mio. Possums, die Schätzungen zufolge Nacht für Nacht 21 000 t pflanzliche Nahrung verspeisen. Possums sind so weit verbreitet und zahlreich, dass die Jagd kaum noch Auswirkungen zeigt. Der Staat muss jährlich etwa $100 Mio. aufbringen, um die Tiere unter Kontrolle zu halten. Die kostenintensivste Maßnahme ist das Abwerfen von einem unter dem Kürzel „1080" bekannten **Gift** aus der Luft. Die umstrittene Substanz ist in fast allen anderen Ländern der Welt verboten.

Wildschweine, Rotwild, Tahre und Gemsen

Als James Cook in den 1770er-Jahren Neuseeland umsegelte, setzte er dort **Schweine** aus, damit er und seine Leute auf den folgenden Reisen etwas Leckeres zum Essen hätten. Die als „Captain

eigentümlich gebogenen Schnabel dreht dieser kleine, weiß und grau gefiederte Vogel Steine um oder zieht Krustentiere aus dem Schlamm.

In schnell fließenden Flüssen ist manchmal die zunehmend seltener werdende **Saumschnabelente** (Kasten S. 95) zu sehen.

Das Hochland

Da die Tieflandwälder weitgehend gerodet und in Agrarflächen verwandelt sind, muss man schon in höhere Lagen, um jenes Landschaftsbild zu finden, das die ersten Maori und danach die frühen europäischen Einwanderer begrüßte. Die Nationalparks Tongariro, Whanganui, Tara-

naki, Nelson Lakes, Arthur's Pass und Aoraki/ Mount Cook sind von ausgedehnten Hochlandwäldern überzogen, in denen v. a. einheimische Buchenarten gedeihen. Im Unterschied zu den **Buchen** der nördlichen Hemisphäre sind die neuseeländischen Arten immergrün. Nahe der Baumgrenze wächst die Südbuchenart **Tawhairauriki** (engl. *mountain beech*) mit ihren spitzen, dunklen Blättern und kleinen roten Blüten bis zu 20 m hoch. Zur selben Gattung gehört die ebenfalls in Hochlagen und oftmals in Mischwäldern vorkommende **Tawhai** (engl. *silver beech*), deren graue Stämme bis zu 30 m hoch werden. Die anderen Vertreter der Südbuchen – die roten und schwarzen Arten – bevorzugen niedrigere Lagen. Zu ihnen gesellt sich häufig der dünne,

Cookers" bezeichneten Wildschweine wühlen noch heute neuseeländischen Boden auf, wenngleich Wildschweinjäger versuchen, ihre Zahl einzudämmen.

Von 1851 bis in die 1930er-Jahre wurden erfolgreich sieben verschiedene Arten **Rotwild** für Freizeitjäger angesiedelt, und noch heute wildern einige Jäger illegal Hirsche aus. Die Behörden reagieren zögerlich bei der Frage einer vollständigen Ausrottung, weil die Jäger über eine starke politische Lobby verfügen. In der ersten Hälfte des 20. Jhs. siedelte die Regierung auch **Tahre** aus dem Himalaja und **Gemsen** aus den europäischen Alpen an, die sich bis heute im Hochland der Südinsel gehalten haben.

Kaninchen und Marder

In den 1840er-Jahren wurden erstmals **Kaninchen** in Neuseeland ausgewildert. Sie stellen keine unmittelbare Gefahr für die einheimische Tierwelt dar, wohl aber die Methoden, die zur Eindämmung der Plage angewandt werden. In den 1880er-Jahren wurden auch **Frettchen** eingeführt, doch anstatt sich über die Kaninchen herzumachen, fanden diese Vertreter der marderartigen Tiere in den flugunfähigen Vögeln weitaus leichtere Beute. Neben **Wieseln** wurden zur Bekämpfung der Kaninchenplage auch noch **Hermeline** eingeführt, die sich jedoch zum Hauptfeind der heimischen Vogelwelt entwickelten.

Hunde, Katzen, Ratten und Mäuse

Wilde **Hunde** können der Versuchung eines flugunfähigen Vogels einfach nicht widerstehen. Eine Studie zu Todesursachen bei ausgewachsenen Streifenkiwis führte zu dem Ergebnis, dass in 76 % aller Fälle Hunde verantwortlich waren.

In Neuseeland gibt es Schätzungen zufolge 1,2 Mio. **Katzen**, darunter etwa ein Viertel Wildkatzen. Ihrem angeborenen Instinkt folgend, töten sie zahlreiche Vögel und Eidechsen.

Die polynesische **Ratte** (Kiore) wurde inzwischen größtenteils von aggressiveren Wanderratten und Schiffsratten verdrängt. Ratten fühlen sich fast überall wohl, ob in Baumspitzen oder zwischen Blattwerk. Sie haben verheerende Auswirkungen auf die Vogel- und Insektenpopulationen und behindern durch das Fressen von Pflanzensamen das natürliche Wachstum im Wald. **Mäuse** sind ein ähnliches Problem.

wuchernde **Manuka** (engl. *tea tree*), der sowohl in alpinen Regionen als auch in Küstengegenden gedeiht.

Neuseeland besitzt 500 Arten von alpinen Blütenpflanzen, die in keiner anderen Erdregion wachsen. Allen voran sei hier die größte Hahnenfußart der Welt genannt, die **Mount Cook Lily** mit ihren ausladenden, weißen Blüten- und gelben Fruchtblättern, die sie zwischen November und Januar zu voller Pracht entfaltet. Beachtung verdient daneben die in Hochlagen der Südinsel wachsende Raoulia-Art mit Namen **Vegetable Sheep**, eine weiße, haarige Polsterpflanze, die sich in Bodennähe ausbreitet und

aus der Ferne betrachtet für weidende Schafe gehalten werden könnte.

Die wenigen Vogelarten, die im Hochland leben, sind umso faszinierender. In den Neuseeländischen Alpen sieht und hört man den heiseren **Kea** und vielleicht den **Maorifalken** (beide S. 94). In subalpinen Regionen leben kleinere Vögel wie der gelb-grüne **Felsschlüpfer** und der winzige, grün-blau gefiederte **Zwergschlüpfer**, der in Spiralen durch die Luft flattert. Den subalpinen Lebensraum bevorzugen auch zwei der seltensten Vögel des Landes, die **Takahe** und der **Kakapo** (S. 94), die allerdings nur in zwei streng überwachten Arealen heimisch sind.

Der Kiwi

Der flugunfähige, braune, ziemlich unscheinbare Kiwi ist das Nationalsymbol Neuseelands und erfreut sich allseits großer Beliebtheit. Der scheue und nachtaktive Vogel ist ein Vertreter der Familie der Flachbrustvögel, zu der auch Strauß, Emu, Nandu, Kasuar und der seit langem ausgestorbene Moa gehören, und zählt zu den wenigen Vogelarten der Welt mit einem gut ausgebildeten Geruchssinn. Nachts kann man manchmal Kiwis hören, wie sie durch die Dunkelheit schnüffeln, um durch die am Ende des Schnabels befindlichen Nasenlöcher Würmer, Käfer, Zikadenlarven, Spinnen, aber auch Koura (Flusskrebse), Beeren und den einen oder anderen Frosch aufzuspüren. Kiwis sind zudem mit Tastborsten an der Unterseite ihres Schnabels sowie einem äußerst feinen Gehör ausgestattet. Andere Vögel oder Feinde im eigenen Revier bleiben ihnen von daher nicht lange verborgen und werden ohne Zögern mit den Krallen angegriffen.

Die Weibchen sind größer als die Männchen und legen stattliche Eier, die ungefähr einem Fünftel ihres eigenen Körpergewichts entsprechen. Nach 80 Tagen schlüpfen die **Küken**. Die Brut verlässt bereits vollkommen unabhängig das Nest, ohne von den Eltern gefüttert worden zu sein. Das Schlafbedürfnis eines Kiwis ist mit bis zu 20 Stunden täglich alles andere als knapp bemessen, wodurch sich auch die durchschnittliche **Lebenserwartung** von 20–25 Jahren erklärt.

Schätzungen zufolge gibt es heute nicht einmal mehr 70 000 Exemplare im Land, und die Zahl der wild lebenden Tiere sinkt weiter. Am einfachsten lassen sich Kiwis in einem der **Kiwi Houses** beobachten, die über das ganze Land verteilt sind (z. B. im Zoo von Auckland oder in Otorohanga, Napier, Wellington und Hokitika). Die besten Reviere zum Beobachten von **Kiwis in freier Wildbahn** sind:

Trounson Forest, Northland (S. 260)
Tiritiri Matangi, Auckland (S. 203)
Kapiti Island, bei Wellington (S. 320)
Okarito, bei Franz Josef Glacier (S. 743)
Mason Bay, Stewart Insel (S. 703)

Kiwi-Arten

Traditionell werden Kiwis in drei Arten unterteilt: Streifen-, Zwerg- und Haastkiwi. In den 1990er-Jahren bestimmte die Genforschung drei neue Unterarten des Streifenkiwi.
Haastkiwi *(Apteryx haastii)* Roa nennen die Maori diese größte aller Kiwi-Arten. Ausgewachsen wiegt ein Männchen durchschnittlich 2,4 kg und ein Weibchen 3,3 kg. Am wohlsten fühlen sich diese

Küste, Inseln und Meer

Vor der gezackten, von der Tasmansee und dem Südpazifik umtosten Küste Neuseelands treffen warme und kalte Meeresströmungen aufeinander und sorgen für einen enormen **Fischreichtum** in den Gewässern. Tropische Fischarten wie Barrakuda, Marlin, Hai und Thunfisch werden von der warmen Strömung angelockt, in der ansonsten Hoki, Kahawai, Schnapper, Granatbarsch und Makrelenbarsch heimisch sind. Mit der kalten antarktischen Strömung wiederum kommen Neuseeland-Flussbarsch, Neuseeland-Eisfisch, Trompeterfisch, Morwong sowie Fische, die eine beachtliche Spanne an Wassertemperaturen vertragen, darunter Tarakihi (Großflossen-Morwong), Zackenbarsch und Seebarsch.

Auch Meeressäuger tummeln sich in den Gewässern: Der seltene **Buckelwal** lässt sich gelegentlich vor der Küste Kaikouras und in der Cook Strait blicken. **Pottwale** halten sich das ganze Jahr über im tiefen Seegraben nahe Kaikoura auf. **Orcas** tauchen regelmäßig an Orten auf, an denen es auch Delphine, Robben und andere Walarten gibt. Ein häufiger Besucher ist der **Grindwal**: Bis zu 200 Exemplare ziehen jedes Jahr vor Farewell Spit vorbei. Auch in der Cook

zähesten Vertreter unter den Kiwis in subalpinen Regionen mit feuchter Moosvegetation. Frühe europäische Entdecker erzählten sich Geschichten von truthahngroßen Kiwis mit mächtigen Spornen an den Beinen und einem Ruf, der lauter als der jeder anderen Tierart war. Immerhin hat die raue Umgebung geholfen, diesen Vögeln die Existenz einigermaßen zu sichern. Die Zahl liegt scheinbar recht stabil bei rund 17 000 Vögeln, die größtenteils in der nördlichen Hälfte der Südinsel leben.

Zwergkiwi (Pukupuku, *Apteryx owenii*) Bei diesen kleinsten aller Kiwis wiegt ein ausgewachsener Vogel 1100 bis 1300 g. Ein Großteil der Population (ca. 1000 Vögel) lebt auf Kapiti Island. Zwergkiwis verbringen meist paarweise den Tag in ihren Schlupfwinkeln, um sich später getrennten Weges auf Nahrungssuche zu begeben. Nur selten bohren Zwergkiwis im Erdreich nach Nahrung, meist finden sie ihre Beute direkt an der Oberfläche oder im Laubhumus.

Nördlicher Streifenkiwi (*Apteryx mantelli*) Der mittelgroße Kiwi ist die am weitesten verbreitete Art und kommt v. a. auf der zentralen und nördlichen Nordinsel vor. Kennzeichnend sind seine große Nase und sein unerschrockener Kampfeinsatz gegenüber Eindringlingen. Sein Verbreitungsgebiet umfasst verschiedenste Vegetationsräume, darunter exotische Wälder ebenso wie karges Farmland auf der Nordinsel.

Okarito-Streifenkiwi (*Apteryx rowi*) Dieser Kiwi galt ursprünglich als Unterart des Streifenkiwi und ist der seltenste Vertreter der Kiwi-Vögel. Nur noch ungefähr 250 Exemplare leben in freier Wildbahn, allesamt im über 10 000 ha großen, südlichen Abschnitt des Okarito Forest im Süden von Westland. Die Vögel haben eine gräuliche Färbung, oft mit weißen Flecken im Gesicht. Männchen und Weibchen teilen sich das Ausbrüten – im Gegensatz zu den meisten anderen Kiwi-Arten, wo das Männchen den Löwenanteil leistet.

Haast Tokoeka (*Apteryx australis lawryi*) Von dem sehr seltenen Vogel finden sich nur noch etwa 300 Exemplare, die größtenteils in der Umgebung von Haast im Süden Westlands heimisch sind. Ihr Verbreitungsgebiet reicht von Küstenabschnitten bis zu alpinen Hochlagen, aber am wohlsten fühlen sie sich im Busch und im subalpinen Grasland.

Südlicher Streifenkiwi (*Apteryx australis australis*) Mit rund 30 000 Exemplaren ist dies der am weitesten verbreitete Kiwi mit stabiler Population. Er ist auf Stewart Island ganz im Süden Neuseelands heimisch, wo es keine Marder gibt, aber auch in Fiordland. Die Vögel zählen zu den primitivsten, aber auch geselligsten der Kiwi-Familie und können manchmal beobachtet werden, wie sie in nur wenigen Metern Abstand voneinander an der Küste im Wechsel der Gezeiten nach Nahrung stochern.

Strait und in der Bay of Plenty können Grindwale gesichtet werden.

Ganzjährig sammeln sich **Gewöhnliche Delphine** in der Bay of Plenty, der Bay of Islands und in der Umgebung der Coromandel Peninsula. Von den drei anderen, in neuseeländischen Gewässern vertretenen Arten trifft man den **Großen Tümmler** in der Gegend von Kaikoura und Whakatane fast das ganze Jahr über an, während **Dunkle Delphine** von Oktober bis Mai die Küste der Marlborough Sounds, Fiordlands und Kaikouras aufsuchen. Wiederum das ganze Jahr über kann man vor der Banks Peninsula, den Catlins und ganz im Süden vor Invercargill kleinen Schulen von **Hector-Delphinen** begegnen.

Bis vor kurzem gab es nur wenige Möglichkeiten, abseits der abgeschiedenen antarktischen Inseln **Neuseeländische Seelöwen** zu Gesicht zu bekommen. Inzwischen jedoch lassen sich diese seltenen Tiere im Gebiet der Catlins und der Otago Peninsula blicken. Weit häufiger an den Küsten anzutreffen ist der größere **Neuseeländische Seebär**. Die besten Chancen zur Beobachtung bieten sich im Sugar Loaf Marine Reserve vor New Plymouth, an der Küste Northlands, in der Bay of Plenty, nahe Kaikoura, um die Otago Peninsula sowie im Abel Tasman National Park. Sowohl Seelöwen als auch Seebären können während der Paarungszeit (Dezember bis Februar) aggressiv werden, weshalb ein Mindestabstand von ca. 30 m in dieser Zeit unbedingt anzuraten ist. **See-Elefanten** paaren sich bis heute an der Küste der Catlins; größere Kolonien leben auf den Inseln vor der Küste.

Die fischreichen Küstengewässer locken auch eine Reihe vorbeiziehender und einheimischer Seevögel an. Die imposantesten darunter sind der majestätische **Königsalbatros**, der vereinzelt auf der Otago Peninsula anzutreffen ist, und, unweit der Küste, der größere **Wanderalbatros**. Wesentlich häufiger kann man **Zwergpinguine** sehen. Die großen **Gelbaugenpinguine** sind in ihrem Vorkommen auf einen Abschnitt der Ostküste auf der Südinsel zwischen Christchurch bis zu den Catlins beschränkt, während die mit auffälligen breiten, gelben Augenbrauen geschmückten **Dickschnabelpinguine** Fiordland und Stewart Island bevorzugen. Zu anderen verbreiteten Seevogelarten zählen die an ihrem gelben Kopf und weißen Körper leicht auszu-

Schutzgebiete, Parks und Reservate

Die folgenden Schutzgebiete, Parks und Reservate eignen sich hervorragend zur Erkundung der neuseeländischen Tier- und Pflanzenwelt. Eine Übersicht über die neuseeländischen Umwelt- und Tierschutzorganisationen findet sich auf S. 92.

machenden **Australtölpel**, daneben **Kormorane** und **Scharben**, die sich für gewöhnlich an Felsküsten versammeln. Auf und in der Nähe von Inseln wird man wahrscheinlich auch den **Dunklen Sturmtaucher** oder **Titi** sehen, an nahezu allen Stränden wiederum schwarze und schwarzweiße **Austernfischer**.

Umwelt

Neuseeland eilt der Ruf voraus, „sauber und grün" zu sein, allerdings ist dies mehr dem Zufall als irgendeiner Absicht zuzuschreiben. In Anbetracht einer Bevölkerung von kaum mehr als 4 Mio. Einwohnern und einer relativ kurzen Geschichte sollte man annehmen, die Eingriffe in die neuseeländische Natur durch Menschenhand seien nur begrenzt. Tatsächlich jedoch hat der Mensch es in weniger als 1000 Jahren (und v. a. während der letzten 150 Jahre) geschafft, ganze drei Viertel der Landfläche für die Nahrungsmittelproduktion und den kommerziellen Waldbau nutzbar zu machen. Lediglich 10 % der ursprünglichen Wälder existieren noch. Dank günstiger Winde und reichlich Regen wird ein Großteil der Umweltverschmutzung erst gar nicht sichtbar und löst sich unbemerkt wieder auf.

Landnutzung

Die europäischen Siedler und später die Veteranen des Ersten Weltkriegs machten in jahrelanger Plackerei oftmals steile, waldbedeckte Hügel nutzbar, die sich praktisch nur für die **Schafzucht** eigneten und sich lediglich zu Zeiten hoher Wollund Lammpreise als profitabel erwiesen. In den vergangenen Jahren ist die Bewirtschaftung solcher Flächen z. T. so unrentabel geworden, dass manche wieder sich selbst überlassen und im Zuge der Landpachtreform als Naturparks der Öffentlichkeit zugänglich gemacht werden.

Weit häufiger werden ärmere Böden für die Anpflanzung von **Kiefern** genutzt, die alle 25 Jahre gefällt werden, was die Anbauflächen in hässliche Felder voller Baumstümpfe verwandelt.

Derweil verschlingt der stetig wachsende **Bedarf an Wohnraum**, Straßen und damit verbundener Infrastruktur produktives Farmland und bedroht die fragilen Feuchtgebiete.

Umweltverschmutzung

In großen Teilen des Landes atmet man saubere Luft und sieht kristallklare Seen und Flüsse, aber mancherorts trügt die Idylle.

Aufgrund des schlecht ausgebauten Netzes öffentlicher Verkehrsmittel zählt die Quote der zugelassenen **Kraftfahrzeuge** in Neuseeland zu den höchsten der Welt. Neuseeland importiert in großer Zahl Gebrauchtwagen aus Japan, die in vielen anderen Ländern erst gar nicht eingeführt werden dürften. Regelmäßige Emissionsprüfungen für Kraftfahrzeuge sind nicht vorgeschrieben.

Oft sehen Bergflüsse und Alpenseen so sauber und frisch aus, dass man am liebsten direkt daraus trinken möchte. In den meisten Fällen dürfte das auch kein Problem sein, solange das Wasser keine **Giardia**-Erreger enthält (S. 52). Das ist ein Darmparasit, der einem den Urlaub ohne Weiteres ruinieren kann. Daher ist es ratsam, Trinkwasser grundsätzlich zu desinfizieren.

Einige Süßwasserflüsse auf der Südinsel werden seit kurzem von **Didymo-Algen** (Didymoshenia geminata) heimgesucht. Bootsausflügler, Angler und Kajakfahrer werden dringend ersucht, die Ausrüstung gründlich zu reinigen, bevor sie sich damit auf einen anderen Fluss begeben, um die Ausbreitung der Alge zu stoppen.

Ein weiteres Problem sind moderne und immer intensivere Anbaumethoden in der Landwirtschaft, besonders der Einsatz enormer Mengen an **Dünger**, der wiederum Flüsse und Seen verseucht.

Die Suche nach neuen Energiequellen

Infolge eines gestiegenen Energiebedarfs in der Bevölkerung und des Ausbleibens größerer Investitionen in den letzten 30 Jahren ist die Energieversorgung des Landes unzureichend. **Wasserkraft** und **Erdwärme** können nur rund zwei Drittel des Stromverbrauchs decken, verglichen mit 80 % am Ende des 20. Jhs. Und selbst diese „grünen" Formen der Energiegewinnung sind umstritten. Die Schaffung von Stauseen hat bereits zahllose Habitate zerstört, insbesondere Flussufer, an denen bedrohte Vogelarten leben. Weitere Erdwärme-Kraftwerke sind geplant, doch den verwertbaren Ressourcen sind Grenzen gesetzt, weil eine zu große Entnahme negative Folgen für Oberflächenphänomene wie Geysire und kochende Schlammbecken hat.

Durch den Bau neuer **Kohlekraftwerke** (und den Umbau von Öl- und Gaskraftwerken) könnte Neuseeland seinen Strombedarf mehr als 100 Jahre decken, allerdings nur auf Kosten großer Umweltbelastungen. Neuseeland tut sich auch schwer mit der Ausnutzung von **Windkraft**, denn die Technik stößt wegen der Lärmbelästigung und ästhetischer Bedenken auf erheblichen Widerstand. Die installierte Leistung ist noch sehr gering.

Jahrzehntelang hat Neuseeland einen großen Bogen um das heiße Eisen **Atomkraft** gemacht. Doch das beginnt sich infolge der Energieknappheit und der Auflagen des Kyoto-Protokolls langsam zu ändern.

Geschichte

Viele Neuseeländer europäischer Abstammung betrachteten ihre Nation lange Zeit als Musterbeispiel für eine humane Kolonialisierung. Die Maori sehen das allerdings oft anders. Über Generationen wurde das Unrecht weitererzählt:

die Wegnahme des Landes und der Abbau von Rechten, die ihnen einst in einem Vertrag zugestanden wurden. Der Geschichtsunterricht in den Schulen hielt sich traditionell an die europäische Sichtweise, bis irgendwann die Version der Europäer sogar die Mythologie der Maori beeinflusste. In den letzten beiden Jahrzehnten haben Historiker jedoch große Teile dessen widerlegt, was viele Neuseeländer als Tatsache betrachten und was sich vielfach als Konstrukt des späten 19. Jhs. entpuppt. Die damals maßgeblichen Historiker interpretierten die Maori-Überlieferungen dergestalt, dass sie sich gut mit ihren eigenen Theorien vereinbaren ließen, und vernichteten in vielen Fällen sogar Beweise. Der Inhalt dieses Kapitels ist untrennbar mit den Legenden der Maori verwoben und im Zusammenhang mit dem Abschnitt „Maoritanga" (S. 121) besser zu verstehen.

Die Ankunft der Polynesier

Es gilt als erwiesen, dass vor 5000 Jahren erstmals bedeutende Wanderungsbewegungen im südpazifischen Raum stattfanden. Die ersten Bewohner Ozeaniens kamen ursprünglich aus Südostasien. Im Verlauf mehrerer Jahrhunderte zogen sie durch den indonesischen Archipel von einer Insel zur nächsten. Nach etwa tausend Jahren Inselhüpfen waren sie bis Tonga und Samoa vorgedrungen, wo sich allmählich die polynesische Gesellschaft und Kultur herauszubilden begann. Die neuen Bewohner perfektionierten Bootsbau und Navigation so weit, dass immer längere Seereisen in den Bereich des Möglichen rückten. Vor rund tausend Jahren erreichte die polynesische Kultur ihren klas-

ZEITLEISTE	1200–1300 n. Chr.	ca. 1350
	Ankunft der ersten Polynesier	Traditionelles Datum der Ankunft der „Großen Flotte" aus Hawaiki

sischen Höhepunkt auf den **Gesellschaftsinseln** westlich von Tahiti. Diese bildeten sehr wahrscheinlich den Ausgangspunkt für eine Reihe von Seereisen Richtung Südwesten über Tausende von Kilometern offenen Ozeans, die an den Cook-Inseln vorbeiführten und schließlich an der großen Landmasse endeten, die heute als Neuseeland (Aotearoa) bekannt ist.

Es wird angenommen, dass die Vorfahren der heutigen **Maori** zwischen 1200 und 1300 n. Chr. aus Polynesien kamen und das Land in Doppelrumpfkanus erreichten. Es muss sich um eine geplante Auswanderung gehandelt haben, denn die Neuankömmlinge transportierten auch *kuri* (Hunde) und Nutzpflanzen wie *taro* (stärkehaltige Knollen), Yam-Wurzeln und *kumara* (Süßkartoffeln). Die weit verbreitete Geschichte von einer legendären **Großen Flotte**, die aus sieben Kanus bestand und um 1350 n. Chr. auf neuseeländischem Boden angekommen sein soll, ist wahrscheinlich eine mit viel Fantasie ausgeschmückte viktorianische Adaptation der mündlichen Maori-Überlieferungen, die in der Folge ihrerseits Einzug in die modernen Legenden der Maori gehalten hat.

Die Polynesier fanden ein Land vor, das so viel kälter war als ihre tropische Heimat, dass viele ihrer mitgebrachten Früchte und Pflanzen nicht gedeihen konnten. Dafür existierte ein Übermaß an Beutetieren in Form von Meereslebewesen und flugunfähigen Vögeln, besonders auf der Südinsel, wo sich die meisten Neuankömmlinge niederließen. Die Menschen dieser **Archaischen Periode** werden häufig etwas irreführend als „Moa-Jäger" bezeichnet. Zwar lebten einige von ihnen ohne Zweifel vom Fleisch dieses Riesenvogels, doch in anderen Gegenden des Landes gab es gar keine Moas.

Bereits um 1350 waren an der gesamten Küste Siedlungen entstanden, doch die ersten Spuren von **Ackerbau** sind jünger, was bedeuten könnte, dass Nutzpflanzen erst bei einer späteren Wanderungsbewegung ins Land gebracht wurden. Die Siedlungen könnten aber auch ein Hinweis auf die beginnende Konservierung von Nahrungsmitteln sein, mit der die nicht sesshafte Lebensweise der frühen Jäger ihr Ende fand. Charakteristisch für diesen Beginn der **Klassischen Periode** ist die Entstehung von *kainga* (Dörfern) in der Nähe von *kumara*-Anbauflächen, die häufig durch *pa* (befestigte Dörfer) ergänzt wurden, in die sich die Bewohner bei Angriffen feindlich gesinnter Gruppen zurückzogen.

Mit zunehmender Spezialisierung der Aufgaben und abnehmendem Zeitaufwand für Jagd und Ackerbau setzte eine **Blüte des Kunsthandwerks** ein – insbesondere der Schnitz- und Webkunst (S. 124). Gleichzeitig waren **Kriegshandlungen** an der Tagesordnung. Das Aussterben der leicht zu jagenden Laufvögel und die relativ problemlose Kultivierung von *kumara* auf der wärmeren Nordinsel kennzeichnen den Beginn einer Bevölkerungsverschiebung nach Norden. Als die ersten Europäer eintrafen, lebten bereits 95 % der Bevölkerung auf der Nordinsel, die meisten davon im heutigen Northland.

Die Ankunft der Europäer

Viele Europäer waren von der Existenz einer Terra Australis Incognita überzeugt, eines sagenhaften Superkontinents auf der Südhalbkugel, der als notwendiges Gegengewicht zur Landmasse der nördlichen Hemisphäre angesehen wurde. 1642 entsandte die holländische

1642	1769	1772
Der Holländer Abel Tasman segelt an der Westküste entlang.	Der Engländer James Cook umsegelt Nord- und Südinsel.	Eine französische Expedition landet in der Bay of Islands. Nach einer ersten Annäherung kommt es zu blutigen Kämpfen.

Ostindien-Kompanie, die sich im Handel mit diesem neuen Kontinent eine Führungsrolle ausmalte, den holländischen Seefahrer **Abel Tasman** in die Südsee, wo er als erster Europäer Aotearoa sichtete. Er ging in der Golden Bay vor Anker, wo ein kleines Beiboot zwischen Tasmans beiden Schiffen von einem Maori-Kriegskanu angegriffen wurde. Nachdem vier seiner Männer getötet worden waren, machte Tasman kehrt und floh an der Westküste der Nordinsel entlang nach Norden, um später Tonga und die Fidschi-Inseln auf die europäischen Landkarten zu bringen. Tasman gab Aotearoa den Namen „Staten Landt", der später nach der holländischen Küstenprovinz in „Nieuw Zeeland" geändert wurde.

Über hundert Jahre lang wurde Neuseeland ignoriert, bis **James Cook** (s. Kasten) 1769 auf der ersten seiner drei ausgedehnten Reisen in Aotearoa ankam. Die Besatzung fand in den Maori ein kultiviertes Volk mit streng organisierter Gesellschaftsstruktur und beeindruckenden Fähigkeiten vor.

Nach zwei unglücklichen Begegnungen bei Gisborne und vor Cape Kidnappers in der Nähe von Napier gelang es Cook, erstmals freundliche Kontakte herzustellen. Die Inselbewohner bezeichneten sich fortan im Bemühen um eine Abgrenzung gegenüber den Europäern als *Maori* („normal" oder „unauffällig"), während sie den Neuankömmlingen den Namen *Pakeha* („fremd") gaben.

Vor der Küste der Coromandel Peninsula missachtete Cook seine Anweisungen, indem er die britische Flagge hisste und das Land offiziell für die Krone in Besitz nahm, ohne die Zustimmung der Maori einzuholen, die ihn dennoch 1773 und 1777 zwei weitere Male empfingen.

Die Franzosen zeigten ebenfalls Interesse an Neuseeland. Schon bei seiner Reise 1769 war Cook an dem französischen Seefahrer **Jean François Marie de Surville** in einem Sturm vorbeigesegelt, ohne dass die beiden Schiffe einander bemerkten.

Nach Gründung der Sträflingskolonie Botany Bay im benachbarten Australien war Neuseeland erstmals auch als Handelsgebiet interessant und wurde zwischen Ende des 18. Jhs. und den 30er-Jahren des 19. Jhs. praktisch als Teil Australiens wahrgenommen. 1830 gab es an der neuseeländischen Küste bereits zahlreiche saisonal besiedelte Außenposten der **Robbenjäger**, und schon dreißig Jahre später waren die Meeressäuger so gut wie ausgestorben.

In der Zwischenzeit fällte die britische Kriegsmarine massenweise Kauri-Bäume, die sie zum Bau von Schiffsmasten verwendete, während kommerzielle **Holzfäller** die Werften im australischen Sydney belieferten. Zwischen 1820 und 1830 hielten auch **Walfänger** in Neuseeland Einzug und errichteten ihre Basis in Kororareka (heute Russell) in der Bay of Islands, wo sie Maori als Besatzung anheuern und Verpflegung für ihre Schiffe aufnehmen konnten. Einer Mischung aus raubeinigen Walfängern, entflohenen Sträflingen, Schurken und Abenteurern verdankte Russell in der Folge das Prädikat „Höllenloch der Südsee".

Es dauerte nicht lange, bis die traditionelle Lebensweise der Maori völlig auf der Strecke geblieben war. Schon bald kam es zu **Stammesfehden** nie gekannten Ausmaßes. Der Hunger nach immer mehr Land war Antrieb für die Raubzüge des Ngati-Toa-Häuptlings **Te Rauparaha** (S. 320), der schon bald die südliche Hälfte der Nordinsel kontrollierte.

1814	1820	1830–1840
Ankunft der ersten Missionare, darunter Samuel Marsden	Reise des Maori-Häuptlings Hongi Hika nach London	Erste Robbenjäger- und Walfängerstationen entstehen an der neuseeländischen Küste.

James Cook (1728–1779)

Der aus dem englischen Yorkshire stammende Lieutenant (später Captain) James Cook war ein Navigationsoffizier, der mit der *Endeavour* den Pazifik besegelte, um den Transit der Venus über die Sonnenscheibe zu beobachten. Gemäß den Anweisungen der Admiralität reiste er weiter nach Westen und erreichte schließlich die „Ostseite des von Tasman entdeckten Landes", beobachtete dort „Geist, Wesen, Veranlagung und Anzahl der Eingeborenen" und beauftragte seine Expeditionsbotaniker Banks und Solander mit dem Sammeln zahlreicher Pflanzen.

Im Verlauf von drei Seereisen zwischen 1769 und 1777 verbrachte Cook insgesamt zehn Monate an der Küste Aotearoas und hinterließ seine Spuren in Form zahlreicher Ortsnamen. Einige seiner Karten wurden bis weit ins 20. Jh. verwendet; seine einzigen bedeutenden Fehler bestanden darin, dass er die Banks Peninsula als Insel und Stewart Island als Halbinsel einzeichnete.

Der gewaltige Bedarf an Feuerwaffen brachte die Maori dazu, ihre besten Nahrungsmittel zu verkaufen und sich in ungesunde Gegenden in der Nähe von Sümpfen zurückzuziehen, wo sie sich der Flachsverarbeitung widmen konnten. Die schlechten Lebensbedingungen der Maori begünstigten immer wieder die Ausbreitung aus Europa eingeschleppter **Krankheiten**, Alkohol- und Tabakmissbrauch waren an der Tagesordnung, Maori-Frauen wurden dazu getrieben, sich für weiße Seemänner zu prostituieren, die Stammesstrukturen begannen sich aufzulösen.

Diese Misere fanden 1814 die ersten **Missionare** vor. Besonderes leistete in Neuseeland der aus dem australischen New South Wales kommende und dort noch als brutal verschriene Friedensrichter **Samuel Marsden**, der die Bay of Islands mit der Mission betrat, den Maori Christentum und „Zivilisation" beizubringen und die Seelen der Walfänger und Robbenjäger zu retten. In der Folge errichteten Anglikaner, Methodisten und Katholiken allesamt Missionen auf der gesamten Nordinsel. Sie erklärten, die Maori vor weiterer Ausbeutung bewahren zu wollen, und setzten sich in London und Sydney dafür ein, dass die Handlungen der Pakeha besser kontrolliert wurden. Andererseits zerstörten die Missionare aber auch Kunstwerke, die sie als sexuell zu eindeutig betrachteten, und forderten von den Maori den Verzicht auf Kannibalismus und Sklaverei. In den 1830er-Jahren waren das Selbstverständnis der Maori und der Glaube an die eigenen Werte am Schwinden begriffen. Der *tohunga* (Priester) war machtlos gegen die neuen europäischen Krankheiten, die von den Missionaren häufig geheilt werden konnten, und langsam glaubten die Maori den Pakeha, wenn diese behaupteten, ihr Volk sei im Aussterben begriffen.

Die Phase der Kolonialisierung

Trotz Cooks Entdeckeranspruch aus dem Jahre 1769 hatten die königlichen Kartografen Neuseeland bis dahin nicht als Besitztum Großbritanniens verzeichnet. Man musste langsam einsehen, dass das Britische Empire aufgrund

1835	1840	1840–1850
Unabhängigkeitserklärung der „United Tribes of New Zealand"	Vertrag von Waitangi und Verlegung der Hauptstadt von Kororareka nach Auckland	Gründung der Städte Auckland, Christchurch, Dunedin, Nelson, New Plymouth, Wanganui und Wellington

Hongi Hika

Hongi Hika vom *iwi* der Ngapuhi in der Bay of Islands war der erste Häuptling, der die Bedeutung von Feuerwaffen erkannte. Er hatte bereits mehrere in seinem Besitz, als er 1814 auf den Missionar Thomas Kendall traf. Schon damals ließ er Nutzpflanzen kultivieren, die er bei den Pakeha gegen Schusswaffen eintauschte.

1820 reiste Hongi Hika mit Kendall nach England, um an einer Abhandlung über Vokabular und Grammatik der neuseeländischen Sprache zu arbeiten. Während seines Aufenthalts war er kurzzeitig der gefeierte Star in der feinen Londoner Gesellschaft und wurde König George IV. als „Gleichgestellter" präsentiert. Da er für die meisten Geschenke, mit denen er überhäuft wurde, kaum Verwendung hatte, tauschte er sie gegen 300 Musketen ein. Hongi Hika gelobte, der absoluten Herrschaft des britischen Oberhauptes nachzueifern, und machte sich auf einen Eroberungsfeldzug, in dessen Verlauf er große Teile der Nordinsel unterwarf. Dabei benutzte er die häufig schlecht gepflegten und unsachgemäß gehandhabten Gewehre eher zur Aufschreckung des Feindes, um diesem dann mit traditionellen Keulen den Garaus zu machen. Die Krieger hielten sich nicht mehr an die vereinbarten Kampfzeiten – traditionell die Phasen zwischen Jagd- und Ackerbausaison – und machten sich an die Begleichung alter Rechnungen, was sehr viele Maori das Leben kostete.

seiner enormen Größe kaum noch unter Kontrolle zu halten war, und so wurde das für New South Wales geltende Recht 1817 nur unter großem Zögern nominell auch auf Neuseeland übertragen. Auswirkungen waren jedoch kaum zu spüren, da der Gouverneur von New South Wales keine offizielle Vertretung in Neuseeland hatte. Aufgrund der herrschenden Gesetzlosigkeit ersuchte 1831 eine kleine Gruppe von Maori-Häuptlingen aus Northland mit Unterstützung der Church Missionary Society den britischen Monarchen, „Freund und Beschützer dieser Inseln" zu werden. Das besagte Schreiben musste später als Rechtfertigung für die Intervention Großbritanniens herhalten.

Die Reaktion der britischen Krone bestand darin, 1833 den weitgehend inkompetenten **James Busby** als sogenannten „British Resident" nach Neuseeland zu schicken. Seine Mission bestand darin, die Interessen der Krone zu vertreten, Anreize für den Handel zu schaffen, die Beziehungen zu Missionaren und Maori zu pflegen und entflohene Sträflinge zurück nach Sydney zu schaffen. Unter dem Eindruck, Neuseeland würde langsam zur Belastung für New South Wales, hielt der dortige Gouverneur Richard Bourke Gewehre und Soldaten zurück, sodass Busby seine Mission nicht durchzusetzen vermochte. Außerdem ließ Busby sich von **Baron de Thierry** übertölpeln, einem Briten französischer Herkunft, der sich selbst als „Oberhäuptling Neuseelands" bezeichnete und behauptete, er hätte einen Großteil des Distrikts Hokianga von Hongi Hika gekauft, um die Maori vor der Entwürdigung zu bewahren, die er ihnen unter britischer Herrschaft prophezeite. In einem übereilten Entschluss überredete Busby 1835 törichterweise 35 Häuptlinge aus dem Nor-

1852	1858	1858
Neuseeland wird selbstverwaltete Kolonie und in sechs Provinzen unterteilt.	Te Wherowhero, oberster Häuptling der Waikato-Maori, wird zum „König" mehrerer Maori-Stämme gewählt.	Die Einwohnerzahl europäischer Siedler übersteigt erstmals die der Maori.

den dazu, sich als **United Tribes of New Zealand** (Vereinigte Stämme von Neuseeland) für unabhängig zu erklären. Mit diesem Maori-Bündnis sollte der wachsenden Instabilität im Lande entgegengewirkt werden.

Ende der 30er-Jahre des 19. Jhs. lebten rund 2000 Pakeha in Neuseeland, die Mehrheit in der Gegend von Kororareka in der Bay of Islands. Die meisten waren Engländer, doch auch französische Katholiken etablierten sich allmählich, und 1839 wurde der in Großbritannien geborene James Clendon zum amerikanischen Konsul ernannt. Inzwischen begannen sich auch Spekulanten und Siedler für das neue Land zu interessieren. Der australische Sklavereigegner **William Charles Wentworth** hatte die Südinsel und Stewart Island für ein paar Hundert Pfund „gekauft" (es handelte sich um den größten privaten Landkauf der Geschichte, der aber nachträglich per Regierungsbeschluss annulliert wurde). Schließlich begriff auch die britische Admiralität, dass die australischen Sträflingskolonien, ursprünglich nur als angenehm weit entfernte Alternative zu den überfüllten englischen Gefängnissen gedacht, sich langsam zu wertvollen Besitzungen entwickelten.

Infolge der geschilderten Ereignisse und Busbys permanenter Übertreibung, die Maori seien nicht in der Lage, ihre Angelegenheiten eigenständig zu regeln, sah sich die britische Regierung schließlich veranlasst, die Initiative zu ergreifen. Das Ergebnis war der **Vertrag von Waitangi** (S. 109) aus dem Jahre 1840. Das Dokument sollte den Maori dauerhaft ihre Besitzrechte und die Kontrolle über ihr Land sichern, wenn sie im Gegenzug ihre Hoheitsrechte abtraten, der Text machte aber verschiedenste Auslegungen möglich. Das annektierte Land

wurde zunächst der australischen Kolonie New South Wales unterstellt, bis Neuseeland ein Jahr später zur eigenständigen Kronkolonie erklärt wurde.

Die Besiedlung durch Europäer

Schon vor der Unterzeichnung des Vertrags von Waitangi gab es Bestrebungen von Seiten der neu gegründeten **New Zealand Company**, eine Siedlung in Port Nicholson, dem heutigen Wellington, zu errichten. Dahinter stand der englische Staatsmann **Edward Gibbon Wakefield**, der Neuseeland als Testgelände für seine Theorie der „wissenschaftlichen Kolonialisierung" betrachtete.

Von 1839 bis 1843 warb die New Zealand Company fast 19 000 Kolonisten an und siedelte sie in **geplanten Siedlungen** in Wellington, Wanganui, Nelson und New Plymouth an. Die einzige bedeutende, nicht von Wakefield geplante Siedlung war **Auckland**, ein verwahrloster Haufen Hütten am Meer, der zum Entsetzen der Offiziellen der New Zealand Company nach Unterzeichnung des Vertrags von Waitangi zur Hauptstadt gemacht wurde.

Die Company konnte das Land nicht direkt von den Maori kaufen, doch erwarb die Regierung riesige Gebiete und verkaufte sie dann weiter, oftmals für das Zehn- oder Zwanzigfache. 1850 zerfiel die New Zealand Company und hinterließ Siedlungen, die sich angesichts der harten kolonialen Wirklichkeit keinen Deut um Wakefields hochtrabende Theorien scherten und sich im Wesentlichen aus Arbeitern zusammensetzten, die dem britischen Proletariat und der unteren Mittelklasse entstammten.

1860–1865	1860–1870	1865
Landkriege zwischen Pakeha und Maori	Goldfieber nach mehreren Funden auf der Südinsel	Verlegung der Hauptstadt von Auckland nach Wellington

1852 wurde Neuseeland eine begrenzte Selbstverwaltung zugestanden, woraufhin die Regierung das Land in die **sechs Provinzen** Auckland, New Plymouth, Wellington, Nelson, Canterbury und Otago aufteilte. Die Provinzregierungen nahmen die Landverkäufe selbst in die Hand und warben in planmäßigen Auswanderungsaktionen willige Siedler mit kostenloser Seereise, Landzuteilungen und Arbeitsplatzgarantie in Straßenbauprojekten an. In der Hoffnung auf ein besseres Leben ohne die unmenschlichen Arbeitsbedingungen in den Fabriken Großbritanniens machten sich viele auf den langen Weg. Zu jener Zeit hatten die Maori immer noch den besten Grund und Boden in Besitz und mit dem Anbau von Kartoffeln und Weizen ein gutes Auskommen. Sie produzierten nicht nur für den Eigenbedarf, sondern auch für den Export nach Australien, wo der Goldrausch in Victoria eine große Nachfrage geschaffen hatte. Die Pakeha konnten da kaum konkurrieren, und mit dem plötzlichen Sinken der Exportpreise Mitte der 50er-Jahre des 19. Jhs. gewann die **Weidewirtschaft** verstärkt an Bedeutung. Die Krone half mit einer Halbierung der Landpreise und verschaffte damit auch weniger wohlhabenden Siedlern die Möglichkeit des Erwerbs von Grundbesitz.

Die Landkriege zwischen Maori und Pakeha

Die ersten fünf Jahre nach Unterzeichnung des Vertrags von Waitangi waren eine einzige Katastrophe, zunächst unter Gouverneur Hobson und später unter dem halbherzigen FitzRoy. Die Beziehungen zwischen Maori und Pakeha begannen sich zu verschlechtern, als die Hauptstadt von Kororareka nach Auckland verlegt und in der Bay of Islands Steuern erhoben wurden. Der daraus resultierende Rückgang des Handels mit vorbeifahrenden Schiffen beschleunigte die ersten handfesten Auseinandersetzungen. Im Mittelpunkt einer Reihe Aufsehen erregender Zwischenfälle stand der Ngapuhi-Führer **Hone Heke**, der wiederholt den Flaggenmast in Russell fällte, das wichtigste Symbol britischer Autorität. Die Situation verbesserte sich etwas mit der Ernennung von **George Grey**, rückblickend der fähigste aller neuseeländischen Gouverneure, der wie kein anderer dazu beitrug, das Land in seinen Anfangsjahren zu formen.

Schon bald begannen die **Maori**, ihre Kultur an das Zusammenleben mit den Pakeha anzupassen, u. a. durch den Verkauf ihrer Ernte, den Betrieb von Kornmühlen und die Versorgung der weißen Bevölkerung per Küstenschifffahrt. Grey förderte den Anpassungsprozess, indem er Missionsschulen gründete, Arbeitsplätze für Maori in staatlichen Bauvorhaben schuf und Krankenhäuser errichten ließ, in denen sich Maori kostenlos behandeln lassen konnten. Grey tat sein Möglichstes zur Wahrung des Geistes von Waitangi und gewann dabei enormes Ansehen unter den Maori. Bedauerlicherweise versäumte er es, einen Mechanismus zur Weiterführung dieser Politik einzurichten, bevor er 1853 als Gouverneur nach Kapstadt abberufen wurde. Nach der neuseeländischen Verfassung von 1852 besaßen nur Grundbesitzer das Wahlrecht, und da die Maori keinen individuellen Landbesitz kannten, wurden sie von politischen Entscheidungen ausgeschlossen.

Inzwischen stand es außer Frage, dass die Maori mit dem Vertrag von Waitangi übertöl-

1867	1870–1880	1876
Einführung des Wahlrechts für männliche Maori	Wolle wird zum wichtigsten Exportartikel der neuseeländischen Wirtschaft.	Abschaffung der Provinzregierungen zugunsten einer Zentralregierung in Wellington

Der Vertrag von Waitangi auf Englisch und Maori

Auf Englisch

Die wesentlichen Punkte des englischen Vertrags sind die folgenden:

- Die Häuptlinge treten ihre Hoheitsrechte über Neuseeland an die Königin von England ab.
- Die Königin garantiert den Häuptlingen den „uneingeschränkten, exklusiven und ungestörten Besitz ihres Landes, ihrer Wälder, Fischgründe und anderer Besitztümer, gleich ob kollektives oder individuelles Eigentum".
- Die Krone behält sich das Vorkaufsrecht in Bezug auf den Landbesitz der Maori vor.
- Die Königin gewährt allen Maori die Rechte und Privilegien britischer Staatsbürger.

Auf Maori

Die **Übersetzung in die Maori-Sprache** lässt jedoch zahlreiche Türchen für Missverständnisse offen, denn Maori ist eher eine idiomatisch und metaphorisch geprägte Sprache, in der ein Wort mehrere Bedeutungen haben kann. Im Folgenden werden die wesentlichen Streitpunkte kurz erläutert.

In der Präambel der englischen Version wird als wesentlicher **Vertragsgegenstand** genannt: Schutz der Interessen der Maori, Schaffung der Voraussetzungen für eine britische Besiedlung und Einsetzung einer Regierung zur Aufrechterhaltung von Frieden und Ordnung. Im Gegensatz dazu liegt der Haupttenor der Maori-Version auf der für die Maori außerordentlich wichtigen Aufrechterhaltung von Rang und Status ihrer Häuptlinge und Stämme.

Im Maori-Text wurde der Begriff **Hoheitsrechte** (engl. *sovereignty*) als *kawanatanga* (engl. *governorship*, etwa: Gouverneursherrschaft) übersetzt, ein Begriff, den die Maori aufgrund ihrer Erfahrung mit der zahnlosen Herrschaft von James Busby assoziierten. Es erscheint unwahrscheinlich, dass den Häuptlingen die Tragweite dessen bewusst war, was sie da aufgaben.

In der Maori-Version garantiert die Krone den *tangata whenua* („Menschen des Landes") das zeitlich unbegrenzte Besitzrecht über ihr Eigentum. Im englischen Text ist dagegen von **individuellen Rechten** auf Eigentum die Rede. Hier handelt es sich möglicherweise um die mutwilligste Fehlübersetzung. In der Realität kam es dann auch immer wieder zu der Situation, dass Maori genötigt wurden, ihr **Land** zu verkaufen, und dass, wenn sie sich weigerten, es ihnen einfach weggenommen wurde.

Der Begriff **Vorkaufsrecht** (engl. *pre-emption*) wurde mit *hokonga* übersetzt, einem Begriff, der nichts weiter bedeutet als „kaufen und verkaufen". Es wird nicht weiter ausgeführt, dass die Krone das Exklusivrecht zum Kauf von Maori-Land erhält, was in der englischen Version deutlich zum Ausdruck kommt. Aus diesem Punkt entstanden später immer wieder Reibereien, wenn Maori Land, an dem die Regierung nicht interessiert war, anderweitig verkaufen wollten.

Auch die Tragweite des Begriffs **britische Staatsbürgerschaft** wurde von den Maori möglicherweise nicht vollständig erfasst. Es ist unklar, ob ihnen bewusst war, dass sie fortan an britisches Recht gebunden sein würden.

1882	1887	1890
Mit dem ersten tiefgekühlten Fleischtransport nach Europa gewinnt die Produktion von Lammfleisch an Bedeutung.	Der erste Nationalpark des Landes wird am Tongariro eingerichtet.	Gewerkschaften gewinnen an politischer Macht; der Liberale John Ballance wird Regierungschef und läutet Arbeitsreformen ein.

pelt worden waren. Der wachsende **Widerstand** gegen weitere Landverkäufe fiel genau in eine Zeit, in der die weißen Siedlergemeinden immer mehr expandierten und den Verkauf riesiger Gebiete als Weideland forderten. In dem Maße, in dem die Infrastruktur der Pakeha sich verbesserte, wurden diese unabhängiger und abweisender gegenüber den Maori, die das Vertrauen in die weiße Regierung zunehmend verloren und ihre Angelegenheiten wieder mit traditionellen Methoden zu regeln begannen. Da die Vorstellungen von Maori und Pakeha unvereinbar schienen und sich die Maori zunehmend betrogen fühlten, fassten sie schließlich den Entschluss, ihre Stammesfehden zugunsten eines gemeinsamen Vorgehens zu begraben.

1854, einen Monat bevor die neuseeländische Nationalversammlung zum ersten Mal zusammentrat, trafen sich verschiedene Maori-Stämme, um dem Verfall ihrer Kultur und dem rapiden Landverlust zu begegnen. Die Treffen liefen schließlich darauf hinaus, dass 1858 **Te Wherowhero**, oberster Häuptling der Waikato-Maori, zum „König" gewählt wurde. Hinter dem Anführer der **Königsbewegung** (Kasten S. 280) wollten sich die Maori versammeln, um der Pakeha-Expansion Einhalt zu gebieten. Die Mehrheit verhielt sich recht moderat und machte Friedensangebote an die Pakeha, die das Vorgehen der Maori als offene Rebellion werteten.

1860 eskalierte die Situation, als die Regierung Soldaten einsetzte, um einen unrechtmäßigen „Kauf" in Waitara bei New Plymouth gewaltsam durchzusetzen. Die Kämpfe beschränkten sich zunächst auf Taranaki, breiteten sich aber in der Folge auf die gesamte Nordinsel aus und mündeten in die **Landkriege**, die früher von den Pakeha als Maori-Kriege und von den Maori als *te riri Pakeha* („Zorn der Fremden") bezeichnet wurden. Die Maori waren gespalten, und einige Stämme ergriffen die Gelegenheit, um sich zwecks Begleichung alter Rechnungen mit der Regierung zu verbünden.

Anfang der 60er-Jahre des 19. Jhs. wurde die Zahl der Pakeha-Truppen verdreifacht. Sie bildeten eine effektive Streitmacht gegen die wenig koordiniert vorgehenden Maori. Trotz einiger Achtungserfolge war der Ausgang letztlich unvermeidbar. Ende der 60er-Jahre waren die Kämpfe bereits abgeflaut, doch offiziell Frieden geschlossen wurde erst 1881.

Zahlreiche britische Soldaten, die mit Landbesitz und kostenloser Schiffspassage in den Militärdienst nach Neuseeland gelockt worden waren, wurden jetzt – ein weiterer Affront gegen die besiegten Maori – in der **Waikato-Region** angesiedelt, die sich bis dahin fest in Maori-Hand befunden hatte. Ein Großteil des fruchtbarsten Landes in der Waikato-Region, der Bay of Plenty und Taranaki wurde konfisziert, wobei auch diejenigen Stämme nicht verschont wurden, die sich während des Krieges loyal verhalten hatten. 1862 hatte die Krone ihr Vorkaufsrecht aufgegeben, sodass Privatpersonen inzwischen Grundbesitz direkt von Maori erwerben konnten, die dazu gezwungen wurden, den angegebenen Gemeinschaftsbesitz erst auf zehn Personen, später auf eine Person einzugrenzen. Nachdem sie nicht mehr gemeinschaftliches Land besaßen, hatten die ohnmächtigen Maori den gierigen Grundstücksmaklern kaum noch etwas entgegenzusetzen. Die Agenten lockten sie in die Schuldenfalle und boten ihnen anschließend an, ihr Land zu kaufen.

Zwischen 1860 und 1881 stieg die Pakeha-Bevölkerung von 60 000 auf 470 000 an. Die Maori wurden regelrecht an den Rand der Gesellschaft

1893	1907	1910–1920
Neuseeland führt als erstes Land der Welt das uneingeschränkte Frauenwahlrecht ein.	Die selbstverwaltete Kronkolonie Neuseeland erhält den Status „Dominion" und wird außenpolitisch autonomer.	Zunehmende Organisation der Arbeiterschaft unter der sozialistischen Red Federation mit Streiks in Blackball, Waihi und Auckland

gedrängt, und die angelsächsische Weltsicht begann auf sämtliche Bereiche des neuseeländischen Lebens überzugreifen. Ab 1871 war Maori keine Unterrichtssprache in den Schulen mehr.

Als auf der Nordinsel die Landkriege wüteten, wurde die Südinsel vom **Goldfieber** heimgesucht. Zunächst war 1861 in der Nähe von Queenstown Gold gefunden worden. Später kam es zu weiteren Funden an der Westküste. Ein knappes Jahrzehnt lang war Gold das wichtigste Ausfuhrgut Neuseelands. Die nachhaltigste Folge war der demografische Wandel: 1858 war die schrumpfende Bevölkerung der Maori bereits von der rapide wachsenden Zahl der Pakeha-Siedler übertroffen worden, von denen sich die meisten auf der Südinsel niederließen.

Konsolidierung und soziale Reformen

Die 70er-Jahre des 19. Jhs. standen ganz im Zeichen der Politik des fähigen Schatzmeisters und späteren Premierministers **Julius Vogel**, der mit Hilfe von Krediten umfangreiche staatliche Bauprojekte initiierte. Innerhalb eines Jahrzehnts schuf er eine Infrastruktur aus besser befahrbaren Straßen, einem gut ausgebauten Eisenbahnnetz, 7000 km Telegrafenleitung und zahlreichen öffentlichen Einrichtungen. Fast das gesamte noch verbliebene kultivierbare Land wurde den Maori abgekauft oder von ihnen gepachtet, und spezielle Gesellschaften wurden mit dem ausdrücklichen Ziel gegründet, die Siedler bei der Akklimatisierung zu unterstützen, das ländliche Neuseeland zu anglisieren und der Landwirtschaft auf die Beine zu helfen.

Da es keinen größeren Ausfuhrmarkt in der Nähe gab und an den Export verderblicher Güter vorerst nicht zu denken war, wurde **Schafwolle** zum wichtigsten Exportartikel. Als 1882 der erste Frachter mit Kühlkammer nach Großbritannien auslief, war auch die Ausfuhr von Fleisch- und Milchprodukten möglich. Das Ereignis markiert einen bedeutenden Wendepunkt, denn in der Folge entwickelte sich Neuseeland zu Großbritanniens „Farm in Übersee" und behielt diese Rolle bis in die 70er-Jahre des 20. Jhs.

Zwischen 1879 und 1896 wurde Neuseeland von einer lang andauernden **Wirtschaftskrise** heimgesucht, die weitgehend in die Regierungszeit der konservativen „Continuous Ministry" fiel – der letzten Regierung, die sich aus der kolonialen Oberschicht zusammensetzte. Während jener Periode gewannen die **Gewerkschaften** auf der politischen Bühne an Einfluss und unterstützten die Bildung einer Allianz aus liberalen Gruppierungen und Arbeitervertretern, die 1890 die politische Macht übernahm und eine Periode tief greifender gesellschaftlicher Veränderungen einläutete. Der erste liberale Regierungschef, **John Ballance**, war ein überzeugter Verfechter der staatlichen Intervention und berief den Sozialisten **William Pember Reeves** zu seinem Arbeitsminister. Reeves spielte eine entscheidende Rolle bei der Durchsetzung drastischer arbeitsrechtlicher Reformen, die derart fortschrittlich waren, dass an der Arbeitsgesetzgebung bis 1936 keinerlei Änderungen mehr vorgenommen wurden.

Als Ballance 1892 starb, wurde **Richard „King Dick" Seddon** sein Nachfolger. Der aus dem englischen Lancashire stammende Politiker führte eine gestaffelte Einkommensteuer ein und schaffte die Grundsteuer ab – in der Hoffnung,

1914–1918	1917	1917
Neuseeländische Soldaten kämpfen im Ersten Weltkrieg und erleiden entsetzliche Verluste.	2721 neuseeländische Soldaten sterben in der Schlacht von Gallipoli; knapp 17 000 Neuseeländer lassen ihr Leben im Ersten Weltkrieg.	Die Abstinenzlerbewegung setzt die Schließung der Pubs um 18 Uhr durch (erst 1967 wieder aufgehoben).

Frauenwahlrecht per Zufall

1893 gewährte Neuseeland als erste Nation der Welt auch Frauen das Wahlrecht. Andere Territorien wie Südaustralien und Wyoming hatten dazu mit einem begrenzten Frauenwahlrecht den Weg geebnet, doch Neuseeland ging noch ein gutes Stück weiter. Darauf sind seine Bewohner mächtig stolz, auch wenn das Ergebnis eher einem Zufall entsprang als einer besonders liberalen Denkweise. Nachdem im Parlament über ein radikales Wahlreformgesetz debattiert worden war, ließ Premierminister Seddon einen Zusatz zur Besänftigung der Frauenwahlrechtsbefürworter passieren – in der Annahme, dass der Legislative Council (das 1950 abgeschaffte Oberhaus) ihn ohnehin ablehnen würde. Seddon wies sicherheitshalber ein Ratsmitglied der Liberal Party an, dagegen zu stimmen; erzürnt über diese Einmischung stimmten daraufhin zwei Ratsmitglieder für den Gesetzesvorschlag, sodass dieser schließlich mit 20 zu 18 Stimmen angenommen wurde.

Andere Stimmen behaupten, das Frauenwahlrecht sei eine Reaktion auf die mächtige, quasireligiöse Abstinenzlerbewegung gewesen. Aus welchen Motiven auch immer, Neuseeland hatte ein Exempel statuiert, dem andere westliche Nationen nach und nach folgten. Erst 1919 erhielten die neuseeländischen Frauen allerdings das Recht, selbst für das Parlament zu kandidieren, und bis 1941 konnten sie nicht Mitglieder des Legislative Council werden.

einige der großen Besitzungen aufzubrechen und Landbesitz auch für Kleinbauern attraktiv zu machen.

1893 wurde Neuseeland weltweit zur ersten Nation, die das **Frauenwahlrecht** einführte, das zwar in die damalige liberale Landschaft passte, allem Anschein nach aber wohl ein Versehen war (s. Kasten). 1898 versetzte Seddon die Welt erneut in Erstaunen, als er nach einer neunzig(!)stündigen fortlaufenden Debatte ein neues Gesetz zur Gewährung einer **Altersrente** durchsetzte. Die britische Sozialistin und Sozialreformerin Beatrice Webb hielt sich zu jenem Zeitpunkt in Neuseeland auf und kommentierte anerkennend: „Es ist wunderbar, ein Land ohne Millionäre und mit so wenigen Elendsquartieren zu sehen".

Anfang des 20. Jhs. war der Lebensstandard der Pakeha einer der höchsten der Welt. Für die **Maori** sah die Sache nicht so rosig aus, ihre Zahl war von geschätzten 200 000 bei Cooks erster Reise auf vermutlich unter 50 000 im Jahre 1896 geschrumpft. Inzwischen bestand zumindest eine erhöhte Resistenz gegen europäische Krankheiten, sodass die Zahl langsam wieder anstieg, begleitet von neuer Hoffnung angesichts der wachsenden Zahl von Maori in parlamentarischen Führungsrollen. Apirana Ngata, Maui Pomare und Te Rangi Hiroa (Peter Buck) waren allesamt Absolventen des **Te Aute College**, einer anglikanischen Schule für Maori. Ihr politisches Engagement entsprang der Überzeugung, das Überleben von Maoritanga könne nur gesichert werden, wenn die Maori jene Aspekte ihres traditionellen Lebens abstreiften, die ihnen eine Akzeptanz innerhalb der westlichen Welt verwehrten.

Mit Seddons Tod 1906 erlosch auch die Flamme der liberalen Fackel, wenngleich die Partei

1920–1930	1935	1941
Einem Aufschwung folgt die Weltwirtschaftskrise.	Labour-Regierung unter M. J. Savage formt den ersten Wohlfahrtsstaat der Welt.	Mit dem Bombenangriff auf Pearl Harbor und Beginn des Zweiten Weltkriegs engagiert sich Neuseeland verstärkt in der Pazifikregion.

noch weitere sechs Jahre an der Macht bleiben sollte. In diesem Zeitraum fällt der Aufstieg der **Red Federation**, einer radikalen sozialistischen Arbeiterorganisation. Die „Red Feds" lehnten das Schlichtungssystem ab, weil die Lohnerhöhungen unter der jeweiligen Inflationsrate blieben und weil das System ein Jahrzehnt lang keinen Arbeitskampf zugelassen hatte. Sie ermutigten die Arbeiter zu **Streiks**, von denen sich der längste in Blackball an der Westküste zutrug, wo die Bergarbeiterorganisation Federation of Miners (und später auch die Federation of Labour) eine dreimonatige Arbeitsniederlegung initiierte.

Als Sieger aus den Wahlen von 1912 ging die **Reform Party** unter William Massey hervor, der von der Unterstützung der Farmer profitierte. Die politischen Lager waren mittlerweile stark polarisiert, und 1912/13 kam es zu erbitterten Auseinandersetzungen bei einer Reihe von Streiks in den Goldminen von Waihi, den Docks von Timaru und im Hafen von Auckland. Nachdem die Gegner des Schlichtungssystems ihre Werkzeuge niedergelegt hatten, organisierten die Arbeitgeber eine Bewegung von Streikbrechern und wurden dabei von der **Farmers' Union** unterstützt, die ihre berittenen „Special Constables" an die Seite der Regierung stellte. In einer gemeinsamen Aktion unter dem Schutz von Kriegsmarine und Armee brachten sie den Red Feds eine vernichtende Niederlage bei.

Eine Nation wird erwachsen

Die einst nur zögerlich ins Empire eingegliederten Inseln am anderen Ende der Welt hatten sich bald zu einer treu ergebenen Kolonie entwickelt, auf die auch in Krisenzeiten Verlass war. Bereits Ende des 19. Jhs. hatte die junge Nation Großbritannien in Südafrika militärisch unterstützt, und bei Ausbruch des **Ersten Weltkriegs** wurde erneut an die neuseeländische Loyalität appelliert. Inzwischen übertrafen die im Land geborenen Pakeha zahlenmäßig bereits die Einwanderer. 1907 war Neuseeland von einer selbstverwalteten Kronkolonie zu einem Dominion aufgestiegen und somit außenpolitisch autonom, doch dies änderte nichts an dem immer noch ausgeprägten Pflichtgefühl gegenüber dem Mutterland. Insgesamt 10 % der neuseeländischen Bevölkerung dienten im Krieg, 100 000 Mann kämpften in den Schützengräben der türkischen Halbinsel Gallipoli, im flandrischen Passendale und anderswo. 17 000 von ihnen kamen nicht zurück.

Innenpolitisch war die **Abstinenzlerbewegung** wieder aktiv geworden, um den in der Armee grassierenden Lastern zu begegnen, die in ihren Augen der Dämon Alkohol zu verantworten hatte. Mehrere Volksentscheide verhinderten 1911, 1914 und 1919 zwar knapp eine landesweite Prohibition, doch setzten sich die Tugendwächter insoweit durch, als die Schließungszeit für Pubs ab 1917 zunächst für die Dauer des Krieges auf 18 Uhr festgesetzt wurde, was aber erst 1967 wieder rückgängig gemacht wurde.

Der wirtschaftliche Aufschwung während des Ersten Weltkriegs gründete sich auf den hohen Nahrungsmittelbedarf in Großbritannien und hielt bis etwa 1920 an. Die Pakeha unter den Kriegsheimkehrern wurden mit neu erworbenem Weideland entschädigt; die Maori-Heimkehrer erhielten nichts. Neuseeland hatte nach wie vor Wachstum zu verzeichnen, dank einer verbesserten Infrastruktur mit Wasserkraftwer-

1945	1947	1950
Auf den Schlachtfeldern des Zweiten Weltkriegs sterben fast 12 000 neuseeländische Soldaten.	Neuseeland erlangt die vollständige Unabhängigkeit von Großbritannien.	Abschaffung des Oberhauses im Parlament

ken und neuen Fernstraßen sowie enormer Fortschritte in der Agrartechnik, beispielsweise der Entwicklung von Superphosphatdünger, modernen Melkmaschinen und Traktoren.

Das Land war allerdings nur unzureichend auf die ohne Vorwarnung hereinbrechende **Weltwirtschaftskrise** vorbereitet. Die ohnehin hohe Staatsverschuldung schoss noch weiter in die Höhe, während die Exporteinnahmen sanken und die regierende Reform Party Einschnitte bei den Renten, im Gesundheitswesen und bei den Ausgaben für öffentliche Bauvorhaben machen musste. Der Haushalt konnte nur auf Kosten einer hohen Zahl von Arbeitslosen saniert werden. Premierminister Forbes prägte den Leitsatz „Kein Geld ohne Arbeit" und schickte mehrere Tausend Arbeiter in primitive Camps auf dem Land, wo sie unnötige Arbeiten wie das Anpflanzen von Bäumen und Trockenlegen von Sümpfen zu verrichten hatten.

Im Verlauf der 20er-Jahre hatte die Labour Party ihre sozialistische Politik verwässert, um Wählerstimmen aus der politischen Mitte für sich zu gewinnen. 1935 kam sie schließlich wieder an die Macht und läutete eine zweite Phase massiver gesellschaftlicher Veränderungen ein. Der Faden wurde dort wieder aufgenommen, wo Seddon aufgehört hatte, und Labour-Führer **Michael Joseph Savage** brachte es auf den Punkt: „Soziale Gerechtigkeit muss das Leitprinzip sein, die Wirtschaftspolitik hat sich nach den gesellschaftlichen Erfordernissen zu richten". Die während der Krise gekürzten Löhne wurden wieder erhöht, öffentliche Bauvorhaben wieder aufgenommen, die Arbeiter erhielten wieder vollen Lohn statt Fürsorge, das Einkommen wurde durch eine gestaffelte Besteuerung schrittweise umverteilt.

Mit einem ganzen Paket von neuen Gesetzen schuf die Regierung nicht nur den ersten, sondern auch den umfassendsten und ausgewogensten **Wohlfahrtsstaat** der Welt, der zum Vorbild für alle folgenden werden sollte. Die Regierung ließ Häuser und Wohnungen bauen und vermietete sie zu günstigen Konditionen, die Renten wurden erhöht, ein Gesundheitssystem garantierte kostenlose medizinische Versorgung, und spezielle Vergünstigungen sorgten für eine Besserstellung von Familien gegenüber Kinderlosen. Das Wohlergehen der Maori stand ebenfalls auf der Tagesordnung. Es gab Bestrebungen, ihren Lebensstandard auf Pakeha-Niveau anzuheben, was in Form einer Erhöhung der Renten und des Arbeitslosengeldes auch teilweise verwirklicht wurde. Gesetzesänderungen ebneten den Weg dafür, dass Maori-Land weiterhin als Gemeinschaftsbesitz behandelt, aber mit den Agrarmethoden der Pakeha bewirtschaftet werden konnte. Als Gegenleistung unterstützte die neu gegründete **Ratana Party** mit den vier Parlamentssitzen der Maori die Labour-Regierung, die sich so bis 1949 an der Macht halten konnte.

Als 1941 mit der Bombardierung von Pearl Harbor auf Hawaii durch die Japaner der **Zweite Weltkrieg** den Pazifik erreichte, mussten sich die Neuseeländer mit ihrer Rolle in der internationalen Staatengemeinschaft auseinandersetzen und einsehen, dass sie trotz eines halben Globus Entfernung von Großbritannien militärische Verpflichtungen gegenüber den Vereinigten Staaten hatten. Wie im Ersten Weltkrieg wurden sehr viele Soldaten einberufen, insgesamt etwa ein Drittel der arbeitsfähigen männlichen Bevölkerung. Glücklicherweise waren die Verluste diesmal nicht so verheerend, und an der Heimatfront boomte die Wirtschaft weiter. Neu-

1951	1960–1970	1972–1975
Neuseeland unterzeichnet das ANZUS-Verteidigungsabkommen mit den USA und Australien.	Beginn einer Einwanderungswelle von den Pazifischen Inseln und zunehmende Urbanisierung der Maori	Die dritte Labour-Regierung hat mit enormen Ölpreiserhöhungen und dem EG-Beitritt Großbritanniens zu kämpfen.

seeland verfügte in den 40er-Jahren als eines der wohlhabendsten Länder der Welt über eine beneidenswerte Lebensqualität und das sichere Netz eines leistungsfähigen Wohlfahrtsstaates.

Jahre des Wohlstands

Die Reform Party und die Überreste der Liberalen schlossen sich schließlich zur **National Party** zusammen und lösten 1949 die Labour-Regierung ab. Mit antikommunistischer Rhetorik à la McCarthy brandmarkte die Partei militantere Gewerkschafter als Kommunisten, und mit der gewaltsamen **Waterfront-Aussperrung** 1951, als 8000 Hafenarbeiter, die einen Lohnausgleich für ihre Überstunden forderten, fünf Monate von ihren Arbeitsplätzen ausgesperrt wurden, zerschlug sie einen Großteil der Macht der Gewerkschaften. Von Ende der 40er- bis Mitte der 80er-Jahre blieb die National Party in Neuseeland die stärkste Regierungspartei, unterbrochen nur von zwei dreijährigen Legislaturperioden, in denen Labour an der Macht war. Der in Neuseeland unterschwellig stets präsente Konservatismus hatte endlich seinen Ausdruck gefunden; die meisten Bürger waren mit einer Politik der harten Hand und der Schwächung militanter Gewerkschaften zufrieden.

Ein derart süßes Leben übte auch eine enorme Anziehungskraft auf viele Briten aus, die noch immer unter den Folgen des Zweiten Weltkriegs zu leiden hatten. Neuseeland brauchte Arbeitskräfte, und so wanderten zwischen 1947 und 1975 rund 77 000 britische Männer, Frauen und Kinder als sogenannte **Ten Pound Poms** nach Neuseeland aus, indem sie vom Angebot einer verbilligten Seereise unter Kosten-

beteiligung der neuseeländischen Regierung Gebrauch machten. Auch etwa 1000 junge deutsche und österreichische Frauen wurden Mitte der 50er-Jahre mit dem Versprechen auf einen festen Arbeitsplatz nach Neuseeland gelockt.

Der Reichtum des Landes war gleichmäßiger verteilt als anderswo. Eine Ausnahme bildeten auch hier die Maori, die nach dem Zweiten Weltkrieg in großer Zahl in die Städte abwanderten, besonders nach Auckland. In den 70er-Jahren führte die **Entwurzelung der Maori** in den urbanen Zentren zu sozialen Unruhen, die eine hohe Arbeitslosigkeit unter den Maori und eine unverhältnismäßig hohe Zahl von in Gefängnissen einsitzenden Maori zur Folge hatten.

Die größten wirtschaftspolitischen Reformen wurden zwischen 1957 und 1960 unter der Labour-Regierung von Premierminister **Walter Nash** vorgenommen, der im Programm zur Verringerung der Exportabhängigkeit der neuseeländischen Wirtschaft auf den Weg brachte. Es folgte der Bau eines Stahlwalzwerks, einer Ölraffinerie, einer Gin-Brennerei und einer Glasfabrik, und mit Blick auf die billige, mithilfe eines Wasserkraftwerks am Lake Manapouri gewonnene Energie wurde dort eine Aluminiumhütte angesiedelt.

Als **Keith Holyoake** 1960 an der Spitze der National Party wieder das Ruder für die Konservativen übernahm, war Großbritannien noch immer der mit Abstand größte Exportmarkt Neuseelands, machte aber bereits erste Annäherungsversuche an die Europäische Gemeinschaft. Das Mutterland war nicht mehr der Beschützer der Inseln wie in früheren Zeiten. Gleiches galt für die **Verteidigungspolitik**, wo Neuseeland sich verstärkt um Verbündete im pazifischen Raum bemühte. Dokumentiert wird

1975	1981	1984
Gründung des Waitangi Tribunals zur Prüfung von Landansprüchen der Maori	Die Gastreise einer nach Apartheid-Aspekten zusammengestellten südafrikanischen Rugby-Mannschaft löst massive Proteste aus.	Ein Protestmarsch zum Parlament (Hikoi) bringt die Entschädigungen der Maori für illegale Landnahme auf die politische Tagesordnung.

diese Richtungsänderung v. a. durch die Unterzeichnung des ANZUS-Verteidigungspaktes zur Bereitstellung gegenseitiger militärischer Hilfe zwischen Australien (A), Neuseeland (NZ) und den Vereinigten Staaten (US).

Schlingerkurs in schwierigen Zeiten

1972 trat Großbritannien der EG bei. Neuseeland hatte zwar bereits einige neue Exportmärkte erschlossen, fühlte sich aber dennoch betrogen. Noch im gleichen Jahr stiegen die Ölpreise binnen weniger Monate auf das Vierfache; das Finanzministerium hatte plötzlich mit steigenden Kraftstoffpreisen und schwindenden Exporteinnahmen zu kämpfen. Die Labour-Regierung konnte eine Niederlage bei den Wahlen 1975 nicht mehr verhindern.

An der Spitze der siegreichen National Party stand **Robert „Piggy" Muldoon**, der die Neuverschuldung der Regierung anprangerte, nur um danach noch mehr Kredite aufzunehmen als Labour. Innerhalb kürzester Zeit war Neuseeland im In- und Ausland aufs Höchste verschuldet, die Arbeitslosigkeit war so hoch wie seit Jahrzehnten nicht mehr, und der Lebensstandard begann zu sinken. Zu Tausenden wanderten Neuseeländer aus, bis der „Brain Drain", die Abwanderung der geistigen Elite, kritische Ausmaße anzunehmen begann. Muldoons Lösung hieß „klotzen statt kleckern": Think Big wurde zum Oberbegriff für eine Reihe kapitalintensiver petrochemischer Mammutprojekte unter Nutzbarmachung der reichen Erdgasvorkommen Neuseelands. Wirtschaftlich gesehen hatten die Projekte wenig Sinn. Statt auf einheimische Technologie und Arbeitskräfte zu setzen und die Fahrzeuge auf das bereits ausgereifte System mit komprimiertem Erdgas umzustellen, beauftragte Muldoon internationale Konzerne für teures Geld mit der Entwicklung riesiger Verarbeitungsanlagen, die im Ausland hergestellt und später in der Gegend von New Plymouth aufgebaut wurden.

Die Abwässer aus den Fabriken führten wiederholt zur Gefährdung der traditionellen Schalentierfanggründe der Maori, und die *iwi* erhoben daraufhin **Proteste**, die ihnen bedeutende Zugeständnisse einbrachten. Mitte der 70er-Jahre begannen die Maori die Lebensphilosophie der Pakeha in Frage zu stellen und pochten erneut auf den Vertrag von Waitangi. Ihr Ziel war es, die Ungerechtigkeiten und den Unmut zu beseitigen, der sich bereits bei Besetzungen traditionellen Maori-Landes in Bastion Point nahe Auckland und bei Raglan Luft gemacht hatte. Nach einem Protestmarsch durch die Nordinsel zum Parlament wurde der Regierung schließlich eine Petition übergeben.

Einige Maori suchten in der Bildung von **Banden** ein Ventil für ihre Wut. Insbesondere Gangs wie Black Power und Mongrel Mob verfügen bis heute über erheblichen Einfluss unter jugendlichen Maori.

Die Verständigung zwischen den verschiedenen Volksgruppen zu fördern, war nicht Muldoons Stärke. Als illegale **polynesische Einwanderer** von den Inseln im Südpazifik – besonders aus Tonga, Samoa und den Cook-Inseln – in großer Zahl nach Auckland strömten, reagierte er mit der Anweisung an die Polizei, stichprobenartige Razzien im Morgengrauen *(dawn raids)* gegen Aufenthaltsverstöße vorzunehmen und

1985	1987	1990–1996
Französische Geheimagenten versenken das Greenpeace-Flaggschiff *Rainbow Warrior* im Hafen von Auckland.	Neuseeland wird atomfreie Zone.	Die Reformpolitik zur Förderung eines freien Marktes wird fortgeführt und der Wohlfahrtsstaat weiter abgebaut.

illegale Immigranten auszuweisen. Muldoon nahm auch eine passive Haltung ein, als es um **sportliche Begegnungen mit Südafrika** ging, und ließ zu, dass die neuseeländischen Rugby-Funktionäre 1976 ein Team der „All Blacks" in Südafrika gegen Mannschaften, die nach Apartheid-Gesichtspunkten ausgewählt worden waren, antreten ließen. Die anderen afrikanischen Nationen antworteten mit einem Boykott der Olympischen Spiele von Montréal und brachten Neuseeland damit in die Rolle des internationalen Außenseiters. 1977 verpflichtete sich Neuseeland mit der Unterzeichnung des Gleneagles-Abkommens zur „energischen Bekämpfung der Missstände der Apartheid", doch schon 1981 lud die New Zealand Rugby Union erneut eine südafrikanische Rugby-Mannschaft zu einer Gastreise ein und löste damit die schwersten zivilen Unruhen seit den Arbeiteraufständen der 20er-Jahre aus.

Wirtschafts- und Wahlrechtsreform

Muldoons Wirtschaftspolitik stellte sich als erfolglos heraus, und 1984 kam Labour unter der Führung von **David Lange** an die Macht. Just in dem Moment, als die Konservativen ihre traditionell rechtslastige Wirtschaftspolitik durch eine „verwaltete Wirtschaft" zu ersetzen begannen, änderte die Labour Party ihre Strategie und ging die enormen ökonomischen Probleme an. Die Maßnahmen beinhalteten die Abwertung des neuseeländischen Dollars um 20 %, den Abbau von Handelsschranken, eine drastische Reduzierung der Zölle, eine Halbierung

des Einkommensteuerhöchstsatzes, die Einführung einer Mehrwertsteuer und die Kürzung von Sozialleistungen. Die Arbeitslosigkeit verdoppelte sich auf 12 %, ein Viertel der Arbeitsplätze in der Fertigungsindustrie ging verloren, und die Besserverdienenden profitierten auf Kosten der unteren Einkommensschichten. Doch auf der anderen Seite hatten das freie Spiel der Marktkräfte und eine neue Unternehmenskultur endgültig Einzug gehalten. Aus einer der am stärksten regulierten Volkswirtschaften der Welt war eine der dereguliertesten geworden, und auch der über Jahrzehnte gepflegte Grundsatz, der Staat habe für die schwächsten Glieder der Gesellschaft zu sorgen, wurde über Bord geworfen.

Doch nicht auf allen Gebieten war die Labour-Politik so rechtslastig. Eine der ersten Amtshandlungen von Lange bestand darin, US-Schiffen das Anlegen in neuseeländischen Häfen nur zu erlauben, wenn diese erklärten, keine nuklearen Anlagen an Bord zu haben. Die Amerikaner weigerten sich und verabschiedeten sich verärgert aus Neuseelands verteidigungspolitischem Sicherheitsnetz, dem ANZUS-Pakt. Erstmals seit Mitte des 19. Jhs. wurde der Vertrag von Waitangi rechtlich offiziell anerkannt, sodass Maori nunmehr ihre Klagen gegen unrechtmäßige Landnahme rückwirkend bis 1840 vorbringen konnten.

Die Erhöhung der Nettoeinkommen und das damit gesteigerte Vertrauen der Verbraucher kurbelte die Umsätze an und sorgte für einen wirtschaftlichen Aufschwung, der mit dem **Börsenzusammenbruch** von 1987 allerdings ein abruptes Ende fand. Neuseeland wurde besonders hart getroffen. Aus den Wahlen von 1990 ging die National Party unter **Jim Bolger** als Sieger hervor. Angesichts der dramatischen Ver-

1995	1997	1999
Frankreich testet erneut Atomwaffen im Pazifik; internationale Proteste sind die Folge.	Jenny Shipley von der National Party wird Neuseelands erste Premierministerin.	Helen Clark von der Labour Party wird Neuseelands zweite Premierministerin und bleibt für drei Legislaturperioden im Amt.

schlechterung der Wirtschaftslage führten die Nationalen die von Labour initiierten Reformen des freien Marktes fort, kürzten weiter die Sozialleistungen und schwächten die Gewerkschaften durch die Verabschiedung des Employment Contracts Act, der es den Arbeitgebern ermöglichte, Löhne und Arbeitsbedingungen frei auszuhandeln. Bis Mitte der 90er-Jahre erholte sich die neuseeländische Wirtschaft auf eindrucksvolle Weise, und was anfangs als tollkühnes Experiment abgetan worden war, wurde jetzt von den Monetaristen als Vorbild für die freien Volkswirtschaften der Welt hingestellt. Derweil wurde die Schere zwischen Arm und Reich im Land der langen weißen Wolke immer größer.

Politischer Wandel

1996 fanden in Neuseeland die ersten Wahlen nach dem Verhältniswahlrecht MMP (mixed member proportional representation, s. Kasten) statt. Danach wehte ein neuer Maori-Wind durchs Parlament, denn plötzlich gab es mehr Maori-Abgeordnete als je zuvor.

Die Unterstützung für Bolger schwand, weil er die Probleme der ersten Koalitionsregierung nach Einführung des neuen Wahlrechts nicht in den Griff bekam, und schließlich wurde er bei einer Art Palastrevolte zum Rücktritt gedrängt. Seine Nachfolgerin **Jenny Shipley** wurde Neuseelands erste Frau auf dem Posten des Premierministers. Bei den folgenden Wahlen 1999 kam aus der linken Ecke plötzlich die **Green Party**, die lange nichts zu sagen gehabt hatte, unter dem Verhältniswahlrecht allerdings deutlich an Einfluss gewann und ins Parlament ein-

zog. Die Grünen bildeten mit der Alliance Party und Labour unter **Helen Clark** eine Koalition, und mit ihnen zogen auch einige Paradiesvögel ins Parlament ein, darunter **Nandor Tanczos** (ein Rastafari) und **Georgina Beyer** (die erste transsexuelle Abgeordnete der Welt).

Die Koalitionsregierung unter Führung der **Labour Party** stoppte die Abholzung der Südbuchenwälder der Westküste, und der Employment Contracts Act wurde durch ein arbeitnehmerfreundlicheres Gesetz abgelöst. In der Bildungs- und Gesundheitspolitik wurden keine Verbesserungen erzielt, doch Clark ging aus der Wahl 2002 mit einer gestärkten Mehrheit hervor.

Labours Beliebtheit blieb ungebrochen, bis Ende 2003 plötzlich die Debatte um den **Foreshore and Seabed Act** (Küstenvorland- und Meeresbodengesetz) ausbrach. Die Regierung drückte ein Gesetz durch, mit dem allen Bewohnern das Landes der freie Zugang zu den Stränden garantiert werden sollte, indem Küstenlinie und Meeresboden zu Staatseigentum erklärt wurden. Durch die Forcierung dieses Gesetzes fühlten sich viele Maori – traditionell treue Labour-Anhänger – von der Regierung vor den Kopf gestoßen. Als Reaktion trat die Maori-Abgeordnete **Tariana Turia** aus der Labour-Partei aus und gründete die **Maori Party**, die bei den Wahlen 2005 vier von sieben Maori-Sitzen gewinnen konnte. Dennoch schaffte es Labour, auch ohne Unterstützung durch die Maori Party eine Koalition zu zimmern und an der Regierung zu bleiben, wenn auch mit einer wesentlich knapperen Mehrheit.

Diese Querelen und der Wunsch der Wählerschaft nach politischem Wandel hauchten der National Party neues Leben ein. Nach den Wahlen von 2008 bildete die Partei unter dem ehe-

2000	2000	2003
Das britische System des Ritterschlags wird durch ein neuseeländisches Ehrentitelsystem abgelöst.	Neuseeland gewinnt wie schon im Jahr 1995 den America's Cup.	Der Kronrat in London wird durch den Obersten Gerichtshof (Supreme Court) in Neuseeland als letzte Rechtsinstanz ersetzt.

Neuseeländisches Wahlsystem und Maori-Sitze

Nachdem Neuseeland 1852 unter Selbstverwaltung gestellt worden war, herrschte stets das parlamentarische System mit Mehrheitswahlrecht nach britischem Muster, einmal abgesehen von der Abschaffung des Oberhauses 1950. Inmitten der Wirtschaftskrise von 1993, als die Unzufriedenheit mit der Politik der beiden großen Parteien einen Höhepunkt erreicht hatte, führte Neuseeland eine Wahlrechtsreform durch. Man entschied sich für ein gemischtes Verhältniswahlrecht (*mixed member Proportional*, MMP) nach deutschem Vorbild. Über seine Funktionalität wird eine fortlaufende Debatte geführt, aber fest steht, dass die kleineren Parteien das neuseeländische Parlament um einige Farbtupfer bereichern.

Von den 120 gewählten Parlamentsabgeordneten wird rund die Hälfte direkt und die andere Hälfte auf der Grundlage von Parteilisten gewählt. Alle Wähler haben zwei Stimmen: eine für den Kandidaten, die zweite für die Partei. Die Zahl der Sitze einer Partei im Abgeordnetenhaus setzt sich zusammen aus den Direktkandidaten plus der Anzahl der Listenabgeordneten, die sich aus dem prozentualen Anteil der Parteistimmen ergibt.

Um im Parlament vertreten zu sein, muss eine Partei mindestens 5 % der Parteistimmen bekommen oder ein Direktmandat gewinnen. In letzterem Fall richtet sich die Zahl der Sitze nach dem Ergebnis der Parteistimmen, auch wenn es unter 5 % geblieben ist.

Noch komplizierter wird die Sache dadurch, dass Maori-Wähler entweder nach dem oben beschriebenen System stimmen können oder für einen der sieben Maori-Sitze, für die im ganzen Land kandidiert wird. Kandidaten aller Parteien dürfen sowohl in allgemeinen als auch in Maori-Wahlkreisen antreten, doch in der Regel gehen die Maori-Sitze an Parteien, die sich spezielle Interessen der Maori auf die Fahnen geschrieben haben.

Zeitgleich mit der Parlamentswahl 2011 wurde ein Referendum über das neuseeländische Wahlrecht abgehalten. Die überwältigende Mehrheit der Neuseeländer stimmte dafür, das bestehende System beizubehalten.

maligen Devisenhändler **John Key** eine Koalition mit ACT New Zealand, United Future und der Maori Party (die noch einen fünften Sitz hinzugewonnen hatte).

Keys Koalitionsregierung hob im April 2011 den Foreshore and Seabed Act auf. Kurz darauf trat der Parlamentsabgeordnete **Hone Harawira** aus der Maori Party aus und gründete die **Mana Party**, nachdem die Maori Party mit seinem Ausschluss gedroht hatte, weil er die Position der Partei zur Foreshore-and-Seabed-Frage ablehnte.

Bei den allgemeinen Wahlen im November 2011 war die Wahlbeteiligung die niedrigste seit 1887 (74,21 %). Die National Party unter dem äußerst beliebten Key wurde wiedergewählt. Obwohl der Partei nur zwei Sitze zur absoluten Mehrheit fehlten, bildete sie wieder eine Koalitionsregierung mit der Maori Party, ACT und United Future.

2003	2004	2008
Die anhaltende ostasiatische Einwanderung bedeutet einen Anstieg der Asiaten auf 10 % der neuseeländischen Gesamtbevölkerung.	„Maori TV" geht auf Sendung – ein Fernsehsender, der sich ganz der Kultur und Sprache der Maori widmet.	John Key von der National Party bildet mit Unterstützung der Maori Party, ACT New Zealand und United Future eine Regierung.

Im Zeichen des Unglücks

Neuseeland hat die jüngste globale Finanzkrise zwar im Allgemeinen besser überstanden als viele andere Länder. Aber das Land hatte in den letzten Jahren ebenfalls mit wirtschaftlichen Schwierigkeiten und nicht zuletzt mit verheerenden Naturkatastrophen zu kämpfen.

Am 4. September 2010 um 4.35 Uhr erschütterte ein **Erdbeben** der Stärke 7,1 die Region Canterbury um Christchurch. Die Schäden, die diese ersten Erdstöße hinterließen, waren erheblich, aber wie durch ein Wunder kam niemand ums Leben. Die starken Nachbeben erwiesen sich jedoch als fatal. Das schlimmste traf Christchurch am 22. Februar 2011 um 12.51 Uhr. Das Beben der Stärke 6,3 verursachte schwere Verwüstungen und forderte 185 Menschenleben – und es war mit Abstand die teuerste Naturkatastrophe in der neuseeländischen Geschichte. Der finanzielle Schaden wurde auf $15–16 Mrd. beziffert. Ein drittes Beben, ebenfalls mit der Stärke 6,3, suchte Christchurch am 13. Juni 2011 um 14.20 Uhr heim. Dabei kam ein Mensch ums Leben, und viele Gebäude, die ohnehin schon angeschlagen waren, wurden völlig zerstört. Damit erhöhte sich die Schadenssumme um weitere $6 Mrd. Die Erdbeben beschädigten insgesamt über 100 000 Häuser und ruinierten einen großen Teil des einst malerischen Stadtzentrums von Christchurch. Weitere Erdstöße, glücklicherweise ohne Todesopfer, folgten im Dezember 2011 sowie tausende kleinere Nachbeben, die die Stadt bis heute erschüttern. Zur Zeit unserer Recherche waren mehrere tausend Einwohner dauerhaft in andere Landesteile oder nach Australien umgesiedelt, aber die Behörden betonen unermüdlich ihren Willen, die Stadt wiederauf-zubauen. Neue Unternehmen füllen mittlerweile die Lücken im Wirtschaftsgefüge der Stadt und bezeugen den ungebrochenen Lebensmut seiner Bewohner. Mehr über die Erdbeben in Christchurch auf S. 586.

Maoritanga

Als die Pakeha auf diese Insel kamen, lehrten sie die Maori als Erstes den christlichen Glauben. Sie machten einige Maori zu Pfarrern und Priestern und sagten ihnen, sie sollten gen Himmel blicken und beten; und während sie dies taten, nahmen uns die Pakeha unser Land weg.

Mahuta, Sohn des Maori-Königs Tawhiao, bei einer Rede vor dem New Zealand Legislative Council 1903

Der Begriff Maoritanga bezeichnet die Lebensweise und Kultur der Maori – die Art und Weise, in der Maori Dinge tun – und umfasst Sozialgefüge, Ethik, Brauchtum, Legenden und Kunst, aber auch die Sprache. Trotz der Dominanz der anglo-europäischen Kultur hat die zeitgenössische Maori-Kultur gerade in den letzten Jahren eine unglaubliche Wiederbelebung erfahren. Meist wird der Anteil der Maori an der neuseeländischen Bevölkerung mit 15 % angegeben. Die Eheschließungen zwischen Maori und Pakeha seit dem frühen 19. Jh. haben jedoch zu einem komplexen Völkergemisch geführt. Viele Pakeha reklamieren Maori-Vorfahren für sich. Die Abstammung bleibt das Fundament der Maori-Kultur, und das Zugehörigkeitsgefühl wird immer wichtiger.

2010–11	2011	2011
Christchurch wird von mehreren Erdbeben heimgesucht. Das verheerendste, im Februar 2011, kostet 185 Menschen das Leben.	Neuseeland gewinnt die im eigenen Land ausgetragene Rugby-Weltmeisterschaft.	Die National Party unter John Key wird wiedergewählt und bildet eine Minderheitsregierung.

Maori heute

Die Maori sind in allen Bereichen des gesellschaftlichen Lebens vertreten – als Rechtsanwälte, Parlamentsabgeordnete, Universitätsdozenten, als Persönlichkeiten der Sport-, Musik- und Medienwelt und auch als Generalgouverneur (Vertreter der britischen Königin in Neuseeland). Das Durchschnittseinkommen der Maori liegt jedoch unter dem der Pakeha, fast die Hälfte aller Gefängnisinsassen sind Maori, nur etwa ein Viertel aller Maori verfügt über höhere Bildungsabschlüsse, und die Gesundheitsstatistiken der Maori sind erschreckend – dieses Ungleichgewicht versuchen Aktivisten und Politiker auszugleichen.

Viele weiße Neuseeländer bemühen als Beweis für das harmonische Zusammenleben gerne Szenen von Maori und Pakeha, die einträchtig nebeneinander in der Bar sitzen oder als Rugbyspieler gemeinsam für den Sieg kämpfen. Dabei ignorieren sie die schwelende Unzufriedenheit der Maori darüber, wie sie seit Ankunft der ersten Europäer behandelt wurden. Die **Assimilationspolitik** hatte ausschließlich die Anpassung der Maori an die Pakeha im Auge und sah keinerlei Zugeständnisse an das Maoritanga vor. Die Maori nahmen die Lebensweise der Pakeha unglaublich schnell an, zum „Dank" wurden ihnen ihre Sprache und ihr Land weggenommen. Man kann die Bedeutung dessen gar nicht genug hervorheben: Im Glaubenssystem der Maori besitzt jeder Baum, jeder Berg und jede Bucht eine Art eigene übernatürliche Existenz, die von vergangenen Ereignissen und den Taten der Vorfahren herrührt. Es ist daher durchaus kein absurder Vergleich, wenn man den Verlust des Landes mit der Schwächung maorischer Lebenskraft gleichsetzt.

Erst in den 80er-Jahren des 20. Jhs. wurde die gängelnde Sicht der Pakeha wirklich in Frage gestellt und in der Folge im Land der **Bikulturalismus** akzeptiert. Während die Maori ihr Erbe wiederentdecken und die Pakeha ihre Augen nicht länger vor dem verschließen, was sie seit Generationen umgibt, wird das Wissen um Maoritanga und das Verständnis der Sprache als erstrebenswert und sogar vorteilhaft erachtet. Die Regierungen der jüngsten Vergangenheit haben in verstärktem Maße dem neuerlichen Erlernen der Sprache zu einem enormen Aufschwung verholfen sowie das Wiederaufleben des Interesses an Maori-Kunst und den wachsenden Stolz der Maori auf ihre Identität gefördert.

Die eher geruhsame Geschwindigkeit des Wandels hat zu einem verstärkten **Maori-Aktivismus** geführt. Die Debatte hatte mehr oder weniger direkt die Gründung der Maori Party zur Folge, die immer mehr an Einfluss gewinnt, und in jüngerer Zeit der Mana Party. Doch das reicht vielen noch nicht, wie sich bei der Erstürmung eines vermeintlichen paramilitärischen Trainingscamps auf der Nordinsel 2007 zeigte. Eine Gruppe von zumeist Maori-Aktivisten unter Führung von Tame Iti wurde als Terroristen verhaftet, auch wenn die Anklage später auf Verstoß gegen die Waffengesetze abgemildert wurde. Die Reaktion der damaligen Labour-Regierung, die u. a. den Ort Ruatoki in der Nähe des Lagers abriegeln ließ, rief unter den Maori Forderungen nach mehr Selbstbestimmung hervor.

Mythologie

Bis heute fußt die Kultur der Maori v. a. auf der mündlichen Überlieferung ihres Kulturguts. Gesänge, Geschichten und Wortrituale besitzen im Alltag und bei Zeremonien eine zentrale Bedeutung. Die verschiedenen Stammesgruppen besaßen oftmals unterschiedliche Geschichten oder zumindest eigene Varianten verbreiteter Motive. Die von bestimmten Theorien besessenen europäischen Historiker jedoch verzerrten nicht selten die gehörten Geschichten und glätteten sie nach eigenem Gusto sogar so weit, dass sie schließlich ein eigenes Maori-Volkstum erschufen. Diese Generalisierung begünstigte wiederum die Entstehung einer gemeinschaftlichen Identität der Maori, und viele der bereinigten Geschichten sind neben den authentischen Legenden Bestandteil der Maori-Tradition.

Schöpfung

Aus dem Ur-Nichts **Te Kore** stiegen **Ranginui**, der Himmelsvater, und **Papatuanuku**, die Erdmutter. Zahlreich waren ihre Nachkommen: **Haumia Tiketike**, Gott der Farnwurzel und aller Waldfrüchte, **Rongo**, Gott der Kumara und der Feldfrüchte, **Tu Matauenga**, Gott des Krieges, **Tangaroa**, Gott der Meere und allen Lebens darin, **Tawhirimatea**, Gott der Winde, und **Tane Mahuta**, Gott des Waldes. Jahrhundertelang debattierten die Brüder, ob man die Eltern trennen und Licht in das noch während Dunkel lassen sollte. Tawhirimatea war dagegen und zog sich zum Himmel zurück, wo er seinem Groll mit Blitz und Donner noch immer Ausdruck verleiht. Tane Mahuta gelang es, die Eltern auseinander zu drängen, sodass sich das Leben ausbreiten konnte. Ranginuis Tränen ob der Trennung füllten die Meere, und bis heute zeugen Dunst, Tau und Regen von seinem Kummer. Nach Erschaffung der Lebewesen im Meer, in der Luft und auf dem Land wandten die Götter ihre Aufmerksamkeit den Menschen zu. Da sie aber alle männlich waren, musste zunächst ein weibliches Wesen erschaffen werden. Aus Ton formten sie eine Gestalt, die ihrer Mutter ähnelte, und **Tane** hauchte **Hinetitama**, dem Mädchen der Morgenröte, den Atem des Lebens ein

Maui der Gauner und Kupe der Seefahrer

In der Mythologie der Maori gibt es zahllose Halbgötter in Menschengestalt. Wie kein Zweiter wird von diesen **Maui-Tikitiki-a-Taranga** verehrt, dessen Taten in ganz Polynesien Stoff für viele Legenden sind. Mit Zaubersprüchen, Tücke und grenzenlosem Mutwillen verstand es Maui, jede Situation zu seinem Vorteil zu nutzen. Ausgerüstet mit dem magischen wie mächtigen Kiefer seiner Großmutter zog er aus, die Welt zu zähmen. Vor ihm war selbst die **Sonne** nicht sicher. Diese hatte sich angewöhnt, so schnell am Himmel vorüberzuziehen, dass den Menschen nicht genügend Zeit für die Bestellung ihrer Felder blieb. Maui flocht mithilfe seines Bruders extrem starke Seile, die sie dann vor der Morgendämmerung über die Höhle der Sonne spannten. Als die Sonne aufging und vom Netz gefangen wurde, hieb Maui mit seinem magischen Kiefer auf sie ein und drängte sie, nicht mehr so schnell ihre Bahn zu ziehen. Es dauerte nicht lange, bis ihr Widerstand gebrochen war und sie gelobte, Mauis Forderung nachzukommen.

Zu Mauis legendären Eskapaden zählt auch die Erschaffung von Aotearoa (s. Kasten), auch wenn die Maori ihre Herkunft historisch nach **Hawaiki** zurückverfolgen, ihrem halblegendären Heimatland in der versprengten polynesischen Inselwelt, wobei die Gesellschaftsinseln und die Cook Islands als Ausgangspunkt am wahrscheinlichsten erscheinen. Nach der Legende war es **Kupe**, der große polynesische Seefahrer, der als Erster Aotearoas Gestade erreichte.

Wie Maui die Nordinsel aus dem Meer fischte

Mauis Meisterleistung ist die Erschaffung von **Aotearoa**. Aufgrund seiner Verschlagenheit fuhren Mauis Brüder oft allein zum Fischen und ließen ihn zurück. Eines Morgens jedoch stahl er sich heimlich aufs Boot und versteckte sich. Weit draußen auf dem Meer gab er sich zu erkennen und versprach, ihren bis dahin spärlichen Fang zu vergrößern. Maui hieß sie weiterzufahren, bis sie schließlich weit jenseits ihrer üblichen Fischgründe waren und den Anker warfen. Binnen kurzem füllten die Brüder ihr Kanu mit Fisch, Maui selbst jedoch war noch auf einen anderen Fang aus. Die Brüder hatten nur Spott für Mauis Angelhaken übrig (der insgeheim mit einem Splitter aus dem Kiefer seiner Großmutter versehen war) und wollten ihm keinen Köder geben. Maui schlug sich daraufhin auf die Nase und benetzte den Haken mit seinem eigenen Blut. Schon bald hatte er einen fantastischen Fisch am Haken, der, als er an die Oberfläche trat, sich vor ihnen bis weit in die Ferne ausdehnte. Durch die Beschwörung einer Zauberformel brachte Maui den Fisch dazu, ruhig auf der Oberfläche liegen zu bleiben, wo er zur Nordinsel wurde, die auch als **Te ika a Maui**, der Fisch von Maui, bekannt ist. Während Maui fortging, um den Göttern ein Opfer darzubringen, begannen seine Brüder, den Fisch aufzuschneiden und von ihm zu essen, wodurch an seiner Oberseite Berge und Täler entstanden. Passend zu dieser Legende wird die Südinsel oftmals **Te waka a Maui**, das Kanu von Maui, und Stewart Island der Anker, **Te punga o te waka a Maui**, genannt.

Eine Version der Geschichte erzählt von seiner Entschlossenheit, einen großen Oktopus zu töten, der beharrlich seine Köder stahl. In der folgenden Jagd irrte Kupe immer weiter aufs Meer hinaus, bis er schließlich die unbewohnte Küste von Aotearoa, dem „Land der langen weißen Wolke", sichtete. Er gab zahlreichen Merkmalen des Landes einen Namen, dann kehrte er mit einer Beschreibung seiner Reiseroute nach Hawaiki zurück.

Soziale Strukturen und Traditionen

Die Gesellschaft der Maori wird noch immer zum Großteil durch **Stammeszugehörigkeit** bestimmt, wenngleich die Entwurzelung infolge Landflucht manche Bindungen gekappt hat. Im Umfeld des städtischen Lebens sind einige Feinheiten des Maoritanga wiederentdeckt worden, und die grundlegenden Elemente sind nach wie vor von großer Bedeutung. Bei so unterschiedlichen Anlässen wie Totenwachen und Versammlungen der Maori wird auf die Einhaltung des Protokolls sehr geachtet.

Die kleinste Einheit in der Maori-Gesellschaft ist der Familienverband oder *whanau* (wörtl. „Gebären"), der Verwandte ersten Grades ebenso umfasst wie Cousins, Onkel, Tanten oder Nichten. Etwa ein Dutzend *whanau* gemeinsamer Herkunft bilden einen örtlichen Unterstamm oder *hapu* (wörtl. „Trächtigkeit" oder „Schwangerschaft"). *Hapu* waren ursprünglich wirtschaftlich unabhängig und führen bis heute Veranstaltungen von kommunaler Bedeutung durch, in der Regel in ihrem *marae* (S. 124). Benachbarte *hapu* gehören oft demselben Stamm oder *iwi* (wörtl. „Knochen") an, einem vergleichsweise losen Verbund von Maori, die über ein relativ großes geografisches Gebiet verteilt leben. Die rund 30 größeren *iwi* wiederum stehen durch ihre gemeinsamen Vorfahren und deren halb legendäre Kanus oder *waka* in Beziehung. In unruhigen Zeiten schlossen sich *iwi* desselben *waka* zum Schutz zu *tangata whenua* (wörtl. „die Menschen des Landes") zusammen. Der Begriff kann sowohl die Maori als Ganzes bezeichnen

als auch nur ein *hapu*, wenn es sich um örtlich begrenzte Angelegenheiten handelt.

Die wörtlichen Bedeutungen von *whanau*, *hapu* und *iwi* lassen sich als Metaphern für die Beziehungen der Maori zu ihren **Ahnen** oder *tupuna* verstehen, die in ihren Nachfahren fortleben. Der Vergangenheit wird großer Raum in der Gegenwart eingeräumt. Deutlich wird dies im Respekt gegenüber dem *whakapapa*, der persönlichen Ahnenreihe, die bei den Göttern beginnt und über eines der Einwandererkanus *(waka)* führt. Bei formellen Anlässen wie z. B. *hui* (Versammlungen) wird häufig ein *whakapapa* vorgetragen.

Das traditionelle Leben der Maori ist von den beiden Begriffen ***tapu*** (tabu) und ***noa*** (alltäglich, nicht *tapu*) durchdrungen, die dem Zwecke der Einhaltung eines Verhaltenskodex dienen: Die Missachtung eines *tapu* führt zur Ächtung und gilt als Auslöser für Krankheiten. Gegenstände, Orte, Verhaltensweisen und selbst Personen können *tapu* sein und erhöhten Respekt fordern – so sind z. B. die Körperteile eines Häuptlings, insbesondere der Kopf, menstruierende Frauen, geweihte Gegenstände, Ohrringe, Schmuckanhänger und Haarkämme, Begräbnisstätten und das im *whakapapa* enthaltene Wissen alle *tapu*. Die traditionelle Verhängung eines *tapu* gewährleistete in kritischen Zeiten die Einträglichkeit von Fischgründen und Wäldern. Dem *tapu* direkt entgegengesetzt ist das *noa*, ein Begriff der auf alltägliche, als unbedenklich geltende Dinge angewandt wird. Ein neues Gebäude ist *tapu*, bis es durch eine besondere Zeremonie *noa* wird.

Menschen, Tiere und Gegenstände, seien sie nun *tapu* oder *noa*, besitzen ***mauri*** (Lebenskraft), ***wairua*** (Geist, Seele) und ***mana***, was sich etwa als „Ansehen" übersetzen lässt, jedoch eine weiter gefasste Vorstellung von Macht, Einfluss, Charisma und Wohlwollen beinhaltet. Mit der Geburt erlangt man einen gewissen Grad an *mana*, der durch Tapferkeit erhöht, durch Trägheit aber auch eingebüßt werden kann. Der Kannibalismus in Kriegszeiten war zum Teil ein Ritual, mit dem Vertilgen des Herzens eines Gegners jedoch nahm ein Krieger auch dessen *mauri* in sich auf. In ähnlicher Weise erhöht sich das *mana* persönlicher Gegenstände durch das mana ihrer Besitzer und wächst sogar bei Weitergabe an Nachkommen. Jede Schwäche im mana eines Einzelnen betraf den gesamten hapu und erforderte von diesem die Durchführung eines utu (eine notwendige Gegenmaßnahme zur Aufrechterhaltung des Gleichgewichts), nicht selten in Form von blutigen Fehden, die mitunter auch in Kriege mündeten und für die Sieger einen weiteren Zuwachs ihres mana bedeuteten.

Die Entscheidung über ein tapu lag beim tohunga (Priester oder Fachmann), dem ranghöchsten von vielen Experten im Maoritanga, der auch mit der Stammesgeschichte, dem heiligen Wissen und dem whakapapa betraut war und als der irdische Repräsentant göttlicher Macht galt.

Marae

Die Rituale eines hapu – hui (Versammlungen), tangi (Bestattungsrituale) oder powhiri (Begrüßungszeremonien) – finden im marae statt, das eine Art Gemeindezentrum und Treffpunkt ist, in dem Kulturgut, Protokolle, Bräuche und Lebenskraft der Maori ihren stärksten Ausdruck finden. Streng genommen ist ein marae nur ein Hof oder Platz, der Begriff wird jedoch oftmals auf den gesamten Komplex angewendet, der das whare runanga (Versammlungshaus oder whare nui), whare manuhiri (Haus für Besucher), whare kai (Speisehaus) und ein altes pataka (auf Pfählen gebautes Lagerhaus) umfasst. Überall im Land gibt es marae, die zu mehr als nur einem hapu gehören. In städtischen Gebieten gibt es auch stammesübergreifende marae, die zum Teil der Maori-Jugend helfen wollen, zu ihren Wurzeln zurückzufinden.

Besucher, egal ob Maori oder Pakeha, dürfen ein marae nicht ohne Aufforderung betreten. Wer also keine persönliche Einladung hat, ist hierfür in der Regel auf eine kommerzielle Tour angewiesen (Kasten S. 43). Von eingeladenen Gästen wird eine Spende, koha, für den Erhalt des marae erwartet, bei Touren ist diese bereits im Preis enthalten. Bei einem Besuch darf nicht vergessen werden, dass das marae ein heiliger Ort ist und die Einhaltung des kawa (Protokoll) verlangt.

Kunst und Kunsthandwerk

Obgleich die Ursprünge in den Traditionen Ost-Polynesiens begründet liegen, hat die Maori-Kunst im Laufe von über einem halben Jahrtausend der isolierten Entwicklung einzigartige Ausdrucksformen hervorgebracht. In Ermangelung brauchbaren Tons in Ost-Polynesien besaßen bereits die Vorfahren der Maori keine ausgeprägte Töpferkunst und verwandten ihr Talent auf die Bearbeitung von Holz und Stein sowie auf die Webkunst, wobei sie sich gelegentlich naturalistischer Muster, häufiger aber stilisierter Formen bedienten, die die Kunst der Maori so unverwechselbar machen. Wie andere taonga (Schätze) auch wurden zahlreiche Kunstwerke dieser Art von Sammlern in viktorianischer Zeit und auch noch danach außer Landes geschafft. Inzwischen werden jedoch seitens der iwi und des Te Puni Kokiri (Ministerium für Maori-Entwicklung) Anstrengungen für die Rückführung möglichst vieler taonga nach Neuseeland unternommen.

Holzschnitzereien

Die Kunstfertigkeit der Maori offenbart sich am ausdrucksstärksten in den Holzschnitzereien, einer Disziplin, die der Herstellung einer Schöpfkelle ebenso große Sorgfalt beimisst wie den waka (Kanus) und whare whakairo (verzierte Häuser).

Frühe Schnitzereien zeigen noch die sparsamen, geradlinigen Stilelemente des alten Ost-Polynesiens. Im 15. Jh. wurden diese jedoch von einem geschwungenen Stil abgelöst, dem traditionellere Schnitzer noch heute folgen. In den Wäldern Northlands wurde Kauri-Holz verwendet, in den übrigen Gebieten war das strapazierfähige, aber leicht zu bearbeitende Holz der Totara-Bäume das bevorzugte Material. Anfänglich benutzten die Schnitzer Muscheln und scharfkantige Steine als Arbeitsgerät. Mit der Erfindung von Werkzeugen aus pounamu (eine Form der Jade; S. 739) erlebte die künstlerische Bandbreite einen enormen Schub. Einige Stimmen behaupten, die Qualität habe mit der Ankunft der Europäer abgenommen, und zwar bereits mit dem Verzicht auf phallische Motive, die die Missionare als obszön erachteten. Schon

Whare

Das ursprünglich als Residenz des Häuptlings fungierende *whare* übernahm allmählich den Symbolismus des *waka* – bei einigen wurde sogar das Holz der Kanus verwendet. Jedes Versammlungshaus ist eine greifbare Manifestation des *whakapapa*, der Ahnenreihe, und stellt in der Regel eine Art Synthese der Vorfahren dar: Der Firstbalken verkörpert das Rückgrat, die Dachsparren bilden die Rippen und umschließen den Bauch im Innern, die Giebelfigur ist der Kopf, und die Giebelschutzbretter stellen die Arme dar und sind oft mit fingerartigen Fortsätzen verziert. Sämtliche hölzernen Oberflächen im Innern sind mit Schnitzereien geschmückt, Zwischenräume werden von aufwendigen Flachsgeflechten, sogenannten *tukutuku*, gefüllt.

1844 hatte man die Schnitzkunst in Gebieten mit einer starken Missionars-Präsenz völlig aufgegeben, und der Rückgang hielt bis Ende der 20er-Jahre an, als der maorische Parlamentsabgeordnete Apirana Ngata in Rotorua das stammesübergreifende **Maori Arts and Crafts Institute** ins Leben rief – ein Fundament, auf dem das Maoritanga sich neu entfalten konnte.

Seit jeher genießen Schnitzer hohes Ansehen. Manche erfahrenen Schnitzer besitzen den Status eines *tohunga* und reisen in Ausübung ihrer Kunst und als Lehrer durchs Land. Die Arbeit als solche ist *tapu*, und als *noa* geltende Gegenstände müssen ferngehalten werden, z. B. gekochte Speisen. Dafür können Frauen, denen dieser Beruf noch bis vor kurzem versperrt war, inzwischen Schnitzerinnen werden.

Der charakteristische **Stil** der maorischen Schnitzkunst zeigt sich in der Formensprache. Plastische Formen werden im Allgemeinen aus einem Stück gearbeitet. Naturgegebenes Aussehen, Form oder Makel des Materials spielen dabei ebenso wenig eine Rolle wie die korrekte perspektivische Darstellung. Landschaftliche Motive finden zwar Verwendung, dienen aber keinem genauen Abbild, sondern der Ausschmückung der allein stehenden zentralen Figuren. Nur selten wird man unverziertes Holz sehen.

Die Grundlage bilden stilistisch bedeutsame Elemente: Spiralen, Gitterwerk und geschwungene organische Formen, die an Farnwedel oder Muscheln erinnern. Auf diese platzieren die Schnitzer ihr eigentliches, oft mit Paua-Muscheln eingelegtes **Motiv**. Am weitesten verbreitet ist die Figur des Ahnen, *hei tiki*, die eine verzerrte menschliche Gestalt zeigt. Fast ebenso häufig ist das mythische *manaia*, eine mit einem Schnabel versehene, vogelähnliche Gestalt mit oft menschlichen Zügen. Ihr nachgeordnet sind Motive wie *pakake* (Wal) und *moko* (Eidechse).

Während alle Arten von Werkzeugen, Waffen und Ornamenten mit einem ähnlichen Grad von handwerklichem Geschick gefertigt wurden, erreichte die Kunst ihren vollkommensten Ausdruck in den **Kriegskanus** *(waka taua)*, auf die sich der ganze Stolz der Maori-Gemeinden konzentrierte. Großartiges Zierwerk rankte sich um Dollborde, Wasserschöpfer und Paddel, die aufwendigsten Arbeiten blieben jedoch meist in Form eines Geflechts von ineinander verwobenen Spiralen und *manaia*-Figuren dem Bug und dem Achtersteven vorbehalten. Als Waffen und europäische Präsenz in den 60er-Jahren des 19. Jhs. das Gleichgewicht in den Stammeskriegen veränderten, wurde das *waka taua* in seiner Bedeutung vom **geschnitzten Versammlungshaus** *(whare whakairo)* abgelöst.

Jade

Neben Holz verwenden Maori-Schnitzer auch ***pounamu*** (Jade). In prä-europäischer Zeit entwickelten sich Handelsrouten, auf denen Maori im ganzen Land mit Jade von der Westküste und aus dem Fiordland beliefert wurden. Die Südinsel erhielt gar den Beinamen Te Wai Pounamu („Wasser der Jade"). Der Stein wurde zu Krummäxten, Meißeln und Keulen für den Zweikampf verarbeitet – Geräte und Werkzeuge, die schon bald eine rituelle Bedeutung erfuhren und nach Ausschmückungen verlangten. Die Härte des Materials bedingt einen verhalteneren Schnitzstil; v. a. *mere* und *patu* sind oft nur zum Teil bearbeitet und zeigen große geschwungene Flächen, die erst am Ende in feinen, kunstvollen Spiralen auslaufen. Bei Schmuckstücken reicht die Palette von einfachen Tropfenanhängern, die als Ohr- oder Halsschmuck getragen werden, bis zu *hei tiki,* die um den Hals getragen werden. Wie andere persönliche Gegenstände auch, insbesondere solche, die dicht am Körper getragen werden, besitzt ein vererbtes *tiki* das *mana* der Vorfahren und nimmt das *mana* des Trägers auf, wodurch es *tapu* wird.

Tätowierungen

Eine stilistische Fortführung der Schnitzkunst ist das *moko,* eine ornamentale und rituelle Form des Tätowierens, die nach dem Kontakt mit Europäern beinahe verschwunden wäre. Frauen hatten *moko* nur auf den Lippen und am Kinn, hochrangige Männer hingegen ließen sich das ganze Gesicht damit schmücken, außerdem Gesäß und Oberschenkel; je großflächiger und verschlungener das *moko,* umso höher der Status. Ein symmetrisches Muster traditioneller Elemente – Sicheln, Spiralen, Farnwedel und andere organische Formen – wurde mit einem *uhi* (Meißel) und Schlegel in das Fleisch gestochen und anschließend Ruß in die Wunde gerieben. In den letzten zwei Jahrzehnten ist die Tradition des vollständigen Gesichts-*moko* gleichermaßen als Identifikation mit dem Maoritanga und als eigene Kunstform wiederbelebt worden. Seit 1999 haben *moko*-Künstler Anspruch auf Fördermittel der Regierung.

Webarbeiten und Kleidung

Während die Männer schnitzten, widmeten sich die Frauen dem Weben und der Herstellung von Kleidung. Die ersten Polynesier auf den Inseln mussten feststellen, dass ihre Papier-Maulbeerbäume in dem herrschenden feuchtkühlen Klima nicht gedeihen wollten, und mussten nach Alternativen suchen. Schon bald entdeckten sie *harakeke* (Neuseeland-Flachs) als Ersatz und machten ihn zum Grundstoff allen maorischen Fasergewebes. Die starken, biegsamen Fasern wurden als Angelleinen, zur Verschnürung von Äxten und zur Herstellung von Bodenmatten verwendet. Mit der Ankunft der Pakeha nahmen die Maori schnell deren Art sich zu kleiden an, zu zeremoniellen Anlässen jedoch trugen sie weiterhin Umhänge, und diese bilden heute die Basis zeitgenössischer Webkunst.

Flachs wächst überall auf den morastigen Böden im Land. Praktisch in Rohform verarbeitete man die Fasern zu *raranga* (Geflecht) und weiter zu *kete,* henkellosen Körben für das Einsammeln von Muscheln und Kumara, dreieckigen Kanusegeln, Sandalen und *whariki* genannten, gemusterten Bodenmatten, die es noch heute in Versammlungshäusern gibt. Für feineres Gewebe und Geflecht muss der Flachs in einem aufwendigen Prozess zurechtgeschnitten, eingeweicht und geschlagen werden, damit man am Ende eine festere, flexiblere Faser erhält. Die meisten Fasern werden in naturbelassener Form verarbeitet, Maori-Design verlangt jedoch hin und wieder auch eine **Färbung**: Schwarz wird durch Eintauchen in eine verdünnte Lösung aus der Rinde eines *hinau*-Baums und anschließendes Einreiben mit einem schwarzen, *paru* genannten Sumpfsediment erzielt; rotbraune Farbtöne erfordern das Kochen in einer Tinktur, die aus der Rinde des *tanekaha*-Baums gewonnen wird, und anschließendes Einrollen in heiße Asche; die weniger gebräuchlichen Gelbtöne werden aus der Rinde der Gattung *Coprosma* gewonnen.

Sowohl naturbelassene als auch gefärbte Fasern werden für das Weben von **Umhängen**, *whatu kakahu,* verwendet. Dies ist die Krönung der von Maori-Frauen betriebenen Künste, und die schönsten Umhänge gelten als *taonga.* Das gewaltige, inzwischen im Auckland Museum ausgestellte Kriegskanu wurde einst gegen einen besonders prachtvollen Umhang eingetauscht. Mitunter wird die Technik als Fingerweben bezeichnet, da kein Webstuhl benutzt wird und die Frauen ausgehend von einem zwischen zwei Stöcken gespannten Basis-Kettfaden abwärts weben. Durch komplexe Webtechniken entsteht eine Vielzahl verschiedener Gewebestrukturen, die häufig mit *taniko* (farbigen Rändern), in Abständen auf das Gewebe gesetzten Kordeln oder mit prächtigen Federn verziert werden.

Federumhänge *(kahu hururu)* scheinen vor Ankunft der Europäer kaum gebräuchlich gewesen zu sein, in Heldengeschichten tauchen jedoch Schlüsselfiguren in schillernden Kleidungsstücken auf. Der Attraktivität seiner leuchtend gelben **Federn** hat der *huia* wahrscheinlich seine Ausrottung zu verdanken; andere prachtvoll gefiederte Vögel sind inzwischen zu selten, um Federn für Umhänge liefern zu können, sodass heute nur noch sehr selten neue gefertigt werden. Für robustere *para* (Regenumhänge) verwendete man die Wasser abweisenden Blätter des Kohlbaums, für *pukupuku* (Kriegsumhänge) einen groben Kanevas, den Berichten zufolge Speere nicht durchdringen konnten. Einige *pukupuku* wurden zu *kahu kuri* (Umhängen aus Hundefell) umgearbeitet, wobei das **Fell** in vertikalen Streifen angeordnet war und die natürliche Farbe des Fells charakteristische Muster entstehen ließ.

Umhänge spielen bei formellen Anlässen, sei es ein *hui* oder *tangi* im *marae* oder die Auszeichnung mit akademischen oder staatlichen Ehren, noch immer eine wichtige Rolle. Alte For-men werden heute entweder direkt übernommen oder dienen als Inspiration für zeitgenössische Modelle.

Haka, Maori-Tanz und Maori-Musik

Manchen mag die Aufführung des *haka* durch Rugby-Mannschaften, die oft vorwiegend aus Nicht-Maori bestehen, als unangebracht erscheinen, doch ist er derart verwurzelt, dass es auf heftige Gegenwehr stieß, als der Trainer der All Blacks 1996 eine Änderung vorschlug, um die von Te Rauparaha dezimierten Maori-*iwi* zu besänftigen. Der neue, speziell verfertigte *Kapa O Pango haka* wurde 2005 vorgestellt, hat aber die alte Te-Rauparaha-Version nicht vollständig verdrängen können.

Haka

Vor jedem Rugby-Länderspiel versuchen die neuseeländischen All Blacks, ihre Gegner vor Spielbeginn einzuschüchtern, indem sie einen Furcht erregenden Tanz aufführen. Dabei schlagen sie sich auf die Schenkel, lassen die Augen hervortreten und strecken die Zungen heraus. Dieser *haka* des gefürchteten Maori-Häuptlings **Te Rauparaha** (S. 320) ist nur einer von vielen Posentänzen, die durch Zurschaustellung körperlicher Kraft, Beweglichkeit und Entschlossenheit dem Gegner den Wind aus den Segeln nehmen sollen. Es wird angenommen, dass Te Rauparaha seinen *haka* Anfang des 19. Jhs. kreierte, nachdem er sich zuvor in der Kartoffelgrube eines verbündeten Häuptlings vor seinen Feinden versteckt hatte. Als er draußen Geräusche vernahm und vom gleißenden Sonnenlicht geblendet wurde, wähnte er seine Tage gezählt. Doch als seine Augen sich an das Licht gewöhnt hatten, erkannte er die behaarten Beine seines Gastgebers und war so erleichtert, dass er auf der Stelle seinen *haka* aufführte.

Bei Auswärtsspielen gehört der *haka* bereits seit der Großbritannien-Gastreise 1905 zum festen Programm der All Blacks, seit dem World Cup 1987 wird er auch bei Matches in der Heimat aufgeführt. Der Tanz wird normalerweise von einem Maori-Spieler angeführt, der dabei im Sprechgesang folgenden Text vorträgt:

Ringa pakia Klatscht in die Hände und gegen die Schenkel
Uma tiraha Streckt die Brust heraus
Turi whatia Beugt die Knie
Hope whai ake Lasst die Hüfte folgen
Waewae takahia kia kino Stampft mit den Füßen, so stark ihr könnt

Nach einer wirkungsvollen Pause stimmt der Rest der Mannschaft ein:
Ka Mate! Ka Mate! Es ist Tod! Es ist Tod!
Ka Ora! Ka Ora! Es ist Leben! Es ist Leben!
Tenei te ta ngata puhuru huru Dies ist der behaarte Mann
Nana nei i tiki mai Er brachte die Sonne zum Scheinen
Whakawhiti te ra Bleibt Seite an Seite!
A upane ka upane! Die Formation! Haltet sie!
A upane kaupane whiti te ra! Hinein in die scheinende Sonne!

Kommerzielle **Maori-Konzerte** (in Rotorua, Christchurch, Queenstown und anderen Orten) umfassen stets auch einen *haka*, meistens ist es die Te-Rauparaha-Version, die fast immer von Männern dargeboten wird. Frauen sind zwar nicht ausgeschlossen, konzentrieren sich aber in der Regel auf **Poi-Tänze**, bei denen an Schnur-Enden befestigte Binsen-Bälle *(raupo)* in schnellen, rhythmischen und ursprünglich der Verbesserung der Körperkoordination und Geschicklichkeit dienenden Bewegungen geschwungen werden.

Die Trommeln Ost-Polynesiens sind nicht bis Neuseeland vorgedrungen, sodass Gesänge und *haka* ohne entsprechende Begleitung bleiben. Der traditionellen Knochenflöte gesellten die Pakeha die Gitarre hinzu, die heute zu **Liedern** *(waiata)* erklingt – relativ moderne Schöpfungen, deren Wirkung gleichermaßen auf Ausdruck, Rhythmus und Text beruht. Mitunter mag der inbrünstige Vortrag in merkwürdigem Widerspruch zur Musik stehen, die häufig auf viktorianische Melodien zurückgeht: Die vielleicht bekanntesten dieser Lieder sind *Pokarekare ana* und *Haere Ra*, die beide nach dem Kontakt mit den Europäern entstanden. Abseits der Touristenkonzerte hat die Maori-Musik in den letzten Jahren eine beeindruckende Entwicklung vollzogen und kann heute auf maorisprachige Radiosender verweisen, die ihr Programm fast ausschließlich mit Klängen von und mit Maori-Musikern gestalten, wobei es häufig Hip-Hop und R&B mit pazifischer Einfärbung zu hören gibt.

Film

In der Folge der in Neuseeland gedrehten *Herr der Ringe*-Filme genoss die neuseeländische Filmindustrie eine ihrer periodischen Hochphasen; die letzte gab es zwischen 1988 und 1994, als sich Streifen wie *The Navigator*, *An Angel at my Table*, *The Piano*, *Once Were Warriors* und *Heavenly Creatures* auch im Ausland großer Aufmerksamkeit erfreuten. Doch während die beteiligten Regisseure und Regisseurinnen Karriere machten, verpuffte der Aufschwung der neuseeländischen Filmbranche sang- und klanglos. Wie den meisten kleinen Ländern fehlen Neuseeland die Ressourcen, die Infrastruktur und die Geldmittel, um auf Dauer eine größere Filmindustrie zu unterhalten. Dafür wird das Land des Öfteren als relativ preisgünstiger Drehort für amerikanische Fernsehserien und für Filme genutzt, die als Kulisse weite Landschaften benötigen, wie z. B. *Die Chroniken von Narnia*. So ist die Filmindustrie des Landes v. a. dafür bekannt, die technische Ausstattung – die Weta Studios (Kasten S. 492) machen Spezialeffekte für Filme auf der ganzen Welt – und Komparsen zur Verfügung zu stellen. Die große Ausnahme ist der derzeitige Guru der neuseeländischen Filmbranche, Peter Jackson. Nach seiner *Herr der Ringe*-Trilogie holte er die *Hobbit* nach Neuseeland; die Verfilmung des ersten Teils kam 2012 in die Kinos. Ob Jackson noch einmal den Anstoß für ein goldenes Zeitalter des neuseeländischen Films geben kann, bleibt abzuwarten.

Auckland und Umgebung

Stefan Loose Traveltipps

1 **Auckland** Das Auckland Museum bietet eine herausragende Ausstellung über die Maori und die pazifischen Inseln, und die Auckland Art Gallery gilt nach einem eindrucksvollen Umbau als bestes Museum für neuseeländische Kunst im Land. Einen Einblick in die polynesische Kultur gewährt der Otara Market. S. 130

Karekare und Piha Keine Autostunde von der Großstadt entfernt laden schwarz-goldene Sandstrände vor heimischem Urwald zum Baden, Wellenreiten und Faulenzen ein. S. 180

Rangitoto Island Von der bizarren Vulkaninsel mit ausgedehntem Pohutukawa-Wald genießt man einen herrlichen Blick auf Auckland. S. 186

2 **Great Barrier Island** Wie aus der Zeit gefallen erscheint diese geruhsame Insel mit ihren goldenen Stränden, Berg- und Waldwanderungen, tiefen Hafenbuchten und heißen Quellen. S. 196

Tiritiri Matangi Im wieder aufgeforsteten Wald einer der schönsten Inseln im Hauraki Gulf kann man einigen der seltensten Vogelarten Neuseelands begegnen. S. 203

129

Auckland ist die größte Stadt des Landes und mit dem wichtigsten internationalen Flughafen auch das Erste, was die meisten Besucher von Neuseeland zu sehen bekommen. Bereits beim Landeanflug über den mit Inseln übersäten Hauraki Gulf und den glitzernden Waitemata Harbour mit seinen vielen Segelschiffen begreift man, weshalb die Stadt den Beinamen „City of Sails" trägt. Rund um die Wolkenkratzer der Downtown erheben sich etwa 50 erloschene Vulkane aus einem Meer von Vororten mit adretten Holzhäusern und großzügigen Gärten.

Auckland ist eine der am dünnsten besiedelten Großstädte der Welt – mit nur 1,5 Mio. Einwohnern auf der doppelten Fläche von London. Sobald man einen Blick hinter die glitzernden Ladenfronten wirft, tritt eine bescheidene Kleinstadtatmosphäre mit sehr gemächlicher Lebensart zutage, die allerdings im Vergleich zum Rest des Landes geradezu hektisch erscheinen kann.

Auckland ist außerdem die weltgrößte polynesische Stadt der Welt. Etwa 11 % der Bevölkerung betrachten sich als Nachkommen der Maori, 14 % stammen von Familien aus Tonga, Samoa, den Cook-Inseln, Niue und anderen Eilanden im Südpazifik ab, die in den 1960er- und 1970er-Jahren nach Neuseeland einwanderten. Trotzdem war das polynesische Leben der Stadt traditionell auf wenige Enklaven begrenzt. Erst jetzt, mit Heranwachsen der zweiten Generation, wird die polynesische Präsenz auch im gesellschaftlichen Leben und ganz besonders in der Kunst und Kultur spürbar.

Viele Reisende bleiben nur gerade lange genug in der Stadt, um die wichtigsten Sehenswürdigkeiten abzuklappern, allen voran das **Auckland Museum** mit seiner unvergleichlichen Sammlung von Schnitzereien und anderen Erzeugnissen der Maori und der Pazifikinseln. Einen besseren Einblick in die Stadt erhält man bei einem Bummel durch die angesagten zentrumsnahen **Vororte** Ponsonby, Parnell, Newmarket und Devonport.

Außerdem bietet sich Auckland natürlich als Basis zur Erkundung der wilden und einsamen **Surfstrände** der Westküste sowie der **Weingüter** an, die keine Stunde vom Stadtzentrum entfernt liegen. Wer mehr Zeit hat, sollte unbedingt einen Abstecher in die Inselwelt des **Hauraki Gulf** unternehmen: zur zerklüfteten Vulkaninsel **Rangitoto Island**, zum schicken **Waiheke Island** und zum geruhsamen **Great Barrier Island**.

Aucklands **Klima** ist gemäßigt feuchtwarm, aber niemals brütend heiß, denn die Schwüle wird durch eine beständige Meeresbrise gelindert. Die Winter sind im Allgemeinen mild, aber regnerisch.

1 HIGHLIGHT

Auckland

Auckland erstreckt sich über eine Landenge, die durch mehrere Meeresarme fast durchtrennt wird. Im Westen öffnet sich der seichte, verschlammte Manukau Harbour zur Tasmansee und unterbricht über eine kurze Strecke die lange Kette schwarzsandiger Strände, an die ständig hohe Wellen schlagen. Der Waitemata Harbour im Osten der Landenge wurde von den Maori nach seinem „glitzernden Wasser" benannt. Er ist Aucklands Hochseehafen und bildet zugleich die Kulisse für das Zentrum der Stadt. An jedem Sommerwochenende verwandeln sich der Hafen und der angrenzende Hauraki Gulf in ein Farbenmeer aus bunten Segeln.

Zunehmend verlagert sich das Stadtleben auf die Gebiete am Wasser: An den ehemaligen Hafenanlagen liegen Jachten, und in der Umgebung entstehen mehr und mehr Nobelrestaurants und schicke Apartmenthäuser. Heute trifft sich hier die ganze Stadt, und die **Downtown** hat an Anziehungskraft verloren. Dort versucht man mit der wundervoll renovierten Auckland Art Gallery, Besucher zurückzugewinnen.

Sympathischer als die Queen Street, die Hauptschlagader des Zentrums, wirkt an ihrem oberen Ende die **Karangahape Road**, eine Querstraße mit preiswerteren Läden, exotischen Restaurants und derberen Clubs. Weiter östlich erstreckt sich **The Domain**, eine ausgedehnte Parkanlage, in der sich die meistbesuch-

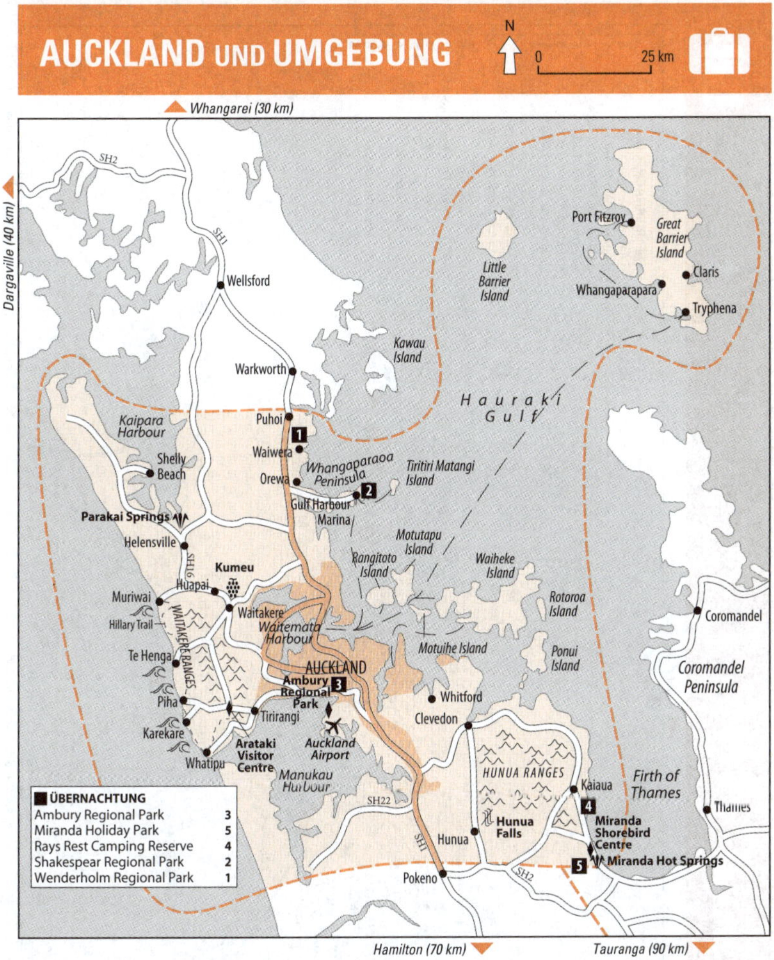

N
0   25 km

Whangarei (30 km)

SH2

Dargaville (40 km)

SH1

Wellsford

Warkworth

Kaipara
Harbour

Puhoi **1**

Waiwera

Shelly
Beach

Orewa

Parakai Springs

Whangaparaoa
Peninsula

Gulf Harbour **2**
Marina

Helensville

Kumeu

Huapai

Muriwai

Hillary Trail

Waitakere

WAITAKERE RANGES

Te Henga

Piha

Karekare

Whatipu

Waitemata
Harbour

AUCKLAND

**Ambury
Regional
Park** **3**

Tirirangi

**Arataki
Visitor
Centre**

Auckland
Airport

Manukau
Harbour

SH22

Little
Barrier
Island

Kawau
Island

H a u r a k i
G u l f

Tiritiri Matangi
Island

Motutapu
Island

Rangitoto
Island

Waiheke
Island

Motuihe Island

Rotoroa
Island

Ponui
Island

Whitford

Clevedon

HUNUA RANGES

**Hunua
Falls**

Hunua

Pokeno

SH1

SH2

Port Fitzroy

Great
Barrier
Island

Claris

Whangaparapara

Tryphena

Coromandel

Coromandel
Peninsula

Firth of
Thames

Kaiaua **4**

**Miranda
Shorebird
Centre**

5 **Miranda Hot Springs**

Thames

Hamilton (70 km)   Tauranga (90 km)

■ ÜBERNACHTUNG

Ambury Regional Park	3
Miranda Holiday Park	5
Rays Rest Camping Reserve	4
Shakespear Regional Park	2
Wenderholm Regional Park	1

te Attraktion der Stadt befindet, das **Auckland Museum** mit faszinierenden Objekten der Maori und der Pazifik-Insulaner.

Das angrenzende **Parnell** bildet mit einer der ältesten Kirchen von Auckland und einigen historischen Häusern das geistliche Herz der Stadt. Am Fuße des Hügels führt der Tamaki Drive an Kelly Tarlton's Underwater World vorbei zu den Stadtstränden **Mission Bay** und **St Heliers**.

Westlich des Zentrums passiert man die Cafés, Läden und Bars der **Ponsonby Road** und des neuerdings angesagten Stadtteils **Kingsland**, bevor man **Western Springs** erreicht, wo sich das Verkehrsmuseum MOTAT und der hervorragende Zoo befinden.

Jenseits des Waitemata Harbour ziehen sich die schier endlosen Stadtrandsiedlungen der North Shore bis zum Horizont, doch einen län-

AUCKLAND GROSSRAUM

N
0   2 km

ÜBERNACHTUNG

Aarangi Motel	4
Auckland North Shore Motels and Holiday Park	2
Avondale Motor Park	5
Number One House	3
Takapuna Beach Holiday Park	1

RESTAURANTS

Bar Comida	1
Café on Kohi	2
Canton Café	6
Cornwall Park Restaurant	7
The Fishmonger	3
The Fridge	5
Hammerheads	4
Nectar	6
Neighbourhood	6
Toro Bar	6

Waiheke

Waiheke

Rangitito

Rangitoto

Motukorea Channel

Browns Island

Rangitoto Channel

Cheltenham & Narrow Neck Beaches

S. KARTE DEVONPORT

DEVONPORT

Northcote Point

Long Bay (12 km)

TAKAPUNA

Harbour Bridge

BIRKENHEAD

Achilles Point

ST HELIERS

GLEN INNES

TAMAKI

PANMURE

PAKURANGA

HOWICK

Half Moon Bay Marina

Tamaki River

KOHIMARAMA

Savage Memorial Park

MISSION BAY

Bastion Point

TAMAKI DRIVE

Kelly Tarlton's Underwater World

Ferg's Kayaks

Judges Bay

Parnell Baths

REMUERA

GREENLANE

Cornwall Park

One Tree Hill

ELLERSLIE

Otara Market (2 km), Auckland Botanical Gardens (12 km)

Auckland Airport (7 km)

Tiritangi (8 km)

ST MARY'S BAY

S. KARTE AUCK-LAND ZENTRUM

TAMAKI DRIVE

FREEMANS BAY

NEWMARKET

S. KARTE PARNELL & NEWMARKET

PARNELL

Highwic

Eden Garden

MOUNT EDEN

Mount Eden

BALMORAL

S. KARTE EDEN, EPSOM & REMUERA

PONSONBY

GREY LYNN

HERNE BAY

S. KARTE PONSONBY UND HERNE BAY

KINGSLAND

Eden Park

SANDRINGHAM

WESTERN SPRINGS

MOTAT

Motat Aviation

Auckland Zoo

MOTAT MERIAL RD

PT CHEVALIER RD

Coyle Park

Waitemata Harbour

Henderson (10 km)

geren Aufenthalt lohnen nur der alte Vorort **Devonport** direkt am Ufer und vielleicht der lange, goldsandige Strand von **Takapuna**.

Unmittelbar südlich des Zentrums eröffnen zwei der höchsten Punkte Aucklands, der **Mount Eden** und der **One Tree Hill** mit dem umliegenden **Cornwall Park**, wunderbare Ausblicke auf die Stadt. Sehenswerte Kunst präsentiert die **Pah Homestead**, den Hauptanreiz für einen Abstecher noch weiter nach Süden bildet der samstägliche **Otara Market**.

Geschichte

Die Erdkruste zwischen den beiden Hafenbuchten Waitemata und Manukau ist so dünn, dass das Magma alle paar tausend Jahre einen Spalt findet, unter lautem Getöse an die Oberfläche tritt und einen weiteren Vulkan entstehen lässt. Vor rund 600 Jahren fand die letzte Eruption statt, deren Ergebnis **Rangitoto Island** war.

Die Maori

Zeugen dieser Eruption waren einige der frühesten Maori-Bewohner dieser Region, die auf der benachbarten **Motutapu Island** lebten. Ihre Vorfahren sollen der Legende nach am Isthmus von Tamaki gelandet sein, dem schmalsten Stück Land zwischen dem Waitemata Harbour und dem Manukau Harbour.

Wegen der reichen Fanggründe in den beiden Hafenbuchten und des fruchtbaren Bodens der gut zu verteidigenden Vulkanhügel war das Land, das man nicht umsonst auch Tamaki-makau-rau („die Maid mit den 100 Liebhabern") nannte, heiß umkämpft. Gegen Mitte des 18. Jhs. fiel es an **Kiwi Tamaki**, der auf dem Maungakiekie (One Tree Hill) ein 3000 Mann starkes *pa* (Wehrdorf) und auf beinahe allen anderen Vulkanen der Region kleinere Siedlungen errichtete. Doch er unterlag später rivalisierenden *hapu* (Unterstämmen) aus der Gegend des Kaipara Harbour.

Ankunft der Europäer

Nach Ankunft der mit Musketen handelnden **Europäer** in der Bay of Islands zu Beginn des 19. Jhs. konnten die Ngapuhi aus Northland eine Reihe erfolgreicher Beutezüge gegen die Maori am Isthmus von Tamaki durchführen. Eine Pockenepidemie tat das Übrige, und alsbald lag die

Region praktisch verlassen da, was nach Unterzeichnung des Vertrags von Waitangi (1840) für ihre Wahl zum Standort der neuen Hauptstadt von entscheidender Bedeutung war.

Der schottische Arzt **John Logan Campbell** gehörte zu den wenigen hier ansässigen Europäern, als dieses fruchtbare Land mit leichtem Zugang zu den wichtigsten Fluss- und Seehandelsrouten für 55 Pfund und einige Decken den Besitzer wechselte. Die Kapitale wurde in groben Zügen auf dem Reißbrett geplant, und Campbell konnte aus seinem Heimvorteil Kapital schlagen, indem er durch undurchsichtige Machenschaften bald die Kontrolle über die halbe Stadt gewann und zum Bürgermeister und „Vater von Auckland" avancierte. Nach 1840 war die Bevölkerung durch die vielen Immigranten bereits so angeschwollen, dass mehr Land benötigt wurde – was bis zu einem gewissen Grad die **Landkriege** in den 1860er-Jahren heraufbeschwor (S. 108).

Das Ende als Hauptstadt

Während der anschließenden Wirtschaftskrise suchten viele ihr Glück in den Goldfeldern von Otago. Die europäischen Siedler verlegten ihren Lebensmittelpunkt immer weiter gen Süden, desgleichen die Regierung. 1865 verlor Auckland seinen **Hauptstadtstatus** an Wellington und geriet zunehmend in Vergessenheit.

Doch dann ging es mit Auckland wieder stetig bergauf. Mehrfach führte es die Liste der am schnellsten wachsenden Städte Neuseelands an, was in erster Linie auf die zahlreichen **Einwanderer** zurückzuführen ist: zunächst aus Großbritannien und in den 1960er- und 1970er-Jahren auch von den Inseln des Südpazifiks. Mehr als ein halbes Jahrhundert lang strömten Maori aus ländlichen Regionen nach Auckland, und zu ihnen gesellen sich inzwischen auch Einwanderer aus Ostasien. Inzwischen ist die Bevölkerung des Großraums Auckland zu fast 20 % asiatischer Herkunft; viele der Asiaten wohnen in den Wohnblocks der Innenstadt. Koreanische, thailändische, malaysische, chinesische und japanische Restaurants finden sich an jeder Ecke. Über 35 % der Aucklander sind im Ausland geboren (gegenüber 23 % im Landesdurchschnitt).

Waterfront

Im 20. Jhs war das Stadtzentrum von Auckland lange Zeit durch die Hafenanlagen vom Wasser abgeschnitten. Da sich der Hafenbetrieb jedoch immer mehr in den Containerhafen verlagerte, zeigt sich die **Waterfront**, 🖥 waterfrontauckland.co.nz, inzwischen von ihrer Schokoladenseite.

Den Dreh- und Angelpunkt für die Hafenfähren bildet nach wie vor das **Ferry Building**, dessen Geschichte und Bedeutung das nahe Seefahrtsmuseum **Voyager** beleuchtet. Der **Viaduct Harbour** und die **Princes Wharf** wurden zur Jahrtausendwende saniert, doch das Zentrum des Geschehens hat sich mittlerweile ein Stückchen weiter nach Westen zum frisch aufgemöbelten **Wynyard Quarter** verlagert.

Ferry Building

Am nördlichen Ende der Queen Street erhebt sich das **Ferry Building**, ein klassizistischer Ziegelbau von 1912, der nach wie vor als Hauptdrehkreuz der Fährverbindungen über den Waitemata Harbour dient. Der Betrieb ist zwar lange nicht mehr so hektisch wie in den Zeiten vor dem Bau der Hafenbrücke, doch es herrscht immer noch ein reges Kommen und Gehen von Pendlern und Touristen, die einen der schnellen Katamarane nach Devonport oder zu den Inseln Rangitoto, Waiheke oder Great Barrier besteigen.

Voyager: New Zealand Maritime Museum

Ecke Quay und Hobson St ▪ 🕐 tgl. 9–17 Uhr; Führungen Mo–Fr 10.30 und 13 Uhr; Fahrten auf der Ted Ashby Mi und Fr 11.30 und 13.30, Sa und So 12 und 13 Uhr ▪ Eintritt $17, Führungen kostenlos, Audioguide $5, Bootsfahrt $12 ▪ ☎ 09 373 0800, 🖥 maritimemuseum.co.nz

Wer sich auch nur ein klein bisschen für das Meer und die Schifffahrt interessiert, sollte unbedingt das **Voyager: New Zealand Maritime Museum** ansteuern. Es widmet sich der Schifffahrtsgeschichte einer Inselnation, für deren Besiedlung, Handel und sportliche Aktivitäten das Meer von jeher eine entscheidende Rolle spielte.

Das kurze Video *Te Waka* über eine fiktive Schiffsreise der Maori dient als Einführung in die Ausstellung südpazifischer Ausleger- und Doppelrumpfkanus. Zwischen den verschiedenen Kanuversionen zum Fischen, für Lagunenfahrten und Ozeanüberquerungen findet sich auch die 21 m lange *Taratai*, mit der der neuseeländische Filmemacher und Autor James Siers und seine 13-köpfige Mannschaft 1976 über 2400 km weit von Kiribati nach Fiji fuhren. Das Innere eines Auswandererschiffs und Ausstellungen zu neuseeländischen Küstenhandelsschiffen und Walfängern leiten über zu Blue Water Black Magic, einer Huldigung an Neuseelands berühmtesten Segler **Peter Blake**, der 2001 bei einer Umweltexpedition auf dem Amazonas erschossen wurde. Die Siege beim Whitbread Round the World Race 1990 und bei zwei America's Cups (1995 und 2000) werden natürlich gebührend gewürdigt.

Weitere Highlights sind ein frühes Hamilton-Jetboot, das für die seichten Flüsse von Canterbury konstruiert wurde, und eine schöne Sammlung von Galionsfiguren und maritimer Kunst.

Neben interessanten **Führungen** werden auch einstündige **Fahrten** auf der *Ted Ashby* geboten, dem 1990 entstandenen Nachbau eines jener zweimastigen Frachtsegler, die früher die Tidengewässer der Nordinsel befuhren.

Viaduct Harbour und Princes Wharf

Der **Viaduct Harbour** war ein ziemlich schmuddeliger Fischereihafen, bis er in Vorbereitung auf Neuseelands erfolgreiche Verteidigung des **America's Cup** im Jahr 2000 einer gründlichen Verschönerungskur unterzogen wurde. Heute prägen Jachten das Bild der Hafenpromenade, die von exklusiven Apartmentbauten, schicken Restaurants, Bars und dem Seefahrtsmuseum gesäumt wird. Weitere Restaurants und Bars liegen an der **Princes Wharf**, die sich bis zum spektakulär gelegenen Hotel Hilton in die Hafenbucht ausdehnt.

Wynyard Quarter

Zu erreichen über die Fußgängerbrücke Wynyard Crossing vom Viaduct Harbour oder mit dem City-Link-Bus ab Queen St ($0,50); jeder zweite Bus fährt zum Wynyard Quarter ▪ Dockline Tram tgl. Nov–März 9–18, April–Okt 10–17 Uhr, alle 10 Min. ▪ Erwachsene $5 für einen Tag, unter 16 J. $1 ▪ 🖥 aucklandtram.co.nz

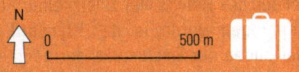
Fähre zur Great Barrier Island   Devonport

AUCKLAND UND UMGEBUNG

WYNYARD
QUARTER

Princes
Wharf

Maritime
Museum

Queens
Wharf

Viaduct
Harbour

Ferry
Building

Dockline
Tram

Tepid
Baths

Britomart
Transport
Centre

Supermarkt

Victoria
Park

Vector
Arena

Victoria
Park
Market

Skytower

Albert
Park

Auckland
University

Civic Theatre

Art
Gallery

Aotea Centre

AOTEA
SQUARE

Maidment
Theatre

Town Hall

The Classic

Myers
Park

Western
Park

Auckland
Domain

Ironbank

Symonds
Street
Cemetery

Backpackers
Car Market

Hobson's
Grave

Auckland
Hospital

NEWTON

Wintergardens

Auckland
Museum

GRAFTON

ÜBERNACHTUNG

Base Auckland	9	Jucy Hotel	5
BK Hostel	14	Nomads Auckland	2
Braemar on		Nomads Fat Camel	3
Parliament Street	8	The Quadrant	7
The Chatham	12	Scenic Hotel	10
Hotel DeBrett	6	YHA Auckland City	13
Heritage	4	YHA Auckland	
Hilton	1	International	11

EINKAUFEN

Kathmandu	1
Unity Books	2
Whitcoulls and Bivouac	3

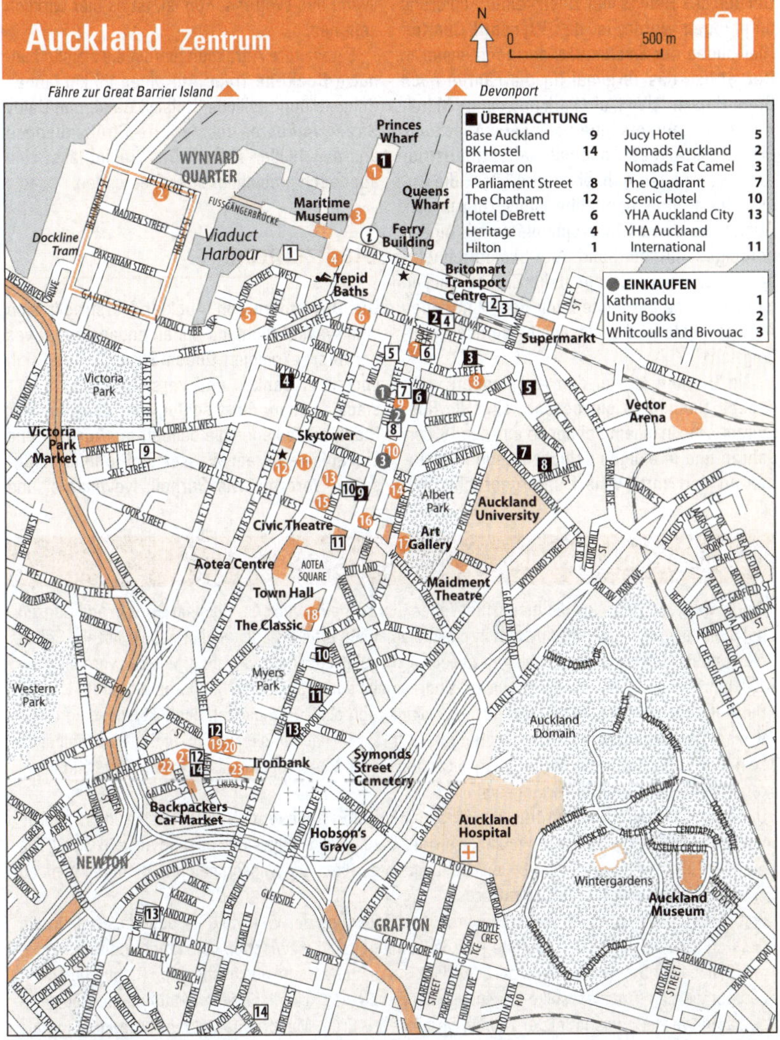

CAFÉS & RESTAURANTS

Alleluya	20	Ima	8	Rasoi	19
Art Gallery Café	17	Imperial Lane	7	Raw Power	9
Atrium Food Gallery	13	Market Seafood		The Roxy	7
Bellota	12	Brasserie	2	Soul	4
Coco's Cantina	22	Mezze Bar	10	Sri Pinang	23
The Depot	11	Middle East Café	15	Tanuki's Cave	18
Euro	1	Mister Morning	22	Theatre	21
Food Alley	6	No. 1 Pancake	16	Wildfire	3
Grand Harbour	5	Pho Saigon	14		

PUBS, BARS & CLUBS

Cowboy	1	Rakino's	8
Family Bar	12	Sale St	9
Flight Lounge	6	Smith	4
Galbraith's Alehouse	14	Stark's	11
Globe	10	Tabac	5
Kings Arms	13	Tyler St Garage	3
The Occidental	7		
O'Hagan's	1		
Northern Steamship Co	2		

Der Teil des Hafens, der zuletzt einer Sanierung unterzogen wurde, ist das **Wynyard Quarter**: Hier bilden der Fischmarkt, der noch immer in Betrieb ist, das Terminal für die Fähren nach Great Barrier Island, ein Park und einige Mittelklasse-Restaurants eine gelungene Mischung. Ein sechsteiliges Ensemble alter Industriesilos ist erhalten geblieben und bildet die Kulisse für freitagabendliche Filmvorführungen. Außerdem gibt es hier Spielplätze mit eigens herbeigeschafftem Sand. Alte Skulpturen wurden entstaubt und aufgestellt. Zu überblicken ist das Ganze am besten von der 12 m hohen Aussichtsgalerie, die sich an der Nordseite entlangzieht.

Die Gegend ist bei den Aucklandern sehr beliebt. Besonders gut besucht sind die Restaurants, die in einem Schuppen aus den 1930er-Jahren und in einigen schicken neuen Gebäuden an der North Wharf untergebracht sind.

Wenn das Wetter schön ist, ist es hier wirklich sehr nett.

Ein weitere Attraktion hier ist die ziemlich unnütze **Dockline Tram**: Auf einer 1,5 km langen Schleife über Jellicoe, Halsey, Gaunt und Daldy Street verkehren restaurierte Straßenbahnen aus den 1920er-Jahren. Das Gebiet lässt sich aber auch problemlos zu Fuß erkunden.

Stadtzentrum

Die **Downtown** von Auckland erstreckt sich vom Wasser Richtung Süden entlang der etwas heruntergekommen **Queen Street**, an der sich vor allem Banken und Versicherungen angesiedelt haben. Einst schlug hier das Herz der Stadt; heute liegen die beliebteren Ausgeh- und Einkaufsviertel am Wasser und in innerstädtischen Vororten wie Parnell, Newmarket und

---

Die Vulkankegel von Auckland

Im Umkreis von 20 km um die Innenstadt liegen fünfzig kleine Vulkane. Doch im Großen und Ganzen hat die neuseeländische Hauptstadt ihrem geologischen Erbe bislang wenig Respekt gezollt. Selbst die genaue Anzahl scheint unbekannt zu sein, nicht zuletzt deshalb, weil innerhalb der vergangenen 150 Jahre mehrere Kegel verschwunden sind, zumeist durch Schlacke- und Basaltabbau.

Die Abtragung eines ganzen Vulkans – das klingt nach einer Herkulestat, doch Aucklands größter Vulkan, **Rangitoto Island** draußen im Hauraki Gulf (S. 186), ist nur 260 m hoch. In der Stadt selbst ist kein Vulkan höher als der **Mount Eden** mit knapp 200 m. Viele Kegel messen kaum 100 m und überragen gerade mal die Häuser ringsum.

Die **Maori** erkannten schon früh die Fruchtbarkeit der Vulkanerde und legten auf den unteren Vulkanhängen *kumara*-Pflanzungen an, meistens unter dem Schutz eines *pa* rund um den Gipfel. Die Europäer ihrerseits schätzten diese Erhebungen vor allem als Wasserspeicher, denn die meisten größeren Vulkane haben einen **Kratersee**.

Erst in den letzten paar Jahrzehnten wurde eine Bebauung der Vulkane unterbunden, oft dadurch, dass man sie in Parks verwandelte – 37 Vulkankegel sind inzwischen vollständig oder teilweise geschützt. Laut Stadtverordnung darf der Blick auf manche Gipfel aus bestimmten Richtungen nicht verbaut werden. Trotzdem sollte vor Kurzem der Rand eines Kraters für einen Autobahnausbau plattgemacht werden, was in letzter Minute verhindert wurde. Manche halten eine Anerkennung als Unesco-Weltkulturerbe für den besten Schutz, doch ist kaum anzunehmen, dass es in absehbarer Zeit dazu kommen wird. Bis dahin stellen die Vulkane jedenfalls herrliche **Aussichtspunkte** dar, insbesondere Mount Eden, One Tree Hill, North Head in Devonport sowie die Kuppe von Rangitoto Island, wo man auch Lavahöhlen erkunden kann.

Die ältesten Vulkane brachen vor rund 250 000 Jahren aus, aber seit der letzten Eruption sind erst 600 Jahre vergangen, und das Vulkanfeld ist immer noch aktiv. Niemand kann vorhersagen, wann es zum nächsten Ausbruch kommt.

Ponsonby. Doch an der Queen Street gibt es nach wie vor einige praktische **Geschäfte**, z. B. die Buchhandlung Whitcoulls (Nr. 210) und im Kellergeschoss desselben Gebäudes eine Filiale des Outdoor-Ausrüsters Bivouac, Konkurrent der günstigeren Kette Kathmandu (Nr. 151).

Östlich der Queen Street bilden einige restaurierte Lagerhäuser und neue Büroblocks den lebendigen **Britomart Precinct**; hier finden sich inzwischen viele der wichtigsten Modeboutiquen der Stadt, am schönsten ist es hier jedoch abends, wenn sich die Restaurants und Bars lnagsam füllen.

Weiter südlich warten an High und O'Connell Street weitere Designerläden auf Kundschaft; dazu gesellen sich hier das kitschig-schöne Civic Theatre, das Kasino, der Skytower und nicht zuletzt die herrlich renovierte und erweiterte Auckland Art Gallery. Eine idyllische Oase inmitten des Betondschungels ist der Albert Park zwischen Art Gallery und Universität.

Britomart Precinct

Am Fuß der Queen Street steht das ehemalige neoklassizistische Postamt von 1910, heute das **Britomart Transport Centre**. An der Rückseite des Gebäudes prangt jetzt ein eleganter Glaskasten. So soll der Mythos des Bahnreisens ein wenig wiederbelebt werden, doch es gibt hier nur wenige nützliche Zugverbindungen – eigentlich nur den täglichen Zug nach Wellington sowie ein paar Vorortzüge.

Der Glasanbau öffnet sich zu einer breiten Flaniermeile, die zum **Takutai Square** mit Brunnen, Rasenflächen und Sitzsäcken führt. Dies ist das Zentrum des **Britomart Precinct**; in die historischen Gemäuer dieser Gegend ziehen immer mehr Restaurants, Bars und Edelboutiquen ein.

Fort Street, High Street und Vulcan Lane

Aucklands Uferlinie lag einst an der **Fort Street** (ursprünglich Fore Street), durch Landgewinnungsmaßnahmen wurde die Küste jedoch nach und nach um 300 m nach Norden verschoben. Diese Gegend ist so etwas wie ein Backpacker-Ghetto, mit drei Hostels und mehreren Kneipen, jedoch befindet sich hier auch das recht zahme Rotlichtviertel der Stadt. Im Zuge der Britomart-

Sanierung wird auch diese Gegend nun mehr und mehr aufgehübscht.

Weiter südlich befindet sich um **High Street** und **O'Connell Street** eine der muntersten Gegenden des Stadtzentrums. Hier warten trendige Klamottenläden und die hervorragende Buchhandlung Unity Books, 19 High St. Von der High Street zweigt die **Vulcan Lane** ab, die einstige Gasse der Schmiede, die heute von Bars und Restaurants beherbergt.

Civic Theatre

Eins der markanteren Gebäude der Queen Street ist das im Jugendstil erbaute **Civic Theatre**, an der Kreuzung mit der Wellesley Street. Bei seiner Eröffnung 1929 war es *das* Stadtgespräch; das prunkvolle Interieur im Mogul-Stil zieren Elefanten, Hindugötter, rotäugige Panther und ein künstlicher Sternenhimmel. Vielleicht hat man Glück und kann kurz einen Blick hineinwerfen, ansonsten bekommt man das Innere leider nur zu sehen, wenn man eine Vorstellung besucht (S. 168).

Aotea Square

Der wichtigste Platz in der Innenstadt ist der **Aotea Square** mit der Town Hall (Rathaus), einem klotzigen postmodernen Multiplexkino und dem **Aotea Centre**, der wichtigsten Konzerthalle der Stadt, eingeweiht 1990. Von seiner besten Seite zeigt sich der Aotea Square bei öffentlichen Veranstaltungen wie dem Auckland Festival; dann breiten sich Zelte für Aufführungen und Gastronomie auf dem Platz aus.

Skytower

Victoria St, Ecke Federal St ▪ ☻ Mo–Do und So 8.30–22.30, Fr und Sa 8.30–23.30 Uhr ▪ $25; obere Plattform $3 extra ▪ ✆ 0800 759 2489, ▭ skycityauckland.co.nz/attractions
Seit Mitte der 1990er-Jahre dominiert der **Skytower** das Stadtzentrum. Der Betonturm ist Teil des Skycity-Komplexes. Mit 328 m ist er Neuseelands höchstes Bauwerk und überragt sogar den Eiffelturm und Sydneys Centrepoint. Den überwältigenden Blick auf die Stadt und den Hauraki Gulf kann man von den Aussichtsplattformen auf 186 und 220 m Höhe sowie vom SkyWalk aus genießen. Außerdem gibt es ein

Drehrestaurant und mit dem SkyJump haben Wagemutige die Möglichkeit, sich in die Tiefe zu stürzen.

SkyWalk

⏲ tgl. 10–18 Uhr ▪ $145; Backpacker $125
▪ ✆ 0800 759 586, ⌨ skywalk.co.nz

Noch besser als von drinnen sind die Ausblicke vom **SkyWalk**, der es ermöglicht, mit einem Seil gesichert 20 Minuten in 192 m Höhe auf einem schmalen Steg ohne Reling rund um den Sky-tower zu wandeln.

SkyJump

⏲ tgl. 10–18 Uhr ▪ $225; Backpacker $195
▪ ✆ 0800 759 586, ⌨ skyjump.co.nz

Der **SkyJump**, der angeblich höchste Turm-sprung der Welt, ähnelt einem Bungee-Sprung. Todesmutige stürzen sich hier, am Drahtseil ge-sichert, 192 m in die Tiefe – gute zehn Sekun-den im mehr oder weniger freien Fall mit über 80 km/h Tempo –, um dann überraschend sanft auf der Zielplattform zu landen.

Auckland Art Gallery

Kitchener St, Ecke Wellesley St ▪ ⏲ tgl. 10–17 Uhr; kostenlose Führungen 11.30, 12.30 und 13.30 Uhr
▪ Eintritt frei ▪ ✆ 09 379 1349, ⌨ aucklandart gallery.com

Durch die $90 Mio. teure Erweiterung ist das beste Kunstmuseum des Landes noch besser geworden. Die alten Galerien wurden entkernt und spielen jetzt, wenngleich elegant integriert, nur noch die zweite Geige hinter dem fantasti-schen neuen Glaskubus-Atrium mit Kauriholz-Säulen, die sich zu einem waldähnlichen Bal-dachin verzweigen. Das Museum öffnet sich zur Straße und zum dahinterliegenden Albert Park, sodass jeder die jährlich wechselnde Haupt-skulptur im Atrium sehen kann.

Das Museum beherbergt eine bedeuten-de Sammlung von Kunst aus aller Welt, den Schwerpunkt bildet jedoch die weltweit einzig-artige **Sammlung neuseeländischer Kunst**. Die ausgestellten Werke wechseln regelmäßig; er-warten kann man etwa Zeichnungen von Künst-lern der Cook-Expeditionen und Ölgemälde mit Maori-Themen, ergänzt durch speziell für das Haus geschaffene Installationen.

Die europäische Sicht auf die Maori

Die idealisierten Darstellungen der Maori aus dem Blickwinkel der europäischen Forschungs-reisenden zeigen häufig gekünstelte Szenen, die in der Realität so nie möglich waren. Sie trugen so dazu bei, die jahrzehntelang vorherrschende mythisierende Sichtweise auf dieses Volk zu un-termauern. Zwei Werke verkörpern gegensätz-liche, jedoch gleichermaßen in die Irre führende Blickwinkel: Kennett Watkins' *The Legend of the Voyage to New Zealand* von 1912 mit gut genähr-ten, glücklichen „Eingeborenen" an einer friedli-chen Lagune, und Charles Goldies *The Arrival of the Maoris in New Zealand* von 1898 nach dem Vorbild von Géricaults *Floß der Medusa,* auf dem vom Hunger gezeichnete, verängstigte Reisende gegen das wilde Meer ankämpfen.

Ein großer Teil der Ausstellung früher Kunst ist zwei der beliebtesten Künstler des Landes gewidmet, die auch von den Maori wegen der getreuen Darstellung ihrer Vorfahren hoch ge-schätzt werden. **Gottfried Lindauer** kam 1873 nach Neuseeland und verbrachte seine spä-ten Jahre damit, lebensnahe, fast dokumenta-rische Porträts von *rangatira* (Häuptlingen) so-wie von hochgestellten Maori-Persönlichkeiten zu malen, weil er der irrigen Meinung war, dass das Volk der Maori bald aussterben würde. **Charles F. Goldie** avancierte Anfang des 20. Jhs. zu Neuseelands „Altem Meister" und erlangte internationale Anerkennung für seine emotiona-leren Porträts älterer Maori. Dabei malte er häu-fig nach Fotografien.

Pakeha blicken auf Neuseeland

Die europäischen Künstler brauchten ein hal-bes Jahrhundert, um zu erlernen, wie sich das grelle Licht Neuseelands am besten einfangen lässt – ein evolutionärer Prozess, der sich bis in die 1960er- und 1970er-Jahre fortsetzte, als vie-le Arbeiten mit stark abgegrenzten Flächen in schockierenden Farben an Comics erinnerten.

Besonders beachtenswert sind die Werke von **Rita Angus**, die sich in den 1940er-Jahren mit ihren Landschaftsbildern aus Canterbury und Otago einen Namen machte, von **Colin McCahon**, dessen Begeisterung für die Kraft und Schönheit der neuseeländischen Land-schaft bis in die Kiwi-Kunst des späten 20. Jhs.

nachwirkte, und von **Gordon Walters**, der seine Inspiration aus der Maori-Ikonografie bezog, wobei er traditionelle Maori-Symbole auf nicht unumstrittene Weise in kraftvolle, grafische Darstellungen verwandelte.

Meist ist auch eines der teuersten Werke der Galerie zu sehen, die 1973 von **Tony Fomison** gemalte *Study of Holbein's „Dead Christ"*. Das für die Spätphase des Künstlers typische Gemälde zeugt von seiner Leidenschaft für die Kunstgeschichte und seiner zwanghaften Beschäftigung mit der Sterblichkeit.

Maori-Künstler

Bei den Neuerwerbungen der jüngeren Zeit handelt es sich oft um Werke von Maori-Künstlern. Ausgestellt werden normalerweise einige der herausragenden Arbeiten des Malers **Shane Cotton**, Stücke des renommiertesten lebenden neuseeländischen Künstlers, **Ralph Hotere**, und Arbeiten des Bildhauers **Michael Parekowhai**, dessen Beitrag für die Biennale in Venedig im Jahr 2011 für Aufsehen sorgte.

Albert Park

Östlich der Queen Street erstreckt sich die viktorianische Gartenanlage **Albert Park**. Ursprünglich befand sich hier einmal ein *pa*, ein befestigtes Maori-Dorf. In den 1840er- und 1850er-Jahren standen auf dem Gelände die Albert-Kasernen; im Zweiten Weltkrieg wurde hier ein Labyrinth aus Luftschutzbunkern angelegt. In seiner derzeitigen Inkarnation als friedlicher Park voller Eichen und Feigenbäume erfreut sich die Anlage bei Studenten und Büroangestellten großer Beliebtheit.

Karangahape Road

An ihrem südlichen Ende steigt die Queen Street an und kreuzt die etwas schmuddelige, aber von Leben strotzende **Karangahape Road** – kurz **K' Road** genannt. Im 19. Jh. wohnten hier wohlhabende Kaufleute, in den 1970er-Jahren war die Straße das Herz von Aucklands polynesischer Gemeinde, später verkam sie zur anrüchigen Vergnügungsmeile. Seit über 20 Jahren laufen Bestrebungen, sie zu einer modernen

Mainstream-Einkaufsmeile aufzupolieren, doch auch wenn die meisten Striptease-Schuppen und Sexshops mittlerweile verschwunden sind, hat sich die Straße ihren Nischencharakter bewahrt. Flippige Cafés, Bars und Schallplattenläden drängen sich zwischen bunten indischen und chinesischen Geschäften; dazu gibt's ein paar interessante Boutiquen wie Cherry Bishop (Nr. 500) und Hailwood (Nr. 516).

In der K' Road gibt es keine speziellen Sehenswürdigkeiten; Architekturfreunde zieht es zur faszinierenden **Ironbank**, 150 K' Rd, einem achtstöckigen Büroblock, der aussieht wie fünf Stapel rostiger Stahlkästen. Aber man kann auch locker ein paar Stunden damit verbringen, in Geschäften zu stöbern und sich zwischendurch in exotischen Restaurants zu stärken. Zu vorgerückter Stunde und vor allem an Wochenenden verwandeln sich die Bürgersteige in ein faszinierendes Kaleidoskop aus aufgebrezelten Transvestiten, alkoholisierten Büroangestellten, schwulen Pärchen, Obdachlosen und aus den Vororten angereisten Yuppies.

Symonds Street Cemetery

Am östlichen Ende der K' Road versteckt sich an der Kreuzung Symonds Street der etwas verwahrloste **Symonds Street Cemetery**, einer der frühesten Friedhöfe von Auckland. Er musste in den 1960er-Jahren teilweise der Autobahn weichen, die durch den Grafton Gully gelegt wurde. Ein Hain aus Laubbäumen beschattet das Grab von **William Hobson**, Neuseelands erstem Gouverneur, das schon fast unter dem gewaltigen Betonbogen der Grafton Bridge liegt.

The Domain

Der Grafton Gully trennt das Stadtzentrum und die K' Road von **The Domain**, einem weitläufigen Park auf den sanften Hängen eines erloschenen Vulkans, der seinen Namen Pukekawa, „Hügel der bösen Erinnerungen", den blutigen Stammesfehden der fernen Vergangenheit verdankt. Der in den 1840er-Jahren angelegte Park ist der schönste der Stadt, mit allem, was damals so dazugehörte: Musikpavillon, Phoenixpalmen, geometrisch gestalteten Blumenbeeten und ausgedehnten Rasenflächen. Im Sommer verwandeln sich die Rugbyfelder in Cricketplätze, und im kleinen Amphitheater des Vulkankraters werden Bühnen für tolle Konzerte unter freiem Himmel errichtet.

Auckland Museum

Auckland Domain ▪ ⏰ tgl. 10–17 Uhr; Maori Cultural Performance tgl. 11, 12 und 13.30 Uhr, Jan–April außerdem 14.30 Uhr; Führung durch die Maori-Abteilungen tgl. 11.30 und 14 Uhr
▪ Eintritt $10; Maori Cultural Performance $25; Führung durch die Maori-Abteilungen $10 ▪
✆ 09 309 0443, 🖳 aucklandmuseum.com
▪ Das Auckland Museum liegt an der Strecke des Coast to Coast Walkway und der City-Tour-Busse. Der Inner-Link-Bus hält an der Parnell Rd, fünf Gehminuten vom Museum

Der höchste Punkt der Domain wird von einem imposanten Gebäude im griechisch-römischen Stil gekrönt, dem **Auckland Museum**, das die weltbeste Sammlung von Kunst der Maori und der Pazifikinseln hütet. Das Museum wurde 1929 als Denkmal für die Gefallenen des Ersten Weltkriegs errichtet und später mehrfach ausgebaut. Zuletzt wurde 2006 der Innenhof mit einer Kupferkuppel überdacht. Darunter befindet sich das neue **Atrium** mit einer erstaunlichen Konstruktion aus Kauriholz, die wie ein riesiger, umgedrehter Bienenkorb von der Decke hängt.

Beim ursprünglichen, säulengeschmückten Eingang, dem **Grand Foyer** am anderen Ende des Gebäudes, findet mehrmals täglich eine 30-minütige **Maori Cultural Performance** mit Gesang und einem Furcht einflößenden *haka* statt, die durch den dröhnenden Klang eines Muschelhorns angekündigt wird.

Maori Court

Als die traditionellen Maori-Dörfer gegen Ende des 19. Jhs. zu verschwinden begannen, wurden einige der schönsten Beispiele geschnitzter Paneele, Versammlungshäuser und Nahrungsspeicher gerettet und hierher gebracht. Das augenfälligste Exponat im **Maori Court** ist **Hotunui**, ein großes, verziertes Versammlungshaus von 1878, das damals schon mit einem Wellblechdach statt des traditionellen Binsendachs ausgestattet wurde. Diese Arbeit zeugt von ungeheurer

Kunstfertigkeit: Die Außenwände des Gebäudes zieren groteske Gesichter mit heraushängenden Zungen und glänzenden Augen aus Paua-Muscheln, während das Innere mit wundervollen *tukutuku*-Paneelen ausgestattet ist. Daneben sind die kunstvollen Schnitzereien an Bug und Heck von **Te Toki a Tapiri** zu bewundern. Das 25 m lange *waka taua* (Kriegskanu), das bis zu 100 Krieger aufnehmen konnte, ist das einzig erhaltene Exemplar aus der voreuropäischen Ära.

Exemplarisch für den Übergang von rein polynesischen Motiven zu einem eigenständigen Maori-Stil ist das **Kaitaia Carving** aus dem 14. oder 15. Jh., eine 2,50 m breite Schnitzarbeit aus dem Holz des Totara-Baums. Die koboldhafte zentrale Wächterfigur mit ausgebreiteten Armen hat Hände in Form von Eidechsen und ist dem Stil nach polynesisch, aber in der Konzeption typisch Maori.

Pacific Masterpieces

Der Saal mit den **Pacific Masterpieces** präsentiert exquisite polynesische, melanesische und mikronesische Arbeiten, wie eine zeremonielle Essschale von den Salomon-Inseln mit Perlmutteinlagen, zeremonielle Keulen und eine wunderbar volltönende Schlitztrommel aus Vanuatu. Ebenso faszinierend sind die Textilien, deren Muster eine weitaus größere Vielfalt aufweisen, als man bei den wenigen zur Verfügung stehenden Rohstoffen vermuten möchte.

Pacific Lifeways

Der **Pacific Lifeways Room**, der vor allem das Alltagsleben der Maori und Polynesier zeigt, wird von einer schlichten, aber majestätischen Statue aus dem Holz des Brotfruchtbaums beherrscht. Das Bildnis stammt von den Karolinen und zeigt die bösartige **Kave**, Polynesiens bedeutendste weibliche Gottheit, deren Bedrohlichkeit in dieser friedlichen Gestalt jedoch kaum zu erahnen ist.

Mittelgeschoss

Das Mittelgeschoss des Museums mit den **naturgeschichtlichen Sammlungen** ist eine ungewöhnliche Kombination aus modernen Präsentationen und ausgestopften Vögeln in Vitrinen. Außer sehenswerten Ausstellungsstücken wie

Spaziergänge und Wanderungen in Auckland

Die Wanderambitionen der meisten Auckland-Besucher gehen nicht über einen Bummel durch die Parkanlage The Domain oder den kurzen Anstieg auf einen der erloschenen Vulkane hinaus. Ehrgeizigere Wanderer können sich z. B. auf **Rangitoto Island** austoben (S. 186) oder sich einzelne Etappen des **Hillary Trail** (S. 179) in den Waitakere Ranges westlich der Stadt vornehmen. Außerdem umfassen auch die meisten Touren zur Westküste (S. 177) kurze Wanderungen.

Auf eigene Faust

Coast to Coast Walkway (16 km einfach, 4 Std.). Die schönsten Sehenswürdigkeiten der Stadt wurden zu dieser Wanderung kombiniert, die quer über die Landenge führt. Die Route ist in der kostenlosen Broschüre *Beyond your Backyard – Discovering Auckland City by Foot or Bike* beschrieben, die man bei den Touristeninformationen bekommt. Einen Streckenplan gibt es unter ⌨ aucklandcity.govt.nz. Am interessantesten ist der nördliche Streckenabschnitt: Wer zuletzt den One Tree Hill (12 km, 3 Std.) ansteuert, kann danach von der Manukau Road mit Bus Nr. 328, 334 oder 348 zurück in die Innenstadt fahren.

North Shore Coastal Walk (23 km einfach). Kostenlose Broschüre in den Touristeninformationen. Das Südende des North Shore Coastal Walk (ein Teil des Fernwanderwegs Te Araroa, der von der Nord- zur Südspitze des Landes führt, Kasten S. 63) bildet der Fähranleger in Devonport. Der Weg führt am Navy Museum und North Head vorbei und dann die Küste hinauf an mehreren hübschen Stränden mit Blick auf Rangitoto entlang. Wer mit der Fähre nach Devonport kommt, kann z. B. bis nach Takapuna (10 km, 2–3 Std.) spazieren und von dort mit dem Bus in die Stadt zurückfahren.

Geführte Rundgänge

Auckland Walks, ✆ 0800 300 100, ⌨ aucklandwalks.co.nz. Informative Führungen durch das Stadtzentrum (tgl. 10 Uhr, 2 Std.; $30; Buchung zu empfehlen) ab dem Harbour Information Centre im Ferry Building, 99 Quay St.

Tamaki Hikoi, ✆ 0800 282 552, ⌨ tamakihikoi.co.nz. Die von Maori geführten Rundgänge stellen Auckland (Tamaki Makaurau) aus der Perspektive der Ngati Whatua vor. Zur Auswahl stehen eine Tour durch Pukekawa (Auckland Domain; 1 1/2 Std.; $40), eine Führung durch die Maori-Abteilungen im Auckland Museum mit Kulturshow (3 Std.; $95) und eine Führung über den Maungawhau (Mount Eden; 3 Std.; $95). Bei den Führungen werden viele Anekdoten erzählt, und man erhält einen etwas anderen Blick auf die Geschichte der Stadt.

TIME Unlimited, ✆ 0800 868 463, ⌨ newzealandtours.travel. Die von Maori geführte Stadttour erläutert die Bedeutung von bestimmten Plätzen in der Stadt für die Maori (ganzer Tag; $245). Das „Extra"-Paket ($295) beinhaltet einen Besuch auf einem *marae*, der erheblich persönlicher und authentischer ist als all die massentouristischen Angebote um Rotorua. Auf Anfrage werden auch Übernachtungen auf dem *marae* und Abendessen auf Maori-Art arrangiert.

dem 3 m großen Riesen-Moa oder einem 800 kg schweren Ammoniten begegnet man auch Dinosauriern, erfährt so einiges über Vulkane und lernt in der Ausstellung **Maori Natural History** allerlei über das ganz spezielle, von westlichem Wissenschaftsdenken unbelastete Verhältnis der Maori zu ihrer Umwelt. Auf diesem Stockwerk gibt es außerdem diverse interaktive Angebote und „Entdeckungsbereiche" für Kinder.

Obergeschoss

Die Ausstellung **Scars on the Heart**, die das ganze Obergeschoss einnimmt, geht der Frage nach, in welcher Weise Neuseelands nationale Identität durch Kriege mitgeprägt wurde. Die Landkriege der 1860er-Jahre werden aus Sicht der Maori und der Pakeha beleuchtet. Auch der Erste Weltkrieg wird ausführlich abgehandelt, insbesondere die Schlacht von Gallipoli in der

Türkei, bei der es durch Patzer der militärischen Führung zu einem Grabenkrieg mit verheerenden Verlusten für die australischen und neuseeländischen Truppen kam. Beeindruckendes Anschauungsmaterial und Militärmusik begleiten die Filmvorführung über die Pazifik-Feldzüge im Zweiten Weltkrieg und Vietnam.

Wintergardens und Fernz Fernery

Auckland Domain ▪ ⏱ Nov–März Mo–Sa 9–17.30, So 9–19.30 Uhr, April–Okt tgl. 9–16.30 Uhr ▪ Eintritt frei

Die vulkanische Quelle auf dem Gelände wurde von der Auckland Acclimatisation Society genutzt, um europäische Pflanzen zu ziehen und damit die rapide Europäisierung der neuseeländischen Landschaft voranzutreiben. Der Geist dieser Unternehmung lebt in den **Wintergardens** fort, einem formellen Fischteich zwischen zwei Gewächshäusern, einem mit gemäßigtem und einem mit tropischem Klima. Nebenan wurde eine ehemalige Schlackengrube in die **Fernz Fernery** verwandelt, ein grünes Mini-Tal mit über 100 verschiedenen Farnarten in trockenen, gemäßigten und feuchten Habitaten.

Östlich des Zentrums: Parnell und Newmarket

The Domain trennt das Zentrum von dem wohlhabenden innerstädtischen Vorort **Parnell**, einst das spirituelle Herz der Stadt. Heute gibt es hier ein paar Kirchen und historische Gebäude sowie zahlreiche Restaurants, Boutiquen und Galerien. Die Parnell Road führt an der **Kathedrale** vorbei Richtung Süden und wird später zum Broadway, der Hauptschlagader von **Newmarket** an der Ostflanke des Mount Eden. In jüngster Zeit hat sich dieser Stadtteil zu einem der angesagtesten Einkaufsviertel für Mode in der Stadt gemausert, ergänzt durch einige gute Restaurants. Die Great South Road südlich der Läden ist von Motels gesäumt (S. 154).

St Mary's und Holy Trinity Cathedral

Parnell Rd, Ecke St Stephens Ave ▪ ⏱ St Mary's Mo–Sa 10–16, So 11–16 Uhr; Holy Trinity Cathedral Mo–Sa 10–16, So 12.30–16 Uhr ▪ Eintritt frei ▪ ☎ 09 303 9500, 🖥 holy-trinity.co.nz

Am südlichen Ende der Parnell Road erhebt sich eine der weltgrößten Holzkirchen, **St Mary's**, 1886 aus einheimischen Hölzern erbaut und fast 50 m lang. Im Innenraum zeigt eine Fotoserie, wie das Gotteshaus 1982 in einer aufsehenerregenden Aktion von seinem ursprünglichen Standort auf der anderen Seite der Parnell Road hierher „gerollt" wurde, um der moderneren **Holy Trinity Cathedral** Gesellschaft zu leisten. Deren Chor im neugotischen Stil wurde 1959 begonnen, blieb aber bis in die frühen 90er-Jahre unvollendet. Dann wurde ein wie die Faust aufs Auge passendes Kirchenschiff angebaut, dessen Dachkonstruktion an ein Schweizer Chalet erinnert. Drinnen lohnt ein Blick auf die modernen Buntglasfenster an der Rückseite. Am neuesten sind die 18 Glasfenster an den Seiten des Kirchenschiffs. Der Maori-Künstler Shane Cotton gestaltete mehrere davon nach einem einheitlichen Farbkonzept in gedämpften Rot-, Braun- und Grüntönen.

Kinder House

2 Ayr St, Parnell ▪ ⏱ Mi–So 12–15 Uhr ▪ Eintritt frei ▪ ☎ 09 379 4008, 🖥 kinder.org.nz

Die gotischen Anklänge der nahen St Mary's Church zeugen vom Einfluss des bekannten neu-

---

Les Harvey: Der Retter Parnells

Mitte der 1960er-Jahre entging Parnell nur knapp dem Umbau zur Hochhaus-Betonlandschaft, weil der exzentrische Träumer **Les Harvey** genügend Geld zusammenbrachte, um den Immobilieninvestoren die urigen, aber heruntergekommenen Ladenhäuser und Holzvillen vor der Nase wegzuschnappen. Dann startete er eine Kampagne gegen Neuseelands strikte Ladenschlussgesetze, mit dem Erfolg, dass Parnell in den 1970er-Jahren und bis weit in die 1980er hinein der einzige Stadtteil von Auckland war, wo man samstags shoppen gehen konnte. Bald erlangte die **Parnell Road** einen Ruf für ihre schicken Klamottenläden, Edel-Restaurants und insbesondere ihre Kunstgalerien – und diesen Ruf genießt sie bis heute.

---

seeländischen Kirchenbaumeisters Frederick Thatcher, der auch das **Kinder House** für den Rektor des neuen Gymnasiums entwarf. Den Posten bekleidete damals John Kinder, ein vollendeter Aquarellmaler und Dokumentarfotograf. Das Gebäude entstand aus roh behauenem Vulkangestein von Mount Eden und beherbergt heute einige interessante Fotos sowie Reproduktionen von Kinders Gemälden.

Ewelme Cottage

14 Ayr St, Parnell ▪ ⏰ So 10.30–16.30 Uhr ▪ Eintritt $8,50 ▪ ☎ 09 379 0202, 🖥 historicplaces.org.nz
Einen Eindruck vom Leben der Pioniere in Neuseeland vermittelt das **Ewelme Cottage** aus Kauri-Holz. Es wurde 1864 als Wohnhaus für die Familie eines Geistlichen mit dem wunderbaren Namen Vicesimus Lush errichtet. Sein Reiz liegt vor allem in der Einrichtung, die heute noch genau so, wie die Nachfahren von Lush sie bei ihrem Auszug 1968 zurückließen, zu bewundern ist.

Highwic

40 Gillies Ave, Newmarket ▪ ⏰ Mi–So 10.30–16.30 Uhr ▪ Eintritt $8,50 ▪ ☎ 09 524 5729, 🖥 historicplaces.org.nz
Die Holzvilla **Highwic** im gotischen Stil wurde 1862 im Auftrag eines wohlhabenden Auktionators und Gutsherrn als Stadtresidenz errichtet. Mit vertikalem Lattenwerk und Holzverzierungen unterscheidet sich das Haus deutlich von der übrigen neuseeländischen Architektur der Zeit. Das insgesamt eher bescheidene Anwesen umfasst diverse Nebengebäude sowie Dienstbotenquartiere und vermittelt einen guten Eindruck von den gegensätzlichen Lebensumständen jener Epoche.

Eden Garden

24 Omana Ave, Newmarket ▪ ⏰ tgl. Okt–April 9–16.30 Uhr, Mai–Sep 9–16 Uhr; Bloom Café tgl. 9.30–15.30 Uhr ▪ Eintritt $8 ▪ ☎ 09 638 8385, 🖥 edengarden.co.nz
Der in einem ehemaligen kleinen Steinbruch auf der Ostseite des Mount Eden gelegene **Eden Garden** hält jede Menge Abwechslung bereit: Das ganze Jahr über gibt es hier interessante Dinge zu entdecken, von Farnen, Tulpen, Rosen, Silberbaumgewächsen und einem kleinen Was-

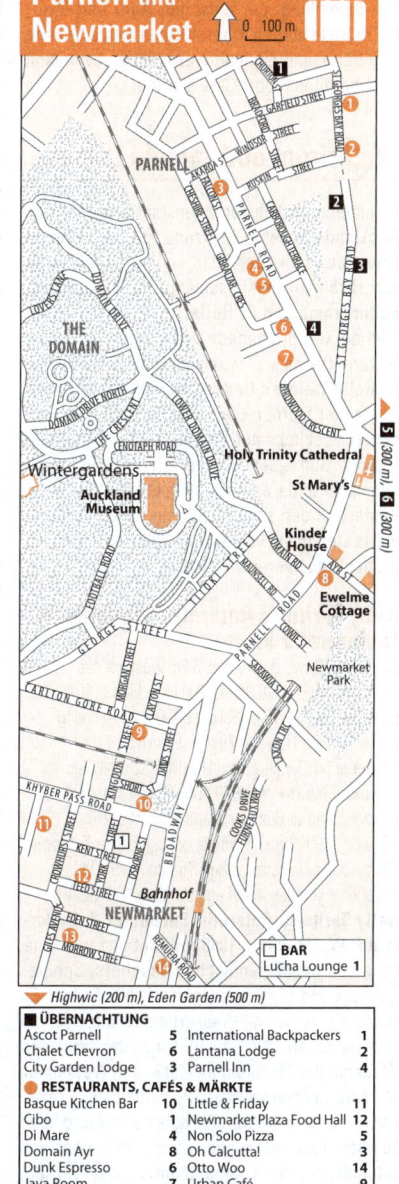

Parnell und **Newmarket**

N — 0 100 m

Highwic (200 m), Eden Garden (500 m)

■ ÜBERNACHTUNG

Ascot Parnell	5	International Backpackers	1
Chalet Chevron	6	Lantana Lodge	2
City Garden Lodge	3	Parnell Inn	4

● RESTAURANTS, CAFÉS & MÄRKTE

Basque Kitchen Bar	10	Little & Friday	11
Cibo	1	Newmarket Plaza Food Hall	12
Di Mare	4	Non Solo Pizza	5
Domain Ayr	8	Oh Calcutta!	3
Dunk Espresso	6	Otto Woo	14
Java Room	7	Urban Café	9
La Cigale French Market	2	Zarbo	13

□ BAR
Lucha Lounge 1

AUCKLAND UND UMGEBUNG

5 (300 m), 6 (300 m)

serfall bis hin zu Australasiens größter Kamelien-Sammlung, die zwischen April und Oktober in Blüte stehen. Überall laden kleine Senken zum Verweilen ein, und wer möchte, kann sich im sehr guten Bloom Café stärken.

Waterfront und Tamaki Drive

Unmittelbar östlich der Innenstadt erstreckt sich Aucklands beliebte Uferzone mit dem **Tamaki Drive**, der sich über 8 km an den beliebtesten Stadtstränden entlangschlängelt – **Mission Bay**, **Kohimarama** und **St Heliers**. Im Sommer wimmelt die Uferpromenade von Joggern und Radfahrern. Die einzige wirkliche Sehenswürdigkeit ist **Kelly Tarlton's Underwater World**, aber der Abstecher hierher lohnt allein wegen des herrlichen Ausblicks auf Rangitoto Island und den Hauraki Gulf – sei es vom Hafen aus oder von einem der anderen Aussichtspunkte entlang der Küste. Auf den sanften Hügeln weiter landeinwärts stehen die verstreuten Villen des lauschig grünen Nobelvororts **Remuera**.

Kelly Tarlton's Antarctic Encounter & Underwater World

23 Tamaki Drive, Okahu Bay, 6 km westlich des Zentrums ▪ ⏱ tgl. 9.30–17.30 Uhr ▪ Eintritt $34, ganztägig gültig; 10 % Rabatt bei Online-Buchung ▪ Tauchen mit Haien $129 inkl. Eintritt, nur für Besucher mit Tauchschein; Haikäfig-Schnorcheln $79 inkl. Eintritt ▪ ✆ 0800 805 050, 🖥 kellytarltons.co.nz ▪ Explorer Bus und Stadtbusse 745, 757, 767 und 769 halten am Eingang; kostenloser Tarlton's-Shuttlebus jeweils zur vollen Stunde (9–16 Uhr), Abfahrt gegenüber dem Ferry Building, 172 Quay St

Kelly Tarlton's Antarctic Encounter & Underwater World wurde 1985 eröffnet und war eine Idee des neuseeländischen Tauchers, Schatzsuchers und Bergungsexperten Kelly Tarlton. Er baute einige riesige Wasserbecken um, aus denen zwischen 1910 und 1961 die Abwässer der Stadt mit der ablaufenden Flut in den Waitemata Harbour gespült wurden. Die damals noch revolutionären begehbaren Plexiglastunnel sind heute überall zu finden, aber es ist immer noch ein Erlebnis, auf dem Laufband durch zwei Wasserbecken zu gleiten, in denen sich farbenprächtige Rifffische, Aale und kleine Haie tummeln. Wer den Meerestieren noch näher kommen möchte, kann eines der Tauchangebote wahrnehmen. In den Aquarien der Abteilung **Stingray Bay** gleiten Stachelrochen mit bis zu 2 m Spannweite durchs Wasser.

In einigen weiteren Abwassertanks wurde **Antarctic Encounter** eingerichtet. Hier findet sich u. a. ein eindrucksvoller Nachbau der geräumigen Hütte, von der Robert Falcon Scott und seine Mannschaft zu ihrer tragischen Südpol-Expedition 1911–12 aufbrachen. Zu ihrer Einrichtung gehören Erinnerungsstücke an die Expedition und eine Druckerpresse, auf der alle paar Monate die *South Polar Times* gedruckt wurde. Das arg an Disneyland erinnernde Pinguinarium **Snow Cat** wird halbwegs erträglich durch die Chance, Königs- und Eselspinguine aus nächster Nähe zu beobachten.

Bastion Point

Von der grasbewachsenen Anhöhe **Bastion Point** bieten sich wunderbare Ausblicke auf den Hauraki Gulf – ein tolles Plätzchen für ein Picknick. Gekrönt wird der Bastion Point durch den **M. J. Savage Memorial Park**. Das nüchterne Art-déco-Denkmal erinnert an den ersten Premierminister der Labour-Partei, der in den späten 1930er-Jahren den Wohlfahrtsstaat einführte. Der Bastion Point war in den 70er-Jahren Austragungsort einer 17 Monate andauernden Auseinandersetzung zwischen der Polizei und den traditionellen Besitzern des Hügels, den Ngati Whatua, die gegen die Zersplitterung des Areals zu Bauzwecken protestierten. 1977 wurden die Landbesetzer schließlich „entfernt", aber ihr Aufstand ebnete den Weg für einen bedeutenden Wandel in der Haltung der Regierung: Innerhalb einer Dekade gab das Waitangi-Tribunal die Empfehlung, das Gebiet zurückzugeben.

Mission Bay, Kohimarama und St Heliers

Tamaki Drive, 7 km östlich des Zentrums

Die drei von Pohutukawa-Bäumen gesäumten Stränden am Tamaki Drive eignen sich vor allem zwischen den Gezeiten zum Schwimmen. Gleich hinter dem Kajak- und Fahrradverleih Fergs (S. 167) erreicht man die **Mission Bay**, deren

Strand zu den lohnendsten in unmittelbarer Stadtnähe gehört. Direkt am Wasser erstreckt sich eine Grünanlage und daran angrenzend eine Auswahl an munteren Cafés und Restaurants. Bei Ebbe können sich Kinder auf dem **Marmorbrunnen** vergnügen.

Die Bucht ist nach der **Melanesian Mission** benannt, einer Schule für die anglikanische Erziehung melanesischer Jungen. Der ehemalige Speisesaal von 1859, erbaut mit Schlacke von Rangitoto Island – die in der Bucht zu sehen ist – dient heute als Café.

Hinter der Mission Bay befinden sich ähnliche, wenngleich meist ruhigere Strände mit Cafés: **Kohimarama** (1 km weiter) und **St Heliers** (wiederum 1 km weiter).

Westlich des Zentrums

Die Vororte von West-Auckland entwickelten sich später als ihre östlichen Gegenstücke, vor allem wegen ihrer Entfernung zum Meer, das in früheren Zeiten praktisch der einzige Transportweg war. Ausnahmen waren der zentrumsnahe Vorort **Ponsonby** und das unlängst schick herausgeputzte **Kingsland**. Sehenswürdigkeiten gibt es hier kaum, abgesehen von **Western Springs**, Ende des 19. Jhs. die wichtigste Wasserquelle für das aufblühende Auckland. Heute gibt es hier einen netten Park sowie in unmittelbarer Nachbarschaft den hervorragenden **Auckland Zoo** und das Museum of Transport and Technology, kurz **MOTAT** genannt.

Freeman's Bay

Victoria Park Market ⏰ tgl. 9–18 Uhr
▪ 🖥 victoria-park-market.co.nz
Von der Queen Street verläuft die Victoria Street westwärts nach **Freeman's Bay**. Die einstige Bucht wurde schon vor langer Zeit trockengelegt, um Platz für die frühen Sägewerke zu schaffen. Heute erstrecken sich hier die Sportplätze des Victoria Park, überragt vom 38 m hohen Schornstein des **Victoria Park Market**, einer kürzlich aufgefrischten Ansammlung von Ständen und Läden in Aucklands ehemaliger Müllverbrennungsanlage. Am Markt halten Link-Busse Richtung Ponsonby und City-Tour-Busse.

Ponsonby und Herne Bay

Der einst vornehme Vorort **Ponsonby** kam im Laufe der Zeit immer mehr herunter. In den 60er-Jahren waren die Mieten hier so günstig, dass viele eingewanderte Pazifikinsulaner zuzogen. In den 70er-Jahren wurde Ponsonby zu einer Art Künstlerviertel; bald schon kamen junge Akademiker, renovierten die alten Häuser und gaben ihr Geld mit vollen Händen in den Cafés, Restaurants und Boutiquen der Ponsonby Road aus.

Seit nunmehr gut 20 Jahren steht die **Ponsonby Road** für Designer-Klamotten, Cafés und angesagte Restaurants, in denen sich u. a. die Medienleute aus dem benachbarten Grey Lynn tummeln. Die Straße selbst würde keinen Schönheitswettbewerb gewinnen, ihre Gäste hingegen schon: Musiker, Schauspieler und Medienleute versammeln sich hier zum Mittagessen und stellen sich und ihre neueste Designermode zur Schau. Zwar verteilt sich die Avantgarde-Szene heutzutage auf verschiedenste Teile des gesamten Stadtzentrums, aber Ponsonby hat immer noch jede Menge Flair, und man findet hier einige der besten Modeläden von ganz Auckland und gutes Essen. Interessant ist auch der Women's Bookshop (105 Ponsonby Rd), der sogar für Männer einiges auf Lager hat.

Nördlich von Ponsonby, am Wasser, liegt der Vorort **Herne Bay**, ebenfalls mit einigen ausgezeichneten Restaurants, vor allem an der Jervois Road.

Kingsland

An der New North Rd, 1 km südlich von Ponsonby
▪ Stadtbahnen nach Kingsland verkehren von der Britomart Station in Downtown und von Newmarket. Die Buslinien Nr. 210, 211, 212, 223, 224 und weitere fahren von der Haltestelle M4, 19 Victoria St, nach Kingsland
Im aufgeweckten **Kingsland** gibt es keine echten Sehenswürdigkeiten, abgesehen vom **Eden Park**, wo die All Blacks 2011 nach 24 Jahren zum ersten Mal wieder die Rugby-WM gewannen. Aber man kann in Kingsland gut ein paar Stunden vertrödeln, denn es gibt hier ein paar quirlige Cafés (S. 164), einige gute Kneipen (S. 167) und eine Handvoll origineller Läden. Boiler Room (Nr. 486) z. B. verkauft Industriemöbel, bei Royal (ebenfalls Nr. 486) gibt es modernen Schmuck.

Ponsonby und Herne Bay

N   0 _____ 250 m

RESTAURANTS & CAFÉS

Café Cézanne	3
Dida's	1
Dizengoff	4
Il Forno	9
Moo Chow Chow	8
Ponsonby Road Bistro	6
Renkon Express	5
Satya	10
Soto	2
SPQR	7

BARS

The Long Room	3
Mea Culpa	2
The Whiskey	1

EINKAUFEN

The Women's Bookshop	1

ÜBERNACHTUNG

23 Hepburn	6
Abaco on Jervois	1
Brown Kiwi	2
Freemans Lodge	5
Great Ponsonby Art Hotel	3
Uenuku Lodge	4
Verandahs	7

MOTAT

805 Great North Rd, Western Springs, 5 km südwestlich des Zentrums ▪ ⏰ tgl. 10–17 Uhr ▪ Eintritt $14
▪ 📞 0800 668 286, 🖥 motat.org.nz ▪ Zahlreiche
Busse von Downtown, z. B. Nr. 020, 030, 080, 113,
135 oder 163

Das **Museum of Transport and Technology
(MOTAT)** lädt zu einem Streifzug durch Neusee-

lands Verkehrs- und Industriegeschichte ein und
schafft es, eine gute Balance zwischen klassischer Museumspräsentation und Unterhaltung
für junge Besucher zu finden. Im Mittelpunkt
der zahlreichen Schuppen und Hallen steht das
restaurierte **Pumpenhaus** von Western Springs.
Die gewaltige Balanciermaschine von 1877 und
der dazugehörige Kesselraum beeindrucken ge-

wöhnlich in majestätischer Ruhe, manchmal werden sie jedoch angefeuert (normalerweise Do 12–13 und 14–15 Uhr).

Wie es sich für ein solches Museum in einem Agrarland gehört, findet man hier auch eine eindrucksvolle Sammlung historischer Traktoren. Unter anderem ist hier der Traktor zu sehen, den Edmund Hillary 1958 auf seiner Expedition zum Südpol einsetzte.

Außerdem gibt es einige unterhaltsame wissenschaftlich orientierte Abteilungen mit Exponaten zum Ausprobieren, ein viktorianisches Dorf sowie einen Schuppen voller Straßenbahnwagen aus der Stadt von 1902 bis 1956.

Eine alte, klapprige **Straßenbahn** aus Melbourne bringt Besucher (alle 10–30 Min.; kostenlos) zur 1 km entfernten **MOTAT Meola Road Site** mit der eindrucksvollen neuen **Aviation Display Hall**, einem Hangar mit gewaltigen laminierten Holzbalken. Hier gibt es einige Highlights für Flugzeugfans, u. a. einen der wenigen erhaltenen Lancaster-Bomber aus dem Zweiten Weltkrieg, alte Schädlingsbekämpfungsflugzeuge und fragile Fluggeräte, mit denen einst Touristen zum Fox- und Franz-Josef-Gletscher gebracht wurden.

Auckland Zoo

Motions Rd, Western Springs, 5 km südwestlich des Zentrums ▪ ⏱ tgl. Sep–April 9.30–17.30, Mai–Aug 9.30–17 Uhr; Zeiten für Animal Encounters siehe Website ▪ Eintritt Erw. $22, Kinder $11; Animal Encounters kostenlos ▪ ✆ 09 360 3805, 🖥 aucklandzoo.co.nz ▪ Western Springs liegt an der Route der City-Tour-Busse; außerdem zu erreichen mit den Bussen Nr. 093, 113 und 163 ab 17 Albert St, Nähe Customs St im Zentrum; am Zoo hält auch die Straßenbahn zwischen den beiden MOTAT-Stationen

Der **Auckland Zoo** ist eindeutig der beste Zoo Neuseelands. Zwar gibt es hier noch ein paar Tiger in Käfigen, aber ansonsten hat sich der Zoo auf die Tierhaltung in naturnahen Habitaten und auf Nachzuchtprogramme spezialisiert. Der „Rainforest Walk" lädt zu einem Spaziergang zwischen künstlichen Affeninseln ein, und auch das Wallaby- und Emu-Gehege ist frei begehbar. Das Herzstück des Zoos bildet die bahnbrechende Anlage „Pridelands" mit Löwen, Nilpferden,

Nashörnern, Giraffen, Zebras und Gazellen, die durch von Gräben umgebenes Savannengelände streifen.

Te Wao Nui

Die neuseeländischen Lebensräume sind im brandneuen **Te Wao Nui** zusammengefasst. Die gesamte Anlage ist wunderschön gestaltet, mit zahlreichen Skulpturen, Wasserspielen und cleveren Details. Besucher können die Tiere hier in einer Umgebung beobachten, die ihren natürlichen Lebensräumen entspricht: Kiwis werden zusammen mit *ruru* (neuseeländischen Eulen) und nachtaktiven Flachsschnecken präsentiert, Tuatara-Reptilien teilen sich eine Insel mit Skinks, Geckos und leuchtend grünen *kakariki* (Sittichen), und Pinguine leben in unmittelbarer Nachbarschaft mit Pelzrobben.

Außerdem erfährt man viel über die verzweifelten Bemühungen, verschiedene Arten vor dem Aussterben zu bewahren, und man kann sogar zuschauen, wie im **Conservation Medicine Centre** Tiere operiert werden.

North Shore

Die Eröffnung der Hafenbrücke 1959 läutete den Aufschwung des **Nordufers** ein. Bis dahin bestand die Region nur aus einer Handvoll verstreut liegender Gemeinden, die durch ein Netz von Hafenfähren verbunden waren. Schon in den frühen 1970er-Jahren war die Brücke durch den regen Vorortverkehr ständig verstopft – bis eine japanische Firma auf jeder Seite zwei neue Fahrbahnen anbaute (liebevoll „the Nippon Clipons" genannt). Die Brücke kann beim Auckland Bridge Climb (S. 169) aus nächster Nähe begutachtet werden.

Das Meer der Vororte breitet sich unaufhaltsam immer weiter Richtung Hibiscus Coast (S. 181) aus, wobei das Küstendorf **Devonport** am südlichen Ende einer langen Reihe ruhiger **Badestrände** am interessantesten ist. Weiter im Norden lohnt ein Besuch des offeneren und viel besuchten Strandes von **Takapuna** mit einigen schönen Cafés (erreichbar mit zahlreichen Bussen, überwiegend der 800er- und 900er-Nummern).

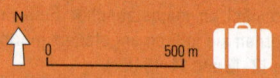

Takapuna (5 km) ▲   ▲ Narrow Neck Beach (500 m)

AUCKLAND UND UMGEBUNG

Ngataringa
Bay

Alison
Park

Ngataringa
Park

CHELTENHAM

DEVONPORT

Mount
Victoria

North Head
Historic
Reserve

**Geschütz-
stellung**

North
Head

**Navy
Museum**

Windsor
Reserve

● **RESTAURANTS**

Catch 22 Fish Shop	4
Five Loaves	1
Manuka	3
Monsoon	2

■ **ÜBERNACHTUNG**

108 Victoria Rd	1
Devonport Garden Room	2
Mahoe B&B	5
Parituhu Beachstay	4
Peace & Plenty Inn	3

Fähre nach Auckland (2 km; 15 Min.) ▼   ▼ Fähre nach Waiheke (25 km; 40 Min.)

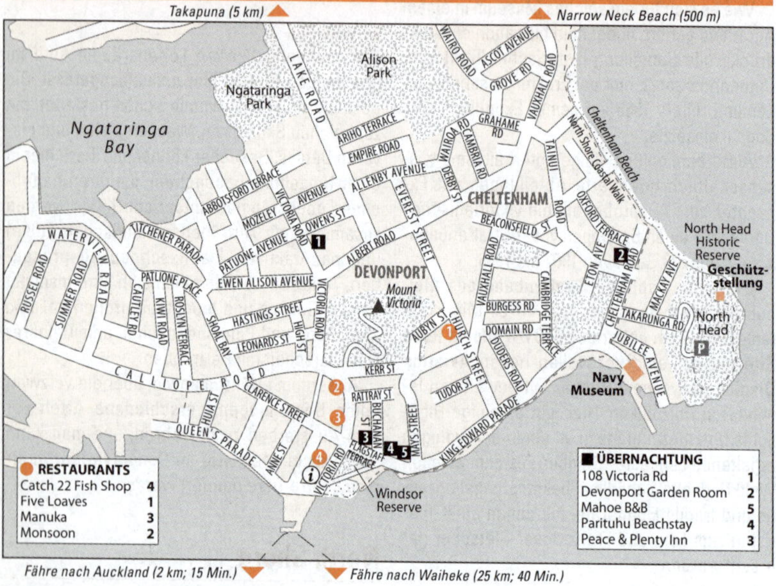

Devonport

Das 1840 gegründete **Devonport**, einer von
Aucklands ältesten Vororten, ist vom Zentrum
mit einer zehnminütigen Fährfahrt erreichbar. Zu
den Ersten, die hier ihr Lager aufschlugen, gehörte die Marine, bald gefolgt von wohlhabenden Kaufleuten, die prächtige Villen aus Kauri-
Holz errichteten.

Devonports Anziehungskraft offenbart sich
bei einem Spaziergang durch seine friedlichen
Straßen und entlang der von Bäumen gesäumten Uferpromenade, vorbei an herrschaftlichen
Anwesen, Buchläden, kleinen Galerien, Cafés
und einem altehrwürdigen Kino (S. 168). Wanderer können ab Devonport den **North Shore Coastal Walk** (Kasten S. 141) erwandern.

Navy Museum

64 King Edward Parade ▪ ⏲ tgl. 10–17 Uhr; kostenlose Führungen Sa und So 10.30 und 13 Uhr ▪ Eintritt
frei ▪ ☎ 09 445 5186, 🖥 navymuseum.mil.nz

Vom Zentrum in Devonport führt ein Spaziergang am Wasser entlang zum **Navy Museum**, einer ehemaligen Meeresbergbaustation an der
Torpedo Bay am Fuß des North Head. Zu sehen
sind hier die üblichen Kanonen, Medaillen und
Marineuniformen. Dazu gibt es Wissenswer-
tes über die Rolle der neuseeländischen Marine bei der Schlacht am Rio de la Plata im Zweiten Weltkrieg oder über den Protest der HMNZS
Otago gegen die französischen Kernwaffentests
am Mururoa-Atoll 1973. Besucher können mor-
sen und Kinder dürfen Uniformen anprobieren.

Vom Torpedo Bay Café bieten sich tolle Ausblicke übers Wasser auf die Stadt.

Mount Victoria

Uneingeschränkter Zugang für Fußgänger
▪ Do, Fr und Sa ab der Abenddämmerung für
Fahrzeuge gesperrt

An schönen Tagen lockt der stramme Anstieg
auf einen der beiden erloschenen Vulkane, die

Devonports Kulisse bilden. Am nächsten zum Zentrum, rund 15 Minuten zu Fuß entfernt, liegt der **Mount Victoria** (Taka-a-ranga), von dem man eine wunderbare Aussicht auf den Golf genießt. Auf dem Hügel befand sich einst ein Wehrdorf der Maori, dessen Überreste noch immer am Nord- und Osthang zu sehen sind.

North Head
⊙ tgl. 6–22 Uhr; Fahrzeuge 6–20 Uhr ▪ Eintritt frei
Der gras- und flachsbedeckte Vulkankegel **North Head** (Maungauika) bewacht den Eingang zum inneren Hafen und bietet sich an sonnigen Nachmittagen und ganz besonders bei Segelveranstaltungen als herrlicher Aussichtspunkt an. Für die Maori war dies ein strategisch wichtiger Punkt, bevor der junge neuseeländische Staat ihn in die Verteidigungsanlage seiner Küste einbezog. Als Folge der Bedrohung seitens Russlands zwischen 1884 und 1886 nach der Eröffnung des Hafens von Wladiwostok verwandelte sich North Head in Fort Cautley. Die Festung wird inzwischen vom DOC als **North Head Historic Reserve** verwaltet, und Besucher können die noch verbliebenen Reste besichtigen. In der ehemaligen Küche auf der Hügelkuppe ist ein zwölfminütiges Video über die Geschichte des North Head zu sehen (tgl. 8.30–16 Uhr; kostenlos).

Südlich des Zentrums

Der Südzipfel von Auckland rund um das östliche Ende des Manukau Harbour wird von den meisten Touristen links liegen gelassen (obwohl fast alle auf dem internationalen Flughafen von Mangere ankommen). Dabei verspricht hier der höchste Vulkan der Stadt, der **Mount Eden**, eine überwältigende Aussicht. Auf seinem benachbarten Zwilling, dem **One Tree Hill**, sind einige der besterhaltenen Überreste von Terrassenanlagen der Maori zu bewundern. Der Cornwall Park drum herum ist einer der schönsten der Stadt, und die nahe Kunstgalerie im **Pah Homestead** bildet eine gute Ergänzung zur Auckland Art Gallery im Stadtzentrum.

Hinter Cornwall Park und Pah Homestead erstreckt sich **South Auckland**, der ärmste Teil der Stadt. Aber diese Gegend ist keine No-go-Zone und lohnt samstagvormittags auf jeden Fall einen Besuch: Dann bieten Aucklands polynesische Gemeinde und andere Immigranten-Communities ihre Waren auf dem **Otara Market** feil.

Noch weiter südlich liegen die **Auckland Botanic Gardens**, eine gute Gelegenheit für einen entspannten Zwischenstopp auf dem Weg aus der Stadt hinaus.

Mount Eden
2 km südlich vom Zentrum
Mit seinen 196 m ist der **Mount Eden** (Maungawhau) Aucklands höchster Vulkan. Er überragt die umliegenden Vorortsiedlungen nur geringfügig, aber von dem Parkplatz am Gipfel bietet sich ein weiter Rundumblick. Leider wird der Mount Eden von vielen Touristenbussen angesteuert; deshalb sollte man oben vom Parkplatz ein Stück den Kraterrand entlangspazieren, um den Ausblick mit etwas mehr Ruhe genießen zu können. Auch der Coast to Coast Walkway (S. 141) führt hier entlang.

One Tree Hill Domain
7 km südlich vom Zentrum ▪ ⊙ tgl. 7–23 Uhr
▪ Eintritt frei ▪ Zugang von der Manukau Rd, erreichbar mit den Bussen Nr. 328, 334, 347, 348 und 354 ab 55 Customs St East im Zentrum von Auckland
Der Mount Eden ist zwar etwas höher, aber der 183 m hohe **One Tree Hill** (Maungakiekie) gehört zu den markantesten Wahrzeichen von Auckland. Er wird von einem 33 m hohen Granit-Obelisken gekrönt – einen Baum sucht man hier allerdings vergebens. Der Ausblick ist ähnlich gut wie auf dem Mount Eden, und die umliegende **One Tree Hill Domain** macht den One Tree Hill insgesamt zum lohnenderen Ziel.

Über ein Jahrhundert lang, bis kurz vor der Ankunft der Europäer, befand sich auf dem Maungakiekie eines der größten Wehrdörfer des Landes mit schätzungsweise 4000 Bewohnern. Auf dem Hügel sind noch immer Spuren der umfangreichen Erdarbeiten zu erkennen – darunter verfallene Wohnhäuser und Gruben, in denen *kumara* eingemietet wurden.

Als der schottische Arzt und „Vater von Auckland", Sir John Logan Campbell, die Stätte kaufte, war sie bereits verlassen. Campbell war

One Tree Hill

Sir John Logan Campbell liegt auf dem Gipfel begraben, wo einst der einzelne Totara-Baum stand, dem der Hügel seinen Namen verdankt. Er wurde 1852 von Siedlern gefällt. Campbell ließ mehrere Kiefern als Windschutz pflanzen, von denen jedoch nur ein einziges Exemplar bis zur Jahrtausendwende überlebte. Diese Kiefer wurde 1994 erstmals von einem Maori-Aktivisten als Rache für den Verlust des Totara-Baums mit einer Kettensäge attackiert. Ein neuerliches Kettensägenmassaker 1999 besiegelte ihr Schicksal: Im Jahr darauf wurde der beschädigte Baum endgültig entfernt. Die Forderungen, einen neuen Baum zu pflanzen, sind in den letzten Jahren etwas verstummt. Eventuell soll jedoch ein Hain mit sechs Pohutukawa- und drei Totara-Bäumen gepflanzt werden. Viele Leute haben sich aber inzwischen auch mit dem baumlosen „None Tree Hill" angefreundet.

Die One Tree Hill Domain wird zur Gänze vom **Cornwall Park** umschlossen. Diesen schenkte der „Vater von Auckland" Sir John Logan Campbell einst den Bürgern von Neuseeland zur Erinnerung an den Besuch des Herzogs und der Herzogin von Cornwall 1901. Es gibt hübsch gestaltete Parkanlagen, doch große Teile des Parks werden landwirtschaftlich genutzt. Von seiner schönsten Seite präsentiert sich der Park um die Weihnachtszeit, wenn die Alleen aus Pohutukawa-Bäumen ihr üppiges rotes Blütenkleid zur Schau stellen.

Huia Lodge und Acacia Cottage

Eingang Green Lane Rd ▪ Huia Lodge ⏲ tgl. 10–16 Uhr, Acacia Cottage ⏲ tgl. 7 Uhr bis Sonnenuntergang ▪ Eintritt frei ▪ Huia Lodge ✆ 09 630 8485

Die meisten Einrichtungen des Cornwall Park befinden sich am Nordhang des One Tree Hill in der Nähe der **Huia Lodge**, die Campbell als Haus für den Verwalter erbauen ließ. Heute beherbergt sie eine kleine Ausstellung mit Informationen über den Park und dessen Gründer. Außerdem ist hier ein **Visitor Centre** untergebracht; eine kostenlose Broschüre informiert über die archäologischen und vulkanischen Stätten auf dem Hügel. Wer sich stärken möchte, kann dies im benachbarten Cornwall Park Restaurant (S. 162) tun.

Genau gegenüber der Huia Lodge liegt das **Acacia Cottage**, Campbells altes Wohnhaus und das älteste erhaltene Gebäude der Stadt. Es wurde 1841 aus Kauri-Holz erbaut und 1920 von der Innenstadt hierher verfrachtet. Die vier Zimmer im Innern des Hauses sind so eingerichtet, wie es in den 1840er-Jahren üblich war.

einer von nur zwei Europäern, die zu dem Zeitpunkt, als Auckland seinen Hauptstadt-Status erhielt, in der Gegend ansässig waren.

Stardome Observatory

670 Manukau Rd ▪ ⏲ Mi–So 19 und 20 Uhr sowie Sa und So 21 Uhr ▪ Eintritt $10; Zeiss-Teleskop $8 extra ▪ ✆ 09 624 1246, 🖥 stardome.org.nz

Wer etwas über Astronomie lernen möchte, sollte eine der abendlichen Vorführungen im **Stardome Observatory** besuchen. In der Regel erhalten Besucher eine Einführung zu einer 45-minütigen Sternenschau im Planetarium, gefolgt von 20 Minuten Himmelsbeobachtung durch ein mittelgroßes Teleskop. Wer sich den Sternenhimmel genauer anschauen möchte, sollte eine der Veranstaltungen donnerstags, freitags und samstags um 20 Uhr besuchen: Bei gutem Wetter wird die Kuppel geöffnet, und man kann durch ein 50-cm-Zeiss-Teleskop blicken.

Cornwall Park

An der Green Lane West, 7 km südlich des Zentrums ▪ ⏲ tgl. 7 Uhr bis Sonnenuntergang ▪ Eintritt frei ▪ 🖥 cornwallpark.co.nz

Pah Homestead und Monte Cecilia Park

72 Hillsborough Rd, 9 km südlich des Zentrums ▪ ⏲ Di–Fr 10–15, Sa und So 10–17 Uhr; kostenlose Führungen Di–So 13.30 Uhr ▪ Eintritt frei ▪ ✆ 09 639 2010, 🖥 tsbbankwallaceartscentre. org.nz ▪ Bus Nr. 304 oder 305 braucht 1 Std. ab Wellesley St East in der City

Einer der besten Gründe für einen Abstecher in den Süden der Stadt ist das **Pah Homestead**, ein Wohngebäude im italienisierenden Stil oben auf einem kleinen Vulkankegel. Bei seiner Fertig-

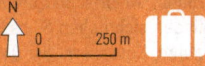
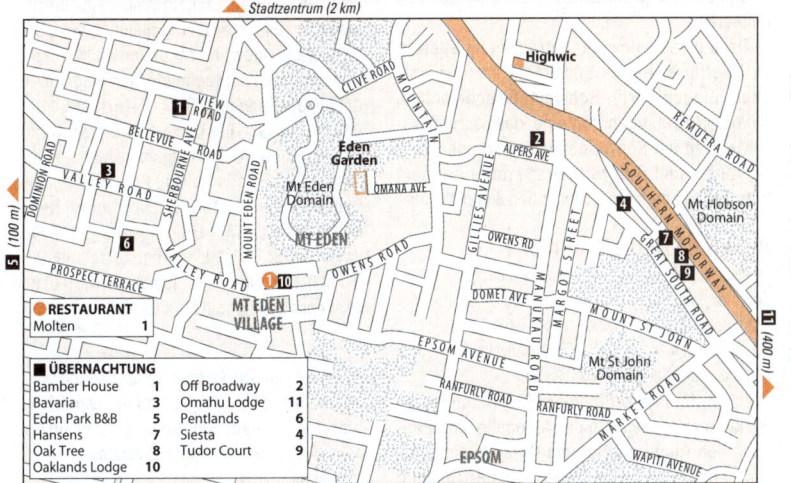

Stadtzentrum (2 km)

Highwic

Eden Garden

Mt Eden Domain

MT EDEN

Mt Hobson Domain

MT EDEN VILLAGE

Mt St John Domain

EPSOM

● RESTAURANT

Molten	1

■ ÜBERNACHTUNG

Bamber House	1	Off Broadway	2
Bavaria	3	Omahu Lodge	11
Eden Park B&B	5	Pentlands	6
Hansens	7	Siesta	4
Oak Tree	8	Tudor Court	9
Oaklands Lodge	10		

AUCKLAND UND UMGEBUNG

stellung 1879 war es das größte Haus in der ganzen Gegend und ein idealer Ort für die üppigen Partys, die sein Eigentümer, der Geschäftsmann James Williamson, hier veranstaltete. Das Gebäude diente lange Zeit als Novizinnenheim der Sisters of Mercy, als Wohnheim und Notquartier.

Vom Haus blickt man auf die Zedern und Großblättrigen Feigen im umliegenden **Monte Cecilia Park** sowie auf den One Tree Hill.

Wallace Arts Centre

Obwohl das Haus für neuseeländische Verhältnisse recht eindrucksvoll ist und 2010 umfassend restauriert wurde, rechtfertigt die Architektur des Pah Homestead allein nicht einen Ausflug hierher. Doch das Innere ist durchaus eine Reise wert, denn hier sind Stücke aus der 5000 Werke umfassenden **Sammlung des Wallace Arts Trust** ausgestellt, den der neuseeländische Fleischverarbeitungsmogul James Wallace einrichtete. Mitte der 1960er-Jahre begann Wallace, Werke aufstrebender neuseeländischer Künstler zu sammeln, und er gab auch selbst welche in Auftrag. Das Ergebnis ist eine vielfältige Sammlung mit Werken von Künstlern wie

Toss Woollaston, Philip Trusttum und Michael Parakowhai. Die ausgestellten Werke wechseln ständig. Sehr gut ist auch das angeschlossene Pah Café, das über eine Außenterrasse mit Blick auf den Skulpturengarten verfügt.

Otara Market

Otara Town Centre, 18 km südöstlich des Zentrums von Auckland ■ ⏰ Sa 6–12 Uhr ■ Autofahrer nehmen von der Süd-Autobahn die East Tamaki Rd (Exit 444). Die Busse Nr. 487 und 497 brauchen ab 55 Customs St East in Downtown rund 50 Min. bis hierher

Samstagmorgens breitet sich der **Otara Market** auf dem Parkplatz des Otara Town Centre aus. Er wird häufig als der größte Maori- und polynesische Markt der Welt angepriesen. Doch er hat weitaus mehr zu bieten und spiegelt die ganze ethnische Vielfalt der Bevölkerung aus South Auckland wider. Auch heute noch beeindruckt der Markt durch ein ausgeprägtes polynesisches Flair: Überall erklingen Reggae- und Pasifika-Rhythmen, und in der angrenzenden Gemeindehalle werden *kete* (Webkörbe), *tapa cloth* und Stoffe mit Blumenmustern im Inselstil angeboten. Maorischnitzereien zu zivilen Preisen finden sich neben Sikhs, die Goldschmuck verkaufen, Koreanern, die DVDs anbieten, und Chinesen, die preiswertes Obst und Gemüse feilbieten.

Dazu gibt es günstige Getränke und **Speisen** im Überfluss: Kaffee und Backwaren, Würstchen, Ziegen-Curry, Schweinefleischtaschen, *whitebait*-Bratlingen und eine klassische Maori-Mahlzeit mit Schweinefleisch, Brunnenkresse, Kürbis und Brot ($10). Der größte Andrang herrscht auf dem Markt zwischen 8 und 11 Uhr.

Auckland Botanic Gardens

102 Hill Rd, Manurewa, 24 km südöstlich des Zentrums von Auckland ▪ ⏱ tgl. Mitte Okt–Mitte März 8–20 Uhr, Mitte März–Mitte Okt 8–18 Uhr ▪ Eintritt frei ▪ 📞 09 267 1457, 🖥 auckland botanicgardens.co.nz

Wer mit dem Auto Richtung Süden unterwegs ist, kann nicht weit von der Autobahn eine Pause in den **Auckland Botanic Gardens** einlegen. Bis zu ihrer Eröffnung 1982 wurde das Gelände landwirtschaftlich genutzt, und die Gärten müssen noch etwas wachsen, aber schon jetzt gibt es einen schönen Felsengarten, einen Garten für Kinder, eine tolle Abteilung mit afrikanischen Pflanzen und eine Abteilung mit bedrohten neuseeländischen Arten. Tolle Picknickplätze und das Café Miko (⏱ tgl. 8–16 Uhr) runden das Angebot ab.

ÜBERNACHTUNG

Aufgrund der guten Shuttle-Services ins Stadtzentrum ist es kaum sinnvoll, in der Nähe des Flughafens zu übernachten. Doch es ist keine schlechte Idee, außerhalb des Stadtzentrums eine Bleibe zu suchen, denn die meisten Sehenswürdigkeiten kann man ebenso gut von den ruhigeren Vororten aus besuchen, z. B. aus **Ponsonby**, keine 2 km westlich des Zentrums, **Mount Eden**, 2 km südlich, **Devonport**, nur eine kurze Fährfahrt über den Hafen, und **Parnell**, 2 km östlich. Auch mit Restaurants und Kneipen sind diese Vororte bestens versorgt, und mit den Outer- und Inner-Link-Bussen (S. 173) kommt man gut in die City. Die Fahrt vom Flughafen in diese Vororte ist – wenn überhaupt – nur geringfügig teurer als eine Fahrt in

Camping-Unterkünfte für die erste Nacht

Wer nach einem langen Flug in Flughafennähe einen Mietwagen oder ein Wohnmobil in Empfang nimmt, möchte sich vielleicht nicht gleich ins Verkehrsgewühl der Innenstadt stürzen. Der nächste ansprechende Campingplatz ist der Ambury Regional Park (S. 157). Außerdem gibt es viele schöne Campingplätze am Strand nur ein oder zwei Stunden vom Flughafen entfernt, z. B. Miranda Holiday Park (S. 186), Rays Rest Camping Reserve (S. 186), Muriwai Beach Motor Camp (S. 181), Orewa Beach Top 10 Holiday Park (S. 182), Wenderholm Regional Park (S. 183), Piha Domain Motor Camp (S. 180) und Shakespear Regional Park (S. 182).

die Innenstadt. Die **Campingplätze** liegen weit außerhalb und sind angesichts der weiten Anfahrt in die Stadt nicht zu empfehlen, außer natürlich man ist man einem Wohnmobil unterwegs.

Mit seiner großen Bandbreite an Unterkünften hat Auckland für fast jeden Geldbeutel etwas zu bieten. In der Hauptsaison wird es aber überall sehr voll; dann sollten Besucher unbedingt reservieren. Zu anderen Zeiten entspannt sich die Lage etwas, und in den ruhigen Wintermonaten (Juni–Sep) hat man die Qual der Wahl und kann auf Nachfrage oft erhebliche Preisnachlässe erzielen. Insgesamt sind die Preise in Auckland etwas höher als im restlichen Land. Schnäppchenjäger informieren sich am besten unter 🖥 aucklandnz.com.

Zentrum

Das Zentrum bleibt die Hochburg der internationalen 4- und 5-Sterne-Hotels, die zumeist auf Geschäfts- und Pauschalreisende ausgerichtet sind, aber manchmal mit günstigen Wochenendangeboten aufwarten. Außerdem gibt es hier zahlreiche Backpacker-Hostels, die oft auch bei der Planung der weiteren Reise helfen und über eigene Reisebüros verfügen. Mit Ausnahme der Jugendherbergen sind die Hostels recht beengt und beherbergen aufgrund der umliegenden Kneipen und Clubs vor allem feierfreudige Gäste. Bei fast allen

Unterkünften muss man für einen Parkplatz extra zahlen.

Base Auckland, 229 Queen St, ☎ 0800 227 369, 🖥 stayatbase.com; Karte S. 135. Riesiges, gut geführtes Hostel in einem umgebauten 10-stöckigen Bürohaus. Von der zwangsläufigen Unpersönlichkeit eines 500-Betten-Hauses abgesehen läuft der Laden wie am Schnürchen und wirkt selten überfüllt. Es ist eigentlich an alles gedacht: Bar im Untergeschoss, Terrassenbar, riesiges Internet-Zentrum, Wäscherei, hilfreiches Reisebüro, Gepäckaufbewahrung, Chipkarten-Zugang zu den Etagen und Gemeinschaftsräumen. Die Dorms ohne Geschlechtertrennung bieten Platz für bis zu 8 Pers., aber der Aufpreis für die mit Laken ausgestatteten 4-Bett-Zimmer oder das Frauen-„sanctuary" mit Extra-Komfort lohnt sich unbedingt. Diverse Abendunterhaltungsangebote; Parkplätze ganz in der Nähe ($10 pro Nacht, $20 für 24 Std.). Große Dorms $29, kleine Dorms $31, DZ $75, mit Bad und TV $93

BK Hostel, 3 Mercury Lane, ☎ 09 307 0052, 🖥 bkhostel.co.nz; Karte S. 135. Gepflegtes, pastellfarbenes Hostel mitten im belebten K' Road-Bezirk, weshalb in den Zimmern zur Straße mit Lärmbelästigung zu rechnen ist. Keine Schlafsäle im herkömmlichen Sinn, nur Gemeinschaftsunterbringung in 3-Bett-, 2-Bett- und Doppelzimmern; am billigsten sind die fensterlosen. Geräumige Aufenthaltsbereiche, Sicherheit wird großgeschrieben. Bett im Gemeinschaftszimmer $26, DZ $76

Braemar on Parliament Street, 7 Parliament St, ☎ 09 377 5463, 🖥 parliamentstreet.co.nz; Karte S. 135. Einladendes B&B in sehr zentral gelegenem Stadthaus von 1901 mit spätviktorianischem Flair. Zur Auswahl stehen eine große Suite, ein kleineres Zimmer mit eigenem Bad und zwei Zimmer mit Gemeinschaftsbad – alle Badewannen stehen auf Klauenfüßen. Üppiges, nach individuellen Wünschen zubereitetes Frühstück, kostenl. Internet, Gästeparkplatz und jede Menge Umweltbewusstsein. Zimmer ohne Bad $225, mit Bad $250, Suite $350

The Chatham, 70–76 Pitt St, ☎ 09 303 0309, 🖥 chathamauckland.co.nz; Karte S. 135. Vorwiegend Apartments mit zwei Schlafzimmern und Zimmerservice, in einem 7-stöckigen Gebäude mit Ausblick über die Dächer auf die Hafenbucht in der Ferne. Nicht besonders hochwertige Einrichtung, aber jedes Apartment hat eine Küche mit Geschirrspüler sowie Waschmaschine und Sky TV. Guter Deal! Mit 1 Schlafzimmer $140, mit 2 Schlafzimmern $165

Heritage, 35 Hobson St, ☎ 0800 368 888, 🖥 heritagehotels.co.nz; Karte S. 135. Top-Hotel, das zum Teil in einem ehemaligen Kaufhaus untergebracht ist. In den öffentlichen Bereichen fällt der Blick hier und da noch auf alte Dielen und Holzbalken; ansonsten ist das Haus erstklassig ausgestattet und bietet von vielen Zimmern Blick über den Hafen oder in das verglaste Atrium. Outdoor-Pool mit Aussicht auf die Stadt. $200

Hilton Princes Wharf, 147 Quay St, ☎ 09 978 2000, 🖥 hilton.com; Karte S. 135. Fantastische Lage auf einem in den Hafen ragenden Pier. Die sehr geschmackvoll eingerichteten Zimmer haben alle Terrasse oder Balkon, aber es lohnt sich, die zusätzlichen $80 für eine schöne Aussicht hinzublättern. Erstklassiges Restaurant und Cocktailbar Bellini. $350

Hotel DeBrett, 2 High St, ☎ 09 925 9000, 🖥 hoteldebrett.com; Karte S. 135. Das elegante Boutiquehotel mit 25 Zimmern kombiniert seinen Art-déco-Schick mit kräftigen Farben und zusammengewürfeltem, aber perfekt harmonierendem Mobiliar. Die Badezimmer sind umwerfend, *continental breakfast* und WLAN sind im Preis enthalten, und den Gästen steht eine ansprechende Lounge mit Selbstbedienungsbar zur Verfügung. Zum Haus gehören das Restaurant **Kitchen** und mehrere ausgezeichnete, auch für Nichtgäste geöffnete Bars. Zimmer $300, Suiten $400

Jucy Hotel, 62 Emily Place, ☎ 09 379 6633, 🖥 jucyhotel.com; Karte S. 135. Das Hotel im Herzen der Stadt bietet Backpacker-Standard, aber ohne Dorms und Hostel-Atmosphäre. Die Zimmer sind nicht gerade groß (und zum Teil recht düster), aber farbenfroh gestaltet, und das Preis-Leistungs-Verhältnis ist okay. Die Zimmer mit Bad sind deutlich netter. Das erstaunlich ruhige Haus hat eine Gemeinschaftsküche, TV-Lounge, Espressobar und einen günstigen Frühstücksdeal mit einem

Café in der Nähe. Sicherer Parkplatz für $12,50 pro Tag. EZ $49, DZ $69, DZ mit TV $99

Nomads Auckland, 16–22 Fort St, ☎ 0508 666 237, 🖥 nomadshostels.com; Karte S. 135. Schickes Hostel auf 7 Etagen eines umgebauten Bürogebäudes mit Frauen-Etage, Küche auf dem Dach und Grillplatz unter freiem Himmel. Dazu Whirlpool, Sauna, sehr brauchbarer Reisebüroschalter und die Fort Street Union Bar (mit preiswertem Essen für Gäste), in der es an den meisten Abenden hoch hergeht. Unterkunft in gemischten und reinen Frauen-Dorms (6–12 Betten) sowie DZ mit Bad (die billigeren ohne Fenster). Dorms $24, Bett im 4BZ mit Bad $36, DZ mit Bad $91

Nomads Fat Camel, 38 Fort St, ☎ 09 307 0181, 🖥 nomadshostels.com; Karte S. 135. Solides Downtown-Hostel mit gemischten und reinen Frauen-Dorms mit 6 oder 8 Betten, 2-Bett-Zimmern und DZ, alle in kleinen Apartments angeordnet, wobei jede Wohngruppe ihre eigene Küche, Lounge und Duschen hat. Bar (mit sehr billigen Mahlzeiten für Gäste) und Reisebüroschalter. Dorms ohne Fenster $19, andere Dorms $26, DZ $65

🧳 **The Quadrant**, 10 Waterloo Quadrant, ☎ 0800 666 611, 🖥 thequadrant.com; Karte S. 135. Die erfrischende 4-Sterne-Herberge bietet die Eleganz eines Designer-hotels zu erträglichen Preisen. Die meisten ihrer 250 Zimmer haben Balkone mit tollem Stadt- und Hafenblick und eine kleine Küchen-zeile, manche sogar Wasch- und Spülmaschine. Kleine, gemütliche Bar, ein Frühstücks- und Mittagscafé, Wellnessbereich, Sauna, Fitness-raum und 10 GB Gratis-WLAN täglich. Studio $130, 1-Bett-Apartment $155

Scenic Hotel, 380 Queen St, ☎ 09 374 1741, 🖥 scenichotelgroup.co.nz; Karte S. 135. Gutes Mittelklassehotel mit glanzvoll restau-rierter Lobby im Art-déco-Stil. Viele seiner 100 Zimmer bieten Aussicht auf die Stadt und/ oder voll ausgestattete Küchen. Zum Angebot gehört auch ein kleiner Fitnessraum. $180

YHA Auckland City, City Rd, Ecke Liverpool St, ☎ 09 309 2802, 🖥 yha.co.nz; Karte S. 135. Große, zentral gelegene Jugendherberge auf 7 Etagen, vorwiegend mit 2-Bett-Zimmern und DZ – toller Stadtblick aus den oberen

Geschossen – und gut ausgestatteten Gemein-schaftsbereichen. Keine eigenen Parkplätze. Gemischte und nach Geschlechtern getrennte Dorms $26, Bett im 4-Bett-Zimmer $30, DZ $80

🧳 **YHA Auckland International**, 5 Turner St, ☎ 09 302 8200, 🖥 yha.co.nz; Karte S. 135. Das 168-Betten-Haus ist die bessere der beiden Jugendherbergen. Mit geräumigen Zimmern, prima Kücheneinrichtungen, TV-Lounge und separatem Aufenthaltsraum für Ruhebedürftige, Reisebüro und WLAN im ganzen Haus. Es gibt sogar ein paar kosten-lose Parkplätze; frühzeitig reservieren. Dorms $28–32, DZ $85, mit Bad $98

Parnell

Parnell wartet mit guten B&Bs und Hostels auf, liegt nahe beim Auckland Museum, bietet viele Restaurants und Bars sowie gute Inner-Link-Busverbindungen.

Ascot Parnell, St Stephens Ave, ☎ 09 309 9012, 🖥 ascotparnell.com; Karte S. 143. Ruhiges, komfortables B&B unter belgischer Leitung in einem kleinen, modernen Apartmentblock mit zwei Mini-Suiten und einer geräumigen Harbour Suite. Die riesige Gäste-Lounge mit Balkon bietet Aussicht auf Stadt und Hafen. Dazu gibt es einen 12 m langen Pool, einen gesicherten Parkplatz, Gratis-WLAN, Computernutzung und Abholung vom Flughafen (gegen eine kleine Gebühr). Sehr empfehlenswert ist der köstliche Flämische Toast zum Frühstück. Zimmer $225, Hafensuite $265

Chalet Chevron, 14 Brighton Rd, ☎ 09 309 0290, 🖥 chaletchevron.co.nz; Karte S. 143. Das komfortable B&B vermietet 12 EZ und DZ mit Bad, teils auch mit Blick aufs ferne Meer. Zwei Zimmer haben Badewannen. All-you-can-eat-Frühstück, Gratis-WLAN im ganzen Haus und ein Gäste-Computer. EZ $125, DZ $250

City Garden Lodge, 25 St George's Bay Rd, ☎ 09 302 0880, 🖥 citygardenlodge. co.nz; Karte S. 143. Freundliche, gut geführte Backpacker-Herberge in einer großen Villa, die ursprünglich für die Königin von Tonga gebaut wurde. Außer geräumigen Dorms und ein paar hübschen DZ gibt es Annehmlichkeiten wie Wärmflaschen im Winter und sogar ein Yoga- und Meditationszimmer (auf Wunsch auch Unterricht). Dorms $30–32, DZ $70

International Backpackers, 2 Churton St, ☎ 09 358 4584, 🖥 aucklandinternationalbp. com; Karte S. 143. Das ehemalige Erziehungsheim ist heute ein freundliches, geräumiges Hostel in ruhiger Gegend mit Parkmöglichkeiten auf der Straße und Zimmern. Dorms $23, DZ $56, mit Bad $68

Lantana Lodge, 60 St George's Bay Rd, ☎ 09 373 4546, 🖥 lantanalodge.co.nz; Karte S. 143. Sauber, freundlich, und mit Platz für höchstens 25 Gäste; mit kostenlosem WLAN und heimeliger Atmosphäre. Dorm $28, DZ $75

Parnell Inn, 320 Parnell Rd, ☎ 0800 472 763, 🖥 parnellinn.co.nz; Karte S. 143. Schlichtes, kleines Hotel direkt im Herzen von Parnell. Relativ kleine Zimmer, einige auch mit schöner Aussicht und Kochgelegenheit; eigener Parkplatz. $105

Ponsonby

Ponsonby liegt zwar nicht gerade in der Nähe der Hauptsehenswürdigkeiten, dafür gibt's die Ausgeh- und Einkaufsmeile Ponsonby Road, die auch den Inner-Link-Bus anfährt.

23 Hepburn, 23 Hepburn St, ☎ 0800 283 000, 🖥 23hepburn.co.nz; Karte S. 146. Reizendes, in Weiß und Cremetönen gehaltenes B&B mit 3 Zimmern in einer ruhigen Allee nur 2 Min. zu Fuß von der Ponsonby Rd. Frühstückszutaten werden im Zimmer bereitgestellt; bei schönem Wetter schmeckt es draußen auf der sonnigen Veranda am besten. Rechtzeitig reservieren, um eins der größeren Zimmer nach vorn ($230) zu ergattern. $210

Abaco on Jervois, 59 Jervois Rd, ☎ 0800 220 066, 🖥 abaco.co.nz; Karte S. 146. Attraktives Motel unweit der Ponsonby-Cafés mit unterschiedlichen Zimmern und zahlreichen privaten Parkplätzen. Die geräumigen Zimmer bieten Kochgelegenheiten, die Deluxe-Suiten ($185) dazu noch Whirlpool-Badewannen und Fernblick auf den Hafen. $125

Brown Kiwi, 7 Prosford St, ☎ 09 378 0191, 🖥 brownkiwi.co.nz; Karte S. 146. Nettes, kleines Hostel in restaurierter viktorianischer Villa an einer ruhigen Straße in der Nähe der „Café-Zone" von Ponsonby. Gemütlicher Innenhof und winziger Garten. Tagsüber kaum Parkmöglichkeiten, aber gute Busverbindungen. Dorms $27–30, DZ $72

Freemans Lodge, 65 Wellington St, ☎ 09 376 5046, 🖥 freemansbandb.co.nz; Karte S. 146. Sehr zentrales Hostel mit entspannter Atmosphäre in zwei alternden, aber gepflegten und sauberen Häusern. DZ mit TV, kleiner Garten, kostenloses Internet und WLAN. Dorms $30, DZ $80

Great Ponsonby Art Hotel, 30 Ponsonby Terrace, ☎ 09 376 5989, 🖥 greatpons. co.nz; Karte S. 146. Das gastfreundliche Boutiquehotel in einer restaurierten Villa von 1898, 3 Min. zu Fuß von der Ponsonby Rd, ist ansprechend eingerichtet mit einheimischem Holz und pazifischer Kunst. Luxuriöse Zimmer mit Bad, Sky TV, iPod-Dockingstation und Gratis-WLAN; es gibt auch Studios für Selbstversorger ($260). Weitere Pluspunkte: sonniger Gemeinschaftsraum, schattiger Garten und Genießer-Frühstück. Zimmer $245

Uonuku Lodge, 217 Ponsonby Rd, ☎ 09 378 8990, 🖥 uenukulodge.co.nz; Karte S. 146. Komfortables Hostel in einem ehemaligen Internat mit gutem Preis-Leistungs-Verhältnis, hell und sauber. Exzellente Lage nur ein paar Schritte von der belebten Ponsonby Road an der Inner-Link-Bus-Route. Parkmöglichkeiten. Dorm $27–30, DZ $69

Verandahs, 6 Hopetoun St, ☎ 09 360 4180, 🖥 verandahs.co.nz; Karte S. 146. Einladende, wunderhübsch eingerichtete Backpacker-Herberge in zwei hochherrschaftlichen Villen (Baujahr 1905) mit Blick auf einen schattigen Park und nur eine Katzensprung vom regen Nachtleben der Ponsonby Rd und K' Rd. Das Hostel hat eine Auswahl großzügiger Zimmer, einige wenige Parkplätze und ganz bewusst kein TV. Dorms $27–30, DZ $72, mit Bad $92

Newmarket und Epsom

Newmarket und Epsom bieten die größte Auswahl an Motels: Hier gibt es im Umkreis von einem Kilometer mindestens ein Dutzend. Sie liegen in der Nähe der Geschäfte von Newmarket, aber recht weit entfernt von den meisten Attraktionen und Stränden.

Hansens, 96 Great South Rd, ☎ 0800 898 797, 🖥 hansensmotel.co.nz; Karte S. 151. Das beste Billigmotel in dieser Straße – alt, aber gepflegt. Alle Units (außer 2 Budget-Zimmern) mit voll ausgestatteter Kochgelegenheit. Dazu gibt es einen kleinen Pool, Whirlpool und Gratisinternet im Büro. Budget-Zimmer $81, sonst $95

Oak Tree, 104 Great South Rd, ☎ 0800 625 8733, 🖥 oaktree.co.nz; Karte S. 151. Wesentlich nobler als die meisten Motels in dieser Gegend. Hübsch modernisierte Studios mit einfacher Küchenausstattung und Apartments mit 1 Schlafzimmer, teils auch mit Klimaanlage. Studios $120, Apartments $195

Off Broadway, 11 Alpers Ave, ☎ 0800 427 623, 🖥 offbroadway.co.nz; Karte S. 151. Die auf Geschäftsreisende ausgerichtete Unterkunft bietet Klimaanlage, schalldichte Studios mit Bad (am besten sind die größeren mit Badewanne und Balkon) und mehrere Suiten mit Whirlpool-Badewannen. Überdachte Parkplätze, Fitnessraum und auf Wunsch Frühstück aufs Zimmer. Studios $120, Suiten $195

Siesta, 70 Great South Rd, ☎ 0800 743 782, 🖥 siestamotel.co.nz; Karte S. 151. Nicht mehr taufrisches, aber recht anständiges Motel mit Studios und Units für Selbstversorger, einige davon kürzlich renoviert, alle mit kostenlosem WLAN. Gemeinschafts-Grillbereich. Studios $100, Units mit Küche $120

Tudor Court, 108 Great South Rd, ☎ 0800 826 878, 🖥 tudor.co.nz; Karte S. 151. Das Motel vermietet kleine Hotelzimmer sowie etwas größere mit Kochgelegenheit. Kostenloses WLAN und in den meisten Zimmern HDTV. Zimmer $100, mit kleiner Küche $115

Mount Eden

Der Vorort Mount Eden bietet vor allem Hostels und B&Bs. In der Nähe aller hier genannten Unterkünfte verkehrt der Outer-Link-Bus.

Bamber House, 22 View Rd, ☎ 09 623 4267, 🖥 hostelbackpacker.com; Karte S. 151. Geräumiges und gut gemanagtes Hostel, teils in einem schnuckligen Kolonialhaus, teils in einem hübschen modernen Gebäude und teils in mehreren Cabins mit Bad, Heißwasserbereiter und Kühlschrank. Große Rasenfläche vor dem Haus und viele weitere Annehmlichkeiten, u. a. WLAN. Dorms $28–30, DZ $70, Cabins mit Bad $90

Bavaria, 83 Valley Rd, ☎ 09 638 9641, 🖥 bavariabandbhotel.co.nz; Karte S. 151. Bescheidenes B&B mit 11 Zimmern in einer komfortablen Vorortvilla; besonders bei deutschen Reisenden beliebt, die das Frühstücksbuffet mit Schwerpunkt auf deutschen Gepflogenheiten zu würdigen wissen. Zimmer mit frisch renovierten Bädern, teils auch mit Terrasse; außerdem kostenloses Internet und WLAN. $160

Eden Park B&B, 20 Bellwood Ave, ☎ 09 630 5721, 🖥 bedandbreakfastnz.com; Karte S. 151. Sympathisches B&B mit 4 Zimmern in einer renovierten Nobelvilla. Der Vorort ist sehr ruhig, wenn nicht gerade ein Spiel im nahen Eden Park ansteht. Kronleuchter, frische Blumen, selbst gebackene Kekse, dreigängiges Frühstück und rundum beheizte Bäder, eins davon mit altertümlicher Badewanne – was will man mehr? Guter Deal für EZ ($135). $235

Oaklands Lodge, 5a Oaklands Rd, ☎ 09 638 6545, 🖥 oaklands.co.nz; Karte S. 151. Großes, zweistöckiges viktorianisches Haus nahe den Läden von Mount Eden. Hauptsächlich Dorms mit normalen Betten, diverse Aufenthaltsräume. Dorms $25–27, DZ $64

Pentlands, 22 Pentlands Ave, ☎ 09 638 7031, 🖥 pentlands.co.nz; Karte S. 151. Kürzlich renoviertes, ansprechendes Hostel in einer ruhigen Vorortstraße, 10 Min. zu Fuß von den Geschäften und Cafés von Mount Eden. Großer Gemeinschaftsraum (mit Klavier), jede Menge DVDs und viele Parkplätze. Dorms $24–27, DZ $66

Remuera

Omahu Lodge, 33 Omahu Rd, ☎ 09 524 5648, 🖥 omahulodge.co.nz; Karte S. 151. Die 4 B&B-Zimmer rund um einen tiefen, solarbeheizten

Swimmingpool nebst Whirlpool in einem vornehmen Vorort sind teils in einem Bungalow aus den 1940er-Jahren untergebracht. Die Gäste werden mit Bademänteln, kostenlosem Sherry, Gratis-WLAN und -Internet, TV-Lounge und Sauna umsorgt. $230

Kohimarama

Aarangi Motel, 1 Melanesia Rd, 📞 09 521 2649, 🖳 aarangimotel.co.nz; Karte S. 132. Größter Pluspunkt dieses alternden, aber gepflegten Motels im Hacienda-Stil in einem ruhigen Viertel ist die Nähe zu einem schönen Strand. Mehrere Units mit separatem Schlafzimmer und Kochnische, einige mit Balkon mit Blick auf den kleinen Garten. $175

Devonport

Devonport zeichnet sich durch die dichteste Ansammlung guter B&Bs in der Stadt aus und verfügt über einige recht gute Cafés. Eines der wirklich guten Restaurants der Stadt sucht man hier allerdings vergebens.

108 Victoria Rd, 108 Victoria Rd, 📞 09 445 7565, 🖂 smj@ihug.co.nz; Karte S. 148. Zwei B&B-Zimmer mit Blick auf einen Meerwasserpool und ein Cottage in einem üppigen Garten. Frühstück kostet extra; spätes Auschecken. Die beiden Zimmer können auch zusammen gemietet werden. $120

Devonport Garden Room, 23 Cheltenham Rd, 📞 09 445 2472, 🖳 devonportgardenroom. co.nz; Karte S. 148. Hübsch modernisiertes Studio in einer Villa aus den 1870er-Jahren mit eigenem Ausgang zum ziegelgepflasterten Hof und üppigen Garten mit Grillstelle und Whirlpool. Das reichhaltige Frühstück wird auf Wunsch in einer Laube oder auf dem Zimmer serviert. $180

Mahoe B&B, 15b King Edward Parade, 📞 09 445 1515, 🖳 mahoe.co.nz; Karte S. 148. Charmante Unterkunft im Herzen von Devonport, ein Stück vom Wasser entfernt, mit geschmackvoller Einrichtung. Entweder B&B im Haupthaus oder voll ausgestattetes, separates Selbstversorger-Apartment. Frühstück kostet $15 p. P. extra. Zimmer $170, Apartment $220

Parituhu Beachstay, 3 King Edward Parade, 📞 09 445 6559, 🖳 parituhu.co.nz; Karte S. 148.

Gay-freundliches Budget-B&B im Herzen von Devonport mit Blick auf den Hafen. Nur ein Zimmer mit Bad, Zugang zum abgeschiedenen Garten, Frühstück mit Selbstbedienung. $185

📖 **Peace & Plenty Inn**, 6 Flagstaff Terrace, 📞 09 445 2925, 🖳 peaceandplenty. co.nz; Karte S. 148. Eines der prunkvollsten B&Bs von ganz Neuseeland, mit angemessenen Preisen, lockerer Atmosphäre und besonderem Schwerpunkt auf Lebensmitteln und Dienstleistungen aus der Region. Glänzend restaurierte Kauriholz-Dielen führen bis zur zauberhaften Veranda, vorbei an umwerfenden Zimmern, die die Gäste mit frischen Blumen, Sherry und Portwein verwöhnen. Sobald man vor die Tür tritt, ist man direkt im Zentrum von Devonport. $265

Birkenhead und Northcote

Number One House, 1 Princes St, Northcote Point, 📞 09 480 7659, 🖳 nz-homestay.co.nz; Karte S. 132. Einladendes B&B mit Blick über den Waitemata Harbour auf die Stadt und Rangitoto Island. Kleiner Strand, Fährverbindung zur Innenstadt (werktags häufig, am Wochenende nur selten), 2 Zimmer, ein Apartment für Selbstversorger und ein uriger Garten mit einem Hobbithäuschen. Fabelhaftes Frühstück; auf Wunsch auch Segeltörns mit der Jacht des Inhabers (ca. $295 p. P. und Tag inkl. Mittagessen). $240

Camping

Innerhalb der Stadtgrenzen gibt es mehrere gut ausgestattete **Motor Camps**, die sich zur Übernachtung mit einem Wohnmobil eignen und oft günstige Cabins vermieten; wer kein eigenes Fahrzeug dabeihat, wird aber eine Menge Geld für Busfahrten los. Das schönste Plätzchen, um sein Zelt aufzuschlagen, ist Ambury.

Ambury Regional Park, Mangere, 6 km nördlich vom Flughafen, 📞 09 366 2000; Karte S. 132. Einfache, ebene Stellplätze (ohne Strom) auf einer Schafweide mit Blick auf den Manukau Harbour. Schön für eine Erholungspause nach der Anreise im Flieger. Im Winter manchmal für Wohnmobile geschlossen, deshalb besser vorher anrufen. Der benachbarte Farm-Park (mit Schweinen, Schafen, Kaninchen usw.) bietet Toiletten und kostenlose Duschen. Camping $10

Auckland North Shore Motels and Holiday Park, 52 Northcote Rd, Northcote, ☎ 0508 909 090, ⌨ nsmotels.co.nz; Karte S. 132. Gut ausgestatteter Platz an der North Shore in der Nähe der Nordautobahn, nur 15 Fahrminuten vom Stadtzentrum. Mit Innen-Pool und ausgedehntem Grillbereich. Bus Nr. 921 von der unteren Albert St in der City und weitere Busse halten in der Nähe. Stellplatz Zelt/Wohnmobil $40, Cabin $85, Ferienwohnung $110, Motel Unit $145

Avondale Motor Park, 46 Bollard Ave, Avondale, ☎ 0800 100 542, ⌨ aucklandmotorpark.co.nz; Karte S. 132. Ruhiger Platz 6 km nordwestlich der Innenstadt; mit Bus Nr. 210 oder 211 ab Victoria St in der City zu erreichen. Camping $16, Miet-Wohnwagen $50, Cabin $60, Ferienwohnung $70, Motel Unit $90

Takapuna Beach Holiday Park, 22 The Promenade, Takapuna, ☎ 09 489 7909, ⌨ takapunabeachholidaypark.co.nz; Karte S. 132. Kleiner Caravan Park direkt am Strand (North Shore) mit Blick auf Rangitoto, 5 Min. zu Fuß von den Läden und Restaurants in Takapuna. Tolle Lage, aber weder sehr gut ausgestattet noch besonders großzügig. Häufige Busverbindungen (Nr. 822, 839, 858, 879 usw.) ab unterer Albert St in der Innenstadt. Camping $40, Miet-Wohnwagen $72, Cabin mit Küche $72, Ferienwohnungen $125

ESSEN

Da die Aucklander großen Wert auf gutes Essen legen, ist die Stadt mit Restaurants bestens versorgt, und das Gebotene ist im Allgemeinen von hoher Qualität. Viele Cafés verwandeln sich abends in Restaurants. Einige kulinarische Highlights bieten das Shopping-Viertel Newmarket, das benachbarte Mount Eden und das aufstrebende Kingsland. Wer nach einem Besuch bei Kelly Tarlton's oder einem Bad in der Mission Bay Hunger verspürt, kann diesen in einem der Lokale am Tamaki Drive stillen. Devonport hat für einen wohlhabenden Vorort mit einigen teuren B&Bs kulinarisch leider nicht sehr viel zu bieten.

Waterfront

An schönen Sommerabenden locken die Cafés, Restaurants und Bars am Wasser, besonders diejenigen an der Princes Wharf, am Viaduct Harbour und im Wynyard Quarter. Manche Lokale hier sind pompös und unpersönlich, doch die besten (S. 159) bieten köstliches Essen zu traumhafter Aussicht auf den Jachthafen.

Euro, Princes Wharf, ☎ 09 309 9866, ⌨ eurobar.co.nz; Karte S. 135. Das elegante Restaurant gleich am Wasser wird von dem einheimischen Promikoch Simon Gault geführt. Der Service ist tadellos, das Essen fantasievoll und schmackhaft. Die meisten Hauptgerichte kosten über $40, aber die Spezialität des Hauses, Brathähnchen mit Kartoffelbrei und Erdnuss-Krautsalat, ist für bescheidene $32 zu haben. ⏰ Mo–Fr 12–23 Uhr oder später, Sa und So 10–23 Uhr oder später.

Grand Harbour, 18 Customs St West, ☎ 09 357 6889, ⌨ grandharbour.co.nz; Karte S. 135. Edler als die meisten anderen chinesischen Lokale der Stadt und bei der chinesischen Bevölkerung der Stadt sehr beliebt, vor allem für mittägliche Geschäftsessen. Exzellentes *yum cha* (tgl. 11–15 Uhr). ⏰ tgl. 11–15 und 17.30–22 Uhr.

Market Seafood Brasserie, Auckland Fish Market, 22 Jellicoe St, Wynyard Quarter, ☎ 09 303 0262, ⌨ afm.co.nz; Karte S. 135. In diesem lockeren Lokal speisen die Gäste zwischen Auslagen mit frischem Fisch. Bestellt wird am Tresen. Im Angebot: 6 Tempura-Jakobsmuscheln ($19), Seafood-Risotto ($18, groß $25) oder sehr gute Fish and Chips ($16). Alkoholausschank. ⏰ tgl. 7–19 Uhr.

Soul, Viaduct Harbour, ☎ 09 356 7249, ⌨ soulbar.co.nz; Karte S. 135. Das Kultlokal an der Uferpromenade serviert gehobene, moderne Bistroküche mit Schwerpunkt auf Fisch und Seafood; besonders gut schmeckt's auf der Terrasse. Es gibt klassischen *salt and pepper squid* (Tintenfisch; $20), und danach gerösteten *hapuku* mit Venusmuscheln, weißen Bohnen und Gremolata ($39). Schicke Bar für einen Cocktail oder ein Bier mit bestem Blick auf die Jachten. ⏰ tgl. 11–22 Uhr oder viel später.

Wildfire, Princes Wharf, ☎ 09 353 7595, ⌨ wildfirerestaurant.co.nz; Karte S. 135.

Ebenso bombastisches wie beliebtes brasilianisches Grillrestaurant mit einigen Tischen am Wasser. Die Attraktion ist das *churrasco* ($55), Appetithäppchen nach Tapas-Art, gefolgt von einer großen Auswahl an Fleisch und Seafood, die in Kräutern mariniert, über Manuka-Holzkohle gegrillt und am Tisch von den Grillspießen geschnitten werden. Wer früh kommt (12–15 und 17–19 Uhr), kann sich das Churrasco Special ($40) ohne Tapas gönnen. Wer solche Fleischmassen nicht verkraftet, kann auch einfach auf einen der fabelhaften Caipirinhas vorbeischauen. ⊕ tgl. 12–1 Uhr.

Zentrum und Britomart

Im munteren Britomart Precinct am Rande der City verpflegen zahlreiche Cafés, preiswerte asiatische Restaurants und ein paar strategisch platzierte **Food Halls** das im Zentrum tätige Bürovolk. Abends wirken Teile der Stadt wie ausgestorben, aber um den Britomart herrscht immer reges Leben.

Art Gallery Café, Kitchener St, ✆ 09 379 1349; Karte S. 135. Schickes Café mit Alkohollizenz. Kleine Terrasse mit tollem Blick auf das Atrium des Museums. Zum Frühstück gibt's z. B. Lammleber mit Frühstücksspeck ($17,50). Keine Reservierung möglich. ⊕ Mo–Fr 7.30–16.30, Sa und So 10–16.30 Uhr.

Atrium Food Gallery, Elliot St; Karte S. 135. Diese tagsüber geöffnete Food Hall wirkt etwas vertrauenerweckender als die Konkurrenz. Viele verschiedene Imbisstheken – von vietnamesischer, koreanischer und taiwanesischer Küche bis zu Sushi, Pizza und Kebab – und eine Bäckerei mit anständigem Kaffee. ⊕ Mo–Mi 7–18, Do und Fr 7–19, Sa 8–19, So 9–17 Uhr.

Bellota, 91 Federal St, ✆ 09 363 6301, 🖥 skycity.co.nz/bellota; Karte S. 135. Fans des neuseeländischen Starkochs Peter Gordon drängen sich in den Sitznischen des Lokals im 70er-Jahre-Retrochick, um Gordons Fusionsversion der spanischen Tapas-Tradition zu kosten (je ca. $12). Der Name bedeutet „Eichel" und bezieht sich auf die *bellota*-gemästeten Schweine, die eine wichtige Rolle auf der Speisekarte spielen (es gibt aber auch vegetarische Alternativen). ⊕ Mo–Sa 16–23 Uhr oder später, Fr ab 12 Uhr.

The Depot, 86 Federal St, ✆ 09 363 7048, 🖥 eatatdepot.co.nz; Karte S. 135. Die hippe Bar mit Restaurant im Industriechick ist das Aucklander Standbein des Wellingtoner Starkochs Al Brown. Kellner mit Tellern voller frischer Austern schlängeln sich an den Bistrotischen vorbei; auf der Karte stehen z. B. Königsmakrelen-Sashimi ($17) oder Zitronenhuhn vom Holzkohlengrill mit einem Ragout aus weißen Bohnen ($29). Keine Reservierungen; man kann sich aber auf eine Liste setzen lassen und dann im Bellota warten. ⊕ tgl. 7 bis ca. 23 Uhr.

Food Alley, 9 Albert St, ✆ 09 373 4917; Karte S. 135. Spartanische, preiswerte Food Hall – die beste in Auckland – auf zwei Etagen mit 20 Imbissen, die vorwiegend Ostasiatisches brutzeln. ⊕ tgl. 10–22 Uhr.

Ima, 57 Fort St, ✆ 09 300 7252, 🖥 imacuisine.co.nz; Karte S. 135 Zwangloses mediterrannahöstliches Café, in dem alle Gerichte frisch zubereitet werden, z. B. das Frühstück mit Ei, Spinat und Sumach ($15,50) und die besten Falafeln der Stadt ($14). Hervorragend ist auch das marokkanische Huhn ($28). ⊕ Mo 7–14, Di–Fr 7–14 und 18–22, Sa 18–22 Uhr.

Imperial Lane, 7 Fort Lane, ✆ 09 929 2703, 🖥 theimperiallane.co.nz; Karte S. 135. Café und Bar im Industriedesign; tagsüber Kaffee sowie tolle Sandwiches und Backwaren, abends Drinks und Tapas wie geräucherter Tintenfisch mit Chorizo oder Salat mit Chicorée, Birnen und Blaukäse (alles $10–14). ⊕ Mo–Sa 7.30–22 Uhr oder viel später.

Mezze Bar, 9 Durham Lane East, ✆ 09 307 2029, 🖥 mezzebar.co.nz; Karte S. 135. Lässiges Café mit Restaurant und Bar, in dem man sich vom Getümmel der Queen Street erholen kann. Vorwiegend spanische, marokkanische und nahöstliche Gerichte.

Leckere Tapas und Mezze ($9–17), Hauptgerichte wie Lamm-Tajine ($30) oder Niçoise-Lachs vom Holzkohlengrill ($27) sowie eine große Auswahl an Bier und Wein zum Nachspülen. ⏲ tgl. 7–23 Uhr.

Middle East Café, 23a Wellesley St West, ✆ 09 379 4843, 🖥 middleeastcafe.co.nz; Karte S. 135. Winziges, einfaches Lokal und Imbiss, in dem sich alles – abgesehen vom Essen – ums Kamel dreht; eine Institution in Auckland und zu Recht berühmt für seine *shawarma* (die arabische Kebab-Version) und Falafel ($9–11) mit cremiger Knoblauch-, würziger Tomaten- oder scharfer Chili-Soße. Kein Alkoholausschank. ⏲ Mo–Fr 11–15 und 17–22, Sa 17–22, So 17–21 Uhr.

No. 1 Pancake, 10 Wellesley St, Höhe Lorne St; Karte S. 135. Sehr günstiges kleines Lokal für koreanische Pfannkuchen mit köstlichen Füllungen wie Schweinefleisch, roten Bohnen, Huhn und Käse oder Zucker und Zimt für je $3–4. ⏲ Mo–Fr 10.30–19.30, Sa 11–18.30 Uhr.

Pho Saigon, 6–8 Lorne St, ✆ 09 377 3288; Karte S. 135. Günstiges, aber sehr gutes vietnamesisches und malaysisches Essen wie *beef rendang* ($12), Steak-*pho* ($12), vietnamesische Frühlingsrollen ($13) und *sambal chicken* ($20). ⏲ Mo–Sa 10–21 Uhr.

Raw Power, 10 Vulcan Lane, ✆ 09 303 3624; Karte S. 135. Tolle kleine Saftbar im Obergeschoss mit vielen Köstlichkeiten für Vegetarier und Veganer – Salate, Tofuburger, Falafel usw. (die meisten für $12–20) – sowie hervorragenden frisch gepressten Säften und Smoothies. ⏲ Mo–Fr 7–16, Sa 11–16 Uhr.

The Roxy, 7 Fort Lane, ✆ 09 929 2701, 🖥 roxy.co.nz; Karte S. 135. Edelrestaurant in einem ehemaligen Theater. Serviert werden exquisite Aromen in kleinen Portionen, z. B. Schweinefleisch mit karamellisiertem Knollensellerie, Quitte und Ingwerbrotkrumen ($42), entweder à la carte oder als Teil eines Probiermenüs ($100, mit passenden Weinen $155; 10 Gänge $140/235). ⏲ Di–Sa 18–23, plus Fr 12–15 Uhr.

Tanuki's Cave, 319b Queen St, ✆ 09 379 5353, 🖥 sakebars.co.nz; Karte S. 135. Exzellente Yakitori- und Sake-Bar im Kellergewölbe und ein eleganteres Restaurant eine Etage höher.

Zum Sake oder japanischen Bier kann man hier diverse Köstlichkeiten von Oktopus-Bällchen bis zu Teriyaki-Hühnchen (die meisten Gerichte ca. $8) probieren. Oft voll, keine Reservierung. ⏲ tgl. 17.30–23.30 Uhr oder später.

Karangahape Road und Umgebung

In der Karangahape Road herrscht eine relaxte Atmosphäre, mit gemütlichen Cafés und einer Menge preiswerter exotischer Lokale, zu denen sich inzwischen eine Handvoll schickerer Restaurants gesellt hat.

Alleluya Bar and Café, St Kevin's Arcade, 179 K' Rd, ✆ 09 377 8482; Karte S. 135. Schnörkelloses Café mit Super-Aussicht auf die Stadt und guter, preiswerter Küche. Versteckt in einer hübschen Einkaufspassage aus den 1920er-Jahren. Tipp: Räucherfisch mit Süßkartoffelbrei ($19). Mit Alkoholausschank. ⏲ Mo–Sa 8–17, So 8–15 Uhr.

Coco's Cantina, 376 K' Rd, ✆ 09 300 7582, 🖥 cocoscantina.co.nz; Karte S. 135. Flippiges und sehr beliebtes Restaurant mit großer schwuler Fangemeinde. Auf der kurzen, italienisch inspirierten Karte stehen Dinge wie Arancini-Risotto-Bällchen ($10) oder Steak mit Sardellenbutter und hausgemachten Pommes frites ($28). Die Straßentische sind besonders freitag- und samstagabends ideal, um das Publikum der K' Rd zu beobachten. Keine Reservierungen. ⏲ Di–Sa 17–24 Uhr.

Mister Morning, 374 K' Rd, ✆ 09 307 0076; Karte S. 135. Reizendes neues Café mit unglaublich starkem Kaffee. Zu empfehlen: Rippchen-Käse-Pastete oder Walnuss-, Avocado- und Sellerie-Sandwich (beides $7,50). ⏲ Mo–Fr 7–15 Uhr.

Rasoi, 211 K' Rd, ✆ 09 377 7780; Karte S. 135. Preiswertes vegetarisches Café mit südindischer Küche und leckeren indischen Süßigkeiten. *Dosas*, *uttappams* und *thalis* für $11–18, außerdem ein Maharajah-*thali* mit unbegrenztem Nachschlag für $25. ⏲ Mo–Sa 11–21 Uhr.

Sri Pinang, 356 K' Rd, ✆ 09 358 3886; Karte S. 135. Schlichtes malaiisches Restaurant – zur Einstimmung empfiehlt sich ein halbes Dutzend Saté-Hühnerspieße, danach vielleicht *beef rendang* (in Kokosmilch und Gewürzen geschmortes Rindfleisch) oder *clay pot* *chicken rice* (Huhn mit Reis aus dem Tontopf), dazu exzellentes Roti-Fladenbrot. Gerichte meist $15–23. Nur BYO, aber Wein und Bier werden im Laden auf der gegenüberliegenden Straßenseite verkauft. ⏴ Mo 18–22, Di–Fr 11–14.30 und 18–22, Sa 18–23 Uhr.

Theatre, 256 K' Rd, ✆ 09 303 0501; Karte S. 135. Elegant restaurierter ehemaliger Eingangsbereich des Mercury Theatre mit Original-Mosaikböden und Sofas im hinteren Bereich, wo die Sonne durch eine Buntglas-Gewölbedecke scheint. Tagsüber Café (Lachsbagel $8,50, griechisches Frühstück mit scharfer Lammswurst und Butterbohnen $18,50), abends Bar. ⏴ Mo–Fr 7–3, Sa 9–3, So 10–3 Uhr.

Parnell

Parnell ist ein wichtiges Restaurantviertel am Rand der Innenstadt mit günstigen Cafés und Lokalen mit ausländischer Küche sowie mit einigen der besten Restaurants der Stadt.

Cibo, 91 St George's Bay Rd, ✆ 09 303 9660; Karte S. 143. Vornehme Küche etwas abseits der Touristenpfade und auf jeden Fall einen Abstecher wert. Bei Steak und Entenkeule kann man ohnehin nichts falsch machen, aber die Speisekarte hält auch immer neue Überraschungen bereit. Beliebtes Lokal für mittägliche Geschäftsessen; deshalb besser abends kommen. Hauptgerichte z. B. *hapuku* und Hummer in indischer Kokosbrühe mit *dosa* ($38). ⏴ Mo–Fr 12–22, Sa 18–23 Uhr.

Di Mare, Shop 9, 251 Parnell Rd, ✆ 09 300 3260, 🖥 dimare.co.nz; Karte S. 143. Eins der besten Steak-und Seafood-Restaurants der Stadt mit köstlichen traditionellen und innovativen Rezepten. Tische im gepflasterten Hof in einem lauschigen Seitengässchen. Besonders zu empfehlen sind die Ocean Platter für zwei ($60) oder das Siciliana-Lamm ($34). Mittagsangebote $12,50. Alkoholausschank und BYO. ⏴ tgl. 11.30–15 und 17–22 Uhr.

Domain Ayr, 492 Parnell Rd, ✆ 09 379 2868; Karte S. 143. In dem modernen Café kann man sich am Gemeinschaftstisch niederlassen oder sich mit einer Zeitschrift ins Eckchen zurückziehen, um Fairtrade-Kaffee mit Biomilch zu schlürfen. Vegetarische Karte mit Leckereien wie Sahnepilzen auf Maisbrot

($16), Lachs-Orzo ($17,50) und tollen Salaten. ⏴ Mo–Fr 7–15, Sa und So 8–15 Uhr.

Dunk Espresso, 297 Parnell Rd, ✆ 09 377 2414; Karte S. 143. Bewährtes, modernes Café mit guter Auswahl an Frühstücks- und Mittagsgerichten wie z. B. Lachspüree mit verlorenem Ei ($16), frischen Salaten und leckerem Kaffee. ⏴ Mo–Fr 7–16, Sa und So 8–16 Uhr.

Java Room, 317 Parnell Rd, ✆ 09 366 1606, 🖥 javaroom.co.nz; Karte S. 143. Gemütliches Restaurant. Im weitesten Sinne indonesische Küche mit malaiischen, vietnamesischen und indischen Einflüssen; es gibt aber auch Dim-Sum-Vorspeisen ($10), Hühnchen-*laksa* ($13) und siamesischen Schnapper ($27). ⏴ Mo–Sa 18–22 Uhr.

La Cigale French Market, 69 St George's Bay Rd; Karte S. 143. Nicht besonders französisch, aber man kann hier köstliche Kleinigkeiten probieren und sich mit Picknickzutaten eindecken oder einfach nur einen Kaffee genießen. ⏴ Sa 8–13, So 9–14 Uhr.

Non Solo Pizza, 259 Parnell Rd, ✆ 09 379 535, 🖥 nonsolopizza.co.nz; Karte S. 143. Wie der Name schon sagt, gibt es drinnen oder auf der netten Terrasse nicht nur tolle Pizza mit dünnem Knusperboden und klassisch italienischen Belägen, sondern auch Pastagerichte und diverse *secondi piatti* (Hauptgerichte) wie Entenconfit mit Bohnen und Chorizo ($35). ⏴ tgl. 12–22 Uhr oder später.

Oh Calcutta!, 151 Parnell Rd, ✆ 09 377 9090, 🖥 ohcalcutta.co.nz; Karte S. 143. Bronzefarbene Statuen der Gottheiten Shiva und Ganesh wachen über das Wohl der Gäste in diesem klassischen Curry-Restaurant, das die besten Rezepte des Subkontinents besonders aromatisch zubereitet. Verschiedene *tiffin*-Mittagsmenüs mit drei Curry-Gerichten, Reis, Naan-Brot und Poppadom-Fladen für $25. Tipp: in Joghurt und Safran marinierte Garnelenschnitzel ($23). ⏴ Mi–Fr 12–14, tgl. 17.30–22 Uhr.

Newmarket, Mount Eden und One Tree Hill

In Newmarket finden sich zahlreiche Restaurants jeder Couleur, und auch in den benachbarten Stadtteilen gibt es einige bemerkenswerte Lokale.

Basque Kitchen Bar, 61 Davis Crescent, ☎ 09 523 1057 🖥 basque.co.nz; Karte S. 143. In dieser launigen Tapas-Bar kommen sämtliche Weine aus Spanien, und serviert wird z. B. in Safran gebratenen Blumenkohl ($9) oder ganze Sardinen in Sherryessig und geräucherter Paprika ($13,50). Anschließend gibt es 3 Sherrys zum Probieren ($18). ⊕ Mo–Sa 16.30–22 Uhr oder später.

Cornwall Park Restaurant, Cornwall Park, ☎ 09 630 2888, 🖥 cornwallparkrestaurant. co.nz; Karte S. 132. Wer dem One Tree Hill einen Besuch abstattet, sollte sich Zeit für ein Mittagessen, ein Eis oder einen *high tea* (9–11.30 und 14–16 Uhr; $24) nehmen: Bei Letzterem gibt's zum Tee oder Kaffee Gebäck, nette Sandwiches und Süßigkeiten. ⊕ tgl. 9–16 Uhr.

Little & Friday, 12 Melrose St, Newmarket, ☎ 09 524 8742; Karte S. 143. Hier werden keine Mahlzeiten serviert, dafür jedoch exquisite herzhafte Kleinigkeiten, Backwaren und Kuchen, dazu ausgezeichneten Kaffee. Das industrielle Ambiente passt bestens zu dem altmodischen Geschirr und den alten Milchflaschen, in denen Wasser serviert wird. Tipp: Rote-Bete-, Spinat- und Blaukäse-Kuchen ($7,50) oder Himbeer-Kokosnuss-Friand ($4,50). ⊕ Mo–Fr 8–15, Sa und So 9–15 Uhr.

Molten, 422 Mt Eden Rd, ☎ 09 638 7236, 🖥 molten.co.nz; Karte S. 151. Alles, was man von einem spitzenmäßigen Bistro erwartet: gemütliche Atmosphäre, freundliche Bedienung, vorzügliches Essen und eine gut bestückte Weinkarte. Dazu ein gutes Preis-Leistungs-Verhältnis mit großzügig portionierten Gerichten wie Thunfischsteak auf Speck-Risotto (um $33). Auch die dazugehörige Bar **Liquid Molten** nebenan ist ein nettes Plätzchen für einen Drink. ⊕ Mo 18–23, Di–Sa 12–15 und 18–23 Uhr.

Newmarket Plaza Food Hall, Teed St, neben dem Fischmarkt, ☎ 09 529 1868; Karte S. 151. Malaysische, thailändische, koreanische und ein paar chinesische Imbisse, die alle Gerichte für $10–15 servieren. ⊕ tgl. 10.30–21 Uhr.

Otto Woo, 21 Remuera Rd, ☎ 09 522 2272, 🖥 otto-woo.com; Karte S. 151. Famose Nudelbar ohne Alkoholausschank. Vorwiegend Imbisskost zum Mitnehmen, aber es gibt auch ein paar Hocker an nüchternen weißen Tischen. Tempura-Garnelen, Nudelsuppe mit Huhn und andere Gerichte ($12–15) werden frisch zubereitet; zur Abrundung gibt es süße Reisbällchen und frisch gepressten Saft. ⊕ Mo–Sa 11.30–15 und 16.45–21, So 16.45–21 Uhr.

Urban Café, 139 Carlton Gore Rd, ☎ 09 966 6977, 🖥 urbancafenewmarket. co.nz; Karte S. 143. Schickes, modernes Café mit zackigem Service, sehr gutem Kaffee, einer Theke voll köstlich gefüllter Pita-Brottaschen ($10), kreativen Salaten und einer kurzen Frühstücks- und Mittagskarte (die meisten Gerichte für $13–17). Außerdem aktuelle Zeitschriften stapelweise und kostenloses WLAN. ⊕ Mo–Fr 7–15, Sa und So 8–14 Uhr.

Zarbo, 24 Morrow St, ☎ 09 520 2721, 🖥 zarbo. co.nz; Karte S. 143. Tolles Deli-Café mit unglaublicher Auswahl an Produkten aus aller Welt, köstlich verarbeitet in verschiedenen Salaten, Frittatas und Ähnlichem ($10–13); außerdem gibt's Mittagsgerichte wie Schweinemedaillons mit Kumara-Kürbis-Rösti ($20; bis 15 Uhr) und *high tea* (Mo–Fr 14.30–16.30 Uhr; $20). ⊕ Mo–Fr 6.30–18, Sa 8–17, So 8–16 Uhr.

Tamaki Drive: Okahu Bay und Mission Bay

Das kulinarische Angebot an Aucklands Strandmeile ist durchwachsen, die folgenden Lokale sind aber zuverlässig gut.

Bar Comida, 81 Tamaki Drive, ☎ 09 521 7000; Karte S. 132. Mediterran ausgerichtetes Lokal, wohl das beste der mittelmäßigen Café-Restaurants in Mission Bay. Guter Kaffee und Desserts (*tarte tatin* $13), Gourmet-Pizza aus dem Holzofen, Tapas ($13–17), persisches Fladenbrot, gegrilltes Gemüse und Hummus. ⊕ Mo–Fr 9–23, Sa und So 7.30–23 Uhr.

Café on Kohi, 237 Tamaki Drive, Kohimarama, ☎ 09 528 8335; Karte S. 132. Etwas formeller als andere Cafés am Tamaki Drive, dafür etwas teurer. Der Aufpreis lohnt aber, denn dafür gibt's die besten Caféspeisen in dieser Gegend und tolle Ausblicke über den Strand nach Rangitoto. Im angeschlossenen Store on Kohi, um die Ecke im selben Gebäude, werden tolle Backwaren, Eiscreme und Kaffee zum Mitnehmen an den Strand verkauft. ⊕ tgl. 7–16 Uhr.

The Fishmonger, 16 Polygon Rd, St Heliers, ✆ 09 575 0537, 🖳 thefishmonger.co.nz; Karte S. 132. In der Parallelstraße zur Uferpromenade serviert diese erstklassige Fish 'n' Chips-Bude verschiedene Fischsorten (je $4–7) in Panade, in Butter und Gewürzen gebraten oder mit Zitrone grillt. Am besten am Strand zu verzehren. ⏰ Mo–Sa 10.30–21, So 12–21 Uhr.

Hammerheads, 19 Tamaki Drive, Okahu Bay, nahe Kelly Tarlton's, ✆ 09 521 4400, 🖳 hammer heads.co.nz; Karte S. 132. Das perfekte Ziel für ein stilvolles Mittagessen an einem sonnigen Tag oder zum Dinner mit einem Cocktail vorab bei herrlicher Aussicht übers Wasser auf die Skyline der Stadt. Hervorragende Fisch- und Seafoodgerichte wie Schnapper mit Zitronengnocchi ($37). ⏰ tgl. 12–15 und 17–22 Uhr oder später.

Ponsonby

Modebewusste Feinschmecker sollten sich nach Ponsonby auf den Weg machen, wo stilvolles Auftreten ebenso viel zählt wie kulinarische Raffinesse. Davon sollte man sich jedoch nicht einschüchtern lassen: Das Essen ist erstklassig und die heftige Konkurrenz sorgt für erschwingliche Preise.

Café Cézanne, 296 Ponsonby Rd, ✆ 09 367 3338; Karte S. 146. Gemütliches, etwas heruntergekommenes Café, eine willkommene Abwechslung zur übrigen geschniegelten Szene, perfekt zum Zeitunglesen, während man ein herzhaftes Frühstück, eine ausgezeichnete Quiche oder ein großes Stück Kuchen verzehrt. Alkoholausschank und BYO. ⏰ Mo–Fr 7.30–22, Sa und So 8.30–22 Uhr.

Dida's, 54 Jervois Rd, ✆ 09 376 2813, 🖳 didas.co.nz; Karte S. 146. In dieser eleganten Tapasbar und Wein-Lounge trifft sich die Schickeria, um in Ledersofas zu versinken und aus einer fantastischen Weinkarte und dem Angebot an kleinen Leckereien wie Schweinefleisch-*albóndigas* in Sherry-Tomaten-Sauce ($9) oder Thunfisch-Artischocken-Spießchen ($10) auszuwählen. ⏰ Mo–Mi und So 11.30–24, Do–Sa 11.30–1 Uhr.

Dizengoff, 256 Ponsonby Rd, ✆ 09 360 0108; Karte S. 146. Munteres Frühstücks- und Mittagscafé, spezialisiert auf Bagels, jüdische Deli-Favoriten und leckeres gegrilltes Gemüse. Passable Preise, kein Alkoholausschank. ⏰ Mo–Fr 6.30–17, Sa und So 7–17 Uhr.

Il Forno, 55 Mckelvie St; Karte S. 146. Ausgezeichnete Bäckerei mit Café; köstliche hausgemachte Kuchen und Gebäck, guter Kaffee, lecker belegte Sandwiches. Mittags Cannelloni, Lasagne und Hühnerschnitzel (10.30–13.30 Uhr; $10). ⏰ tgl. 7–16 Uhr.

Moo Chow Chow, 23 Ponsonby Rd, ✆ 09 360 0262, 🖳 moochowchow.co.nz; Karte S. 146. Moderne thailändische Küche, besonders gut, wenn man sich mit mehreren Personen einige kleine Gerichte teilt, z. B. Papaya-Salat mit Chilis ($14), Räucherlachs mit Soja und Ingwer ($22) oder als Hauptgericht das Ziegen-*massaman*-Curry ($30). ⏰ Di–Fr 12–15 und 16–22 Uhr oder später, Sa 16–23 Uhr.

Ponsonby Road Bistro, 165 Ponsonby Rd, ✆ 09 360 1611, 🖳 ponsonbyroadbistro. co.nz; Karte S. 146. Die Kreidetafeln mit den aktuellen Tagesgerichten passen zum relaxten Flair dieses Restaurants mit verlässlich hohem kulinarischen Niveau, in dem die meisten Gerichte als Vorspeise oder Hauptgericht zu haben sind. Die Preise sind für diese Qualität bescheiden (die meisten Hauptgerichte um die $30); außerdem gibt es Lunch-Quickies für $18. ⏰ Mo–Fr 12–24, Sa 16–24 Uhr.

Renkon Express, 211 Ponsonby Rd, ✆ 09 307 8008; Karte S. 146. Nur ein paar kleine Tische hat dieser japanische Imbiss, der köstliche *donburi*-Reis- und Nudelgerichte (z. B. gegrillten Aal mit getrockneten *udon*-Nudeln) für $11 anbietet. Kein Alkoholausschank, aber die Kunden können die Gerichte zum Mitnehmen auch nebenan bei Mea Culpa (S. 167) zu einem Glas Wein verzehren. ⏰ tgl. 11.30–15 und 17–21.30 Uhr.

Satya, 17 Great North Rd, ✆ 09 361 3612, 🖳 satya.co.nz; Karte S. 146. Das ausgezeichnete Lokal mit authentischer südindischer Küche bietet mehr als die üblichen Curry-Gerichte, z. B. *bhel puri* (knuspriges Snackgericht mit Puffreis, $8), gefolgt von *murg badami* (mariniertem Mandelhühnchen, $22). Alkoholausschank und BYO. Mittagsgerichte ab $8. ⏰ Mo–Sa 11.30–14.30 und 17.30–22, So 12–22 Uhr.

Soto, 13 St Mary's Bay Rd, ☎ 09 360 0021, 🖥 soto.co.nz; Karte S. 146. Zarte Trennwände und ein Zen-Garten haben diese ehemalige Feuerwache in ein schönes, modernes Japan-Restaurant verwandelt – das wohl beste der Stadt. Hier sitzt man an westlichen oder niedrigen asiatischen Tischen und wählt aus einer Karte voller Köstlichkeiten, allesamt perfekt angerichtet. Sashimi-Teller $37. Wer nicht hungrig ist, kann sich auch durch das Sake-Angebot probieren. ⏰ Di–Fr 12–14 und 18–22, Sa 18–22 Uhr.

SPQR, 150 Ponsonby Rd, ☎ 09 360 1710, 🖥 spqrnz.co.nz; Karte S. 146. Das spärlich beleuchtete Restaurant mit Bar erfreut sich dank seines ausgezeichneten, italienisch angehauchten Essens großer Beliebtheit, besonders auch in der Schwulenszene. Die knusprigen Pizzas ($26) sind erstklassig, und auch die Muschel-Linguine ($28) oder Kalbfleisch-Scallopine ($31) sind gut. Viele kommen aber auch auf einen Drink und um vielleicht die eine oder andere Größe aus dem Film- oder Musikgeschäft zu erspähen. Hervorragende Cocktails und zahlreiche offene Weine. ⏰ tgl. 12–23 Uhr oder viel später.

Kingsland

Canton Café, 477 New North Rd, ☎ 09 846 7888; Karte S. 132. Das Personal ist etwas schroff (besonders wenn man fertig gegessen hat und andere Leute warten) und die Einrichtung schlicht, aber die Portionen sind groß und wunderbar schmackhaft. Tipps: Huhn mit Zitrone ($24) oder gebratene Nudeln mit Rindfleisch und Ingwer ($21), beides reichhaltig genug, um es sich zu teilen. BYO (Korkgebühr $2 p. P.). ⏰ tgl. 12–23 Uhr.

The Fridge, 507 New North Rd, ☎ 09 845 5321; Karte S. 132. Der Speiseraum mit Backsteinwänden und die luftige Terrasse bilden ein ansprechendes Ambiente für die tolle Auswahl an Sandwiches, Wraps (Hühnchen-Enchilada $10,50), Pasteten (mit marokkanischem Lamm $8,50) und Frühstücksgerichten, zu denen sehr guter Kaffee ausgeschenkt wird. An den Wochenenden ist es hier immer rappelvoll. ⏰ Mo–Fr 7.30–16, Sa und So 8–16 Uhr.

Devonport

Catch 22 Fish Shop, 19 Victoria Rd, ☎ 09 445 2225; Karte S. 148. An einem lauen Abend gibt es kaum etwas Besseres, als am Strand Fish 'n' Chips aus der Tüte oder einen ganz gewöhnlichen Burger ($6) zu verspeisen. ⏰ Di–So 11.30–20 Uhr.

Five Loaves, 29 Church St, ☎ 09 445 8954; Karte S. 148. Lockeres Café ein paar Straßen von der Ortsmitte von Devonport entfernt, mit tollem Kaffee und Muffins sowie herzhafteren Gerichten wie *huevos rancheros* ($17,50) oder dem South-by-Southwest-Burger ($18,50) mit gebratenen Zwiebeln und Jalapeño-Cheddar. ⏰ Mo–Sa 7.30–17, So 8–16 Uhr.

Manuka, 49 Victoria Rd, ☎ 09 445 7732, 🖥 manukarestaurant.co.nz; Karte S. 148. Gutes Restaurant, spezialisiert auf Pasta und Holzofenpizza (ca. $24). Serviert außerdem Speisen wie Tintenfischsalat ($19) und Kürbis-Feta-Ravioli ($21) sowie den ganzen Tag über Snacks und Salate, Kaffee und Kuchen. ⏰ Mo–Fr 9–22, Sa und So 8.30–22 Uhr oder später.

Monsoon, 71 Victoria Rd, ☎ 09 445 4263, 🖥 monsoonthai.co.nz; Karte S. 148. Thailändisch-malaiisches Restaurant mit schmackhaften Gerichten wie Fisch und Königsgarnelen in roter Currysoße ($21). Alkoholausschank und BYO. ⏰ tgl. 17–22 oder 23 Uhr.

UNTERHALTUNG UND KULTUR

In Auckland, wo über eine Million Einwohner und Besucher unterhalten werden wollen, ist eigentlich immer irgendetwas los. Eine der besten Möglichkeiten, einheimische Musiker zu erleben, bieten die kostenlosen Sommerkonzerte, die von Jan–März zumeist freitag-, samstag- und sonntagnachmittags unter dem Motto **Music in Parks**, 🖥 musicinparks.co.nz, in The Domain und andernorts stattfinden.

Die besten Informationsquellen über Veranstaltungstermine sind die Zeitung *New Zealand Herald*, der kostenlose *Groove Guide* und die Website 🖥 eventfinder.co.nz. Speziellere Infos zu Konzerten bieten das Monatsheft *Rip it Up*, dessen Website 🖥 ripitup.co.nz und die Websites der Radiosender bFM, 🖥 95bfm.co.nz, und GeorgeFM, 🖥 georgefm.co.nz. **Tickets** bekommt man auf 🖥 ticketek.co.nz, 🖥 ticketmaster.co.nz oder 🖥 iticket.co.nz.

Schwule und Lesben

Auckland hat eine eher kleine, aber ziemlich progressive und aktive **Schwulen- und Lesbenszene**. Ihre Schwerpunkte sind die Mainstream-Partymeile von Ponsonby und das Westende der K' Road, wo sich einige Striplokale zwischen die Schwulenbars und -clubs mischen.

Den besten Zugang zur Szene bietet das 14-tägig erscheinende, kostenlose Magazin **Express**, 🖥 gayexpress.co.nz, das in gay-freundlichen Geschäften, Cafés und Bars sowie in dem ziemlich derben Buchladen **Out!**, 39 Anzac Ave, ✆ 09 377 7770, ausliegt. Eine gute Alternative ist der ebenfalls kostenlose Veranstaltungskalender von **Gaynz.com**, der schwul-lesbische Hotspots im ganzen Land abdeckt.

Bars, Kneipen und Clubs

Wie im übrigen Land sind die Übergänge zwischen Ess- und Trinklokalen oft fließend. Die nachfolgend aufgeführten Adressen konzentrieren sich in erster Linie aufs Trinken, obwohl selbst Kaschemmen der alten Schule gründlich aufgepeppt wurden und neben Getränken auch billige Kneipenkost anbieten. Die Öffnungszeiten werden locker gehandhabt; viele Lokale schließen am Wochenende erst gegen 3 Uhr oder sogar später.

Das Epizentrum der **Clubszene** ist momentan die Gegend um Britomart und Viaduct Harbour, wo Scharen junger Nachtschwärmer zwischen den Bars und Clubs hin und her driften. Sofern keine besonderen Veranstaltungen oder Konzerte anstehen, bieten die meisten Clubs in der ersten Wochenhälfte freien Eintritt; donnerstags kostet der Eintritt dann $5–10, freitags und samstags ab $10 aufwärts. Manche Pubs und Bars laden regelmäßig Live-Musiker ein, beschäftigen DJs oder bieten sonstige Unterhaltung.

In vielen Clubs ist eine Ecke als Bühne eingerichtet, wo nicht nur am Wochenende die Topacts

der neuseeländischen **Musikszene** oder sogar Bands aus Übersee auftreten. Zwar verirren sich nur wenige bekannte Musiker aus Nordamerika oder Europa nach Neuseeland, aber wenn, dann spielen sie in der Regel nur in Auckland und zwar meist in den größeren Konzerthallen.

Waterfront

Cowboy, 95 Customs St West, ✆ 09 377 7778; Karte S. 135. Kleine Bar im Pseudo-Wild-weststil, deren Besuch darauf hinausläuft, ein paar Bourbons, Tequilas oder dergleichen zu kippen, sich einen Cowboyhut aufzusetzen und zu Musik aus den 1980er-Jahren abzutanzen. Klingt vielleicht etwas abschreckend, macht richtig Laune. ⊕ tgl. 12–24 Uhr oder später.

O'Hagan's, 103 Customs St West, ✆ 09 363 2106, 🖥 ohagans.co.nz; Karte S. 135. Pub im irischen Stil, der sich bis auf den Market Square erstreckt. Guinness, Kilkenny und englische Ales vom Fass; großes Speisenangebot (Brathuhn mit Zwiebelkuchen $27), Sportereignisse auf einem Großbildschirm. ⊕ tgl. 8–22 Uhr oder später.

Zentrum und Britomart

Flight Lounge, 1 Fort Lane, ✆ 09 309 6569; Karte S. 135. Kellerkneipe mit einer Bar aus weißem Glas und einem Hang zu Funky House, Electro, Disco Funk und Hip-Hop. Erst am späten Freitag- und Samstagabend kommt der Laden so richtig in Fahrt. ⊕ Mi–Sa 21–4 Uhr.

Globe, unter dem Hostel Base Auckland, 229 Queen St, ✆ 09 357 3980, 🖥 globebar.co.nz; Karte S. 135. Lange, schmale, laute und meist gut gefüllte Kneipe, in der sich vorzugsweise Rucksacktouristen volllaufen lassen. ⊕ tgl. 18 Uhr bis spät.

Northern Steamship Co, 122 Quay St, ✆ 09 374 3952, 🖥 northernsteamship.co.nz; Karte S. 135. Großes Brauhaus mit Backsteinwänden und zusammengewürfeltem Mobiliar. Zu früherer Stunde kann man sich am Kamin in aller Ruhe ein Bier oder eine gehobene Kneipenmahlzeit ($20–30) schmecken lassen, aber nach Einbruch der Dunkelheit geht es

Festivals

In Auckland finden viele Festivals und alljährlich wiederkehrende Events statt. Im Folgenden einige der besten:

Anniversary Day. Riesige Segelregatta im Aucklander Waitemata Harbour. Letzter Montag im Januar.

International Buskers Festival, 🖥 aucklandbuskersfestival.co.nz
Straßenmusikanten aus aller Welt erobern die Stadt. Eintritt frei. Ende Januar.

Big Gay Out, 🖥 biggayout.co.nz. Festival mit Comedy-, Musik-, Travestie- und gemeinnützigen Events im Coyle Park, Point Chevalier, etwas westlich vom Zoo. Gewöhnlich am 2. Sonntag im Februar.

Devonport Food, Wine and Music Festival, 🖥 devonportwinefestival.co.nz. In der Windsor Reserve treffen sich Top-Köche und heimische Musiker, und dazu gibt's jede Menge Wein. Toll, besonders wenn das Wetter gut ist. Tickets $40. Am 3. Wochenende im Februar.

Mission Bay Jazz and Blues Streetfest, 🖥 jazzandbluesstreetfest.com. Abendliche Strandfete mit diversen Bands und Imbissständen. Eintritt $20. Letzter Samstag im Februar.

Auckland Festival, 🖥 aucklandfestival.co.nz. Großes internationales Kulturfestival mit Veranstaltungen von Straßenkunst bis Ballett in der ganzen Stadt. Zwei Wochen Mitte März in jedem ungeraden Jahr.

Pasifika. Rauschende, ganztägige Feier der polynesischen und pazifischen Kultur (mit Musik, Essen und Kunsthandwerk) im Western Springs Park. Eintritt frei. 2. Samstag im März.

Round the Bays Fun Run, 🖥 roundthebays.co.nz. Bis zu 70 000 Teilnehmer joggen 9 km weit auf dem Tamaki Drive. 2. oder 3. Sonntag im März.

Royal Easter Show, 🖥 royaleastershow.co.nz. Familienunterhaltung im Kiwi-Stil mit Reitsportdarbietungen, Holzfäller-Show, Weinproben, Kunst- und Kunstgewerbeausstellungen, alles auf dem ASB-Messegelände in Greenlane. Eintritt $20. Osterwochenende (genaue Daten siehe Website).

International Comedy Festival, 🖥 comedyfestival.co.nz. Drei Wochen mit den besten Komikern aus Neuseeland und dem Rest der Welt. Anfang Mai.

Auckland International Film Festival, 🖥 nzff.co.nz. Die Auckland-Etappe der landesweiten Filmtour. Tickets $16. Mitte bis Ende Juli.

hier hoch her, vor allem am Wochenende, wenn heimische DJ-Größen den Ton angeben. Kostenloses WLAN. ⏲ tgl. 11.30–22 Uhr oder viel später.

The Occidental, 8 Vulcan Lane; Karte S. 135. Die belgische Bar serviert zum günstigen Preis (halbes Kilo $18, Kilo $23) Pötte voll Muscheln, die mit Hummerbrühe und Brandy, Senf und Sahne oder Kokoscreme und Zitronengras angemacht sind. Zu jedem Gericht gibt es eine Getränkeempfehlung, und das Einschenken des Biers wird zum Ritual stilisiert. ⏲ Mo–Fr 19 Uhr bis spät, Sa und So 20 Uhr bis spät.

Rakino's, 1. Stock, 35 High St, ☎ 09 358 3535, 🖥 rakinos.com; Karte S. 135. Gutes Café, dessen Tische die Form von Inseln im

Hauraki Gulf haben; später volles Programm von Live-Jazz bis zu DJs. ⏲ Mo–Fr 7–22 Uhr oder später, Sa 9 Uhr bis spät, So 15 Uhr bis spät.

Sale St, 7 Sale St, Freeman's Bay, ☎ 09 307 8148, 🖥 sale-st.co.nz; Karte S. 135. Großes, offenes Lokal mit industriellem Flair und Angeboten für alle Zielgruppen: Ohrensessel fürs Tête-à-Tête, sehr große Tische zum Essen, kleine Auswahl im Haus gebrauter Biere und große sonnige Terrasse. Nach dem legeren Feierabendpublikum wird die Gästeschar zu späterer Stunde immer schicker. ⏲ tgl. 10–22 Uhr oder viel später.

Smith, Galway St, Ecke Commerce St, ☎ 09 309 5529, 🖥 smith-bar.co.nz; Karte S. 135.

Elegante, aber unprätentiöse Bar, die schon wegen ihrer geringen Größe meist aus allen Nähten platzt, hauptsächlich voller schöner junger Menschen, die sich auf den Samtsofas lümmeln und Retro-Cocktails schlürfen. ⊕ Mo–Sa 15 Uhr bis spät.

Stark's, 269 Queen St, ✆ 09 377 0277; Karte S. 135. Die entspannende und stilvolle kleine Cocktail-Bar bietet den besten Gin-Tonic der Stadt, gute Gelegenheit zum Leutegucken und vorbildliche Bedienung. ⊕ Mo–Fr 7.30 Uhr bis spät, Sa und So 12 Uhr bis spät.

Tabac, 6 Mills Lane, ✆ 09 366 6067, ⌨ tabac.co.nz; Karte S. 135. Die coole Bar in einem Seitengässchen ist nicht ganz leicht zu finden, belohnt ihre Besucher aber mit zwangloser Atmosphäre, tollen Cocktails und innovativen DJs. Ab und zu gibt es hier Live-Konzerte (besonders Do) und Plattenvorstellungen. ⊕ Di–Fr 16 Uhr bis spät, Sa 20 Uhr bis spät.

Tyler St Garage, 120 Quay St, ✆ 09 300 5279, ⌨ tylerstreetgarage.co.nz; Karte S. 135. Stylishe, quirlige Bar mit großer Dachterrasse, auf der man mit Blick über die Kais Cocktails schlürfen kann. Dienstags Pizza zum halben Preis und am Wochenende Livemusik und DJs. ⊕ tgl. 11.30–23 Uhr oder viel später.

Karangahape Road und Newton

Family Bar, 270 K' Rd, ✆ 09 309 0213, ⌨ familybar.co.nz; Karte S. 135. Muntere Bar überwiegend für Schwule und Lesben, aber jeder ist willkommen, um tagsüber ein Bier zu trinken oder abends mehr zu erleben – Mi Karaoke, Do–Sa DJs und Fr und Sa ab 1 Uhr Travestieshows. ⊕ Mo–Do 9.30–4, Fr–So 9.30–5 Uhr.

Galbraith's Alehouse, 2 Mount Eden Rd, Newton ✆ 09 379 3557, ⌨ alehouse.co.nz; Karte S. 135. Aucklands „englischster" Pub mit einigen der besten nach englischer Art (im eigenen Haus) gebrauten Ales von Neuseeland sowie einigen weiteren Gebräuen aus Kleinbrauereien und rund 50 Flaschenbiersorten. Außerdem ein kleines Angebot an Kneipenkost, wie Kaffernlimetten-Brathuhn ($18) oder Fish 'n' Chips ($20). ⊕ Mo–Sa 12–23, So 12–22 Uhr.

Kings Arms, 59 France St, Newton, ✆ 09 373 3240, ⌨ kingsarms.co.nz; Karte S. 135. Beliebter Pub und Auftrittsort von Bands, die noch nicht bekannt genug sind, um größere Lokalitäten zu füllen. Eintritt gewöhnlich $10–20. ⊕ tgl. 12–23 Uhr oder später.

Ponsonby

Long Room, 114 Ponsonby Rd, ✆ 09 360 8803, ⌨ longroom.co.nz; Karte S. 146. Am frühen Abend sind Cocktails angesagt; zu späterer Stunde, wenn DJs zum Tanz auflegen und gelegentlich Live-Bands spielen, wird es meist voll. Ein großer Hof verspricht Abkühlung, wenn das Klima drinnen zu tropisch wird. ⊕ tgl. 11 Uhr bis spät (oder sehr spät).

Mea Culpa, 175 Ponsonby Rd, ✆ 09 376 4460; Karte S. 146. Schnuckelige kleine Bar mit schmiedeeisernen Stühlen draußen auf einem türkischen Teppich. ⊕ Mo–Mi 17–1, Do und Fr 17–3, Sa 18–3 Uhr.

The Whiskey, 210 Ponsonby Rd, ✆ 09 361 2666, ⌨ whiskeybars.com; Karte S. 146. Elegante Bar, die an einen Altherrenclub erinnert – man sitzt auf braunen Ledersofas. An den weiß getünchten Backsteinwänden hängen tolle Fotos von Little Richard, den New York Dolls, Jimi Hendrix u. a. Sehr gute Cocktails ($17–20). ⊕ tgl. 17–3 Uhr.

Newmarket

Lucha Lounge, 1 York St, ✆ 09 524 6001, ⌨ luchalounge.co.nz; Karte S. 143. Winzige Bar im 60er-Jahre-Vorstadtlook, abgesehen von den Bildern von *lucha-libre*-Ringern auf den Tischen und den mexikanischen Getränken wie Tecate- und Bohemia-Bier oder Passionsfrucht-Chili-Margarita ($14). Am Wochenende spielen laute Bands. ⊕ Di–Fr 17 Uhr bis spät, Sa 18 Uhr bis spät.

Kingsland

Nectar, 472 New North Rd, ✆ 09 849 5777, ⌨ facebook.com/BarNectar; Karte S. 132. Schicke Dachbar mit toller Terrasse, Kamin, Lounge-Möbeln und relaxter Stimmung, die sich im Laufe des Abends aber immer mehr aufheizt. Mi Salsa, Do Jazz, Fr Funk-DJs. ⊕ Di und Mi 18–22, Do–Sa 16–1 Uhr und später, So 16–23 Uhr.

Neighbourhood, 498 New North Rd, ☎ 09 846 3773, ⌨ neighbourhood.co.nz; Karte S. 132. Stilvolle, moderne Kneipe mit vielen sonnigen Sitzplätzen im Freien, einer großen Auswahl an Mac-Bieren vom Fass und großen Fenstern zur Nordtribüne von Eden Park. Mi–So legen DJs auf. Kostenloses WLAN. ⊙ tgl. 11.30–23 Uhr oder später.

Toro Bar, 484 New North Rd, ☎ 09 845 6990; Karte S. 132. Eine coole kleine mexikanische Bar, toll für ein Bohemia-Bier oder eine gute Margarita, außerdem gibt's Enchiladas, *albóndigas* und Tages-gerichte ($10–20). ⊙ Mi–Fr 17–22 Uhr oder später, Sa und So 16–22 Uhr oder später.

Klassische Musik, Theater und Comedy

Aucklands Theater-, Klassik- und Comedy-Szene bietet selten Weltbewegendes, aber sie ist relativ rege; fast jeden Abend hat man die Wahl zwischen mehreren Theaterstücken, Comedy, Tanz und Oper.

Aotea Centre, Aotea Square, Queen St, ☎ 09 309 2677, ⌨ the-edge.co.nz. Neuseelands erstes Opernhaus und Heimatbühne des New Zealand Symphony Orchestra und des New Zealand Ballet. Im dazugehörigen **Herald Theatre** tritt hin und wieder die progressive Silo Theatre Company auf.

Civic Theatre, Queen St, Ecke Wellesley St, ☎ 09 357 3355, ⌨ the-edge.co.nz. Sehr schönes Theater, das schon um seiner selbst willen einen Besuch lohnt, ob nun gerade Tanz, Theater oder Filmklassiker gezeigt werden.

The Classic, 321 Queen St, ☎ 09 373 4321, ⌨ comedy.co.nz. Bar und Comedy-Bühne mit Auftritten einheimischer Topkünstler und auswärtiger Comedians auf Tournee. Vorstellungen Mo–Sa, die besten Shows sind die am Wochen-ende. $30–25 für den Haupt-Act, $15 für die regelmäßigen Darbietungen von Improvisa-tionskomikern um 22.30 Uhr.

Maidment Theatre, Princess St, Ecke Alfred St, ☎ 09 308 2383, ⌨ maidment.auckland.ac.nz. Zwei Universitätstheater – im größeren kommen klassische Stücke zur Aufführung, im kleineren Studio geht es gewagter zu. Hauptbühne der Auckland Theatre Company, ⌨ atc.co.nz.

Q, 305 Queen St, ☎ 09 309 8325, ⌨ qtheatre. co.nz. Aucklands neueste Bühne, offen für alles – von modernem Maori-Tanz bis zu Avantgarde-Theater und Varietévorstellungen. Freitags Improvisationskünstler.

Kinos

Auch in Auckland dominieren heute die Multi-plex-Kinos, doch die im Folgenden aufgeführten kleineren Filmtheater bieten ein interessanteres Programm. **Kinokarten** (in der Regel $16–17) sind vor 17 Uhr und den gesamten Dienstag häufig günstiger zu haben. Das komplette Kino-programm findet sich unter ⌨ flicks.co.nz.

Academy, 44 Lorne St, ☎ 09 373 2761, ⌨ iconiccinemas.co.nz. Programmkino mit zwei Vorführräumen im Gebäude der Stadt-bibliothek.

Bridgeway, 122 Queen St, Birkenhead, ☎ 09 481 0040, ⌨ bridgeway.co.nz. Gemüt-liches Filmtheater mit gutem Essen und Kaffee im Foyer und luxuriösen Kinosesseln. Präsen-tiert etwas anspruchsvollere Mainstream-Produktionen.

Lido, 427 Manukau Rd, Epsom, ☎ 09 630 1500, ⌨ lido.co.nz. Mit einem Bier oder Wein in der Hand kann man in die großzügig bemessenen Sessel dieses Kinos sinken, das die üblichen Kassenschlager, aber auch Filmklassiker mit digitalem Sound zeigt.

Rialto, 167 Broadway, Newmarket, ☎ 09 369 2417, ⌨ rialto.co.nz. Eines der am besten gelegenen Programmkinos zeigt außer Main-stream-Produktionen auch abgedrehtere Kinokost.

Victoria Picture Palace, 48 Victoria Rd, Devonport, ☎ 09 446 0100, ⌨ iconiccinemas. co.nz. Neuseelands ältestes Kino (erbaut 1912) wurde wiederbelebt und verfügt jetzt über drei Kinosäle und ein fantasievolles Programm mit künstlerisch ambitionierten Filmen, Film-reihen und Klassikern. Lohnt einen abendlichen Abstecher nach Devonport.

AKTIVITÄTEN UND TOUREN

Die meisten Besucher brechen bald zur Abenteuersuche ins „wahre" Neuseeland auf. Dabei bietet Auckland jede Menge Abenteuer gleich vor der eigenen Haustür. Die Gewässer der Stadt spielen eine so wichtige Rolle, dass man unbedingt auch auf den Hafen hinausschippern sollte, z. B. bei einer Fährfahrt zu einer der Inseln im Hauraki Gulf (S. 186), bei einer **Kreuzfahrt**, einer **Delphin- und Wal-Safari** oder einer **Seekajaktour**. Außerdem kann man über die Harbour Bridge klettern oder sie mit einem Bungee-Sprung bezwingen. Weitere Aktivitäten in der Nähe in den Kästen auf S. 177 und S. 178.

Auckland Bridge Climb und Bungy

Auckland Bridge Climb, ✆ 0800 462 5462, 🖳 aucklandbridgeclimb.co.nz. Diese Touren (3x tgl., $120) bieten Besuchern die Chance, die fantastische Aussicht vom höchsten Punkt über dem Waitemata Harbour (ca. 65 m) zu genießen. Die 90-minütige Tour erfordert keine Kletterkünste; die Teilnehmer wandern vielmehr, mit einem Sicherheitsgurt ans Drahtseil angeleint, über stählerne Laufstege, während ihnen die Führer etwas über die technischen Einzelheiten der Brückenkonstruktion erzählen. Voranmeldung ist zwingend erforderlich; teilnehmen kann jeder über 7 Jahre. Kameras sind nicht erlaubt, aber eine Begleitperson macht Schnappschüsse, die man später kaufen kann. Kostenlose Transfers vom Viaduct Harbour.
Auckland Bridge Bungy, ✆ 0800 462 5462, 🖳 bungy.co.nz. Für Adrenalinjunkies: ein Sprung aus 40 m Höhe, mit Wasserberührung (5x tgl., $150). Kostenlose Transfers vom Viaduct Harbour, und zum Angeben gibt's hinterher ein T-Shirt.

Bootstouren

America's Cup Sailing, ✆ 0800 724 569, 🖳 explorenz.co.nz. Am Viaduct Harbour kann man sich auf den America's-Cup-Jachten *NZL41* (kam 1995 beim Cup in Japan zum Einsatz) und *NZL68* (neuseeländisches Versuchsboot 2007) als Crewmitglied betätigen. $160 für 2 Std. oder $210 für die Teilnahme an einem 3-stündigen Rennen mit beiden Booten.
Auckland Harbour Cruise, ✆ 09 367 9111, 🖳 fullers.co.nz. Fullers bietet eine 2-stündige Hafenrundfahrt (tgl. 10.30 und 13.30 Uhr, $36) an, die vom Ferry Building ablegt und kurze

Abstecher zur Harbour Bridge und nach Rangitoto Island umfasst. Wer will, kann auf Rangitoto bleiben und mit einem späteren Schiff zurückfahren; außerdem ist auch eine Fährrückfahrt nach Devonport im Ticket enthalten.
Pride of Auckland, ✆ 0800 724 569, 🖳 explore nz.co.nz. Geruhsame Segeltörns (13 und 15.15 Uhr, 1 1/2 Std., $75), Luncheon Cruise (Abfahrt 13 Uhr, 1 1/2 Std., $90), Dinner Cruise (Abfahrt 18 Uhr, 2 1/2 Std., $120) und Törn nach Waiheke Island mit Rückfahrt per Fähre (Abfahrt 9 Uhr, 3 Std., $85).

Delphin- und Wal-Touren

Whale & Dolphin Safari, Viaduct Harbour, ✆ 0800 397 567, 🖳 explorenz.co.nz. Das ganze Jahr über sind im Hauraki Gulf jede Menge Delphine und Große Tümmler anzutreffen, die im Winter und Frühjahr oft große Schulen bilden; in dieser Zeit nehmen auch die Sichtungen von Bryde- und Schwertwalen (Orcas) zu. Die ebenso informativen wie unterhaltsamen Touren (tgl., 4 1/2 Std., $160) werden mit einem 20 m langen Katamaran durchgeführt. Delphine, die man fast mit Sicherheit zu Gesicht bekommt, sind häufig anhand von Tölpeln auszumachen, die sich auf der Jagd nach Fischen spektakulär ins Meer stürzen. Wer keinen Meeressäuger sieht, darf ein zweites Mal umsonst mitfahren, entweder hier oder in der Bay of Islands.

Kajaktouren mit und ohne Angeln

Auckland Sea Kayaks, ✆ 0800 999 089, 🖳 aucklandseakayaks.co.nz. Tolle geführte Kajaktouren, u. a. ein einfacher Trip zur Browns Island (7 Std., $165), eine längere Tour nach Rangitoto mit Wanderung zum Gipfel (10 Std., $185), eine Rangitoto-Abendtour mit Blick auf den Sonnenuntergang vom Gipfel und ausgezeichnetem Essen unterwegs (7 Std., $195) sowie verschiedene Touren mit Übernachtung, u. a. mit Camping auf Motuihe Island, wo Kleine Fleckenkiwis leben ($385).
Fergs Kayaks, 12 Tamaki Drive, Okahu Bay, ✆ 09 529 2230, 🖳 fergskayaks.co.nz. Der Veranstalter bietet z. B. geführte Touren über den Waitemata Harbour zur 7 km entfernten

Rangitoto Island mit Gipfelbesteigung (Start Mo–Fr um 9.30 und 17.30, Sa und So um 9.30 und 16 Uhr, hin und zurück 6 Std., $120). Wem das zu weit ist, kann eine 3-km-Paddeltour nach Devonport mit Aufstieg auf den North Head (gleiche Abfahrtzeiten, 3 Std., $95) unternehmen. Beide Touren bieten bei späterer Abfahrt die Möglichkeit, im Mondlicht oder im Schein einer Stirnlampe zu paddeln. Wer lieber auf eigene Faust unterwegs ist, kann sich bei Fergs auch ein Boot ausleihen (Einer-Seekajaks $20/Std., $35/halber Tag; Zweier-Seekajaks $40/Std., $70/halber Tag). Sit-on-Top-Kajaks sind etwas preiswerter. Fahrten nach Rangitoto und Devonport sind mit den Leihkajaks normalerweise nicht erlaubt.

TIME Unlimited, ℰ 0800 868 463, ⌨ new zealandtours.travel. Touren zu wunderschönen Buchten und Inseln (Halbtagstour $145, Ganztagstour $245). Die Gruppengröße ist normalerweise auf 6 beschränkt, und es gibt (anders als bei den meisten Kajaktour-Veranstaltern) auch Einerkajaks. Eine Tour mit Camping-Übernachtung bietet verschiedene Möglichkeiten zum Angeln ($490). Ebenfalls im Angebot sind ganztägige **Kajak-Angeltouren** ($295), bei denen man Schnapper, Gelbschwanzmakrelen und Petersfische erbeuten und nach dem Mittagessen an einem traumhaften Strand schwimmen gehen kann.

Radfahren

Eine Radtour durch Aucklands hügelige Landschaft kann zur strapaziösen und frustrierenden Erfahrung werden, die durch die mangelnde Rücksichtnahme der Autofahrer nicht erfreulicher wird. Ein paar Gegenden sind jedoch ganz gut per Drahtesel zu erkunden, vor allem der am Meer verlaufende Tamaki Drive östlich des Zentrums. Er ist Teil eines 50 km langen, ausgeschilderten **Radwegs** rund um die Stadt und ihre Landenge.

Leihräder

Adventure Capital, 23 Commerce St, ℰ 09 337 0633, ⌨ adventurecapital.co.nz. Praktisch gelegen, in Downtown; die einfachen Mountainbikes ($15/4 Std., $20/Tag, $60/5 Tage) sind ideal für Touren durch die Stadt.

Cycle Auckland, Devonport Wharf, ℰ 09 445 1189, ⌨ cycleauckland.co.nz. Tolle Auswahl (ab $28/Tag, $115/Woche) mit unterschiedlichsten Rädern, außerdem selbstgeführte und geführte Touren. Für Leute, die nicht nur ziellos in der Stadt herumkurven wollen.

Fergs Kayaks, 12 Tamaki Drive, Okahu Bay, ℰ 09 529 2230, ⌨ fergskayaks.co.nz. Verleiht Cruiser ($20/2 Std., $30/Tag), mit denen man toll am Wasser entlangfahren kann. ⏲ Mo–Fr 10–17, Sa und So 9–17 Uhr.

Adventure Cycles, 9 Premier Ave, Western Springs, ℰ 0800 245 38687, ⌨ adventureauckland.co.nz. Etwas unpraktisch westlich des Zoos gelegen, aber bestens geeignet für kurzfristige Fahrradanmietungen (Stadträder $20/Tag, Mountainbikes $25/Tag); auch Tourenräder ($90/Woche, $200/Monat, Radtaschen $40/Woche). Außerdem gibt es Rückkaufprogramme für Langzeitreisende, jede Menge nützliche Infos und einen Reparaturservice. Am besten vorher anrufen und dann mit Bus Nr. 042, 043 oder 045 vom Bussteig D8 am Britomart hinfahren. ⏲ Do–Mo 7.30–19 Uhr.

Schwimmen

Als Alternative zu den nachfolgend aufgeführten Bädern bieten sich die Strände an der Nordküste an, S. 181.

Parnell Baths, Judges Bay Rd, ℰ 09 373 3561, ⌨ clmnz.co.nz/parnellbaths. Sehr schönes Salzwasser-Freibad. ⏲ Ende Nov–Ostern Mo–Fr 6–20, Sa und So 8–20 Uhr.

Tepid Baths, 100 Custom St West, ℰ 09 379 4745, Hallenbad im Stil der Zeit König Edwards (1901–1910). ⏲ Mo–Fr 5.30–21, Sa und So 7–19 Uhr.

SONSTIGES

Apotheken

Newmarket Night & Day Pharmacy, 160 Broadway, Newmarket, ℰ 09 520 6634, ⌨ dayandnightpharmacy.co.nz, ist die am günstigsten gelegene Apotheke mit langen Öffnungszeiten; ⏲ Mo–Fr 8–23.30, Sa und So 9–23.30 Uhr.
Die Apotheken der Notaufnahmen in den Krankenhäusern haben rund um die Uhr geöffnet.

Autokauf

Allgemeine Hinweise hierzu sind dem Kapitel „Praktische Tipps" (S. 79) zu entnehmen. Gute Möglichkeiten, an ein eigenes Gefährt zu kommen, bieten die Anschlagbretter in den Hostels und die Websites ⌨ trademe.co.nz und ⌨ autotrader.co.nz.

Empfehlenswerte Gebrauchtwagenmärkte: **Backpackers Car Market**, 20 East St, ☏ 09 377 7761, ⌨ backpackerscarmarket.co.nz, am Rand der K' Road, wo Backpacker ihre Autos an Gleichgesinnte weiterverkaufen. ⊕ tgl. 9.30–17 Uhr.

Auckland Carfair, Ellerslie Racecourse, Greenlane, ☏ 09 529 2233, ⌨ carfair.co.nz. Gut organisierter Automarkt, auf dem Fachleute zur Hand sind, um Autos auf ihre Fahrtüchtigkeit zu überprüfen. ⊕ So 9–12 Uhr.

Automobilclub

Automobile Association, 99 Albert St, ☏ 09 966 8919, ⌨ aa.co.nz.

Autovermietungen

Alle internationalen und großen nationalen Autoverleiher haben Zweigstellen in der Nähe des Flughafens und kostenlose Shuttlebusse, die Kunden vom Flughafen abholen. Die kleineren Anbieter sind vorwiegend im Zentrum oder in den Vororten ansässig. An der Beach Road in der Innenstadt liegen mehrere Autovermietungen dicht beieinander. Eine Liste der wichtigsten internationalen und lokalen Firmen findet sich auf S. 78.

Fahrräder

Siehe S. 170.

Gepäckaufbewahrung

Im **Sky City Bus Terminal**, 102 Hobson St, gibt es Schließfächer (tgl. 7–20.15 Uhr, $6/Tag, ☏ 09 623 1503). Die meisten größeren **Hostels** bieten auch einmaligen Übernachtungsgästen langfristige Gepäckaufbewahrung gegen eine geringe oder gar keine Gebühr.

Informationen und Touren

i-SITE: Auckland verfügt im Zentrum über zwei Visitor Centres: 137 Quay St, ☏ 0800 282 552, ⌨ aucklandnz.com, ⊕ tgl. Nov–April 8.30–18.30, Mai–Okt 9–17 Uhr, und eine kleinere Filiale im Sky City Casino, Ecke Victoria und Federal St (gleiche Kontaktdaten), ⊕ tgl. 8.30–18 Uhr. Beide bieten Informationsbroschüren für das ganze Land sowie einige werbefinanzierte kostenlose Publikationen, u. a. *Auckland A–Z*, ⌨ aucklandtourism.co.nz. Die Filiale in Devonport, 3 Victoria Rd, ☏ 09 446 0677, ⌨ devonport.co.nz, ⊕ tgl. 8.30–17 Uhr, hat neben Karten auch die kostenlose Broschüre *Old Devonport Walk* vorrätig.

Büro des Department of Conservation (DOC), im i-SITE in der Quay Street, ☏ 09 379 6476, ✉ aucklandvc@doc.govt.nz, ⊕ Nov–April Mo–Fr 9–17, Sa und So 10–16, Mai–Okt Mo–Fr 9–17 Uhr. Gute Wander-Infos, bietet DOC-Materialien sowie Buchungen für Wanderwege im ganzen Land, ist aber vorwiegend auf die Region um Auckland und den Hauraki Gulf spezialisiert.

Die **Stadtpläne** in diesem Buch und in *Auckland A–Z* sind für die meisten Zwecke ausreichend. Wer sich genauer orientieren will, kann sich außerdem das *KiwiMap Auckland Pathfinder Street Directory* ($29) mit 26 Stadtteilplänen zulegen.

Die beste Infoquelle für Backpacker sind die **Anschlagbretter** in den Hostels, wo sich von Mitfahrgelegenheiten über Autoverkäufe bis zu Jobangeboten alles findet. Außerdem bieten einige Hostels einen umfassenden Buchungsservice für die Weiterreise, so z. B. das Base Auckland, die beiden Nomad-Hostels und das YHA International.

Devonport Explorer Tours, ☏ 09 357 6366, ⌨ devonporttours.co.nz (tgl., etwa stdl.). Einstündige Minibustouren ($35) zu den wichtigsten Sehenswürdigkeiten, so auch zu den beiden Vulkanen. Wer möchte, kann am North Head aussteigen und später mit dem nächsten Tourbus weiterfahren.

Internet

Die **Central City Library**, 44-46 Lorne St, ☏ 09 377 0209, ⌨ aucklandlibraries.govt.nz, bietet kostenlose Computernutzung und WLAN (max. 100 MB/Tag). ⊕ Mo–Fr 9–20, Sa und So 10–16 Uhr.

Außerdem kann man in zahlreichen **Internet-cafés** (von denen viele auf den Plänen in diesem Führer markiert sind) für ca. $3/Std. online gehen.

Medizinische Hilfe
Auckland City Hospital, Park Rd, Grafton, ✆ 09 367 0000.
The Travel Doctor, Level 1, 170 Queen St, ✆ 09 373 3531. Impfungen und Reisemedizin. ⏰ Mo–Fr 9–17 Uhr.
CityMed, 8 Albert St, ✆ 09 377 5525, 🖥 citymed.co.nz. Ärztliche Hilfe und Apotheke im Haus, ⏰ Mo–Fr 8–18 Uhr.

Notruf
Polizei, Feuerwehr und Ambulanz, ✆ 111.
Auckland Central Police Station, ✆ 09 302 6400.

Post
Die Postfiliale in der 24 Wellesley St, ✆ 0800 501 501, bietet Poste-Restante-Service. ⏰ Mo–Fr 8.30–17.30 Uhr.

Schwule und Lesben
Sorgentelefon für Schwule und Lesben, ✆ 0800 688 5463, 🖥 outlinenz.com. Besetzt Mo–Fr 10–21, Sa und So 18–21 Uhr.

Wäschereien
Travellers Laundromat, 458 K' Rd, ✆ 09 376 6062, ⏰ tgl. 5–21.30 Uhr.

NAHVERKEHR
Viele der interessantesten Sehenswürdig-keiten Aucklands sind zu Fuß erreichbar, z. B. über den Coast to Coast Walkway. Dreh- und Angelpunkt von Aucklands bescheidenem Nahverkehrsnetz, das aber immer besser wird, ist das Britomart Transport Centre am Hafen-ende der Queen Street – hier kommen auch Vorortzüge an, und in der Nähe gibt es zahl-reiche Bushaltestellen. **Fähren** über den Hafen verbinden das Stadtzentrum mit dem nahen Vorort Devonport und den Inseln. **Taxis** ordert man am besten telefonisch (S. 174). Das **Parken** ist kein Riesenproblem, aber die einheimischen Autofahrer sind nicht gerade zuvorkommend,

weshalb man vielleicht besser daran tut, erst unmittelbar vor der Abreise aus der Stadt ein Auto zu mieten.

Auto
In Auckland selbst lohnt es sich eigentlich nicht, mit dem Auto zu fahren, da alles gut zu Fuß oder mit öffentlichen Verkehrsmitteln zu erreichen ist. Nur wer die Kumeu-Wein-güter und die Surferstrände an der West Coast erkunden möchte, benötigt ein eigenes Fahrzeug.
Autofahren ist in Auckland nicht besonders schwierig. Am besten meidet man die Stoß-zeiten von 7–9 und 16–18.30 Uhr. Recht nervig können die schlecht beschilderten Stadtauto-bahnen sein, auf denen alle die Spur wechseln, wie es ihnen gerade in den Sinn kommt, man von allen Seiten überholt wird und ständig eine Abfahrt kommt. Das Hauptproblem dürfte der Linksverkehr sein; wer gerade erst aus dem Flieger geklettert ist, sollte sich vielleicht ein, zwei Tage erholen, bevor er sich ins Verkehrs-getümmel stürzt. Die Straßen in der Innenstadt sind alle mit Parkuhren ausgestattet, eine entspanntere Alternative bilden die zahlreichen **Parkhäuser** – Schließzeiten beachten (nicht alle sind rund um die Uhr geöffnet)!

Stadtbusse
Die meisten Nahverkehrsbusse starten nicht direkt am Britomart Transport Centre (S. 137), sondern von den zahlreichen Bushaltestellen im Umkreis von 10 Fußminuten. Das ist etwas verwirrend – am besten fragt man im Brito-mart nach der jeweiligen Haltestelle oder schaut auf 🖥 maxx.co.nz nach. Für Besucher am nützlichsten sind die unten aufgeführten **Link-Busse**.
Der **Fahrpreis** errechnet sich außer bei den Link-Bussen nach der Länge der Fahrt: Eine Busfahrt in der Innenstadt kostet $0,50, nach Newmarket, Parnell, Mount Eden und Ponsonby jeweils $1,80, nach Epsom $3,40 usw.

Link-Busse
City Link (Mo–Sa 6.30–23.30 Uhr alle 7–8 Min., So 7–23 Uhr alle 20 Min.; $0,50; für Besitzer einer Hop Card kostenlos). Die roten Busse

dieser Innenstadtlinie fahren die Queen St von der K' Rd bis zum Britomart Transport Centre hinunter. Jeder zweite Bus fährt weiter zum Wynyard Quarter.

Inner Link (Mo–Sa 6.30–23, So 7–23 Uhr; alle 10–15 Min.; $1,80). Die nützlichste Route; die grünen Busse fahren folgende Schleife: City, Parnell, Auckland Museum, Newmarket, K' Rd und Ponsonby. Tickets im Bus.

Outer Link (Mo–Sa 6.30–23, So 7–23 Uhr; alle 15 Min.; $1,80–3,40). Die orangefarbenen Busse fahren eine größere Schleife als die Inner-Link-Busse, u. a. zum Mount Eden und MOTAT und nach Herne Bay. Anschluss an die Inner-Link-Busse in Parnell, beim Auckland Museum, in Newmarket und bei Three Lamps in Ponsonby.

Andere Buslinien
NightRider, Fahrplanauskünfte unter 🖵 maxx.co.nz. Bringt Nachtschwärmer sicher nach Hause (Sa und So 1–3 Uhr, $4,50).
Explorer Bus, ✆ 0800 439 756, 🖵 explorerbus. co.nz. Fährt zu den Hauptsehenswürdigkeiten (Mitte Okt–Mitte April 9–16 Uhr alle 30 Min., Mitte April–Mitte Okt 10–15 Uhr stündl.; Tagespass $40, 2-Tages-Pass $65, bar beim Fahrer). Wer beim Busfahrer ein Tagesticket erworben hat, kann entlang der Strecke beliebig oft aus- und wieder zusteigen; unterwegs werden die Fahrgäste mit interessanten Informationen versorgt. Die Rundstrecke führt vom Ferry Building in der Quay Street über den Tamaki Drive zum Bastion Point und zu Kelly Tarlton's Underwater World, dann nach Parnell und zum Auckland Museum und über den Viaduct Harbour zurück zum Ausgangspunkt. Von Mitte Oktober bis Mitte April werden auf einem zweiten Rundkurs ab dem Auckland Museum auch Mount Eden, MOTAT und Zoo angefahren.

Fähren
Einst wimmelte die Waitemata Harbour nur so von Fähren, die Pendler aus den Vororten zu ihrer Arbeit ins Zentrum brachten. Noch immer empfehlen sich die Hafenfähren als schnelles und angenehmes Transportmittel, das dazu noch schöne Aussichten verspricht. Die wichtigsten Ziele sind die Inseln im Hauraki Gulf und Devonport; mehrere Fähren halten auf dem Weg nach Rangitoto und Waiheke in Devonport.

Fährgesellschaften
Fullers, ✆ 09 367 9111, 🖵 fullers.co.nz. Aucklands größtes Fährunternehmen bietet Verbindungen nach Devonport (Mo–Sa 6.15–23.15, So 7.15–22 Uhr; $11 hin und zurück, Fahrräder kostenlos); diese günstigste Bootstour der Stadt ist im Discovery Pass (Kasten unten) inbegriffen. Außerdem Fähren nach Rangitoto, Waiheke und Great Barrier Island.
360 Discovery, ✆ 0800 360 3472, 🖵 360 discovery.co.nz. Personenfähren nach Tiritiri

---

Informationen und Ermäßigungskarten

Informationen zu Aucklands Bussen, Zügen und Fähren erteilt **Maxx**, ✆ 0800 103 080, 🖵 maxx.co.nz, mit einer telefonischen Fahrplanauskunft und einer umfassenden Fahrplanübersicht nebst Verbindungsplaner im Netz. Man kann aber auch beim Britomart die fünf kostenlosen *Maxx Guide*-Nahverkehrspläne einstecken; am nützlichsten sind die für die Regionen Central und Eastern.
Kurzzeitbesucher sind mit dem **Discovery Pass** (für $15 beim Busfahrer, in Fährticketbüros und an den Bahnhöfen Britomart und Newmarket erhältlich) am besten bedient. Diese Tageskarte deckt alle für Besucher interessanten Gegenden ab und berechtigt u. a. zur Nutzung der Inner-Link-Busse, der Stadtbahnen und aller Fähren zum Norduferufer (inkl. Devonport); ausgenommen sind die Fähren nach Rangitoto und Waiheke.
Wer länger bleibt, sollte sich eine **Hop Card**, 🖵 myhop.co.nz, besorgen. Mit dieser Guthabenkarte braucht man nicht mit Kleingeld zu hantieren und spart außerdem 10–15 % der normalen Bus-, Bahn- und Fährfahrpreise. Erhältlich ist die Karte im Britomart und in zahlreichen Geschäften in der Stadt.

Matangi, Rotoroa Island und regelmäßige Verbindung über den Hauraki Gulf nach Coromandel Town ($55 einfach): für Reisende ohne Auto eine nette Alternative zum Bus über Thames.

Fähren nach:
COROMANDEL 5–7x wöchentl., 2 Std.;
DEVONPORT alle 30 Min., 10 Min.;
GREAT BARRIER 4–9x wöchentl., 2–5 Std.;
GULF HARBOUR MARINA 1–3x tgl., 50 Min.;
RANGITOTO 3–4x tgl., 40 Min.;
ROTOROA ISLAND im Sommer 5–7x wöchentl., 1 1/4 Std.;
TIRITIRI MATANGI ISLAND 4x wöchentl., 1 1/2 Std.;
WAIHEKE ungefähr stdl., 35 Min.

Stadtbahn
Die Stadtbahnen verkehren vom Britomart Transport Centre vorwiegend zu Stationen, die für Touristen kaum von Interesse sind. Ausnahmen bilden vor allem die Linien nach Newmarket (alle 10–30 Min.; 7 Min. Fahrtdauer) und Kingsland (alle 15–30 Min.; 16 Min. Fahrtdauer). **Tickets** (zu beiden Vororten $1,70) gibt es im Britomart oder in der Bahn.

Taxis
Taxistände gibt es an verschiedenen Stellen der Stadt, u. a. an der Queen Street, am Viaduct Harbour und an der K' Road.
Discount, ℡ 09 529 1000, ist besonders billig.
Green Cabs, ℡ 0508 447 336, ist ein umweltbewusstes Taxiunternehmen mit Hybrid-Fahrzeugen und nur wenig höheren Preisen. Eine Taxifahrt von der City nach Ponsonby sollte $12–14 kosten.

TRANSPORT
Auto und Fahrrad
Mietwagen auf S. 171.
Autofahrer, die Richtung Norden wollen, können entweder direkt den SH1 über die Harbour Bridge nehmen oder einen Bogen nach Westen um den Waitemata Harbour fahren, an den Weingütern, den Stränden der West Coast und den Waitakere Ranges vorbei, um erst in Wellsford wieder auf den SH1 zu treffen. Richtung

Süden fährt man entweder den SH1 hinunter nach Hamilton oder biegt Richtung Osten zur Coromandel Peninsula ab, oder man nimmt die langsame Strecke die Seabird Coast hinunter.
Radfahrer müssen auf dem Weg nach Norden statt der Harbour Bridge die Devonport Ferry nehmen, sollten aber lieber die westliche Route wählen und vielleicht mit einer Stadtbahn bis Waitakere fahren (außerhalb der Hauptverkehrszeiten, $1 für die Fahrradmitnahme). Radfahrer, die nach Süden wollen, folgen besser der Seabird Coast als dem Southern Motorway, der Hauptroute für Autofahrer Richtung Süden.

Busse
Die Fernbusse von InterCity/Newmans und Northliner kommen am **Sky City Coach Terminal** an. Alle anderen Busunternehmen halten vor 172 Quay St, gegenüber dem Ferry Terminal in Downtown.

Busunternehmen:
Go Kiwi, ℡ 07 866 0336, 🖥 go-kiwi.co.nz. Tgl. zur Coromandel Peninsula mit Zustieg am Auckland Airport – ideal für Leute, die direkt nach Whitianga wollen.
InterCity, Newmans, Northliner, Great Sights, ℡ 09 583 5780, 🖥 intercity.co.nz. Verbindungen ins ganze Land.
Main Coachline, ℡ 09 278 8070, 🖥 main coachline.co.nz. Fast tgl. nach Dargaville und Warkworth.
NakedBus, ℡ 0900 62 533 ($2/Min., von Handys mehr), 🖥 nakedbus.com. Verbindungen ins ganze Land.
The 'Naki Bus, ℡ 0508 465 622, 🖥 nakibus. co.nz. Tgl. Auckland–Hamilton–New Plymouth–Hawera.

Busse nach:
DARGAVILLE So–Fr 1x tgl., 3 Std.;
GISBORNE 1x tgl., 9 1/4 Std.;
HAMILTON 16–19x tgl., 2 Std.;
HASTINGS 2x tgl., 7 1/2 Std.;
HELENSVILLE Mo–Fr 6x tgl., 1 1/4 Std.;
KERIKERI 2–3x tgl., 4 1/2 Std.;
KUMEU 6x tgl., 35 Min.;

NAPIER 2x tgl., 7 Std.;
NATIONAL PARK 1x tgl., 6 Std.;
NEW PLYMOUTH 3x tgl., 6–6 1/2 Std.;
OHAKUNE 1x tgl., 6 1/2 Std.;
OREWA 5–7x tgl., 30 Min.;
PAIHIA 6–8x tgl., 4 Std.;
PALMERSTON NORTH 3x tgl., 9–10 Std.;
ROTORUA 9–12x tgl., 4 Std.;
TAIHAPE 4–5x tgl., 7 Std.;
TAUPO 7–9x tgl., 5 Std.;
TAURANGA 4–5x tgl., 4 Std.;
THAMES 5x tgl., 1 3/4 Std.;
WAIPU 5–7x tgl., 2 Std.;
WAITOMO CAVES 1x tgl.; 3 Std.;
WARKWORTH 6–8x tgl., 1 Std.;
WELLINGTON 4–5x tgl., 11–12 Std.;
WHANGAREI 5–7x tgl., 2 3/4 Std.;
WHITIANGA 1x tgl., 3 Std.

Eisenbahn

The Overlander, ℘ 0800 872 467, 🖵 tranz
scenic.co.nz. Der Zug nach Hamilton, National
Park und Wellington fährt vom **Britomart
Transport Centre** am Hafenende der Queen
Street. Im Sommer tgl., von Mai bis August
nur Fr–So.

Züge nach:

HAMILTON 3–7x wöchentl., 2 1/2 Std.;
NATIONAL PARK 3–7x wöchentl., 5 1/2 Std.;
OHAKUNE 3–7x wöchentl., 6 1/2 Std.;
OTOROHANGA 3–7x wöchentl., 3 Std.;
PALMERSTON NORTH 3–7x wöchentl.,
9 1/2 Std.;
TAIHAPE 3–7x wöchentl., 7 1/2 Std.;
WELLINGTON 3–7x wöchentl., 12 Std.

Fähren

Siehe „Nahverkehr".

Flüge

Der **Auckland International Airport**, 🖵 auck
land-airport.co.nz, liegt rund 20 km südlich des
Zentrums im Vorort Mangere.
Zwischen dem internationalen Terminal und
dem Inlandsterminal pendelt ein Shuttlebus
(5–22.20 Uhr, alle 15 Min.). Mit leichtem Gepäck
benötigt man für die Strecke zu Fuß nur etwa
10 Min. – den blau-weißen Linien folgen.

Das gut ausgestattete **i-SITE Visitor Centre**,
℘ 09 275 6467, ist rund um die Uhr geöffnet
und bietet kostenlose Hotelbuchungen, Gratis-
Telefone für Zimmerbuchungen, eine Gepäckaufbewahrung ($15/Tag pro Koffer oder Ruck-
sack) und Duschen (kostenlos; $5 für Seife und
Handtuchausleihe). Auch am Inlandsterminal
gibt es ein Visitor Centre, ℘ 09 256 8480,
🕑 tgl. 7–21 Uhr.
Außerdem findet man in beiden Terminals
Geldautomaten und im internationalen Terminal
zahlreiche zu den Flugankünften geöffnete
Wechselstuben.

Transport vom/zum Flughafen:

Vom Flughafen in die Stadt gibt es keine
Bahnverbindung, es verkehren jedoch Busse,
Sammel-Minibusse und Taxis. Ein **Taxi** ins
Zentrum, nach Ponsonby oder Parnell kostet
rund $70, nach Northcote oder Devonport
$90–100.
Der Flughafenbus **Airbus Express**, 🖵 airbus.
co.nz, folgt von beiden Terminals einer festen
Route in die Stadt (ca. 45 Min.) – sehr günstig
für Einzelreisende (tgl. 6–19.15 Uhr alle 15 Min.,
19.15–6 Uhr alle 30 Min.; $16 einfach, $26 hin
und zurück).
Die meisten Leute nehmen jedoch einen der
Minibusse, die außerhalb des Terminals warten
und einen Tür-zu-Tür-Service bieten. Man fragt
beim ersten Bus in der Schlange nach dem
Fahrtziel; falls er nicht in den gewünschten
Stadtteil fährt, wird man an einen Bus verwie-
sen, der dieses Ziel ansteuert – die Wartezeit
beträgt selten mehr als eine Viertelstunde.
Der Fahrpreis liegt bei $30 nach Downtown und
$55 nach Devonport. Für Gruppen mit gemein-
samem Fahrtziel gibt es erheblichen Rabatt;
es werden pro zusätzlicher Person lediglich
$8–10 aufgeschlagen.
Für den umgekehrten Weg von der Unterkunft zum Flughafen kann man **Super Shuttle**,
℘ 0800 748 885, oder eines der oben aufgeführten Taxiunternehmen anrufen.

Flüge nach:

BAY OF ISLANDS 4–5x tgl., 40 Min.;
BLENHEIM 4–6x tgl., 1 1/4 Std.;
CHRISTCHURCH 17–20x tgl., 1 1/4 Std.;

DUNEDIN 3x tgl., 1 3/4 Std.;
GISBORNE 6x tgl., 1 Std.;
GREAT BARRIER ISLAND 6–8x tgl., 40 Min.;
HAMILTON 3x tgl., 30 Min.;
KAITAIA 2x tgl., 45 Min.;
NAPIER/HASTINGS 7–9x tgl., 1 Std.;
NELSON 8x tgl., 1 1/4 Std.;
NEW PLYMOUTH 5–6x tgl., 45 Min.;
PALMERSTON NORTH 5x tgl., 1 Std.;
QUEENSTOWN 5–6x tgl., 1 3/4 Std.;
ROTORUA 2–3x tgl., 40 Min.;
TAUPO 3x tgl., 45 Min.;
TAURANGA 5x tgl., 35 Min.;
WANGANUI 4x tgl., 1 Std.;
WELLINGTON 5x tgl., 1 Std.;
WHAKATANE 4x tgl., 45 Min.;
WHANGAREI 4–5x tgl., 35 Min.

Westlich von Auckland

Das wahre Neuseeland beginnt für viele in **West Auckland**, wo die Hochhausklötze, Vororte und luxussanierten Hafenbereiche von grünen Hügeln und traumhaften Stränden abgelöst werden. Die wuchernden Vororte verlieren sich rund 20 km westlich des Stadtzentrums zwischen den Ausläufern der **Waitakere Ranges**. Nur gut eine halbe Stunde Autofahrt von der Innenstadt entfernt lockt eine der schönsten Landschaften im Einzugsgebiet von Auckland mit Outdoor-Abenteuern.

Diese grüne Hügellandschaft wirkt immer noch relativ intakt, obwohl sie das nächstgelegene Ausflugsziel für rund 1,5 Mio. Menschen ist. Zahlreiche Wege durch den heimischen Busch laden zu schönen Wanderungen ein. An heißen Sommertagen strömen Tausende zu dem halben Dutzend **Surfstrände** mit donnernder Brandung, die abgesehen von ein paar Ferienhäusern (von den Kiwis *baches* genannt) und dem einen oder anderen Laden praktisch unverbaut sind. Auf den Böden der östlichen Ausläufer der Waitakere Ranges gedeihen alte Weingärten, vor allem rund um **Kumeu**, ein kurzes Stück südöstlich der Ortschaft **Helensville** am Kaipara Harbour in der Nähe der heißen Quellen von **Parakai**.

Aucklands **Stadtbahnen** fahren bis nach Henderson und Waitakere hinaus, man erreicht damit aber nicht die Weingüter oder Strände. Mit dem Auto sind die meisten Strände und Wanderwege am einfachsten über den Waitakere Scenic Drive (Route 24) zu erreichen, der sich von Titirangi in den Vorbergen vorbei am informativen Arataki Visitor Centre durch die Berge windet. Die Ritchies-**Busse** Nr. 060 und 080 verkehren über Henderson nach Kumeu und Huapai; Fahrpläne auf ⌨ maxx.co.nz.

Kumeu und Huapai

Größere Unternehmen in anderen Regionen haben dem ehemals bedeutenden Weinbaugebiet West Auckland inzwischen den Rang abgelaufen. Die ziemlich seelenlosen Nachbargemeinden **Kumeu** und **Huapai** produzieren aber immer noch einiges an Wein.

Schon 1819 pflanzte der Geistliche Samuel Marsden Weinstöcke bei Kerikeri an der Bay of Islands, angeblich nur für Messwein. Die kommerzielle Weinproduktion kam aber erst in Gang, als Wanderarbeiter aus Dalmatien sich in den 1930er-Jahren dem Weinbau zuwandten. Wie an den Namen der Weinkellereien heute noch zu erkennen, wurden viele von kroatischen Einwandererfamilien gegründet. Die Weinstöcke der Region liefern immer noch Pinot Noir, Pinot Gris und famosen Chardonnay. Wer eine Weinverkostung plant, sollte entweder einen Nichttrinker als Fahrer dabeihaben oder sich den **Fine Wine Tours** anschließen (S. 177).

Im **Kumeu Visitor Centre**, 49 Main Rd (SH16), ☎ 09 412 9886, ⌨ kumeuinfo.co.nz, ⏰ tgl. 9–17 Uhr, gibt es die kostenlose Broschüre *Kumeu Wine Country*, die ein Dutzend empfehlenswerter Weinkellereien beschreibt.

Auf ihrem Weingut **Kumeu River**, 550 SH16, ☎ 09 412 8415, ⌨ kumeuriver.co.nz, erzeugt die Familie Brajkovich einige der besten Chardonnays von Neuseeland aus Trauben der Region. Das großzügige Verkostungsangebot umfasst u. a. drei Einzellagenweine. ⏰ Mo–Fr 9–17, Sa 11–17 Uhr. **Soljans**, 366 SH16, ☎ 09 412 5858, ⌨ soljans.co.nz, lockt Besucher mit Gratis-Verkostungen und einem schicken, aber relaxten

Ohne eigenes Fahrzeug kann man den Stränden und Bergen nicht richtig gerecht werden, es sei denn, man schließt sich einer organisierten Tour zur West Coast oder einem Canyoning-Ausflug (S. 178) an. Alle Tourveranstalter holen die Teilnehmer in der Innenstadt von Auckland ab.

Bush & Beach, ☎ 0800 423 224, 🖥 bushandbeach.co.nz. Nachmittagstouren ($140) mit einer kurzen Waldwanderung zu Wasserfällen und Kauri-Bäumen und einem Abstecher zum Piha Beach. Bei der lohnenderen Tagestour ($225) wird länger gewandert und mehr Outdoor-Wissen vermittelt.

Fine Wine Tours, ☎ 0800 023 111, 🖥 insidertouring.co.nz. Phil Parker veranstaltet halbtägige Kleingruppen-Touren ($175, mit Käseverkostung $195) zu drei Weinkellereien in Kumeu, wobei auch Zeit fürs Mittagessen und einen Besuch in Muriwai eingeplant ist. Im Angebot sind außerdem ganztägige Weintouren nach Kumeu (fünf Winzereien inklusive Honigverkostung $245) sowie Touren nach Waiheke Island ($399 mit Fähre, Mittagessen und Verkostung edler Weine) und nach Matakana ($245).

Potiki Adventures, ☎ 0800 692 3836, 🖥 potikiadventures.com. Die ganztägigen „Urban Maori Experience Trips" (tgl. 10–18 Uhr, $195, inkl. Vormittags- und Nachmittagstee) werden von zwei engagierten Ngapuhi-Frauen organisiert, die den kleinen Teilnehmergruppen die Maori-Weltsicht nahebringen. Zuerst geht es zum Maungakiekie (One Tree Hill), dann westwärts zu den Waitakere Ranges und zum Whatipu Beach, wobei man etwas über Schöpfungsgeschichten und Heilpflanzen der Maori erfährt. Samstags besucht die Tour auch den Otara Market.

TIME Unlimited, ☎ 0800 868 463, 🖥 newzealandtours.travel. Persönliche Betreuung und Engagement prägen diese Kleingruppen-Touren zum Titirangi und Whatipu Beach, die mit einer schönen Buschwanderung und tosender Brandung aufwarten. Die Halbtagstour kostet $145, die ganztägige Stadt- und Küstentour $245. Zu ähnlichen Preisen werden auch Wanderungen durch die Waitakeres geboten.

Café. Zum Sortiment gehören ein in der Umgebung angebauter Pinot Gris und ein süffiger Muscat. ◷ tgl. 9–17 Uhr.

ESSEN

Dante's, 316 Main Rd (SH16), Huapai, ☎ 09 412 8644, 🖥 dantespizza.co.nz. Echte neapolitanische Pizza ($20–24) aus dem Holzkohlenofen zum Mitnehmen; verarbeitet werden nur die frischesten Zutaten. ◷ Mi–So 15–22 Uhr.

Hallertau Brewbar & Restaurant, 1171 Coatsville Riverhead Hwy, abseits des SH16, ☎ 09 412 5555, 🖥 hallertau.co.nz. Mit heller Bar und zwanglosem Restaurant präsentiert sich dieses Ensemble als Alternative zum Weinangebot der Region. Vor Ort werden ausgezeichnete Biere gebraut, z. B. ein Kölsch, ein Schwarzbier und dazu Ales und Cider; zum Probieren gibt's ein Verkostungsset mit fünf Bieren ($14), und dazu kann man leichte Gerichte ($11–15) oder auch Hauptgerichte wie Kürbis-Risotto, Pasta mit Entenconfit oder Steaks ($23–36) genießen. ◷ tgl. 11–24 Uhr.

The Riverhead, 68 Queen St, Riverhead, ☎ 09 412 8902, 🖥 theriverhead.co. nz. Eine der ältesten Kneipen Neuseelands: Schon seit 1857 hockt sie auf dem Hochufer über einem der nördlichsten Ausläufer des Waitemata Harbour. Heute gibt es hier auch eine großzügige Terrasse mit Blick auf die Mangroven. Zu essen gibt's z. B. Räucherfisch-Tacos ($12), Filetsteak mit Pilzravioli ($36) oder Pizza ($15–18). ◷ tgl. 11–22 Uhr oder später.

Die Waitakere Ranges und die Strände der West Coast

Aucklands Westgrenze bilden die bewaldeten, bis zu 500 m hohen **Waitakere Ranges**. Sie sind ein zeitlos beliebtes Wochenendziel der Aucklander. Ihre westlichen Hänge erstrecken sich bis zu den schwarzsandigen **Stränden** der West Coast hinunter. Diese stürmische Küste bietet mit ihren wilden Wellen und felsigen Land-

Die bewaldeten Hügel und wilden Strände der West Coast bilden die Kulisse für Aktivitäten wie Wanderungen zu Wasserfällen und Aussichtspunkten, Ausritte in den Dünen, Strandsegeln und Canyoning.

Wanderungen ab Piha

Kitekite Falls (1 1/2 Std.) Der Rundweg beginnt 1 km außerhalb des Ortes an der Glen Esk Road, die gegenüber der Domain in der Ortsmitte von Piha landeinwärts verläuft. Der recht einfache Weg führt an den dreistufigen Kitekite Falls vorbei, unter denen sich ein kühles Becken befindet.

Lion Rock (20–30 Min. hin und zurück) Der anstrengende Aufstieg auf einen Vorsprung, der nach etwa zwei Dritteln des Weges erreicht ist, sollte am besten in den etwas kühleren Abendstunden unternommen werden. Die Spitze des Felsens selbst ist tabu.

Tasman Lookout Track (30–40 Min. hin und zurück) Dieser Weg klettert vom Südende des Strands zu einem Aussichtspunkt über der kleinen Bucht The Gap hinauf, wo bei kräftiger Brandung die spektakuläre Gischtfontäne eines *blowhole* zu bewundern ist.

Reiten

Muriwai Beach Riding Centre, 290 Oaia Rd, ☎ 09 411 8480, 🖥 aucklandhorsehire.org.nz. Der Strand, die Dünen und die Kiefernwälder im Norden lassen sich gut auf organisierten Ausritten ($70 für 2 Std.) erkunden. Beginn der Ausritte tgl. um 10 und 13.30 Uhr, aber am besten vorher anrufen.

Surfen und Strandsegeln

Muriwai Surf School, in Strandnähe, ☎ 021 478 734, 🖥 muriwaisurfschool.co.nz. Verleiht Ausrüstung (Brett und Neopren-Anzug $40 für 3 Std.), Strandsegler ($60/Std.) und Mountainbikes ($10/Std.). Surfunterricht (Anfänger $60, Fortgeschrittene $100).

Canyoning

Awol Adventures, ☎ 0800 462 965, 🖥 awoladventures.co.nz. Eines der spannendsten Angebote für abenteuerlustige Wasserratten in der Umgebung von Auckland ist das Canyoning – eine Kombination aus Schwimmen, Abseilen, Springen in tiefe Wasserbecken und Hinunterrutschen durch Felsrinnen. Awol hat eine tolle Tour nahe Piha im Programm; Teilnehmer werden in Auckland abgeholt. Die Betonung liegt hier eher auf Abseiling, besonders bei der Ganztagstour für $175. Durch den unteren Abschnitt des Canyons führen die Halbtagstour ($145) und die Nachttour ($165, vorwiegend im Winter), bei der nur Stirnlampen und Glühwürmchen den Weg beleuchten. Die Ausflüge enden mit einem Abstecher zu einem der Surfstrände an der West Coast.

Canyonz, ☎ 0800 422 696, 🖥 canyonz.co.nz. Unternimmt Tagestouren ($195) in den Blue Canyon bei Karekare, u. a. mit einem Sprung oder Seilabstieg einen 8 m hohen Wasserfall hinunter. Mit Abholung von Auckland und Besuch an einem Surfstrand. Canyonz hat auch einen Tagestrip durch den herrlichen **Sleeping God Canyon** bei Thames im Programm (nur Okt–Mai, $290). Dabei steigt man in zwölf Etappen 300 m tief in die Schlucht hinab; außerdem bietet sich Gelegenheit zu einem 13-m-Sprung von einer Felskante in ein tiefes Becken. Wer diese Tour mitmachen will, sollte schon ziemlich fit und keinesfalls wasserscheu sein.

zungen einen scharfen Kontrast zu den ruhigen, sanft abfallenden Stränden des Hauraki Gulf.

Beim Volk der Kawerau a Maki hieß die Region Te Wao Nui a Tiriwa, „der große Wald von Tiriwa", eine passende Beschreibung der Kauri-Wälder, welche die Hügel vor der Ankunft der Europäer bedeckten. Bis zur Wende zum 20. Jh. hatten *gumdiggers* den größten Teil des fossilen

Kauri-Harzes ausgegraben, doch die Holzfällerei ging bis in die 1940er-Jahre weiter. Dann kaufte des Auckland Regional Council das ausgebeutete Land, legte Stauseen an und wies ein großes Teilstück als **Centennial Memorial Park** aus, mit 200 km Wanderwegen, die zu Aussichtspunkten und zahlreichen Wasserfällen führen.

Jenseits des Arataki Visitor Centre biegt die landschaftlich schöne Strecke (Scenic Drive) nach Norden ab und verläuft entlang der Hügelkette, wobei immer wieder Seitenstraßen zu den **Stränden** abzweigen, die für ihren glühend heißen, gold-schwarzen Sand und ihre Gefährlichkeit für Schwimmer bekannt sind. Bevor man sich in die Fluten wirft, sollte man den Kasten auf S. 52 lesen und alle Warnsignale beachten.

Arataki Visitor Centre

300 Scenic Drive ▪ ⏱ Sep–April tgl. 9–17,
Mai–Aug Mo–Fr 10–16, Sa und So 9–17 Uhr
▪ ✆ 09 817 0077

Die beste Einführung in das Gebiet bietet das **Arataki Visitor Centre**: Hier gibt es auf Nachfrage eine sehr interessante 12-minütige DVD über die Gegend zu sehen (kostenlos). Ein gefällter Kauri-Baum wurde von Kawarau-a-Maki-Schnitzern in einen beeindruckenden Pfahl *(pou)* verwandelt; er markiert den Eingang.

Von hier führen Wanderwege in den wieder aufgeforsteten Wald: ein zehnminütiger **Naturlehrpfad**, auf dem ein rundes Dutzend bomerkenswerte Bäume und Farne ausgeschildert sind, und ein längerer (rund 1 1/4 Std.). Dieser hat einen der wenigen ausgewachsenen Kauri-Bestände zum Ziel, die das Wüten der Holzfäller überlebt haben.

In Arataki bekommt man auch die Wanderkarte *Waitakere Ranges Recreation and Track Guide* ($8), in der zahlreiche Wege für **Kurzwanderungen** durch die Hügel verzeichnet sind.

Whatipu

45 km von Aucklands Zentrum an der nördlichen Landspitze an der Einfahrt zum Manukau Harbour
Whatipu, der südlichste Surfstrand der West Coast, liegt bei einer Sandbank, die vielen Schiffen zum Verhängnis wurde. Whatipu war kurze Zeit Endpunkt der Küstenstrecke der **Parahara Railway**, die in den 1870er-Jahren Kauri-Holz

Der Hillary Trail

Zu Ehren des weltberühmten, 2008 verstorbenen neuseeländischen Bergsteigers **Sir Edmund Hillary** hat Auckland eine Reihe bereits bestehende Wanderwege durch die Waitakere Ranges zum Hillary Trail, ⌨ arc.govt.nz, verbunden (70 km, 3–4 Tage). Der Trail, der vom Arataki Visitor Centre über Whatipu, Karekare, Piha und Te Henga nach Muriwai führt, vermittelt einen umfassenden Eindruck von der Region – aufgeforsteter Regenwald, Kauri-Bestände, felsige Küstenabschnitte, schwarze Sandstrände und Relikte der Vergangenheit. Der höchste Punkt liegt bei nur 390 m, aber der Weg verläuft ständig auf und ab und erfordert eine **mittelmäßige bis gute Kondition**. Die teilweise glitschigen, steilen Pfade und zu durchwatenden Wasserläufe können die Wanderung im Winter sehr erschweren. Zu jeder Jahreszeit benötigen die meisten Wanderer für die letzte, 27 km lange Etappe mindestens zehn Stunden.

Übernachtet wird vorwiegend auf einfachen **Campingplätzen**, zu buchen unter ✆ 09 366 2000 ($5). Nur in Whatipu, Piha und Te Henga gibt es wahlweise auch ein Dach über dem Kopf. Die beste Informationsquelle vor Ort ist das Arataki Visitor Centre (s. links).

von der Sägemühle in Karekare über den Strand und die Landzungen beförderte.

Im Laufe der letzten Jahrzehnte hat sich das Meer über einen halben Kilometer zurückgezogen und einen breiten Strand zurückgelassen, hinter dem sich eine Feuchtlandschaft mit Kolbenbäumen, hohem Pampasgras und zahlreichen Wasservögeln erstreckt.

Heute ist der einzige Außenposten der Zivilisation die **Whatipu Lodge** (nur mit Reservierung), ✆ 09 811 8860, ⌨ whatipulodge.co.nz, im ehemaligen Wohnhaus eines Sägewerkleiters von 1870. Die Lodge liegt nur eine Fahrstunde von Auckland entfernt und ist eine tolle Basis für die Erkundung dieser wilden Ecke Neuseelands. Das Haus ist nicht ans Stromnetz angeschlossen, sondern lässt nur zeitweise einen Generator laufen. Es gibt eine Gemeinschaftsküche und warme Duschen; Bettzeug oder Schlafsäcke sind mitzubringen. Kein Handyempfang. Zimmer $45 p. P. für eine einmalige Übernachtung, sonst $35 p. P./Nacht; Zeltstellplatz $15, DZ $90.

Karekare

Die wohl netteste Siedlung an der West Coast ist **Karekare**, 17 km westlich vom Arataki Visitor Centre und zu erreichen über die Piha Road. Sie besteht aus ein paar verstreuten Häusern, von denen sich ein Wald bis an den breiten Strand hinunterzieht. Dieses wunderschöne Fleckchen wurde in den 1990er-Jahren schlagartig berühmt, als Jane Campion hier die Strandszenen ihres Films *Das Piano* (1993) drehte.

Mitglieder des Karekare Surf Club bewachen an den Sommerwochenenden eine relativ sichere Badezone; alternativ dazu kann man in einem Becken am Fuß der **Karekare Falls** planschen, das in einem fünfminütigen Fußmarsch von der Straße aus zu erreichen ist. Es gibt hier keinerlei Infrastruktur.

Piha

Seit Jahrzehnten ist **Piha**, 20 km westlich vom Arataki Visitor Centre und zu erreichen über die Piha Road, eine Art heiliger Gral der Aucklander: die perfekte Verkörperung eines Westküstenstrands. Das lockt allerdings nicht nur zahlreiche Tagesbesucher an, sondern auch ein Partypublikum, dessen Exzesse dazu führten, dass für Feiertagswochenenden zwischen Sonnenunterund Sonnenaufgang ein Alkoholverbot verhängt wurde. Trotz der Luxussanierung vieler altmodischer *baches* und der Eröffnung des modernen Piha Cafés hat sich der Ort etwas von seinem rustikalen Charme bewahrt.

Der 3 km lange Bogen gold-schwarzen Sandes wird von dicht bewachsenen Hügeln umrahmt. In der Strandmitte erhebt sich Pihas Wahrzeichen, der 101 m hohe **Lion Rock**. Mit etwas Fantasie erinnert dieser Felsen, auf dem sich einst ein Wehrdorf der Maori befand, an einen sitzenden Löwen, der auf das Meer hinausstarrt.

Die meisten Schwimmer zieht es nach **South Piha**, wo der namhaftere der beiden Rettungsschwimmvereine die beste Brandung für sich beansprucht. Der Piha Surf Shop (S. 180) ver-

kauft und verleiht Ausrüstung. Wer den hohen Wellen nichts abgewinnen kann, sollte sich zu dem kühlen Pool unterhalb der **Kitekite Falls** aufmachen (Kasten S. 178).

Der **Piha Surf Shuttle**, ☏ 0800 952 526, 🖥 surfshuttle.co.nz, holt seine Fahrgäste von Dez–Feb tgl. (März–Nov je nach Nachfrage) morgens gegen 9.30 Uhr an der Unterkunft in Auckland ab und fährt um 16 Uhr wieder von Piha zurück ($40 einfach).

ÜBERNACHTUNG

Black Sands Lodge, 54 Beach Rd, ☏ 021 969 924, 🖥 pihabeach.co.nz. 3 stilvolle *baches*: 1 Strandhäuschen und 2 Suiten – mit großen Terrassen, Fenstertüren und schöner Einrichtung. Die Gastgeber servieren auf Wunsch ein romantisches Vier-Gänge-Dinner in der Suite (um $140 p. P. zzgl. Wein). Cabin $130, Suiten $180

Jandal Palace, 38 Glenesk Rd, ☏ 09 812 8381, 🖥 jandalpalace.co.nz. Hervorragendes und sehr friedliches modernes Hostel, versteckt in einem üppig-grünen Tal gelegen. Kostenloses WLAN, Spät-Checkout und Zimmer mit sonnigen Terrassen. Dorm $33, DZ $86, mit Bad $120

Piha Domain Motor Camp, 21 Seaview Rd, ☏ 09 812 8815, 🖥 pihabeach.co.nz. Nur einen kurzen Bummel vom Strand entfernt, mit Camping auf flachen Stellplätzen, einfachen Einrichtungen und einigen Wohnwagen und Cabins. Camping $13, Miet-Wohnwagen $50, Cabins $60

Piha Surf Shop, 122 Seaview Rd, ☏ 09 812 8723, 🖥 pihasurf.co.nz. Ein paar Kilometer vor dem Strand an der Zufahrtstraße nach Piha. Verschiedene rustikale Wohnwagen für Selbstversorger plus Cabins mit Plumpsklos und einer einzigen Gemeinschaftsdusche. Tolle Ausblicke auf den Strand in der Ferne. Wohnwagen und Cabins p. P. $30

ESSEN

Piha Bowling Club, beim Piha Domain Motor Camp, ☏ 09 812 8845. Dieses lockere Etablissement bietet das beste Abendessen im Ort. Nach der Registrierung am Eingang locken gutes Pubessen ($20–25) und billige Getränke. ◷ Mi–So 18–22 Uhr.

The Piha Café, 20 Seaview Rd, ☎ 09 812 8808, ⌨ thepihacafe.co.nz. Das einzige echte Café in Piha, locker, aber stilvoll, mit jeder Menge Platz drinnen und draußen. Crêpes mit frischem Obst ($14), Gemüse-Polenta ($16,50), Rindsburger mit Rucola ($17), außerdem frische Backwaren und guter Kaffee. ⏲ Mi und Do (im Jan und Feb auch Mo und Di) 9–16, Fr, Sa und So 9–19 Uhr.

Piha Surf Lifesaving Club, 23 Marine Parade South, oberhalb des South Piha Beach, ☎ 022 424 7442. Hier kann man auch essen, aber eigentlich ist es das perfekte Plätzchen für ein Sonnenuntergangsbier. Am Eingang registrieren. ⏲ Sommer Mo–Fr 17–22, Sa und So 12–22, Winter Fr 16–22, Sa und So 12–22 Uhr.

Te Henga

Der Strand von **Te Henga** (ehemals Bethells Beach), 27 km nordwestlich des Arataki Visitor Centre, ist nicht so wildromantisch wie der von Karekare, Piha oder Muriwai und hat entsprechend weniger Zulauf; deshalb er im Sommer ein gutes Plätzchen, um den Menschenmassen zu entkommen. Es gibt hier keine Läden, aber einen Surfclub und luxuriöse Unterkunft in den drei **Bethells Beach Cottages**, ☎ 09 810 9581, ⌨ bethellsbeach.com. Die künstlerisch angehauchten Cottages für Selbstversorger liegen auf einem Hügel gleich hinter den Dünen und bieten tolle Ausblicke aufs Meer. Whirlpool und ganzheitliche medizinische Anwendungen sind erhältlich, Proviant muss man mitbringen. $290

Muriwai

Muriwai, der größte Strandort der West Coast, liegt 15 km nördlich von Piha und 15 km südwestlich von Huapai. Auch hier schlägt das Meer hohe Wellen und der herrliche Strand erstreckt sich gar über 45 km gen Norden. Die größte Attraktion findet sich aber am Südende des Strands, wo eine **Brutkolonie Australischer Tölpel** die kleine Motutara Island und Otakamiro Point, die Landzunge zwischen dem Hauptstrand und der Surferbucht Maori Bay, bevölkert. Üblicherweise bevorzugen die Tölpel den Schutz von Inseln – Muriwai ist einer der wenigen Orte, wo sie auch auf dem Festland nisten. Von verschiedenen Plattformen kann man die Tiere hervorragend beobachten. Die Aussichtspunkte sind über kurze Wege in der Nähe des Surfclubs und von der Straße zur Maori Bay zu erreichen.

Muriwai Beach Motor Camp, 451 Motutara Rd, ☎ 09 411 9262, ⌨ muriwaimotorcamp.co.nz. Schattiger, großzügiger Campingplatz hinter den Dünen. Stellplätze mit Stromanschlus und warmen Duschen (mit $0,50-Münzen), Küche, Waschküche, kleine Lounge. Camping $14

Sand Dunz Café, 455 Motutara Rd, ☎ 09 411 8558. Gutes Café mit Sandwiches und Salaten, Standard-Frühstücks- und Mittagsangebot (zumeist $12–18, bis 16 oder 17 Uhr) sowie Burgern und Pommes zum Mitnehmen. ⏲ tgl. April–Sep 7.30–16 (Takeaways bis 17 Uhr), Okt–März 7.30–19.30 Uhr.

Nördlich von Auckland

40 km nördlich des Stadtzentrums von Auckland gehen die Vororte in die **Hibiscus Coast** über, die bei Pendlern und Ruheständlern immer beliebter wird. Im Zentrum der Region liegen die verstädterte **Whangaparaoa Peninsula** und der nichtssagende Strandort **Orewa**, den man heutzutage normalerweise auf der Nord-Autobahn umfährt. Gleich nördlich davon locken die heißen Quellen von **Waiwera**, die Strand- und Barbecue-Freuden des **Wenderholm Regional Park** und das traditionsreiche Dorf **Puhoi**.

Hinter Puhoi beginnt die Region **Northland**; der erste größere Ort ist Warkworth (S. 208).

Orewa und die Whangaparaoa Peninsula

Der schönste Strand der Hibiscus Coast ist der 3 km lange Sandstreifen bei der Rentner- und Schlafsiedlung **Orewa**, die vom markanten zwölfstöckigen Nautilus-Apartmenthaus überragt wird. Der ruhige Ort bietet reichlich Gelegenheit zum Schwimmen und Sonnenbaden – für Reisende mit eigener Ausrüstung auch zum Kitesurfen –, und manchmal verleiht auch jemand Standup-Paddleboards. Er ist der beste Stützpunkt zur Erkundung der Region, da sich hier die meisten Unterkünfte und Restaurants finden.

Südlich von Orewa ragt die **Whangaparaoa Peninsula** 12 km in den Hauraki Gulf hinein und erstreckt sich bis zur Gulf Harbour Marina. Hier starten die Boote zum schönen Vogelschutzgebiet Tiritiri Matangi (S. 203).

Shakespear Regional Park

20 km südöstlich von Orewa ▪ ⏱ tgl. Okt–März 6–21, April–Sep 6–19 Uhr

An der Spitze der Whangaparaoa Peninsula liegt der **Shakespear Regional Park**, ein nettes Plätzchen, um schwimmen zu gehen und zu campen. Bei Spaziergängen durch den aufgeforsteten Wald kann man Ziegensittiche, Makomakos und Tuis sichten. Ein raubtiersicherer Zaun soll das Gebiet schützen, und nach umfangreichen Maßnahmen zur Ausrottung von Schädlingen im Jahr 2011 wird die Vogelpopulationen vermutlich wieder wachsen.

ÜBERNACHTUNG

Orewa Backpackers Lodge, 2d Hammond Ave, Hatfields Beach, 2 km nördlich, ☎ 09 26 8455, 🖥 orewabackpackers.co.nz. Kleines, schönes Hostel mit Doppel-, 2-Bett- und 4-Bett-Zimmern sowie einem Dorm mit 8 Betten. Garten mit Bananen- und Feigenbäumen. Gute Einrichtungen. Dorms $30, DZ $60

Orewa Beach Top 10 Holiday Park, 265 Hibiscus Coast Hwy, ☎ 09 426 5832, 🖥 orewabeachtop 10.co.nz. Sehr guter Campingplatz am Strand. Camping $19, am Wasser $22, Cabins $57, mit Küche $74, Tourist Cabins $96

Pillows Travellers Lodge, 412 Hibiscus Coast Hwy, ☎ 09 426 6338, 🖥 pillows.co.nz. Zentral gelegene und gemütliche Backpacker-Herberge mit einem Klavier im Aufenthaltsraum. Dorms $25, DZ $50, mit Bad $65

Shakespear Regional Park, Whangaparaoa Rd, ☎ 09 366 2000, 🖥 aucklandcouncil.govt.nz. Große Rasenfläche zum Campen in einem Tierschutzgebiet in der Nähe eines tollen Bade-

Die Northern Gateway Toll Road

Gleich landeinwärts von Orewa wird die Autobahn Richtung Norden auf den letzten 5 km vor Puhoi mautpflichtig. Wer sich die Maut ($2,20) sparen will, muss bei Silverdale von der Autobahn abfahren und die Küstenstraße durch Orewa nehmen, was die Fahrt nur um zehn Minuten verlängert.

Die Mautstraße hat keine Mauthäuschen mit Personal, sondern wird von Kameras überwacht, die die Nummernschilder registrieren. Am günstigsten bezahlt man online, 🖥 toll road.govt.nz, entweder vorher oder bis zu fünf Tage nach der Fahrt, man kann aber auch die Mautautomaten an der Straße (in Richtung Norden in der BP-Tankstelle; in Richtung Süden an einer kleinen Haltebucht) benutzen ($0,40 extra) oder telefonisch ($3,70 extra) unter ☎ 0800 402 020, ⏱ Mo–Sa 8–18 Uhr, zahlen. Dabei muss man sein Autokennzeichen angeben.

strands. Fließendes Wasser, Spültoiletten; Wohnmobile erlaubt. Buchung dringend zu empfehlen. $10

Villa Orewa, 264 Hibiscus Coast Hwy, ☎ 09 426 3073, 🖥 villaorewa.co.nz. Schickes B&B in einem mediterran anmutenden weißen Haus. Großzügige Zimmer mit Strandblick vom Balkon und leckeres Frühstück. Restaurants in der Nähe, auf Anfrage ist auch Abendessen erhältlich. $210

Waves, 1 Kohu Rd, beim Hibiscus Coast Hwy, ☎ 0800 426 6889, 🖥 waves.co.nz. Das vornehmste Motel des Orts, nur ein paar Schritte vom Strand, mit Fußbodenheizung und stilvoller Einrichtung. Bester Ausblick von den „Premium"-Zimmern. $180, Premium $210

ESSEN

Kippers Takeaway, 292 Hibiscus Coast Hwy, ☎ 09 426 3969. Bester Fish-'n'-Chips-Laden der Gegend. Fisch $4–6 pro Stück, Lusty Burger mit Steak und Pilzen $10. ⏱ Mo–Mi und So 11.30–19.30, Do–Sa 11.30–20 Uhr.

Oliver's, 340 Hibiscus Coast Hwy, ☎ 09 421 1156. Relaxtes Café mit verlockendem Angebot an kleinen Speisen wie süßen und herzhaften Muffins, dazu z. B. sautierte Pilze und Rührei auf Focaccia ($14) oder Rindfleischburger mit Zwiebeln ($17). Kostenloses WLAN. ◷ tgl. 7–17 Uhr.

The Pioneer, 9 Tamariki Ave, unter dem Nautilus, ✆ 09 421 1053. Die verlässlichste Option für ein Abendessen stellt dieser etwas noblere Pub dar. Hervorragender Tintenfisch ($17) und jede Menge Tagesangebote; dazu gibt's Monteith's vom Fass. ◷ tgl. 12–22 Uhr oder später.

INFORMATIONEN

i-SITE Visitor Centre, 214a Hibiscus Coast Hwy, ✆ 09 426 0076, 🖥 orewabeach.co.nz. ◷ Mo–Fr 9–17, Sa und So 10–16 Uhr.

TRANSPORT

Die **Busse** Nr. 893–896 aus AUCKLAND (11x tgl., 1 Std.; alle von North Star) fahren ab 13 Albert St im Zentrum von Auckland und halten an verschiedenen Orten. Die teureren InterCity- und Northliner-Busse Richtung Northland halten an der Ecke Hibiscus Coast Hwy und Riverside Rd im Ortszentrum von Orewa.

Waiwera

Die Küstenstraße führt durch das von Ferienhäusern und Seniorenanlagen flankierte Hatfields Beach bis ins 6 km entfernte **Waiwera**, wo die Maori einst Löcher in den Sand buddelten, um in den Genuss der natürlichen heißen Quellen zu gelangen.

Waiwera Thermal Resort

21 Waiwera Rd ▪ ◷ Mo–Do und So 9–21, Fr und Sa 9–22 Uhr; Filme tgl. 16 und 19 Uhr ▪ Eintritt Erw. $26, Kinder $15 ▪ ✆ 09 427 8800, 🖥 waiwera.co.nz
Heute genießt man die Badefreuden im **Waiwera Thermal Resort**, einem Riesenkomplex mit Wasserrutschen und diversen Innen- und Außenpools, die zwischen 24 und 40 °C warm sind. Wer will, kann sich hier mit allen möglichen Wellness-Behandlungen und Massagen verwöhnen lassen und Holzofenpizza, Burger und

Eiscreme essen. Besucher, die in der Gegend übernachten, sollten bei der Unterkunft nach dem Rabatt für temporäre Anwohner fragen.

Wenderholm Regional Park

SH1, 2 km nördlich von Waiwera ▪ ◷ tgl. Okt–März 6–21, April–Sep 6–19 Uhr; Kajakverleih: Weihnachten bis Mitte Jan tgl., Mitte Jan–Feb nur Sa und So ▪ Eintritt frei; Kajaks $25/Std.
Der **Wenderholm Regional Park** erstreckt sich zwischen der Mündung des Puhoi River und einem ausgedehnten Sandstrand. Es gibt hier per Münzeinwurf betriebene Grills und kalte Duschen. Drei Stunden vor und nach Tidehochwasser werden Sit-on-top-Kajaks verliehen. Wanderwege von 20 Min. bis 2 Std. Länge winden sich durch Nikaupalmenhaine voller Vögel zu einem Aussichtspunkt auf der Landzunge.

Couldrey House Museum

◷ Weihnachten bis Ostern tgl.13–16, Ostern bis Weihnachten Sa und So 13–16 Uhr ▪ Eintritt $3 ▪ ✆ 09 528 3713, 🖥 historiccouldreyhouse.co.nz
Das Couldrey House liegt im Strandhaus aus den 1860er-Jahren und diente einst als Winterquartier. Das häufig umgebaute Haus ist heute wieder größtenteils im Stil der damaligen Zeit eingerichtet.

ÜBERNACHTUNG UND ESSEN

Wendorholm Regional Park, SH1, 1 km nördlich von Waiwera, ✆ 09 366 2000. Camper können auf einem 24 Std. geöffneten Zeltplatz an der Flussmündung mit Wasserversorgung und Toiletten nächtigen. Wohnmobile dürfen für eine Nacht auf dem Hauptparkplatz abgestellt werden (Zufahrt nur, wenn die Parktore geöffnet sind); auch hier sind Toiletten vorhanden. Registrierung bei Ankunft über das Telefon am Parkplatz oder unter ✆ 09 301 0101. Camping $10, Wohnmobile p. P. $5

Puhoi

Das winzige Dörfchen **Puhoi**, 6 km nördlich von Waiwera, wurde von erzkatholischen böhmischen Einwanderern gegründet, die 1863 aus Egerland (damals Österreich-Ungarn, heute

Tschechische Republik) herkamen. Der Boden hier war so karg, dass die Siedler ihren Lebensunterhalt durch Holzfällerei aufbessern mussten. Aber sie hielten durch, und auch heute noch wird in der hölzernen **Peter-und-Pauls-Kirche** von 1881 die katholische Messe gelesen.

Gegenüber bietet Puhoi River Canoe Hire, 📞 09 422 0891, 🖥 puhoirivercanoes.co.nz (Reservierung erforderlich), leichte körperliche Betätigung in Form von **Kajak- oder Kanutouren**. Man kann von hier aus auf eigene Faust flussabwärts nach Wenderholm paddeln (2 Std., $50, inkl. Abholung); 🕐 Sep–Mai tgl.

Puhoi Bohemian Museum

🕐 Weihnachten–Ostern tgl. 13–16, Ostern–Weihnachten Sa, So und Schulferien 13–16 Uhr ▪ Eintritt $3 ▪ 📞 027 211 0316, 🖥 puhoi historicalsociety.org.nz

Die meisten Reisenden statten nur dem Pub einen Besuch ab, dabei ist auch das **Puhoi Bohemian Museum** in der früheren Klosterschule einen Blick wert, vor allem das historische Modell des Dorfs; es zeigt Puhoi, wie es um 1900 aussah.

ESSEN UND UNTERHALTUNG

Puhoi Pub, Puhoi Rd, 📞 09 422 0812, 🖥 puhoipub.co.nz. Echter Kiwi-Pubklassiker von 1879: Der Schankraum ist mit zahlreichen Fotos und Erinnerungsstücken aus der Zeit der frühen Siedler geschmückt, u. a. mit den Hörnern berühmter Ochsengespanne, die bei der Rodung des dichten Waldes eingesetzt wurden. Bier und Speisen – Fish 'n' Chips ($18), Rindfleisch-Nachos ($15) – sind eher durchschnittlich, interessant ist aber, das Kommen und Gehen im Biergarten zu beobachten. 🕐 tgl. 10–22 Uhr oder später.

📷 **Puhoi Valley Café & Cheese Store,** 275 Ahuroa Rd, rund 3 km nördlich, 📞 09 422 0671, 🖥 puhoivalley.co.nz. Gratis-Verkostung von köstlichem Käse, sämiger Eiscreme und Sorbets mit Waldbeeren, alles vor Ort gefertigt. Aber auch das Café lohnt einen Besuch. Schöne Terrasse mit Blick auf bewaldete Hügel. 🕐 tgl. 9–17 Uhr.

Südöstlich von Auckland

Reisende mit weniger Zeit, die Richtung Süden unterwegs sind, fahren meist auf direktem Wege nach Hamilton oder biegen bei Pokeno nach Thames und zur Coromandel Peninsula ab – und verpassen auf diese Weise die bescheidenen Attraktionen der **Hunua Ranges** und der **Seabird Coast**. Besonders für Fahrradfahrer eignet sich die Küstenstraße von Aucklands Stadtzentrum über Tamaki Drive, Panmure, und Howick bis zum Küstenort Clevedon.

Selbst die Tagesausflügler aus Auckland lassen die älteren, sanfter gerundeten Hunuas meist zugunsten der ökologisch vielfältigeren Waitakeres links liegen, dabei gibt es hier ein paar nette Wanderwege, vor allem rund um die **Hunua Falls**. Interessanter ist aber **Miranda** weiter südlich mit optimalen Aussichten für Vogelbeobachter und einem Thermalbad.

Hunua Falls

50 km südöstlich von Auckland

In den 700 m hohen **Hunua Ranges** regnet es viel. Die Niederschläge fließen durch eine Kette von vier Stauseen ab, die über 50 % des Wasserbedarfs der Stadt decken. Der Wald rund um die Stauseen wurde einst von Kauri-Holzfällern abgeholzt, hat sich aber inzwischen weitgehend erholt und bietet einen Lebensraum für Vögel, die sich in der Stadt nur selten blicken lassen.

Die Hauptattraktion sind die **Hunua Falls**, ein 30 m hoher Wasserfall 20 km südöstlich des Stadtzentrums von Auckland. Hier hat sich der Wairoa River sein Bett durch den Krater eines alten Vulkans gegraben. Besucher können sich ins kühle Nass stürzen oder den **Cossey/Massey-Rundwanderweg** (3 Std., 5 km) in Angriff nehmen. Er folgt dem Massey Track bis zum Stausee Cosseys Dam und führt dann über den Cosseys Gorge Track wieder hinunter zum Wasserfall.

Miranda Sea Bird Coast

Der Firth of Thames, ein Seitenarm des Hauraki Gulf, trennt den Süden Aucklands von der Coromandel Peninsula. Seine windumtoste Westküste besteht zum Teil aus übereinander abgelagerten Muschelbänken. Ein Großteil dieses Küstenstreifens wurde in Farmland verwandelt, aber es entstehen immer noch neue Muschelbänke, die man entlang der sogenannten **Seabird Coast** in Augenschein nehmen kann.

Fast ein Viertel aller bekannten Spezies küstenbewohnender Zugvögel besucht die Region. Im Sommer der Südhalbkugel (September bis März) sind hier arktische Zugvögel zu beobachten, die aus dem 15 000 km entfernten Alaska und Sibirien einfliegen.

Kaiaua

Das winzige Dorf Kaiaua besteht aus wenig mehr als einem Pub, einem Imbiss und einem kleinen Jachthafen, in dem sich ein halbes Dutzend Boote zwischen die Mangroven quetschen. Hier sieht es noch so aus wie in weiten Teilen des Landes vor einem halben Jahrhundert.

Miranda Shorebird Centre

283 East Coast Rd, 7 km südlich von Kaiaua ▪ ⏰ tgl. 9–17 Uhr, im Sommer oft länger ▪ Eintritt frei ▪ ✆ 09 232 2781, 💻 miranda-shorebird.org.nz

Das vorzügliche **Miranda Shorebird Centre** ist gewöhnlich belagert von begeisterten Vogelfreunden, die gar nicht mehr gehen wollen. Hier gibt es Tipps zu den interessantesten aktuellen Sichtungen und Beobachtungsplätzen, die an dem Spazierweg zum Aussichtspunkt (1 Std. hin und zurück) liegen. Außerdem werden viele gute Naturkundebücher angeboten, und es lockt eine Sonnenterrasse.

Miranda Hot Springs

Front Miranda Rd, 13 km südlich von Miranda ▪ ⏰ tgl. 9–21.30 Uhr ▪ Eintritt $13, private Whirlpools $15/Pers. für 30 Min., Kombiticket $23 p. P. ▪ ✆ 07 867 3187, 💻 mirandahotsprings.co.nz

Nur 20 Autominuten von Thames entfernt liegen die leicht alkalischen **Miranda Hot Springs** mit einem großen warmen Schwimmbecken (36–38 °C), einem kühleren Kinderbecken und Whirlpools aus Kauri-Holz (40–41 °C).

Südlich von Kaiaua gibt es ein beliebtes Plätzchen für Camper.

© ROUGH GUIDES

Kaiaua Fisheries, 939 East Coast Rd, Kaiaua, 📞 09 232 2776. Man kann im kleinen Restaurant speisen, aber schöner ist es, Fish 'n' Chips (ca. $7) zum Mitnehmen zu ordern und diese am Wasser zu verzehren. 🕐 tgl. 9–20.30 Uhr.

Miranda Holiday Park, Miranda Hot Springs, 📞 0800 833 144, 💻 mirandaholidaypark.co.nz. Erstklassiger Campingplatz mit separatem Zeltbereich, unterschiedlichen Cabins, Tennisplatz und schönen Mineralbecken. Camping $22, Tourist Cabins $145, Motel Units $195

Miranda Shorebird Centre, 283 East Coast Rd, 7 km südlich von Kaiaua, 📞 09 232 2781, ✉ miranda-shorebird.org.nz. Vogelfreunde können hier in 4- bis 6-Bett-Zimmern oder Units für Selbstversorger nächtigen. Gute Küche und sonnige Veranda. Proviant und Bettzeug mitbringen oder Letzteres für $5 leihen. Dorms $25, Units $85

Rays Rest Camping Reserve, 5 km südlich von Kaiaua. Wohnmobile mit Toilette dürfen bis zu zwei Nächte am Ufer parken (kostenlos). Wenn es hier voll ist, kampieren manche auch außerhalb des markierten Bereichs (was man aber tunlichst unterlassen sollte). Öffentliche Toiletten gibt es in Kaiaua.

Inseln im Hauraki Gulf

Aucklands größter Schatz ist der von Inseln übersäte **Hauraki Gulf**, ein 70 km² großer Meereseinschnitt nordöstlich der Stadt. Auf Maori bedeutet *hauraki* „Wind aus dem Norden" – tatsächlich aber liegt der Golf im Windschatten der Great Barrier Island, die ihn auch vor der Dünung des Ozeans schützt und dadurch optimale Bedingungen für Segler schafft. Die meisten von ihnen wollen über den Golf kreuzen oder angeln, aber wer zwischendurch gerne mal an Land geht, kann einige der 47 Inseln besuchen, die als Freizeitgebiete oder als Schutzgebiete für bedrohte Tierarten ausgewiesen sind (in letzterem Falle sind sie nur mit Permit zugänglich).

Am nächsten zu Auckland befindet sich das unbewohnte **Rangitoto**, ein flacher Lavakegel, dessen Erscheinungsbild die Hafenlandschaft bestimmt. Die bevölkerungsreichste Golf-Insel ist **Waiheke**, inzwischen praktisch ein Vorort für Pendler, mit sandigen Stränden und einigen guten Weingütern. Auf der benachbarten **Rotoroa Island** war Wein zeitweise streng verboten: Die Insel beherbergte früher ein Entzugszentrum der Heilsarmee; heute ist sie jedoch für Tagesbesucher zugänglich.

Viel urtümlicher als Waiheke erscheint **Great Barrier Island**, die größte der Golf-Inseln, die mit sandigen Surfstränden, Wanderpfaden durch hügeliges Gelände und ausgezeichneten Aussichten für Angler aufwartet.

Das Department of Conservation (DOC) gewährt bedingt Zugang zu einigen unter Schutz stehenden Inseln. So können Besucher während eines Tagesausflugs zum Eiland **Tiritiri Matangi** einige der seltensten Vogelspezies der Welt beobachten.

Rangitoto Island und Motutapu Island

Der niedrige Kegel von **Rangitoto Island**, 10 km nordöstlich des Stadtzentrums, ist für jeden Aucklander ein vertrauter Anblick. Doch nur wenige von ihnen haben schon mal einen Fuß auf die Insel gesetzt, die eine sonderbare Landschaft aus zerklüftetem schwarzem Lavagestein und den größten Pohutukawa-Wald der Welt besitzt. Gleich daneben liegt die geologisch ganz anders aufgebaute **Motutapu Island** („heilige Insel"), die mit Rangitoto durch einen schmalen Damm verbunden ist.

Ein Tagesausflug reicht, um die Atmosphäre von Rangitoto auf sich wirken zu lassen, die obligatorische Wanderung zum Gipfel zu absolvieren, der traumhafte Aussicht auf die Stadt und den Hauraki Gulf bietet, und noch ein paar Wanderwege zu erkunden. Wer länger bleiben will, kann sein Zelt auf dem schlichten Campingplatz an der Home Bay von Motutapu aufschlagen.

Geschichte

Rangitoto ist Aucklands jüngster und größter **Vulkan**. Vor rund 600 Jahren bahnte sich geschmolzenes Magma seinen Weg durch den

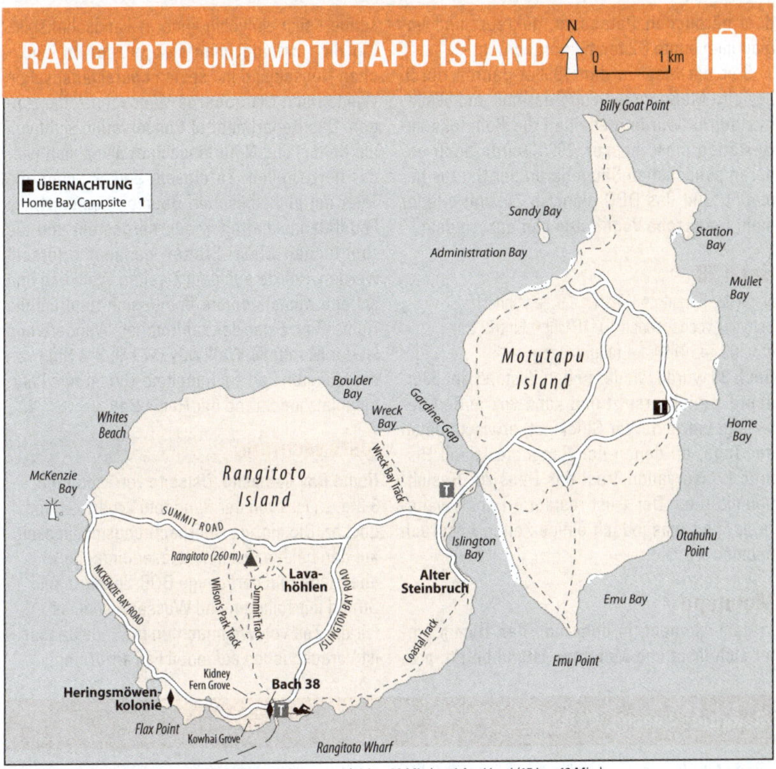

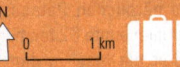
Billy Goat Point

ÜBERNACHTUNG
Home Bay Campsite **1**

Sandy Bay

Administration Bay

Station Bay

Mullet Bay

Motutapu Island

Boulder Bay

Wreck Bay

Gardiner Gap

Whites Beach

Wreck Bay Track

Home Bay

McKenzie Bay

Rangitoto Island

SUMMIT ROAD

Rangitoto (260 m)

Lava-höhlen

Alter Steinbruch

Islington Bay

Otahuhu Point

MCKENZIE BAY ROAD

Wilsons Park Track

Summit Track

ISLINGTON BAY ROAD

Coastal Track

Emu Bay

Emu Point

Kidney Fern Grove

Bach 38

Heringsmöwenkolonie

Flax Point

Kowhai Grove

Rangitoto Wharf

▼ *Fähre nach Devonport (12 km; 30 Min.) und Auckland (15 km; 40 Min.)*

Hauraki Gulf an die Erdoberfläche, was von den Motutapu-Maori beobachtet wurde, welche das Eiland nach dem atemberaubenden Spektakel, das seiner Entstehung vorausging, „blutroter Himmel" nannten.

Die Regierung kaufte Rangitoto im Jahr 1854 für 15 Pfund und nutzte es als militärischen Beobachtungsposten und **Arbeitslager** für Gefangene. Ab den 1890er-Jahren wurden einige Areale der Insel zum Kampieren verpachtet; auf ihnen entstanden alsbald ungenehmigte **baches**. Um 1937 gab es bereits über 100 dieser provisorischen Unterkünfte; danach wurde weiteren Neubauten ein gesetzlicher Riegel vorgeschoben. Erst in den letzten Jahren erkannte man den kulturellen Wert dieser einzigartigen Ansammlung von Häusern aus den 1920er- und 1930er-Jahren. Die schönsten Exemplare der verbliebenen 34 Häuschen wurden für die Nachwelt restauriert.

Flora und Fauna

Rangitotos geringes Alter, der fehlende Erdboden und das poröse Gestein schufen ungewöhnliche Voraussetzungen für die **Pflanzenwelt**. Da es nur wenige Insekten auf der Insel gibt, zieht es auch entsprechend wenige Vögel hierher, was eine unheimliche Stille zur Folge hat. Die extremen Lebensbedingungen haben zu einigen **botanischen Anomalien** geführt: Sowohl Epiphyten als auch Feuchtigkeit liebende Mangroven gedeihen direkt auf der Lava; in Meereshöhe findet man alpine Moose; und der Pohutukawa hat sich mit seinem nahen Verwandten, dem nördlichen Ratabaum, gekreuzt und unglaublich bunte Blüten hervorgebracht.

Seit die Insel in den 1990er-Jahren durch gezielte Maßnahmen von Possums und Wallabys befreit wurde, gedeihen die Pohutukawa-Bestände umso besser. 2009 wurde auch anderen schädlichen Säugetieren der Garaus gemacht, und das DOC plant, in Zukunft wieder mehr **heimische Vogelarten** hier anzusiedeln.

Bach 38

Nahe der Rangitoto Wharf ▪ ⏱ gewöhnlich Sommerwochenenden 10–16 Uhr ▪ Eintritt frei ▪ ☎ 09 445 1894, 🖥 rangitoto.org

Bach 38 wurde wieder in den Zustand der 30er-Jahre zurückversetzt und kann von außen besichtigt werden. Wer Glück hat, erwischt einen der Tage, an denen der Rangitoto Island Historic Conservation Trust das Haus zur Besichtigung öffnet. Der Trust restauriert noch weitere *baches,* was jedoch einige Zeit in Anspruch nehmen wird.

Motutapu

In dem Moment, in dem man den **Damm** hinter sich lässt und **Motutapu Island** betritt, präsentiert sich ein völlig anderes Landschaftsbild. Plötzlich befindet man sich wieder im ländlichen Neuseeland mit seinen charakteristischen Weiden und Macrocarpa-Windschutzpflanzungen. Das Department of Conservation sieht vor, die Kultur- und Naturlandschaft allmählich wieder herzustellen. Zu diesem Zweck sollen die Täler mit einheimischen Bäumen bepflanzt, die Feuchtlandschaften wiederhergestellt und die zahlreichen Maori-Stätten genauer erforscht werden. Relikte aus dem Zweiten Weltkrieg und schöne Küstengebiete finden sich rund um die Home Bay. Einer der zahlreichen Wanderwege ist der **Motutapu Walkway** (12 km, 3–4 Std.) von der Islington Bay am Rangitoto-Damm zum Campingplatz am Strand der Home Bay.

ÜBERNACHTUNG

Home Bay Campsite, Ostseite von Motutapu, 3 Std. zu Fuß von der Rangitoto Wharf, 🖥 doc.govt.nz. Die einzige Übernachtungsmöglichkeit auf den beiden Inseln ist dieser einfache, aber nette und geräumige DOC-Zeltplatz am Strand mit Toiletten und Wasseranschluss. Für die Zeit von Weihnachten bis Ende Januar ist Vorausbuchen auf jeden Fall anzuraten.

Rangitoto Summit Walk

Rangitoto Island lässt sich am schönsten zu Fuß erkunden – wobei man bedenken sollte, dass das Terrain zwar nicht besonders steil, aber schwierig ist, und einem die Hitze bei einer Wanderung über die schwarze Lava ordentlich zu schaffen machen kann. Die besten Routen sind daher diejenigen, die den Gipfel über schattige Pfade erreichen.

Zu den beliebtesten Wanderwegen gehört der im Uhrzeigersinn begangene **Summit/Coastal Loop Track** (12 km, 5–6 Std., 260 Höhenmeter) im südöstlichen Teil der Insel. Der Pfad beginnt links hinter den Toiletten an der Rangitoto Wharf, wo man den Schildern zum **Kowhai Grove** folgt, einem für Rangitoto typischen Buschgebiet mit vielen Kowhai-Bäumen, die im September leuchtend gelb blühen. Von hier biegt man nach rechts in die Küstenstraße ab, die von der Rangitoto Wharf kommt, und dann wieder nach links Richtung **Kidney Fern Grove** mit ungewöhnlichen Miniatur-Farnen. Der viel begangene **Summit Track** führt nun durch teilweise dichten Pohutukawa-Wald nach oben. Nach etwa drei Vierteln des Wegs kann man einen Abstecher zu **Lavahöhlen** machen (20 Min. hin und zurück), die sich in die Seite des Vulkans hineingegraben haben. Wieder zurück auf dem Hauptpfad ist nach kurzer Zeit der **Gipfel** erreicht, wo ein ehemaliger Beobachtungsstand des Militärs herrliche Ausblicke auf Auckland und den Hauraki Gulf erlaubt.

Dann geht es nordwärts bis zur Ost-West-Straßenverbindung der Insel und auf dieser bis zur Islington Bay. Der **Coastal Track** führt von hier zunächst entlang der Bucht gen Süden und kürzt dann durchs Inland – und einige stille Wäldchen – ab, bis er wieder den Ausgangspunkt der Wanderung, die Rangitoto Wharf, erreicht.

Fähren von Fullers benötigen 25 Min. von AUCKLAND bis zur Rangitoto Wharf (3–4x tgl.; $27 hin und zurück), die meisten Fähren halten auch in Devonport. Wer samstags oder sonntags mit der Fähre um 7.30 Uhr fährt, zahlt hin und zurück nur $15.

Besucher sollten vor der Tour ihre Taschen auf blinde Passagiere untersuchen (auf diese Weise sind wirklich schon Mäuse hergelangt) und ihre Schuhe von Samen reinigen, um keine invasiven Unkräuter einzuschleppen.

Es gibt zwar öffentliche **Toiletten** und einen von der Sonne erwärmten **Salzwasser-Pool**, der bei Flut auf natürliche Weise gefüllt wird und vor allem für Kinder ein herrliches Badevergnügen verspricht. Ansonsten gibt es aber keinerlei Einrichtungen auf Rangitoto – man muss also alles mitbringen, was man braucht – so auch stabile Schuhe zum Schutz vor den scharfkantigen Felsen, eine Kopfbedeckung gegen die Sonne und einen Regenschutz. Wer wandern möchte, sollte viel Trinkwasser sowie eine Taschenlampe für die Lavahöhlen mitnehmen.

Der **Motutapu Restoration Trust**, 🖳 motutapu.org.nz, organisiert Tagesausflüge für freiwillige Naturschutzhelfer (meistens 1., 3. und 5. So des Monats). Dabei wird 4–5 Std. lang Unkraut vernichtet und es werden Setzlinge gepflanzt. Eine Fähre ($21 hin und zurück) bringt Teilnehmer direkt zur Home Bay.

Fullers Volcanic Explorer Tour (2 Std., $58 inkl. Fährticket), mit dieser Tour erspart man sich den Aufstieg zum Gipfel. Mit einem von einem Traktor gezogenen Wagen wird ein staubiger, aber sehr informativer Trip zum Gipfel absolviert, wobei die letzten 900 m auf einem Plankenweg zu Fuß zurückgelegt werden.

Waiheke Island

Das ländliche **Waiheke**, 20 km östlich von Auckland, ist die zweitgrößte der Golf-Inseln und die bei weitem bevölkerungsreichste, besonders an den Sommerwochenenden, wenn Ausflügler die Einwohnerzahl von 8000 auf gut das Vierfache steigen lassen. Der Verkehr verläuft jedoch nicht nur in eine Richtung, denn dank der schnellen und häufigen Fährverbindungen pendelt ein immer größerer Anteil der Inselbevölkerung täglich zur Arbeit oder zur Schule in die Stadt. Dennoch ist Waiheke mit seinen Sandstränden an der Nordküste und einigen hervorragenden Weingütern sehr beliebt bei Besuchern aus Übersee, die sich an diesem friedlichen Ort gern vom Jetlag erholen oder hier vor dem Heimflug noch ein paar faule Tage verbringen.

Die meisten Bewohner von Waiheke leben rund um **Oneroa**, wo es die meisten Cafés und Restaurants gibt. Hier kann man auch baden, aber Besucher steuern vorwiegend andere Teile der Insel an. Die schönsten Strände liegen östlich von Oneroa: In der fast kreisrunden **Enclosure Bay** kann man herrlich schnorcheln, am **Palm Beach** lässt es sich gut schwimmen und **Onetangi** zieht die Surfer an. Weiteren Zeitvertreib versprechen kurze, aber oft steile **Wanderwege** um Buchten und über Landzungen rund um die Insel, Weinkellereien oder, für Aktive, Kajaktouren und Segeltörns.

An den **Sommerwochenenden** und den ganzen Januar hindurch wimmelt die Insel von Aucklandern, die herkommen, um auszuspannen und in den Restaurants und Bars zu dinieren – häufig bei Livemusik. Unter der Woche geht es ruhiger zu, aber dann bleiben auch manche Weinkellereien und Künstlerateliers geschlossen, und Touren lassen sich auch schwieriger organisieren.

Geschichte

Zu den **ersten Europäern**, die ihren Fuß auf Waiheke Island setzten, gehörte **Samuel Marsden**, der 1818 hier predigte und bei Matiatia eine Mission gründete. Danach durchlief das Eiland die übliche Abfolge von Abholzung der Kauri-Bäume, Kauri-Harz-Gewinnung und Landrodung für Farmen. Schließlich begann die wunderschöne Küstenlandschaft als Ort für opulente Picknicks an Beliebtheit zu gewinnen und ganze Bootsladungen vornehm gekleideter Viktorianer überschwemmten Waiheke.

Mit der Erschließung ging es anfangs nur langsam voran, aber die billigen Grundstücke

WAIHEKE ISLAND

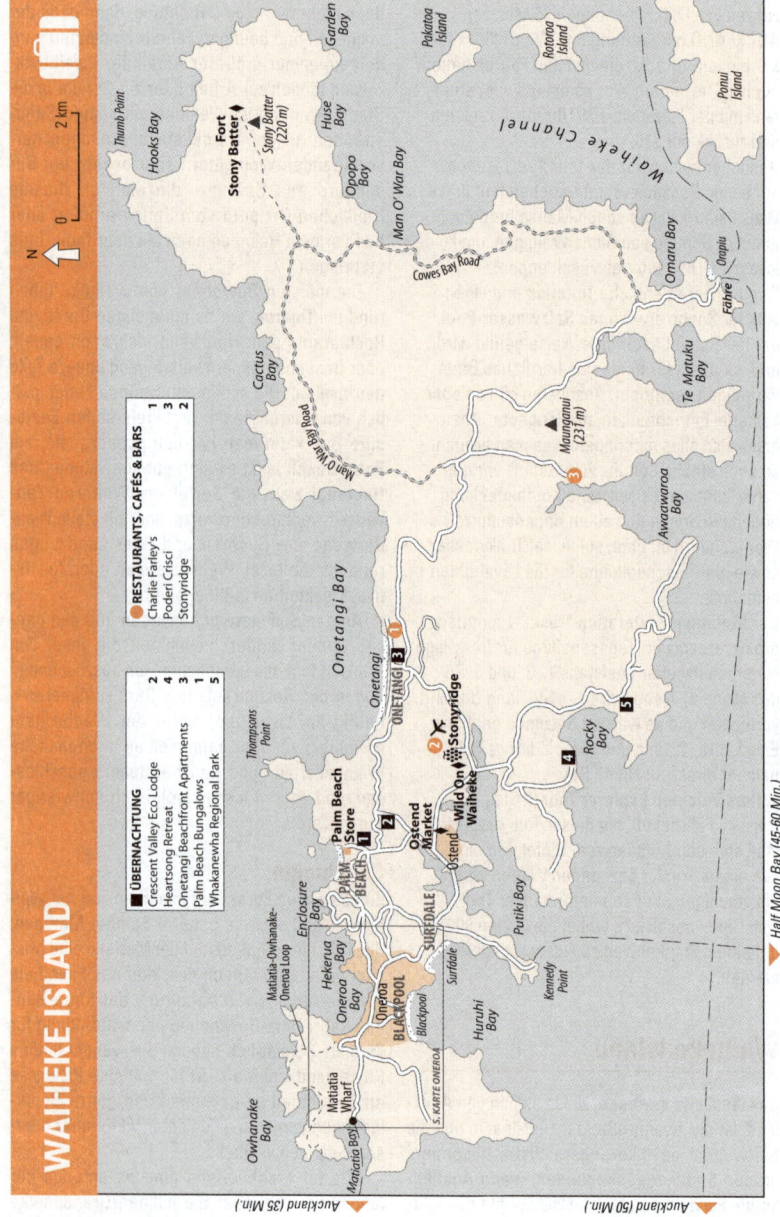

Coromandel (1 Std. 10 Min.) ▲

Waiheke Channel

Thumb Point
Hooks Bay
Garden Bay
Huse Bay
Palatoa Island
Rotoroa Island
Ponui Island
Opopo Bay
Man O' War Bay
Omaru Bay
Onapiu
Fähre
Te Matuku Bay

Fort Stony Batter
Stony Batter (220 m) ♠

Cowes Bay Road

Cactus Bay

Man O' War Bay Road

Maunganui (231 m) ▲

Awaawaroa Bay

RESTAURANTS, CAFÉS & BARS

Charlie Farley's	1
Poderi Crisci	3
Stonyridge	2

ÜBERNACHTUNG

Crescent Valley Eco Lodge	2
Heartsong Retreat	4
Onetangi Beachfront Apartments	3
Palm Beach Bungalows	1
Whakanewha Regional Park	5

Onetangi Bay

Thompsons Point

Onetangi

ONETANGI
Palm Beach Store
Ostend Market
Ostend
Wild On Waiheke
Stonyridge

Rocky Bay

Putiki Bay

PALM BEACH
Enclosure Bay

SURFDALE

Matiatia-Owhanake-Onetea Loop

Hekerua Bay
Oneroa Bay
ONEROA
BLACKPOOL
Blackpool
Surfdale

Kennedy Point

Huruhi Bay

Owhanake Bay

Matiatia Wharf
Matiatia Bay

S. KARTE ONEROA

N
0   2 km

◀ Auckland (35 Min.)

◀ Auckland (50 Min.)

Half Moon Bay (45–60 Min.) ▶

zogen alsbald **Maler und Kunsthandwerker** nach Waiheke. Andere folgten, als die Verbindungen von Auckland immer besser und schneller wurden.

Oneroa und Umgebung

Waihekes größte Ortschaft **Oneroa** erstreckt sich über eine schmale Landenge zwischen der sandigen Oneroa Bay und dem seichten Blackpool Beach. Die Hauptstraße führt am i-SITE, mehreren Cafés und Restaurants, der Bibliothek und einem Kino vorbei.

Einer der schönsten **Wanderwege** der Insel ist der Rundweg Matiatia–Owhanake–Oneroa (2–3 Std., viel Auf und Ab). Er führt an abgeschiedenen Stränden und Landzungen vorbei, an denen einige der schönsten modernen Villen Neuseelands verstreut stehen.

Whittaker's Musical Experience
2 Korora St ▪ ⏱ tgl. 13–16 Uhr; Vorführungen Sa 13.30 Uhr ▪ Eintritt frei; Vorführungen $12,50 ▪ ✆ 09 372 5573, ⌨ musicalmuseum.org
Die einzige Sehenswürdigkeit in Oneroa ist das etwas exzentrische Whittaker's Musical Experience, ein Raum voller Flageolette, Akkordeons, mechanischer Klaviere, Xylophone usw., einige davon 200 Jahre alt. Auf den meisten dürfen die Besucher auch spielen; ab und an gibt es Klangdarbietungen von Profis.

Ostend Market
Ostend Hall, Ostend Rd, Ecke Belgium St ▪ ⏱ Sa 8–12 Uhr
Die Hauptstraße von Waiheke windet sich von Oneroa aus gen Osten durch die benachbarten Siedlungen Little Oneroa, Blackpool und Surfdale bis nach **Ostend**. Der Ort, der als Gewerbegebiet der Insel fungiert und fernab aller attraktiven Strände liegt, ist eigentlich nur wegen des **Ostend Market** interessant: mit Bioprodukten, Kunst und Kunsthandwerk, Imbissständen, Massagen, Irisdiagnostik und heimischen Unterhaltungskünstlern.

Stonyridge Winery
80 Onetangi Rd ▪ ⏱ tgl. 11.30–17 Uhr; Führung und Weinprobe Sa und So 11.30 Uhr ▪ Führung $10 ▪ ✆ 09 372 8822, ⌨ stonyridge.co.nz

Auf Waiheke gibt es einige renommierte Weingüter. Eines der besten ist **Stonyridge**, dessen liebevoll gepflegte Bio-Weingärten den Larose hervorbringen, einen von Neuseelands Weltklasse-Rotweinen im Bordeaux-Stil. Die meisten Jahrgänge sind schon vor der Flaschenabfüllung ausverkauft (zu rund $220/Flasche); oft gibt es nur noch begrenzte Kontingente direkt in der Kellerei zu kaufen. Am Wochenende findet eine unterhaltsame **Führung mit Weinprobe** statt. Im Restaurant (S. 194) werden die Weine per Glas angeboten (der Larose für $46 das Glas).

Palm Beach und Onetangi
Palm Beach liegt 4 km östlich von Oneroa ▪ Onetangi liegt 9 km östlich von Oneroa
Palm Beach beansprucht ein ordentliches Stück der Nordküste. Die Häuser ziehen sich bis zum Sandstrand hinunter, der durch eine Handvoll Felsen von der Nacktbadezone am westlichen Ende getrennt ist. Der längste und am wenigsten geschützte Strand der Insel ist der **Onetangi Beach**, im Sommer gleichermaßen beliebt bei Surfern und Badenden und von Zeit zu Zeit Austragungsort von Pferderennen (üblicherweise Mitte März).

Stony Batter Historic Reserve und Fort Stony Batter
Stony Batter Historic Reserve ⏱ rund um die Uhr, Eintritt frei ▪ Fort Stony Batter ⏱ gewöhnlich tgl. 10–15 Uhr, aber am besten vorher anrufen ▪ Eintritt $8, Führung $15; nur Barzahlung ▪ ✆ 027 305 2772
Östlich von Onetangi gibt es kaum noch Häuser, sondern bloß offenes Farmland, Weingärten und das frei zugängliche **Stony Batter Historic Reserve**, eine Ansammlung von Verteidigungsanlagen aus dem Zweiten Weltkrieg am Nordostzipfel der Insel, 23 km von Matiatia Wharf. Vom Parkplatz sind es 20 Minuten zu Fuß bis zum Reserve, wo man herumwandern oder das **Fort Stony Batter** erkunden kann, ein Labyrinth aus Betontunneln und Geschützstellungen. Besucher können die Anlage mit einer mitgebrachten oder vor Ort ausgeliehenen ($5) Taschenlampe auf eigene Faust erkunden oder sich einer anschaulichen Führung anschließen. Stony Batter wird von mehreren Insel-Tourbussen angefahren.

ÜBERNACHTUNG

Unterkünfte gibt es reichlich; nur in den drei Wochen nach Weihnachten und an Sommerwochenenden kann es eng werden. Oneroa verfügt über gute Busverbindungen, Geschäfte und Restaurants, doch viele Besucher quartieren sich lieber an ruhigeren **Stränden** wie Palm Beach oder Onetangi ein. Viele Unterkünfte verlangen am Freitag/Samstag zwei Nächte Mindestaufenthalt oder einen Aufschlag für Einzelübernachtungen.

Oneroa und Little Oneroa

Fossil Bay Lodge, 58 Korora Rd, Oneroa, ℡ 09 372 8371, ⌨ fossilbay.webs.com; Karte S. 193. Ein paar zwanglose Hütten 5 Min. zu Fuß von einem so gut wie privaten Strand, auf einer Bio-Farm 1 km außerhalb des Orts. 1er-Cabin $40, 2er-Cabin $75

Hekerua Lodge, 11 Hekerua Rd, Little Oneroa, ℡ 09 372 8990, ⌨ hekerualodge.co.nz; Karte S. 193. Friedliche Backpacker-Herberge mit Pool im Busch, 10 Min. zu Fuß von Oneroa. Auch einige Gästezimmer und eine Unit für Selbstversorger. Camping $18, Dorms $30–36, DZ $86, 7-Personen-Unit $270

Punga Lodge, 223 Ocean View Rd, Little Oneroa, ℡ 09 372 6675, ⌨ punga lodge.co.nz; Karte S. 193. Nettes und sehr gastfreundliches B&B, schön gelegen inmitten von Busch und nahe dem Oneroa Beach. Die hilfreichen Inhaber halten ihre Gäste mit Tee und frisch gebackenen Muffins bei Laune. Übernachtung in komfortablen, geräumigen DZ mit Bad und Veranda oder in einem der 4 Selbstversorger-Apartments unterschiedlicher Größe. Whirlpool, günstige Preise außerhalb der Saison. Betreibt auch die nahe gelegene Tawa Lodge, die über preisgünstige B&B-Zimmer mit Gemeinschaftsbad sowie ein komfortables Apartment mit herrlichem Meerblick verfügt. Fährtransfer möglich. Zimmer ohne Bad $120, B&B-Zimmer $145, Gartenzimmer $165, Apartments $200

Onetangi

Onetangi Beachfront Apartments, 27 The Strand, ℡ 0800 663 826, ⌨ onetangi.co.nz; Karte S. 190. Schicke Motel-Apartments, die nur durch eine Straße vom Onetangi Beach getrennt sind. Selbstversorger-Unterkünfte mit Sky TV und DVD-Spielern, kostenloser Sauna- und Whirlpoolnutzung. Kajakverleih. Apartments $170, am Strand $210

Palm Beach und Umgebung

Crescent Valley Eco Lodge, 50 Crescent Rd, ℡ 09 372 4321, ⌨ waihekeecolodge.co.nz; Karte S. 190. Reizende Lodge im Busch, 20 Min. zu Fuß von Palm Beach. 2 große Zimmer, jeweils mit eigener Küche, Bad, Essbereichen drinnen und draußen. Warmes Badebecken zum Relaxen unterm Sternenhimmel. Dazu gibt es auf Wunsch wunderbare Mahlzeiten und köstliches Frühstück aufs Zimmer ($15 p. P.). Kostenlose Kajak- und Fahrradnutzung. $145

Palm Beach Bungalows, 9 Palm Rd, ℡ 09 372 5146, ⌨ palmbeachbungalows.com; Karte S. 190. Die Ansammlung von Holz- und Lehmbauhütten für Selbstversorger im tiefsten Busch hat ein gewisses Hippie-Flair, bietet aber zugleich komfortable Ausstattung mit kleinen Küchen und Sky TV. Die Anlage ist ganz auf Romantikurlauber ausgerichtet: Der Luxusbungalow hat eine Whirlpool-Badewanne für zwei Cottages $160, Luxusbungalow $280

Rocky Bay

Heartsong Retreat, 8 Omiha Rd, ℡ 09 372 2039, ⌨ heartsongretreat.co.nz; Karte S. 190. Ruhiges B&B in idyllischer Buschlage mit Meerblick. Zur Auswahl stehen 2 elegant eingerichtete Zimmer im Haupthaus (inkl. Frühstück), eine Cabaña für Selbstversorger und ein Cottage (bei beiden werden Frühstückszutaten gestellt). Alle Gäste haben Zugang zum großen Warmwasser-Pool im Grünen und einem Bootshaus. Auf Wunsch Massagen und verschiedene ganzheitliche Behandlungen. Zimmer $250, Cabaña $260, Cottage $400

Whakanewha Regional Park, ℡ 09 366 2000; Karte S. 190. Der einzige offizielle Campingplatz der Insel ist einfach ausgestattet, liegt aber sehr schön an einer Gezeitenbucht. Spültoiletten, Trinkwasser und kostenlose Gasgrills, aber keine Duschen. Die nächste Bushaltestelle ist 3 km entfernt. Im Jan und Feb sollte reserviert werden. $10

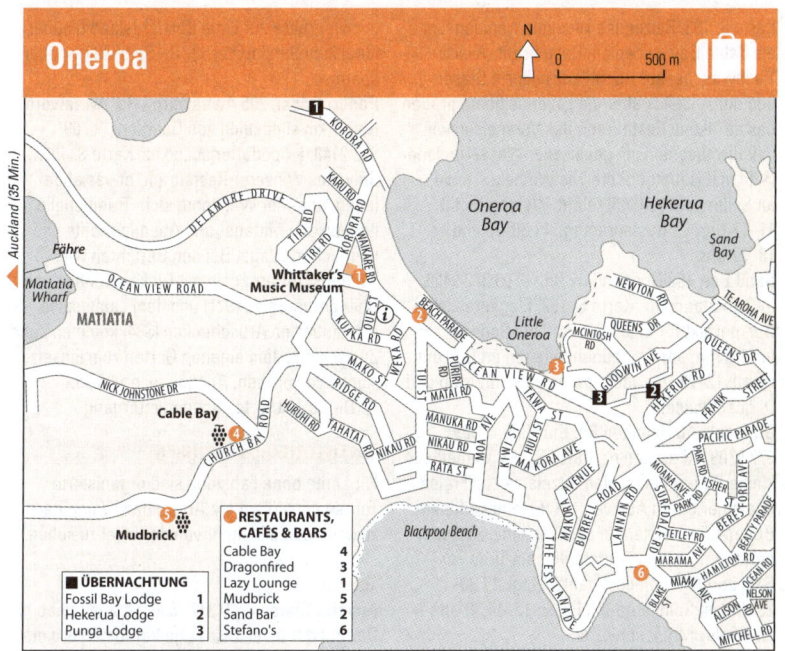

Oneroa

N ↑ 0 — 500 m

Auckland (35 Min.)

KORORA RD

DELAMORE DRIVE

KARURU RD TO WAIKARE

TIRI RD

TIRI RD

Oneroa Bay

Hekerua Bay

Sand Bay

Fähre

Matiatia Wharf

OCEAN VIEW ROAD

MATIATIA

Whittaker's Music Museum ❶

BEACH PARADE

ⓘ ②

Little Oneroa

NEWTON RD

TE AROHA AVE

QUEENS DR

MCINTOSH RD

QUEENS DR

KUAKA RD

WEKA RD

PURIRI RD

OCEAN VIEW RD

③ ③

GOODWIN AVE

HEKERUA RD

② ❷

FRANK STREET

NICK JOHNSTONE DR

MAKO RD

RIDGE RD

MATAI RD

TAWA RD

PACIFIC PARADE

Cable Bay ❹

HURUHI RD

TAHATAI RD

CHURCH BAY ROAD

MANUKA RD

NIKAU RD

KIWI ST

HUIA ST

MA KORA AVE

RATA ST

PARK RD

FISHER

MAKORO RD

BURRELL ROAD

AVENUE

CANNAN RD

TURFDALE RD

TETLEY RD

PARK RD

BERESFORD PARADE

BEATTY PARADE

Mudbrick ❺

● **RESTAURANTS, CAFÉS & BARS**

Blackpool Beach

THE ESPLANADE

MARAMA RD

❻

HAMILTON RD

MIAMI AVE

OCEAN RD

NELSON AVE

ALISON AVE

Cable Bay	4
Dragonfired	3
Lazy Lounge	1
Mudbrick	5
Sand Bar	2
Stefano's	6

■ **ÜBERNACHTUNG**

Fossil Bay Lodge	1
Hekerua Lodge	2
Punga Lodge	3

MITCHELL RD

ESSEN UND UNTERHALTUNG

Die meisten Restaurants drängen sich in Oneroa; außerdem gibt es noch ein paar Lokale an den Stränden und auf einigen erstklassigen Weingütern. **Livemusik** wird vor allem am Wochenende geboten; die beste Anlaufstelle ist die Sand Bar in Ostend.

Oneroa und Surfdale

Cable Bay, 12 Nick Johnstone Drive, 1 km westlich, ☎ 09 372 5889, 🖥 cable bayvineyards.co.nz; Karte oben. Sehr moderne Weinkellerei mit großartigen Ausblicken über einen Rasen voller Skulpturen bis nach Auckland. Nicht nur die Weine sind hervorragend: Das Restaurant des Weinguts ist eines der besten Neuseelands. So gibt es z. B. pfannengerösteten Fisch mit Artischockencreme und Fenchel ($45). Im Angebot ist auch ein exquisites Probiermenü mit 7 Gängen (nur abends; $120, mit passenden Weinen $205). Weinprobe tgl. 11–17 Uhr; ⏰ Restaurant im Sommer tgl.

12–15 und 18–22 Uhr; im Winter teilweise geschlossen.

Dragonfired, Little Oneroa Beach, ☎ 027 296 1656; Karte oben. Typisch Waiheke – ein Wohnwagen am Strand mit Holzkohlenofen. Wie wäre es z. B. mit einer perfekten Pizza Margherita ($13)? Mit einem Bier aus dem nahen Laden kann man es sich anschließend am Strand gemütlich machen. ⏰ nur im Sommer, tgl. 11–20 Uhr.

Lazy Lounge, 139 Oceanview Rd, ☎ 09 372 5132, 🖥 thelazylounge.com; Karte oben. Ein guter Ort, um sich in netter Gesellschaft einen Kaffee, Wein oder auch ein Bier zu genehmigen und sich mit thailändischem Hühnchen-Salat ($16), Pizza, einem warmen vegetarischen Frühstück ($18) oder großzügigen Kuchenportionen zu stärken. Kostenloses WLAN. ⏰ tgl. 8.30–17 Uhr, zum Teil auch Fr und Sa abends.

Mudbrick, Church Bay Rd, 2 km westlich von Oneroa, ☎ 09 372 9050, 🖥 mudbrick.co.nz;

Karte S. 193. Reizendes Weingut, traditioneller als Cable Bay, mit edlem Restaurant: Weiße Tischwäsche, auf Hochglanz polierte Gläser und der Ausblick über die Lavendelbeete prägen das attraktive Restaurant, das Vorspeisen wie Jakobsmuscheln mit gesalzener Wassermelone ($26) und Hauptgerichte wie Waiheke-Lamm an Selleriepüree ($45) reicht. Weinprobe tgl. 11–17 Uhr; ⊙ Restaurant tgl. 11.30–15 und 18–22 Uhr.

Sand Bar, 153 Ocean View Rd, ✆ 09 372 9458, ⌨ sandbar.co.nz; Karte S. 193. Elegante kleine Bar, perfekt für einen Cocktail bei Sonnenuntergang; am Wochenende legen oft DJs auf. ⊙ tgl. 12–22 Uhr oder später, im Winter Mo und Di geschlossen.

Stefano's, 18 Hamilton Rd, Surfdale, ✆ 09 372 5309, ⌨ stef.co.nz; Karte S. 193. Gemütliche kleine Pizzeria mit vielen Sitzplätzen im Freien und einer guten Auswahl an Pizza mit dünnem Boden (die meisten für $23–26), einigen Nudelgerichten und unwiderstehlichem Tiramisu. BYO und Alkoholausschank. ⊙ tgl. 17.30–22 Uhr, im Sommer auch Fr–So 12–14.30 Uhr, im Winter Mo geschlossen.

Waiheke Island Community Centre, 2 Koroka Rd, ✆ 09 372 4240, ⌨ wicc.co.nz. Jeden Abend Vorführung aktueller Filme.

Ostend und Umgebung

Stonyridge, 80 Onetangi Rd, ✆ 09 372 8822, ⌨ stonyridge.co.nz; Karte S. 190. Das vorzügliche Café des Weinguts lädt zum Lunch im Freien mit Aussicht auf die Weingärten. Das Angebot umfasst diverse Bruschetti, Probierplatten und eine Handvoll Hauptgerichte mit Rindfleisch, Fisch und Ente ($30), eine fabelhafte Weinkarte und die Gelegenheit, Olivenöl von den hauseigenen Olivenbäumen zu kosten. Der in 1980er-Jahren angepflanzte Olivenhain des Guts gehört zu den ältesten in Neuseeland. Am Wochenende oft Akustikmusik auf der Terrasse. ⊙ tgl. 11.30–17 Uhr.

Onetangi und Umgebung

Charlie Farley's, 21 The Strand, ✆ 09 372 4106, ⌨ charliefarleys.co.nz; Karte S. 190. Legeres Café mit Alkoholausschank, brauchbarem Speiseangebot (um $20) und einer Terrasse

mit Meerblick zur Little Barrier Island hinüber – ideal zum Sundowner. ⊙ Di–So 9–22 Uhr oder später.

Poderi Crisci, 205 Awaawaroa Rd, Awaawaroa Bay, 7 km südöstlich von Onetangi, ✆ 09/ 372 2148, ⌨ podericrisci.co.nz; Karte S. 190. Stilvolles Winzerei-Restaurant, etwas abgelegen, aber der Weg lohnt sich. Traditionelle italienische Mittags- und Abendgerichte und sehr schöne Lage. Bei den Gerichten wie Tintenfisch-Carpaccio mit Dicken Bohnen und Chili-Zitrus-Salsa ($21) und dem Lammspieß mit sautierten Artischocken ($34) kommen auch Zutaten aus dem eigenen Garten zum Einsatz. Auch Weinproben. Abends reservieren. ⊙ Di–So 12 Uhr bis Sonnenuntergang.

AKTIVITÄTEN UND TOUREN

Für Leute ohne Fahrzeug sind organisierte Touren die einfachste Art, zu den Weingütern zu gelangen und mehr von der Insel zu sehen.

Touren

Ananda Tours, ✆ 09 372 7530, ⌨ ananda.co.nz. Der auf der Insel ansässige Veranstalter bietet speziell auf die Teilnehmer zugeschnittene Wein-, Öko-, Kunst- und Rundtouren an (ab $105 p. P.; Mindestteilnehmerzahl erforderlich). Die Touren sind auf die Ankunftszeiten der Fähren abgestimmt. Tipp: die Gourmet Food and Wine Tour, besonders Sa inkl. Ostend Market.

Fullers, ✆ 09 3697 9111, ⌨ fullers.co.nz. Veranstaltet verschiedene Touren, u. a. eine **Explorer Tour**, die das ganze Jahr tgl. um 10, 11 und 12 Uhr von Auckland startet. Der Preis von $49 beinhaltet die Fährfahrt hin und zurück (die Rückfahrt muss nicht am selben Tag angetreten werden), eine 1 1/2-stündige Inselrundfahrt sowie eine Tageskarte für den Inselbus, mit dem man Waiheke danach auf eigene Faust erkunden kann. Fullers' **Wine on Waiheke Tour** (tgl., Start von Auckland um 13 Uhr, $115, ohne Mittagessen $85) umfasst dasselbe und 4 Std. auf drei Top-Weingütern der Insel.

Kajakfahren

Ross Adventures, ✆ 09 372 5550, ⌨ kayak waiheke.co.nz. Diverse geführte Kajaktouren mit Start in Matiatia: Halbtagstouren ($85),

Ganztagstouren mit Shuttle-Service zurück zum Ausgangspunkt ($145) und Trips mit Übernachtung (3 Tage, $425). Außerdem verleihen sie Seekajaks ab $35 für einen halben Tag.

SONSTIGES

Autovermietungen
Waiheke Auto Rentals, Matiatia Wharf, ℡ 09 372 8635, 🖳 waihekerentalcars.co.nz. Recht neue Pkw ab $59/Tag, Allradfahrzeuge $79/Tag.

Fahrräder
Waiheke Bike Hire, Matiatia Wharf, ℡ 09 372 7937, 🖳 waihekebikehire.co.nz. Mountainbikes für $35/Tag. Da das Terrain von Waiheke recht hügelig ist, sollten Radfahrer über eine gute Kondition verfügen.

Geld
An der Hauptstraße gibt es Banken.

Informationen
i-SITE Visitor Centre, 118 Ocean View Rd, Oneroa, ℡ 09 372 1234, 🖳 waiheke.aucklandnz.com. Sehr hilfreich. Gepäckaufbewahrung $5 pro Stück (nur während der Öffnungszeiten). Außerdem gibt's hier die unentbehrliche Gratisbroschüre *Island of Wine* mit Karte. ⊕ tgl. 9–17 Uhr.
Jeden Donnerstag kommt die *Gulf News* ($2, 🖳 waihekegulfnews.co.nz), heraus, die über sämtliche Veranstaltungen auf der Insel informiert und eine Auflistung von Verkaufsstellen für Kunst und Kunsthandwerk enthält.

Internet
Kostenloser Internetzugang in der **Bibliothek**, 2 Korora Rd, ⊕ Mo–Fr 9–17.30, Sa 10–16 Uhr.

NAHVERKEHR

Busse
Der Fahrplan der Busse von **Fullers** ist weitgehend auf die Ankunft und Abfahrt der Fähren abgestimmt. Die Busse fahren über Oneroa, Surfdale und Ostend nach Onetangi und über Oneroa, Little Oneroa und Palm Beach zur Rocky Bay. Fahrscheine ($1,50–4,20 pro Fahrt, $8,20 für eine Tageskarte) im Bus.

Taxis
Waiheke Independent Taxis, ℡ 0800 300 372, 🖳 waihekeindependenttaxis.co.nz.

TRANSPORT

Die schnellen Passagierfähren von **Fullers**, ℡ 09 367 9111, 🖳 fullers.co.nz, verkehren etwa stdl. vom Ferry Building in AUCKLAND zur Matiatia Wharf, etwas über 1 km von Oneroa, und brauchen für die Überfahrt 35 Min. ($35 hin und zurück, Fahrräder kostenlos).
Wer länger auf der Insel verweilen will, möchte vielleicht sein eigenes Fahrzeug mitbringen, was mit der **Autofähre Sealink**, ℡ 0800 732 546, 🖳 sealink.co.nz, möglich ist (Pkw $142 hin und zurück, pro Person $34 hin und zurück); die Schiffe starten ca. stdl. von der Half Moon Bay östlich von Auckland und brauchen 45–60 Min. bis zum Kennedy Point auf Waiheke, 4 km südlich von Oneroa.

Rotoroa Island

Ein Tagesausflug nach Rotoroa Island hat einiges zu bieten: eine Fahrt über den Hauraki Gulf, ein Bad an einem wundervollen Strand und ein wenig Aucklander Sozialgeschichte. Über ein Jahrhundert lang war **Rotoroa Island**, 🖳 rotoroa.org.nz, vor der Ostspitze von Waiheke Island, ein Rehabilitationszentrum der Heilsarmee für Alkohol- und Drogenabhängige und nicht zugänglich.

Man kann in etwa einer Stunde die Insel umrunden und kommt unterwegs an Stränden, Landspitzen mit Aussichtspunkten und Skulpturen und mehreren Gebäuden aus der Zeit des Reha-Zentrums vorbei.

Proviant kann man auf der Insel nicht kaufen, aber es gibt kostenlose Grillstellen. Es lohnt sich also, Picknickzutaten mitzunehmen.

Fähren von 360 Discovery, ℡ 0800 360 3472, 🖳 360discovery.co.nz, steuern Rotoroa (5–7x wöchentl. im Sommer; Buchung empfohlen; $55 hin und zurück) auf dem Weg nach Coromandel an. Die Fahrt dauert 1 1/4 Std. Insgesamt hat man gut 4 Std. Zeit auf der Insel.

Die Geschichte der Insel wird im ausgezeichneten Exhibition Centre beleuchtet; ⊕ gewöhnlich tgl. 9–17 Uhr.

AUCKLAND UND UMGEBUNG

Great Barrier Island (Aotea)

Die zerklüftete und dünn besiedelte **Great Barrier Island** (Aotea) befindet sich 90 km nordöstlich von Auckland am äußeren Rand des Hauraki Gulf. Das Innere der nur 30 km langen und 15 km breiten Insel ist von einer wilden, gebirgigen Landschaft geprägt, die im Westen zu tief eingeschnittenen Naturhäfen und im Osten zu goldenen Surfstränden ausläuft.

Great Barrier Island ist von Auckland in nur einer halben Stunde per Flugzeug zu erreichen, scheint aber Lichtjahre von der Metropole entfernt zu sein. Hier gibt es kein Stromnetz, keine zentrale Wasserversorgung, keine nennenswerten Ortschaften und auch kaum öffentliche Verkehrsmittel.

Ein Großteil der Vergnügungen hier besteht in Sonnenbaden, Spaziergängen zu warmen Quellen und Wanderungen im wilden **Great Barrier Forest**, der sich zwischen Port Fitzroy und Whangaparapara über etwa ein Drittel der Insel erstreckt. Der Wald, Neuseelands größter Reh- und Possum-freier Waldbestand, bietet eine einzigartige Umgebung zum Wandern. Da das Gebiet so übersichtlich ist, gelangt man in kürzester Zeit von kleinen subtropischen Tälern zu

üppig bewachsen mit Nikaupalmen, Baumfarnen, Rimu- und Kauri-Bäumen – zu Höhenzügen, die von kümmerlichen Manuka-Büschen bedeckt sind. Die Wanderwege ins Inselinnere treffen sich am 621 m hohen **Hirakimata** (Mount Hobson). Er ist von Holzstegen und -treppen umgeben, die Wanderer auf dem Weg halten sollen, damit die hier nistenden **Schwarzsturmvögel** nicht gestört werden. Wer einen durchorganisierten Tagesablauf bevorzugt, kann sich an einen der wenigen Mini-Veranstalter wenden, die ihre Kunden mit Touren und anderen Aktivitäten beschäftigen (S. 177).

Geschichte

Das vulkanische Aotea war eines der ersten Siedlungsgebiete der **Maori** – sie bewohnten hier zahlreiche Wehrdörfer, als Cook 1769 an dem Eiland vorbeisegelte. Er erkannte, dass Aotea die Gewässer des Hauraki Gulf schützte, und taufte die Insel deshalb in Great Barrier Island um. Ab 1791 wurden die Kauri-Bestände der Insel für den Schiffsbau abgeholzt. Die **Holzfällerei** wurde bis 1942 fortgesetzt, lange nachdem man den frühen Kupferbergbau bei Miners Head wieder aufgegeben hatte. In den 1950er-Jahren folgte auf die Holzfällerei und den Abbau von fossilem Kauri-Harz der Bau einer kurzlebigen **Walfangstation** zur Trangewinnung bei Whangaparapara, doch bald beschränkte sich die Insel wieder auf die landwirtschaftliche Bestellung ihrer wenig ergiebigen Lehmböden.

In den 1960er- und 1970er-Jahren kamen viele Alternative auf die Insel. Auch wenn der Idealismus der 70er-Jahre inzwischen einem modernen Pragmatismus Platz gemacht hat, bewahrte sich die Insel – mehr gezwungenermaßen als aus ideologischen Gründen – eine weitgehende Autarkie. Ihre Bewohner bauen ihr eigenes Gemüse an, jeder hat seine eigene Wasserversorgung, und die Dieselgeneratoren werden mittlerweile durch zahlreiche Windturbinen und Solarmodule unterstützt.

Vor allem lebt die Insel heute aber vom **Tourismus**. Immer mehr wohlhabende Auswärtige legen sich hier ein Ferienhaus zu. Die sprunghaft gestiegenen Grundstückspreise zwingen so manchen Einheimischen mit niedrigem Einkommen, die Insel zu verlassen. Der Bevölkerungs-

---

Pauschaltouren nach Great Barrier

Wer seinen Inselbesuch lieber organisieren lässt, kann z. B. bei **Bush & Beach**, ✆ 09 837 4130, 🖥 bushandbeach.co.nz, für $695 eine Tagestour per Flieger von Auckland aus buchen, mit Besuch der Thermalquellen.

Es kann billiger sein, wenn man sich von einem Anbieter vor Ort einen individuellen Tourplan zusammenstellen lässt, statt die Insel auf eigene Faust zu erkunden, weil diese Firmen Rabatte auf Transportmittel und Unterkünfte bekommen. Der Veranstalter **Great Barrier Island Tourism**, ✆ 0800 997 222, 🖥 greatbarrierislandtourism.co.nz, kennt die Insel wie seine Westentasche.

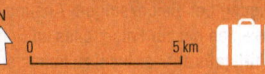

GREAT BARRIER ISLAND

N
0   5 km

RESTAURANTS, CAFÉS & BARS

Angsana	2
Claris Texas Café	4
Currach Irish Pub	5
Motu Café	1
Whale Boat Bistro	3
Wild Rose Café	5

Needle Point

Aiguilles Island

Miners Head

Katherine Bay

Motairehe

Kawa

Whangapoua Beach

Whangapoua Estuary

Rakitu Island

Karaka Bay

GLENFERN SANCTUARY

1

2

Okiwi

Whangapoua (DOC)

Port Fitzroy

Akapoua Bay (DOC)

4

Harataonga Bay

3

Kaikoura Island

Kaiaraara Bay

Kauridámmes

Windy Canyon

Pinnacles Lookout

Port Fitzroy

Kaiaraara Hut (DOC)

Hirakimata (Mt Hobson)

Kiwiriki Bay

GREAT BARRIER FOREST

Mt Heale (DOC)

5

Awana Beach (DOC)

Awana

Kiwiriki

Kaitoke Creek

Withey's Track

Kaitoke

Kaitoke

The Green (DOC)

2

6

Crossroads

Whangaparapara

7

Oreville Gold Stamping Battery

4

Walfangstation

Claris

8

9

Okupu

Blind Bay

Medlands Beach

St John's

10

11

Social Club

Puriri Bay

Stonewall Village

12

5

Mulberry Grove

13

Tryphena Harbour

Shoal Bay

14

Cape Barrier

ÜBERNACHTUNG

The Crossroads Lodge	6
Fitzroy House	2
Great Barrier Lodge	7
Harataonga Campsite	3
Kaiaraara Bay Chalet	4
Medlands Beach Backpackers	10
Medlands Beach Campsite	11
Mikey's Place	5
Orama	1
Pohutukawa Lodge	12
Stray Possum Lodge	14
Sugarloaf Campground	9
Sugarloaf Chalet	8
Sunset Waterfront Lodge	13

C o l v i l l e

C h a n n e l

Auckland (90 km; Personenfähre 2 Std., Autofähre 4 1/2 Std.)

rückgang bei gleichzeitigem Anstieg der Besucherzahlen hat zur Folge, dass im Sommer viele **Aushilfsjobs** auf der Insel zu haben sind.

sehen von einigen guten Unterkünften und Lokalen nicht viel zu bieten. Man kann hier jedoch ganz gut relaxen, baden oder ein Kajak leihen.

Tryphena

Das hübsche **Tryphena** ist der südlichste Hafen und zugleich die größte Siedlung auf der Insel. Es erstreckt sich über vier Buchten: Shoal Bay (wo die Fähren ankommen), Mulberry Grove, Stonewall Village (die größte Siedlung) und Puriri Bay (ein kurzes Stück an der Küste entlang vom Stonewall Village). Tryphena hat abge-

Medlands Beach

Die meisten Besucher steuern auf direktem Wege den **Medlands Beach** an, einen langen Bogen fast weißen Sandes mit einer vorgelagerten Insel, an den zumeist exzellente Surfwellen branden. Allerdings gibt es hier keine Rettungsschwimmer. Dass die hübsche blau-weiße **St John's Church** ein bisschen fehl am

Wandern auf Great Barrier Island

Die *Aotea*-Broschüre (beim DOC in Auckland zu bekommen) enthält eine brauchbare Karte und Beschreibungen aller Wanderwege. Einige der schönsten sind unten beschrieben. Viele der Wanderwege lassen sich zu 2- bis 3-tägigen Wanderungen kombinieren, bei denen man auf Campingplätzen an der Kaiaraara-Hütte und der hübschen neuen Mount Heale Hut (S. 201) übernachten kann. Wer speziell zum Wandern auf die Insel kommt, nimmt am besten eine der Fähren, die sporadisch direkt nach Port Fitzroy verkehren, oder ruft im Voraus einen der Shuttle-Betreiber an, um den Transfer vom Flughafen oder von Tryphena zu organisieren.

Harataonga/Okiwi Coastal Track (12 km eine Strecke, 5 Std., viel Auf und Ab, Startpunkt Harataonga-Campingplatz). Traumhafte Ausblicke auf die Küste bietet die leicht zu begehende alte Küstenstraße, die teils über Privatgrundstücke verläuft. Wanderer können sich von einem der Shuttle-Betreiber am Ende des Wegs bei Okiti abholen lassen oder nur einen Teil der Strecke und dann wieder zurück gehen.

Hirakimata über Windy Canyon (6 km hin und zurück, 3 Std., 400 m Höhenunterschied). Die einfachste Strecke zum höchsten Punkt der Insel führt durch den Windy Canyon, S. 199. Danach folgt man einem breiten Höhenrücken, der weiten Blick auf die Küste gewährt, und kraxelt schließlich über Holzstege und -treppen durch schönen alten Kauri- und Rimu-Wald zum Gipfel.

Kaiaraara Kauri Dam (10 km hin und zurück, 3 Std., 250 m Höhenunterschied). Sehr schöne Buschwanderung über Forststraßen und Waldwege zu Neuseelands eindrucksvollstem Kauridamm (S. 199). Der Weg beginnt bei einem geschlossenen Tor etwa 2 km südlich des DOC-Büros in Port Fitzroy und etwa 40 Min. Fußmarsch vom Fähranleger. Unterwegs passiert man nach einer Viertelstunde die **Kaiaraara-Hütte** (S. 201). Vom Kauridamm geht es steil bergauf zu einem zweiten, viel weniger imposanten Damm (50 Min.) und dann über Treppen weiter bis zum Gipfel des Hirakimata (noch einmal 30–40 Min.).

Kaitoke Hot Springs (6 km hin und zurück, 1 1/2 Std., eben). Der einfache, rollstuhltaugliche Weg führt von einem Parkplatz an der Whangaparapara Road vorbei an der Feuchtlandschaft des Kaitoke Swamp zu den Kaitoke Hot Springs, wo man sich in ein paar aufgestauten Warmwasserbecken aalen kann. Das schönste Becken liegt etwa 50 m stromaufwärts in einer kleinen Kluft (einfach dem Weg folgen).

Windy Canyon (1 km hin und zurück, 20–30 Min., 50 m Höhenunterschied). Einfache Wanderung zu einem Engpass, der seinen Namen den klagenden Lauten verdankt, die hier bei bestimmten Windverhältnissen entstehen. Der schmale Weg windet sich zwischen Nikaupalmen und Baumfarnen zu einem Aussichtspunkt mit Blick auf das Inselinnere und die Küste. Der Startpunkt der Wanderung befindet sich 4 km nordwestlich der Awana Bay.

Platz wirkt, ist kein Wunder, denn sie wurde erst 1986 per Frachtkahn vom Festland herübergebracht und dann über die Dünen geschleppt.

Claris

In **Claris**, nördlich des Medlands Beach, kommen die meisten Flüge an. Das Postamt von Claris behauptet von sich, den ersten Luftpostservice der Welt eingerichtet zu haben. Man erzählt sich, dass die traurige Nachricht vom Schiffbruch der *SS Wairarapa* an der Nordwestküste von Great Barrier im Jahr 1898 Auckland erst nach drei Tagen erreichte. Daraufhin richtete die Insel einen **Brieftauben-Postdienst** ein. Die Brieftauben blieben im Dienst, bis Great Barrier 1908 einen Telefonanschluss bekam.

Crossroads, Whangaparapara und die Straße Richtung Norden

Crossroads, 2 km nördlich von Claris, ist genau das, was sein Name verspricht, denn hier kreuzen sich die Straßen nach Okupu, Port Fitzroy und Whangaparapara. Die Strecke nach Whangaparapara passiert die kargen Überbleibsel der **Oreville Gold Stamping Battery**, eines Brechwerks, in dem Erzbrocken zerkleinert wurden (unbeschränkter Zugang), und den Startpunkt des Wanderpfads zu den **Kaitoke Hot Springs** (Kasten S. 198). In **Whangaparapara** kann man im Rahmen eines kleinen Spaziergangs rund um die Bucht die Fundamente einer Walfangstation aus den 1950er-Jahren besichtigen.

Nördlich von Crossroads, an der Straße nach Port Fitzroy, liegen der schöne Surf- und Badestrand der **Awana Bay** und der **Pinnacles Lookout**. Kurz darauf zweigt ein kurzer Wanderweg zum **Windy Canyon** ab (Kasten S. 198). Das einzig Interessante an der winzigen Siedlung **Okiwi** ist das hübsche Motu Café.

Port Fitzroy

Der Hafen von **Port Fitzroy** liegt selbst bei stürmischer Witterung meist völlig ruhig da, was die vielen Segler erfreut, die im Sommer hier anlegen. Der Ort ist außerdem ein idealer Ausgangspunkt für Wanderungen im Great Barrier Forest. Ansonsten gibt es im Ort einen Laden, eine Burger-Bar, einen nur hin und wieder geöffneten Informationskiosk und ein paar Unterkünfte.

Glenfern Sanctuary

Glenfern Rd ▪ Rundgang $20; Führung n. V. $40 ▪ 📞 09 429 0091, 🖳 glenfern.org.nz

Das Nordufer des Hafens bildet die Kotuku Peninsula, die seit 2008 durch einen 2 km langen Raubtierzaun vom Rest der Insel abgetrennt ist. Hier wurde das 2,3 km² große **Glenfern Sanctuary** eingerichtet. Nach erfolgreicher Bekämpfung der Rattenplage im Schutzgebiet erholt sich die Vogelwelt allmählich. Besucher können zu einem Baumkronenpfad wandern – lehrreicher ist allerdings eine der Führungen.

Kaiaraara-Kauridamm

Port Fitzroy ist die beste Ausgangsbasis für ein- oder mehrtägige **Wanderungen** zum eindrucksvollen **Kaiaraara-Kauridamm**. Ab 1926 holzte die Kauri Timber Company drei Jahre lang die Kauri-Bäume im relativ schwer zugänglichen Kaiaraara Valley ab. Zu deren Transport baute sie mehrere Dämme, hinter denen sich das Wasser staute. Dann wurden die Dämme geöffnet, und das ablaufende Wasser riss die gefällten Baumstämme mit bis in die Kaiaraara Bay, wo sie zu Rafts zusammengebunden und nach Auckland geflößt wurden.

ÜBERNACHTUNG

Die Übernachtungsmöglichkeiten auf Great Barrier reichen von Campingplätzen und Hostels bis zu Lodges der Luxusklasse. Hier sind nur einige der nettesten Selbstversorger-Cottages gelistet; viele weitere finden sich auf Websites wie 🖳 greatbarriernz.com und 🖳 greatbarrier islandtourism.co.nz. Oft wohnen die Besitzer ganz in der Nähe und versorgen die Gäste auf Wunsch mit Frühstück und manchmal auch mit Abendessen.

Manche Unterkünfte arrangieren einen **Abholservice** von der Fähre oder vom Flughafen. Die in Tryphena und Medlands erwarten dagegen von ihren Gästen, dass sie die Shuttlebusse nutzen, die bei Ankunft aller Fähren und Flugzeuge bereitstehen.

Die **Übernachtungspreise** sind generell höher als auf dem Festland, besonders von Weihnachten bis Mitte Januar. Dann wird es auf der Insel richtig voll; wer für diese Zeit eine Unterkunft sucht, muss weit im Voraus reservieren.

Es gibt viele einfache DOC-**Campingplätze** (alle auf der Karte S. 197 eingezeichnet) für $8–9 p. P. – die besten davon sind unten aufgeführt – sowie einen privat betriebenen Platz in schöner Lage. Die DOC-Campingplätze haben Toiletten, Wasser und kalte Duschen (mit Ausnahme von The Green); offenes Feuer ist auf ihnen nicht erlaubt. Zu Spitzenzeiten sollte man auch hier rechtzeitig reservieren unter ⌨ doc.govt.nz.

Tryphena und Umgebung

Pohutukawa Lodge, Stonewall, Tryphena, ✆ 09 429 0211, ⌨ currach irishpub.co.nz. Die beste Wahl unter den Unterkünften rund um Tryphena – heimelig, klein und einladend, mit tollem Pub und Restaurant samt Veranda, alles in praktischer Nähe zum Laden. Attraktive Zimmer mit Bad und ein 4-Bett-Dorm (Bettwäsche wird gestellt), dessen Nachtruhe mitunter von den Gästen des Pubs gestört wird. Küche für Selbstversorger. Preisgünstige Arrangements mit Flug, Transfers und Unterkunft erhältlich. Dorm $25, DZ $135

Stray Possum Lodge, 64 Cape Barrier Rd, ✆ 0800 767 786, ⌨ straypossum.co.nz. Etwas weiter ab vom Schuss draußen im Busch, mit 6-Bett-Dorms, DZ, Cabins und sehr netten Selbstversorger-Chalets (ideal für Gruppen von bis zu 6 Pers.). Dazu gehört ein Pizzarestaurant mit Alkohollizenz (im Jan allabendl. geöffnet, ansonsten an Sommerwochenenden). Gäste können sich einen Schlafsack mitbringen oder Bettzeug für $5 mieten. Camping $15, Dorms $27, Zimmer $79, Chalets $155

Sunset Waterfront Lodge, Mulberry Grove, Tryphena, ✆ 09 429 0051, ⌨ sunsetlodge.co.nz. Unterkunft im Motel-Stil in einer Grünanlage. Nicht direkt am Wasser, aber mit schönem Blick aufs nahe Meer. Zur Wahl stehen A-frame-Hütten für 4 Pers. und ein paar kleinere Studios. Studios $195, A-frames $245

Medlands

Medlands Beach Backpackers, 9 Mason Rd, ✆ 09 429 0320, ⌨ medlandsbeach.com. Schlichtes Hostel mit 4-Bett-Zimmern, einem Chalet und zwei Villen auf einer kleinen Farm, 10 Min. zu Fuß vom Medlands Beach – was

besonders bei Surfern großen Anklang findet. Kostenloser Verleih von Boogie Boards an Gäste, aber keine Mahlzeiten und auch keine Läden in der Nähe (Verpflegung muss mitgebracht werden!). Dorm $35, Zimmer $70, Chalet $80, Villa $120

Claris, Crossroads und Umgebung

The Crossroads Lodge, 1 Blind Bay Rd, Crossroads, ✆ 09 429 0889, ⌨ www.xroads lodge.com. Angenehmes Hostel in fußläufiger Entfernung zu Flughafen, Thermalquellen und Wanderwegen. Unterbringung in DZ und Dorms; Lounge und Küche. Dorms $30, DZ $75

Sugarloaf Chalet, Sugarloaf Rd, Kaitoke, ✆ 09 429 0229. Reizendes Selbstversorger-Cottage in rustikalem Schick mit Grillplatz, Feuerstelle und Solarstrom, nur ein paar Schritte von einem hübschen Strand. Die Unterkunft hat echtes Outdoor-Flair – bis hin zur Außendusche und -toilette. $150

Whangaparapara

Great Barrier Lodge, Whangaparapara Harbour, ✆ 09 429 0488, ⌨ greatbarrierlodge. com. Die Lodge ist so ziemlich die einzige Einrichtung in Whangaparapara und fungiert gleichzeitig als Lebensmittelladen und Tauchshop. Unterbringung in Cottages und Studio-Units; im Hauptgebäude gibt es außerdem ein Bar-Restaurant. Gäste können kostenlos Kajaks und ein Dinghy benutzen. Dorm $55, Studios und Cottages $205

Port Fitzroy

Fitzroy House, Glenfern Rd, Port Fitzroy, ✆ 09 429 0091, ⌨ fitzroyhouse.co.nz. Selbstversorger-Cottage (bis 6 Pers.) im Glenfern Sanctuary mit Dielenboden, Blick auf den Hafen und kostenloser Kanu- und Dinghy-Nutzung. Seekajaks kosten $45/24 Std. Rabatte für längere Aufenthalte und auf Wunsch ausgezeichnete 4-tägige Pauschalangebote mit Wandertouren und Segeltörns. ⏰ Juni–Sep geschlossen. $200

Kaiaraara Bay Chalet, Kaiaraara Bay Rd, Port Fitzroy, ✆ 09 429 0040. Moderne Selbstversorger-Unterkunft mit einem Schlafzimmer (bis zu 4 Pers.), nur 30 Min. zu Fuß vom Fähranleger in Port Fitzroy. Panoramablick aufs Meer und günstige Lage für die Kauridamm-Wanderung. $170

Orama, Karaka Bay, ☎ 09 429 0063, 🖵 orama. co.nz. Das christliche Zentrum betreibt einen Ferienpark am Wasser und ist Standort des OPC Outdoor Centre (S. 202). Swimmingpool, Laden, Zugang zu tollen Buschwanderwegen, Angel- und Tauchmöglichkeiten. Camping $25, Dorms $33, Cabins $90, Cottages $195

Camping und Hütten

Harataonga Campsite, Harataonga. Sehr schöner und schattiger DOC-Platz etwa 300 m hinter dem Strand. Sehr beliebt für Familienurlaub in den zwei Wochen nach Weihnachten. $9,20

Kaiaraara Hut, in der Nähe von Port Fitzroy, 🖵 doc.govt.nz. Reservierung über DOC. Hütte mit 28 Stockbetten, Wasserversorgung und Holzofen-Heizung. Nicht so gut gelegen wie die Mount-Heale-Hütte. Töpfe, Geschirr und Proviant mitnehmen. $15

Medlands Beach Campsite, Medlands Beach. Attraktiver DOC-Platz neben einer Flussmündung, nur durch Dünen von einem wunderschönen Strand getrennt. Im Januar wird es hier sehr voll, zu anderen Zeiten ist man aber vielleicht allein. $9,20

Mount Heale Hut. Wunderbare neue 20-Betten-Hütte auf einem Sattel unterhalb des Mount Heale mit tollem Blick über den Hauraki Gulf auf Little Barrier Island. Gasherd vorhanden, aber Töpfe, Geschirr und Proviant müssen mitgebracht werden. Keine Reservierung. $15

Mikey's Place, Awana, ☎ 09 429 0140. Freundlicher, aber sehr einfacher Zeltplatz 25 km nördlich von Tryphena. Nicht so schön gelegen wie der nahe DOC-Zeltplatz, dafür aber mit warmen Duschen, Toiletten und einer einfachen Küche. $7

Sugarloaf Campground, Sugarloaf Rd, Kaitoke, ☎ 09 429 0229. Toller privat betriebener Campingplatz am Südende von Kaitoke Beach. Grundausstattung mit Wasserversorgung, Toiletten und Duschen. Gäste sollten sich nach dem Mermaid Pool erkundigen, den man bei Ebbe besuchen kann. $8

Da es nur wenige Restaurants gibt, bieten viele Unterkünfte auch Mahlzeiten an. Diejenigen, die das nicht tun, verfügen fast immer über Einrichtungen für Selbstversorger. Die Restaurants wiederum machen oft früher zu, wenn nicht genug los ist, deshalb ist eine Tischreservierung ratsam. In Tryphena, Claris, Whangaparapara und Port Fitzroy gibt es Läden, in denen man sich mit Picknickzutaten eindecken kann. Wer abends etwas trinken gehen möchte, tut dies entweder in den Bars der Unterkünfte oder in den „Social Clubs" von Tryphena und Claris.

Angsana, 63 Grays Rd, gleich nördlich von Crossroads, ☎ 09 429 0272. Hochwertige Thai-Küche auf Great Barrier? Was auf den ersten Blick absurd erscheint, erweist sich als echte Bereicherung für die Insel. Die freundliche Bedienung tischt alle erdenklichen Spezialitäten auf (Hauptgerichte um $30). ◷ Sommer tgl. 18–21, Winter Do–Sa 18–20 Uhr.

Claris Texas Café, 129 Hector Sanderson Rd, Claris, ☎ 09 429 0811. Bewährtes Café mit sonnigem Hof und Rasen für Kinder zum Spielen. Frühstück, Fischburger mit Pommes ($13), Suppen und fantastische Desserts. ◷ tgl. 8–16 Uhr.

Currach Irish Pub, Stonewall, Tryphena, ☎ 09 429 0211, 🖵 currachirishpub.com. Ein irischer Pub, der so typisch ist, wie man ihn auf einer südpazifischen Insel kaum erwarten würde – ein Großteil der Einrichtung stammt von der Großmutter des Besitzers, die ihren Pub im irischen County Kerry 1950 zumachte. Guinness und Kilkenny vom Fass und abends leckere Kneipenkost (panierte Jakobsmuscheln mit Pommes $26). Häufig Livemusik; Do darf jeder mitjammen.

Motu Café, Okiwi. Das Café ist tagsüber die beste Adresse für eine Stärkung im Norden der Insel. Beschränktes Speiseangebot, aber beim leckeren Kaffee kann man gut ein Stündchen in den Zeitschriften schmökern oder mit den Inhabern über die Insel-Ökologie diskutieren. ◷ Mi (Film um 19.30 Uhr, vorher Abendessen), Sa und So 9–16 Uhr.

Whale Boat Bistro, Great Barrier Lodge, Whangaparapara, ☎ 09 429 0488,

🖳 greatbarrierlodge.com. Bar und Restaurant, serviert Mahlzeiten drinnen oder draußen auf der geräumigen Terrasse mit Meerblick. In den 2–3 Wochen nach Weihnachten tolles Abendessen vom Grill. ◷ tgl. 8–20 Uhr oder später.
Wild Rose Café, Stonewall, Tryphena, ☏ 09 429 0905. Tagsüber geöffnetes Café mit Biokost, guten Tees und Säften. Außerdem ein großes Angebot an Frühstücksgerichten, Burgern ($12) und Nachos. ◷ Sommer tgl. 9–15 Uhr.

AKTIVITÄTEN UND TOUREN

Angeln und Tauchen
Verschiedene Veranstalter bieten die Möglichkeit, Great Barriers hervorragenden Ruf als Anglerparadies zu testen, z. B. **Freedom Fishing Charters**, Medlands, ☏ 09 429 0861, 🖳 freedom fishingcharters.co.nz. Ivan „Skilly" McManaway angelt seit fast 50 Jahren rund um die Insel und nimmt Petrijünger für $120 p. P. (halber Tag, mind. 2 Teilnehmer) mit hinaus. Auf Wunsch veranstaltet er auch Tauchausflüge, bei denen Langusten gesammelt werden.

Golf
Claris Golf Club, Whangaparapara Rd, Claris, ☏ 09 429 0420. 9-Loch-Platz (Par 3) mitten im Wald, über dessen Bahnen mitunter Pukekos stolzieren. Nutzungsgebühr $20, Schlägermiete $5. Zur Anlage gehört eine fidele Bar mit billigen Getränken und passablen Speisen. ◷ Do und So 10–18 Uhr.

Kajakfahren
Die Häfen der Westküste sind ein ideales Kajakrevier.
Aotea Kayak Adventures, Tryphena, ☏ 09 429 0664. Geführte Touren, u. a. eine ganztägige Kajak- und Schnorcheltour ($65). Auch die **Great Barrier Lodge** veranstaltet Kajaktouren von Whangaparapara. Das **OPC** (s. „Wassersport") organisiert verschiedene Touren von der Karaka Bay im Norden der Insel.

Radfahren
Wer sich auf den Drahtesel schwingen will, sollte bedenken, dass die Hügel steil und die Straßen im Sommer staubig und heiß sind.

Offroad-Mountainbiking ist nur auf der Forest Rd von Whangaparapara nach Port Fitzroy erlaubt.
Paradise Cycles, Tryphena, ☏ 09 429 0700, ✉ paradisecyces@xtra.co.nz. Mountainbikes ab $25.

Wandern
Siehe Kasten S. 198.

Wassersport
OPC, bei Orama (S. 201), Karaka Bay, 4 km nördlich von Port Fitzroy, ☏ 09 429 0762, 🖳 opc.org.nz. Das Outdoor-Zentrum ist eine gute Anlaufstelle für alle, die diesen Teil der Insel erkunden und/oder Wassersport-Ausrüstung mieten wollen (Zweier-Seekajak $65/Tag, Dinghy $40/halben Tag, Schnorchelausrüstung $15).

SONSTIGES

Autovermietungen
Oft ist es am praktischsten, sich auf der Insel ein Auto zu mieten.
Aotea Rentals, Tryphena, ☏ 0800 426 832, 🖳 aoteacarrentals.co.nz. Autos ab $60/Tag, Motorroller für $49/Tag.
GBI Rent A Car, Claris, ☏ 09 429 0062, 🖳 greatbarrierisland.co.nz. Einfache Wagen (ab $40).

Geld
Vielerorts kann mit Kredit- oder Bankkarten bezahlt werden, aber es gibt **keine Banken und Geldautomaten** auf der Insel. Daher ist es ratsam, ausreichend Bargeld mitzubringen.

Handys
Der ziemlich lückenhafte Handyempfang ist in Tryphena und auf den Hügelkuppen noch am besten.

Informationen
Die Insel hat kein Visitor Centre, aber GBI Shuttle Busses unterhält einen **Informationskiosk ohne Personal** gegenüber dem Flughafen in Claris. ◷ tgl. 9–19 Uhr.
Viele nützliche Infos findet man im **Internet** unter 🖳 greatbarriernz.com.

DOC, 1 km westlich vom Kai in Port Fitzroy, 📞 09 429 0044. Ist nur sporadisch besetzt – Infos also am besten in Auckland einholen. 🕐 Mo–Fr 8–16.30 Uhr. Manchmal ist im Sommer in Tryphena ein Ranger anzutreffen.

Internet

Es gibt nicht allzu viele Möglichkeiten, auf der Insel online zu gehen.
Der **Currach Irish Pub** in Tryphena bietet kostenloses WLAN für Gäste.
Der **Laden in Claris** hat ebenfalls WLAN ($8/Tag).
Im **Claris Texas Café** gibt es einen Internet-Computer ($3/15 Min.).

NAHVERKEHR

Busse

Auf Great Barrier Island gibt es keine öffentlichen Verkehrsmittel mit festem Fahrplan, aber mehrere **Shuttlebusse**. Sie stehen normalerweise bei Ankunft sämtlicher Fähren und Flüge bereit, aber es ist am sichersten, rechtzeitig einen Platz zu reservieren. Von Tryphena beträgt der **Fahrpreis** etwa $15 nach Medlands, $20 nach Claris und $30 nach Whangaparapara. Betreiber sind:
GBI Shuttle Buses, Claris, 📞 09 429 0062, 🖥 greatbarrierisland.co.nz.
Great Barrier Travel, Tryphena, 📞 0800 426 832, 🖥 greatbarriertravel.co.nz.

TRANSPORT

Da die Insel von zwei Fluglinien und zwei Fährdiensten bedient wird, ist es kein Problem, nach Great Barrier zu gelangen. Oft ist es billiger, ein Pauschalpaket mit An- und Abreise, Unterkunft und Transfers zu buchen (S. 196).

Fähren

Fullers, 📞 09 367 9111, 🖥 fullers.co.nz. Schnelle Passagierfähren (2–5x tgl., 2 Std., $75 einfach, $139 hin und zurück, Fahrräder $15) von AUCKLAND nach Tryphena und weiter nach Port Fitzroy. Weihnachten bis Anfang Feb, plus Osterwochenende.
SeaLink, 📞 0800 732 546, 🖥 sealink.co.nz. Die langsamere Autofähre verkehrt ganzjährig und befördert auch Passagiere. Sie fährt von der Brigham Street im Wynyard Quarter von Auckland 3–7x wöchentl. nach Tryphena (4 1/2 Std.) und 1x wöchentl. (Di) bis nach Port Fitzroy. Preise, jeweils hin und zurück: Fußgänger $85 (Dez und Jan $120), Fahrräder $20, Autos $370.

Flüge

Die meisten Flüge (ab Auckland International Airport, 6–8x tgl., 40 Min.) landen an der Ostküste der Insel in **Claris**, dem Verwaltungssitz der Insel in günstiger Lage zu den schönsten Stränden, Medlands und Awana Bay. Es werden auch Kombinationen aus Flug und Fähre angeboten, und Great Barrier Airlines fliegen auch nach WHANGAREI und WHITIANGA, wobei man auf Great Barrier Zwischenstation machen kann.
FlyMySky, 📞 0800 222 123, 🖥 flymysky.co.nz. Flüge ab Auckland ($119 einfach, verschiedene Rabatte erhältlich).
Great Barrier Airlines (GBA), 📞 0800 900 600, 🖥 greatbarrierairlines.co.nz. Flüge ab Auckland ($124 einfach, verschiedene Rabatte erhältlich).

Tiritiri Matangi

Für viele ist ein Besuch auf **Tiritiri Matangi** der Höhepunkt ihres Auckland-Aufenthalts. Die Insel rund 4 km vor der Spitze der Whangaparaoa Peninsula und 30 km nördlich von Auckland ist ein „offenes Schutzgebiet", was bedeutet, dass sich die Besucher frei bewegen dürfen. In den raubtierfreien Wäldern kann man mit etwas Glück innerhalb weniger Stunden so seltene Vogelarten wie Takahe, Sattelvogel, Weißköpfchen, Ziegensittich, Langbeinschnäpper, Kokako (Lappenkrähe) und Neuseelandente erspähen. Wer hofft, Zwergkiwis oder Tuataras (Brückenechsen) zu Gesicht zu bekommen, muss sich allerdings nachts auf die Lauer legen.

Vier der auf der Insel angesiedelten Spezies gehören zu den seltensten der Welt, mit Gesamtpopulationen von nur einigen Hundert Tieren. Am auffälligsten ist der flugunfähige **Takahe**, ein schwerfälliger, blaugrüner Vogel von der Größe eines Truthahns, den man lange Zeit für ausgestorben hielt (S. 829).

Sattelvögel, Kokakos und Hihis (eine Honig-fresser-Art) verstecken sich gern im Busch, kommen aber häufig ins Blickfeld, sobald man sich einige Minuten ruhig an den Weg setzt, vor allem in der Nähe der Fütterungsstationen. Auch Zwergpinguine sind das ganze Jahr auf Tiritiri zu sehen.

Auf dem Standardrundweg, der an der Ost-küste entlang und zurück über den Ridge Track in der Mitte der Insel führt, kommt man auch am Hobbs Beach vorbei, wo man am einzigen Sand-strand ein Bad nehmen kann.

Detailliertere Informationen über die Insel sind auf der Website der Supporters of Tiritiri Matangi zu finden, 🖥 tiritirimatangi.org.nz.

Besucher, die mit den regulären Fähren kom-men, können an ein- bis zweistündigen Führun-gen ($5) teilnehmen, die vom Fähranleger star-ten und von vogelkundigen Freiwilligen geleitet werden. Sie enden normalerweise in der Nähe des Leuchtturms beim modernen Interpretation Centre.

Geschichte

Untersuchungen ehemaliger pa-Siedlungen auf der Insel deuten darauf hin, dass Tiritiri Matan-gi ursprünglich vom Maori-Volk der Kawerau-A-Maki und später von Ngati Paoa besiedelt wurde, die heute beide als die traditionellen Ei-gentümer der Insel gelten. Sie rodeten einen Teil der ursprünglichen Vegetation. Später wur-de der Holzeinschlag von den Europäern fort-gesetzt. Zum Glück konnten Tiere wie Possums, Wiesel, Hirsche, Katzen und Wallabys auf der Insel nie Fuß fassen. Daher wurde Tiritiri Anfang der 1970er-Jahre, als die Landwirtschaft unren-tabel wurde, als ideales Gebiet zur Rettung der Vogelpopulationen auserkoren. Das Spekta-kel der Vogelstimmen in den Wäldern der Insel macht deutlich, wie stark die Vogelwelt in an-deren Teilen Neuseelands durch tierische Ein-dringlinge dezimiert wurde.

Seit 1984 wurden im Rahmen eines Wieder-aufforstungsprogramms über 300 000 junge Bäu-me angepflanzt. Obwohl der rasch wachsende Wald noch lange nicht voll entwickelt ist, schei-nen sich die Vögel hier bereits wohlzufühlen. Die meisten kommen mithilfe von Fütterungssta-tionen durch die nahrungsarmen Monate; Nist-kästen dienen als Ersatz für morsche Bäume.

ÜBERNACHTUNG UND ESSEN

Besucher müssen sich ein Lunchpaket mitbringen, denn es gibt keine Verpflegungs-möglichkeit auf der Insel.
Tiritiri Island Bunkhouse, 🖥 doc.govt.nz/tiritiribunkhouse. Als Unterkunft steht eine Selbstversorger-Hütte in der Nähe des Leuchtturms zur Verfügung. Die Betten sollten so früh wie möglich reserviert werden; die Wochenenden sind meist Monate im Voraus ausgebucht. Gäste müssen ihren eigenen Schlafsack und alle benötigte Verpflegung in nagersicher verschlossenen Behältern mitbringen. $24,50

TRANSPORT

In der Regel wird Tiritiri Matangi im Rahmen eines Tagesausflugs besucht. Die Fähren von 360 Discovery, 📞 0800 360 3472, 🖥 360discovery.co.nz, legen vom Pier 4 des Downtown Ferry Terminal in AUCKLAND ab (Weihnachten bis Mitte Jan tgl. 9 Uhr, sonst Mi–So und feiertags 9 Uhr; $66 hin und zurück), halten am Gulf Harbour (S. 182) um 9.50 Uhr ($49 hin und zurück) und erreichen Tiritiri gegen 10.10 Uhr. Auf dem Rückweg legen die Schiffe gegen 17 Uhr wieder in Auckland an. Mit dieser Fähre hat man 5 Std. Zeit auf der Insel.

Northland

Stefan Loose Traveltipps

The Arts Factory, Te Hana Eine waschechte Kiwi-Ikone und ihr Team bearbeiten liebevoll das uralte Holz der Sumpf-Kauris und schaffen daraus wunderschöne Kunstwerke. S. 213

Poor Knights Islands Faszinierende Höhlen, Felsbogen und außergewöhnliche Fische sind ein Fest für Taucher und Schnorchler. S. 221

3 Bay of Islands Hier kann man segeln, Kajak fahren, mit Delphinen schwimmen und die Geschichte und Landschaft von Northland kennenlernen. S. 224

Ninety Mile Beach und Cape Reinga
An einem der bekanntesten Strände des Landes mit dem Sandboard gewaltige Dünen hinabdüsen und anschließend den reißenden Strudel betrachten, in dem sich Pazifik und Tasmansee vereinen. S. 250

Hokianga Harbour Wo die Abendsonne in einem gewaltigen Farbrausch aus Orange, Fuchsia und Indigo hinter dem Horizont verschwindet und der Wind mächtige Dünen auftürmt. S. 254

Kauri-Wälder Im Waipoua Kauri Forest stehen der 2000 Jahre alte Tane Mahuta, Neuseelands größter Baum, und viele andere Kauri-Bäume. S. 259 und S. 260

Northland ragt von Auckland 350 km weit in den subtropischen Norden und trennt dabei den Pazifik von der Tasmansee. Die beiden Meere treffen vor dem Cape Reinga aufeinander, Neuseelands nördlichstem auf dem Straßenweg zugänglichen Punkt. Touristen nähern sich dieser Landspitze zumeist über die Sandpiste des Ninety Mile Beach. Kiwis betiteln die schmale Maori-Provinz oft als „Winterless North", eine treffende Bezeichnung für die Zitrusbäume, die Avocado-Plantagen, die Weingüter, das warme aquamarinfarbene Meerwasser und die weißen und goldenen Sandstrände, welche die nördlichen Ausläufer der Region so überaus anziehend machen. Mit der wachsenden Beliebtheit der Region ist auch der Wohlstand in Northland etwas gestiegen, sodass die Einstellung gegenüber Besuchern heute positiver und freundlicher ausfällt als noch vor einiger Zeit.

Landschaftlich gesehen teilt sich Northland in zwei Hälften. Die **Ostküste** ist ein Labyrinth aus versteckten Höhlen, und ihre Strände sind ruhig und sicher, denn eine Reihe vorgelagerter Inseln schwächt die gelegentlich aufkommenden Pazifikstürme ab. Der Kontrast zur langen, fast schnurgeraden **Westküste** könnte kaum größer sein: Hier brechen sich die tosenden Wellen der Tasmansee, nur von vereinzelten Buchten aufgehalten. Schwimmen ist aufgrund von Strömungen und fehlender Küstenwache gefährlich. Einige Strände sind sogar als Straßen ausgewiesen, bergen allerdings eine Menge Gefahren für unbesonnene Fahrer. Mietwagen sind zudem nicht für das Fahren am Strand versichert. Wer das hügelige **Binnenland** erkunden möchte, muss sich auf lange Fahrten über kurvige Landstraßen einstellen.

Am Ostufer, nördlich des Einzugsbereichs von Auckland, beginnt die ländliche **Matakana Coast**. Sie ist beliebt bei Seglern, die Kawau

Island umrunden, und bei Schnorchlern, die die Unterwasserwelt des **Goat Island Marine Reserve** erforschen. Das breite Band der **Bream Bay** führt zu den zerklüfteten Whangarei Heads am Eingang von Northlands Haupthafen und wichtigster Stadt: **Whangarei**. Sie dient als Basis für das neuseeländische Taucherparadies **Poor Knights Islands**.

Touristen, die es eilig haben, steuern meist geradewegs die **Bay of Islands** an. Dieser geschichtsträchtige, zerklüftete, von Inseln übersäte Küstenabschnitt eignet sich hervorragend für Kreuzfahrten, zum Tauchen und – manchmal auch – zum Schwimmen mit Delphinen. Alles nördlich davon wird allgemein als **The Far North** bezeichnet. Anziehungspunkte dieser Region sind der ruhige, abgeschiedene **Whangaroa Harbour**, die **Doubtless Bay** sowie die **Aupori Peninsula**, an deren Westküste sich der **Ninety Mile Beach** bis zum **Cape Reinga** erstreckt.

Im Gegensatz zum Osten ist die Westküste deutlich vom wirtschaftlichen Niedergang nach dem Ende der Kauri-Abholzung gekennzeichnet. Inzwischen beginnen jedoch Milchwirtschaft und Tourismus die Landschaft zu verändern und eine freundlichere Atmosphäre zu schaffen. Vom Ninety Mile Beach im Norden kommend empfiehlt sich hier als erster Halt der **Hokianga Harbour**, einer der größten Naturhäfen Neuseelands, dessen Nordspitze von spektakulären Sanddünen geschmückt wird. Weiter südlich gelangt man in den **Waipoua Forest**, den einzigen größeren Überrest der einst ausgedehnten Kauri-Wälder. Die Geschichte der Kauri-Bäume und Holzfäller wird im ausgezeichneten Kauri Museum in Matakohe dokumentiert.

Geschichte

In Northland spielten sich die meisten der frühen Begegnungen zwischen Maori und europäischen Siedlern ab. Hier wurde auch Neuseelands wichtigstes Dokument, der **Vertrag von Waitangi**, unterzeichnet. Die Maori-Legende berichtet vom großartigen polynesischen Forscher Kupe, der den Hokianga Harbour entdeckte. Das Klima und der Reichtum an Nahrungsmitteln waren genau nach seinem Geschmack, und so ermutigte er sein Volk, sich hier anzusiedeln. Dessen Nachkommen in der Bay of Islands hatten

Informationen

Die **Website** der Region Northland ist 🖥 north landnz.com.
Der Northland-Distrikt Far North unterhält **i-SITE-Büros** in Paihia, Kaitaia und Opononi; Näheres auf 🖥 visitfarnorthnz.com.

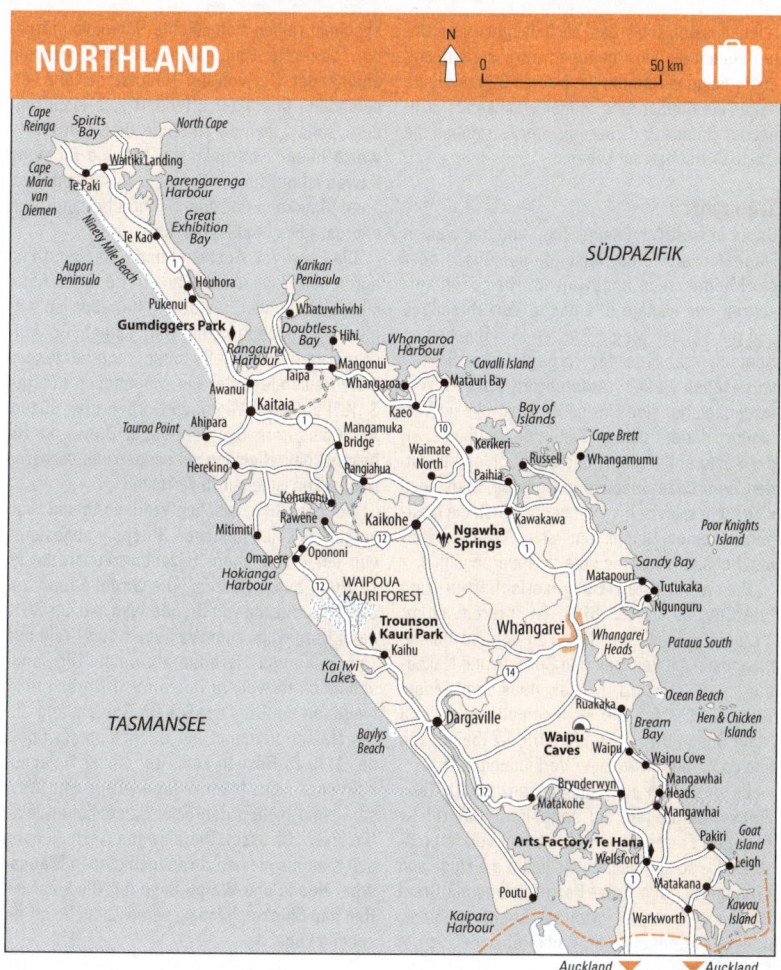

NORTHLAND

N

0   50 km

Cape Reinga
Spirits Bay
North Cape
Cape Maria van Diemen
Te Paki
Waitiki Landing
Parengarenga Harbour
Ninety Mile Beach
Te Kao
Great Exhibition Bay
Aupori Peninsula
Houhora
Pukenui
Gumdiggers Park
Karikari Peninsula
Whatuwhiwhi
Doubtless Bay
Hihi
Rangaunu Harbour
Mangonui
Whangaroa Harbour
Cavalli Island
Awanui
Taipa
Whangaroa
Matauri Bay
Kaitaia
Kaeo
Bay of Islands
Tauroa Point
Ahipara
Mangamuka Bridge
Waimate North
Kerikeri
Cape Brett
Russell
Whangamumu
Hereking
Rangiahua
Paihia
Kohukohu
Mitimiti
Rawene
Kaikohe
Ngawha Springs
Kawakawa
Poor Knights Island
Omapere
Opononi
Hokianga Harbour
WAIPOUA KAURI FOREST
Matapouri
Sandy Bay
Tutukaka
Ngunguru
Trounson Kauri Park
Kaihu
Whangarei
Whangarei Heads
Pataua South
Kai Iwi Lakes
Ocean Beach
Ruakaka
Hen & Chicken Islands
TASMANSEE
Dargaville
Baylys Beach
Waipu Caves
Waipu
Bream Bay
Waipu Cove
Mangawhai Heads
Bryderwyn
Mangawhai
Matakohe
Arts Factory, Te Hana
Wellsford
Pakiri
Goat Island
Leigh
Poutu
Matakana
Kaipara Harbour
Warkworth
Kawau Island

SÜDPAZIFIK

10

12

12

14

17

1

Auckland ▼   ▼ *Auckland*

das zweifelhafte Vergnügen, erstmals mit Weißen in Berührung zu kommen, als europäische Walfänger die Gewässer plünderten und Missionare nach neuen Bekehrungswilligen suchten.

Ohne die ganze Tragweite ihres Tuns zu erkennen, verzichteten die Häuptlinge des Nordens schließlich schriftlich auf ihre **Hoheitsrechte**. Im Gegenzug wurden ihnen Landrechte und traditionelle Rechte zugesichert, die jedoch häufig missachtet wurden. Einige Maori in den restlichen Landesteilen sind noch immer der Meinung, dass die fünf nördlichen *iwi* (Stämme) Aotearoa an die Pakeha verschenkt haben.

Als in den neu besiedelten Gebieten weiter südlich fruchtbareres Ackerland entdeckt wurde, plünderten **Kauri-Holzfäller** und *gumdigger* den Busch. Später, als die Rohstoffindustrie schwächer wurde, siedelten sich Pioniere an und wandelten einen Großteil der Gegend in Weideland für die **Milchwirtschaft** um. Die lokalen Molkereien mussten schließen, als halbindustrielle Unternehmen die Verarbeitung zentralisierten, und in der Folge verarmten die kleinen Städte. Heute halten die Anpflanzung schnell wachsender exotischer Bäume und sporadischer Gartenbau die lokale Wirtschaft am Leben.

Transport

Da es in Northland keine Züge und nur wenige Flughäfen gibt, sind Reisende auf Busse oder ein Mietfahrzeug angewiesen. Hier oben verkehren nur wenige öffentliche Verkehrsmittel, und nur bei den Magic-Bussen (S. 74) scheinen Abstecher abseits der vorgegebenen Routen vorgesehen zu sein. **Autofahrern** steht im Wesentlichen nur eine einzige Hauptstraße zur Verfügung, die auf beiden Seiten der Halbinsel an der Küste entlangführt und eine Schleife bildet, den **Twin Coast Discovery Highway**. Man muss sich nicht sklavisch an ihn halten, doch die braunen, mit einem Delphin und einer Welle versehenen Schilder sind eine gute Orientierungshilfe.

Die wichtigsten **Busgesellschaften** sind InterCity, ✆ 09 583 5780, 🖥 intercity.co.nz, sie befährt auch die Strecken von Northliner, manchmal mit den gleichen Bussen, und Nakedbus, ✆ 0900 62533, 🖥 nakedbus.com. Magic Bus, ✆ 09 358 5600, 🖥 magicbus.co.nz, und Main Coachline, ✆ 09 278 8070, 🖥 maincoach line.co.nz, bieten weniger Verbindungen.

Es bestehen zwar in begrenztem Umfang **Flugverbindungen**, die angesichts der relativ geringen Entfernungen aber kaum von Interesse sind – ausgenommen vielleicht die Flüge von Whangarei nach Great Barrier Island mit Great Barrier Airlines, 🖥 greatbarrierairlines.co.nz, oder die Rundflüge von Paihia über die Bay of Islands zum Cape Reinga.

Die Matakana Coast bis zur Bream Bay

Aucklands Einfluss beginnt zu schwinden, sobald man etwa 50 km nördlich vom Stadtzentrum die **Matakana Coast**, 🖥 matakanacoast. com, erreicht. An diesem 30 km langen Küstenabschnitt reihen sich seichte Häfen, von Stränden übersäte Halbinseln und kleine Inseln aneinander. Der von der Hauptstadt ganz verschiedene Charakter offenbart sich insbesondere, sobald man die reizende Ortschaft **Warkworth** hinter sich gelassen hat und Richtung **Kawau Island** oder entlang der Küste zum Dörfchen **Matakana** und zum Schnorchel- und Taucherparadies **Goat Island** fährt.

Die Fahrt von Auckland nach Warkworth ist durch eine 7 km lange Mautstraße ($2,20/Auto) kürzlich schneller geworden, hat aber ein wenig an landschaftlichem Reiz eingebüßt. Aufgrund verwirrender Beschilderung verpassen viele Reisende leider die Mautstellen (Kasten S. 182) auf dem Weg nach Norden bzw. Süden. Auch die alternative Route über Orewa am Hibiscus Coast Highway mit einigen wunderbaren Ausblicken ist leicht zu verfehlen.

Auf dem SH1 zwischen Warkworth und Waipu gibt es kaum lohnende Stopps – abgesehen von der großartigen Holzschnitzkunst, die im **Te Hana** ausgestellt ist. Die Strecke führt zur Straßenkreuzung von **Brynderwyn**, wo der SH12 nach Dargaville, zum Waipoua Kauri-Wald und zum Hokianga Harbour abzweigt. Die landschaftlich reizvollere Route nach Norden führt hingegen am Ufer der **Bream Bay** entlang. Ihren Namen verdankt die Bucht Captain Cook, der 1770 zu Besuch kam. Bei dieser Gelegenheit zogen seine Männer Tarakihi aus dem Wasser – und hielten den Fisch fälschlicherweise für *bream* (Brasse). Die einzigen Ansiedlungen hier sind die kleinen Strandgemeinden **Mangawhai Heads** und **Waipu Cove** mit Blick auf die **Hen and Chicken Islands**, einen Zufluchtsort für seltene Vögel.

Warkworth

Die Kleinstadt **Warkworth** erwacht erst im Hochsommer zum Leben, wenn zahlreiche Segler ihre Boote in den vielen nahe gelegenen Mündungen und Buchten festmachen. Ab Ende der 1820er-Jahre wimmelte es fast ein Jahrhundert lang auf dem Flussabschnitt im Rücken der Stadt von Booten, auf denen Kauri-Bäume verschifft wurden. Heute verläuft ein Plankenweg

am Ufer, wo die *Jane Gifford*, 🖥 janegifford.org.
nz, vor Anker liegt. Die generalüberholte Schu-
te durchpflügte früher die Tidengewässer und
wird jetzt manchmal für Ausflugsfahrten eingesetzt (1 Std.; $15).

Warkworth and Districts Museum

Tudor Collins Drive, 3 km südlich von Warkworth
abseits des SH1 ▪ 🕐 tgl. 9–15 Uhr ▪ Eintritt $8
▪ 🖥 wwmuseum.orconhosting.net.nz

Informationen über die Geschichte der Region
liefert das **Warkworth and Districts Museum**.
Hier sind originalgetreu nachgebildete Wohn-
räume aus mehreren Epochen zu sehen sowie
eine 5 m lange Kette mit 130 Gliedern, die aus
einem einzigen Kauri-Stamm geschnitzt wurde.

Bei den beiden uralten Kauris vor dem Museum beginnen zwei hübsche, 20-minütige Na-
turlehrpfade auf Holzbrettern. Sie führen durch
den geschützten Busch des **Parry Kauri Park**.
In einer kostenlosen am Museumseingang erhältlichen Broschüre werden die Bäume detailliert
beschrieben. 🕐 9 Uhr bis Sonnenuntergang,
Eintritt in Form einer Spende.

Brick Bay Sculpture Trail

Arabella Lane, 6 km östlich von Warkworth
abseits des SH1 ▪ 🕐 tgl. 10–17 Uhr ▪ Eintritt $12;
Weinprobe $5; Olivenölkostung $8
▪ 📞 09 425 4690, 🖥 brickbaysculpture.co.nz

Der **Brick Bay Sculpture Trail** bietet eine perfekte Mischung aus Kunsterlebnis und form-
vollendeter Architektur. Nach einer Stunde auf
dem 2 km langen Wald-, Weinberg- und Park-
weg, der an über 50 Skulpturen vorbeiführt (alle
stehen zum Verkauf und stammen überwiegend
von neuseeländischen Künstlern), erwartet den
Wanderer im Café eine Belohnung in Form von
Weinproben, Olivenölkostungen und Vorspei-
senplatten für zwei Personen ($27).

Cedarhouse, 450 Matakana Rd, 3 km nordöstlich von Warkworth, 📞 09 425 0952, 🖥 cedar
house-bb.co.nz. Vermietet ein geräumiges
Studioloft mit Blick auf die Weinstöcke. Ganz in
der Nähe liegen die Weingüter Ascension und
Matakana Estate sowie ein Restaurant. Kleines
Frühstück inklusive. $140

🏨 **Sandspit Holiday Park**, 1334 Sandspit Rd, 📞 09 425 8610, 🖥 sandspit
holidaypark.co.nz. Im Schatten großer Bäume
direkt beim Fähranleger für Kawau Island;
kostenloser Kanu- und Paddelboot-Verleih,
sichere Bademöglichkeit; nicht weit von einem
Surfstrand und einem Internetkiosk. Camping
$16, Cabins $60

Warkworth Country House, 18 Wilson Rd,
300 m nördlich des Warkworth and Districts
Museum (s. oben), 📞 09 422 2485, 🖥 wark
worthcountryhouse.co.nz. Zwei gemütliche
Zimmer mit Bad und eigenem Eingang mit
kleiner Terrasse, an großem und gepflegtem
Garten und mit einem Wald voller Vögel in
der Nähe. $120

Warkworth hat recht gute Restaurants zu
bieten. Nobler speisen kann man auf den
umliegenden Weingütern wie Ascension und
Ransoms; Näheres dazu in der Broschüre
Matakana Wine Trail (S. 211). Proviant gibt's
in den Supermärkten New World und Four
Square.

Ginger 21, Queen St, 📞 09 422 2298. Guter
Kaffee und gute Bagels und Brote aus eigener
Herstellung, dazu ein eindrucksvolles Frühstücksangebot und vegetarische Hauptgerichte
(etwa $20). 🕐 Mo–Fr 6–16, Sa und So 7.30–
16 Uhr.

🏨 **Quince**, Matakana Rd, Ecke Falls Rd,
im Ortszentrum, 📞 09 442 2555. Beliebt
für Gerichte wie Lammschenkel mit Erbsen-
Linsen-Sauce und Minze-Pistazien-Püree
(Hauptgerichte ca. $26). Alkohollizenz und BYO.
🕐 Mi–So 9 Uhr bis spät.

Ransom Wines, 46 Valerie Close, 1,5 km vom
SH1, südlich von Warkworth, 📞 09 425 8862,
🖥 ransomwines.co.nz. Im Weinkeller und
der Weinbar elegante Verkostung sehr guter
Erzeugnisse und außerdem ein Sommer köstliches Mittagessen. 🕐 Di–So 10–17 Uhr.

Tahi, 1 Neville St, 🖥 tahibar.com. Tapas-Bar
in einer Gasse gegenüber dem i-SITE, mit
gutem Angebot an Bieren aus Kleinbrauereien,
dazu Tapas-Teller und auch ordentliche Fish 'n'
Chips ($10–20). 🕐 Di–Do 15.30 Uhr bis spät, Fr
und Sa 12–24, So 11–21 Uhr.

NORTHLAND

i-SITE Visitor Centre, 1 Baxter St, ☎ 09 425 9081, 🖥 warkworthnz.com. Hilft bei Reisebuchungen und hat kostenlosen **Internetzugang**. ⊕ Nov–Ostern Mo–Fr 8.30–17, Sa und So 9–16, Ostern–Okt Mo–Fr 8–17, Sa und So 9–15 Uhr.

Die Busse von InterCity, Northliner, Main Coachlines und NakedBus halten vor der Touristeninformation in der Baxter St. Es verkehren Busse nach AUCKLAND (4–6x tgl., 1 Std.), DARGAVILLE (4–6x tgl., 2 Std.) und WHANGAREI (4–6x tgl., 1 3/4 Std.).

Kawau Island

Kawau Island hat nur rund 70 Einwohner, aber dafür jede Menge Wochenendbesucher, und besteht vorwiegend aus Ferienhäusern mit privaten Anlegestellen.

Mansion House

⊕ Mitte Dez bis Feb tgl. 12–15.30, März bis Mitte Dez Mo–Fr 12–14, Sa und So 12–15.30 Uhr ▪ Eintritt $4
Die einzigen Sehenswürdigkeiten auf Kawau Island sind das vornehme, mit Kauri-Holz getäfelte **Mansion House** und dessen exotische Gärten. Hier wohnte in den 1860er-Jahren George Grey, damals Gouverneur von Neuseeland, während seiner zweiten Amtszeit. Die Einrichtung sieht in etwa so aus wie zu Greys Zeiten.

Ein kurzer Spaziergang führt durch die Gärten zum kleinen Strand von **Lady's Bay** und von dort zu einem Netz von kurzen Wegen, die sich durch Kiefernwald und Kanukagestrüpp schlängeln. Das beliebteste Ziel für einen Spaziergang sind die Ruinen der alten **Kupfermine** (knapp 1 1/2 Std. hin und zurück).

Mansion House Bay Café, ☎ 09 422 8903. Café mit Alkoholausschank, geöffnet zum Mittagessen und für Snacks und kleine Gerichte ($10–30). Die meisten Leute kommen im Rahmen einer organisierten Tour hierher, also mittags, aber mit einem Wassertaxi von Reubens

(s. unten) kann man auch zum Abendessen hierher gelangen. ⊕ an Wochenenden und im Sommer fast tgl., genaue Zeiten telefonisch erfragen.
The Sandspit, am Kai von Sandspit, 8 km östlich von Warkworth. Nettes Café mit Alkoholausschank in einem Holzschuppen, mit passablem Essen; spezialisiert auf Seafood wie Chowder ($13) und Fish 'n' Chips ($17), auch Burger ($14,50). ⊕ Mo–Do 9–16, Fr–So 9 Uhr bis spät.

Die Boote Richtung Kawau Island fahren am Kai von SANDSPIT (Parkgebühr $10/24 Std.) ab, einer kleinen Gemeinde am Matakana-Meeresarm 8 km östlich von Warkworth. **Reubens**, ☎ 0800 111 616, 🖥 kawaucruises. co.nz, betreibt das ganze Jahr über den **Royal Mail Run**, der alle Kais der Insel mit Post, Zeitungen und Lebensmitteln versorgt und 1 1/2 Std. an der Mansion House Bay hält, Abfahrt tgl. 10.30 Uhr, 4 Std., $68 hin und zurück, mit BBQ-Lunch (auf der Hinfahrt an Bord serviert) $90. Reubens unternimmt auch einen oder zwei Ausflüge zur Mansion House Bay pro Tag. Die Besichtigungszeit dort ist etwa doppelt so lang wie beim Mail Run ($50).
Blue Adventures, Sandspit Wharf, ☎ 022 630 5705, 🖥 blueadventures.co.nz. Jetboottouren ($75/Person/Std.; mind. 4 Pers.), Verleih und Unterricht für Standup-Paddleboarding ($45/Pers./Std.), Wakeboarding ($60 Pers./Std.; mind. 4 Pers.) und Kitesurfen (2 Std. Einzelunterricht $75).

Matakana und Umgebung

In den vergangen zehn Jahren hat sich **Matakana**, 9 km nordöstlich von Warkworth, vom unbedeutenden Kreuzungspunkt zweier Landstraßen zum Herzstück einer boomenden Weinregion aufgeschwungen. Der Ort liegt nahe genug bei Auckland, um Wochenendausflügler anzuziehen. Sie kaufen gern auf dem Bauernmarkt am Samstag von 8 bis 13 Uhr ein. Anschließend gehen sie vielleicht ins örtliche kleine Kino, 2 Matakana Valley Rd, ☎ 09 422 9833, matakanacinemas.co.nz, stöbern in den Geschäften (einer altmodischen Metzgerei, einem exzellenten Buchladen und einem sehr guten Feinkostgeschäft) oder besuchen die Weingüter. In dem fast überall erhältlichen Heftchen *Matakana Wine Trail* sind 18 **Winzereien** und andere Einrichtungen mit Weinbezug beschrieben, die zur Weinprobe einladen (meistens gegen ein geringes Entgelt).

Morris & James Pottery & Tileworks

2 km westlich von Matakana in der Tongue Farm Rd
▪ ⊙ tgl. 9–17 Uhr; Café/Bar 9–16 Uhr; kostenlose Führung tgl. 11.30 Uhr ▪ Eintritt frei

Wegbereiter für den Umschwung in der Region war **Morris & James Pottery & Tileworks**. Dort werden seit Ende der 1970er-Jahre Terrakottafliesen und große Blumenkübel von Hand hergestellt. Vor dem Besuch im Café kann man eine kostenlose halbstündige Führung durch die Töpferei unternehmen.

Tawharanui Regional Park

10 km südöstlich von Matakana, an der Takatu Rd
▪ ⊙ tgl. 6 Uhr bis Sonnenuntergang ▪ Eintritt frei

Der **Tawharanui Regional Park** umfasst tolle Strände und wieder aufgeforsteten Wald. Raubtiere wurden beseitigt, weshalb die Vögel wieder in das **offene Reservat** zurückkehren. Hier kann man wunderbar schwimmen, tauchen, picknicken und auf gut begehbaren Wegen wandern oder radeln. Allerdings muss alles Notwendige mitgebracht werden. Das Einzige, was es hier gibt, ist ein Campingplatz ($10); reservieren unter ☎ 09 366 2000, 🖥 arc.govt.nz/parks.

ESSEN

Black Dog Café, Torea Rd, Ecke Market Valley Rd. Beliebt für Kaffee, Schokoladenkuchen, Frühstück, große saftige Burger ($12,50) mit Roter Bete sowie Bagels mit verschiedenen guten Belägen. ⊙ Mo–Fr 7.30–15.30, Sa 7–16, So 8–16 Uhr.

Blue, 2 Matakana Valley Rd, ☎ 09 422 7797, 🖥 blue.co.nz. Traditionelle Eisdiele mit Bio-Eis ($6), Sorbets und tollen Smoothies ($7), mit Blaubeeren aus eigenem Obstgarten. Auch gute Sandwiches und Kaffee. ⊙ tgl. 10–18 Uhr.

Matakana Market Kitchen, 2 Matakana Valley Rd, ☎ 09 423 0383, 🖥 matakanamarketkitchen. com. Edles und teures Designer-Restaurant mit großer, glänzender Theke. Speisen: z. B. Avocado auf Toast ($10,50), Salate ($18) und verschiedene Hauptgerichte ($34). ⊙ tgl. 9 Uhr bis spät.

Nosh, 2 Matakana Valley Rd, ☎ 09 422 9534. Günstiges, sehr gutes Essen in einem großen Feinkostladen mit Wurst und Käse aus der Gegend und Importen aus Italien und Frankreich. ⊙ Mo–Fr 9–19, Sa und So 7.30–19 Uhr.

Plume, 49a Sharp Rd, ☎ 09 422 7915, 🖥 plumerestaurant.co.nz. Stilvolles, teures Weingut-Restaurant mit offener Küche, z. B. Bagels mit Lachs ($20), knuspriges Kaninchen ($26), Steak ($38) oder Lammlende mit Kräuterkruste ($39). ⊙ Di–So 11–15.30, Fr und Sa auch 18 Uhr bis spät.

Weingüter

Heron's Flight, 49 Sharp Rd, ☎ 09 950 6643, 🖥 heronsflight.co.nz. Hier werden mit beachtlichen Ergebnissen italienischer Sangiovese und Dolcetto produziert. Schicke Winzerei, Weinproben aber nur nach Vereinbarung.

Hyperion, 188 Tongue Farm Rd, abseits Leigh Rd, ☎ 09 422 9375, 🖥 hyperion-wines. co.nz. Im Vergleich zu Heron's Flight präsentiert sich dieses Weingut eher in neuseeländischer Tradition: mit privater Leidenschaft und dem einzigen guten nördlich von Auckland gekelterten Cabernet Sauvignon. Es gibt aber auch andere köstliche Weinen, die man alle in einem kleinen Schuppen verkosten kann. Weinproben sind kostenlos; vorher anrufen!

Leigh und Goat Island

13 km nordöstlich von Matakana liegt die Ortschaft **Leigh** mit ihrem malerischen Hafen, in dem hölzerne Fischerboote auf den Wellen tanzen. 4 km weiter nordöstlich befindet sich das **Cape Rodney-Okakari Marine Reserve**, üblicherweise nach der kleinen, buschbestandenen Insel 300 m vor der Küste einfach **Goat Island** genannt. Gegründet wurde dieses erste Mee-

resreservat von Neuseeland 1975. Es zieht sich 5 km an der Küste entlang und reicht 800 m weit ins Meer hinein. Heute wimmelt die hiesige Unterwasserwelt von großen Felshummern, riesigen Schnappern und Rochen. Von Fütterungen wird abgeraten, nachdem insbesondere die Blue Maomaos an der Handfütterung mit Tiefkühlerbsen zu viel Geschmack gefunden hatten und daher häufig Schwimmer und Taucher belästigten.

Der leicht zugängliche Strand (vom Parkplatz am Ende der Straße), das glasklare Wasser, die zahlreichen Unterwasserterrains und die relativ mäßigen Strömungen haben Goat Island zu einem ganzjährig begehrten Tauchspot gemacht. Im Sommer ist die Insel außerdem ein angesagtes Urlaubsziel für Familien. Wer die Ruhe liebt, kommt besser unter der Woche her.

ÜBERNACHTUNG UND ESSEN

Goat Island Camping & Backpackers, 123 Goat Island Rd, ☎ 09 422 6185, 🖥 goat islandcamping.co.nz. Rund 500 m abseits des Reservats am Weg nach Goat Island. Vier einfache Cabins und neun einfache Wohnwagen unter Bäumen. Tolle Ausblicke auf die Bucht und Verleih von Schnorchelausrüstung. Nur Barzahlung. Camping $18, Cabins und On-site vans $60

Leigh Fish and Chip Shop, 18 Cumberland St, ☎ 09 422 6035. Vor Ort legendär wegen der köstlichen Fish and Chips, Muschelbratlinge und Burger. Alles unter $15. ⊕ April–Dez Do–So 11–19, Fr und Sa bis 20 Uhr, Dez–Osterwochenende tgl. 11–20, Fr und Sa bis 21 Uhr.

The Leigh Sawmill Café, 142 Pakiri Rd, ☎ 09 422 6019, 🖥 sawmillcafe.co.nz. Vor allem bekannt als Restaurant und Veranstaltungsort, aber die mit Feingefühl umgebaute Sägemühle bietet auch fünf geräumige DZ mit Bad, ein Selbstversorger-Cottage, zwei Dorms und eine Gemeinschaftsküche. Im schicken Café (⊕ im Winter Mo–Mi geschl.) gibt's Tapas ($9–28), Feinschmecker-Pizza ($22,50) und Bier aus der benachbarten Kleinbrauerei. Am Wochenende treten in der Regel Live-Bands auf. DZ mit Bad $125, Selbstversorger-Cottage $300, Dorms ohne Bettzeug $25, mit Bettzeug $40

AKTIVITÄTEN

Bootsausflüge

Glass Bottom Boat, ☎ 09 422 6334, 🖥 glass bottomboat.co.nz. Das Glasbodenboot *Aquador* legt vom Strand zu 45-minütigen Touren ab, die am schönsten bei schönem, ruhigen Wetter sind (im Winter 3x tgl., im Sommer öfter). Am besten vorher anrufen und nach den Wetterbedingungen fragen und reservieren.

Schnorcheln und Tauchen

Schnorchler kommen in den Genuss eines üppigen Kelpwaldes mit vielen bunten Fischen. Wer sich tiefer hinein traut, entdeckt fantastische Meerespanoramen mit unzähligen Schwämmen.

Goat Island Dive, 142a Pakiri Rd, Leigh, ☎ 0800 348 369, 🖥 goatislanddive.co.nz. Hoch professionelle Anbieter. Vermietet Taucherbrillen, Schnorchel und Flossen ($30) und bietet zweistündige Schnorcheltauchkurse ($55). Außerdem im Programm: Tauchunterricht und Touren zum Goat Island Marine Reserve und noch weiter hinaus. Wer über einen entsprechenden Tauchschein verfügt, kann komplette Tauchausrüstungen mieten. ⊕ im Sommer tgl., im Winter am Wochenende.

Kayak Experience Goat Island, am Strand, gegenüber der Insel, ☎ 021 460 121, ✉ goat island@xtra.co.nz. Verleiht Kajaks mit Glasboden ($40/Std.) und normale Kajaks (2er-Kajak $30/Std.), Taucherbrillen, Schnorchel, Flossen und Neoprenanzüge ($30) und bietet einen ganztägigen Kajak-Schnorchel-Ausflug ($150).

Seafriends, nach 25 m an der Goat Island Rd, am Strand, ☎ 09 422 6212, 🖥 seafriends. org.nz. Verleiht im Sommer Schnorchelausrüstung (mit Neoprenanzug $30). In erster Linie ist Seafriends jedoch eine meeresbiologische Lehranstalt mit mehreren Aquarien, in denen die unterschiedlichen Ökosysteme von Goat Island vorgestellt werden. Es gibt auch ein kleines Café. ⊕ tgl. 9–19 Uhr.

TRANSPORT

Nach Leigh fahren keine öffentlichen Verkehrsmittel. Besucher ohne eigenes Fahrzeug müssen in Matakana ein **Taxi** nehmen, z. B. von Matakabs, ☎ 0800 522 743, ca. $38 einfach.

Pakiri

Pakiri, 10 km nördlich von Leigh, besteht in erster Linie aus einem langen weißen Surfstrand hinter Weiden, Dünen und Pohutukawa-Bäumen, die im Dezember rot erblühen. Dies ist die perfekte Kulisse für Strandspaziergänge, Vogelbeobachtungen, Sonnenuntergänge und **Ausritte** (s. unten).

ÜBERNACHTUNG

Pakiri Beach Holiday Park, Pakiri River Rd, ✆ 09 422 6199, 🖥 pakiriholidaypark.co.nz. Sehr schön an einer Flussmündung gelegen mit Blick auf den goldenen Sandstrand. Zeltstellplätze, einfache Cabins, Cabins mit Bad und luxuriösere Studios, Strandcottages sowie eine Luxus-Strandlodge für 4 Pers. (zusätzlich Erw. $30). Camping $16, Cabins $50, mit Bad $70, Studios $160, Strandcottages $250, Lodge $350

Pakiri Beach Horse Rides, Rahuikiri Rd, ✆ 09 422 6275, 🖥 horseride-nz.co.nz. Verfügt über wunderbar stimmungsvolle Unterkünfte: Backpacker-Cabins am Fluss, 2-Pers.-Strandhütten für Selbstversorger, eine Familien-Cabin für 7 Pers. und ein luxuriöses Strandhaus für bis zu 8 Pers. Das dazugehörige Café im Stall bietet Proviant sowie einfaches Essen zu günstigen Preisen, ⏱ ca. 9–17 Uhr. Die angebotenen herrlichen Ausritte ($65/Std., $120/ 2 Std., $165/halber Tag, $290/Tag) finden zu jeder Jahreszeit statt. Sie führen am Strand entlang, durch die Dünen, über Flussläufe und Wiesen mit Pohutukawa-Bäumen. Cabins $70, Strand-Cabins $150, Familien-Cabin pro Paar $155, Strandhaus pro Tag $500

Te Hana

Die nächste Möglichkeit, vom SH1 Richtung Norden wieder zur Küste abzuzweigen, ergibt sich im Dörfchen **Te Hana**, 4 km nördlich von Wellsford. Bis vor kurzem wären die meisten Reisenden einfach durchgefahren, aber es lohnt sich, hier zu halten. Denn in Te Hana ist einer der experimentierfreudigsten und besten Holzbildhauer Neuseelands ansässig.

The Arts Factory

Hinter dem Te Hana Café ▪ Sommer tgl. 9–17, Winter Mo–Fr 9–17 Uhr, Sa und So n. V. ▪ ✆ 09 423 8069, 🖥 artprimitiveandmodern.com

In Te Hana residiert **The Arts Factory**, in der der Ausnahmekünstler Kerry Strongman und sein Team atemberaubenden „Schmuck für Riesen" schnitzen – riesige Holzstücke von Sumpf-Kauris, die Tausende Jahre alt sind. Die Arbeiten sind experimentell und einfallsreich gestaltet. Viele sind Neuinterpretationen traditioneller Motive der Maori und anderer alter Völker. Die meisten Stücke haben eines gemeinsam: Sie sind riesig und für große Räume gedacht. Ein Großteil der Werke geht an Galerien und Auftraggeber in Neuseeland und im Ausland, kleinere Arbeiten kann man im Shop kaufen. Besucher dürfen sich im großen Atelier umschauen und bei der Arbeit zusehen.

Te Hana Cultural Experience

317 SH1 ▪ Führung tgl. 10–15 Uhr zur vollen Stunde; „multicultural package" tgl. 11.30 Uhr (Buchung empfehlenswert); Abendtour tgl. 19.30 Uhr (Buchung empfehlenswert) ▪ Führung $25; „multicultural package" $65; Abendtour $100 ▪ ✆ 09 423 8701, 🖥 tehana.co.nz

Auf der anderen Seite des SH1 befinden sich ein *pa* und ein Maori-Dorf, die mit großem finanziellen und materiellen Aufwand und viel Hingabe neu erbaut wurden; beide sind ein Teil der Te Hana Cultural Experience. Zurzeit wird eine 45-minütige Führung angeboten, außerdem gibt es ein „multicultural package" mit Führung, Konzert und kleinem Mittagessen sowie eine Abendtour mit traditionellen Vorführungen und Abendessen im *hangi*-Stil. Mit fortschreitendem Ausbau der Anlage sollen weitere Touren angeboten werden.

Mangawhai Heads und Umgebung

Das winzige **Mangawhai**, 20 km nordöstlich von Te Hana, ist ein landwirtschaftliches Versorgungszentrum und inzwischen auch Feriendorf für Aucklander. Hier gibt's einige Restaurants,

Geschäfte wie die Galerie Smashed Pipi, 40 Moir St, wo bunte Glaswaren, Schmuck und Keramiken auf Käufer warten, ⏲ tgl. 9–17.30 Uhr, und am Wochenende einen schicken Bauernmarkt. Von hier hat man auch Zugang zum sehr viel reizvolleren Mangawhai Heads.

Mangawhai Heads

3 km weiter nördlich trifft die Straße bei **Mangawhai Heads** am Mangawhai Harbour auf die Küste. Ferienhäuser überziehen die Hänge hinter dem herrlichen Surfstrand. Abgesehen vom Sommer, wenn viele Kiwis ihre Ferien hier verbringen, geht es in Mangawhai Heads sehr entspannt zu. Das Highlight ist der reizvolle **Mangawhai Cliffs Walkway** (2–3 Std.; ganzjährig geöffnet). Zuerst geht es eine Viertelstunde am Strand entlang Richtung Norden, dann immer den orangefarbenen Markierungen nach. Sie weisen den Weg an den Klippen vorbei über Farmland, bis sich der Pfad wieder zum Strand hinabschlängelt. Bei Ebbe kann man auch durch einen kleinen Felsbogen über den Strand zurückmarschieren.

ÜBERNACHTUNG

Coastal Cow Backpackers, 299 Molesworth Drive, ✆ 09 431 5246. Die Herberge ist in einem hübschen, modernen Haus untergebracht. Dorms $25, Zimmer $65

Milestone Cottages by the Sea, 27 Moir Point Rd, ✆ 09 431 4018, 🖥 milestonecottages.co.nz. Die sechs wunderschönen Cottages aus Holz und Lehmziegeln sind alle luxuriös, aber preisgünstig. Zwei der Cottages bieten Blick aufs Meer, die anderen liegen inmitten von Biogärten und Küstenbusch, einen kurzen Spaziergang von einem versteckten Strand entfernt, wo kostenlos Kajaks zur Verfügung stehen. Alle Cottages sind für Selbstversorger gedacht und haben einen Grillplatz. Lap Pool. Studio $125, Cottages $230

ESSEN

Bennetts Café, 52 Moir St, Mangawhai, ✆ 09 431 5500. Hier gibt's ausgezeichnetes, aber teures Frühstück und recht raffinierte Mittagsgerichte ($15–20), außerdem gute heiße Schokolade. Auf der anderen Seite des Hofs gibt es einen wunderbaren Chocolatier. ⏲ tgl. 9–17 Uhr.

Frog and Kiwi, The Hub, 6 Molesworth Drive, Mangawhai, ✆ 09 431 4439. Wie der Name schon andeutet, gibt es hier französisch-neuseeländische Küche, z. B. Schnecken und *sauté de lapin* (Kaninchen mit Dijon-Senf, Gurken und Oliven) sowie ein sechsgängiges Probiermenü (mit Getränken, $116). Die meisten Gerichte $10–31. Alkoholausschank. ⏲ tgl. 9–14.30 und 18 Uhr bis spät.

Harvest Café, 5 Molesworth Drive, Mangawhai Heads. Munteres, sehr freundliches Café mit hausgemachten Pasteten und Kuchen, abends Tapas ($8–13). ⏲ tgl. 8–17, außerdem Do–Sa 18 Uhr bis spät.

Mangawhai Tavern, 2 Moir St, Mangawhai, ✆ 09 431 4505. Der traditionelle Kiwi-Pub mit traditionellem neuseeländischen Essen zeichnet sich vor allem durch seine schöne Lage aus und ist bekannt als Musikkneipe für in- und ausländische Bands (jedes Wochenende). ⏲ tgl. 11 Uhr bis spät.

Sail Rock Café, 12a Wood St, Mangawhai Heads, ✆ 09 431 4051, 🖥 sailrockcafe.co.nz. Das fabelhafte Bistro-Bar-Restaurant serviert Seafood, Angus-Steaks, Tintenfisch und göttlichen Karottenkuchen (Hauptgerichte $21,50–39). Samstags Livemusik. Mit Alkoholausschank. ⏲ tgl. 8.30–23 Uhr oder später.

Lang's Beach und Waipu Cove

Ausgezeichnete Bedingungen zum **Surfen** und Schwimmen bieten **Lang's Beach**, 12 km nördlich von Mangawhai Heads, sowie das 4 km weiter nördlich gelegene **Waipu Cove**. Es besteht eigentlich nur aus ein paar Häusern, einem Lebensmittelgeschäft mit Take away und einigen Unterkünften am langen Strand der Bream Bay.

ÜBERNACHTUNG UND ESSEN

Camp Waipu Cove, 897 Cove Rd, Waipu Cove, ✆ 09 432 0410, 🖥 campwaipucove.com, am Strand. Weitläufige Anlage am Südende der Bream Bay, nördlich von Lang's Beach (im Januar total ausgebucht). Zumeist recht einfache Cabins, jedoch auch einige luxuriösere Units für Selbstversorger. Strandzugang über einen Fußweg. Stellplatz $34, Cabins $60, Selbstversorger-Units $120

Stone House, auf halbem Weg zwischen Lang's Beach und Waipu, ☎ 09 432 0432, 🖥 stonehousewaipu.co.nz. Ruhige, reizende Anlage auf einem Gelände, das bis ans Ufer der Flussmündung reicht, mit umsichtigen Gastgebern. Kostenloses WLAN, und den Gästen stehen Dingis und Kajaks gratis zur Verfügung. Das ausgezeichnete Frühstück kostet $10–15. Cabin $80, Selbstversorger-Cabin $120, Cottage $160, Zimmer im Haus $120

Waipu Cove Cottages and Camping, 685 Cove Rd, Waipu Cove, ☎ 09 432 0851, 🖥 waipucovecottages.co.nz. Kleinere Anlage neben dem Camp Waipu mit großzügigen Stellplätzen und modernen Cottages. Kostenlose Benutzung von Dingis. Zeltstellplatz $36, Zimmer $50, Cottages $115

Beach House, 891 Cove Rd, hinter dem Waipu Cove Resort, Lang's Beach, ☎ 09 432 0877. Die Speisekarte (Hauptgerichte um $30) ist auf Papiertüten gedruckt. Die reichlichen Portionen Fish 'n' Chips ($26) werden stilecht in Zeitungspapier eingeschlagen überreicht. Bei schönem Wetter kann man auch auf der Veranda essen, und oben gibt's eine Sportbar. ⏰ tgl. 17.30 Uhr bis spät, im Winter Mo und Di geschl.

Waipu und Umgebung

Ein schottischer Löwe aus Aberdeen-Granit wacht über das Dorf **Waipu**, 11 km nördlich von Lang's Beach. Er verweist auf die 900 schottischen Siedler, die Mitte des 19. Jhs. dem charismatischen Prediger Reverend Norman McLeod hierher folgten.

Am Neujahrstag finden in Waipu die **Highland Games**, 🖥 highlandgames.co.nz, statt. Bei diesem Fest stemmen die Teilnehmer im Caledonian Park schwere Steine und machen Speerwurf mit Kieferstämmen.

Waipu Museum

36 The Centre ▪ ⏰ Di–Sa 9.30–16.30, So und Mo 10–16 Uhr ▪ Eintritt $8 ▪ ☎ 09 432 0746, 🖥 waipumuseum.com

Das hervorragende **Waipu Museum** widmet sich der beschwerlichen Reise der schottischen Siedler via Nova Scotia, wo Hunger und eine Reihe bitterkalter Winter sie forttrieben nach Australien und weiter nach Neuseeland, wo die strenge Calvinistengemeinde schließlich Fuß fasste. Alles ist wunderbar illustriert, mit vielen verschiedenen Utensilien, darunter McLeods alte Taschenuhr. Die ausgestellten Stammbäume werden gern von Neuseeländern mit schottischen Wurzeln zwecks Ahnenforschung konsultiert. Interessant sind auch die Wechselausstellungen zu schottischen Themen.

Waipu Caves

Gleich hinter dem Tor des Waipu Caves Estate, ca. 16 km vom Ort (ausgeschildert) über Shoemaker und Waipu Caves Rd

Die **Waipu Caves** mit ihren vielen Kalksteinformationen sind ein beliebtes Ausflugsziel. Dort gibt es einen der längsten Stalagmiten Neuseelands zu sehen. Er befindet sich in einer 200 m langen, von Glühwürmchen beleuchteten Höhle. Wer sie besichtigen möchte, besorgt sich eine kostenlose Landkarte im Visitor Centre im Waipu Museum, zieht möglichst alte Kleidung und widerstandsfähiges Schuhwerk an und nimmt zwei gute Taschenlampen mit. Die Höhle ist nach heftigen Regenfällen unpassierbar. Selbst bei gutem Wetter wird man ganz schön schmutzig, aber es gibt eine Kaltwasserdusche bei den öffentlichen Toiletten der Anlage.

ÜBERNACHTUNG UND ESSEN

Campingplatz Uretiti Beach, 6 km nördlich von Waipu, am SH1 ausgeschildert. Bei Uretiti liegt ein wunderbarer langer weißer Strand, an dem sich ein einfacher DOC-Campingplatz mit Wasser, Toiletten und kalten Duschen befindet und gleich daneben ein inoffizieller FKK-Strand. $8

Waipu Wanderers, 25 St Mary's Rd, ☎ 09 432 0532, ✉ waipu.wanderers@xtra.co.nz. Die freundliche Budget-Unterkunft hat Betten in einem separaten Haus mit eigener Küche und Badezimmer sowie ein Doppel-, ein Zweibett- und ein Dreibettzimmer. 2 Min. zu Fuß zum Ortskern. Dorm $29, Zimmer $66

Pizza Barn, 2 Cove Rd, ☎ 09 432 1011. In dem ehemaligen Postamt von Waipu;

preisgünstiges Mittag- und Abendessen (Hauptgerichte $15–25), darunter Pizza mit allen möglichen köstlichen Belägen. Man kann drinnen in der gemütlichen Bar oder im Gartenzimmer essen, das mit Surfbrettern und einem großen ausgestopften Fisch dekoriert ist. Die Kitschsammlung aus den 50er-Jahren in den Toiletten ist unbedingt einen Blick wert! ⊙ Dez–März tgl. 11.30 Uhr bis spät, April–Nov nur Mi–So; Juni geschl.

INFORMATIONEN UND INTERNET

Das **Visitor Centre**, 36 The Centre, ✆ 09 432 0746, befindet sich im Waipu Museum und wird von Freiwilligen betrieben. **Internetzugang** gegen kleine Gebühr. ⊙ tgl. 9.30–16.30 Uhr.

TRANSPORT

Die **Busse** von InterCity/Northliner und Naked-Bus halten auf Anfrage vor dem Geschenkeladen Pear Tree, 13 The Centre, ✆ 09 432 0046, wo auch die Fahrkarten verkauft werden. Busse nach AUCKLAND 4–7x tgl., 2 1/2 Std.; WHANGAREI 4–6x tgl., 1/2 Std.

Whangarei und Umgebung

Ganz in der Nähe von Northlands Hauptstadt **Whangarei** (Fahn-ga-rey ausgesprochen) liegen die ausgedehnten Strände von **Whangarei Heads** und die Weltklasse-Tauchreviere in der Umgebung der **Poor Knights Islands**. Trotzdem machen nur wenige Touristen auf ihrem Weg zur Bay of Islands hier einen Zwischenstopp. Allmählich ändert sich das jedoch. Der neue Shopping- und Restaurantkomplex Town Basin in unmittelbarer Nachbarschaft der eleganten Jachten am Fluss hat sich zum Besuchermagnet entwickelt. Er beherbergt ein Kunstmuseum und ein i-SITE Visitor Centre, ein praktischer Ableger der Touristeninformation auf dem Weg ins Zentrum. Im Laufe der nächsten Jahre soll hier außerdem ein Hundertwasser Arts Centre entstehen, nach einem Entwurf Hundertwassers (S. 223), den der Künstler vor seinem frühen Tod

der Stadt überließ. Davon abgesehen gibt es in der Gegend noch eine Reihe weiterer Museen und schöne Spazierwege zu entdecken, vor allem den reizvollen Pfad zu den Whangarei Falls, sowie einige neue Angebote an Touren und Aktivitäten.

Whangarei

Das Allerschönste an Whangarei sind die zahlreichen erholsamen Parks und einfachen Wanderwege nur wenige Minuten von der Stadt entfernt. Die besten davon sind in der kostenlos im Visitor Centre erhältlichen Broschüre *Whangarei Walks* beschrieben.

Central Whangarei

Das **Town Basin**, eine aufgehübschte kleine Einkaufszone zwischen Lower Dent Street und dem Hatea River, konzentriert sich um eine Villa von 1880, heute ein Restaurant. Abgesehen von allen möglichen Geschäften und Restaurants befindet sich hier die **Burning Issues Gallery**, eine Glas- und Keramikwerkstatt, wo man beim Glasblasen zuschauen kann, ⊙ tgl. 10–17 Uhr, Eintritt frei. Die zentrale Sehenswürdigkeit ist **Clapham's Clocks** direkt neben Neuseelands größter Sonnenuhr. Zu bewundern sind hier 1300 Uhren – von Kirchturm- bis zu Kuckucksuhren, ⊙ tgl. 9–17 Uhr, Eintritt $8, Führungen kostenlos.

Whangarei Art Museum

The Hub, neben dem neuen i-SITE, Dent St ▪ ⊙ tgl. 10–16 Uhr ▪ Eintritt per Spende ▪ ✆ 09 430 4240, 🖥 whangareiartmuseum.co.nz In den neuen Galerien des Kunstmuseums werden Sonderausstellungen und ein kleiner Teil der Sammlung des Hauses gezeigt. Interessant sind u. a. die Gemälde von E. Kate Mair. Sie gehörte zu den ersten weißen Künstlern, die Maori mit Sympathie darstellten, obwohl sie mit Captain Gilbert Mair verheiratet war, der die Maori sein Leben lang bekämpfte. Leider ist jedoch keines der beiden hier vorhandenen Werke ein Maori-Porträt. Sehenswert ist das recht bekannte Porträt von Harataori Harota Tarapata von Charles F. Goldie (S. 138) sowie ein paar Arbeiten von Gottfried Lindauer (S. 138).

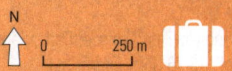

Whangarei

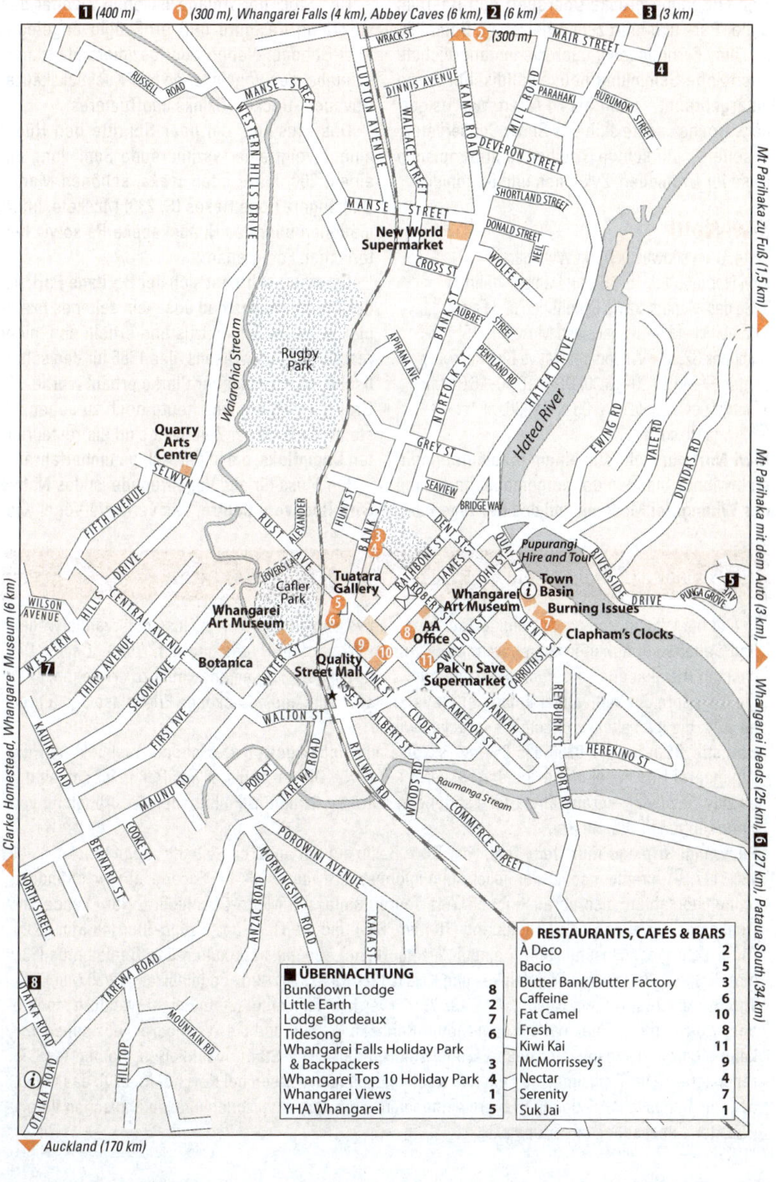

N
0 — 250 m

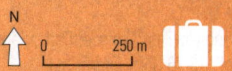

1 (400 m) • (300 m), Whangarei Falls (4 km), Abbey Caves (6 km), **2** (6 km) **3** (3 km)

2 (300 m)   MAIR STREET   **4**

Mt Parihaka zu Fuß (1,5 km)

Mt Parihaka mit dem Auto (3 km), Whangarei Heads (25 km), **6** (27 km), Pataua South (34 km)

Clarke Homestead, Whangare Museum (6 km)

Map labels:

WRACK ST · RUSSELL ROAD · MANSE STREET · LUPTON AVENUE · DINNIS AVENUE · WALLACE STREET · KAMO ROAD · MILL ROAD · PARAHAKI · RURUMOKI STREET · DEVERON STREET · WESTERN HILLS DRIVE · Waiarohia Stream · MANSE STREET · SHORTLAND STREET · DONALD STREET · NEIL · WOLFE ST · CROSS ST · AUBREY · BANKS ST · STREET · PENTLAND RD · APIRANA RD · NORFOLK ST · HATEA DRIVE · Hatea River · Rugby Park · GREY ST · SEAVIEW · BRIDGE WAY · DENT ST · JAMES ST · EWING RD · VALE RD · DUNDAS RD · RIVERSIDE DRIVE · PUNGA GROVE · KENT ST · ALEXANDER · RUST AV · LOVEBLOCK · HUNT ST · BATHGATE ST · CARRUTHERS · REYBURN ST · CAMERON ST · HANNAH ST · WALTON ST · FINLAYSON · QUAY ST · CLYDE ST · ALBERT ST · RAILWAY ROAD · TARAWERA ROAD · WATER ST · ROSE ST · PORT RD · HEREKINO ST · Raumanga Stream · WOODS RD · COMMERCE STREET · POROWINI AVENUE · MORNINGSIDE ROAD · ANZAC ROAD · KAKA ST · PORT RD · FIRST AVE · SECOND AVE · THIRD AVENUE · KAMIKA ROAD · BERNARD ST · COOK ST · NORTH STREET · MAUNU RD · FIFTH AVENUE · WILSON AVENUE · CENTRAL AVENUE · WESTERN · HILLS · DRIVE · Cafler Park · FOURTH AVENUE · MOUNTAIN RD · HILLTOP · OTAIKA ROAD · TARAWERA ROAD

Quarry Arts Centre · SELWYN · New World Supermarket · Tuatara Gallery · Whangarei Art Museum · Botanica · Quality Street Mall · Pupurangi Hire and Tour · Town Basin · Whangarei Art Museum · Burning Issues · Clapham's Clocks · AA Office · Pak 'n Save Supermarket

7

8   OTAIKA ROAD

i

Auckland (170 km)

Botanica

Eingang von First Ave oder Cafler Park ▪
🕐 tgl. 10–16 Uhr ▪ Eintritt frei

Eine Fußgängerbrücke überquert den Bach im Cafler Park und führt zum erholsamen **Botanica**. Im Filmy Fernhouse ist auch die umfangreichste öffentliche Sammlung neuseeländischer Farne untergebracht – mehr als 80 Arten. Wer es gerne warm hat, sollte sich das Snow Conservatory ansehen, eine schweißtreibende subtropische Oase für Orchideen, Zyklamen und Begonien.

Kiwi North

SH14, 6 km südwestlich von Whangarei ▪
Kiwi North 🕐 tgl. 10–16 Uhr; Dampflokfahrten 3. So des Monats sowie Schulferien und Feiertage ▪ Kombiticket für Kiwihaus und Museum $15; Dampflok $2,50 ▪ Whangarei Native Bird Recovery Centre 🕐 Mo 13.30–16.30, Di–Fr 10.30–16.30 Uhr ▪ Eintritt per Spende ▪ ☎ 09 438 9630, 🖥 kiwinorth.co.nz

Kiwi North besteht aus einem fabelhaften neuen Kiwihaus inmitten der aufgemöbelten Anlage des **Whangarei Museum** und des **Heritage Park**.

Gleich daneben liegt das **Whangarei Native Bird Recovery Centre**, das jedoch eine eigenständige Einrichtung ist.

Der Stolz der Anlage ist ohne Zweifel das sorgfältig designte und großzügig angelegte Kiwi-Gehege. Neben den faszinierenden langschnabeligen Vögeln leben hier Kuckuckskäuze, Duvaucel-Geckos, Skinks und Tuataras.

Das Museum, ein paar Schritte den Hügel hinauf, zeigt eine faszinierende Sammlung mit einem 200 Jahre alten *waka*, schönen Maori-Umhängen, Hone Hekes (S. 236) Muskete, Informationen über das Ruapekapeka Pa sowie historischen Fotografien.

Drumherum breitet sich der **Heritage Park** mit der **Clarke Homestead** aus – ein seltenes Exemplar eines im Originalzustand erhaltenen, nicht restaurierten Anwesens, das 1886 für den schottischen Arzt Alexander Clarke erbaut wurde. Ein Großteil dessen, was heute noch zu sehen ist, stammt aus dieser Zeit. Nett sind die restaurierten **Dampfloks**, die in der Anlage umherfahren.

Ein Muss für alle Vogelfreunde ist das **Native Bird Recovery Centre**, das verletzte Vögel wie-

---

Touren und Aktivitäten in und um Whangarei

In und um Whangarei werden einige Touren zu den verschiedenen Parks, Flussufer-Wanderwegen und Sehenswürdigkeiten angeboten, etwa zu den Whangarei Heads und den Abbey Caves. Die meisten Attraktionen sind auch bestens – und sogar billiger – auf eigene Faust zu erreichen, aber die Angebote der beiden hier aufgeführten Veranstalter sind beeindruckende Erlebnisse und führen an Orte, die man allein wohl nicht entdecken würde.

Ballistic Blondes, ☎ 0800 695 867, 🖥 skydiveballisticblondes.co.nz. Schöne Ausblicke auf die Whangarei Heads bei einem Tandem-Skydive (ab $245). Dieser Anbieter aus Paihia ist derzeit der einzige Skydiving-Veranstalter, der Landungen auf dem Strand in Paihia anbietet. Abholung von Unterkünften in Whangarei.

Pupurangi Hire and Tour, Jetty One, vom Town Basin auf der anderen Seite der Segelbrücke, ☎ 09 438 8117, 🖥 hirentour.co.nz. Formellere und informativere Touren als Tiki Escape, aber mit Mindestteilnehmerzahlen; also vorausbuchen. Alle Touren umfassen Maori-Geschichte, Naturkunde und Anekdoten, so auch der *pa*-Rundgang (75 Min., $55) und die Flora-und-Fauna-Tour (45 Min., $35). Außerdem gibt's Flussfahrten in einem Auslegerkanu, ebenfalls mit kulturellen Begleitinfos ($35; max. 5 Pers.). Verleih von Paddlebikes und Kajaks (2er-Kajaks $22/Std., Paddlebikes $12/30 Min.).

Tiki Escape Tours, Town Basin, ☎ 09 437 2955. Wer kein Fahrzeug hat und nicht wandern möchte, aber trotzdem das Denkmal auf dem Mount Parihaka (S. 219) und die Whangarei Falls sehen will, kann sich einer dieser informellen Minibustouren durch die Stadt anschließen (halber Tag $35; reservieren). Die Trips umfassen ein halbtraditionelles *hangi*-Essen bei Kiwi Kai (S. 220), das man in der stimmungsvollen Tikipunga Tavern einnehmen kann, einem typischen neuseeländischen Vorort-Pub, der selbst schon ein Erlebnis ist.

der aufpäppelt. Unter den hier gezeigten temporären und Dauergästen ist meist auch ein sprechender Tui anzutreffen.

Mount Parihaka

1,5 km nordöstlich des Stadtzentrums

Wer das Kriegerdenkmal auf dem Gipfel des 240 m hohen **Mount Parihaka** erklimmt, wird mit weiten Ausblicken über Hafen und Stadt belohnt. Zu erreichen ist es mit dem Auto über den Memorial Drive (und dann geht's zu Fuß die Treppe hinauf) oder zu Fuß über den steilen Ross Track (ein 40-minütiger Anstieg) vom Ende der Dundas Road und durch den Mair Park. Das Denkmal selbst ist ein hässlicher Metallobelisk; interessanter sind die Überreste eines *pa* und die dazugehörigen Erläuterungstafeln.

Whangarei Falls

5 km nordöstlich des Stadtzentrums

Wie ein breiter Vorhang stürzt der Hatea River als **Whangarei Falls** über einen 26 m hohen Basaltkamm in ein beliebtes Badebecken. Am schönsten ist er auf dem Spazierweg durch das Buschland am Hatea River entlang zu erreichen (1 1/2 Std. pro Strecke). Der Pfad beginnt am Ufer gegenüber vom Town Basin – eine Karte mit Wegbeschreibung gibt es im i-SITE – und endet an einer Brücke oberhalb des Wasserfalls.

A. H. Reed Memorial Kauri Park

Nordöstlich des Stadtzentrums, nach 1,5 km an der Whareora Rd

Im **A. H. Reed Memorial Kauri Park** führen schattige Wege an 500 Jahre alten Kauri-Bäumen vorbei. Zu empfehlen ist der zehnminütige Alexander Walk, an den ein **Plankenweg** anschließt, der sich hoch über einem Bach mit Blick auf Palmen und Farne windet, bevor er schöne Kauris erreicht. Vom Elizabeth Track, der am unteren Parkplatz beginnt, geht ein Wanderweg ab, der am Hatea River entlang zu den Whangarei Falls führt (1 Std. hin und zurück).

Abbey Caves

6 km östlich des Stadtzentrums an der Abbey Caves Rd, zu erreichen über die Whareora Rd

Die verwitterten geriffelten Kalksteinformationen der **Abbey Caves** warten mit zahlreichen Stalaktiten, Stalagmiten und Glühwürmchen auf. Höhlenbesucher sollten für eine Erkundung einigermaßen fit und mit einer Taschenlampe ausgerüstet sein. Um in die erste Höhle, die Organ Cave, zu gelangen, muss man etwas klettern und kann dann ein paar hundert Meter weit einem unterirdischen Fluss folgen – aber keinesfalls nach heftigen Regenfällen. Die Middle Cave und Ivy Cave sind schlecht ausgeschildert und daher schwer zu finden, aber ebenfalls interessant.

ÜBERNACHTUNG

Bunkdown Lodge, 23 Otaika Rd, 📞 09 438 8886, 🖥 bunkdownlodge.co.nz. Nicht mehr ganz taufrisches, schlichtes Hostel mit Dorms und Zimmern in und bei einer hübschen Villa von 1903. Es gibt zwei Küchen, ein Bad, Klavier und haufenweise DVDs. Die Betreiber reißen sich ein Bein aus, um ihre Gäste mit Infos zur Region zu versorgen. Bettwäscheverleih für Dorms $2. Dorms $26, Zimmer $62

Little Earth Lodge, 85 Abbey Caves Rd, 📞 09 430 6562, 🖥 littleearthlodge.co.nz. Das Hostel in einem grünen Tal, 7 km nordöstlich von Whangarei und direkt bei den Abbey Caves, hat einen Schlafsaal mit 3 Betten, 4 DZ/Zweibettzimmer, DVD-Lounge, WLAN und Ausrüstung für Höhlenerkundungen. Dorms $32, Zimmer $72

Lodge Bordeaux, 361 Western Hills Drive, 📞 09 438 0404, 🖥 lodgebordeaux.co.nz. Hochmodernes Motel. Alle Zimmer mit AC, Fußbodenheizung, Spa und DVD-Player, manche sogar mit Spülmaschine. Im Sommer beheizter Pool im Freien. Studios $195, Suiten $230

Whangarei Falls Holiday Park & Backpackers, Ngunguru Rd in Tikipunga, 5 km außerhalb der Stadt nahe der Whangarei Falls, 📞 0800 227 222, 🖥 whangareifalls.co.nz. Altmodische, preisgünstige Units. Pool, Spa, WLAN. Camping $18, Dorms $25, Cabins $60

Whangarei Top 10 Holiday Park, 24 Mair St, 📞 0800 455 488, 🖥 whangareitop10.co.nz. Kleiner, ruhiger und einladender Platz in hübscher Umgebung, 2 km nördlich der Stadt mit einer großen Auswahl an Übernachtungsmöglichkeiten. Camping $19, Cabins $62, Cabins mit Bad und Selbstversorger-Units $113, Motel Units $115

Whangarei Views, 5 Kensington Heights Rise, ☎ 09 437 6238, 🖥 whangareiviews.co.nz. Endloser Ausblick über die Stadt von moderner, liebevoll in Schuss gehaltener Unterkunft. Die Begeisterung der Besitzer für die Region ist ansteckend, und sie bieten auch Führungen. Zur Auswahl stehen ein gemütliches Zimmer mit Bad samt großer Wanne sowie ein komplett ausgestattetes Selbstversorger-Apartment mit 2 Bädern, Veranda und BBQ. Auf Bestellung kommt das Frühstück auch aufs Zimmer. Apartment $169, Zimmer $120

YHA Whangarei, 52 Punga Grove Ave, ☎ 09 438 8954, 🖥 yha.co.nz. Geselliges, gemütliches Hostel, steile 15 Min. Fußweg vom Stadtzentrum entfernt. Schöne Aussicht auf die Stadt vom Grillbereich und der Terrasse. Ein Stückchen weiter im Wald gibt es Glühwürmchen (Taschenlampen erhältlich). Unterbringung in DZ und Dorms mit 4 und 6 Betten. Kostenloses WLAN. Die freundliche und hilfsbereite Rezeption ist von 13–17 Uhr geschlossen. Dorms $26, Zimmer $60

ESSEN UND UNTERHALTUNG

Preiswerte Lebensmittel erhält man bei **Pak'n' Save**, Robert St, Ecke Carruth St. Außerdem findet in der Stadt jeden Samstag von 6 bis 10.30 Uhr ein quirliger Bauernmarkt statt, und zwar in der Water St, gegenüber der Shell-Tankstelle.

À Deco, 70 Kamo Rd, ☎ 09 459 4957, 🖥 adeco.co.nz. Das möglicherweise beste Restaurant von ganz Northland ist in einem eleganten Art-déco-Haus 2 km nördlich der Innenstadt untergebracht. Hier gibt es exquisite Speisen in allerlei ausgefallenen Geschmacksrichtungen, z. B. gegrillten *hapuku* mit Königsgarnelenschwänzen und knusprigen Schalotten (Hauptgerichte $37–40; komplettes Probiermenü mit Wein $145). ⏰ Fr mittags, Di–Sa abends.

Bacio, 31 Bank St, ☎ 09 430 0446. Das relativ neue Café ist wegen seiner Musikevents am Wochenende interessant. Die Pizza ist okay, z. B. mit Huhn oder Lamm (ca. $22). ⏰ tgl. 11.30–23 Uhr, an Wochenenden bis später.

Butter Bank/Butter Factory, 84 Bank St, ☎ 09 438 0010, 🖥 butterfactory.co.nz.

Die munterste Bar von Whangarei richtet sich an ein etwas älteres Publikum und serviert Leckereien wie Tapas und Pizza ($8–20). Oft gibt's Livemusik oder DJs, teils auch ruhigere Jazz-Abende. Unter der Butter Bank liegt die Butter Factory, eine intime Weinbar (⏰ Mi–Sa) mit unverputzten Wänden, dicken Holzbalken und Ledersofas. ⏰ Mi–Sa 16 Uhr bis spät

Caffeine, 4 Water St. Café mit WLAN, leckeren Muffins und Wraps (z. B. „vego", $15,50). Außerdem saisonal wechselnde Mittagsgerichte (rund $12–18) in großzügigen Portionen sowie vorzüglicher, starker Kaffee. ⏰ Mo–Fr 7–14, Sa und So 7–13.30 Uhr.

Fat Camel, 12 Quality St Mall, ☎ 09 438 0831. Café im Tel-Aviv-Stil mit günstigen Falafeln, *borekas*, *dolmades,* Shawarma und *shishlik* (alles $15–25). ⏰ Mo–Sa 9–21, So 9–16 Uhr.

Fresh, 12 James St. Tagescafé mit Schanklizenz und einem großen Angebot an Panini, Pasta, Frittatas und Salaten, bestehend aus z. B. aus gegrilltem Gemüse und Quinoa. Außerdem tgl. Lunchspecials ($15–20). ⏰ Mo–Fr 8–16, Sa 8–14 Uhr.

Kiwi Kai, 68a Cameron St, ☎ 09 430 2931. Billiger Kiwi-Imbiss mit großen Portionen *hangi*-Speisen, Grillfleisch, Burgern, Pommes, Maori-Brot und Seafood (alles unter $15). ⏰ Mo–Fr 9–18, Sa 8–15 Uhr.

McMorrissey's, 7 Vine St, ☎ 09 430 8081. Irische Kneipe mit einfacher und herzhafter Kneipenkost (um $20) und am Wochenende Livemusik. ⏰ tgl. 11–23 Uhr oder später.

Nectar, 88 Bank St, ☎ 09 438 8084. Modernes Café/Restaurant, dessen große Fenster auf die Dächer der Innenstadt hinausgehen. Gute Frühstücksgerichte ($15–19) und Speisen wie Fettuccine mit Huhn ($18) oder Muscheln in grüner Thai-Soße ($18). ⏰ Mo–Fr 7.30–15.30, Sa 8–15.30 Uhr.

Serenity Shop 6, 45 Quay St, Town Basin, ☎ 09 430 0841. Bestes Café im Town Basin, mit hervorragendem und reichhaltigem Frühstück ($9–25) sowie leckeren Gerichten wie einer Muschelsuppe mit Knoblauchbrot ($12). ⏰ Mo–Sa 7–15, So 8–15 Uhr.

Suk Jai, 93 Kamo Rd, ☎ 09 437 7287. Authentisches Thai-Restaurant mit gutem Service und köstlichen Thai-Klassikern wie Fischküchlein ($7), *gang massaman* (rotes Curry; $15,50) und *pad thai* ($14,50). ⊕ Mo–Sa 11–14.30 und 17–22 Uhr.

EINKAUFEN

Tuatara, 29 Bank St, ✆ 09 430 0121, 🖳 tuatara designstore.co.nz. Die kleine Galerie in der Nähe des Zentrums zeigt Werke aufstrebender Maori-Künstler und beherbergt einen tollen Laden, der mit allen möglichen Maori-Artikeln zum Stöbern einlädt – von modischer Kleidung über herrlichen Schmuck bis zu Jadeschnitzereien ist alles vertreten. ⊕ Mo–Fr 9.30–17, Sa 9–14.30 Uhr, Dez und Jan auch So 10–16 Uhr.

INFORMATIONEN UND INTERNET

In Whangarei gibt es zwei **i-SITE Visitor Centres** in: 92 Otaika Rd, ✆ 09 438 1079, 🖳 whangareinz.com, etwa 2 km südlich der Stadt, ⊕ Nov–Ostern Mo–Fr 8.30–17.30, Sa und So 9–17 Uhr, Ostern–Okt Mo–Fr 8.30–17, Sa und So 9–16.30 Uhr; und eine neue Niederlassung in The Hub im Town-Basin-Komplex, ✆ 09 430 1188, ⊕ tgl. 9–17 Uhr. Beide verfügen über **Internetzugang**.

TRANSPORT

Busse

Die Busse von InterCity/Northliner und Naked-Bus halten in der Bank Street, dem Knotenpunkt der Nahverkehrsbusse, die an Werktagen häufig, Sa etwas seltener und So gar nicht verkehren.

Busse nach:
AUCKLAND 4–7x tgl., 3 Std.;
PAIHIA 4–6x tgl., 1 1/4 Std.;
WARKWORTH 4–6x tgl., 1 3/4 Std.

Flüge

Der **Onerahi Airport** liegt 5 km östlich von Whangarei. Von hier in die Stadt fahren der Stadtbus Nr. 2 und Taxis, z. B. von **Kiwi Cabs**, ✆ 09 438 4444, ca. $25.

Flüge nach:
AUCKLAND 7–9x tgl., 35 Min.;
GREAT BARRIER ISLAND 1–2x wöchentl., 30 Min.;
WELLINGTON Mo–Fr 1x tgl.; 1 1/2 Std.

Tutukaka und die Poor Knights Islands

Vom Dörfchen **Tutukaka** – an einem schönen, tief eingeschnittenen Hafen 30 km nordöstlich von Whangarei – legen Boote zu einem der beliebtesten Tauchreviere der Welt ab, dem **Poor Knights Islands Marine Reserve**, 25 km vor der Küste. Dank der warmen East-Auckland-Strömung und der fehlenden Sandablagerungen beträgt die Sicht fast das ganze Jahr über an die 30 m. Im Frühling (ungefähr Okt–Dez) kann sie sich aber wegen Plankton auf 10–15 m beschränken. In diesem meist kristallklaren Gewässer findet sich Neuseelands größte Vielfalt an Meereslebewesen, darunter einige subtropische Arten, die nirgendwo sonst zu entdecken sind, sowie eine faszinierende Unterwasserlandschaft mit nahezu senkrechten, fast 100 m abfallenden Felswänden und -bögen. Einen **Tauchspot** bei den Poor Nights, die Blue Mao Mao Cave, zählte Jacques Cousteau zu den zehn besten Tauchattraktionen der Welt.

Die Poor Knights liegen außerdem an den Wanderrouten verschiedener Walarten: Blau-, Buckel-, Bryde-, Sei- und Minkwale sowie Delphine sind in der Nähe der Inseln keine Seltenheit. Zudem verbergen sich in den Gewässern nördlich und südlich von Tutukaka zwei **Schiffswracks**. Das Überwachungsschiff *HMNZS Tui* wurde 1999 versenkt, um ein künstliches Riff zu bilden. Aufgrund seiner großen Beliebtheit bei Tauchern und Meereslebewesen folgte zwei Jahre später die alte Fregatte *Waikato*. Innerhalb des Reservats liegen unzählige Inseln, von denen jedoch nicht alle betreten werden dürfen. Auf ihnen tummeln sich ungestört Geckos, Eidechsen und Tausende von Tuataras, ihres Zeichens die einzigen Überlebenden einer Gruppe prähistorischer, echsenähnlicher Geschöpfe, die vor 60 Mio. Jahren ausstarben.

Hochseeangeln

Außerhalb vom Poor-Knights-Meeresreservat ist das Hochseeangeln z. B. nach Marlins, Haien und Thunfischen zwischen Dezember und Mai erlaubt. Angler, die ein Charterboot zum Hochseefischen mieten wollen, müssen, wenn sie es

© ROUGH GUIDES

Beim Erkunden der Poor Knights kommen nicht nur erfahrene Taucher, sondern auch Anfänger und Schnorchler voll auf ihre Kosten. Der größte und beste Anbieter und sehr professionell ist **Dive Tutukaka**, Marina Rd, Tutukaka, ✆ 0800 288 882, 🖥 diving.co.nz. Abfahrt von November bis April mehrmals täglich in Tutukaka (Abholung von Whangarei ohne Aufpreis) und das restliche Jahr über in der Regel mindestens 1x tgl. Er setzt mehrere Boote ein, auf denen sich normalerweise nur Taucher mit ähnlicher Erfahrung befinden. Bei *two-dive trips* ($199, inkl. Ausrüstung $249) sind auch Schnorchler und Leute, die nicht abtauchen wollen, willkommen ($149), und die an Bord mitgeführten Kajaks stehen jedermann zur Verfügung. Sehr erfahrene Taucher können in zwei Tauchgängen die beiden Wracks erforschen ($175). Für Anfänger eignet sich der *Discover scuba dive* ($299) mit kompletter Ausrüstung; jeder Neuling wird von einem Ausbilder begleitet. Ein 5-tägiger PADI-Open-Water-Kurs kostet $799.

Dive Tutukaka veranstaltet auch einen Bootsausflug namens *Perfect Day* (5 Std.; $149). Die Fahrt geht um die Poor Knights Islands herum und dann tief in die Rikoriko Cave, die größte bekannte Meereshöhle der Welt. Die Höhle reicht 130 m in die Insel hinein. Unterwegs bleibt auch Zeit zum Tauchen und Paddeln.

sich zu viert teilen, $250–350 pro Tag zahlen. Eine Liste mit Anbietern führt der Whangarei Deep Sea Anglers Club, ✆ 09 434 3818, 🖥 sportfishing.co.nz. ⏲ während der Saison tgl. 8–18 Uhr.

ÜBERNACHTUNG UND ESSEN

Sands Motel, Tutukaka Block Rd, Whangaumu Bay, ✆ 09 434 3747, 🖥 sandsmotel.co.nz. 4 km abseits des Highways, direkt neben einem schönen Strand. Das in den 1960er-Jahren erbaute, ruhige Motel besitzt eine Menge Flair. Gemütliche und gut ausgestattete Units mit zwei Schlafzimmern. $180

Schnappa Rock Café, Marina Rd, ✆ 09 434 3774, 🖥 schnapparock.co.nz. Das interessanteste Restaurant am Hafen serviert verführerische (auch vegetarische) Gerichte wie Lammhüfte ($27,50) und Kartoffel-Gnocchi ($27) und Snacks. Es ist ein begehrter Tauchertreff, deshalb empfiehlt sich im Sommer eine Reservierung fürs Abendessen. ⏲ tgl. ab 8 Uhr bis spät.

Tutukaka Holiday Park, Matapouri Rd, ℡ 09 434 3938, ⌨ tutukaka-holidaypark. co.nz. Ständig wachsende und verbesserte Anlage, nur 2 Min. zu Fuß vom Hafen; im Jan und Feb sehr voll. Saubere und gut ausgestattete Küche und Waschküche. Camping $17, Dorms $25, Standard-Cabins $70, Cabins mit Bad $95, Studio-Cabins $120, Selbstversorger-Cabins $140

TRANSPORT

Das einzige öffentliche Transportmittel zwischen WHANGAREI und Tutukaka ist der **Tutukaka Shuttle**, ℡ 021 901 408. Er ist auf die Abfahrts- und Rückkehrzeiten der Taucherboote abgestimmt. Nichttaucher zahlen $15 pro Strecke.

Matapouri und Whale Bay

Matapouri, 6 km nördlich von Tutukaka, ist eine malerische Feriensiedlung an einer Bucht mit weißem Sand, die von buschbewachsenen Landzungen begrenzt wird. Sie trennen Matapouri von der wildwüchsigen Naturlandschaft der **Whale Bay** – 1 km weiter nördlich an der Matapouri Road ausgeschildert und nach einer 20-minütigen Wanderung durch den Busch zu erreichen. Die einzigen Besuchereinrichtungen in dieser Gegend sind ein Geschäft und Imbiss in Matapouri.

Nach Norden zur Bay of Islands

Die Straßen, die zur Küste bei Tutukaka und Matapouri führen, treffen bei **Hikurangi**, 16 km nördlich von Whangarei, auf den SH1. Rund 6 km weiter nördlich gabelt sich die Straße: Auf beiden Strecken gelangt man zur Bay of Islands, wenn auch aus unterschiedlicher Richtung. Wer geradeaus fährt, kommt nach Paihia und hat die Möglichkeit, Abstecher zum Maori-Ort Ruapekapeka Pa und zu den **Hundertwasser-Toiletten** von Kawakawa zu machen. Auf dem Abzweig nach rechts, der Old Russell Road, geht

es über eine asphaltierte, aber schmale und kurvige Landstraße nach Russell. Diese 70 km lange Strecke (ca. 2 Std. Fahrzeit) ist die landschaftlich reizvollste Route zur Bay of Islands. Schön ist etwa die Küste am **Whangaruru Harbour**, mit mehreren wundervollen Badebuchten und dem gemischten Kauri-Wald des **Ngaiotonga Scenic Reserve**.

Ruapekapeka Pa

Von Hikurangi 17 km auf dem SH1 Richtung Norden, dann 5 km Richtung Osten (ausgeschildert)
▪ Eintritt frei

Am **Ruapekapeka Pa** wurde 1846 die letzte Schlacht im „Fahnenmastkrieg" geschlagen. Nachdem Hone Heke in Russell wiederholt den Fahnenmast gekappt hatte (S. 236), war es zu neun Monate andauernden Kämpfen gekommen. In dieser Zeit lernten die Maori, ihre *pa* besser vor britischen Feuerwaffen zu schützen. Der absolute Höhepunkt dieser Entwicklung ist Ruapekapeka, das „Fledermausnest". Dank seiner Lage auf dem Hügel, zwei Reihen von Totara-Palisaden und einem Labyrinth aus Schützengräben und verzweigten Tunneln gelang es Hone Heke und seinen Kriegern, die Stätte zu halten. Allerdings kam im feindlichen Kugelhagel jeder dritte Maori-Krieger um. Infotafeln erzählen die ganze Geschichte; der Verlauf der Schützengräben und die Bunker sind noch deutlich zu sehen.

Kawakawa

Die Kleinstadt **Kawakawa**, 15 km nördlich der Abzweigung nach Ruapekapeka, wäre kaum erwähnenswert – wenn dort nicht in der Hauptstraße Gillies Street die berühmten **Hundertwasser-Toiletten** stehen würden. Kreiert wurden diese Kunstwerke 1997 von Friedensreich Hundertwasser. Der 1928 in Österreich geborene Maler, Architekt, Ökologe und Philosoph lebte von 1975 bis zu seinem Tod im Jahr 2000 in Kawakawa. Die Keramiksäulen am Eingang deuten auf den vielseitigen Einsatz von zerbrochenen Fliesen, farbigen Glasflaschen und gefundenen Gegenständen wie den alten Scharnieren an den gusseisernen Türen im Innern hin. Die meisten Besucher werfen nach einem dezenten Warnhinweis an mögliche Benutzer sowohl ei-

nen Blick in die Herren- als auch in die Damen-
toilette. Die Ortsverwaltung plant die Errichtung eines Hundertwasser Visitor Centre. Wer
jetzt schon Genaueres erfahren möchte, geht
zum **Kawakawa Museum**, 3 Wynyard St, ✆ 09
404 0406. Es zeigt auf Anfrage zwei DVDs über
Hundertwasser, ⏱ tgl. 10–17 Uhr, Eintritt $3.

Vintage Railway

⏱ Fr, Sa und So 11, 12, 13.15 und 14.30 Uhr,
während der Schulferien öfter ▪ $12 ▪ ✆ 09 404 0684,
🖥 bayofislandsvintagerailway.org.nz
Kawakawa ist die einzige Stadt Neuseelands,
auf deren Hauptstraße Bahnschienen verlaufen. Das hat sich die **Vintage Railway** der Bay of
Islands zunutze gemacht. Ihre von Dampf- und
Dieselloks gezogenen Waggons aus den 1930er-
Jahren rumpeln auf der instand gesetzten alten
Bahnstrecke 5 km weit nach Norden und wieder zurück. In Zukunft soll die Bahn die 15 km
bis zur Küste bei Opua fahren, aber die Arbeiten schreiten nur im gemächlichen Northland-
Tempo voran.

Waka Huia Treasure Trove & Studio

68 Gillies St ▪ Halbtägiger Kurs $85 ▪
✆ 09 404 0381, 🖥 newzealandmaoriart.co.nz
Der talentierte junge Maori-Jadeschleifer Wiremu gibt halbtägigen (2 1/2 Std.) Unterricht im
Greenstone-Schleifen. Man beginnt an einem
vorbereiteten Stein und bringt diesen in eine einfache Form. Die Attraktion ist nicht so sehr der
fertige Stein, sondern das, was man während
der Arbeit über Geschichte und Spiritualität der
Maori sowie über das Material, die Werkzeuge
und die Bearbeitungsmethoden lernt. Die wundervollen Arbeiten von Wiremu kann man sich
vorne im Bay of Island Bookstore neben dem
Trainspotters Café (s. unten) anschauen.

ESSEN

Trainspotters Café, 39 Gillies St, ✆ 09 404 0361,
🖥 trainspottercafe.co.nz. Den Zugverkehr
kann man bequem von diesem Café aus in
Augenschein nehmen. Hier gibt es kleine
Gerichte wie z. B. *eggs benedict* ($16), griechi-
schen Salat ($11), Steak und Eier ($16) sowie
guten Kaffee. ⏱ Mo–Fr 7.30–17, Sa 9.30–16,
So 9.30–12 Uhr.

3 HIGHLIGHT

Bay of Islands

Die **Bay of Islands**, 240 km nördlich von Auckland, lockt mit ihrer prächtigen Küstenlandschaft, ihren verstreuten Inseln und klaren blau-
en Gewässern Tausende von Besuchern an.
Northland besitzt zwar noch andere gleichermaßen malerische Küstengebiete, z. B. die Häfen von Whangaroa und Hokianga, doch einzigartig an der Bay of Islands ist, wie leicht man
auf das Meer hinaus- und zwischen den Inseln
hindurchfahren kann.

Die Bay of Islands gilt als Wiege der europäischen Besiedlung Neuseelands, was sich in
den zahlreichen Kirchen, Missionen und Obstplantagen der Bucht manifestiert. Außerdem
hat die Gegend als Schauplatz der Unterzeichnung des **Vertrags von Waitangi** (Kasten S. 230)
zentrale Bedeutung für die Maori. Der Vertrag
ist noch immer das wichtigste Rechtsdokument
von Neuseeland.

Überraschenderweise verbringt man in der
Bay of Islands die meiste Zeit auf dem Festland, denn auf den Inseln gibt es keine Ansiedlungen. Die meisten Touristen lassen sich im
Strandort **Paihia** nieder. Dieser ist bestens auf
die Besuchermassen eingerichtet, die an den
verschiedenen Bootstouren und Exkursionen
teilnehmen wollen. Außerdem liegt keine andere Stadt näher am Treaty House von **Waitangi**.
Das überschaubare, mit der Passagierfähre
zu erreichende **Russell**, einige Kilometer entfernt auf der anderen Seite der Bucht, ist schöner und erweist sich als fast ebenso günstiger
Ausgangspunkt für Bootsfahrten. **Kerikeri**, weiter nordwestlich abseits der Bucht gelegen, ist
eng mit der frühen Missionsgeschichte verbunden. Auch das landeinwärts Richtung Westen
gelegene **Waimate North** war Sitz einer wichtigen Mission und besitzt immer noch ein Mission House.

1927 kam der amerikanische Western-Schrift-
steller **Zane Grey** hierher, um nach Schwert-
fischen zu jagen. Sein Buch *The Angler's El
Dorado* machte die Gegend berühmt. Seitdem

finden in der Region allsommerliche Angelwettbewerbe statt – der glitzernde Fang wird anschließend auf den Piers aufgehängt.

Geschichte

Warmes Klima, Seafood im Überfluss und tiefe, geschützte Häfen begünstigten bereits vor Ankunft der Europäer eine dichte **Maori-Besiedlung** in der Bay of Islands. Auf nahezu jeder Landspitze entstand ein *pa*. Auch **Captain Cook** fühlte sich von der geschützten Bucht angezogen. Im Jahre 1769 ging er hier vor Anker und freundete sich mit den Einheimischen an. Drei Jahre später pflegte der Franzose **Marion du Fresne** als erster Europäer intensiveren Kontakt mit den Maori, allerdings sollte es ihm am Ende schlecht ergehen: Infolge eines Missverständnisses (vermutlich ein *tapu* betreffend) wurde er mit 26 seiner Gefolgsmänner getötet. Die Vergeltung der Franzosen ließ nicht lange auf sich warten: Sie zerstörten ein *pa* und töteten Hunderte von Maori.

Anfang des 19. Jhs. waren die Beziehungen zwischen den ortsansässigen Ngapuhi-Maori und den Pakeha-Walfängern noch freundschaftlich, doch dauerte es nicht lange, bis sich die Situation der Maori verschlechterte. Durch die zunehmenden Kontakte zu den Einheimischen verbreiteten sich Schusswaffen, Alkohol sowie die Krankheiten der Alten Welt, und das traditionelle Leben der Maori begann auseinanderzubrechen – ein Prozess, der durch die Ankunft von **Samuel Marsden** 1814 noch beschleunigt wurde, der als erster von vielen nachfolgenden **Missionaren** beabsichtigte, die Maori zum Christentum zu bekehren.

Im Jahre 1833 wurde **James Busby** gesandt, um die Interessen Großbritanniens zu schützen und die brutale Behandlung der Maori durch die Walfänger zu unterbinden. Ohne bewaffnete Unterstützung und juristische Befugnisse konnte er jedoch kaum etwas ausrichten. Die Unterzeichnung des **Vertrags von Waitangi** 1840 ermöglichte eine wirksame Kontrolle, leitete aber gleichzeitig den Bedeutungsverlust der Bay of Islands ein: Die Hauptstadt verlagerte sich von ihrem ursprünglichen Standort Kororareka (heute Russell) zunächst nach Auckland und später nach Wellington.

Paihia und Waitangi

Paihia ist das unbestrittene Zentrum der Region. Das Leben spielt sich überwiegend auf dem 2 km langen Uferabschnitt ab. Hier drängen sich Motels, Restaurants und Ferienhäuschen und dazwischen Tourveranstalter, Backpackerhostels, Party-Bars und Hotels. Die niedrige Bebauung in Paihia passt sich wunderbar den drei malerischen, seichten Buchten mit Blick auf Russell und die Bay of Islands an, die von bewaldeten Hügeln eingerahmt werden.

Eine Tafel vor der heutigen St Paul's Anglican Church, Marsden Rd, markiert die Stelle, an der die nördlichen Häuptlinge 1831 die britische Krone um einen Gesandten baten, der für Gesetz und Ordnung sorgen sollte. 1833 nahm sich König William IV. schließlich ihrer Sorgen an und entsandte den ersten britischen Vertreter **James Busby**. Dieser errichtete ein Haus auf einer Landspitze 2 km nördlich auf der anderen Seite des Waitangi River in **Waitangi** – dem Schauplatz der Unterzeichnung des **Vertrags von Waitangi** sieben Jahre später. Infolge dieses Vertrags wurde die Souveränität des Landes an die Briten abgetreten, welche im Gegenzug Schutz gewähren sollten.

Paihia dient in erster Linie als Ausgangspunkt für eine Erkundung der Bucht. Die Stadt selbst hat keine Sehenswürdigkeiten. Liebhaber von Mangroven haben an dem leicht zu begehenden **Paihia–Opua Coastal Walkway** (6 km; 1 1/2– 2 Std. je Strecke) ihre Freude, der an kleinen, vom Meer ausgehöhlten Buchten vorbeiführt.

Waitangi Treaty Grounds

Tau Henare Drive

Überquert man die Brücke über den Waitangi River, erreicht man die Waitangi Treaty Grounds, wo 1840 Queen Victorias Vertreter William Hobson und annähernd 50 Maori-Häuptlinge den Vertrag von Waitangi (Kasten S. 230) unterzeichneten.

Waitangi Visitor Centre and Treaty House

Tau Henare Drive ▪ Visitor Centre and Treaty House ⏰ tgl. Okt–März 9–19, April–Sep 9–17 Uhr, Eintritt $25 (gültig an zwei aufeinanderfolgenden Tagen); Kulturshow oder Führung $18 ▪ Culture North

BAY OF ISLANDS, WHANGAROA HARBOUR und DOUBTLESS BAY

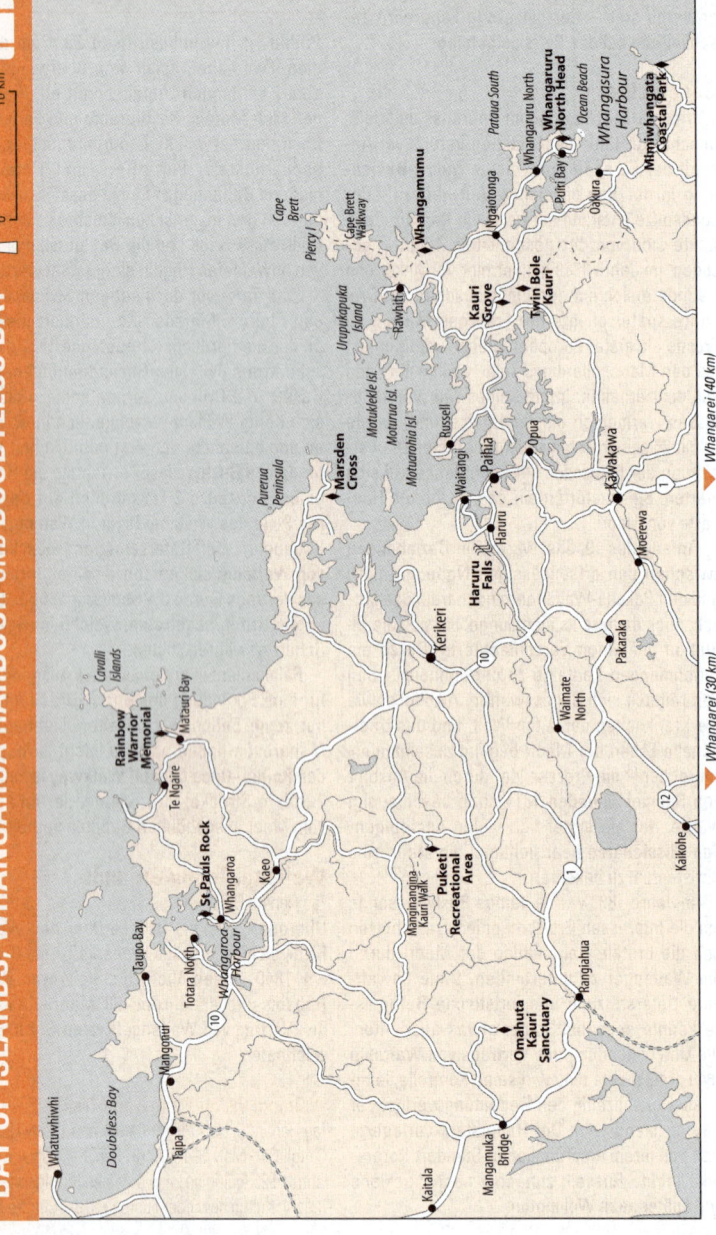

N

0   10 km

Doubtless Bay

Whatuwhiwhi

Taupo Bay

Cavalli Islands

Rainbow Warrior Memorial

Matauri Bay

Te Ngaire

Totara North

St Pauls Rock

Whangaroa

Whangaroa Harbour

Kaeo

Mangonui

Taipa

Kaitaia

Mangamuka Bridge

Omahuta Kauri Sanctuary

Puketi Recreational Area

Mangaungu Kauri Walk

Rangiahua

Kaikohe

Kerikeri

Purerua Peninsula

Marsden Cross

Motukiekie Isl.

Moturua Isl.

Motuarohia Isl.

Russell

Waitangi

Paihia

Haruru

Haruru Falls

Opua

Kawakawa

Waimate North

Pakaraka

Moerewa

Percy I.

Cape Brett

Cape Brett Walkway

Rawhiti

Urupukapuka Island

Kauri Grove

Twin Bole Kauri

Whangamumu

Ngaiotonga

Whangaruru North

Whangaruru North Head

Ocean Beach

Rimu Bay

Whangaruru South

Oakura

Whangasura Harbour

Mimiwhangata Coastal Park

1

10

12

Whangarei (30 km)

Whangarei (40 km)

Night Show an 4–6 Abenden pro Woche, $60
■ Buchung unter ☎ 09 402 5990, 💻 culturenorth.
co.nz ■ ☎ 09 402 7437, 💻 waitangi.net.nz

Das **Waitangi Visitor Centre and Treaty House**
ist sowohl für Maori als auch Pakeha der symbolträchtigste Ort Neuseelands und das Zentrum der Identitätssuche der modernen Nation.
Mit dem Betrachten der audiovisuellen Präsentation zum historischen Hintergrund, der kleinen
Ausstellung mit Maori-Gegenständen und vielleicht noch der Teilnahme an einer kurzen Kulturveranstaltung oder Führung (jeweils $18) lässt
sich gut ein halber Tag verbringen.

Die meisten Besucher bleiben allerdings
nur rund zwei Stunden und kommen vielleicht
abends wieder hierher zurück, um die **Culture North Night Show** zu erleben. Dabei handelt es sich um eine hervorragende zeitgenössische Annäherung an die Maori-Kultur. Das
traditionelle Versammlungshaus bietet dafür
den passenden Rahmen. Bei der 1 1/4 Stunden
dauernden Vorführung machen die Zuschauer
Bekanntschaft mit einer weit verzweigten Familie. In einer mitreißenden Mischung aus Drama, Gesang und Tanz wird die Geschichte der
Maori seit der Ankunft von Kupe bis zum heutigen Tag nachgespielt. Kostenlose Abholung aus
Paihia ist möglich.

Das **Treaty House** wurde 1833/34 im georgianischen Kolonialstil erbaut. Seine Vorderfenster
blicken über ausgedehnte Rasenflächen in Richtung Russell. Die Nordseite der Grünfläche wird
vom *whare runanga* – dem **Maori-Versammlungshaus** – gesäumt, das zwischen 1934 und
1940 in gemeinschaftlicher Arbeit aller Maori errichtet wurde. Die kunstvollen Schnitzereien im
Inneren repräsentieren sämtliche *iwi* und nicht,
wie ansonsten üblich, nur eine ganz bestimmte
Stammesgruppe.

Auf dem Gelände des Treaty House befindet
sich in einem speziell errichteten Unterstand
das weltweit größte **Kriegskanu** *(waka) Ngatoki Matawhaorua*. Benannt wurde es nach
dem Schiff, mit dem Kupe Aotearoa entdeckte.
Das 35 m lange Boot ist aus zwei großen Kauri-
Bäumen hergestellt. Beteiligt waren Mitglieder
der fünf nördlichen Stämme. Traditionell wird es
jedes Jahr am Waitangi Day zu Wasser gelassen und dabei von 80 Kriegern angetrieben.

Haruru Falls

4 km westlich von Waitangi, zu erreichen über
die Hauptstraße

Bei Haruru stürzt der Waitangi River über einen
Basaltlavastrom in die Tiefe. Für neuseeländische Verhältnisse ist der Wasserfall nicht übermäßig beeindruckend, aber an seinem Fuße
bieten sich gute Bademöglichkeiten. Die Haruru Falls sind auch vom Treaty House über
den gemächlichen **Hutia Creek Mangrove Forest Boardwalk** zu erreichen (hin und zurück
2 Std.) oder im Rahmen einer geführten **Kajaktour** (S. 234) durch die Mangrovenwälder.

ÜBERNACHTUNG

Es gibt gute Unterkünfte in allen Preislagen,
aber in den Wochen nach Weihnachten erreichen die Motelpreise manchmal schwindelerregende Höhen. Die Preise von B&Bs und
Homestays schwanken weniger als die der
Motels, und die der Hostels bleiben das ganze
Jahr über zumeist stabil. Die Kings Road ist
die erste Adresse für Rucksacktouristen. Hier
befinden sich eine Reihe meist guter Unterkünfte; im Sommer kann es aber laut werden.

Allegra House, 39 Bayview Rd,
☎ 09 402 7932, 💻 allegra.co.nz. Auswahl
zwischen Luxus-B&B oder Selbstversorger-
Apartment für 2 Pers. (beide mit AC und Balkon)
in einem großen, hellen und modernen Haus
auf einem Hügel mit weitem Ausblick auf die
Bucht und Jacuzzi unter freiem Himmel. B&D
$245, Apartment $265

Bay Adventurer, 28 Kings Rd, ☎ 0800 112 127,
💻 bayadventurer.co.nz. Eine Art Luxus-
Backpacker-Herberge mit Apartments, einem
einladenden Pool, kostenlosem Fahrradverleih,
Kajakverleih und Nutzung des nahe gelegenen
Tennisplatzes (im Winter kostenlos). Besonders
empfehlenswert sind die Zimmer und voll
ausgestatteten Selbstversorger-Apartments.
Dorms $26, Zimmer $85, Apartments $135

Bounty Inn, Bayview Rd, Ecke Selwyn Rd,
☎ 0800 472 444, 💻 bountyinn.co.nz. Schönes,
zentrales, aber dennoch ruhiges Motel inmitten
üppiger Gärten, 100 m vom Strand entfernt;
großer Parkplatz abseits der Straße. Die
Zimmer ohne Kochgelegenheit sowie die voll
ausgestatteten Motel Units sind alle holz-

vertäfelt und verfügen über Veranda oder Balkon. Studios $159, mit Küche $199

Craicor, 49 Kings Rd, ☎ 09 402 7882, 🖥 craicor-accom.co.nz. Zwei geräumige und gepflegte Selbstversorger-Apartments mit begrenztem Meerblick und ein attraktives DZ. Das Preis-Leistungs-Verhältnis ist ausgezeichnet. Auf Anfrage kleines Frühstück für $10. Apartments $165, DZ $165

Decks of Paihia B&B, 69 School Rd, ☎ 09 402 6146, 🖥 decksofpaihia.co.nz. Freundliches 3-Zimmer-B&B in einem modernen, komfortablen Haus mit Swimmingpool an einem Hang hoch über Paihia. $245

The Mousetrap, 11 Kings Rd, ☎ 09 402 8182, 🖥 mousetrap.co.nz. Einladendes, mit Holz getäfeltes und im Seemannsstil eingerichtetes Hostel, das sich von den anderen Backpacker-Herbergen abhebt. Mit seinen über das Gelände verstreuten Zimmern, 3 kleinen Küchen und einem Grillplatz wirkt es richtig anheimelnd. Kostenloser Fahrradverleih und Meerblick. Dorms $25, Zimmer $67

Peppertree Lodge, 15 Kings Rd, ☎ 09 402 6122, 🖥 peppertree.co.nz. Sehr sauberes, zentrales Hostel mit geräumigen 8er-Dorms, 4er-Dorms mit Bad, besonders schönen DZ mit Du/WC und einem Apartment zur Selbstverpflegung. Gäste können kostenlos einen Tennisplatz sowie gute Fahrräder und Kajaks benutzen, überdies steht eine hervorragende DVD-Sammlung zur Verfügung. Okt–April reservieren. Dorms $25, Zimmer $72, mit Bad $86, Apartment $110

Pickled Parrot, Grey's Lane, Nebenstraße der MacMurray Rd, ☎ 0508 727 7682, 🖥 pickled parrot.co.nz. Papagei Rocky wacht über eines der kleineren und lässigeren Hostels in Paihia mit hübschem Innenhof in zentraler, aber ruhiger Lage. Einzelne Zeltstellplätze, 4er- und 6er-Dorms, EZ, DZ und Zweibettzimmer, alle inkl. kleinem Frühstück und Abholung. Verleih von Fahrrädern und Tennisschlägern. Camping $19, Dorms $26, DZ und Zweibettzimmer $33

🏨 **Seabed Backpackers**, 46 Davis Crescent, ☎ 09 402 5567, 🖥 seabeds.co.nz. Das beste Hostel der Stadt mit guten Einrichtungen in ehemaligem Motel. Sehr günstige Preise, freundlicher und sachkundiger Betreiber. Dorms $26, EZ $60, DZ mit Bad $85

YHA Paihia, Kings Rd, Ecke MacMurray Rd, ☎ 09 402 7487, ✉ yha.paihia@yha.co.nz. Das gepflegte und gut geführte Hostel mit kundigem Personal und guter Küche zieht eine freundliche Mischung aus Backpackern und Familien an. Die meisten Zimmer und Dorms haben ein Bad. Dorms $26, Zimmer $60, mit Bad $78, Cabin $64

Campingplätze

Beachside Holiday Park, SH11, 3 km südlich von Paihia, ☎ 09 402 7678, 🖥 beachside holiday.co.nz. Kleiner, ruhiger Platz am Wasser mit guter Küche und Waschküche sowie Dinghy- und Kajakverleih. Camping $20, Cabins $80, mit Bad $135

🧳 **Haruru Falls Resort Panorama**, Puketona Rd, ☎ 0800 757 525, 🖥 harurufalls.co.nz. 4 km nördlich von Paihia. Fabelhafte Lage am Fluss mit faszinierender Aussicht auf die Haruru Falls, Zeltstellplätze am Fluss, außerdem Motel Units um einen Pool. Grillbereich, eigenes Restaurant mit Bar, Kajak- und Paddlebike-Verleih. Camping $22, Cabins $70, Zimmer $120, Motel Units $130

Waitangi Holiday Park, 21 Tahuna Rd, Waitangi, ☎ 09 402 7866, 🖥 waitangiholiday park.co.nz. Die einfache Anlage ist der sowohl von Waitangi als auch Paihia aus am schnellsten zu erreichende Campingplatz (20 Min. zu Fuß). Stellplätze mit Blick auf den Waitangi River und 4 geräumige Cabins mit Küchenzeile. Camping $20, Cabins $75

Die Auswahl an Lokalen ist in Paihia ziemlich groß, wenn auch mit einzelnen Ausnahmen recht ähnlich, und der Wettbewerb hält die Preise in einem vernünftigen Rahmen. Bei den meisten steht Seafood ganz oben auf der Karte. Die Restaurants eignen sich im Sommer auch gut zum Chillen bei einem kühlen Getränk. Etwas lauter ist es in den Bars in der Kings Road.

🧳 **Alfresco's**, 6 Marsden Rd, ☎ 09 402 6797. Relaxtes Café und Bar, ein nettes Plätzchen für eine Tasse Kaffee, Frühstück, mittags einen Burger plus Getränk ($12–17) und abends gute Hauptgerichte ($25–35). ⏰ tgl. 8 Uhr bis spät.

Paihia und Waitangi

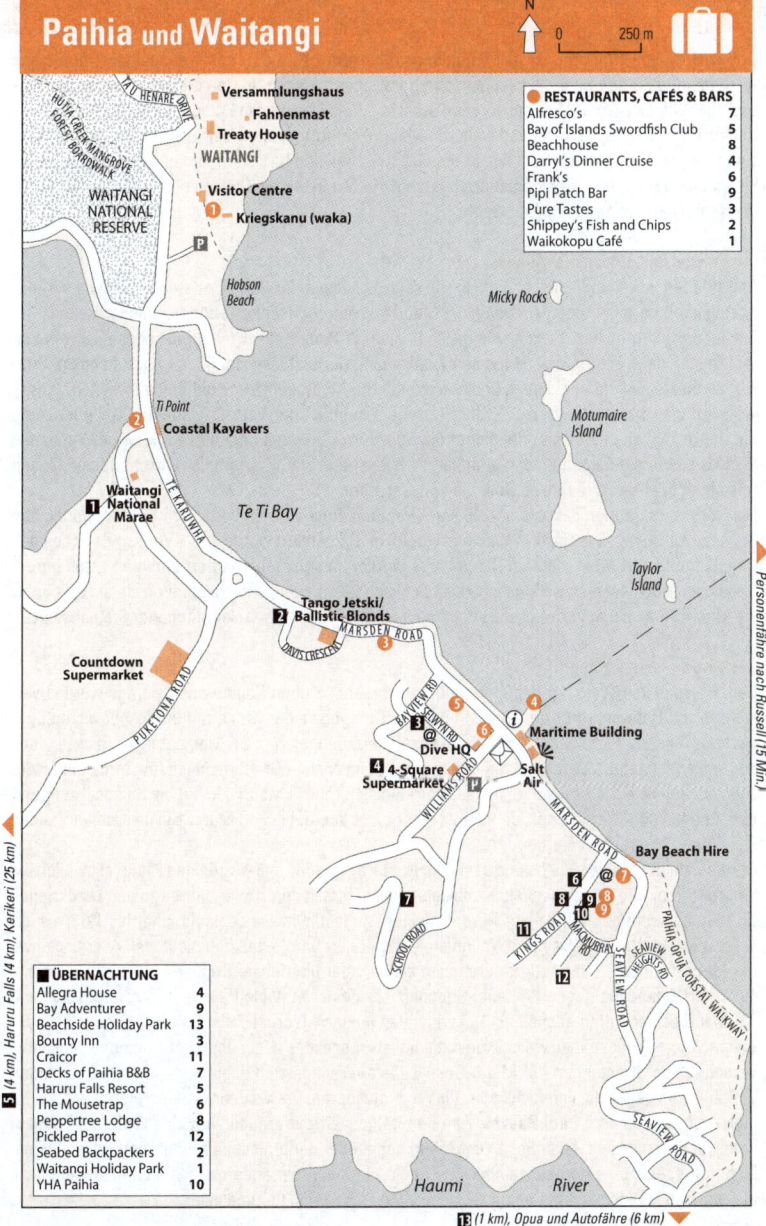

N
0 ——— 250 m

Versammlungshaus
Fahnenmast
Treaty House
WAITANGI

Visitor Centre
Kriegskanu (waka)

WAITANGI NATIONAL RESERVE

Hobson Beach

Micky Rocks

Ti Point
Coastal Kayakers

Motumaire Island

Waitangi National Marae

Te Ti Bay

Taylor Island

Tango Jetski/ Ballistic Blonds

MARSDEN ROAD

DAVIS CRESCENT

Countdown Supermarket

PUKETONA ROAD
TE KARUWA

BAYVIEW RD
SELWYN RD
@
Dive HQ

4-Square Supermarket

WILLIAM ROAD

Maritime Building

Salt Air

MARSDEN ROAD

Bay Beach Hire

@

SCHOOL ROAD

KINGS ROAD
MACMURRAY RD
SEAVIEW ROAD
PAIHIA–OPUA COASTAL WALKWAY

SEAVIEW ROAD

SEAVIEW ROAD

Haumi River

Personenfähre nach Russell (15 Min.)

RESTAURANTS, CAFÉS & BARS

Alfresco's	7
Bay of Islands Swordfish Club	5
Beachhouse	8
Darryl's Dinner Cruise	4
Frank's	6
Pipi Patch Bar	9
Pure Tastes	3
Shippey's Fish and Chips	2
Waikokopu Café	1

■ ÜBERNACHTUNG

Allegra House	4
Bay Adventurer	9
Beachside Holiday Park	13
Bounty Inn	3
Craicor	11
Decks of Paihia B&B	7
Haruru Falls Resort	5
The Mousetrap	6
Peppertree Lodge	8
Pickled Parrot	12
Seabed Backpackers	2
Waitangi Holiday Park	1
YHA Paihia	10

5 (4 km), Haruru Falls (4 km), Kerikeri (25 km)

13 (1 km), Opua und Autofähre (6 km)

Der Vertrag von Waitangi

Der Vertrag von Waitangi ist das **Gründungsdokument** des modernen Neuseelands, und seine Auswirkungen prägen die neuseeländische Gesellschaft bis heute. Unterzeichnet wurde der Vertrag 1840 von zwei vorgeblich souveränen Staaten – dem Vereinigten Königreich einerseits und den United Tribes of New Zealand und weiteren Maori-Anführern andererseits. Bis heute stellt die Vereinbarung ein Schlüsselelement der Beziehung zwischen den Ureinwohnern und den europäischen Einwanderern dar. Die darin garantierten Rechte der Maori wurden jedoch nur selten gewahrt, und der Kampf um Anerkennung geht weiter.

Der Vertragsabschluss in Waitangi

Angetrieben von dem Wunsch, die französische Expansion im Pazifik zu stoppen, sowie von der moralischen Verpflichtung der Krone, die Maori vor betrügerischen Landaneignungen seitens der Siedler zu schützen, beauftragten die Briten Kapitän **William Hobson**, die Übertragung der Hoheitsrechte mit „der freien und verständigen Zustimmung der Einheimischen" fair auszuhandeln. Hobson verfasste mithilfe von **James Busby** und anderen Mitarbeitern sowohl den englischen Vertrag als auch eine Maori-Übersetzung. Dem Anschein nach ist der Vertrag eindeutig. Doch im Laufe der Jahre zeigten sich immer deutlicher die Schwierigkeiten mit dem Vorliegen zweier Versionen (S. 109) sowie die Folgen einer Vereinbarung zwischen zwei Völkern mit sehr unterschiedlichen Ansichten über Besitzrechte an Boden und Ressourcen.

Der Vertrag wurde am 5. Februar 1840 einer **Versammlung** von 400 Vertretern der fünf nördlichen Stämme vor Busbys Wohnsitz in Waitangi vorgelegt. Präsentiert wurde er als Vertrag zwischen den Häuptlingen und Queen Victoria. Die Vorzüge wurden ausführlich erläutert und die Kosten heruntergespielt. Da die meisten Häuptlinge kein Englisch verstanden, unterzeichneten sie am 6. Februar die Maori-Version des Vertrags, die noch heute bei den Maori *mana* (Autorität oder Status) genießt.

Der Vertrag nach Waitangi

Dem Beispiel von Waitangi folgte man überall im Land. Sieben Kopien des Vertrags wurden verschickt, um Unterschriften zu sammeln und die Befugnisse der Krone auf die bisher nicht abgedeckten Teile der Nordinsel sowie die Südinsel auszudehnen. Am 21. Mai, noch vor Rücksendung der unterzeichneten Vertragskopien, erhob Hobson im Namen Großbritanniens Anspruch auf Neuseeland: auf die Nordinsel aufgrund der „Abtretung" durch die Maori und auf die Südinsel aufgrund der „Entdeckung" durch Cook, da es trotz einer nicht unerheblichen Maori-Bevölkerung als „ohne Eigentümer" betrachtet wurde.

Als die Zahl der Siedler wuchs und damit die Nachfrage nach Land, wurde den Maori allmählich die Kontrolle über ihre Angelegenheiten entzogen. Dies führte in den 1860er-Jahren zu den **Landkriegen** (S. 108). Im Laufe der Jahrzehnte wurden kleinere Zugeständnisse gemacht, aber bis 1973, als der 6. Februar als **Waitangi Day** zum Nationalfeiertag erklärt wurde, tat sich nicht viel. Allerdings hatten Maori-Gruppen – unterstützt durch eine kleine, aber umtriebige Gruppe von Pakeha – bereits 1971 eine **Kampagne** gegen Waitangi-Gedenkfeiern gestartet. Viele Pakeha distanzierten sich und die Maori selbst waren gespalten: Den wütenden jungen Maori aus den Städten standen die *kaumatua* (Älteren) gegenüber, welche die Aktionen als respektlos gegenüber den Traditionen ansahen. Verschiedene Strömungen der Maori-Gesellschaft vereinten sich dann beim *hikoi* (Marsch) nach Waitangi, um gegen die Feierlichkeiten 1985 zu protestieren. Dieses Jahr markiert eine Wende: Erstmals wurde ein Maori, **Paul Reeves**, zum Generalgouverneur ernannt, und das **Waitangi-Tribunal** befasste sich mit Land-Ansprüchen der Maori gegenüber der britischen Krone. Die Proteste haben sich fortgesetzt, da eine neuseeländische Regierung nach der anderen sich bis heute nicht dazu durchringen konnte, an den Gedenkfeierlichkeiten in Waitangi teilzunehmen.

Bay of Islands Swordfish Club, Marsden Rd, ☎ 09 403 7857. „Swordy's", ein privater Club mit tollem Blick über die Bucht, empfängt Besucher außerhalb der Hochsaison im Sommer mit einigen der billigsten Drinks der Stadt – man braucht sich nur an der Theke einzutragen. Einfaches, aber gutes Essen wie Fish 'n' Chips oder Steak mit Pommes frites (Hauptgerichte $18–25). ⏲ tgl. ab 18 Uhr.

Beachhouse, 16 Kings Rd, ☎ 09 402 6063. Café und Saftbar. Nach hinten raus liegt die Bar Sand Pit mit Billardtischen, wo in Konkurrenz zur benachbarten Pipi Patch Bar im Sommer fast jeden Abend Livemusik geboten wird. ⏲ tgl. 10 Uhr bis spät.

Darryl's Dinner Cruise, Paihia Wharf, ☎ 0800 334 6637, 🖥 dinnercruise.co.nz. Die gemächliche Fahrt (2 1/2 Std., $95) führt um 18.30 Uhr von der Paihia Wharf den Waitangi River hoch zu den Haruru Falls. Unterwegs werden als Vorspeise Garnelen und Muscheln gereicht und als Hauptspeise T-Bone-Steak, Lamm und Fisch. An Bord gibt es eine Bar, aber Wein darf mitgebracht werden. Eine tolle Möglichkeit, den Sonnenuntergang zu genießen und einen entspannten Abend zu verbringen. Mindestteilnehmerzahl erforderlich.

Frank's, Marsden Rd, ☎ 09 402 7590. Entspanntes Café, Pizzeria (Pizzas $19) und Bar mit lockeren Frühstücksmenüs, gutem Kaffee und manchmal mittwochs und im Sommer am Wochenende Livemusik. ⏲ tgl. 8 Uhr bis spät.

Pure Tastes, 116 Marsden Rd, ☎ 09 402 0003. Nobles Restaurant im Paihia Beach Resort. Das Frühstück lässt den Tag gut anfangen. Die Mittagsgerichte, die im Sommer am Pool serviert werden (Hauptgerichte um $25), sind fantasievoll zubereitet, aber die Krönung kommt am Abend, z. B. in Form von Lammhüfte ($34), karamellisiertem Schweinebauch ($32) oder einem 6-Gänge-Probiermenü mit passendem Wein ($150). ⏲ tgl. 8 Uhr bis spät.

Shippey's Fish and Chips, auf dem alten Sugar Boat bei der Waitangi Bridge, 🖥 shippeys.com. Imbiss auf dem Deck des Schiffs mit gutem Angebot an Bier und Wein. Fisch ($5) und Chips ($3) sind frisch zubereitet, und das Ganze hat einen rauen Charme. ⏲ tgl. 12 Uhr bis spät.

Waikokopu Café, Treaty House Grounds, Waitangi, ☎ 09 402 6275. Tolles Tagescafé mit Schanklizenz an einem Regenwaldpfad, umgeben von Wiesen mit Picknickstellen. Serviert schön angerichtetes Frühstück und Mittagessen ($16–21) sowie Kaffee und Kuchen. ⏲ tgl. 9–22 Uhr.

SONSTIGES

Fahrradverleih

Bay Beach Hire, am südlichen Ende des Paihia Beach, ☎ 09 402 6078. Verleiht gute Mountainbikes, $20 halber Tag, $25 ganzer Tag, $30/über Nacht.

Informationen und Internet

i-SITE Visitor Centre, The Wharf, Marsden Rd, ☎ 09 402 7345, 🖥 visitfarnorthnz. com. Internetzugang und Tourbuchungen, ⏲ tgl. 8–17 Uhr, Nov–April länger.

Parken

Gestaltet sich in der Hochsaison schwierig. Die besten Chancen hat man auf dem gebührenpflichtigen Parkplatz gegenüber vom Supermarkt 4-Square in der Williams Road.

NAHVERKEHR

Paihia ist nicht groß, alles lässt sich gut zu Fuß erreichen. Wer schweres Gepäck hat, kann sich an den **Paihia Tuk Tuk Shuttle**

Fährverbindung Paihia–Russell

Auf dem Straßenweg sind es von Paihia nach Russell fast 100 km, aber Autofahrer können die Strecke auf 15 km verkürzen, indem sie die kleine **Autofähre** nehmen, die bei **Opua**, 6 km südlich von Paihia, in 20 Min. den schmalen Veronica Channel überquert: ⏲ tgl. 6.50–22 Uhr alle 20 Min.; Wagen und Fahrer $11 einfach, Fußgänger $1; Ticket an Bord lösen. Fußgängern bietet sich eine der drei **Passagierfähren** (Okt–Mai 7–22, Juni–Sep 7–19 Uhr; $7 einfach, $12 hin und zurück; 15 Min.) an, die zwischen den Hauptanlegestellen von Paihia und Russell pendeln.

Service beim i-SITE wenden, ☎ 027 486 6071. Er befördert 2–6 Pers. innerhalb der Stadt für $5 p. P. von Tür zu Tür und für etwas mehr zu den Haruru Falls.

TRANSPORT

Busse

Die Busse von InterCity/Northliner und NakedBus halten in der Marsden Road vor dem wichtigsten i-SITE Visitor Centre der Bay of Islands.

Busse nach:
AUCKLAND 5–6x tgl., 4 1/4 Std.;
KAITAIA 1x tgl., 2 Std.;
KERIKERI 3x tgl., 20 Min.;
MANGONUI 1x tgl., 1 1/4 Std.;
WHANGAREI 4–6x tgl.; 30 Min.

Flüge

Der Flughafen der Bay of Islands, ☎ 09 407 6133, 🖥 bayofislandsairport.co.nz, liegt 22 km nordwestlich bei Kerikeri. Die Abfahrtszeiten der Shuttlebusse ($60 nach Paihia) sind auf die Flüge abgestimmt. Flüge nach AUCKLAND 5–6x tgl., 40 Min.

Die Inseln

Die Bucht heißt nicht umsonst Bay of Islands. Immerhin gibt es hier sechs große und rund 140 kleine Inseln. Viele sind Teil des DOC-Projekts **Project Island Song**. In dessen Rahmen sollen zahlreiche Inseln von eingeschleppten Raubtieren befreit und in Tierparadiese verwandelt werden. Inzwischen wurden auf vielen Inseln einige typische Vogelarten wieder eingeführt, insbesondere auf **Urupukapuka Island**, das sich mit Hilfe der DOC-Broschüre *Urupukapuka Island Archeological Walk* in ein paar Stunden erkunden lässt. In dem Heftchen sind eine Reihe von Maori-*pa* und -Terrassen beschrieben.

Die bei Weitem bekannteste unter den anderen großen Inseln ist **Motuarohia** (auch **Roberton Island** genannt). Das DOC verwaltet dort den spektakulären zentralen Teil – eine Landenge, die beinahe von zwei kreisförmigen blauen Lagunen durchtrennt wird. Für Hobbytaucher gibt

es einen Naturpfad unter Wasser mit beschrifteten Tafeln aus Edelstahl.

Zu den anderen Sehenswürdigkeiten, die von den Schiffen angefahren werden, zählen die **Black Rocks**, kahle kleine Inseln, die sich aus Basaltsäulen gebildet haben. Sie ragen nur 10 m aus dem Wasser, reichen aber steile 30 m tief hinab. Am äußeren Rand der Bucht liegt die felsige Halbinsel **Cape Brett**, die 1769 von Cook nach dem damaligen Marineminister Lord Piercy Brett benannt wurde. Die Schiffstouren führen auch regelmäßig durch das **Hole in the Rock**, einen natürlichen Tunnel durch Piercy Island, der sich bei Dünung als besonders aufregend erweist.

ÜBERNACHTUNG

Urupukapuka Island, 🖥 doc.govt.nz. Urupukapuka ist die einzige Insel, auf der übernachtet werden darf. Dort gibt es drei einfache DOC-Campingplätze: Cable Bay, mit Wasseranschluss, Duschen und Toiletten, und Sunset Bay, mit Wasseranschluss und Toiletten, liegen beide an der Südküste; Urupukapuka Bay, mit Wasseranschluss, Duschen und Toiletten, ist der östlichste Zeltplatz auf der Insel. Unbedingt weit im Voraus buchen! $8,10

AKTIVITÄTEN

Boots- und Segeltouren, Schwimmen mit Delphinen

Um einen umfassenden Eindruck von der Bay of Islands zu gewinnen, muss man sich aufs Wasser hinauswagen. Die Mehrzahl der Touren beginnt in Paihia, allerdings wird bei allen größeren **Bootstouren** und **Ausflügen** in die Bucht auch ein Zwischenstopp in Russell eingelegt. Von Dezember bis März sollte die Reservierung ein paar Tage im Voraus erfolgen. Die meisten Hotels und Motels nehmen Ausflugsbuchungen für ihre Gäste vor, und Hostels können in der Regel einen „Backpacker-Rabatt" von ca. 10 % aushandeln.
Die beiden wichtigsten Anbieter in der Bay sind Fullers Great Sights und Explore NZ/ Dolphin Discoveries. Beide haben ein umfangreiches Angebot an Sightseeing-, Segel- und Delphintrips.

Ausflüge von der Bay of Islands

Die Bay of Islands ist das größte Touristen-zentrum in Northland und dient als Sprung-brett für Abstecher in den hohen Norden. Dazu gehören insbesondere eintägige Busfahr-ten zum **Cape Reinga** und **Ninety Mile Beach** (S. 250) – eine anstrengende Fahrt, die 11 Std. dauert, wobei man die meiste Zeit im Fahr-zeug verbringt. Ratsamer ist es, nach Mango-nui, Kaitaia oder Ahipara hoch zu fahren und dort eine Tour zu buchen oder mit Salt Air zum Cape Reinga zu fliegen (S. 253), inklusive Lan-dung und Fahrt zum Kap.

Fullers Great Sights (s. unten) veranstaltet auch eine Bustour namens *Discover Hokianga*, die den Besuch des **Hokianga Harbour**, einen Spaziergang zu den riesigen **Kauri-Bäumen** im Waipoua Forest und einen Abstecher zu den **Wairere Boulders** umfasst (tgl., 7 1/2 Std., $102). Es ist jedoch meist besser, auf eigene Faust hochzufahren und mehr Zeit bei den Sehenswürdigkeiten zu verbringen.

Außerdem kreuzen mehrere kleine **Jachten** mit Platz für meist weniger als ein Dutzend Passagiere auf dem Wasser (normalerweise 6 Std.): Die Konkurrenz ist groß und die Qualität des Gebotenen unterschiedlich. Bei den meisten Ausflugsfahrten und Segeltörns besteht die Gelegenheit, ein wenig zu **schnorcheln**, **Kajak** zu fahren oder zu **angeln**.

Die Bay of Islands ist ein genialer Ort für die **Delphinbeobachtung**. Das ganze Jahr über besteht eine ungefähr 80%-ige Chance, Große Tümmler und Gewöhnliche Delphine zu sehen, von Mai bis Oktober Orkas („Schwert-wale") und von August bis Januar Mink- und Bryde-**Wale**.

Wichtig: Es gibt keine Garantie, dass das **Schwimmen mit Delphinen** tatsächlich statt-findet. Wenn die Delphine Junge dabei haben, ist es ohnehin verboten. Und es werden grundsätzlich nur 18 Personen gleichzeitig ins Wasser gelassen. Normalerweise gibt es bei Fehlschlägen das Geld zurück. Die Wahrschein-lichkeit, Delphine zu sehen, ist am größten auf einer Bootsfahrt mit einem Veranstalter, der

eine Lizenz fürs Schwimmen mit Delphinen hat und die Tiere aufsuchen darf.

Ecocruz, ✆ 0800 432 627, ⌨ ecocruz.co.nz. Dreitägige Touren (Okt–April)für bis zu 10 Personen auf dem Zweimaster *Manawanui* um die Bucht. Der Schwerpunkt liegt dabei auf der Würdigung der schönen Landschaft. Ausgezeichnete Verpflegung inkl., ebenso Kajaks, Schnorchel- und Angelausrüstung, jede Menge Fachwissen und Begeisterung. Dormbett $595, Doppelkabine $1500. .

Explore NZ/Dolphin Discoveries, ✆ 0800 365 744, ⌨ explorenz.co.nz. Die Pioniere des Schwimmens mit Delphinen in dieser Gegend haben verschiedene Touren im Programm. Besonders toll ist die *Dolphin/Sail Adventure Combo* (Okt–Mai tgl.; 8 Std.; $160; falls die Möglichkeit besteht, mit den Delphinen zu schwimmen, werden $30 extra fällig). Sie besteht aus einer morgendlichen Rundfahrt zur Beobachtung von Delphinen und anschlie-ßendem Transfer auf die *Lion New Zealand*. Auf der Jacht wird das Mittagessen vom Grill eingenommen (paddeln und schnorcheln optional).

Fullers Great Sights, ✆ 0800 653 339, ⌨ dolphincruises.co.nz. Der *Day in the Bay* (Okt–April tgl.; 6 3/4 Std.; $109) ist vielleicht der beste aller angebotenen Tagestrips. Er beinhaltet einen Abstecher zum Hole in the Rock, einen Inselstopp und die Gelegenheit, sich umzuschauen, während das Schiff Lebens-mittel und die Post abliefert (nur Mo, Mi und Sa). Möglicherweise lassen sich Delphine blicken, und manchmal kann man sogar mit ihnen schwimmen. Fullers hat auch eine aus-gewiesene Tour zum Schwimmen mit Delphinen (2x tgl. 4 Std.; $105) im Angebot, im kleinsten Delphinboot der Bucht (35 Passagiere).

Ipipiri, ⌨ overnightcruise.co.nz. Eine von Fullers Great Sights gemanagte Rundfahrt mit Übernachtung; sie umfasst die komfortable Unterbringung in einer Kajüte mit Doppelbett oder 2 Betten und Bad, Nachmittagstee, Abendbuffet, warmes Frühstück, kostenlose Benutzung von Kajaks und Schnorchelzubehör, geführte Wanderungen und eine 20-stündige Rundfahrt; die Nacht wird vor Anker in einer geschützten Bucht verbracht. $375.

Phantom, ☎ 0800 224 421, 🖥 yachtphantom. com. Nur 10 Personen haben auf dieser hervorragenden Segeljacht mit Heimathafen Russell Platz. Für die Dauer von 6 unvergess- lichen Stunden können sie bei der Fahrt durch die Bucht an Deck relaxen oder auch mal das Steuer übernehmen. Inkl. Mittagessen. Nur Okt–April. $110.

R. Tucker Thompson, ☎ 0800 882 537, 🖥 tucker.co.nz. Sehr schöner, in Northland gebauter Schoner, der mit jeweils bis zu 20 Passagieren zu Tagesausflügen zu den Inseln ablegt. Bei einem Zwischenstopp hat man Gelegenheit zum Schwimmen und bekommt ein BBQ-Mittagessen (tgl. Ende Okt–April, 6 Std., $145 inkl. Morgentee mit frisch gebackenen Scones). Auch 2-stündige Touren am Spätnachmittag (Nov–März Mi, Fr und So; $69) inkl. Antipasti-Teller und ein Glas Wein.

The Rock, ☎ 0800 762 527, 🖥 rockthe boat.co.nz. Eine tolle Kombination aus Backpacker-Unterkunft plus Gruppen- aktivitäten auf einer umgebauten Autofähre. Die schwimmende Herberge legt spätnachmit- tags von der Paihia Wharf ab und nimmt Kurs auf einige herrliche Buchten, wo die Gäste angeln, schwimmen, schnorcheln, Kajak fahren und sich abends bis zum Abwinken am Grill bedienen können. Am nächsten Tag folgt ein Spaziergang auf einer Insel, und um 15 Uhr ist man zurück in Paihia. Die Unterbringung erfolgt in Sammelkabinen mit 6 Betten ($178) oder Privatkabinen ($396), alle mit Meerblick, Abendessen und Frühstück inbegriffen; Getränke kosten extra. Schlafsack mitbringen.

Jetskifahren und Skydiving

Tango Jetski Adventure, 1 Davis Cresent, ☎ 0800 253 8754, 🖥 tangojet skitours.co.nz. Herumsausen auf dem Wasser, z. B. beim einstündigen Island Blaster ($160).

Ballistic Blondes, 1 Davis Cresent, ☎ 0800 695 867, 🖥 skydiveballistic blondes.co.nz. Tandemsprünge aus 4877 m Höhe ($420) und alle möglichen Angebote (S. 216, Whangarei) sowie die einzige Möglichkeit in ganz Neuseeland, am Strand zu landen.

Kajakfahren

Coastal Kayakers, Waitangi Bridge, ☎ 09 402 8105, 🖥 coastalkayakers.co.nz. Organisiert verschiedenste Ausflüge ab der Paihia Wharf und bietet beispielsweise halbtägige Touren in die Bucht oder stromaufwärts zu den Haruru Falls ($75) an. 3-tägige Camping-Exkursionen stehen zwischen November und Mai auf dem Programm und kosten $685.

Pacific Coast Kayaks, ☎ 09 436 1947, 🖥 nzseakayaking.co.nz. Verschiedene wunder- bare Mehrtagestrips in den äußeren Bereichen der Bay of Islands und weiter entfernt.

Parasailing und Rundflüge

Flying Kiwi, Paihia Wharf, ☎ 0800 359 691. Von einem Speedboot werden Gleitsegler zu 10–15-minütigen zumeist Tandemflügen ca. 245 m ($99) in die Höhe gezogen.

Salt Air, Marsden Rd, beim Maritime Building, Paihia, ☎ 0800 472 582, 🖥 saltair.co.nz. Hubschrauberflüge ($220/20 Min. zum Hole in the Rock, $305/30 Min. die Küste hoch) sowie tolle Flüge mit normalen Flugzeugen zum Cape Reinga (S. 250).

Tauchen

Dive HQ, Williams Rd, Paihia, ☎ 0800 107 551, 🖥 divenz.com. Tauchausflüge in der Bay of Islands oder zu den Wracks der *Rainbow Warrior* (S. 244) und der Fregatte *Canterbury*. Dives mit zwei Tankfüllungen inkl. Ausrüstung kosten $229 ($279 zu den Wracks für Leute ohne *Advanced Open Water*-Zertifikat).

Dive North, ☎ 09 402 5369, 🖥 divenorth.co.nz. Der gute Anbieter bietet Tauchgänge zu zwei Wracks ($299 ohne AOW-Schein) und vor den Cavalli Islands.

Russell

Die kleine Hangsiedlung **Russell** – auf einer schmalen Halbinsel, die schlecht auf dem Land-, aber gut auf dem Wasserweg erreichbar ist – erscheint wegen ihrer Abgeschiedenheit wie eine Insel. Während der Sommermonate tum- meln sich hier allerdings Massen von Tagesaus- flüglern, die von den Passagierfähren aus Paihia

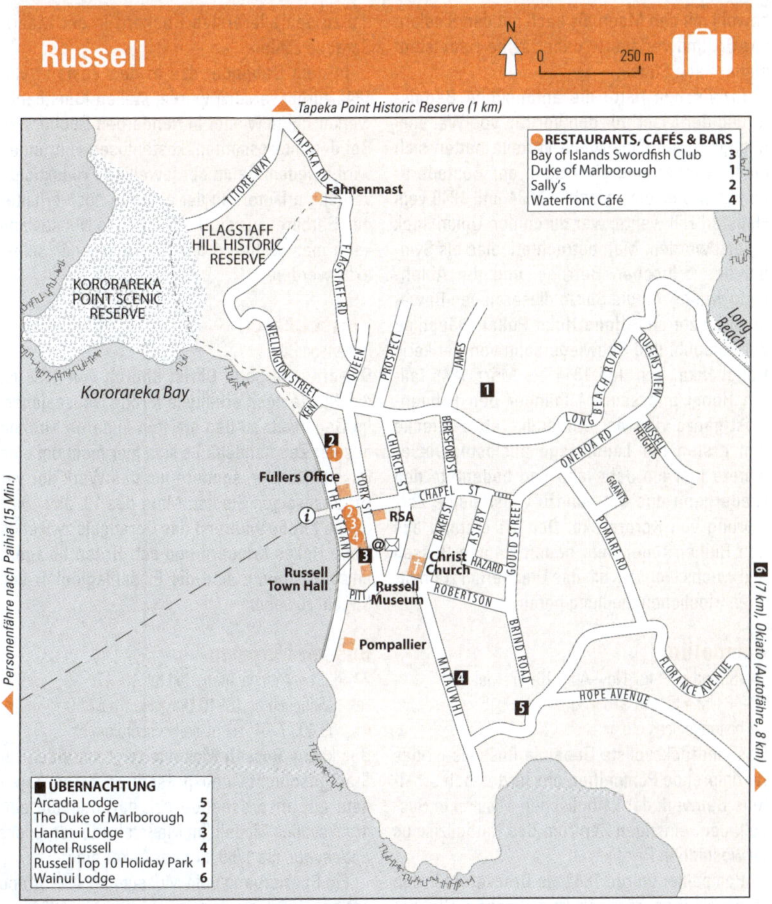

Tapeka Point Historic Reserve (1 km)

NORTHLAND

RESTAURANTS, CAFÉS & BARS
Bay of Islands Swordfish Club	3
Duke of Marlborough	1
Sally's	2
Waterfront Café	4

TAPEKA RD
TITORE WAY

Fahnenmast

FLAGSTAFF
HILL HISTORIC
RESERVE

KORORAREKA
POINT SCENIC
RESERVE

FLAGSTAFF RD

WELLINGTON STREET

Kororareka Bay

QUEEN

PROSPECT

JAMES

CHURCH ST

BERESFORD ST

1

LONG BEACH ROAD

QUEEN'S VIEW

RUSSELL HEIGHTS

Long Beach

Personenfähre nach Paihia (15 Min.)

2
1

Fullers Office

YORK ST

THE STRAND

CHAPEL ST

ONEROA RD

ST

GRANT'S

BAKER ST

ASH ST

2 3 4
i
@ **3**
RSA

Russell
Town Hall

Russell
Museum

**Christ
Church**

HAZARD

GOULD STREET

POMARE RD

PITT

ROBERTSON

Pompallier

MATAUWHI

BRIND ROAD

4

HOPE AVENUE

FLORANCE AVENUE

5

6 (7 km), Okiato (Autofähre 8 km)

ÜBERNACHTUNG
Arcadia Lodge	5
The Duke of Marlborough	2
Hananui Lodge	3
Motel Russell	4
Russell Top 10 Holiday Park	1
Wainui Lodge	6

und den Autofähren aus dem nahe gelegenen Opua an Land strömen, um die historischen Gebäude des Dorfes zu besichtigen oder an der hübschen Uferpromenade entlang zu spazieren.

Geschichte

Das heutige Russell bildet einen Riesenunterschied zu den wilden 1830er-Jahren, als sich im draufgängerischen **Kororareka**, wie Russell damals hieß, Scharen von Wal- und Robbenfängern einfanden. Die Stadt genoss einen Ruf als „Hell Hole of the Pacific". Ungehobeltes Be-

nehmen und übermäßiger Alkoholkonsum dienten als offene Einladung für **Missionare**. Nach und nach bekehrten sie eine ansehnliche Zahl von Leuten und hinterließen die zwei ältesten Gebäude von Russell, die Kirche und die Druckerei zur Herstellung religiöser Schriften.

Nach dem Vertrag nach Waitangi

Im Jahre 1840 hatte sich Kororareka zur größten Siedlung des Landes entwickelt, allerdings zerstritt sich Gouverneur William Hobson nach der Unterzeichnung des **Vertrags von Waitangi** sowohl mit den Maori als auch mit den Siedlern vor Ort und verlagerte daher seine Hauptstadt weiter nach Süden.

Inzwischen hatte die anfängliche Begeisterung der Maori für den Vertrag von Waitangi nachgelassen: Finanzielle Vorteile hatten sich nicht ergeben und die Flagge der Confederation of Tribes, die zwischen 1834 und 1840 vom Flagstaff Hill wehte, war durch den Union Jack ersetzt worden. Man betrachtete dies als Symbol des britischen Betrugs, und die Ablehnung wuchs. An die Spitze dieser neuen Bewegung setzte sich **Hone Heke Pokai**, Häuptling der Ngapuhi und Schwiegersohn von Kerikeris Hongi Hika. Von Juli 1844 bis März 1845 fällten Hongi und seine Anhänger den Fahnenmast ganze vier Mal, wobei die letzte Attacke den ersten der **Landkriege** auslöste. Dieser wütete fast ein Jahr lang und bedeutete den Niedergang und die nahezu vollständige Zerstörung von Kororareka. Der Ort erstand aus den Ruinen unter dem neuen Namen Russell und wuchs langsam um das Ufer herum zur heutigen friedlichen Siedlung heran.

Pompallier

The Strand ▪ ⏲ tgl. Nov–April 10–17, Mai–Okt 10–16 Uhr ▪ Eintritt $10 ▪ ✆ 09 403 9015, ▯ historicplaces.org.nz

Das eindrucksvollste Gebäude Russells ist das faszinierende **Pompallier**, das letzte noch erhaltene Bauwerk der katholischen Mission in Russell, dem einstigen Zentrum des Katholizismus im westlichen Pazifik.

Pompallier wurde 1842 als Druckerei für den französischen römisch-katholischen Bischof Jean Baptiste François Pompallier erbaut, der drei Jahre zuvor angekommen war und feststellen musste, dass das katholische Wort Gottes vor Ort durch anglikanische und methodistische Schriften, die ins Maori übersetzt worden waren, unter Dauerbeschuss stand. Die Missionare errichteten einen eleganten Lehmbau im typischen Stil von Lyon, der Heimatstadt Pompalliers. Presse und Papier wurden importiert, und um Ledereinbände herzustellen, wurde eine Gerberei eingerichtet. Während der folgenden acht Jahre druckte der Bischof über ein Dutzend Titel (insgesamt fast 40 000 Ausgaben),

die zu den allerersten Büchern in der Maori-Sprache zählen.

In dem Gebäude, das in den Zustand von 1842 zurückversetzt wurde, stellen Kunsthandwerker heute wieder in Handarbeit Bücher her. Bei den interessanten, kostenlosen Führungen wird in jedem Raum der jeweilige Produktionsvorgang erläutert. In der einzigen noch erhaltenen Gerberei aus der Kolonialzeit in Neuseeland kann man während der Führung sogar selbst aktiv werden.

Christ Church

Robertson Rd

Die cremefarbene **Christ Church** von 1836 ist die älteste noch erhaltene Kirche Neuseelands. Im Gegensatz zu den meisten anderen Kirchen aus der Zeit handelte es sich hier nicht um eine Missionskirche, sondern um das Werk der vor Ort ansässigen Siedler. Mitte des 19. Jhs. wurde die Kirche während des Gerangels zwischen Hone Hekes Kriegern und den Briten belagert, und noch heute sind die Einschlaglöcher von Kugeln zu sehen.

Russell Museum

2 York St ▪ Weihnachten–Jan tgl. 10–17, Feb–Weihnachten 10–16 Uhr ▪ Eintritt $7,50 ▪ ✆ 09 403 7701, ▯ russellmuseum.org.nz

Das kleine **Russell Museum** zeigt ein Video zur Stadtgeschichte und präsentiert seine Exponate auf ansprechende Art, darunter ein eindrucksvolles Modell (im Maßstab 1:5) von Cooks *Endeavour*, die 1769 hier vor Anker ging.

Ein Spaziergang vom Museum an The Strand entlang führt an dem angesehenen, 1924 gegründeten **Bay of Islands Swordfish Club** sowie

Pick me up in Russell

Die meisten Hafenrundfahrten und Delphintrips beginnen in Paihia. Aber Teilnehmer werden (nach vorheriger Reservierung) auch rund 15 Min. später als in Paihia an der Hafenmole von Russell eingesammelt. Gelegentlich ist keine Abholung möglich, aber dann bleibt immer noch die billige, oft verkehrende Passagierfähre zwischen Paihia und Russell.

am **Duke of Marlborough Hotel** vorbei. Das Originalgebäude an dieser Stelle besaß die erste Schanklizenz von ganz Neuseeland.

Flagstaff Hill und Tapeka Point Historic Reserve

30–40 Min. hin und zurück

Am Ende von The Strand erklimmt ein steiler, kurzer Weg den **Flagstaff Hill** (Maiki). Der heute zu sehende Fahnenmast wurde 1857 errichtet, etwa zwölf Jahre nach der Zerstörung des vierten Masts durch Hone Heke – als versöhnliche Geste seitens eines Sohnes eines der Häuptlinge, die die ursprüngliche Zerstörung angeordnet hatten. Die Flagge der Confederation of Tribes, die nach der Unterzeichnung des Vertrags von Waitangi entfernt wurde, weht an zwölf wichtigen Tagen des Jahres, z. B. an Hone Hekes Todestag. Vom Flagstaff Hill aus erreicht man nach einem weiteren Kilometer das **Tapeka Point Historic Reserve**, eine alte *pa*-Stätte am Ende der Halbinsel mit herrlichen Ausblicken.

ÜBERNACHTUNG

Es gibt in Russell weniger Unterkünfte als in Paihia, dafür sind sie exklusiver. Es handelt sich überwiegend um B&Bs und Lodges.

Arcadia Lodge, 10 Florance Ave, ✆ 09 403 7756, ⌨ arcadialodge.co.nz. Stilvolles B&B in einem großen historischen Holzgebäude, umgeben von Terrassen in ruhiger Hügellage mit Blick auf Gärten und die Bucht. 5 der Suiten und Zimmer (eins davon ohne Bad) mit Holzfußboden bieten Meerblick. Die Küche verwendet überwiegend Bio-Zutaten, die aus dem eigenen Garten oder aus der Region stammen. Kostenloses WLAN, keine Kinder unter 15 Jahren und im Sommer Mindestaufenthalt von 2 Tagen. Zimmer $195, Suiten $340

The Duke of Marlborough, 35 The Strand, ✆ 09 403 7829, ⌨ theduke.co.nz. Von den neuen Betreibern renoviert und modernisiert, mit dem Flair eines alten Kolonialhotels. Einige Zimmer mit Meerblick, andere mit Sonnendecks. Zimmer $190, mit Terrasse $290, mit Meerblick $360

Hananui Lodge, 4 York St, ✆ 09 403 7875, ⌨ hananui.co.nz. Effizient geführte, motel-

ähnliche Unterkunft direkt am Wasser. Die schönste Aussicht haben die Waterfront-Suiten, aber auch die Standard-Units, von denen sich ein begrenzter Blick aufs Meer erhaschen lässt, sind nicht zu verachten. Das Spa steht allen Gästen zur Verfügung. Auf der anderen Straßenseite gibt es etwas neuere Apartments mit Großbildfernseher und AC. Units $190, Apartments $220, Suiten $320

Motel Russell, 16 Matauwhi Rd, ✆ 0800 240 011, ⌨ motelrussell.co.nz. Erste Wahl in diesem Motel mit attraktivem Pool in einem subtropischen Garten sind die aufgemöbelten Units. Studios $120, Units mit einem Schlafzimmer $180

Russell Top 10 Holiday Park, Long Beach Rd, ✆ 09 403 7826, ⌨ russelltop10.co.nz. Zentral gelegener, gut organisierter und sauberer Campingplatz mit Stellplätzen für Zelte und Campervans und großer Auswahl an gut ausgestatteten festen Unterkünften. Zwischen dem 20. Dez und Ende Jan ziehen die Preise mächtig an. Camping $20, Wohnmobile $49, Cabins $80, mit Küche $110, Units $170–180

Wainui Lodge, 92d Wahapu Rd, 7 km südlich von Russell, ✆ 09 403 8278, ⌨ bay-of-islands.pelnet.org. Tolles kleines Backpacker-Hostel mit 5 Zimmern, morgendlichem Vogelgesang und Kajaks, mit denen man von dem Mangrovenstrand der Lodge lospaddeln kann. ⏰ Juni, Juli und Aug geschlossen. Dorm $25, Zimmer $64

ESSEN

Die Auswahl an Restaurants in Russell ist nicht besonders groß, und die Preise sind ziemlich hoch, aber die Qualität lässt nichts zu wünschen übrig. Wer nur etwas trinken möchte, ist oft in den preiswerten Vereinslokalen, in denen auswärtige Besucher meistens willkommen sind, am besten aufgehoben, oder auch in der beliebten Bar des Duke of Marlborough.

Bay of Islands Swordfish Club, 25 The Strand, ✆ 09 402 7773. Theoretisch ein Verein, aber Gäste müssen sich einfach nur registrieren lassen. Preiswertes Bier, von der Veranda herrlicher Blick auf den Sonnenuntergang und einfaches, aber leckeres und reichhaltiges

Kneipenessen (Hauptgerichte ca. $24).
⏰ tgl. 16 Uhr bis spät.

Duke of Marlborough, 35 The Strand, 📞 09 403 7829, 🖥 theduke.co.nz. Sitzplätze am Wasser, Pub und Restaurant mit guter Auswahl an Wein und Bier. Am besten ist jedoch das Essen, schön präsentiert, in kreativen Zusammenstellungen und großzügigen Portionen. Tipp: die 8 Std. lang gegarte Lammschulter am Knochen ($49 für 2 Pers.), zergeht auf der Zunge. ⏰ tgl. 7.30 Uhr bis spät.

Sally's, 25 The Strand, 📞 09 403 7652. Das gemütliche, unaufgeregte und immer gut besuchte Restaurant mit Alkohollizenz ist

Der Cape Brett Track

Northlands schönste zweitägige Wanderung ist der nicht ganz einfache, aber geniale **Cape Brett Track** (20 km pro Strecke; 6–8 Std.). Er verläuft auf dem Hügelkamm durchs Zentrum der Halbinsel und erlaubt von beiden Seiten aus hin und wieder einen Blick aufs Meer. Die Strecke ist in der DOC-Broschüre *Cape Brett* beschrieben. Das ehemalige Leuchtturmwärterhaus an der Spitze der Halbinsel dient heute als DOC-Hütte (23 Betten; $12,20, der Jahres-Hüttenpass gilt hier nicht), einzige Übernachtungsmöglichkeit am Track selbst. Die Lage mit dem Meer ringsum und dem Ausblick auf das Hole in the Rock hinaus ist schlichtweg traumhaft. Ein Gasherd ist vorhanden, aber keine Küchenutensilien. Camping ist nicht erlaubt.

Der Pfad beginnt in Rawhiti und führt über Privatgelände, deshalb muss eine **Wegegebühr** (*track fee* $30, Tageswanderer $10) entrichtet werden. Diese bezahlt man beim Russell Booking & Information Centre, wo auch die Übernachtung in der DOC-Hütte reserviert wird und man Tipps zum sicheren Parken in Rawhiti erhält. Dort gibt es außerdem nähere Infos zu einem **Wassertaxi** von Russell nach Rawhiti (um $170 für bis zu 6 Pers.), zur Deep Water Cove auf der 2. Hälfte der Wanderwegstrecke ($190) oder nach Cape Brett ($230; nur bei günstiger Wetterlage). Ein sicherer Parkplatz befindet sich bei Hartwells in Kaimarama Bay am Ende der Rawhiti Road (kleine Gebühr).

bekannt für leckeres Seafood (Hauptgerichte um $32), besonders *seafood chowder* ($13). In der Hauptsaison Reservierung empfehlenswert. ⏰ tgl. 10.30–21 Uhr.

Waterfront Café, 23 The Strand. Einfaches Café mit Sitzplätzen am Wasser, tollem Kaffee, zudem Snacks ($4–15), Frühstück den ganzen Tag über und herzhafte Mittagsgerichte. ⏰ tgl. 8–17 Uhr, im Winter Mo geschl.

SONSTIGES

Informationen

Russell Booking & Information Centre, am Ende des Kais, 📞 0800 633 255, 🖥 russell info.co.nz. Buchungen von Touren und Unterkünften. Hat auch die Broschüren *Russell Heritage Trails* und *Bay of Islands Walks* auf Lager. ⏰ Sep–Mai tgl. 7.30–20, Juni–Aug tgl. 8.30–16 Uhr.

Internet

Enterprise Russell, York St, ⏰ tagsüber.

Touren

Fullers Russell Mini Tour, 📞 0800 646 486, 🖥 russellminitours.com. Die Geschichte der Stadt und der Umgebung aus der Sicht eines Einheimischen (im Sommer 6x tgl.; $29).

TRANSPORT

Die meisten Besucher kommen mit der Fähre (Kasten S. 231) nach Russell. Es führt aber auch eine Landstraße hierher, Kasten S. 223.

Kerikeri

Die Ortschaft **Kerikeri** liegt zwar 25 km nördlich von Paihia und somit geografisch gesehen abseits der Bucht, ist aber dennoch von zentraler historischer Bedeutung für die Bay of Islands. Das Städtchen erstreckt sich entlang einer Hauptstraße und wird von Obstplantagen umgeben, die die wirtschaftliche Stütze des Orts bilden. 2 km östlich der Stadt bahnt sich der schmale Kerikeri Inlet einen Weg vom Meer bis zum **Kerikeri Basin**, dem von Samuel Marsden auserwählten Standort für die zweite Mission der Church Missionary Society in Neuseeland.

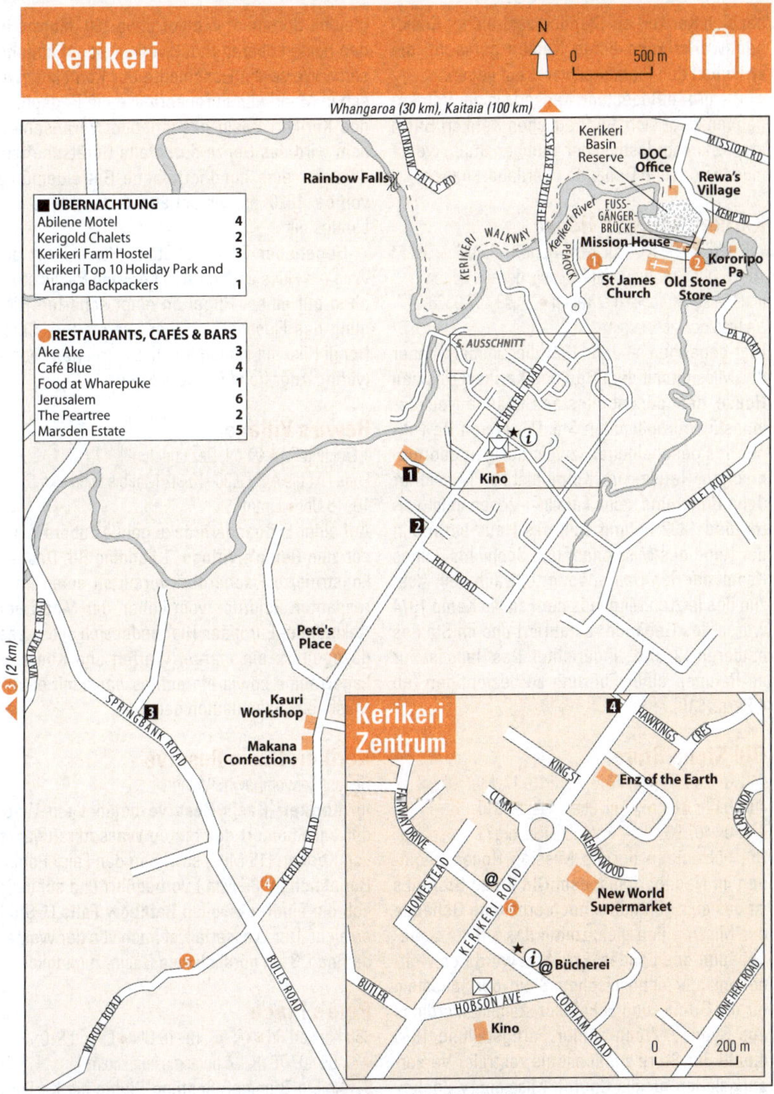

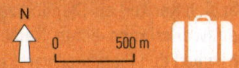

Whangaroa (30 km), Kaitaia (100 km)

Kerikeri
Basin
Reserve

DOC
Office

MISSION RD

Rainbow Falls

Rewa's
Village

RAINBOW FALLS RD

HERITAGE BYPASS

Kerikeri River

KEMP RD

KERIKERI WALKWAY

FUSS-
GÄNGER-
BRÜCKE

Mission House

1

Kororipo
Pa

2

PADDOCK

St James
Church

Old Stone
Store

PA ROAD

ÜBERNACHTUNG

Abilene Motel	4
Kerigold Chalets	2
Kerikeri Farm Hostel	3
Kerikeri Top 10 Holiday Park and Aranga Backpackers	1

S. AUSSCHNITT

KERIKERI ROAD

RESTAURANTS, CAFÉS & BARS

Ake Ake	3
Café Blue	4
Food at Wharepuke	1
Jerusalem	6
The Peartree	2
Marsden Estate	5

★ ⓘ

Kino

INLET ROAD

1

2

HALL ROAD

3 (2 km)

WESTBANK ROAD

Pete's
Place

Kauri
Workshop

SPRINGBANK ROAD

3

Makana
Confections

**Kerikeri
Zentrum**

4

HAWKINGS CRES

KING ST

Enz of the Earth

KERIKERI ROAD

FAIRWAY DRIVE

COBB

WENDYWOOD

KERIKERI ROAD

@

6

New World
Supermarket

HOMESTEAD

BUTLERS ROAD

4

★ @ Bücherei

BUTLER

HOBSON AVE

Kino

COBHAM ROAD

PONE HEKE ROAD

0   200 m

5

WIROA ROAD

Flughafen (1 km)

Waitangi (25 km), Paihia (25 km)

Auf den subtropischen Zitrusplantagen werden fast das ganze Jahr über **Saisonarbeiter** gesucht. Die meiste Arbeit gibt es zwischen Januar und Juli, allerdings ist in dieser Zeit auch die Nachfrage nach Arbeit am größten. Als Ansprechpartner eignen sich die Leiter der Hostels und Campingplätze, von denen viele gute Wochenpreise anbieten. In den letzten Jahren hat sich Kerikeri als Standort zahlreicher **Kunsthandwerksläden** einen Namen gemacht, die zwischen den Plantagen verstreut liegen.

Die große Bedeutung Kerikeris in der Vergangenheit zeigt sich am friedlichen Kerikeri Basin etwa 2 km nordöstlich der heutigen Stadt, wo einige historische Gebäude überdauert haben.

Kerikeri Mission House

246 Kerikeri Rd ▪ ◉ tgl. Nov–April 10–17, Mai–Okt 10–16 Uhr; Zutritt nur mit Führung; genaue Zeiten und Preise telefonisch erfragen ▪ ✆ 09 407 9326, ▢ historicplaces.org.nz

Hier begannen im Jahr 1821 die Zimmermänner der Mission mit dem Bau des **Kerikeri Mission House**, dem derzeit ältesten Gebäude Neuseelands im europäischen Stil. Die ersten Bewohner des bescheidenen, zweistöckigen georgianischen Hauses im Kolonialstil – Missionar John Butler und seine Familie – zogen bald weiter, und 1832 befand sich das Haus bereits in der Hand des Missionars und Schmieds James Kemp, der den Bau erweiterte. Nach dem Auszug des letzten Mitglieds der Familie Kemp 1974 wurde das Gebäude restauriert und im Stil des mittleren 19. Jhs. eingerichtet. Das Haus ist nur im Rahmen einer Führung zu besichtigen (ab 4 Pers., $10).

Old Stone Store

246 Kerikeri Rd ▪ tgl. Nov–April 10–17, Mai–Okt 10–16 Uhr ▪ Eintritt frei; obere Etagen $10 ▪ ✆ 09 407 9326, ▢ historicplaces.org.nz

Die Führungen durchs Mission House beginnen im Nachbarhaus, dem **Old Stone Store**. Es ist das einzige andere noch erhaltene Gebäude der Mission und gleichzeitig das älteste Steingebäude des Landes. Errichtet wurde es weitgehend aus einheimischem Stein, der Sandstein für die Grund- und Eckpfeiler stammt allerdings aus Sydney. Nach seiner Fertigstellung 1836 diente der Store zunächst als zentraler Versorgungsladen für die Church Missionary Society und danach als Munitionslager für die Truppen, die hier stationiert waren, um Hone Heke zu bekämpfen. Noch später wurde hier mit Kauri-Holz gehandelt, bevor das Haus 1975 schließlich der Öffentlichkeit zugänglich gemacht wurde. Das **Geschäft** im Erdgeschoss bietet fast das

gleiche Sortiment wie vor etwa 180 Jahren. In den beiden oberen Stockwerken ist auf einfühlsame Weise die Geschichte der Kontakte zwischen Maori und Europäern und die Bedeutung des Kerikeri Basin beschrieben. Veranschaulicht wird das Ganze durch alte Gerätschaften, darunter eine handbetriebene Getreidemühle von ca. 1820, die als die älteste Maschine des Landes gilt.

Gegenüber vom Old Stone Store führt ein Weg am Fluss entlang zum **Kororipo Pa**. Es steht oben auf einem Hügel an einer scharfen Biegung des Flusses. Von hier aus startete Chief Hongi Hika mit seinen frisch erworbenen Feuerwaffen Angriffe auf andere Stämme.

Rewa's Village

1 Landing Rd ▪ ◉ tgl. Dez und Jan 9–17, Ende Okt bis April 9.30–16.30, Mai bis Ende Okt 10–16 Uhr ▪ Eintritt $5

Auf einer Fußgängerbrücke geht es übers Wasser zum **Rewa's Village**, 1 Landing Rd. Das rekonstruierte Fischerdorf vermittelt einen interessanten Eindruck vom Leben der Maori vor Ankunft der Europäer. Hier findet sich alles, was dazugehört: ein *marae*, Waffen und Kumara-Lagerräume sowie ein echtes *hangi* mit einem Muschelschalenhaufen daneben.

Kerikeri Basin Reserve

Gegenüber von Rewa's Village

Im **Kerikeri Basin Reserve** beginnt ein Weg, der am Standort des ersten Wasserkraftwerks von Kerikeri (15 Min.) sowie an den Fairy Pools-Badeteichen (35 Min.) vorbeiführt und schließlich die eindrucksvollen **Rainbow Falls** (1 Std.) erreicht. Der Wasserfall ist auch von der Waipapa Road, 3 km nördlich vom Basin, zugänglich.

Pete's Place

460 Kerikeri Rd ▪ ◉ tgl. 10–16 Uhr ▪ Eintritt $10 ▪ ✆ 09 407 7618, ▢ petesmuseum.co.nz

🏛 Ein Bummel Richtung Süden die Kerikeri Road mit ihren vielen Kunstgewerbeläden hinunter lohnt sich auf jeden Fall, interessanter jedoch ist noch ein Besuch in **Pete's Place**: Dies ist gleichzeitig Museum, Diner aus den 1950er-Jahren und Informationszentrum mit einem Laden voller alter Sachen, einer schönen Sammlung alter Autos und dem Nachbau einer alten Straße. Außerdem gibt's hier hervorragende Burger und Eisbecher.

ÜBERNACHTUNG

In Kerikeri gibt es eine gute Auswahl an Unterkünften aller Kategorien und besonders viele preiswerte Herbergen – eine Folge der Beliebtheit der Gegend bei Saisonarbeitern, die sich längere Zeit hier aufhalten. Die saisonalen Preisschwankungen sind keineswegs so ausgeprägt wie in Paihia, dennoch gestaltet sich die Zimmersuche im Januar schwierig.

Abilene Motel, 136 Kerikeri Rd, ☎ 0800 224 536, 🖳 abilenemotel.co.nz. Zentral gelegenes, von Rasenflächen umgebenes älteres Motel mit 10 Units, solarbeheiztem Pool, Spa und Sky TV. Auch einige Familien-Units. $130

Kerigold Chalets, 326 Kerikeri Rd, ☎ 0800 537 446, 🖳 kerigoldchalets.co.nz. Die modernen, geräumigen und makellosen Chalets haben alle ein Schlafzimmer und eine Küche. Außerdem gibt es einen Pool, einen Grillplatz und auf Wunsch auch Frühstück. $215

Kerikeri Farm Hostel, SH10, 5 km westlich von Kerikeri, ☎ 09 407 6989, 🖳 kkfarmhostel.blogspot.com. Erstklassiges Hostel (ohne Stockbetten) auf einer Öko-Zitrusplantage mit komfortablen Dorms und Zimmern in einem bezauberndem Holzhaus. Kostenloses Internet und WLAN, Pool im Freien und Eier von glücklichen Hühnern. Dorm $27, Zimmer $56, mit Bad $80

Kerikeri Top 10 Holiday Park and Aranga Backpackers, Kerikeri Rd, ☎ 0800 272 642, 🖳 aranga.co.nz. Die schöne Anlage am Stadtrand beim Fluss hat ein ausgedehntes Campinggelände, gut ausgestattete Standard-Cabins zu günstigen Wochenpreisen, bequeme Selbstversorger-Units und eine separate Backpackerabteilung (unterschiedliche Preise je nach Aufenthaltsdauer). Kostenloser Kajakverleih. Camping $18, Dorms $30, Cabins $80, Units $145

ESSEN UND UNTERHALTUNG

Café Blue, Kerikeri Rd, 3 km westlich der Stadt, ☎ 09 407 5150, 🖳 cafeblue. co.nz. Hervorragendes Café mit Schanklizenz und einem hübschen Garten, geöffnet zum Frühstück und Mittagessen ($7–20). Zur Auswahl stehen u. a. eine Reihe leckerer Wraps, Grill- und Pastagerichte sowie leichtere Sachen, alles sehr sorgfältig zubereitet. Zu Kaffee und Kuchen können sich die Gäste draußen oder im luftigen Inneren niederlassen. ⏰ Mo–Fr 8–15, Sa und So 9–15 Uhr.

Food at Wharepuke, 190 Kerikeri Rd, ☎ 09 407 8936, 🖳 foodatwharepuke. co.nz. Wunderbares thailändisch-europäisches Gartencafé mit sehr gutem Essen ($14–28). Außerdem loungige Livemusik. ⏰ Di–So 9 Uhr bis spät.

Jerusalem, Cobblestone Mall, ☎ 09 407 1001, 🖳 cafejerusalem.co.nz. Dieses kleine und freundliche israelische Café mit Schanklizenz lieben die Northlander wegen der authentischen und preiswerten orientalischen Speisen, auch zum Mitnehmen. ⏰ So geschlossen.

The Peartree, 215 Kerikeri Rd, ☎ 09 407 8479, 🖳 thepeartree.co.nz. Traumhafte Lage am Kerikeri Basin und am besten für einen Mittags- oder Sonnenuntergangsdrink, aber man kann hier auch essen, drinnen oder auf der Veranda (Hauptgerichte ca. $32). ⏰ tgl. 10–22 Uhr.

Weingüter

Ake Ake Vineyard, 165 Waimate North Rd, ☎ 09 407 8230, 🖳 akeakevineyard.co.nz. Das Weingut produziert einige hervorragende Weine (darunter Chambourcin, neuerdings das Lieblingskind der Winzer von Northland), die verkostet werden können ($5). Außerdem werden Führungen angeboten ($5, wird beim Einkauf erstattet) sowie Mittag- und Abendessen (Hauptgerichte $26–36). ⏰ Weinproben 10–17 Uhr, Führungen im Sommer tgl. 11.30 Uhr; Mo und Di geschl.

Marsden Estate, Wiroa Rd, ☎ 09 407 9398, 🖳 marsdenestate.co.nz. Produziert eine Vielfalt an ausgezeichneten Rot- und Weißweinen (kostenlose Proben möglich) und betreibt ein Restaurant mit erschwinglichen Preisen. Unsere Tipps: französischer Zwiebelkuchen, baskischer Meeresfrüchte-Eintopf und vietnamesischer Salat mit mariniertem Rindfleisch (Hauptgerichte $15–27). ⏰ tgl. 10–17 Uhr.

Kino

Cathay Cinemas, Hobson Ave, ℘ 09 407 4428.
Mit dem Unterhaltungsangebot sieht es in
Kerikeri nicht ganz so gut aus. Für alle Fälle
gibt es jedoch dieses liebevoll restaurierte Kino,
das in drei Sälen Mainstream-Kassenschlager,
aber auch anspruchsvollere Filme zeigt. Café
mit Alkoholausschank.

EINKAUFEN

Man könnte problemlos ein paar Stunden
damit verbringen, die zahlreichen **Kunsthandwerksläden** in der Umgebung von Kerikeri
abzuklappern. Ein super Begleiter dabei ist die
kostenlose und an vielen Stellen erhältliche
Broschüre *Kerikeri Art & Craft Trail*. Die Läden
sind in der Regel tgl. von 10–17 Uhr geöffnet.
The Kauri Workshop, 500 Kerikeri Rd,
℘ 09 407 9196. Hat alle erdenklichen Kauri-
Produkte auf Lager. ⊙ tgl.
Makana Confections, 504 Kerikeri Rd, ℘ 09
407 6800. Handgefertigte Pralinen; Besucher
dürfen bei der Herstellung zusehen und die
Leckereien probieren. ⊙ tgl. 9–17.30 Uhr.

INFORMATIONEN

Eine offizielle Touristeninformation gibt es
nicht. Im Foyer der **Bücherei**, Cobham Rd,
liegen aber Informationsbroschüren aus.
⊙ Mo–Fr 8–17, Sa 9–14, So 9–13 Uhr.
Auch gibt es hier Internetzugang ($2/20 Min.).
DOC, 34 Landing Rd, ℘ 09 407 0300.
Gibt Ratschläge zu kürzeren Wanderungen
und ambitionierteren Treks in den Puketi Forest.
⊙ Mo–Fr 8–16.30 Uhr.

TRANSPORT

Busse

Die Busse von InterCity/Northliner halten in
der Cobham Road.

Busse nach:
AUCKLAND 3x tgl., 5 Std.;
KAITAIA 1x tgl., 1 3/4 Std.;
PAIHIA 3x tgl., 20 Min.

Flüge

Air New Zealand-Flüge aus AUCKLAND
(5x tgl., 40 Min.) landen 5 km außerhalb der

Stadt Richtung Paihia auf dem Bay of Islands
Airport, wo es einen Shuttle von Dial-A-Ride,
℘ 021 498 790, nach Kerikeri gibt.

Von der Matauri Bay zur Doubtless Bay

Nördlich der Bay of Islands wird es zunehmend
ruhiger. Nur wenige Städte entlang der Küste
sind von Bedeutung, und die Besucher lassen sich eher von der Idylle der wunderschönen Strände und den reizvollen Whangaroa
Harbour anlocken. Erster Halt nördlich von Kerikeri ist die kleine **Matauri Bay**, wo ein Denkmal
auf einer Bergspitze an die *Rainbow Warrior*,
das Flaggschiff von Greenpeace, erinnert; das
Wrack liegt vor der Küste. Eine weitgehend asphaltierte, aber kurvenreiche Nebenstraße führt
weiter nach Norden und eröffnet fantastische
Meerblicke. Sie passiert Landzungen und Strände, bevor sie den **Whangaroa Harbour** erreicht,
einen der schönsten Häfen von Northland und
einen hervorragenden Ort zum Segeln und Kajakfahren. Weiter nördlich liegt das Surfer- und
Anglerdörfchen **Taupo Bay**.

Noch weiter nordwärts trifft man auf die ausgedehnte **Doubtless Bay**, die von zwei Berühmt-
heiten entdeckt wurde: Kupe, der Aotearoa angeblich zum ersten Mal in Taipa betrat, und Cook,
der 1769 vorbeisegelte und angeblich ausrief:
„Doubtless a bay!" („Zweifellos eine Bucht!").
Die Bucht wird im Westen und Norden von der
schützenden **Karikari Peninsula** eingerahmt und
bietet somit sichere Bedingungen zum Bootfahren. Besonderer Beliebtheit erfreut sie sich bei
neuseeländischen Urlaubern. Im Januar schafft
man es kaum, bis hierher durchzukommen, und
die Unterkunftssuche gestaltet sich dementsprechend schwierig. In der Nebensaison geht es jedoch erstaunlich ruhig zu, und außer von Dezember bis Februar sind die Zimmerpreise durchaus
erschwinglich. Die meisten Versorgungseinrichtungen der Bucht konzentrieren sich auf die
Strandsiedlungen an der Südküste der Halbinsel
vom malerischen **Mangonui** Richtung Westen –
Coopers Beach, **Cable Bay** und **Taipa Bay**.

Matauri Bay

Etwa 20 km nördlich von Kerikeri gewährt ein hoher Bergkamm im Landesinneren einen ersten überwältigenden Blick auf die lange, sandige **Matauri Bay**, die sich bis zu den **Cavalli Islands** vor der Küste erstreckt. Am Nordende der Hauptbucht beginnt ein gut ausgetretener Trampelpfad (20 Min. hin und zurück; 70 m Höhenunterschied) einen Hügel hoch, auf dem das auffällige **Rainbow Warrior Memorial** des Bildhauers Chris Booth für die *Rainbow Warrior* (Kasten S. 244) thront. Das Wrack liegt vor den Cavalli Islands auf Grund. Das Denkmal setzt sich aus einem Steinbogen (der einen Regenbogen symbolisiert) und der bronzenen Schiffsschraube der *Rainbow Warrior* zusammen. Tauchveranstalter mit Sitz in Paihia (S. 225) unternehmen Ausflüge zu dem zehn Minuten vor der Küste von Matauri Bay auf dem Meeresboden ruhenden Wrack. Im April ist die Sicht am besten; von September bis November wird sie manchmal durch Plankton getrübt, ist aber immer noch gut.

Samuel Marsden Memorial Church

Matauri Bay Rd, kurz vor dem Strand

Der Missionar Samuel Marsden ging in Aoteroa zum ersten Mal 1814 in der Matauri Bay an Land, wo er zwischen den Ngati Kura – die sich noch immer im Besitz der Bucht befinden – und einigen Maori aus der Bay of Islands vermittelte. An dieses Ereignis erinnert die malerische, hölzerne **Samuel Marsden Memorial Church**.

Das historische *waka* der Ngati Kura, die *Mataatua*, liegt in den nahe gelegenen Gewässern. Die Erinnerung an dieses legendäre Kanu bewog die Ngati Kura dazu, dem Wrack der *Rainbow Warrior* eine letzte Ruhestätte zu bieten.

ESSEN

Matauri Top Shop, am oberen Ende der Matauri Bay Rd, ☎ 09 405 1040. Die einzige Adresse, um irgendwo etwas zu essen, ist dieser Lebensmittelladen mit preiswertem Café. Es gibt Sandwiches, Brötchen und Eiscreme (alles unter $12) sowie ein paar Picknickzutaten – vielleicht die bessere Option. ⏱ tgl. von 8 Uhr, bis nichts mehr los ist.

Whangaroa Harbour

Westlich der Matauri Bay liegt der beinahe gänzlich von Land umschlossene, geschützte **Whangaroa Harbour**. Ein Aufenthalt hier erweist sich als idealer Ausgleich zur kommerziellen Bay of Islands, und die Landschaft ist in kleinerem Maßstab ebenso reizvoll. Trotz begrenzterer Möglichkeiten kann man auch hier Bootsfahrten unternehmen und den Hochseefischern Gesellschaft leisten. Die schmalen Buchten werden von Klippen und steilen Hügeln umrahmt; hinter den beiden Siedlungen des Hafens, **Whangaroa** und **Totara North**, erheben sich die kargen Vulkanhügel **St Paul** und gegenüber **St Peter**.

Geschichte

Der Whangaroa Harbour zählt zu den ersten Gebieten in Neuseeland, die von europäischen Pionieren besucht wurden. Die berühmtesten waren die Männer an Bord der *Boyd*, die 1809 hier anlegten, um Kauri-Holz nach Großbritannien zu verschiffen. Ein paar Tage nach Ankunft des Schiffes töteten die einheimischen Maori alle 66 Besatzungsmitglieder und brannten die *Boyd* nieder – als Rache für die schlechte Behandlung Taras, eines hochgeborenen Maori-Seemanns, der anscheinend die Regeln der *Boyd* missachtet hatte. Ein britischer Walfänger rächte diesen Vorfall wiederum, indem er das gesamte Maori-Dorf niederbrannte. Dies war der Auftakt zu einer Reihe von Auseinandersetzungen, die fünf Jahre andauerten.

Später wurden riesige Kauri-Wälder abgeholzt und zu Kleinholz verarbeitet. Selbst wer nur auf der Durchreise ist, sollte die 4 km am Nordufer des Hafens entlang nach Totara North fahren. Die Straße führt nämlich an den Überresten der letzten **Sägemühle** dieser alten Siedlung vorbei. Sie stellte vor ein paar Jahren den Betrieb ein.

ÜBERNACHTUNG UND ESSEN

Kahoe Farms Hostel, SH10, 1,5 km nördlich der Abzweigung nach Totara North, ☎ 09 405 1804, 🖥 kahoefarms.co.nz. Das kleine, extrem gastfreundliche Backpackerhostel auf einer Rinderfarm hat Zimmer und ein Dorm in einem Haus mit gebohnerten Holzböden sowie weitere Zimmer (manche mit Bad) in einer separaten Villa auf dem Hügel dahinter. Der Besitzer zaubert abends sensationelle Pizza, Pasta und Steaks, morgens ein reichliches Frühstück und guten Espresso. Weitere Pluspunkte: Kajakverleih und Spazierwege zu malerischen Badestellen. Der tgl. verkehrende InterCity/Northliner-Bus passiert die Farm. Dorm $30, Zimmer $70, mit Bad $80

Whangaroa Big Gamefish Club, ☎ 09 405 0399, 🖥 whangaroasportfishingclub.co.nz. Wenn die Clubbar darüber geöffnet ist, serviert das Café am Jachthafen Snacks und Mittagessen ($5–24). Sowohl Café als auch Bar bieten angenehme Atmosphäre. Das Essen ist okay, es gibt auch keine Alternative. ⏱ tgl. 10.30–16 Uhr.

AKTIVITÄTEN

Angeln

Whangaroa Big Gamefish Club, ☎ 09 405 0399, 🖥 whangaroasportfishingclub.co.nz. Wer am Sportangeln interessiert ist, findet auf der Website Kontaktadressen von Leuten, die weiterhelfen können. Angler sollten jedoch nicht erwarten, dass sie sofort am selben Tag rausfahren können. Die Kosten liegen bei ab $990/Tag (Köder und Eis extra). Vor den Cavalli Islands kann man mit Marlins rechnen, näher an der Küste mit kleineren Speisefischen.

Kajakfahren

Northland Sea Kayaking, ☎ 09 405 0381, 🖥 northlandseakayaking.co.nz. Das sachkundige Unternehmen an der Nordostseite

Französische Atomtests im Pazifik

Die französische Regierung hat stets behauptet, Atomtests seien vollkommen sicher, und jahrzehntelang führte sie Tests auf den kleinen Pazifik-Atollen **Mururoa** und **Fangataufa** durch – beruhigende 15 000 km von Paris entfernt, aber nur 4000 km nordöstlich von Neuseeland.

Im Jahr 1966 missachtete Frankreich das Atomteststoppabkommen von 1963, das Kernwaffenversuche in der Atmosphäre untersagt, und evakuierte die Inselbewohner des Pazifiks aus den Dörfern ihrer Vorfahren. Der Weg war frei für unzählige Tests in den folgenden acht Jahren. Den französischen Behörden zufolge sollte kein radioaktiver Niederschlag jemals eine bewohnte Insel erreichen – und doch wurden immer wieder **Strahlenemissionen** in den nicht gerade nahe gelegenen Gebieten von Samoa, Fiji und sogar in Neuseeland festgestellt. Der wachsende Widerstand in der Öffentlichkeit zwang die Franzosen schließlich, ihre Tests unterirdisch in tiefen Schächten durchzuführen, wo weitere 200 Detonationen erfolgten, welche die geologische Stabilität der empfindlichen Korallenatolle gefährdeten.

1985 organisierte Greenpeace von Neuseeland aus eine Protest-Flotte, die vom Flaggschiff **Rainbow Warrior** angeführt wurde. Bevor die Flotte jedoch von Auckland lossegeln konnte, verübte der französische **Geheimdienst** einen Sabotageakt gegen die *Rainbow Warrior*, indem er zwei Bomben unter der Wasseroberfläche zündete. Als Retter die Leiche des Greenpeace-Fotografen **Fernando Pereira** bargen, wurden zwei Agenten des französischen Geheimdienstes, die sich als Touristen ausgaben, verhaftet. Zunächst wiesen sie alles von sich, aber schließlich war die französische Regierung gezwungen, den laut David Lange (damaliger Premierminister von Neuseeland) „schmutzigen, staatlich unterstützten terroristischen Akt" einzugestehen. Die zwei festgenommenen Agenten wurden zu zehn Jahren Gefängnis verurteilt, allerdings nutzte Frankreich seinen internationalen Einfluss, damit sie ihre Strafe auf einer französischen Pazifikinsel absitzen konnten. Beide durften nach weniger als zwei Jahren als freie Männer nach Frankreich zurückkehren.

Im Jahre 1995 sorgte Frankreich mit der Ankündigung einer weiteren Testreihe für weltweite Entrüstung. Greenpeace entsandte daraufhin die **Rainbow Warrior II**, die von der französischen Marine am zehnten Jahrestag der Versenkung der *Rainbow Warrior* beschlagnahmt wurde. Anfang 1996 erklärten sich die Franzosen endlich bereit, die Atomtests im Pazifik einzustellen.

des Hafens veranstaltet im Sommer Kajak-touren (halbtags $75; keine Kreditkarten).

Wandern
Eine der lohnendsten Strecken ist der 15-minütige Weg zum Gipfel von **St Paul** vom oberen Ende der Old Hospital Road in Whangaroa (140 m Höhenunterschied). Die letzten paar Meter erfordern eine leichte Kraxeltour an gut befestigten Ketten.

An der Hafennordseite führt der **Wairakau Stream Track** (12 km hin und zurück; 1 1/2–2 Std.) des DOC von Totara North vorbei an Süßwasserteichen, Mangroven und Aussichtspunkten zur Pekapeka Bay.

Taupo Bay

Eine 13 km lange Teerstraße führt vom SH10 nach **Taupo Bay**, einer erfrischend unaufdringlichen Feriensiedlung. Hier gibt es eine Reihe von Bretterbuden am Strand und mit die besten Bedingungen zum Surfen und Angeln von ganz Northland. Wellenreiten aller Stufen bietet **Isobar Surf**, 43 Mako St, ✆ 09 406 0719, 🖥 isobarsurf.co.nz, Unterricht an. Die Einheiten beginnen bei $75 für zwei Stunden. Es sind auch Übernachtungen in der Surflodge der Schule möglich (1 Nacht $210; 5 Nächte $199/Nacht).

Die einzige andere Unterbringungsmöglichkeit ist der freundliche **Taupo Bay Holiday Park**, 1070 Taupo Bay Rd, ✆ 09 406 0315, 🖥 taupobayholidaypark.co.nz. Eine der wirklich lohnenden Unterkünfte der Gegend, sehr beliebt bei neuseeländischen Urlaubern wegen der großzügigen Stellplätze, der guten Einrichtungen und der schnörkellosen, aber modernen Cabins. Camping $17, Cabins $59, Selbstversorger-Cabins $140.

Mangonui und Umgebung

Mit seinem betriebsamen Fischereihafen und einem traditionellen Lebensmittelgeschäft auf Pfählen über dem Wasser fühlt sich **Mangonui** am geschützten Mangonui Harbour hinter der Doubtless Bay richtig schön altmodisch an. Einige zweistöckige Gebäude mit Holzveranden

sind erhalten geblieben, und zwischen den Cafés verbergen sich zahlreiche Kunsthandwerksläden. In erster Linie aber ist Mangonui immer noch ein ganz normales Dorf.

Mangonui ist auch ein guter Ausgangspunkt für organisierte Ausflüge zum **Cape Reinga** und **Ninety Mile Beach** (Kasten S. 254).

Mangonui bedeutet „großer Hai", in Erinnerung an das *waka* des legendären Häuptlings Moehuri, dem ein Hai den Weg in den Mangonui Harbour gezeigt haben soll. Ihre Entstehung verdankt die Stadt allerdings nicht Haien, sondern Walen und dem Geschäft mit der Versorgung von Walfangschiffen. Später wurde der Walfang vom Kauri-Handel abgelöst, der sich in erster Linie auf das Gebiet um die **Mill Bay** westlich von Mangonui konzentrierte (5 Min. Fußweg).

Weine aus ganz Northland kann man im **Far North Wine Centre**, 60 Waterfront Drive, ✆ 09 406 2485, probieren. Die Auswahl ist beachtlich die Mitarbeiter vom Fach. ◷ tgl. 11–16 Uhr; im Winter sonntags geschl.

Flax Bush, 50 Waterfront Drive, ✆ 09 406 1510, 🖥 flaxbush.co.nz, verkauft von Hand gewebte Flachswaren und anderes Kunstgewerbe der Region zu vernünftigen Preisen. Die geflochtenen Körbe *(kete)* sind ihren Preis wert.

Coopers Beach
Während die Schiffe in Mangonui repariert und neu beladen wurden, landeten die Fässer zur Ausbesserung einige Kilometer westlich am Wasserlauf des **Coopers Beach**. Der herrliche, gut beschattete Sandstreifen wird heute von Motels gesäumt. Im Januar und am Wochenende geht am Strand die Post ab, aber ansonsten ist er oft menschenleer.

Cable Bay
3 km westlich von Coopers Beach liegt die kleinere, bei Schwimmern und Surfern beliebte Siedlung **Cable Bay**. Der Taipa River trennt sie vom Standdorf **Taipa**. Heutzutage treffen sich hier Sonnenanbeter und Badenixen, aber historisch bedeutsam ist der Ort, weil Kupe – laut Maori-Legende der Entdecker von Aotearoa – hier zum ersten Mal seinen Fuß aufs Land setzte. Ein Betondenkmal in der Nähe der Shell-Garage am Taipa River erinnert an ihn.

ÜBERNACHTUNG

Beach Lodge, 121 SH10, Coopers Beach, ☎ 09 409-0068, 🖥 beachlodge.co.nz. 5 elegante Strand-Apartments mit eigener Veranda, komplett ausgestatteter Küche und kostenlosem WLAN warten auf Gäste, die aber nicht jünger als 8 Jahre sein dürfen. Sommerpreise ab $400

Carneval, 360 SH10, Cable Bay, ☎ 09 406 1012, 🖥 carneval.co.nz. Entspannte, von Schweizern geführte Unterkunft auf einem Hügel oberhalb des Meeres mit gemütlichen, großen Zimmern und tollem Blick auf die Küste. Zimmer $190

Driftwood Lodge, SH10, Cable Bay, ☎ 09 406 0418, 🖥 driftwoodlodge.co.nz. Wunderschöne Lodge unmittelbar am Strand, auf deren breiter Veranda mit Blick auf die Halbinsel Karikari sich abends alle Welt zu einem Absacker und eventuell auch zum Barbecue versammelt. Voll ausgestattete Units, kostenloser Verleih von Dinghies, Kajaks und Boogie Boards. Sehr begehrt, daher frühzeitig reservieren. Studios $125, Apartments $145

Macrocarpa Cottage, 2 Bush Point Rd, Taipa, ☎ 09 406 1245, ✉ maccottage@xtra.co.nz. Das Selbstversorger-Cottage direkt am Wasser beherbergt ein Zimmer mit Doppelbett und 2 EZ, eine voll ausgestattete Küche und Kabel-TV. Fantastische Aussicht über die Taipa Estuary. $150

Swamp Palace und Bush Fairy Dairy

Swamp Palace, Oruru Rd, 7 km südlich von Taipa, ☎ 09 408 7040. Das kuriose Kino befindet sich in der Oruru Community Hall. Gezeigt wird eine wilde Mischung – von Kultfilmen über alte Klassiker bis hin zu den allerneuesten Streifen. Programm und Zeiten telefonisch erfragen!

Bush Fairy Dairy, 1195 Oruru Rd, Peria, 12 km südlich von Taipa, ☎ 09 408 5508. Im Sommer veranstaltet die alternative Kooperative alle paar Wochen einen Sonntagsbasar. Dann gibt es außer Dichterlesungen und Jamsessions am Lagerfeuer auch Verkaufsstände mit Kunsthandwerk und Lebensmitteln. Termine und Zeiten telefonisch erfragen!

Mangonui Hotel, Waterfront Drive/Beach Rd, Mangonui, ☎ 09 406 0003, 🖥 mangonuihotel. co.nz. Jahrhundertealtes, traditionelles Hotel gegenüber dem Hafen mit Terrasse. Die Dorms und Zimmer (DZ haben ein eigenes Bad) wurden freundlich in leuchtenden Farben gestaltet. Diejenigen, die über Hafenblick verfügen, sind aber schnell ausgebucht. Wer so eins haben möchte, muss reservieren oder früh auftauchen. Dorms $30, EZ $40, DZ $100

Puketiti Lodge, 10 Puketiti Drive, 7 km südlich von Mangonui, ☎ 09 406 0369, 🖥 puketitilodge. co.nz. Verströmt trotz aller Modernität ländliche Atmosphäre. 3 Zimmer mit Bad und ein luxuriöses Dorm, alle mit weitem Ausblick zur Küste. Sämtlichen Gästen stehen das riesige Sonnendeck, die gut ausgestattete Küche und eine Lounge zur Verfügung. Zimmer $150

ESSEN UND UNTERHALTUNG

Drinks gibt es im Mangonui Hotel (s. oben), wo am Wochenende häufig Bands spielen.

The Bakerman, 118 Waterfront Rd, ☎ 09 406 1233. Das billige und fröhliche Café bietet Frühstück und Mittagessen, Burger und frisch gebackenes Brot, alles unter $18. ⏰ tgl. 7–16 Uhr.

Fresh & Tasty, im Mangonui Hotel, Waterfront Drive, ☎ 09 406 0082. Beliebt bei Einheimischen, die gern bereit sind, auf eine tolle Aussicht zu verzichten, wenn es für kürzere Wartezeiten und weniger Geld (unter $15) ein Essen gibt, das dem der Konkurrenz in nichts nachsteht. Für Fischabstinenzler abends auch Braten. ⏰ tgl. 11–20 Uhr.

Mangonui Fish Shop, 137 Waterfront Drive, ☎ 09 406 0478. Das berühmte Fish 'n' Chips-Lokal in idyllischer Lage auf Pfählen im Wasser ist jeden Nachmittag Anlaufstelle der Tourbusse, die vom Cape Reinga zurückkommen. Frischer Fisch, jede Menge Chips, außerdem Seafood-Salate und *seafood chowder* (alles unter $21). Schanklizenz und BYO. ⏰ tgl. 8.30 Uhr bis spät.

Waterfront Café, Waterfront Drive, ☎ 09 406 0850. Nettes Café/Bar mit Hafenblick, vorzüglichem Kaffee, Frühstück, kleinen Mittagssnacks und abends einer großen Auswahl an Hauptgerichten, darunter leckere Pizza, Jakobsmuscheln und frische Austern ($28–36). Manchmal Livemusik. ⏰ tgl. 8 Uhr bis spät.

SONSTIGES

Informationen und Internet

Die ehrenamtlichen Mitarbeiter im **Visitor Centre**, Waterfront Drive, gegenüber dem Supermarkt 4-Square, ✆ 09 406 2046, geben Auskunft zu Übernachtungsmöglichkeiten vor Ort und entlang der Küste. Außerdem gibt es hier **Internetzugang**. ⏰ Nov–Ostern tgl. 10–16, Ostern–Okt Di–Sa 10–15 Uhr.

Tauchen

A to Z Diving, Whatuwhiwhi, ✆ 09 408 7077, 🖥 atozdiving.co.nz. Tauchgänge vor der Karikari Peninsula (2x Tauchen $185) plus Trips zum Wrack der *Rainbow Warrior* ($230), jeweils inkl. Ausrüstungsverleih.

TRANSPORT

Der SH10 umgeht die Küste von Mangonui, doch die 2 km lange Schleife zum Ufer wird vom InterCity/Northliner-Bus befahren, der 1x tgl. zwischen PAIHIA (1 1/4 Std.) und KAITAIA in beide Richtungen verkehrt.

Kaitaia und Umgebung

Kaitaia liegt 40 km westlich von Mangonui, unweit der Kreuzung der beiden Hauptstrecken Richtung Norden. Der Ort eignet sich gut als Ausgangsbasis für Abstecher zum Cape Reinga und Ninety Mile Beach (S. 254), eine äußerst empfehlenswerte Alternative zu den längeren Touren von der Bay of Islands. Viel zu sehen ist in diesem Bauernstädtchen eigentlich nicht, doch seit 2011 gibt es hier ein ziemlich gutes Museum. Motorisierte Reisende können sich einen Aufenthalt am herrlichen Strand von **Ahipara** (S. 248) gönnen, um mit dem Sandschlitten die riesigen Dünen hinunter zu rasen oder die alten Gumfields zu besichtigen.

Wer um das dritte Wochenende im März herum in der Gegend ist, kann Läufer aus aller Welt sehen, die an verschiedenen Marathons auf dem Ninety Mile Beach teilnehmen. Einer davon ist die **Te Houtaewa Challenge**, 🖥 tehoutaewachallenge.com. Der Name stammt von einem legendären Maori-Athleten. Den Läufen gehen die **Te Houtaewa Waka Ama Surf Challenge**, eine Reihe von *waka*-Rennen in Ahipara sowie das fünftägige **Kai Maori Food Festival** und das **Te Houtaewa Arts & Crafts Festival** (beide in Kaitaia) voraus. Ungefähr um die gleiche Zeit wird der **Snapper Classic** abgehalten, 🖥 snapperclassic.co.nz, einer der weltgrößten Wettbewerbe im Brandungsangeln. Auf den größten Schnappbarsch ist ein Preis von $30 000 ausgelobt.

Kaitaia

Als der erste Missionar Joseph Matthews 1832 hierher kam, um nach einem Missionsstandort Ausschau zu halten, befand sich an dieser Stelle bereits ein Maori-Dorf. Der Schutz der Mission lockte in der Folge europäische Viehzüchter an. In den 1880er-Jahren fielen dann die *gumdiggers* in großen Scharen ein, um die Kauri-Harz-Depots um den Lake Ohia und Ahipara zu plündern. Unter den frühen Ankömmlingen befanden sich viele junge Kroaten, die vor den harten Bedingungen in ihrer Heimat (damals Teil des österreichisch-ungarischen Reichs) geflohen waren. Heute erinnert nur noch ein serbokroatisches Empfangsschild am Ortseingang an die einstigen Zuwanderer.

Te Ahu Far North Regional Museum

Matthews Ave, Ecke South Rd ▪ ⏰ Mo–Fr 10–16, Sa 10–15 Uhr ▪ Eintritt $4 ▪ ✆ 0800 920 029, 🖥 teahuheritage.co.nz

Den besten Einblick in die Gegend gewinnt man im **Te Ahu Far North Regional Museum**, mit einer faszinierenden Ausstellung über das Leben vor Ort und die Lokalgeschichte, auch die der Gumfields von Ahipara. Ein Highlight der Sammlung ist die Nachbildung einer Schnitzerei aus dem 12. oder 13. Jh., des Kaitaia Carving (das Original befindet sich im Auckland Museum). Sie ist ein wunderbares Beispiel für die Übergangsperiode, während der polynesische Kunst allmählich Maori-Züge anzunehmen begann.

ÜBERNACHTUNG

Abgesehen von der Hauptsaison nach Weihnachten herrscht kein Mangel an Gästebetten, und die Preise sind in der Regel niedriger als in den Küstenresorts im Osten.

Loredo, 25 North Rd, 📞 0800 456 733, 🖥 loredo motel.co.nz. Das saubere, makellose und sehr beliebte Motel 1 km nördlich der Innenstadt hat einfache, aber gemütliche Units sowie einen Pool, Spa und Grillbereich. $140

Mainstreet Lodge, 235 Commerce St, 📞 09 408 1275, 🖥 mainstreetlodge.co.nz. Einladendes, gut ausgestattetes Hostel, stets gut besucht von Reisenden, die unterwegs zum Kap sind, denn Tourteilnehmer werden am Hostel abgeholt. Wer Lust hat, kann einen halbtägigen Knochenschnitzkurs machen. Dorms $27, Zimmer $68, mit Bad $78

Waters Edge, 25b Kitchener St, 📞 09 408 0870, 🖥 watersedgebandbkaitaia.co.nz. Attraktives B&B in modernem Vororthaus mit üppigem Garten, Pool und gemütlichen Zimmern. Auf Wunsch auch Abendessen. $120

ESSEN UND UNTERHALTUNG

Beachcomber, 222 Commerce St, 📞 09 408 2010, 🖥 beachcomber.net.nz. Das Angebot im wahrscheinlich besten Restaurant von Kaitaia besteht aus nicht sehr ausgefallenen Fleisch- und Fischgerichten (mittags $17, abends Hauptgerichte $28–35), jeweils inkl. Selbstbedienung an der Salatbar. Tipps: Pasta mit Garnelen, Chili und Zitrone oder die Lammhüfte. ⊕ Mo–Sa 11–17 Uhr, So geschlossen.

Birdie's, 14 Commerce St, 📞 09 408 4935. Fantastisches altmodisches Café mit innovativen modernen Akzenten, dazu große Portionen herzhafter Kiwi-Gerichte zu moderaten Preisen (Hauptgerichte $15–25). ⊕ tgl. 8–15.30 und im Sommer 18 Uhr bis spät.

INFORMATIONEN UND INTERNET

i-SITE Visitor Centre, Matthews Ave, Ecke South Rd, im Te Ahu Centre, 📞 09 408 9450, 🖥 visitfarnorthnz.com. Verkauft Busfahrkarten, vermietet Sandtoboggans ($10/Tag) und hat DOC-Broschüren wie *Kaitaia Area Walks* und *Cape Reinga and Te Paki Walks*. Außerdem **Internetzugang**. ⊕ tgl. 8.30–17 Uhr.

TRANSPORT

Busse

Der tägliche InterCity/Northliner-Bus hält nicht weit vom i-SITE Visitor Centre in Kaitaia. Busse 1x tgl. nach KERIKERI (1 3/4 Std.) und PAIHIA (2 Std.).

Flüge

Der Flughafen 9 km nördlich der Stadt bei Awanui ist per Taxi-Shuttle, 📞 09 408 0116, zu erreichen. Flüge nach AUCKLAND 1–2x tgl.; 3/4 Std.

Ahipara

Am südlichen Ende des Ninety Mile Beach liegt 15 km westlich von Kaitaia **Ahipara**, eine abgeschiedene Streusiedlung an der Westküste, die um die hiesigen Gumfields entstand. Weiter nördlich zieht sich ein 100 km langer Sandstreifen an der Küste entlang, während im Süden die Hochflächen des Ahipara Plateau wie ein Faltenwurf von goldenen Dünen zum Meer hin abfallen. Strand und Plateau treffen an der **Shipwreck Bay** zusammen, einem Surf- und Badestrand. Ihren Namen verdankt die Bucht dem Wrack der *Favourite*, die hier 1870 Schiffbruch erlitt. Ein Teil des Schiffes ragt bei Ebbe aus dem Sand heraus. Der etwa 5 km lange Spaziergang bei Ebbe über die von Wellen geformte vulkanische Felsenterrasse um mehrere Buchten herum zu den Dünen dauert ungefähr eine Stunde, die meisten legen die Strecke allerdings per Quad- oder Mountainbike zurück.

Die Gumfields

Auf einem sandigen Dünenplateau südlich des Orts

Zur Blütezeit Anfang des 20. Jhs. ernährten die heute öden **Gumfields** drei Hotels und 2000 Leute. Anders als auf den meisten anderen Feldern, wo die *gumdiggers* mal hier, mal da probehalber bohrten und gruben, wurde die Erde hier systematisch abgegraben, gewaschen und gesiebt, um das wertvolle Kauri-Harz zu gewinnen (Kasten S. 260). Heute sind auf dem Plateau keine Maschinen oder Hütten mehr zu sehen, stattdessen sind die Gumfields jetzt eine beinahe unheimliche, fast menschenleere und märchenhaft schöne Landschaft.

ÜBERNACHTUNG

Ahipara ist ein schönerer Ort zum Übernachten als Kaitaia. Allerdings gibt es hier weder vernünftige öffentliche Transportmittel noch einen Supermarkt oder eine Bank.

Ahipara Bay Motel, 22 Reef View Rd, ☏ 09 408 2010, ⌨ ahiparabaymotel.co.nz. Hat eine Reihe hübscher, älterer Motel Units, 6 Luxus-Units mit tollem Meerblick und ein brauchbares Restaurant. Units $100, Luxus-Units $200

Ahipara Holiday Park, 164 Takahe St, ☏ 0800 888 988, ⌨ ahiparamotorcamp.co.nz. Der beste Campingplatz der Gegend liegt nur 300 m vom Meer entfernt. JH-Mitglieder erhalten auf jeden Unterkunftstyp Rabatt. Camping $17, einfache Cabins $65, DZ mit Bad $75, Selbstversorger-Cabins $95

Beach Abode, 11 Korora St, ☏ 09 409-4070, ⌨ beachabode.co.nz. 3 gut ausgestattete Units, jede mit kostenlosem WLAN, komplett eingerichteter Küche, BBQ, Veranda und fantastischem Meerblick. Nur Kinder über 12 Jahren zugelassen. $175

Endless Summer Lodge, 245 Foreshore Rd, ☏ 09 409 4181, ⌨ endlesssummer.co.nz. Gut gemanagtes, gastfreundliches Hostel in einem bezaubernden Holzhaus Baujahr 1880 mit Kauri-Böden, nur durch die Straße vom Strand getrennt. Urgemütliche DZ, Zweibettzimmer und 4er-Dorms. Außerdem BBQ, kostenlose Boogieboards und Surfbrettverleih; Surfunterricht lässt sich organisieren. Reservierung nur per Telefon. Dorms $28, Zimmer $75

ESSEN

Bayview Restaurant and Bar, im Ahipara Bay Motel, 22 Reef View Rd, ☏ 09 408 2010, ⌨ ahiparabaymotel.co.nz. Annehmbares

Aktivitäten in Ahipara

In Ahipara bietet es sich an, den Strand in der Nähe zu erkunden, entweder zu Fuß, mit einem Pferd oder Quad. Die Dünen und Gumfields lassen sich am besten im Rahmen einer geführten **Quadbike-Tour** erkunden. Was den Zugang zu den Gumfields über den Shipwreck Beach angeht, gab es in letzter Zeit jedoch einige Probleme zwischen den Touranbietern und den örtlichen Maori. Aktuelle Infos haben die unten aufgeführten Guides.

Wanderungen

Foreshore Road Walk (500 m, 10 Min. hin und zurück). Eine kurze, aber dennoch lohnende Wanderung vom Ende der Foreshore Road zum westlichen Ende des Strands und einem Aussichtspunkt mit spektakulärem Blick bis zum Cape Reinga.

Gumfields Walk (Rundstrecke 12 km; kostenlose Wanderkarten und Gezeitentabelle beim Ahipara Adventure Centre und im Kaitaia i-SITE). Wer gut zu Fuß ist, kann eine sechsstündige Wanderung auf einem Abschnitt des gezeitenabhängigen Gumfields Walk unternehmen, die bei der Brücke an der Shipwreck Bay beginnt. Der Weg führt in eine gottverlassene Dünenlandschaft und dann am Strand entlang zurück. Wer die Wanderung unternimmt, sollte jemandem Bescheid sagen und viel Wasser mitnehmen.

Tourveranstalter

Tua Tua Tours, ☏ 0800 494 288, ⌨ ahipara.co.nz/tuatuatours. Verschiedene Ausflüge, darunter eine 3-stündige Qaudbike-Safari (Einer $185; Zweier $200) am Strand nördlich des Ortes, mit Sandboarding.

Ahipara Adventure Centre, 15 Takahe St, ☏ 09 409 2055, ⌨ ahiparaadventure.co.nz. Vermietung von Einer-Quadbikes ($88/Std.; $145/2 Std.); außerdem Verleih von Surfboards, Kajaks, Mountainbikes (alle $30/halber Tag) und „Blo-Karts" (ein Landsegler im Miniformat, $45/30 Min.).

Ahipara Horse Treks, Foreshore Rd, ☏ 09-409 4122 oder 027 333 8645. Zweistündige Ausritte am Strand oder über Farmland ($60).

Restaurant mit Alkohollizenz sowie mit Meerblick und traditionellen Gerichten (Hauptgerichte $25–35), wie z. B. *seafood chowder* ($10,50), Lammsteaks mit Minzsauce ($25) und Schweinefilet mit Äpfeln ($25). ⏰ tgl. 11.30–23 Uhr.

Gumdiggers Café, Takahe Rd, 📞 09 409 2012. Café und Take away. Guter Kaffee, Kuchen und Snacks sowie reichhaltiges Frühstück, alles unter $20. ⏰ tgl. 7–14 Uhr, Weihnachten–Feb auch abends.

Ninety Mile Beach und Cape Reinga

Northlands äußerste Spitze ist die **Aupori Peninsula**, eine schmale, 100 km lange Landzunge mit festen, grasbedeckten Dünen, die in einer Gruppe von unruhigen, 60 Mio. Jahre alten Meeresvulkanen endet. Die Maori kennen die Halbinsel unter dem Namen Te Hika o te Ika („Fischschwanz") – in Anlehnung an die Legende von Maui, der „den Fisch" (die Nordinsel) aus dem Meer zog, während er in seinem „Kanu" (die Südinsel) saß.

Der nördlichste zugängliche Punkt ist das **Cape Reinga**, laut Maori der Ort, wo die Seelen der verstorbenen Maori aus dem Diesseits entschwinden. Die Reise der Seelen beginnt mit einem Rutsch an den Wurzeln eines 800 Jahre alten Pohutukawa-Baums hinunter in den Ozean. Danach tauchen sie wieder auf und erklimmen Ohaua, die höchste der Three Kings Islands, um ein letztes Mal Lebewohl zu sagen, bevor sie zu ihren Vorfahren nach Hawaiki zurückkehren. Die Seelen erreichen Cape Reinga entlang des an der Westseite der Halbinsel verlaufenden **Ninety Mile Beach**, der tatsächlich nur 64 Meilen (103 km) lang ist. Die meisten Besucher folgen dem Weg der Seelen, allerdings in modernen Bussen, die speziell dafür ausgerüstet sind, über den harten Sand am Rande der Brandung zu rasen (offiziell Teil des staatlichen Highway-Netzes) und dann den Treibsand am Te Paki Stream zu bewältigen, um anschließend zur Straße zurückzukehren. Für viele Besucher ist

Sandboarden auf einem Boogieboard oder auf einem sichereren und langsameren Schlitten über die Dünen am Fluss das Highlight hier.

Die Hauptstraße führt mehr oder weniger durch die Mitte der Halbinsel, von wo aus die Sicht auf die Westküste durch einen schmalen Streifen von Kiefernwald – den **Aupori Forest** – versperrt ist. Die Wälder und **Rinderfarmen**, die einen Großteil der restlichen Halbinsel bedecken, waren einst die Domäne der *gumdigger*, die Anfang des 20. Jhs. in dieser Gegend sehr aktiv waren.

Transport zum Kap
Bustouren

Ohne eigenes Fahrzeug lassen sich der phänomenal lange Ninety Mile Beach und die wilde Schönheit des Cape Reinga am besten auf einer Busfahrt erkunden. Die Touren beschreiben alle einen Kreis um die Aupori Peninsula herum und führen in einer Richtung den SH1 und in der anderen den Ninety Mile Beach entlang. Die Reihenfolge ist abhängig von den Gezeiten.

Bustouren beginnen in Kaitaia, Mangonui und Paihia in der Bay of Islands. Die meisten Busse starten in Paihia, allerdings brauchen sie auch am längsten (11 Std.). Abfahrt tgl. gegen 7.30 Uhr nach Kerikeri, Mangonui und Awanui, zurück geht es via Kaitaia und Puketi Forest; unterwegs werden weitere Passagiere aufgenommen. Bei Touren, die weiter nördlich beginnen, verbringt man weniger Zeit im Bus und hat mehr Muße zur Erkundung der Gegend.

Einige Veranstalter bieten etwas persönlichere Touren in Allradfahrzeugen mit zwei bis sechs Teilnehmern.

Mit dem eigenen Fahrzeug

Miet- und Privatwagen sind für eine Fahrt über den Ninety Mile Beach nicht versichert – und das aus gutem Grund. Fahrzeuge bleiben häufig im Sand stecken und werden dann von ihren Insassen zurückgelassen. Weit und breit findet sich kein Rettungsdienst, der schnell genug da wäre, um das Fahrzeug vor der Flut zu retten. Und ein Mobilfunknetz ist hier so gut wie nicht vorhanden. So endet das Abenteuer unter Umständen mit einem sehr langen Fußmarsch. **Der Strand ist für Autos mit Zweiradgetriebe nicht**

Von Kaitaia und Ahipara

Far North Outback Adventures, Ahipara, ✆ 09 408 0927, 🖳 farnorthtours.co.nz. Exklusive, maßgeschneiderte Geländewagentouren (8 Std.; $650 für bis zu 2 Pers., $700 für 3–6 Pers.), Morning Tea und Lunch inkl. Die Touren weichen von den ausgetretenen Pfaden ab und führen auch zum weißen Sandstrand der Great Exhibition Bay, wo neben der Flora und Fauna archäologische Stätten erkundet werden.

Harrisons Cape Runner, Kaitaia, ✆ 0800 227 373, 🖳 ahipara.co.nz/caperunner. Die preiswerte, einfache Bus-Standardtour (8 Std.; $50) umfasst das Kap, den Strand, Abholung und Mittagsimbiss.

Sand Safaris, Kaitaia, ✆ 0800 869 090, 🖳 sandsafaris.co.nz. Preiswerte 8-stündige Tour, ganz ähnlich wie die von Harrisons, aber mit Abholung in Ahipara und einer Maori-Begrüßung ($60). Mittagsimbiss inbegriffen.

Von Mangonui

Paradise 4X4 Tours, ✆ 0800 494 392, 🖳 paradisenz.co.nz. Die Standard-Bustour (inkl. Abholung von der Unterkunft) kostet $75. Außerdem individuell zugeschnittene Touren mit Geländefahrzeugen für 2 bis 4 Pers. ($800 pro Fahrzeug) inkl. Gourmet-Lunch.

Von Paihia

Awesome NZ, ✆ 0800 653 339, 🖳 awesomenz.com. Eine Kap-Busfahrt, die eher für Abenteuerlustige gedacht ist. Die meiste Zeit ist für Sandboarding reserviert. Mittägliche Fish 'n' Chips in Mangonui kosten extra. $115.

Dune-Rider, ✆ 09 402 8681, 🖳 explorenz.co.nz. Individuelle Touren zum Kap und Strand in einem bequemen Bus mit Vierradantrieb und verstellbaren Sitzen. Umfasst einen Abstecher in den Gumdiggers Park und Lunch. $145.

Salt Air, ✆ 0800 475 582, 🖳 saltair.co.nz. Flug nach Waitiki, von wo aus der letzte Abschnitt nach Cape Reinga mit einem Geländefahrzeug zurückgelegt wird. Im Preis von $425 sind Erfrischungen in Tapotupotu Bay sowie Sandboarding und ein Flug über die Bay of Islands enthalten.

geeignet, selbst wenn das Wetter gut aussieht – es kann sich im Handumdrehen ändern.

Wer unbedingt mit dem eigenen Auto die 70 km lange Spritztour am Strand unternehmen möchte, sollte vor Ort Ratschläge einholen und das Auto auf die Strapazen vorbereiten: Es empfiehlt sich, ein Wasser abweisendes Mittel auf die Zündanlage zu sprühen (CRC ist eine verbreitete Marke). Die Tour muss mit der Ebbe zusammenfallen, d. h. man sollte zwei Stunden nach dem Höchststand des Wassers losfahren und vorzugsweise die gleiche Richtung wie der Busverkehr desselben Tages einschlagen. Es empfiehlt sich, auf trockenem, aber festem Sand zu bleiben, weiche Sandstellen zu meiden und beim Überqueren von Wasserläufen die Fahrt zu verlangsamen. Wenn man im weichen Sand stecken bleibt, verbessert eine Verringerung des Reifendrucks die Haftung. Zufahrtsstellen zum Strand gibt es mehrere, die zwei von den Tourbussen genutzten sind aber die für normale Fahrzeuge einzig realistischen: Die südliche Zugangsstelle bildet die **Waipapakauri Ramp**, 6 km nördlich von Awanui, während die gefährlichere nördliche am **Te Paki Stream** entlang führt, wo ein Stück Treibsand auf einem Fluss zu bewältigen ist – im niedrigen Gang starten und niemals anhalten, egal wie verlockend die Dünen auch erscheinen mögen!

Wie im restlichen ländlichen Northland gibt es auch auf der Aupori Peninsula nur wenige Versorgungseinrichtungen. Sporadisch finden sich entlang der Strecke **Unterkünfte** – schön gelegene DOC-Campingplätze, Motels, Lodges und Hostels. Es gibt einige **Lokale**, die allerdings nur bis ca. 20 Uhr geöffnet haben. Es ist ratsam, in Houhora aufzutanken, denn in Waitiki ist nicht immer **Benzin** zu haben. **Informationen** erteilen die i-SITE-Filialen in Paihia (S. 231), Kaitaia (S. 248) und, falls man vom Hokianga Harbour kommt, in Opononi (S. 258).

NORTHLAND

Awanui

In **Awanui**, 8 km nördlich von Kaitaia am SH1, treffen die östliche und westliche Straße Richtung Norden zusammen. Awanui ist die Maori-Bezeichnung für „Großer Fluss". Inzwischen sieht man aber nur noch eine Biegung an einem Bach, der höchstens zeitweilig Wasser führt. An diesem lauschigen Plätzchen hat sich das tagsüber geöffnete Big River Café angesiedelt, wo leichte Mahlzeiten zu haben sind.

Ancient Kauri Kingdom
229 SH 1F, 1 km nördlich von Awanui ▪ ⊕ tgl. 8.30–17.30 Uhr, im Sommer länger ▪ Eintritt frei ▪ ✆ 09 406 7172, ⌨ ancientkauri.co.nz
Fast alle Busse zum Cape Reinga halten am **Ancient Kauri Kingdom**, einer stillgelegten Molkerei, die inzwischen als Sägemühle dient. Heute werden hier riesige Kauri-Baumstämme aus den Sümpfen – wo sie seit rund 45 000 Jahren liegen – zugeschnitten. Man kann beobachten, wie das Holz zu Schalen, Skulpturen und Schneidebrettchen verarbeitet wird (alles steht zum Verkauf). Auf jeden Fall sollte man über die Wendeltreppe zum Zwischengeschoss hinaufsteigen. Die Treppe wurde aus dem größten Stück Sumpf-Kauri-Stamm gehauen, das jemals ausgegraben wurde – ein Monstrum mit einem Durchmesser von 3,50 m.

Gumdiggers Park Ancient Buried Kauri Forest
171 Heath Rd, 3 km abseits vom SH1 ▪ ⊕ Sommer tgl. 9–17 Uhr ▪ Eintritt $12 ▪ ✆ 09 406 7166, ⌨ gumdiggerspark.co.nz
Der angenehm untouristische **Gumdiggers Park Ancient Buried Kauri Forest** ist die schönste Sehenswürdigkeit der Gegend. Durch den schattigen Manukawald verläuft ein halbstündiger Naturlehrpfad. Es wurden Löcher ausgehoben, um die Methoden des Gumdigging zu zeigen. In den Hütten am Wegrand lassen sich die damaligen Lebensbedingungen studieren, außerdem ist eine kleine Kauri-Harz-Sammlung zu sehen. An einem längeren Weg durch den Wald wird auf Informationstafeln darüber spekuliert, was die gewaltigen Kauri-Bäume vor Tausenden von Jahren umgeworfen haben kann: eine Flutwelle, ein Meteor oder ein Erdbeben. Faszinierend sind auch die riesigen Stämme 100 000 Jahre alter Kauris.

Der südliche Haupteingang zum Ninety Mile Beach, **Waipapakauri Ramp**, liegt gleich südlich von der Abzweigung zum Park.

Houhora und Pukenui

Etwa 30 km nördlich von Awanui befinden sich die beiden größten Siedlungen der Aupori Peninsula: das weitläufige **Houhora** und das betriebsame Fischerdorf **Pukenui** 2 km südlich, wo die Aussichten auf einen Fang vom Kai recht gut sind. In Houhora zweigt eine 3 km lange Nebenstraße nach Osten Richtung **Houhora Heads** ab.

Rund 10 km weiter nördlich befindet sich die Abzweigung zum **Rarawa Beach** mit einem tollen DOC-Campingplatz (s. unten).

ÜBERNACHTUNG UND ESSEN

Rarawa Beach Campsite, 10 km nördlich von Pukenui, zu erreichen über eine ausgeschilderte Nebenstraße. Der angenehm schattige DOC-Campingplatz erstreckt sich hinter dem strahlend weißen Sandstrand; toll zum Vogelbeobachten und Baden in der Lagune. Die paradiesischen Verhältnisse trübt nur eins: extrem viele Mücken. Wasseranschluss, Toiletten und kalte Duschen. $7

Wagener Holiday Park, 3 km südlich von Pukenui, abseits des SH1, ✆ 09 409 8511, ⌨ wagenerholidaypark.co.nz. Schön gelegener, altmodischer städtischer Campingplatz mit preisgünstiger Unterbringung in Zelten und Cabins, allesamt unter hohen Bäumen und mit tollem Meerblick; nur 500 m von der Houhora Wharf. Camping $14, Cabins $46, Selbstversorger-Cabins $50

Houhora Tavern, Saleyard Ave, beim SH1, Pukenui, ✆ 09 409 8805, 🖥 houhoratavern. co.nz. Der nördlichste Pub Neuseelands, aus dem 19. Jh., mit Rasenflächen am Wasser und tollem Ausblick. Hier gibt es einfache Kost wie Fisch oder Burger mit Pommes, Pasteten usw., alles für unter $25. ⏱ tgl. 9–23 Uhr.

🏨 **Pukenui Pacific Bar and Cafe**, 816 Far North Rd (SH1), ✆ 09 409 8816. Preiswertes Café/Bar und der einzige Take away nördlich von Kaitaia (Hauptgerichte $10–25). Den riesigen Burger namens PukuNui (Maori für „großer Magen") schafft kaum ein Gast. ⏱ im Sommer tgl. 11–23 Uhr.

Parengarenga Harbour

Von Te Kao 12 km Richtung Norden auf dem SH1, dann über die Paua Rd

Am **Parengarenga Harbour** wurden 1985 die von einer Jacht aus Neukaledonien gelieferten Haftminen abgeladen, mit denen die *Rainbow Warrior* zerstört wurde. Die Kurven entlang der Strecke eröffnen gelegentlich Blicke auf den Quarzsand der südlichen Landzunge der Bucht. Ende Februar und Anfang März verwandelt sich das reine Weiß in eine schwarze Fläche – wenn Hunderttausende von **Pfuhlschnepfen** sich hier vor ihrer 12 000 km langen Reise nach Sibirien versammeln. Hier ist Mückenschutzmittel ein absolutes Muss.

Waitiki Landing bis Spirits Bay

Der letzte erwähnenswerte Ort, bevor das Land im Ozean verschwindet, ist **Waitiki Landing**, 21 km vor Cape Reinga. Wer zur Spirits Bay unterwegs ist, hat hier die letzte Gelegenheit, sich mit Benzin und Milch zu versorgen. Von Waitiki Landing windet sich eine unbefestigte Straße 15 km bis zur atemberaubenden und normalerweise verlassenen 7 km langen **Spirits Bay** (Kapowairau). Hier gibt's einen DOC-Campingplatz.

Campingplatz Kapowairua (Spirits Bay), Spirits Bay Rd, 16 km von Waitiki Landing. Einfacher DOC-Platz mit Stellplätzen unter Manuka-Bäumen sowie Wohnmobil-Zufahrt. Kalte Duschen, Wasser und Toiletten; Der Platz ist ideal zum Angeln, Baden und Wandern. $7

Te Paki

Die Hauptstraße (SH1) führt weiter Richtung Cape Reinga und passiert nach etwa 4 km eine Abzweigung zur **Te Paki Stream-Zufahrt** zum Ninety Mile Beach, wo sich ein Parkplatz und ein kleiner Picknickplatz befinden. Außerdem beginnt hier ein 20-minütiger Wanderweg zu mehreren riesigen Sanddünen, ideal zum **Sandboarding** oder **Tobogganing**. Die Ausrüstung wird von mehreren Anbietern nördlich von Kaitaia verliehen. Oder man ruft vorher bei Ahikaa Adventures an, ✆ 09 409 8228. Der Veranstalter am Te Paki zugewandten Straßenende direkt bei den Dünen hat ebenfalls Bretter.

Cape Reinga

Die letzte Etappe vor **Cape Reinga** (Te Rerenga Wairua: die „Stelle, durch die die Seelen verschwinden") führt durch hügeliges Gebiet und eröffnet schließlich eine sensationelle Aussicht auf die Tasmansee und die riesigen Dünen an ihrer Küste. Am Ende der Straße liegt ein Parkplatz mit Toiletten. Vor dort aus führt ein 800 m langer Lehrpfad zum **Leuchtturm** am Cape Reinga, der auf einer Landspitze 165 m hoch über der Colombia Bank thront. Hier prallen die Wellen der Tasmansee und des Pazifiks schäumend aufeinander. An klaren Tagen bietet sich von dieser Stelle ein prächtiger Blick nach Osten auf die Surville Cliffs nach North Cape, nach Westen zum Cape Maria van Diemen und nach Norden zu den felsigen **Three Kings Islands** 57 km vor der Küste, so benannt, weil Abel Tasman die Inseln zum ersten Mal am Vorabend des Dreikönigstags 1643 betrat.

Cape Reinga: Spazier- und Wanderwege

Beim Parkplatz von Cape Reinga zweigen zwei empfehlenswerte kurze Spazierwege ab; beide sind Teil des viel längeren Cape Reinga Coastal Walkway. Alle drei nachstehend genannten Wanderungen sind in der DOC-Broschüre *Cape Reinga and Te Paki Walks* beschrieben, die auch eine nützliche Umgebungskarte enthält und u. a. in Kaitaia erhältlich ist. Gewarnt werden muss vor **gefährlichen Strömungen**, die Schwimmer an allen Stränden dieser Gegend aufs offene Meer hinausziehen können. Außerdem kann das Wetter jederzeit umschlagen. Am besten lässt man sich am Ende der Wanderung von einem der hiesigen Busunternehmen abholen.

Cape Reinga Coastal Walkway (38 km einfach; 2 Tage; es geht ständig auf und ab). Der spektakuläre und zunehmend beliebte Küstenwanderweg beginnt bei Kapowairua (Spirits Bay), führt nach Westen bis Cape Reinga, weiter zum Cape Maria van Diemen, dann nach Südosten zum nördlichsten Abschnitt des Ninety Mile Beach und schließlich an den beeindruckenden Dünen am Te Paki Stream entlang. Voraussetzungen sind ausreichende Fitness und die Fähigkeit, sich selbst zu versorgen, denn es gibt lediglich zwei DOC-Campingplätze und ein paar inoffizielle Zeltplätze ohne Garantie auf Wasser. Nur selten trifft man auf Bäche mit Süßwasser. An Mückenschutzmittel denken!

Sandy Bay (3 km hin und zurück; 200 m Höhenunterschied auf dem Rückweg; 50–90 Min.). Pfad nach Westen durch eine Landschaft aus Sträuchern und Büschen zu einer schönen Höhle. Wer mag, kann noch bis zur malerischen Tapotupotu Bay marschieren (weitere 3 km einfach; 1–2 Std.).

Te Werahi Beach (2,5 km hin und zurück; 200 m Höhenunterschied auf dem Rückweg; 40 Min.–1 Std.). Stetig abfallender Pfad nach Westen mit Blick auf Cape Maria van Diemen.

ÜBERNACHTUNG

Campingplatz Tapotupotu Bay, Tapotupotu Rd, 3 km südlich des Cape Reinga. Stiller DOC-Platz mit Toiletten, kalten Duschen, Wasseranschluss und im Sommer jeder Menge Mücken. Schön gelegen, dort wo die Flussmündung auf den Strand trifft. Ein beliebter Picknickstopp von Tourbussen. $7

Hokianga Harbour

Südlich von Kaitaia schlängeln sich die schmalen, von Mangroven gesäumten Meeresarme des **Hokianga Harbour** tief ins Landesinnere – vorbei an winzigen, fast vergessenen Gemeinden. Diese idyllische Gegend eignet sich hervorragend zum Ausspannen. Am Südufer bringt das fantastische tiefblaue Wasser die **Sanddünen** von North Head schön zur Geltung. Am besten zu sehen sind die Dünen von der felsigen Landspitze des South Head hoch über der tückischen Sandbank Hokianga Bar. Zu erreichen sind sie mit dem Boot. Dort angekommen empfiehlt sich Sandboarding oder eine der fantastischen Touren von Sandtrails Hokianga. Die hohen Wälder unmittelbar südlich eignen sich hervorragend zum Wandern, und die riesigen Kauri-Bäume des Waipoua Forest liegen ebenfalls in erreichbarer Nähe.

In der Region Hokianga und Waipoua ist das Fortkommen ohne eigenes **Transportmittel** ziemlich schwierig, aber immerhin dreht der Magic-Bus im Sommer mehrmals die Woche eine Runde von Paihia via Rawene und Omapere nach Auckland. Wichtig zu wissen: Zwischen Kaitaia und Dargaville 170 km weiter südlich gibt es **keine Banken**. Und die Geldautomaten in Rawene und Omapere nehmen nur einige wenige Karten an, deshalb Bargeld mitbringen.

Geschichte

Der Überlieferung zufolge verließ hier der großartige polynesische Entdecker **Kupe** im 10. Jh. Aotearoa, um in seine Heimat Hawaiki zurückzukehren. Der Hafen wurde daher unter dem Namen Hokianganui-a-Kupe – „Ort der großartigen Rückkehr von Kupe" – bekannt. Cook erspähte Hokianga Heads schon 1770 von Bord der *Endeavour*, bemerkte aber nicht, was dahinter lag.

Der Hafen wurde demnach erst 1819 „entdeckt", als ein Missionar den Hügel von der Bay of Islands aus überquerte. Bald darauf folgten Katholiken, Anglikaner und Methodisten, bekehrten die einheimischen Ngapuhi, gewannen ihr Vertrauen, schlossen Mischehen und errichteten integrierte Gemeinden von Maori und Europäern, die bis heute existieren. Es dauerte nicht lange, bis die Hokianga-Gegend der Bay of Islands ernsthafte Konkurrenz machte – und auch einige Triumphe verzeichnete: Der europäische Bootsbau nahm hier 1826 seinen Anfang, die erste Signalstation eröffnete zwei Jahre später, und im selben Jahr wurde hier die erste katholische Messe abgehalten.

Nach dem Ende des Fällens und Verarbeitens von Kauri-Bäumen (S. 260) entwickelte sich Hokianga zum ökonomischen Provinznest. Während der letzten paar Jahrzehnte jedoch haben Städter, Künstler und Kunsthandwerker hier billige Grundstücke erworben. Sie haben sich in **Kohukohu** an der Nordküste, in **Rawene**, eine kurze Fährfahrt entfernt im Süden, sowie in den beiden größeren – aber immer noch kleinen – Ferienorten **Opononi** und **Omapere** unweit des Hafeneingangs gegenüber den Dünen niedergelassen.

Kohukohu

Südlich von Kaitaia schlängelt sich der hügelige SH1 40 km lang durch die bewaldeten Mangamuka Ranges und erreicht schließlich **Mangamuka Bridge**, von wo eine ebenso beschwerliche Straße in das Dorf **Kohukohu** am nördlichsten Arm des Hokianga Harbour führt. Kohukohu war einst das Zentrum von Hokiangas Kauri-Industrie. Die anschließenden Jahre des Niedergangs konnten nur teilweise durch den Zustrom von Aussteigern aufgehalten werden. Der Ort besteht zu einem großen Teil aus jahrhundertealten Holzhäusern.

Village Arts Gallery

1376 Kohukohu Rd ▪ ⏱ Sommer tgl. 10–15, Winter Mi–So 10–15 Uhr ▪ Eintritt frei ▪ ☎ 09 405 5827, 🖥 villagearts.co.nz

Es lohnt, einen Blick in die gemeindeeigene **Village Arts Gallery** zu werfen. Sie setzt sich erfolgreich für die Verbreitung der Arbeiten von Hokiangas Künstlern ein. Die ausgestellten Gemälde, Skulpturen, Fotos, Steampunk-Modelle und Textilien sind viel hochwertiger, als man es hier in der tiefsten Provinz erwarten würde.

4 km östlich von Kohukohu trifft man bei Narrows Landing auf die nördliche Endstation der **Hokianga Vehicle Ferry**, S. 256.

ÜBERNACHTUNG UND ESSEN

🏨 **The Tree House**, 168 West Coast Rd, 2 km westlich der Fähranlegestelle, ☎ 09 405 5855, 🖥 treehouse.co.nz. Diese Herberge ist das denkbar reizvollste Fleckchen zum süßen Nichtstun. Die Unterkünfte verteilen sich zwischen Bäumen und bestehen aus 2 geräumigen Dorms ($21), Doppel- und Zweibett-Cabins mit Terrasse und einem gut ausgestatteten Bus in einer Nussbaumplantage. Außerdem gibt es ein Selbstversorger-Cottage in Kohukohu mit 5 Betten. Wer eigenes Bettzeug mitbringt, erhält $4 Preisnachlass fürs Dormbett oder DZ. Camping $19, Dorms $32, 2-Pers.-Cabin $82, Hausbus $82, Cottage $160

🏨 **The Koke Pub**, 1372 Kohukohu Rd, ☎ 09 405 5808. Das beste Lokal im Ort serviert köstliches Frühstück, Snacks und Mittagessen. Dazu guter Kaffee, Abendessen mit Schweinebraten, Seafood und Pies. Jeden Do Livemusik. ⏱ Küche Su–Mi 8–20, Do Sa 8 Uhr bis spät; Pub tgl. 11 Uhr bis spät.

Rawene und Umgebung

Das reizvolle **Rawene** nimmt die Spitze von Herd's Point ein, der Halbinsel auf halbem Weg die Bucht hinauf. Trotz fast vollständiger Isolation durch das Watt bei Ebbe wurde Rawene dank seiner strategischen Lage zum Standort einer Sägemühle auserwählt, die das Material für die hübschen Holzgebäude der Stadt lieferte. Einige der Häuser thronen auf Pfählen.

Clendon House

Clendon Esplanade, ⏱ Nov–April Sa und So 10–16, Mai–Okt So 10–16 Uhr ▪ Eintritt $5

Hokianga Vehicle Ferry

Die einzige Möglichkeit, den Hokianga zu überqueren, ist, abgesehen von einer ziemlich langen Fahrt um die Bucht herum, eine Fahrt mit der Hokianga Vehicle Ferry (Fahrzeug und Fahrer $16 einfach, $24 hin und zurück; Wohnmobil und Fahrer $30; Autopassagiere und Fußgänger $2 pro Strecke). Die Fähre verkehrt regelmäßig zwischen **Narrows Landing**, 4 km östlich von Kohukohu am Nordufer, und **Rawene** im Süden. Die Fahrt dauert 15 Minuten. Abfahrt nach Norden jeweils zur halben Stunde (7.30–19.30 Uhr), nach Süden jeweils zur vollen Stunde (ca. 7.30–20 Uhr).

Die einzige bedeutende Sehenswürdigkeit des Ortes, das **Clendon House**, war der letzte Wohnsitz des US-Konsuls James Clendon, einer Schlüsselfigur zur Anfangszeit der Kolonie. Das Haus wurde fast ganz aus Kauri-Holz erbaut. Ein Raum im Erdgeschoss neben der Veranda diente als Postamt und wurde auch so belassen.

Die Clendon Esplanade führt zum **Mangrove Walkway**. Ein Spaziergang auf diesem hübschen Plankenweg durch die Uferlandschaft dauert hin und zurück eine Viertelstunde. Unterwegs informieren Tafeln über das Leben in den Gezeitenpools und die Sägemühle, die hier früher in Betrieb war.

Wairere Boulders

70 McDonnell Rd, 14 km nördlich des SH12 (ausgeschildert), 40 km nordöstlich von Rawene ▪ ⏰ tgl. von der Morgen- bis zur Abenddämmerung ▪ Eintritt $10 ▪ ✆ 09 401 9935, ▭ wairere boulders.co.nz

Wairere Boulders ist ein von Privatleuten verwalteter Park mit gewaltigen, 2,8 Mio. Jahre alten, von Wind und Wetter geschliffenen Basaltfelsen, die etwas an Wellblech erinnern. Der im Alleingang begehbare Haupt-Rundwanderweg (40 Min.) ist ein schmaler Pfad, der sich zwischen Felsbrocken hindurchschlängelt und über einen Fluss führt. Mit den am Wegrand aufgestellten Hinweistafeln hat er etwas von einem Naturlehrpfad.

Es gibt noch ein paar andere Rundwanderwege sowie einen Pfad durch das mit Regenwald bestandene Tal hoch zu einem schönen Aussichtspunkt.

Wairere liegt ziemlich weitab vom Schuss; am besten bringt man Proviant mit und macht sich hier einen schönen Nachmittag.

ÜBERNACHTUNG UND ESSEN

Rawene Holiday Park, 1 Marmon St, 1,5 km von der Fähranlegestelle, ✆ 09 405 7720, ▭ raweneholidaypark.co.nz. Der einfache Platz auf einem Hügel mit Hafenblick, umfasst geschützte Zeltstellplätze und preisgünstige, geräumige Cabins auf Lichtungen im Wald. Camping $15, Dorms $20, Cabins mit Mini-Küche $60, mit richtiger Küche $70, Zimmer mit Bad $90

Boatshed Café, 8 Clendon Esplanade, ✆ 09 405 7728. Das nur tagsüber geöffnete Café mit Schanklizenz steht auf Pfählen über dem Wasser. Hier gibt's Zeitschriften zum Lesen auf der Sonnenterrasse und zum Essen Feinschmecker-Pizza, hausgemachte Muffins und Suppen ($5–25). Auch guter Espresso. ⏰ tgl. 8.30–16.30 Uhr.

TRANSPORT

Von Rawene verkehrt stdl. eine Fähre nach KOHUKOHU (20 Min.).

Opononi und Omapere

Die zwei kleinen Dörfer **Opononi** und **Omapere** 20 km westlich von Rawene reihen sich über 4 km nahtlos am Südufer des Hokianga Harbour aneinander und bieten eine prächtige Aussicht auf die mächtigen Sanddünen an der Nordseite. Die Dünen lassen sich entweder zu Fuß oder mit dem Strandbuggy erkunden (S. 257). Einen Blick aus der Ferne auf die Dünen erlaubt das **Arai te Uru Reserve**. Dieser wunderbare Aussichtspunkt liegt an der Signal Station Road, 1 km südlich von Omapere. Viele Besucher nehmen von den beiden Dörfern aus auch an organisierten Touren zu den weiter südlich gelegenen Kauri-Wäldern teil (S. 259).

Waiotemarama Bush Walk

647 Waiotemarama Gorge Rd, 8 km südöstlich von Opononi ▪ 2 km langer Rundweg

Bei Labyrinth Woodworks (S. 258) beginnt der **Waiotemarama Bush Walk**, die beste und beliebteste Kurzwanderung der Gegend. Der Rundweg führt durch ein hübsches Tal voller Farne, Nikaupalmen und Kauri-Bäume. Nach einem zehnminütigen Spaziergang gelangt man zu einem Wasserfall mit einem kleinen Badeteich, und nach weiteren zehn Minuten ist der erste Kauri-Baum erreicht.

Touren und Aktivitäten

Die Dünen lassen sich gut im Rahmen einer Kultur-, Geschichts- und Abenteuertour im Strandbuggy entdecken. Man kann sie aber auch einfach nur per Plastikuntersatz hinunterrutschen. Außerdem können sich Besucher hier im Knochenschnitzen auf Maori-Art versuchen oder den nahen Kauri-Riesen einen Besuch abstatten.

Kunsthandwerk

Hokianga Bone Carving Studio, 15 Ahika St, zwischen Opononi und Omapere, abseits des SH12, ✆ 021 298 8968, ✉ hokiangabonecarvingstudio

---

Opo, der Delphin

Im Sommer 1955/56 gelangte Opononi zu landesweiter Berühmtheit: Ein wilder Großer Tümmler, den die Anwohner Opo tauften, begann mit den Kindern im flachen Wasser zu spielen und führte Tricks mit Strandbällen vor. Weihnachtsurlauber verstopften die schmalen unbefestigten Straßen, Filmteams wurden losgeschickt und Tierschutzgesetze ausgearbeitet. Musiker aus Auckland bastelten sogar einen Song mit dem Titel *Opo The Crazy Dolphin*. Das Lied wurde binnen eines Tages geschrieben und aufgenommen. Als es den Radiosender erreichte, traf gleichzeitig die Nachricht ein, dass Opo unter ungeklärten Umständen erschossen worden war. Im i-SITE läuft ein kurzes Video im typischen Dokumentarstil der 1950er-Jahre. Es vermittelt einen guten Eindruck vom damaligen Riesenrummel um Opo.

@gmail.com. Hier kann man einen unterhaltsamen und gleichzeitig kreativen Tag mit Knochenschnitzen verbringen, und zwar unter fachmännischer Anleitung des Maori James Taranaki, eines erfahrenen Schnitzers. Interessierte müssen sich anmelden, sollten schon eine Vorstellung davon haben, was sie schnitzen möchten, und sich darauf einstellen, den ganzen Tag bis zur Vollendung des Kunstwerks dranzubleiben. Keine Sorge: Im Preis ist reichlich Verpflegung enthalten.

Touren

Hokianga Express, ✆ 09 405 8872 oder 021 405 872, 🖥 hokiangaexpress.webs.com. Das Wassertaxi ($25) fährt tgl. ab 10 Uhr vom Bootsanleger in Opononi zu den Sanddünen. Die Passagiere werden samt Sandboards bei den Dünen abgeladen und zwei Stunden später wieder eingesammelt. Eine längere Bootstour führt zum Eingang der Hafenbucht und je nach Wetter auch weiter hinaus, und unterwegs wird den Teilnehmern ein wenig Geschichte der Gegend vermittelt.

Footprints Waipoua, 334 SH12, Omapere, ✆ 09 405 8207, 🖥 footprintswaipoua.co.nz. Bietet ausgezeichnete geführte Spaziergänge zu den Kauri-Bäumen im Waipoua Forest (S. 206). Der beste Spaziergang heißt *Twilight Encounter* ($85) und führt bei Dämmerung durch den Wald zu den beiden höchsten Bäumen. Unterwegs sieht man vielleicht Riesen-Kaurischnecken und Ruru (neuseeländische Eulen). Der tiefere Sinn der Wanderung liegt aber darin, im Schutz der Dunkelheit in den Wald hineinzulauschen und ihn zu spüren. Das Ganze hat eine starke spirituelle Maori-Komponente, mit Geschichtenerzählen, Gesang und Musik. Die Teilnehmer werden von Unterkünften in Opononi und Omapere abgeholt.

Sandtrails Hokianga, 32 Paparangi Drive, Mitimiti, ✆ 09 409/5035, 🖥 sandtrailshokianga. co.nz. Bietet Dünenbuggy-Touren ($95/Std., $135/ 1 1/2 Std., $185/3 Std.; max. 3 Pers.) auf die hohen Dünen und in ein Gebiet mit windgeformtem Sand und vermittelt dabei auch Maori-Geschichte und -Kultur. Auch mit Übernachtung in Mitimiti – alle Touren sind sehr empfehlenswert.

Copthorne Hotel & Resort, SH12, Omapere, ✆ 09 405 8737, 🖥 omapere.com. Das beste unter den Hotels, gegenüber den Dünen; solarbeheizter Pool, nette Bar und Restaurant mit Schanklizenz; verschiedene Unterkünfte, darunter attraktive Zimmer mit Blick aufs Wasser. $240

Globetrekkers Lodge, SH12, Omapere, ✆ 09 405 8183, 🖥 globetrekkerslodge. com. Sehr einladendes Hostel, teilweise mit Hafenblick; geräumige, gut belüftete 5- und 6-Bett-Dorms ($20) und DZ, außerdem 2 nette Cabins und Camping ($10). Auf TV wurde absichtlich verzichtet, stattdessen trifft man sich abends beim Barbecue. Camping $15, Dorms $29, Zimmer $65

Hokianga Haven, 226 SH12, Omapere, ✆ 09 405 8285, 🖥 hokiangahaven.co.nz. Die Betreiberin vermietet ihre beiden wunderschön eingerichteten B&B-Zimmer mit Bad und traumhafter Sicht auf die Dünen und das Meer nur zusammen. Mindestaufenthalt 2 Nächte. $180

McKenzie's Accommodation, 4 Pioneers Walk, Omapere, ✆ 09 405 8068, 🖥 mckenzies accommodation.co.nz. Unterbringung am Strand, entweder in einem großen B&B-Zimmer mit Du/WC und separatem Eingang, das als DZ oder Zweibettzimmer vermietet wird, oder in einem Selbstversorger-Cottage mit 2 Schlafzimmern. Zimmer $110, Cottage $120

Opononi Beach Holiday Park, am SH12, Opononi, ✆ 09 405 8791, 🖥 opononiholiday park.co.nz. Großer, einfacher Campingplatz mit Wasch- und Kocheinrichtungen. Ohne Wohnmobil ist man in den Selbstversorger-Cabins am besten aufgehoben. Camping $16, Cabins $65, Selbstversorger-Cabins $85

Copthorne Hotel & Resort, SH12, Omapere, ✆ 09 405 8737, 🖥 omapere. com. Hat das beste Essen im Ort, sowohl im eleganten Restaurant (Hauptgerichte um $35) als auch in der Bar namens Sands (Hauptgerichte um $28). Von beiden bieten sich herrliche Ausblicke über Wiesen und die Bucht bis zu den Sanddünen. Besonders zu empfehlen

sind Gerichte mit Maori-Einschlag, z. B. Bread-and-Butter-Pudding mit *titoki*-Schnaps ($11,50). ⏱ tgl. 8 Uhr bis spät.

Opononi Hotel, SH12, Opononi, ✆ 09 405 8827, 🖥 opononihotel.com. Der gut besuchte Pub hat die preiswerteste Küche der Gegend. Tipp: *surf and turf* ($29,50); andere Hauptgerichte $19–33. Im Sommer treten manchmal Kiwi-Bands auf. ⏱ tgl. 11–23 Uhr.

Opo Takeaways, SH12, Opononi. Großzügig gefüllte Burger und sehr gute Fish 'n' Chips, außerdem Muschel- und *paua*-Bratlinge. Fisch je nach Sorte $3–6 pro Stück. ⏱ tgl. 10–19, im Sommer bis 21 Uhr.

Hoki Smoki, 1 km südlich von Omapere am SH12 ausgeschildert. Hervorragende Fischräucherei mit Verkauf. Geöffnet, wenn das Schild draußen steht.

Labyrinth Woodworks, 647 Waiotemarama Gorge Rd, 8 km südöstlich von Opononi, ✆ 09 405 4581, 🖥 nzanity.co.nz. Einer der besten Kunsthandwerksläden der Region. Er verkauft u. a. Kauri-Holz-Schnitzereien und hervorragende Holzdrucke. Kunden können sich die Zeit auch mit komplizierten Puzzles oder einem Irrgang durch ein hohes Heckenlabyrinth vertreiben.

i-SITE Visitor Centre, 29 SH12, etwas außerhalb von Opononi, ✆ 09 405 8869, 🖥 hokianga. co.nz oder visitfarnorthnz.com. Informationen über die nähere Umgebung und den Waipoua Kauri Forest (S. 206) sowie Buchung von Unterkünften und Internetzugang. ⏱ tgl. Nov–April 8.30–17, Mai–Okt 9–17 Uhr.

Die Kauri-Wälder und Umgebung

Northland, Auckland und die Coromandel Peninsula waren einst von Mischwald bedeckt, der von den mächtigen Kauri-Bäumen (Kasten S. 260), der zweitgrößten Baumart der Welt, dominiert wurde. Anfang des 20. Jhs. hatten habgierige Europäer fast den gesamten Bestand gefällt, und die einzigen zusammenhängenden Überreste waren in den Kauri-Wäldern von **Waipoua** und **Trounson** südlich des Hokianga Harbour zu finden. Kleinere Kauri-Bestände gibt es in ganz Northland, aber drei Viertel aller noch existierenden alten Bäume wachsen in diesen zwei kleinen Wäldern, die zusammen knapp 100 km^2 umfassen. Wanderwege führen zu den berühmten Exemplaren, neben denen Tataire-, Kohokohe- und Towai-Bäume wachsen.

In dieser Gegend ist das Te Roroa-Volk beheimatet, das traditionell sparsam mit den Kauri-Bäumen umging. Das Fällen und Bearbeiten der Riesenbäume gestaltete sich wegen der einfachen Werkzeuge schwierig – diese Aufgabe behielt man sich für große Projekte, z. B. den Bau von Kriegskanus, vor. Die Europäer brachten Metallwerkzeuge, Ochsengespanne, Räder und Winden mit, die die Abholzung erleichterten, und Ende des 19. Jhs. waren die meisten Bäume bereits verschwunden. Die Bemühungen verschiedener Umweltorganisationen trugen schließlich 1952 Früchte, als ein Großteil des verbliebenen Waldes zum **Waipoua Sanctuary** erklärt wurde. Heute ist das Fällen von Kauri-Bäumen gesetzlich verboten – außer in Ausnahmefällen, z. B. bei kranken oder abgestorbenen Bäumen oder zum Bau eines Zeremonialkanus.

Gleich südlich des Trounson Forest befinden sich die Kai Iwi Lakes, drei beliebte, von Dünen gesäumte Seen, an denen es im Sommer recht voll wird.

Waipoua Kauri Forest

SH12, 15 km südlich von Omapere

Südlich des Hokianga Harbour geht es durch Farmland nach **Waimamaku** mit dem nur tagsüber geöffneten Morrell's Café (s. unten).

Anschließend kurvt der Highway fast 20 km durch die alten Kauris des **Waipoua Kauri Forest**. Rund 8 km südlich von Waimamaku erreicht man einen kleinen Parkplatz; von dort sind es zu Fuß nur drei Minuten zum mächtigsten Baum von Neuseeland, dem 2000 Jahre alten **Tane Mahuta** („Gott des Waldes"). Er ragt als 6 m breite Wand

18 m in die Höhe, bis die niedrigsten Äste erreicht sind, in denen es von Epiphyten wimmelt.

Etwa 1 km südlich am SH12 gelangt man nach zehn Minuten zu einer Lichtung. Drei verschiedene Wege führen von hier aus zu bemerkenswerten Bäumen. Der kürzeste (hin und zurück 5 Min.) führt zu vergleichsweise schlanken Kauri-Bäumen, den **Four Sisters**. Ein zweiter Weg (hin und zurück 30 Min.) windet sich zwischen zahlreichen großen Bäumen hindurch zum **Te Matua Ngahere** („Vater des Waldes"), dem zweitgrößten Baum von Neuseeland nach dem Tane Mahuta. Er ist aber dicker und eigentlich noch majestätischer. Der dritte Weg, der **Yakas Track** (hin und zurück 3 km; 1 Std.), führt zu der dichten Ansammlung von Bäumen im Cathedral Grove. Der größte unter ihnen ist der **Yakas Kauri**, benannt nach dem altgedienten Buschmann Nicholas Yakas.

Rund 9 km südlich von Tane Mahuta steht das **Te Rorua Waipoua Visitor Centre**, wo es Ausstellungen und Infobroschüren zum Wald und seiner Geschichte gibt. ⊙ tgl. 8.30–16.30 Uhr.

Kaihu Farm Hostel, 3344 SH12, Kaihu, 23 km südlich des Visitor Centre, ✆ 09 439 4004, ⌨ kaihufarm.co.nz. Die preisgünstigen Zimmer – sauber und gemütlich – sind rustikal. Im umliegenden Wald kann man Glühwürmchen leuchten sehen und eine 7 km lange Wanderung zu den Trounson-Kauris unternehmen, außerdem sind es von hier nur 10 Autominuten zum Strand. Abendessen gibt's für $20 p. P., morgens auf Wunsch frische Eier und hausgemachtes Brot. Dorm $33, EZ $56, Zimmer $88, mit Frühstück $110

Morrell's Café, 7237 SH12, Waimamaku, ✆ 09 405 4545. Im besten Café der Gegend bekommen Gäste den ganzen Tag lang Frühstücksmenüs für unter $25, kleine Gerichte wie Burger, Wraps und Salate (alles unter $12) sowie die beste Muschelsuppe im Norden des Landes ($10) und hervorragenden Kaffee. ⊙ tgl. 9–16 Uhr.

Katui Kauri Gum Store, SH12, 9 km südlich des Te Roroa Waipoua Visitor Centre,

Der Kauri-Baum und seine Verwendung

Der Kauri-Baum *(Agathis australis)* zählt neben den Sequoias (Mammutbäumen) zu den größten Bäumen der Welt. Im Gegensatz zu den Sequoias, die sich nicht als Möbelholz eignen, liefern die Kauri-Bäume wunderschönes Holz – eine Tatsache, die ihr Verschwinden beschleunigte und jene Industrien entstehen ließ, die Neuseelands Wirtschaft in der zweiten Hälfte des 19. Jhs. beherrschten.

Kauri ist eine Fichtenart, die heute nur noch in Neuseeland wächst, obwohl sie früher auch in Australien und Südostasien vorkam. Dort finden sich noch immer enge Artgenossen. Überreste von Kauri-Wäldern sind in ganz Neuseeland zu entdecken. Als der Mensch auf der Bildfläche erschien, hatte sich der Bestand allerdings auf Northland, Auckland, die Coromandel Peninsula und Nord-Waikato reduziert. Einzelne Bäume werden über 2000 Jahre alt, 50 m hoch und 20 m dick. Am Ende, wenn ihr verwesender Kern zu schwach geworden ist, um das enorme Gewicht zu tragen, stürzen sie um.

Kauri-Holzfäller

Maori haben seit langer Zeit ausgewachsene Kauri-Bäume für Einbaumkanus verwendet. Dagegen interessierten sich die **europäischen Holzfäller** anfänglich für die jungen Bäume („rickers"), die ideale Masten für Segelschiffe darstellten. Aber auch die dickeren Bäume erfreuten sich aufgrund ihrer Widerstandsfähigkeit, einfachen Bearbeitung und ihres makellosen Holzes mit feiner, gerader Maserung größter Beliebtheit.

Um die riesigen Baumstämme aus dem Busch zu schaffen, war der ganze Einfallsreichtum der Holzfäller gefragt. Auf halbwegs ebenem Terrain band man Ochsenwagen zusammen, die die Stämme über primitive Straßen oder Schienen zogen. In steilerem Gelände wurden pferdebetriebene Winden eingesetzt. In den schmalen Tälern von Northland und der Coromandel Peninsula bauten Holzfäller bis zu 20 m hohe und 60 m breite Dämme aus Kauri-Stämmen. Bäume am Rande der Täler wurden gefällt, während sich das Wasser anstaute. Beim Öffnen der Dämme wurden die Bäume dann talabwärts in die Buchten gespült und von dort mit Flößen zu den Sägewerken transportiert.

Gumdiggers

Sobald ein Gebiet abgeholzt war, fanden sich in der Regel die *gumdiggers* ein. Wie die meisten Fichtenarten sondert der Kauri-Baum dickes **Harz** ab, um Narben abzudecken. Es sammelt sich an den Seiten der Stämme und um den Fuß des Baums. In voreuropäischen Zeiten kauten Maori das Harz, stellten Fackeln daraus her, um die Fische bei Nacht anzulocken, und verbrannten das pulverisierte Harz, um ein Pigment für *moko* (traditionelle Tätowierungen) zu gewinnen.

Kaum stiegen die Pakeha ins Geschäft ein, exportierte man das Harz auch schon als Rohmaterial für Möbelpolitur, Linoleum, Zahnprothesen und edle Bucheinbände. Als auf dem Erdboden kein Harz

📞 09 439 4733. Der auf charmante Art exzentrische Laden bietet kleine Stücke Kauri-Harz, Kauri-Harz-Schnitzereien und Holz mit Harzeinlagerungen, alles zu recht vernünftigen Preisen. 🕐 tgl. 8.30 Uhr bis spät.

Trounson Kauri Park

Am SH12 ausgeschildert, dann 7 km eine Nebenstraße entlang

Eine kleine, aber schöne Kauri-Ansammlung findet sich im **Trounson Kauri Park**, wo sich der **Trounson Kauri Walk** (Rundgang 40 Min.) durch den Regenwald windet. Seit 1997 werden hier Raubtiere, die die einheimische Vogelwelt bedrohen (Possums, Hermeline, Wiesel, Wildkatzen, Hunde und Igel), gejagt und vergiftet, um so eine „Insel" zu schaffen, wo der Streifenkiwi der Nordinsel ungestört gedeihen kann. Die Zahl der Kiwis ist bereits erheblich gestiegen. Wer hier übernachtet, kann Kiwis, Langfühlerschrecken

mehr zu finden war, begannen die Harzgräber – überwiegend Dalmatier, aber auch Maori, Chinesen und Malaysier –, lange Speere in die Erde zu stoßen und mit Spaten Stücke hervorzuholen. An anderer Stelle wurde die Erde ausgegraben und gewaschen, um das Harz zu gewinnen.

Fast das gesamte neuseeländische Harz wurde exportiert, allerdings hatte Anfang des 20. Jhs. bereits das Kunstharz den Markt erobert. Heute dient Kauri-Harz noch immer als eine der besten Grundlagen für Musikinstrumentenlacke, einen Bedarf, den gelegentliche Zufallsfunde decken.

Zukunftsaussichten

Seit einigen Jahren bedroht eine neue Krankheit namens PTA oder *kauri dieback*, 🖳 kauridieback.co.nz, die Kauris. Die befallenen Bäume bekommen gelbe Blätter und tote Äste und sondern in Erdbodennähe Harztropfen ab, bis schließlich der ganze Baum stirbt. Die Krankheit wird über Humus und Wasser übertragen. Deshalb sollten Spaziergänger immer auf den Wald- und Plankenwegen bleiben und nach dem Besuch in einem Kauri-Wald die Schuhe gründlich säubern.

und Glühwürmchen sehen. Einen **Rundgang** durch den Wald kann man problemlos auf eigene Faust unternehmen, aber der Kauri Coast Top 10 Holiday Park (s. unten) bietet auch einen geführten Abendspaziergang an (für Nicht-Gäste $25).

ÜBERNACHTUNG

🧳 **Kauri Coast Top 10 Holiday Park**, Trounson Park Rd, abseits des SH12, ☎ 0800 807 200, 🖳 kauricoasttop10.co.nz. Traditioneller Kiwi-Campingplatz mit sauberen Gemeinschaftsbereichen, Toiletten und Duschen sowie gepflegten Stellplätzen. Außerdem kleine Cabins und geräumige Motel Units. Abends wird ein zweistündiger Kauri-Wald-Spaziergang ($20) angeboten. Camping $20, Cabins $75, mit Küche $90, Motel Units $120

Trounson Kauri Park Campground, am SH12 ausgeschildert, 17 km südlich des Waipoua Forest. Einfacher, beliebter DOC-Platz mit Stellplätzen an einem Kauri-Hain, mit Küche, Toiletten, Leitungswasser, warmen Duschen. $10

Der nördliche Kaipara Harbour

Südlich der Kauri-Wälder befindet sich das sumpfige, mangrovenbewachsene Ufer des **Kaipara Harbour**, Neuseelands größte Hafenbucht. Der Kaipara Harbour vereinte früher diesen Teil von Northland, indem Segelboote über das Wasser pendelten und die Milchbetriebe und Holzfällersiedlungen am Ufer miteinander verbanden. Kauri-Holz wurde von der größten nördlichen Stadt **Dargaville** exportiert. Allerdings scheiterten die instabilen Boote oftmals an der unvorhersehbaren Sandbank Kaipara Bar und viele wurden schließlich am **Ripiro Beach** an Land gespült. Letzterer ist mit 108 km der längste Strand von ganz Neuseeland.

Dargaville und Umgebung

Das verschlafene **Dargaville** 50 km südlich von Trounson, das von der Milchwirtschaft und dem Kumara-Anbau lebt, wurde 1872 von dem Australier Joseph McMullen Dargaville als Hafen am stark den Gezeiten unterworfenen, aber schiffbaren Northern Wairoa River gegründet. Schiffe kamen in den Hafen, um Kauri-Holz und Harz zu verladen (Kasten S. 260), das von dalmatinischen Siedlern gewonnen wurde. Letztere machten im frühen 20. Jh. einen beträchtlichen Teil der Gemeinde aus.

Dargaville Museum

Harding Park, 2 km westlich der Stadt ▪ ⏲ tgl. Okt–März 9–17, April–Sep 9–16 Uhr ▪ Eintritt $12 ▪ ☏ 09 439 7555, 🖥 dargavillemuseum.co.nz

Dem überraschend guten **Dargaville Museum** dienen zwei gerettete Masten von der *Rainbow Warrior* (s. Kasten S. 244) als Erkennungszeichen. Das Museum beherbergt umfassende Ausstellungen von Artefakten, die aus den Wanderdünen geborgen wurden. Letztere geben manchmal alte Wracks frei. Das einzige präeuropäische Artefakt ist das *waka* Ngati Whatua, das von 1809/bis 1972 unter dem Sand des North Head des Kaipara Harbour begraben lag

und als eines von wenigen Kanus gänzlich mit Hilfe von Steinwerkzeugen hergestellt wurde. Glanzstück der schönen Sammlung von Kauri-Harz ist ein 84 kg schweres Stück – angeblich das größte, das jemals gefunden wurde.

Woodturners Kauri Gallery & Working Studio

4 Murdoch St (SH12) ▪ ⏲ tgl. 9 Uhr bis Einbruch der Dunkelheit ▪ ☏ 09 439 4975, 🖥 thewoodturnersstudio.co.nz

Am westlichen Ende der Stadt zeigt der Drechslermeister Rick Taylor in der **Woodturners Kauri Gallery & Working Studio**, was man mit den außerordentlich vielfältigen Maserungen und Farben von Kauri-Holz alles machen kann. Es werden alle möglichen Kauri-Produkte verkauft, und wer einen längeren Aufenthalt plant, kann auch an einem Kurs teilnehmen.

Baylys Beach und Ripiro Beach

14 km westlich von Dargaville, zu erreichen über eine Nebenstraße

Baylys Beach ist eine Ansammlung von größtenteils Ferienhäusern am mittleren Abschnitt des über 100 km langen **Ripiro Beach**. Der Strand ist für seine Beweglichkeit bekannt: Durch eine einzige Tide werden oft mehrere Meter Strand verschoben, und im Laufe der Jahrhunderte wurden dem Meer auf diese Weise riesige Gebiete abgewonnen. Die Anker und Buge lange verschollener Wracks tauchen in regelmäßigen Abständen im Sand auf. Wie anderswo an der Westküste erweist sich auch hier das Schwimmen aufgrund ausgeprägter Gezeiten und fehlender Küstenwache als gefährlich. Dafür lädt der Strand zu langen Spaziergängen ein. Wenn der Ostwind bläst, wird der Küstenabschnitt von Drachen geschmückt, die vom Ufer aus hoch steigen und Angelschnüre hinter sich herziehen. Man lässt sie 20 Minuten schweben, danach werden sie eingezogen, oft mit daran baumelnden Fischen.

ÜBERNACHTUNG

Baylys Beach Holiday Park, 22 Seaview Rd, Baylys Beach, ☏ 09 439 6349, 🖥 baylysbeach.co.nz. Der tipptopp in Schuss gehaltene Platz unweit vom Strand bietet gute Stellplätze, geräumige Units und saubere

Cabins. Auch Verleih von Quadbikes. Camping $16, Cabins $65, Units $130, Cottages $130

🛏 **Commercial Hotel**, 75 River Rd, Dargaville, ☎ 09 439 0878. Hotel im Kolonialstil am Fluss, schön umgebaut und mit netten, geräumigen Zimmern. Gutes Frühstück ($15 extra/Zimmer) und jede Menge Infos über die Gegend. Zimmer $100, mit Bad $135

Dargaville Holiday Park, 10 Onslow St, Dargaville, ☎ 0800 114 441, 🖥 kauriparks.co.nz. 10 Min. Fußweg von der Stadt auf einem parkähnlichen Gelände. Gepflegte, einfache Cabins und gemütliche Units. Gut für Kinder. Camping $14, Cabins $50, Units $100

Greenhouse Hostel, 15 Gordon St, Dargaville, ☎ 09 439 6342, ✉ greenhousebackpackers@ihug.co.nz. Zimmer und Dorms in einem ehemaligen Schulgebäude aus den 1920er-Jahren im Stadtzentrum. Altmodisch, aber sauber und ordentlich. Sehr preisgünstige DZ, Bettzeug, Gemeinschaftsküche. ⏱ Juni–Aug geschlossen. Dorms $23, Zimmer $70

🛏 **Kauri House Lodge**, 60 Bowen St, Dargaville, ☎ 09 439 8082, 🖥 kaurihouselodge.co.nz. Die luxuriösesten Zimmer der Stadt in einer sympathisch unaufdringlichen, aber riesigen und tollen Kauri-Villa. Große Zimmer mit Bad, Billardraum, Bibliothek und Pool. $250

🛏 **Blah Blah Blah**, 101 Victoria St, Dargaville, ☎ 09 439 6300. Café mit Schanklizenz, spezialisiert auf Gerichte, die aus den berühmten Kumara von Dargaville hergestellt werden, z. B. Kumara-Muschel-Suppe ($13); auch gut ist die Lammstelzenpastete ($26). Außerdem guter Kaffee und Kuchen aus eigener Herstellung. ⏱ Di–Sa 9 Uhr bis spät; Küche schließt um 21 Uhr.

Shiraz, 17 Hokianga Rd, Dargaville, ☎ 09 439 0024. Restaurant und Imbiss, serviert nordindische Speisen sowie Seafood und Pizza. Recht annehmbare Currys, alle Speisen unter $22. Um die Pizza sollte man besser einen Bogen machen. ⏱ Mo–Sa 8–15 Uhr.

🛏 **The Funky Fish**, 34 Seaview Rd, Baylys Beach, ☎ 09 439 8883, 🖥 funkyfish.co.nz. Das moderne Café und Bar mit lockerer Atmosphäre hat leckere Fish 'n' Chips, in Bierteig

gebackenen Heringskönig mit Zitrone und Salat, außerdem abwechslungsreiches Abendessen à la carte und eine lockere Gartenbar. Zum Abendessen im Sommer und das ganze Jahr über zum Mittagessen am Sonntag muss reserviert werden. Preise $10–35. ⏱ Sommer Di–So 11 Uhr bis spät, Winter Di und Mi 17 Uhr bis spät, Do–So 11 Uhr bis spät.

Pounamu Greenstone Jade Jewelry, Dargaville, ☎ 09 439 5819, 🖥 jade-jewelry.co.nz. In einem Wohnwagen neben der Woodturners Kauri Gallery (S. 262) residiert Paul Graham, ein lizenzierter Jadeschleifer vom Volk der Ngai Tahu, der schöne *pounamu*-Anhänger fertigt (ab $40). ⏱ Mi–So 10–18 Uhr.

In Dargaville gibt es keine offizielle **Touristeninformation**, jedoch sind in der Woodturners Kauri Gallery (S. 262) Infos erhältlich.

The Kumara Box, 503 Pouto Rd, etwas südlich von Dargaville, ☎ 09 439 7108, 🖥 kumarabox.co.nz. Unaufgeregte Touren rund um eine Kumara-Farm im Herzen des Kumara-Anbaugebiets, sehr charmant, engagiert und einfallsreich. Mit einer Kumara-Bahn fährt man vorbei an der kleinsten Kirche in Northland zu einer Scheune, wo es ein selbst produziertes Video über die Kumara und die Gegend zu sehen gibt. Sehr vergnüglich, und vielleicht gibt's auch Kumara-Suppe oder -Muffins.

Dargaville wird von Magic-, InterCity- und Main-Coachline-Bussen angesteuert. Letzterer kommt einmal am Tag nach Dargaville, via Warkworth. Direktbusse nach AUCKLAND 6x wöchentl.; 3 Std.

Tokatoka Peak

SH12; 17 km südwestlich von Dargaville

Von Dargaville führt der SH12 durch plattes Farmland 17 km nach Süden zum 180 m hohen **Tokatoka Peak**. Vom Gipfel dieses erloschenen

Vulkans bietet sich ein wunderschöner Panoramablick. Zu erreichen ist er über einen mühsamen zehnminütigen Weg, der 1 km abseits des SH12 unweit des Tokatoka Pub beginnt.

Matakohe und das Kauri Museum

Matakohe liegt 30 km südöstlich des Tokatoka Peak am SH12 ▪ Kauri Museum ▪ Church Rd ▪ ⏲ tgl. 9–17 Uhr ▪ Eintritt $25 ▪ ✆ 09 431 7417, ⌨ kaurimuseum.com

Das sehenswerteste Museum des Nordens und eines der besten kleinen Museen des Landes ist das **Kauri Museum** im Weiler **Matakohe**, 30 km weiter südöstlich. Für eine Besichtigung sollte man mindestens drei Stunden einplanen. Das Museum befasst sich mit dem Einfluss des Kauri-Baums auf das Leben der Pioniere in Northland, deren Existenz sich auf das hervorragende Holz und das begehrte Harz *(gum)* des Baums gründete.

Im Zentrum der Ausstellung stehen die behelfsmäßigen Siedlungen um die Holzfällercamps, die Gumfields sowie das Leben der Kaufleute, die zu den Wenigen gehörten, die sich die feinen Kauri-Möbel und das schön bearbeitete Kauri-Harz leisten konnten. Diagramme beweisen, dass sogar der Tane Mahuta im Vergleich zu den Baumriesen der Urzeit ein Zwerg ist. Der Geruch nach frischem Sägemehl weist den Weg zur nachgebauten, dampfbetriebenen Sägemühle. Außerdem beherbergt das Museum eine tolle Sammlung von Kauri-Möbeln, -Booten und -Harzen.

Wer mit dem Bus unterwegs ist und das Museum besuchen möchte, muss in Matakohe übernachten.

Gumdiggers Café, Church Rd, gegenüber vom Museum, ✆ 09 431 7075. Das Museumscafé lädt zum Verweilen vor oder nach dem Besuch der Ausstellungen ein. Es gibt Wraps, Pasteten, Burger, Sandwiches und Kuchen, alles frisch und für unter $20. ⏲ tgl. 8.30–17 Uhr.
Matakohe Holiday Park, ✆ 0800 431 6431, ⌨ matakoheholidaypark.co.nz. Gepflegter kleiner Campingplatz an einem Hang mit tollem Hafenblick, 500 m hinter dem Museum. Camping $17, Cabins $65, Motelzimmer $120

📖 **Petite Provence**, 703c Tinopai Rd, 9 km südlich von Matakohe, ✆ 09 431 7552, ⌨ petiteprovence.co.nz. Reizendes B&B in ländlicher Umgebung mit Aussicht auf den Kaipara Harbour. Geschmackvoll eingerichtete, gemütliche Zimmer, auf Wunsch auch köstliches Abendessen ($45 p. P.). $150

Westliche Nordinsel

Stefan Loose Traveltipps

Raglan Auf Neuseelands tollsten Wellen reiten, in der Hafenbucht Kajak fahren oder einfach nur die entspannte Atmosphäre dieses unwiderstehlichen Hafenorts auf sich wirken lassen. S. 274

4 Waitomo Sich von Höhlenlabyrinthen mit märchenhafter Glühwürmchen-Beleuchtung verzaubern lassen und – egal ob kriechend, am Seil oder im Schlauchboot – Höhlen-Abenteuertrips genießen, die zu den besten der Welt gehören. S. 281

Egmont National Park Schöne Wanderungen führen um oder auf den kegelförmigen Vulkanberg Taranaki, den zweithöchsten Berg der Nordinsel. S. 295

Forgotten World Highway Durch einsame, wildromantische Landschaft geht es zur selbst ernannten Dorfrepublik Whangamomona, wo Reisende ihren Pass abstempeln lassen können. S. 302

5 Whanganui River Eine dreitägige Kanutour erkundet die grünen Schluchten und sanften Stromschnellen des längsten schiffbaren Flusses Neuseelands. S. 305

Kapiti Island Tagsüber sind in diesem Schutzgebiet viele seltene einheimische Vogelarten zu beobachten; wer über Nacht bleibt, kann sogar Kiwis erspähen. S. 320

Auf der westlichen Nordinsel herrscht ein feuchteres Klima als im Osten. Die stetigen Westwinde bringen Regen mit sich, der in abgeschiedenen Gebieten üppige Wälder gedeihen lässt und in flacheren Gegenden die Weiden für die Viehwirtschaft begrünt. Die Feuchtigkeit versickert im porösen Kalkstein und formt fantastische Höhlen wie die in der Region um Waitomo. Auf dem Gipfel des Taranaki gehen die Niederschläge als Schnee nieder, und über den Whanganui River gelangen die Wassermassen ins Meer. Die Flüsse der Region ergießen sich in die Tasmansee, in der hohe Wellen für hervorragende Surfbedingungen sorgen. An der Küste warten faszinierende Landschaften mit schroffen Landspitzen und Felstürmen.

Den besonderen Reiz der Region macht nicht zuletzt ihre bewegte **Geschichte** vor und nach Ankunft der Europäer aus. Im Naturhafen Kawhia an der Westküste landete vor Jahrhunderten das Ahnenkanu *Tainui*. Das Kanu wurde an der Stelle begraben, an der die Ahnen das Land betraten. Der Baum, an dem sie es festmachten, steht immer noch. **Kawhia** ist außerdem Geburtsort des großen Maori-Häuptlings **Te Rauparaha**, der sein Volk auf der Flucht vor besser bewaffneten Stämmen aus der Waikato-Region nach Kapiti Island und von dort weiter auf die Südinsel führte.

Wer von Norden kommt, erreicht zuerst die landwirtschaftliche Region **Waikato** mit der Provinzhauptstadt **Hamilton** in ihrem Zentrum. Hamilton selbst hat nicht viel zu bieten, aber in der unmittelbaren Umgebung findet sich die eine oder andere Attraktion. Das nahe **Raglan** lockt mit einem Weltklasse-Surfstrand, einigen tollen Unterkünften und Lokalen in einer wunderbar entspannten Atmosphäre. Südöstlich von Hamilton bezirzt am SH1 der Ort **Cambridge** mit ein wenig englischem Charme. Ein Muss für *Herr der Ringe-* und *Der Hobbit-*Fans sind die **Hobbiton**-Touren bei Matamata.

Im Süden schließt sich an Waikato das historisch bedeutsame **King Country** an, dessen Name auf die Maori-Königsbewegung (S. 280) zurückgeht. Es handelt sich um die letzte bedeutende Maori-Bastion Neuseelands, die sich schließlich der Kolonisation beugen musste.

Zu den Naturwundern der Region gehören die berühmten **Waitomo Caves** mit bizarren Kalksteinformationen und „Glühwürmchengrotten", die sich auf wunderbaren Abenteuertouren erkunden lassen.

Weiter südlich liegt die Halbinsel Taranaki, die auf der Landkarte an einen überdimensionalen Daumenabdruck erinnert und vom symmetrischen Vulkankegel des **Taranaki** (Mt Egmont) im Zentrum des **Egmont National Park** beherrscht wird. Am Fuße des Vulkans lohnt **New Plymouth** einen Besuch wegen seiner ausgezeichneten Galerie für zeitgenössische Kunst und der zahlreichen, leicht zugänglichen **Surfstrände**.

Das landeinwärts gelegene **Taumarunui** ist eine gute Ausgangsbasis für mehrtägige Kanutouren auf dem Whanganui River durch das Herz des üppig grünen **Whanganui National Park**. Der Fluss durchschneidet das hübsche Künstlerstädtchen **Wanganui**, dessen Vergangenheit als Flusshafen auf einer Ausflugsfahrt mit einem restaurierten Schaufelraddampfer wieder lebendig wird.

Rund 60 km weiter südöstlich liegt im Zentrum der fruchtbaren, von Milchwirtschaft geprägten Region Manawatu die Universitätsstadt **Palmerston North**. Eine Handvoll ländlicher Ortschaften säumt den Highway Richtung Süden zur Kapiti Coast. Hier dient der relaxte Strandort **Paraparaumu** als Ausgangspunkt für Bootsfahrten zum paradiesischen Vogelschutzgebiet **Kapiti Island**.

Transport

Die Hauptbahnstrecke von Auckland nach Wellington führt nur durch einen Teil der Region. Von Oktober bis April gibt es in beide Richtungen täglich einen **Zug** (von Mai bis September nur freitags, samstags und sonntags). Außerdem verkehren häufige Pendlerzüge zwischen Wellington und Waikanae.

Die meisten **Fernbusse** betreiben InterCity/Newmans/Great Sights und NakedBus, die ihr Netz teils von regionalen Busunternehmen abdecken lassen. Dazu gibt es noch The Naki Bus, ☎ 0508 465 622, 🖥 nakibus.co.nz, mit der Strecke Auckland–Hamilton–Otorohanga–Te Kuiti–New Plymouth–Hawera.

N

0   50 km

↟ *Auckland*

Huntly
Te Aroha
KAIMAI MAMAKU FOREST PARK
Waingaro Hot Springs
Morrinsville
Tauranga
Ngaruawahia
Raglan
Hamilton
Hobbiton
Matamata
Cambridge
WAIKATO
Tirau
PIRONGIA FOREST PARK
Te Awamutu
Kawhia
Putaruru
Waitomo
Otorohanga
Marokopa
Te Anga
Waitomo
Tokoroa
Waikato River
Te Kuiti
Whakamaru

TASMAN-SEE

KING COUNTRY
PUREORA FOREST PARK
Awakino
Taupo
Mokau
Mokau River
Tongaporutu
Lake Taupo
Whitecliffs Walkway
Tangarakau Gorge
Taumarunui
North Taranaki Bight
Waitara
Urenui
Whangamomona

New Plymouth
Oakura
Inglewood
FORGOTTEN WORLD HIGHWAY
TARANAKI
Turangi
▲ Mt Taranaki (2518 m)
National Park
EGMONT NATIONAL PARK
Stratford
WHANGANUI NATIONAL PARK
TONGARIRO NATIONAL PARK
Opunake
Raetihi
Ohakune
Lake Rotorangi
Pipiriki
Hawera
Whanganui River
South Taranaki Bight
Bushy Park
Patea
Whangaehu River
Rangitikei River
RUAHINE FOREST PARK

Wanganui

Bulls
MANAWATU
Ashhurst
Manawatu River
Palmerston North
Woodville
Foxton
Manawatu Gorge
Waiterere
Levin
TARARUA FOREST PARK
Otaki Beach
Otaki
Kapiti Island
Otaki Forks
Paraparaumu
Waikenae
Masterton
Paekakariki
D'Urville Island
Porirua

Cook Strait

Nelson
Picton
Wellington

▸ *Rotorua*

▸ *Napier*

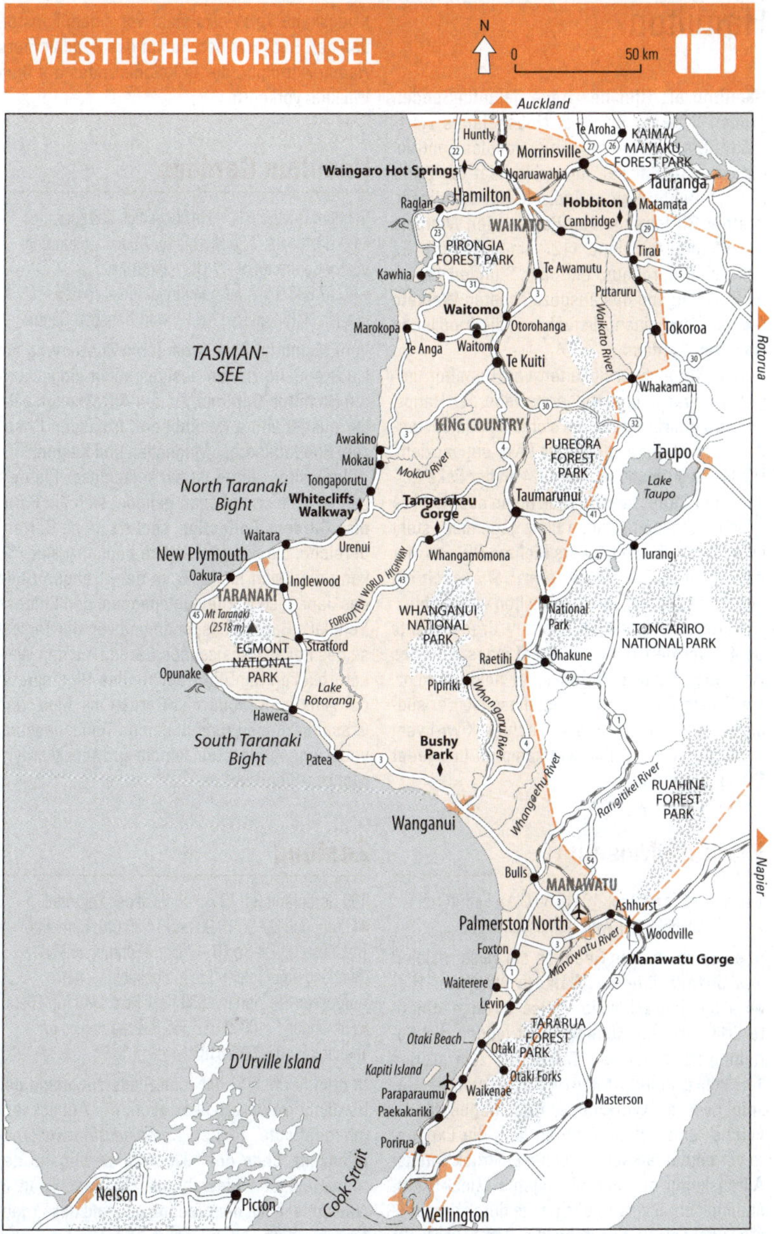

Hamilton

Hamilton am Ufer des träge dahinfließenden grünen Waikato River ist Neuseelands viertgrößte Stadt, aber eher ein regionales Zentrum als ein Touristenziel. Immerhin liegt die Stadt in Reichweite einiger Topziele der Nordinsel, wie der Surfstrände von Raglan, der Waitomo Caves und Auckland (127 km nördlich). Es lohnt sich durchaus, ein paar Stunden für eine Besichtigung des ausgezeichneten **Waikato Museum** und einen Abstecher in die friedlichen **Hamilton Gardens**.

Alle Sehenswürdigkeiten von Hamilton liegen an oder in unmittelbarer Nähe der Hauptstraße **Victoria Street**, die sich am baumbestandenen Westufer des Waikato River entlangzieht. Die **Wesley Chambers** von 1924 an der Ecke Collingwood Street beherbergen heute das Hotel Le Grand. Auf einem kleinen Platz gegenüber steht eine Statue des Engländers **Richard O'Brien**, der das Musical *The Rocky Horror Show* schrieb und seine Jugendjahre in Hamilton verbrachte.

Mitte Juni findet im Mystery Creek Events Centre vor den Toren der Stadt jedes Jahr das viertägige Festival **Fieldays**, 🖥 fieldays.co.nz, statt, die größte Landwirtschaftsschau der südlichen Hemisphäre und ein echtes Kiwi-Event mit Schafschur, Pflügewettkämpfen und jeder Menge Unterhaltung.

Waikato Museum

1 Grantham St ▪ ⏰ tgl. 10–16.30 Uhr ▪ Eintritt frei ▪ ✆ 07 838 6606, 🖥 waikatomuseum.co.nz

In einem modernen Gebäude am Fluss residiert das ausgezeichnete **Waikato Museum**. Hier wird auf fantasievolle Weise Lokalgeschichte erläutert, der Höhepunkt ist jedoch die Abteilung zur Kultur der **Tainui**, die zum großen Teil von örtlichen Maori kuratiert wurde. Gezeigt werden Werkzeuge, Ritualgegenstände, Flachs- und Schnitzarbeiten, und die Exponate vermitteln tatsächlich einen Eindruck von der Alltagskultur der vier wichtigsten Tainui-Unterstämme: Ergänzt wird das Ganze durch regelmäßig wechselnde Kunstobjekte. Das prachtvolle

Kriegskanu *Te Winika* steht vor einem Fenster, das den Blick auf den Rumpf des Raddampfers *Rangiriri* freigibt, der in Kolonialzeiten auf dem Waikato verkehrte.

Hamilton Gardens

Cobham Drive (SH1), 4 km südöstlich des Zentrums ▪ ⏰ Gärten tgl. 7.30 Uhr bis zur Abenddämmerung; Visitor Centre tgl. 9–17 Uhr ▪ Eintritt frei ▪ ✆ 07 838 6782, 🖥 hamiltongardens.co.nz ▪ Bus Nr. 10 (Sa und So Nr. 17) vom Transport Centre

Vom Memorial Park verläuft ein Spazierweg am Fluss entlang zu den riesigen, nicht eingezäunten **Hamilton Gardens**. Zu den Attraktionen zählen ausgedehnte Rosenbeete, tropische Pflanzen, Rhododendren, Magnolien und Kakteen.

Im Visitor Centre ist ein kostenloser Plan erhältlich. Gleich nebenan befindet sich die **Paradise Gardens Collection**, sechs schöne Gartenbereiche, die unterschiedlich bepflanzt sind. So kann man sich hier z. B. in der strengen Stille des Japanese Garden entspannen, den Chinese Scholar's Garden besuchen und von der Terrasse des Italian Renaissance Garden auf den Waikato blicken. Ein überraschendes Highlight ist der American Modernist Garden mit Aloe- und Graspflanzungen rund um einen Teich, gesäumt von Liegestühlen und einem großen Marilyn-Monroe-Siebdruck.

Zealong

495 Gordonton Rd, 13 km nördlich des Zentrums ▪ Führungen Di–So 10.30 und 14.30 Uhr; Camellia Teahouse ⏰ Di–So 10–17 Uhr ▪ Führungen $18 (Buchung empfohlen); Tee mit beliebig vielen Aufgüssen $8; high tea $30 für 1 Pers., $48 für 2 Pers. ▪ Führungen ✆ 0800 932 566, 🖥 zealong.co.nz; Teehaus ✆ 07 853 3018

In dem flachen Schaf- und Rinderzuchtland des nördlichen Waikato überrascht der Anblick langer gepflegter Reihen *Camellia sinensis* (Teepflanzen). Ende der 1990er-Jahre begann der taiwanesische Einwanderer Vincent Chen in Neuseeland mit dem Teeanbau – und das Ergebnis kann sich sehen lassen. In erster Linie wird

Hamilton

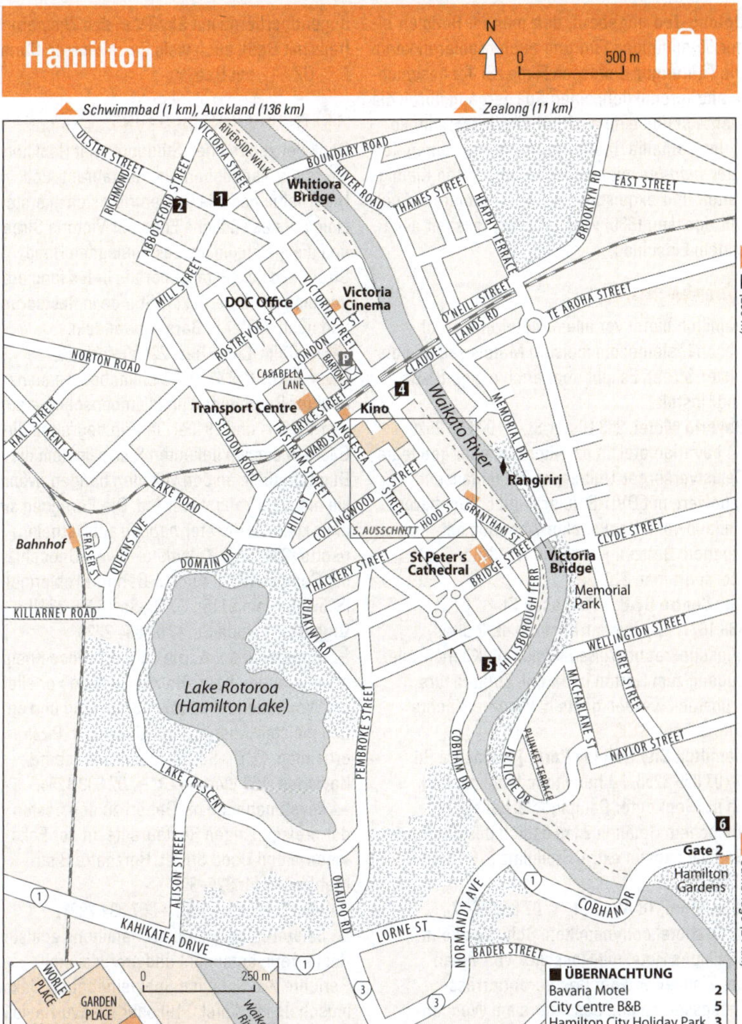

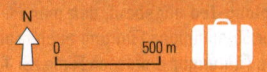

N
0   500 m

▲ Schwimmbad (1 km), Auckland (136 km)   ▲ Zealong (11 km)

→ 3 (200 m)

WESTLICHE NORDINSEL

ULSTER STREET
RIVERSIDE WALK
VICTORIA STREET
RICHMOND STREET
ABBOTSFORD STREET
BOUNDARY ROAD
RIVER ROAD
THAMES STREET
EAST STREET
BROOKLYN RD
HEAPHY TERRACE

2   **1**

Whitiora Bridge

MILL STREET

NORTON ROAD

DOC Office
ROSTREVOR ST
VICTORIA ST
LONDON STREET
O'NEILL STREET
LANDS RD
TE AROHA STREET

Victoria Cinema

CASABELLA LANE

P

4

HALL STREET
KENT ST
LAKE ROAD

Transport Centre   **Kino**

SEDDON ROAD
TRISTRAM STREET
BRYCE STREET
WARD ST
ANGLESEA STREET
CLAUDELANDS

MEMORIAL DR

Rangiriri

Waikato River

Bahnhof
FRASER ST
QUEENS AVE

DOMAIN DR

HILL ST
COLLINGWOOD ST
THACKERY STREET
RUAKIWI RD
HOOD ST
GRANTHAM STREET
BRIDGE STREET
HILLSBOROUGH TERR
CLYDE STREET

KILLARNEY ROAD

S. AUSSCHNITT

St Peter's Cathedral

Victoria Bridge

Memorial Park

Lake Rotoroa (Hamilton Lake)

LAKE CRESCENT

PEMBROKE STREET

COBHAM DR

WELLINGTON STREET
MACFARLANE ST
GREY ST
NAYLOR STREET

5

RADIO

ALISON STREET

6

Gate 2
Hamilton Gardens

◄ Auckland

① KAHIKATEA DRIVE

OHAUPO RD

LORNE ST

NORMANDY AVE

BADER STREET

COBHAM DR

① ③ ③

PINE AVENUE

→ Cambridge (24 km)

Inset map:

WORLEY PLACE
GARDEN PLACE
VICTORIA STREET
Waikato River

@ i

Bücherei

Wesley Chambers

① Riff-Raff-Statue

②

③

④

⑤ ⑤

⑥ ⑤

Waikato Museum

COLLINGWOOD ST
ALEXANDRA ST
ANGLESEA STREET
HOOD ST

Anglesea Clinic & Pharmacy ✚

0   250 m

■ ÜBERNACHTUNG

Bavaria Motel	2
City Centre B&B	5
Hamilton City Holiday Park	3
Ibis Tainui	4
J's Backpackers	6
Microtel YHA Backpackers	1

● RESTAURANTS, CAFÉS AND BARS

Chim-Choo-Ree	1
Diggers	6
Keystone	5
Palate	3
The River Kitchen	2
Scotts Epicurean	4

▼ Flughafen (12 km), Te Awamutu (30 km)

Oolong-Tee angebaut, den man im Rahmen einer 50-minütigen Führung auch probieren kann. Die **Führungen** umfassen Filme zur Teegeschichte und -produktion, einen Spaziergang durch die Plantage und eine ausführliche Teezeremonie.

Im Camellia Teahouse kann man einen Tee oder *high tea* mit köstlichen herzhaften Kleinigkeiten und exquisitem Kuchen probieren. Auch Mittagessen ($30) wird serviert, teils mit asiatischem Einschlag.

ÜBERNACHTUNG

Hamilton bietet vor allem Motelzimmer für Geschäftsleute; die meisten Motels säumen die Ulster Street. Es gibt aber auch einige B&Bs und Hostels.

Bavaria Motel, 203 Ulster St, ✆ 07 839 2520, 🖥 bavariamotel.co.nz. Alternde, aber gepflegte Selbstversorger-Units, zum Teil umfassend renoviert, mit DVD-Spielern und brauchbarer Filmauswahl. Backpacker-Angebot: mit eigenem Bettzeug, eigenen Handtüchern etc. spart man $10. $90

City Centre B&B, 3 Anglesea St, ✆ 07 838 1671, 🖥 citycentrebnb.co.nz. 2 preisgünstige, recht große Zimmer mit Küchenzeile, Zugang zum Garten und Pool. Zutaten fürs Frühstück werden gestellt. Weitere Nächte sind billiger. $130

Hamilton City Holiday Park, 14 Ruakura Rd, ✆ 07 855 8255, 🖥 hamiltoncityholidaypark. co.nz. Gepflegter Campingplatz auf parkähnlichem Gelände 2 km östlich des Zentrums. Bettzeug kostet extra. Stellplatz $16, Cabins $45, Units $100

Ibis Tainui, 18 Alma St, ✆ 07 859 9200, 🖥 ibishotel.com/hamilton. Schickes achtstöckiges Hotel mit Flussblick von vielen der Zimmer und der Restaurantterrasse. Gemessen an den besonders am Wochenende gemäßigten Preisen sind die Zimmer sehr gut ausgestattet. $100

J's Backpackers, 8 Grey St, ✆ 07 856 8934, 🖥 jsbackpackers.co.nz. Lockeres Hostel in einem Wohngebiet ca. 3 km südöstlich des Zentrums. Kleiner Garten mit Grill und Ruhelounge in einer Jurte. Dorms $28, DZ $60

Microtel YHA Backpackers, 140 Ulster St, ✆ 07 957 1848, 🖥 microtel.co.nz. Moderne

Jugendherberge mit Sky TV in den Zimmern (teils mit Bad), auch viele Einzelzimmer. Dorms $28, DZ $61, mit Bad $75

ESSEN UND UNTERHALTUNG

Dank der zahlreichen Studenten hat Hamilton ein reges Nachtleben. Die Restaurant- und Unterhaltungsmeile konzentriert sich in erster Linie auf das südliche Ende der Victoria Street und die gleich um die Ecke gelegene Hood Street, wo Lokale tagsüber als **Cafés** fungieren und sich zu vorgerückter Stunde in **Restaurants** und noch später in **Bars** verwandeln.

🧳 **Chim-Choo-Ree**, 224 Victoria St, ✆ 07 839 4329, 🖥 chimchooree.co.nz. Ein nackter Betonboden und Lampenschirme aus den 1930er- und 1940er-Jahren begrüßen die Gäste in diesem beliebten Bistro, in dem die Bugholzstühle an den Wänden hängen, wenn sie nicht gebraucht werden. Die Portionen sind eher klein: gerösteter *hapuku* auf Garnelenrisotto ($34) oder Kalamata-Oliven-Gnocchi mit Gemüse ($32). Auch 5-Gänge-Probiermenü ($85; mit Wein $115). ⏲ Di–Sa 16.30–23 Uhr.

Diggers, 17 Hood St, ✆ 07 834 2228, 🖥 diggersbar.co.nz. Die schnörkellose Kneipe mit der langen Kauri-Holztheke lockt vor allem am Wochenende mit toller Stimmung und an den meisten Abenden mit Livemusik. Pizza erhältlich. ⏲ Di–So 15–22 Uhr oder später.

Keystone, 150 Victoria St, ✆ 07 839 4294, 🖥 keystonebar.co.nz. Gehört zu den besten der preisgünstigen Restaurants an der Ecke Victoria und Hood Street. Herzhafte Bistro-Mahlzeiten für $25–30.

Palate, 170 Victoria St, ✆ 07 834 2921, 🖥 palaterestaurant.co.nz. Hamiltons edelstes Restaurant, entspannt und professionell. Gerichte wie Salat mit Schweinebauch, Jakobsmuscheln mit Apfel ($19) oder Wagyu-Ravioli mit Rote-Bete-Püree auf Kartoffelauflauf ($35). ⏲ Mo–Sa 18–23 Uhr.

📖 **The River Kitchen**, 237 Victoria St, ✆ 07 839 2906. Frühstück, tolle Sandwiches und Salate sowie sehr guter Kaffee. ⏲ Mo–Fr 7–16, Sa und So 8–15 Uhr.

Scotts Epicurean, 181 Victoria St, ✆ 07 839 6680. Betriebsames Café-Restaurant für gute Sandwiches, Kuchen und Muffins, tollen

Kaffee und schön präsentiertes Frühstück wie Rührei mit Blutwurst ($17). ⊕ Mo–Fr 7–16, Sa und So 8.30–16 Uhr.

Kino
Victoria Cinema, 690 Victoria St, ✆ 07 838 3036, ▭ victoriacinema.co.nz. Aktuelle und Arthouse-Filme.

SONSTIGES

Informationen
i-SITE Visitor Centre, 5 Garden Place, ✆ 07 958 5960, ▭ visithamilton.co.nz. ⊕ Mo–Fr 9–17, Sa und So 9.30–15.30 Uhr. **DOC Office**, Level 5, 73 Rostrevor St, ✆ 07 858 1000. ⊕ Mo–Fr 8.30–16.30 Uhr. Wanderinformationen und Hüttenpässe.

Internet
Kostenloses WLAN rund um den **Garden Place** und kostenlos zu nutzende Computer und WLAN in der **Central Library**, 9 Garden Place, ✆ 07 838 6826, ⊕ Mo–Fr 9–20.30, Sa 9–16, So 12–15.30 Uhr.

NAHVERKEHR

Stadtbusse
Busit, ✆ 0800 4287 5463, ▭ busit.co.nz. Stadtbusse sowie Busse ab Transport Centre nach Cambridge, Te Awamutu, Raglan und Paeroa; kostenlose Fahrpläne gibt's im Transport Centre und im i-SITE. Ein Einzelfahrschein für $3,10 gilt innerhalb der Stadtgrenzen 2 Std. lang, mit Umsteigen.

Taxis
Taxistand beim Transport Centre. Telefonische Taxibestellung bei **Hamilton Taxis**, ✆ 0800 477 477.

TRANSPORT

Busse
Transport Centre, 373 Anglesea St, Ecke Bryce St. Der moderne Busbahnhof im Stadtzentrum ist Knotenpunkt für Regional- und Fernbusse. Hier gibt es auch Schließfächer für das Gepäck ($4), und es werden Tickets für InterCity-, NakedBus- und Naki-Busse verkauft. ⊕ Mo–Do 7–18, Fr 7–19, Sa 9–16.30, So 9–16 Uhr.

Busse nach:
AUCKLAND 16–19x tgl., 2 Std.;
CAMBRIDGE 12x tgl., 30 Min.;
MATAMATA 4x tgl., 1 Std.;
NEW PLYMOUTH 4x tgl., 4 Std.;
NGARUAWAHIA 14–16x tgl., 15 Min.;
OTOROHANGA 5x tgl., 1 Std.;
PAEROA 2x tgl., 1 1/2 Std.;
RAGLAN 2–3x tgl.,1 Std.;
ROTORUA 8x tgl., 1 3/4 Std.;
TAUPO 6x tgl., 2–3 Std.;
TAURANGA 4x tgl., 1 3/4 Std.;
TE AROHA 3x tgl., 1 Std.;
TE AWAMUTU 8x tgl., 30 Min.;
TE KUITI 4x tgl., 1–1 3/4 Std.;
THAMES 2x tgl., 1 3/4 Std.;
TIRAU 11x tgl., 1/2–1 Std.;
WANGANUI 2x tgl., 6–8 Std.;
WELLINGTON 7x tgl., 9 Std.

Eisenbahn
Bahnhof, Fraser St, im Vorort Frankton, knapp 2 km südwestlich des Stadtzentrums. Bus Nr. 3 fährt von hier aus zum Transport Centre, wo auch Bahnfahrkarten erhältlich sind.

Züge nach:
AUCKLAND 3–7x wöchentl., 2 1/2 Std.;
WELLINGTON 3–7x wöchentl., 9 1/2 Std.

Flüge
Der internationale Flughafen von Hamilton liegt 15 km südlich der Stadt. Von hier verkehrt der **Super Shuttle**, ✆ 0800 748 885, ins Zentrum (Fahrpreis $23).

Flüge nach:
AUCKLAND 3x tgl., 30 Min.;
CHRISTCHURCH 2x tgl., 1 3/4 Std.

Rund um Hamilton

Hamilton eignet sich gut als Basis für die Erkundung der Region Waikato, wo es einige Sehenswürdigkeiten zu entdecken gibt. Auf der Strecke von Auckland Richtung Süden ist der erste interessante Ort das für die Maori bedeutsame

Ngaruawahia. Wer auf dem Weg nach Raglan ist, kann Ngaruawahia auslassen und auf eine Nebenstraße Richtung **Waingaro Hot Springs** abbiegen. Kunstfreunde sollten Richtung Osten zur **Wallace Gallery** fahren, Hobbit-Fans zieht es nach **Hobbiton** in der Nähe von Matamata. Cambridge und Tirau südöstlich von Hamilton sind eigentlich nur Zwischenstopps auf dem Weg nach Taupo. **Te Awamutu** im Süden zelebriert sein Maori-, Pakeha- und Finn-Brothers-Erbe.

Waingaro Hot Springs

Waingaro Rd, 40 km nordwestlich von Hamilton ▪ ⏰ tgl. 9–21.30 Uhr ▪ Eintritt $11; Warmwasserrutsche $6 extra (ganzer Tag) ▪ ✆ 07 825 4761, ⌨ waingarohotsprings.co.nz

Wer von Auckland nach Raglan unterwegs ist, kann einen Zwischenstopp bei den altmodischen **Waingaro Hot Springs** einlegen, die mit ihren drei Warmwasserbecken und Neuseelands längster Warmwasserrutsche ein echtes Stück Kiwi-Freizeitkultur bieten.

Ngaruawahia

Das historisch und kulturell bedeutsame landwirtschaftliche Zentrum **Ngaruhawahia**, 18 km nordwestlich von Hamilton am SH1, liegt am Zusammenfluss von Waikato und Waipa. Beide Flüsse waren wichtige Kanurouten der Maori. Hier hatte die **Königsbewegung** (S. 280) ihre Wurzeln. Der Ort ist heute noch Sitz der Maori-Könige und war 1995 Schauplatz der Unterzeichnung des Raupatu Land Settlement, mit dem die neuseeländische Regierung der Tainui-Stammesföderation Entschädigungszahlungen für die gewaltsame Landnahme in den 1860er-Jahren zubilligte.

Die Maori-Tradition ist besonders eindrucksvoll am **Regatta Day** zu erleben. Er wird alljährlich an dem Samstag veranstaltet, der dem 17. März am nächsten liegt. Auf beiden Flüssen ziehen dann prächtig verzierte Kriegskanus am Maori-König vorbei, und am **Turangawaewae Marae** (an der unmittelbar nördlich der Brücke

vom SH1 abzweigenden River Road, nur am Regatta Day geöffnet) finden Hürdenläufe und ähnliche Wettkämpfe statt.

Wallace Gallery

167 Thames St, Morrinsville, 33 km nordöstlich von Hamilton ▪ ⏰ Di–So 10–16 Uhr ▪ Eintritt frei ▪ ✆ 07 889 7791, ⌨ morrinsvillegallery.org.nz

Im gesichtslosen Agrarort Morrinsville überrascht diese kleine, aber sehr gute Galerie, ein Ableger des Wallace Arts Centre (S. 151) in Auckland. Sie befindet sich im ehemaligen Postamt aus der Mitte des 20. Jhs. Die wechselnden Ausstellungen präsentieren Werke der umfassenden Wallace-Sammlung von zeitgenössischer neuseeländischer Kunst.

Matamata

Die auf Milchwirtschaft und Rennpferdezucht spezialisierte Gemeinde **Matamata**, 63 km östlich von Hamilton, gelangte vor ein paar Jahren zu plötzlichem Ruhm, als hier die Hobbiton-Szenen für die *Herr der Ringe*-Trilogie gedreht wurden (in der deutschen Fassung heißt das Hobbitdorf „Hobbingen"). Im Ortszentrum stehen ein paar lebensechte Figuren aus dem *Herrn der Ringe*, doch der Hobbiton-Drehort auf einer Schafsfarm 16 km südwestlich des Orts ist nur im Rahmen einer Führung zu besichtigen.

Hobbiton Movie Set and Farm Tours

501 Buckland Rd, 16 km südöstlich von Matamata ▪ Führungen tgl. 9.30, 10.45, 12, 13.15, 14.30, 15.45 Uhr, in der Hauptsaison zusätzlich um 17 Uhr und evtl. auch öfter ▪ Eintritt $66 ▪ ✆ 07 888 9913, ⌨ hobbitontours.com ▪ kostenloser Shuttle vom i-SITE in Matamata oder per Tour von Rotorua (2x tgl., $99)

Zwischen den Dreharbeiten für die drei *Herr der Ringe*-Filme von Peter Jackson Anfang der 2000er-Jahre hatte man die Filmsets größtenteils abgebaut. Nach den Dreharbeiten für den *Hobbit* Ende 2011 wurden alle Kulissen stehen gelassen. Besucher können nun über einen Hügel mit 42 Hobbithöhlenfassaden spazieren. Die Schornsteine erscheinen verrußt, das Moos an den Zäunen sieht völlig echt aus, und es gibt einen Obstgarten mit Apfel- und Birnbäumen. Auf der anderen Seite des Sees haben die Filmemacher zwei reetgedeckte Gebäude errichtet: eine Wassermühle, die über eine „Steinbrücke" mit dem Gasthaus „Zum Grünen Drachen" verbunden ist. Eingefleischte Fans werden ihre Freude an den ungeschönten Anekdoten von den Dreharbeiten haben, die die Tourguides zu erzählen wissen. Für weniger enthusiastische Fans sind die 90-minütigen Führungen allerdings etwas lang. Stärkungen hält das Shire's Rest Café bereit.

ESSEN

Workman's Café & Bar, 52 Broadway, ✆ 07 888 5498. Flippiges Café mit Schanklizenz und viel Elan. Bestens geeignet für Kaffee, Kuchen und Snacks, geboten werden aber auch Gerichte wie Rindfleischsalat mit Rübchen ($22). ◷ Di 16–21, Mi–So 7–21 Uhr oder später.

INFORMATIONEN UND TRANSPORT

i-SITE, 45 Broadway, ✆ 07 888 7260, ▭ matamatanz.co.nz. Hobbiton-Informationen und Internetzugang. ◷ Mo–Fr 9–17, Sa und So 9–14.30 Uhr.
InterCity- und NakedBus-**Busse** auf der Strecke Auckland–Rotorua halten am i-SITE.

Busse nach:
AUCKLAND 1x tgl., 3 Std.;
HAMILTON 4x tgl., 1 Std.;
ROTORUA 1x tgl., 50 Min.;
TAURANGA 3x tgl., 1 Std.

Cambridge

Cambridge, 24 km südöstlich von Hamilton, wurde 1864 als Milizstützpunkt am oberen Ende des schiffbaren Abschnitts des Waikato River gegründet und ist heute von Gestüten umgeben. Es besitzt sogar einen **Equine Stars Walk of Fame** mit Mosaiken der in Cambridge gezüchteten Turniersieger im Bürgersteig. Im i-SITE sind Informationen zu einer 90-minütigen Gestüttour ($110 für bis 3 Pers.) erhältlich.

Beim i-SITE gibt es auch eine Gratisbroschüre für einen Stadtrundgang von etwa einer Stunde Dauer, um die eleganten **Gebäude aus dem 19. und 20. Jh.** zu besichtigen.

ESSEN

The Deli on the Corner, 48 Victoria St, ✆ 07 827 5370. Das beste Café am Ort residiert im großzügigen Triangle Building von 1920. Hervorragende Sandwiches, Pasteten und Wraps sowie Brunch-Gerichte wie Sahnepilze auf Toast ($14; bis 14 Uhr). Sehr guter Kaffee, dazu Muffins, Brotpudding mit Beeren ($6) und Eiscreme. ◷ Mo–Fr 8–17, Sa 8–16, So 9–15 Uhr.

INFORMATIONEN UND INTERNET

i-SITE Visitor Centre, Queen St, Ecke Victoria St, ✆ 07 823 3456, ▭ cambridgeinfo.co.nz. Im ehemaligen Büchereigebäude, mit **Internetzugang**. ◷ Mo–Fr 9–17, Sa und So 10–16 Uhr.

TRANSPORT

Busse von InterCity und NakedBus halten auf der Route AUCKLAND–WELLINGTON 50 m vom i-SITE in der Lake Street. BusIt, ✆ 0800 287 5463, betreibt eine Busverbindung von HAMILTON (12x tgl., 30 Min.), die vor 36 Victoria St hält. Zudem gibt es Busse nach MATAMATA 1–2x tgl., 30 Min., und TAURANGA 1–2 x tgl., 1 1/2 Std.

Tirau

Fast jeder scheint im landwirtschaftlich geprägten Ort **Tirau**, 55 km südöstlich von Hamilton, eine Kaffeepause einzulegen. Der Highway durch den Ort ist komplett von Wellblechbauten gesäumt. Alles begann mit einem Wollgeschäft in einem Wellblechschaf, gefolgt von einem Schäferhund, in dem das **i-SITE** residiert. Die Wellblechbauten sind inzwischen zum Wahrzeichen des Orts geworden, und Blechbauten und -schilder finden sich an jeder Ecke.

ESSEN

Beanz & Machines, 1 Hillcrest St, ✆ 07 883 1146. Kleine Rösterei mit begrenztem Speiseangebot, aber erstklassigem Kaffee und allem möglichen Kaffeezubehör. ◷ tgl. 7–16 Uhr.

i-SITE, SH1, ✆ 07 883 1202,
🖥 tirauinfo.co.nz, 🕐 tgl. 9–17 Uhr.

Te Awamutu

„TA", wie die Einheimischen ihre Stadt nennen, ist musik- und militärhistorisch interessant. Der Geburtsort der Brüder Tim und Neil Finn, die mit **Crowded House** zu musikalischem Ruhm gelangten, liegt 30 km südlich von Hamilton inmitten von Hügeln und Kuhweiden vor der Kulisse des Mount Pirongia.

Das i-SITE liegt gegenüber den weitläufigen **Rosengärten**, die sich von November bis Mai von ihrer schönsten Seite zeigen, Eintritt frei, 🕐 durchgehend. Außerdem gibt es beim i-SITE den Schlüssel zur Garnisonskirche **St John's** von 1854, die gegenüber in der Arawata Street steht. Im Innern der Kirche findet sich eine in Maori-Sprache verfasste Würdigung jener Maori, die trotz Beschuss auf das Schlachtfeld robbten, um verwundeten britischen Soldaten Wasser zu bringen.

Te Awamutu Museum

135 Roche St ▪ 🕐 Mo–Fr 10–16, Sa 10–13, So 13–16 Uhr ▪ Eintritt frei ▪ ✆ 07 872 0085, 🖥 tamuseum.org.nz

Das **Te Awamutu Museum** zeigt interessante Ausstellungen über die europäischen Siedler und die Landkriege, außerdem über die Finn-Brüder. Im Raum mit den Maori-Artefakten ist vor allem **Uenuku** bemerkenswert, eine 2,7 m hohe Darstellung einer Maori-Gottheit. Sie hat nur wenig mit anderen Schnitzarbeiten der Maori gemein, was für die These spricht, dass das Werk vor 1500 entstand. Zurzeit ist Uenuku im Rahmen einer großen Tainui-Ausstellung im Te Papa in Wellington zu sehen, die Skulptur soll aber Anfang 2014 wieder hierher zurückkehren.

Empire Espresso Bar, 65 Sloane St, ✆ 07 871 2095, 🖥 empireespresso.co.nz. Schickes kleines Café im Eingang eines ehemaligen Kinos von 1915 mit tollen kleinen Speisen am Tresen, kleinem Frühstück und Mittagessen wie Cajun-

Huhn mit Hummus und Salat ($16). Zum Kaffee passen gut die Passionsfrucht-Macadamia-Makronen. 🕐 Mo–Fr 6–15.30, Sa 6–14.30 Uhr.
Fahrenheit, 13 Roche St, ✆ 07 871 5429. An einem sonnigen Nachmittag lassen sich auf der Terrasse an der Hauptstraße gut ein Bier, ein Caesar-Salat ($17) oder Tapas ($12) wie Entenconfit-Arancini-Kugeln oder Calamari genießen. 🕐 Di–So 10–22 Uhr oder später.

i-SITE Visitor Centre, 1 Gorst Ave, ✆ 07 871 3259, 🖥 teawamutuinfo.com. Infos sowie kostenlose warme Duschen. 🕐 Mo–Fr 9–17, Sa und So 10–16 Uhr.
Finn Tour. Fans der Finn-Brüder können anhand eines im i-SITE erhältlichen Büchleins ($5) einen Rundgang zu den für die Brüder prägenden Orten unternehmen – ziemlich unspektakulär.

Die **Busse** von InterCity, NakedBus und The Naki Bus halten am i-SITE Visitor Centre. BusIt-Busse verkehren nach HAMILTON (8x tgl., 30 Min.). Außerdem gibt es Busse nach OTOROHANGA (5x tgl., 20 Min.).

Raglan

Viele Urlauber bleiben weit länger als geplant im kleinen **Raglan**, 48 km westlich von Hamilton, am Südufer des großen, malerischen Naturhafens Whaingaroa Harbour. Sie können sich nur schwer von der hiesigen Künstler- und Kunsthandwerksszene und der lockeren Surfergemeinde losreißen. Surfer wiederum zieht es nach Raglan, weil es hier mit die besten „Lefthänder" der Welt gibt.

Cafés, Banken und Kneipen säumen die von Palmen beschattete **Bow Street**, an deren Westende der Hafen liegt. Von Spaziergängen an der Küste abgesehen bietet die Stadt wenig Attraktionen, sodass es die meisten Besucher gleich an die Surfstrände 8 km südlich zieht.

Dort sowie noch weiter südlich bei den **Bridal Veil Falls** bieten sich gute Wander- und Reitmöglichkeiten. Weite Ausblicke auf den Raglan

Harbour und die Küste entlang eröffnen sich vom Gipfel des **Mount Karioi** (755 m), der über eine kurvenreiche Schotterstraße zu erreichen ist.

Geschichte

Den südlichen Horizont dominiert der **Mount Karioi**, nach der Maori-Legende das eigentliche Ziel des großen Wanderkanus Tainui. Doch an der Hafeneinfahrt versperrte eine Sandbank den Weg, weshalb die Maori den Hafen Whangaroa („lange Reise") nannten. Um Verwechslungen mit einem gleichnamigen Ort zu vermeiden, wurde der Name später in Whaingaroa geändert. 1855 schließlich wurde Whaingaroa nach einem tragischen britischen Helden des Krimkriegs in Raglan umgetauft.

Raglan Museum

15 Wainui Rd ▪ ⏱ Nov–März Mo–Do 9.30–16, Fr 9.30–17, Sa und So 10–17, April–Okt Mo–Do 10–16, Fr 10–17, Sa 10–16, So 10–15 Uhr ▪ Eintritt $2 ▪ 📞 07 825 0556, 🖥 raglanmuseum.co.nz
Über das i-SITE-Büro hat man Zugang zu diesem kleinen Museum mit bescheidenen Ausstellungen zur Geschichte der Gegend. Für Surffans interessant: ein kurzer Film, in dem gezeigt wird, wie man in den 1970er-Jahren mit Computern die besten Tage für eine Fahrt an die Küste errechnen wollte.

Old School Arts Centre

Stewart St ▪ 📞 07 825 0023, 🖥 raglanartscentre.co.nz
Raglan beherbergt eine Handvoll Galerien wie das **Old School Arts Centre**, das von der Künstlergemeinde der Stadt betrieben wird. Hier findet jeden zweiten Sonntag im Monat von 10 bis 14 Uhr ein interessanter **Markt** mit regionalen Erzeugnissen statt, 🖥 raglanmarket.com. Außerdem gibt das Arts Centre die kostenlose Broschüre *Raglan Arts Trail* heraus.

Te Kopua und Ocean Beach

Der sicherste Badestrand ist **Te Kopua** mitten in der Stadt. Er ist über die Fußgängerbrücke am unteren Ende der Bow Street oder mit dem Auto über Wainui Road und Marine Parade zu erreichen. **Ocean Beach**, unmittelbar außerhalb der Stadt an der Wainui Road auf dem Weg nach

Whale Bay, bietet großartige Ausblicke auf die Fels- und Sandzunge, die die Hafeneinfahrt abschirmt, und ist ein hübscher Ort für ein Picknick. Aufgrund der starken Unterströmungen ist das Schwimmen hier jedoch gefährlich. Die berühmten **Surfstrände** liegen rund 8 km außerhalb der Stadt, Kasten S. 276.

Te Toto und Mount Karioi Track

Beide Wege beginnen 12 km südlich von Raglan an der Whaanga Rd ▪ Te Toto: 2 km hin und zurück, 1 Std., 200 m Anstieg auf dem Rückweg ▪ Karioi: 8 km hin und zurück, 5–6 Std., 650 m Anstieg, bei schlechtem Wetter nicht zu empfehlen
Die Möglichkeit für eine kurze Wanderung bietet der **Te Toto Track**, der von einem Parkplatz aus durch Küstenwald steil bergab zum grünen Ufer des Te Toto Stream führt. Von hier gelangt man anschließend recht einfach zum Steinstrand.

Am selben Parkplatz beginnt auch der sehr viel anstrengendere **Mount Karioi Track**. Er folgt einem Kammweg mit Manuka-Bäumen, in dessen Verlauf die Ausblicke auf die Küste immer beeindruckender werden. Nach einer Wanderung durch dichten Wald und einem kurzen Leiterabstieg gelangt man zum letzten steilen Aufstieg, der mithilfe von fest verankerten Ketten absolviert wird.

Bridal Veil Falls

20 km südöstlich von Raglan
Die **Bridal Veil Falls** verstecken sich mitten im dichten Wald; der Wasserfall ist von der Straße nach Kawhia ausgeschildert. Das Wasser der „Brautschleierfälle" stürzt eine 55 m hohe Felswand hinab in ein grün schimmerndes Becken. Vom Parkplatz sind es etwa zehn Minuten zum unteren Ende des Wasserfalls; für den Rückweg bergauf braucht man ungefähr doppelt so lange.

ÜBERNACHTUNG

Bow Street Studios, 1 Bow St, 📞 07 825 0551, 🖥 bowstreet.co.nz. Alle 7 Units mit separatem Schlafzimmer bieten von der oberen Etage Blick auf die Hafenbucht sowie eine subtropische Terrasse an der Küche/Lounge. Sehr durchdacht, geschmückt mit neuseeländischer Kunst. Außerdem hübsches Cottage mit 2 Schlafzimmern. Units und Cottage $230

Touren und Aktivitäten um Raglan

Tolle Wellen gibt es rund um Neuseeland, aber Raglan ist mit seinen perfekten Wellenlinien das Top-Surferziel des Landes. Für unerfahrene Surfer eignet sich am besten der **Ngarunui Beach**, 5 km südlich von Raglan, denn dort gibt es keine Felsbrocken. Die interessantesten Brecher für Fortgeschrittene finden sich dagegen in der **Manu Bay** (Waireki) und **Whale Bay**, beide rund 8 km südlich der Stadt. Hier wurde in den 1960er-Jahren der Kult-Surffilm *The Endless Summer* gedreht.

Auch für Nicht-Surfer hat Raglan einiges zu bieten. So kann man z. B. per Kajak die **Pancake Rocks** auf der anderen Seite des Whaingaroa Harbour erkunden. Im Landesinneren bieten sich Möglichkeiten zu Reit- und Mountainbike-Ausflügen.

Surfen und Ähnliches

GAgRAglan, Volcom Lane, ☎ 07 825 8702, 🖥 gagraglan.com. Tolles Angebot an Leihsurfbrettern (ab $35/4 Std.) und Ausrüstung zum Verkauf.

Raglan Kitesurfing, Lost Lane, ☎ 07 825 8402, 🖥 raglankitesurfing.com. Einführung an Land $60/Std., Unterricht auf dem Wasser $95/Std. Erfahrene Kitesurfer verleihen Ausrüstung ($80/Tag), außerdem wird Standup-Paddleboarding angeboten ($25/2 Std. inkl. 10 oder 20 Min. Einweisung).

Raglan Surfing School, Whale Bay, ☎ 07 825 7873, 🖥 raglansurfingschool.co.nz. Die wichtigste Surfschule vor Ort. Einweisung für Anfänger mit Softboards (3 Std.; in der Gruppe $89, Einzelunterricht $129) sowie Ausrüstungsverleih (halber Tag ab $35 inkl. Neoprenanzug).

Erkundung der Hafenbucht

Raglan Backpackers, ☎ 07 825 0515, 🖥 raglanbackpackers.co.nz. Hier kann man Sit-on-top-Kajaks leihen (1er $35/3 Std., 2er $45/4 Std.) und damit gleich beim Hostel loslegen und den Hafen erkunden. Besonders interessant sind die Pancake Rocks auf der anderen Seite, leicht in 15–20 Min. zu erreichen. $5 Rabatt für Hostel-Gäste.

Raglan Kayak, ☎ 07 825 8862, 🖥 raglaneco.co.nz. „Kayak 'n' Coffee"-Tour (3 Std.; $75) über die Hafenbucht zu den Pancake Rocks; Leihkajaks (1er $40/halber Tag, $60/ganzer Tag) und Standup-Paddleboarding ($20/Std., $40/halber Tag). ⏲ Nov–Mai.

Wahine Moe, Raglan Wharf, ☎ 07 825 7873, 🖥 raglanboatcharters.co.nz. Schöne 2-stündige Sonnenuntergangsbootstouren ($49) über den Raglan Harbour. Inklusive Grillsandwich; Bar an Bord. ⏲ Nov–April tgl. je nach Nachfrage.

Reiten

Extreme Horse Adventures, Ruapuke, 20 km südwestlich von Raglan, ☎ 07 825 0059, 🖥 wildcoast.co.nz. Knapp 3-stündige Reitausflüge durch Waldgelände bis zum Ruapuke Beach ($90 p. P.). Preisgünstige Abholung für Gruppen ab 4 Pers.

Magic Mountain Horse Treks, 334 Houchen Rd, 15 km südlich von Raglan, ☎ 07 825 6892, 🖥 magicmountain.co.nz. Wer von Raglan 8 km auf dem SH23 nach Osten, dann 6 km die Te Mata Road hinauffährt und noch 3 km der Houchen Road folgt, kommt zu Magic Mountain Horse Treks. Einstündige Ausritte über Farmland ($40), 2-stündige zu den Bridal Veil Falls ($80, nur mit Reservierung).

Radfahren

Bike2Bay, 24b Stewart St, ☎ 07 825 0309, 🖥 bike2bay.com. In der Umgebung von Raglan finden sich tolle, teils recht anspruchsvolle Möglichkeiten zum Mountainbiken, und die Leute von Bike2Bay kennen sich bestens aus. Ihre Spezialität sind selbst geführte Touren inklusive Mountainbike-Verleih: z. B. Round Mt Karioi (45 km; $30), Sonnenuntergangsabfahrt Ruapuke Thunder ($40 inkl. Transfer per Auto) oder 2-Tages-Tour zu Kalksteinhöhlen mit Übernachtung inkl. Frühstück in einer Cabin ($165).

Harbourview Hotel, 14 Bow St, W 07 825 8010, ✉ harbourviewhotel@vodafone.co.nz. Das alte Stadthotel wartet mit Veranden zur Hauptstraße, netten Zimmern, Sportbar und Restaurant auf. $95

Karioi Lodge, 5 Whaanga Rd, Whale Bay, ☎ 07 825 7873, 🖥 karioilodge.co.nz. Dieses angenehme Hostel liegt tief im endemischen Küstenwald 8 km südwestlich von Raglan. 4er-Dorms, DZ, Wohnmobilplätze am Hang, Gemeinschaftsküche, Sauna, Fahrradverleih und Zugang zu Bergpfaden. Kostenlose Abholung aus Raglan. Betreibt auch die Raglan Surfing School. Wohnmobil-Stellplätze $15, Dorms $30, DZ $75

🧳 **Raglan Backpackers**, 6 Nero St, ☎ 07 825 0515, 🖥 raglanbackpackers. co.nz. Backpackerherberge im Stadtzentrum rund um einen Garten voller Hängematten direkt an der Hafenbucht. Kostenlose Nutzung von Kajaks, Fahrrädern, Golfschlägern, Angelausrüstung, Whirlpool und Sauna. Preiswerter Surfboardverleih ($25/halben Tag inkl. Neoprenanzug). Auch Surfunterricht. Dorms $27, DZ $72

Raglan Kopua Holiday Park, Marine Parade, ☎ 07 825 8283, 🖥 raglanholidaypark.co.nz. Zentral gelegener Campingplatz mit unterschiedlichen Cabins. 1 km von der Stadt, aber auch direkt über eine Fußgängerbrücke zu erreichen. Günstige Lage bei Te Kopua, dem sichersten Badestrand der Bucht. Camping $17, Dorms $25, Cabins $85, Motel Units $130

Sleeping Lady Lodgings, 5 Whaanga Rd, Whale Bay, ☎ 07 825 7873, 🖥 sleepinglady. co.nz. Zur Karioi Lodge (s. oben) gehört auch ein halbes Dutzend schöner Ferienhäuser für Selbstversorger, großzügig verteilt im Küstenbusch 8 km südwestlich von Raglan, für 2–12 Pers. (bei Zweierbelegung bis zu $290 pro Nacht, jede zusätzliche Pers. zahlt $35). In der Hauptsaison gilt eine Mindestaufenthaltsdauer von 2 Nächten. $100

🧳 **Solscape Eco Retreat**, Wainui Rd, Manu Bay, 6 km südlich von Raglan, ☎ 07 825 8268, 🖥 solscape.co.nz. Außergewöhnliche Unterkunft (YHA-assoziiert) in fantasievoll umgebauten Eisenbahnwaggons und Cottages auf einem Hügel mit Rundumblick. Mit selbst gebauter Solar-Warmwasseranlage, solarbetriebenen LED-Leuchten, Tipis und Öko-Units aus Holz und Lehmziegeln. Kostenlose Abholung aus Raglan und Surfunterricht. Camping $16, Dorms $27, Tipis $34 p. P., Doppel-Waggons $115, Öko-Selbstversorger-Studios $180

ESSEN

Zu Raglans besonderer Ausstrahlung tragen seine relaxten Cafés bei – ideal fürs Frühstück nach dem Surfen oder einfach zum entspannten Schmausen. Die meisten scharen sich um die Kreuzung der Bow Street mit der Wainui Road. Im Winter fallen die Öffnungszeiten wesentlich kürzer aus, und manchmal machen die Cafés nach Lust und Laune auf oder zu.

Harbourview Hotel, 14 Bow St, ☎ 07 825 8010. Bewährter Hotel-Pub mit preiswerten Gerichten (Hauptgerichte $23–30). Kneipenkost: z. B. Burger, Nachos und *seafood chowder* (alles ca. $15), Bier vom Fass und offene Weine. ⏲ Mo–Sa 10–24, So 10–22 Uhr.

🧳 **Orca Restaurant & Bar**, 2 Wallis St, ☎ 07 825 6543, 🖥 orcarestaurant.co.nz. Raglans bestes Restaurant serviert zwanglosen Brunch und abends hervorragende moderne Kiwi-Küche wie Artischocken-Kartoffel-Salat mit Trüffelmayonnaise, gefolgt von Schweinebauch mit Senfpüree oder geschmorter Rinderbacke (Hauptgerichte meist $20–30). Die dazugehörige Bar hat eine Terrasse mit Blick auf die Hafenbucht. Regelmäßig Livebands (Fr Eintritt frei, Sa $5–10). ⏲ Mo–Fr 10–22, Sa und So 9–22 Uhr. Bar je nach Andrang bis 1 Uhr.

🧳 **Raglan Roast**, Volcom Lane. Dieses winzige, nur tagsüber geöffnete Lokal in einem Gässchen neben dem GAgRAglan-Surfshop hat ein paar Tische vor der Tür stehen. Sein umwerfender Kaffee wird im Haus geröstet. Außer Keksen keine Speisen, aber die Gäste dürfen sich gern etwas mitbringen. ⏲ Mo–Sa 7.30–17, So 8–17 Uhr.

The Shack, 19 Bow St, ☎ 07 825 0027. Frisch renoviertes Café-Bar mit lockerem Flair, interessantem einheimischen Stammpublikum und einer Riesenauswahl kreativer Gerichte. Kostenloses WLAN (wenn man etwas bestellt). ⏲ Mo–Do, Sa und So 8.30–17, Fr 8.30–22 Uhr oder später.

Informationen

i-SITE, 15 Wainui Rd, ✆ 07 825 0556, 🖥 raglan.org.nz, ⏰ Nov–März Mo–Do 9.30–16, Fr 9.30–17, Sa und So 10–17, April–Okt Mo–Do 10–16, Fr 10–17, Sa 10–16, So 10–15 Uhr. Hilft bei der Suche nach Unterkünften, auch Ferienhäuser und -wohnungen.

Internet

In der **Bibliothek**, 7 Bow St, ⏰ Mo–Fr 9.30–17, Sa 9.30–12.30 Uhr.

Vor dem i-SITE halten die **Busse** der Busit-Linie 23 von und nach HAMILTON (2–3x tgl., 1 Std.).

Kawhia

Das kleine Nest **Kawhia**, 55 km südlich von Raglan (und ähnlich weit entfernt vom südöstlich gelegenen Otorohanga) am Nordende des Naturhafens Kawhia Harbour, erwacht im Sommer aus seinem Schlummer, wenn sich zu seinen rund 600 Einwohnern über 4000 neuseeländische Urlauber gesellen. Sie streben zum **Ocean Beach**, wo die heißen Quellen **Te Puia Hot Springs** aus dem schwarzen Sand hervorblubbern. Heute ist Kawhia in ganz Neuseeland wegen der jährlich am 1. Januar stattfindenden **Walboot-Regatta** bekannt, bei der sich die 11 m langen Ruderboote mit je fünf Mann Besatzung spannende Rennen durch die Bucht liefern. Die einzige weitere Sehenswürdigkeit ist das kleine **Kawhia Museum**, Kaora St, mit Ausstellungen zum umfassenden Maori-Erbe der Gegend; ⏰ Okt–März tgl. 11–16, April–Nov Mi–So 12–15 Uhr, Eintritt frei.

Das Ortszentrum erstreckt sich entlang der Jervois Street. Hier gibt es eine Tankstelle und eine Handvoll Geschäfte, die gleichzeitig als Cafés fungieren.

Geschichte

Legenden berichten, wie die **Tainui** im Jahr 1350 in ihrem Ahnen-*waka* (Kanu) hier ankamen und sich für die nächsten 300 Jahre

hier niederließen. Nach dauernden Angriffen der besser bewaffneten Waikato-Maori führte der Tainui-Häuptling Te Rauparaha sein Volk 1821 schließlich auf die relativ sichere Kapiti-Insel. Als das erste *waka* in Kawhia landete, wurde es an einem Pohutukawa-Baum festgebunden, der den Namen **Tangi te Korowhiti** erhielt. Er steht heute noch am Ufer in der Kaora Street, nicht weit von der Abzweigung der Moke Street (800 m westlich des Museums auf dem Gelände des Maketu Marae), und ist problemlos über einen am Wasser entlangführenden Fußweg zu erreichen. Das Tainui-Kanu selbst liegt unter einer grasbewachsenen Kuppe oberhalb des Versammlungshauses **Maketu Marae** vergraben, ein Stück weiter die Kaora Street hinauf am Karewa Beach. Die heiligen Steine *Hani* und *Puna* markieren Heck und Bug des Kanus.

Te Puia Hot Springs

Nach 4 km an der Tainui-Kawhia Forest Rd

Vom Parkplatz am Ende der Straße führt ein Weg über die Dünen zum Meer. Es empfiehlt sich, eine Stunde vor oder nach Niedrigwasser herzukommen. Die Gezeiten können beim Museum oder in den Geschäften des Orts erfragt werden, ebenso die genaue Wegbeschreibung, denn es ist oft schwierig, die Quellen ausfindig zu machen, falls nicht schon andere Quellensucher flache Gruben ausgehoben haben. Vorsicht: Auf dem schwarzen Sand kann man sich leicht die nackten Füße verbrennen, und wegen der gefährlichen Brandungsrückströmung sollte man hier nicht schwimmen gehen!

Annie's, 146 Jervois St, ✆ 07 871 0198. Das beste der wenigen Cafés im Ort, mit Tischen auf dem Rasen gleich hinter dem Haus oder auf der Terrasse davor mit Blick auf die Hafenbucht. Kaffee, Sandwiches, Milchshakes und z. B. Fisch, Chips und Salat ($18). Internet. ⏰ tgl. 9–16 Uhr oder später.

Kawhia Camping Ground, 73 Moke St, ✆ 07 871 0863, 🖥 kawhiacampingground. co.nz. Schattiger und recht einfacher Familienplatz, eine Querstraße vom Strand entfernt. Camping $16,50, Cabins $46, Wohnwagen mit Markise $66

Kawhia Beachside S-cape, 225 Pouewe St (SH31), ✆ 07 871 0727, ⌨ kawhiabeach sidescape.co.nz. Campingplatz am Wasser, der auch Kajaks verleiht ($11/Std.). Die Cabins sind ein wenig schmuddelig, aber die Cottages sind modern. Camping $42, Cabins $65, Cottages $155

Kawhias urtypischer Sattmacher sind Fish 'n' Chips von einem der **Imbisse** am Kai mit Blick auf den Hafen. Danach schmeckt gut ein Bier im sehr traditionellen **Kawhia Hotel** in der Jervois St.

INFORMATIONEN

Im Kawhia Museum befindet sich ein kleines **Visitor Centre**, ⌨ kawhiaharbour.co.nz, ⊙ Okt–März tgl. 11–16, April–Nov Mi–So 12–15 Uhr. Hier kann man sich auch nach Rundfahrten über die Hafenbucht erkundigen, die gewöhnlich in den Sommermonaten angeboten werden.

TRANSPORT

Es gibt keine öffentlichen Verkehrsmittel nach Kawhia – man benötigt also ein eigenes Fahrzeug.

King Country und Waitomo

Die Region landeinwärts von Kawhia und südlich von Hamilton wird **King Country** genannt, weil König Tawhiao und Mitglieder der **Königsbewegung** (Kasten S. 280) hier Zuflucht suchten, als sie während der Landkriege nach Süden vertrieben wurden. Schon bald fürchteten die Pakeha die Gegend als unwegsames Maori-Gebiet, dem Europäer lieber fernblieben. Doch die Ruhe in den Wäldern währte nicht lange: Nach dem Frieden von 1881 kamen Horden von Holzfällern.

Touristen interessieren sich vor allem für **Waitomo**, einen winzigen Ort inmitten einer dramatischen Karstlandschaft voller Kalksteinhöhlen, die Glühwürmchen mit Licht erfüllen. Nördlich von Waitomo liegt das kleine Milch-

wirtschaftszentrum **Otorohanga** mit einem Kiwi-Haus und allerlei „Kiwiana". Südlich von Waitomo kommt man nach **Te Kuiti**, das in den 1860er-Jahren den Maori-Rebellen Te Kooti aufnahm, der sich mit einem Versammlungshaus voll prachtvoller Schnitzereien revanchierte.

Von Te Kuiti führt der SH4 südwärts nach **Taumarunui**, das Zugang zum Whanganui River bietet und Ausgangspunkt des **Forgotten World Highway** ist (S. 302).

Otorohanga

Die rund 30 km südlich von Te Awamutu inmitten von Schafs- und Rinderweiden gelegene Stadt **Otorohanga** huldigt allem typisch Neuseeländischen mit Straßenschildern, die Kiwi-Motive tragen, und einer Reihe von Vitrinen mit „Kiwiana" am **Ed Hillary Walkway**, der neben der ANZ-Bank von der Maniapoto Street abzweigt. Einige Exponate sind auch in der Maniapoto Street zu finden; hier verkauft der John Haddad Menswear Store (Nr. 65) Kiwi-Klassiker wie Hüte und Wachsjacken.

Otorohanga Kiwi House & Native Bird Park

20 Alex Telfer Drive, abseits der Kakamutu Rd ▪ ⊙ Sep–Mai tgl. 9.30–16.30, Juni–Aug 9–16 Uhr; Kiwi-Fütterung tgl. um 13.30 Uhr; Abenddämmerungstouren tgl. ca. 18.30 Uhr ▪ Eintritt $20, Führungen $50 ▪ ✆ 07 873 7391, ⌨ kiwihouse.org.nz

Otorohanga ist stolz darauf, eines der besten Kiwi-Häuser des Landes zu besitzen. Im schön angelegten Kiwi-Nachthaus erhalten die Besucher eine Einführung in die Lebensweise des menschenscheuen kleinen Laufvogels. Außengehege beherbergen fast alle in Neuseeland heimischen Vogelarten; viele davon sind in einer begehbaren Voliere untergebracht. Man kann auch einer Kiwi-Fütterung beiwohnen oder an einer Abenddämmerungstour teilnehmen.

ÜBERNACHTUNG UND ESSEN

Otorohanga Holiday Park, 20 Huiputea Drive, ✆ 07 873 7253, ⌨ kiwiholidaypark.co.nz. Gut ausgestatteter, zentraler Campingplatz im Ortszentrum mit modernen Einrichtungen und einer Xbox 360 in der TV Lounge. Camping $16, Cabin $65, Motel Units $105

The Thirsty Weta, 57 Maniapoto St, ☎ 07 873 6699, 💻 theweta.co.nz. Hier hat man die besten Chancen auf ein Bier in der Sonne – oder man probiert eins der herzhaften Gerichte wie Muscheln in Chili und Kokosnuss ($15). Freitagabends Livemusik, kostenloses WLAN. ⏰ tgl. 10–1 Uhr.

Origin Coffee Station, 7 Wahanui St, ☎ 07 873 8550, 💻 origincoffee.co.nz. Der beste Kaffee im Ort wird im alten Bahnhof von Otorohanga serviert; er stammt direkt aus Malawi, wo der Betreiber des Cafés einst Kaffee anbaute. Essen selbst mitbringen. ⏰ Mo–Fr 8.30–16.30 Uhr.

SONSTIGES

Informationen

i-SITE Visitor Centre, 27 Turongo St, ☎ 07 873 8951, 💻 otorohanga.co.nz. ⏰ Mo–Fr 9–17, Sa und So 10–14 Uhr.

Internet

Kostenloses WLAN bietet die **Bücherei** neben dem i-SITE.

TRANSPORT

Busse

InterCity, NakedBus und The Naki Bus halten allesamt am SH3 im Ortszentrum.

Busse nach:
HAMILTON 5x tgl., 1 Std.;
TE KUITI 5x tgl., 15–50 Min.;
WAITOMO 5x tgl., 15 Min.

Eisenbahn

Der Bahnhof liegt am Wahanui Crescent im Ortszentrum.

Züge nach:
NATIONAL PARK 3–7x wöchentl., 2 1/4 Std.;
WELLINGTON 3–7x wöchentl., 9 Std.

Die Königsbewegung

Bevor die Europäer kamen, galt die Loyalität der Maori ausschließlich ihrer Familie und dem eigenen Stamm. Doch angesichts zunehmender Streitereien mit landhungrigen europäischen Siedlern begruben viele Stämme ihre jahrhundertealten Fehden zugunsten eines gemeinsamen Vorgehens gegen die Pakeha. Der **Maori-Nationalismus** steigerte sich angesichts eklatant ungerechter Behandlung seitens der Pakeha und des zunehmenden Drucks, ihr Land zu „verkaufen".

1856 machten sich die einflussreichen Otaki-Maori auf die Suche nach einem Häuptling, der die ungleichen Stämme gegen die Europäer einen sollte. 1858 wählten die Waikato, die Taupo und einige andere, größtenteils vom Tainui-Kanu abstammende Stämme **Te Wherowhero** zu ihrem gemeinsamen Führer. Der neu gewählte König nahm den Titel **Potatau I.** an und errichtete seine Residenz in **Ngaruawahia**, bis heute das Zentrum der Königsbewegung.

Nach einer Landnahme bei Waitara in der Nähe von New Plymouth kam es schließlich zum bewaffneten Konflikt. Schon bald breiteten sich die **Kämpfe** über die gesamte Zentralregion der Nordinsel aus. Zunächst errangen die Truppen der Königsbewegung einen bemerkenswerten Sieg bei Gate Pa in der Bay of Plenty, wurden aber schließlich bei Te Ranga überwältigt.

Einige Maori-Stämme sahen in dem Krieg die Gelegenheit, alte Rechnungen zu begleichen, und schlugen sich auf die Seite der Engländer. In einer Reihe von Schlachten am Waikato River zwangen sie die Königstreuen immer weiter nach Süden und brachten ihnen schließlich 1864 bei Orakau eine vernichtende **Niederlage** bei. Der König zog sich mit seiner Gefolgschaft in eine Region südlich des Puniu River zurück, die deshalb später die Bezeichnung **King Country** erhielt. Dort lebten die Flüchtlinge praktisch ohne Kontakt zu Europäern, bis **König Tawhiao**, der 1860 die Thronfolge angetreten hatte, 1881 Frieden schloss.

Auch wenn sie keineswegs von der Gesamtheit der Maori unterstützt wird, spielt die lockere Koalition der Königsbewegung eine bedeutende Rolle bei der aktuellen Neubewertung der Beziehungen zwischen Maori und Pakeha.

Waitomo

Rund 16 km südlich von Otorohanga und 8 km westlich vom SH3 liegt **Waitomo**, ein kleines Dorf mit weniger als 50 Einwohnern und großem Ruf für unvergessliche **Höhlenbesichtigungen** und grandiose Karstformationen. Der Name Waitomo bedeutet „Schacht, durch den Wasser eintritt". Der immer noch andauernde Prozess der **Höhlenbildung** geht auf das Zusammenspiel von Regenwasser und Kohlendioxid aus der Luft zurück, die zusammen eine schwache Säure bilden. Sie zerfrisst den Kalkstein und sorgt für Risse und Fugen. Im weiteren Verlauf dieses Prozesses bilden sich ganze Höhlen heraus. Alljährlich verschwinden auf diese Weise 70 m³ Kalkstein. Viele der Höhlen werden durch **Glühwürmchen** märchenhaft erleuchtet.

Die meisten Höhlen liegen in Waitomo oder sind von hier aus gut zu erreichen. Wer weitere Kalkstein-Formationen auf eigene Faust erkunden möchte, sollte sich Richtung Westen zur **Mangapohue Natural Bridge** und zu den **Piripiri Caves** (S. 286) begeben.

Besichtigung der Höhlen

Nur ein Bruchteil der insgesamt 45 km langen unterirdischen Passagen kann im Rahmen von **Führungen** besichtigt werden. Die Veranstalter pachten bestimmte Zugangswege von den Farmern; deshalb bietet jeder Veranstalter andere Höhlen an.

Grundsätzlich kann es bei starken **Regenfällen** zu Stornierungen kommen, wenn der Wasserpegel zu sehr ansteigt. Das ist an etwa zehn Tagen im Jahr der Fall. Deshalb sollte man die Wetterprognose im Auge behalten und bei der Planung berücksichtigen.

Waitomo Caves Discovery Centre
Beim i-SITE, 21 Waitomo Caves Rd ▪ ⏱ tgl. 26. Dez–Feb 8.15–19, März–24. Dez 8.45–17 oder 17.30 Uhr ▪ Eintritt $5, im Rahmen von vielen Höhlentouren frei oder ermäßigt ▪ ✆ 07 878 7640, 🖥 waitomodiscovery.org

Zum Verständnis des Höhlenabenteuers empfiehlt sich ein Besuch im kleinen **Waitomo Caves Discovery Centre**. Das Centre zeigt informative Ausstellungen zur Geologie und Geschichte der Höhlen, interaktive Präsentationen zum Lebenszyklus der Glühwürmchen und Höhlen-Wetas (Langfühlerschrecken) sowie auf Anfrage eine kostenlose 18-minütige Multimediashow. Wer Bedenken wegen enger unterirdischer Passagen hat, kann hier beim „Höhlenkriechen" sein Nervenkostüm (und seinen Hüftumfang) prüfen.

Waitomo Glowworm Caves
39 Waitomo Caves Rd ▪ ⏱ tgl. 9–17 Uhr, plus Abendtouren im Sommer; 45-minütige Führungen jede halbe Stunde ▪ $48; Kombitickets: mit Aranui-Höhle

Glühwürmchen

Sie sind in ganz Neuseeland anzutreffen, meistens in Höhlen, aber auch an dunklen und feuchten Felsüberhängen im Busch. Ihr Erkennungsmerkmal ist ein bläulich-grünes Glimmen in der Dunkelheit. Doch das neuseeländische Glühwürmchen *(Arachnocampa luminosa)* ist weder Wurm noch Käfer, sondern die etwa streichholzgroße **Larve einer Pilzmückenart**. An der Höhlendecke klebend produziert die Larve 20–30 Schleimfäden, die sie als klebrige „Angeln" ein paar Zentimeter herabhängen lässt. Angezogen von ihrem hocheffizienten chemischen Licht, verfangen sich andere Insekten in den Fäden und werden anschließend von dem „Glühwürmchen" verspeist. Die sechs bis neun Monate dauernde Larvenphase ist die einzige Zeit im **Lebenszyklus** des Insekts, in der es Nahrung aufnehmen kann. Während der folgenden zweiwöchigen Puppenphase bildet es sich zur erwachsenen Pilzmücke heraus. Da die Insekten nur eine Lebenserwartung von ein paar Tagen haben, begibt sich das Weibchen in den dunklen Höhlen unverzüglich auf eine fieberhafte Partnersuche, bei der das schimmernde Licht Orientierungshilfe leistet. Nach der Befruchtung legt es um die 100 Eier ab, aus denen nach zwei bis drei Wochen neue „Glühwürmchen" schlüpfen, um den Zyklus von vorn zu beginnen.

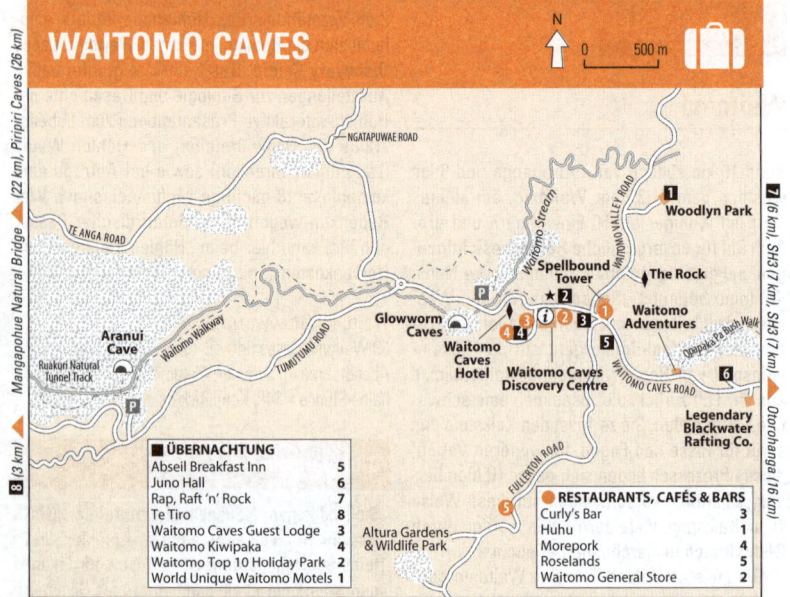

WAITOMO CAVES

N
0   500 m

◀ Mangapohue Natural Bridge (22 km), Piripiri Caves (26 km)

◀ (3 km) 8

NGATAPUWAE ROAD

TE ANGA ROAD

Waitomo Stream

HAITOMO VALLEY ROAD

Woodlyn Park 1

▶ (6 km), SH3 (7 km), SH3 (7 km) 7

Spellbound Tower ★

The Rock ▶

Aranui Cave

Ruakuri Natural Tunnel Track

Waitomo Walkway

TUMUTUMU ROAD

Glowworm Caves

Waitomo Caves Hotel

P

◆ 4 4

i 2

3

2 3

1

Waitomo Adventures

5

Opapaka-Pa Bush Walk

WAITOMO CAVES ROAD

6

▶ Otorohanga (16 km)

Waitomo Caves Discovery Centre

Legendary Blackwater Rafting Co.

FULLERTON ROAD

■ ÜBERNACHTUNG

Abseil Breakfast Inn	5
Juno Hall	6
Rap, Raft 'n' Rock	7
Te Tiro	8
Waitomo Caves Guest Lodge	3
Waitomo Kiwipaka	4
Waitomo Top 10 Holiday Park	2
World Unique Waitomo Motels	1

Altura Gardens & Wildlife Park

● RESTAURANTS, CAFÉS & BARS

Curly's Bar	3
Huhu	1
Morepork	4
Roselands	5
Waitomo General Store	2

5

$65, mit Ruakuri-Höhle $79, alle 3 Höhlen $89
■ ✆ 0800 456 922, 🖳 waitomo.com

Waitomos ursprüngliches Höhlenerlebnis sind die 500 m westlich des i-SITE gelegenen **Waitomo Glowworm Caves**. Sie locken mit befestigten Wegen, effektvoller Ausleuchtung der interessantesten Stalaktiten und Stalagmiten und einer Bootsfahrt durch eine Grotte, die vom gespenstisch blassgrünen Licht unzähliger Glühwürmchen erhellt wird. Der recht hohe Preis wird etwas günstiger, wenn man Kombitickets erwirbt, die auch für die Ruakkuri- und/oder Aranui-Höhle gelten. Wer mindestens 48 Stunden im Voraus online bucht, erhält außerdem 10 % Rabatt. Am wenigsten Andrang herrscht bei der jeweils ersten und letzten Tour des Tages.

Ruakuri- und Aranui-Höhle

Ruakuri Scenic Reserve, 3,5 km westlich des i-SITE Ruakuri Führungen tgl. 9, 10, 11.30, 12.30, 13.30, 14.30 und 15.30 Uhr; 2 Std., davon 90 Min. unter der Erde, $67 ■ Aranui Führungen tgl. 10, 11, 13, 14 und 15 Uhr; 45 Min. ■ $46 ■ ✆ 0800 782 587, 🖳 waitomo.com

In die „Höhle der Hunde" (Ruakuri) gelangen Besucher durch einen riesigen, dramatisch beleuchteten Spalt. Der längste geführte Höhlenspaziergang in Waitomo folgt erhöhten Wegen, die spektakuläre, subtil beleuchtete Abschnitte miteinander verbinden. Dabei erläutern Guides den Entstehungsprozess der Höhlen und den Lebenszyklus der Glühwürmchen; angereichert wird das Ganze mit Maori-Legenden. An dieser Führung können auch Rollstuhlfahrer teilnehmen.

Beim Glowworm Caves Office gibt es auch Eintrittskarten für Führungen durch die **Aranui Cave**. Die Höhle ist zwar nur 250 m lang, mit ihren hohen Decken und großartigen Stalaktiten und Stalagmiten aus geologischer Sicht aber sehr eindrucksvoll. Hier gibt's zwar keine Glühwürmchen zu sehen, dafür aber Höhlen-Wetas.

Spellbound

10 Waitomo Caves Rd ■ Führungen Juli–Mai 2–6x tgl. ■ 3 Std. ■ $75 ■ ✆ 0800 773 552, 🖳 glowworm.co.nz

Ein einfaches, aber eindrucksvolles Höhlenerlebnis bieten diese beiden Höhlen. Die Tour

In Waitomo locken viele Adrenalin treibende **Höhlenabenteuer**, für die vor allem in der Zeit von November bis Januar eine rechtzeitige Reservierung unbedingt ratsam ist. Bei den meisten dieser Touren werden die Teilnehmer mit Neoprenanzug, Spezialhelm samt Stirnlampe und Gummistiefeln ausstaffiert. Kinder unter 12 Jahren (oder unter einem bestimmten Mindestgewicht) sind bei den Abenteuertouren normalerweise nicht zugelassen; bei den riskanteren Touren beträgt das Mindestalter sogar 16 Jahre.

Einige Höhlen sind nur durch **Abseilen** zugänglich. Bei manchen Touren wird auch **Cave Tubing** („Blackwater-Rafting") geboten. Dabei treiben die Teilnehmer, in den Schlauch eines Lkw-Reifens gezwängt, gemächlich (meistens jedenfalls) durch einen stockfinsteren Höhlenabschnitt und können zu den Glühwürmchen-Galaxien an der Höhlendecke aufschauen.

The Legendary Black Water Rafting Co., 585 Waitomo Caves Rd, ☎ 0800 228 464, ⌨ waitomo.com. Bietet zwei Touren in die Ruakuri Cave, für die man sich in einen Neoprenanzug zwängen muss: Black Labyrinth (3 Std., 1 Std. unter der Erde, $119) beinhaltet einen kleinen Sprung von einem unterirdischen Wasserfall und eine idyllische Floßfahrt durch eine Glühwürmchenhöhle. Zur etwas abenteuerlicheren Variante Black Abyss (5 Std., 2–3 Std. unter der Erde, $220) gehören zudem ein 35-m-Seilabstieg, eine unheimliche Seilrutschpartie in die Dunkelheit und eine spannende Kletterpartie zwei kurze Wasserfälle hinauf zurück zur Oberfläche.

Rap, Raft 'n' Rock, 95 Waitomo Caves Rd/SH37, 8 km östlich des i-SITE und 1 km von der Abzweigung vom SH3, ☎ 0800 228 372, ⌨ caveraft.com. Die Kleingruppen-Touren (5 Std., $160) beginnen mit einem Seilabstieg aus 27 m Höhe in eine Glühwürmchenhöhle, die dann teils zu Fuß, teils im Autoreifen treibend erkundet wird. Den Abschluss bildet eine Felskletterpartie zurück zum Ausgangspunkt.

Waitomo Adventures, Waitomo Valley Rd (bald beim „The Rock" an der Waitomo Valley Rd), ☎ 0800 924 866, ⌨ waitomo.co.nz. Der professionelle Veranstalter bietet fünf verschiedene Touren an. Besonders beliebt ist die Lost-World-Tour (4 Std., $310), eine nervenkitzelnde Abseilaktion 100 m tief in einen farnüberwucherten Felsschlund hinab, gefolgt von einem relativ trockenen Höhlengang, bevor es über eine scheinbar endlose Leiter wieder nach oben geht. Besonders passionierte Höhlenforscher sollten sich Lost World Epic (7 Std., $445, inkl. Mittagessen im Untergrund und Grill-Abendessen an der Oberfläche) vormerken: Nach dem Abseilen folgt eine mehrstündige „Feuchtwanderung" flussaufwärts durch Engstellen und hinter einem kleinen Wasserfall entlang zu einer funkelnden Glühwürmchengrotte. Außerdem gibt es noch einen Cave-Tubing-Trip ohne Abseilen (4 Std., $165), die Abseil-Aktivtour Haggas Honking Holes (4 Std., $240) sowie St Benedict's Cavern (3 1/2 Std., $165), eine Trockentour mit Abseilen und einer Seilrutsche. Wer mehr als einen Tag im Voraus bucht, spart jeweils 20 %.

beginnt mit einer ruhigen Bootsfahrt auf einem unterirdischen Bach unter einem prächtigen Glühwürmchenhimmel. Die zweite Höhle beherbergt die schöneren Kalksteinformationen und ein Moa-Skelett.

Woodlyn Park

1177 Waitomo Valley Rd, 1 km nördlich von Waitomo ▪ Show tgl. 13.30 Uhr ▪ $26
▪ ☎ 07 878 6666, ⌨ woodlynpark.co.nz

Bei starkem Regen, wenn man nicht in die Höhlen kann, bietet der **Woodlyn Park** eine Alternative: Eine Scheune wird hier zum Schauplatz für die unterhaltsame einstündige **Billy Black's Kiwi Culture Show**. Dabei wir ein schräger Blick auf die Geschichte von Holzfällerei und Landwirtschaft in Neuseeland geworfen, mit jeder Menge Publikumsbeteiligung z. B. beim Schafscheren und Holzhacken, immer gewürzt mit einer Prise Kiwi-Humor. Selbst wer normalerweise vor solchen Veranstaltungen zurückschreckt, sollte hier über seinen Schatten springen – es lohnt sich!

ÜBERNACHTUNG

Für Rucksackreisende ist gut gesorgt, doch andere Übernachtungsmöglichkeiten sind rar. Eine Reservierung ist daher ratsam, ganz besonders von November bis Januar.

Abseil Breakfast Inn, 709 Waitomo Caves Rd, ℡ 07 878 7815, 🖥 abseilinn.co.nz. Gemütliches und stilvolles B&B 400 m östlich des Museums auf einer Anhöhe mit großartigem Ausblick von den 4 individuell eingerichteten Zimmern und der hübschen Grillterrasse. Kostenloses WLAN, herausragendes Frühstück. $140

Juno Hall, 600 Waitomo Caves Rd, 1 km östlich von Waitomo, ℡ 07 878 7649, 🖥 junowaitomo. co.nz. Gemütliches, gut ausgestattetes YHA-assoziiertes Hostel in einem Holzgebäude auf einem Hügel. Pool, Grillplatz, Tennisplatz und die Gelegenheit, Tierbabys von Hand zu füttern. Einige kostenlose Stellplätze. Camping $16, Dorms $28, DZ $68, mit Bad $78

Rap, **Raft 'n' Rock**, 95 Waitomo Caves Rd/ SH37, 8 km östlich des i-SITE, 1 km von der Abzweigung vom SH3, ℡ 0800 228 372, 🖥 caveraft.com. Die anheimelnde Backpacker-Herberge wird von einem Anbieter für Höhlen-Abenteuertouren betrieben. Bunt gestrichene Dorms für 10 Pers., gemütlicher Gemeinschaftsraum, Küche und sonniger Hof. Dorms $30, DZ $70

Te Tiro, 9 km westlich von Waitomo, ℡ 07 878 6328, 🖥 waitomocavesnz.com. Schöne Selbstversorger-Cottages mit fantastischer Aussicht und einer Glühwürmchen-Grotte. Frühstückszutaten sind im Preis inbegriffen, aber darüber hinausgehende Verpflegung (Grill vorhanden) muss mitgebracht werden. $120

Waitomo Caves Guest Lodge, 7 Te Anga Rd, 100 m östlich des Museums, ℡ 07 878 7641, 🖥 waitomocavesguestlodge.co.nz. 8 preiswerte, komfortable Zimmer (einige in Cabins mit gutem Blick) an einem Hang mit schönem Garten. Kleines Frühstück inkl. $105

Waitomo Kiwi Paka, School Rd, ℡ 07 878 3395, 🖥 kiwipaka.co.nz. Ein etwas seelenloses 120-Betten-Hostel im Herzen Waitomos mit Betten und Zimmern in einer Lodge, separaten Chalets mit Bad und hauseigenem Café (s. „Essen"). Dorms $30, Zimmer $70, Chalets $100

Waitomo Top 10 Holiday Park, 12 Waitomo Caves Rd, ℡ 07 878 7639, 🖥 waitomopark. co.nz. Gut ausgestatteter Campingplatz mitten im Ort mit zahlreichen neuen Cabins, Pool und Whirlpool. Camping $21, Cabins $70, Cabins mit Bad $120, Motel Units $140

World Unique Waitomo Motels, 1177 Waitomo Valley Rd, 1 km nördlich, ℡ 07 878 6666, 🖥 woodlynpark.co.nz. Äußerst eigenwilliges „Motel" auf dem Gelände von Billy Black's Kiwi Culture Show (S. 283). Die Gäste nächtigen in einem ausrangierten Bristol-Frachtflugzeug mit zwei komfortablen Units für Selbstversorger, einem Eisenbahn-waggon von 1914 mit einer 3-Zimmer-Unit, zwei „Hobbithöhlen" im Berghang mit runden

Wandern in und um Waitomo

Ruakuri Bushwalk (2 km hin und zurück, 45 Min.). Dieser Weg zählt zu den beeindruckendsten Kurzwanderwegen Neuseelands. Er beginnt am Parkplatz der Aranui Cave an der Tumutumu Road (3,5 km Richtung Westen) und folgt dem Waitomo über Plankenwege und Fußpfade an Höhleneingängen vorbei. Man geht gebückt unter Vorsprüngen hindurch und schlängelt sich durch kurze Tunnel, bis man schließlich eine riesige Höhle erreicht, wo der kleine Fluss für kurze Zeit unter der Erde verschwindet. Besonders märchenhaft ist diese Wanderung bei Dunkelheit, wenn unzählige Glühwürmchen leuchten. Am besten in der Abenddämmerung starten.

Waitomo Walkway (4 km einfach, 1 Std.). Der Ort Waitomo und der Ruakuri Bushwalk sind durch diesen netten Wanderweg miteinander verbunden. Er beginnt gegenüber dem i-SITE, führt in den Wald und folgt anschließend dem Verlauf des Flüsschens Waitomo bis zum Parkplatz der Aranui Cave. Zusammen bilden die beiden Wege eine tolle dreistündige Wanderung.

Eingängen oder einem umgebauten Patrouillen-boot aus dem Zweiten Weltkrieg. Für Dez–Feb mindestens einen Monat im Voraus reservieren. Wohnmobile mit eigener Toilette können hier kostenlos parken. DZ $175

ESSEN

Curly's Bar, 39 Waitomo Caves Rd, ✆ 07 878 8448. Früher oder später landet jeder in diesem urtümlichen Kiwi-Pub, um sich ein Gläschen in geselliger Runde oder eine preis-werte Mahlzeit wie Steak, Seafood, Burger & Co. zu gönnen (Hauptgerichte meist $15–25). Gelegentlich gibt's Livemusik. ⏲ tgl. 11–2 Uhr.

Huhu, 10 Waitomo Caves Rd, ✆ 07 878 6674, 🖥 huhucafe.co.nz. Feinste Küche in einem Café mit einer kurzen Mittags-karte wie Suppe mit *rewana* (weichem Maori-Brot) mit Kräuterbutter und Abendgerichten wie zweimal gebackenem Drei-Käse-Soufflé ($14) und langsam gerösteter Ente mit *kumara*-Püree ($35), und zu alledem Empfehlungen für passende Weine. Alternativ gibt's Mike's Organic-Bier vom Fass. ⏲ tgl. 16–21 Uhr oder später, am Abend reservieren.

Morepork, School Rd, ✆ 07 878 3395. Café mit Alkoholausschank, Frühstücks-, Mittags- und Abendgerichten, u. a. Pizza, Thai-Curry und Fettucini ($18–22). ⏲ tgl. 8–22 Uhr.

Roselands, 5/9 Fullerton Rd, 3 km südlich vom i-SITE, ✆ 07 878 7611, 🖥 roselands-restaurant. co.nz. Fisch oder Fleisch (nach vorheriger Absprache auch vegetarische Alternativen) brutzeln auf dem Terrassengrill dieses Restau-rants mit Garten in wunderschöner Hanglage. Menü $30. ⏲ tgl. 11–14 Uhr.

Waitomo General Store, 15 Waitomo Caves Rd, ✆ 07 878 8613. Moderne Variante eines klassischen Gemischtwaren-ladens mit Lebensmitteln, Bio-Fleisch und Eiscreme, dazu exzellenter Kaffee, tolle Pasteten und verschiedene Frühstücksgerichte, darunter *eggs benny* ($15). 30 Min. kostenloses WLAN. ⏲ tgl. 7.30–18 Uhr oder später.

SONSTIGES

i-SITE Visitor Centre, 21 Waitomo Caves Rd, im Waitomo Caves Discovery Centre, ✆ 07 878 7640, 🖥 waitomoinfo.co.nz.

Das überaus informative Centre ist Buchungs-stelle für Höhlentouren, Zug- und Bustickets, fungiert als **Postamt** und bietet **Internet-zugang**. Hier ist auch die kostenlose Karte *Waitomo Caves* erhältlich, auf der auch Wanderungen in der Gegend verzeichnet sind. ⏲ tgl., 26. Dez–Feb 8.15–19, März–24. Dez 8.45–17 oder 17.30 Uhr.

Es gibt in Waitomo einen **Geldautomaten**, aber keine Banken, Tankstellen oder Super-märkte. Die nächsten Einrichtungen dieser Art sind in Otorohanga und Te Kuiti.

TRANSPORT

Busse

Die InterCity- und NakedBus-Busse halten in OTOROHANGA, 15 km entfernt. Von dort befördert der **Waitomo Shuttle**, ✆ 0800 808 279, Besucher nach Waitomo (einfache Strecke $12, vorausbuchen!).

Die Great-Sights-Busse von InterCity auf der Strecke Auckland–Rotorua halten tgl. in Waitomo, ebenso die Busse von **Waitomo Wanderer**, ✆ 800 000 4321, 🖥 travelheadfirst. com, aus Rotorua (nach vorheriger Buchung auch aus Taupo). Bustickets sind im i-SITE erhältlich.

Busse nach:

AUCKLAND zumeist 1x tgl., 4 1/4 Std.;
OTOROHANGA 6x tgl., 15 Min.;
ROTORUA 2x tgl., 2–2 1/2 Std.

Eisenbahn

Der nächste Bahnhof ist in Otorohanga. Tickets gibt's im i-SITE.

Mangapohue Natural Bridge

Te Anga Rd, 24 km westlich von Waitomo

Die schönste kostenlose Kalkstein-Attraktion der Gegend ist die **Mangapohue Natural Bridge**, zu erreichen über einen einfachen, viertelstün-digen Rundwanderweg. Es handelt sich um die Reste einer eingestürzten Höhlendecke, die jetzt einen Doppelbogen über einer engen Kalkstein-schlucht bilden. Besonders eindrucksvoll wirkt das bei Dunkelheit, wenn Glühwürmchen an der

Unterseite der Bögen glimmen. Bei Tageslicht ist es interessant, hinter der Brücke noch weiter zu gehen: Der Weg führt durch Weideland an rund 35 Mio. Jahre alten Fossilien von Riesenaustern vorbei.

Piripiri Caves und Marakopa Falls

Te Anga Rd, 4 km westlich der Mangapohue Natural Bridge

Ein fünfminütiger Weg führt durch einen Wald voller verwitterter Kalksteinfelsen zu den **Piripiri Caves**. Im Oyster Room im Innern der Höhle braucht man eine anständige Taschenlampe (und eine zweite für den Notfall), um versteinerte Riesenaustern zu besichtigen. Glühwürmchen gibt es hier allerdings nicht. Rund 1 km von hier führt ein weiterer Wanderweg (15 Min. hin und zurück) durch einen Dschungel aus Tawa-, Pukatea- und Kohekohe-Bäumen zu einem der spektakulärsten Wasserfälle der Region, den mehrstufigen, 30 m hohen **Marakopa Falls**.

Te Kuiti

Te Kuiti, die „Schererhauptstadt der Welt", 19 km südlich von Waitomo, begrüßt Besucher mit der 7 m hohen Statue eines Schafscherers am Südende der Rora Street. Ende März oder Anfang April finden hier die neuseeländischen **Shearing and Wool Handling Championships** statt. Genauere Infos gibt das i-SITE Visitor Centre, Rora St, ✆ 07 878 8077, ✉ tkisite@waitomo. govt.nz, das auch Unterkünfte buchen kann und Informationen über Aktivitäten und Transport bereithält; ⏲ Mo–Fr 9–17, Sa 10–14, So 12–16 Uhr.

Am Südende der Rora Street steht an der Awakino Road das **Versammlungshaus** Te Tokanganui-a-noho mit prächtigen Schnitzereien. Der Maori-Rebell Te Kooti hinterließ es im 19. Jh. als Dankeschön für die ihm gewährte Zuflucht.

Die mit Abstand beste Adresse zum Essen in Te Kuiti (und die Anreise von Waitomo wert) ist das hippe, nur tagsüber geöffnete **Bosco Café**, 57 Te Kumi Rd (SH3), 1 km nördlich

des Ortszentrums, ✆ 07 878 3633, mit sensationellem Fairtrade-Kaffee, Cranberry-Smoothies, hausgebackenen Muffins, Pasteten, Quiche und einer Mittagskarte, z. B. Penne mit Pilzen und Huhn ($15) und Burgern ($14). ⏲ tgl. 8–17 Uhr.

Der SH3 Richtung Taranaki Peninsula

Südwestlich von Te Kuiti läuft die **SH3** schnurstracks auf die Küste der Tasmansee zu. Er passiert den kleinen Fischerort **Mokau**, wo von Mitte August bis November große Schwärme winziger Jungfische gefangen und in den örtlichen Cafés als delikate *whitebait* aufgetischt werden. Anschließend windet er sich durch kleine Dörfer, die zwischen den Stränden und den Höhenzügen des Landesinneren liegen. Hauptattraktion für Besucher dieser Region ist der wunderbare **Whitecliffs Walkway** (s. unten). Schließlich öffnet sich die Landschaft und geht in die **Taranaki Plains** gleich nördlich von New Plymouth über.

48 km südlich von Mokau sorgt eine ausgezeichnete Kleinstbrauerei von internationalem Renommee für Erfrischung: **Mike's Organic Brewery**, 487 Mokau Rd (SH3), ✆ 06 752 3676, ▢ organicbeer.co.nz, braut acht Bio-Biere unter Verwendung von Regenwasser. Die Biere kann man zum Mitnehmen kaufen oder im Garten ein Probierset mit vier kleinen Gläsern ($12) trinken; dazu gibt's Pasteten mit Chips ($14) oder Pizza. ⏲ tgl. 10–18 Uhr.

Whitecliffs Walkway

Beginn an der Pukearuhe Rd, abseits des SH3, 11 km nordwestlich von Mimi, das wiederum 47 km südlich von Mokau liegt ▪ 5 km hin und zurück, 4–7 Std., flach

Diese Wanderung ist zwar als 4- bis 7-stündige Schleife über die Hügel und zurück am Strand gedacht. Doch der wirklich spannende Teil ist der Strandabschnitt, der hier beschrieben ist. Wer den ganzen Rundweg gehen möchte, sollte zwei Stunden vor Niedrigwasser starten, aber der kurze Spaziergang am Strand lohnt sich zu jeder Zeit. Los geht's an der steilen Pukearuhe-

Bootsrampe, dann vorbei an hohen Sandsteinklippen und weiter am Strand entlang Richtung Norden. Unterwegs warten Steinfelder und die eine oder andere Bachüberquerung, bis man zum **Te Horo Stock Tunnel** gelangt; die 80 m lange Passage wurde in den 1870er-Jahren durch den Fels gebohrt, damit das Vieh am Strand entlanggetrieben werden konnte. Der Tunnel ist offiziell gesperrt, soll jedoch instand gesetzt werden. Zurück geht's dann über den Strand, oder man folgt den Walkway-Schildern über die bewaldeten Hügel.

Taranaki

Die Provinz **Taranaki** (liebevoll zu „the 'naki" abgekürzt) ist auf der Landkarte als deutliche Ausbuchtung im Westen der Nordinsel auszumachen und bildet eine Halbinsel, in deren Zentrum der **Maunga Taranaki** (früher Mount Egmont) liegt, ein eleganter Vulkankegel, dessen schneebedeckter Gipfel in 2518 m Höhe über der subtropischen Küste thront. Früh am Morgen und kurz vor Sonnenuntergang ist der Gipfel meist sichtbar. Doch im Laufe des Tages bilden sich oft Wolken – der Fluch aller Gipfelstürmer, die nach der Plackerei um den Ausblick betrogen werden.

Taranakis rührige Provinzhauptstadt **New Plymouth** ist eine geeignete Ausgangsbasis für Tagestouren in den **Egmont National Park** rund um den Berg oder zum Wellenreiter- und Windsurfmekka **Oakura**.

Die Reize des ländlichen Taranaki, zu denen der sogenannte **Surf Highway** gehört, lassen sich am besten auf einer ein- bis zweitägigen Rundfahrt um den Berg erkunden.

Geschichte

Nach einer Maori-Legende ließ sich der Berg-Halbgott Taranaki hier nieder. Er hatte seinen Platz bereits fest eingenommen, als er vom ersten europäischen Seefahrer gesichtet wurde, der in dieser Gegend auftauchte, Captain **James Cook**. Dieser taufte den Gipfel nach dem ersten Lord der britischen Admiralität Mount Egmont. Anfang des 19. Jhs. lebten nur noch wenige **Maori** in der Region, da sich viele wegen der alljährlichen Überfälle feindlicher Stämme aus dem Norden mit Te Rauparaha nach Kapiti Island zurückgezogen hatten. Dieser Umstand kam den Engländern **John Lowe und Richard Barrett** gelegen; sie errichteten 1828 am Ngamotu Beach am Nordufer der Halbinsel einen Handels- und Walfangposten.

1841 entsandte die **Plymouth Company** sechs Schiffe mit englischen Kolonisten nach Neuseeland, um den Außenposten von Lowe und Barrett zu besiedeln. Die vorwiegend aus dem Südwesten Englands stammenden Siedler nannten ihre Gemeinde **New Plymouth**. Heute ist sie die größte Stadt der Region.

Als ab Mitte des 19. Jhs. viele Maori in ihre ursprüngliche Heimat zurückkehrten, kam es zu Auseinandersetzungen um Land, das an die Siedler verkauft worden war. Die Feindseligkeiten kulminierten ab 1860 in den zehn Jahre andauernden **Taranaki Land Wars**. Die kriegerischen Streitigkeiten lähmten die Entwicklung der Region und führten in der Folge zu zahlreichen **Klagen der Maori**.

New Plymouth

Die kleine, aber geschäftige Stadt **New Plymouth** an der Nordküste der Halbinsel ist das wirtschaftliche Zentrum von Taranaki und in ganz Neuseeland für ihre Konzerte und Kunstfestivals bekannt. Der Hafen **Port Taranaki** am Rande der Stadt ist das westliche Tor nach Neuseeland und der einzige internationale Tiefwasserhafen an der Westküste. Die Attraktionen der Stadt beschränken sich hauptsächlich auf **Kunst** und **Gärten**, doch die Stadt selbst verströmt auch eine angenehme Atmosphäre.

Unmittelbar vor der Küste liegt das Schutzgebiet **Sugar Loaf Protected Area**, ein Refugium für Tiere über und unter Wasser.

Govett-Brewster Art Gallery

42 Queen St ▪ ⏲ tgl. 10–17 Uhr ▪ Eintritt frei
▪ ✆ 06 759 6060, ▭ govettbrewster.com

Die **Govett-Brewster Art Gallery** ist eine der besten Galerien für zeitgenössische Kunst in ganz Neuseeland. Sie hütet eine riesige Sammlung von Arbeiten von **Len Lye** (Kasten S. 292),

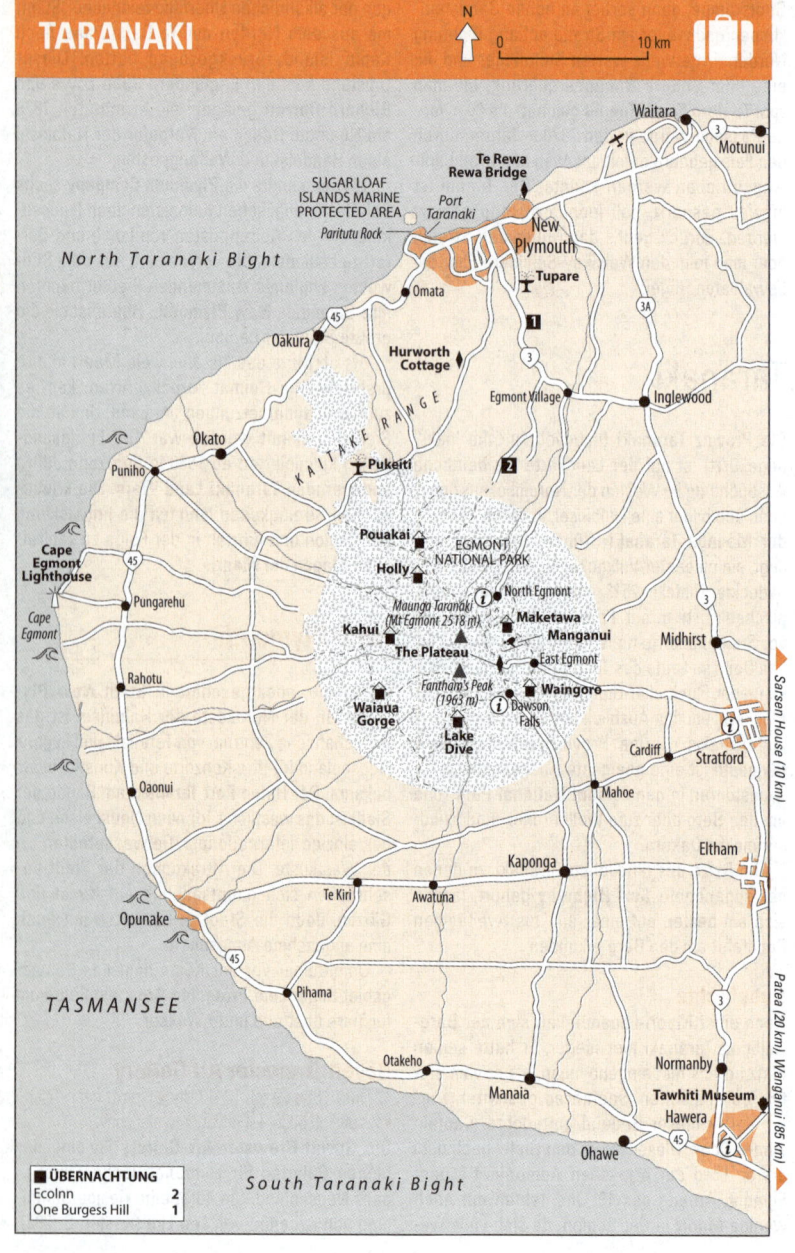

TARANAKI

N
0   10 km

WESTLICHE NORDINSEL

Waitara
✈
3
Motunui

Te Rewa
Rewa Bridge

SUGAR LOAF
ISLANDS MARINE
PROTECTED AREA

Port
Taranaki

Paritutu Rock

**New
Plymouth**

North Taranaki Bight

Omata

■ Tupare

1

3A

45

Oakura

**Hurworth
Cottage**

3

Egmont Village

Inglewood

K A I T A K E   R A N G E

Okato

● Puniho

♦ Pukeiti

2

**Cape
Egmont
Lighthouse**

*Cape
Egmont*

45

Pungarehu

Pouakai ▲

Holly ▲

**EGMONT
NATIONAL PARK**

3

Rahotu

ℹ North Egmont

Maunga Taranaki
(Mt Egmont 2518 m) ▲

Kahui

The Plateau ▲

Maketawa

Manganui

East Egmont

Midhirst

Fantham's Peak
(1963 m) ▲

ℹ

Waingoro

Dawson
Falls

**Waiaua
Gorge** ▲

**Lake
Dive** ▲

Oaonui

Cardiff

Stratford

ℹ

Mahoe

Eltham

Kaponga

TASMANSEE

Te Kiri

Awatuna

Opunake

45

Pihama

Otakeho

Normanby

Manaia

Tawhiti Museum

Hawera

45

ℹ

Ohawe

South Taranaki Bight

Sarsen House (10 km) ▶

Patea (20 km), Wanganui (85 km) ▶

■ ÜBERNACHTUNG	
EcoInn	2
One Burgess Hill	1

www.stefan-loose.de/neuseeland

und wenn die Pläne tatsächlich umgesetzt werden, wird es ab Ende 2014 eine schicke neue Len Lye Gallery geben. Ansonsten veranstaltet die Galerie Wechselausstellungen, meist mit zeitgenössischer Kunst. Außerdem besitzt sie eine gute Kunstbuchhandlung und ein ausgezeichnetes Café (S. 293).

Wind Wand

Unübersehbar erhebt sich im Zentrum von New Plymouth der **Wind Wand**, ein schlankes, knallrotes, 45 m hohes Carbonfaserrohr mit einer Leuchtkugel auf der Spitze, die im Dunkeln rot schimmert und sich hypnotisch faszinierend im Wind wiegt. Bereits 1962 wurde eine kleinere Version des „Windzauberstabs" im Greenwich Village in New York errichtet. Das hiesige Kunstwerk wurde mithilfe neuartiger Polymerkunststoffe schließlich im Jahr 2000 aufgestellt. Tatsächlich ging Lyes Vision noch weit darüber hinaus – er plante einen Wald aus 125 schwankenden Wind Wands.

Coastal Walkway

Landschaftsgärten und Wege erstrecken sich über einige Hundert Meter beiderseits des Wind Wand und machen den Park am Wasser zu einem netten Ziel für einen abendlichen Bummel. Ehrgeizigeren Wanderern und Radlern steht der **Coastal Walkway** zur Verfügung, der sich 3 km Richtung Westen bis zum Hafen und 7 km Richtung Osten bis zum Bell Block am Wasser hinzieht.

Am besten geht man 2 km Richtung Osten zum East End Reserve; hier gibt es einen Fahrradverleih (S. 294) und das Big Wave Café (S. 293). Weitere 2 km östlich wird die Flussmündung des Waiwhakaiho von der atemberaubenden, 83 m langen **Te Rewa Rewa Bridge** aus weißem Stahl überspannt. Sie soll eine Welle zum Vorbild gehabt haben, aber viele vergleichen sie mit einem Walskelett. Bei gutem Wetter findet man in der Nähe oft einen Kaffeewagen.

Puke Ariki

1 Ariki St ▪ Mo–Fr 9–18, Mi bis 21, Sa und So 9–17 Uhr; Richmond Cottage Sa und So 11–15.30 Uhr ▪ Eintritt frei ▪ ✆ 06 759 6060, 🖳 pukeariki.com

Den Dreh- und Angelpunkt der Stadt bildet der Komplex **Puke Ariki**. Er beherbergt das i-SITE Visitor Centre (S. 294), die Stadtbibliothek, Ausstellungsflächen und ein interaktives **Regionalmuseum**. Besonders gut sind die Sonderausstellungen, aber es gibt auch eine umfangreiche Maori-Abteilung sowie Vulkangestein- und Holzschnitzereien in einem Stil, der nur in Taranaki zu finden ist. Auf dem Museumsgelände steht auch das Steinhaus **Richmond Cottage**, das 1854 für den aus New Plymouth stammenden Parlamentsabgeordneten Christopher William Richmond errichtet und 1962 an seinen gegenwärtigen Standort verlegt wurde.

St Mary's Cathedral

37 Vivian St ▪ Eintritt frei ▪ ✆ 06 758 3111, 🖳 taranakicathedral.org.nz

Die von Frederick Thatcher entworfene **St Mary's Church** stammt aus dem Jahr 1845 und ist damit die älteste steinerne Kirche in Neuseeland. Der strenge Bau mit imposantem Interieur aus dunklem Holz beherbergt ein beeindruckendes Maori-Denkmal von 1972 mit Schnitzereien und *tukutuku*-Geflecht. 2010 wurde die Kirche zur Kathedrale Taranakis erhoben.

Pukekura Park und Brooklands Park

Haupteingänge Liardet St und Brooklands Park Drive ▪ ⏰ tgl. Sonnenauf- bis Sonnenuntergang ▪ Eintritt frei ▪ Gables Sa und So 13–16 Uhr, Eintritt frei ▪ Ruderboote Dez–Feb tgl. 11–16 und 19–22 Uhr, ▪ $10/30 Min. 🖳 pukekura.org.nz

Pukekura Park und Brooklands Park sind im Grunde zwei Teile eines einzigen großen Parks. Er gehört zu den schönsten Stadtparks Neuseelands, in dem auch das Festival of Lights und WOMAD (S. 294) stattfinden. Der Pukekura Park umfasst Gewächshäuser, einen See mit Bootsverleih und ein Cricketfeld. Im freier gestalteten Brooklands Park auf dem Gelände einer ehemaligen Farm gibt es außer dem Amphitheater **Bowl of Brooklands**, in dem bekannte Künstler auftreten, auch zahlreiche uralte Bäume, darunter einen 2000 Jahre alten Puriri und einen gewaltigen Ginkgo. In der Nähe befindet sich in einem ehemaligen Kolonialkrankenhaus von 1847 das **Gables**, das eine Kunstgalerie und ein kleines Medizinmuseum umfasst. In der Nähe des renovierten Pukekura Teahouse kann man **Ruderboote** leihen.

Paritutu Rock

4 km westlich des Stadtzentrums

Der Hafen von New Plymouth erstreckt sich am Fuß des 200 m hohen **Paritutu Rock**, der für die Maori eine große kulturelle Bedeutung besitzt und eine nahezu perfekte natürliche Festung bildet, die auch heute noch die Grenze zwischen den Territorien Taranaki und Te Atiawa markiert. Wer will, kann ihn ersteigen. Der Zugang liegt an einem Parkplatz am Centennial Drive, der von der Vivian Street ausgeschildert ist. Es handelt sich um eine steile Kletterpartie von 20–50 Min. Dauer hin und zurück. Ein Stahlseil bietet Halt, und als Belohnung wartet oben ein großartiger Ausblick auf die Küste.

Sugar Loaf Islands Marine Protected Area

1-stündige Bootstouren ▪ 2–3x tgl., je nach Wetter ▪ $35 ▪ ☏ 06 758 9133, ⌨ chaddyscharters.co.nz

Ein paar Hundert Meter vor der Küste von North Taranaki liegt eine Gruppe von Felsinseln, erodierte Überbleibsel uralter Vulkane, Lebensraum für seltene Pflanzen, Zwergpinguine, Sturmvögel und Dunkle Sturmtaucher. Die umliegenden Gewässer bilden das vom DOC verwaltete Schutzgebiet **Sugar Loaf Marine Reserve**. Hier leben rund 89 Fischarten und eine Fülle farbenprächtiger Seeanemonen, Schwämme und Algen in unterseeischen Schluchten. Außerdem sind hier vorbeiziehende Buckelwale (Aug–Sep) und Delphine (Okt–Dez) zu beobachten. Neuseelands nördlichste Kolonie Neuseeländischer Seebären bevölkert die Felsen der Gezeitenzone.

Die Inseln selbst dürfen nicht betreten werden, doch **Chaddy's Charters** veranstaltet unterhaltsame **Bootsausflüge**.

Tupare

487 Mangorei Rd, 6 km südöstlich des Stadtzentrums ▪ ☉ tgl. Okt–März 9–20, April–Sep 9–17 Uhr; Cottage-Führungen Okt–März Fr–Mo 11 Uhr ▪ Eintritt frei ▪ ☏ 0800 736 222, ⌨ tupare.info

Der fruchtbare Vulkanboden und das feuchte Klima in Taranaki bilden eine sehr gute Grund-

lage für einige wunderbare Gärten. Der in den 1930er-Jahren angelegte **Tupare** ist ein besonders schönes Beispiel. Hier können Besucher zwischen Ahorn-Bäumen, Azaleen und Rhododendren umherbummeln und in dem hübschen **Gardener's Cottage** mehr über die Geschichte des Gartens erfahren. So richtig erschließt sich das Ganze aber erst bei einer Führung durch das originelle **Arts-and-Crafts-Haus** des bekannten neuseeländischen Architekten James Chapman-Taylor.

Hurworth Cottage

906 Carrington Rd, 9 km südlich des Stadtzentrums ▪ ☉ Sa und So 11–15 Uhr und n. V. ▪ Eintritt $5 ▪ ☏ 06 753 3593, ⌨ historicplaces.org.nz

Das reizende historische **Hurworth Cottage** wurde 1856 für Harry Atkinson erbaut, später viermaliger Premierminister Neuseelands, der für das Frauenwahlrecht und den Sozialstaat eintrat. Das schlichte Häuschen mit zwei Zimmern ist das einzige, das die Landkriege der 1860er-Jahre überstanden hat, und es ist heute noch so eingerichtet, wie in der Mitte des 19. Jhs. Interessant sind die alten Kohle-Graffiti; eines zeigt einen Maori-Krieger mit Ganzgesichts-*moko*.

Pukeiti

2290 Carrington Rd, 23 km südwestlich des Stadtzentrums ▪ ☉ tgl. 9–17 Uhr, Café tgl. 10–16 Uhr ▪ Eintritt frei ▪ ☏ 0800 736 222, ⌨ pukeiti.org.nz

Pukeiti, auf 370 m Höhe am Nordhang der Pouakai Range gelegen, ist der schönste öffentliche Garten in Taranaki. Er wurde 1951 von Douglas Cook gegründet, der auch für das Eastwoodhill Arboretum in Gisborne (S. 443) verantwortlich war. Für Neuseelands größten Bestand an Rhododendren und Azaleen benötigte er allerdings ein kühleres und feuchteres Klima. Der Garten ist eine kunterbunte Ansammlung wunderschöner Blüten mit Waldwegen und grünen Alleen. Stärkung bietet das Founders Café.

ÜBERNACHTUNG

New Plymouth bietet eine Reihe von Unterkünften zu moderaten Preisen. Weitere Übernachtungsmöglichkeiten gibt es in der Nähe der Stadt, etwa im Surfstrandort Oakura (S. 299) oder an den Hängen des Taranaki (S. 287).

N 0 — 250 m

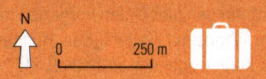

① ▲ *(400 km)*

TASMANSEE

WESTLICHE NORDINSEL

Port Taranaki (3 km)
Port Taranaki (3 km)
Sugar Loaf Reserve (2 km), Paritutu Rock (4 km), Oakura (17 km)

Flughafen (10 km)
① 6 (4 km), Tupare (5 km), North Egmont (25 km), Stratford (42 km)

Coastal Walkway
WOOLCOMBE
PARK STREET
MOLESWORTH STREET
GILL STREET
ELIOT STREET

Wind Wand
Puke Ariki
Coastal Walkway
ST AUBYN STREET

Kino
DEVON ST EAST
COURTENAY STREET
CORONATION AVE
LEACH STREET
LEMON ST

HINE ST
ST AUBYN
WEYMOUTH ST
QUEEN STREET
EGMONT STREET
ARIKI STREET
KING STREET

② ① Kino
⑥ ①
③ ST AUBYN

YOUNG STREET
DEVON ST WEST
Govett-Brewster Art Gallery **⑩**
St Mary's Cathedral
POWDERHAM ST
VIVIAN STREET
FULFORD STREET
Observatorium

GOVER ST
CAMERON STREET

LIARDET STREET
CARRINGTON STREET
BROUGHAM STREET
ROBE STREET
STANDISH STREET
DOWNE ST
PENDARVES STREET
GILBERT ST
FILLIS STREET
ROGAN STREET

⑤
④

Marsland Hill Reserve

King Fern Gully
Ruderboot-verleih
Pukekura Park
Rennbahn

Western Park
MORLEY ST
BARRETT STREET
WALLACE PL
FRANKLEY RD
NILL ROAD
Huatoki Stream
VICTORIA ROAD
HOLSWORTHY
CARRINGTON STREET
BROOKLANDS RD

Bowl of Brooklands
The Gables
Brooklands Zoo
Brooklands Park

MARATAHU STREET
LUKARA STREET
CUTFIELD RD

Rugby Park
CLAWTON STREET
GLENPARK AVE

Straun Park

▼ *Pukeiti (20 km)*

■ ÜBERNACHTUNG

Airlie House	8
Belt Road Seaside Holiday Park	2
Devon Hotel	1
Ducks & Drakes	5
EcoInn	7
Nice Hotel	4
One Burgess Hill	6
Seaspray House	3

● RESTAURANTS, CAFÉS & BARS

Arborio	5	Daily News Café	7
Bach on Breakwater	2	Elixir	4
Big Wave Café	1	Gusto	3
Café Govett-Brewster	9	Peggy Gordon's Celtic Bar	8
Crowded House	6	Snug Lounge	10

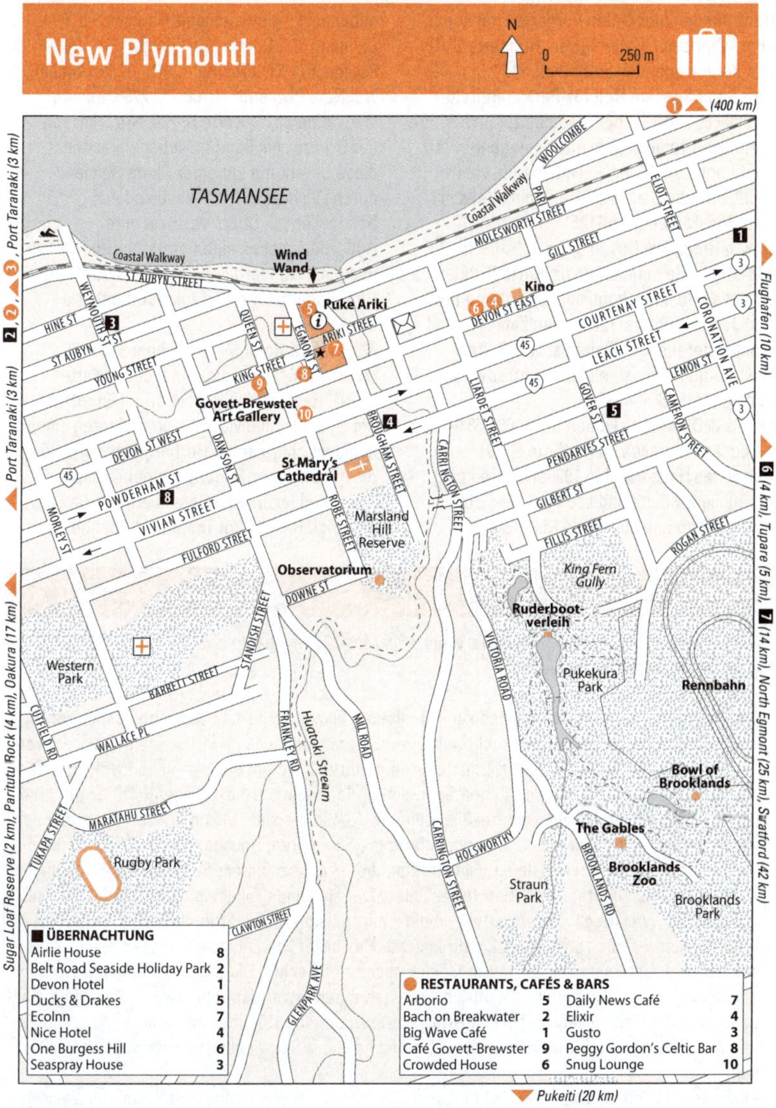

Motels säumen die Zufahrtstraßen ins Stadtzentrum.
Airlie House, 161 Powderham St, ✆ 06 757 8866, ⌨ airliehouse.co.nz; Karte s. oben. Elegantes B&B in einer geräumigen Villa

aus den 1880er-Jahren, modern einrichtet. Der „Drawing Room" mit Sitzbank in der Fensternische und das Studioapartment mit Küche verfügen jeweils über ein eigenes Bad. Das Badezimmer des „Garden Room" mit

Blick auf den blühenden Vorgarten hat sogar eine Wanne mit Klauenfüßen. Hunderte DVDs und hervorragendes Frühstück. $165

Belt Road Seaside Holiday Park, 2 Belt Rd, ✆ 0800 804 204, 🖳 beltroad.co.nz; Karte S. 291. Schön und zumeist geschützt gelegener Platz auf Klippen am Meer, zu Fuß 25 Min. vom Stadtzentrum. Camping $18, Cabins (teils mit Bad) $65, Motel Units $125

Devon Hotel, 390 Devon St East, ✆ 0800 843 338, 🖳 devonhotel.co.nz; Karte S. 291. Schickes Businesshotel mit beheiztem Pool und Jacuzzi, unterschiedlichen Zimmern und einigen geräumigen Suiten sowie Buffet-Restaurant und kostenlosem Fahrradverleih. Zimmer $115, Suiten $240

Ducks & Drakes, 48 Lemon St, ✆ 06 758 0403, 🖳 ducksanddrakes.co.nz; Karte S. 291. Reizendes Haus aus den 1920er-Jahren mit geräumiger Küche und Lounge voller Bücher sowie hellen und günstigen Motelzimmern

nebenan. Es gibt auch eine Sauna ($5 p. P.). Camping $18, Dorms $30, Zimmer $78, Units $125

EcoInn, 671 Kent Rd, nahe SH3, 17 km südlich von New Plymouth, ✆ 06 752 2765, 🖳 eco innovation.co.nz; Karte S. 288. Nur 3 km von der Grenze zum Egmont National Park liegt diese Unterkunft auf einer Ökofarm, die durch Windräder, ein Wasserrad und Solarzellen mit Strom versorgt wird. Außerdem gibt es eine holzbefeuerte Hot Tub und gute Wandermöglichkeiten in der Nähe. Gute Rabatte für mehrtägige Aufenthalte. Dorms $30, DZ $60

Nice Hotel, 71 Brougham St, ✆ 06 758 6423, 🖳 nicehotel.co.nz; Karte S. 291. Rechtzeitige Reservierung ist ratsam, um eins der 7 individuell eingerichteten Zimmer in dieser charmanten Herberge abzustauben, die mit Designer-Bädern, zeitgenössischer Kunst und luxuriösen Details erfreut. Das dazugehörige Restaurant **Table** (nur Abendessen;

Len Lyle

Auf einmal hatte ich einen Geistesblitz: Wenn sich Musik komponieren lässt, kann man vielleicht auch Bewegungen komponieren.

Bis vor kurzem war der neuseeländische Bildhauer, Filmemacher und Konzeptkünstler **Len Lye** (1901–80) abseits der Kunstwelt recht unbekannt, inzwischen jedoch wird seinem Werk die verdiente Anerkennung zuteil. Der in Christchurch gebürtige Lye entwickelte schon früh eine Faszination für Bewegung: Bereits gegen Ende seiner Teenagerjahre experimentierte er mit **kinetischen Skulpturen**. Er verknüpfte die indigene Kunst mit den Maximen der europäischen Futuristen und Surrealisten und experimentierte mit Skulpturen, Batiken, Malerei, Fotografie und animierten **„kameralosen" Filmen** (Filmstreifen, die er aufwendig mit Schablonen, Einritzungen und Zeichnungen bearbeitete). Zum Teil arbeitete Lye an seinen Filmen in London, doch am Ende des Zweiten Weltkriegs landete er wie andere europäische Künstler in New York. Hier fand er zur Bildhauerei zurück und entdeckte für sich die Flexibilität von Edelstahl-Stangen und -Streifen, aus denen er abstrakte „konkrete Bewegungsskulpturen" schuf. Die unregelmäßigen Bewegungen dieser motorbetriebenen Skulpturen verleihen ihnen etwas Anarchistisches. Das zeigt sich besonders deutlich an seinem bekanntesten Werk, *Trilogy* von 1977 (bekannter unter dem Titel *Flip and Two Twisters*): drei von Motoren bewegte Bleche, die in Schwingung versetzt werden und sich verbiegen.

Kurz vor Lyes Tod in New York 1980 half sein Freund und Förderer John Matthews aus New Plymouth bei der Gründung der Len Lye Foundation, die die meisten der weltweit verstreuten Arbeiten Lyes in der Govett-Brewster Art Gallery zusammenführte. Die Stiftung hatte sich auch der Förderung von Lyes Werk verschrieben. Das sichtbarste und größte Ergebnis dieser Bemühungen ist der *Wind Wand*. Die Stiftung trug außerdem entscheidend zur Entstehung des *Water Whirler* in Wellington (S. 486) bei.

Hauptgerichte $35) genießt einen guten Ruf für seine französisch inspirierte Küche. $230

 One Burgess Hill, 1 Burgess Hill Rd, 5 km südlich des Stadtzentrums, ☎ 06 757 2056, 🖥 oneburgesshill.co.nz; Karte S. 288. In ländlicher Umgebung auf einer erhöhten Landspitze, mit tollem Ausblick über den Waiwhakaiho River und einen bewaldeten Hang voller Baumfarne. 15 moderne Apartments (teils mit offenem Kamin). Zur Ausstattung gehören ultramoderne Küchen und geradezu dekadente Bäder. Frühstückszutaten erhältlich ($10–12). Studio $135, Apartment mit 1 Schlafzimmer $175

 Seaspray House, 13 Weymouth St, ☎ 06 759 8934, 🖥 seasprayhouse.co.nz; Karte S. 291. Keine Etagenbetten, kein TV, und drinnen sind keine Schuhe erlaubt – in diesem zentralen Hostel mit nur 14 Betten kann man sich bestens entspannen. ⏱ Juni und Juli geschlossen. Dorms $30, DZ $74

ESSEN UND UNTERHALTUNG

Die meisten Cafés, Restaurants und Kneipen von New Plymouth befinden sich an der sogenannten Devon Mile, womit der Abschnitt der Devon Street zwischen Dawson Street und Eliot Street gemeint ist. In letzter Zeit ist ein zweiter kulinarischer Hotspot am Port Taranaki, mit Blick aufs Wasser, entstanden.

 Arborio, St Aubyn St, im Puke Ariki, mit Blick auf den Wind Wand, ☎ 06 759 1241, 🖥 arborio.co.nz; Karte S. 291. Tolles modernes Café mit Alkoholausschank und köstlichen Brunches sowie Gerichten wie Räuchergewürz-Calamari ($17) und Huhn auf Safran-Püree mit Shiraz-Pfefferkorn-Sauce ($30). Außerdem Pizzas, allerdings nur abends ($23). ⏱ tgl. 9–22 Uhr oder später.

Bach on the Breakwater, Ocean View Parade, Port Taranaki, ☎ 06 769 6967, 🖥 bachonbreakwater.co.nz; Karte S. 291. Das rustikale Café mit Holzterrasse zum Hafen serviert tagsüber zu moderaten Preisen Snacks wie Nachos ($16), abends moderne Küche (Hauptgerichte $27–37). Alkoholausschank. ⏱ Mi–So 9.30–22 Uhr.

 Big Wave Café, East End Reserve, ☎ 027 305 7035; Karte S. 291. Die Gäste sitzen hier an der Flussmündung auf alten Sesseln vor einem Wohnwagen, der wie eine Welle geformt ist. Eiscreme, sehr guter Kaffee, Pizzas ($20), gefüllte Bagels ($10) und gute getoastete Sandwiches ($7–8). Das Angebot ist auf alten Surfbrettern abzulesen. ⏱ tgl. 9–17 Uhr, wenn das Wetter nicht zu schlecht ist.

 Café Govett-Brewster, Queen St, ☎ 06 759 6060; Karte S. 291. Das luftige Museumscafé ist selbst schon ein Kunstwerk, was jedoch nicht von dem tollen Essen und Kaffee ablenken sollte: gute Muffins, zum Frühstück Bagdad-Eier mit Kümmel und Fladenbrot ($15) oder Salate mit Roter Bete, Minze, Mandeln und gegrilltem Halloumi. ⏱ Mo–Fr 8–14.30, Sa und So 9–14.30 Uhr.

Crowded House, 93 Devon St East, ☎ 06 759 4921, 🖥 crowdedhouse.co.nz; Karte S. 291. Standard-Innenstadtbar, oft voll, vor allem wenn es ein interessantes Spiel im Fernsehen gibt. Monteith's-Biere vom Fass, gute Huhn-und-Schinken-Burger mit Pommes oder Salat mit Thai-Rindfleisch (beides $19). ⏱ tgl. 10–22 Uhr oder später.

Daily News Café, Level 1 in der Stadtbücherei, 1 Ariki St; Karte S. 291. Kleines, ruhiges Café, das tagsüber aktuelle nationale und internationale Tageszeitungen, Kaffee und Snacks bietet. ⏱ tgl. 9.30–15 Uhr.

Elixir, 117 Devon St East, ☎ 06 769 9902, 🖥 elixircafe.co.nz; Karte S. 291. Cooles Café, dessen Wände mit Plakaten für bevorstehende Festivals und Konzerte gepflastert sind. Hier gibt es frisch gebackene Muffins, Bagels, Wraps und leckere Hauptgerichte ($16–25) wie Huhn in Pekannuss-Panade oder in Ahornsirup gebackenes Gemüse. Mit Alkoholausschank. ⏱ Mo 7–16.30, Di–Do 7–21.30, Fr und Sa 7.30–22, So 8–16 Uhr.

Gusto, Ocean View Parade, Port Taranaki, ☎ 06 759 8133, 🖥 gustotaranaki.co.nz; Karte S. 291. Edles Restaurant im minimalistischen Schick mit Hafenblick, versteckt im halbindustriellen Jachthafen, bietet ausgezeichnete moderne Gerichte wie Lammhaxe mit fünf Kräutern auf Püree mit Pilzragout ($35). ⏱ Mo–Fr 10–22, Sa 9–22, So 9–15 Uhr.

Peggy Gordon's Celtic Bar, 58 Egmont St, ☎ 06 758 8561, 🖥 peggygordons.com;

Karte S. 291. Große Auswahl an Whisky-Sorten, 12 Biere vom Fass, preiswerte Mahlzeiten (Guinness-Grillrippchen $16, Kabeljau in Kilkenny-Bierteig $18) und regelmäßig irische Livemusik – das alles kommt bei Einheimischen und Reisenden gleichermaßen gut an. In der Basement Bar treten alternative Bands auf. ⏰ tgl. 10–22 Uhr oder später.

SONSTIGES

Feste

Festival of Lights (Mitte Dez–Jan jeden Abend von Einbruch der Dunkelheit bis 22.45 Uhr, Eintritt frei; 🖥 festivaloflights.co.nz). An Sommerabenden kann man über märchenhaft illuminierte Wege zwischen angestrahlten Bäumen schlendern und in Ruderbooten mit Lichtergirlanden auf dem See herumschippern. An den meisten Abenden erklingt dazu Livemusik.

Taranaki Garden Spectacular (Ende Okt–Anfang Nov; 🖥 taft.co.nz). Zehntägige Feier für die schönen Gärten der Region, in einer Zeit, in der sich die Rhododendren am farbenprächtigsten präsentieren.

Taranaki International Festival of the Arts (2 Wochen Anfang Aug; 🖥 taft.co.nz). In jedem ungeraden Jahr, mit einem breiten Angebot an Musik, Filmen und Theater in der ganzen Stadt.

WOMAD (Mitte März; 🖥 taft.co.nz). Bei dem alljährlich stattfindenden 3-tägigen Weltmusikfestival treten im Brooklands Park Hunderte von Künstlern aus aller Welt auf sechs Bühnen auf; dazu gibt es Workshops und einen „Global Village"-Markt.

Informationen

i-SITE, 65 St Aubyn St, im Foyer des Puke Ariki Museum, ☎ 06 759 6060, 🖥 taranaki.co.nz. Hier bekommt man auch Informationen über und Hüttentickets für den Egmont National Park. ⏰ Mo–Fr 9–18, Mi bis 21, Sa und So 9–17 Uhr.

Internet

Die **Bücherei**, 1 Ariki St, bietet kostenlosen Internetzugang; ⏰ Mo–Fr 9–18, Mi bis 21, Sa und So 9–17 Uhr.

Kino

Arthouse Cinema, 73 Devon St West, ☎ 06 757 3650, 🖥 arthousecinema.co.nz. Zu den Filmen kann man ein Gläschen Wein genießen.

Event Cinema, 119–125 Devon St East, ☎ 06 759 9077, 🖥 eventcinemas.co.nz. Zeigt Mainstream-Filme.

Observatorium

New Plymouth Observatory, Robe St, Marsland Hill Reserve. Mitglieder der Astronomical Society zeigen Besuchern die Highlights des Abendhimmels ($5). Di Sommer 20–22, Winter 19.30–21.30 Uhr.

Touren

Wind Wanders, East End Reserve, ☎ 027 358 1182, 🖥 windwanderers.co.nz. Geführte Radtouren auf dem Coastal Walkway ($90/3 Std.).

NAHVERKEHR

CityLink, ☎ 0800 872 287, 🖥 visittaranaki bus.info, betreibt die Regionalbusse, doch das Streckennetz ist nicht besonders umfangreich. Nützlich sind die Busse nach Tupare und Oakura, die jedoch nicht häufig fahren.

Cycle Inn, 133 Devon St East, ☎ 06 758 7418, verleiht Stadträder für $15/Tag; ⏰ Mo–Fr 8.30–17, Sa 9–15, So 10.30–13 Uhr.

Wind Wanders, East End Reserve, ☎ 027 358 1182, 🖥 windwanderers.co.nz, verleiht Cruiser ($20/Std.) und vierrädrige Tretbuggies ($15/20 Min.) zur Erkundung des Coastal Walkway.

TRANSPORT

Busse

InterCity/Newmans, NakedBus und The Naki Bus, ☎ 0508 465 622, 🖥 nakibus.co.nz, halten am Busbahnhof in der 19 Ariki St, nicht weit vom i-SITE Visitor Centre.

Busse nach:
AUCKLAND 3x tgl., 6–6 1/2 Std.;
HAMILTON 4x tgl., 4 Std.;
HAWERA 3x tgl., 50 Min.–1 1/4 Std.;

TE KUITI 4x tgl., 2 1/2 Std.;
WANGANUI 2x tgl., 2 1/2 Std.;
WELLINGTON 2x tgl., 7 Std.

Flüge
Der Flughafen liegt 12 km nordöstlich der
Stadt.
Scott's Airport Shuttle Service, ℘ 06 769 5974
oder 0800 373 001, 🖵 npairportshuttle.co.nz,
setzt Fahrgäste auf Wunsch überall im Stadtzentrum ab ($22, bei Gruppen $3 für jede
weitere Pers.). Die Shuttles warten auf alle
ankommenden Flüge, aber eine Reservierung
ist ratsam, um auf jeden Fall einen Platz zu
bekommen.

Flüge nach:
AUCKLAND 5–8x tgl., 45 Min.;
NELSON 1x tgl., 1 Std.;
WELLINGTON 4–5x tgl., 55 Min.

Egmont National Park

Der **Taranaki** (alias Mount Egmont), ein schlummernder Vulkan, der zuletzt 1755 ausbrach,
dominiert das gesamte westliche Drittel der
Nordinsel. Der oft mit dem japanischen Fuji ver-
glichene Berg bildet einen fast perfekten Kegel
von 2518 m Höhe. Das Kegelprofil wird im Osten
und Westen allerdings durch den Nebengipfel
Fantham's Peak (1692 m) gestört. Im Winter ist
der Taranaki schneebedeckt; im Sommer bleibt
dagegen nur der Krater weiß. Der Berg liegt
im Zentrum des **Egmont National Park**, dessen
Grenze einen Kreis von 10 km Radius um den
Taranaki bildet. Dieser Kreis wird lediglich im
Norden unterbrochen, wo der Park die Bergketten **Pouakai Range** und **Kaitake Range** einschließt, ältere und verwittertere Verwandte
des Taranaki.

Die unteren Hänge des von Weide- und
Ackerland umgebenen Bergs sind mit Wald bedeckt. Mit zunehmender Höhe wird dieser von
verkrüppelten Bäumen abgelöst, die von den
ständigen Windböen Schlagseite haben. In noch
größerer Höhe weicht die Vegetation einer losen Vulkanschlacke, die den Aufstieg zum Gipfel sehr mühsam macht.

Drei asphaltierte Straßen führen die Ostseite
des Bergs hinauf. Sie enden alle auf knapp hal-
ber Höhe an Parkplätzen, von denen sich ein
140 km langes Netz von Wanderwegen in alle
Richtungen des Parks verzweigt. Von diesen
Ausgangspunkten ist **North Egmont** von New
Plymouth aus am einfachsten zu erreichen. Die
Anfahrt nach **East Egmont** führt dafür etwas hö-
her hinauf. Besonders gute kurze Wanderrouten
finden sich in der Umgebung von **Dawson Falls**.
Das i-SITE in New Plymouth hält jede Menge
Informationen über den Park bereit.

Alle drei Ausgangspunkte liegen nicht mehr
als eine Stunde Fahrzeit von New Plymouth entfernt. Es gibt aber auch jeweils Unterkünfte in
unmittelbarer Nähe, sodass Besucher im Park
selbst nächtigen können. Besonders engagierte Wanderer nehmen den Gipfel in Angriff – der
Aufstieg ist allerdings nicht zu unterschätzen,
und es sind hier auch schon Leute umgekom-
men. Für Wanderer, die mehr als einen Tag auf
dem Taranaki verbringen wollen, könnte der abwechslungsreiche **Pouakai Circuit** oder der anspruchsvolle **Around the Mountain Circuit** das
Richtige sein.

North Egmont
Der bequemste Zugang von New Plymouth zum
Nationalpark ist der 13 km südöstlich der Provinzhauptstadt am SH3 gelegene Ort **Egmont Village**. Von dort aus führt die 16 km lange, asphaltierte Egmont Road den Berg hinauf nach **North
Egmont** (936 m), dem besten Ausgangspunkt für
den Pouakai Circuit, Gipfelbesteigungen und
mehrere einfachere Wanderungen.

Die Gipfelroute
10 km hin und zurück, 7–10 Std.,
1560 m Anstieg
Die Route zum Gipfel, auf ganzer Länge mit
Stangen markiert, beginnt am Parkplatz North
Egmont und folgt anfänglich der geschotterten
Translator Road zur Tahurangi Lodge, einer Pri-
vathütte des Taranaki Alpine Club. Eine Holz-
treppe führt zur North Ridge hinauf; dann geht
es über Schlackenhänge die Lizard Ridge hinauf bis zum Krater. Nach Überquerung der eisigen Passagen am Kraterrand und eines kurzen Schlackenhangs erreicht man schließlich

den Gipfel und genießt von oben bei guten Bedingungen traumhafte Ausblicke über das westliche Drittel der Nordinsel.

Pouakai Circuit

Ganzjährig, aber von Mai bis Sep ist mit Schnee zu rechnen; vorher beim DOC informieren
- 24 km Rundweg, 2–3 Tage; Weg verläuft auf Höhen von 700–1300 m

Der reizvolle Pouakai Circuit führt durch Feuchtgebiete, subalpine Tussock-Felder und steile Schluchten mit Farnen. Ein großer Teil des Weges verläuft oberhalb der Baumgrenze, sodass sich weite Aussichten über die Ebene und die Küste eröffnen. Der Weg ist stellenweise steil und nicht so gut ausgebaut wie die Great Walks, aber die Mühe lohnt sich. An der Route liegen zwei Hütten mit Campingmöglichkeiten (S. 297).

Veronica Loop Track

2,5 km Rundweg, 2 Std., 200 m Anstieg

Der recht anstrengende Rundwanderweg klettert über Stufen einen bewaldeten und mit Gestrüpp bedeckten Bergrücken hinauf, vorbei an einem Denkmal für Arthur Ambury, einen Bergsteiger, der bei einem Rettungseinsatz, umkam. Dann geht es weiter bergauf (vorbei an einem Schild, das hinunter zum Parkplatz weist) zu einem tollen Aussichtspunkt mit Blick auf die uralten Lavaströme Humphries Castle sowie auf New Plymouth und die Küste.

East Egmont

East Egmont ist von Stratford (S. 298) aus zu erreichen. Von dort führt die Pembroke Road 14 km Richtung Westen zum Hotel Stratford Mountain House und anschließend 3 km weiter zu **The Plateau**, einem schroffen, windgepeitschten Fleckchen in 1172 m Höhe, dem höchsten auf der Straße erreichbaren Punkt am Berg. The Plateau liegt an der oberen Route des Around the Mountain Circuit (S. 297) und dient im Winter als Parkplatz für die kleine **Manganui Ski Area**, 🖥 skitaranaki.co.nz.

Curtis Falls Track

3,5 km hin und zurück, 2–3 Std., 120 m Anstieg

Am Hotel Mountain House beginnt als Teil des tiefer verlaufenden Rundwanderwegs Around the Mountain Circuit der kurze, aber recht anstrengende Curtis Falls Track. Er durchquert mithilfe von Stufen und Leitern mehrere tiefe Schluchten und erreicht Manganui River Gorge, von wo er am Flussbett entlang (kein ausgewiesener Track und keine Schilder) zum Fuß eines Wasserfalls führt.

Sicherheit auf der Gipfelroute

Der Aufstieg zum Gipfel ist zwar nicht zu unterschätzen, mit durchschnittlicher körperlicher Fitness aber durchaus als lange Tagestour zu bewältigen, wenn man vor 7.30 Uhr aufbricht. Die Wandersaison dauert in der Regel von Januar bis Mitte April.

Im Winter haben Freizeitwanderer in größeren Höhen nichts verloren. Selbst während der Wandersaison kann es zu beängstigend schnellen Wetterumschwüngen kommen, gelegentlich sogar mit Schneefall. Auch Wanderer, die morgens bei schönem Wetter aufbrechen, müssen sich später am Tag oft durch tief hängende Wolken kämpfen.

Da es leider immer wieder zu tödlichen Unfällen kommt, sollte man die **Wanderhinweise** auf S. 297 beachten, die aktuelle **Wettervorhersage** auf 🖥 metservice.com/mountain/egmont-national-park beherzigen und sich vorher unbedingt in einem der örtlichen Visitor Centres oder DOC-Büros beraten lassen. Außerdem sollte man mindestens einen Wandergefährten oder einen Bergführer mitnehmen und in seiner Unterkunft oder unter 🖥 adventuresmart.org.nz eine **Notiz mit dem Wanderziel** hinterlegen.

Zu jeder Jahreszeit ist **warme Kleidung** mitzuführen. Es ist – außer im Januar und Februar – auch sehr ratsam, **Steigeisen** und einen **Eispickel** mitzunehmen (und damit umgehen zu können); diese können bei Kiwi Outdoors, 18 Ariki St, New Plymouth, 📞 06 758 4152, 🖥 outdoorgurus.co.nz, ausgeliehen werden (ab $55); ⏲ Mo–Fr 8.30–17, Sa 9.30–14.30, im Sommer auch So 10–14 Uhr.

WESTLICHE NORDINSEL

Around the Mountain Circuit

Die Rundstrecke um den Berg (44 km, 3–5 Tage) ist etwas für erfahrene Kletterer. Sie beschreibt in einer Höhe zwischen 500 und 1500 m eine unregelmäßige Schleife um den Taranaki. Da der Weg nicht immer und überall instand gehalten wird, sollte man sich vor dem Aufbruch beim DOC über den aktuellen Zustand informieren und eine detaillierte topografische Wanderkarte kaufen.

Von Dezember bis Februar schmilzt der Schnee meist so weit, dass gut trainierte Wanderer die noch anstrengendere **High Level Route** in Angriff nehmen können, die durch einige Abkürzungen über höher gelegene Hänge etwa einen Tag kürzer ist als die untere Route.

Am Weg liegen, gut verteilt, 6 **Hütten**. Wer keinen vom DOC ausgestellten Jahreshüttenpass besitzt, muss sich in einem der DOC Visitor Centres Hüttentickets besorgen. **Camping** (an der Kahui Hut kostenlos) ist nur neben den Hütten gestattet. Hütten $15, Kahui Hut $5, Camping $5

Enchanted Track

6 km hin und zurück, 3 Std., 300 m Anstieg

Nachdem man am Hotel Mountain House geparkt hat, geht man die Straße zu The Plateau hinauf; dann geht's Richtung Süden und hinunter zum Enchanted Track, der seinen Namen den tollen Ausblicken Richtung Osten verdankt. Beim Abstieg zum Mountain House kann man gut beobachten, wie sich die Vegetation verändert.

Dawson Falls

Visitor Centre ⏲ Do–So und Feiertage 8–16.30 Uhr

Die südlichste Zufahrt auf den Taranaki führt über die Manaia Road zum rund 23 km westlich von Stratford und 900 m über dem Meeresspiegel gelegenen **Dawson Falls**. Hier befindet sich das **Dawson Falls Visitor Centre**. Draußen vor dem Centre steht ein imposanter, 8 m hoher *pou whenua* (geschnitzter Pfahl), auf dem berühmte Maori-Persönlichkeiten der Region abgebildet sind. Das Dawson Falls Hotel samt Restaurant gegenüber vom Visitor Centre schloss im August 2011 die Pforten, aber man hofft, dass es eines Tages wieder eröffnet.

Kapuni Loop Track

2 km Rundweg, 1 Std., 100 m Anstieg

Dieser nette Wanderweg führt durch den **Goblin Forest** mit seinen verdrehten und verkrüppelten Bäumen und Baumstämmen voller Farne und Moose. Nach einer Weile erreicht man Dawson Falls, wo der Kapuni Stream am Ende eines alten Lavastroms 17 m in die Tiefe stürzt. Auf dem Rückweg kommt man einem Schuppen mit der winzigen **Dawson Falls Power Station** vorbei. Das historische Wasserkraftwerk wurde 1935 erbaut, um das **Dawson Falls Hotel** mit Strom zu versorgen.

Wilkies Pool Loop Track

2,3 km Rundweg, 1 Std., 100 m Anstieg

Dieser Weg führt vom Visitor Centre von Dawson Falls durch weiteren „Goblin Forest" hinauf zu einer Reihe einzelner Becken, die vom Kapuni Stream ausgewaschen wurden. Auf den nassen Felsen ist Vorsicht geboten. Doch der üppige Wald in der Umgebung lohnt die Mühe.

North Egmont

The Camphouse, North Egmont, ✆ 06 278 6523 oder 06 756 9093, 🖥 mttaranaki.co.nz. Diese große Berghütte von 1891 ist heute ein sehr schlichtes, aber gemütliches Hostel mit beheiztem Gemeinschaftsraum, komplett ausgestatteter Küche und warmen Duschen. Der Check-in erfolgt beim Mountain Café. Dorms $35, DZ $80

Am **Pouakai Circuit** liegen zwei Hütten: die Holly Hut (32 Betten), die mitunter sehr voll wird, und die weniger beliebte Pouakai Hut (16 Betten). Hüttenpässe sind hier gültig, und Camping ist nur direkt neben den Hütten erlaubt. Camping $5, Hütten $15

Mountain Café, North Egmont, im Visitor Centre. Behagliches Café mit gutem Blick und tollem Frühstück ($12–18, den ganzen Tag erhältlich), Suppen ($11) und Burgern ($16). ⏲ tgl. 10–15 Uhr.

East Egmont

Alpine Lodge, Pembroke Rd, 9 km westlich von Stratford, ✆ 06 765 6620, 🖥 andersonsalpine lodge.co.nz. Die 4 holzvertäfelten Zimmer in diesem romantischen Chalet sind geräumig und gemütlich; das Frühstück wird in einer schönen Lounge mit fabelhaftem Bergblick serviert. Ein DZ ohne Bad, Suite mit eigener Lounge. Zimmer ohne Bad $100, mit Bad $140, Suite $180

Stratford Mountain House, Pembroke Rd, 14 km westlich von Stratford, ☎ 06 765 6100, 🖥 stratfordmountainhouse.co.nz. Schön gelegene und aufgemöbelte Lodge 4 km weit im Park und auf 850 m Höhe. Zehn sehr komfortable Zimmer, alle mit Whirlpool. Außer einer geräumigen Lounge gibt's auch noch ein Café und Restaurant mit schönem Blick auf die Spitze des Taranaki. Ein typisches Mittagsgericht ist etwa Hühnchensalat ($17), und auf der guten Abendkarte stehen z. B. Schweinebauch auf asiatischem Gemüse ($31) oder Steak mit Pommes ($32). Restaurant ☉ tgl. 9–21 Uhr oder später. Nur Übernachtung $155

Dawson Falls

Konini Lodge, ☎ 06 756 0990, 🖥 doc.govt.nz. Eine Art riesige, vom DOC betriebene Berghütte mit 38 Betten in 3er- und 8er-Zimmern, warmen Duschen und Küche mit Kochgelegenheiten und Kühlschränken. Schlafsack, Handtuch, Proviant sowie Koch- und Essutensilien selbst mitbringen! $20,40

SONSTIGES

Guides

Mehrere Guides bieten Buschwanderungen, Gipfeltouren und weitere, technisch anspruchsvollere Unternehmungen an. Im Sommer nimmt ein Führer normalerweise bis zu zehn Personen auf Wanderungen oder Gipfelbesteigungen, Felsklettertouren usw. mit, im Winter dagegen meist nur zwei Personen. Die Preise liegen bei $300 pro Tag, zuzüglich rund $50 für jede weitere Person. Anbieter: **Top Guides**, ☎ 0800 448 433, 🖥 topguides.co.nz, **Adventure Dynamics**, ☎ 06 751 3589, 🖥 adventuredynamics.co.nz, und **Mac Alpine**, ☎ 0800 866 484, 🖥 macalpine guides.com.

Informationen

North Egmont Visitor Centre, am Ende der Egmont Rd, ☎ 06 756 0990, ✉ egmontvc@doc.

govt.nz. Das wichtigste Informationszentrum im Park mit Ausstellungen zum Berg, Karten aller Wege, schönen Aussichtsfenstern, Wettervorhersagen und einem recht guten Café. ☉ tgl. 8–16.30 Uhr.

TRANSPORT

Cruise New Zealand, ☎ 0800 688 687, ✉ kirkstall@xtra.co.nz. Betreibt Shuttlebusse zum Mount Egmont (hin und zurück $50). Die Abholung bei Unterkünften in New Plymouth erfolgt gegen 7 Uhr, und noch vor 8 Uhr ist man in North Egmont; zurück geht's gegen 16 Uhr.

Stratford

Etwa auf halber Strecke zwischen New Plymouth und Hawera liegt das Städtchen **Stratford**, der östliche Zugang zu den Hängen des Taranaki, insbesondere nach East Egmont und Dawson Falls. Wer zur zentralen Nordinsel unterwegs ist, findet in Stratford den Ausgangspunkt des malerischen Forgotten World Highway (S. 302).

Die Hauptsehenswürdigkeit des Orts ist sein kitschiger pseudo-elisabethanischer **Uhrenturm**, der 1996 gebaut wurde. Um 10, 13, 15 und 19 Uhr erscheinen lebensgroße Romeo-und-Julia-Figuren, dazu erklingen Shakespeare-Zitate. Außerdem sind alle Straßen nach Figuren aus Shakespeare-Stücken benannt.

In einem Gässchen gegenüber dem Uhrenturm befindet sich das **i-SITE Visitor Centre**, Miranda St, ☎ 0800 765 670, 🖥 stratford.govt.nz. ☉ Mo–Fr 8.30–17, Sa und So 10–15 Uhr.

Eastern Taranaki Experience, ☎ 06 765 7482, 🖥 eastern-taranaki.co.nz, befördert Besucher per **Allradfahrzeug** zum Berg ($20 zum Plateau, mind. 2 Pers.).

SH45: der Surf Highway

Die beste Route um die Taranaki-Halbinsel ist der **Surf Highway** (SH45) zwischen New Plymouth und Hawera. Er verläuft größtenteils etwa 3 km vor der Küste, wobei immer wieder kleine Stichstraßen zu winzigen, unbewohnten Buchten abzweigen.

Die Strecke ist zwar nur rund 100 km lang, kann aber mit Abstechern zu den hübschen Stränden gut einen halben Tag in Anspruch nehmen. Wer auf den verlässlichen Wellen reiten will, sollte noch mehr Zeit einplanen.

Auch die Bedingungen zum **Windsurfen** und **Kiteboarden** sind gut, denn hier weht fast beständig auflandiger Wind. Surfstrände gibt es eine Menge; die dazugehörige Infrastruktur findet sich hauptsächlich in **Oakura** und im ruhigeren **Opunake**. Zwischen den beiden Ortschaften liegt **Cape Egmont** mit seinem malerischen Leuchtturm.

Oakura

Der Ort 17 km westlich von New Plymouth ist im Grunde ein Pendlervorort der Provinzhauptstadt, hat sich aber dank der Surfer und einiger flippiger **Kunsthandwerksläden** und **Cafés** am SH45 einen Hauch von Gegenkultur bewahrt. Oakura hat kein Visitor Centre, aber die Bibliothek in der 16 Donnelly St, ☏ 06 759 6060, kann mit Auskünften aushelfen. ◷ Mo, Mi und Fr 12–18, Di, Do und Sa 9–13 Uhr. Surfboards ($50/24 Std.) und Standup-Paddleboards ($70/Tag) kann man bei Vertigo, 605 Main St, ☏ 06 752 7363, 🖥 vertigo surf.com, ausleihen; sie bieten auch Standup-Paddleboard-Unterricht für $80/Std.

Ahu Ahu Beach Villas, 321 Ahu Ahu Rd, ☏ 06 752 7370, 🖥 ahu.co.nz. 4 luxuriöse, wunderschöne Villen für Selbstversorger auf einer Anhöhe am Ozean, errichtet aus französischen Tonfliesen, Kaibohlen und recycelten Baumaterialien. Für je 4 Pers. $250

Butlers Reef, 1133 South Rd (SH45), ☏ 06 752 7765, 🖥 butlersreef.co.nz. Der lebendige Pub ist das Herz des Nachtlebens von Oakura, mit herzhaften Mahlzeiten wie Fisch im Bierteigmantel mit Pommes ($19), regelmäßigen Events und im Sommer jeder Menge Konzerten. ◷ tgl. 11–22 Uhr oder später

Oakura Beach Holiday Park, 2 Jans Terrace, ☏ 06 752 7861, 🖥 oakurabeach.com. Perfekt gelegener Platz mit alternden, aber guten Einrichtungen. Einige Zeltstellplätze sind nur zwei Schritte von dem schwarzsandigen Strand entfernt, und es gibt Cabins auf einer kleinen Anhöhe mit atemberaubenden Blicken auf die Bucht. Camping $18, Cabins $70, mit Bad $120

Cape Egmont und Opunake

Bei Pungarehu, 25 km südwestlich von Oakura, zweigt die Cape Road 5 km nach Westen ab zum gusseisernen Turm des **Cape Egmont Lighthouse**. Der Leuchtturm wurde 1877 von der nördlich von Wellington gelegenen Insel Mana hierher verfrachtet und steht auf einer Anhöhe am westlichsten Punkt des Kaps an der windgepeitschten Küste Taranakis. Mit dem schneebedeckten Berg als Kulisse ist dies besonders bei Sonnenuntergang ein herrliches Fleckchen Erde.

Opunake, 20 km südlich vom Cape Egmont, ist ein großes Dorf mit schönem Sandstrand. Außer schwimmen, surfen und angeln gibt es hier nicht viel zu tun. Im Sommer ist der Strand bewacht (Jan tgl. 10–17, Feb und März Sa und So 10–17 Uhr). Surfboards verleiht The Opunake Surf Co (Dreamtime), Havelock St, Ecke Tasman St.

Opunake Beach Holiday Camp, Beach Rd, ☏ 0800 758 009, 🖥 opunakebeachnz.co.nz. Freundlicher Platz mit einem goldenen Strand mit guter Brandung fast direkt vor der Haustür. Camping $18, Cabins $68, Units $98

Sugar Juice Café, 42 Tasman St, ☏ 06 761 7062. Das bunt eingerichtete Café bietet mit viel Sorgfalt zubereitete Speisen, z. B. stattliche Frühstücksportionen wie Wiesenchampignons, Spinat, Frühstücksspeck und Ei ($17) sowie Thekenkost alter Schule (Quiche, Wurstbrötchen, Kuchen usw.) und große Pizzas ($26). Mit Alkoholausschank. ◷ Di 9–15, Mi–So 9–21 Uhr oder später

Hawera

Die im Osten und Westen um den Taranaki führenden Routen treffen sich in **Hawera**, das von sanft-hügeligem Weideland umgeben ist. Hawera dient in erster Linie als Versorgungs- und Verwaltungszentrum für die Farmer der Gegend und ist Standort der größten **Molkerei** der Welt, gleich südlich der Stadt.

Hier werden 20 % der neuseeländischen Milchproduktion verarbeitet. Die Milch stammt größtenteils von Kühen, die auf Taranakis fruchtbaren Vulkanböden weiden, wird aber auch per Eisenbahn aus anderen Regionen der Nordinsel angeliefert.

Das Wahrzeichen der Stadt ist der alte **Hawera Water Tower**, 55 High St, ein 54 m hoher Betonbau von 1914, der eine famose Aussicht über South Taranaki eröffnet – im i-SITE nach dem Schlüssel fragen! ⏰ Mo–Fr 8.30–17.15, Sa und So 10–15 Uhr, Eintritt $2,50.

Morrieson's Café and Bar

58 Victoria St ▪ ⏰ tgl. 11–21 Uhr oder später

Ronald Hugh Morrieson, einer der bekanntesten Autoren Neuseelands, verbrachte sein ganzes Leben in Hawera. Er schrieb amüsante Schauerromane über das Kleinstadtleben, liebte Jazz und genehmigte sich gern den einen oder anderen Drink. Sein einziges – aber sehr passendes – Denkmal ist **Morrieson's Café and Bar**. Morriesons altes Wohnhaus musste für ein KFC Platz machen, aber der Kamin und die Treppe wurden hierher verfrachtet. Die Tischplatten bestehen aus Holz, das aus dem Haus gerettet wurde. Einige seiner Bücher sind auf dem Kaminsims aufgestapelt, und auf der Theke findet sich eine kurze Biografie des Schriftstellers.

Tawhiti Museum and Bush Railway

401 Ohangai Rd, 4 km nordöstlich von Hawera ▪ Museum ⏰ Jan tgl. 10–16, Sep–Dez und Feb–Mai Mo und Fr–So 10–16, Juni–Aug So 10–16 Uhr, Eintritt $10 ▪ Bush Railway ⏰ erster So des Monats plus Feiertage; in den Schulferien tgl., $5 ▪ ✆ 06 278 6837, 🖥 tawhitimuseum.co.nz

Das faszinierende **Tawhiti Museum and Bush Railway** beleuchtet das gesellschaftliche und technische Erbe der Maori und Pakeha der Region mit zahlreichen lebensgroßen Figuren, für die Einheimische Modell standen. Weitere Highlights sind das Diorama, das mit 800 Miniaturfiguren die sogenannten Musketenkriege der 1820er-Jahre nachstellt, eine außergewöhnliche Schilderung der Landkriege der 1860er-Jahre aus dem Blickwinkel eines britischen Deserteurs und die kleine **Bush Railway**, die 1 km weit durch eine Ausstellung über die Geschichte der Holzwirtschaft von Taranaki zuckelt. Zum Museum gehört auch ein gutes Café.

ÜBERNACHTUNG UND ESSEN

Il Chefs, 47 High St, ✆ 06 278 4444, 🖥 two chefs.co.nz. Das beste Restaurant in Hawera erfreut durch Zutaten aus der Umgebung und frisch zubereitete Gerichte. Mittags gibt's z. B. Lammsalat mit Rucola, Feta und gerösteter *kumara* ($24), für Steakfreunde kommt abends Ribeye-Filet mit Kräuterrösti und *salsa verde* ($39) auf den Tisch. ⏰ Mo 17–22, Di–Sa 11–14 und 17–22 Uhr oder später, So 11–14 und 17–22 Uhr.

Marracbo, die Gasse bei 172 High St entlang, ✆ 06 278 5334. Das beste Café der Stadt wartet mit Frühstücksgerichten, Thekenkost und substanzielleren Hauptgerichten (ca. $20) auf. ⏰ Mo–Do 8.30–16, Fr und Sa 8.30–22 Uhr oder später, So 9–16 Uhr.

Tairoa Lodge, 3 Pouawai St, ✆ 06 278 8603, 🖥 tairoa-lodge.co.nz. B&B in wunderbarem zweistöckigen Haus von 1875 mit Pool auf einem schönem Grundstück am Stadtrand. 3 geschmackvoll eingerichtete Zimmer mit Bad im Haupthaus, ein Selbstversorger-Cottage für 6 Pers. und das modernere Gatehouse mit 3 Schlafzimmern. B&B $180, Cottage und Gatehouse $220

Wheatly Downs Farmstay, 484 Ararata St, 5 km hinter dem Tawhiti Museum, ✆ 06 278 6523, 🖥 mttaranaki.co.nz. Eine nette Unterkunft etwas außerhalb der Stadt bietet diese idyllische Schaf- und Rinderfarm mit Blick auf den Taranaki. Zeltstellplätze $18, Dorms $33, DZ $76, Zimmer mit Bad $125

SONSTIGES

Aktivitäten

Kaitiaki Adventures, ✆ 06 752 8242, 🖥 dam drop.com. Das sogenannte Dam Dropping ist eine besonders nervenkitzelnde Variante des Wildwasserfahrens. Die Teilnehmer werden mit Neoprenanzug, Helm, Flossen und einem schwimmenden Kunststoffschlitten ausgerüstet und rutschen dann eine 6–9 m hohe Staumauer hinunter. Das macht mehr Spaß und ist weniger Angst einflößend, als es klingt.

Jeder kann so oft rutschen, wie er will, und sich anschließend auf einer organisierten Tour sanft den Wainongoro River hinunter durch schöne Landschaft treiben lassen. Die meisten Touren ($100) finden Dez–März statt.

Informationen

i-SITE Visitor Centre, 55 High St, am Fuß des Wasserturms, ☎ 06 278 8599, 🖥 southtaranaki.com. ⊕ Mo–Fr 8.30–17.15, Sa und So 10–15 Uhr.

TRANSPORT

InterCity, NakedBus und The Naki Bus halten allesamt am i-SITE. Busse nach NEW PLYMOUTH (3x tgl., 50 Min.–1 1/4 Std.) und WANGANUI (2x tgl., 1 1/4 Std.).

Patea

Hinter Hawera verläuft der SH3 durch Agrarland und mitten durch **Patea**, den einzigen größeren Ort zwischen Hawera und Wanganui. Am westlichen Ende seiner Hauptstraße erinnert ein Modell des *Aotea-Kanus* an die Besiedlung der Gegend durch Turi und sein *hapu*. Patea hat einen guten **Surfstrand** an der Mündung des Patea River (nicht baden!) und einen sicheren **Süßwasser-Badetümpel** unterhalb der Manawapou-Befestigungsreste und des *pa*-Geländes.

Museum of South Taranaki

127 Egmont St ▪ ⊕ tgl. 10–16 Uhr ▪ Eintritt per Spende ▪ ☎ 06 273 8354

Das **Museum of South Taranaki**, Aotea Utangunui auf Maori, erzählt die Geschichte der Stadt und seines Schlachthofs, der 1982 geschlossen wurde. Interessant sind die **Waitore-Artefakte**, Holzwerkzeuge und Schnitzereien aus dem frühen 15. Jh., die zwischen 1968 und 1978 in einem Sumpf in der Umgebung gefunden wurden.

Bushy Park

791 Rangitatau East Rd, 47 km südöstlich von Patea, 16 km nordwestlich von Wanganui ▪ ⊕ tgl. 10–17 Uhr ▪ Eintritt $6 ▪ ☎ 03 342 9879, 🖥 bushypark.co.nz

Eine gut ausgeschilderte Seitenstraße führt vom SH3 8 km ostwärts nach **Bushy Park**, einer reizenden historischen Farm in einer Waldlandschaft voller Wanderwege. Das von einem 5 km langen Zaun umgebene Gelände bietet als offizielles **Vogelschutzgebiet** u. a. Langbeinschnäppern, Neuseeland-Kuckuckskäuzen, Lappenstaren, Schwärmen von Maorifruchttauben und Nördlichen Streifenkiwis Zuflucht.

ÜBERNACHTUNG

Bushy Park, 791 Rangitatau East Rd, Kai Iwi, ☎ 03 342 9879, 🖥 bushypark.co.nz. B&B-DZ im altmodischen Stil im Haupthaus oder Betten im einfachen Selbstversorger-Haus auf dem Gelände. Bett $25, DZ $125

Taumarunui

Taumarunui, 83 km südlich von Te Kuiti am nördlichen Ende des Forgotten World Highway (mit dazugehörigem Radweg), ist Ausgangspunkt für Kanutrips auf dem Whanganui River (S. 305). Der Ort am Zusammenfluss von Ongarue und Whanganui wurde erst spät von Europäern besiedelt: Sie trafen ab 1908 in größerer Zahl ein, nachdem die Eisenbahn bis hierher vorgedrungen war.

Raurimu Spiral

37 km südlich von Taumarunui von einem ausgeschilderten Aussichtspunkt am SH4 zu sehen ▪ Abfahrten im Sommer tgl. um 12 Uhr ▪ $48 einfach, $96 hin und zurück

Es hatte sich als schwierig erwiesen, für die vom Tongariro National Park kommende Eisenbahn auf dem steilen Abstieg Richtung Norden nach Taumarunui eine geeignete Streckenführung zu finden. Bauinspektor R. W. Holmes ersann schließlich die ausgeklügelte **Raurimu Spiral**, eine bautechnische Leistung, bei der Brücken und Tunnel so kombiniert wurden, dass sich die Trasse spiralförmig nach unten windet. Für diejenigen, die nur hin- und wieder zurückfahren wollen, ist die Fahrt über die „Spirale" von Taumarunui zum National Park jedoch recht teuer.

Jasmine's, 43 Hakiaha St (SH4), ✆ 07 895 5822. Leicht bizarre Mischung aus traditionellem Thai-Restaurant und Standard-Kiwi-Café. Kaffee und Kuchen, Frühstück mit Schinken und Eiern, außerdem z. B. Seafood-*pad cha* ($12,50) oder scharfes *jungle curry* ($16). BYO (Wein). ☉ tgl. 7–21 Uhr.

Kelly's Motel, 10 River Rd, ✆ 07 895 8175, 🖥 www.kellysmotel.co.nz. Kleines und alterndes, aber dennoch behagliches Motel abseits des Highways am westlichen Ortsrand mit Studios, Units mit 2 Schlafzimmern und auf Wunsch auch Frühstück. $80

Taumarunui Holiday Park, SH4 3 km östlich, ✆ 0800 473 281, 🖥 taumarunuiholidaypark. co.nz. Kleiner, gut geführter Platz zwischen dem Whanganui River und einem Wäldchen am Beginn des am Fluss verlaufenden Mananui Walkway (3 km). Einfache, aber nette holzvertäfelte Cabins, Selbstversorger-Cottage für 7 Pers. und ein schöner Kinderspielplatz. Camping $17, Cabins $60, Cottage $85

i-SITE, 116 Hakiaha St, am Bahnhof, ✆ 07 895 7494, 🖥 visitruapehu.com. Besitzt ein Bahnmodell der Raurimu Spiral, Internetzugang, Reservierungsservice für Unterkünfte und verkauft Hütten- und Campingpässe für den Whanganui National Park. ☉ tgl. 9–17 Uhr.

Der Bahnhof befindet sich in der Hakiaha St; vor dem Bahnhof halten auch die Busse.

Busse
HAMILTON 1x tgl., 2 1/4 Std.;
NATIONAL PARK 1x tgl., 30 Min.;
TE KUITI 1x tgl., 1 Std.;
WANGANUI 1x tgl., 2 3/4 Std.

Eisenbahn
AUCKLAND 3–7x wöchentl., 5 Std.;
NATIONAL PARK 3–7x wöchentl., 50 Min.;
WANGANUI 1x tgl., 2 3/4 Std.;
WELLINGTON 1x tgl., 7 1/2 Std.

Forgotten World Highway

Ein urtümlich-ländliches Neuseeland-Erlebnis ist der **Forgotten World Highway** (SH43) zwischen Taumarunui und Stratford. Die Landstraße windet sich über 155 km durch die hügelige Landschaft westlich von Taumarunui. Abgesehen von einem 12 km langen Abschnitt durch die Tangarakau-Schlucht ist die Straße auf ganzer Länge asphaltiert, aber Autofahrer sollten für die Strecke dennoch gute drei Stunden einplanen und vor dem Start auf jeden Fall volltanken, denn es gibt auf der ganzen Route **keine Tankstelle**. Ein Großteil der Strecke ist auf der Karte Whanganui National Park (S. 304) verzeichnet.

Tangarakau Gorge

58 km westlich von Taumarunui

Nachdem der SH43 die landwirtschaftlich geprägte Umgebung von Taumarunui hinter sich gelassen hat, geht es in zahlreichen Kurven durch die Kalksteinschlucht **Tangarakau Gorge**, wo am Flussufer steile, mit Gestrüpp bedeckte Felsen aufragen – vielleicht das größte Highlight der Fahrt. Am Eingang der Schlucht weist ein kleines Schild auf einen kurzen Weg hin, der zur malerischen **Grabstätte von Joshua Morgan** führt, der letzten Ruhestätte eines Landvermessers aus Pioniertagen. Auf dem Kamm einer Hügelkette geht es durch den dunklen, engen **Moki Tunnel**, bis schließlich Whangamomona erreicht ist.

Whangamomona

Normalerweise zählt der Ort, 90 km südwestlich von Taumarunui, nur zehn Einwohner, doch in ungeraden Jahren fallen im Januar ganze Besucherhorden zur örtlichen Unabhängigkeitsfeier ein. Das Dorf erklärte sich nämlich am 28. Oktober 1989 zur unabhängigen Republik, nachdem die Regierung die Provinzgrenzen so verschoben hatte, dass es fortan nicht mehr zu Taranaki gehören sollte. Im Zentrum der Feierlichkeiten steht das 1911 erbaute Whangamomona Hotel. Dort können Besucher das ganze Jahr über ihren Reisepass abstempeln lassen oder für $1 sogar einen whangamomonischen Pass erstehen.

Hinter Whangamomona klettert der SH43 im Schatten steiler Felswände bergauf und bietet schöne Ausblicke auf die **Taranaki Plains**, bevor er seinen Abstieg in das flache Weideland beginnt und schließlich in **Stratford** ankommt, wo der von einer permanenten Schneekuppe bedeckte Vulkankegel des Taranaki ins Blickfeld rückt – falls das Wetter mitspielt.

Campingplatz Ohinepane, 21 km westlich von Taumarunui. Friedvoller grasbedeckter DOC-Platz am Whanganui River mit Wasseranschluss und Plumpsklos; vielleicht leisten einem Kanufahrer Gesellschaft, die hier ihre erste Nacht auf der Fahrt flussabwärts von Taumarunui verbringen. $10

Whangamomona Domain Camp, Whangamomona Rd, ☎ 06 762 5822, 🖥 whangamomonacamp.webs.com. Einfacher Platz in friedvoller Lage mit Wohnmobil-Anschlüssen, einfachen Cabins und Duschen, nicht weit entfernt vom Whangamomona Hotel. Camping $10, 2er-Cabins $20

Whangamomona Hotel, Ohura Rd, ☎ 06 762 5823, 🖥 whangamomonahotel.co.nz. Das klassische Landhotel mit Pub hat durch die Renovierung nichts von seinem Charakter eingebüßt. Geräumige Zimmer mit Gemeinschaftsbädern; kleines Frühstück inbegriffen. Der Pub bietet einfache Kneipenkost (Hauptgerichte $10–20). $130

Whanganui National Park

Auf seinem Weg von den Hängen des Mount Tongariro im Norden bis zu seiner Mündung in die Tasmansee bei Wanganui durchströmt der smaragdgrüne **Whanganui River** den **Whanganui National Park**, ein riesiges, kaum bewohntes und unwegsames Buschland östlich von Taranaki. Der Park ist von einem der größten **Tieflandwälder** der Nordinsel bedeckt, der auf einem Bett aus weichem Sandstein und Schiefergestein steht, das im Laufe der Zeit zu tiefen Schluchten, spitzen Bergrücken, glatten Felsen und Wasserfällen erodierte.

Unter dem Dach der Südbuchen und breitblättrigen Podocarpen (Steineibengewächse) wächst ein unteres „Stockwerk" aus Baumfarnen und Kletterpflanzen, das sich vielerorts bis ans Flussufer erstreckt. Die überaus reiche und lautstarke **Vogelwelt** ist mit Maorifruchttaube, Graufächerschwanz, Tui, Langbeinschnäpper, Riroriro *(Gerygone igata)*, Maorischnäpper und Streifenkiwi vertreten.

Der Whanganui National Park lässt sich am besten auf einer mehrtägigen **Kanutour** durch die Wildnis erkunden, wobei auf Campingplätzen am Fluss übernachtet wird. Die Kanutrips enden meist in der kleinen Siedlung **Pipiriki**, von wo aus Jetbootbetreiber Touren weiter flussaufwärts zur **Bridge to Nowhere** anbieten.

Wer nicht an einer Flusstour teilnimmt, kann stattdessen die Straßen am Rande des Nationalparks abfahren. Der Forgotten World Highway (SH43) streift den Park im Nordwesten, doch nur die gewundene **Whanganui River Road** führt längere Zeit am Fluss entlang.

Geschichte

Der Whanganui ist mit 329 km der längste schiffbare Fluss Neuseelands. Er spielt eine bedeutende Rolle im Leben der hiesigen **Maori**, die glauben, dass an jeder Biegung des Flusses ein *kaitiaki* (Wächter) über die *mauri* (Lebenskraft) wacht. Das *mana* der alten Ufersiedlungen hing von einer gesicherten Nahrungsversorgung und der Pflege des eigenen Lebensraums ab: An den Ufern wurden geschützte Terrassen kultiviert, im Fluss legte man raffiniert konstruierte Fischreusen zum Fang von Aalen und Neunaugen aus.

In den 1840er-Jahren trafen die ersten europäischen **Missionare** ein. Als Nächste kamen die **Händler**, und ab 1891 beförderten regelmäßige Schiffsverbindungen Passagiere und Fracht zu den Siedlern in Pipiriki und Taumarunui. Anfang des 20. Jhs. schipperten Schaufelraddampfer **Touristen** zu vornehmen Hotels, die auf dem Weg zur Zentralregion der Nordinsel lagen.

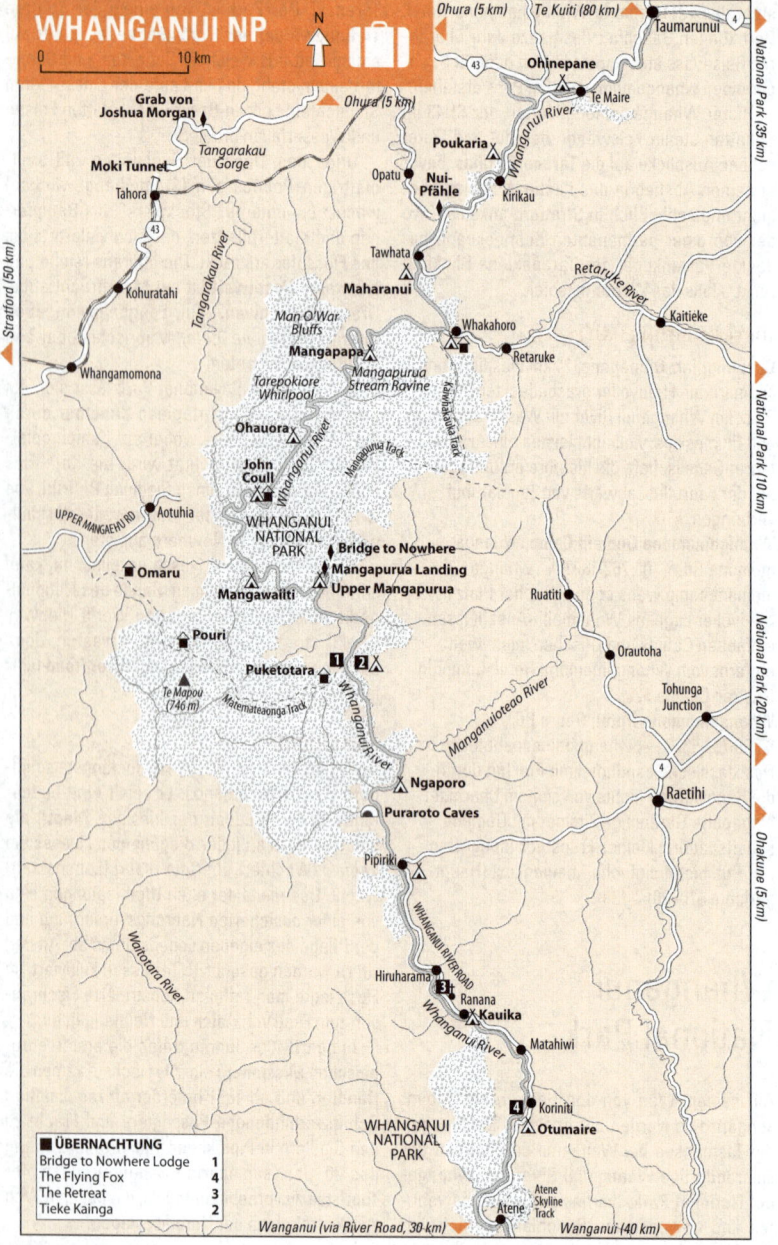

WHANGANUI NP

N

0 ——— 10 km

Ohura (5 km) · Te Kuiti (80 km)

Taumarunui

National Park (35 km)

Ohinepane

Te Maire

Whanganui River

Grab von Joshua Morgan

Ohura (5 km)

Tangarakau Gorge

Poukaria

Moki Tunnel

Tahora

Opatu · Nui-Pfähle

Kirikau

Kohuratahi

Tawhata

Maharanui

Whakahoro

Retaruke

Retaruke River

Kaitieke

National Park (10 km)

Whangamomona

Man O'War Bluffs

Mangapapa

Mangapurua Stream Ravine

Kaiwhakauka Track

Tarepokiore Whirlpool

Ohauora

John Coull

Whanganui River

Mangapurua Track

WHANGANUI NATIONAL PARK

Bridge to Nowhere

Mangapurua Landing

Upper Mangapurua

Ruatiti

National Park (20 km)

Orautoha

Tohunga Junction

Aotuhia

UPPER MANGAEHU RD

Omaru

Mangawaiiti

Pouri

Puketotara

1 2

Te Mapou (746 m)

Matemateaonga Track

Whanganui River

Manganuioteao River

Ngaporo

Raetihi

Ohakune (5 km)

Puraroto Caves

Pipiriki

Whanganui River Road

Wanganui (via River Road, 30 km)

Hiruharama

3

Ranana

Kauika

Whanganui River

Matahiwi

Koriniti

4

Otumaire

WHANGANUI NATIONAL PARK

Atene Skyline Track

Atene

Wanganui (40 km)

WESTLICHE NORDINSEL

Stratford (50 km)

Wanotara River

■ ÜBERNACHTUNG

Bridge to Nowhere Lodge	1
The Flying Fox	4
The Retreat	3
Tieke Kainga	2

Die Bemühungen der Europäer, dieser wilden Landschaft ihren Stempel aufzudrücken, standen oft unter einem schlechten Stern. 1917 wurde das **Mangapurua Valley** im Herzen des Parks für eine Besiedlung durch Soldaten erschlossen, die im Ersten Weltkrieg gekämpft hatten, doch schon in den 1930er-Jahren hatten viele davon ihre Farmen wegen wirtschaftlicher Schwierigkeiten und der abgeschiedenen Lage wieder aufgegeben.

1936 wurde eine Betonbrücke über das Mangapurua Valley eröffnet, doch nach einer schweren Überschwemmung im Jahr 1942 sperrte man die Brücke, siedelte die drei verbliebenen Familien um und erklärte das Tal offiziell für geschlossen. Heute sind die einzigen Spuren der früheren Besiedlung die Reste der Landstraße, ein paar alte Zäune, Grüppchen exotischer Bäume, die von den Farmern angepflanzt wurden, vereinzelte Ziegelschornsteine und die **Bridge to Nowhere**.

Die wiedergewonnene Einsamkeit zog Einsiedler und Visionäre an. Der berühmteste von ihnen war der Dichter **James K. Baxter** (S. 308). Auf dem Whanganui wurde übrigens der Film *River Queen* (2005) von Vincent Ward gedreht.

Touren auf dem Whanganui River

Kanus, Kajaks und Jetboote sind auf dem Fluss unterwegs und ermöglichen jedem Touristen eine maßgeschneiderte Tour. Der Fluss hat größtenteils den Schwierigkeitsgrad I (unterbrochen von ein paar Stromschnellen mit Schwierigkeitsgrad II) und eignet sich daher hervorragend für Kanuten mit wenig oder gar keiner Erfahrung. Dennoch darf der Fluss nicht unterschätzt werden; vor Antritt der Tour sollte man sich bei den Bootsverleihern nach eventuellen gefährlichen Strömungen erkundigen.

Der Fluss ist das ganze Jahr über befahrbar, doch die **Paddelsaison** geht von Oktober bis April. Während dieser Zeit benötigen alle, die am Fluss nächtigen wollen, ein **Great Walk Ticket** (S.306).

Die beste **Informationsquelle** für Flusstouren ist die kostenlose Broschüre *Whanganui Journey*, erhältlich bei den Visitor Centres und DOC-Büros in Taumarunui oder Wanganui sowie online auf 🖳 doc.govt.nz.

Da es am Fluss keine Geschäfte gibt, muss sämtliche **Verpflegung** mitgeführt werden. Die nächsten großen Supermärkte befinden sich in Taumarunui und Wanganui.

Von Taumarunui nach Whakahoro

Der schiffbare Abschnitt des Whanganui beginnt an der Cherry-Grove-Anlegestelle in **Taumarunui**. Von dort sind es zwei Paddeltage nach **Whakahoro**, im Grunde nur eine DOC-Hütte mit Bootsrampe am Ende einer 45 km langen (größtenteils geschotterten) Straße, die vom SH4 Richtung Westen abzweigt. Zwischen diesen beiden Punkten windet sich der Fluss zum Teil durch Farmland mit ein paar Straßen in der Nähe, wobei einige größere Stromschnellen zu bewältigen sind als weiter flussabwärts.

Mehrere Kilometer südwestlich von Cherry Grove befindet sich am Fluss eine ehemalige Basis der Hau Hau (S. 423) mit zwei *nui*-Pfählen. 1862 errichteten die Hau Hau hier einen Kriegspfahl, **Rongo-nui**, dessen vier Arme in alle vier Himmelsrichtungen zeigen, um die Krieger aus sämtlichen Landesteilen zu den Waffen zu rufen. Nach Beilegung des Konflikts wurde ganz in der Nähe des Kriegspfahls ein Friedenspfahl, **Rerekore**, aufgestellt.

Von Whakahoro nach Pipiriki

Die meisten Leute brauchen drei Tage für die Strecke von Whakahoro nach Pipiriki. Unterwegs passiert man die Schlucht **Mangapapa Stream Ravine**, den angeblich an ein altes, eisernes Schlachtschiff erinnernden Felsvorsprung **Man-o-War Bluff** und den **Tarepokiore Whirlpool**, einen Strudel, der einst einen ganzen Flussdampfer um seine Achse wirbelte.

Von Mangapurua Landing führt eine leichte Wanderung zur **Bridge to Nowhere** (1 1/4 Std. hin und zurück). Dieser Weg geht in den Mangapurua Track über.

Noch weiter flussabwärts folgt das **Tieke Kainga** (alias Tieke Marae), eine ehemalige DOC-Hütte (s. unten) auf dem Gelände eines uralten *pa*, das von den hier heimischen Maori wieder in Besitz genommen wurde. Man kann in Hütten übernachten oder campen, ebenso wie in der **Bridge to Nowhere Lodge** (s. „Übernachtung") auf der anderen Seite des Flusses, die sich als ausgezeichnete Basis für Aktivitäten auf dem Fluss anbietet. Der letzte Abschnitt der Tour verläuft an den Höhlen **Puraroto Caves** vorbei nach **Pipiriki**, wo die meisten Kanuten die Fahrt beenden.

ÜBERNACHTUNG

Kanuten auf dem Whanganui River übernachten in Hütten oder auf Campingplätzen am Fluss. Im Sommer (Okt–April) benötigt man dafür ein **Great Walk Ticket**; dieses ist online erhältlich (wo man auch die Verfügbarkeit von Hütten- und Zeltplätzen nachsehen kann) sowie für eine kleine Gebühr in DOC-Büros und i-SITEs. Der Preis hängt von der Zahl der gebuchten Unterkünfte ab; Personen unter 18 Jahren nächtigen gratis. Im Winter sind Hüttenpässe gültig. Viele Veranstalter bieten Pakete mit Kanuverleih, Transfers und Übernachtung, in denen auch das Great Walk Ticket enthalten ist. Preise im Sommer: Hütten $31, Zeltplätze $15; Winter: Hütten $15, Zeltplätze $5

Bridge to Nowhere Lodge, 20 km flussaufwärts von Pipiriki, ☎ 0800 480 308, 🖥 bridgetonowhere.co.nz; Karte S. 304. Die nur per Fluss erreichbare und einzige komfortable Unterkunft am Fluss bietet einfache Dorms, DZ und Zweibett-Zimmer, alle mit Gemeinschaftsbad. Gäste haben die Wahl zwischen Selbst-

versorgung (allen Proviant mitbringen) oder Halbpension mit Übernachtung, Frühstück und Abendessen (ab $125 p. P.). Für Nicht-Kanuten gibt es ein Pauschalangebot mit Jetboottransfer von und nach Pipiriki (je 30 Min.), einem Ausflug zur Bridge to Nowhere, Übernachtung und Mahlzeiten ($245). Leute mit Pauschalarrangements haben Vorrang bei der Vergabe der DZ. Dorms $45, DZ $90

Tieke Kainga, 20 km flussaufwärts von Pipiriki; Karte S. 304. Zwanglose ehemalige DOC-Hütte am anderen Flussufer, wo man gegen eine kleine Spende in großen Hütten übernachten oder auf Terrassen am Fluss zelten kann. Alkohol ist auf dem Gelände nicht erlaubt. Falls zufällig einer der Maori-Hausmeister zugegen ist, kann daraus ein zwangloses kulturelles Erlebnis werden. Eine Reservierung ist über die Bridge to Nowhere Lodge möglich, aber nicht zwingend erforderlich.

SONSTIGES

Informationen

Die meisten Tourenveranstalter und Unterkünfte am Fluss sind auf der Seite 🖥 whanganuiriver.co.nz verzeichnet.

Kanu- und Jetboottouren

Awa Tours, ☎ 06 385 8012, 🖥 wakatours.com. Die ausgezeichneten Kanutouren (3 Tage, $670) ab Whakahoro auf dem landschaftlich schönen mittleren Flussabschnitt sollen auch den kulturellen Austausch fördern. So lernen die Teilnehmer unterwegs, den Fluss und die Umgebung aus der Maori-Perspektive zu sehen, unternehmen Buschwanderungen und nächtigen in *marae*-Unterkünften.

Wandern und Radfahren auf dem Mangapurua Track

Einer der wenigen Wege zur Erkundung der tiefen, wilden Täler und von Busch überwucherten Hänge ist der wunderbare **Mangapurua Track** (eine Strecke 40 km; 3 Tage; 660 m Anstieg), der durch teils überwuchertes ehemaliges Farmland führt. Natürlich kann man hier wandern, besser eignet sich der Track aber für eine tolle und mittelmäßig anstrengende **Mountainbiketour**. Der Veranstalter Bridge to Nowhere, ☎ 0800 480 308, 🖥 bridgetonowhere.co.nz, bietet ein Mangapurua Trail Package ($325) inkl. Transfers, Abholung per Jetboot am Mangapurua Landing, Übernachtung in einer Lodge am Fluss und Kanufahrt flussabwärts zurück. Fahrradverleih kostet zusätzlich $50 bzw. $95 für ein vollgefedertes Bike. Von Oktober bis April sind die Bedingungen am besten.

Blazing Paddles, 1033 SH4, 10 km südlich von Taumarunui, ℡ 0800 252 946, ▣ blazingpaddles. co.nz. Preisgünstiger Ausrüstungsverleih von 1 Std. bis zu 5 Tagen für Kanutouren auf eigene Faust, Preise inkl. Transfer und Great Walk Ticket.

Bridge to Nowhere, ℡ 0800 480 308, ▣ bridgetonowhere.co.nz. Beliebte und regelmäßig stattfindende Jetboottouren ab Pipiriki, v. a. zur Bridge of Nowhere (4 Std., $125 hin und zurück, Abfahrt 10.30 Uhr). Sehr gut ist auch die Möglichkeit, die letzten 10 km flussabwärts bis Pipiriki in 1 oder 2 Std. mit dem Kanu zurückzupaddeln ($145). Auch Mountainbiking auf dem Mangapurua (S. 306).

Spirit of the River Jet, W 0800 538 8687, ▣ spiritoftheriverjet.co.nz. Verschiedene Touren vom Pungarehu Marae flussaufwärts, u. a. zur Bridge to Nowhere (6 Std., ab $160), mit mehr Zeit und Stopps als bei anderen Anbietern.

Wades Landing Outdoors, ℡ 0800 226 631, ▣ whanganui.co.nz. Der Veranstalter mit Sitz in Whakahoro bietet Jetboottrips (1 Std., $95), einige davon zur Bridge to Nowhere (5 Std., $150), sowie Kanu- bzw. Kajaktouren in Eigenregie, z. B. 3 Tage von Whakahoro nach Pipiriki ($160) oder eine Tagestour mit dem Kajak flussabwärts und per Jetboot zurück ($125).

Whanganui Scenic Experience, ℡ 0800 945 335, ▣ whanganuiscenicjet.com. Hauptsächlich Jetboot- (1 Std., $80) und Kanutouren auf dem unteren Flussabschnitt, gut für Tagesausflüge von Wanganui.

Yeti Tours, W 0800 322 388, ▣ yetitours.co.nz. Geführte Flusstouren ab Ohakune von 2 Tagen ($420) bis zu 5 Tagen ($850), inkl. Transfer zu Startpunkten für Wanderungen oder Flusstouren. Der Veranstalter vermietet Ausrüstung (Kanus/Kajaks ab $160/2 Tage, Campingausrüstung ab $60 für 2 Pers. und 3 Tage) und bietet jede Menge Tipps und Unterstützung.

Whanganui River Road

Die südlichen Ausläufer des Nationalparks sind von dem kleinen Ort Raetihi am SH4 nahe Ohakune oder von Wanganui (S. 309) aus über die **Whanganui River Road** zu erreichen. Die Straße

Whanganui River Road Mail Run

Wenn die Zeit nicht reicht, ein paar Tage durch den Whanganui National Park zu paddeln, bleibt als nette Alternative eine **Whanganui River Road Mail Tour**, W 06 345 3475, ▣ whanganuitours.co.nz. Es handelt sich um einen echten Postzustelldienst, der bei den Häusern der Postempfänger an der Strecke, aber auch an touristisch interessanten Stellen anhält. Da die Tour (tgl., $63) früh startet (die Teilnehmer können nach Vereinbarung von Unterkünften in Wanganui abgeholt werden) und u. U. bis zum Spätnachmittag dauert, sollten die Teilnehmer sich entweder Proviant mitbringen oder das für $12 angebotene Mittagessen bestellen, denn unterwegs gibt es nirgends Stärkung zu kaufen. Außerdem werden Kanutouren ab Pipiriki, ein Shuttleservice für Wanderer und Jetboottouren angeboten.

führt am östlichen Flussufer entlang von **Pipiriki** 79 km flussabwärts bis nach **Upokongaro**, in unmittelbarer Nähe von Wanganui. Die gewundene Straße wird oft durch Überschwemmungen oder Erdrutsche unterbrochen und nimmt selbst bei besten Bedingungen mindestens zwei Stunden in Anspruch.

Die 1934 eröffnete Landstraße schlängelt sich zwischen Fluss, Weideland und den stark bewaldeten Ausläufern des Whanganui National Park dahin und bildet die Versorgungsader für die rund 400 Bewohner der Gegend. Es gibt so gut wie keine **Versorgungseinrichtungen** an der Strecke, d. h. keine Geschäfte, Kneipen oder Tankstellen und nur ganz wenige Übernachtungsmöglichkeiten. Wer die Straße nicht selbst befahren mag, kann sich einer Bustour von Wanganui aus anschließen (s. Kasten oben). Eine genaue Beschreibung der Straße findet sich in der kostenlosen, in i-SITE- und DOC-Filialen sowie auf ▣ wanganui.com erhältlichen Broschüre *Whanganui River Road*, mit Sehenswürdigkeiten und Entfernungen von Wanganui.

Pipiriki

Die südlichen Ausläufer des Whanganui National Park erreicht man von Raetihi über die kurvenreiche, 27 km lange Straße nach Pipiriki am Whanganui River. Das winzige **Pipiriki**, 76 km nördlich von Wanganui, ist der Endpunkt von Kanutrips und der Abfahrtsort für Jetbootfahrten flussaufwärts. Einige Anbieter unterhalten Snackbars, die geöffnet sind, wenn genug Leute vor Ort sind.

Hiruharama

13 km südlich von Pipiriki und 64 km nördlich von Wanganui liegt Hiruharama (Maori für „Jerusalem"), ehemals ein Maori-Dorf mit katholischer Mission. Heute ist Hiruharama vor allem als der Ort bekannt, an dem die **Kommune von James K. Baxter** Anfang der 1970er-Jahre ihre kurze Blütezeit erlebte. Neben Baxter, einem der berühmtesten (und berüchtigtsten) Dichter Neuseelands, ließen sich Hunderte seiner Anhänger in dieser Gegend nieder. Baxter konvertierte zum katholischen Glauben, war aber gleichzeitig ein überzeugter Verfechter der freien Liebe auf seiner Suche nach dem „Neuen Jerusalem". Er war der religiöse Führer einer Anhängerschar, die sich als *nga moki* („die Vaterlosen") bezeichnete und sich nach seinem Tod im Jahr 1972 schnell auflöste.

Moutoa Island und Ranana

Moutoa Island, 59 km nördlich von Wanganui, war 1854 Schauplatz einer erbitterten Schlacht, bei der die Maori vom Unterlauf des Flusses die aufständischen Hau-Hau-Krieger besiegten und damit sowohl das *mana* des Flusses als auch das Leben der flussabwärts in Wanganui lebenden europäischen Siedler retteten. 1 km weiter liegt die winzige Ortschaft **Ranana** (engl. London) mit einer katholischen Missionskirche, in der auch heute noch Messen abgehalten werden.

Koriniti

Die einzige nennenswerte Siedlung an diesem Abschnitt der River Road ist **Koriniti**, 45 km nördlich von Wanganui. Der Ort hat eine reizende kleine Kirche und drei traditionelle Maori-Gebäude (alle in derselben Nebenstraße); am interessantesten ist das Versammlungshaus aus den 1920er-Jahren. Es handelt sich um eine private Siedlung. Besucher können die Kirche betreten, sollten sich aber ansonsten mit dem Blick von der Straße begnügen, sofern sie nicht ausdrücklich eingeladen werden. Angemessen ist eine Spende von 2 oder 3 Dollar.

The Flying Fox, Koriniti, ✆ 06 342 8160, 🖥 theflyingfox.co.nz; Karte S. 304.
Dieses wunderbar abgelegene, romantische Refugium ist per Boot oder mit einer rustikalen Seilbahn zu erreichen (unbedingt reservieren). Drei fantasievolle, aus Fundstücken und recycelten Baumaterialien errichtete Unterkünfte bringen den Gästen das Outdoor-Leben zwischen Biogärten und Busch nahe. Mit Holz beheizte Busch-Badewannen, Solarduschen, geruchlose Komposttoiletten und ein paar Spinnen, die die Moskitos in Schach halten, tragen zur besonderen Atmosphäre bei. Das James K Cottage für 5 Pers., das Brewhouse für 3 Pers. und der einem Zigeunerwagen nachempfundene Glory Cart sind allesamt mit Einrichtungen für Selbstversorger und einer faszinierenden Sammlung von Büchern, Vinyl-LPs und CDs ausgestattet. Außerdem besteht auch die Möglichkeit zu campen. Die Gäste können sich selbst verpflegen oder nach Vorbestellung Frühstück (größtenteils aus Bioprodukten) bekommen und **Kanutouren** buchen (ab $85/3 Std.). Camping 1. Nacht $20, 2. Nacht $10, Glory Cart $100, Brewers Cottage und James K $200

The Retreat, ✆ 06 342 8190, 🖥 compassion.org.nz; Karte S. 304. Die einfache Unterkunft bietet Dorms für bis zu 20 Personen im renovierten Holzgebäude des ehemaligen Klosters. Eine komplett ausgestattete Küche ist vorhanden, aber Gäste müssen allen Proviant sowie Schlafsack mitbringen. $25

Atene und die Oyster Shell Cliffs

Atene 35 km nördlich von Wanganui ▪
Oyster Shell Cliffs 8 km südlich von Atene

Der **Atene Viewpoint Walk** (5 km hin und zurück, 2 Std., 100 m Anstieg) bietet wunderbare Aussichten auf den Berg Puketapu, der einst eine vom Whanganui umflossene Halbinsel war. Der Flussschiffer Alexander Hatrick sah eine Möglichkeit, auf seinen Fahrten Zeit zu sparen, indem er sich eine „Abkürzung" durch die Landbrücke schuf, sodass die Flussschleife um den Berg herum schließlich austrocknete.

Der Viewpoint Walk ist der erste Abschnitt des **Atene Skyline Track** (18 km Rundwanderung, 6–8 Std.), der im weiten Bogen einem sanft ansteigenden Höhenrücken folgt und zuletzt 2 km an der Straße entlang zum Startpunkt zurückführt.

Weiter flussabwärts säumen die **Oyster Shell Cliffs** die Straße, steile Felswände mit eingebetteten Resten von Austernschalen.

Aramoana Summit

17 km nordwestlich von Wanganui

Bald darauf schraubt sich die Straße zum **Aramoana Lookout** hinauf, der einen letzten Blick auf den Fluss in der Tiefe gewährt. An klaren Tagen kann man bis zum Mount Ruapehu am nordöstlichen Horizont schauen. Von dem Punkt, an dem die River Road auf den SH4 stößt, sind es noch 14 km bis nach Wanganui.

Wanganui

Wanganui hat einen gewissen altmodischen Charme, eine Gemächlichkeit, die gut zu seinem träge dahinströmenden Fluss passt. Die Stadt am Ufer des **Wanganui River** gehört zu den ältesten in Neuseeland und wurde dank ihrer Verbindungen ins Landesinnere sowie der Küstenanbindung an die Häfen von Wellington und New Plymouth zum Zentrum des frühen Handels mit Europa.

Der Flussverkehr ist schon lange stillgelegt, und der Hafen von Wanganui ist nur noch ein Schatten vergangener Tage. Die 42 000 Einwohner zählende Stadt wirkt größer, als sie eigentlich ist – es gibt sogar eine kleine Oper. Das kulturelle Herz der Stadt schlägt rund um den Pukenamu, einen grasbewachsenen Hügel, der 1832 Schauplatz des letzten Stammeskrieges von Wanganui war. Auf dem Gelände, das heute **Queen's Park** heißt, stehen drei der bedeutendsten Gebäude der Stadt.

Dank niedriger Lebenshaltungskosten ist hier eine blühende Künstlergemeinde entstanden, und man kann hier gut etwas Zeit verbringen.

Geschichte

Als in den 1830er-Jahren die ersten **Europäer** in der Gegend eintrafen, kam es schon sehr bald zu Landstreitigkeiten mit der ansässigen Maori-Bevölkerung. Transaktionen, die von den Maori als ritueller Austausch von Geschenken gewertet wurden, betrachtete die New Zealand Company als erfolgreichen Abschluss des Erwerbs von Wanganui und größerer Landstriche in der Umgebung. Ungeachtet dieses Missverständnisses ging die Besiedlung stetig weiter. Zu offenen Feindseligkeiten kam es erst mit dem **Gilfillan-Massaker** im Jahr 1847. Nachdem ein Maori versehentlich verletzt worden war, übten seine Stammesgenossen *utu* (Vergeltung), indem sie vier Mitglieder der Familie Gilfillan töteten.

Weitere gewalttätige Zwischenfälle kulminierten schließlich in der **Schlacht** von St John's Hill, die allerdings zu keiner Entscheidung führte. Im darauffolgenden Jahr wurden die Streitigkeiten durch Zahlung einer Summe von 1000 Pfund Sterling an die Maori zunächst beigelegt. Erst in den 1990er-Jahren kam es mit der Besetzung der zentral gelegenen Moutoa Gardens erneut zu Spannungen. Unstimmigkeiten gibt es auch um die Schreibung des Stadtnamens (s. Kasten).

Wanganui oder Whanganui?

Im Gegensatz zum Whanganui National Park und Whanganui River wird die Stadt Wanganui seit Langem ohne „h" geschrieben. Die Aussprache ist in beiden Fällen dieselbe (in anderen Teilen des Landes wird „wh" dagegen als „f" gesprochen). Die abweichende Schreibung des Stadtnamens entstand durch eine andere (lautnähere) Umschrift des Maori-Namens. Viele Bürger der Stadt wehrten sich dagegen, die Schreibung des Stadtnamens an die des Nationalparks und des Flusses anzupassen, doch 2009 beschloss die Verwaltung, das „h" als alternative Schreibweise zuzulassen. Wir schreiben die Stadt in diesem Führer weiterhin „Wanganui", da diese Schreibweise nach wie vor am gebräuchlichsten ist.

Sarjeant Gallery

Queens Park ▪ ⏲ tgl. 10.30–16.30 Uhr ▪ Eintritt frei
▪ ✆ 06 349 0506, ⌨ sarjeant.org.nz

Die strahlend weiße **Sarjeant Gallery** oben auf einem Hügel residiert in einem der eindrucksvollsten Bauten von Wanganui. Es handelt sich um ein 1919 aus Oamaru-Stein erbautes Gebäude mit einer prächtigen Kuppel, die das Sonnenlicht filtert. Die hoch geschätzte permanente Sammlung konzentriert sich auf koloniale und zeitgenössische neuseeländische Kunst und Fotografie, die zum Teil im Rahmen von vierteljährlich wechselnden Ausstellungen gezeigt werden.

Gleich nördlich der Sarjeant Gallery steht an der Cameron St, Ecke Bell St, eines der ältesten Gebäude von Wanganui, das holzverschalte **Tylee Cottage** von 1853, das heute als Unterkunft für die „Residenzkünstler" der Galerie dient. Diese Künstler tragen in großem Maße zur zeitgenössischen Sammlung des Museums bei.

Ein Ableger der Sarjeant Gallery, The Quay Gallery, befindet sich im i-SITE und bietet ebenfalls sehr gute Ausstellungen.

Whanganui Regional Museum

Watt St ▪ ⏲ tgl. 10–16.30 Uhr ▪ Eintritt $8,50
▪ ✆ 06 349 1110, ⌨ wanganui-museum.org.nz

Südwestlich der Sarjeant Gallery führen die als Veteran Steps bezeichneten Treppenstufen Richtung Stadtzentrum und zum 1892 gegründeten **Whanganui Regional Museum**. Es beherbergt eine hervorragende Sammlung von Maori-Exponaten und drei beeindruckende Kanus, die im zentralen Innenhof ausgestellt sind. In den kleineren Räumen hängen Porträts von Gottfried Lindauer, die Maori in Zeremonialtracht und mit *moko* (traditionellen Tätowierungen) zeigen. Sehenswert sind auch die Fotos vom Flussalltag und die Modelle alter Maori-Fischfallen.

Moutoa Gardens

An der Flussbiegung um das Stadtzentrum liegen die **Moutoa Gardens**, eine kleine, aber historisch bedeutsame Grünfläche an der Somme Parade.

Traditionell kampierten die Maori hier während der Fischfangsaison, bis sich die Pakeha-Siedler den Flecken aneigneten und ihn in Market Place umbenannten. Hier unterzeichneten die Maori das Dokument, mit dem sie dem „Verkauf" von Wanganui zustimmten. Dieses Thema kam am Waitangi Day 1995 wieder auf den Tisch, als alte – und auch ein paar neuere – Wunden aufbrachen und die Situation zu eskalieren drohte. Die Maori besetzten die Moutoa Gardens 83 Tage lang und beanspruchten sie als Maori-Land. Die Angelegenheit endete friedlich vor Gericht, führte aber auf beiden Seiten zu Verbitterung. 2001 hatte sich die Stimmung so weit beruhigt, dass sich Regierung, Stadtrat und die lokalen *iwi* darauf einigten, die Moutoa Gardens gemeinsam zu verwalten.

Schaufelraddampfer Waimarie

1A Taupo Quay ▪ ⏲ Di–So 13.30 Uhr ▪ $39
▪ ✆ 0800 783 2637, ⌨ riverboat.co.nz

Wanganuis Geschichte ist untrennbar mit dem Whanganui River verknüpft, und obwohl der kommerzielle Flussverkehr praktisch zum Erliegen gekommen ist, können Besucher den Fluss immer noch mit dem historischen **Schaufelraddampfer Waimarie** erkunden. Der letzte erhaltene Raddampfer Neuseelands bricht täglich zu seiner zweistündigen Fahrt. Die schnaufende Dampfmaschine und die das Wasser durchschneidenden Schaufeln schaffen eine beruhigende Klangkulisse für den sonnigen Nachmittag an Deck. Wahlweise kann man sich zu Scones und Tee (oder Wein) in den holzvertäfelten Salon zurückziehen.

Whanganui Riverboat Museum

1A Taupo Quay ▪ ⏲ Mo–Sa 9–16, So 10–14 Uhr
▪ Eintritt frei

Die Restaurierung des Raddampfers *Waimarie* erfolgte im von alten Lagerhäusern und Geschäften flankierten **Whanganui Riverboat Museum**, neben dem Anleger für die Flussfahrten. Das in einem zweistöckigen Gebäude mit Holzgebälk aus dem Jahr 1881 untergebrachte Mu-

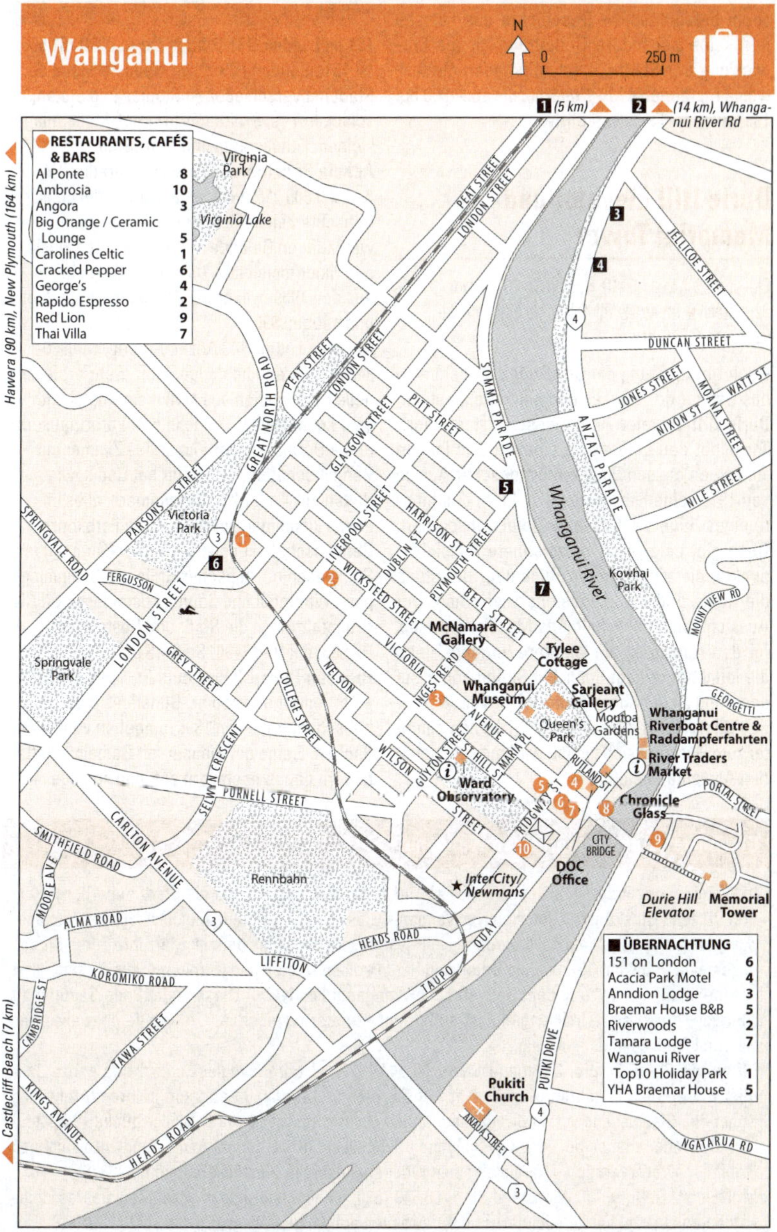

N
0 250 m

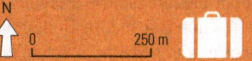

1 (5 km) **2** (14 km), Whanganui River Rd

WESTLICHE NORDINSEL

Hawera (90 km), New Plymouth (164 km)

Castlecliff Beach (7 km)

● RESTAURANTS, CAFÉS & BARS

Al Ponte	8
Ambrosia	10
Angora	3
Big Orange / Ceramic Lounge	5
Carolines Celtic	1
Cracked Pepper	6
George's	4
Rapido Espresso	2
Red Lion	9
Thai Villa	7

■ ÜBERNACHTUNG

151 on London	6
Acacia Park Motel	4
Anndion Lodge	3
Braemar House B&B	5
Riverwoods	2
Tamara Lodge	7
Wanganui River Top10 Holiday Park	1
YHA Braemar House	5

Virginia Park

Virginia Lake

Victoria Park

Springvale Park

Rennbahn

McNamara Gallery

Whanganui Museum

Tylee Cottage

Sarjeant Gallery

Queen's Park

Moutoa Gardens

Whanganui Riverboat Centre & Raddampferfahrten

River Traders Market

Ward Observatory

Chronicle Glass

InterCity Newmans

DOC Office

CITY BRIDGE

Durie Hill Elevator

Memorial Tower

Pukiti Church

Whanganui River

Kowhai Park

GREAT NORTH ROAD
PEAT STREET
LONDON STREET
GLASGOW STREET
PITT STREET
LIVERPOOL STREET
HARRISON ST
PLYMOUTH STREET
WICKSTEED STREET
DUBLIN
BELL STREET
SOMME PARADE
ANZAC PARADE
PEAY STREET
LONDON STREET
TELLICOE STREET
DUNCAN STREET
JONES STREET
MOANA STREET
WATT ST
NIXON ST
NILE STREET
MOUNT VIEW RD
GEORGETTI
PORTAL STREET
SPRINGVALE ROAD
FERGUSSON
PARSONS STREET
LONDON STREET
GREY STREET
COLLEGE STREET
NELSON
VICTORIA
INGESTRE
WILSON
GUYTON STREET
AVENUE
ST HILL STREET
MARIA PL
RUTLAND ST
RIDGWAY
SMITHFIELD ROAD
CARLTON AVENUE
PURNELL STREET
SELWYN CRESCENT
MOOREAVE
ALMA ROAD
KOROMIKO ROAD
LIFFITON
HEADS ROAD
TAUPO QUAY
CAMBRIDGE ST
TAWA STREET
KINGS AVENUE
HEADS ROAD
PUTIKI DRIVE
ANAUA STREET
NGATARUA RD

Flughafen (3 km), South Beach (4 km) Palmerston North (70 km)

seum beleuchtet die Geschichte des Flusses und seine besondere Bedeutung für die Entwicklung der Stadt. Zu sehen ist auch die teilweise restaurierte MV *Ongarue*, die von 1900 bis 1957 auf dem Fluss verkehrte.

Durie Hill Elevator und Memorial Tower

Elevator ☉ Mo–Fr 8–18, Sa und So 10–17 Uhr, $2 einfach ▪ Tower ☉ tgl. 8 Uhr bis Einbruch der Dunkelheit, Eintritt frei

Nach Überquerung der City Bridge erreicht man das Ostufer des Flusses und geht direkt auf den **Durie Hill Elevator** zu. Ein geschnitztes Maori-Tor bildet den Eingang zu einem 213 m langen Tunnel, an dessen Ende ein historischer Aufzug von 1919 seine Fahrgäste 66 m durch das Innere eines Hügels auf dessen Gipfel transportiert. Oben gibt es zwei ausgezeichnete Aussichtspunkte, die einen weiten Blick über die Stadt, die Küste und ins Landesinnere eröffnen. Der Aussichtspunkt oberhalb des Maschinenraums für den Aufzug ist die leichtere Variante, doch die lohnendere liegt noch 176 Stufen höher auf dem rund 34 m hohen **Memorial Tower**. Wer für den Rückweg in die Stadt die 191 Stufen hinunter zum Fluss auf sich nimmt, wird mit sehr schönen Ansichten belohnt.

151 on London, 151 London St, ☏ 0800 151 566, ▭ 151onlondon.co.nz. Das neueste Motel der Stadt mit verschiedenen Studios und Suiten, schicken TVs, Breitband-Internet, Klimaanlage, kleinem Fitnessraum und Café. $135

Acacia Park Motel, 140 Anzac Parade/SH4, ☏ 0800 800 225, ▭ acacia-park-motel.co.nz. Schlichte Zimmer im Cabin-Stil auf einem weitläufigen Gelände mit Blick auf den Fluss und Kinderspielplatz. Die Einrichtung stammt aus den 1960er-Jahren, aber alles ist gepflegt und sauber. $95

Anndion Lodge, 143 Anzac Parade, ☏ 0800 343 056, ▭ anndionlodge.co.nz. Sehr professionelle Kombination aus schickem Hostel und sehr komfortabler Lodge in drei Vororthäusern. Keine Dorms, sondern luxuriöse Zimmer mit Gemeinschaftsbad, Zimmer mit Bad sowie Suiten mit 1 oder 2 Schlafzimmern, alles in etwas kitschigen schwarz-roten Farbkonzept. Gemeinschaftsküche mit Brotbackautomat und Spülmaschine, hübscher Grillplatz, Swimmingpool, Whirlpool und Sauna, kostenloses WLAN, Gratisfahrten in die Stadt und Restaurant. DZ $88, mit Bad $130, Suiten $140

Braemar House, 2 Plymouth St, ☏ 06 348 2301, ▭ braemarhouse.co.nz. Günstiges B&B in hübschem Haus von 1895, umgeben von Rasenflächen. Einige der Zimmer mit Gemeinschaftsbädern gehen nach vorn auf eine sonnige

In Wanganui befindet sich Neuseelands einzige Glasbläserschule, und die Stadt beherbergt rund drei Dutzend **Glaskünstler**, die sich zur Wanganui Glass Group, ▭ wanganuiglass.com, zusammengeschlossen haben. Viele davon arbeiten in Privatateliers, die jedes Jahr im März ihre Türen für das allgemeine Publikum öffnen – die Daten und Routen dieser Aktion der „Offenen Ateliers" sind unter ▭ openstudio.co.nz zu finden. Das jährliche **Wanganui Festival of Glass** findet Ende September/Anfang Oktober statt. In Wanganui ist außerdem eine der wenigen auf Fotografie spezialisierten Galerien Neuseelands ansässig.

Chronicle Glass Studio, 2 Rutland St, ☏ 06 347 1921, ▭ chronicleglass.co.nz. Das ganze Jahr über führen die bekannten Glaskünstler Katie Brown und Lyndsay Patterson in ihrem Atelier die Kunst des Glasblasens vor; in der dazugehörigen Galerie sind teils wundervolle Stücke zu bestaunen. Besucher können bei einem 40-minütigen Schnellkurs ($100, nur mit Anmeldung) ihren eigenen Briefbeschwerer fertigen oder gleich eines Wochenendkurs in Glasbläserei buchen ($375).

McNamara Gallery, 190 Wickstead St, ☏ 06 348 7320, ▭ mcnamara.co.nz. Paul McNamaras kleine Fotogalerie wartet immer mit interessanten Arbeiten auf. ☉ gewöhnlich Di–Sa 11–15 Uhr.

Veranda. Im hinteren Teil ist ein YHA-Hostel untergebracht (s. unten). Ein *continental breakfast* kostet $15 p. P. extra. $100

Riverwoods, 234 Kaiwhaiki Rd, 14 km nordöstlich von Wanganui, ℘ 06 342 5501, ▢ riverwoods.co.nz. B&B in einer restaurierten viktorianischen Villa, die von Wanganui hierher aufs Land am Fluss versetzt wurde. Mit Gästeküche. $235

Tamara Lodge, 24 Somme Parade, ℘ 06 347 6300, ▢ tamaralodge.com. Gepflegter, großer Altbau mit hübschem Garten und geselliger Atmosphäre, die zahlreiche junge Rucksacktouristen anlockt. Komfortable 4er-Dorms, DZ und 2-Bett-Zimmer (einige mit Bad), außerdem Balkon mit Blick auf den Fluss und ein Trampolin im Garten. Fahrräder und Musikinstrumente können zum Nulltarif genutzt werden. Dorm $26, Zimmer $72, mit Bad $86

Wanganui River Top 10 Holiday Park, 460 Somme Parade, ℘ 0800 272 664, ▢ wrivertop10.co.nz. Gepflegter Platz 6 km nordöstlich des Stadtzentrums am Fluss im Schatten riesiger Bäume. Verleih von Kajaks und Jetskis. Camping $42, Cabins $72, mit Küche $84, Motel Units $135

YHA Braemar House, 2 Plymouth St, ℘ 06 348 2301, ▢ braemarhouse.co.nz. Einladendes Hostel im Braemar House B&B. Gästezimmer, nach Geschlechtern getrennte Dorms, Küche, gemütliche Lounge und ruhige Atmosphäre Dorm $29, Hostel-Zimmer $70

Al Ponte, 49 Taupo Quay, ℘ 06 345 5559, ▢ alponte.co.nz. Günstiges und freundliches italienisches Bistro in umgebautem Lagerhaus am Fluss. Pizzas mit traditionellen Belägen ($16), Pasta (als Vorspeise $11–18) und *secondi piatti* wie Kalbsmedaillons mit Garnelen und Spargel ($27). Beliebt sind auch die Pizza-und-Wein-Specials für $20 mittwochabends. ☉ Di–So 18–22 Uhr oder später.

Ambrosia, 63a Ridgeway St, ℘ 06 348 5528, ▢ nzdeli.co.nz. Tolles kleines Feinkostgeschäft mit allen möglichen Leckereien aus Neuseeland und der ganzen Welt, darunter Bio-Wurst, Käse und Olivenöl aus Wanganui, erstklassige Bagels, Back-

waren, Friands und Kaffee zum Mitnehmen. ☉ Mo 8.30–16, Di–Fr 8.30–17, Sa 9–14 Uhr.

Angora, 199 Victoria Ave, ℘ 06 348 8334, ▢ angorarestaurant.co.nz. Solides türkisches und mediterranes Restaurant. Als Vorspeise könnte man Halloumi mit gerösteten Paprikaschoten auf türkischem Brot ($13) wählen, danach gefüllte Auberginen ($18) oder langsam gegarte Lammkoteletts ($29). ☉ Mo–Sa 11–22 Uhr oder später, So 17–22 Uhr.

Carolines Celtic, 432 Victoria Ave, ℘ 06 347 7037. Das muntere Pub ist gut für ein geselliges Bier oder eine schnörkellose, aber sehr sättigende Kneipenmahlzeit wie Fish 'n' Chips ($18) oder Steak ($25–30). ☉ tgl. 11–23 Uhr.

Cracked Pepper, 21 Victoria Ave, ℘ 06 345 0444. Café mit Alkoholausschank, serviert tagsüber Gourmetversionen beliebter Klassiker wie *lamb's fry and bacon* (gebratene Lammleber mit Speck), Calamari-Risotto und leckeren Caesar Salad mit Huhn, alles unter $18. ☉ Mo–Sa 7.30–16.30 Uhr.

Big Orange/Ceramic Lounge, 51 Victoria Ave, ℘ 06 348 4449. Zwei Namen, ein Laden: Das beliebte Café Big Orange verwandelt sich abends in das hippe Restaurant/Cocktailbar Ceramic Lounge, mit z. B. Schweinemedaillons auf Gnocchi ($27), gefolgt von Piña-Colada-Sago ($13). ☉ Mo und Di 7–17, Mi–Fr 7.30–21 Uhr oder später, Sa 9–21 Uhr oder später, So 9–17 Uhr.

George's, 40 Victoria Ave, ℘ 06 345 7937. Der alteingesessene Fish 'n' Chips-Imbiss mit Speiseraum verkauft auch preiswerten frischen Fisch. ☉ Mo–Sa 8.30–19.30, Fr bis 20.30 Uhr.

Rapido Espresso, 71 Liverpool St, ℘ 06 347 9475. Cooles Café in einer Villa mit Sofas und erstklassigem Bio-Kaffee, dazu Muffins, Kuchen und mittags Sandwiches mit und ohne Wurst ($5–6,50). ☉ Mo–Fr 7.30–18, Sa 9–15 Uhr.

Red Lion, 45 Anzac Parade, ℘ 06 348 4080, ▢ redlioninn.co.nz. In diesem stimmungsvollen Pub am Fluss schlägt der Puls der Stadt. Spezielle Essensangebote und muntere Atmosphäre, wenn das Wochenende naht. ☉ tgl. 11–22 Uhr oder später.

River Traders Market, Taupo Quay, hinter dem i-SITE, ▢ therivertraders.co.nz. Sehr beliebter

Lebensmittel- und Kunsthandwerksmarkt.
⊕ Sa 9–13 Uhr.
Thai Villa, 7 Victoria Ave, ✆ 06 348 9089,
⌨ thaivilla.co.nz. Sehr gutes Thai-Restaurant
mit allen Klassikern ($18–21) sowie Gerichten
von der heißen Platte wie Weeping Tiger mit
mariniertem Rindfleisch und Gemüse ($23).
Alkoholausschank und BYO. ⊕ Di–Sa 11–14
und 18–22.30 Uhr.

SONSTIGES

Informationen

i-SITE, 31 Taupo Quay, ✆ 06 349 0508,
⌨ wanganui.com. Kostenl. Internetzugang,
WLAN und Fahrpläne für die örtlichen Tranzit-
Busse. Auch Verkauf von Hütten- und Camping-
Pässen für den Whanganui National Park.
⊕ Mo–Fr 8.30–17, Sa und So 9–15 Uhr.
Einen **Veranstaltungskalender** für Wanganui
findet man auf ⌨ eventswanganui.com.
DOC Office, 74 Ingestre St, ✆ 06 349 2100.
Verkauf von Hütten- und Camping-Pässen
für den Whanganui National Park, ⊕ Mo–Fr
8–17 Uhr.

Kino

Embassy 3 Cinema, 34 Victoria Ave, ✆ 06
345 7958, ⌨ embassy3.co.nz. Das einzige Kino
in Wanganui, ein Art-déco-Gebäude aus den
1950er-Jahren, zeigt Mainstream-Filme.

Observatorium

Ward Observatory, Hill St. An jedem klaren
Freitagabend können Interessierte in dieser
wunderbaren Sternwarte von 1901 durch ein
24-cm-Linsenfernrohr schauen ($2 Spende).
Außerhalb der normalen Zeiten kann eine
Himmelsbeobachtung über das i-SITE arran-
giert werden. ⊕ Okt–März Fr 20.30, April–Sep
Fr 20 Uhr.

NAHVERKEHR

Stadtbusse

Tranzit Buses, ✆ 06 345 4433, ⌨ horizons.
govt.nz. Begrenztes Streckennetz von Mo–Sa
innerhalb der Stadt (Einheitspreis $2).

Taxis

Wanganui Taxis, ✆ 0800 343 5555.

TRANSPORT

Busse

Die InterCity-Busse halten am **Wanganui
Travel Centre**, 156 Ridgway St, ✆ 06 345 4433.
NakedBus hält vor dem i-SITE.

Busse nach:
HAMILTON 2x tgl., 6–8 Std.;
NEW PLYMOUTH 2x tgl., 2 1/2 Std.;
PALMERSTON NORTH 3x tgl.,
1–1 3/4 Std.;
TAUMARUNUI 1x tgl., 2 3/4 Std.

Flüge

Der Flughafen befindet sich 5 km südwestlich
von Wanganui. Ein Taxi in die Stadt kostet
ca. $20–25.
4x tgl. starten Maschinen nach AUCKLAND
(1 Std.), 5x wöchentl. nach WELLINGTON
(35 Min.).

Palmerston North und Umgebung

Palmerston North ist eine der größten Städte im
Landesinneren Neuseelands und die florierende
Hauptstadt der Provinz Manawatu. Das „North"
trägt „Palmy" im Namen zur Unterscheidung
von der Ortschaft Palmerston bei Dunedin. Die
Stadt zählt rund 80 000 Einwohner, das muntere Studentenvolk der **Massey University** mitge-
rechnet.

Nach ihrem Anschluss an das Eisenbahnnetz
1886 gedieh die Stadt dank ihrer strategischen
Lage am Schnittpunkt mehrerer Straßen- und
Gleisverbindungen prächtig. Dieser Wohlstand
ist heute noch an einigen schönen öffentlichen
Gebäuden zu erkennen, zu denen insbesondere das ausgezeichnete Museum mit Galerie und
die fantastische Bibliothek zählen. Monty-Py-
thon-Mitglied John Cleese äußerte sich allerdings wenig beeindruckt: „Wenn man sich um-
bringen will, aber nicht den Mut dazu hat, dürfte
ein Besuch in Palmerston North es auch tun."
Die Stadt revanchierte sich, indem sie ihre Müll-
kippe nach ihm benannte.

Das wichtigste Kulturereignis der Stadt ist das **Festival of Cultures**, 🖥 foc.co.nz, das jedes Jahr im März um den Square herum stattfindet; freitagabends gibt's dann ein Laternenfest und samstags einen Kunstgewerbe-, Essens- und Musikmarkt. Künstler, die vorher beim WOMAD in New Plymouth aufgetreten sind, spielen dann oft hier.

The Square

Library ▪ ⏰ Mo, Di und Do 10–18, Mi und Fr 10–20, Sa 10–16, So 13–16 Uhr

Das **Zentrum** der Stadt bildet **The Square**, eine schicke Grünanlage mit einem eleganten Uhrturm. Der benachbarte **Te Marae o Hine**, der „Hof der Tochter des Friedens", wartet mit zwei 5 m hohen Maori-Figuren des renommierten Künstlers John Bevan Ford auf. Der Maori-Name wurde 1878 vom Häuptling der Ngati Raukawa in der Hoffnung vorgeschlagen, die Beziehungen zwischen den Manawatu-Maori und den ins Land strömenden Pakeha mögen auf Dauer von Liebe und Frieden geprägt sein.

Aus dem architektonischen Mischmasch rund um den Square sticht die **City Library**, ein postmoderner Umbau eines Kaufhauses von 1927 von Ian Athfield, heraus.

Te Manawa

326 Main St ▪ ⏰ tgl. 10–17 Uhr ▪ Eintritt frei ▪ 📞 06 355 5000, 🖥 temanawa.co.nz

Den kulturellen Mittelpunkt der Stadt bildet der Komplex **Te Manawa** mit gut konzipierten Ausstellungen zur Kultur der Maori und zum Leben in der Provinz Manawatu nach Ankunft der Europäer. Einige der besten Exponate finden sich in der Abteilung Te Awa, in der alle Aspekte des Manawatu River von Geologie und Ökologie bis zum Dasein von Insekten und einheimischen Fischen abgehandelt werden. In allen Abteilungen gibt es jede Menge interaktive Exponate für Kinder.

Nebenan zeigt die **Art Gallery** Maori- und Pakeha-Kunst aus ihrer eigenen Sammlung sowie Wechselausstellungen.

Manawatu Gorge

15 km nordöstlich von Palmerston North

Die Ortschaft **Ashhurst** liegt nordöstlich von Palmerston North am Eingang der **Manawatu Gorge** (Te Apiti in der Maori-Sprache), einer engen, 10 km langen Schlucht, durch die sich eine Bahnstrecke, der SH3 und der Manawatu River zwängen. Die Mündung der Schlucht wird von den Hängen der Ruahine- und Tararua-Bergketten eingerahmt, auf denen die größten Windparks der südlichen Hemisphäre einen imposanten Anblick bieten.

Die Schlucht ist zu Fuß auf dem Manawatu Gorge Track zu erkunden (eine Strecke 3–4 Std.); das i-SITE informiert über Transportmöglichkeiten zur Schlucht. Eine Alternative ist eine Jetboottour (S. 316).

ÜBERNACHTUNG

Acacia Court Motel, 374 Tremaine Ave, 📞 0800 685 586, 🖥 acaciacourtmotel.co.nz. Freundliches Motel alter Schule mit guten Preisen für makellos saubere, wenn auch etwas schäbige Selbstversorger-Units (einige mit Platz für 5 Pers.) mit Sky TV und Parkplatz. $95

Arena Lodge, 74 Pascal St, 📞 0800 881 255, 🖥 arenalodge.co.nz. Schickes modernes Motel in ruhiger Lage 1 km westlich des Square mit verschiedenen Luxuszimmern, einige mit Grillbereich und Whirlpool. $155

Palmerston North Holiday Park, 133 Dittmer Drive, 📞 06 358 0349, 🖥 palmerstonnorth holidaypark.co.nz. Ruhiger, großer und schattiger Campingplatz mit ausgezeichneten Einrichtungen 2 km südlich der Stadt in der Nähe des Manawatu River. Camping $32, Cabins $45, mit Küche $65, Tourist Flats $80

Pepper Tree, 121 Grey St, 📞 06 355 4054, 🖥 peppertreehostel.co.nz. Das beste der wenigen Hostels der Stadt, in freundlicher und gemütlicher Villa in fußläufiger Nähe zum Hauptplatz. Dorms $28, DZ $70

🧳 **Plum Trees Lodge**, 97 Russell St, 📞 06 358 7813, 🖥 plumtreeslodge.co.nz. Reizendes, geschmackvoll eingerichtetes Loft für Selbstversorger in einer ruhigen Vorortstraße. Auf dem von Grün umgebenen Balkon können die Gäste je nach Jahreszeit ihre Pflaumen selbst ernten. Die Zutaten für ein üppiges Frühstück werden bereitgestellt. $165.

ESSEN UND UNTERHALTUNG

Dank der studentischen Bevölkerung bietet Palmerston North eine dynamische Restaurant-Szene. Die meisten Lokale liegen im Umkreis des Square.

Barista, 59 George St, ☏ 06 357 2614, 🖥 barista.co.nz. Die minimalistische Espresso-Bar, die mit freiliegenden Rohren und Beton industriellen Charme versprüht, mahlt ihren Kaffee selbst und serviert tollen Kuchen, Snacks und sättigende Mahlzeiten (Hauptgerichte meist $20–28) wie Jakobsmuschel-Salat; dazu gibt es eine hervorragende Auswahl neuseeländischer Weine. Sonntags wird ein *high tea* angeboten (15–17 Uhr, $22) und samstagabends Livejazz. ⏲ tgl. 8–22 Uhr oder viel später.

Brewers Apprentice, 334 Church St, ☏ 06 358 8888, 🖥 brewersapprentice.co.nz. Lebendiger, moderner Monteith's-Pub mit jeder Menge Platz draußen und einem guten Angebot an Kneipenkost wie pfannengebratener Flunder mit Pommes frites ($23). ⏲ Mo–Fr 11–22 Uhr oder später, Sa und So 10–22 Uhr oder später.

Café Cuba, 236 Cuba St, ☏ 06 356 5750. Dieses flippige, von früh bis spät geöffnete Café ist längst eine lokale Institution. Hier gibt es Frühstück, den ganzen Tag über Brunch, Mittagessen unter $20, Abendessen wie Fisch auf Zitronen-Garnelen-Risotto (unter $25), jede Menge vegetarische Angebote, hippes Personal und gewöhnlich freitag- oder samstagabends Livemusik. Schanklizenz und BYO. ⏲ Mo, Di und So 7–22, Mi–Sa 7–1 Uhr.

The Fish, Regent Arcade, 57 Broadway Ave, ☏ 06 357 9845. Coole kleine Cocktail- und Weinbar, besonders beliebt an Donnerstagen: Dann gibt's für die Damen alles zum halben Preis. ⏲ Mi 16–23, Do 16–1, Fr und Sa 16–3 Uhr.

High Flyers, Main St, Ecke The Square, ☏ 06 357 5155, 🖥 highflyers.net.nz. Studenten-Bar/Club mit Terrasse am Square sowie recht preisgünstigen Mahlzeiten (ca. $20) und billigen riesigen Pizzas. Zieht auch zu später Stunde junges Publikum an, besonders in den DJ-Tanznächten. ⏲ Mi 11 Uhr–spät, Do–Sa 11–3 Uhr.

Tomato, 72 George St, ☏ 06 357 6663. Verblasste neuseeländische Landschaften und eine Theke aus Paua-Muscheln verleihen dem entspannten Café ein Retro-Flair. Frühstück wie Cannellini-Bohnen und italienische Schweinswurst ($16) oder Hauptgerichte wie pfannengebratene Flunder ($17) oder Pizza ($15). ⏲ Mo, Di und So 7.30–16, Mi–Sa 7.30–ca. 23 Uhr.

Yeda, 78 Broadway Ave, ☏ 06 358 3978, 🖥 yeda.co.nz. Neues panasiatisches Restaurant mit Cocktailbar; gut sind der gedämpfte Fisch mit Ingwer und Soja ($18), das *chicken katsu* ($18) und auch die Brötchen mit gegrilltem Schweinefleisch ($5). ⏲ tgl. 11–21 Uhr.

Kino

Downtown Cinemas, 70 Broadway Ave, ☏ 06 355 5655, 🖥 dtcinemas.co.nz. Mainstream- und Arthouse-Filme.

Theater

Centrepoint, 280 Church St, ☏ 06 354 5740, 🖥 centrepoint.co.nz. Das einzige professionelle Provinztheater Neuseelands mit 135 Plätzen und Aufführungen von April bis Weihnachten. Karten für Gäste unter 30 Jahren $15.

SONSTIGES

Informationen

i-SITE Visitor Centre, The Square, ☏ 06 350 1922, 🖥 manawatunz.co.nz. DOC-Broschüren und Hüttentickets sowie Duschen ($2; mit Handtuch $4). ⏲ Mo–Fr 9–17, Sa und So 10–14 Uhr.

Internet

Im Zentrum von Palmerston North gibt es kostenloses WLAN (begrenzt auf 100 Mb pro Monat).

Touren

Manawatu Gorge Jet, ☏ 0800 945 335, 🖥 manawatugorgejet.com. Spannende

25-minütige Jetbootfahrten durch die Manawatu Gorge ($65).

NAHVERKEHR

Stadtbusse

Stadtbusse fahren von der Main St, in der Nähe des i-SITE Visitor Centre, verschiedene Rundkurse ab; Einzelfahrschein $2,50. Fahrpläne gibt es im i-SITE.

Taxis

Palmerston North Taxis, ☏ 0800 355 5333.

TRANSPORT

Busse

Die InterCity-Busse halten am **Palmerston North Travel Centre**, Pitt St, Ecke Main St. NakedBus-Busse halten vor dem i-SITE.

Busse nach:
AUCKLAND 3x tgl., 9–10 Std.;
HASTINGS 3x tgl., 2 3/4 Std.;
MASTERTON Mo–Fr 2x tgl., 2 Std.;
NAPIER 3x tgl., 3 Std.;
PARAPARAUMU 10x tgl., 1 1/2 Std.;
ROTORUA 2x tgl., 5 Std.;
TAUPO 4–5x tgl., 4 Std.;
WANGANUI 3x tgl., 1–1 3/4 Std.;
WELLINGTON 10x tgl., 2 Std.

Eisenbahn

Der Bahnhof liegt an der Matthews Ave, ca. 1,5 km nordwestlich des Stadtzentrums.

Züge nach:
AUCKLAND 3–7x wöchentl., 9 1/2 Std.;
HAMILTON 3–7x wöchentl., 7 Std.;
WELLINGTON 3–7x wöchentl., 2 1/2 Std.

Flüge

Der Flughafen liegt 3 km nordöstlich der Stadt. SuperShuttle, ☏ 0800 748 885, betreibt Shuttlebusse in die Stadt ($16 für 1 Pers., $20 für 2 Pers.).

Flüge nach:
AUCKLAND 5x tgl., 1 Std.;
CHRISTCHURCH 4x tgl., 1 1/4 Std.;
WELLINGTON 2x tgl., 30 Min.

Foxton und Umgebung

Die interessanteste Ortschaft der Region Horowhenua ist **Foxton**, 38 km südwestlich von Palmerston North. Ihre breite Hauptstraße – die parallel zum SH1 verläuft – säumen nostalgisch anmutende Ladenfassaden.

Archäologische Funde lassen den Schluss zu, dass schon zwischen 1400 und 1650 halbnomadische **Moa-Jäger** in der Umgebung von Foxton ansässig waren, bevor hier größere Stammessiedlungen entstanden. Die ersten **Europäer** kamen zu Beginn des 19. Jhs., ließen sich zunächst an der Mündung des Manawatu River nieder und gründeten dann schließlich an einem Nebenfluss Foxton. Die Siedlung entwickelte sich sehr rasch zum wichtigsten Zentrum der **Flachsverarbeitung** in Neuseeland, die schließlich 1985 endgültig ein Ende fand. Auf einem **historischen Rundgang** durch die Stadt wird anhand von 28 Tafeln diese Geschichte erzählt.

Neben der Windmühle soll der neue Kulturkomplex **Te Awahou–Nieuwe Stroom** entstehen, der an das Erbe der Maori sowie das hier ausgeprägte neuseeländisch-niederländische Erbe erinnern soll. Daneben wird es auch ein Besucherzentrum und eine Bücherei geben.

Rund 5 km entfernt erstreckt sich der lange, sandige **Foxton Beach** mit guten Surfmöglichkeiten, einem sicheren Badestrand und vielfältiger Vogelwelt im Bereich der Manawatu-Flussmündung.

De Molen

Main St ▪ ⏰ tgl. 10–16 Uhr ▪ Führungen $5 ▪ ☏ 06 363 5601

Das Ortsbild von Foxton dominiert **de Molen**, der funktionsfähige moderne Nachbau einer holländischen **Windmühle** aus dem 17. Jh. Besucher können das Mahlwerk besichtigen und an den drei oder vier Tagen im Monat, wenn die Mühle in Betrieb ist, zusehen, wie Vollkornmehl produziert wird. Im Erdgeschoss gibt es holländische Spezialitäten und die vor Ort produzierte Limonade Foxton Fizz in vielerlei Geschmacksrichtungen zu kaufen.

Flax Stripper Museum

Main St ▪ ⏰ tgl. 13–15 Uhr ▪ Eintritt $5
▪ ✆ 06 363 6846

Einen groben Überblick über die Geschichte der Flachsverarbeitung gibt das **Flax Stripper Museum**. Es zeigt handgefertigte Körbe und Umhänge aus Flachs *(harakeke)*, wie sie von den Maori der Gegend perfektioniert wurden. Der Schwerpunkt des Museums liegt jedoch auf der europäischen Flachsverarbeitung; an Sümpfen und Flussufern des Manawatu und Horowhenua wurde Flachs angebaut, und die Fasern wurden dann im In- und Ausland zu Bindegarn, Faserputz und Teppichen weiterverarbeitet. Das Museumspersonal führt die laute Flachsschälmaschine vor, erklärt faszinierende historische Details und erläutert die Vorzüge der verschiedenen angepflanzten Flachsarten.

Papaitonga Scenic Reserve

Abseits des SH1, 23 km südlich von Foxton

Die Hauptrouten Richtung Süden treffen in der schmucklosen Stadt **Levin** aufeinander, dem Verwaltungszentrum der Region Horowhenua. Gleich südlich der Stadt führt im **Papaitonga Scenic Reserve** ein Plankenweg zum Papaitonga Lookout (20 Min. hin und zurück) mit tollem Blick auf den Lake Papaitonga. Die umliegenden Feuchtgebiete sind eine Zufluchtsstätte für zahlreiche seltene Vögel, darunter das Südseesumpfhuhn, die Australische Rohrdommel und den Maoritaucher.

Kapiti Coast

Der schmale Landstreifen zwischen der zerklüfteten, unwirtlichen **Tararua Range** und der Tasmansee ist als Kapiti Coast bekannt, ein von Wellingtons Pendlervorstädten und Golfplätzen geprägter Küstenstreifen. Doch es gibt hier auch weite Strände, einige kleinere Sehenswürdigkeiten sowie 5 km vor der Küste die bewaldete **Kapiti Island**, ein wunderbares Vogelschutzgebiet.

Durch die Küstenstädte verläuft die Bahnlinie von Auckland nach Wellington. Sehr viel mehr Züge verkehren im Pendlergebiet südlich von Waikanae. Die Küstenorte werden auch von den größeren Busgesellschaften angefahren; abseits des SH1 sind die Transportmöglichkeiten jedoch sehr eingeschränkt.

Otaki

20 km südlich von Levin liegt an einem breiten, verzweigten Abschnitt des Otaki River der von Obst- und Gemüsegärten umgebene Ort **Otaki**. Die meiste Zeit des Jahres ist Otaki ein ruhiges Plätzchen mit ausgeprägter Maori-Tradition (es war der erste neuseeländische Ort mit zweisprachigen Straßenschildern), doch ab Weihnachten, wenn die Kiwi-Urlauber in Massen einfallen, platzt es rund einen Monat lang fast aus den Nähten.

Otaki besteht aus drei Teilen: dem Bahnhof und i-SITE Visitor Centre am SH1, der Ortschaft Otaki, 2 km weiter in Richtung Meer an der Mill Road, und dem **Strand**, noch einmal 3 km weiter an der Mill Road, der im Sommer zur Sicherheit der Badegäste von Rettungsschwimmern bewacht wird, der so genannten „Surf Patrol". Am Nordufer des Flusses kann man mit Wohnmobilen mit eigener Toilette frei campen.

Am SH1 gibt es rund 20 **Designer-Outlets**, vor allem für Damenmode, aber auch von Outdoor-Ausrüstern wie Kathmandu und Icebreaker.

Rangiatea Church

33 Te Rauparaha St, 200 m westlich des SH1
▪ ⏰ Besichtigung Mo–Fr 9.30–13.30 Uhr, Führungen Mo–Sa 10 und 14 Uhr ▪ Eintritt frei; Führungen $35
▪ ✆ 06 364 6838, 🖳 rangiatea.maori.nz

Die **Rangiatea Church** ist ein originalgetreuer Nachbau des ursprünglichen Gebäudes von 1849, das weithin als die schönste Maori-Kirche Neuseelands galt, aber 1995 durch einen Brandanschlag zerstört wurde. Das neue Gotteshaus wurde 2003 eingeweiht. Das Innere ist schlicht; die Wände zieren *tukutuku*, deren Muster die Sterne am Firmament und die Verstorbenen symbolisieren. Die Dachsparren sind mit Maori-Motiven bemalt, die Hammerhaie darstellen –

Symbole der Macht und Ehre. Ein wunderschönes Modell des *Tainui waka* konnte vor den Flammen gerettet werden.

Brown Sugar, SH1, 1 km südlich, ℰ 06 364 6359. Lockeres Café am Straßenrand mit jeder Menge Plätzen im Garten. Kaffee und Kuchen, Backwaren und z. B. Pizza mit Kürbis, Spinat und Oliven ($16). ⊕ tgl. 8.30–16 Uhr.

i-SITE Visitor Centre, 239 SH1, ℰ 06 364 7620, ⌨ naturecoast.co.nz. In einem schönen hölzernen Gerichtsgebäude von 1891, das seit seiner Erbauung zweimal umgesetzt wurde. Hier gibt es Hüttenpässe für die Wanderwege im Tararua Forest Park und in der malerischen Schlucht des Otaki River Richtung Osten. ⊕ Mo–Fr 9–17, Sa 10–15, So 10–14 Uhr.

Waikanae

14 km südlich von Otaki liegt **Waikanae**, das aus einer Ortschaft am Highway und einem 4 km entfernten Strandort besteht. Letzterer ist über die Te Moana Road zu erreichen. Der von Dünen gesäumte **Strand** lädt zum gefahrlosen Baden ein.

Nga Manu Nature Reserve

Ngarara Rd ■ ⊕ tgl. 10–17 Uhr ■ Eintritt $15 ■ ℰ 04 293 4131, ⌨ ngamanu.co.nz

Das nahe gelegene **Nga Manu Nature Reserve**, ⌨ ngamanu.co.nz, ist ein ausgedehntes, künstlich angelegtes Vogelschutzgebiet mit leichten Spazierwegen und einigen Picknickplätzen. Ein 1,5 km langer Rundwanderweg führt durch verschiedene Lebensräume, von Teichen und Buschland bis zu Sumpf und Küstenwald. Außerdem gibt es ein Nachttierhaus mit Kiwis, Kuckuckskäuzen und der seltenen Reptilienart *tuatara* (Brückenechse) und mehrere begehbare Vogelgehege, in denen sich Keas und Kakas tummeln. Täglich um 14 Uhr findet eine Aalfütterung statt. Die Anfahrt erfolgt über die vom SH1 abzweigende Te Moana Road. Nach gut 1 km biegt man rechts in die Ngarara Road ab, die nach weiteren 3 km zum Schutzgebiet führt.

Southward Car Museum

Otaihanga Rd, 3 km südlich von Waikanae ■ ⊕ tgl. Nov–April 9–17, Mai–Okt 9–16.30 Uhr ■ Eintritt $10 ■ ℰ 04 297 1221, ⌨ southward.org.nz

Das **Southward Car Museum** unterhält mit über 250 Fahrzeugen eine der größten Sammlungen von Autos, Feuerwehrwagen und Motorrädern in ganz Australasien. Zu den Schmuckstücken zählen Marlene Dietrichs Rolls-Royce, ein Stutz Racher von 1915 und ein Mercedes-Benz mit Flügeltüren von 1955. Dazu findet man eines der futuristischen weißen Gefährte aus dem Woody-Allen-Film *Der Schläfer* von 1973 sowie einige in neuseeländischen Schuppen handgebaute Modelle.

Paraparaumu

7 km südlich von Waikanae und 45 km nördlich von Wellington liegt **Paraparaumu** (von den Einheimischen gern zu „Paraparam" abgekürzt), die größte Stadt an der Kapiti Coast und einziger Ausgangspunkt für eine Überfahrt nach Kapiti Island. Diese erstreckt sich gegenüber dem langen Sandstrand **Paraparaumu Beach**, 3 km vom Ort an der Kapiti Road. Paraparaumu bietet sichere Bademöglichkeiten, Unterkünfte und einige Restaurants.

Paraparaumu wartet mit einem angemessenen Angebot an Unterkünften auf. Wohnmobile mit eigener Toilette können am Paraparaumu Beach gegenüber Marine Parade Nr. 54, 62 und 69 campen.

Barnacles Seaside Inn, 3 Marine Parade, Paraparaumu Beach, ℰ 0800 555 856, ⌨ seasideyha.co.nz. Das ehemalige Hotel in einem großen Holzbau von 1923 auf der vom Strand abgewandten Seite der Straße vermietet anheimelnde, mit antiken Möbeln eingerichtete Zimmer ohne eigenes Bad sowie Dorms. Dorm $29, DZ $72, mit Meerblick $82

Earthbush, 197 Main North Rd, 3 km nördlich der Stadt, ℰ 04 298 7224, ⌨ earthbush bedandbreakfast.co.nz. Umweltfreundliches, modernes Haus mit sehr gemütlichen Zimmern, die beide auf einen hübschen Garten hinausgehen. Köstliches Frühstück mit Eiern aus Freilandhaltung. $150

Kapiti Court Motel, 341 Kapiti Rd, 📞 0800 526 683, 🖥 kapiticourtmotel.co.nz. Bei den Geschäften 2 Gehminuten vom Strand, ruhig und mit Pool und netten Zimmern. $115

Fed Up Fast Foods, 40 Marine Parade, 📞 04 902 6686. Serviert einfache, aber gute und frisch zubereitete Gerichte, u. a. die besten Fish 'n' Chips der Gegend und leckere Kapiti-Eiscreme, auch zum Mitnehmen. Tagesgerichte für unter $10. ⏱ tgl. 11–20.30 Uhr.

Kapiti Cheeses & Ice Cream, Lindale Centre, 2 km nördlich der Stadt am SH1, 📞 04 298 1352, 🖥 kapiticollection.co.nz. Hier kann man diverse ausgezeichnete Käsesorten oder Eiscreme in exotischen Geschmacksrichtungen wie *gingernut* (Pfeffernuss) oder *fig-and-honey* (Feige und Honig) probieren. ⏱ tgl. 9–17 Uhr.

Muang Thai, 22 Maclean St, 📞 04 902 9699. Das kleine Lokal serviert sehr gute Thai-Gerichte wie *pad thai* und Currys (alle ca. $13). ⏱ Mo–Do 17–22, Fr und Sa 17–23 Uhr.

INFORMATIONEN

i-SITE, Parkplatz des Einkaufszentrums Coastlands, Rimu Rd, 📞 04 298 8195, 🖥 naturecoast.co.nz. Infos zu lokalen Attraktionen und Einrichtungen des DOC und Hilfe bei der Beschaffung von Zugangsgenehmigungen für Kapiti Island. ⏱ Mo–Fr 9–17, Sa 10–15, So 10–14 Uhr.

TRANSPORT

Busse

InterCity und NakedBus halten am Bahnhof. Busse nach WELLINGTON fahren 10x tgl. (50 Min.).

Eisenbahn

Der *Overlander* und die Wellingtoner TranzMetro-Pendlerzüge halten gegenüber vom Einkaufszentrum Coastlands.

Züge nach:
PAEKAKARIKI alle 30 Min., 8 Min.;
PLIMMERTON alle 30 Min., 25 Min.;
PORIRUA alle 30 Min., 35 Min.;
WELLINGTON alle 30 Min., 1 Std.

Flüge

Der **Paraparaumu Airport**, 🖥 kapiticoast airport.co.nz, auf halber Strecke zwischen dem SH1 und dem Strand, wird von Air New Zeland und Air2There, 🖥 air2there.com, angeflogen.

Flüge nach:
AUCKLAND 2–3x tgl., 1 1/4 Std.;
BLENHEIM 1–3x tgl., 40 Min.;
NELSON 1–3x tgl., 45 Min.

Kapiti Island

Kapiti Island gehört zu den schönsten und am leichtesten zugänglichen **Inselschutzgebieten** Neuseelands, nur eine 15-minütige Bootsfahrt vom Paraparaumu Beach entfernt. Das 10 x 2 km große Eiland ist ein zauberhafter Flecken Erde, der seltenen Vögeln Zuflucht bietet.

1824 eroberte der legendäre Maori-Häuptling **Te Rauparaha** (der Erfinder des bekanntesten *haka*-Tanzes) mit seinem Stamm Ngati Toa die Insel, die bis dahin von anderen Maori bewohnt worden war, und nutzte sie bis zu seinem Tod 1849 als Stützpunkt. Die Insel hat für die Maori eine enorme spirituelle Bedeutung und wurde bereits 1897 zum Schutzgebiet erklärt.

Die zweite Januarhälfte und der Februar eignen sich am besten für einen Besuch, da sich die **Vogelwelt** dann von ihrer aktivsten Seite zeigt. Zu den Arten, die das ganze Jahr über zu sehen sind, zählen Kaka (ein Waldpapagei, der sich bisweilen sogar auf Kopf oder Schulter von Wanderern niederlässt), Wekaralle, Ziegensittich, Weißköpfchen, Tui, Makomako, Graufächerschwanz, Ringeltaube und Langbeinschnäpper. Wer Glück hat, erspäht sogar einen der 300 Takahe, die es auf der Welt noch gibt.

Das **North End** der Insel (das ungefähr ein Zehntel ihrer Gesamtfläche einnimmt) gehört ebenfalls zum Kapiti Nature Reserve, steht allerdings unter einer anderen Verwaltung und besitzt einen eigenen Eingang. An der **Okupe Lagoon** leben eine Königslöffler-Kolonie sowie zahlreiche seltene Waldvögel und Kiwis.

Die Meeresenge zwischen Kapiti Island und Paraparaumu wurde zum Meeresschutzgebiet erklärt, dessen außergewöhnlich klares Wasser großartige Bedingungen zum **Schnorcheln** zwischen den ufernahen Felsen bietet (wer keine eigene Ausrüstung hat, kann sie bei der Kapiti Nature Lodge leihen). Westlich und nördlich der Insel finden sich die schönsten **Tauchreviere**; die Tauchausrüstung muss man allerdings selbst mitbringen.

Das DOC lässt pro Tag nur 50 Besucher ins Naturreservat sowie weitere 18 zum North End. Dabei ist ein **Erlaubnisschein** (Landing Permit) erforderlich, der für $11 p. P. erstanden werden kann und 6 Monate seine Gültigkeit behält, falls schlechtes Wetter eine Überfahrt verhindern sollte. Das Permit muss beim DOC in Wellington (S. 505) beantragt werden, wird auf Anfrage aber auch ans Visitor Centre von Paraparaumu geschickt und kann dort abgeholt werden. Die **Reservierung** sollte so früh wie möglich vorgenommen werden: Üblicherweise genügen ein paar Tage, aber an den Sommerwochenenden von Dezember bis März ist das Haupt-Schutzgebiet oft schon drei Monate im Voraus ausgebucht. Wer beide Inselabschnitte besuchen möchte, benötigt zwei Permits.

Da das DOC verständlicherweise die Wiedereinschleppung von Schädlingen verhindern möchte, werden die Taschen aller Inselbesucher nach Säugetieren durchsucht. Die touristischen Einrichtungen beschränken sich auf Toiletten und einen Unterstand bei der Anlegestelle. Proviant und Trinkwasser müssen selbst mitgebracht und sämtliche Abfälle wieder mit zurück genommen werden. Bei der Ankunft im Hauptreservat bekommen die Besucher eine ausgezeichnete halbstündige Einführung durch einen Ranger sowie die kostenlose, informative DOC-Broschüre *Kapiti Island Nature Reserve* als Vorbereitung für eine mehrstündige Erkundung der Insel. Zusätzlich werden auf Wunsch in Kooperation mit Kapiti Island Nature Tours einstündige geführte **Touren** ($20) angeboten, die sich u. a. der Maori-Kultur und dem Paua-Sammeln widmen.

Kapiti Nature Lodge, Waiorua Bay, ✆ 06 362 6606, 🖳 kapitiislandnaturetours.co.nz. Am Rande des nördlichen Reservats liegt ein Stückchen Privatland, das den Nachfahren von Te Rauparaha gehört. Hier befindet sich die einzige, aber ausgezeichnete Unterkunft der Insel, eine einfache, aber sehr gemütliche Lodge, in der bei den gemeinschaftlichen Mahlzeiten (z. B. mit frischem Seafood) und bei den Ausflügen zur Kiwi-Beobachtung im Wald eine familiäre Stimmung herrscht. Die Preise pro Kopf hängen von der Übernachtungsart ab: Es gibt Einzel- sowie 2-, 3- und 4-Bett-Zimmer. Im Preis enthalten sind alle Mahlzeiten, zwei Wanderungen auf eigene Faust sowie die Kiwi-Beobachtung (mit guten Erfolgsaussichten, da es schätzungsweise 1200 bis 1500 Kiwis auf der Insel gibt). Außerdem werden 4-stündige Seekajaktrips ($40 p. P.) und Bootstrips zur Robbenkolonie am Arapawaiti Point (ab $40) angeboten. Bei einer Tagestour für $155 sind Fähre, DOC-Permit, Mittagessen und eine einstündige geführte Wanderung inklusive. Auf Wunsch wird auch Transport von und nach Wellington geboten. EZ $280, EZ mit Bad $320, im 2BZ $265, im 2BZ mit Bad $315, im 3/4BZ $250, mit Bad $300

Kapiti Marine Charter, ✆ 0800 433 779, 🖳 kapitimarinecharter.co.nz, und **Kapiti Tours**, ✆ 0800 527 484, 🖳 kapititours.co.nz, bieten Bootsfahrten zur Insel für $60. Die Boote legen i. d. R. etwa um 9 Uhr vom Strand beim Kapiti Boating Club ab und kehren gegen 15.30 Uhr

Wandern auf Kapiti Island

Die Insel kann auf zwei ziemlich steilen **Wanderwegen** erforscht werden, dem **Trig Track** und dem **Wilkinson Track**, die eigentlich einen Rundwanderweg bilden, da sie in der Nähe des höchsten Punktes der Insel, des Tuteremoana (521 m), zusammentreffen. Von seinem Gipfel genießt man einen spektakulären Ausblick. Die größte Vogelvielfalt findet sich allerdings in den tieferen Lagen und zeigt sich am wahrscheinlichsten demjenigen, der sich Zeit lässt, keinen Lärm macht und häufige Zwischenstopps einlegt (insgesamt 3 Std. sollten mindestens veranschlagt werden).

zurück; wer möchte, kann sich gegen eine Zusatzgebühr von $5 zum North End befördern lassen.

Paekakariki und Umgebung

Ganz im Süden der Kapiti Coast liegt das winzige, aber quicklebendige Dorf **Paekakariki**. Familien sollten sich gleich zum 6,5 km² großen **Queen Elizabeth Park** auf den Weg machen. Dieser ist von MacKays Crossings am SH1 und von der Esplanade in Raumati zugänglich. ⏲ tgl. 8–20 Uhr. Am Parkeingang MacKays Crossings befindet sich das **Tramway Museum**, ✆ 04 292 8361, 🖥 wellingtontrams.org.nz, von dem aus historische Straßenbahnen der Stadt Wellington über eine 2 km lange Gleisstrecke zum Strand fahren. ⏲ Sa und So 11–16.30 Uhr, im Jan tgl., Straßenbahnfahrt $8. Die benachbarten **Stables on the Park**, ✆ 04 298 4609, 🖥 stablesonthepark. co.nz, bieten Ausritte und Ponyreiten für Kinder an (ab $20). ⏲ Sa und So 10.30–15.30 Uhr.

Pataka Museum of Arts and Cultures

22 km südlich von Paekakariki, Norrie St, Ecke Parumoana St ▪ ⏲ Mo–Sa 10–16.30, So 11–16.30 Uhr ▪ Eintritt frei ▪ ✆ 04 237 1511, 🖥 pataka.org.nz

Nur 20 km nördlich von Wellington liegt die rasch wachsende Satellitenstadt **Porirua**. Hier lohnt sich ein kurzer Zwischenstopp beim hervorragenden **Pataka Museum of Arts and Cultures**. Es zeigt wechselnde Ausstellungen von führenden Vertretern der zeitgenössischen neuseeländischen Kunst und regelmäßige Maori-Tanzdarbietungen.

Hilltop Hideaway, 11 Wellington Rd, Paekakariki, ✆ 04 902 5967, 🖥 wellington beachbackpackers.co.nz. Ehemaliges Hostel in Bahnhofsnähe mit nur 2 preisgünstigen DZ mit Bad, beide mit kleiner Küche und Terrasse, eins mit tollem Sonnenuntergangsblick aufs Meer. $80

Moana Lodge, 49 Moana Rd, Plimmerton, ✆ 04 233 2010, 🖥 moanalodge.co.nz. Die wunderschön gelegene edwardianische Villa gilt seit Langem als eines der besten Hostels von ganz Neuseeland. Sie bietet neben vielen Zimmern mit Meerblick und Dorms mit nur 3 oder 4 Betten kostenloses WLAN, Kajaknutzung und eine ausgesprochen freundliche Atmosphäre. Dorm $33, DZ $84

Paekakariki Beachfront B&B, 136 The Parade, Paekakariki, ✆ 04 905 8595, 🖥 paekakarikibnb. co.nz. 1 großes Studio für Selbstversorger in Strandnähe, mit einem Doppel- und einem Einzelbett sowie tollem Meerblick. Kostenlose Abholung vom Bahnhof. $150

Paekakariki Holiday Park, 180 Wellington Rd, Paekakariki, ✆ 04 292 8292, 🖥 paekakariki holidaypark.co.nz. Sehr beliebter und gut ausgestatteter Platz am Südrand des QE Park mit gutem Zugang zu einem sicheren Badestrand. Camping $15, Cabins mit Küche $65, Units $85

The Beach Store, 104 The Parade, Paekakariki, ✆ 04 292 8330, 🖥 thebeachstore.wordpress. com. Eigentlich ein cooler Laden für Designerartikel mit Surfschuppen-Flair und Blick auf Kapiti Island. Beim Stöbern kann man sich mit einem Kaffee oder Saft stärken. ⏲ Do–Sa 9.30–17, So 10–17 Uhr.

© DUMONT BILDARCHIV / CLEMENS EMMLER

Auckland
Wellington
Christchurch

Zentrale Nordinsel

Stefan Loose Traveltipps

Kaituna River Die Rafting-Bedingungen auf diesem kurzen Fluss mit den spektakulären, 7 m hohen Tutea's Falls sind vom Feinsten. S. 336

Maori-Konzerte mit Hangi Sie bieten eine Einführung in Stammesgesänge, Tänze, Lieder, Geschichten und Küche der Maori. S. 336

6 **Wai-O-Tapu** Bunt schimmernde Pools, blubbernder Schlamm und ein speiender Geysir sind die Highlights des besten Geothermalgebiets in der Umgebung von Rotorua. S. 343

Lake Taupo Neuseelands größtes Binnengewässer lässt sich auf einer Bootsfahrt oder aus der Luft während eines Fallschirmsprungs bewundern. S. 345

Huka Falls Am wasserreichsten, mächtigsten und schönsten Wasserfall des Landes stürzen jede Sekunde 300 Tonnen Wasser in die Tiefe. S. 353

7 **Tongariro Alpine Crossing** Die Tageswanderung über Lavaströme und einen Kratergrund, vorbei an Geothermalgebieten sowie an smaragdgrünen und blauen Seen, ist schlicht und ergreifend die schönste Neuseelands. S. 363

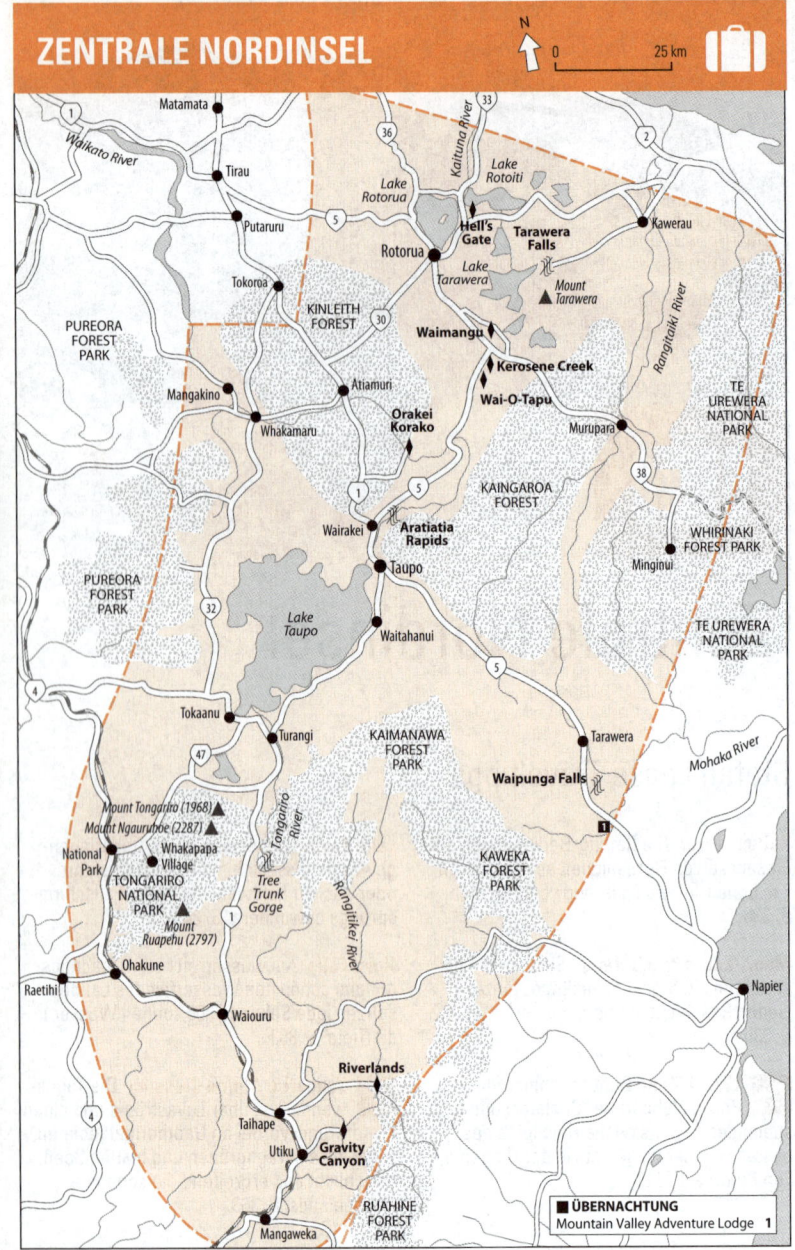

ZENTRALE NORDINSEL

N

0   25 km

ZENTRALE NORDINSEL

Matamata

Waikato River

Tirau

Putaruru

Tokoroa

PUREORA FOREST PARK

Mangakino

Whakamaru

Atiamuri

KINLEITH FOREST

Lake Rotorua

Hell's Gate

Rotorua

Lake Tarawera

Tarawera Falls

Kaituna River

Lake Rotoiti

Kawerau

Mount Tarawera

Waimangu

Kerosene Creek

Wai-O-Tapu

Orakei Korako

Murupara

KAINGAROA FOREST

Rangitaiki River

TE UREWERA NATIONAL PARK

WHIRINAKI FOREST PARK

Minginui

Wairakei

Aratiatia Rapids

Taupo

PUREORA FOREST PARK

Lake Taupo

Waitahanui

TE UREWERA NATIONAL PARK

Tokaanu

Turangi

KAIMANAWA FOREST PARK

Tarawera

Mohaka River

Waipunga Falls

Mount Tongariro (1968)

Mount Ngauruhoe (2287)

National Park

Whakapapa Village

Tongariro River

TONGARIRO NATIONAL PARK

Tree Trunk Gorge

Mount Ruapehu (2797)

Ohakune

Rangitikei River

KAWEKA FOREST PARK

Napier

Raetihi

Waiouru

Riverlands

Taihape

Utiku

Gravity Canyon

RUAHINE FOREST PARK

Mangaweka

■ ÜBERNACHTUNG
Mountain Valley Adventure Lodge   1

Die zentrale Nordinsel hat einige hochkarätige Sehenswürdigkeiten zu bieten. Viele davon sind eine Folge der vulkanischen Vergangenheit der Region. Beherrscht wird das Gebiet von drei geologisch klar zu unterscheidenden Abschnitten: Tongariro National Park mit seinen drei Vulkanen, Lake Taupo, der größte See des Landes, und die farbenprächtigen Geothermalzonen in der Umgebung von **Rotorua**. Hier warten blubbernde Schlammtümpel, Geysire spucken Fontänen heißen Wassers in die Luft, und überall in der Stadt laden Thermalbäder zum Entspannen ein. Rotorua zählt überdies zu den Hauptzentren der Maori-Kultur.

Durch den Kontrast mit den riesigen Kiefernbeständen des **Kaingaroa Forest** gewinnt die spektakuläre Vulkanlandschaft noch zusätzlich an Reiz. Es handelt sich um eine der größten Baumanpflanzungen der Welt, deren eng geschlossene Reihen schnell wachsender Monterey-Kiefern *(Pinus radiata)* sich bis zum Horizont erstrecken. In den letzten Jahren hat aufgrund der hohen Weltmarktpreise für Milchpulver zwar ein Umschwenken hin zur Milchwirtschaft stattgefunden, jedoch ist die Forstwirtschaft nach wie vor der bedeutendste Wirtschaftszweig der Region.

Der Rest der zentralen Nordinsel wird grob als **vulkanisches Plateau** bezeichnet. Dieses Hochland ist mit einer Schicht aus Felsen und Asche bedeckt, die vor etwa 2000 Jahren entstand, als ein riesiger Vulkan buchstäblich explodierte. Der daraus resultierende Krater und dessen Umgebung füllten sich mit Wasser und bilden heute den größten See des Landes, den **Lake Taupo**. Das ruhige Gewässer und die den See speisenden Bäche und Flüsse sind ein Mekka für Angler, die es auf Bach- und Regenbogenforellen abgesehen haben. Weitere Touristenmagnete sind die Attraktionen und Aktivitäten in der Nähe der donnernden Stromschnellen des **Waikato River**. Südlich des Sees erheben sich im **Tongariro National Park** drei majestätische Vulkane. Der 1887 gegründete Nationalpark ist ein beliebtes Ziel für Skibegeisterte und im Sommer mit seinen zauberhaften Wegen ein wahres Paradies für Wanderer.

Aufgrund der Hochlage des vulkanischen Plateaus herrscht am Lake Taupo und im Tongariro National Park selbst im Hochsommer ein frisches **Klima**. Im Frühling und Herbst ist es noch einigermaßen warm und überdies nicht so überlaufen wie im Sommer, während man die eiskalten Wintermonate von Mai bis Oktober am besten den Wintersportfreunden überlässt. Die Gegend um Rotorua präsentiert sich dagegen insgesamt gemäßigter, doch auch dort kann es im Winter recht kalt werden, wodurch die heißen Thermalbäder und dampfenden Quellen noch zusätzlich an Reiz gewinnen.

Das Angebot an öffentlichen Verkehrsmitteln in der Region beschränkt sich auf **Busse**, die zumeist von InterCity und NakedBus betrieben werden und von Rotorua über Taupo Richtung Süden nach Turangi, Waiouru und Taihape fahren. Regionale Busunternehmen bedienen die kleineren Orte um den Tongariro-Nationalpark herum und fahren auch zu den Startpunkten der Wanderwege (S. 363).

Rotorua

Wer in **Rotorua** ankommt, muss sich zunächst an die eigentümliche Duftnote der Stadt gewöhnen: Der aus den natürlichen Öffnungen in der Erdkruste aufsteigende Schwefelwasserstoff sorgt dafür, dass in der Luft liegt, der allerdings nach ein paar Stunden praktisch nicht mehr wahrgenommen wird. Kein noch so übler Geruch hat es bisher geschafft, die Touristen von dieser kleinen, ordentlichen Stadt am Südufer des **Lake Rotorua** fernzuhalten.

Rotorua ist die Touristenattraktion Nummer eins auf der Nordinsel, denn schließlich handelt es sich um eines der dichtesten und zugänglichsten Geothermalgebiete der Welt. Fünfzehn Meter hohe Geysire schießen inmitten kaleidoskopischer Mineralbecken ihre Fontänen in die Höhe, dampfende Schwaden überziehen kochende Schlammlöcher, verkrustete Minerale hängen wie Stalaktiten von den Sinterterrassen herab – kurz: Vulkanismus, wie er im Buche steht.

Die Vögel am Seeufer sind vom mühevollen Brüten befreit, weil die Erde von allein genügend Wärme spendet. Die Gräber auf den Friedhöfen müssen oberirdisch angelegt werden, weil das Graben im Boden wahrscheinlich eine weitere heiße Quelle zutage fördern würde. Die Hotels sind mit geothermisch erhitzten Bädern ausgestattet, in denen sich die müden Knochen schnell wieder von einem anstrengenden Sightseeing-Tag erholen.

In der gesamten Region vereinigen sich Hitze und Schwefel zu einer praktisch vegetationslosen Landschaft. Nur widerstandsfähige Pflanzen vermögen dem „Atem" der Unterwelt zu trotzen, der in Form heißer Rinnsale, zischender Gase und siedender, als Fumarolen bezeichneter Dampfaustritte aus vulkanischen Erdspalten zutage tritt. Dass hier auch ohne Pflanzen kein Mangel an Farben herrscht, verdankt diese „Hexenküche" den in leuchtend orangen, smaragdgrünen und rostroten Tönen schimmernden Mineralablagerungen an den Rändern der Wasserbecken.

Die permanente hydrothermische Aktivität dieser geologischen Baustelle macht indes nur einen Teil der Anziehungskraft Rotoruas aus. Trotz der zwangsläufig verwässernden Auswirkungen des Tourismus gibt es keine bessere Gelegenheit für eine Einführung in die Werte, Traditionen, Tänze und Gesänge der **Maori** als einen der Konzert- und Hangi-Abende, die überall in und um Rotorua veranstaltet werden.

Die nördliche und südliche Begrenzung Rotoruas bilden zwei alte Dörfer der Ngati Whakaue: das am Seeufer gelegene **Ohinemutu** sowie **Whakarewarewa**. Das originale Bath House befindet sich inmitten der typisch englischen Parkanlage **Government Gardens** und ist heute Bestandteil des **Rotorua Museum**, das die frühen Bemühungen um das Wohl der Kurgäste auf unterhaltsame Weise beleuchtet.

Einige Sehenswürdigkeiten wie das Rotorua Museum und das ursprüngliche Maori-Dorf Ohinemutu am Ufer des **Lake Rotorua** lassen sich an einem halben Tag gut zu Fuß erkunden. Danach kann man sich bei einem Bad in den heißen Becken in einem Vogelschutzgebiet auf der **Mokoia Island** entspannen.

Am südlichen Stadtrand locken das **Whakarewarewa Thermal Village**, in dem die Bewohner inmitten dampfender und kochender Quellen

ihrem ganz normalen Tagwerk nachgehen, und nebenan **Te Puia** mit den einzigen natürlichen Geysiren der Gegend und einer faszinierenden Schnitzschule. Fünf bis zehn Kilometer nordwestlich des Zentrums hat **Skyline Skyrides** am **Mount Ngongotaha** verschiedene Fahrgeschäfte, bei denen Schwerkraft und Nervenkitzel im Vordergrund stehen.

Der **Rainbow Springs Kiwi Wildlife Park** im Schatten des Berges vermittelt Einblicke in den Lebenszyklus der Forellen und beherbergt zudem das spannende **Kiwi Encounter**. Ein Stück nördlich der Skyline Skyrides sind im **Agrodome** Schafe im wahrsten Sinne des Wortes die Bühnenstars, während der benachbarte Abenteuerpark darauf abzielt, seine Gäste noch mehr Adrenalin produzieren zu lassen als die Skyline Skyrides.

Außerhalb der Stadt liegen einige der schönsten Geothermalgebiete der Region – siehe S. 343.

Geschichte

Die Region Rotorua ist die Heimat des Volkes der **Arawa**. Laut Überlieferung war der *tohunga* (Priester) **Ngatoroirangi** Anführer einer der ersten Expeditionen ins Landesinnere. Er schaffte es bis auf den eisigen Gipfel des Vulkans Tongariro, wo er fürchtete zu erfrieren. Aber seine Gebete zu den Göttern von Hawaiki wurden erhört: Sie schickten das ersehnte Feuer, das sich unter der Erde fortbewegte und dann an die Oberfläche stieß, zunächst auf der vulkanischen Insel White Island in der Bay of Plenty und anschließend an mehreren Punkten auf einer Linie zwischen jener Insel und den drei Vulkanen der zentralen Nordinsel. Ngatoroirangi war gerettet und siedelte sich mit seinen Gefolgsleuten in der Umgebung des Lake Rotoiti („kleiner See") und des Lake Rotorua („zweiter See") an.

Zeit der Kämpfe

Als Vergeltung für einen früheren Überfall befehligte **Hongi Hika**, das Oberhaupt der Northland-Ngapuhi, 1823 einen Angriff auf Rotorua. Seine Truppe war mit Musketen ausgerüstet, die er von den Europäern in der Bay of Islands im Tauschhandel erworben hatte. Die Arawa suchten Zuflucht auf der mitten im Lake Rotorua ge-

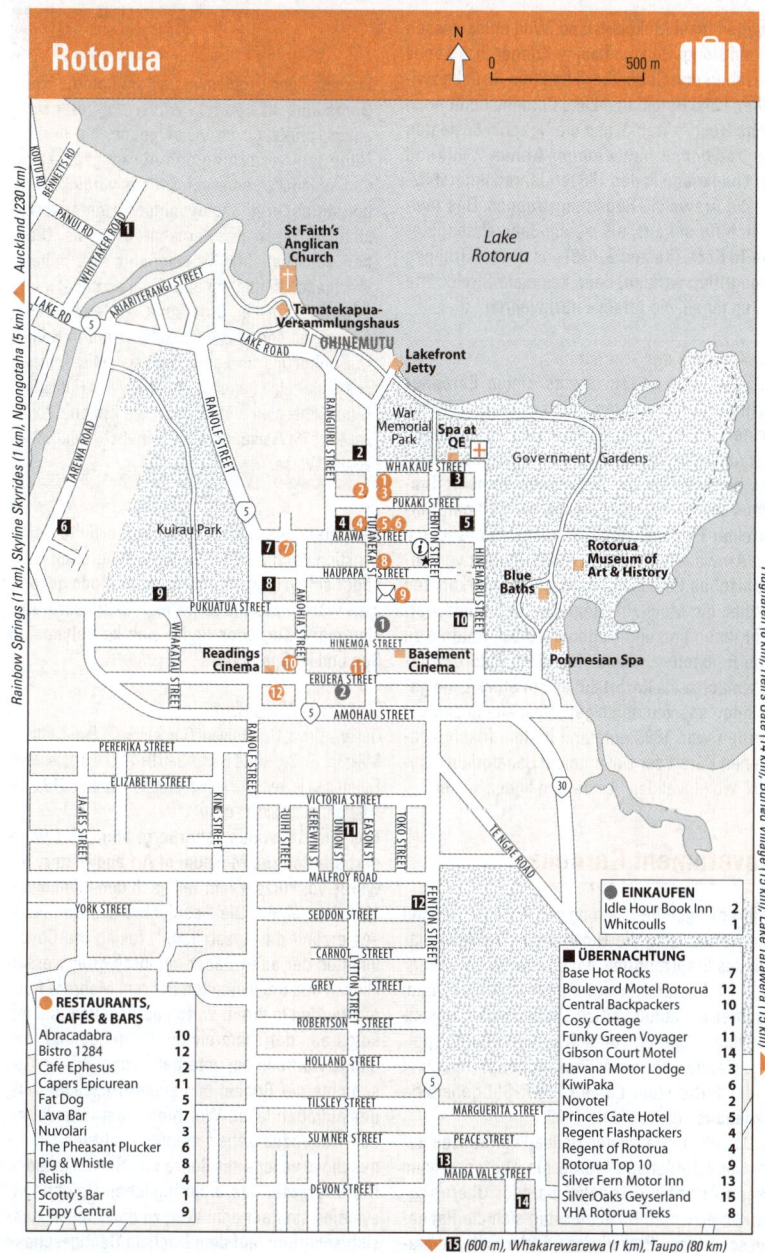

Rotorua

N

0 — 500 m

Lake Rotorua

St Faith's Anglican Church

Tamatekapua-Versammlungshaus

OHINEMUTU

Lakefront Jetty

War Memorial Park

Spa at QE

Government Gardens

WHAKAUE STREET

PUKAKI STREET

ARAWA

TUTANEKAI STREET

RANGIURU STREET

FENTON STREET

HINEMARU STREET

HAUPAPA

Blue Baths

Rotorua Museum of Art & History

Kuirau Park

PUKUATUA STREET

AMOHIA STREET

HINEMOA STREET

Polynesian Spa

Readings Cinema

ERUERA STREET

Basement Cinema

AMOHAU STREET

PERERIKA STREET

ELIZABETH STREET

RANOLF STREET

KING STREET

JAMES STREET

VICTORIA STREET

TEREWINI ST

SUHI STREET

EASSON ST

UNION ST

TOKO STREET

MALFROY ROAD

YORK STREET

SEDDON STREET

CARNOT STREET

LYTTON STREET

GREY STREET

ROBERTSON STREET

HOLLAND STREET

TILSLEY STREET

MARGUERITA STREET

SUMNER STREET

PEACE STREET

MAIDA VALE STREET

DEVON STREET

FENTON STREET

TE NGAE ROAD

WHAKAUE STREET

WHAKAREWAREWA

30

5

5

5

WHAKATAI STREET

TAREWA ROAD

LAKE ROAD

LAKE RD

PANUI RD

WHITTAKER ROAD

ARIARITERANGI STREET

BANNETS RD

OLD QUARRY

Auckland (230 km)
Rainbow Springs (1 km), Skyline Skyrides (1 km), Ngongotaha (5 km)
Flughafen (8 km), Hell's Gate (14 km), Buried Village (15 km), Lake Tarawera (15 km)
15 (600 m), Whakarewarewa (1 km), Taupo (80 km)

● EINKAUFEN

Idle Hour Book Inn	2
Whitcoulls	1

■ ÜBERNACHTUNG

Base Hot Rocks	7
Boulevard Motel Rotorua	12
Central Backpackers	10
Cosy Cottage	1
Funky Green Voyager	11
Gibson Court Motel	14
Havana Motor Lodge	3
KiwiPaka	6
Novotel	2
Princes Gate Hotel	5
Regent Flashpackers	4
Regent of Rotorua	4
Rotorua Top 10	9
Silver Fern Motor Inn	13
SilverOaks Geyserland	15
YHA Rotorua Treks	8

● RESTAURANTS, CAFÉS & BARS

Abracadabra	10
Bistro 1284	12
Café Ephesus	2
Capers Epicurean	11
Fat Dog	5
Lava Bar	7
Nuvolari	3
The Pheasant Plucker	6
Pig & Whistle	8
Relish	4
Scotty's Bar	1
Zippy Central	9

legenen Insel Mokoia Island. Wild entschlossen trugen Hongi Hika und seine Krieger ihre Kanus zwischen den Seen über Land (die Strecke zwischen Lake Rotoiti und Lake Rotoehu heißt noch heute Hongi's Track), und die Ngapuhi besiegten die traditionell bewaffneten Arawa. Während der Landkriege in den 1860er-Jahren unterstützten die Arawa die Regierungstruppen. Das zahlte sich für sie aus, als sie ein Jahrzehnt später von **Te Kooti** (Kasten S. 449) und dessen Truppen angegriffen wurden, denn koloniale Streitkräfte halfen ihnen, die Attacke abzuwehren.

Die Anfänge des Tourismus

Zu jener Zeit hatten bereits einige **Europäer** mehrere Jahre mit den Maori in deren Dörfern Ohinemutu und Whakarewarewa gelebt, doch erst nach der Vertreibung von Te Kooti entstand das heutige Rotorua. Es kamen vermehrt **Touristen** in die Gegend, um die großartigen Sinterfelder Pink and White Terraces zu besuchen. Die Arawa, die bis dahin relativ isoliert von europäischen Einflüssen gelebt hatten, erkannten schnell die Möglichkeiten, die der Fremdenverkehr ihnen bot, und trugen dazu bei, Rotorua zu dem zu machen, was es heute ist. Rotorua wurde zunächst als **Kurort** auf einem Stück Land gegründet, das von den Ngati Whakaue gepachtet worden war. 1885 entstand in dem frischgebackenen Kurort der Government Sanatorium Complex, wo „Invaliden" Linderung finden sollten.

Government Gardens

In ihrer Gegenüberstellung von Gediegenem und Exotischem sind die **Government Gardens** östlich des Stadtzentrums ein bizarrer Anblick: England im Miniaturformat mitten in Neuseeland. Rentner im blütenweißen Dress spielen Rasenbowling umgeben von schwefligen Dampfspalten, Palmen thronen über Rosengärten, und in der Mitte steht das im Tudor-Stil gehaltene **Badehaus** aus dem Jahr 1908.

Das als großartigstes Heilbad der Südsee gepriesene Badehaus wurde als Therapeutikum gegen Arthritis, Alkoholismus oder Übererregbarkeit errichtet. Dazu mussten sich die Patienten schaurigen Prozeduren wie der Elektrothera-

pie unterziehen. Das Badehaus erfüllte seine Funktion noch bis 1963, obwohl die großen Heilbäder schon lange vorher aus der Mode gekommen waren. Die moderne und luxuriösere Version eines Kurbades findet sich im **Polynesian Spa** und im **Spa at QE**.

Rotorua Museum

Queens Drive, Government Gardens ▪ ⏰ Okt–Mitte März tgl. 9–20, Mitte März–Sep 9–17 Uhr; kostenlose Führungen jeweils zur vollen Stunde ▪ Eintritt $12,50 ▪ 🖥 rotoruamuseum.co.nz

Das alte Badehaus beherbergt heute das wunderbare **Rotorua Museum of Art and History**. Es wurde vor kurzem zum Teil nach den Plänen von 1908 ausgebaut. Die Geschichte des Badehauses erzählt die Ausstellung „Taking the Cure", inmitten der alten Bäder mit ihren grün-weißen Fliesen und frei liegenden Rohren. Mehrere Räume wurden in ihrem Verfall aufgehalten und mit Fotos aus der ruhmreichen Vergangenheit behängt, während ein unterhaltsamer Film die Geschichte der Region und seiner Heilbäder wieder aufleben lässt. Wer mehr vom Innenleben des Gebäudes sehen möchte, geht ins Untergeschoss voller alter Rohre und Schlammbäder. Die Überreste des ursprünglichen Belüftungssystems sind auf dem Weg zu einer tollen Aussichtsplattform auf dem Dach im Dachgeschoss zu sehen. Neben den hier näher beschriebenen Ausstellungen sollte man sich auch die bewegende Schau zum **Maori Battalion** ansehen, einem Infanteriebataillon der neuseeländischen Armee im Zweiten Weltkrieg; dazu wird ein interessantes halbstündiges Video gezeigt.

Die Te-Arawa-Abteilung

Der kleine, aber vorzügliche Abschnitt **Te Arawa** präsentiert die seit langem bewunderten Werke der Arawa-Schnitzer, die Rotorua bereits vor der Landung der ersten Europäer zu einer Hochburg der Schnitzkunst machten. Zahlreiche Arbeiten wurden aus europäischen Sammlungen zurückgeholt und befinden sich unter den hervorragend gearbeiteten Figuren, Hundefellumhängen, Jadewaffen und reich verzierten Giebelbrettern, die hier alle auf beeindruckende Weise in Szene gesetzt werden. Zu den wertvollsten Stücken zählen die Flöte des legendären Liebhabers Tutanekai, eine ungewöhnlich schöne Göttin aus Bimsstein und einige seltene, mit Steinwerkzeugen hergestellte Schnitzarbeiten aus dem 18. Jh.

Der Ausbruch des Tarawera

Eine weitere Ausstellung beschäftigt sich mit den dramatischen Ereignissen rund um den Vulkanausbruch des Tarawera. Die umfangreichen Exponate beinhalten eine informative Reliefkarte der Region, Augenzeugenberichte, eine multimediale Präsentation und Fotos von den aschebedeckten Hotels in Te Wairoa und Rotomahana, die heute beide nicht mehr existieren.

Polynesian Spa

Hinemoa St, am See ▪ ⏱ tgl. 8–23 Uhr; Wellnessanwendungen tgl. 9–20 Uhr ▪ Adult Pools $21,50; private Pools $18,50 p. P./30 Min., mit Seeblick $26,50/30 Min.; Lake Spa $43; Family Spa $36 für bis zu 2 Erw. und 4 Kinder; Wellnessanwendungen ab $85/30 Min. erhältlich tgl. im Lake Spa (inkl. Eintritt zum Lake Spa) ▪ ✆ 07 348 1328, ⌨ polynesian spa.co.nz

Der größtenteils unter freiem Himmel angesiedelte Komplex des **Polynesian Spa** setzt sich aus vier separaten Bereichen zusammen. Die Mehrzahl der Gäste tummelt sich in den sieben **Adult Pools** (36–42 °C) um die historischen Becken Radium Pool und Priest Pool herum. Die historischen Pools dürfen nicht betreten werden, aber das Wasser aus dem Priest Pool, das besonders Arthritis und Rheuma lindern soll, wird in drei der anderen Pools gespeist.

Wer sich nur eine halbe Stunde lang im Wasser aalen möchte, ist in den **Private Pools** für je zwei bis drei Personen besser aufgehoben. Mehr Exklusivität bietet der benachbarte **Lake Spa** mit seinen attraktiv gestalteten, flachen Felsbädern, die um einen abgeschlossenen Entspannungsbereich mit Bar gruppiert sind. Im Voraus reservieren sollte man die vielfältigen Massagen,

> ### Die Liebesgeschichte von Hinemoa und Tutanekai
>
> Die Maori-Liebesgeschichte von **Hinemoa und Tutanekai** macht bereits seit Jahrhunderten an den Ufern des Lake Rotorua die Runde. Die Geschichte erzählt von zwei Liebenden, dem jungen Häuptling Tutanekai von der Insel Mokoia und seiner aus vornehmem Hause stammenden Geliebten Hinemoa, deren Familie ihr verbot, den unehelich geborenen Tutanekai zu heiraten. Um sie an einem Zusammentreffen mit ihm zu hindern, wuchtete die Familie ihr schweres *waka* (Kanu) auf den Strand.
>
> Doch der Wind trug nachts die klagenden Klänge von Tutanekais Flöte über den See, bis es die verliebte Hinemoa nicht mehr aushielt und den Entschluss fasste, zur Insel zu schwimmen. Als sie auf der Insel ankam, hatte sich Tutanekai aber bereits in sein *whare* zurückgezogen und schlafen gelegt. Weil Hinemoa ohne Kleidung das Dorf nicht betreten durfte, legte sie sich in eine heiße Quelle. Bald kam Tutanekais Sklave vorbei, um Wasser zu holen. Hinemoa lockte ihn zu sich, entriss ihm seine Kürbisflasche, zerschlug sie und schickte ihn zurück zu seinem Herrn. Der zornige Tutanekai ging zur Quelle, um den Vorfall zu untersuchen und landete direkt in den offenen Armen von Hinemoa.

Bei der Lakefront Jetty am Lake Rotorua, am nördlichen Ende der Tutaneka Street, werden Kajaks, Tretboote u. Ä. vermietet. Außerdem fahren von hier die Boote zur 7 km nördlich gelegenen Insel **Mokoia Island**. Das ist ein raubtierfreies Vogelschutzgebiet mit einem langjährigen Zuchtprogramm für die Lappenkrähe, den Sattelstar und den Langbeinschnäpper. Besser bekannt ist die Insel allerdings aufgrund der Legende von **Hinemoa und Tutanekai** (S. 329). Der Standort von Tutanekais *whare* und Hinemoa's Pool können im Rahmen von Inselführungen besichtigt werden.

Rotorua genießt bei Anglern zu Recht einen hervorragenden Ruf für seine wunderbaren Bedingungen zum Forellenfischen. Das **Angeln** auf den 16 herrlichen Seen um Rotorua herum und besonders auf dem Lake Rotorua selbst könnte landschaftlich kaum schöner sein und ist durch den Kampf mit sich heftig wehrenden Regenbogenforellen gekennzeichnet.

Bootsfahrten

Lakeland Queen, ℡ 0800 572 784, ⌨ lakelandqueen.co.nz. Gemächliche Fahrten auf dem See mit einem nachgebauten Raddampfer: Es werden verschiedene Rundfahrten inkl. einer Mahlzeit geboten (Frühstück $42, Mittagessen 1–2 Std. $50/60, Kaffee $22, Abendessen $65).

Angeln

O'Keefe's, 1113 Eruera St, ℡ 07 346 0178, ⌨ okeefesfishing.co.nz. Bietet aktuelle Berichte über den Zustand der Seen und Flüsse und hält auch die kostenlose, von Fish und Game New Zealand herausgegebene Broschüre *Lake Rotorua & Tributaries* bereit, in der die Angelvorschriften erläutert werden. Außerdem stellen die Mitarbeiter Kontakte zu Angelführern („fly-fishing guides") her, die pro Tag ca. $500 verlangen. Informationen zu Angellizenzen auf S. 69.

Jetbootfahrten

Kawarau Jet, ℡ 07 343 7600, ⌨ nzjetboat.co.nz. Bietet Fahrten über den See (30 Min., $69) sowie zum Ohau Channel und Lake Rotoiti (2 1/2 Std., $120). Dazu gehört eine Stunde Aufenthalt bei den heißen Quellen von Manupirua, die nur mit dem Boot zu erreichen sind.

Touren

Mokoia Island WaiOra, ℡ 07 345 7456, ⌨ mokoiaisland.co.nz. Bietet geführte Touren nach Mokoia Island (2 1/2 Std., $69); Schwerpunkte dabei sind Maori-Kultur und Naturschutz.

Schlammpackungen und Verwöhnkuren. Kinder kommen im **Family Spa** auf ihre Kosten, das mit einem 33 °C warmen Schwimmbecken, zwei Mineralpools und einer Wasserrutsche aufwartet.

Blue Baths

Queens Drive, Government Gardens ▪ ⏲ Nov–März tgl. 10–18, April–Okt 12–18 Uhr ▪ Eintritt $11 ▪ ⌨ historic-venues.co.nz

Während das Hauptbadehaus der Gesundheit gewidmet war, diente die benachbarte, 1933 eröffnete Badeanstalt **Blue Baths** einzig und allein dem Amüsement. Das im kalifornischen Missionsstil errichtete Gebäude zählte zu den ersten öffentlichen Bädern, in denen das gemeinsame Planschen beider Geschlechter erlaubt war. Es musste 1982 geschlossen werden, ist inzwischen aber wieder teilweise eröffnet, mit einem Freibad (29–33 °C) und zwei kleineren Becken (38–40 °C). Ein Großteil des Komplexes wird heute für private Veranstaltungen genutzt und ist deshalb am Wochenende oft geschlossen.

The Spa at QE

1043 Whakaue St ▪ ⏲ Mo–Fr 8–21, Sa 10.30–16.30 Uhr ▪ Gemeinschaftsbecken $6; privates Becken $12; Anwendungen $20–150 ▪ ℡ 07 348 0189, ⌨ qehealth.co.nz

ZENTRALE NORDINSEL

Der Geist des ursprünglichen Badehauses lebt fort im **Spa at QE**. Hier stehen therapeutische Heilanwendungen im Mittelpunkt. Das Bad macht einen klinischen, etwas heruntergekommenen Eindruck, aber die Anwendungsbereiche werden nach und nach saniert. Man kann in mit alkalischem Wasser von der Rachel Spring gespeisten Privatbecken baden, ein entspannendes Schlammbad nehmen oder sich eine Wassermassage verpassen lassen.

Ohinemutu

Am Seeufer, 500 m nördlich der Stadtmitte ▪ $2 Spende ▪ ✆ 07 348 0189 oder 0800-527 8767

Bevor Rotorua entstand, war Ohinemutu die größte Maori-Ansiedlung der Gegend. Auch heute noch ist Ohinemutu fest in Maori-Hand. Neben den heißen Quellen ist die kleine Fachwerkkirche **St Faith's Anglican Church** interessant, die 1914 ihre Vorgängerin von 1885 ersetzte. Die Innenwände sind fast lückenlos mit Schnitzereien oder *tukutuku* (Holzflechtarbeiten) bedeckt. Hauptattraktion ist ein Fenster mit einer in einen Maori-Umhang und Federn gehüllten Christus-Figur, die so ausgerichtet wurde, dass sie auf dem Wasser des Sees zu wandeln scheint.

Am gegenüberliegenden Ende des kleinen Platzes vor der Kirche steht das ebenfalls mit wunderschönen Schnitzereien geschmückte **Tamatekapua-Versammlungshaus**. Die besten Arbeiten (einige davon fast 200 Jahre alt) werden allerdings im Innern unzugänglich aufbewahrt. Wer interessiert ist, kann sich telefonisch nach einer Führung erkundigen.

Whakarewarewa Thermal Reserve

17 Tryon St, 3 km südlich des Zentrums ▪ ⊕ tgl. Nov–März 9–17, April–Okt 9–16 Uhr; kostenl. einstündige Führungen zur vollen Stunde ▪ Eintritt $43; Kulturveranstaltung mit Hangi tagsüber $54; Abendshow mit Hangi $138 ▪ ✆ 07 348 9047, ⌨ tepuia.com

Das der Stadt am nächsten gelegene Thermalgebiet ist die **Whakarewarewa Thermal Reserve**. Rund zwei Drittel der aktiven Thermalzone bilden heute **Te Puia**. Hier führen Spazierwege

an wabernden Schlammtümpeln, schwefelhaltigen Quellen und den spektakulärsten Geysiren Neuseelands vorbei, dem 7 m hohen **Prince of Wales' Feathers** und dem 15 m hohen **Pohutu** („großer Spritzer"). Bis 2000 hatte Letzterer mehrmals täglich seine Fontäne losgelassen, doch dann überraschte er alle, als er plötzlich noch nie da gewesene 329 Tage ununterbrochen spuckte. Danach beruhigte er sich wieder ein wenig und ist momentan etwa zwei- bis dreimal pro Stunde kurz zwei bis dreimal pro Stunde kurz zum zweiten Geysir aktiv.

Zum Komplex gehören auch ein **Nachttierhaus** mit Kiwis, ein nachgebautes, für Zeremonien benutztes **Maori-Dorf** und ein **Arts and Crafts Institute**, wo versierte Kunsthandwerker Flachsröcke und zum Teil riesige Schnitzarbeiten produzieren. Kleinere Arbeiten werden im recht teuren Laden zum Verkauf angeboten.

Whakarewarewa Thermal Village

9a Tukiterangi St ▪ ⊕ tgl. 8.30–17 Uhr ▪ Führungen stdl. $29; mit Hangi (12–14 Uhr) $59; kostenlose kulturelle Aufführung 14 Uhr, im Sommer öfter ▪ ✆ 07 349 3463, ⌨ whakarewarewa.com

Der Rest der Thermalzone steht unter der Schirmherrschaft von **Whakarewarewa: The Thermal Village**. Im Gegensatz zu den anderen Thermalgebieten handelt es sich hier um ein normales, bewohntes Dorf, das bereits vor Ankunft der Europäer gegründet wurde und umsichtig modernisiert wird. Hier geht es nicht in erster Linie um Geysire, sondern darum, wie sich die Maori ihr Leben in diesem einzigartigen Umfeld eingerichtet haben. Besucher können einfach durchs Dorf schlendern, eine kostenlose kulturelle **Aufführung** besuchen und an einem **Hangi** teilnehmen. Wer will, kann Maiskolben kaufen, die in einem der natürlichen Dampfkessel gegart wurden.

Nordwest-Rotorua

Abgesehen von den Besucherströmen in den Geothermalgebieten spielen sich die meisten Tagesaktivitäten in Rotorua an den Hängen des **Mount Ngongotaha** ab, 5–10 km nordwestlich des Zentrums. Dieses Gebiet wird immer mehr von Vorortbebauung in Beschlag genommen.

Skyline Skyrides

185 Fairy Springs Rd, 4 km nordwestlich des
Zentrums ▪ ⊙ tgl. 9 Uhr bis spät ▪ Gondel $25;
Gondel und Luge $35–46; Gondel, Luge und Sky
Swing $52–62 ▪ ✆ 07 347 0027, 🖳 skyline
skyrides.co.nz/rotorua

Bei den **Skyline Skyrides** befördern Gondeln die
Fahrgäste 200 m hoch zur obersten Station an
der Flanke des Berges mit Ausblicken auf den
See und die Stadt. Die Fahrt lohnt sich eigentlich
nur, wenn man dann an einer der Aktivitäten teilnimmt. Zur Auswahl stehen z. B. die **Luge**, eine
Art Plastikschlitten auf Rädern, und die Schau-
kel **Sky Swing** mit einer Fallhöhe von 50 m. Der
beste der verschiedenen Kombi-Deals umfasst
die Gondelfahrt, einmal Schaukeln auf der Sky
Swing und zwei Luge-Fahrten ($52).

Rainbow Springs Kiwi Wildlife Park

Fairy Springs Rd, 4 km vom Zentrum ▪ Wildlife Park
⊙ tgl. 8–21.30, im Sommer bis 22.30 Uhr
▪ Eintritt $30 ▪ Kiwi Encounter ⊙ tgl. 10–16 Uhr;
Führungen ab 10 Uhr zur vollen Stunde ▪ Kombiticket
mit Rainbow Springs $35 ▪ ✆ 07 350 0440,
🖳 rainbowsprings.co.nz

Am Fuß des Mount Ngongotaha liegen Forellenbecken, die **Rainbow Springs**, die durch Na-
turlehrpfade miteinander verbunden sind und
Prachtexemplare von Regenbogen- und Bachforellen beherbergen. Außerdem gibt es hier
mehrere Volieren, eine Tuatara, einen plappern-
den Kea und ein Kiwi-Nachthaus. Die Eintrittskarte ist 24 Stunden gültig, sodass man abends
wiederkommen kann. Dann sind Bäume und Becken bunt ausgeleuchtet, und die Kiwis sind in
ihrem recht naturgetreuen Gehege unterwegs.

Ein weiteres Highlight ist das **Kiwi Encounter**. Während einer 30-minütigen Führung wird
gezeigt, wie die Eier in verschiedenen Stadien
der Entwicklung im Inkubator ausgebrütet werden. Der krönende Abschluss ist ein kurzer Blick
auf Kiwis.

Paradise Valley Springs

467 Paradise Valley Rd, 11 km westlich des Zentrums
▪ ⊙ tgl. 8–17 Uhr ▪ Eintritt $29 ▪ ✆ 07 348 9667,
🖳 paradisev.co.nz

Bei den **Paradise Valley Springs** gibt es sogar Löwen. In einem Waldgebiet führen ordent-

lich instand gehaltene Wege zu Forellenbecken,
durch ein wildromantisches Sumpfgebiet, zu einem Vogelhaus mit Keas und zu einem Gehege
mit Tahr, Wallabys und Wildschweinen. Von einem erhöhten Plankenweg bietet sich ein hervorragender „Einblick" in den neuseeländischen
Wald. Der Besuchermagnet sind aber natürlich
die Löwen, die täglich um 14.30 Uhr gefüttert
werden. Wenn gerade Nachwuchs im Alter von
vier Wochen bis einem Jahr vorhanden ist, darf
dieser auch gestreichelt werden.

Agrodome

Western Rd, Ngongotaha, 10 km nördlich des
Zentrums ▪ Vorführungen 9.30, 11 und 14.30 Uhr
▪ Show $27; Farmtour und Show $52 ▪ ✆ 07
357 1050, 🖳 agrodome.co.nz

Fast alle Rundreisebusse auf der Nordinsel halten am **Agrodome**. Die Hauptattraktion ist eine
professionell gestaltete, einstündige **Schafshow**.
Obwohl zweifellos recht kitschig, ist das Spektakel doch stets unterhaltsam: 19 Schafböcke werden auf die Bühne gelockt, um die verschiedenen Züchtungen Neuseelands zu repräsentieren,
Schafe werden geschoren, Lämmer mit der Flasche gefüttert und Schäferhunde vorgeführt. Anschließend müssen die Hunde draußen zeigen,
was sie können. Außerdem gibt es noch eine
einstündige Farmtour.

Agroventures

1335 Paradise Valley Rd, 10 km vom Zentrum ▪
⊙ tgl. 9–17 Uhr ▪ Bungy-Sprung $95; Swoop $49;
Agrojet $49; Freefall Extreme $49/90 Sek.,
$85/3 Min.; Shweeb $39 ▪ ✆ 0800 949 888,
🖳 agroventures.co.nz

Auf die Klientel der Adrenalinsüchtigen hat es
das benachbarte **Agroventures** abgesehen. Zu
den Attraktionen zählen ein **Bungy-Sprung** aus
43 m Höhe, der schaukelartige **Swoop** und der
Agrojet, wo dreisitzige Rennboote (angeblich
die schnellsten Neuseelands) über einen kurzen Parcours rasen. Der **Freefall Extreme** simu-
liert den freien Fall à la Skydiving, indem man
per Propellerwind zunächst 5 m in die Höhe ge-
blasen wird, um anschließend auf einem aufge-
spannten Sicherheitsnetz zu landen.

Bei der Fahrradschwebebahn **Shweeb** kann
man mit in Plastikkabinen eingehüllten Liege-

rädern gegen die Zeit oder gegen andere Teilnehmer Rennen fahren. Es ist besser, als es sich anhört, vor allem, wenn man zwei Teams zusammenbekommt.

ÜBERNACHTUNG

Rotorua wartet mit einem breiten Angebot an Unterkünften auf, und selbst die günstigsten haben ein **Thermalbad**, das allerdings in den seltensten Fällen von heilsamem Mineralwasser gespeist wird. Die **Hostels** sind alle zu Fuß vom Zentrum aus zu erreichen. Die meisten **Motels** liegen an der Fenton St Richtung Süden nach Whakarewarewa. Der Wettbewerb ist hart, und in der Nebensaison fallen die Preise deshalb dramatisch. Das Angebot an **B&Bs** und **Gästehäusern** fällt weitaus geringer aus. Rotoruas **Hotels** bedienen in erster Linie Reisebusgruppen und sind teuer.

Stadtzentrum

Base Hot Rocks, 1286 Arawa St, ✆ 0800 227 396, 🖥 stayatbase.com. Großes, lebhaftes Hostel, ein Dauerbrenner bei den Fahrgästen der Backpacker-Tourbusse. Die Annehmlichkeiten beinhalten einen beheizten Whirlpool und Schwimmbad unter freiem Himmel sowie die Lava Bar nebenan. Unterbringung größtenteils in 8er-Dorms (alle mit Bad) und in einem Frauen-Dorm ($28). Dorms $23, DZ und 2BZ mit Bad $52

Boulevard Motel Rotorua, 265 Fenton St, ✆ 07 346 1763, 🖥 boulevardrotorua.co.nz. Schick eingerichtetes, gut geführtes Motel mit Zimmern verschiedener Größe und einigen der besten Mineralbecken der Stadt, dazu beheizter Swimmingpool, Spa und kostenloses WLAN. $128

Central Backpackers, 1076 Pukuatua St, ✆ 07 349 3285, 🖥 bbh.co.nz. Kleines, gemütliches Hostel mit bequemen Betten (keine Stockbetten) in 4er- und 6er-Dorms ($24–27) und DZ. Spa-Pool vorhanden. Dorms $25, DZ und 2BZ $60

🏕 **Cosy Cottage**, 67 Whittaker Rd, ✆ 07 348 3793, 🖥 cosycottage.co.nz. Freundlicher Holiday Park 2 km außerhalb der Stadt mit einer großen Auswahl an komfortablen Cabins und Selbstversorger-Cottages. Einige

Stellplätze befinden sich auf geothermisch aufgeheiztem Boden, was im Winter unbezahlbar ist. Swimmingpool, 2 schöne Mineralbecken, Dampfboxen zum Kochen nach Hangi-Art, Fahrradverleih ($28 pro Tag) und direkter Zugang zu einem Strand am See, wo man sich sein eigenes heißes Badebecken graben kann. Camping $38, Cabins $65, Cottages $133

Funky Green Voyager, 4 Union St, ✆ 07 346 1754, 🖥 bbh.co.nz. Lockeres Hostel in einem Vorort 10 Min. zu Fuß vom Zentrum, mit ungezwungener, kommunenartiger Atmosphäre. Die Kücheneinrichtung ist ausgezeichnet, dazu gibt es einen gemütlichen Aufenthaltsraum ohne TV. Dorms $24, DZ $58, mit Bad $66

🏕 **Gibson Court Motel**, 10 Gibson St, ✆ 07 346 2822, 🖥 gibsoncourtmotel. co.nz. Das einladende Motel in ruhiger Lage hat 10 Units mit separatem Schlafzimmer. Sie sind nicht mehr ganz taufrisch, dafür aber ausgesprochen preisgünstig – alle besitzen nämlich ein eigenes Mineralbecken auf einer abgeschlossenen schattigen Terrasse. Kostenloses WLAN. $90

Havana Motor Lodge, 1078 Whakaue St, ✆ 0800 333 799, 🖥 havanarotorua.co.nz. Ruhiges, in der Nähe des Seeufers gelegenes Motel mit großem Grundstück, beheiztem Pool und zwei kleinen Mineralbecken. $105

KiwiPaka, 60 Tarewa Rd, ✆ 07 347 0931, 🖥 kiwipaka.co.nz. Gut organisierter Komplex, nur 10 Min. zu Fuß vom Zentrum gegenüber vom Kuirau Park, aber weit genug außerhalb, um nächtlichem Partylärm zu entgehen. Ausgezeichnetes, preiswertes Café und Restaurant mit Alkoholausschank und kleiner Whirlpool. Camping $10, Dorms $28, Zimmer $62, Chalets $85

Novotel, Tutanekai St, ✆ 0800 776 677, 🖥 novotel.com. Gehobenes Kettenhotel in Seenähe und direkt bei ein paar guten Restaurants, mit Pool, Fitnessstudio und Business Centre. Die Zimmerpreise variieren stark; spezielle Angebote auf der Website. $129

Princes Gate Hotel, 1057 Arawa St, ✆ 07 348 1179, 🖥 princesgate.co.nz. Das einzige noch erhaltene Hotel aus alten Zeiten. Die Zimmer des reizenden Holzgebäudes von 1897 wurden renoviert und präsentieren sich im

Gegensatz zur urigen Lounge und Bar jetzt modern. Außer den Zimmern im Hauptgebäude gibt es nebenan auch größere Apartments. Zimmer $145, Apartments $400

Regent Flashpackers, 1181 Pukaki St, ℘ 07 348 3338, ⌨ regentflashpackers.co.nz. Neues Hostel der gehobenen Klasse mit stylischer Lounge, gut ausgestatteter Küche und zwei kleinen Mineralbecken. Dazu kommen eine eigene Bar sowie ein Garten- und Grillbereich. Dorms $23, Zimmer $60

Regent of Rotorua, 1191 Pukaki St, ℘ 0508 734 368, ⌨ regentrotorua.co.nz. Die makellos weißen Studio-Suiten des renovierten Motels aus den 1950er-Jahren verfügen über schöne Bäder und eine Einrichtung wie in einem Hochglanzmagazin. WLAN und iPod-Dockingstationen sind Standard, außerdem gibt's einen beheizten Pool im Freien sowie ein Mineralbecken und ein kleines Fitnessstudio. Stilvolles Restaurant mit Bar. $199

Silver Fern Motor Inn, 326 Fenton St, ℘ 0800 118 808, ⌨ silverfernmotorinn.co.nz. Modernes Spitzenmotel: geräumige renovierte Studios und Units mit Schlafzimmer, alle mit Whirlpool, Satelliten-TV, sonnigen Balkonen und viel Platz. Hilfsbereite Mitarbeiter, Stadträder zur kostenlosen Benutzung und kostenloses WLAN. Studios $140, Units mit separatem Schlafzimmer $180

SilverOaks Geyserland, 424 Fenton St, ℘ 0800 881 882, ⌨ silveroaks.co.nz. Recht komfortables Hotel für Geschäftsreisende. Wer früh bucht, bekommt vielleicht eins der Zimmer im 3. oder 4. Stock mit genialem Blick auf das Thermalgebiet Whakarewarewa. $94

YHA Rotorua Treks, 1278 Haupapa St, ℘ 07 349 4088, ⌨ yha.co.nz. Makellos sauberes 180-Betten-Hostel mit geräumigen, geschmackvoll eingerichteten Gemeinschaftsbereichen sowie großer Küche und umweltfreundlicher Ausrichtung. Normale Betten in den meisten Dorms, Frauen-Dorm. Dorms $29, Zimmer $68, mit Bad $81

Camping

Rotorua Top 10, 1495 Pukuatua St, ℘ 07 348 1886, ⌨ rotoruatop10.co.nz. Der dem Stadtzentrum am nächsten gelegene Campingplatz,

u. a. mit Swimmingpool und Whirlpool. Camping $40, einfache Cabins $80, Motel Units $125

Umgebung von Rotorua

Ariki Lodge, 2 Manuariki Ave, Ngongotaha, 8 km nordwestlich vom Zentrum von Rotorua, ℘ 07 357 5532, ⌨ arikilodge.co.nz. Gastfreundliches B&B am Seeufer. Neuseeländische Kunst, frische Blumen in den Zimmern und große Lounge, in die man sich mit einem Buch aus der Bibliothek zurückziehen kann. Zimmer $160, mit Seeblick $210, Suite $280

Aroden, 2 Hilton Rd, nahe der Tarawera Rd, 4 km von Rotorua, ℘ 07 345 6303, ⌨ babs.co.nz/aroden. Komfortables B&B in großem Holzhaus mit nett eingerichteten Zimmern, Büchern und Spielen in der Lounge, leckerem Frühstück und üppigem Garten – zur Begrüßung gibt's neuseeländischen Wein. $145

Blue Lake Top 10, 723 Tarawera Rd, Blue Lake, 9 km südöstlich von Rotorua, ℘ 0800 808 292, ⌨ bluelaketop10.co.nz. Gut gemanagter Platz auf dem Land, nur durch die Straße vom Blue Lake getrennt. Zu den Einrichtungen zählen ein Spielezimmer und ein Spa-Pool. Camping $18, Cabins $52, mit Küche $66, Selbstversorger-Units $89, Motel-Zimmer $106

Koura Lodge, 209 Kawaha Point Rd, 5 km nördlich vom Zentrum von Rotorua, ℘ 07 348 5868, ⌨ kouralodge.co.nz. Stilvolle Lodge mit Sauna und Whirlpool direkt am Wasser. Kajaks, Tennisplatz und Bootsanleger z. B. für Rundflüge mit Wasserflugzeugen. Dezent und geschmackvoll eingerichtete, gut ausgestattete Zimmer, gemütliche Gästelounge fürs Frühstücksbuffet. Am schönsten sind die Zimmer am See im Hauptgebäude. $345

The Lake House, 6 Cooper Ave, Holdens Bay, 7 km nordöstlich der Stadt, ℘ 07 345 3313, ⌨ thelakehouse.co.nz. Dezent luxuriöses B&B in wunderschöner Lage direkt am Seeufer. 2 Zimmer mit Bad und sonniger Terrasse. Zu den Extras zählen ein großer Whirlpool und die kostenlose Benutzung von Kajaks. Liebevolles Detail: Kinder können in der Ship's Cabin in Etagenbetten schlafen ($50), wenn keine anderen Gäste zugegen sind. Mindestaufenthalt 2 Nächte. $225

Restaurants mit ausländischer Küche, von koreanisch bis tunesisch, sowie einige qualitativ ansprechende Restaurants konzentrieren sich am zum See hin gelegenen Ende der Tutanekai St, der sogenannten „Eat Street". Ansonsten gibt es jede Menge tolle Cafés in der Stadt.

Donnerstags findet ab 17 Uhr in der Tutanekai Street ein Abendmarkt mit zahlreichen Essensständen statt; auch Kunsthandwerk wird dort verkauft.

Abracadabra, 1263 Amohia St, ✆ 07 348 3883, 🖳 abracadabracafe.com. Mehr oder weniger marokkanisches Café und Restaurant mit verschiedenen kleinen Räumen und maghrebinischer Hintergrundmusik. Neben Kaffee und Mandelkuchen gibt's z. B. Falafelburger, Tapas ($5–10) und Abendgerichte wie *chicken b'stilla* und Seafood-Tajine (Hauptgerichte $19,50–29,50). ⏲ Di–Sa 8.30–23, So 9–15 Uhr.

Bistro 1284, 1284 Eruera St, ✆ 07 346 1284, 🖳 bistro1284.co.nz. Weiße Tischtücher täuschen über die relativ lockere Atmosphäre im besten Restaurant Rotoruas hinweg. Hier gibt's köstliches Essen, darunter Hauptgerichte ($34–39) wie klassisches knuspriges Brathuhn mit Artischockenrisotto und Würsten mit karamellierten Zwiebeln. ⏲ Di–Sa 17 Uhr bis spät.

Café Ephesus, 1107 Tutanekai St, ✆ 07 349 1735. Bescheidenes und preiswertes Lokal, wo ohne viel Brimborium großzügige Portionen türkischer, mediterraner und orientalischer Gerichte serviert werden. Wer sich nicht an so traditionelle Leckerbissen wie *dolmades* oder *guveche* wagt, kann eine ausgezeichnete Holzofenpizza (Hauptgerichte $13–21,90) bestellen. ⏲ Di–So mittags und abends.

Capers Epicurean, 1181 Eruera St, ✆ 07 348 8818, 🖳 capers.co.nz. Eine geräumige Kombination aus Café und Delikatessengeschäft. Wunderbares Frühstück, außerdem bunte Salate, prall gefüllte Panini und eine tolle Auswahl an Abendgerichten wie zweifach gekochter Schweinebauch auf asiatischem Gemüse oder Lachs mit Knoblauch-Chili-Kruste (Hauptgerichte $23,70–27,90). ⏲ tgl. 7.30–21 Uhr.

Fat Dog, 1161 Arawa St, ✆ 07 347 7586, 🖳 fatdogcafe.co.nz. In dem entspannten Café mit Bar gibt es herzhafte Portionen handfester Kost. Zum Frühstück beispielsweise die Fat Dog Works, mittags Salate, Panini und riesige Hamburger ($11,10–22,60), abends dann umfangreichere Hauptgerichte ($27,20–31,40) wie Teriyaki-Lachsfilet und Cajun-Huhn. ⏲ tgl. 7–21 Uhr.

Nuvolari, 1122 Tutanekai St, ✆ 07 348 1122, 🖳 nuvolari.co.nz. Die Mittagsgerichte ($9,20) stammen aus der ganzen Welt, aber die abendlichen Pizzas, Antipasti-Platten, Pasta- und Hauptgerichte wie Jakobsmuscheln auf Kürbis-Risotto ($15,90–29,90) entsprechen voll und ganz der Selbstvermarktung als italienisches Restaurant. ⏲ tgl. 11.30 Uhr bis spät.

Okere Falls Store, 757A SH33, 15 km nordöstlich der Stadt, ✆ 07 348 1122, 🖳 okerefallsstore.co.nz. Ein großer Biergarten (im Winter gibt's hier Fr, Sa und So von 17 bis 21 Uhr Lagerfeuerabende) umgibt diesen tollen Feinkost- und Gemischtwarenladen mit Café. Auch auf der großen Terrasse vor dem Café kann man gut Gemüse-Frittata, gebackene Kartoffeln mit Ricotta oder Rindfleisch-Lasagne (Gerichte $4,50–9) speisen. ⏲ tgl. 7–19 Uhr.

Relish, 1149 Tutanekai St, ✆ 07 343 9195, 🖳 relishcafe.co.nz. Tolles Café mit Alkoholausschank und sehr guten Snacks, köstlichem Kuchen und Kaffee. Außerdem Abendessen (Hauptgerichte $15,50–29,50) wie Steinpilz-Ravioli und Salz-und-Pfeffer-Tintenfisch, dazu ein wechselndes Angebot an Tapas und eine kleine Auswahl an Holzofenpizzas. ⏲ Mo–Di 7–16, Mi–Fr 7–21, Sa 8–21, So 8–16 Uhr.

Zippy Central, 1153 Pukuatua St, ✆ 07 348 8288. Abgefahrenes Restaurant, wild zusammengewürfeltes Retro-Pop-Dekor aus den 50ern und 60ern. Hervorragender Kaffee, Mixgetränke und fantasievolle und schön zubereitete Speisen, von Salaten und Bagels bis zu Desserts. Hauptgerichte $14,40–22,50. Alkoholausschank. ⏲ tgl. 7–18 Uhr.

UNTERHALTUNG UND KULTUR

Das Nachtleben ist eher dürftig. Ein paar gute Kneipen sorgen für Unterhaltung, und fast jeder Besucher verbringt einen Abend bei einem

Maori-Konzert und Hangi in einem der Hotels oder vorzugsweise in einem der Maori-*maraes* vor den Toren der Stadt.

Maori-Konzerte und Hangis

In Rotorua bieten sich mehr Gelegenheiten als andernorts, um ein zur Perfektion gegartes Hangi aus dem Erdofen und ein Maori-Konzert zu genießen. Die Darbietung besteht normalerweise aus einer 1-stündigen Vorführung mit traditionellen Tänzen, Liedern und Stammesgesängen. Die Aufführungen in den größeren Hotels machen zumeist einen etwas künstlichen Eindruck, deshalb sind die unten aufgeführten „Maori Experiences" (tgl., mit Reservierung) vorzuziehen. Die Gäste werden mit Bussen von den Unterkünften in Rotorua abgeholt. Alle Veranstaltungen beginnen gegen 18 Uhr und dauern 3–4 Std. Die Gäste erhalten eine Einweisung bezüglich der auf einem *marae* üblichen Gebräuche und Verhaltensregeln und werden mit einem Willkommensritual begrüßt (Kasten S. 43).

Mitai, ✆ 07 343 9132, 🖵 mitai.co.nz. Alle Standardelemente der Maori-Veranstaltungen werden hier sehr schön ausgeführt. Das ausgezeichnete Hangi wird im Erdofen zubereitet, und die Veranstaltung findet praktischerweise neben Rainbow Springs statt. Das bietet Gelegenheit zu einem schönen abendlichen Waldspaziergang an einer wunderbar klaren Quelle vorbei. Die Quelle speist einen Fluss, auf dem dann bei Fackelschein ein *waka* mit voller Besatzung ankommt. $122.

Tamaki Maori Village, ✆ 07 349 2999, 🖵 maoriculture.co.nz. Der Maori-Veranstalter fährt seine Gäste mit mehreren Bussen in ein speziell zu diesem Zweck errichtetes Maori-Dorf südlich der Stadt und heißt sie auf Furcht erregende Weise willkommen. Alles ist sehr professionell gestaltet, sodass kaum Kritik anzubringen ist. Die große Beliebtheit dieser Tour ist zugleich ihr großer Nachteil, denn die Sicht kann schon mal beeinträchtigt sein. Dafür ist aber das Hangi gut und das Ganze ein erinnerungswürdiges Erlebnis. $105.

Te Po, ✆ 07 348 9047, 🖵 tepuia.com. Bei dieser rundum professionellen Veranstaltung in einem traditionellen Versammlungshaus in Te Puia

(S. 331) sollten Besucher saubere Socken tragen, denn hier muss man sich seiner Schuhe entledigen, und Männer sitzen vorne. Das Hangi ist Spitzenklasse. Zum Abschluss gibt es eine abendliche Führung durch das geothermale Tal, in dem dann hoffentlich ein Geysir seine angestrahlte Fontäne in den Himmel schickt. $106, mit normalem Eintritt zu Te Puia $138.

Kneipen und Clubs

Lava Bar, im Hostel Base Hot Rocks (S. 333). Die Kneipe, in der v. a. Rucksackreisende, Rafting-Guides und Einheimische verkehren, hat billige Getränke, günstiges Essen und Themenabende. Außerdem Billardtisch. 🕐 tgl. 17.30–3 Uhr.

The Pheasant Plucker, 1153 Arawa St, ✆ 07 343 7071. Gesellige Bar mit allabendlicher Livemusik – dienstags offene Bühne, freitags und samstags Coverbands. 🕐 Di–Sa 17–3 Uhr.

Pig & Whistle, Haupapa St, Ecke Tutanekai St, ✆ 07 347 3025, 🖵 pigandwhistle.co.nz. Ein lebhafter Pub in einer ehemaligen Polizeiwache mit Garten-Bar. Do–Sa gastieren Bands. Bar Meals in großen Portionen (Hauptgerichte $14,70–28,70). 🕐 tgl. 11.30 Uhr bis spät.

Scotty's Bar, 1104 Tutanekai St, ✆ 07 348 1810. Winzige Cocktail- und Weinbar inmitten der Restaurants. 🕐 tgl. 12–3 Uhr.

Kino

Basement Cinema, 1140 Hinemoa St (unter dem Crank Backpackers), ✆ 07 350 1400, 🖵 basementcinema.co.nz. Gemütliches Off-Kino mit 2 Sälen und Café mit Schanklizenz.

Readings Cinema, 1263 Eruera St, ✆ 07 349 0061, 🖵 readingcinemas.co.nz. Das Multiplex-Kino zeigt aktuelle Mainstream-Filme.

AKTIVITÄTEN

Rafting, Kajakfahren und Sledging

Rotorua hat einen guten Ruf, wenn es um Abenteueraktivitäten auf den Wildwasserflüssen ind der Umgebung geht, nicht nur per Raft oder Kajak (meistens in Tandemkajaks mit Führer), sondern auch per Sledging, eine noch drastischere Form der Stromschnellennavigation, bei der man mit einer Sicherheitsausrüstung auf einen schwimmenden Plastik-schlitten geschnallt wird (nur für sehr gute Schwimmer zu empfehlen). Zumindest zwischen September und Mai herrscht kein Mangel an Anbietern; die beliebtesten Flüsse sind zusammen mit empfohlenen Veranstaltern unten aufgeführt.

Man kann auch Kajaks ausleihen, Unterricht im Kajakfahren nehmen und an geführten Kajaktouren zu verschiedenen größeren Seen rund um Rotorua teilnehmen. Der Schwerpunkt liegt dabei auf schöner Landschaft, Baden in heißen Quellen und gelegentlich auch Angeln. Wer entsprechend Geld zur Verfügung hat, kann auch einen mehrtägigen Wildnis-Rafting-trip auf dem Motu River am East Cape (Kasten S. 424) in Erwägung ziehen.

Flüsse

Kaituna River Der größte Teil des Rummels bezieht sich auf diesen mit Schwierigkeitsgrad IV eingestuften Fluss. Genauer gesagt einen 2 km langen Abschnitt des Flusses, nachdem er 20 km nördlich von Rotorua den Lake Rotoiti verlässt, mit den spektakulären, 7 m hohen Tuteas Falls (Sledger umgehen die Fälle allerdings zu Fuß).

Wairoa River Der Star unter den Wildgewässern ist dieser mit Schwierigkeitsgrad IV+ ausgewiesene Fluss. Für den 80 Autokilometer nördlich von Rotorua bei Tauranga gelegenen Flussabschnitt werden regelmäßig die Staudammtore geöffnet, um ausreichend Wildwasser zur Verfügung zu stellen (Dez–März jeden So, Sep–Nov und April–Mai jeden 2. So). Der Fluss gilt als eine der besten Kurzstrecken der Welt.

Rangitaiki River Wer vom Boot aus auch noch ein wenig von der Landschaft mitbekommen möchte, ist auf diesem mit Schwierigkeitsgrad III eingestuften Fluss gut aufgehoben. Sein Highlight ist Jeff's Joy, ein Gefälle des Schwierigkeitsgrades IV.

Anbieter

Kaitiaki Adventures, ☎ 0800 338 736, 🖥 kaitiaki.co.nz. Professioneller Veranstalter, der Rafting- und Sledging-Touren mit kultureller Komponente anbietet, da die Bedeutung der Flüsse für die Maori beschrieben wird. Neben

Trips auf dem Kaituna (Rafting $89, Sledging $109) gibt es auch Sonntagstouren auf dem Wairoa (Rafting $99, Sledging $299). Sledger bekommen auf diesem schwierigen Fluss pro Person einen Begleiter zugeordnet. Daneben gibt es Trips auf dem sanfteren Rangitaiki River ($125 mit warmen Becken).

Kaituna Kayaks, ☎ 07 362 4486, 🖥 kaituna kayaks.com. Fahrten mit dem Tandem-Kajak auf dem Kaituna River, die über die Tuteas Falls führen ($149). Auch Unterricht im Wild-wasser-Kajakfahren.

Raftabout/Sledgeabout, ☎ 0800 723 822, 🖥 raftabout.co.nz. Neben Rafting- ($99) und Sledging-Touren ($115) auf dem Kaituna im Sommer auch Sonntagstouren auf dem Wairoa ($115 inkl. Mittagessen) sowie einige Trips auf dem Rangitaiki ($125). Außerdem wird eine Vielfalt an Kombipaketen mit anderen Abenteueraktivitäten angeboten.

TOUREN

Geyser Link, ☎ 0800 004 321, 🖥 geyserlink. co.nz. Bietet einen Shuttle-Transport nach Waimangu und Wai-O-Tapu (jeweils $25 einfach) und nach Paradise Valley (hin und zurück $26).

Grumpy's Tours & Transfers, ☎ 07 348 2229, 🖥 grumpyslimo.co.nz. Bietet den Transport zu verschiedenen Sehenswürdigkeiten (im Zentrum einfach/Tagespass $5/25, außerhalb des Zentrums hin und zurück $15–25; nur Barzahlung) und zum Flughafen (S. 338), außerdem verschiedene unterhaltsame Touren.

Tim's Thermal Shuttle, ☎ 0274 945 508. Transport nach Waimangu, Wai-O-Tapu und zum Buried Village (jeweils $60 mit Eintritt).

SONSTIGES

Autovermietungen

Die meisten großen Autoverleiher haben Filialen in Rotorua. Die besten Deals und den besten Service bietet jedoch **Pegasus**, 247 Te Ngae Rd, ☎ 07 345 8455, 🖥 rentalcars. co.nz: ab $35 pro Tag inkl. Anlieferung des Fahrzeugs. Bei kurzer Mietdauer oder Einwegmieten kann der Tagespreis jedoch erheblich höher ausfallen.

Fahrradverleih

Lady Jane's Ice Cream Parlour,
1092 Tutanekai St, ✆ 07 347 9340.
Vermietet Fahrräder für $30 pro Tag.

Gepäckaufbewahrung

Im **i-SITE**, $2 für 24 Std.

Informationen

i-SITE Visitor Centre, 1167 Fenton St,
✆ 07 348 5179, 🖥 rotoruanz.com. Infos
zu Rotorua und Umgebung, zu DOC-Angelegen-
heiten und zum Reisen in Neuseeland
allgemein. Außerdem gibt's hier den kostenlosen wöchentlich erscheinenden Besucher-
guide. ⊕ Nov–Ostern tgl. 8–18, Ostern–Okt
8–17.30 Uhr.
Mit den **Hot Deal Tickets** erhält man Ermäßigungen auf Sehenswürdigkeiten in der Gegend
oder andere Vergünstigungen. Die Angebote
variieren je nach Saison. Erhältlich im i-SITE.

Internet

Im **i-SITE** ($3/30 Min.) und in mehreren Internet-
cafés wie **Cybershed**, 1176 Pukuatua St.
Internetzugang per Münzeinwurf hat die
Bibliothek, 1127 Haupapa St, ✆ 07 348 4177,
⊕ Mo–Fr 9.30–20, Sa 9.30–16 Uhr, $4 pro Std.

Medizinische Hilfe

Apotheke: **Lakes Care Pharmacy**, 1155 Tutane-
kai St, ✆ 07 348 4385, ⊕ tgl. 8.30–21.30 Uhr.
Notfallhilfe: **Lakes Care**, Arawa St, Ecke
Tutanekai St, ✆ 07 348 1000, ⊕ tgl. 8–22 Uhr.

Polizei

64 Fenton St, ✆ 07 348 0099.

Post

Hauptpost, Pukuatua St, Ecke Tutanekai St,
mit Schalter für Poste Restante.

Stadtbusse

Cityride, ✆ 0800 442 928, 🖥 baybus.co.nz.
Dünnes Streckennetz, das seinen Mittelpunkt in
der Pukuatua St zwischen Tutanekai St und
Amohia St hat. Die nützlichsten Linien sind die 1
(zu den Skyline Skyrides, nach Rainbow Springs

und zum Agrodome) und die 2 (nach Te Puia).
Busse verkehren auf beiden Strecken tgl. alle
30 Min. (sonntags stdl., nicht an Feiertagen).
Einzelfahrschein $2,30, Tageskarte $7,20.

Busse

InterCity und NakedBus halten vor dem
i-SITE in der Fenton Street.

Busse nach:
AUCKLAND 8–9x tgl., 4 Std.;
GISBORNE 2x tgl., 4 1/2 Std.;
HAMILTON 8–9x tgl., 1 1/2 Std.;
OPOTIKI 2x tgl., 2 1/4 Std.;
PALMERSTON NORTH 3–4x tgl., 5 1/4 Std.;
TAUPO 7–8x tgl., 1 Std.;
TAURANGA 6x tgl., 1 1/2 Std.;
WAITOMO 1–2x tgl., 2 1/2–3 Std.;
WHAKATANE 2x tgl., 1 1/2 Std.

Flüge

Der Flughafen, SH30, 🖥 rotorua-airport.co.nz,
liegt 8 km nordöstlich der Stadt am Seeufer.
Ein **Taxi** ins Zentrum von Rotorua kostet ca. $35,
z. B. mit Rotorua Taxi, ✆ 07 348 1111. Mo–Fr
fährt jede halbe Stunde (So stdl., keine Busse
an Feiertagen) der **Cityride-Bus** Nr. 3 ins
Zentrum ($2,30). **Grumpy's Tours & Transfers**
(S. 337) nehmen $10 für einen Erwachsenen.

Flüge nach:
AUCKLAND 2–3x tgl., 40 Min.;
CHRISTCHURCH 4x tgl., 1 3/4 Std.;
QUEENSTOWN 1x tgl., 3 1/4 Std.;
WELLINGTON 3–4x tgl., 1 1/4 Std.
Außerdem gibt es Direktflüge zwischen
SYDNEY und Rotorua.

Die Umgebung von Rotorua

Viele der besten Sehenswürdigkeiten der Gegend liegen außerhalb der Stadt, doch zahlreiche Reiseveranstalter (S. 337) bieten Hin- und
Rücktransport oder Rundfahrten an, sodass bei-

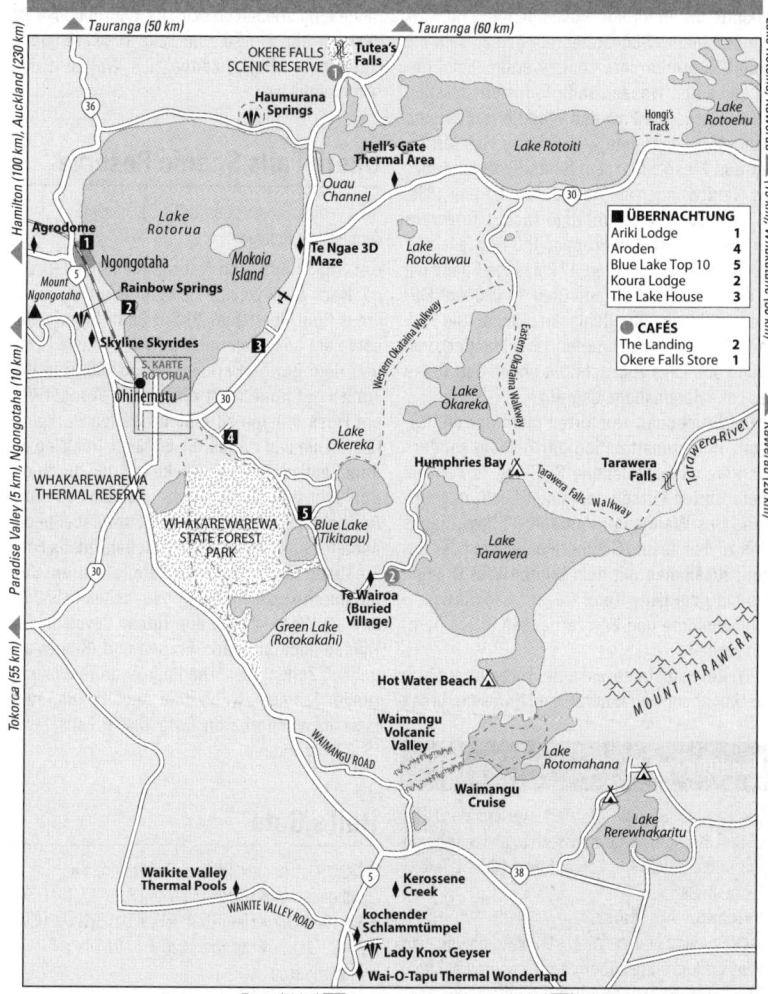

Tauranga (50 km)   Tauranga (60 km)

OKERE FALLS SCENIC RESERVE

Tutea's Falls

Haumurana Springs

Hell's Gate Thermal Area

Ouau Channel

Lake Rotoiti

Hongi's Track

Lake Rotoehu

Agrodome

Lake Rotorua

Ngongotaha

Mount Ngongotaha

Rainbow Springs

Skyline Skyrides

S. KARTE ROTORUA

Ohinemutu

Mokoia Island

Te Ngae 3D Maze

Lake Rotokawau

Western Okataina Walkway

Eastern Okataina Walkway

Lake Okareka

WHAKAREWAREWA THERMAL RESERVE

WHAKAREWAREWA STATE FOREST PARK

Lake Okereka

Blue Lake (Tikitapu)

Humphries Bay

Tarawera Falls Walkway

Tarawera Falls

Tarawera River

Te Wairoa (Buried Village)

Lake Tarawera

Green Lake (Rotokakahi)

Hot Water Beach

MOUNT TARAWERA

Waimangu Volcanic Valley

WAIMANGU ROAD

Waimangu Cruise

Lake Rotomahana

Lake Rerewhakaritu

Waikite Valley Thermal Pools

WAIKITE VALLEY ROAD

Kerossene Creek

kochender Schlammtümpel

Lady Knox Geyser

Wai-O-Tapu Thermal Wonderland

Taupo (50 km)   Murupara (20 km),   Waikaremoana (125 km)

◼ ÜBERNACHTUNG	
Ariki Lodge	1
Aroden	4
Blue Lake Top 10	5
Koura Lodge	2
The Lake House	3

● CAFÉS	
The Landing	2
Okere Falls Store	1

Left margin: *Hamilton (100 km), Auckland (230 km)*   *Paradise Valley (5 km), Ngongotaha (10 km)*   *Tokoroa (55 km)*

Right margin: *Lake Rotoma, Kawerau (15 km), Whakatane (30 km)*   **ZENTRALE NORDINSEL**   *Kawerau (20 km)*

nahe jede denkbare Kombination von Sehenswürdigkeiten und alle möglichen **Abenteuer-Aktivitäten** im Rahmen eines Tagesausflugs buchbar sind. Eilige können die weniger interessanten Sehenswürdigkeiten am Ostufer des Lake Rotorua schnell abhaken, um mehr Zeit für das nur selten überlaufene Thermalgebiet **Hell's Gate** und einen Besuch bei den **Tutea's Falls** zu haben, wo man Rafter bei ihrem Sturz über den Wasserfall beobachten kann.

Die Attraktionen südöstlich von Rotorua haben größtenteils auf die eine oder andere Weise mit dem **Lake Tarawera** zu tun und mit der zerklüfteten Reihe von Vulkangipfeln und Kratern an seinem Südostufer, die gemeinsam als **Mount Tarawera** bezeichnet werden. Einst befand sich hier Neuseelands Touristenattraktion Nummer eins, die **Pink and White Terraces**, eine rosafarbene und eine weiße Serie von Terrassen aus Kieselsinter. Ein jähes Ende fand dieses Naturwunder am Abend des 10. Juni 1886, als der zuvor lange untätige Mount Tarawera bei einer gewaltigen Eruption in zwei Teile zerbrach, dabei eine riesige, 17 km lange Spalte mit 22 Kratern hinterließ und über 15 000 km² Fläche in Schlamm und Schlacke tauchte. Die Pink and White Terraces wurden zerschmettert, von Asche und Lava zugeschüttet und in den Tiefen des Lake Rotomahana begraben

Die Eruptionen zerstörten nicht nur die früheste Touristenattraktion der Region, sondern auch die nächstgelegene Siedlung Te Wairoa, heute **Buried Village** genannt. Gleichzeitig entstand das **Waimangu Volcanic Valley**. Dieses zählt zu den besten Geothermalgebieten der Region, zusammen mit dem bunten **Wai-O-Tapu**, das mit dem **Lady Knox Geyser** beeindruckt – Schlammtöpfe und Wasserbecken in schillernden Farben.

Weitere hochinteressante Thermalzonen in der Umgebung von Rotorua sind **Kerosene Creek**

mit den besten kostenlos nutzbaren heißen Becken der Gegend und **Orakei Korako**, wo sich die geothermischen Phänomene in friedvoller Umgebung erleben lassen. Der **Whirinaki Forest Park** an der Straße zum Lake Waikaremoana bietet tolle Möglichkeiten zum Wandern und Mountainbiking.

Okere Falls Scenic Reserve

Trout Pool Rd, abseits des SH33, 21 km vom Zentrum von Rotorua

Der SH33 führt nach Norden Richtung Tauranga. Nach 6 km weisen Schilder den Weg in die Trout Pool Road zum **Okere Falls Scenic Reserve** am beliebten Rafting-Fluss Kaituna River. Von dem ersten Parkplatz nach 400 m in der Trout Pool Road führt ein breiter Wanderweg am Fluss entlang zu einem zweiten Parkplatz (2,5 km hin und zurück, 40–60 Min.). Der Weg eröffnet einige flüchtige Blicke auf den durch die Schlucht wirbelnden Fluss und führt zu einer Aussichtsplattform, wo man Rafter dabei beobachten kann, wie sie die 7 m hohen **Tuteas Falls** hinabstürzen. Von dieser Stelle führen Stufen durch kurze Tunnel in den steilen Felswänden am Wasserfall zu den **Tuteas Caves**. In den Höhlen suchten Maori-Frauen und -Kinder angeblich Zuflucht während der Angriffe rivalisierender Stämme. Nach dem Ausflug kann man sich im wunderbaren Café Okere Falls Store (S. 335) stärken.

Hell's Gate

SH30, 14 km nordöstlich vom Stadtzentrum ▪ Geothermal Walk ⏲ tgl. Okt–April 8.30–17, Mai–Sep 8.30–16.30 Uhr ▪ Eintritt $30 ▪ Wai Ora Spa ⏲ tgl. 8.30–20.30 Uhr ▪ Hot Pools $20 ▪ ✆ 07 345 3151, 🖥 hellsgate.co.nz

Die meisten Autofahrer bleiben auf dem SH30 und fahren weiter zum **Hell's Gate**. Das Gebiet ist die kleinste der bedeutenden Thermalzonen, aber auch eine der aktivsten. Die heftige Aktivität kann allerdings nicht darüber hinwegtäuschen, dass es hier nicht besonders viele Attraktionen gibt. Die einzigen echten Highlights sind

Um Rotorua herum gibt es zwar keine längeren Wanderwege, dafür aber Gelegenheiten zu mehreren guten Tageswanderungen. Die Stadt eignet sich zudem hervorragend als Basis für Ausflüge in den Whirinaki Forest oder weiter zum Lake Waikaremoana. Im i-SITE in Rotorua und in den Visitor Centres des DOC gibt es Broschüren für die folgenden Wanderungen.

Blue Lake (5,5 km Rundweg, 2 Std., 500 m Anstieg). Der Rundweg um den Blue Lake beginnt beim Blue Lake Holiday Park 9 km südöstlich von Rotorua und führt durch nachwachsenden Wald, Douglastannen-Pflanzungen und an ein paar Sandstränden vorbei, die zu einem Bad einladen. Der einzige Anstieg führt vom See zu einem Aussichtspunkt.

Hamurana Springs Recreation Reserve (1,5 km Rundweg, 45 Min., zumeist eben). Der einfache Weg am Ufer des Lake Rotorua 24 km nördlich der Stadt windet sich durch ein Redwood-Wäldchen zur größten Quelle der Nordinsel. Hier sprudeln stündlich fast 5 Mio. Liter Wasser aus der Erde.

Lake Okareka Walkway (5 km hin und zurück, gut 1 Std., zumeist eben). Dieser Lehrpfad am Okareka-See 12 km südöstlich von Rotorua führt überwiegend durch Farmland und hier und da auch durch nachwachsenden Wald. Ein hübscher Plankenweg leitet Wanderer über ein Feuchtgebiet zu einer Vogelbeobachtungsstation.

Okere Falls Scenic Reserve (2,5 km hin und zurück, 40 Min.–1 Std.). Der einfache Spaziergang 18 km nördlich von Rotorua bietet Ausblicke auf den Kaituna River mit Raftern, die spektakulär die Tutea's Falls hinabjagen.

Whakarewarewa State Forest Park. Durch den Versuchswald am Rand von Rotorua führen mehrere einfache Wege. Die Bäume im Redwood Grove wachsen hier dreimal so schnell wie in ihrer kalifornischen Heimat. Karten gibt es im i-SITE (S. 338). Der Park ist auch als Mountainbiking-Revier bekannt (s. unten).

der blubbernde Schlammkessel Devil's Cauldron und der Thermalwasserfall **Kakahi Falls**.

Der eigentliche Besuchermagnet ist das **Wai Ora Spa**, wo man sich ein Bad in den schwefelhaltigen heißen Quellen, ein Schlammbad oder eine Massage gönnen kann (Anwendungen $85–135). Im Angebot sind auch mehrere Kombipakete inkl. Busfahrt von Rotorua.

Die Seen im Norden

Lake Rotoiti bedeutet übersetzt „kleiner See", jedoch ist dies in Wirklichkeit der zweitgrößte der Region. Durch den schmalen Ohau Channel ist er mit dem Lake Rotorua verbunden. Zusammen mit den Nachbarseen **Lake Rotoehu** und **Lake Rotoma** bildet diese Seenkette einen Teil der traditionellen Kanuroute von der Küste ins Landesinnere. Auf dem Abschnitt zwischen Lake Rotoiti und Lake Rotoehu soll auch der Ngapuhi-Häuptling Hongi Hika mit seinen Krie-

gern auf einem seiner Eroberungszüge die Kanus über Land getragen haben, weshalb dieser hübsche Waldpfad heute als **Hongi's Track** bezeichnet wird (3 km hin und zurück, 1 Std.).

Whakarewarewa Forest

Eintritt frei, man braucht aber die wasserfeste Karte ($5) oder das Buch ($6,50) mit den Trails, erhältlich in Fahrradläden in der Stadt ▪ Weitere Informationen auf 🖥 riderotorua.com ▪ Southstar Shuttles, 🖥 southstaradventures.com, unterhält ganzjährig am Wochenende einen Shuttlebus zur Spitze des Berges ($10) ▪ Zugang vom Parkplatz an der Waipa Mill Rd, 5 km südlich der Stadt (Anfahrt über den SH38)

Nur 15 Min. Fahrt vom Zentrum Rotoruas entfernt befindet sich das beste und am leichtesten zugängliche Gelände für **Mountainbiker** auf der Nordinsel. Ein großer Bereich des aus Redwoods, Tannen, Kiefern und Baumfarnen bestehenden **Whakarewarewa Forest** ist mit einspurigen Wegen durchzogen. Insgesamt gibt es hier rund 70 km Mountainbike-Strecke, die in über einem Dutzend Rundkursen in 6 verschiedenen Schwierigkeitsgraden angeordnet sind. Man kann in der Stadt ein Rad leihen (S. 338) und damit herfahren. Alternativ bietet Mountain Bike Rotorua, mtbrotorua@gmail.com, am Parkplatz eine mobile Verleihstation – man sollte sich jedoch im i-SITE versichern, ob diese auch wirklich in Betrieb ist.

Blue Lake und Green Lake

Etwa 10 km südöstlich von Rotorua erreicht die Tarawera Road das bunt schimmernde Wasser des **Blue Lake** (Tikitapu) mit Campingplatz, Rundwanderweg (S. 334 und S. 341) und sicherem Badestrand mit einer Wasserrutsche für Kinder. Ein Stückchen weiter eröffnet sich von einem Aussichtspunkt auf einem Bergkamm ein Blick auf den Blue Lake und den **Green Lake** (Rotokakahi). Letzterer befindet sich in Privatbesitz, weswegen hier Angeln und Bootfahren verboten sind. Von hier führt die Tarawera Road weiter ans Ufer des 15 km südöstlich von Rotorua gelegenen Lake Tarawera.

Buried Village und Lake Tarawera

Buried Village 1180 Tarawera Rd ▪ ⏰ tgl. Nov–März 9–17, April–Okt 9–16.30 Uhr ▪ Eintritt $31 ▪ ✆ 07 362 8287, ▯ buriedvillage.co.nz

Am Eingang zum **Buried Village**, kurz vor Erreichen des Ufers des Lake Tarawera, befindet sich ein **Museum**, das die Atmosphäre des Ortes zu seiner Blütezeit und unmittelbar nach der Katastrophe auf hervorragende Weise einfängt. Es bedient sich dazu zahlreicher Fotos, einiger schöner Aquatinta von den Pink and White Terraces und mehrerer ascheverkrusteter Gerätschaften. Die Maori-Ortschaft und die europäische Siedlung hier waren beim Ausbruch des Tarawera größer als das heutige Rotorua. Ab dem Museum finden tgl. kostenlose **Führungen** statt

(genaue Zeiten telefonisch erfragen), doch man kann auch auf eigene Faust durch das verschüttete Dorf spazieren. Ein Großteil des Ortes wurde in den 1930er- und 1940er-Jahren wieder freigelegt, ergänzt durch einige Nachbauten.

Die halb verschütteten *whare* und das Fundament des Rotomahana Hotel sind von mustergültig gemähten Rasenflächen umgeben, auf denen mittlerweile europäische Obstbäume wachsen und säuberlich eingezäunt eine perfekte Reihe ausgewachsener Pappeln steht. Jenseits des Geländes führt eine Reihe steiler Stufen und glitschiger Holzstege neben dem Wasserfall **Te Wairoa Falls** den Hügel hinunter, bevor der Weg auf der gegenüberliegenden Seite durch Farne wieder ansteigt. Wer durch die Besichtigung hungrig geworden ist, kann seinen Hunger im Café der Anlage stillen.

Die Tarawera Road endet 2 km weiter am Ufer des **Lake Tarawera**, hinter dem der Berg aufragt. Wer möchte, gönnt sich am See im eher durchschnittlichen Café Landing, ✆ 07 362 8590, einen Kaffee oder ein Bier. Die Angestellten des Café The Landing informieren über Möglichkeiten, sich aufs Wasser zu begeben. In den wärmeren Monaten kann man Sit-on-top-Kajaks ausleihen ($25/Std.).

Das Café **The Landing**, Tarawera Rd, am See, ✆ 07 362 8590, ▯ thelandinglaketarawera.co.nz, bietet keine kulinarischen Abenteuer, aber die Lage direkt am See ist hervorragend. Angeboten werden Standardspeisen wie Steak-Sandwiches, Caesar-Salat und Fisch des Tages (Hauptgerichte $14,50–25). ⏰ Mi–So mittags und abends.

Waimangu Volcanic Valley

587 Waimangu Rd, 5 km östlich des SH5 ▪ ⏰ tgl. Jan 8.30–18, Feb–Dez 8.30–17 Uhr ▪ Spazierengehen und Wandern $34,50; 45-min. Seerundfahrt $42,50; Kombitickets $77 ▪ ✆ 07 366 6137, ▯ waimangu.co.nz

19 km südöstlich von Rotorua liegt am Südrand des 1886 von der Tarawera-Eruption geschaffenen Grabenbruchs das **Waimangu Volcanic Valley**. Waimangu ist eines der jüngsten Ther-

malgebiete der Welt. Im Visitor Centre gibt es eine umfassende Broschüre für eine Erkundung des Gebiets. Vom Centre führt ein Spazierweg an einem Flüsschen entlang den Berg hinunter. Er windet sich durch ein von Büschen und endemischen Pflanzen bewachsenes Tal, dessen Vegetation sich seit dem Ausbruch von 1886 langsam regeneriert. Dieser Prozess wird regelmäßig von kleineren Eruptionen unterbrochen. Bei einem Ausbruch 1917 entstand der großartige heiße Teich **Frying Pan Lake** mit 100 m Durchmesser.

Beeindruckende Mengen emporquellenden heißen Wassers sind auch die Attraktion des **Inferno Crater**, der die Form eines auf den Kopf gestellten Kegels hat und dessen taubenblaues Wasser zum Teil von faszinierenden Dampfmustern verdunkelt wird. Sein Wasserpegel steigt und fällt streng nach einem 38-tägigen Zyklus.

Der Spazierweg durch das Tal endet am Ufer des **Lake Rotomahana**, dessen landschaftliche Kulisse von den rostroten Flanken des Mount Tarawera beherrscht wird. Vom Anleger aus fahren ständig kostenlose Shuttlebusse zurück zum Visitor Centre. Außerdem starten hier Seerundfahrten, die an dampfenden Felsen, Fumarolen und dem ehemaligen Standort der Pink and White Terraces vorbeiführen.

Kerosene Creek

Anfahrt erfolgt 1 km südlich der Kreuzung des SH5 über den SH38 Richtung Osten und die Schotterstraße Old Waiotapu Road, dann 2 km bis zum Parkplatz

Wer gern gratis in natürlicher Umgebung in warmem Wasser planscht, sollte sich zum 27 km südlich von Rotorua gelegenen **Kerosene Creek** auf den Weg machen. Der Bach hat gewöhnlich die Temperatur eines warmen Bades und ergießt sich über eine 1 m hohe Stufe in ein hübsches großes Becken. Bach und Becken sind immer zugänglich, und am Wochenende finden sich hier gelegentlich Partygruppen ein. Zelten ist in der Umgebung verboten. Vorsicht: Aus auf dem Parkplatz abgestellten Autos sind schon Sachen gestohlen worden.

Wai-O-Tapu

201 Waiotapu Loop Rd, nicht weit vom SH5 ▪ ⏱ tgl. 8.30–17 Uhr; letzter Einlass 15.45 Uhr ▪ Eintritt $32,50 ▪ ✆ 07 366 6333, 🖥 geyser land.co.nz

10 km südlich von Waimangu liegt die bunteste und vielfältigste Thermalzone der Gegend, das **Wai-O-Tapu Thermal Wonderland**, 🖥 geyser land.co.nz. Jeden Vormittag um 10.15 Uhr wird der 10 m hohe **Geysir Lady Knox** von einem Angestellten mit seifigen Tensiden künstlich zum Ausbruch gebracht. Wer das Schauspiel verpasst, darf am nächsten Tag mit derselben Eintrittskarte noch einmal wiederkommen.

Danach fahren die Besucher 1 km zum Hauptgelände, wo sich ein rund einstündiger Rundwanderweg durch ein Gebiet aus kleinen Seen schlängelt, die jeweils die Färbung der in ihnen gelösten Chemikalien angenommen haben, u. a. Schwefel (gelb), Mangan (violett) und Arsen (grün). Die schmatzenden, wabernden Schlammpfuhle und eine Reihe zischender und grollender Krater verblassen etwas im Vergleich zu den ständig wechselnden Regenbogenfarben des Pools **Artist's Palette** und dem herrlich perlenden **Champagne Pool**, einem kreisförmigen, flaschengrünen Kessel, der in Dampfwirbel gehüllt und von Versinterungen in dunklem Orange eingerahmt ist.

Bei der Rückfahrt zur Hauptstraße lohnt ein kurzer Umweg zu einem riesigen, aktiven **kochenden Schlammtümpel**, der vor sich hin blubbert und dabei konzentrische Muster bildet.

Orakei Korako

494 Orakei Korako Rd ▪ ⏱ Okt–März tgl. 8–17, April–Sep 8–16.30 Uhr ▪ Eintritt $36, inkl. Fahrt mit dem Shuttleboot ▪ ✆ 07 378 3131, 🖥 orakei korako.co.nz

Rund 60 km südlich von Rotorua, zu erreichen über den SH1 (14 km) oder den SH5 (21 km), liegt das stimmungsvolle Thermalgebiet **Orakei Korako**, mit dampfenden Fumarolen, blubbernden Becken und nur wenigen Besuchern. Nach einer kurzen Bootsfahrt über den Waikato River erreicht man einen einstündigen Wanderweg zur **Ruatapu Cave**, in der sich früher Maori-Frauen auf bestimmte Zeremonien vorbereiteten – daher der Name Orakei Korako, „Ort des Schmückens".

Orakei Korako ist auch mit dem **Jetboot** auf dem Waikato River zu erreichen, mit NZ Riverjet, ✆ 0800 748 375, 🖥 riverjet.co.nz, am SH5 an der Tutukau Road, 44 km südlich von Rotorua und fast 20 km südlich von Wai-O-Tapu. Die Riverjet Thermal Safari (3 Std., $145) umfasst die Jetbootfahrt und den Eintritt zum Thermalgebiet.

Te Urewera National Park

Auf halbem Weg zwischen Waimangu und Wai-O-Tapu, 25 km südlich von Rotorua, verläuft der SH38 Richtung Südosten durch die einförmigen Kiefernwälder des Kaingaroa Forest hin zu den zerklüfteten Gipfeln des **Te Urewera National Park** (S. 344). Das ist eine riesige unberührte Wildnis zwischen den Seen um Rotorua einerseits und der Poverty Bay und dem East Cape andererseits. Der Kaingaroa Forest endet erst nach 40 km dort, wo die Straße bei der überwiegend von Maori bewohnten Holzverarbeitungsstadt **Murupara** über den Rangitaiki River führt.

Das **Te Urewera Area Office** des DOC, 1 km südöstlich von Murupara am SH38, ✆ 07 366 1080, hat jede Menge Informationen über den Park und den Lake Waikaremoana (S. 446). 🕐 Nov–April Mo–Fr 8–17, Sa und So 9–15, Mai–Okt Mo–Fr 8–17 Uhr. Weitere Informationen, auch Kontaktadressen für Wanderführer, bietet die Website 🖥 teurewera.co.nz.

Whirinaki Forest Park

Rund 30 km südlich von Murupara erstreckt sich südöstlich des Te Urewera National Park der wunderbare, aber nur von wenigen Reisenden besuchte **Whirinaki Forest Park**, dessen Baumbestände zu den dichtesten und eindrucksvollsten der Nordinsel zählen. Nach einer intensiv geführten Auseinandersetzung steht das Wildnisparadies für Wanderer und Mountainbiker heute unter Naturschutz.

Der Wald lässt sich sehr schön auf einer Wanderung auf dem gut ausgebauten **Whirinaki Track** (4 Std. hin und zurück) erkunden. Der Weg führt an mächtigen Podocarpaceen und dem Whaiti-nui-a-tio Canyon entlang, in dem sich ein Fluss über ein altes Lavafeld und die Whirinaki Falls hinunter ergießt. Man kann dem Weg einfach so weit folgen, wie man möchte, und dann zurückgehen. Der Park hat aber ein ganzes Netz an Wegen, sodass Wanderungen von bis zu fünf Tagen Dauer möglich sind.

Der Prospekt *Ride Whirinaki* ($2, erhältlich in den DOC-Zentren, z. B. in Murupara) enthält ein paar tolle Mountainbike-Routen in der Gegend (2 Std.–2 Tage); ein Fahrrad muss man selbst mitbringen (S. 338). Erkunden lässt sich das Gebiet außerdem auf einer geführten Tagestour mit Whirinaki Rainforest Experiences, ✆ 0800 869 255, 🖥 whirinaki.com ($155). Die freundlichen, engagierten Guides erläutern den Wald und seine Geschichte aus der Perspektive der Maori.

Auf einer mehrtägigen Wanderung durch den Whirinaki kann man entweder zelten oder in den verschiedenen DOC-**Hütten**, die über den Park verteilt sind, nächtigen. Die einfachen Zeltplätze sind kostenlos. Standard-Zeltplatz $6, einfache Hütte kostenlos, Standard-Hütte $5, *serviced hut* $15.

Taupo und Umgebung

Der 80 km südlich von Rotorua im Herzen der Nordinsel gelegene aufblühende Ferienort **Taupo** erstreckt sich am Nordostufer des Lake Taupo, dem größten Binnengewässer Neuseelands. Bei entsprechenden Sichtverhältnissen sind 30 km südwestlich die drei schneebedeckten Vulkane des Tongariro National Park zu sehen. Das von der glasklaren Oberfläche des Wassers reflektierte Licht sorgt in Kombination mit der Höhenlage von 360 m für Lichtverhältnisse, die ein wenig an die Alpen erinnern, und der beinahe unwirklich tiefblaue Waikato River (in der

Maori-Sprache „fließendes Wasser") tritt hier seine lange Reise zur Tasmansee an. See- und Flussufer werden von Grünanlagen gesäumt.

Seit Jahrzehnten strömen neuseeländische Familien nach Taupo, um dort ihre Ferien zu verleben. In Taupo gibt es freilich auch einiges zu sehen und zu unternehmen, beispielsweise die spektakulären Stromschnellen im geothermisch aktiven Gebiet unmittelbar nördlich der Stadt. Andere Urlauber kommen eigens zum **Fallschirmspringen** – die Stadt ist ein Eldorado für Fallschirmspringer – und wegen der fantastischen Möglichkeiten zum Fischen.

Die Gewässer um Taupo zählen nämlich zu den ergiebigsten **Forellenfanggründen** der Welt. Sie erstrecken sich nach Süden bis Turangi und zum Tongariro River und genießen einen ausgezeichneten Ruf wegen der Qualität der hier heimischen Fische. Das ganze Jahr über sieht man Boote mit ausgeworfenen Leinen auf dem See treiben, und besonders abends tummeln sich in den Flussmündungen Angler.

Taupo

Im von Hochhäusern verschonten Zentrum von **Taupo** liegt kein Punkt mehr als fünf Minuten zu Fuß vom Waikato River oder Lake Taupo entfernt, die den Ort im Norden bzw. Westen umschließen. Im Süden ziehen sich die Vororte über die sanften Hügel. Ein Großteil der geschäftlichen Aktivitäten spielt sich an der Tongariro Street und der passend benannten Lake Terrace ab.

Taupo eignet sich vor allem als Basis für die Erkundung der Umgebung (S. 353) mit den Huka Falls, Aratiatia Rapids, Wairakei Terraces und dem Geothermalgebiet Craters of the Moon.

Geschichte

Das Volk der Tuwharetoa siedelt schon seit Jahrhunderten in der Gegend. Die Europäer zeigten erst im Verlauf der Landkriege in den 1860er-Jahren Interesse an der Region, als Soldaten der Armed Constabulary Jagd auf **Te Kooti** machten (S. 449). Nachdem sie eines Abends im Juni 1869 ihr Lager 17 km südöstlich von Taupo in Opepe (am heutigen SH5) aufgeschlagen hatten, wurden sie aus dem Hinterhalt von Te Kootis Männern angegriffen. Als Reaktion auf den Überfall, bei dem neun ihrer Soldaten getötet wurden, errichteten die Pakeha Garnisonen in Opepe und Taupo. Ab 1877 gelang es den Truppen Te Kooti in Schach zu halten, doch erst 1886 wurde die Armed Constabulary aus der Gegend abgezogen. Danach entschlossen sich mehrere Soldaten, mit ihren Familien in der Gegend zu bleiben. Zu einem beliebten Ferienziel für Neuseeländer entwickelte sich Taupo erst in den 1950er-Jahren.

Lake Taupo Museum and Art Gallery

Story Place, Tongariro Park, abseits des SH1
▪ ⏱ tgl. 10–16.30 Uhr ▪ Eintritt $5 ▪ 🖥 taupo museum.co.nz

Eine halbe Stunde Zeit nehmen sollte man sich auf jeden Fall für einen Besuch im **Lake Taupo Museum and Art Gallery**. Besonders sehenswert sind hier die Schnitzereien aus den Jahren 1927/28 des berühmten Schnitzmeisters Tene Waitere, der Kunstwerke für *marae* in ganz Neu-

Lake Taupo

Der **Lake Taupo** (616 km², 185 m Tiefe) ist aus geologischer Sicht ein „Säugling". Eine bedeutende Rolle für seine Entstehung spielte der Vulkan Taupo, der 186 n. Chr. ausbrach und 24 km³ Felsen, Schutt und Asche in den Himmel spuckte. Ein Großteil der Nordinsel wurde dabei mit einer dicken Bimssteinschicht bedeckt, und die Asche wurde so hoch in die Atmosphäre geschleudert, dass sie um die ganze Erde getragen wurde. Bei der Entleerung der unterirdischen Magma-Kammer stürzte der Erdboden ein und schuf einen riesigen, steilwandigen **Krater**, der sich mit Wasser füllte und einen Teil des heutigen Lake Taupo bildet.

Es fällt schwer, diesen friedlichen, wunderschönen See mit derart kolossaler Gewalt zu assoziieren, selbst wenn die Beweise direkt vor Augen liegen: Ganze Strände bestehen aus federleichtem Eruptivgestein, das bei stärkerem Wind über den See getrieben wird. Vulkanologen sind immer noch mit der Untersuchung des Taupo beschäftigt, der zurzeit als untätig eingeschätzt wird.

seeland schuf – Arbeiten, die zu den schönsten Maori-Schnitzarbeiten überhaupt zählen. Die übrigen Abteilungen des Museums beschäftigen sich mit der Geologie der Region, dem Fischfang und der Holzindustrie. Außerdem gibt es in der Tuwharetoa Gallery ein 150 Jahre altes, 14,5 m langes *waka* (Kanu), das 1967 im Wald gefunden wurde. Draußen wurde der atemberaubende Ora Garden in ganzer geothermaler Pracht wieder hergestellt.

Taupo DeBrett Spa Resort

3 km südöstlich an SH5 ▪ ⏱ tgl. 7.30–21.30 Uhr ▪ Eintritt $20 ▪ ✆ 07 377 6502, 🖳 taupohotsprings.com

Das beste Thermalbad im Ort ist das familienorientierte **Taupo DeBrett Spa Resort**: zwei große Becken unter freiem Himmel sowie private Mineralbecken mit jeweils unterschiedlichen Temperaturen; für $5 extra lockt die unbegrenzte Benutzung der Warmwasserrutsche.

A.C. Baths and Taupo Events Centre

A.C. Baths Ave ▪ Bäder ⏱ tgl. 6–21 Uhr ▪ Eintritt $7; private Thermalbecken $10/Pers./45 Min.; Kombiticket $15 ▪ Kletterwand ⏱ unterschiedlich

▪ Gurte und Schuhe $8, plus $10 Eintritt ▪ A.C. Baths ✆ 07 376 0350, Events Centre ✆ 07 376 0350, 🖳 taupovenues.co.nz

Auch ohne eigenes Fahrzeug sind die **A.C. Baths and Taupo Events Centre** leicht zu erreichen. Zum Komplex gehören eine Sporthalle und eine 12 m hohe Kletterwand sowie die alteingesessene Badeanstalt **A.C. Baths** mit gepflegten Schwimm- und Thermalbecken.

Spa Thermal Park and Hot Stream

County Ave ▪ ⏱ 24 Std. ▪ Eintritt frei

In der ausgedehnten Grünanlage **Spa Thermal Park and Hot Stream** fließt ein kleiner warmer Bach durch mehrere wunderbare Badebecken hindurch schließlich in den kühlen Waikato River. Den Bach erreicht man nach 400 m auf dem Uferweg, der dann weiter flussabwärts (2,8 km einfach, 45 Min.) zu den Huka Falls (S. 354) führt.

ÜBERNACHTUNG

Taupo hat in sämtlichen Preisklassen sehr gute Unterkünfte; aufgrund der Nähe zum Tongariro National Park und der vielen Veranstaltungen in der Stadt sollte man zu jeder Jahreszeit reservieren. Am Seeufer reihen

Der Blick von Taupo reicht bis zu den schneebedeckten Vulkanen im Tongariro National Park.

© DUMONT BILDARCHIV / MIKE SCHRÖDER, HARTMUT SCHWARZENBACH

sich zahlreiche Motels aneinander, auf den Rasenflächen am Stadtrand wurden Campingplätze eingerichtet. Hostels finden sich reichlich in der Stadt selbst.

Accent on Taupo, 310 Lake Terrace, ☏ 0800 222 368, ⌨ accentontaupo.com; Karte S. 349. Stilvoll eingerichtetes Motel mit superbreiten Betten, Holzterrassen, Spa, Trampolin und Grillbereich. Sehr preisgünstig. $105

All Seasons Holiday Park, 16 Rangatira St, ☏ 0800 777 272, ⌨ taupoallseasons.co.nz; Karte S. 349. 1,5 km östlich des Zentrums mit Thermalbecken, durch Hecken abgetrennten Stellplätzen, Cabins (manche mit Küche) und mehreren Selbstversorger-Units (Bettwäsche $5) sowie Budget-Zimmern in einer Lodge. Camping $28, Lodge-Zimmer $55, Cabins $80, Units $103

Alpine Lake Motor Lodge, 141 Heu Heu St, ☏ 0800 400 141, ⌨ alpinelake.co.nz; Karte S. 349. Eines der neuesten Motels der Stadt mit Fußbodenheizung, DVD-Playern, kostenlosem Breitband-Internet und Whirlpool in den meisten Units. Die meisten Units verfügen auch über Kochgelegenheit, einige sogar über einen eigenen Grill auf blickgeschützten Terrassen. $129

Base Taupo, 7 Tuwharetoa St, ☏ 07 377 4464, ⌨ stayatbase.com; Karte S. 349. Das 120-Betten-Hostel im Herzen des Kneipenviertels von Taupo hat eine schöne Terrasse mit Seeblick und die üblichen Einrichtungen (u. a. WLAN in der Lobby). Außerdem beherbergt es die Frauenabteilung Sanctuary ($30) und die begehrte Bar Element. Dorms $19, Dorms mit Bad $27, Zimmer mit Bad $70

Blackcurrant Backpackers, 20 Taniwha St, ☏ 07 378 9292, ⌨ blackcurrantbp.co.nz; Karte S. 349. Helles, modernes Hostel in einem ehemaligen Motel, mit neuem Bad und neuer Küche, guten Betten (zumeist mit Bettzeug), rund um die Uhr zugänglicher DVD-Lounge und freundlichem Empfang. Nicht weit vom Busterminal. Dorms $27, Frauen-Dorm $29, DZ mit Bad $78

Cascades Comfort Inn, 303 Lake Terrace, SH1, Two Mile Bay, ☏ 0800 996 997, ⌨ cascades.co.nz; Karte S. 349. Ideal gelegenes Motel mit Units am Wasser oder Zugang zu einem

attraktiven beheizten Pool. Die Apartments sind geräumig und bieten eine voll ausgestattete Küche, Schlafzimmer im Zwischengeschoss, Patio und Jacuzzi. $89

Colonial Lodge, 134 Lake Terrace, ☏ 0800 353 636, ⌨ colonial.co.nz; Karte S. 349. Zu den Highlights in diesem effizient geführten Motel zählen Doppel-Whirlpools in den Bädern, kleine Küchen, riesige TVs und schnelles, kostenloses WLAN. Die Zimmer im oberen Geschoss haben sonnige Balkone. $165

Hilton Lake Taupo, 80 Napier–Taupo Hwy, ☏ 07 378 7080, ⌨ hilton.com/laketaupo; Karte S. 349. Dieses Hilton-Hotel besteht aus dem schön restaurierten Originalhotel von 1889 mit Zimmern und Blick auf den fernen See sowie einem modernen Flügel mit Suiten und Apartments. Ergänzt wird das Ensemble durch das hervorragende Bistro Lago (S. 348) und die Taupo Hot Springs – was will man mehr? $255

🛏 **The Lake: a Retro Motel**, 63 Mere Rd, ☏ 07 378 4222, ⌨ thelakeonline.co.nz; Karte S. 349. Das allererste Motel in Taupo hat sich auf seine Wurzeln besonnen, mit auffallendem schwarzen Exterior und den im Stil der 1960er- und 70er-Jahre eingerichteten Zimmern, die zumeist auf einen Garten mit schwarz-weißen Möbeln hinausgehen. Studio $135, Units mit 1 Schlafzimmer $155

Lake Taupo Top 10 Holiday Resort, 28 Centennial Drive, 2 km nordöstlich der Stadt, ☏ 0800 322 121, ⌨ taupotop10.co.nz; Karte S. 349. Großzügige und bestens organisierte Anlage mit Swimmingpool, Volleyballplatz, Tennisplatz, Spielezimmer, Kinderspielplatz und Freiluftschach. Die Bäder haben Fußbodenheizung. Camping $25, Cabins $123, mit Küche $151, Zimmer mit Bad $203, Motel Units $232

Rainbow Lodge, 99 Titiraupenga St, ☏ 07 378 5754, ⌨ rainbowlodge.co.nz; Karte S. 349. Großes, ungezwungenes, über drei Gebäude verteiltes Backpacker Hostel mit angenehmem Aufenthaltsraum, Sauna, sicheren Parkplätzen und einigen Details, die für Gemütlichkeit sorgen. Jede Menge Informationen zur Umgebung, Fahrradverleih für $20 pro Tag. 6er- bis 9er-Dorms (Frauen-Dorm auf Anfrage) sowie einige preisgünstige DZ und 2BZ mit Bad, TV und Patio. Kostenlose Abholung vom

Busbahnhof. Dorms $23, mit Bad $26, Zimmer $58, mit Bad $64

Rangimarie Guest House, 165 Tamamutu St, ☏ 07 377 0329, 💻 rangimarie-bnb-taupo.co.nz; Karte S. 349. Ruhiges B&B mit nur 2 Zimmern, großer Lounge, beheiztem Pool und Whirlpool. Kaffee inkl., WLAN erhältlich. $140

Reids Farm Campsite, 3 km nördlich von Taupo an der Huka Falls Rd; Karte S. 353. Großer, kostenloser Campingplatz direkt am Waikato River nur 1 km flussaufwärts von der exklusiven Huka Lodge. Wegen des improvisierten Slalom-kurses ist die Stelle bei Kajakfahrern sehr beliebt. Maximale Aufenthaltsdauer 14 aufein-anderfolgende Nächte. ☉ April–Ende Okt geschl. Kostenlos

Taupo Urban Retreat, 65 Heuheu St, ☏ 0800 872 261, 💻 tur.co.nz; Karte S. 349. 96-Betten-Oase im Herzen der Stadt mit eigener Hausbar, kleinem Garten, 1 Std. kostenloses Internet, ermäßigten Fitnessstudio-Karten, Fahrrad-verleih ($20 pro Tag) und Parkplatz. Beliebte Anlaufstelle der Backpacker-Busse. Tolle 4er-Dorms mit Seeblick, andere Dorms z. T. ohne Fenster. Dorms $24, Dorms mit Bad $28, DZ mit Bad $69

Tiki Lodge, 104 Tuwharetoa St, ☏ 0800 845 456, 💻 tikilodge.co.nz; Karte S. 349. Bestes der „Flashpacker-Hostels" in der Stadt. Geräumige Küche und Lounge, Spa und hübscher Balkon mit Seeblick. Dorms $26, DZ mit Bad und kleiner Küche $80

YHA Taupo, 56 Kaimanawa St, ☏ 07 378 3311, 💻 yha.co.nz; Karte S. 349. Einladendes modernes YHA-Hostel in Stadtnähe. Schöner See- und Bergblick von der Küche und vom Balkon mit Grill. Spa Pool, Volleyballfeld und Garten mit Hängematten. Dorms mit 8 Etagen-betten oder 4 normalen Betten. Camping $18, Dorms $26, Zimmer mit und ohne Bad $72

ESSEN

Taupo hat zahlreiche gute Cafés und Restau-rants, darunter viele asiatische Restaurants.

Bistro Lago, im Hilton Lake Taupo, ☏ 07 377 1400; Karte S. 349. Das beste Restaurant der Stadt, im schön modernisierten alten Flügel des Hotels. Toller Service, tadellose Präsenta-tion und köstliches Essen, das kaum teurer

ist als in weit schlechteren Restaurants (Hauptgerichte $28–33). ☉ tgl. 9 Uhr bis spät.

Fine Fettle, 39 Paora Hape St; Karte S. 349. Hervorragendes, tagsüber geöffnetes Vollwert-kost-Café. Spezialisiert auf glutenfreie Gerichte wie leckere Buchweizenpfannkuchen; außer-dem Muschelsuppe, Panini und Salate (Gerichte $7–15,50), meist mit Biobrot serviert, das hier auch verkauft wird. ☉ tgl. 9–16 Uhr.

Indian Affair, 34 Ruapehu St, ☏ 07 378 2295; Karte S. 349. Superleckere Currys in schickem modernem Ambiente. Tolle Auswahl für Vegetarier. Sehr gut ist das goanische Fisch-Curry. Hauptgerichte $14,90–29. ☉ tgl. 11.30–14 und 17 Uhr bis spät.

L'Arte 255 Mapara Rd, Acacia Bay, ☏ 07 378 2962, 💻 larte.co.nz; Karte S. 349. Skulpturengarten in ruhiger Lage auf dem Land 8 km von Taupo entfernt mit gutem Tagescafé (Gerichte $6,50–24) und urigen Kunstwerken. Essen kann man drinnen oder draußen auf einer schattigen Terrasse. ☉ im Jan tgl. 9–16 Uhr, sonst Mo und Di geschl.

Pimentos, 17 Tamamutu St, ☏ 07 377 4549; Karte S. 349. Zwangloses zentral gelegenes Restaurant mit modernen Varianten klassischer Gerichte wie marinierter Schweinelende auf gerösteten Kumara-Kartoffeln. Hauptgerichte $30–34. ☉ tgl. 12–15 und 18–23 Uhr.

Thai Delight, 19 Tamamutu St, ☏ 07 378 9554; Karte S. 349. Köstliche Currys sowie Fleisch- und Seafood-Gerichte für $16,50–24. ☉ Di–So mittags und abends.

Waterside, 3 Tongariro St, ☏ 07 378 6894; Karte S. 349. Reichhaltiges warmes Frühstück, mittags Fisch im Bierteigmantel mit Pommes frites und *seafood chowder,* abends Gerichte wie Enten-Confit, Salat mit gegrilltem Neusee-land-Lamm und *coq au vin* (Hauptgerichte $20–29). ☉ tgl. 9 Uhr bis spät.

Zest, 65 Rifle Range Rd; Karte S. 349. Stilvolles kleines Café in einem Vorort. Leckere Sand-wiches, Salate, Wraps, Pasteten und sehr guter Kaffee (Gerichte $4–10,50). ☉ Mo–Fr 8.30–15.30, Sa und So 8.30–14 Uhr.

UNTERHALTUNG

Das Nachtleben spielt sich zumeist beim westlichsten Block der Tuwharetoa Street ab.

Wairakei (8 km) ▲   **1** (500 m), Huka ▲ Falls (2 km) ▲ Huka Falls (3 km)

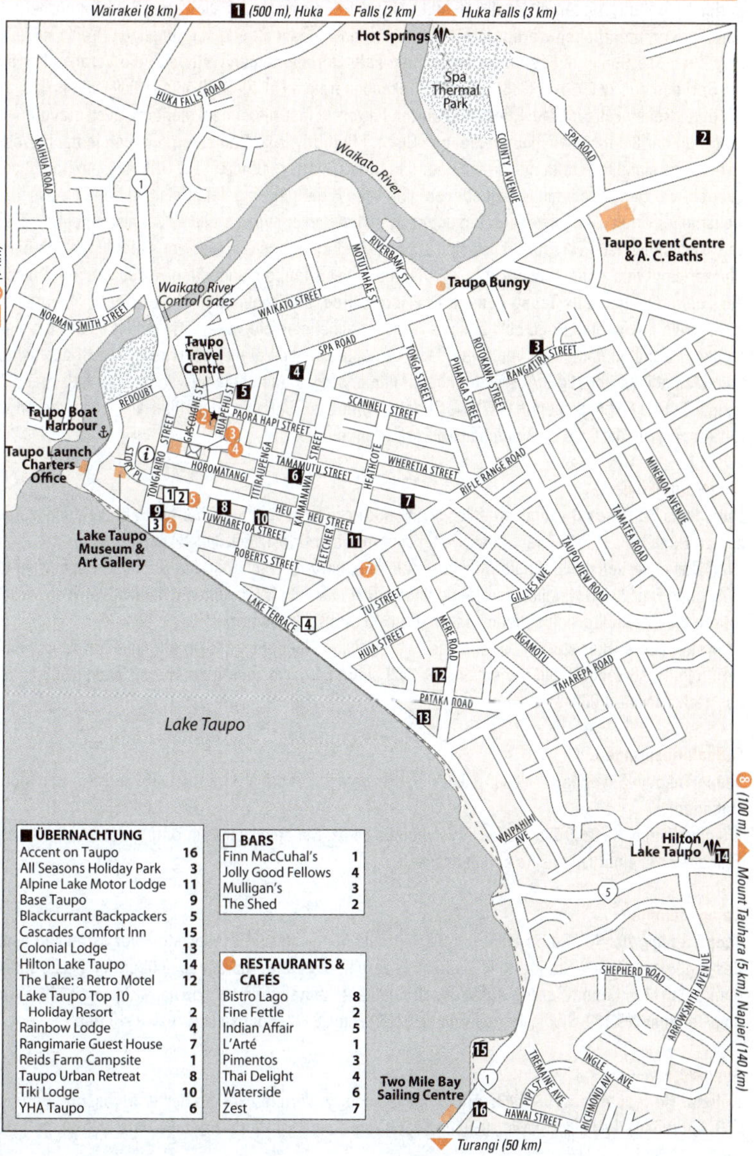

ZENTRALE NORDINSEL

Hot Springs

Spa
Thermal
Park

HUKA FALLS ROAD

Waikato River

COUNTY AVENUE

SPA ROAD

2

KAIHUA ROAD

NORMAN SMITH STREET

1 (7 km)

Waikato River
Control Gates

RIVERBANK ST

MOTUKAKE ST

Taupo Event Centre
& A. C. Baths

WAIKATO STREET

Taupo Bungy

SPA ROAD

TONGA STREET

ROTOMANU STREET

PIHANGA STREET

RANGATIRA STREET

3

**Taupo
Travel
Centre**

4

5

PAORA HAPI STREET

SCANNELL STREET

WHERETIA STREET

**Taupo Boat
Harbour**

REDOUBT

RUAPEHU STREET

KAIMANAWA STREET

2

3

4

HOROMATANGI

TAMAMUTU STREET

TITIRAUPENGA

6

HEATHCOTE

BIRCH RANGE ROAD

7

**Taupo Launch
Charters
Office**

TONGARIRO STREET

TE HEU HEU STREET

1 **2** **5**

9 **3**

6

8

TUWHARETOA STREET

10

KAIMANAWA

HEU

TE HEU STREET

11

**Lake Taupo
Museum &
Art Gallery**

ROBERTS STREET

FLETCHER STREET

MERE ROAD

GILLIES AVE

TAUPO VIEW ROAD

MINHINA AVENUE

TAMATEA ROAD

TAHAREPA ROAD

LAKE TERRACE

TUI STREET

4

7

HUKA STREET

NGAMOTU

Lake Taupo

PATAKA ROAD

12

13

WAIPAHIHI AVE

WAITAHANUI AVE

8 (100 m), ▲ Mount Tauhara (5 km), Napier (140 km)

**Hilton
Lake Taupo**

14

5

SHEPHERD ROAD

BROWNLESS AVE

TREMAIN AVE

INGLE AVE

PUPU ST

**Two Mile Bay
Sailing Centre**

15

16

HAWAI STREET

RICHMOND AVE

HAWAI STREET

▼ Turangi (50 km)

■ ÜBERNACHTUNG	
Accent on Taupo	16
All Seasons Holiday Park	3
Alpine Lake Motor Lodge	11
Base Taupo	9
Blackcurrant Backpackers	5
Cascades Comfort Inn	15
Colonial Lodge	13
Hilton Lake Taupo	14
The Lake: a Retro Motel	12
Lake Taupo Top 10	
Holiday Resort	2
Rainbow Lodge	4
Rangimarie Guest House	7
Reids Farm Campsite	1
Taupo Urban Retreat	8
Tiki Lodge	10
YHA Taupo	6

□ BARS	
Finn MacCuhal's	1
Jolly Good Fellows	4
Mulligan's	3
The Shed	2

| ● RESTAURANTS &
CAFÉS	
Bistro Lago	8
Fine Fettle	2
Indian Affair	5
L'Arté	1
Pimentos	3
Thai Delight	4
Waterside	7
Zest	7

ZENTRALE NORDINSEL

In Taupo werden zahlreiche Freizeitaktivitäten angeboten, die für Ebbe in der Urlaubskasse sorgen. In der Umgebung bieten sich tolle **Mountainbike**-Trails, von denen viele von Bike Taupo, 🖥 bike taupo.org.nz, unterhalten werden. Dank der reizvollen Landschaft und der günstigen Preise ist Taupo angeblich das Gebiet mit den meisten Tandem-**Fallschirmsprüngen** weltweit. Alle Veranstalter bieten Sprünge aus 12 000 Fuß (3658 m) mit 45 Sekunden freiem Fall für $250, aus 15 000 Fuß (4572 m) bei 1 Minute freiem Fall für $340. Bootsrundfahrten führen zu faszinierenden, modernen Felsgravuren der Maori an der 8 km südwestlich gelegenen Bucht Mine Bay. Alle Bootstouren finden je nach Wetter zwei- bis dreimal tgl. statt und können über das Taupo Charters Office, ✆ 07 378 3444, am Bootshafen gebucht werden. Auch mit verschiedenen geführten **Kajaktouren** gelangt man zu den Felsgravuren. Neuseelands rigide Angelvorschriften untersagen den Verkauf von Forellen. Wer also Appetit auf diesen köstlichen Fisch verspürt, muss sich schon selbst einen fangen, was am einfachsten von einem Charter-Boot aus zu bewerkstelligen ist. Die in den Lake Taupo mündenden Flüsse sind die Domäne der Fliegenfischer. Das **Taupo Launch Charters Office**, am Bootshafen, ✆ 07 378 3444, vermittelt schnell ein geeignetes Boot. Es gibt keine Mindestteilnehmerzahl, aber natürlich ist es umso billiger, je mehr Personen mitfahren. Von Mitte Dez–Feb sollte man im Voraus reservieren. Die Bootsanbieter halten sämtliche benötigte Ausrüstung bereit und besorgen auch den notwendigen Angelschein, die Taupo District Fishing Licence ($17). Das Charter Office verfügt außerdem über eine Liste von Angelführern, die um die $300 für einen halben Tag verlangen.

Mountainbiking

Huka Falls Walkway Die landschaftlich schöne Strecke führt vom Spa Thermal Park Richtung Norden zu den Huka Falls (4 km einfach) und weiter zum Aratiatia Dam (zusätzlich 8 km einfach).

W2K Der anspruchsvolle Singletrail (16 km einfach, mit zusätzlicher 10-km-Schleife) beginnt an der Whakaipo Bay 20 km westlich von Taupo und endet in Kinloch. Wer nicht auf demselben Weg zurückfahren möchte, sollte sich abholen lassen (rund 40 Straßenkilometer).

Wairakei Forest Hier starten bei der Basis von Helistar Helicopters, 3 km nördlich von Taupo, mehrere tolle Rundwege. Rapid Sensations (S. 352) bietet geführte Touren durch den Wald ($108/2 Std.). Fahrradverleih auf S. 352.

Fallschirmspringen

Taupo Tandem Skydiving, ✆ 0800 826 336, 🖥 tts.net.nz. Hat die größte Auswahl an Foto- und Video-Optionen.

Skydive Taupo, ✆ 0800 586 766, 🖥 skydivetaupo.co.nz. Bei dem kleineren Unternehmen können sich Teilnehmer in einer Limousine abholen lassen.

Bungy-Jumping

Taupo Bungy, 202 Spa Rd, ✆ 0800 888 408, 🖥 taupobungy.co.nz. Der Waikato River wirbelt an einem der schönsten Bungy-Standorte Neuseelands vorbei. Die Plattform ragt 20 m über den Fluss, sodass man beim 47 m hohen Sprung auf Wunsch auch kurz eintauchen kann. Bungy-Sprung $149, Swing solo/Tandem $99/120, Swing-Bungy-Combo $218. ⏰ tgl. 9–17, Hochsaison auch 9–19 Uhr.

Rundflüge

Helistar Helicopters, ✆ 0800 435 478, 🖥 helistar.co.nz. Veranstaltet die besten Hubschrauberflüge, z. B. über die Huka Falls (10 Min., $99) und auch zum Tongariro World Heritage Park (2 Std.).

Taupo's Float Plane, ☎ 07 378 7500, 🖥 tauposfloatplane.co.nz. Rundflüge an Bord von Wasserflugzeugen über den Lake Taupo und seine Umgebung (10 Min. $80). Ein Flug zum Mount Ruapehu kostet $310.

Bootsausflüge

The Barbary Unterhaltsame Rundfahrten (2 1/2 Std., $40) an Bord der *Barbary*, einer zweimastigen Segeljacht Baujahr 1926, die sich früher einmal im Besitz von Errol Flynn befand, der sie angeblich beim Poker gewann.

Cruise Cat, ☎ 0800 252 628. Wartet mit einer Einrichtung im englischen Pubstil auf (1 1/2 Std., $44).

Ernest Kemp Nachbau eines Dampfschiffes aus den 1920er-Jahren, das in rund 2 Std. zu den Felsgravuren und zurück tuckert ($40).

Fearless Bei den von Sail Lake Taupo organisierten Rundfahren (2 Std., $40) wird bei den Maori-Felsgravuren ein Badestopp eingelegt.

Kajakfahren und Wassersport

Rapid Sensations, ☎ 0800 353 435, 🖥 rapids.co.nz. Kajaktouren zu den Felsgravuren ($98/3 Std. auf dem Wasser) und Raftingtrips (ab $88) auf dem Tongariro River.

Wilderness Escapes, ☎ 07 378 3413, 🖥 wildernessescapes.co.nz. Bietet Halbtages-Kajaktrips zu den Felsgravuren ($90) sowie auf Anfrage verschiedene andere Touren.

Kiwi River Safaris, ☎ 0800 723 857, 🖥 krs.co.nz. Kajaktrips auf dem Waikato River ($45) und Raftingtrips auf dem Tongariro ($115) und Rangitaiki ($120).

2MileBay Watersports Centre, Two Mile Bay, ☎ 07 378 3299, 🖥 sailingcentre.co.nz. Verleiht Katamarane ($60 pro Std.), Windsurfers ($30 pro Std.) und Segelboote (ab $50 pro Std.). ⊕ im Sommer tgl. 9–17 Uhr, sonst sporadisch.

Jetbootfahren

Huka Falls Jet, ☎ 0800 485 2538, 🖥 hukafallsjet.com. Der Friede am Huka Prawn Park (S. 354) wird regelmäßig durch Jetboote ($105/30 Min.) gestört, die über den Fluss rasen und dabei auf dem Weg zu den Huka Falls 360-Grad-Drehungen hinlegen.

Rapids Jet, Rapids Rd, 3 km hinter dem Aratiatia Dam ☎ 0800 727 437, 🖥 rapidsjet.com. Dies ist die einzig wahre Wildwasser-Jetboot-Tour ($90) der Nordinsel. Auf und ab geht die furiose Höllenfahrt durch die Nga-Awapura-Stromschnellen, wobei das Boot teilweise komplett vom Wasser abhebt. Sicherheitshinweise genau beachten, festhalten und darauf einstellen, nass zu werden!

Angeln

White Striker, ☎ 07 378 2736, 🖥 troutcatching.com. Hat jede Menge Ortskenntnis und gute Erfolgsquoten. Das kleinste Boot bietet Platz für 6 Pers. ($220 für 2 Std.).

Taupo Rod and Tackle, 7 Tongariro St, ☎ 07 378 5337. Hier können Angler eine Angelausrüstung leihen und sich dann ihr eigenes Plätzchen suchen. Die Chancen auf einen guten Fang steigen deutlich, wenn man einen Angelführer engagiert.

Reiten

Taupo Horse Treks, Karapiti Rd, ☎ 0800 244 3987, 🖥 taupohorsetreks.co.nz. 1-stündige ($65) und 2-stündige ($130) Ausritte durch die Kiefernwälder in der Umgebung der Craters of the Moon.

Ansonsten bleibt als Abendprogramm noch die Maori-Veranstaltung an den Wairakei Terraces (S. 355.
Finn MacCuhal's, Tongariro St, Ecke Tuwharetoa St, ℰ 07 378 6165; Karte S. 349. Der große Irish Pub ist gleichermaßen bei Einheimischen wie Rucksackreisenden beliebt. Man kommt in erster Linie wegen des Guinness, doch es gibt auch gute Steaks und Fish'n'Chips (Hauptgerichte $16,20–28,90). ⏲ tgl. 17 Uhr bis spät.
Jolly Good Fellows, 76-80 Lake Terrace, ℰ 07 378 0457; Karte S. 349. Taupos Version eines britischen Pub, nicht ganz stilecht, aber mit einer ausgezeichneten Auswahl an gezapften Bieren und netter Eckkneipenatmosphäre. Auch Kneipenessen nach englischer Tradition (Hauptgerichte $15–28,50) und ganztägig Frühstück. ⏲ tgl. 10 Uhr bis spät.
Mulligan's, 15 Tongariro St, ℰ 07 376 9100; Karte S. 349. Schummriger Irish Pub mit Stout vom Fass, schelmischem Kiwi-Personal hinter dem Tresen, Billardtisch, Livemusik, Quiz-Abenden und riesigen Essensportionen (Hauptgerichte $18–25). Beliebt bei Einheimischen und Tourbussen. ⏲ tgl. 16 Uhr bis spät.
The Shed, 15 Tongariro St, ℰ 07 376 5393; Karte S. 349. Der Kettenpub neben dem Finn MacCuhal's zählt zu den beliebtesten Kneipen der Stadt, nicht zuletzt wegen des Essens wie Rindfleisch-Nachos und *spare ribs* (Hauptgerichte $17,50–29). ⏲ tgl. 10 Uhr bis spät.

SONSTIGES

Autovermietungen
Pegasus Rental Cars, ℰ 0800 803 580, 🖳 rentalcars.co.nz. Hat die besten Preise (ab $35 pro Tag), aber Kurz- oder Einwegmieten können erheblich teurer sein.

Fahrradverleih
Die meisten Hostels verfügen über einfache Fahrräder für ihre Gäste.
Pack & Pedal, 5 Tamamutu St, ℰ 07 377 4346. Verleiht Mountainbikes ab $35 für einen halben Tag bzw. $55 über Nacht.
Rapid Sensations, 413 Huka Falls Rd, ℰ 0800 35 34 35. Geführte Touren im Wairakei Forest (Kasten S. 350) und Mountainbikeverleih ab $40/2 Std. oder $55/Tag.

Gepäckaufbewahrung
Superloo, Tongariro St, gegenüber dem i-SITE. Schließfächer für $2 pro Tag, ⏲ tgl. 7.30–17, im Sommer bis 20 Uhr.

Informationen
i-SITE Visitor Centre, 30 Tongariro St, ℰ 07 376 0027, 🖳 greatlaketaupo.com, ⏲ tgl. 8.30–17 Uhr.
Experience Taupo, 29 Tongariro St, ℰ 0800 368 775, 🖳 experiencetaupo.com. Hat ebenfalls gute Infos, bewirbt aber besonders die Angebote der Veranstalter, die als Sponsoren fungieren. ⏲ tgl. Okt–April 9–19, Mai–Sep 9–18 Uhr.

Internet
Cybergate, 12 Gascoigne St, $1/10 Min., ⏲ tgl. Sommer 10–23, Winter 10–22 Uhr; **Cybershed**, 115 Tongariro St, $2,50/15 Min., ⏲ Mo–Sa 9–19.30 Uhr.

Medizinische Hilfe
Apotheke: **Mainstreet Pharmacy**, Heu Heu St, Ecke Tongariro St, ℰ 07 378 2636, ⏲ tgl. 8.30–20.30 Uhr.
Ärztliche Hilfe: **Taupo Health Centre**, 113 Heu Heu St, ℰ 07 378 7060, ⏲ Mo–Fr 8–17.30 Uhr.

Polizei
21 Story Place, beim Lake Taupo Museum and Art Gallery, ℰ 07 378 6060.

Post
Horomatangi St, Ecke Ruapehu St, ℰ 07 378 9090, mit Schalter für Poste Restante.

NAHVERKEHR

Stadtbusse
Wer die Sehenswürdigkeiten der Umgebung ohne eigenes Fahrzeug besuchen möchte, kann mit **Shuttle 2U**, ℰ 07 376 7638, 🖳 shuttle2u.co.nz, ⏲ tgl. 9–21 Uhr, die wichtigsten Attraktionen anfahren und unterwegs beliebig ein- und aussteigen ($4–10 pro Sektor oder $16 für einen Tagespass), inkl. Abholung von der Unterkunft. Auch Transfer vom/zum Flughafen.

Taxis
Taupo Taxis, ☎ 07 378 5100.
Top Cabs, ☎ 07 378 9250.

TRANSPORT

Busse
InterCity- und Newmans-Busse halten am
Taupo Travel Centre, 16 Gascoigne St,
☎ 0800 222 145, mitten in der Stadt. Die Busse
von NakedBus halten vor dem i-SITE Visitor
Centre in der Tongariro St.

Busse nach:
AUCKLAND 6–7x tgl., 4–5 Std.;
HAMILTON 5–6x tgl., 2 1/2 Std.;
HASTINGS 5–6x tgl., 2 1/2 Std.;
NAPIER 5–6x tgl., 2 Std.;
PALMERSTON NORTH 3–4x tgl., 4 Std.;
ROTORUA 7–8x tgl., 1 Std.;
TAIHAPE 5–6x tgl., 2 Std.;
TAURANGA 4x tgl., 2 3/4 Std.;
TURANGI 4–5x tgl., 45 Min.;
WELLINGTON 4–5x tgl., 6 Std.

Flüge
Der kleine Flughafen von Taupo liegt 10 km
südlich des Zentrums und wird von Air New
Zealand angeflogen.
Flüge nach AUCKLAND 4x tgl., 45 Min.;
WELLINGTON 3x tgl., 1 Std.

Die Umgebung von Taupo

In der unmittelbaren Umgebung von Taupo häu-
fen sich nur wenige Minuten voneinander entfernt hinreißende Naturwunder. Hier erwarten
den Besucher kochende Schlammtümpel, der
zischende Dampf des geothermischen Kraftwerks Wairakei und der Waikato River, dessen
klares, tiefblaues Wasser sich wild wirbelnd seinen Weg über Stromschnellen und durch tiefe
Schluchten nach Norden bahnt.

Die meisten Sehenswürdigkeiten und Aktivitäten befinden sich in 10 km Umkreis von Taupo
am Waikato River und sind mit den Touranbietern der Stadt erreichbar. Die **Huka Falls Road**
zweigt 2 km nördlich der Stadt vom SH1 ab. Sie
führt am kostenlosen Campingplatz Reids Farm

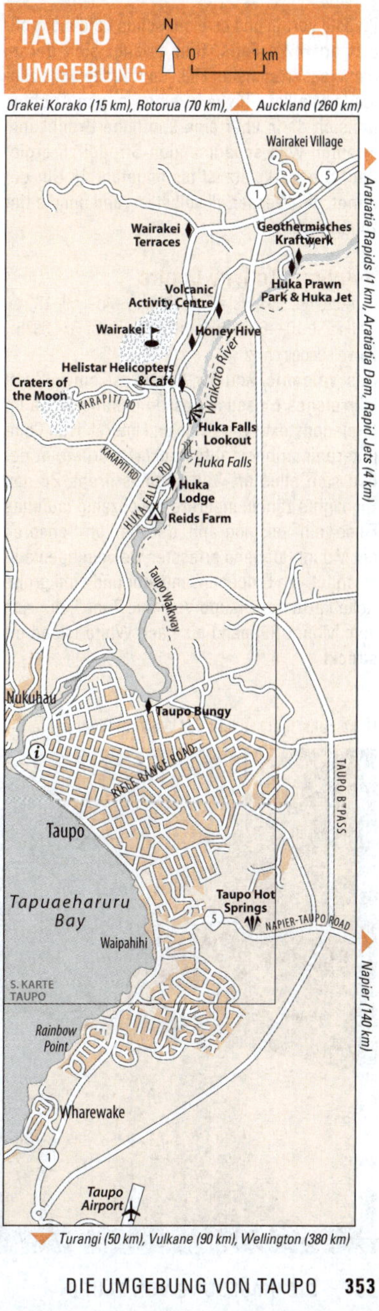

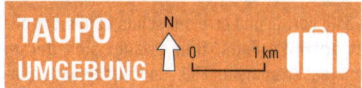

TAUPO UMGEBUNG

N

0 — 1 km

Orakei Korako (15 km), Rotorua (70 km), ▲ Auckland (260 km)

Wairakei Village

Wairakei Terraces

Geothermisches Kraftwerk

Volcanic Activity Centre

Huka Prawn Park & Huka Jet

Wairakei

Honey Hive

Helistar Helicopters & Café

Craters of the Moon

KARAPITI RD

KARAPITI RD

Huka Falls Lookout

Huka Falls

HUKA FALLS RD

Huka Lodge

Reids Farm

Waikato River

Taupo Walkway

Nukuhau

Taupo Bungy

RIVER RANGE ROAD

Taupo

Tapuaeharuru Bay

Taupo Hot Springs

Waipahihi

NAPIER-TAUPO ROAD

TAUPO B'PASS

S. KARTE TAUPO

Rainbow Point

Wharewake

Taupo Airport

Aratiatia Rapids (1 km), Aratiatia Dam, Rapid Jets (4 km)

Napier (140 km)

ZENTRALE NORDINSEL

▼ Turangi (50 km), Vulkane (90 km), Wellington (380 km)

(S. 348) vorbei und erreicht schon bald die großartigen **Huka Falls**. Hier zwängt sich der zu
den wasserreichsten Flüssen Neuseelands zählende Waikato River in einen engen Trichter,
um sich dann über eine 9 m hohe Bruchkante
in einen wild schäumenden Strudel zu ergießen. Der Parkplatz ist bis ungefähr 18 Uhr geöffnet, der Wasserfall selbst ist rund um die Uhr
zugänglich.

Volcanic Activity Centre

Karetoto Rd, Ecke Huka Falls Rd ▪ ⏱ Mo–Fr 9–17,
Sa und So 10–16 Uhr ▪ Eintritt $10 ▪ ✆ 07 374 8375,
🖥 volcanoes.co.nz

Das **Volcanic Activity Centre** ist ein äußerst
lehrreiches Museum, dessen umfangreiche In-
formationstexte von Fotos und interaktiven Com-
puteranimationen aufgelockert werden, in denen sich alles um Vulkanismus dreht. Zu den
Highlights zählen mehrere gleichzeitig laufende
Filme, ein Seismograph, der die von Sensoren
am Mount Ruapehu erfassten Bewegungen auf-
zeichnet, ein Erdbebensimulator und eine große
Reliefkarte der „Taupo Volcanic Zone", die sich
vom Mount Ruapehu bis nach White Island erstreckt.

Huka Prawn Park

Karetoto Rd ▪ ⏱ tgl. Dez und Jan 9–17,
Feb–Nov 9–15.30 Uhr ▪ Garnelenfischen $20;
mit Spaziergang $24 ▪ ✆ 07 374 8474,
🖥 hukaprawnpark.co.nz

Die neue Umgehungsstraße liegt zwischen dem
geothermischen Kraftwerk Wairakei und dem
Huka Prawn Park. Ein Teil der überschüssigen
Wärme wird in die großen Teiche des Parks geleitet, in denen tropische Garnelen gezüchtet
werden. Hier kann man an den Teichen entlang
und über einen Waldweg spazieren sowie auch
Garnelen fischen. Serviert werden die Gaumenfreuden im **Restaurant** am Ufer des Waikato.

Craters of the Moon

Karapiti Rd, abseits des SH1 ▪ ⏱ tgl. 8.30–17.30 Uhr
▪ Eintritt $6 ▪ 🖥 cratersofthemoon.co.nz

Die Huka Falls Rd bildet eine Schleife und mündet schließlich wieder auf den SH1. Praktisch
gegenüber zweigt die Karapiti Rd Richtung Westen zu den **Craters of the Moon** ab. Dieses Thermalgebiet entstand in den 1950er-Jahren nach
dem Bau des geothermischen Kraftwerks Wairakei, der drastische Veränderungen der unterirdischen Hydrodynamik zur Folge hatte. Der

Huka Falls: 9 m rauscht der Waikato River in die Tiefe.

© ROUGH GUIDES

hervorquellende Dampf ist so heftig, dass man auf den insgesamt 3 km langen Fußwegen festes Schuhwerk tragen muss. Vorbei geht es an wild rülpsenden Fumarolen und riesigen, grollenden Löchern, die einen stechenden Geruch nach faulen Eiern ausstoßen.

Wairakei Terraces

SH1, 3 km nördlich der Craters of the Moon ∎
🕐 Okt–März tgl. 9–17, April–Sep 9–16.30 Uhr
∎ Eintritt $18; Maori Cultural Experience ab 18 Uhr, mit Reservierung, $95 ∎ 📞 07 378 0913,
🖥 wairakeiterraces.co.nz

Glänzende, unter Hochdruck stehende Dampfrohre winden sich unter dem SH1 zum Wärmekraftwerk Wairakei. Was der mineralienreiche heiße Dampf an Schöpfungen hervorbringen kann, zeigt sich an den nahen **Wairakei Terraces**, wo heißes Wasser über künstlich angelegte Terrassen und Becken geleitet wird.

Das Ganze ist quasi eine Rekonstruktion der zerstörten Pink and White Terraces in Rotorua und wächst seit Ende der 1990er-Jahre heran.

Pfade führen durch das benachbarte Maori-Modelldorf, das anlässlich der **Maori Cultural Experience** zum Leben erwacht. Bei der angenehm unaufgeregten Abendveranstaltung erhalten Besucher eine gute Einführung in die Kultur der Maori. Abgerundet wird der Abend durch ein Hangi, einen Haka und andere Tanzdarbietungen.

Aratiatia Rapids

2 km flussabwärts vom Wairakei-Kraftwerk ∎
am besten Okt–März 10, 12, 14 und 16, April–Sep 10, 12 und 14 Uhr

Der Aratiatia Dam bremst den Waikato unmittelbar oberhalb der **Aratiatia Rapids**, einer Serie von Katarakten, die zu Taupos ältesten Sehenswürdigkeiten zählen. Als in den 1950er-Jahren Pläne zur Umleitung des Flusses unter Umgehung der Stromschnellen publik wurden, waren die Proteste in der Öffentlichkeit so groß, dass die Pläne geändert wurden. Es war jedoch bei weitem kein Sieg auf der ganzen Linie, denn die meiste Zeit über sind die Stromschnellen gar nicht zu sehen. Lediglich 3–4x tgl. kann man sie eine halbe Stunde lang in voller Pracht erleben.

Dazu nehmen die Besucher Aufstellung auf der Staumauer oder an zwei flussabwärts liegenden Aussichtspunkten und warten auf die Sirene zur Ankündigung des bizarren Schauspiels. Dabei verwandelt sich ein ausgetrockneter Wasserlauf nach Öffnung der Schleusentore in ein Inferno aus stürzenden Wassermassen und tobenden Strudeln, um schließlich wieder zu einem zahmen Tröpfeln zu versiegen. Jetbootfahrten auf S. 351.

Von Taupo nach Napier

Beim Verlassen von Taupo bleibt der SH1 in Ufernähe und führt Richtung Südwesten nach Turangi, während die SH5 nach Südosten Richtung Napier abzweigt. Letztere ist eine kurvenreiche, aber zunehmend schneller werdende Strecke (1 1/2 Std.) durch einen der abgelegensten Landstriche der Nordinsel. Ein Großteil des ersten Straßenabschnitts führt durch die **Kaingaroa Plains**, eine bis auf die 100 km nach Norden reichenden Kiefernpflanzungen weitgehend vegetationslose Landschaft. Der Boden aus Bimsstein und Asche bildete sich nach dem apokalyptischen Vulkanausbruch in der Taupo-Region.

Punkte von geschichtlichem Interesse entlang der Route beleuchtet der **Napier-Taupo Heritage Trail**, der in einer kostenlosen, in den i-SITE Visitor Centres von Taupo und Napier erhältlichen Broschüre detailliert beschrieben wird. Viele seiner 35 Stationen sind nicht unbedingt einen Zwischenstopp wert, doch für Geschichtsfans ist vielleicht ein Besuch im 17 km von Taupo entfernten **Opepe Historic Reserve** interessant.

Waipunga Falls

SH5, 35 km südöstlich des Opepe Historic Reserve

Der Waipunga River, ein Nebenfluss des Mohaka, ergießt sich über die 30 m hohen **Waipunga Falls** in die Tiefe. Dann durchquert er am Rand des SH5 die hübsche Waipunga Gorge. Das Tal wird von einheimischen Bäumen und einer Reihe von Picknickplätzen gesäumt, die auch als **Campingplätze** genutzt werden dürfen (keine Einrichtungen). Danach fällt der Highway zum Mohaka hin und zur Lodge Mountain Valley (S. 356) ab. Nach der Überquerung des Mohaka River erklimmt der Highway den Höhenzug Titiokura Saddle, bevor es endgültig bergab und durch das Weinanbaugebiet **Esk Valley** zur Küste nach Napier geht.

Mountain Valley Adventure Lodge, 408 McVicar Rd, 5 km südlich des SH5, ☎ 06 834 9756, 🖥 mountainvalley.co.nz; Karte S. 324. Ein Stück ländliches Neuseeland mit Bar und Restaurant am Fluss sowie Möglichkeiten zu Aktivitäten wie Angeln (Angelverleih ab $15), Farmtouren, Mountainbiking (Leihräder ab $35/halber Tag), **Ausritten** durch den Wald (ab $60 pro Std.) und **Rafting** und **Kajakfahren** auf dem Mohaka (WW I–II, ab $60). Camping $15, Dorms $22, Zimmer $32, Selbstversorger-Chalets und Cottages $100

Tongariro National Park und Umgebung

Das Nationalparksystem Neuseelands verdankt seine Entstehung zum großen Teil dem Weitblick des Tuwharetoa-Häuptlings Te Heu Heu Tukino IV. Während der Auseinandersetzungen mit den landhungrigen Pakeha im ausgehenden 19. Jh. erkannte er, dass die Maori nur eine einzige Chance hatten, ihr heiliges Land zu retten und intakt zu halten: Sie mussten es der neuseeländischen Nation zum Geschenk machen – unter der Bedingung, dass es weder besiedelt noch verschandelt werden dürfe. 1887 wurde sein Geschenk zur Keimzelle des ersten öffentlichen Schutzgebietes Neuseelands, **Tongariro National Park**, der aufgrund seiner einzigartigen Landschaft und kulturellen Bedeutung (Kasten S. 360) 1991 zum **Unesco-Welterbe** erklärt wurde.

Die meisten Besucher steuern geradewegs die drei großartigen Vulkane im Innern des Nationalparks an. Bei den steil aus der öden Hochebene aufragenden Gipfeln handelt es sich um den breitschultrigen Ski-Berg **Ruapehu** (2797 m), seinen kleineren Bruder **Tongariro** (1968 m) und den zwischen beiden eingekeilten, perfekt

geformten Schichtkegel **Ngauruhoe** (2287 m). Der Nationalpark umschließt eine der atemberaubendsten Landschaften der Nordinsel – eine märchenhafte Mischung aus halbtrockenen Ebenen, dampfenden Fumarolen, kristallklaren Seen und Bächen, ursprünglichem Regenwald sowie Eis und Schnee in Hülle und Fülle. Die unwirtlicheren vulkanischen Gebiete mussten als Drehorte für Mordor und Mount Doom in *Herr der Ringe* herhalten.

All dies dient als Kulisse für zwei überaus lohnenswerte Wanderrouten, die eintägige **Tongariro Alpine Crossing** und den drei- bis viertägigen **Tongariro Northern Circuit**, der zu Neuseelands Great Walks zählt. Die Vegetation der weitläufigen Hochebene westlich der Vulkane besteht aus Buschland und goldfarbenen Tussock-Grasbüscheln, während sich im Regenschatten der Berge auf der Ostseite die Lavageröllwüste **Rangipo Desert** ausbreitet. Auch wenn es sich streng genommen nicht um eine Wüste handelt, so präsentiert sie sich doch als beeindruckend trostlose und karge Ödnis, bedeckt von einer dicken Schicht Asche, die von dem Vulkanausbruch im Jahr 186 n. Chr. herrührt. Der Ruapehu meldet sich ab und an zu Wort (zuletzt 2007), indem er den Kratersee an seinem Fuß in Form gewaltiger Schlamm- und Schuttströme, die als „Lahare" bezeichnet werden, entleert. 2011 wurde die Vorwarnstufe des **Mount Ruapehu** auf Stufe 1 (Zeichen vulkanischer Aktivität) erhöht, was bei Redaktionsschluss jedoch noch keine Auswirkung auf Besuche am Berg hatte. Man sollte sich aber bei den DOC-Vertretungen und in den örtlichen i-SITE-Büros über die aktuelle Entwicklung informieren.

Den nördlichen Zugang zur Tongariro-Region bildet der Ort **Turangi**, der eine nützliche Ausgangsbasis für die Wanderrouten im Nationalpark oder zum Rafting und Angeln auf dem Tongariro River darstellt. Allerdings liegt Turangi nicht wirklich nah an den Bergen. Wer darauf Wert legt, ist wahrscheinlich im Versorgungsort **National Park** besser aufgehoben, und erst recht in **Whakapapa Village**, das sich innerhalb der Grenzen des Nationalparks 1200 m über dem Meeresspiegel an die Flanke des Ruapehu schmiegt. Der südliche Zugang ist **Ohakune**, ein etwas attraktiverer Ort als National Park, der

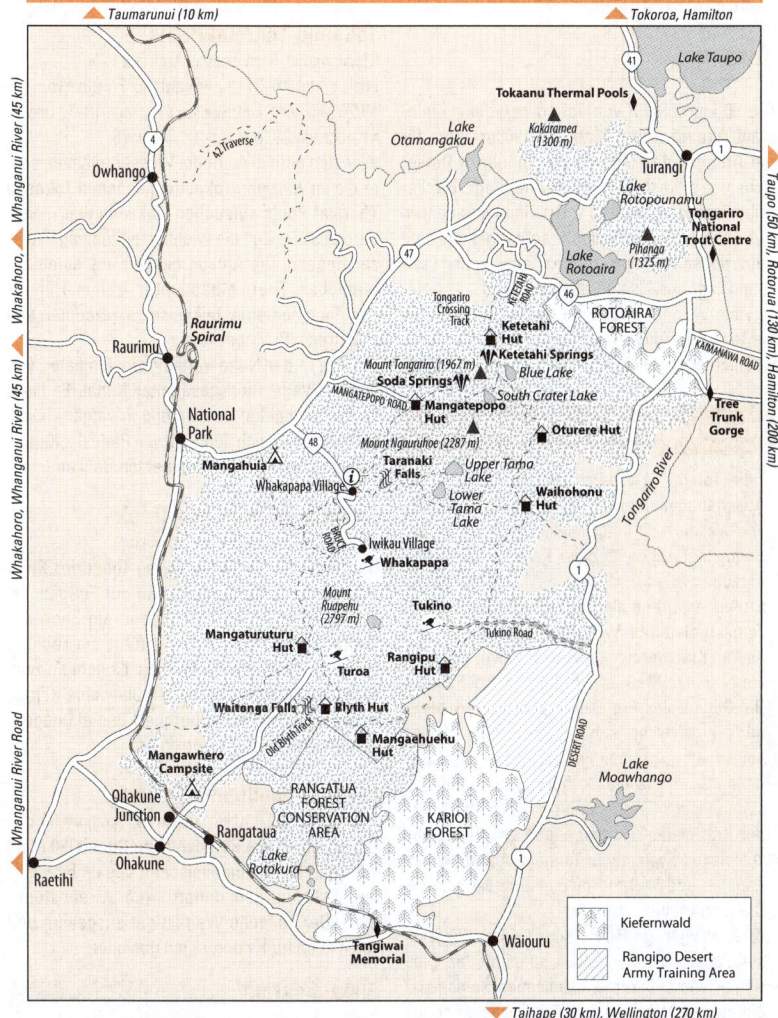

Taumarunui (10 km)

Tokoroa, Hamilton

Lake Taupo

Tokaanu Thermal Pools

Lake
Otamangakau

Kakaramea
(1300 m)

Turangi

Lake
Rotopounamu

Tongariro
National
Trout Centre

Raurimu
Spiral

Raurimu

Lake
Rotoaira

Pihanga
(1325 m)

Tongariro
Crossing
Track

Ketetahi
Hut

ROTOAIRA
FOREST

National
Park

Mount Tongariro (1967 m)

Ketetahi Springs

Blue Lake

Soda Springs

South Crater Lake

Mangahuia

MANGATEPOPO ROAD

Mangatepopo
Hut

Mount Ngauruhoe (2287 m)

Oturere Hut

Whakapapa Village

Taranaki
Falls

Upper Tama
Lake

Waihohonu
Hut

Lower
Tama
Lake

Iwikau Village

Whakapapa

Mount
Ruapehu
(2797 m)

Tukino

Mangaturuturu
Hut

Tukino Road

Turoa

Rangipu
Hut

Waitonga Falls

Blyth Hut

Old Blyth Track

DESERT ROAD

Mangaehuehu
Hut

Mangawhero
Campsite

Lake
Moawhango

Ohakune
Junction

RANGATUA
FOREST
CONSERVATION
AREA

KARIOI
FOREST

Rangataua

Raetihi

Ohakune

Lake
Rotokura

Waiouru

Kiefernwald

Rangipo Desert
Army Training Area

Tangiwai
Memorial

Taihape (30 km), Wellington (270 km)

Whakahoro, Whanganui River (45 km)

Whanganui River (45 km)

Whakahoro, Whanganui River (45 km)

Whanganui River Road

Taupo (50 km), Rotorua (130 km), Hamilton (200 km)

Tongariro River

KAIMANAWA ROAD

Tree
Trunk
Gorge

aber außerhalb der Skisaison wie ausgestorben ist. Weiter Richtung Südosten markiert **Waiouru** den südlichen Abschluss des vulkanischen Zentralplateaus, das dort langsam in die von Wei-deland geprägte südliche Hälfte der Region übergeht. Die erste größere Stadt ist hier das landwirtschaftliche Zentrum **Taihape** mit dem höchsten Bungy-Sprung der Nordinsel.

Die gesamte Region liegt mindestens 600 m über dem Meeresspiegel, sodass selbst im Hochsommer **warme Kleidung** notwendig ist.

Turangi

Die 50 km südlich von Taupo gelegene Kleinstadt **Turangi** wurde Mitte der 1960er-Jahre für die Arbeiter des ehrgeizigen Tongariro Power Scheme (s. Kasten S. unten) angelegt. Bei Forellenfischern genießt der Ort einen legendären Ruf, ansonsten ist er jedoch recht ruhig und eine untouristische Alternative zu Taupo – der Lake Taupo liegt nur 4 km nördlich der Stadt.

Viele Wanderer übernachten in Turangi, um die Tongariro Alpine Crossing (S. 363) 40 km südwestlich anzugehen, aber es gibt auch weniger

---

Wasserkraftnutzung am Tongariro River

Das **Tongariro-Wasserkraftprojekt** bietet Anschauungsunterricht zur Nutzbarmachung von Wasserkraft unter minimaler Beeinträchtigung der Umwelt. Zwei Kraftwerksblöcke erzeugen rund 7 % des neuseeländischen Stroms, während die kontrolliert in den Lake Taupo geleiteten Wassermengen den acht älteren Kraftwerken am Waikato River indirekt ein erhöhtes Maß an Flexibilität verschaffen. Die Gegner des Projekts argumentieren, man dürfe eine derart schöne und wilde Naturlandschaft auf keinen Fall anrühren. Tatsache ist, dass nur die maßstabsgetreuen Modelle in den Visitor Centres und der hässliche Klotz des Kraftwerks Tokaanu ahnen lassen, welch komplexes System von Tunneln, Aquädukten, Kanälen und Wehren hier unauffällig seinen Dienst verrichtet.

Eine einzigartige Bedrohung für das Projekt stellt allerdings der Vulkan Ruapehu dar: Die Gefahr von **Laharen** (vulkanischen Schlamm- und Schuttströmen) ist stets präsent, und nach dem Ausbruch von 1995 gelangte **Tephra** (scharfkantiges vulkanisches Trümmergestein) in die Turbinen des unterirdisch angelegten Kraftwerks Rangipo und verursachte eine unplanmäßige, siebenmonatige Abschaltung.

---

anspruchsvolle Wandermöglichkeiten in der Gegend (S. 364) – über diese informiert das i-SITE (S. 360).

Tokaanu Thermal Pools

Mangaroa Rd, 5 km westlich von Turangi ▪ Pools ⏰ tgl. 10–21 Uhr ▪ Eintritt $6; Privatbecken $9/20 Min., inkl. Eintritt ▪ Kajaks ⏰ tgl. 10–17 Uhr ▪ halber Tag $40 p. P. ▪ ✆ 07 386 8575

Wer sich gern in warmem Wasser tummelt, sollte die im winzigen **Tokaanu** gelegenen **Tokaanu Thermal Pools** aufsuchen. Tokaanu war in voreuropäischer Zeit die wichtigste Siedlung in dieser Gegend. Die Anlage besteht aus einem öffentlichen Thermalbad unter freiem Himmel und noch heißeren, teilweise eingezäunten und chlorfreien Privatbecken.

Ganz in der Nähe verläuft ein schmaler, von üppiger Vegetation gesäumter Kanal. Er fließt an einigen heißen Quellen und Privatgärten vorbei und eignet sich sehr gut zum Paddeln. **Kajaks** verleiht Wai Maori bei den heißen Becken.

Tongariro River Loop Track

Beginnt am Ende der Koura St ▪ 4 km

Der hübsche Rundwanderweg **Tongariro River Loop Track** (1 Std.) beginnt an der Fußgängerbrücke Major Jones Footbridge am Ende der Koura St am Stadtrand und führt am rechten Flussufer entlang nach Norden. Es geht an zwei Aussichtspunkten vorbei und über eine Klippe, bevor man den Fluss überquert und am gegenüberliegenden Ufer zurückkehrt.

Lake Rotopounamu Circuit

Abseits des SH47, 10 km südlich von Turangi ▪ 5 km

Der beliebte **Lake Rotopounamu Circuit** (90 Min.) führt durch von einheimischen Vögeln bewohnten Wald um den unberührten „Greenstone-See". Der einfache Weg ist gut ausgebaut und somit auch für Kinderwagen geeignet.

ÜBERNACHTUNG

Turangi hat eine ordentliche Auswahl an Unterkünften. Die billigeren Optionen konzentrieren sich im Zentrum, die nobleren Lodges und B&Bs weiter östlich am Tongariro River. **Club Habitat**, 25 Ohuanga Rd, ✆ 07 386 7492, 🖥 clubhabitat.co.nz. Riesiger Komplex eines

Turangi ist als Basis zum **Forellenfischen** auf dem Lake Taupo und am Tongariro River international bekannt. Das i-SITE hilft gern bei der Vermittlung eines Angelführers und verkauft auch die notwenige Angellizenz ($17 pro Tag). Ein **Angelführer** für einen halben Tag kostet inkl. Ausrüstung etwa $280–300. Sporting Life, The Mall, ☏ 07 386 8996, ⌨ sportinglife-turangi.co.nz, verkauft und verleiht Angelausrüstung und bietet auf der Website jede Menge Informationen.

Rotorua und Taihape haben wildere **Rafting**-Flüsse, aber der Tongariro River ist eine landschaftlich reizvolle Alternative mit schönen Schluchten, nicht so anspruchsvollen Stromschnellen und der Chance, die vom Aussterben bedrohte Saumschnabelente *(whio)* zu sehen. Familien mit kleineren Kindern sollten sich für den unteren Abschnitt (WW II) entscheiden, wer es etwas turbulenter mag, für den oberen Abschnitt (WW III).

Rafting New Zealand, 41 Ngawaka Place, ☏ 0800 865 226, ⌨ raftingnewzealand.com. Veranstaltet Touren inkl. Wasserfallsprung und jeder Menge Informationen zur kulturellen Bedeutung des Flusses (4 Std., $119). Vorausbuchen sollte man die ausgezeichnete sommerliche Tour mit Übernachtung ($350); Abfahrt ist am späten Nachmittag, genächtigt wird in Zelten am Fluss (inkl. Abendessen vom Grill), und zurück geht's am nächsten Morgen.

Tongariro River Rafting, Atirau Rd, bei Firestone Tyres, ☏ 0800 101 024, ⌨ trr.co.nz. Bietet einen guten WW-III-Trip ($115), eine Familienfahrt auf dem WW-II-Abschnitt (1 1/4 Std. auf dem Wasser, $75) und Dez–Mai eine **Raftingtour für Angler**, bei der man an ansonsten unzugänglichen Stellen am Fluss Gelegenheit zum Angeln bekommt. Bei $750 pro Tag für 2 Pers. kaum mehr, als man sonst nur für einen Angelguide zahlen würde. Der Veranstalter verleiht außerdem Mountainbikes ($40/Tag).

ehemaligen Arbeiter-Camps, günstig, aber recht abgenutzt, mit Ausnahme der renovierten „executive units". Geräumige Spielebar, Speisekomplex, Spa und Sauna. Camping $15, Dorms $25, Units $125

Creel Lodge, 183 Taupahi Rd, ☏ 07 386 8081, ⌨ creel.co.nz. Einfacher, gut geführter, vorwiegend an Angler ausgerichteter Motel-Komplex. Units für Selbstversorger mit 1 oder 2 Schlafzimmern auf einem Gelände, das zum Fluss hinunter führt. Grillbereich. $125

Extreme Backpackers, 26 Ngawaka Place, ☏ 07 386 8949, ⌨ extremebackpackers.co.nz. Einfach ausgestattete Zimmer, zentraler Innenhof, eine gute Kletterwand ($15, für Gäste $10) und ein freundliches Café. Die sympathischen Gastgeber kümmern sich gut um ihre Gäste. Dorms $25, Zimmer $62, mit Bad $72

Ika Lodge, 155 Taupahi Rd, ☏ 07 386 5538, ⌨ ika.co.nz. Hervorragende Mischung aus Homestay und Fishing Lodge am Tongariro River. 2 Zimmer und 1 Apartment mit 2 Schlafzimmern. Frühstück inkl. DZ $160, Apartment $170

Parklands, SH1, Ecke Arahori St, ☏ 0800 456 284, ⌨ parklandsmotorlodge.co.nz. Große

Motor Lodge mit Studio Units und geräumigen modernisierten Units sowie Swimmingpool, Spielezimmer und kleinem Restaurant. Studios $110, Units $140

Riverstone Backpackers, 222 Tautahanga Rd, ☏ 07 386 7004, ⌨ riverstonebackpackers.co.nz. Hübsches kleines Hostel mit reichlich Aufenthaltsbereichen drinnen und draußen. Gut ausgestattete moderne Küche, Kräutergarten, Fahrradverleih. Dorms $27, Zimmer $68, mit Bad $78

Tongariro River Motel, SH1, Ecke Link Rd, ☏ 0800 187 688, ⌨ tongariro rivermotel.co.nz. Einfaches, aber behagliches Motel, das nicht nur wegen der Angelständer und des Fischräucherofens besonders bei Anglern beliebt ist. Der Inhaber betreibt eine interessante Website zu Turangi und v. a. zum Forellenfischen. $95

ESSEN

Das Restaurantangebot in Turangi hat sich stark verbessert: Einige schicke Cafés und Restaurants servieren inzwischen moderne neuseeländische Küche. Selbstversorger steuern den Supermarkt New World an.

Mustard Seed Café, 91 Ohuanga Rd,
📞 07 386 7377. Modernes, legeres Café mit
guter Frühstückskarte, Panini, Salaten und
Kuchen, dazu anständiger Espresso (Gerichte
$7–13). ⏰ Do–Mo 8.30–15.30 Uhr.
Oreti, 88 Pukawa Rd, Pukawa, 📞 07 386 7070,
🖥 oretivillage.co.nz. Die Stars auf der Abendkarte in diesem romantischen Restaurant 8 km
nordwestlich von Turangi am Ufer des Lake
Taupo sind Angus-Ribeye-Filet mit Pilzsauce,
Schweinefilet mit Mandel-Sesam-Kruste und
warmer geräucherter Marlborough-Lachs
(Hauptgerichte $29,50–34). ⏰ Sa und So ab 9,
Do–So 12–15, Di–So 18 Uhr bis spät.
River Vineyard Restaurant, 134 Grace Rd,
📞 07 386 6704. Weingut am Fluss, 4 km nörd-
lich der Stadt abseits des SH1, mit Frühstück
zur Stärkung vor den Wanderungen, Mittag-
und Abendessen (Hauptgerichte $30–34).
⏰ Mi–So 10–15, Kneipenkarte 15–18,
Abendessen 18–22 Uhr.
Rod n' Gun Restaurant, Bridge Fishing Lodge,
SH1, 800 m nördlich von Turangi, 📞 07 386 8804,
🖥 bridgefishinglodge.co.nz. Vor dem großen
Kamin werden herzhafte Mahlzeiten wie

doppelt gerösteter Schweinebauch mit
karamellisierten Birnen oder Feldchampignon-
Risotto serviert (Hauptgerichte $18–28).
⏰ Mo–Sa 18–21 Uhr.
Tongariro Lodge, 83 Grace Rd, 📞 07 386 7946,
🖥 tongarirolodge.co.nz. Das Restaurant in
der Tongariro Lodge bietet einfallsreiche
Hauptgerichte ($20–42) wie Pilz-Tofu-Klöße,
Hawke's-Bay-Lamm und Wildkarree mit
Gemüse der Saison. Die Lodge wartet außer-
dem mit teuren, aber luxuriösen Chalets und
Häuschen auf (ab $392 p. P.). ⏰ tgl. 18–22 Uhr.
Valentinos, Ohuanga Rd, 📞 07 386 8812.
Klassischer neuseeländischer Italiener, der
sich seit Urzeiten nicht verändert zu haben
scheint. Pasta, außerdem als Spezialität
Steaks, z. B. mariniertes Wildsteak mit Roten
Johannisbeeren und Portwein. Hauptgerichte
$23,50–33. ⏰ Mi–Mo 18 Uhr bis spät.

INFORMATIONEN

i-SITE Visitor Centre, Ngawaka Place,
📞 0800 288 726, 🖥 laketauponz.com. Verkauf
von Bustickets, Angelscheinen für die Region
Taupo, Landkarten, DOC-Wanderbroschüren

Legenden der Berge

Als Te Heu Heu Tukino IV. die Vulkane im Herzen Tongariros der Krone vermachte, war er von dem
spirituellen Bedürfnis beseelt, sie zu schützen. Nach Überlieferung der Maori besitzt jeder Berg im
Nationalpark eine ausgeprägte Persönlichkeit und ist ein Symbol für die Verbindung zwischen Natur
und Zivilisation. Der Legende nach gruppierten sich früher zahlreiche kleinere Berge um die domi-
nierenden Vulkane Ruapehu, Tongariro, Ngauruhoe und Taranaki. Zu ihnen zählte auch der einzige
weibliche, die wunderschöne Pihanga im nördlichen Abschnitt des heutigen Nationalparks. **Pihanga**
wurde von vielen anderen Bergen verehrt, liebte ihrerseits aber nur **Tongariro**, den Sieger in zahlreichen Kämpfen mit ihren anderen Freiern.
Bei einem besonders erbittert geführten Kampf wurde Tongariro in die Knie gezwungen und verlor
die Spitze seines Kopfes, was seine heutige Form erklärt. **Taranaki** besiegte Ngauruhoe, doch als er
es mit Ruapehu aufnahm, war er bereits zu erschöpft und wurde schwer verwundet. Taranaki floh
und hinterließ bei seiner Flucht an die Westküste der Nordinsel eine große Furche, durch die heute
der Whanganui River fließt.
Dem Stamm der Tuwharetoa waren die Berge so heilig, dass sie ihren Blick abwendeten, wenn sie
an ihnen vorbeikamen und in ihrer Nähe weder aßen noch Feuer machten. Das *tapu* (Tabu) reicht
bis in die Zeit zurück, als ihr legendärer Ahne **Ngatoroirangi** hier ankam, um das Zentrum der Nordinsel in Besitz zu nehmen. Nachdem er den Tongariro mit *tapu* belegt hatte, machte er sich an die
Besteigung des Berges. Als jedoch seine Männer während seiner Abwesenheit ihr Fastengelöbnis
brachen, schickten die erzürnten Götter einen Schneesturm, der Ngatoroirangi das Leben gekostet
hätte, wäre er nicht von gütiger gestimmten Göttern in Hawaiki gerettet worden.

und Hüttentickets, außerdem kostenloser Zimmerbuchungsservice und Internetzugang/ WLAN. ⊕ tgl. 8.30–17 Uhr.

NAHVERKEHR

Ein eigenes Fahrzeug macht das Leben in dieser Gegend leichter, doch es existiert auch ein vernünftiges Netz von **Shuttlebussen** entlang der wichtigsten Strecken und zu den Ausgangspunkten der Wanderwege (S. 366).

TRANSPORT

Die Busse von InterCity halten beim i-SITE Visitor Centre, Ngawaka Place. Ebenso die Busse von Tongariro Expeditions auf ihrem Weg von Taupo zum Wanderweg Tongariro Alpine Crossing – allerdings nicht bei schlechtem Wetter.

Busse nach:
WHAKAPAPA (Chateau), je nach Nachfrage, 1 Std.;
AUCKLAND 4x tgl., 2 1/4 Std.;
WELLINGTON 5x tgl., 6 Std.

Whakapapa und Umgebung

Gut 45 km südlich von Turangi am SH48 schmiegt sich die einzige Siedlung im Innern des Tongariro National Park, das winzige **Whakapapa**, an die unteren Hänge des Mount Ruapehu, im Hintergrund die von Schnee bedeckten Hänge des Vulkans, die das Skigebiet Whakapapa bilden.

Whakapapa erfreut sich großer Beliebtheit bei Wanderfreunden als gute Ausgangsbasis sowohl für Kurzwanderungen als auch für die Langstreckenrouten Tongariro Northern Circuit und Round the Mountain Track (S. 367). Die einfacheren Wanderwege sind in der DOC-Broschüre *Walks in and around Tongariro National Park* ($3) beschrieben. Zu den sehr guten Punkten der **Whakapapa Nature Walk** (1 km, 20–30 Min.), in dessen Mittelpunkt die einzigartige Flora des Nationalparks steht, der **Taranaki Falls Walk** (6 km, 2 Std.), der durch offene Tussock-Steppe und Buschland zu einer Stelle führt, wo der Wairere Stream 20 m tief über die Abbruchkante eines alten Lavastroms stürzt, und der **Silica**

Rapids Walk (7 km, 2 1/2 Std.), der an einem Flüsschen entlang durch Südbuchenwälder zu einer cremefarbenen Sinterterrasse führt.

Ruapehu-Crater-Rim-Wanderung

5–8 Std. hin und zurück Vom Parkplatz Iwikau Village 15 km hin und zurück, 1000 m Anstieg ▪ vom oberen Ende des Sessellifts Waterfall Express 9 km hin und zurück, 650 m Anstieg ▪ Sessellift Jan–Mitte März 9–16 Uhr ▪ $24 hin und zurück

Erheblich steiler und anstrengender gestaltet sich die Wanderung **Ruapehu Crater Rim**. Dafür wird man aber mit dem dramatischen Ausblick auf die Silhouette der Cathedral Rocks und nach Westen auf den Mount Taranaki belohnt. Die Wanderung kann vom Parkplatz beim Iwikau Village in Angriff genommen werden, schöner ist sie allerdings vom oberen Ende des Sessellifts Waterfall Express. Dadurch erspart man sich den langen Weg durch eine karge Felslandschaft. Vom Sessellift ist der Weg nur schlecht ausgeschildert; von Weihnachten bis zum ersten Schneefall ist der Anstieg in normalen Wanderschuhen und ohne Steigeisen zu bewältigen. Es werden auch geführte Kraterwanderungen angeboten (S. 362).

Iwikau Village

Ab Whakapapa heißt der SH48 Bruce Road und erreicht nach 6 km **Iwikau Village**, das zwischen Ende Juni und Mitte Oktober zu einer wuselnden Masse aus coolen Skibrillen und ausgebeulten Snowboarder-Hosen mutiert. Beim Knoll Ridge Café (S. 362) beginnen geführte Bergwanderungen.

ÜBERNACHTUNG

In Whakapapa gibt es nur eine begrenzte Anzahl an Unterkünften, die daher häufig weit im Voraus ausgebucht sind. Während der Skisaison und in den Weihnachtsferien empfiehlt es sich, so früh wie möglich zu reservieren. **Chateau Tongariro**, SH48, ✆ 0800 242 832, ▭ chateau.co.nz. Das auffälligste Haus im Ort ist ein massiver, 1929 errichteter Ziegelbau im vornehmen Gewand, einschließlich einer riesigen Lounge mit Snooker-Tisch und herrlichem Blick auf den Berg. Selbst wenn man hier nicht übernachtet, lohnt ein Abstecher auf eine Tasse Tee. Für Gäste stehen der höchste 9-Loch-Golfplatz Neuseelands, Tennisplätze, ein kleines Hallenschwimmbad und ein Fitnessraum zur Verfügung. Die Zimmer wurden nach internationalem Hotelstandard modernisiert, wobei nur die teureren viel Platz und gute Ausblicke bieten. Sie befinden sich meist im 2004 recht unauffällig hinzugefügten neuen Flügel. Im Frühjahr und Herbst werden auf der Hotel-Website oft Sonderrabatte angeboten. Standard-Zimmer $195, Premium-Zimmer $245

Discovery, SH47, 1,1 km südlich der Abzweigung des SH48, ✆ 07 892 2744, 🖥 discovery. net.nz; Shuttle zum Dorf einfach $15, Shuttle zum Skigebiet hin und zurück $35. Fünf Autominuten nordwestlich vom Whakapapa Village mit Blick auf die Vulkane des Tongariro und einem breiten Angebot an Unterkünften. Camping $16, Backpacker-Cabins $60, Motelzimmer $135, Chalets $165

Mangahuia Campsite, abseits des SH47 nahe der Abzweigung nach Whakapapa. Einfacher DOC-Campingplatz an einem Bach mit 17 Stellplätzen, Toiletten, fließend Wasser, Picknicktischen und geschütztem Kochbereich. Nicht reservierbar, Gebühr am Reservierungsstand hinterlegen. $4

Skotel, 100 m den Berg hinauf neben dem Chateau Tongariro, ✆ 0800 756 835, 🖥 skotel. com. Komplex mit 3er-Dorms ($30), DZ, Sauna und Restaurant/Bar. Während der Skisaison schnellen die Preise nach oben. EZ $40, DZ $55, Zimmer mit Bad $140, Cabins für 4 Pers. $185

Whakapapa Holiday Park, gegenüber dem DOC-Büro, ✆ 07 892 3897, 🖥 whakapapa.net. nz. Die beste Option für den kleinen Geldbeutel liegt sehr schön in einem Waldstück. Stellplätze mit und ohne Strom. Camping $19, Dorms $25, Cabins $79, Units $109

Fergussons Café, gegenüber dem DOC-Büro. Frühstück, preisgünstige Snacks, gut belegte Sandwiches (Gerichte $6,50–16,50). ⏲ tgl. 7–18 Uhr.

Knoll Ridge Café, 🖥 mtruapehu.com. Das nagelneue, sehr moderne Café ist das höchstgelegene Neuseelands (2020 m) und bietet

neben weiten Ausblicken typische Bergkost (Gerichte $4–9,50). ⏲ Winter und Dez–Ostern tgl. 9.30–15.30 Uhr.

Lorenz's Café, vom Whakapapa Village 5 km den Berg hinauf, 🖥 mtruapehu.com. Das schlichte Café an der Talstation des Sessellifts zum Knoll Ridge hat sowohl Snacks als auch größere Gerichte im Angebot (Hauptgerichte $10–25). ⏲ tgl. morgens und mittags.

Pihanga Café and T Bar, im Chateau Tongariro, ✆ 0800 242 832. Das (günstigere) Café im Chateau bietet gehobene Kneipenkost wie Cajun-Salat mit Calamari, knusprige pfannengerührte Gerichte mit Eiernudeln und cremigen *seafood chowder* sowie dazu passendes Mac's-Bier (Hauptgerichte $12,50–24,50). ⏲ tgl. 11.30 Uhr bis spät.

Ruapehu Room, im Chateau Tongariro, ✆ 0800 242 832. Nach Bewältigung einer langen Wanderstrecke belohnt sich hier so mancher mit einer sehr guten Mahlzeit à la carte zu entsprechenden Preisen. Der Schwerpunkt liegt auf erstklassigem Fleisch (Hauptgerichte $32–38). Für das Abendessen und sonntägliche Mittagessen muss man reservieren, und angemessene Kleidung ist erwünscht (keine Jeans oder T-Shirts). ⏲ tgl. morgens und abends, So auch mittags.

The Terrace Restaurant & Bar, im Skotel, ✆ 0800 756 835. Bistro-Speisen bei gutem Preis-Leistungs-Verhältnis (Hauptgerichte $14,50–32); mit lebendiger Bar. ⏲ tgl. morgens, mittags und abends.

Tussock Pub, unten im Dorf, ✆ 07 892 3809. Die sehr stimmungsvolle Kneipe mit Großbildschirm ist die billigste Adresse zum Essen (Hauptgerichte $15–20) und Trinken und auch ein beliebter Treffpunkt für die nicht sehr zahlreichen Einheimischen. ⏲ tgl. 15 Uhr bis spät.

DOC, SH 38, ✆ 07 892 3729, ✉ whakapapavc@ doc.govt.nz. Die hilfsbereiten Mitarbeiter versorgen Besucher mit Landkarten und Prospekten. Außerdem gibt es hier eine Vielzahl von Exponaten zum Nationalpark, darunter das winzige Ski History Museum und 2 Videofilme (zusammen $5, einzeln je $3), die auf Wunsch gezeigt werden. ⊕ tgl. Dez–Feb 8–18, März–Nov 8–17 Uhr.

Mt Ruapehu Guided Tours, ☎ 07 892 4000, 🖵 mtruapehu.com. Geführte Kraterwanderungen (Mitte Dez–Mitte April tgl. 9.30 Uhr, 6 Std., $145 inkl. Lift). Unterwegs erfährt man einiges über die Geologie und Flora am Berg.

NAHVERKEHR

In Whakapapa sind keine **Schneeketten** erhältlich; man muss also selbst welche mitbringen oder auf einen der **Shuttlebusse** ausweichen, die die Unterkünfte in der Gegend anfahren. Mindestens stündlich verkehrt der Mountain Shuttle, ☎ 0800 117 686.

TRANSPORT

Die einzigen Busverbindungen nach Whakapapa sind die Shuttlebusse aus TURANGI (2x tgl.) und NATIONAL PARK (3–5x tgl.). Sie halten in der Nähe des Visitor Centre. Auch verkehrt bei entsprechender Nachfrage 1x tgl. ein NakedBus.

Wandern im Tongariro National Park

Der Tongariro National Park beherbergt einige der schönsten Wanderwege der Nordinsel, die ein spektakuläres vulkanisches Terrain erschließen. Die Route **Tongariro Crossing** gilt als beste Tageswanderung Neuseelands; daneben gibt es einige längere Strecken, vor allem den 3–4-tägigen **Tongariro Northern Circuit**. Der Mount Ruapehu hat den gleichermaßen anstrengenden wie lohnenswerten **Crater Rim Hike** (S. 361) und den Rundwanderweg **Round the Mountain Track** aufzuweisen. Letzterer präsentiert sich nicht ganz so abwechslungsreich wie die Tongariro-Wanderrouten, ist dafür aber auch wesentlich weniger frequentiert. Beide Wege sind am besten von Whakapapa aus zugänglich.

Das **Wetter** in den Bergen, 🖵 metservice.co.nz/public/mountain/tongariro.html, kann extrem schnell umschlagen, sodass die üblichen Vorkehrungen getroffen werden sollten. Selbst an brütend heißen Sommertagen kann es infolge

der Höhenlage und extremer Winde auf den Bergkämmen sehr frisch werden, und auch ein Sturm bricht zuweilen völlig unvorbereitet und mit erschreckender Plötzlichkeit herein. Zwischen Ende März und Ende November muss jederzeit mit Schnee auf den Wegen gerechnet werden. Wer in dieser Zeit eine lange Wanderung plant, sollte sich vor Ort nach den aktuellen Bedingungen erkundigen.

Es ist stets warme und regenfeste **Kleidung** anzuraten. Wer den steilen Vulkankegel des Mount Ngauruhoe erklimmen möchte, sollte zusätzlich Handschuhe und lange Hosen zum Schutz vor den scharfkantigen Schlackefelsen mitnehmen. Auf den meisten Wegen ist die Versorgung mit **Wasser** eher dürftig, daher viel flüssiges Nass mitnehmen. Informationen zum Wandern im Winter auf S. 364.

7 HIGHLIGHT

Tongariro Alpine Crossing

19,4 km, 6–8 Std., 750 m Anstieg ▪ alle Shuttlebusse setzen ihre Fahrgäste zwischen 6 und 9 Uhr am Parkplatz am Ende der Mangatepopo Rd ab, um sie gegen 16.30 Uhr an der Ketetahi Road wieder abzuholen

In der Sommersaison (gewöhnlich Mitte Nov–April) ist die **Tongariro Alpine Crossing** die mit Abstand beliebteste Wanderroute der Region, und das aus gutem Grund: Innerhalb weniger Stunden klettert man über erstarrte Lavaflüsse, durchquert einen Kraterboden, passiert eine aktive Geothermalzone, sieht wunderschön ruhige, smaragdgrüne und blaue Seen und bekommt Gelegenheit zur Besteigung des Schlackekegels Mount Ngauruhoe. Selbst ohne diese Anhäufung an Highlights wäre es immer noch eine sehr schöne Wanderroute mit unterschiedlichsten Szenerien.

An Wochenenden und im Hochsommer absolvieren täglich bis zu 700 Menschen die Route. Daher ist es eine Überlegung wert, auf Frühjahr oder Herbst auszuweichen und die Wochenenden zu meiden. Um den **Massen zu entgehen**, kann man auch einen der frühesten Shuttle-

Wandern im Winter

Nach dem ersten Schneefall gegen Ende April sind die Tongariro Alpine Crossing und die längeren Wanderwege mit normaler Ausrüstung nicht mehr zu bewältigen. Mit Steigeisen und Eispickel bewaffnet lassen sich hier im Winter jedoch tolle Bergwanderungen unternehmen. Natürlich ist es auf den Wegen dann erheblich stiller. Die Great-Walks-Hütten an der Tongariro Alpine Crossing und am Tongariro Northern Circuit sind dann zwar nicht mehr mit Kochgelegenheiten ausgestattet, aber dafür billiger ($15,30 statt $31). Die Hütten am Round the Mountain Track kosten das ganze Jahr dasselbe. Weitere Informationen zu Wetter und Ausrüstung auf S. 365.

Für weniger erfahrene Wanderer gibt es normalerweise von Juni bis Oktober entlang weiter Abschnitte der Tongariro Alpine Crossing **geführte Wanderungen** inkl. Einführung in die Benutzung von Eisaxt und Steigeisen, die gestellt werden. Tongariro Expeditions, ✆ 07 377 0435, 🖥 thetongarirocrossing.co.nz, verlangt $155 ab National Park und Turangi. Adrift Outdoors in National Park, ✆ 07 892 2751, 🖥 adriftnz.co.nz, bietet eine winterliche Alpine Crossing ($155).

busse nehmen und ihnen vorausgehen – oder aber den langen, anstrengenden Tagestrip auf zwei Tage ausdehnen, in aller Ruhe hinter dem Pulk her marschieren und in der **Ketetahi Hut** (S. 367) übernachten.

Vom Parkplatz Mangatepopo zum Mangatepopo Saddle

Fast alle Wanderer begehen die Route von Westen nach Osten, wodurch man sich 400 m Anstieg spart. Vom Ausgangspunkt **Mangatepopo Road** geht es während der ersten Stunde relativ sanft am Flüsschen Mangatepopo entlang und an der gleichnamigen Hütte vorbei. Die Strecke wird dann steiler und führt durch rissige schwarze Lavaströme auf den **Mangatepopo Saddle** und über einen kurzen Seitenweg zu den **Soda Springs**, einer kleinen Wildblumenoase inmitten einer ansonsten vegetationslosen Landschaft.

Der Sattel markiert den Beginn des Hochlandes zwischen dem wuchtigen und uralten Mount Tongariro und seinem jugendlichen Nachbarn **Mount Ngauruhoe**, den man von hier aus besteigen kann (2 km hin und zurück, 2–3 Std., 600 m Anstieg), ohne den Shuttlebus am Ende des Tages zu verpassen. Der 35 Grad steile Anstieg ist anstrengend, erfreut sich aber großer Beliebtheit – wegen des exzellenten Panoramas vom gezahnten Kraterrand und wegen der aufregenden Rutschpartie beim Abstieg.

Vom Mangatepopo Saddle zur Ketetahi Hut

Vom Mangatepopo Saddle führt der Wanderweg über die flache Pfanne des **South Crater** und anschließend auf den Rand des **Red Crater**, wo aus Fumarolen hervorquellender Dampf die purpurroten und schwarzen Kesselwände einhüllt. Noch farbenfroher ist der Abstieg zu den **Emerald Lakes**, deren trübes Wasser in Schattierungen zwischen Jadegrün und Zartblau schimmert, und weiter zum kristallklaren **Blue Lake**. Am Rand des **North Crater** wird der Abstieg steiler und führt über mit goldgelben Grasbüscheln bewachsene Hänge zur **Ketetahi Hut**, einer größeren Raststation mit Blick auf die Seen Lake Rotoaira und Lake Taupo.

Von der Ketetahi Hut zum Parkplatz Ketetahi

Im weiteren Verlauf kommt man dicht an den dampfenden Quellen Ketetahi Springs vorbei, bevor der letzte Abstieg durch schattigen Busch an einem Flüsschen entlang am Parkplatz der Ketetahi Road endet.

Tongariro Northern Circuit

42 km, 3–4 Tage bei gemächlichem Tempo
▪ Hauptzugangsort ist Whakapapa

Wer die Route Tongariro Alpine Crossing ansprechend findet, aber nach einer größeren Herausforderung sucht, entscheidet sich für den **Tongariro Northern Circuit**, der zu Neuseelands Great Walks zählt. In der Sommersaison (etwa Okt–April) gelten die Hütten – Mangatepopo, Ketetahi, Waihohonu und Oturere – als **Great-Walks-Hütten**. Dann sind sie mit Gaskochern, jedoch nicht mit Pfannen, Töpfen und Geschirr ausgestattet. Camper können die Hütteneinrich-

Die Skigebiete am Mount Ruapehu

Der Mount Ruapehu weist die bedeutendsten Skigebiete der Nordinsel auf: **Whakapapa** und **Turoa**. Jedes Wochenende zwischen Ende Juni und Mitte Oktober kommen Skibegeisterte nach Whakapapa an der Nordwestflanke des Mount Ruapehu oder nach Turoa am Südhang. Beide haben einen ausgezeichneten Ruf bei Anfängern und Fortgeschrittenen, und die Beschaffenheit der vulkanischen Formationen sorgt für ein Übermaß an traumhaften, natürlichen Halfpipes für Snowboarder.

Tickets und Ausrüstung

Mt Ruapehu, 🖳 mtruapehu.com, verwaltet beide Skigebiete. Ein **Skipass** für eines der beide Gebiete kostet jeweils $95 pro Tag. Es gibt auch Pauschalpakete für Anfänger ($90) inkl. Leihausrüstung, knapp 2 Std. Unterricht und Skipass für die Anfängerpisten. Der **Skiverleih** vor Ort kostet pro Tag $39 (für Skier, Stiefel und Skistöcke) bzw. $47 (für Snowboards und Stiefel). Mehrere Verleiher in National Park, Ohakune und Turangi bieten günstige Preise und eine große Auswahl an Ausrüstung.

Übernachtung

In den beiden Skigebieten gibt es **keine öffentlichen Unterkünfte**. Zwar unterhalten die Skiclubs Dutzende von Chalets am Fuße der Lifte in Iwikau Village bei Whakapapa, doch Gelegenheitsbesucher müssen (falls sie nicht als Gast in eine der Lodges eingeladen sind) mit den Unterkünften 6 km weiter unten in Whakapapa Village oder im 22 km entfernten National Park vorliebnehmen. Klassischer Übernachtungsort für das Skigebiet Turoa ist Ohakune.

Skigebiete

Mit über 60 gepflegten Pisten (2 für Anfänger, 40 für Fortgeschrittene, 20 für erfahrene Skifahrer), einem Dutzend größeren Sessel- und Schleppliften und dem speziell für Anfänger reservierten Areal Happy Valley ist **Whakapapa** das größte und meistbesuchte Skigebiet Neuseelands. Es überbrückt 675 m Höhenunterschied und bietet Kunstschneemaschinen, Skischulen, einen riesigen Ausrüstungsverleih und ein paar Cafés/Bars. Die Anfahrt erfolgt über die gebührenfreie Asphaltstraße Bruce Road; Schneeketten sind nicht erhältlich (S. 363). Busse verkehren regelmäßig von Whakapapa Village, National Park, Turangi und Taupo. 🕐 in der Regel Ende Juni–Mitte Okt.

Das Skigebiet **Turoa** bietet mit 720 m den größten Höhenunterschied aller Skigebiete des Landes und ein befahrbares Gebiet, das in der Größe mit Whakapapa vergleichbar ist. Seine breiten, gepflegten Pisten (3 für Anfänger, 11 für Fortgeschrittene, über ein Dutzend für erfahrene Skifahrer) sind besonders für Skiläufer mit durchschnittlichen Fähigkeiten ausgelegt. Außerdem verfügt der nahe gelegene Ort **Ohakune** über das beste Après-Ski-Angebot der Region. Im Regelfall ist es möglich, ohne Ketten von Ohakune über die asphaltierte und gebührenfreie, 17 km lange Zufahrtsstraße nach oben zu fahren, wo es ebenfalls kostenlose Parkmöglichkeiten gibt. Bei Bedarf steht ein Schneekettenservice bereit ($30, nur Bargeld). Mehrere Shuttlebusse verkehren zwischen Ohakune und Turoa (Fahrpreis etwa $25 hin und zurück). 🕐 Saison normalerweise Mitte/Ende Juni–Mitte Okt.

tungen mitbenutzen. Der Rundweg wird normalerweise im Uhrzeigersinn begangen.

Von Whakapapa zur Mangatepopo Hut
9 km, 2–3 Std., 50 m Anstieg

Dieser Abschnitt lässt sich einsparen, indem man einen Shuttlebus zum Parkplatz Mangatepopo nimmt. Der Wanderweg führt durch Tussock-Steppe und über zahlreiche Bäche, bevor er in der Nähe der Mangatepopo Hut auf die Route Tongariro Alpine Crossing trifft. Der Streckenabschnitt ist nach schweren Regenfällen aufgeweicht, aber in der Regel noch passierbar.

Von der Mangatepopo Hut zu den Emerald Lakes

6 km, 3–4 Std., 660 m Anstieg

Die Route ist identisch mit der Tongariro Alpine Crossing, danach eröffnen sich zwei Alternativen: Entweder man folgt weiter der Route Tongariro Alpine Crossing bis **zur Ketetahi Hut** (4 km, 2–3 Std., 400 m Abstieg) und kehrt am nächsten Tag zur Weggabelung bei den Seen zurück, oder man biegt direkt nach rechts ab. Der Weg führt vorbei an schwarzen Lavaströmen von Ausbrüchen des Ngauruhoe 1949 und 1954. Vom Red Crater führt oben eine abgesteckte Route (nach links) zum Tongariro Summit, während der Hauptweg am Kraterrand weiterführt.

Emerald Lakes zur Oturere Hut

5 km, 1–2 Std., 500 m Abstieg

Durch eine surreale Lavageröllwüste, die von den Ausbrüchen des Red Crater stammt, geht es Richtung Rangipo Desert und Oturere Hut; dabei bieten sich spektakuläre Ausblicke auf das Oturere Valley, die Kaimanawa Ranges und die Rangipo Desert

---

Busse im Tongariro National Park

Ein paar InterCity-Busse passieren den Tongariro National Park, aber meist werden die zum Park verkehrenden Busse von kleineren, vielfach mit Backpacker-Hostels zusammenarbeitenden Unternehmen betrieben. Wer in einem der unten genannten Orte nächtigt, kann aus einer Reihe von Anbietern wählen, die mehr oder weniger denselben Service bieten. Darunter gibt es meist einen für Frühaufsteher, die somit bereits vor dem ersten Besucheransturm am Ort des Geschehens eintreffen. Wir haben die größeren, zuverlässigen Anbieter aufgelistet. Nähere Auskünfte über die verschiedenen Angebote erteilen die Unterkünfte und die Touristeninformationen. Für den Hin- und Rücktransfer zur Tongariro Alpine Crossing verlangen die meisten Unternehmen ca. $35.

Ab National Park

Zahlreiche Shuttlebusse fahren im Sommer zu den Ausgangspunkten der Wanderwege und im Winter zu den Skigebieten. Howard's Lodge, The Park und YHA National Park Backpackers (S. 369) bieten z. B. eigene Busse.

Ab Ohakune

Matai Shuttles, ✆ 0800 462 824, 🖥 mataishuttles.co.nz, verkehren im Sommer 2x tgl. mit Zwischenstopp in National Park (und manchmal Whakapapa) zum Parkplatz Mangatepopo.

Ab Taupo

Tongariro Expeditions, ✆ 07 377 0435, 🖥 thetongarirocrossing.co.nz, bietet gute Verbindungen in den Nationalpark. Wer jedoch von Taupo aus die Tongariro Alpine Crossing gehen möchte, muss extrem früh aufstehen, um dann trotzdem mit dem großen Pulk loszugehen.

Ab Turangi

Mountain Shuttle, ✆ 0800 117 686, 🖥 tongarirocrossing.com, hat ganzjährig Shuttles zur Tongariro Alpine Crossing und zu den Skigebieten. Mountain Shuttle setzt mehrere Busse am Tag zur Crossing ein, den frühesten gegen 6 Uhr.

Extreme Backpackers, ✆ 07 386 8949 (S. 359). Bietet ebenfalls ganzjährig Shuttles zur Alpine Crossing und zu den Skigebieten.

Ab Whakapapa

Mehrere Shuttlebusse kommen hier auf ihrem Weg zum Ausgangspunkt der Tongariro Alpine Crossing vorbei, am häufigsten der Mountain Shuttle (s. oben).

Oturere Hut zur Waihohonu Hut

8 km, 2–3 Std., 250 m Abstieg

Dieser Abschnitt führt zunächst durch offenes, leicht hügeliges Land und über Geröllfelder, bevor man einen Zweig des Waihohonu Stream durchquert. Danach geht es bergab durch Südbuchenwälder, bevor man nach einer letzten Kletterpartie über einen Bergrücken die Hütte erreicht, wo man sein Gepäck loswerden und zu den 20 Min. entfernten Quellen Ohinepango Springs weitermarschieren kann.

Waihohonu Hut nach Whakapapa

14 km, 5–6 Std., 200 m Anstieg

Die letzte Etappe führt zwischen Ngauruhoe und Ruapehu hindurch und vorbei an der Old Waihohonu Hut (keine Übernachtungsmöglichkeit), einer ehemaligen Postkutschenstation, die 1901 an der alten Landstraße errichtet wurde. Anschließend geht der Weg an dem Flüsschen Waihohonu Stream entlang auf den ungeschützten **Tama Saddle**. Gut 1 km weiter zweigen zwei Wanderwege zu den Kraterseen Lower Tama Lake (20 Min. hin und zurück) und Upper Tama Lake (1 Std. hin und zurück) ab. Wer kaltes Wasser nicht scheut, kann in diesen Seen baden. Da vom Tama Saddle zurück nach Whakapapa nur mit 2 Std. Fußmarsch durch eine Grasbüschellandschaft zu rechnen ist, bleibt i. d. R. noch Zeit für einen Abstecher zum Wasserfall **Taranaki Falls**.

Round the Mountain Track

71 km, 4–5 Tage ▪ Hauptzugangsort ist Whakapapa

Der anspruchsvolle **Round the Mountain Track** führt um den Mount Ruapehu herum und lässt sich am einfachsten von Whakapapa aus bewältigen. Der Round the Mountain Track kann auch mit dem Northern Circuit zu einem anstrengenden 5- oder 6-tägigen Marsch um alle drei Berge kombiniert werden.

Die einzigen Übernachtungsmöglichkeiten, mit Ausnahme der Unterkünfte in Whakapapa, sind **Wanderhütten** und die dazugehörigen **Zeltplätze**. Hüttentickets können im Voraus in den DOC-Büros Whakapapa und Ohakune oder im i-SITE von Turangi gekauft werden. Wer vor Ort beim Hüttenaufseher bezahlt, zahlt $5 extra.

Round the Mountain Track

Hüttenpässe sind nicht gültig in der Great-Walks-Hütte Waihohonu Hut, die man jedoch online reservieren kann. Für alle anderen Hütten sind die Hüttenpässe gültig. Personen unter 18 Jahren übernachten gratis. Hütte $15, Waihohonu-Hütte $31, Camping $5, Camping an der Waihohonu-Hütte $20,40

Tongariro Alpine Crossing

Die Ketetahi Hut ist eine Great-Walks-Hütte und kann online reserviert werden. Hüttenpässe sind nicht gültig. Personen unter 18 Jahren übernachten gratis. Hütte $31, Camping $20

Tongariro Northern Circuit

Mangatepopo, Ketetahi, Waihohonu und Oturere sind allesamt Great-Walks-Hütten und online buchbar. Personen unter 18 Jahren übernachten gratis. Hütten $31, Camping $20,40

Die informativen **DOC-Broschüren** zu den Wanderrouten, erhältlich in den i-SITE Visitor Centres in Taupo und Turangi, sind für die meisten Wanderer ausreichend; wer mehr möchte, besorgt sich die *Parkmap* ($19) für die Region.

Die meisten Wanderer gehen die Tongariro Alpine Crossing und den Tongariro Northern Circuit vom Parkplatz am Ende der Mangatepopo Rd, abseits des SH47. Da die Parkplätze an beiden Enden der Alpine Crossing dafür berüchtigt sind, dass häufig Autos aufgebrochen werden, empfiehlt es sich, das Fahrzeug in Ohakune, Turangi, National Park oder Whakapapa stehen zu lassen und einen der Shuttlebusse zu nehmen (S. 363).

National Park

Der wohlklingende Name vermag nicht über die Eintönigkeit dieses kleinen, 15 km westlich von Whakapapa Village gelegenen Ortes hinwegzutäuschen. Es handelt sich um eine öde Ansammlung von Chalets inmitten einer struppig bewachsenen Ebene. Seine Existenz verdankt der Ort den vielen Skifahrern und Wanderern im benachbarten Nationalpark sowie den Kajakern, die zum Whanganui River unterwegs sind. Da in Whakapapa Village nur wenige Unterkünfte zur Verfügung stehen, sind viele Besucher auf National Park angewiesen und lassen sich mit Shuttlebussen (S. 363) zu den Skipisten und Tongariro-Wanderwegen fahren.

Tupapakurua Falls Track

4–5 Std. hin und zurück

Bei schlechtem Wetter bietet sich eine Wanderung auf dem **Tupapakurua Falls Track** an. Der Weg verläuft durch Waldgebiete, sodass man einen gewissen Wetterschutz genießt. Er folgt zunächst nördlich vom Bahnhof der Schotterstraße Fisher Road und biegt dann nach 2 km (30 Min.) bei einem kleinen Parkplatz links in einen Pfad zu einer Sitzbank (weitere 20 Min.) mit tollem Ausblick nach Westen Richtung Mount Taranaki ab. Nach einer weiteren Stunde kommt ein kleiner Canyon mit Ausblick auf die schmalen, 50 m hohen Tupapakurua Falls.

ÜBERNACHTUNG

Während der **Skisaison**, wenn die Nachfrage nach Unterkünften besonders am Wochenende und in den Schulferien hoch ist, liegen die Preise deutlich höher als angegeben. Zwischen Weihnachten und Ende Januar kann es dann ein nicht einmal voll werden, doch ansonsten herrscht keine Knappheit. Ein halbes Dutzend Unterkünfte bieten sowohl Dorms als auch Doppelzimmer (z. T. mit Bad), und alle unterhalten entweder eigene **Shuttles zu den Wanderwegen** (gewöhnlich $35 für Hin- und Rückfahrt) oder kooperieren mit einem der Anbieter.

Howard's Lodge, Carroll St, ☏ 07 892 2827, ▭ howardslodge.co.nz. Gute Lodge mit eigener Küche und Lounge für diejenigen, die in den DZ übernachten. Außerdem Spa, Verleih von Sportausrüstung (Skier $33, Snowboards $40) und Mountainbikes ($60 pro Tag). Dorms $26, Zimmer $75, mit Bad $105

National Park Hotel, Carroll St, ☏ 07 892 2805, ▭ nationalparkhoteltongariro.co.nz. Der Ortspub hat auch altmodische, aber saubere und

42 Traverse

Die Mountainbikeroute **42 Traverse** (46 km einfach, 4–6 Std.) in der Nähe des Ortes National Park – oft fälschlicherweise 42nd Traverse genannt – ist seit langem bei neuseeländischen Bikern beliebt. Zumeist folgt sie einer schmalen Allradpiste durch recht abgelegenes Terrain mit tollen Abfahrten (insgesamt 500 m Nettogefälle), ein paar Flussbettendurchquerungen und jeder Menge stimmungsvollem Wald.

Die Route ist fahrtechnisch nicht besonders anspruchsvoll. Es geht aber 300 Höhenmeter hinauf; einigermaßen erfahrene und fitte Fahrer benötigen etwa 4 bis 6 Stunden für die Strecke. Am besten fährt man die Traverse von National Park, wo sich bei den Unterkünften auch Transfers zum Anfang und vom Ende der Route für normalerweise insgesamt $35 organisieren lassen. Einige Unterkünfte verleihen auch Räder, andernfalls gibt es welche bei Kiwi Mountain Bikes in der Schnapps Bar, ☏ 0800 562 4537, ▭ kiwimountainbikes.co.nz: $65 für die 42 Traverse. Außerdem veranstaltet Kiwi Mountain Bikes geführte Touren auf dem zumeist bergab verlaufenden **Fishers Track** (17 km, 520 m Gefälle, $99) mit Abholung am Endpunkt.

gemütliche Dorms, Zimmer und Backpacker-Cabins, alle mit Gemeinschaftsbad. Zu den überraschend modernen Einrichtungen zählen eine Lounge mit Großbild-TV und Breitband-Internet. Dorms $20, Backpacker-Cabins $50, DZ $60

The Park, SH4, Ecke Millar St, ☏ 07 892 2748, ▭ the-park.co.nz. Die größte Lodge des Orts ist ein gut geführter 82-Zimmer-Komplex mit Bar, Restaurant und Spa. Allerdings haben die Zimmer keinen Bergblick. Dorms $35, Zimmer mit Bad $120, Apartments $160

Plateau Lodge, Carroll St, ☏ 0800 861 861, ▭ plateaulodge.co.nz. Entspannte Skichalet-Atmosphäre und breites Angebot an Unterkünften sowie Spa. Kostenloses WLAN und Gästetelefon. Dorms $28, Zimmer mit Bad $90, Apartments $160

Tongariro Crossing Lodge, Carroll St, ☎ 07 892 2688, 🖥 tongarirocrossinglodge.co.nz. Urige, im Kolonialstil eingerichtete ehemalige Postkutschenstation mit recht persönlicher Atmosphäre. Alle 6 Zimmer mit Bad. Es gibt auch Frühstück ($18 extra). $149

YHA National Park Backpackers, Finlay St, ☎ 07 892 2870, 🖥 npbp.co.nz. Recht einfaches YHA-Hostel mit eigener Kletterwand ($10, plus $3 für Ausrüstung). Camping $14, Dorms $23, Zimmer $60, mit Bad $70

ESSEN UND UNTERHALTUNG

Alle genannten Lodges haben Einrichtungen für Selbstversorger, und The Park verfügt über ein eigenes Restaurant mit guten, unaufwendigen Mahlzeiten.

Macrocarpa Café, 3 Waimarino Tokaanu Rd, ☎ 07 892 2911. Das beliebte Café fungiert auch als Post, Besucherzentrum und allgemeiner Treffpunkt des Orts. Sättigende Gerichte (Hauptgerichte $8–14,50) wie Schnapper im Bierteigmantel und Salat mit geräuchertem Huhn. ⏲ tgl. 7–18 Uhr.

National Park Hotel, Carroll St, ☎ 07 892 2805. Teile dieses Holzgebäudes stammen von 1913. Im Mill Bar and Restaurant des Hotels wird Kneipenkost serviert, z. B. ein Eintopf mit Schwarzbier und Rindfleisch (Hauptgerichte $16,50–24,50). ⏲ tgl. 7–18 Uhr.

Schnapps Bar, SH4, ☎ 07 892 2788, 🖥 schnappsbarruapehu.com. Geschmorte Lammstelzen mit Minzjus erfreuen sich in diesem großen, orangefarbenen Pub am Ortseingang besonders großer Beliebtheit. Auch Burger und große Portionen Fish 'n' Chips (Hauptgerichte $18,50–22,50). Im Winter wird am Wochenende Frühstück angeboten, außerdem gibt's zuweilen Konzerte und Sportübertragungen. ⏲ tgl. 12 Uhr bis spät.

📖 **The Station**, am Bahnhof, ☎ 07 892 2881, 🖥 thestationcafe.co.nz. Das Restaurant ist allein schon ein Grund für eine Fahrt nach National Park: Serviert werden hier reichhaltiges warmes Frühstück, attraktive Thekenkost (auch zum Mitnehmen), Mittagsspeisen wie *seafood chowder* und abends exquisite Gerichte wie Lachs in Sesamkruste oder mit Wacholder-Wildgerichte mit dunkler Pflaumensauce (Hauptgerichte $25,50–36), gekrönt von köstlichen Desserts. ⏲ Mi–Mo 10 Uhr bis spät, Di 10–15 Uhr.

SONSTIGES

Geld

In der Tankstelle am SH4 gibt es einen **Geldautomaten**, ⏲ gewöhnlich tgl. 7.30–19 Uhr. Auch die Schnapps Bar (s. unten) hat einen Geldautomaten.

Informationen

National Park besitzt kein i-SITE, Besucherinformationen bekommt man jedoch im **Macrocarpa Café** (s. links), das auch Postdienstleistungen bietet.

TRANSPORT

Busse

Die aus Taumarunui, Turangi und Ohakune kommenden Busse von InterCity halten nicht weit vom Bahnhof in der Carroll St beim National Park Hotel. Busfahrkarten gibt es in der Howard's Lodge (S. 368).

Busse nach:
AUCKLAND 2x tgl., 5 1/2 Std.;
OHAKUNE 2x tgl., 30 Min.

Eisenbahn

Die Züge halten am Bahnhof in der Station Rd.

Züge nach:
AUCKLAND 3–7x wöchentl., 5 1/2 Std.;
OHAKUNE 3–7x wöchentl., 30 Min.;
PALMERSTON NORTH 3–7x wöchentl., 3 1/2 Std.;
WELLINGTON 3–7x wöchentl., 5 Std.

Ohakune

Das 35 km südlich von National Park gelegene **Ohakune** wird von Lodges im Alpenhüttenstil und Skiausrüstern beherrscht, die auf den massiven Ansturm der Wintersport-Enthusiasten eingestellt sind, der jedes Jahr Mitte Juni einsetzt und bis Ende Oktober anhält.

Außerhalb dieser Zeit präsentiert sich Ohakune eher ruhig, obwohl immer mehr Restaurants und Bars ganzjährig geöffnet haben, um sich das Sommergeschäft nicht entgehen zu lassen. Die Sommertouristen kommen, um auf der der Old Coach Road zu **wandern**, von hier zur Tongariro Alpine Crossing aufzubrechen oder sich auf eine Flusstour auf dem Whanganui River (S. 305) vorzubereiten.

ÜBERNACHTUNG

In Ohakune gibt es jede Menge Unterkünfte, doch viele sind außerhalb der Skisaison geschlossen und im Winter ausgebucht. Während der Saison liegen die Preise um 30 % höher als unten angegeben. In vielen Unterkünften gilt besonders am Wochenende ein Mindestaufenthalt von zwei Nächten. Wer mit dem Bus anreist, wird es wahrscheinlich praktisch finden, in der Stadt anstatt in Ohakune Junction abzusteigen.

Hobbit Motor Lodge, 80 Goldfinch St, ☎ 06 385 8248, 🖥 the-hobbit.co.nz. Auf halbem Weg zwischen Ort und Ohakune Junction, mit motelähnlichen Einrichtungen, darunter ein Open-Air-Spa. Dorms $25, Studios $85, Cabins mit Bad $140, Motel Units $210

Ohakune Top 10 Holiday Park, 5 Moore St, ☎ 06 385 8561, 🖥 ohakune.net.nz. Direkt am Waldrand, aber dennoch zentral gelegener, gepflegter Campingplatz. Camping $30, Cabins $67, mit Bad $140, Motel Units $210

Powderhorn Chateau, 194 Mangawhero Terrace, Ohakune Junction, ☎ 06 385 8888, 🖥 powderhorn.co.nz. Hotel am unteren Ende der Ohakune Mountain Rd in einem kolossalen Blockhaus mit großen, gemütlichen Zimmern. Die besten haben Balkon und Blick auf den Wald. Großer Hot Pool. $240

📖 **Rimu Park Lodge**, 27 Rimu St, Ohakune Junction, ☎ 06 385 9023, 🖥 rimupark.co.nz. Eine der größten Unterkünfte in Ohakune, eine Villa Baujahr 1914. 6er-Dorms und DZ, einfache Cabins, Units mit Bad, einige schicke moderne Apartments, ein voll ausgestattetes Selbstversorger-Chalet und 2 Eisenbahnwaggons, die zu separaten Units mit eigenem Aufenthaltsraum und Schlafbereich umgestaltet wurden. Dorms $35, Zimmer $90,

Cabins $80, Units $130, Eisenbahnwagen $190, Apartments $170, Chalet $320

The River Lodge, 206 Mangawhero River Rd, ☎ 06 385 4771, 🖥 theriverlodge.co.nz. Einladende, gut ausgestattete Lodge-Zimmer und 2 Cabins, alles zumeist mit Bergblick, in wunderbar friedvoller parkähnlicher Umgebung mit Buchen an einem kleinen Forellenflüsschen. Dazu Lounge-Bereiche, DVDs, Bücher und Spiele sowie Spa Pool draußen. Kleines Frühstück inkl., auf Vorbestellung auch Abendessen ($55 inkl. 1 Glas Wein). Nach 5 km an der Straße Richtung Raetihi ausgeschildert. Zimmer $120, Chalets $160

Station Lodge, 60 Thames St, ☎ 06 385 8797, 🖥 stationlodge.co.nz. Beliebte, gut ausgestattete Lodge: Dorms, Chalets und tolle Einrichtungen wie Open-Air-Spa und kostenlos zu nutzende Stadträder, dazu Verleih von Mountainbikes, Skier und Snowboards. Dorms $27, DZ $54, Units $100, Chalets $200

Whare Ora, 1 Kaha St, Rangataua, ☎ 06 385 9385, 🖥 whareoralodge.co.nz. Hübsches B&B in großem Haus mit netten Gastgebern 5 km östlich von Ohakune. Das Zimmer unten hat einen Whirlpool und blickt auf einen reizenden Garten, die große Suite oben bietet genialen Bergblick. Auf Wunsch 3-Gänge-Abendmahlzeiten für $80 inkl. Wein. $255

YHA LKNZ Backpackers, 1 Rata St, Ohakune Central, ☎ 06 385 9169, 🖥 localknowledgenz.com. Gutes YHA-assoziiertes Hostel. Die Betreiber sind große Naturfreunde und bieten Shuttles zu den Aktivitäten. Dorms $25, DZ mit Bad $79

ESSEN UND UNTERHALTUNG

Während der Skisaison ist Ohakune Junction mit seinen beliebten Bars abends das Maß aller Dinge. Im Sommer hingegen ist man im Zentrum von Ohakune besser aufgehoben.

The Bearing Point, 55 Clyde St, Central Ohakune, ☎ 06 385 9006. Treffpunkt der Einheimischen. Geboten werden internationale Gerichte wie vegetarisches *korma* oder thailändisches Seafood-Curry (Hauptgerichte $27–38). Lockere Bar. 🕐 Di–So 18 Uhr bis spät.

Cyprus Tree, 19a Goldfinch St, Central Ohakune, ☎ 06 385 8857, 🖥 thecyprustree.co.nz.

Outdoor-Aktivitäten in der Umgebung von Ohakune

In der Umgebung von Ohakune gibt es zahlreiche **Wanderwege**, von denen die meisten in der Broschüre *Walks in and around Tongariro National Park* ($3) aufgeführt sind. Die Wege können rutschig sein, sodass man sich – v. a. im Winter – vorher nach den Bedingungen erkundigen sollte. Die meisten Wege sind für **Mountainbiker** gesperrt; diese können aber die Ohakune Mountain Road hinabdüsen (1000 m Gefälle auf 17 km).

Wanderungen

Lake Surprise (9 km hin u. zurück, 5 Std.). Die hügelige Route verläuft über ein Teilstück des Round the Mountain Track (S. 367) zu einem seichten See. Sie beginnt bei Kilometer 15 der Ohakune Mountain Rd und führt an vulkanischem Trümmergestein vorbei, das von den Ausbrüchen von 1975 und 1995 stammt.

Mangawhero Forest Walk (3 km Rundweg, 1 Std.). Der beste der kürzeren Wege ist ein gut gekennzeichneter Rundwanderweg, der am unteren Ende der Ohakune Mountain Road beginnt.

Old Coach Road (11 km hin und zurück, 3 Std. einfach). Der tolle einfache Wander- und Mountainbike-Pfad führt durch herrlichen einheimischen Wald, bietet weite Ausblicke über Farmland und passiert einen heute unbenutzten Tunnel. Das Ganze ist gewürzt mit viel Geschichte, die auf Infotafeln am Wegesrand erläutert wird. Vom Ende der Marshalls Road, 2 km nordwestlich von Ohakune Junction, folgt der Weg zum Teil einem Pfad, der es Eisenbahnfahrgästen zwischen Auckland und Wellington ab 1906 für ein paar Jahre ermöglichte, eine Lücke in der damals noch unfertigen Strecke zu schließen. Ein Highlight der Straße ist das schmale, 290 m lange Hopruwhenua Viaduct, das Teil der Bahnstrecke war, aber durch Streckenbegradigungen in den 1980er-Jahren überflüssig wurde. Die Website 🖥 ohakunecoachroad.co.nz bietet Hintergrundinformationen, darunter einige tolle alte Fotos. Auch das DOC wartet mit Infos zu der Route auf.

Waitonga Falls Walk (4 km hin u. zurück, 1 1/4 Std.). Die Waldwanderung beginnt bei Kilometer 11 der Ohakune Mountain Road und führt zu einem spektakulären, 39 m hohen Wasserfall.

Reiten

Ruapehu Homestead, 4 km östlich von Ohakune am SH49, ✆ 027 267 7057. 1- bis 2 1/2-stündige Ausritte ab $40 pro Std., durch Wald oder über offenes Farmland.

Mountainbiking

TCB, 27 Ayr St, ✆ 06 385 8433, 🖥 tcbskiandboard.co.nz. Vermietet Nov–Juni Mountainbikes für ab $50 pro Tag. Mit Matai Shuttles (S. 372) gelangt man samt Bike für $20 nach oben.

Café/Bar/Restaurant mit Ledersofas und bollerndem Kaminfeuer, bietet moderne Variationen einiger klassischer italienischer Gerichte (Hauptgerichte $22–31) plus einige Steak- und Fischgerichte und Desserts. ⊘ Winter Mo–Do ab 16, Fr und Sa ab 10 Uhr, Sommer Mo, Do und Fr ab 17 Uhr, Sa und So Brunch und Abendessen.

Italian Café & Restaurant, 55 Clyde St, Central Ohakune, ✆ 06 385 8346. Authentische italienische Küche, u. a. *scallopinne masala* (in Masala-Wein flambiertes, sehr fein geschnittenes Schweinefleisch). ⊘ tgl. 17 Uhr bis spät.

Matterhorn, im Powderhorn Chateau (S. 370). Tolles Essen in nobler, aber entspannter Atmosphäre, z. B. Entenbrust mit 5 Gewürzen (Hauptgerichte $27–36), ⊘ saisonal, mit Reservierung.

Powderkeg, im Powderhorn Chateau (S. 370). Die zwanglose und gewöhnlich sehr lebhafte Brasserie/Bar mit Après-Ski-Stimmung ist gut für Hamburger, Pizzas und eine kleine, aber sehr gute Auswahl an Hauptgerichten ($24–32). ⊕ tgl. 7 Uhr bis spät.

Utopia, 47 Clyde St, Central Ohakune, ℰ 06 385 9120. Hat Frühstück, leichtes Mittagessen und den besten Kaffee des Orts (Hauptgerichte $9,50–19,50). ⊕ tgl. 9–15 Uhr.

SONSTIGES

Informationen

i-SITE und DOC, 54 Clyde St, ℰ 06 385 8427, 🖳 visitruapehu.com. ⊕ i-SITE tgl. 9–17 Uhr, DOC unterschiedlich, auf jeden Fall aber Mi–So 9–17 Uhr.

Internet

PeppaTree, gegenüber dem i-SITE; $5/Std.

NAHVERKEHR

Matai Shuttles, 61 Clyde St, ℰ 0800 462 824, 🖳 mataishuttles.co.nz. Shuttles für die Stadt und die Region, u. a. in der Skisaison einen Abendshuttle zwischen Ortszentrum und Ohakune Junction (tgl. von 18 Uhr bis die letzte Kneipe schließt; $5 einfach).

TRANSPORT

Busse

Die Busse von InterCity halten auf der Route HAMILTON–TAUMARUNUI–WANGANUI (tgl.) in der Nähe des i-SITE Visitor Centre im Zentrum von Ohakune, 2 km südwestlich des Bahnhofs.

Busse nach:

AUCKLAND 2x tgl., 6 1/2 Std.;
WELLINGTON 2x tgl., 4 1/2 Std.
Shuttles in der Region s. oben.

Eisenbahn

Die Eisenbahn hält auf der Linie Auckland–Wellington am Bahnhof in Ohakune Junction am Nordrand des Orts.

Züge nach:

AUCKLAND 3–7x wöchentl.,
6 1/2 Std.;
WELLINGTON 3–7x wöchentl.,
5 1/2 Std.

Desert Road

Südlich von Turangi verläuft der SH1 östlich des Tongariro National Park in etwa parallel zum Tongariro River Richtung Süden. Der etwas unheimliche, landschaftlich sehr schöne Highway heißt auf diesem Abschnitt **Desert Road** und verdankt diesen Namen der den Elementen ausgesetzten unfruchtbaren Geröllebene Rangipo Desert, die er durchschneidet. Es handelt sich allerdings nicht um eine richtige Wüste, denn dafür fällt hier zu viel Regen. Im Winter kann die Straße nach Schneefällen gesperrt sein, also sollte man sich vor der Fahrt nach den Straßenverhältnissen erkundigen.

Anfangs führt die Straße noch durch tiefen Kiefernwald, um bald darauf anzusteigen und großartige Blicke auf den Ruapehu, Ngauruhoe und Tongariro im Westen freizugeben. Die vegetationslose Vulkanlandschaft bietet eine spektakuläre Kulisse und erfährt durch die drei aus der trostlosen Grasbüschelsteppe herausragenden Reihen von Strommasten fast noch ein zusätzliches Maß an Urwüchsigkeit.

Die Desert Road und die an den Westflanken von Ruapehu, Ngauruhoe und Tongariro entlang laufenden Landstraßen treffen in **Waiouru** zusammen, einer nicht gerade aufregenden, 800 m ü. d. M. liegenden Aneinanderreihung von Tankstellen und Tearooms inmitten der unfruchtbaren Grasbüschel-Einöde in unmittelbarer Nachbarschaft zum größten **Militärstützpunkt** Neuseelands.

National Army Museum

SH1, Höhe Hassett Drive, Waiouru ▪ ⊕ tgl. 9–16.30 Uhr ▪ Eintritt $15 ▪ ℰ 06 387 6911, 🖳 armymuseum.co.nz

Betonbunker beherbergen das **National Army Museum**, ein Schaufenster der militärischen Konflikte mit neuseeländischer Beteiligung, von den Kriegen zwischen Maori und Pakeha über die Burenkriege in Südafrika bis zu den beiden Weltkriegen und Neuseelands Engagement in Vietnam. Völlig unerwartet trifft einen die ungeheure Wirkung der **Gedenkmauer** Roimata Pounamu („Tränen auf Jade"). In die Mauer eingraviert sind Name, Dienstgrad und Todesort jedes einzelnen der rund 33 000 Neuseeländer, die in den verschiedenen Kriegen gefallen sind. Für den Besuch des Museums sind etwa 1 1/2 Stunden zu veranschlagen. Für Kinder gibt es ein interessantes **Discovery Centre**; das Museumscafé ist wohl das beste **Café** in der Gegend.

Taihape und Umgebung

30 km hinter Waiouru verlässt der SH1 das vulkanische Plateau und führt hinab zum landwirtschaftlichen Versorgungszentrum **Taihape** im Herzen des Rangitikei District. Der Hauptgrund dafür, hier einen Stopp einzulegen, besteht darin, dass sich in der hügeligen Landschaft östlich von Taihape nicht nur eine der aufregendsten Wildwasser-Strecken Neuseelands, sondern auch der höchste Bungy-Sprung der Nordinsel

Rafting auf dem Rangitikei

Die mit Schwierigkeitsgrad V eingestufte Passage durch die Schlucht des **Rangitikei River** zählt zu den härtesten Wildwasser-Rafting-Strecken Neuseelands. Der 2–3-stündige Höllentrip beinhaltet gleich 10 wilde Stromschnellen. Veranstaltet werden die **Rafting-Touren** auf dem Rangitikei von Mangaweka aus, oder direkter von der Abenteuerlodge River Valley direkt am Fluss.
River Valley, 30 km östlich von Taihape, ✆ 06 388 1444, 🖥 rivervalley.co.nz. Ganzjährig Vormittags- und manchmal auch Nachmittagstrips ($169). Bietet außerdem landschaftlich reizvolle Rafting-Touren ($165, 5 Std.) auf dem ruhigeren, mit Schwierigkeitsgrad II eingestuften Abschnitt unmittelbar flussabwärts der Lodge, dazu einige Mehrtages-Exkursionen. Informationen zur Übernachtung in der River Valley Lodge s. rechts.
Mangaweka Adventure Company, SH1, Mangaweka Village, ✆ 0800 655 747, 🖥 mangaweka.co.nz. Verschiedene Kajak- und Wildwasser-Raftingtrips, u. a. eine Fahrt durch die Rangitikei Gorge (WW V; $180), außerdem familienorientierte Rafting-Trips und Mehrtagestrips (ab $199 inkl. Essen) mit Zelten am Fluss. Informationen zum Campen auf S. 374.

verbirgt. Taihape selbst vermarktet sich als „Gummistiefelhauptstadt Neuseelands". Dieser Titel findet seinen Ausdruck in der Wellblechskulptur eines Gummistiefels und wird jedes Jahr im März gebührend gefeiert: **Gumboot Day** ist eine nicht ganz ernst gemeinte Verherrlichung dieser urneuseeländischen Fußbekleidung. Einer der Höhepunkte ist der Gummistiefelweitwurf.

Gravity Canyon

332 Mokai Rd; in Utiku vom SH1 abbiegen und der Beschilderung Richtung Osten folgen, auch zu erreichen vom River Valley über Schotterstraßen ▪ 🕐 tgl. 10–16 Uhr ▪ Bungy-Sprung $179; nur Bungylift $40; Flying Fox $155; Bridge Swing $159 ▪ ✆ 0800 802 864, 🖥 gravitycanyon.co.nz
Wer das Abenteuer sucht, sollte gleich zum Gravity Canyon fahren. Dort befinden sich neben einem 80 m hohen **Bungy-Sprung** der längste und schnellste **Flying Fox** Neuseelands, eine 175 m hohe und 1 km lange Seilrutsche, bei der man Geschwindigkeiten von bis zu 160 km/h erreicht, sowie ein Brücken-**Swing** mit 50 m freiem Fall. Beim Bungy-Sprung gibt es einen Speziallift, der einen auf die Brücke bringt.

ÜBERNACHTUNG

River Valley, Pukoekahu, ✆ 06 388 1444, 🖥 rivervalley.co.nz. In der Abenteuerlodge, die v. a. für ihre Raftingtrips (s. Kasten) bekannt ist, erfolgt die Unterbringung der Gäste in 6er-Dorms (inkl. Bettwäsche), angenehmen Zimmern oder sehr einladenden Cabins mit Bad. Es gibt eine Gästeküche, es werden aber auch preiswerte Mahlzeiten serviert. Auf dem Gelände befindet sich eine Bar. Alle Gäste haben Zugang zu einem Pétanque-Feld, einem Volleyballplatz und (gegen eine kleine Gebühr) einer holzgefeuerten und einer Infrarotsauna sowie einem Spa Pool mit Flussblick. Im Sommer werden auch Massagen angeboten. Camping $18, Dorms $31, Zimmer $75, Cabins mit Bad $169
Safari Motel, 18 Mataroa Rd, ✆ 06 388 1116, 🖥 safarimotel.co.nz. Der NakedBus hält gegenüber von diesem sauberen, schnörkellosen Motel 1 km nördlich des Orts am SH1, aber Gäste werden auch am Visitor Centre

abgeholt. Die größeren Studios verfügen über kleine Küchen, genauso wie die Apartments mit separatem Schlafzimmer. Zimmer $80, Apartments $120

Taihape Motels, Kuku St, Höhe Robin St, ☎ 06 388 0456, 🖥 taihapemotels.co.nz. Sehr günstiges, zentral gelegenes Motel mit makellos sauberen Zimmern und 3 Ferienwohnungen für bis zu 8 Pers. (Preise auf Anfrage). Zimmer $65

Brown Sugar Café, Huia St, ☎ 06 388 1880. Cottage-ähnliches Café mit leckeren Speisen wie gegrilltem Brie mit Huhn, Gemüse-Samosas und großen griechischen Salaten (Gerichte $10–17). ⏱ tgl. 7–15.30 Uhr.

Soul Food Café, 69 Hautapu St, ☎ 06 388 0176. Beliebtes Café mit ganztägig serviertem reichhaltigem Frühstück ($10,50–18,80) und mittags Salaten, Pasta, Fish 'n' Chips und Burgern. Freitagsabends wird Pizza gebacken. ⏱ Sa–Do 8–16, Fr 8–20 Uhr.

Informationen

Information Centre, 90–92 Hautapu St, in der Bücherei, ☎ 06 388 0604, 🖥 taihape.co.nz. ⏱ tgl. 9–17 Uhr.
Informationen über die Region finden sich auch auf 🖥 rangitikei.com.

Touren

River Valley, ☎ 06 388 1444, 🖥 rivervalley.co.nz. Hervorragende Ausritte ($109/2 Std.) über Farmland mit tollen Ausblicken auf die zerklüftete Landschaft.

Busse

InterCity-Busse halten in der Kuku St, um die Ecke vom Information Centre, NakedBus hält beim Restaurant Gumboot Manor am nördlichen Stadtrand.

Busse nach:
AUCKLAND 4x tgl., 7 Std.;
TAUPO 5x tgl., 2 Std.;
TURANGI 5x tgl., 1 1/4 Std.;
WELLINGTON 5x tgl., 4 Std.

Eisenbahn

Der Bahnhof liegt eine Querstraße westlich des Information Centre in der Robin St.

Züge nach:
AUCKLAND 3–7x wöchentl., 7 1/2 Std.;
WELLINGTON 3–7x wöchentl., 4 1/4 Std.

Mangaweka

SH1, 24 km südlich von Taihape

Ein Flugzeug vom Typ DC3 markiert am SH1 das verfallene Dörfchen **Mangaweka**, Hauptquartier der Mangaweka Adventure Company, die eine Reihe von Wildwasser-, **Rafting**- und Kajaktrips anbietet (Kasten S. 373).

Das Unternehmen unterhält zudem 1 km östlich vom SH1 einen hübschen einfachen **Campingplatz** mit einigen Stellplätzen am Wasser, Bademöglichkeiten und Duschen für $2. Hier sollen auch weitere Unterkünfte und eine Bar entstehen – aktuelle Infos auf der Website; Camping $7, mit Strom $9.

Coromandel Peninsula, Bay of Plenty und East Cape

Stefan Loose Traveltipps

Te Aroha Der bezaubernde alte Kurort am Fuß des Mount Te Aroha lädt zum Verjüngungsbad in heißen Quellen ein. S. 379

Kauaeranga Valley Eine Wanderung auf die Pinnacles führt vorbei an Relikten aus der Goldrauschzeit und durch zerklüftete Landschaften. Höhepunkt ist der Ausblick auf die beiden Küsten der Coromandel Peninsula. S. 388

Driving Creek Railway Die moderne Schmalspurbahn fährt durch dichten Coromandel-Busch zu einem wunderbaren Aussichtspunkt. S. 390

Hot Water Beach Mit einer Schaufel buddelt man ein Loch in den Sand und entspannt sich dann im heißen Thermalwasser. S. 397

Glühwürmchen-Kajaktour Eine Paddeltour in der Dämmerung führt durch eine üppig bewachsene Märchenschlucht mit stecknadelgroßen blaugrünen Lichtern. S. 412

White Island Auf der aktiven Vulkaninsel lässt sich eine unwirkliche Mondlandschaft bestaunen. S. 420

East Cape Das wilde, einsame Maori-Gebiet bietet Gelegenheit, Land und Leute kennenzulernen. S. 426

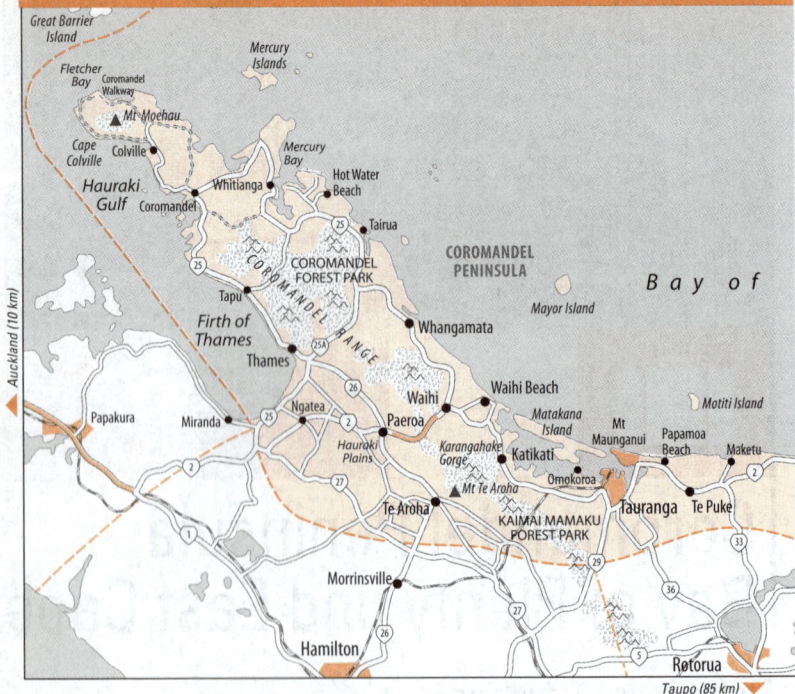

Die lang geschwungene Küste mit ihren Buchten und Halbinseln östlich von Auckland teilt sich in drei Gebiete auf, die zu den zauberhaftesten Küstenabschnitten des Landes gehören. Mit ihrem vulkanischen, von Regenwald bedeckten Rückgrat, ihren malerischen Buchten und endlosen goldenen Stränden lockt die zerklüftete **Coromandel Peninsula** einheimische und ausländische Besucher in Scharen an. Ihre Küste geht in die **Bay of Plenty** über, wo noch mehr Strände und zahlreiche Inseln warten, insbesondere die „rauchende" Vulkaninsel White Island. Weiter östlich liegt das **East Cape**, eine der am wenigsten besuchten Ecken Neuseelands. Hier ist praktisch die Zeit stehen geblieben: Nirgendwo sonst ist die Maori-Kultur noch so präsent – und weit entfernt vom Hype von Rotorua.

Bei der Anreise von Auckland nach Coromandel passiert man zunächst die von Milchwirtschaft geprägten **Hauraki Plains** südlich der Coromandel Peninsula, wo einige angenehme Überraschungen wie das Kurbad **Te Aroha** und die faszinierende **Karangahake Gorge** warten.

Die teilweise immer noch ungezähmte **Coromandel Peninsula** im Norden besticht durch eine großartige Küstenlandschaft, in der man wunderbare Wanderungen entlang ursprünglicher Strände oder durch hügeliges Gelände mit üppigem Regenwald unternehmen kann. Ihre beiden Küsten unterscheiden sich gewaltig: Die im Westen ist weitaus zerklüfteter und daher stimmungsvoller und bietet außerdem leichteren Zugang zu den Vulkanhügeln und uralten Kauri-Bäumen im **Coromandel Forest**.

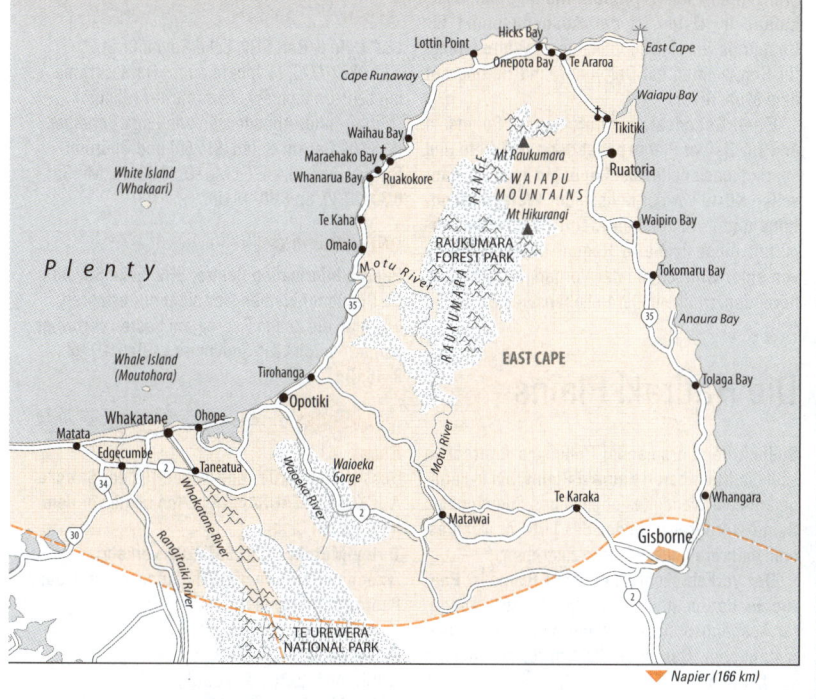

0   25 km

Lottin Point
Hicks Bay
Onepota Bay
East Cape
Cape Runaway
Te Araroa
Waiapu Bay
Waihau Bay
Tikitiki
Maraehako Bay
Mt Raukumara
Whanarua Bay
Ruakokore
WAIAPU
MOUNTAINS
Ruatoria
Te Kaha
Mt Hikurangi
Waipiro Bay
Omaio
RAUKUMARA
FOREST PARK
Motu River
Tokomaru Bay
White Island
(Whakaari)
Plenty
35
Anaura Bay
35
EAST CAPE
Whale Island
(Moutohora)
Tirohanga
Tolaga Bay
Whakatane
Ohope
Opotiki
Matata
Edgecumbe
Taneatua
Waioeka
Gorge
Motu River
Matawai
Te Karaka
Whangara
Gisborne
TE UREWERA
NATIONAL PARK

Napier (166 km)

Als Basis für dessen Erkundung eignen sich am besten das geschichtsträchtige **Thames** oder das malerische **Coromandel**, das inmitten einer sanften Hügellandschaft neben einem schönen Hafen liegt. Die Städte **Whangamata** und **Whitianga** an der Ostküste sind mit ausgedehnten Sandstränden und einem Riesenangebot an Wassersportaktivitäten gesegnet. Whitianga liegt zudem in der Nähe des **Hot Water Beach**, unter dem natürliche Thermalquellen verborgen liegen, und vor der Küste erstreckt sich das **Cathedral Cove Marine Reserve**, das ideal zur Delphinbeobachtung und zum Schnorcheln ist.

Von der Goldstadt **Waihi** am südlichen Ende der Coromandel Peninsula verläuft die **Bay of Plenty** nach Südosten bis Opotiki. Parallel zur Bucht verläuft der Pacific Coast Highway (SH2).

Ihren Namen bekam die „Bucht des Überflusses" 1769 von Kapitän James Cook, der überrascht war, so viele Maori-Siedlungen vorzufinden, die von reichen Ressourcen lebten und ihn großzügig mit Vorräten versorgten. Diese Ära des Friedens wurde in den 1860er-Jahren durch die Landkriege erschüttert: Heftige Kämpfe führten damals zur Errichtung von Garnisonen in Tauranga und Whakatane.

In der Bay of Plenty herrscht das beste Klima der Nordinsel, was die Gegend zu einem hervorragenden Obstanbaugebiet (v. a. Zitrus- und Kiwifrüchte) macht. Obwohl sich die Küste besonders bei einheimischen Urlaubern großer Beliebtheit erfreut, ist sie bis heute relativ unberührt. Hier gibt es tolle Surfstrände und andere Wassersportangebote.

Im Westteil der Bucht liegt eines der am schnellsten wachsenden urbanen Gebiete des Landes. Es besteht aus **Tauranga** und dem angrenzenden Badeort **Mount Maunganui**. **Whakatane** im Osten ist der Ausgangspunkt für Bootstrips zur aktiven Vulkaninsel **White Island**, für Schwimmen mit Delphinen und Rafting auf dem **Motu River**.

Einen Gegensatz zur Coromandel Peninsula und zur Bay of Plenty bildet das zerklüftete und spärlich besiedelte **East Cape**. Mit ihrer dramatischen Küste vor der Kulisse der **Waiapu Mountains** und ihrer reichen Maori-Geschichte vermittelt diese isolierte Region einen Eindruck von einer weitgehend der Vergangenheit angehörenden, traditionelleren Lebensweise.

Die Hauraki Plains

Südlich der Coromandel Peninsula erstrecken sich die fruchtbaren **Hauraki Plains**, ein in Farmgelände verwandeltes ehemaliges Sumpfgebiet. Seine Nordgrenze bildet der Firth of Thames, dem mehrere andere Flüsse zustreben.

Der Verkehrsknotenpunkt der Plains ist **Paeroa**. Es hat nicht viel zu bieten, ist aber ein guter Ausgangspunkt für Wanderungen in der majestätischen **Karangahake Gorge**, die fast bis Waihi reicht.

Das wahre Kleinod der Gegend ist jedoch die edwardianische Kurstadt **Te Aroha** (kaum größer als ein Dorf) am südlichen Ende der Hauraki Plains. Von hier empfiehlt sich eine Besteigung des Mount Te Aroha. Zurück im Ort kann man in den Thermalquellen entspannen.

Paeroa

Paeroa, 120 km südöstlich von Auckland, ist den Neuseeländern als Geburtsort von **Lemon and Paeroa** (L&P) ein Begriff. Dieses legendäre Erfrischungsgetränk auf der Basis einheimischen Mineralwassers trat 1907 seinen Siegeszug an. Inzwischen wird der Drink jedoch von Coca-Cola produziert. Das L&P-Logo prangt auf unzähligen Ladenfassaden überall in der Stadt, und

die und eine gigantische braune L&P-Flasche ziert denkmalsgleich die Kreuzung von SH2 und SH26.

ESSEN

L&P Café & Bar, SH2, Ecke Seymour St, ☎ 07 862 7773, 🖳 lpcafe.co.nz. Hat Eiscreme mit L&P-Geschmack, Fernfahrer-Frühstück, -Mittag- und -Abendessen wie Eggs Benedict ($13,80), Caesar Salad ($14,50) und Gourmet-Burger (ab $15,40). ⏱ Mo–Do 8.30–15, Mi–Sa 8.30–20.30, So 8.30–18 Uhr.

INFORMATIONEN

Paeroa Information Centre, SH2, Ecke Seymour St. Besucher können hier nicht nur erfahren, wie man die Zeit in Paeroa am besten verbringt, sondern auch L&P-Souvenirs kaufen. ⏱ tgl. 9–16 Uhr.

TRANSPORT

Busse

Busse von InterCity und NakedBus der Strecke AUCKLAND–TAURANGA halten beide vor dem Information Centre.
Turley-Murphy, ☎ 07 884 8208, verkehrt zwischen Hamilton und Whitianga via Te Aroha, Paeroa und Thames.

Busse nach:
AUCKLAND 2x tgl., 2 1/2 Std.;
HAMILTON 2x tgl., 1 1/2 Std.;
TE AROHA 1x tgl., 20 Min.;
THAMES 2x tgl., 20 Min.;
WHITIANGA 1x tgl., 2 1/2 Std.

Karangahake Gorge

SH2, 8 km östlich von Paeroa

In der grünen **Karangahake Gorge** setzte 1875 Coromandels erster Goldrausch ein. Heute ist nur schwer vorstellbar, dass es an diesem friedlichen Ort um die Wende zum 20. Jh. hoch herging. Die steilwandige Schlucht schlängelt sich den SH2 entlang, der dem Ohinemuri River bis Waihi folgt.

Die größte (aber immer noch winzige) Ortschaft ist **Karangahake**, wo bei einem Parkplatz mehrere hervorragende **Wanderpfade** abgehen. Sie führen an Flüssen entlang und vorbei an alten Goldminenruinen. Die unterschiedlichen Routen (von 20 Minuten bis zu einigen Stunden) sind ausführlich in der DOC-Broschüre *Karangahake Gorge* beschrieben. Ein Stück weiter liegt das winzige **Waikino**, der westliche Endbahnhof der Goldfields Railway (S. 406).

Karangahake Tunnel Loop Walk
3 km; 45 Min.; überwiegend flach

In Karangahake gelangt man über eine Fußgänger-Hängebrücke über den Fluss zu einem **Rundweg**, der am Ohinemuri River flussaufwärts führt. Unterwegs passiert man die Überreste alter Goldminen, wieder aufgeforstetes Buschland, und in der Schlucht hangelt sich der Pfad spektakulär an den Felsen entlang. Das Ende des Rundgangs ist erreicht, wenn man den Fluss über- und einen 1 km langen Tunnel (ausreichend beleuchtet) teilweise durchquert hat.

Karangahake Gorge Historic Walkway
Der **Karangahake Gorge Historic Walkway** verläuft 7 km an einer ausrangierten Bahnlinie entlang und führt durch die gesamte Schlucht nach Osten bis zum Waikino Station Café. Einen Abschnitt teilt er sich mit dem Karangahake Tunnel Loop Walk (s. oben). Er ist Teil des National Cycle Network und auf ganzer Länge mit dem Rad befahrbar; leider existiert bislang kein Fahrradverleih in der Gegend.

Victoria Battery
Am östlichen Ende der Karangahake Gorge liegen die Überreste der **Victoria Battery**. Von 1897 bis 1952 wurde hier das in der Region gewonnene Golderz verarbeitet. Zweitweise war es die größte Anlage dieser Art in Neuseeland. Erklärungen zu den mysteriösen Zementfundamenten sind Infotafeln zu entnehmen.

ÜBERNACHTUNG UND ESSEN

Bistro at The Falls Retreat, 25 Waitawheta Rd, gegenüber den Owharoa Falls, ☏ 07 863 8770, 🖥 fallsretreat.co.nz. Das ruhige, hübscheCafé und Restaurant mit schattigen Tischen im Freien und einem rustikal-modernen Innenraum hat leckere Holzofenpizza ($20),

mittags z. B. cremigen Linsen- und Kichererbsenpie mit Salat ($16) sowie Abend-Hauptgerichte wie Seafoodbisque aus Muscheln, Shrimps und Calamari mit Knoblauch und Chili ($29). Köstliche Desserts. Die Eigentümer vermieten auch ein idyllisches Selbstversorger-Cottage. Restaurant ⏱ Jan und Feb tgl. 11–22, März–Dez Mi–So 11–22 Uhr. $125

Golden Owl Lodge, 3 Moresby Rd, Karangahake, ☏ 07 862 7994, 🖥 goldenowl.co.nz. Chilliger Backpacker in modernem Haus in günstiger Lage zu den Wanderwegen. Geräumige Lounge, Küche mit Spülmaschine; Büchertausch, Brettspiele und eine Reihe DZ und 2BZ. Dorms $29, Zimmer $62, mit Bad $75

Ohinemuri Estate Winery and Café, 21 Moresby St, ☏ 07 862 8874, 🖥 ohinemuri.co.nz. Auf dem idyllischen Weingut mit Restaurant und Übernachtungsmöglichkeit kann man edle Tropfen und kleine, feine, mediterran angehauchte Speisen wie Antipasti-Platten ($40–45) kosten und in einem Selbstversorger-Apartment mit 4 Schlafgelegenheiten übernachten. Restaurant ⏱ tgl. 10–17 Uhr, im Winter Mo und Di geschlossen. $115

Waikino Station Café, SH2, 13 km östlich von Paeroa, ☏ 07 863 8640. Der Originalbahnhof Waikino (wird immer noch von der Goldfields Railway aus Waihi angefahren) bildet eine wundervolle Kulisse für dieses gute Café, wo im Winter ein Feuer im Kamin prasselt. Frühstück, Burger ($10–16), Kaffee und Kuchen. ⏱ tgl. 9.30–16 Uhr.

Te Aroha

Am Rande der Hauraki Plains, 21 km südlich von Paeroa, liegt die Kleinstadt **Te Aroha**, die für das einzige edwardianische Kurbad Neuseelands bekannt ist. Der kleine, gepflegte Ort schmiegt sich an die bewaldeten Hänge des **Kaimai Mamaku Forest Park**. Überragt wird das einladende Fleckchen Erde vom 954 m hohen **Mount Te Aroha**, einem beliebten Ziel für Wanderer.

Einrichtungen von Interesse – Banken, Post, Bücherei – liegen an oder in der Nähe der Whitaker Street. Das altmodische Flair des Ortes wird noch verstärkt durch eine alte Luftschutzsirene, die täglich um 8, 13 und 17 Uhr heult. Manche Leute richten bis heute ihren Tagesablauf danach aus.

Geschichte

Die Stadt wurde 1880 am äußersten schiffbaren Abschnitt des Waihou River gegründet. In dem darauffolgenden Jahr fand man reiche Goldvorkommen am Mount Te Aroha, was einen enormen **Goldrausch** auslöste, der bis 1921 andauerte. Innerhalb weniger Monate nach Gründung des Ortes errichtete die Bevölkerung um eine Gruppe von heißen Sodaquellen die attraktive **Hot Springs Domain**, ein etwa 18 ha großes Areal aus Rasenflächen und Rosenrabatten – bereits zehn Jahre später Neuseelands beliebtester Mineralbadkomplex. Inzwischen hat man das schöne Ensemble der Originalgebäude liebevoll restauriert und durch modernere, aus den Quellen und dem nahe gelegenen **Mokena Geysir** gespeiste Badebecken ergänzt.

Mokena Spa Baths

Hot Springs Domain ▪ ⊕ Mo–Do 10.30–21, Fr–So 10.30–22 Uhr ▪ Eintritt $18 p. P. für 30 Min., mind. 2 Pers.; Reservierung erforderlich ▪ ✆ 07 884 8717, 💻 tearohapools.co.nz

Im Mittelpunkt von Te Aroha stehen die deutlich ausgeschilderten **Mokena Spa Baths**. Dort wird das seidenweiche Mineralwasser aus dem Mokena Geyser in kleine Badebecken geleitet. Die Temperatur liegt bei 40 °C, ist aber regulierbar. Wer sich eine Aromatherapie gönnen möchte, nimmt eine frei stehende Kingsize-Badewanne, in die ein paar Tropfen Badeöl gegeben werden. Klares, sprudelndes Badewasser gibt es in den sechs Holzwannen mit Platz für acht Personen. Das alkalische Wasser soll z. B. gegen Arthritis helfen und dem Körper auch schädliche Schwermetalle entziehen. Weil die Hitze aber auch Nebenwirkungen (Schwindel etc.) haben kann darf man die Bäder nicht allein betreten. Es sind auch verschiedene Wellness- und Massagebehandlungen im Angebot.

Te Aroha Leisure Pools

Hot Springs Domain ▪ ⊕ Mo–Fr 10–17.45, Sa und So 10–18.45 Uhr ▪ Tageskarte $6,50 plus $2 für das Spa ▪ ✆ 07 884 4498, 💻 tearohapools.co.nz

Eher an ein Freibad für die ganze Familie erinnern die **Te Aroha Leisure Pools** mit ganz normalem, gechlortem Wasser. Ungefähr 32 °C herrschen in dem 20 m langen Hauptbecken, rund 38 °C im Spa. Außerdem gibt es ein 32 °C warmes Kinderbecken und in der Nähe ein kostenloses, 36 °C warmes Fußmassage-Spa – herrlich nach einer Wanderung auf den Mount Te Aroha. In einer benachbarten Holzhütte ist ein nettes **Café** mit Blick über die Domain untergebracht.

Mokena Geyser

Hot Springs Domain

Am Hang hinter den Mokena Spa Baths liegt der launenhafte **Mokena Geysir**, angeblich der einzige heiße Sodageysir der Welt. An guten Tagen schießt sein Strahl etwa alle 40 Minuten bis zu 4 m hoch. Weil er die Kurbäder versorgen muss, kann er sich nicht immer zu Höchstleistungen aufschwingen – die beste Zeit, um ihn in Aktion zu erleben, ist zwischen 12 und 14 Uhr.

Te Aroha and District Museum

⊕ tgl. Nov–Ostern 11–16, Ostern–Okt 12–15 Uhr ▪ Eintritt $4 ▪ ✆ 07 884 4427, 💻 tearohamuseum.com

In einem alten Sanatorium direkt unterhalb der Kuranlage vor dem Krocketrasen ist das städtische **Museum** untergebracht. Zu den zahlreichen Ausstellungsstücken gehören u. a. zwei wunderschön verzierte viktorianische Royal-Doulton-Waschschüsseln und eine chemische Analyse des örtlichen Heilwassers.

Mount Te Aroha

Unmittelbar östlich der Hot Springs Domain

In dem Städtchen an den Bergausläufern beginnt ein Weg zum Gipfel des **Mount Te Aroha**, welcher der Sage nach vom jungen Arawa-Häuptling Kahumatamomoe getauft wurde. Dieser hatte sich im weiten Sumpfgebiet verirrt, als er sich auf dem Heimweg nach Maketu in der Bay of Plenty befand. Kahumatamomoe erklomm den Berg, erspähte von oben die vertraute Uferlinie und nannte den Gipfel zu Ehren seines Vaters und seiner Verwandten Te Aroha („Liebe"). Viele Spazierwege bieten Betätigungsmöglichkeiten für mindestens einen Tag; zu den besten zählen der Bald Spur Track und der Summit Track.

Bald Spur Track

Hin und zurück 3 km; 1 1/2 Std.;
900 m Höhenunterschied

Die lohnendste Kurzwanderung ist der Auf- und Abstieg von der Hot Springs Domain. Sie führt durch eine idyllische *puriri*- und Farnsenke und dann steil bergauf zu einer Bank und einem Aussichtspunkt namens Whakapipi oder **Bald Spur**. Mit seiner tollen Aussicht über die Stadt und die Felder ringsum eignet sich der Ort besonders gut für einen Besuch vor dem Frühstück oder vor Sonnenuntergang.

Summit Track

Hin und zurück 8 km; 4–6 Std.;
900 m Höhenunterschied

Dieser relativ anstrengende Anstieg ist die Fortsetzung des Bald Spur Track. Der Weg bis zum Kaimai-Mamaku Forest Park ist steil, wird aber noch anspruchsvoller, bevor der Fernsehturm auf dem Gipfel erreicht ist. Als Belohnung wartet (zumindest an klaren Tagen) ein Rundumblick, der bis Ruapehu und Taranaki reicht. Man kann auf gleichem Weg zurückkehren oder den längeren **Tui Mine Track** (weitere 1–2 Std.) nehmen.

Aroha Mountain Lodge, 5 Boundary St, ☎ 07 884 8134, ▭ arohamountainlodge.co.nz. 2 Bungalows mit gut ausgestatteten Zimmern direkt neben der Hot Springs Domain und nicht weit davon entfernt 2 Cottages mit 6 Schlafgelegenheiten. Frühstück kostet $20 p. P. DZ $135, Cottages $275

Te Aroha Holiday Park, 217 Stanley Rd, ☎ 07 884 9567, ▭ tearohaholidaypark.co.nz. Gut in Schuss gehaltener Campingplatz 3 km südlich des Ortes inmitten von mächtigen Eichen an der Straße Richtung Hamilton (SH26). Besitzt ein von Mineralwasser gespeistes Felsbecken (abends zum Baden geöffnet), ein großes, nur im Sommer geöffnetes Schwimmbecken sowie eine vorzügliche Auswahl bunt zusammengewürfelter Cabins und Ferienwohnungen. Camping $12, On-site-Vans $48, Cabins $48, Ferienwohnung $85

YHA Te Aroha, Miro St, nahe Brick St, ☎ 07 884 8739, ▭ yha.co.nz. Diese kleine, einfache Jugendherberge zählt zu den ältesten Neusee-lands. Sie ist in einem urgemütlichen Holzhaus untergebracht und hat sich seit der Eröffnung Anfang der 1960-Jahre kaum verändert. Dank ihrer Lage an den Ausläufern des Mount Te Aroha bietet sich von den Hängematten unter Kanukabäumen eine herrliche Aussicht. Kostenloser Radverleih. Dorms $23, DZ $56

Banco, 174 Whitaker St, ☎ 07 884 7574. Das Lokal in einem bezaubernden ehemaligen Bankgebäude ist eine gelungene Mischung aus gutem Café, Secondhand-Klamotten-laden und Kunstgalerie. Es gibt immer etwas Interessantes zu sehen, und hinter dem Haus gibt es eine sonnige Terrasse. Wer etwas Handfesteres als Kaffee und Kuchen haben möchte, kann z. B. Pasta mit Lachs und Kapern ($18) bestellen. ◷ tgl. 10–17, Fr und Sa auch 18.30 Uhr bis spät.

Berlusconi, 149 Whitaker St, ☎ 07 884 9307, ▭ tearoha-info.co.nz/berlusconi. Das nobelste Restaurant von Te Aroha verströmt Weinbar-Flair. Abends gibt es Hauptgerichte wie panierter Schnapper mit Cocktailtomaten und Blutorangenvinaigrette ($33), außerdem leckere Pizza ($27) oder mittags etwas Leichteres und Billigeres. ◷ Mi 17.30–22, Do–So 11–15 und 17.30–22 Uhr oder später.

Ironique, 159 Whitaker St, ☎ 07 884 8489, ▭ ironique.co.nz. Das mit ausgefallenen Eisenskulpturen geschmückte Allround-Lokal empfiehlt sich für Brunches, Snacks und ein Abendessen, z. B. Burger und Pommes ($19) oder Hühnchen in pikanter Pflaumensoße ($29). ◷ Mo 8–16.30, Di–Fr 8–22, Sa 9–22, So 9–16.30 Uhr.

Informationen

i-SITE, 102 Whitaker St, bei der Domain, ☎ 07 884 8052, ▭ tearohanz.co.nz. Allgemeine und DOC-Infos sowie Broschüren, die schöne Tageswanderungen in der Gegend beschreiben. ◷ Mo–Fr 9.30–17, Sa und So 9.30–16 Uhr.

Fahrräder

Outdoor Adventure, 176a Whitaker St, ☎ 07 884 4545, ▭ outdooradventure.co.nz.

Mountainbikeverleih: $10 pro Std. oder $35 pro Tag. Infos zu reizvollen Mountainbike-Trails. ⏰ Mo–Fr 8.30–17, Sa 9–12 Uhr.

Busse der in Hamilton beheimateten Gesellschaft Busit, ☎ 0800 428 748, 🖥 busit.co.nz, halten vor dem i-SITE.
Busse nach HAMILTON 2x tgl., 1 Std. 5 Min.; PAEROA 1x tgl., 20 Min.

Die Coromandel Peninsula

Die gebirgige **Coromandel Peninsula** trennt den Hauraki Gulf vom Pazifik. Sie besitzt wunderbare Surf- und Badestrände und ein angenehm mildes Klima. Im **Westen** fallen Klippen und Hügel steil zum Meer ab und lassen wenig Platz für einen schmalen Küstenstreifen. Reichlich Schatten spenden die hier gedeihenden **Pohutukawa**-Bäume, die von Mitte November bis Dezember ihre üppige rote Blütenpracht entfalten. Die Strände liegen meist geschützt und eignen sich für Erkundungstouren, allerdings kann man vielerorts nur bei Flut schwimmen.

Die meisten Leute zieht es ohnehin an die **Ostküste**, denn dort liegen ausgedehnte weiße Sandstrände mit eindrucksvoller, wenngleich manchmal gefährlicher Brandung. Am unteren Ende der Halbinsel wartet die frühere Goldgräberstadt **Thames** mit ihrem reichen Erbe auf und bietet sich als guter Ausgangspunkt für eine Erkundung des bewaldeten **Kauaeranga Valley** an, durch das zahlreiche Wanderwege führen. Weiter nördlich empfiehlt sich in der hübschen Kleinstadt **Coromandel** eine Fahrt mit der **Driving Creek Railway**. Außerdem beginnt ganz in der Nähe die **309 Road**, die quer über die Halbinsel verläuft und an den Waiau Waterworks sowie einem imposanten Kauri-Wald vorbeiführt. Wer jedoch wahre Abgeschiedenheit sucht, sollte das winzige **Colville** und die Nordspitze der Halbinsel ansteuern.

Der geteerte SH25 hingegen führt von Coromandel gen Osten zur **Mercury Bay**, deren Mittelpunkt die reizvolle Stadt **Whitianga** ist. Nahebei lockt der **Hot Water Beach** täglich Hunderte von Besuchern an, die Löcher in den Sand buddeln, um sich anschließend im warmen Wasser zu entspannen. Andere Urlauber wiederum ziehen das **Cathedral Cove Marine Reserve** mit seinen fantastischen Buchten und hervorragenden Schnorchelbedingungen vor.

Noch mehr Strände reihen sich an der Küste weiter südlich aneinander: in der Gegend von **Whangamata** sowie bei **Waihi Beach**. Letzteren trennen rund 10 km Ackergelände und Obstgärten vom benachbarten Waihi.

Wer zwischen Mitte November und Anfang Dezember in der Gegend ist, kann das **Pohutukawa Festival**, 🖥 pohutukawafestival.co.nz, erleben. Während die Halbinsel in den lilafarbenen Blüten dieses Küstenbaumes erstrahlt, finden Picknicks und jede Menge Musikveranstaltungen statt.

Die Coromandel Peninsula zählt zu den beliebtesten Ferienzielen der Nordinsel. Vor allem von Ende Dezember bis Januar geht es hier äußerst lebhaft zu, und das bleibt so bis Ende März. In dieser Zeit kann sich die Unterkunftssuche extrem schwierig gestalten, weshalb eine möglichst frühe Reservierung unumgänglich ist – nie weniger als 2 Tage im Voraus! Während der restlichen Zeit hält sich die Besucherzahl in Grenzen (abgesehen von langen Wochenenden), und im Winter ist ein Großteil der Halbinsel verlassen, obwohl das Klima fast das ganze Jahr über mild bleibt.

Auf der Coromandel Peninsula ist wildes Zelten streng verboten und wird härter bestraft als anderswo. Abgesehen von den offiziellen **Campingplätzen** ist Campen nur an wenigen Stellen erlaubt. Näheres auf 🖥 tcdc.govt.nz.

Geschichte

Die zerklüftete **Coromandel Range** im Landesinneren – vor Millionen von Jahren durch vulkanische Aktivität entstanden und seither von dichtem Regenwald bedeckt – teilt die Halbinsel in zwei Hälften. Die Bergkette wird von den Maori als Kanu gedeutet: Der **Mount Moehau** an der Nordspitze von Coromandel soll den Bug darstellen und der Mount Te Aroha im Süden, am Rande der Hauraki Plains, das Heck.

COROMANDEL PENINSULA, BAY OF PLENTY UND EAST CAPE

COROMANDEL PENINSULA

N
0 — 15 km

■ ÜBERNACHTUNG
Wolfie's Lair   1

PAZIFIK

Fletcher Bay
Cape Colville
Port Jackson
Poley Bay
Coromandel Walkway
Stony Bay
Mt Moehau (892 m)
Fantail Bay
Port Jackson Rd
Port Charles
Port Charles Rd

Waikawau Bay

Mercury Islands

Little Bay

Colville

COLVILLE RD

Kennedy Bay

New Chums Bay

Whangapoua
Matarangi

Kuaotunu

Driving Creek Railway
Te Rerenga
Coromandel

Hauraki Gulf

25

Mercury Bay

The Waterworks
Castle Rock (521 m)

CATHEDRAL COVE MARINE RESERVE

Cathedral Cove

Waiau Falls

Kauri Grove

Manaia

309 Road

Whitianga
Cooks Beach
Hahei

Hot Water Beach

Kereta

Pohutukawa Coast

25

Whenuakite

Coroglen

S. KARTE WHITIANGA

25

Tapu

COROMANDEL RANGE

Rapaura Watergardens
Square Kauri

Tairua
Pauanui

Firth of Thames

Te Puru
Crosbies Hut
DOC Whangiterenga

COROMANDEL FOREST PARK

Pinnacles Hut

The Pinnacles (759 m)

Kauaeranga Valley

Hikuai

DOC Visitor Centre

Broken Hills

Opoutere

Thames
DOC Shag Stream

25A

Miranda

Kopu

Pipiroa

Whangamata

25

Waihou River

Ngatea

2

2

Hauraki Plains

26

Wentworth Falls

Wentworth Valley

25

COROMANDEL FOREST PARK

Paeroa

27

Waikino
Waihi

Waihi Beach

Karangahake Gorge

2

KAIMAI-MAMAKU FOREST PARK

▼ Te Aroha (10 km)   ▼ Tauranga (57 km)

COROMANDEL PENINSULA, BAY OF PLENTY UND EAST CAPE

Abgesehen von den Goldrauschjahren blieb die Halbinsel größtenteils unerschlossen. Erst in den 1960er- und 1970er-Jahren lockte sie viele Hippies, **Künstler** und New-Age-Anhänger an. Daneben schufen bzw. schaffen Maler, Töpfer und Kunsthandwerker zum Teil bemerkenswerte Arbeiten; die i-SITEs haben detaillierte Informationen zu den über die Halbinsel verstreuten Werkstätten.

Inzwischen lassen sich immer mehr Aucklander hier nieder oder pendeln. Sie verwandeln nach und nach ihre alten *baches* (kleine Ferienhäuser, meist aus Holz) in kostspielige Designeranwesen, wodurch sowohl das Ansehen der Region als auch die Lebenshaltungskosten steigen.

Transport

Ein eigenes Fahrzeug erlaubt die größtmögliche Flexibilität. Zwar haben einige Straßen in entlegenen Ecken nur Schotterbelag, doch bei vernünftiger Fahrweise lassen sich eigentlich alle problemlos bewältigen.

Zu den wichtigsten **Busgesellschaften** der Halbinsel zählt **InterCity**, ☏ 09 583 5780, 🖥 intercity.co.nz, deren Busse eine landschaftlich reizvolle Route im Uhrzeigersinn bedienen: von Thames Richtung Norden nach Coromandel, hinüber nach Whitianga und wieder zurück Richtung Süden nach Thames. **NakedBus** (telefonische Auskunft für $2 pro Min. unter ☏ 0900 62533, 🖥 nakedbus.com) fährt von Whitianga nach Ngatea, wo Anschluss an die NakedBusse der Strecke Auckland–Tauranga besteht. Die in Whitianga beheimatete Gesellschaft **Go Kiwi**, ☏ 866 0336, 🖥 go-kiwi.co.nz, fährt von Whitianga zum Auckland Airport sowie nach Auckland via Hahei, Tairua, Whangamata und Thames (alle 1x tgl.) und wieder zurück. Am Freitag und Sonntag verkehren die Busse auch zwischen Whitianga und Coromandel sowie von Whitianga nach Tauranga und Rotorua (im Sommer 4–7x wöchentl.).

Eine ausgezeichnete (wenn auch anstrengende) Art die Coromandel Peninsula zu entdecken, ist per **Fahrrad**. Eine Rundfahrt mit genügend Badepausen dürfte drei bis vier Tage in Anspruch nehmen. Leihräder gibt es z. B. im Paki Paki Bike Shop (S. 387).

Thames

Die ehemalige Goldgräberstadt **Thames** ist das Eingangstor zur Coromandel-Halbinsel und ihr wichtigstes Versorgungszentrum. Sie liegt zwischen dem Firth of Thames und der Coromandel Range und wirkt erfrischend unprätentiös. Mit dem guten Angebot an Gästebetten, Lokalen, Verkehrsverbindungen und meist relativ niedrigen Preisen stellt Thames eine hervorragende Ausgangsbasis für Abstecher zu weiter nördlich gelegenen Zielen dar.

Ihren Reiz verdankt die Stadt der Goldgräbervergangenheit. Es lässt sich gut ein halber Tag mit der Besichtigung der hiesigen Museen zubringen. Da alle von Freiwilligen betreut werden, haben sie leider unterschiedliche Öffnungszeiten. An Sommerwochenenden haben die meisten geöffnet.

Liebhaber viktorianischer **Architektur** können mithilfe der Pläne in den beiden kostenlosen Broschüren *Historic Grahamstown* und *Historic Shortland & Tararu* ein paar schöne Stadtspaziergänge abklappern.

Geschichte

Eigentlich nahm die Stadt ihren Anfang als zwei Niederlassungen: Grahamstown im Norden und Shortland im Süden. 1867 wurde in einem kleinen Flussbett bei Thames goldhaltiger Quarz entdeckt, und nur vier Jahre später hatte sich Grahamstown zur größten Stadt Neuseelands gemausert. Zur Goldförderung waren aber teure Maschinen notwendig, deshalb verlor der Goldbergbau bereits in den 1880er-Jahren an Bedeutung und geriet nach 1913 fast vollständig in Vergessenheit.

Goldmine Experience

SH25, Ecke Moanataiari Creek Rd ▪ ⏱ 26. Dez–März tgl. 10–16, April–24. Dez Sa und So 10–13 Uhr ▪ Eintritt $15 ▪ ☏ 07 868 8514, 🖥 goldmine-experience.co.nz

Die einzige Möglichkeit, eine gute Vorstellung davon zu bekommen, wie der Alltag eines Minenarbeiters in Thames aussah, bietet die Teilnahme an der ehrenamtlich geführten **Goldmine Experience**. Die informative, 40-minütige Tour führt durch die alte, unterirdische Erzbrech-

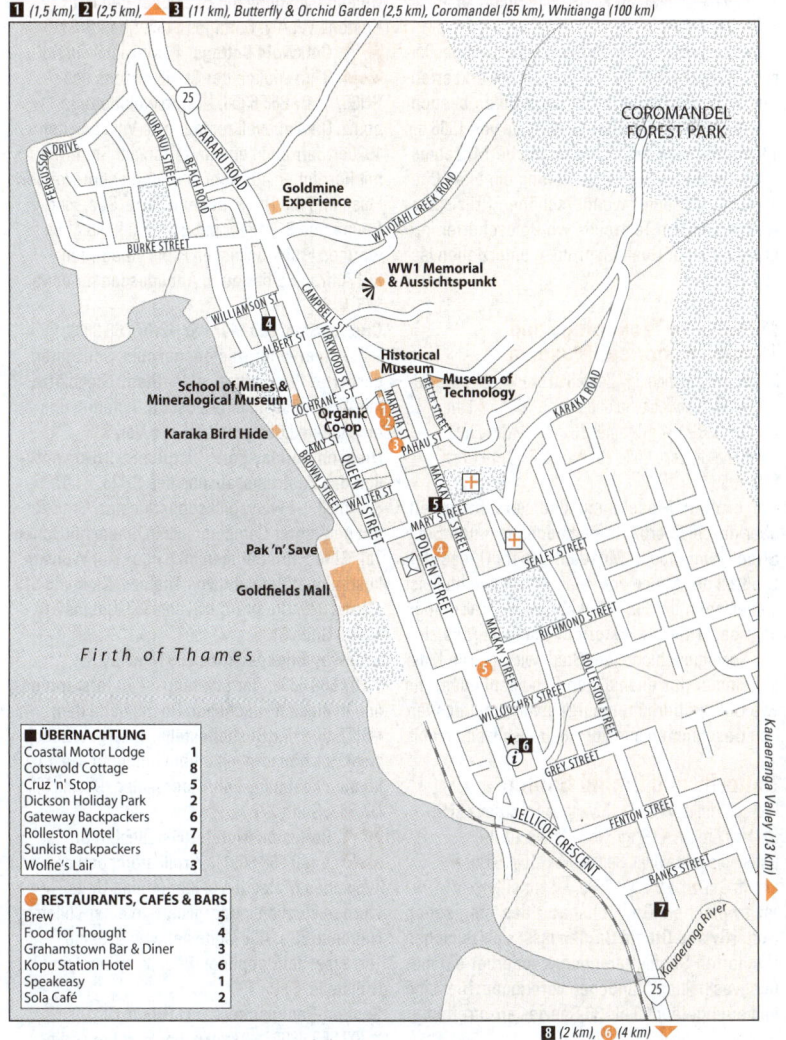

Thames

N ↑ 0 ——— 500 m

1 (1,5 km), **2** (2,5 km), ▲ **3** (11 km), Butterfly & Orchid Garden (2,5 km), Coromandel (55 km), Whitianga (100 km)

COROMANDEL FOREST PARK

Goldmine Experience

WW1 Memorial & Aussichtspunkt

Historical Museum

School of Mines & Mineralogical Museum

Museum of Technology

Organic Co-op

Karaka Bird Hide

Pak 'n' Save

Goldfields Mall

Firth of Thames

COROMANDEL PENINSULA, BAY OF PLENTY UND EAST CAPE

Kauaeranga Valley (13 km)

Kauaeranga River

■ ÜBERNACHTUNG

Coastal Motor Lodge	1
Cotswold Cottage	8
Cruz 'n' Stop	5
Dickson Holiday Park	2
Gateway Backpackers	6
Rolleston Motel	7
Sunkist Backpackers	4
Wolfie's Lair	3

● RESTAURANTS, CAFÉS & BARS

Brew	5
Food for Thought	4
Grahamstown Bar & Diner	3
Kopu Station Hotel	6
Speakeasy	1
Sola Café	2

8 (2 km), **6** (4 km) ▼

anlage. Den schmalen, horizontalen Schacht haben nur mit Schaufeln bewaffnete Bergleute aus Cornwall gegraben. Besucher können nach Gold schürfen und im Bürogebäude von 1914 ein Video anschauen, das Minenarbeiter bei der Arbeit zeigt.

School of Mines & Mineralogical Museum

Cochrane St, Ecke Brown St ▪ ⊕ Jan tgl.
11–15, Feb–Dez Mi–So 11–15 Uhr ▪ Eintritt $5
▪ ✆ 07 868 6227

Die Glücksritter, die in Scharen nach Thames kamen, hatten keine oder wenig Bergwerkserfahrung. Die ambitionierteren unter ihnen besuchten daher diese **Bergbauschule**, die von 1886 bis 1954 in Betrieb war. Ehrenamtliche Museumsführer zeigen voller Begeisterung ein altes Chemielabor mit einer wunderschönen Präzisionswaage und den Testraum, wo Goldschürfer ihre Erzfunde einer Qualitätsprüfung unterziehen lassen konnten.

Museum of Technology und Thames Historical Museum

Museum of Technology Bella St, Ecke Waiokaraka Rd
▪ ⊕ Normalerweise Sa und So 10–15 Uhr ▪ Eintritt $5
▪ ✆ 07 868 2141 ▪ Thames Historical Museum
Cochrane St, Ecke Pollen St ▪ ⊕ tgl. 13–16 Uhr ▪
Eintritt $5

Die großen Maschinen sind verschwunden, aber das 1898 erbaute **Pumpenhaus** (auch Bella Street Pumphouse Museum genannt), das den Großteil der Minen von Thames trocken hielt, ist immer noch da. Ein Stückchen die Straße hoch liegt das Thames **Historical Museum**, das sich der Sozialgeschichte der Stadt widmet. Die Klassenzimmer des ehemaligen Schulgebäudes sind wie Goldgräberhütten eingerichtet, und es werden Geschichten aus der Goldrauschzeit erzählt.

Butterfly and Orchid Garden

Dickson Holiday Park, 115 Victoria St, abseits SH25,
3,5 km nördlich ▪ ⊕ tgl. Nov–Ostern 10–16,
Ostern bis Mitte Juni, Sep und Okt 10–15 Uhr ▪
Eintritt $11 ▪ ✆ 07 868 8080, ▢ butterfly.co.nz

Im tropischen Gewächshaus des magischen **Butterfly and Orchid Garden** lässt sich zwischen Hunderten Schmetterlingen wunderbar ein meditatives halbes Stündchen verbringen. Hier sind immer ungefähr 20 bis 30 Spezies anzutreffen.

ÜBERNACHTUNG

Coastal Motor Lodge, 608 Tararu Rd (SH25), 2,5 km nördlich der Stadt, ✆ 07 868 6843, ▢ stayatcoastal.co.nz. Komplex mit gut ausge-

statteten „Cottage"-Units und geräumigen schwarzen A-frame-Chalets (alle mit Bad und jeweils für 2 Pers.) auf einem weitläufigen Gelände, manche mit Blick über den Firth. Kostenl. WLAN. Cottages $135, Chalets $175

🛅 **Cotswold Cottage**, 46 Maramarahi Rd, 3 km südlich der Stadt, abseits des SH25, ✆ 07 868 6306, ▢ cotswoldcottage. co.nz. Die liebevoll restaurierte Villa aus den 1920er-Jahren in einem Garten am Stadtrand mit herrlicher Aussicht über den angrenzenden Fluss und die Hügel hat ein Gäste-Spa, eine Sauna und 3 Zimmer mit Bad. Ein köstliches warmes Frühstück ist im Preis inbegriffen; auf Anfrage gibt's auch Abendessen für etwa $45. $165

Cruz 'n' Stop, 309 Mary St, ✆ 07 868 9833, ▢ campervancruznstopcom.com. Schlichter, geteerter Platz mitten in der Stadt; Stellplätze mit Anschlüssen, eine Dusche, Toiletten und eine kleine Lounge mit TV. Pro Van $30

Dickson Holiday Park, Victoria St, 3,5 km nördlich des Zentrums, abseits des SH25, ✆ 07 868 7308, ▢ www.dicksonpark.co.nz. Großer, gut gepflegter Campingplatz in einem hübschen Tal. Gute Einrichtungen inkl. Pool. Auf Wunsch kostenlose Abholung von Thames. Camping $19, Dorms $26, On-site-Caravans $62, Cabins $79, Motel Units $136

Gateway Backpackers, 209 Mackay St, ✆ 07 868 6339. Der Empfang ist äußerst freundlich in diesem kuschligen Hostel nahe dem i-SITE und der Bushaltestelle, untergebracht in zwei Holzhäusern mit einem Innenhof. Gäste können kostenlos Fahrräder leihen. Dorms $23, DZ $62, Suite $72

🛅 **Rolleston Motel**, 105 Rolleston St, ✆ 09 868 8091, ▢ rollestonmotel.co.nz. Typisches Motel der 1970er (einige Units wurden kürzlich modernisiert) in einer stillen Nebenstraße. Alle Units habe eine kleine Terrasse; sehr gepflegt, Pool, Whirlpool und Grillstelle. $115

Sunkist Backpackers, 506 Brown St, ✆ 07 868 8808, ▢ sunkistbackpackers.com. Stimmungsvolles Hostel in einem ehemaligen Pub aus den 1860er-Jahren mit großem Balkon und Hängematten im Garten. Die Serviceleistungen umfassen u. a. Geländewagenvermietung und kostenlosen Fahrradverleih. Auf Anfrage halten die InterCity-Busse direkt vor der Tür, man kann sich aber auch kostenlos von der Bushaltestelle abholen lassen. Camping $19, Dorms $25, DZ $66

Wolfie's Lair, 11 Firth View Rd, Te Puru, 12 km nördlich der Stadt, ☎ 07 868 6339, 🖥 wolfies lair.co.nz. Hostel nahe der Lagune mit Unterbringung in DZ und 2-Bettzimmern. Abholung von Thames; Angeltrips nach Vereinbarung. Zimmer $54

ESSEN UND UNTERHALTUNG

Brew, 200 Richmond St ☎ 07 868 5558. Das entspannte Tagescafé verwandelt sich abends in ein etwas formelleres Restaurant mit guten spanischen Tapas und gebratenen Muscheln à la Coromandel ($9) sowie Handfesterem wie Rehrücken mit Kräuterkruste ($34). ⏱ Mo–Fr 8–22 oder später, Sa und So 9–22 Uhr oder später.

Food for Thought, 574 Pollen St, ☎ 07 868 6065. Das preiswerte Café ist in Neuseeland für seine hausgemachten Pasteten (vor allem mit Hühnchen- oder Gemüsefüllung) schon mehrfach ausgezeichnet worden. Daneben hat es eine verführerische Auswahl an Kuchen und ausgezeichneten Kaffee. ⏱ Mo–Fr 6.30–15.30, Sa 7–13.30 Uhr.

Grahamstown Bar & Diner, 700 Pollen St, ☎ 09 868 9178. In der beliebten Bar trifft man sich gern auf ein Bier und/oder Nachos ($14), Caesar Salad mit Hühnchen ($19) oder eine Meeresfrüchteplatte ($40 und $70). ⏱ Mo–Fr 11–21 Uhr oder später, Sa und So 9–21 Uhr oder später.

Kopu Station Hotel, 1 Kopu Rd, Kopu, 5 km südlich der Stadt, ☎ 07 868 7916. Das „Kopu" zählt zu den Lieblingsbühnen verschiedener regelmäßig auftretender Livebands. Es ist ein ungezwungenes Lokal mit einer umfangreichen Getränkekarte (darunter viele Specials) und einem Biergarten. ⏱ tgl. 10–23 Uhr.

Organic Co-op, 736 Pollen St, ☎ 07 868 8797. Der gemeinnützige Laden hat Biolebensmittel, auch Gemüse und Eier. Einige Produkte werden von Freiwilligen im Garten der Kooperative an der Mackay, Ecke Cochrane St angebaut. ⏱ Mo–Fr 9–17, Sa 9–12 Uhr.

Sola Café, 720b Pollen St, ☎ 07 868 8781, 🖥 solacafe.co.nz. Relaxtes Künstlercafé mit Kuchen, himmlischem Kaffee, Salaten und vegetarischen Gerichten, von Frühstück und Frittatas bis zu Wraps und Enchiladas (meist $10). Es gibt auch ein paar vegane und glutenfreie Gerichte sowie Tische hinten im Hof. ⏱ tgl. 8–16 Uhr.

Speakeasy, 746 Pollen St, ☎ 07 868 6994. Schummriger Barraum mit 1920er-Jahre-Ambiente, Holztischen und Nischen, wo Cocktails und Kaffee mit Likören ($8) serviert werden. Do und So treten lokale Bands auf. ⏱ Mi–Sa 16–1, So 14–1 Uhr.

SONSTIGES

Autovermietungen

Davy Rentals, 208 Pollen St, ☎ 07 868 7153, 🖥 davyrentals.co.nz. Hat billige Mietwagen für $40–65 pro Tag und lässt sie auch auf die rauesten Straßen der Halbinsel los. ⏱ Mo–Fr 7.30–17 Uhr.

Sunkist Backpackers (S. 386) verleiht RAV4s für $65 pro Tag oder $35 pro Tag bei Wochenmiete.

Fahrradverleih

Paki Paki Bike Shop, 535 Pollen St, ☎ 07 867 9026, 🖥 pakipakibikeshop.co.nz. Verleiht Tourenräder ($25 pro Tag), mit denen man prima die Stadt und Umgebung erkunden kann. ⏱ Mo–Do 9–17, Fr 9–17.30, Sa 9–13 Uhr.

Informationen

i-SITE Visitor Centre, 206 Pollen St, ☎ 07 868 7284, 🖥 thamesinfo.co.nz. **Internetzugang** und Busfahrkarten. ⏱ Nov–April Mo–Fr 8.30–17, Sa und So 9–16, Mai–Okt Mo–Fr 9–15, Sa 9–13, So 12–16 Uhr.

Touren

Wer der Zivilisation den Rücken kehren möchte, meldet sich bei **Canyonz** (S. 178) zum Canyoning durch den berühmten Sleeping God-Canyon an. Die Trips starten in Auckland, aber Teilnehmer werden auch in Thames abgeholt.

Eyezopen Adventure Co, ☎ 07 868 9018, 🖥 eyezopen.co.nz. Wer fachmännischen Rat zu Coromandel-Radtouren in Eigenregie sucht, ist hier richtig. Außerdem: geführte Mountainbiketouren im Kauaeranga Valley, begleitete Ausflüge mit Übernachtung zu den Pinnacles und vieles mehr.

Busse

Sunkist Backpackers (S. 386) unterhält einen Shuttleservice zum Ende der Kauaeranga Valley Road (hin und zurück $35; mind. 2 Pers.).

Taxis
Thames Taxis, ☎ 07 868 3100.

Die **Busse** von NakedBus und InterCity halten vor dem i-SITE.

Busse nach:
AUCKLAND 5x tgl., 2 Std.;
COROMANDEL 1x tgl., 1 1/4 Std.;
TAURANGA 4x tgl., 1 3/4 Std.;
WHITIANGA 2x tgl., 1 3/4 Std.

Kauaeranga Valley

Östlich von Thames erstreckt sich das tiefe **Kauaeranga Valley** in Richtung des Gebirgszugs, der die Coromandel Peninsula der Länge nach durchzieht. Diese zerklüftete Landschaft mit ihren steilen Klippen und Schluchten wird von den **Pinnacles** (759 m) überragt, wo sich ein fantastischer Ausblick über den Wald mit seinen alten Rata-, Rimu- und Kauri-Beständen bis hin zu beiden Küsten bietet. Man erreicht das Gebiet über die landschaftlich ansprechende, größtenteils geteerte Kauaeranga Valley Road, die sich 21 km weit am Fluss entlangschlängelt und von der einige der schönsten Wanderwege in der Coromandel Range abgehen.

Dass die Pfade so gut erreichbar sind, verführt manche Wanderer dazu, sie nicht so ernst zu nehmen wie andere Wanderpfade. Doch bei schlechtem Wetter lauern dort alle möglichen Gefahren, deshalb muss man gut vorbereitet und ausgerüstet sein (S. 62).

Übrigens: Die durch Sporen in der Erde verursachte *kauri dieback disease* (Kasten S. 260) kommt in den Kauri-Wäldern von Coromandel nicht vor. Damit das so bleibt, sollten Besucher, die kürzlich durch einen Wald in Auckland oder Northland gestreift sind, ihre Schuhe besonders gründlich reinigen.

Die hier aufgeführten Campingplätze sind die besten von 80 sehr ähnlichen DOC-Campingplätzen, 💻 doc.govt.nz. Alle liegen entlang der Kauaeranga Valley Rd, 14–23 km östlich von Thames. Die beiden Hütten lassen sich nur zu Fuß im Rahmen der Kauaeranga-Wanderungen (Kasten S. 389) erreichen.

Crosbies Hut. Neue 10-Etagenbettenhütte, am günstigsten erreichbar auf der Rundwanderung Wainora–Booms Flat. Matratzen und Holzofen vorhanden, aber kein Gaskocher. Geeignet für Wanderer auf der Suche nach einer ruhigeren Alternative zur Pinnacles Hut. $15,30

Pinnacles Hut and Campsite. Diese große, relativ noble 80-Etagenbettenhütte zählt zu den begehrtesten unter den DOC-Hütten, besonders samstagabends und während der Schulferien. Sie liegt wunderschön auf einer Anhöhe, rund 3 Std. Fußweg vom Ende der Straße entfernt, und ist immer bewirtschaftet. Es gibt auch einen Campingplatz im Wald am Fluss neben der Hütte. Buchung über 💻 doc.govt.nz; *backcountry hut passes* gelten hier nicht. Hütte $15,30, Camping $5,10

Shag Stream, 14 km entlang der Kauaeranga Valley Rd von Thames. Der DOC-Campingplatz, der Thames am nächsten ist. Eine schlichte gerodete Stelle im Busch direkt beim DOC Visitor Centre. Plumpsklos und Flusswasser (muss gereinigt werden) vorhanden. $9

Whangiterenga, 19 km entlang der Kauaeranga Valley Rd von Thames. Der hübscheste der Campingplätze am Straßenrand und der einzige mit Spültoiletten. Wasser bietet der Fluss, aber es muss gereinigt werden. $9

DOC Visitor Centre, 14 km auf der Kauaeranga Valley Rd, ☎ 07 867 9080. Ausgezeichnetes Infobüro mit einer sehenswerten Ausstellung über die frühere Kauri-Abholzung im Tal, großen Landkarten und einer 40-minütigen

Cookson Kauri Track (6 km hin und zurück, 3–4 Std.). Mittelschwerer, gut ausgebauter Pfad zu ein paar großen Kauris – so ziemlich die einzigen, die in der Gegend noch stehen. Beginnt am Campingplatz Wainora, 7 km hinter dem DOC-Büro.

Kahikatea Walk (900 m hin und zurück, 20 Min.). Seichter Spazierweg vom DOC-Büro zu einem maßstabsgetreuen Modell eines Kauri-Schwemmdammes, von denen es einst in diesem Wald sehr viele gab.

Nature Walk zum Hoffman's Pool (1,5 km Rundstrecke, 30 Min.). Die kurze, einfache Rundstrecke beginnt 1,5 km hinter dem DOC-Büro – dank Informationstafeln eine prima Einführung in den endemischen Wald des Tals. Der Weg endet an einem sandigen Flussbecken mit einem tiefen Badeteich, ein ideales Plätzchen zum Picknicken und Schwimmen. Zurück geht's entweder auf dem gleichen Pfad oder entlang der Straße.

Pinnacles Hut–Billygoat Basin Walk (18 km, 8 Std.). Normalerweise eine Zwei-Tages-Wanderung mit einer Übernachtung in der Pinnacles Hut (S. 388). Sie vermittelt einen guten Eindruck von der Region. Sie beginnt am Ende der Straße und führt die ersten 2–3 Std. am Webb Creek entlang auf einem (teilweise sehr steilen) Pfad hoch zur Pinnacles Hut, den die Waldarbeiter in den 1920er-Jahren mit ihren Packpferden begingen. Von der Hütte aus ist es ein steiler, 50-minütiger Anstieg. Es gibt einige Abschnitte auf kurzen Leitern, die zu den Zacken der Pinnacles führen. Unterwegs eröffnen sich märchenhafte Ausblicke. Auf dem Rückweg hält man sich hinter der Hydro-Kreuzung Richtung Süden und marschiert durch das Billygoat Basin, wo Infotafeln die Geschichte der Holzfällerei erzählen.

Wainora–Booms Flat Circuit (15 km Rundstrecke, 7 Std.). Der wunderbare Tagesausflug beginnt auf dem Cookson Kauri Track. „Höhepunkt" ist der sagenhafte Rundumblick auf 549 m. Weiter geht es auf einem gewundenen Pfad zum Orange Peel Corner und dann abwärts nach Booms Flat. Mit Übernachtung in der Crosbies Hut (S. 388) wird daraus eine Zwei-Tages-Wanderung. Dann kommen weitere 4 Std. Wanderzeit hinzu. Bei Regenwetter sollte man den Booms Flat Track nicht begehen.

DVD zur Geschichte der Holzfällerei. Hier lohnt sich der Kauf der Broschüre *Kauaeranga Valley Recreation* ($2) mit Routenbeschreibungen der Wanderwege oder der Karte *Hikuai Topo50 map BB35* im Maßstab 1:50 000 ($9). Auch Gepäckaufbewahrung ($2 für ein kleines Schließfach). Die Mitarbeiter verkaufen Hüttentickets, aber billiger bekommt man sie online (auf dem PC vor Ort). ⏲ Okt–24. Dez tgl. 9–16, 26. Dez–April tgl. 8.30–16, Mai–Sep Mi–So 9–15 Uhr.

Die Pohutukawa Coast

Von Thames schlängelt sich der SH25 gen Norden, bis er nach 58 km den Ort Coromandel erreicht. Die Straße folgt der felsigen Uferlinie der sogenannten **Pohutukawa Coast** (benannt nach den hier zahlreichen Pohutakawa-Bäumen) und passiert eine Reihe kleiner Sandbuchten, in denen zumeist ein paar Häuschen oder ein Campingplatz liegen.

Tapu–Coroglen Road

Hügel und sandfarbene Klippen bestimmen die ersten 19 km bis **Tapu**, wo die landschaftlich schöne **Tapu–Coroglen Road** zur Ostküste Coromandels abzweigt. Es ist eine bezaubernde, 28 km lange Strecke. Die Straße ist zwar schmal, aber gut befahrbar. Sie lässt die Felder und Weiden der Küste hinter sich und erklimmt das hügelige Rückgrat der Halbinsel. Danach fällt sie ab bis Coroglen, wo man auf die Hauptstraße trifft, die Whitianga und Whangamata verbindet.

Rapaura Watergardens
586 Tapu–Coroglen Rd ▪ ⏲ tgl. 9–17 Uhr ▪ Eintritt $15 ▪ ✆ 07 868 4821, 🖥 rapaurawatergardens.co.nz

Selbst wenn man nicht die gesamte Strecke Tapu–Coroglen zurücklegen möchte, lohnt der 6 km lange Abstecher zu den **Rapaura Watergardens**, einer angelegten „Wildnis" mit Busch und Blumen, Seerosenteichen und zahlreichen Pfaden. Es gibt einige Picknickplätze, ein ausgezeichnetes, nur im Sommer geöffnetes Café und Übernachtungsmöglichkeiten (s. unten).

Square Kauri

Tapu–Coroglen Rd, 3 km östlich der Rapaura Watergardens

In der Nähe des höchsten Punktes der Straße weist ein unscheinbares Schild den Weg zum **Square Kauri**, kurz vor einer kleinen Brücke. Steile Stufen durch Busch (175 m; 10 Min.) führen zu dem 1200 Jahre alten Giganten (41 m hoch und 9 m breit), dessen ungewöhnlicher Wuchs ihn vor den Holzfällern rettete.

Rapaura Watergardens, 586 Tapu–Coroglen Rd, ☎ 07 868 4821, 🖥 rapaurawatergardens. co.nz. Gäste haben die Wahl zwischen einem reizenden Luxus-Cottage für 2 Pers. und einer schlichten Lodge mit 2 Schlafzimmern. Sobald die Tagesbesucher abgereist sind, hat man die Watergardens für sich allein. Cottage $165, Lodge $275

Coromandel und Umgebung

Die nördlichste Stadt von Bedeutung auf der Halbinsel ist das bezaubernde kleine **Coromandel**, 58 km hinter Thames, das zu Füßen schroffer Hügel am oberen Ende des Coromandel Harbour liegt. Südlich wird aus dem SH25 die Tiki Road, die sich später gabelt: Die Wharf Road säumt den Hafen, die Kapanga Road dagegen führt schnurstracks in die Innenstadt. Diese besteht aus malerischen Holzgebäuden, zwischen denen sich zwei Supermärkte, Tankstellen, eine Bank und einige Cafés verstecken. Ein paar Querstraßen weiter heißt die Verkehrsader Rings Road und verlässt die Stadt nach Norden in Richtung der Hauptsehenswürdigkeiten: die **Erzbrechanlage** und der **Driving Creek Railway**.

Driving Creek Railway and Potteries

Driving Creek Rd, 3,5 km nördlich der Stadt ▪ Bahnfahrt tgl. 10.15 und 14 Uhr; bis zu 4 weitere pro Tag im Sommer; 1 Std. hin und zurück ▪ $25 ▪ Töpferei ⏱ tgl. 10–17 Uhr ▪ Eintritt frei ▪ ☎ 07 866 8703, 🖥 drivingcreekrailway.co.nz

Die **Driving Creek Railway and Potteries** ist die einzige Schmalspurbahn des Landes. Sie wurde größtenteils von Hand erbaut und war die Idee des ortsansässigen Töpfers und Eisenbahn-Enthusiasten Barry Brickell, der sich damit Zugang zum lehmhaltigen Hügelland verschaffen wollte.

Auf dem reizvollen, von Kommentaren begleiteten Trip eröffnen sich spektakuläre Ausblicke von einem hölzernen Aussichtsturm, dem Eyefull Tower. Außerdem lassen sich einige bautechnische Meisterleistungen bewundern. Die 3 km lange Fahrt beginnt und endet bei den Werkstätten, wo alle möglichen Töpferwaren aus Steingut und Terracotta zu sehen sind.

Coromandel Goldfields Centre & Stamper Battery

410 Buffalo Rd, 2 km nördlich der Stadt ▪ 1-stündige Führung möglich, Zeiten beim i-SITE erfragen ▪ $10

Coromandels Goldgräbergeschichte erzählt das **Coromandel Goldfields Centre & Stamper Battery**. Faszinierende Führungen erläutern, wie Golderz gewonnen und gereinigt wurde. Es wird sogar Neuseelands größtes Wasserrad angeworfen, das die noch völlig intakte Erzbrechanlage von 1899 antreibt.

Long Bay Kauri Grove

Wharf Rd, 3 km westlich der Stadt

Von dem hübschen Strand in **Long Bay** lässt sich ein angenehmer Spaziergang durch ein landschaftliches Schutzgebiet unternehmen (40 Min.). Der markierte Rundweg beginnt etwa 100 m hinter dem Long Bay Motor Camp und führt durch den Busch zu einem uralten Kauri-Baum hinauf. An der Kreuzung mit einer Schotterstraße zweigt man rechts ab nach Tucks Bay und folgt dem Küstenpfad zurück. Ausgangspunkt des Wegs ist ein Wegweiser, 100 m innerhalb des Long Bay Motor Camp.

ÜBERNACHTUNG

Anchor Lodge, 448 Wharf Rd, ℰ 07 866 7992, ⌨ anchorlodgecoromandel.co.nz. Modernes, gut geführtes Motel mit beheiztem Pool, Spa und allen möglichen Unterkünften, darunter eine Backpackerhostel-Abteilung und im Busch gelegene, einladende Units mit 2 Schlafzimmern. Dorms $25, Budget-DZ und -2-BZ $60, Motel Units $145, Suiten $230

Buffalo Lodge, Buffalo Rd, ℰ 07 866 8960, ⌨ buffalolodge.co.nz. Künstlerin Evelyne hat ihr Wohnhaus hoch oben im Busch nördlich der Stadt selbst entworfen. Von den 3 Gästezimmern (alle mit eigener Veranda) eröffnen sich atemberaubende Ausblicke auf die See. Großartiges Dinner (3 Gänge, $95 p. P., 2 Tage im Voraus zu bestellen), zubereitet mit Bioprodukten, die überwiegend aus Evelynes Garten stammen. Für Kinder nicht geeignet. ⊘ Mai–Sep geschl. $235

Coromandel Colonial Cottages, 1737 Rings Rd, 1,5 km nördlich der Stadt, ℰ 07 866 8857, ⌨ corocottagesmotel.co.nz. 8 schmucke weiße Holz-Cottages (manche mit 6 Schlafplätzen) in einem ruhigen Garten. Großer, solarbeheizter Pool, Kinderspielplatz und BBQ-Bereich. $150

Coromandel Top 10 Holiday Park, 636 Rings Rd, ℰ 0800 267 646, ⌨ www.coromandelholiday park.co.nz. Auf dem weitläufigen Gelände 3 Min. zu Fuß nördlich der Stadt hat man die Wahl zwischen einem Hostel mit allem Drum und Dran, Wohnwagenunterkunft sowie gut ausgestatteten Motel Units. Pool für alle, auch Fahrradverleih. Camping $20, Cabins $70, Cabins mit Küche $80, Motel Units $140

Jacaranda Lodge, 3 km südlich des Ortes in der 3195 Tiki Rd (SH25), ℰ 07 866 8002, ⌨ jacarandalodge.co.nz. Modernes B&B inmitten von Farmland mit 6 komfortablen Zimmern (die meisten mit Bad). Auch eine umfangreiche DVD-Sammlung von Neuseelandfilmen und leckeres *continental breakfast*, u. a. mit hausgemachtem Müsli, Säften und Marmeladen aus dem eigenen Obstgarten. Zimmer $135, mit Bad $160

Lion's Den, 126 Tiki Rd, ℰ 07 866 8157, ⌨ lionsdenhostel.co.nz. Kuschliges kleines Hostel, sehr beliebt bei Rucksackreisenden,

denn es hat gemütliche, Gemeinschaftsräume, einen tropischen Garten und eine lockere WG-Atmosphäre. In Stadt- und Buschwanderwege-Nähe. Dorms $26, Zimmer $60

Long Bay Motor Camp, 3200 Long Bay Rd, 3 km westlich der Stadt, ℰ 07 866 8720, ✉ lbmccoromandel@xtra.co.nz. Ruhiger Platz am Strand; geniale Sonnenuntergangs-Aussicht, ungefährliches Schwimmen und Kajakverleih ($10/Std.), außerdem preiswerte Angel- und Bootsausflüge. Es stehen auch Stellplätze ohne Anschlüsse in der versteckten Tucks Bay zur Verfügung, 1 km Fahrt durch den Busch oder 5 Min. Fußweg übers Gelände. Camping $19, Cabins $65, Cabins mit Küche $85

Tidewater Tourist Park, 270 Tiki Rd, ℰ 07 866 8888, ⌨ tidewater.co.nz. Superkomfortables Motel und angegliedertes YHA-Hostel auf großem Gelände, rund 200 m vom Zentrum nahe dem Hafen. BBQ-Bereich, Fahrrad- und Kajakverleih. Geräumige Ferienhaus-Units mit bis zu 6 Schlafgelegenheiten. Camping $15, Dorms $28, Zimmer $60, Motel Units $160

Tui Lodge, 60 Whangapoua Rd, nahe dem SH25, ℰ 07 866 8237, ⌨ coromandeltuilodge.co.nz. Sehr nette und günstige Backpacker-Unterkunft in verwinkeltem Haus mit Garten; 10 Min. zu Fuß südlich der Stadt, die InterCity-Busse halten vor der Tür. Dorms, viele DZ. Kostenlos: Benutzung der Waschmaschine; Tee, Kaffee, frisches Obst (zur Erntezeit), Barbecue, Fahrräder und Leihfahrräder. Camping $15, Dorms $25, Zimmer $60, mit Bad 80

ESSEN UND UNTERHALTUNG

In Little Coromandel gibt es überproportional viele Lokale und ein paar ausgezeichnete Fischgeschäfte.

Coromandel Hotel, 611 Kapanga Rd, ℰ 07 866 8760, ⌨ coromandelhotel.co.nz. Selbst Farmer und Fischer haben Mühe mit den Portionen in dieser traditionellen Kneipe, die bei Einheimischen „Top Pub" heißt. Man kann ein Steaksandwich ($17) bestellen oder sich einfach mit einem Getränk in den Biergarten setzen. ⊘ tgl. 11–22 Uhr oder später.

Coromandel Mussel Kitchen, SH25, Ecke 309 Rd, 4 km südlich der Stadt, ℰ 07 866 7245, musselkitchen.co.nz. Viermal wöchentl. wird dieses auf Muscheln (Portion $19) spezialisierte Lokal mit erstklassigen Muscheln beliefert. Auch *mussel chowder* und Café-Spezialitäten. ⏰ Sep–Juni tgl. 11–15, im Sommer bis 21 Uhr.

Coromandel Oyster Company, 1611 Tiki Rd (SH25), 5 km südlich der Stadt, ☎ 07 866 8028. Muscheln, Jakobsmuscheln und natürlich knackfrische Austern. *Mussel chowder* zum Mitnehmen. ⏰ tgl. 8–18 Uhr.

Coromandel Smoking Company, 70 Tiki Rd ☎ 0800 327 668, 🖥 corosmoke.co.nz. Ausgezeichnetes Geschäft, das hausgeräucherten Fisch und Schalentiere verkauft. Eine Top-Adresse für Picknickzutaten. ⏰ tgl. 9–17 Uhr.

🧳 **Driving Creek Café**, 180 Driving Creek Rd, 3,5 km nördlich der Stadt, ☎ 07 866 7066, 🖥 drivingcreekcafe.com. Ungezwungenes und freundliches vegetarisches (und überwiegend Bio-) Café mit gutem Kaffee, Frühstück, Smoothies und Gerichten wie Bananenpfannkuchen ($15). Veranda und Garten bieten tolle Ausblicke. Manchmal Livemusik. Kostenloses WLAN und Secondhand-Buchladen. ⏰ tgl. 9.30–17 Uhr.

Peppertree, 31 Kapanga Rd, ☎ 07 866 8211. 🖥 peppertreerestaurant.co.nz. Das eleganteste Restaurant von Coromandel hat Sitzgelegenheiten drinnen – im Winter prasselt ein Feuer im offenen Kamin – und draußen im Garten. Mittags gibt's z. B. Lachs-Bagel ($15) und abends Rinderfilet mit Schnecken im Speckmantel ($37). ⏰ tgl. 10–21 Uhr.

Star and Garter, 5 Kapanga Rd, ☎ 07 866 8503, 🖥 starandgarter.co.nz. Luftige Bar, Baujahr 1873, und überdachter Biergarten mitten in der Stadt. Hier trifft sich ein bunt gemischtes Publikum bei einer super Auswahl an Monteith's-Brauerzeugnissen und süffigen Weinen. Wer möchte, kann sich dazu Essen aus dem Peppertree nebenan bringen lassen. ⏰ tgl. 11 Uhr bis spät.

The Success Café & Restaurant, 102 Kapanga Rd, ☎ 07 866 7100. Das gemütliche Tagescafé mit einem Hof voller Kirschbäume verwandelt sich abends in ein Bistro/Bar mit guter Kiwi-Küche, z. B. in Whisky geschmorte Schweinerippchen ($26). Schanklizenz und BYO. ⏰ tgl. 8.30–22 Uhr oder später.

INFORMATIONEN

i-SITE, 355 Kapanga Rd, ☎ 07 866 8598, 🖥 coromandeltown.co.nz. DOC-Broschüren, Gezeitentabelle für den Hot Water Beach und Internetzugang. ⏰ Nov–Ostern tgl. 9–17, Ostern–Okt Mo–Fr 9–17, Sa und So 10–16 Uhr.

NAHVERKEHR

Auto

Einer von mehreren Mietwagenanbietern ist die **Coromandel-Tankstelle**, 226 Wharf Rd, ☎ 07 866 8736; sie gestattet auch Fahrten auf den unbefestigten Straßen nördlich von Colville. $65 pro 24 Std.

Shuttlebus

Der **Coromandel Discovery Shuttlebus** nach Fletcher Bay (hin und zurück $95; Tee, Kaffee und Plätzchen sind gratis; ☎ 0800 668 175, 🖥 coromandeldiscovery.co.nz) bietet die beste Möglichkeit, zum Coromandel Walkway (S. 394) zu gelangen. Wanderer können dort aussteigen und sich in Stony Bay wieder abholen lassen.

TRANSPORT

Busse

InterCity und **NakedBus** nach THAMES (1x tgl., 1 1/4 Std.) und WHITIANGA (2x tgl., 1 Std.). Sie halten auf dem Parkplatz gegenüber dem i-SITE.

Fähren

360 Discovery, ☎ 0800 360 3472, 🖥 360 discovery.co.nz. Die Passagierfähre zwischen Auckland und Hannafords Wharf, 7 km südlich von Coromandel, verkehrt 5–7x wöchentl. (2 Std.). Im Preis der einfachen Fahrkarte für $55 ist die Busfahrt in die Stadt enthalten.

Northern Coromandel Peninsula

Die Landschaft an der Spitze von Coromandel ist noch wilder als der Rest der Halbinsel – im Inland bestimmen dicht bewachsene Hügel das Bild, und an der felsigen Küste verbergen sich einsame Strände mit schäumender Brandung. Die Straßen säumen uralte Pohutukawa-Bäume, die zwischen Anfang November und Januar leuchtend rot blühen.

In diesem fast unbewohnten Landstrich mit seinen schon lange verlassenen Milchfarmen gibt es, abgesehen von ein paar wunderbar einfachen Campingmöglichkeiten, nur **wenige Versorgungseinrichtungen**, sodass man seine Vorräte unbedingt vor dem Aufbruch in Coromandel aufstocken sollte.

Die einzige nennenswerte Ortschaft ist das winzige Colville. Nördlich davon wird die nun unbefestigte Straße schmaler, rauer und staubiger. Bei gutem Wetter ist bis Fletcher Bay mit einer Stunde Fahrzeit zu rechnen. Drei Kilometer nördlich von Colville gabelt sich die Straße. Nach rechts geht's Richtung Osten über die Berge nach Stony Bay und zum Südende des Coromandel Walkway. Der linke Abzweig führt 35 km immer an der Küste entlang Richtung Norden nach Port Jackson und Fletcher Bay an der äußersten Spitze der Halbinsel.

Colville

Von Coromandel bis kurz hinter **Colville** ist die Straße asphaltiert. Die kleine Ortschaft liegt inmitten eines friedlichen Tals und besteht aus wenig mehr als einem Postamt, einer Tankstelle, einem geöffneten Café und dem Colville General Store, ☏ 07 866 6805, wo man Verpflegung für die Welterreise nach Norden einkaufen kann.

Port Jackson

Auf halber Strecke der Straße zum Zipfel der Halbinsel, 19 km nordwestlich von Colville, liegt eine ausgediente Anlegestelle aus Granitstein. Danach führt die Straße über direkt am Ufer aufragende Berge landeinwärts nach **Port Jackson**. Der Ort besteht aus ganzen zwei Häusern und einem 1 km langen, zum Schwimmen geeigneten Sandstrand. Dahinter liegen ein grasbewachsenes DOC-Reservat (ein ideales Picknickplätzchen) und ein DOC-Campingplatz.

Fletcher Bay

Hinter Port Jackson verschlechtert sich die Straße. Nach 6 km ist der wundervolle Strand der sehr gut zum Schwimmen geeigneten **Flet-**

cher Bay erreicht. Hinter dem Strand befinden sich ein weiterer DOC-Campingplatz und ein Backpacker. Das östliche Ende der Bucht markiert den Beginn des **Coromandel Walkway**.

Stony Bay

Die **Stony Bay** am südlichen Ende des Coromandel Walkway ist über zwei gefährlich schmale und kurvige Schotterstraßen zu erreichen: Die eine führt gleich hinter Coromandel via Little Bay über die Coromandel Range und die andere von Colville über die Moehau Range. Beide treffen vor der Feriensiedlung **Port Charles**, 14 km von Colville entfernt, zusammen und legen die letzten 6 km in die Stony Bay gemeinsam zurück; auch hier befindet sich ein DOC-Campingplatz.

ÜBERNACHTUNG

Bis auf wenige Ausnahmen beschränken sich die Übernachtungsmöglichkeiten auf Camping. Um dem wilden Campen einen Riegel vorzuschieben, hat das DOC auf der nördlichen Halbinsel fünf Campingplätze (Karte S. 383) direkt am Wasser eingerichtet. Drei davon sind nachstehend gelistet. In den ersten zwei Wochen nach Weihnachten sind sie meist komplett ausgebucht, im restlichen Jahr ist man in dieser wildromantischen Gegend oft ganz allein. Besucher dürfen nichts weiter als Toiletten und kalte Duschen erwarten.

Colville Farm, Colville Rd, 1,5 km südlich von Culville, ☏ 07 866 6820, ⌨ colvillefarmholidays.co.nz. Wunderschönes Gehöft mit Zeltplätzen (Benutzung der Backpacker-Einrichtungen $2 extra), Backpackerbetten in 1 Cottage, 2 rustikalen Busch-Lodges und 2 Selbstversorger-Ferienhäusern mit toller Aussicht. Camping $12, Dorm $25, Lodge $70, Häuser $110

Fantail Bay Campsite, 22 km nördlich von Colville, ⌨ doc.govt.nz. Ziemlich kleiner DOC-Platz am Strand zwischen Farmland. Er hat Platz für 100 Gäste, die sich Spülklosetts, Flusswasser und kalte Duschen teilen. Im Sommer geht nichts ohne Reservierung. $9

Fletcher Bay Campsite, 34 km nördlich von Colville, ⌨ doc.govt.nz. Der abgelegenste der DOC-Plätze bietet Aussicht auf die Inseln Great Barrier und Little Barrier. Er verfügt über Spülklos, Flusswasser und kalte Duschen. Obwohl er 250 Pers. fasst, ist in den beiden Wochen nach Weihnachten eine Reservierung unumgänglich. $9

Fletcher Bay Backpackers, Fletcher Bay, 34 km nördlich von Colville, ☎ 07 866 6685, 🖥 doc.govt.nz. Schnörkelloses Hostel in erstklassiger Lage auf einer Anhöhe, 400 m vom Strand mit Blick auf den Campingplatz. In jedem der 4 Zimmer stehen 2 Etagenbetten, Bettzeug wird gestellt. $25

ESSEN

Green Snapper Café, Colville, ☎ 07 866 6697, 🖥 greensnappercafe.co.nz. Gemütliches Café mit Kaminfeuer im Winter und Außenplätzen im Sommer. Frühstück ($10–20), Smoothies ($7), Dhal ($14) oder Fischburger ($13) sowie köstlicher Kaffee. ☉ Weihnachten bis Mitte Feb tgl. 9–21 Uhr; sonst meist 9–16 Uhr.

INFORMATIONEN

Bevor man sich auf den Weg macht, unbedingt im **i-SITE** in Coromandel-Stadt den **Straßenzustand** erfragen, den Tank füllen und sich auf vorsichtiges, langsames Fahren einstellen. Hier oben besteht kein Grund zur Hektik.

REITEN

Colville Farm, Colville Rd, 1,5 km südlich von Colville, ☎ 07 866 6820, 🖥 colvillefarmholidays. co.nz. Auf der Schaf- und Rinderfarm werden unterschiedlich lange, geführte Ausritte organisiert. Auch längere Ausflüge in den Busch oder zum Strand. ($30 pro Std.; $120 für 5 Std.).

Von Coromandel nach Whitianga

Die Fahrt von Coromandel Richtung Osten über die Berge nach Whitianga lässt sich in weniger als einer Stunde zurücklegen. Man kann sich aber auch sehr viel mehr Zeit für die beiden zur Auswahl stehenden, umwerfend **schönen Straßen** nehmen: Die kurvenreiche **309 Road** (33 km, davon 14 km Schotterpiste, keine öffentlichen Verkehrsmittel) verläuft die meiste Zeit durch Busch am Rückgrat der Halbinsel entlang. Auf

Coromandel Walkway und Radweg

Wer andere sportliche Betätigung als Schwimmen und Angeln sucht, kann die Wanderung von der Fletcher Bay zur Stony Bay über den **Coromandel Walkway** (11 km, 3 Std. einfach) unternehmen. Sie beginnt am südlichen Strandende in der Fletcher Bay und führt in eine Art Niemandsland – zuerst über die sanften Hügel an der Küste, wo sich Weiden und Busch abwechseln, dann durch wilderes Terrain vorbei an einer Reihe winziger Buchten. Unterwegs eröffnen **Aussichtspunkte** atemberaubende Blicke auf die Küste und den Pazifik. In der **Stony Bay** führt eine Brücke über eine Flussmündung, die zum sicheren Baden einlädt. Die DOC-Broschüre *Coromandel Recreation Information* enthält eine kurze Beschreibung des Wegs und eine Karte; der Pfad ist aber so deutlich markiert, dass man ihn auch ohne Karte findet. Näheres zur Anfahrt per Shuttlebus aus Coromandel-Stadt auf S. 392.

dem 360 m hohen Sattel taucht die Straße wieder aus dem Busch auf und schlängelt sich zur Küste hinunter. Die Hauptstraße **SH25** dagegen windet sich durch das bewaldete Bergland und dann hinab zum Meer, vorbei an den verlassenen Stränden von Whangapoua und Kuaotunu.

The Waterworks
471 The 309 Rd ▪ ☉ tgl. Nov–April 9–18, Mai–Okt 10–16 Uhr ▪ Eintritt $18 ▪ ☎ 07 866 7191, 🖥 thewaterworks.co.nz

Im Garten **The Waterworks**, nach 5 km auf der **309 Road**, kann man gut ein paar erholsame Stunden verbringen. Besucher können sich dort mit allen möglichen durch Wasserkraft betriebenen Gerätschaften vergnügen. Highlight ist eine riesige Uhr, deren Pendel von einem Wasserstrahl angeschoben wird. Schwimmsachen für ein Bad im Teich nicht vergessen!

Castle Rock
100 m hinter The Waterworks ▪ hin und zurück 2 km, 40 Min.–1 1/2 Std.

Eine raue Zufahrtstraße führt Richtung Norden über eine Furt und dann 3 km steil bergauf an den Startpunkt des Wegs zum **Castle Rock**, dem am leichtesten erreichbaren Gipfel der Coromandel Peninsula. Der letzte Abschnitt des Anstiegs auf den 521 m hohen Gipfel des alten Vulkankegels ist beschwerlich. Als Belohnung warten fantastische Ausblicke.

Waiau Falls und „Siamese Kauri"

309 Rd, 2,5 km südöstlich des Castle Rock

Der Wasserfall **Waiau Falls**, der sich über eine Felswand in ein Becken ergießt, ist nicht überwältigend hoch, liegt dafür aber direkt neben der Straße und bietet eine ausgezeichnete Möglichkeit zur Abkühlung. Nach weiteren 500 m markiert ein Parkplatz den Beginn des einfachen Spaziergangs zum wunderschönen **Kauri Grove** (1 km, 1/2 Std. hin und zurück) und dem „Siamese Kauri" ein Stück dahinter. Es ist einer der besten Orte Neuseelands, um einen Eindruck von der ungeheuren Größe der Kauri-Riesen zu bekommen.

Whangapoua und New Chums Beach

Der **SH25** verläuft von Coromandel durch üppigen Wald und vorbei an einigen hübschen, abgeschiedenen Strandsiedlungen mit Campingplätzen. Nach etwa 14 km zweigt die 5 km lange Landstraße zum verschlafenen Dorf und weißen Sandstrand von **Whangapoua** ab. Am Straßenende führt ein schöner Bush-Spaziergang (von der rechten Weggabelung Richtung Stadt) zum **New Chums Beach** (nur bei Ebbe begehbar; insgesamt 4 km; 1 Std.), einem der schönsten, naturbelassenen Strände Neuseelands.

Kuaotunu

Rund 30 km hinter Coromandel erreicht der SH25 das winzige **Kuaotunu** an einem herrlichen weißen Sandstrand. Das stille Dörfchen bietet ein paar Unterkünfte, im Sommer eine tolle Pizzeria sowie die Möglichkeit eines Segeltörns mit NZ Spirit (Kasten S. 401), Abholung auch in Kuaotunu. Der SH25 führt anschließend durch Farmland in die Mercury Bay und nach Whitianga.

ÜBERNACHTUNG UND ESSEN

Black Jack Lodge, SH25, ✆ 07 866 2988, ⌨ black-jack.co.nz. Erstklassiges Hostel am Fluss, nur ein paar Schritte vom Strand von Kuaotunu. Billiger Rad- und Kajakverleih und herrlich entspannte Atmosphäre. Gemeinschaftszimmer $35, Zimmer $90, mit Bad $110

Kuaotunu Bay Lodge B&B, SH25, ✆ 07 866 4396, ⌨ kuaotunubay.co.nz. Stilvoller Luxus in einem modernen Haus mit fabelhafter Aussicht von den zu den Zimmern gehörenden Balkonen. Kostenloses WLAN; bei nur einer Übernachtung wird von Dez–März ein Preisaufschlag erhoben. $295

Kuaotunu Camp Ground, 33 Bluff Rd, ✆ 07 866 5628, ⌨ kuaotunumotorcamp.co.nz. Ordentlicher Platz mit Kajakverleih und Fish-'n'-Chips-Shop. Der Strand liegt direkt gegenüber auf der anderen Straßenseite. Camping $20, Cabins $65, Selbstversorger-Units $120

Luke's Kitchen, 20 Blackjack Rd, unweit SH25, ✆ 07 866 4480. Das einzige Speiselokal von Kuaotunu ist recht spartanisch, und die meisten Sitzgelegenheiten befinden sich draußen. Aber das Essen ist köstlich, besonders die Pizza ($20). BYO. ⏱ tgl. im Sommer 8–21 Uhr.

Whitianga und Umgebung

Whitianga liegt dort, wo der Whitianga Harbour auf den langen, weißen **Buffalo Beach** an der **Mercury Bay** trifft. Das unaufgeregte Städtchen eignet sich prima zum ein- oder zweitägigen Ausspannen. Wer möchte, kann an einem Knochenschnitzkurs teilnehmen oder in den Warmwasserbecken von The Lost Spring planschen. Whitianga ist auch ein gutes Sprungbrett für halb- und ganztägige Ausflüge zu einigen der Topspots von Coromandel.

Nach einer kurzen Fahrt mit der Passagierfähre durch die schmale Hafenöffnung der **Ferry Landing** lassen sich zahlreiche traumhafte Strände wie **Lonely Bay** erreichen. Außerhalb der Saison präsentieren sie sich oft menschenleer, doch von Dezember bis Februar sind ruhige Fleckchen Mangelware. Per Bus ab Ferry Landing (oder per Auto via Whenuakite nach Süden) gelangt man zur **Cathedral Cove**, einer faszinierenden Felsformation mit ausgezeichneten Möglichkeiten zum Schwimmen, außerdem zum magischen **Hot Water Beach** mit seinen natürlichen Thermalquellen.

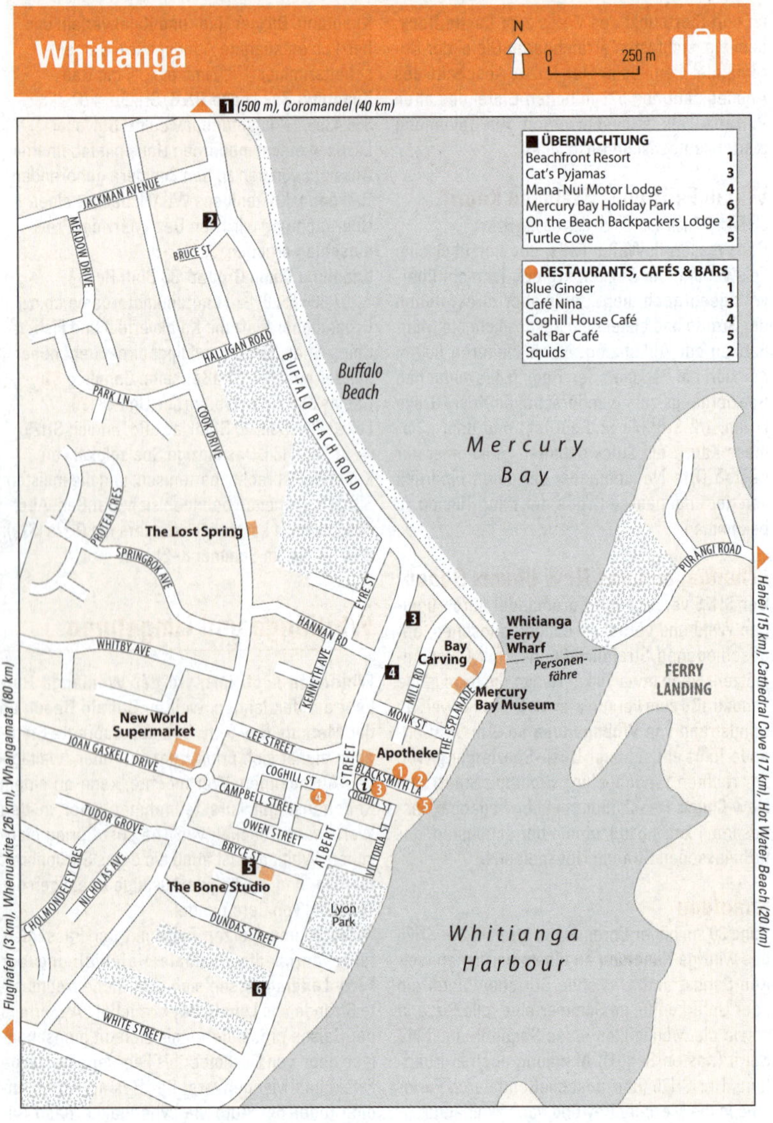

Whitianga

N

0 ———— 250 m

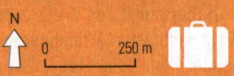

▲ 🏕 (500 m), Coromandel (40 km)

■ ÜBERNACHTUNG

Beachfront Resort	1
Cat's Pyjamas	3
Mana-Nui Motor Lodge	4
Mercury Bay Holiday Park	6
On the Beach Backpackers Lodge	2
Turtle Cove	5

● RESTAURANTS, CAFÉS & BARS

Blue Ginger	1
Café Nina	3
Coghill House Café	4
Salt Bar Café	5
Squids	2

JACKMAN AVENUE

MEADOW DRIVE

BRUCE ST

PARK LN.

HALLIGAN ROAD

COOK DRIVE

BUFFALO BEACH ROAD

Buffalo Beach

M e r c u r y B a y

PROTEA CRES

SPRINGBOK AVE

The Lost Spring

WHITBY AVE

HANNAN RD

EYRE ST

TENNEHL AVE

New World Supermarket

JOAN GASKELL DRIVE

LEE STREET

COGHILL ST

CAMPBELL STREET

OWEN STREET

TUDOR GROVE

NICHOLAS AVE

CHOLMONDELEY CRES

BRYCE ST

The Bone Studio

DUNDAS STREET

WHITE STREET

MILL RD

MONK ST

ALBERT STREET

BLACKSMITH LA.

Coghill La.

VICTORIA ST

THE ESPLANADE

Whitianga Ferry Wharf

Personen- fähre

Bay Carving

Mercury Bay Museum

Apotheke

Lyon Park

W h i t i a n g a H a r b o u r

PURANGI ROAD

FERRY LANDING

COROMANDEL PENINSULA, BAY OF PLENTY UND EAST CAPE

Flughafen (3 km), Whenuakite (26 km), Whangamata (80 km)

Hahei (15 km), Cathedral Cove (17 km), Hot Water Beach (20 km)

Das **Te Whanganui-A-Hei (Cathedral Cove) Marine Reserve** bietet hervorragende Bedingungen zum Tauchen. **Bootstouren** führen in die abgeschiedeneren Bereiche der Mercury Bay und zu den vulkanischen **Mercury Islands** 25 km vor der Küste; mit etwas Glück bekommt man auf diesen Trips sogar Große Tümmler und Wale zu Gesicht. Hauptziel der Dampferfahrten und

www.stefan-loose.de/neuseeland

Kajaktrips von Hahei und Whitianga aus sind die Cathedral Cove, das Meeresreservat und die verschiedenen vorgelagerten Vulkaninseln und Meereshöhlen. Oft zeigen sich Große Tümmler und Orkas.

Mercury Bay Museum

11 The Esplanade ▪ ⏱ tgl. 10–16 Uhr ▪ Eintritt $5
▪ ✆ 07 866 0730, 🖥 mercurybaymuseum.co.nz
In einer alten Butterfabrik an der Esplanade ist das **Mercury Bay Museum** untergebracht. Es erzählt von der Kauri-Nutzung, den ersten Siedlern und der Hochseefischerei. Highlight ist die Abteilung zu den frühen Entdeckungsreisenden, insbesondere dem Maori-Pionier Kupe, der vor rund 1000 Jahren hier in der Nähe an Land gegangen sein soll. Captain Cook findet natürlich auch Erwähnung.

Shakespeare Lookout

1,5 km westlich von Ferry Landing, dann 1 km bergauf ▪ Eintritt frei
Anscheinend hatten die Klippen unter dem **Shakespeare Lookout** früher einmal Ähnlichkeit mit dem Profil des Dichters, doch heute sucht man sie vergeblich und konzentriert sich besser auf die Aussicht. Nach Osten geht der Blick zum Cooks Beach und zur Mercury Bay hinüber, nach Westen zum Buffalo Beach und nach Norden zum Mount Maungatawhiri. Mit Wegweisern versehene Pfade (2 km einfach; 30 Min.) führen vom Parkplatz zur verschwiegenen Lonely Bay und weiter zum beliebten Familienurlaubsziel **Cooks Beach**, das auch von der Hauptstraße 2 km weiter östlich aus erreichbar ist.

Hahei

Der kleine Strandort **Hahei**, 6 km östlich von Cooks Beach (10 Straßenkilometer), verfügt über einen Laden, ein paar Unterkünfte und Esslokale. Er ist Ausgangspunkt für Boots-, Kajak- und Tauchausflüge ins **Te Whanganui-A-Hei (Cathedral Cove) Marine Reserve** (Kasten S. 400), das sich auch auf dem Cathedral Cove Walk erreichen lässt.

Cathedral Cove Walk

Hin und zurück 5 km; 1 1/2 Std.; 300 m Anstieg auf dem Rückweg

Der **Cathedral Cove Walk**, ein hügeliger Küstenpfad von einem Parkplatz an der Grange Road ausgehend, ist fast ein Muss. Er ist stellenweise recht steil und führt zumeist durch Kiefernwäldchen, wobei sich zwischendurch immer wieder wunderbare Meerblicke eröffnen. Als Entschädigung warten zwei perfekte Strände, die von einem kathedralenartigen Felsbogen getrennt werden.

Stufen führen hinab zum **Mare's Leg Cove**, einem traumhaften Badestrand. Durch den Bogen geht's zum nächsten Strand, den **Cathedral Cove**. Nachdem 2009 Steine aus der Bogendecke gefallen sind, warnen jedoch DOC-Schilder (und Absperrbänder) vor dem Betreten.

Wer vom Hahei Beach hierher spazieren möchte, folgt dem Pfad am Nordende des Strandes. Nach rund 20 Min. ist der Parkplatz am Start des Wanderwegs erreicht.

Gemstone Bay und Stingray Bay

Nach einem kurzen Fußmarsch auf dem Cathedral Cove Walk zweigt ein fünfminütiger Pfad zur **Gemstone Bay** ab, wo man wunderbar schnorcheln kann. Zwischen 50 m und 150 m vor der Küste erklären DOC-Schilder auf Bojen die Wunder der verschiedenen Meereshabitate unterhalb der Wasseroberfläche. Ausrüstung verleiht Cathedral Cove Dive (Kasten S. 401).

Stingray Bay, ein Stück weiter am Cathedral Cove Walk ausgeschildert, ist ein perfekter weißer Sandstrand. Selbst wenn Cathedral Cove brummt, ist es hier oft menschenleer.

Hot Water Beach

15 km südöstlich von Whitianga, aber über 30 km auf dem Straßenweg

Der **Hot Water Beach** ist eines der beliebtesten Reiseziele der Coromandel Peninsula, denn hier kann sich jeder selbst ein eigenes Badebecken mit warmem Wasser am Rande der Brandung graben. Die heißen Quellen, die unter dem Sand sprudeln, können allerdings nur zwei Stunden vor bzw. nach Ebbe (Infos über die Gezeiten im i-SITE von Whitianga oder in der Lokalzeitung) genutzt werden. Interessierte spazieren einfach 100 m über den Sand zum Felsausläufer, der den Strand teilt, buddeln ein Loch und entspannen sich im heißen Wasser, während die

Wellen des aufsteigenden Meers für Erfrischung sorgen. Um sich so ein „Spa" zu graben, ist eine Schaufel notwendig. Man kann eine in der Unterkunft, im Hot Water Beach Store (🕐 tgl. 9 Uhr oder früher bis 17 Uhr oder später, je nach Wasserstand) oder im Hot Waves Café (S. 402) für $5 plus $20 Kaution ausleihen.

Der Ansturm auf die Quellen ist so groß (in Stoßzeiten drängen sich hier bis zu 500 Menschen), dass manche lieber nachts herkommen. Dann braucht man außer einem Spaten auch eine Taschenlampe. Wegen gefährlicher **Unterströmung** ist beim Schwimmen an diesem Strand große Vorsicht geboten (Kasten S. 52). Näheres zu Unterkünften und einem Café in Strandnähe auf S. 401 und S. 402.

ÜBERNACHTUNG

Als eines der Haupttouristenzentren der Coromandel Peninsula bietet Whitianga eine große Auswahl an Unterkünften, weitere Schlafgelegenheiten bieten sich in Hot Water Beach, Hahei und Kuaotunu (S. 395), 16 km nördlich. Im Sommer sollte man rechtzeitig reservieren. Die Preise liegen generell etwas höher als in den restlichen Teilen der Halb-insel, insbesondere in Unterkünften mit Blick aufs Meer und bei Kurzaufenthalten während der Hochsaison.

Whitianga

Beachfront Resort, 113 Buffalo Beach Rd, ✆ 07 866 5637, 🖥 beachfrontresort.co.nz; Karte S. 396. Luxuriöses und trotzdem kinderfreundliches Motel direkt am Strand – mit 8 geräumigen Units mit Meerblick und Balkon. Für Gäste stehen Kajaks, Schlauchboote, Angelruten, Boogie Boards sowie ein Whirlpool und ein BBQ-Bereich zur Verfügung. 175

Cat's Pyjamas, 12 Albert St, W 07 866 4663, 🖥 cats-pyjamas.co.nz; Karte S. 396. Dieses gemütliche, zentral gelegene Hostel, 2 Min. Fußweg von der Innenstadt und vom Strand, hat mit Wandgemälden verzierte Gemeinschaftsbereiche, einen sonnigen Patio und eine Hauskatze. Dorms $25, Zimmer $60, Zimmer mit Bad $70

Mana-Nui Motor Lodge, 20 Albert St, ✆ 07 866 5599, 🖥 mananui.co.nz; Karte S. 396. Zentral gelegenes, komfortables Motel mit 12 komplett ausgestatteten ebenerdigen

Auf dem Cathedral Cove Walk: Hinter dem mächtigen Felsbogen liegt der nächste Traumstrand.

© ROUGH GUIDES

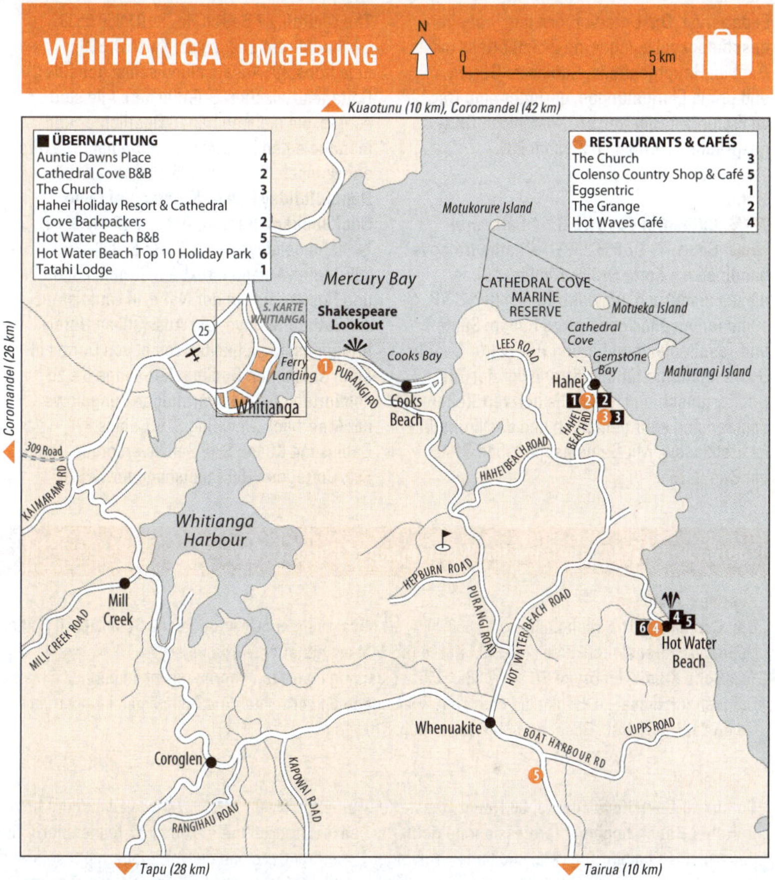

▲ Kuaotunu (10 km), Coromandel (42 km)

■ ÜBERNACHTUNG

Auntie Dawns Place	4
Cathedral Cove B&B	2
The Church	3
Hahei Holiday Resort & Cathedral Cove Backpackers	2
Hot Water Beach B&B	5
Hot Water Beach Top 10 Holiday Park	6
Tatahi Lodge	1

● RESTAURANTS & CAFÉS

The Church	3
Colenso Country Shop & Café	5
Eggsentric	1
The Grange	2
Hot Waves Café	4

Motukorure Island

Mercury Bay

CATHEDRAL COVE MARINE RESERVE

Motueka Island

Coromandel (26 km)

S. KARTE WHITIANGA

Shakespeare Lookout

25

Ferry Landing

 PURANGI RD

Cooks Bay

LEES ROAD

Cathedral Cove

Gemstone Bay

Hahei

Mahurangi Island

Whitianga

Cooks Beach

HAHEI BEACH RD

HAHEI BEACH ROAD

309 Road

KAIMARAMA RD

Whitianga Harbour

HEPBURN ROAD

PURANGI ROAD

Mill Creek

MILL CREEK ROAD

HOT WATER BEACH ROAD

Hot Water Beach

Coroglen

KAPANGA ROAD

Whenuakite

BOAT HARBOUR RD

CUPPS ROAD

RANGIHAU ROAU

▼ Tapu (28 km)

▼ Tairua (10 km)

COROMANDEL PENINSULA, BAY OF PLENTY UND EAST CAPE

Selbstversorger-Units (manche mit 2BZ), Pool und Spa. $130

Mercury Bay Holiday Park, 121 Albert St, ✆ 07 866 5579, ⌨ mercurybayholidaypark. co.nz; Karte S. 396. Gut ausgestattetes, windgeschütztes Gelände ca. 700 m vom Zentrum entfernt, BBQs, ein Pool und kostenloser Spatenverleih für den Hot Water Beach. Camping $19, On-site Vans $60, Units $65, Motel Units $125

On the Beach Backpackers Lodge, 46 Buffalo Beach Rd, ✆ 07 866 5380, ⌨ coromandelbackpackers.com; Karte S. 396.

Whitiangas bestes, YHA-assoziiertes Hostel liegt 10 Min. zu Fuß nördlich der Stadt und nur 2 Min. über die Straße vom Strand. Zwei der Schlafsäle haben ein eigenes Bad, und die meisten DZ befinden sich in Selbstversorger-Units mit Bad, jedes mit BBQ. Benutzung von Kajaks, Boogie Boards und Spaten für den Hot Water Beach kostenlos; Fahrradverleih möglich. Dorms $25, Zimmer $70

Turtle Cove, 14 Bryce St, ✆ 07 867 1517, ⌨ turtlecove.co.nz; Karte S. 396. Hier, nur 5 Min. Fußweg von Stadt und Strand entfernt, halten mit Vorliebe die Busse von Kiwi

Experience. Die Unterkunft ist laut, hat aber geschmackvolle, moderne Zimmer (teils mit Bad) im Hauptgebäude, Cabins im Garten und prima Einrichtungen, darunter eine Bar im Freien mit Billardtisch. Kostenlose Ortsgespräche. Dorms $27, Zimmer $65

Hahei

Cathedral Cove B&B, 14 Cathedral Court, ☎ 07 866 3550, 🖵 cathedralcove bandb.co.nz; Karte S. 399. Die Eigentümer dieses modernen, umweltfreundlichen B&B scheinen an alles gedacht zu haben: Spaten und Taschenlampen für den Hot Water Beach, Sonnenschirme für den Strand vor der Tür, Büchertausch und mehr. Die holzvertäfelten Zimmer sind sehr gemütlich und das Frühstück ist erstklassig. Mit Gemeinschaftsbad $190, mit Bad $215

The Church, 87 Beach Rd, ☎ 07 866 3533, 🖵 thechurchhahei.co.nz; Karte S. 399. Eine hübsche Ansammlung selbst gebauter Cottages zwischen Grünflächen. Alle sind sonnig, die meisten haben Oberlichter und manche einen Holzofen. *Continental breakfast* auf Wunsch. Studios $135, Cottages $195

Hahei Holiday Resort & Cathedral Cove Backpackers, Harsant Ave, ☎ 07 866 3889, 🖵 haheiholidays.co.nz; Karte S. 399. 500-Meter-Anlage direkt am Strand. Laden und Restaurants in der Nähe; in Laufdistanz zur Cathedral Cove. Die Auswahl an Unterbringungsmöglichkeiten reicht von Dorms in einer schlichten Backpacker-Lodge bis zu komfortablen Selbstverpfleger-Bungalows mit Meerblick. Camping $19, Cabins $70, Cabins mit Küche $80, Selbstversorger-Cabins $80, Cottages $160, Luxusbungalows $265

Touren und Aktivitäten rund um Whitianga und Mercury Bay

Knochenschnitzen

Bay Carving, 12 The Esplanade, ☎ 07 866 4021, 🖵 baycarving.com. Der deutsche Schnitzprofi Roland Baumgart veranstaltet kurze (2–3 Std.) Kurse (ab $45) mit genauen Vorgaben.
The Bone Studio, 6b Bryce St, ☎ 07 866 2158, 🖵 carving.co.nz. Ian Thorne nimmt immer nur ein paar Schüler auf einmal an. Er gibt die nötigen Anweisungen und ermuntert die Teilnehmer, ihrer Kreativität freien Lauf zu lassen. Reservierung erforderlich. $100/Tag.

Kajakfahren

Cathedral Cove Kayak Tours, 88 Hahei Beach Rd, Hahei, ☎ 0800 529 258, 🖵 seakayaktours.co.nz. In Hahei Beach beginnen professionelle geführte Seekajaktouren mit maximal 20 Teilnehmern. Sie dauern einen halben Tag ($95) und haben entweder Cathedral Cove und die vorgelagerten Inseln zum Ziel oder die Meereshöhlen im Osten. Bei Ganztagstrips ($150) werden alle genannten Orte angesteuert. Zum Angebot gehören auch kürzere, aber wunderschöne Paddeltouren in der Morgen- und Abenddämmerung (nur Dez–Feb; $75). Kostenlose Abholung ab Ferry Landing.

Bootsausflüge

Alle Ausflüge führen grob ins gleiche Gebiet zwischen Whitianga und Hot Water Beach, unter anderem zur Cathedral Cove und dem dazugehörigen Meeresschutzgebiet.
Cave Cruzer Adventures, Whitianga Wharf, ☎ 0800 427 893, 🖵 cavecruzer.co.nz. RIB-Touren am Shakespeare Cliff vorbei zur Cathedral Cove und weiter. Abfahrt der Expresstour um 9.30 und 16.30 Uhr (etwas über 1 Std.; $50). Eine längere und gemütlichere Version davon beginnt um 10.30 und 13.30 Uhr (etwas über 2 Std.; $75).
Glass Bottom Boat, Whitianga Wharf, ☎ 07 876 1962, 🖵 glassbottomboatwhitianga.co.nz. Bei den zweistündigen Trips ($90) eröffnet sich ein Blick in die Unterwasserwelt. Start 10.30 und 13 Uhr, im Sommer öfter.

Tatahi Lodge, 13 Grange Rd, ℅ 07 866 3992, 🖥 tatahilodge.co.nz; Karte S. 399. Lodge in ruhiger Lage, nur ein paar Schritte von Cafés und Geschäften entfernt mit leichtem Zugang zur Cathedral Cove. Selbstversorger-Units, Backpacker-Unterkünfte und ein versteckt gelegenes Cottage für 5 Pers. Dorms $28, Zimmer $84, Studios $150, Units $220, Cottage $250

Hot Water Beach

Auntie Dawns Place, 15 Radar Rd, ℅ 07 866 3707, 🖥 auntiedawn.co.nz; Karte S. 399. Das Haus am Hang mit Blick auf den Strand zeichnet sich durch echte Kiwi-Gastlichkeit aus. Einfache, aber gemütliche Selbstversorger-Apartments für 2 Pers., nur 3 Min. zu Fuß über einen versteckten Pfad vom Hot Water Beach entfernt. Hier werden schon seit Jahrzehnten Gäste umsorgt. $120

Hot Water Beach B&B, 48 Pye Place, ℅ 0800 146 889, 🖥 hotwaterbedandbreak fast.co.nz; Karte S. 399. Einladendes B&B in hervorragender Lage nahe dem Strand mit großartigem Meerblick; 2 Zimmer mit Du/WC und Zugang zu Sonnendecks; Snooker-Tisch in Originalgröße. $260

Hot Water Beach Top 10 Holiday Park, 790 Hot Water Beach Rd, ℅ 800 246 823, 🖥 hotwaterbeachtop10.co.nz; Karte S. 399. Relativ neuer Campingplatz mit freundlichen Eigentümern und sehr guten Einrichtungen, darunter WLAN und Sky TV, in einer sonnigen, verglasten Gästelounge und ein Laden, wo im Sommer frische Fish 'n' Chips zu haben sind. Es gibt auch eine Extraabteilung für Familien mit Angehörigen unter 25 Jahren. Camping $21, Cabins $70, Chalets mit Bad $150

Hahei Explorer, Hahei, ℅ 07 866 3910, 🖥 haheiexplorer.co.nz. Begleitet von unterhaltsamen Kommentaren führt das Schlauchboot mit kleinen Gruppen einstündige Meereshöhlenerkundungen zur Cathedral Cove und zu einem beeindruckenden Blowhole durch (2–4 Fahrten tgl.; Zeiten erfragen; $70).
NZ Spirit, ℅ 021 072 7983, 🖥 nzspirit.co.nz. Eine entspannte Möglichkeit, zu den besten abgeschiedenen Stränden, Bade- und Tauchstellen der Mercury Bay zu gelangen, ist die Fahrt mit diesem modernen 13-Meter-Katamaran. Im Angebot sind der halbtägige Beach Finder ($75), der zweistündige Sunset Cruise ($45), und der ganztägige Beach Explorer ($150). Wein oder Cocktails können gern mitgebracht werden, besonders zur Sonnenuntergangsfahrt. Abfahrt auch von Kuaotunu (S. 395).

Tauchen

Wer im Cathedral Cove Marine Reserve und vor der Küste tauchen und/oder schnorcheln möchte, hat die Wahl zwischen zwei Veranstaltern, die beide sowohl Anfänger- als auch Fortgeschrittenenkurse anbieten.
Cathedral Cove Dive, 48 Hahei Beach Rd, Hahei, ℅ 07 866 3955, 🖥 hahei.co.nz/diving. Hier kann man eine Taucherausrüstung für die Gemstone Bay ausleihen ($20), an einem Schnorcheltrip vom Boot aus teilnehmen ($80 inkl. Ausrüstung) oder einen Tauchtrip buchen (1 Tauchgang $115; 2 Tauchgänge $215; Equipment inkl.).
Dive Zone, 7 Blacksmith Lane, Whitianga, ℅ 07 867 1580, 🖥 divethecoromandel.co.nz. Breites Angebot an Schnorchel- und Tauchtrips ($225 für 2 Tauchgänge mit Ausrüstung) plus Schnorcheln oder Tauchen vom Kanadier aus – macht Spaß und ist für gewöhnlich billiger als Tauchen vom Boot.

Reiten

Twin Oaks Riding Ranch, SH25, 9 km nördlich von Whitianga, ℅ 07 866 5388, 🖥 twinoaksridingranch. co.nz. Zweistündige Ausritte bei atemberaubender Sicht auf die Mercury Bay und die nördliche Coromandel Peninsula. 🕐 tgl. 9.30 und 13.30 Uhr, Dez–Feb um 18 Uhr auch ein Ausritt bei Dämmerung, $60.

Whitianga

Blue Ginger, 10 Blacksmith Lane, ☎ 07 867 1777, ⌨ blueginger.co.nz; Karte S. 396. Das ausgezeichnete kleine Lokal hat Leckerbissen wie mit Räucherfisch gefüllte Wantan ($9) und *beef rendang* ($19). Auch Take away. ⊕ Mo 10–16, Di–Sa 10–22 Uhr.

🏨 **Café Nina**, 20 Victoria St, ☎ 07 866 5440; Karte S. 396. Café in einem der ältesten Cottages von Whitianga mit frisch zubereitetem Essen wie Caesar Salad ($15), oder vegetarischen, veganen und glutenfreien Gerichten, z. B. Spanakopita ($8). Auch guter Kaffee und selbst gebackener Möhrenkuchen. ⊕ tgl. 8–15.30 Uhr oder später.

Coghill House Café, 10 Coghill St. ☎ 07 866 0592, ⌨ cafecoghill.co.nz; Karte S. 396. Relaxtes Café, toll zum Frühstücken ($10–18), außerdem Tortilla Wraps ($13), leckere Pies und großzügig bemessene Hauptgerichte. Sitzmöglichkeiten drinnen und draußen. ⊕ tgl. 7–15 Uhr.

Salt Bar Café, im Whitianga Marina Hotel, The Esplanade; Karte S. 396. Freundliche Café-Bar zum Mittag- und Abendessen mit Blick auf den Jachthafen. Berühmt für klassische Abendgerichte à la carte (unter $35), z. B. Fisch an Safranrisotto. Im Sommer treten manchmal Bands auf. ⊕ tgl. 11–22 Uhr oder später.

Squids, 15/1 Blacksmith Lane, ☎ 07 867 1710; Karte S. 396. Cocktailbar/Weinstube, bestens geeignet für einen gemütlichen Abend bei ein paar Drinks und preiswertem, sättigendem Essen (Abendgerichte unter $35), z. B. Lachs mit gebackenen *kumara* und Steak mit Knoblauchpüree. ⊕ Mo–Sa 12–14 und 17.30–21 Uhr oder später.

Ferry Landing

🏨 **Eggcentric**, 1049 Purangi Rd, Flaxmill Bay, 1 km westlich von Ferry Landing, ☎ 07 866 0307, ⌨ eggsentriccafe.co.nz; Karte S. 399. Der Küchenchef/Besitzer greift abends gerne zur Gitarre, um die Gäste zu unterhalten. Das hippe Lokal hat Tische draußen in einem Garten voller Skulpturen und drinnen in einem farbenfrohen Raum, wo vor allem Fr abends Livekonzerte, Dichterlesungen usw. stattfinden. Dazu gibt's einfache, aber umwerfende Gerichte wie frische Jakobsmuscheln in sämiger Macadamiasoße ($17) und abends meistens irgendwas mit Seafood, z. B. eine Platte ($45) mit Langusten, Jakobs- und Venusmuscheln. ⊕ tgl. außer Mo 9–22 Uhr oder später.

Hahei

The Church, 87 Beach Rd ☎ 07 866 3797, ⌨ thechurchrestauranthahei.co.nz; Karte S. 399. Die ehemalige hölzerne Methodistenkirche wurde von Taumarunui hierher geschafft und bildet einen bezaubernden Rahmen für dieses klassische Restaurant. Hauptgerichte wie Lammkotelett auf einem Püree aus *kumara*, Pastinaken und Minze an Granatapfeljus ($35) und Desserts wie Kuchen aus Mandeln, Basilikum und Zitrusfrüchten ($15). Dazu exzellente Weine. ⊕ tgl. 17.30–22 Uhr, im Winter aber häufig geschlossen, wenn nicht viel los ist.

The Grange, 7 Grange Rd, ☎ 07 866 3502; Karte S. 399. Sozusagen die Dorfkneipe von Hahei, mit Sportfernsehen, einer ansehnlichen Auswahl an Mercury-Bay-Weinen und Fish ´n´ Chips ($26). ⊕ Di–So 5–22 Uhr oder später.

Hot Water Beach

🏨 **Hot Waves Café**, 8 Pye Place ☎ 07 866 3887; Karte S. 399. Stilvolles Café mit Schanklizenz, Essbereich und Sitzgelegenheiten in einem einladenden Garten. Kleine Gerichte wie griechischer Bauernsalat oder Thainudeln mit Rindfleisch ($12–15), Snacks und hervorragender Kaffee. Kostenloser Büchertausch. ⊕ tgl. 8.30–16 Uhr.

Whenuakite

🏨 **Colenso Country Shop & Café**, SH25, 2 km südlich von Whenuakite, ☎ 07 866 0323, ⌨ colensocafe.co.nz; Karte S. 399. Die Gäste des hervorragenden Cafés können sich in dem freundlichen Garten, auf der sonnigen Veranda oder drinnen niederlassen und sich leckere Sachen wie vietnamesischen Hühnchensalat ($17), saftige Kuchen und ausgezeichneten Kaffee schmecken lassen. ⊕ Okt–April tgl. 10–17, Mai–Juli und Sep tgl. 10–16 Uhr, Aug geschl.

i-SITE, 66 Albert St, ✆ 07 866 5555,
🖥 whitianga.co.nz. Auch **Internetzugang**.
🕐 Weihnachten–Jan tgl. 8–18, Feb–24. Dez
Mo–Fr 9–17, Sa und So 9–16 Uhr.

Auto

Die Autofahrt nach Hahei und zum Hot Water
Beach dauert rund eine halbe Stunde. Zuerst
geht es 25 km auf dem SH2 Richtung Südosten
nach Whenuakite, dann zweigt man nördlich
auf Nebenstraßen ab.

Busse

Buslt, ✆ 0800 427 546, 🖥 busit.co.nz,
fährt zwischen dem 25. Dez und Anfang Feb
ungefähr 4x tgl., an Silvester öfter ($3 einfach)
von Ferry Landing nach Cooks Beach, Hahei
und Hot Water Beach. **Cathedral Cove Shuttles**,
✆ 027 422 5899, 🖥 cathedralcoveshuttles.
co.nz, ist ein Taxiservice zwischen Ferry
Landing, Cooks Beach, Hahei und Hot Water
Beach. **Go Kiwi**, ✆ 0800 446 549, 🖥 go-kiwi.
co.nz, bietet eine Tour von Whitianga aus zu
den Stränden im Osten an ($47), mit Besuch
von Hahei (Ausgangspunkt zur Cathedral Cove)
und Hot Water Beach. Mit **Tairua Bus Co**,
✆ 07 864 7194, 🖥 tairuabus.co.nz, kann man
von Whitianga aus rund 4 Std. lang entweder
den Hot Water Beach oder Hahei besuchen
und dann den Bus nach Tairua nehmen.

Schiffe

Die Passagierfähre zwischen Whitianga Wharf
und Ferry Landing fährt etwa alle 10 Min. und
benötigt 3 Min. für die Überfahrt ($2 einfach).

Busse

NakedBus and InterCity-Busse setzen ihre
Passagiere bei den Unterkünften in der Stadt
oder vor dem i-SITE ab. Wer nach Tauranga
möchte, muss entweder in Thames (InterCity)
oder in Ngatea (NakedBus) umsteigen.

Busse nach:

COROMANDEL 1x tgl., 1 Std.;
NGATEA 1x tgl., 1 1/4 Std.;
TAURANGA 3x tgl., 2–3 Std.;
THAMES 2x tgl., 1 3/4 Std.

Flüge

Der Flughafen liegt 4 km südlich des Stadtzentrums. Angeflogen wird er von **Sunair**,
✆ 0800 786 247, 🖥 sunair.co.nz. Ein Taxi in
die Stadt kostet rund $15; z. B. von **Whiti City
Cabs**, ✆ 07 866 4777.

Flüge nach:

AUCKLAND 2x tgl., 30 Min.;
GREAT BARRIER ISLAND 2x tgl., 30 Min.

Tairua

Am SH25, 22 km südlich von Hot Water Beach
und 44 km von Whitianga, liegt das hübsche Örtchen **Tairua**. Zwei einander gegenüber liegende
Halbinseln, die sich fast berühren, trennen die
besonders bei Kiwi-Touristen beliebte Ortschaft
von den tosenden Pazifikwellen. Eine der Landzungen wird von den Bauten der sehr exklusiven Siedlung **Pauanui** in Beschlag genommen,
die andere wird vom mächtigen Vulkan **Mount
Paku** gekrönt. Man kann ihn besteigen (10 Min.
Aufstieg vom Parkplatz, 30 Min. vom Strand) und
die spektakuläre Aussicht über die Stadt und die
Strände genießen.

Die Mitarbeiter in Tairuas **Touristeninformation**, 223 Main St, ✆ 07 064 7575, 🖥 tairua.info,
vermitteln Unterkünfte und verkaufen Bustickets.
🕐 Mo–Fr 9–17, Sa und So 9–16 Uhr. Vor dem Büro halten täglich **Busse** von NakedBus und Inter-
City aus Auckland, Thames und Whitianga. Eine
Passagierfähre (5 Min.) verbindet Tairua und
Pauanui. Von Dezember bis Ostern verkehrt sie
alle 2 Stunden von 9–17 Uhr ($5 hin und zurück,
$3 einfach; aktuellen Fahrplan beim Informa-
tionszentrum checken).

Opoutere

Rund 20 km südlich von Tairua führt eine 5 km
lange Landstraße nach **Opoutere**, einem winzigen Küstenort am Fuß eines Berges. Er besitzt
einen wunderschönen, wilden und von Kiefern

gesäumten **Surfstrand** aus weißem Sand. Die mit Pohutukawa-Bäumen bestandene Zufahrtsstraße, die vom SH25 abzweigt, verläuft direkt am Ufer des Wharekawa Harbour entlang. Dort laden Feuchtgebiete zur Vogelbeobachtung, das Watt zur Muschelsuche und die relativ ruhigen Gewässer zum Kajakfahren ein.

Opoutere Beach

1 km östlich von Opoutere

Vom Strandparkplatz an der Kreuzung der Straßen nach Opoutere und Ohui gelangt man über eine Fußgängerbrücke zu zwei Wegen, die beide nach rund zehn Minuten am **Strand** enden: Linker Hand geht es geradewegs durch den Wald an den für gewöhnlich verlassenen Strand, während der nach rechts abzweigende Pfad der Flussmündung bis zum **Wharekawa Harbour Sandspit Wildlife Refuge** folgt. Dort brüten zwischen November und März die vom Aussterben bedrohten Maori-Regenpfeifer.

Am Opoutere Beach herrscht eine starke Unterströmung und es gibt keine Küstenwacht – schwimmen ist hier lebensgefährlich! Es handelt sich um einen inoffiziellen FKK-Strand, aber selbst wer Klamotten anhat, sollte sich gut mit Mückenschutzmittel einschmieren.

Mount Maungaruawahine

2 km hin und zurück; 40–50 Min.

Um die Aussicht über das Mündungsdelta und die Küste zu genießen, nimmt man am besten den **Mount Maungaruawahine** in Angriff. Der Weg verläuft im Schatten knorriger Pohutukawa- und anderer einheimischer Bäume zum Gipfel, wo sich ein weiter Ausblick eröffnet. Er beginnt direkt am YHA (s. unten).

ÜBERNACHTUNG UND ESSEN

Opoutere Coastal Camping, 460 Ohui Rd, 700 m hinter dem YHA, ✆ 07 865 9152, 🖥 opoutere beach.co.nz. Gepflegter Campingplatz auf einer versteckten Waldlichtung mit direktem Strandzugang. Auch rustikale Hütten mit begrenzter Ausstattung, aber toller Aussicht sowie ein paar komfortablere Chalets. ⏰ Mai–Ende Okt geschl. Camping $19, Cabins $100, Chalets $140

YHA Opoutere, Opoutere Rd, ✆ 07 865 9072, 🖥 yha.co.nz. Old-school im doppelten

Wortsinn. Das traditionelle YHA ist in einem Schulgebäude von 1908 und in den umliegenden Holzgebäuden untergebracht; mitten im Busch voller Vogelgezwitscher. Kostenlose Kajakbenutzung und Gelegenheit zum nächtlichen Glühwürmchenbeobachten. ⏰ Mai–Ende Okt So–Do geschl. Dorms $27, Zimmer $80

Besucher müssen **Verpflegung** mitbringen, weil es keinen Laden und in beiden Unterkünften nur einige Grundnahrungsmittel zu kaufen gibt.

TRANSPORT

Es gibt keine regelmäßigen **Busverbindungen**, aber man kann sich nach Vereinbarung von Go Kiwi (S. 403) absetzen und wieder abholen lassen.

Whangamata

Der Sommerbadeort **Whangamata** 15 km südlich von Opoutere, wird auf drei Seiten vom Wasser und auf der vierten Seite von buschbestandenen Hügeln eingerahmt. Vom Whangamata Harbour bis zur Mündung des **Otahu River** erstreckt sich der 4 km lange, herrliche Sandstreifen **Ocean Beach**. Bei der Sandbank am Ende der Bucht gibt es eine ausgezeichnete Brandung, die viele **Surfer** anzieht. Mitten durch den überschaubaren Ortskern verläuft die Port Road, die Verlängerung des SH25.

Wentworth Falls

Der Pfad beginnt beim DOC-Campingplatz (S. 405), nach 5 km auf der Wentworth Valley Rd, die rund 2 km südlich der Stadt vom SH25 abzweigt ▪ Wanderung: 10 km hin und zurück, 2 Std.

Ein paar herrliche Stunden lassen sich beim Spaziergang zu den **Wentworth Falls** im Wentworth Valley verbringen. Das Tal liegt am Fuß der Coromandel Range, 7 km südwestlich der Stadt. Auf gut instand gehaltenen Pfaden geht es vorbei an kleinen Badestellen ins Herz der Berge zu den zweistufigen, 50 m hohen Wasserfällen, wo die meisten Wanderer umkehren. Am besten ist der Wasserfall von einer kleinen Plattform aus zu bestaunen.

ÜBERNACHTUNG

Breakers Motel, 318 Heatherington Rd, ℘ 0800 865 8464, ▭ breakersmotel.co.nz. Modernes Motel mit geräumigen Units, viele davon mit Aussicht auf den Bootshafen und Spa-Pool. Es gibt einen großen Swimmingpool und Frühstück auf Wunsch. $160

Brenton Lodge, 2 Brenton Place, ℘ 07 865 8400, ▭ brentonlodge.co.nz. Attraktive Unterkunft in Grünanlage am Ortsrand. 2 liebevoll eingerichtete Cottages (mit je 4 Schlafgelegenheiten) und 2 Suiten, außerdem blitzsauberer Swimmingpool, Spa, frische Blumen, hausgemachte Schokoladen und vorzügliches Frühstück $390

Southpacific Accommodation, Port Rd, Ecke Mayfair Ave, ℘ 07 865 9580, ▭ thesouthpacific.co.nz. Ein makelloses Motel (manche Zimmer mit voll ausgestatteter Küche) und eine separate Backpackerlodge mit billigen 2BZ, DZ und 4-Bettdorms. Gäste dürfen kostenlos Mountainbikes, Kajaks und Surfbretter benutzen. Dorms $24, Backpackerzimmer $126, Units $147

Wentworth Valley Campground, Wentworth Valley Rd, 7 km südwestlich von Whangamata, ℘ 07 865 7032, ▭ wentworthvalleycamp.co.nz. Entspannter DOC-Campingplatz mit Zeltstellplätzen am Fluss, Grillstellen und münzbetriebenen warmen Duschen direkt am Anfang des Wegs zu den Wentworth Falls. $9

ESSEN

Caffe Rossini, 646 Port Rd, ℘ 07 865 6117. Das moderne Café hat Frühstück, Kuchen, guten Kaffee und Speisen wie neuseeländischen Lammbraten ($29). ⊕ Di, Do und So 9–16, Fr und Sa 9–20.30 Uhr.

Minato Sushi, 713 Port Rd, ℘ 07 865 8680. Erstklassiges, nur tagsüber geöffnetes Sushi-Lokal mit sorgfältig zubereitetem Fisch; eine Spezialität sind die Sushi-Platten für 2 Pers. ($38). ⊕ Mo–Sa 8.30–14 Uhr.

Nero's, 711 Port Rd, ℘ 07 865 6300, ▭ neros.co.nz. Das Pizza- und Pastalokal ist genau das Richtige nach einem Tag am Strand. Lecker: Spaghetti mit Fleischklößchen ($24) oder die rote Thai-Chicken-Pizza ($22). ⊕ Okt–April tgl. 12–22, Mai–Sep Do–Sa 18–22 Uhr.

SONSTIGES

Informationen

Das **i-SITE**, 616 Port Rd, ℘ 07 865 8340, ▭ whangamatainfo.co.nz, hat **Internetzugang**. ⊕ Mo–Sa 9–17, So 9–14 bzw. Okt–März 9–17 Uhr.

Surfen

Zahlreiche Shops an der Port Rd vermieten Bretter und Zubehör und arrangieren Surfunterricht ab ungefähr $50 pro Std., z. B. **Whangamata Surf Shop**, 634 Port Rd, ℘ 07 865 8252, ⊕ Mo–Fr 9–17 Uhr, im Sommer tgl.

Touren

Kiwi Dundee Adventures, ℘ 07 865 8809, ▭ kiwidundee.co.nz. Der engagierte Umweltschützer Doug Johansen (alias „Kiwi Dundee") veranstaltet unterschiedliche ein- bis mehrtägige **Ökotouren** mit Kiwi Dundee Adventures. Dabei hat man die Gelegenheit, Tiere in freier Wildbahn zu erleben und abseits der Touristenpfade zu wandern. Tagesausflüge inkl. Mittagessen und Abholung aus Tairua, Pauanui und Whangamata $230. So früh wie möglich buchen.

TRANSPORT

Die **Busse** von Go Kiwi, ℘ 0800 446 549, ▭ go-kiwi.co.nz, fahren von Auckland via Thames nach Whangamata (nur Okt–März).

Busse nach:
AUCKLAND 1x tgl., 3 Std. 20 Min.;
THAMES 1x tgl., 1 Std. 10 Min.

Waihi und Umgebung

SH25 und SH2 treffen bei der am südlichsten gelegenen Stadt der Coromandel Peninsula aufeinander: **Waihi**, 30 km südlich von Whangamata. In der Kleinstadt sollte man einen kurzen Stopp einlegen, um etwas über ihre Goldgräbergeschichte zu erfahren.

Geschichte

Der wertvolle Bodenschatz wurde hier 1878 entdeckt, der richtige Boom setzte aber erst 1894 ein, als es gelang, Gold mittels einer Zyanidlösung zu extrahieren. Der Untertagebau kam 1952 zum Stillstand, aber die Suche nach dem wertvollen Metall wurde 1987 wieder angekurbelt und konzentriert sich heute auf die im Tagebau betriebene **Martha Mine**. Der Tagebau lohnt sich jedoch immer weniger (mögliche Schließung 2020), aber nach der Entdeckung neuer Erzadern wird ein erneuter Grubenabbau erwogen.

Cornish Pumphouse

Seddon St ▪ Eintritt frei

In den letzten Jahren hat sich die leere Betonhülle eines dreistöckigen **Pumpenhauses** von 1903 im Cornwall-Stil zum Wahrzeichen der Stadt entwickelt. Früher hielt die Anlage den Minenschacht trocken, indem sie pro Stunde 300 Tonnen Wasser abpumpte. Später balancierte der Bau in zunehmend gefährlicher Position am Rand des Tagebaubergwerks. 2006 wurde er schließlich in einer drei Monate andauernden Aktion an seine heutige Stelle verfrachtet. So wurde auch der weitere Ausbau der Mine ermöglicht.

Waihi Arts Centre & Museum

54 Kenny St ▪ ⏲ Jan tgl. 12–16, Feb–Dez Do–Mo 10–15 Uhr ▪ Eintritt $5 ▪ ✆ 07 863 8386, ⌨ waihimuseum.co.nz

Die spannende Ausstellung im **Waihi Arts Centre & Museum** befasst sich mit dem Minenalltag. Ausführliche Betrachtung lohnen das Diorama der Victoria Battery und das Modell der ursprünglichen Waihi-Mine. Es gibt auch ein paar in Formaldehyd konservierte Daumen zu sehen. Manche Kumpel hackten sich nämlich damals einen Daumen ab, um eine Entschädigung von umgerechnet etwa 580 Euro zu kassieren.

Goldfields Railway

Am Ende der Wrigley St ▪ ⏲ 25. Dez–Feb und Schulferien tgl. 10, 11.45 und 13.45, sonst Fr–Mo 10, 11.45 und 13.45 Uhr ▪ hin und zurück $15 ▪ ✆ 07 863 8640, ⌨ waihirail.co.nz

Die aus den 1930er-Jahren stammende Diesellok der **Goldfields Railway** befährt das ganze Jahr über die 6 km lange Strecke westwärts nach Waikino in der nahe gelegenen **Karangahake Gorge** (S. 378). Die gesamte Fahrt dauert rund eine Stunde. Unterwegs bieten sich atemberaubende Ausblicke auf den Ohinemuri River.

Waihi Beach

11 km östlich von Waihi

Der 9 km lange goldene Sandstrand **Waihi Beach** ist einer der sichersten Badestrände des Landes. Die Region wirkt zwar etwas abgelegen, bietet aber einen hervorragenden Campingplatz, der den Abstecher von der SH2 lohnt.

Bowentown Beach Holiday Park, 510 Seaforth Rd, Bowentown Beach, ✆ 0800 143 769, ⌨ bowentown.co.nz. Ein abgeschiedener Platz am südlichen Strandende mit zahlreichen Wassersportmöglichkeiten sowie Rad- und Kajakverleih. Camping $20, Cabins $68, Cabins mit Küche $88, Motel Units $120, Apartments $150

The Porch, 23 Wilson Rd, Waihi Beach, ✆ 07 863 1330, ⌨ theporch.co.nz. Das kulinarische Epizentrum von Waihi Beach hat alles parat, von Kaffee und Kuchen bis zu Abendgerichten wie Schweinebauch auf Selleriepüree ($29). ⏲ Mo und Di 9–15, Mi–So 9–23 Uhr oder auch später.

Ti-Tree Café, 14 Haszard St, Waihi, ✆ 07 863 8668. In dem entzückenden kleinen Café mit Garten gibt es außer Kaffee Speisen wie Kürbis-Feta-Frittata ($14) und glutenfreie Leckereien, abends auch Holzofenpizzas ($18–26). ⏲ tgl. 9–16, Do–Sa auch 18–22 Uhr.

Waitete, 31 Orchard Rd, 1,5 km westlich von Waihi, ✆ 07 863 8980, ⌨ waitete.co.nz. Eine Kombination aus Restaurant, Café und Eisdiele, wo erstklassige Eiscreme aus natürlichen Zutaten und fettfreie Sorbets aus der kleinen Fabrik auf dem Gelände verkauft werden. Mittagessen mit Gerichten wie Hühnchen-Chorizo-Risotto ($17). Abends geht's vornehmer zu, z. B. bei gebratener Entenbrust mit gebackenen Erdbeeren in Balsamicoessig ($36). ⏲ tgl. 11–15 und 18–22 Uhr oder später.

Waihi Visitor Centre, 126 Seddon St, ✆ 07 863 6715, ⌨ waihi.org.nz. Informationszentrum im gleichen Gebäude wie das Minentourbüro und die Minenausstellung (s. o.). **Internetzugang** gegen Gebühr. ⏲ tgl. Okt–April 9–17, Mai–Sep 9–16.30 Uhr.

Waihi-Goldminenbesichtigungstour. Im Untergeschoss des Visitor Centre, ☎ 07 863 9015, 🖥 waihigoldminetours.co.nz. Als Ergänzung der interessanten und gut gemachten (aber ein wenig beschönigenden) Ausstellung zu alten und neuen Bergbaumethoden bietet die Minengesellschaft eine zweistündige Führung an (Mo–Sa 10 und 12.30 Uhr; $28).

TRANSPORT

Busse
Busse von **InterCity** und **NakedBus** halten auf ihrer Strecke Auckland–Tauranga vor dem Visitor Centre in Waihi. Sie fahren 4x tgl. nach AUCKLAND (3 Std.) und 4x tgl. nach TAURANGA (1 Std.).

Katikati

Südlich von Waihi führt die Küstenlinie ostwärts in die Bay of Plenty hinein. Die mit Busch überzogenen Berge bleiben zurück und weichen einer weniger schroffen, offeneren Landschaft: Zwischen sanften Hügeln liegen breite, immergrüne Agrargürtel mit den wertvollen Kiwi-Obstgärten. Im Sommer gibt es an unzähligen **Straßenständen** Kiwifrüchte von den Plantagen zu kaufen, oft zu Schleuderpreisen.

Die Bay of Plenty

Die **Bay of Plenty** nimmt das ausgedehnte Terrain zwischen der Coromandel Peninsula und dem East Cape ein. Der fruchtbare Landstrich ist für seine Kiwifruchtplantagen berühmt. In der westlichen Bay of Plenty dreht sich alles um die wohlhabende und rasch wachsende Hafenstadt **Tauranga** und ihren Vorort am Strand, **Mount Maunganui**. Sie bilden im Grunde einen einzigen Ballungsraum rund um die glitzernden Arme des Tauranga Harbour.

Beide Städte besitzen eine blühende Restaurant- und Kneipenszene, es werden Bootsausflüge und Delphintouren arrangiert. An Land sollte man der modernen Kunstgalerie einen Besuch abstatten.

Außerhalb der Stadt bieten sich Möglichkeiten zum Paddeln und Glühwürmchenbeobachten oder ein Picknick an den reizvollen Badepools der **McLaren Falls** an.

Je weiter man auf dem Pacific Coast Highway (SH2) nach Südosten fährt, desto geringer wird der städtische Einfluss. Hier geht das Leben noch einen gemächlichen Gang. Die Plantagen und Kiwifelder weichen nach und nach weiten Schafweiden. Der aufmerksame Beobachter wird außerdem eine allmähliche Änderung der Bevölkerungsstruktur bemerken – die östliche Bay of Plenty ist überwiegend Maori-Land.

Tauranga

Sobald man den Ring von Vororten durchdrungen hat, zeigt sich, dass die Stadtmitte **Taurangas** („sicherer Hafen") von einer ungezügelten Bebauung verschont geblieben ist. Das Zentrum duckt sich auf eine schmale Halbinsel und bietet neben einem reizvollen Uferbereich auch zahlreiche Stadtparks und kleine Grünanlagen. Man kann locker einen halben Tag damit zubringen, die Kunstgalerie zu besichtigen, am Hafen entlangzuschlendern oder die Geschäfte, Restaurants und Bars in Taurangas überschaubarem Zentrum zwischen Tauranga Harbour und Waikareao Estuary abzuklappern. Im Sommer zieht es die meisten Besucher aber schnell zum Mount Maunganui (S. 414).

Geschichte

1864 wurde die kleine Gemeinde Tauranga zum Schauplatz der **Schlacht von Gate Pa**, einer der entscheidendsten Kampfhandlungen in den **Landkriegen**. Im Januar schickte die Regierung Truppen hierher, um zwei Befestigungsanlagen zu bauen, mit Hilfe derer die in der Waikato-Region kämpfenden Gefolgsmänner des Maori-Königs Potatau I. von Vorräten und Verstärkung abgeschnitten werden sollten.

Die meisten einheimischen Ngaiterangi kehrten sofort aus der Waikato-Region zurück und errichteten unweit des Missionsgebiets in aller Eile ein befestigtes Dorf *(pa)*, von dem aus sie die Soldaten herausforderten. Im April wurde das unter dem Namen Gate Pa bekannte Dorf von den Regierungstruppen eingekreist. Trotz ihrer Übermacht verloren die Briten etwa ein Drittel ihrer Streitkräfte, und bei Einbruch der Dunkelheit schlüpften die Ngaiterangi durch die britischen Reihen, um in der Waikato-Region weiterzukämpfen.

Die Havarie der Rena

In Oktober 2011 geriet die Region in den Fokus der Weltöffentlichkeit, als das Containerschiff *Rena* 20 km nordöstlich von Mount Maunganui auf das **Astrolabe Reef** auflief. Die Bilder des schwer angeschlagenen Schiffs und der Rettungsmannschaften, die verzweifelt versuchten, Strände und Vögel vor dem Ölteppich zu retten, gingen um die Welt. Inzwischen scheint sich die Lage beruhigt zu haben. Das Schiff (jetzt in zwei Teilen) liegt aber immer noch auf dem Riff.

Tauranga Art Gallery

108 Willow St ▪ ⊙ tgl. 10–16.30 Uhr ▪ Eintritt frei ▪ ✆ 07 578 7933, ⌨ artgallery.org.nz
Eine 15 Jahre andauernde Kampagne war notwendig, um der Stadt eine zeitgemäße kulturelle Sehenswürdigkeit zu verschaffen. Das Ergebnis ist die 2007 eröffnete **Tauranga Art Gallery** in einem alten Bankgebäude. Das stromlinienförmige Innere beherbergt auf zwei Etagen erstklassige nationale und internationale Wanderausstellungen.

Te Awanui und Robbins Park

The Strand ▪ Eintritt frei
Unter einem Schutzdach ist das **Te Awanui** ausgestellt, ein kunstvoll geschnitztes traditionelles **Kriegskanu**, das immer noch bei feierlichen Anlässen im Hafen zum Einsatz kommt. Am The Strand weiter nördlich liegt der **Robbins Park**, ein Grünstreifen mit Rosengarten, Begonienhaus und schönem Blick auf den Mount Maunganui. Hier befand sich die Monmouth Redoubt aus den Neuseelandkriegen (S. 108).

The Elms Mission House

Mission St ▪ ⊙ Mi, Sa und So 14–16 Uhr sowie nach Absprache ▪ Eintritt $5 ▪ ✆ 07 577 9772, ⌨ theelms.org.nz
Am nördlichen Stadtrand steht in der Mission Street das **Elms Mission House**, das zu den ältesten Häusern des Landes zählt. Es wurde zwischen 1835 und 1847 von dem Missionar A. N. Brown erbaut, der während der Schlacht von Gate Pa (Kasten S. 410) die Verwundeten beider Seiten pflegte. Das aus Kauriholz errichtete Gebäude ist in seinem Originalzustand weitgehend erhalten geblieben.

ÜBERNACHTUNG

Tauranga verfügt über zahlreiche Hostels und Motels, die zu Fuß vom Stadtzentrum aus erreichbar sind. Viele mehr verteilen sich über die Vororte und das Umland. Unzählige Motels säumen die 15th Avenue, einige davon mit guten Angeboten während der Nebensaison.
Ambassador Motor Inn, 9 15th Ave, ✆ 07 578 5665, ⌨ ambassador-motorinn.co.nz; Karte S. 417. Das 5 Min. Fahrt vom Stadtzentrum entfernte Motel in der Nähe der Uferböschung hat begehrte, gut ausgestattete, preiswerte Units und luxuriösere Zimmer, manche mit Whirlpool, einige mit Flussblick. Beheizter Pool auf dem Gelände. $100
Avenue 11 Motel, 26 11th Ave, ✆ 07 577 1881, ⌨ avenue11.co.nz; Karte S. 417. Preiswertes Boutiquemotel in zentraler, aber ruhiger Lage mit Blick auf einen kleinen Park. 4 geräumige und schön eingerichtete Units mit Hafenblick, 2 mit Küche. Bademäntel, Spa und ein hilfsbereiter Gastgeber. $129

Tauranga

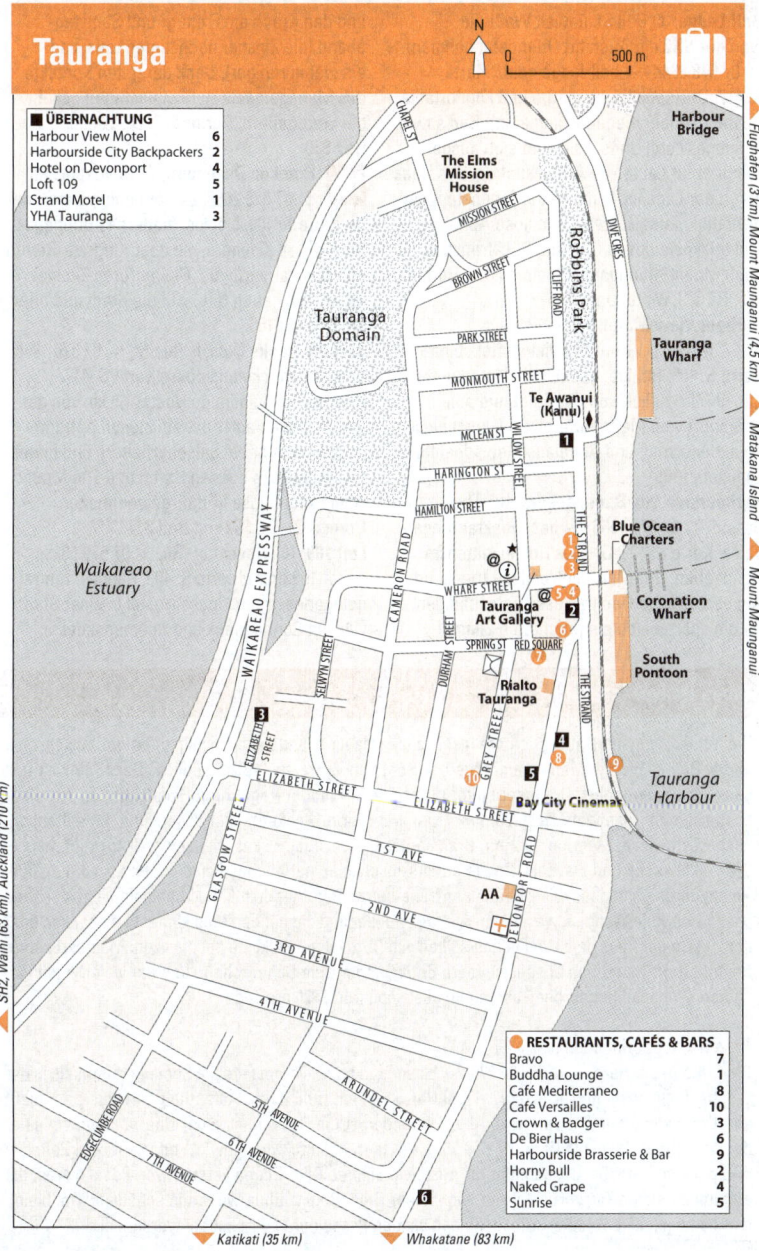

N

0   500 m

Flughafen (3 km), Mount Maunganui (4,5 km)
Matakana Island
Mount Maunganui

COROMANDEL PENINSULA, BAY OF PLENTY UND EAST CAPE

■ ÜBERNACHTUNG

Harbour View Motel	6
Harbourside City Backpackers	2
Hotel on Devonport	4
Loft 109	5
Strand Motel	1
YHA Tauranga	3

Harbour Bridge

The Elms Mission House

MISSION STREET

Robbins Park

CLIFF ROAD

DIVE CRES

CHAPEL ST

BROWN STREET

Tauranga Domain

PARK STREET

MONMOUTH STREET

Te Awanui (Kanu)

Tauranga Wharf

MCLEAN ST

WILLOW STREET

HARINGTON ST

HAMILTON STREET

THE STRAND

Blue Ocean Charters

WAIKAREAO EXPRESSWAY

CAMERON ROAD

Waikareao Estuary

WHARF STREET

Tauranga Art Gallery

Coronation Wharf

SPRING ST   RED SQUARE

DURHAM STREET

SELWYN STREET

South Pontoon

Rialto Tauranga

GREY STREET

THE STRAND

ELIZABETH STREET

Bay City Cinema

Tauranga Harbour

ELIZABETH STREET

1ST AVE

AA

DEVONPORT ROAD

2ND AVE

GLASGOW STREET

3RD AVENUE

4TH AVENUE

ARUNDEL STREET

EDGECUMBE ROAD

5TH AVENUE

6TH AVENUE

7TH AVENUE

● RESTAURANTS, CAFÉS & BARS

Bravo	7
Buddha Lounge	1
Café Mediterraneo	8
Café Versailles	10
Crown & Badger	3
De Bier Haus	6
Harbourside Brasserie & Bar	9
Horny Bull	2
Naked Grape	4
Sunrise	5

SH2, Waihi (63 km), Auckland (210 km)
Katikati (35 km)   Whakatane (83 km)

Bell Lodge, 39 Bell St, unweit Waihi Rd (von der SH2 die Ausfahrt Otumoetai nehmen), ☎ 07 578 6344, 🖥 bell-lodge.co.nz; Karte S. 417. Das saubere, moderne und komfortable Hostel hat überwiegend Zimmer mit Bad sowie günstige Motel Units. Es eignet sich ausgezeichnet für Leute, die Arbeit suchen. Das Haus in ruhiger Lage ist 4 km von der Innenstadt entfernt und bietet Gästen kostenlose Abholung und tgl. kostenlosen Hin- und Rücktransport nach Mount Maunganui. Camping $20, Dorms $28, DZ $74, Motel Units $95

Harbour View Motel, 7 5th Ave East, ☎ 07 578 8621, 🖥 harbourviewmotel.co.nz; Karte S. 409. Ruhige, gemütliche Unterkunft, nur 10 Min. zu Fuß von der Stadt und einen Steinwurf vom Meer entfernt. Spa, kostenlose Kajakbenutzung und Angelausflüge. Ideal für Familien. $105

Harbourside City Backpackers, 105 The Strand, ☎ 07 579 4066, 🖥 backpacktauranga. co.nz; Karte S. 409. Großes Hostel mitten im Geschehen. Der Meerblick und die friedliche Atmosphäre der Dachterrasse entschädigen für die spartanisch eingerichteten Zimmer und den Krach am Freitag- und Samstagabend (die Zimmer nach hinten raus sind ein wenig ruhiger). Dank der guten Kontakte des Managements zu Kiwiplantagen beliebt bei Erntehelfern. Dorms $29, DZ $74, mit Bad $80

Hotel on Devonport, 72 Devonport Rd, ☎ 07 578 2668, 🖥 hotelondevonport.net. nz; Karte S. 409. Nobles, modernes Boutiquehotel mit 38 Zimmern, die über Kingsize-Betten und Minibar verfügen. Die teureren Zimmer ($200–230) haben Blick auf die Stadt und/oder die Bucht. $165

Just the Ducks Nuts, 6 Vale St, ☎ 07 576 1366, 🖥 justtheducksnuts.co.nz; Karte S. 417. Das kleine, einladende Hostel 1,5 km von der Innenstadt an einer extrem steilen Auffahrt ist sehr beliebt bei Saisonarbeitern und bietet tolle Ausblicke auf den Hafen und The Mount sowie kostenlose Mitfahrgelegenheiten. Dorms $27, DZ $62, mit Bad $74

Loft 109, 109 Devonport Rd, ☎ 07 579 5638, 🖥 loft109.co.nz; Karte S. 409. Kleines, zentral gelegenes, freundliches Hostel in einer Stadtvilla mit Sonnendeck und Seemannsdekor.

Tuhua (Mayor Island)

Die auf Ökotourismus ausgerichtete Insel **Tuhua** (Mayor Island) ist ein schlummernder Vulkankegel in der Bay of Plenty. Man erreicht sie per Boot von Tauranga, 40 km südlich. Der Krater ist fast gänzlich überwuchert. Die Insel bietet wunderbare **Wanderwege** durch Landschaften mit einer kunterbunten Vogelwelt. Dazu zählen Arten wie Maori-Glockenhonigfresser, Tuis, Ringeltauben, Fächerschwänze, Maorigerygonen, Graumantel-Brillenvögel, Kakas, Neuseeland-Kuckuckskäuze, Bronzekuckucke und Eisvögel. Da sie auf der Insel keine natürlichen Feinde haben, sind die Vögel recht zutraulich und lassen sich aus der Nähe betrachten. Auf dem Eiland tummeln sich allerdings besonders viele **Wespen**, weswegen Allergiker unbedingt die nötigen Medikamente einpacken oder dem Risiko ganz aus dem Weg gehen sollten. Ein Drittel der Inselküste hat man zum **Meeresreservat** ernannt. Dort herrschen ausgezeichnete Bedingungen zum **Schnorcheln**, und auf vielen Ausflugsbooten kann man Schnorchelausrüstung ausleihen (rund $20 pro Tag).

Touren und Übernachtung

Blue Ocean Charters, ☎ 0800 224 278, 🖥 blueocean.co.nz, veranstaltet im Sommer mehrmals in der Woche Tagesausflüge zur Insel (7–17.30 Uhr; $130) mit rund 8 Std. Aufenthalt an Land. Das reicht geradeso zum Erkunden der Insel. Aber lohnender ist ein Besuch mit einer Übernachtung in einer der schlichten Cabins ($30; ☎ 07 578 7677, ✉ taurangainfo@doc.govt.nz) oder auf dem Zeltplatz ($10 p. P.) in Opo, der Anlegebucht für Ausflugsdampfer. Blue Ocean verlangt von Passagieren, die erst am nächsten Tag zurückfahren, nicht mehr Geld. Damit Tuhua weiterhin schädlingsfrei bleibt, muss das gesamte Gepäck gründlich nach blinden Passagieren durchsucht werden.

Extra Schlafsaal nur für Frauen. Dorms $28, DZ $62

Strand Motel, The Strand, ☏ 07 578 5807, 🖥 strandmotel.co.nz; Karte S. 409. Preiswert, zentral und in Ufernähe gelegen, allerdings etwas abgenutzt und an einer ziemlich lauten Ecke. Die meisten der komplett ausgestatteten Units haben Meerblick. $95

YHA Tauranga, 171 Elizabeth St, ☏ 07 578 5064, 🖥 yha.org.nz; Karte S. 409. Gut ausgestattetes, einladendes Hostel, 5 Min. zu Fuß vom Zentrum entfernt, aber (durch die Autobahnnähe etwas beeinträchtigt) ruhig gelegen; BBQ, Volleyball, Minigolf und ein kurzer Bushwalking Trail. Camping $20, Dorms $29, 4-Bett-Dorms $31, Zimmer $74

Camping

Silver Birch Family Holiday Park, 101 Turret Rd, ☏ 07 578 4603, 🖥 silverbirch.co.nz; Karte S. 417. Relativ zentraler Campingplatz direkt am Flussufer; Thermalbecken, Kinderspielplatz und familiäre Atmosphäre. Camping $15, Cabins $50, Cabins mit Bad $90, Motel Units $120

ESSEN

Die meisten Cafés und Restaurants von **Tauranga** befinden sich im Stadtzentrum – insbesondere in der Devonport Road und The Strand. Frische Lebensmittel bekommt man am Samstagvormittag auf dem Bauermarkt, ⏰ 8–12 Uhr, bei der Tauranga Primary School, 31 5th Ave.

Bravo, Red Square, ☏ 07 578 4700, 🖥 cafe bravo.co.nz; Karte S. 409. Cooles, minimalistisches Café und Restaurant mit Tischen in der Fußgängerzone; bietet Frühstück, Gourmet-Snacks und abends Gerichte wie Knusperente mit in *vincotto* gedünsteter Birne an pikantem Walnuss-Chutney (Hauptgerichte $30–33). ⏰ Mo 9–17, Di–Sa 9–21 oder auch später, So 9–17 Uhr.

Café Mediterraneo, 62 Devonport Rd, ☏ 07 577 0487; Karte S. 409. Das beliebte Café, auch The Med genannt, hat gute Frühstücksangebote wie Porridge aus drei Getreidesorten ($9,50), Leckeres von der warmen Theke und *specials* (auf einem großen Stück Packpapier an der Wand angeschrieben), z. B. in der Pfanne

gebratener Fisch auf gegrilltem Spargel mit getoasteter Brioche (Gerichte $9–19). Auch ein paar Tische im Freien. ⏰ Mo–Fr 7–16, Sa 7.30–16, So 8–16 Uhr.

Café Versailles, 107 Grey St, ☏ 07 571 1480, 🖥 cafe-versailles.net; Karte S. 409. In dem preisgekrönten Restaurant dürfen sich Gäste wie Gott in Frankreich fühlen. Es hat eine traumhafte Auswahl an typisch französischen Leckerbissen, von Schnecken ($18) bis *Boeuf bourguignon* ($29) – alles liebevoll angerichtet und begleitet von einem Glas Cabernet. ⏰ Mo–Sa 15.30–21 Uhr oder später.

🏨 **De Bier Haus**, 109 The Strand, ☏ 07 928 0833, 🖥 debierhaus.com; Karte S. 409. In der zu Recht angesagten belgischen Brasserie bekommt man kleine Leckerbissen wie Pommes in Bierteig mit Aioli oder deutsche „Brezels" mit Knoblauchbutter, Balsamicoessig und Olivenöl, begleitet von einem Hoegaarden. Auch die Hauptgerichte (meist $20–30) sind nicht zu verachten, z. B. Tintenfisch. Als krönender Abschluss empfiehlt sich eine Käseplatte mit getrockneten Feigen und Walnüssen ($16).

🏨 **Harbourside Brasserie & Bar**, unter der Eisenbahnbrücke am südlichen Ende von The Strand, ☏ 07 571 0520, 🖥 harbour sidetauranga.co.nz; Karte S. 409. Das Nobelrestaurant unter der Eisenbahnbrücke am Hafenrand in einem Bootsschuppen hat nur eine kleine, aber himmlische Speisekarte: etwa ein halbes Dutzend Austern in Wasabi-Algen-Sauce Hollandaise ($20), gefolgt von Pekingente an Pilzrisotto ($34). ⏰ tgl. 11.30–22 Uhr oder später.

Sunrise, 10 Wharf St, ☏ 07 578 9302, 🖥 mills reef.co.nz; Karte S. 409. Intimes, freundliches und sehr beliebtes Café mit guten Frühstücks-Standardgerichten, köstlichen Burgern aus Kichererbsen und Linsen ($13), Salaten ($10–14) sowie selbstgebackenen Kuchen und Pasteten. Mit Schanklizenz. ⏰ Mo–Fr 7–16, Sa 8–15, So 9–15 Uhr.

UNTERHALTUNG

Tauranga ist derzeit die Partyhochburg der Region – im Sommer tobt die Party am Strand bis in die frühen Morgenstunden.

Wer die Region Tauranga und Mount Maunganui bereist, sollte sich unbedingt einmal aufs Wasser begeben. Eine ganze Bootsflotte steht bereit, um Ausflügler auf Rundfahrten, zum Angeln, Segeln und Schwimmen mit Delphinen sowie hinaus nach Tuhua (Mayor Island) mitzunehmen. Einige Ausflugsdampfer fahren an der kürzlich renovierten Tauranga Wharf ab, andere an der Tauranga Bridge Marina an der dem Mount Maunganui zugewandten Hafenseite.

Angeln

Blue Ocean Charters, Tauranga Bridge Marina, ☎ 0800 224 278, 🖥 blueocean.co.nz. Angelchartertrips für die Jagd nach Hochseefischen wie Marlin oder Thunfisch (Dez–April). Man muss das Boot chartern (ab $1250 pro Tag), kann sich manchmal aber auch einer Gruppe anschließen. Wer sich mit Küstenfischen wie Schnapper und Tarakihi zufrieden gibt, ist je nach Teilnehmerzahl mit $75–100 p. P. dabei; Angel und Köder kosten $30 extra.

Deep Star Charters, ☎ 07 575 891, 🖥 deepstarcharters.co.nz. Veranstaltet Trips zum Küstenfischen ($80/Tag plus $30 für Angel und Köder) sowie Hapukutrips mit Übernachtung ($130 inkl. Frühstück, Angel $30), bei denen morgens an der Küste geangelt und später Jagd auf Hochseefische in der Umgebung von Mayor Island gemacht wird.

Bootstouren und Delphinbeobachtung

Butler's Swim with Dolphins, ☎ 0508 288 537, 🖥 swimwithdolphins.co.nz. Gut einen Tag im Voraus buchen sollte man Trips auf der Jacht *Gemini Galaxsea* unter Obhut von Kapitän Graham Butler, einem gutmütigen Seebären, dessen Erfolgsrate bei der Delphin- und manchmal Walsichtung schon fast legendär ist. Schnorchelausrüstung, Tee, Kaffee und heiße Schokolade werden gestellt, aber die Verpflegung für den Tag muss mitgebracht werden. Ablegestelle der das ganze Jahr über wetterabhängig stattfindenden Fahrten (8 Std.; Abfahrt 8.30 Uhr; $135) ist die Tauranga Bridge Marina.

Dolphin Seafaris, ☎ 0800 326 8747, 🖥 www.nzdolphin.com. Fünfstündige Fahrten ($130) mit einer überzeugten Walfanggegnercrew. Das Schiff legt normalerweise (wenn es das Wetter zulässt) von Dez–Mai tgl. um 8 Uhr ab.

Wenn sich keine Delphine sehen lassen, kann man bei beiden Unternehmen ein zweites Mal kostenlos mitfahren.

Seekajak- und Glühwürmchentouren

Canoe & Kayak, 5 MacDonald St, Mount Maunganui, ☎ 07 574 7415, 🖥 canoeandkayak.co.nz. Preiswerte, geführte Kajaktrips entweder nach Round the Mount (2 1/2 Std.; $89) oder auf dem Lake McLaren in eine bezaubernde, sehr dicht belaubte Schlucht (3 Std.; 1 1/2 Std. paddeln; $89). Die Lake-McLaren-Tour wird auch in der Dämmerung angeboten, wenn die Schlucht vor Glühwürmchen wimmelt ($89).

Waimarino, 36 Taniwha Place, Bethlehem, ☎ 07 576 4233, 🖥 waimarino.com. Kajaktrips im Tauranga Harbour ($120) und Paddeltouren auf den ruhigeren Abschnitten des Wairoa River in Eigenregie ($65) sowie die legendäre Glowworm Tour ($120, $170 inkl. Gourmetdinner) in die Glühwürmchenschlucht beim Lake McLaren.

Surfen

Discovery Mount Maunganui, ☎ 027 632 7873, 🖥 discoverysurf.co.nz. Einer von mehreren Veranstaltern am Mount, die Surfstunden anbieten: zweistündige Gruppenkurse für Anfänger und Fortgeschrittene ($80) sowie zweistündigen Privatunterricht ($150 für 1 Pers., $200 für 2 Pers.).

Clubs und Bars

Buddha Lounge, 61b The Strand, ✆ 07 928 1516, 🖳 thebuddhalounge.co.nz; Karte S. 409. Kleines, aber cooles Lokal mit Balkon, wo bis weit nach Mitternacht Soul, House und Drum 'n' Bass zu hören sind; im Obergeschoss laden Sofas zum Chillen ein. Am Freitag- oder Samstagabend kann es voll werden. ⏲ Do–Sa 22–3 Uhr.

Crown & Badger, The Strand, Ecke Wharf St, ✆ 07 571 3038, 🖳 crownandbadger.co.nz; Karte S. 409. Äußerst lebendiger englischer Pub mit ordentlichem Bierangebot und sehr preisgünstigen Bar Meals wie Pfeffersteak ($22). ⏲ tgl. 9–22 Uhr oder später.

Horny Bull, 67 The Strand, ✆ 07 578 8741, 🖳 hornybull.co.nz; Karte S. 409. Sehr deftiges Texmex-Essen wie z. B. eine große Portion Schweinerippchen ($28) sorgt dafür, dass den Gästen in der fröhlichen, gut besuchten Bar die Energie zum Feiern nicht so schnell ausgeht. ⏲ Mo–Sa 11 Uhr bis spät, So 9 Uhr bis spät.

Naked Grape, 97 The Strand; Karte S. 409. Angesagte Weinstube und mal was anderes. Hat auch klassisches, überraschend preiswertes Frühstück (Zimtpfannkuchen), Mittag- und Abendessen wie Lammfilet mit gebackenen Paprikaschoten ($30). ⏲ Mo–Sa 19.30 Uhr bis spät, So 8–16 Uhr.

Kinos

Bay City Cinemas, 45 Elizabeth St, ✆ 07 577 0800, 🖳 baycitycinemas.co.nz; Karte S. 409. Das moderne Cineplexkino zeigt vorwiegend Mainstreamfilme. Vor 17 Uhr und dienstags kleiner Preisnachlass.

Rialto Tauranga, 21 Devonport Rd, ✆ 07 577 0445, 🖳 rialtotauranga.co.nz; Karte S. 409. Das Filmkunstkino mit drei Leinwänden zeigt anspruchsvolle Produktionen in edlem Ambiente. Auch hier Ermäßigung vor 17 Uhr und am Di den ganzen Tag.

Fahrräder

Cycle Tauranga, 50 Wharf St, ✆ 0800 253 525, 🖳 cycletauranga.co.nz. Verleih von Rädern mit Gangschaltung für die Erkundung von Stadt und Umgebung ($20/2 Std.; $49/Tag).

Informationen

i-SITE 95, Willow St ✆ 07 578 8103, 🖳 bayofplentynz.com. ⏲ Mo–Fr 8.30–17.30, Sa und So 9– 17 Uhr.

DOC, 253 Chadwick Rd, Greerton, 6 km südlich der Innenstadt von Tauranga, ✆ 07 578 7677. ⏲ Mo–Fr 8–16.30 Uhr.

Internet

In der **Bücherei**, Wharf, Ecke Willow St, ⏲ Mo–Fr 9.30–17.30 und Mi bis 19, Sa 9.30–16, So 11.30–16 Uhr, und der **City Cyber Lounge**, 24 Wharf St, ⏲ Mo–Sa 8.30–21, So 8.30–18 Uhr, werden jeweils $4 pro Std. verlangt.

Tauranga und Mount Maunganui trennen 6 km. Dazwischen liegen die 3,5 km lange Tauranga Harbour Bridge und ein zum Port of Tauranga gehöriges Industriegelände.

Busse

Bayhopper, ✆ 0800 422 9287, 🖳 baybus.co.nz, verkehrt in der Region Tauranga und Mount Maunganui mit Haltestellen in fast allen Orten der nahen Umgebung. Linien Nr. 1 und 2 pendeln zwischen Tauranga und Mount Maunganui. Einfache Fahrt $2,60, Tageskarte $6,30.

Taxis

Citicabs, ✆ 07 571 8333, oder **Tauranga Mount Taxis**, ✆ 07 578 6086. Ein Taxistand befindet sich in der Hamilton St (zwischen The Strand und Willow St) in Tauranga. Die Fahrt zwischen Tauranga und Mount Maunganui kostet ca. $30.

Schiffe

Von kurz nach Weihnachten bis Ende Januar, über Ostern und wenn Kreuzfahrtschiffe im Hafen liegen, unterhält **Kiwi Coast Cruises**, ✆ 07 579 1325, 🖳 kiwicoastcruises.co.nz, eine Fährverbindung zwischen Zentral-Tauranga und Salisbury Wharf in Mount Maunganui, normalerweise 5x tgl. ($8 einfach).

Busse

InterCity und NakedBus-Langstreckenbusse halten vor dem i-SITE in Tauranga.

COROMANDEL PENINSULA, BAY OF PLENTY UND EAST CAPE

Busse nach:
AUCKLAND 4x tgl., 3 3/4 Std.;
HAMILTON 3x tgl., 2 Std.;
ROTORUA 8x tgl., 1 1/2 Std.;
TAUPO 5x tgl., 2 1/2 Std.;
THAMES 4x tgl., 1 3/4 Std.

Flüge

Der Flughafen liegt etwa auf halbem Weg zwischen Tauranga und Mount Maunganui. In beide Städte (jeweils ca. 3 km) fahren Busse der Linie Nr. 2. Abends ist der Busverkehr jedoch stark eingeschränkt, sodass man vielleicht lieber ein Taxi nehmen sollte: Die Fahrt kostet in beide Orte rund $15.

Flüge nach:
AUCKLAND 5x tgl., 35 Min.;
CHRISTCHURCH 2x tgl., 1 Std. 50 Min.;
WELLINGTON 4x tgl., 1 1/4 Std.

Mount Maunganui

Taurangas Nachbarbadeort **Mount Maunganui**, der meist von der Sonne verwöhnt wird, duckt sich unter den erloschenen Vulkan mit gleichem Namen. Die ehemalige Insel wird heute durch einen schmalen Sanddünenstreifen mit dem Festland verbunden, und darauf erstreckt sich „The Mount", wie das Städtchen gemeinhin genannt wird. Die Kette aus Apartmentblocks, Geschäften, Restaurants und anderen Häusern ist keine Augenweide, aber der 20 km lange goldene **Ocean Beach** entschädigt für alles. Er ist toll zum Schwimmen, Surfen und Beachvolleyballspielen, und in der Nähe warten gute Restaurants und Bars, wo sich Gott und die Welt zum Sundowner trifft. The Mount ist bei neuseeländischen Urlaubern unglaublich angesagt, was dem Ort den Ruf einer Partylocation eingebracht hat. Besonders zum Jahreswechsel ist hier viel los, und dann sind Gästebetten Mangelware.

Bergerkundung

Wanderweg: 3 km; 45 Min. ▪ Gipfelwanderung: 2 km einfach; 1 Std.

Die grasbewachsenen Hänge des Mount (Mauao in Maori) ragen 232 m über dem goldenen Strand empor und laden zur Erkundung ein. Ein überwiegend ebener **Wanderweg** führt im Schatten alter Pohutukawa-Bäume um den Fuß des Berges und bietet tolle Ausblicke auf die Bucht. Von diesem Weg zweigt ein zweiter zum **Gipfel** ab, der gegen Ende sehr anstrengend wird. Doch als Belohnung winkt eine herrliche Aussicht über die Küste bis nach Matakana Island.

Hot Saltwater Pools

9 Adams Ave ▪ ⏰ Mo–Sa 6–22, So 8–22 Uhr ▪ Öffentlicher Pool $10,30; eigenes Badebecken ohne Poolbenutzung $23,40 pro 30 Min. ▪ 📞 07 575 0868, 🖥 tcal.co.nz

In den von der Einkaufsmeile und dem Mount eingerahmten **Hot Saltwater Pools** wird geothermisches Grundwasser genutzt, um Meerwasser zu erhitzen, das in familienfreundliche, gechlorte Open-Air-Pools mit 33–39 °C geleitet wird.

ÜBERNACHTUNG

Die meisten Unterkünfte von Mount Manganui sind auf Kiwi-Langzeiturlauber ausgerichtet. Es finden sich aber auch Apartments für Kurzaufenthalte und Motels sowie zwei gute Hostels.

Mount Backpackers, 87 Maunganui Rd 📞 07 575 0860, 🖥 mountbackpackers.co.nz; Karte S. 415. Ein kleines Hostel mitten im Getümmel, d. h. in Nähe der Restaurants, Bars und des Strands. Jobvermittlung und Internetcafé. Dorms $28, Zimmer $72

Mount Maunganui Beachside Holiday Park, 1 Adams Ave, 📞 0800 682 3224, 🖥 mountbeachside.co.nz; Karte S. 415. Großer, gut ausgestatteter terrassierter Campingplatz nahe dem Strand, schöne Lage neben den warmen Salzwasser-Pools und direkt am Fuße des Mount. Überwiegend Stellplätze, aber auch ein paar schlichte Cabins. Camping $35, Cabins $100

Pacific Coast Lodge Backpackers, 432 Maunganui Rd, 📞 0800 666 622, 🖥 pacificcoastlodge.co.nz; Karte S. 415. Riesiges Hostel mit farbenfrohen Wandgemälden, guten Einrichtungen und starkem Ökobewusstsein, allerdings etwa 25 Min. zu Fuß von den Restaurants und Kneipen am Strand entfernt; geräumige Dorms, große Küche und BBQ-Bereich. Dorms $26, Zimmer $72

Seagulls Guesthouse, 12 Hinau St, ☎ 07 574 2099, 🖳 seagullsguesthouse.co.nz; Karte s. rechts. Sauberes, einwandfrei in Schuss gehaltener Backpacker der gehobenen Art mit gut ausgestatteter Küche. Fahrradverleih ($25 pro Tag) und kleines Frühstück ($8). Fast alle Gäste bekommen ein DZ oder 2BZ, denn es gibt nur einen einzigen 3-Bett-Schlafsaal. Dorm $30, DZ $70, mit Bad $80, Familienzimmer $100

ESSEN UND UNTERHALTUNG

Mount Maunganui kann mit der Restaurant-Bandbreite und den kulinarischen Hotspots von Tauranga nicht mithalten. Es gibt aber eine Menge von Lokalen im Stadtkern in der Maunganui Road und an der Hafenpromenade vor den Apartmenthäusern.

Café Eighty-Eight, 88 Maunganui Rd, ☎ 07 574 0384; Karte s. rechts. Es gehört schon eine Menge Standhaftigkeit dazu, vor der verführerischen Auswahl an Sandwiches und Muffins in diesem modernen Café mit seinem gemütlichen Innenleben und einem kleinen Patio nicht schwach zu werden. Wer es schafft, darf Köstlichkeiten wie Sahnepilze mit knusprigem Bacon ($16) probieren. Auch der Kaffee ist erste Sahne. ⌚ tgl. 7–17 Uhr.

Deckchair, 2 Marine Parade, unter den Twin Towers, ☎ 07 572 0942; Karte s. rechts. Ein herrliches Plätzchen zum Frühstücken, für einen Morgenkaffee inklusive Blick aufs Meer oder ein Mittagessen, z. B. thailändischer Hühnchensalat ($18). Auch Kaffee und Muffins. ⌚ tgl. 6–17 Uhr.

Mount Mellick, 317 Maunganui Rd, ☎ 07 574 0047; Karte s. rechts. Muntere irische Bar, die preisgünstiges Essen wie Beefburger ($20) und spannende Events bietet, darunter Cricketspiele im Hof, Jam Nights, Livemusik und Sportübertragungen auf einem Großbildschirm. ⌚ tgl. 11–1 Uhr.

Zeytin on the Mount, 118 Maunganui Rd, ☎ 07 574 3040; Karte s. rechts. In dem legeren türkischen Restaurant mit starkem griechischem und italienischem Einschlag kommen unter anderem Antipasti ($28), Kebab ($18) oder klassische Cannelloni ($20) auf den Tisch. ⌚ Di–So 9–21 Uhr.

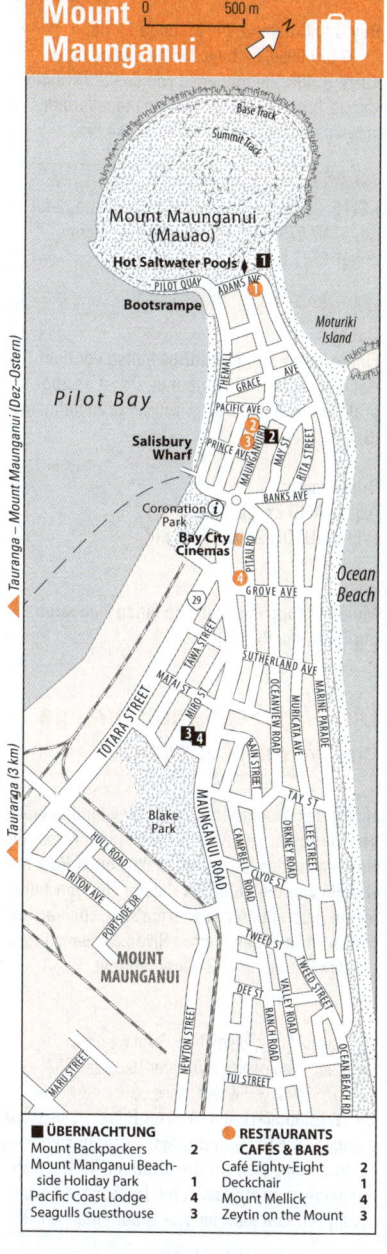

Mount Maunganui

■ ÜBERNACHTUNG		● RESTAURANTS	
		CAFÉS & BARS	
Mount Backpackers	2	Café Eighty-Eight	2
Mount Manganui Beach-side Holiday Park	1	Deckchair	1
Pacific Coast Lodge	4	Mount Mellick	4
Seagulls Guesthouse	3	Zeytin on the Mount	3

COROMANDEL PENINSULA, BAY OF PLENTY UND EAST CAPE

Kino

Bay City Cinemas, 249 Maunganui Rd,
☎ 07 577 0900, ⌘ baycitycinemas.co.nz;
Karte S. 409. Zeigt ebenso wie das Schwester-
kino in Tauranga Mainstreamfilme, allerdings
in nicht ganz so noblen Räumlichkeiten.

INFORMATIONEN

i-SITE, Salisbury Ave, unweit der Maunganui
Rd, ☎ 07 575 5099, ⌘ bayofplentynz.com.
◷ tgl. 9–17 Uhr.

TRANSPORT

Busse

Einige Busse von **NakedBus** halten vor dem
i-SITE von Mount Maunganui. Oft ist es aber
praktischer, einen Bus in Tauranga zu nehmen
(S. 413).

Busse nach:
AUCKLAND 2x tgl., 3 1/2 Std.;
WELLINGTON 2x tgl., 9 1/2 Std.

Flüge

Mount Maunganui teilt sich einen Flughafen
mit Tauranga (S. 414).

Die Umgebung von Tauranga und Mount Maunganui

Hinter dem fruchtbaren Landstrich landeinwärts
von Tauranga und Mount Maunganui ragen die
Höhenzüge des Kaimai-Mamaku Forest Park auf.
Die Flüsse, die sich von diesen Hängen herab
in die Küstentiefebene ergießen, speisen die
McLaren Falls des Wairoa River, der beim Erlebnispark Waimarino ins Meer mündet.

Waimarino

36 Taniwha Place, Bethlehem, 8 km westlich
der Stadt ▪ Tageskarte $40; unter 16 Jahren $32
▪ ☎ 07 576 4233, ⌘ waimarino.com
Der **Erlebnispark** am Wairoa River ist bestens
geeignet für Groß und Klein. Besucher können
schwimmen, sich an der Outdoor-Kletterwand
auspowern, in Paddel- und Tretbooten herumschippern und sich im The Blob, einer Art Rie-

senluftkissen, in die Höhe katapultieren lassen.
Es werden auch Kajaktrips (Kasten S. 412) sowie
Kajakverleih angeboten.

McLaren Falls

McLaren Falls Rd, abseits SH29, 18 km südwestlich
von Tauranga
Normalerweise leitet ein Damm das Wasser der
15 m hohen **McLaren Falls** um, aber an bestimmten Sonntagen (Dez–März wöchentl.; Sep, Okt,
April und Mai jede 2. Woche) darf es den Wasserfall speisen. Dann herrscht unten am **Wairoa River** helle Aufregung. Hunderte von Rafting-
und Kajak-Begeisterte versammeln sich, um die
Stromschnellen des Wairoa River (WW IV–V;
Kasten S. 412) zu bezwingen. An anderen Tagen
strömen die Einheimischen in Scharen hierher,
um sich in den vielen seichten Badepools zu vergnügen. Proviant und Sonnenschutz mitbringen.

McLaren Falls Park

◷ tgl. Okt–April 7.30–19.30, Mai–Sep
7.30–17.30 Uhr
Ein Stück flussaufwärts wurde eine 190 ha große
Fläche in einen hübschen **Uferpark** rund um den
Lake McLaren verwandelt. Seine Highlights sind
der Campingplatz (S. 417), der leicht zu bewältigende Waterfall Track durch eine Glühwürm-
chensenke und ausgezeichnete Glühwürmchen-
Kajaktouren (Kasten S. 412).

Papamoa Beach

Mount Maunganuis Ocean Beach erstreckt sich
20 km Richtung Osten bis zum **Papamoa Beach**,
einer tollen Ecke zum Surfen und Schwimmen
abseits vom Hype von The Mount.

In Papamoa befindet sich die erste offizielle **Blokart-Rennbahn** der Welt: Blokart Heaven,
176 Parton Rd, ☎ 07 542 4033, ⌘ blokartheaven.
co.nz. Es handelt sich um Gokartwagen mit Se-
gel („Fahrstunden" möglich). Bei gutem Wind
erreichen sie eine Geschwindigkeit von bis zu
60 km/h. Das Ganze hängt natürlich vom Wetter
ab – kein Wind, kein Spaß. Ab $30/30 Min.

Te Puke

Kiwi360 ◷ tgl. Sommer 9–16; Winter 10–15 Uhr;
Café tgl. 10.30–15 Uhr ▪ 45-minütige Führung $20
▪ ☎ 07 573 6340, ⌘ kiwi360.com

Tauranga Harbour

Omokoroa
Beach

Matakana
Island

The
Mount

Tauranga
Entrance

MOUNT MAUNGANUI

Port of
Tauranga

S. KARTE
MOUNT MAUNGANUI

Fergusson Park

Tauranga
Airport

OMANU

Bay
of Plenty

ARATAKI

MATUA

TAURANGA

Waipu Bay

BAYFAIR

S. KARTE TAURANGA

Waimarino

BETHLEHEM

WAIHI ROAD

1

2
Memorial Park

TE MAUNGA

3

5
6

Rangataua
Bay

2

TE MAUNGA ROAD

PAPAMOA
BEACH
RESERVE

4

Mills Reef
2

MAUNGATAPU

Yatton
Park

Welcome
Bay

Waiorohi Estuary

PAPAMOA
BEACH

Blokart
Heaven

GATE PA

CAMBRIDGE ROAD

MOFFAT RD

GREERTON

DOC
Office

WELCOME BAY

Johnson
Park

PAPAMOA

PYES PA ROAD

ROCKY CUTTING ROAD

29

Wairoa River

OROPI FOREST

TE PUKE

McLaren Falls

7

McLaren Falls Park

■ ÜBERNACHTUNG
Ambassador Motor Inn	5
Avenue 11 Motel	2
Bell Lodge	3
Just the Ducks Nuts	1
McLaren Falls Park	7
Papamoa Beach Top 10 Holiday Park	4
Silver Birch Family Holiday Park	6

Whakatane (55 km)

COROMANDEL PENINSULA, BAY OF PLENTY UND EAST CAPE

Te Puke, 12 km südöstlich von Papamoa Beach, ist die Kiwifrucht-Hauptstadt Neuseelands. Den lebenden Beweis dafür tritt **Kiwi360** an, 6 km östlich der Innenstadt. Die gewaltige, von einer riesigen surrealen Kiwischeibe gekrönte Plantage ist eine Art landwirtschaftlicher Themenpark. Hier gibt es informative Führungen, jede Menge Souvenirs und ein Café, wo Kiwi-Muffins, Kiwi-Obstsalate, Kiwi-Obstwein und -likör sowie warme Mahlzeiten zu haben sind.

ÜBERNACHTUNG

McLaren Falls Park, McLaren Falls Rd, 11 km südlich von Tauranga, ☏ 07 577 7000, 🖳 tauranga.govt.nz; Karte s. oben. Einfache Stellplätze auf Grasflächen in einem bewaldeten Park am See (S. 416). Wasser und Toiletten vorhanden, Duschen nur nach Voranmeldung. Max. 3 Übernachtungen. Camping $5

Papamoa Beach Top 10 Holiday Park, 535 Papamoa Beach Rd, ☏ 07 572 0816, 🖳 papamoa beach.co.nz; Karte s. oben. Dieser makellose Campingplatz befindet sich in der Domain am östlichen Ende von Papamoa, direkt am Strand. Alles ist gepflegt, und die Lage der Strandhäuschen könnte nicht schöner sein. Camping $21,50, Cabins $84, Cabins mit Küche $143, Strandbungalows $210

ESSEN UND UNTERHALTUNG

Mills Reef, 143 Moffat Rd, Bethlehem, 8 km südwestlich von Tauranga, ☏ 07 576 8800, 🖳 millsreef.co.nz; Karte s. oben. Wer tagsüber herkommt, kann im geräumigen Restaurant oder auf der Terrasse zu Mittag essen (Platte für 2 Pers. $38) und dazu gratis die hauseigenen Weine verkosten (tgl. 10–17 Uhr). Zum Dinner geht es etwas feiner zu, bei Gerichten wie Lammrücken mit einem Hauch Kumin ($34). Im Sommer gibt's um die Mittagszeit Livemusik. ⏰ Mo–Mi 10.30–15, Do–Sa 10.30–15 und 17–22 Uhr oder später.

Bluebiyou, 559 Papamoa Beach Rd, Papamoa Beach, ✆ 07 572 2099, 🖥 bluebiyou.co.nz; Karte S. 417. Schickes Café/Bar/Restaurant mit Blick über die Dünen aufs Meer. Besonders gut zum Mittagessen, z. B. thailändischen Rindfleischsalat gefolgt von Maracuja-Pannacotta (Hauptspeise und Dessert $30). Man kann auch einfach auf einen Drink vorbeikommen. ⏰ Mo–Fr 12–22 Uhr oder später, Sa und So 9.30–22 Uhr oder später.

Whakatane und Umgebung

Die 15 000 Einwohner zählende Stadt **Whakatane** liegt 65 km östlich von Te Puke und erstreckt sich über flaches Farmland entlang des unteren Whakatane River, kurz vor dessen Mündung in den Ozean. Sie blickt auf eine bewegte Geschichte zurück, ist heute aber ein eher beschauliches Versorgungszentrum mit wenigen kulturellen Attraktionen. Spazierwege führen über den Gebirgsgrat oberhalb der Stadt zum Aussichtspunkt **Kohi Point**. Whakatane eignet sich gut als Ausgangspunkt zum Sonnenbaden am **Ohope Beach**. Hier kann man **mit Delphinen schwimmen** und das Vogelschutzgebiet **Whale Island** sowie die aktive Vulkaninsel **White Island** besuchen, die ihre weißen Rauchwolken in den Himmel bläst.

Geschichte

In der Gegend von Whakatane haben sich besonders viele dramatische Ereignisse abgespielt. Der Maori-Begriff Whakatane bedeutet „handeln wie ein Mann" und geht auf ein legendäres Ereignis zurück: Die Frauen des Kanus *Mataatua* wurden an Bord zurückgelassen, während ihre Männer an Land gingen. Das Kanu driftete aufs Meer hinaus, aber eine Berührung der Paddel war für die Frauen tabu. Die junge Häuptlings-

tochter **Wairaka** ließ sich davon nicht beirren, sondern paddelte zurück zur sicheren Küste und rief *Ka Whakatane Au i Ah au* („Ich werde wie ein Mann handeln"). Noch heute erinnert eine Statue bei Whakatane Heads an ihre Heldentat.

Die ersten Europäer, die das Gebiet betraten – abgesehen von Kapitän Cooks kurzem Zwischenstopp – waren **Flachshändler** zu Beginn des 19. Jhs. Im März 1865 wurde der Missionar **Carl Völkner** in Opotiki ermordet und der Regierungsvertreter **James Falloon** traf ein, um den Mord zu untersuchen. Anhänger der fanatischen Maori-Sekte Hau Hau (S. 423) attackierten das Schiff von Falloon und töteten ihn und seine Mannschaft. Als Reaktion darauf rief die Regierung das **Kriegsrecht** aus.

Bis zum Ende des Jahres waren große Teile der Bay of Plenty konfisziert und Whakatane eine Militärfestung geworden. Das veranlasste **Te Kooti** (S. 449) 1869 dazu, Whakatane als Ziel für einen Großangriff auszuwählen. Doch seine Maori-Truppen wurden schließlich in die Hügel von Urewera zurückgetrieben.

Pohaturoa
The Strand

Whakatanes Wahrzeichen ist der große Felsen **Pohaturoa** („langer Fels"). Dieses Maori-Heiligtum steht in einem kleinen Park mit Bänken und einem schwarzen Marmordenkmal für Te Hurinui Apanui, einen großen Häuptling, der die Vorzüge des Friedens propagierte und von den Pakeha und Maori gleichermaßen betrauert wird.

Wairere Falls
Wairaka Rd

Früher schlugen die Meereswellen an die Felsen, die heute die Stadt einrahmen. Wer von Pohaturoa aus am Felsrand entlanggeht, gelangt zum Fuß der **Wairere Falls**. Einst versorgten sie die Stadt mit Wasser und lieferten Energie zum Betreiben von Mühlen. Heute darf die Kaskade ungehindert hinabstürzen und bietet nach Regengüssen einen imposanten Anblick.

Te Koputu a Te Whanga a Toi
Kakahoroa Drive ▪ ⏰ Mo–Fr 9.30–17.30, Sa und So 10–14 Uhr ▪ $5 Spende ▪ ✆ 07 306 0500, 🖥 whakatanemuseum.org.nz

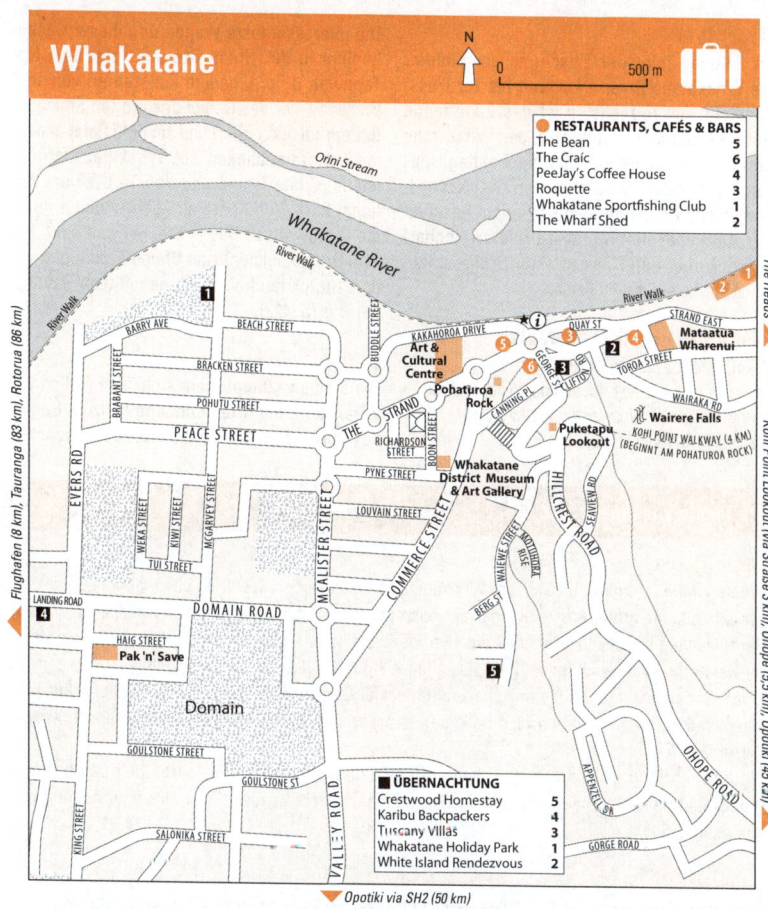

Whakatane

N
0 _____ 500 m

Orini Stream

Whakatane River

River Walk

River Walk

Flughafen (8 km), Tauranga (83 km), Rotorua (86 km)

The Heads

Kohi Point Lookout (via Straße 3 km), Ohope (5,5 km), Opotiki (45 km)

BARRY AVE
BEACH STREET
BUDDLE STREET
KAKAHOROA DRIVE
QUAY ST
STRAND EAST

BRABANT STREET
BRACKEN STREET
Art & Cultural Centre
Mataatua Wharenui

POHUTU STREET
Pohaturoa Rock
CANNING PL
GEORGE STREET
TOROA RD
WAIRAKA RD

PEACE STREET
THE STRAND
RICHARDSON STREET
♪ **Wairere Falls**

EVERS RD
BOON STREET
Puketapu Lookout
KOHI POINT WALKWAY (4 KM)
(BEGINNT AM POHATUROA ROCK)

PYNE STREET
Whakatane District Museum & Art Gallery

WEKA STREET
KIWI STREET
MCGARVEY STREET
LOUVAIN STREET
HILLCREST ROAD

TUI STREET
MCALISTER STREET
COMMERCE STREET
WAIEWE STREET
HOTHERA RISE
NGATI AWA ST

LANDING ROAD
DOMAIN ROAD
BERG ST
OHOPE ROAD

HAIG STREET
Pak 'n' Save

Domain

GOULSTONE STREET
GOULSTONE ST
APPENELL DR

KING STREET
SALONIKA STREET
GORGE ROAD

VALLEY ROAD

▼ Opotiki via SH2 (50 km)

COROMANDEL PENINSULA, BAY OF PLENTY UND EAST CAPE

Der neueste kulturelle Hotspot der östlichen Bay of Plenty **Te Koputu a Te Whanga a Toi** zeigt eine Ausstellung zur Frühzeit der Maori in Neuseeland, nach ihrer Ankunft im *Mataatua waka* (Kanu). Außerdem gibt es viele Exponate zur postkolonialen Ära.

Mataatua Wharenui

105 Muriwai Drive ▪ 🖥 mataatua.com
▪ 🕐 tgl. 10-17 Uhr, Eintritt $30

Das „Haus, das nach Hause kam", **Mataatua Wharenui**, ist eines der schönsten (und größten) geschnitzten Versammlungshäuser, die noch erhalten sind. Es blickt auf eine bewegte Geschichte zurück. Das Volk der Ngati Awa hatte es 1875 erbaut. 1879 wurde das Haus auf die Reise geschickt, um Neuseeland bei der British Empire Exhibition in Sydney zu repräsentieren. Nach einem langen Zwangsaufenthalt im Londoner Victoria and Albert Museum durfte das Haus 1925 nach Neuseeland heimreisen und verbrachte 70 Jahre in Dunedin, bevor es im Rahmen des Treaty of Waitangi 1996 endlich wieder seinen rechtmäßigen Besitzern, den Ngati Awa, zurückgegeben wurde. Näheres zu Führungen und Veranstaltungen s. Website.

River Walk

Ein Fußweg folgt der Böschung am Südufer des Whakatane River 4 km weit bis zur Flussmündung. Am reizvollsten ist das 2 km lange Stück von der Innenstadt bis zu den Whakatane Heads – ein wunderschöner Nachmittagsspaziergang. Unterwegs passiert man zwei Nachbildungen des *Mataatua*-Kanus in einem Reservat (per Auto über den Muriwai Drive erreichbar) mit Blick über den Fluss zu einer Bronzestatue von Wairaka auf einem Felsen.

Kohi Point und Ohope Walk

5,5 km einfach; 2 Std. ■ Routenbeschreibung auf einem kostenlosen Faltblatt oder in der ausführlicheren Broschüre *Discover the Walks Around Whakatane* ($2) vom i-SITE

Die interessanteste Wanderung dieser Gegend beginnt in der Stadtmitte und folgt dem Nga Tapuwae o Toi („heilige Fußstapfen von Toi") Walkway, der das Gebiet des großen Stammesführers Toi durchquert und am **Kohi Point** endet – mit Panoramablicken auf Whakatane, Whale Island, White Island und den Te Urewera National Park. Von Kohi Point geht's weiter durch die Otarawairere Bay (1 Std. vor und nach Flut kein Durchkommen) zum Ohope Beach und von dort zurück nach Whakatane mit dem Bayhopper Bus (S. 423).

Ohope

Die Siedlung **Ohope** zieht sich 7 km östlich von Whakatane am Strand entlang bis zum Beginn des **Ohiwa Harbour**. Ohiwa („Ort der Wachsam-

---

Die Inseln vor Whakatane

Whale Island

Whale Island (Motohora), 10 km vor Whakatane, ist ein 2 km² großes, DOC überwachtes Gebiet, wo vor Jahrzehnten große Anstrengungen zur Ausrottung von Ziegen und Ratten unternommen wurden. Der Busch hat sich die Insel schnell zurückerobert, und heute ist sie ein Vogelschutzgebiet, ein sicherer Hafen für Sattelvögel (oder Tieke), Langflügel-Sturmvögel, Dunkle Sturmtaucher, Zwergpinguine, Maori-Regenpfeifer und Austernfischer, außerdem für Geckos, zwei Arten von Skinken und Tuataras; manchmal verirren sich auch Maorifalken (Karearea) und Nordinsel-Kaka (Waldpapageien) sowie Pelzrobben hierher.

Die Insel darf nur im Rahmen einer begrenzten Zahl von **organisierten Touren** (nur Jan und Feb; Details und Reservierungen im i-SITE in Whakatane) besucht werden. Ein 4-stündiger Ausflug kostet ungefähr $85.

White Island

Whakatanes Hauptattraktion ist **White Island** (Whaakari). Getauft wurde die Insel von Kapitän Cook, der mit dem Namen auf den ständigen Dunstschleier aus Wasserdampf über dem Eiland anspielte. White Island ist fast rund, hat einen Durchmesser von annähernd 2 km und liegt etwa 50 km vor der Küste.

Weder die manchmal raue Überfahrt noch der aktive Vulkan können die Besucher abschrecken, die in Scharen hierher strömen, um die außerirdisch wirkende Landschaft zu bewundern. Mächtige Asche-, Gas- und Rauchschwaden steigen von einem 60 m unter dem Meeresspiegel gelegenen Kratersee empor, und kleinere Spalten und Öffnungen sind von bizarren, hellgelben und weißen Kristallablagerungen umgeben, die jeden Tag ihre Form ändern. Das kristallklare Gewässer um die Insel ist eines der besten **Tauchreviere** Neuseelands.

In den 1880er-Jahren wurde auf der Insel sporadisch Schwefel zur Verwendung bei der Düngerherstellung abgebaut, aber das Unternehmen scheiterte an Vulkanausbrüchen, Erdrutschen und wirtschaftlichen Pleiten. Ab 1934 überließ man die Insel sich selbst, und heute wird sie lediglich von

keit") ist ein bekannter Sammelplatz für Muscheln sowie Standort mehrerer *pa*. Ansonsten ist der Ort in erster Linie ein Strandresort und ein guter Ausgangspunkt für eine Erkundung von Whakatane ($2,60 einfache Fahrt mit dem Bayhopper Bus) und Umgebung.

Whakatane

Whakatane hat eine passable Auswahl an Unterkünften, darunter viele Mittelklassemotels. Man kann aber auch gut hinter dem Berg in Ohope Beach absteigen.

Crestwood Homestay, 2 Crestwood Rise, ☎ 07 308 7554, ⌨ crestwood-homestay.co.nz. Attraktives, freundliches B&B in ruhiger Hügellage mit schöner Aussicht, 20 Min. zu Fuß vom Zentrum entfernt. Auf Bestellung gibt es Abendessen ($50 inkl. Wein). Die Eigentümerin ist Mitglied der Whakatane Coastguard und zeigt Gästen gern die Zentrale der Küstenwacht. $150

Karibu Backpackers, 13 Landing Rd, 1,5 km südwestlich vom Zentrum, ☎ 07 307 8276, ⌨ karibubackpackers.co.nz. Ein Vorstadthaus, das in ein gut geführtes, einladendes Hostel umgewandelt wurde. Es verfügt über einen hübschen Garten, in dem Zelte aufgestellt werden können, sowie einen Privatparkplatz. Kostenloser Radverleih und Abholung von der Bushaltestelle. Camping $14, Dorms $23, Zimmer $56

Tuscany Villas, 57 The Strand, ☎ 0800 801 040, ⌨ tuscanyvillas.co.nz. Das luxuriöse Motor

60 000 Schwalbensturmvögeln und 10 000 Tölpeln bevölkert. Die Insel darf nur im Rahmen einer organisierten Boots- oder Hubschraubertour besucht werden.

Touren und Aktivitäten auf und in der Umgebung der Inseln

Die meisten Besucher kommen mit dem Veranstalter White Island Tours auf die Inseln – er steuert die Inseln an, wann immer das Wetter es erlaubt. Man kann aber auch per Hubschrauber anreisen, einen Tauchausflug unternehmen oder von Dezember bis März zum Beobachten und Schwimmen mit Delphinen hierherkommen. Jeder Veranstalter, der außerhalb dieser Monate Touren anbietet, ist entweder sehr optimistisch oder ein Betrüger.

Dive White, 186 The Strand, ☎ 0800 348 394, ⌨ divewhite.co.nz. Die Unterwasserwelt von White Island zählt zu den begehrtesten Tauchspots Neuseelands. An einem halben Dutzend Tauchstellen liegt die Sichtweite meistens bei rund 20 m, und man bewegt sich dort zwischen Schwärmen von Kingfishen, Rochen und anderem Getier. Die achtstündigen Trips finden im Sommer tgl. und im Winter bei Bedarf statt (2 Tauchgänge inkl. Ausrüstung $345).

Dive Works Charters, 96 The Strand, ☎ 0800 354 7737, ⌨ whaleislandtours.com. Hervorragende Ausflüge zum Schwimmen mit Delphinen und Robben (3–4 Std.; $160) bei Whale Island und White Island sowie Ökotouren nach Whale Island und Tauch-/Schnorchelausflüge.

Vulcan Helicopters, ☎ 0800 804 354, ⌨ vulcanheli.co.nz. Die Flüge, bei denen White Island aus der Luft betrachtet wird (2 Std.; $550 p. P. bei 2 Pers.), starten am Whakatane Airport. Zum Ausflug gehört eine einstündige Wanderung über die Insel zum Kraterrand, zu Fumarolen und dem alten Schwefelwerk.

White Island Tours (auch bekannt als **Pee Jay Charters**), 15 The Strand East, ☎ 0800 733 529, ⌨ whiteisland.co.nz. Der sechsstündige Ausflug ($185) nach White Island muss mindestens 2 Tage im Voraus gebucht werden. Man verbringt 2 Std. auf der Insel und bekommt u. a. Gelegenheit, am Kraterrand zu stehen (mit Gasmaske) und in den dampfenden Kratersee hinabzuschauen. Außerdem wird der Standort der Schwefelfabrik von 1923 besichtigt.

Inn hat Studios und Suiten, alle mit Küchenzeile. Die 1-Schlafzimmer-Suiten besitzen einen Whirlpool. DZ $155, Suite $175

Whakatane Holiday Park, McGarvey Rd, ✆ 07 308 8694, 🖥 whakataneholidaypark.co.nz. Windgeschützter Campingplatz 10 Min. über den Damm zu Fuß von The Strand entfernt. Preisanstieg um 15–25 % von Weihnachten bis Anfang Feb. Camping $15, Cabins $60, Cabins mit Küche $70, Selbstversorger-Apartments $85

White Island Rendezvous, 15 The Strand East, ✆ 0800 242 299, 🖥 whiteisland.co.nz. Makelloses sauberes, mehrstöckiges Motel im Mittelmeerstil, gegenüber der Anlegestelle. Einige Zimmer mit Whirlpool, alle mit Sky-TV und Mikrowelle. Auf dem Gelände befindet sich das beliebte Café PeeJay's Coffee House, s. unten. Selbstversorger-Apartments $140

Ohope

Ocean View Motel, 18/2 West End, Ohope Beach, ✆ 07 312 5665, 🖥 oceanviewmotel.co.nz. Total gemütliches Motel am westlichen Strandende, wo man gefahrlos schwimmen und Bushwalks unternehmen kann. Kostenloser Wäscheservice, Fahrrad-, Kajak-, Surfbrett- und Boogieboardverleih. Jede der Selbstversorger-Units hat Meerblick. Zimmer $120

Ohope Beach Top 10 Holiday Park, 367 Harbour Rd, 10 km östlich von Whakatane, ✆ 07 312 4460, 🖥 www.ohopebeach.co.nz. Schicker Ferienpark am Ohope Beach, u. a. mit einer Wasserrutsche und im Sommer kostenlosem Kinderunterhaltungsprogramm. Camping $22, Cabins $90, Selbstversorger-Units $100, Motel Units $135, luxuriöse Ferienapartments $190

Whakatane

The Bean, 72 The Strand East, ✆ 07 307 0494, 🖥 thebeancafe.co.nz. Ungezwungenes Tagescafé und Kaffeerösterei, weshalb man mit einem ordentlichen Gebräu zum Bagel oder Gebäck aus eigener Herstellung rechnen darf. Kostenl. WLAN. ☉ Mo–Sa 8–16, So 9–15 Uhr.

The Craic, im Whakatane Hotel, 79 The Strand, ✆ 07 307 1670. Stimmungsvolle irische Bar, die auch leckeres Essen hat. Hier spielt sich ein Großteil des Nachtlebens ab, jeden Freitag-

abend und manchmal sonntagnachmittags Livemusik und Tanz. ☉ tgl. 12–21 Uhr oder viel länger.

PeeJay's Coffee House, 15 The Strand, im White Island Rendezvous Motel, ✆ 07 308 9589, 🖥 whiteisland.co.nz. Köstlicher Espresso, Snacks und kleine Gerichte. Dank der frühen Öffnungszeit gut zum Frühstücken vor einem morgendlichen Bootsausflug. Wer das kostenloses WLAN nutzt, kann sich gleichzeitig ein dick mit Pilzen und Chorizo belegtes Ciabatta ($16) schmecken lassen. ☉ tgl. 6.30–14 Uhr.

Roquette, 23 Quay St, ✆ 07 307 0722, 🖥 roquette-restaurant.co.nz. In dem besten Restaurant (mit Bar) von Whakatane bekommt man z. B. Seafood mit Tomatenrisotto ($33). ☉ Mo–Sa 10–22 Uhr.

Whakatane Sportfishing Club, The Strand East, ✆ 07 307 1573, 🖥 wsfc.co.nz. Geräumige Bar mit riesigen Fenstern und Aussicht auf die Boote und den Fluss, bestens geeignet für billige Drinks. Außerdem gute Bar Meals wie Seafood Chowder ($13). Im Sommer wird fast jeden Freitagabend Livemusik geboten. Eigentlich ein Verein, aber Besucher sind willkommen.

The Wharf Shed, 2/2 The Strand East, ✆ 07 308 5698, 🖥 wharfshed.com. Café mit Restaurant in schöner Lage am Fluss. Gut geeignet für ein spätes Frühstück, zum Mittagessen oder zum Beobachten des Sonnenuntergangs, während man Meeresfrüchte, darunter Lachs in Sesamkruste ($31) genießt. ☉ tgl. 12 Uhr bis spät.

Ohope

Ohiwa Oyster Farm, 11 Wainui Rd, 1 km südlich vom Ohope Beach an der Straße nach Opotiki, ✆ 07 312 4565. In dem Schuppen am Ohiwa Harbour gibt's billiges, frisches Seafood zu kaufen, u. a. Austern und Räucherfisch. Am Ufer stehen zwei Picknicktische. ☉ tgl. 9–20 Uhr.

Toi Toi, 19 Pohutukawa Ave, ✆ 07 312 5623, 🖥 toitoi-ohope.co.nz. Zementfußboden und weiße Stühle verleihen dem klassischen Restaurant mit Bar etwas Spartanisches. Die rückwärtige Veranda bietet Aussicht auf den Ohope Beach, und auch sandige Strandbesucher sind auf einen Kaffee, ein Bier oder *veggie* Cannelloni ($26) willkommen. Im Sommer oft Live-Gitarrenmusik. ⏱ Mo–Fr 16–22 Uhr oder später, Sa und So 10–22 Uhr oder später.

SONSTIGES

Informationen

i-SITE, Quay St, Ecke Kakahoroa Drive, ☎ 07 306 2030, 🖥 whakatane.com. Großes Angebot an DOC-Broschüren (inkl. *Discover the Walks Around Whakatane*) über die Umgebung und kostenloser **Internetzugang**. ⏱ Mo–Fr 8–17, Sa und So 10–16 Uhr.

Jetbootfahrten

Kiwi Jet Tours, ☎ 0800 800 538, 🖥 kiwijetboat tours.com. Schnellboottouren unter Leitung eines ehemaligen Weltmeisters im Jetbootfahren. Er bringt die Teilnehmer vom Matahina Dam, 25 km südlich von Whakatane, über einige nicht allzu reißende Stromschnellen zu den wunderschönen Aniwhenua Falls ($95).

TRANSPORT

Busse

Bayhopper, ☎ 0800 422 928, 🖥 baybus.co.nz, fährt nach Tauranga, Mount Maunganui (Mo–Sa), Ohope ($2,60 einfach) und Opotiki (Mo und Mi).
Die Busse von InterCity und NakedBus auf dem Weg von Rotorua nach Gisborne über den SH2 halten 2x tgl. in jeder Richtung vor dem i-SITE Visitor Centre.

Busse nach:
GISBORNE 2x tgl, 3 Std.;
MOUNT MAUNGANUI Mo–Sa 1x tgl, 2 Std.;
OHOPE Mo–Sa 4–6x tgl, 30 Min.;
OPOTIKI 2–4x tgl, 40 Min.;
ROTORUA 2x tgl, 1 1/2 Std.;
TAURANGA Mo–Sa 1x tgl, 2 Std.

Flüge

Der **Whakatane Airport** liegt ca. 10 km westlich der Innenstadt und ist mit einem Shuttle-Taxi von **Dial-A-Cab**, ☎ 0800 308 0222, zu erreichen (ca. $25). Von Whakatane gibt es täglich 3–4 Verbindungen nach AUCKLAND (3/4 Std.) und 1x tgl. nach WELLINGTON (1 Std. 10 Min.).

Opotiki

Opotiki, 46 km östlich von Whakatane (über die Ohope Road), ist die östlichste Stadt in der Bay of Plenty. Das von üppig grüner Landschaft und Stränden umgebene Opotiki ist auch Ausgangsbasis (und letzte Versorgungsstation) für die Wildnis des East Cape und für Trips zum abgeschiedenen, traumhaft schönen Motu River.

Die wenigen Sehenswürdigkeiten der Stadt verzögern die Abreise zum **East Cape** oder nach **Gisborne** nur unwesentlich. Von Opotiki führt der SH2 landeinwärts zu den großstädtische-

Die Hau Hau

Christliche Missionare riefen die Maori dazu auf, ihren Glauben zugunsten des Christentums aufzugeben. Als jedoch der Zwist mit den Siedlern bezüglich der Landfrage eskalierte, betrachteten die Maori die Missionare zunehmend als Fürsprecher der landhungrigen Europäer. Beim Ausbruch der **Landkriege** mussten die konvertierten Maori heftige Niederlagen einstecken und fühlten sich sowohl von der Krone als auch von ihrem neuen Gott betrogen. In Anlehnung an das Alte Testament riefen einige von ihnen die **Erweckerbewegung** Hau Hau ins Leben – man wollte die Eindringlinge vernichtend schlagen: Jünger tanzten um die *nui* (geschnitzten Kriegspfähle) und stimmten Lieder an, um die Pakeha aus dem Land zu vertreiben. Der Name Hau Hau leitet sich vom **Schlachtruf** der Krieger ab.

Die Bewegung entstand 1862, und bis 1865 hatte man in den meisten größeren Dörfern zwischen Wellington und Waikato einen Kriegspfahl errichtet. Die Hau Hau zählten zu den meistgefürchteten **Kriegern** und waren in die blutigsten und erbittertsten Kämpfe verwickelt. Allerdings ging es mit der Bewegung bergab, nachdem ihr Anführer und Gründer **Te Ua Haumene** 1866 gefangen genommen wurde. Ein paar Ideen der Sekte tauchten wieder aus der Versenkung auf, als der berüchtigte Rebell **Te Kooti** (S. 449) einige ihrer Grundsätze in seine Ringatu-Bewegung einfließen ließ.

ren Angeboten von Gisborne. Der SH35 dagegen schlängelt sich um das East Cape herum, immer in Reichweite der zerklüfteten, windgepeitschten Küste.

Opotiki Museum

123 Church St ▪ ⏰ Mo–Fr 10–16, Sa 10–14 Uhr ▪ Eintritt $10

Alle historisch bedeutenden Gebäude von Opotiki versammeln sich an der Kreuzung von Elliott Street und Church Street, darunter das **Opotiki Museum**. Es nimmt den ganzen Häuserblock zwischen Elliot und Kelly Street ein. Die Ausstellung umfasst neben typischen Kleinstadtexponaten die erlesenen Tanewhirinaki Carvings, eine Maori-Skulpturensammlung, die lange Zeit das Auckland Museum zeigte. Keinesfalls auslassen sollte man den zum Museum gehörenden Krämerladen Shalfoon & Francis in der Church Street 129. Der altmodische Gemischtwarenladen aus den 1870er-Jahren ist vollgestopft mit alten Schreibmaschinen, Keksdosen und anderen Artikeln, die damals zum Sortiment eines Haushaltsgeschäfts gehörten.

St Stephen's Church

Church St, gegenüber dem Museum ▪ Mo–Fr 10–16, Sa 10–14 Uhr; wenn geschl., Schlüssel im Museum holen ▪ Eintritt frei

Das unschuldige Aussehen der weißen, aus Schindeln erbauten **St Stephen's Church** lässt nicht vermuten, dass sich hier einst ein berühmter Mordfall zutrug: Im März 1865 soll an dieser Stelle der hiesige Missionar **Carl Völkner** vom Propheten Kereopa Te Rau aus den Reihen der militanten Hau-Hau-Sekte (Kasten S. 423) getötet worden sein.

Einen Blick lohnen die prächtigen Wandverkleidungen um den Altar und Völkners Grabstein an der rückwärtigen Kirchenmauer.

Hukutaia Domain

⏰ tgl. Sonnenauf- bis -untergang

Ein wunderschönes Fleckchen ist die kleine, unberührte **Opotiki (Hukutaia) Domain** mit einheimischer Flora, darunter ein Puriri-Baum, der von 500 v. Chr. datieren soll und von den hiesigen Maori als Begräbnisbaum genutzt wurde. Es gibt auch einen Aussichtspunkt mit schönem Blick über das Waioeka Valley und eine Reihe kurzer, interessanter Pfade durch den Regenwald. Anfahrt: von der Innenstadt auf der Church Street nach Süden bis zur Waioweka River Bridge, über die Brücke, dann nach links in die Woodlands Road; nach 7 km ist die Domain erreicht.

ÜBERNACHTUNG

Aurum, 213 Ohiwa Beach Rd, 13 km westlich der Stadt, 📞 07 315 4737, 🖥 aurumretreat. co.nz. 3 toll ausgestattete Selbstversorgerzimmer mit traumhaftem Meerblick. Der Upper

Rafting auf dem Motu River

Einige der besten Raftingtrips in Neuseeland werden auf dem **Motu River** (WW III–IV) angeboten, der durch die Schluchten und Täler der abgelegenen Raukumara Range bis in die Bay of Plenty fließt. 1981, nach einer groß angelegten Kampagne gegen Wasserkraftwerke, wurde der Motu River zu Neuseelands erstem „wilden und landschaftlich reizvollen" Fluss ernannt. Die Benutzung von Geländewagen, Hubschraubern und Jetbooten ermöglicht ein- bis zweitägige Trips in die Region. Um jedoch einen tieferen Einblick in dieses abgelegene Gebiet zu gewinnen, sollte man eine Raftingtour ins Auge fassen, bei der man mehrere Tage völlig von der Zivilisation abgeschnitten ist – ein einmaliges und faszinierendes Erlebnis.

Wet 'n' Wild Rafting, Rotorua, 📞 0800 462 723, 🖥 wetnwildrafting.co.nz, unternimmt von Opotiki aus unterschiedliche Touren. Das Angebot reicht von zweitägigen Ausflügen (mit Beförderung im Hubschrauber $995) bis zu fünftägigen Abenteuertrips ($995, ohne Hubschrauberbeförderung) vom Quellfluss zum Meer. Für Transport und gute Verpflegung ist in jedem Fall gesorgt; Zelt und Schlafsack kann man selber mitbringen oder bei Wet 'n' Wild mieten.

Room ist besonders romantisch. Im Freien gibt's ein holzbefeuertes Bad. Auf Vorbestellung bekommen die Gäste Frühstück und kleine Gerichte. $200

Beyond the Dunes, 5 Wairakaia Rd, 5 km östlich der Stadt, 📞 07 315 7942, 💻 bookabach.co.nz. Schlichte, moderne *bach* für Selbstversorger, nur durch die Dünen von einem langen Badestrand getrennt. Ein wunderbares Plätzchen für ein, zwei Tage in völliger Abgeschiedenheit. Allerdings muss Bettzeug mitgebracht werden. Am Wochenende steigt der Preis auf $85. $70

Capeview Cottage, Tablelands Rd, 8 km südöstlich der Stadt, 📞 0800 227 384, 💻 capeview. co.nz. Luxuriöses Selbstversorger-Cottage auf einer Kiwi- und Avocadoplantage mit weitem Küstenblick, Grill auf der Veranda und einer reichhaltigen Bücherei. Die Gastgeber sind umweltbewusst und kennen sich hervorragend in der Umgebung aus. $145

Central Oasis Backpackers, 30 King St, 📞 07 315 5165, ✉ centraloasis@hotmail.com. Freundliches, von Deutschen geführtes Hostel in einer verwinkelten Villa im Stadtzentrum mit 1 DZ, 2 2BZ und einem Schlafsaal. Dorm $23, DZ und 2BZ $56

Ohiwa Holiday Park, Ohiwa Harbour Rd, nahe SH2, 15 km westlich der Stadt, 📞 07 315 4741, 💻 ohiwaholidays.co.nz. Dieses wenig bekannte Schmuckstück ist einer der besten Campingplätze der Gegend. Er liegt direkt am Strand, wo man gefahrlos baden kann. Kajakverleih und ein Hüpfkissen – ungeheuer beliebt bei Kindern (und manchem Erwachsenen). In der Hochsaison mind. 2 Übernachtungen. Camping $17, Cabins $55, Cabins mit Küche $70, Ferienwohnungen $100, Motelzimmer $120

🛏 **Opotiki Beach House**, 7 Appleton Rd, abseits des SH2 und 5 km westlich von Opotiki, 📞 07 315 5117, 💻 opotikibeachhouse. co.nz. Dieser legere Strandtreff ist das beste Hostel von Opotiki. Kostenloser Kajak- und Surfbrettverleih. Dorms $28, Zimmer $66

ESSEN

1759 Masonic Hotel, 121 Church St, 📞 07 315 6115. In dem Pub wird typische Kneipenkost serviert, z. B. gebratenes Gemüse ($22). 🕐 tgl. 9–22 Uhr oder später.

Hot Bread Shop & Illy Café, 43 St John St, 📞 07 315 6795. Bäckerei/Café mit gutem Kaffee; leckere Kuchen und Gebäck, Brunch und Snacks. 🕐 tgl. 5–17 Uhr.

Ocean Seafoods Fish and Chips, 90 Church St, 📞 07 315 6335. Das beste Fischgeschäft im Ort hat Fish 'n' Chips für rund $8, außerdem Burger und die üblichen Kiwi-Snacks. Bei schönem Wetter kann man eine Tüte voll Fastfood kaufen und damit runter zum Wasser spazieren. 🕐 Mo–Mi 9–19.30, Do–So 9–20.30 Uhr oder später.

🛏 **Two Fish**, 102 Church St, 📞 07 315 5548. Ein Café mit zusammengewürfelten Möbeln und einem Hang zu hochwertigem, selbst gemachtem Essen. Gut zum Frühstücken

Opotiki: Touren und Aktivitäten

In Opotiki spielen sich fast alle Freizeitaktivitäten auf dem Wasser ab.

Jetbootfahrten

Motu AAA Jetboat, 📞 027 686 6489. Führt malerische Jetbootfahrten auf den ruhigeren unteren 20 km des Motu River durch. Dabei besteht die Möglichkeit, in ein Schlauchboot umzusteigen und zurückzupaddeln ($75 bei mind. 2 Teilnehmern; Dez–April tgl. sowie nach Vereinbarung).

Angeln und Paddeln

Marine Life Tours, 16 Wharf St, 📞 027 350 4910, 💻 marinelifetours.com. Dieser Anbieter veranstaltet Brandungsangeltrips ($40/Std. für 2 Pers., inkl. Ausrüstung), hat aber auch für die Errichtung des Opotiki Community Reef gesorgt, mit dessen Hilfe die Fischbestände erhalten bleiben sollen. Genaueres dazu erfahren Interessierte bei einer einstündigen Tour ($15). Das beste Angebot ist die 10 km lange Paddeltour in Eigenregie auf einem leicht zu bewältigenden Abschnitt des Waioeka River, die „Tangle With Taniwha" (3–4 Std.; $80).

Travel Shop, 109 Church St, 📞 07 315 8881, ✉ travelshop@xtra.co.nz. Verleiht Kajaks ($45 pro Tag) für eigenverantwortliche Paddeltouren. Transport kann arrangiert werden.

und für leckere Muffins (Himbeer und Limone) oder einen Imbiss (z. B. Chicken Wraps). Braut auch den besten Espresso weit und breit. ⏲ Mo–Fr 8–16, Sa 8.30–14 Uhr.

Informationen

i-SITE/DOC, 70 Bridge St, ✆ 07 315 3031, 🖥 opotikinz.com. Das Gemeinschaftsbüro von i-SITE und DOC hat massenhaft Informationen zum East Cape, außerdem **Internetzugang** und Münzduschen. ⏲ Weihnachten–Jan tgl. 8–17 Uhr, Feb–Weihnachten Mo–Fr 9–16.30, Sa und So 9–13 Uhr.

Fahrradverleih

Travel Shop, 109 Church St, ✆ 07 315 8881, ✉ travelshop@xtra.co.nz, verleiht Fahrräder ($45 pro Tag); auf Wunsch auch Transport.

Busse

Die Busse von InterCity- und NakedBus der Strecke Whakatane–Gisborne halten vor dem Bread Shop Café an der Bridge St, Ecke St John St. Bayhopper-Busse nach Whakatane (Mo–Sa) und Tauranga (nur Mo und Mi) fahren im Stadtzentrum an der Kreuzung Elliot St und St John St ab.

Busse nach:
GISBORNE (über den SH2) 2x tgl., 2 Std.;
HICKS BAY (über den SH35) 2x wöchentl., 3 Std.;
ROTORUA 2x tgl., 2 1/4 Std.;
WHAKATANE 2–3x tgl., 40 Min.

Die Waioeka-Gorge-Route

Von Opotiki biegt der **SH2** gen Süden ins 137 km entfernte **Gisborne** ab und passiert auf seiner Berg- und Talroute mehrere kleine Siedlungen sowie die mit Busch bewachsene **Waioeka Gorge**. Dies ist eine der landschaftlich reizvollsten Strecken Neuseelands. Die Straße verläuft 30 km am Fluss entlang, bevor sie die schmale, steile Waioeka Gorge passiert und schließlich auf der anderen Seite hügeliges Weideland er-

reicht und zu den Ebenen abfällt. Von dort geht es pfeilgerade durch Plantagen, Weinberge und Schafweiden nach Gisborne.

Die einzige **Tankstelle** entlang der Strecke befindet sich in Matawai. Aber da sie nur eingeschränkte Öffnungszeiten hat, sollten Autofahrer auf jeden Fall in Opotiki auftanken, bzw. von Süden her kommend, in Gisborne.

Waioeka Gorge Walks

Es lohnt sich, auf den ersten 72 km bis Matawai eine Pause einzulegen, um sich die Beine zu vertreten. Zu beiden Seiten zweigen nämlich interessante **Wanderwege** (15 Min. bis 10 Std.) ab, von denen die zehn schönsten Touren in der DOC-Broschüre *Walks in Waioeka and Urutawa* (erhältlich im i-SITE von Opotiki) beschrieben sind.

Das East Cape

Nur wenige Besucher verirren sich ans **East Cape** (auch Eastland genannt), das Stückchen Land, das nordöstlich von Opotiki und nördlich von Gisborne in den Südpazifik hinausragt. Es ist ein unverdorbenes Fleckchen Erde, das einen Eindruck davon vermittelt, wie Neuseeland früher einmal ausgesehen hat. Zwischen Opotiki und Gisborne zieht sich der wunderschöne **Pacific Coast Highway** (SH35) einmal rund um die Halbinsel (330 km) und bietet bei gutem Wetter spektakuläre Ausblicke auf die wilde Küste.

Schon kurz hinter Opotiki macht sich ein gemächlicherer Lebensrhythmus bemerkbar, eindrucksvoll unterstrichen von gelegentlichen Reitern, die auf ihren Pferden über die Straße zockeln. **Maori** machen einen bedeutenden Prozentsatz der Bevölkerung aus – über 80 % des Grundbesitzes liegen in Händen von Maori.

Die Aktivitäten am East Cape drehen sich fast alle um Wassersport. Allerdings gibt es auch einige **Wanderwege**, und fast überall bieten sich Gelegenheiten zum **Reiten** – entweder über die langen Strände oder durchs fast unberührte Buschland. Die Ortschaften haben in der Regel kaum etwas zu bieten, weswegen man seine Übernachtungen eher in einer Unterkunft auf

Wer das ursprüngliche Neuseeland sehen möchte, besucht das East Cape.

dem Land, vielleicht in einer Felshöhle oder an einem Strand, einplanen sollte.

Durch das Landesinnere ziehen sich die wenig einladenden **Waiapu Mountains**, zu denen die nordöstliche Raukumara Range sowie der Raukumara Forest Park mit seiner typisch neuseeländischen Flora gehören. Man könnte sich kaum eine schönere Kulisse für die Küstenlandschaft vorstellen als die zerklüfteten Gipfel von Hikurangi, Whanokao, Aroangi, Wharekia und Tatal, allerdings sind die Berge nur durch Maori-Land zugänglich und erfordern eine **Erlaubnis**.

Entlang der Strecke gibt es mehrere **Hostels**, hin und wieder auch ein Motel oder B&B, aber Luxusunterkünfte darf man hier nicht erwarten. Abgesehen von ein paar zu Pubs und Motels gehörenden Steak-and-Chips-Läden gibt es am ganzen East Cape nichts, was als Restaurant durchgehen könnte. Deshalb muss man sich auf Selberkochen einstellen oder ein paar Tage lang von Sandwiches und Fish 'n' Chips leben. Selbstversorger können in kleinen Lebensmittelgeschäften einkaufen. Viele Läden schließen aber schon um 17 Uhr.

Fast alle Besucher übernachten auf **Campingplätzen**. Wildes Campen am Strand ist verboten, aber von Mitte September bis Mitte April sind von Waipiro Bay bis zum Rand von Gisborne sechs Stellen für *freedom camping* ausgewiesen. Dafür ist ein Permit notwendig ($10/2 aufeinanderfolgende Nächte, $25/10, $60/28, gültig für bis zu 6 Pers.), erhältlich bei den i-SITEs in Opotiki und Gisborne. Es herrschen strenge Regeln, die aber durchaus sinnvoll sind, und ab und zu kommen Inspektoren vorbei, die auf deren Einhaltung achten. Offenes Feuer ist verboten. Camper müssen über ein Wohnwagenklo oder eine chemische Toilette verfügen.

Am East Cape gibt es **keine i-SITE-Büros** oder offizielle Visitor Centres. Darum sollten sich Besucher in Opotiki oder Gisborne mit Infomaterial eindecken. Die einzige **Bank** mit Geldautomat der Region befindet sich in Ruatoria. Der Mobiltelefonempfang beschränkt sich auf die Umgebung von Opotiki und die Region zwischen Te Araroa und Gisborne (Vodafone) sowie Tokomaru Bay und Gisborne (Telecom).

Transport

Die Straße um das East Cape ist auf ganzer Länge asphaltiert. Allerdings windet sie sich durch so viele kleine Buchten, dass die Fahrt von

Opotiki nach Gisborne Cape volle 6 Std. dauert, ohne Aufenthalt. **Tankstellen** sind Mangelware, liegen weit auseinander und manchmal geht ihnen der Sprit aus. Am besten stehen die Chancen in Te Araroa, Ruatoria und Tolaga Bay, aber es ist allemal besser, vor dem Start vollzutanken.

Öffentliche Transportmittel beschränken sich auf unregelmäßig verkehrende **Busse** und Kurierdienste, die auch Passagiere mitnehmen. BayHopper, ☏ 0800 422 928, ⌨ baybus.co.nz, fährt nur dienstags und donnerstags von Potaka (westlich der Hicks Bay) nach Opotiki und zurück. Eine Reservierung ist nicht notwendig, bezahlt wird beim Einsteigen. Die Betreiber kommen aus Te Araroa und setzen manchmal am Ende der Fahrt Passagiere dort ab. Cooks Couriers, ☏ 06 864 4711, fährt von Te Araroa nach Gisborne und zurück (nur Mo–Sa) und sammelt unterwegs Pakete ein. Zurzeit hapert es noch mit den Anschlüssen, daher lässt sich die Reise ohne Trampen kaum bewältigen.

Überlegenswert ist daher auch eine **Bustour**, z. B. mit Kiwi Experience, ☏ 09 336 4286, ⌨ kiwiexperience.com. Auch wer normalerweise nicht auf Backpacker-Tourbusse steht, sollte die Hopon-Hop-off-Tour *East As* ($395) dieses Unternehmens in Erwägung ziehen: eine mindestens viertägige Rundfahrt rund ums East Cape und

---

Legenden der East Cape Maori

Der Legende nach wurde einst ein großer *ariki* (Anführer) des East Cape von rivalisierenden Stammesangehörigen ertränkt, woraufhin seine jüngste Tochter Rache schwor und bei der Geburt ihres Sohnes Tuwhakairiora darauf hoffte, dieser würde ihr Versprechen einlösen. Als junger Mann ging **Tuwhakairiora** auf Reisen und traf ein Mädchen namens **Ruataupare**, die ihn zu ihrem Vater brachte – zufällig der Häuptling der Gegend. Ein Gewitter signalisierte der Gemeinde, dass sie wichtigen Besuch hatte, und man erlaubte daher Tuwhakairiora, Ruataupare zu heiraten und in Te Araroa zu leben. Als er sämtliche *hapu* (kleinere Stammesgruppen) der Gegend zusammenrief, um den Tod seines Großvaters zu rächen, machten sich viele Krieger auf den Weg nach Whareponga und plünderten das dortige *pa*.

Tuwhakairiora ging als Krieger in die Geschichte ein und beherrschte das gesamte Gebiet von Tolaga Bay bis Cape Runaway (sämtliche heutigen Maori-Familien der Region stammen von ihm ab). Im Laufe der Jahre jedoch wurde Ruataupares Eifersucht auf den Einfluss ihres Mannes immer größer. Stets bezeichnete man ihre heranwachsenden Kinder als Nachkommen des großen Tuwhakairiora, während ihr eigener Name fast nie auftauchte. Deshalb kehrte sie schließlich zu ihrem Volk in der **Tokomaru Bay** zurück, wo sie alle Krieger um sich versammelte und den rivalisierenden Stämmen den Krieg erklärte. Die siegreiche Ruataupare avancierte zum „Häuptling" von Tokomaru Bay.

Eine zweite Legende, die diesen wilden Landstrich geprägt hat, handelt von der Rivalität zwischen zwei Männern: **Paoa**, einem ausgezeichneten Seefahrer, und **Rongokaka**, der für seine Riesenschritte bekannt war. Zur damaligen Zeit lebte in Hauraki ein wunderschönes Mädchen namens Muriwhenua, und viele machten sich auf den Weg, sie zu erobern. Paoa brach sehr bald auf, aber sein Konkurrent brauchte nur einen einzigen Schritt, um ihn zu überholen. Der Wettlauf setzte sich entlang der Küste fort, wo Rongokaka riesige Fußstapfen hinterließ – den deutlichsten auf einem Felsen am Matakaoa Point, im Norden der Hicks Bay. Auch die **Waiapu Mountains** gehen aufs Konto der beiden Widersacher: Paoa, überwältigt von Rongokakas Geschwindigkeit, stellte seinem Rivalen bei Tokomaru Bay eine Falle, indem er die Krone eines riesigen Totara-Baums an einem Hügel festband. Rongokaka aber entdeckte das Hindernis und kappte die Seile. Durch das heftige Zurückschnellen des Baums in seine ursprüngliche Position wurden so starke Schwingungen ausgelöst, dass sich der Mount Hikurangi teilweise spaltete und die anderen Berggipfel der Umgebung entstehen ließ. Zuletzt überquerte Rongokaka mit einem einzigen Riesenschritt die Bay of Plenty und stapfte weiter nach Hauraki, wo er um die Hand seiner Angebeteten anhielt.

Gisborne, entweder von Taupo oder Rotorua aus. Angehalten wird überall dort, wo es besonders schön ist. Mit dem Hop-on-Hop-off-Pass *Go East* des Anbieters Stray, ✆ 09 526 2140, 💻 straytravel.co.nz, lässt sich von November bis April (mind. 3 Tage; $350) das gesamte Kap befahren. Los geht's in Rotorua, der Bus hält in Maraehako Bay und Gisborne.

Von Opotiki bis Waihau Bay

Die Straße von Opotiki nach **Waihau Bay** ist 103 km lang und verläuft in der Regel dicht am Meer. An vielen Stellen windet sie sich über hohe Klippen hinab zu einem einsamen, von Treibholz übersäten Strand. Das Holz schwemmen die zahlreichen Flüsse herbei, die von der Raukumara Range herab ins Meer fließen und manchmal erfrischende Süßwasser-Badebecken aushöhlen. An diesem Abschnitt des East Cape halten sich die meisten Besucher am liebsten und längsten auf. Denn alle paar Kilometer findet sich ein familienfreundlicher Campingplatz unweit vom Meer, und fast überall werden zahlreiche Aktivitäten angeboten – man kann Boogie Boards oder Kajaks ausleihen, an einem geführten Angel- oder Tauchtrip teilnehmen oder auf dem Pferderücken oder Fahrrad versteckte Buchten auskundschaften.

Omaio

Hinter Opotiki passiert man zuerst Tirohanga, den vorerst letzten richtigen Badestrand. Nach 40 km geht es über den **Motu River**, wo man sich einer Jetboottour (Kasten S. 424) anschließen kann. 12 km danach taucht **Omaio** auf. Hier befinden sich ein Laden mit Tankstelle und Take aways sowie Hoani Waititi Reserve (s. rechts), einer der wenigen kostenlosen Campingplätze des East Cape.

Te Kaha

13 km östlich von Omaio

Te Kaha zieht sich 7 km weit halbmondförmig am Highway entlang. Die Ortschaft wartet mit spektakulären Landzungen und einem verlassenen, von Treibholz übersäten Strand auf, an dem man sicher schwimmen kann. Außerdem hat sie ein paar gute Unterkünfte und ist der Punkt auf dem Festland, der der rund 50 km vor der Küste gelegenen White Island am nächsten liegt.

Whanarua Bay und Maraehako Bay

Man sieht White Island auch noch während der 16 km langen Weiterfahrt zu den kleinen Gemeinden **Whanarua Bay** und **Maraehako Bay**. Bei Letzterer handelt es sich um zwei felsgesäumte Buchten, getrennt durch eine steinige Landzunge. Mit ihren guten Übernachtungsmöglichkeiten und sogar einem Café im Pacific Coast Macadamias (S. 430) ist diese Ecke eine der besten der Region, um ein paar Tage mit Schwimmen und Streifzügen zu verbummeln.

Ruakokore Church

Der SH35 schlängelt sich 13 km an der Küste entlang bis **Ruakokore**, wo eine malerische, weiße Anglikaner-Kirche umgeben vom blauen Ozean auf einem Landvorsprung thront. Die Kirche wurde 1894 erbaut und ist meistens geöffnet. Unter dem Gebäude wohnen Zwergpinguine.

Waihau Bay

Von der Ruakokore Church sind es 5 km bis **Waihau Bay**, einer halbrunden Sand- und Grasbucht, ideal zum Schwimmen, Surfen und Paddeln. Wegen der zahlreich vorhandenen Krustentiere und Plattfische ist der Kai neben der Kombination aus Laden, Postamt und Tankstelle ein vielversprechender Ort zum Fischen und Angeln.

ÜBERNACHTUNG UND ESSEN

Omaio

Hoani Waititi Reserve, Omaio Marae Rd, gegenüber vom Geschäft. Ein spartanischer Campingplatz auf einer von Pohutukawa gesäumten Grasfläche. Wer hier ein Zelt aufstellen möchte, muss sich sein Wasser selbst mitbringen und die öffentlichen Toiletten 500 m weiter benutzen. Kostenlos

Oariki Coastal Cottage, Maraenui, fast 40 km östlich von Opotiki, ✆ 07 325 2678. Das mit einem Kamin ausgestattete Selbstversorger-Cottage für 4 Pers. liegt am Hang, gänzlich von Busch umgeben und mit Aussicht aufs Meer. Es besteht Gelegenheit zum Jetbootfahren,

Fischen und Tauchen (abhängig von der Teilnehmerzahl). Die Wegbeschreibung erfährt man telefonisch, dabei lässt sich auch ein Abendessen ($35) aus Biozutaten buchen. $150

Te Kaha

Chay's @ TK, SH35, ✆ 07 325 2194, ✉ paora@hotmail.com. Supergemütliches Hostel direkt am Meer mit Freiluft-Spa (auf einer Veranda, nur 1 m vom Wasser beim Höchststand der Flut), Strandzugang und Möglichkeiten zum Kajak- und Jetskifahren und Angeln. Vor allem bei Ankunft des Kiwi-Experience-Busses wird nach Maori-/irischer Art mit viel Gesang und Musik Party gemacht. Neben Dorms und einem DZ gibt's eine Suite mit Aussicht, eine Selbstversorger-Küche und auf Vorbestellung auch Abendessen. Dorms $30, DZ $80, mit Bad $130

Te Kaha Beach Resort, SH35, ✆ 07 325 2830, 🖥 tekahabeachresort.co.nz. Das moderne, stromlinienförmige, 3-stöckige Hotel hat Ferienapartments mit voll ausgestatteter Küche, einen Pool, ein Restaurant und eine Bar mit 180-Grad-Meerblick. $170

Tui Lodge, 200 Copenhagen Rd, ✆ 07 325 2922, 🖥 tuilodge.co.nz. Das geräumige, herrlich abgeschiedene B&B auf einem großen Gelände landeinwärts hinter dem Te Kaha Beach Resort hat Zimmer mit Bad und auf Wunsch Abendessen ($35). $180

Whanarua Bay und Maraehako Bay

Maraehako Bay Retreat, SH35, ✆ 07 325 2648, 🖥 maraehako.co.nz. Paradiesisches, rustikales Hostel in einer Felsbucht mit einem sicheren, blickgeschützten Badestrand am Wasser. Es verleiht kostenlos Kajaks und veranstaltet Angel- und Tauchexpeditionen, Touren zur Wal- und Delphinbeobachtung sowie Ausritte. Camping $20, Dorms $28, DZ $66

Maraehako Camping Ground, SH35, ✆ 07 325 2901. Der einfache Campingplatz am östlichen Ende der steinigen Maraehako Bay gehört derselben gastfreundlichen Maori-Familie wie das Maraehako Bay Retreat. Er verfügt über Toiletten, Solarduschen und viel Platz zum Zeltaufstellen. Camping $12

Pacific Coast Macadamias, SH35 ✆ 07 325 2960, 🖥 macanuts.co.nz. Das unscheinbare, aber vorzügliche Café zwischen Nussbäumen hat hausgemachte Macadamia-Leckereien wie Muffins und Eiscreme sowie guten Kaffee. ⊙ Okt–April tgl. 10–15 Uhr, Jan und Feb länger.

The Homestead, SH35 ✆ 07 325 2071, 🖥 homesteadonthebay.co.nz. Attraktives B&B auf einer sonnenverwöhnten Klippe mit sagenhafter Aussicht. Es besitzt nur 2 Gästezimmer, die sich ein Bad teilen. Auf Bestellung 3-Gänge-Abendessen ($45 mit Wein). $190

Waihau Bay

Oceanside Apartments, Oruaiti Beach, 5 km nordöstlich von Waihau Bay, ✆ 07 325 3699, 🖥 waihaubay.co.nz. 2 geräumige Selbstversorger-Units (eins mit 7 Schlafgelegenheiten) an der Straße vor einem sicheren Sandstrand. Verpflegung auf Anfrage (Abendessen $35). Tauch- und Angeltrips sowie Kajakverleih lassen sich organisieren. Weihnachten–Ostern Mindestaufenthalt 3 Nächte. $130

Waihau Bay Holiday Park, SH35, 3 km östlich von Waihau Bay, ✆ 07 325 3844. Einfacher Campingplatz, durch die SH35 vom Strand getrennt. Ordentliche Ausstattung und eigener Laden. Camping $14, On-site Vans $70, Cabins $80, Units $100

Von Cape Runaway bis Waipiro Bay

Nach der Waihau Bay führt der Highway noch ein paar Kilometer an der Küste entlang, bevor er beim **Cape Runaway**, dem nördlichsten Punkt des East Cape, ins Hinterland abbiegt. Auf den nächsten 125 km bekommt man das Meer nur selten zu Gesicht – mit Ausnahme von **Hicks Bay, Te Araroa** und des **East Cape**.

Hicks Bay und Onepoto Bay

Der kleine Küstenort **Hicks Bay** (Wharekahika), 44 km östlich von Waihau Bay, verbirgt sich zwischen einer Landzunge und einem felsigen Küstenabschnitt auf etwa halbem Weg des SH35.

Gefahrlos schwimmen kann man am Strand von **Onepoto Bay** (der Südecke der größeren Hicks Bay), und die Gegend eignet sich als Basis für einen Besuch des East Cape Lighthouse.

In der Region gibt es zahlreiche *pa*-Standorte in unterschiedlichen Stadien der Restaurierung. In der Wharf Road, die vom SH35 abzweigt und nach Hicks Bay hineinführt, gibt es einen Gemischtwarenladen und einen Take away.

Te Araroa

Von Hicks Bay klettert der SH35 über einen Hügel und fällt anschließend wieder zur Küste ab, zur gewaltigen Brandung der Kawakawa Bay. An deren Ostende liegt das Dörfchen **Te Araroa** („langer Pfad") genau zwischen Opotiki und Gisborne. Es war einst die Domäne des berühmten Maori-Kriegers Tuwhakairiora sowie des legendären Paikea, der hier angeblich auf dem Rücken eines Wals eintraf. Ironischerweise betrieben die ersten Europäer in dieser Gegend ausgerechnet eine **Walfangstation** nahe der heutigen Ortschaft. Derzeit besteht die Siedlung aus einer Tankstelle, zwei Geschäften und einem Imbiss, der leckere **Fish 'n' Chips** anbietet.

Auf dem Schulgelände in der Moana Parade steht ein **Pohutukawa-Baum**. Er ist so riesengroß, dass man den Beteuerungen, es handele sich um den größten von ganz Neuseeland, gern Glauben schenkt.

Manuka-Öl vom East Cape

Das australische Teebaumöl ist für seine antiseptische Wirkung berühmt. Das Öl des fast identischen neuseeländischen *manuka* ist genauso gut. Aber 1992 wurde darüber hinaus festgestellt, dass Manuka-Öl vom East Cape besonders starke antibakterielle und antifungielle Eigenschaften besitzt. In der kleinen Fabrik in der 4464 Te Araroa Rd, 2 km westlich von Te Araroa (⊕ Nov–April tgl. 9–16, Mai–Okt Mo–Fr 9–16 Uhr; ✆ 0508 626 852, ⌨ east capemanuka.co.nz), wird aus den Zweigen der in der Umgebung wachsenden Manuka-Büsche das ätherische Öl destilliert. Die Fabrik selbst kann man nicht besuchen. Doch viele Manuka-Produkte wie Seifen, Heilsalben und Duftöle (alles Exportprodukte) werden im dazugehörigen Laden/Café verkauft, wo man auch Manuka-Tee kosten kann.

East Cape Lighthouse

21 km östlich von Te Araroa über eine ungeteerte Straße ▪ Dem Wegweiser am Strand nach Osten folgen

Das **East Cape Lighthouse** markiert Neuseelands östlichsten Punkt. Die atemberaubende Küstenstrecke von Te Araroa endet an einem Parkplatz, von wo 755 Stufen zum Leuchtturm auf dem Gipfel eines 140 m hohen Hügels führen. Die Stelle bietet viel Atmosphäre und eine schöne Aussicht landeinwärts auf die Raukamura Range sowie in Richtung Meer auf East Island (ein Vogelschutzgebiet) direkt vor der Küste.

St Mary's Church

SH35, Tikitiki ▪ ⊕ meist tgl. ▪ Eintritt frei

Von Te Araroa zieht sich der SH35 24 km weit durch Weideland landeinwärts, bevor er nach 24 km **Tikitiki** erreicht. Dort steht am Ortseingang eine sehenswerte anglikanische Kirche. Hinter dem schlichten Äußeren verbergen sich kunstvolle *tukutuku* und typische Maori-Schnitzereien. Ungewöhnlicherweise sind selbst die Buntglasfenster mit Maori-Motiven geschmückt, und die Dachbalken haben die gleiche Farbe wie die Versammlungshäuser der Maori.

Waipiro Bay

In Kopuaroa, etwa 15 km südlich von Ruatoria, führt eine Ringstraße nach **Waipiro Bay** (6 km). Der ehemals pulsierende Hafen ist heute ein idyllisches Fleckchen mit einer Backsteinkirche und ein paar Häusern. Hier kann man prima schwimmen oder einfach am Strand sitzen und träumen.

ÜBERNACHTUNG

Hicks Bay

Hicks Bay Motel Lodge, 5198 Te Araroa Rd, (SH35), 2 km östlich von Hicks Bay, ✆ 06 864 4880, ⌨ hicksbaymotel.co.nz. Ein Komplex aus gut ausgestatteten, aber nicht übermäßig modernisierten Hotelzimmern aus den 1960ern (manche mit 4 Stockbetten, andere mit einer Küchenzeile im Motelstil) in einem weitläufigen

Gelände auf dem Berg mit Blick über Onepoto und die Hicks Bays. Er bietet faszinierende Ausblicke, ein Restaurant mit Schanklizenz, eine Bar sowie Zugang zu einer Glühwürmchengrotte. Dorms $35, DZ $110, Motelzimmer $130

Te Araroa

Te Araroa Backpackers, 57 Waione Rd, 1 km westlich der Stadt, ☏ 06 864 4896, ⌨ teararoabackpackers.com. Backpacker in einer 2-stöckigen Holzvilla in ruhiger Umgebung mit nach Geschlechtern getrennten Dorms plus DZ. Den Gästen stehen eine Kochecke und eine Lounge zur Verfügung. Die Besitzer sind Maori und in der Anlage gibt es eine kleine Maorikunstgalerie. Wer sich rechtzeitig für das Abendessen ($25) anmeldet, isst zusammen mit der Familie. Dorms $25, DZ $50

Te Araroa Holiday Park, 4814 Te Araroa Rd (SH35), 6 km westlich der Stadt, ☏ 06 864 4873, ⌨ teararoaholidaypark.co.nz. Campingplatz mit einem im Sommer geöffneten Imbisswagen und Minisupermarkt. Seekajak- und Mountainbikeverleih. Camping $14, Cabins $65, Apartments $100, Motelzimmer $140

Tikitiki

Eastender Backpackers, Rangitukia Rd, 8 km östlich des SH35 in Tikitiki, ☏ 06 864 3820, ⌨ eastenderbackpackers.co.nz. Freundliches, abgeschiedenes Hostel mit zweckmäßig eingerichteten Dorms und hübscheren DZ in Cabins auf dem

Touren und Aktivitäten zwischen Cape Runaway und Waipiro Bay

Die nordöstlichen Ausläufer des East Cape lohnen unbedingt einen Aufenthalt. Hier kann man reiten, etwas über die Maorikultur erfahren und über die Hänge des geheiligten Mount Hikurangi wandern.

Eastender Horse Treks, 876a Rangitukia Rd, ☏ 06 864 3033, ⌨ eastenderhorsetreks.co.nz. Bei der St Mary's Church (S. 431) geht die Zufahrt zum Eastender Hostel (s. oben) und Eastender Horse Treks ab. Der Anbieter veranstaltet hervorragende Ausritte, darunter auch Strandtouren ($85/2 Std., $210/4 Std.).

Matakaoa Cultural Tours, 141 Onepoto Rd, Hicks Bay, ☏ 021 885 602, ✉ aniph407@gmail.com. Wer eine Ahnung davon bekommen möchte, wie es sich anfühlt Maori in Hicks Bay zu sein, sollte sich dieser Tour anschließen. Sie führt an Orte, die den Maori wichtig sind, und manchmal auch in einige Privathäuser (2–3 Std.; $50).

Mount Hikurangi Trek

Der 1754 m hohe Mount Hikurangi, 25 km westlich von Ruatoria, ist der höchste nichtvulkanische Berg der Nordinsel. Es ist die erste Stelle auf dem neuseeländischen Festland, wo man die Sonne aufgehen sieht. Der Ort ist den Maori heilig, denn hier landete Maui (S. 122) mit seinem *waka*, nachdem er North Island aus dem Meer geangelt hatte. Auf 1000 m Höhe wurden zur Feier des neuen Jahrtausends zehn riesige **Schnitzereien** aufgestellt.

Dieses hügelige Gebiet westlich von Ruatoria untersteht der **Raukumara Conservation Area**, zu der auch die Oberläufe mehrerer Flüsse gehören, die sich in die Bay of Plenty ergießen. Das Terrain ist unwirtlich und der Zugang unterliegt Beschränkungen. Das hält die meisten Leute vom Besuch des Parks ab, aber der vierstündige Aufstieg zum Mount Hikurangi (hin und zurück 20 km; 8–16 Std.; 1500 m Höhenunterschied) ist durchaus machbar. Wanderer sollten sich aber lieber zwei Tage Zeit nehmen und auf halber Höhe eine Übernachtung in der rustikalen Mt Hikurangi Hut ($15) einschieben. Das Land gehört den Ngati Porou, deshalb muss man sich zwecks Wandergenehmigung *(track access permission)* und Bezahlung der Hüttengebühren an **Te Runanga O Ngati Porou**, 1 Barry's Ave, Ruatoria, ☏ 06 864 9004, ✉ pbrooking@tronp.org.nz, wenden. Wer Näheres über die Kultur der Ngati Porou erfahren möchte, sollte sich nach einer individuellen Führung erkundigen.

Gelände. Es besteht die Möglichkeit, sich in die Kunst des **Knochenschnitzens** einweihen zu lassen, Aale zu angeln und an Ausritten teilzunehmen (Kasten S. 432). Camping und Campervans $10, Dorms $25, DZ $60

Von Tokomaru Bay bis Gisborne

Bei **Tokomaru Bay** verlässt die Straße das Busch- und Weideland im Landesinnern und eröffnet eine prächtige Aussicht auf die schöne Ostküste der Nordinsel. Auf den verbleibenden 80 km bis Gisborne führt die Strecke größtenteils durchs Hinterland, gibt aber häufig Blicke auf weite Buchten mit tosender Brandung frei, die entweder direkt über den SH35 oder kurze Landstraßen zu erreichen sind.

Tokomaru Bay

Tokomaru Bay (schlicht „Toko" genannt), 40 km südlich von Ruatoria, ist ein herrliches Plätzchen, um für einen Tag das hügelige Umland, die felsigen Landzungen sowie den ausgedehnten **Strand** zu erkunden. Im Meer vor dem mit Treibholz übersäten Strand kann man sehr gut schwimmen.

Anaura Bay

Rund 22 km südlich von Tokomaru führt eine 6 km lange Teerstraße nach **Anaura Bay**, einem begehrten **Surfspot** mit einem breiten Sandstrand und einer zerklüfteten Küstenlinie. Am Nordende der Bucht befindet sich das **Anaura Scenic Reserve**. Das ausgedehnte Buschgelände ist für seine riesigen Puriri-Bäume und artenreiche einheimische Vogelwelt berühmt. Nicht weit von der Stelle, wo die Straße endet, beginnt der am Reservat ausgeschilderte **Anaura Bay Walkway** (3,5 km Rundweg; 2 Std.). Der Wanderweg folgt dem Lauf des Waipare Stream in dichten grünen Busch hinein, führt aus dem Tal eine sanfte Böschung hoch und auf ein mit Büschen bestandenes Gelände hinaus. Anschließend beschreibt er einen Bogen zurück Richtung Bucht und zu einem Aussichtspunkt mit überwältigenden Ausblicken.

Tolaga Bay

Tolaga Bay (Uawa), 36 km südlich von Tokomaru, ist der erste Ort hinter Opotiki, der ein Gefühl von Wohlstand und Lebendigkeit vermittelt. 600 Menschen leben in dieser Gemeinde, einer der besser versorgten des East Cape: Es gibt einen Supermarkt, eine Tankstelle und ein paar Cafés. Die Bucht, in der James Cook 1769 mit seiner Mannschaft landete, wird von zwei zerklüfteten Landzungen eingerahmt. Die Expeditionsteilnehmer sind in den Straßennamen der Stadt verewigt: Banks, Solander, Forester und natürlich Cook.

Tolaga Bay Wharf
Wharf Rd
Das Prunkstück von Tolaga Bay ist die 660 m lange **Tolaga Bay Wharf**, wohl der längste betonierte Kai der südlichen Erdhalbkugel. Er wurde Ende der 1920er-Jahre zur Abwicklung der Versorgungsschiffe erbaut und verläuft parallel zu den steil aufragenden Sandsteinklippen. Als der Schiffsbau 1963 eingestellt wurde, verlor er seine Funktion.

Cooks Cove Walkway
1 km südlich der Stadt an der Wharf Rd
▪ 5,8 km; hin und zurück 2 1/2 Std.
Der **Cove Walkway** ist der beste Kurzwanderweg in der Tolaga Bay. Erst geht es durch Felder, dann auf oft glitschigem Untergrund durch Buschland hergauf zu einer Stelle mit fantastischem Ausblick auf Cook's Cove. Der Pfad führt anschließend hinab zur Bucht, wo eine Gedenktafel an den berühmten Kapitän erinnert.

Whangara

Der 47 km lange Abschnitt von Tolaga Bay bis Gisborne gestaltet sich nach Süden hin immer zahmer und langweiliger und besteht überwiegend aus Ackerland. Die Straße schlängelt sich durch weitere kleine Buchten und erlaubt gelegentlich Panoramablicke aufs Meer. Unterwegs passiert man die Abfahrt nach **Whangara**, wo der Film *Whale Rider* gedreht wurde.

Wer Genaueres über die Gegend erfahren möchte, wendet sich an Tipuna Tours, ✆ 027 240 4493, 🖥 tipunatours.com. Der Veranstalter führt informative Ausflüge mit Besuch eines der drei *marae* in der Tolaga Bay durch (ab $70).

Hinter Whangara hält Reisende eigentlich nichts mehr davon ab, ohne Unterbrechung bis Gisborne durchzufahren – höchstens ein Wellenritt auf der berühmten Brandung im Surf-Mekka **Wainui Beach**, 9 km von der Stadt entfernt.

ÜBERNACHTUNG UND ESSEN

Tokomaru Bay

Brian's Place, 21 Potae St, ✆ 06 864 5870, 🖥 briansplace.co.nz. Das kleine und freundliche Hostel hat Loft-ähnliche Zimmer, Schlafsäle für max. 3 Pers. und ein paar bezaubernde Cabins (eine davon für 1 Pers.), alle an einem Hang mit sagenhaftem Meerblick. Eine tolle Aussicht haben auch die Zeltstellplätze. Surfbrett- und Fahrradverleih für $5; ab 2 Übernachtungen kostenlos. Camping $15, Dorms $28, DZ $66, Single Cabin $45, Cabins $66

Te Puka Tavern, 153 Beach Road ✆ 06 864 5466, 🖥 tepukatavern.co.nz. Nach Besitzerwechsel hat sich der Standard dieses typischen Kiwi-Pubs verbessert. Hinzugekommen sind Internet, Espresso und anspruchsvollere Gerichte wie Roastbeef und Applecrumble. Es ist das einzige Lokal im Ort mit Alkoholausschank und wird am Wochenende oft rappelvoll. Vier Gästezimmer mit Meerblick. 🕑 tgl. 11–22 Uhr oder später, im Winter Mo und Di abends geschl. $160

Anaura Bay

Anaura Bay Campsite. Sehr einfacher DOC-Platz in traumhafter Lage am Strand und Ausgangspunkt des Anaura Bay Walkway. Wasser vorhanden, aber keine Toilette, daher Chemieklo oder Auffangbehälter mitbringen. Von Dez–Feb gibt es aber eine Entsorgungsstation. Ostern–Ende Okt geschl. $15

Anaura Bay Motor Camp, ✆ 06 862 6380. Am Südende der Bucht in Traumlage am Strand. Die Waschräume befinden sich im ausgedienten Schulhaus, außerdem gibt's einen Laden mit dem Allernötigsten. Camping $12, Stellplatz mit Anschluss $14

Tolaga Bay

Tolaga Bay Holiday Park, 167 Wharf Rd ✆ 06 862 6716, 🖥 tolagabayholidaypark.co.nz. Strandcampingplatz mit Gemischtwarenladen, Grillstelle, Kajakverleih, zauberhafter Aussicht und einer Handvoll Cabins sowie anderen Unterbringungsmöglichkeiten. Camping $14, Caravan $55, Cabins mit Küche $55, Deluxe-Cabin am Strand $85

Tolaga Bay Inn, 12 Cook St, ✆ 06 862 6856. Im besten Lokal der Bay bekommt man riesige Stücke selbst gebackenen Kuchen, köstlichen Kaffee, frisch zubereitete Suppen oder Leckeres wie Eier Florentine ($13,50). 🕑 Di, Mi und So 9–15, Do–Sa 9–20 Uhr.

© DUMONT BILDARCHIV / MIKE SCHRÖDER, HARTMUT SCHWARZENBACH

Poverty Bay, Hawke's Bay und das Wairarapa

Stefan Loose Traveltipps

Mit Haien schwimmen Wagemutige trauen sich ins Meer vor Gisborne, der östlichsten Stadt Neuseelands, oder in das Haifisch-becken des National Aquarium von Napier. S. 440 und S. 453

Lake Waikaremoana Dieser malerische See lädt zu kurzen Spaziergängen oder einer mehrtägigen Wanderung auf dem schönsten Rundwanderweg der Nordinsel ein. S. 446

8 **Napier** An wunderbaren Art-déco-Bauten vorbei schlendert man zur schattigen Meerespromenade von Napier. S. 450

Cape Kidnappers Im Rahmen einer Tour oder auf eigene Faust geht es zu einer der weltweit größten Tölpelkolonien auf dem Festland. S. 460

Winzereien Im Wine Country von Hawke's Bay lassen sich nach Herzenslust süffige Weine verkosten oder vom hübschen Martin-borough aus fast ein Dutzend ausgezeich-nete Weingüter besuchen. S. 462 und S. 474

Pukaha Mount Bruce National Wildlife Centre Dank der heroischen Anstrengungen, die in diesem Vogelschutzgebiet unternom-men werden, können Besucher hier einige der seltensten Vögel der Welt beobachten. S. 469

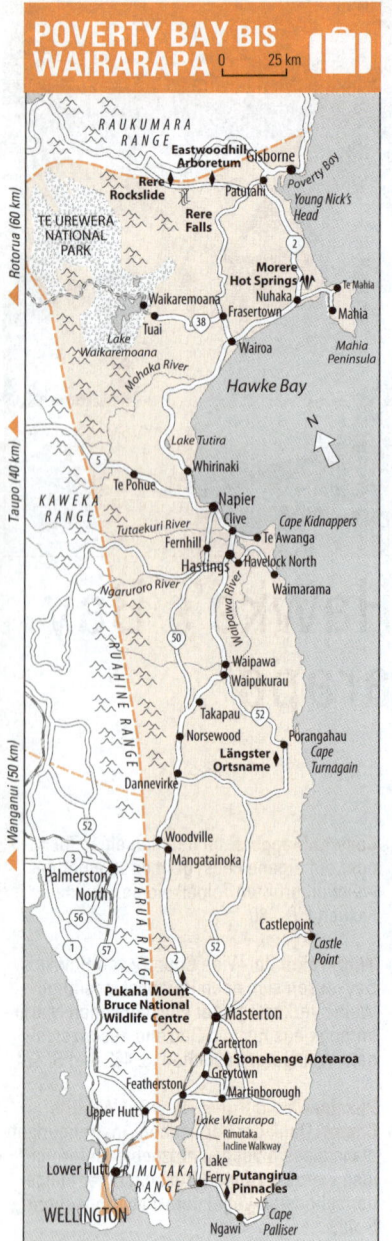

POVERTY BAY BIS WAIRARAPA

0 — 25 km

RAUKUMARA RANGE

Eastwoodhill Arboretum
Gisborne
Rere Rockslide
Patutahi
Poverty Bay
Young Nick's Head
Rere Falls
TE UREWERA NATIONAL PARK
Morere Hot Springs
Nuhaka
Te Mahia
Waikaremoana
Frasertown
Mahia
Tuai
Lake Waikaremoana
Wairoa
Mahia Peninsula
Mohaka River
Hawke Bay
Lake Tutira
Whirinaki
Te Pohue
Napier
Clive
Cape Kidnappers
KAWEKA RANGE
Tutaekuri River
Fernhill
Te Awanga
Hastings
Havelock North
Ngaruroro River
Waimarama
Waipawa
Waipukurau
Takapau
Porangahau
Norsewood
Cape Turnagain
Längster Ortsname
Dannevirke
Woodville
Mangatainoka
Palmerston North
Castlepoint
Castle Point
Pukaha Mount Bruce National Wildlife Centre
Masterton
Carterton
Stonehenge Aotearoa
Featherston
Greytown
Martinborough
Upper Hutt
Lake Wairarapa
Rimutaka Incline Walkway
Lower Hutt
RIMUTAKA RANGE
Lake Ferry
Putangirua Pinnacles
WELLINGTON
Ngawi
Cape Palliser

RUAHINE RANGE
TARARUA RANGE
WAIRARAPA

Rotorua (60 km)
Taupo (40 km)
Wanganui (50 km)

POVERTY BAY, HAWKE'S BAY UND DAS WAIRARAPA

Von der östlichen Spitze der Nordinsel erstreckt sich ein Gebirgszug über 650 km nach Südwesten bis zum Rande von Wellington und grenzt so die Ostküste vom Rest der Insel ab. Die Gebirgszüge Raukumara, Kaweka, Ruahine, Tararua und Rimutaka schützen einen Großteil der Küste vor den vorherrschenden Westwinden und werfen einen langen Regenschatten – zum Leidwesen der Schafbauern, die jeden Sommer zuschauen müssen, wie ihr Land ausdörrt und sich braun färbt. Diese Weiden werden zunehmend in Weinanbaugebiete verwandelt – die Regionen Poverty Bay, Hawke's Bay und das Wairarapa genießen inzwischen weltweites Renommee für ihre Weine.

Weinliebhaber kommen an **Poverty Bay** nicht vorbei. Der Hauptort der Region ist **Gisborne**. Die Stelle, an der sich die Stadt heute befindet, war das Erste, was Cook auf seiner Expedition 1769 von Neuseeland erblickte. Da er aber nicht viel mehr als kampfbereite Maori entdeckte, nannte er die Bucht Poverty Bay und segelte weiter nach Süden zu einem Landstrich, den er später dem Helden seiner Kindheit, Admiral Sir Edward Hawke, zu Ehren Hawke Bay taufte. Hier, bei **Cape Kidnappers**, hatte Cook einen kriegerischen Zusammenstoß mit Maori. Heute ist das Kap die Heimat einer riesigen Tölpelkolonie.

Hawke's Bay – wie die gesamte Provinz rings um die Bucht inzwischen heißt – gilt schon lange als die „Obstschale Neuseelands". Zur Erntezeit biegen sich die Zweige der Obstbäume unter dem Gewicht von Äpfeln, Birnen und Pfirsichen. Man besucht die Gegend am besten von der am Meer gelegenen Stadt **Napier** aus. Sie ist berühmt für ihre Art-déco-Bauten, die nach dem katastrophalen Erdbeben von 1931 errichtet wurden.

Das benachbarte **Hastings** erlitt ein ähnliches Schicksal; beim Wiederaufbau mischten die Architekten unter die Art-déco-Gebäude aber auch Häuser im Spanish-Mission-Stil. Doch die hiesige Architektur verführt kaum einen Touristen zu einem längeren Aufenthalt. Die meisten Besucher zieht es bald weiter südwärts in die Schafzuchtregion des **Wairarapa** und die sehr bequem zu erreichenden Weingüter von **Martinborough**.

Das bergige Innere dieser Region ist nicht leicht zugänglich, da sich nur sechs Straßen über die volle Länge der Bergkette winden oder diese durchschneiden. Der anstrengende, landschaftlich reizvolle SH38 bahnt sich von der Kleinstadt **Wairoa** seinen Weg nach Nordwesten. Wairoa ist damit das Tor zu den abgeschiedenen bewaldeten Bergen des **Te Urewera National Park** und zum wunderschönen **Lake Waikaremoana**, um den der viertägige Lake Waikaremoana Track führt.

Transport

Die einzigen **Passagierzüge** in der Region pendeln zwischen den größten Städten des Wairarapa (Masterton, Carterton und Featherston) und Wellington. Ein **Bus** von InterCity, 🖥 intercity.co.nz, verkehrt täglich zwischen Gisborne und Napier. Ein anderer fährt Richtung Süden nach Wellington; er nimmt allerdings die Strecke durch Palmerston North und lässt das Wairarapa links liegen. NakedBus, 🖥 nakedbus.co.nz, fährt täglich von Napier und Hastings nach Wellington – ebenfalls via Palmerston North.

Gisborne und Umgebung

Gisborne

Gisborne ist die am östlichsten gelegene Stadt Neuseelands. Deshalb geht hier morgens die Sonne zuerst auf. Die Tatsache, dass Gisborne rundherum von Bergen umgeben ist, setzte der Ausdehnung des Ortes natürliche Grenzen. Niedrige Schindelhäuser säumen die breiten Straßen, und dicht am Pazifik, dem Hafen und den drei Flüssen Taruheru, Turanganui und Waimata erstrecken sich Parklandschaften.

Geschichte

Im Oktober 1769 setzte **James Cook** hier erstmals einen Fuß auf den Boden von Aotearoa – und geriet sofort in Konflikt mit den einheimischen Maori. Eine Statue am Ufer erinnert an dieses Ereignis. Die Landestelle nannte er **Poverty Bay** („Bucht der Armut"), da „sie nicht einen einzigen Gegenstand bot, den wir haben wollten, außer etwas Brennholz". Trotz der Fruchtbarkeit der Umgebung blieb der Name hängen. Viele Maori bevorzugen allerdings die Bezeichnung **Turanganui a Kiwa**, die einen berühmten polynesischen Seefahrer ehrt.

Bis Anfang des 19. Jhs. war Poverty Bay fest in Maori-Hand, und nur wenige Pakeha zogen hierher, da sie sowohl von der Hau-Hau-Rebellion als auch vom Aufstand unter Führung Te Kootis (Kasten S. 449) abgeschreckt wurden. Erst in den 1870er-Jahren fühlten sich **Europäer** sicher genug, in größerer Zahl hierher zu kommen. Nachdem in den 1920er-Jahren schließlich ein ordentlicher Hafen gebaut war, ging es mit der Schafzucht und dem Gemüseanbau rasch bergauf. In jüngster Zeit kamen noch Weinbau und Forstwirtschaft hinzu.

Heute ist das Zahlenverhältnis von Gisbornes Maori- und Pakeha-Bevölkerung fast genau 50:50. Ihre beschauliche Gangart und relaxte Strandkultur machen die Stadt zur begehrten Anlaufstelle von Urlaubern auf der Suche nach Sonne und Meer.

Statue und Anlegestelle von Cook

Die Statuen von Young und Cook stehen beide im Park am Westufer der Flussmündung ■
Cooks Anlegestelle befindet sich am gegenüberliegenden Flussufer an der Kaiti Beach Rd

In Gisborne liegt fast alles nur einen kurzen Spaziergang vom **Midway Beach** entfernt. Abgesehen vom Schwimmen, Surfen und Sonnenbaden haben die meisten Highlights mit der historisch bedeutsamen Landung von James Cook und den daraus folgenden Kontakten zwischen der Maori- und der Pakeha-Kultur zu tun. Der Erste von Cooks Crew, der ein paar Tage vor der Landung die Berge von Aotearoa erspähte, war der zwölfjährige Schiffsjunge Nick Young. Zum Dank hielt Cook die weiße, felsige Landspitze 10 km südlich von Gisborne auf der anderen Seite der Poverty Bay auf seiner Karte als „Young Nick's Head" fest. Dem scharfsichtigen Young wurde mit einer Statue auf der Westseite der Flussmündung in Gisborne ein Denkmal gesetzt. Nicht weit davon steht eine **Statue von James Cook** auf einer steinernen Halbkugel. Ein grauer Obelisk am östlichen Flussufer kennzeichnet die Stelle, wo Cook an Land ging.

James Cook Observatory

Titirangi Drive ▪ Öffentliche Sternenbeobachtung jeden Di; außerhalb der Sommerzeit (DST) letzter Einlass 19.30 Uhr; während der Sommerzeit 20.30 Uhr ▪ Eintritt $5 ▪ Zugang vom Titirangi Domain über einen zum Titirangi Drive führenden Fußweg

Hinter der Titirangi Domain klettert der Titirangi Drive den **Kaiti Hill** hinauf zur **Cook Plaza**, wo eine Skulptur steht, die Cook darstellen soll. Den höchsten Punkt der Kaiti Hill nimmt das **James Cook Observatory** ein, das jeden Dienstag öffentliche Sterngucker-Nächte veranstaltet. Kürzlich hat einer der Hobbyastronomen, die die Sternwarte betreiben, einen Planeten entdeckt.

Te Poho-o-Rawiri Meeting House

Queens Drive ▪ Anmeldung bei Mihi Aston unter ✆ 06 863 2350 ▪ Eintritt per Spende

Auf der östlichen Seite des Kaiti Hill befindet sich das **Te Poho-o-Rawiri Meeting House**, eines der größten des Landes. Das großartige Innere ist mit kunstvollen Holzschnitzereien durchsetzt, mit wunderbar abwechslungsreichen geometrischen *tukutuku* (Wandverkleidungen), verziert. Am Fuß der beiden Stützpfeiler bilden kunstvoll geschnitzte Kriegerstatuen einen schönen Kontrast zu den jüngeren Arbeiten an den Wänden. Wie die meisten *marae* ist es nicht leicht zugänglich. Mit etwas Glück kann man sich aber einer größeren gebuchten Besuchergruppe anschließen. Nur mit Reservierung.

Tairawhiti Museum

10 Stout St ▪ ⏲ Jan tgl. 10–16, Feb–Dez Mo–Sa 10–16, So 13.30–16 Uhr ▪ Eintritt $5; Mo frei ▪ ✆ 06 867 2728, 🖥 tairawhitimuseum.org.nz

Am anderen Ufer ein gutes Stück weiter nördlich liegt das **Tairawhiti Museum**, 10 Stout St. In den maritimen Flügel wurden das originale Ruderhaus und die Kapitänsunterkunft der 12 000 t schweren *Star of Canada*, die 1912 am Riff vor Gisbornes Kaiti Beach auf Grund lief, geschickt integriert. Exponate zur Bedeutung der Schifffahrt und ein Devotionalienschrein für den hiesigen Surfsport runden die Ausstellung ab.

Draußen stehen mehrere nicht mehr genutzte Häuser aus der gesamten Region, besonders hervorzuheben sind darunter das **Wyllie Cottage** von 1872, das älteste erhaltene Haus der

Stadt, und das **Sled House**, das zur Zeit des Hau-Hau-Aufstands auf Kufen erbaut wurde, damit es beim ersten Anzeichen von Unruhen von einem Ochsengespann fortgezogen werden konnte.

Toihoukura

Cobden St, nahe der Kreuzung mit der Gladstone Rd ▪ ⏲ Mo–Fr 9–17 Uhr, während des Semesters nur nach Vereinbarung ▪ ✆ 06 868 0847 ▪ Eintritt frei

Die auffällige Skulptur einer Walschwanzflosse kündet von der **Toihoukura**, ✆ 06 868 0347, einer Akademie für Maori-Kunst. Neben der Restaurierung alter Schnitzereien der Maori werden hier Studenten in der mündlich überlieferten Geschichte und den Traditionen maorischer Formensprache unterrichtet. Neuinterpretationen mit modernen Materialien und Techniken werden gefördert. Die Ergebnisse sind lebendige wie eindrucksvolle Werke, die häufig auch zum Verkauf angeboten werden.

Sunshine Brewery

109 Disraeli St ▪ ⏲ Mo–Sa 9–18 Uhr ▪ Eintritt frei ▪ ✆ 06 867 7777, 🖥 gisbornegold.co.nz

Wer jetzt Durst bekommen hat, kann in der **Sunshine Brewery**, 109 Disraeli St, einen kurzen Rundgang durch die Minibrauerei machen und anschließend das hier gebraute Gisborne Gold Lager sowie Pilsner, Stout und ein respektables Ale nach englischer Brauart probieren. Die Biere gibt es auch in den Kneipen der Stadt, aber im Brauereiladen sind sie am billigsten.

The Cidery

91 Customhouse St ▪ ⏲ Mo–Fr 9–16.30 Uhr ▪ Eintritt frei ▪ ✆ 06 868 8300, 🖥 harvestcider.co.nz

Man kann aber auch die Mostfabrik **The Cidery** besichtigen. Was hier produziert wird, ist zwar weitaus kommerzieller, aber die Mitarbeiter sind superfreundlich und die Kostproben spritzig, z. B. Cidre, Honigwein *(mead)* und alkoholfreies Ingwerbier *(ginger beer)*.

ÜBERNACHTUNG

Die palmenbestandene Hauptstraße Gladstone Road und die Uferstraße Salisbury Road säumen zahlreiche Motels. In den vier Wochen nach Weihnachten ist jedoch nur schwer eine Unterkunft zu bekommen.

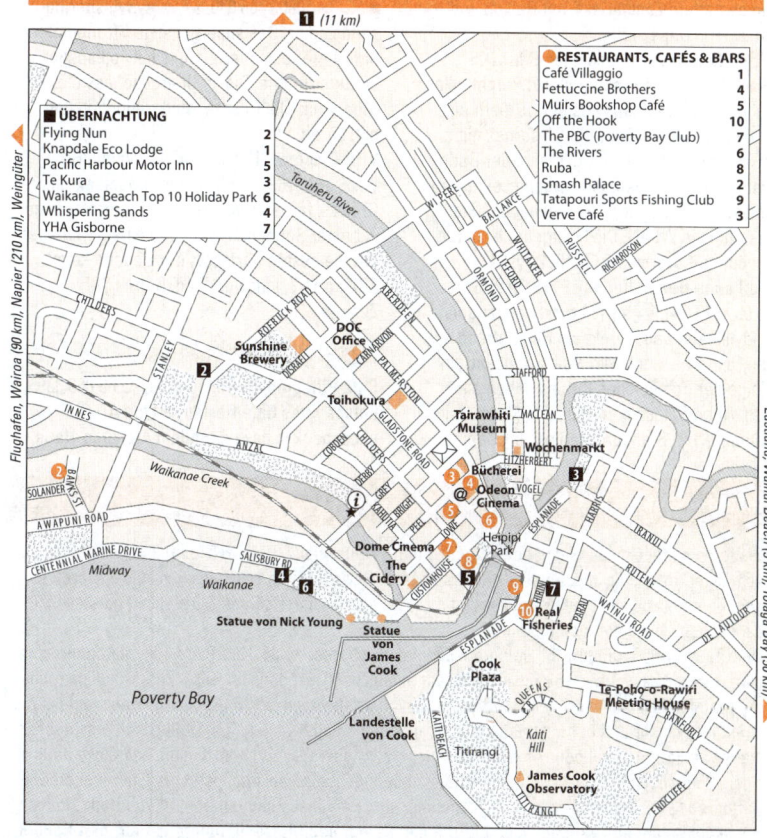

▲ **1** (11 km)

RESTAURANTS, CAFÉS & BARS
Café Villaggio	1
Fettuccine Brothers	4
Muirs Bookshop Café	5
Off the Hook	10
The PBC (Poverty Bay Club)	7
The Rivers	6
Ruba	8
Smash Palace	2
Tatapouri Sports Fishing Club	9
Verve Café	3

ÜBERNACHTUNG
Flying Nun	2
Knapdale Eco Lodge	1
Pacific Harbour Motor Inn	3
Te Kura	5
Waikanae Beach Top 10 Holiday Park	6
Whispering Sands	4
YHA Gisborne	7

Flughafen, Wairoa (90 km), Napier (210 km), Weingüter

Taruheru River

CHILDERS

ROEBUCK ROAD
STANLEY
OGILVIE
ABERDEEN
CARNARVON
PALMERSTON
W. PERE
BALLANCE
WHITAKER
ORMOND
RUSSELL
RICHARDSON

Sunshine Brewery

DOC Office

INNES

ANZAC

STAFFORD

Toihokura

GLADSTONE ROAD
CORDED
CHILDERS
DERBY
PEEL
GREY
BRIGHT
CARNIE
LOWE

Tairawhiti Museum

MACLEAN
FITZHERBERT
VOGEL

Wochenmarkt

Bücherei

ESPLANADE

3

Waikanae Creek

SOLANDER ST
AWAPUNI ROAD

Odeon Cinema

Heipipi Park

HARRIS
IRANUI
RUTENE
WAIKIRI ROAD
DE LAUTOUR

Dome Cinema

The Cidery

Real Fisheries

Waikanae

CENTENNIAL MARINE DRIVE
SALISBURY RD
Midway

Statue von Nick Young

Statue von James Cook

Cook Plaza

ESPLANADE
CUSTOMHOUSE

QUEENS

KAITI BEACH

Te-Poho-o-Rawiri Meeting House

RANFURLY

Landestelle von Cook

Kaiti Hill
Titirangi

James Cook Observatory

TITIRANGI
ENDCLIFFE

Poverty Bay

Eastland, Wainui Beach (5 km), Tolaga Bay (50 km)

POVERTY BAY, HAWKE'S BAY UND DAS WAIRARAPA

Flying Nun, 147 Roebuck Rd, ☎ 06 868 0461. 15 Min. Fußmarsch von der Stadt. Etwas mitgenommene Unterkunft in ehemaligem Nonnenkloster. Einige der geräumigen Dorms gehen auf eine große Veranda hinaus. Etwas beengte DZ, dafür sehr preiswerte EZ. Auf dem weitläufigen Gelände gibt es einen Grillbereich und ein Spielzimmer. Akzeptiert keine Kreditkarten. Zelte $16, Dorms $24, EZ $40, DZ und 2BZ $58

Knapdale Eco Lodge, 114 Snowsill Rd, Waihirere, 13 km nordwestlich von Gisborne, ☎ 06 862 5444, ▭ www.knapdale.

co.nz. Das „Öko" im Namen dieser Luxuslodge auf einer beschaulichen Farm mit Hühnern, Rotwild und Pferden ist keine Worthülse. Der Hof wird überwiegend nach Permakultur-Prinzipien bewirtschaftet. Morgens kündigt ein Vogelkonzert aus dem nahen Wald an, dass es Zeit zum Aufstehen ist – es wartet ein üppiges Frühstück. Feinschmecker sollten sich fürs exquisite Dinner ($75 p. P.) anmelden. Deluxe-Zimmer $398, „Romance"-Zimmer $472

Pacific Harbour Motor Inn, Reads Quay, Ecke Pitt St, ☎ 06 867 8847, ▭ pacific-harbour.

co.nz. Glasbausteine und Panoramafenster – manche mit Hafenblick – sorgen für viel Licht in diesem modernen Motel. Geräumige, gut ausgestattete Zimmer, z. T. mit Balkon und Whirlpool. Units $130

Te Kura, 14 Cheeseman Rd, ✆ 06 863 3497, 🖥 tekura.co.nz. Prachtvolles, holzverkleidetes Haus aus den 1920ern am Waimata River im Zentrum Gisbornes mit 2 Gästesuiten (eine mit frei stehender Badewanne). Gästen steht eine eigene Lounge zum Chillen zur Verfügung. Swimmingpool und kostenloses WLAN. Die Gastgeber bereiten ein üppiges warmes Frühstück zu. $139

Waikanae Beach Holiday Park, Grey St, ✆ 06 867 5634, 🖥 top10.co.nz. Campingplatz in idyllischer Lage direkt am Hauptstrand von Gisborne, nur 5 Min. vom Stadtzentrum. Einige der gemütlichen Cabins haben ein Bad. Auch Selbstversorger- und Motel Units. Camping $21, Standard-Cabins $60, Cabins

mit Bad $75, Selbstversorger-Units $110, Motel Units $135

Whispering Sands, 22 Salisbury Rd, ✆ 0800 405 030, 🖥 www.whispering sands.co.nz. Das supergünstige Strandmotel hat 14 große, moderne Units mit voll ausgestatteter Küche. Die im Obergeschoss bieten Meerblick. Die Besitzer sind freundlich und hilfsbereit. $145

YHA Gisborne, Harris St, Ecke Wainui Rd, ✆ 06 867 3269, ✉ yha.gisborne@clear.net.nz. Großes, farbenfrohes Hostel in zentraler Lage mit einer Sonnenterrasse und einem Manager, der die besten Surfspots der Gegend kennt. 2BZ und DZ, eines mit Bad. Dorms $26, Zimmer $58

ESSEN UND UNTERHALTUNG

Café Villaggio, 57 Ballance St, ✆ 06 863 3895. Entspanntes Café/Restaurant mit Alkoholausschank in bezauberndem Art-déco-Haus,

---

Gisborne: Touren und Aktivitäten

Gisborne bietet eine der seltenen Gelegenheiten in Neuseeland, **Haie** zu beobachten, allerdings nur vom Sicherheitskäfig aus. Auch das **Riff** lohnt einen Blick, und wer Lust hat, kann aufs Surfbrett steigen. Ebenfalls beliebt sind **Weintouren**, die zudem eine ausgezeichnete Möglichkeit darstellen, die Landschaft ringsum zu betrachten.

Dive Tatapouri, Tatapouri, 14 km nordöstlich von Gisborne, ✆ 06 868 5153, 🖥 divetatapouri.com. Fährt Kleingruppen etwa 15 km weit ins Meer hinaus und lässt dann jeweils 2 Pers. in einem robusten Metallkäfig ins Wasser, wo Kurzflossen-Makohaie *(Isurus oxyrinchus)* lauern. Man steht bis zur Brust im Wasser und hat ausreichend, d. h. etwa eine halbe Stunde Zeit ($300), sich mit Tauchermaske und Schnorchel oder Atemmaske unter die Wasseroberfläche zu ducken und diese neugierigen, 3 m langen und 80 kg schweren Tiere zu beobachten. Dive Tatapouri veranstaltet auch Öko-Rifftouren ($40): Bei Ebbe waten die Teilnehmer zum Riff hinaus und füttern dort von Hand Rochen, Königsmakrelen und Kraken. Wer $30 drauflegt kann nach Reservierung auch mit den Rochen schwimmen.

Gisborne Wine Tours, Shed 3, 50 The Esplanade, ✆ 06 867 4085, 🖥 gisbornewine.co.nz. Die 5-stündige Tour besucht 3 (tgl. wechselnde) Weinkeller. Im Preis von $110 sind sämtliche Verkostungen sowie ein Antipasti-Mittagessen an einer der Locations enthalten. Abfahrt tgl. 11 Uhr am Gisborne Wine Centre. Max. 8, mind. 2 Pers.; nur mit Reservierung.

Surfing With Frank, ✆ 06 867 0823, 🖥 surfingwithfrank.com. Gisborne ist für seine tolle Brandung bekannt. Frank Russell ist ein alter Hase im Metier und macht praktisch aus jedem einen Surfer. Privatunterricht $75; Gruppenstunde $50 inkl. Brett- und Wetsuitverleih; max. 4 Teilnehmer pro Gruppe.

Tipuna Tours, ✆ 027 240 4493, 🖥 tipunatours.com. Eine ausgezeichnete Möglichkeit, mehr über die Region zu erfahren, ist ein Ausflug mit diesem Veranstalter, der *cultural interpretation tours* (ab $70) nach Whangara (S. 433) anbietet.

wo man im Winter auf Sofas um den Kamin sitzt und im Sommer an Tischen unter freiem Himmel. Mittags gibt's z. B. *seafood chowder* ($11,50). Die meisten Hauptgerichte kosten $26–32. ☉ So–Mi 8–16, Do–Sa 8 Uhr bis spät.

Fettuccine Brothers, 12 Peel St, ✆ 06 868 5700. Alteingesessenes italienisches Restaurant (mit angeschlossener Bar). Umfangreiche Speisekarte von Pasta (rund $26) bis Fleisch- und Fischgerichten (um $32). ☉ Mo–Sa 17 Uhr bis spät.

Gisborne Farmers' Market, Parkplatz der Army Hall, Fitzherbert, Ecke Stout St, ⌨ gisborne farmersmarket.co.nz. Auf dem gut besuchten Markt sind leckeres Obst und Gemüse zu haben, außerdem Fleisch, Käse, Bio-Lebens-mittel und Backwaren. ☉ Sa 9.30–12.30 Uhr.

Muirs Bookshop Café, 62 Gladstone Rd. Kleines Café über dem besten Buchladen von Gisborne neben der Secondhand-Abteilung. Vom sonnigen Balkon lässt sich bei Panini, Salaten und leckeren Brownies das Treiben auf der Straße beobachten. Der Preis der meisten Speisen liegt unter $16. ☉ Mo–Fr 9.30–15.15, Sa 9–15 Uhr.

🏠 **Off the Hook & Real Fisheries**, The Espla-nade, Höhe Crawford Rd, ✆ 06 868 1644. Im besten Fish 'n' Chip-Take away der Stadt wird frischer Fisch entsprechend den Kunden-wünschen zubereitet, darunter Schnapper und Tarakiki ($10 mit Pommes). Real Fisheries, Teil des Unternehmens, ist eine prima Adresse für fangfrischen Fisch. Off the Hook ☉ Di–Do 10–18.30, Fr 10–20, Sa 12–18.30 Uhr; Real Fisheries ☉ Mo–Fr 8.30–17, Sa 8.30–12.30 Uhr.

The PBC (Poverty Bay Club), 38 Childers Rd, Ecke Customhouse St, hinter dem 1874 Café, ✆ 06 863 2006, ⌨ thepovertybayclub.co.nz. Coole, schummrige Bar/Club mit langer Theke, Ledersofas und klassischen Getränken bei sanfter Hintergrundmusik. ☉ Mi–Fr 17 Uhr spät, Sa 20 Uhr bis spät, So 17.30 Uhr bis spät.

The Rivers, Gladstone Rd, Ecke Reads Quay, ✆ 06 863 3733. Geselliger Irish Pub mit gutem Guinness und einer Auswahl an herzhaften Gerichten ($16–34). Der Laden ist inzwischen berühmter für seine Küche als für spätabend-liche Trinkgelage und Krach. ☉ tgl. 9 Uhr bis sehr spät.

Ruba, 14 Childers Rd, ✆ 06 868 6516. Stilvolles modernes Café, ideal für Kaffee und Muffins oder ein Mittagessen wie Tintenfisch mit Salz und Pfeffer ($16). Die meisten Gerichte kosten $9–30. ☉ tgl. 7–15 Uhr.

🏠 **Smash Palace Wine Bar**, 24 Banks St, ✆ 06 867 7769. Wunderbar kauzige Bar in Wellblechschuppen-Ambiente, wo sich Arbeiter des nahen Industriegebiets ebenso wie Angestellte in Anzug und Krawatte wohl fühlen. Das Essensangebot umfasst haupt-sächlich Snacks. Livemusik von Blues bis Heavy Metal, meistens an den Wochenenden. ☉ Mo–Do 15 Uhr bis spät, Fr–So 12 Uhr bis spät.

Tatapouri Sports Fishing Club, The Esplanade, ✆ 06 868 4756. Nettes Vereinslokal direkt am Kai. An Tischen auf der Veranda gibt es Sea-food, Steaks oder Burger (alles unter $28) und billiges Bier. Nicht-Mitglieder sind willkommen; sie müssen sich nur eintragen: Anmeldung an der Bar. ☉ tgl. 11 Uhr bis spät.

🏠 **Verve Café**, 121 Gladstone Rd, ✆ 06 868 9095. Cooles, aber unprätentiöses Café und Restaurant, das tagsüber ausge-zeichnetes Essen zu moderaten Preisen bietet, darunter Hühnchen-Sandwiches ($18), Muffins und Kuchen ($5–$22). Zeigt Wanderausstellun-gen mit Werken aufstrebender lokaler Künstler. ☉ Mo–Fr 7.30–17, Sa und So 8–15 Uhr.

Kinos

🏠 **Dome Cinema**, The Poverty Bay Club, 38 Childers Rd, ✆ 083 243 005, ⌨ dome cinema.co.nz. Ausgezeichnetes Independent-kino mit Sitzsäcken, Bar und einer erlesenen Auswahl sehenswerter Filme. Auf die Leinwand kommen sie im alten Billardzimmer mit Glas-kuppel.

Odeon Cinema, 79 Gladstone Rd, ✆ 06 867 3339. Das zentral gelegene Kino zeigt aktuelle Main-stream-Blockbuster.

INFORMATIONEN UND INTERNET

i-SITE, 209 Grey St, ✆ 06 868 6139, ⌨ gisbornenz.com. Bietet Internetzugang, verkauft Waikaremoana-Hüttenpässe und hat eine Ausstellung mit interessanten Daten zur Geschichte der Region. ☉ Nov–Ostern

tgl. 8.30–17.30 Uhr, Ostern–Okt Mo–Fr 8.30–17,
Sa 9–16, So 11–15 Uhr.
DOC, 63 Carnarvon St, ✆ 06 869 0460.
Hat viele Wanderinfos zu Regionen außer-
halb der direkten Umgebung von Gisborne.
🕐 Mo–Fr 8–16.30 Uhr.
Internetzugang in der **Stadtbibliothek**,
35 Peel St, 🕐 Mo und Mi–Fr 9.30–17.30,
Di 9.30–20, Sa 9.30–13 Uhr.

NAHVERKEHR

Innerhalb der Stadt ist alles leicht zu Fuß zu
erreichen. Aber für einen Besuch der Weingüter in der Umgebung kann man bei **Avanti
Plus**, Gladstone Rd, Ecke Roebuck Rd,
✆ 06 867 4571, für $50 pro Tag ein **Fahrrad**
mieten.

TRANSPORT

Busse
Die Busse von NakedBus und InterCity halten
am i-SITE.

Busse nach:
AUCKLAND 2x tgl., 9 1/4 Std.;
HASTINGS 1–2x tgl., 5 Std.;
NAPIER 2x tgl., 4 Std.;
OPOTIKI via SH2 2x tgl., 2 Std.;
ROTORUA 2x tgl., 5 Std.;
WAIROA 1x tgl., 1 1/2 Std.;
WHAKATANE 2x tgl., 3 Std.

Flüge
Der Flughafen von Gisborne liegt etwa 2 km
westlich des Zentrums und ist mit einem
Taxi ($20) – z. B. von Gisborne Taxis, ✆ 06
867 2222 – zu erreichen.

Flüge nach:
AUCKLAND 6–7x tgl., 1 Std.;
WELLINGTON 3–4x tgl., 50 Min.

Die Umgebung von Gisborne

In der Nähe von Gisborne lassen sich gut ein,
zwei schöne Tage verbringen. An erster Stelle bietet sich natürlich ein Besuch auf einem

Weingut an. Außerdem kann man kleine Wanderungen unternehmen und alle möglichen Sehenswürdigkeiten besichtigen. Wer kein Auto
hat, mietet am besten ein **Fahrrad** (s. links) und
radelt auf den topfebenen Landstraßen zu den
Winzereien hinaus. Man kann sich aber auch
einer Tour anschließen (Kasten S. 440).

Bushmere Estate
166 Main Rd South, 6 km nordwestlich von Gisborne
■ Verkostung meist Do–So; vorsichtshalber anrufen ■
✆ 06 868 9317 ■ 🖥 bushmere.com
Die Weingüter von Poverty Bay, 🖥 gisborne
wine.co.nz, liegen in einer Schwemmlandebene
im Schutz der Raukumara Range und sind mit in-
tensivem Sonnenschein und einer kühlen Meeresbrise gesegnet. Die Region hat sich einen Ruf
als „Arbeitstier" erworben, das riesige Mengen
an süffigem Chardonnay produziert. Die Nachfrage nach dieser Weinsorte ist allerdings zu-
rückgegangen. Deshalb haben sich kleinere
Weinbauern auf den Anbau anspruchsvollerer
Reben (zusammen mit Viognier und Gewürztraminer) verlegt und produzieren inzwischen
hochwertigere Weine.
    Die Region ist nicht besonders gut auf Wein-
tourismus eingestellt, aber auf vielen Gütern
sind Besucher willkommen, wenn sie vorher
anrufen. Einige Güter haben im Sommer auch
regelmäßig für Weinproben geöffnet, z. B. **Bush-
mere Estate**. Hier gibt es auch ein gutes Café,
das wunderschön mitten zwischen Weinreben
liegt und bei den Einheimischen eine bevorzugte
Adresse zum Sonntagsmittagessen ist.

Millton
199 Papatu Rd, 11 km südwestlich von Gisborne
■ Verkostung tgl. 10–16 Uhr ■ ✆ 06 862 8680,
🖥 millton.co.nz
Millton ist eines der wenigen ökologischen
Weingüter Neuseelands, die biodynamische
Prinzipien anwenden. Die Zeit des Pflanzens,
Erntens und der Flaschenabfüllung wird jeweils
von den Mondphasen diktiert, was dazu bei-
trägt, dass hier köstliche Weine produziert werden (insbesondere Chardonnay, Chenin Blanc
und Viognier), die laut Hersteller auch von Leuten, die auf andere Weine allergisch reagieren,

bedenkenlos genossen werden können. Besucher können mit ihrem mitgebrachten Proviant zwischen den Weinstöcken ein Picknick veranstalten und auf dem Bouleplatz eine ruhige Kugel schieben.

Eastwoodhill Arboretum

Wharekopae Rd, 35 km nordwestlich von Gisborne
▪ ⏰ tgl. 9–17 Uhr ▪ Eintritt $15 ▪ ☎ 06 863 9003,
🖥 eastwoodhill.org.nz

Neuseelands größte Sammlung an Bäumen der nördlichen Hemisphäre im **Eastwoodhill Arboretum** besucht man am besten mit einer Flasche Wein und einem vollen Picknickkorb ausgerüstet. Die Anpflanzung begann 1918 und wurde zum Lebenswerk von William Douglas Cook, der während des Ersten Weltkriegs einen Erholungsaufenthalt in England verbracht und eine Vorliebe für britische Gärten und Parks entwickelt hatte. Er fürchtete, dass der Krieg die großen europäischen Anwesen und die Geninformation ihrer Baumbestände zerstören könnte, und importierte so viel Material wie möglich. Cook starb 1967. Zahlreiche Wege führen durch eine einzigartige Parklandschaft mit über 3500 Baumarten, in der sowohl Bäume aus warmen als auch kalten Klimazonen gedeihen.

Rere Rockslide

12 km hinter dem Eastwoodhill Arboretum,
Zufahrt von der Wharekopae Rd

Hinter den 10 m hohen **Rere Falls** des Wharekopae River führt ein kurzer Spazierpfad entlang. Das eigentliche Highlight ist aber die **Rere Rockslide**, rund 2 km flussaufwärts (frei zugänglich). Dort stürzt der Fluss einen 20 m breiten und 60 m langen, glatt geschliffenen Felshang hinunter – eine geniale Rutschbahn. Im Sommer gibt es wenig Wasser und viele Algen, deshalb rutscht man rasend schnell ins Becken hinab. Weil der Wharekopae im Winter mehr Wasser führt, ist die Rutschfahrt dann nicht ganz so bombastisch (aber immer noch aufregend genug) und kälter. Die Rutschunterlage muss mitgebracht werden – ein Boogie Board, ein Autoreifen oder ein altes Plastikteil. Bevor es losgeht, sollte man sich von den Einheimischen ein paar Insider- und Sicherheitstipps geben lassen.

Die Straße nach Napier

Die 213 km lange Strecke von Gisborne nach Napier lässt sich leicht an einem Tag bewältigen. Unterwegs bleibt genügend Zeit für kurze Stopps an landschaftlich reizvollen und anderen interessanten Stellen. Der **SH2** führt von Gisborne nach Süden, wobei die Weingärten der Poverty Bay dem Hügelland des Wharerata State Forest Platz machen, ehe **Morere** erreicht ist. Von dort ist es nur ein Katzensprung auf dem SH2 bis zum Abzweig nach Osten zur **Mahia Peninsula**. Auf dem SH2 Richtung Westen geht es nach Wairoa, von dort aus zum Te Urewera National Park (S. 446) und Lake Waikaremoana oder weiter nach Napier mit einem Abstecher zum **Boundary Scenic Reserve**.

Morere und Morere Hot Springs

SH2, 50 km südlich von Gisborne ▪ ⏰ tgl. 10–17 Uhr, im Sommer bei Betrieb länger ▪ Eintritt $6; eigenes Badebecken $3 extra für 30 Min. ▪ ☎ 06 837 8856,
🖥 morerehotsprings.co.nz

Das winzige **Morere** ist vor allem für sein extrem salzhaltiges, angenehm schwefelfreies Wasser bekannt: Fossiles Meerwasser wurde tief unter der Erde erhitzt und konzentriert. Dieses steigt entlang eines kleinen Baches, der sich durch einen der letzten Küstenwälder der Ostküste windet, nach oben. Um die Becken herum finden sich Grillplätze, von denen zahlreiche Pfade an Tawa-, Rimu-, Totara- und Matai-Bäumen vorbei in alle Richtungen abgehen. Ein kurzer Spaziergang am Fluss entlang (10 Min.) führt zu den Nikau Plunge Pools, mineralhaltigen Teichen. Sehr schön ist auch der Mangakawa Track (3 km; 2 Std.): von den Quellen aus durch unberührten Busch zu einem Birkenwäldchen hoch und wieder zurück.

Morere Hot Springs Lodge & Cabins, SH2,
☎ 06 837 8824, 🖥 morerehotsprings.co.nz.
Ein herrlich entspanntes Plätzchen mit Selbstversorger-Unterkünften auf einem gepflegten

Bauernhof mit Badeteich. Alles Notwendige muss mitgebracht werden. Cabins $80, Cottage $95

Morere Tearooms & Camping Ground, westlich von Nuhaka am SH2, ☎ 06 837 8792, 🖳 morereaccommodation.co.nz. Typischer Kiwi-Campingplatz zwischen Bäumen mit guten Zeltstellplätzen, spartanischen Cabins und schlichten Gemeinschaftseinrichtungen, aber besser ausgestatteten Selbstversorger-Units. Für teureres Geld gibt's ein bescheidenes Sortiment an Grundversorgungsartikeln in den Tearooms. Teestuben ⊕ tgl. 8–17 Uhr, ab Dez länger. Camping $18.50, Cabins $55, Selbstversorger-Units $95

Mahia Peninsula

In Nuhaka, 8 km südlich von Morere, streift die Schnellstraße kurz die Küste und biegt dann scharf nach rechts Richtung Wairoa ab, während die Nuhaka-Opoutama Road nach Osten zur **Mahia Peninsula** führt, einer prominenten Landzunge, die die Hawke Bay von der Poverty Bay trennt. Surfer lieben die rauere, dem Wind ausgesetzte Seite. An den ruhigeren Stränden der windgeschützten Seite dagegen kann man gefahrlos baden und Boot fahren. Abgesehen vom *mad month* nach Weihnachten ist dies ein total entspanntes Plätzchen für einen Zwischenstopp. Die größte Ortschaft der Halbinsel, **Mahia Beach**, liegt 15 km weiter. Von 2008 bis 2009 genoss sie landesweite Berühmtheit, denn hier hatte sich Moko niedergelassen, ein verspielter Delphin, der jeden Tag mit den Schwimmern flirtete. Ende 2009 zog er weiter.

ÜBERNACHTUNG UND ESSEN

Café Mahia, 476 Mahia East Coast Rd. In dem Café mit Alkoholausschank gibt's himmlische Lammbrötchen und hausgemachte Marmeladen. Kein Gericht auf der Speisekarte liegt über $20 – Kaffee und Kuchen oder ein Sandwich reichen aber prima zum Sattwerden. ⊕ tgl. 11–14 Uhr, Dez und Jan länger.

🧳 **Cappamore Lodge**, 435 Mahia East Coast Rd ☎ 06 837 5523, 🖳 cottagestays. co.nz/cappamore/cottage.htm. Überm Berg,

näher bei den Surfstränden im Weiler Te Mahia, steht dieses idyllische Selbstversorger-Blockhaus mit 2 großen Wohn- und 2 Schlafzimmern. Die Besitzer leben in einem ähnlichen Holzhaus gegenüber. $120

Mahia Beach Motels & Holiday Park, 43 Moana Drive, Mahia Beach ☎ 06 837 5830, 🖳 motelscabinscampmahiabeach.com. Weitläufiger Campingplatz, schlichte Ferienhütten und etwas schickere Motel Units auf einer Wiese unweit vom Strand, wo es im Sommer rappelvoll wird. Der Laden im Bürogebäude hat das Allernotwendigste. Camping $18, Cabins $90, Motel Units Untergeschoss $125, Motel Units Obergeschoss $145

Sunset Sports Bar and Bistro, 2 Newcastle St ☎ 06 837 5071. Abgesehen von Take aways beschränkt sich das Verpflegungsangebot in Mahia auf dieses betriebsame Lokal, wo es herzhafte Mahlzeiten – Steaks, Langusten etc. ($15–34) – und in der Hochsaison am Wochenende oft Livemusik gibt. ⊕ tgl. 10 Uhr bis spät.

Wairoa

Das verschlafene **Wairoa**, etwa 40 km westlich der Nuhaka-Kreuzung, ist der Ausgangspunkt für Abstecher zum Lake Waikaremoana. Viele Wanderer ziehen es jedoch vor, von Gisborne oder Napier aus loszuziehen und keinen Staub aufzuwirbeln in diesem verträumten Versorgungsstädtchen für die umliegenden Farmen. Es liegt am Ufer des breiten, von Trauerweiden gesäumten Wairoa River, 2 km von der Flussmündung entfernt. Wairoa bietet ein hübsches Museum sowie Gelegenheit zum Essengehen oder Einkaufen von Proviant für den Waikaremoana Track (S. 446).

Wairoa Museum

142 Marine Parade ■ ⊕ Mo–Fr 10–16, Sa 10–13 Uhr ■ Spende

Das **Wairoa Museum** erzählt auf anschauliche Weise von den Ereignissen vergangener Tage, z. B. vom katastrophalen Zyklon Bola, der 1988 die Region verwüstete. Im Museum steht auch eine wunderschön geschnitzte Maorifigur aus dem frühen 18. Jh.

Café 287, 3 km südlich am SH2, ☎ 06 838 6601, 🖳 cafe287.com. Zu dem großen Café auf einem Parkplatz gehören einige am Hang gelegene Cabins mit Bad. Die Ruhe der Ferienhütten wird nachts allerdings von den Lastern auf dem SH2 gestört, aber immerhin kann man zu Fuß ins Café (s. unten) gehen. Cabins $110

Riverside Motor Camp, 19 Marine Parade, ☎ 06 838 6301, 🖳 riversidemotorcamp.co.nz. Schlicht und nicht mehr ganz taufrisch, aber sauber. On-site Vans, ein wenig noblere Cabins, außerdem Zeltstellplätze und ein sehr spartanisches Hostel mit Lounge und Veranda. Der Platz liegt an einer relativ schmalen Uferstelle, 2 Fußminuten vom SH2. Camping $16, Stockbetten $27, On-site Vans $45, Cabins mit Küche $70

Vista Motor Lodge, am SH2 nördlich der Wairoa-Brücke, ☎ 0800 284 782, 🖳 vistamotorlodge.co.nz. Das einzige erwähnenswerte Motel am Ort ist nicht mehr taufrisch, sein Geld aber immer noch einigermaßen wert. Gemütliche Units, gepflegte Grünflächen, beheizter Pool. $120

Café 287. Der Imbiss am Straßenrand mit Übernachtungsmöglichkeit (s. oben) hat herzhaftes, hausgemachtes Frühstück sowie Mittag- und Abendessen von Fettuccini bis Steaks ($17–25). ⏰ tgl. 8–17 Uhr.

Eastend Café, 250 Marine Parade, ☎ 06 838 6070. Das erstaunlich großstädtisch anmutende Etablissement ist eins der beiden besten Tageslokale. Hier gibt es z. B. Thai-Chicken ($8–18), außerdem sündhaft guten Kuchen und Kaffee. Es dient als Ausstellungsfläche lokaler Kunst und manchmal als Veranstaltungsort. ⏰ Mo–Sa 7.30–16, So 8.30–16 Uhr, im Winter So geschl.

Osler's Bakery & Café, 116 Marine Parade. Diese Bäckerei ist aus Wairoa nicht wegzudenken. Zur Auswahl stehen 23 verführerische Pies. ⏰ Mo–Fr 4.30–16.30, Sa und So 5–15 Uhr.

Wairoa Home Grown Market. The Greenhouse Garden Centre & Café, 21 Mahia Ave (SH2).

Wairoas Bauernmarkt wird auf dem Parkplatz des Gartencenters aufgebaut und eignet sich hervorragend für einen Imbiss oder einen Provianteinkauf für den Ausflug zum Lake Waikaremoana. ⏰ Sa 8–11 Uhr.

i-SITE, SH2, Ecke Queen St, ☎ 06 838 7440, 🖳 wairoadc.govt.nz. Die Öffnungszeiten sind auf die Ankunft der Busse abgestimmt. Verkauf von DOC-Hüttentickets, Buchung eines Shuttleservice zum/vom Lake Waikaremoana und Internetzugang. ⏰ Nov–März tgl. 8–17, April–Sep Mo–Fr 9–16.45, Sa und So 9.45–10.45 und 15.15–16 Uhr.

Lake Waikaremoana Shuttle Service, ☎ 06 837 3741. Befördert Passagiere auf Anfrage zum See und zurück ($35–50 p. P., je nach Passagierzahl).

Die InterCity-**Busse** halten tgl. vor dem i-SITE. Busse nach GISBORNE 1x tgl., 1 1/2 Std., und NAPIER 1–2x tgl., 2 1/2 Std.

Boundary Stream Scenic Reserve

Abseits des SH2 bei Tutira und nach 15 km Richtung Nordwesten auf der Pohakura Rd

Hinter Wairoa wird die Straße Richtung Napier erheblich schmaler, steiler und kurviger. Autofahrer sollten es langsam angehen lassen und für die Strecke gute anderthalb Stunden einplanen. Man sollte sich auch Zeit für den Besuch des idyllischen **Boundary Stream Scenic Reserve** nehmen, einer „Festlandinsel", auf der unter anderem braune Nordinsel-Kiwis, Nordinsel-Kakas und sehr selten auch Neuseelandfalken nisten. Das Reservat durchziehen mehrere Wanderwege, darunter einer zum Aussichtspunkt Bell Rock (5 km hin und zurück; 3 Std.). Es führt auch einer bis zum entlegenen Ende des Reservats zum 58 m hohen Shine Falls inmitten üppiger Vegetation.

POVERTY BAY, HAWKE'S BAY UND DAS WAIRARAPA

Te Urewera National Park

Der Te Urewera National Park, 65 km nordwestlich von Wairoa, erstreckt sich quer über das gebirgige Rückgrat der Nordinsel und umschließt das mit 2120 km² größte Urwaldgebiet außerhalb von Fiordland. Durch das Unterholz streifen Hirsche und Wildschweine, und in den herabstürzenden Flüssen wimmelt es von Forellen. Zwar führt eine Straße, der SH38, durch das Innere, aber um einen echten Eindruck von diesem Ort zu bekommen, muss man hier Wanderungen unternehmen. Viele wählen hierfür den Lake Waikaremoana Track, der zu den schönsten viertägigen Wanderrouten der Nordinsel zählt. Der Pfad führt um den **Lake Waikaremoana**, den „See des sich kräuselnden Wassers", am südlichen Ende des Parks. Der See ist das unbestrittene Highlight des Reservats: Mit seinem tiefen, klaren Wasser, den weißen Sandstränden und Felsklippen ist er ein idealer Ort zum Schwimmen, Tauchen, Angeln und Paddeln.

Die Gegend ist äußerst spärlich besiedelt. Das Volk der Tuhoe, die „Kinder des Nebels", lebt noch im Park, überwiegend in der Umgebung des Dorfes **Ruatahuna**. Die meisten Touristen steuern aber gleich **Waikaremoana** an, das nur aus einem Visitor Centre und einem Motor Camp direkt am Seeufer besteht. Vom Motor Camp abgesehen gibt es auch im weiter südlich gelegenen, stillen Dörfchen **Tuai** noch ein paar Sachen zu kaufen. Ansonsten ist man auf sich selbst gestellt.

Lake Waikaremoana

Der von Busch umschlossene **Lake Waikaremoana** nimmt ein großes Becken in einer Höhe von über 585 m ein. Er wird nur mit Mühe von den Panekiri- und Ngamoko-Bergen aufgehalten. Der See entstand vor etwa 2200 Jahren, als sich eine riesige Felsbank aus Sandstein vom Ngamoko-Gebirge löste und den Fluss blockierte, der einst die Täler bewässerte.

Lake Waikaremoana Track
46 km; 3–4 Tage; 1150 m Steigung

Der **Lake Waikaremoana Track** ist einer der neuseeländischen Great Walks und rangiert unter den beliebtesten mehrtägigen Wanderungen Neuseelands. Die abgesehen von der kräftezehrenden Klettertour am ersten Tag relativ einfache Wanderung bietet zahlreiche Gelegenheiten zum Angeln und Schwimmen. Detaillierte Wanderinformationen finden sich in der DOC-Broschüre *Lake Waikaremoana Track*. Wer will, kann sich zusätzlich die beiden *Topo50*-Karten im Maßstab 1:50 000 besorgen, in denen die gesamte Rundwanderung eingezeichnet ist.

Die Wintermonate (Juni–Sep) können kalt und feucht ausfallen, deshalb sind der Frühling und Herbst die besten Zeiten für den Track. Wanderer müssen aber zu jeder Jahreszeit damit rechnen, dass es schneit, und entsprechend ausgerüstet sein. Jede Hütte verfügt über Trinkwasser, Toiletten und eine Heizofen, doch ein **Kocher**, **Brennstoff und Essen** müssen mitgebracht werden. Auf den Zeltplätzen gibt es nur Wasser und Toiletten.

Etwas mehr als die Hälfte der Wanderer wählt die **Route** im Uhrzeigersinn um den See, um den anstrengenden, aber landschaftlich reizvollen Aufstieg auf den Panekiri Bluff am ersten Tag hinter sich zu bringen. Wenn das Wetter allerdings nicht gut aussieht, kann man die Buchung durchaus ändern (beim Visitor Centre von Aniwaniwa) und entgegen dem Uhrzeigersinn wandern, in der Hoffnung, dass sich die Wetterlage bessert.

Für geübte Wanderer reichen drei Tage aus, aber die meisten nehmen sich vier Tage Zeit. Übernachtet wird in den fünf Great Walk-Hütten und/oder auf den fünf ausgewiesenen **Campingplätzen** (S. 448) am Seeufer. Bei Begehung im Uhrzeigersinn – wie hier beschrieben – fällt der erste Abschnitt am anstrengendsten aus, daher viel Trinkwasser mitnehmen.

Von Onepoto zur Panekiri Hut
9 km; 4–5 Std.; 750 m Steigung;
150 m Gefälle

Ausgangspunkt ist ein Unterstand am Seeufer nahe dem SH38. Der Pfad steigt steil an und passiert dabei eine von den Soldaten der Armed

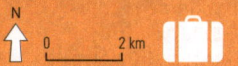
Taita a Makora Campsite (4 km), Murupara (65 km), Rotorua (130 km)

Startpunkt
Hopuruahine
Track

Waihoroihika Str

Privat-
gelände

Whanganui
Hut

Waiharuru

Tapuaenui

Te Totara Bay

Marauiti
Hut

Maraunui

Te Kopua
Bay

Maraunui Bay

Te Wharua
Stream

Korokoro

Korokoro
Falls

Waiopaoa
Hut

PANEKIRI RANGE

Panekiri Hut

Tauwhare
Falls

Waihirere
Bluff

Mokau Track

Mokau Stream

Mokau Falls

Waipai-Ruapani-
Waikareiti-
Rundweg

Mokau
Landing

Lake
Waikareiti

Lake Waikareiti Track

Aniwaniwa
Stream

Aniwaniwa Falls

Papakorito
Falls

Waikaremoana
Motor Camp

Aniwaniwa
Visitor Centre

Tawa
Track

NGAMOKO RANGE

Lake Waikaremoana

Ngamoko
Track

Old Maori
Trail

Ngamoko-Kaitawa Track

Panekiri
Bluff

Startpunkt
Onepoto Track

Onepoto

Tuai   Lake Whakamarino

Lake Whakamarino Lodge

Wairoa (50 km)

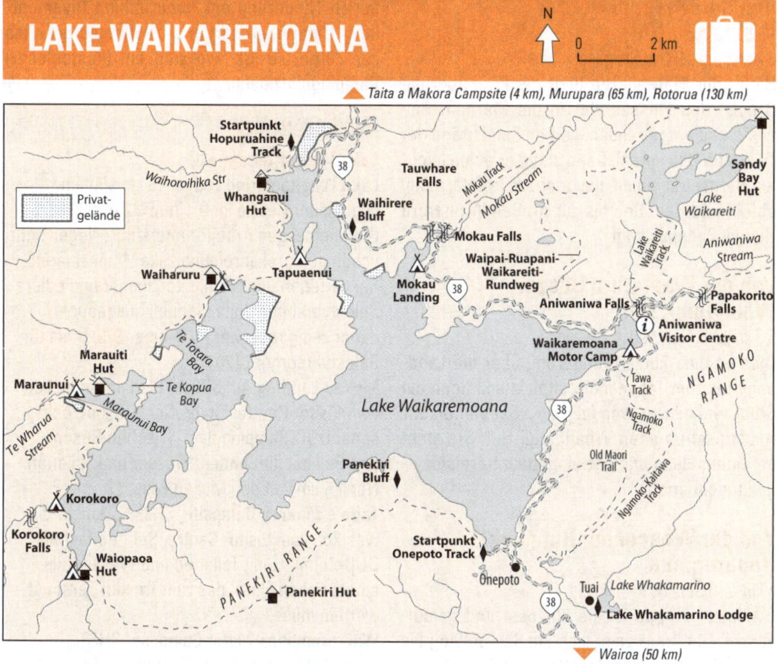

Constabulary zur Verfolgung von Te Kooti (Kasten S. 449) errichtete Redoute. Weiter bergauf geht es bis zum Pukenui-Markierungspunkt und ab dort am Bergkamm entlang. Stufen führen eine Felsklippe hinauf zur Panekiri Hut. Sie befindet sich in atemberaubender Lage am Rande der Felsen, die zum See tief unten abfallen. Zelten ist in dieser empfindlichen Natur allerdings verboten. Wer unbedingt zelten möchte, muss weiter bis nach Waiopaoa gehen – vom Startpunkt in Onepoto anstrengende acht Stunden Fußmarsch entfernt.

Von der Panekiri Hut zur Waiopaoa Hut

7,5 km; 3–4 Std.; 600 m Gefälle

Hinter der Panekiri Hut geht es allmählich den Berg hinab, dann rapide abwärts durch ein oft matschiges Gebiet, wo aus dem Boden ragende Baumwurzeln willkommenen Halt bieten. Gelegentliche Seeblicke und der Übergang von Birkenwäldern zu üppigem Steineibenwald machen diesen Abschnitt bis zur Waiopaoa Hut und dem Zeltplatz hinunter zu einer reizvollen, wenngleich anspruchsvollen Wanderung.

Von der Waiopaoa Hut zur Marauiti Hut

11 km; 4–5 Std.; 100 m Steigung

Der Weg folgt überwiegend dem Seeufer, zu Beginn über Grasland und durch Kanuka-Dickicht, wo ein Nebenpfad zum Korokoro-Zeltplatz (gleich hinter der Abzweigung, 1 1/2 Std. von der Waiopaoa Hut entfernt) und von dort weiter zu den eindrucksvollen 20 m hohen Korokoro Falls (45–60 Min. hin und zurück) führt. Der Hauptpfad steigt unterdessen leicht an und führt an kaum zugänglichen Buchten vorbei, bis er schließlich den Maraunui-Zeltplatz erreicht und, nachdem er den niedrigen Ausläufer Whakaneke Spur erklommen hat, zur Marauiti Hut am Ufer hinabsteigt.

Von der Marauiti Hut zur Waiharuru Hut

6 km; 2 Std.; 150 m Steigung

Hinter der Marauiti Hut führt der Pfad über die Brücke des Flusses, der in die Marauiti Bay fließt, und am reizenden weißen Sandstrand der Te Kopua Bay vorbei. Dann steigt er einen leichten Bergsattel hinauf, bevor er zur Te Totara Bay abfällt und dem See bis zur großen Waiharuru Hut mit Zeltplatz folgt.

Von der Waiharuru Hut zur Whanganui Hut

5,3 km; 2–3 Std.; 100 m Steigung

Dies ist eine kurze Wanderung über die Landenge bis zum Tapuaenui-Zeltplatz und noch ein Stück weiter. Der Weg folgt dem Seeufer bis zur romantischen alten Whanganui Hut. Sie steht an einem Fluss und hat eingebaute dreistöckige Etagenbetten.

Von der Whanganui Hut nach Hopuruahine

5 km; 2–3 Std.; 50 m Steigung

Die letzte Etappe ist die kürzeste und gemütlichste. Der Track zieht sich am See entlang bis zum Abholungspunkt der Wassertaxis (45 Min.). Anschließend führt er an der mit Gras bewachsenen Niederung am Hopuruahine River entlang. Dann überquert er eine Hängebrücke bis zur Zufahrtstraße, wo sich ein (kostenloser) Campingplatz befindet.

ÜBERNACHTUNG

Lake Waikaremoana

Lake Whakamarino Lodge, 15 km südlich vom Visitor Centre im Ort Tuai, ☏ 06 837 3876. Die ehemaligen Arbeiterunterkünfte liegen sehr schön am forellenreichen Lake Whakamarino. Sie verfügen über schlichte Zimmer und edlere Selbstversoger-Units. Schnell ausgebucht, daher zeitig reservieren. Zimmer $70, Units für Selbstversorger $120

Mokau Landing Am SH38, 11 km nordwestlich vom Visitor Centre. Ein großer, grasbewachsener DOC-Campingplatz zwischen Busch und See mit fließendem Wasser und Toiletten. Nur 1,5 km von den Mokau Falls. $7

Taita a Makora Campsite, SH38, 22 km nordwestlich vom Visitor Centre. Sehr einfacher DOC-Zeltplatz mit Toiletten und Wasser aus einem nahen Fluss, das zum Trinken gereinigt werden muss.

Waikaremoana Motor Camp, am SH38, 2 km südlich des Visitor Centre, ☏ 06 837 3826, 🖥 lake.co.nz. Gut ausgestattet, mit Camping-

---

Kurzwanderungen am Lake Waikaremoana

Das vom DOC geleitete Aniwaniwa Visitor Centre (S. 450) und das Waikaremoana Motor Camp (s. oben) sind darauf vorbereitet, Wanderern zu helfen, den Lake Waikaremoana Track zu bewältigen. Wer jedoch keine drei- oder viertägige Wanderung unternehmen und dennoch etwas von der Atmosphäre einfangen möchte, begibt sich auf eine oder mehrere lohnende Kurzwanderungen, die in der DOC-Broschüre *Lake Waikaremoana Walks* ($2,50) beschrieben sind.

Gut geeignet für Einsteiger ist der Weg zu den **Papakorito Falls**, einem 20 Meter breiten Wasservorhang 2 km östlich vom Visitor Centre, der leicht zu bewältigende **Hinerau Track** (1 km; 20 Min. hin und zurück; 50 m Steigung), der beim Visitor Centre startet und zu den doppelstöckigen **Aniwaniwa Falls** führt, oder der **Black Beech Track** (2 km; 30 Min. einfach; 50 m Gefälle), der der alten Straße vom Visitor Centre zum Waikaremoana Motor Camp folgt.

Wer etwa einen Tag Zeit hat, sollte den **Waipai-Ruapani-Waikareiti-Rundweg** in Angriff nehmen (17 km; 5–6 Std.; 300 m Steigung). Er beginnt 200 m nördlich des Visitor Centre und schlängelt sich durch dichten Birkenwald am Lake Ruapani vorbei zum wunderschönen und ruhigen **Lake Waikareiti**. Dort kann man ein Ruderboot mieten (rund $20 für einen halben Tag). Allerdings ist Vorausplanung notwendig, da der Schlüssel für das Bootshaus im Aniwaniwa Visitor Centre aufbewahrt wird. Zurück geht es entweder auf dem Waikareiti Track, oder man wandert ums Nordufer des Sees herum (3 Std. einfache Strecke) und übernachtet in der **Sandy Bay Hut** mit 18 Stockbetten für $15.

Te Kooti Rikirangi war einer der meistgefeierten Maori-„Rebellen" und ein Dorn im Auge der Kolonialregierung in den Landkriegen Ende der 1860er- und Anfang der 1870er-Jahre. Als brillanter Stratege behielt er ein halbes Jahrzehnt hindurch die Oberhand über den Berggrat der Nordinsel und entging geschickt der größten Fahndung in der neuseeländischen Geschichte.

Te Kooti wurde um 1830 nahe Gisborne geboren. Mitte der 1860er-Jahre kämpfte er für die Regierung gegen die **Hau-Hau-Bewegung** (Kasten S. 423), einen pseudo-christlichen Kult, der 1862 in Taranaki begründet wurde. Der Kult breitete sich bis zur Ostküste aus, wo Te Kooti 1866 ungerechtfertigterweise angeklagt wurde, mit den Hau-Hau-Anhängern unter einer Decke zu stecken. Nachdem man ihm die Gerichtsverhandlung, die er gefordert hatte, verwehrt hatte, sperrte man ihn zusammen mit 300 seiner angeblichen Bundesgenossen auf den **Chatham Islands** ein.

1867 starb er beinahe am Fieber, erholte sich jedoch wieder und behauptete, eine göttliche Offenbarung gehabt zu haben. Er gründete eine neue Religion, **Ringatu** („die erhobene Hand"), die noch heute ungefähr 16 000 Anhänger zählt. Ringatu orientierte sich an der Hau-Hau-Bewegung, entwickelte sich jedoch zu einer ureigenen Maori-Version des Katholizismus. Manche behaupten, dass Te Kooti sich selbst als eine Art Moses betrachtete – offenbar liebte er es, seine Hand in Phosphor zu tauchen, sodass sie, wenn er sie hob, hell zu glühen schien.

Nach zwei Jahren auf den Chathams besetzten Te Kooti und seine Mitgefangenen ein Schiff, mit dem ihnen eine dramatische Flucht zurück zur Poverty Bay gelang. Te Kooti suchte Schutz in den Bergen der **Urewera Range**, dicht gefolgt von der Armed Constabulary (einer bewaffneten Polizeitruppe), die ihn erbarmungslos jagte. Dennoch führte Te Kooti erfolgreiche Rachefeldzüge gegen Regierungstruppen in Whakatane in der Bay of Plenty, in Mohaka in Hawke's Bay und in Rotorua durch. Mit dem Ende der Landkriege 1872 suchte Te Kooti in dem sicheren Maori-Land **King Country** Zuflucht. 1883 wurde er schließlich begnadigt, und 1891 wurde ihm ein Stück Land nahe Whakatane übereignet, wo er die letzten zwei Jahre seines Lebens verbrachte.

---

bereich, Holzhütten, größeren Ferienapartments und frei stehenden Wellblech-Chalets. Es gibt auch eine Art Laden, eine Gemeinschaftsküche und einen Essbereich. Duschen für Nichtgäste ($5). Camping $15, Cabins $55, Selbstversorger-Chalets $90, Ferienapartment $90

Lake Waikaremoana Track

Die DOC-Hütten und Campingplätze Panekiri, Waiopaoa, Marauiti, Waiharuru und Whanganui sind alle Great-Walk-Hütten und müssen reserviert werden, ebenso die anderen Campingplätze. Das lässt sich online unter 🖥 doc.govt.nz erledigen. Allerdings führt kein Weg am Aniwaniwa Visitor Centre vorbei, denn dort muss das Great Walk Ticket abgeholt werden. Außerhalb der Osterwoche oder der rund vier Wochen nach Weihnachten stehen die Chancen auf einen freien Platz sehr viel besser. Backcountry-Hüttenpässe gelten hier nicht. Unter 18-Jährige frei. Hütten $30,60, Camping $12,20

ESSEN

Das am nächsten gelegene richtige Restaurant befindet sich mehr als 60 km entfernt in Wairoa. Um die **Verpflegung** muss man sich also weitgehend selbst kümmern. Im Waikaremoana Motor Camp gibt es einige Lebensmittel. Ansonsten sind auf Anfrage manchmal Mahlzeiten in der Lake Whakamarino Lodge erhältlich; Hauptgerichte ca. $25. Am besten ist es aber, eigene Vorräte mitzubringen.

SONSTIGES

Geführte Wanderungen

Walking Legends, 📞 0800 925 569, 🖥 walking legends.co. Bietet 4-tägige geführte Wanderungen ($1290) mit begeisterten, fachkundigen

Führern. Übernachtet wird in denselben DOC-Hütten, die auch die anderen Wanderer nutzen. Los geht's in Rotorua, ausgezeichnete Mahlzeiten und Wein gehören zum Service. Einzig einen kleinen Rucksack muss man selbst tragen. Die längste Tagesroute nimmt rund 7 Std. in Anspruch, und meist bleibt sogar noch genügend Zeit, um Forellen zu angeln.

Gepäcktransport

Homebay Water Taxi & Cruises (s. unten) organisiert einen Gepäcktransport zwischen den meisten Hütten, sodass man unbeschwert wandern kann. Das lohnt sich finanziell aber nur für Gruppen ab vier Personen.

Informationen

Aniwaniwa Visitor Centre, am See im alten Rangerhaus, gegenüber dem ehemaligen Visitor Centre, ☎ 06 837 3803, ✉ teureweravc @doc.govt.nz. In dem vom DOC betriebenen Visitor Centre müssen die Buchungen für die Hütten des Lake Waikaremoana Track vorgenommen werden. ⏱ Okt–April tgl. 8–16.45, Mai–Sep 8–16.15 Uhr.

Auto

Man kann die beiden Ausgangspunkte des Lake Waikaremoana Track mit dem **Auto** erreichen, aber dort ist es schon mehrfach zu Diebstählen gekommen. Deshalb stellen die meisten Leute ihr Fahrzeug lieber auf dem kostenlosen Parkplatz beim Waikaremoana Motor Camp (S. 448) ab und nehmen einen Bus oder ein Boot zu den Trailheads. Die einzige **Tankstelle** zwischen Wairoa und Murupara befindet sich im Waikaremoana Motor Camp.

Busse und Boote

Homebay Water Taxi & Cruises, ☎ 06 837 3826, im Waikaremoana Motor Camp, unterhält einen zuverlässigen Shuttlebus-Bestellservice zu den beiden Enden des Wanderwegs, im Sommer oft noch unterstützt durch ein Wassertaxi. Die Kosten belaufen sich auf rund $40 bei mind. 2 Pers. fürs Hinbringen und Abholen. Außerdem bieten sie im Sommer oft einen Wassertaxi-Service zu jedem beliebigen Ort, von dem aus

man losgehen möchte, sodass es möglich ist, kleinere Abschnitte zu wandern, indem man vorher vereinbart, von einem bestimmten Strand abgeholt zu werden. Wer ein Kajak oder einen Kanadier für eine Paddeltour auf dem See leihen möchte, wendet sich ans Waikaremoana Motor Camp.

Per Bus von Wairoa

Am einfachsten lässt sich der Lake Waikaremoana per Bus von Wairoa auf dem SH38 erreichen, der durch den Park weiter nach Murupara und Rotorua führt. Auch der **Lake Waikaremoana Shuttle Service** (S. 445) fährt von Wairoa aus zum See und zurück.

Per Bus von Rotorua

Zwischen dem Lake Waikaremoana und Murupara liegen mehr als 60 km knochenharter Schotterpiste, was die Anfahrt von Nordwesten her alles andere als attraktiv macht. Wer diese Strecke nehmen möchte, wendet sich entweder an **Magic Bus**, ☎ 09 358 5600, 🖥 magicbus. co.nz, dessen Busse zurzeit am Montag und Freitag auf der Route Gisborne–Waikaremoana–Rotorua verkehren, oder an **Te Uruwera Shuttles**, ☎ 0800 873 937, 🖥 tshuttle.co.nz, die im Sommer am Donnerstag und Sonntag in beiden Richtungen zwischen Rotorua und dem Lake Waikaremoana unterwegs sind.

8 HIGHLIGHT

Napier

Die Hafenstadt **Napier** ist dank des mediterranen Klimas, der erschwinglichen Preise und einer der weltweit schönsten Ansammlungen von Art-déco-Häusern eine der liebenswertesten „Metropolen" Neuseelands. Die sehenswerten Gebäude der Stadt wurden nach dem schrecklichen Erdbeben von 1931 erbaut (S. 451). Mit einer Bevölkerungszahl von 54 000 ist Napier die größte Stadt in Hawke's Bay.

Südlich des Ocean Spa (S. 453) steht eine Bronzestatue von **Pania**. Einheimische Maori erzählen gern die Geschichte von der wunderschönen Meerjungfrau, die jeden Abend vom Wasserreich des Tangaroa, dem Gott des Ozeans, zu einer Süßwasserquelle nahe dem Fuße des Bluff Hill schwamm, um dort ihren Durst zu stillen und am nächsten Morgen wieder zu ihrem Volk zurückzukehren. Eines Abends wurde sie von einem jungen Häuptling entdeckt, der um sie warb und wollte, dass sie an Land bliebe. Sie heirateten schließlich, doch als Pania ihrer Verwandtschaft einen Abschiedsbesuch abstattete, hielt diese sie gewaltsam in den salzigen Tiefen des Meeres zurück, und sie verwandelte sich in einen Stein, der heute als **Pania Reef** bekannt ist. Fischer und Taucher behaupten immer noch, sie könnten sie sehen, wie sie ihre Arme zum Ufer ausstreckt.

In Napiers gitternetzartig angelegtem Geschäftszentrum wurden die Straßen auf Geheiß des Land Commissioners Alfred Domett Mitte des 19. Jhs. nach Schriftstellern benannt: Tennyson, Thackeray, Byron, Dickens, Shakespeare, Milton usw. Mitten hindurch führt die teilweise in eine Fußgängerzone mit Terrakottapflaster und Palmen verwandelte Hauptstraße **Emerson Street**, die vom Clive Square Richtung Meer auf die von Norfolk-Tannen gesäumte **Marine Parade** stößt, den Hauptstrand von Napier.

Nordöstlich des Bluff Hill liegt ungefähr 5 km vom Zentrum entfernt **Ahuriri**, die Siedlung, der Napier seine Existenz verdankt. Heute wimmelt es dort von trendigen Restaurants, Cafés, Bars und Boutiquen.

Von Napier aus lassen sich gut Ausflüge zur Tölpelkolonie am Cape Kidnappers (S. 460) sowie zu den zahlreichen Weltklasse-Weingütern in den Ebenen ringsum unternehmen (S. 460).

Geschichte

1769 segelte James Cook an **Ahuriri**, dem heutigen Napier, vorbei und bemerkte dabei den vom Meer umgebenen Bluff Hill, hinter dem sich eine großartige Salzwasserlagune verbirgt – der einzige nennenswerte geschützte Ankerplatz zwischen Gisborne und Wellington. Dennoch ankerte er ein Stück weiter südlich, vor dem aufgrund einer alles andere als freundlichen Begegnung mit dem einheimischen Volk der **Ngati Kahungunu** später Cape Kidnappers genannten Kap.

Etwa 30 Jahre später war Ahuriri beinahe verlassen, da die Ngati Kahungunu von mit Gewehren ausgestatteten Rivalen vertrieben worden waren. Während des unsicheren Friedens der ersten Kolonialjahre kehrten Maori in die Gegend um Napier zurück. Die **Landkriege** der 1860er-Jahre überstand die Stadt relativ unbeschadet. Der Hafen florierte, doch bis Anfang des 20. Jhs. war alles vorhandene Land erschöpft.

Das Erdbeben

Alles änderte sich schlagartig am Morgen des 3. Februar 1931, als die Stadt von einem **Erdbeben** der Stärke 7,9 erschüttert wurde, einem der stärksten in der Geschichte Neuseelands. In den nächsten zwei Wochen folgten über 600 Nachbeben. 258 Menschen kamen in der Bucht um, 162 davon allein in Napier. Das Zentrum der Stadt lag in Schutt und Asche, denn nach dem Beben brach auch noch Feuer aus. 300 km² Neuland waren gewaltsam dem Ozean entrissen worden – genug Platz, um den Flughafen der Hawke's Bay zu bauen und die Stadt auszudehnen.

Napier ergriff die Gelegenheit, um neu anzufangen: Die Straßenbahn verschwand, die Telefonleitungen wurden unterirdisch verlegt, die Straßen verbreitert. Dem Geist der Zeit entsprechend wurde fast alles nach den Ideen der **Art-déco-Bewegung** gestaltet. Dieser simultane Wiederaufbau hat Napier eine seltene stilistische Uniformität verliehen – und es zu einer der größten Ansammlungen von Art-déco-Häusern gemacht.

Marine Parade

Napiers Hauptanziehungspunkt ist die **Marine Parade**, ein 2 km langer Boulevard, den stattliche Norfolk-Tannen säumen. Auf der einen Seite begrenzen die Promenade Hotels, Motels, B&Bs,

POVERTY BAY, HAWKE'S BAY UND DAS WAIRARAPA

Napier

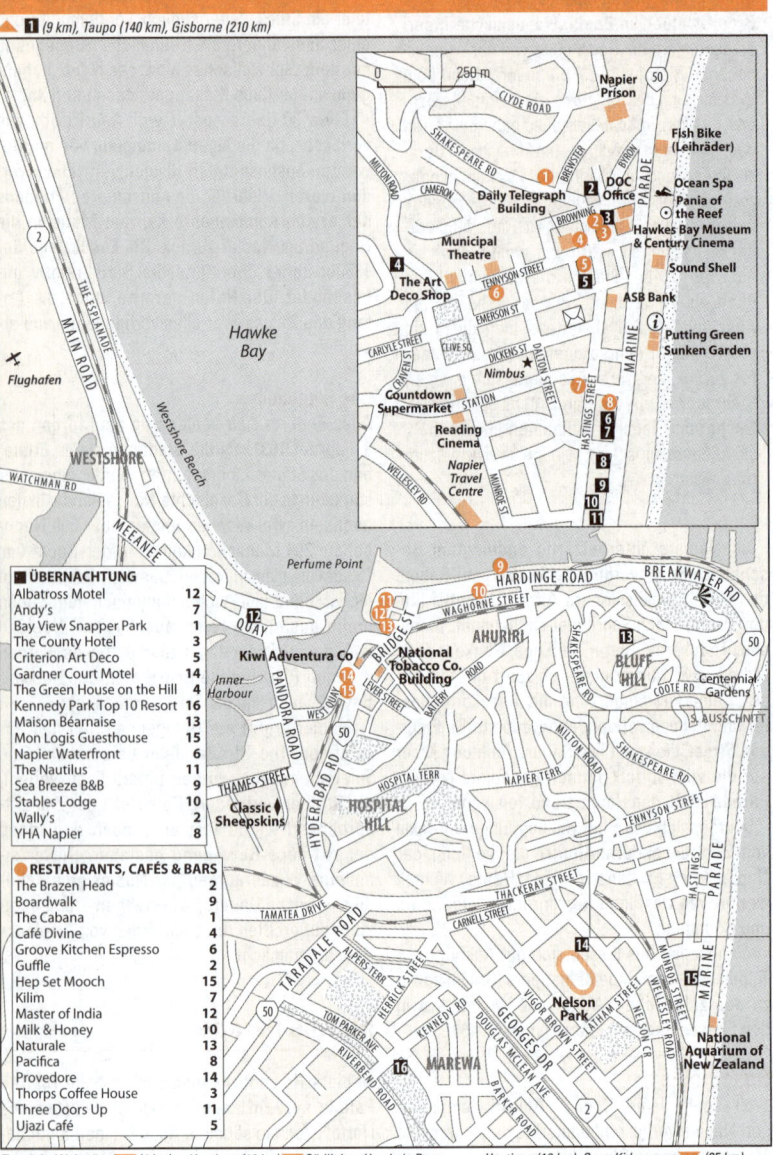

1 (9 km), Taupo (140 km), Gisborne (210 km)

POVERTY BAY, HAWKE'S BAY UND DAS WAIRARAPA

Napier Prison

Fish Bike (Leihräder)

Ocean Spa
Pania of the Reef

Daily Telegraph Building

DOC Office

Hawkes Bay Museum & Century Cinema

Sound Shell

Municipal Theatre

The Art Deco Shop

ASB Bank

Putting Green
Sunken Garden

Nimbus

Countdown Supermarket

Reading Cinema

Napier Travel Centre

Hawke Bay

Flughafen

WESTSHORE

Westshore Beach

Perfume Point

Kiwi Adventura Co

National Tobacco Co. Building

AHURIRI

BLUFF HILL

Centennial Gardens

Inner Harbour

Classic Sheepskins

HOSPITAL HILL

Nelson Park

MAREWA

National Aquarium of New Zealand

■ ÜBERNACHTUNG

Albatross Motel	12
Andy's	7
Bay View Snapper Park	1
The County Hotel	3
Criterion Art Deco	5
Gardner Court Motel	14
The Green House on the Hill	4
Kennedy Park Top 10 Resort	16
Maison Béarnaise	13
Mon Logis Guesthouse	15
Napier Waterfront	6
The Nautilus	11
Sea Breeze B&B	9
Stables Lodge	10
Wally's	2
YHA Napier	8

● RESTAURANTS, CAFÉS & BARS

The Brazen Head	2
Boardwalk	9
The Cabana	1
Café Divine	4
Groove Kitchen Espresso	6
Guffle	2
Hep Set Mooch	15
Kilim	7
Master of India	12
Milk & Honey	10
Naturale	13
Pacifica	8
Provedore	14
Thorps Coffee House	3
Three Doors Up	11
Ujazi Café	5

Taradale-Weingüter (4 km)   Hastings (16 km),   Südliches Hawke's Bay   Hastings (16 km), Cape Kidnappers (25 km)

Hostels, Geschäfte und Restaurants, auf der anderen ein dunkelgrauer Kieselstreifen. Dies ist der **Hauptstrand** von Napier, aber zum Schwimmen ist es hier zu gefährlich – Badestrände mit goldgelbem Sand gibt es 30 km weiter nördlich in Waipatiki bzw. 35 km südlich in Waimarama oder Ocean Beach. Ein viel genutzter Fuß- und Radweg auf der dem Meer zugewandten Seite der Marine Parade verbindet eine Reihe von Attraktionen miteinander. Er beginnt am Hafen von Napier am Nordende der Stadt und führt am Fuß des Bluff Hill vorbei zum **Ocean Spa**.

Ocean Spa

42 Marine Parade ▪ ⏰ Mo–Sa 6–22, So 8–22 Uhr ▪ Eintritt $9 ▪ ☎ 06 835 8553, ▢ oceanspa.co.nz

Der weitläufige Komplex aus Glas und Beton am Wasser namens **Ocean Spa** lockt mit einem Fitnessstudio und warmen Salzwasserbecken (36–38 °C). Zum Verwöhnprogramm gehören Whirlpools, Unterwassermassagen, Hamam, Sauna, Massagen ($35/30 Min.), Schönheitsbehandlungen und ein sogenannter Lap Pool (26 °C) für Gymnastikübungen, alles mit Blick aufs Meer. Dank der langen Öffnungszeiten und dem warmen Wasser lässt sich hier ein äußerst entspannter Sommerabend verbringen.

Hawke's Bay Museum & Art Gallery

65 Marine Parade ▪ ▢ hbmag.co.nz

Gegenüber der Pania (Kasten S. 451) erhebt sich das Gerüst des **Hawke's Bay Museum**. Es wird erweitert und soll Ende 2013 wieder eröffnen. Dann dürfen wieder erstklassige Ausstellungen mit Schwerpunkt auf Kunst und Design erwartet werden. Zudem öffnet nach Ende der Bauarbeiten auch das erstklassige hauseigene Art-House-Kino endlich wieder seine Pforten.

Opossum World

157 Marine Parade ▪ ⏰ Mo–Fr 9.30–17, plus Sa und So im Sommer 9.30–16 Uhr ▪ Eintritt frei ▪ ☎ 06 835 7697, ▢ opossumworld.com

Wer am Straßenrand ab und zu eine überfahrene Beutelratte gesehen oder eine im Busch gehört hat, kann kaum verstehen, warum die meisten Kiwis auf diese possierlichen Tierchen so wütend sind. Das ändert sich, sobald man die Ausstellung bei **Opossum World** in Augenschein

genommen hat, nach eigenem Bekunden ein „einzigartiges Shopping- und Bildungserlebnis". 70 Mio. neuseeländische Opossums vertilgen je de Nacht 21 000 Tonnen Vegetation. Würde man sie nicht wie Ungeziefer behandeln, sähe das Land bald wie die Mojave-Wüste aus. Opossumfell hält sagenhaft warm, und im Laden werden Pelzmützen, -handschuhe usw. verkauft.

National Aquarium of New Zealand

546 Marine Parade ▪ ⏰ tgl. 9–17 Uhr; Handfütterung im Ozeanbecken 10 und 14 Uhr; Riffbecken 10 Uhr, mit Haien schwimmen tgl. 14 Uhr; „Behind the Scenes"-Tour tgl. mit Reservierung ▪ Eintritt $17,90; „Behind the Scenes"-Tour $35,70; mit Haien schnorcheln $78/30 Min.; mit Haien tauchen (nur mit Tauchschein) $78, oder $117 inkl. Ausrüstung ▪ Pinguine füttern tgl. 13 Uhr, max. 4 Pers., $60/45 Min. ☎ 06 834 1404, ▢ nationalaquarium.co.nz

Ein Stück weiter die Promenade entlang kommt man zum **National Aquarium of New Zealand**. Das Aquarium, das beste des Landes, präsentiert charakteristische Meereslandschaften Afrikas, Asiens und Australiens sowie eine recht umfangreiche Neuseeland-Abteilung. Neueste Erwerbung ist die Penguin Cove, in der Zwergpinguine eine neue Heimat gefunden haben.

Die größte Attraktion ist das **Ozeanbecken**, durch dessen Tunnel aus Plexiglas man Rochen und verschiedene Haie von Nahem sehen kann. Es ist empfehlenswert, den Besuch so zu timen, dass er mit einer der Handfütterungszeiten zusammenfällt. Handfütterungen finden auch im **Riffbecken** statt. Außerdem gibt es Führungen, die einen Blick hinter die Kulissen erlauben sowie die Möglichkeit, im Ozeanbecken mit Haien zu schwimmen. Unter den wachsamen Augen von Tierpflegern kann man ohne Käfig oder Netze zusammen mit Haien im Becken schwimmen. Außerdem umfasst das Museum interessante Abteilungen zu den neuseeländischen Brückenechsen *(tuatara)* und ein Kiwi-Nachthaus.

Bluff Hill

Im Norden stößt das Zentrum Napiers an die steilen Hänge des **Bluff Hill**, eines 3 km langen Hügels, der eine begehrte Wohngegend ist. Am östlichen Gipfel kann man vom **Bluff Hill Domain Lookout** (🕓 tgl. 7 Uhr bis zur Abenddämmerung) den Blick bis nach Cape Kidnappers im Westen und bis zur Mahia-Halbinsel im Osten schweifen lassen.

Napier Prison Tour

55 Coote Rd ▪ 🕓 tgl. 9–17 Uhr, Führung tgl. 9.30 und 15 Uhr, R16 Night Tour Juni–Jan Fr und Sa 19 Uhr ▪ Audiotour und Führung $20; R16 Night Tour $65 mit Abendessen, $25 ohne ▪ ✆ 06 835 9933, 🖥 napierprison.com

Südlich vom Bluff Hill steht das **Napier Prison**. Das 1862 erbaute und 1993 geschlossene Gefängnis verbirgt sich hinter einer mächtigen Sandsteinmauer. Das hier ist aber nicht Alcatraz, sondern ein Gefängnis nach Kiwi-Art – Bretter und Wellblech – mit einer bewegten Geschichte. Es beherbergte nicht nur hartgesottene Verbrecher, sondern auch Frauen, Kinder und psychisch Kranke. Mehrere Zellen wurden im Originalzustand belassen. Besucher können eine einstündige Audiotour unternehmen, an einer einstündigen Führung teilnehmen oder sich der R16 Night Tour mit gespenstischen Einlagen und evtl. Abendessen anschließen.

Ahuriri

5 km nordwestlich der Innenstadt

Die europäischen Ursprünge Napiers liegen im heutigen Hafenvorort **Ahuriri**, 5 km vom Zentrum entfernt an der Küste. James Cook entdeckte dort in der Ahuriri-Flussmündung einen sicheren Liegeplatz für die *Endeavour*, und um diesen natürlichen Hafen wuchs die neue Ansiedlung. Als später der Industriehafen um die Landzunge weiter nach Süden zog, fiel Ahuriri in die Bedeutungslosigkeit. Erst seit in den letzten Jahren die alten Wollmagazine und Lagerhäuser im inneren Hafen (genannt „Iron Pot") sowie die Uferpromenade durch schummrige Bars, eine Brauerei (S. 458), coole Geschäfte und Cafés neu belebt worden sind, herrscht ab Donnerstagabend das ganze Wochenende hindurch wieder reges Treiben.

National Tobacco Company Building

Bridge St, Ecke Ossian St

Am Tag lässt sich ein hübscher Spaziergang durch das Gebiet von Ahuriri unternehmen, wirklich sehenswert ist aber nur das **National Tobacco Company Building**. Es ist wahrscheinlich mit Abstand das am häufigsten abgelichtete Art-déco-Motiv von Napier und weist einen dekorativen Reichtum auf, der bei Industriebauten selten ist, darunter Art-Nouveau-Motive wie Rosen und *raupo* (eine Art neuseeländische Seebinse).

Sheepskin Tannery

22 Thames St ▪ Führungen Mo–Fr 11 und 14 Uhr ▪ Eintritt frei ▪ ✆ 06 835 9662, 🖥 classicsheepskins.co.nz

Classic Sheepskins veranstaltet sehr interessante Führungen durch eine **Schaffellgerberei**. Bei der Gelegenheit kann man Produkte zum Herstellerpreis kaufen, darunter Thor Boots, das Kiwi-Äquivalent von Ugg Boots (Stiefel aus Schafsleder); Teilnehmer werden sogar kostenlos in der Innenstadt abgeholt.

Abgesehen von dem üblichen Mangel an Unterkünften in den vier Wochen nach Weihnachten und während der Feste im Februar (S. 458), dürfte es keine Probleme geben, in Napier unterzukommen. Es gibt Dutzende **Motels**, viele davon in Westshore, einem Vorort am Strand, ein paar Kilometer vom Zentrum entfernt neben dem SH2 Richtung Norden. Die Marine Parade im Zentrum bietet sowohl preiswerte **Hostels** als auch vornehme **B&Bs**.

Albatross Motel, 56 Meeanee Quay, Westshore, ✆ 0800 252 287, 🖥 albatrossmotel.co.nz. Großes, preiswertes Motel am SH2, aber nahe dem Westshore Beach und den Restaurants in Ahuriri, mit kleinem Pool, Spa und kostenlosem WLAN. Studios $119, Deluxe $140

Andy's, 259 Marine Parade, ✆ 06 835 5575, 🖥 andysbackpackers.co.nz. Das kleine Hostel hat unübersehbar schon ein paar Jahre auf dem Buckel, wird aber hingebungsvoll geführt. Manche Zimmer im EG erlauben einen Blick auf die Marine Parade, andere (mit ein bisschen Verrenkung) aufs Meer. Es gibt eine kleine,

Nach dem Erdbeben von 1931 wurde Napier im angesagtesten Architekturstil jener Zeit wieder aufgebaut: **Art déco**. Er bedeutete den Inbegriff der Moderne, verherrlichte den Fortschritt, das Industriezeitalter und einen verschwenderischen Lebensstil nach dem Vorbild des Großen Gatsby. Doch die Weltwirtschaftskrise machte dem Überschwang ein Ende, weshalb Napiers Art-déco-Version von den Entbehrungen jener Ära geprägt ist.

Gleichzeitig ließen sich die Architekten vom kalifornischen Santa Barbara inspirieren, das nur sechs Jahre zuvor das gleiche Schicksal erlitten hatte wie Napier und aus den Trümmern wiederauferstanden war. Sie übernahmen die Brunnen (ein Symbol der Erneuerung), aufgehende Sonnen, Zickzackleisten, Blitze und Riffelungen, um den äußerst formalisierten, aber asymmetrischen Designs zusätzlichen Reiz zu verleihen. Der in den 1980er-Jahren gegründete **Art Deco Trust** setzt sich für den Erhalt der Gebäude ein und unterstützt Ladenbesitzer finanziell bei der Hervorhebung charakteristischer architektonischer Details in originalgetreuen Pastellfarben.

Besucher können sich einen Eindruck vom Art déco in Napier verschaffen, indem sie das halbe Dutzend Straßen im Stadtzentrum entlangspazieren, vor allem die **Emerson Street**. Besondere Erwähnung verdient hier die **ASB Bank** an der Ecke zur Hastings Street. In der Tennyson Street sollte man nach dem Gebäude des **Daily Telegraph** mit stilisierten Brunnen und dem **Municipal Theatre** Ausschau halten. Letzteres wurde Ende der 1930er-Jahre in auffallend geometrischer Form erbaut.

Entdeckungstouren durch das Art-déco-Napier

Aufmerksame Beobachter finden den klassischen Art déco überall, doch für eine systematische Erkundung des Art déco in Napier sollte man die Angebote eines oder mehrerer der nachstehend gelisteten Anbieter in Anspruch nehmen.

The Art Deco Shop, 163 Tennyson St, 🖳 artdeconapier.com. Abgesehen vom Warensortiment bietet der Laden auch ein kostenloses 24-minütiges Video zur Einführung und eine Broschüre ($7,50) zu einem **Art Deco Walk** auf eigene Faust im Stadtzentrum (1,5 km; 1 1/2–2 Std.). ⏲ tgl. 9–17 Uhr.

Art Deco Afternoon Walking Tour. Echte Art-déco-Liebhaber treffen sich zu dieser Tour (April–Sep tgl. 14 Uhr, $21), die das Napier der 1930er-Jahre anhand vieler Anekdoten wieder zum Leben erweckt und Gelegenheit bietet, sich ungeniert im Innern der Läden und Banken umzuschauen.

Art Deco Morning Walking Tour und **Art Deco Evening Walk**. Beide Führungen sind kürzer als die Afternoon Walking Tour und beginnen beim i-SITE. Der Vormittagsspaziergang (1 Std.; $16) beginnt tgl. um 10 Uhr, der Abendspaziergang (1/2 Std.; $19) findet tgl. von Ende Jan–März statt.

Der Art Deco Trust veranstaltet **Vintage Deco Car Tours** und eine **Deco Tour**, 163 Tennyson St, 📞 06 835 0022, 🖳 artdeconapier.com. Die Autofahrt (1 Std.; $140 für maximal 3 Pers.) findet nur statt, wenn ein Fahrzeug zur Verfügung steht. Bei der Deco Tour (tgl. 11.30 Uhr; 1 1/4 Std.; $48) im Minibus werden auch die außerhalb des Stadtkerns gelegenen Art-déco-Highlights besichtigt.

gut ausgestattete Küche und ein Gärtchen. Dorms $26, Zimmer $52, mit Meerblick $60
Bay View Snapper Park, 10 Gill Rd, Bay View, 📞 0800 287 275, 🖳 snapperpark.co.nz. Dieser grundsanierte, einladende Campingplatz mit schicker Rezeption und Sommercafé in Strandlage, 9 km nördlich von Napier, ist das Gegenstück zum Kennedy Park. Ein paar der Stellplätze für Wohnmobile und manche Units

haben Meerblick. Camping $20, Cabins $75, Units für Selbstversorger $135, Motel Units $150
The County Hotel, 12 Browning St, 📞 0800 843 468, 🖳 countyhotel.co.nz. Elegantes, hübsch eingerichtetes Business- und Touristenhotel im ehemaligen Rathaus aus der Zeit König Edwards, eines der wenigen Häuser, die das Erdbeben von 1931 überstanden. Die Zimmer

sind nobel, es gibt ein gutes Restaurant und eine Bar. $315

Criterion Art Deco, 48 Emerson St, ☏ 06 835 2059, 🖥 criterionartdeco.co.nz. Zentral gelegenes 55-Betten-Hostel in einem Art-déco-Gebäude, einem ehemaligen Hotel. Preiswerte Dorms (z. T. nach Geschlechtern getrennt) und DZ, einige davon mit Bad. Große Gemeinschaftsbereiche, aber kleine Küche. Kleines Frühstück im Preis enthalten, außerdem bekommen die Gäste in der darunterliegenden Cri Café/Bar Rabatt. Dort gibt's billige Standard-Kiwicaféost, Billardtische, Flachbild-TVs und manchmal Livemusik. Dorms $23, Zimmer $65, mit Bad $85

Gardner Court Motel, 16 Nelson Crescent, ☏ 0800 000 830, 🖥 gardnercourtmotel.co.nz. Besonders einladendes, ruhiges, sauberes und relativ zentrales Old-School-Motel mit einem mittels Sonnenenergie beheizten Außenpool und schlichten Motelzimmern zu unschlagbaren Preisen. Das ganz große Plus sind die Hingabe und die Freundlichkeit der langjährigen Besitzer. $110

The Green House on the Hill, 18b Milton Oaks, Bluff Hill, ☏ 06 835 4475, 🖥 the-green-house. co.nz. Die Besitzerin scheut weder Kosten noch Mühe, damit sich die Gäste in ihrer freundlichen, vegetarischen Frühstückspension rundherum wohl fühlen. Zur Auswahl stehen eine Suite mit Bad und eine weitere mit zwei Zimmern und Bad. Liebevoll zubereitetes Frühstück und Aussicht auf die Stadt. Kostenloses WLAN. $135

Kennedy Park Top 10, Storkey St, abseits der Kennedy Rd, ☏ 0800 457 275, 🖥 kennedy park.co.nz. Der nur 2 km von der Innenstadt entfernte gut gemanagte Campingplatz hat jede Menge Stellplätze mit Anschlüssen, einen Pool, eine Grillstelle, einen Kinderspielplatz, zahlreiche Cabins und Units sowie ein Restaurant. Camping $21,50, Cabins $60, Cabins mit Küche $83, mit Bad $92, Ferienwohnung $110, Motel Units $115

Maison Béarnaise, 25 France Rd, Bluff Hill, ☏ 06 835 4693, 🖥 maisonbearnaise.co.nz. 2 helle, freundliche DZ mit Bad in einer über 100 Jahre alten Villa mit hübschem Garten. Zwei Tüpfelchen auf dem I sind das kostenlose

WLAN und das schmackhafte Frühstück aus Zutaten der Saison. $220

Mon Logis Guesthouse, 415 Marine Parade, ☏ 06 835 2125, 🖥 monlogis. co.nz. B&B in einem hundertjährigen Holzhaus mit 4 Zimmern, die sich einen Balkon mit Aussicht aufs Meer teilen. Der freundliche, gut informierte französische Besitzer kümmert sich rührend um die Gäste und sorgt für ein köstliches Frühstück. $180, mit Meerblick $240

Napier Waterfront, 217 Marine Parade, ☏ 06 835 3429, 🖥 napierbackpackers.co.nz. Von der Veranda des Holzhauses schaut man auf die Marine Parade. Gemütliche Dorms und Zimmer sowie eine gut ausgestattete Küche. Regelmäßige BBQs im Garten tragen zum relaxten Ambiente bei. Dorms $23, Zimmer $56

The Nautilus, 387 Marine Parade, ☏ 0508 68 845, 🖥 nautilusnapier.co.nz. Modernes, gehobenes Motel, alle Zimmer mit Meerblick, Jacuzzi, TV und Zimmerservice. Zur Anlage gehört ein kleines Restaurant, kostenl. WLAN. Studios $175, Deluxe und Apartments $225

Sea Breeze B&B, 281 Marine Parade, ☏ 06 835 8067, ✉ seabreeze.napier@ xtra.co.nz. Viktorianische Villa am Wasser mit 3 opulent nach Themen eingerichteten Gästezimmern – das im türkischen und das im indischen Stil teilen sich ein Bad, das asiatische hat ein eigenes. Die Eigentümer scheuen keine Mühen, damit die Gäste sich wohlfühlen. Allen stehen eine Küche und die Lounge mit Meerblick zur Verfügung. Großzügiges SB-Continental-Frühstück. $130

Stables Lodge, 370 Hastings St, ☏ 06 835 6242, 🖥 stableslodge.co.nz. Kleines, freundliches, gemütliches 38-Betten-Hostel mit Zimmern rund um einen Patio. Kostenloser Internetzugang, Hängematten, Büchertausch und Grillstelle als Ausweichmöglichkeit zur kleinen, aber voll ausgestatteten Küche tragen zu der geselligen Atmosphäre bei. Dorms $26, Zimmer $64

Wally's, 7 Cathedral Lane, ☏ 06 833 7930, 🖥 wallys.co.nz. Engagiert geführtes, zentrales Hostel in zwei Villen aus den 1920er-Jahren sowie einem Cottage, das als 8-Zimmer-Dorm dient. Gute Auswahl an Zimmern, riesige DVD-Sammlung und ein paar Parkplätze abseits der Straße. Dorms $26, Zimmer $56, mit Bad $76

YHA Napier, 277 Marine Parade, ☎ 06 835 7039, 💻 yha.co.nz. Die mit Abstand beste Backpackeroption ist diese gemütliche, zentral gelegene und saubere Jugendherberge in drei historischen Schindelhäusern am Wasser. Zur beachtlichen Auswahl stehen 4BZ, kuschlige EZ, 2- und 5-Bett-Familienzimmer; einige mit Meerblick. Die Grillstelle im sonnigen Hinterhof und die geräumige Küche verhindern Gedränge, sogar in der Hochsaison. Dorms $30, EZ $45, 2BZ und DZ $74

ESSEN UND UNTERHALTUNG

Im Zentrum gibt es genügend Cafés und Restaurants für eine Mahlzeit oder einen Drink am Tage. Nach Sonnenuntergang ist man aber in Ahuriri besser aufgehoben. Auf den Weingütern ringsum (Kasten S. 462) wird mittags und abends Haute Cuisine geboten, allerdings zu saftigen Preisen. In der Innenstadt gibt es zwei große Supermärkte, beide in der Munroe St: Countdown, Hausnr. 1, und Pak 'n Save, Hausnummer 25, beide ⏱ tgl. 6–24 Uhr. Das Unterhaltungsangebot der Stadt ist nicht besonders aufregend, es sei denn, man ist gerade in Napier, wenn ein **Festival** stattfindet (S. 458). In einigen Bars gibt es jedoch am Wochenende und – wenn Bands auf Tournee vorbeikommen – manchmal **Livemusik**. Das **Veranstaltungsprogramm** ist in den Donnerstags- und Freitagsausgaben der Zeitung *Hawke's Bay Today* nachzulesen.

Zentrum

The Brazen Head, 21 Hastings St, ☎ 06 835 3517. Die Bar irischer Prägung muss wie alle Kneipen von Gesetzes wegen Speisen anbieten, aber die eigentlichen Anziehungspunkte hier sind Livemusik, Themenabende und gute Stimmung, v. a. am Wochenende.

The Cabana, 11 Shakespeare Rd, ☎ 06 835 1102, 💻 cabana.net.nz. Die Neuauflage eines altgedienten neuseeländischen Veranstaltungsorts präsentiert sich als ausgezeichnete Bühne für Gastbands und -shows, die manches Großstadtangebot in den Schatten stellen. Wer nicht wenigstens einmal reingeschaut hat, ist nicht in Napier gewesen. Je nach Veranstaltung wird manch-

mal Eintritt ($5–20) verlangt. ⏱ Do–So 16 Uhr bis spät.

Café Divine, 53 Hastings St, ☎ 06 835 6218. Mit seinen gesunden, hausgemachten Filoteigtaschen und Wraps, einem himmlischen *seafood chowder* ($15,50) und anderen billigen Frühstücks- und Mittagsgerichten ($9–28) hält das bei Einheimischen und Touristen gleichermaßen beliebte Café wirklich, was sein Name verspricht. ⏱ tgl. 7–17 Uhr.

Groove Kitchen Espresso, 112 Tennyson St, ☎ 06 835 8530, 💻 groove kitchen.co.nz. Cooles Café mit leckerem Essen, unwiderstehlichem Kaffee und guter Musik aus der Stereoanlage oder der Musikbox in der Ecke. Hauptgerichte $18–26. An bestimmten Sommerabenden gibt es Live- oder DJ-Musik und Currys. ⏱ Mo–Do 8–rund 14, Fr 8–ca. 14 und 18.30 Uhr bis spät, Sa 8.30–ca. 15 und 18.30 Uhr bis spät, So 8.30–15 Uhr.

Guffle, 29 Hastings St, ☎ 06 7835 8847, 💻 guffle.co.nz. Für den Besuch dieser coolen kleinen Cocktail- und Weinbar sollte man sich ein klein wenig in Schale schmeißen. Im Guffle gibt's die besten Drinks der Stadt und immer tolle Musik, manchmal auch live. Wenn es unbedingt sein muss, kommt auch eine Portion Fritten auf den Tisch, aber der Renner sind die phänomenal guten Cocktails. ⏱ Mo–Sa 16 Uhr bis spät.

Kilim, 193 Hastings St, ☎ 06 835 9100. Dank BYO-Wein ohne Entkorkungsgebühr und preiswertem türkischem Essen (auch zum Mitnehmen) immer gut besucht. Hauptgerichte ($14–16,50), z. B. Köfte, Falafel und Spinat-Börek. Der Service ist nicht gerade berauschend, aber die Angestellten geben sich Mühe, und die Gerichte sind lecker und sättigend. ⏱ So–Do 11–21, Fr und Sa 11–21.30 Uhr.

Pacifica, 209 Marine Parade, ☎ 06 833 6335, 💻 pacificarestaurant.co.nz. In dem etwas zu sehr gestylten Restaurant wird mit Vorliebe Seafood in einer Verbindung aus Nuevo Cuisine und Tapas-Häppchen serviert. Hauptgerichte im Tapasstil $29. Bei gutem Wetter sitzt man sehr schön im Garten. ⏱ Mo–Fr 18 Uhr bis spät.

Thorps Coffee House, 40 Hastings St, ☎ 06 835 6699. Das herrlich altmodische Kaffeehaus hat Sandwiches mit Belag nach Wunsch zum

Essen vor Ort oder zum Mitnehmen, Muffins und vorzüglichen Kaffee (nichts über $20). Das Innere weist schöne Art-déco-Elemente auf. ⏰ Mo–Sa 8–17, Do–Sa auch ab 18 Uhr.

Ujazi Café, 28 Tennyson St, ✆ 06 835 1490. In dem stilvollen Café gibt's gutes Frühstück (auch vegetarisch) und Mittagessen: Quiches und Salate, außerdem Fruchtsorbets und guter, starker Fairtrade-Kaffee sowie himmlische Puddingschnitten, alles um $15–25. ⏰ Mo–Fr 8–17, Sa und So 8–15 Uhr.

Ahuriri

Boardwalk, 8 Hardinge Rd, ✆ 06 834 1168, 🖥 boardwalknapier.co.nz. Sieht von außen wie eine ganz gewöhnliche Strandbar mit Café aus; die Strandpromenade liegt nur einen Schritt vom Garten entfernt. Abends wird das Lokal allerdings zu einem überraschend innovativen Restaurant mit tollem Essen (Hauptgerichte $15–35). ⏰ Di–Fr 10 Uhr bis spät, Sa und So 8.30 Uhr bis spät.

Hep Set Mooch, 58 West Quay, ✆ 06 833 6332, 🖥 shed2.co.nz/hep_set_mooch. Lockeres Tagescafé in einem großen umgebauten Lagerschuppen. Die gut gelaunten und freundlichen Mitarbeiter servieren alle möglichen Frühstücksgerichte (z. B. Porridge mit Apfelkompott), leckere Muffins sowie Omelettes, Blätterteigpasteten und Salate, ($5–25). ⏰ tgl. 8–15 Uhr.

Master of India, 79 Ahuriri Shopping Centre, ✆ 06 834 3440. Stilvolles Curry-Restaurant mit einer großen Auswahl authentischer Speisen, darunter auch viele vegetarische. Die meisten Hauptgerichte unter $25. BYO und Schanklizenz. Auch Take away. ⏰ Do–Sa 11.30–14 und 17.30 Uhr bis spät.

Milk & Honey, Crown Hotel, Bridge St, Ecke Hardinge Rd, ✆ 06 833 6099, 🖥 milkand honey.co.nz. Das schicke Restaurant/Bar mit poliertem Holz und Meerblick verdankt seine Beliebtheit nicht zuletzt der modernen mediterranen/italienischen Speisekarte (Hauptgerichte um $30. Man kann aber auch einfach für einen Syrah oder Espresso herkommen. ⏰ tgl. 7–22 Uhr.

Naturale on the Quay, 419 Nelson Quay, ✆ 06 834 3150. Ins Leben gerufen von einem Brauer/Barkeeper mit einer Vorliebe

POVERTY BAY, HAWKE'S BAY UND DAS WAIRARAPA

Napier: Festivals und Events

Das **Mission Concert**, 🖥 missionconcert.co.nz, findet normalerweise zwischen Januar und März statt. Dabei tritt jedes Mal ein international bekannter Sänger auf der Mission Estate Winery vor etwa 25 000 Gästen im Freien auf. Hier gaben sich z. B. schon Tom Jones, Eric Clapton und Rod Stewart die Ehre.

Art Deco Weekend, 🖥 artdeconapier.com. Zum Jugendstil-Festprogramm gehören Stadtführungen, Besichtigungen von ansonsten nicht zugänglichen Art-déco-Privathäusern, Radtouren, Picknicks, zu denen man im Stil der 1930er-Jahre gekleidet erscheinen soll, Champagnerfrühstück, Kostümbälle, Stummfilme und Ähnliches. Normalerweise am 3. Februarwochenende.

Deco Decanted Jazz Festival, 🖥 artdeco napier.com. Im Winter feiert Napier den Jugendstil mit der typischen Musik jener Ära. Normalerweise am 3. Juli-Wochenende.

---

für eigene Brauerzeugnisse. Es gibt Manuka-Bier ohne Hopfen, Skor Lager sowie traditionelles englisches Ale – alles sehr exquisit. Eine 340-ml-Flasche ist für $6 zu haben, 1,25 l für $15. Die Biere werden in verschiedenen Bars der Region ausgeschenkt. ⏰ Di 13–17.30, Mi und Do 13–19, Fr und Sa 13–19.30, So 14–18 Uhr.

Provedore, 60 West Quay, ✆ 06 834 0189. In dem angesagten Café/Bar mit europäischem Touch gibt's Tapas ($7–14), DJs und manchmal Livemusik – super Location für einen schönen Abend. Sonntags BYO. ⏰ Mo–Fr 16 Uhr bis spät, Sa und So 10 Uhr bis spät.

Three Doors Up, 3 Waghorne St, ✆ 06 834 0835, 🖥 threedoorsup.co.nz. Ein gutes, italienisch angehauchtes Restaurant mit Alkoholausschank, legerem Ambiente und erschwinglichen Preisen, daher steht es auch bei den Anwohnern hoch im Kurs. Es hat vom Brunch bis zum Dinner geöffnet. Am empfehlenswertesten ist aber ein Besuch am Abend für Gaumenfreuden wie kurz gebratene Jakobsmuscheln (Hauptgerichte $16–35). ⏰ Mi–So 10–14.30 und 17.30 Uhr bis spät.

Aktivitäten

Kiwi Adventure Company Climbing Wall, 58 West Quay, Ahuriri, ✆ 06 834 3500, 🖥 kiwi-adventure.co.nz. Nahe am Wasser in einem ehemaligen Wollmagazin hinter dem Hep Set Mooch Café (S. 458). Die Benutzung der guten Indoor-Kletterwand kostet $15 für den ganzen Tag, altersunabhängige Anleitung inbegriffen. Der Veranstalter organisiert auch Kajak- und Höhlentrips in der Gegend. ⏰ Di–Do 15–21, Sa und So 10–18 Uhr.

Autovermietungen

Auto Rental, ✆ 06 834 0045, und **Pegasus**, ✆ 06 843 7020, bieten Fahrzeuge ab $60 pro Tag.

Informationen und Internet

i-SITE, 100 Marine Parade, ✆ 06 834 1911, 🖥 hawkesbaynz.com. Die Mitarbeiter geben Auskunft darüber, wann die Gezeiten für den Besuch der Tölpelkolonie günstig sind und reservieren Reise- und Wanderwege/Hütten-tickets. Außerdem gibt's hier **Internetzugang**. ⏰ tgl. 9–17 Uhr.
DOC, 59 Marine Parade, ✆ 06 834 3111. Informationen über Wanderungen in die abgeschiedenen Kaweka- und Ruahine-Berge im Westen. ⏰ Mo–Fr 9–16.15 Uhr.

Kinos

Century Cinema, 65 Marine Parade, im Hawke's Bay Museum and Art Gallery (S. 453), ✆ 06 835 7781, 🖥 hbmag.co.nz. Bei Redaktionsschluss war dieses Independentkino wegen Renovierung noch geschlossen. Es soll aber 2013 wieder eröffnen. Aktuelle Infos telefonisch oder auf der Website.
Reading Cinema, 154 Station St, ✆ 06 831 0600, 🖥 readingcinemas.co.nz. Zeigt die üblichen Kassenschlager.

Busse

Die lokalen Busse von **GoBay**, ✆ 06 878 9250, 🖥 hbrc.govt.nz, sind vor allem dann praktisch, wenn man nach Hastings, Havelock North oder zur Mission Estate Winery (der Bus hält in Spaziernähe zum Eingang) will.

Fahrräder

Napiers zentrale Sehenswürdigkeiten lassen sich gut zu Fuß besuchen. Die Stadt und ihre Umgebung kann man aber auch wunderbar auf insgesamt 130 km Radwegen erkunden. Stahlesel für $50 pro Tag verleiht z. B. **Fish Bike**, 26 Marine Parade, ✆ 06 833 6979, 🖥 fishbike.co.nz. ⏰ tgl. 9–17 Uhr, im Sommer länger.

Taxis

Napier Taxis, ✆ 06 835 7777.

Busse

InterCity- und NakedBus-Busse halten vor dem i-SITE.

Busse nach:

AUCKLAND 2x tgl., 7 1/4 Std.;
DANNEVIRKE 4x tgl., 2 Std.;
GISBORNE 1–2 tgl., 4 Std.;
HASTINGS Mo–Fr mind. stdl., Sa 5x tgl., 1 Std.;
NORSEWOOD 4x tgl., 1 1/2 Std.;
PALMERSTON NORTH 3x tgl., 3 Std.;
TAUPO 4–5x tgl., 2 Std.;
WELLINGTON 4x tgl., 5 1/4 Std.

Flüge

Flüge kommen am Hawke's Bay Airport, 5 km nördlich der Stadt am SH2, an, wo Busse von **Super Shuttle**, ✆ 0800 748 885, 🖥 supershuttle.co.nz, bereitstehen, die für die Fahrt in die Stadt rund $20 verlangen.

Flüge nach:

AUCKLAND 7–1–10x tgl., 1 Std.;
CHRISTCHURCH 2x tgl., 1 1/2 Std.;
WELLINGTON 4–5x tgl., 50 Min.

Cape Kidnappers und die Weingüter

Der Besuch in Napier und Hastings wäre nicht vollständig ohne einen Abstecher zur Tölpelkolonie am **Cape Kidnappers** und zu einem der rund 70 **Weingüter** der Region.

Cape Kidnappers

Geschichte

Als James Cook in diese Gegend kam, bemerkten Maori-Händler zwei junge tahitianische Dolmetscher an Bord der *Endeavour* und glaubten, diese würden gegen ihren Willen dort festgehalten. Daher entführten sie einen von ihnen und ruderten davon. Der Junge floh zum Schiff zurück, doch Cook kennzeichnete den Ort auf seiner Karte als Cape Kidnappers.

Weder Cook noch Joseph Banks, die beide sorgfältig über die gesehene Flora und Fauna Buch führten, erwähnten **Tölpel** auf den zahlreichen Felsspitzen, die das Ende der Halbinsel bilden. Doch hundert Jahre später wurde von etwa 20 Paaren berichtet, heute sind es über 20 000 Vögel – die weltweit größte Festlandkolonie.

Das Weinanbaugebiet der Hawke's Bay

Napier und Hastings werden fast gänzlich vom **Wine Country** der Hawke's Bay umschlossen, einem der größten und meistgelobten Weinanbaugebiete Neuseelands. Durch die Region

Die Tölpel von Cape Kidnappers

Tölpel sind große Vögel, die an ihrer goldgelb-schwarzen Kopfzeichnung zu erkennen sind. Sie können bis zu 30 Jahre alt werden und kommen im Juni zum Nisten ans Cape Kidnappers. Die Eier legen sie von Anfang Juli bis Oktober; die Jungen schlüpfen etwa sechs Wochen später. Sobald sie flügge sind, ungefähr im Alter von 15 Wochen, begeben sich die jungen Tölpel auf ihren Jungfernflug, ein Marathon über 3000 km bis nach Australien. Während der **Brutzeit** (Juli–Mitte Okt) ist das Kap für die Öffentlichkeit nicht zugänglich. Außerhalb dieser Zeit dürfen die beiden Kolonien Plateau und Black Reef besucht werden. Bei Ersterer kommt man bis auf einen Meter an die Vögel heran.

Praktische Informationen

Es gibt drei verschiedene Möglichkeiten (zu Fuß oder mit zwei Tourveranstaltern), die Tölpel zu besuchen: Die Ausgangspunkte befinden sich alle in den benachbarten Siedlungen **Clifton** und **Te Awanga**, 20 km südöstlich von Napier und beide von i-SITE-Büros aus mit Kiwi Shuttle, ☏ 06 844 1104, zu erreichen ($40 hin und zurück). Die meisten Touren hängen von den Gezeiten ab, da sie unterhalb von 100 m hohen Klippen am Strand entlang führen.

Am billigsten ist es, die 11 km von Clifton unter 100 m hohen Felsen (Vorsicht: Steinschlag) am Strand entlang zu spazieren (Ende Okt–April; etwa 6 Std. hin und zurück). Eine Genehmigung ist nicht erforderlich, aber man muss den **Gezeitenplan** studieren und sich im DOC oder den i-SITEs in Hastings oder Napier den nützlichen *Guide to Cape Kidnappers* besorgen. Aufbruch ist in Clifton zwischen drei und vier Stunden nach der Flut. Zurück geht es auf keinen Fall später als anderthalb Stunden nach Ebbe. Am Strand angekommen geht es 25 schweißtreibende Minuten nach oben zur Plateau Colony. Der Pfad über Privatgelände, ist aber deutlich zu erkennen.

Gannet Beach Adventures, ☏ 0800 426 638, 🖥 gannets.com. Das ist die traditionelle Tölpel-Tour, eine Fahrt in von einem Traktor gezogenen Anhängern über den Strand. Dabei bietet sich reichlich Gelegenheit, die Landschaft zu studieren und die Vögel aus nächster Nähe zu beobachten. Die Tour endet an einem DOC-Unterstand, von wo man 25 Min. zum Plateau hochkraxeln muss. Dort bleibt eine halbe Stunde Zeit, um die Vögel zu studieren. (tgl. Ende Okt bis Anfang Mai; 4 Std.; $39).

Gannet Safaris, ☏ 0800 427 232, 🖥 gannetsafaris.com. Wer keine Lust auf die Kraxeltour hat, mehr Zeit bei den Vögeln verbringen und Genaueres über die luxuriöse Unterbringung auf der spektakulären Summerlee Station erfahren möchte, ist hier richtig. Per Minibus geht es über das Gelände der Station und weiter durch eine malerische Landschaft mit fantastischen Ausblicken auf die Kolonien. Dort bleibt fast eine Stunde zum Tölpelgucken (3 Std.; $65, oder $90 mit Abholung in Napier).

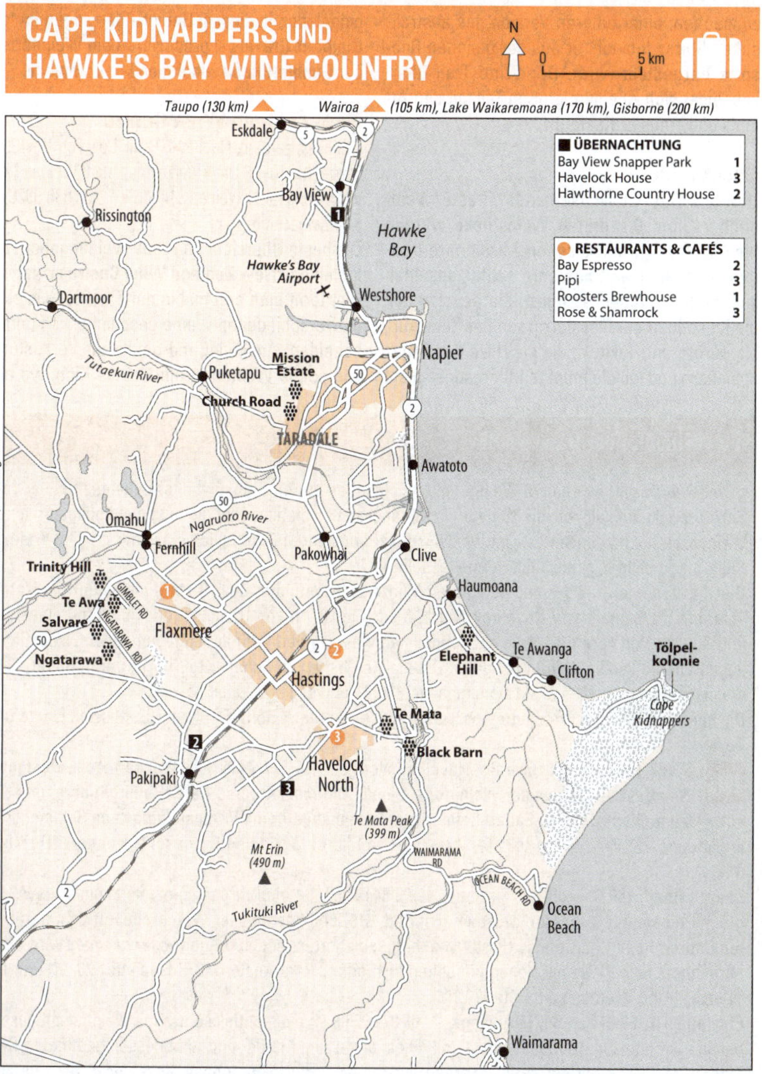

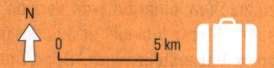

CAPE KIDNAPPERS UND
HAWKE'S BAY WINE COUNTRY
N
0
5 km
Taupo (130 km)
Wairoa
(105 km), Lake Waikaremoana (170 km), Gisborne (200 km)
Norsewood, Dannevirke, Wellington
Norsewood
(70 km), Dannevirke (90 km), Wellington (300 km)
ÜBERNACHTUNG
Bay View Snapper Park 1
Havelock House 3
Hawthorne Country House 2
RESTAURANTS & CAFÉS
Bay Espresso 2
Pipi 3
Roosters Brewhouse 1
Rose & Shamrock 3
Eskdale
Bay View
Rissington
Hawke Bay
Hawke's Bay Airport
Dartmoor
Westshore
Napier
Tutaekuri River
Puketapu
Mission Estate
Church Road
TARADALE
Awatoto
Omahu
Ngaruoro River
Fernhill
Pakowhai
Clive
Trinity Hill
Te Awa
Salvare
Ngatarawa
GIMBLETT RD
NGATARAWA RD
Flaxmere
Haumoana
Elephant Hill
Te Awanga
Clifton
Tölpel-kolonie
Cape Kidnappers
Hastings
Te Mata
Black Barn
Pakipaki
Havelock North
Te Mata Peak (399 m)
Mt Erin (490 m)
WAIMARAMA RD
OCEAN BEACH RD
Ocean Beach
Tukituki River
Waimarama
2
5
50

mit vorwiegend hochkarätigen Boutique-Winzereien schlängelt sich der **Hawke's Bay Wine Trail**. Diese Weinstraße führt an gut 35 Weingütern vorbei, von denen manche kostenlose Weinproben bieten. Viele haben ein Restaurant oder zumindest einen Picknickplatz.

Das Klima der Hawke's Bay ist ganz ähnlich wie das der französischen Bordeaux-Region, deshalb werden hier ausgezeichneter **Chardonnay** und viel **Merlot** gekeltert. Inzwischen arbeiten viele Winzer daran, Hawke's Bay zum neuseeländischen Avantgardehersteller von Syrah zu machen, einer edleren Version des australischen Shiraz (obwohl er aus der gleichen Rebsorte hergestellt wird). Der Wine Trail überschneidet sich zu einem großen Teil mit den Art und Food Trails (s. Kasten).

Geschichte

Hawke's Bay ist Neuseelands älteste Weinanbauregion: Die ersten Weinstöcke wurden hier 1851 von französischen Missionaren angepflanzt, aber erst 50 Jahre später gesellten sich andere Weingüter hinzu. Sie bevorzugten die Kiesböden der Flussterrassen des Tutaekuri, Ngaruroro und Tukituki, die die Hitze des Tages speichern und wo die feuchte Meeresbrise nicht hingelangt. In diesem Gebiet – den sogenannten **Gimblett Gravels** – produzieren die Weingärten der **Gimblett Road** zunehmend Spitzenweine.

New Zealand Wine Centre

1 Shakespeare Rd, Napier ▪ ⏰ tgl. Dez–Feb 10–19; März–Nov 10–18 Uhr ▪ Verkostung mit 6 Weinen $29; Verkostung mit 3 Weinen $14–16 ▪ ☎ 06 835 5326, 🖳 nzwinecentre.co.nz

Die beste Übersicht über das Weinangebot vermittelt das **New Zealand Wine Centre** in Napier. Hier lernt man erst mal in der Theorie, wie sich die verschiedenen Weine geschmacklich unterscheiden. Anschließend geht's zur Verkostung von sechs Weinen in ein kleines Kino, wo auf

---

Die Weingüter der Hawke's Bay

In der Region gibt es über 70 Weingüter. Im Folgenden nur eine Auswahl der beliebtesten, mit dem Schwerpunkt auf solchen, die sich für ein Mittagessen empfehlen oder die neben der obligatorischen Weinprobe noch andere Reize bieten. Es ist allerdings durchaus möglich, dass der gleiche Wein im Supermarkt billiger ist als beim Hersteller selbst.

Die am nächsten bei Napier gelegenen Winzereien befinden sich 8 km südwestlich im Vorort **Taradale**. Außerhalb von **Havelock North**, 5 km südöstlich von Hastings, und 10 km nordwestlich in der Nähe von **Fernhill** – dem am schnellsten wachsenden Weinanbaugebiet der Hawke's Bay – liegen ebenfalls eine Reihe Weingüter. Die meisten haben im Sommer tgl. 10–17 Uhr geöffnet, aber wenn nicht viel los ist, sind sie manchmal am Mo, Di und sogar Mi geschlossen.

Die hervorragendsten **Weingutrestaurants** sind die von Black Barn, Elephant Hill, Mission Estate und Te Awa.

Black Barn, Black Barn Rd, Havelock North, ☎ 06 877 7985, 🖳 blackbarn.com. Designer-Weingut mit kostenloser Weinprobe, einem Mittagsbistro und Café (Hauptgerichte um $35), einer kleinen Kunstgalerie, Bauernhofmarkt und Amphitheater mit Veranstaltungen im Sommer, inkl. Freiluftkino. ⏰ Verkostung tgl. 10–17 Uhr; Bistro und Café Mo und Do geschl.; Hofmarkt Dez–Feb 9–12 Uhr.

Church Road, 150 Church Rd, Taradale, ☎ 06 844 2053, 🖳 churchroad.co.nz. Renommiertes Weingut mit einem interessanten Museum (Führung $15) und kostenloser Weinprobe, oft vom berühmten Church Road Chardonnay (Probe von lange gelagerten, hochwertigen *reserve wines* wird extra berechnet). Eine Platte mit Appetithäppchen für 1 oder 2 Pers. kostet $48, Käseplatte $28. ⏰ Tour tgl. 11 und 14 Uhr; Verkostung tgl. 10–17 Uhr.

Elephant Hill, 86 Clifton Rd, Te Awanga, ☎ 06 872 6060, 🖳 elephanthill.co.nz. Das Weingut mit ausgefallener Architektur, Boutiqueweinen und einem edlen zum Mittag- und Abendessen geöffneten Restaurant/Bar (Hauptgerichte $30–35) produziert renommierten Chardonnay, Rosé und Syrah. Die Verkostungsgebühr von $5 wird beim Kauf einer Flasche ersetzt. ⏰ Verkostung tgl. im Winter 11–16, Sommer 10–17 Uhr.

Mission Estate, 198 Church Rd, Taradale, ☎ 06 845 9350, Restaurantreservierung unter ☎ 06 845 9354, 🖳 missionestate.co.nz. Die älteste Winzerei Neuseelands lohnt nicht nur wegen ihrer Schlüsselposition in der Entwicklung der Weinindustrie von Hawke's Bay einen Besuch. Sie bietet gut organisierte, kostenlose Führungen, an deren Ende eine Weinprobe steht. Auch ohne Tour ist die Verkostung gratis.

---

dem Bildschirm Winzer ihre Produkte anpreisen. Zum Zentrum gehören auch ein Museum und Aromaräume.

Man kann natürlich mit dem Auto zu den Weingärten fahren. Aber wer sich einer organisierten Tour anschließt, braucht keinen enthaltsamen Fahrer zu suchen. Es werden mindestens ein halbes Dutzend Touren angeboten. Die meisten besuchen im Laufe eines Vor- oder Nachmittags vier oder fünf Weingüter. Die Veranstalter sind überwiegend in Napier angesiedelt, holen Teilnehmer aber auch in Hastings und Havelock North ab, normalerweise kostenlos. Es besteht auch die Möglichkeit, nach Anleitung, aber auf eigene Faust, mit dem Rad loszustrampeln.

Grape Escape, ☎ 0800 100 489, 🖥 grape escapenz.co.nz. Halbtägige Ausflüge ($60) mit Besuch von 4 oder 5 Weingütern und Verkostung von etwa 30 verschiedenen Weinen. Pickup und Dropoff bei Unterkünften in Napier, Hastings und Havelock.

On Yer Bike, 121 Rosser Rd, Hastings, ☎ 076 879 8735, 🖥 onyerbikehb.co.nz. Gute Alternative zu motorisierten Touren. Zur Auswahl stehen eine Reihe leichter Routen – von einer 14 km langen mit Besuch von zwei Weingütern bis zu einer 23 km langen zu sechs Weingärten. Für $60 gibt es die Fahrräder

Auf dem Gelände gibt es auch eine Kunstausstellung und ein À-la-carte-Restaurant. Das Mittag- und Abendessen wird auf der Terrasse oder im alten Klostergebäude eingenommen. Eine Portion Räucherlachs ist beispielsweise für etwa $18, Schweinefilet für $32 zu haben. ⏰ Führungen tgl. 10.30 und 14 Uhr, Verkostung Mo–Sa 9–17, So 10–16.30 Uhr.

Ngatarawa, 305 Ngatarawa Rd, Bridge Pa, ☎ 06 879 7603, 🖥 ngatarawa.co.nz. Gutes kleines Weingut mit kostenloser Probe von Qualitätsweinen in 100 Jahre alten Stallungen mit hübschen Picknickstellen und einem Bouleplatz. ⏰ Verkostungen tgl. 11–17 Uhr.

Salvare, 403 Ngatarawa Rd, Bridge Pa, ☎ 06 874 9409, 🖥 salvare.co.nz. Praktisch ein Ein-Mann-Betrieb, wo Besucher individuell beraten werden. Weinprobe kostenlos und zwei verschiedene Olivenöle und Vinaigrettes als Kostprobe. ⏰ Verkostungen im Sommer tgl. 10.30–16.30, Winter Do–Mo 10.30–16, Di und Mi 10.30–15 Uhr.

Te Awa, 2375 SH50, Fernhill, ☎ 06 879 7602, 🖥 teawa.com. Nahe der für ihre Weine berühmten Gimblett Road; produziert hervorragende Rotweine (Merlot und Cabernet Merlot), die aromatischer und lebendiger als viele ihrer Hawke's-Bay-Konkurrenten sind. Weinprobe kostenlos. Ein Mittagessen in diesem Winzereirestaurant, einem der vorzüglichsten Neuseelands, ist ein denkwürdiges Erlebnis. An Tischen drinnen oder draußen werden raffinierte Speisen wie Rinderfilet mit Kürbispüree ($34) aufgetragen. Und natürlich gibt es zu jedem Gericht den passenden Wein. ⏰ Verkostungen tgl. 10–16 Uhr.

Te Mata, 349 Te Mata Rd, Havelock North, ☎ 06 877 4399, 🖥 temata.co.nz. Neuseelands ältestes Weingut produziert heute von Hand Spitzenweine in relativ kleinen Mengen. An erster Stelle rangiert der bordeauxähnliche Coleraine, einer der absoluten Top-Rotweine Neuseelands. Kostenlose Weinprobe, Führungen (tgl. Weihnachten–Anfang Feb) und als zusätzliches Highlight das wegen seiner Architektur umstrittene Gebäude nach Entwürfen von Ian Athfield. ⏰ Verkostungen Mo–Fr 8.30–17, Sa 10–17, So 11–16 Uhr.

Trinity Hill, 2396 SH50, Fernhill, ☎ 06 879 7778, 🖥 trinityhill.com. Modernes Weingut im Gebiet der Gimblett Road, das ausgezeichnete Rotweine und Chardonnay produziert. Die Winzerei ist landesweit führend im Experimentieren mit Rebsorten wie Montepulciano, Tempranillo und Arneis und keltert sogar einen Portwein aus der Touriga Nacional (einer roten Rebsorte aus Portugal). Weinproben sind kostenlos, und wer möchte, kann sich einen Picknickkorb für ca. $25 zusammenstellen lassen und den Inhalt auf dem Gelände verspeisen. ⏰ Verkostungen tgl. Okt–April 10–17, Mai–Sep 11–16 Uhr.

(Tandems verfügbar) für einen ganzen Tag, eine Streckenkarte, ein Handy für den Notfall sowie ein Lunchpaket ($50 ohne Essen). **Vince's World of Wine**, ✆ 06 836 6705. Der Guide ist unterhaltsam und kennt sich gut aus, und der Zeitplan ist flexibel.

Bei den **i-SITE-Büros** der Region ist die kostenfreie Broschüre *Winery Guide* mit Beschreibungen der Weingüter erhältlich. Die besten Weingüter finden sich im Kasten auf S. 462. Im kostenlosen Heft *Hawke's Bay Art Guide* sind die Adressen und Wegbeschreibungen zu den Studios, Werkstätten und Galerien einiger der talentiertesten Maler, Bildhauer, Töpfer und Kunsthandwerker der Gegend aufgeführt. Die Gratisbroschüre *Hawke's Bay Food Trail* enthält eine Landkarte, auf der neben Gourmetcafés und -Restaurants alle möglichen Stellen eingezeichnet sind, wo Qualitätsprodukte hergestellt und verkauft werden – von Schokoladen über Olivenöl bis Käse.

Hastings

Früher machte Hastings, durch das umliegende Ackerland und Obstgärten reich geworden, dem 20 km nördlich gelegenen Napier seine Rolle als wichtigste Stadt von Hawke's Bay streitig. Doch seitdem Napier zum Touristenzentrum aufgestiegen ist, muss Hastings sich trotz seines hübschen Stadtkerns mit dem zweiten Platz begnügen. Die sehenswerten Gebäude der Innenstadt wurden nach dem Erdbeben 1931 erbaut, das auch Napier erschütterte. Im Unterschied zu Napier blieb Hastings aber von den schlimmsten Auswirkungen durch nachfolgende Brände verschont. Nach dem Erdbeben orientierte Hastings sich am kalifornischen **Spanish-Mission-Baustil**. Ein paar Schlüsselgebäude mit roh verputzten Außenwänden, Bogenfenstern, kleinen Balkonen, Säulen und mit Terrakotta-Ziegeln gedeckten Dächern gaben den Ton an. Die schönsten Beispiele sind auf einem einstündigen Rundgang auf eigene Faust zu besichtigen, indem man die Broschüre *Art Deco Hastings* ($2 im

i-SITE) zu Hilfe nimmt. Bei Zeitmangel kann man sich auf die Heretaunga Street East beschränken. Dort steht das **Westerman's Building** mit seinen einmaligen Bronzearbeiten und prächtigen Bleiverglasungen. Das **Hawke's Bay Opera House**, an der Ecke zur Hastings Street, wurde 15 Jahre vor dem Erdbeben erbaut, erhielt aber nach einem Umbau die schönste Fassade der Region im Spanish-Mission-Stil.

Hastings liegt im Zentrum des wunderschönen Weinanbaugebiets von Hawke's Bay, und die meisten Weingärten sind von hier aus einfach zu erreichen. Lange bevor hier das große Geschäft mit den Trauben gemacht wurde, stützte sich Hastings auf den Anbau von Äpfeln, Birnen und Pfirsichen, die alle noch in großen Mengen kultiviert werden. Und die Obsternte schafft Arbeitsplätze (S. 467).

Hastings' nobler Nachbar **Havelock North** liegt 3 km südöstlich am Fuß des **Te Mata Peak**. Der Ort ist nichts Besonderes, und die einzige Zerstreuung verspricht eine Fahrt zum Gipfel. Oder man zieht durch die Bars und Cafés am Rand der gepflasterten Straßen.

Hastings City Art Gallery

201 Eastbourne St East ▪ ⊕ tgl. 10–16.30 Uhr ▪ Eintritt frei ▪ ✆ 06 871 5095, ⌨ hastingscity gallery.co.nz

Einen kurzen Abstecher lohnt die **Hastings City Art Gallery**. Sie zeigt Wanderausstellungen und Ausstellungen zur Kunst der Region, wobei Letztere für gewöhnlich interessanter ausfallen. Da es keine feste Sammlung gibt, muss man nehmen, was kommt.

Te Mata Peak

Te Mata Peak Rd

Auf dem Weg von Hastings nach Havelock North rückt die Kette von Kalksteinfelsen ins Blickfeld, die den 399 m hohen **Te Mata Peak** bilden. Die Te Mata Peak Road windet sich den Hügel hinauf zu einem wunderschönen Aussichtspunkt, der sich vor allem zum Sonnenuntergang lohnt. Der Blick reicht über die fruchtbaren Ebenen, nach

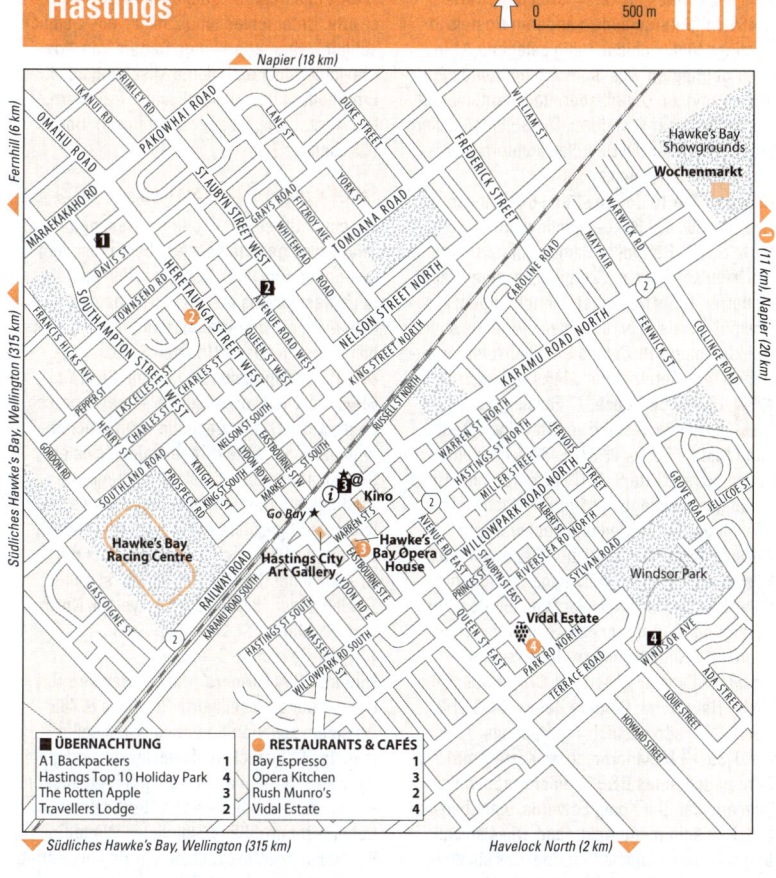

N
0   500 m

Napier (18 km)

Fernhill (6 km)

Südliches Hawke's Bay, Wellington (315 km)

(11 km), Napier (20 km)

Hawke's Bay
Showgrounds
Wochenmarkt

Hawke's Bay
Racing Centre

Kino
Go Bay ★
Hastings City
Art Gallery
Hawke's
Bay Opera
House

Windsor Park

Vidal Estate

■ ÜBERNACHTUNG		● RESTAURANTS & CAFÉS	
A1 Backpackers	1	Bay Espresso	3
Hastings Top 10 Holiday Park	4	Opera Kitchen	3
The Rotten Apple	3	Rush Munro's	2
Travellers Lodge	2	Vidal Estate	4

Südliches Hawke's Bay, Wellington (315 km)   Havelock North (2 km)

Norden über die Hawke's Bay und Cape Kidnappers und nach Osten zum wellenumtosten Ocean Beach und Waimarama, den Hauptstränden von Hastings und Havelock North. **Airplay Paragliding**, ☏ 06 845 1977, 🖥 airplay.co.nz, bietet Tandem-Gleitschirmflüge vom Te Mata Peak (15 Min.; $140).

An einem Parkplatz auf halber Höhe der Te Mata Peak Road zweigen nicht allzu anspruchsvolle **Spazierwege** ab. Sie führen durch Waldstücke und ein Feuchtgebiet zum Gipfel (hin und zurück 2–3 Std.).

Die Unterkunftslage in Hastings hängt stark von der Erntezeit ab: Von Mitte Feb bis Mai hat man kaum eine Chance, in einer der billigeren Unterkünfte für Selbstversorger und Langzeitgäste ein Bett zu finden, es sei denn, die Buchung erfolgt schon Monate vorher. Wer motorisiert ist, kann aber gut ins benachbarte Napier ausweichen. Anspruchsvollere Quartiere gibt es in Havelock North, wo B&Bs und schicke Häuser für Selbstversorger das Gros stellen.

A1 Backpackers, 122 Stortford St, ☎ 06 873 4285, ✉ a1backpackers@xtra.co.nz; Karte S. 465. Im Unterschied zu anderen Hostels in Hastings fühlt sich das ruhig gelegene A1 in einer gepflegten Villa nicht wie ein reines Erntehelfercamp an. Der hilfsbereite Eigentümer ist ein begeisterter Wanderer. Die Schlafsäle sind brauchbar, aber die DZ fallen komfortabler aus. Dorms $24, Zimmer $60

Hastings Top 10 Holiday Park, 610 Windsor Ave, ☎ 0508 427 846, 🖥 hastingstop10.co.nz; Karte S. 465. Reizvoller Campingplatz am Rande von Windsor Park, mit Zeltplätzen, einer Reihe moderner Units und guten Einrichtungen; zur Obstpflücksaison wird es hier allerdings sehr voll. Camping $19, Cabins $70, Selbstversorger-Units $145, Motelzimmer $145, Chalets $150

Havelock House, 77 Endsleigh Rd, 3 km südwestlich von Havelock North, nahe Middle Rd, ☎ 06 877 5439, 🖥 havelockhouse.co.nz; Karte S. 461. Das geräumige Haus in ruhiger Waldlage hat 3 große Gästezimmer, alle mit großen Betten und hochwertiger Ausstattung, 2 mit bequemen Badewannen. Gästen stehen eine großzügige Lounge (mit Billardtisch), ein Tennisplatz und ein Pool zur Verfügung. Außerdem gibt es noch ein Häuschen mit 2 Schlafzimmern, Terrasse und Grillplatz. Zimmer $180, Suite $180, Haus $200

Hawthorne Country House, 1420 SH2, 6 km südwestlich von Hastings, ☎ 06 878 0035, 🖥 hawthorne.co.nz; Karte S. 461. Sehr einladendes B&B in einer prachtvollen Villa aus der Zeit König Edwards, umgeben von Krocketflächen und Ackerland. Die 4 stilvoll eingerichteten Zimmer mit Bad, das köstliche Frühstück, der Nachmittagstee und die Getränke mit Canapés machen daraus eine echte Wohlfühloase. $300

The Rotten Apple, 114 Heretaunga St East, ☎ 06 878 4363, 🖥 rottenapple.co.nz; Karte S. 465. Zentral gelegenes Hostel mit quirliger Atmosphäre, jeder Menge Unterstützung für potenzielle Saisonarbeiter und niedrigen Wochenmieten. Untergebracht in einem alten Hotel mit schlichten Zimmern und ebensolchen Einrichtungen. Dorms $23, Zimmer $60

Travellers Lodge, 606 St Aubyn St West, ☎ 06 878 7108, 🖥 tlodge.co.nz. Hostel in zwei Vororthäusern, mit Fahrradverleih, WLAN und Parkgelegenheit in einer Seitenstraße. Unterschiedliche Zimmer, alle ziemlich schlicht, aber jede Menge Betten. Von Nov–Mai logiert hier eine bunte Mischung aus Kiwi-Erntehelfern und ausländischen Travellern. Die Ausstattung ist eher spartanisch. Dorms $25, Zimmer $60

Für einen Ort seiner Größe hat Hastings relativ wenige gute Lokale. Aber in dem nahe gelegenen Havelock North machen ständig neue Restaurants auf, und außerdem kann man auch auf den **Weingütern** ringsum nicht billig, aber gut essen (Kasten S. 462).

Bay Espresso, 141 Karamu Rd, 3 km nördlich von Hastings. 🖥 bayespresso.co.nz; Karte S. 465. Besonders am Wochenende ist das rustikale Tagescafé mit vielen Sitzgelegenheiten im Garten ein begehrtes Ausflugsziel. Hier gibt's vorzüglichen Kaffee, leichte und gesunde *lunch specials* ($14–20). Hungrige sollten sich ans Orchardists Big Breakfast mit Chorizo und Blutwurst halten. Filialen in der 19 Middle Rd, Havelock North, und 108 Market St, Hastings. ⏱ Mo–Fr 7.30–16, Sa und So 8–16 Uhr.

Hawke's Bay Farmers' Market, Hawke's Bay Showgrounds, Kenilworth Rd; Karte S. 465. An einem schönen Sonntagmorgen sollte man das Frühstück ausfallen lassen und gleich nach dem Aufstehen diesen Markt aufsuchen. Er gehört zu den besten von North Island und beherbergt unzählige Stände (im Winter in der Halle), frische Produkte der Region, Kaffee und Backwaren. ⏱ So 8.30–12.30 Uhr.

Opera Kitchen, 312 Eastbourne St East, ☎ 06 870 6020, 🖥 operakitchen.co.nz; Karte S. 465. In dem klassischen Café mit Alkoholausschank werden Erzeugnisse der Region zu einfachen, aber köstlichen Gerichten ($9–25) verarbeitet. Hat manchmal rechtzeitig zum Essen vor der Abendvorstellung geöffnet. Davon abgesehen ⏱ Mo–Fr 8–16, Sa und So 9–15 Uhr.

Pipi, 16 Joll Rd, Havelock North, ☎ 06 877 8993, 🖥 pipicafe.co.nz; Karte S. 461. Das pinkfarbene, lässige und sehr

POVERTY BAY, HAWKE'S BAY UND DAS WAIRARAPA

populäre Café/Tapasbar plus Pizzeria ist echt cool. Nichts passt hier zusammen, und trotzdem ist das Gesamtbild stimmig. Die Gäste holen ihre Getränke selbst aus dem Kühlschrank und geben beim Bezahlen an, was sie getrunken haben. Auch das Essen ist klasse, z. B. Fishcakes mit Püree aus weißen Bohnen ($22) oder ausgezeichnete traditionelle Pizza (ab $16). Dazu gibt's eine gigantische Auswahl an neuseeländischen Weinen. ◷ Di–So 16–22 Uhr.

Roosters Brewhouse, 1470 Omahu Rd, 7 km westlich vom Zentrum von Hastings, ✆ 06 879 4127; Karte S. 461. Einladende Mikrobrauerei, bietet natürlich gebrautes Bier, das man am besten im netten Café oder draußen an Gartentischen probiert, während man sich einfache, herzhafte Speisen zu vernünftigen Preisen schmecken lässt. Außerdem kostenlose Proben ihres englischen Ales sowie ihrer Lager- und dunklen Biere. ◷ Mo–Fr 10–19, Sa 16–19 Uhr.

Rose & Shamrock, 15 Napier Rd, Havelock North, ✆ 06 877 2999, 🖥 roseandshamrock. co.nz; Karte S. 461. Einigermaßen gelungene Nachahmung eines Pubs mit 24 irischen, englischen und neuseeländischen Bieren vom Fass, preiswerten *bar meals* ($18–30) und gelegentlich irischer Folk-Livemusik. ◷ tgl. 10.30 Uhr bis spät.

Rush Munro's, 704 Heretaunga St West, Hastings; Karte S. 465. Die kleine Eisdiele mit Tischen im Garten ist seit 80 Jahren ein Renner. Nostalgische Gefühle weckt die Eiswaffel mit Feijoa ($3–8). ◷ Mo–Fr 11–18, Sa und So 11–19 Uhr.

Vidal Estate, 913 Aubyn St East, Hastings, ✆ 06 872 7440, 🖥 vidal.co.nz; Karte S. 465. In diesem renommierten, einem Weingut angeschlossenen und ein klein wenig förmlichen Restaurant kommen vorwiegend Gerichte aus Bioprodukten der Region auf den Tisch. Das Ergebnis ist lecker, aber teuer (Abendgerichte $27–40); zum Mittagessen gibt's z. B. geräuchertes Hühnchen in Ahornsirup und Whisky mit Frühkartoffeln und Endiviensalat mit grünen Oliven ($22,50). Am Wochenende geht gar nichts ohne Reservierung. ◷ tgl. 11.30 Uhr bis spät.

Hawke's Bay Opera House, 101 Hastings St South, ✆ 06 871 5280, 🖥 hawkesbayopera house.co.nz; Karte S. 465. Hier finden regelmäßig Vorstellungen statt, darunter Konzerte, Musicals, Stand-up-Comedy und natürlich Opern.

SONSTIGES

Informationen

i-SITE, 100 Heretaunga St East, ✆ 06 873 0080, 🖥 visithastings.co.nz. Infobroschüren zu den Weingütern und Busfahrkarten. ◷ Mo–Fr 8.30–17, Sa und So 9–16 Uhr.

Obsternte

Die Obsternte beginnt im Februar und dauert 3 oder 4 Monate. Sie bietet Gelegenheit, sich als **Saisonarbeiter** zu verdingen – sofern man Lust hat, in mühsamer Plackerei und für wenig Geld Obst zu pflücken, nachzulesen oder abzupacken. Der Job kann leicht vor Ort organisiert werden; die Hostels sind diesbezüglich die beste Informationsquelle. Reisende sollten sich jedoch im Klaren darüber sein, dass sie in Konkurrenz zu Einheimischen und erfahrenen Wanderarbeitern stehen. Näheres zur Saisonarbeit auf S. 54

TRANSPORT

Busse

Fernbusse halten an der Russell Street North, ein paar Schritte vom i-SITE. Das städtische Busunternehmen **GoBay**, ✆ 06 878 9250, unterhält Busse nach Napier und Havelock North (Mo–Fr, Sa eingeschränkter Betrieb) von der Eastbourne St East, Ecke Russell Street.

Busse nach:

AUCKLAND 2x tgl., 7 1/2 Std.;
DANNEVIRKE 4x tgl., 1 1/2 Std.;
GISBORNE 1–2x tgl., 5 Std.;
NAPIER Mo–Fr mind. stdl., Sa 5x tgl., 1 Std.;
NORSEWOOD 3x tgl., 1 1/4 Std.;
TAUPO 4–5x tgl., 2 1/2 Std.;
WELLINGTON 3x tgl., 4 3/4 Std.

Flüge

Hawke's Bay Airport, rund 20 km nördlich der Stadt am SH2. Bei Ankunft der Flugzeuge wartet der **Super Shuttle**, ☏ 0800 748 885, 🖳 supershuttle.co.nz, der für die Fahrt in die Stadt $43 verlangt.

Flüge nach:
AUCKLAND 7–10x tgl., 1 Std.;
CHRISTCHURCH 2x tgl., 1 1/2 Std.;
WELLINGTON 4–5x tgl.; 50 Min.

Die südliche Hawke's Bay

Südlich von Hastings verläuft die Hauptstraße (SH2) durch die endlosen Schafweiden der **südlichen Hawke's Bay**, einer für Touristen wenig spannenden Gegend. Kleine Bauerndörfer zeugen von den Pionieren, überwiegend Dänen und Norweger, die diese Ecke Neuseelands urbar machten. Während der Landkriege in den 1860er-Jahren füllten sie die Lücke, die durch das Ausbleiben britischer Einwanderer entstanden war.

Norsewood

Wer es nicht besonders eilig hat, kann ein paar kurze Stopps in „skandinavischen" Siedlungen einlegen, z. B. im Dorf **Norsewood**, 45 km südlich von Hastings, auf einem Hügel. Es besteht eigentlich nur aus einer stillen Straße, die von der nach norwegischem Vorbild erbauten Kirche am Café Norsewood vorbei zu einem gläsernen Bootshaus führt. Dort steht das Fischerboot *Bindalsfaering,* ein Geschenk der norwegischen Regierung anlässlich Norsewoods Hundertjahrfeier 1972.

Dannevirke

Rund 20 km südlich von Norsewood feiert das Bauernstädtchen **Dannevirke** sein dänisches Erbe mit einer modernen Windmühle auf dem Copenhagen Square an der Hauptstraße. Für eine Verschnaufpause eignet sich das Black

Stump Café in der 21 High St, ⏰ Mo–Fr 9 Uhr bis spät, Sa und So 10 Uhr bis spät. Im wahrsten Sinne des Wortes ausgezeichnete Pasteten produziert Granny's Kitchen, 120 High St, ⏰ Mo–Fr 9–15 Uhr.

Südlich von Dannevirke sind es auf dem SH2 noch 25 km bis **Woodville**, wo der SH3 nach Westen abzweigt. Er führt durch die Manawatu Gorge nach Palmerston North. Der SH2 dagegen verläuft nach Süden ins Wairarapa.

Das Wairarapa

Der größte Teil der Region **Wairarapa** ist urtypisches neuseeländisches Schafzuchtgebiet: mit weißen Tupfern durchsetzte grüne Hügel bis zum Horizont. In den letzten Jahren profitiert die südliche Hälfte dieser Region jedoch zunehmend von Tagesausflüglern und Wochenendtouristen, die von Boutiquehotels und guten Restaurants angelockt werden – und nicht zuletzt von den zahlreichen Weingütern rund um **Martinborough**, der Weinhauptstadt der Region. Martinborough und Greytown sind die anziehendsten Städte des Wairarapa. Nördlich des wichtigsten Versorgungszentrums der Region, Masterton, bietet das **Pukaha Mount Bruce**

Ein langer Name und eine berühmte Flöte

Besucher mit Sinn für Skurriles können von Hastings aus einen Umweg über den SH52 machen. Diese 120 km lange, asphaltierte Straße führt 50 km südlich von Hastings zum uninteressanten Waipukurau, beschreibt dann einen Bogen nach Osten, um bei Dannevirke wieder auf die Hauptstraße zu stoßen. Fast 50 km südlich von Waipukurau befindet sich ein Hügel. Und diesen Hügel kennzeichnet ein Schild mit der Aufschrift: *Taumatawhakatangihangakoauauotamateaturipukakapikimaungahoronukupokaiwhenuakitanatahu.* Es handelt sich um einen der längsten Ortsnamen der Welt. Übersetzt bedeutet er ungefähr „der Hügel, wo Tamatea, Umsegler des Landes, für seine Liebste Flöte spielte".

National Wildlife Centre eine hervorragende Gelegenheit, ein aktives Vogelschutzzentrum zu erleben.

Zurück an der Küste ist die beschauliche Feriensiedlung **Castlepoint** ein herrlicher Ort zum Schwimmen und Surfen, während **Cape Palliser** mit seiner spektakulären Küstenlandschaft zu Spaziergängen in stürmischer, erfrischender Brise einlädt.

Nach Überquerung der **Rimutaka Range** Richtung Wellington ist das Hutt Valley erreicht. Es besteht überwiegend aus Pendlersiedlungen, die Besuchern wenig zu bieten haben. Der erste lohnenswerte Stopp ist Petone, am Rand der Hauptstadt.

Geschichte

In den 1840er-Jahren wurde auf dem fruchtbaren Schwemmland in der Nähe des heutigen Martinborough die erste Schaffarm Neuseelands errichtet. Damit war auch ein erster Schritt für die Erschließung des Landes durch die progressive **Small Farms Association** (SFA) getan. Diese Organisation hatte Joseph Masters, ein Böttcher aus Derbyshire, ins Leben gerufen, um landlosen Siedlern die Gelegenheit zu verschaffen, Kleinbauern zu werden. Er gewann die Unterstützung des liberalen Gouverneurs George Grey, auf dessen Vorschlag hin die SFA den Maori 1853 Land für die Gründung von zwei Ortschaften abkaufte: Masterton und Greytown.

Anfangs blühte **Greytown**, doch die Streckenführung der Bahn begünstigte **Masterton**, das heute in erster Linie für seinen jährlichen Golden Shears-Schafscherwettbewerb berühmt ist.

Tui Brewery

SH2 Mangatainoka, 10 km südlich von Woodville ▪ ⏱ Mo–Do 10–16, Fr–So 10–17 Uhr; Führungen tgl. 11 und 14 Uhr (nur mit Anmeldung) ▪ Eintritt frei; Bierprobe $15; Führung $20 ▪ ✆ 06 376 0815, ⌨ tui.co.nz

Die Nordhälfte des Wairarapa unterscheidet sich kaum von der südlichen Hawke's Bay. Statt ohne anzuhalten durch das Weideland zu düsen, sollte man einen Kurzaufenthalt in der **Tui Brewery** einlegen. Hier wird das Bier gebraut, das

sich mit seinen „Yeah. Right"-Reklameschildern eine begeisterte Anhängerschaft erobert hat. Alles zum Thema erläutert das kleine Museum neben dem Café und der Bar, wo gute Kiwi-Kost zu haben ist. Besucher können mehrere Biere probieren und das Glas behalten, oder an einer Führung teilnehmen.

Pukaha Mount Bruce National Wildlife Centre

SH2, 40 km südlich der Tui Brewery ▪ ⏱ tgl. 9–16.30 Uhr; Neuseelandaal-Fütterung tgl. 13.30 Uhr; Kaka-Fütterung tgl. 15 Uhr; Führung tgl. 11 und 13 Uhr; Dämmerungstour Do–Sa

Das **Pukaha Mount Bruce National Wildlife Centre** ist einer der besten Orte des Landes, um bedrohte einheimische Vogelarten zu beobachten, u. a. Graulappenvogel (Kokako), Kakariki, Aucklandente, Hihi, Kiwi und Takahe. Sie leben in großen Volieren entlang eines 1 km langen Weges durch den Wald. Jenseits des Pfads wird ein riesiges Waldstück dafür genutzt, Vögel wieder an das Leben in Freiheit zu gewöhnen. Aufgrund der Größe der Käfige und des dichten Blätterwerks ist es oft nicht leicht, die Vögel auszumachen, deshalb braucht man Geduld.

Weitere Sehenswürdigkeiten sind die Sequoias (Mammutbäume), ein **Kiwi-Haus**, Kiwiküken-Fütterungen (Zeiten am Eingang checken), Brückenechsen (S. 95, Tuataras) und eine Kamera, die auf die Vogelnester gerichtet ist. Ein erschütterndes, 20-minütiges Video berichtet vom Vogelsterben in Neuseeland. Man kann sich auch einer informativen zweistündigen Rangerführung anschließen, oder einer stimmungsvollen Tour in der Abenddämmerung. Zum Centre gehören eine Picknickstelle und ein Café.

ÜBERNACHTUNG

The Hut, ✆ 06 375 8681, ⌨ thehut.co.nz. Wunderbar rustikale *bach* hoch über dem Wildlife Centre (40 min. Aufstieg) mit Wanne im Freien für ein romantisches Open-Air-Bad und eine mit Holz gefeuerte Kochstelle. Gäste können bei den Eigentümern gegen Aufpreis einen Geländewagentransport bestellen. $100

Masterton und Umgebung

Obgleich es die größte Stadt des Wairarapa ist, hat **Masterton** am Fuß der Tararua Range, etwa 30 km südlich von Pukaha Mount Bruce, Touristen nicht besonders viel zu bieten. Das Geschäftsviertel erstreckt sich über die Parallelstraßen Chapel, Queen und Dixon. Der **Queen Elizabeth Park** im Osten der Stadt lädt zu einem Spaziergang zwischen Blumenbeeten ein.

Aratoi

Bruce St, Ecke Dixon St, gegenüber dem Queen Elizabeth Park ▪ ⏱ tgl. 10–16.30 Uhr ▪ Eintritt per Spende ▪ ✆ 06 370 0001, 🖥 aratoi.co.nz
Aratoi ist ein Museum für Kunst und Geschichte, das in wechselnden Ausstellungen Einblicke in die Geschichte der Wairarapa-Region gewährt und mitunter auch exzellente Kunst zeigt. Unter anderem ist die Stätte des ältesten Maori-Hauses (1180 n. Chr.) in Neuseeland zu sehen, Teil einer archäologischen Ausstellung von Fundstücken aus Omoekau, Palliser Bay. Zu den interessantesten Stücken der Kunstabteilung zählen eine kinetische Skulptur von Tony Nicholls, inspiriert durch Len Lye.

Golden Shears

Die größte Veranstaltung der Stadt ist der jährliche **Golden-Shears-Schafscherwettbewerb**, 🖥 goldenshears.co.nz, praktisch die Olympischen Spiele der Wollbranche. Er wird an drei Tagen bis zum ersten Samstag im März abgehalten. Die Wettkämpfer strömen aus der ganzen Welt herbei, um ihre Geschicklichkeit mit dem Handapparat zu demonstrieren. Ein erstklassiger Schafscherer kann ein Schaffell in weniger als einer Minute entfernen, doch um die höchste Punktzahl zu bekommen, ist nicht nur Schnelligkeit, sondern auch Können gefragt. Der Eintritt zu den Vorentscheidungen beträgt nur ein paar Dollar; um die spannenden Finalkämpfe am Freitag- und Samstagabend mitzuerleben, ist eine Buchung lange im Voraus erforderlich. Weitere Informationen gibt's auf der Website.

Wool Shed

12 Dixon St ▪ ✆ 06 378 8008, 🖥 thewoolshed nz.com ▪ ⏱ tgl. 10–16 Uhr ▪ Eintritt $8
Wool Shed ist ein ausgezeichnetes Museum, das ganz der Wolle gewidmet ist. Untergebracht in zwei 100 Jahre alten Schurschuppen, die aus dem ländlichen Wairarapa hierher verfrachtet wurden, zeigt es alle möglichen Utensilien und nostalgisches wie neueres Filmmaterial über die richtige Technik der Schur.

Tararua Forest Park

Anfahrt vom SH2, 25 km westlich von Masterton
Der **Tararua Forest Park**, der die Hügel im Westen der Stadt bedeckt, bietet einige ausgezeichnete Wandermöglichkeiten durch Birken- und Steineibenwälder bis in subalpine Höhen. Aber Vorsicht: Die Gegend ist für ihr wechselhaftes Wetter berühmt-berüchtigt. Erfahrene Wanderer sollten den **Holdsworth–Jumbo Tramp** erwägen, eine wunderbare zwölfstündige Rundwanderung. Sie lässt sich in zwei oder mehr bequeme Tagesmärsche aufsplitten, mit Übernachtung in einer der Hütten ($15), die in gleichmäßigen Abständen am Wegrand stehen. Der Wanderpfad beginnt bei der rustikalen Holdsworth Lodge (S. 470). Tagesausflügler können gemütliche Spaziergänge am Flussufer (1–2 Std.) unternehmen oder in drei Stunden über einfaches Gelände zur gemütlichen, mit Stockbetten versehenen Atiwhakatu Hut ($5) hinüberwandern.

ÜBERNACHTUNG

Cornwall Park, 119 Cornwall St, 2 km westlich vom Stadtzentrum, ✆ 06 378 2939, 🖥 corn wallparkmotel.co.nz. Sauberes, ruhiges Motel vom alten Schlag mit kostenlosem WLAN, Pool und Whirlpool. Es ist ein wenig verschlissen, aber alles funktioniert, und die Units weisen ein super Preis-Leistungs-Verhältnis auf. $104
Holdsworth Lodge, 25 km westlich von Masterton am Ende der Norfolk Rd, abseits des SH2 nach Süden. Die Backcountry-Hütte ist wahrscheinlich nur für Leute interessant, die auf dem Powell–Jumbo-Wanderweg (s. oben) unterwegs sind. Reservierung beim DOC, 🖥 doc.govt.nz, unerlässlich. Zeltstellplatz $6, Lodge $20

Mawley Park Motor Camp, 15 Oxford St,
📞 06 378 6454, 🖥 mawleypark.co.nz. Masterton beste Budgetunterkunft. Der Platz am Fluss hat Stellplätze zwischen Bäumen, einige Units mit Bad sowie eine ganze Palette altmodischer Cabins und Motel Units. Camping $10, Standard-Backpacker-Cabin (Gemeinschaftsbad) $25, Cabins mit Küche $60, mit Bad $75

ESSEN UND UNTERHALTUNG

Café Strada, 232 Queen St, 📞 06 378 8450, 🖥 cafestrada.co.nz. Nimmt den Spitzenplatz unter den Esslokalen, Kneipen und Unterhaltungsbühnen der Stadt ein. Tagsüber gibt's schmackhafte Meals und Snacks und abends hochwertiges, erschwingliches Essen ($23–27). An manchen Abenden auch Livemusik. Alkoholausschank und WLAN. ⏲ tgl. 8 Uhr bis spät.

Entice im Aratoi, Bruce, Ecke Dixon St, 📞 06 370 0001, 🖥 aratoi.co.nz. Das Café des Museums hat hervorragende kleine Gerichte, darunter sündhaft leckere Muffins und Sandwiches sowie ordentlichen Kaffee. Keine Speise über $20. ⏲ tgl. 10–16.30 Uhr.

INFORMATIONEN

i-SITE, Bruce St, Ecke Dixon Street, 📞 06 370 0900, 🖥 wairarapanz.com. Infos zu den Wanderwegen der Gegend. ⏲ Mo–Fr 9–17, Sa und So 10–16 Uhr.

TRANSPORT

Busse

Busse von **Tranzit**, 📞 0800 471 227, Richtung Norden nach Palmersong North halten an der Haltestelle Palmerston North, 316 Queen St, nicht weit vom i-SITE.

Busse nach:
CARTERTON Mo–Fr 5–6x tgl.,
Sa und So 3x tgl., 25 Min.;
FEATHERSTON Mo–Fr 6x tgl.,
Sa und So 3x tgl., 1 Std.;
GREYTOWN Mo–Fr 6x tgl.,
Sa und So 3x tgl., 30–40 Min.;
PALMERSTON NORTH Mo–Fr 2x tgl.,
Sa und So 1x tgl., 2 Std.

Eisenbahn

Züge von **TranzMetro**, 📞 04 801 7000, verkehren zwischen Wellington und dem Bahnhof von Masterton am Ende der Perry Street, 15 Min. zu Fuß vom Zentrum, oder man ruft ein Taxi von Masterton Radio Taxis, 📞 06 378 2555.

Züge nach:
CARTERTON 6x tgl., 15 Min.;
FEATHERSTON 6x tgl., 40 Min.;
WELLINGTON 4–6x tgl., 1 1/2 Std.

Castlepoint

Die 300 km lange Küste zwischen dem Cape Kidnappers nahe Napier südwärts bis zum Cape Palliser ist öde, verlassen und fast gänzlich unzugänglich – abgesehen von **Castlepoint**, 65 km östlich von Masterton, wo frühe Forschungsreisende eine willkommene Unterbrechung in der „senkrechten Reihe von Klippen" fanden. Ein **Leuchtturm** beherrscht den Felsenhügel, der durch einen schmalen, wie eine Sanduhr geformten doppelten **Strand** mit dem Festland verbunden ist. Dieser umschließt eine **Lagune**, die The Basin genannt wird. Im Sommer wimmelt es von Surfern und Familien aus dem Wairarapa, die zum Baden herkommen, aber wenn das Wetter umschlägt, verwandelt sich der Strand in eine ziemlich raue Küstenlandschaft. Abgesehen von Surfern unternehmen die meisten Leute nur einen Tagesausflug hierher. Wer sich fürs Bleiben entscheidet, muss alles Notwendige mitbringen.

ÜBERNACHTUNG

Castlepoint Holiday Park & Motels, 📞 06 372 6705, 🖥 castlepoint.co.nz. Der typische Kiwi-Urlaubercampingplatz liegt in traumhafter Lage und in Hörweite der wilden Brandung. Er bietet eine breite Palette einigermaßen gut in Schuss gehaltener Unterbringungsmöglichkeiten. Camping $22,50, Cabins mit Küche $95, Garten-Cottage oder Bungalow mit Meerblick $140, Motel Units $170, Selbstversorger-Cook House $300

POVERTY BAY, HAWKE'S BAY UND DAS WAIRARAPA

Carterton

Das Versorgungsstädtchen **Carterton**, 15 km südlich von Masterton, hat nur ein Highlight: **Paua World**, 54 Kent St, 🖥 pauaworld.com, wo Erzeugnisse aus der schönen Paua-Muschel verkauft werden, von herrlich kitschigen Kühlschrankmagneten bis zu elegantem Schmuck. Die Fabrik beliefert nahezu jeden Touristenladen des Landes, und man kann kostenlos einen Rundgang unternehmen, um zu sehen, wie die Sachen gemacht werden.

Stonehenge Aotearoa

12 km südöstlich von Carterton ▪ Feb–April Mi–So 10–16 Uhr; Führung Sa und So 11 Uhr, und 27. Dez–15. Jan tgl. (Reservierung empfohlen) ▪ Eintritt $16; Führung $16 ▪ 📞 06 377 1600, 🖥 stonehenge-aotearoa.com

Wie eine Vision aus dem steinzeitlichen Britannien erscheint auf einem Hügel inmitten von Farmland **Stonehenge Aotearoa**. Aussehen und Größe ähneln zwar dem englischen Original, aber das hier ist ein modernes Gebilde aus Holz und Beton, das als „Freilicht-Observatorium" dient. Im Rahmen einer 90-minütigen Führung wird eine faszinierende Fülle von Informationen geboten, angefangen von nüchterner Astronomie bis hin zu Maori-Legenden und vergleichenden Religionsmythen.

Rund 5 km südlich von Carterton führt eine Holperstraße 15 km nach Westen in die Ausläufer der Tararua Range zur **Waiohine Gorge**. Der malerische Wasserfall bildet eine wunderschöne Kulisse für ein Picknick.

Greytown

Das 9 km südlich von Carterton gelegene hübsche **Greytown** wurde 1853 erbaut und hat sich noch etwas von seiner ursprünglichen viktorianischen Atmosphäre bewahrt. Die ehemals größte Siedlung im Wairarapa verfiel, als sie beim Bau der Eisenbahnlinie links liegen gelassen wurde. Erst als die Einwohner von Wellington Greytowns Urlaubspotenzial entdeckten, erwachte der Ort wieder zum Leben. Die zwei-geschossigen Holzgebäude am Highway beherbergen heute Kunstgalerien, „Sammlerläden", exquisite Cafés und schicke B&Bs. Die Preise sind jedoch auf die gut betuchte Wellingtoner Klientel abgestimmt – wer eine günstigere Unterkunft in der Gegend sucht, fährt besser weiter bis Martinborough.

ESSEN

🧳 **French Baker**, 81 Main St. Leckeres Brot, Sandwiches, Gebäck, Räucherfischpasteten und Kuchen (alles unter $18). 🕐 Mo–Fr 8–15, Sa und So 8–16 Uhr.

🧳 **Main Street Deli**, 88 Main St. Das altbewährte Café ist eine prima Adresse für Suppen und Sandwiches ($5–18) sowie größere Gerichte zu moderaten Preisen. Der Laden verfügt auch über ein beachtliches Käsesortiment – ein klasse Belag für Brot aus der Bäckerei gegenüber. 🕐 Mo–Fr 8–16, Sa und So 8–15 Uhr.

Martinborough

Der kleine Ort **Martinborough**, 18 km südlich von Greytown, hat sich in den letzten 20 Jahren von einer unbekannten landwirtschaftlichen Gemeinde in das Zentrum einer Weinregion, die einige der besten Rotweine Neuseelands produziert, verwandelt. Da es nur einen Steinwurf von Wellington entfernt ist, kommt an Wochenenden die städtische Schickeria hierher, um ihre auf Hochglanz polierten Geländewagen in den Weingütern vollzuladen. Am Montag und Dienstag ist dann fast alles geschlossen, weil Martinborough sich vom Wochenende erholen muss.

Wenn nicht gerade ein Festival stattfindet (Kasten S. 475), empfiehlt sich als erste Anlaufstelle das **Martinborough Wine Centre** (S. 473). Mehr als ein Dutzend **Weingüter** (S. 474) lassen sich zu Fuß oder mit dem Fahrrad erreichen. Die dafür notwendigen Informationen finden sich im fast überall erhältlichen Gratisheftchen *Wairarapa Wine Trail*. Im Sommer haben die Winzereien normalerweise am Wochenende von 11–16 Uhr geöffnet, in der Wochenmitte kürzer. Sie verlangen normalerweise $5 Verkostungsgebühr, die bei Weinkauf erstattet wird.

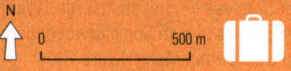

Featherston (18 km)

Palliser

Martinborough   Margrain

Schubert
Vineyard

Murdoch James Estate Winery (9 km), Lake Ferry (35 km), Cape Palliser (65 km)

■ ÜBERNACHTUNG
Kate's Place	1
Martinborough Village Holiday Park	2
Martinborough Hotel	5
The Old Manse	3
Straw House	4

KITCHENER STREET

PRINCESS STREET

PANAMA STREET

Martinborough
Wine Centre

CAMBRIDGE STREET

Ata
Rangi

PURUTANGA ROAD

HUANGARUA ROAD

ROBERTS STREET

BROADWAY STREET

JOHN STREET

KANSAS STREET

TEXAS STREET

NEW YORK STREET

The
Square

TEXAS STREET

NAPIER STREET

KANSAS STREET

CORK STREET

OXFORD STREET

DUBLIN STREET

JELLICOE STREET

MALCOLM STREET

DANIEL STREET

SACKVILLE STREET

SUEZ STREET

REGENT STREET

WELD STREET

REGENT STREET

Vynfields Estate Winery (100 m)

● RESTAURANTS, CAFÉS & BARS
Café Medici	2
Circus Cinema Restaurant and Bar	4
Ingredient	1
The Village Café	3
Wendy Campbell's French Bistro	2

POVERTY BAY, HAWKE'S BAY UND DAS WAIRARAPA

Geschichte

Martinborough fristete über ein Jahrhundert lang ein Dasein als unbedeutendes landwirtschaftliches Zentrum, bis die ersten vier Weingüter das Gebiet als die kühlste, trockenste und am stärksten den Winden ausgesetzte Weinanbauregion der Nordinsel neu erfanden: Ata Rangi, Dry River, Chifney und Martinborough produzierten alle ihre ersten Jahrgänge 1984. Dank Wind abwehrender Schutzpflanzungen können die Weingüter herausragenden Pinot Noir, sehr guten Cabernet Sauvignon, fruchtigen Chardonnay und aromatischen Riesling herstellen.

Martinborough Wine Centre

6 Kitchener St ▪ ⏰ tgl. 10–17 Uhr ▪ Verkostung gegen Spende ▪ ✆ 06 306 9040, 🖥 martinborough winecentre.co.nz

In diesem Weinladen dürfen potenzielle Kunden kostenlos monatlich wechselnde Tropfen hiesiger Winzereien probieren. Außerdem kann man ein **Fahrrad** ($35/Tag) für Ausflüge zu den Weingärten mieten.

ÜBERNACHTUNG

Die meisten Unterkünfte sind B&Bs und Homestays der mittleren und oberen Preisklasse, vorwiegend in ländlicher Umgebung, oder Cottages für Selbstversorger. Während der Festivals und an Sommerwochenenden sind freie Betten Mangelware.

Kate's Place, 7 Cologne St, ☎ 06 306 9935, 🖥 katesplace.co.nz. Gemütliche, entspannte Kombi aus Homestay und Backpackerhostel in einem Holzcottage in einer ruhigen Straße. Es hat nur ein DZ mit Bad sowie 2 erstklassige 4-Bett-Dorms mit superbequemen Stockbetten. Kein Frühstück, aber Küchenbenutzung, haufenweise Bücher und WLAN. Dorms $30, Zimmer $80

Martinborough Village Holiday Park, 10 Dublin St West, ☎ 06 306 8946, 🖥 martinborough holidaypark.com. Vorbildlich gepflegter Campingplatz, 10 Min. zu Fuß vom Ortskern. Die Zeltplätze sind von den Wohnwagenstellplätzen getrennt, außerdem schnuckelige Cabins. Moderne Küche, Duschen; kein TV-Anschluss. Fahrradverleih für $35/Tag. Camping $20, Cabins $70, Selbstversorger-Cabins $115

Martinborough Hotel, Memorial Square, ☎ 06 306 9350, 🖥 martinboroughhotel.co.nz. Das hübsch restaurierte Grandhotel von Martinborough hat Zimmer im Obergeschoss des alten Gebäudes (mit Glastüren auf eine Veranda hinaus) und moderne rund um den Garten, alle gepflegt und geräumig. Zum Hotel gehören auch ein gutes Restaurant und eine gut besuchte Bar. Verandazimmer $300, Gartenzimmer $320

The Old Manse, 19 Grey St, ☎ 06 306 8599, 🖥 oldmanse.co.nz. Boutique-B&B in einer herrlichen alten Villa inmitten von Weinstöcken am Ortsrand. Ein komfortables, ruhiges Zimmer, eine geräumigere Suite und hilfsbereite Besitzer, die fachkundige Tipps geben. Zimmer $170, Suite $225

Straw House, 22-24 Cambridge Rd, ☎ 06 306 8577, 🖥 thestrawhouse.co.nz. Ein Studio und ein Selbstversorger-Bungalow mit 2 Schlafzimmern, beide stilvoll und aufwendig ausgestattet. Reichlich Frühstückszutaten. Kleiner Rabatt bei 2 Nächte oder mehr Übernachtungen. Studio $150, Bungalow $270

Zu einem Besuch in Martinborough gehört unbedingt ein Mittagessen mit Häppchen zwischen Weinreben. Aber auch im Ort gibt

Weingüter von Martinborough

Ata Rangi, Puruatanga Rd, ☎ 06 306 9570, 🖥 atarangi.co.nz. Einer der besten neuseeländischen Pinot-Noir-Hersteller. Er keltert aber auch den ausgezeichneten Célèbre, eine Mischung aus Merlot und Syrah, sowie süffigen Chardonnay. Ein guter erster Anlaufpunkt, da zentral gelegen. Verkostung $5. ⏰ Mo–Fr 13–15, Sa und So 12–16 Uhr.

Margrain Vineyard, Ponatahi Rd, ☎ 06 306 9292, 🖥 margrainvineyard.co.nz. Hier kann man erstklassigen Wein einfach an der Kellertür kaufen. Die meisten der erschwinglichen Gerichte im tollen kleinen Old Winery Café (⏰ normalerweise tgl. 12–15 Uhr) mit Blick auf die Weinstöcke sind auf Margrain-Weine abgestimmt. Verkostung $5. ⏰ Labour Day-Wochenende (Okt)–Ostern Fr–So 11–17 Uhr, 1. Jan–6. Feb tgl. 11–17 Uhr, Ostern–Labour Day-Wochenende Sa und So 11–17 Uhr.

Martinborough Vineyard, Princess St, ☎ 06 306 9955, 🖥 martinborough-vineyard.co.nz. Eines der ersten Weingüter von Martinborough und immer noch eines der größten, produziert erstklassige Pinot Noir und Chardonnay. Verkostung $5. ⏰ tgl. 11–16 Uhr.

Palliser, Kitchener St, ☎ 06 306 9019, 🖥 palliser.co.nz. Dieses wegbereitende Weingut von Martinborough bemüht sich um eine umweltschonende Produktion und bringt dabei Spitzenweine hervor. Veranstaltet auch Kochkurse. Die Besitzer haben nichts dagegen, wenn Besucher auf dem gepflegten Rasen ein Picknick machen. Weinprobe kostenlos. ⏰ tgl. 10.30–16.30 Uhr.

Vynfields, 22 Omarere Rd, ☎ 06 306 9901, 🖥 vynfields.com. Hier kann man wahlweise auf dem offenen Rasen, in lauschigen Lauben oder drinnen in der eleganten Villa fünf Weine verkosten (Achtel $15, Viertel $20). Dazu werden Antipasti-Teller ($32) und Suppe ($18) serviert. Weinprobe kostenlos. ⏰ Mi–Mo 11–16 Uhr.

Toast Martinborough 🖥 toastmartinborough.co.nz. Die Eintrittskarten werden Anfang Oktober verkauft und gehen innerhalb von Stunden weg. Dem Glücklichen, der ein Ticket ergattert hat, stehen die Türen ausgesuchter Winzereien und Restaurants sowie der Zutritt zu Liveacts von international renommierten Künstlern offen. 3. So im Nov.

Martinborough Fairs, martinboroughfair.org.nz. Bei den beiden riesigen ländlichen Festen unter freiem Himmel geht es weit weniger elitär zu. Dann säumen Kunsthandwerksstände die spiralförmig vom Hauptplatz abgehenden Straßen. 1. Sa im Feb und März.

es ein paar vorzügliche, mehr oder weniger teure Restaurants.

Café Medici, 9 Kitchener St, ✆ 06 306 9965. In dem gut besuchten, zum Frühstück und Mittagessen geöffneten Café mit hervorragendem Service erfreuen sich die Gäste an Köstlichkeiten wie Parkvale-Pilzen ($17) und leckeren Abendgerichten für $16–30. ⏲ tgl. 8.30–16.30, Sommer auch Do–Sa 18.30 Uhr bis spät.

🧳 **Circus Cinema Restaurant and Bar**, 34 Jellicoe St, ✆ 06 306 9442, 🖥 circus.net.nz. In der bezaubernden Bar werden die Gäste mit erstklassigem Kaffee verwöhnt und im geschmackvoll schlichten Restaurant mit Meze-Tellern, „Film-Pizza" – Ben Hur kommt mit Räucherschinken, Pilzen und Paprika daher – und himmlischen Desserts ($9–29). Obendrein gibt es ein HD-Kino mit 2 Sälen und einer Vorliebe für Arthouse-Klassiker. Also zurücklehnen, Film gucken und ab und zu ein Schlückchen Wein nehmen – ein Schulterklopfen bedeutet, dass die Nachspeise im Anmarsch ist. ⏲ tgl. 16 Uhr bis spät.

Ingredient, 8 Kitchener St. Eines der besten Geschäfte für lokale Delikatessen wie Wein, Oliven, Käse und Aufschnitt. ⏲ Mo–Fr 9.30–16, Sa und So 8.30–17.30 Uhr.

🧳 **Wendy Campbell's French Bistro**, 3 Kitchener St, ✆ 06 306 8863. In diesem stilvoll eingerichteten Restaurant gibt es das

beste Essen der Stadt. Die Küche ist klassisch französisch, bereichert durch Kiwi-Produkte der Saison. Hauptgerichte um $35. Mit den Öffnungszeiten nehmen es die Betreiber nicht ganz so genau. Reservieren, besonders am Wochenende. ⏲ üblicherweise Mi–So ab 18 Uhr.

i-SITE, 18 Kitchener St, ✆ 06 306 5010, 🖥 wairarapa.com. Internetzugang und massenhaft Informationsmaterial zu den Winzereien der Umgebung, darunter auch die Broschüre *Wairarapa Wine Trail*. Die Mitarbeiter erledigen auch Hotelbuchungen. ⏲ Mo–Fr 9–17, Sa und So 10–16 Uhr.

Busse von **Tranzit**, ✆ 0800 471 227, die zwischen FEATHERSTON, MASTERTON und Martinborough pendeln, sind auf den Fahrplan der Nahverkehrszüge von **TranzMetro**, ✆ 04 801 700, aus WELLINGTON abgestimmt und halten schräg gegenüber vom i-SITE.

Cape Palliser

Die relative Betriebsamkeit von Martinborough steht in starkem Kontrast zur einsamen und windgepeitschten Küste um das **Cape Palliser**, 60 km weiter südlich. Das Kap, der südlichste Punkt der Nordinsel, wurde nach James Cooks Mentor, Konteradmiral Sir Hugh Palliser, benannt. Abgesehen von einigen leichten Wanderungen und der Gelegenheit, Pelzrobben aus nächster Nähe zu sehen, gibt es nicht viel zu tun, zumal Schwimmen hier gefährlich ist und das Wetter leicht umschlägt.

Lake Ferry

Von Martinborough aus führt eine befestigte Straße 35 km südlich nach **Lake Ferry**, einem winzigen Dörfchen am sandigen Ufer des Lake Onoke. So ziemlich das Einzige, was man hier anstellen kann, ist abschalten und sich erholen. Möglicherweise mit Übernachtung oder nur bei einer Stärkung im Lake Ferry Hotel (S. 476).

POVERTY BAY, HAWKE'S BAY UND DAS WAIRARAPA

Putangirua Pinnacles

13 km südlich von Lake Ferry

Die Straße nach Cape Palliser schlängelt sich nun 13 km weit durch die Küstenhügel, bis sie nahe den **Putangirua Pinnacles** aufs Meer stößt. Diese bis zu 50 m hohen grauen, weichen Felstürme und Klippen wurden von Wind und Regen geformt. Am Parkplatz gibt es Grillstellen und einen DOC-**Campingplatz** (s. unten). Von hier aus führt ein leichter, rund zweistündiger Spaziergang durchs Flussbett zum Fuß der Pinnacles, dann zu einer Aussichtsstelle hoch und anschließend auf einem schönen Buschpfad am Felsrand wieder zurück.

Ngawi

Hinter den Pinnacles verläuft die asphaltierte Straße 15 km an der zerklüfteten, ungeschützten Küste entlang nach **Ngawi**, einem kleinen Fischerdorf. Bis zum eigentlichen Kap sind es noch fünf anstrengende Kilometer. Hier liegt unweit der Straße eine **Pelzrobbenkolonie**, überragt von dem hundert Jahre alten **Cape Palliser Lighthouse**, das auf einem Hügel 60 m über dem Meer am Ende von etwa 250 Stufen steht. Es ist nicht schwer, bis auf 20 m dicht an die Robben heranzukommen, aber wenn sie sich bedroht fühlen, werden sie aggressiv. Von Robbenjungen sollte man daher Abstand halten, sonst beißen die Eltern zu. Man darf auch niemals einer Robbe den Weg zum Meer versperren.

Lake Ferry Hotel, 2 Lake Ferry Rd, Lake Ferry, 📞 06 307 7831, 🖥 lakeferryhotel.co.nz. Das am weitesten südlich gelegene Hotel/Restaurant der Nordinsel ist an einem sonnigen Nachmittag ein malerisches Plätzchen für Fish 'n' Chips auf dem Weg zurück nach Martinborough. Das Hotel hat eine traditionelle, öffentliche Kiwi-Bar und einen Garten mit Blick auf das Wasser sowie ein etwas förmlicheres Restaurant – wer an einem Schönwetter-Wochenende einen freien Tisch bekommen will, muss früh herkommen. Dorms $30, Zimmer $70, Zimmer mit Bad $90

Lake Ferry Holiday Park, Lake Ferry, 📞 06 307 7873, 🖥 lakeferryholidaypark.co.nz. Superbillig und ein wenig beengter als das Lake Ferry Hotel, aber nicht weit von dessen Pub entfernt. Unterbringung entweder auf dem Campingplatz, in Cabins oder Selbstversorger-Units. Es gibt eine Gemeinschaftsküche, außerdem Duschen, TV und einen Waschsalon. Camping $12, Cabins $60, Selbstversorger-Units $80

Putangirua Pinnacles Campsite. Zwischen Lake Ferry und Cape Palliser. Der einzige Luxus dieses fußläufig zu den Pinnacles gelegenen DOC-Platzes sind die Aussicht auf die Cook Strait und ein Kieselstrand gleich auf der anderen Straßenseite. Es gibt aber fließendes Wasser und Toiletten. Camping $6

Auckland

Wellington

Christchurch

Wellington [9 HIGHLIGHT]
und Umgebung

Stefan Loose Traveltipps

Te Papa Das innovative Nationalmuseum veranschaulicht mit beeindruckenden Ausstellungsreihen, interaktiver Technologie und der herausragendsten Kunstsammlung des Landes die Natur- und Kulturgeschichte Neuseelands. S. 483

Cuba Street Leute beobachten, Café-Hopping und Schaufensterbummel auf der „alternativsten" Flaniermeile der Stadt. S. 485

Botanic Gardens Mit der Cable Car hinauf zum idyllischen Botanischen Garten mit seinem Panoramablick, den duftenden Rosen und dem herrlichen Begonia House. S. 486

Parliamentary District Beim Besuch des neuseeländischen Regierungssitzes und der angeschlossenen Institutionen kann man Dokumente betrachten, die Meilensteine auf dem Weg zur Nation waren. S. 487

Zealandia: the Karori Sanctuary Experience Einheimische Vögel fühlen sich in dem reizvollen Schutzgebiet vor den Toren Wellingtons wieder heimisch. S. 489

Nachtleben Wellington ist das beste Ausgehpflaster Neuseelands: mit stimmungsvollen Theatern stilvollen Kinos, coolen Cocktailbars, lebhaften Pubs und szenigen Clubs – die Auswahl ist riesig. S. 500.

Die meisten Reisenden halten Neuseeland für ein Land mit spektakulären Landschaften und weniger spektakulären Städten – das ändert sich jedoch schlagartig, wenn sie nach Wellington kommen. Das lebendige Herz des Landes liegt eingezwängt zwischen dem glitzernden Wellington Harbour und der rauen Cook Strait und ist auf jeden Fall einen mehrtägigen Aufenthalt wert. Wer kann, sollte sogar länger bleiben.

Die umliegenden Hügel zwingen Wellington zu einem kompakten Zentrum, das überwiegend auf dem Meer abgewonnenem Land erbaut ist. Eine anziehende Mischung aus historischer und moderner Architektur erstreckt sich bis in die lebendige Uferzone mit ihren Stränden, Jachthäfen und restaurierten Lagerhäusern. Viktorianische und edwardianische Schindelvillen und Bungalows ziehen sich die steilen Hänge bis zum umliegenden Park- und Waldgürtel hoch. Dieser bildet eine natürliche Barriere gegen weitere Bebauung. Viele Häuser sind nur über schmale Serpentinen zugänglich, einige sogar nur über eine steile Treppe, die bisweilen von einer kleinen Seilbahn flankiert wird, um Lebensmittel und alles mögliche Andere zum Haus zu befördern.

„Welly" ist als Neuseelands **Windy City** berüchtigt: Die Cook Strait zwischen Nord- und Südinsel wirkt wie ein riesiger Trichter, der den Wind bündelt und dabei auch die Luft in Wellington aufpeitscht – ein Effekt, der durch die Korridore zwischen den hoch aufragenden Bürotürmen noch verstärkt wird.

Mit rund 400 000 Einwohnern ist Wellington die zweitgrößte Stadt Neuseelands. In Auckland wächst hauptsächlich die Wirtschaft – und mit ihr das Selbstbewusstsein seiner Einwohner. Wellington dagegen strebt nach Höherem und beansprucht für sich den Status als **Kulturhauptstadt**. Auf jeden Fall können die „Wellingtonians" die beste **Café-, Ausgeh-** und **Kunstszene** des Landes genießen. Das wird besonders im Spätsommer deutlich, wenn verschiedene Kunst- und Kleinkunst-**Festivals** (Kasten S. 503) stattfinden.

Wellingtons Stadtkern lässt sich prima zu Fuß erkunden. Das Herzstück von Wellingtons Innenstadt zieht sich vom Bahnhof durchs Geschäfts- und Shoppingzentrum **Lambton Quay** nach Süden bis **Courtenay Place**. Die Hauptgegenden zum Aus- und Essengehen liegen in der Umgebung der Willis Street, der Courtenay Place, der flippigen Cuba Street und der Queens Wharf am Wasser. Viele Sehenswürdigkeiten befinden sich vom zentralen **Civic Square** aus gesehen beiderseits der Hafenbucht, darunter das absolute Highlight der Stadt, das avantgardistische Nationalmuseum **Te Papa**. Auch einen Blick Wert ist das runderneuerte **Museum of Wellington City and Sea**, das sich der Geschichte der Stadt, den Maori und der Seefahrt widmet. Politiker und Beamte bevölkern die Straßen des **Parliamentary District**. In der Nähe lädt **Katherine Mansfield's Birthplace**, die im Stil der damaligen Zeit möblierte „Kinderstube" von Neuseelands berühmtester Kurzgeschichtenautorin, zu einem Besuch ein.

Vom Stadtzentrum aus kann man außerdem zu Fuß oder mit dem Fahrrad die **Oriental Parade** entlang und zu einem der Aussichtspunkte wie jenem auf dem **Mount Victoria** hoch spazieren oder fahren, oder aber die **Cable Car** nach Kelburn nehmen. Von Kelburn geht es entweder durch die formellen **Botanical Gardens** wieder nach unten, oder man wandert noch ein Stück weiter hinaus und schaut sich die wichtige Arbeit an, die im **Zealandia: the Karori Sanctuary Experience** und im **Otari-Wilton's Bush** geleistet wird, dem einzigen öffentlichen botanischen Garten des Landes, der sich ausschließlich der einheimischen Flora widmet. Zealandia und Otari-Wilton's Bush sind Teil des **Town Belt**, ein Grünstreifen, der die Hügel rings um die Innenstadt umspannt und schöne Wanderwege sowie einige der umwerfendsten Aussichtspunkte der Stadt bietet. Östlich der Stadt liegen die ruhigen Vororte und Strände der **Miramar Peninsula**, heute v. a. bekannt als Standort von „Wellywood", dem Herzen der hiesigen Filmindustrie – kaum zu übersehen dank des neuen hollywoodartigen Schriftzugs.

Faszinierende **Wanderungen** führen z. B. zur Robbenkolonie von Red Rocks, aber auch die vielen Wandermöglichkeiten innerhalb der Stadt sind sehr reizvoll, insbesondere der **Southern Walkway**. Und irgendwann während des Aufenthalts in der Stadt am Wasser muss natürlich eine Bootsfahrt zum friedlichen Tierschutzgebiet **Matiu/Somes Island** unternommen werden.

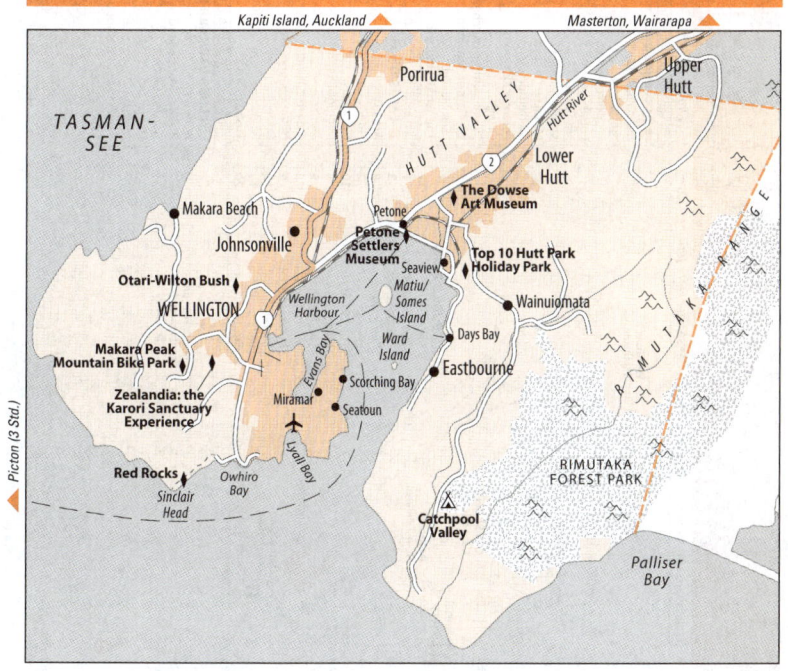

Kapiti Island, Auckland ▲   Masterton, Wairarapa ▲

TASMAN-
SEE

Porirua

Upper
Hutt

HUTT VALLEY   Hutt River

2   Lower
Hutt

Makara Beach   Petone   The Dowse
Art Museum
Johnsonville   Petone
Settlers
Museum   Top 10 Hutt Park
Seaview   Holiday Park
Otari-Wilton Bush   Matiu/
Somes   Wainuiomata
WELLINGTON   Island
Wellington
Harbour   Ward   Days Bay
Island
Makara Peak   Eastbourne
Mountain Bike Park   Scorching Bay
Zealandia: the   Miramar
Karori Sanctuary   Seatoun
Experience

RIMUTAKA
FOREST PARK

Picton (3 Std.)

Red Rocks   Owhiro
Bay
Sinclair
Head

Catchpool
Valley

Palliser
Bay

RIMUTAKA RANGE

WELLINGTON UND UMGEBUNG

Wellington ist auch eine gute Ausgangsbasis für Ausflüge nach **Kapiti Island** (S. 320) und ins Weingebiet des **Wairarapa** – nähere Infos zu Weintouren von Wellington aus im Kasten auf S. 482.

Geschichte

Der mündlichen Überlieferung der Maori zufolge zog der Halbgott **Maui** die Nordinsel wie einen Fisch aus dem Meer, wobei der Wellington Harbour das Maul des Fisches bildete. Zahlreiche *iwi* siedelten rund um die Bucht, darunter die Ngati Tara, welche die reichen Fischgründe und die geschützte Lage zu schätzen wussten. Sowohl Abel Tasman (1642) als auch Kapitän Cook (1773) wurden von heftigen Stürmen daran gehindert, in den Wellington Harbour einzulaufen. Abgesehen von ein paar Robben- und Wal-fängern hielt die erste Welle **europäischer Siedler** erst 1840 Einzug. Die Neuankömmlinge ließen sich auf einem großen Stück Land in der Bucht nieder, das die New Zealand Company erworben hatte. Die erste Siedlung, Britannia genannt, entstand am Nordostufer im heutigen Petone. Doch bald darauf führte der Hutt River Hochwasser und zwang die Menschen zum Umzug in sicherere Gebiete: Zum einen auf die andere Seite der Bucht nach Lambton Harbour (wo schließlich die Innenstadt erwuchs) und zum anderen in die relativ flache Gegend bei Thorndon, das damals noch dicht am Wasser lag. Die Siedlung wurde nach dem Herzog von Wellington (dem „Eisernen Herzog"), britischer Feldmarschall und Minister, umbenannt, und man begann damit, dem Meer neues Land abzutrotzen – ein Prozess, der über 100 Jahre andauerte.

Wellington Zentrum

Matiu/Somes Island

● RESTAURANTS

Beach Babylon	6
Kreuzberg	23
Le Metropolitan	11
Logan-Brown	17
MariLuca	1
Martin Bosley's	4
Masala	10
Matterhorn	7
Oriental Kingdom	8
Ortega	16
Sweet Mother's Kitchen	14
Wellington Trawling Sea Market	20
The White House	5

● CAFÉS/DELIS

Aro Coffee	18
Fidel's	21
Floriditas	12
Midnight Espresso	15
Mojo	22
Moore Wilson's	3
Nikau Gallery Café	13
Olive	9
Plum	9
Trisha's Pies	19

□ CLUBS & LIVEMUSIK

Bodega	7
Boogie Wonderland	11
Garden Club	14
Happy	19
Medusa	18
San Francisco Bathhouse	16
Sandwiches	12

□ PUBS & BARS

Alice	17
The Backbencher Pub	1
Foxglove Bar & Kitchen	3
Kiwi Pub	8
Leuven	2
The Library	10
Mac's Brewery	4
The Malthouse	9
Matterhorn	6
Mighty Mighty	5
Motel	13
S&M's	15
Southern Cross	20

■ ÜBERNACHTUNG

Apollo Lodge Motel & Majoribanks Apartments	9
Austinvilla B&B	13
Base Wellington	8
Booklovers B&B	14
Cambridge Hotel	10
Downtown Backpackers	1
Halswell Lodge	11
The Mermaid	12
Museum Hotel	4
Nomads Capital	2
Ohotel	5
Trinity Hotel	3
Wellywood Backpackers	7
YHA Wellington City	6

Town Belt

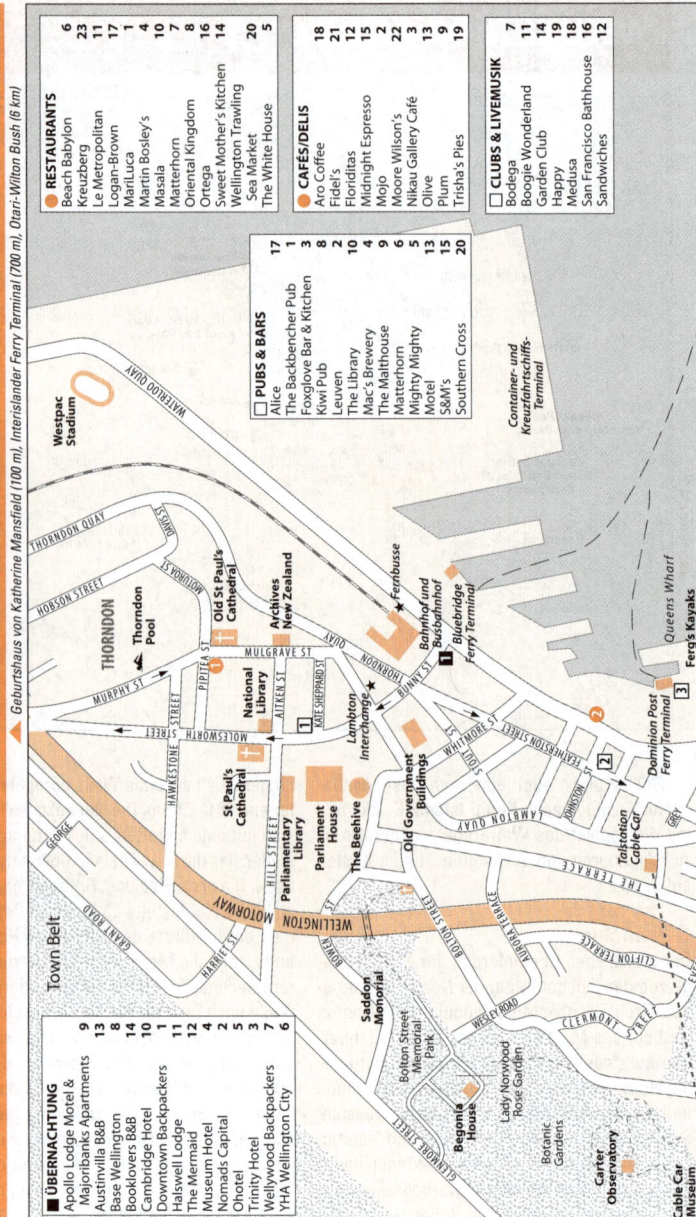

N

0   250 m

Geburtshaus von Katherine Mansfield (100 m), Interislander Ferry Terminal (700 m), Otari-Wilton Bush (6 km)

Westpac Stadium

WATERLOO QUAY

THORNDON QUAY

THORNDON

HOBSON STREET

MOLESWORTH ST

Thorndon Pool

Old St Paul's Cathedral

Archives New Zealand

PIPITEA ST

MULGRAVE ST

MURPHY ST

AITKEN ST

KATE SHEPPARD ST

National Library

Fernbusse

Bahnhof und Busbahnhof

Bluebridge Ferry Terminal

THORNDON QUAY

Lambton Interchange

HAWKESTONE STREET

MOLESWORTH STREET

St Paul's Cathedral

Parliamentary Library

Parliament House

The Beehive

Old Government Buildings

WHITMORE ST

STOUT ST

FEATHERSTON STREET

Container- und Kreuzfahrtschiffs-Terminal

Queens Wharf

Ferg's Kayaks

Dominion Post Ferry Terminal

Talstation Cable Car

GREY ST

JOHNSTON ST

LAMBTON QUAY

HILL STREET

GEORGE

GRANT ROAD

HARRIET ST

WELLINGTON MOTORWAY

BOWEN ST

THE TERRACE

BOLTON STREET

Saddon Memorial

Bolton Street Memorial Park

Lady Norwood Rose Garden

Begonia House

Botanic Gardens

Carter Observatory

Cable Car Museum

WESLEY ROAD

GLENMORE STREET

CLERMONT STREET

TINAKORI TERRACE

CLIFTON TERRACE

EVERTON TCE

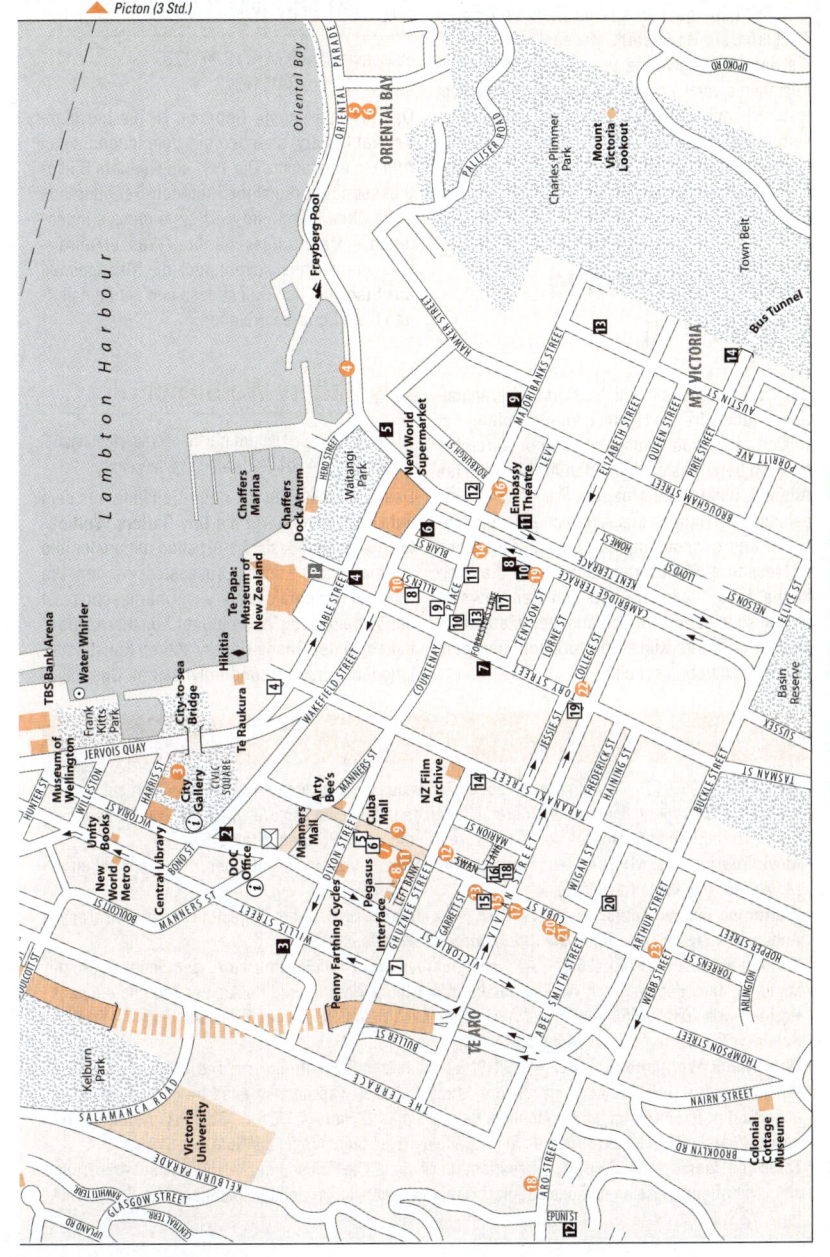

1865 löste das prosperierende Wellington Auckland als **Hauptstadt** Neuseelands ab. Um die Jahrhundertwende war die ursprüngliche Küstenlinie von Lambton Harbour praktisch nicht mehr erkennbar, sondern übersät von Lagerhäusern und Geschäften. Wellington war zum Dreh- und Angelpunkt der Küstenschifffahrt geworden und ist seither eine wohlhabende Stadt.

Civic Square und Umgebung

Der **Civic Square**, ein beliebter Ort für Veranstaltungen unter freiem Himmel, wurde Anfang der 1990er-Jahre von Neuseelands einflussreichstem und begabtestem lebenden Architekten, **Ian Athfield**, umfassend erneuert. Der Platz ist eine gelungene Synthese aus Altem und Neuem, geraden und geschwungenen Linien. Zahlreiche interessante **Skulpturen** schmücken die Freifläche. Eine davon ist *Ferns* von Neil Dawson, eine aus ineinander verschlungenen Metallfarnwedeln geformte Kugel, die förmlich über dem Platz zu schweben scheint.

Central Library

65 Victoria St ▪ ⏱ Mo–Fr 9.30–20.30, Sa 9.30–17, So 13–16 Uhr

Das faszinierendste Gebäude ist die herrliche **Central Library**, die ebenfalls dem Ideengut von Athfield entstammt. Die 1991 eingeweihte Bibliothek ist ein geräumiges Hightech-Gebäude aus Stahl, Stein, Glas und Holz. Sein ganzes Innenleben – Belüftungsschächte, Wasserrohre – liegt offen. Athfield schuf auch die Nikaupalmen aus Stahl, die den Bau stützen und mit dem übrigen Civic Square verbinden.

City Gallery Wellington

101 Wakefield St ▪ Eintritt frei; Sonderausstellungen um $10 ▪ ✆ 04 801 3021, 🖳 citygallery.org.nz

Das eindrucksvolle Art-déco-Gebäude aus dem Jahr 1939 beherbergt die **City Gallery Wellington**, wo zeitgenössische Arbeiten nationaler und internationaler Künstler ausgestellt werden. Die Michael Hirschfeld Gallery im Obergeschoss ist den Arbeiten von Wellingtoner Künstlern vorbehalten; in der Deane Gallery stehen Kunstinstallationen von Maori und Polynesiern. Über Bild-

---

Stadtrundfahrten

Flat Earth, ✆ 0800 775 805, 🖳 flatearth.co.nz. Der exklusive Veranstalter legt großen Wert auf zuvorkommende Betreuung. Eine seiner Touren führt zu den Highlights von Wellington City, außerdem hat er Landschafts- und Ökotouren sowie mehrere Filmtouren im Programm (ab $159).

Movie Tours, ✆ 027 419 3077, 🖳 adventuresafari.co.nz. Touren mit Filmthemen, z. B. die Wellington Movie Tour und Weta Cave ($45).

Wairarapa Escape Tours, ✆ 06 377 1227, 🖳 tranzit.co.nz. Beliebte Tagestouren im Wairarapa-Anbaugebiet (S. 482), darunter die *Martinborough Wine Tour* ($185).

Wellington Rover, ✆ 021 426 211, 🖳 wellingtonrover.co.nz. Minibustouren zu den Sehenswürdigkeiten an der Peripherie von Wellington, darunter Mount Victoria, Red Rocks, der Zoo und ein paar Drehorte von *Herr der Ringe*. Zu- und Aussteigen nach Belieben, geringe Preisnachlässe für diverse Sehenswürdigkeiten auf der Tour ($50, 3x tgl.).

Wild About Wellington, ✆ 027 441 9010, 🖳 wildaboutwellington.co.nz. Die Begeisterung der Wellingtonierin Jennifer Looman für ihre Stadt und das, was dort so alles hergestellt wird, ist ansteckend. Bei ihren tgl. stattfindenden Touren *Sights & Bites* (4 1/2 Std., $205 inkl. Mittagessen) und *Wild about Chocolate* (4 1/4 Std., $110) kombiniert sie Sightseeing mit Gourmet-Stopps.

Zest Food Tours, ✆ 04 801 9198, 🖳 zestfoodtours.co.nz. Die Feinschmeckertouren mit Verkostung steuern Kaffeeröstereien, Schokoladenfabriken, Käsereien, Imkereien und mehr an (Mo–Sa, ab $169 für 2 1/2 Std.).

---

schirme im Auditorium flimmern Arbeiten, die direkten Bezug zu Ausstellungen im Haus haben, sowie Filme, die sich um einige der zahlreichen in Wellington stattfindenden Filmfestivals (Kasten S. 503) drehen. Das elegante Nikau Gallery Café (S. 499) besitzt eine Terrasse.

City-to-Sea Bridge

Östlich des Civic Square über den Jervois Quay

Die auffällige, moderne **City-to-Sea Bridge** auf der gegenüberliegenden Seite des Platzes wurde absichtlich so breit konzipiert, um den lange vernachlässigten Uferbezirk so nahtlos wie möglich an die Innenstadt anzubinden. Die Brücke ist mit Holzskulpturen von Vögeln, Walen und religiösen Motiven des Maori-Künstlers Para Matchitt verziert und symbolisieren die Ankunft der Maori und der europäischen Siedler.

Hikitia

Südöstlich des Civic Square entlang der Uferpromenade ▪ 🖳 hikitia.com

Auf dem Weg nach Te Raukura und Te Papa kommt man vorbei an der **Hikitia**, dem wahrscheinlich ältesten dampfbetriebenen Kranschiff weltweit. Es ist v. a. dafür bekannt, während des Zweiten Weltkriegs die Zerstörung des Hafens verhindert zu haben. Damals brach an Bord des US-Versorgungsschiffs John Davenport ein Feuer aus, das im Hafen vor Anker lag. Bevor seine Ladung – Munition – im Hafen explodieren konnte, wurde sie von der Hikitia abtransportiert. Später konnte die Feuerwehr den Brand löschen. Zum Zeitpunkt der Recherche war die Hikitia für den Publikumsverkehr geschlossen. Inzwischen müsste sie aber wieder geöffnet sein.

Te Raukura

Gegenüber der Hikitia am Odlins Square, zwischen der City-to-Sea Bridge und dem Te Papa ▪ ⏰ Mo–Mi 7–16, Do 7 Uhr bis spät, Sa und So 8 Uhr bis spät ▪ Eintritt frei ▪ 📞 04 499 8180, 🖳 wharewakaoponeke.co.nz

Das ursprünglich unter dem Namen *Te Wharewaka O Poneke* erbaute Konferenzzentrum mit Galerie beherbergt zwei herrliche zeremonielle *waka* sowie das Karaka Café. Der Komplex ist in drei Bereiche aufgeteilt: *Wharewaka* (*waka*-Haus), *Whare Tapere* (Galerie und Veranstaltungshaus) und *Wharekai* (Restaurant). Moderne Versionen traditioneller Maori-Designs und -Schnitzereien verwandeln den gesamten Bau in ein symbolisches *waka* mit Verbindung zu Kupe, dem großen Steuermann der Maori-Legenden.

Südlich des Civic Square

Besucher verbringen üblicherweise einen Großteil ihrer Zeit in der Gegend südlich des Civic Square mit der Besichtigung von **Te Papa** und beim Essen und Trinken im Einzugsbereich von **Cuba Street** und **Courtenay Place**. Darüber sollte man aber auf keinen Fall die **Oriental Parade** vergessen – ein wunderbarer Spazierweg mit Aussicht auf den Hafen, einem kleinen Strand und der Möglichkeit, zur Spitze des **Mount Victoria** hochzuwandern.

Te Papa

55 Cable St ▪ ⏰ tgl. 10–18, Do 10–21 Uhr; Führungen Nov–März tgl. 10.15–11, 12, 13, 14 und 15, April–Okt 10.15 und 14 Uhr, zusätzliche Führung ganzjährig Do 19 Uhr ▪ Eintritt frei; Führung $12, Audioguide $5 ▪ 📞 04 381 7000, 🖳 tepapa.govt.nz

Das **Museum of New Zealand**, genannt **Te Papa** wird ständig erweitert. Es ist mehrere Abstecher wert, denn die Ausstellungen bieten locker Unterhaltung für einen ganzen Tag. Ein paar Cafés sorgen zwischendurch für neue Energie.

Das fünfstöckige Gebäude, das für $350 Mio. direkt am Wasser erbaut wurde, feiert alles Neuseeländische. Nach eingehenden Konsultationen mit verschiedenen *iwi* (Stämmen) öffnete das Museum Anfang 1998 seine Pforten. Mit seiner Kombination aus neuester Technologie und interaktiven Ausstellungsstücken richtet es sich nicht nur an Erwachsene, sondern auch an Kinder. Für Letztere wurden eigens bestimmte „Discovery"-Zonen mit Sachen zum Anfassen geschaffen. Es lohnt sich, für $3 den *Te Papa Explorer* zu erstehen. Das Heft enthält Rundgänge wie „Te Papa für Eilige" oder „Te Papa für Kids". Für Interessierte gibt's auch wunderbare **Führungen**.

Level 2

Am interessantesten präsentiert sich Te Papa auf **Level 2**. Zu den Highlights gehören eine interaktive Abteilung über Erdbeben und Vulkane, in der die Besucher ein täuschend echtes Erdbeben in einem Haus miterleben, den Ausbruch des Mount Ruapehu verfolgen und erfahren, wie die Maori sich derlei Naturgewalten erklären. Außerdem interessant ist das Hightech-Multimediazentrum **OurSpace**, wo Besucher eigene Bilder auf die Riesenleinwand The Wall projizieren. Zwei **Fahrgeschäfte** (jeweils $10 oder beide zusammen $18) sorgen für zusätzlichen Spaß: The High Ride wirbelt seine Insassen durch die 3D-Welt von The Wall, und beim Deep Ride geht die Reise in einen virtuellen Unterwasservulkan. Level 2 bietet auch Zugang zu **Bush City**, einer Art Neuseeland im Miniaturformat unter freiem Himmel mit einheimischen Pflanzen, einem kleinen Höhlensystem und einer winzigen Hängebrücke. Von November bis März findet die einstündige Tour *Taste of Treasures* statt (11 Uhr, Tickets müssen vor 10.45 Uhr gekauft werden; $24), bei der u. a. traditionelle, aus Buschpflanzen hergestellte Maori-Erfrischungsgetränke gereicht werden.

Level 4

Die Hauptausstellung setzt sich auf **Level 4** mit einer hervorragenden Maori-Abteilung fort. Hier befindet sich ein **aktives Marae** mit einem symbolischen modernen Versammlungshaus. Es unterscheidet sich wesentlich von den klassischen *marae* im Land und wird von einem heiligen Block aus *pounamu* (Neuseeländische Jade) geschützt. Hinter den Schranktüren im hinteren Bereich finden sich humorvolle Bilder, die die große Bedeutung des Ortes illustrieren. In dem Haus stellen verschiedene *iwi* in wechselnden Ausstellungen ihre ureigenste

Kunst und Kultur vor. Der Bummel durch die angrenzenden Räume zu den Themen Land und Leute, Geschichte, Handel und Kultur führt auch an einem Ochsen aus Cornedbeef-Dosen von Michel Tuffery und einem Surfbrett aus Abalonemuscheln von Brian O'Connor vorbei.

Level 5

Level 5 ist der **nationalen Kunstsammlung** vorbehalten. Zu sehen ist eine wechselnde Ausstellung von Gemälden und Skulpturen, in der sämtliche Lichtgestalten der neuseeländischen Kunst aus Vergangenheit und Gegenwart vertreten sind – Colin McCahon, Rita Angus, Ralph Hotere, Don Binney, Michael Smither und Shane Cotton, um nur einige zu nennen, deren Arbeiten eine nähere Betrachtung wert sind.

Oriental Parade

Unmittelbar östlich von Te Papa liegt der **Waitangi Park**, ein kleines urbanes Feuchtgebiet. Am Ende der Herd Street erstreckt sich das aufpolierte **Chaffers Dock**. Abgesehen von Cafés befindet sich hier auch das Atrium, wo am Sonntagmorgen der Wellingtoner Bauernmarkt (S. 497) stattfindet.

Am Park beginnt die **Oriental Parade**, Wellingtons elegante Uferpromenade. Die von Norfolk-Tannen gesäumte Prachtstraße zieht sich an der **Oriental Bay** entlang. Es gibt hier sogar einen **Sandstrand**, der 2003 mit Sand von der anderen Seite der Cook Strait angelegt wurde. Von Interesse sind der Freyberg-Pool (S. 506, „Schwimmen") und einige Restaurants, aber Sehenswürdigkeiten als solche gibt es nicht.

Wer will, kann den Spaziergang auf einen ganzen Nachmittag ausdehnen und bis zum Charles Plimmer Park und über den Southern Walkway (Kasten S. 494) auf den Gipfel des **Mount Victoria** laufen.

Mount Victoria

Mit 196 m Höhe ist der **Mount Victoria Lookout** einer der schönsten Aussichtspunkte Wellingtons. Von hier eröffnet sich ein weites Panorama auf die Stadt, die Hafenbucht, die Docks und weiter bis zum Hutt Valley. Zu Fuß ist der Weg zwar schöner, aber man kann den Gipfel auch mit dem Bus (Nr. 20, nur Mo–Fr) und mit dem Wellington Rover (Kasten S. 482) erreichen. Wer mit dem eigenen Auto unterwegs ist, folgt der Hawker Street (eine Seitenstraße der Majoribanks Street) und biegt dann in die Palliser Road ein, die sich zum Aussichtspunkt nach oben windet.

New Zealand Film Archive

84 Taranaki St, Ecke Ghuznee St ▪ ◷ Mo und Di 9–17, Mi–Fr 9–19, Sa 16–19 Uhr; Abendvorführungen Mi–Sa 19 Uhr ▪ Eintritt frei; Abendvorführungen $8 ▪ ✆ 04 384 7647, ⧉ filmarchive.org.nz

Das hervorragende **New Zealand Film Archive** besitzt eine kleine Ausstellung zum Thema Film. Das Tolle aber ist, dass hier auf Monitoren in der Medienbibliothek oder in dem kleinen Kinosaal kostenlos so gut wie jeder jemals in Neuseeland gedrehte Film angeschaut werden kann, außerdem Fernsehsendungen, alte Werbespots und Home Movies. Im Kino gibt es Abendvorstellungen – der Mittwochsfilm hat immer irgendwas mit Neuseeland zu tun.

Cuba Street in Gefahr

Seit den Erdbeben in Christchurch in den Jahren 2010 und 2011 hängt das Damoklesschwert über manchen Teilen Wellingtons. Denn seitdem genügen viele der älteren, stimmungsvollen Gebäude (v. a. rund um die Cuba Street) nicht mehr den neuen Bestimmungen für Erdbebensicherheit. Die veranschlagten Kosten für eine entsprechende Modernisierung dieser Bauten sind zum Teil so hoch, dass ihnen nun die Abrissbirne droht. Wie in Christchurch liegen auch hier neue Chancen und Verlust dicht beieinander: Höchstwahrscheinlich werden die alten Bauten durch teuren Wohnraum ersetzt, wodurch aber wohl viele der unkonventionellen Bewohner verdrängt werden dürften.

Courtenay Place und Cuba Street

Wellingtons Vergnügungsviertel konzentriert sich um **Courtenay Place** und **Cuba Street** (s. Kasten). Die nach einem Einwandererschiff benannte Cuba Street und ihre Nebenstraßen bilden Wellingtons „alternatives" Viertel mit Fashion Outlets, Szeneläden, Secondhand-Buchhandlungen, Schallplattenläden, coolen Cafés und angesagten Bars und Restaurants. Zwischen Dixon Street und Ghuznee Street verpasst der bunte und mittlerweile Kult gewordene **Bucket Fountain**, der 1969 installiert wurde, immer noch ahnungslosen Passanten aus heiterem Himmel eine Dusche.

Colonial Cottage Museum

68 Nairn St ▪ ◷ Weihnachten–Mitte Feb tgl. 12–16 Uhr, Mitte Feb bis Weihnachten Sa und So 12–16 Uhr, Führungen stündl. 12–15 Uhr ▪ $8 ▪ ⧉ colonialcottagemuseum.co.nz

Fans historischer Häuser haben sicher ihre Freude am putzigen **Colonial Cottage Museum**, dem ältesten Gebäude der Innenstadt. Obwohl es von 1858 datiert (zwei Dekaden ins viktorianische Zeitalter hinein), ist es im spätgeorgianischen Stil erbaut. Die Einrichtung vermittelt den Eindruck, als sei die Familie bloß mal schnell zum Sonntagsgottesdienst gegangen.

Nördlich des Civic Square

In der Umgebung der **Queens Wharf** am Hafen sind teure Wohnblocks mit Hafensicht, das Museum of Wellington City and Sea, verschiedene Bars und Restaurants sowie die Kaffeerösterei **Mojo** (S. 498) angesiedelt.

Das kommerzielle Herz von Wellington schlägt am Lambton Quay. Er verläuft nach Norden zum **Parliamentary District**, dem Verwaltungszentrum der Stadt. Es bildet den Südrand von **Thorndon**, dem ältesten Vorort Wellingtons, wo sich der **Katherine Mansfield Birthplace** befindet.

Frank Kitts Park und Umgebung

Nördlich des Civic Square erstreckt sich der **Frank Kitts Park**, wo der Mast der *Wahine* (s. unten) mahnend in die Höhe ragt. Ein paar Meter davon entfernt steht seit 2006 der **Water Whirler**, eine kinetische Skulptur von Len Lye (S. 292), die in einer Abfolge von komplexen und immer schnelleren Drehungen Wasser versprüht. Das 5–10-minütige Spektakel gibt es ungefähr jeweils zur vollen Stunde von 10–22 Uhr (außer um 14 Uhr) zu bestaunen. Zwischen Skulptur und Museum (s. unten) befindet sich **Plimmer's Ark**, ☉ Sonnenauf- bis -untergang (Eintritt frei). Hier liegen die Überreste des Holzsegelschiffs *Inconstant*. 1850 wurde es von John Plimmer an Land gezogen und zu einem Handelskai umgebaut, wo es zur Keimzelle der kommerziellen Tätigkeit in der wachsenden Stadt wurde.

Museum of Wellington City and Sea

3 Jervois Quay ▪ ☉ tgl. 10–17 Uhr; 30-minütige Führung So 14 Uhr ▪ Eintritt frei; Ship 'n' Chip (5 Std.) \$39 ▪ ✆ 04 472 8904, ⌨ museums wellington.co.nz

In der Nähe der Queens Wharf befindet sich das **Museum of Wellington City and Sea**. Es ist in einem alten viktorianischen Zolllager untergebracht. Hier entfaltet sich Wellingtons gesellschaftliche und maritime Geschichte durch schön in Szene gesetzte Exponate über die frühe Besiedlung durch Maori und Europäer und das Seefahrererbe der Stadt. Das Erdgeschoss vermittelt eine gute chronologische Übersicht über die wichtigsten historischen Ereignisse. Den ersten Stock bestimmt die ergreifende Ausstellung zur *Wahine*-Katastrophe. Sie erinnert an den 10. April 1968, als die Inselfähre *Wahine* bei ihrem Untergang 52 Menschen in den Tod

riss. Die *Wahine* kenterte bei einem der heftigsten Stürme in der Geschichte Neuseelands mit 734 Menschen an Bord. Im Obergeschoss erzählt eine holografische Projektion die Maori-Legende von der Entstehung des Wellington Harbour, während auf einer hohen Leinwand, die vom Erdgeschoss bis unters Dach im Treppenhaus reicht, verschiedene Kurzfilme zu dem Thema gezeigt werden. Das Museum hat auch Rundfahrten im Programm, darunter die beliebte Tour **Ship 'n' Chip** mit Überfahrt zur Matiu/Somes Island (Kasten S. 493) und Fish 'n' Chips zum Mittagessen.

Lambton Quay

Als traditionelle Haupteinkaufs- und Geschäftsstraße Wellingtons bildete der **Lambton Quay** ursprünglich die Uferpromenade, wurde aber durch Landgewinnungsprojekte und die dort gebauten Docks vom Wasser abgeschnitten. Es geht entweder auf dem Lambton Quay immer geradeaus bis zum Parliamentary District, oder mit der **Cable Car** (Kasten S. 487) nach oben und durch den Botanischen Garten wieder runter.

Botanic Gardens

Eingänge an Glenmore St, Salamanca Rd, Upland Rd und an der Cable Car ▪ ☉ tgl. Sonnenaufgang bis -untergang ▪ Eintritt frei

Vom Aussichtspunkt an der Bergstation der Cable Car eröffnen sich wunderbare Blicke auf die Stadt. Hier befindet man sich am höchsten Punkt der **Botanic Gardens** von Wellington, einer riesigen Grünanlage, die sich mit ihren zahlreichen Spazierwegen über die sanften Hügel oberhalb der Stadt erstreckt. Eine kostenlose Broschüre mit Karte ist im Cable Car Museum erhältlich.

Lady Norwood Rose Garden und Begonia House

☉ Begonia House Okt–März tgl. 9–17, April–Sep 9–16 Uhr ▪ Eintritt frei

Der meistbesuchte Bereich des Botanischen Gartens ist der duftende **Lady Norwood Rose**

Garden: 300 verschiedene Rosenarten umschließen einen Brunnen und sind selbst von einem mit Kletterrosen bewachsenen Säulengang umgeben. Das benachbarte **Begonia House** besteht aus zwei Abteilungen: einer tropischen mit einem romantischen Seerosenteich, und einer gemäßigten, wo im Sommer Begonien und Gloxinien und im Winter Alpenveilchen, Orchideen und Springkraut blühen.

Carter Observatory

⊕ Mo, Mi, Do und Fr 10–17, Di und Sa 10–21.30, So 10–17.30 Uhr; Planetariumsvorführung: Mo–Fr 11, 12.30, 13.13, 15 und 16 Uhr, Sa und So zur vollen Stunde; Abendvorführungen Di und Sa 18, 19 und 20 Uhr (reservieren!) ▪ Ausstellung $10; 45-minütige Planetariumsvorführung $18 ▪ ☎ 04 910 3140, ⌨ carterobservatory.org

Zwei Minuten zu Fuß von der Endhaltestelle der Cable Car wartet die fantastische, neu renovierte **Carter Observatory** (Bj. 1941), wo Vorführungen zum südlichen Sternenhimmel über Neuseeland gezeigt werden. Zu den behandelten Themen zählen u. a. die Astronomie der Maori und der pazifischen Inselbewohner, Astronomische Navigation und moderne Planetenforschung. Besonders interessant sind ein Teleskop aus der Zeit von Kapitän Cook, ein Stück Mondgestein, das man auch anfassen darf, sowie die Simulation eines Raketenstarts. Auch die Planetariumsvorführungen mit Blick in den Nachthimmel sollte man sich nicht entgehen lassen.

Parliamentary District

Das nördliche Ende des Lambton Quay markiert den Anfang des **Parliamentary District**. Dieser wird von den grandiosen **Old Government Buildings** beherrscht. Auf den ersten Blick scheinen sie aus cremefarbenem Stein zu bestehen, erst bei näherer Betrachtung offenbart sich, dass die Gebäude aus Holz sind. Die Planung stammt aus der Feder des Architekten William Clayton (1823–1877). Bei der Fertigstellung 1876 war es das größte Gebäude Neuseelands und ist bis heute – abgesehen von einer Tempelhalle in Japan – das größte Holzgebäude der Welt. Hier ist heute die juristische Fakultät der Victoria University untergebracht. Trotzdem kann man normalerweise kurz reinschauen und im eleganten Treppenhaus die Fotos von historischen Demonstrationen und Protestveranstaltungen betrachten, die vor dem Gebäude abgehalten wurden.

Die Parliament Buildings

⊕ Kostenlose 1-stündige Führung Mo–Fr 10–16, Sa 10–15, So 11–15 Uhr jeweils zur vollen Stunde ▪ ☎ 04 817 9503, ⌨ parliament.nz

Auf der anderen Seite des Lambton Quay stehen die **Parliament Buildings**, Sitz der neuseeländischen Regierung. Die drei Bauwerke sind höchst eigenwillig, fügen sich aber auf harmonische Weise zusammen. Das auffälligste Gebäude ist der modernistische **Beehive** („Bie-

WELLINGTON UND UMGEBUNG

Eine Fahrt mit der Cable Car

Auch wer ansonsten keine öffentlichen Verkehrsmittel in Wellington benutzt, sollte auf keinen Fall die kurze und landschaftlich schöne Fahrt mit der **Cable Car** auslassen, die den grünen Vorort Kelburn und den oberen Abschnitt des Botanischen Gartens zum Ziel hat. Die leuchtend roten Wagen beginnen ihren steilen Aufstieg alle 10 Min. an der Talstation in der unmittelbar vom Lambton Quay abzweigenden Cable Car Lane. Unterwegs machen sie an drei Stationen Halt und bieten wundervolle Ausblicke auf die Stadt und den Hafen. ⊕ Mo–Fr 7–22, Sa und So 8.30–22 Uhr, $3 einfache Fahrt, hin und zurück $5.

An der oberen Endstation in der Upland Road beherbergt das **Cable Car Museum** den alten elektrischen Antriebsmotor, ein Gewirr von Kabeln, 200 Jahre alte Waggons und ein Info Centre mit jeder Menge Hintergrundinformationen zu dieser und anderen Seilbahnen aus aller Welt. Sehenswert sind auch die Kurzfilme, v. a. der zu den rund 400 Mini-Seilbahnen, die für viele Wellingtoner bis heute die einzige Möglichkeit darstellen, ihr Grundstück zu erreichen. ⊕ Ostern bis Nov tgl. 10–17, Nov bis Ostern tgl. 9.30–17.30 Uhr, Eintritt frei.

nenstock"), ein aus sieben Stufen bestehender, stumpfer Kegel, in dem das Kabinett und die Büros der Minister untergebracht sind. Das Gebäude wurde 1964 von dem britischen Architekten Sir Basil Spence konzipiert, doch die Bauarbeiten dauerten bis 1982 an, sechs Jahre nach dem Tod des Architekten. Der Beehive ist direkt mit dem edwardianisch-neoklassizistischen **Parliament House** verbunden, einem großartigen, autoritär wirkenden Regierungssitz – ein krasser Gegensatz zur verspielt-neugotischen **Parliamentary Library**, die eher pompös und sakral wirkt.

Die Führungen, zu deren Highlights auch der beindruckende **Maori Affairs Select Committee Room** gehört, beginnen beim Besucherzentrum im Erdgeschoss des Beehive.

National Library of New Zealand

Molesworth St, Ecke Aitken St, gegenüber dem Parlament ▪ ⏱ Mo–Sa 10–17 Uhr ▪ Eintritt frei ▪ ☎ 04 474 3000, 🖥 natlib.govt.nz

Zum Zeitpunkt unserer Recherchen war die **National Library of New Zealand** (normalerweise ohnehin nur für die Forschung geöffnet) wegen der Zusammenlegung mit den **Archives of New Zealand** komplett geschlossen. Inzwischen dürfte das schummrige Gewölbe des Constitution Room im Archiv mitsamt seinem Highlight, dem originalen, in Maori-Sprache abgefassten *Vertrag von Waitangi* (S. 109), und alle anderen Exponate des Archivs in die Nationalbibliothek umgezogen sein.

Old St Paul's Cathedral

Mulgrave, Ecke Pipitea St ▪ ⏱ tgl. 10–17 Uhr ▪ Eintritt frei

Von 1866 bis 1964 fungierte die bescheiden wirkende **Old St Paul's Cathedral** als Pfarrkirche von Thorndon. Nachdem der heutige Parliamentary District von neuseeländischen Ministerien vereinnahmt wurde, konnten nur noch anhaltende öffentliche Proteste in den 1960er-Jahren das Gotteshaus, eine der schönsten europäischen Holzkirchen des Landes, vor dem Abriss bewahren. Ungewöhnlich für ein Gotteshaus im Stil der englischen Frühgotik, wurde es aus nachdunkelnden einheimischen Hölzern errichtet.

St Paul's Cathedral

Molesworth, Ecke Hill St ▪ ⏱ tgl. 10–16 Uhr ▪ Eintritt frei

Old St Paul's steht in totalem Kontrast zu seinem modernen Nachfolger, der **St Paul's Cathedral**. Die kuriose Stilmischung aus Byzanz und Santa Fé wurde in den 1930er-Jahren von dem berühmten Kirchenarchitekten Cecil Wood aus Christchurch entworfen. Queen Elizabeth II. legte 1954 den Grundstein, doch vollendet wurde die Kathedrale erst 1998. In dem riesigen Innenraum wirkt das Chorgestühl aus dunklem Holz winzig und seltsam fehl am Platze bei all dem rosa Beton. Die auffällige Orgel wurde übrigens in London gebaut. Sie stand ursprünglich in der Old St Paul's.

Katherine Mansfield Birthplace

25 Tinakori Rd ▪ ☎ 04 473 7268, 🖥 katherinemansfield.com ▪ ⏱ Di–So 10–16 Uhr ▪ $8 ▪ Bus Nr. 14 hält in der nahe gelegenen Park St

Läuft man 10 Min. zu Fuß von der St Paul's Cathedral durch Thorndon nach Norden, erreicht man das **Geburtshaus von Katherine Mansfield**. In diesem bescheidenen Holzhaus mit klei-

---

Katherine Mansfield

Katherine Mansfield Beauchamp (1888–1923) ist Neuseelands berühmteste Verfasserin von Kurzgeschichten. Im Laufe ihres kurzen Lebens revolutionierte sie dieses Genre, indem sie nicht die Handlung, sondern die Erzählkunst in den Mittelpunkt rückte. Virginia Woolf schrieb, Mansfields Werke seien „die einzige literarische Leistung, auf die ich jemals neidisch war". Mansfield lebte fünf Jahre lang in Wellington in der Tinakori Road, zusammen mit ihren Eltern, drei Schwestern und der geliebten Großmutter. Die Örtlichkeiten sind in mehreren ihrer Geschichten beschrieben, besonders in *Prelude* und *A Birthday*. Später siedelte die Familie in ein wesentlich eleganteres Haus im heutigen westlichen Vorort Karori über. Mit 19 zog Katherine nach Europa. Sie starb im Alter von 34 Jahren in Frankreich an Tuberkulose.

nem Garten verbrachte die weltberühmte Autorin (Kasten S. 488) ihre Kindheit. Das Haus, das einen viktorianisch-edwardianischen Charme ausstrahlt, weist ein ungewöhnliches, für die damalige Zeit avantgardistisches Dekor auf, stark beeinflusst von der Kultur Japans und dem Ästhetizismus.

In einem Raum im Obergeschoss hängen Schwarz-Weiß-Fotos der Stadt und von Personen aus Mansfields Umfeld, die ihren Werdegang maßgeblich bestimmten. Außerdem laufen Videofilme, darunter der exzellente *A Woman and a Writer*.

Die Vororte

Wellingtons Vororte lassen sich vom Zentrum aus problemlos erreichen. Ein paar Kilometer nördlich vom bahnbrechenden **Zealandia: the Karori Sanctuary Experience** befindet sich das schöne Waldstück **Otari-Wilson's Bush**. Durch den grünen Town Belt verlaufen einige schöne Wanderwege. Hinter dem Grüngürtel wartet die stille **Scorching Bay** auf der **Miramar Peninsula**, wo sich die Wellingtoner Filmindustrie niedergelassen hat.

Zealandia: the Karori Sanctuary Experience

31 Waiapu Rd ▪ ☎ 04 920 9200 oder Infotelefon ☎ 04 920 2222, 🖵 visitzealandia.com ▪ ⏰ tgl. 10–17 Uhr; 2 1/2-stündige Nachtführungen tgl. 30 Min. vor Sonnenuntergang ▪ $28,50; Nachtführung $76,50 inkl. Eintritt (Vorausbuchen!) ▪ 2 km zu Fuß von der oberen Endhaltestelle der Cable Car oder mit der Buslinie 3 von Lambton Quay oder Courtenay Place; Führungsteilnehmer können sich auf Anfrage im Zentrum abholen lassen

Nur etwa 3 km westlich der Innenstadt liegt im Vorort Karori eine paradiesische Oase: das Schutzgebiet **Zealandia**. Es ist nach dem neuseeländischen Mikrokontinent benannt, der sich vor rund 85 Mio. Jahren von Gondwanaland abgespalten hat. Seit Ende der 1990er-Jahre arbei-

tet das 253 ha große Schutzgebiet mit Erfolg an der Wiederherstellung des ursprünglichen Naturzustands. Das Reservat wurde um zwei alte Trinkwasserreservoirs (auf die bei Wasserknappheit immer noch zurückgegriffen wird) angelegt und mit einem 8,6 km langen, **raubtiersicheren Zaun** versehen.

Der Wald wird erst in rund 500 Jahren vollständig ausgewachsen sein. Doch schon heute kann man auf 35 km Spazierwegen (teils eben, teils recht felsig) Vogelstimmen hören, die sonst fast nirgendwo mehr zu vernehmen sind.

Das Schutzgebiet

Es lohnt sich, mindestens einen halben Tag hier zu verbringen. Von getarnten Ausgucken lassen sich Vögel beobachten, und Besucher können sogar die ersten paar Meter eines Goldminenschachts aus dem Karori-Goldrausch von 1869 begehen. Ebenfalls empfehlenswert sind die Nachtwanderungen, bei denen man die Kakas beim Fressen beobachten, Glühwürmchen bewundern und Kiwis bei der Nahrungssuche hören kann. Im Eintrittspreis ist der Zugang zum supermodernen Besucherzentrum von Zealandia inbegriffen.

Wellington Großraum

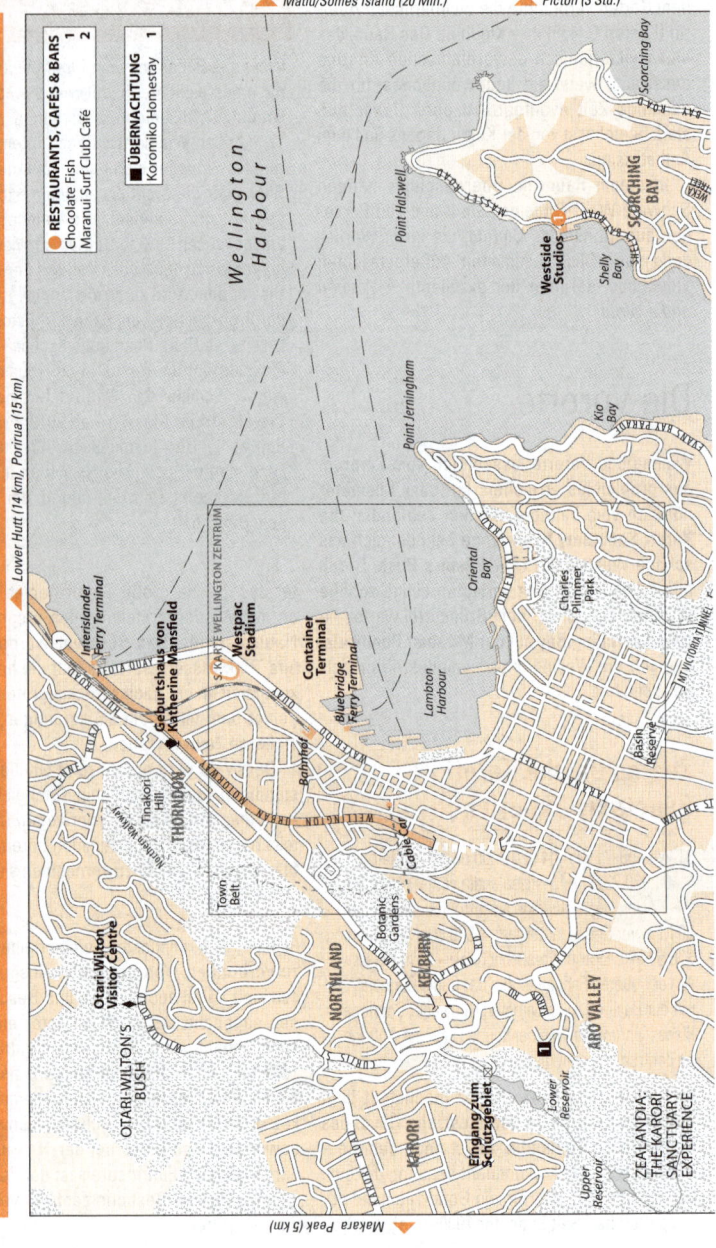

RESTAURANTS, CAFÉS & BARS
Chocolate Fish 1
Maranui Surf Club Café 2

ÜBERNACHTUNG
Koromiko Homestay 1

Matiu/Somes Island (20 Min.)

Picton (3 Std.)

Scorching Bay

SCORCHING BAY

Westside Studios

Shelly Bay

Point Halswell

Wellington Harbour

Point Jerningham

Kio Bay

Lower Hutt (14 km), Porirua (15 km)

N

0 1 km

Interislander Ferry Terminal

S-KARTE WELLINGTON ZENTRUM

Geburtshaus von Katherine Mansfield

Westpac Stadium

Container Terminal

Bluebridge Ferry Terminal

Oriental Bay

Charles Plimmer Park

Lambton Harbour

Tinakori Hill

THORNDON

Bahnhof

Basin Reserve

Cable Car

WELLINGTON

Town Belt

Botanic Gardens

Otari-Wilton Visitor Centre

OTARI-WILTON'S BUSH

NORTHLAND

KELBURN

ARO VALLEY

KARORI

Eingang zum Schutzgebiet

Lower Reservoir

Upper Reservoir

ZEALANDIA: THE KARORI SANCTUARY EXPERIENCE

Makara Peak (5 km)

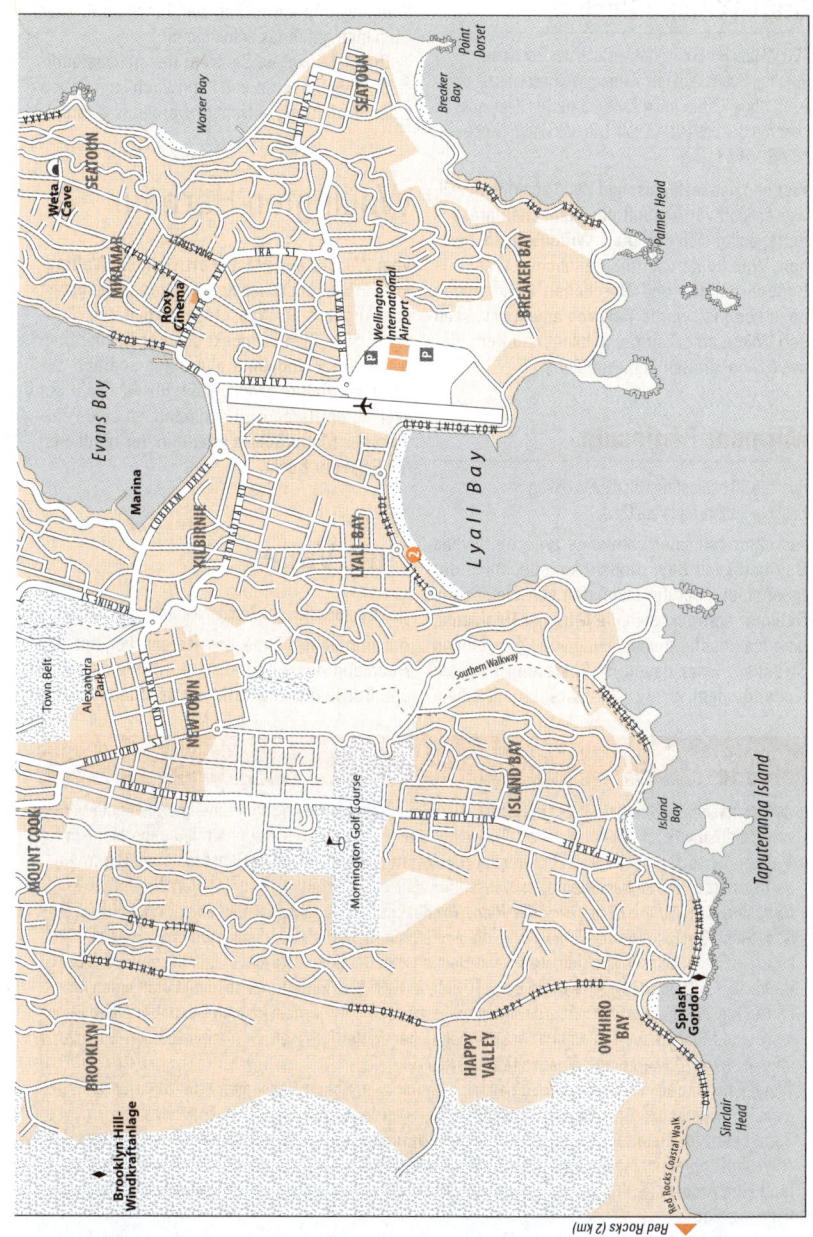

SEATOUN

Warser Bay

Breaker Bay

Point Dorset

Palmer Head

Weta Cave

KIRAMAR

Roxy Cinema

BREAKER BAY

Wellington International Airport

Evans Bay

CALTRAN

MOA POINT ROAD

Marina

KILBIRNIE

LYALL BAY

Lyall Bay

Town Belt

Alexandra Park

NEWTOWN

Southern Walkway

Mornington Golf Course

ISLAND BAY

Taputeranga Island

Island Bay

MOUNT COOK

WILLIS ROAD

OWHIRO ROAD

BROOKLYN

HAPPY VALLEY

OWHIRO BAY

Splash Gordon

HAPPY VALLEY ROAD

THE ESPLANADE

Sinclair Head

Brooklyn Hill-Windkraftanlage

Red Rocks Coastal Walk

▲ Red Rocks (2 km)

Otari-Wilton's Bush

160 Wilton Rd, 5 km nordwestlich des Zentrums
▪ ⊕ tgl. Sonnenauf- bis -untergang; Besucherzentrum
9–16 Uhr ▪ Eintritt frei ▪ Zu Fuß 3 km von Zealandia
oder mit der Buslinie 14 vom Lambton Interchange
(alle 30 Min.)

Wer den neuseeländischen Wald so erleben will,
wie er sich vor Ankunft der Menschen präsentierte, sollte sich den **Otari-Wilton's Bush** ansehen. Was heute vom ursprünglichen Wald aus
Podocarpaceen und Nördlichen Ratabäumen
noch übrig ist, wurde 1860 von einem gewissen
Job Wilton eingezäunt und bildet den Kern dieses 0,8 km² großen Schutzgebiets.

Miramar Peninsula

Buslinie 30 bedient täglich die Scorching Bay,
Buslinie 2 fährt zur Weta Cave.

Auf einer schmalen Landenge zwischen Evans
Bay und Lyall Bay, rund 10 km südöstlich der
Innenstadt, liegt der Flughafen von Wellington.
Dahinter erstreckt sich die **Miramar Peninsula**,
eine malerische Ansammlung von Vororten und
Stränden. Einer davon ist **Scorching Bay**, ein
sichelförmiger weißer Sandstreifen mit einem

Spielplatz, 13 km östlich der Innenstadt. Hier
kann man gefahrlos schwimmen.

Die Halbinsel ist Zentrum der neuseeländischen **Filmindustrie** und kann auch im Rahmen
einer Filmführung besichtigt werden (s. Kasten).

Wellington Harbour

Vom Wasser aus präsentiert sich der **Wellington Harbour** am schönsten. Entsprechend gut ist
das Angebot an Wassersportaktivitäten (Kasten S. 504). Zum Zeitpunkt unserer Recherchen
waren Segelangebote allerdings spärlich gesät. Eine andere Möglichkeit, die Aussicht auf
Wellington Harbour zu genießen, ist eine Fährfahrt zur **Matiu/Somes Island** in der nördlichsten Ecke der Bucht.

Hutt Valley

15 km nordöstlich des Zentrums entlang des SH2

Am nördlichen Ende des Hafens beginnt das
Flachland des Hutt Valley, durch Pendlerzüge
und Busse über den SH2 mit der Stadt verbun-

„Wellywood"

Wellington ist die Hauptstadt der neuseeländischen **Filmindustrie**, die sich zunehmend auf die Miramar Peninsula (s. oben) konzentriert. Die im Zweiten Weltkrieg hier errichteten, schon lange verwaisten Verteidigungsanlagen boten sich regelrecht für den Umbau in Filmstudios an. Die traumhafte Landschaft ringsum diente als Kulisse für zahlreiche Streifen, darunter *Herr der Ringe, King
Kong* und zwei *Hobbit*-Filme. *Herr-der-Ringe*-Produzent Peter Jackson wohnt immer noch hier draußen. Seine Special-Effects-Firma Weta, die er sich mit Richard Taylor, Tania Rodger und Jamie Selkirk teilt, ist in Miramar beheimatet. Beim Besuch des Studios **Weta Cave**, Camperdown Rd, Ecke
Weka St, ✆ 04 380 9361, 🖥 wetanz.co.nz, ⊕ tgl. 9–17.30 Uhr, Eintritt frei, bekommt man einen faszinierenden 20-minütigen Film übers Filmemachen zu sehen. Außerdem können Besucher einen Blick
ins kleine Museum werfen und im Museumsshop handgefertigte Figuren, Limited-Edition-Sammler-
stücke sowie Movie-Locationguides (ab $25) kaufen.
Weta-Partner Jamie Selkirk hat auch zusammen mit zahlreichen Geschäftspartnern dafür gesorgt,
dass in Miramar das Art-déco-Kino **Roxy** renoviert wurde (S. 504).
Rund zehn Veranstalter von Stadtrundfahrten, darunter die auf S. 482 genannten, haben *movie
tours* im Programm. Noch mehr über die neuseeländische Filmindustrie erfährt man im **New Zealand Film Archive** (S. 485) in der Innenstadt. Dort werden auf Wunsch auch kostenlos Neuseeland-
filme gezeigt.

Matiu/Somes Island

Einer der schönsten Tagesausflüge von Wellington aus führt zu dem in den nördlichen Ausläufern des Wellington Harbour gelegenen Eiland **Matiu/Somes Island**. Der legendäre Seefahrer Kupe soll die Insel im 10. Jh. Matiu („Frieden") getauft haben. Seine Nachkommen lebten auf der Insel, bis sie Ende der 1830er-Jahre von europäischen Siedlern vertrieben wurden. Die Neuankömmlinge benannten die Insel nach dem stellvertretenden Gouverneur der New Zealand Company, Joseph Somes, die das Stück Land „gekauft" hatte.

Anfang der 1980er-Jahre erkannte man das Naturschutzpotenzial der Insel. Inzwischen steht sie unter Verwaltung des DOC, das sich unermüdlich um die **Wiederbelebung der einheimischen Vegetation** kümmert und die historisch wertvollen alten Gebäude restauriert. Alle früher eingeführten Raubsäuger wurden auf der Insel inzwischen ausgerottet, um stattdessen bedrohte einheimische Arten wieder anzusiedeln. Bereits jetzt fühlen sich hier sechs Arten von Eidechsen, der Kakariki (Ziegensittich), North Island Robins, Zwergpinguine, die Langfühlerschrecke Weta und die urzeitliche Brückenechse Tuatara heimisch.

Zugang, Information und Unterkünfte

Anfahrt mit der **Dominion Post Ferry**, ☎ 04 499 3339, 🖥 eastbywest.co.nz (wochentags 3–4x tgl., am Wochenende öfter; 20 Min. einfach; hin und zurück $22), die auf der Fahrt zur Days Bay bei der Insel hält. Bis zu fünf Stunden Besichtigungszeit bleiben, ehe man die letzte Fähre zurück nach Wellington besteigen muss. Der Fährfahrplan ist wetterabhängig, deshalb vorher anrufen und sich die Abfahrtszeiten durchgeben lassen.

Vom Anleger am nordöstlichen Ende der Insel führt eine Teerstraße 400 m bergauf zum **DOC Field Centre**, das in einem ehemaligen Krankenhaus untergebracht ist. Dort gibt es Karten der Insel, die man sich aber auch schon im Voraus im DOC-Büro in der Stadt (S. 505) besorgen kann. Viele Besucher nehmen sich etwas zum Picknicken mit auf die Insel. Es ist zu beachten, dass es sich um ein Schutzgebiet handelt und Rauchen nicht erlaubt ist. Infos zum Camping auf der Insel auf S. 497.

den. Das Petone Settlers Museum erinnert an die Gründung von Wellington, während Lower Hutt mit dem stadtnächsten Campingplatz (S. 497) und einer tollen Kunstgalerie aufwartet. Außerdem liegt es auf dem Weg zum wilden **Rimutaka Forest Park**.

Petone Settlers Museum

The Esplanade ▪ ☎ 04 568 8373, 🖥 petonesettlers.org.nz ▪ ⏲ Mi–So 10–16 Uhr ▪ Eintritt frei

Die Vorstadt Petone befindet sich an dem Ort der ersten – wenngleich kurzlebigen – europäischen Besiedlung in der Region Wellington. Das **Petone Settlers Museum** erzählt von den Lebensumständen der ersten hier ansässigen Maori und den später hinzugekommenen kolonialen Siedlern. Das Museum steht 2,5 km östlich

vom Bahnhof Petone und ist daher leichter mit den Bussen Nr. 81, 83 oder dem orangefarbenen Flyer von Courtenay Place und Lambton Quay aus erreichbar.

Dowse Art Museum

45 Laings Rd, 2 km westl. des Bahnhofs Waterloo ▪ ⏲ Mo–Fr 10–16.30, Sa und So 10–17 Uhr; Café Mo–Do 8–16.30, Fr 8–19.30, Sa 9–16.30, So 10–16.30 Uhr, 1. Do im Monat spät geöffnet für Live-Jazz ▪ Eintritt frei ▪ ☎ 04 570 6500, 🖥 dowse.org.nz ▪ Bus 81, 83 oder der orangefarbene Flyer ab Courtenay Place und Lambton Quay

Etwa 6 km nördlich von Petone, im weitläufigen **Lower Hutt**, liegt das 2006 von Ian Athfield umwerfend modernisierte **Dowse Art Museum**. Die gut konzipierte Galerie zeigt Wechselausstellungen sowie avantgardistisches Kunst-

Der bewaldete, die Stadt umgebende Town Belt bietet ausgezeichnete Wandermöglichkeiten, großartige Ausblicke auf Wellington und die Gelegenheit zum Beobachten von Robben an der Südküste. Detaillierte Broschüren zum Thema sind kostenlos im i-SITE erhältlich (S. 505). Informationen zu Touren in und um Wellington stehen im Kasten auf S. 482.

Red Rocks Coastal Walk (einfach 4 km, hin und zurück 2–3 Std.)

Die einfache Wanderung führt südlich von Wellington an der Küste entlang nach Sinclair Head, wo eine Junggesellenkolonie neuseeländischer **Pelzrobben** jedes Jahr (Mai–Okt) Quartier bezieht. Die Wanderung folgt einer rauen Piste von der Owhiro Bay zum Sinclair Head und hat die Red Rocks zum Ziel – gut erhaltene Lavakissen, die vor rund 200 Mio. Jahren durch einen Vulkanausbruch unter Wasser gebildet und danach von Eisenoxid rot gefärbt wurden.

Der Weg beginnt ungefähr 7 km südlich des Stadtzentrums bei den Toren zu einem Steinbruch am westlichen Ende der Owhiro Bay Parade, wo es einen Parkplatz gibt. Die Anfahrt mit dem **Bus** erfolgt mit der häufig verkehrenden Nr. 1 zur Island Bay, dann an der Kreuzung von Parade und Reef Street aussteigen und die letzten 2,5 km zum Startpunkt der Wanderung laufen. Zur Hauptverkehrszeit bietet sich als Alternative auch die Buslinie Nr. 4 an, die ihren Weg bis Happy Valley fortsetzt, was rund 1 km vom Wanderweg entfernt liegt. Beide fahren im Zentrum an der Courtenay Place Richtung Osten ab.

Southern Walkway (11 km, 4–5 Std.)

Der Weg durchquert den Town Belt im Süden des Zentrums, zwischen der Oriental Bay und der Island Bay, und ist bis auf ein paar steile Abschnitte sehr leicht zu begehen. Unterwegs genießt man herrliche Ausblicke auf Hafenbucht und Innenstadt und erspäht Graufächerschwanz, Riroriro und Silberbrillenvogel; der beste **Badestrand** liegt in der Island Bay.

Die Wanderung kann in jede Richtung gestartet werden und ist deutlich mit orangenen Pfeilen markiert. Zum Startpunkt in Zentrumsnähe geht man die Oriental Parade entlang (oder nimmt **Bus** Nr. 14 oder 24) bis zum Eingang des Charles Plimmer Park unmittelbar hinter der Hausnummer 350. Wer lieber in der entgegengesetzten Richtung läuft, nimmt den Bus Nr. 1 in die Island Bay und folgt den Schildern vom nahen Shorland Park.

Northern Walkway (16 km, 4–5 Std.)

Der Weg verläuft durch einen ruhigen Abschnitt des Town Belt im Norden des Zentrums und bietet spektakuläre Aussichten. Auf der Strecke zwischen Kelburn und dem Vorort Johnsonville werden fünf verschiedene Gebiete – Botanic Gardens, Tinakori Hill, Trelissick Park, Khandallah Park und Johnsonville Park – durchquert, die auch von diversen Vorortstraßen und mit öffentlichen Verkehrsmitteln zugänglich sind.

Zu den besonderen Attraktionen entlang dieser Strecke zählen die **Vogelwelt** auf dem Tinakori Hill (Tui, Graufächerschwanz, Eisvogel, Riroriro und Graurückiger Brillenvogel), der junge, endemische Wald **Ngaio Gorge** im Trelissick Park, ein fantastischer Blick über die Stadt und den Hafen bis zu den Rimutaka und Tararua Ranges von einem Aussichtspunkt auf dem **Mount Kaukau** (430 m) und im **Johnsonville Park** ein stillgelegter, in den nackten Fels gehauener Straßentunnel.

Startmöglichkeiten sind die obere Endstation der Cable Car (von da Richtung Norden durch den Botanischen Garten) oder der Wanderweg am Tinakori Hill, zu erreichen indem man von der Glenmore Street in die ansteigende St Mary Street einbiegt und an deren Ende den orangenen Pfeilen durch den Wald folgt. Wer die Wanderung lieber am nördlichen Ende beginnt, nimmt den **Zug** zur Raroa Station (Linie Johnsonville).

handwerk aus der eigenen Sammlung. Es empfiehlt sich auch ein Besuch im **Reka**, dem hauseigenen Café mit Schanklizenz.

Rimutaka Forest Park

Haupteingang direkt südlich von Lower Hutt und 20 km von Wellington entlang der Coast Rd
■ ⏱ 8 Uhr bis Sonnenuntergang

Der **Rimutaka Forest Park** ist ein beliebtes Naherholungsgebiet für die Bewohner von Wellington. Der Park lädt zu diversen Spaziergängen und leichten **Tageswanderungen** im attraktiven **Catchpool Valley** ein und besitzt Picknick- und Grilleinrichtungen sowie einen gut geführten **DOC-Campingplatz** (S. 496). Vom ausgeschilderten Haupteingang aus schlängelt sich die Catchpool Road zum Parkplatz weitere 2 km hinauf. Hier beginnen die meisten Wanderungen.

Am besten besorgt man sich im DOC in Wellington die nützliche Broschüre *Catchpool Valley/Rimutaka Forest Park*.

ÜBERNACHTUNG

In der Innenstadt von Wellington gibt es jede Menge Unterkünfte, darunter ein paar ausgezeichnete **Hostels**. **B&Bs** werden immer seltener, aber dafür steigt die Zahl gut ausgestatteter **Apartments**. Frühstücken (oder brunchen) gehen gehört zum Besuch von Wellington unbedingt dazu. Daher muss es vielleicht keine Unterkunft sein, bei der das Frühstück im Preis enthalten ist. Zentral gelegene **Motels** sind Mangelware, aber zahlreiche auf Geschäftsleute ausgerichtete **Hotels** haben günstige Sonderangebote, besonders am Wochenende. Wer's gern etwas ruhiger hat, entscheidet sich für ein Viertel außerhalb des Zentrums und fährt mit dem Auto oder öffentlichen Verkehrsmitteln in die Stadt. Infos zu **Stellplätzen für Wohnmobile** im Zentrum Wellingtons hat das i-SITE.

Apollo Lodge Motel & Majoribanks Apartments, 49 Majoribanks St, ✆ 0800 361 645, ⌨ apollo-lodge.co.nz; Karte S. 480–481. Ansprechendes, renoviertes Motel mittlerer Größe mit modernen Zimmern (manche im edwardianischen Stil, andere modern eingerichtet). Die Apartments eignen sich auch sehr gut für längere Aufenthalte. Preise auf Anfrage. Motel $140

Austinvilla B&B, 11 Austin St, Mt Victoria, ✆ 04 385 8334, ⌨ austinvilla.co.nz; Karte S. 480–481. Zwei hübsche und sehr ruhige Apartments (eines ein Studio, das andere mit separatem Schlafzimmer und kleinem Garten), beide mit Badewanne, kleinem Frühstück und Parkplatz abseits der Straße. Die elegante Villa im Grünen ist 10 Min. zu Fuß von Courtenay Place entfernt. Für Kleinkinder ungeeignet. Studio $205, 1-Zimmer-Appartment $245

Base Wellington, 21-23 Cambridge Terrace, ✆ 0800 227 369, ⌨ stayatbase.com; Karte S. 480–481. Schickes, gut organisiertes Hostel mit 280 Betten in einem ehemaligen Bürogebäude. Hat u. a. billigen Internetzugang, abschließbare Schränke, Fahrradverleih (S. 504), ordentliche Kochgelegenheiten und die Bar Basement, wo Themenabende veranstaltet werden. Die Zimmer im Stockwerk nur für Frauen ($3 Aufpreis pro Nacht) sind mit Handtüchern und Shampoo ausgestattet. Dorms $29, Zimmer mit Bad $99

Booklovers B&B, 123 Pirie St, Mount Victoria, ✆ 04 384 2714, ⌨ booklovers.co.nz; Karte S. 480–481. Was Charme und Komfort angeht, gibt es kaum etwas Besseres als dieses literarisch angehauchte 3-Zimmer-B&B in einer stilvollen viktorianischen Villa 10 Min. zu Fuß von Courtenay Place und Mount Victoria Park. Bücher in allen Zimmern; zu jeder halbwegs vertretbaren Tageszeit wird ein üppiges warmes Frühstück serviert. $275

Cambridge Hotel, 28 Cambridge Terrace ✆ 0800 375 021, ⌨ cambridgehotel.co.nz; Karte S. 480–481. Das renovierte Hotel aus den 1930er-Jahren dient teilweise als Hostel, zum Teil als Unterkunft für Langzeitmieter und Arbeiter. Bar und Restaurant sind beliebt und günstig, die 4- bis 8-Bett-Dorms sind geräumig und die Hotelzimmer zwar etwas klein, dafür aber preiswert. Dorms $29, Zimmer mit Bad $105

Downtown Backpackers, 1 Bunny St, ✆ 04 473 8482, ⌨ downtownbackpackers.co.nz; Karte S. 480–481. Großes Hostel im Art-déco-

Hotel Waterloo in sehr günstiger Lage für Zug, Bus und Fähre. Die Dorms und Zimmer (teils mit Bad) sind adäquat, aber wenig aufregend. Pluspunkte: gute Bar mit günstigem Bier und ein Café im ehemaligen Ballsaal. Dorms $29, Zimmer $82, Zimmer mit Bad $95

Koromiko Homestay, 11 Koromiko Rd, Highbury, ☎ 04 938 6539, 🖥 koromikohome stay.co.nz; Karte S. 490–491. Zentrales B&B für „gay men and their friends" in einer ruhigen Straße mit Blick auf den Botanischen Garten und den Hafen. 2 DZ und ein EZ teilen sich ein Bad. Draußen ist noch ein „Gartenbad" mit Blick auf die Stadt; Essen auf Anfrage ($25 inkl. Wein). EZ $80, DZ $135

The Mermaid, 1 Epuni St, Ecke Aro St, ☎ 04 384 4511, 🖥 mermaid.co.nz; Karte S. 480–481. Luxuriöses Gästehaus nur für Frauen in restauriertem, 100 Jahre altem Haus. Die Inhaberin stellt außerdem eigenes Parfüm und Seife her. 4 verschwenderisch eingerichtete Zimmer (eines mit eigenem Bad), alle mit Blick auf den Garten oder die Hügel. Gemeinschaftsküche. Zimmer $100, Zimmer mit Bad $150

Museum Hotel, 90 Cable St, ☎ 0800 994 335, 🖥 museumhotel.co.nz; Karte S. 480–481. Das Business-Hotel mit schwarzer Fassade machte Schlagzeilen, als es vom Bauplatz für Te Papa auf Bahnschienen zur anderen Straßenseite gezogen werden musste (daher der Spitzname „Hotel de Wheels"). Die gemütlichen Zimmer zieren moderne neuseeländische Kunstwerke. Für den gebotenen hohen Standard sind die Preise vernünftig. Zimmer $225, Hafenblick $260

Nomads Capital, 118 Wakefield St, ☎ 0508 666 237, 🖥 nomadscapital.com; Karte S. 480–481. Komfortables 180-Betten-Hostel (die obersten Stockbetten sind nichts für Leute mit Höhenangst) in der Innenstadt mit dazugehörigem Backpacker-Bar/Café namens **Blend**. Es gibt Frauen-Dorms ohne Aufpreis und feudale „Elite"-DZ mit Bad. Dorms $29, Standard-DZ $95, Elite-DZ $105

Ohotel, 66 Oriental Parade, ☎ 04 803 0600, 🖥 ohtel.com; Karte S. 480–481. Edles Boutiquehotel gegenüber dem Waitangi Park an der Oriental Parade mit eigenem Parkplatz. Zu jedem der 10 mit Hightech-Multimediaanlagen, Designer- und handverlesenen Retromöbeln aus den 50er-, 60er- und 70er-Jahren ausgestatteten Zimmer gehört ein Verwöhn-Badezimmer (2 davon mit 2-Pers.-Badewanne). $265

Trinity Hotel, 166 Willis St, ☎ 04 801 8118, 🖥 trinityhotel.co.nz; Karte S. 480–481. Alle 60 Zimmer in diesem komfortablen, gut geführten Budgethotel haben Telefon, Sky TV, Tee und Kaffee. Auf dem Gelände befinden sich ein Restaurant, eine Bar und ein Parkplatz ($15; reservieren!). Die Wochenendspecials ($120) locken mit einem Fläschchen Sekt, warmem Frühstück und *late checkout*. $109

Wellywood Backpackers, 58 Tory St, ☎ 0508 005 858, 🖥 wellywoodbackpackers. co.nz; Karte S. 480–481. Das einladende Hostel im Zebrastreifenlook hat keine eigene Bar, dafür liegen einige der besten Kneipen der Stadt nur einen Steinwurf entfernt. Ein Stockwerk ist Gemeinschaftsbereich (Internet und TV-Lounges, Billardtisch und große Küche). Die Mitarbeiter vermitteln die Teilnahme an Film- und anderen Touren. Dorms $28, Zimmer $72, Zimmer mit Bad $82, Familienzimmer (max. 5 Pers.) $145

YHA Wellington City, 292 Wakefield St, ☎ 04 801 7280, 🖥 yha.co.nz; Karte S. 480–481. Die 320-Betten-Herberge ist eines der besten städtischen Hostels Neuseelands. Sie liegt mitten im Stadtzentrum, und von einigen Zimmern im oberen Stockwerk hat man einen tollen Blick auf die Hafenbucht. Geräumige Gemeinschaftsbereiche inklusive Tischfußball und Großbildfernsehzimmer, eine gut ausgestattete Küche, Fahrradaufbewahrung, Info- und Reisebüroschalter. Regelmäßig finden Aktivitäten wie gemeinsames Abendessen ($7–10) statt. Viele der DZ, 2BZ und 4- oder 6-Bett-Dorms haben ein Bad. Dorms $31, Zimmer $95, Zimmer mit Bad $135

Camping

Catchpool Valley, Rimutaka Forest Park, 30 km östlich von Wellington; Karte S. 479. Einladender Drive-in-Campingplatz des DOC am Ufer des Catchpool mit warmen Duschen, Toiletten, Wasseranschlüssen und Grillstellen. Die 150 Stellplätze verteilen sich über eine Rasenfläche unter hohen Bäumen. $10

Matiu/Somes Island, DOC-Campingplatz für 12 Personen im Tierschutzgebiet auf Matiu/Somes Island (S. 493) in der Mitte des Wellington Harbour mit toller Aussicht auf die Stadt. WC, Wasserhähne und Küche mit Gasflammen vorhanden, alles andere muss man selbst mitbringen. Reservierungen laufen über den DOC, nähere Infos/Hilfe gibt's beim i-SITE in Wellington. $10

Top 10 Hutt Park Holiday Park, 95 Hutt Park Rd, Lower Hutt, ✆ 0800 488 872, 🖥 huttpark.co.nz; Karte S. 479. Der Wellington am nächsten gelegene Campingplatz befindet sich 12 km nördlich vom Zentrum am nordöstlichen Ufer der Bucht. Strände, Geschäfte und Buschwanderungen in der Nähe, Anfahrt mit Bus Nr. 81–85 von Courtenay Place und Lambton Interchange. Camping $32, Cabins $63, Units $121, Motel Units $131

ESSEN

Wellington besitzt pro Kopf mehr Speiselokale als New York. Der Standard ist bemerkenswert hoch, und zwar in jeder Preisklasse. Eigentlich ist es nicht notwendig, das Stadtzentrum zu verlassen; ein paar gute, außerhalb gelegene Optionen sind dennoch hier aufgeführt. In der selbst ernannten **Kaffee**-Hauptstadt (Wellington hat sage und schreibe zehn unabhängige Röstereien) ist das edle Gebräu natürlich überall zu haben.

Feinschmecker können sich einer Gourmettour anschließen (Kasten S. 482). Interessante Ecken für Leute, die gern mal abseits der viel besuchten Gegenden essen gehen, sind z. B. Newtown und das Aro Valley.

In den Straßen im Umkreis von **Courtenay Place** und **Cuba Street** wimmelt es von neuseeländischen und internationalen Restaurants – von billigen Indern und Studentencafés bis zu noblen, preisgekrönten Gourmettempeln, wo die Crème de la Crème der neuseeländischen Küchenchefs den Kochlöffel schwingt. In zahlreichen Restaurants gibt es preiswerte Mittagsmenüs. Innovatives und meistens sehr günstiges Essen haben auch viele Pubs und Bars (S. 500).

Lebensmittel bekommt man in den drei zentral gelegenen New World-Supermärkten: 68 Willis St; im Bahnhof und (der größte) am östlichen Ende der Wakefield Street. Am Sonntagmorgen findet unten am Parkplatz in der Nähe des Te Papa ein **Obst- und Gemüsemarkt** statt und im nahe gelegenen Chaffers Dock Atrium bauen Landwirte zur gleichen Zeit einen **Farmers' Market** mit Ständen voller selbst gemachter Produkte auf.

Zentrum

Aro Coffee, 90 Aro St, ✆ 04 384 4970; Karte S. 480–481. Das beste der Cafés in den Holzhäusern des Aro Valley brüht selbst gerösteten Kaffee aus handveredelten Bohnen auf. Dazu gibt's eine kleine, aber feine Tageskarte, auf der z. B. Omelette mit Zucchini, Briekäse und Basilikum oder Schweinswürstchen aus eigener Herstellung mit Salat aus weißen Bohnen stehen (alles unter $20). ⊙ Mo–Fr 7.30–16, Sa und So 9–17 Uhr.

Beach Babylon, EG, 232 Oriental Parade, ✆ 04 801 7717; Karte S. 480–481. Das im Stil einer altmodischen Kiwi-*bach* gestaltete Lokal bietet für jeden etwas. Sein Angebot reicht vom ungezwungenen Brunch bis zum stilvollen Dinner mit Retrotouch (passend zur Einrichtung): *chicken supreme* mit Kartoffelpüree ($26) oder Lamm auf Kokosreis mit Harissa-Couscous ($29), zum Nachtisch Bananensplit ($11). Die Cocktails sind auch gut. Alkoholika dürfen ebenfalls mitgebracht werden. ⊙ tgl. 10 Uhr bis spät.

Fidel's, 234 Cuba St, ✆ 04 801 6868, 🖥 fidels cafe.com; Karte S. 480–481. Das ewig hippe und belebte Café am unkonventionellen Südende der Cuba St ist mit alten Castro-Bildern tapeziert und breitet sich auch im ehemaligen Friseurladen nebenan sowie im Innenhof aus. Auf der Karte stehen Havana-Kaffee aus regionaler Röstung, vegane Muffins und supergünstiges Essen (Hauptgericht $10–26). ⊙ Mo–Fr 7.30 Uhr bis spät, Sa und So 9 Uhr bis spät.

Floriditas, 161 Cuba St, ✆ 04 381 2212; Karte S. 480–481. Das schicke, luftige Café ist immer gut besucht. Neben dem wunderbaren Frühstück für $15–17,50 stehen auf der kurzen, aber cleveren Karte Mittagsgerichte wie Zackenbarsch-Fenchel-Eintopf ($13), Abendgerichte wie Angus-Steak vom Holzkohlegrill ($36) und die Spezialität des Hauses: *amaretto afogatto* ($14,50). ⏲ Mo–Fr 6.30–23, Sa 7–23, So 7.30–22 Uhr.

Kreuzberg Summer Café, 50 Webb St, Ecke Cuba St, ☎ 021 119 6257, 🖵 kreuzbergsummer cafe.co.nz; Karte S. 480–481. An dem schwarz gestrichenen Imbisswagen gibt's in Wellington gerösteten People's Coffee und Snacks wie Haloumi oder Tofuburger und getoastete Sandwiches mit Hühnerfleisch (alles unter $11) zum Mitnehmen oder zum Verzehr an den gestreiften Tischen auf dem in einen Stadtgarten verwandelten ehemaligen Autohof. An Sommerabenden wird oft Livemusik geboten. Schanklizenz. ⏲ tgl. 10 bis mind. 16 Uhr.

🧳 **Le Metropolitan**, 146 Cuba St, ☎ 04 801 8007, 🖵 lemetropolitain.co.nz; Karte S. 480–481. Eines der authentischeren unter den vielen französisch angehauchten Bistro/Restaurant/Cafés, die in der Stadt wie Pilze aus dem Boden schießen. Das Essen ist großartig – der Preis auch: z. B. *steak frites* ($28), *escargots* ($13), Crême Brulée ($13). Unbedingt reservieren! ⏲ Di–So; Sa und So Brunch 10–14.30 Uhr, Di–Fr mittags 12–14.30, abends 17.30–22 Uhr.

Logan-Brown, 192 Cuba St, ☎ 04 801 5114; Karte S. 480–481. In der Säulenhalle einer Bank aus den 1920er-Jahren hält die Ikone des schicken Essens Hof. Die ehemalige Domäne eines neuseeländischen TV-Kochs genießt nach wie vor den Ruf eines der besten (und teuersten) kulinarischen Tempel der Stadt. Zu den Hauptgerichten gehören Lammkarree von der Hawke Bay mit Erbsengnocchi ($48), z. B. begleitet von einem 2009er Central Otago Pinot Noir, der dem Gaumen schmeichelt, wenn auch nicht den Geldbeutel ($86). ⏲ Di–Sa mittags ab 11.30, tgl. abends ab 18.30 Uhr.

MariLuca, 55-57 Mulgrave St, ☎ 04 499 5590, 🖵 mariluca.co.nz; Karte S. 480–481. Guter, günstiger Italiener mit den Weisheiten von sizilianischen Opis in Großbuchstaben an den Wänden: „Fleisch macht Fleisch, Brot macht Bauch, Wein macht Tanz". Die Speisekarte ist saisonal, alles wird selbst und hauptsächlich

aus Biozutaten hergestellt, und die Weinkarte ist schier unendlich. Ein guter Boxenstopp bei der Besichtigung des Parlamentsviertels. ⏲ Di–Fr mittags 11–14 Uhr; Mo–Sa abends 17.30–23 Uhr.

🧳 **Martin Bosley's**, 1. Stock, 103 Oriental Parade, ☎ 04 920 8302, 🖵 martinbosley.com; Karte S. 480–481. Renommiertes Restaurant eines der berühmtesten Spitzenköche Neuseelands. Die originelle und kunstvoll angerichtete Küche legt den Schwerpunkt auf Seafood, passend zum Ausblick von der oberen Etage des Port Nicholson Yacht Club. Abends kostet ein Hauptgericht im Durchschnitt $50, Degustationsmenüs ($150) gibt's auch mit passenden Weinen ($220). ⏲ Mo–Fr und So Mittag; Di–So abends.

Masala, 2 Allen St, ☎ 04 385 2012; Karte S. 480–481. Eine stilvolle Alternative zu den meisten anderen indischen Lokalen in Wellington. Die Currys (mittags Hauptgerichte unter $13, abends unter $20), von klassisch bis innovativ, lassen nichts zu wünschen übrig. Schanklizenz und BYO. ⏲ tgl. 11 Uhr bis spät.

🧳 **Matterhorn**, 106 Cuba St, ☎ 04 384 3359, 🖵 matterhorn.co.nz; Karte S. 480–481. Das Lokal am Ende eines langen holzgetäfelten Korridors in einem Kaffeehaus aus den 1960er-Jahren ist eine gelungene Mischung aus gemütlicher Bar (S. 501) und Nobelrestaurant. Abends stehen als Hauptgerichte ($29–36) Leckerbissen wie überbackenes Gorgonzola-Soufflé und karamellisierter, langsam gegarter Schweinebauch auf dem Programm; der Sonntagabend-Rostbraten genießt Kultstatus. ⏲ Mo–Fr 15 Uhr bis spät, Sa und So 10 Uhr bis spät.

🧳 **Midnight Espresso**, 178 Cuba St, ☎ 04 384 7014; Karte S. 480–481. In dem Künstlertreff und Paradies für Koffeinjunkies mit Postern und Flyern an der Info-Pinnwand, Kunstwerken, Wandgemälden und Spielautomat kommen Havana-Kaffee sowie Snacks von der Lebensmitteltheke und warme Speisen (viele vegetarisch oder vegan) für unter $18 auf den Tisch. ⏲ Mo–Fr 7–3, Sa und So 8–3 Uhr.

Mojo, 37 Customhouse Quay, ☎ 04 385 3001, 🖵 mojocoffee.co.nz; Karte S. 480–481.

Fast jeden Tag kann man hier im Hauptquartier einer der renommiertesten Wellingtoner Röstereien dem Meisterröster Lambros Gianoutsos höchstpersönlich bei der Arbeit zusehen und im Laden Bohnenkaffee kaufen. In dem Gebäude dahinter ist das röstereieigene Café untergebracht. ⏲ Café Mo–Do 7–17, Fr 7–18, Sa und So 9–16 Uhr; Laden Mo–Fr 8–16 Uhr.

Moore Wilson's, Tory, Ecke College St; Karte S. 480–481. Dieser etwas versteckte Feinkostladen samt Fleischerei und Bäckerei ist eine super Adresse für hochwertige Picknickzutaten, darunter lang gereifter Hausmacherkäse. Am Quellwasserbrunnen draußen vor der Tür können Passanten kostenlos ihre Wasserflaschen mit Trinkwasser auffüllen. ⏲ Mo–Sa 7.30–19, So 9–17 Uhr.

Nikau Gallery Café, City Gallery Wellington, Civic Square, ℡ 04 801 4168, 🖥 nikaucafe.co.nz; Karte S. 480–481. Stilvollmodernes Tagescafé mit Terrasse, ausgezeichnetem Kaffee und preiswerten Mahlzeiten. Tipp: Kedgeree mit selbst geräuchertem Fisch ($22) oder eines der köstlichen Desserts wie Tangelo-Gelee, Gewürzfeigen und Custard mit Orangenblumenhonig ($12). ⏲ Mo–Fr 7–16, Sa 8–16 Uhr.

Olive, 170 Cuba St, ℡ 04 802 5266; Karte S. 480–481. Entspanntes und gemütliches Café mit einer schlichten Holzeinrichtung, das vorwiegend Bioprodukte auf den Tisch bringt und bei den Einheimischen beliebt ist. Hervorragend für Kaffee und Kuchen, aber auch leckeres Frühstück wie Bio-Porridge und Mittagessen, z. B. gebratener Haloumi. Tipp für den Abend (Hauptgerichte $23–28): das tgl. wechselnde Risotto. Montags BYO. ⏲ Mo–Fr 8–21.20, Sa 9–21.30, So 9–16.30 Uhr.

Oriental Kingdom, Left Bank, ℡ 04 381 3303; Karte S. 480–481. Das schlichte Café ist der Geheimtipp für junge Insider – bei denen es so beliebt ist, dass es sich vor kurzem vergrößern musste. Jedes der hier aufgetragenen panasiatischen Gerichte ist knackfrisch, billig (Hauptgerichte $9–11) und köstlich, besonders die dampfend heißen Laksas und Roti. Schanklizenz und BYO. ⏲ tgl. 11–22 Uhr.

Plum, 103 Cuba St, ℡ 04 384 8881, 🖥 plum cafe.co.nz; Karte S. 480–481. Das mit dunklem Holz ausgekleidete Café ist das perfekte Plätzchen für ein regenerierendes „Plumster"-Katerfrühstück mit Eiern, Würstchen, Frühstücksspeck, gebackenen Tomaten, gegrillten Wildpilzen und mehr ($19,50); gibt's auch vegetarisch ($15,50). Schanklizenz. ⏲ Mo–Fr 8–21, Sa und So 9–21 Uhr.

Sweet Mother's Kitchen, 5 Courtenay Place, ℡ 04 385 4444, 🖥 sweetmotherskitchen.co.nz; Karte S. 480–481. Zum Frühstück Beignets ($4), als Zwischenmahlzeit ein Po Boy (belegtes Baguette à la New Orleans für $9), zum Aufwärmen eine Schüssel *gumbo* (klein/groß $14) und als Nachspeise Pecan- und Bourbon-Pie ($8) – wie klingt das? Schanklizenz. ⏲ tgl. 8 Uhr bis spät.

Trisha's Pies, 32 Cambridge Terrace, ℡ 04 801 5506; Karte S. 480–481. Der traditionelle Pie-Laden ist in Wellington längst eine Institution. Mit einer Riesenauswahl hausgemachter Pies bietet er eine willkommene Alternative zur Nobelrestaurantszene. Sehr gut sind die Steak-Varianten und die vegetarischen Pasteten (alles unter $6). ⏲ Mo–Fr 8.30–15.30, Sa 9–14 Uhr.

Wellington Trawling Sea Market, 220 Cuba St, ℡ 04 384 8461; Karte S. 480–481. Der beste Fish-'n'-Chip-Laden der Stadt verkauft auch rohen Fisch. Für alle, die ihn nicht selbst kochen wollen, wird er auf Bestellung zubereitet und zusammen mit frittierten Paua-Muscheln oder Austern serviert. Alle Preise unter $10. ⏲ tgl. 7–20.30 Uhr.

The White House, 1. Stock, 232 Oriental Parade, ℡ 04 385 8555, 🖥 whr.co.nz; Karte S. 480–481. Wegen des großartigen Blicks auf die Bucht und seiner exquisiten Speisen eine von Wellingtons besten Adressen. Zur Auswahl stehen Tatar vom Gelbflossenthunfisch ($32), Entenconfit mit Orangen-Süßkartoffelpüree ($50) oder Panna Cotta aus Vanillebohnen mit Himbeeren ($19). Das Degustationsmenü ($140) gibt's auch mit passenden Weinen ($85 Aufpreis). Wer schon um 18 Uhr kommt, bekommt noch das zweigängige Bistromenü für $30. Am Sonntagabend BYO. ⏲ Mi–So ab 11.30 Uhr.

Vororte

Chocolate Fish Café, 100 Shelly Bay Rd, gegenüber dem Westside Studio, Shelly Bay, 🖵 chocolatefishcafe.co.nz; Karte S. 490–491. An seiner früheren Adresse in der Scorching Bay war das Lokal der Lieblingstreff der *Herr der Ringe*-Filmcrew. An seinem neuen Standort auf dem ehemaligen Luftwaffenstützpunkt in der Shelly Bay präsentiert es sich als Grill-restaurant. An Tischen drinnen oder draußen gibt es Meeresfrüchte, Fleisch und warme vegetarische Sandwiches direkt vom Grill ($10–14) sowie leckere selbst gebackene Muffins, Kuchen und Gebäck. Keine Schanklizenz, aber man kann es getrost den Locals nachmachen und sich mit eigener Flasche draußen hinsetzen. ⏲ tgl. 9.30 Uhr bis spät.

Maranui Surf Club Café Maranui Surf Life Saving Club, The Parade, Lyall Bay, ☎ 04 387 4539, 🖵 maranuicafe.co.nz; Karte S. 490–491. Das Café im obersten Stock mit Balkon zum Strand und zur Einflugschneise des Flughafens ist der Liebling der Einheimischen. Buntes Retrodekor im Strandlook, großzügiges Frühstück, toller Kaffee, Schoko-Mandelkuchen (alles unter $20) und Schanklizenz sorgen für gute Stimmung. Fast nirgends sonst kann man so gemütlich den Fliegern nachträumen, v. a. am Wochenende. ⏲ tgl. 7–17 Uhr.

UNTERHALTUNG UND KULTUR

Die meisten **Pubs** und **Bars** haben täglich von etwa 11 Uhr bis Mitternacht oder später geöffnet. Der Unterschied zwischen Bars und **Clubs** ist oft fließend; in vielen Bars gibt's abends Tanz bei Livemusik zum Nulltarif, v. a. am Wochenende. Haus- und Gast-DJs sorgen hier wie dort mit einem bunten Soundmix für Party- oder Clubatmosphäre. Rund um die Cuba Street tobt das beste Nachtleben in ganz Neuseeland. Meist nur wenige Schritte voneinander entfernt liegen jede Menge Nachtcafés, Bars und Clubs.

Bars und Pubs

Alice, Forresters Lane, abseits der Tory St; Karte S. 480–481. Am anderen Ende derselben Gasse, in der auch das „Motel" (S. 501) liegt, weist ein neonbeleuchteter

Hase, der in einem Loch verschwindet, den Weg durch einen kurvenreichen Korridor in diese von Lewis Carroll inspirierte Fantasiewelt. Die Cocktails (z. B. Mad Hatter's Tea Party – Vanillewodka und geeister Pfefferminztee) werden in Teekannen und Porzellantassen serviert. Eine Durchgangstür verbindet das Alice mit dem Boogie Wonderland (S. 502). ⏲ Mi–Fr 18 Uhr bis spät, Sa 19–5 Uhr.

The Backbencher Pub, 34 Molesworth St, at Kate Sheppard St, ☎ 04 472 3065, 🖵 backbencher.co.nz; Karte S. 480–481. Ein Favorit bei den Parlamentsabgeordneten und Beamten, nicht nur wegen der satirischen Cartoons und riesigen Politiker- und Sportlerpuppen, sondern v. a. wegen der gemütlichen Atmosphäre, gut einem Dutzend Biersorten vom Fass und der herzhaften Kost. ⏲ tgl. 11–23 Uhr.

Foxtail and Foxglove, 33 Queens Wharf, ☎ 04 460 9410, 🖵 foxglovebar.co.nz; Karte S. 480–481. Die Bar hat gutes Essen, einen schönen Blick auf den Hafen und ist beliebt bei den Einheimischen. Wirklich ungewöhnlich ist der Kleiderschrank im 1. Stock, durch den man in eine gemütliche Cocktailbar mit DJs gelangt. ⏲ Di–Sa 16 Uhr bis spät.

Kiwi Pub, 26 Allen St, ☎ 04 385 6908; Karte S. 480–481. Der ehemalige englische Pub wurde ausgemistet und mit „Kiwiana" neu eingerichtet, darunter Brettspiele und bunt zusammengewürfeltes Mobiliar. Gemütliche,

Schwule und Lesben

Wellingtons **Schwulen- und Lesbenszene** verteilt sich auf die Lokale in der Innenstadt, reiht sich aber größtenteils nahtlos in die allgemeine Café-/Bar-Szene ein. Zumindest im Stadtzentrum müssen sich Schwule, Lesben, Trans- und Bisexuelle keine Zurückhaltung auferlegen. Aktuelle Infos bringen die Website 🖵 www.gaynz.com, die kostenlose, 14-tägig erscheinende Zeitung *Express*, 🖵 gayexpress. co.nz, und das Magazin *OUT!*, 🖵 out.co.nz. Wellingtons größte Gay-Veranstaltung, die alljährliche Pride Week (meist Ende Sep), wird mit Tanz, Partys, Filmen und Kunstevents begangen.

lockere Atmosphäre und eine gute Auswahl an neuseeländischen Fassbieren. ⏰ Mo–Sa 11 Uhr bis spät, So 16 Uhr bis spät.

Leuven, 135-137 Featherston St, ☎ 04 499 2939, 🖥 leuven.co.nz; Karte S. 480–481. Kneipe nach belgischer Art im Herzen des Geschäftsviertels. Frühstück mit belgischem Haferbrei und komplette Mahlzeiten wie die 1-Kilo-Schüssel Muscheln, für die das Leuven berühmt ist. Am frühen Abend besonders beliebt, dann werden nach ein Paar Bierchen die Krawattenknoten gelockert. ⏰ Mo–Fr 7–21, Sa und So 9–21 Uhr.

🏨 **The Library**, Level 1, 53 Courtenay Place, ☎ 04 382 8593, 🖥 thelibrary.co.nz; Karte S. 480–481. Ultracoole Cocktailbar voller Bücherregale in mehreren Zimmern (darunter eines mit Badewanne, das aussieht wie Omas Wohnzimmer). Hier findet jeder ein gemütliches Eck, um bei Livemusik oder DJ an einem Cocktail zu nippen. ⏰ Mo–Fr 17 Uhr bis spät, Sa und So 14 Uhr bis spät.

Mac's Brewbar, 4 Taranaki St, ☎ 04 381 2282, 🖥 macsbrewbar.co.nz; Karte S. 480–481. Die einzige Brauerei in der Wellingtoner Innenstadt, die noch in Betrieb ist. In dem Lagerhaus aus dem 19. Jh. gibt's klassische Pubkost, dazu ausgezeichnete Biere, z. B. Great White (Weizenbier), Macs Gold (Malzbier), Sassy Red (englisches Bitter), Black Mac (dunkles Lager) und das umwerfende Hop Rocker (Pilsner). Wer sich nicht entscheiden kann, bestellt ein Tablett mit sechs Kostproben (*six-beer tasting tray* für $15). ⏰ tgl. 11 Uhr bis spät.

🏨 **The Malthouse**, 48 Courtenay Place, ☎ 04 802 5484, 🖥 themalthouse.co.nz; Karte S. 480–481. In dem kuschligen Biertrinkerparadies mit tiefen Sofas, hohen Hockern und polierten Holztischen werden 30 verschiedene Biere gezapft – darunter einige der besten Exemplare neuseeländischer Brauereikunst wie das Pitch Black der Invercargill Brewing Company – und dazu rund 150 unterschiedliche Flaschenbiere geköpft. Jedes einzelne ist mit einer ausführlichen Geschmacksbeschreibung des führenden neuseeländischen Bierexperten Neil Miller versehen. ⏰ So–Do 15 Uhr bis spät, Fr und Sa 12–3 Uhr.

Matterhorn, 106 Cuba St, ☎ 04 384 3359, 🖥 matterhorn.co.nz; Karte S. 480–481.

Megacoole Cocktailbar mit Restaurant (S. 498); regelmäßig Live- und Electronic-Musik. Ein guter Auftakt zum Abend ist der Martini mit Basilikum und Manukahonig. ⏰ Mo–Fr 15 Uhr bis spät, Sa und So 10 Uhr bis spät.

🏨 **Mighty Mighty**, 1. Stock, 104 Cuba St, ☎ 04 385 2890, 🖥 mightymighty.co.nz; Karte S. 480–481. Abgefahrene Late-Night-Bar, wo alle möglichen und unmöglichen Musikgruppen auftreten. Es kann aber auch ein schräges Spiel, ein Kuchen-Esswettbewerb oder ein Tischtennisturnier auf dem Programm stehen – wer wissen will, was los ist, muss hingehen. Eintritt meist $5–10. ⏰ Mi–Sa 16–15 Uhr.

Motel Bar, Foresters Lane, ☎ 04 384 9084; Karte S. 480–481. Diese verschwiegene Bar mit einem winzigen Schild, Überwachungskamera und elektrischem Türöffner erreicht man von einer schmalen Gasse her. Der Schuppen war früher dermaßen exklusiv, dass angeblich sogar Liv Tyler abgewiesen wurde, als sie in Wellington *Herr der Ringe* drehte. Mit den intimen Nischen, coolen Sounds und anständigen Cocktails hat das Motel immer noch das gewisse Etwas. ⏰ Di, Mi, Do und Sa 18.30–3, Fr 17.30–15 Uhr.

S&M's, 176 Cuba St, ☎ 04 802 5335, 🖥 scotty andmals.co.nz; Karte S. 480–481. Schicke und angesagte Cocktail-Lounge mit freundlicher Atmosphäre, DJ am Fr und Sa. Hin und wieder auch Livemusik. ⏰ Di–So 17–3 Uhr.

Southern Cross, 35 Abel Smith St, ☎ 04 384 9085, 🖥 thecross.co.nz; Karte S. 480–481. Die riesige Bar ist in gemütliche Bereiche unterteilt, darunter eine beheizte Pergola im balinesischen Stil (im Winter gibt's Wärmflaschen und warme Decken), und bietet Veranstaltungen für jeden Geschmack, vom Strickzirkel (Mo) über Musikquiz-Abende (Do) bis zu Tanzstunden (So) und am Wochenende Livemusik. Dazu eine beachtliche Auswahl neuseeländischer Biere vom Fass und klasse Kneipenkost, z. B. eine Portion *cheerios* (neuseeländische Cocktailwürstchen).

Clubs und Livemusik

Regelmäßig treten in Bars, kleineren Lokalen oder größeren Hallen wie der TBS Bank Arena alle möglichen Livebands auf. Hin und wieder gibt's im Frank Kitts Park am Hafen oder auf dem Civic Square kostenlose Konzerte.

Bodega, 101 Ghuznee St, ℡ 04 384 8212, 🖥 bodega.co.nz; Karte S. 480–481. Wellingtons ältestes Lokal mit Auftritten erfolgreicher Kiwi-Bands sowie der einen oder anderen abgefahrenen internationalen Truppe. ⏰ meist Di–Sa 16.30–3 Uhr.

Boogie Wonderland, 25 Courtenay Place; Karte S. 480–481. Für Fans von Schlaghosen, Disco und Spiegelkugeln. Voll im Retro-Rausch und unglaublich beliebt. Ausgelassen und herrlich kitschig. Kostenloser Zutritt durch das Alice (S. 500). Eintritt normalerweise $10–20. ⏰ Do–Sa 21, bis spät.

Garden Club, 13 Dixon St; Karte S. 480–481. Stimmungsvolle, große Veranstaltungsbühne für Musik und Shows mit separater Raucherbar. Hier tritt auch das Carousel Cabaret auf. Eintritt $5–45. ⏰ Mi–Sa 19 Uhr bis spät.

Happy, 118 Tory St, Ecke Vivian St, Ecke Vivian St; Karte S. 480–481. Underground-Adresse mit Livemusik, Electronic und experimentellen Sounds. Eintritt zu den meistens Events frei, manchmal $5–15. Mi Jazz. ⏰ Di–So 20 Uhr bis spät.

Medusa, 154 Vivian St; Karte S. 480–481. Gut besuchtes, renommiertes Live-Lokal. Hier spielt alles von Metal über Hardcore und Garagenpunk bis Drum 'n' Bass, produziert von aufstrebenden oder schon etablierten Musikern. Hin und wieder wird eine Eintrittsgebühr verlangt. ⏰ Mi–So 20 Uhr bis spät.

San Francisco Bathhouse, 171 Cuba St, ℡ 04 801 6797, 🖥 sfbh.co.nz; Karte S. 480–481. Weder wird hier gebadet, noch hat der Laden irgendeinen Bezug zu San Francisco, dafür ist er die begehrteste Indie-, Alternative Rock- und Reggae-Adresse, mit einem Balkon, der einen Blick auf das bunte Treiben der Cuba Street erlaubt. Erstklassige Kiwi-Bands und die eine oder andere internationale Gruppe auf Tournee geben sich hier die Ehre. Eintritt zu den meisten Gigs um $10–50, manche sind kostenlos. ⏰ Mi–So 19 Uhr bis spät.

Sandwiches, 8 Kent Terrace, ℡ 04 385 7698, 🖥 sandwiches.co.nz; Karte S. 480–481 Schicker Musik- und Danceclub mit angeschlossenem Restaurant. Der musikalische Schwerpunkt liegt auf Drum 'n' Bass. Manchmal ist der Eintritt frei, er kann aber auch bis zu $45 betragen. ⏰ tgl. 11 Uhr bis spät.

Klassische Musik und Theater

Die **darstellenden Künste** sind in Wellington gut vertreten. Die Stadt besitzt vier Theater und ist die Heimat des Royal New Zealand Ballet, des New Zealand Symphony Orchestra und verschiedener Opern- und Tanzensembles. Die beste Informationsquelle für derartige Veranstaltungen ist die Broschüre *Wellington – What's On*, die im i-SITE und in vielen Unterkünften ausliegt. Ähnliche Auflistungen findet man in der Wochenendausgabe der *Dominion Post*, 🖥 dompost.co.nz, dem Wochenblatt *Capital Times*, 🖥 capitaltimes.co.nz, das es an Zeitungsständen gibt, sowie im monatlich erscheinenden Veranstaltungsmagazin *Feeling Great*, 🖥 feelinggreat.co.nz.

Tickets sind direkt am Veranstaltungsort erhältlich oder gegen eine kleine Vorverkaufsgebühr bei **Ticketek**, am St James Theatre, 77–87 Courtenay Place, ℡ 04 384 3840, 🖥 ticketek.co.nz. Ticketek hat eine Filiale im St James Theatre, 77-87 Courtenay Place.

Bats Theatre, 1 Kent Terrace, ℡ 04 384 3840, 🖥 ticketek.co.nz, ℡ 04 802 4175, 🖥 bats.co.nz. Theater mit Schwerpunkt auf alternativen Stücken zu erschwinglichen Preisen (normalerweise um $15–30), das kürzlich durch Peter Jackson vor der Abrissbirne gerettet wurde. Besitzer einer Backpacker Card bekommen Rabatt.

Circa, 1 Taranaki St, Ecke Cable St, ℡ 04 801 7992, 🖥 circa.co.nz. Eines der innovativsten professionellen Theater des Landes, das einige der berühmtesten neuseeländischen Regisseure und Schauspieler hervorgebracht hat.

Downstage, 12 Cambridge Terrace, ℡ 04 801 6946, 🖥 downstage.co.nz. Eigene Produktionen und hervorragende Gastspiele: eine Mischung aus Mainstream und neuem Drama, Dance und Comedy, mit einem Schwerpunkt auf erstklassigen Kiwi-Stücken.

Opera House, 111–113 Manners St, ℡ 04 384 4060, 🖥 stjames.co.nz. Opern, Ballett und Musicals auf Tournee.

www.stefan-loose.de/neuseeland

In Wellington ist es jederzeit gut möglich, dass der Besuch mit irgendeinem Festival zusammenfällt. Das Visitor Centre hat sämtliche Informationen, im Folgenden sind die größten Anlässe chronologisch gelistet.

Summer City Festival, ⌨ wellington.govt.nz. Von der Stadtverwaltung geförderte, kostenlose Konzert- und Veranstaltungsreihe in der ganzen Stadt. Januar–März.

Wellington Fringe Festival, ⌨ www.fringe.org.nz. Das energiegeladene Kunstfestival läuft etwa parallel zum International Arts Festival und belebt die Innenstadt von Wellington mit Theateraufführungen drinnen und draußen. Meist Ende Februar oder Anfang März.

New Zealand International Arts Festival, ⌨ nzfestival.nzpost.co.nz. Das größte Kulturevent des Landes zieht Top-Künstler aus aller Welt an. Nach dem Vorbild des Edinburgher Fringe Festivals umfasst das Programm Kunstausstellungen aller Richtungen, klassische Musik, Jazz und Pop, Opern, Puppenspiel und Theater, Kabarett, Dichterlesungen, traditionellen Maori-Tanz, modernes Ballett und experimentelle Werke. Die meisten Veranstaltungsorte liegen in der Innenstadt. In geraden Jahren den ganzen März.

Wellington Film Festival, ⌨ enzedff.co.nz. Der Wellingtoner Teil des landesweiten Festivals zeigt in der ganzen Stadt Filme abseits des Massengeschmacks. Tickets $16. Meist Ende Juli bis Anfang August.

Wellington on a Plate, ⌨ wellingtononaplate.com. Mit diesem Festival feiert die Hauptstadt ihre kulinarischen Erzeugnisse mit Verkostungen, Talkshows und Gourmet-Führungen sowie preisreduzierten Menüs in Toprestaurants. In den letzten beiden Augustwochen.

World of WearableArt (WOW), ⌨ worldofwearableart.com. Die Tickets für dieses Spektakel gehen weg wie warme Semmeln. Beim WOW werden bei bizarren Modenschauen verrückte Klamotten vorgeführt. In den letzten beiden Septemberwochen.

St James Theatre, 77–87 Courtenay Place, ☏ 04 802 4060, ⌨ stjames.co.nz. Das renovierte Theater in einem Gebäude von 1912 ist Hauptauftrittsort für das Royal New Zealand Ballet, außerdem Opern, Tanz, Musicals und Theaterstücke. Es gibt ein Café mit Alkoholausschank, das vor und nach den Aufführungen seine Türen öffnet.

Westpac Stadium (Wellington Regional Stadium), Featherston St, ☏ 04 473 3881, ⌨ westpacstadium.co.nz. In der „Keksdose", wie Spötter das moderne, zweckdienliche Stadion wegen seiner Eisenverkleidung nennen, werden Rugby- und Cricketspiele abgehalten. Gelegentlich finden hier auch Rockkonzerte statt.

Kinos

Zusätzlich zu seinen zahlreichen Multiplexkinos besitzt Wellington etliche Programmkinos. Ein paar Dollar lassen sich meist sparen, wenn man eine Vorstellung tagsüber oder Anfang der Woche besucht.

Embassy, 10 Kent Terrace, ☏ 04 384 7657, ⌨ deluxe.co.nz. Auf der großen Leinwand laufen aktuelle Kinohits und Independent-Filme.

The New Zealand Film Archive, 84 Taranaki St, Ecke Ghuznee St, ☏ 04 384 7647, ⌨ film archive.org.nz. Abendvorführungen. Näheres auf S. 485.

Paramount, 25 Courtenay Place, ☏ 04 384 4080, ⌨ paramount.co.nz. Zentral gelegenes Multiplexkino von 1917, das Arthouse- und Mainstream-Filme zeigt; Mitnahme von Getränken in den Kinosaal ist erlaubt.

Reading Cinemas, 100 Courtenay Place, ☏ 04 801 4601, ⌨ readingcinemas.co.nz. Bedient größtenteils den Massengeschmack. Karten für die plüschigen Lounge-Sitze gibt's ab $25, mit Essen- und Getränkeservice am Platz.

The Roxy, 5 Park Rd, Miramar, ✆ 04 388 5555, 🖥 roxycinema.co.nz. Das Roxy ist liebevoll im Stil der 1930er-Jahre runderneuert worden. Neben den beiden Kinosälen nennt es eine großartige Cocktailbar mit Restaurant sein Eigen: Das Coco hat hervorragendes Essen und Jazzbands, die seiner illustren Umgebung durchaus würdig sind. Liebevolle Details wie die Bronzeskulptur von Gollum, aber auch die Türgriffe und Toiletten sind ein Augenschmaus für alle Fans. 🕐 tgl. 10 Uhr bis spät.

EINKAUFEN

Buchläden

Unity Books 57 Willis St, ✆ 04 499 4245, 🖥 unitybooks.co.nz, 🕐 Mo–Do 9–18, Fr 9–19, Sa 10–17, So 11–17 Uhr, hat die beste Buchauswahl rund um Neuseeland und zu anderen Spezialgebieten, aber auch Mainstream-Ware. Weitere Empfehlungen sind

Whitcoulls, mit Filialen an 312 Lambton Quay, 91 Cuba St und 80 Courtenay Place, und **Borders** in 226 Lambton Quay. Gute Antiquariate sind **Pegasus**, 204a Left Bank Cuba Mall, und **Arty Bee's Books**, 106 Manners St.

Camping- und Outdoor-Ausrüstung

Ein paar gute Läden wie **Bivouac**, **Mountain Designs**, **Fairydown** und **Kathmandu** findet man rund um die Kreuzung von Willis und Mercer Street.

SONSTIGES

Apotheken

After Hours Pharmacy, 17 Adelaide Rd, Newtown, ✆ 04 385 8810, 🕐 Mo–Fr 5–23, Sa, So und feiertags 8–23 Uhr.

Automobilclub

Automobile Association (AA), 342–352 Lambton Quay, ✆ 04 931 9999.

Aktivitäten in Wellington

Die Windbedingungen im Hafen sind ideal zum Windsurfen und Kiten, v. a. in der Kio Bay und der Evans Bay. Aber auch Kajakfahrer und Taucher haben hier ihren Spaß.

Bei gutem Wetter gibt es nichts Schöneres als eine Radtour über die **Küstenstraßen** östlich der Stadt. Los geht's auf der Oriental Parade nach Osten und immer am Meer entlang, soweit die Puste reicht, vielleicht sogar am Flughafen vorbei und um die Nordspitze der Miramar Peninsula bis Scorching Bay (S. 492) und Seatoun (25–30 km eine Strecke).

Zahlreiche **Offroad-Strecken** sind in der kostenlosen Broschüre *Mountain Biking in Wellington City* (liegt im i-SITE aus) verzeichnet. Sie enthält Karten der am besten geeigneten und nach einer kurzen Fahrt von der Stadt aus erreichbaren Gegenden. Besonders toll sind z. B. die Küstenstrecke nach Red Rocks (Kasten S. 494) und die Wanderwege um den Mount Victoria (S. 485).

Auf dem Land sind Quadbikes, Inline-Skates und Klettern beliebt. **Ferg's Kayaks** (s. unten) verleiht Inline-Skates ($15/2 Std., $30/3 Std.), perfekt für den nahe gelegenen Frank Kitts Park oder das Gebiet um die Oriental Parade. Ferg's hat auch eine gute und beliebte Kletterhalle ($15, Klettergurt und Schuhe je $4). Informationen zu Wanderungen rund um Wellington im Kasten auf S. 494.

Wassersport

Wildwinds, 36 Customhouse Quay, ✆ 04 473 3458, 🖥 wildwinds.co.nz. Bietet einen Windsurf-Schnupperkurs (2 Std. $110) sowie einen Anfängerkurs (2x 3 Std. $295). Auch im Angebot sind Kitesurf-Stunden (2x 3 Std., $195/Sitzung) und Stehpaddeln.

Ferg's Kayaks Shed, 6 Queens Wharf, ✆ 04 499 8898, 🖥 fergskayaks.co.nz. Verleiht Sit-on-Top-Kajaks (Einsitzer $20/2 Std., Zweisitzer $35/2 Std.) und Seekajaks (Einsitzer $25/2 Std., Zweisitzer $50/2 Std.). Auch unterhaltsame Paddeltouren: die beste heißt *Lights at Night* und führt bei gutem Wetter nachts durch die Bucht, tolle Stadtansichten, Fotomotive und leichtes Abendessen inklusive (Di 18–21 Uhr, ab 4 Pers. $85 p. P., bei 2 Pers. $105 p. P., im Voraus buchen).

Autovermietungen

Ace Rentals, 126 Hutt Rd, ✆ 0800 535 500, 🖥 www.acerentalcars.co.nz.
Nationwide, 37 Hutt Rd, Thorndon, ✆ 0800 803 003, 🖥 www.nationwide rentals.co.nz.
Rent-a-Dent, 24 Tacy St, Kilbirnie, ✆ 0800 736 823, 🖥 www.rentadent.co.nz.

Bibliothek

Wellington Central Library, 65 Victoria St, ✆ 04 801 4040, ⏰ Mo–Do 9.30–20.30, Fr 9.30–21, Sa 9.30–17, So 13–16 Uhr.

Fahrräder

Penny Farthing Cycles, 65 Dixon St, ✆ 04 385 2279, 🖥 pennyfarthing.co.nz, verleiht Straßenräder für $50/Tag. Gibt Informationen zu Mountainbike-Verleih und Makara Peak Mountain Bike Park. s. Kasten.

Geld

Geld wechseln kann man am besten bei der **ANZ**, 215–229 Lambton Quay, der **BNZ**, 1 Willis St, oder bei **Travelex**, 120 Lambton Quay.

Informationen

i-SITE, Wakefiled, Ecke Victoria St, ✆ 0800 933 536, 🖥 wellington.nz.com. Hat die üblichen Broschüren und Karten sowie das praktische Gratisheft *Wellington: Official Visitor Guide*. Das Büro verbirgt sich hinter einem verglasten Abschnitt des Civic Centre, den es mit einem Café und einer Internetstationen ($8/Std.) teilt. ⏰ tgl. 8.30–17.30, an Feiertagen 11–16 Uhr.
DOC, 18 Manners St, ✆ 04 384 7770. Hat stapelweise Infos zu Wanderungen rund um Wellington, verkauft Hüttentickets und vergibt die Erlaubnis zum Besuch der Kapiti Island (beides auch online). ⏰ Mo–Fr 9–17, Sa 10–15 Uhr.

Splash Gordon, 432 The Esplanade, Island Bay, ✆ 04 939 3483, 🖥 splashgordon.co.nz; Karte S. 490–491. Bietet gecharterte Tauchausflüge zur Fregatte *Wellington*, die 2005 in 21 m Tiefe vor der Küste versenkt wurde und mit dem Boot in 5 Min. erreichbar ist. Zwei Tauchgänge für erfahrene Taucher kosten $120 inkl. Ausrüstung. Weitere Angebote richten sich an Taucher mit einer Berechtigung bis 18 m sowie an alle Schwierigkeitsstufen einschließlich Anfänger.

Fahrräder und Quadbikes

Makara Peak Mountain Bike Park, 116–122 South Karori Rd, etwa 8 km westlich des Zentrums 🖥 makarapeak.org.; Karte S. 479. Passionierte Mountainbiker sollten den **Makara Peak Mountain Bike Park**, 🖥 www.makarapeak.org.nz, ansteuern, ein 2 km² großes Gebiet mit Wäldern, Wiesen und Feldern, in dessen Mittelpunkt der 412 m hohe Makara Peak steht, der etwa 8 km westlich von Downtown Wellington jenseits von Karori liegt. Der Eintritt ist kostenlos und streckenmäßig ist für jeden Geschmack was dabei.
Mud Cycles, 421 Karori Rd, 2 km vor dem Makara Peak Mountain Bike Park, ✆ 04 476 4961, 🖥 mudcycles.co.nz. Verleiht Hardtail-Mountainbikes ($30/1/2 Tag, $45/Tag) und Fullys ($45/halber Tag, $60/Tag), Helm und Trailkarten sind im Preis inklusive. Verleih übers Wochenende sowie für jede Zeitspanne zwischen 3 und 7 Tagen sind möglich. Eine zweite Filiale befindet sich im Base Wellington (S. 495).
Wellington Adventures, 1960 Coast Rd, Wainuiomata, ✆ 0800 948 6386, 🖥 wellingtonadventures.co.nz; Karte S. 479. Ambitionierte Kilometerfresser mit Vorliebe für atemberaubende Aussichten sind hier richtig. Die Tour beginnt auf einer Farm, wo der erste Ausblick schon spektakulär ist. Sie gehört zu den günstigsten und besten Quadbike-Angeboten in Neuseeland. Die Fahrt durch Küstenbusch, Ackerland, Wald, Flussbetten und Strand bietet zahlreiche Highlight nach dem anderen (halber Tag $219, ganzer Tag $319).

Hutt Valley i-SITE, 25 Laings Rd,
📞 04 560 4715, 🖥 huttvalleynz.com,
🕐 Mo–Fr 9–17, Sa und So 9–15 Uhr.

Internet

Zahlreiche Anbieter gibt's am Courtenay Place.
Der Tarif beträgt im Schnitt $4–5/Std.
Interface, Left Bank, unweit der Cuba St Mall,
hat Internet mit allen Schikanen, 🕐 Mo–Fr
10–20, Sa 10–18 Uhr.
Kostenlosen Zugang in der Stadtbücherei;
im i-SITE kostet es $4–8/Std.

Medizinische Hilfe

After Hours Medical Centre, 17 Adelaide Rd,
Newtown, nahe Basin Reserve, 📞 04 384 4944,
🕐 24 Std. geöffnet.
Wellington Hospital, Riddiford St, Newtown,
📞 04 385 5999.

Notfälle

Polizei, Feuerwehr und Krankenwagen,
📞 111. Die Wellington Central Police
Station liegt an der Ecke Victoria St/Harris St,
📞 04 381 2000.

Post

Es gibt mehrere Postämter in der Innenstadt.
Ein Poste-Restante-Schalter findet sich in der
43 Manners Street.

Schwimmbäder

Freyberg Pool and Fitness Centre,
139 Oriental Parade, 📞 04 801 4530.
Hallenbad (33 m, $5,70), Dampfbad, Fitness-
bereich (auch Kurse), Spas, Saunas und
Massagen. 🕐 tgl. 6–21 Uhr.
Thorndon Pool, 26 Murphy St, Eintritt $5,30.
Das Freibad mit einem beheizten, rund 30 m
langen Becken liegt in der Nähe des
Parliamentary District. 🕐 Okt–April Mo und
Mi 6.30–20, Di, Do und Fr 6.30–19, Sa und
So 8–18.30 Uhr.

NAHVERKEHR

Auto

Das Fahren im Zentrum ist ziemlich einfach,
wenn man sich erst einmal an das ausgedehnte
Einbahnstraßensystem gewöhnt hat.

Fahrscheine für den Nahverkehr

Der nützliche **Metlink Explorer** ($20) erlaubt
seinem Käufer unbegrenzte Bus- und Zugfahrten im ganzen Stadtgebiet ab 9 Uhr wochentags und am Wochenende ganztägig. Erhältlich
ist er bei Busfahrern, Zugbegleitern und den
Fahrkartenschaltern von Tranz Metro.
Informationen zu **Regionalzügen und -bussen**
bieten die kostenlose *Metlink Network Map*
sowie alle Einzelfahrpläne, die im Besucherzentrum und am Bahnhof ausliegen. Weitere
Infos auch telefonisch und im Internet unter
📞 0800 801 700, 🖥 metlink.org.nz.

In Downtown finden sich unter der Woche
keine kostenlosen **Parkplätze**. Dafür darf am
Samstag bis zu 2 Std. und am Sonntag den
ganzen Tag umsonst geparkt werden.
Gebührenpflichtige Parkplätze sind reichlich
vorhanden, die meisten städtischen kosten
unter der Woche um $4/Std. (nachts und am
Wochenende meistens weniger). Oft beträgt
die Höchstgebühr für einen ganzen Tag $15,
vorausgesetzt, man stellt sein Auto vor
9.30 Uhr ab. Der Parkplatz am Te Papa Museum
eignet sich für Wohnmobile, mehrere andere
gibt es in der Nähe. Wer sein Fahrzeug nicht
dauernd von einem Parkplatz zum nächsten
bewegen möchte, findet auch einige Parkplätze, die $20–25 für 24 Std. verlangen.
Die meisten Straßen in der Innenstadt sind
mit **Parkuhren** versehen (in der Regel Mo–Do
8–18 und Fr 8–20 Uhr, $4/Std., sonst kostenlos),
wo die maximale Standzeit 2 Std. beträgt.
Etwas weiter außerhalb kann man mit **Coupon**
parken (Mo–Fr 8–16 Uhr), d. h. die ersten
2 Std. sind gratis, danach muss ein Parkschein
($7,50/Tag) hinter die Windschutzscheibe gelegt
werden. Die Coupons sind in Lebensmittelgeschäften und an Tankstellen erhältlich.

Nahverkehrszüge

Tranz Metro, 📞 04 498 3000, 🖥 tranzmetro.
co.nz, betreibt Vororttzüge ab dem Bahnhof
Bunny St. Züge ins Hutt Valley (S. 492)
und zur Kapiti Coast (S. 318) fahren von hier
ungefähr halbstündlich nach WATERLOO

(Ausgangspunkt für Lower Hutt; 20 Min., $9,50), PORIRUA (20 Min., $6), PLIMMERTON (30 Min., $7,50) und PARAPARAUMU (1 Std., $11). Die Strecke nach JOHNSONVILLE ($4,50) ist praktisch für Leute, die den Northern Walkway (S. 494) begehen möchten. Fahrten außerhalb der Stoßzeiten (d. h. nicht vor 9 Uhr oder zwischen 16 und 19 Uhr) sind rund 30 % billiger.

Das **Rover Ticket** (Tageskarte $10) berechtigt zu Fahrten in allen Zügen werktags nach 9 Uhr und ganztägig am Wochenende. Gruppen von bis zu 4 Pers. können mit einem Rover-Sammelfahrschein (*group Rover ticket;* $25) Geld sparen. Ein Wochenend-Rover-Ticket ($15) gilt ab Fr 16.30 bis 24 Uhr am So. Fahrräder dürfen kostenlos mit. Die Tickets gibt es im Zug oder im TranzRail Travel Centre am Hauptbahnhof.

Stadtbusse

Wellington verfügt über ein umfangreiches Bus- und Trolleybusnetz mit dem gleich westlich des Bahnhofs gelegenen Busbahnhof **Lambton Interchange** als Zentrum. **Fahrscheine** können direkt beim Busfahrer gekauft werden. Sie kosten $1–1,50 innerhalb des Zentrums, danach findet ein Zonensystem Anwendung: Jede neue Zone kostet $1,50 zusätzlich. Der **After-Midnight**-Bus (Sa und So stündl. 1–3 Uhr) für Nachtschwärmer fährt rund um den Courtenay Place und kostet $6–12. Bei ausgiebiger Nutzung des Bussystems an einem Tag lohnt sich der Kauf der **Stored Value Card** (erhältlich im Bus), die alle Fahrten im Zentrum einschließt und jede Fahrt um etwa $0,50 billiger macht.

Taxis

Taxis bekommt man fast überall in der Stadt, aber die offiziellen Taxistände sind am Bahnhof, an der Whitmore St zwischen Lambton Quay und Featherston St, vor dem James Smith Hotel am Lambton Quay, Willis St, Ecke Bond St, am Courtenay Place, Ecke Taranaki St, sowie an der Kreuzung Willis St und Aro St. Zwei der bekannteren Taxiunternehmen sind **Green Cabs**, ✆ 0508 447 336, und **Wellington Combined Taxis**, ✆ 04 384 4444.

Auto

Sowohl der SH1 von Norden her durch Porirua als auch der SH2 (Teil des mit einem Weintraubensymbol gekennzeichneten Classic New Zealand Wine Trail) durch Lower Hutt münden jeweils in kurze Stadtautobahnen und vereinigen sich dann zu einer Schnellstraße, die bei schöner Aussicht am Hafen entlang direkt ins Zentrum führt. Hinweise bezüglich Parkmöglichkeiten auf S. 506.
Wer von der Südinsel herkommt oder dorthin möchte, findet Näheres zum Überqueren der Cook Strait auf S. 508.

Busse

Busse der Anbieter Newmans und InterCity halten neben Bahnsteig 9 am Hauptbahnhof in der Bunny Street.

Busse nach:
AUCKLAND 3–4x tgl., 11 Std.;
MASTERTON via HUTT VALLEY 1–2x tgl., 2 Std.;
NAPIER 3–4x tgl., 5 1/4 Std.;
NEW PLYMOUTH 3–4x tgl., 6 1/2 Std.;
PALMERSTON NORTH 5–7x tgl., 2 Std.;
PARAPARAUMU 10x tgl., 50 Min.;
ROTORUA 5–7x tgl., 7 Std.;
TAUPO 5–7x tgl., 6 Std.

Eisenbahn

Der Hauptbahnhof liegt in der Bunny Street; der Overlander-Zug auf der Strecke Auckland–Wellington (S. 75) fährt Dez–April 1x tgl., sonst Fr, Sa und So.

Züge nach:
AUCKLAND via Hamilton 1x tgl., 12 Std.;
HAMILTON 1x tgl., 9 1/2 Std.;
HUTT CENTRAL/WATERLOO alle 30 Min., 20 Min.;
MASTERTON 2–5x tgl., 1 1/2 Std.;
NATIONAL PARK 1x tgl., 5 1/2 Std.;
OTAKI 2x tgl., 1 1/4 Std.;
OTOROHANGA 1x tgl., 8 3/4 Std.;
PALMERSTON NORTH 2x tgl., 2–2 1/4 Std.;
PARAPARAUMU alle 30 Min., 1 Std.

WELLINGTON UND UMGEBUNG

Fähren

Der Fähranleger von **Interislander**, ☎ 0800 802 802, 🖥 interislander.co.nz, liegt 1 km nördlich des Bahnhofs, der von **Bluebridge**, ☎ 0800 844 844, 🖥 bluebridge.co.nz, gleich gegenüber des Bahnhofs. Beide Anbieter fahren ganzjährig über die Cook Strait nach PICTON (6–9x tgl, 3 Std.). Die Überfahrt kann rau sein, dafür führt sie durch den Marlborough Sound. Beide Anbieter haben verschiedene Preiskategorien mit variierender Flexibilität; Stornobedingungen vor der Buchung prüfen! Bei Interislander liegen die Fahrpreise um $65–75 pro Passagier, $208–318 für ein Auto mit Fahrer und $15 für ein Fahrrad. Bei der **Kaitaki**-Fähre von Interislander gibt's die Fahrkarte „Kaitaki Plus" ($45 Aufpreis, nur für Fahrgäste über 18 J.) mit privater Lounge, Gratis-Snacks, Drinks, Zeitungen und Internet. Zum Fährableger von Interislander fahren Shuttlebusse (Abfahrt jeweils 50 Min. vor der Fähre nahe Bahnsteig 9 am Bahnhof; $2) und Backpacker-Busse, die Base- und YHA-Hostels bedienen und über diese gebucht werden können ($3). Bei Bluebridge liegen die Preise meist bei $56–73 pro einfache Fahrt und Fahrgast, $169–245 pro Auto bis 5,5 m Länge mit Fahrer und $10 pro Fahrrad. Die Autovermietungen Ace, Apex, Maui und Jucy erlauben die Überfahrt per Fähre mit ihren Fahrzeugen (S. 77 und 505).

Flüge

Der **Wellington International Airport**, 🖥 wlg-airport.co.nz, liegt 10 km südöstlich des Stadtzentrums und ist die Drehscheibe für etwa 20 Flughäfen in ganz Neuseeland sowie für internationale Flüge aus Australien. Wer fliegt, spart sich möglicherweise eine unruhige Fahrt mit der Fähre (s. oben), verpasst aber auch die Passage durch den Malborough Sound. **Soundsair**, ☎ 0800 505 005, 🖥 sounds air.co.nz, fliegt von Wellington nach Picton und Blenheim (einfach $90–100) sowie nach Nelson ($107–117). **Air 2 There**, ☎ 04 904 5130, 🖥 air2there.com, fliegt zwischen Wellington und Blenheim (einfach $99).

Taxis vom Flughafen ins Zentrum kosten etwa $35. **Green Cabs**, ☎ 0508 447 336, verwendet Hybridautos, die **Wellington Combined Taxis**, ☎ 04 384 4444, sind als CO_2-neutral zertifiziert. Die **Busse** des **Airport Flyer** (tgl. 6.30–19.45 Uhr, Mo–Fr alle 15 Min., Sa und So alle 30 Min.) verlangen $8,50 für die 15-minütige Fahrt ins Zentrum. **Super Shuttle**, ☎ 0800 748 885 oder ☎ 09 522 5100, 🖥 supershuttle.co.nz, berechnet $15–20 für den ersten Fahrgast zu einem bestimmten Ziel im Zentrum und weitere $5 für jeden weiteren Fahrgast zum gleichen Ziel.

Flüge nach:
AUCKLAND 20–25x tgl., 1 Std.;
BLENHEIM 8–13x tgl., 25 Min.;
CHRISTCHURCH 15x tgl., 45 Min.;
DUNEDIN 2–4x tgl., 1 1/4 Std.;
GISBORNE 3–4x tgl., 1 Std.;
GREYMOUTH 5x wöchentl., 1 Std.;
HAMILTON 7x tgl., 1 Std.;
KAIKOURA im Sommer 1–2x tgl., 1 Std.;
NAPIER/HASTINGS 5x tgl., 50 Min.;
NELSON 6–10x tgl., 35 Min.;
NEW PLYMOUTH 4x tgl., 50 Min.;
PALMERSTON NORTH 3x tgl., 30 Min.;
PICTON 6–8x tgl., 25 Min.;
ROTORUA 3x tgl., 1 Std.;
TAKAKA 1x tgl., 30 Min.;
TAUPO 3x tgl., 1 Std.;
TAURANGA 4x tgl., 1 Std. 10 Min.;
TIMARU 4x tgl., 1 Std. 10 Min.;
WANGANUI 4x wöchentl., 25 Min.;
WESTPORT Mo–Fr 1x tgl., 55 Min.;
WHANGAREI 1x tgl., 1 1/2 Std.

Marlborough, Nelson und Kaikoura

Stefan Loose Traveltipps

Queen Charlotte Track Auf dieser wunderbaren mehrtägigen Wanderung kann man in tollen Hostels und B&Bs übernachten und sich das Gepäck transportieren lassen. S. 519

Nelson Eine Künstlergemeinde, Weinberge und ein tolles Klima: Nelson gehört zum Pflichtprogramm jeder Marlborough-Reise. S. 525

10 **Abel Tasman National Park** Kristallklares Wasser und goldgelbe Strände sind die Belohnung für Wanderungen entlang des Coast Track oder nach einer Kajaktour. S. 541

Farewell Spit Die Farewell Spit Safari führt Besucher zu einem einzigartigen Teil von Neuseeland, der ansonsten nicht zugänglich ist. S. 556

Heaphy Track Die spektakuläre Landschaft macht diesen Wanderweg zu einem der schönsten im Land. S. 558

Marlborough Wine Country Leckere Kostproben in Neuseelands berühmtester Weinregion. S. 563

11 **Kaikoura** Das hübsche Städtchen ist Ausgangspunkt für Walbeobachtungs- und Delphintouren. S. 570

Der nördliche Teil der Südinsel verzaubert nicht wenige Besucher im Handumdrehen: tief eingeschnittene Buchten in den abgeschiedenen Fjorden der Marlborough Sounds, Bilderbuchstrände in der Umgebung von Nelson, eine beeindruckende Vielfalt an Nationalparks, erstklassige Weingüter in Marlborough und Naturwunder in Kaikoura. Müsste man seinen Aufenthalt in Neuseeland auf ein Gebiet beschränken, wäre der nördliche Zipfel der Südinsel ein ganz heißer Anwärter.

Die meisten Touristen, die von der Nordinsel kommen, legen mit der Fähre in der Hafenstadt **Picton** an. Dieser im Winter recht trostlose Ort erwacht erst im Sommer zum Leben. Er liegt inmitten der wunderschönen Fjordlandschaft der **Marlborough Sounds**. Das Wasser der Buchten umspült winzige Strände und wacklige Schiffsmolen, während das Ufer zu steilen, bewaldeten Hügeln und kargen Weiden ansteigt. Westlich von Picton trifft man auf das lebendige, aber entspannte **Nelson**, Ausgangspunkt für Abstecher in die wilderen Regionen weiter nördlich. Der **Abel Tasman National Park** bietet einige der schönsten Wanderwege und herrlichsten Strände Neuseelands. Und noch weiter nördlich garantiert die relativ abgeschiedene **Golden Bay** einige friedliche Tage in wunderschöner Landschaft und bei durchgehend recht gutem Wetter. An ihrem westlichen Ende läuft die geschwungene Bucht in der langen Sandbank **Farewell Spit** aus, die trotz ihres wüstenhaften Charakters einen einmaligen Lebensraum für die unterschiedlichsten Tiere darstellt. Sie grenzt an den **Kahurangi National Park**, durch den sich der anspruchsvolle **Heaphy Track** bis zur Westküste zieht.

Die am wenigsten besuchte der herrlichen Landschaften ist der **Nelson Lakes National Park**, der in erster Linie für einsame Wanderungen zu den alpinen Seen oder zum Angeln interessant ist. Der nahe gelegene **Buller River** lockt auch Rafting- und Kajakfreunde an.

Südlich von Picton empfiehlt sich eine feuchtfröhliche Tour durch Marlborough, Neuseelands berühmteste Weinregion mit den bescheidenen Städtchen **Blenheim** und **Renwick**. Ein bis zwei Übernachtungen in einem ländlichen B&B und Besichtigungen der Kellereien mit Weinproben sorgen für einen willkommenen Ausgleich zu den Aktivitäten in den Nationalparks und sind die richtige Einstimmung auf ein paar Tage Ökotourismus in **Kaikoura** mit zwei großen Attraktionen: der Walbeobachtung und dem Schwimmen mit Delphinen und Robben.

Das **Klima** der Region ist das ganze Jahr über angenehm mild und von viel Sonnenschein geprägt. Vor allem Blenheim und Nelson streiten sich regelmäßig um die Ehre, die Stadt mit den meisten Sonnentagen in Neuseeland zu sein.

Die Marlborough Sounds

In den malerischen **Marlborough Sounds** lassen sich vor lauter Buchten, Inseln und Halbinseln das Festland und dessen üppige Wildnis kaum ausmachen. Große Teile dieser Region sind nur übers Meer zugänglich, das den vermutlich besten Aussichtspunkt darstellt. In der Gegend gibt es neben einigen Farmen auch Zuchtanlagen für Lachse und Muscheln sowie über 50 Schutzgebiete – eine Mischung aus Inseln, Küstenabschnitten und Landflächen. Dreh- und Angelpunkt der Marlborough Sounds ist **Picton** mit seinem immensen Angebot an Touren – sei es per Boot oder zu Fuß auf dem **Queen Charlotte Sound**, wo Kreuzfahrtschiffe und Wassertaxis Zugang zum lohnenden und sehr gut zu bewältigenden **Queen Charlotte Track** bieten. Richtung Westen windet sich der steile Queen Charlotte Drive zur kleinen Gemeinde **Havelock** hinauf, die für ihre Grünlippenmiesmuscheln berühmt ist. Danach bieten sich der spektakuläre **Pelorus Sound** für eine Erkundungstour oder eine Fahrt über Nebenstraßen bzw. eine Bootsfahrt zum malerischen **French Pass** an.

Picton

Das kleine **Picton**, Ziel der Fähren aus Wellington, liegt landschaftlich schön zwischen Bergen und dem friedlichen Queen Charlotte Sound. Viele legen hier vor der Weiterreise nur eine Kaffeepause ein, dabei eignet sich Picton wunderbar

N

0   50 km

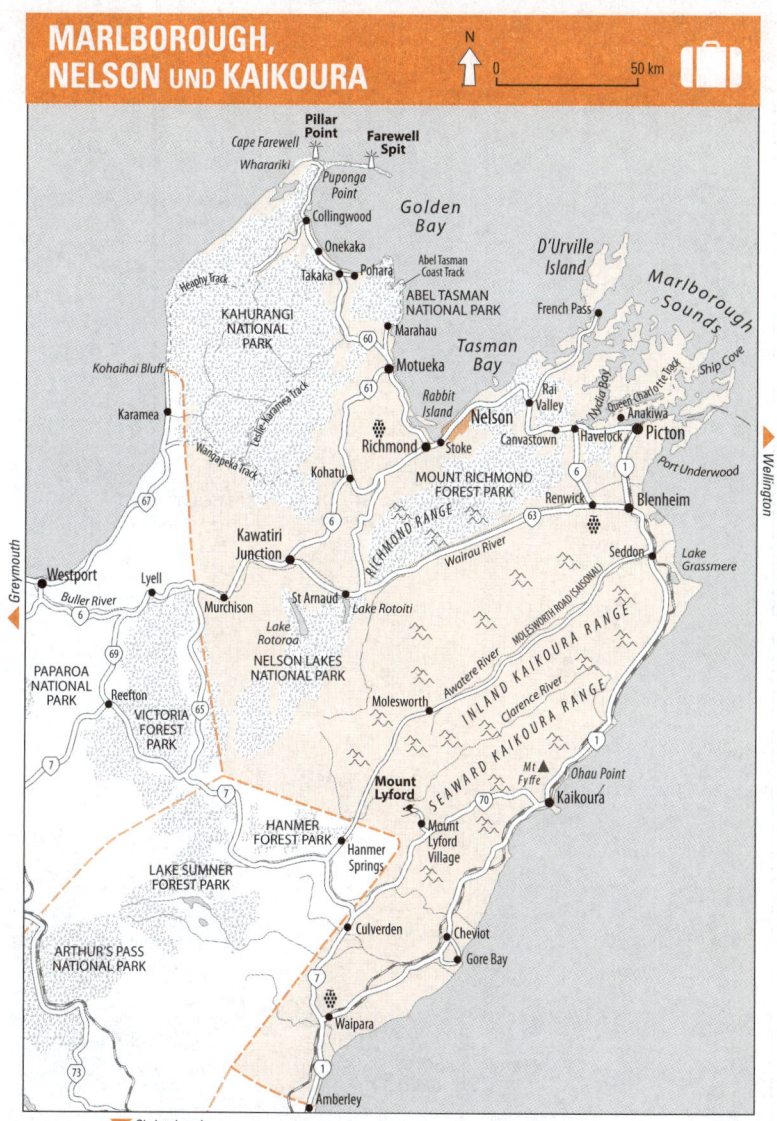

Cape Farewell
Pillar Point
Wharariki
Farewell Spit
Puponga Point
Collingwood
Golden Bay
Onekaka
Takaka   Pohara
D'Urville Island
Abel Tasman Coast Track
Marlborough Sounds
Heaphy Track
French Pass
ABEL TASMAN NATIONAL PARK
KAHURANGI NATIONAL PARK
Marahau
Ship Cove
Kohaihai Bluff
Leslie Karamea Track
Motueka
Tasman Bay
Rai Valley
Queen Charlotte Trad.
Karamea
Rabbit Island
Nelson
Kenepuru Track
Anakiwa
Picton
Wangapeka Track
Kohatu
Richmond   Stoke
Canvastown   Havelock
Port Underwood
Wellington
MOUNT RICHMOND FOREST PARK
RICHMOND RANGE
Renwick
Blenheim
Kawatiri Junction
6
63
Wairau River
Greymouth
Westport   Lyell
Buller River
Murchison
St Arnaud
Lake Rotoiti
Seddon
Lake Grassmere
67
6
MOLESWORTH ROAD (SAISONAL)
INLAND KAIKOURA RANGE
Lake Rotoroa
NELSON LAKES NATIONAL PARK
PAPAROA NATIONAL PARK
69
Reefton
Molesworth
Awatere River
Clarence River
SEAWARD KAIKOURA RANGE
VICTORIA FOREST PARK
65
7
Mount Lyford
Mt Fyffe
Ohau Point
Kaikoura
HANMER FOREST PARK
70
Mount Lyford Village
Hanmer Springs
LAKE SUMNER FOREST PARK
ARTHUR'S PASS NATIONAL PARK
Culverden
Cheviot
Gore Bay
7
Waipara
73
1
Amberley
Christchurch

als Basis für eine Erkundung des **Queen Charlotte Track**, der mit Wassertaxis zu erreichen ist. Ansonsten haben die örtlichen Veranstalter tolle **Kreuzfahrten** und **Kajaktouren** im Programm.

Picton selbst hat ebenfalls einige Sehenswürdigkeiten zu bieten und ist auch keine schlechte Basis für Abstecher in die **Weinregion** um Blenheim, die nur eine halbe Autostunde südlich liegt.

MARLBOROUGH, NELSON UND KAIKOURA

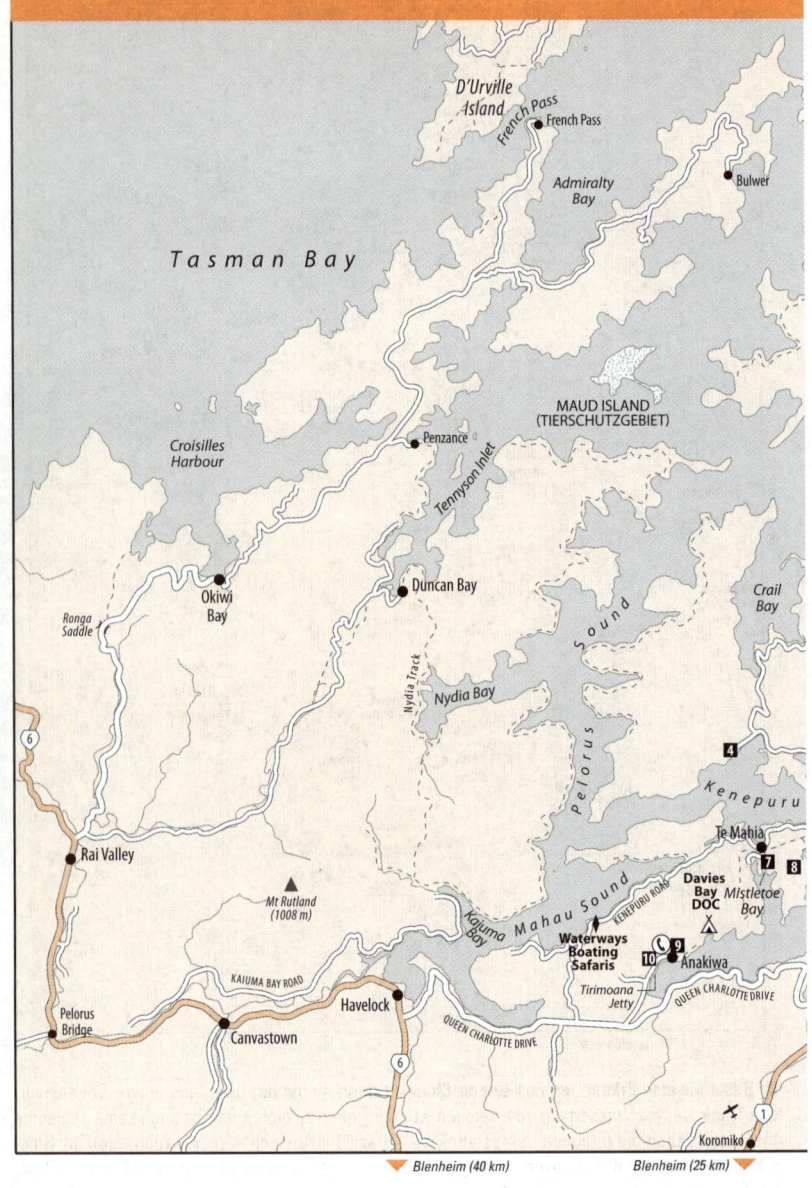

D'Urville
Island
French Pass
French Pass
Bulwer

Admiralty
Bay

Tasman Bay

MAUD ISLAND
(TIERSCHUTZGEBIET)

Croisilles
Harbour
Penzance
Tennyson Inlet

Okiwi
Bay
Duncan Bay
Crail
Bay

Ronga
Saddle
Nydia Track
Nydia Bay

Sound

Pelorus

6
4

Kenepuru
Te Mahia
7
8

Rai Valley
Davies
Bay
DOC
Mistletoe
Bay

Mt Rutland
(1008 m)
Kaiuma
Bay
Mahau Sound
KENEPURU ROAD
Waterways
Boating
Safaris
9
10
Anakiwa

KAIUMA BAY ROAD
Tirimoana
Jetty
QUEEN CHARLOTTE DRIVE

Pelorus
Bridge
Havelock
QUEEN CHARLOTTE DRIVE

Canvastown
6

1
Koromiko

Blenheim (40 km)   Blenheim (25 km)

N

0 — 5 km

■ ÜBERNACHTUNG
Anakiwa Backpackers	9
Anakiwa Lodge	10
Debretts Backpackers	5
Furneaux Lodge	1
Hopewell	4
Lochmara Lodge	8
Mahana Lodge	3
Mistletoe Bay Eco Lodge	7
Portage Resort Hotel	6
Punga Cove Resort	2

CHETWODE ISLANDS
(TIERSCHUTZGEBIET)

TITI ISLAND
(TIERSCHUTZGEBIET)

Forsyth
Island

Forsyth
Bay

Cape Lambert

Cape Jackson

Beatrix
Bay

Port Gore

Antimony
Mines ▲

Endeavour Inlet
❶

Vogelschutzgebiet

Cape Koamaru

Mt Stokes
(1203 m) ▲

❷

Schoolhouse
Bay DOC

Ship
Cove

Motuara
Island

LONG ISLAND
MARINE
RESERVE

Camp Bay DOC ✕

Kenepuru
Saddle

❸

Queen
Charlotte
Track

Resolution
Bay

Endeavour Inlet

Pickersgill
Island

East Bay

KENEPURU ROAD

Kenepuru Head ●

Blumine
Island

Cowshed
Bay DOC

Bay of Many
Coves DOC

S o u n d

KENEPURU ROAD

❺ ❻

Black Rock
DOC

Torea Saddle

Torea Bay

A r a p a w a   I s l a n d

Q u e e n   C h a r l o t t e   S o u n d

Tory Channel

Wellington (3 Std.) ▶

Waikawa ●

● Picton

C o o k   S t r a i t

Port
Underwood

▼ Blenheim (30 km)

MARLBOROUGH, NELSON UND KAIKOURA

Geschichte

Bereits 1827 gab es eine europäische Walfangstation in der Region, doch zu einer richtigen Siedlung wuchs Picton erst heran, nachdem die New Zealand Company den Standort der heutigen Stadt im Jahre 1848 für 300 britische Pfund erworben hatte. Picton erlebte eine Blütezeit als Hafen und **Versorgungszentrum** für die südlich gelegenen Wairau Plains, v. a. aber als günstigster Hafen für den Schiffsverkehr zwischen Nord- und Südinsel.

Edwin Fox

In der Nähe des Fähranlegers ▪ ⏰ tgl. Dez–März 9–17, April–Nov 9–15 Uhr ▪ Eintritt $10

Fast alles Interessante in Picton befindet sich in Ufernähe an der mit Phönixpalmen aufgepeppten **Picton Foreshore**. An ihrem nordwestlichen Ende liegt der Rumpf der in Kalkutta gebauten **Edwin Fox**. Das 1853 vom Stapel gelassene Schiff diente im Krimkrieg als Truppentransporter und verfrachtete Strafgefangene nach Australien, bevor es Siedler nach Neuseeland brachte.

Eco World

Neben der Edwin Fox ▪ ⏰ Okt–April tgl. 10–17.30, Mai–Sep Fr–So 10–16 Uhr; Fütterung 11 und 14 Uhr ▪ Eintritt $22 ▪ 🖥 ecoworldnz.co.nz

Die benachbarte **Eco World** bietet einen Einblick in die Flora und Fauna der Marlborough Sounds; zu sehen sind u. a. Zwergpinguine, einige kleine Haie, ein konservierter Riesenkrake sowie Tuataras und große Wetas. Am besten kommt man zur Fütterung.

Picton Community Museum

London Quay ▪ ⏰ tgl. 10–16 Uhr ▪ Eintritt $5

Glanzpunkt der Ausstellungen im **Picton Community Museum** sind die Exponate zur Perano Whaling Station im Queen Charlotte Sound, die bis 1964 in Betrieb war. Zu sehen sind Fotos, eine Harpunenkanone und einige ausgezeichnete Schnitzereien aus Walknochen. Nach dem Umbau inklusive Erweiterung werden noch mehr Exponate aus der interessanten Sammlung zu sehen sein.

Atlantis, London Quay, 📞 03 573 7390, 🖥 atlantishostel.co.nz. Zentral gelegenes Hostel in der Nähe des Fähranlegers in einer alten Tauchschule mit verschiedenen bunt dekorierten Dorms (zumeist ohne Fenster), gemütlichen DZ und Frühstück. Die Gemeinschaftsbereiche könnten eine Verjüngungskur vertragen. Dorms ab $20, DZ $55

Broadway Motel, 113 Picton High St, im Stadtzentrum, 📞 0800 101 919, 🖥 broadwaymotel. co.nz. Attraktive und moderne Motel Units im Zentrum mit großen Fenstern und der üblichen Ausstattung inkl. Sky TV und WLAN. Sauber und gepflegt. Gutes Recycling-Programm. $149

Escape to Picton, 33 Wellington St, 📞 03 573 5573, 🖥 escapetopicton.com. Das schicke Boutiquehotel mit 3 Suiten mischt die Szene mächtig auf: Alles hier ist auf höchstem Niveau, z. B. gibt es in zwei der Suiten frei stehende Badewannen; Frühstück wird im Restaurant (S. 516) serviert. Preise in der Nebensaison jedoch verhandelbar. $350

The Gables, 20 Waikawa Rd, 📞 03 573 6772, 🖥 thegables.co.nz. Angenehmes, einladendes B&B mit 3 Zimmern im Haus (eins mit Bad) und 2 Cottages für Selbstversorger hinter dem Haus (Frühstück auch für die Cottage-Gäste möglich). Kinder und Hunde willkommen. Zimmer $170, Cottages $175

Harbour View Motel, 30 Waikawa Rd, 📞 0800 101 133, 🖥 harbourviewpicton.co.nz. 12 geräumige, geschmackvoll eingerichtete Units mit toller Aussicht über den Hafen, alle mit Balkon. Außerdem Waschküche und Gepäckaufbewahrung. $200

Hopewell, Kenepuru Sound, 📞 03 573 4341, 🖥 hopewell.co.nz. Die schönste Unterkunft in den Sounds: In diesem herrlichen Hostel in traumhafter Lage mit äußerst gastfreundlicher Bewirtung reichen selbst zwei Nächte nicht aus, um die ungezwungene Atmosphäre und das große Freizeitangebot, darunter Kajak fahren, Angeln, Wasserski oder eine Besichtigung der örtlichen Muschelfarm, voll auszukosten. Die mörderische Anfahrt mit dem Auto über die Kenepuru Road (2–3 Std.) lässt sich mittels eines Wassertaxis von Picton aus umgehen (mit Umsteigen, ca. $60 p. P.

Picton

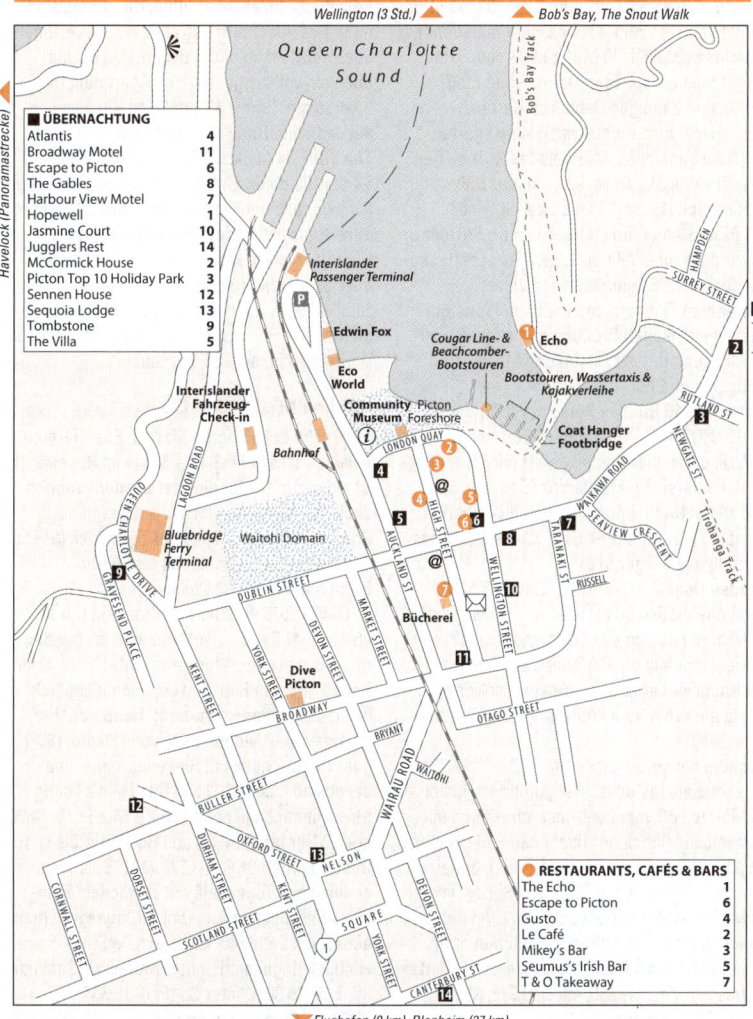

Wellington (3 Std.) ▲   ▲ Bob's Bay, The Snout Walk

Queen Charlotte Sound

0   250 m

N

■ ÜBERNACHTUNG

Atlantis	4
Broadway Motel	11
Escape to Picton	6
The Gables	8
Harbour View Motel	7
Hopewell	1
Jasmine Court	10
Jugglers Rest	14
McCormick House	2
Picton Top 10 Holiday Park	3
Sennen House	12
Sequoia Lodge	13
Tombstone	9
The Villa	5

Interislander Passenger Terminal

Edwin Fox

Eco World

Cougar Line- & Beachcomber-Bootstouren

Echo

Bootstouren, Wassertaxis & Kajakverleihe

Community Museum   Picton Foreshore

Coat Hanger Footbridge

Interislander Fahrzeug-Check-in

Bahnhof

London Quay

Bluebridge Ferry Terminal

Waitohi Domain

Bücherei

Dive Picton

● RESTAURANTS, CAFÉS & BARS

The Echo	1
Escape to Picton	6
Gusto	4
Le Café	2
Mikey's Bar	3
Seumus's Irish Bar	5
T & O Takeaway	7

Flughafen (9 km), Blenheim (27 km)

Havelock (Panoramastrecke)

MARLBOROUGH, NELSON UND KAIKOURA

einfach, Einzelheiten telefonisch beim Hostel erfragen). ⏲ Juni–Aug geschl. Dorms $40, Zimmer $100, mit Bad $130, Selbstversorger-Cottage für 4 Pers. $170

Jasmine Court, 78 Wellington St, ☎ 0800 421 999, 🖥 jasminecourt.co.nz. Hochmodernes, kürzlich ausgebautes und aufgemöbeltes Motel mit Luxus-Units, mit DVD und CD-Player, einige mit Whirlpool und Terrasse. Kostenlos E-Mails versenden, WLAN ist jedoch nicht gratis. $165

Jugglers' Rest, 8 Canterbury St, ✆ 03 573 5570, 🖥 jugglersrest.com. Kleines, sehr einladendes relaxtes Hostel ca. 10 Min. zu Fuß vom Fähranleger mit geräumigen Dorms ohne Etagenbetten und 2 ruhigen Cabins im Garten. Ökologisch ausgerichtet mit Gemüsegarten und hausgemachter Marmelade. ⏱ Juni–Sep geschl. Zelte $19, Dorm $31, Zimmer $66

McCormick House, 21 Leicester St, ✆ 03 573 5253, 🖥 mccormickhouse.co.nz. Stilvolle edwardianische Villa mit einem Treppenhaus aus Rimuholz, 3 luxuriösen, individuell gestalteten Zimmern und üppigem Frühstück aus einheimischen Produkten. Die Lounge ist gut ausgestattet mit Filmen und Musik aus Neuseeland. $350

Picton Top 10 Holiday Park, 78 Waikawa Rd, ✆ 0800 277 444, 🖥 pictontop10.co.nz. Zentral gelegener Campingplatz mit Swimmingpool, Kinderspielplatz, Cabins (Bettzeug $5) und Motel Units. Bäume sorgen für Schatten. Camping $22, Cabins $70, mit Küche $95, Units für Selbstversorger $120

Sennen House, 9 Oxford St, ✆ 03 573 5216, 🖥 sennenhouse.co.nz. Prächtige Villa von 1886, 10 Min. zu Fuß von der Stadt, geschmackvoll umgewandelt in ein B&B mit 5 Zimmern, alle mit Kochnischen. Bei der Ankunft erwartet Gäste ein Wein- und Frühstücks-Begrüßungskorb. $199

Sequoia Lodge, 3 Nelson Sq, ✆ 0800 222 257, 🖥 sequoialodge.co.nz. Gut geführtes Hostel 10 Min. zu Fuß vom Zentrum entfernt und mit kostenloser Abholung. Tischchen und Lampen an allen Betten (auch in den Dorms), beheizte Handtuchhalter in den DZ und Zweibettzimmer sowie separater Schlafsaal für Frauen mit eigenem Bad. Inkl. Frühstück, Hängematten, Whirlpool, WLAN und Heimkino. 4- bis 6-Betten-Dorms $22, Zimmer $60, mit Bad $72, Motel Units $80, Apartment $92

🧳 **Tombstone**, 16 Gravesend Place, ✆ 0800 573 7116, 🖥 tombstonebp.co.nz. Wunderbar freundliches und gut geführtes Hostel am Friedhof der Stadt mit geschmackvoll eingerichteten Räumen mit Teppichböden

und Doppelverglasung, für die Lage nicht weit vom Hafen sehr ruhig. Grillbereich, Piano, Whirlpool, Fahrräder und einfaches Frühstück – alles inbegriffen. Die Dorms sind nach Geschlechtern getrennt, die DZ verfügen über Heizdecken und Balkone, und es gibt auch ein voll ausgestattetes Apartment für 2 Personen. Dorms $25, mit Bad $30, Zimmer mit und ohne Bad $81, Apartment $110

The Villa, 34 Auckland St, ✆ 03 573 6598, 🖥 thevilla.co.nz. Gutes Hostel in zentraler Lage mit jugendlichem Flair in einem rund 100 Jahre alten Haus mit modernerem Nebengebäude. Wenn es voll ist, kann es etwas eng werden, aber es gibt zahlreiche Anreize wie Fahrräder zum Nulltarif, Apple Crumble im Winter sowie Jacuzzi und Fitnessraum. Dorm $26, 4-Bett-Dorm $30, Zimmer $62, mit Bad $76

ESSEN UND UNTERHALTUNG

🧳 **The Echo**, Picton Marina, East Harbour, ✆ 03 573 7498. Das Schiff im Ruhestand ist ein netter Ort für ein Bier auf dem Sonnendeck. Für Hungrige gibt's u. a. „Seaman's Stack" ($19) oder englisches Frühstück ($19,50). ⏱ Mi–So 10–23 Uhr, Küche bis 20 Uhr.

Escape to Picton, 33 Wellington St, ✆ 03 573 5573. Restaurant, Café und Bar in ehemaliger Bank – der Wein wird im Tresorraum aufbewahrt. Man kann einfach nur einen Kaffee oder ein Bier trinken, doch eigentlich ist dies ein edles Restaurant. Hauptgerichte abends z. B. Waldpilz-Basilikum-Risotto ($36) oder Angus-Steak mit Riesengarnelen und Jakobsmuscheln ($42,50). Dazu gibt's Lounge-Musik, manchmal auch live. ⏱ Mo–Fr 10–14.30 und 17 Uhr bis spät, Sa und So 10 Uhr bis spät.

Gusto, 33 High St, ✆ 03 573 7171. Beliebtes, gemütliches Tagescafé mit köstlichem Frühstück und kleinem Angebot an Tagesgerichten, außerdem Sandwiches (u. a. tolle Steak-Sandwiches), Kuchen und guter Kaffee. ⏱ Sommer tgl. 7.30–15.30, Winter So–Fr 8–15.30 Uhr.

🧳 **Le Café**, 14 London Quay, ✆ 03 573 5588, 🖥 lecafepicton.co.nz. Beliebtes Café und Bar mit Tischen unter freiem Himmel in Ufernähe, serviert köstliche Steaks mit hausgemachtem Chutney und jede Menge Seafood. Hauptgerichte mittags um $24, abends $31.

Im Sommer regelmäßig Livemusik. ⊕ tgl. 7 Uhr bis spät.

Mikey's Bar, 18 High St, ✆ 03 573 5164. Moderne Bar mit sehr günstigem Essen (alles unter $22), Pool-Billard und scheunenartigem Club hinten, in dem DJs Musik auflegen und auch Bands spielen. ⊕ tgl. 11–23 Uhr, gegen Ende der Woche und am Wochenende länger.

Seumus's Irish Bar, Wellington St. Tolle, authentisch verlotterte irische Kneipe mit netter Atmosphäre zum Biertrinken, großen Portionen mit gutem Kneipenessen ($20–28), Tischen draußen und an mehreren Abenden der Woche Livemusik. ⊕ tgl. 12 Uhr bis spät.

T & O Takeaway, 85 High St, ✆ 03 573 6115. Serviert die frischsten und besten Fish 'n' Chips im Ort, außerdem diverse andere Leckereien aus dem Meer, alles für unter $10. ⊕ tgl. 11–14.30 und 16.30–20 Uhr.

AKTIVITÄTEN

Tauchen

Dive Picton, York St, Ecke Broadway St, ✆ 0800 423 483, 🖥 divepicton.co.nz. Ein Tauchgang mit Ausrüstung für $90, Tauchtage mit Doppelflasche für $190–230 sowie Wracktauchtage mit Doppelflasche für $290, Letzteres bei der *Mikhail Lermontov*, einem sowjetischen Kreuzfahrtschiff, das 1986 auf Grund lief und so zum größten Taucherwrack der südlichen Hemisphäre wurde. Für diese Tauchgänge braucht man Erfahrung in kaltem Wasser bis 30 m Tiefe.

Touren

Ausführliche Informationen über Touren ins Marlborough Wine Country auf S. 568. Die meisten Anbieter holen Teilnehmer für etwa $5 Aufpreis aus Picton ab.

SONSTIGES

Autovermietungen

Am Fährterminal und in der Stadt findet man Niederlassungen der meisten großen internationalen und neuseeländischen Unternehmen. Im i-SITE gibt es eine Liste.

Gepäckaufbewahrung und Pkw-Stellplätze

Die meisten Unterkünfte verwahren Gepäck für Wanderer auf dem QCT. Beim i-SITE gibt es große Schließfächer ($4/Tag). Autos können sicher bei **Sounds Storage**, 7 Market St, ✆ 021 335 136, abgestellt werden: $35 für die ersten zwei Nächte, dann $10/Nacht.

Informationen

Das kombinierte **i-SITE Visitor Centre** und **DOC-Büro**, ✆ 03 520 3113, 🖥 destination marlborough.com, 5 Min. zu Fuß vom Fährterminal am Ufer des Sounds. Es hat Unmengen von Infos und Broschüren zur Stadt und über die Südinsel, u. a. kostenlose Stadtpläne von Picton und Blenheim und eine kostenlose DOC-Broschüre zum Queen Charlotte Track. Auch Internetzugang. ⊕ tgl. 9–17 Uhr.

Wanderungen um Picton herum

Die besten Wege um Picton herum führen durch die Victoria Domain, eine zumeist bewaldete Halbinsel gleich östlich von Picton. Da sich die meisten Wege irgendwann kreuzen, kann das Ganze ein bisschen verwirrend sein; es sind jedoch vielerorts kostenlose Karten erhältlich.

Bob's Bay Track (1 km einfach, 30 Min., leicht hügelig). Der Track beginnt am Shelly Beach bei der *Echo* und führt am Ufer entlang zu einem Bade- und Picknickstrand an der Bob's Bay. Unterwegs bieten sich tolle Ausblicke auf den Fähranleger und in den Queen Charlotte Sound. Von Bob's Bay führt ein kurzer, aber steiler Weg hinauf zum Parkplatz Harbour View.

The Snout (5 km einfach, 1 1/4 Std., 200 m Anstieg auf dem Rückweg). Vom Parkplatz Harbour View folgt der Weg dem Kamm am Aussichtspunkt Queen Charlotte View vorbei zur Spitze der Halbinsel, The Snout; der Maori-Name Te Ihumoeone-ihu bedeutet übersetzt „die Nase des Sandwurms".

Tirohanga Track (3 km einfach, 1 1/4 Std., 300 m Anstieg). Recht anstrengender Weg von der Newgate Street die Berge hinter Picton hinauf, vorbei am schönen Hilltop Viewpoint.

Internet

Begrenzter kostenloser Zugang in der
Bücherei, 67 High St, ⏰ Mo–Fr 8–17,
Sa 10–13, So 13.30–16.30 Uhr. Außerdem gibt's
Computer im **i-SITE** und bei **United Video**,
63 High St, ⏰ tgl. 9–21 Uhr.

NAHVERKEHR

Rural Mail Bus Service

Bei diesem Busdienst, ✆ 027 255 8882, handelt
es sich um einen Minivan der Post, der Orte
wie Havelock und Anakiwa am südlichen Ende
des QCT anfährt. Es gibt tgl. mehrere Touren;
Fahrpreise ab $15.

Taxis

Picton Shuttles, ✆ 027 696 5207.

Wassertaxis

Einige Unternehmen steuern Ziele am
Sound an und bieten auch Rundfahrten an
(Kasten S. 520).
Beachcomber Fun Cruises, ✆ 0800 624 526,
🖳 mailboat.co.nz;
Cougar Line, ✆ 0800 504 090,
🖳 cougarlinecruises.co.nz;
Endeavour Express, ✆ 03 573 5456,
🖳 boatrides.co.nz;
Kiwi Spirit, ✆ 03 573 6717.

TRANSPORT

Busse

Alle Busse halten direkt vor dem Fährterminal
und am i-SITE.
Southern Link, ✆ 0508 458 835,
🖳 southernlinkkbus.co.nz, nach Christchurch.
Atomic Shuttles, ✆ 03 349 0697,
🖳 atomictravel.co.nz, und
InterCity/Newmans, ✆ 03 377 0951,
🖳 intercitycoach.co.nz, bieten beide zahlreiche Verbindungen in der Region.
Richies, ✆ 03 578 5467, nach Blenheim,
ebenso InterCity ($10–16).

Busse nach:

BLENHEIM 8x tgl., 30–40 Min.;
CHRISTCHURCH 4–5x tgl., 5–5 1/2 Std.;
KAIKOURA 4–5x tgl., 2 1/4 Std.;
NELSON 5x tgl., 2 Std.

Eisenbahn

Täglich verkehrt der TranzCoastal über
Blenheim und Kaikoura nach Christchurch
(einfache Fahrt ab $99). Die Interislander-
Fähren sind auf die Abfahrtszeiten der Züge
abgestimmt.

Fähren

Interislander-Fährpassagiere ohne Fahrzeug
kommen in der Nähe des Stadtzentrums an,
Passagiere von **Bluebridge** und alle Passagiere
mit Fahrzeugen etwa 1 km westlich des Stadtzentrums. Bluebridge bietet einen kostenlosen
Shuttle zum i-SITE. Der Fahrplan der Inter-
islander-Fähren ist gut auf die Abfahrtszeit des
täglichen TranzCoastal-Zugs nach Christchurch
abgestimmt.
Täglich gibt es 3–6 Verbindungen nach
WELLINGTON.

Flüge

Der Flughafen befindet sich 9 km südlich der
Stadt.
Soundsair, ✆ 0800 505 005, 🖳 soundsair.com,
fliegt 10x tgl. nach Wellington (1/2 Std.).
Ein Bus bringt Neuankömmlinge für $7 nach
Picton.

Nähere Informationen zum Transport zwischen
Nord- und Südinsel auf S. 508.

Queen Charlotte Sound

Picton ist ein hübsches kleines Städtchen, aber
die wahre Schönheit der Region entfaltet sich
erst im **Queen Charlotte Sound**. Die wild zerklüftete Landschaft besticht durch stimmungsvolle,
malerische Buchten mit lauschigen Sandstränden, Landzungen und abgeschiedenen Inseln.
Mehrere Halbinseln bieten Schutz vor den Stürmen und viele einsame Plätzchen für Fischer
und Kajakfahrer. Um einen ersten Eindruck von
den Wasserwegen zu gewinnen, empfiehlt sich
einer der zahlreichen Bootsausflüge von Picton.
Wer die Landschaft ausgiebig genießen möchte, sollte eine **Kajaktour** durch die Buchten oder
eine **Wanderung** über den Queen Charlotte
Track (Kasten S. 519) unternehmen. Auch **Tau-**

chen bietet sich an, beispielsweise am riesigen Wrack eines sowjetischen Kreuzfahrtschiffes (S. 517).

Motuara Island

Zwei Sehenswürdigkeiten am Ende des Queen Charlotte Sound haben in den meisten Reiseplänen ihren Platz. Eine ist **Motuara Island**, ein vom DOC verwaltetes, raubtierfreies Tierschutzgebiet, in dem sich Sattelstare, Grauschnäpper, Makomakos und einige Okarito-Streifenkiwis heimisch fühlen. Die Vögel sind in der Regel recht furchtlos und wagen sich nahe an die Besucher heran. Die hiesigen Zwergpinguine benutzen übrigens statt eigener Nester lieber die bereitgestellten Kästen. Von Oktober bis Dezember kann man die Deckel vorsichtig hochheben und die Pinguinbabys bestaunen.

Direkt gegenüber von Motuara Island liegt die **Ship Cove**, jene Bucht, in der Kapitän Cook auf seinen drei Neuseelandreisen insgesamt 168 Tage verbrachte. Ein großes Denkmal erinnert an seine fünf Aufenthalte.

Queen Charlotte Track

Der **Queen Charlotte Track** (QCT, 71 km einfach, 3–5 Tage, ganzjährig), ⌨ qctrack.co.nz, ist ein von spektakulärer Landschaft gekennzeichneter Fernwanderweg mit zum Teil traumhaften Ausblicken auf die Bergketten und Küstenwäl-der am Queen Charlotte und Kenepuru Sound. Der Weg ist breit, relativ leicht zu bewältigen und unterscheidet sich von anderen mehrtägigen Wanderungen durch zahlreiche schöne Unterkünfte entlang der Route. Es gibt jedoch keine DOC-Hütten.

Die An- und Abfahrt erfolgt im Allgemeinen von und nach Picton per Wassertaxi, das auch den täglichen **Gepäcktransport** von einem Etappenziel zum nächsten übernehmen kann. Da die Boote unterwegs in zahlreichen Buchten anlegen, können weniger ambitionierte Wanderer sich auch mit kürzeren Abschnitten begnügen, Tageswanderungen von Picton aus unternehmen oder den Track im Rahmen einer geführten Wanderung (S. 520) erkunden.

Die Route

Ein Großteil des Wegs führt über Weideland und offene, nur mit Stechginster bewachsene Hügel, aber sowohl am Beginn als auch am Ende des QCT erstrecken sich auch Waldreservate. Entlang der Hauptstrecke bieten sich immer wieder Abstecher an: Von der Ship Cove gelangt man über einen kurzen Pfad zu einem hübschen Wasserfall mitten im Wald; eine Kletterpartie führt hinunter in die Bay of Many Coves und ein weiterer Streifzug zu den Antimony Mines (wo es offene Schächte gibt, weshalb man immer dem gekennzeichneten Weg folgen sollte). Wer den gesamten Track in drei Tagen zurückzulegen beabsichtigt, sollte am ersten Tag frühzeitig in der Ship

---

Mit dem Mountainbike auf dem Queen Charlotte Track

Obwohl der QCT (Kasten S. 520) in erster Linie ein Wanderweg ist, kann er auch mit dem Mountainbike befahren werden. Für die gesamte Strecke braucht man 1 oder 2 Tage. Außer zwei steilen Anstiegen stellt der Track keine großen technischen Herausforderungen, und das Gepäck kann man transportieren lassen; an Unterkünften herrscht kein Mangel. Der größte Teil des Tracks ist ganzjährig für Biker geöffnet, nur das nördliche Viertel von Ship Cove nach Camp Bay ist von Dezember bis Februar tabu.

Die **Marlborough Sounds Adventure Company** (S. 521) bietet einen 3-tägigen *Freedom Bike Ride* ($755–970) inkl. Fahrradmiete, Transport und komfortabler Unterbringung im Punga Cove Resort und im Portage Resort.

Wer seinen Trip selbst organisieren und vielleicht zelten oder billiger unterkommen möchte, kann bei Marlborough Sounds Adventure oder Sea Kayaking Adventure (Kasten S. 521) für $50/Tag ein Bike leihen.

Cove starten und am Abend die Camp Bay erreichen. Es folgt ein langer Tag nach Portage, gefolgt von einem relativ leichten Schlusstag.

Ship Cove nach Resolution Bay
4,5 km, 1–2 Std., 200 Höhenmeter
Der Weg klettert von der Ship Cove durch ein Waldgebiet steil landeinwärts zu einem Aussichtspunkt mit tollem Blick auf Motuara Island, bevor er zur Resolution Bay (4,5 km, 2 Std.) abfällt, wo es einen DOC-Campingplatz gibt.

Resolution Bay nach Endeavour Inlet
15 km, 3–5 Std., 200 Höhenmeter
Folgt einem alten Trampelpfad über den Bergrücken zur Furneaux Lodge und zum Endeavour Resort.

Endeavour Inlet nach Camp Bay
11,5 km, 3–4 Std., 100 Höhenmeter
Küstenwanderung durch Wald mit vielfältiger Vogelwelt, DOC-Campingplatz und Lodges.

Camp Bay nach Portage
24,5 km, 6–8 Std., 650 Höhenmeter
Der längste Abschnitt ohne richtiges Dach über dem Kopf (nur zwei DOC-Campingplätze) ist auch der lohnendste, denn er führt größtenteils über einen Gebirgskamm mit Ausblicken auf das Meer und die Buchten zu beiden Seiten.

Portage nach Mistletoe Bay
7,5 km, 3–4 Std., 450 Höhenmeter
Einer steilen Kletterpartie zu Beginn folgt ein angenehmer Spaziergang durch eine Misch-

Kreuzfahrten und Touren im Queen Charlotte Sound

Ständig flitzen die Wassertaxis (S. 518) im Queen Charlotte Sound hin und her, um Wanderer zum QCT oder Gäste zu ihren Unterkünften zu bringen. Wer nur einmal kurz aufs Wasser hinaus möchte, ist damit möglicherweise schon ausreichend bedient, doch mehrere Veranstalter bieten auch Kreuzfahrten durch die Fjordlandschaft an.

Beachcomber Fun Cruises, ☎ 0800 624 526, 🖥 mailboat.co.nz. Mehrere Veranstalter bieten großartige Kreuzfahrten durch den Queen Charlotte Sound und den Pelorus Sound an, doch etwas ganz Besonderes sind die so genannten **Rural Mail Runs**, die beispielsweise an einem entlegenen Gehöft halten, um dort die Post abzuliefern. Die Fahrten führen entlang goldgelber Strände und von Busch bedeckter Küstenabschnitte, und bisweilen wird der Zustelldienst sogar von Delphinen eskortiert. Der Nachteil ist, dass man nicht aussteigen oder zwischendurch baden gehen kann. Der vierstündige **Magic Mail Run** (Mo–Sa 13.30 Uhr, $89) startet ab Picton. Zwar werden drei unterschiedliche Routen an verschiedenen Tagen der Woche bedient, sie unterscheiden sich aber nicht groß. Im Sommer fahren alle ins Endeavour Inlet, an einer Lachszuchtfarm vorbei und bieten Gelegenheit zu einem viertelstündigen Landgang in der Ship Cove. Weitere Postbootrouten gibt es im **Pelorus Sound** ab Havelock (S. 523). Außerdem bietet Beachcomber Fun Cruises Ausflüge in die Ship Cove (3 Std., $73) und nach Motuara Island (3 Std., $73).

Cougar Line, ☎ 0800 504 090, 🖥 cougarline.co.nz. Der Konkurrent der Beachcomber Fun Cruises bietet ähnliche Touren, darunter eine Ship Cove Cruise ($75) sowie fahrplanmäßige und Charter-Wassertaxiverbindungen.

Dolphin Watch Ecotours, London Quay, ☎ 0800 945 354, 🖥 naturetours.co.nz. Naturtrips vom Feinsten (alle Okt–April), darunter Delphintouren (2–4 Std., nur Tour $100, inkl. Schwimmen $165) mit Dunklen Delphinen, Gewöhnlichen Delphinen, Großen Tümmlern oder den endemischen Hectordelphinen. Wer neben Delphinen auch noch etwas Anderes sehen möchte, kann an einem Ausflug nach Motuara Island (45 Min., mit Führung $110) oder zur Ship Cove (45 Min., ohne Führung $110) teilnehmen und sich bei beiden Touren auch zum Wandern auf dem QCT absetzen lassen. Für Vogelfreunde gibt's die Birdwatchers Expedition, tgl. 13.30 Uhr, $125.

vegetation aus Teebäumen, Stechginster und Buschwerk mit der Möglichkeit, in der Lochmara Lodge (ca. 2 km abseits des Tracks) einzukehren.

Mistletoe Bay nach Anakiwa
12,5 km, 3–4 Std., 100 Höhenmeter
Folgt einem alten Trampelpfad ein gutes Stück oberhalb des Wassers mit fantastischen Ausblicken und führt gegen Ende durch einen Abschnitt zauberhaften Küstenwaldes.

ÜBERNACHTUNG

Eine **Reservierung** ist unerlässlich. Viele der kleineren Unterkünfte akzeptieren keine Zahlung per Kreditkarte, weshalb genügend **Bargeld** mitgeführt werden muss. Die 6 **DOC-**

Campingplätze kosten $6 pro Nacht und haben fließend Wasser und Toiletten, aber nur 4 haben einen Zugang für Wassertaxis. Die folgenden Unterkünfte sind geografisch von Nord nach Süd aufgelistet. Die Kilometerangaben beziehen sich auf die Entfernung von Ship Cove:

Furneaux Lodge, Endeavour Inlet, KM 14, ℡ 03 579 8259, ▯ furneaux.co.nz. Eine der größeren Lodges auf einem 100 Jahre alten Anwesen mit attraktiven Gärten. Unterkünfte von Dorms (mit oder ohne Bettzeug) über Cottages für Selbstversorger bis zu modernen Suiten. Hervorragendes Restaurant, gesellige Bar, Internetzugang und Ausrüstungsverleih. The Croft/Bett $38, Dorm $45, Chalet $169, Suite $289

Myths and Legends Eco Tours, ℡ 03 573 6901, ▯ eco-tours.co.nz. Von einem alteingesessenen Pakeha und seiner Maori-Frau geführte Touren in einem Kauri-Boot aus den 1930er-Jahren, bei denen auch die Geschichte und Kultur der Region beleuchtet wird ($200/4 Std., $250/8 Std. inkl. Mittagessen; $300 zum Cape Jackson am äußersten Rand des Sounds; alle Touren ab mind. 2 Pers.).

Queen Charlotte Steam Ship Company, ℡ 03 573 7443, ▯ steamshipping.co.nz. Einstündige Touren in unmittelbarer Umgebung von Picton mit dem Nachbau eines kleinen Dampfers von 1920 (Abfahrt zur vollen Stunde vom Short Finger Jetty; $25).

Waterways Boating Safaris, nach 7 km an der Kenepuru Road, ℡ 03 574 1372, ▯ waterways.co.nz, bietet eine etwas andere Art von Ausflügen: Kleine Flotten von speziell designten 2-Pers.-Motorbooten werden durch den Kenepuru Sound geführt (halber Tag $100, ganzer Tag $150). Man kann sein eigenes Boot fahren, hat Zugang zu abgelegenen Buchten und Waldwegen und nimmt eine Muschelfarm in Augenschein.

Kajaktouren
Viele Touristen machen sich ohne Umschweife auf den Weg zum Abel Tasman National Park und übersehen dabei die atemberaubende Landschaft, die sich bei Kajaktouren im Queen Charlotte Sound eröffnet. Außerdem sind hier vergleichsweise wenige andere Boote unterwegs.

Marlborough Sounds Adventure Company, Town Wharf, ℡ 0800 283 283, ▯ marlboroughsounds. co.nz. Sympathischer, professioneller Veranstalter, der eine enorme Vielfalt an geführten Kajaktouren anbietet, darunter Halbtags-Paddeltouren ab Picton (Okt–April tgl., 4 Std., $85), eine gemächliche Tagestour (7 Std., $120), eine nur am ersten Tag begleitete 2-tägige Tour ($180) und eine gänzlich begleitete 3-tägige Tour in die entlegenen Winkel der Fjordlandschaft ($545). Kajaks zur Miete gibt es für $60/Tag oder $100/2 Tage.

Sea Kayaking Adventure Tours, bei der Abzweigung nach Anakiwa, ℡ 03 574 2765, ▯ nzsea kayaking.com. Kleiner, aber gut geführter Anbieter. Geführte Halbtages- ($75) und Tagestour ($125), 2-tägige geführte Tour mit Mahlzeiten ($295) sowie verschiedene Kombination aus Paddeln und Wandern oder Radfahren. Mietkajaks kosten $60 pro Tag, $100 für 2 Tage und $130 für 3 Tage.

Punga Cove Resort, Camp Bay, KM 26, 03 579 8561, pungacove.co.nz. Großes Ferienhotel mit Panoramablick, gepfefferten Preisen sowie edlem Restaurant, Pool, Spa, Sauna, auch Angelausrüstung und Kajaks. Dorm (ohne Bettzeug) $42, Wochenend-häuschen $180, Lodgezimmer $150, Chalet-DZ $300, Suiten $450

Debretts Backpackers, Kenepuru Rd, KM 51, 03 573 4522, stayportage.co.nz. Ruhiges Hostel mit 6 Betten und tollem Ausblick auf Portage Bay und Kenepuru Sound. 30 Min. zu Fuß von Torea Bay oder Abholung mit dem Taxi. Dorm $45 (Bettzeug $5), DZ $80

Lochmara Lodge, Lochmara Bay, KM 58, 03 573 4554, lochmaralodge.co.nz. Schöne Öko-Unterkunft mit Café, Restaurant und Bar an der Lochmara Bay. Kajaks und Schnorchelausrüstung können umsonst genutzt werden. Außerdem gibt es ein Bade-haus ($60 für 2 Pers./Std.), und es werden Massagen angeboten. Alle Zimmer haben Bad, aber kein TV und Telefon. Die Lodge liegt fast eine Stunde Fußmarsch vom QCT entfernt; ab Picton kommt man in 15 Min. mit dem Wassertaxi hierher ($45, Abfahrt in Picton tgl. um 9, 12.15, 15.15 und 17.30 Uhr). Juni–Aug geschl. Units $90, Chalets $255

Mistletoe Bay Eco Village, Mistletoe Bay, KM 65, 03 573 4048, mistletoebay. co.nz. Familienfreundliche, rustikale Unter-kunft mit Straßenanbindung und 8 Cabins mit Gemeinschaftsküche, dem Jo House, einem Selbstversorger-Cottage sowie Dorms und Zeltstellplätzen mit Camper-Küche und Münz-duschen ($2). Kleiner Laden für Bioprodukte aus dem eigenen Garten, Fleisch, Eier und Kaffee. Camping $16, Backpacker-Unterkunft $30, Jo House $140, Cabins $140

Anakiwa Backpackers, Anakiwa, KM 71, 03 574 1388, anakiwaback packers.co.nz. Durch Renovierung stark verbessertes Hostel mit gemachten Betten, kostenlosen Kajaks, einem Windsurfbrett ($25), Espressomaschine und direkt gegenüber einem Kaffeewagen. Tolle Basis für Wande-rungen auf dem südlichen Teil des Tracks. Neben dem 4-Bett-Dorm und den DZ gibt es auch ein Apartment für Selbstversorger mit Platz für 4 Pers. Dorm $33, Zimmer $85, mit Bad $105, Apartment $125

Anakiwa Lodge, 9 Lady Cobham Grove, Anakiwa, 03 574 2115, anakiwa. co.nz. Gemütliche YHA-assoziierte Jugend-herberge etwa 400 m vom Ende des Tracks mit 10 Betten, Internet und WLAN, Abendessen ($16), kostenlosen Kajaks und Whirlpool. Dorm $33, Zimmer $86, mit Bad $110, Deluxe $130

INFORMATIONEN UND ZUGANG

Das **i-SITE in Picton** kann bei der Planung der Wanderung behilflich sein, und hier gibt es auch die kostenlose DOC-Broschüre *Queen Charlotte Track Visitor Guide*. Weitere Infos auf doc.govt.nz und qctrack.co.nz. Der Track verläuft teilweise über privates Land, weshalb von Personen über 15 Jahren auf diesen Abschnitten eine Gebühr erhoben wird. Die Queen Charlotte Track Land Coope-rative Passes sind beim DOC, in den i-SITEs in Picton und Blenheim und in einigen Unter-künften am Track erhältlich. Ein Tagespass für den Abschnitt zwischen Anakiwa und Mistle-toe Bay kostet $6, ein Pass für bis zu vier aufeinanderfolgende Tage $12, ein Jahres-pass $25.

Wanderer legen die Strecke im Normalfall **von Norden nach Süden** (also von Ship Cove nach Anakiwa) zurück und lassen sich von Wassertaxis absetzen und abholen. Einige Abschnitte des QCT sind auch **von der Kene-puru Road** zugänglich, doch es gibt keine öffentlichen Verkehrsmittel. In Anakiwa besteht keine Möglichkeit, das Auto über Nacht abzu-stellen, man gelangt jedoch mit dem Rural Mail Bus Service (S. 518) hierher.

Alle **Wassertaxi-Unternehmen** bieten Standardpakete mit Transfer zur Ship Cove, Gepäcktransport und Abholung aus Anakiwa (gewöhnlich am späten Nachmittag) für ca. $103. Am günstigsten ist mit $97 Endeavour Express, aber andere Veranstalter bieten u. U. passendere Fahrpläne. Der **Fahrradtransport** kostet $5 pro Fahrt, die Beförderung von 2er-Kajaks $30. Wer nur einen kurzen Abschnitt des Tracks gehen möchte, kann sich so gut wie überall wieder abholen lassen: Einfache Transfers kosten $40–67.

Marlborough Sounds Adventure Company
(Kasten S. 521) hat die sogenannten *Freedom Walks* im Programm (4 Tage $695, 5 Tage $795, mit Lunchpaketen), mit Übernachtungen in der Furneaux Lodge, im Punga Cove Resort und im Portage Resort Hotel. Bei den geführten Wanderungen (4 Tage $1595, 5 Tage $1995) mit voller Verpflegung gibt's einen Abstecher zur Motuara Island und die Möglichkeit zum Kajakfahren. Beim 3-tägigen *Ultimate Sounds Adventure* ($755–970, je nach Unterkunft) ist jeweils ein Tag mit Wandern, Kajakfahren und Radfahren vorgesehen.

Beachcomber Fun Cruises (S. 520) hat eine Reihe von Tageswanderungen ($61–73) im Programm. **Cougar Line** bietet 1- bis 5-stündige Wanderungen an ($75).

Queen Charlotte Drive

Der 35 km lange **Queen Charlotte Drive** zwischen Picton und Havelock verläuft durch das Flachland am Rande des Queen Charlotte Sound nach Westen und erklimmt dann einen Hügel mit Blick über den Pelorus Sound, bevor er zum SH6 und nach Havelock hinunterführt. Die kurvenreiche Fahrt geht nur langsam voran, doch manch einer lässt es absichtlich noch ruhiger angehen, um einige Wanderungen durch die geschützten Buchten oder den Cullen Track – mit spektakulären Ausblicken nach nur 10 Min. – in den Ausflug einzubauen.

Angesichts der Tatsache, dass Wassertaxis für einen bequemen Zugang zu herrlich abgelegenen Zielen sorgen, erscheint es ein wenig abwegig, die Marlborough Sounds mit dem Auto erkunden zu wollen. Das trifft erst recht zu, wenn man die größtenteils asphaltierten, aber schmalen und kurvenreichen Straßen der Gegend bedenkt, auf denen durchschnittlich kaum mehr als 40 km/h zu schaffen sind. Wer es dennoch versucht, wird durch zauberhafte Ausblicke auf die türkis schimmernden Buchten entschädigt.

Etwa 18 km westlich von Picton zweigt eine schmale Straße vom Queen Charlotte Drive Richtung Norden nach **Anakiwa** zum südlichen Endpunkt des QCT ab. Dort befinden sich ein Bootssteg, von dem Wassertaxis zurück nach Picton fahren, außerdem die Unterkünfte Anakiwa Lodge und Anakiwa Backpackers (beide S. 522).

Kenepuru Road

Zurück auf dem Queen Charlotte Drive zweigt nach ein paar Kilometern die **Kenepuru Road** nach rechts ab und führt anschließend 75 km an der Küste des Kenepuru Sound entlang. Es gibt viele malerische Buchten und Ausblicke an der Strecke, und die Straße bietet an mehreren Stellen Zugang zum QCT und führt an einigen DOC-Campingplätzen und Unterkünften vorbei, darunter Debretts Backpackers und Punga Cove (S. 522). Die Straße endet an dem Hostel Hopewell Backpackers (S. 514).

Havelock und der Pelorus Sound

Die verschlafene Ortschaft **Havelock** ist eigentlich nur wegen des sensationellen **Pelorus Sound** von Interesse, ein aufregendes Labyrinth aus steilen Buchten, geschwungenen Stränden und tief eingeschnittenen Wasserwegen, umgeben von Wäldern und majestätischen Bergen. Fast jede Bucht beherbergt eine Zuchtstation für Grünlippenmiesmuscheln, weshalb Havelock als Hauptstadt dieser zweischaligen Weichtiere gilt. Kaum einer verlässt den Ort, ohne einen dieser erlesenen Happen probiert zu haben. Selbstversorger können sich im **Supermarkt Four Square** mit frischen Muscheln eindecken.

Pelorus Mail Boat

$128, Kinder unter 16 J. kostenlos
☎ 03 574 1088, ⌨ mail-boat.co.nz
Die schönsten Ecken des Pelorus Sound lassen sich bei einer Fahrt mit dem Postschiff **Pelorus Mail Boat** kennenlernen, das Di, Do und Fr um 9.30 Uhr jeweils zu einer anderen Route ablegt. Reizvoll sind alle Strecken: Es wird Halt an einer Muschelfarm gemacht und Post, even-

tuell frische Lebensmittel oder Unterlagen für den Fernschulunterricht der Kinder abgeliefert. Am abwechslungsreichsten ist die Freitagstour, dafür sind die anderen Touren flexibler und bieten vielleicht bessere Möglichkeiten zur Delphinbeobachtung und für kurze Landgänge. Rückkehr ist jeweils am späten Nachmittag, also am besten Proviant einpacken.

Pelorus Bridge Scenic Reserve

18 km westlich von Havelock

Das **Pelorus Bridge Scenic Reserve** wartet mit einem großartigen Baumbestand auf, der unzähligen Tuis, Riroriros und Makomakos einen Lebensraum bietet. Das Landschaftsschutzgebiet ist im Sommer verständlicherweise sehr beliebt. Zu den Besuchereinrichtungen gehören ein einfacher **DOC-Campingplatz** (s. unten) sowie ein **DOC-Büro** neben einem kleinen Café mit Alkoholausschank, das auch Angelruten verleiht ($25) und einfache Köder verkauft; ⊕ tgl. Nov–März 8.30–19, April–Okt 8.30–16.30 Uhr.

Die Spazierwege sind zumeist relativ flach und gut markiert, für ein wenig Nervenkitzel sorgt eine Hängebrücke: Der **Totara Walk** (1,5 km hin und zurück, 1/2 Std.) und der **Circle Walk** (1 km hin und zurück, 1/2 Std.) führen durch das tiefer gelegene Waldland, für das die Gegend bekannt ist, während der **Trig K Track** (2,5 km einfach, 2 Std.) nach einem steten Anstieg auf 417 m einen herrlichen Ausblick auf das gesamte Gebiet eröffnet.

Der SH6 führt Richtung Westen vorbei am Abzweig zum French Pass beim kleinen Ort Rai Valley und dann hinter Happy Valley Adventures (Kasten S. 530) über die Berge nach Nelson.

French Pass

Von Rai Valley winden sich schmale Straßen Richtung Norden zum French Pass, eine zweistündige, 60 km lange Fahrt durch vereinzelte Waldbestände in einer von der Schafzucht und von Kiefernplantagen geprägten Landschaft. Schließlich erreicht man den French Pass, einen schmalen Kanal zwischen dem Festland und D'Urville Island, in dem der französische Entdecker Dumont d'Urville mit seinem Boot von kräftigen Strudeln herumgewirbelt wurde. Wer zur Mittagszeit hier ist, kann leicht nachvollziehen, warum diese Gewässer so gefürchtet waren. Am besten ist das Schauspiel von zwei kurzen Wegen in der **French Pass Scenic Reserve** zu beobachten, 1 km vor dem Ende der Straße in French Pass.

Die winzige Siedlung **French Pass** besteht eigentlich nur aus dem Bootsanleger, einem kleinen Laden, einem einfachen DOC-**Campingplatz** (s. unten) und den **Sea Safaris & Beachfront Villas** (S. 525).

ÜBERNACHTUNG

Havelock

Blue Moon Backpackers, 48 Main Rd, ✆ 03 574 2212, ✉ bookings@bluemoonhavelock.co.nz. Zentral gelegenes Hostel mit kleinen, gemütlichen Zimmern und guten Gemeinschaftseinrichtungen. Freundliche und sehr hilfsbereite Gastgeber. Dorm $25, Zimmer $66

Havelock Garden Motel, 71 Main Rd, ✆ 03 574 2387, 🖥 gardenmotels.com. Etwas ältere, aber gepflegte, saubere Units für Selbstversorger in schönem Garten mit großen Bäumen. Sehr hilfsbereite Gastgeber. $125

Havelock Motor Camp, 24 Inglis St, ✆ 03 574 2339, 🖥 havelockmotorcamp.co.nz, von der Main Rd ab, fast mitten im Ort. Einfacher Platz mit guten Einrichtungen. Im Sommer empfiehlt es sich vorauszubuchen. Camping $12, Cabins und On-site vans $44

Rutherford YHA Hostel, 46 Main Rd, ✆ 03 574 2104, 🖥 havelockinfocentre.co.nz. Traditionelle Herberge in einem stilvollen alten Schulhaus, in dem der Atomphysiker Ernest Rutherford ab 1882 zwei Jahre lang zur Schule ging. Camping $12, Dorm $28, Zimmer $60

Pelorus Bridge Scenic Reserve

Campingplatz Kahikatea Flat, ✆ 03 571 6019. Kürzlich sanierter, aber immer noch einfacher DOC-Platz mit toll gelegenem Küchenblock sowie Toiletten, warmen Duschen und Leitungswasser. Camping $10

French Pass

Campingplatz French Pass. Einfacher DOC-Platz mit 18 Stellplätzen, Wasseranschluss, Toiletten und kalten Duschen. Buchung ist erforderlich zwischen 1. Dez und 28. Feb.

Camping $6, 1. Dez–28. Feb sowie Ostern und Labour-Day-Wochenende $7
Sea Safaris & Beachfront Villas, ☎ 03 576 5204, 🖳 seasafaris.co.nz. B&B-Unterkunft am Strand mit Selbstversorger-Units, alle mit Grill und Terrasse. Auf Wunsch sind Mahlzeiten erhältlich ($42). ⊕ Juni–Sep geschl. $220

ESSEN

Havelock Hotel, 54 Main Rd, Havelock ☎ 03 574 2412. Einfache Gerichte in riesigen Portionen für unter $20, darunter Steak und Chips und Fish 'n' Chips. ⊕ tgl. 11 Uhr bis spät, Küche bis 21 Uhr.
Slip Inn, Havelock Marina, ☎ 03 574 2345, 🖳 slipinn.co.nz. Das Lokal am Hafen serviert gute Muschelgerichte ($19) mit z. B. Pesto und Parmesankäse oder süßer Chilisauce, Muschelteller mit 7 unterschiedlich garnierten Muscheln ($10,50), außerdem Kabeljau mit Pommes frites, Steaks und Pizzas ($18–30). Auch gut für einen Kaffee oder einen abendlichen Drink. ⊕ tgl. 8 Uhr bis spät.
The Wakamarinian, 70 Main Rd, ☎ 03 574 1180. Von den einfachen Caféspeisen sind besonders die Pasteten zu empfehlen, z. B. der *mussel pie* ($8–15). ⊕ Feb–Nov Mo–Sa 8–16, Dez–Jan tgl. 8–16 Uhr.

AKTIVITÄTEN

Sea Safaris, French Pass, ☎ 03 576 5204, 🖳 seasafaris.co.nz. Verschiedene Tauchtrips (ab 2 Std., $95, mit eigener Ausrüstung, die man in Nelson leihen kann; mind. $360 pro Chartertour) und Angelchartertouren (ab 2 Std., $95 p. P., mind. $360). Seekajakvermietung ($80/ Tag für ein Doppelkajak) und Gruppenführungen auf die **D'Urville Island** zum Mountainbiking (eigenes Rad mitbringen) und Wandern (beides $215 für 2 Pers.), zu Tierbeobachtungstouren ($95) und zum Schwimmen mit Delphinen und Robben ($145, ohne Schwimmen $95).

INFORMATIONEN

Havelock Info Centre, 46 Main Rd, im Rutherford YHA, ☎ 03 574 2104, 🖳 havelock infocentre.co.nz, führt Buchungen durch und fungiert überdies als örtliche DOC-Vertretung. ⊕ tgl. 8.30–21.30 Uhr.

TRANSPORT

Alle **Busse** zwischen PICTON und NELSON halten auch in Havelock. Nahverkehrsbusse und **Wassertaxis** bieten Verbindungen zum KENEPURU SOUND und zum PELORUS SOUND.

Nelson

In einer ausgedehnten Küstenebene zwischen der Arthur Range und der Richmond Range liegt das lebendige und verführerische Städtchen **Nelson**. Auf den ersten Blick erscheint der Ort gar nicht so sehenswert, doch bei einem längeren Aufenthalt entfaltet er seinen ganzen Charme, und die Region um Nelson zählt inzwischen zu den beliebtesten Urlaubszielen Neuseelands. Das warme und sonnige Klima, gute Strände in der Nähe und eine Fülle lohnender Weinkellereien in der Umgebung sind starke Argumente sowohl für Besucher als auch für Maler und Töpfer, die das schöne Licht, die Landschaft und die einzigartigen Rohstoffe, die unter dem Gras schlummern und sich bestens für die Herstellung von Tonwaren eignen, anlockt. Daneben eignet sich Nelson auch hervorragend als Ausgangspunkt für Ausflüge zur Golden Bay und in die drei Nationalparks Abel Tasman, Kahurangi und Nelson Lakes. Selbst ein **Tagesausflug** in den Abel Tasman ist von hier möglich: Wer einen frühen Bus nimmt, hat dann genügend Zeit für eine Wassertaxifahrt und ein paar Stunden Wandern auf dem Coast Track.

Die **Suter Gallery** und der betriebsame **Saturday Market** im Zentrum von Nelson sind ebenfalls gute Gründe für einen Aufenthalt in der Stadt, doch die meisten zieht es schon bald in die Umgebung, besonders an den **Tahunanui Beach** und in den westlichen Vorort **Stoke** mit seinem faszinierenden Museum **World of WearableArt**.

Zwölf Tage lang Mitte Oktober bietet das **Nelson Arts Festival**, 🖳 nelsonfestivals.co.nz, alle möglichen Kulturveranstaltungen, beispielsweise Ausstellungen, Theater, Lesungen, Musik und Straßenkunst, entweder kostenlos oder sehr günstig. Das **Nelson Jazz & Blues Festival**,

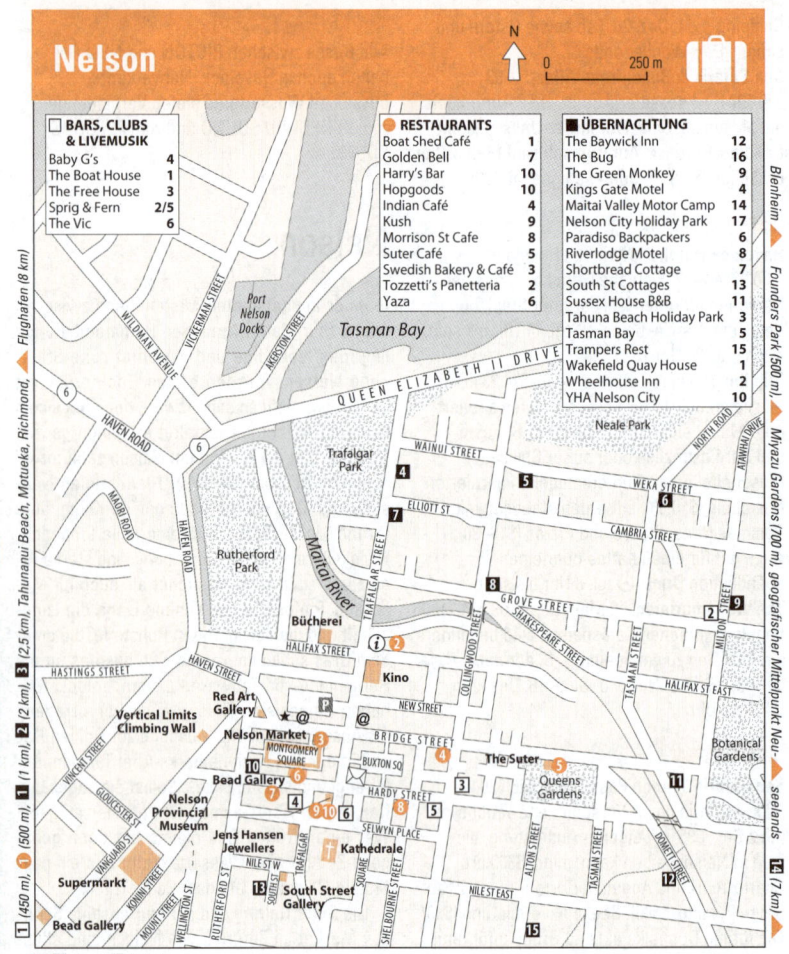

Nelson

N 0 ___ 250 m

BARS, CLUBS & LIVEMUSIK

Baby G's	4
The Boat House	1
The Free House	3
Sprig & Fern	2/5
The Vic	6

RESTAURANTS

Boat Shed Café	1
Golden Bell	7
Harry's Bar	10
Hopgoods	10
Indian Café	4
Kush	9
Morrison St Cafe	8
Suter Café	5
Swedish Bakery & Café	3
Tozzetti's Panetteria	2
Yaza	6

ÜBERNACHTUNG

The Baywick Inn	12
The Bug	16
The Green Monkey	9
Kings Gate Motel	4
Maitai Valley Motor Camp	14
Nelson City Holiday Park	17
Paradiso Backpackers	6
Riverlodge Motel	8
Shortbread Cottage	7
South St Cottages	13
Sussex House B&B	11
Tahuna Beach Holiday Park	3
Tasman Bay	5
Trampers Rest	15
Wakefield Quay House	1
Wheelhouse Inn	2
YHA Nelson City	10

nelsonjazzfest.co.nz, an verschiedenen Orten der Stadt beginnt am 2. Januar und dauert insgesamt 8 Tage.

Geschichte

Als eine der ältesten Siedlungen Neuseelands ist Nelson von großer historischer Bedeutung. Mitte des 16. Jhs. besiedelten die **Ngati Tumatakokiri** große Teile der Gegend um Nelson und bildeten gewissermaßen ein „Empfangs-

komitee" für **Abel Tasmans** Langboote in der Murderer's Bay (heute Golden Bay), wo sie vier Männer aus der Mannschaft des holländischen Entdeckers töteten. Als die Europäer schließlich mit ernsteren Absichten zurückkehrten, hatte sich die Zahl der Maori durch blutige Stammeskriege bereits drastisch reduziert. Obwohl sich das nächste *pa* erst bei Motueka befand, konnten Landstreitigkeiten nicht verhindert werden. Sie gipfelten 1843 in Kämpfen, bekannt als **Wai-**

rau **Affray**. Trotz Zusicherung seitens der Maori-Häuptlinge Te Rauparaha und Te Rangihaeata, der Einsetzung eines Landkommissars zuzustimmen und dessen Entscheidungen zu akzeptieren, sandte die New Zealand Company präventiv Landvermesser nach Süden in die Wairau Plains. Bei den dadurch ausgelösten Gefechten wurde Te Rangihaeatas Frau getötet, woraufhin der Häuptling und seine Männer 22 Siedler töteten – was weiterhin Land zu erwerben. Und die Zahl der europäischen Siedler in der Region stieg in der Folgezeit wieder durch die Ankunft von Einwanderern aus Deutschland.

Christ Church Cathedral

Trafalgar St ▪ ⏱ tgl. 9–17 Uhr (wenn kein Gottesdienst stattfindet) ▪ Eintritt frei

Nelsons ebenmäßiges Straßenbild wird von der grauen **Christ Church Cathedral** beherrscht, die auf einem Hügel über dem Hafen und der Stadt thront. Der ursprüngliche Entwurf des englischen Architekten Frank Peck von 1924 wurde im Laufe der Zeit mehrfach abgeändert, da das Geld fehlte, dann kam auch noch der Zweite Weltkrieg, und selbst heute noch sieht der Kirchturm aus, als wäre er noch nicht fertig. Das strenge Äußere der Kathedrale steht im Kontrast zum Inneren, das von umwerfenden Buntglasfenstern erhellt wird – zehn bemerkenswerte Beispiele verstecken sich in einer kleinen Kapelle rechts des Hauptaltars.

Nelson Provincial Museum

Hardy St, Ecke Trafalgar St ▪ ⏱ Mo–Fr 10–17, Sa und So 10–16.30 Uhr ▪ Eintritt $5
▪ ✆ 03 548 9588, ⌨ nelsonmuseum.co.nz.

Das **Nelson Provincial Museum** zeigt Exponate, die auf interessante, frische Weise die lokale Geschichte sehr informativ und lebendig präsentieren. Besonderes Augenmerk verdienen die kostbaren Gegenstände verschiedener *iwi* wie eine schöne Keule aus Knochen, ein Umhang aus Neuseeland-Flachs und Federn und die *tukutuku*-Paneele sowie eine Samm-

lung traditioneller Musikinstrumente der Maori. Im Obergeschoss werden Wechselausstellungen gezeigt.

Suter Art Gallery

208 Bridge St ▪ ⏱ tgl. 10.30–16.30 Uhr ▪ Eintritt $3, Sa frei ▪ ⌨ thesuter.org.nz

Unmittelbar östlich des Zentrums erstrecken sich die hübschen viktorianischen **Queens Gardens** mit ihren stattlichen Bäumen und einem Ententeich. Hier befindet sich auch die **Suter Art Gallery**. Die kleine Galerie, eine der besten ihrer Art auf der Südinsel, bietet Raum für Sonderausstellungen sowie Werke aus der eigenen umfangreichen Sammlung. Besondere Aufmerksamkeit verdienen die Ölgemälde von **Toss Woollaston**, einem der Begründer der modernistischen Bewegung in Neuseeland in den 1930er- und 1940er-Jahren, als verschiedene Künstler versuchten, eine von Großbritannien losgelöste eigenständige Kunst zu schaffen. Interessant ist auch Gottfried Lindauers Gemälde von Huria Matenga, einer Maori-Frau, die 1863 dabei half, Menschen aus dem Wrack der sinkenden *Delaware* zu retten. In dem Gebäude befindet sich auch ein tolles kleines **Kino**, in dem Arthouse- und ausländische Filme gezeigt werden (S. 533).

Botanical Reserve

Zugang Milton St, Ecke Hardy St ▪ ⏱ frei zugänglich ▪ Eintritt frei

Am östlichen Ende der Bridge Street liegt das **Botanical Reserve**, wo 1870 das erste Rugby-Match Neuseelands stattfand. Vom Hügel dahin-

Nelson Market

Der Montgomery Square wird samstagmorgens durch den **Nelson Market** belebt. Neben Ständen mit Nahrungsmitteln aus der Region gibt es ein großes Angebot an Kleidung, Schmuck, Spielzeug sowie einheimischen Holzschnitzereien und anderem Kunsthandwerk. ⏱ Sa 8–13 Uhr.

ter, der angeblich die geografische Mitte Neuseelands markiert, bietet sich ein guter Ausblick auf die Stadt.

Founders Park

87 Atawhai Drive ▪ ⏲ tgl. 10–16.30 Uhr,
Miyazu Gardens ⏲ tgl. 8 Uhr bis Sonnenuntergang
▪ Eintritt $7, Gärten frei

Etwa 1 km nördlich des Botanischen Gartens befindet sich der **Founders Park**, der anhand von hierher versetzten Originalgebäuden und Nachbauten eine eher bereinigte Version der frühen neuseeländischen Kolonialgeschichte bietet. Eine Oase der Ruhe mit Teichen, Kirschbäumen und traditionellen Brücken sind die benachbarten reizvollen **Miyazu Gardens** im japanischen Stil, ein Symbol für die Freundschaft zwischen Nelson und der Partnerstadt Miyazu.

Tahunanui Beach

4 km nordwestlich der Innenstadt

Die Haven Road (SH6) führt Richtung Nordwesten aus dem Zentrum heraus und heißt in ihrer Verlängerung **Wakefield Quay**, eine beliebte Uferpromenade zum Bummeln, aber in erster Linie als Standort des Boat Shed Café (S. 531) bekannt, das hier malerisch über das Wasser ragt.

Ein schöner Spaziergang führt zum **Tahunanui Beach Reserve**, einem lang gezogenen, goldenen Sandstrand vor der Kulisse von Grasland und Wanderdünen. An dem sicheren Badestrand entspannt sich Nelson an sonnigen Wochenenden. In der Parklandschaft dahinter verbergen sich ein Vergnügungspark, ein Zoo sowie mehrere Kinderspielplätze. Für die Anfahrt aus dem Stadtzentrum bieten sich die häufig verkehrenden Busse an.

World of WearableArt (WOW)

95 Quarantine Rd ▪ ⏲ tgl. 10–17 Uhr ▪ Eintritt $22
▪ 🖳 wowcars.co.nz

Weitere 3 km außerhalb erreicht die SH6 das ausgeschilderte Museum **World of WearableArt**

and Classic Cars (WOW), 95 Quarantine Rd, 🖳 wowcars.co.nz, ein Schaukasten für chromblitzende Automobile älterer und neuerer Bauart sowie für die besten Modelle der jährlich stattfindenden WearableArt Shows, bei denen Kleidungskunstwerke aus den ungewöhnlichsten Materialien präsentiert werden. Besonders spannend sind die Filmaufnahmen von früheren Veranstaltungen.

Nelson bietet eine breite Auswahl an Unterkünften, die meisten davon liegen direkt in der Innenstadt. Schöne B&Bs und tolle Hostels sind in Hülle und Fülle vorhanden, und auch Campingplätze findet man nicht weit von der Stadt entfernt.

The Baywick Inn, 51 Domett St, ✆ 03 545 6514, 🖳 baywick.com. Reizend restaurierte, zweistöckige Villa Baujahr 1885 in friedlicher Lage mit Blick auf den Maitai River. Luxuriös ausgestattete Zimmer – zwei davon in einem neuen Cottage hinter der Villa – und ein herzliches Willkommen mit Nachmittagstee und warmem Frühstück mit allem Drum und Dran. Auf Vorbestellung 3-Gänge-Abendessen für $50–60. Kostenloses WLAN. Zimmer mit Bad $165–195, Cottage-Zimmer $225

The Bug, 226 Vanguard St, ✆ 03 539 4227, 🖳 thebug.co.nz. Tolles, einladendes 46-Betten-Hostel etwa 1 km von der Innenstadt, geschmückt mit VW-Käfer-Erinnerungsstücken. Fahrradnutzung, Internet und WLAN gratis, Hängematte, Tischfußball und Frauen-Dorm, kein TV. Kostenloser Transport ins Zentrum. Dorm $23, Zimmer $66, mit Bad $80

The Green Monkey, 129 Milton St, ✆ 03 545 7421, 🖳 thegreenmonkey.co.nz. Kleines Hostel in einer umgebauten Villa, sehr ruhig und gepflegt, entspannte Atmosphäre. Internet, WLAN und Räder sind gratis. Weit im Voraus reservieren. Dorms $26, DZ $68

Kings Gate Motel, 21 Trafalgar St, ✆ 0800 104 022, 🖳 kingsgatemotel.co.nz. Zentral gelegenes, renoviertes Motel mit gemütlichen, gepflegten Zimmern mit Küche, Whirlpool und WLAN. Ein Pool ist vorhanden. $159

Maitai Valley Motor Camp, 472 Maitai Valley Rd, ✆ 03 548 7729, 🖳 mvmc.co.nz. Günstiger,

Viele der Künstler und Kunsthandwerker der Region zeigen ihre Werke in Galerien außerhalb von Nelson (S. 534). Man kann sich aber auch in Nelson selbst einen Eindruck vom Angebot verschaffen. Gute Startpunkte sind:

Red Art Gallery, 1 Bridge St, ☏ 03 548 2170. Hat sich auf Kunst, Glas und Schmuck aus Neuseeland spezialisiert. ⊕ Mo–Fr 8–16, Sa und So 9–14 Uhr.

Catchment Gallery, 225 Hardy St, ☏ 03 539 4100. Legt den Schwerpunkt auf Gemälde, Bildhauerei, Drucke und Schmuck guter Qualität. ⊕ Di–Fr 10–17, Sa 10–14 Uhr.

South Street Gallery, 10 Nile St, an der Ecke zur South Street, einer der ältesten Straßen in Nelson mit einer Reihe hübscher Arbeiterhäuschen. Die Galerie ist auf Töpferwaren aus der Gegend spezialisiert. ⊕ Mo–Fr 8.30–16.30, Sa und So 10–16 Uhr.

Bead Gallery, 157 Hardy St, ▭ beads.co.nz, mit einem Wahnsinnsangebot an Glasperlen. Wer möchte, kann seine eigene Glasperlenarbeit entwerfen oder sich etwas anfertigen lassen. ⊕ Mo–Sa 9–17, So 10–16 Uhr.

Stephan Gillberg Bone Carving, 87 Green St, ☏ 03 546 4275, ▭ carvingbone.co.nz. Eine weitere Möglichkeit, sich künstlerisch zu entfalten, bietet die Knochenschnitzerei. Nach einem eintägigen Workshop sollte man mit einem schönen Schmuckanhänger nach Hause gehen und etwas über Herstellungsprozess und Symbolik gelernt haben. $79 inkl. Abholung von der Unterkunft um 9.30 Uhr.

Jens Hansen, 320 Trafalgar Square, ▭ jenshansen.com. Für *Herr der Ringe*-Fans bietet sich ein Besuch beim Juwelier Jens Hansen an. Regisseur Peter Jackson ließ bei ihm den „Einen Ring" sowie weitere Exemplare für verschiedene Schauspieler anfertigen. Nachbildungen sind erhältlich. ⊕ Mo–Fr 9–17, Sa 9–14, im Sommer auch So 10–13 Uhr.

freundlicher Campingplatz in Waldlage am Maitai River 7 km südöstlich von Nelson. Gute Bademöglichkeiten. Camping $12, Cabin $50

Nelson City Holiday Park, 230 Vanguard Rd, ☏ 0800 778 898, ▭ nelsonholidaypark.co.nz. Kleiner, sehr gepflegter und gut gelegener Caravanpark mit nur begrenztem Platz für Zelte, aber dafür verschiedenen Unterkünften. Fahrräder für $35/Tag. Stellplatz $30, mit Stromanschluss $40, Cabin $50, mit Küche $60, Selbstversorger-Unit $80, mit separatem Schlafzimmer $110

Paradiso Backpackers, 42 Weka St, ☏ 03 546 6703 und 0800/269 667, ▭ backpacker nelson.co.nz. Großes Hostel in umgebauter Villa und neueren Nebengebäuden mit insgesamt 140 Betten. Pool, Whirlpool, Sauna, Volleyball und kostenloses WLAN. Die etwas teureren Motel Units nebenan sind geräumiger und ruhiger. Im Sommer meist sehr voll. Dorms $25, mit Bad $29, Zimmer $66, Motel Units $140

Riverlodge Motel, 31 Collingwood St, ☏ 03 548 3094, ▭ riverlodgenelson.co.nz. Eines der besseren Motels, alle Units sind sauber, komfortabel und mit gutem Preis-Leistungs-Verhältnis. Einige Units verfügen über einen Whirlpool. $150

Shortbread Cottage, 33 Trafalgar St, ☏ 03 546 6681, ▭ shortbreadcottages. co.nz. Charmantes Hostel mit blank polierten Holzböden und nur 13 Betten – besser reservieren. Internet und WLAN kostenlos, dazu eine behagliche, ruhige Atmosphäre. Dorm $26, Zimmer $60

South St Cottages, South St, ☏ 03 540 2769, ▭ cottageaccommodation.co.nz. 3 wundervolle Cottages aus den 1860er-Jahren in der hübschesten Straße der Stadt (Hausnummern 1, 3 und 12); für Selbstversorger. Frühstückszutaten stellen die kenntnisreichen Besitzer. Charmant altmodisch, aber mit allen modernen Annehmlichkeiten. In der Nähe gibt's auch ein luxuriöses Apartment mit 2 Schlafzimmern. $225

Sussex House B&B, 238 Bridge St, ☏ 03 548 9972, ▭ sussex.co.nz. Recht charmantes B&B mit 5 Zimmern in zentral gelegener Villa aus den 1880er-Jahren und freundlichen

Gastgebern. Alle Zimmer haben ein eigenes Bad, zwei haben Zugang zu einer hübschen Veranda. Tolles reichhaltiges Frühstück, kostenloses Internet. $180
Tahuna Beach Holiday Park, 70 Beach Rd, Tahunanui, ☎ 0800 500 501, 🖳 tahunabeach. co.nz. Ein riesiger Campingplatz nur fünf Gehminuten vom Tahunanui Beach. Große Auswahl an Unterkünften, außerdem jede Menge Einrichtungen, unter anderem Minigolf-platz und Kinderspielplätze. Im Sommer weit im Voraus buchen. Camping $17, Cabin $50,

Aktivitäten in und um Nelson

Quads und Skywire

Happy Valley Adventures, 194 Cable Bay Rd, 17 km nordöstlich von Nelson am SH6, ☎ 03 545 0304, 🖳 happyvalleyadventures.co.nz. Das riesige hügelige Waldgelände mit 40 km Tracks wird mit Quads erkundet. Es geht vorbei an gigantischen Matai-Bäumen mit informativen Zwischenstopps zum Thema Wald, bis schließlich der höchste Punkt erreicht ist, von dem sich ein weites Panorama auf die Cable Bay eröffnet. Die beliebtesten Touren sind Bayview Circuit (2 Std., Fahrer $150, Beifahrer $30) und der auf erfahrenere Quadbiker zugeschnittene Blue Hill Ride (3 Std., $160, keine Beifahrer zugelassen). Happy Valley Adventures betreiben auch den **Skywire** ($85), eine viersitzige, etwa 80 km/h schnelle Seilbahn, die ca. 1 km über ein bewaldetes Tal „fliegt" und dann zurück zum tollen Café mit Panoramaterrasse. Der Ausblick von der Seilbahn ist spektakulär, die Rückfahrt, bei der man rückwärts unterwegs ist, finden manche jedoch etwas beängstigend.

Reiten

Stonehurst Farm Horse Treks, 17 km südwestlich von Nelson an der Haycock Rd, ☎ 0800 487 357, 🖳 stonehurstfarm.co.nz. Die meisten Ausritte (1 Std. $70, 2 1/2 Std. $110, 3 Std. $140) führen in die Ausläufer der Richmond Range und bieten tolle Ausblicke auf die Küste.

Paragliding und Drachenfliegen

Nelson Paragliding, ☎ 0508 359 669, 🖳 nelsonparagliding.co.nz. Bei der haarsträubenden Anfahrt zum Startpunkt auf dem Berg entfaltet sich eine spektakuläre Landschaft. Dann rennt man los, was das Zeug hält, um plötzlich von ruhigen Aufwinden zu einem gespenstisch stillen Flug hinausgetragen zu werden, der eine gute Viertelstunde dauert. Tandemflug $180, ein Tag Einführungsunterricht $250.
Nelson Hang Gliding, ☎ 03 548 9151, 🖳 flynelson.co.nz, 15-minütiger Tandemflug $185.

Kajakfahren und Segeln

Cable Bay Kayaks, bei Happy Valley, ☎ 0508 222 532, 🖳 cablebaykayaks.co.nz. Bietet eine erfrischende Alternative zum Trubel am Abel Tasman. Bei den Halb- ($85) und Ganztagestouren ($145, Mittagessen selbst mitbringen) haben die Teilnehmer Gelegenheit zur Erkundung der Höhlen an der schönen Küste und zum Schnorcheln. Wer möchte, kann sich in Nelson abholen lassen.
Sail Nelson, ☎ 03 546 7275, 🖳 sailnelson.co.nz. Bietet Segelchartertouren und tolle Segelkurse mit Vollverpflegung (2 Tage für Anfänger $500, 5-tägige Zertifikatskurse $1595) auf einer 10-m-Jacht, gewöhnlich um D'Urville Island und den Abel Tasman herum. Die Kurse für 2–4 Pers. finden zu festen Terminen statt.

Klettern

Vertical Limits, 34 Vanguard St, ☎ 0508 837 842, 🖳 verticallimits.co.nz. Bei schlechtem Wetter bietet sich die Indoor-Felskletterwand an, bei Sonnenschein vielleicht der Tagesausflug zum Klettern nach Payne's Ford in Takaka ($150).

mit Küche $65, Selbstversorger-Unit/Motel
Unit $110

Tasman Bay, 10 Weka St, ☎ 0800 222 572,
🖥 tasmanbaybackpackers.co.nz. Das komfortable Hostel ist nur einen Katzensprung vom
Zentrum entfernt und eine gute Wahl: Saubere,
große Zimmer (einige mit Bad) und ein enga-
giertes, freundliches Management. Kostenlose
Fahrradbenutzung und jeden Abend Schoko-
ladenpudding gratis. Camping $18, Dorm $25,
Zimmer $66, mit Bad $85

Trampers Rest, 31 Alton St, ☎ 03 545 7477.
Gemütliches Backpackerhostel mit nur 8 Betten
in vergleichsweise kleinen Zimmern in einer
hübschen Villa. Der Gastgeber, ein Vollblut-
Wanderer, ist eine prima Infoquelle und stellt
kostenlos Fahrräder für Touren durch Nelson
zur Verfügung. Im winzigen Garten lädt eine
Hängematte zum Entspannen ein. Internet und
WLAN kostenlos. Dorm $29, EZ $48, DZ $66

🏨 **Wakefield Quay House**, 385 Wakefield
Quay, ☎ 03 545 8209, 🖥 wakefieldquay.
co.nz. Tolles B&B mit atemberaubenden
Ausblicken aufs Meer und Haulashore Island,
aber auch etwas Straßenlärm. 2 schön eingerichtete Zimmer. Zur Begrüßung gibt's Getränke,
außerdem ein tolles Frühstück. $325

🏨 **Wheelhouse Inn**, 41 Whitby Rd,
☎ 03 546 8391, 🖥 wheelhouse.co.nz.
5 Apartments für Selbstversorger auf einem
Hügel 2 km westlich der Innenstadt, mit tollem
Ausblick auf die Bucht. Alle Apartments mit
komplett ausgestatteter Küche, Waschmaschine, TV/DVD, Internet und Grill. Das
größte Apartment sind die Captain's Quarters
für bis zu 6 Pers. Weit im Voraus buchen. $275

🏨 **YHA Nelson City**, 59 Rutherford St,
☎ 03 545 9988, ✉ yha.nelson@yha.
co.nz. Das beste Hostel in Nelson, mit 2 Küchen,
vielen Gemeinschaftsbereichen und einer Infrarotsauna; verschiedene Unterkünfte, darunter
Familienzimmer mit Verbindungstür und 2 Units
für Behinderte. Sehr hilfsbereites Personal.
Dorms $29, Zimmer $78, mit Bad $98

ESSEN

Der beneidenswerte Lebensstil von Nelson
spiegelt sich in der großen Auswahl guter
Lokale wider, die sich alle rund um das Stadtzentrum konzentrieren. Abseits davon gibt es
exzellentes Essen am Wasser, an der Mapua
Wharf sowie auf den **Weingütern**.

Boat Shed Café, 350 Wakefield Quay, ☎ 03
546 9783. Umgebauter Bootsschuppen auf
Stelzen mit schönem Blick auf die Tasman Bay
und dazu tollem, fabelhaft frischem Essen –
grandios für romantische Abendessen bei
Sonnenuntergang sowie für ein entspanntes
Mittagsmahl. Empfehlenswert ist das Menü
„Trust the Chef", 5 kleine Gänge für $60, mit
Dessert $70. ⏰ tgl. 10 Uhr bis spät.

Golden Bell, 104 Hardy St. Toller relaxter Thai
mit allen Klassikern für ca. $20. BYO. ⏰ tgl.
11.30–14.30 und 17 Uhr bis spät.

🏨 **Harry's Bar**, 296 Trafalgar St, ☎ 03
539 0905. Lässig-coole Cocktailbar,
angeschlossen an ein asiatisches Restaurant
mit gutem, preisgünstigem Essen wie sehr
guter knuspriger Ente oder Chilisalz-Tintenfisch.
⏰ Di–Sa 16 Uhr bis spät.

Hopgoods, 284 Trafalgar St, ☎ 03 545 7191.
Eines von Nelsons nobelsten Restaurants mit
regem Betrieb auch an den Tischen draußen
und saisonal wechselnder Speisekarte. Der
Koch verarbeitet die einheimischen Produkte
aus biologischem Anbau zu traditionellen,
europäisch angehauchten Gerichten, darunter
Kräuterlammbraten mit Kartoffelgratin, Möhren,
Erbsen und Minz-Gremolata ($36). ⏰ Mo–Sa
17.30–21.30 Uhr.

🏨 **Indian Café**, 94 Collingwood St, ☎ 03
548 4098. Das beste indische Restaurant
der Stadt, in einer historischen Villa, bietet alle
Klassiker der indischen Küche sowie zwei sehr
fantasievolle Variationen, alles für rund $18.
Außerdem gibt's eine Karte für Gerichte zum
Mitnehmen ($9–25). ⏰ Mo–Fr 12–14 und tgl.
17 Uhr bis spät.

Kush, 5 Church St. Abgedrehtes Café mit
Schanklizenz, das nach dem gleichnamigen
Königreich in Äthiopien benannt ist, in dem die
ersten Kaffeetrinker der Welt residiert haben
sollen. Die Einrichtung huldigt dem Kitsch der
1970er-Jahre, mit wunderbaren alten Sofas und
Resopal-Regalen voller interessanter Bücher.
Am besten ist jedoch der Kaffee: Man hat die
Qual der Wahl aus einem tollen Angebot an Bio-
Bohnen. Einfache, aber köstliche Tresenkost

und sonntags legendärer Brunch. Samstagabends Tango-Unterricht. ⏲ Mo–Do 7.30–16.30, Fr und Sa 7.30–22, So 9–14 Uhr.

Morrison St Café, 244 Hardy St. Café mit sehr köstlichem Brunch, Mittagessen und Snacks. Viele Gerichte sind glutenfrei und beinhalten auch keine Milchprodukte. Die Wände schmückt Kunst aus der Gegend, und auch draußen gibt's genügend Platz zum Probieren der interessanten Gerichte ($9–28) und für den hervorragenden Kaffee. ⏲ Mo–Fr 7.30–16.30, Sa und So 9–16 Uhr.

Suter Café, 208 Bridge St. Tagescafé in der Suter Art Gallery mit Schanklizenz und mit Ausblick auf den Ententeich in den Queens Gardens. Das Essen ($5–15) ist schön frisch und einfallsreich – toll für eine Pause bei Kaffee oder Wein nach einem Galerie- oder Kinobesuch. ⏲ tgl. 9–16 Uhr.

Swedish Bakery & Café, 54 Bridge St. Winziges Café mit authentischem Plundergebäck, schwedischen Marzipanspezialitäten und Sandwiches, z. B. mit schwedischen Fleischklößchen und Roter Bete. Alles auf der Karte kostet unter $15. ⏲ Mo–Fr 8.30–15.30, Sa 9.30–13.30 Uhr.

Tozzetti's Panetteria, 41 Halifax St. Tolle kleine Bäckerei mit frischen Sandwiches, guten Pasteten, Muffins und köstlichem Kuchen und Brot (alles unter $12). Besonders gut sind die Fischpasteten. ⏲ Mo–Fr 7–16, Sa 7.30–12 Uhr.

Yaza, Montgomery Square. Angesagtes, extrem cooles Café mit Schanklizenz und ausgezeichnetem Frühstück und Mittagessen, berühmt sind hier aber v. a. die leckeren *cheese scones* (Speisen zumeist $5–20). Gelegentlich interessante Veranstaltungen wie Lyriklesungen, Livemusik, DJs und Vorträge. ⏲ Mo–Fr 8–17, Sa und So 8–16 Uhr.

UNTERHALTUNG

Während in den meisten Nachbarorten die Gehsteige relativ früh hochgeklappt werden, tobt in Nelson das Leben – zumindest am Wochenende. Am meisten los ist in den Lokalen am Trafalgar Square und in der Bridge Street zwischen Trafalgar Street und Collingwood Street. Häufig gibt es dort Livemusik, Karaoke

und DJ-Nächte. Aktuelle Infos findet man im Veranstaltungsblatt der *Star Times*.

Baby G's, 8 Church St, ☎ 03 545 8957. Nelsons „alternativer" Veranstaltungsort mit Improvisationsabend montags, offener Bühne donnerstags und regelmäßigen Varietévorstellungen am Wochenende. Außerdem Livemusik und DJs. ⏲ Mi–Sa 17 Uhr bis spät.

The Boat House, 326 Wakefield Quay, ☎ 03 548 7646. Nicht weit vom Boat Shed Café (S. 531), mit tollem Blick auf die Tasman Bay: privater Club mit Alkohollizenz, gegründet in den 1980er-Jahren zur Rettung eines Ruderclubhauses von 1906, eines großen Schuppens auf Stelzen über dem Wasser. Heute ist der Club für die Öffentlichkeit zugänglich und ein renommierter und sehr stimmungsvoller Veranstaltungsort für Konzerte (Eintritt $10–20), außerdem gibt's köstliches Kneipenessen (Hauptgerichte $16–22). ⏲ Mi–Fr 11–14, Fr außerdem 17 Uhr bis spät.

The Free House, 95 Collingwood St. Toller Pub in einer ehemaligen Kirche mit den einzigen Handpumpen der Stadt – ideal für die Biere aus den Kleinbrauereien der Region. Auf Wunsch wird Pizza oder ein Curry-Gericht von draußen bestellt; oft Livemusik im Beduinenzelt vorne. ⏲ Mo–Do 11–23, Fr–So 11–24 Uhr.

Sprig & Fern, 280 Hardy St. Ableger der Nelsoner Insitution im Zentrum in der Milton Street (s. unten), mit großem Hof hinterm Haus. Tolles Bier vom Fass (Probiersets mit 6 Bieren $15), gute Pub-Atmosphäre, und man hat die Möglichkeit, etwas von draußen zum Essen zu bestellen. Beliebt bei Einheimischen und etwas günstiger als das Free House (s. oben). ⏲ tgl. 11–22 Uhr.

Sprig and Fern, 134 Milton St. In eine gemütliche Bar umgebaute Vorortvilla mit Kaminfeuer und vor Ort gebrauten Sprig & Fern-Bieren, z. B. Lager, Weizenbier, Porter und Ale, außerdem Cider und Weine aus der Region. Wer möchte, kann sich nebenan Fish 'n' Chips besorgen und diese mitbringen. ⏲ tgl. 11–22 Uhr.

The Vic, 281 Trafalgar St. Sehr gute Version der Mac's-Brauereikneipen, die es inzwischen im ganzen Land gibt. Lebendige Atmosphäre, gutes Bier und preisgünstiges Kneipenessen

($16–29), jedoch gewöhnlich eher nicht so tolle Livemusik. ⏲ tgl. 11–23 Uhr.

Kino und Theater
State Cinema 6, 91 Trafalgar St, ☎ 03 548 0808, 🖥 statecinemas.co.nz. Zeigt die neuesten Filmhits.
Kino in der **Suter Art Gallery**, 208 Bridge St, ☎ 03 548 0808, 🖥 statecinemas.co.nz. Kürzlich renoviertes Programmkino für Filmfans, zeigt meist anspruchsvollere und ausländische Filme.
Nelson Theatre Royal, 78 Rutherford St, ☎ 03 548 3083. Das kürzlich renovierte Theater bietet traditionelle Gastspiele, eigene Produktionen und Varietétheater.

SONSTIGES
Apotheke
Prices Pharmacy, Hardy St, Ecke Collingwood St. ⏲ Mo–Fr 8.30–20, Sa 9–20, So 10–18 Uhr.

Autovermietungen
Der Preis für die Tagesmiete beginnt bei $70 und reduziert sich bei einer Woche Mietdauer auf $45 pro Tag.
Ace, ☎ 0800 422 373;
Apex, ☎ 03 546 9028;
Hardy Cars, ☎ 0800 903 010;
Nelson Car Hire, ☎ 0800 283 545, 🖥 nelsoncarhire.co.nz;
Rent-a-Dent, ☎ 03 546 9890;
Thrifty, ☎ 03 547 5563.

Fahrradverleih
AvantiPlus, 114 Hardy St, ☎ 03 548 1666. Fahrräder ab $30/halber Tag.

Gepäckaufbewahrung
Gepäckaufbewahrung ist begrenzt möglich in Schließfächern beim **Boots Off Travellers Centre**, 53 Bridge St.

Informationen
i-SITE Visitor Centre, Trafalgar St, Ecke Halifax St, ☎ 03 548 2304, 🖥 nelsonnz.com. ⏲ Mo–Fr 8.30–17, Sa und So 9–16 Uhr.

DOC Visitor Centre, im selben Gebäude, ☎ 03 546 9339, Buchungen für Tracks und alle Infos zu den Nationalparks der Umgebung, einschließlich Gezeitentabellen für den Abel Tasman National Park. ⏲ wie i-SITE.
Nützliches findet man auch auf der **Website** 🖥 backpacknelson.co.nz, darunter Informationen zu Unterkünften, Veranstaltungen und Saisonarbeit.
Inzwischen wurde der **Radweg** zum Abel Tasman National Park eröffnet; Informationen dazu und zum Leihen von Fahrrädern bei **U Bikes**, ☎ 0800 282 453, 🖥 ubike.co.nz, und **A2B Ecycle**, ☎ 021 222 7260, 🖥 a2b-ecycle.co.nz.

Internet
Gratis in der **Stadtbücherei**, 27 Halifax St, ⏲ Mo–Fr 10–18, Sa 10–13, So 13–16 Uhr. Ansonsten sind **Aurora**, 161 Trafalgar St, und **Boots Off Travellers Centre**, 53 Bridge St, beide nicht teuer.

Medizinische Hilfe
Ärztliche Hilfe: Nelson Region After Hours and Duty Doctor, 96 Waimea Rd, ☎ 03 546 8881, ⏲ tgl. 8–22 Uhr.

Post
209 Hardy St, ⏲ Mo–Fr 8–17.30, Sa 9.30–12.30 Uhr.

NAHVERKEHR
Busse
SBL, Terminal in der 27 Bridge St, ☎ 03 548 1539, 🖥 nelsoncoaches.co.nz, fährt zum Tahunanui Beach und nach Stoke.

Taxis
Nelson City Taxis, ☎ 03 548 8225.

TRANSPORT
Busse
InterCity und Abel Tasman Coachlines halten in der 27 Bridge Street; die anderen Unternehmen setzen ihre Passagiere vor dem i-SITE Visitor Centre ab.
Abel Tasman Coachlines verkehrt im Sommer tgl. um 6.45 Uhr ab Nelson nach Mapua ($10)

und über Motueka ($12) nach Marahau ($20) und Totaranui ($45), mit Anschluss an die Boote in den Abel Tasman National Park. Außerdem Verbindungen nach Takaka ($35) an der Golden Bay, mit Anschluss zum Heaphy Track ($33).

Busse nach:
BLENHEIM 4x tgl., 1 3/4 Std.;
CHRISTCHURCH 2x tgl., 7–8 Std.;
COLLINGWOOD 1x tgl., 2 3/4 Std.;
FOX GLACIER 1x tgl., 9 1/2 Std.;
FRANZ JOSEF 1x tgl., 9 Std.;
GREYMOUTH 2x tgl., 6–8 Std.;
HEAPHY TRACK 1x tgl., 3 1/2 Std.;
KAWATIRI JUNCTION (für Nelson Lakes) 1x tgl., 1 Std.;
MOTUEKA 5x tgl., 1 Std.;
MURCHISON 2x tgl., 2–4 Std.;
PICTON 4x tgl., 2 Std.;
PUNAKAIKI 2x tgl., 4 3/4 Std.;
TAKAKA 2–3x tgl., 2–2 1/2 Std.;
WESTPORT 2x tgl., 3 Std.

Flüge
Der Flughafen von Nelson liegt 8 km westlich des Stadtzentrums.
Zu den meisten Flügen verkehren Minibusse von **Super Shuttle**, ✆ 0800 748 885, $17 für 1 Pers., $21 für 2 Pers., oder man nimmt ein Taxi, ✆ 03 548 8225, $27.

Flüge nach:
AUCKLAND 12x tgl., 1 1/4 Std.;
CHRISTCHURCH 4x tgl., 50 Min.;
WELLINGTON 10x tgl., 35 Min.

Die Straße zum Abel Tasman

Ein Aufenthalt in Nelson macht auch deshalb so viel Spaß, weil viele Attraktionen unmittelbar vor der Haustür liegen. Das gilt vor allem für die ausgezeichneten **Weingüter** westlich der Stadt. Die hiesigen Reben schätzen die Kombination aus natürlichem Quellwasser, dem sonnigs-

ten Klima Neuseelands und fruchtbaren Böden, während das schöne Licht, die natürlichen Rohstoffe in Form von Lehm und die herrliche Landschaft viele **Künstler** aus nah und fern angezogen haben.

Fast alle interessanten Punkte liegen am oder in unmittelbarer Nähe des SH60, der von Richmond nordwärts in Richtung Motueka durch eine ländliche Landschaft mit Ausblicken aufs Meer führt. Einige Kilometer weiter nördlich zweigt vom SH60 vom Moutere Highway nach links Richtung Upper Moutere (S. 536) ab. Fast direkt gegenüber der Abzweigung führt die Redwood Road an der Weinkellerei Seifried (S. 536) vorbei und weiter zur **Rabbit Island**, einem der beliebtesten Strände der Gegend.

Auf der Fahrt von Nelson nach Motueka zeigt sich die Region von ihrer schönsten Seite und bietet genügend Reize für ein paar entspannte Tage. Wer sich gründlicher informieren möchte, sollte sich entsprechende Broschüren wie *Nelson Wine Guide, Nelson Great Beer Trail, Nelson's Creative Pathways* oder *Nelson Potters* besorgen, die allesamt kostenlos in den Visitor Centres erhältlich sind. Das einige Kilometer nördlich gelegene **Motueka** dient als praktischster Stützpunkt für Touren in den Abel-Tasman-Nationalpark.

Zwar verkehren Busse auf der Straße zum Abel Tasman, jedoch halten sie nur in Motueka. Für alle anderen Ziele benötigt man also ein eigenes Fahrzeug oder schließt sich **organisierten Touren** an, die teilweise eine Kombination aus Weingütern und Kunstgalerien beinhalten. Bay Tours, ✆ 0800 229 868, 🖥 baytoursnelson. co.nz, bietet Nachmittagstouren (3–4 Weingüter, $70) und Tagestouren (5–6 Weingüter, $90).

Waimea Inlet und Umgebung

Höglund Art Glass
Lansdowne Rd ▪ ⏱ tgl. 10–17 Uhr ▪ ✆ 03 544 6500, 🖥 hoglundartglass.com
Der Highway 6 erreicht 15 km südwestlich von Nelson die Stadt Richmond, wo der SH60 nach Norden Richtung **Waimea Inlet** und Motueka abzweigt. Näher am Wasser verläuft teilweise die alte Straße nach Motueka.

RESTAURANTS, CAFÉS & BARS

The Boat House	4
Boat Shed Café	5
Golden Bear Brewing Company	2
Jester House	1
Moutere Inn	3
Playhouse Theatre	6
The Original Smokehouse	2

■ ÜBERNACHTUNG

Atholwood	4
The Boot	2
Mapua Leisure Park	3
Tahuna Beach Holiday Park	6
Treedimensions Organic Farmstay	1
Wakefield Quay House	5
Wheelhouse Inn	5

Motueka

LOWER MOUTERE

MOUTERE HIGHWAY

Tasman
Bay

Tasman

MOTUEKA VALLEY HIGHWAY

Glover's

Neudorf

UPPER MOUTERE

Wolaston Estates

Kahurangi Estates

Bronte Gallery

Seifried Estate

Höglund Art Glass

Mapua
Amphitheater

Rabbit Island

Nelson

WOW

Bell Island

Beast Island

Richmond

Tapawera

GOLDEN DOWNS FOREST

▼ St Arnaud (65 km)

MARLBOROUGH, NELSON UND KAIKOURA

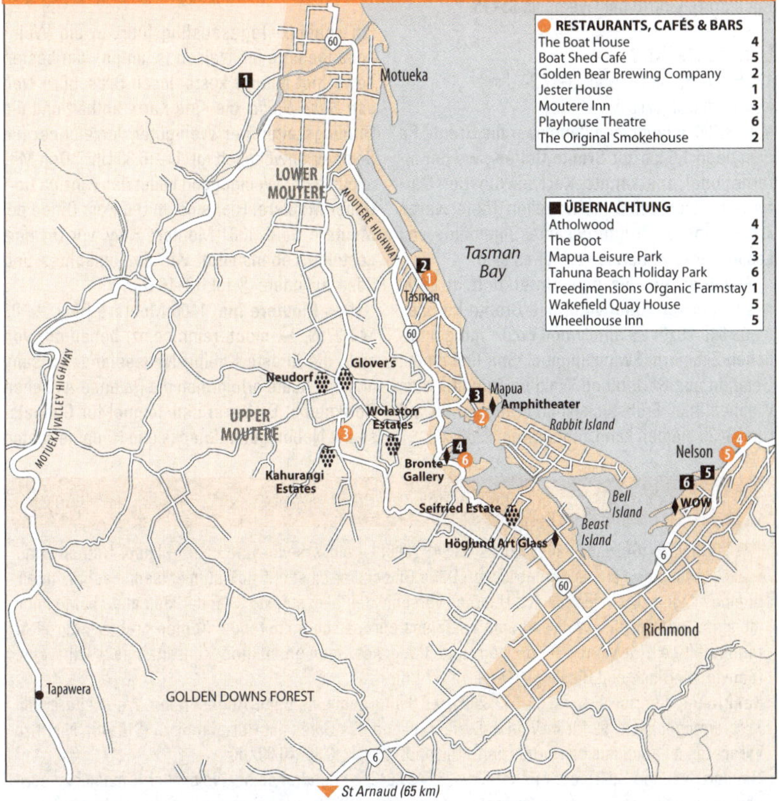

Freunde des Kunsthandwerks schauen nach 5 km sicher bei **Höglund Art Glass** vorbei, Neuseelands sehr schickem Glasbläserzentrum von internationalem Rang. In der Galerie ist eine erstaunliche Vielfalt der hier entstandenen skandinavisch beeinflussten Arbeiten zu bestaunen. Das Glasmuseum bietet eine Einführung in die Geschichte und Technik der Glasbläserei. In der Hauptwerkstatt kann von Dezember bis April der Produktionsprozess dieser schönen Stücke verfolgt werden. Wer etwas kaufen möchte: Die Preise beginnen bei etwa $49 und schnellen von dort in die Höhe.

Playhouse Café and Theatre

171 Westdale Rd ▪   03 540 2985 ▪
tgl. 11–23 Uhr oder später ▪   playhouse cafe.co.nz

Vom SH60 zweigt nach rechts die Westdale Road ab. Hier befindet sich eine recht neue Einrichtung, die durchaus einen Abstecher lohnt: Das **Playhouse Café and Theatre** ist ein Veranstaltungsort mit Alkoholausschank und tagsüber interessantem Essen sowie abends einem vielfältigen Veranstaltungsprogramm. Der höhlenartige Konzertsaal mit Ausstattung im Hundertwasser-Stil bietet nicht nur Konzerte, sondern auch Vorträge, Themenabende, Theater, Kabarett und Gastspiele internationaler Künstler. Kostenlose Abholung von Nelson und Mapua (plus Rückfahrt); Eintritt bei Livemusik $5–15.

Bronte Gallery

122 Bronte Rd East ▪ ⏲ tgl. 9–17.30 Uhr
▪ 🖵 brontegallery.co.nz

Vom SH60 gelangt man dann über die Bronte Rd East nach 1,5 km zur **Bronte Gallery**, wo der international anerkannte Keramikkünstler Darryl Robertson seine individuellen Töpferwaren kreiert und auch interessante Ölgemälde von Lesley Jacka Robertson zu sehen sind.

Nebenan gibt es eine Unterkunft in Form des luxuriösen **Atholwood**, 118 Bronte Rd East, ✆ 03 540 2925, 🖵 atholwood.co.nz, mit gemütlichen Zimmern, Swimmingpool, Spa und einem Gelände aus Gärten und Wald bis hinunter zum Waimea Inlet. Frühstück ist im Preis, der bis auf rund $425 steigen kann, inbegriffen; $350.

Das Weingebiet um Upper Moutere

Ein schöner Tagesausflug führt in die Weinanbaugebiete um Nelson (s. unten); am besten bewaffnet mit der kostenlosen Broschüre *Nelson Wine Guide*, die eine Karte enthält und die Öffnungszeiten der Weingüter verzeichnet (im Sommer gewöhnlich tgl. 11–16.30 Uhr). Den Mittelpunkt der Weingegend bildet das winzige Dorf **Upper Moutere**. Hier sind im Old Post Office bei **Moutere Gold**, 1381 Moutere Hwy, vor Ort hergestellte Lebensmittel wie Eingemachtes und Käse zu finden; ⏲ tgl. 10–16 Uhr.

Das **Moutere Inn**, 1406 Moutere Hwy, ✆ 03 543 2759, 🖵 moutereinn.co.nz, behauptet von sich, die älteste Kneipe Neuseelands zu sein, und hält heute erfolgreich die Balance zwischen Dorfkneipe, Brauerei und Tempel für Connaisseurs. Neben guten Snacks und Hauptgerichten

---

Weingüter in der Umgebung von Upper Moutere

Glover's, Gardner Valley Rd, ✆ 03 543 2698, 🖵 glovers-vineyard.co.nz. Kleiner Betrieb unter Leitung des etwas exzentrischen Dave Glover, der einst auf sich aufmerksam machte, indem er eine Wagner-CD in jedes nach Übersee verschickte Paket steckte. Wagner läuft auch heute noch meist im Hintergrund, während man kostenlos europäisch anmutende Tropfen probiert, darunter tanninhaltige Rotweine (Pinot Noir und Cabernet Sauvignon) und säurehaltige Weißweine (Sauvignon Blanc und Riesling). ⏲ tgl. 10–17 Uhr.

Kahurangi, Sunrise Rd, ✆ 03 543 2980, 🖵 kahurangiwine.com. Angesehene Weinkellerei mit Probiermöglichkeit ($2 für 4 Weine). Beliebt wegen des Cafés mit Holzofenpizza ($10–18). Nicht zu verachten ist auch das hier produzierte Olivenöl. ⏲ tgl. 10.30–16.30 Uhr.

Neudorf, Neudorf Rd, Upper Moutere, ✆ 03 543 2643, 🖵 neudorf.co.nz. Weinkellerei in einem niedrigen, mit Ranken bedeckten Holzgebäude; Sitzgelegenheiten unter freiem Himmel im Schatten hoher Bäume. Ein reizender Ort für kostenlose Proben der Weine, von denen einige aus über 30 Jahre alten Reben gewonnen wurden. Eine Probe des Moutere Chardonnay und des Pinot Noir, zwei der besseren des Landes, kostet $2,50. Tipp: im Garten picknicken! ⏲ tgl. 10–17 Uhr, Juni–Aug geschl.

Seifried, SH60, Kreuzung Redwood Rd, ✆ 03 544 1555, 🖵 seifried.co.nz. Die größte Weinkellerei der Gegend bietet Proben ($5) ihrer reichen Auswahl an Weinen (etwas Besonderes für Neuseeland sind der österreichische Würzer und Zweigelt) und teures Essen im Restaurant, das ziemlich edel wirken möchte. ⏲ tgl. 11–15 Uhr.

Woollaston Estates, School Rd, Mahana, ✆ 03 543 2817, 🖵 woollaston.co.nz. Schicke, faszinierende Bio-Weinkellerei in den Moutere Hills; auf den Dächern des Gebäude wächst Tussock-Gras. Wer Proviant mitbringt oder hier einen Probierteller ($30) kauft, kann bei einem Picknick kostenlos die Weine des Guts probieren und die Ausblicke über die Reben hinüber zur Küste genießen. Eine riesige Stahlskulptur begrüßt die Besucher, und zur Kunstsammlung gehören auch Werke von Toss Woollaston (S. 527). ⏲ tgl. 11–16.30 Uhr.

($15–25) kann man auch ein Probierset mit vier Bieren oder einfach ein Glas Wein genießen – im Angebot sind mehr als 30 Biere und 30 verschiedene Weine, dazu 13 Single-Malt-Whiskys und sechs Sorten Tequila. ⏱ Do–So 12–21 Uhr oder später.

Mapua

Rund 34 km von Nelson entfernt und wenige Kilometer abseits des SH60 liegt **Mapua** mit Blick auf Rabbit Island und das malerische Waimea Estuary. Zur Zeit der Recherche wurden auf einer Anhöhe oberhalb des Wassers ein neuer Plankenweg und ein Amphitheater gebaut, die inzwischen fertig sein sollten. Hauptattraktion in Mapua sind jedoch seine Lokale.

Nachdem man einen Blick in die Coolstore Gallery geworfen hat, kann man sich dem Hauptzweck des Besuchs hier widmen, nämlich dem Essen und Trinken. Das **Smokehouse Restaurant** (Reservierungen fürs Abendessen unter ✆ 03 540 2280 empfohlen) bietet viel Platz direkt am Wasser und Hauptgerichte für $26–32. Köstlich sind der über Manukaholz geräucherte Fisch und die weithin bekannte Fischpastete. Billiger sind die Fish 'n' Chips im angeschlossenen Laden, die man dann am Pier genießen kann. ⏱ tgl. 11–19 Uhr.

Rabbit Island

Vor oder nach einem guten Essen in Mapua bietet sich eine Fahrt mit der Fähre hinüber nach **Rabbit Island** (Moturoa) an. Die Flat Bottomed Fairy, ✆ 027 463 3779, fährt von der Mapua Wharf täglich von 10 bis 16 Uhr alle zwei Stunden ($8 einfach, $12 hin und zurück) zur Insel, inklusive kleiner Rundfahrt; wer auf der Insel nicht an Land geht und nur die Bootsfahrt macht, zahlt nur $5. Die Fährverbindung entstand im Rahmen des Nelson Tasman Cycle Trail; auf der Insel gibt es 6,8 km Radwege.

ÜBERNACHTUNG UND ESSEN

The Boot, 320 Aporo Rd, 7 km nördlich von Mapua in Tasman, ✆ 03 526 6742, 🖥 theboot. co.nz. Zum Café Jester House (s. oben) gehört The Boot, ein riesiger roter Märchenstiefel

mit luxuriösem Loungebereich, romantischem Schlafzimmer und kleiner Gartenterrasse. B&B $300

Mapua Leisure Park, 33 Toru St, ✆ 03 540 2666, 🖥 mapualeisurepark.co.nz. Verschiedene Unterkünfte, darunter Cabins und Motel Units, in wunderbarer Umgebung. Im Sommer hat auch das Boatshed Café mit Bar geöffnet. Im Februar und März kann man sich hier aller Kleidung entledigen, aber es kommen auch jede Menge Nicht-FKKler her. Camping am Strand $22, Cabins am Strand $74, Cabins mit Küche $95, Motel Units $132

Golden Bear Brewing Company, 12 Aranui Rd, ✆ 03 540 3210, 🖥 goldenbearbrewing.com. Hier wird erstklassiger Gerstensaft gebraut, z. B. elegante Lager-Biere und sehr hopfige Pale Ales, die man entweder mitnehmen oder natürlich auch hier trinken kann. Dazu kommen US-Versionen mexikanischer Gerichte auf den Tisch. ⏱ Mi und Do 16 Uhr bis spät, Fr 15 Uhr bis spät, Sa und So 12 Uhr bis spät.

🧳 **Jester House**, 7 km nördlich von Mapua in **Tasman**, ✆ 03 526 6742, 🖥 jesterhouse.co.nz. Lohnendes Café mit Schanklizenz, Tischen im Garten, Rosenlauben, gigantischem Schachspiel und zahmen Aalen, die besonders bei Kindern für Belustigung sorgen. Das köstliche Essen ist ausnahmslos hausgemacht und preiswert, und der Kaffee hat es in sich. ⏱ Sep–Mai tgl. 9–17, Mai–Aug Do–So 9–16.30 Uhr.

🧳 **The Original Smokehouse**, 6 Aranui Rd, ✆ 03 540 2280, 🖥 smokehouse.co.nz. Köstliche, über Manuka-Holz geräucherte Fische und Muscheln, mit beliebten Fischpasteten und wundervollen traditionellen Fish 'n' Chips. Mit mitgebrachtem Brot und Wein kann man auf einer Bank auf dem Bootsanleger ein nettes Picknick veranstalten. ⏱ tgl. 11–19 Uhr.

Motueka

47 km nordwestlich von Nelson liegt das wachsende Städtchen **Motueka**, das sich inzwischen fest als Basis für Ausflüge in den Abel Tasman National Park (S. 541) etabliert hat und mit ei-

nem umfassenden Buchungssystem sowie zahlreichen Unterkünften und Ausrüstungsverleihern aufwartet. In letzter Zeit hat sich der Ort auch selbst einige eindrucksvolle Attraktionen zugelegt, vor allem rund um den Flugplatz, wo man **Flüge** mit Ultraleichtflugzeugen und Hubschraubern unternehmen kann (Kasten S. 539).

Der Name Motueka bedeutet „Insel des Weka", ein Hinweis darauf, dass diese hier in Hülle und Fülle vorkommenden Vögel für die Maori eine wichtige Nahrungsquelle darstellten. 1842 kamen die ersten europäischen Siedler in die Gegend und etablierten Landwirtschaft und Gartenbau; zunächst wurde v. a. Hopfen angebaut, inzwischen ergänzt durch Steinobst und Wein. Für die Erntearbeit werden oft, besonders von Dezember bis März, **Saisonarbeiter benötigt.**

Motueka Quay

Motueka erstreckt sich entlang des SH60, von dem einige ruhigere Nebenstraßen abzweigen. Etwa fünf Gehminuten die alte Wharf Road hinunter gelangt man zum **Motueka Quay**, wo der Geist des einst so geschäftigen Hafens zwischen den kargen Überresten der alten Molen noch deutlich zu spüren ist. Nur 1500 m die Old Wharf Road hinunter rostet der Schiffsrumpf der in Schottland gebauten *Janie Seddon* vor sich hin. Benannt wurde das Schiff nach der Tochter von Richard Seddon, dem Premierminister Neuseelands von 1893 bis zu seinem Tod 1906.

Motueka District Museum

140 High St ▪ ◷ Dez–März Mo–Fr 10–16, April–Nov Di–Fr 10–15 Uhr ▪ Spende $2

Das winzige **Motueka District Museum** zeigt u. a. einige Maori- und europäische Artefakte aus der Gegend. Im Foyer findet man die *Motueka Carvings,* einen modernen Fries aus vier Paneelen mit den Darstellungen der Gewerbe, die die Menschen an der Tasman Bay traditionell ernährten.

Avalon Manor Motel, 314 High St, ✆ 0800 282 566, ⌨ avalonmotels.co.nz. Gut ausgestattetes modernes Motel mit 16 geräumigen und gemütlichen Units mit Sky TV, gepflegtem

Garten und kostenlosem DVD-Verleih und WLAN. Units ab $160

Eden's Edge, 137 Lodder Lane, Riwaka, ✆ 03 528 4242, ⌨ edensedge.co.nz. Sehr gemütliches und preisgünstiges Hostel in ländlicher Umgebung an einem Apfelgarten 4 km nördlich vom Ort. Garten, Pool, Unterstellmöglichkeit für Fahrräder und einige sehr nett eingerichtete Zimmer, teils mit Bad, sowie 4-Bett-Dorms. Camping $17, Dorm $28, Zimmer $68, mit Bad $78

Equestrian Lodge Motel, Tudor St, ✆ 0800 668 782, ⌨ equestrianlodge.co.nz. Gepflegtes, edleres Motel in einem Wohngebiet nur 5 Min. vom Ortszentrum, mit behaglichen Units an einer großen Rasenfläche mit Pool. $170

Hat Trick Lodge, 25 Wallace St, ✆ 03 528 5353, ⌨ hattricklodge.co.nz. Das moderne Hostel gegenüber vom i-SITE bietet einen hohen Standard. Geräumige, gut ausgestattete Küche und Lounge, Fahrradverleih, kostenlose Gepäckaufbewahrung, separater Frauen-Dorm sowie Familienzimmer mit Bad und Küche. Dorm $27, Zimmer $62, mit Bad $70

The Laughing Kiwi, 310 High St, ✆ 03 528 9229, ⌨ laughingkiwi.co.nz. Freundliches, zentral gelegenes Hostel in 2 Häusern mit großzügigen Dorms und Zimmern, einem Selbstversorger-Cottage, viel Platz draußen und Whirlpool. Dorm $27, Zimmer $62, mit Bad $68, Cottage $120

Motueka Beach Reserve, Wharf Rd, 4 km südöstlich der Stadt. Parkplätze für Wohnmobile am Wasser, Toiletten und kalte Duschen nebenan, außerdem Grillstellen und Picknicktische. Jeweils nur für 2 Nächte erlaubt. Pro Nacht $5

Motueka Top 10 Holiday Park, 10 Fearon St, ✆ 0800 668 835, ⌨ motuekatop10.co.nz. Campingplatz nur 1 km nördlich der Ortsmitte, grünes Gelände mit Schatten spendenden Bäumen. Gepflegte Einrichtungen, darunter ein Whirlpool. Stellplätze $45, Cabins $65, Units $125, Motel Units $140

The Resurgence, Riwaka Valley Rd, 12 km nordwestlich von Motueka, ✆ 03 528 4664, ⌨ resurgence.co.nz. Erholsame Boutique-Lodge in der Nähe der Stelle, wo der Riwaka River wieder aus dem Takaka Hill auftaucht –

In der Umgebung von Motueka befinden sich einige wunderbare Wanderwege, aber auch Aktivitäten wie Fallschirmspringen und Tandem-Paragliding erfreuen sich großer Beliebtheit.

Wandern

Einige der besten subalpinen Wanderungen im Norden der Südinsel führen um den 1795 m hohen **Mount Arthur** und das dazugehörige Hochplateau mit der Bezeichnung **Mount Arthur Tablelands**. Informationen hierzu liefert die im Visitor Centre von Motueka erhältliche DOC-Broschüre *The Cobb Valley, Mount Arthur and the Tablelands*. Es verirren sich traditionell nur wenige Besucher hierher, sodass man sich größtenteils in tierischer Gesellschaft wiederfindet.

Hauptausgangspunkt ist der Flora-Parkplatz in 930 m Höhe am Ende der Graham Valley Road, die 30 km südwestlich von Motueka vom SH61 abzweigt. Vom Parkplatz bietet sich eine zwei- bis dreistündige Rundwanderung an: Innerhalb einer Stunde erreicht man die **Mount Arthur Hut** ($15), von der sich faszinierende Ausblicke auf das Tiefland eröffnen, dessen südliche Kulisse vom Mount Arthur beherrscht wird. Von hier folgt man einem Kamm hinunter zur **Flora Hut** (gratis) und dann einer Schotterstraße zurück zum Parkplatz. Von der Mount Arthur Hut ist der Gipfel des Mount Arthur in 3 Std. zu erreichen.

Fallschirmspringen

Skydive Abel Tasman, Flugplatz Motueka, 3 km südwestlich der Stadt, ☏ 0800 422 899, ▭ skydive. co.nz. Die Gegend um Motueka gilt als eines der zehn besten Fallschirmreviere der Welt, hauptsächlich weil hier Sprünge aus 16 500 Fuß (etwa 5000 m; 75 Sek. freier Fall; $399) und 13 000 Fuß (knapp 4000 m; 50 Sek. freier Fall; $299) angeboten werden, und das vor wunderbarer Kulisse und mit hilfsbereitem Personal.

Kunstfliegen

Uflyextreme, Hangar 2, Flugplatz Motueka, 3 km südwestlich der Stadt, ☏ 0800 360 180, ▭ ufly extreme.co.nz. Ohne vorheriges Training kann man hier in einer Pitts Special fliegen und verschiedene Kunststücke vollführen (insgesamt muss man rund 1 Std. am Flugplatz einplanen). Der Adrenalinrausch dabei ist einfach unbeschreiblich! Man kann auch mit einem Fluglehrer fliegen, der einem kurz nach dem Start die Kontrolle über das Flugzeug überlässt (15 Min. $299, 15 Min. plus DVD $399, 20 Min. plus DVD $499, zwei 15-min. Flüge am selben Tag $669).

Hubschrauber- und Ultraleichtflüge sowie Tandem-Drachenfliegen

Uflyheli, Queen Victoria St, Flugplatz Motueka, 3 km südwestlich der Stadt, ☏ 0800 835 943 ▭ ufly heli.co.nz. Nach kurzer Einweisung und kurzem Flug übernimmt man die Kontrolle über einen zweisitzigen R22-Hubschrauber (30 Min. $350, 1 Std. $650) und übt einfaches Vorwärtsfliegen, Rotieren und Schweben.

Tasman Sky Adventures, College St, Flugplatz Motueka, 3 km südwestlich der Stadt, ☏ 0800 114 386, ▭ skyadventures.co.nz. Hier erlebt man einige der schönsten Landschaften der Region als Passagier in einem Ultraleichtflugzeug (15 Min. $95, 30 Min. mit Flug über Teile des Abel Tasman National Park $185). Angeboten werden außerdem Tandem-Drachenflüge, bei denen der Drachen von einem Ultraleichtflugzeug in die Höhe gezogen wird (15 Min. $185, 30 Min. $275).

daher der Name. Große Liebe zum Detail, egal ob bei der umweltfreundlichen Ausstattung oder den erstklassigen Mahlzeiten ($90).

Pool und Spa draußen, Fitnessraum und Waldwege, verschiedene Zimmer und Cabins. Ab $525

Rowan Cottage, 27 Fearon St, ✆ 03 528 6492, ⌨ rowancottage.net. Geschmackvolles kleines Cottage in liebevoll gepflegtem Garten mit Selbstversorger-Gästezimmer mit eigenem Eingang und Bad. Die Gäste können einen Grill benutzen. Wahlweise mit kleinem Frühstück. $130

🧳 **Treedimensions Organic Farmstay**, Shaggery Rd, 10 km westlich von Motueka, ✆ 03 528 8718, ⌨ treedimensions. co.nz. Attraktive und preisgünstige Zimmer für Selbstversorger mit Terrasse und Biogarten mit Unmengen verschiedener Obst- und Gemüsesorten. $135

ESSEN UND UNTERHALTUNG

Chokdee, 109 High St, ✆ 03 528 0318. Zuverlässig gute Thai-Küche zu vernünftigen Preisen ($9–20), auch zum Mitnehmen. Mit Alkoholausschank. ⊕ tgl. 11–14 und 17 Uhr bis spät.

🧳 **Elevation**, 118 High St. Café mit Alkohollizenz und dem besten Essen des Orts, darunter tolles Frühstück, Muscheln auf provenzalische Art und Spaghetti mit Fleischklößchen – alles unter $25. Außerdem gibt's Probiersets mit Bier aus der Umgebung. ⊕ tgl. 8.30–21 Uhr.

Hot Mama's, 105 High St. Nachdem das Hot Mama's über lange Jahre das coolste Lokal am Ort gewesen ist, hat es sich völlig unerklärlich und unverständlich in ein Pizza- und Taco-Restaurant verwandelt. Jedoch soll das Image des Ladens als angesagter alternativer Veranstaltungsort bewahrt bleiben. ⊕ tgl. 11 Uhr bis spät.

Monkey Wizard, 483 Main Rd, Riwaka, ⌨ monkeywizard.co.nz. Die mit viel Sorgfalt hergestellten Erzeugnisse dieser Brauerei kann man vor Ort verkosten oder auch mitnehmen, darunter das Brass Monkey Lager und das Abel Ale, ein englisches Bitter. ⊕ tgl. 10–18 Uhr.

🧳 **Red Beret**, 147 High St. Sehr gutes Café mit ganztägigem Frühstück und köstlichen Riesenstücken Kuchen; mittags gibt es Blätterteig-Wraps, Pastagerichte, Gourmet-Hamburger und tolle Fish 'n' Chips ($19,50). ⊕ tgl. 7–16 Uhr.

🧳 **Resurgence Coffee**, School Rd, Ecke Main Rd, 7,5 km vom Ort entfernt. Im alten Great Universal Store kann man sich an ein paar Tischen inmitten von gebrauchten Kiwi-Utensilien und Kitsch aus aller Herren Länder eine Tasse fantastischen Kaffee und ein Stück Kuchen gönnen. ⊕ Mo–Do 8–16, Fr 8–18, Sa und So 8–14 Uhr.

Smiths Veggie Sales, School Rd, Riwaka, auf der linken Seite, wenn man sich vom SH60 entfernt. Mr und Mrs Smith verkaufen schon seit Jahren frisches Gemüse aus ihrem Garten an Wanderer und Einheimische – ein lohnender Abstecher. ⊕ Mo–Sa 10–16 Uhr.

Swinging Sultan, 172 High St, ✆ 03 528 8909. Orientalischer Imbiss mit ein paar Tischen auf dem Bürgersteig. Alle Speisen ($7,50–11) auch zum Mitnehmen. ⊕ tgl. 8–22 Uhr.

T.O.A.D. Hall, 502 High St, 3 km südlich vom Stadtzentrum entfernt Richtung Nelson. Verkauf von Bio-Obst und Gemüse, leckerem Brot und vorzüglichem hausgemachtem Eis; auch Pasteten, Bagels, ordentliches Frühstück und guter Kaffee, der in einem hübschen Garten genossen werden kann. ⊕ tgl. 8–18 Uhr.

SONSTIGES

Informationen

i-SITE Visitor Centre, Wallace St, ✆ 03 528 6543, ⌨ motuekaisite.co.nz. Anlaufstelle für die Organisation einer Exkursion in den Nationalpark und zum Heaphy Track. Außerdem Internetzugang und Hilfe bei der Suche nach Gelegenheitsjobs. ⊕ Dez–März Mo–Fr 8.30–17.30, Sa und So 9–17, April–Nov Mo–Fr 9–16.30, Sa und So 9–16 Uhr.

Outdoor-Ausrüstung

Verleih in den meisten Hotels und bei **Abel Tasman Outdoors**, 177 High St, ✆ 03 528 8646: Rucksack $5/Tag, 2-Personen-Zelt $10/Tag, Kocher mit Geschirr $10/Tag, Schlafsack $10/Tag; Preisnachlass bei längerer Mietdauer. Auch Verleih von Tauchausrüstung. ⊕ Mo–Fr 8.30–18, Sa 9–14, So 10–14 Uhr.

TRANSPORT

Die **Busse** halten in der Wallace Street in der Nähe des i-SITE Visitor Centre.

Busse nach:
COLLINGWOOD 1x tgl., 1 1/2 Std.;
HEAPHY TRACK 1x tgl., 2 1/4 Std.;
KAITERITERI 3x tgl., 20 Min.;
MARAHAU 4x tgl., 40–50 Min.;
NELSON 5x tgl., 1 Std.;
TAKAKA 2x tgl., 1 1/4 Std.;
TOTARANUI 1x tgl., 2 1/4 Std.

10 HIGHLIGHT

Abel Tasman National Park und Umgebung

Der wunderschöne, 60 km nördlich von Nelson gelegene Abel Tasman National Park genießt internationale Anerkennung und lockt den ganzen Sommer über Scharen von Wanderern, Kajakfahrern und Tagesausflüglern an. Obwohl er mit einer Größe von 20 x 25 km Neuseelands kleinster Nationalpark ist, nimmt er die Massen noch erstaunlich gut auf. Seine einzigartige Schönheit verdankt der Park den goldenen Sandstränden, dem kristallklaren Wasser und dem üppiggrünen Buschland, das immer wieder von Granitfelsen unterbrochen wird und eine vielfältige Fauna beheimatet.

Ziel der meisten Besucher sind die Küstenabschnitte. Andere bewandern den **Abel Tasman Coast Track** mit seiner pittoresken Mischung aus dichtem Küstenwald, sanften Anstiegen zu Aussichtspunkten und einigen idyllischen Stränden. Die fast allgegenwärtigen Wassertaxis machen es möglich, bestimmte Kurzabschnitte zum Wandern auszuwählen oder sich zurückfahren zu lassen, wenn man erschöpft ist.

Außerdem lässt sich die abwechslungsreiche Küste wunderbar per **Kajak** erkunden, unterbrochen von einem gemütlichen Mittagessen an einem schönen Sandstrand, bevor man am Nachmittag langsam Richtung Campingplatz oder Hütte paddelt. Wandern und Kajak fahren lassen sich auch kombinieren, und daneben bietet das klare Wasser Gelegenheit zum **Segeln** und

Schwimmen mit Robben. Eine luxuriösere Unterbringung als die Hütten und Zeltplätze bieten die schönen Lodges im Park, deren Zahl immer weiter zunimmt.

Wer seinen Ausflug in den Abel Tasman im Voraus plant, kann sich von Nelson direkt in den Park bringen lassen, sodass es dann unnötig ist, zunächst in einem der Orte in der Nähe des Parks zu übernachten. Jedoch sind auch diese Orte durchaus einen Aufenthalt wert. Für die Organisation eines Parkbesuchs auf eigene Faust eignet sich am besten das Versorgungszentrum **Motueka** (S. 537), die meisten Kajaktouren und Wassertaxis starten jedoch vom winzigen **Marahau** am Südende des Parks. Einige Touren beginnen auch im kleinen **Kaiteriteri** mit einem wunderschönen Strand.

Die nördlichsten Ausläufer des Abel Tasman sind von **Takaka** (S. 550) aus zugänglich, von wo der Abel Tasman Drive zu den am Coast Track gelegenen Orten **Wainui**, **Awaroa** und **Totaranui** führt.

Geschichte

Seit etwa 1500 bevölkern **Maori** diese Gegend. Sie lebten in saisonalen Lagern entlang der Küste sowie in einigen permanenten Siedlungen um die Mündung des Awaroa River. 1642 ankerte **Abel Tasman** mit seinen beiden Schiffen nahe Wainui in der Golden Bay und verlor bei einem Gefecht mit den Ngati Tumatakokiri vier seiner Männer. Kurz darauf kehrte er der Küste wieder den Rücken. Im Jahre 1827 erkundete der Franzose **Dumont d'Urville** das Gebiet zwischen Marahau und der Torrent Bay. Eine ernsthafte **europäische Besiedlung** sollte jedoch erst 23 Jahre später beginnen. Die Siedler hackten, förderten, verbrannten und fällten, bis nur noch Stechginster und Farn übrig waren. Glücklicherweise hat ihre Invasion kaum bleibende Spuren hinterlassen, und die Vegetation konnte sich über die Jahre hinweg weitgehend erholen.

Flora und Fauna

Der Abel Tasman National Park bietet eine reiche **Pflanzenwelt**. Die feuchten Schluchten werden von Buchen dominiert, und in rauerer, windiger Umgebung gedeihen vor allem Kanuka-Bäume.

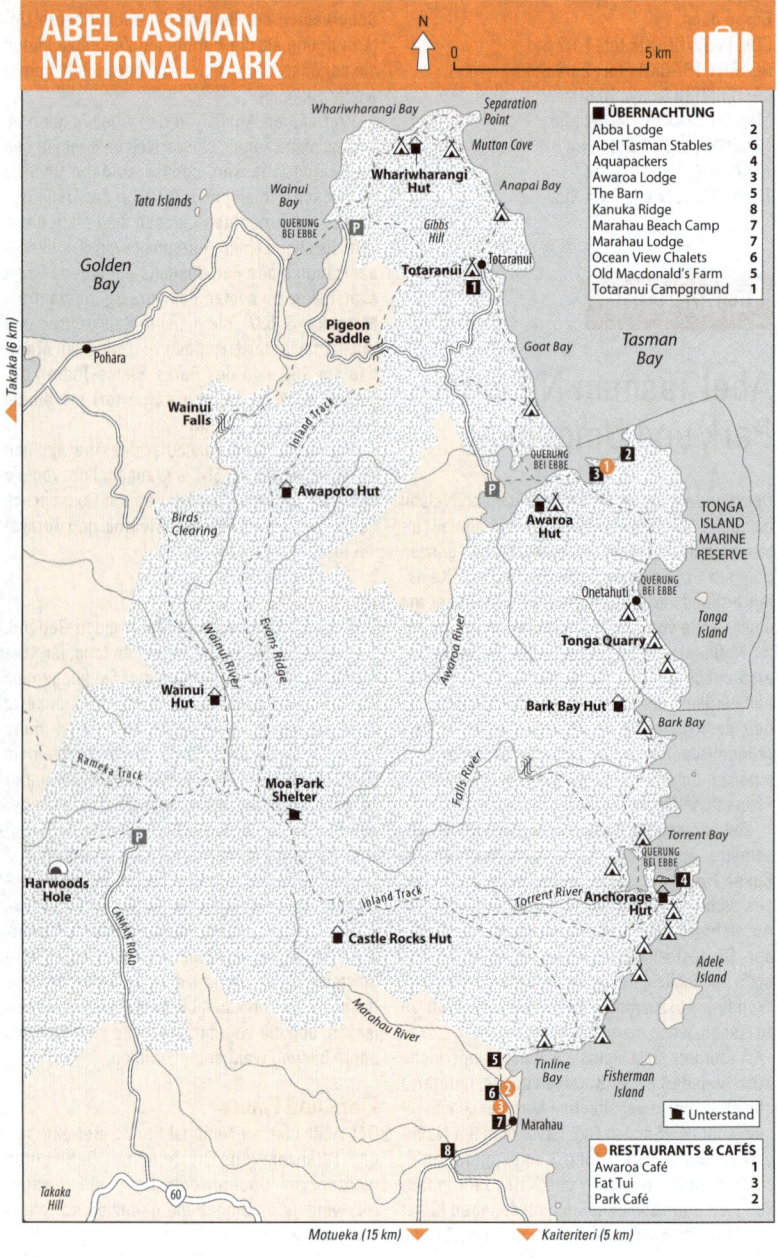

ABEL TASMAN NATIONAL PARK

N

0   5 km

MARLBOROUGH, NELSON UND KAIKOURA

Takaka (6 km)

Whariwharangi Bay
Separation Point
Mutton Cove
Whariwharangi Hut
Anapai Bay

Tata Islands
Wainui Bay
Gibbs Hill
QUERUNG BEI EBBE
P

Golden Bay

Pohara

Totaranui
Totaranui
1

Pigeon Saddle

Goat Bay

Tasman Bay

Wainui Falls

Inland Track

Awapoto Hut

Birds Clearing

QUERUNG BEI EBBE
P
Awaroa Hut
3 1 2

TONGA ISLAND MARINE RESERVE

Onetahuti
QUERUNG BEI EBBE

Evans Ridge
Wainui River
Awaroa River

Tonga Quarry
Tonga Island

Wainui Hut

Bark Bay Hut
Bark Bay

Rameka Track

Falls River

Moa Park Shelter

Torrent Bay
QUERUNG BEI EBBE
4

P

Harwoods Hole

Inland Track
Torrent River
Anchorage Hut

CANAAN ROAD

Castle Rocks Hut

Adele Island

Marahau River

5
6 2
3
7 Marahau
8

Tinline Bay
Fisherman Island

Takaka Hill
60

Unterstand

ÜBERNACHTUNG

Abba Lodge	2
Abel Tasman Stables	6
Aquapackers	4
Awaroa Lodge	3
The Barn	5
Kanuka Ridge	8
Marahau Beach Camp	7
Marahau Lodge	7
Ocean View Chalets	6
Old Macdonald's Farm	5
Totaranui Campground	1

RESTAURANTS & CAFÉS

Awaroa Café	1
Fat Tui	3
Park Café	2

Motueka (15 km)   Kaiteriteri (5 km)

Zu den hier beheimateten **Vögeln** zählen Tuis, einheimische Tauben, Makomakos (zu erkennen an ihrem unverwechselbaren Ruf) und Grau-fächerschwänze, die sich von Insekten ernähren. Mit etwas Glück erspäht man auch die flugunfähigen Wekarallen. An den Stränden sieht man bisweilen die durch ihren orangefarbenen Schnabel auffallenden Austernfischer sowie Kormorane, die auf der Jagd nach Fischen in große Tiefen abtauchen.

Vor der Küste liegt das **Tonga Island Marine Reserve**, ein Meeresschutzgebiet, das die **Pelzrobbenkolonie** auf der Insel und die Küstengewässer mit ihrem vielfältigen Tierleben schützt.

Kaiteriteri

Der kleine Ferienort **Kaiteriteri**, 15 km nördlich von Motueka und unmittelbar südlich vom Abel Tasman National Park, steht ganz oben auf der Rangliste der beliebtesten Sommerferienziele der Kiwis. Von Weihnachten bis Ende Januar droht er aus allen Nähten zu platzen, danach ist es bis Mitte März immer noch recht voll. Die Beliebtheit ist nachvollziehbar angesichts der schönen und relativ ungefährlichen Badestrände an der Tasman Bay, die durch zwei kleine Inseln noch einen zusätzlichen Reiz erhalten. Nachdem es mittlerweile in Marahau vielen zu voll geworden ist, hat sich Kaiteriteri auch zu einer Ausweichbasis für Boots- und Kajaktouren durch den Nationalpark entwickelt.

ÜBERNACHTUNG

Bellbird Lodge, Sandy Bay Rd, ☎ 03 527 8555, 🖥 bellbirdlodge.com. Bietet 2 komfortable Suiten, tolle Ausblicke und freundliche Gastgeber. Die Ruhe wird nur vom Gesang der Vögel gestört. $287
Kaiteriteri Beach Motor Camp, ☎ 03 527 8010, 🖥 kaiteriteribeach.co.nz. Der Platz in Strandnähe wird von Kiwi-Familien bevorzugt und ist für die Zeit von Weihnachten bis Anfang Februar schon Monate im Voraus ausgebucht. Camping $18, Cabins $43, mit Bad $75
Kaiteri Lodge, Inlet Rd, ☎ 508 524 8114, 🖥 kaiterilodge.co.nz. Unterkunft in unmittel-

barer Strandnähe, eine Mischform aus Motel und Hostel mit 4er-Zimmern und DZ mit Bad. Die Lodge direkt beim Beached Whale (s. unten) ist außerdem der wichtigste Anlaufpunkt für alle Tourbusse wie etwa Kiwi Experience. Dorm $35, Zimmer mit Bad $160
Kimi Ora Spa Resort, Martin Farm Rd, 1 km hinter der Strandstraße ausgeschildert, ☎ 0508 546 4672, 🖥 kimiora.com. Komfortable und sehr erholsame Unterkunft in einem Kiefernwald, mit beheizten Pools drinnen und draußen. Die Betonung liegt auf Fitness und Wellness. Zimmer $199, Suiten $279

ESSEN

The Beached Whale, Inlet Rd, ☎ 03 527 8114. Partykneipe mit Getränkedeals, billigem Essen und Livemusik. ⏰ Sommer tgl. 11–23, Winter 16–23 Uhr.
Kimi Ora, 99 Martin Farm Rd, ☎ 0508 546 4672, 🖥 kimiora.com. Das Restaurant des Resorts serviert ein gesundes vegetarisches 4-Gänge-Abendbuffet (ca. $35, Nov–Ostern) und dazu eine kleine Auswahl an Bio-Weinen, -Bieren und -Säften.
Shoreline Café, Inlet Rd, Ecke Kaiteriteri-Sandy Bay Rd, ☎ 03 527 8507. Das recht gute Essen ($23–30) wird auch auf der Terrasse mit tollem Meerblick kredenzt. ⏰ Sommer tgl. 9–22, Winter 9–18 Uhr.

Marahau

Der kleine Ort **Marahau** liegt etwa 8 km nördlich von Kaiteriteri direkt am Südtor zum Abel Tasman National Park. Die meisten Tourveranstalter, Wassertaxibetreiber und Kajakverleiher, die nicht in Kaiteriteri oder Motueka ansässig sind, haben hier ihre Büros und machen aus Marahau einen sehr beliebten Anlaufpunkt für die letzte Nacht (bzw. die erste zurück) in der Zivilisation.

Die Straße zieht sich durch die Siedlung und endet direkt am Parkeingang. Hier befindet sich ein unbesetzter **DOC-Infostand**.

ÜBERNACHTUNG

Abel Tasman Stables Accommodation, nach 100 m an der Marahau Valley Road,

🕾 03 527 8181, 🖳 abeltasmanstables.co.nz.
2-Zimmer-B&B (beide mit Bad), 3 Motel-Units
und 1 Selbstversorger-Cottage. Zimmer $80,
Units und Cottage $145
The Barn, Harvey Rd, 🕾 03 527 8043, 🖳 barn.
co.nz. Muntеres Hostel am Parkeingang mit
Feuerstelle und Badebecken draußen auf dem
Gelände. Neben Dorms auch Zweibettzimmer
und DZ, zumeist in einfachen Hütten. Auch
für Camper geeignet, mit Kochgelegenheit
draußen. Camping $18, Dorm $28, Cabins $58,
Zimmer $72

Kanuka Ridge, 21 Moss Rd, 🕾 03
527 8435, 🖳 abeltasmanbackpackers.
co.nz. Friedvolles Hostel an einem Hang oberhalb des Strands mit nur einem Dorm, mehreren
Zimmern mitten im Wald und kostenlosem
WLAN. Fahrradverleih $50/Tag bzw. $30/Tag ab
2 Tagen und gute Infos zu Trails. ⊕ Juni–Sep
geschl. Camping $18, Dorm $28, Zimmer $62,
mit Bad $82
Marahau Beach Camp, Beach Rd, 🕾 0800
808 018, 🖳 abeltasmancentre.co.nz. Gepflegte
Zeltstellplätze $35, Dorms $22, Zimmer $50,
Cabins mit Küche $70
Marahau Lodge, Beach Rd, 🕾 03 527 8250,
🖳 abeltasmanmarahaulodge.co.nz. Entspannte
Lodge mit kleineren Studios und größeren
Chalets auf begrüntem Gelände, außerdem
Whirlpool und Sauna; Das Frühstück wird
den Gästen auf Wunsch aufs Zimmer gebracht.
$175
Ocean View Chalets, Beach Rd, 🕾 03
527 8232, 🖳 accommodationabeltasman.co.nz.
10 Holz-Chalets mit geräumigen und gemütlichen Zimmern, alle mit Balkon und Blick auf
das ferne Meer vom Bett aus. Ganzjährig
geöffnet. Studio $145, Unit für Selbstversorger
$180

Old MacDonald's Farm, Harvey Rd,
am Parkeingang, 🕾 03 527 8288,
🖳 oldmacs.co.nz. Familienfarm mit Cottages
und einem Studio für Selbstversorger,
ansonsten aber v. a. Campingplatz am Wald
mit Badegelegenheiten. Sichere Parkmöglich-
keit ($6/Nacht), gut ausgestatteter Laden und
Gepäckaufbewahrung. Camping $15, Wohn-
mobilstellplatz $40, Dorm $27, Cabins $80,
Studio $140

Fat Tui, 11 Marahau Valley Rd, bei
Kahu Kayaks. An diesem Imbisswagen
werden leckere Fish 'n' Chips und tolle
Hamburger verkauft. ⊕ tgl. Sonnenauf- bis
Sonnenuntergang.

Park Café, 1 Harveys Rd, 🕾 03 527 8270,
🖳 parkcafe.co.nz. Legendäres Café
am Beginn des Tracks für vom Wandern
erschöpfte Wanderer. Serviert gutes Mittagessen, guten Kaffee, erfrischendes Bier und
köstliches Abendessen ($24–30) sowie leckere
Desserts ($12). ⊕ tgl. 8 Uhr bis spät.

Abel Tasman National Park

Es gibt unzählige Möglichkeiten, den Abel Tasman National Park zu entdecken. Für welche
Kombination von Aktivitäten man sich auch entscheidet – es gibt fast immer einen Veranstalter,
der sie möglich macht. Nur relativ wenige Besucher wandern über den **Inland Track**, die meisten bleiben auf dem **Coast Track**, an dem die
Küste von klarem Wasser, langen goldfarbenen
Stränden, Felsformationen und guten Möglichkeiten zum Schnorcheln in idyllischen Buchten
gekennzeichnet ist. Hier finden sich in Küsten-
nähe auch die meisten Unterkünfte, vom Campingplatz am Strand bis zur exklusiven Lodge.

Wassertaxis setzen ihre Fahrgäste auf
Wunsch irgendwo an der Küste bis hinauf nach
Totaranui ab und geben unterwegs häufig sogar Kommentare ab, doch es gibt auch spezie-
le **Kreuzfahrten**, z. B. zur Robbenkolonie im Tonga Island Marine Reserve oder zum Split Apple
Rock, einem großen Felsen, der in zwei Hälften
zerplatzt ist.

Die verwirrende und unübersichtliche Küstenlinie lässt sich am besten per **Kajak** erkunden (Kasten S. 548), entweder im Rahmen einer
organisierten Tour oder durch Anmietung eines
Kajaks, um die Gewässer in Eigenregie abzu-
paddeln. Am schönsten ist es vielleicht, **Kajak
fahren und Wandern** zu kombinieren. Wilsons
(S. 549) bietet z. B. zwei- bis fünftägige Wander-
und Kajaktouren ($800–1870) mit Übernachtung
in den beiden bequemen Lodges des Unternehmens am Track in Torrent Bay und Awaroa.

© ROUGH GUIDES

Wirkt tatsächlich wie fein säuberlich gespaltenes Kernobst: der Split Apple Rock im Abel Tasman NP

Der Parkabschnitt nördlich von Totaranui ist für Wassertaxis und organisierte Kajaktouren tabu, sodass dieser Teil erheblich ruhiger ist.

Abel Tasman Coast Track

Der **Abel Tasman Coast Track** (51 km, 2–5 Tage) zählt zu den leichtesten Great Walks in Neuseeland und ist selbst von Leuten zu bewältigen, die so gut wie nie wandern. Empfehlenswert ist auf jeden Fall die DOC-Broschüre *Abel Tasman Coast Track* (steht auch im Internet zum Download bereit). Mangelnde Fitness ist kein Hinderungsgrund, kann man doch jederzeit bestimmte Abschnitte per Wassertaxi überbrücken oder sich zum Wandern einfach nur die Rosinen herauspicken. Die Zugänge zu den Strandabschnitten sind klar gekennzeichnet, und man befindet sich nie mehr als vier Stunden von einer Hütte bzw. zwei Stunden von einem Campingplatz entfernt. Bei trockener Witterung sind nicht einmal feste Wanderschuhe Bedingung, denn dann lässt sich der Track auch problemlos in Turnschuhen bewältigen.

Aus den genannten Gründen ist der Coast Track extrem beliebt, besonders zwischen Dezember und Ende Februar, wenn einige Abschnitte wie eine „Wanderautobahn" anmuten. Der Abschnitt nördlich von Totaranui ist in der Regel weniger überlaufen.

Die **Route** passiert breite, goldfarbene Strände, an denen sich smaragdgrüne Wellen brechen. Bizarre Granitformationen trennen die einzelnen Buchten. Zwischendurch muss man immer wieder einen der Küstenhügel überwinden, was auf den sanft ansteigenden Zickzackwegen jedoch kein Problem darstellt.

Die größte Schwierigkeit bei der Planung bilden die beiden **gezeitenabhängigen Abschnitte** bei Onetahuti und über das Awaroa Estuary. Es empfiehlt sich, bei Ebbe am Nachmittag gen Süden bzw. am Vormittag gen Norden aufzubrechen. Selbst bei Ebbe wird man sich aber ein Paar nasse Füße holen. Zuvor sollte man sich auch um den Rücktransport kümmern (S. 548). Unterkünfte am Track auf S. 546.

Marahau nach Anchorage
12,4 km, 4 Std.
Wegen des direkten Zugangs von Marahau ist dieser Abschnitt besonders beliebt. Die Vegetation ist hier nicht so schön, jedoch hat man Zugang zu einigen wunderbaren goldenen Strän-

den. Es geht zunächst über einen Plankenweg über das Marahau Estuary und dann weiter zur Tinline Bay. Danach gelangen die Wanderer zu einem Aussichtspunkt mit Blick auf Fisherman Island und Adele Island direkt vor der Küste. Der Weg schlängelt sich nun durch Täler mit Buchenwald und hohen Kanuka-Bäumen, bevor er in Anchorage (Hütte, Campingplatz und im Sommer geöffnetes Hostel vor der Küste) wieder aus dem Busch auftaucht.

Anchorage nach Bark Bay
8,7 km, 3 Std.

Es empfiehlt sich, die Torrent Bay 2 Std. vor oder nach Ebbe zu durchqueren, denn sonst muss man eine zusätzliche Stunde um die Bucht herumlaufen, um die kleine Siedlung Torrent Bay zu erreichen. Nach der Bucht klettert der Weg durch Kiefernwald nach oben zum herrlichen Falls River, der auf einer 47 m langen Hängebrücke überquert wird. Von dort sind die Bark Bay Hut und Campingplätze nur noch 1 Std. entfernt.

Bark Bay nach Awaroa
11,5 km, 4 Std.

Nach Überquerung oder Umgehung des Bark Bay Estuary geht man zunächst landeinwärts, erreicht aber schon bei Tonga Quarry wieder die Küste. Hier gibt es einen Campingplatz und Ausblicke auf Tonga Island mit dem dazugehörigen Meeresschutzgebiet. Bald darauf ist der goldgelbe Strand bei Onetahuti erreicht, an dessen Nordende 3 Std. vor oder nach Ebbe ein gezeitenabhängiger Flusslauf zu überqueren ist. Anschließend klettert der Weg auf den Tonga Saddle, um wieder zum Awaroa Inlet hinunterzuführen, wo es einige Häuser und eine DOC-Hütte mit Campingplatz gibt. Von dort ist es auch nicht mehr weit zur Awaroa Lodge mit Restaurant und Bar.

Awaroa nach Totaranui
5,5 km, 1 1/2 Std.

Zunächst muss das Awaroa Estuary durchquert werden, was nur 2 Std. vor bis 2 Std. nach Ebbe möglich ist. Anschließend geht es entlang der Goat Bay zu einem Aussichtspunkt am Skinner Point und hinunter nach Totaranui mit einem tollen Strand und einem großen Campingplatz.

Totaranui nach Whariwharangi
7,5 km, 3 Std.

Nach Umrundung des Totaranui Estuary geht es über felsige Landspitzen bis zur Mutton Cove. Danach wechseln Strauchwerk und Strände einander ab, und es bietet sich ein Abstecher zum Separation Point mit Aussichtspunkt und Pelzrobbenkolonie an. Schließlich führt der Weg zur Hütte in Whariwharangi.

Whariwharangi nach Wainui
5,5 km, 1 1/2 Std.

Eine leichte Wanderung führt zur Straße östlich der Wainui Bay, wo Busse bereitstehen, doch es ist auch möglich, die Wainui Bay zu durchqueren (2 Std. vor bis 2 Std. nach Ebbe) oder zu umlaufen. Wer sich für letztere Option entscheidet, kann unterwegs noch die kurze Wanderung zu den Wainui Falls in Angriff nehmen.

Inland Track

Der **Inland Track** (42 km, 3 Tage) zwischen Marahau und Totaranui ist weitaus weniger beliebt als der Coast Track. Er erfordert eine gute Kondition und ordentliche Wanderausrüstung. Die Route lässt sich mit dem Coast Track zu einem Rundwanderweg von knapp einer Woche kombinieren und ist in einer DOC-Broschüre beschrieben. Der Weg führt vom Meer zur **Evans Ridge** hinauf und passiert unterwegs sehr schöne Aussichtspunkte – zu den Highlights zählen der **Pigeon Saddle**, das Sumpfgebiet **Moa Park** und die mondähnliche Landschaft Canaan. Unterwegs besteht die Möglichkeit zu einem Abstecher zum Harwoods Hole.

Auf dem Inland Track ist Camping nicht zu empfehlen, dafür gibt es drei nicht reservierbare **DOC-Hütten** ($5 oder Hütten-Jahrespass). Wasservorräte und Toiletten sind vorhanden, Kochgelegenheiten dagegen nicht.

Im Gegensatz zu vielen anderen neuseeländischen Nationalparks bietet der Abel Tasman eine ganze Reihe von Übernachtungsmöglichkeiten, die entweder mit dem Boot oder über den Coast Track zugänglich sind.

Die meisten Besucher übernachten in den vier **DOC-Hütten**, die jeweils ca. 4 Std. Fußweg voneinander entfernt an der Küste verstreut liegen. Abgehärtete Wanderer bevorzugen die **DOC-Campingplätze**, von denen sich insgesamt 18 an der Küste verteilen und die allesamt am Strand oder in der Nähe einer DOC-Hütte liegen (deren Einrichtungen allerdings nicht mitbenutzt werden dürfen). Das ganze Jahr über muss für alle Hütten und Zeltplätze eine **Buchung** vorgenommen werden; im Sommer sollte diese mindestens eine Woche im Voraus erfolgen. Buchung online auf 🖥 doc.govt.nz oder bei einem i-SITE Visitor Centre. Außerdem sind private Unterkünfte vorhanden, und es werden Mehrtagestouren angeboten. Wilsons (S. 549) bietet zwei- bis fünftägige geführte Wander- und Kajaktrips mit komfortabler Übernachtung in den beiden am Track gelegenen Lodges des Unternehmens (Torrent Bay und Awaroa).

Hütten: In den Hütten gibt es Wasser, Heizung, gute Toiletten, einfache, aber bequeme Etagenbetten und meistens auch Duschen, aber keine Kochgelegenheiten; daher sollten neben einem Schlafsack auch Campingkocher, Geschirr und Besteck, Lebensmittel und eine Taschenlampe mitgebracht werden. Der Aufenthalt ist im Sommer auf maximal 2 Nächte beschränkt. Okt–April $35,70, Mai–Sep $15

Campingplätze: Auf allen 18 DOC-Plätzen gibt es Wasser und Toiletten. Wer sich fürs Zelten entscheidet, muss mehr Ausrüstung mitführen und benötigt einen Riesenvorrat an Insektenschutzmittel gegen die Sandfliegen. Der Aufenthalt ist im Sommer auf zwei Nächte beschränkt. Nur auf den Zeltplätzen Anchorage und Bark Bay dürfen Lagerfeuer entzündet werden. Okt–April $12,20, Mai–Sep $8

Abba Lodge, Awaroa Bay, 📞 03 528 8758, 🖥 abbalodge.co.nz. Das neueste Hostel im Park, mit 19 Zimmern, nicht weit vom Restaurant und der Bar der Awaroa Lodge. Dorms $50, DZ $125

Aquapackers, Anchorage, 📞 0800 430 744, 🖥 aquapackers.co.nz. Das teure Hostel bietet Dorms mit Bettzeug und DZ auf zwei umgebauten Booten, die während des Sommers vor der Küste von Anchorage Bay ankern (kostenlose Fähre vom Strand zum Boot). Das Pauschalangebot beinhaltet abendliches Barbecue,

ein einfaches Frühstück und Zugang zu einer Bar. 🕐 nur Sep–Mai. Dorm $70, DZ $140, Ferienhäuschen an Land $195

Awaroa Lodge, Awaroa, 📞 03 528 8758, 🖥 awaroalodge.co.nz. Im Busch verborgene, gehobene Lodge mit schönen Zimmern inkl. Bad, Suiten und großartigen Ausblicken auf das umliegende Feuchtgebiet. Das erstklassige Restaurant (Hauptgerichte ca. $40) bereitet Speisen mit biologisch-organischen Zutaten aus dem eigenen Garten zu. Wanderer und Kurzbesucher können hier einen Kaffee am riesigen Kamin trinken und das Internet nutzen. Die Lodge orientiert sich allerdings an betuchteren Gästen, die per Wassertaxi oder mit dem Flugzeug ankommen. 🕐 Juni–Aug geschl. Ab $295

🏕 **Totaranui Campground**, Totaranui. Der riesige Campingplatz mit Platz für 850 Pers. ist die einzige mit dem Auto erreichbare Übernachtungsmöglichkeit an der Küste des Abel Tasman Parks. Im Sommer wird es hier so voll, dass Stellplätze für die Zeit von Weihnachten bis Ende Januar verlost werden müssen. Ein Buchungsformular (Buchung erforderlich 10. Dez–10. Feb) steht unter 🖥 doc.govt.nz zum Download bereit. Im separaten Bereich für Wanderer gibt es jedoch gewöhnlich noch ein freies Plätzchen. $12,50

INFORMATIONEN

Die Hauptinformationsquellen zum Abel Tasman National Park sind die **i-SITEs** von Nelson, Motueka und Takaka, wo Boote, Kajaks, Hütten- und Camping-Tickets, Transportmittel und Unterkünfte reserviert werden können.

An den Parkeingängen von Marahau und Totaranui gibt es außerdem **unbesetzte DOC-Unterstände** mit Gezeitentabellen und Sicherheitshinweisen.

TRANSPORT

Der Zugang zum Park erfolgt im Allgemeinen zu Fuß oder mit dem Boot, doch es führen auch zwei Straßen zu den Eingängen, im Süden nach Marahau und im Norden nach Totaranui.

Zwar werden hier auch Aktivitäten wie Schwimmen mit Robben, Tauchen, Bootsrundfahrten und geführte Wanderungen angeboten. Doch zu den schönsten Arten, die abgelegeneren Küstenstriche des Parks zu erkunden, zählen eindeutig Seekajaktouren.

Kajaktouren

Das Erlebnis, sanft durch kleine Buchten zu paddeln und sich dabei vielleicht von Robben oder Delphinen begleiten zu lassen, ist nur schwer zu toppen. Eine kurze Pause zum Baden an einem goldgelben Strand, und weiter geht es zu einem Campingplatz, wo man das Bierchen in einem Bach kalt stellt.

Marahau am südlichen Ende des Parks ist das Zentrum der Kajakszene. Die meisten Veranstalter bieten ein ähnliches Programm aus ein- bis fünftägigen geführten Touren sowie Kajakverleih, oft „Freedom Rentals" genannt. Der Anfangsabschnitt der Kajakroute, nördlich von Marahau, trägt den Spitznamen „Mad Mile", doch der Stau löst sich relativ schnell auf. Nur Golden Bay Kayaks ist am ruhigeren, nördlichen Abschnitt des Parks ansässig.

Bei den **geführten Trips** wird das Kajak fahren normalerweise mit Wandern und Wassertaxifahrten kombiniert, zuweilen auch mit Übernachtungen und dem Besuch einer Robbenkolonie. Wer eine mehrtägige Tour unternimmt, erhält obendrein Übernachtung und Verpflegung sowie mehr Zeit für Erkundungen.

Bei den „Freedom Rentals" erhält man gewöhnlich an Land eine Einführung und wird dann in Doppelkajaks aufs Meer geschickt. Es ist nicht erlaubt, solo zu fahren oder über Abel Head am Nordende des Tonga Island Marine Reserve hinaus nach Norden vorzudringen. Die Bedingungen für das Paddeln sind normalerweise gut, sodass auch relative Anfänger keine Probleme haben sollten. Wer sich trotzdem nicht sicher ist, sollte sich für einen geführten Trip entscheiden. Die **Tagesmietpreise** liegen bei $65 p. P. an den ersten beiden Tagen, $45 am dritten und $35–40 an jedem Folgetag. Wer das Kajak nicht zum Mietort zurückbringen möchte, zahlt etwa $50 für den Rücktransport. Die meisten Veranstalter bieten außerdem den Verleih von Campingausrüstung und Abstellmöglichkeiten für Fahrzeuge und sind das ganze Jahr über tätig, allerdings mit eingeschränktem Angebot im Winter.

Anbieter von Abenteuertrips

Abel Tasman Charter, ☎ 0800 223 522, 🖥 abeltasmancharters.co.nz. Startet mit einem kleinen Boot in der Nähe von Kaiteriteri; der Fahrplan ist flexibel und kann von den Fahrgästen mitgestaltet werden (nur Nov–April, $235). In der Regel werden Robben und der Split Apple Rock besichtigt, und es gibt Zeit an Land sowie mittags ein gutes Picknick.

Abel Tasman Dive, Nelson, ☎ 027 155 177, 🖥 abeltasmandive.co.nz. Schnorchel- und Tauchtrips in den Park ab Kaiteriteri sowie PADI-Kurse. Ab $185 für eine ganztägige Schnorcheltour und $285 für zwei Tauchgänge. Ausrüstung wird gestellt, und es gibt auch ein Mittagessen.

Abel Tasman Kayaks, Marahau, ☎ 0800 732 529, 🖥 abeltasmankayaks.co.nz. Spezialisten für Kajaktouren mit Sitz in Marahau. Halbtags- ($115) und Ganztagstouren ($129–225) plus Halbtagestouren

Busse

Die besten Busverbindungen in der Region bieten **Abel Tasman Coachlines**, Nelson, ☎ 03 548 0285, Motueka, ☎ 03 528 8850, 🖥 abeltasmantravel.co.nz, deren Busse 2–3x tgl. zwischen Motueka, Kaiteriteri und Marahau verkehren. Eine praktische Verbindung bietet der Bus, der um 7.45 Uhr (im Sommer zusätzlich um 6.45 Uhr) in NELSON abfährt und Motueka (1 Std., $12 einfach) sowie Marahau (1 3/4 Std., $20) ansteuert. Wer möchte, kann von hier ein Boot zu Zielen im Park nehmen. Von MOTUEKA fahren Busse nach Takaka (7.45 Uhr im Sommer, $26) und weiter nach Totaranui ($36).

zum Robbenschutzgebiet ($179), allesamt mit Wassertaxifahrt am Park entlang. Außerdem Touren mit Übernachtung im Luxuszelt und Gourmet-Vollverpflegung ($445) sowie Kajakverleih.

Abel Tasman Sailing, ✆ 0800 467 245, 🖥 sailingadventures.co.nz. Segeltörns auf 13-m-Katamaranen, auch mit Wanderungen, Robbenbeobachtung und Kajakfahrten. Außerdem Touren mit Übernachtung ($85–175) und Bootscharter.

Abel Tasman Sea Shuttle, ✆ 0800 732 748, 🖥 abeltasmanseashuttles.co.nz. Wassertaxis ab Kaiteriteri sowie Rundfahrten (halber Tag $55, ganzer Tag $72), auch kombinierbar mit Wandern (ab $62).

Abel Tasman Seal Swim, ✆ 0800 732 529, 🖥 sealswim.com. Das Schwimmen mit Robben ist fast noch schöner als das Schwimmen mit Delphinen, weil Robben viel beweglicher und neugieriger sind. Die Sicht unter Wasser ist meist kristallklar. Damit die Tiere nicht zu sehr gestört werden, dürfen sie nicht mit dem Boot verfolgt werden, sondern man muss geduldig darauf warten, dass sie sich von selbst nähern. Bei diesem Ableger von Abel Tasman Kayaks, der für das Schwimmen mit Robben zuständig ist, hat man nach einer 45-minütigen Fahrt mit dem Wassertaxi etwa eine Stunde im Wasser ($179).

Aquataxi, ✆ 0800 278 282, 🖥 aquataxi.co.nz. Wassertaxis ab Marahau und Kaiteriteri sowie Rundfahrten ($69–81).

Golden Bay Kayaks, ✆ 03 525 9095, 🖥 goldenbaykayaks.co.nz. Sehr empfehlenswerter Anbieter mit Sitz in Pohara, der sich auf den Norden des Parks spezialisiert hat. Geführte Halbtagstrips ($80) und ungeführte Trips mit Übernachtung ($90). Auch Kajakverleih: Zweierkajaks halber Tag $90, ganzer Tag $110, Sit-on-top-Kajaks $25/Std.; außerdem Standup-Paddleboards $15–20/Std.

Kahu Kayaks, ✆ 03 527 8300, 🖥 kahukayaks.co.nz. Anbieter in Marahau, der beim Kajakverleih und den organisierten Touren oft ein wenig günstiger ist als die Konkurrenz. Eine gute Einführung bietet die Ganztagstour (5 Std., $149) mit 3 Std. Paddeln auf der Mad Mile und danach einer Wassertaxifahrt zur Robbenkolonie, einer kurzen Küstenwanderung und schließlich der Rückfahrt mit dem Wassertaxi nach Marahau.

Kaiteriteri Kayaks, ✆ 0800 252 925, 🖥 seakayak.co.nz. Geführte Touren ab Kaiteriteri, z. B. eine Halbtagestour zum Split Apple Rock ($94), eine Ganztagestour mit Wassertaxifahrt zum Onetahuti Beach, Paddeln zur Tonga Island und den Robben, Mittagessen und Paddeln zur Anchorage Bay, um von dort mit dem Wassertaxi zurückzufahren ($199). Außerdem verschiedene Kombitouren.

The Sea Kayaking Company, 506 High St, Motueka, ✆ 0508 252 925, 🖥 seakayaknz.co.nz. Der in Motueka ansässige Anbieter bietet Halbtagestrips (Adele Island $115), Mehrtagesexkursionen (3 Tage $710) und Kajakverleih ($65/Pers./Tag, weniger an den Folgetagen).

Wilsons, ✆ 0800 223 582, 🖥 abeltasman.co.nz. Alteingesessener Veranstalter mit breitem Angebot, u. a. einer Rundfahrt mit Robbenbeobachtung und Wanderung ($64), einer halbtägigen Kajaktour zum Split Apple ($89), einer fünftägigen Wandertour mit drei Tagen Wandern und zwei Tagen Entspannung bei luxuriösen Strandlodges ($1910, mit allen Mahlzeiten), Ausflügen auf einem geräumigen Katamaran von Kaiteriteri nach Totaranui und zurück (im Sommer 3x tgl., 4 Std., $74) und der Tour *Seals and Beach* (6–8 Std., $64) mit einer Fahrt um die Robbenkolonie auf Tonga Island herum und viel Zeit für die Wanderung von Tonga Quarry zum Medlands Beach und zum Baden.

Wassertaxis

Mit Hilfe der Wassertaxis ab KAITERITERI und MARAHAU lassen sich ausgesuchte Abschnitte des Tracks abwandern, oder man kann sich einfach zu einem Strand schippern lassen und später wieder zurückfahren. Haltestellen sind die 6 Strände an der Küste – **Anchorage**, **Torrent Bay**, **Bark Bay**, **Onetahuti**, **Awaroa** und **Totaranui**. Es gibt hauptsächlich 3 Anbieter, die fahrplanmäßig 2–5x tgl. vom Südende des Parks nach Totaranui und zurück fahren und sich auch preislich kaum unterscheiden. Am besten nimmt man einfach, was einem am besten in den Zeitplan passt, oder man wendet sich an **Aquataxi** ☎ 0800 278 282, 🖥 aquataxi.co.nz. Eine einfache Fahrt ab Marahau kostet etwa $33 nach Anchorage und Torrent Bay, $38 nach Bark Bay, $40 nach Onetahuti, $43 nach Awaroa und $45 nach Totaranui.

Golden Bay

An der Nordwestspitze der Südinsel beschreibt die **Golden Bay** einen eleganten Bogen vom nördlichen Rand des Abel Tasman National Park bis zum **Farewell Spit**, einem Sandstreifen, der 25 km weit ins Meer hinausragt und eine faszinierende Tierwelt beheimatet. Auf drei Seiten von bewaldeten Bergen eingeschlossen, konnte sich die traumhafte Bucht dank ihrer Unzugänglichkeit viel von ihrer Ursprünglichkeit bewahren.

Die Wainui Bay, etwas östlich von **Takaka**, dem Hauptort an der Golden Bay, ist wahrscheinlich der Ort, an dem Abel Tasman das erste Mal an der neuseeländischen Küste vor Anker ging und sich damit als erster Europäer in Aotearoa einen Platz in den Geschichtsbüchern sicherte.

Der **Takaka Hill** schirmt die Gemeinden in der Bucht nach außen hin ab, hält ihre Größe überschaubar und erklärt zum Teil auch ihren Geist der Unabhängigkeit und die Tatsache, dass sich so viele Kunsthandwerker, Künstler und andere Menschen auf der Suche nach einem alternativen Lebensstil von der Gegend angezogen fühlen. Besonders beliebt war und ist die Golden Bay bei deutschsprachigen Migranten, die inzwischen ein Zehntel der etwa 5000 Bewohner ausmachen. Sonnig, schön und voller faszinierender Sehenswürdigkeiten, lohnt die Golden Bay sicher einen mehrtägigen Aufenthalt und verführt Besucher auch durchaus zum längeren Verweilen.

Takaka Hill

Die einzige Straßenverbindung zur Golden Bay ist die durchgehend asphaltierte, aber sehr kurvenreiche SH60 über den **Takaka Hill** am Rande des Abel Tasman National Park. Während der Fahrt bieten sich prächtige Aussichten auf die Meereslandschaft zwischen Nelson und D'Urville Island.

Harwoods Hole
Zugang von der Canaan Rd

Gut 20 km nördlich von Motueka zweigt oben auf dem Takaka Hill die unbefestigte Canaan Road ab und erreicht nach 11 km einen Parkplatz. Von hier gelangt man zum **Harwoods Hole**, einem riesigen Höhlenschacht von 176 m Tiefe und über 50 m Durchmesser, der die Verbindung zu einem ausgedehnten unterirdischen Höhlensystem bildet. An den Rand des Schachts führt ein Wanderweg (6 km hin und zurück, 1 1/2 Std., größtenteils eben) durch zauberhaften Buchenwald und dann ein ausgetrocknetes Flussbett entlang bis zum Hole. Es gibt hier keine Aussichtsplattform, und nur besonders Tollkühne wagen sich an den Rand des Schachts!

Rameka Track
5 km, 3 Std. einfach, 750 m Abstieg

Mountainbiker haben hier oben die Qual der Wahl: Am Parkplatz am Ende der Straße beginnt der tolle **Canaan Downs Track**; der deutlich ausgeschilderte **Rameka Track** folgt einer der ersten vermessenen Strecken ins Takaka Valley und eröffnet fantastische Ausblicke auf die Granitfelsen und das Umland. Unterwegs führt der Track durch das mit einheimischen Bäumen bepflanzte Gebiet Great Expectations. Wer Glück hat, findet unten einen netten Autofahrer, der ihn wieder mit hoch auf den Berg nimmt, und erspart sich so den anstrengenden Aufstieg.

Takaka und Umgebung

Der kleine Ort **Takaka** knapp 60 km nördlich von Motueka ist die größte Siedlung an der Golden Bay und richtet sich zunehmend auf Sommertouristen aus, dient aber nach wie vor auch als Versorgungszentrum für einheimische Farmer und barfüßige Hippies, die in Tipis oder Hütten wohnen und Touristen ihr Kunsthandwerk oder ihre Heilkräfte anbieten. Richtung Nordwesten führt der SH60 parallel zur wunderschönen Bucht über Collingwood zum Farewell Spit. Östlich der Stadt windet sich der Abel Tasman Drive am sicheren Badestrand **Pohara** und einigen kleineren Sehenswürdigkeiten vorbei zum nördlichen Abschnitt des Abel Tasman National Park.

Das Herz von Takaka schlägt in der Commercial Street (SH60), wo Golden Bay Organics (Nr. 47) und die Monza Gallery (Nr. 25) einen guten Eindruck vom Geist des Ortes vermitteln.

Golden Bay Museum

11 Commercial St ▪ ⏲ tgl. 10–16 Uhr ▪ Eintritt frei

Das **Golden Bay Museum** zeigt ein detailliertes Diorama von Abel Tasmans Landung in der Wainui Bay (1642) und alle möglichen Stücke, die mit Tasman und der Bucht zu tun haben. Außerdem behandelt es die Geschichte der Maori der Gegend und die der Holzfäller.

Te Waikoropupu Springs

4 km nördlich von Takaka, abseits des SH60

Die **Te Waikoropupu Springs** sind die größten Quellen Neuseelands. Zwischen alten Goldstollen und nachwachsendem Wald verstecken sich mindestens 16 kristallklare Süßwasserquellen; eine erzeugt die Dancing Sands, so genannt, weil der vom aufsprudelnden Wasser bewegte Sand regelrecht zu tanzen scheint. Am Plankenweg steht ein großes Periskop zur Beobachtung der bunten Unterwasser-Pflanzenvielfalt bereit.

Bencarri

McCallum Rd, 6 km südöstlich von Takaka ▪ ⏲ Ende Sep–April tgl. 10–17 Uhr ▪ Eintritt $12 ▪ ✆ 03 525 8261

Wer möchte, kann dem Strom der Familien zum Ufer des Anatoki River folgen, insbesondere zum **Bencarri**, einem kleinen Bauernhof, wo man u. a. Lamas, Esel, Emus, Schweinchen und Kaninchen füttern kann. Auf ein kostenloses Mittagessen aus sind auch die Anatoki-Aale, die im Fluss vorkommen und hier seit 1914 gefüttert werden. Von einem an einem Stock aufgespießten Stückchen Fleisch angelockt, richten sich die Aale aus dem Wasser auf.

Anatoki Salmon

239 McCallum Rd, 6 km südöstlich von Takaka ▪ ⏲ tgl. 9–16.30 Uhr ▪ Eintritt frei ▪ ✆ 03 525 7251, 🖥 anatokisalmon.co.nz

Bei **Anatoki Salmon** können Besucher in der Zuchtstation aufgezogenen Fisch angeln. Man zahlt nur für den Köder und das, was man fängt ($19/kg). Der gefangene Fisch kann sogar geräuchert oder gegrillt und anschließend vor Ort verzehrt oder auch mitgenommen werden.

Abel Tasman Drive

Östlich von Takaka führt der **Abel Tasman Drive** zunächst vorbei an der kleinen, am Wasser gelegenen Siedlung Pohara und spaltet sich dann in drei Straßen, die alle an einem Zugangspunkt zum Abel Tasman Coast Track enden: Awaroa, Totaranui und Wainui Bay – siehe Karte S. 542.

Rawhiti Cave

3 Std. hin und zurück ▪ Infoblatt beim i-SITE in Takaka

Vom Abel Tasman Drive führt ein schlecht ausgeschilderter Weg, der bei nassem Wetter gefährlich rutschig sein kann und auch durch ein Flussbett führt, zu einer Aussichtsplattform über der **Rawhiti Cave**, in deren gähnendem Schlund unzählige Stalaktiten zu bewundern sind. Taschenlampe und Ersatzbatterien mitnehmen.

Grove Scenic Reserve

7 km von Takaka ▪ ⏲ unbeschränkter Zugang ▪ Eintritt frei

In Takaka ist das wundervolle **Grove Scenic Reserve ausgeschildert**. An diesem mystisch anmutenden Ort, der direkt aus der Artussage stammen könnte, sprießen mächtige Rata-Bäume aus eigenartig geformten Kalksteinfelsen empor. Ein zehnminütiger Spaziergang führt zu einem schmalen Spalt in einer Felswand, wo ein Aussichtspunkt weite Ausblicke auf die Küste und Strände in der Umgebung von Pohara freigibt.

Pohara

Pohara, 10 km östlich von Takaka, bietet ein paar Unterkünfte und Lokale (S. 552) sowie einen netten Sandstrand und gegenüber einer hässlichen ehemaligen Zementfabrik einen Bootsanleger. Unter den hier vor Anker liegenden Fischerbooten und Jachten befindet sich das **Espresso Ship**, auf dem ausgezeichneter Fair-Trade-Bio-Kaffee geröstet und auch serviert wird.

Wer etwas essen möchte, muss sich dies selbst mitbringen. Bei dem Schiff handelt es sich um Jacques Cousteaus altes Boot *The Physalie*. ◷ Dez–Feb tgl. 10–16.30 Uhr.

Gleich um die Ecke liegen der hübsche **Tata Beach** und der Anfang eines Weges zu den **Wainui Falls** (40 Min. hin und zurück), wo Nikau-Palmen am Flussufer Schatten spenden und die recht hübschen Wasserfälle von Sprühwasser umnebelt werden.

Tui Community

Die Schotterstraße zur Wainui Bay passiert die **Tui Community**, eine der letzten noch existierenden Kommunen, die in den 1970er-Jahren an der Golden Bay gegründet wurden, und endet am nördlichsten Zugangspunkt zum Abel Tasman Coast Track.

Die anderen Straßenzweige führen zum Awaroa Estuary und zum goldenen **Totaranui Beach**. Hier beim Totaranui Campground (S. 553) beenden viele ihre Küstenwanderung.

(S. 553)

ÜBERNACHTUNG

Die Golden Bay gilt sowohl bei Kiwis als auch bei ausländischen Touristen als beliebtes Ferienziel. Dementsprechend gibt es in und um Takaka viele gute Unterkünfte, vom Hostel bis zur schicken Lodge. Die Campingmöglichkeiten reichen von großen, offiziellen Plätzen bis zu kleinen Stellplätzen am Straßenrand, wo man sein Wohnmobil über Nacht parken kann.

Takaka

Annie's Nirvana Lodge, 25 Motupipi St, ✆ 03 525 8766, ⌨ nirvanalodge.co.nz. Sehr engagiert geführtes YHA-Hostel mitten in der Stadt. Gemütliche Atmosphäre, schöner Garten und günstiger Fahrradverleih, besonders hübsch sind die 3 DZ im Garten. Dorm $25, Zimmer $63

Autumn Farm Lodge, 3 km südlich von Takaka am SH60, ✆ 03 525 9013, ⌨ autumnfarm.com. Eine charmante Schwulen-Lodge auf großem Gelände mit komfortablen Zimmern, großem Badehaus und ungezwungener Atmosphäre (wer möchte, darf auch nackt herumlaufen). Über Neujahr findet jährlich ein 8-tägiges Gay-Sommercamp statt. Reser-

vierung wird dringend empfohlen. Camping $20, Hostel $40, B&B $140

Golden Bay Motel, 132 Commercial St, ✆ 0800 401 212, ⌨ goldenbaymotel.co.nz. Gepflegtes kleines Motel mit eigenen Parkplätzen und unschlagbar preisgünstigen, großzügig bemessenen, gemütlichen und saubereren Zimmern, etwa 5 Fußminuten vom Zentrum entfernt. $95

Kiwiana, 73 Motupipi St, ✆ 0800 805 494, ⌨ kiwianabackpackers.co.nz. Sehr gepflegtes und gut geführtes Hostel in einer großen Villa. Jede Menge „Kiwiana" (*paua, jandals, tiki* etc.) und Freizeitraum mit Büchersammlung, Pool-Billard und Tischtennis. Kostenl. Whirlwanne, Wohnwagen und Grillbereich im netten Garten, außerdem kostenl. Fahrradbenutzung. ◷ Juli und Aug geschlossen. Camping $18, Dorm $27, Zimmer $60, Wohnwagen $78

Mohua Motels, SH60, am südlichen Ortseingang, ✆ 03 525 7222, ⌨ mohuamotels.com. Das neuste Motel in Takaka, mit schönen, gut ausgestatteten Units, Sky-TV und Internet im Zimmer. Rund um einen Parkplatz 5 Fußminuten von den Geschäften entfernt. $165

Shady Rest, 139 Commercial St, ✆ 03 525 9669, ⌨ shadyrest.co.nz. Hübsches, zentral gelegenes B&B in einem alten ehemaligen Arzthaus. Gemütliche, holzvertäfelte Zimmer mit Bad. Reichhaltiges Frühstück, solarbeheiztes Bad draußen und hübscher Garten bis hinunter zu einem friedvollen Bach. Ab $195

Umgebung von Takaka

Adrift, Tukurua Rd, 17 km nördlich von Takaka, ✆ 03 525 8353, ⌨ adrift.co.nz. Fünf wunderhübsche Cottages für Selbstversorger und ein Studio, alle schick-modern eingerichtet und mit direktem Zugang über den Rasen zum Strand. Alle Zimmer haben Meerblick, toll für ein entspanntes Frühstück im Bett! Doppel-Whirlpools, kostenlose Kajakbenutzung und kleine Pinguinkolonie – hier möchte man nie wieder weg! Studio $250, Cottages ab $390

Golden Bay Hideaway, 220 Mc Share Rd, Wainui Bay, 23 km östlich von Takaka, ✆ 03 525 7184, ⌨ goldenbayhideaway.co.nz.

Wunderbares Plätzchen nahe des nördlichen Endes des Abel Tasman Coast Track. Öko-freundliches Haus für 2 Pers. („Little Greenie") und schöner Wohnbus. Tolle Ausblicke, ein Bad draußen und Zutaten für Frühstück und Abendessen runden das tolle Angebot ab. Wohnbus $150, Hippie-Haus $180, Öko-Haus $225

The Nook, Abel Tasman Drive, Pohara, 9 km östlich von Takaka, ☎ 03 525 8501, 🖥 thenook guesthouse.co.nz. Das ungezwungene Hostel in einem reizenden Haus verzichtet absichtlich auf TV und Internet. Haupthaus mit DZ und Dorms, außerdem hübscher, recht luxuriöser Anbau aus Stroh und Mörtel, der entweder als Selbstversorger-Unit oder als 2 DZ vermietet wird. Kostenlose Abholung von Takaka nach Vereinbarung, Fahrräder und ein Kajak sind vorhanden. Camping $15, Dorm $28, DZ $75, Wohnbus $120, Cottage für bis zu 4 Pers. $180

Pohara Beach Top 10 Holiday Park, 809 Abel Tasman Drive, ☎ 0800 764 272, 🖥 pohara beach.com. Beliebter, gut ausgestatteter Campingplatz am Strand mit verschiedensten Unterkünften, hervorragenden Gemeinschaftseinrichtungen und sehr hilfsbereiten Betreibern. Camping $18, Cabins $59, mit Bad $107, Motel Units $154

🧳 **Sans Souci Inn**, Richmond Rd, Pohara Beach, 10 km östlich von Takaka, ☎ 03 525 8663, 🖥 sanssouciinn.co.nz. Reizvolles B&B unter Schweizer Führung in einem Gebäude aus Lehmziegeln, mit handgefertigten Bodenfliesen und Rasen auf dem Dach. Die 6 Zimmer teilen sich einen großen Sanitärbereich mit Badewanne, Duschen und Kompostklos. Außerdem Selbstversorger-Cottage für 4 Pers. und ausgezeichnetes Restaurant (S. 554). Gäste können die Küche benutzen oder sich ein köstliches Frühstück ($9–15) vorsetzen lassen. ⏰ Juli–Mitte Sep geschl. Zimmer $115, Cottage $160

🧳 **Shambhala**, SH60, 16 km nördlich von Takaka in Onekaka, ☎ 03 525 8463, 🖥 shambhala.co.nz. Einladendes, spirituell angehauchtes Hostel mit Yoga-Unterricht, 2 km einen Weg hinunter, der fast genau gegenüber vom Mussel Inn (S. 554) abzweigt, von wo Gäste abgeholt werden können. Dorms im Haupthaus, außerdem geräumige 2BZ und DZ

mit schönem Meerblick in separatem Gebäude mit solarbeheizten Duschen und Kompostklos. Schöner verwilderter Garten und Strandzugang. ⏰ Juni–Okt geschl. Camping und Wohnmobile $18, Dorm $28, DZ $66

Totaranui Campground, 26 km östlich von Takaka (S. 550). Großer, beliebter Campingplatz im Abel Tasman National Park, mit Laden, Wasseranschluss, Toiletten, Picknicktischen und kalten Duschen. Vorausbuchen! $12,50

Waitapu Bridge, 4 km nördlich von Takaka am SH60. Netter und kostenloser Campingplatz am Fluss mit Toiletten und Flusswasser. Nur für Wohnmobile mit eigener Toilette. Höchstaufenthalt 2 Nächte. Kostenlos

In Takaka gibt es einige gute Lokale, weitere ein paar Kilometer außerhalb. Drinks und Musik sind am besten im Wholemeal Café, Roots, The Brigand und Mussel Inn.

Takaka

The Brigand, 90 Commercial St, ☎ 03 525 9636. Relaxtes Restaurant mit Bar. Serviert Burger, Rippchen, Lachs und verführerischen warmen Schokoladenkuchen (Hauptgerichte $24–34). Mit reichlich Platz draußen und an mehreren Abenden der Woche Livemusik, donnerstags offene Bühne. ⏰ tgl. 11 Uhr bis spät.

Dangerous Kitchen, 46a Commercial St, ☎ für Take away 03/525 8686. Großes, preisgünstiges, sehr beliebtes Café mit Tischen unter freiem Himmel, spezialisiert auf exotische Pizza-Varianten, köstliche Wraps, gutes Frühstück und Salate ($10–28). Auch Gerichte zum Mitnehmen und Alkoholausschank. ⏰ tgl. 9–21 Uhr, Aug und Sep So geschl.

Infusion, 30 Commercial St. Der einzige von Deutschen geführte Teesalon der Südinsel, mit dem besten Brot und den besten Backwaren an der Golden Bay und 30 Sorten Tee. ⏰ Mo–Fr 9–17, Sa 9–15 Uhr.

🧳 **Roots Bar**, 1 Commercial St. Gut zubereitete neuseeländische Tapas (alles unter $20) sowie Bier und Cider von Sprig & Fern in Nelson. Dazu ertönt Reggae, Roots oder Drum 'n' Bass. Am Wochenende spielen bis spät in die Nacht Bands oder legen DJs auf. ☉ Di–So 16.30 Uhr bis spät.

Schnapp Dragon, 1 Hoody Alley, abseits der Commercial St im Ortszentrum, ☎ 03 525 9899, 🖥 schnappdragon.co.nz. Ein interessanter Neuling in der Kneipenszene: Der wahnsinnig engagierte Eigentümer der Brennerei serviert Weltklasse-Whiskey, Gin, Tequila, Wodka, Liköre und Honigsekt. ☉ Mo–Fr 9–17, Sa 10–17 Uhr.

TLC (The Little Café), 65A Commercial St. Winziges Café mit Tischen unter einer Sumpfeiche an der Hauptstraße. Hier gibt's den besten Kaffee an der Golden Bay sowie Thekenkost. ☉ Mo–Fr 9.30–16 Uhr.

Wholemeal Café, 60 Commercial St. Eine Institution in Takaka, die immer für ein halbes Stündchen bei Kaffee und Kuchen gut ist. Pizza, bunte und gesunde Salate, Fisch-, Fleisch- und vegetarische Gerichte ($16–25) im geräumigen Speisesaal oder auf der Terrasse. ☉ tgl. 7.30–16.30 Uhr, bei Veranstaltungen und im Sommer länger.

Umgebung von Takaka

Mussel Inn, SH60, 18 km nördlich von Takaka. Ein absolutes Muss – schönes Holzgebäude, eingerichtet mit sperrigen, aber gemütlichen Holzmöbeln und Werken einheimischer Künstler. Hier kann man essen, Wein, Cidre oder hausgebrautes Bier trinken, lesen, Schach spielen oder Livemusik hören. Stets einfaches, frisches und gesundes Essen, Tipps: Muscheln, Pasteten, offene Burger mit Fisch, Fleisch oder Falafel sowie sehr

guter Kuchen. ☉ tgl. 11 Uhr bis spät, Aug und Sep geschlossen.

Penguin Café, 818 Abel Tasman Drive, Pohara. Café/Restaurant und Bar, mit viel Platz, lohnt die Anfahrt von Takaka allein für einen Kaffee oder ein Bier auf der Sonnenterrasse an der Straße. Schön präsentierte Gerichte wie Anatoki-Lachs und Seafood-Pizza sowie hausgemachte Eiscreme. Hauptgerichte meist $20–36. ☉ Di–So 11 Uhr bis spät, Mo 16 Uhr bis spät.

Sans Souci Inn, Richmond Rd, Pohara Beach, 10 km östlich von Takaka, ☎ 03 525 8663, 🖥 sanssouciinn.co.nz. Einfaches Restaurant mit Tagesmenü aus frisch zubereiteten, fantasievollen Speisen – z. B. mit Räucherfisch, Rinderfilet oder etwas Vegetarischem (alles $29–34). Außerdem köstliche Desserts. Eine Reservierung sehr sehr zu empfehlen. Mit Schanklizenz. ☉ Abendessen um 19 Uhr oder nach Vereinbarung.

Fahrradverleih

Die meisten Hostels verleihen kostenlos Fahrräder an ihre Gäste.

The Quiet Revolution, 11 Commercial St, ☎ 03 525 9555, 🖥 quietrevolution.co.nz. Mountainbikes kosten $25 pro Tag ($45 für den Gebrauch abseits der Straßen) und Verkauf der Broschüre *Fat Tyre Fun* ($2) mit über einem Dutzend erstklassiger Mountainbikestrecken in der Golden Bay. ☉ Sa Nachmittag und So geschlossen.

Informationen

i-SITE Visitor Centre, am SH60 (von Süden kommend bei der Ortseinfahrt), ☎ 03 525 9136, 🖥 nelsonnz.com. Sämtliche DOC-Informationen, Buchungsservice für die Hütten im Nationalpark und Organisation von Mietwagen. 🕐 tgl. 9–17 Uhr.

Internet

Bibliothek, 3 Junction St, 🕐 Mo–Do 9.30–17, Fr 9.30–18, Sa 9.30–12.30 Uhr; außerdem mehrere Internetcafés in der Commercial St.

Busse

Golden Bay Coachlines, ☎ 03 525 8352, 🖥 gbcoachlines.co.nz, und **Abel Tasman Coachlines**, ☎ 03 548 0285, 🖥 abeltasman travel.co.nz, fahren von Nelson via Takaka nordwärts nach Collingwood und zum Heaphy Track sowie Richtung Osten nach Totaranui. In Takaka halten die Busse beim i-SITE am SH60.

Busse nach:
COLLINGWOOD 1x tgl., 30 Min.;
HEAPHY TRACK 1x tgl., 1 Std.;
MOTUEKA 2x tgl., 1 1/4 Std.;
NELSON 2x tgl., 2 1/4 Std.;
TOTARANUI 1x tgl., 1 Std.

Collingwood und Umgebung

Die nördlichste nennenswerte Siedlung in der Region der Golden Bay ist das ruhige **Collingwood** auf einem schmalen Streifen Land zwischen dem offenen Meer und dem Ruataniwha Inlet. Der Ort besteht aus nicht viel mehr als einem Laden, zwei Cafés, einem netten Pub und einigen Unterkünften. In erster Linie ist er als Ausgangsbasis für Touren zum **Farewell Spit** (s. Kasten) von Interesse.

Dabei war das heutige Collingwood in den 1850er-Jahren sogar kurzzeitig als neuseeländische Hauptstadt im Gespräch. Es wurden bereits Straßenpläne angefertigt, doch mit dem langsam versiegenden Gold schwand auch der Enthusiasmus. Über die Details unterrichten in

benachbarten Gebäuden das winzige **Collingwood Museum** und das **Aorere Centre**, Ersteres ein traditionelles Museum, Letzteres präsentiert anhand von Multimedia-Displays naturkundliche und kulturhistorische Informationen; 🕐 beide tgl. 9–18 Uhr, Spende.

Devil's Boots

7 km südwestlich von Collingwood

Südwestlich von Collingwood zieht sich das Aorere Valley zum Beginn des Heaphy Tracks. Zwei Kalksteinsockel stützen zu beiden Seiten der Straße einen bizarren Felsüberhang, **Devil's Boots** genannt, weil sein Aussehen an zwei Füße erinnert, die aus dem Boden emporragen und

---

Touren zum Farewell Spit

Eine Tour zum Farewell Spit, etwa 22 km nördlich von Collingwood, ist etwas typisch Neuseeländisches, das man nicht versäumen sollte. Zur Zeit der Recherche war allerdings nur ein Tourveranstalter empfehlenswert.
Farewell Spit Eco Tours, Tasman St, Collingwood, ☎ 0800 808 257, 🖥 farewellspit.com. Dieser Veranstalter ist seit 1946 im Gewerbe. Die *Farewell Spit Eco Tour* (6 1/2 Std., $145) führt in einem Allradfahrzeug über die sandige Landspitze bis zum Leuchtturm. Unterwegs werden die interessanten Kommentare mit lokalen Überlieferungen gewürzt. Tagsüber bekommt man jede Menge Vögel, Robben (und manchmal auch Seelöwen) und Fossilien zu sehen, erklimmt eine gigantische Sanddüne und sieht bei Ebbe Schiffswracks aus dem Schlick ragen.
Die eher ökologisch ausgerichtete *Gannet Colony Tour* (6 1/2 Std., $155) beinhaltet einen Großteil der oben genannten Attraktionen und wird durch einen 20-minütigen Spaziergang zur großen Tölpelkolonie am äußersten Ende der Sandbank ergänzt.
Die Touren finden ganzjährig statt, wobei die Abfahrtszeiten gezeitenabhängig sind (der Website entnehmen!). Auf beiden Touren bekommt man gegen Aufpreis auch Mittagessen ($10).

an ihren Sohlen mit Bäumen und Sträuchern bewachsen sind.

Etwa 4 km weiter ist das tolle Tagescafé **The Naked Possum** (s. rechts) ausgeschildert. Das Café liegt am Beginn des schönen **Kaituna Track** (2 Std. hin und zurück), eines Waldwegs vorbei an alten Goldwaschanlagen zu den Kaituna Forks.

Langford's Store

Bainham, 18 km südwestlich von Collingwood
▪ ☉ Do–Di 9–17 Uhr

Der wundervolle **Langford's Store** ist eine Kombination aus Lebensmittelladen und Postamt und wurde 1928 von den Vorfahren der heutigen Besitzer erbaut. Hier scheint sich seitdem wenig verändert zu haben: Die Holzregale sind mit Waren vollgestopft, man kann Tüten mit gemischten Süßigkeiten kaufen, und der zu zahlende Betrag wird mit einer alten Rechenmaschine addiert. Außerdem gibt es hier guten Kaffee und Kuchen.

ÜBERNACHTUNG

Collingwood Motor Camp, 6 William St, Collingwood, ✆ 03 524 8149. Traditioneller, einfacher Campingplatz, im Sommer sehr voll (vorausbuchen!), mit einigen Holzcabins und sehr viel schickeren Selbstversorger-Units. Camping $16, Cabins $50, Units $80
Collingwood Park Motel, 1 Tasman St, Collingwood, ✆ 0800 270 520, ⌨ collingwoodpark.co.nz. Preisgünstige Units auf einem Gelände an der Flussmündung. Die Zimmer sind gemütlich und sauber, die Betreiber freundlich. $120
Somerset House, 12 Gibbs Rd, Collingwood, ✆ 03 524 8624, ⌨ backpackerscollingwood.co.nz. Ruhiges Hostel mit ordentlichen, sauberen und gemütlichen Zimmern sowie Blick auf die Flussmündung, kostenlosem Frühstück und billigem Fahrradverleih. Dorm $30, Zimmer $66

ESSEN

Lady Luck Coffee Caravan, auf dem Parkplatz hinter dem Collingwood Motor Camp und gegenüber der öffentlichen Bootsrampe. Gutes Essen für unter $20, ausgezeich-

neter Kaffee und Kuchen. Sehr beliebt bei den Einheimischen, die sich in den schrägen Retro-Wagen zwängen oder es sich an den Tischen draußen gemütlich machen. ☉ Do–Mo 9–16 Uhr, im Sommer länger.
The Naked Possum, 14 km südwestlich von Collingwood, ausgeschildert nach 2 km an einer unbefestigten Straße ab der Brücke über den Kaituna, ✆ 03 524 8488, ⌨ nakedpossum.com. Das Tagescafé am Waldrand bietet viel Platz zum Draußensitzen, dazu erstklassige Café-Speisen und *bush tucker* („Waldessen"). Probieren kann man z. B. einen Tahr-Burger oder eine Pastete mit Wildfleisch, Pilzen und Rotwein. Hinunterspülen lässt sich das Ganze mit einem Glas des exklusiven Ratahonigbiers Stunned Possum, das im Mussel Inn (S. 554) gebraut wird. Berühmt ist auch der Wildbeerenkuchen. Die Kissen im Café sind mit Opossumfellen bezogen. ☉ tgl. 10–16 Uhr, Fr und Sa abends länger.

Die Straße zum Farewell Spit

Nördlich von Collingwood umrundet die Straße das Ruataniwha Inlet und passiert nach 10 km das ausgezeichnete Hostel The Innlet (S. 557). Anschließend folgt die Straße weiter der Küste, bis nach 11 km der kleine Ort **Puponga** an der Nordspitze der Südinsel erreicht ist. Eine Übernachtungsmöglichkeit bietet hier das ausgezeichnete Farewell Gardens Motor Camp (S. 557). 2 km weiter befindet sich der **Puponga Farm Park**, eine öffentlich zugängliche Schaffarm; nähere Informationen sind im Visitor Centre (S. 557) erhältlich.

Farewell Spit

Vom Puponga Farm Park eröffnen sich schöne Ausblicke auf die Landzunge **Farewell Spit**, die sich über 25 km nach Osten erstreckt und oft mit Baumstämmen übersät ist, die von der Westküste hochgeschwemmt wurden. Ihren Namen erhielt sie 1770 von Kapitän Cook, der damit das Ende seines Besuchs markierte.

Die riesige Sandbank ist ein international bedeutendes **Naturschutzgebiet** mit einer Vielzahl an Lebensräumen für Vögel: Salzsumpf, offenes

Watt, Frisch- und Brackwasserseen und Sand-dünen.

Mit über 90 Vogelarten, darunter Keas und Löffler, gilt Farewell Spit als Paradies für Ornithologen. Jedes Jahr legen Tausende von Watt-vögeln – z. B. Uferschnepfen, Schiefschnäbel, Große Brachvögel, Mongolen-Regenpfeifer – die 12 000 km lange Strecke von Sibirien zurück, um dem harten arktischen Winter zu entgehen. Auf der Sandbank leben Kolonien von brüten-den Raubseeschwalben. Außerdem kann man Falken, Wekarallen, Große Raubmöwen (Skuas) sowie eine große Anzahl von Trauerschwä-nen erspähen. Auf andere Tierarten scheint die Sandbank dagegen eine fatale Anziehungskraft auszuüben: An ihrer Küste stranden besonders häufig Wale, und es scheint, als leide deren Na-vigationssinn unter der ungewöhnlichen Form von Farewell Spit.

Zwei kurze **Wanderwege** (2,5 km bzw. 4 km) beginnen direkt am Visitor Centre und eröffnen eine schöne Aussicht auf die außergewöhnliche Landschaft. Ansonsten darf die Landzunge nur im Rahmen von organisierten Touren ab Colling-wood (S. 555) betreten werden.

Cape Farewell

Von der Landzunge weg nach Westen führen Wanderwege zum **Cape Farewell**, dem nörd-lichsten Punkt der Südinsel, zum atemberaubend gelegenen Leuchtturm **Pillar Point Lighthouse** und weiter zum wellenumtosten **Wharariki Beach**. Wer innerhalb von zwei Stunden vor oder nach Ebbe hierher kommt, kann zu einigen See-höhlen gehen, in denen es sich Robben gemüt-lich machen.

INFORMATIONEN UND AKTIVITÄTEN

Das **Paddle Crab Café**, neben dem Puponga Farm Park, ℅ 03 524 8454, fungiert als **Visitor Centre** für den Farewell Spit; ⏰ tgl. 9.30–17 Uhr. Weitere Informationen gibt es auf 🖥 doc. govt.nz, wo man auch die Broschüre *Farewell Spit and Puponga Farm Park* herunterladen kann.

Cape Farewell Horse Treks, ℅ 03 524 8031, 🖥 horsetreksnz.com. Bietet **Ausritte**, die zu den landschaftlich spektakulärsten auf der gesamten Südinsel zählen. Im Programm sind zwar keine Ausritte zum Farewell Spit, dafür aber zum Pillar Point (90 Min., \$55), Puponga Beach (90 Min., \$65) und Wharariki Beach (3 Std., \$120).

ÜBERNACHTUNG

🏨 **Farewell Gardens Motor Camp**, 37–39 Seddon St, Puponga, ℅ 03 524 8445, 🖥 farewellgardens.co.nz. Idyllisches Fleck-chen am Meer am Anfang des Farewell Spit, mit verschiedenen Übernachtungsmöglich-keiten, sowohl für Familien als auch für Back-packer. Zwei Küchen, Lounge, Grill, Wasch-maschine und Trockner sowie warme Duschen. Camping \$16, Cabins mit Bad \$70, Selbst-versorger-Apartment \$150

The Innlet, 839 Pakawau Rd, ℅ 03 524 8040, 🖥 goldenbayindex.co.nz. Das ausgezeichnete Hostel bietet ein paar entzückende Garten-Cottages und mehrere beheizte Badebecken im Wald. Camping \$21, Dorm \$29, Zimmer \$65, Selbstversorger-Cottage \$75, Studio-Apartment \$96, Ruru Cottage \$180

Wharariki Holiday Park, Wharariki Beach, Cape Farewell, ℅ 03 524 8507, 🖥 wharariki beachholidaypark.co.nz. 30 Zeltstellplätze, eine Backpacker-Lodge, Wohnwagen sowie zahlreiche Einrichtungen wie Gemeinschafts-küche, Kühl- und Gefrierschrank, Grill, warme Duschen (mit Münzeinwurf), Waschmaschinen, Fahrradverleih sowie Kaffee- und Imbiss-wagen. ⏰ im Sommer tgl. 8–20 Uhr. Camping \$18, Lodge-Betten \$25, Wohnwagen p. P. \$30

Kahurangi National Park

Der riesige **Kahurangi National Park** umfasst beinahe den gesamten nordwestlichen Teil der Südinsel. Zu dem 40 000 km² großen Areal ge-hören u. a. die feuchte Westseite der **Wakama-rama Range** sowie die beiden Kalksteingipfel **Mount Owen** und **Mount Arthur**. Das Gebiet be-heimatet mehr als die Hälfte aller einheimischen Pflanzenarten Neuseelands sowie einen Groß-teil der alpinen Flora des Landes. Im einsamen

Innern des Parks haben Vögel und andere Tiere Zuflucht gefunden, darunter eine sehr seltene, Fleisch fressende Schneckenart und die riesige Höhlenspinne Gradungula.

Landschaftlich am reizvollsten ist der **Heaphy Track** (78 km, 4–5 Tage), einer von Neuseelands Great Walks. Er verbindet die Golden Bay mit dem Kohaihai Bluff an der Westküste. Die Wanderung ist erheblich anspruchsvoller als der Abel Tasman Coast Track, entschädigt dafür aber mit der Schönheit seiner vielfältigen Landschaften: wilde Flüsse, ausgedehnte Tussock-Ebenen, üppige Wälder sowie Nikau-Palmenhaine. Benannt wurde der Weg nach Charles Heaphy, dem ersten Europäer, der die Strecke 1846 in Begleitung von Thomas Brunner und dem Maori-Führer Kehu bewältigte. Maori pflegten die Gegend schon seit langem auf ihrem Weg ins zentrale Westland zu durchwandern, um an der Westküste nach *pounamu* zur Herstellung von Waffen, Schmuck und Werkzeugen zu suchen.

Die **DOC-Broschüre** *Heaphy Track* ist in den Touristeninformationen oder im Internet erhältlich und enthält eine Karte, die zum Wandern ausreicht, doch kann es auf keinen Fall schaden, die *Kahurangi Park Map* ($19) im Maßstab 1:150 000 mitzunehmen.

Der Anbieter **Bush and Beyond Guided Walks**, ✆ 03 528 9054, 🖥 naturetreks.co.nz, veranstaltet hervorragende geführte Wanderungen über den Track und durch andere Gebiete des Parks. Die ökologisch ausgerichteten, fünftägigen Ausflüge kosten $1595.

Heaphy Track

90 % aller Wanderer begehen den **Heaphy Track** von Osten nach Westen, um den harten Anstieg gleich am Anfang zu bewältigen und an den folgenden Tagen leichteres Terrain vor sich zu haben.

Von der **Brown Hut zur Perry Saddle Hut** (17 km, 5 Std., 800 Höhenmeter) geht es auf einer alten Kutschenstraße stetig bergan, am Aorere-Campingplatz vorbei zu Flanagans Corner hinauf, mit 915 m der höchste Punkt des Tracks.

Danach erwartet die Wanderer ein leichtes Stück: Von der **Perry Saddle Hut zur Gouland Downs Hut** (7 km, 2 Std., 200 Höhenmeter) geht es über den Perry Saddle durch Tussock-Grasland ins Tal, bevor man über natürliche Kalksteinbrücken die schöne kleine Hütte mit acht Schlafplätzen (keine Kochmöglichkeit) erreicht. Anschließend wird Gouland Downs durchquert, eine mit Flachs und Tussockgras bewachsene Ebene, bis man zur **Saxon Hut** gelangt (5 km, 1 1/2 Std., 200 m Abstieg).

Auf dem Weg von hier zur **James Mackay Hut** (12 km, 3 Std., 400 Höhenmeter) passiert man weite Grasflächen und quert mehrmals kleine Bäche, die in den Heaphy River münden. Wer die nötige Energie aufbringt, kann am selben Tag noch die **Lewis Hut** (12,5 km, 3–4 Std., 700 m Abstieg) erreichen, ein Paradies für Nikaupalmen – und nervtötende Sandfliegen. Es ist möglich, von hier aus an einem Tag das Ende des Tracks zu erreichen, doch mehr Spaß macht es, sich etwas Zeit zu lassen und in der **Heaphy Hut** (8 km, 2–3 Std., 100 Höhenmeter) einzukehren, die nahe der Stelle liegt, wo sich der Heaphy River mit viel Getöse ins Meer ergießt.

Am letzten Tag geht es dann gemütlich an der Küste entlang zum **Kohaihai Shelter** (16 km, 5 Std., 100 Höhenmeter). Am Crayfish Point führt der Weg für kurze Zeit am Strand entlang, den man allerdings eine Stunde vor bzw. nach der Flut meiden sollte – länger, wenn es stürmisch ist. Vom Scott's Beach muss man schließlich über den Kohaihai Bluff zum Parkplatz Kohaihai Shelter am anderen Ende marschieren, wo hoffentlich schon ein Fahrzeug zur Abholung bereitsteht.

ÜBERNACHTUNG

Über die Strecke verteilen sich 7 **Hütten**, die ganzjährig im Voraus gebucht und bezahlt werden müssen (Okt–April $30,60, Mai–Sep $15,50; Online-Buchung auf 🖥 doc.govt.nz), allesamt ausgestattet mit Heizung, Wasser und Toiletten (zumeist Spülklosetts); alle außer der Brown Hut und der Gouland Downs Hut bieten Kochgelegenheiten, doch einen Kocher und Campinggeschirr muss man selbst mitbringen.

Daneben gibt es 9 ausgewiesene **Camping-plätze**, die ebenfalls zwingend vorab gebucht werden müssen (Okt–April $12,30, Mai–Sep $8,60), größtenteils in der Nähe der Hütten, deren Einrichtungen man allerdings nicht nutzen darf.

Der Aufenthalt beschränkt sich auf 2 Nächte pro Hütte oder Zeltplatz. Versorgungsstellen gibt es unterwegs keine, sodass man alle Vorräte mitbringen muss. Vorsicht ist geboten angesichts der plötzlichen Wetterumschwünge und Legionen von Sandfliegen.

TRANSPORT

Das westliche Ende des Heaphy Track ist mehr als 400 km Autofahrt vom östlichen Ende entfernt. Wer einen Teil seines Gepäcks oder sein Fahrzeug am Weganfang zurücklässt, muss den gesamten Weg wieder zurücklaufen, eine lange Busfahrt antreten oder zum Ausgangspunkt in Nelson, Motueka oder Takaka zurückfliegen. Die Transportmöglichkeiten zum/vom Track bestehen nur von Ende Oktober bis Mitte April. Im Winter verkehren auf der Strecke nur Taxis.

Auf der Ostküstenseite beginnt der Track bei der **Brown Hut**, 28 km südwestlich von Collingwood. **Golden Bay Coachlines** bedient den Ausgangspunkt von Nelson (Abfahrt 6.45 Uhr, $55), Motueka (8 Uhr, $45), Takaka (9.15 Uhr, $33) und Collingwood (9.35 Uhr, $24) aus.

Endpunkt an der Westküste ist der 10 km nördlich von Karamea gelegene **Kohaihai Shelter**. Selbst mit den besten Verbindungen muss man sowohl in Karamea als auch in Nelson übernachten, bevor man wieder nach Takaka zurückkommt. Vermeiden kann man dies mit den im Folgenden genannten Veranstaltern.

Trek Express, ☎ 0800 128 735, 🖥 trekexpress. co.nz. Zunächst geht es direkt von Nelson zur Brown Hut, einige Tage später erfolgt die Abholung am Kohaihai Shelter mit Rückfahrt nach Nelson am gleichen Abend (alles in allem $110).

Heaphy Track Help, Takaka, ☎ 03 525 9576, 🖥 heaphytrackhelp.co.nz. Eine andere Möglichkeit bietet Derry Kingston, der einem das eigene Auto gegen eine Gebühr von $290

plus Benzinkosten nach Karamea bringt; dann geht er über den Track zurück und übergibt einem unterwegs die Schlüssel.

Remote Adventures, ☎ 0800 150 338, 🖥 remoteadventures.co.nz. Wer das Flugzeug nimmt, kann nach Beendigung der Wanderung noch am selben Tag zurückfliegen. Remote Adventures fliegen von Karamea nach Takaka ($170 p. P.).

Nelson Lakes National Park und Umgebung

Der knapp 120 km südwestlich von Nelson an der Nordgrenze der Neuseeländischen Alpen gelegene **Nelson Lakes National Park** ist durch zwei Gletscherseen, **Rotoiti** („Kleiner See") und **Rotoroa** („Langer See"), gekennzeichnet. Beide sind von Bergen umgeben und in dunkle Wälder aus Südbuchen und Steineiben gebettet. Gemeinsam bilden sie die Quelle des Buller River, und in den Wäldern und Hügeln ihrer Umgebung tummeln sich unzählige Vögel. Wandern ist zweifelsohne die Hauptaktivität, mit der sich hier gut und gern eine Woche verbringen lässt (S. 560).

St Arnaud

St Arnaud (ausgesprochen „Snt-ar-nard") ist ein kleines Nest am Nordufer des Lake Rotoiti mit ungefähr 100 Einwohnern, aber über 400 Häusern, die größtenteils von neuseeländischen Urlaubern genutzt werden. Der Ort dient Anglern, Kajakfahrern und Seglern als Basis.

ÜBERNACHTUNG UND ESSEN

Alpine Lodge, gegenüber dem Village Alpine Store, ☎ 03 521 1869, 🖥 alpinelodge.co.nz. Holzgebäude mit Restaurant, einer Bar und Spa. Im Alpine Lodge Café gibt's starken Kaffee, hausgemachten Kuchen, Snacks und im Sommer Abendessen wie Steaks, Fisch und Burger, alles mit Pommes frites ($15–30).

MARLBOROUGH, NELSON UND KAIKOURA

Dorm $29, Budget-Zimmer $69, Hotelzimmer $150

Kerr Bay Campsite, am Seeufer, 500 m vom Alpine Village Store. Einfacher DOC-Platz mit Münzduschen ($1), Toiletten, Wasseranschluss, Kochgelegenheiten und Grillbereich. $10

Nelson Lakes Motels und **Travers-Sabine Lodge**, SH63, 150 m von der Alpine Lodge entfernt, ✆ 03 521 1887, 🖥 nelsonlakes. co.nz. Die besten Unterkünfte im Ort. Ersteres ist ein mittelgroßes Hostel mit DZ, Zweibettzimmer und Dorms, Küche, TV und vielen Informationen, das zweite nebenan ist eine Ansammlung komfortabler Holz-Chalets für Selbstversorger. Beide bieten Zugang zu einem kleinen Whirlpool ($8). Dorms $26, Zimmer $62, Selbstversorger-Units $115

St Arnaud Village Alpine Store, 75 Main Rd, ✆ 03 521 1854. Der Mittelpunkt des Orts verkauft Benzin, Lebensmittel – auch frische – und Fish 'n' Chips. 🕐 tgl. 7.30–19.30 Uhr.

Tophouse, Tophouse Rd, 8 km nordöstlich von St Arnaud, ✆ 0800 544 545, 🖥 tophouse.co.nz. Eine tolle Alternative ist dieses ehemalige Viehtreiber- und Kutschenstopp-Gasthaus von 1887 mit gemütlichem Kaminfeuer und viktorianischer Einrichtung. Hier gibt's Devonshire Tea, Mittagessen wie Wild mit Pflaumenpastete und Pommes ($18) und Abendmenüs ($49), außerdem den kleinsten Pub des Landes mit super Bier aus der Region. Unterbringung in Zimmern mit Gemeinschaftsbad oder draußen in recht modernen motelähnlichen Cabins. Zimmer und Cabins $135

Wanderungen um die Nelson Lakes

Mit 270 km Wanderwegen und 20 Cabins bietet die Gegend jede Menge Optionen für Naturfreunde. Für Tageswanderungen gibt es die DOC-Broschüren *Walks In Nelson Lakes National Park*. Für die beiden mehrtägigen Wanderungen sind eigene Informationsbroschüren sowie die Karte *Nelson Lakes National Park* im Maßstab 1:100 000 ($19) erhältlich. Bei den beiden längeren Wanderungen handelt es sich um alpine Tracks, die gutes Schuhwerk und warme, Wasser abweisende Kleidung erfordern (Schneefälle sind das ganze Jahr über möglich); zwischen April und November sind zudem Steigeisen nötig. Beide Tracks beginnen 7 km vom Ort entfernt beim Parkplatz am Mount Robert. Die folgenden Wanderungen sind in etwa nach ihrem Schwierigkeitsgrad sortiert.

Bellbird Walk
Ab Kerr Bay, St Arnaud, 10–15 Min., Rundwanderweg, eben

In einfachen Windungen geht es durch Südbuchenwald, der vom Gesang der Tuis, Makomakos und Graufächerschwänze widerhallt – dank dem Rotoiti Nature Recovery Project, einem Versuch, die einheimische Tier- und Pflanzenwelt mittels Fallen und Gift vor eingeschleppten Plagen wie Possums, Ratten, Hermelinen oder Wespen zu schützen. Seit Ende der 90er-Jahre werden in ganz Neuseeland zahlreiche solcher isolierten Gebiete, sogenannte *mainland islands* („Festlandinseln"), eingerichtet und beginnen augenscheinlich Früchte zu tragen. Am frühen Abend singen die Vögel besonders laut.

Honeydew Walk
Ab Kerr Bay, St Arnaud, 30–45 Min., Rundwanderweg, eben

Die Verlängerung des Bellbird Walk heißt so, weil die Rinde der Buchen entlang dieser Strecke mit Honigtau überzogen ist, der Tuis und Makomakos anlockt.

Whisky Falls
Ab Mt Robert Trailhead, 10 km, 3–5 Std. hin und zurück, 100 Höhenmeter

Von dem Parkplatz an der Mount Robert Road führt der Lakeside Trail zu einem 40 m hohen Wasserfall, der von Moosen und Farnen umgeben und häufig in dichten Nebel gehüllt ist, was besonders

West Bay Campsite, 3 km von St Arnaud. Einfacher DOC-Platz mit zwei separaten Campingbereichen mit kleinem Baumbestand sowie Wasseranschluss, kalten Duschen und Toiletten. ⊕ April–Nov geschl. $7

DOC Visitor Centre, View Rd, ✆ 03 521 1806, liefert sämtliche Informationen zu Aktivitäten und Unterkünften in der Gegend. ⊕ tgl. 8–16.30, im Sommer bis 17 oder 18 Uhr.
Rotoiti Water Taxis, ✆ 027 702 278, 🖥 rotoitiwatertaxis.co.nz. Die Agentur bietet nach Vereinbarung Seerundfahrten ($35 p. P., mind. $105), und man kann auch Kajaks (halber Tag $50) und Kanus (halber Tag $60, ganzer $100) leihen.

Rotoiti Water Taxis, ✆ 027 702 278, 🖥 rotoitiwatertaxis.co.nz, fahren von St Arnaud zum Südende des Lake Rotoiti ($90 für bis zu 3 Pers., dann $25/Pers.), sodass man also nicht den ganzen Weg laufen muss, wenn man am Südende des Sees wandern möchte.

Zu erreichen ist die Gegend mit den Bussen von **Nelson Lakes Shuttles**, ✆ 03 521 1900, 🖥 nelsonlakesshuttles.co.nz. Die Firma bietet je nach Bedarf einen Busservice von NELSON ($40 p. P., mind. $160) sowie Verbindungen zwischen St Arnaud und dem Parkplatz am MOUNT ROBERT ($15 p. P., mind. $25) und LAKE ROTOROA ($30 p. P., mind. $90).

MARLBOROUGH, NELSON UND KAIKOURA

nach Regenfällen ein eindrucksvoller Anblick ist. Seinen Namen hat der Wasserfall von den Resten einer illegalen Whiskydestille, die man hier in den 1880er Jahren entdeckte.

Mount Robert Circuit

Ab Mt Robert Trailhead, 9 km, 3–4 Std., Rundwanderweg, 600 Höhenmeter
Der ausgezeichnete Track um den Mt Robert erklimmt zunächst den steilen Pinchgut Track und durchquert dann den Wald zur Bushline Hut ($15), bevor er im Zickzack den Paddy's Track hinunter wieder zum Ausgangspunkt führt.

Angelus Hut Loop

Ab Mt Robert Trailhead, 28 km, 2 Tage, Rundwanderweg, 1000 Höhenmeter
Eine der beliebtesten Wanderungen mit Übernachtung führt über die ungeschützte Robert Ridge zum schönen Angelus Basin mit einer schicken neuen Hütte (Okt–April $20, Buchung erforderlich, Camping $10; Mai–Sep $15) und einem kleinen Bergsee, dem Lake Angelus. Zwei Wege vervollständigen die Rundroute: der steile Cascade Track sowie der Speargrass Track, eine Ausweichroute bei schlechtem Wetter.

Travers-Sabine Circuit

Ab Kerr Bay, St. Arnaud, 80 km, 4–7 Tage, 1200 Höhenmeter
Der Fernwanderweg wird nicht in einem Atemzug mit Neuseelands Great Walks genannt und ist folglich weniger überlaufen, aber nicht minder spektakulär. Er dringt tief in abgelegene Regionen mit Seen, Tussock-Feldern, 2000 m hohen Bergen und dem Travers Saddle (1780 m) vor. Im Hochsommer blühen am Wegrand Butterblumen, Gänseblümchen, Sonnentau und Glockenblumen. Der Weg erfordert ein gutes Maß an Fitness, ist aber gut zu verfolgen, und über die meisten Bäche gibt es Brücken. Entlang des Wegs stehen insgesamt elf Hütten (zumeist $15; Tickets beim DOC erhältlich) zur Verfügung, außerdem drei Zeltplätze. Offenes Feuer ist nicht gestattet – also Kocher und Brennstoff mitbringen.

Lake Rotoroa

20 km nordwestlich von St Arnaud, zu erreichen über die Gowan Valley Rd

Der reizende **Lake Rotoroa** wirkt noch abgeschiedener als die Gegend um St Arnaud. An der Spitze des Sees liegt ein DOC-Campingplatz, wo ein paar kurze Wanderwege beginnen. Lake Rotoroa Water Taxis, ✆ 03 523 9199, befahren den See in ganzer Länge ($50 p. P., mind. $150) zur Sabine Hut am Travers-Sabine Circuit (S. 561).

Murchison

Murchison, 125 km südwestlich von Nelson und 60 km westlich von St Arnaud, ist eine kleine ehemalige Goldgräberstadt und heute in erster Linie bei Anglern und Jägern sowie bei Raftern und Kajakern beliebt. Der nahe Buller River wird von mehreren Nebenflüssen gespeist und bietet beste Bedingungen für Wildwasserrafting und zahlreiche Gelegenheiten zum Lachsfischen. Hinter Murchison führt der SH6 am Fluss entlang durch die Buller Gorge nach Westport an der **Westküste**; die Strecke ist im Kapitel „Westküste" (S. 712) beschrieben.

Alles, was in Murchison wichtig ist, befindet sich am SH6, der Murchison als **Waller Street** durchläuft, und an der ihn kreuzenden **Fairfax Street**. Geschichten aus den Tagen des Goldrauschs füllen das in der ehemaligen Post von 1911 untergebrachte **Murchison Museum**, 60 Fairfax St. Zur Sammlung gehören neben Fotos und Zeitungsausschnitten auch chinesische Töpferwaren und Opiumflaschen aus der Zeit des Goldrauschs. ⊕ tgl. 10–16 Uhr, Spende erbeten.

Murchison ist einer der wenigen Orte in Neuseeland, in denen man Gold waschen kann: Bewaffnet mit einer Pfanne ($10) und der Broschüre *Recreational Gold Panning*, beides erhältlich in der Touristeninformation, kann man sich zu den in der Broschüre aufgeführten Orten auf den Weg machen. Im Visitor Centre gibt es außerdem die DOC-Broschüre *Murchison Day Walks* mit dem **Skyline Walk** (3 km hin und zurück, 1 1/2 Std.): Durch einheimischen Wald geht es hinauf zum Höhenrücken über Murchison,

von wo man eine herrliche Aussicht über den Ort und den Zusammenfluss von Buller, Matakitaki, Maruia und Matiri genießt. Die Strecke beginnt an der Kreuzung des SH6 mit der Matakitaki West Bank Road.

ÜBERNACHTUNG UND ESSEN

Commercial Hotel, 37 Fairfax St, ✆ 03 523 9696, 🖥 thecommercialhotel.co.nz. Standard-Pub mit separatem Restaurant/Café, wo großzügig bemessene Kneipenessen serviert wird. ⊕ Bar Mo–Fr 16 Uhr bis spät, Sa und So 15 Uhr bis spät; Restaurant tgl. 17–20.30 Uhr.

Kiwi Park, 170 Fairfax St, 1 km südlich vom Stadtzentrum, ✆ 03 523 9248, 🖥 kiwipark.co.nz. Holiday Park mit Streichelzoo, gepflegten Cabins und guten Einrichtungen. Camping $15, Cabins $60, Motel Units $100 und Luxus-Cottages $225

Rafting und Kajakfahren in Murchison

Jede Menge Spaß bringen die ausgezeichneten Rafting- und Kajaktouren auf den Flüssen Buller, Mokihinui und Karamea in atemberaubender Landschaft und teils auf Wildwasser.

Ultimate Descents, 51 Fairfax St, ✆ 0800 748 377, 🖥 rivers.co.nz. Der Veranstalter bietet von Anfang Sep bis Ende Mai regelmäßig Touren auf dem Buller River (Schwierigkeitsgrad III–IV, 4 1/2 Std., $130). Man verbringt mind. 2 Std. auf dem Wasser. Daneben gibt es die sanfteren Raftingtouren für Familien (Schwierigkeitsgrad II, 4 1/2 Std., $115) und kombinierte Touren (Schwierigkeitsgrad II–IV, 8 Std., $240), wo es mit Flößen über die wilderen Abschnitte und mit dem Kajak durch die ruhigeren Passagen geht. Informationen über mehrtägige Trips auf den Flüssen Mokihinui und Karamea und Zugang per Helikopter bietet die Website des Unternehmens, dem auch der andere Rafting-Anbieter im Ort gehört, White Water Action.

New Zealand Kayak School, 111 Waller St, ✆ 03 523 9611, 🖥 nzkayakschool.com. International anerkannte Kajakschule mit Unterricht für Anfänger und Fortgeschrittene; 4 Tage Intensivunterricht $895 inkl. Unterkunft im Hostel der Schule. ⊕ Okt–April.

Lazy Cow, 37 Waller St, ✆ 03 523 9451, ✉ lazycow@xnet.co.nz. Kleines Hostel in der Ortsmitte mit geselliger Atmosphäre, sauberen und gemütlichen Zimmern, Abendessen ($12) und Whirlpool. Dorms $28, Zimmer $74, mit Bad $84

Mataki Motel, 34 Hotham St, ca. 1 km vor der Stadt, ✆ 0800 279 088, 🖥 matakimotel.co.nz. Sauberes und ruhiges Motel mit recht gemütlichen, geräumigen Zimmern; Units teils mit voll ausgestatteter Küche. $100

Murchison Lodge, 15 Grey St, ✆ 0800 523 9196, 🖥 murchisonlodge.co.nz. Komfortable und gesellige Öko-Lodge mit großen Zimmern, Willkommensdrinks und warmem Frühstück. Die Eier fürs Frühstück legen die eigenen Hühner, zu denen sich auf dem Gelände ein paar Kühe und Schweine gesellen. Kostenloses WLAN. Zimmer mit Bad $190, $215

Rivers Café, 51 Fairfax St, ✆ 03 523 9009, 🖥 riverscafemurchison.co.nz. Bietet in entspanntem Ambiente neben gutem Kaffee auch reichhaltige Mahlzeiten wie Ribeye-Steak ($30), Lachs ($34) und Salate mit grünen Bohnen und Halloumi ($25). ⏰ tgl. 9–20.30 Uhr.

Riverview Holiday Park, SH6, 1,5 km östlich des Orts, ✆ 03 523 9591. Einfacher, bei Raftern und Kajakfahrern beliebter Campingplatz am wilden Buller River, mit zahlreichen Stellplätzen, guten Einrichtungen, verschiedenen gepflegten und preisgünstigen Cabins, einem Café sowie hilfsbereiten Betreibern. Camping $14, Cabins $40, Tourist Flats $100 und Motel Units $110

SONSTIGES

Geld
Zur Zeit der Recherche war geplant, einen Geldautomaten zu installieren – im Visitor Centre nachfragen.

Informationen
Visitor Centre, 47 Waller St, ✆ 03 523 9350. ⏰ tgl. Okt–Ostern 10–17, Ostern–Sep 11–15 Uhr.

TRANSPORT
Busse halten am Visitor Centre oder in der Waller oder Fairfax St.

Busse nach:
GREYMOUTH 2x tgl., 4 Std.;
NELSON 2x tgl., 2 Std.;
PUNAKAIKI 2x tgl., 2 1/2 Std.;
WESTPORT 2x tgl., 1 1/2 Std.

Das Marlborough Wine Country

Noch Anfang der 1970er-Jahren galt es als unwahrscheinlich, dass in dieser Gegend jemals Wein produziert würde. Inzwischen hat der hiesige **Sauvignon Blanc** der neuseeländischen Weinwirtschaft auch zu internationalem Ruhm verholfen, und heute ist das Marlborough Wine Country mit fast 60 % der nationalen Traubenernte das größte Weinanbaugebiet des gesamten Landes.

Viele Weinkellereien unternehmen alle möglichen Anstrengungen, um Besucher anzulocken, und werben mit auffälliger Architektur, noblen Restaurants, interessanter Kunst und raffinierter Küche. Die vielen Wochenendausflügler sorgten für die Entstehung exklusiver B&Bs in der Region, die sich gegenseitig durch ein immer größeres Luxusangebot auszustechen versuchen. Wer so etwas sucht, braucht sich gar nicht lange in **Blenheim** selbst aufzuhalten, zumal die meisten Weingüter ohnehin näher an der unauffälligen Kleinstadt **Renwick** 10 km weiter westlich liegen.

Blenheim

Anfang der 70er-Jahre lag das 27 km südlich von Picton entfernte **Blenheim** noch inmitten ausgedehnter Weideflächen. Heute ist das ziemlich verschlafene Städtchen auf allen Seiten von Weinbergen umgeben, die zu den fruchtbarsten und qualitativ besten im Land zählen. Da daher viele Besucher in die Gegend kommen, hat sich in Blenheim inzwischen eine passable Cafészene entwickelt, jedoch besitzt der Ort abgesehen von den Weingütern kaum nennenswerte Sehenswürdigkeiten.

Omaka Aviation Heritage Centre

79 Aerodrome Rd, 4 km südwestlich der Stadt
■ ⏱ tgl. 10–16 Uhr ■ Eintritt $25 ■ ⊕ omaka.org.nz

Die bei Weitem unterhaltsamste Sehenswürdigkeit in Blenheim ist das neben einem Flugfeld gelegene **Omaka Aviation Heritage Centre**. In zwei großen Hangars sind 21 Flugzeuge aus dem Ersten Weltkrieg untergebracht, einige davon noch flugfähige Originale, andere authentische Nachbauten, alle mit erstaunlich realistischen Dioramen in Szene gesetzt, die von der Firma Weta Workshop des Regisseurs Peter Jackson angefertigt wurden. Jackson gehört ein großer Teil der Sammlung, und er ist Vorsitzender des Trusts, der das Museum ins Leben rief.

Brayshaw Heritage Park und Marlborough Museum

New Renwick Rd, 2,5 km südlich von Blenheim
■ ⏱ Museum tgl. 10–16 Uhr ■ Eintritt $10

Der **Brayshaw Heritage Park** beherbergt alte Gebäude, Fahrzeuge und landwirtschaftliche

Festivals in Marlborough

Im Februar erwacht Blenheim dank zweier Festivals zum Leben:

Blues, Brews and BBQs Festival, 🖥 blues brews.co.nz. Der Februar beginnt mit diesem Festival auf dem Blenheim A&P Showground mit Musikern und Bierbrauern des ganzen Landes. Dazu gibt's neben traditioneller Kiwi-Kost auch exotischere Speisen. Am ersten Samstag des Monats.

Marlborough Wine Festival, 🖥 wine-marlborough-festival.co.nz. Am Wochenende nach dem Blues, Brews and BBQs Festival finden beim größten Event der Stadt alle möglichen Kunsthandwerksvorführungen, Ausstellungen, Märkte und dergleichen statt. Etwa 8000 Weinfreunde machen sich zum Weinproduzenten Montana Brancott auf den Weg, wo an unzähligen Zelten Wein und Essen angeboten werden und dazu Livemusik erklingt. Eintritt $48, inkl. Glas. Richies, ✆ 03 578 5467, bietet Busse zum Festivalgelände: von der Stadt und vom Flughafen $12,50, von Picton $25, jeweils hin und zurück. ⏱ 2. Samstag im Februar 10.30–18 Uhr.

Geräte. Der beste Teil des Parks ist das **Marlborough Museum** mit einer kleinen Maori-Sammlung und einer Ausstellung über den Weinanbau der Region.

Die Weinregion wartet mit zahlreichen teuren Luxusunterkünften und einigen bescheideneren Unterkünften in Blenheim selbst auf. Budget-Unterkünfte sind meistens mit Saisonarbeitern belegt, aber es gibt auch ein sehr gutes Hostel in Renwick (S. 566). In der ersten Februarwoche sind fast alle Zimmer schon lange im Voraus ausgebucht, denn dann ist Festivalsaison.

Bings Motel, 29 Maxwell Rd, ✆ 0800 666 999, ✉ email@bingsmotel.co.nz. Klassisches Motel in einer ehemaligen Kaserne in der Nähe des Zentrums mit viel Platz und günstigen Preisen. $94

Blenheim Bridge Top 10 Holiday Park, 78 Grove Rd, ✆ 0800 268 666, 🖥 blenheimtop 10.co.nz. Zentral, aber ein wenig zu nah an der Hauptstraße und der Eisenbahnstrecke, mit den üblichen Einrichtungen sowie guten Stellplätzen und gemütlichen Units und Cabins. Stellplatz $35, Cabin $78, mit Küche $90, Selbstversorger-Unit $125

🏨 **Hotel d'Urville**, 52 Queen St, ✆ 03 577 9945, 🖥 durville.com. Früher eine Bank, jetzt ein schickes, stilvolles kleines Hotel mit Restaurant und Cocktailbar direkt im Stadtzentrum. Die beste Unterkunft der Stadt mit sehr empfehlenswertem Restaurant. $290

Palms Motel, 68 Charles St, ✆ 0800 256 725, 🖥 blenheimpalmsmotel.co.nz. Schön eingerichtetes zentrales Motel mit Sky-TV und diversen Units, darunter einige mit Whirlpool. Warmes Frühstück erhältlich ($12). $150

Eine Besichtigung der Weingüter lässt sich gut mit einem Mittagessen verbinden, besonders bei Highfield Estate, Hunter's und Wairau River. Abends haben dagegen nur wenige Restaurants auf den Weingütern geöffnet, sodass Blenheim zu späterer Stunde eine gute Alternative ist.

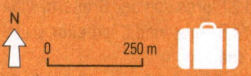

▲ Picton (27 km)

● RESTAURANTS, CAFÉS & BARS
Café Home	4
Hotel d'Urville	5
Raupo	3
Rocco's	2
Ye Old Malthouse	1

■ ÜBERNACHTUNG
Bings Motel	4
Blenheim Bridge	
Top 10 Holiday Park	1
Hotel d'Urville	3
Palms Motel	2

Pollard Park

Fultons Creek

Renwick (8 km)

Cob Cottage (2 km), Christchurch (300 km)

MARLBOROUGH, NELSON UND KAIKOURA

Brayshaw Heritage Park (1 km), ▼ Krankenhaus (1,5 km), Omaka Aviation Heritage Centre (4 km)

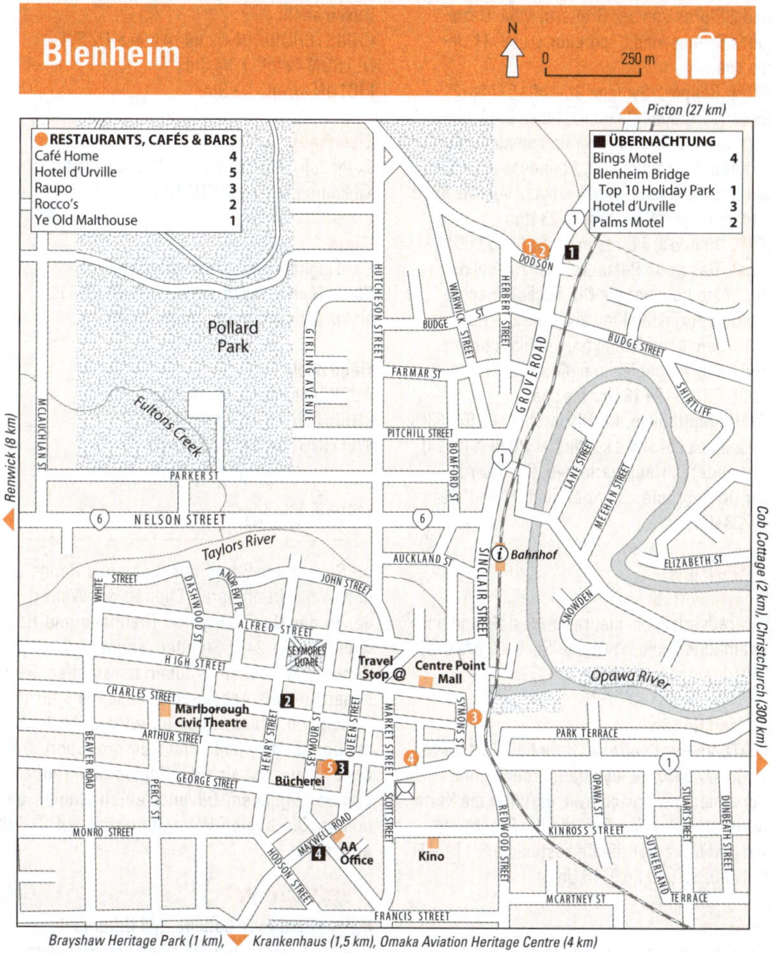

The Argosy, 760 Middle Renwick Rd, ✆ 03 572 7388, ▭ argosy.net.nz. Fabelhaftes traditionelles Restaurant mit preisgünstigen, großzügig bemessenen Fish 'n' Chips, außerdem Jakobsmuscheln, Frühstück, Braten (Hauptgerichte $9–32) und jede Menge Snacks. Mit Alkoholausschank. ⊕ Mo–Fr 10–20, Sa und So 10–21 Uhr.

Café Home, 1c Main St. Neben erstklassigem Kaffee auch frische Sandwiches, Frittata-stücke und Kuchen ($9–20). ⊕ Mo–Fr 8–17, Sa 9–14 Uhr.

Hotel d'Urville 52 Queen St, ✆ 03 577 9945, ▭ durville.com. Sehr gutes Restaurant mit stilvoller moderner Einrichtung und erst-klassiger Küche, die das Beste aus dem saiso-nalen Angebot macht. Hauptgerichte $38–42. Reservieren! ⊕ tgl. mittags und abends.

Moa Bar, 258 Jackson Rd, ✆ 03 572 5149. Tolle kleine traditionelle Bar mit 10 Bieren und 2 Cidres von der Brauerei Moa. Dazu gibt's Brauer- und Käseteller. ⏲ tgl. 11 Uhr bis spät.

🧳 **Raupo**, 2 Symons St, 📞 03 577 8822, 🖥 raupocafe.co.nz. Tolles Café mit Terrasse am Opawa River und ausgezeichnetem Mittagessen (meist $18), Abendessen im Bistro-Stil ($26–33) und *high tea,* sowohl vor- als auch nachmittags ($15). ⏲ tgl. 9–23 Uhr.

🧳 **Rocco's**, 5 Dodson St, 📞 03 578 6940. Das nette Restaurant ist zweifellos der beste Italiener am Ort. Täglich frische Pasta, Spezialität: Kiev alla Rocco – Hühnerbrust gefüllt mit Schinken, Knoblauchbutter und Käse, eingehüllt in ein Kalbsschnitzel ($28). ⏲ Mo–Sa 18 Uhr bis spät.

Ye Old Malthouse, 1 Dodson St, 📞 03 577 8348. Geselliges Lokal mit köstlicher Pizza ($18–24) und anderen Hauptgerichten. Dazu wird vor Ort gebrautes Bier gereicht. ⏲ Mo–Sa 11–23 Uhr.

SONSTIGES

Fahrradverleih

Fahrradverleih bei mehreren Hostels und bei AvantiPlus Cycle, 61 Queen St, 📞 03 578 0433, $40 für einen halben Tag.

Informationen

i-SITE Visitor Centre, im Bahnhof, Sinclair St, 📞 03 577 8080, 🖥 lovemarlborough.com. Verschiedene Broschüren, darunter die Karte *Marlborough Wine Trail* und die Broschüre *Art and Craft Trail* (beide kostenlos). ⏲ Mo–Fr 9–17.30, Sa und So 9–16 Uhr.

Internet

Kostenlosen Internetzugang bietet die **Bücherei**, 33 Arthur St, ⏲ Mo–Fr 9–18, Sa 10–13, So 13.30–16.30 Uhr. Recht günstig ist die Internetnutzung auch im **i-SITE** und beim **Travel Stop Cyber Café**, 17 Market St, ⏲ Mo–Sa 10–21, So 10–16 Uhr. Alle drei bieten WLAN.

TRANSPORT

Busse

Alle Fernbusse halten vor dem **i-SITE Visitor Centre**, direkt vor dem Bahnhof.

Busse nach:
CHRISTCHURCH 4–5x tgl., 4 3/4–5 1/2 Std.; NELSON 4x tgl., 1 3/4 Std.; PICTON 8x tgl., 1/2 Std.

Eisenbahn

1x tgl. fährt ein Zug nach PICTON und über Kaikoura nach CHRISTCHURCH.

Flüge

Der Flughafen liegt 7 km westlich der Stadt. **Marlborough Taxis**, 📞 03 577 5511, nimmt $35 für die Fahrt in die Stadt.

Flüge nach:
AUCKLAND 4x tgl., 1 1/4 Std.; CHRISTCHURCH 3x tgl., 50 Min.; WELLINGTON 10x tgl., 25 Min.

Wine Country

Im Schutz der Berge der Richmond Range erhalten die fruchtbaren Ebenen am Wairau River in der Umgebung von Blenheim und Renwick um die 2400 Stunden Sonnenschein pro Jahr, unter dem die Trauben heranreifen. Man schätzt dieses Anbaugebiet besonders für den Sauvignon Blanc, aber es wird auch leckerer Chardonnay und Pinot Noir produziert. Darüber hinaus hat sich die Region als Produzent von vorzüglichem Olivenöl einen Namen gemacht. Die besten Weingüter sind auf S. 568 aufgeführt.

ÜBERNACHTUNG

🧳 **Cranbrook Cottage**, 145 Giffords Rd, etwa 9 km nordwestlich von Blenheim, 📞 03 572 8606, 🖥 cranbrook.co.nz. Romantisches Cottage von 1860 für Selbstversorger (bis zu 4 Pers.) inmitten von Bäumen und Weinreben. Das fabelhafte Frühstück wird den Gästen in einem Korb zum Cottage gebracht. 2 Nächte Mindestaufenthalt. $210

Olde Millhouse, 9 Wilson St, Renwick, 📞 0800 653 262, 🖥 oldemillhouse.co.nz. Ein reizendes B&B mit 3 Zimmern in einem Bauerngarten, wo ein kleines Frühstück serviert werden kann. Fahrradverleih (auch an Nicht-Gäste) möglich,

MARLBOROUGH WINE COUNTRY

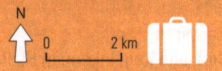

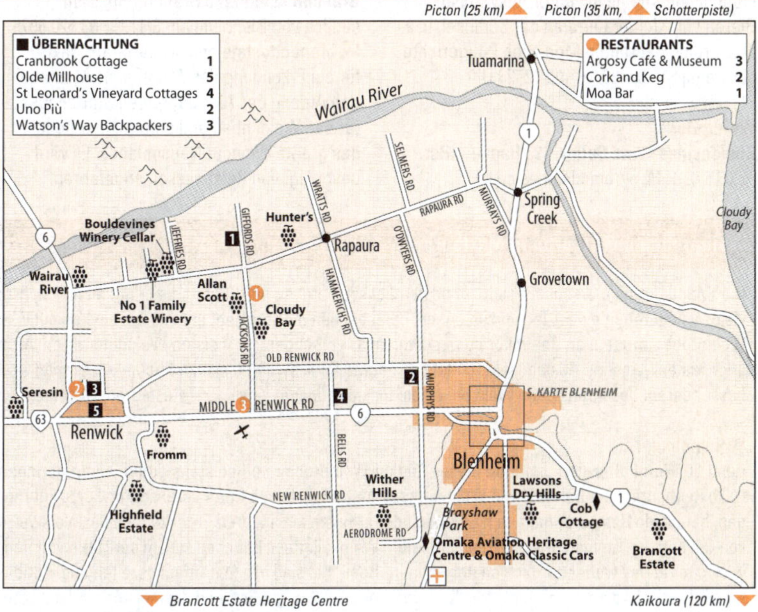

N

0   2 km

Picton (25 km) ▲   Picton (35 km, ▲ Schotterpiste)

■ ÜBERNACHTUNG
Cranbrook Cottage	**1**
Olde Millhouse	**5**
St Leonard's Vineyard Cottages	**4**
Uno Più	**2**
Watson's Way Backpackers	**3**

● RESTAURANTS
Argosy Café & Museum	**3**
Cork and Keg	**2**
Moa Bar	**1**

Tuamarina

Wairau River

Havelock (25 km), Nelson (80 km) ◄

Bouldevines
Winery Cellar

Hunter's

Rapaura

Spring
Creek

Cloudy
Bay

6

Wairau
River

Allan
Scott

No 1 Family
Estate Winery

Cloudy
Bay

Grovetown

OLD RENWICK RD

Seresin

MIDDLE RENWICK RD

63

Renwick

Fromm

Highfield
Estate

NEW RENWICK RD

S. KARTE BLENHEIM

Blenheim

Wither
Hills

AERODROME RD

Brayshaw
Park

Lawsons
Dry Hills

Cob
Cottage

Brancott
Estate

Omaka Aviation Heritage
Centre & Omaka Classic Cars

▼ Brancott Estate Heritage Centre

Kaikoura (120 km) ▼

Whirlpool, kostenloses WLAN und kostenlose Bustransfers. $145

St Leonard's Vineyard Cottages, 18 St Leonard's Rd, ✆ 03 577 8328, ⌨ stleonards.co.nz. Hier wurden ehemalige Hofgebäude wunderbar in rustikal-luxuriöse Selbstversorger-Unterkünfte umgebaut. Außerdem gibt es einen solarbeheizten Pool, kostenlose Fahrräder, Grillbereiche, und das alles auf einem Gelände inmitten der Weinreben. Gäste haben die Wahl zwischen der Old Dairy für 2 Pers., den Shearers Quarters für 3 Pers., den Stables für 2 Pers., dem Cottage für 3 Pers. und dem Woolshed für 5 Pers., zu dem ein Pool im Freien gehört. Zutaten fürs Frühstück werden gestellt. Old Dairy $115, Shearers Quarters $150, Stables $185, Cottage $210, Woolshed $310

Uno Più, 75 Murphys Rd, am Stadtrand von Blenheim, ✆ 03 578 2235, ⌨ unopiu.co.nz. Unter freundlicher Leitung des ehemaligen Besitzers eines italienischen Restaurants, der einen Traum aus diesem Homestay macht. Man kann sich kaum vorstellen, noch besser untergebracht zu sein – sowohl in dem Farmhaus von 1917 als auch in dem neuen Cottage für Selbstversorger. Es gibt ein tolles Frühstück und auf Bestellung ein ausgezeichnetes Abendessen ($80). Reservierung erforderlich. Farmhaus $430, Cottage $470

Watson's Way Backpackers, 56 High St, Renwick, ✆ 03 572 8228, ⌨ watsons waybackpackers.co.nz. Das mit Abstand beste Hostel in Marlborough: eine sehr gemütliche Unterkunft in schattigem Garten mit BBQ-Bereich; in der Nähe vieler Weingüter. Preisgünstiger Fahrradverleih, Pool im Freien. Sehr hilfsbereite Besitzer, öffentlicher Tennisplatz nebenan. ⊙ Sep geschl. Zelten $15, Dorm $30, Zimmer $66, mit Bad $76

Renwick

Cork and Keg, Inkerman St, Renwick. Freundliche Kneipe mit guter Auswahl an Bieren von Kleinbrauereien der Südinsel, u. a. dem örtlich gebrauten Moa-Bier. Pubgerichte ganztägig $16,50–23. ⏱ tgl. 12–23 Uhr.

Weingüter

Bouldevines Wine Cellar, 193 Rapaura Rd, ☎ 03 572 8444, 🖥 bouldevines.co.nz.

Erschwingliche Weine eines Weingartens; alle in der Region üblichen Rebsorten. ⏱ tgl. 10–17 Uhr.

Brancott Estate, 180 Brancott Rd, 5 km südlich von Blenheim am SH1, ☎ 03 520 6975, 🖥 brancottestate.com. Guter Startpunkt für die Erkundung der Weinregion. Montana gab Anfang der 70er-Jahre den Startschuss für den Weinanbau und betreibt hier heute das größte Weingut Neuseelands. Es wird bevorzugt von Reisebussen angefahren.

Weinproben und -touren in Marlborough

Die Weinbauregion erschließt sich am besten bei Weinproben und Touren. Es bringt nichts, sich zu viele Weingüter an einem Tag vorzunehmen, denn bei den meisten geht es eher um eine gemütliche Weinprobe, für die man Zeit mitbringen sollte. Zwar versenden die meisten Weingüter ihren Wein auch kistenweise ins Ausland, jedoch ist der finanzielle Aufwand meist zu hoch, sodass man sich besser darauf beschränkt, den Wein bei einem Picknick oder in einem BYO-Restaurant zu genießen.

Weinproben

Rund 50 **Weinkellereien** bieten in dieser Region Weinproben an (meistens gegen einen geringen Unkostenbeitrag, der bei Kauf von Wein angerechnet wird). Einige Güter veranstalten kurze Führungen, haben ein Restaurant auf dem Gelände oder arbeiten mit anderen Produzenten, beispielsweise von Olivenöl, zusammen. Die meisten namhaften Weinkellereien befinden sich in der Nähe von Renwick oder etwas weiter nördlich an der Raupara Road. Sie sind alle (mit Öffnungszeiten und Einrichtungen) in dem kostenlosen Blatt *Marlborough Wine Trail* aufgeführt, und die meisten sind auch auf dem detaillierteren Faltplan *Marlborough Wineries and Wines* ($2) verzeichnet. Die **Öffnungszeiten** sind im Allgemeinen tgl. 10–16 oder 17 Uhr, im Winter dagegen stark eingeschränkt.

Mit Infomaterial und Karte ist man bestens gerüstet für einen Tag in den Reben, vorzugsweise mit einem Mittagessen in einem der Weingutrestaurants. Es gibt hier nur wenige Weine, die deutlich unter $20 pro Flasche kosten, und da die Kellereien ihre Restaurants auch zur Selbstdarstellung nutzen, muss man dort in der Regel ebenfalls tief in die Tasche greifen.

Weintouren

Eine Besichtigung mehrerer Kellereien hat einen offensichtlichen Nachteil für den Fahrer. Die Alternative ist eine organisierte Weintour.

Highlight Wine Tours, ☎ 03 577 9046, 🖥 highlightwinetours.co.nz. Nachmittags- ($55), Halbtages- ($65) und Ganztagestouren ($75, mit 2 Lunchstops, Essen muss jedoch selbst bezahlt werden).

Marlborough Wine Tours, ☎ 03 578 9515, 🖥 marlboroughwinetours.co.nz. Bietet einige der günstigsten Touren, z. B. 3 Std. ($45), 5 Std. ($60) und 7 Std. ($80) mit Zeit zum Mittagessen (nicht im Preis inbegriffen) bei einer der Kellereien.

Sounds Connection, ☎ 0800 742 866, 🖥 soundsconnection.co.nz. Halbtägige Tour mit 4–5 Weinkellereien ($75), ganztägige Rundfahrt mit 6–7 Weingütern ($99, ohne Mittagessen).

Wine Tours by Bike, ☎ 03 577 6954, 🖥 winetoursbybike.co.nz. Verleiht Fahrräder für $40 für einen halben bzw. $60 für einen ganzen Tag, bietet dafür aber Abholung von Unterkünften und kommt bei Fahrradpannen zu Hilfe.

Kostenlose Weinproben, Café und Führungen (tgl. 11, 13 und 15 Uhr, 50 Min., $15,50). Interessant ist auch das auf einer Anhöhe gelegene neue Restaurant und das Heritage Centre; hier werden neben gutem Essen und Ausblicken auch eine Video-Werbepräsentation und die einstündige Living Land Experience Tour ($40) geboten. Die Tour endet mit einer Weinprobe, Höhepunkt der Führung ist jedoch die Chance, einen der seltenen Maorifalken zu sehen – eine schuldbewusste Verbeugung vor der Tatsache, dass der Weinbau mit dafür verantwortlich ist, dass der Vogel aus der Region zu verschwinden droht. ⊕ Kellerei tgl. 10–16.30 Uhr.

Cloudy Bay, Jacksons Rd, ✆ 03 520 9197, 🖳 cloudybay.co.nz. Mit dem Sauvignon Blanc aus Marlborough gelang Neuseeland Ende der 80er-Jahre der internationale Durchbruch als Weinland, und der Sauvignon aus Cloudy Bay war das Flaggschiff. Er kann mit anderen erstklassigen Weinen probiert werden ($5). Käse- und Wurstplatten kosten $25. ⊕ tgl. 10–17 Uhr.

Fromm, Godfrey Rd, ✆ 03 572 9355, 🖳 frommwineries.com. Weingut mit überwiegend Rotweinen: hervorragender Pinot Noir, würziger Syrah sowie Riesling, der an die besten deutschen Sorten erinnert. Begeistert wahre Weinliebhaber – die Produkte können mit Erzeugnissen aus aller Welt mithalten. Weinprobe $5. ⊕ tgl. 11–17 Uhr.

Highfield Estate, Brookby Rd, ✆ 03 572 9244, 🖳 highfield.co.nz. Leicht zu erkennen an dem toskanisch anmutenden Turm mit fantastischer Aussicht. Kostenlose Weinproben und eines der besten Restaurants der Region mit Terrasse inmitten der Weinreben. Hauptgerichte ($19–35), großer Vorspeisenteller ($67), Käseteller ($20) und traumhafte Desserts ($13). ⊕ tgl. 10–17 Uhr.

Hunter's, Rapaura Rd, ✆ 03 572 8489, 🖳 hunters.co.nz. Jane Hunter gilt als eine der besten weiblichen Weinproduzenten der Welt. Weinproben (kostenlos), Kunstgalerie und familienfreundliches Restaurant mit Platten ($25–35) und Mi–Sa formellerem Abendessen. ⊕ Kellerei tgl. 9.30–16.30 Uhr.

Lawsons Dry Hills, Alabama Rd, ✆ 03 578 7674, 🖳 lawsonsdryhills.co.nz. Ein vielfach ausgezeichnetes Weingut mit hervorragendem Pinot Gris, Gewürztraminer und Sauvignon Blanc. Kostenlose Weinproben, Käseteller $14–22. ⊕ Kellerei tgl. 10–17 Uhr.

No 1 Family Estate, 196 Rapaura Rd, ✆ 03 572 9876, 🖳 no1familyestate.co.nz. Die bekannteste und beste Sektkellerei der Gegend. Kostenlose Proben. ⊕ tgl. 10.30–16.30 Uhr.

Seresin, Bedford Rd, ✆ 03 572 9408, 🖳 seresin.co.nz. Stilvolles Weingut mit einem auffälligen Handabdruck als Logo. Die Weine kommen größtenteils aus biologisch-organisch angebauten Trauben. Gutes Olivenöl. Weinprobe $5. ⊕ tgl. 10–16.30 Uhr.

Wither Hills, 211 New Renwick Rd, ✆ 03 520 8270, 🖳 witherhills.co.nz. Auffallende Weinkellerei mit viel Beton und Tussockgras. Proben $5, beliebt sind besonders der Chardonnay, Pinot Noir und Sauvignon Blanc (darunter v. a. der Rarangi aus Trauben von einem einzigen Weinberg). ⊕ tgl. 10–16.30 Uhr.

Die Straße zur Kaikoura Coast

Der 130 km lange Abschnitt des SH1 von Blenheim nach Kaikoura zwischen der Küste zur Linken und der Seaward Kaikoura Range zur Rechten zählt zu den spektakulärsten Küstenstraßen Neuseelands. Es empfiehlt sich, unterwegs häufiger anzuhalten, um die herrlichen Küstenabschnitte zu genießen. Rund 20 km südlich von Blenheim weist ein Schild den Weg zur **Molesworth Station** (Kasten S. 570) und nach **Hanmer Springs**.

Der **Lake Grassmere** 50 km südlich von Blenheim ist ein riesiger, seichter Salzsee, aus dem jedes Jahr 70 000 t Tafelsalz gewonnen werden. Radfahrer übernachten gern 20 km südlich der Salzfabrik im kleinen, aber sehr hübschen Pedallers Rest Cycle Stop (S. 570).

Fahrt durch die Molesworth Station

Wer auf der Acheron Road die **Molesworth Station**, mit 1800 km² Neuseelands größte Farm, durchfahren möchte, muss dafür die richtige Zeit abpassen: Der mittlere, 59 km lange Abschnitt der Straße ist jeden Sommer nur einige Wochen lang für die Öffentlichkeit passierbar (Ende Dez–März). Die Straße führt durch eine beeindruckende Berglandschaft mit Lehmziegelhäusern und hoch aufragenden Gipfeln. Die Fahrt von Blenheim nach Hanmer Springs (190 km) dauert über fünf Stunden, davon zwei auf Schotter, und unterwegs gibt es keine Tankstellen. **Camping** ist nur beim Molesworth Cob Cottage und beim Acheron Accommodation House (jeweils $6) erlaubt. Aktuelle Informationen in der DOC-Broschüre *Molesworth* ($2) oder auf der DOC-Website, 🖳 doc.govt.nz.
Molesworth Tour Company, ☎ 03 577 9897, 🖳 molesworthtours.co.nz. Von Oktober bis Mai bietet dieser Veranstalter Tagestouren (ab $190), Touren mit Übernachtung ($748), 3-Tage-($1235) und 4-Tage-Touren ($1655) sowie etwas günstigere geführte Radtouren.

Hinter dem Lake Grassmere folgt der SH1 der Küste mit grauen Kieselstränden, die an mehreren Stellen zugänglich sind. Knapp 90 km südlich von Blenheim ragt der felsige **Kekerengu Point** ins Meer und bietet sich als perfekter Zwischenstopp an, nicht nur wegen der malerischen Küste, sondern auch, um in The Store (s. unten) einen Happen zu essen.

Ohau Point

35 km südlich des Kekerengu Point

Den schönsten Abschnitt der Küste markiert der **Ohau Point** mit der größten Robbenkolonie der Südinsel, wo sich (meistens) in weniger als 20 m Entfernung Dutzende – wenn nicht gar Hunderte – Robben auf den Felsen lümmeln. Direkt vor dem Ohau Point führt der **Ohau Stream Walk** (15 Min. hin und zurück) durch den Wald zu einem schönen Wasserfall und Becken, wo

in den Monaten Oktober und November manchmal junge Robben zu finden sind. Dann sollte man sich leise nähern.

Die hiesige Küste ist ein idealer Lebensraum für Langusten, die von den Einheimischen an der Straße verkauft werden, vor allem in **Rakautara** (s. unten).

ÜBERNACHTUNG UND ESSEN

Cay's Crays und Nin's Bins, Rakautara, 3 km südlich des Ohau Point. Hier bieten Wagen an der Straße köstliche gekochte Langusten für $35–55 an.
Pedallers Rest Cycle Stop, Lake Grassmere, 1,5 km abseits des SH1, ☎ 03 575 6708, 🖂 pedallers@ruralinzone.net. Kleine, aber gemütliche Unterkunft, die gern von Radlern angesteuert wird, aber auch Nicht-Radler willkommen heißt. Die Abzweigung zur Unterkunft ist an einem Wassertank und einem Schild an der Straße zu erkennen. Mit kleinem Geschäft. Dorm $18, Camping $14
The Store, Kekerengu Point, ☎ 03 575 8600, 🖳 the-store.co.nz. Café in toller Lage mit Burgern ($21,50), Fish 'n' Chips ($20), Kuchen und Kaffee. Mit Alkoholausschank; beliebt bei Tourbussen. ⊕ tgl. 8–19 Uhr.

11 HIGHLIGHT

Kaikoura

130 km südlich von Blenheim und 180 km nördlich von Christchurch liegt, von der **Kaikoura Peninsula** geschützt, in spektakulärer Lage zwischen Bergen und Meer die kleine Stadt Kaikoura. Vor der Küste fällt der Meeresboden jäh in den 1 km tiefen Kaikoura Canyon ab. Hier treffen warme subtropische und kalte subantarktische Strömungen aufeinander und bilden ein nährstoffreiches Gemisch, das Fische und mit ihnen Seevögel und Meeressäugetiere in großer Zahl und Vielfalt anlockt, weshalb **Walbeobachtung** und **Schwimmen mit Delphinen** in Kaikoura zu einem großen Geschäft geworden sind. Die

Präsenz erwartungsfroher Touristen sorgte für die Entstehung mehrerer ökologisch ausgerichteter Unternehmen, die Schwimmen mit Robben, SeeKajak fahren und Wandern anbieten.

Geschichte

Kaikoura verdankt seinen Namen einem alten **Maori**-Entdecker, der hier eine Rast einlegte, um Langusten zu verspeisen. Diese schmeckten ihm so gut, dass er den Ort *kai* (Essen) *koura* (Langusten) nannte.

Die **Ngai Tahu** lebten hier vom Reichtum an Land und im Meer, bis sie um 1830 durch den kriegerischen Te Rauparaha dezimiert wurden. Die ersten **europäischen Siedler** in der Region waren Walfänger, die hier Anfang der 40er-Jahre des 19. Jhs. landeten und denen alsbald Farmer folgten – ihr mühsamer Alltag wird im Kaikoura Museum sowie im faszinierenderen Fyffe House dokumentiert. Kaikoura dämmerte bis Ende der 80er-Jahre des 20. Jhs. dahin, als die **Walbeobachtung** die Stadt plötzlich für den Tourismus interessant machte. Seither ist der Ort stetig gewachsen und kommerzieller geworden, hat sich aber seine kleinstädtische Atmosphäre bewahrt.

Kaikoura Museum

14 Ludstone Rd ▪ ⏱ Mo–Fr 10–16.30, Sa und So 14–16 Uhr ▪ Eintritt $5

Das Kaikoura Museum soll demnächst in ein neues Gebäude gegenüber dem i-SITE im Ortszentrum umziehen. Seine Maori-Abteilung zeigt u. a. die verschiedenen Arbeitsschritte, die nötig sind, um aus einer Muschelschale einen wirkungsvollen Angelhaken herzustellen. Hinter dem Museum befindet sich ein Gefängnis vom Beginn des 20. Jhs., das bis 1980 genutzt wurde.

Fyffe House

62 Avoca St ▪ ⏱ Okt–April tgl. 10–17.30, Mai–Sep Do–Mo 10–16 Uhr ▪ Eintritt $9

Auf der Halbinsel lohnt ein Besuch des **Fyffe House**. Das wunderschön gelegene Walfänger-Cottage ist das älteste Gebäude der Stadt. Es gehörte ursprünglich zur 1842 von Robert Fyffe gegründeten Waiopuka Whaling Station und ruht noch immer auf dem alten Walknochenfundament. 1860 wurde es von Fyffe erweitert; einige Räume sehen noch so aus wie in jener

Der Weg nach Kaikoura führt entlang einer der spektakulärsten Küstenrouten Neuseelands.

© ROUGH GUIDES

Zeit, während andere zeigen, wie das Haus aussah, als 1980 der letzte Bewohner auszog.

Vom Cottage kann man der Avoca Street bis zu einem Parkplatz (Ausgangspunkt für den Wanderweg Kaikoura Peninsula Walkway, Kasten S. 576) folgen, wo sich des Öfteren **Pelzrobben** auf den flachen Meeresfelsen lümmeln. Die Stelle eignet sich auch zum Beobachten der verschiedenen Vögel, die in den Felsenpools auf die Suche nach Nahrung gehen.

Maori Leap Cave

2 km südlich von Kaikoura am SH1 ■ 35-minütige Touren tgl. 10.30–15.30 Uhr jeweils zur halben Stunde ■ $15 ■ ✆ 03 319 5023

Die **Maori Leap Cave** mit einigen bemerkenswerten Kalksteinformationen ist nach einem Maori-Krieger benannt, der sich auf der Flucht vor Kriegern eines verfeindeten Stammes vom Hügel oberhalb der Höhle in den Tod stürzte. Außerdem findet man hier Höhlenkorallen und -algen, die in der feuchten Höhle überleben, indem sie Dunkelheit in Energie verwandeln.

ÜBERNACHTUNG

Das Angebot an Unterkünften ist recht breit. Die meisten liegen am SH1 (Beach Road) gleich nördlich der Ortsmitte, an der Esplanade und auf der Halbinsel östlich der Stadt.

Albatross Backpacker Inn, 1 Toruquay St, ✆ 800 222 247, 🖥 albatross-kaikoura. co.nz. Freundliche, geräumige Unterkunft in einem umgewandelten Post- und Fernmeldeamt mit ungewöhnlichem türkischen Dekor in einigen Zimmern. Die gepflegten Außenanlagen sorgen für Wohlbefinden an schönen Tagen. Dorm $29, Zimmer $69

Alpine Pacific Holiday Park, 69 Beach Rd, ✆ 0800 692 322, 🖥 alpine-pacific.co.nz. Schattiger Platz in zentraler Lage. Viel Komfort (Pool und Spa unter freiem Himmel) und Unterbringung in verschiedenartigen Unterkünften. Camping $20, Cabin $70, mit Bad $115, Motel Unit $130

Anchor Inn Motel, 208 The Esplanade, ✆ 0800 720 033, 🖥 anchorinn.co.nz. Luxuriöses Motel mit geschmackvoll eingerichteten AC-Units,

einige mit Whirlpool. WLAN vorhanden. Standard $185, mit Meerblick $210

Bay Cottages, 29 South Parade, South Bay, ✆ 03 319 5506, 🖥 baycottages. co.nz. Motelähnliche Selbstversorger-Units in ruhiger Lage, rund 2 km außerhalb der Stadt auf der Südseite der Halbinsel. Der außergewöhnlich freundliche Besitzer nimmt seine Gäste manchmal kostenlos morgens zum Langustenfangen und zu einer Tour durch die Buchten mit. Kostenlose Waschmaschinennutzung. Einfache Unit $100, Standard-Unit $130

Bayview Homestay, 296 Scarborough St, ✆ 03 319 5480, 🖥 bayviewhomestay.wordpress. com. Die Seelen dieses überaus reizenden traditionellen Homestays sind Margaret Woodill, die in diesem Haus seit über 70 Jahren lebt, und ihre Tochter. Hübscher Garten mit Pool, einfache Zimmer mit Zugang von außen und mit Bad. $130

Bendamere House, 37 Adelphi Terrace, ✆ 0800 107 770, 🖥 bendamere.co.nz. Auf dem Grundstück einer großen Villa auf einem Hügel 5 gehobene Zimmer mit Küchenzeile mit Blick über die Bucht. Herzhaftes Frühstück. In fußläufiger Nähe zum Zentrum. $200

Dolphin Lodge, 15 Deal St, ✆ 03 319 5842, 🖥 dolphinlodge.co.nz. Kleines Hostel mit Garten mit Whirlpool, Hängematte und Meerblick. Dorms und nette kleine DZ, Fahrräder $10/Tag. Dorm $25, Zimmer $60

Dusky Lodge, 67 Beach Rd, ✆ 03 319 5959, 🖥 duskylodge.com. Gut geführtes Hostel mit über 120 Betten sowie Sauna, Whirlpool, Swimmingpool, Restaurant, Kaminfeuer und großer Terrasse. Außerdem eine Etage mit Deluxe-Zimmern mit Bad und Flachbildschirm-TVs, eigener Lounge und Küche. Beliebt bei Magic-Bus-Kunden. Dorm $26, Zimmer $56, mit Bad $70, Deluxe-Zimmer mit Bad $80

Kaikoura Coastal Camping, SH1, etwa 15 km südlich von Kaikoura, ✆ 03 319 5348, 🖂 goose bay@ihug.co.nz. Kette von schönen Familien-Campingplätzen (davon drei am Meer). Der nördlichste, Paia Point, hat keinen Strom; die anderen bieten Stellplätze mit Anschlüssen und Duschen. Paia Point $10, andere Plätze $13

Kaikoura Peketa Beach Holiday Park, 665 SH1, 8 km südlich von Kaikoura, ✆ 03 319 6299, 🖥 kaikourapeketabeach.co.nz. Friedlicher

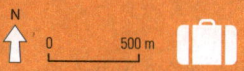

Blenheim (120 km)

Bahnhof
Whale Watch
Kaikoura

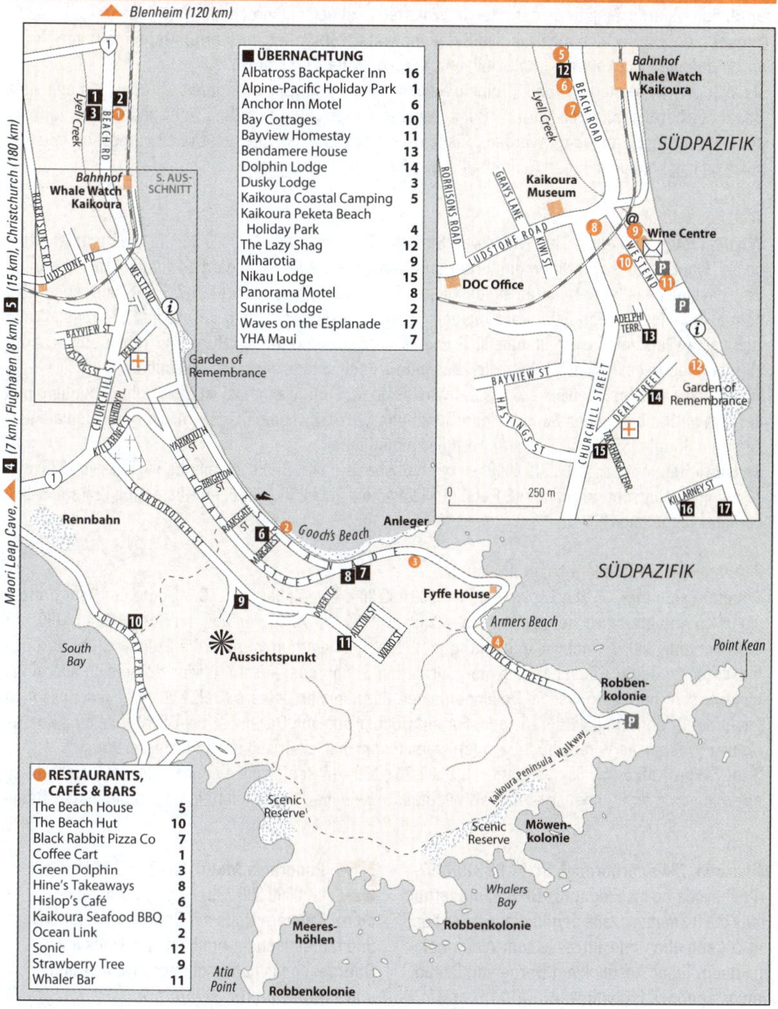

Lyell Creek

S. AUS-
SCHNITT

SÜDPAZIFIK

Kaikoura
Museum

Wine Centre

DOC Office

ADELPHI
TERR.

Garden of
Remembrance

■ ÜBERNACHTUNG

Albatross Backpacker Inn	16
Alpine-Pacific Holiday Park	1
Anchor Inn Motel	6
Bay Cottages	10
Bayview Homestay	11
Bendamere House	13
Dolphin Lodge	14
Dusky Lodge	3
Kaikoura Coastal Camping	5
Kaikoura Peketa Beach Holiday Park	4
The Lazy Shag	12
Miharotia	9
Nikau Lodge	15
Panorama Motel	8
Sunrise Lodge	2
Waves on the Esplanade	17
YHA Maui	7

Rennbahn

Gooch's Beach

Anleger

Fyffe House

Aussichtspunkt

South
Bay

Armers Beach

Point Kean

Robben-
kolonie

SÜDPAZIFIK

● RESTAURANTS, CAFÉS & BARS

The Beach House	5
The Beach Hut	10
Black Rabbit Pizza Co	7
Coffee Cart	1
Green Dolphin	3
Hine's Takeaways	8
Hislop's Café	6
Kaikoura Seafood BBQ	4
Ocean Link	2
Sonic	12
Strawberry Tree	9
Whaler Bar	11

Scenic
Reserve

Scenic
Reserve

Möwen-
kolonie

Whalers
Bay

Robbenkolonie

Meeres-
höhlen

Atia
Point

Robbenkolonie

Campingplatz am Strand, bei Surfern sehr beliebt, die von den ausgezeichneten Wellen angelockt werden. Camping $16, Cabin $62 **The Lazy Shag**, 37 Beach Rd, ☎ 03 319 6662, ✉ lazy-shag@hotmail.com. Funktionales

Hostel, in dem der Komfort der Gäste an erster Stelle steht. Ruhige Zimmer, große, gut ausgestattete Aufenthaltsräume; alle Dorms, Zweibettzimmer und DZ mit Bad. Dorm $25, Zimmer $66

Nur 1 km vor der Halbinsel versammeln sich im nahrungsreichen, 1000 m tiefen Kaikoura Canyon unzählige Meeressäugetiere, darunter 14 Walarten, und dementsprechend viele Touristen, um sie zu beobachten. Hier zeigen sich regelmäßig gigantische **Pottwale** (ganzjährig), **Delphine** (ganzjährig), vorbeiziehende **Buckelwale** (Juni–Juli) und **Schwertwale** (Dez–Feb).

Da sich „Whale Watching" und „Dolphin Swimming" sehr großer Beliebtheit erfreuen, buchen viele Besucher bereits lange im Voraus. Bei **schlechtem Wetter** wird die See aber leider sehr unruhig, sodass Touren oft abgesagt werden müssen. Wer das Erlebnis auf keinen Fall verpassen möchte, sollte sich mit ein paar Tagen Aufenthalt etwas Flexibilität verschaffen.

Walbeobachtung

Whale Watch Kaikoura, The Whaleway Station, Whaleway Rd, ☎ 0800 655 121, ▭ whalewatch. co.nz. Vom Büro des von Maori geführten Unternehmens am Bahnhof geht es mit dem Bus zur South Bay, wo ein schneller Katamaran einige Kilometer aufs Meer hinausfährt (2 1/2 Std., $145). Wenn alles normal läuft, lassen sich unterwegs ein oder zwei Wale sichten, dazu Delphine und Seevögel. Wenn sich keine Wale zeigen, erhält man 80 % des Fahrpreises erstattet. Im Büro sind Tabletten und Arm-bänder gegen Seekrankheit erhältlich – besonders nachmittags eine gute Investition.

Wings Over Whales, ☎ 0800 226 629, ▭ whales.co.nz. Eine Alternative ist die Walbeobachtung aus der Luft im Rahmen eines 30-minütigen Rundflugs ($165). Zwischen Ortszentrum und Flugplatz ver-kehrt ein Shuttle ($5 p. P. je Strecke). Fernglas mitnehmen!

Kaikoura Helicopters, ☎ 03 319 6609, ▭ worldofwhales.co.nz. Bietet 30-minütige (2 Pers. je $325) und 40-minütige Hubschrauberflüge (2 Pers. je $395) sowie einen 50-minütigen Küstenflug (2 Pers. $435). Fernglas mitnehmen!

Schwimmen mit Delphinen und Robben

Dolphin Encounter, 96 The Esplanade, ☎ 0800 733 365, ▭ dolphin.co.nz. Die Boote des sehr profes-sionellen Anbieters brechen tgl. um 5.30, 8.30 und 12.30 Uhr zu Touren auf, mit Schwimmen $165, nur Beobachtung $80. Je mehr man umhertaucht, desto neugieriger werden die Delphine. Mit Vorliebe lauschen sie den Geräuschen, die man durch den Schnorchel ausstößt. Man sollte sich allerdings nicht zu sehr mitreißen lassen: Delphine neigen dazu, immer kleinere Kreise zu ziehen, sodass man leicht die Orientierung verlieren kann. Für die Hochsaison von Dezember bis Februar sollte man drei bis vier Wochen im Voraus buchen, auch wenn manchmal kurzfristig noch Plätze frei werden.

Seal Swim Kaikoura, 58 Westend, ☎ 0800 732 579, ▭ sealswimkaikoura.co.nz. Mit Robben zu schwimmen macht genauso viel Spaß wie das Schwimmen mit Delphinen, da Robben in der Regel

Miharotia, 274 Scarborough St, ☎ 03 319 7497, ▭ miharotia.co.nz. Elegantes B&B in modernem Haus mit 3 Zimmern, alle schön eingerichtet und mit Zugang über eine Terrasse zum Whirlpool im Freien. Toller Ausblick auf Berge und Ozean, hervorragendes Frühstück. Ab $410

Nikau Lodge, 53 Deal St, ☎ 03 319 6973, ▭ nikaulodge.com. Reizendes Holzhaus von 1925 mit 7 Zimmern mit Bad; 5 davon bieten einen großartigen Blick auf die Berge oder das Meer. Kostenloses WLAN, Jacuzzi im Freien, gutes Frühstück. $190

Panorama Motel, 266 The Esplanade, ☎ 0800 288 299, ▭ panoramamotel. co.nz. Saubere Units mit Chalet-Atmosphäre und fantastischem Ausblick; die Units im Obergeschoss haben die bessere Aussicht und sind $10 teurer. $150

Sunrise Lodge, 74 Beach Rd, ☎ 03 319 7444, ✉ sunrisehostel@xtra.co.nz. Kleines Hostel nur 2 Min. zu Fuß. von Whale Watch, keine Etagenbetten, max. 3 Pers. pro Zimmer. Auf Wunsch kostenlose abendliche Bustrips zur Orientierung, kostenloser Fahrradverleih.

noch neugieriger sind. Touren von der Küste aus $70, flexiblere Bootstouren (insgesamt 2–2 1/2 Std.) $110. Es muss recht viel geschwommen werden, ist also nicht schlecht, wenn man Erfahrung im Schnorcheln hat. ⏲ nur Okt–Mai.

Vogelbeobachtung, Seekajakfahren und Tauchen

Albatross Encounter, 96 The Esplanade, ☎ 0800 733 365, 🖥 albatrossencounter.co.nz. Fans von Meeresvögeln kommen voll auf ihre Kosten, wenn es mit einem kleinen Boot 1–2 km aufs Meer hinaus geht (2–3x tgl., 2–3 Std., $110). Dort werden Köder ausgeworfen, um alle möglichen Seevögel anzulocken, darunter Krähenscharben, Mollymauks, Tölpel, Sturmvögel und Albatrosse, die alle erstaunlich nah kommen.

Kaikoura Kayaks, ☎ 0800 452 456, 🖥 kaikourakayaks.co.nz. Bietet ganzjährig und z. T. auch bei schlechteren Wetterbedingungen Touren an. Am lohnendsten sind wohl die halbtägigen Seal-Kayaking-Touren ($95), erfahrene Paddler können jedoch auch Kajaks leihen ($70 halber, $85 ganzer Tag). Im Sommer werden außerdem halbtägige Angel-Kajaktrips angeboten ($120).

Dive Kaikoura, 13 Yarmouth St, ☎ 0800 348 352, 🖥 divekaikoura.co.nz. Tauchtrips für Anfänger und für Taucher mit Tauchschein (mit Doppelflasche, $250).

Maori-Touren und Himmelsbeobachtung

Maori Tours Kaikoura, ☎ 0800 866 267, 🖥 maoritours.co.nz. Veranstaltet verschiedene Touren zum Thema Maori-Kultur, die von den ehemaligen Skipper eines Walbeobachtungsbootes und seiner Familie geleitet werden. Die halbtägigen Touren ($125) beinhalten verschiedene Sehenswürdigkeiten, Geschichten, Erläuterungen kultureller Unterschiede und das Erlernen eines Liedes.

Kaikoura Night Sky, ☎ 03 319 6635, 🖥 kaikouranightsky.co.nz. In klaren Nächten bietet sich die Gelegenheit, in kleinen Gruppen abseits der Lichter von Kaikoura durch ein mobiles 20-cm-Teleskop in den Sternenhimmel zu schauen und dazu etwas über die Bedeutung des südlichen Sternenhimmels für die Maori zu hören (1–1 1/2 Std., $50). ⏲ nur Nov–April.

Fliegen und Fallschirmspringen

Pilot a Plane, Kaikoura Airfield, SH1, ☎ 03 319 6579, 🖥 airkaikoura.co.nz. Wer gern Pilot spielt, kann hier 20 Min. lang das Ruder übernehmen – ein Adrenalinschub vor der Kulisse einer großartigen Landschaft ($120). Das Unternehmen bietet auch verschiedene Charterflüge zur Walbeobachtung.

Skydive Kaikoura, Kaikoura Airfield, SH1, ☎ 0800 843 759, 🖥 skydivekaikoura.co.nz. Sehr individuelle Tandemsprünge, ganz anders als die Fließbandsprünge in Taupo, aus einer Höhe von ca. 4000 m ($380).

Separate Selbstversorger-Wohnung für 4 Pers. Dorm $28, Zimmer mit und ohne Bad $89

Waves on the Esplanade, 78 The Esplanade, ☎ 0800 319 589, 🖥 kaikouraapartments.co.nz. Luxuriöse motelähnliche Apartments mit 2 Schlafzimmern, Balkon, Meerblick, komplett ausgestatteter Küche, Waschmaschine und Zugang zu einem Whirlpool. $270

YHA Maui, 270 The Esplanade, ☎ 03 319 5931, ✉ yha.kaikoura@yha.co.nz. Komfortables, preisgünstiges Hostel, das vor allem vom Foyer und von der Küche sagenhafte Ausblicke auf Meer und Berge bietet. Dorm $32, Zimmer $90, mit Bad $110

ESSEN UND UNTERHALTUNG

Obwohl Kaikoura ein kleiner Ort ist, sorgt der stete Besucherstrom für ein ordentliches Angebot an Cafés und Restaurants. Allerdings sind die Preise eher gehoben, besonders wenn man die örtlichen Langusten probieren möchte. Diese werden aber auch fertig zubereitet an Ständen entlang des SH1 nördlich der Stadt angeboten (S. 577).

The Beach House, 39 Beach Rd. Treffpunkt der Coolen in Kaikoura, trotz des katastrophalen Service. Guter Kaffee zum ausladenden Frühstück ($10–18) sowie u. a. *seafood chowder* und Panini zum Mittagessen. The Beach Hut, eine kleinere Filiale an der Esplanade gegenüber vom Parkplatz, wird von denselben Leuten betrieben und ist überraschenderweise preisgünstiger und lebendiger. ⏲ Beach House tgl. 8.30–15 Uhr.

Wanderungen in der Umgebung von Kaikoura

Kaikoura bietet nicht nur Meeressäuger, sondern in der Umgebung auch die Gelegenheit zu zwei kürzeren und zwei längeren Wanderungen.

Tageswanderungen

Kaikoura Peninsula Walkway (11 km, Rundwanderweg, 3 Std., leicht hügelig). Eine tolle Rundwanderung über die Halbinsel, beschrieben in der DOC-Broschüre *The Peninsula Walkway*, die im i-SITE erhältlich ist. Die Route folgt der Esplanade vorbei am Fyffe House zur Robbenkolonie. Von hier geht's über die grasbewachsenen Klippen zur South Bay. Unterwegs zweigen mehrere Wege über die Halbinsel zurück zum i-SITE ab. Zu sehen sind vielleicht Weißkopflach- und Dominikanermöwen, Austernfänger, Reiher und Scharben. Vorsicht im September und Oktober: Wenn nistende Möwen ihre Nester bedroht sehen, können sie angreifen! Interessant ist auch ein eingezäuntes kleines Reservat, in dem Huttonsturmtaucher Schutz finden.

Mount Fyffe (16 km hin und zurück, 6–8 Std., 1400 Höhenmeter Aufstieg). In der DOC-Broschüre *Mount Fyffe and the Seaward Kaikoura Range* sind mehrere Wanderungen in Ortsnähe beschrieben. Die schönste davon ist vielleicht diese anstrengende auf den 1602 m hohen Mount Fyffe. Der Weg beginnt an einem schlecht ausgeschilderten Parkplatz 12 km nordwestlich der Stadt und folgt einer Allradpiste bis zum Gipfel, von wo sich grandiose Ausblicke auf die Halbinsel und die Küste bieten.

Mehrtägige Wanderungen

Kaikoura Wilderness Walks, ✆ 0800 945 337, 🖥 kaikourawilderness.co.nz. Schöne Kombination aus geführter Wanderung durch grandiose Landschaft im Hinterland von Kaikoura und Übernachtung in der luxuriösen, abgeschiedenen Shearwater Lodge an der Baumgrenze auf 1000 m Höhe, in Zimmern mit Bad und mit 3-Gänge-Mahlzeiten. Nach der Abholung in Kaikoura und einer kurzen Fahrt geht es am ersten Tag (8,5 km einfache Strecke, 6 Std., 700 Höhenmeter Anstieg) stetig bergauf zur Lodge, wo nach einem Willkommenstrunk am Kaminfeuer das Abendessen serviert wird. Am zweiten Tag erkundet man die Gegend um die Lodge herum oder geht wieder hinunter ins Tal, was ansonsten am dritten Tag geschieht. 2 Tage $1195, 3 Tage $1595. Okt–März.

Kaikoura Coast Track, ✆ 03 319 2715, 🖥 kaikouratrack.co.nz. Die Mischung aus wilder Küstenlandschaft, landwirtschaftlich genutztem Land und nachwachsendem Wald sorgt für eine angenehme Wanderung über privates Land und auf eigene Faust (37 km, 3 Tage, 600 Höhenmeter Anstieg, $215). Das eigentliche Erlebnis besteht jedoch darin, das Landleben kennenzulernen und sich bei den zwei Übernachtungen mit den Bauernfamilien zu unterhalten. Die Wanderung beginnt (und endet) 50 km südlich von Kaikoura an der hostelähnlichen Unterkunft Staging Post, 75 Hawkeswood Rd, Hawkeswood (Atomic-Busse halten ca. 1 km entfernt) und führt dann die Hawkeswood Range hinauf, wobei sich spektakuläre Ausblicke auf die Berge der Seaward Kaikoura Range bieten. Die Zahl der zugelassenen Wanderer ist begrenzt, also rechtzeitig buchen! Die Gebühr beinhaltet die Pflege des Wegs, Gepäcktransport und drei Übernachtungen in warmen Cottages mit Etagenbetten, komplett ausgestatteten Küchen und Duschen; auf Wunsch sind frische Farmprodukte, Milch, Brot und hausgemachte Mahlzeiten erhältlich. Staging Post: Abendessen $55, Camping $26, Stellplatz mit Stromanschluss für 2 Pers. $38, Cabin für 2 Pers. $60, B&B-Zimmer für 2 Pers. $95

Black Rabbit Pizza Co, 17 Beach Rd, ℡ 03 319 6360. Gute Pizzas, Nudelgerichte und Desserts hauptsächlich zum Mitnehmen (es gibt nur 3 Tische). Empfehlenswert und scharf: Red Hot Rascal ($13). ⏱ tgl. 17 Uhr bis spät.

Coffee Cart, 72 Beach Rd. Hier gibt's mit den besten Kaffee im Ort, außerdem Muffins und kostenloses WLAN. ⏱ Mo–Sa 9–16 Uhr.

Green Dolphin, 12 Avoca St, ℡ 03 319 6666, 🖥 greendolphinkaikoura.com. Die großen Fenster mit Meerblick und der freundliche, exzellente Service machen das Restaurant zum perfekten Ort für ein Abendessen. Das Essen ist wirklich gut: Die kleine Karte bietet ausgewählte, modern ausgerichtete Gerichte, darunter gewöhnlich eine halbe Languste für ab $60 sowie andere Hauptgerichte für rund $30, z. B. ein fantastischen Fischeintopf. ⏱ tgl. 17 Uhr bis spät.

Hine's Takeaways, 18 Westend. Tolle Fish 'n' Chips und Langusten zum Sonnenuntergang am Wasser. ⏱ tgl. 12–20.30 Uhr.

🏨 **Hislop's Café**, 33 Beach Rd, ℡ 03 319 6971, 🖥 hislops-wholefoods.co.nz. Bestes Café in Kaikoura und ein Muss, wenn es Kaffee und Kuchen sein soll. Daneben gibt es Bio-Mahlzeiten (z. T. vegetarisch und/oder glutenfrei), schmackhaftes Seafood, tgl. frisch gebackenes Brot und verschiedene Weine. Sitzplätze auch draußen. ⏱ tgl. 9–21 Uhr.

Kaikoura Seafood BBQ, Armers Beach, ℡ 0327 376 3619. Einfache, mit Salat und Reis servierte Seafoodgerichte an einem Imbisswagen mit ein paar Tischen an der Straße. ⏱ tgl. 11 Uhr bis zur Abenddämmerung.

🏨 **Ocean Link**, Margate St, Ecke Esplanade, mit Blick auf den Strand. Der beste der Seafood-Imbisswagen in Kaikoura bietet frisch gefangenen Fisch, Fischburger, Jakobsmuscheln, *whitebait* und Langusten, außerdem Lachs, alles sehr preiswert, und dazu köstliche *seafood chowder*. Toll für ein Picknick am Strand! ⏱ Ende Sep–März tgl. 11 Uhr bis zur Abenddämmerung.

Strawberry Tree, 21 Westend, ℡ 03 319 6451. Geselliger, irisch angehauchter Pub, bei Einheimischen und Touristen gleichermaßen beliebt. Speisekarte mit Schwerpunkt auf Seafood. ⏱ tgl. 11–23 Uhr.

Whaler Bar and Restaurant, 49–51 Westend, ℡ 03 319 3333. Die Bar bietet billiges Essen in großen Portionen, verschiedene Biere und im Sommer Livemusik. ⏱ tgl. 11–23 Uhr.

SONSTIGES

Fahrradverleih

R&R Sport, 14 Westend, ℡ 03 319 5028, $20 halber, $30 ganzer Tag.

Informationen

i-SITE Visitor Centre, Westend, ℡ 03 319 5641, 🖥 kaikoura.co.nz. Erledigung der meisten DOC-Anfragen; Gepäckaufbewahrung $2. ⏱ tgl. 9–17 Uhr.

Internet

Global Gossip, 19 Westend, hat viele Computer und WLAN. $4/Std.

Taxis

Kaikoura Shuttles, ℡ 03 319 6166.

TRANSPORT

Busse

InterCity- und Atomic-Busse der Linie Picton–Blenheim–Christchurch halten am großen Parkplatz in der Straße Westend, nahe dem Visitor Centre.

Busse nach:
CHRISTCHURCH 4–5x tgl., 2 1/2 Std.;
PICTON 4–5x tgl., 2 1/4 Std.

Eisenbahn

Der TranzCoastal (1x tgl.) zwischen PICTON und CHRISTCHURCH hält in der Whaleway Station Road.

Südlich von Kaikoura

Von Kaikoura sind es über den SH1 noch zwei bis drei Autostunden bis Christchurch, wobei unterwegs allenfalls kleinere Sehenswürdigkeiten für Abwechslung sorgen. Die Straße folgt zunächst einem 20 km langen Abschnitt entlang der reizvollen Felsküste, wendet sich dann

Von Kaikoura führt der landschaftlich reizvolle SH70 zum Skigebiet am Mount Lyford, das im Winter mit die besten Gelegenheiten zum Skifahren auf der nördlichen Südinsel bietet; 🖥 mtlyford.co.nz, 🕑 Mitte Juni–Mitte Okt. Das Areal ist klein und verfügt über geringe Liftkapazitäten ($70 pro Tag), ist aber für Anfänger wie Fortgeschrittene gleichermaßen geeignet und nur ganz selten überlaufen.
Mount Lyford Lodge, 10 Mount Lyford Forest Drive, 📞 03 315 6446, 🖥 mtlyfordlodge.co.nz. Die beste Unterkunft für Leute, die am Mount Lyford Ski fahren wollen, mit Wohnmobilstellplätzen, Dorms und Zimmern sowie einladendem Restaurant und Bar. Wohnmobil-Stellplatz $35, Dorm $30, Zimmer $90.

landeinwärts und führt für den Rest der Strecke durch Farmland.

Wer mehr von der Küste sehen möchte, kann über den ausgezeichneten, in Privatbesitz befindlichen Kaikoura Coast Track (S. 576) wandern. Weinfreunde sollten im kleinen Ort **Waipara**, 130 km südlich von Kaikoura, einen Zwischenstopp einlegen. Waipara ist Mittelpunkt einer Gegend, die zu den am schnellsten wachsenden Weinanbaugebieten Neuseelands zählt und dank günstiger Bedingungen sehr gute Weine hervorbringt, v. a. Pinot Noir und Riesling. Etwa ein Dutzend Weingüter bietet Weinproben, und einige haben auch Restaurants, aber ansonsten ist das Gebiet touristisch noch kaum entwickelt.

ESSEN UND UNTERHALTUNG

Die **Weingüter** befinden sich alle im Umkreis von 5 km um Waipara, das an der Kreuzung von SH1 und SH7 liegt (der SH7 führt nach Hanmer Springs und zum Lewis Pass).
Pegasus Bay, 4 km südlich der Kreuzung, dann 3 km Richtung Osten, 📞 03 314 6869, 🖥 pegasusbay.com. Dieses Weingut präsentiert sich relativ nobel: Hier sind die Gäste in einem der besten Weingutrestaurants des Landes von moderner Kunst umgeben. Auch Verkostungen der sehr guten Weine möglich. 🕑 Winzerei tgl. 10.30–17 Uhr, Restaurant tgl. 12–16 Uhr.
Waipara Springs, 4 km nördlich von Waipara, 📞 03 314 6777, 🖥 waiparasprings.co.nz. Das familienfreundliche Gartenrestaurant (Hauptgerichte $20–35, Platten für 3 Pers. $50) bietet zu seinen Tagesgerichten immer frisch gebackenes gesundes Brot. Weinprobe $4. 🕑 tgl. 11–17 Uhr.

Von Christchurch
nach Süden

Stefan Loose Traveltipps

Hagley Park Der Hagley Park ist die grüne Lunge der „Garden City" Christchurch; hier befindet sich auch der Botanische Garten. S. 588

Ballonfahren Die Ebene Canterbury Plains vor der spektakulären Kulisse der Neuseeländischen Alpen zählt zu den besten Ballonrevieren der Welt. S. 589

Akaroa Im französisch angehauchten Akaroa auf der Banks Peninsula kann man in romantischen B&Bs übernachten und mit Hector-Delphinen schwimmen. S. 602

Timaru Das neue Te Ana Rock Art Centre widmet sich der Maori-Felskunst dieser Gegend und bietet auch faszinierende Führungen an. S. 611

Oamaru Der Historic District mit seinen schönen neoklassizistischen Gebäuden macht die Stadt zur idealen Basis für einen Besuch bei den Zwerg- und Gelbaugenpinguinen. S. 613

Moeraki Boulders Wie Kunstwerke liegen die einzigartigen zwei Meter hohen, von der Natur kugelrund geformten Felsen in der Brandung. S. 620

N

0   50 km

▲ Arthur's Pass (75 km)   ▲ Kaikoura (135 km)

CRAIGIEBURN
FOREST PARK

Lake
Coleridge

Amberley

Leithfield

Oxford

Rangiora

Pegasus
Bay

Rakaia River

Springfield

Kaiapoi

Sheffield

Waimakariri River

Belfast

Mt Arrowsmith
(2795 m)

Mount Hutt

CHRISTCHURCH

Templeton

Lyttelton

Methven

Dunsandel

Mt Somers

Rakaia

Lake
Ellesmere

Akaroa

Ashburton

Banks
Peninsula

Geraldine

Fairlie

Pheasant Point

Temuka

Cave

Timaru

P A Z I F I K

Waimate

Waitaki River

Pukeuri

Oamaru

Hampden

Moeraki Boulders

Moeraki

Palmerston

Rangitata River

Ashburton River

Two Thumb Range

▲ Lake Tekapo, Aoraki/Mount Cook

▲ Omarama, Aoraki/Mount Cook

▼ Dunedin (55 km)

Mit ihrer teilweise atemberaubenden und sehr abwechslungsreichen Landschaft kommt die Ostküste der Südinsel den Erwartungen vieler Neuseelandbesucher näher als jeder andere Landesteil. In der fruchtbaren Schwemmlandebene Canterbury Plains und mit den Neuseeländischen Alpen im Westen als beeindruckende Kulisse liegt am Pazifischen Ozean **Christchurch**, die drittgrößte Stadt des Landes und das wichtigste Zentrum der Südinsel. Leider wurde Christchurch 2010 und 2011 von einer Reihe verheerender Erdbeben schwer beschädigt, und es wird Jahre dauern, bis sich die Stadt davon erholt (Kasten S. 586). Von den Verwüstungen war auch der Strandvorort Sumner betroffen, ebenso wie der Hafenort Lyttelton auf der anderen Seite der kahlen Port Hills. Jedoch haben Widerstandskraft und der Gestaltungswille der Bewohner einige kreative Neuerungen hervorgebracht, und viele Schäden konnten bereits beseitigt werden.

Mit ihren zahlreichen Buchten und Naturhäfen ist die Halbinsel **Banks Peninsula** südlich von Christchurch ein beliebtes Naherholungsgebiet für gestresste Stadtbewohner. Ihr größter Ort ist das nette „französische Dorf" **Akaroa**, ein guter Stützpunkt für die Erkundung dieser malerischen Gegend, auch weil es von den Erdbeben nicht betroffen war. Südwestlich der Banks Peninsula zieht sich die Fernstraße SH1 durch die Canterbury Plains. Die Ebene ist ein bunter Flickenteppich aus fruchtbaren Feldern und Weinbergen und wird im Osten von langen, mit angeschwemmtem Treibholz übersäten Kieselstränden begrenzt. Weiter im Süden ändert sich das landschaftliche Bild, wenn die küstennahen Hügel und abbröckelnden Klippen bereits die insgesamt wesentlich rauere Szenerie von **North Otago** ankündigen.

Die alteingesessenen Siedlungen an der Küste zeugen von dem Wohlstand, den die Landwirtschaft dieser Region brachte. Die erste große Ansiedlung in dieser Gegend ist die Hafenstadt **Timaru**, in deren Nähe sich einige **Felsmalereien der Maori** befinden, die davon künden, dass die Region auf eine längere Geschichte zurückblicken kann als die aufgesetzte europäische Atmosphäre vermuten lässt. Ein Stück weiter südlich lockt das erheblich interessantere **Oamaru** mit seinen hübschen Geschäftsgebäuden aus dem 19. Jh. und mit leicht zugänglichen **Pinguinkolonien**. Im weiteren Verlauf führt der Highway Richtung Dunedin an den geheimnisvollen Steinkugeln **Moeraki Boulders** vorbei, die ihre Entstehung einer Kombination aus unterirdischem Druck und Erosion verdanken.

Christchurch

Trotz eines leichten Bevölkerungsrückgangs nach den Erdbeben von 2010 und 2011 (Kasten S. 586) ist **Christchurch** mit seinen rund 350 000 Einwohnern nach wie vor die größte Stadt der Südinsel und Hauptstadt der Region Canterbury. Die Stadt wurde von den ersten englischen Siedlern als anglikanischer Außenposten von „Good Old England" gegründet und nach einem renommierten College in Oxford benannt. Dieses Gründungsmotiv zeigt sich auch heute noch teilweise im Stadtbild: Die Jungen am Christ's College tragen immer noch Nadelstreifen-Blazer, und über den gewundenen River Avon gondeln Stechkähne. Doch in den letzten Jahren wurde das traditionell konservative Bild um eine jugendlichere und multikulturellere Note bereichert. Das natürliche Gegengewicht zur urbanen Szene bildet der entspannte Vorort **Sumner** mit seinem langen Sandstrand am Pazifischen Ozean.

Bis zu den Beben bildete der Cathedral Square das Herz der Stadt; hier soll nun eine Grünfläche entstehen – die schwer beschädigte Kathedrale vom Anfang des 20. Jhs. muss höchstwahrscheinlich abgerissen werden. Zu den historischen Gebäuden, die die Beben überstanden haben, zählt das italienisch anmutende **Old Post Office** von 1879 und das benachbarte ehemalige **Government Building** von 1901. Weitere erhaltene Gebäude finden sich in einer hübschen Reihe pastellfarbener Häuser im spanischen Mission-Stil aus den 1930er-Jahren an der **New Regent Street** sowie an der Victoria Street: Hier hat auch der viktorianische **Uhrenturm** den Erdstößen getrotzt. Seine Uhr wurde 1860 aus England herbeigeschafft.

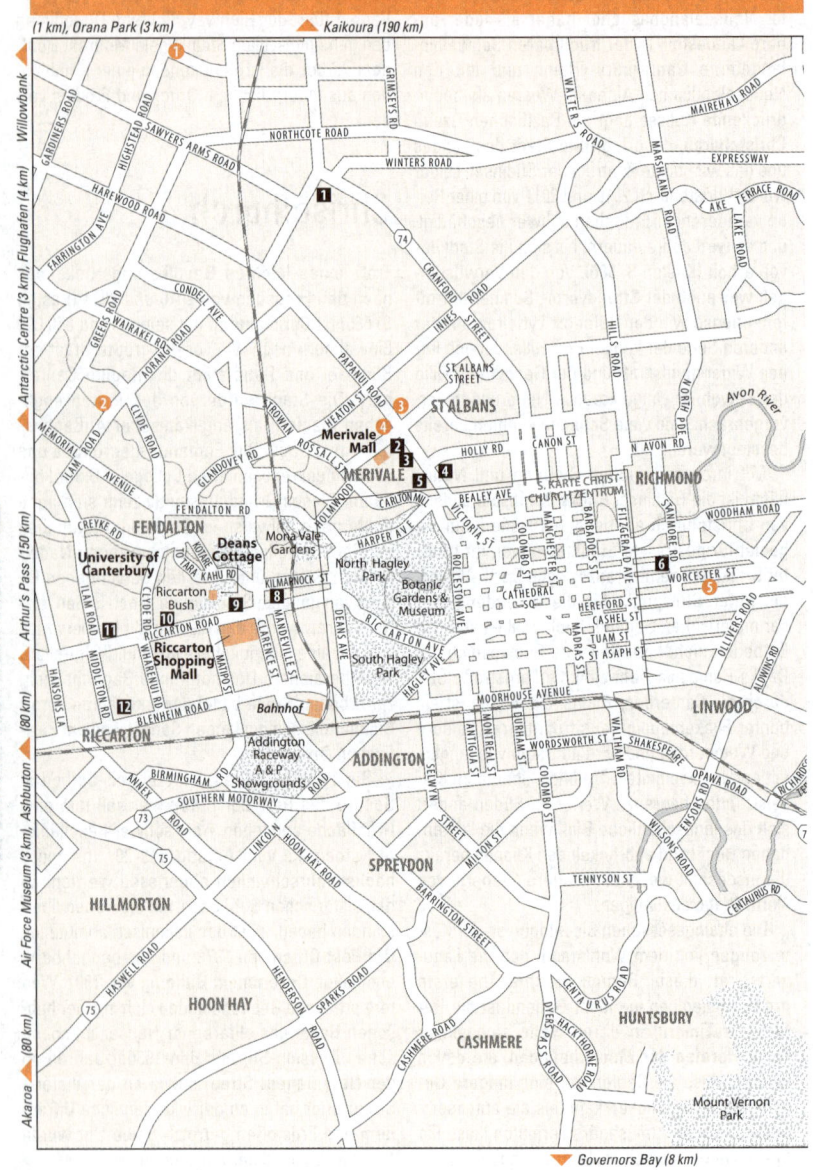

Christchurch Großraum

(1 km), Orana Park (3 km) ▲ Kaikoura (190 km)

Willowbank

◄ Antarctic Centre (3 km), Flughafen (4 km)

VON CHRISTCHURCH NACH SÜDEN

◄ Arthur's Pass (150 km)   ◄ (80 km)   ◄ (80 km)   Akaroa (80 km)

Air Force Museum (3 km), Ashburton

GARDINERS ROAD
HIGHSTED ROAD
SAWYERS ARMS ROAD
NORTHCOTE ROAD
GRIMSEYS RD
WALTER ROAD
MAIREHAU ROAD

HAREWOOD ROAD
WINTERS ROAD
MARSHLAND ROAD
EXPRESSWAY
AKE TERRACE ROAD

FARRINGTON AVE
HAREWOOD ROAD
CONDELL AVE
1
CRANFORD ROAD
INNES STREET
HILLS ROAD
NORTH PDE
LAKE ROAD

GREERS RD
WAIRAKEI RD
AORANGI RD
PAPANUI ROAD
HEATON ST
3
ST ALBANS STREET
ST ALBANS
HOLLY RD
CANON ST
N AVON RD
Avon River

MEMORIAL
CLYDE ROAD
ROSSALL ST
4 Merivale Mall
2 3
MERIVALE
5
4
BEALEY AVE
S. KARTE CHRIST-CHURCH ZENTRUM
BARBADOES ST
FITZGERALD AVE
STANMORE RD
RICHMOND
WOODHAM ROAD

ILAM AVENUE
FENDALTON RD
CARLTON MILL
CROSS ST
COLOMBO ST
MANCHESTER ST
WORCESTER ST
6

FENDALTON
GLANDOVEY RD
HOLMWOOD
Mona Vale Gardens
HARPER AVE
Botanic Gardens & Museum
CATHEDRAL
HEREFORD ST
CASHEL ST
5
OLLIVIERS ROAD

CREYKE RD
Deans Cottage
KAHU RD
KILMARNOCK ST
North Hagley Park
ROLLESTON AVE
TUAM ST
ST ASAPH ST

ILAM ROAD
University of Canterbury
Riccarton Bush
9
8
DEANS AVE
RICCARTON AVE
South Hagley Park
HAGLEY AVE
MOORHOUSE AVENUE
DURHAM ST
COLOMBO ST
BARBADOES ST
WALTHAM RD
LINWOOD

11
CLYDE ROAD
RICCARTON ROAD
10 WHARENUI RD
CLARENCE ST
MANDEVILLE ST
Riccarton Shopping Mall
ANTIGUA ST
MONTREAL ST
WORDSWORTH ST
SHAKESPEARE
OPAWA ROAD
RICHARDS

MIDDLETON RD
12
BLENHEIM ROAD
Bahnhof
ADDINGTON
SELWYN STREET
MILTON ST
WILSONS ROAD
CENTAURUS RD

RICCARTON
BIRMINGHAM RD
Addington Raceway A & P Showgrounds
SOUTHERN MOTORWAY
LINCOLN ROAD
HOON HAY ROAD

ANNEX
73
75
SPREYDON
FARRINGTON STREET
TENNYSON ST

HILLMORTON
HASWELL ROAD
HENDERSON
SPARKS ROAD
CASHMERE ROAD
CENTAURUS ROAD
DYERS PASS ROAD
HACKTHORNE RD

HOON HAY
75
CASHMERE
HUNTSBURY

Mount Vernon Park

▼ Governors Bay (8 km)

582 CHRISTCHURCH

www.stefan-loose.de/neuseeland

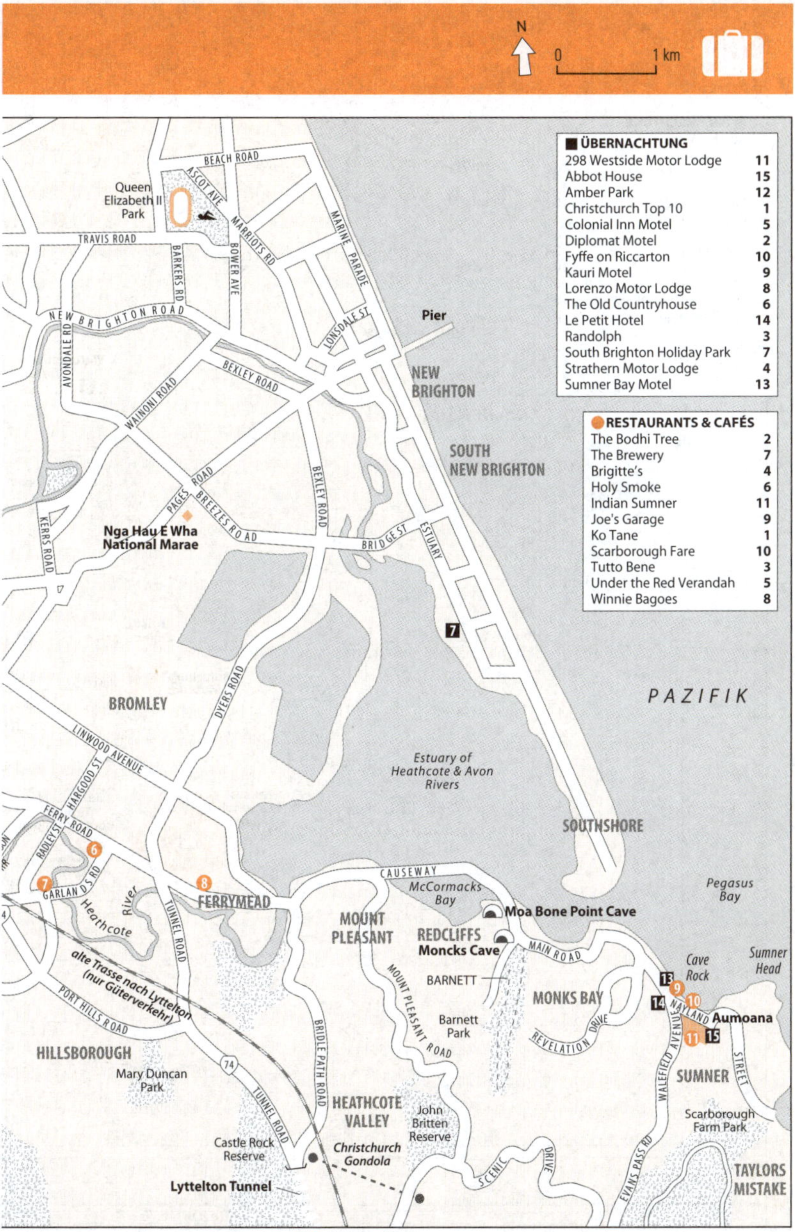

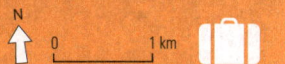

BEACH ROAD

Queen
Elizabeth II
Park

ASCOT AVE

TRAVIS ROAD

MARRIOTS RD

MARINE PARADE

LONSDALE ST

Pier

BOWER AVE

BARKERS RD

NEW BRIGHTON ROAD

AVONDALE RD

WAINONI ROAD

BEXLEY ROAD

NEW
BRIGHTON

SOUTH
NEW BRIGHTON

KERRS ROAD

PAGES ROAD

BREEZES ROAD

Nga Hau E Wha
National Marae

BEXLEY ROAD

BRIDGE ST

STUART

ESTUARY

7

PAZIFIK

BROMLEY

LINWOOD AVENUE

DYERS ROAD

Estuary of
Heathcote & Avon
Rivers

SOUTHSHORE

FERRY ROAD

BARBOURS RD

MARGOLD ST

6

7

GARLANDS RD

8

FERRYMEAD

Heathcote
River

TUNNEL ROAD

alte Trasse nach Lyttelton
(nur Güterverkehr)

PORT HILLS ROAD

HILLSBOROUGH

Mary Duncan
Park

Castle Rock
Reserve

Lyttelton Tunnel

CAUSEWAY

McCormacks
Bay

MOUNT
PLEASANT

REDCLIFFS
Moncks Cave

BARNETT

MOUNT PLEASANT ROAD

Barnett
Park

BRIDLE PATH ROAD

TUNNEL ROAD

74

HEATHCOTE
VALLEY

John
Britten
Reserve

SCENIC

Christchurch
Gondola

Moa Bone Point Cave

MAIN ROAD

MONKS BAY

REVELATION DRIVE

Pegasus
Bay

Cave
Rock

Sumner
Head

13
14
9
10
Aumoana
11 **15**

SUMNER

WAKEFIELD AVENUE

EVANS PASS RD

STREET

Scarborough
Farm Park

TAYLORS
MISTAKE

DRIVE

Lyttelton (3 km)

■ ÜBERNACHTUNG

298 Westside Motor Lodge	11
Abbot House	15
Amber Park	12
Christchurch Top 10	1
Colonial Inn Motel	5
Diplomat Motel	2
Fyffe on Riccarton	10
Kauri Motel	9
Lorenzo Motor Lodge	8
The Old Countryhouse	6
Le Petit Hotel	14
Randolph	3
South Brighton Holiday Park	7
Strathern Motor Lodge	4
Sumner Bay Motel	13

● RESTAURANTS & CAFÉS

The Bodhi Tree	2
The Brewery	7
Brigitte's	4
Holy Smoke	6
Indian Sumner	11
Joe's Garage	9
Ko Tane	1
Scarborough Fare	10
Tutto Bene	3
Under the Red Verandah	5
Winnie Bagoes	8

VON CHRISTCHURCH NACH SÜDEN

Bahnhof

RHODES ST
HEWITTS RD
ANDOVER
EXETER
CARLTON MILL
MERIVALE
ROSSALL ST
SHREWSBURY
RASTRICK
PAPANUI RD
DERBY
STONEHURST
DUBLIN STREET
KNOX
DORSET
VICTORIA STREET
PARK TERRACE
WESTWOOD
MONTREAL STREET
HARPER AVENUE

Fußball-platz

Viktorianischer Uhrturm

⏚ Hagley Golf Course

North Hagley Park

CRANMER SQUARE
CHESTER ST WEST

Rugby-feld

Bowling Green

Cricket-feld

Tennis-plätze

DEANS AVENUE

Ställe

Botanic Gardens

Christ's College

Canterbury Museum

ROLLESTON AVENUE
WORCESTER ST
MARKET SQ.

Avon River

RICCARTON AVENUE

Nurses Memorial Chapel

CASHEL STREET
Antigua-Bootsschuppen

OXFORD TERR

South Hagley Park

HAGLEY AVENUE

ACTON

MONTREAL STREET

WALTER
STEWART
SELWYN STREET
STUART MILL
ANTIGUA STREET

BALFOUR STREET
HALKETT

HORATIO STREET

ST DAVID

GROVES STREET

HAZELDEAN ROAD

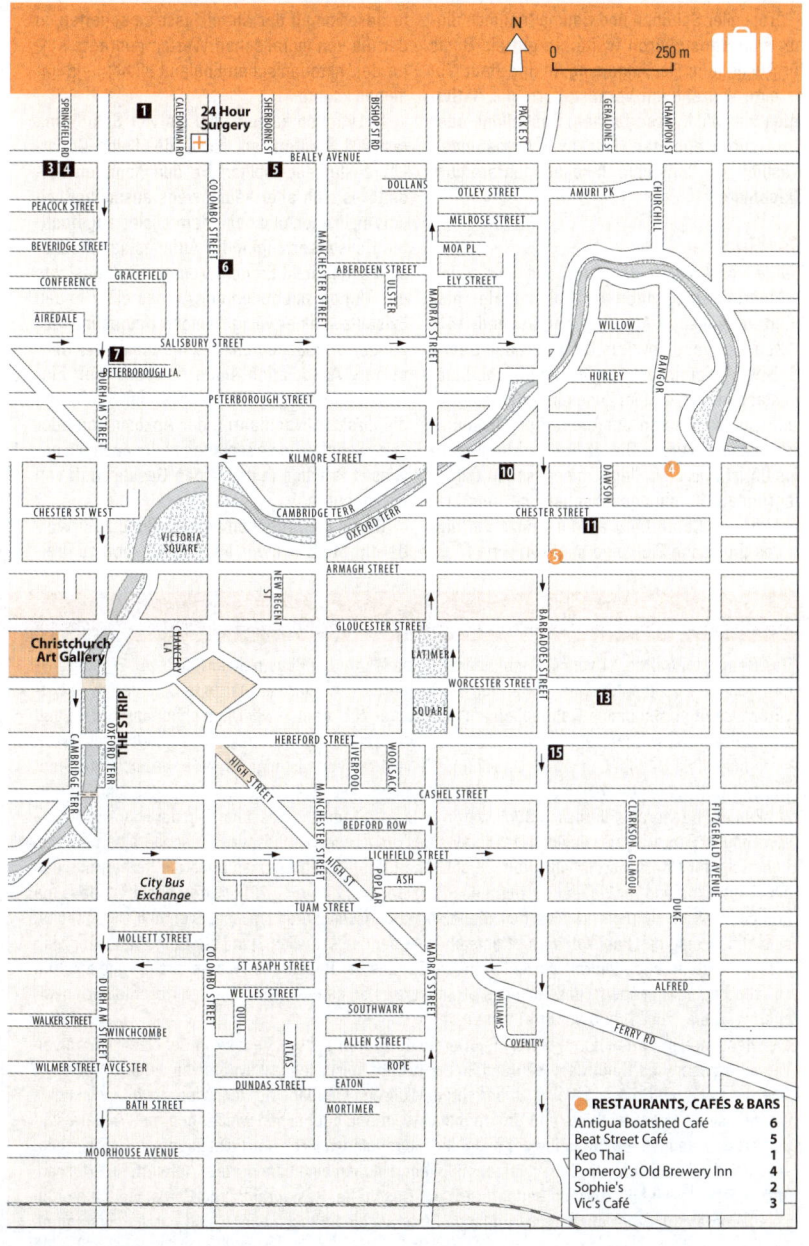

RESTAURANTS, CAFÉS & BARS

Antigua Boatshed Café	6
Beat Street Café	5
Keo Thai	1
Pomeroy's Old Brewery Inn	4
Sophie's	2
Vic's Café	3

Trotz aller Schäden und Baumaßnahmen eignet sich Christchurch weiterhin gut als Basis für Ausflüge in die Umgebung. In der Stadt gibt es eine Vielzahl von Veranstaltern, die **Aktivitäten** wie Wildwasserfahrten, Ballonflüge oder Bergtouren anbieten. Nur zwei Autostunden westlich von Christchurch liegen mehrere gute **Skigebiete**.

Geschichte

Lange vor Ankunft der Europäer, die in den 1830er-Jahren Lyttelton als Walfanghafen etablierten, siedelten Maori in der Gegend. 1843 ließen sich landeinwärts die Gebrüder Deans (S. 589) als Farmer nieder. Die eigentliche Stadt entstand jedoch erst im Zuge einer Kolonialisierungspolitik, die von der **Canterbury Association** initiiert wurde. Die 1849 von Mitgliedern des Christ Church College im englischen Oxford gegründete Kolonialgesellschaft mit dem Erzbischof von Canterbury an der Spitze verfolgte das utopische Ziel, eine anglikanische Mustergesellschaft der Mittelklasse zu schaffen, in der die von moralischen Werten geprägte Kultur des viktorianischen England blühen und gedeihen konnte.

In Lyttelton kamen 1850 die vier Schiffe mit fast 800 **Siedlern** an, die in der Folge Christchurch aufbauen sollten. Bei den Pionieren handelte es sich aber keineswegs ausschließlich um Anglikaner, und nach den religiös angefachten Heilserwartungen der Anfangstage machte sich schon bald Ernüchterung breit angesichts der Mühen, mit denen der Aufbau einer neuen Existenz in einer völlig fremden Umgebung verbunden war. Jedoch hatten die Ideale der Canterbury Association einen tiefgreifenden Einfluss auf die kulturelle Identität der Stadt, und die direkten Nachfahren der Ankömmlinge der „vier Schiffe" genießen auch heute noch ein gewisses Prestige in der feinen Gesellschaft von Christchurch.

Durch die Erdbeben von 2010 und 2011 wurde die Stadt schwer beschädigt, und zahlrei-

Die Erdbeben in Christchurch

Das Beben der Stärke 7,1 vom 4. September 2010 markierte den Beginn einer Reihe von Erdstößen – darunter rund 2500 Nachbeben innerhalb eines Jahres –, die für verheerende Schäden in Christchurch sorgten. Bei einem Nachbeben am 22. Februar 2011 kamen 185 Menschen ums Leben, und im Stadtzentrum wurden zahlreiche Gebäude schwer beschädigt oder zerstört; eine weitere Person starb bei einem Nachbeben am 14. Juni 2011. Die von den Verwüstungen schwer gezeichnete Stadt wurde am 23. Dezember 2011 noch einmal von Nachbeben der Stärke 5,8 und 6 heimgesucht.

Zur Zeit der Recherche für dieses Buch waren Teile des Stadtzentrums innerhalb der Four Avenues – Moorhouse, Fitzgerald, Bealey und Deans Avenue – immer noch abgesperrt. Besonders hart hat das Beben die für Christchurch typischen neugotischen Bauten getroffen, so auch die Kathedrale, das geographische und für viele auch spirituelle Herz der Stadt. Anfang 2012 wurde bestätigt, dass die Kathedrale wohl nicht gerettet werden könne und abgerissen werden müsse. Eventuell soll zunächst eine behelfsmäßige „Pappkathedrale" entstehen – über den aktuellen Stand der Dinge kann man sich auf 🖵 christchurchcathedral.co.nz informieren. Zur Zeit der Recherchen waren auch einige Straßen auf den Port Hills gesperrt, und Teile des Strandvororts Sumner mussten mit Schiffscontainern gesichert werden – zum Schutz vor Erdrutschen.

Die Menschen in Christchurch leben in äußerst unsicheren Zeiten: Sie warten auf Nachrichten von Versicherungen und Behörden, während immer wieder seismische Aktivitäten zu verzeichnen sind. Aber es gibt auch Hoffnungsvolles zu berichten. Während die Pläne für den Wiederaufbau diskutiert werden, sind einige Geschäfte und Unternehmen weiterhin oder schon wieder geöffnet. Andere sind umgezogen – entweder vorläufig oder endgültig – oder planen ihren Umzug in unversehrte Stadtteile. Teile der Stadt, die von den Beben verschont blieben, haben eine unerwartete Aufwertung erfahren, und findige Bewohner eröffnen temporäre Bars, Geschäfte, Restaurants und Cafés, viele davon in Schiffscontainern. Aber auch neue, auf lange Sicht angelegte Institutionen sind bereits entstanden,

che wichtige Gebäude wurden zerstört. Aus den Trümmern soll jedoch eine neue, blühende Stadt erstehen.

Christchurch Art Gallery

Worcester Blvd, Ecke Montreal St ▪ ⏰ soll im Laufe des Jahres 2013 wieder eröffnen ▪ 📞 03 941 7300, 🖳 christchurchartgallery.org.nz

Hinter einer eindrucksvollen Frontfassade aus geschwungenen Glaselementen, die in unregelmäßigen Winkeln zusammentreffen, führt in der **Christchurch Art Gallery** eine lange Treppe zu den Hauptgalerien mit der historischen Sammlung, Werken des 20. Jhs. und den zeitgenössischen Sammlungen. Ihre Stärke hat die Galerie eindeutig in neuseeländischen Werken, die vor allem von Künstlern aus Christchurch und Canterbury stammen. Der größte Teil der Sammlung überlebte die Beben, und die Galerie ersteht auch weiterhin neue Werke.

Canterbury Museum

Rolleston Ave ▪ ⏰ tgl. Okt–März 9–17.30, April–Sep 9–17 Uhr ▪ Eintritt frei ▪ 📞 03 366 5000, 🖳 canterburymuseum.com

Gegenüber vom Arts Centre, das durch die Beben beschädigt wurde, befindet sich in einem neugotischen Gebäude von 1870 das **Canterbury Museum**. Es wurde von dem aus Deutschland stammenden Naturforscher Julius von Haast begründet. Er vermachte dem Museum eine ägyptische Mumie, die er 1886 für $24 gekauft hatte. Die Verbindung der Stadt Christchurch zu den verschiedenen Antarktis-Expeditionen wird u. a. durch eine Ausstellung mit diversen Fahrzeugen veranschaulicht. Die Maori-Sammlung schmücken reizend altmodische Dioramen mit Pinguinen und Weddellrobben sowie Alltagsszenen aus dem Leben der Maori, dazu einige tolle Schnitzereien.

Ein Schrein für Kiwi-Kitsch ist das **Fred and Myrtle's Paua Shell House**, das ursprünglich in

und bestehende Einrichtungen werden, wenn möglich, instand gesetzt und wiedereröffnet. Websites, die neue Geschäfte usw. auflisten, finden sich auf S. 594.

Informationen

Man sollte immer im Auge behalten, dass einige Websites seit den Beben nicht mehr aktualisiert wurden. Daher ist es ratsam, Unternehmen immer direkt zu kontaktieren oder im i-SITE (S. 596) nachzufragen. Die Touristeninformation kann Auskunft darüber geben, was geöffnet ist und welche Straßen nicht sicher zu befahren sind. Weitere Infos bietet die Canterbury Earthquake Recovery Authority (CERA), 🖳 cera.govt.nz.

Übernachtung

Da einige Unterkünfte im Zentrum beschädigt wurden, viele Bauingenieure und Bauarbeiter von außerhalb in der Stadt übernachten und manche Bewohner der Stadt während der Reparatur ihrer Häuser in Touristenquartieren leben müssen, ist das Angebot an Unterkünften in Christchurch und im Umland beschränkt. Daher sollte man so weit im Voraus buchen wie möglich.

Essen

Da sich die Zahl der Restaurants und Cafés drastisch verringert hat, sollte man auch in einfachen Cafés reservieren.

Transport

Der Flughafen von Christchurch war von den Beben nicht betroffen. Fernbusse und Nahverkehr auf S. 596.

Bluff stand. Nebenan befindet sich das **Christ's College**, die elitärste Privatschule der Stadt. Die viktorianische Architektur des Baus trug zwar Schäden davon, die Schule ist aber weiterhin geöffnet.

Hagley Park

Im weitläufigen **Hagley Park** befinden sich die schönen Botanic Gardens, ein Golfplatz und Sportplätze. Am Wochenende scheint sich hier die gesamte Bevölkerung von Christchurch zu versammeln, um zu bummeln oder sich sportlich zu betätigen.

Botanic Gardens

Eingang Rolleston Ave ▪ ⏲ tgl. 7 Uhr bis 30 Min. nach Sonnenuntergang ▪ Eintritt frei

In den **Botanic Gardens** arbeitet man nach Kräften daran, dass Christchurch seinem Ruf als „Garden City" gerecht wird. Hier findet sich eine beachtliche Vielfalt an einheimischen und exotischen Pflanzen und Bäumen. Im Sommer und Herbst stellen die mehrjährigen Pflanzen regelmäßig ein strahlend schönes Farbenmeer zur Schau. Zum Komplex gehört auch ein Kräutergarten mit verschiedenen Gewürz- und Heilpflanzen, die bezaubernde Düfte verströmen. Einen erholsamen Bummel ermöglicht der ab Dezember erblühende Rose Garden mit über 250 Rosenarten.

River Avon

Antigua Boat Sheds, 2 Cambridge Terrace, ⏲ Okt–März tgl. 9.30–17.30, April–Sep 9.30–16.30 Uhr, Paddelboot $20/30 Min. für 2 Pers., 1er-Kanu $10/Std., 2er-Kanu $20/Std., Ruderboot $30/Std., ✆ 03 366 5885, ⌨ boatsheds.co.nz ▪ Punting on the Avon $25/Pers./30 Min., ✆ 03 366 0337, ⌨ punting.co.nz

Die Gärten umschließt eine Schleife des Avon River, deshalb können sie auch vom Wasser aus erkundet werden. **Antigua Boat Sheds** vermietet Paddelboote, Kanus und Ruderboote. Besucher können sich auch von einem schmuck in gestreiftem Blazer und Strohhut gekleideten Gondoliere von **Punting on the Avon** in einem **Stechkahn** über den Fluss fahren lassen.

Nurses' Memorial Chapel

Riccarton Ave ▪ ⏲ Mo–Sa 13–16 Uhr ▪ Eintritt frei ▪ ✆ 03 389 3318, ⌨ cnmc.org.nz

Am Südrand des Hagley Park verschlingt das Christchurch Hospital beinahe die kleine, 1928 aus Backstein und Schiefer errichtete **Nurses' Memorial Chapel** in der Riccarton Avenue. Die Kapelle wurde nach dem Tod von drei in Christchurch ausgebildeten Krankenschwestern benannt, die bei einem Torpedoangriff 1915 an Bord eines Truppenschiffes ums Leben kamen. Vier Buntglasfenster der englischen Glaskünstlerin Veronica Whall hellen das ansonsten dunkle Innere mit den niedrigen Decken etwas auf.

Mona Vale

63 Fendalton Rd ▪ ⏲ Gelände tgl. von 8.30 Uhr bis kurz vor Sonnenuntergang ▪ Eintritt frei

Ein paar schöne Stunden in den Botanic Gardens finden nach einem Bummel durch den North Hagley Park ihre logische Fortsetzung in einem Besuch des wunderbaren Anwesens **Mona Vale**, 63 Fendalton Rd. Das Gelände gehörte ursprünglich zum Anwesen der Familie Deans (S. 589) und wird heute von der Canterbury Horticultural Society gepflegt. Ringsherum liegen wunderbare Rabatten mit Rosen, Dahlien und Fuchsien zwischen Magnolien und Rhododendronbüschen. Das Herrenhaus ist bis Ende 2013 für Reparaturarbeiten geschlossen.

Riccarton Bush

Abseits der Kahu Rd, ⏲ tgl. Sonnenauf- bis Sonnenuntergang, Eintritt frei ▪ Deans Cottage ⏲ tgl. 9 Uhr bis Sonnenuntergang, Eintritt frei ▪ Riccarton House ⏲ zurzeit geschlossen, ✆ 03 341 1018, ⌨ riccartonhouse.co.nz ▪ Bauernmarkt ⏲ Sa 9–12, Nov–April auch Mi 16–19 Uhr, ⌨ christchurchfarmersmarket.co.nz, Bus Nr. 24 zum Riccarton Bush

Der südwestlich im Vorort Riccarton gelegene **Riccarton Bush** (auch als Deans Bush bezeichnet) ist ein Waldstück mit mehreren 500 Jahre alten Kahikatea-Bäumen. Das Überleben dieses wertvollen Bestandes hat die Nachwelt vor al-

Touren und Aktivitäten in und um Christchurch

Christchurch ist eine gute Basis für die Erkundung der Umgebung, und es bieten sich etliche Möglichkeiten, aktiv zu werden.

Ballonfahrten

Up Up And Away, ☎ 03 381 4600, 🖥 ballooning.co.nz. Sanfte Rundflüge am frühen Morgen mit herrlicher Aussicht auf Christchurch, Berge und Küste ($360).

Aoraki Balloons, Methven, ☎ 0800 256 837, 🖥 nzballooning.co.nz. Tolle Rundflüge über den Felderflickenteppich der Canterbury Plains inkl. Sektfrühstück für $385.

Radfahren

Christchurch Bike Tours, ☎ 0800 733 257, 🖥 chchbiketours.co.nz. Radtour durch ruhige Straßen der Stadt. Samstags wird auch eine Tour mit Besuch des Riccarton Farmers Market (S. 590) und des Herrenhauses Mona Vale angeboten. 2 Std., $40 p. P.

Hochlandtouren

Hassle-free Tours, ☎ 0800 148 686, 🖥 hasslefree.co.nz. Eine abwechslungsreichere Alternative zur Fahrt mit dem TranzAlpine ist die Alpine Safari (10 Std., $395), die eine Jetbootfahrt auf dem Waimakariri River, eine Geländetour im Jeep auf einer Hochlandfarm und die Rückfahrt mit dem TranzAlpine ab Arthur's Pass umfasst.

Surfen

Aumoana, 9 Wakefield Ave, Sumner, ☎ 03 326 7444, 🖥 aumoana.co.nz. Verkauf und Verleih von Surfboards (2 Std. $20, halber Tag $40, ganzer Tag $50) und Neoprenanzügen (2 Std. bis halber Tag $5, mit ganztägiger Brettmiete kostenlos). ⏰ tgl. 10–17.30 Uhr.

Aaron „Lockie" Lock, 🖥 surfcoach.co.nz. Einheimischer Surfguru, der am Strand von Sumner Unterricht anbietet (ab $70 für 2 Std.).

Panzerfahren

Tanks for Everything, 980 McLeans Island Rd, in der Nähe des Flughafens, ☎ 03 359 1007, 🖥 tanksforeverything.co.nz. Es hört sich vielleicht verrückt an, aber hier kann man selbst einen Panzer fahren. Nach einer 45-minütigen Führung vorbei an verschiedenen Militärfahrzeugen folgt eine 15–25-minütige Unterweisung, dann darf man das Steuer übernehmen. Preise je nach Fahrzeug mit Selbstfahren $100–450, nur Mitfahren je nach Teilnehmerzahl $35–350.

Wildwasserfahrten

Rangitata Rafts, ☎ 0800 251 251, 🖥 rafts.co.nz. Es gibt keine großen Flüsse in der näheren Umgebung, doch dieser Anbieter (S. 644) veranstaltet einige der besten Touren in Neuseeland auf dem mit Schwierigkeitsgrad IV–V ausgewiesenen Rangitata River (mit Abholung aus Christchurch $218).

lem den schottischen Brüdern William und John Deans zu verdanken, die 1843 in die Gegend kamen und irgendwie der Versuchung widerstanden, gleich ihren gesamten Grundbesitz der sofortigen holzwirtschaftlichen Nutzung zuzuführen. Heute führt ein Betonpfad durch den Wald, Schilder benennen die hier wachsenden Arten.

Das aus Matai-Holz gebaute winzige **Deans Cottage** wurde von den Gebrüdern Deans direkt nach ihrer Ankunft gebaut und ist eingerichtet wie zu ihren Lebzeiten. Ihre Nachkommen errichteten nebenan das prunkvolle viktorianische **Riccarton House** mit Eichenvertäfelung und Hirschköpfen als Dekoration. Samstagmorgens findet hier von 9 bis 12 Uhr ein **Bauern-markt** statt, in den Sommermonaten auch mittwochnachmittags. Dort kann man Erzeugnisse von Bauern, Bäckern und Brauern kaufen.

International Antarctic Centre

38 Orchard Rd ▪ ⏱ Okt–April tgl. 9–19, Mai–Sep 9–17 Uhr; Pinguinfütterung 10.30, 13.30 und 15.30 Uhr ▪ Eintritt $55, Stud. und Sen. $46 ▪ ✆ 03 357 0519, 🖥 iceberg.co.nz

Jenseits von Deans Bush verläuft die Memorial Avenue nach Nordwesten Richtung Flughafen und zum **International Antarctic Centre**. Das ansprechend präsentierte und dynamische Ausstellungszentrum thematisiert die Geschichte von Neuseelands Engagement in der Antartis. Zwar ist der Eintrittspreis recht hoch, aber man kann hier leicht einen halben Tag verbringen. Seit Mitte der 1950er-Jahre dient der Flughafen von Christchurch als Stützpunkt für das US-amerikanische Antarktis-Programm, in dessen Rahmen jährlich über 140 Flüge zur Basis am McMurdo Sound und dem benachbarten neuseeländischen Außenposten Scott Base absolviert werden. Es finden sich jede Menge Informationen zur Erforschung des sechsten Kontinents und eines empfindlichen polaren Ökosystems. Außerdem können Besucher bei der Fütterung der **Zwergpinguine** zuschauen.

In der „Snow and Ice Experience" ziehen sich die Besucher eine Daunenjacke über und werden in eine schneebedeckte, antarktische Verhältnisse simulierende Umgebung versetzt, deren Temperatur von -5 °C mithilfe eines Windgenerators auf gefühlte -18 °C gebracht wird. Im Eintrittspreis inbegriffen ist der alle 20 Minuten stattfindende **Hägglund Ride**, eine 15-minütige Spritztour in einem fünf Tonnen schweren Raupenfahrzeug mit Kettenantrieb.

Orana Wildlife Park

McLeans Island Rd, 20 km westlich vom Stadtzentrum ▪ ⏱ tgl. 10–17 Uhr; Lion Encounter tgl. 14.15 Uhr (vorausbuchen) ▪ Eintritt $25, Lion Encounter $30 ▪ ✆ 03 359 7109, 🖥 oranawildlifepark.co.nz

Selbstfahrer können den Flughafen nördlich umfahren, indem sie der Russley Road und anschließend der McLeans Island Road folgen. So gelangt man zum **Orana Wildlife Park**, einem gut organisierten zoologischen Park mit dem Schwerpunkt auf Tieren der afrikanischen Savanne. Die Fütterungszeiten sind so über den Tag verteilt, dass es jede halbe Stunde etwas zu sehen gibt. Man kann sogar Giraffen per Hand füttern und sich beim **Lion Encounter** auf einem Lkw mit Gitterkäfig auf eine Tour durch das Löwengehege begeben. Neuseeland ist durch Kiwis, Tuataras, ein Vogel- und ein Geckohaus vertreten.

Willowbank Wildlife Reserve

60 Hussey Rd ▪ ⏱ tgl. 9.30–19 Uhr ▪ Eintritt $25 ▪ ✆ 03 359 6226, 🖥 willowbank.co.nz ▪ Bus Nr. 11, alle 30–60 Min. vom Zentrum

Bei weitem nicht so aufregend wie der Orana Park, dafür überschaubarer und persönlicher präsentiert sich das Wildschutzgebiet **Willowbank Wildlife Reserve**. Hier gibt es einige Volieren mit einheimischen Vögeln, darunter auch ein Kiwi House, in dem Eier bebrütet und Jungtiere großgezogen werden. Hier findet im Übrigen auch die Veranstaltung Ko Tane Maori Experience statt (S. 595).

Christchurch Gondola

10 Bridle Path Rd, 15 Autominuten vom Zentrum ▪ ⏱ 1. Okt–31. März 10–17, 1. April–30. Sep 10–17 Uhr ▪ Erw. $25, Kinder 5–15 J. $12, unter 5 J. frei ▪ ✆ 03 384 0310, 🖥 gondola.co.nz ▪ Anfahrt mit dem Lyttelton-Bus Nr. 28 und im Rahmen von Touren

Schnellen Zugang zu tollen Ausblicken und leichten Wanderwegen auf den Port Hills am südlichen Rand der Stadt bietet eine Fahrt mit der Seilbahn **Christchurch Gondola**. Die Talstation liegt direkt an der Einfahrt zum Lyttelton-Tunnel. Die Gondeln erklimmen den 945 m hohen Gipfel des **Mount Cavendish**, der auch vom Café aus eine schöne Aussicht auf Christchurch, die Canterbury Plains, die vulkanischen Erhebungen der Banks Peninsula und die Neuseeländischen Alpen bietet. Auf dem Gipfel angekommen, laden einige Spazierwege zur Erkundung der Umgebung ein.

Sumner

13 km südöstlich des Zentrums ▪ Bus Nr. 3 vom Busbahnhof City Exchange

Folgt man dem Mündungsbecken der Flüsse Avon und Heathcote Richtung Osten, erreicht man schließlich **Sumner**, einen von Norfolk-Araukarien gesäumten Ort mit Läden, Restaurants, Cafés, Weinbars und Surf-Buden, alle mit Blick auf einen breiten, goldenen Sandstrand. Der Ort wurde nach Dr. J. B. Sumner benannt, seines Zeichens Erzbischof von Canterbury und in den 1850er-Jahren Präsident der Canterbury Association. Auch Sumner wurde von den Erdbeben – besonders von den Erschütterungen im Februar 2011 – stark in Mitleidenschaft gezogen. So verlor auch die Hauptattraktion am Strand, der **Cave Rock**, seine Spitze und ist jetzt nur noch halb so groß wie zuvor. Jedoch kommen nach wie vor viele Leute nach Sumner, um den Strand und die maritime Atmosphäre zu genießen. Informationen zum Surfen in Sumner auf S. 589.

Das beste **Surfrevier** der Stadt liegt 2 km südlich von Sumner in **Taylor's Mistake**, zu erreichen über die Nayland Street. Der Ort mit dem schmalen Strand wurde der einheimischen Überlieferung zufolge nach einem Schiff benannt, das hier auf Grund lief, nachdem der Kapitän die Bucht mit der Einfahrt zum Naturhafen Lyttelton Harbour verwechselt hatte.

ÜBERNACHTUNG

Zentrumsnah gelegene Motels säumen vor allem die Papanui Road nordwestlich der Innenstadt sowie die Riccarton Road westlich des Hagley Park. Die meisten Campingplätze befinden sich in Gehnähe zu einer Bushaltestelle. Da der Flughafen von Christchurch 24 Stunden am Tag in Betrieb ist, sind die meisten Unterkünfte (auch Hostels) auf späte Ankunft und frühe Abreise vorbereitet. Bei der Reservierung sollte man immer das Datum überprüfen, besonders wenn man gegen Mitternacht in Christchurch ankommt. Seit den Erdbeben sollten Unterkünfte weit im Voraus gebucht werden.

Zentrum

Admiral Motel, 168 Bealey Ave, ✆ 03 379 3554, 🖥 admiralmotel.co.nz; Karte S. 584–585. Sehr preisgünstiges Motel mit Grill, Picknicktischen und Spielplatz im Garten, makellos sauberen Zimmern und freundlichen Betreibern. DZ $100

At the Right Place, 85–87 Bealey Ave, ✆ 03 366 1633, 🖥 atrp.co.nz; Karte S. 584–585. Dieses ruhige Haus am Ende einer 70 m langen Einfahrt bietet Backpacker-Unterkünfte mit moderner Küchenausstattung und Lounge mit Sky TV sowie helle Motelzimmer. Dorms $29, DZ $75, Studios $109

Chateau on the Park, 189 Deans Ave, ✆ 0800 808 999, 🖥 chateau-park.co.nz; Karte S. 584–585. Hotel mit 200 Zimmern in reizender Lage am Rande des Hagley Park. Pool, Restaurants und Cocktail-Bar. DZ $190

Chester Street, 148 Chester St East, ✆ 03 377 1897, 🖥 chesterst.co.nz; Karte S. 584–585. Das kleinste Hostel der Stadt mit nur 14 Betten in gemütlichen, farbenfrohen DZ und einem 3er-Dorm. Kleiner Parkplatz und netter Garten. Der Betreiber verkauft auch Wohnmobile. Dorms $30, DZ $66, Selbstversorger-Cottage $130

City Central Motel Apartments, 252 Barbados St, ✆ 0800 309 0540, 🖥 citycentral.co.nz; Karte S. 584–585. Modernisiertes Motel mit stilvollen Zimmern mit Flachbildschirm-TV, kostenlosem WLAN und Parkplätzen. Liegt an einer verkehrsreichen Kreuzung, aber die Fenster sind doppelverglast. DZ $135

City Centre Motel, 876 Colombo St, ✆ 0800 240 101, 🖥 citycentremotel.co.nz; Karte S. 584–585. Sehr ruhiges, edleres modernes Motel mit Flachbildschirm-TV und Parkplätzen. DZ $175

Eliza's Manor, 82 Bealey Ave, ✆ 03 366 8584, 🖥 elizas.co.nz; Karte S. 584–585. Luxus-B&B in prächtigem Haus von 1861 mit 8 Zimmern, alle im Stil der Zeit eingerichtet und mit Wärmepumpen ausgestattet. Empfehlenswert sind die geräumigen Heritage-Zimmer. DZ $230

Foley Towers, 208 Kilmore St, ✆ 03 366 9720, 🖥 bbh.co.nz; Karte S. 584–585. Das recht große, um zwei alte Häuser aufgebaute Hostel hat es geschafft, sich eine intime Atmosphäre zu bewahren; dazu tragen auch die aufmerksamen Angestellten, der nette Garten und die vielen DZ und 2BZ bei. Dorms $27, DZ $64, mit Bad $70

Focus Motel, 344 Durham St North, ☎ 03 943 0800, 🖥 focusmotel.com; Karte S. 584–585. Motel in zentraler Lage mit modernen Studios und größeren Units, teils mit Whirlpool, alle mit Ledersofas und Küche. DZ $140

The George, 50 Park Terrace, ☎ 0800 100 220, 🖥 thegeorge.com; Karte S. 584–585. Eines der schönsten städtischen Boutiquehotels des Landes, elegant renoviert. Tolle Kunst, coole Bar und edles Restaurant Pescatore mit Blick auf den Hagley Park. Manchmal gibt's Sonderangebote im Internet. DZ $506

Jailhouse Accommodation, 338 Lincoln Rd, ☎ 03 982 7777 und 0800/524 546, 🖥 jaii.co.nz; Karte S. 584–585. Das viktorianische Gefängnis im neugotischen Stil, das noch bis 1999 genutzt wurde, ist mit viel Fantasie in ein stimmungsvolles Hostel mit DZ und Dorms umgebaut worden. Ein paar Zellen wurden im ursprünglichen Zustand belassen. Hilfsbereite Betreiber, Fahrradverleih ($15 pro Tag), kostenloser DVD-Verleih, kostenloses Billard und guter Espresso. Im Stadtteil Addington. Bus 5 fährt bis vor die Tür. Dorms $30, DZ $85

Kiwi Basecamp, 69 Bealey Ave, ☎ 0800 505 025, 🖥 kiwibasecamp.com; Karte S. 584–585. Eines der billigsten Hostels der Stadt, aber doch mit hohem Standard. In einer zweistöckigen Villa untergebracht. Fahrradnutzung, Shuttle in die Stadt (8–20 Uhr, auch zum Bahnhof und Flughafen) und Frühstück – alles kostenlos. Dorms $25, DZ $70

Orari, 42 Gloucester St, ☎ 03 365 6569, 🖥 orari.net.nz; Karte S. 584–585. Ein zwanglos geführtes, mit Kunst geschmücktes B&B in großem Haus von 1893. 10 sonnige Zimmer, alle mit TV, Telefon, Kunst an den Wänden und Bad (eins mit Wanne). Köstliches Frühstück und Willkommenswein. DZ $165

Rucksacker, 70 Bealey Ave, ☎ 03 377 7931, 🖥 rucksacker.com; Karte S. 584–585. Freundliches Hostel in einem 100 Jahre alten Holzhaus mit geselligem Garten und Grillbereich,

günstigem Fahrradverleih und einigen Parkplätzen sowie Frauen-Dorm. Dorms $23, DZ $58

Vagabond Backpackers, 232 Worcester St, ☎ 03 379 9677, 🖥 bbh.co.nz; Karte S. 584–585. Sehr freundliches Haus mit nur 30 Betten, einige davon in einem Anbau. Gepflegt, ruhig und sauber. Privatparkplatz, Grillmöglichkeit und reizender Garten. 2 DZ in einem Selbstversorger-Apartment. Dorms $26, DZ $60, DZ im Apartment $89

YMCA, 12 Hereford St, ☎ 0508 962 224, 🖥 ymcachch.org.nz; Karte S. 584–585. Sehr zentrales, hypermodernes YMCA mit spartanisch eingerichteten Dorms, EZ, einfachen DZ und Deluxe-DZ mit Bad und Telefon, Tee/Kaffee und TV. Gäste erhalten erhebliche Rabatte für Fitnesszentrum, Squash-Plätze, Kletterwand und Sauna. Café. Dorms $30, DZ $80, mit Bad $110

Außerhalb des Zentrums

298 Westside Motor Lodge, 298 Riccarton Rd, ☎ 0800 200 371, 🖥 westsidemotorlodge.co.nz; Karte S. 582–583. Modernes, gut ausgestattetes Motel mit kostenlosen Flughafentransfers und verschieden großen Zimmern, darunter auch behindertengerechten Units. DZ $115

Colonial Inn Motel, 43 Papanui Rd, ☎ 0800 111 232, 🖥 colonialinnmotel.co.nz; Karte S. 582–583. Modernes Motel mit sauberen, komfortablen Units, darunter einigen riesigen Units mit 2 oder 3 Schlafzimmern, und mit überdachten Parkplätzen. Die Units im Obergeschoss gehen auf einen Gemeinschaftsbalkon hinaus. DZ $120

Diplomat Motel, 127 Papanui Rd, ☎ 0800 109 699, 🖥 diplomatmotel.co.nz; Karte S. 582–583. Das schicke Motel im Herzen des Vororts Merivale hat große Units mit separater Küche. Großer Pool, Jacuzzi und kostenloses WLAN. DZ $125

Fyffe on Riccarton, 208 Riccarton Rd, ☎ 0800 341 3274, 🖥 fyffeonriccarton.co.nz; Karte S. 582–583. Stilvolles Motel mit extrabreiten Betten, Doppelverglasung und DVD-Playern. Die teureren Units haben einen Whirlpool. DZ $135

Kauri Motel, Kauri St, Ecke Riccarton Rd, ☎ 03 341 5865, 🖥 kaurimotel.com; Karte S. 582–583. Schlichtes, aber helles und sauberes Motel gegenüber der Riccarton

Shopping Mall, bietet seinen Gästen die kostenlose Nutzung von Fahrrädern. DZ $120

Lorenzo Motor Lodge, 36 Riccarton Rd, ☎ 0800 456 736, 🖥 lorenzomotorlodge.co.nz; Karte S. 582–583. Schickes Hotel mit recht großen Studio-Units sowie Suiten mit 2er-Whirlpools. Freier Zutritt zum Fitnesscenter auf der anderen Straßenseite und kostenloses WLAN. DZ $145

The Old Countryhouse, 437 Gloucester St, ☎ 03 381 5504, 🖥 oldcountryhousenz.com; Karte S. 582–583. Eines der ruhigsten Hostels der Stadt in 2 Villen mit Holzböden, ausgefallener Inneneinrichtung und geräumigen Dorms. Erreichbar mit Buslinie 21. Dorms $30, DZ $90, mit Bad $110

Randolph, 79 Papanui Rd, ☎ 0800 537 366, 🖥 randolphmotel.co.nz; Karte S. 582–583. Ausgezeichnetes modernes Motel auf einem Grundstück im Schatten einer riesigen Buche. Die Zimmer sind extrem gut ausgestattet, u. a. mit Kochgelegenheit, TV/DVD, Stereoanlage und Waschmaschine. Die Deluxe-Zimmer verfügen über einen Doppel-Whirlpool, und es gibt sogar ein kleines Fitnesscenter für Gäste. DZ $150

Strathern Motor Lodge, 54 Papanui Rd, ☎ 0800 766 624, 🖥 strathern.co.nz; Karte S. 582–583. Geräumige, moderne Units mit Kochnische oder komplett ausgestatteter Küche, auch „Flitterwochen"-Unit mit eigenem Jacuzzi. Kostenloses WLAN. DZ $140

Sumner

Der am Meer gelegene Vorort Sumner (S. 591) hat einige schöne Unterkünfte und ist schnell mit den oft verkehrenden Stadtbussen zu erreichen.

Abbott House, 104 Nayland St, ☎ 0800 020 654, 🖥 abbotthouse.co.nz; Karte S. 582–583. Die attraktiv restaurierte 1870er-Jahre-Villa bietet einen Block vom Strand entfernt Unterkunft in einem Studio mit Küchenzeile oder einer Suite mit großem Wohnzimmer, Küche und Waschmaschine. Beide Einheiten mit TV/DVD, privatem Eingang und Zutaten für ein Frühstück. DZ $120

🧳 **Le Petit Hotel**, 16 Marriner St, ☎ 03 326 6675, 🖥 lepetithotel.co.nz; Karte S. 582–583. B&B mit französisch angehauchter

Einrichtung, luftigen Zimmern mit Balkon oder Terrasse, Plasma-Satelliten-TV und kostenlosem WLAN. Das Frühstück wird bei gutem Wetter draußen serviert. DZ $145

Sumner Bay Motel, 26 Marriner St, ☎ 0800 496 949, 🖥 sumnermotel.co.nz; Karte S. 582–583. Das stilvolle Motel bietet einen Block vom Strand entfernt Studios und Apartments mit Balkon oder Terrasse, Sky-TV und DVD-Player. DZ $159

Camping

Die Campingplätze in Christchurch sind bestens auf Zelte und Wohnmobile eingestellt und bieten gute Deals für Cabins.

Amber Park, 308 Blenheim Rd, Upper Riccarton, ☎ 03 348 3327, 🖥 amberpark.co.nz; Karte S. 582–583. Großer, grasbewachsener Platz mit allen Annehmlichkeiten, nur 4 km südlich der Stadt. Die Buslinie 5 hält direkt am Eingang, der Bahnhof liegt in der Nähe. Stellplätze $40, Cabins mit Bad $72, Motel Units $116

Christchurch Top 10, 39 Meadow St, Papanui, ☎ 0800 396 323, 🖥 meadowpark.co.nz; Karte S. 582–583. 5 km nördlich des Stadtzentrums am SH74, zu erreichen mit Bus 11, 12 und 13. Großer Platz in der Nähe von Supermärkten und Restaurants, mit allen möglichen Einrichtungen inkl. beheiztem Hallenbad. Camping $38, Cabins $83, Selbstversorger-Chalets $98, Motel Units $99

South Brighton Holiday Park, 59 Halsey St, South New Brighton, ☎ 03 388 9844, 🖥 southbrightonmotorcamp.co.nz; Karte S. 582–583. Mittelgroßer Platz in Strandnähe, 7 km östlich des Zentrums, mit guten Einrichtungen, kostenlosem WLAN und einigen Cabins und Wohnungen. Stellplätze $30, Cabins $48, Selbstversorger-Cabins $80

ESSEN UND UNTERHALTUNG

Die meisten Restaurants in Christchurch bieten BYO mit Korkgebühren zwischen $3 und $7 – am besten fragt man bei der Tischbuchung nach. Die Website 🖥 dineout.co.nz informiert darüber, welche Lokale geöffnet sind. Der *Go Guide* in der Freitagsausgabe der Tageszeitung *The Press* umfasst einen **Veranstaltungskalender** für die gesamte Woche. Interessant ist auch der vierzehntägig erscheinende Club-Guide *JAGG*, ⌨ jagg.co.nz, der kostenlos in Bars erhältlich ist. Andere gute Websites für die Ausgeh- und Eventszene nach den Erdbeben sind ⌨ neatplaces.co.nz, ⌨ gapfiller.co.nz und ⌨ manuka.co.nz. Im Sommer wird im Hagley Park außerdem ein buntes Musikprogramm geboten; Infos auf ⌨ summertimes.org.nz.

Zentrum

Die aus Schiffscontainern bestehende Einkaufspassage Re:START (S. 595) verfügt über einen Food Court unter freiem Himmel mit Sushi, Eiscreme, Kaffee, Hotdogs und mehr sowie zwei guten Cafés, Hummingbird und Crafted Coffee Company. Eine gute Adresse für Selbstversorger ist der Supermarkt New World, 555 Colombo St.

Antigua Boatshed Café, 2 Cambridge Terrace, ☎ 03 366 6768, ⌨ boatsheds.co.nz; Karte S. 584–585. Grün-weiß gestreifter Bootsschuppen von 1882 in schöner Lage am Fluss, mit Gerichten wie Tagesfisch (Hauptgerichte $17,50–26,50) und der Möglichkeit, sich einen Picknickkorb für die Bootstouren zu packen ($14,50 p. P.). ⊕ tgl. 7–17 Uhr.

Beat Street Café, Armagh St, Ecke Barbadoes St, ☎ 03 366 6324; Karte S. 584–585. Dieser willkommene Neuling, ein tolles Café in einem ehemaligen Fahrradladen, serviert köstliches, den ganzen Tag erhältliches Frühstück (Gerichte $8–16,50). ⊕ tgl. 7–17 Uhr.

Keo Thai, 4 Papanui Rd, ☎ 03 355 6229, ⌨ keothai.co.nz; Karte S. 584–585. Authentische Thai-Gerichte in elegantem Speisesaal hinter einem Innenhof voller Pflanzen. An Hauptgerichten ($19–27) gibt's alles von mildem *pad thai* bis zu feurigem *yum nua* (traditioneller Rindfleischsalat). Tolle Weinkarte. ⊕ tgl. 17 Uhr bis spät.

Pomeroy's Old Brewery Inn, 292 Kilmore St, ☎ 03 355 6229, ⌨ pomeroysonkilmore.co.nz; Karte S. 584–585. Charmantes altes Gasthaus mit Bieren aus Kleinbrauereien wie z. B. Emerson's Bookbinder Bitter vom Fass und gemütlichem Restaurant (Hauptgerichte $20,50–32,50). ⊕ Pub Di–Do 15 Uhr bis spät und Fr–So

12 Uhr bis spät, Restaurant Fr–So 12–16, Di–So 16–22 Uhr.

Sophie's Café, 8 Papanui Rd, ☎ 03 355 2133; Karte S. 584–585. Das muntere Steakhaus serviert riesige Burger und Platten zum Teilen sowie große Steaks (Hauptgerichte $17,50–36). Dazu gibt's das örtlich gebraute Matson's-Bier. ⊕ Mo 8–14.30 und 17.30 Uhr bis spät, Di–Do 7.30–14.30 und 17.30 Uhr bis spät, Fr 7.30 Uhr bis spät, Sa und So 8.30 Uhr bis spät.

Vic's Café, 132 Victoria St, ☎ 03 366 2054, ⌨ vics.co.nz; Karte S. 584–585. Das moderne Vic's ist ein entspanntes Örtchen fürs Frühstück (bis 14 Uhr) sowie für Bagels, Panini und Sandwiches (Gerichte $5,50–19,50) aus hausgemachtem Brot, das man auch im Laden kaufen kann. ⊕ Mo–Fr 7–16, Sa und So 7.30–16 Uhr.

Außerhalb des Zentrums

The Bodhi Tree, 397 Ilam Rd, ☎ 03 377 6808, ⌨ thebodhitree.co.nz; Karte S. 582–583. Zwangloses burmesisches Restaurant, das sich mit Gerichten wie Teeblattsalat, Fischfilet mit Tamarinde, Koriander, Chili und Tomaten und Schälerbsen-Tofu-Salat sehr großer Beliebtheit erfreut (Gerichte $12,50–20). ⊕ Di–So ab 18 Uhr.

The Brewery, 3 Garlands Rd, Woolston, ☎ 03 389 5359, ⌨ casselsbrewery.co.nz; Karte S. 582–583. Die auch als Cassel & Sons bekannte Brauerei produziert hervorragende Biere und bietet regelmäßige Live-Events und DJ-Sessions sowie mit das beste Essen der Stadt (Hauptgerichte $19,50–28,50). ⊕ tgl. 7 Uhr bis spät.

Brigitte's, Hawkesbury Building, Aikmans Rd, Merivale, ☎ 03 355 6150, ⌨ brigittes.co.nz; Karte S. 582–583. Trendige Weinbar mit sonniger Freiterrasse. Zum Frühstück gibt's z. B. Pilzbrioches, später dann Ribeye-Steak auf Knoblauch-Püree (Hauptgerichte $18–38). ⊕ Mo 8–17, Di–Sa 8 Uhr bis spät, So 9–17 Uhr.

Holy Smoke, 650 Ferry Rd, Woolston, ☎ 03 943 2222, ⌨ holysmoke.co.nz; Karte S. 582–583. Im Industriedesign-Ambiente kann man hier zum Frühstück, Mittag- oder Abendessen den wundervollen Räucherlachs der Räucherei genießen (Hauptgerichte $24–29)

oder ihn auch vakuumverpackt mitnehmen. ⏲ tgl. 9 Uhr bis spät.

Indian Sumner, 11a Wakefield Ave, Sumner, ✆ 03 326 4777, 🖥 sumnertoferrymead.co.nz; Karte S. 582–583. Hervorragende Currys an Tischen im Freien, zum Mitnehmen oder mit etwas Glück auch in den etwas engen, aber stimmungsvollen Räumlichkeiten. Kleine, aber feine Auswahl an Hauptgerichten ($15–18). ⏲ Di–So 17 Uhr bis spät.

Joe's Garage, 19 Marriner St, Sumner, ✆ 03 962 2233, 🖥 joes.co.nz; Karte S. 582–583. Funkiges Café in Sumner mit super Espresso, kostenlosem WLAN und Gerichten wie paniertem Rinderschnitzel, Pommes und Tomaten-Kräuter-Sauce (Gerichte $6,80–23). ⏲ tgl. 7 Uhr bis spät.

Ko Tane: The Maori Experience, im Willowbank Wildlife Reserve, 60 Hussey Rd, ✆ 03 359 6226, 🖥 kotane.co.nz; Karte S. 582–583. Wer es in Rotorua verpasst hat, kann auch in Christchurch ein Maori-Konzert und einen Abend mit Hangi erleben. Angeboten wird etwa ein Arrangement mit kultureller Darbietung, Führung und 4-Gänge-Abendessen ($135), zusätzlich möglich mit einer Kiwi Wildlife Tour ($165). ⏲ tgl. mit Vorbuchung.

Scarborough Fare, 147 Esplanade, Sumner, ✆ 03 326 7923; Karte S. 582–583. Dieses typische Strandlokal mit Surfbrettern an den Wänden eignet sich bestens für ein stärkendes Frühstück nach dem Surfen und moderne Gerichte wie Sumner-Bay-Jakobsmuscheln (Gerichte $11,90–19,90); mit Terrasse mit Blick aufs Meer. ⏲ Mo–Fr 8.30–17, Sa und So 8–17 Uhr.

Tutto Bene, 192 Papanui Rd, Merivale, ✆ 03 355 4744, 🖥 tuttobene.co.nz; Karte S. 582–583. Hervorragendes italienisches Restaurant mit Pizza, Pasta und Risotto sowie traditionellen Fleisch- und Fischgerichten (Hauptgerichte $32,90–35,40). ⏲ tgl. 17 Uhr bis spät.

Under the Red Verandah, 502 Worcester St, ✆ 03 381 1109, 🖥 utrv.co.nz; Karte S. 582–583. Zauberhaftes Tagescafé, lohnenswert wegen seiner Frühstücks- und Brunchkarte (Hauptgerichte $17,50–24) sowie der köstlichen Speisen vom Tresen und des Bio-Brots. Die Gäste sitzen entweder drinnen in schlichter Holzeinrichtung oder im sonnigen Innenhof. Auch Feinkostartikel wie Eingemachtes und Olivenöl. ⏲ Mo–Fr 7.30–16, Sa und So 8.30–16 Uhr.

Winnie Bagoes, 2 Waterman Pl, abseits der Ferry Rd, Ferrymead, ✆ 03 376 4900, 🖥 winnie bagoes.co.nz; Karte S. 582–583. Die beliebte Christchurcher Institution ist aus der Innenstadt nach Ferrymead umgezogen. Das Lokal ist für seine Pizzas ($17,50–33) mit Belägen wie Huhn, Cranberry und Brie bekannt. Do–So gibt es häufig Livemusik oder DJs. ⏲ tgl. 11.30 Uhr bis spät.

EINKAUFEN

Ballantynes, Cashel St, Ecke Colombo St, schräg gegenüber der Einkaufspassage Re:START, 🖥 ballantynes.com. Diese Filiale des altehrwürdigen Kaufhauses ist inzwischen wieder geöffnet.

Re:START, Cashel St, zwischen Oxford Terrace und Colombo St, 🖥 restart.org.nz. Das neue Einkaufsviertel Re:START an der Cashel Mall zeugt von der Widerstandskraft und dem Einfallsreichtum der Bewohner von Christchurch. In bunten Schiffscontainern haben sich Geschäfte und Cafés niedergelassen, so etwa Kathmandu, Trelise Cooper und mehrere andere neuseeländische Modedesigner. Der Buchladen Scorpio Books hat hier eine Filiale eröffnet, genauso wie der alteingesessene Johnson's Grocer, dessen Laden hier zwar gänzlich anders aussieht als sein altes Geschäft, aber immer noch alle möglichen Lebensmittel anbietet, die in dieser Gegend sonst nur sehr schwer zu bekommen sind. ⏲ Mo–Sa 10–18, So 10–17 Uhr.

SONSTIGES

Apotheken
Eine bis 23 Uhr geöffnete Apotheke hat die **24 Hour Surgery**, ✆ 03 366 4439.

Geld
Einige Banken haben im neuen Einkaufsviertel Re:START (s. oben) temporäre Filialen eröffnet. Die meisten Banken verfügen außerdem über Niederlassungen in den Vororten, z. B. in der Riccarton Shopping Mall in der Riccarton Road.

Gepäckaufbewahrung

Die meisten Hostels bieten Gepäckaufbewahrung an (in der Regel nicht mehr als $5 pro Tag). Gepäckaufbewahrung am Flughafen auf S. 598.

Informationen

i-SITE Visitor Centre, Rolleston Ave, neben dem Canterbury Museum, ☎ 03 379 9629, 🖥 christchurchnz.com. Hat umfassende Infos (u. a. über Wanderungen) und Buchungsmöglichkeiten für die Südinsel. Es informiert auch über die Festivals der Stadt und offeriert exklusive Sondertarife für Unterkünfte und Aktivitäten. ⏱ Nov–Mitte Jan tgl. 8.30–18, Mitte Jan–März 8.30–19, April–Okt 8.30–17 Uhr.

Medizinische Hilfe

Christchurch Hospital, Oxford Terrace, Ecke Riccarton Ave, ☎ 03 364 0640.
24 Hour Surgery, Bealey Ave, Ecke Colombo St, ☎ 03 365 7777. Hier bekommt man jederzeit ärztliche Hilfe ohne Voranmeldung.

Notruf

☎ 111; **Central Police Station**, Hereford St, Ecke Cambridge Terrace, ☎ 03 363 7400.

Post

Postämter gibt es bei der Merivale Mall an der Papanui Road und in der Nähe der Riccarton Shopping Mall an der Riccarton Road.

NAHVERKEHR

Auto

Als Autofahrer hat man es in Christchurch trotz der durch die Beben verursachten Schäden nicht schwer; Straßensperrungen sind gut ausgeschildert. Die meisten **Parkplätze** in der Innenstadt sind mit Parkuhren versehen und Mo–Sa 7–18 Uhr gebührenpflichtig. Günstige Parkplätze gibt es im Hagley Park, Eingang Armagh Street (die erste Std. und am Wochenende ganztags kostenlos).

VON CHRISTCHURCH NACH SÜDEN

Der TranzAlpine

Einer der beliebtesten Tagesausflüge von Christchurch ist eine Fahrt mit dem TranzAlpine, 🖥 tranz scenic.co.nz. Dieser **Touristenzug** fährt nach Greymouth an der Westküste – an einer Verlängerung der Strecke bis Hokitika wird gerade gebaut. Fahrtdauer 4 1/2 Std. pro Strecke; ermäßigte Preise erhält man bei langer Vorausbuchung, sonst $185 einfache Fahrt, $339 hin und zurück am gleichen Tag. Die wunderschöne Landschaft auf der 231 km langen **Strecke**, die über zahlreiche Viadukte und durch 19 Tunnel führt, können die Fahrgäste durch die großen Panoramafenster und vom seitlich offenen Aussichtswaggon aus genießen. Nach den gewerblich geprägten Ausläufern von Christchurch durchquert man das Farmland der Canterbury Plains, um dann durch Flusstäler und über offenes Tussock-Grasland in die Southern Alps vorzustoßen. Nach einer Pause am höchsten Punkt der Fahrt, dem Ort Arthur's Pass, erfolgt der Abstieg durch den 8,5 km langen Otira Tunnel, der unter dem 920 m hohen Pass zur Westküste führt.

Der Zug fährt jeden Morgen um 8.15 Uhr in Christchurch ab und kommt fahrplanmäßig um 18.05 Uhr wieder zurück. Allerdings sind dank der jahrelangen Sparmaßnahmen Verzögerungen an der Tagesordnung. Obwohl es langsam besser wird, lassen auch Bequemlichkeit und Verpflegung bei dieser Reise, die eigentlich eine Touristenattraktion ist, zu wünschen übrig. Wer die Strecke im Dezember befährt, erlebt die weißen und roten Rata-Bäume in ihrer vollen Blütenpracht, doch am romantischsten ist eine Reise im **Winter** (Juni bis August), wenn sich eine weiße Schneedecke über die Landschaft ausbreitet. Wer mit dem Auto unterwegs ist, steigt am besten in Darfield, 45 km westlich von Christchurch, in den Zug ein und spart sich die Fahrt durch die Vororte und das Flachland. Es gibt auch die Möglichkeit, in Moana auszusteigen, dort am See ein Mittagessen zu genießen und den Zug auf seiner Rückfahrt wieder zu besteigen – besser als ein hastiger Snack in Greymouth. Die Fahrt mit dem TranzAlpine kann auch im Rahmen einer Hochlandtour (S. 589) unternommen werden.

Es gibt Dutzende Autovermietungen in Christchurch, die meisten davon am Flughafen.

Fahrrad

Angesichts der relativ ruhigen Straßen und des ebenen Geländes in der Stadt eignen sich auch Fahrräder ideal zur Erkundung der etwas abgelegeneren Vororte. Informationen zum Leihen von Rädern hält das i-SITE bereit.

Stadtbusse

Die **City Bus Exchange**, 46–50 Lichfield St, wird von mehreren Busgesellschaften genutzt, die ihre Busse gemeinschaftlich unter den Namen **Metro** und **Red Bus** betreiben, ✆ 03 366 8855, 🖥 metroinfo.org.nz, 🖥 redbus. co.nz, Infoschalter ⏰ Mo–Fr 7.30–18, Sa und So 9.30–17.30 Uhr.

Mit Ausnahme des Flughafenbusses City Flyer (S. 598) beträgt der **Fahrpreis** in der Zone 1 einschließlich Sumner und Lyttelton $3,20. Bei mehrtägigem Aufenthalt lohnt sich der Kauf einer **Metrocard** (mind. $10), die bei der City Bus Exchange erhältlich ist. Der normale Fahrpreis reduziert sich auf $2,30, und wer an einem Tag schon zweimal bezahlt hat, fährt den Rest des Tages umsonst. Die meisten Busse verkehren von 6.30 Uhr bis ungefähr Mitternacht.

Taxis

Blue Star, ✆ 03 379 9799;
Gold Band, ✆ 03 379 5795.

TRANSPORT

Busse

Die meisten Fernbusse fahren ab dem Stadtzentrum, einige auch vom Flughafen – bei der Busgesellschaft oder im i-SITE nachfragen.

Akaroa French Connection, ✆ 0800 800 575, 🖥 akaroabus.co.nz. Tgl. um 8.45 Uhr (im Sommer öfter) nach Akaroa.

Akaroa Shuttle, ✆ 0800 500 929, 🖥 akaroashuttle.co.nz. 2–3x tgl. nach Akaroa.

Atomic Shuttles, ✆ 03 439 0697, 🖥 atomic travel.co.nz. Richtung Norden nach Kaikoura, Blenheim und Picton; Richtung Süden nach Timaru, Oamaru und Dunedin; Richtung Westen nach Greymouth, ins Landesinnere

über Geraldine und Twizel nach Wanaka und Queenstown.

Hanmer Connection, ✆ 0800 242 663, 🖥 atsnz.com. 2x tgl. nach Hanmer Springs.

Hanmer Shuttle, ✆ 0800 800 575, 🖥 akaroabus.co.nz. Tgl. um 9.45 Uhr nach Hanmer Springs.

InterCity/Newmans, ✆ 03 365 1113, 🖥 intercitycoach.co.nz. Richtung Norden nach Kaikoura, Blenheim, Picton und Nelson; Richtung Süden nach Timaru, Oamaru, Dunedin und Invercargill; ins Landesinnere nach Methven, Aoraki Mount Cook, Wanaka und Queenstown.

Knightrider, ✆ 0800 317 057, 🖥 knightrider. co.nz. 3x wöchentl. Abend-/Nachtfahrten nach Dunedin.

Methven Travel, ✆ 0800 684 888 oder 03/302 8106, 🖥 methventravel.co.nz. Tgl. nach Methven.

NakedBus, 🖥 nakedbus.com. Busse betrieben von der Gesellschaft Atomic, mit denselben Zielen.

Southern Link, ✆ 0508 458 835, 🖥 southern linkkbus.co.nz. Tgl. nach Dunedin, Queenstown und Picton.

West Coast Shuttle, ✆ 03 768 0028, 🖥 west coastshuttle.co.nz. Tgl. nach Greymouth.

Busse nach:

AKAROA 2–3x tgl., 1 1/2 Std.;
AORAKI MOUNT COOK 1x tgl., 5 1/4 Std.;
ARTHUR'S PASS 2x tgl., 2 1/2 Std.;
BLENHEIM 3–5x tgl., 4 3/4–5 1/2 Std.;
DUNEDIN 5–6x tgl., 6 Std.;
GERALDINE 4x tgl., 2 Std.;
GREYMOUTH 2x tgl., 4 Std.;
HANMER SPRINGS 3x tgl., 2 Std.;
HOKITIKA 1x tgl., 4 1/2 Std.;
KAIKOURA 3–5x tgl., 2 1/2 Std.;
LYTTELTON alle 15–30 Min., 35 Min.;
METHVEN 3–7x wöchentl., 1 1/2 Std.;
OAMARU 5–6x tgl., 4 Std.;
PICTON 3–5x tgl., 5–5 1/2 Std.;
QUEENSTOWN 5–6x tgl., 7–8 Std.;
TEKAPO 4–5x tgl., 3–4 Std.;
TIMARU 5–6x tgl., 2 1/2 Std.;
TWIZEL 4–5x tgl., 4–5 Std.;
WANAKA 4–5x tgl., 7–8 Std.

VON CHRISTCHURCH NACH SÜDEN

Eisenbahn

Der **Bahnhof**, Fahrplaninformationen ✆ 0800 872 467, liegt gut 2 km südwestlich des Cathedral Square am Troup Drive, Tower Junction, unweit des Hagley Park. Von hier verkehren auf landschaftlich sehr reizvollen Strecken zwei Passagierzüge, der Coastal Pacific (mit Panoramafenstern) nach Picton (mit Anschluss an die Fähren zur Nordinsel) und der TranzAlpine nach Greymouth (Kasten S. 596). **Canterbury Shuttles**, ✆ 0800 021 682, 🖥 canterburyshuttles.co.nz, bieten Fahrkarteninhabern eine kostenlose Abholung von der Innenstadt (telefonisch anfordern oder auf der Website die reguläre Abholschleife, zumeist an den Hostels entlang, anschauen). Die Fahrt vom Bahnhof ins Zentrum kostet $5.

Züge nach:

ARTHUR'S PASS 1x tgl., 2 1/4 Std.;
BLENHEIM 1x tgl., 4 3/4 Std.;
GREYMOUTH 1x tgl., 4 1/2 Std.;
KAIKOURA 1x tgl., 3 Std.;
PICTON 1x tgl., 5 1/4 Std.

Flüge

Der **Christchurch Airport**, ✆ 03 358 5029, 🖥 christchurchairport.co.nz, liegt 10 km nordwestlich des Stadtzentrums. Der Terminal ist rund um die Uhr geöffnet, und es gibt Geldautomaten, Wechselstuben und ein neues i-SITE Visitor Centre, das bei ankommenden internationalen Flügen geöffnet ist. Eine Tafel mit kostenl. Telefonnummern hilft bei der Reservierung von Unterkünften und Mietwagen. **Gepäckaufbewahrung** bei Luggage Solutions, ✆ 03 358 8027, Koffer oder Rucksack $10 pro Tag, $20 über Nacht, ⏰ tgl. 4.30–18, Fr und Sa bis 23.30 Uhr. Der Bus **City Flyer** fährt vom Flughafen ins Zentrum (alle 30–60 Min., $7,50 einfach), genauso wie die Stadtbusse Nr. 3, 10 und 29 ($7,50 einfach). **Super Shuttle**, ✆ 0800 748 885, bringt Fahrgäste zur gewünschten Adresse ($24 p. P., zusätzliche Person $5). Wer **zum Flughafen** fahren möchte, kann am Abend zuvor ein Shuttle buchen und wird am nächsten Tag abgeholt. Ein **Taxi** vom Flughafen in die Stadt oder umgekehrt kostet $40–50.

Flüge nach:

AUCKLAND 24x tgl., 1 1/4 Std.;
BLENHEIM 3x tgl., 50 Min.;
DUNEDIN 8x tgl., 1 Std.;
HOKITIKA 3x tgl., 35 Min.;
INVERCARGILL 6x tgl., 1 1/4 Std.;
NAPIER/HASTINGS 2x tgl., 1 1/2 Std.;
NELSON 4x tgl., 50 Min.;
PALMERSTON NORTH 4x tgl., 1 1/4 Std.;
QUEENSTOWN 5x tgl., 1 Std.;
ROTORUA 4x tgl., 1 3/4 Std.;
WANAKA 1–2x tgl., 1 Std.;
WELLINGTON 16x tgl., 45 Min.

Nördlich von Christchurch

Nördlich von Christchurch, am SH1 Richtung Nordzipfel der Südinsel, gibt es nicht sonderlich viel zu sehen, und die meisten Reisenden fahren einfach durch bis zum immer beliebter werdenden Weinbaugebiet rund um Waipara (S. 578) oder nach Kaikoura, wo man Wale beobachten und mit Delphinen schwimmen kann. Ein paar Cafés lohnen jedoch unterwegs durchaus einen Zwischenstopp.

ESSEN UND UNTERHALTUNG

Brew Moon, 150 Ashworths Rd (SH1), Amberley, 47 km nördlich von Christchurch, ✆ 03 314 8030, 🖥 brewmooncafe.co.nz. Die wunderbare Brauerei mit angeschlossenem Café produziert vier Biere, die man am besten im Probierset ($10) testet. Außerdem gibt's hier köstliches Frühstück, Snacks, Mittag- und Abendessen (Hauptgerichte $20–35) wie Gourmet-Pizzas, z. B. mit Blaukäse und Trüffelöl. Der rustikale Garten ist im Sommer idyllisch. ⏰ tgl. 11–20 Uhr, im Hochsommer länger.

Nor'wester Café, 95 Main Rd North, Amberley, 47 km nördlich von Christchurch, ✆ 03 314 9411, 🖥 norwestercafe.co.nz. Das Café mit Alkoholausschank ist bekannt für frische, schnörkellose, europäisch beeinflusste Gerichte, tollen Kaffee und eine lange Weinkarte. ⏰ tgl. ab 9 Uhr.

Pukeko Junction Café & Deli, 458 Ashworths Rd (SH1), Leithfield, 42 km nördlich von Christchurch, ☎ 03 314 8834, 🖥 pukekojunction.co. nz. Hier gibt's neben Hummingbird-Kaffee zum Frühstück z. B. Pfannkuchen mit Schinken und Ahornsirup sowie mittags etwa Blätterteig-Wraps mit Kumara-Kartoffeln, *cream cheese* und Cashew-Nüssen (Gerichte $8–18,50). Man kann auch Leckereien für ein Picknick mitnehmen. ◷ tgl. 9–16.30 Uhr.

Banks Peninsula

Wer mit dem Flugzeug in Christchurch landet, wird beeindruckt sein von dem spektakulären Kontrast zwischen den flachen Canterbury Plains und der rauen, zerklüfteten Topografie der **Banks Peninsula**. Als James Cook 1769 an der vulkanischen, daumenförmig in die Canterbury-Bucht ragenden Halbinsel vorbeisegelte, kartografierte er sie versehentlich als Insel und benannte sie nach seinem Expeditionsbotaniker Joseph Banks. Damals war es ein Irrtum, doch ursprünglich handelte es sich bei der Basaltmasse tatsächlich um eine Insel, die erst mit dem Land verbunden wurde, als die Flüsse von den Osthängen der Neuseeländischen Alpen große Mengen Schwemmsand mitbrachten, der sich im Tal ablagerte.

Der fruchtbare vulkanische Boden in den Tälern der Banks Peninsula begünstigte das Wachstum endemischer Bäume wie Totara, Matai und Kahikatea, die – zusammen mit den in den Buchten im Überfluss vorhandenen Schalentieren – schon vor eintausend Jahren Maori in die Gegend lockten. Die Bäume, die nicht unverzüglich der Brandrodung zum Opfer fielen, wurden später zur Beute der europäischen Holzfäller. Die Sägewerke kamen erst zum Stillstand, als es Ende der 1880er-Jahre keine Bäume mehr gab. Heute präsentiert sich die Halbinsel größtenteils kahl; lediglich Büschelgras bedeckt teilweise die hügelige Landschaft, und hier und da zeigen sich kleine Ecken mit nachwachsendem einheimischem Wald.

Die aus zwei massiven, unter Wasser liegenden Kraterkesseln gebildete Banks Peninsula spielt für die Region eine wirtschaftliche Schlüsselrolle. Der Naturhafen Lyttelton Harbour schützt und ernährt die Hafenstadt **Lyttelton**, in der Vergangenheit Ankunftsort zahlreicher Einwanderer. Lyttelton war der einzige Ort auf der Banks Peninsula, der bei den Erdbeben von 2010 und 2011 schwerere Schäden davontrug, und zur Zeit der Recherche hatte man bereits mehrere Gebäude abgerissen oder setzte sie gerade wieder instand.

Der besucherfreundliche Ort **Akaroa** verströmt ein wesentlich vornehmeres Flair. Die touristisch orientierte Stadt verdankt ihren französischen Einfluss einer Gruppe von Siedlern aus Frankreich. Die Banks Peninsula wird von einem Netz schmaler, kurvenreicher Landstraßen durchzogen, die sich an den Kraterrändern entlangwinden und in herrlich ruhige Buchten hinabführen. Trotz ihrer ausgedörrten Graslandschaft ist die Banks Peninsula ein sehr beliebtes Ausflugsziel, denn sie bietet relativ leichte, dabei aber landschaftlich sehr schöne **Wanderwege**.

Für die kleineren Orte in den versteckten Buchten ist ein eigenes Fahrzeug vonnöten. Wer die Halbinsel mit dem **Fahrrad** befahren möchte, sollte sich darüber im Klaren sein, dass sie extrem hügelig ist und die Verbindungsstrecken zwischen Summit Road und den verschiedenen Buchten sehr steil sein können.

Lyttelton

Obwohl es nur 12 km südöstlich des Zentrums von Christchurch liegt, stellt **Lyttelton** bereits eine andere Welt dar. Es ist eingeschlossen von den felsigen Wänden des versunkenen Vulkankraters, der den Naturhafen **Lyttelton Harbour** bildet. Die attraktive Lage des Ortes und die originellen Cafés und Restaurants locken zunehmend Stadtflüchtlinge an, aber in erster Linie ist Lyttelton eine Hafenstadt. Leider wurde der Ort von den Erdbeben von 2010 und 2011 schwer getroffen. Besonders schwere Schäden hinterließ das Beben am 13. Juni 2011, dem viele historische Sehenswürdigkeiten, Restaurants und Bars zum Opfer fielen. Die Bewohner von Lyttelton verbindet jedoch ein stark ausgeprägtes Ge-

BANKS PENINSULA

N

0   5 km

CHRISTCHURCH

● RESTAURANTS, CAFÉS & BARS	
Country Store	2
Little River Store Gallery	3
She Chocolat	1

■ ÜBERNACHTUNG	
Double Dutch	2
Governors Bay Hotel	1
Halfmoon Cottage	3
Kawatea Farmstay	2
Onuku Farm Hostel	4

SUMMIT ROAD

Sumner

Taylor's Mistake

Lyttelton Tunnel

Lyttelton

GODLEY HEAD RESERVE

Governors Bay

Quail Is.

Lyttelton Harbour

Diamond Harbour

Ripapa Island

Purau

Port Levy

Port Levy

Pigeon Bay

Little Akaloa Bay

Little Akaloa

Okains Bay

Mt Bradley & Mt Herbert Walkway

Mt Bradley (855 m)

Mt Herbert (920 m)

Pigeon Bay

Maori & Colonial Museum

Le Bons Bay

75

SUMMIT ROAD

Hilltop

Barrys Bay

Duvauchelle

Cooptown

Robinsons Bay

Little River

French Farm

ONAWE SCENIC RESERVE

Takamatua

Tikao

Lake Ellesmere

Kaituna Lagoon

Lake Forsyth

75

Birdings Flat

Kaitorete Spit

Wainui

Akaroa

LONG BAY RD

Banks Peninsula Track

Onuku

Long Bay

Stony Bay

Te Oka Bay

Peraki Bay

Akaroa Harbour

Flea Bay

Christchurch (25 km)

Christchurch (82 km)

---

meinschaftsgefühl. Davon zeugen nicht zuletzt der Gemeindegarten des Orts sowie der „Lyttelton Petanque Club: Established 2011" auf einem Abrissgrundstück.

ÜBERNACHTUNG

Dockside, 22 Sumner Rd, ☎ 027 448 8133, ⌨ dockside.co.nz. Sehr nettes Studio-Apartment mit Kochmöglichkeiten und privatem Garten sowie 2 größere Apartments mit vollständig eingerichteter Küche, geräumigen Terrassen und Ausblick auf den Hafen. Studio $90, Apartment $120

Governors Bay Hotel, Main Rd, Governors Bay, 8 km westlich von Lyttelton, ☎ 03 329 9433, ⌨ governorsbayhotel.co.nz. Das große, vollständig renovierte Hotel aus der Kolonialzeit hat nach wie vor einige einfache, aber teure Zimmer ohne Bad über der Bar mit gemeinschaftlich genutztem Balkon und großartigem Blick auf die Bucht. DZ $100

ESSEN UND UNTERHALTUNG

An der London Street eröffnen derzeit immer wieder neue temporäre oder permanente Restaurants und Cafés, u. a. in originell aufgemachten Schiffscontainern. Samstagmorgens findet auf dem Schulgelände in der Oxford Street ein kleiner **Bauernmarkt** statt.

Fisherman's Wharf, Norwich Quay, ℡ 03 328 7530, 💻 lytteltonwharf.co.nz. In diesem Restaurant am Hafen werden den ganzen Tag über z. B. Bouillabaisse-Risotto, Seafood-Körbe und der Fang des Tages serviert, außerdem riesige Salate und Steaks. ⊙ Mi–So 11 Uhr bis spät.

Governors Bay Hotel, Main Rd, Governors Bay, 8 km westlich von Lyttelton, ℡ 03 329 9433, 💻 governorsbayhotel.co.nz. Das historische Hotel bietet Kneipenkost gehobener Qualität, von Gourmet-Salaten bis zur Lammhaxe mit Rosmarin (Hauptgerichte $20–33), zu genießen bei einem Pint auf der Terrasse. ⊙ Mo–Fr 11 Uhr bis spät, Sa und So 9.30 Uhr bis spät.

She Chocolat, 79 Main Rd, 8 km westlich von Lyttelton in Governors Bay, ℡ 03 329 9825, 💻 shechocolat.com. Hier wird nicht nur wunderbar cremige warme Trinkschokolade serviert. Man kann auch Pralinen zum Mitnehmen kaufen, durch ein Fenster zu Küche beobachten, wie sie hergestellt werden, und eine Schokoladen-Schule besuchen (ab $195 für einen Tag). Das angeschlossene Restaurant hat Tische drinnen und draußen im Garten mit Blick über den Lyttelton Harbour bis zum Meer. ⊙ Mo–Fr 10–17, Sa und So 9–17 Uhr.

INFORMATIONEN

Port-A-Com, 65 London St, ℡ 03 328 9093, 💻 lytteltonharbour.info. Die Mitarbeiter verschenken eine Broschüre mit Beschreibung eines selbst geführten Spaziergangs zu den historischen Sehenswürdigkeiten der Stadt, ⊙ Mo–Fr 11–15, Sa 10–13, So 11–14 Uhr. Eine weitere gute Informationsquelle ist 💻 lyttelton.net.nz.

TRANSPORT

Der schnellste Weg von CHRISTCHURCH nach Lyttelton dauert nur rund 20 Autominuten und führt durch den 2 km langen Lyttelton Tunnel. Buslinie Nr. 28 fährt alle 15–30 Min. vom Stadtzentrum von Christchurch ab (35 Min., $2,80) und hält an verschiedenen Stellen im Ort, unter anderem an der Lyttelton School in der Oxford Street.

Lyttelton Harbour

Schiffe gelangen in den **Lyttelton Harbour** durch die von zwei Landvorsprüngen eingeengte Einfahrt „The Heads", die am besten vom **Godley Head** aus überblickt werden kann, einem stimmungsvollen, von Gras und Felsen bedeckten Kap mit steilen Meeresklippen und einem ausgezeichneten Ausblick. Die vom DOC verwaltete Godley Head Reserve war zur Zeit der Recherche wegen Erdbebenschäden gesperrt; über den aktuellen Stand informiert die Website des DOC, 💻 doc.govt.nz. Hauptanlaufpunkte auf der anderen Seite der Bucht sind die kleine Gemeinde **Diamond Harbour** und **Quail Island**, eine Zufluchtsstätte für Seevögel.

Diamond Harbour

Fähren alle 30–60 Min.; Fahrtdauer 10 Min. ▪ $5,60 einfach ▪ 💻 diamondharbour.org.nz

Bei gleißendem Sonnenlicht funkelt das Wasser wie eine Million Diamanten vor dem **Diamond Harbour** direkt gegenüber von Lyttelton auf der anderen Seite der Bucht. Zu dem Ort verkehrt eine **Personenfähre**. In Diamond Harbour angekommen, wird ein 500 m langer Spaziergang bergauf mit einem tollen Blick auf die Bucht belohnt. Stärken kann man sich im Country Store, ℡ 03 329 4854, bei Kaffee, Muffins und Sandwiches; ⊙ tgl. 8.30–18 Uhr.

Quail Island

Überfahrt zur Insel mit Black Cat Ferries Okt–April tgl. 12.20, Dez–März außerdem 10.20 Uhr ▪ $25 hin und zurück, nur Barzahlung ▪ ℡ 03 304 7641

Mitten in der Hafenbucht liegt die knapp 1 km² große **Quail Island**. Von 1907 bis 1925 diente sie als Leprakolonie, und in den Zeiten der Südpolexpeditionen von Shackelton und Scott wurden hier Tiere in Quarantäne gehalten. Heutzutage ist Quail Island in erster Linie ein Ziel für Tagesausflügler, die zum Wandern und Schwimmen hierherkommen. Einpacken sollte man Proviant, ausreichend Trinkwasser (auf der Insel gibt es keins) und Regenkleidung.

Zwei **Rundwanderwege** (1 Std. und 2 1/2 Std.) beginnen am Bootssteg und führen zu sicheren Badestränden und vorbei an mehreren Schiffswracks, die bei Ebbe zu sehen sind.

Lake Ellesmere und Little River

Der große Süßwassersee **Lake Ellesmere** (Waihora) 30 km südlich von Christchurch wird nur durch die schmale Landzunge Kaitorete Spit vom Pazifischen Ozean getrennt, die sich unterhalb des Sees von der Banks Peninsula Richtung Südwesten erstreckt, um sich nach 30 km wieder mit dem Festland zu vereinen.

Am Fuße der Landzunge liegt die schmale Kieselbank **Birdlings Flat**, von jeher eine ergiebige Nahrungsquelle für die Maori, deren Fischereirechte hier 1896 unter Schutz gestellt wurden. In den Kieselansammlungen der schützenden Bank verbergen sich Jade und Edelsteine. Birdlings Flat bildet die Trennlinie zwischen dem Meer und **Lake Forsyth** (Wairewa), einem lang gezogenen See, der auf dem Weg zum Dorf **Little River** vom SH75 gestreift wird. In Little River, 53 km südlich von Christchurch, lockt die Little River Store & Gallery, ⌨ littlerivergallery.com, mit exzellentem Café sowie Bar und Bäckerei (Gerichte $6,30–9,50). ⏲ Mo–Fr 7.30–16.30, Sa und So 7.30–17 Uhr.

Wer sich in der Gegend ein wenig körperlich betätigen möchte, dem bietet der **Little River Railtrail**, ⌨ littleriverrailtrail.co.nz, dazu Gelegenheit. Bisher ist ein 24 km langer Abschnitt des in Zukunft bis Christchurch führenden Radwegs entlang dem Lake Forsyth und Lake Ellesmere freigegeben. Natural High, 58 McDonalds Rd, Lincoln, ✆ 03 982 2966, ⌨ naturalhigh.co.nz, verleiht Fahrräder (ab $60/Tag).

Barry's Bay

Ab Little River klettert der SH75 die Hügel hinauf, die Akaroa Harbour vom Rest der Banks Peninsula trennen, und führt dann hinunter nach **Barry's Bay** mit der Käserei **Barry's Bay Cheese**, ✆ 03 304 5809, ⌨ barrysbaycheese.co.nz. Hier kann man kostenlos Käse probieren, sich ein Video zur Käseherstellung anschauen und von Oktober bis Mai bei der Produktion zuschauen (Tage, an denen Käse hergestellt wird, telefonisch erfragen). ⏲ tgl. 9–17 Uhr.

Unterkunft bietet das nahe Halfmoon Cottage, SH75, gleich östlich von Barry's Bay, ✆ 03 304 5050, ⌨ halfmoon.co.nz, Karte S. 600, ein kleines, wunderbar relaxtes Hostel in einer Villa von 1896 mit hübschem Garten nicht weit vom Strand. Fahrräder können kostenlos, Kajaks gegen Gebühr ausgeliehen werden, und es gibt Breitband-Internet. ⏲ Juni–Aug geschlossen, Dorm $30, DZ $75.

Akaroa

Der Küstenort **Akaroa** („Lange Bucht") liegt 85 km südöstlich von Christchurch am Ostufer des Naturhafens Akaroa Harbour und trägt das Etikett **Neuseelands französische Siedlung**. Doch gewiss kamen die ersten Siedler aus Frankreich, und einige französische Bauwerke sind ebenso geblieben wie ein paar französische Straßennamen, aber damit hat es sich auch fast schon.

Akaroa ist ein hübscher Ort in einer landschaftlich schönen Umgebung, in der man sich mit ein paar weniger abenteuerlichen Aktivitäten und einem einzigartigen Schwimmerlebnis mit Delphinen die Zeit vertreiben kann. Für Bewegung sorgt der Wanderweg **Banks Peninsula Track**, dessen Start und Ziel ganz in der Nähe liegt (Kasten S. 603). Am ehesten eignet sich Akaroa aber für Touristen, die es auf geruhsame Spaziergänge, gutes Essen mit Wein und ein gemütliches Bett abgesehen haben.

Geschichte

Einst war diese Gegend die Domäne des obersten Häuptlings der Ngai Tahu, Temaiharanui. 1838 erwarb der französische Kommandant Jean Langlois, wie er glaubte, die gesamte Halbinsel im Tauschhandel für Waren. Dann kehrte er nach Frankreich zurück und ermutigte risikofreudige Siedler dazu, eine neue französische Kolonie zu gründen. In der Zwischenzeit entsandten die Engländer William Hobson, um als Vizegouverneur die Kontrolle über sämtliche Ländereien zu übernehmen, die er kaufen konnte. Nur sechs Tage bevor Lavaud im Hafen einlief, hissten die Engländer in Akaroa die britische Flagge. Lavauds Passagiere entschlossen sich trotzdem zu bleiben, sodass die erste offizielle Siedlung unter britischer Oberhoheit aus 63 Franzosen und sechs Deutschen bestand.

Akaroa Museum

71 Rue Lavaud ▪ ⏱ Okt–April tgl. 10.30–16.30, Mai–Nov 10.30–16 Uhr ▪ Eintritt $4 ▪ ☎ 03 304 1013

Gegenüber dem Visitor Centre befindet sich das **Akaroa Museum**. Die Exponate drehen sich um die Geschichte der Walfänger und die Besiedlung der Halbinsel und beinhalten faszinierende Fotografien der frühen französischen und deutschen Kolonisten.

Zum Museum gehört auch das **Langlois-Eteveneaux Cottage** aus den frühen 1840er-Jahren, das wohl z. T. noch in Frankreich zusammengebaut und dann nach Neuseeland verschifft wurde. Weitere Bestandteile des Komplexes sind das ehemalige Gerichtsgebäude **Court House** mit original erhaltener Anklagebank und Richterstuhl, und das auf der anderen Seite der Rue Lavaud am Daly's Wharf gelegene **Old Custom**

Banks Peninsula Track

Eine wunderbare Alternative zu den DOC-Tracks und den Great Walks ist der **Banks Peninsula Track**, ein 35 km langer Privatwanderweg (4 Tage $255, 2 Tage $165, 🖥 bankstrack.co.nz, Mai–Sep geschl.) mit Meeresklippen, Vulkanlandschaften, Sandstränden, üppigem einheimischem Wald und Ausblicken auf diverse Buchten. Man übernachtet in bezaubernd rustikalen Unterkünften und kommt in Kontakt mit den Einheimischen. Dies ist kein Weg für einen strammen Marsch. Er eignet sich eher für eine gesellige Wanderung, am besten über vier Tage mit viel Zeit zum Baden und zum Entspannen. Die 4-Tages-Version dürfen jeden Tag nur zwölf Personen in Angriff nehmen, die 2-Tages-Version nur vier, also sollte man den Track weit im Voraus **buchen**.

Der Track erfordert **körperliche Fitness**, doch da jeden Abend ein Etagenbett in der Hütte reserviert ist, kann jeder sein Wandertempo selbst bestimmen. Die **Gebühr** beinhaltet den Transport zum Startpunkt in Akaroa sowie die Unterkunft an der Strecke (mit Duschen, komplett ausgestatteter Küche, Strom und begrenzter Versorgung mit Lebensmitteln). Ab 5 Tage vor Beginn der Wanderung gelten Standby-Preise von $195 bzw. $125. Mitzubringen sind gute Wanderstiefel, Schlafsack, Allwetterkleidung und **Proviant** für mindestens 2 Tage. Möglichkeiten zur Aufstockung gibt es in kleinen Läden in Stony Bay und in Otanerito Beach. Begrenzt ist auch der Transport des Gepäcks zur nächsten Station der Wanderung möglich, s. Website.

Die Route

Am ersten Abend werden die Wanderer nach Onuku gefahren, 5 km südlich von Akaroa; dort wird die Nacht in der **Onuku Hut** oder in einer der „Stargazer"-Hütten mit Blick auf den Sternenhimmel verbracht. Wer möchte, kann sich hier mit einem Abendessen ($28) verköstigen lassen. Am nächsten Tag führt die erste Etappe der Wanderung von **Onuku nach Flea Bay** (11 km, 3 1/2 Std.) auf eine Höhe von 700 m und dann an einigen kleinen Wasserfällen vorbei bergab. Die Unterbringung in Flea Bay erfolgt in einem reizenden Cottage aus den 1850er-Jahren mit Veranda und Blick auf den Strand. Hier kann man sich Pinguine anschauen (kostenlos) oder im Pohatu Marine Reserve Kajak fahren ($25).

Am zweiten Tag geht es von **Flea Bay nach Stony Bay** (8 km, 2 1/2 Std.) über windumtoste Klippen, wobei eine Robbenkolonie gegen Mittag für Abwechslung sorgt. Die Nacht verbringt man in einer der Kombinationen aus Hütte und Cottage mit einem holzbefeuerten Bad unter freiem Himmel und Dusche. Stony Bay hat einen kleinen Laden, wo man Brot, Konserven und Bier sowie Wein kaufen kann. Auf einigen kurzen Wanderwegen lässt sich die Bucht näher erforschen.

Am dritten Tag geht es von **Stony Bay nach Otanerito Bay** (6 km, 2 Std.); die anschließende Übernachtung erfolgt in einem Farmhaus, das bei einem großartigen Badestrand liegt und von der neuseeländischen Schriftstellerin Fiona Farrell und ihrem Mann betrieben wird. Die letzte Etappe am vierten Tag führt von **Otanerito Bay nach Akaroa** (10 km, 3 Std., 600 m Anstieg) durch das Hinewai Nature Reserve und an mehreren kleinen Wasserfällen vorbei ins Landesinnere und schließlich zurück nach Akaroa.

House, ein winziges ehemaliges Zollhaus, von dem aus die mit Fernglas bewaffneten Beamten ein wachsames Auge auf den Hafen hatten.

French Cemetery

Der **French Cemetery** am nördlichen Ortsrand ist über einen Fußweg erreichbar, der von der Rue Pompallier zum Schutzgebiet L'Aube Hill führt. Der Friedhof war die erste geweihte Begräbnisstätte Canterburys, wurde jedoch arg vernachlässigt, bis die Leichname 1925 an einen zentralen Platz umgebettet wurden, der durch einen einzigen Gedenkstein gekennzeichnet ist.

Linton (The Giant's House)

68 Rue Balguerie ▪ ⏲ Weihnachten–März tgl. 12–17, April–Weihnachten 14–16 Uhr ▪ Eintritt $20 ▪ 🖳 thegiantshouse.co.nz

Auf keinen Fall verpassen sollte man **Linton**, 68 Rue Balguerie, das Haus der Bildhauerin Josie Martin und ein lebendes Zeugnis ihrer abstrakten Kunst, im Ort als das „Giant's House" bekannt. Alle Räume, der Garten und sogar die Garagenauffahrt sind Plattformen, auf denen sie ihr Talent demonstriert. Riesige Mosaike, Betonskulpturen und Plastiken als Sitzgelegenheiten in den versteckten Winkeln des Grundstücks bestechen allesamt durch ihre äußerst frische und positive Ausdruckskraft.

Orion Powerhouse Gallery

1 Rue Pompallier ▪ ⏲ Okt–April Mo–Fr 13–16, Sa und So 11–16 Uhr ▪ Spende erbeten ▪ ✆ 03 304 7245

Als einer der ersten Orte in Canterbury erhielt Akaroa Strom: 1911 wurde ein kleines Wasserkraftwerk in Betrieb genommen. Im ehemaligen Kraftwerk ist jetzt die **Orion Powerhouse Gallery** untergebracht, wo kleinere Ausstellungen und sonntags Konzerte mit akustischer Musik stattfinden. Außerdem befindet sich hier ein kleines Technikmuseum.

Tree Crop Farm

2 km die Rue Grehan hinauf ▪ ⏲ tgl. 10–17 Uhr, bei schlechtem Wetter geschl. ▪ Eintritt $10 ▪ ✆ 03 304 7158, 🖳 treecropfarm.com

Die **Tree Crop Farm** ist eine private Lifestyle-Farm mit Spazierwegen über die Farm und durch den Garten und sinnigen und unsinnigen Sprüchen an allen Ecken und Enden. Außerdem kann man hier in romantischen Hütten übernachten (S. 606).

Die besten Übernachtungsmöglichkeiten in Akaroa konzentrieren sich auf Wochenendausflügler, die hier einige reizende B&Bs, Lodges, Hotels und Motels vorfinden.

Akaroa Top 10 Holiday Park, 96 Morgan's Rd, über Old Coach Rd, ✆ 0800 727 525, 🖳 akaroaholidaypark.co.nz; Karte S. 605. Der Platz erstreckt sich über einen terrassenförmigen Hang mit Blick auf Hafen und Hauptstraße. Moderne Einrichtungen und Pool. Aus Richtung Norden kommend nach einem kleinen blauen Wohnwagenschild Ausschau halten, ca. 500 m vor Erreichen des Dorfs. Zeltstellplätze $35, Cabins $70, Selbstversorger-Units $118

Akaroa Village Inn, 81 Beach Rd, ✆ 0800 695 1111, 🖳 akaroavillagein.co.nz; Karte S. 605. Größerer Komplex mit wahrscheinlich dem breitesten Angebot an Unterkünften im Ort, darunter zahlreiche Selbstversorger-Apartments, mehrere davon mit 2 Schlafzimmern und einige mit schönem Blick auf den Hafen. Studio Units $195, Apartments $240, Luxusapartments $350

Bon Accord Backpackers, 57 Rue Lavaud, ✆ 03 304 7782, 🖳 bon-accord.co.nz; Karte S. 605. Kleines, aus 2 Häusern bestehendes tierfreundliches Hostel in einem großen Garten. Kostenlose Fahrrad- und Angelrutennutzung und Parkplätze auf dem Gelände. Dorms $27, Zimmer $60

Chez La Mer Backpackers, 50 Rue Lavaud, ✆ 03 304 7024, 🖳 chezlamer.co.nz; Karte S. 605. Preiswerte, sehr gute Unterkunft in einem historischen Gebäude von 1871. Gemütliche Atmosphäre mit nettem Garten, Hängematte und Kochbereich im Freien. Hilfsbereite Mitarbeiter, kostenlose Benutzung von Fahrrädern und Angelruten, Karten für Wanderungen in der Gegend. Dorms $25, Zimmer $70, mit Bad $80

La Belle Villa, 113 Rue Jolie, ✆ 03 304 7084, 🖳 labellevilla.co.nz; Karte S. 605. B&B in einem bezaubernden Holzgebäude aus den

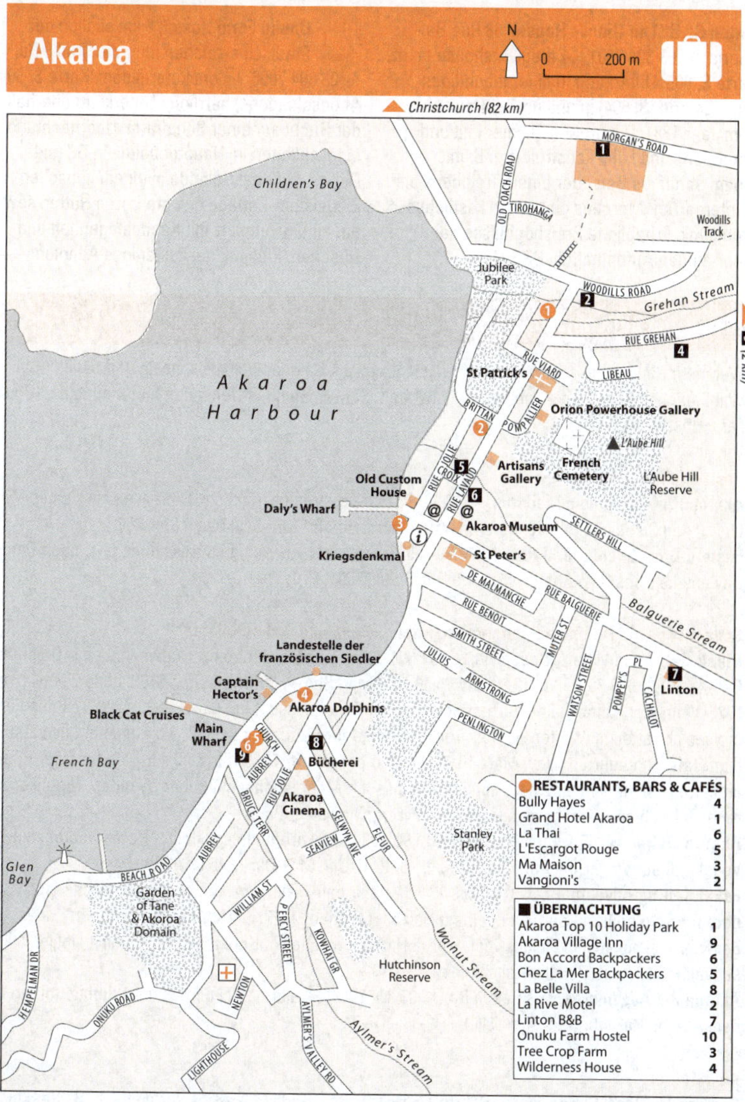

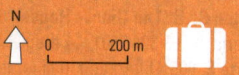

N
0   200 m

Christchurch (82 km)

MORGAN'S ROAD

1

Children's Bay

OLD COACH ROAD

TIROHANGA

Woodills
Track

Jubilee
Park

WOODILLS ROAD

1

2

Grehan Stream

RUE VIARD

RUE GREHAN

4

3 (2 km)

St Patrick's

LIBEAU

A k a r o a
H a r b o u r

BRITTAN

RUE POMPALLIER

Orion Powerhouse Gallery

L'Aube Hill

RUE JOLIE

2

Artisans
Gallery

French
Cemetery

L'Aube Hill
Reserve

Old Custom
House

RUE LAVAUD

5

6

@

@

Akaroa Museum

SETTLERS HILL

Daly's Wharf

3

ℹ

St Peter's

Kriegsdenkmal

DE MALMANCHE

RUE BALGUERIE

Balguerie Stream

RUE BENOIT

MOTU ST.

SMITH STREET

Landestelle der
französischen Siedler

JULIUS

ARMSTRONG

WATSON STREET

POMPEY'S

PL

CACHALOT

7

Linton

Captain
Hector's

PENLINGTON

Black Cat Cruises

Main
Wharf

Akaroa Dolphins

4

5

9

AUBREY

RUE JOLIE

8

Bücherei

French Bay

Akaroa
Cinema

BRUCE TERR

SELWYN AVE

FEON

Stanley
Park

Britomart Memorial (500 m)

SEAVIEW

AUBREY

BEACH ROAD

WILLIAM ST

PERCY STREET

HEMPELMAN DR

Glen
Bay

Garden
of Tane
& Akaroa
Domain

ONUKU ROAD

NEWTON

KOWHAI GR.

Hutchinson
Reserve

Walnut Stream

LIGHTHOUSE

AYLMER'S VALLEY RD

Aylmer's Stream

10 (5 km)

VON CHRISTCHURCH NACH SÜDEN

● RESTAURANTS, BARS & CAFÉS
Bully Hayes	4
Grand Hotel Akaroa	1
La Thai	6
L'Escargot Rouge	5
Ma Maison	3
Vangioni's	2

■ ÜBERNACHTUNG
Akaroa Top 10 Holiday Park	1
Akaroa Village Inn	9
Bon Accord Backpackers	6
Chez La Mer Backpackers	5
La Belle Villa	8
La Rive Motel	2
Linton B&B	7
Onuku Farm Hostel	10
Tree Crop Farm	3
Wilderness House	4

1870er-Jahren; geräumige, helle Zimmer mit Bad. Im Sommer Frühstück im Freien. DZ $170

La Rive Motel, 1 Rue Lavaud, ☏ 0800 247 651, 🖥 larive.co.nz; Karte s. oben. Großes Motel mit konischem Turm, der an französische Schlossarchitektur erinnern soll. 8 Units mit komplett eingerichteter Küche und TV inmitten eines friedvollen Gartens. Besonders gut für Gruppen. $125

Linton B&B (The Giant's House), 68 Rue Balguerie, ☎ 03 304 7501, 🖥 thegiantshouse.co.nz; Karte S. 605. Unterkunft in einer lebendigen Kunstgalerie (S. 604) in und um ein Haus aus dem Jahr 1881. Die großen Zimmer (mit und ohne Bad) sind kühn konstruiert, z. B. mit einem Schiff als Bett oder einem Treibhaus als Wintergarten. Morgens gibt es ein köstliches Frühstück. Erhebliche Preisnachlässe bei mehrtägigen Aufenthalten. DZ $270

Onuku Farm Hostel, 6 km südlich der Stadt, zu erreichen über die Onuku Rd, ☎ 03 304 7066, 🖥 onukufarm.com; Karte S. 600. Abgeschiedene, herrliche Unterkunft oberhalb der Bucht auf einer Schaffarm. Übernachtungsmöglichkeiten im Hauptgebäude in DZ und Dorms, auf dem Gelände in einem hübschen Ziegelstein-Cottage und mehreren Hütten sowie auf einem Zeltplatz mit Kochgelegenheit und Duschen. Pluspunkte: kostenlose Abholung

Touren und Aktivitäten in Akaroa

Wer mehr tun möchte als Wein schlürfen und durch die Galerien bummeln, hat in Akaroa die Qual der Wahl aus einem breiten Angebot an Aktivitäten. Schwimmen mit Delphinen bietet auch das Onuku Farm Hostel (s. oben).

Postzustellungstouren

Akaroa Harbour Scenic Mail Run, ☎ 03 304 7573, 🖥 akaroamailrun.com. Führt in einem kleinen Minibus zu den Siedlungen an der inneren Hafenbucht. Abfahrt Mo–Sa 9 Uhr, 5 Std., $50.
Eastern Bays Scenic Mail Run, ☎ 03 304 8526. Vielleicht ein wenig interessanter, u. a. nach Okains Bay und Le Bons Bay. Abfahrt Mo–Fr 9 Uhr, 5 Std., $60.

Schwimmen mit Delphinen, Hafenrundfahrten, Segeln und Jetbootfahrten

Black Cat, Main Wharf, Beach Rd, ☎ 03 304 7641, 🖥 blackcat.co.nz. Schwimmen mit Delphinen Okt–April tgl. 6, 8.30, 11.30, 13.30 und 15.30 Uhr, Mai–Sep 11.30 Uhr, 3 Std., $139, ohne Schwimmen $72. Wenn sich keine Delphine zum Schwimmen finden lassen, bekommt man einen Teil des Fahrpreises erstattet. Im Winter werden Trockenanzüge zur Verfügung gestellt. Veranstaltet auch 2-stündige Hafenrundfahrten (Nov–März 10.30 Uhr und ganzjährig 13.30 Uhr, $68) zur Mündung der Bucht; unterwegs sieht man eine sehr schöne vulkanische Meereshöhle mit hohen Wänden, Tüpfelkormorane und Höhlen, in denen sich manchmal Zwergpinguine aufhalten.
Akaroa Dolphins, 65 Beach Rd, ☎ 0800 990 102, 🖥 akaroadolphins.co.nz. Hafenrundfahrten mit Vogelbeobachtung, Nov–April tgl. 10.15, 12.45, 15.15 Uhr, Mai–Okt 12.45 Uhr, $70.
Fox II Sailing Adventures, ☎ 0800 369 7245, 🖥 akaroafoxsail.co.nz. Bietet eine atmosphärisch wunderbare Segeltour mit der Fox II, einem Holzboot Baujahr 1922; $70, ab der Daly's Wharf. Im Verlauf der Fahrt bekommt man einiges vom Akaroa Harbour und den äußeren Buchten und mit einiger Wahrscheinlichkeit auch Delphine zu sehen.
Akaroa Jet Adventures, 61B Beach Rd, ☎ 03 304 7092, 🖥 akaroajet.co.nz. 50-min. Jetboottouren auf dem Akaroa Harbour (Okt–April; $50).

Kajakfahren

Captain Hector's Canoe & Boat Hire, 65 Beach Rd, ☎ 03 304 7866. Vermietet z. B. Seekajaks (1er-Kajak $60 p. P./Tag, 2er-Kajak $120 p. P./Tag), Paddelboote, Kanus und Ruderboote.
Akaroa Guided Sea Kayaking Safari, Treffpunkt am Café By The Green, 37 Rue Lavaud, ☎ 021 156 4591, 🖥 akaroakayaks.com. Geführte Kajaktouren in kleinen Gruppen mit Gelegenheit zum Schwimmen und der Chance, Delphine zu sehen. Nur Nov–April, ganzer Tag $195 inkl. Mittagessen. Außerdem kann sich jeder den Kajaktouren des Onuku Farm Hostel (s. oben) anschließen.

aus Akaroa (gegen 12.30 Uhr), 3–4-stündige geführte Kajakfahrten ($45) und im Sommer Touren zum Schwimmen mit Delphinen ($100, max. 6 Pers.). Nur Barzahlung. ⏱ Juni–Sep geschl. Zelte und kleine Wohnmobile $15 p. P., Dorms $25, Zimmer $72

Tree Crop Farm, Rue Grehan, ✆ 03 304 7158, 🖵 treecropfarm.com; Karte S. 605. Romantische Unterkunft mit Kerzenlicht 2 km außerhalb von Akaroa in 4 rustikalen Hütten auf einer privaten Farm. Das Verwöhnprogramm umfasst mit Holz beheizte Bäder unter Sternen und späten Checkout. Nicht jedermanns Geschmack, aber einzigartig. DZ $200

🧳 **Wilderness House**, 42 Rue Grehan, ✆ 03 304 7517, 🖵 wildernesshouse. co.nz; Karte S. 605. Reizendes, sehr gastfreundliches B&B in einem schönen alten Haus mit 4 geschmackvoll eingerichteten Zimmern, alle mit Bad (eins mit großer Badewanne).

Pinguin- und Robbenbeobachtung

Akaroa Seal Colony Safari, ✆ 03 304 7255, 🖵 sealtours.co.nz. Fahrten in klimatisierten Fahrzeugen mit Vierradantrieb zur Beobachtung von Pelzrobben an der östlichen Spitze der Halbinsel. Abfahrt tgl. 9.30 und 13 Uhr, $70, Dauer 2 1/2 Std., max. 6 Pers. Abfahrt beim Visitor Centre.

Pohatu Penguins, ✆ 03 304 8552, 🖵 pohatu.co.nz. Shireen und Francis Helps kümmern sich auf ihrer Farm an der Flea Bay am Banks Peninsula Track (S. 603) seit Jahrzehnten um Weißflügelpinguine, die man im Rahmen von drei verschiedenen Touren anschauen kann: „Standard"-Pinguinbeobachtung (2–3 Std., $70), Allrad-Beobachtungstouren ($90), und Seekajaktouren mit Pinguinbeobachtung in der Flea Bay und im Pohatu Marine Reserve während der Brut- und Mauserzeit ($80). Billiger wird's, wenn man selbst zur Farm fährt, aber die Straße dorthin ist nur mit einem Allradfahrzeug zu bewältigen.

Wanderungen

Wer keine Zeit für den Banks Peninsula Track (S. 603) hat, kann kürzere Wanderungen unternehmen. **Round the Mountain Walk** (10 km, 4 Std. hin und zurück). Die beste Wanderung um Akaroa umrundet über die Purple Peak Road die Hügel um den Ort (Karte im Visitor Centre).

Beach Road–Glen Bay–Red House Bay (5 km einfach, 1 1/4 Std.). Einfacher ist ein Spaziergang am Ufer entlang auf der Beach Road Richtung Glen Bay zum rotweißen Holz-Leuchtturm aus dem 19. Jh., der früher auf der Landzunge Akaroa Head stand. Eine Viertelstunde weiter Richtung Akaroa Head folgt die Bucht **Red House Bay**, die 1830 Schauplatz eines blutigen Massakers war: Der berüchtigte Häuptling Te Rauparaha von der Nordinsel bestach damals den Kapitän der englischen Brigg *Elizabeth* mit Flachs, seine Maori-Krieger an Bord des Schiffs zu verstecken und seine nichts ahnenden, von Temaiharanui angeführten Feinde unter einem Vorwand an Bord zu locken, wo Te Rauparaha und seine Männer sie niedermetzelten, um ihre Opfer dann am Strand zu verspeisen.

Onuku Road (5 km einfach, 1 1/4 Std.). Die Onuku Road führt landeinwärts zum Onuku Farm Hostel (S. 606) und nach Onuku Marae mit einer hübschen kleinen Kirche aus dem 19. Jh.

Reiten

Kate Tapley Horse Treks, Brocherie's Rd, ✆ 03 329 0160, 🖵 akaroariding.co.nz. Etwa 15 Autominuten östlich von Akaroa, zu erreichen über die Long Bay Road. Ausritte (ab $110/2 Std.) über Wege mit Panoramablicken über Farmland, Küstenwald und Buchten.

Angeln und Tauchen

Akaroa Fishing and Dive Charters, Daly's Wharf, ✆ 03 304 7220, 🖵 akaroafishing.co.nz. Verschiedene Angeltouren (ab $90 für bis zu 3 Std. Angeln in der Hafenbucht inkl. Angelausrüstung, Köder und Fischreinigung und -verpackung) sowie Tauch- und Schnorchel-Chartertouren.

Großzügiger Aufenthaltsraum für Gäste.
Das leckere Frühstück gibt es bei gutem Wetter
auf der Terrasse mit Blick auf ein gepflegtes
Grundstück mit englischen Rosen, zu dem sogar
ein kleiner Weinberg gehört. DZ $295

ESSEN UND UNTERHALTUNG

Akaroa hat einige sehr gute Restaurants,
wobei die teureren Etablissements überwiegen.
Doch es gibt auch eine Bäckerei, Imbisse und
günstigere Cafés, v. a. an der Beach Road,
sowie zwei muntere Kneipen. Die Abhängigkeit vom Sommertourismus bringt es aber mit
sich, dass viele Lokale im Winter begrenzte
Öffnungszeiten haben oder dichtmachen.

Bully Hayes, 57 Beach Rd, ☎ 03
304 7533, 🖥 bullyhayes.co.nz; Karte
S. 605. Das nach dem amerikanischen Piraten
William Henry „Bully" Hayes, der im 19. Jh.
in den hiesigen Gewässern sein Unwesen trieb,
benannte und stets gut besuchte Restaurant
serviert neben reichhaltigem Frühstück sensationelle Seafood-Platten, unter anderem mit
saftigen Foveaux-Strait-Austern und Akaroa-
Lachs, und andere feine Abendgerichte wie
Brathühnchen in Trüffelbutter (Hauptgerichte
$19,80–42). ⏰ tgl. 8 Uhr bis spät.
Grand Hotel Akaroa, 6 Rue Lavaud,
☎ 03 304 7011, 🖥 grandhotelakaroa.co.nz;
Karte S. 605. Munterer alter Pub mit sehr guten
Mahlzeiten (Hauptgerichte $18,95–29) sowohl
mittags als auch abends und sonnigem Biergarten. ⏰ tgl. 10 Uhr bis spät.
La Thai, 69 Beach Rd, ☎ 03 304 8060, Karte
S. 605. Aromatische Currys, Thai-Salate,
Pfannengerichte und ganze Fische (gedämpft
oder frittiert) in schickem, recht preisgünstigen
Restaurant (Hauptgerichte $21–28). ⏰ Do–Mo
mittags und abends.
L'Escargot Rouge, 67 Beach Rd, 🖥 lescargot
rouge.co.nz; Karte S. 605. Schickes Lokal mit
französischem Frühstücksangebot sowie
tagsüber verlockender Tresenkost (Gerichte
$3,50–10). ⏰ tgl. 7.30–17 Uhr.
Ma Maison, 2 Rue Jolie, ☎ 03 304 7668,
🖥 mamaison.co.nz; Karte S. 605. Mit seiner
hübschen Lage an der Daly's Wharf ein tolles
Lokal für einen Drink am frühen Abend, einen
erstklassigen Brunch (ab 10 Uhr) oder ein

schönes, französisch angehauchtes Abend-
essen (Hauptgerichte $28,50–35). ⏰ Mo–Fr
11.30–15 und 17.30 Uhr bis spät, Sa und
So 10.30 Uhr bis spät.
Vangioni's, 40f Rue Lavaud, Eingang in der
Rue Britain, ☎ 03 304 7714, 🖥 vangionis.co.nz;
Karte S. 605. An einem lauschigen Abend bietet
der Garten hier ein wunderbares Ambiente für
ein Abendessen mit hervorragenden Trattoria-
Speisen, köstlichen Tapas und toller Pizza
(Hauptgerichte $15–33). Bei schlechtem Wetter
kann man die gemütliche Bar aufsuchen.
⏰ Mo–Fr 17 Uhr bis spät, Sa und So 11 Uhr
bis spät.

Kino
Akaroa Cinema, Rue Jolie, Ecke Selwyn Ave,
☎ 03 304 7678, 🖥 cinecafé.co.nz; Karte S. 605.
Kleines Programmkino mit Café.

SONSTIGES
Geld
BNZ, Bank mit Geldautomat gegenüber dem
Visitor Centre, ⏰ Mo–Fr 9.30–16.30 Uhr.

Informationen
Visitor Centre, 80 Rue Lavaud, ☎ 03 304 8600,
🖥 akaroa.com. Gepäckaufbewahrung
($1 pro Std., $5 pro Tag). ⏰ Nov–April tgl. 9–17,
Mai–Okt tgl. 10–16 Uhr. Hier ist die Broschüre
($10) für den **Akaroa Historic Village Walk**
zu den historisch und architektonisch interessanten Gebäuden des Orts erhältlich; ein Audio-
guide kostet ebenfalls $10. Im selben Gebäude
ist auch das Postamt.

TRANSPORT

Die Hauptstraße von Christchurch nach
Akaroa ist der Highway **SH75** über Lake Ellesmere und Little River, doch die landschaftlich
schönere Strecke ist die **Summit Road**, die von
Sumner aus über Lyttelton und die Port Hills
nach Akaroa führt. Bevor man zur Summit Road
aufbricht, sollte man sich im i-SITE erkundigen,
ob die Strecke sicher zu befahren ist. Erdbeben
haben die Straße in Mitleidenschaft gezogen.
Die beiden folgenden Unternehmen fahren
in 1 1/2 Std. mit **Bussen** von Christchurch

(Abholung bei Unterkünften im Zentrum von Christchurch) nach Akaroa (Ankunft vor Visitor Centre und Post): **Akaroa Shuttle**, ✆ 0800 500 929, ⌨ akaroashuttle.co.nz; Nov–April 3x tgl., Mai–Okt 1x tgl.; hin und zurück $50.
Akaroa French Connection, ✆ 0800 800 575, ⌨ akaroabus.co.nz; 1x tgl., $45 hin und zurück.

Die Umgebung von Akaroa

Bei einem schönen Tagesausflug lassen sich die Buchten rund um Akaroa erkunden. Von der Summit Road zweigen kurvenreiche Straßen ab, die hinunter zu romantischen Buchten mit einsamen Stränden führen. Von einst vielleicht blühenden Orten ist oft nur noch die Schule oder ein Laden übrig, die beide ums Überleben ringen. Da es zwischen den einzelnen Buchten kaum direkte Verbindungsstraßen gibt, dauert die Erforschung der Gegend wahrscheinlich länger als erwartet. Vor der Fahrt sollte man sich im Visitor Centre in Akaroa (S. 608) über den Zustand der Straßen erkundigen.

Das grüne **Le Bons Bay** ist eine friedliche kleine Gemeinde mit einigen Ferienhäusern und einem herrlichen **Sandstrand**, der zu beiden Seiten von Klippen eingerahmt wird und zum Spazierengehen und relativ gefahrlosen Baden einlädt.

Okains Bay

Okains Bay ist besonders im Januar ein beliebtes Urlaubs- und Ausflugsziel mit einigen wenigen ständigen Einwohnern. Der Strand und die von dem Flüsschen **Opara Stream** gebildete, friedliche Lagune eignen sich hervorragend zum Schwimmen und Bootfahren, doch der triftigste Grund für einen Abstecher in die Bucht ist das Museum.

Okains Bay Maori and Colonial Museum
Okains Bay Rd ▪ ⏱ tgl. 10–17 Uhr ▪ Eintritt $10 ▪ ⌨ okainsbaymuseum.co.nz

Das **Okains Bay Maori and Colonial Museum** ist in einer ehemaligen Käsefabrik untergebracht und beherbergt eine der besten Sammlungen von Maori-Artefakten auf der Südinsel. Ursprünglich war dies die Privatsammlung eines einheimischen Sammlers. In mehreren Nebengebäuden befinden sich traditionellere Ausstellungsstücke aus der Geschichte der europäischen Besiedlung Neuseelands.

Double Dutch, 32 Chorlton Rd, ✆ 03 304 7229, ⌨ doubledutch.co.nz; Karte S. 600. Gemütliches, gutes Hostel in einem geräumigen modernen Haus mit nur 7 Betten. Vom Gefühl her ist es mehr eine WG als ein Hostel. ⏱ Juni–Aug geschlossen. Dorms $30, DZ $70
Kawatea Farmstay, 1048 Okains Bay Rd, ✆ 03 304 8621, ⌨ kawateafarmstay.co.nz; Karte S. 600. Die ca. 100 Jahre alte Pionierfarm inmitten üppiger Gärten wird durch einen 5 km langen, landschaftlich schönen Küstenstreifen begrenzt. Vermietet werden 3 Zimmer und ein hübsches Loft, Abendessen gibt es auf Wunsch für $35 inkl. Wein. DZ $125, mit Bad $155

Nach Süden Richtung Otago

Von Christchurch Richtung Süden bahnt sich der SH1 in schnurgerader Linie seinen Weg durch die **Canterbury Plains** und führt durch kleine Ortschaften, die ihr Dasein als Versorgungszentren der umliegenden Farmen des fruchtbaren Flachlands fristen. Im Westen wird die Strecke von den **Neuseeländischen Alpen** flankiert, die bei klarem Wetter einen traumhaften Anblick bieten. Alles in allem handelt es sich aber um eine recht eintönige Landschaft, die nur hier und da von den breiten Kiesbetten der Flüsse unterbrochen wird, die normalerweise nicht mehr sind als ein Rinnsal unter langen Brücken, bei ausgiebigen Regenfällen aber enorm anschwellen können.

Während der SH1 hinter dem Töpfereizentrum **Temuka** das südliche Ende der Canterbury Plains erreicht, wird er durch die näher rückenden Berge an die Küste gedrängt und erreicht schließlich das eher unscheinbare **Timaru**. Von hier führt der SH8 ins Landesinnere nach Fairlie, Lake Tekapo und Mount Cook. Der Küsten-Highway verläuft durch eine Landschaft aus wogenden Hügeln weiter gen Süden in die architektonisch ansprechende Stadt **Oamaru** und zu den einzigartigen und faszinierenden **Moeraki Boulders**. Hier beginnt auch das Land der **Pinguine** mit mehreren Gelegenheiten für einen Zwischenstopp zum Beobachten von Zwerg- und Gelbaugenpinguinen.

Zwischen Moeraki und Dunedin gibt es nicht viel Aufregendes zu sehen, außer vielleicht das kleine Kreuzungsstädtchen **Palmerston**, wo der SH85 („Pigroot") vom SH1 ins Landesinnere nach **Central Otago** abzweigt und eine weitere Gelegenheit eröffnet, der Küste Adieu zu sagen und einer historischen Route zu den stillgelegten Goldfeldern zu folgen.

Rakaia

Hat man die Ausläufer von Christchurch hinter sich gelassen, gelangt man rund 60 km weiter südlich zur längsten Brücke Neuseelands, der 1,8 km langen Rakaia River Bridge, die den **Rakaia** überspannt. Dahinter liegt der kleine gleichnamige Ort, ein Zentrum der Lachsfische-

Felsenkunst der Maori

Vor rund 500 Jahren durchstreiften Moa-Jäger die Küstenebene im südlichen Canterbury und nördlichen Otago. Die Maori hinterließen Spuren ihres Aufenthalts an den Wänden und Decken einiger offener Kalksteinhöhlen. In der Umgebung von Timaru, Geraldine und Fairlie gibt es über 300 **Felszeichnungen**.

Die besten Höhlenzeichnungen sind in den Museen der Region zu bewundern, vor allem im neuen Te Ana Maori Rock Art Centre in Timaru (S. 611) und im North Otago Museum von Oamaru (S. 615). 95 % der noch an Ort und Stelle verbliebenen, oft schwierig auszumachenden Zeichnungen befinden sich auf privatem Grund und Boden und wurden z. T. im Zuge falsch verstandener Restaurierungs-bemühungen im 19. Jh. entstellt. Das lohnendste Ziel ist Frenchman's Gully, wo Moas und eine stilisierte Vogelmenschenfigur zu sehen sind. Führungen bietet das Te Ana Maori Rock Art Centre.

rei und Schafzucht. Von hier zweigt die Nebenstraße Thompson's Track landeinwärts nach Methven, Mount Hutt und Mount Somers ab. In der **Salmon World**, Railway Terrace East, 🖥 salmonworld.co.nz, mit Besucherzentrum und Kunstgewerbeladen, kann man sich lebende Lachse anschauen und sie im Café Salmon Tales verspeisen (Gerichte $7,50–29,50, Hauptgerichte abends $21–33); ⊕ Salmon World tgl. 8–17 Uhr, Café Mo–Mi 8–17, Do–So 8 Uhr bis spät.

Temuka

Temuka, 150 km südlich von Christchurch, bedeutet auf Maori „glühender Ofen", und tatsächlich wurden in der Gegend viele Erdöfen gefunden. Auch im 20. Jh. noch machte es seinem Namen alle Ehre: In den Keramikfabriken, die Einwanderer aus dem englischen Töpferei-zentrum Stoke-on-Trent errichtet hatten, standen zahlreiche Brennöfen. Vor kurzem hat die **Temuka Pottery**, 🖥 temukapottery.co.nz, diese Tradition in ihrer neuen Töpferei in der historischen Mendelson Barn am SH1 wiederbelebt; ⊕ Mo–Fr 9–17, Sa und So 10–16 Uhr.

Timaru

18 km südlich von Temuka wird nach einer rund zweistündigen Fahrt von Christchurch die 28 000 Einwohner zählende Hafenstadt **Timaru** erreicht. Die Stadt ist nicht sonderlich interessant, mit Ausnahme des neuen **Te Ana Maori Rock Art Centre**, der **Aigantighe Art Gallery** und des **South Canterbury Museum**. An einem schönen Tag lohnt sich auch ein Bummel durch die **Botanical Gardens** (Eingang in der Queen St, ⊕ tgl. 8 Uhr bis Sonnenuntergang) oder über den neuen Plankenweg an der Caroline Bay, der über die Klippen Richtung Norden zu den Dashing Rocks führt, vorbei am hölzernen **Blackett's Lighthouse** von 1878.

Geschichte

Der Name des Ortes ist von Te Maru abgeleitet, was auf **Maori** „schützender Ort" bedeutet. Timaru war früher die einzige geschützte Stel-

N
0   500 m

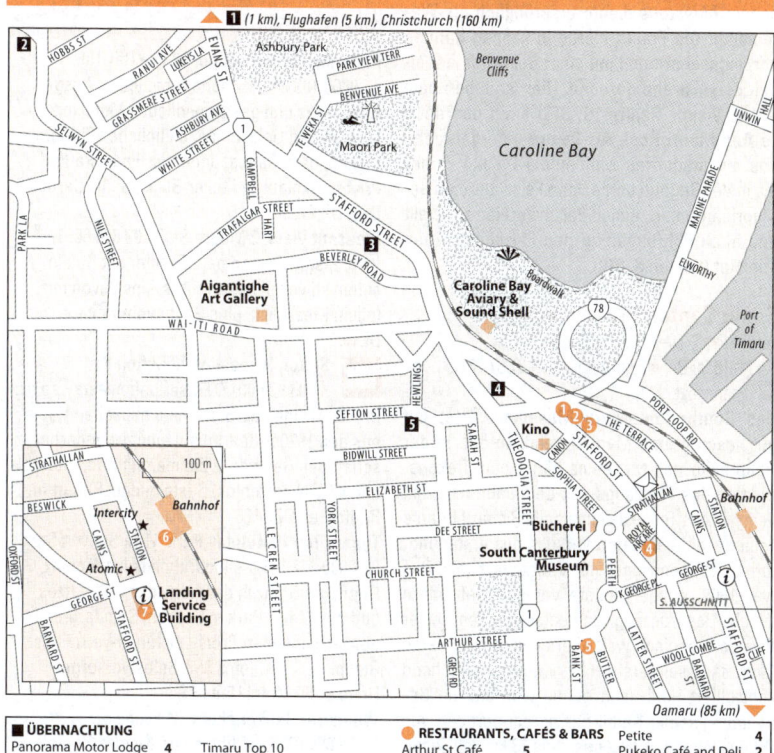

▲ 1 (1 km), Flughafen (5 km), Christchurch (160 km)

Ashbury Park
HOBBS ST
RANUI AVE
LUNEY'S LA
EVANS ST
PARK VIEW TERR
Benvenue Cliffs
GRASSMERE STREET
ASHBURY AVE
BENVENUE AVE
SELWYN STREET
WHITE STREET
Maori Park
Caroline Bay
CAMPBELL STREET
TEMEKA ST
UNWIN
PARK LA
NILE STREET
TRAFALGAR STREET
HART
STAFFORD STREET
MARINE PARADE
BEVERLEY ROAD
Boardwalk
Aigantighe Art Gallery
Caroline Bay Aviary & Sound Shell
ELWORTHY
WAI-ITI ROAD
HEWLINGS ST
78
Port of Timaru
SEFTON STREET
Kino
BIDWILL STREET
SARAH ST
THE TERRACE
1 2 3
CANON ST
STAFFORD ST
PORT LOOP RD
STRATHALLAN
0   100 m
BESWICK
ELIZABETH ST
THEODOSIA STREET
SOPHIA STREET
Bahnhof
CAINS
Intercity
Bahnhof
STATION
YORK STREET
LE CREN STREET
DEE STREET
Bücherei
STRATHALLAN
ROYAL ARCADE
Atomic ★
GEORGE ST
CHURCH STREET
South Canterbury Museum
PERTH
STATION ST
CLIFFORD
BARNARD ST
STAFFORD ST
i
Landing Service Building
K GEORGE PL
GEORGE ST
S. RUSSCHMITT
ARTHUR STREET
BANK ST
LATTER STREET
WOOLLCOMBE
STAFFORD ST
GREY RD
BUTLER
BARNARD
Oamaru (85 km) ▼

VON CHRISTCHURCH NACH SÜDEN

■ ÜBERNACHTUNG		
Panorama Motor Lodge	4	Timaru Top 10
Pleasant View	1	Holiday Park	2
Sefton Homestay	5	Wanderer Backpackers	3

● RESTAURANTS, CAFÉS & BARS		Petite	4
Arthur St Café	5	Pukeko Café and Deli	2
Ginger and Garlic	1	Speights Ale House	7
Off the Rails Café	6	Sukhothai	3

le für die *waka* der Maori auf dem Weg von der Banks Peninsula nach Oamaru. Den Grundstein für die europäische Besiedlung legte 1837 Joseph Price, der etwas südlich der heutigen Stadt bei Patiti Point eine **Walfangstation** gründete.

Timaru selbst verdankt seine Existenz mehr oder weniger den Engländern George und Robert Rhodes, die 1839 die erste Rinderzucht auf der Südinsel begründeten. Ein willkommenes Nebenprodukt der Landgewinnung für die Errichtung des Hafens 1877 war der schöne Sandstrand Caroline Bay. Timaru wurde zu einem beliebten Ferienort am Meer mit einem jährlich stattfindenden, auch für Touristen lohnenswerten zweiwöchigen **Sommerkarneval**, 🖥 caroline bay.org.nz, der am zweiten Weihnachtstag beginnt. Geboten werden Zirkus, Rummel und Gratiskonzerte in der Caroline Bay.

Landing Service Building und Te Ana Maori Rock Art Centre

2 George St ▪ Nov–April tgl. 10–17, Mai–Okt 10–15 Uhr ▪ 1-stündige Führung $20, 3-stündige Führung zu den Felskunststätten Nov–April $125 (inkl. Transport und Erfrischungen; reservieren!) ▪ 📞 027 231 6937, 🖥 teana.co.nz

Den Mittelpunkt des zentralen Geschäftsbezirks von Timaru bildet das **Landing Service Building** von 1876. Das Gebäude aus vulkanischem *bluestone* diente ursprünglich als Warenlager. Die Fracht wurde in kleinen Kähnen herbeigeschafft und mit einer Seilwinde auf einen Kieselstrand gezogen. Hier ist neben dem i-SITE Visitor Centre (S. 613) auch das neue **Te Ana Maori Rock Art Centre** untergebracht, das mit modernen Multimedia-Displays über die in der Gegend entdeckten Felsmalereien der Maori informiert, einige Felsmalereien ausstellt und auch Führungen zu den Felskunststätten anbietet (Kasten S. 610).

South Canterbury Museum

Perth St ▪ ⏰ Di–Fr 10–16.30, Sa und So 13.30–16.30 Uhr ▪ Eintritt frei ▪ ✆ 03 687 7212, 🖳 timaru.govt.nz

Das **South Canterbury Museum** wartet mit gut beschrifteten Maori-Artefakten auf. In der Haupthalle des Museums hängt eine Rekonstruktion des Flugzeugs aus dem Jahr 1902, mit dem der aus Temuka stammende Richard Pearse seinen viel beachteten Versuch des ersten motorbetriebenen Fluges der Welt unternahm. Das war 1902, einige Monate vor den Gebrüdern Wright. Das Flugzeug von Pearse war dem seiner Rivalen technisch weit überlegen, doch Pearse fand, dass sein erster Flug weder ausreichend kontrolliert noch lang genug war, um die Behauptung seiner Mitbürger zu rechtfertigen. Am Ort des legendären Fluges, rund 13 km von Temuka entfernt auf dem Weg nach Waitohi, steht ein Denkmal für Pearse.

Aigantighe Art Gallery

49 Wai-iti Rd ▪ ⏰ Di–Fr 10–16, Sa und So 12–16 Uhr ▪ Eintritt frei ▪ ✆ 03 688 4424, 🖳 timaru.govt.nz/artgallery

In einem vornehmen alten Haus, das früher den gälischen Namen Aigantighe („zu Hause") trug, ist die **Aigantighe Art Gallery** untergebracht. Die ursprünglichen Merkmale des historischen Gebäudes blieben erhalten und bilden die passende Kulisse für eine permanente Sammlung, die nach dem Rotationsprinzip gezeigt wird. Zur Sammlung gehören fünf bedeutende Werke des in Timaru geborenen Colin McCahon sowie Arbeiten von Frances Hodgkins, C. F. Goldie und dem hochproduktiven Landschaftsrealisten Austen Deans.

ÜBERNACHTUNG

Panorama Motor Lodge, 52 The Bay Hill, ✆ 0800 103 310, 🖳 panorama.net.nz. Ausgezeichnetes und gastfreundliches Motel mit geräumigen Units und allen üblichen Einrichtungen, dazu Sauna, Jacuzzis, Fitnessraum, Privatparkplatz und toller Blick auf die Caroline Bay. DZ $135

Pleasant View, 2 Moore St, ✆ 03 686 6651, 🖳 pleasantview.co.nz. 2 Zimmer mit Bad in einem stilvollen neuen Haus, eins davon mit tollem Meerblick, plus Gästewohnzimmer. DZ $95

Sefton Homestay, 32 Sefton St, ✆ 03 688 0017, 🖳 seftonhomestay.co.nz. Preisgünstiges B&B in einem hübschen Haus aus den 1920er-Jahren auf einem wunderbar schattigen Gelände. 2 Zimmer mit Bad; Internet und WLAN kostenlos, Gästelounge, Rabatt für Radfahrer. DZ $125

Timaru Top 10 Holiday Park, 154a Selwyn St, ✆ 0800 242 121, 🖳 timaruholidaypark.co.nz. Gepflegter Platz in der Nähe des Golfplatzes und des Maori Park mit hohem Standard und ausgezeichnetem Preis-Leistungs-Verhältnis. Stellplatz $32, Cabins $57, Selbstversorger-Units $100, Motel Units $120

Wanderer Backpackers, 24 Evans St, ✆ 03 688 8795, 🖳 bbh.co.nz. Kleines Hostel in relativ zentrumsnaher Lage mit Parkplätzen, unterschiedlichen Zimmern, Geschirrspüler und ohne feste Checkout-Zeit. Manchmal Jagdausflüge, außerdem kostenlose Abholung von der Bushaltestelle und kostenloser Fahrradverleih. Auf Anfrage eventuell auch Zeltstellplätze. Camping $23, DZ $56

ESSEN UND UNTERHALTUNG

Arthur St Café, 8 Arthur St, ✆ 03 688 9449. Tolles kleines Café mit Tischen im Freien und drinnen über mehrere gemütliche Räume verteilt. Ausgezeichnetes Frühstück, vegetarische Blätterteig-Wraps, leckere Kuchen (Gerichte $6–18,50). ⏰ Mo–Fr 7.30–17.30, Sa 9–15 Uhr.

Ginger and Garlic, 335 Stafford St,
📞 03 688 3981, 🖥 gingerandgarlic.co.nz.
Das edelste Restaurant der Stadt residiert in einem schönen alten Holzgebäude mit weiten Ausblicken über die Caroline Bay. Hauptgerichte wie Entenbrust mit Wasabi-Zwiebel-*bhaji* oder Jakobsmuscheln und Chorizo mit Blaukäse-Risotto (Hauptgerichte $26–36). Platz lassen für die köstlichen Desserts! ☉ Mo–Fr mittags, Mo–Sa abends.

Off the Rail Café, 22 Station St, 📞 03 688 3594. Cooles Retro-Café mit Alkohollizenz in einem ehemaligen Bahnhofswartesaal von 1967. Original-Sitzecken, Jukebox, weißes Ledersofa, gute Auswahl an preiswerten Speisen (Gerichte $7–16) und starker Kaffee. ☉ Mo–Fr 7.30–17, Sa und So 9–17, außerdem Fr und So 19.30–20.30 Uhr.

Petite, 16 Royal Arcade, 📞 03 688 3981. In erster Linie relaxte Cocktailbar mit großer Auswahl an Gemixtem, dazu Wein und leichte Gerichte wie Vorspeisenteller für 2 Pers. ☉ Di–Sa 16–24 Uhr.

Pukeko Café and Deli, 333 Stafford St, 📞 03 688 4484. Cooles, freundliches Café mit verlockendem Angebot an Thekenspeisen zum Mitnehmen und köstlichen Tagesgerichten wie warmem Räucherlachs, Huhn-Mango-Nachos und Steak-Burgern (Gerichte $16–23). ☉ Mo–Fr 7–15, Sa 9–14 Uhr.

Speights Ale House, 2 George St, 📞 03 686 6030, 🖥 timarualehouse.co.nz. In der beliebten Kneipe im Landing Service Building gibt's mittags und abends deftige Gerichte in großzügigen Portionen. Am Wochenende gelegentlich Livemusik. Hauptgerichte $14,50–32,90. ☉ tgl. 11.30 Uhr bis spät.

Sukhothai, 303 Stafford St, 📞 03 688 4843. Gutes Thai-Restaurant mit alten Favoriten (Hauptgerichte $17–30); mittags Tagesgerichte für $10. ☉ Di–So mittags und abends.

SONSTIGES

Bücherei
Sophia St, ☉ Mo, Mi und Fr 9–20, Di und Do 9–18, Sa 10–13, So 13–16 Uhr.

Fahrradverleih
The Cyclery, 106 Stafford St, 📞 03 688 8892, $35 pro Tag.

Informationen
i-SITE Visitor Centre, 2 George St, im Landing Service Building, 📞 03 687 9997, 🖥 southcanterbury.org.nz. ☉ Mo–Fr 8.30–17, Sa und So 10–15 Uhr, im Sommer länger.

Internet
In der Bibliothek (kostenlos) oder für $6/Std. im Off the Rail Café (s. links).

Kino
Movie Max 5, Canon St, Ecke Sophia St, 📞 03 684 6987, 🖥 moviemax5.co.nz, zeigt vor allem neue Hollywood-Produktionen. Kostenlose Parkplätze.

NAHVERKEHR

Stadtbusse
Betreiber des lokalen Busnetzes von Timaru ist **Metro**, 📞 03 688 5544, 🖥 metroinfo.org.nz. Einzelfahrschein innerhalb der Stadt und in die Vororte $1,70, nach Temuka $4. Tickets im i-SITE.

Taxis
Timaru Taxis, 📞 03 688 8899.

TRANSPORT

Busse
InterCity-Busse halten vor dem Bahnhof (keine Personenzüge), NakedBus-Busse halten gegenüber dem Bahnhof und die Busse von Atomic vor dem i-SITE Visitor Centre.

Busse nach:
CHRISTCHURCH 5–6x tgl., 2 1/2 Std.;
DUNEDIN 5–6x tgl., 3 1/2 Std.;
OAMARU 5–6x tgl., 1 Std.

Flüge
Der Flughafen liegt 13 km nördlich des Stadtzentrums an der Falvey Road. Flüge nach WELLINGTON 2–3x tgl., 1 1/4 Std.

Oamaru

Die 85 km südlich von Timaru am SH1 gelegene, ehemalige Hafenstadt **Oamaru** ist eine der verführerischsten Provinzstädte Neuseelands, in

VON CHRISTCHURCH NACH SÜDEN

■ **ÜBERNACHTUNG**

Café 469 & Motels	2
Alma Motels	8
Alpine Motel	4
Chillawhile	1
Criterion Hotel	11
Kiwiana Cottage	10
Northstar	3
Oamaru Creek	5
Oamaru Top 10 Holiday Park	7
Old Bones Backpackers	9
YHA Red Kettle	6

Historic District

□ **CLUB**

Penguin Club	1

● **RESTAURANTS, CAFÉS & BARS**

Criterion Bar	6
Dilaans	4
Loan & Merc	7
Portside	5
Riverstone Kitchen	1
Short Black	2
Whitestone Cheese	3

Glen Waren Reserve
Glen Eden Reserve
Janet Frame House
Kino
PAZIFIK
ehemaliger Bahnhof
Oamaru Gardens
S. AUSSCHNITT
Oamaru Creek

The Court House
North Otago Museum
National Bank
Former Post Office
Forrester Gallery
First Post Office
Bahnhof von Oamaru Steam & Rail
Steampunk HQ
Woolstore Complex
St Luke's
Buchbinder
Harbour Board Office
Smith's Grain Store Buchladen
Whisky Art

Friendly Bay
King George Park
Aussichts-punkt
Blue Penguin Colony

9 (6 km), ▼ Küstenstraße zur SH1   ▼ Beobachtungspunkt für Gelbaugenpinguine (2 km)

VON CHRISTCHURCH NACH SÜDEN   ◀ **8** (5k m), Totara Estate (8 km), Dunedin (115 km)

der sich ohne weiteres ein bis zwei erholsame Tage verbringen lassen. Am reizvollsten sind zunächst die Kolonien von sowohl Zwerg- als auch Gelbaugenpinguinen unmittelbar außer-halb der Stadt. Die Stadt selbst hat aber auch ihren Reiz, vor allem das gut erhaltene **historische Zentrum** mit Baudenkmälern aus dem 19. Jh., die aus dem auffälligen, cremefarbenen

Kalkstein gebaut wurden, der in der Umgebung von Oamaru häufig anzutreffen ist.

Wer es einrichten kann, sollte Oamaru zwischen November und Januar besuchen, dann sind die Pinguine am zahlreichsten vertreten. Eine gute Zeit ist das dritte Wochenende im November. Dann finden die **Victorian Heritage Celebrations** statt: Die Straßen des historischen Zentrums werden in eine Rennstrecke für Hochräder umfunktioniert, die von den Einheimischen in viktorianischer Kleidung angefeuert werden.

Geschichte

In der Vergangenheit boten die Kalksteinfelsen der Umgebung den Maori Schutz und lieferten später das Rohmaterial für die ehrgeizigen Bauvorhaben der europäischen Einwanderer. Als Versorgungszentrum für die Glücksritter während des Goldrausches und dank verschiedener wirtschaftlicher Standbeine (Holzgewinnung, Landwirtschaft und Steinbrüche) gelangte Oamaru zu einigem Wohlstand. 1874 wurde der Hafen für **Einwanderer** geöffnet. Allerdings kenterten viele Schiffe in den tückischen Gewässern. Nach der Blütezeit ging es wirtschaftlich mit der Stadt bergab (wie es auch in den Werken der aus Oamaru stammenden Schriftstellerin **Janet Frame** zum Ausdruck kommt), und erst in jüngerer Vergangenheit erwachte Oamaru wieder zu neuem Leben.

Thames Street

Die Thames Street mit den meisten öffentlichen Gebäuden wie dem Opera House von 1906, dem palladianischen Courthouse und dem klassisch proportionierten Athenaeum sowie die Umgebung von Tyne Street, Itchen Street und Harbour Street bilden Oamarus **Historic District**, eine Anhäufung vornehmer öffentlicher und merkantiler Gebäude, mit denen sich Oamaru deutlich von allen anderen neuseeländischen Städten abhebt.

North Otago Museum

60 Thames St ▪ ⊕ Mo–Fr 10.30–16.30, Sa und So 13–16 Uhr ▪ Eintritt frei ▪ ✆ 03 433 0852, 🖳 northotagomuseum.co.nz
Das 1882 erbaute Athenaeum, das ursprünglich als Bibliothek diente, nahm die eher beschei-

dene Sammlung des **North Otago Museum** auf. Es beschäftigt sich unter anderem mit der Geschichte von Nord-Otago, der Geologie der Umgebung, der Felskunst der Maori und den Töpfereien von Temuka sowie der aus der Stadt stammenden Schriftstellerin Janet Frame.

Former Post Office

Thames St
Ein paar Schritte weiter steht ebenfalls in der Thames Street das **Former Post Office**. Die ehemalige Post besaß ursprünglich keinen Turm; er wurde erst 1903 von Thomas Forrester, dem Sohn des berühmten Architekten, hinzugefügt. Das Gebäude ersetzte das benachbarte, italienisch anmutende **First Post Office** aus dem Jahr 1864, das älteste aller Whitestone-Bauwerke Oamarus und das einzige noch verbleibende Werk von W. H. Clayton (1823–77) in der Stadt.

Oamaru Whitestone

Sein besonderes Erscheinungsbild verdankt Oamaru dem **Oamaru-Stein**, der umso härter wird, je mehr er den Elementen ausgesetzt ist. Im frisch gehauenen Zustand lässt er sich dagegen leicht mit herkömmlichen Handwerkzeugen aus Metall bearbeiten. Unter Berücksichtigung des damals vorherrschenden neoklassizistischen Stils ließen die Architekten ihrer Fantasie freien Lauf, und die Handwerker hatten weitgehend freie Hand bei der Gestaltung kannelierter Pilaster, detailverliebter Giebeldreiecke und eleganter korinthischer Säulen, die mit ganzen Wäldern aus Akanthusblättern verziert wurden.

Oamaru-Kalkstein wird übrigens noch immer für den Bau moderner Gebäude verwendet. Ein anschauliches Beispiel ist das Waitaki Aquatic Centre im Takaro Park. Wer sich für die Materie begeistert, macht am besten einen Abstecher in den 7 km westlich der Stadt gelegenen Steinbruch **Parkside Quarry**, ✆ 03 433 9786, 🖳 oamarustone.co.nz, wo auch Führungen ($10) stattfinden. ⊕ Mo–Fr 9–16.30 Uhr, Eintritt frei.

Forrester Gallery

9 Thames St ▪ ⏱ tgl. 10.30–16.30 Uhr ▪ Eintritt frei
▪ 📞 03 434 1463, 🖥 forrestergallery.com

Gegenüber der beiden ehemaligen Postämter stehen zwei Lawson-Häuser: Die beeindruckende **National Bank** hat möglicherweise die unverfälschteste neoklassizistische Fassade der Stadt, während das vornehmere Nachbargebäude inzwischen die **Forrester Gallery** beherbergt. Gezeigt werden Wanderausstellungen zeitgenössischer und traditioneller Kunst sowie eine Sammlung mit Arbeiten des bedeutenden neuseeländischen Künstlers Colin McCahon und des aus Oamaru stammenden Malers Colin Wheeler.

Tyne-Harbour Street Historic Precinct

Auf dem Weg von der Thames Street Richtung Wasser kommt man durch das ehemalige Geschäftsviertel der Stadt, das ebenfalls von Whitestone-Architektur beherrscht wird. Die Gegend entwickelt sich immer mehr zum Szeneviertel, wo man gut einen Kaffee oder ein Bier trinken kann, um danach in den Läden, Kunstgalerien und kleinen Museen herumzustöbern.

Woolstore Complex und Oamaru Auto Collection

1 Tyne St ▪ ⏱ Oamaru Auto Collection tgl.
10–16 Uhr; Sonntagsmarkt 10–16 Uhr ▪ Eintritt $8

Wer der Itchen Street Richtung Osten folgt, gelangt an der Ecke Tyne Street zum **Woolstore Complex**. Neben Boutiquen, Galerien und dem Woolstore Café beherbergt der Komplex die **Oamaru Auto Collection**, eine Sammlung von ungefähr 30 Oldtimern.

Union Offices

7 Tyne St ▪ ⏱ Mo–Fr 14–16 Uhr oder n. V.
▪ Eintritt frei ▪ 📞 03 434 9277

Das eleganten alten **Union Offices** von 1877 beherbergt heute eine Buchbinderwerkstatt. Dort können Besucher alte Druckerpressen besichtigen und beobachten, wie Bücher gebunden und alte Bücher restauriert werden.

Smiths Grain Store und Umgebung

Neben den Union Offices
Der stattliche, 1882 von dem Steinmetz James Johnson errichtete **Smiths Grain Store** gilt als der am reichsten verzierte Getreidespeicher im Land. Im ersten Stock ist heute eine Galerie untergebracht. Etwas weiter bietet Slightly Foxed, 11 Tyne St, eine hervorragende Auswahl gebrauchter **Bücher** und Klassiker.

Harbour Board Office

In der parallel zur Tyne Street verlaufenden Harbour Street finden sich weitere ehemalige Handelshäuser. Das verfallene, 1876 erbaute **Harbour Board Office** war eines der ersten öffentlichen Gebäude Oamarus, das von den äußerst produktiven Architekten Forrester und Lemon entworfen wurde. Im Erdgeschoss wird auf Informationstafeln die Geschichte des Oamaru Harbour erzählt und auch der Einfluss der beiden Architekten auf die Stadt erläutert.

Whisky Art

14 Harbour St ▪ ⏱ tgl. 11–17 Uhr ▪ Eintritt frei

Im 1882 vollendeten Woll- und Getreidespeicher **Loan and Mercantile Building**, einst das größte Speichergebäude Neuseelands, residierte bis vor kurzem die einzige Whisky-Brennerei des Landes. Inzwischen ist hier das fabelhafte Restaurant Loan & Merc (S. 619) eingezogen sowie im zweiten Stock eine Galerie für Goldschmiede-, bildende und Textilkunst. Toll sind auch die Ausblicke auf den Hafen und die umliegenden Straßen durch die riesigen Fenster.

Steampunk HQ

1 Itchen St ▪ ⏱ tgl. 10–16 Uhr ▪ Eintritt frei
▪ 🖥 steampunknz.co.nz

Fans des „Steampunk", einer Mischung aus Science-Fiction, Fantasy, alternativer Geschichte und spekulativer Fiktion, und alle, die von pseudo-viktorianischen mechanischen Skulpturen, Kunstwerken, Fotografien und sogar Mode begeistert sind, sollten sich die Galerie **Steampunk HQ** anschauen.

Oamaru Gardens

Eingänge an der Severn St (SH1) und Chelmer St
▪ ⏱ tgl. Morgen- bis Abenddämmerung, Gewächshäuser 9–16 Uhr ▪ Eintritt frei

Fünf Minuten zu Fuß liegen westlich vom Historic District die **Oamaru Gardens** in gezähmter Naturpracht an einem Bach. Der Rhododendron-

Hain, der Duftgarten und das viktorianische Sommerhaus vermitteln einen Eindruck vom einstigen Wohlstand der Stadt.

Janet Frame House

56 Eden St ▪ ⊙ Nov–April tgl. 14–16 Uhr ▪ Eintritt $5; 2-stündiger geführter Rundgang $50 (inkl. Eintritt zum Janet Frame House), zu buchen im i-SITE

Am Südrand der Gärten steht das **Janet Frame House**, das bescheidene Haus, in dem eine der wichtigsten Schriftstellerinnen Neuseelands ihre Kindheit verbrachte. Noch vor ihrem Tod im Jahr 2004 wurde das Haus in den Zustand der 1930er-Jahre zurückversetzt. Nach einem Rundgang kann man sich anhören, wie die Autorin selbst einen Ausschnitt aus *Owls Do Cry* (dt. *Wenn Eulen schreien*) liest, der von eben jenem Sofa handelt, auf dem man gerade sitzt. Fans der Autorin können außerdem dem **Janet Frame Trail** folgen; eine Broschüre hierzu ist im i-SITE erhältlich. Außerdem werden unterhaltsame Janet-Frame-Rundgänge (S. 620) angeboten.

Die Pinguinkolonien

Penguins-Crossing-Bus ($50 für 2 1/2–3 Std.; 📞 0800 304 333, 🖥 penguinscrossing.co.nz

Oamaru ist insofern einzigartig, als sich in unmittelbarer Nähe der Stadt zwei Kolonien mit **Gelbaugen-** und **Zwergpinguinen** befinden, die zu Fuß vom Zentrum aus zu erreichen sind. Normalerweise ist es möglich, beide Kolonien an einem Abend zu sehen, denn die Gelbaugen kommen gewöhnlich etwas früher an Land als die Zwerge. Da Pinguine äußerst scheu und leicht zu verschrecken sind, sollte man keinen Lärm machen und zu den Tieren mindestens 10 m Abstand halten. Sind die Pinguine verängstigt, kehren sie häufig mehrere Stunden nicht zu ihren Nestern zurück, selbst wenn sie Küken zu füttern haben.

Eine gute Möglichkeit zum Beobachten von Gelbaugen- und Zwergpinguinen ist der Tür-zu-Tür-Service **Penguins Crossing**. Nach einem Besuch bei den Gelbaugenpinguinen und einer kleinen Stadtrundfahrt mit Kommentar werden die Teilnehmer rechtzeitig zur Ankunft der Zwergpinguine zu ihrer Kolonie (Eintritt inkl.) kutschiert.

Zwergpinguine

15 Gehminuten südöstlich des Stadtzentrums, zu erreichen über die Waterfront Rd ▪ ⊙ tgl. am besten kurz vor der Abenddämmerung; Tour in Eigenregie tgl. 10 Uhr bis 2 Std. vor Dunkelheit ▪ Eintritt $25, Tour $12, Eintritt und Tour $32

Zwergpinguine nisten unter den meisten Gebäuden am Wasser, und wer sich während der Abenddämmerung ans Ufer setzt, sieht höchstwahrscheinlich ein paar Pinguine vorbeiwatscheln. In einem formelleren und informativeren Rahmen sieht man die Vögel bei der **Blue Penguin Colony**. Auf dem Gelände gibt es ein Visitor Centre, in dem eine rund um die Uhr eingeschaltete Infrarot-Kamera Bilder aus einem Nistkasten auf den Monitor überträgt.

Zwergpinguine

Die kleinsten Pinguine der Welt sind an den Küsten Neuseelands und Südaustraliens heimisch. Brust und Bauch der Vögel sind weiß, während auf der Körperrückseite ein dicker, indigoblau schillernder Streifen vom Kopf bis zum Schwanz verläuft. Zwergpinguine brüten zwischen Juni und Dezember, wobei sich beide Eltern während der 36-tägigen Brutperiode abwechselnd die Aufsicht über das Ei teilen. Nachdem die Eltern das frisch geschlüpfte Küken während der ersten zwei bis drei Wochen beschützt haben, begeben sie sich wieder ins Meer, um den wachsenden Nahrungsbedarf ihres hungrigen Nachwuchses zu befriedigen. Mit Fisch im Bauch kehren sie zurück, um die Jungtiere mit der vorverdauten Nahrung zu füttern.

Nach acht Wochen werden die Küken flügge, wobei allerdings 60 % der Jungpinguine das erste Jahr nicht überleben. Diejenigen, die vom Schicksal verschont bleiben, kehren in der Regel später an ihren Geburtsort zurück. Nach Beendigung der Brutsaison fressen sich die Vögel Fett an, bevor sie zur Mauser wieder an Land kommen. In diesen drei Wochen ist ihr Federkleid nicht wasserdicht genug für einen Aufenthalt im Meer. Während der Mauser verlieren die Pinguine bis zur Hälfte ihres Körpergewichts.

Nach dem Betrachten eines Videos über Zwergpinguine müssen die Besucher ihre Fotoapparate und Camcorder abgeben, bevor sie es sich auf der 350 Zuschauer fassenden Tribüne gemütlich machen dürfen.

Wer während der Brutsaison (Juni–Dez) hier ist, bekommt auch Küken zu Gesicht und hört sie nach ihren Eltern schreien, die im Meer nach Nahrung jagen. Wenn die erwachsenen Pinguine in der Dämmerung grüppchenweise zurückkehren, klettern sie das steile Ufer hinauf und watscheln an der Tribüne vorbei zu ihren Nestern. Außerhalb der Brutsaison sind die Pinguine wesentlich weniger unterwegs, bieten aber dennoch ein unterhaltsames Schauspiel. In der Spitzensaison (Nov–Mitte Feb) zeigen sich manchmal bis zu 200 Pinguine an einem Abend; im März, Juni und August dagegen oft nur ein Dutzend.

Das alles erinnert ein wenig an Zirkus. Wer sich ein weniger durchgestyltes Pinguinerlebnis vorgestellt hat, sollte sich auf die in Eigenregie vorgenommene Tour **Behind the Scenes** begeben. Sie führt zu einer Brutkolonie, wo man die Vögel gewöhnlich in Nistkästen sehen kann, manchmal auch Jungtiere.

Gelbaugenpinguine
Bushy Beach, zu erreichen über die Bushy Beach Rd

Die wesentlich größeren **Gelbaugenpinguine** nisten in kleineren Gruppen, halten dafür aber zivilere Zeiten ein, denn sie kehren meist schon am späten Nachmittag oder frühen Abend zurück (die besten Monate sind Okt–Feb). Die Gelbaugenpinguine kommen meist am Strand **Bushy Beach** an, 2 km außerhalb von Oamaru. Am Strand können die Besucher von einem Horst aus beobachten, wie die Gelbaugenpinguine über den Strand watscheln.

ÜBERNACHTUNG

In Oamaru selbst wie auch südlich der Stadt auf dem Weg nach Dunedin gibt es einige tolle Hostels, und auch die Preise in B&Bs und Motels sind günstiger als anderswo auf der Südinsel. In Oamaru eine Unterkunft zu finden ist selten schwierig; von Dezember bis März lohnt es sich allerdings, ein oder zwei Tage im Voraus zu buchen.

Alma Motels, SH1, 5 km südlich der Stadt, ☎ 0800 000 644, ⌨ almamotels.co.nz. In die Jahre gekommenes Motel mit funktionalen Units und allen notwendigen Einrichtungen. Sehr preisgünstig. DZ $80

Alpine Motel, 285 Thames St, ☎ 0800 272 710, ⌨ alpineoamaru.co.nz. Gemütliches Motel in Zentrumsnähe; 10 geräumige, renovierte Studio Units, einige davon mit komplett ausgestatteter Küche. DZ $85

Café 469 & Motels 469, Thames Hwy, ☎ 03 437 1443. Hinter einem traditionellen Tagescafé an der viel befahrenen Einfallsstraße nach Oamaru. 3 gemütliche Motel Units mit separatem Schlafzimmer im Art-déco-Stil, Parkplätze und kostenlose Möglichkeiten zum Wäschewaschen. Blumengarten mit Tischen. DZ $85

Chillawhile, 1 Frome St, ☎ 03 437 0168, ⌨ chillawhile.co.nz. Lockeres Hostel in einem weitläufigen Haus 2 km nördlich der Stadtmitte. Extra-Räume zum Musikmachen mit Gitarre und Orgel, Malen und Trommeln. Mit gemeinsamen Mahlzeiten und Sitzecken in den Dorms wird viel Wert auf Geselligkeit gelegt. Leichtes Frühstück und Abholung vom Bus kostenlos. Dorms $29, DZ $58

Criterion Hotel, 3 Tyne St, ☎ 0800 259 334, ⌨ criterion.net.nz. Reizendes viktorianisches Boutique-B&B in einem Gebäude Baujahr 1877 mitten im historischen Viertel. Gästeküche und Lounge, reichhaltiges Frühstück inkl. DZ $105, mit Bad $135

Kiwiana Cottage, 9 Itchen St, ☎ 03 434 5246. Einfaches, sehr zentral gelegenes Cottage von 1854 mit komplett ausgestatteter Küche und gemütlichem Wohnbereich. Bei längeren Aufenthalten gibt es Ermäßigungen – Buchungen telefonisch oder über das i-SITE. Cottage $85

Northstar, 495a SH1, ☎ 03 437 1190, ⌨ north starmotel.co.nz. Runderneuertes Motel 3 km nördlich der Stadt mit stilvollen Units und eigenem hervorragenden Restaurant (Hauptgerichte mittags/abends $18/29), das auch Nicht-Gästen offensteht. DZ $120

Oamaru Creek, 24 Reed St, ☎ 03 434 1190, ⌨ oamarucreek.co.nz. Freundliches Homestay-B&B mit großen, geschmackvoll eingerichteten Zimmern (einige mit Bad) und fantastischem Biofrühstück. Gesellige und gut informierte Besitzer. DZ $130, mit Bad $140

Oamaru Top 10 Holiday Park, 30 Chelmer St, ☎ 0800 280 202, 🖥 oamarutop10.co.nz. Campingplatz in geschützter Lage in der Nähe der Oamaru Gardens. Stellplätze $40, Cabins $65, Motel Units $105

Old Bones Backpackers, Beach Rd, Kakanui, ☎ 03 434 8115, 🖥 oldbones. co.nz. Wunderbares Hostel der gehobenen Klasse an der Küste 6 km südlich der Stadt, zu erreichen über die Wharfe Rd. Nur 8 DZ und 2BZ. Geräumige, gemütliche Lounge/Küche ohne TV. Höchster Standard, kostenloses Internet und Fußbodenheizung in den Gästezimmern. 🕐 Mai–Sep geschl. EZ $45, DZ $90

YHA Red Kettle, 2 Reed St, ☎ 03 434 5008, 🖥 yha.co.nz. Kleines, angenehmes Hostel in Zentrumsnähe mit 5-Bett-Dorms und 2 Privatzimmern. 🕐 Mai–Sep geschl. Dorms $28, DZ $56

ESSEN UND UNTERHALTUNG

Die meisten Lokale der Stadt liegen in der Umgebung der Thames Street. Wer einen Ausflug zu den Moeraki Boulders macht, kann im fabelhaften Fleur's Place (S. 622) einkehren. Richtung Norden eignet sich die Riverstone Kitchen (s. rechts) gut für ein Mittagsmahl. Ein **Bauernmarkt**, 🖥 oamarufarmersmarket.co.nz, findet So 9.30–13 Uhr gegenüber von Loan & Merc (s. unten) statt.

Criterion Bar, im Criterion Hotel, 3 Tyne St, ☎ 0800 259 334, 🖥 criterion.net.nz. Bar im Stil eines viktorianischen englischen Pubs mit langem Holztresen. Preiswerte Mahlzeiten in großen Portionen (Hauptgerichte $12,50–23,50) und einige altmodische, aber gute Biersorten, darunter London Porter und Emersons traditionelles Ale. 🕐 tgl. mittags und abends.

Dilaans, 263 Thames St. Preisünstiger türkischer Imbiss (Gerichte $10–21). 🕐 Di–So 11–22.30 Uhr.

Loan & Merc, 14 Harbour St, ☎ 03 434 9905, 🖥 loanandmerc.co.nz. Das historische Loan & Mercantile Building (S. 616) bildet die prächtige Kulisse für dieses neue Restaurant mit Fleischbuffet. Tagsüber werden vor allem *ploughman's lunches* (Käseteller mit Brot) geboten, abends dann dreierlei Braten und Fisch (Hauptgerichte $20–32,50). 🕐 tgl. mittags und abends.

Penguin Club, Emulsion Lane, 🖥 thepenguinclub.co.nz. Legendärer Club in einer unauffälligen Nebenstraße. Freitags Jam Night (ab 20 Uhr), ansonsten Lyrik, Theater und Liveauftritte neuseeländischer Bands ($10–30 Eintritt). Wer ein Programmheft des i-SITE dabei hat, kommt zum ermäßigten Mitgliederpreis rein. 🕐 unterschiedlich.

Portside, 2 Waterfront Rd, ☎ 03 434 3400. Das stilvolle moderne Restaurant mit Bar bei der Zwergpinguin-Kolonie hat vor allem Seafood-Gerichte wie Lachs-Bouillabaisse (Hauptgerichte $19,50–29,50). Schön ist auch ein Sonnenuntergangs-Drink auf der Terrasse mit Blick auf das Meer. 🕐 Do–Di 11 Uhr bis spät.

Riverstone Kitchen, 1431 SH1, 19 km nördlich von Oamaru, 66 km südlich von Timaru, ☎ 03 431 3505, 🖥 riverstonekitchen. co.nz. Mit die besten Caféspeisen überhaupt, serviert in aufgeräumt-ländlichem Ambiente. Toll für ein Mittagsmahl auf der Durchreise, aber es wird auch üppiges Abendessen wie frittierte Zucchini-Blüten mit vier Käsesorten oder Ribeye-Steak mit sautierten Kartoffeln und Mandeln geboten (Hauptgerichte $28–29). 🕐 tgl. mittags, Do–So auch abends.

Short Black, 45 Thames St, ☎ 03 434 6406. Modernes Café mit wunderbar gehaltvollen, eiskalten Smoothies (auch mit Sojamilch) sowie reichhaltigem Frühstück und Mittagessen (Gerichte $5,50–16,50). 🕐 Mo–Fr 7–16, Sa 8.30–15 Uhr.

Whitestone Cheese, 3 Torridge St, ☎ 03 434 8098, 🖥 whitestonecheese.co.nz. Perfekter Feinkostladen für Picknickzutaten, darunter hervorragender Käse aus der benachbarten Fabrik wie der hochgelobte cremige Windsor Blue. Besucher können kostenlos den Käse des Tages probieren, ansonsten gibt's auch Verkostungsteller mit 5 Käsesorten für $5. Hinten im Laden kann man einen Blick auf die Produktion werfen (am besten Mo–Fr vor 12 Uhr). 🕐 Café (Gerichte $4–12) tgl. 8.30–14 Uhr, Geschäft tgl. 9–17 Uhr.

VON CHRISTCHURCH NACH SÜDEN

Bücherei

Oamaru Public Library, 62 Thames St,
🕐 Mo–Fr 9.30–17.30, Sa 10–12.30 Uhr.

Informationen

i-SITE Visitor Centre, 1 Thames St,
📞 03 434 1656, 🖥 visitoamaru.co.nz. Bietet
nützliche Broschüren und organisiert Stadtführungen (s. „Touren", unten). 🕐 Mitte Dez–
März tgl. 9–18, April–Mitte Dez Mo–Fr 9–17,
Sa und So 10–16 Uhr.

Internet

Internetzugang im i-SITE ($3/Std.) und kosten-
los in der Oamaru Public Library (s. oben).

Touren

Ralph's Rambles, 📞 03 434 7337. Unterhaltsame
und sehr informative 1 1/2-stündige Stadtspaziergänge ($25, mind. 24 Std. vorausbuchen)
sowie Janet-Frame-Rundgänge (S. 617).

Die **Fernbusse** halten in der Eden St,
Ecke Thames St.

Busse nach:
AORAKI MOUNT COOK 3x wöchentl., 3 Std.;
CHRISTCHURCH 5–6x tgl., 4 Std.;
DUNEDIN 7–9x tgl., 2 Std.;
OMARAMA 3x wöchentl., 1 3/4 Std.;
TEKAPO 4x wöchentl., 3 Std.;
TIMARU 5–6x tgl., 1 Std.;
TWIZEL 7x wöchentl., 2 Std.

Totara Estate

SH1, 8 km südlich von Oamaru ▪ 🕐 Sep–Mai
tgl. 9–17 Uhr ▪ Eintritt $9 ▪ 📞 03 434 7169,
🖥 totaraestate.co.nz

Südlich von Oamaru steuern die meisten Touristen auf direktem Wege die Moeraki Boulders
und Dunedin an. Dabei ist es durchaus keine
schlechte Idee, eine halbe Stunde auf dem **Totara Estate**, 🖥 totaraestate.co.nz, zu verbringen,
dem Geburtsort der neuseeländischen Fleisch-
industrie. Bis Anfang der 1880er-Jahre war Neu-

seeland ein großer Wollexporteur, doch niemand
wusste etwas mit dem überschüssigen Fleisch
anzufangen. Schließlich leistete die Australian
and New Zealand Land Company Pionierarbeit
auf dem Gebiet der Kühltechnik für Segelschiffe.
1882 wurde der Dreimaster *Dunedin* mit kohlen-
gefeuerten Gefriergeräten ausgerüstet und mit
Lammfleisch vom Totara Estate beladen.

Das Estate präsentiert sich heute als historischer Park mit Rasenflächen und soliden Kalk-
steingebäuden, in denen ein kleines Museum
sowie im Originalzustand erhaltene Ställe, Korn-
speicher und eine Schmiede untergebracht sind.
Das Fundament und die Überreste des ehemaligen Schlachthauses und des Kadaverschuppens
bilden die Basis für weitere Rekonstruktionen,
die eine Vorstellung davon vermitteln, wie der
Alltag hier einmal ausgesehen haben mag.

Moeraki Boulders

SH1, 40 km südlich von Oamaru ▪ Zugang von
einem DOC-Parkplatz aus über einen 300 m langen
Fußweg oder direkt über einen kurzen Privatweg
($2 in eine „honesty box"); für die Gäste des benach-
barten Cafés, 🕐 Okt–April tgl. 8–18, Mai–Nov 9–17
Uhr, ist der Zutritt kostenlos

Die bis zu fast 2 m Durchmesser großen, runden
grauen **Moeraki Boulders**, 2 km vor dem Dorf
Moeraki, liegen teilweise versunken an der Ge-
zeitenlinie im Sand. Unter der glatten Oberfläche verbirgt sich ein wabenförmig ausgehöhlter Kern, der bei einigen zerbrochenen Steinen
zu sehen ist. Die Felsen ruhten einst tief in den
Schieferklippen an Land. Während die Brandung die Klippen auswusch, fielen die glatten
Steinkugeln heraus und bildeten als Folge weiterer Erosion ihre auffällige, „aderige" Oberfläche
heraus. Ursprünglich bestanden die Felsen aus
einem Kalkkristallkern, der Minerale aus der näheren Umgebung anzog und sich so vergrößerte.

Dieser Prozess setzte vor über 60 Mio. Jahren ein, als sich schlammige Sedimente mit
Muschel- und Pflanzenresten auf dem Meeresboden anlagerten. In der Größe reichen die
Moeraki-Felsen von kleinen Kügelchen bis zu
großen, runden Steinkugeln, doch über die Jahre wurden viele kleinere Exemplare von Souve-

nirjägern fortgeschafft, sodass nur diejenigen übrig blieben, die nicht zu transportieren sind.

Die Maori nannten die Felsen „Te Kaihinaki" (Vorratskörbe) und glaubten, dass sie von dem Wrack eines Kanus stammten, dessen Besatzung sich auf der Suche nach *pounamu* (Jade) befunden hatte. Einige der Moeraki Boulders wurden als *hinaki* (Körbe) angesehen, die runderen als Kalebassen und die unregelmäßiger geformten ein Stückchen weiter am Strand als versteinerte Kumara aus dem Nahrungsvorrat des Kanus.

Moeraki

Vom malerischen und friedvollen Fischerdorf **Moeraki**, 2 km weiter südlich, hat man über den Strand Zugang zu den Boulders. Hier bieten sich gute Chancen, Gelbaugenpinguine aus der Nähe zu sehen. Dazu fährt man zum weißen Holzleuchtturm (1 km vom SH1 Richtung Meer, dann 5 km über eine unbefestigte Straße) und folgt weiter den Schildern einen Pfad hinunter zu einem Hort. Dort lässt sich der Strand überblicken, an den die Gelbaugenpinguine nach einem har-

ten Arbeitstag als Fischer auf See zwischen 15.30 Uhr und Einbruch der Dunkelheit zurückkehren. Auch rekeln sich hier an den Stränden Robben. Ein zweiter Pfad führt zu einer Stelle, wo früher ein befestigtes Maori-Dorf *(pa)* stand. Seine Bedeutung wird auf einer Tafel erklärt.

Die meisten **Busse** halten am SH1, 1,5 km vom Dorf entfernt, aber die Busse von Coastline Tours, ✆ 03 434 7744, bringen Fahrgäste auf der Fahrt von Oamaru nach Dunedin bis in die Dorfmitte.

ÜBERNACHTUNG

Moeraki Beach Motels, Beach St, Ecke Haven St, ✆ 03 439 4862, 🖳 moerakibeach motels.co.nz. 4 Units mit Blick auf die Bucht; die Betreiber verwalten auch eine Reihe von Ferienhäusern im Dorf. DZ $100
Moeraki Village Holiday Park, 114 Haven St, ✆ 03 439 4759, 🖳 moerakivillageholidaypark. co.nz. Gute Lage oberhalb des Jachthafens und nur 50 m vom Strand entfernt. Stellplätze $29, Cabins $55, Tourist Flats $95, Motel Units $108
Olive Grove Lodge & Holiday Park, SH1, 11 km nördlich der Moeraki Boulders, ✆ 03 439 5830, 🖳 olivebranch.co.nz. Fernsehfreier

Nach der Maori-Legende sind die Moeraki Boulders die Reste eines vor langer Zeit gesunkenen Kanus.

© DUMONT BILDARCHIV / CLEMENS EMMLER

Familienbetrieb an einer Flussbiegung mit guten Bademöglichkeiten. Neben einem Whirlpool, einer Infrarotsauna und Hängematten werden liebevoll eingerichtete Zimmer und jede Menge Platz am Fluss geboten. ⊙ Juni–Aug geschl. Camping p. P. $12, Dorm $25, DZ $60, mit Bad $70 **Three Bays**, 39 Cardiff St, ☎ 03 439 4520, 🖥 threebays.co.nz. Reizende Selbstversorger-Unit oben auf den Hügeln mit weiten Ausblicken über den Ort hin zu den Boulders. $170

Fleur's Place, The Old Jetty, ☎ 03 439 4480, 🖥 fleursplace.com. Mit Abstand am besten speist man in Moeraki in diesem umgebauten Schuppen mit viel Flair – hierher kommen selbst Gourmets aus Dunedin, um tolle Fischgerichte aus fangfrischem Fisch (Hauptgerichte $30–38), exzellente Weine oder einen erstklassigen Kaffee zu genießen. Fürs Abendessen sollte man auf jeden Fall einen Tisch reservieren, und eventuell bietet sich hier auch die Chance, Fleisch vom Dunkelsturmtaucher zu probieren. Oder man isst draußen bei Fleur's Take-away-Wagen am Wasser, z. B. Fish 'n' Chips mit hausgemachter Tatarensauce oder einen phänomenalen *seafood chowder* (Gerichte $12–16). ⊙ Mi–So 9–23 Uhr.

Shag Point und Matakaea Scenic Reserve

10 km südlich vom Dorf Moeraki biegt eine Nebenstraße vom SH1 ab und führt zum windgepeitschten **Shag Point** und zum **Matakaea Scenic Reserve**. Auf den Felsen am Meer tummeln sich oft Robben, und von einer Aussichtsplattform sind in der Ferne Gelbaugenpinguine zu sehen.

Palmerston

Im kleinen Ort **Palmerston**, 9 km südlich des Shag Point, steht auf einem Hügel ein Denkmal zu Ehren von **John McKenzie**, der als Landwirtschafts- und Einwanderungsminister Anfang der 1890er-Jahre einige Landbesiedlungsgesetze auf den Weg brachte, die den Grundstein für die moderne Farmwirtschaft legten. Palmerston markiert den Kreuzungspunkt zweier Routen: Der SH85 („Pigroot") führt ins Landesinnere zum Maniototo Valley und zu den ehemaligen Goldfeldern in Central Otago. Der SH1 dagegen verläuft weiter nach Süden und erreicht nach 52 km Dunedin.

Auckland
Wellington
Christchurch

Zentrale Südinsel

Stefan Loose Traveltipps

Skifahren Moderate Preise und geringer Andrang sorgen dafür, dass die Skigebiete der zentralen Südinsel (ein hervorragender Ausgangspunkt ist Mount Hutt) zu den besten des Landes gehören. S. 630 und S. 638

Arthur's Pass Wanderungen eröffnen faszinierende Einblicke in eine Landschaft von unglaublicher Schönheit. S. 633

Rafting auf dem Rangitata Der Fluss zählt zu den besten Wildwasserrevieren Neuseelands. Die Touren beginnen im Peel Forest, in Geraldine oder als Tagesausflug in Christchurch. S. 644

Lake Tekapo Tagsüber fasziniert der See mit seinem milchig-blauen Wasser, abends der Blick vom Mount John Observatory auf den umwerfend klaren Sternenhimmel. S. 645

12 Aoraki/Mount Cook Auf einer Boots-tour oder besser noch per Kajak kann man mit den Gletschern unterhalb des höchsten Gipfels Neuseelands aus nächster Nähe erleben. S. 649

Segelfliegen Die zentrale Südinsel bietet um Omarama herum traumhafte Bedingungen für Segelflieger. S. 658

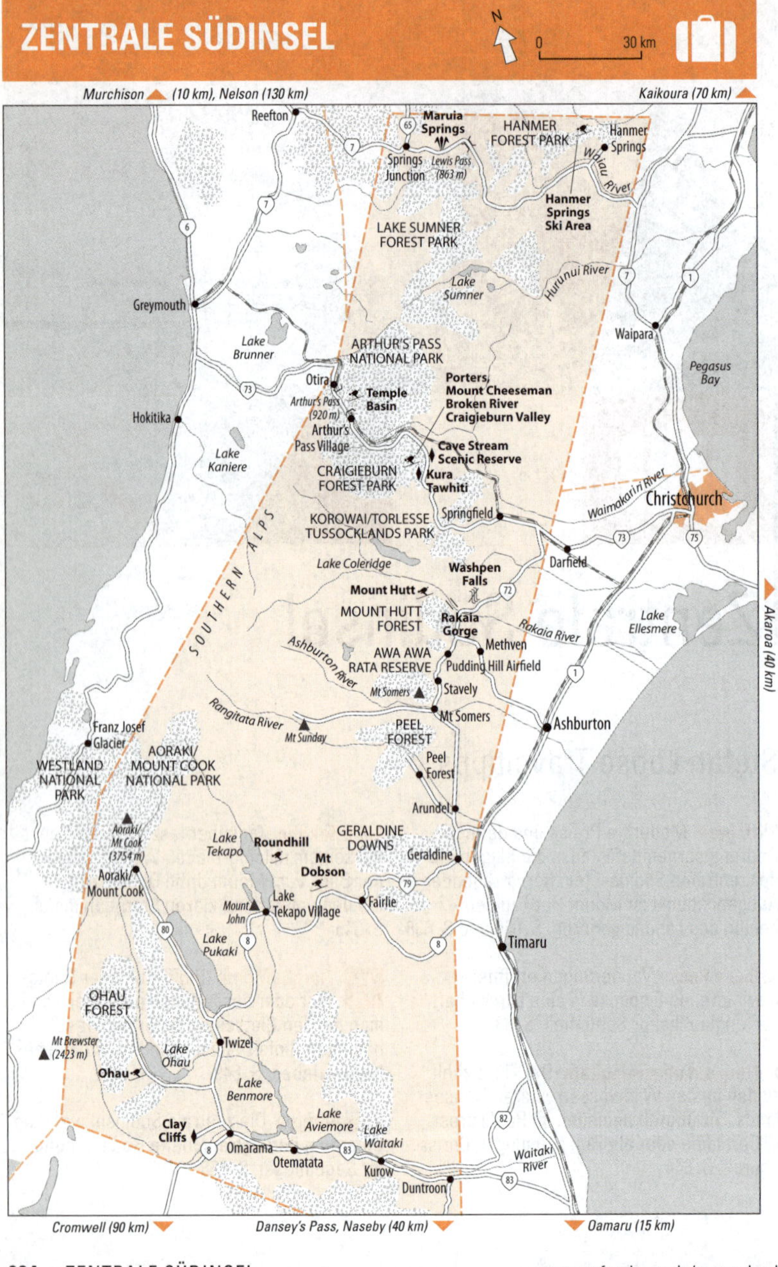

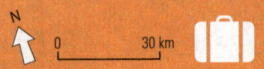

Die zentrale Südinsel zählt zu den abwechslungsreichsten, faszinierendsten und spektakulärsten Landschaften Neuseelands, mit endlosen Weideflächen, urwüchsigen Wäldern und jeder Menge Geschichten, die Zeugnis ablegen von den Anstrengungen des Menschen, in dieser rauen Region Fuß zu fassen. Die bei weitem markanteste Naturerscheinung in diesen Breiten ist die vereiste Bergkette der **Neuseeländischen Alpen (Southern Alps)**, die in ihrem Verlauf von Norden nach Süden das Rückgrat der zentralen Südinsel bildet und mit dem 3754 m hohen **Aoraki/Mount Cook** den höchsten Berg Neuseelands umfasst.

Im Sommer ist das **Klima** auf der zentralen Südinsel im Allgemeinen heiß und trocken, wobei das Grasland an den langen Tagen völlig verdorrt. Zur Freude der Skifahrer auf den vielen Pisten fallen die Niederschläge im Winter als Schnee. Dieses Klima begünstigt eine seltene, teils sogar einzigartige alpine **Flora und Fauna**, darunter die berühmte Mount-Cook-Lilie, die größte Bergbutterblume der Welt, und der Kea, der spitzbübische einzige Bergpapagei auf dem Globus.

An der Straße von Christchurch nach Nordwesten über den bewaldeten **Lewis Pass** laden der beschauliche Kurort **Hanmer Springs** und weiter westlich die heißen Quellen von **Maruia Springs** zu einem Zwischenstopp ein.

Weiter südlich erklimmen Straße und Eisenbahn den spektakulären **Arthur's Pass National Park** mit einer Vielzahl von spannenden Tagesrouten und längeren Treks.

Südlich von Christchurch führen Straßen durch die Canterbury Plains in die kleine, aber lebendige Siedlung **Methven**, im Winter das Tor zum Skigebiet am **Mount Hutt**, im Sommer Ausgangspunkt für Erkundungen des **Mount Somers**, an dem es oft trocken ist, wenn am Arthur's Pass Wolken und Regen das Bild bestimmen.

In der südlichen Hälfte der Region werden die sanften Hügel vom **Mackenzie Country** abgelöst, einer sonnenverbrannten Graslandschaft mit schier endlosen Schafweiden. In wunderschönen Blautönen spiegeln sich hier die gletschergespeisten Seen **Lake Tekapo** und **Lake Pukaki**. Eine wahrhaft majestätische Kulisse für diesen Landstrich bilden die mächtigen Erhebungen der Neuseeländischen Alpen. Das **Aoraki/Mount Cook Village** am Fuße des gleichnamigen Bergs ist Ausgangspunkt für zahlreiche Wanderwege, einzigartige Gletscherseetouren sowie per Hubschrauber zugängliche Ski- und Wanderrouten. Viele Touristen suchen sich mittlerweile eine Unterkunft im knapp eine Autostunde südlich gelegenen **Twizel**, das ursprünglich als Quartier für die Bauarbeiter eines Wasserkraftwerks entstand und von Staudämmen und Kanälen umgeben ist.

Noch weiter südlich führt die Straße auf dem Weg nach Wanaka und Queenstown durch die Segelflughauptstadt Neuseelands, **Omarama**, und anschließend über den tollen Lindis Pass.

Transport

Busverbindungen bestehen ab Christchurch Richtung Norden nach Hanmer (jedoch nicht weiter über den Lewis Pass nach Nelson), Richtung Westen nach Arthur's Pass und Greymouth sowie Richtung Südwesten nach Methven. Atomic, InterCity/Newmans/Great Sights, NakedBus und Southern Link, ☎ 0508 458 835, ⌨ southernlinkbus.co.nz, fahren durchs Mackenzie Country nach Wanaka und Queenstown. Nur Great Sights bietet eine direkte Verbindung nach Aoraki/Mount Cook, sodass es oft praktischer (und billiger) ist, nach Tekapo zu fahren und dort in einen Bus von The Cook Connection, ☎ 0800 266 526, ⌨ cookconnect.co.nz, über Twizel nach Aoraki/Mount Cook umzusteigen.

Der **TranzAlpine** (S. 596) stellt die einzige Zugverbindung in dieser Region dar: Er verbindet Christchurch über den Arthur's Pass mit Greymouth an der Westküste (tgl., 4 1/2 Std.).

Hanmer Springs und Lewis Pass

Die nördlichste Route durch die Berge ist der SH7 über den Lewis Pass, der in etwa dem Verlauf einer Route folgt, die sowohl den Maori als auch den frühen Pakeha als nützliche Verbindung zwischen Ost- und Westküste diente. Eine Nebenstraße führt zum Kurort **Hanmer Springs**, im Sommer eine beliebte Ausgangsbasis für Wanderungen und im Winter eine ebenso praktische Station für Wintersportbegeisterte, die das nahe gelegene Skigebiet **Hanmer Springs Ski Area** zum Ziel haben.

Rund 60 km weiter westlich wird schließlich der **Lewis Pass** erreicht. Auf dem Weg hinunter zur Westküste lockt **Maruia Springs** mit seinen dampfenden Thermalquellen.

Hanmer Springs

Rund 140 km nördlich von Christchurch zweigt eine Nebenstraße vom SH7 nach Norden zum 9 km entfernten Kurort **Hanmer Springs** ab, der malerisch am Rand eines breiten, fruchtbaren Talkessels am Fuße der Neuseeländischen Alpen liegt. Die Thermalquellen werden von Regenwasser gespeist, das durch Felsspalten in den Hanmer Mountains sickert. Nachdem es diverse Mineralien absorbiert hat und durch die natürliche Erdwärme erhitzt wurde, tritt das Wasser an die Oberfläche: Dies sind die Quellen, denen der Ort seine Bekanntheit verdankt. Den Ortsmittelpunkt bildet die von Eichen gesäumte **Amuri Avenue**; sie führt an den Quellen, am i-SITE Visitor Centre, an den Geschäften und an dem schattigen Park vorbei, dem die Stadt ihr ruhiges und beschauliches Flair verdankt.

Hanmer Springs Thermal Pools and Spa

42 Amuri Ave ▪ ⏱ tgl. 10–21 Uhr; Café Mo–Fr und So 10–17.30, Sa 10–20 Uhr ▪ Eintritt $18, 2x am gleichen Tag $23, Handtuchmiete $5, Wasserrutschen $10 extra für unbegrenzte Nutzung, Einzelbecken $28 p. P. für 30 Min. (mind. 2 Pers., inkl. allgemeinem Eintritt) ▪ ✆ 03 315 0000 für die Pools, ✆ 03 315 0029 für das Spa, ⌨ hanmersprings.co.nz

Egal wie das Wetter ist, ein entspannender Besuch in den modernisierten **Hanmer Springs Thermal Pools & Spa** ist immer eine gute Idee. Zwölf landschaftsarchitektonisch gestaltete Thermalbecken, deren Wasser zwischen 33 °C und 42 °C heiß ist, verteilen sich hier über eine weite Rasenfläche. Außerdem gibt es zwei Frischwasser-Schwimmbecken mit etwa 29 °C warmem Wasser. Die Becken sind durch künst-

liche Bäche miteinander verbunden, die man durchwaten kann. Außerdem locken drei Wasserrutschen, ein halbes Dutzend Einzelbecken sowie das Garden House Café.

Nebenan bietet ein stilvolles **Spa**, das größte Neuseelands, Verwöhnanwendungen wie Unterwasser-Peeling (40 Min. $140).

Queen Mary Hospital Historic Reserve

Haupteingang in der Amuri Ave ▪ ⏱ frei zugänglich; einstündige Führungen Nov–März So 12 Uhr ▪ Eintritt frei, Führung $2

Das **Queen Mary Hospital** war früher Neuseelands berühmtestes Rehabilitationszentrum für Alkoholiker und Drogensüchtige und schloss erst 2003 seine Pforten. Im Ersten Weltkrieg diente der Komplex zur Erholung für Soldaten mit Kriegsneurosen, später diente er als psychiatrische Klinik. Die Gebäude sind nicht zugänglich, aber man kann über das schattige Gelände bummeln und sich die geisterhaften Gebäude anschauen.

Hanmer Springs Ski Area

Abseits der Clarence Valley Rd, 17 km nördlich von Hanmer Springs ▪ ⏱ gewöhnlich Mitte Juli–Sep ▪ Liftpass $60 ▪ ⌨ skihanmer.co.nz

Die winzige **Hanmer Springs Ski Area** verfügt nur über einen Schlepplift (den längsten Neuseelands) und einen Übungslift sowie einen Anfängerhang, sechs Abfahrten für Fortgeschrittene und fünf Pisten für erfahrene Skifahrer. Da die Zufahrtsstrecke berüchtigt schwierig ist, nimmt man besser einen der Shuttlebusse von Hanmer Adventure ($99 hin und zurück), wo man auch Skiausrüstung leihen kann. Oben am Berg bietet die **Robinson Lodge** (S. 628) Ausrüstungsverleih und einfache Backpacker-Unterkünfte.

Das 60 km nordöstlich gelegene **Mount Lyford Skifield** (Kasten S. 578) ist von Hanmer aus über den SH70 zu erreichen.

ÜBERNACHTUNG

Hanmer Springs wartet mit einem guten Angebot an Unterkünften auf. Da es aber ein beliebtes Ziel für Wochenendausflüge ist, sollte man das ganze Jahre über rechtzeitig eine Unterkunft reservieren.

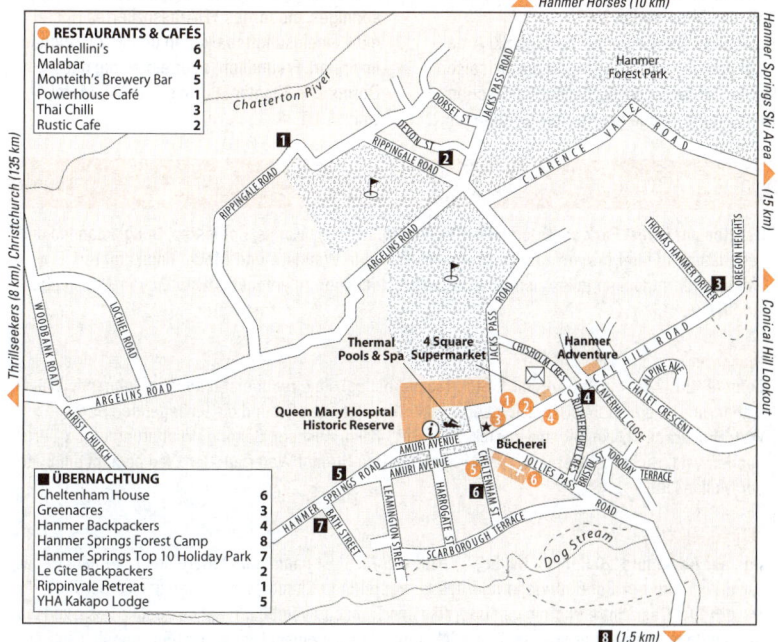

▲ Hanmer Horses (10 km)

RESTAURANTS & CAFÉS

Chantellini's	6
Malabar	4
Monteith's Brewery Bar	5
Powerhouse Café	1
Thai Chilli	3
Rustic Cafe	2

ÜBERNACHTUNG

Cheltenham House	6
Greenacres	3
Hanmer Backpackers	4
Hanmer Springs Forest Camp	8
Hanmer Springs Top 10 Holiday Park	7
Le Gîte Backpackers	2
Rippinvale Retreat	1
YHA Kakapo Lodge	5

ZENTRALE SÜDINSEL

Cheltenham House, 13 Cheltenham St,
📞 03 315 7545, 🖳 cheltenham.co.nz.
Das beste B&B der Stadt. 4 große Zimmer
in einem Haus aus den 30er-Jahren. Snooker-
Zimmer und 2 Cottages im liebevoll gepflegten
Garten. Abendliche Drinks, Whirlpool und
WLAN inkl. Das ausgezeichnete Frühstück
wird auf den Zimmern serviert. Außerdem gibt
es ein separates modernes Haus für Selbst-
versorger mit 4 Schlafzimmern. B&B-DZ $235,
Haus $330
Greenacres, 84 Conical Hill Rd, 📞 0800 822 262,
🖳 greenacresmotel.co.nz. Sehr ruhiges Motel
am Fuß des Conical Hill mit Chalets mit 1 oder
2 Schlafzimmern rund um eine Rasenfläche,
Whirlpool ($4 p. P.) und kostenlosem Internet im
Büro (gebührenpflichtiges WLAN in der ganzen
Anlage). $125

Hanmer Backpackers, 41 Conical
Hill Rd, 📞 03 315 7196, 🖳 hanmerback
packers.co.nz. Herzerwärmend gemütliches,
chaletartiges Hostel mitten im Ort mit TV-freier
Lounge voller Bücher, makellosen Einrichtungen,
geselliger Terrasse mit Grill und allerlei kostenlosen Dreingaben wie frischem Obst. Zeltstellplatz $16, Dorm $27, DZ $58, mit Bad $70
Le Gîte Backpackers, 3 Devon St, nur 10 Min.
zu Fuß vom Zentrum, 📞 03 315 5111, 🖳 legite.
co.nz. Freundliches, geschmackvoll eingerichtetes Hostel in 2 umgebauten Häusern und
einem modernen Chalet mit großem Garten.
Außerdem jede Menge Platz für Zelte und
Wohnmobile. Camping $15, Dorms $28, Zimmer
$64, mit Bad $76
Rippinvale Retreat, 68 Rippingale Rd, 📞 0800
373 098, 🖳 hanmersprings.net.nz. Noble Lodge

am Ortsrand mit nur 2 Suiten, beide schön eingerichtet und mit eigener Terrasse. Das gesunde Frühstück wird auf dem Zimmer serviert, außerdem gibt's einen Whirlpool und eine Feuerstelle. $355

Robinson Lodge, Hanmer Springs Ski Area, 🖥 skihanmer.co.nz. Während der Skisaison können Wintersportler in dieser einfachen Backpacker-Lodge mit Kochgelegenheiten

übernachten. Proviant und Bettzeug mitbringen. P. P. $30

YHA Kakapo Lodge, 14 Amuri Ave, 📞 03 315 7472, 🖥 kakapolodge.co.nz. Großes, sonniges, modernes YHA-assoziiertes Hostel mit Gemeinschaftsbalkonen und Sitzbereichen im Freien. Freundlich, aber ein wenig düster. Dorms $28, Zimmer $66, mit Bad $90, Motel Units $100

Outdoor-Aktivitäten in Hanmer Springs

Der **Hanmer Forest Park** am Ortsrand mit seinem Bestand an Matais, Rotfichten, Douglastannen und Laubbäumen bietet hervorragende Möglichkeiten zum Wandern und Mountainbikefahren. Etwas weiter entfernt locken tolle Ausritte und die verschiedenen Abenteueraktivitäten von Thrillseekers am SH7.

Wandern

Conical Hill (2 km hin und zurück, 1 Std., 150 m Anstieg). Eine recht einfache, aber lohnende Waldwanderung zu einem tollen Aussichtspunkt mit Blick über den Ort und die umliegenden Berge.

Waterfall Track (2,5 km hin und zurück, 2 1/2 Std., 400 m Anstieg). Schöne Wanderung durch Bergbuchenwald, recht steil bergauf, zum 41 m hohen Dog Stream Waterfall. Der Weg beginnt am Ende der Mullans Rd.

Mountainbiking

Hanmer Adventure, 20 Conical Hill Rd, 📞 0800 368 7386, 🖥 hanmeradventure.co.nz. Verleiht Räder zur Erkundung der Schotterwege und des kurvenreichen Singletrails im Hanmer Forest Park für $45 pro Tag. Das Centre übernimmt außerdem den Transport von Bikern auf den Jacks Pass, von wo aus sie dann zumeist bergab wieder zurückfahren, mit nur einem kleinen Anstieg zum Jollies Pass ($99, inkl. Eintritt zu Thermalbecken).

Bungy-Jumping, Rafting und Jetbootfahren

Thrillseekers, an der Waiau Ferry Bridge, 9 km südlich von Hanmer bei der Kreuzung mit dem SH7, 📞 03 315 7046, 🖥 thrillseekers.co.nz. Angeboten werden landschaftlich reizvolle, 2-stündige Wildwasserfahrten durch den Waiau River Canyon (Schwierigkeitsgrad II, 70–90 Min. auf dem Wasser, $149), Jetbootfahrten durch die steilwandigen Schluchten des Waiau River (30 Min. $115), Bungy-Jumping ($169 inkl. T-Shirt) von einer 35 m hohen Plattform mitten auf der Waiau Ferry Bridge sowie Quadtouren (2 Std., $129). Die Touren lassen sich auch kombinieren.

Reiten

Alpine Horse Safaris, Hawarden, 60 km südwestlich von Hanmer, 📞 03 314 4293, 🖥 alpinehorse. co.nz. Es werden hier zwar auch kurze Ausritte (2 Std. für $65, 4 Std. für $95) angeboten, im Mittelpunkt stehen jedoch 3- bis 10-tägige Querfeldeinritte (ab $938) über eine Hochlandfarm und sogar bis hinunter nach Tekapo; dabei wird oft in Viehtreiberhütten übernachtet und an Lagerfeuern gegessen. Näheres auf der Website.

Hanmer Horses, 187 Rogerson Rd, 5 km nordwestlich des Orts abseits der Jacks Pass Rd, 📞 0800 873 546, 🖥 hanmerhorses.co.nz. Ausritte nach Wunsch, inklusive Bachdurchquerungen (1 Std. $59, 2 1/2 Std. $99).

Camping

Hanmer Springs Forest Camp, 243 Jollies Pass Rd, 2 km östlich von Hanmer, ☏ 03 315 7202, ▢ hanmerforestcamp.co.nz. Gemeinde-Campingplatz mit vielen gepflegten, einfachen Cabins und Platz für Zelte; keine Stellplätze mit Stromanschluss. Camping $12, Cabins $30

Hanmer Springs Top 10 Holiday Park, 5 Hanmer Springs Rd, ☏ 0800 904 545, ▢ mountainview top10.co.nz. Liegt dem Ortszentrum am nächsten bei einem kleinen Park am Fluss. Camping $16, Cabins $75, mit Küche $85, Selbstversorger-Units $138, Motel Units $160

ESSEN UND UNTERHALTUNG

Chantellini's, 11 Jollies Pass Rd, ☏ 03 315 7667, ▢ chantellinis.com. Das edle, aber entspannte Café und Restaurant mit französischem Küchen- und Servicepersonal bietet tagsüber in den eleganten Räumlichkeiten oder auch draußen Speisen wie *eggs Benedict* ($16) und *croque monsieur* ($12). Hervorragend ist das *table d'hôte*-Mittag- (außer Sa; $30) und Abendessen (außer Sa; $30 oder $50). Im Winter lohnt sich auf jeden Fall auch der *high tea* ($25, mit Sekt $30). ⊕ tgl. 10–22.30 Uhr.

Malabar, 5 Conical Hill Rd, ☏ 03 315 7754, ▢ malabar.co.nz. Das auffällige Restaurant serviert asiatische Gerichte wie indisches Lamm ($36) oder Fünfgewürz-Schweinebauch ($33) mit interessantem modernen Touch. Frühstück und Mittagessen sind eher neuseeländisch gehalten, doch es gibt auch ein indisches Frühstück ($19). ⊕ tgl. 8.30–22 Uhr oder später.

Monteith's Brewery Bar, 47 Amuri Ave, ☏ 03 315 5133, ▢ mbbh.co.nz. Die munterste Kneipe des Orts mit zuverlässig guten Mahlzeiten wie Salat mit warmem Spinat und Feta ($22) und in Rotwein mariniertem Lamm ($32). ⊕ tgl. 9–22 Uhr oder später.

Powerhouse Café, 8 Jacks Pass Rd, ☏ 03 315 5252. Das moderne Café in einem Gebäude von 1926 serviert den besten Kaffee im Ort, leckere, oft glutenfreie Kleinigkeiten, dekadentes Frühstück ($14–18) und reichhaltige Mittagsgerichte wie tropische Bouillabaisse mit Kokosmilch oder Calamari-Salat auf Soba-Nudeln ($22). ⊕ tgl. 8–15 und Sa 18.30–22 Uhr.

Rustics Café, 8 Conical Hill Rd, ☏ 03 315 7274. Tolles kleines Tapas-Restaurant mit Köstlichkeiten wie in der Pfanne gebratener Chorizo mit gerösteter Paprika, paniertem Seeteufel und Mini-Samosas (je $11 oder 4 für $40). ⊕ tgl. 9.30–21.30 Uhr, im Winter Di und Mi geschl.

Thai Chilli, 12a Conical Hill Rd, ☏ 03 315 5188. Günstiges Thai-Essen in großen Portionen. Hauptgerichte $15–20 sowie Mittagsgerichte für $10 wie *Penang curry*. Kein Alkoholausschank oder BYO. ⊕ Mo–Sa 11–14 und 16.30–21.30 Uhr.

SONSTIGES

Geld

Im Visitor Centre gibt es eine kleine **Bank**, ⊕ Mo–Fr 10–14 Uhr.

Einen **Geldautomaten** findet man vor dem Supermarkt 4 Square an der Amuri Avenue.

Informationen

i-SITE Visitor Centre, Amuri Ave, neben den heißen Quellen, ☏ 03 315 0020, ▢ hanmer springs.co.nz. Hier gibt's die ausgezeichneten Faltblätter *Hanmer Springs Walks* und *Hanmer Springs Mountain Bike Tracks* (je $3). ⊕ tgl. 10–17 Uhr.

TRANSPORT

Die **Busse** setzen ihre Fahrgäste in der Amuri Avenue in der Nähe des i-SITE Visitor Centre ab. Die zuverlässigsten Verbindungen bietet Hanmer Backpackers & Shuttle, ☏ 03 315 7196, ▢ hanmerbackpackers.co.nz, mit Bussen nach Christchurch (2x tgl., $25) und Kaikoura (Mo, Mi und Fr, $25). Hanmer Connection, ☏ 0800 242 663, ▢ atsnz.com, bieten ebenfalls 2x tgl. Verbindungen zwischen Hanmer und Christchurch ($33). Zur Zeit der Recherche gab es keine Busse über den Lewis Pass nach Nelson. Verbindungen nach CHRISTCHURCH 4x tgl. (2 Std.) und KAIKOURA 3x tgl. (2 Std.).

Lewis Pass

Westlich der Abzweigung nach Hanmer Springs erklimmt der SH7 langsam den 65 km entfernten, 864 m hohen **Lewis Pass**. Der im Sommer strahlend gelbe Ginster und die dornigen Matagouri, Manuka- und Kanuka-Teebäume siedelten sich dort an, wo die Farmer aufgeben mussten. Bei der Annäherung an den Pass setzt sich zunehmend eine Vegetation aus Südbuchenwald durch. Wer die Gegend zu Fuß erkunden möchte, besorgt sich am besten im i-SITE in Hanmer Springs die DOC-Broschüre *Lake Sumner/Lewis Pass Recreation*, in der knapp zwei Dutzend Tages- und Mehrtageswanderungen beschrieben sind.

Maruia Springs

SH7, 75 km nordwestlich von Hanmer Springs
▪ ⏲ tgl. 8–19.30 Uhr ▪ Gemeinschaftsbecken $19, Privatbäder $26 für 45 Min., Handtuchverleih $6 ▪
✆ 03 523 8840, 🖥 maruiasprings.co.nz
8 km westlich des Lewis Pass liegt Maruia Springs, ein weiterer friedlicher Kurort mit **heißen Quellen**. Zum Bäderkomplex gehören separate Männer- und Frauen-Badehäuser im japanischen Stil, Einzelbadehäuser und Pools unter freiem Himmel, deren Wasser je nach Mineralgehalt schwarz bis milchig-weiß aussieht.

Unterkunft bietet das Maruia Springs Resort, ✆ 03 523 8840, 🖥 maruiasprings.co.nz, mit einfachen, aber gut ausgestatteten Zimmern mit separaten oder Gemeinschaftsbalkonen mit Blick auf den Garten und die Berge. Gäste dürfen sich kostenlos und unbegrenzt in den Thermalquellen aalen. Im Restaurant des Resorts kommen japanische und europäische Mahlzeiten auf den Tisch (Frühstück $11–19, Abendessen zumeist $20–30), $180.

Porter's Pass und Craigieburn Range

Sowohl der SH73, der Great Alpine Highway genannt wird, als auch der Touristenzug Tranz-Alpine von Christchurch zum Arthur's Pass führen zunächst durch die fruchtbaren Canterbury Plains und dann am **Waimakariri River** entlang über den Porter's Pass. Anschließend geht es

---

Skigebiete an der Straße zum Arthur's Pass

Die fünf hier (von Ost nach West) aufgeführten Skigebiete sind vom SH73 leicht zu erreichen. Vier davon liegen in der Craigieburn Range, eines, Temple Basin, etwa 50 km weiter nördlich oberhalb des Arthur's Pass. Sie bieten überwiegend traditionellen, günstigen Wintersport im Stil neuseeländischer Skiclubs mit spektakulären Ausblicken, guter Schneesicherheit und relativ menschenleeren Hängen. Es gibt keine Seilbahnen oder Sessellifte, sondern nur Schlepplifte. Die meisten Skigebiete verfügen auch über Ausrüstungsverleih, einige außerdem über Übernachtungsmöglichkeiten. Die **Saison** läuft im Allgemeinen von Juli bis September, wobei oft auch der Oktober noch recht gut ist. Sämtliche **Informationen** über Schneebedingungen bietet die Website 🖥 snow.co.nz.

Skipässe und Transport

Alle Skigebiete bieten jeweils eigene Saisonpässe, viele Wintersportler besorgen sich jedoch den Chill6 Pass ($1195, beim Kauf vor Mai $770, 🖥 chillout.co.nz), der für alle genannten Skigebiete sowie für den Mount Olympus gilt. Der Chill11 Pass ($1395, beim Kauf vor Mai $855) gilt zusätzlich für Hanmer Springs, Mount Lyford, Roundhill und drei weitere Gebiete. Smylies (S. 631) in Springfield unterhält regelmäßige Shuttles nach Porters und zu drei anderen Skigebieten; Preise auf der Website.

Die Skigebiete

Porters, ✆ 03 318 4002, 🖥 skiporters.co.nz. 96 km westlich von Christchurch, vom SH73 aus über eine 6 km lange, unbefestigte Nebenstraße zu erreichen. Das größte kommerzielle Skigebiet der Region bietet die längste Piste auf der Südhalbkugel. Es ist einfach zu erreichen und hat gute Angebote für Anfänger. Von dem Platz, wo die Autofahrer ihre Schneeketten anlegen, fährt ein kostenloser Shuttle zum Hauptparkplatz (Buchung erforderlich). Es ist geplant, Porters zum größten Skigebiet der nördlichen

hinunter in die schöne Landschaft an der Craigieburn Range, und die Strecke führt an der märchenhaften Felslandschaft **Kura Tawhiti** (Castle Hill Conservation Area) und dem **Cave Stream Tunnel Walk** vorbei. Nebenstraßen winden sich hinauf zu verschiedenen Skigebieten.

Springfield

Die Strecke von Christchurch zum Arthur's Pass verläuft bis ins 70 km entfernte **Springfield** mehr oder weniger eben. Das kleine Dorf ist das Tor zu vier Skigebieten in der Umgebung (s. Kasten); in der Nähe locken außerdem Jetbootfahrten durch die enge **Waimakariri Gorge** mit ihrem klaren Wasser und ihren Wasserfällen.

ÜBERNACHTUNG UND ESSEN

Kowai Pass Reserve Campground, Domain Rd, ☏ 03 818 4887. Einfacher und ruhiger Platz mit Stellplätzen mit und ohne Anschlüsse in geschützter Lage; zur Anmeldung begibt man sich zum Verwalter auf der anderen Seite des SH73. Münzduschen vorhanden. $7

Smylies, SH73, ☏ 03 318 4740, ⌨ smylies. co.nz. Freundliches, von einem japanisch-neuseeländischen Park geführtes YHA-assoziiertes Hostel (auch mit Motelzimmern) mit kostenlosen japanischen Bädern (im Winter tgl., im Sommer auf Wunsch), einer kaminbeheizten Lounge und köstlichen japanischen oder neuseeländischen Abendmahlzeiten ($20) sowie kleinem (continental), warmem oder japanischem Frühstück ($10–15). Zusätzlich werden noch Shuttlebusse zu den Skigebieten (s. Kasten) geboten. Dorms $29, DZ $66, Motel Units $85

Station 73 Café, King St, 500 m abseits des SH73 (ausgeschildert), ☏ 03 318 4000. Einfaches, aber gepflegtes Café im Bahnhof von Springfield mit Bergblick und Eisenbahntrödel an den Wänden. Neben Kuchen gibt es auch Sandwiches, Pasteten und guten Kaffee. ◷ tgl. 8.30–15 Uhr, im Sommer länger.

Südinsel auszubauen, mit asphaltierter Zufahrtsstraße, Bergdorf und Gondellift zur Erschließung des Crystal Valley. Abfahrten: 2 für Anfänger, 3 für Fortgeschrittene, 9 für erfahrene Skifahrer. Liftpass $82
Mount Cheeseman, ☏ 03 344 3247, ⌨ mtcheeseman.co.nz. Gut ausgestattete, familienorientierte Skigebiet mit guten Einrichtungen und freundlicher Atmosphäre, 112 km von Christchurch am SH73. Es gibt eine große Auswahl an guten Pisten für Fortgeschrittene und eine Querfeldeinpiste für erfahrene Skifahrer. Abfahrten: 2 für Anfänger, 3 für Fortgeschrittene, 8 für erfahrene Skifahrer. Liftpass $69
Broken River, ☏ 03 318 8713, ⌨ brokenriver.co.nz. 120 km von Christchurch, vom SH73 über eine 6 km lange Zufahrtsstraße zu erreichen. Sehr gut ausgestattetes Skigebiet, v. a. für fortgeschrittene Skifahrer, mit gutem Pulverschnee bis spät in die Saison, Möglichkeiten für Nachtfahrten und gutem Snowboard-Revier. Abfahrten: 2 für Anfänger, 7 für Fortgeschrittene, 10 für erfahrene Skifahrer. Liftpass $65, abends $40. Der Parkplatz ist durch eine kostenlose Güterseilbahn, die auch Fahrgäste befördert, mit dem Ticketschalter verbunden. Broken River lässt sich mit dem Skigebiet Craigieburn kombinieren.
Craigieburn Valley, ☏ 03 318 8711, ⌨ craigieburn.co.nz. 120 km von Christchurch entfernt, vom SH73 über eine 6 km lange Nebenstraße zu erreichen. Das anspruchsvolle Revier verfügt über drei Schlepplifte für die zumeist steilen Pisten: 0 für Anfänger, 6 für Fortgeschrittene, 15 für erfahrene Skifahrer. Kein Ausrüstungsverleih. Liftpass $68
Temple Basin, 4 km östlich des Arthur's Pass, ☏ 03 377 7788, ⌨ templebasin.co.nz. Dieses Skigebiet ist bei Snowboardern wegen der 430 Höhenmeter überwindenden Abfahrt bekannt. Abends wird es von Flutlicht beleuchtet und es bietet unterschiedliche Abfahrten und einfache Unterkünfte. Vom Parkplatz ist es noch eine gute Stunde Fußmarsch bis hoch zum Skigebiet; für die Ausrüstung steht aber ein guter Lift zur Verfügung. Das Mountain House (S. 635) bietet Shuttlebusse ($25 einfach für 1–6 Pers.) zum Skigebiet. Pisten: 6 für Anfänger, 10 für Fortgeschrittene, 8 für erfahrene Skifahrer. Liftpass $67

ZENTRALE SÜDINSEL

Rubicon Valley Horse Treks, ☏ 0508 257 222 oder 03/318 8886, 🖥 rubiconvalley.co.nz. Bietet preisgünstige **Ausritte**, von leichten Farmtouren (1 Std., $50) bis zu einer abenteuerlichen Bergtour (4 1/2 Std., $250). Abholung in Springfield.

Waimak Alpine Jet, Rubicon Rd, ☏ 0800 263 626, 🖥 waimakalpinejet.co.nz. Bietet preisgünstige Jetboottouren auf den seichten Verästelungen des Waimakariri und durch die enge Waimakariri Gorge. Die Boote folgen der Strecke der TranzAlpine-Zugstrecke. Buchung (online) sehr ratsam. Am besten ist die Canyon Safari (1 Std., $115), aber auch die Adventure Tour (30 Min., $85) hat einiges zu bieten.

Das **Station 73 Café** (S. 631) fungiert als Informationszentrum.

Porter's Pass

Rund 10 km westlich von Springfield durchschneidet der SH73 den gut 210 km² großen **Korowai/Torlesse Tussocklands Park**, der das einzigartige, aber rapide verschwindende Tussock-Grasland der östlichen Südinsel schützt. Die Straße erreicht schließlich den **Porter's Pass**, der mit 932 m etwas höher ist als der Arthur's Pass weiter nordwestlich.

Kura Tawhiti (Castle Hill Conservation Area)

Hinter dem Porter's Pass führt die Straße hinunter in das Castle-Hill-Becken, gesäumt von der Craigieburn Range mit einigen Skigebieten. Die grasbewachsenen Hänge sind im unteren Bereich mit grauen Kalksteinfelsen gespickt, die bis zu 30 m hoch sind und sich zu einem Zentrum für das sogenannte **Bouldering**, eine Art Felsklettern ohne Seil, entwickelt haben und sogar international bekannte Kletterer anlocken. Die Felsen sind für die Maori von spiritueller

Bedeutung. Vom Parkplatz der **Castle Hill Conservation Area** winden sich mehrere Wege zwischen den Felsen und grasbewachsenen Hügeln hindurch.

Cave Stream Scenic Reserve

6 km westlich von Kura Tawhiti

Das Naturschutzgebiet **Cave Stream Scenic Reserve** wird ebenfalls von Kalksteinfelsen beherrscht. Von hier hat man Ausblicke auf die Bergketten Craigieburn Range und Torlesse Range und die seltene Gelegenheit, auf eigene Faust eine **Kalksteinhöhle** zu besichtigen. Felskunst, Hinweise auf jahreszeitlich vorhandene Lager und der Fund eines uralten, holzgerahmten Flachsrucksacks sowie anderer über 500 Jahre alter Artefakte deuten darauf hin, dass Maori sich einst in der Region aufhielten. Neben Knochen enthält die Höhle große, aber harmlose Weberknechtspinnen sowie junge Aale.

Für die **Höhlenerkundung** sollte man zu jeder Jahreszeit warme Kleidung tragen, nicht allein aufbrechen und pro Person mindestens eine Taschenlampe mit Ersatzbatterien und trockene Kleidung zum Wechseln dabeihaben. Die Höhlendurchquerung (594 m, 1 Std.) beginnt an der flussabwärts gelegenen Seite der Höhle mit der Durchquerung eines tiefen Beckens; wenn das Wasser höher als bis zur Hüfte reicht, schnell fließt, aufschäumt und verfärbt ist, sollte die Durchquerung der Höhle nicht unternommen werden. Ansonsten geht man anschließend weiter flussaufwärts. Zwei Hindernisse gilt es entlang des Wegs zu überwinden: eine 1,50 m hohe Felskante etwa auf halber Strecke und ganz am Ende einen 3 m hohen Wasserfall, der mithilfe von Eisensprossen und einer Eisenkette erklommen wird.

Craigieburn Shelter Campsite, SH73, 5 km nördlich des Cave Stream Scenic Reserve. Hübscher kleiner DOC-Platz an einem Bach (Wasser entkeimen!) mit Plumpsklos und Unterstand. $6

Flock Hill Lodge, SH73, 10 km nördlich des Cave Stream Scenic Reserve, ☏ 03 318 8196,

🖥 flockhill.co.nz. Unterkünfte auf einer Hochland-Schaffarm, praktisch gelegen für Kletterer, Skifahrer, Mountainbiker und Wanderer. 4-Bett-Dorms (Bettzeug $5 extra), separater Koch- und Essraum mit Internetzugang per Münzeinwurf (wird auch von Campern genutzt) sowie Motel Units und ein paar schöne Selbstversorger-Cottages. In dem angeschlossenen Restaurant sind Speisen wie Hühnchenburger ($18) und Wild-Guinness-Eintopf ($23) erhältlich. Camping $15, Dorms $31, Motelzimmer $140, Cottages $155

Craigieburn Forest Park

5 km westlich des Cave Stream Scenic Reserve

Bei der Zufahrtsstraße zum Skigebiet Broken River liegt der Craigieburn Shelter (S. 632), und hier beginnt auch der **Craigieburn Forest Park**. Der Park wird von alpinem Strauchwerk, Tussock-Grasland und dichtem, moosbewachsenem Südbuchenwald beherrscht, der zwischen Dezember und Februar Farbtupfer durch scharlachrote Misteln erhält. Eine Vielzahl heimischer Vogelarten kreischt durch den Wald.

Arthur's Pass National Park

Die spektakulärste der drei Routen über die Neuseeländischen Alpen verbindet Christchurch mit Greymouth und führt über den **Arthur's Pass**, zum einen als landschaftlich schöne Eisenbahnlinie, zum anderen als der nicht minder atemberaubende SH73. Den Pass umgibt der 950 km² große **Arthur's Pass National Park** mit seiner bemerkenswerten alpinen Landschaft und einigen wunderschönen einfachen sowie anspruchsvollen Wanderungen. Inmitten des Parks, am SH73, liegt in einem waldreichen u-förmigen Tal auf 737 m Höhe das winzige **Arthur's Pass Village**. Der Park liegt in der Übergangszone zwischen der feuchten Westküste und der erheblich trockeneren Ostseite der Südinsel: Während das unmittelbar westlich des Passes gelegene Otira ca. 6000 mm Niederschläge pro Jahr erhält, fällt im 15 km weiter östlich gelegenen Bealey nur 2000 mm Regen. Daher liegt Arthur's Pass Village oft unter einer Nebeldecke. Das Dorf hält einige wenige Un-

---

Wanderungen in der Craigieburn Range

Die in den lokalen Visitor Centres erhältliche DOC-Broschüre *Craigieburn Forest Park Day Walks* beschreibt elf Wanderungen im Park. Während einige recht kurz sind, können andere eine Übernachtung erfordern.

Bealey Spur (9 km hin und zurück, 4–6 Std., 500 m Anstieg). Wenn es in Arthur's Pass regnet, ist es am Bealey Spur oft trocken. Der Bealey Spur ist ein lang gezogener Kamm inmitten von Buchenwald; der Weg stellt an keiner Stelle eine all zu große Herausforderung dar, belohnt aber mit fabelhaften Ausblicken auf das Waimakariri Basin. Er endet an einer alten Schaftreiberhütte (6 Betten, kostenlos) inmitten von subalpinem Gebüsch und Tussock-Gras. Die Wanderung beginnt am Ende der Cloudesley Road in der Nähe des Bealey Hotel, 14 km südlich des Arthur's Pass Village.

Cass–Lagoon Saddle Track (33 km, 2 Tage, 1300 Höhenmeter Anstieg). Für erfahrene Wanderer bietet sich dieser schöne Rundwanderweg an, mit Übernachtung in der Hamilton Hut (20 Betten, $15) fast genau auf halber Strecke. Der Track beginnt am östlichen Ende der Straßenbrücke bei Cass und endet am SH73, 11 km weiter westlich; die Schleife kann mit einem der nicht sehr häufig verkehrenden Busse geschlossen werden. Ein praktisches DOC-Faltblatt kann auf 🖥 doc.govt.nz heruntergeladen werden.

Lyndon Saddle (6 km, 3–4 Std., 500 m Anstieg). Schöner Rundweg vom Craigieburn Shelter durch Bergbuchenwald hinauf zum tollen Aussichtspunkt Helicopter Hill (1262 m). Über Gletscherterrassen geht es weiter zur Zufahrtsstraße zum Skigebiet Broken River und dann am Cave Stream entlang zurück zum Ausgangspunkt.

---

terkünfte und ein noch sparsameres Angebot an Speiselokalen bereit: Wer einige Zeit in der Gegend bleiben möchte, sollte sich mit Proviant versorgen. Nachts ist es hier oben oft kühl, und manchmal blockiert Schnee den Pass.

Der **Arthur's Pass** selbst liegt 4 km nördlich des Dorfs und mit einer Höhe von 920 m fast 200 m höher. Die Passhöhe markiert ein Obelisk, der Arthur Dudley Dobson (s. unten) gewidmet ist. Neben schönen Ausblicken lockt hier der Dobson Nature Walk (Kasten S. 636).

Gleich nördlich des Passes fällt die Straße steil ab über den **Otira Viaduct**, eine 1999 erbaute Betonbrücke über den Fluss in der Tiefe. Die Nebenflüsse sind so wasserreich, dass einer von ihnen als eine Art Wasserfall über die Straße geleitet werden muss – am besten zu sehen von einem kleinen Aussichtspunkt.

Geschichte

Namensgeber für den Arthur's Pass war der Bauingenieur **Arthur Dudley Dobson**. Maori erzählten ihm von dieser Route, die ihnen seit langem als Verbindung von der Westküste in die Canterbury Plains diente. Dobson vermaß die Passroute 1864, und bereits zwei Jahre später wurde sie von Pferdekutschen auf dem Weg zu den Goldfeldern in Westland genutzt.

Das Dorf Arthur's Pass entstand Anfang des 20. Jhs. als Unterkunft für Tunnelgräber und Bahnarbeiter. 1923 wurde die Eisenbahnlinie fertiggestellt.

ÜBERNACHTUNG

Es gibt eine überschaubare Auswahl an Unterkünften mit gutem Preis-Leistungs-Verhältnis im Dorf – v. a. in der Hauptstraße. In der Hochsaison (Dez–März) sind sie allerdings häufig ausgebucht.

Alpine Motel, 52 Main Rd (SH73), ✆ 03 318 9233, 🖥 apam.co.nz. Alte, aber gepflegte Motel Units im Chalet-Stil mit Küche und DVD-Player. Die Familien-Units verfügen über einen Kamin. $115, Familien-Units $135

Arthur's Pass Village B&B Homestay, 72 School Terrace, ✆ 03 318 9183, 🖥 arthurs pass.org.nz. Gemütliches Cottage mit 2 schön eingerichteten Zimmern, die sich ein Bad teilen. Das Frühstück besteht überwiegend aus Bio-Zutaten mit selbst gebackenem Brot. Freundliche Eigentümer. $130

Arthur's Pass Village Motel, SH73, ✆ 03 318 9235, 🖥 apmotel.co.nz. 2 einfache, aber durchaus gemütliche, moderne Studio-Units mit Kochnische und Satelliten-TV im Herzen des Dorfs. $145

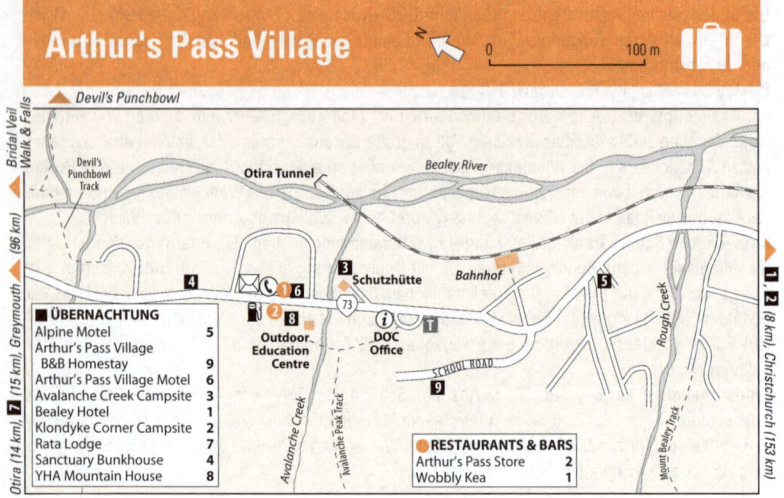

Arthur's Pass Village

0 — 100 m

▲ Devil's Punchbowl

■ **ÜBERNACHTUNG**

Alpine Motel	5
Arthur's Pass Village B&B Homestay	9
Arthur's Pass Village Motel	6
Avalanche Creek Campsite	3
Bealey Hotel	1
Klondyke Corner Campsite	7
Rata Lodge	7
Sanctuary Bunkhouse	4
YHA Mountain House	8

● **RESTAURANTS & BARS**

Arthur's Pass Store	2
Wobbly Kea	1

Otira Tunnel • Bealey River • Bahnhof • Schutzhütte • Devil's Punchbowl Track • Outdoor Education Centre • DOC Office • SCHOOL ROAD • Rough Creek • Mount Bealey Track • Avalanche Creek • Avalanche Peak Track

Bridal Veil Walk & Falls ▲
(96 km) ◄
Greymouth (15 km) 🟧 7
Otira (14 km) 🟧 7
🟧 1 2 (8 km), Christchurch (153 km) ►

© ROUGH GUIDES

Zu den bleibenden Erinnerungen an eine Reise nach Arthur's Pass und in viele andere Bergregionen der Südinsel zählt der Anblick des hellgrünen **Kea**, der spitzbübisch seinen Schnabel in irgendeine Leckerei steckt oder häufig einfach nur für die Kamera posiert. Mit seinem seltsamen Seitwärtsgang und seiner grenzenlosen Neugier erscheint der einzige Bergpapagei der Welt als liebenswerter Zeitgenosse: Wer in einer Hütte in freier Natur übernachtet, beobachtet nicht selten, wie ein Kea das Wellblechdach hinunterrutscht oder an den Dachnägeln knabbert; doch sobald er ein unbeaufsichtigtes Paar Wanderschuhe entdeckt, macht er sich ohne Umschweife darüber her.

Angesichts seiner verspielten räuberischen Art überrascht es kaum, dass man den Kea früher beschuldigte, Schafe anzugreifen, und so wurden die Vögel regelmäßig von Bauern erschossen. Heutzutage ist die größte Gefahr für den Kea menschliches Essen. Nichtsdestotrotz sind die gefiederten Kleptomanen äußerst hartnäckig. Es ist jedoch auf jeden Fall verboten, sie zu **füttern**, da sie sonst ihre Fähigkeit verlieren, im Winter, wenn die Wanderer wieder fort sind, selbst nach Futter zu suchen, und da es sie sonst zur Straße zieht, wo viele überfahren werden. Es wird geschätzt, dass es heute nur noch 1000 bis 5000 Keas gibt. Weitere Informationen auf 🖳 keaconservation.co.nz.

ZENTRALE SÜDINSEL

Bealey Hotel, SH73,12 km südlich des Arthur's Pass Village, ✆ 03 318 9277, 🖳 bealeyhotel.co.nz. Das historische Hotel auf einer Anhöhe mit tollem Blick auf den breiten Waimakariri River bietet Zimmer im Motelstil. Das Restaurant ist mit Erinnerungsstücken an die Geschichte des Hotels als Station für die Pferdekutschen von Cobb & Co vollgestopft. Auf dem Gelände erinnern lebensgroße Moa-Skulpturen an die angeblichen Sichtungen des lange ausgestorbenen Moas hier in dieser Gegend in den vergangenen Jahrzehnten. Lodge-Zimmer $80, Motel Units $150

📕 **Mountain House**, ✆ 03 318 9258, 🖳 trampers.co.nz. Zwei YHA-assoziierte Hostels in einem; das größte und vielfältigste Angebot im Dorf. Zum modernen Haupthaus kommen 2 Selbstversorger-Eisenbahner-Cottages aus den 1920er-Jahren mit 2 oder 3 Schlafzimmern. Im Sommer (gewöhnlich Dez–März) öffnen die Betreiber auch die „Historic Lodge", die stimmungsvolle Original-Jugendherberge aus den 1950er-

Abseits der kürzeren, einfachen Spazierwege um das Arthur's Pass Village herum ist der Arthur's Pass National Park erheblich unzugänglicher als die meisten anderen Parks in Neuseeland und eignet sich deshalb nur für durchschnittlich bis sehr erfahrene Wanderer.

Sicherheit, Informationen und Ausrüstung

Die meisten Routen sind nicht ausgeschildert (Kompass mitnehmen!), und es müssen Bäche durchwatet werden – man sollte also angemessen vorbereitet sein (s. Traveltipps S. 62) und sich auf 🖥 adventuresmart.org registrieren. In der kostenlosen Broschüre *Tramping in Arthur's Pass National Park* sind den wichtigsten Routen „Route Guide"-Zahlen (RG) zugewiesen. Die Routen sind jeweils auf eigenen Faltblättern beschrieben, die man sich auf 🖥 doc.govt.nz herunterladen kann. Außerdem braucht man topografische **Landkarten** im Maßstab 1:50 000, die man im DOC-Büro kaufen (je $9) oder leihen ($1 plus $20 Pfand) kann. Das DOC-Büro verkauft außerdem Gaskartuschen und bietet eine sichere Gepäckaufbewahrung ($2 pro Gegenstand und Tag).

Zugang und Übernachtung

Das Mountain House (S. 635) organisiert einen taxiähnlichen **Trampers Shuttle Service** zu den Weganfängen. Ein Sammeltransfer zur und von der Mingha–Deception Route kostet rund $100 für bis zu 6 Personen. Bei einigen Wanderungen muss man in DOC-Hütten übernachten, die nicht buchbar sind. Hüttentickets gibt's beim DOC-Büro in Arthur's Pass, oder man benutzt einen Backcountry Hut Pass.

Avalanche Peak Track (5 km hin und zurück, 6–8 Std., 1000 m Anstieg). Anstrengende Tageswanderung, die sagenhafte Ausblicke auf die umliegende Bergwelt eröffnet. Teile des Tracks sind Wind und Wetter ungeschützt ausgesetzt, daher sollte der Weg nur von gut ausgerüsteten, erfahrenen Wanderern und bei guten Witterungsbedingungen in Angriff genommen werden. Die beste Variante besteht in einem Aufstieg über den spektakulären Avalanche Peak Track, der sich zu einem Rundwanderweg erweitern lässt, indem man über den **Scotts Track** zurückkehrt.

Bridal Veil Nature Walk (2,5 km, 1 1/2 Std. hin und zurück, 50 m Anstieg). Netter Spaziergang durch Südbuchenwald und anschließend über den Bridal Veil Creek, bevor es zurück zur Straße geht.

Casey Saddle zum Binser Saddle (RG10, 40 km, 2 Tage, 400 m Anstieg). Anstrengender Rundweg mit großartigen Ausblicken; über leichte Bergrücken und gut gekennzeichnete Wege durch lichten Südbuchenwald mit Übernachtung in der Casey Hut (16 Etagenbetten, $15).

Devil's Punch Bowl (2 km, 1 Std. hin und zurück, 100 m Anstieg): Der beliebteste kurze Spaziergang in Dorfnähe ist eine Allwetter-Kletterpartie zum Fuß eines 131 m hohen Wasserfalls über zwei Fußgängerbrücken und Zickzackstufen hinauf.

Dobson Nature Walk (1 km hin und zurück, 30 Min.). Entlang dieses einfachen Spaziergangs auf der Passhöhe des Arthur's Pass werden auf Tafeln Erläuterungen zu subalpinen Kräutern, Tussock-Gräsern und Sträuchern geliefert; die schönste Zeit für diese Pflanzen ist Nov–Feb, wenn sie teilweise erblühen. Der Naturlehrpfad ist auch vom Arthur's Pass Village über einen interessanten Waldwanderweg erreichbar (4 km je Strecke).

Mingha–Deception (RG6, 25 km, 2 Tage, 400 m Anstieg, 750 m Abstieg). Tolle Wanderung mit Übernachtung, die der Route der beschwerlichen Bergetappe beim Coast to Coast Race (S. 736) folgt. Auf langen Abschnitten gibt es keinerlei Orientierungsschwierigkeiten, doch auf einigen nicht gekennzeichneten Teilstrecken sind Pfadfinderqualitäten gefragt. Eine weitere Gefahrenquelle sind die 36 Flussdurchquerungen, bei denen der Wasserstand beachtet werden muss. Wer sich besonders fit fühlt, kann einen Abstecher zum Lake Mavis (500 m Anstieg) unternehmen, einem kleinen Hochgebirgssee mit reizenden Ausblicken. Zur Übernachtung stehen entweder die Goat Pass Hut (20 Etagenbetten, $5) oder die Upper Deception Hut (6 Etagenbetten, kostenlos) zur Verfügung.

Jahren. Außerdem gibt es Zeltplätze sowie Plätze mit Wohnmobil-Anschlüssen. Camping $20, Dorm $29, Budget-DZ $70, Cottage-Zimmer $82

Rata Lodge, SH73, Otira, 15 km nördlich des Dorfs, ☎ 03 738 2822, ✉ rata.lodge@xtra.co.nz. Geräumiges, cooles Hostel am Westrand des Nationalparks. 4-Bett-Dorm, 2 DZ mit Bad und TV und ein kleiner Waldweg mit Glühwürmchen. Proviant selbst mitbringen. Dorms $28, DZ $69

Sanctuary Bunkhouse, SH73, ☎ 03 942 2230, 🖳 thesanctuary.co.nz. Schlafsaalunterkunft mit 8 Betten, annehmbarer Küchenausstattung und warmen Münzduschen sowie 24 Std. Internetzugang, zahlbar per Geldeinwurf in die Sammelbox. Fahrradverleih kann arrangiert werden. Kein Personal. Dorm $18

Camping

Avalanche Creek Campsite. Einfacher DOC-Platz gleich gegenüber dem DOC-Büro, der eigentlich nur aus einer Rasenfläche und einem Schotter-Parkplatz für Wohnmobile besteht. Trinkwasser, Toiletten und Unterstand. Camping $6

Klondyke Corner Campsite, 8 km östlich vom Dorf. Einfacher und friedlich zwischen Straße und Fluss gelegener DOC-Campingplatz mit Rasen, Plumpsklo und Flusswasser (entkeimen!). Camping $6

ESSEN UND UNTERHALTUNG

Arthur's Pass Store, SH73, ☎ 03 318 9235. Frühstück, Pasteten, Sandwiches und sehr guter Kaffee sowie Internetzugang ($2/30 Min.) und ein Getränkeladen. Lebensmittel sind nur sehr begrenzt erhältlich. ⏱ tgl. 8–17.30 Uhr, im Sommer länger.

Wobbly Kea, SH73, ☎ 03 318 9101, 🖳 wobblykea.co.nz. Bevorzugter Treffpunkt für die kleine einheimische Gemeinde. Heiße Schokolade, guter Kaffee und kreative Mittagsspeisen, dazu abends Fleisch- und Fischgerichte in großzügigen Portionen; die Pizzas für $28 sind groß genug für 2 Pers. mit bescheidenem Appetit. Gleichzeitig muntere Bar mit gelegentlicher Livemusik. ⏱ Mo–Do und So 8–20, Fr und Sa 8–21 Uhr.

SONSTIGES

Banken oder Geldautomaten gibt es nicht. Ansonsten verfügt der Ort über eine einsame **Zapfsäule** (die einzige zwischen Springfield und der Westküste).

Informationen

DOC Office, SH73, ☎ 03 318 9211, 🖳 arthurs pass.com. Eine ausgezeichnete Touristeninformation mit umfangreicher Ausstellung zu Flora und Fauna, Geologie und regionaler Geschichte. Auf Wunsch wird auch ein Video zur Geschichte der Postkutschen und der Eisenbahn gezeigt ($2). Wetterinformationen sind draußen angeschlagen. ⏱ Nov–April 8–17, Mai–Okt 8.30–16.30 Uhr.

TRANSPORT

Busse

West Coast Shuttle, ☎ 07 768 0028, 🖳 westcoastshuttle.co.nz, bietet eine schnelle Verbindung von Greymouth (8 Uhr) nach Christchurch (12 Uhr); zurück 15–19 Uhr.

Atomic Shuttles, ☎ 03 349 0697, 🖳 atomic travel.co.nz, fahren in die andere Richtung: von Christchurch (7.30 Uhr) nach Greymouth (11.15 Uhr) und Hokitika (12 Uhr), dann zurück nach Christchurch (17.15 Uhr).

Busse nach:
CHRISTCHURCH 2x tgl., 2 1/2 Std.;
GREYMOUTH 2x tgl., 1 1/2 Std.;
HOKITIKA 1x tgl., 2 1/4 Std.

Eisenbahn

Der **TranzAlpine** (Kasten S. 596) hält in Arthur's Pass. Nach CHRISTCHURCH (2 1/4 Std.) sowie nach GREYMOUTH (2 Std.) jeweils 1x tgl.

Das Canterbury-Hochland

Die Ausläufer der Neuseeländischen Alpen im Süden Canterburys bilden die Übergangszone von den flachen Canterbury Plains zum zerklüfteten und spektakulären Hochgebirge. Bekannt ist sie in erster Linie wegen des Wintersportorts **Methven**, Ausgangspunkt für die Skipisten am **Mount Hutt**. Im Sommer locken verschiedene Aktivitäten wie Fallschirmspringen und Jetbootfahren sowie einige wunderschöne **Wanderungen** am Mount Somers.

Die Hauptstrecke durch die Region ist der SH72 mit dem Beinamen „Inland Scenic Route".

Washpen Falls

590 Washpen Rd, Windwhistle, 25 km nördlich von Methven ▪ Wandern $10 ▪ ✆ 03 318 6813, 🖥 washpenfalls.co.nz

Eines der noch weithin unbekannten Juwele der Region ist die Familienfarm **Washpen Falls**. Hier bietet sich Leuten mit durchschnittlicher Fitness die Gelegenheit zu einer wunderbar vielfältigen Wanderung auf eigene Faust durch einheimischen Wald und über Farmland. Der **Wanderweg** führt zu einem Aussichtspunkt, von dem sich tolle Ausblicke über die Canterbury Plains eröffnen. Zu den Höhepunkten am Wegrand zählen eine uralte Schlucht vulkanischen Ursprungs, in der die Maori Moas fingen, schöne Abschnitte mit nachwachsendem Wald und natürlich der Wasserfall. Im Büro, einem Wellblechschuppen, gibt es Broschüren mit einer Wegbeschreibung. Der Weg ist kurz, aber teils recht steil: Man sollte dafür zwei Stunden veranschlagen und vielleicht Zutaten für ein Picknick mitnehmen.

Unterkunft bietet das Washpen Chalet an gleicher Stelle, ein wunderbar heimeliges Cottage für Selbstversorger aus den 1960er-Jahren auf der Washpen Falls Farm, mit drei Schlafzimmern und Blick auf das umliegende Farmland und die Hügel. Es ist nicht gerade schick, aber sehr stimmungsvoll, und Feuerholz gibt's gratis. Proviant selbst mitbringen; zusätzlicher Erwachsener $25. $100

Rakaia Gorge

15 km nördlich von Methven

Der türkisfarbene Rakaia River tritt aus der gleichnamigen Schlucht hervor, die vor Urzeiten von einem Lavastrom geschaffen wurde und heute an vielen Stellen von nachwachsendem Wald gesäumt wird.

Auf dem Rakaia River werden auch **Jetbootfahrten** angeboten (S. 639). Flussabwärts bildet der Rakaia dann die für die Flüsse auf der Ostseite der Südinsel so typischen Flussverwilderungen.

Hoch über dem Südufer des Flusses, 15 km nördlich am SH72, befindet sich der **Campingplatz** Rakaia Gorge mit Ausblick über die Ebene, Toiletten (ganzjährig) und warmen Duschen (Mitte Okt–April), $7,50.

Rakaia Gorge Walkway

15 km, 3–4 Std. hin und zurück

Der **Rakaia Gorge Walkway** beginnt an der Stelle, wo der SH72 den Fluss überquert. Der Wanderweg führt durch mehrere Wälder und an spektakulären geologischen Erscheinungsformen vorbei, darunter erstarrte Lavaströme aus Rhyolith, Pechstein und Andesit, zum Aussichtspunkt am oberen Ende der Schlucht. Wer nicht ganz so bewegungsfreudig ist, kann nur bis zum eingezäunten Aussichtspunkt auf einem hohen Felsvorsprung über dem Fluss gehen (1 Std. hin und zurück).

Mount Hutt

22 km nordwestlich von Methven ▪ Skipass $91, Ski-/Snowboard-Ausrüstungsverleih ab $48 ▪ ✆ 03 308 5074, 🖥 nzski.com

Das Skigebiet am **Mount Hutt** wird häufig als eines der besten Ski- und Snowboardgebiete der Südhalbkugel bezeichnet. Der Höhenunterschied beträgt stattliche 683 m, und es bietet sich eine große Vielfalt an Abfahrten: zwei für Anfänger, acht für Fortgeschrittene und 30 für erfahrene Skifahrer. Außerdem gibt es hier die längste Saison (etwa von Juni bis Oktober) sowie drei Sessellifte und zahlreiche Schneekanonen. Zwar wird am Berg Ausrüstung verliehen, es gibt jedoch keinerlei Unterkünfte, sodass sich die meisten eine Bleibe in Methven suchen und mit den häufig verkehrenden **Shuttlebussen** hin und her fahren (um $18 hin und zurück, ca. 45 Min. zum Skigebiet); Tickets gibt's im Bus selbst oder beim i-SITE, von wo die meisten Busse abfahren.

Methven

100 km westlich von Christchurch, am SH77, liegt **Methven**, die Wintersporthauptstadt von Canterbury und in der **Skisaison** von Juni bis Oktober die wichtigste Basis für Ausflüge in das Skigebiet am **Mount Hutt**. Während des restlichen Jahres kann es hier recht ruhig sein, aber im Sommer nutzen viele Besucher den Ort als Ausgangspunkt für Aktivitäten rund um die nahe gelegene **Rakaia Gorge** und die Farm **Washpen Falls** im Norden sowie den **Mount Somers** im Westen. In dem kleinen Zentrum von Methven gibt es Banken, eine Post und einen Laden für Campingausrüstung.

NZ Alpine & Agriculture Encounter

Methven Heritage Centre, 160 Main St ▪ ⊕ tgl. 10–17 Uhr ▪ Eintritt $17,50

Seine Lage am Übergang zwischen Ebene und Bergen zelebriert Methven mit diesem neuen, interaktiven **Museum**, das sich mit Wintersport und Landwirtschaft befasst. Besucher können Merino-Wolle spinnen, einen Bagger-Simula-

Aktivitäten rund um Methven

Aoraki Balloon Safaris, ✆ 0800 256 837, 🖳 nzballooning.com. Flüge mit dem Heißluftballon über die an einen Flickenteppich erinnernden Felder der Canterbury Plains und die überwältigenden Neuseeländischen Alpen, besonders schön im Winter; z. B. Sonnenaufgangstour, 4 Std., $385 inkl. Sektfrühstück.

Discovery Jet, ✆ 03 318 6943, 🖳 discoveryjet. co.nz. Bietet preisgünstige Jetbootfahrten zum oberen Ende der Rakaia Gorge an; man kann hin und zurück (30 Min., $75) oder nur einen Weg mitfahren (15 Min., $40) und dann über den Rakaia Gorge Walkway zurückgehen und dabei vielleicht noch ein Picknick einschieben.

Skydiving NZ, beim Pudding Hill Airfield, 10 km nordwestlich des Orts, ✆ 0800 697 593, 🖳 sky divingnz.com. Der sehr professionelle Anbieter bietet Tandemsprünge (aus 12 000 Fuß für $335, aus 15 000 Fuß für $440) mit tollem Bergblick und kostenloser Abholung von Methven.

tor ausprobieren und erhalten Informationen zur Lawinenkontrolle und zur Entstehung des Skigebiets Mount Hutt.

ÜBERNACHTUNG

Abisko Lodge & Camp Ground, 74 Main St, ✆ 03 302 8875, 🖳 abisko.co.nz. Eine tolle Unterkunft in der Ortsmitte mit den am zentralsten gelegenen Campingmöglichkeiten in Methven. Stellplatz $25, mit Strom $37, DZ $126, 1-Schlafzimmer-Apartment $190

Beluga, 40 Allen St, ✆ 03 302 8290, 🖳 beluga.co.nz. Luxuriöse Zimmer mit Bad in einem gepflegtem Haus, das sich seinen ursprünglichen Charme bewahrt hat, mit Whirlpool im friedlichen Garten und Selbstbedienungsbar (man bezahlt, was man konsumiert). Außerdem separate „Garden Suite" und ein hübsch renoviertes Selbstversorger-Cottage für bis zu 4 Pers. (mind. 3 Nächte im Winter, 2 im Sommer). Winterpreise ab $230. B&B $165, Garden Suite (B&B) $200, Cottage $275

Central Luxury Apartments, 6 Methven Chertsey Rd, ✆ 03 302 8829, 🖳 centralapart mentsmethven.co.nz. Neue, noble Selbstversorger-Units mit großem TV, Waschmaschine und komplett eingerichteter Küche. $165, in der Skisaison $270

The Lodge, 1 Chertsey Rd, ✆ 0800 128 829, 🖳 thelodgenz.com. Großzügig bemessene moderne Zimmer, einige davon mit Whirlpool, sowie beliebtes Bistro mit Bar (S. 641). DZ $105, in der Skisaison $135

Mount Hutt Bunkhouse, 8 Lampard St, ✆ 03 302 8894, 🖳 mthuttbunkhouse.co.nz. Komfortable Backpacker-Unterkunft mit Kaminfeuer und großem Garten, aber ohne TV. Dorms $28, Zimmer $64

Skibo House, 82 Forest Drive, ✆ 03 302 9493, 🖳 skibohouse.com. Freundliches B&B in modernem Haus. Toller Bergblick von den meisten Zimmern (ohne Bad). Whirlpool im Freien und hervorragendes Frühstück. B&B $100, Selbstversorger-Units $120

Snow Denn Lodge, McMillan St, Ecke Banks St, ✆ 03 302 8999, 🖳 methvenaccommodation. co.nz. Einladendes YHA-assoziiertes Hostel in 2 A-frame-Häusern, eins mit gemütlichen Dorms, das andere mit Privatzimmern, beide

N

0 ———————— 100 m

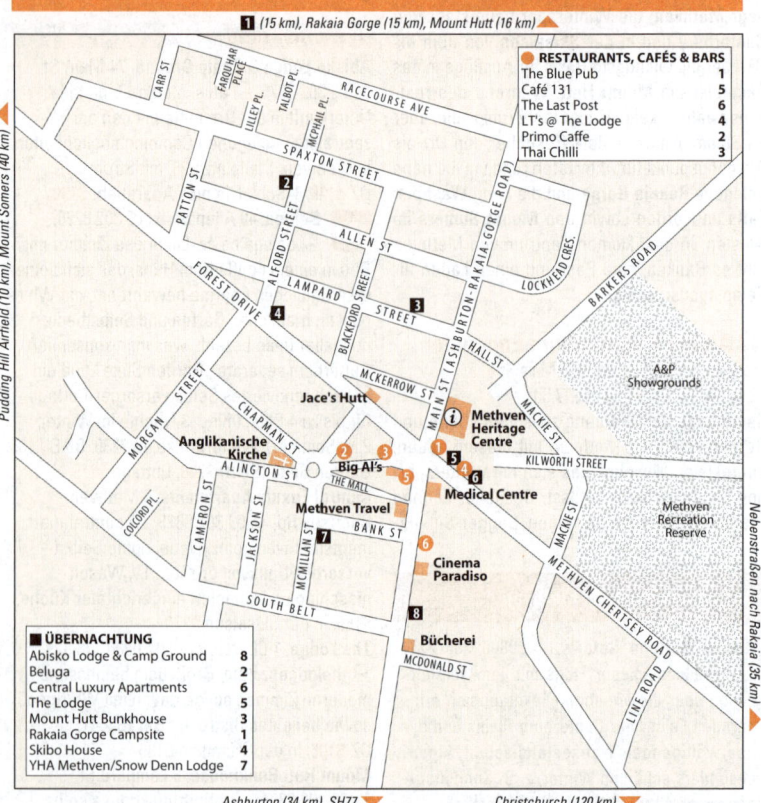

1 (15 km), Rakaia Gorge (15 km), Mount Hutt (16 km) ▲

Pudding Hill Airfield (10 km), Mount Somers (40 km) ◄

● RESTAURANTS, CAFÉS & BARS

The Blue Pub	1
Café 131	5
The Last Post	6
LT's @ The Lodge	4
Primo Caffe	2
Thai Chilli	3

CARR ST
FARQUHAR PLACE
LILLEY PL.
TALBOT PL.
MCPHAIL PL.
RACECOURSE AVE
SPAXTON STREET
PATON ST
AFFORD STREET
ALLEN ST
FOREST DRIVE
LAMPARD STREET
BLACKFORD STREET
ASHBURTON–RAKAIA GORGE ROAD
HALL ST
LOCKHEAD CRES.
BARKERS ROAD

2
3
4

A&P Showgrounds

MCKERROW ST
Jace's Hutt
MAIN ST
MACKIE ST
ℹ **Methven Heritage Centre**

MORGAN STREET
CHAPMAN ST
Anglikanische Kirche
ALINGTON ST
CAMERON ST
JACKSON ST
COLOMB PL.
2 3
Big Al's
THE MALL
5
Methven Travel
MCMILLAN ST
BANK ST
7
SOUTH BELT
1 5
6
Medical Centre
KILWORTH STREET

Methven Recreation Reserve

6
Cinema Paradiso
8
Bücherei
MCDONALD ST

MACKIE ST
METHVEN CHERTSEY ROAD
LINE ROAD

Nebenstraßen nach Rakaia (35 km) ►

■ ÜBERNACHTUNG

Abisko Lodge & Camp Ground	8
Beluga	2
Central Luxury Apartments	6
The Lodge	5
Mount Hutt Bunkhouse	3
Rakaia Gorge Campsite	1
Skibo House	4
YHA Methven/Snow Denn Lodge	7

Ashburton (34 km), SH77 ▼   *Christchurch (120 km)* ▼

mit großer Lounge und gut ausgestatteter Küche. Kostenlose Dreingaben sind ein gutes kleines Frühstück, Fahrradnutzung und Internet/WLAN. Dorms $25, DZ $70, mit Bad $80

ESSEN UND UNTERHALTUNG

Für Unterhaltung sorgt das kleine **Cinema Paradiso**, 112 Main St, ✆ 03 302 1957, 🖥 cinemaparadiso.co.nz. Das tolle Digitalkino mit 2 kleinen Sälen ist ein Schmuckstück und zeigt ein eher kunstorientiertes Filmprogramm. **The Blue Pub**, 1 Barkers Rd, ✆ 03 302 8046, 🖥 thebluepub.co.nz. Das kobaltblau gestriche-

ne Hotel von 1918 ist eine beliebte Anlaufstelle zum Après-Ski und steht auch bei den Einheimischen hoch im Kurs. In der belebten Kneipe sind am Wochenende Bands und DJs zu Gast. Das Café/Restaurant serviert herzhafte Gerichte wie Thai-Salat mit Rindfleisch ($20) und Porterhouse-Steak mit Ei und Pommes frites ($26). ⏰ tgl. 12–22 Uhr oder später. **Café 131**, 131 Main Rd, ✆ 03 302 9131. In dem luftigen Art-déco-Café mit Holzböden gibt's nicht nur den besten Kaffee im Ort, sondern auch Kuchen, Thekenspeisen und den ganzen Tag lang Frühstück sowie sättigendes, preisgünstiges Mittagessen wie etwa Sandwiches mit Schinken, Salat und Tomaten ($17). Auch Büchertausch. ⏰ tgl. 7.30–17.30 Uhr.

The Last Post, 116 Main St, ✆ 03 302 8259. Das nobelste Restaurant der Stadt in einem ehemaligen Postamt mit Kaminfeuer bietet z. B. hausgemachtes Maisbrot mit Dips, Thunfisch mit Mandelkruste und Lachstäschchen auf asiatische Art ($37). Man kann auch nur einen Cocktail schlürfen. ⏰ Mo–Sa 17–23 Uhr oder später.

LT's @ The Lodge, 1 Chertsey Rd, ✆ 03 303 2000. Bistrospeisen und tolle Gourmet-Pizzas (klein $16, groß $24), serviert in gemütlichem Raum mit Kamin. In der benachbarten Bar finden Events wie Strandpartys auf herbeigekarrtem Sand statt. ⏰ tgl. 16.30–22 Uhr oder später, außerhalb der Skisaison Mo geschl.

Primo Caffe, 38 McMillan St, ✆ 03 302 9060. Uriges Café in einem Klamotten- und Trödelladen; ganztägig Frühstück ($10–16), guter Kaffee, köstliche hausgemachter Kuchen und Gerichte wie Suppen, herzhafte Crêpes und *shepherd's pie*. Hinterm Café kann man auch draußen sitzen. ⏰ tgl. 7–17 Uhr.

Thai Chilli, Main Rd, Ecke Forest Drive, ✆ 03 303 3038. Authentische, sorgfältig zubereitete und servierte Thai-Gerichte. Kurze Karte mit *pad Thai*, grünem Curry, Rindfleisch-Satay und mehr, alles unter $18. ⏰ in der Skisaison tgl. 17–21 Uhr, ansonsten So und Mo geschl.

SONSTIGES

Informationen
i-SITE, Methven Heritage Centre, 160 Main Rd, ✆ 03 302 8955, 🖥 amazingspace.co.nz. Bietet Internetzugang ($2/20 Min.) und WLAN ($5/Std.). ⏰ Mitte Okt–Mai Mo–Fr 9–17, Sa und So 10–15, Juni–Mitte Okt tgl. 8.30–17.30 Uhr.

Wintersportausrüstungs- und Fahrradverleih
Jace's Hutt, 30 Forest Drive, ✆ 03 302 9553, 🖥 skitrader.co.nz. Verleiht und verkauft Skier und andere Skiausrüstung. ⏰ Mai–Okt tgl. 7.30–19 Uhr.

Big Al's, Forest Drive, Ecke Main St, ✆ 03 302 8003, 🖥 bigals.co.nz. Verleiht Skier und Snowboards sowie im Sommer Fahrräder (Hardtail $40/Tag, voll gefedert $59/Tag);

außerdem Informationen zu einem einfachen Rundweg um die Stadt und zum Mount Hutt Bike Park. ⏰ Nov–Mai Mo–Fr 15–17.30, Juni–Okt tgl. 7.30–19.30 Uhr.

TRANSPORT

Methven Travel bietet **Busse** ab Christchurch (im Sommer 4x wöchentl., in der Skisaison 4x tgl., 1 1/4 Std., $38 einfach); die Busse halten in der Main Street (SH77). Zahlreiche Unternehmen offerieren einen Minibus-Transport zum **Skigebiet** (S. 638).

Mount Somers und Staveley

Der 1687 m hohe Mount Somers erhebt sich jenseits der Ortschaften **Staveley**, 21 km südwestlich von Methven, und **Mount Somers**, 8 km weiter südlich, aus dem Flachland. Der komplett um den Berg herumführende **Mount Somers Track** verläuft als Hochlandwanderweg oft oberhalb der Strauchgrenze und liegt praktischerweise im Regenschatten der Berge. Wenn es in Arthur's Pass regnet und der Mount Cook in Wolken gehüllt ist, bestehen gute Aussichten, dass man hier bei schönem Wetter die Stiefel für eine Wanderung schnüren kann.

Das für Südinsel-Verhältnisse recht sanfte Gelände besteht größtenteils aus nachwachsendem Südbuchenwald und offenem Tussock-Grasland, aus dem hier und da Felsinseln hervorragen. Daneben finden sich hier große Flächen relativ unfruchtbaren Bodens, die sich nach starken Regengüssen in Sümpfe verwandeln. Infolge derartiger Bedingungen sind hier neben der Berg-Podocarpacee „Bog Pine" auch Alpentotara, Toatoa, Bergflachs und (wenngleich weniger zahlreich) die seltene Saumschnabelente zuhause. Wer keine lange Wanderung unternehmen möchte, geht nur bis zu den **Sharplin Falls** (ca. 1 Std. hin und zurück) oder unternimmt stattdessen einen Ausritt mit Staveley Horse Treks.

ÜBERNACHTUNG UND ESSEN

Staveley
Ross Cottage, Flynns Rd, ✆ 03 303 0880, 🖥 nature.net.nz. Entzückendes, 130 Jahre altes Selbstversorger-Cottage, das von

ZENTRALE SÜDINSEL

Tussock and Beech Ecotours, betrieben wird. Der Veranstalter hat außerdem verschiedene geführte Naturtrips im Angebot. $135

Staveley Village Store, 1 Burgess Rd, ✆ 03 303 0859. Der typische Dorfladen bietet guten Kaffee, einfaches Frühstück und Mittagessen, Eiscreme, Lebensmittel und wunderbare *sausage rolls* in 8 verschiedenen Varianten. ⏲ tgl. 9–17 Uhr.

Topp Lodge, 12 Burgess Rd, ✆ 03 303 0955, 🖥 topplodge.co.nz. Lynda Topp, eine Hälfte der in Neuseeland äußerst bekannten jodelnden Cowgirl-Zwillinge Topp Twins, führt dieses urige B&B mitten in Staveley. Behagliche Zimmer inkl. warmem Frühstück; Abendessen auf Wunsch ($45), und die Lodge hat eine Schanklizenz. $120

Mount Somers

Mt Somers Domain, Hoods Rd, 1 km abseits des SH72, ✆ 021 176 0677. Billiger Camping-

Auf der Suche nach Edoras

Wer sich auf die Suche nach Edoras macht, wird enttäuscht. Obwohl die Film-Crew von *Herr der Ringe: Die zwei Türme* fast ein ganzes Jahr benötigte, um die Hauptstadt von Rohan zu errichten, wurde nach den Filmaufnahmen alles wieder abgebaut. Filmfans können sich lediglich den Mount Sunday ansehen, einen 100 m hohen, von Gletschern flach geschliffenen Felshügel, umgeben von einer Flussebene 48 km westlich des Dorfes Mount Somers. Über die Hälfte der Anfahrt verläuft über Schotterpisten, aber es ist eine schöne Strecke durch ein Tal, das von grasbewachsenen, runden Hügeln gesäumt wird, die schneebedeckten Neuseeländischen Alpen im Hintergrund.

Für die Wanderung über die Felder (und durch zwei Bäche) zum Mount Sunday sollte man eine Stunde einplanen. Von oben kann man dann den Blick über die Umgebung schweifen lassen. Das Blöken der Schafe erinnert aber nur entfernt an Schlachtrufe …

Hassle-free Tours, ✆ 0800 427 753, 🖥 hassle free.co.nz, bieten unterhaltsame Tagestouren ab Christchurch hierher ($235 inkl. Mittagessen im Café).

platz neben dem Schwimmbad mit einfacher Toilette und Duschen. Camping/Stellplatz $12, mit Strom $18

Mount Somers Holiday Park, Hoods Rd, 1 km vom SH72 entfernt, ✆ 03 303 9719, 🖥 mount somers.co.nz. Gemütlicher, schattiger Platz mit Stellplätzen mit Stromanschluss, einfachen Cabins (Bettzeug kann geliehen werden) und Cabins mit Bad und Bettzeug. Camping/Stellplatz $22, Cabins $54, mit Bad $79

Mount Somers Store, 59 Pattons Rd, ✆ 03 303 9831. Der klassische Dorfladen verkauft DOC-Hüttentickets, Eiscreme, *sausage rolls* und auch ein paar Lebensmittel. ⏲ Mo–Sa 8–18, So 9–17 Uhr.

Stronechrubie, SH72, 1 km südlich von Mount Somers, ✆ 03 303 9814, 🖥 strone chrubie.co.nz. Schöne Selbstversorger-Chalets in ländlicher Umgebung und das einzige echte Restaurant der Gegend. Auf den Tisch kommen hier beispielsweise Rindfleisch aus der Region ($38) und gebackener Lachs ($33); dazu gibt es eine hervorragende Weinkarte. Günstige Pakete mit Abendessen und B&B. ⏲ Mi–Sa 18.30–22, So 12–14 Uhr, Reservierung erforderlich. $120

SONSTIGES

Aktivitäten
Staveley Horse Treks, 191 Flynns Rd, ✆ 03 303 0809, ✉ brucegray@clear.net.nz. Bietet einige der besten – und billigsten – Möglichkeiten zu **Ausritten** auf der Südinsel (ab $35/Std., mind. 2 Pers., Buchung ist erforderlich).

Informationen
Die Geschäfte in Staveley und Mount Somers halten viele Informationen über die Gegend bereit; im Internet informiert die Website 🖥 mtsomers.co.nz.

Peel Forest

35 km südlich von Mount Somers und 12 km westlich des SH72 liegt das winzige Dorf Peel Forest beim **Peel Forest Park**, einem der letzten Gebiete mit ursprünglichem einheimischen Wald

Mount Somers Track

Der subalpine Wanderweg Mount Somers Track (25 km Rundwanderweg, 2–3 Tage, 1000 Höhenmeter Anstieg) ist eine anstrengende Wanderung um den Berg herum, die an verlassenen Kohlebergwerken, vulkanischen Formationen und einem tief eingeschnittenen Canyon vorbeiführt.
Der gesamte **Rundweg** ist am besten gegen den Uhrzeigersinn von Staveley aus anzugehen. Im Westen führt eine Straße zum Picknickplatz Woolshed Creek (ab Mount Somers), im Osten zum Parkplatz Sharplins Falls (ab Staveley). Wer also nicht den gesamten Weg gehen möchte, kann eine der Hälften gehen und sich sein Fahrzeug zum Endpunkt der Wanderung bringen lassen.

Tickets und Ausrüstung

Es gibt kein Buchungssystem. Bevor man losgeht, muss man in den Läden in Staveley oder Mount Somers, in einem i-SITE Visitor Centre oder einem DOC-Büro die **Hüttentickets** für die DOC-Hütten kaufen ($15,30 pro Hütte). Kocher, Töpfe und Proviant müssen mitgenommen, das Wasser in den Hütten entkeimt werden. Unterwegs weisen in der Regel Markierungsstangen den Weg, oben auf den Hügeln kann man bei Nebel allerdings leicht die Orientierung verlieren, sodass **Karte und Kompass** ins Gepäck gehören.

Transport

Staveley Horse Treks, ☎ 03 303 0809, ✉ brucegray@clear.net.nz, bietet einen Fahrzeugüberführungsdienst für $35: Man wird am Woolshed Creek abgesetzt; anschließend wird das Auto zu einer sicheren Stelle beim Parkplatz Sharplin Falls gefahren und steht somit bereit, wenn man die Wanderung beendet. Außerdem bietet Methven Travel, ☎ 03 302 8106, einen **Shuttleservice** zum Parkplatz Woolshed Creek ($140 für 1–4 Pers.) und zum Parkplatz Sharplin Falls ($80 für 1–4 Pers.).

Die Route

Vom Parkplatz Sharplin Falls zur Pinnacles Hut (5 km, 3 3/4 Std., 470 Höhenmeter Anstieg). Der beliebteste Teil des Tracks sind die ersten zwei Kilometer zu den eher bescheidenen Sharplins Falls in einer hübschen Schlucht. Auf diesem Abschnitt gibt es zahlreiche Stufen, die aber gut zu bewältigen sind. Dann führt der Weg stetig durch Buchenwald bergauf, um an der Pinnacles Hut (19 Betten) die Baumgrenze zu erreichen. Die Hütte liegt unterhalb von Felsen, die oft von Kletterern erklommen werden.

Von der Pinnacles Hut zur Woolshed Creek Hut (6,2 km, 3 Std., 265 Höhenmeter Anstieg). Auf der nächsten Etappe geht es von der Hütte zumeist über baumloses Tussock-Grasland auf den 1170 m hohen Sattel. Unterwegs eröffnen sich freie Ausblicke auf die Berge und die Ebene. Beim Abstieg lohnt sich ein fünfminütiger Abstecher zu den Water Caves, wo sich ein Bach durch hausgroße Felsen zwängt. Danach sind es nur noch zehn Minuten zur modernen Woolshed Creek Hut (26 Betten), wo man gut auch zwei Nächte verbringen und den Tag zur Erkundung der umliegenden kleinen Täler und Canyons nutzen kann.

Von der Woolshed Creek Hut zum Parkplatz Sharplin Falls (13,5 km, 8 Std., 400 Höhenmeter Anstieg). Der Weg folgt nun der South-Face-Route um den Berg herum und präsentiert sich ganz anders als vorher. Hier fühlt man sich weniger isoliert, da man über flaches Land bis zum Meer blicken kann. Es geht durch eine Landschaft aus Hochlandsträuchern (teilweise stark den Elementen ausgesetzt) und Buchenwald. Gleich nach Verlassen der Hütte bietet sich ein kurzer Abstecher zu den Howden Falls an. Danach führt der Weg auf einen Bergrücken, dann über eine grasbewachsene Hochebene; auf halber Strecke dieser Etappe steht ein neuer Unterstand. Nach einem steilen Anstieg durch Buchenwald beginnt der lange Abstieg, zunächst über einen Bergkamm mit tollem Ausblick, dann hinunter in den Wald und zum Parkplatz Sharplin Falls.

auf der Ostseite der Südinsel. Hier locken zahlreiche Wanderwege sowie Möglichkeiten zum Reiten und für **Rafting**-Trips durch die Rangitata Gorge.

Die DOC-Broschüre *Peel Forest Park* mit halb- bis sechsstündigen Wanderungen gibt es im **Peel Forest Store**, ℘ 03 696 3567, 🖥 peelforest.co.nz. Der Laden fungiert auch als Visitor Centre, Postamt, Imbiss und Bar; freitag- und samstagabends werden hier Mahlzeiten serviert wie toskanischer Lammsalat ($23). ⏰ Mo–Do und So 9–18.30, Fr und Sa 9–21 Uhr. Außerdem ist der Laden Buchungsbüro für den hübschen bewaldeten DOC-Campingplatz Peel Forest Park, ℘ 03 696 3567, mit Stellplätzen (mit Strom $5 extra) und vier einfachen Cabins; Camping $12, Cabins $44.

Wunderbare **Ausritte** zur Erkundung des Parks bietet Peel Forest Horse Trekking, ℘ 0800 022 536, 🖥 peelforesthorsetrekking.co.nz, von einer gemächlichen Tour am Fluss entlang (1 Std, $55) bis zu einer Ganztagesexkursion auf den Mount Peel ($380 inkl. Mittagessen) und Mehrtagestouren.

Der hochprofessionelle Anbieter Rangitata Rafts, rund 14 km nördlich des Peel Forest Store, ℘ 0800 251 251, 🖥 rafts.co.nz, veranstaltet in einer steilwandigen Schlucht des Rangitata River mit die besten **Wildwasser-Raftingtrips** Neuseelands (Schwierigkeitsgrad IV–V, Okt–April tgl. 10.30 Uhr, $198). Die Touren umfassen zweieinhalb Stunden auf dem Wasser – plus (für Wagemutige) einen Sprung von einer 10 m hohen Klippe –, ein Mittagessen und ein Abendessen vom Grill. Die Abholung von Geraldine oder Christchurch (2 Std. Fahrt je Strecke) kostet nur $20 extra. Oder man übernachtet in der gut ausgestatteten hostelähnlichen Lodge: Camping $10, Herbergsbetten $25, DZ $60.

Geraldine

Das prosperierende Agrarzentrum **Geraldine**, 45 km südlich von Mount Somers und 35 km nördlich von Timaru, lohnt mit ihren Kunsthandwerksläden, Galerien und Delikatessenläden, in denen Käse, Marmelade, Wein und Schokolade verkauft werden, einen kurzen Zwischenstopp.

ZENTRALE SÜDINSEL

Giant Jersey und Bayeux Tapestry

10 Wilson St ▪ ⏰ Mo–Fr 9–17, Sa und So 10–16 Uhr ▪ Eintritt Giant Jersey per Spende; Wandteppich $2 ▪ ℘ 03 693 9820, 🖥 giantjersey.co.nz und 🖥 1066.co.nz

Hier hängt ein 5,5 kg schwerer Strickpullover, einer der größten der Welt. Interessanter ist wohl eine 42 m lange Nachbildung des Wandteppichs von Bayeux in halber Originalgröße als Mosaik aus 1,5 Mio. kleinen Stahlplättchen zu bewundern. Die letzten acht Meter sind eine eigene Interpretation der Künstler Michael und Rachael Linton vom fehlenden letzten Abschnitt des Originalteppichs.

ÜBERNACHTUNG

Geraldine Holiday Park, 39 Hislop St, ℘ 03 693 8147, 🖥 geraldineholidaypark.co.nz. Gepflegter Platz, von Bäumen geschützt, mit Fahrradverleih. Stellplätze $32, Cabins $47, Selbstversorger-Units $78, Motel Units $125
Rawhiti Backpackers, 27 Hewlings St, etwa 1 km südwestlich vom Stadtzentrum, ℘ 03 693 8252, 🖥 rawhitibackpackers.co.nz. Ruhiges Hostel in einer ehemaligen Geburtsklinik von 1924 mit makellos sauberen Zimmern und Gemeinschaftsbereichen sowie großem Garten. Dorms $32, DZ $72

ESSEN UND UNTERHALTUNG

Café Plums, 44 Talbot St, ℘ 03 693 9770. Das Café sieht zwar ganz normal aus, hier werden aber wunderbare Pralinen und Kuchen wie Linzer Torte mit Himbeeren und Honig-Nuss-Kuchen gefertigt. ⏰ Mo–Fr 8–17, Sa 9–14 Uhr.
Verdé Café Deli, 45c Talbot St, ℘ 03 693 9616. In einem geschützten Garten voller Rosen, eine Straße von der Hauptstraße entfernt. Tagsüber die beste Möglichkeit, sich mit klassischen Café-Speisen und verlockendem Brunch zu verpflegen, z. B. Paella mit Erbsen, Spargel und Halloumi oder Lachs auf Feta-Kartoffel-Küchlein (je $16). ⏰ tgl. 9–16 Uhr.
Das wunderbare **Geraldine Cinema**, 84 Talbot St, ℘ 03 693 8118, 🖥 nzcinema.co.nz, ist ein zwangloses Kino mit Sofas und Sitzkissen und wärmenden Decken im Winter. Manchmal gibt's hier auch Livemusik und sogar Opernaufführungen. ⏰ normalerweise Do–So.

i-SITE Visitor Centre, Talbot St, Ecke Cox St, ℡ 03 693 1006, ▭ southcanterbury.org.nz. ◷ Dez–März Mo–Fr 9–17, Sa und So 10–16, April–Nov Mo–Fr 9–17, Sa und So 10–15 Uhr.

Die **Busse** von Intercity/Newmans/Great Sights, Atomic und Southern Link halten vor dem i-SITE Visitor Centre, genauso wie diejenigen von Budget Shuttles, ℡ 03 615 5119, ▭ budgetshuttles.co.nz, auf ihrer Fahrt von Christchurch nach Timaru.

Busse nach:
AORAKI/MOUNT COOK 1x tgl., 2 1/2 Std.;
CHRISTCHURCH 5x tgl., 2 Std.;
QUEENSTOWN 5x tgl., 5–6 Std.;
TIMARU 1–2x tgl., 30 Min.

Mackenzie Country

Zwischen den Canterbury Plains und den schneebedeckten Gipfeln der mittleren Südinsel erstreckt sich das **Mackenzie Country**, eine v. a. von Schafen bevölkerte Graslandschaft, die im Frühjahr grün schimmert, dann im Sommer jedoch zu einem Goldbraunton vertrocknet. Im November und Dezember wird dieses Bild ergänzt durch violette, rosafarbene und weiße **Lupinen**, die zwar als Unkraut gelten, aber einen herrlichen Anblick bieten.

Licht, das von winzigen Steinpartikeln reflektiert wird, verleiht den gletschergespeisten **Seen** Lake Tekapo, Lake Pukaki und Lake Ohau, die alle in das **Waitaki-Bewässerungssystem** (Kasten S. 655) eingebunden sind, einen milchigen Blauschimmer. Die **klare Luft** der auf rund 700 m Höhe gelegenen Region ist in der südlichen Hemisphäre beispiellos; an klaren Tagen bieten sich fantastische Ausblicke auf die Neuseeländischen Alpen, besonders rund um **Tekapo**.

Beherrscht wird die Region vom höchsten Berg Neuseelands, dem **Aoraki/Mount Cook**. Das gleichnamige **Dorf** in der Nähe ist der perfekte Ausgangspunkt für Skisport in den Bergen und Gletscherskitouren.

Tekapo

Der 83 km² große **Lake Tekapo** wird von den Flüssen Godley und Cass gespeist. Den Ausfluss des Sees bildet der **Tekapo River**, der sich anschließend durchs Mackenzie Basin windet.

Der Ort **Tekapo** am Südufer des atemberaubenden Lake Tekapo erfreut sich mit seinen Cafés und Souvenirgeschäften am See und seinen neuen Wohnsiedlungen wachsender Beliebtheit. Reisende verbringen am Seeufer gerne einen sonnigen Nachmittag bei einem Picknick, genießen von einem Whirlpool den Sonnenuntergang und bestaunen den Abendhimmel.

Church of the Good Shepherd

Pioneer Drive ▪ ◷ tgl. 9–17 Uhr ▪ Eintritt per Spende

Erste Anlaufstelle der meisten Besucher ist die winzige **Church of the Good Shepherd**. Die auf einem kleinen, erhöhten Fundament mit Blick auf den See gerichtete Steinkirche wurde 1935 zum Gedenken an die Pioniere des Mackenzie Country erbaut.

Ungefähr 100 m östlich der Kirche steht das **Collie Dog Monument**, das 1968 von den Schaffarmern des Mackenzie Country als Zeichen ihres tiefen Respekts und ihrer Zuneigung für die Hunde errichtet wurde, ohne die an eine Weidewirtschaft in diesem unwirtlichen Gelände nicht zu denken wäre.

Alpine Springs

6 Lakeside Drive ▪ ◷ tgl. 10–21 Uhr ▪ Eintritt $18 ▪ ℡ 0800 235 382, ▭ alpinesprings.co.nz

Dieser Komplex im Freien umfasst ultramoderne warme Becken, die wie Seen geformt und 32–40 °C warm sind. Dazu gibt's ein Wellnesscenter mit Anwendungen wie eine 90-minütige Warmsteinmassage für $195, im Sommer außerdem eine Inliner-Bahn ($8), im Winter beispielsweise Schlittschuhlaufen ($16) und Snowtubing (Rodeln mit Reifenschlauch; ab $19).

Mount John

9 km nordwestlich von Tekapo ▪ ℡ 03 680 6960, ▭ earthandsky.co.nz

Die weitgehende Abwesenheit von künstlichem Licht liefert perfekte Bedingungen zur Betrachtung des Nachthimmels, und daher stehen auf

ZENTRALE SÜDINSEL

Der Mount John direkt nordwestlich von Tekapo bietet Gelegenheit zu zwei schönen **Wanderungen**, die zu einer Schleife kombiniert werden können (am besten wählt man die längere, nicht so steile Route bergauf), sowie zu tollen **Sternwartentouren**. Die umliegende Landschaft bildet eine grandiose Kulisse für Bootstouren, Ausritte und Rundflüge.

Wanderungen

Mt John Summit (1 km einfach, 1 Std., 300 m Anstieg). Kurzer steiler Anstieg von den Alpine Springs durch Lärchenwald voller Vögel.

Mt John Lakeshore & Summit (6 km einfach, 2 Std., 300 m Anstieg). Einfacher Spaziergang Richtung Norden am Seeufer entlang, dann langsam über einen langen Kamm mit weiten Ausblicken bergauf.

Sternwartentouren

Wer keine Lust auf eine späte Tour hat, sollte **frühzeitig buchen**. Die Teilnehmer werden zwar mit dicken roten Parkas und heißer Schokolade versorgt, trotzdem kann es auf dem Berg empfindlich kalt werden. Die meisten Touren beginnen am Buchungsbüro im Ort, von wo ein Shuttlebus hinauf zum Observatorium fährt.

Observatory Day Tour (tgl. 10–16 Uhr auf Anfrage, 30 Min., $50). Wer auf eigene Faust mit dem Auto auf den Berg fährt oder hinaufwandert, kann sich dieser Tour anschließen, die beim Astro Café beginnt. Man bekommt dabei einige Observatoriumskuppeln von innen zu sehen, und bei klarer Sicht können die Teilnehmer durch ein Solarteleskop auf die Sonne schauen.

Observatory Night Tour (tgl. nach Sonnenuntergang, ca. 20 Uhr im Winter, 22 Uhr im Sommer, 2 Std., $105). Bei der beliebtesten Tour können die Teilnehmer durch das größte Teleskop, ein 61-cm-Teleskop, schauen und mit etwas Glück das Kreuz des Südens oder die Große Magellansche Wolke bewundern. Außerdem wird gezeigt, wie man die besten Fotos vom Sternenhimmel macht (selbst mit

dem 1000 m hohen **Mount John** Teleskope im Dienst der University of Canterbury und astronomischer Institute aus der ganzen Welt. Auf den Berg führt eine schöne Wanderung (s. Kasten); für die Mühe kann man sich oben im Astro Café belohnen. Höhepunkte sind die verschiedenen Sternwarten- und Himmelsbeobachtungstouren (s. Kasten).

ÜBERNACHTUNG

The Chalet Boutique Motel, 14 Pioneer Drive, ✆ 0800 843 242, 🖥 thechalet.co.nz. 6 individuell eingerichtete Selbstversorger-Apartments mit Blick auf den See, in hübscher Lage nicht weit von der Church of the Good Shepherd. $185

Lake Tekapo Motels and Holiday Park, 2 Lakeside Drive, ✆ 03 680 6825, 🖥 laketekapo-accommodation.co.nz. Großer, gut ausgestatteter Campingplatz am See 1 km südwestlich von Tekapo. Stellplätze $15, einfache Cabins $70, Cabins mit Bad $115, Motel Units $130

Lakefront Lodge Backpackers, Lakeside Drive, ✆ 0800 840 740. Lichtdurchflutetes, modernes Hostel im Chaletstil mit Blick auf den See von der geräumigen Lounge und von einigen Zimmern. Fahrrad- ($25/halber Tag) und Kajakverleih ($25/Std.). Dorm $28, Zimmer $80

Merino Country Farmstay, SH8, 13 km östlich vom Lake Tekapo Village, ✆ 03 685 8670, 🖥 merinocountryfarmstay.co.nz. Traditionelle neuseeländische Gastfreundschaft auf einer Farm mit 5000 Merino-Schafen und romantischer Unterkunft im 1924 erbauten Farmhaus; dazu gibt es exquisites Abendessen (auf Wunsch, $50) und ein *continental breakfast* oder für $16 extra ein warmes Frühstück, alles mit Zutaten aus dem eigenen Gemüse- und Obstgarten. $150

einer einfachen Kamera). Wenn der Himmel bedeckt ist, wird einem die Arbeit der Astronomen von den Universitäten Canterbury und Nagoya erläutert.

Sunset Tour (tgl. bei Sonnenuntergang, 2 Std., $105). Wem die Night Tour zu spät endet, der kann auf dieser Tour einen tollen Sonnenuntergang genießen und anschließend durch Teleskope auf den sich verdunkelnden Himmel schauen.

Cowan's Hill Star Tour (tgl. an klaren Abenden nach Sonnenuntergang, 1 1/2 Std., $65). Eine günstige Tour, die nicht zum Mount John führt, sondern zu Teleskopen auf einem anderen Hügel abseits der – wenigen – Lichter von Tekapo. Wenn es bedeckt ist, bekommt man den gesamten Preis erstattet.

Bootstouren

Cruise Tekapo, ✆ 027 479 7675, 🖥 cruisetekapo.co.nz. Verschiedene Touren von einem 20-minütigen Kurztrip ($40) bis zu einer zweistündigen Rundfahrt mit Essen vom Grill (Lachs) auf Motuariki Island ($110).

Rundflüge

Air Safaris, ✆ 0800 806 880, 🖥 airsafaris.co.nz. Für Leute mit wenig Zeit bietet die „Grand Traverse" einen Rundflug über die Neuseeländischen Alpen zur Westküste mit Ausblicken auf die Gletscher Franz Josef, Fox, Tasman und Mueller sowie auf den Aoraki/Mount Cook (50 Min., $325).

Tekapo Helicopters, ✆ 0800 359 835, 🖥 tekapohelicopters.co.nz. Rundflüge mit Landung im Schnee: zur Ben Ohau Range (25 Min., $195), zum Mount Cook (45 Min., $330) oder über die Berge zum Franz-Josef- und Fox-Gletscher (70 Min., $550).

Reiten

Mackenzie Alpine Trekking, ✆ 0800 628 269, 🖥 maht.co.nz. Reitausflüge durch atemberaubende Landschaften. ⏲ nur Nov–April, $50/1 Std., $140/3 1/2 Std.

Peppers Bluewater Resort, ✆ 0800 275 373, 🖥 peppers.co.nz/bluewater. Schicke kleine Hotelzimmer und stilvolle größere Häuschen mit bis zu 3 Schlafzimmern, die meisten mit tollem See- und Bergblick. Außerdem gutes Restaurant und Bar. DZ $145, Deluxe-DZ $270, Häuschen $325

Tailor-made-Tekapo Backpackers, 9 Aorangi Crescent, ✆ 03 680 6700, 🖥 tailor-made-backpackers.co.nz. Freundliches Hostel in einem Haus aus den 1950er-Jahren, 5 Min. zu Fuß von der Bushaltestelle und den Geschäften. Gute Betten und gepflegter Garten mit Grillbereich, aber leider kein Ausblick. Dorm $27, DZ $66, mit Bad $76

YHA Lake Tekapo, 3 Simpson Lane, ✆ 03 680 6857, 🖥 yha.co.nz. Eine der besten YHA-Herbergen überhaupt, voller Leben und mit einem Aufenthaltsraum mit einem Panoramafenster, das vom Fußboden bis zur Decke reicht und grandiose Ausblicke auf den See ermöglicht. Camping $18, Dorms $38, DZ $96

Camping

Lake McGregor, 1 km westlich von Tekapo, dann 9 km Richtung Norden. Einfacher Platz im DOC-Stil auf offenem Gelände an einem hübschen See, mit Toilette und Wasseranschluss. Die Zufahrtsstraße ist größtenteils geschottert.

ESSEN

Astro Café, auf dem Mt John. Das Café mit atemberaubenden Ausblicken auf See und Berge bietet Kuchen, Sandwiches, Suppe ($10) und sehr guten Kaffee. ⏲ tgl. 10–17 Uhr.

Kohan, SH8, ✆ 03 680 6688, 🖥 kohann.com. Funktionales Ambiente, aber fabelhafte Ausblicke und erschwingliche erstklassige

Sashimi. Bento-Box für $24. BYO und Alkohol-lizenz. ⏰ tgl. 11.30–14 und 18–21 Uhr.

Reflections, SH8, 📞 03 680 6234, 🖥 reflections restaurant.co.nz. Umfangreiche Speisekarte, z. B. Lachs, Lammkarree und Pfefferfleisch vom Hirsch, jedoch so gut wie keine vegetarischen Gerichte. Terrasse zum See. Tipps: Hühner-brust-Sandwich ($16) und Lachs in Zitronen-Kapern-*beurre blanc* ($28). ⏰ tgl. 7–21 Uhr oder später.

Run 77, SH8, 📞 03 680 6900. Das tolle Geschäft verkauft neben Kleidung aus Merinowolle auch Feinkostprodukte (z. B. Biowein aus Neusee-land) und beherbergt das beste Tagescafé im Ort, mit tollem Kaffee und frisch gebackenen kleinen Köstlichkeiten. ⏰ tgl. 9–17 Uhr.

Geld

In Tekapo gibt es keine Bank. Der Geldautomat in der Shell-Tankstelle akzeptiert die meisten (aber nicht alle) Kreditkarten.

Informationen

i-SITE Visitor Centre, SH8, 📞 03 680 6579, 🖥 mtcooknz.com, ⏰ Dez–März tgl. 9–19, April–Nov 9–17 Uhr.

Alle zwischen Christchurch und Queenstown verkehrenden **Busse** halten im Ortszentrum: NakedBus, Southern Link und InterCity/Newmans/Great Sights vor der Lake Tekapo Tavern, Atomic vor der Shell-Tankstelle; Cook Connections holt die Fahrgäste von Unter-künften ab.

Busse nach:
AORAKI/MOUNT COOK 1–2x tgl., 1 1/2 Std.;
CHRISTCHURCH 5x tgl., 3–4 Std.;
QUEENSTOWN 5x tgl., 3–4 Std.;
TWIZEL 5x tgl., 30 Min.

Lake Pukaki

47 km südwestlich von Tekapo

Von Tekapo aus führt der SH8 zum Südufer des 30 km langen **Lake Pukaki**. Das trübe, blass-blaue Wasser dieses gletschergespeisten Sees bildet den perfekten Vordergrund für den im Norden thronenden Aoraki/Mount Cook und sei-ne schneebedeckten Nachbarn. Diesen Blick genießt man am besten von einem Parkplatz am Straßenrand.

Skifahren im Mackenzie Country

Neben dem Gletscherskifahren am Aoraki/Mount Cook bietet das Mackenzie Basin drei Skigebiete, alle in der Regel geöffnet von Ende Juni bis Ende September.

Mount Dobson, von Tekapo auf dem SH8 28 km Richtung Osten, dann 15 km auf einer Schotter-straße Richtung Norden, 📞 03 685 8039, 🖥 dobson.co.nz. Das Skigebiet ist für seinen schönen Pul-verschnee, viel Sonne und relativ leere Pisten bekannt und eignet sich für Wintersportfreunde aller Stufen (2 Abfahrten für Anfänger, 6 für Fortgeschrittene und 4 für erfahrene Skifahrer). Es gibt einen Schlepp-, einen Teller- und einen Sessellift. Am Wochenende und in den Ferienzeiten fährt ab Fairlie ein Shuttlebus – Fahrpläne sind beim Skibüro zu erfragen. Skipässe $72.

Ohau, 9 km westlich der Lake Ohau Lodge, 📞 03 438 9885, 🖥 ohau.co.nz. Das kleine Areal war-tet mit zuverlässigem Pulverschnee und nicht überlaufenen Pisten auf, darunter drei Abfahrten für Anfänger, sieben für Fortgeschrittene und fünf für erfahrene Skifahrer. Ausrüstungsverleih vor Ort. Skipass $63.

Roundhill, 32 km nördlich von Tekapo, zu erreichen über die Lilybank Rd, 📞 03 680 6977, 🖥 roundhill.co.nz. Vor allem bei Familien sehr beliebtes Skigebiet mit einem langen Schlepp-lift, zwei Übungsliften und dem weltweit längsten und steilsten Seillift; damit erreicht man einen Gesamthöhenunterschied von 783 m. Die meisten Hänge sind jedoch sanft (aber mit 4 Abfahrten für Experten). Liftpässe kosten $72, und es gibt gute Möglichkeiten zum Leihen von Ski- und Snowboardausrüstung. Auch Unterricht. Rodeln $15 pro Tag.

Peters Lookout

1 km hinter dem Aussichtspunkt zweigt der SH80 Richtung Norden zum Aoraki/Mount Cook Village ab, während der SH8 nach weiteren 6 km Twizel erreicht. Diese gute, zumeist ebene Straße führt vom SH8 durch das Tussock-Grasland am Westufer des Lake Pukaki. Unterwegs passiert man nach rund 12 km **Peters Lookout**, einen beliebten Aussichtspunkt an der Seeseite der Straße.

12 km nördlich von Twizel befindet sich am SH8 The Pines, ein riesiger, nicht ausgeschilderter **Campingplatz** mit Plumpsklos, einem Wasserhahn und fabelhaften See- und Bergblicken von den Stellplätzen am Wasser; kostenlos.

---

12 **HIGHLIGHT**

Aoraki/Mount Cook

Der höchste Gipfel des Landes, der spektakuläre, 3754 m hohe **Mount Cook**, ist immer häufiger auch unter seinem Maori-Namen **Aoraki** („Wolkenaufspießer") bekannt, und die beiden Namen werden oft zu Aoraki/Mount Cook kombiniert. Der Bergriese beherrscht den 700 km² großen **Aoraki/Mount Cook National Park**, der 1986 zum **Weltnaturerbe der Unesco** erklärt wurde. Mit seinen 22 Dreitausendern beherbergt der Nationalpark den Löwenanteil der Hochgebirgslandschaft Neuseelands. Das Gebirge besteht größtenteils aus Grauwacke, einem Sedimentgestein, das sich vor 250 bis 300 Mio. Jahren in einem ozeanischen Graben ablagerte.

Der Aoraki/Mount Cook liegt im Herzen einer einzigartigen Bergwelt, deren alpines Gestein in der Kälte leicht platzt und sich in riesigen Mengen als Schotter auf dem Boden der Täler sammelt. Die in Tussock-Gras gehüllten Ausläufer, wo Mount-Cook-Lilien, Gänseblümchen und Schnee-Enziane blühen, stehen in deutlichem Kontrast zu den unwirtlichen Eisfeldern an den oberen Hängen.

Das Gebiet erschließt sich recht gut im Rahmen von Wanderungen zu großartigen Aussichtspunkten oder zum Ende des 27 km langen

Tasman-Gletschers, der von den Eisfeldern der stark vergletscherten umliegenden Gipfel gespeist wird.

Das **Wetter** ist für seine plötzlichen Umschwünge bekannt – oft kündigt eine tief liegende Wolkendecke Regenfälle an, und die frische Bergluft reizt die Lungen.

Geschichte

Vor rund 2 Mio. Jahren schob sich die Verwerfung **Alpine Fault** langsam in die Höhe, und allmählich schuf sie so die Neuseeländischen Alpen. Heute setzt sich dieser Prozess in etwa mit der Geschwindigkeit fort, mit der die Erosion für Abtragung sorgt, sodass die Berge ihre Höhe zumindest konstant halten, wenn nicht sogar größer werden.

Der Name Mount Cook wurde dem Berg 1851 zu Ehren des großen englischen Seefahrers verliehen. Der Gipfel wurde erstmals 1894 bezwungen, doch weil der Berg den Maori heilig ist, werden Kletterer dazu angehalten, den eigentlichen Gipfel nicht zu betreten.

Aoraki/Mount Cook Village

Die einzige Siedlung im Nationalpark ist das winzige **Aoraki/Mount Cook Village**; es liegt 760 m ü. d. M. vor einer traumhaften Kulisse. Es ist hufeisenförmig von Bergen umringt, darunter ist auch der Aoraki/Mount Cook selbst. Fast alles im Dorf wird entweder vom Hotel The Hermitage (mit dem Sir Edmund Hillary Alpine Centre) oder vom DOC (u. a. ein faszinierendes Visitor Centre) betrieben.

DOC Visitor Centre

⏲ tgl. Dez–Feb 8.30–18, März–Nov 8.30–17 Uhr
▪ Eintritt frei ▪ ✆ 03 435 1186

Hier werden nicht nur Wander- und Wetterinformationen sowie Karten geboten, sondern auch ein Einblick in die fesselnde Natur- und Sozialgeschichte der Region – eine schöne Ergänzung zum Sir Edmund Hillary Alpine Centre. Für die Erkundung der auf zwei Etagen verteilten **Ausstellungen** über Klima, Gletscherdynamik, die Geschichte des Alpinismus und die Bedeutung der Region für Forschungsreisende, Wissenschaftler und Kartografen der frühen Pionierzeit sollte man sich eine Stunde Zeit nehmen.

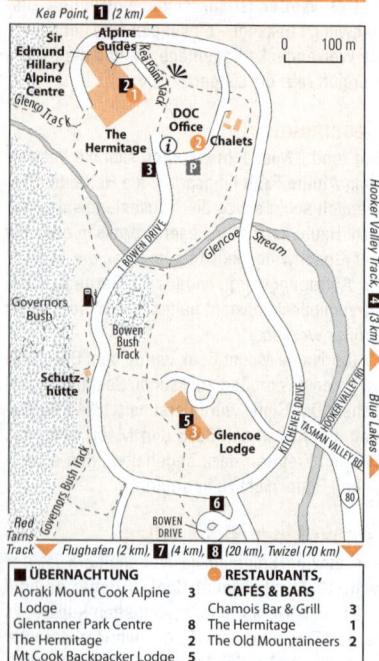

Kea Point, **1** (2 km)

Sir Edmund Hillary Alpine Centre

Alpine Guides

Kea Point Track

Glencoe Track

The Hermitage

DOC Office

Chalets

3

P

Hooker Valley Track, **4** (3 km)

BOWEN DRIVE

Glencoe Stream

Governors Bush

Bowen Bush Track

Schutz-hütte

Blue Lakes

Glencoe Lodge

5

3

KITCHENER DRIVE

TASMAN VALLEY RD

Governors Bush Track

Red Tarns Track

BOWEN DRIVE

6

80

0 — 100 m

Flughafen (2 km), **7** (4 km), **8** (20 km), Twizel (70 km)

■ ÜBERNACHTUNG		● RESTAURANTS, CAFÉS & BARS	
Aoraki Mount Cook Alpine Lodge	3	Chamois Bar & Grill	3
Glentanner Park Centre	8	The Hermitage	1
The Hermitage	2	The Old Mountaineers	2
Mt Cook Backpacker Lodge	5		
Unwin Lodge	7		
White Horse Hill Campground	1/4		
YHA Mt Cook	6		

Sir Edmund Hillary Alpine Centre

Im Hotel The Hermitage ▪ ⏰ tgl. 7.30–20.30 Uhr ▪ Eintritt frei; Filme und Planetarium $16 je Vorstellung, $27 für alle sechs ▪ ☏ 0800 686 800, 🖳 hermitage.co.nz

Die Geschichte des Hotels The Hermitage und seiner Rolle im neuseeländischen Alpinismus wird in diesem kleinen Museum erzählt, und dazu informiert es über die Erschließung der Region und die Bergsteigerkarriere des Namensgebers. Außerdem gibt es hier ein **3-D-Kino** und **Planetarium**; so klärt *Mount Cook Magic* anhand einer Mischung aus Originalfilmsequenzen und Computergrafiken über die Geologie und die kulturelle und sportliche Entwicklung

der Bergregion auf. Die Gewinne, die das Alpine Centre abwirft, fließen zum Teil an Hillarys Himalayan Trust.

Wanderungen im Aoraki/Mount Cook National Park

Die schönen **Wandermöglichkeiten** im Park reichen von leichten Tageswanderungen in direkter Umgebung des Aoraki/Mount Cook Village bis zu spektakulären Bergtouren. Die DOC-Broschüre *Walks around Aoraki/Mount Cook village* beschreibt elf ausgezeichnete Kurzwanderungen (10 Min. bis 5 Std.). Von den genannten Basiswegen zweigen jeweils noch längere Wanderwege für ehrgeizigere Kandidaten ab. Das Betreten der Gletscheroberflächen ist nur denjenigen zu empfehlen, die über ausreichende Erfahrung verfügen oder sich in Begleitung einer Person mit entsprechender Erfahrung befinden.

Hooker Valley Track

9 km hin und zurück ab dem Campingplatz White Horse Hill, 3 Std., 200 m Anstieg

Diese beliebte und ausgezeichnete Wanderroute muss man nicht unbedingt in ganzer Länge schaffen. Es reicht auch der Weg bis zum Alpine Memorial mit Blick auf die Westflanke des Aoraki/Mount Cook oder über zwei Hängebrücken beim malerischen Mueller Lake und dann bis zum Hooker Lake am Hooker-Gletscher. Wer im Dorf startet, benötigt etwa 1 Std. länger.

Governors Bush Walk

2 km hin und zurück vom Dorf, 1 Std.

Die leichteste Wanderung in der Umgebung führt durch einen kleinen Silberbuchenwald mit einer vielfältigen Vogelwelt. Langsam gelangt man hinauf zu einem Aussichtspunkt mit Blick zurück Richtung Aoraki/Mount Cook. Bei schlechtem Wetter ist man relativ geschützt.

Blue Lakes and Tasman Glacier View

1 km hin und zurück, 40 Min., 100 m Anstieg

Die einfache Wanderung bietet gute Ausblicke auf die unteren Ausläufer des Tasman Glacier, der bis zu 600 m dick und bis zu 3 km breit ist und sich mit einer Geschwindigkeit von 20 cm pro Tag fortbewegt.

Aoraki/Mount Cook

Ball Shelter (3 km)

Tasman Glacier

Hooker Glacier

Hooker Lake

Mt Wakefield

Mueller Glacier

Stocking Stream

Wakefield Falls

Kea Point

Mueller Lake

Blue Stream

Blue Lakes

Tasman Lake

Murchison River

Old Ball Hut Road

Sealy Tarns

White Horse Hill campsite

Mueller Hut

Kea Point Track

HOOKER VALLEY ROAD

Wakefield Track

Hooker River

TASMAN VALLEY ROAD

Tasman River

S. KARTE AORAKI/ MOUNT COOK VILLAGE

Aoraki/ Mount Cook Village

Red Tarns

Red Tarns Track Av

80

Mt Sebastopol

Unwin Lodge (NZAC)

Mount Cook Airport

Glentanner Park Centre (17 km), Twizel (70 km)

ZENTRALE SÜDINSEL

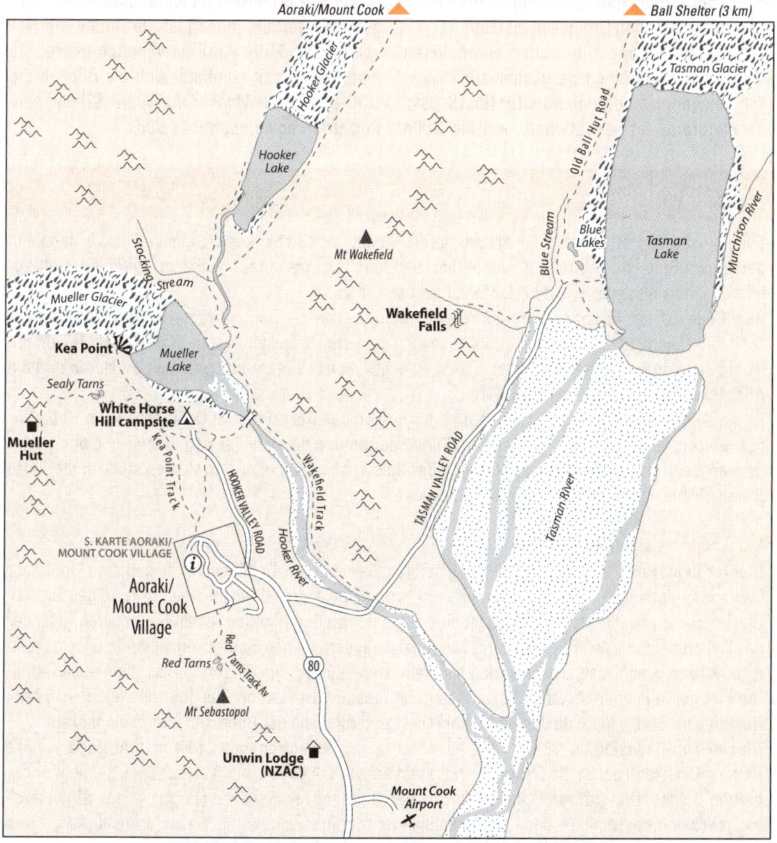

Die Wanderung beginnt am **Blue Lakes Shelter**, 8 km Fahrt über die Tasman Valley Road; man braucht ein eigenes Fahrzeug.

Kea Point Walk
7 km hin und zurück vom Dorf, 2 Std., kaum Anstiege
Die wenig anstrengende, aber lohnende Wanderung führt über sanft gewelltes Grasland zu einem Aussichtspunkt auf der Moränenwand des Mueller Glacier. Von hier fällt der Blick auf den Mueller Lake, in das Tal Richtung Hooker Glacier und auf die Hängegletscher und Eisabbrüche am Mount Sefton.

Mueller Hut Route
10 km hin und zurück vom Dorf, 6–8 Std., 1000 m Anstieg
Der anspruchsvolle Weg zweigt unmittelbar vor Erreichen des Gletschers vom Kea Point Track ab und führt als von Steinhaufen gekennzeichne-

ter Sealy Tarn Track steil bergauf Richtung Westen. Nachdem man die kleinen Bergseen erreicht hat, wird der Weg zur Hütte alle 200 m von (weniger romantischen, aber deutlicher zu erkennenden) orangefarbenen Dreiecken markiert.

Die letzte Etappe führt über einen losen Schotterhang und einen Bergkamm zur 1800 m hoch gelegenen modernen **Mueller Hut** (S. 654). Das Panorama ist sensationell, und die Stille wird nur durch das Plätschern des Wassers und das heisere Gekreische der Keas durchbrochen. In der kälteren Jahreszeit sind Steigeisen, Eispickel und Erfahrung im winterlichen Bergsteigen erforderlich, jedoch ist die Route von November bis Mitte April gewöhnlich eisfrei. Zu jeder Jahreszeit empfiehlt sich ein Blick in die DOC-Broschüre *Mueller Hut Route* ($2) und eine Registrierung im *Intentions Book*.

Touren und Aktivitäten am Aoraki/Mount Cook

Solange das Wetter mitspielt, kommt am Aoraki/Mount Cook sicher keine Langeweile auf. Man kann über einen Gletschersee fahren, wunderbar wandern, in traumhafter Landschaft reiten oder Allradfahrten unternehmen sowie den Nachthimmel betrachten.

Rundflüge sollten ein paar Tage im Voraus gebucht werden. Da sie wegen starken Winds oder schlechter Sicht ausfallen können, zahlt sich eine gewisse Flexibilität aus. Hauptsaison für Rundflüge ist die Zeit von November bis März; jedoch ist die Sicht im Winter (Juni und Juli) oft klarer, und die Ausblicke sind dann noch spektakulärer.

Es gibt keine erschlossenen Skigebiete in der Region des Aoraki/Mount Cook, man kann sich aber per Hubschrauber zu geführten **Ski- und Snowboardtouren** auf dem Tasman Glacier und den umliegenden Bergen absetzen lassen. Während der Saison (Juli–Sep oder Okt) warten steile, unberührte Pisten auf erfahrene Skifahrer und Snowboarder.

Boots- und Kajaktouren

Glacier Explorers, ☎ 0800 686 800, 🖥 glacierexplorers.co.nz. Unheimliche einstündige Bootstour (Mitte Aug–Ende Mai, 3–7x tgl., $140) auf dem Tasman Lake, dem Gletschersee am Fuße des Tasman Glacier. Die graue Färbung des Sees ist eine Folge der großen Mengen feinen Gletscherabriebs, der das Licht reflektiert. Während der Fahrt können die abgebrochenen Eisbrocken unter die Lupe genommen werden, wobei sich zwischen den schönen, wabenförmig durchlöcherten Eiszellen auch Geröllreste zeigen, die vom Eis aufgenommen und mittransportiert wurden. Die Tour besteht aus 15 Min. Anfahrt vom Dorf, einer halbstündigen Moränenwanderung und der Bootstour. Warm einpacken!

Glacier Sea-Kayaking, ☎ 03 435 1890, 🖥 mtcook.com. Die aufregenden Touren in Ausleger-Kajaks (Anfang Okt–April) durch die Eisberge sind faszinierende Erlebnisse, nicht zuletzt dank der sehr engagierten Guides. Die größten Eisberge finden sich auf dem Tasman Lake (2x tgl., 4 Std., $145); dorthin geht's erst per Minibus, dann per halbstündiger Moränenwanderung. Bessere Ausblicke auf den Aoraki/Mount Cook hat man jedoch auf dem Mueller Lake (2–3x tgl., 3 Std., $130).

Geführte Wanderungen und Bergsteigen

Alpine Guides, im Hermitage, ☎ 03 435 1834, 🖥 alpineguides.co.nz. Bietet die Begleitung erfahrener Bergführer an und verleiht Ausrüstung wie Steigeisen und Eispickel ($10/Gegenstand/Tag). Außerdem werden regelmäßig Kurse im Bergsteigen (6 Tage, $2025), Skitouren (im Winter) sowie auf Kundenwünsche zugeschnittene Bergführungen über Schnee und Felsen angeboten. 🕐 tgl. 8–17 Uhr.

Alpine Recreation, ☎ 0800 006 096, 🖥 alpinerecreation.com. Professionell geführte Trekkingtouren wie den Ball Pass Trek ($1080), eine dreitägige Bergwanderung nahe am Aoraki/Mount Cook mit Überquerung des 2130 m hohen **Ball Pass** und Übernachtung in der gemütlichen privaten Caroline Hut.

Southern Alps Guiding, ☎ 03 435 1890, 🖥 mtcook.com. Organisiert ganztägige **Helitrekking-Touren** ($700 p. P., mind. 2 Pers.) mit erfahrenen Bergführern in noch größerer Höhe.

ZENTRALE SÜDINSEL

Red Tarns Track

4 km hin und zurück vom Dorf, 2 Std.,
300 m Anstieg

Die ausgezeichnete, recht einfache Wanderung beinhaltet einen kurzen, steilen Abschnitt, entschädigt aber mit einigen hübschen Wasserbecken, die durch eine Pflanze rot gefärbt sind, und einem ungestörten Panoramablick auf den Aoraki, das Dorf und das Tasman Valley.

Rundflüge

Helicopter Line, Glentanner Park, 20 km südlich des Mount Cook Village, ☎ 0800 650 651, 🖥 heli copter.co.nz. Drei landschaftlich schöne Hubschrauberrundflüge an Talwänden und Gipfeln entlang, mit Ansichten des Gletscherbruchs Hochstetter Icefall und Landungen im Schnee. Zur Auswahl stehen Alpine Vista (20 Min., $215), Alpine Explorer (30 Min., $295) und Mountain High (45 Min., $399) mit Schleife um den Aoraki und Ausblicken zur Westküste.

Mount Cook Ski Planes, ☎ 0800 800 702, 🖥 mtcookskiplanes.com. Der Veranstalter bietet seit 1955 unvergessliche Rundflüge vom Mount Cook Airfield und hat erheblich zur Entwicklung der Schneelandetechnik beigetragen. Die Preise für Rundflüge mit einem Flugzeug und einem Hubschrauber sind gleich, von $275 für 25 Min. bis zum Grand Circle (55 Min., $530) mit Schleife um den Aoraki, kurzer Überquerung der Main Divide, Flug durch enge Täler und Landung auf dem stillen Tasman Glacier zu einem Spaziergang auf dem jungfräulichen Schnee.

Allradfahrten

Tasman Valley 4WD & Argo Tours, ☎ 0800 686 600, 🖥 mountcooktours.co.nz. Das Hotel The Hermitage bietet Allradtouren auf der Tasman-Moräne zu ansonsten unzugänglichen Aussichtspunkten (ganzjährig, 2–5x tgl., 1 1/2 Std., $75) – eine gute Alternative bei schlechtem Wetter.

Skifahren

Alpine Guides, ☎ 03 435 1834, 🖥 alpineguides.co.nz. Bietet mehrtägige Skitouren und kombinierte Ski- und Klettertouren sowie, als einziger Anbieter, Heliskiing im Nationalpark (Juli–Sep, 5 Abfahrten für $950, plus Ausrüstung).

Southern Alps Guiding, ☎ 03 435 1890, 🖥 mtcook.com. Bietet geführte Ganztagstouren mit Mittagessen und zwei sehr langen Abfahrten (8–10 km, $830) oder mit einer Abfahrt am Tasman-Gletscher und einer am weniger besuchten Murchison-Gletscher ($925). Außerdem kann man per Hubschrauber die Ben Ohau Range zum Skifahren ansteuern (4 Abfahrten, $825).

Reiten

Glentanner Park Centre, SH80, 20 km südlich des Dorfs, ☎ 03 435 1855, 🖥 glentanner.co.nz. Ein- ($70) und zweistündige ($90) Ausritte über einfaches bis mittelschweres Terrain. Die Ausritte werden nur von Nov–April angeboten.

Himmelsbeobachtung

Big Sky, The Hermitage, ☎ 0800 686 800, 🖥 hillarycentre.co.nz. Nach einer Einführung im Planetarium folgt draußen eine Betrachtung des südlichen Sternenhimmels. Ganzjährig nach Einbruch der Dunkelheit (2 Std., $50).

ZENTRALE SÜDINSEL

voll ausgestattete Küche, Terrasse mit Grill und kostenpflichtiger Internetzugang. DZ $159, Familienzimmer $220

Glentanner Park Centre, 20 km südlich am SH8, ☎ 03 435 1855, 🖥 glentanner.co.nz. Gut ausgestatteter Komplex mit geschützten Stellplätzen, Gemeinschaftsunterkünften (Bettzeug mitbringen oder leihen) und Cabins mit Blick auf die Berge und das Tasman Valley. Geschützter Grillbereich mit Panoramablick. Zum Komplex gehört auch ein Café. Stellplätze $17, Dorms $28, einfache Cabins $95, Selbstversorger-Cabins mit Bad $155

The Hermitage, ☎ 0800 686 800, 🖥 hermitage. co.nz. 1868 gegründetes Hotel; nach mehrfachem Neubau heute ein moderner Gebäudekomplex, mit einem beeindruckenden Foyer. Die Zimmer im Hauptgebäude haben alle einen Balkon mit schönem Ausblick; dazu kommen Chalets und Motel Units in der Nähe. DZ $210, Motel Units und Chalets $270, DZ mit Mount-Cook-Blick $330, Suite $470

Mt Cook Backpacker Lodge, ☎ 0800 100 512, 🖥 mountcookbackpackers.co.nz. Schickes Hotel in einem ehemaligen Personalquartier mit Gästeküche und der Chamois Bar. 4-Bett-Dorms, DZ mit Bad und Units mit eigener Küche. Dorms $35, DZ $125, Suiten $170

Unwin Lodge, unweit der Abzweigung zum Flughafen 4 km außerhalb des Dorfes, ☎ 03 435 1100, 🖥 alpineclub.org.nz/hut/ unwin. Hütte des Alpine Club, auch für Nicht-Mitglieder offen. Einfache Unterkunft im Herbergsstil mit riesigem Gemeinschafts-

bereich mit Küche. Waschmaschine und Internetzugang. Nicht-Mitglieder $30

🏠 **YHA Mt Cook**, 1 Bowen Drive, ☎ 03 435 1820, ✉ yhamtck@yha.co.nz. Ausgezeichnetes Hostel mit 76 Betten in einem gemütlichen Holzhaus mit modernen und gepflegten Einrichtungen. Abends Saunanutzung zum Nulltarif und gut sortierter Laden. Leihräder $30 für einen halben Tag. Dorms $36, DZ $118

Camping und Hütten

Mueller Hut. Nur Wanderer auf der Mueller Hut Route (S. 651) nächtigen in dieser Hütte mit 28 Betten, die nicht reserviert werden können. Im Visitor Centre registrieren und die Übernachtungsgebühren bezahlen – die Plätze werden nach der Reihenfolge des Eintreffens vergeben. Hütte $36, Camping $15

White Horse Hill Campground, Hooker Valley Rd, 2 km nördlich des Dorfs. Friedlicher, und zwangloser Campingplatz mit steinigem Untergrund, im Sommer ist das Wasser entkeimt. Der Platz ist über eine Straße zugänglich oder in 20 Min. zu Fuß über den Kea Point Track. $6

ESSEN

Lebensmittel sind hier nicht billig, und die Auswahl ist sehr begrenzt. Man ist daher am besten beraten, alles Notwendige aus Twizel oder von anderswo mitzubringen.

Chamois Bar & Grill, Mt Cook Backpacker Lodge. Kneipe mit recht gewöhnlichen Mahl-

---

Sir Edmund Hillary

Sir Edmund Hillary ist seit langem der berühmteste und meistbewunderte Neuseeländer, was sich durch seinen Tod im Alter von 88 Jahren im Jahr 2008 wohl noch verstärkt hat. Es ist zweifelsohne eine bedeutende Leistung, 1953 zusammen mit Tenzing Norgay als erster Bergsteiger überhaupt den Mount Everest bezwungen zu haben. Aber vor allem steht Hillary für bestimmte Eigenschaften, die von den Kiwis besonders geschätzt werden: Fleiß, Unverblümtheit, Ehrlichkeit und v. a. Bescheidenheit. Wie sagte er doch bei seiner Rückkehr von der erfolgreichen Gipfelbesteigung: „Siehst du, George [Mallory], wir haben es dem Scheißkerl gezeigt". So schafft man es in Neuseeland auf den 5-Dollar-Schein!
Hillary wuchs unweit von Auckland auf, kletterte aber in seinen frühen Bergsteigerjahren häufig in der Umgebung von Aoraki/Mount Cook Village, weshalb vor dem Sir Edmund Hillary Alpine Centre eine **Bronzestatue** des jugendlichen Alpinisten steht.

zeiten wie Fish 'n' Chips, Pasta und Pizza, alles um $18. ⏱ tgl. 11–23 Uhr.

The Hermitage, 📞 0800 686 800, 🖥 hermitage.co.nz. Das Hotel verfügt über mehrere Cafés, Restaurants und Bars: Das Sir Edmund Hillary Café & Bar serviert auf einer Terrasse mit Mount-Cook-Blick leichte Gerichte, das Alpine Restaurant bietet Frühstück (*continental* $19, warm $27), Mittag- ($39) und Abendessen ($57) im Buffet-Stil, und der noble Panorama Room, der in erster Linie für Hotelgäste gedacht ist, beeindruckt mit feiner Küche und fantastischen Panoramen (Hauptgerichte ca. $40). Die Snowline Lounge schließlich wartet mit tiefen Ledersofas und zauberhaften Ausblicken auf. ⏱ Sir Edmund Hillary Café & Bar tgl. 10–16.30 Uhr, Alpine Restaurant 6.30–10, 12–14 und 18–21.30 Uhr, Panorama Room 18–22 Uhr, Snowline Lounge 15–23 Uhr oder später.

The Old Mountaineers, 📞 03 435 1890, 🖥 mtcook.com. Ein wenig teuer, aber zweifelsohne das beste Lokal im Ort, mit Kaminfeuer, echter Berghütten-Atmosphäre, bequemen Stühlen, Internet-Lounge, tollen kleinen Speisen wie herzhaften Gemüse-burgern ($21) und köstlichen Suppen ($13) sowie ausgezeichnetem Kaffee, Bier und Wein. ⏱ tgl. 10–21.30, im Winter tgl. 11–20 Uhr.

SONSTIGES

Geld
Es gibt weder Bank noch Geldautomat.

Informationen
DOC Office and Visitor Centre, 1 Larch Grove Rd, 📞 03 435 1186, ✉ mtcookvc@doc.govt.nz. Alle möglichen Informationen zu Wanderungen, Hütten und dem Dorf. ⏱ tgl. Dez–März 8.30–18, April–Nov 8.30–17 Uhr.

Internet
Internetzugang bieten die meisten Unterkünfte und das The Old Mountaineers.

TRANSPORT

Auto
Am besten kauft man genug Benzin, bevor man hierher kommt, denn für die Selbstbedienungs-

Das Waitaki-Wasserkraftprojekt

Das Waitaki-Wasserkraftprojekt deckt mit zwölf Kraftwerken am Waitaki River und dessen Quellflüssen um die Seen Tekapo, Pukaki und Ohau ein Fünftel des Strombedarfs des Landes. Die Verwirklichung des Projekts begann 1935 mit dem Bau des Waitaki-Wasserkraftwerks und dauerte bis 1985, als durch die Einweihung des Kraftwerks Ohau C eines der größten Bauprojekte in der Geschichte Neuseelands abgeschlossen wurde.
In der gesamten Region wird Wasser durch ein Kanalnetz zu einer langen Reihe von Stauseen geleitet und dort mit eindrucksvollen Dämmen aufgestaut; am imposantesten ist der 100 m hohe, aus Erde gebaute **Benmore Dam**, 32 km von Omarama im Waitaki Valley nicht weit vom SH83, der Straße zur Ostküste. Die Dammkrone ist zu Fuß oder mit dem Auto zu erreichen. Man kann auch einen kurzen Rundweg gehen, von dem sich Ausblicke auf den Aoraki/Mount Cook in der Ferne eröffnen.

Tankstelle 200 m südöstlich des Zentrums wird eine neuseeländische Kredit- oder Debitkarte oder Bargeld benötigt. Im Notfall kann man sich aber an die Rezeption des Hermitage wenden und bekommt dann gegen $5 Extragebühr Benzin.

Busse
Great Sights bietet eine tägliche Verbindung von Christchurch zum Aoraki/Mount Cook Village, während Cook Connection, 📞 0800 266 526, 🖥 cookconnect.co.nz, Aoraki/Mount Cook mit Twizel und Tekapo verbindet (nur Mitte Sep–Mai).
Alle Busse halten am Parkplatz unweit von The Hermitage und auf Wunsch unterwegs auch am Glentanner Park Centre, an der Unwin Lodge und am YHA-Hostel.

Busse nach:
CHRISTCHURCH 1x tgl., 5 1/2 Std.;
LAKE TEKAPO 1–3x tgl., 1 1/2 Std.;
QUEENSTOWN 1x tgl., 4 Std.;
TWIZEL 1–3x tgl., 1 Std.

Twizel

70 km südlich von Aoraki/Mount Cook und 9 km südlich der Kreuzung von SH8 und SH80 erreicht man den Ort **Twizel**. Er entstand 1966 als Unterkunft für die Bauarbeiter des Waitaki-Wasserkraftprojekts (Kasten S. 655) und sollte eigentlich nach Fertigstellung des Projekts 1985 dem Erdboden gleichgemacht werden, doch genügend Bewohner wollten bleiben, weshalb die Siedlung erhalten blieb. Inzwischen hat sich Twizel als Basis für Abstecher in den 45 Minuten Autofahrt entfernten Mount Cook National Park, zum malerischen Lake Ohau und zum Segelflugzentrum Omarama etabliert, und im Sommer ist hier recht viel los.

Kaki/Black Stilt Visitor Hide

3 km südlich von Twizel am SH8 ▪ einstündige Führung Ende Okt–Mitte April tgl. 9.30 und 16.30 Uhr ▪ $15 ▪ ☎ 03 435 3124

Die Hauptattraktion von Twizel ist das vom DOC zum Schutz des bedrohten Schwarzen Stelzenläufers (Kaki) geschaffene **Kaki/Black Stilt Visitor Hide**. Dort versuchen die engagierten Mitarbeiter, den seltensten Stelzvogel der Welt vor dem Aussterben zu retten. In den 1970er-Jahren existierten nur noch 23 Vögel. Heute gibt es wieder mehr als 80 in der Wildnis brütende Tiere. Der Zutritt erfolgt ausschließlich im Rahmen einer Führung, Reservierung in der Touristeninformation in Twizel erforderlich.

ÜBERNACHTUNG

Twizel wartet mit einem guten Angebot an Unterkünften auf, aber aufgrund der Nähe zum Aoraki/Mount Cook ist von Weihnachten bis mindestens Ende Februar eine Reservierung sehr zu empfehlen.

Aoraki Lodge, 32 Mackenzie Drive, ☎ 03 435 0300, 🖥 aorakilodge.co.nz. Geschmackvolles und einladendes B&B in der Ortsmitte mit 4 Zimmern mit Bad, alle mit separatem Zugang, und hübschem Garten. $210

High Country Lodge & Backpackers, 23 Mackenzie Drive, ☎ 03 435 0671, 🖥 highcountrylodge.co.nz. Ein Dorf im Dorf: riesige ehemalige Siedlung der Kraftwerksarbeiter mit bis zu 280 Schlafplätzen in kasernenartigen Holzgebäuden und neueren Motel Units, im Sommer stets voll. Dorms $32, Zimmer $78, mit Bad $88, Motel Units $125

Mountain Chalet Motels, Wairepo Rd, ☎ 0800 629 999, 🖥 mountainchalets.co.nz. Von Licht durchflutete, separat stehende A-frame-Chalets mit tollem Preis-Leistungs-Verhältnis. In der benachbarten Lodge stehen einfache, aber bequeme Backpacker-Betten in Dorms zur Verfügung. Dorms $28, mit eigenem Bettzeug $25, Chalets $110

Omahau Downs, SH8, 2 km nördlich des Orts, ☎ 03 435 0199, 🖥 omahau.co.nz. Hübsche Unterkunft mit 4 modernen B&B-Zimmern mit tollem Blick auf den Aoraki/Mount Cook sowie 3 Selbstversorger-Cottages in ländlicher Umgebung. Holzbeheiztes Bad im Freien ($20). ◷ Juni–Aug geschl. B&B $165, Cottage $125

Twizel Holiday Park, 122 Mackenzie Drive, ☎ 03 435 0507, 🖥 twizelholidaypark.co.nz. Großer Campingplatz mit Zeltplätzen und Stellplätzen mit Strom, dazu einige Motel Units und Zimmer mit Bad, für die eine separate Gästeküche existiert. Stellplatz $36, Dorm $30, Zimmer $90

ESSEN UND UNTERHALTUNG

Hunters Café Bar, 2 Market Place, ☎ 03 435 0303. Belebtes Familienlokal mit großzügigen Mittagsgerichten (unter $20) und Abendessen wie Fischfilet im Bierteigmantel und Lachs aus heimischer Produktion (unter $30). ◷ tgl. 11–21.30 Uhr oder später.

Poppies, 1 Benmore Place, ☎ 03 435 0848, 🖥 poppiescafe.com. Elegantes, weinrotes Lokal mit Böden aus poliertem Beton und Regalen voller Feinkostartikel; tolle Café-Speisen sowie ausgezeichnetes Mittagessen wie Schinken-Spargel-Kuchen ($16) aus zumeist biologisch erzeugten Zutaten aus dem eigenen Garten des Betreibers. Abends kommt vielleicht Lachs aus der Umgebung auf einem Zitronen-Kräuter-Risotto ($32) auf den Tisch. ◷ Dez–März tgl. 8–22, April–Nov 10–21 Uhr.

Shawty's, 4 Market Place, ☎ 03 435 3155, 🖥 shawtys.co.nz. Restaurant und Loungebar mit gutem Kaffee, köstlichem Frühstück und großzügigem Mittagessen; abends kommen u. a. Ribeye-Steak auf Püree mit gegrillten Waldpilzen ($30) sowie Pizzas mit Chorizo ($17) oder Chili-Bohnen und Jalapeño ($26) aus der Küche. Lockeres Ambiente. ⏲ tgl. 8.30–22 Uhr, im Winter kürzer.

AKTIVITÄTEN

Twizel Adventures, ☎ 03 435 0760, ⌨ twizel adventures.com, verleiht Jetskis ($120/4 Std.), Kajaks ($25/4 Std.) und Mountainbikes ($25/4 Std.).

The Helicopters Line, ☎ 0800 650 652, ⌨ helicopter.co.nz, bietet Flüge zum Mount Cook ($230–535). Diese sind zwar teurer als vom Aoraki/Mount Cook Village, aber dafür ist man länger in der Luft.

Lord of the Rings Tour Discovery Tours, ☎ 0800 213 868, ⌨ discoverytours.co.nz. Mit diesem Veranstalter kommt man aus dem eher wenig ansehnlichen Twizel hinaus in das wunderschöne umliegende Flachland, wo die Schlachtenszenen auf den Pelennor-Feldern gefilmt wurden (tgl. 9 und 13.30 Uhr, 2 Std., $79).

SONSTIGES

Post und **Bank** mit Geldautomat im Market Place Shopping Centre.

Informationen

Information Centre, 61 Mackenzie Drive, ☎ 03 435 3124, ⌨ twizel.info. ⏲ Nov–März tgl. 9–17, April–Okt Di–Sa 10–16 Uhr.

TRANSPORT

Die **Busse** von Atomic, NakedBus, InterCity/Newmans/Great Sights und Southern Link halten auf ihrer Fahrt zwischen Queenstown und Christchurch am Parkplatz beim Market Place. Cook Connection bietet Busse nach Tekapo und Aoraki/Mount Cook.

Busse nach:
AORAKI/MOUNT COOK 1–3x tgl., 1 Std.;
CHRISTCHURCH 5x tgl., 4–7 Std.;
OMARAMA 4x tgl., 30 Min.;
QUEENSTOWN 5x tgl., 3 Std.;
WANAKA 4x tgl., 2–3 Std.

Lake Ohau und Ohau Skifield

25 km westlich von Twizel führt die schmale Lake Ohau Road zum idyllischen **Lake Ohau**, der versteckt inmitten von Südbuchenwäldern liegt. In der Umgebung des Sees finden sich einige auffällige Naturerscheinungen, z. B. die sogenannten „kettle lakes" (kleine Vertiefungen, die vom geschmolzenen Eis eines geschrumpften Gletschers hinterlassen werden) und Ufer-terrassen, die bei Sonnenuntergang im Sommer das Licht reflektieren.

Der **Ohau Forest** nordwestlich des Sees wird von zahlreichen Wanderwegen (1/2–4 Std.) durchzogen, die in der DOC-Broschüre *Ruataniwha Conservation Area* beschrieben sind. Erhältlich ist die Broschüre z. B. in der wundervoll gelegenen **Lake Ohau Lodge**, Lake Ohau Rd, ☎ 03 438 9885, ⌨ ohau.co.nz, im Sommer ein beliebter Haltepunkt auf den Routen vieler Bustouren; abends ist es hier sehr viel ruhiger. Gäste der 72-Betten-Lodge wie auch andere Besucher können sich hier Frühstück (einfach/warm $15/21) und Abendessen ($42) vorbestellen, und die gut bestückte Bar lädt zu einem Drink ein. Die Lake Ohau Lodge verkauft auch Benzin und organisiert im Winter einen Shuttle zum Skigebiet Ohau (Kasten S. 648; $25 hin und zurück); Camping $12, DZ $105.

Omarama

Südlich von Twizel durchquert der SH8 Tussock-Gras- und Schafweideland, bis er 30 km weiter **Omarama** (Maori für „Ort des Lichts") erreicht. Der Ort ist bekannt für seine **Clay Cliffs** gleich außerhalb des Orts sowie die fantastischen Bedingungen zum **Segelfliegen**.

Omarama Hot Tubs

25 Omarama Ave (SH8) ▪ ⏲ tgl. 10–22 Uhr
▪ Hot Tubs $30 p. P. für 90 Min., Hot Tub und Sauna $125 für 2 Pers. inkl. Handtücher ▪ ☎ 03 438 9703, ⌨ hottubsomarama.co.nz

Bei den **Omarama Hot Tubs** gibt es keine heißen Quellen, lediglich zehn sehr schön gestaltete individuelle Becken im Freien, die mit über Holz erhitztem Bergwasser gefüllt sind. Obwohl

Wenn die hier vorherrschenden Westwinde zu den Neuseeländischen Alpen hin aufsteigen, erzeugen sie über dem flachen Mackenzie Country eine einzigartige Thermik und ideale Bedingungen zum **Segelfliegen**. Der Flugplatz von Omarama war einst auch Testrevier des neuseeländischen Flugpioniers Dick Georgeson, der 1950 den ersten erfolgreichen Segelflug auf der Südinsel absolvierte.
Southern Soaring, ☎ 0800 762 746, 🖥 soaring. co.nz, nutzt die außergewöhnlichen Bedingungen für spektakuläre Flüge in zweisitzigen Segelflugzeugen (30 Min. $325, 60 Min. $395, 2 Std. $595). Unterwegs dürfen die vorne sitzenden Teilnehmer auch schon mal die Steuerung übernehmen, und bei guter Sicht bieten sich wunderbare Ausblicke auf den Aoraki/ Mount Cook. Flüge meistens Okt–März.

alles sehr offen wirkt, haben Fremde keinen Einblick in die eigene Badeidylle. Außerdem gibt's hier ein kleines **Informationszentrum**, das auch Buchungen vornimmt.

Clay Cliffs Scenic Reserve

10 km westlich des SH8, 5 km nördlich von Omarama ▪ ⏱ freier Zugang ▪ Eintritt $5, zu zahlen bei den Omarama Hot Tubs
Eine unbefestigte Straße führt zum **Clay Cliffs Scenic Reserve**, wo der verzweigte Ahuriri River eine malerische Kulisse bildet für eine bizarre Ansammlung von kahlen Pfeilern und kantigen Graten, die durch schmale Schluchten getrennt sind. Sie entstanden, als das Land durch die Ostler-Verwerfung um 100 m angehoben wurde

und damit Schottergesteine an die Oberfläche gelangten, die in unterschiedlicher Weise auf die Witterungseinflüsse reagierten.

ÜBERNACHTUNG UND ESSEN

Ahuriri Bridge Campsite, SH8, 3 km nördlich des Orts. Hübscher, friedlicher, schattiger DOC-Platz am Ahuriri River, perfekt für Leute mit Zelt oder Wohnmobil. Mit Plumpsklos und Wasser aus dem Fluss. Kostenlos

🧳 **Buscot Station**, ca. 8 km nördlich von Omarama am SH8, ☎ 03 438 9646. Sehr ruhige, gemütliche Unterkünfte auf einer Merino-Schaffarm inmitten wunderschön gepflegter Gärten. Abholung kann bei vorheriger Anmeldung arrangiert werden. Dorms $22, DZ $55

Omarama Top 10 Holiday Park, 1 Omarama Ave, ☎ 0800 662 726, 🖥 omaramatop10.co.nz. Gute Stellplätze und Cabins mitten im Ort. Stellplätze $32, Cabins $55, mit Küche $75, mit Bad $110

Sierra Motels, 22 Omarama Ave, ☎ 0800 743 772, 🖥 omarama.co.nz. Freundliches Motel mit älteren und neueren Units, alle mit Sky TV, kleiner oder kompletter Küche sowie eigenem Angelköderladen. $120

The Wrinkly Rams, 24 Omarama Ave (SH8), ☎ 03 438 9751, 🖥 thewrinklyrams.co.nz. Das beste Essen in Omarama mit erstklassigen Café- und Kneipenspeisen und Alkoholausschank. Außerdem regelmäßig Schafschervorführungen. Ganztägig Frühstück $19, Caesar-Salat $16. ⏱ tgl. 8–20 Uhr oder später.

TRANSPORT

Busse nach:
CHRISTCHURCH 5x tgl., 5–7 Std.;
QUEENSTOWN 5x tgl., 2 1/4 Std.;
TWIZEL 5x tgl., 30 Min.

Auckland
Wellington
Christchurch

Von Dunedin nach Stewart Island

Stefan Loose Traveltipps

13 **Dunedin** Neuseelands „schottische Stadt" wartet mit gotischer Architektur, einer pulsierenden Kunst- und Museenlandschaft sowie einer lebendigen Studentenszene auf. S. 661

Taieri Gorge Railway Die Bahnlinie führt durch die zerklüftete Schlucht Taieri Gorge und lässt sich perfekt mit einer Radtour auf dem Otago Central Rail Trail kombinieren. S. 677

14 **Otago Peninsula** Bei einer Umrundung der bezaubernden Küste per Kajak, Boot oder auf vier Rädern bekommt man zahlreiche Tiere und Pflanzen aus nächster Nähe zu sehen. S. 679

15 **Catlins Coast** Ein versteinerter Wald, Pinguine und Delphine sind nur einige Highlights an dieser wilden Küste. S. 683

Invercargill Die Stadt bietet die einmalige Gelegenheit, Tuataras (Brückenechsen) aus der Nähe zu betrachten. Außerdem lockt das edle Gebräu der Invercargill Brewery. S. 693

16 **Stewart Island** Die Insel lockt mit tollen Möglichkeiten zur Vogelbeobachtung und anderen Outdoor-Aktivitäten. S. 699

Mason Bay Hier an der Westküste von Stewart Island bietet sich eine der besten Gelegenheiten auf der Südinsel, Kiwis in freier Natur zu erleben. S. 703

VON DUNEDIN NACH STEWART ISLAND

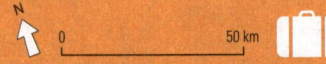

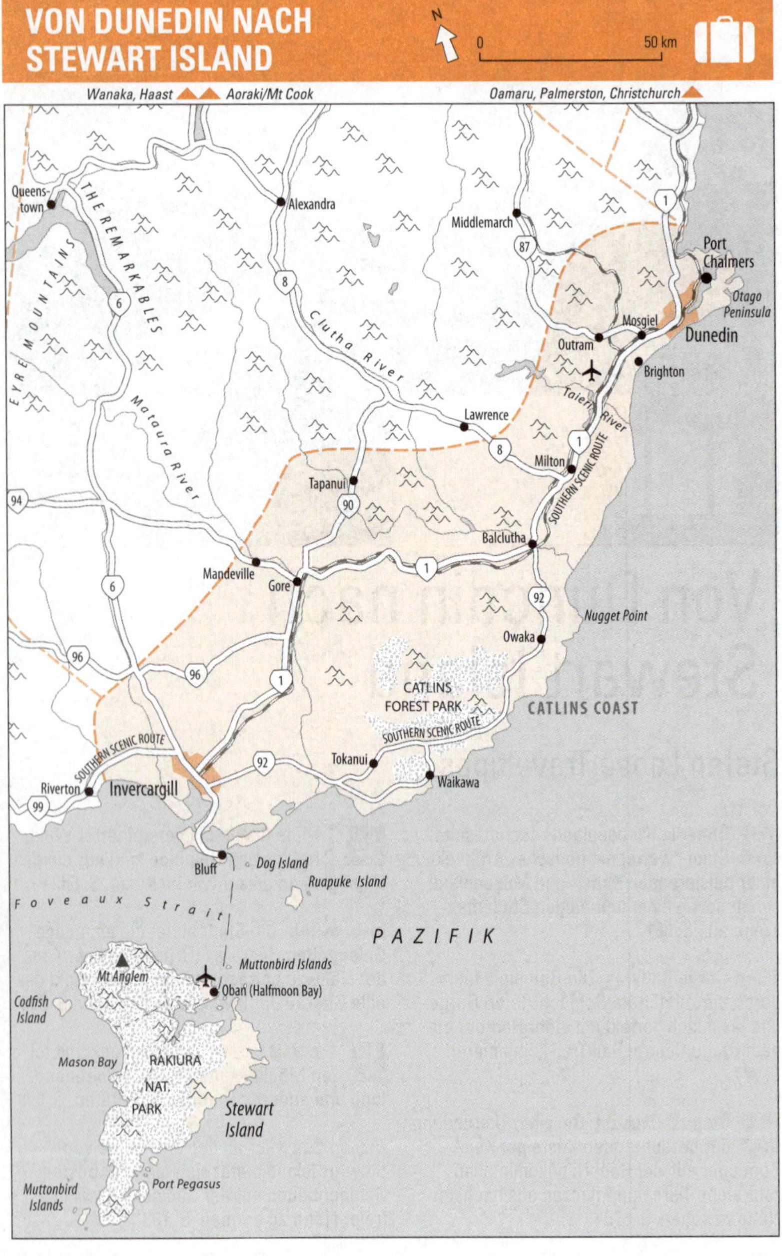
N
0
50 km
Wanaka, Haast
Aoraki/Mt Cook
Oamaru, Palmerston, Christchurch
Queens-town
Alexandra
Middlemarch
THE REMARKABLES
EYRE MOUNTAINS
Clutha River
Mataura River
Port Chalmers
Otago Peninsula
Mosgiel
Dunedin
Outram
Brighton
Taieri River
Lawrence
Milton
SOUTHERN SCENIC ROUTE
Tapanui
Balclutha
Mandeville
Gore
Nugget Point
Owaka
CATLINS FOREST PARK
CATLINS COAST
SOUTHERN SCENIC ROUTE
Tokanui
Waikawa
SOUTHERN SCENIC ROUTE
Riverton
Invercargill
Bluff
Dog Island
Ruapuke Island
Foveaux Strait
PAZIFIK
Mt Anglem
Muttonbird Islands
Oban (Halfmoon Bay)
Codfish Island
Mason Bay
RAKIURA NAT. PARK
Stewart Island
Port Pegasus
Muttonbird Islands
1
6
8
87
90
94
96
92
99

Im Südosten der Südinsel liegen einige der am seltensten besuchten Gegenden Neuseelands, obwohl sich hier echte Kleinode verbergen. Die von Neugotik geprägte Küstenstadt **Dunedin** mit ihrer Universität und einer starken schottischen Tradition ist eine Stätte der Gelehrsamkeit und Kultur.

Ansonsten spielt hier die Natur die Hauptrolle. Nicht weit von der Stadt entfernt liegt die windgepeitschte **Otago Peninsula**, ein Paradies für Wildtiere. Sie besteht zwar überwiegend aus Farmland, doch ringsum gibt es ausgezeichnete Möglichkeiten, Zwerg- und Gelbaugenpinguine sowie Pelzrobben und Albatrosse zu beobachten. Südlich von Dunedin tun sich an der wildromantischen **Catlins Coast** weitere erstklassige Tierbeobachtungsmöglichkeiten in unverfälschter Wildnis auf. Im Provinzstädtchen **Invercargill** starten die Überfahrten nach Stewart Island. Die drittgrößte Insel Neuseelands eignet sich wunderbar für eine Reise in die Vergangenheit und zum Kiwispotting.

Der Name Dunedin („Danídin" ausgesprochen) beruht auf der gälischen Übersetzung von „Edinburgh", und viele Straßen und Viertel tragen dieselben Namen wie die Schwesterstadt in Schottland. So überrascht es nicht, dass Dunedin auch den Beinamen „Edinburgh des Südens" trägt.

Die von schottischen Siedlern gegründete Stadt avancierte in den 1860er- und 1870er-Jahren zum Versorgungszentrum für die Goldgräberorte im binnenländischen Central Otago. Von dieser Zeit zeugt eine zentrale Gruppe beeindruckender Gebäude im neugotischen aus vulkanischem Tonsandstein *(bluestone)* und cremefarbenem Kalkstein.

In **Port Chalmers** am Stadtrand von Dunedin herrscht eine ungezwungenere Atmosphäre. Ein Abstecher dorthin lässt sich gut mit dem Besuch des nahe gelegenen **Orokonui Ecosanctuary** verbinden. Die Otago Peninsula auf der gegenüberliegenden Seite des Hafens beheimatet eine unglaublich vielfältige Tierwelt. Hier wetteifern Pinguine, Albatrosse und Robben mit dem Larnach Castle und dem dazugehörigen Gelände um die Gunst der Besucher. Dicht bewaldete Hügel reichen dort bis zu einer von zahlreichen Felsbuchten, langen Sandstränden und spektakulären geologischen Formationen durchsetzten Küste hinab.

Neuseelands südlichste Stadt **Invercargill** liegt inmitten der saftigen Weiden von Southland. Sie dient als Sprungbrett nach **Bluff**, der ältesten europäischen Stadt des Landes, sowie zur magischen **Stewart Island**. Zu dieser drittgrößten Insel Neuseelands zieht es bisher noch relativ wenige Besucher, doch wer den Weg auf sich nimmt, wird mit einer reichen Vogelwelt belohnt, besonders in der Mason Bay und auf **Ulva Island**.

Neuseeländer aus dem Norden machen sich einen Spaß daraus, über das Wetter der südlichen Südinsel herzuziehen, und in der Tat wird es umso nasser, je weiter man nach Süden vordringt. Die beste **Reisezeit** für diese Region ist im Allgemeinen November bis April. Dann erreichen die Mittagstemperaturen durchschnittlich 20 °C. Außerdem ist dies die beste Zeit für die Tierbeobachtung, da sie sich mit der Paarungszeit vieler Arten überschneidet.

13 | **HIGHLIGHT**

Dunedin

Die vom gotischen Baustil geprägte Hafenstadt Dunedin ist die größte Stadt im Südteil der South Island. Zu ihren rund 120 000 Einwohnern gesellen sich zusätzlich 25 000 Studenten der **University of Otago**, die zur lebendigen Kulturszene und zu einem munteren Nachtleben beitragen, besonders während des Semesters.

In den letzten Jahrzehnten ist wenig Geld in die Erhaltung der Stadt geflossen, daher sehen manche Ecken etwas renovierungsbedürftig aus. Andererseits blieben auf diese Weise altehrwürdige Gebäude von architektonischen Modernisierungssünden verschont und ein harmonisches Ganzes erhalten. Dunedin erstreckt sich zwar bis zu den Vororthügel und Surfstränden und noch weiter, aber der Stadtkern rund um **The Octagon** ist kompakt und überschaubar. Die gepflegte, baumbestandene Grünfläche wird gesäumt von der Kunstgalerie, den neoklassischen **Municipal Chambers** und der **St Paul's Cathedral**. Weiter draußen liegen das eindrucksvolle **Otago Settlers Museum** und die beschaulichen **Chinese Gardens**. Unbedingt sehenswert ist die nahe gelegene **Dunedin Railway Station**, auch wenn man nicht mit der betagten **Taieri Gorge Railway** fahren möchte.

Bier und Schokolade stehen im Mittelpunkt der Führungen durch die **Cadbury World** und die **Speight's Brewery Tour**. Nördlich der Innenstadt vermittelt Olveston einen Eindruck von den Glanzzeiten Dunedins; zur Vertiefung der Stadtgeschichtskenntnisse geht's anschließend ins **Otago Museum**. Der **Botanische Garten** dehnt sich aus bis hinauf zum Denkmal auf dem Signal Hill. Dort eröffnet sich ein Ausblick über den **Otago Harbour**, eine geschützte Meeresbucht, 22 km lang und stellenweise nicht breiter als ein Fluss. Eine schützende Bastion zwischen dem Hafen und dem offenen Meer bildet die zauberhafte **Otago Peninsula** (S. 679).

Nach einer kurzen Busfahrt ist die steilste Straße der Welt erreicht: die Baldwin Street. Und auch zu den Sandstränden von **St Clair** und **St Kilda** gelangt man mühelos per Stadtbus.

Geschichte

Seit etwa 1100 n. Chr. gingen **Maori** in den reichen Küstengewässern nahe gelegener Buchten auf Fischfang, jagten etwas weiter im Landesinneren Moa, Enten und Süßwasserfische und handelten mit anderen *iwi* weiter im Norden. Schließlich gründeten sie eine Siedlung auf beiden Seiten der Bucht und tauften sie Otakou (ausgesprochen „O-tar-go"), die Landspitze am Eingang der Bucht nannten sie nach ihrem großen Häuptling Taiaroa.

In den 1820er-Jahren gelangten europäische **Wal- und Robbenfänger** in die Bucht, der einzige geschützte Ankerplatz entlang dieses Küstenabschnitts. Durch die eingeschleppten Krankheiten wurde die einheimische Bevölkerung auf spärliche 110 Einwohner dezimiert; später sorgten Mischehen für einen Wiederanstieg der Bevölkerungszahl.

Ankunft der Schotten

Bereits 1840 wählte die New Zealand Company den Otago Harbour für die Gründung einer **schottischen Siedlung** aus und kaufte Land von den einheimischen Maori. 1848 kamen die ersten Einwanderer an, angeführt von Captain William Cargill und Reverend Thomas Burns. Die schottischen Presbyterianer waren jedoch schon bald in der Minderzahl, da im folgenden Jahr englische und irische Siedler eintrafen. Nichtsdestotrotz reichte ihr Eifer aus, um der wachsenden Stadt ihren Stempel aufzudrücken.

Ankunft der Goldgräber

1861 entdeckte ein einsamer australischer Glücksritter **Gold** in einem Bach nahe dem heutigen Lawrence, etwa 100 km westlich von Dunedin. Innerhalb von drei Monaten strömten zahlreiche Goldgräber aus Australien herbei, und plötzlich war Dunedin als wichtigster Eingangshafen das Zentrum eines Goldrauschs. Dunedin avancierte zur wichtigsten Stadt Neuseelands. Dieser neu gewonnene Reichtum löste einen Bauboom aus, in dessen Folge die meisten der wichtigen Gebäude der Stadt entstanden wie etwa die Universität.

In den 70er-Jahren des 19. Jhs. war es mit dem Goldrausch im Wesentlichen vorbei, doch Otago bewahrte sich seine wirtschaftliche Vormachtstellung dank der Reedereien, dem Eisenbahnbau und der Landwirtschaft.

Der Niedergang setzte Anfang des 20. Jhs. ein, als sich der Seehandel Großbritanniens

■ ÜBERNACHTUNG		● RESTAURANTS & CAFÉS	
858 George St Motel	1	Fletcher Lodge	12	Asian Restaurant	11	Pier 24	15
97 Motel Moray	8	Grandview B&B	14	Best Café	8	Plato	13
Aaron Lodge Top 10 Holiday Park	5	Hogwartz	11	Estrusco	10	Potpourri	
Allan Court Motel	3	Hulmes Court	10	Everyday Gourmet	2	Vegetarian Café	9
Bluestone on George	4	On Top Backpackers	6	The Good Earth	1	Salt	14
The Brothers	9	Sahara Guesthouse		Highgate Bridge	4	Scotia	6
Central Backpackers	7	& Motel	2	Mazagram	7	The Strictly	
Chalet Backpackers	13	Hotel St Clair	17	Modaks	3	Coffee Co	5
Dunedin Holiday Park	16	YHA Stafford Gables	15	The Palms	12		

Dunedin

N

0 — 250 m

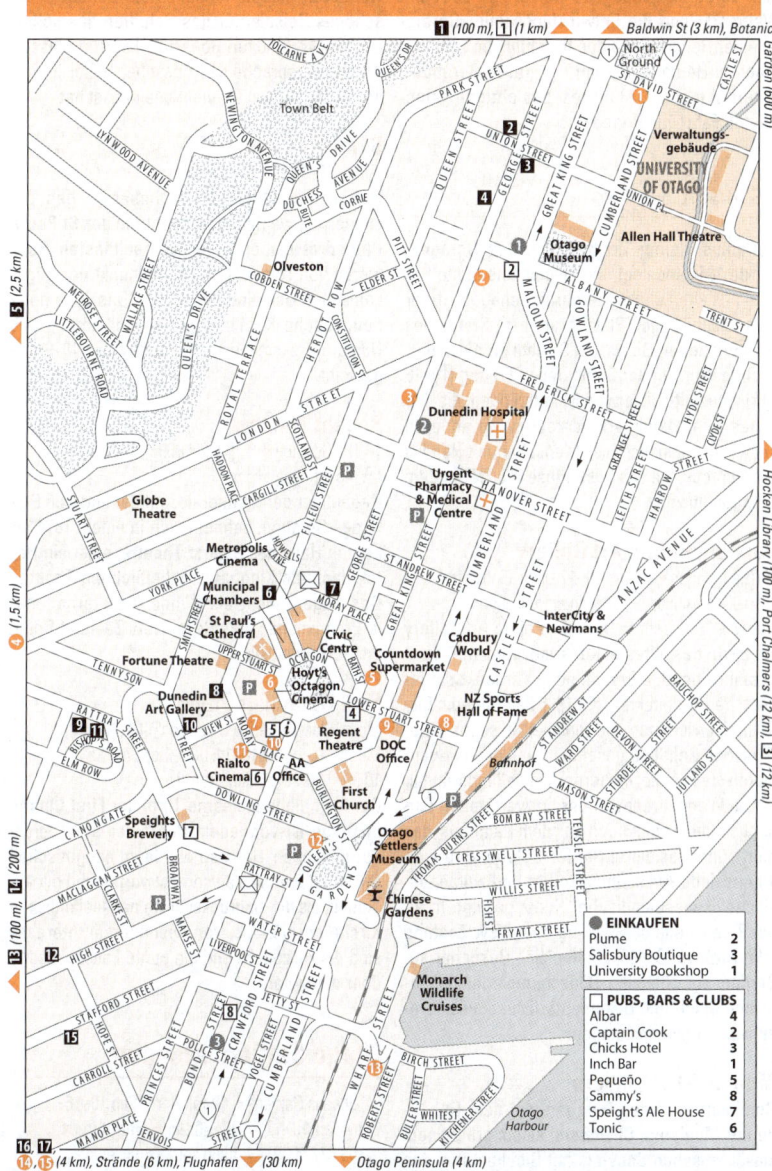

North Ground **1**

ST DAVID STREET

Verwaltungs-
gebäude

UNIVERSITY
OF OTAGO

Union Pl.

Allen Hall Theatre

Town Belt

PARK STREET

UNION STREET

GEORGE STREET

QUEEN STREET

GREAT KING STREET

CUMBERLAND STREET

ALBANY STREET

TRENT ST

2

3

4

1

Otago
Museum

2

2

Olveston

ELDER STREET

CORDEN STREET

PITT STREET

MALCOLM STREET

GOWLAND STREET

FREDERICK STREET

Dunedin Hospital

3

2

Urgent
Pharmacy
& Medical
Centre

HANOVER STREET

Globe
Theatre

CARGILL ST

Metropolis
Cinema

Municipal
Chambers **6**

St Paul's
Cathedral

Fortune Theatre

Dunedin
Art Gallery **8**

9

10

11

Rialto
Cinema **6**

ST ANDREW STREET

MORAY PLACE

Civic
Centre

Hoyt's
Octagon
Cinema

6

Octagon

5

10

Regent
Theatre

AA
Office

First
Church

Countdown
Supermarket **5**

Cadbury
World

NZ Sports
Hall of Fame **8**

DOC
Office **9**

CASTLE STREET

CUMBERLAND STREET

InterCity &
Newmans

ANZAC AVENUE

Bahnhof

ST ANDREW ST

WARD ST

STURDEE STREET

JUTLAND ST

Speights
Brewery **7**

CANONGATE

HIGH STREET

12

DOWLING STREET

BIRCH STREET

12

Otago
Settlers
Museum

✝ Chinese
Gardens

QUEENS GARDENS

RATTRAY STREET

WATER STREET

LIVERPOOL STREET

THOMAS BURNS STREET

CRESSWELL STREET

WILLIS STREET

FRYATT STREET

BOMBAY STREET

BROADWAY

MACLAGGAN STREET

STAFFORD STREET

CARROLL STREET

15

8

3

Monarch
Wildlife
Cruises

JETTY ST

CRAWFORD STREET

CUMBERLAND STREET

BOND STREET

VOGEL STREET

ROBERTS STREET

BULLER STREET

WHITEST ST

BIRCH STREET

KITCHENER STREET

13

Otago
Harbour

PRINCES STREET

POLICE STREET

MANOR PLACE

16 **17**

14 **15** (4 km), Strände (6 km), Flughafen ▼ (30 km) ▼ Otago Peninsula (4 km)

● EINKAUFEN	
Plume	2
Salisbury Boutique	3
University Bookshop	1

□ PUBS, BARS & CLUBS	
Albar	4
Captain Cook	2
Chicks Hotel	3
Inch Bar	1
Pequeño	5
Sammy's	8
Speight's Ale House	7
Tonic	6

VON DUNEDIN NACH STEWART ISLAND

Hocken Library (100 m), Port Chalmers (12 km), **3** (12 km)

mit Eröffnung des Panamakanals im Jahre 1914 nach Auckland verlagerte. In den 80er-Jahren kam es durch gestiegene Goldpreise auf dem Weltmarkt und die Entwicklung neuer Geräte zu einer Renaissance des **Bergbaus** im Landesinneren. Heute kann man das große Bergbauunternehmen in Macraes besichtigen, eine Stunde Fahrt von Dunedin.

Octagon

Dunedins kleiner Zentralplatz, das **Octagon**, wurde 1846 angelegt. Ihn umgibt eine bunte Palette aus alten und moderneren Gebäuden. Über dem abschüssigen Platz thront eine Statue des Dichters Robert Burns, ein Symbol für die schottischen Wurzeln der Stadt. Jeden Freitag (10–16 Uhr) wimmelt es hier von Marktständen, die örtliches Kunsthandwerk verkaufen. Zu anderen Zeiten tummeln sich hier Menschen mit Handys und Laptops, die das **kostenlose WLAN** auf dem Octagon nutzen.

Dunedin Public Art Gallery
30 The Octagon ▪ ⊕ tgl. 10–17 Uhr ▪ Eintritt frei ▪ ✆ 03 477 4000, ▯ dunedin.art.museum

Die 1884 gegründete **Dunedin Public Art Gallery** ist zwar das älteste Kunstmuseum des Landes, ihre heutige Erscheinung verdankt sie jedoch den Architekten, die 1996 das Dunedin City Council errichteten. Sie renovierten sechs viktorianische Gebäude geschmackvoll und verwandelten sie in helle, moderne Ausstellungsräume.

Die Wendeltreppe in der holzvertäfelten Eingangshalle stammt noch aus dem Kaufhaus, das hier früher residierte. In der Galerie wird eine wechselnde Ausstellung früher und zeitgenössischer neuseeländischer Kunst gezeigt. In einer Zweigstelle des Wellingtoner **New Zealand Film Archive** (S. 485) können sich Besucher außerdem auf Computer-Bildschirmen neuseeländische Spiel- und Dokumentarfilme sowie Fernsehsendungen anschauen.

Municipal Chambers
Dominiert wird das Octagon von dem Gebäude der **Municipal Chambers**, einem prächtigen, klassizistischen Bauwerk mit Glockenturm, das

1880 eingeweiht wurde. Es ist aus Kalkstein errichtet, der sich wirkungsvoll vom ebenfalls verwendeten blauen Tonsandstein abhebt – ein schönes Beispiel für das Schaffen des schottischen Architekten Robert A. Lawson, dessen Architektursprache das Aussehen vieler öffentlicher Gebäude in Dunedin beeinflusst hat.

St Paul's Cathedral
⊕ tgl. 10–16 Uhr ▪ Eintritt frei

Neben den Municipal Chambers ragen die steinernen weißen Zwillingstürme der **St Paul's Cathedral** empor, eines der schönsten Bauwerke von Dunedin und Mittelpunkt der anglikanischen Gemeinde der Stadt. Das 20 m hohe neugotische Kirchenschiff ist vollständig aus Oamaru-Kalkstein errichtet und wurde 1919 eingeweiht.

Regent Theatre
18 The Octagon ▪ ✆ 03 477 8597, ▯ regenttheatre.co.nz

Gegenüber der Kathedrale, auf der anderen Seite des Octagon, befindet sich in einem 1874 erbauten Haus das **Regent Theatre**, einst ein Hotel, dann ein Kino und schließlich ein Theater. Das Regent dient als Bühne für internationale Produktionen, das Royal New Zealand Ballet und für Livemusik.

First Church of Otago
Moray Place ▪ Heritage Centre ⊕ Okt–Mai Mo–Fr 10–16, Sa 10–14, Juni–Sep Mo–Sa 10.30–14.30 Uhr ▪ Eintritt frei

Der 54 m hohe steinerne Turm der **First Church of Otago** ist von jedem Punkt der Stadt leicht auszumachen. Der Bau wurde im neugotischen Stil von Robert A. Lawson entworfen und gilt allgemein als die eindrucksvollste neuseeländische Kirche des 19. Jhs. Von besonderem Interesse sind die Holzdecke und die bunte Fensterrosette über dem Altar.

Otago Settlers Museum

31 Queens Gardens ▪ ⊕ tgl. April–Sep 10–16, Okt–März 10–17, Do bis 20 Uhr ▪ Eintritt frei ▪ ✆ 03 477 4000, ▯ otago.settlers.museum

Im Dezember 2012 wurde das **Otago Settlers Museum** nach vierjährigem Umbau, den sich die Einrichtung $38 Mio kosten ließ, in erweiterter Form mit drei Hauptgebäuden wiedereröffnet: dem neugeorgianischen Original-Ziegelsteingebäude, einem Jugendstil-Busdepot von 1939, und dem neuen, verglasten Eingangsgebäude, in dem die älteste Lok Neuseelands steht – *Josephine*, die restaurierte Fairlie-Dampflokomotive von 1872.

Das Museum dokumentiert rund 250 Jahre Besiedlungs- und Sozialgeschichte von Dunedin und Otago mithilfe einer umfangreichen Sammlung an Artefakten, Gemälden und Fotografien sowie einer weitläufigen Transportabteilung.

Chinese Gardens

Rattray, Ecke Cumberland St ▪ ⏰ tgl. 10–17, Mi auch 19–21 Uhr; einstündige Führung 10 und 14 Uhr ▪ Eintritt $9; Führung $20 ▪ ✆ 03 477 3248, ⌨ dunedinchinesegarden.com

Die **Chinese Gardens** eröffneten 2007 als Abschluss eines Projekts, das die Verdienste der chinesischen Goldgräber und deren Nachkommen würdigen sollte. Außerhalb Chinas gibt es nur insgesamt drei authentische chinesische Ming-Dynastie-Gärten, und dieser ist einer davon. Alles – angefangen von den 900 t Kalkstein bis zu den Gebäuden – wurde von Shanghai hierher verschifft.

Touren und Aktivitäten in Dunedin

Die geführten oder eigenständig unternommenen Dunedin-**Spaziergänge** sind eine ausgezeichnete Möglichkeit, die verborgenen Seiten der Stadt kennenzulernen. Am Stadtrand eignen sich St Clair zum Surfen und Brighton, 15 km südwestlich von Dunedin, zum **Schwimmen** – zu erreichen mit dem Brighton/Green Island-Bus vom Stand 5 in der Cumberland Street zwischen Hanover und St Andrew St ($6,30).

Direkt vor den Toren Dunedins durchziehen **Mountainbike**-Trails das Signal Hill Reserve (kostenlose Karte in den Radverleihgeschäften, S. 673). In der Gratisbroschüre *Fat Tyre Trails* sind Halb- und Ganztagswanderungen aufgeführt.

Touren

City Walks, ✆ 0800 925 571, ⌨ citywalks.co.nz. Bietet geführte *Heritage Walks* durch die Innenstadt (10.30 Uhr; 2 Std.; $30), auf dem Gelände der Universität (13.30 Uhr; 90 Min.; $30) oder einen Altstadtspaziergang mit Frühstück (9 Uhr; 1 Std.; $30).

Dunedin Literary Walk, ✆ 03 470 1109, ⌨ researchwrite.co.nz/LiteraryWalk. Jennie Coleman leitet mit Begeisterung die 2-stündigen literarischen Stadtrundgänge (tgl. 10.15 und 14.15 Uhr; $30).

Hair Raiser Tours, ✆ 0800 428 683, ⌨ hairraisertours.com. Veranstaltet witzige Geister-Touren wie den Underbelly Crime Walk (Mo–Fr 10.30 und 20 Uhr; $30), den Ghost Walk (tgl. Okt–März 20, April–Sep 18 Uhr; $30) und einen Friedhofsrundgang (tgl. Okt–März 21.30, April–Sep 20 Uhr; $30).

Schwimmen und surfen

Esplanade Surf School, am östlichen Ende der Esplanade bei der St Clair Surf Rescue Station, ✆ 03 455 8655, ⌨ espsurfschool.co.nz. Surfunterricht; Wetsuit und Brett werden gestellt ($60/90 Min. Gruppenunterricht für 3–6 Pers.; 90 Min. Einzelunterricht $120).

Mountainbiking

Offtrack, ✆ 03 453 6582, ⌨ offtrack.co.nz. Bietet begleitete Halbtagsfahrten auf einigen der schönsten Singletrack- und 4WD-Tracks Dunedins ($55) plus landschaftlich sehr reizvolle Tagesfahrten in den Catlins ($99) und einen hervorragenden Tagesausflug ($120) auf der Dunstan Road in die Maniototo-Ebene (Kasten S. 821).

Dunedin Railway Station

22 Anzac Ave

Die dank ihrer Türme und Türmchen nicht zu übersehende **Dunedin Railway Station** ist ein imposantes Bauwerk. Der 1906 eröffnete Bahnhof wurde auf einem Grundstück errichtet, das dem Sumpf abgewonnen worden war.

Die Haupteingangshalle, die hervorragend erhalten ist, schmücken Majolika-Wandkacheln in sanften Grün-, Gelb- und Creme-Tönen, die Royal Doulton eigens für die New Zealand Rail anfertigte. Der Mosaikboden, eine Huldigung an die Dampflokomotive, besteht aus über 700 000 winzigen Quadraten aus Porzellan. Passagierzüge halten hier nicht mehr, nur noch die Taieri Gorge Railway (S. 677).

Hocken Library

90 Anzac Ave ▪ ⏰ Mo–Fr 9.30–17, Di bis 21, Sa 9–12 Uhr ▪ Eintritt frei ▪ ✆ 03 479 8874, 🖥 library.otago.ac.nz/hocken

In der **Hocken Library** befindet sich die umfangreiche Wissenschaftsabteilung der Universität mit einer beachtlichen Neuseeland- und Pazifiksammlung. Untergebracht ist die Bücherei im Art-déco-Gebäude einer ehemaligen Molkerei.

Cadbury World

280 Cumberland St ▪ ⏰ Mo–Fr für 75-min. Führung, Sa, So, feiertags und Weihnachten bis Mitte Jan, wenn die Produktion eingestellt ist, für 45-min. Führung; beide Führungen reservieren ▪ 75-min. Führung $20; 45-min. Führung $14 ▪ ✆ 0800 424 6286, 🖥 cadburyworld.co.nz

Während der Besichtigungen, die von Führern mit großer Begeisterung geleitet werden, erfährt man Unterhaltsames zur Geschichte der Schokolade. In der Fabrik können die Teilnehmer zuschauen, wie an Fließbändern Pralinen, Ostereier usw. hergestellt werden, und große wie kleine Gäste werden mit süßen Kostproben geradezu überschüttet.

Speight's Brewery Tour

200 Rattray St, 500 m südwestlich vom Octagon ▪ Mo–Do 10, 12, 14, 18 und 19, Fr–So 10, 12, 14, 16 und 18 Uhr ▪ Eintritt $23 ▪ ✆ 03 477 7697, 🖥 speights.co.nz

Ein hoher Backsteinschornstein mit einem steinernen Bierfass obendrauf weist den Weg zur **Speight's Brewery**, einer der ältesten Brauereien Neuseelands, Speight's Gold Medal Ale, das neuseeländische „flüssige Gold", wird seit den späten 1880er-Jahren in Dunedin gebraut und ist bis heute das meistverkaufte Bier des Landes. Eine Kostprobe davon empfiehlt sich als Abschluss der informativen eineinhalbstündigen Führungen. Die Führungen beginnen bei einem **Trinkbrunnen**, der dasselbe süßlich schmeckende Wasser enthält, das auch fürs Brauen verwendet wird. Die Anwohner füllen hier regelmäßig ihre Wasserflaschen.

Olveston

42 Royal Terrace, 10 Min. zu Fuß nordwestlich des Octagon ▪ ⏰ tgl. 9.30, 10.45, 12, 13.30, 14.45 und 16 Uhr nur für 1-stündige Führungen; max. 15 Teilnehmer pro Führung, deshalb im Sommer reservieren ▪ $17 ▪ ✆ 0800 100 880, 🖥 olveston.co.nz

Olveston ist die historische Vorzeige-Villa Dunedins. Der hochherrschaftliche, vierstöckige Prachtbau aus der Zeit König Edwards wurde um 1906 für den jüdischen Importeur David Theomin erbaut. Das letzte Mitglied der Familie, seine Tochter Dorothy, vermachte vor ihrem Tod im Jahr 1966 das Haus und dessen Inventar der Stadt Dunedin. Es sieht heute noch so aus, wie sie es zurückließ, und hütet einen Schatz an Kunstwerken und erlesenen Antiquitäten.

Otago Museum

419 Great King St ▪ ⏰ tgl. 10–17 Uhr; Highlightstour tgl. 11.30 Uhr; Southern Land, Southern People-Tour tgl. 15.30 Uhr ▪ Eintritt frei; Highlightstour $12; Southern Land, Southern People-Tour $12; Tropical Forest $10 ▪ ✆ 03 477 7474, 🖥 otagomuseum.govt.nz

Der wichtigste Teil des fesselnden **Otago Museum** ist die faszinierende Abteilung „Southern Land, Southern People" über die Naturgeschichte und das Leben auf der südlichen Südinsel und den subantarktischen Inseln. Es werden interessante Zusammenhänge hergestellt wie zwischen Geologie und Architektur, Klima und Kleidung der Maori oder dem Fischvorkommen und den Erlebnissen der Whitebait-Fischer. Das „Animal Attic" präsentiert sich als zutiefst viktorianisches Sammelsurium von makabren Skeletten und präparierten Tieren. Im Tangata-Whenua-Saal sind Maori-Artefakte zu sehen, und an einem kalten Tag ist der 28 °C (feucht)warme **Tropical Forest** ein herrliches Plätzchen, um sich aufzuwärmen.

University of Otago

Zugang zum Campus von der Cumberland, Ecke Union St

Die **University of Otago**, Neuseelands älteste Universität, wurde 1869 von schottischen Siedlern gegründet. Sie wurde nach dem Vorbild der Glasgow University gestaltet und bald zu einem Komplex von imposanten neugotischen Gebäuden aus blauem Tonsandstein erweitert, unter denen besonders das Verwaltungsgebäude im Herzen des Campus mit seinem neugotischen **Uhrenturm** hervorsticht. Ein Bummel über den Campus von der Union Street zur Leith Street führt an den wichtigsten Gebäuden vorbei.

Dunedin Botanic Garden

Zugang zum Campus von der Great King St, Ecke Opoho Rd ▪ ⏲ Sonnenauf- bis Sonnenuntergang ▪ Eintritt frei

Der stille **Dunedin Botanic Garden** am Fuße des Signal Hill wurde 1863 angelegt. Der steile Upper Garden umfasst einen ausgedehnten Rhododendron Dell, wo alteingesessene Arten zwischen einheimischem Wald gedeihen. Außerdem verfügt der Garten über ein Arboretum, eine Sammlung einheimischer Pflanzen und ein Vogelhaus, das Arten wie Kea und Kaka beherbergt.

Lower Garden

Informationszentrum und Winter Garden-Glashaus ⏲ tgl. 10–16 Uhr; Alpine House tgl. 9–16 Uhr ▪ ✆ 03 471 9275

Im Lower Garden stehen exotische Bäume, und im Winter Garden warten Treibhäuser mit Rosen, mediterrane und südafrikanische Gärten sowie ein Spielplatz. Zwischen dem Teekiosk und dem Winter Garden steht ein von Freiwilligen geführtes Informationszentrum. Die Zufahrt zum Parkplatz der Lower Garden erfolgt von der Cumberland Street her.

Signal Hill

Zugang von der Opoho Rd ▪ Der Opoho-Bus vom The Octagon Stand 7 hält 1 km vom Gipfel entfernt und fährt am Nordrand des Botanischen Gartens vorbei. Der Signal Hill ist vom Garten aus auch zu Fuß erreichbar (6 km hin und zurück, 1 1/2 Std.)

Nördlich des Botanischen Gartens bietet sich vom Landschaftsschutzgebiet oben auf dem 393 m hohen **Signal Hill** ein großartiger Ausblick auf Dunedin, die obere Bucht und das Meer. Am Aussichtspunkt erhebt sich das **Centennial Memorial**, anscheinend das einzige Denkmal im Land zur Erinnerung an 100 Jahre britischer Herrschaft (1840–1940) in Folge der Unterzeichnung des Vertrags von Waitangi. Die beiden großen Bronzestatuen daneben sollen die Vergangenheit und die Zukunft symbolisieren.

Baldwin Street

5 km nördlich des Zentrums: Anfahrt über die Great King Street, bis diese zur North Road wird, dann die 10. Straße rechts. Der Normanby–St Clair-Bus (9 und 28) vom Octagon hält am Fuß der Baldwin St. Die Busse 8 und 29 fahren zurück ins Stadtzentrum

Einen Weltrekord stellt die **Baldwin Street** auf: Sie ist laut *Guinness Buch der Rekorde* nämlich mit einer höchsten Steigung von 38 % die steilste Straße der Welt. Die Aussicht von oben ist nicht schlecht, aber der Weg ist das Ziel: Die Anwohner schauen dem fünfminütigen Aufstieg der Touristen amüsiert zu. Bei der jährlichen

Veranstaltung „Gutbuster" (normalerweise Ende Februar im Rahmen des Dunedin Summer Festival) rennen die Teilnehmer hoch und wieder runter – der Rekord steht bei einer Minute und 56 Sekunden.

St Clair Beach

4 km südlich des Stadtzentrums

Die benachbarten Vororte St Kilda und St Clair säumen einen langen, unberührten Sandstreifen, der von zwei vulkanischen Landspitzen umschlossen wird. Der **St Clair Beach** eignet sich hervorragend zum Surfen und wird im Sommer von Rettungsschwimmern bewacht (Kasten S. 665). Zu erreichen mit zahlreichen Bussen vom The Octagon.

St Clair Hot Salt Water Pool

The Esplanade ▪ Okt–März Mo–Fr 6–19, Sa und So 7–19 Uhr ▪ Eintritt $5,70 ▪ 03 455 6352.

Neben der Felsspitze am westlichen Strandende befindet sich der **St Clair Hot Salt Water Pool**, das letzte noch erhaltene Freibad dieser Art im Land. Das mit auf 28 °C warmem Salzwasser gefüllte Becken ist ein beliebter Freizeittreff. Von dem kleinen Café aus bietet sich die beste Aussicht am ganzen Strand.

St Kilda Beach und Tomahawk Beach

Etwa 1 km östlich des Salzwasserbads geht der St Clair Beach in den **St Kilda Beach** über, der relativ sicher ist, sofern man zwischen den Flaggen schwimmt. Hier patrouillieren im Sommer Rettungsschwimmer. Am östlichen Ende des Strandes trennt eine Landspitze St Kilda vom kleineren **Tomahawk Beach** (zu gefährlich zum Schwimmen). Er ist oft mit Pferden und Einspännern übersät, die sich auf Trabrennen bei Ebbe vorbereiten.

ÜBERNACHTUNG

Es gibt eine große Auswahl an Unterkünften in Dunedin, die meisten davon liegen im oder nahe dem Zentrum. Wer es eher ländlich mag, sucht sich eine Unterkunft auf der **Otago Peninsula** (S. 682). Auf allen Parkplätzen des Dunedin City Council dürfen kostenlos Wohnmobile abgestellt werden, vorausgesetzt, man bringt alles Notwendige. Im Umkreis von 50 m dürfen aber nicht mehr als zwei Campervans stehen.

Zentrum

858 George St Motel, 858 George St, 0800 858 999, 858georgestreetmotel. co.nz. Ein hübsches, modernes Motel, das auf viktorianischen Häusern basiert, die in 13 große, luxuriöse Units und noch größere Suiten verwandelt wurden. Studios $130, Suiten $160

97 Motel, 97 Moray Place, 0800 909 797, 97motel.co.nz. Das sehr zentral gelegene Hotel/Motel ist besser als es von der Straße her aussieht. Es hat 40 helle Zimmer im Motel selbst oder im umgebauten ehemaligen Studentenwohnheim-Hochhaus dahinter. Gute Betten, gute Bäder, gutes Preis-Leistungs-Verhältnis und großer Parkplatz. $120

Allan Court Motel, 590 George St, 0800 611 511, allancourt.co.nz. Zentral gelegenes, gut instand gehaltenes Motel aus den 1980ern mit geräumigen Apartments, die meisten mit 1 oder 2 Schlafzimmern. Auch ein paar Deluxe-Units mit Whirlpool. $145

Bluestone on George, 571 George St, 03 477 9201, bluestonedunedin. co.nz. 15 Apartments mit toller Küche, elegantem Bad, Waschmaschine und geschmackvoll zurückhaltender Einrichtung. Kleiner Fitnessraum und Lounge. $170

The Brothers, 295 Rattray St, 03 477 0043, brothershotel.co.nz. Ein stilvolles 15-Zimmer-Boutiquehotel in einem geschmackvoll umgestalteten Wohnsitz christlicher Brüder aus den 1920er-Jahren. Schlichtes und modernes Dekor, freundlicher Service, viele der Zimmer mit Veranda mit tollem Ausblick. Eins ist in der ehemaligen Kapelle untergebracht. Geräumige Lounge, ebenfalls mit Blick über die City, Sky-TV und kostenloses WLAN. Kleines Frühstück und Parkplatz inkl. $160

Central Backpackers, 243 Moray Place, 0800 423 687. Einladendes, gut geführtes 40-Betten-Hostel mit bunt gemischter Klientel. Neben kostenlosem WLAN und DVD-Lounge

mit Playstation auch Schließfächer und eine zutrauliche Katze. Gäste erhalten außerdem Rabatte im benachbarten Internetcafé.
Dorms $27, 2BZ $66, DZ $70

Chalet Backpackers, 296 High St, ✆ 0800 242 538, 🖥 chaletbackpackers.co.nz. Gemütliches Hostel mit schönem Hafenblick und guter Küchenausstattung. Lichtdurchflutete Dorms, meist mit 4 Betten, keine Etagenbetten, nette EZ und DZ. Pool und Piano-Lounge. Im Winter vorher anrufen! Dorms $26, Zimmer $60

Fletcher Lodge, 276 High St, ✆ 0800 843 563, 🖥 fletcherlodge.co.nz. Der Gast ist König in dieser üppig und geschmackvoll ausgestattete Lodge in einem Haus im englischen Adels-Stil, 1924 erbaut. Abgesehen von 5 Zimmern und Suiten gibt es noch 2 voll ausgestattete Apartments. Dort ist man zwar unabhängig, verpasst aber die Pracht des Haupthauses. DZ $335, Apartments $650

Grandview B&B, 360 High St, ✆ 03 472 9472, 🖥 grandview.co.nz. Sehr einladendes B&B in einem Haus aus den 1860ern mit sagenhafter Aussicht über die Stadt. Von den 7 Zimmern haben 3 ein eigenes Bad. Gutes *continental breakfast* inkl., es gibt aber auch eine komplett ausgestattete Gästeküche, eine Bar und einen Grill auf der Veranda. Außerdem eine Infrarot-Sauna ($5). DZ $115, mit Bad $165

🏨 **Hogwartz**, 277 Rattray St, ✆ 03 474 1487, 🖥 hogwartz.co.nz. Superfreundliches Hostel in der ehemaligen Residenz des katholischen Bischofs nahe Stadtzentrum mit kostenlosem Parkplatz. Keine Stockbetten, manche Zimmer mit Stadtblick. Außerdem ansprechend modernisierte Selbstversorger-Units im angrenzenden Stables and Coach House. Verfügt über alle notwendigen Einrichtungen, sogar eine Wäscherei ($6–8 pro Maschine). Im Winter manchmal geschl. Dorm $28, DZ $68, mit Bad $82, Studios $106

Hulmes Court, 52 Tennyson St, ✆ 0800 448 563, 🖥 hulmes.co.nz. Architektonisch sind die beiden Häuser (eins im edwardianischen, eins im prächtigeren viktorianischen Stil) ein kleines Stückchen oberhalb vom Octagon nicht ganz stimmig. Aber dafür stimmt der Preis. Große, individuell eingerichtete Zimmer (mehrere mit Bad), Parkplatz und kostenloser Internetzugang. Preis inkl. Frühstück im sonnigen Salon.
Zimmer $110, mit Bad $140

On Top Backpackers, Filleul St, Ecke Moray Place, ✆ 0800 668 672, 🖥 ontopbackpackers. co.nz. Zweckmäßiges 100-Betten-Hostel mit 6- bis 8-Bett-Dorms und mehreren DZ mit Bad. Auch TV, Grillterrasse und Küche mit Aufenthaltsbereich. Kleines Frühstück inkl. Dorms $26, DZ $64, mit Bad $90

Sahara Guesthouse & Motel, 619 George St, ✆ 03 477 6662, 🖥 dunedin-accommodation. co.nz. Großes Gästehaus von 1863, die meisten Zimmer mit Gemeinschaftsbad. Angeschlossen ist ein Motel mit 10 Standard-Units mit einfacher Kochgelegenheit sowie mit einigen neuen komfortablen Deluxe-Studios. Eher praktisch als romantisch. Parkplätze vorhanden. Gemeinschaftsbad $70, mit Bad $80, Deluxe $135

YHA Stafford Gables, 71 Stafford St, ✆ 03 474 1919, ✉ yhadndn@yha.co.nz. Charaktervolle YHA-Herberge in einem großen Haus Baujahr 1902 mit Dachgarten und Stadtblick und gut informiertem Personal. 3er- bis 6er-Dorms (einige mit Balkon), überwiegend geräumige DZ und 2BZ sowie ein Apartment mit integrierter Küche. Dorms $32, DZ $85, Apartment $110

St Clair

Hotel St Clair, 24 Esplanade, ✆ 03 456 0555, 🖥 hotelstclair.co.nz. Das moderne, stilvolle 26-Zimmer-Hotel und sein Restaurant Pier 24 gelten als *der* Mittelpunkt von St Clair. Es bietet auch ein paar Apartments mit viel Platz und Meerblick. DZ $195, mit Meerblick $250

Camping

Aaron Lodge Top 10 Holiday Park, 162 Kaikorai Valley Rd, 2,5 km westlich vom Stadtzentrum, ✆ 0800 879 227, 🖥 aaronlodgetop10.co.nz. Geschützter, recht großzügiger und gepflegter Platz in den Hügeln. Camping/Stellplatz $44, Cabins $60, Selbstversorger-Units $96, Motelzimmer $140

Dunedin Holiday Park, 41 Victoria Rd, ✆ 0800 945 455, 🖥 dunedinholidaypark.co.nz. Gut ausgestatteter Platz am St Kilda Beach, 5 Automin. vom Zentrum und mit dem

Brockville–St Kilda-Bus zu erreichen (ab Octagon, Stand 1). Camping/Stellplatz $36, Cabins $50, Cabins mit Bad $91, Motel Units $127

Dunedin hat eine ordentliche Auswahl an Esslokalen, von Cafés bis zu feinen Restaurants, besonders in der Umgebung des Octagon und an der George Street. Spannende Optionen gibt's auch im Vorort Roslyn und im Strandort St Clair. Lebensmittel bietet der zentral gelegene Supermarkt **Countdown**, 309 Cumberland St.

Zentrum

Asian Restaurant, 43 Moray Place, ☎ 03 477 6673. Das beste chinesische Restaurant der Stadt mit den üblichen Klassikern wie gebratene Nudeln ($6, große Portion $9) in munterer Atmosphäre. Alkoholausschank und BYO. ⏰ Mo–Sa 12–14 und 17–22 Uhr oder später, So 17–22 Uhr.

Best Café, 30 Lower Stuart St, ☎ 03 477 8059. Eine lokale Institution. Auf der Speisekarte stehen 8 Sorten frischer Fisch, dazu Fritten und Weißkohlsalat (1 Stück $9–12; 3 Stücke $19–23), außerdem je nach Saison Austern und Whitebait-Bratlinge. Alkoholausschank und BYO. ⏰ Mo–Do 11.30–14.30 und 17–20, Fr und Sa 11.30–14.30 und 17–21 Uhr.

Etrusco, First floor, 8 Moray Place, ☎ 03 477 3737, 🖥 etrusco.co.nz. Billige und wahnsinnig begehrte von Italienern geführte Pizzeria und Pastaria (mittelgroße Portionen $15–20; große $20–26). Scheint sich auf positive Art seit den 1980ern kaum verändert zu haben. ⏰ tgl. 17.30–22 Uhr oder später.

Everyday Gourmet, 466 George St, ☎ 03 477 2045, 🖥 everydaygourmet.net.nz. Entspanntes Plätzchen für ein leichtes Frühstück oder Mittagessen aus frischem Salat, Bagels, Gourmetpies usw. oder Deftigeres wie Räucherlachs-Risotto. ($14). Dient gleichzeitig als Feinkostgeschäft. ⏰ Mo–Fr 7.30–17.30, Sa 8–15 Uhr.

The Good Earth, 765 Cumberland St, ☎ 03 471 8554. Kunst schmückt die weißen Wände dieses überwiegend Bio- und Fairtrade-Cafés mit Parkblick durch große Fenster. Hier werden Kaffee, Snacks und Mittagsgerichte

wie marokkanisches Hühnchen an Couscous und Salat ($16) gereicht. ⏰ Mo–Fr 7–17, Sa und So 9–17 Uhr.

Mazagram, 36 Moray Place, ☎ 03 477 9959. Das winzige Café für Kaffeefreaks hat eine eigene Rösterei. Der Barista entscheidet jeden Morgen, welche Mischung gerade angesagt ist. Auch Verkauf. ⏰ Mo–Fr 8–17, Sa 10–14 Uhr.

🧳 **Modaks**, 318 George St, ☎ 03 477 6563. Witziges, ausgefallenes Café mit Popart aus örtlicher Produktion an den Wänden und einem umwerfenden Espresso. Jede Menge vegetarische und vegane Speisen. Tipp: das mexikanische Eier-Frühstück ($16), zu dem köstliches, glutenfreies Jalapeño-Brot serviert wird. ⏰ Mo–Fr 7.30–18, Sa und So 8–18 Uhr.

Otago Farmers' Market, auf dem Parkplatz der Dunedin Railway Station, 🖥 otagofarmersmarket.org.nz. Samstagmorgens stellen hier Obst-, Gemüse- und Seafoodverkäufer aus der Region ihre begehrten Stände auf. ⏰ Sa 8–12 Uhr.

The Palms, 18 Queens Gardens, ☎ 03 477 6534, 🖥 palmsrestaurant.co.nz. Freundliches, unter Einheimischen beliebtes Lokal mit Blick auf die Queens Gardens und Gerichten wie Lammkoteletts mit Polenta und Auberginenpürée ($34). Schanklizenz und BYO. ⏰ Mo–Fr 12–14 und 18–22 Uhr oder länger, Sa und So 18–22 Uhr oder länger.

🧳 **Plato**, 2 Birch St, ☎ 03 477 4235, 🖥 platocafe.co.nz. Die Einwohner von Dunedin scheuen weder die Straßenüberführungen noch Bahnschienen, um in diesem erstklassigen, legeren Bistro in einem ehemaligen Matrosenheim der 1960er-Jahre einzukehren. Ganz oben auf der ständig wechselnden Speisekarte stehen natürlich Meeresfrüchte, z. B. Fischcurry mit Spinat, Kokosnuss und Garnelen ($33). ⏰ Mo–Sa 18–22 Uhr oder später, So 11–22 Uhr.

Potpourri Vegetarian Cafe, 97 Lower Stuart St, ☎ 03 477 9983. Man muss kein Veggie sein, um in dem etablierten vegetarischen Café mit botanischen Zeichnungen an den nackten Ziegelwänden auf seine Kosten zu kommen. Es hat leckere Körner-Fruchtschnitten, Tagessuppen und z. B. Bohnenburrito mit Salat ($14). ⏰ Mo–Fr 8.30–15, Sa 9–15 Uhr.

VON DUNEDIN NACH STEWART ISLAND

Scotia, 199 Upper Stuart St, ☎ 03 477 2993, 🖵 scotiadunedin.co.nz. Stark schottisch angehauchtes Restaurant und Bar in der behaglichen Atmosphäre eines umgebauten viktorianischen Reihenhauses. Neben Emerson's vom Fass, über 300 Whiskysorten und dem freundlichen, effizienten Service besticht das Kiwi-Bistrofood mit schottischem Beiklang wie *haggis, neeps* und *tatties* (Vorspeise $16; Hauptgericht $26) und üppige Nachspeisen. ⊕ Mo–Fr 10–23, Sa 15–23 Uhr.

The Strictly Coffee Co, 23 Bath St, ☎ 03 479 0017, 🖵 strictlycoffee.co.nz. Vielleicht der beste Kaffee der Stadt – Verkauf pro Tasse oder pro Kilo – in einem kirschroten Tagescafé im Industrieschick mit kleinem Patio. ⊕ Mo–Fr 7.30–16 Uhr.

Roslyn

Highgate Bridge, 300 Highgate, ☎ 03 474 9222. Die wegen der sehr überschaubaren Öffnungszeiten bei ihrer Fangemeinde „The Friday Shop" genannte Bäckerei hat himmlisches Gebäck, Mandelcroissants und das geniale Rachel-Scott-Brot im Sortiment. ⊕ Fr 7.30–16 Uhr.

Rugby in Dunedin

Wer Dunedin in Partystimmung erleben möchte, begibt sich zu einem **Rugbymatch** ins 30 000 Plätze umfassende Forsyth Barr Stadium, 🖵 forsythbarrstadium.co.nz, 130 Anzac Avenue, 2 km östlich vom The Octagon. Die Stadt ist stolz darauf, das einzige komplett überdachte, Naturrasen-Stadion zu besitzen, doch die Baukosten von $200 Mio. für die rechtzeitig zum Rugby World Cup 2011 fertig gewordene Anlage stießen nicht überall auf Begeisterung. Highlanders-Super-15-Games finden während der Spielzeit (Ende Feb–Juli) jedes zweite Wochenende statt, manchmal auch Spiele der All Blacks (meist Mai–Okt). Einen kostenlosen Spielplan erhält man im Laden The Champions of the World shop, 8 George St, wo auch Tickets verkauft werden. ⊕ Mo–Fr 9–17.30, Sa und So 10–16 Uhr; ☎ 03 477 7852.

St Clair

Pier 24, 24 Esplanade, ☎ 03 456 0555, 🖵 hotelstclair.co.nz. Modernes Nobelrestaurant mit herrlicher Aussicht auf die Brandung vor St Clair – rangiert unter den Topadressen Dunedins. Man kann zwar auch bloß auf einen Kaffee oder ein Bier herkommen, aber die eigentliche Anziehungskraft geht von den Kochkünsten Michael Coughlins aus. Vorspeisen um $21, Hauptgerichte um $36. ⊕ tgl. 7–21 Uhr oder später.

Salt, 240 Forbury Rd, ☎ 03 455 1077, 🖵 saltbar.co.nz. Das unaufgeregte Bar-Restaurant im Art-déco-Stil bietet im Winter Kaminfeuer und im Sommer Tische auf dem Bürgersteig. Mittags gibt's z. B. Caesar-Salat mit Hühnchenfleisch ($18), abends Linguine mit Riesengarnelen ($25). ⊕ Mo–Fr 10–22, Sa und So 9–22 Uhr.

UNTERHALTUNG UND KULTUR

Wie in allen anständigen Unistädten wird auch hier gern und oft ins Glas geschaut. In vielen der Dutzenden von **Kneipen und Bars** wird Bier im englischen und deutschen Stil von der besten Kleinbrauerei der Stadt, Emerson's, gezapft. Am Wochenende treten (in den hier genannten Lokalitäten sowie im Chicks in Port Chalmers) oft **Bands** aus der Stadt auf – in den Semesterferien sind manche Tanzflächen allerdings verwaist.

Veranstaltungshinweise sind dem kostenlosen Wochenblatt *Ink* zu entnehmen, erhältlich beim i-SITE, in Cafés und Lokalen.

Pubs, Bars und Clubs

Albar, 135 Stuart St, ☎ 03 479 2468. Einladende, beliebte auf Schottisch getrimmte Bar mit gutem Angebot an Whisky, europäischem und neuseeländischem Flaschenbier und vielen Kiwi-Mikrobrauereibieren vom Fass. Auf der ansonsten authentischen Tapas-Karte ($5–8) steht ungewöhnlicherweise auch schottisches Haggis. Dienstagabends ist keltische Gitarrenmusik angesagt, manchmal auch Whisky-verkostung. ⊕ Mo–Sa 11–24, So 12–22 Uhr.

Cook Tavern, 354 Great King St, ☎ 03 474 1935. Die abgefahrene Studentenkneipe gehört unbedingt zum Dunedin-Erlebnis, ist aber nichts für Zimperliche. Der Laden lockt v. a. sehr junge

Studis mit billigem Essen, noch billigeren Getränke und grotesken Unterhaltungsevents. Angeblich hat „The Cook" den höchsten Bierumsatz aller Kneipen in Neuseeland. ⊕ tgl. 12–15 Uhr.

Inch Bar, 8 Bank St, ✆ 03 473 6496. Die gemütliche Eckkneipe ist eine Abwechslung zu den Downtownlokalen. Hier gibt's Fassbiere (darunter verschiedene Emerson's), Tapas ($15) oder eine Schüssel voll *patatas bravas* ($10). ⊕ tgl. 15–23 Uhr oder später, im Winter Mo geschl.

Pequeño, am Ende der Gasse neben 12 Moray Place, ✆ 03 477 7830, 🖳 pequeno.co.nz. Schummrige Bar mit Ledersofas und Bänken um den Kamin. Exzellente Weine und Cocktails, Donnerstagabend Live-Jazz. (meist Swing oder Funk). ⊕ Mo–Fr 17–1 Uhr oder länger, Sa 19–3 Uhr oder länger.

Sammy's, 65 Crawford St, ✆ 03 477 2185. Livemusik und DJs, Abende mit offener Bühne sowie Installationen und Ausstellungen, außerdem gastieren Musiker aus der ganzen Welt. Hier ist erst spät was los. Eintritt je nach Veranstaltung. ⊕ tgl. ab 23 Uhr.

Speight's Ale House, 200 Rattray St, ✆ 03 471 9050, 🖳 thealehouse.co.nz. Das gut besuchte, geräumige Pub von Speight's direkt bei der Brauerei hat gutes Bier und Essen, auch wenn die Einrichtung eher kitschig daherkommt. ⊕ tgl. 11.30–22 Uhr oder länger.

Tonic, 138 Princes St, ✆ 03 471 9194, 🖳 tonicbar.co.nz. Wunderbare kleine Bar mit Bier von jeder guten Kleinbrauerei Neuseelands, Emerson's vom Fass, einer guten Weinkarte, Antipasti ($18) und freundlichen Stammgästen – toll! ⊕ Di–Do 16–23, Fr 15.30–1, Sa 18–1 Uhr.

Kinos

Hoyts, 33 The Octagon, ✆ 03 477 3250, 🖳 hoyts.co.nz. Das Multiplex hat immer die aktuellsten Blockbuster im Programm.

Metropolis Cinema, Town Hall, Moray Place, ✆ 03 471 9635, 🖳 metrocinema.co.nz. Mit nur 56 Sitzen ein wunderbarer Ort, um Arthouse- und Mainstream-Filme für schlappe $13 anzuschauen. Popcorn ist out, aber einen Kaffee kann man mit reinnehmen. Unbedingt reservieren.

Rialto, 11 Moray Place, ✆ 03 474 2200, 🖳 rialto.co.nz. Gut für Mainstream-Filme.

Theater und klassische Musik

Abgesehen von den Festivals weist Dunedin das ganze Jahr über eine pulsierende Theaterlandschaft auf, und der Fachbereich Musik der University of Otago veranstaltet regelmäßig öffentliche Konzerte (Infos beim i-SITE).

Allen Hall, 90 Union St East, ✆ 03 479 8896. Bühne der Schauspielschüler der Universität; meist alternatives Theater, günstiger Eintritt.

Fortune Theatre, 231 Stuart St, ✆ 03 477 8323, 🖳 fortunetheatre.co.nz. In einer umgebauten neugotischen Kirche werden neue Werke neuseeländischer Dramatiker, experimentelles Theater, populäre Stücke im Broadway-Stil sowie gelegentlich Musicals aufgeführt. Tickets um $40. Jan–Mitte Feb geschlossen.

Globe, 104 London St, ✆ 03 477 3274, 🖳 globe theatre.org.nz. Sehr kleines Theater. Bringt zeitgenössische Stücke, klassisches Drama und experimentelle Arbeiten zur Aufführung. Tickets $20.

Feste in Dunedin

Dunedin Summer Festival, Mitte Februar finden jede Menge lokaler Events statt, z. B. ein Trolley-Derby, ein Straßenrennen und das Baldwin Street Gutbuster.

Fringe Festival, 🖳 dunedinfringe.org.nz. 10-tägiges Kunst- und Kulturfestival mit Straßenkünstlern, Kurzfilmen, Comedy und Ausstellungen. Normalerweise Mitte März.

New Zealand International Film Festival, 🖳 nzdff.co.nz. Eine Mischung aus Independent- und Prerelease-Mainstream-Filmen. Anfang–Mitte August.

Otago Festival of the Arts, 🖳 otagofestival.co.nz. Niveauvolles Kulturfestival mit Opern- und Theateraufführungen sowie viel Musik. Findet in jedem geraden Jahr von Ende September bis Anfang Oktober statt.

Scottish Week, Mit täglichen Konzerten, Dudelsack-Musik und Highland-Tänzen werden die kulturellen Wurzeln der Stadt gefeiert. Ende September.

VON DUNEDIN NACH STEWART ISLAND

Mayfair Theatre, 100 King Edward St, ℡ 03 455 4962, 🖳 mayfairtheatre.co.nz. Heimatbühne der Dunedin Opera Company, die jährlich zwei oder drei verschiedene Stücke aufführt.
Regent, 17 The Octagon, ℡ 03 477 6481, 🖳 regenttheatre.co.nz. Das größte und prächtigste Theater der Stadt dient als Bühne für Musicals, Ballett, Gastaufführungen, Comedy, das New Zealand Symphony Orchestra, die Dunedin's Southern Sinfonia und das Filmfestival der Stadt.

EINKAUFEN

Bivouac, 171 George St, ℡ 03 477 3679, 🖳 bivouac.co.nz. Verleih und Verkauf von hochwertiger Wander-, Bergsteiger- und Skiausrüstung. ⏱ Mo–Fr 9.30–17.30, Sa und So 10–16 Uhr.
Plume, 310 George St, ℡ 03 477 9358. Das hervorragende Damenmodengeschäft wird von Margi Robertson geführt, der Begründerin des Kiwi-Toplabels Nom*D. ⏱ Mo–Do 9–17.30, Fr und Sa 9–18.30, So 10–16 Uhr.
R & R Sport, 70 Stuart St, ℡ 03 474 1211, 🖳 rrsport.co.nz. Outdoorladen mit Dunedins größter Auswahl an Freizeit- und Sportausrüstung. ⏱ Mo–Do 9–17.30, Fr 9–18, Sa 9.30–16, So 10.30–16 Uhr.
Salisbury Boutique, 104 Bond St, ℡ 03 477 3933, 🖳 salisburyboutique.co.nz. Cooler Designershop in einem aufstrebenden Stadtviertel, gut für Designerklamotten, Schmuck und Kunst. ⏱ Do und Fr 16–20, Sa 11–20 Uhr.
University Bookshop, 378 Great King St, gegenüber dem Otago Museum, ℡ 03 477 6976, 🖳 unibooks.co.nz. Gut sortiertes, unabhängiges Büchergeschäft auf 2 Etagen. Sonderangebote im Obergeschoss. ⏱ Mo–Fr 8.30–17.30, Sa 9.30–15, So 11–15 Uhr.

SONSTIGES

Apotheke
Urgent Pharmacy, 95 Hanover St, ℡ 03 477 6344, ⏱ tgl. 10–22 Uhr.

Autovermietungen
Neben den großen nationalen und internationalen Verleihern gibt es einige gute lokale

Mietwagenfirmen, z. B. **Rhodes**, 124 St Andrew St, ℡ 0800 746 337, 🖳 rhodesrentals.co.nz, und **Ace Rentals**, ℡ 0800 502 277, 🖳 acerental cars.co.nz.

Fahrräder
Cycle World, 67 Stuart St, ℡ 03 477 7473, vermietet Räder ab $25 pro halbem Tag oder $40 pro Tag (Radtaschen $5).
Offtrack, ℡ 03 453 6582, 🖳 offtrack.co.nz, hat Mountainbikes für $35 pro Tag.

Geld
Filialen aller großen **Banken** finden sich in der George Street und Princes Street – alle mit Geldautomaten. Wer samstags Geld braucht, geht zur **ANZ**, George St, Ecke Hanover St. ⏱ Sa 10–14 Uhr. An Sonn- und Feiertagen bietet das i-SITE einen Geldwechselservice.

Informationen
i-SITE, 26 Princes St, ℡ 03 474 3300, 🖳 isitedunedin.co.nz. Reservierung von Unterkünften, Transportmitteln und Touren sowie Ausgabe vieler Wander- und Radbroschüren, u. a. *Walk the City* ($4) mit Beschreibung eines schönen Rundgangs durch das Zentrum von Dunedin, sowie *A Walking Guide to Dunedin* ($5) für längere Spaziergänge und Wanderungen. ⏱ Dez–März Mo–Fr 8.30–18, Sa und So 8.45–18, April–Nov tgl. 8.30–17 Uhr.
DOC, 77 Stuart St, ℡ 03 477 0677. ⏱ Mo–Fr 8.30–17 Uhr.

Internet
Kostenlosen Internetzugang gibt's in der **Dunedin Public Library**, John St, Ecke Stewart St, ℡ 03 474 3690, ⏱ Mo–Fr 9.30–20, Sa und So 11–16 Uhr, und auf dem **Octagon**.

Medizinische Hilfe
Dunedin Hospital, 201 Great King St, ℡ 03 474 0999, nur für Notfälle. Außerhalb der üblichen Sprechzeiten sind Ärzte in der 95 Hanover St, ℡ 03 479 2900, anzutreffen. ⏱ tgl. 8–23.30 Uhr.

Post
Postamt, 233 Moray Place.

VON DUNEDIN NACH STEWART ISLAND

Reisebüros

Flight Centre, 373 George St,
✆ 03 479 0020, ◷ Mo–Fr 9–17.30,
Sa 10–16 Uhr.

NAHVERKEHR

Auto

Im Stadtkern herrscht ein Einbahnstraßensystem, das in Nord-Süd-Richtung durch die Innenstadt verläuft und die Straßen Cumberland, Castle, Great King und Crawford betrifft.
An **Parkplätzen** herrscht eigentlich kein Mangel: Im Zentrum gibt es zwar einige Verbotszonen, aber auch viele günstige Stellplätze mit Parkuhren, und bereits wenige Hundert Meter außerhalb kann man seinen Wagen den ganzen Tag umsonst abstellen.

Stadtbusse

Dunedin besitzt ein effizientes Stadtbusnetz (normalerweise Mo–Fr 7.30–23 Uhr, Sa und So eingeschränkt; 🖳 orc.govt.nz). Statt einer Nummer steht in der Regel die Route auf dem Bus, z. B. Normanby–St Clair, die nützlichste Strecke, die vom Strand quer durch die Stadt am Botanischen Garten vorbei bis zur Baldwin Street führt.
Der **Fahrpreis** richtet sich nach Zonen: Das Stadtzentrum ist Zone One ($1,90), Portobello liegt in Zone Seven ($6,40). Alle Busse mit Ausnahme die Linien nach Port Chalmers und zur Otago Peninsula starten im oder passieren das Stadtzentrum und halten am Octagon.

Taxis

Der praktischste Taxistand befindet sich am Octagon, zwischen George und Stuart St. Funktaxen bietet **Dunedin Taxis**, ✆ 03 477 7777.

TRANSPORT

Busse

Dunedin ist ein lokaler Bus-Verkehrsknotenpunkt. Der **Atomic/NakedBus** fährt (von der Dunedin Railway Station) nach Christchurch, Invercargill, Queenstown und Wanaka; **Catch-A-Bus South**, ✆ 03 479 9960, 🖳 catchabussouth.co.nz, nach Gore und Invercargill

(nicht am Sa); **InterCity/Newmans** fährt von der 205 St Andrew's St nach Queenstown via Alexandra und Cromwell, Christchurch via Oamaru und Timaru, Invercargill und Te Anau; **Knightrider**, ✆ 03 342 8055, 🖳 knightrider. co.nz, fährt nach Christchurch, und **Wanaka Connexions** von der Dunedin Railway Station nach Wanaka und Queenstown.

Busse nach:
ALEXANDRA 4x tgl., 3 Std.;
BALCLUTHA 4–5x tgl., 1 1/2 Std.;
CHRISTCHURCH 5–6x tgl., 5–6 Std.;
CROMWELL 4x tgl., 3 1/2 Std.;
GORE 4–5x tgl., 2 1/2 Std.;
INVERCARGILL 4–5x tgl., 3 1/2 Std.;
LAWRENCE 3x tgl., 1 1/2 Std.;
OAMARU 5–6x tgl., 2 Std.;
QUEENSTOWN 4x tgl., 4–5 Std.;
TE ANAU 1x tgl., 4 1/2 Std.;
WANAKA 2–3x tgl., 4 Std.

Eisenbahn

Dunedin liegt nicht an einer der Hauptlinien für Passagierzüge, sondern nur an der **Taieri Gorge Railway** (Kasten S. 677).

Züge nach:
MIDDLEMARCH 1x tgl. (nur im Sommer, Fr und So), 2 1/2 Std.;
PUKERANGI 1–2x tgl., 2 Std.

Flüge

Der Flughafen von Dunedin befindet sich 30 km südlich des Stadtzentrums und 5 km abseits des SH1. Mehrere Shuttlebusunternehmen, z. B. **Super Shuttle**, ✆ 0800 748 885, 🖳 supershuttle. co.nz, verkehren vom Flughafen ins Zentrum ($25 für 1 Pers., $35 für 2) und setzen Passagiere bei Unterkünften in der Innenstadt ab. Ein Taxi kostet um $80.

Flüge nach:
AUCKLAND 3x tgl., 1 Std. 50 Min.;
CHRISTCHURCH 6–8x tgl., 1 Std.;
WELLINGTON 5–6x tgl., 1 1/4 Std.

Außerdem internationale Direktflüge nach Australien.

VON DUNEDIN NACH STEWART ISLAND

Port Chalmers und Umgebung

Etwa 12 km nordöstlich von Dunedin liegt am gewundenen Westufer des Otago Harbour Port Chalmers, eine kleine historische Stadt um einen Containerhafen und einen Anleger für Kreuzfahrtschiffe. Der Ort ist für seine Künstler bekannt, allen voran der gefeierte neuseeländische Maler und Bildhauer **Ralph Hotere**.

Über dem Ort schwebt ein romantischer Hauch von Nostalgie und Vernachlässigung. Viele der aus dem 19. Jh. stammenden Gebäude entlang der Hauptverkehrsstraße George Street wurden jedoch etwas aufgehübscht und beherbergen nun ein paar Geschäfte und Cafés. Und zwei spätviktorianische Kirchen lenken die Aufmerksamkeit von den Containerkränen ab: die elegante presbyterianische **Iona Church** in der Mount Street mit ihrem spitz zulaufenden Steinturm und die von Robert A. Lawson geschaffene anglikanische **Holy Trinity** aus vulkanischem Naturstein in der Scotia Street.

Zu einem gemütlichen Spaziergang lädt der **Back Beach Walk** ein (4 km Rundweg; 1 Std., überwiegend flach). Unterwegs bieten sich Ausblicke auf Goat Island und Quarantine Island im Hafen sowie das Otago Peninsula dahinter: eine Wegskizze bekommt man in der Bücherei.

Geschichte

Port Chalmers wurde 1844 zum Hafen für die geplante schottische Ansiedlung, aus der sich dann Dunedin entwickelte, auserkoren und später Einschiffungshafen mehrerer Expeditionen zum Südpol. 1882 wurde von Port Chalmers zum ersten Mal gefrorenes Fleisch nach Großbritannien verschifft; heute sind die Haupteinnahmequellen des Hafens die Ausfuhr von Wolle, Fleisch und Holz sowie die Kreuzfahrtschiffe.

Dunedin und Otago Peninsula: Organisierte Ausflüge in die Natur

Mit einem eigenen Fahrzeug lässt sich die Halbinsel zwar problemlos allein erkunden, dennoch empfiehlt sich die Teilnahme an einer der geführten Touren.

4 Nature Tours, ☏ 03 472 7647, ▭ 4nature.co.nz. Die Touren mit Schwerpunkt auf Natur und Tierwelt haben die Westseite des Otago Harbour zum Ziel, die Ecosanctuary and Wading Birds Tour (4–5 Std.; $90) beispielsweise geht nach Orokonui.

Elm Wildlife Tours, ☏ 0800 356 563, ▭ elmwildlifetours.co.nz. Exzellente, unter ökologischen Gesichtspunkten geführte Nachmittagsbustour von Dunedin aus (in der Regel 5–6 Std., $99), auf denen man das Albatross Centre besucht und zahlreiche Tiere beobachten kann. Eingeschlossen werden können ein Besuch der Albatroskolonie ($125), eine 1-stündige Bootsfahrt auf der *Monarch* ($148) oder eine Kombi aus allem (8 Std.; $208). Familien, Rucksackreisende und Studenten erhalten auf allen Trips $10 Rabatt.

Monarch Wildlife Cruises & Tours, 20 Fryatt St, Dunedin, ☏ 0800 666 272, ▭ wildlife.co.nz. Veranstaltet kurze Fahrten auf einem umgebauten Fischerboot mit Kombüse und Alkoholausschank um Taiaroa Head (Sommer 5x tgl.; Winter 1–2x tgl.; 1 Std.; $49) herum. Abfahrt an der Wellers Rock Jetty am Zipfel der Otago Peninsula. Kombinierbar mit einem Abstecher zum Albatross Centre ($80). Wer nicht vorhat, in Eigenregie auf die Halbinsel hinauszufahren, entscheidet sich am besten für die Wildlife Tour (9 und 15.30 Uhr, 3 1/2 Std.; $89). Sie beginnt an der Anlegestelle in Dunedin, umrundet den Taiaroa Head und endet am Wellers Rock, von wo es per Bus nach Dunedin zurückgeht. Es sind auch verschiedene Kombinationen aus Albatross- und Pinguincentre-Besuchen möglich.

Wild Earth Adventures, ☏ 03 489 1951, ▭ wildearth.co.nz. Eine oft geradezu magische Perspektive der Küste und der Tierwelt bietet sich bei Seekajaktouren um den Taiaroa Head oder Portobello (beide 4 Std.; davon rund 2 Std. auf dem Wasser $115). Ein besonderer Renner unter den übrigen Trips ist die Twilight Tour (Okt–März; 3–5 Std.; $115) mit Tierbeobachtung in der Stille des Abends mit den Lichtern von Dunedin im Hintergrund.

Regional Maritime Museum

19 Beach St ▪ ⏱ Mo–Fr 9–15, Sa und So
13.30–16.30 Uhr ▪ Spende

Beim Hafen trifft die George Street auf die
Beach Street. Hier ist in einem ehemaligen
Postamt von 1877 ein kleines **Museum** untergebracht, randvoll mit Dingen, die mit der Seefahrt zu tun haben, Schiffsmodellen und lokal-
geschichtlichen Ausstellungsstücken über die
Besiedlung.

Orokonui Ecosanctuary

600 Blueskin Rd, 3,5 km nördlich von Port Chalmers
▪ ⏱ tgl. 9.30–16.30 Uhr; einstündige Führung tgl.
11 Uhr; zweistündige Führung tgl. 11.30 Uhr;
After-dark-Tour Di und So bei Abenddämmerung ▪
$15,90; einstündige Führung $30; zweistündige
Führung $45; After-dark-Tour $69 ▪ ☎ 03 482 1755,
🖥 orokonui.org.nz

Das **Orokonui Ecosanctuary** ist nach dem Vorbild des Karori Sanctuary in Wellington (S. 489)
gestaltet und ist Teil der breiten Angebotspalet-
te an Tierbeobachtungsmöglichkeiten im Umkreis von Dunedin.

Der Rundgang beginnt am umweltfreundlich aus ausgedienten Schiffscontainern gestalteten Visitor Centre. Das Zentrum bietet
jede Menge Informationen, und vom Café genießen die Gäste wunderbare Ausblicke aufs
Tal. Aber die wirklichen Highlights halten sich
hinter dem 8,7 km langen Raubtierschutzzaun
in einem 3 km² großen nachwachsenden Waldgebiet mit teilweise über 100 Jahre alten Bäumen auf: ausgesiedelte einheimische Vögel,
Tuataras und Glattechsen. Zu den hier anzutref-
fenden Vertretern der Vogelwelt zählen Maorischnäpper, Zwergschlüpfer, Maorigerygonen,
Finschias, Sattelstare, Makomakos, Tuis, Graufächerschwänze und Kakas. Besucher können
auf eigene Faust durch das Schutzgebiet streifen, aber mehr lernt (und sieht), wer sich einer
Führung anschließt.

Anfahrt entweder mit dem eigenen Fahrzeug (30 Min. von Dunedin) oder im Rahmen einer Wildlifetour (Kasten S. 675). Öffentliche Verkehrsmittel halten hier nicht.

Abgesehen von den aufgelisteten Esslokalen
stehen auch mehrere reizvoll gelegene
Picknickstellen entlang der Peninsula Beach
Road zur Verfügung, gleich hinter dem Hafen.

🛏 **Billy Brown's**, 423 Aramoana Rd,
Hamilton Bay, 5,5 km nördlich von
Port Chalmers, ☎ 03 472 8323, 🖥 billybrowns.
co.nz. Das witzig designte First-Class-Hostel
liegt isoliert zwischen Ackerland in einer
Gegend, in der nur wenige Leute absteigen
würden, wenn die Unterbringung nicht so
fantastisch wäre. Die Herberge punktet mit
umwerfender Aussicht, Kaminfeuer, haufenweise Vinyl und Betten mit Bettzeug, hat aber
weder TV noch Internet. Nur 9 Betten, daher
vorausbuchen! Dorms $28, Zimmer $70

Carey's Bay Historic Hotel, 17 Macandrew Rd,
1 km nördlich der Stadt, ☎ 03 472 8022,
🖥 careysbayhotel.co.nz. „Seemannskneipe"
in einem Gebäude Baujahr 1874, dessen
Restaurant auf Seafood spezialisiert ist, z. B.
großzügig gefüllte Platten mit Jakobsmuscheln,
Venusmuscheln, Tintenfisch und Garnelen
($24–42). Manchmal Livemusik. ⏱ tgl. 10.30–
22 Uhr, im Winter abends geschl.

Chicks Hotel, 2 Mount St, ☎ 03 472 5074.
Die geniale Livemusiklocation und Pub in
einem charaktervollen Steingebäude von 1876
mit einem Totenkopfsymbol hat für Jamsessions
geöffnet und wenn Bands spielen. Ein ganzes
Stück außerhalb von Dunedin, aber den
Weg wert. ⏱ fast jeden Freitag- und Samstagabend.

🛏 **Port Royale**, 10 George St,
☎ 03 472 8283. Cooler Laden mit Blick
auf die Hauptstraße. Eine super Adresse für
vorzüglichen Kaffee und ein Muffin oder ein
schlichtes Mittagsgericht wie Bohnen-Speck-
Kartoffelpastete mit Salat ($12) und ein Bier
im überdachten Patio. ⏱ Mo–Fr 8–16.30,
Sa und So 8.30–16.30 Uhr.

Library, 20 Beach St, ☎ 03 474 3690.
In der Bücherei gibt es Infobroschüren
zur Region und kostenlosen Internetzugang.
⏱ Mo–Mi und Fr 9.30–17.30, Do 9.30–20,
Sa 11–14 Uhr.

Eine Fahrt mit Dunedins Museumseisenbahn

Am Bahnhof von Dunedin beginnen zwei traumhafte Zugfahrten, beide veranstaltet von der **Taieri Gorge Railway**, ☎ 03 477 4449, 🖥 taieri.co.nz. Eine führt durch die Taieri Gorge ins Binnenland, die andere durch eine spektakuläre Küstenlandschaft Richtung Norden nach Palmerston.

Die Taieri-Gorge-Route
Bei der 77 km langen Taieri-Gorge-Fahrt nach Nordwesten eröffnet sich eine wilde Gebirgslandschaft. Die zwischen 1879 und 1921 erbaute Bahnlinie war in ihren besten Zeiten 235 km lang und reichte bis zur alten Goldgräberstadt Cromwell. Sie war gebaut worden, um Vorräte von Dunedin und landwirtschaftliche Produkte und Vieh Richtung Hafen zu befördern. Der Handelsverkehr wurde 1990 eingestellt und ein Großteil der Strecke in den Otago Central Rail Trail (Kasten S. 821) verwandelt; der spektakulärste Abschnitt durch die Schieferfelsen der Taieri Gorge blieb jedoch bestehen und erfreut heute zu jeder Jahreszeit die Reisenden.
Die meisten Züge fahren bis Pukerangi (58 km von Dunedin), einer einsamen Haltestelle nahe dem höchsten Punkt der Bahnlinie (250 m). Dort wird ein Weilchen angehalten, dann geht's wieder zurück. Manchmal fährt der Zug 19 km weiter bis in die alte Goldgräberstadt **Middlemarch** (S. 824).

Fahrt durch die Taieri Gorge
Der klimatisierte Zug setzt sich aus modernen Stahlwaggons mit großen Panoramafenstern und restaurierten Holzwagen aus den 1920er-Jahren zusammen. Für Rucksäcke und Fahrräder gibt es einen Stauraum, zudem verfügt der Zug über eine Snackbar mit Schanklizenz.
Die Taieri-Gorge-Bahn verkehrt ziemlich oft. Im Sommer fahren normalerweise 2 Züge tgl. von Dunedin nach Pukerangi und zurück (Sep Sa und So um 9.30 und 12.30 Uhr; Okt–April tgl. außer Fr und So 9.30 und 14.30 Uhr; hin und zurück $86; einfach $57; hin und zurück 4 Std.). Im Sommer fährt der Zug zweimal in der Woche von Pukerangi noch weiter bis Middlemarch (Okt–April Fr und So 9.30 und 14.30 Uhr; Rückfahrkarte $99; einfache Strecke $66; hin und zurück 6 Std.).

Kombination aus Taieri Gorge und Rail Trail
Abgesehen von den Tagesausflügen bietet sich die Bahn auch für eine Fahrt landeinwärts Richtung Wanaka und Queenstown ($138) an. Ein Bus erwartet die Passagiere in Pukerangi oder Middlemarch und fährt über die Maniototo-Ebene (S. 819) nach Queenstown ($148): Reservierung bei der Taieri Gorge Railway.
Auf **Radfahrer** – Drahtesel reisen kostenlos, die Mitnahme muss aber angemeldet werden – wartet am Ende des Schienenstrangs der Otago Central Rail Trail. Wer kein eigenes Rad mitbringt, wendet sich an Offtrack (Kasten S. 665) oder einen der Rail-Trail-Spezialisten (Kasten S. 675).

Der Seasider
Eine völlig andere, aber nicht minder schöne Zugfahrt führt mit dem **Seasider** von der Dunedin Railway Station 66 km entlang der Küste gen Norden nach Palmerston. Anfänglich folgt sie der Uferböschung des Otago Harbour, später schlängelt sie sich durch Port Chalmers zur Blueskin Bay. Auf der Strecke jagt ein zauberhafter Ausblick den anderen. Die Touristenbahn (hin und zurück $86; einfache Strecke $57; hin und zurück 4 Std.) verkehrt das ganze Jahr hindurch, allerdings nur sporadisch (Fahrplan s. Website) und legt 30 Min. Kaffeepause in Palmerston ein.

VON DUNEDIN NACH STEWART ISLAND

TRANSPORT
Busse
Die **Busse** 13 und 14 von Dunedin nach Port Chalmers fahren vom Stand 4 gegenüber vom Countdown-Supermarkt in der Cumberland Street und halten 25 Min. später in der George Street; sonntags fahren sie allerdings nur sporadisch.

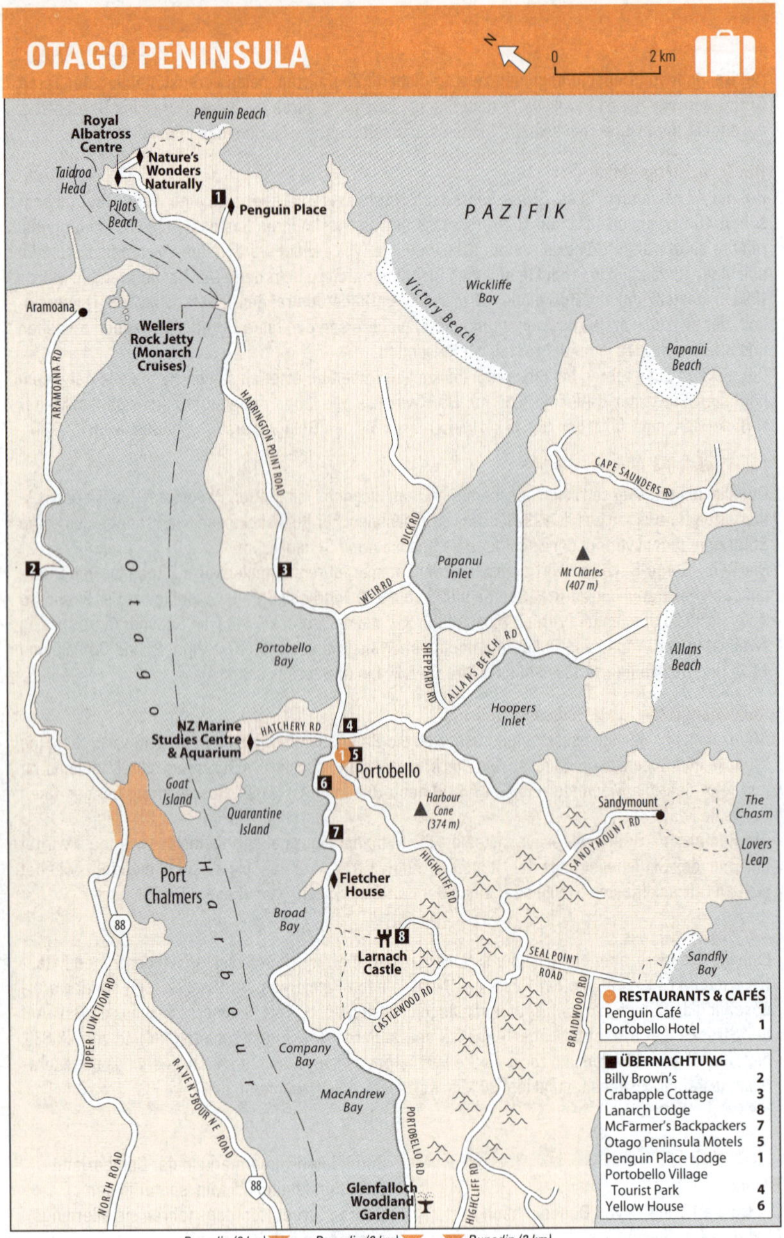

OTAGO PENINSULA

0   2 km

Penguin Beach

Royal Albatross Centre

Taidroa Head

Nature's Wonders Naturally

Pilots Beach

1 Penguin Place

P A Z I F I K

Aramoana

Victory Beach

Wickliffe Bay

Wellers Rock Jetty (Monarch Cruises)

Papanui Beach

ARAMOANA RD

HARRINGTON POINT ROAD

CAPE SAUNDERS RD

2

3

O t a g o

DILGER D

WEIR RD

Papanui Inlet

Mt Charles (407 m)

SHEPPARD RD

ALLAN'S BEACH RD

Allans Beach

Portobello Bay

Hoopers Inlet

HATCHERY RD

NZ Marine Studies Centre & Aquarium

4

1 5 **Portobello**

6

Harbour Cone (374 m)

Sandymount

The Chasm

Goat Island

Quarantine Island

7

SANDYMOUNT RD

Lovers Leap

HIGHCLIFF RD

Fletcher House

H a r b o u r

Port Chalmers

Broad Bay

SEAL POINT ROAD

8

Larnach Castle

BRAIDWOOD RD

Sandfly Bay

88

CASTLEWOOD RD

UPPER JUNCTION RD

Company Bay

RAVENSBOURNE ROAD

MacAndrew Bay

PORTOBELLO ROAD

NORTH ROAD

88

HIGHCLIFF RD

Glenfalloch Woodland Garden

● RESTAURANTS & CAFÉS
Penguin Café	1
Portobello Hotel	1

■ ÜBERNACHTUNG
Billy Brown's	2
Crabapple Cottage	3
Lanarch Lodge	8
McFarmer's Backpackers	7
Otago Peninsula Motels	5
Penguin Place Lodge	1
Portobello Village Tourist Park	4
Yellow House	6

Dunedin (2 km) ▼   *Dunedin (2 km)* ▼   ▼ *Dunedin (2 km)*

Otago Peninsula

Nordöstlich von Dunedin trennt eine 35 km lange, gebogene Landzunge den Otago Harbour vom Pazifischen Ozean: die **Otago Peninsula**. Vor ihrer spektakulären Bergkulisse bietet die Halbinsel weite Ausblicke auf die Bucht, das Meer und Dunedin und das ganze Jahr über die besten Möglichkeiten, Neuseelands **Meeresbewohner** zu beobachten.

Die lohnendsten Tierbeobachtungs-Spots liegen an der Spitze der Halbinsel, **Taiaroa Head** (weniger als eine Autostunde von Dunedin). Dort produziert das durch den Kontinentalschelf nach oben gepresste Wasser ständig ein üppiges Nahrungsangebot. An diesem Ort brütet in der weltweit einzigen Festlandkolonie von Albatrossen der majestätische **Königsalbatros**.

Am Ufer tummeln sich außerdem **Pinguine** (Zwergpinguine und die seltenen Gelbaugenpinguine) sowie Neuseeländische Pelzrobben, während die Klippen weitere Seevögel beheimaten, darunter drei Arten von **Scharben**, **Dunkle Sturmtaucher** und verschiedene Möwenarten. An den anderen Stränden und kleinen Buchten der Halbinsel finden sich eine große Vielfalt an Stelz- und Wasservögeln sowie gelegentlich **Neuseeländische Seelöwen**. Vor der Küste sind Killer- und andere **Wale** zu sehen.

Von den ausgezeichneten Wildlife-Touren abgesehen, bieten sich die besten Tierbeobachtungsmöglichkeiten an einigen **Stränden**. In die Sandfly Bay (Kasten S. 682) kehren am Spätnachmittag Gelbaugenpinguine heim, und kurz vor Sonnenuntergang steuern Zwergpinguine den Pilots Beach an.

Sobald sie den Otago Harbour hinter sich gelassen hat, verlässt die Portobello Road auch die südlichen Vororte Dunedins und schlängelt sich an der Küste entlang durch malerische Buchten. Hat man Portobello mit seinen Unterkünften und Esslokalen passiert, geht es auf der Harington Point Road weiter zum Taiaroa Head.

Highlights, die nicht direkt mit Tieren zu tun haben, sind die wunderbare Parklandschaft von **Glenfalloch**, das ausgezeichnete **Marine Studies Centre & Aquarium**, das vornehme Larnach Castle und eine Reihe von **Wanderwegen** über öffentliches und privates Gelände zu faszinierenden Aussichtspunkten und ungewöhnlichen, von Lavaströmen geformten Landschaften.

Glenfalloch Woodland Garden

430 Portobello Rd, 11 km östlich von Dunedin ▪ ⏱ tgl. Sonnenauf- bis Sonnenuntergang ▪ Eintritt $5 ▪ ✆ 03 476 1006, 🖥 glenfalloch.co.nz

Der romantische **Glenfalloch Woodland Garden** besteht aus einem 1,2 km² großen Gelände mit Blumenbeeten und Busch rings um einen Landsitz von 1871. Das darin befindliche kleine Café hat eine Schanklizenz. Zwischen Mitte September und Mitte Oktober entzünden blühende Rhododendren, Azaleen und Camelien ein wahres Farbfeuerwerk.

Larnach Castle

145 Camp Rd, Company Bay ▪ ⏱ tgl. 9–17 Uhr; Außenanlagen tgl. Okt–März 9–19; April–Sep 9–17 Uhr ▪ Schloss und Park $28; nur Außenanlagen $12,50 ▪ ✆ 03 476 1616, 🖥 larnachcastle.co.nz ▪ Entweder mit dem Peninsula-Bus zur Company Bay und von dort aus 5 km den Wegweisern folgend bergan, oder zur Broad Bay und von dort steilere 2 km Fußweg

In Company Bay sind es noch 4 km landeinwärts auf der Castlewood Road zum neugotischen **Larnach Castle** von 1871. Das Bauwerk erhebt sich auf einem Hügel, von dem der Blick weit über den Otago Harbour und bis nach Dunedin schweift. Das kleine, von Robert A. Lawson entworfene Schloss war Wohnsitz des aus Australien stammenden Bankiers, Politikers und Kaufmanns William Lanarch. Nach Jahren des Verfalls wurde das Schlösschen Ende der 1960er-Jahre von der Familie Barker gerettet und in der Folge schrittweise restauriert. Das Café im ehemaligen Ballsaal lädt zu einer Stärkung ein; wer möchte, kann auch übernachten (S. 682).

Die in neun Gärten untergliederten **Außenanlagen** sind wunderschön. Wer die Augen offen hält, findet einige Alice im Wunderland-Statuen, darunter eine der Grinsekatze, die sich in einer uralten Atlas-Zeder versteckt.

NZ Marine Studies Centre & Aquarium

Hatchery Rd, Portobello ▪ ⏰ tgl. 10–16.30 Uhr; Führungen tgl. 10.30 Uhr; Fischfütterung Mi und Sa 14–15 Uhr ▪ Eintritt $12,50; Führungen inkl. Eintritt $21,50 ▪ ✆ 03 479 5826, 🖥 marine.ac.nz

Von Portobello führt die unbefestigte Hatchery Road 2 km an einer Landzunge entlang zu diesem Meereslaboratorium der University of Otago, wo man locker einen halben Tag verbringen kann. Unbedingt ausprobieren: „virtual submersible", eine virtuelle U-Bootfahrt zum Boden des 10 km vor der Küste befindlichen, 1200 m tiefen Meeresgrabens.

Obwohl immer Mitarbeiter zur Stelle sind, um Fragen zu beantworten, lohnt sich die Teilnahme an einer Führung, die oft länger dauert als die planmäßige Stunde. Ein besonderer Spaß ist es auch, an der **Fischfütterung** teilzunehmen.

Penguin Place

45 Pakihau Rd, abseits Harington Point Rd, 3 km südlich von Taiaroa Head ▪ ⏰ Okt–März 10.15 Uhr–Sonnenuntergang alle 30–60 Min. und April–Sep 15.15–16.45 Uhr eine 90-minütige Führung; Reservierung erforderlich ▪ Eintritt $49 ▪ ✆ 03 478 0286, 🖥 penguinplace.co.nz

Das hervorragende Pinguin-Schutzprojekt **Penguin Place** bietet die seltene Gelegenheit, einen

---

Der Gelbaugenpinguin (Hoiho)

Der bedrohte **Gelbaugenpinguin** oder Hoiho ist die älteste noch lebende Pinguinart und findet sich nur im südlichen Neuseeland – insgesamt leben dort noch etwa 4000 Tiere. Er entwickelte sich in Wäldern, die frei von Raubtieren waren, aber der Einfluss von Menschen, der Verlust ihres Habitats und die Einführung von Frettchen, Hermelinen und Katzen hatten verheerende Auswirkungen. Die kleine Festlandkolonie von nur wenigen hundert Tieren bewohnt Nistplätze, die sich entlang der wilden Südostküste der Südinsel (von Oamaru bis zu den Catlins) verteilen; kleinere Kolonien leben am Rande der Küstenwälder von Stewart Island und auf kleinen, der Küste vorgelagerten Inseln sowie auf Neuseelands subantarktischen Auckland und Campbell Islands.

Männchen und Weibchen haben die gleiche Färbung: rosa Schwimmfüße und einen hellgelben Streifen um den Kopf und um die blassgelben Augen. Sie sind ca. 65 cm groß und wiegen 5–6 kg. Damit sind sie die drittgrößte Art nach dem Kaiser- und dem Königspinguin. Ihre Lebenserwartung liegt bei etwa 20 Jahren. Sie **ernähren** sich von Tintenfischen und kleinen Fischen, wobei die Jagd sie bis zu 40 km vom Ufer weg und in Tiefen von 100 m treibt.

Maori tauften diesen seltenen Pinguin **Hoiho**, was so viel wie „der lärmende Rufer" bedeutet, eine Anspielung auf die charakteristischen schrillen Rufe (ein überschwängliches Trillern), mit denen ein Pinguin seinen Partner bei der abendlichen Rückkehr ins Nest begrüßt.

Die **Brutzeit** der Pinguine dauert 28 Wochen, von Mitte August bis Anfang März. Die Eier werden zwischen Mitte September und Mitte Oktober gelegt, und beide Elternteile wechseln sich mit dem Brüten ab – ein Zeitraum von etwa 43 Tagen. Die Jungen schlüpfen im November und werden in den ersten 6 Wochen ununterbrochen vor Räubern geschützt. Wenn die von Flaum bedeckten Jungvögel 6 oder 7 Wochen alt sind, wachsen sie so schnell, dass sie einen unersättlichen Appetit entwickeln und beide Elternteile täglich fischen gehen müssen, um sie zufriedenzustellen.

Die flügge gewordenen Vögel wagen sich Ende Februar oder Anfang März zum ersten Mal ins Meer und reisen bis zu 500 km weit nach Norden zu winterlichen Futterplätzen. Weniger als 15 % von ihnen erreichen das Fortpflanzungsalter, doch diejenigen, die es schaffen, kehren an ihren Geburtsort zurück.

geschützten Nistplatz von rund 40 Gelbaugenpinguinen zu besuchen. Die sorgfältig überwachten und informativen Touren beginnen mit
einem Vortrag über Pinguine und deren Schutz,
bevor ein Führer die Teilnehmer zur Kolonie am
Strand bringt. Dort führen gut getarnte Gräben
zu Verstecken in den Dünen, von wo man die
Pinguine aus nächster Nähe beobachten und
fotografieren kann. Mit den Einnahmen aus den
Touren werden das Schutzprojekt und eine Station, die sich um verletzte Pinguine kümmert,
finanziert. Wer möchte, kann auch hier übernachten (S.683).

Taiaroa Head

Die weltweit einzige Festlandskolonie von Albatrossen ist am **Taiaroa Head** beheimatet, einem
vor Eindringlingen geschützten Vogelparadies.
An Land kann man von jeder Stelle aus das ganze Jahr hindurch die Königsalbatrosse im Flug
bewundern. Zudem wurde ein kurzer Weg vom
Parkplatz des Royal Albatross Centre zu einer
Aussichtsplattform angelegt (dem Wegweiser
folgen), die faszinierende Einblicke in eine Tüp-
felscharbenkolonie erlaubt.

Royal Albatross Centre

1260 Harington Point Rd ▪ ⏰ tgl. 24. Nov–März
10–19.30 Uhr; April–23. Nov 10–17 Uhr ▪ Eintritt frei;
45-minütige Classic Tour $40; 75-minütige Unique
Taiaroa Tour $50; Reservierung empfohlen ▪ ☎ 0800
528 767, 🖥 albatross.org.nz

Eine interessante Ausstellung zur örtlichen Tierwelt und Geschichte ist im **Royal Albatross Centre** zu sehen. Hier bekommt man auch das Ticket
für die ausgezeichnete Classic Albatross Tour. Im
Anschluss an einen einführenden Film können
die Vögel von einem abgegrenzten Gebiet im Reservat beobachtet werden (Ferngläser werden
gestellt); auf einem Bildschirm werden Live-Bil-
der von der anderen Seite der Kolonie gezeigt.

Als **beste Zeit** für die Vogelbeobachtung gelten die Monate Januar und Februar, wenn die
Jungen schlüpfen, und April bis August, wenn
die Eltern ihre Jungen füttern. Im September
sind Eltern und Jungen zum Aufbruch bereit und
neue Brutpaare treffen allmählich ein.

Der majestätische Albatros, einer der größten Seevögel der Welt, ist ein Objekt der Ver-
ehrung und des Aberglaubens: Er gilt als Verkörperung der Seele eines toten Kapitäns, die
dazu verdammt ist, ewig über die Ozeane zu
ziehen. Der einzelgängerische Vogel verbringt
den größten Teil seines Lebens in der Luft oder
auf dem Meer.

Das nach dem Wanderalbatros zweitgrößte
Exemplar der Albatrosfamilie ist der **Königsalbatros** – mit seiner Flügelspannweite von
bis zu 3 m ein sehr eindrucksvoller Anblick.
Er hat eine Lebenserwartung von 45 Jahren,
kann eine Geschwindigkeit von 120 km/h erreichen und pro Jahr bis zu 190 000 km zurücklegen. Der Albatros sucht sich einen Partner
fürs ganze Leben, doch trennen sich Männchen und Weibchen, um in entgegengesetzter
Richtung die Welt zu umfliegen und alle zwei
Jahre einmal zum selben Brutplatz zurückzukehren, wobei sie im Abstand von nur wenigen
Tagen nacheinander eintreffen.

Das Weibchen legt pro Brutsaison nur ein Ei
(das bis zu 500 g wiegt), und die Eltern wechseln sich über elf Wochen mit dem Brüten ab.
Sobald das Küken geschlüpft ist, füttern die
Eltern es gemeinsam und schützen es vor Hermelinen, Frettchen, Wildkatzen und Ratten.
Knapp ein Jahr nach Beginn des Brutzyklus
ist der Jungvogel flügge. Dann verlassen die
Eltern die Kolonie, um zum Meer zurückzukehren und den Kreislauf ein Jahr später erneut zu
beginnen.

Fort Taiaroa

30-minütige Führung tgl. nach Bedarf
▪ Eintritt $20

Das Royal Albatross Centre ist der Ausgangspunkt für einen Besuch des **Historic Fort Taiaroa**, ein Labyrinth von Tunneln und Kanonen-
stellungen, das ursprünglich aus dem Jahr 1885
stammt (als man einen Angriff des zaristischen
Russlands fürchtete), aber im Zweiten Weltkrieg
neu aufgerüstet wurde. Man kann die Festung
entweder auf einer Tour oder im Rahmen der
Unique Taiaroa Tour besuchen.

VON DUNEDIN NACH STEWART ISLAND

Natures Wonders Naturally

Taiaroa Head, 1,5 km hinter dem Albatross Centre
■ ⏲ tgl. 10.15 Uhr bis 1 Std. vor Sonnenuntergang
für einstündige Führungen ■ Eintritt $55 ■
✆ 0800 246 446, 🖥 natureswondersnaturally.com

Die Halbinselstraße endet am **Natures Wonders Naturally**. Perry Reid, der enthusiastische Besitzer dieser Farm, hat das Gelände in einen Ort verwandelt, an dem sich wunderbar Tiere aus nächster Nähe beobachten lassen. Dabei gibt es keine Tierfütterungen oder Nistkästen, nur ungezähmte Natur. Die geländegängigen Amphibienfahrzeuge, in denen Besucher auf insgesamt 6 km langen, oft steilen Feldwegen herumgefahren werden, fallen etwas aus dem Rahmen. Aber sie bringen die Fahrgäste zu einem sensationellen Aussichtspunkt auf eine Tüpfelscharben-Kolonie, mitten in eine Pelzrobbenkolonie sowie zu einem Versteck über einem unberührten Strandabschnitt, wo fast zu jeder Tageszeit Gelbaugenpinguine gesichtet werden können.

ÜBERNACHTUNG

Crabapple Cottage, 346 Harington Point Rd, ✆ 03 478 0103, 🖥 crabapple.co.nz. Unterkunft nahe Taiaroa Head in einem rustikalen Cottage aus den 1870ern mit 1 Schlafzimmer. Es wurde liebevoll restauriert und verfügt über Mikrowelle, Toaster und Wasserkessel. Frühstückszutaten auf Bestellung ($20 für 2 Pers.). $140
Larnach Lodge und **Camp Estate**, Country House, Larnach Castle, ✆ 03 476 1616, 🖥 larnachcastle.co.nz. 6 gemütliche Zimmer mit Gemeinschaftsbad in umgebauten Ställen und sehr individuell eingerichtete, luxuriösere Zimmer in der Lodge. Direkt außerhalb des Anwesens bietet das Camp Estate glamouröse Zimmer in einem modernen, pseudo-schottischen Herrenhaus mit weitem Hafenblick. Alle Gäste erhalten freien Eintritt zum Castle sowie Frühstück. Auch ein 3-Gänge-Abendessen ($65 p. P. plus Wein) im Speisesaal des Schlösschens kann gebucht werden. Ställe $155, Lodge $260, Camp Estate $380

Wandern auf der Otago Peninsula

Die Broschüre *Otago Peninsula Tracks* (kostenlos erhältlich im i-SITE in Dunedin oder im DOC-Büro) beschreibt kurz mehrere Wanderungen auf der Halbinsel. Zu beachten ist, dass sie durch hügeliges Land führen und z. T. ziemlich steil, aber meist gut ausgewiesen sind. Außerdem kann es hier ganz plötzlich kalt oder feucht werden, selbst an den sonnigsten Tagen.

Lovers Leap und **Chasm** (3 km; 1 Std.; Aug–Okt geschl.). Leicht zugänglicher, mühelos begehbarer Rundweg über Farmland zu schroffen Klippen, die 200 m zum Meer hinabfallen; zu sehen sind eingestürzte Meereshöhlen und Felswände aus mehreren Schichten vulkanischer Lavaströme. Der Weg beginnt 8 km südlich von Portobello am Ende der Sandymount Road, 25 Min. Fahrt vom Zentrum von Dunedin.

Sandfly Bay (hin und zurück 3 km; 1 Std.). Netter Spaziergang über Farmgelände und Dünen hinab zum Strand. Dort lassen sich am Spätnachmittag Gelbaugenpinguine beobachten. Die Tiere leben am südlichen Strandende, wo es einen Ausguck gibt und im Sommer Ranger anwesend sind, die dafür Sorge tragen, dass die Pinguine von den Besuchern nicht gestört werden. Ausgangspunkt ist das Ende der Seal Point Rd, 7 km südwestlich von Portobello.

Tunnel Beach (hin und zurück 1,5 km; 1 Std.; 140 m Anstieg auf dem Rückweg; Aug–Okt geschl., um neugeborene Lämmer und ihre Mütter nicht zu stören). Einer der besten Spazierwege und dabei der kürzeste und leichteste, mit atemberaubenden Ausblicken auf die Küste. Ein steiler Pfad führt über Weideland zu eindrucksvollen Felsen und einem majestätischen Meeresfelsbogen. Bei Flutrückgang und Ebbe kann man auch die Stufen eines kurzen, durch den Fels gegrabenen Tunnels zu einem Sandstrand hinabsteigen – ein idyllisches Picknickplätzchen.
Die Strecke beginnt am Parkplatz am Ende der Tunnel Beach Road, 7 km südwestlich der Innenstadt von Dunedin. Der Corstophine-Bus (Octagon Stand 1) hält 1,7 km vom Ausgangspunkt des Spazierwegs; Ausstieg an der Haltestelle Stenhope Crescent.

Tiere beobachten

Bei der Tierbeobachtung sollte man Rücksicht auf die Tiere nehmen, indem man gebührenden Abstand hält (mindestens 10 m) und still ist. **Pinguine** sind besonders scheu und zögern, ans Ufer zu kommen (selbst wenn sie Junge füttern müssen), falls sie Menschen am oder nahe dem Strand erblicken. Im Sommer sollte man auf dem Weg bleiben, da sie während der Nistzeit und während der Mauser sehr empfindlich auf Stress reagieren. Niemals einer **Robbe** oder einem **Seelöwen** den Weg zum Meer versperren – sie können sehr aggressiv werden und sich überraschend schnell bewegen.

McFarmer's Backpackers, 774 Portobello Rd, ℘ 03 478 0389, ▭ otago-peninsula.co.nz/mcfarmers.html. Sensationeller Backpacker am Wasser mit relaxter Atmosphäre, hübschen 3BZ sowie einem Zimmer mit Queensize-Bett und einem 2BZ. Weder Sky TV noch Computer oder Telefon. Im Winter oft geschl. Dorm $31, DZ $71
Otago Peninsula Motel, 1724 Highcliff Rd, Portobello, ℘ 03 478 0666, ▭ otagopeninsulamotel.co.nz. Modernes, gut ausgestattetes Motel mitten im Dorf. Die Units nach vorn haben Hafenblick; kostenloses WLAN. $140
Penguin Place Lodge, 45 Pakihau Rd ℘ 03 478 0286, ▭ penguinplace.co.nz. Einfaches, aber komfortables Backpacker-Hostel mit 2BZ und DZ ($25 p. P.), viele mit tollem Blick auf den Hafen; Bettwäsche kann mitgebracht oder für $5 pro Aufenthaltsdauer geliehen werden. P. P. $25
Portobello Village Tourist Park, 27 Hereweka St, Portobello, ℘ 03 478 0359, ▭ portobellopark.co.nz. Schlichter Campingplatz mit einfachen, aber gepflegten Einrichtungen, Budgetzimmern und luxuriöseren Ferienwohnungen mit Bad, TV und Küchenzeile. Bettwäsche $5 p. P./Ü. Camping $16, DZ $55, Ferienwohnung $108
Yellow House, 822 Portobello Rd, 1 km südwestlich von Portobello, ℘ 03 478 1001, ▭ yellowhouse.co.nz. Klassisches B&B mit einem schönen, luftigen Zimmer sowie einer Suite in einem separaten Hausflügel. Herrlicher Hafenblick, zwei Katzen und ein ausgezeichnetes, Frühstück. DZ $195, Suite $240

ESSEN

Penguin Café, 1726 High Cliff Rd, Portobello, ℘ 03 478 1055, ▭ penguincafe.net.nz. Neueres Café mit exzellentem Kaffee, einer großen Auswahl an Tees, köstlichen Kuchen und kleinen Speisen. Frühstück und Mittagessen, darunter eine köstliche Fischpastete mit Räucherfisch (meist um $15). Internet und WLAN. ⏰ tgl. 8.30–16 Uhr.
Portobello Hotel, 2 Harington Point Rd, Portobello, ℘ 03 478 0759. Typisches Kiwi-Pub, wo die Gäste an der Theke Beefburger und Pommes ($15), Fish 'n' Chips ($26) oder Salat mit marokkanischem Lammfleisch ($26) verputzen. ⏰ tgl. 11.30–22 Uhr oder länger.

INFORMATIONEN

Im i-SITE in Dunedin (S. 673) den kostenlosen *Visitor's Guide to the Otago Peninsula* besorgen und mitbringen.

TRANSPORT

Auto

Mit eigenem Transportmittel ist die Halbinsel am besten zu erreichen. Entweder über die kurvenreiche **Portobello Road**, die am westlichen Ufer entlangführt, oder über die **Highcliff Road**, die im Innern der Halbinsel über die Hügel verläuft.

Busse

Der Peninsula Bus (3–9x tgl., $6,30) fährt von Stand 5 in DUNEDINS Cumberland Street bis PORTOBELLO (35 Min.), von wo es noch 14 km bis Taiaroa Head sind.

15 HIGHLIGHT

Catlins Coast

Die Küstenroute, die Dunedin und Invercargill verbindet und einen Teil der **Southern Scenic Route**, ▭ southernscenicroute.co.nz, bis nach Te Anau in Fiordland ausmacht, ist einer der weniger befahrenen Highways der Südinsel. Er

VON DUNEDIN NACH STEWART ISLAND

RESTAURANTS, CAFÉS & BARS

Blue Cod Blues	5
The Lumberjack	2
Niagara Falls Café	4
The Point Café	1
The Whistling Frog	3

ÜBERNACHTUNG

Catlins Beach House	12
Catlins Surf Beachfront Rentals	11
Curio Bay Holiday Park	14
Lazy Dolphin Lodge	13
McLean Falls Holiday Park	9
Mohua Park	4
Molyneux House	1
Newhaven Holiday Park	5
Nugget View & Kaka	
Point Motel	2
Purakaunui Bay	7
Slope Point Backpackers	10
Southern Secret Motel	8
The Split Level	3
Surat Bay Lodge	5
Wrights Mill Lodge	6

durchquert entlang der **Catlins Coast** einige der ursprünglichsten Landschaften Neuseelands.

Innerhalb dieser Region befinden sich große Gebiete einheimischen Waldes, größtenteils als **Catlins Forest Park** geschützt. Der Park umfasst Rimu, Rata, Kamahi und Silver Beech. Stürmische Südostwinde und das unerbittliche Meer haben die Küste hier zu steilen Klippen, windumtosten Landspitzen, weißen Sandstränden, Felsbuchten und offenen Höhlen geformt, von denen die meisten zugänglich sind. Dieses relativ unberührte Gebiet beherbergt eine reiche **Tierwelt**, darunter mehrere seltene Säugetier- und Seevogelarten. Am besten erkundet man die Catlins Coast, indem man sich mindestens ein paar Tage Zeit lässt.

Vom Nugget Point in South Otago (gleich südöstlich von Balclutha) bis zum Waipapa Point in Southland (60 km südöstlich von Invercargill) wird die wilde Landschaft nicht unterbrochen: Dichter Regenwald weicht offenem Buschwerk, während man durch tiefe Täler fährt und an Felsbuchten, Meeresarmen und Flussmündungen vorbeikommt. Die Küste beheimatet **Pinguine** (sowohl Zwerg- als auch Gelbaugenpinguine), **Delphine**, mehrere Seevogelarten und zu bestimmten Jahreszeiten **Wale** auf der Wanderung. Elefantenrobben, Pelzrobben und immer öfter auch der seltene **Neuseeländische Seelöwe** sind an den Sandstränden und auf den Grasflächen anzutreffen, und in den Tiefen des Waldes leben zahlreiche **Vögel**: Tui, Makomako, Graufächerschwänze, Riroriro. Wer Geduld mitbringt, kann sogar bunte Bewohner der Baumwipfel wie Kakariki und Mohua erspähen.

Außerhalb der Hauptsiedlung Owaka existieren nur ein paar Unterkünfte. Die Öffnungszeiten von Unterkünften und Restaurant ändern sich von Jahr zu Jahr und je nach Jahreszeit, daher sollte man sich direkt vor Ort oder bei den Visitor Centres erkundigen. Wer mit dem **Wohnmobil** reist, konnte sich früher an zahlreiche romantische Übernachtungsplätze am Wegrand freuen. Doch Überfüllung und Missbrauch dieser Stellen haben dazu geführt, dass wildes Campen in der Region jetzt verboten ist. Verstöße werden unverzüglich mit einem Busgeld belegt.

Brauchbare **Restaurants** und Cafés sind hier Mangelware. Am besten bringt man Vorräte an Lebensmitteln mit und versorgt sich selbst. Außer in Owaka finden sich kleine Gemischtwarenläden in Kaka Point und Papatowai und ein Minisortiment an allernotwendigsten Dingen im Curio Bay Holiday Park (S. 691). Tankstellen sind in den Catlins ebenfalls dünn gesät, und die vorhandenen schließen um etwa 17 Uhr, daher empfiehlt es sich, vor dem Start den Tank zu füllen; danach bekommt nur in Owaka (mit Kreditkarte), Papatowai oder Tokanui **Benzin**. Das Mobilfunknetz ist lückenhaft. Telecom-Empfang gibt's in der Umgebung von Owaka. Bei Redaktionsschluss hatte Vodafone noch kein Netz in der Region, will aber demnächst eins in und um Papatowai einrichten. Auch **Banken** oder Geldautomaten gibt es nicht; viele Einrichtungen akzeptieren Kreditkarten, aber man sollte trotzdem Bargeld mitbringen.

Da es in den Catlins kein i-SITE gibt, sollten sich von Norden anreisende Besucher beim **i-SITE in Balclutha**, 83 km südwestlich von Dunedin, 4 Clyde St, ☎ 03 418 0388, 🖳 clutha country.co.nz, ordentlich mit Material eindecken. Es bietet die üblichen Broschüren, einen Reservierungsservice sowie Internetzugang. ⏱ etwa Nov–März Mo–Fr 8.30–17, Sa und So 9.30–15; April–Okt Mo–Fr 8.30–17, Sa und So 10–14 Uhr.

Durch die Region verläuft der lückenlos geteerte SH92. So gut wie alle Sehenswürdigkeiten an der Catlins Coast sind jedoch nur über Schotterstraßen erreichbar. Ohne eigenes Fahrzeug lässt sich die Region im Rahmen einer organisierten Tour besuchen (Kasten S. 687).

Geschichte

Maori-Jäger durchstreiften einst die Catlins-Region (eines der letzten Rückzugsgebiete des flugunfähigen Moa), doch um 1700 waren sie weitergezogen. An ihrer Stelle kamen in den 30er-Jahren des 19. Jhs. europäische **Wal- und Robbenfänger**. Zwei Jahrzehnte später, nachdem sie die Meeressäugetiere dezimiert hatten, zogen auch sie weiter.

In der Zwischenzeit war 1840 Captain Edward Cattlin gekommen, um die Schiffbarkeit des Flusses, der seinen (falsch geschriebenen) Namen trägt, zu erforschen. Er erwarb ein Stück Land vom Häuptling der Ngai Tahu, und bald darauf trafen Schiffsladungen von **Holzfällern** ein, angelockt von den großen Steineibenwäldern. Die abgeholzten Täler wurden besiedelt, und die Sägemühlen versorgten Dunedin mit einem Großteil des Holzes, das für den Häuserbau benötigt wurde. 1872 wurde aus den Catlins mehr Holz exportiert als von irgendwo sonst in Neuseeland.

Ab 1879 wurde die Bahnlinie von Balclutha bis in diese Region erweitert, was den Bau neuer Sägemühlen, Schulen und Farmen zur Folge hatte. Der Holzschlag dauerte bis in die 30er-Jahre des 20. Jhs. an, ließ aber allmählich nach. Die heutigen winzigen Siedlungen sind nunmehr geschrumpfte Überbleibsel der einst wohlhabenden Holzindustrie.

Kaka Point

22 km südlich von Balclutha

Der erste Haltepunkt in den Catlins ist **Kaka Point**, eine kleine Feriensiedlung. Der goldene Sandstrand wird im Sommer von Rettungsschwimmern bewacht und eignet sich daher hervorragend zum Schwimmen und Surfen. Gleich hinter der Siedlung liegt ein schönes Naturschutzgebiet, zugänglich über einen einfachen Rundweg (2,5 km; 30 Min.; oben auf der Marine Terrace ausgeschildert).

ÜBERNACHTUNG UND ESSEN

Molyneux House, 2 Rimu St, ✆ 03 412 8002, 🖥 molyneuxhouse.co.nz. Sehr einladendes B&B in modernem Haus mit nur einer Deluxe-Suite. Sie verfügt über eine Küche und tollen Meerblick von der Veranda. Zutaten für ein Continental-Frühstück werden gestellt. $190
Nugget View & Kaka Point Motels, 11 Rata St, ✆ 0800 525 278, 🖥 catlins.co.nz. Gut ausgestattete Unterkunft mit geräumigen Units, fast alle mit Veranda und himmlischem Meerblick. Der Besitzer organisiert entspannte Ausflüge ($35; für Gäste $30; 2 1/2 Std.) zum Betrachten von Pinguinen und Robben, bei denen man auch Einiges über die Lokalgeschichte erfährt. Budget $95, Studios $130, Units mit Whirlpool $155
The Point Café & Bar, 58 Esplanade, ✆ 03 412 8800. Dieses annehmbare Café/Pub ist die einzige Anlaufstelle für Kaffee oder

Fish 'n' Chips ($18), am besten aber für ein Bier im Garten mit Aussicht auf die Brandung. 🕘 tgl. 11–22 Uhr.

Nugget Point

9 km südlich von Kaka Point

Die eigentlichen Catlins beginnen am spektakulären **Nugget Point**, einem steilen, windumtosten Felsvorsprung 133 m über dem Meer. Unmittelbar vor der Küste liegen **The Nuggets**, zerklüftete Felsen, deren Schichten sich im Laufe der Jahrhunderte in die Vertikale geneigt haben. Ihr imposanter Anblick lässt sich auf einem ohne große Anstrengung begehbaren, 900 m langen Weg (hin und zurück 30 Min.) genießen. Er endet an einem noch immer aktiven Leuchtturm aus dem Jahre 1870, von wo man eine lautstarke Kolonie Neuseeländischer Pelzrobben beobachten kann. Tölpel, Löffelreiher und drei Arten von Scharben drehen am Himmel ihre Kreise.

Roaring Bay

In der **Roaring Bay** lassen sich **Gelbaugenpinguine** dabei beobachten, wie sie im Morgengrauen ihre Nester verlassen und die steilen grasbedeckten Klippen zum Meer hinunterwatscheln. Etwa zwei Stunden vor Einbruch der Dunkelheit kehren sie dann zurück. Von einem Parkplatz kurz vor dem Ende der Straße geht ein 500 m langer Pfad zu einem modernen Beobachtungsversteck ab.

Cannibal Bay

Der lange, sichelförmige Sandstreifen der **Cannibal Bay** ist ein Rückzugsgebiet für Neuseeländische Seelöwen. Ihren Namen erhielt die Bucht von einem frühen Entdeckungsreisenden, der Menschenknochen vorfand und daraus auf Kannibalismus schloss. Tatsächlich handelte es sich um eine Begräbnisstätte der Maori. Von Nugget Point aus gelangt man hierher, indem man die Straße ein paar Kilometer wieder zurückfährt und erneut zur Küste abzweigt (auf eine schmale, kurvige Schotterpiste). Man soll-

Bottom Bus, ☎ 03 477 9083, 🖳 travelheadfirst.com. Hop-on-hop-off-Service (im Sommer 3x wöchentl.) als Ergänzung zur Kiwi Experience, ist aber weniger auf unbekümmerte Sauftouren ausgerichtet. Der Bus beschreibt einen Bogen von Queenstown nach Dunedin, Invercargill via die Catlins und dann zurück nach Queenstown in 3–7 Tagen ($299). Passagiere können an allen Halte-stellen zusteigen. Es bestehen Weiterfahrmöglichkeiten nach Milford Sound und Stewart Island. Auf Wunsch sind auch Tickets für kürzere Strecken erhältlich.

Catlins Coaster, ☎ 03 477 9083, 🖳 catlinscoaster.co.nz. Eine Hop-on-hop-off-Kleinbustour von Dunedin direkt nach Invercargill und dann die Catlins Coast entlang, entweder innerhalb eines 12-Stunden-Tags ($195) oder über mehrere Tage verteilt ($210), wobei einfach immer der nächste Coaster zur Weiterfahrt genutzt wird. Man kann auch die einfache Strecke von Invercargill nach Dunedin ($175) plus Verbindungen nach Te Anau, Queenstown und Stewart Island nehmen.

Catlins Wildlife Trackers, Mohua Park, ☎ 0800 228 5467, 🖳 catlins-ecotours.co.nz (Reservierung erforderlich). Fundiertes Wissen über die Ökologie, Geschichte und Geologie der Region vermitteln diese unterhaltsamen und inspirierenden Touren. Die Veranstalter widmen sich dem Naturschutz und bieten die 2-tägige „Catlins Ecotour" ($730) zu abgeschiedenen Stränden und üppigem Regen-wald für Gruppen bis zu 8 Personen. Ausgangspunkt ist ihr ruhig gelegenes Wohnhaus in Mohua Park. Teilnehmer können entweder selbst dorthin fahren oder sich von Balclutha abholen lassen. Für Unterkunft in den Öko-Cottages des Veranstalters (S. 688), Verpflegung und Ausrüstung ist gesorgt. Im Angebot ist auch die „Catlins Traverse-Wanderung", ein 2-tägiger begleiteter Marsch für Leute mit durchschnittlicher Kondition und leichtem Gepäck (Nov–März nach Bedarf, 26 km, max. 6 Pers., $800 inkl. Transport, 2 Übernachtungen und allen Mahlzeiten). Frühzeitige Reservierung erforderlich.

te mindestens 10 m Abstand zu jedem Seelöwen halten und den Rückzug antreten, sobald einer sich aufrichtet und brüllt.

Owaka und Umgebung

Der einzige Ort nennenswerter Größe in den Catlins ist das Agrarstädtchen Owaka, 18 km südwestlich von Kaka Point. Es besteht aber im Grunde nur aus zwei Häuserzeilen, ein paar Unterkünften, drei Restaurant/Cafés und einer Tankstelle.

Owaka Museum

10 Campbell St ▪ ⏰ Mo–Fr 9.30–16.30, Sa und So 10–16 Uhr ▪ Eintritt $5 ▪ ☎ 03 415 8323, 🖳 nzmuseums.co.nz

Die Ausstellung in dem gut konzipierten Heimat-museum vermittelt anschaulich die Bedeutung der Region für die Maori. Außerdem beschäftigt sie sich mit den vor der Küste liegenden Schiffs-wracks und dem Robben- und Walfänger Cap-tain Cattlin. Zur Anlage gehört auch die Büche-

rei von Owaka, und die Mitarbeiter versorgen Besucher auf Nachfrage mit Wander- und ande-ren Infobroschüren für die Gegend.

Jack's Blowhole

10 km südöstlich von Owaka

Eine Fahrt auf einer Schotterpiste am Was-ser entlang führt nach Jack's Bay. Hier beginnt ein Pfad über Farmland zu **Jack's Blowhole** (20–30 Min. einfach), einem 55 m tiefen Loch im Boden. Es ist über einen 200 m langen Tunnel mit dem Meer verbunden. Seine Entstehung verdankt es dem Einsturz einer unterirdischen Höhle. Bei Flut steigen Wasserfontänen auf.

Mohua Park

744 Catlins Valley Rd, 10 km südwestlich von Owaka, dann 7,5 km landeinwärts ▪ ⏰ tgl. 9–17 Uhr ▪ Spenden willkommen ▪ ☎ 03 415 8613

Eine gute Stunde kann man in diesem herrlichen Waldstück in einer Übergangszone zwischen Buchenwald und endemischen Steineiben mit Buschgelände ohne weiteres verbringen. In dem aus den 1920er-Jahren stammenden Wohnhaus der Eigentümer erhalten Besucher eine Broschüre, in der mehrere Spazierpfade durch das Gelände beschrieben werden.

Purakaunui Fallsi
Purakaunui Falls Rd, 17 km südwestlich von Owaka
■ hin und zurück 20 Min. Fußweg

Wenn es gerade ordentlich geregnet hat (für die Catlins nicht ungewöhnlich) sollte man unbedingt einen Abstecher zu dem spektakulären, 20 m hohen, dreistufigen Wasserfall in einem bezaubernden Landschaftsschutzgebiet mit Tawai (Silver Beech) und Steineiben unternehmen. Er ist von der Hauptstraße gut ausgeschildert und über einen reizvollen Naturpfad zu erreichen, der an einer Picknickstelle endet.

Der Catlins Top Track

Einer der abwechslungsreichsten Wanderwege in der Region ist der durch Privatgelände führende **Catlins Top Track** (nur Nov–April; Rundweg, 22 km), ✆ 03 415 8613, 🖳 catlins-ecotours.co.nz, der in Papatowai beginnt und endet. Er überquert lange Strände, privates Wald- und Farmland und erstreckt sich sogar ein Stück weit entlang einer stillgelegten Eisenbahnlinie. Unterwegs bietet sich eine faszinierende Landschaft, eine große Vielfalt an Flora und Fauna sowie absolute Ruhe. Der Track kann an einem Tag gemeistert werden (9–10 Std., $25), doch die meisten Wanderer lassen sich zwei Tage Zeit ($45 inkl. Übernachtung, $85 mit Gepäcktransport). Sie übernachten in einem umgebauten Trolleybus aus den 1960ern, hoch oben auf einer faszinierenden Aussichtsstelle. Der Bus ist mit einem Doppelbett und vier Stockbetten, Strom, Campinggaskocher, Tellern und Besteck ausgerüstet. Im Winter wird auch ein Gasheizgerät gestellt, und das Gefährt hat eine eigene Wasserleitung – es gibt sogar ein separates Klo mit Aussicht.
Alle Wanderer bekommen eine ausgezeichnete Broschüre mit Karte, in der jeder Abschnitt der Wanderung genau beschrieben wird. Essen, Trinkwasser und Schlafsack müssen mitgebracht werden.

Matai Falls
Papatowai Hwy, 18 km südwestlich von Owaka
■ hin und zurück 20–30 Min. Fußweg

Der gemütliche Spaziergang zu den **Matai Falls** ist fast genauso lohnend wie der Anblick des nicht gerade himmelhohen, aber ganz ansehnlichen Wasserfalls selbst. Er rauscht durch das Table Hill Scenic Reserve zwischen 10 m hohen, endemischen Fuchsien (leicht erkennbar an ihrer sich abschälenden, rosagetönten Rinde) hindurch. Im Frühsommer wachsen hier kleine rote und blaue Trompetenblumen.

Mohua Park, 744 Catlins Valley Rd, 10 km nach Südwesten, dann 7,5 km landeinwärts, ✆ 03 415 8613 und 0800 CATLINS, 🖳 catlinsmohuapark.co.nz. 4 wunderbar ruhige Öko-Cottages in abgeschiedener Lage mit Blick auf Farmland. Die Ferienhütten sind für Selbstversorger gedacht, deshalb Proviant mitbringen oder sich zu den Gastgebern Fergus und Mary Sutherland beim hausgemachten Frühstück ($20) oder Abendessen ($70, inkl. Wein) gesellen. Sie verleihen auch günstig Mountainbikes und Paddelboote. Bei nur einer Übernachtung $30 Preisaufschlag. $170

Newhaven Holiday Park, 324 Newhaven Rd, Surat Bay, 5 km östlich von Owaka, ✆ 03 415 8834, 🖳 newhavenholiday.com. Auf dem kleinen, super in Schuss gehaltenen Campingplatz nur 2 Min. vom Strand stehen rings um eine Wiese einfache Cabins und Touristenapartments für Selbstversorger. Camping $15, Cabins $66, Apartments $100

Purakaunui Bay, Purakaunui Bay Rd, 17 km südlich von Owaka. Der DOC-Platz direkt am Meer hat Toiletten und fließendes Wasser. Es bestehen gute Möglichkeiten zum Surfen, und direkt vor der Küste befindet sich das Naturschutzgebiet Cosgrove Island. $6

The Split Level, 9 Waikawa Rd, ✆ 03 415 8304, 🖳 thesplitlevel.co.nz. Wer direkt in Owaka übernachten möchte, kann sich für dieses einladende Haus aus den 1970ern entscheiden. Es beherbergt einen 4-Bett-Schlafsaal, ein 2BZ und ein DZ, alle in respektvoller Entfernung zur zweckmäßig ausgestatteten Küche/Lounge. In einem separaten Gebäude werden auch

Motelzimmer mit Bad vermietet. Dorm $30,
DZ $68, Units $76
Surat Bay Lodge, Surat Bay Rd, Newhaven,
5 km östlich von Owaka, ☏ 03 415 8099,
🖳 suratbay.co.nz. Backpacker-Unterkunft in
ruhiger Lage in Strandnähe am Catlins Estuary.
Kostenlose Abholung von Owaka, Fahrrad-
und Kajakverleih. Dorms $29, Zimmer $68

The Lumberjack, 3 Saunders St, ☏ 03 415 8747,
🖳 lumberjackbarandcafe.co.nz. Dieses Lokal
ist wahrscheinlich das beste unter den drei
Konkurrenten von Owaka. Es kommt ziemlich
altmodisch daher, aber ein handfestes Steak
mit drei Soßen und Gemüsebeilage ($29) geht
eigentlich immer. ⏰ tgl. 10–21 Uhr oder später,
im Winter manchmal geschl.

Catlins Information Centre, im Owaka Museum,
10 Campbell, ☏ 03 415 8371, 🖳 catlins.org.nz).
Aktuelle Infos zu Unterkünften und Lokalen
sowie DOC-Informationen. ⏰ Mo–Fr 9.30–16.30,
Sa und So 10–16 Uhr.

Papatowai und Umgebung

Auf der Fahrt über den Papatowai Highway
(SH92) durch die Catlins nach Südwesten überquert man den McLennan River und gelangt
dann in die kleine Siedlung **Papatowai**, 26 km
südlich von Owaka. Sie bietet einen Gemischtwarenladen, mehrere Wald- und Strandspaziergänge, eine ausgezeichnete Ökotour mit Catlins Wildlife Trackers und ist Ausgangspunkt des
Catlins Top Track (Kasten S.688).

Florence Hill Lookout
Papatowai Hwy, 2,5 km südwestlich von
Papatowai
Zu einem kurzen Halt an der Hauptstraße lädt der
Florence Hill Lookout ein. Er gewährt eine Pa-
noramasicht auf die Tautuku Bay, eine zauber-
hafte, sichelförmige Bucht mit hellem Sand, hin-
ter der sich ein ausgedehnter Wald erstreckt. In
der Entfernung erheben sich die wellenumtosten
Felstürme der Frances Pillars.

Tautuku Boardwalk und Lake Wilkie
Papatowai Hwy, 5 km südwestlich von Papatowai
Für Vogelfreunde empfiehlt sich ein Bummel
entlang des **Tautuku Boardwalk** (20–30 Min. hin
und zurück), der über das ans Meer grenzende
Sumpfland in ein von Farnsteigern bewohntes
Gelände führt. Schön ist aber auch ein Spaziergang zum Lake Wilkie (hin und zurück 20 Min.)
durch einen alten Forst mit Erklärungstafeln. Bei
dem See handelt es sich um ein Relikt aus der
Eiszeit.

Cathedral Caves
Papatowai Hwy, 10 km südwestlich von Papatowai
■ 2 Std. vor und nach Ebbe zugänglich, sofern nicht
vorübergehend geschl. ■ Eintritt $5
Die **Cathedral Caves** sind die prächtigsten von
etwa 15 Höhlen entlang dieses Küstenabschnitts.
Die Höhlen mit ihren enorm hohen Wänden wurden vom tosenden Meer geschaffen. In den letzten Jahren war der Zugang allerdings oft aus kli-
matischen Gründen nicht möglich. Genaueres
ist bei den lokalen Besucherzentren zu erfahren
oder dem Schild am Eingang zu entnehmen.

McLean Falls
Rewcastle Rd, 11 km südwestlich von
Papatowai, dann 3 km abseits der Hauptstraße
■ hin und zurück 30–40 Min. Fußweg
Zu den malerischen 22 m hohen **McLean**, mit
Abstand dem beeindruckendsten Wasserfall der
Gegend, geht es auf einem ansteigenden Regenwaldpfad durch Podokarpien und Fuchsien. Er
sollte bevorzugt am Spätnachmittag besucht
werden, wenn die größte Stufe von der Sonne
beleuchtet wird.

McLean Falls Holiday Park, 27 Rewcastle Rd, ☏ 03 415 8338, 🖳 catlinsnz.
com. Professionell gemanagte, erstklassige
Campinganlage mit geschützten Stellplätzen,
darunter viele mit Stromanschluss, Grillstellen,
und einer TV-Lounge. Auf Backpacker warten
schnucklige 2-Bett-Cabins, jede mit Tisch
und Stühlen auf dem dazugehörigen winzigen
Hof. Außerdem ein wenig noblere Kiwiana-
Cabins mit Doppelbetten, hübsche Motel Units
und zweckdienliche Chalets mit 1 Schlafzimmer.

VON DUNEDIN NACH STEWART ISLAND

Camping $20 Gemeinschaftszimmer $32,
Cabins $75, Kiwiana-Cabins $85, Motelzimmer
$135, Chalets $195

Southern Secret Motel, 2510 Papatowai Hwy,
Papatowai ☎ 03 415 8600, ⌨ homepages.
ihug.co.nz/~aikman. Sieht von außen wie ein
normales Wohnhaus aus, bietet aber vier fabelhafte, in den Farben des Pazifiks gestaltete
Zimmer mit schmiedeeisernen Betten mit
Moskitonetzen sowie einer Filmothek mit über
300 Filmen. Die Eigentümer vermieten außerdem das Selbstversorger-Cottage „Erehwon"
mit 2 DZ ganz in der Nähe. Motelzimmer
$99, Selbstversorger-Cottage $125

The Whistling Frog, 27 Rewcastle Rd, ☎ 03
415 8338, ⌨ whistlingfrogcafe.com. In dem
behaglichen Kneipencafé auf dem McLean
Falls Holiday Park wird besser gekocht als in
den meisten anderen Lokalen in den Catlins.
Außer den üblichen Kiwi-Frühstückangeboten
dürfen sich die Gäste z. B. auf Suppen ($12,50)
und Hühnchen-Enchiladas ($25) freuen. Dazu
gibt's Wein im Glas und Emerson's aus dem
Zapfhahn. ⊕ Sep–Mai tgl. 8.30–21 Uhr.

Wrights Mill Lodge, 865 Tahakopa Valley Rd,
9 km nordwestlich von Papatowai, ☎ 03
204 8424, ⌨ catlinsaccommodation.co.nz.
Backpackerhostel der gehobenen Klasse
inmitten gepflegter Grünanlage in einem
beschaulichen Tal. Die 4 Zimmer (keine Dorms)
befinden sich in einem 100 Jahre alten Haus
mit sonniger Veranda und Grillstelle. DZ $76,
mit Bad $86

Waikawa

Das Fischerdorf **Waikawa**, 38 km westlich von
Papatowai, besteht nur aus ein paar Häusern,
der malerischen Waikawa St Marys Anglican
Church und einem Museum.

Waikawa Museum

604 Niagara Waikawa Highway ▪ ⊕ tgl. 10.30–
16.30 Uhr ▪ Eintritt per Spende ▪ ☎ 03 246 8464

Das kleine **Waikawa Museum** enthält eine interessante Ausstellung zur hiesigen Seefahrer-
und Holzfällertradition. Das Museum fungiert
gleichzeitig als Visitor Centre, in dem man sich

ausführlich über die Hector-Delphine (S. 691)
informieren kann, die in der nahen **Curio Bay**
recht dicht an die Küste herankommen.

ÜBERNACHTUNG UND ESSEN

Blue Cod Blues, Niagara Waikawa Rd,
Waikawa. Der Imbisswagen am Straßenrand
mit einem oder zwei Tischen davor hat
exzellente Burger ($6–8) und Fish 'n' Chips ($7).
⊕ meist Mo 11–14, Fr–So 11–14 und 16.30–
19 Uhr, im Sommer tgl.

Niagara Falls Café, 256 Niagara Waikawa Rd, 4 km nördlich von Waikawa,
☎ 03 246 8577, ⌨ niagarafallscafe.co.nz.
Das umwerfende Café mit Schanklizenz
befindet sich im ehemaligen Schulhaus von
Niagara zwischen Rasenflächen und Blumen-
rabatten. Alles wird aus Bio-Zutaten frisch
und möglichst schonend zubereitet. Es gibt
vorzüglichen Kaffee und Karottenkuchen sowie
z. B. Neuseeland-Blaubarsch mit Salat und
selbst gebackenem Brot ($26). Auch gluten-
und laktosefreie Optionen und erlesene
neuseeländische Weine pro Glas. Pay-WLAN
und -Internet vorhanden. ⊕ tgl. 9–23 Uhr,
im Winter manchmal geschl.

Curio Bay und Porpoise Bay

5 km südwestlich von Waikawa

An der windumtosten Landspitze, die zwei der
romantischsten Buchten dieser an zauberhaften
Landschaften reichen Region trennt, treffen unterschiedliche Küstenlandschaften aufeinander. Im Norden schlagen gewaltige Brecher an
die sandige **Porpoise Bay**, in deren Wellen oft
Hector-Delphine spielen. Die von der Brandung
glatt geschliffene **Curio Bay** im Süden ist mit
den Resten eines **versteinerten Waldes** aus der
Jurazeit übersät – bei Ebbe klar zu erkennen.

Stufen führen zu einem Strand hinab, wo sich
stellenweise sogar noch die Jahresringe uralter
Bäume ausmachen lassen. Wer kurz vor Sonnenuntergang herkommt, kann beobachten, wie
bis zu ein Dutzend Gelbaugenpinguine an Land
kommen und zu ihren Nestern watscheln.

Bei **Catlins Surf**, ☎ 03 246 8552, ⌨ catlins-
surf.co.nz, gibt's Surfbrettverleih für $40 pro

3 Std., Surfunterricht für $50 pro 90 Min. und Stand-up-Paddleboarding für $75 pro 2 1/2 Std. Die nächste Verpflegungsmöglichkeit bietet das Niagara Falls Café (S. 690).

ÜBERNACHTUNG

Catlins Beach House, 499 Curio Bay Rd, ✆ 03 246 8340, 🖥 catlinsbeachhouse. co.nz. Vom Rasen des entspannten Hostels in einem Selbstversorgerhaus ist es bloß ein Schritt bis zum Strand. Das Haus hat nur Platz für 9 Gäste in 2 DZ (eins mit Bad) und einem Dorm. Dorms $25, DZ $70, mit Bad $95

Catlins Surf Beachfront Rentals, ✆ 03 246 8552, 🖥 catlins-surf.co.nz. Eine Reihe von Ferienhäusern für Selbstversorger am Strand. Sie werden pro Nacht vermietet und sind mit Bettwäsche und Handtüchern ausgestattet. Die Preise reichen bis zu $250. $110

Curio Bay Holiday Park, 601 Curio Bay Rd, ✆ 03 246 8897, ✉ valwhyte@hotmail.com. Die Zelt- und Wohnwagenstellplätze (mit Stromanschluss) auf diesem traumhaft schön gelegenen Campingplatz schützen dichte Strohmatten vor den manchmal stürmischen Winden. Aussicht hat man sowohl auf

Neuseeländischer Seelöwe und Hector-Delphin

Zwei äußerst seltene Arten – der Neuseeländische Seelöwe (Phocarctos hookeri) und der Hector-Delphin (Cephalarhynchus hectori) – sind nur in neuseeländischen Gewässern anzutreffen. Ersterer lebt überwiegend in dem Gebiet um die subantarktischen Auckland Islands, 460 km südlich der Südinsel, aber ein paar Tiere pflanzen sich auch auf der Otago Peninsula, entlang der Catlins Coast und um Stewart Island fort.

Der große, erwachsene männliche **Seelöwe** ist schwarz bis dunkelbraun, hat eine Schultermähne, wiegt bis zu 400 kg und erreicht eine Länge von mehr als 3 m. Ausgewachsene Weibchen sind lederbraun bis silbergrau, wiegen weniger als die Hälfte und sind nur knapp 2 m lang. Sie ernähren sich von Barrakudas, Neuseeland-Eisfischen, Oktopus, Rochen, im Frühling, Schwimmkrabben. Die Jungen werden am Strand geboren und im Alter von etwa 6 Wochen von der Mutter in Grasland, Gebüsch oder Wald gebracht und bis zu einem Jahr lang gesäugt.

Im Gegensatz zu Robben haben die Tiere keine Scheu vor Menschen. Wer einem Tier an Land begegnet, sollte mindestens 10 m Abstand halten (während der Fortpflanzungszeit Dez–Feb 30 m) und sich zurückziehen, wenn es sich aufrichtet und brüllt – Seelöwen können sich schnell bewegen.

Der **Hector-Delphin** mit seiner charakteristischen schwarz-weißen Markierung ist die kleinste Delphinart der Welt und auch eine der seltensten – insgesamt gibt es nur knapp 7000 Exemplare. Er ist nur in Neuseelands küstennahen Gewässern anzutreffen (überwiegend um die Südinsel) und konzentriert sich im Osten um die Banks Peninsula, Te Waewae Bay und Porpoise Bay und im Westen auf den Abschnitt zwischen Farewell Spit und Haast.

Im Sommer bevorzugt er seichte Gewässer in maximal 1 km Entfernung zur Küste, um Meeräschen, Wellington-Flugkalmare, Neuseeland-Eisfische, Sterngucker und Krabben zu fangen; im Winter wagt er sich selten weiter als 8 km hinaus.

Üblicherweise sind die Weibchen etwas größer als die Männchen: 1,20–1,40 m lang und 40–50 kg schwer. Die Jungen kommen zwischen November und Mitte Februar zur Welt und bleiben bis zu zwei Jahre lang an der Seite ihrer Mutter. Im Sommer und Herbst hält sich die kleine Delphinpopulation der Porpoise Bay regelmäßig in der Brandungszone auf und kommt manchmal bis auf 10 m an den Strand heran. Hector-Delphine sind scheue Kreaturen, und jegliche Störung kann negative Auswirkungen auf ihre Nahrungsaufnahme haben.

Wer sich in der Nähe der Tiere aufhält, sollte unbedingt die Regeln des DOC befolgen, die überall angeschlagen sind: Delphine nicht anfassen, füttern, umrunden oder jagen und immer eine angemessene Entfernung einhalten. Es ist auch verboten, in der Nähe von Delphinen mit Jungen zu schwimmen, die meisten haben im Sommer Nachwuchs dabei.

VON DUNEDIN NACH STEWART ISLAND

die Porpoise Bay als auch die Curio Bay. Ein kleiner Minimarkt versoft mit dem Notwendigsten. Duschen $2. Camping/Stellplatz $16, mit Stromanschluss $27

Dolphin Lodge Backpackers, 529 Curio Bay Rd, ✆ 03 246 8579, ⌨ lazydolphinlodge.co.nz. Geräumiges, wunderschön auf den Dünen gelegenes Hostel, von dem aus man Delphine beobachten kann. Alle Betten (keine Stockbetten) mit Bettzeug und Handtuchverleih für $3. Dorms $33, DZ $72

Slope Point

6 km westlich von Curio Bay, aber 16 km auf einer Schotterpiste

Slope Point, der südlichste Punkt der Südinsel, befindet sich 7 km südlich von Bluff. Ein kurzer Fußmarsch über Schafweiden (40 Min. hin und zurück) führt zu einem windumtosten Felsvorsprung. Ein Schild verrät, dass es noch beachtliche 4803 km bis zum Südpol sind.

Näheres zur westlichen Verlängerung der Southern Scenic Route, von Invercargill nach Te Anau via Tuatapere, steht im Kapitel Fiordland (S. 855).

ÜBERNACHTUNG

Slope Point Backpackers, 164 Slope Point Rd, ✆ 03 246 8420, ⌨ slopepoint.co.nz. Freundliches, superpreiswertes Hostel auf einer Schaffarm, wo Kinder (jeglichen Alters) die Tiere streicheln dürfen. Unterschiedliche DZ, Schlafsäle und ein Selbstversorger-Unit, zudem Zeltstellplätze und 2 Wohnwagenstellplätze mit Stromversorgung. Camping $12, Dorms $22, DZ $47, Unit $87

Waipapa Point

26 km westlich von Curio Bay

Waipapa Point war 1881 Schauplatz des schlimmsten zivilen Schiffbruchs Neuseelands, bei dem 131 Menschen an Bord der *SS Tararua* ihr Leben verloren. Kurze Zeit später wurde der hiesige Leuchtturm errichtet, zu dessen Füßen sich heute **Pelzrobben** und **Seelöwen** sonnen.

Gore

70 km westlich von Balclutha und 70 km nordöstlich von Invercargill liegt das beschauliche **Gore**, eine angenehme Zwischenstation an der Kreuzung der Routen von Dunedin nach Te Anau und Invercargill. Der von den Hokonui Hills beherrschte Ort erstreckt sich zu beiden Seiten des Mataura River („rötliche Strudel bildendes Wasser") und nennt sich selbst **Bachforellenhauptstadt**, worauf eine riesige Fischskulptur im Ortszentrum verweist.

Gore rühmt sich auch Neuseelands Heimat der **Country Music** zu sein. Ein gutes Bild davon kann man sich während der fünftägigen **Gold Guitar Week** (Ende Mai und Anfang Juni; ✆ 03 208 1978, ⌨ goldguitars.co.nz) machen.

Hokonui Moonshine Museum

Hokonui Heritage Centre, 16 Hokonui Drive
■ ⏰ Mo–Fr 8.30–17, Sa und So 9.30–16, So 13–16 Uhr ■ Eintritt $5

Das unterhaltsame **Hokonui Moonshine Museum** widmet sich der Geschichte der illegalen Schnapsbrennerei. Sie begann 1836 und erreichte während einer regional begrenzten, 50 Jahre während Prohibition ab 1903 ihren Höhepunkt. Bis heute wird Alkoholverkauf in diesen Breiten von einer Lizenzvergabekommission kontrolliert. Netterweise gibt es aber am Ende der Besichtigung einen Fingerhut voll Whisky. Wer Ende Februar in der Gegend ist, sollte das Hokonui Moonshine Festival, ⌨ hokonuimoonshinefest.co.nz, nicht verpassen.

Eastern Southland Art Gallery

14 Hokonui Drive ■ ⏰ Mo–Fr 10–16.30, Sa und So 13–16 Uhr ■ Eintritt frei

Eine gute Adresse für Kunstfreunde ist die **Eastern Southland Art Gallery**. Sie beherbergt eine neuseelandweit bedeutsame Kunstsammlung, darunter majestätische afrikanische Schnitzereien, eine Schenkung des neuseeländischen Sexualwissenschaftlers Dr. John Money. An

Kunstwerken mit neuseeländischen Inhalten sind unter anderem die farbenfrohen Ölgemälde von Rita Angus vertreten, Werke des holländischen Emigranten Theo Schoon und Stücke aus verschiedenen Schaffensphasen von Ralph Hotere, dem vielleicht größten lebenden neuseeländischen Maler. Schon wegen der Wechselausstellungen lohnt ein Besuch.

Old Mandeville Airfield

1558 Waimea Hwy (SH94), 17 km westlich von Gore ▪ ⏱ Museum tgl. 10–17 Uhr ▪ Eintritt $5; Flüge ab $60/10 Min.–$220/30 Min. ▪ ✆ 03 208 9755, 🖥 croydonaircraft.com

Für Fans alter Flugzeuge lohnt ein Besuch des **Old Mandeville Airfield**, wo man bei der Restaurierung von alten Flugzeugen zuschauen und zu **Rundflügen** abheben kann. Ein **Museum** versammelt viele schöne Flugzeuge.

ÜBERNACHTUNG

Fire Station Backpackers, 19 Hokonui Drive, ✆ 03 208 1925, 🖥 thefirestation.co.nz. Das komfortable Hostel hat 2 DZ und zwei 4-(Etagen)Bett-Dorms, alle mit Bettzeug, eine komplett ausgestattete Küche und Lounge, plus münzbetriebenes Internet und WLAN. Dorms $28, DZ $65
Wentworth Heights, 86a Wentworth St, 3 km nordöstlich der Stadt, ✆ 03 208 6476, 🖥 wentworthheights.co.nz. Sehr gut ausgestattetes, semi-rustikales B&B mit fabelhaftem Frühstück und Abendessen (auf Vorbestellung) und äußerst herzlichem Empfang. Der Besitzer Barry Perkins leitet auch Angeltrips. $160

ESSEN

Casa Bella, 81 Hokonui Drive, 1 km nördlich, ✆ 03 208 0154. Gores Toprestaurant ist in einer mondänen viktorianischen Villa untergebracht. Die Speisekarte (Hauptgerichte zumeist $35) ist italienisch angehaucht, und alles wird frisch zubereitet. ⏱ Di–Sa 17.30–22 Uhr.
The Green Room, 59 Irk St, ✆ 03 208 1005. Das unprätentiöse Café ist eine prima Anlaufstelle für Suppen, Frittatas oder einfach bloß Kaffee und Kuchen. ⏱ Mo–Sa 7.30–16.30 Uhr.

The Thomas Green, 30 Medway St, ✆ 03 208 9295, 🖥 tommyg.co.nz. Großstadtflair im östlichen Southland verbreitet dieses hinter der Fassade eines denkmalgeschützten Gebäudes versteckte Restaurant mit Spiegeln, indirekter Beleuchtung usw. Es hat hochkarätige Kneipenkost in der Art von Graved Lachs an Roter Bete ($12) und Rib-Eye-Steak mit Pilzsoße ($31). ⏱ tgl. 10.30–22 Uhr oder länger.

SONSTIGES
Informationen

16 Hokonui Drive, im Hokonui Heritage Centre, ✆ 03 203 9288, 🖥 gorenz.com, ⏱ Mo–Fr 8.30–17, Sa 9.30–16, So 13–16 Uhr.

Forellenangeln

Wer zur **Angelsaison** (Okt–April) in der Gegend ist und es mit einer Bachforelle aufnehmen möchte, wendet sich zwecks Ausrüstungsverleih an **B&B Sports**, 65 Main St, ✆ 03 208 08, wo auch Angellizenzen ($23 pro Tag) verkauft werden.

TRANSPORT
Busse

Gore liegt an der Hauptstrecke der Busse zwischen Dunedin, Invercargill und Te Anau. Die Busse halten am Visitor Centre.

Busse nach:
DUNEDIN 4–5x tgl., 30 Min.;
INVERCARGILL 4–5x tgl., 1 Std.;
TE ANAU 1x tgl., 1 3/4 Std.

Invercargill

Für viele Besucher ist **Invercargill** nicht mehr als eine Zwischenstation auf dem Weg nach Stewart Island oder an die Catlins Coast. Jedoch lohnt die Stadt durchaus einen kurzen Aufenthalt. Sie wurde Mitte der 1850er-Jahre gegründet und erstreckt sich über eine ungeschützte, weite Ebene am Anfang des New River Estuary.

Im Jahr 2000 bot die wichtigste Bildungseinrichtung der Stadt, das Southern Institute of Technology (SIT), Neuseeländern und Austra-

VON DUNEDIN NACH STEWART ISLAND

liern kostenlosen und (anderen) Ausländern weitaus günstigeren Unterricht als gewöhnlich. In der Folge schwoll die Einwohnerzahl von Invercargill auf 50 000 an, und die Kultur- und Kneipenszene der Stadt erfuhr eine starke Belebung. Vor kurzem ist man überdies in der Nähe vielleicht auf eine Ölquelle gestoßen, was einige Investitionen in der Stadt nach sich gezogen hat.

Im Süden der Stadt liegt an der Spitze einer schmalen Landzunge **Bluff**, der Abfahrtspunkt für die Fähren nach **Stewart Island** (S. 699).

Southland Museum and Art Gallery

108 Gala St, beim Queens Park ▪ ⏲ Mo–Fr 9–17, Sa und So 10–17 Uhr ▪ Eintritt frei ▪ ✆ 03 219 9069, 🖥 southlandmuseum.com

Die Hauptsehenswürdigkeit von Invercargill ist das **Southland Museum and Art Gallery**. Das von einem weißen Pyramidendach gekrönte Gebäude beherbergt eine gute Sammlung auf zwei Stockwerken. Oben konzentriert sich die faszinierende Abteilung „Beyond the Roaring Forties" auf die subantarktischen Inseln Neuseelands. Die Ausstellung befasst sich u. a. mit Schiffbrüchigen, die sich auf die Inseln retteten, Robbenfängern und der Flora und Fauna. Auch die Geschichte von Southland wird anschaulich dargestellt, und eine Treppe tiefer sind Maori-Artefakte zu sehen.

Nicht vergessen bei den **Tuatara** vorbeizuschauen, kleinen Reptilien aus der Dinosaurierzeit, die nirgendwo sonst auf der Welt zu finden sind – darunter Henry, der wahrscheinlich weit über 100 Jahre auf dem Buckel hat. Man kann die Tiere durch Glasfenster auf der dem Park zugewandten des Museums sehen (an sonnigen Tagen zeigen sie sich meist am Nachmittag).

Der Wasserturm

Doon St, Ecke Leet St ▪ ⏲ So und feiertags 13.30–16.30 Uhr ▪ Eintritt $2 ▪ ✆ 03 211 1679

Die östliche Skyline von Invercargill dominiert der 40 m hohe **Wasserturm** aus Backstein. Das

romaneske, mehrfarbige Bauwerk wurde 1889 eingeweiht und ist eindeutig pompöser ausgefallen als notwendig. Wer die Treppen im Inneren erklimmt, wird mit der tollsten Aussicht der Stadt belohnt.

Invercargill Brewery

8 Wood St ▪ ⏲ Mo–Do 11–17.30, Fr 11–18.30, Sa 11–16 Uhr ▪ ✆ 03 214 5070, 🖥 invercargillbrewery.co.nz

Bierkenner zieht es sicher in die **Invercargill Brewery**. In Ermanglung einer Brauereiführung kann man sich unverzüglich in den Probierraum begeben und kostenfrei bis zu sechs Biere verkosten, sofern man am Ende auch was kauft. Braumeister Steve Nally braut etwa ein halbes Dutzend Sorten, darunter B.Man, das besonders gut zu scharfen Currys passt, und Pitch Black mit Kaffeearoma; dazu kommen saisonale Biere wie Boysenbeerenbier und das Smokin' Bishop, ein Bockbier mit Raucharoma.

Anderson Park Art Gallery

SH6, 7 km nördlich der Innenstadt ▪ ⏲ tgl. 10.30–17 Uhr ▪ Eintritt frei ▪ Nicht mit dem Bus erreichbar; ein Taxi ($25 einfach) oder Leihfahrrad (S. 697) nehmen

Am Rande von Invercargill erstreckt sich der hübsche Anderson Park, der die landschaftliche Kulisse für die sehenswerte **Anderson Park Art Gallery** bildet. Das Gebäude wurde 1925 in georgianischem Stil für den örtlichen Geschäftsmann Robert Anderson errichtet. Der Entwurf stammt vom Architekten Cecil Wood aus Christchurch. Die wunderbare Galerie zeigt eine Dauerausstellung traditioneller und zeitgenössischer neuseeländischer Kunst, die im Oktober vorübergehend durch eine Frühjahrsschau aktueller Kiwi-Kunst ersetzt wird.

Hinter dem Galeriegebäude befindet sich das ebenfalls Anfang der 20er-Jahre erbaute **Maori House**, das für Tänze genutzt wurde. Eingang und Vorbau sind mit Schnitzereien von Tene Waitere, einem bekannten Schnitzer aus Rotorua, verziert.

Invercargill

1 (100 m), **2** (4 km), Anderson Park (5 km), Te Anau (160 km), Queenstown (180 km)

■ ÜBERNACHTUNG

295 on Tay	5
Admiral Court Motor Lodge	6
Invercargill Top 10 Holiday Park	2
Safari Lodge	1
Southern Comfort	3
Tuatara Lodge	4

● RESTAURANTS, CAFÉS & BARS

The Batch	1
Duo	7
Kings Fish Supply	8
The Rocks	3
The Seriously Good Chocolate Company	2
Three Bean	6
Tillermans Music Lounge	5
Waxy O'Shea's	4

DEE STREET

AVENAL STREET

KELVIN STREET

Queens Park

QUEENS DRIVE

Teekiosk

Statuen

THAMES STREET

THOMSON ST

DEE STREET

LIFFEY STREET

EARNSLAW STREET

Rosen-Garten

Winter-gärten

Southland Museum & Art Gallery

VICTORIA AVE   VICTORIA AVE

GALA STREET

AA Office

LEET STREET

Wasser-turm

E. Hayes & Son Ltd

YARROW STREET

Invercargill Brewery

BOND STREET

LEVEN STREET

KELVIN STREET

DEVERON STREET

TED STREET

DOON STREET

SPEY STREET

Bücherei

3

5

2

1

DON STREET

PICCADILLY LANE

6 DOC @ Office

WACHNER PLACE **4**

Town Hall & Civic Theatre

ESK ST

Countdown Supermarket

Kino

7

Cycle Surgery

Wensley's Cycles

TAY STREET

First Presbyterian

Southern Institute of Technology

Pak 'n Save Supermarket

WOOD STREET

FORTH STREET

TYNE ST

St Mary's Basilica

EYE STREET

8

BUTE ST

CLYDE STREET

NITH STREET

YTHAN STREET

DOON STREET

TWEED STREET

BOND STREET

MERSEY STREET

ANNAN STREET

LIDDEL STREET

TEVIOT STREET

CONON STREET

ETTRICK STREET

BOWMONT STREE

Waihopai River

Flughafen (2,5 km), Oreti Beach (9,5 km)

VON DUNEDIN NACH STEWART ISLAND

5 (300 m), **6** (500 m), Dunedin (220 km)

Southland Hospital (2 km), Bluff (27 km), SH92 nach Balclutha (172 km via Catlins)

Oreti Beach

10 km westlich der Stadt an der Dunns Rd

Die Straße von Invercargill zum **Oreti Beach** endet buchstäblich am Strand. Zwar brettern die Einheimischen ständig mit ihren Autos über den Sand, aber Besucher sollten sich das verkneifen, schon weil es gegen die Vertragsbedingungen für Mietfahrzeuge verstößt.

Der wunderschöne breite Sandstrand, der sich 30 km bis zum Badeort Riverton im Westen windet, gewährt eine herrliche Aussicht auf Stewart Island und Bluff. Im Sommer wird hier gerne gebadet (wenn viel los ist, sind Strandwächter unterwegs), Motorboot und Wasserski gefahren, an windigen Tagen können hier jedoch regelrechte Sandstürme toben.

ÜBERNACHTUNG

Hier unten im Süden sind die Übernachtungspreise moderat, und es gibt eine gute Auswahl an Unterkünften im Zentrum. Unter der Woche füllen sich die Unterkünfte allerdings recht früh mit eintrudelnden Geschäftsleuten.

295 on Tay, 295 Tay St, ☎ 0800 295 295, 🖥 295ontay.co.nz. Modernes und geräumiges Motel mit allen Annehmlichkeiten, u. a. komplett eingerichteten Küchen, beheizten Handtuchtrocknern, Heizdecken und Haarföhn. Manche Studios und 1-Schlafzimmer-Units verfügen über Jacuzzis. $125

Admiral Court Motor Lodge, 327 Tay St, ☎ 0800 111 122, 🖥 admiralcourt.co.nz. 17 makellos saubere Selbstversorger-Units; Frühstück wird zum Zimmer geliefert. WLAN und Flughafentransfers. Einige Units mit Whirlpool. $100

Invercargill Top 10 Holiday Park, 77 McIvor Rd, 9 km nördlich des Zentrums, ☎ 0800 486 873, 🖥 invercargilltop10.co.nz. Der luxuriöse Campingplatz weist die typischen guten Top-10-Standard auf. Camping $19, Cabins $78, Units mit Bad $98

Safari Lodge, 51 Herbert St, ☎ 0800 885 557, 🖥 safarilodge.co.nz. Schickes B&B in einer Villa von 1902 voller Erinnerungsstücke von den Mosambik-Reisen des Eigentümers. Geschmackvoll eingerichtete Zimmer, großer

Billardtisch und Whirlpool. Unbedingt einen Blick wert sind die Oldtimer in der Garage. $280

Southern Comfort, 30 Thomson St, ☎ 03 218 3838, ✉ coupers@xtra.co.nz. Vororthostel in einer wunderschön erhaltenen viktorianischen Villa. Auf dem Rasen des gepflegten Anwesens steht auch ein Kinderspielhaus, das als niedliches kleines DZ dient. Moderne Küche und kostenlose Gepäckaufbewahrung für Gäste, die einen Ausflug nach Stewart Island unternehmen. Bettwäsche für Schlafsaalbetten kostet $2. Dorms $28, Spielhaus $46, DZ $66

Tuatara Lodge, 30 Dee St, W 0800 488 282, 🖥 tuataralodge.co.nz. Geräumiges, freundliches Hostel in einem umgebauten Bankgebäude im Herzen der Stadt. Makellos saubere Zimmer (einige allerdings fensterlos), eine Lounge mit einem runden Billardtisch und Piano, außerdem gibt's ein hervorragendes Café im Erdgeschoss und Parkplätze auf dem Gelände. Dorms $25, DZ $69, mit Bad $80

ESSEN UND UNTERHALTUNG

Das Essen in Invercargill ist üblicherweise deftig und reichlich, doch allmählich macht sich eine leise Verfeinerung breit. Selbstversorger sollten nach lokalem **Seafood** Ausschau halten, besonders den hervorragenden Bluff-Austern (frisch von April–Okt) und dem Neuseeland-Blaubarsch *(blue cod)*. Einige Bars verwandeln sich im Laufe des Abends in Tanzlokale. Normalerweise setzt das Nachtleben aber erst ab Donnerstag ein und ist während des Semesters am lebendigsten.

The Batch, 173 Spey St, ☎ 03 214 6357. Invercargills einladendstes modernes Café ist ein heller, luftiger Raum mit Sofas und bequemen Stühlen. Hier darf mit vorzüglichem Kaffee und Muffins gerechnet werden, außerdem mit kleinen Leckereien wie Kumara-Kokosnuss-Bratlinge mit Schinkenstreifen ($16). Am Freitagabend werden Platten mit frischen Zutaten der Region gereicht. Kostenlos WLAN- und iPad-Nutzung. ⏰ Mo–Do 7.30–16.30, Fr 7.30–19.30, Sa und So 8–16 Uhr.

Duo, 16 Kelvin St, ☎ 03 218 8322. Mit seinem professionellen und unaufgeregten Service und einer der besten Küchen weit und breit liegt das Duo eine Stufe über dem Invercargill-Durchschnitt. Tipp: Schweinesteak mit Kräuterkruste ($35), anschließend Crème brûlée mit Tamarillos ($12). ⊕ Di–Sa 11.30–14 und 17.30–22 Uhr.

King's Fish Supply, 59 Ythan St. Wer möchte, kann sich das im Geschäft gekaufte frische Seafood (Preis nach Gewicht) gleich zubereiten lassen ($1 extra). Außerdem gibt es unglaublich preisgünstige köstliche Fish'n'Chips ($6). ⊕ Mo und Di 8.30–19.30, Mi–Sa 8.30–20.30, So 16–20.30 Uhr.

The Rocks, Courtville Place, 101 Dee St, ✆ 03 218 7597. Ein Dauerbrenner mit nackten Ziegelsteinwänden und einer bunt gemischten Speisekarte, von *seafood chowder* ($15) bis Wild an Blaubeeren in Portweinsoße ($35). ⊕ Di–Sa 11–14 und 17–22 Uhr oder länger.

The Seriously Good Chocolate Company, 147 Spey St, ✆ 03 2218 8060, 🖥 seriously goodchocolate.com. Das winzige Café ist eine gute Adresse für einen Imbiss wie Hotdog oder Frittata (alles frisch zubereitet), aber die eigentliche Zielgruppe sind Schokoladen-Naschkatzen. Die dürfen sich bei einer Tasse köstlicher heißer Schokolade etwas aus dem Riesenangebot der Schokofabrik im Hinterhaus aussuchen. ⊕ Mo–Fr 8–17.30 Uhr, im Sommer Sa 9.30–14, So 10.30–15 Uhr.

Three Bean, 73 Dee St, ✆ 03 214 1914. Beliebtes Frühstücks- und Lunchcafé mit exzellentem Kuchen und Frühstück, starkem Kaffee und leckerem Schinken-Ei-Bagel ($13). Gute Zeitschriften und kostenloses WLAN. ⊕ Mo–Fr 7–16, Sa 8.30–14 Uhr.

Tillermans Music Lounge, 16 Don St, ✆ 03 218 9240, 🖥 facebook.com/tillermans. Beliebte Bar mit Billardtischen, wo teils recht unkonventionelle Livemusik zu hören ist. ⊕ Fr und Sa 21–3 Uhr.

Waxy O'Shea's, 90 Dee St, ✆ 03 214 0313, 🖥 waxys.co.nz. Gesellige, recht authentisch wirkende irische Bar mit guter Musik und gelegentlich Livebands. Zu essen gibt's ordentliche *bangers and mash* für $18. ⊕ tgl. 11–22 Uhr oder länger.

Apotheke

Im Supermarkt **Countdown**, ⊕ Mo–Do und Sa–So 8.30–20, Fr 8.30–21 Uhr.

Bücherei

Library, 50 Dee St, ✆ 03 218 7025, ⊕ Mo–Fr 9–20, Sa 10–13, So 13–16 Uhr.

Fahrräder

Am günstigsten beim **i-SITE** ($10/4 Std.). Gute Mountainbikes verleiht **Cycle Surgery**, 2l Tay St, ✆ 03 218 8055, für $30 pro Tag.

Gepäckaufbewahrung

Im **i-SITE**, aber nur tagsüber (kostenlos).

Informationen

i-SITE, 108 Gala St, ✆ 03 211 0845, 🖥 south landnz.com. Das ausgezeichnete Visitor Centre befindet sich im Foyer des Southland Museum. Neben dem *What's On* (ideal, um sich über lokale Veranstaltungen zu informieren) gibt es hier auch die Broschüre *Invercargill Heritage Trail* mit Beschreibungen wichtiger Bauwerke der Innenstadt. ⊕ Mo–Fr 8–17, Sa und So 8.30–16 Uhr.

DOC, Level 7, 33 Don St, ✆ 03 214 2400. Informationen über Wanderwege und die Tierwelt in den Catlins, auf Stewart Island und in Fiordland. ⊕ Mo–Fr 9–16.30 Uhr.

Internet

Internet (halbe Stunde $2) und WLAN ($5 pro Std.) bieten das **i-SITE** und die **Stadtbibliothek** (kostenfrei).

Medizinische Hilfe

Ärztliche Hilfe: Das **Southland Hospital**, Kew Rd, ✆ 03 218 1949, unterhält eine 24 Std. geöffnete Unfallstation und Notaufnahme. Im Krankheitsfall und bei kleineren Unfällen außerhalb der Praxiszeiten hilft **Urgent Doctor Service**, 40 Clyde St, ✆ 03 218 8821, ⊕ Mo–Fr 18–6, Sa und So 9–16 Uhr.

Polizei

117 Don St, ✆ 03 211 0400.

Post

51 Don St, nahe der Kreuzung mit der Kelvin St,
⊙ Mo–Fr 8.30–17, Sa 10–12.30 Uhr.

Beim i-SITE ist die praktische Broschüre
Invercargill City Bus Timetable mit dem
Fahrplan der 12 **Stadtbuslinien** (nur Mo–Sa;
📞 03 218 7170, 🖥 icc.govt.nz) erhältlich.
Die meisten drehen eine Runde vom Stadtzentrum in die Außenbezirke und zurück.
Mo–Fr 9–14.30 Uhr und den ganzen Samstag
über ist die Mitfahrt kostenlos. Es gibt auch
2 Busse, in denen man nie bezahlen muss:
Der nützlichste ist der Freebie (alle 15 Min.),
der in der Innenstadt verkehrt und am i-SITE
vorbeikommt.

Busse

Endstation der **Knightrider**-Busse aus
CHRISTCHURCH ist in der Tay St, Ecke Jed St,
alle anderen halten vor dem i-SITE Visitor
Centre, 105 Gala St.

Busse nach:

BALCLUTHA 2–4x tgl., 2 1/2 Std.;
DUNEDIN 3–4x tgl., 3 1/2 Std.;
GORE 2–4x tgl., 1 Std.;
QUEENSTOWN 2x tgl., 2 1/2 Std.;
TE ANAU 1x tgl., 4 Std.;
WANAKA 1x tgl., 4 Std.

Flüge

Der Flughafen von Invercargill liegt 2,5 km
südwestlich des Stadtzentrums. Es bestehen
direkte Verbindungen mit Christchurch und
Stewart Island. Taxis von **Blue Star**, 📞 03
217 7777, verkehren vom Flughafen in die Stadt;
$20. **Executive Rental Cars**, 📞 03 214 3434,
bietet einen Shuttle-Service in die Stadt
(bei einer Gruppe mit gleichem Ziel $15 p. P.).
Parkgebühr auf dem Flughafenparkplatz $6
für 24 Std., jeder weitere Tag $2.

Flüge nach:

CHRISTCHURCH 5–7x tgl., 1 1/4 Std.;
STEWART ISLAND 3x tgl., 20 Min.;
WELLINGTON 1–2x tgl., 1 Std. 50 Min.

Bluff

Das kleine, aber quirlige Fischer- und Hafen-
städtchen **Bluff**, 27 km südlich von Invercargill,
breitet sich auf einer schlanken Halbinsel aus.
Auf einer Seite liegt der künstlich angelegte Hafen, auf der anderen die wilde Foveauxstraße.

Bluff ist seit 1824 besiedelt und damit der älteste europäische Ort in Neuseeland. Das Alter
hat deutliche Spuren hinterlassen. Die meisten
Touristen wollen nur möglichst schnell die Fähre
nach Stewart Island besteigen und sind sich gar
nicht bewusst, dass die wunderschön gelegene
Stadt eine ereignisreiche Geschichte und herrliche Kurzwanderungen zu bieten hat.

Die Austern von Bluff (Kasten S. 703) stehen
im Mittelpunkt des **Bluff Oyster & Food Festival**,
das jedes Jahr am dritten Wochenende im Mai
stattfindet; 🖥 bluffoysterfest.co.nz.

Bluff Maritime Museum

241 Foreshore Rd, 1 km nördlich des Fährhafens
▪ ⊙ Mo–Fr 10–16.30, Sa und So 13–17 Uhr ▪
Eintritt $2

Bluffs kleines **Bluff Maritime Museum** zeigt historische Ausstellungsstücke zum Walfang, dem
Bau des Hafens und dem Austernfang sowie
Schiffswracks. Zu den Highlights gehören eine
Dampflokomotive und das 1909 vom Stapel ge-
laufene Austernboot *Monica II* im Hafen vor
dem Museumsgebäude.

Stirling Point

SH1, 2 km südlich des Fährhafens

Der State Highway 1 endet am **Stirling Point**.
Er ist zwar nicht der südlichste Ort der Südinsel
(das ist Slope Point in den Catlins), aber durchaus ein hübsches Fleckchen. Am Point steht ein
Wegweiser – das Gegenstück zu jenem am anderen Ende des Landes am Cape Reinga –, der
die Entfernungen zu großen internationalen
Städten sowie zum Äquator (5133 km) und zum
Südpol (4810 km) angibt. Diese Stelle bildet auch
den südlichen Endpunkt des Te Araroa-Lang-

streckenwanderwegs, der am Cape Reinga startet. Am Stirling Point beginnen aber auch zwei erheblich kürzere Spazierpfade.

In der Nähe des Point sieht man die Skulptur einer Ankerkette im Meer verschwinden. Sie ist die symbolische Verbindung zwischen Stirling Point und Lee Bay auf Stewart Island, wo sich eine fast identische Skulptur von Russell Becks befindet: Gemäß der Maori-Überlieferung ist die Südinsel das Kanu des Halbgottes Maui und Stewart Island *Te Punga o Te Waka a Maui*, „Der Ankerstein von Mauis Kanu".

Vom Parkplatz am Stirling Point lassen sich zwei leichte Wanderungen unternehmen: Der **Foveaux Walkway** (6,6 km, 2 Std. einfach, überwiegend flach) folgt der Küste zurück in den Ort und bietet großartige Küstenblicke. Der **Topuni Track** (2 km einfache Strecke, 45 Min., 265 m Aufstieg) ist ziemlich steil und erklimmt den **Bluff Hill Lookout**, von dem sich ein Rundblick bis hin zur 35 km entfernten Stewart Island eröffnet. Der Aussichtspunkt ist auch per Straße von Bluff zu erreichen, wenn man der Lee Street, gegenüber dem Fähranleger, 3 km folgt.

ÜBERNACHTUNG UND ESSEN

Bluff Homestead, 90 Bann St, ☎ 03 212 8800, 🖥 bluffhomestead.co.nz. Vom Sonnendeck oder den bodentiefen Fenstern der 3 einladenden Zimmer in dieser edlen Holzvilla von 1873 eröffnen sich märchenhafte Ausblicke. Zur Verfügung stehen außerdem eine Cabin mit Bad und Doppelstockbetten sowie ein Campervan-Parkplatz. Kostenloses WLAN für alle und Frühstück auf Wunsch ($15–20). Campervans p. P. $15, Cabin $75, DZ $150

Bluff Lodge, 120 Gore St, ☎ 03 212 7106, 🖥 blufflodge.co.nz. Das supergünstig in der Nähe der Fähre nach Stewart Island gelegene ehemalige Postamt, Baujahr 1899, beherbergt heute 5- und 7-Bett-Dorms (keine Etagenbetten) und 3 DZ. Alle teilen sich ein Gemeinschaftsbad und eine Gemeinschaftsküche. Ein Stück weiter an der Straße gibt es auch noch ein Haus mit 3 Schlafzimmern. Bettwäscheverleih für $5 p. P. Dorms $18, DZ $45, Haus $100

Johnson's Oysters, 8 Foreshore Rd, ☎ 03 212 8665. Zwischen Juni und August kann man Bluff-Austern in mehreren Läden direkt am Wasser zu Fabrikpreisen kaufen, z. B. in diesem altbewährten Geschäft. ⏱ tgl. 9–16 Uhr.

INFORMATIONEN

Das **Bluff Maritime Museum** dient gleichzeitig als Visitor Centre. Besucher sollten sich auf 🖥 bluff.co.nz schlau machen und im i-SITE von Invercargill das Blättchen *Bluff Heritage Trail* einstecken.

TRANSPORT

Busse
Stewart Island Experience, ☎ 0800 000 511, 🖥 stewartislandexperience.co.nz, unterhält eine regelmäßige Busverbindung von INVERCARRGILL, einfache Fahrt $22, abgestimmt auf die **Fähre**, die 2–4x tgl. nach STEWART ISLAND übersetzt (1 Std.). Näheres zu den Fähren nach Stewart Island auf S. 708.

16 **HIGHLIGHT**

Stewart Island

Neuseelands dritte Hauptinsel ist die relativ unbekannte **Stewart Island**, vom Festland durch die Foveauxstraße (Kasten S. 703) getrennt. Es handelt sich um ein ganz besonderes Fleckchen Erde mit seltenen Vogelarten, fischreichen Gewässern in der Umgebung und freundlichen Bewohnern.

Der Großteil von Stewart Island ist unbewohnt und von kleinen Buchten, windumtosten Stränden und einem hügeligen Inneren mit Rimu-Wäldern und Granitfelsen geprägt. Der Maori-Name der Insel lautet *Rakiura* („Das Land des glühenden Himmels"). Es wird noch darüber debattiert, ob sich dieser Name auf das **Südlicht** *(Aurora australis)* bezieht, das mitunter in diesen Breiten bewundert werden kann, oder auf die fantastischen Sonnenuntergänge. Mit der Schaffung des **Rakiura National Park** im Jahr 2002 stehen nun ganze 85 % der Insel offiziell unter Naturschutz.

VON DUNEDIN NACH STEWART ISLAND

DER NORDOSTEN VON STEWART ISLAND

N

0   5 km

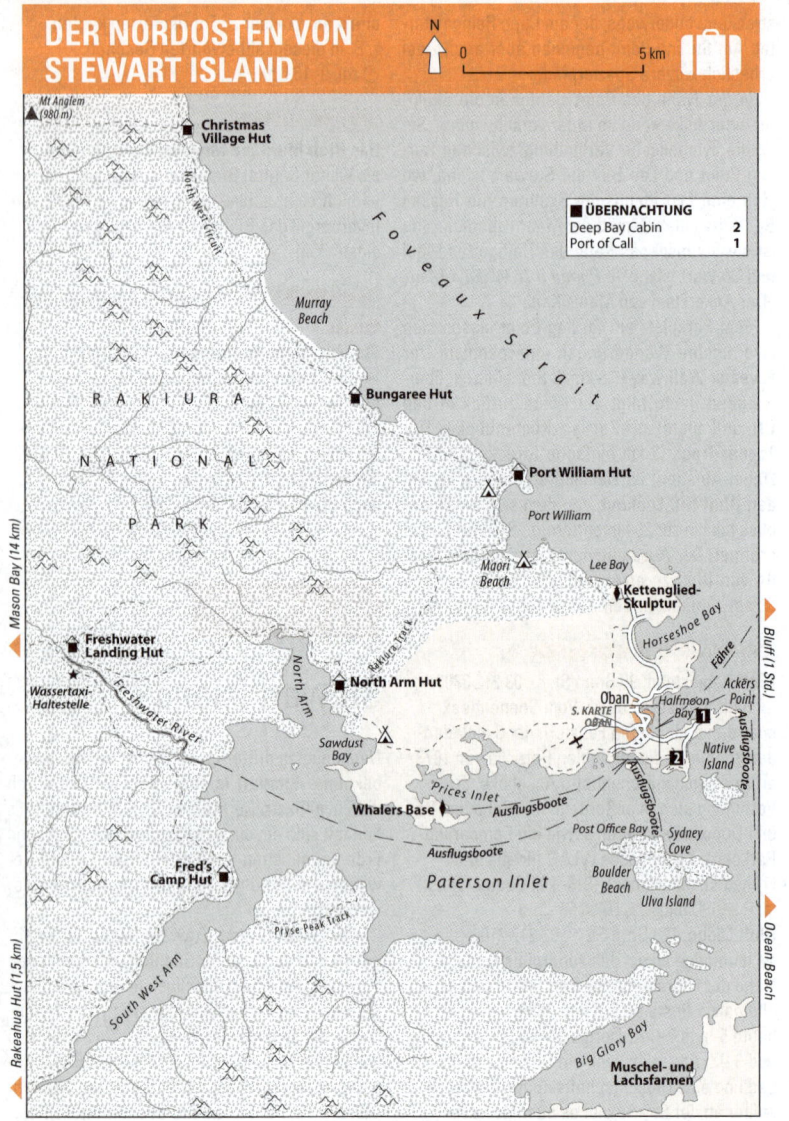

■ ÜBERNACHTUNG

| Deep Bay Cabin | 2 |
| Port of Call | 1 |

Mt Anglem (980 m)

Christmas Village Hut

North West Circuit

F o v e a u x   S t r a i t

Murray Beach

Bungaree Hut

R A K I U R A

N A T I O N A L

Port William Hut

Port William

P A R K

Maori Beach

Lee Bay

Kettenglied-Skulptur

Horseshoe Bay

Rakiura Track

Bluff (1 Std.)

Freshwater Landing Hut

North Arm

North Arm Hut

Oban

Fähre

Ackers Point

Halfmoon Bay

Wassertaxi-Haltestelle

Freshwater River

S. KARTE OBAN

Native Island

Sawdust Bay

Prices Inlet

Ausflugsboote

Ausflugsboote

Whalers Base

Ausflugsboote

Post Office Bay

Sydney Cove

Fred's Camp Hut

Paterson Inlet

Boulder Beach

Ulva Island

Pryse Peak Track

South West Arm

Big Glory Bay

Muschel- und Lachsfarmen

Mason Bay (14 km)

Rakeahua Hut (1,5 km)

Ocean Beach

Fast alle der 400 Insulaner wohnen in der einzigen Stadt, **Oban**. Hier legen Schiffe an, landen Flugzeuge und zahlreiche Kaka sorgen mit ihrem Gekreische für die Geräuschkulisse. Viel anstellen lässt sich in Oban nicht, aber die entspannte Inselatmosphäre ist für Neuankömmlinge unwiderstehlich. So mancher Besucher möchte länger bleiben als geplant, vor allem die, die **Wanderwege** durch unberührte Wildnis, eine artenreiche **Tierwelt** und **Seekajaktouren** zu schätzen wissen.

Das ganze Jahr über muss man auf Stewart Island mit **Wetterextremen** (oft mehrere Wetterumschwünge an einem Tag) rechnen. Das gilt erst recht für Wanderer, die mit den stürmischen Winden zu kämpfen haben, die auf direktem Weg über das Meer von der Antarktis auf die Insel treffen. Um Sonne und Regen zu trotzen, empfiehlt es sich, mehrere Lagen Kleidung übereinander zu tragen. Außerdem sollte man Insektenschutzmittel gegen Sandfliegen dabei haben.

Geschichte

Die Maori lebten hier schon einige hundert Jahre, ehe Captain Cook 1770 vorbeikam und Rakiura auf seinen Karten irrtümlich als Halbinsel verzeichnete. Später wurde das Eiland nach William Stewart, dem 1. Offizier eines Segelschiffs, das 1809 hierher kam, benannt. Mit der Ankunft der Europäer wurde das Abholzen von Rimus zum wirtschaftlichen Rückgrat der Insel und gab in den 1930er-Jahren 3000 Bewohnern ein Auskommen. Heute sind fast alle Inselbewohner im Naturschutz, der **Fischerei** (Langusten, Neuseeland-Barsche und Paua), der **Fischzucht** (Lachse und Muscheln) und im **Tourismus** beschäftigt.

Oban (Halfmoon Bay)

Verstreut um die reizvolle Halfmoon Bay liegt **Oban** (allgemein auch als Halfmoon Bay bekannt), ein Ort mit kaum mehr als ein paar Dutzend Häusern, einem Visitor Centre, einem winzigen Museum, einer Handvoll Läden und Cafés und einem Hotel mit Kneipe. Auf den Hängen ringsum stehen weitere Häuser, umgeben von Busch. Ohne viel Mühe bekommt man hier Tui, Maori-Fruchttauben und kleine Gruppen krächzender **Kaka** zu sehen – große, rostbraune endemische Papageien, die fast nirgendwo sonst im Land vorkommen.

Rakiura Museum

9 Ayr St ▪ ⏲ Okt–Mai Mo–Sa 10–13.30, So 12–14, Juni–Sep Mo–Fr 10–12, Sa 10–13.30, So 12–14 Uhr ▪ Eintritt $2 ▪ ✆ 03 219 1221

Die DOC-Broschüre *Day Walks* beschreibt mehr als ein Dutzend **kürzere Wanderungen** in der Umgebung von Oban, einige der schönsten davon direkt im Ort.

Fuchsia and Raroa Reserve Track (einfache Strecke 2 km, 30 Min.). Der wenig benutzte Weg führt zum Watercress Beach und windet sich zunächst durch einen Wald von Baumfuchsien, in dem Tuis, Makomakos, Kakas und Tauben leben, bevor er den Trail Park erreicht. Jenseits davon gelangt man durch Rimu-Wald zum Golden Beach.

Golden Bay–Deep Bay–Ringaringa (6 km Rundstrecke, 1 1/2–2 Std.). Ausgehend von der Golden Bay folgt der Pfad dem Küstenverlauf nach Osten bis zur Deep Bay, von dort über den Hügel zum Ringaringa Beach, von wo man der Ausschilderung folgend über einen Zaunübertritt bis zum Ringaringa Point und zu Gräbern von Missionaren weiterlaufen kann.

Harrold Bay and Ackers Point Lighthouse (hin und zurück 3 km, 40 Min.). Leicht zu bewältigender Küstenpfad mit Gelegenheit, **Zwergpinguine** und **Dunkle Sturmtaucher** zu beobachten, die in der Dämmerung zu ihren Nestern zurückkehren (Nov–Feb). Nahe dem Ausgangspunkt des Wanderweges lässt sich ein kurzer Abstecher zur **Harrold Bay** unternehmen, wo eines der ältesten europäischen Häuser Neuseelands steht, ein einfaches Steinhaus von 1835. Der Hauptweg führt weiter durch Küstenwald zu einem Leuchtturm und Aussichtspunkt, von wo man die Pinguine beobachten kann, wie sie zu ihrem im Wald versteckten Nestern watscheln. Man braucht eine Taschenlampe, um sich nach Einbruch der Dunkelheit nicht zu verlaufen. Ausgangspunkt der von dort ausgeschilderten Wanderung ist die **Leask Bay**, 2,5 km östlich von Oban.

Einen kurzen Besuch lohnt das **Rakiura Museum**. Es erzählt die Geschichte der Region und zeigt u. a. einen Globus von 1816, auf dem Stewart Island noch als Teil der Südinsel dargestellt wird, so wie von Cook verzeichnet. Die kleine Maori-Sammlung weist eine seltene Halskette

Oban

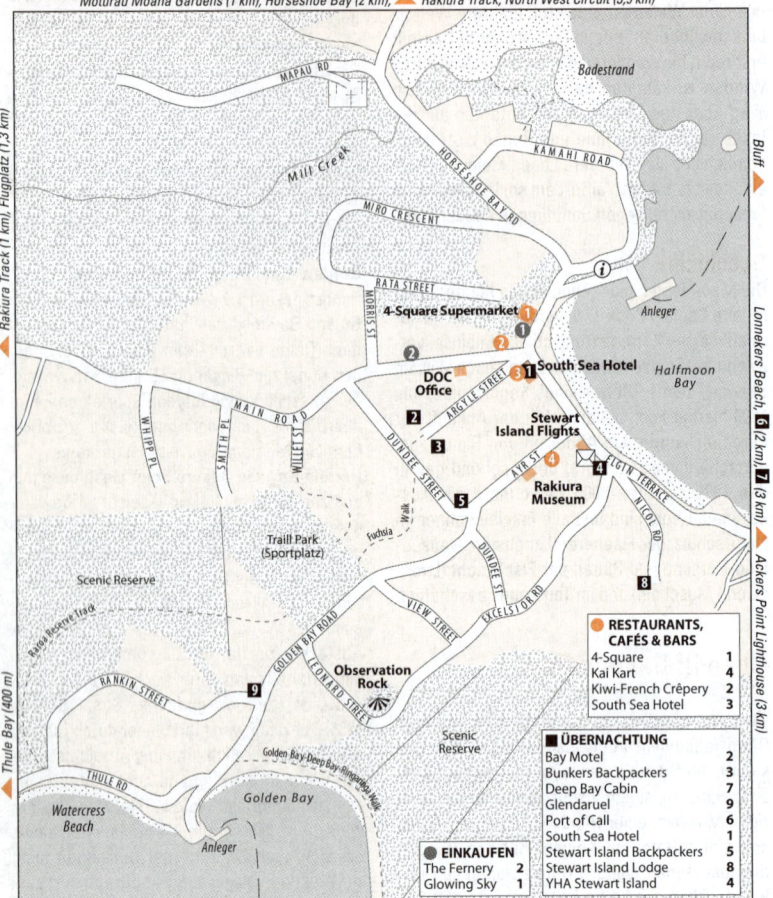

Moturau Moana Gardens (1 km), Horseshoe Bay (2 km), Rakiura Track, North West Circuit (3,5 km)

Rakiura Track (1 km), Flugplatz (1,3 km)

Thule Bay (400 m)

Lonnekers Beach, 6 (2 km), 7 (3 km), Ackers Point Lighthouse (3 km)

Bluff

Badestrand

MAPAU RD

Mill Creek

KAMAHI ROAD

HORSESHOE BAY RD

MIRO CRESCENT

RATA STREET

MORRIS ST

4-Square Supermarket 1

2

2

1

South Sea Hotel 1

DOC Office 3 1

ARGYLE STREET

Anleger

Halfmoon Bay

MAIN ROAD

WHIPP PL

SMITH PL

WILLE ST

DUNDEE STREET

2

3

Stewart Island Flights

AYR ST 4

Rakiura Museum

ELGIN TERRACE

NICOL RD

5

Walk

Fuchsia

Traill Park (Sportplatz)

Scenic Reserve

Rakiura Reserve Track

8

VIEW STREET

EXCELSIOR RD

DUNDEE STREET

RANKIN STREET

GOLDEN BAY ROAD

LEONARD STREET

9

Observation Rock

Scenic Reserve

THULE RD

Watercress Beach

Golden Bay

Golden Bay-Deep Bay-Ringaringa Walk

Anleger

RESTAURANTS, CAFÉS & BARS

4-Square	1
Kai Kart	4
Kiwi-French Crêperie	2
South Sea Hotel	3

ÜBERNACHTUNG

Bay Motel	2
Bunkers Backpackers	3
Deep Bay Cabin	7
Glendaruel	9
Port of Call	6
South Sea Hotel	1
Stewart Island Backpackers	5
Stewart Island Lodge	8
YHA Stewart Island	4

EINKAUFEN

The Fernery	2
Glowing Sky	1

Wassertaxis und Boote nach Ulva Island, Millars Beach und Ocean Beach

aus Delphinzähnen auf, während die Ausstellung zum Walfang zwei riesige Zähne eines Pottwals einschließt.

Observation Rock

Excelsior Rd, 25 Min. Fußweg vom Zentrum von Oban

Auf einem kurzen Buschpfad geht es zum **Observation Rock**, einer Lichtung mit wundervollem Panoramablick über den Paterson Inlet und den jenseits davon aufragenden höchsten Gipfel der Insel, den Mount Anglem. Bei Sonnenuntergang findet sich nicht selten auch ein Dutzend kreischender Kakas ein.

Ulva Island

Paterson Inlet, 2 km vor der Küste ■
🕐 bei Tageslicht ■ Eintritt frei

Obans Vogelwelt ist für sich schon etwas Besonderes, aber kein Vergleich zu **Ulva Island**, einem 2 km vor der Küste gelegenen Naturschutzgebiet, das dank enormer Anstrengungen der Einheimischen von eingeschleppten Raubtieren befreit wurde. Besucher haben auf einigen leichten Wanderwegen zu abgeschiedenen Stränden die Gelegenheit, mehr einheimische Vögel als in fast jeder anderen Ecke Neuseelands zu beobachten, darunter den bedrohten Sattelstar und seltene Ziegensittiche. Die dichte Vegetation gemäßigten Regenwaldes beherbergt Wekarallen, Makomako, Kaka, Springsittiche, Ziegensittiche, Tui, Graufächerschwänze, Tauben und Rotkehlchen, die sich Besuchern ohne Scheu und voll Neugier nähern.

Alle Besucher kommen in der **Post Office Bay** an. Das dortige ausgediente Postamt ist mehr als 100 Jahre alt und ein Überbleibsel aus jener Zeit, als Ulva Island den Mittelpunkt der Holzfällergemeinde des Paterson Inlet bildete. Ausgerüstet mit der DOC-Broschüre *Ulva Island Te Wharawhara* ($2) kann man die Insel selbstständig durchstreifen. Am besten lernt man die Insel jedoch auf einer **geführten Tour** (Kasten S. 705) kennen. Neben dem Sandstrand von **Sydney Cove** gibt es einen schönen überdachten Picknickbereich. Informationen zur Anreise auf S. 708.

Whalers Base

An der Küste des Paterson Inlet, 7 km westlich von Oban

Whalers Base ist ein weiteres Tierparadies, das im Rahmen organisierter Boots- und Paddeltouren besucht werden kann. Das ehemalige Winterquartier norwegischer Walfänger lässt sich über Millars Beach erreichen. Vom überdachten Picknickbereich am Millars Beach führt eine einfache, 20-minütige Wanderung an der Küste entlang nach Norden durch einheimischen Busch. Mehrere gespenstische Überreste aus der Zeit von 1924–32, als hier eine Antarktisflotte von Walfangschiffen repariert wurde, sind noch erhalten.

Wer nicht als Teilnehmer einer organisierten Tour herkommt, nimmt ein Wassertaxi (hin und zurück rund $50). Die meisten Taxiunternehmen lassen den Fahrgästen ein paar Stunden Zeit auf der Insel und holen sie später wieder ab.

Mason Bay

Stewart Island ist zu einem Synonym für die Beobachtung von **Kiwis** in freier Natur geworden, was auf dem neuseeländischen Festland praktisch nirgendwo mehr möglich ist. Zwar werden von Oban kürzere Kiwi-Touren angeboten, die meisten Besucher zieht es aber in die Mason Bay an der Westküste, um in der DOC-Hütte (S. 706) zu übernachten und sich nach Ein-

---

Foveauxstraße, Bluff-Austern und Dunkelsturmtaucher

Die Foveauxstraße zwischen South Island und Stewart Island ist als extrem gefährliches, raues Gewässer gefürchtet, denn sie liegt direkt auf der Westwinddrift der stürmischen Roaring Forties. In der größtenteils flachen, nur 20 bis 30 m tiefen Wasserstraße herrscht regelmäßig heftiger Seegang – zum Leidwesen zahlreicher Fährpassagiere und Fischer. Eine gefragte Delikatesse der Gegend sind die süßlich schmeckenden **Bluff-Austern**. Diese Tiefsee-Schalentiere werden von April bis Oktober gefangen, in den Fabriken in Bluff verarbeitet und anschließend in das ganze Land verschickt.

In der Foveauxstraße liegen auch die Titi oder Muttonbird Islands, eine Gruppe von zugewucherten Felsen, auf denen die Maori dieser Region nach traditionellem Recht im April und Anfang Mai Kücken von Dunkelsturmtauchern fangen dürfen. Der Dunkelsturmtaucher (*titi* auf Maori) gilt als besonders delikat, aber nur wenige Pakeha können dem sardellenartigen Geschmack etwas abgewinnen.

bruch der Dunkelheit auf die Suche nach diesen scheuen Tieren zu machen. Hören wird man sie mit einiger Sicherheit, und wer sich nicht gerade trampelnd den Weg durch den Wald bahnt, hat auch eine gute Chance, tatsächlich einen Kiwi zu sehen. Am besten wählt man, ausgerüstet mit einer Taschenlampe, deren Lichtstrahl man allerdings auf den Boden richten muss, um die Vögel nicht zu stören, einen Beobachtungsplatz und wartet, bis sie von allein kommen.

Am preiswertesten ist ein Anmarsch **zu Fuß** (einfache Strecke 38 km, 13–15 Std.) entlang des südlichen Abschnitts des North West Circuit (s. rechts), oft in Verbindung mit einer Übernachtung in der Freshwater Landing Hut ($5, Camping vor der Hütte ebenfalls $5). Viel Zeit lässt sich sparen, wenn man von Oban ein **Wassertaxi** (S. 708) zur Freshwater Landing Hut nimmt ($55 einfach; 40 Min.) und anschließend weiter bis zur Mason Bay läuft (15 km, 3–4 Std., flach, aber oft überflutet – Bedingungen vorher abklären!).

Stewart Island Flights hat eine „Coast to Coast"-Rundreise im Angebot. Man fliegt von Oban zum Strand in der Mason Bay (nicht bei Flut), bleibt dort eine Nacht oder zwei, geht zu Fuß zur Freshwater Landing und nimmt dort ein Wassertaxi zurück nach Oban (oder umgekehrt). Die Kombination aus Flug und Wassertaxi kostet bei einer Mindestteilnehmerzahl von drei Erwachsenen $215 (Hüttengebühren nicht inkl.). Am besten vorher anrufen, denn oft besteht die Möglichkeit, sich einer Gruppe anzuschließen.

Rakiura Track

36 km Rundstrecke, 2–3 Tage

Die beliebteste mehrtägige Wanderroute auf Stewart Island ist der relativ leichte **Rakiura Track**, einer der Great Walks Neuseelands. Start und Ende der Wanderung ist Oban, bei Transport zum Ausgangs- und vom Endpunkt (jeweils am Ende einer Straße) verkürzt sich die Wegstrecke um 7 km. Praktische Hilfestellung für unterwegs bietet die DOC-Broschüre Rakiura Track. Infos zu Unterbringung entlang des Tracks auf S. 706.

Wanderern steht es frei, in welcher Richtung sie die ganzjährig geöffnete Route laufen und wie viele Übernachtungen sie in Anspruch

nehmen, doch fast alle begehen den Track entgegen dem Uhrzeigersinn. Der Weg führt zunächst durch Wald die Küste entlang, wobei die Abschnitte um die Maori Bay und Port William (1. Hütte) am eindrucksvollsten sind. Anschließend schlängelt sich der Track um eine bewaldete Schlucht zum Paterson Inlet und zur North Arm-Hütte, bevor das letzte Wegstück zurück nach Oban beginnt.

North West Circuit

125 km, 8–12 Tage

Anders als beim Rakiura Track sollten sich nur die härtesten (masochistischsten) Wanderer an den um den nördlichen Inselarm führenden North West Circuit wagen. Angesichts des morastigen Terrains wird der Weg selbst bei günstigen Wetterbedingungen zu einer Kraftprobe – knietiefer Schlamm ist keine Seltenheit. Wer vorab kein Boot oder Charterflugzeug für den Transport von Lebensmitteln in eine der Küstenhütten organisiert, muss zudem sämtlichen Proviant mitschleppen.

Der Weg selbst verläuft abwechselnd an offener Küste vorbei und durch bewaldetes Hügelland. Ein Seitenpfad führt zum 980 m hohen Gipfel des Mount Anglem (11 km hin und zurück, 6 Std.). Die DOC-Broschüre North West and Southern Circuit Tracks bietet einen guten Überblick und weist den Weg zu den **10 Hütten** (S. 706), die meisten davon an der Küste. Zeltmöglichkeiten gibt es keine.

ÜBERNACHTUNG

Überfüllt ist es auf der Insel zwar nie – sie zählt nur etwa 35 000 Übernachtungsgäste pro Jahr –, doch wer zwischen Mitte Dez und Mitte Feb anreist, sollte das meiste vorab buchen. Zwischen November und März können sich die Wanderhütten schnell füllen, sodass es ratsam ist, ein Zelt mitzunehmen.

Oban

Oban besitzt ein einigermaßen breites Angebot an Unterkünften. Während der Hauptreisezeit kann die Unterkunftssuche schwierig werden, es empfiehlt sich zu reservieren.

Dank der ganz unterschiedlichen Sehenswürdigkeiten von Stewart Island bietet sich die Teilnahme an geführten Ausflügen und Touren an. Sowohl Ulva Island als auch die Whalers Base sind Ziele verschiedener Touren in den Paterson Inlet und darüber hinaus. Auch wer Kiwis in freier Wildbahn erleben möchte, muss dafür nicht unbedingt die ganze Insel bis zur Mason Bay durchqueren.

Die Gewässer um Stewart Island sind jedoch tückisch; am ruhigsten ist das Wasser von Mai bis August. Nur sehr erfahrene Kajakfahrer sollten sich ohne Begleitung hinauswagen.

Einen ersten Überblick über die Insel bietet die **Village and Bays Tour** von **Stewart Island Experience**, ✆ 03 219 0034, 💻 stewartislandexperience.co.nz. Der größte Tourveranstalter der Insel führt verschiedene Ausflüge durch und gewährt Teilnehmern, die mehrere Touren buchen, einen kleinen Rabatt. Die Marine Nature Cruise (Nov–März tgl. um 12 Uhr; 2 1/2 Std.; $85) führt zu den äußeren Buchten, wo sich Meeresvögel und Robben erspähen lassen. Wer möchte, kann auch 30–45 Min. in einem Tauchboot die Unterseewelt von Jacky Lee Island erforschen, 7 km nordöstlich der Half Moon Bay. Neben zahlreichen Meeresbewohnern sieht man hin und wieder auch Robben vorbeischwimmen. Die Paterson Inlet Cruise (Okt–April 1–3x tgl.; 2 1/2 Std.; $85) ist eine Fahrt um die Außenarme des Inlet herum und beinhaltet einen 45-minütigen begleiteten Naturspaziergang über Ulva Island. Bei der Village and Bays Tour (2–3x tgl.; 2 1/2 Std.; $45) werden die Teilnehmer in einem Minibus herumgefahren.

Bravo Adventure Cruises, ✆ 03 219 1144, 💻 kiwispotting.co.nz. Abendliche Bootstouren zu abgeschiedenen Winkeln im Paterson Inlet, um den Stewart Island-Streifenkiwi (eine Unterart der Festlandvögel) zu sehen. Die 4-stündigen Ausflüge ($140) beginnen jeden zweiten Abend bei Sonnenuntergang am Kai von Oban. Ziel ist die Glory Bay (35 Min.). Dort geht es zu Fuß über eine Landbrücke zum dunklen, windumtosten Ocean Beach, wo Kiwis nach kleinen Krustentieren jagen. Es wird sehr darauf geachtet, dass diese scheuen Vögel nicht gestört werden. Die Touren sind wetterabhängig und sehr populär und sollten weit im Voraus gebucht werden. Man braucht warme Kleidung, festes Schuhwerk, eine Taschenlampe und sollte fit sein, denn es sind rund 2 Std. Fußmarsch angesagt.

Rakiura Kayaks, ✆ 03 219 1137, 💻 rakiura.co.nz. Ganz hervorragende Paddeltouren um den Paterson Inlet oder an der Küste nördlich der Halfmoon Bay entlang. Die Erkundung schmaler überwucherter Meeresarme und einer bunten Tierwelt bilden das Programm der Tour Discoverer (2 1/2 Std.; $65). Ähnliches enthält die Tour Twilighter (2 1/2 Std.; $65), plus Beobachtung von Gelbaugenpinguinen in der Abenddämmerung. Oder man besucht Ulva Island oder Whalers Base im Rahmen der Tour Adventurer (6 Std.; $105). Bei sämtlichen Ausflügen kann für $10 ein Mittagessen gebucht werden. Außerdem werden Kajaks vermietet: halbtags Einer-Kajak $45, Zweier-Kajak $65; ganztags $60/$80.

Ulva's Guided Walks, ✆ 03 219 1216, 💻 www.ulva.co.nz. Ulva Goodwillie heißt selbst so wie die Insel, die sie regelmäßig im Rahmen hervorragender 3–4-stündiger geführter Wanderungen ($115) vorstellt und dabei viel Wissenswertes über die Flora und Maori-Geschichte vermittelt. Ulva leitet auch Halbtagsausflüge in die ehemalige Maori-Siedlung und frühere Robbenfangstätte bei Port William, eine hervorragende Stelle zum Seevögelbeobachten. In Zusammenarbeit mit anderen Veranstaltern bietet Ulva auch die Tour Birding Bonanza (5 Std.; $150) an: eine Kombination aus Ulva-Island-Tour mit Meeresvögelbeobachtung und einer abendlichen Kiwi-spotting-Expedition (normalerweise am Di; ganztägig; $380).

Bay Motel, 9 Dundee St, ✆ 03 219 1119, 💻 baymotel.co.nz. Jede der Selbstversorger-Units in diesem Top-Motel hat eine geräumige Veranda mit Blick auf die Stadt und die Bucht. Hochwertige Ausstattung, super Service. $165

Bunkers Backpackers, 13 Argyle St, ✆ 03 219 1160, 💻 bunkersbackpackers. co.nz. Dass man vor Betreten die Schuhe ausziehen muss, verleiht dem Hostel in einer weitläufigen Doppelfrontvilla ein besonders heimeliges Ambiente. Die Gäste versammeln sich zum Erfahrungsaustausch in der Lounge oder auf dem Grillplatz. Außer gemütlichen DZ und 2BZ mit Gemeinschaftsbad gibt es auch Schlafsäle mit 4 und 6 Betten. Erfreuliche kleine Extras sind kostenloses WLAN und Internet, Gratis-Ortsgespräche und massenhaft DVDs. Dorms $30, DZ $76

Deep Bay Cabin, 22 Deep Bay, ☏ 03 219 1219, ✉ wanjengell@xtra.co.nz. Gemütliche Holz-Cabin für Selbstversorger, versteckt im Wald, mit 4 Schlafplätzen, Küche und Dusche. Etwa 20 Min. zu Fuß vom Oban. Ein toller Ort zum Ausruhen nach längeren Wanderungen. Für Wärme sorgt ein Kanonenofen. $60

Glendaruel, 38 Golden Bay Rd, ☏ 03 219 1092, 🖥 glendaruel.co.nz. Komfortables, freundliches B&B in bewaldeter Umgebung, 10 Min. Fußmarsch vom Ort. Alle 3 Zimmer mit Bad, darunter ein EZ zum halben Preis eines DZ. Eigene Gästelounge mit Teleskop, sehr aufmerksame Gastgeberin. $230

Port of Call, Jensen Bay, 2,5 km östlich der Stadt, ☏ 03 219 1394, 🖥 portofcall. co.nz. Zur Auswahl stehen ein bezauberndes B&B mit nur einem Zimmer in einem großen, sonnendurchfluteten Haus mit Blick über die Bucht, außerdem ein Selbstversorger-*bach* auf der gegenüberliegenden Straßenseite mit drei Schlafgelegenheiten und komplett ausgestatteter Küche, iPod-Dock und kostenlosem Transport in die Stadt und zurück, oder das rustikale, romantische, für Selbstversorger gedachte Turner Cottage im Busch am Hang über Oban. B&B $385, *bach* $260, Cottage $190

South Sea Hotel, 25 Elgin Terrace, ☏ 03 219 1059, 🖥 stewart-island.co.nz. Das 100 Jahre alte Gasthaus am Wasser besitzt altmodische Gästezimmer mit Gemeinschaftsbad und TV und eine hübsche Lounge mit Blick auf den Hafen; einige Zimmer haben Meerblick, andere liegen direkt über der lärmigen Bar. Hinter dem Gebäude gibt es 4 Zimmer mit Gemeinschaftsbad in einem Cottage und 9 modernere Motel Units. DZ $85, DZ mit Meerblick $110, Units mit Bad $159

Stewart Island Backpackers, 18 Ayr St, ☏ 03 219 1114, 🖥 stewartislandbackpackers. com. Das größte Hostel der Insel hat große Gemeinschaftsbereiche, eine Reihe ganz annehmbare DZ und Twins sowie 4er-Dorms, alle mit Gemeinschaftsbädern, rings um einen Hof. Außerdem Camping mit Nutzung der Hostel-Einrichtungen. Camping $18, Dorms $30, DZ $70

Stewart Island Lodge, 14 Nichol Rd, ☏ 0800 656 501, 🖥 stewartislandlodge.co.nz. In dieser hervorragend ausgestatteten Lodge mit 5 Zimmern an einer Veranda mit grandioser Aussicht auf die Halfmoon Bay ist der Gast wirklich König. In der Gäste-Lounge werden vor dem Abendessen Aperitife und Appetithäppchen sowie das Frühstück gereicht. Kostenloses WLAN. Juni–Aug geschlossen. Nebensaison ($290) im Sep, Okt, April und Mai. $390

YHA Stewart Island, 44 Elgin Terrace, ☏ 03 249 7847, 🖥 yha.co.nz. Die Unterkunft im ehemaligen Haus des Postvorstehers hat zum 31. Juli 2013 ihre Pforten geschlossen. Der Jugendherbergsverband plant die Eröffnung eines 54-Betten-Ökohostels gleich daneben.

DOC-Hütten

Freshwater Die am North West Circuit und günstig am Weg zur Mason Bay gelegene 16-Etagenbetten-Hütte ist per Wassertaxi von Oban zu erreichen. Keine Reservierung möglich; Hüttentickets im DOC in Oban. $5

Mason Bay Besonders Kiwi-Spotter bevorzugen diese hinter den Dünen versteckte, beheizte 20 Stockbetten-Hütte mit Campingplatz. Keine Reservierung möglich; Hüttentickets gibt's im DOC in Oban zu kaufen. Hütte $5, Camping frei

North West Circuit Am North West Circuit gibt es 10 Hütten zum Übernachten, darunter zwei am Rakiura Track (S. 704). Eine Übernachtung in den übrigen 8 Hütten (inkl. Freshwater; s. oben) kostet $5 (DOC-Backcountry-Hüttenpass gültig). Man kann aber auch einen North West Circuit Pass erstehen ($35), der zu 10 Hüttenübernachtungen in allen Hütten außer denen entlang des Rakiura Track berechtigt. Hütten $5

Rakiura Track Wanderer müssen Plätze in den beiden Hütten (Port William und North Arm) und auf den 3 Campingplätze (Maori Beach, Port William und Sawdust Bay) buchen und im Voraus bezahlen. Man kann online reservieren (dafür steht ein kostenloser Computer im DOC-Büro von Oban bereit) oder einen DOC-Mitarbeiter dazu überreden, das zu erledigen ($2 Reservierungsgebühr). Die Hütten sind nur mit Matratzen, Holzöfen (ausschließlich zum Heizen), Wasser und Toiletten versehen; ein Campingkocher muss mitgebracht werden. Hütten $20,40, Camping $5,10

ESSEN

4-Square, 20 Elgin Terrace, ☎ 03 291 1069. Das Sortiment des mittelgroßen Supermarkts umfasst alles was Selbstversorger brauchen. Wer einen Tag vorher Bescheid sagt, kann sich ein Lunchpaket mit einem Sandwich, geschnittenem Obst und einem Getränk ($11) zusammenstellen lassen. ⏰ tgl. 7.30–19 Uhr.

Kai Kart, Ayr St, ☎ 03 219 1225. Der legendäre Pie Kart hat nicht nur Kultstatus, sondern auch vorzüglichen Blaubarsch mit Fritten ($9,50) und Burger ($8–15) zum Verzehr drinnen, an Picknicktischen draußen oder zum Mitnehmen an den Strand gleich daneben. ⏰ Nov–Ostern tgl. 11.30–14.30 und 17–21 Uhr.

Kiwi-French Crêpery, 6 Main Rd, ☎ 03 219 1422. Das „KFC" ist ein gemütliches kleines Café/Restaurant, wo Buchweizencrêpes, gefüllt mit Hühnchen, Pesto und Camembert ($19), Artischocken, gerösteten Körnern und Käse ($20) oder Nutella ($12) zu haben sind. Außerdem Espresso und Kuchen. ⏰ Okt–Mai tgl. 9–18 oder bis 20.30 Uhr, wenn Reservierungen vorliegen.

South Sea Hotel, 25 Elgin Terrace, ☎ 03 219 1059. Der Inselpub darf als gesellschaftliches Zentrum Obans gelten. Tagsüber kommen Muffins, Kaffee, Suppen und Snacks auf den Tisch, abends Gehaltvolleres wie Hühnchenbrust in Filoteig ($27). In der gut besuchten Bar wird sonntags ein Pubquiz veranstaltet. ⏰ tgl. 7–22 Uhr oder länger.

EINKAUFEN

The Fernery, 20 Main St, ☎ 03 219 1453. Das große Geschäft ist eine Fundgrube für Souvenirs und Geschenkartikel, die von neuseeländischen Künstlern und Kunstgewerblern von Hand gefertigt werden. ⏰ Sep–Mai tgl. 10.30–17 Uhr.

Glowing Sky, Elgin Terrace, ☎ 03 219 1518, 🖥 glowingsky.co.nz. Dies ist das Originalgeschäft des wichtigsten Herstellers praktischer und zugleich modischer Bekleidung aus neuseeländischer Merino-Wolle. Inzwischen gibt es Zweigstellen in Wanaka, Waiheke Island, Dunedin und Invercargill (wo die Textilien jetzt hergestellt werden), aber hier hat alles angefangen. Die Preise sind prima, und wer ein wärmendes Kleidungsstück für eine Wanderung braucht, ist hier richtig. ⏰ tgl. 10–17 Uhr, im Sommer länger.

SONSTIGES

Geld
Es gibt weder Banken noch Geldautomaten. In den meisten Einrichtungen kann man mit Kreditkarte bezahlen, sollte aber vorsichtshalber reichlich Bares mitbringen. Bargeld ist manchmal im 4-Square oder im South Sea Hotel erhältlich.

Gepäckaufbewahrung
Im DOC: kleines Fach ohne Zeitbegrenzung $10, großes $20.

Informationen
DOC/Rakiura National Park Visitor Centre, Main Rd, Oban, ☎ 03 219 0009, 🖥 doc.govt.nz. Außer den üblichen DOC-Infos gibt es hier eine ausgezeichnete Ausstellung über die Wanderwege, die Natur- und Besiedlungsgeschichte der Insel, die Schädlingsbekämpfung auf Ulva Island sowie ein paar faszinierende Filme. ⏰ 26. Dez–April tgl. 8–17, Mai–Okt Mo–Fr 8.30–16.30, Sa und So 10–14, Nov–24. Dez Mo–Fr 8–17, Sa und So 9–16 Uhr.

Oban Visitor Centre, The Wharf, ☎ 03 219 0056. Allgemeine Inselinformationen mit Schwerpunkt auf Touren von Stewart Island Experience und Fährfahrten. ⏰ tgl. Nov–April 7.30–18.30, Mai–Okt 8–17 Uhr.

Internet
Die meisten Unterkünfte stellen ihren Gästen WLAN zur Verfügung. Münz-Internetzugang hat das South Sea Hotel ($8 pro Std.).

Post

Im **Stewart Island Flights Depot**, Elgin St.
🕓 Okt–März Mo–Fr 7.30–17.30, Sa und So
8.30–16.30, April–Sep tgl. 8.30–16.30 Uhr.

Telefon

Das Telefonnetz ist gut in Oban, ausreichend
in der Umgebung der Buchten nordöstlich von
Oban bis zur Nordspitze der Insel, und überall
sonst auf der Insel nicht sehr zuverlässig.
Vodafone will bald ein Mobilfunknetz in der
Umgebung von Oban anbieten.

NAHVERKEHR

Oban selbst lässt sich gut zu Fuß erkunden,
und wer nicht gerade in einer der abgelegeneren Unterkünfte wohnt, benötigt an Land
eigentlich kein Transportmittel. Außer in der
direkten Umgebung von Oban gibt es keine
Straßen. Wer weiter ins Inselinnere vordringen
möchte, ist auf das **Flugzeug**, ein **Wassertaxi**
oder gutes Schuhwerk angewiesen.
Stewart Island Experience, 📞 0800 000 511,
🖥 stewartislandexperience.co.nz, vermietet
Kleinwagen ($80 pro 4 Std.; $120 für 8 Std.),
Motorroller ($40 pro Tag) und einfache Moun-
tainbikes ($29/4 Std.; $39/8 Std.).
Wassertaxis (meist sind dies PS-starke
Schnellboote, die 6–10 Passagiere transpor-
tieren können) bieten die größte Flexibilität.
Zur Auswahl stehen diverse Unternehmen
mit fast identischem Service, darunter Ulva
Island Ferry, 📞 03 219 1013, mit regelmäßiger
Verbindung nach Ulva Island (nur Mo–Sa,
Abfahrt an der Golden Bay Wharf um 9, 12 und
16 Uhr; Abfahrt in Ulva um 12, 16 und 18 Uhr;
Hin- und Rückfahrt $20). Alle anderen
Gesellschaften fahren bei Bedarf nach Ulva
Island (Hin- und Rückfahrt $25; 10 Min.) und
so gut wie zu allen gewünschten Zielen, z. B.
Stewart Island Water Taxi, 📞 03 219 1394,
🖥 portofcall.co.nz.

TRANSPORT

Flüge

Viele Besucher ziehen den Flug von Invercargill
nach Stewart Island der rauen Überfahrt im
Schiff vor, aber auch in der Luft kann es ganz
schön wacklig zugehen. **Stewart Island Flights**,
📞 03 218 9129, 🖥 stewartislandflights.com,
bedient die Strecke für $195 hin und zurück
oder $175 für Inhaber eines BBH-, YHA- oder
internationalen Studentenausweises. Es besteht
auch eine Stand-by-Möglichkeit (Rückflugticket
$120). Die besten Chancen hat man, wenn man
früh morgens an dem Tag, an dem man fliegen
möchte, seinen Namen auf die Liste setzt. Die
Flugzeuge landen 3 km westlich der Stadt; der
Transport zwischen dem Flugplatz in Oban und
der Innenstadt ist im Ticketpreis inbegriffen.
Gepäckobergrenze 15 kg p. P.; Mitnahme von
Campinggas und Benzin verboten. Flüge nach
BLUFF bei genügend Nachfrage, 20 Min.;
INVERCARGILL 3x tgl., 20 Min.
Rakiura Helicopters, 📞 03 212 7700, 🖥 rakiura
helicopters.co.nz, bietet Hubschrauberflüge
zwischen Bluff und Oban für $250 einfach; die
Preise zu anderen Zielorten variieren.

Schiffe

Die Foveauxstraße steht im Ruf, selbst den
robustesten Seeleuten die Mägen umzudrehen.
Aber wer viel Gepäck hat, Campingsachen
mitbringen oder schlicht Geld sparen möchte,
nimmt die Fähre. Die schnellen Katamarane
von **Stewart Island Experience**, 📞 0800 000 511,
🖥 stewartislandexperience.co.nz, verkehren
zwischen Bluff und dem Anleger in Oban ($69
einfach), Abfahrt in Bluff um 9.30 und am Spätnachmittag, im Sommer häufiger. Ein Shuttle-
Bus bringt die Fahrgäste von INVERCARGILL
und vom Flughafen $22 einfach) zur Fähre.
Am Terminal in Bluff gibt es bewachte Parkplätze für ungefähr $8 pro Nacht. Schiffe nach
BLUFF 2–4x tgl., 1 Std.

Westküste

Stefan Loose Traveltipps

Oparara Basin Das einsame Karstgebiet lockt mit großen Kalksteinbögen, Höhlen mit uralten Moa-Knochen und erfrischenden Bädern in sanft dahinplätschernden Bächen. S. 725

Pancake Rocks Die seltsame Felsformation sieht aus wie ein Stapel Pfannkuchen und ist besonders bei starkem Seegang beeindruckend, wenn das Wasser in hohen Fontänen aus den Blowholes schießt. S. 726

Hokitika Gorge Eine Wanderung durch unberührtes Buschland führt zu einer Hängebrücke, die sich über das türkisfarbene Wasser der Hokitika Gorge spannt. S. 741

Okarito Bei einer Tour mit Okarito Kiwi Tours bekommt man mit 98-prozentiger Sicherheit Kiwis zu sehen. Mit Okarito Nature Tours geht es per Kajak auf die verführerische Lagune. S. 743

17 Gletscherabenteuer Wandertouren über die Eislandschaften der Gletscher Franz Josef und Fox sind einzigartige Erlebnisse. S. 744 und S. 748

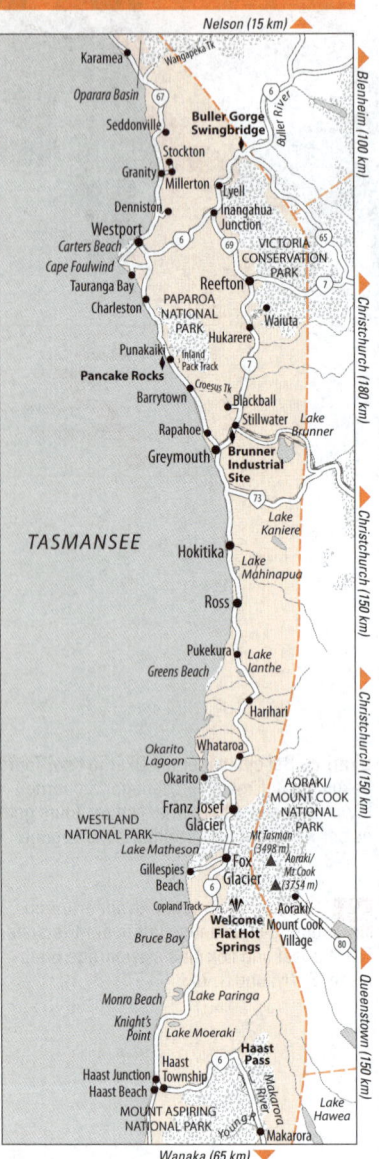

Das Rückgrat der Südinsel bilden die Neusee-ländischen Alpen, welche die Westküste zu-gleich bestimmen und isolieren. Der kaum 30 km breite, 400 km lange Küstenstreifen ist von nur 32 000 Menschen bewohnt und weitgehend un-gezähmt. Aus den Bergen schießen wilde Flüs-se durch üppigen Wald, vorbei an kristallklaren Seen und dunkelgrünem Weideland hinunter zur Tasmansee. Die Küste selbst ist durch ihre stim-mungsvollen, meist einsamen Strände geprägt, an die fortwährend hohe Wellen schlagen.

Doch was „The Coast", wie sie im Volksmund kurz genannt wird, wirklich einzigartig macht, sind ihre Bewohner und deren Naturverbunden-heit. Die sogenannten **Coasters**, viele davon Nachfahren früher Goldgräber und Bergarbei-ter, rühmen sich seit langem ihrer Fähigkeit, in dieser wilden Landschaft klarzukommen, und ihr Ruf als unabhängigkeitsliebende, zügellose Bier-trinker ist legendär. Nicht ganz unbeteiligt daran sind die vielen zugewanderten Iren, die dem Ruf des Goldes in den 1860er-Jahren folgten.

Kein Gespräch über die Westküste wäre voll-ständig ohne eine Erwähnung der sturzbachartigen **Regenfälle**, die hier mit tropischer Intensität, manchmal gar mehrere Tage am Stück, nieder-gehen – überall ergießen sich Wasserfälle über die Felsen, und der Wald leuchtet in tiefem Grün. So viel Wasser auf einmal hat allerdings schäd-liche Auswirkungen auf den Boden, da sich da-durch der Verwesungsprozess verzögert und ei-ne torfartige obere Schicht entsteht, aus der alle Mineralien herausgewaschen sind. Das Ergeb-nis nennt man *pakihi*, ausgelaugte und kümmer-lich aussehende Weiden, die einen Großteil des gerodeten Landes der Westküste ausmachen. Aber nach Regen kommt bekanntlich Sonne, die hier genauso intensiv ist – im Frühling herrscht ein ideales Klima für **Whitebait**, Jungfische, die sich in dieser Jahreszeit in großen Schwärmen in den Flussmündungen tummeln. Bei Hochwas-ser drängen sich ähnlich zahlreich die Angler am Ufer, in der Hoffnung, die bei Feinschmeckern beliebte Delikatesse zu fangen.

Das in der Vergangenheit stetige Auf und Ab der Region, verursacht vor allem durch Gold und Kohle, hat zahlreiche Geisterstädte, aber auch drei bedeutendere Orte hervorgebracht – **Westport**, **Greymouth** und **Hokitika**. Am schönsten aber sind die kleineren Orte, in denen der „unbezähmbare Geist" der Coasters zum Vorschein kommt: z. B. **Karamea** an der Südgrenze des Kahurangi National Park und **Okarito** an einer verführerischen Lagune. Mit Ausnahme einiger passabler Museen und einer Handvoll Sehenswürdigkeiten liegt die Anziehungskraft der Westküste hauptsächlich in ihrer landschaftlichen Schönheit: Die Fahrt an der Küste entlang, egal, in welcher Richtung, zählt zu den schönsten Straßenstrecken der Welt. Das **Oparara Basin** bei Karamea und der **Paparoa National Park** südlich von Westport stellen einige der schönsten Kalksteinformationen des Landes zur Schau, darunter riesige Felsbögen und die berühmten Pancake Rocks, während im Westland National Park die eisigen, weißen Zungen der beiden Gletscher **Franz Josef** und **Fox** von den Flanken der Neuseeländischen Alpen bis in tiefgrünen Wald, beinahe auf Meereshöhe, hinunterreichen.

Natürlich herrscht auch kein Mangel an **Outdoor-Aktivitäten**, allen voran **Raftingtrips** auf einsamen Wildwasserflüssen, deren Ausgangspunkte oftmals nur per Hubschrauber zu erreichen sind. Die Karstlandschaften bieten fantastische Möglichkeiten für **Höhlentouren**, und Wanderer haben die Qual der Wahl zwischen zahlreichen ausgeschilderten **Trekkingpfaden**, darunter der Heaphy Track im Norden, der Inland Pack Track bei Punakaiki und die Wege rund um die Gletscher weiter südlich.

Die meisten Besucher kommen zwischen November und April an die Westküste, aber auch der **Winter** hat seine Vorteile: Die Temperaturen sind dann nicht so niedrig, wie man meint, und es gibt mehr klare Tage. Auch die nervtötenden Sandfliegen halten sich in dieser Zeit eher zurück. An der Westküste ist es eigentlich nie sehr voll, in der Nebensaison sind jedoch eindeutig mehr freie Unterkünfte zu haben. Allerdings finden Abenteuertrips und **Rundflüge**, für die eine Mindestteilnehmerzahl erforderlich ist, dann eventuell nicht statt.

Insbesondere Motels liegen weit über dem sonst auf der Südinsel üblichen Preisniveau; die hier typische Lässigkeit führt leider auch dazu, dass es selbst in der Nebensaison bei komplett leerem Motel unmöglich ist, einen Preisnachlass zu bekommen. Da die Gegend relativ abgeschieden ist, sind auch Preise für Essen und Ähnliches etwas höher: Manchmal lohnt es sich, eine Grundversorgung schon vorher einzukaufen.

Geschichte

Die Küsten, Flussmündungen und geschützten Buchten von Westland wurden schon früh von den Maori besiedelt. Die wichtigste Siedlung lag vermutlich in der Gegend von Hokitika, wo kein Mangel an *pounamu* (Jade), Fisch und Waldvögeln herrschte. Der Zugang war hauptsächlich über Strände, Flusstäler und Bergpässe möglich, da Kanufahrten über die Tasmansee zu riskant waren.

Die Ankunft der Europäer und der Goldrausch
Kapitän Cook segelte 1770 an der Westküste entlang und beschrieb sie als „ungastliches Ufer. Es gab nur wenig zu entdecken für die frühen europäischen **Forschungsreisenden** wie Thomas Brunner und Charles Heaphy, die 1846 und 1847 unter Führung des Maori Kehu einen Vorstoß wagten. Sie kehrten zurück, ohne das kultivierbare Land gefunden zu haben, von dem sie träumten. Nach einer kürzeren Reise 1861 schrieb Henry Harper, der erste Bischof von Christchurch: „Ich bezweifle, dass eine solche Wildnis jemals kolonisiert wird, außer vielleicht aufgrund der Entdeckung von **Gold**" – prophetische Worte, denn schon zwei Jahre später kursierten Gerüchte über Goldfunde in den Flüssen der Westküste und ein Jahr später erlebten Greymouth und Hokitika einen Goldrausch der klassischen Art. Der Boom war schnell vorüber, aber mit dem Bergbau fuhr man bis ins 20 Jh. fort – riesige Bagger übersäten die Landschaft und arbeiteten sich die steinigen Flussbetten hoch, wobei sie jede Menge Erzabfälle hinterließen.

Kohle und Umweltbewusstsein
Mit zunehmendem Abbau der Goldvorräte wurde **Kohle** zum wichtigsten Bodenschatz und zur Grundlage für langlebigere Städte: Auch heute stammt die Hälfte der Kohle Neuseelands von der Westküste. Einheimische wie Einwanderer nutzten außerdem das im Überfluss vorhandene Land und die relativ niedrigen Grundstückspreise zum Aufbau einer lebendigen **Alternativ-**

kultur. In den letzten Jahrzehnten ist auch das Bewusstsein für die empfindlichen **Ökosysteme** der Küste gewachsen, was zu Spannungen zwischen Coasters und Regierung führte – v. a. in Bezug auf das Abholzen einheimischer Hölzer und dessen Auswirkung auf die Umwelt.

Transport

Die einfachste und beste Art der Fortbewegung entlang der Westküste ist ein eigenes **Auto**. Das **Radfahren** ist dank der vorherrschenden Nordwinde recht anstrengend, aber die Entfernungen zwischen den einzelnen Orten sind nicht allzu groß. Außerdem mangelt es nicht an Unterkünften und Campingplätzen. Öffentliche Verkehrsmittel sind nur eingeschränkt vorhanden: **Züge** fahren nur bis Greymouth, **Busse** sind ebenfalls spärlich. Sie halten zwar in den meisten größeren Städten, fahren aber meist nicht zum Ausgangspunkt der Wanderungen. Mit etwas Geduld und Vorausplanung kann man trotzdem viele Sehenswürdigkeiten abklappern – vorausgesetzt, man ist bereit, von der Haltestelle zu Fuß zu gehen. Die wichtigste Busverbindung entlang der Westküste bietet InterCity/Newmans mit der Route Nelson–Fox Glacier über Westport, Greymouth, Hokitika und Franz Josef. Eine zweite Buslinie fährt von Franz Josef über Fox Glacier, Haast und Makarora nach Queenstown. Um die gesamte Strecke mit InterCity zurückzulegen, muss man entweder in Franz Josef oder in Fox Glacier nächtigen. Wer die Strecke in einem Rutsch befahren möchte, sollte die Atomic-Busse, 🖥 www.atomictravel.co.nz, wählen, die täglich zwischen Greymouth und Queenstown verkehren. Diverse kleinere Unternehmen bieten darüber hinaus Shuttle-Services zu Orten abseits der Hauptroute.

Entlang der Flüsse Buller und Grey

Auf seinem 169 km langen Weg von der Quelle beim Lake Rotoiti im Nelson Lakes National Park zu seiner Mündung ins Meer bei Westport passiert der **Buller River** eine von Neuseelands fantastischsten Schluchten. Der Maori-Name für den Buller River lautet *Kawatiri*, was übersetzt so viel wie „tief und schnell" bedeutet – Eigenschaften, über die sich heute vor allem die Raftingfans freuen. 1858 entdeckte man Gold im Buller, was einen Goldrausch in **Lyell** auslöste, heute eine Geisterstadt, deren Überreste bei einem Spaziergang auf dem **Lyell Walkway** erkundet werden können.

Der SH6 folgt dem Buller zwischen den beiden Gebirgszügen Lyell und Brunner Range von Kawatiri Junction bis Westport. Unterwegs passiert man Inangahua Junction, wo viele Reisende mit Ziel Greymouth gen Süden nach **Reefton** abbiegen. Von Reefton verläuft der SH7 östlich der Granitgipfel der Paparoa Range durch das weite Tal des **Grey River** an Zeugen aus der lange vergangenen Ära der Gold- und Kohleindustrie vorbei, allen voran das beschauliche **Blackball** und die **Brunner Mine Industrial Site**.

Buller Gorge

Der Buller River fließt durch die Nadelwälder und Farne der Buller Gorge vom Lake Rotoiti bis zur Tasmansee in Westport. Für die Maori war der Fluss eine Verkehrsader und sie führten die ersten europäischen Forscher und Goldgräber sicher durch die Stromschnellen. Der SH6 führt aus Nelson kommend durch Murchison (S. 562) und folgt dem Fluss 11 km lang bis zur **O'Sullivan's Bridge**, wo er dann nach rechts in das Upper Buller Scenic Reserve abbiegt.

Buller Gorge Swingbridge

6 km nach O'Sullivan's Bridge am SH6 ▪
🕐 tgl. im Sommer 8–19, im Winter 9–17.30 Uhr, Jetboote im Sommer stündl. 10–16 Uhr, im Winter nach Reservierung ▪ Brücke $5, Flying Fox $30–60, Goldwaschen $12,50, Jetboot 45 Min. $75 ▪
📞 03 523 9809, 🖥 bullergorge.co.nz
Besucher betreten den Abenteuer- und Geschichtspark **Buller Gorge Swingbridge** über Neuseelands längste Hängebrücke. In luftiger Höhe geht es auf der 110 m langen Brücke über den Buller River und auf Wunsch mit dem

Flying Fox zurück – einem 160 m langen Drahtseil, an dem man von der einen auf die andere Seite des Flusses sausen kann, entweder sitzend, im Tandem oder auf dem Bauch liegend. Das Gebiet auf der anderen Seite der Brücke gehört ebenfalls zum Heritage Park; hier wurde eine Reihe von **Wanderwegen** unterschiedlicher Länge (15 Min.–2 Std.) angelegt. Sie führen unter anderem zur Verwerfungslinie zweier tektonischer Platten, zu Gruben der Bergarbeiter und zu den Ariki Falls (hin und zurück 1 Std.). Außerdem kann man hier Gold waschen und eine Jetbootfahrt unternehmen, die auch an der Brücke vorbeiführt.

Lyell und Lyell Walkway

20 km südwestlich der Buller Gorge Swingbridge am SH6

Die ehemalige Goldgräberstadt **Lyell** liegt hoch über dem Buller River im Flachland am Lyell Creek und hatte in den 1890er-Jahren fünf Hotels, zwei Banken, zwei Kirchen und sogar eine Zeitung für die 3000 Einwohner. Heute ist im wahrsten Sinne Gras drüber gewachsen: Nur ein paar Überreste sind noch erhalten, die man bei einem Spaziergang auf dem kurzen, aber anstrengenden **Lyell Walkway** zu Gesicht bekommt: Terrassen, auf denen einst Hütten standen, die schlichten und windschiefen Grabsteine auf dem Friedhof (hin und zurück 15 Min.) sowie das Croesus-Erzbrechwerk mit zehn Hämmern (hin und zurück 1 1/2 Std.). Wo früher der Ort stand, befindet sich heute am Highway ein ruhiger **DOC-Campingplatz** ($6 p. P.).

Lower Buller Gorge

Beim 17 km westlich von Lyell gelegenen **Inangahua Junction** biegt der SH69 Richtung Süden nach Reefton ab, während der SH6 durch die **Lower Buller Gorge**, den engsten und schönsten Schluchtabschnitt, weiter Richtung Westen nach Westport verläuft. An einigen Stellen wurde die Straße in den nackten Felsen gehauen, besonders spektakulär bei **Hawks Crag**, wo man unter einem großen Überhang hindurchfährt. Dass genau diese Stelle 1926 bei einer Überschwemmung mehrere Meter unter Wasser stand, vermittelt vielleicht einen Eindruck der Wassermassen, die zeitweise durch die Schlucht donnern.

Reefton

Am Ufer des Inangahua River, dort wo die Straßen von Westport, Greymouth und Christchurch aufeinandertreffen, liegt **Reefton**, das seine Existenz reichen Gold führenden Quarzgängen (engl. *reef*) zu verdanken hat. Diese wurden in den 70er-Jahren des 19. Jhs. so intensiv ausgebeutet, dass Reefton von einigen als „lebendigster und geschäftstüchtigster Ort der Kolonie" bezeichnet wurde. Reefton avancierte zum ersten Ort in Neuseeland (und einem der ersten Orte der Welt) mit einer Straßenbeleuchtung, gespeist von einem hydroelektrischen Generator. Doch diese zukunftsweisenden Aktivitäten ließen bald nach, und in der Folge ging es mit dem Städtchen zumeist eher bergab, wenn auch die Wiedereröffnung einer alten Goldmine am Ortsrand neue Hoffnung und Geld gebracht hat. Wer die historischen Rundgänge und das Museum abgeklappert hat, fährt normalerweise zügig weiter nach Waiuta oder zum Grey Valley.

Historic Walk und Powerhouse Walk

Die Sehenswürdigkeiten rund um die Stadt sind über zwei Wege miteinander verbunden, die auch das Thema von Broschüren (je $1) des i-SITE Visitor Centre sind. Der etwas trostlose **Historic Walk** (40 Min.) führt durch die Straßen von Reefton, vorbei an den Fassaden einst prächtiger Gebäude, die eine Restaurierung dringend nötig hätten oder gegenwärtig restauriert werden. In der Ortsmitte, an der Ecke von Walsh Street und Broadway, zeigen die „Bearded Miners" in einem alten **Goldgräber-Cottage** mit Schmiede ihre Schmiedekünste und greifen den Besuchern beim Goldwaschen unter die Arme (tgl. je nach Lust und Laune der „bärtigen Goldgräber", Spende). Auch der **Powerhouse Walk** (40 Min.) ruft die Vergangenheit in Erinnerung und ist aufgrund seiner Wegführung entlang des Inangahua River reizvoll.

Die informative Broschüre *Walks in the Murray Creek Goldfield* (erhältlich im Museum und beim i-SITE) beschreibt **Wanderwege** auf alten Goldgräberpfaden in der Nähe.

Blacks Point Museum

Blacks Point, an der SH7 Richtung Springs Junction ▪ ⏲ Okt–April Mi–Fr und So 10–12 und 12–15, Sa 13–16 Uhr ▪ Eintritt $5

Das Wasser für Reeftons ursprüngliches hydroelektrisches System wurde am 2 km entfernten **Blacks Point** abgeleitet, wo in einer ehemaligen Methodistenkapelle das Blacks Point Museum untergebracht ist. Das Museum beleuchtet die Kultur- und Bergbaugeschichte der Gegend und zeigt auf Wunsch eine Werbe-DVD für den heutigen Bergbau am Ort, in dem auch die **örtliche Minenführung** erwähnt ist (s. unten).

ÜBERNACHTUNG

The Old Bread Shop, 155 Buller Rd, ✆ 03 732 8420, ⌨ reeftonbackpackers.co.nz. Gemütliches Hostel mit vielen DVDs sowie kostenlosen Internetstationen und WLAN in einer alten Bäckerei aus dem frühen 20. Jh. Der Inhaber organisiert Kurse im Fliegenfischen und kann die besten Angelplätze in der Gegend empfehlen. Keine Kreditkarten, Bettwäsche $2, Duschen $3. Dorms $18, DZ $50

The Old Nurses Home, 104 Shiel St, ✆ 03 732 8881, ✉ reeftonretreat@hotmail.com. Das riesige, stimmungsvolle Haus war einst Reeftons Schwesternheim und ist v. a. beliebt bei neuseeländischen Touristen. Große Auswahl an 2BZ und DZ mit Gemeinschaftsbad. 2BZ und DZ $80

Reef Cottage B&B Inn, 51–55 Broadway, ✆ 0800 770 440, ⌨ reefcottage.co.nz. Die beste und freundlichste Bleibe der Stadt hat 4 wunderschön dekorierte DZ im viktorianischen und 1920er-Jahre-Stil (2 mit Bad, 2 mit separatem Bad) sowie ein hübsches Café (s. oben). DZ $100

Reefton Domain Motor Camp, 1 Ross St, am oberen Ende des Broadway, ✆ 03 732 8477. Der zentral gelegene Campingplatz hat Wohnmobilstellplätze und ist ideal zum Schwimmen im Inangahua River. Camping $20, Cabins $76

Slab Hut Creek, 1 km abseits der SH7, 10 km südlich von Reefton. Der einfache DOC-Campingplatz liegt südlich des SH7 im Grey Valley, 1 km östlich eines ehemaligen Goldgräbergebiets; Gäste können auch heute noch auf Goldsuche gehen. $6

ESSEN

Alfresco's, 16 Broadway, ✆ 03 732 8513. Einladendes Lokal mit originellen Gerichten wie „Snowy Battery" (sautiertes Ribeye-Steak mit panierten Muscheln) oder „Prohibition Pork" (heiße Schinkenscheiben mit Ananassoße). Die Pizzas sind ebenso treffend benannt, z. B. die Meeresfrüchte-Pizza „Quartz Reef" (Hauptgericht $22,50–30). ⏲ Täglich Mittag- und Abendessen.

Miner's Crib, 54 Broadway, ✆ 03 732 8458. Verlässlich gutes Essen: ganztägig Frühstück, eine gute Auswahl an Meeresfrüchten (Kohlenfisch, Petersfisch und Steinbutt sowie Meeresfrüchtekörbe) und Steaks (Hauptgericht $19–26). ⏲ Mo 16.30–20, Di–Do 11.30–20, Fr–So 11.30–21 Uhr.

Reef Cottage Café, 51–55 Broadway, ✆ 03 732 8440. Das stimmungsvolle Holz-Cottage mit offenem Kamin hat englisches Frühstück (bis 13 Uhr), leichte Mahlzeiten und Tagesgerichte wie hausgemachte Suppe, Quiche und Sandwiches mit knusprigem Bacon ($4,50–13,50). ⏲ Täglich Frühstück und Mittagessen.

INFORMATIONEN

Das **i-SITE/DOC**-Büro, 67–69 Broadway, ✆ 03 732 8391, ⌨ reefton.co.nz, hat Internetzugang ($6/Std.), zeigt einen kleinen Nachbau einer Goldmine (Eintritt gegen Spende) und vermietet Goldwaschpfannen und Spaten ($5/Tag). Das i-SITE bucht auch Führungen durch die aktive Goldmine am Stadtrand (12.30 Uhr, 3 Std., $55). ⏲ Nov–Juni Mo–Fr 8.30–17, Sa und So 9.30–16.30 Uhr, Juli–Okt Mo–Fr 9–17, Sa und So 10–15 Uhr.

TRANSPORT

Die **Busse** von East West Coaches, ✆ 03 789 6251, halten So–Fr auf der Strecke WESTPORT–CHRISTCHURCH am Broadway,

WESTKÜSTE

der Hauptstraße von Reefton, beim i-SITE und DOC; Informationen zum Bus nach Nelson beim i-SITE.
Verbindungen bestehen nach CHRISTCHURCH (6x wöchentl., 3 1/2 Std.), NELSON (saisonal, 3 Std.) und WESTPORT (6x wöchentl., 1 Std.).

Grey Valley

Südwestlich von Reefton folgt der SH7 dem Grey Valley, das auf der Ostseite von den Neuseeländischen Alpen und auf der Westseite von der zerklüfteten Paparoa Range begrenzt wird. Überall kann man beobachten, wie der Wald allmählich wieder die Minenstätten überwuchert, die diese Region einst prägten. Einen Ersatz gibt es bis heute nicht wirklich. Trotzdem überleben viele der kleinen Gemeinden dank der Touristen, die die ehemaligen Minenorte **Waiuta** und **Blackball** besuchen oder eine Wanderung auf dem **Croesus Track** machen.

Im Bahnhof in Moana an der Ana Street hält zweimal täglich der TranzAlpine-Zug: um 11.47 Uhr von Christchurch nach Greymouth, um 14.42 Uhr in der Gegenrichtung. Busse der Atomic Shuttles auf der Route Christchurch–Greymouth halten hier täglich einmal in jeder Richtung. Da Blackball keine regelmäßigen Verkehrsverbindungen hat, müssen Besucher sich selbst behelfen.

Waiuta

Die erste Kreuzung von Bedeutung liegt 21 km südlich von Reefton in **Hukarere**, wo die Straße Richtung Osten zur Geisterstadt **Waiuta** abzweigt. Nach 17 nur teilweise geteerten Kilometern erreicht man das letzte große Goldgräberzentrum der Westküste, das in den 30er-Jahren noch 6000 Einwohner zählte.

Sein Niedergang wurde 1951 durch den Einsturz eines Minenschachts eingeleitet, der in fast 900 m Tiefe die Gold führenden Quarzgänge unter sich begrub und eine weitere Förderung unwirtschaftlich machte. Ganz verlassen ist der Ort aber nicht: Zwischen verstreuten Bauten (darunter das Originalpostamt) sind noch einige Cottages bewohnt. Der stimmungsvolle Ort

---

Die gefährdeten Wälder von Westland

Anfangs äußerten nur wenige ihre Sorge um den Zustand der wunderbaren Bestände von Südbuchen und Steineiben in Westland. Erst 1970 änderte sich die Situation. Umweltschützer setzten eine Kampagne in Gang, um das Maruia Valley östlich von Reefton zu retten – eine Aktion, die zum Prüfstein für die Erhaltung der Wälder wurde. 1986 schlossen die Regierung, die örtlichen Behörden, Umweltschützer und die Holzindustrie mit dem **West Coast Accord** eine Art von Waffenstillstand. In den 80er- und 90er-Jahren wurden die meisten Wälder nur noch selektiv abgeholzt, wobei oft Hubschrauber herhalten mussten, um die ausgewachsenen Bäume so zu entfernen, dass ihre Nachbarn keinen Schaden davontrugen. Ein solches Vorgehen nützte jedoch Neuseelands gefährdeten Vogelarten – insbesondere Kaka, Springsittich, Kuckuckskauz und Titipounamu – sowie der Langschwanz-Fledermaus herzlich wenig, da sie mit Vorliebe in den Löchern alter Bäume nisten.
Helen Clark von der Labour-Partei setzte 1999 ihr Wahlversprechen in die Tat um und verbot der staatseigenen Timberlands Company, die Südbuchenwälder weiter abzuholzen. Auf diese Weise gingen viele kostbare Jobs an der Westküste verloren. Um die lokale Wirtschaft anzukurbeln, half die Regierung mit einem Hilfsfonds in Höhe von 100 Mio. Dollar aus. Trotzdem fühlen sich Tausende betrogen, zumal die Menschen dieser Gegend traditionell stets hinter der Labour-Partei standen. Eine wiedererstarkende Landwirtschaft, steigende Grundstückspreise und der zunehmende Tourismus verschafften Helen Clark etwas Luft zum Atmen, allerdings nur bis zur Wirtschaftskrise und zur Parlamentswahl von 2008, als sie die Mehrheit verlor und John Key mit der National Party die Regierungsgeschäfte übernahm. Das Abholzen einheimischer Wälder auf staatlichem Land ist trotzdem seit dem Jahr 2000 in ganz Neuseeland verboten.

eignet sich prima zum Herumstrolchen, am besten ausgerüstet mit der informativen Broschüre *Waiuta* (erhältlich im i-SITE von Reefton), aber auch die vielen Hinweisschilder sind sehr hilfreich für einen Rundgang.

Blackball

Sowohl der Grey River als auch der SH7 schlängeln sich durch unbedeutende Orte, bis sie 11 km vor Greymouth das kleine **Stillwater** erreichen, wo eine Nebenstraße zum Lake Brunner abzweigt.

Noch vor Stillwater, 11 km nordöstlich, liegt das träge **Blackball**, ein ehemaliger Goldgräber- und Kohlebergbauort auf einer Ebene am Fuße der Paparoa Range. Pendler, Neo-Hippies und verschrobene Typen, die noch immer im Wald auf Jagd gehen und nach Gold suchen, scheinen hier harmonisch zusammenzuleben. Blackball gilt als einer der Geburtsorte der **Labour-Bewegung** (s. Kasten).

Heute zieht Besucher neben der berühmten Blackball-Salami (S. 718) hauptsächlich die ländliche Ruhe an, aber auch die schönen Wanderungen durch die Goldminengebiete um Blackball Creek und über den **Croesus Track** (S. 717) auf die windgepeitschten Gipfel der Paparoa Range haben ihren Reiz.

Moana und Lake Brunner

Vom SH7 bei Blackball zweigt die geteerte Straße von Arnold Valley nach Lake Brunner Richtung Südosten ab und stößt nach 55 km zwischen Greymouth und Arthur's Pass auf den SH73. Unterwegs passiert man den Lake Brunner (Moana Kotuku), eine mit Wasser gefüllte Gletschermulde, die besonders bei Forellenanglern sehr beliebt ist. Am Seeufer liegt der kleine Ort **Moana**, wo die Kiwis gerne Urlaub machen oder Ferienhäuser bauen. Sehenswürdigkeiten und Versorgungseinrichtungen sind allerdings eher spärlich gesät. Im Spätsommer, wenn sich der See erwärmt hat, lässt es sich herrlich baden, oder man erkundet die kurzen Wanderwege der Umgebung. Am Ende des Ortes, hinter dem Motor Camp, ermöglicht eine Hängebrücke über den Arthur River den Zugang zum **Rakaitane Track** (hin und zurück 30 Min.) und zum **Lake Side Track** (hin und zurück 20–60 Min.), die beide schöne Bergblicke freigeben.

Brunner Industrial Site

SH7, 2 km nach Stillwater

Ein hoher Backstein-Schornstein markiert die unbeschränkt zugängliche **Brunner Industrial Site**. Den Weg zu einer schönen alten Hängebrücke weisen kürzlich aufgepeppte Infotafeln

WESTKÜSTE

Der Croesus Track

Auf der Suche nach neuen Claims arbeiteten sich die Goldgräber langsam ihren Weg den Blackball Creek hinauf. Die kärglichen Überreste dieser jahrzehntelangen Plackerei sind heute der Hauptanziehungspunkt des **Croesus Track**, dessen erste Hälfte leicht an einem Tag von Blackball aus erkundet werden kann. Für die ganze Strecke über die 1200 m hohe Paparoa Range nach Barrytown an der Küste 30 km nördlich von Greymouth benötigt man acht stramme Stunden oder man verteilt das Ganze auf zwei lockere Tage. Für Wanderer reicht die informative DOC-Broschüre *Central West Coast* absolut aus.

Zugang und Übernachtung

Der Track beginnt am Parkplatz Smoke-ho am Ende einer holprigen, aber passierbaren Piste 7 km nördlich von Blackball und endet gegenüber der **All Nations Tavern** am SH6 in Barrytown, wo zweimal täglich in jede Richtung Busse vorbeikommen. Einen praktischen Shuttle-Service bietet Kea Tours, ✆ 0800 532 868, die Wanderer in Blackball absetzen und in Barrytown wieder abholen ($40 bei mind. 2 Pers.). Die einzige Hütte ist die **Ces Clarke Hut** mit 24 Schlafplätzen ($15 p. P., keine Reservierung möglich), einem Kohleherd und einem herrlichen Panorama.

Der Track

Ein großer Teil des Tracks wurde ursprünglich angelegt, um einen Schienenweg für die Grubenbahn zu schaffen. Dementsprechend weist der Wanderweg nur eine leichte, aber lange Steigung auf. Die Route windet sich zunächst durch Wald mit Steineiben, durchsetzt von Farnen, Moosen und Rankengewächsen, die allmählich in widerstandsfähigere Silver Beech und oberhalb der Baumgrenze schließlich in alpine Wiesen übergehen. Mittags verbergen sich die Gipfel häufig im Nebel, der vom Meer hereinzieht. Eine halbe Stunde vom Parkplatz Smoke-ho zweigt ein Nebenpfad (hin und zurück 10 Min.) zu einer Stelle ab, an der sich einst die **Minerva Battery** befand. Gleich hinter der Abzweigung führt der Hauptweg auf einer neueren Drahtseilbrücke oberhalb der Überreste einer alten Holzbrücke über den Clarke Creek. Eine halbe Stunde weiter zweigt ein Pfad zu zwei Lichtungen ab, die einst **Perotti's Mill** (hin und zurück 10 Min.) und die **Croesus Battery** (hin und zurück 50 Min.) beherbergten. Nach einer weiteren knappen Stunde führt ein weiterer Seitenpfad zur einfachen **Garden Gully Hut** (hin und zurück 5 Min.) und zur **Garden Gully Battery** (hin und zurück 40 Min.). Der Hauptweg macht einen scharfen Knick Richtung Westen, um dann an der Baumgrenze die **Ces Clarke Hut** zu erreichen; hier sollte man seine Wasserflaschen auffüllen, denn danach gibt es keine Wasserquelle mehr. Zum Kamm des Bergrückens in der Nähe des Mount Ryall (1220 m) geht es noch zwei Stunden auf und ab, ein bisschen mehr, wenn man noch den **Croesus Knob** (1204 m) erklimmt. Vom breiten Bergrücken bieten sich wunderbare Ausblicke auf die Küste, die schließlich innerhalb von weniger als drei Stunden über einen steilen, aber gut markierten Waldweg erreicht wird.

an der Straße; die Brücke den den wilden Fluss wurde zwar inzwischen verstärkt, ist aber weiterhin nur für Fußgänger geöffnet und führt zu den verbliebenen Gebäuden und den Überresten kunstfertig angelegter Bienenkorb-Koksöfen.

Auf seinen Erkundungsreisen in den späten 1840er-Jahren bemerkte Thomas Brunner am Fluss ein Kohleflöz, und 1885 wurde hier schließlich doppelt so viel Kohle abgebaut wie in irgendeiner anderen Mine des Landes. Außerdem wurden ins gesamte Neuseeland wie auch nach Australien feuerfeste Ziegel exportiert. Das verheerendste Grubenunglück in der Geschichte Neuseelands im Jahr 1896 mit 65 Toten läutete den Niedergang der Stätte ein. In den 1940er-Jahren wurde sie dann endgültig aufgegeben und erst in den frühen 1980er-Jahren aus dem dichten Wald ans Tageslicht befördert.

WESTKÜSTE

Formerly The Blackball Hilton, 26 Hart St, Blackball, ☎ 0800 425 225, 🖳 blackballhilton. co.nz. Das letzte der Hotels aus der Ära des Bergbaus eröffnete 1910 unter dem Namen „Dominion" und operierte danach als „Hilton", bis die internationale Hotelkette gleichen Namens Einwand dagegen erhob. Abgesehen von lebhaften Trinkgelagen mit Einheimischen bietet der beliebte Treffpunkt die jährliche World of Unwearable Arts Exhibition (Datum variiert), Blackballs freche Antwort auf die World of WearableArt (S. 503) sowie einfache, geräumige DZ und 2BZ mit altmodischen Möbeln und Gemeinschaftsbad. Alle Preise inkl. Frühstück. Das Restaurant serviert Kaffee, Mittag- und Abendessen (Hauptgericht $20–30), teilweise mit Blackball-Salami, und ist auch für Nichtgäste geöffnet. DZ $110

Lake Brunner Resort, Ahau St, Moana, ☎ 03 738 0083, 🖳 lakebrunnerresort.net.nz. Protzige moderne Units, teilweise mit Seeblick. Studios $145, 2-Zimmer-Units $240

🏠 **Blackball Salami Co**, 11 Hilton St, Blackball, ☎ 03 732 4111, 🖳 blackball salami.co.nz. Dieser ausgezeichnete Laden hat die besten Picknickzutaten, vom Würstchen aus Wildbret über *chorizo* bis zu diversen Salamis. ⏱ Mo–Fr 8–16, Sa 9–12 Uhr.

Station House Café, 34 Koe St, Moana, ☎ 03 738 0158, 🖳 keothai.co.nz. Das Restaurant/Café mit Holzterrasse, Sonnenschirmen und atemberaubendem See- und Bergblick hat Alkoholausschank und das beste Essen weit und breit. Serviert werden verführerisches Mittag- und Abendessen nach Reservierung (Hauptgericht um $30). ⏱ tgl. Mittag- und Abendessen.

Westport

Trotz der staatlichen Finanzspritzen, der Einnahmen durch den Tourismus und den Modernisierungsversuchen der Stadtverwaltung bleibt **Westport** in der Vergangenheit kleben wie eine stolze Fliege in Bernstein. Sehenswertes ist rar gesät: die Robbenkolonie am **Cape Foulwind**, der erfrischende Spaziergang zum alten Leuchtturm dahinter und die geisterhaften ehemaligen Kohlestädte des **Rochford Plateau**. Wäre Westport nicht ein Verkehrsknotenpunkt, würde wohl kaum jemand in dem Fischerhafen übernachten – die Verlockungen des Heaphy Tracks (S. 558) und von Karamea 100 km weiter nördlich sind zu stark. Wer es aber nicht vermeiden kann, findet preisgünstige Unterkünfte, ein interessantes Museum, ein paar Abenteueraktivitäten und das hervorragende **Town House** (S. 721), ein Restaurant, das auch in Auckland oder Wellington eine gute Figur machen würde.

Fast alles, was in Westport von Interesse ist, liegt in der Gegend der Palmerston Street. Infos zu Touren zur ehemaligen Kohlebergbaustadt Denniston auf S. 722.

Geschichte

Westport war die erste der Westküsten-Städte. Es wurde 1861 in Form eines einzelnen Ladens neben der Mündung des Buller River von einem gewissen **Reuben Waite** gegründet. Seinen Lebensunterhalt verdiente sich Waite mit den Goldgräbern in der Buller Gorge, die ihn für die Vorräte mit Gold bezahlten. Später wendete sich Westport der Kohle zu, und während sich die Bergbaustädte im Norden zu etablieren begannen, kanalisierten Ingenieure den Fluss, um einen Hafen zu schaffen, der schnell zum bedeutendsten Kohleverladehafen des Landes avancierte. Heute liegt der **Hafen** mehr oder weniger still und Westport kämpft weiter ums Überleben.

Coaltown

165 Queen St ▪ ⏱ tgl. Nov–April 9–16.30, Mai–Okt 10–16 Uhr ▪ Eintritt $12,50 ▪ ☎ 03 789 8204

Westports Bergbauvergangenheit erwacht in **Coaltown** zum Leben, einem spannenden, fantasievoll gestalteten Museum, das sich dem Kohlerevier am Buller widmet. Zwei spannende Videos zeigen Szenen aus seiner Blütezeit, ergänzt durch Überbleibsel der Grube. Faszinierende Fotos der Minenzüge sowie ein Modell der Hochebene und verschiedene Bergarbeiterhelme runden die Ausstellung ab.

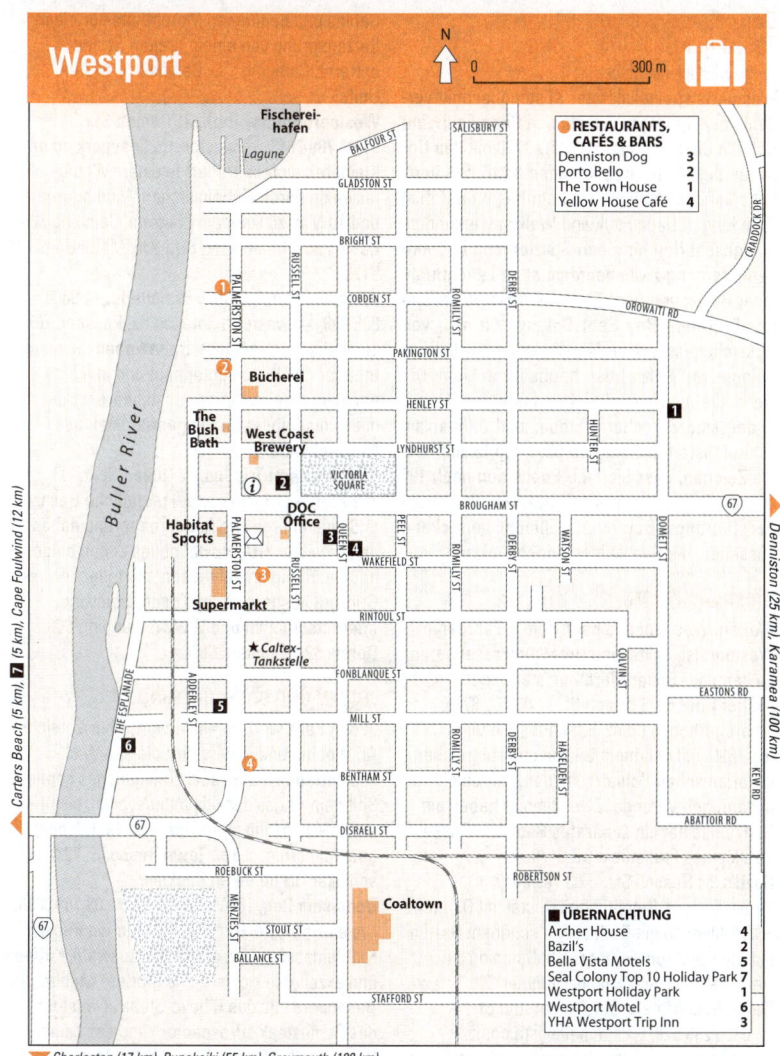

Westport

N

0 — 300 m

Fischerei-hafen

Lagune

Buller River

RESTAURANTS, CAFÉS & BARS
Denniston Dog 3
Porto Bello 2
The Town House 1
Yellow House Café 4

SALISBURY ST
BALFOUR ST
GLADSTON ST
BRIGHT ST
COBDEN ST
PAKINGTON ST
HENLEY ST
LYNDHURST ST
BROUGHAM ST
WAKEFIELD ST
RINTOUL ST
FONBLANQUE ST
MILL ST
BENTHAM ST
DISRAELI ST
ROEBUCK ST
STOUT ST
BALLANCE ST
STAFFORD ST
ROBERTSON ST
ABATTOIR RD
EASTONS RD

RUSSELL ST
PALMERSTON ST
ROMILLY ST
DERBY ST
HUNTER ST
WATSON ST
DOMETT ST
COLVIN ST
HASELDEN ST
KEW RD
ADDERLEY ST
MENZIES ST
THE ESPLANADE
OROWAITI RD
CRADDOCK DR

Bücherei

The Bush Bath

West Coast Brewery

VICTORIA SQUARE

ⓘ

Habitat Sports

DOC Office

QUEEN ST
PEEL ST

Supermarkt

★ Caltex-Tankstelle

Coaltown

67

■ Carters Beach (5 km), ▣ 7 (5 km), Cape Foulwind (12 km)

Denniston (25 km), Karamea (100 km) ▶

■ ÜBERNACHTUNG
Archer House 4
Bazil's 2
Bella Vista Motels 5
Seal Colony Top 10 Holiday Park 7
Westport Holiday Park 1
Westport Motel 6
YHA Westport Trip Inn 3

WESTKÜSTE

▼ Charleston (17 km), Punakaiki (55 km), Greymouth (100 km)

West Coast Brewery

10 Lyndhurst St ■ ⏰ Mo–Fr 9.30–17,
Sa Mo–Fr 16 Uhr ✆ 03 789 6201,
⌨ westcoastbrewing.com
Ein Genuss für Bierliebhaber sind die Biere aus
der kooperativ geführten **West Coast Brewery**,
die keine Konservierungsmittel oder chemischen Zusätze enthalten. Besonders gut ist das
Green Fern Certified Organic Super Premium
Lager. Die kleine Brauerei verkauft ihre Ware in
ganz Neuseeland und Australien. Eine Bierprobe
mit sieben Gläsern à 100 ml kostet $10.

Cape Foulwind und Tauranga Bay Seal Colony

12 km westlich der Stadt

Westports spektakulärster Küstenabschnitt verdankt den vielsagenden Namen **Cape Foulwind** Kapitän Cook, der hier im März 1770 mit den Unbilden des Wetters zu kämpfen hatte. Die herrliche Landschaft lässt sich am besten auf dem 4 km langen Cape Foulwind Walkway erkunden, wie geschaffen für einen Spaziergang bei Sonnenuntergang zwischen dem alten Leuchtturm, einer Replik von Abel Tasmans Astrolabium und der **Tauranga Bay Seal Colony**, wo man von Aussichtsplattformen Neuseelands nördlichste Kolonie von Pelzrobben beobachten kann. Die Tiere, die man am südlichen Ende des Weges findet, sind zwischen Oktober und Januar am zahlreichsten: Oft sind es über 400 Exemplare, ein Zeichen, dass sich die Population nach 150 Jahren Robbenjagd erholt hat. Der Strand an der Tauranga Bay mag vielleicht verlockend aussehen, die See ist hier jedoch tückisch.

ÜBERNACHTUNG

Wer am Wochenende nach dem 6. Februar in Westport ist, sollte eine Unterkunft reservieren, da dann der Buller Marathon stattfindet.
Archer House, 75 Queen St, ☎ 03 789 8778, 🖥 archerhouse.co.nz. Eine hübsche Villa (Bj. 1890) mit schönem Garten und zahlreichen viktorianischen Schnörkeln, darunter eine umlaufende Veranda. Zwei Zimmer haben ein Bad, eines hat ein separates Bad. Alle Preise inkl. kleines Frühstück. DZ $170
Bazil's, 54 Russell St, ☎ 03 789 6410, 🖥 bazils.com. Gemütliches Hostel mit DZ und 2BZ (teilweise mit Bad) sowie schönem Garten mit überdachtem Grillbereich. Camping $15, Dorms $28, DZ $68, Familienzimmer $90
Bella Vista Motels, 314 Palmerston St, ☎ 0800 235 528, 🖥 staybellavista.co.nz. Modernes, geschäftsmäßiges Motel nach dem üblichen Strickmuster der Bella-Vista-Motelkette. Satelliten-TV, beschränkte Kochmöglichkeit. Studios $115, Spa Units $145
Seal Colony Top, 10 Holiday Park Marine Parade, Carters Beach, 6 km westlich der Stadt, ☎ 0508 937 876, 🖥 top10westport.co.nz. Geräumige, voll ausgestattete Anlage mit

Cabins und bequemen Motel Units nur einen Katzensprung von einem breiten Strand entfernt. Camping $36, Cabins $70, Motel Units $105
Westport Holiday Park, 31 Domett St, ☎ 03 789 7043, 🖥 westportholidaypark.co.nz. Kleinerer, einfacher Platz in einem Wohngebiet, teilweise durch einheimischen Wald begrenzt und 10 Min. zu Fuß vom Zentrum. Camping $30, Cabins $65, Chalets mit Bad $95, Motel Units $125
Westport Motel, 32 The Esplanade, ☎ 0800 805 909, 🖥 westportmotel.co.nz. Passend zur Lage abseits der Hauptstraße haben die neuen Inhaber das Haus aufgepeppt und ihm eine entspannte, einladende Atmosphäre verpasst, mit Luxusdetails wie Pflegeprodukten aus Neuseeland. DZ $95
YHA Westport Trip Inn, 72 Queen St, ☎ 03 789 7367, 🖥 tripinn.co.nz. Freundliche Besitzer und eine energische Runderneuerung haben dem riesigen YHA-Hostel neues Leben eingehaucht. Ruhig und entspannt mit toller Terrasse, Grill, gut ausgestatteter Küche, Heimkino, Internetstationen und WLAN. Camping $20, Dorms $27, Zimmer $66

ESSEN UND UNTERHALTUNG

In den Pubs wird Essen serviert. Aber Vorsicht: An Wochenenden wird dort die alte Westküstentradition des rauen Trinkgelages gepflegt. Seit dem Abriss des stimmungsvollen, historischen Kinos fehlt jedes bessere Nachtleben, aber immerhin ist **The Town House** (S. 721) ein schicker Ort für einen Cocktail.
Denniston Dog, 18 Wakefield St, ☎ 03 789 8885. Die einzige Café-Bar, die nicht nur ein Pub mit Kaffeemaschine ist: große Bierauswahl, Kaffee und exzellente kleinere und größere Mahlzeiten. Besonders gut: das Ribeye-Steak „Flintstone", das Rumpsteak „Prospector" und das Lamm-Rumpsteak „Miner's Wife". ☉ tgl. Mittag- und Abendessen.
Porto Bello, 62 Palmerston St, ☎ 03 789 8885. Die stilvolle Bar mit Grill serviert mittags Pizza ($10) und abends alles vom Cajun-Hühnersalat über Ribeye-Steak bis zu Meeresfrüchten (Hauptgericht $14–24), sonntags auch Braten. ☉ tgl. Mittag- und Abendessen.

WESTKÜSTE

The Town House, Cobden St, Ecke Palmerston St, ☎ 03 789 7133, 🖥 thetownhouse.co. Das Café-Restaurant mit Weltklasseniveau serviert großartigen Kaffee, Brunch und Mittagessen. Zutaten für die hervorragende Abendkarte (Hauptgericht $24–32) stammen von kleinen, regionalen Betrieben und aus dem hauseigenen Garten. Im Angebot sind u. a. ein Brathuhn mit Zitrone und Kräutern und einer Füllung aus Ziegenkäse und Bacon oder vegetarische Gerichte wie z. B. Kartoffelravioli mit Wildpilzen und Trüffelöl – von den Nachtischen ganz zu schweigen. Getafelt wird in einem stilvoll tapezierten Speisesaal oder auf der sonnigen Terrasse. ⏰ Mo–Fr 10 Uhr bis spät, Sa und So 9 Uhr bis spät.

Yellow House Café, 243 Palmerston St, ☎ 03 789 8765. Von den gelb-roten Wänden sollte man sich nicht abschrecken lassen: Tagsüber gibt es köstlichen Kuchen, abends z. B. Artischockendip und Pasta mit Aubergine (Hauptgerichte $14–25), alles nach Wunsch aus meist örtlichen Zutaten zubereitet. Alkoholausschank. ⏰ Mo–Mi 15 Uhr bis spät, Do–So 12 bis spät.

INFORMATIONEN UND TOUREN

i-SITE, 1 Brougham St, ☎ 03 789 6658, 🖥 westport.org.nz. Das Büro hat Internetzugang und nimmt für $5 Heaphy-Track-Reservierungen entgegen (S. 558). Onlinebuchung ist kostenlos. ⏰ Okt–April Mo–Fr 9–17, Sa und So 10–16 Uhr, Mai–Sep 9–16.30, Sa und So 10–16 Uhr.

DOC, 72 Russell St, ☎ 03 788 8008). Infos zu unbekannteren Wanderungen. ⏰ Mo–Fr 8–12 und 13–17 Uhr.

Outwest Tours ☎ 0800 688 937, 🖥 outwest. co.nz. Bietet eine Tour (Reservierungen im i-SITE; $105, mind. 4 Teilnehmer) zum nahe gelegenen Denniston, einer heute größtenteils verlassenen Bergbaustadt (S. 722), und der umliegenden Rochford-Hochebene.

NAHVERKEHR

In Westport kommt man gut **zu Fuß** zurecht; für die Sehenswürdigkeiten in der näheren Umgebung braucht man allerdings ein Auto.

Bei **Buller Taxis**, ☎ 03 789 6900), bekommt man bei Bedarf ein Taxi.

Habitat Sports, 204 Palmerston St, ☎ 03 788 8002), verleiht Fahrräder ($35/3 1/2 Std., $60/Tag).

TRANSPORT

Busse

Busse des Karamea Express halten vor dem i-SITE. Atomic Shuttles, NakedBus, InterCity und East–West halten am i-SITE und an der Caltex-Tankstelle (197 Palmerston St).

Busse nach:
GREYMOUTH 2x tgl., 1 1/2 Std.–2 1/4 Std.;
KARAMEA 5–6x wöchentl., 1 Std. 40 Min.–2 Std.;
MURCHISON 2x tgl., 1 1/4 Std.–1 3/4 Std.;
NELSON 2x tgl., 3 1/2 Std.–4 Std.;
PUNAKAIKI 2x tgl., 1 Std.;
ST ARNAUD 1x tgl., 1 3/4 Std.

Flüge

Westports Flughafen, ☎ 03 788 9111, 🖥 bullerdc.govt.nz/airport, liegt 14 km südwestlich der Stadt am Cape Foulwind. Verbindungen nach WELLINGTON (1–2x tgl., 50 Min.).

Von Westport bis Karamea

Die Karamea Road (SH67) verläuft parallel zur Küste von Westport nach Karamea, eingezwängt zwischen Tasmansee und dicht mit Wald bewachsenen Hügeln. Die Fahrt dauert knapp zwei Stunden und führt durch winzige Weiler, unter denen viele nicht einmal einen Pub, geschweige denn einen Laden besitzen. Ein paar interessante Sehenswürdigkeiten gibt es trotzdem – allen voran die Kohlestädte um Westport (z. B. **Denniston**). Unterwegs locken attraktive ländliche Unterkünfte. Nördlich des **Mokihinui River** verlässt die Straße den Küstenstreifen und klettert auf den **Karamea Bluff**, bevor es in ein typisches Milchwirtschaftsgebiet hinuntergeht. Die Regenfälle lassen hier nach, dafür nimmt die Luftfeuchtigkeit zu, was einer eher subtropischen Vegetation – charakterisiert durch *Cabbage Trees* und Nikaupalmen an der Küste – den Boden bereitet. Am Fuße der Felsklippe markiert **Little Wanganui** die Abzweigung zum Startpunkt der **Wangapeka** und **Leslie–Karamea Tracks** (zusammen 52 km, 3–5 Tage), die durch die Südhälfte des Kahurangi National Park (S. 557) zur Tasman Bay bei Motueka führen.

1846 nahmen Charles Heaphy und Thomas Brunner die Region unter die Lupe und bereiteten den Weg für europäische und chinesische Goldsucher, die 20 Jahre später Einzug hielten. Es folgten Pioniere, die sich in **Karamea** niederließen, heute eine Basis für Ausflüge zum sehenswerten Kalksteingelände des **Oparara Basin** und zum letzten Abschnitt des **Heaphy Track** (S. 558).

Achtung: Zwischen Westport und Karamea gibt es **keine Tankstellen**, in Karamea gibt es nur eine (im Karamea Visitor Centre). Es empfiehlt sich also, in Westport vollzutanken. Außerdem ist der Handy-Empfang in dieser Region bestenfalls lückenhaft.

Denniston

🕐 Museum/Besucherzentrum Jan tgl.
11–15 Uhr und ganzjährig nach Vereinbarung
▪ Eintritt gegen Spende ▪ 📞 03 789 9755

Westports Funktion als Versorgungsposten hing völlig vom Handel mit den Kohlestädten ab, die in solch ungastlichen Regionen lagen, dass man weder Gemüse ziehen noch Schafe züchten konnte – allen voran **Denniston**. Die heute nahezu verlassene Stadt hoch auf dem Rochford Plateau liegt 9 km östlich von Waimangaroa abseits des SH67 und war einst berühmt für seine schwerkraftbetriebene Grubenbahn (s. Kasten).

Zur Blütezeit um 1910 zählte der Ort rund 2500 Einwohner, aber Ende der 60er-Jahre waren die Kohlevorräte schließlich erschöpft. Das Terrain der abgebauten Häuser hatte der Wald schnell zurückerobert. Übrig blieb ein wahrer Schatz an industrieller Vergangenheit. An schönen Tagen ist der Blick fantastisch; bei schlechtem Wetter verleiht feuchter Nebel dem trostlosen Ort eine noch entrücktere Note.

Die Denniston Self-Acting Incline

1859 entdeckte John Rochford das Coalbrookdale-Flöz, und schon bald füllte sich die Hochebene mit Leben, beschleunigt durch den Bau der **Denniston Self-Acting Incline** im Jahre 1879. Die beeindruckende durch Schwerkraft betriebene Grubenbahn galt zur damaligen Zeit als steilste der Welt: Auf einer Strecke von etwas mehr als 1,7 km wurden 518 Höhenmeter überwunden. Während ihrer 88-jährigen Lebenszeit ratterten täglich über 1000 t Kohle mit der erstaunlichen Geschwindigkeit von 70 km/h hinunter nach Conn's Creek, wo sie für die Weiterreise nach Westport verladen wurden. Anfänglich nahmen auch alle anderen Waren mit Ziel Denniston – Nahrungsmittel, Geräte und Menschen – diesen Weg, nachdem jedoch vier Passagiere von den rasend schnellen Waggons gefallen und zu Tode gekommen waren, baute man 1884 einen Pfad, der das (Über-) Leben auf der Hochebene endlich erleichterte.

Die Grubenbahn stellte 1967 ihren Betrieb ein; wer fit und ehrgeizig ist, kann sich aber auf dem **Denniston Incline Walk** ein Bild machen (einfach 2 km, Anstieg 3 Std., Abstieg 2 Std.), der einem nahezu parallel zur 1884 erbauten Bahnlinie verlaufenden Pfad folgt. Die Route beginnt am Conn's Creek, 2 km landeinwärts von Waimangaroa.

Neben der Aussicht ist die einzige echte Sehenswürdigkeit das alte Schulhaus, heute ein kleines **Museum mit Visitor Centre**, 📞 03 789 9755, 🕐 Jan tgl. 11–15 Uhr und ganzjährig nach Vereinbarung. Eintritt gegen Spende. Ausgestellt sind historische Fotos und Gerätschaften, denen der Kurator Gary James Leben einzuhauchen vermag. Infos zu Führungen um Denniston auf S. 721.

Granity

Die winzige Ortschaft Granity 7 km nördlich von Waimangaroa ist ein guter Ort für eine Rast auf dem Weg nach Norden auf dem SH67. Schön ist das dunkle, rustikale **Granity Drifter's Café**, 97 Torea St, ☎ 03 782 8808, ⏰ tgl. 12 Uhr bis spät, mit Internetzugang und regelmäßiger Livemusik. Als Alternative bietet sich eine Partie **Riesenschach** auf dem städtischen Schachbrett in der Rotunda an, ☎ 03 782 8080, $10 Pfand.

Eine künstlerisch angehauchte Unterkunft bietet hier **Granity Sands Backpackers**, 94 Torea St, ☎ 03 782 8558. Das umweltbewusste Hostel liegt nur wenige Schritte vom Strand.; Dorms $20, DZ $50.

Ngakawau und Umgebung

Ungefähr 9 km nördlich von Waimangaroa verschmilzt Ngakawau übergangslos mit Hector am anderen Ufer des Ngakawau River. Hier markiert ein Kohledepot den Beginn des schönen **Charming Creek Walk** (5 km einfach, 2 Std., 100 Höhenmeter) entlang eines alten Schienenstrangs, der zwischen den Jahren 1914 und 1958 der Beförderung von Holz und Kohle diente. Die erste halbe Stunde der Wanderung ist eher langweilig, erst nach dem s-förmigen Irishman's Tunnel genießt man faszinierende Ausblicke auf den mit Steinen übersäten Fluss in der Tiefe und – nach Überqueren einer Brücke – auf die Mangatini Falls. Am interessantesten ist der nun folgende Abschnitt bis zum Picknickplatz bei den Überresten der **Watson's Mills** (hin und zurück 2–3 Std.).

ÜBERNACHTUNG

In Ngakawau liegt die nächste Unterkunft meist in oder gleich nördlich von Hector am anderen Flussufer.

Gentle Annie 15 km nördlich von Hector am SH67, dann 3 km in eine Seitenstraße hinein ☎ 03 782 1826, ⌨ gentleannie.co.nz. Entspannte, wunderschön gelegene Bleibe an der Mündung des Mokihinui River neben Gentle Annie Beach. Die Unterkunftspalette reicht von Camping zu gut ausgestatteten Selbstversorger-Cottages mit Meer- oder Flussblick. Das **Cowshed Café** (nur bei Hochbetrieb geöffnet) vermietet auch Sit-on-Top-Kajaks ($30/halber Tag). Camping $12, Dorms $25, DZ $120, Cottages für 6 Pers. $150

The Old Slaughterhouse 2 km nördlich von Hector am SH67 ☎ 03 782 8333, ⌨ oldslaughter house.co.nz. Das ruhige Hostel im hübschen Holzhaus sitzt am Hang und bietet einen herrlichen Ausblick über die Küste. In der Gegend lassen sich wunderbare Waldwanderungen unternehmen, und am nahen Strand spielen häufig Hector-Delphine in der Brandung. Es wäre eine Sünde, die Ruhe durch Fernseher, Internet, Waschmaschinen und Föhne zu stören – also gibt es sie hier auch nicht. Allerdings gelangt man nur zu Fuß zur Unterkunft (10 Min. vom SH67). Bei vorheriger Anmeldung holen die freundlichen Besitzer das Gepäck jedoch mit dem Quad ab. Dorms $36, DZ $80

Karamea

In **Karamea** (100 km nördlich von Westport) ist im wahrsten Sinne des Wortes das Ende der Straße erreicht: Weiter nach Norden geht's nur zu Fuß auf dem Heaphy Track. Trotz der isolierten Lage wird es hier nicht langweilig. Allein der südliche Teil des **Kahurangi National Park** lohnt einen ein- bis zweitägigen Aufenthalt, aber auch das **Oparara Basin** (S. 725) wartet auf Entdeckung.

1874 war dies ein klassisches **Grenzterritorium**, in dem der Hafen am Karamea River die einzige Verbindung zur Außenwelt darstellte. Die Siedler verdienten sich ihren Lebensunterhalt mit **Gold** und **Flachs**. Sie bauten die erste Straße nach Westport, gerade rechtzeitig vor dem **Erdbeben** von 1929 in Murchison, das den Flussverlauf veränderte und den Hafen zerstörte. Seit dem Ende der Holzfällerei im Jahr 2000 sind der Tourismus, die Landwirtschaft und der Obstanbau die einzigen Einnahmequellen von Karamea.

ÜBERNACHTUNG

Karamea Domain, am SH67 zwischen The Last Resort und Karamea Village Hotel, ☎ 03 782 6069. Sehr einfacher Platz; die Gäste benutzen die Duschen und Toiletten der städtischen Sportanlagen. Camping $15, Stellplatz mit Anschlüssen $16, Dorms $12
Karamea Farm Baches, 17 Wharf Rd, ☎ 03 782 6838, ⌨ karameamotels.com. Das Haus

KARAMEA UND OPARARA BASIN

Map: Karamea und Oparara Basin — KAHURANGI NATIONAL PARK, Honeycomb Hill Caves, RESTRICTED AREA, OPARARA BASIN, GENERAL AREA, Mirror Tarn, Oparara Arch, Moria Gate Arch, K Road Bike Track, KOHAIHAI, Nikau Walk, Heaphy Track, North Beach, TASMANSEE, McCALLUMS MILL ROAD, Oparara River, Fenian Track, OPARARA ROAD, FENIAN ROAD, OHARA ROAD, Baker Creek, KARAMEA-KOHAIHAI-HIGHWAY, Market Cross, KARAMEA, UMERE ROAD, ARAPITO ROAD, Karamea River, (10 km), Westport (100 km)

■ ÜBERNACHTUNG		● RESTAURANTS	
Karamea Domain	2	Karamea Village Hotel	1
Karamea Farm Baches	5	The Last Resort	2
The Last Resort	3	Riverstone Restaurant	3
Market Cross Homestay B&B	4		
Riverstone Restaurant Chalets	6		
Rongo	1		
Wangapeka Backpackers Retreat and Farmstay	7		

WESTKÜSTE

steht unter der gleichen Leitung wie das Hostel **Rongo** (s. oben) und liegt 100 m von der Flussmündung und nur 105 m vom **Karamea Village Hotel** entfernt. Die originellen, bunten Units im Motelstil haben eine voll ausgestattete Küche und geräumige Schlafzimmer. DZ $75

The Last Resort, 71 Waverley St (SH67), ☎ 0800 505 042, 🖥 lastresort.co.nz. Unterkünfte um eine fantasievoll entworfene Lodge herum mit Restaurant und Bar; Dorms (keine Stockbetten oder Bettwäsche, daher Schlafsack mitbringen), einfache, aber attraktive Lodge-Zimmer (z. T. mit Bad), Studios im Motel-Stil und gut ausgestattete Cottages für 4 Pers. Dorms $38, Lodge-DZ $78, Lodge-DZ mit Bad $98, Studios $130, Cottages $155

Market Cross Homestay, B&B 14 Bridge St, ☎ 03 782 6604, 🖥 marketcross.co.nz. Angenehm altmodische Zimmer in einem gemütlichen Haus mit offenem Kamin, Küche und englischem Frühstück auf Anfrage ($15) sowie Babysitter. DZ $120

Riverstone Restaurant Chalets, 3,5 km südlich von Karameas Zentrum an der Hauptstraße, gleich nach der Brücke, ☎ 03 782 6640, 🖥 rivstone.co.nz. Funktionale, gemütliche Chalets hinter dem Restaurant (S. 725) mit gutem Blick auf den Fluss. Chalets $180

Rongo, 130 Waverley St (SH67), ☎ 03 782 6667, 🖥 livinginpeace.com. Das Hostel mit Regenbogenanstrich hat Holzböden, ein riesiges Grundstück mit Biogemüsegarten und einem (sehr) rustikalen Freiluftbad. Betreibt auch den lokalen Radiosender (107.5FM) – Kunst und Musik bilden einen Bestandteil des täglichen Lebens. 4. Nacht umsonst. Dorms $32, DZ $75

Wangapeka Backpackers Retreat and Farmstay, Wangapeka Rd, ☎ 03 782 6663, 🖥 wangapeka.co.nz. Gemütliches Homestay auf einer Farm mit einheimischem Wald und freundlichen, gut informierten Gastgebern. Dorms $20, Dorms mit Frühstück und Abendessen $45, DZ $70, DZ mit Frühstück und Abendessen $120

ESSEN

Karamea Village Hotel, Waverley St, Ecke Wharf Rd, ☎ 03 782 6800. Das neu aufgemotzte Pub serviert Karameas bestes Essen: riesige Portionen (Hauptgericht $17,50–29), allem voran die phänomenalen Fish 'n' Chips mit pikanter hausgemachter Tomatensauce. Allein dafür lohnt es sich, aus Westport herzufahren. 🕐 tgl. 7–3 Uhr.

The Last Resort, 71 Waverley St (SH67), ☎ 0800 505 042, 🖥 lastresort.co.nz. Das schicke, halbformelle Restaurant mit entspannter Bar hat günstige Burger und Steaks (Hauptgericht $16–29). Reservierung empfohlen. ⏲ tgl. 7 Uhr bis spät.

📠 **Riverstone Restaurant**, 3,5 km südlich von Karameas Zentrum an der Hauptstraße, gleich nach der Brücke, ✆ 03 782 6640, 🖥 rivstone.co.nz. Das Restaurant in exzellenter Lage ist das Nonplusultra in Sachen fein Ausgehen, mit Flussblick und appetitlichen Kreationen wie Entenconfit, würzigem Lammsalat und hausgemachtem Käse (Hauptgericht $24–33). ⏲ Di–Sa 17–22 Uhr.

Kleiner **Supermarkt** am Market Cross.

INFORMATIONEN

Touristeninformation, Market Cross, 2 km östlich des Zentrums, ✆ 03 782 6652, 🖥 karameainfo.co.nz. Internetzugang; hier kann man Hütten am Heaphy Track online buchen oder gegen eine Gebühr von $5 vom Personal buchen lassen. Der Heaphy Track wird i. d. R. von Norden nach Süden gegangen (Beschreibung auf S. 558). ⏲ Jan–April tgl. 9–17, Mai–Dez Mo–Fr 9–17, Sa und So 9–13 Uhr.

TRANSPORT

Auf der Strecke zwischen Karamea und WESTPORT verkehren die Busse von **Karamea Express** (Nov–März Mo–Sa, April–Okt. Mo–Fr, einfach $30, ✆ 03 782 6757), Abfahrt Richtung Süden nach Westport um 7.20 Uhr und von dort um 11.30 Uhr zurück. Die Busse sind auf Verbindungen in Westport abgestimmt. Die Busse von Karamea Express pendeln auch zum Start- bzw. Endpunkt des **Heaphy Track** in KOHAIHAI (Nov–März tgl. gegen 14 Uhr, $15, im Winter auf Nachfrage) und lassen Wanderer auf der Fahrt von Karamea nach Westport am Startpunkt des **Wangapeka Track** aussteigen.

Oparara Basin

Kahurangis schönste Kalksteinformationen liegen östlich des Highway von Karamea nach Kohaihai im **Oparara Basin**, einem übersichtlichen **Karstgebiet**, charakterisiert durch Senken, unterirdische Ströme, Höhlen und Felsbögen, die über Jahrtausende hinweg durch das leicht säurehaltige Wasser geschaffen wurden. Dies ist die Heimat von Neuseelands größter einheimischer **Spinne**, der harmlosen Gradungula mit einem Durchmesser von rund 15 cm (nur in Höhlen der Region Karamea und Collingwood anzutreffen, wo sie sich von Schmeißfliegen und Höhlenschrecken ernährt), sowie einer seltenen, uralten und primitiven fleischfressenden Schnecke, die bis zu 7 cm groß wird und von Regenwürmern lebt. Von Gerbsäure dunkel gefärbte Flüsse bahnen sich ihren Weg über ausgeblichene, weiße Felsen. In schneller fließenden Abschnitten geht die seltene Saumschnabelente auf Beutezug. Selbst wer nur ein marginales Interesse an Geologie hat, kann hier einen wunderbaren Nachmittag verbringen – sei es bei einer **Wanderung** oder einem **Picknick**.

Honeycomb Hill Caves

10 km nördlich von Karamea, dann 14 km östlich entlang der McCallums Mill Rd ▪ Honeycomb Hills Cave Tour tgl. 10 Uhr, 2 1/2 Std., mind. 2 Pers. ▪ $95 ▪ Arch Kayak Tour, Mitte Dez–Aug, einen Tag vorher buchen, $95 ▪ ✆ 03 782 6652, 🖥 oparara.co.nz

Ebenfalls im Oparara Basin liegen die **Honeycomb Hill Caves**, ein wertvoller Schlüssel zum Verständnis neuseeländischer Fauna. Dank der Sediment-Ablagerungen auf dem Höhlenboden blieben die Skelette uralter Vögel erhalten.

Die Höhlen können nur im Rahmen der exzellenten **Honeycomb Hill Caves Tour** besucht werden, wobei man nur einen Teil des ca. 15 km langen Tunnelsystems erkundet. Die Touren starten am Ende des McCallums Mill-Parkplatzes nahe der Höhle. Auf Anfrage sich für $25 hin und zurück eine Mitfahrgelegenheit zum Parkplatz organisieren. Die Höhlentrips können kombiniert werden mit der **Honeycomb Hill Arch Kayak Tour**, einer tollen Fahrt durch den Wald und unter einem breiten Kalksteinbogen hindurch.

Crazy Paving und Box Canyon Caves

Zugang zu Fuß vom Parkplatz McCallums Mill (5 Min.)

Wie in Kalksteingebieten üblich, wechseln die Flüsse häufig ihren Lauf und hinterlassen trockene Höhlen wie die **Crazy Paving** und **Box**

Canyon Caves nahe den Honeycomb Caves (hin und zurück ca. 10 Min.). Beide sind wie geschaffen für das Betrachten von Spinnen und Fossilien (Taschenlampe mitnehmen und auf die rutschigen Böden achten).

Oparara Arch und Moria Gate Arch

Ausgeschildert an einem Parkplatz, nach 3 km an der Straße nach Karamea

Die beiden spektakulärsten Kalksteinformationen sind das Ziel zweier schöner, kurzer Waldwanderungen. Am beeindruckendsten ist der **Oparara Arch** (hin und zurück 40 Min.), ein riesiger, zweistöckiger Felsbogen, 43 m hoch, 40 m breit und 219 m lang, der aus dem Wald emporragt. Fotos kann man gleich vergessen – das passt auf kein Bild. Der **Moria Gate Arch** erhielt seinen Namen lange bevor das *Herr-der-Ringe*-Fieber das Land ergriff. Man erreicht ihn auf einem Pfad (hin und zurück 1 Std.), der durch nahezu unberührten einheimischen Wald und durch eine kleine Höhle (eine Taschenlampe ist sinnvoll, aber nicht unbedingt nötig) führt. Diese Wanderung kann mit einem Abstecher zum friedvollen See **Mirror Tarn** kombiniert werden (90 Min. für Felsbogen und See).

Kohaihai River

17 km nördlich von Karamea entfernt

Wer nicht den gesamten Heaphy Track gehen möchte, kann zumindest die letzten paar an der Küste verlaufenden Kilometer des Tracks ab der Mündung des Kohaihai River genießen. Bei der Mündung kann man im Fluss (jedoch nicht im Meer) schwimmen, und es gibt einen wunderschön gelegenen **DOC-Campingplatz** ($6) sowie massenweise Sandfliegen (das i-SITE in Westport verkauft für Preise ab $30 engmaschige Jacken und diversen anderen Mückenschutz). In der Tagesmitte bietet der schattige **Nikau Walk** (30–45 Min. Rundweg) etwas Abkühlung: Er windet sich auf der anderen Flussseite durch ein Wäldchen voller Nikau-Palmen, Baumfarne und großartiger alter Rata-Bäume, die von Aufsitzerpflanzen überwuchert sind. Ansonsten kann man auf dem Heaphy Track bis zum **Scott's Beach** (hin und zurück 1 1/2 Std.) gehen oder

auf der Südseite des Kohaihai River bleiben und über den **Zig-Zag Track** (hin und zurück 35 Min.) zu einem Aussichtspunkt hochsteigen.

Paparoa National Park und Umgebung

Südlich von Westport überquert der SH67 den Buller River und mündet in den SH6, der wichtigsten Straße der Westküste. An diesem Küstenstrich liegt die 1500 m hohe Paparoa Range. 1987 wurde das Kalksteingebiet zum **Paparoa National Park** erklärt, einem der kleinsten und am wenigsten bekannten Parks des Landes. Seine Hauptattraktion sind die **Pancake Rocks**, die ihrem Namen alle Ehre machen und an aufeinander gestapelte Pfannkuchen erinnern, wobei die Elemente spektakuläre Löcher in den verwitterten Kalk gegraben haben, durch die bei Flut das Wasser in Fontänen nach oben schießt. Die restlichen Sehenswürdigkeiten des Parks außer Acht zu lassen, hieße jedoch, auf die mysteriöse Welt verschwindender Flüsse, Senkgruben, Höhlen und Kalksteinklippen zu verzichten, die alle miteinander auf dem **Inland Pack Track** und auf kürzeren Spaziergängen zu erreichen sind.

Besucherservices finden sich hauptsächlich in **Punakaiki**, nahe der Pancake Rocks, wo Buspassagiere einen kurzen Blick auf die Felsformationen erhaschen oder halten, um die obligatorischen Fotos zu schießen. Ein paar Tage Aufenthalt liefern jede Menge toller Wanderungen, Ausritte oder Kanufahrten in den wunderschönen Kalksteinschluchten.

Mitchells Gully Gold Mine

SH6, 23 km südlich von Westport ▪ ⏲ Normalerweise 9–16 Uhr ▪ $10 ▪ ✆ 03 789 6257

Mitchells Gully Gold Mine, eine historische, familienbetriebene Goldminenanlage, zeigt die traditionellen Methoden, mit denen aus der zementartigen Masse des oxidierten Eisensandes feiner Goldstaub extrahiert wird. Daneben gibt es allerlei historische Gerätschaften zu bewundern.

Charleston und Underworld Adventures

SH6, 26 km südlich von Westport ▪ Nile River Rainforest Train (3–4x tgl.) $20, Underworld Rafting (4 Std.) $165, Glowworm Cave Tour (3 Std.) $105, Adventure Caving (5 Std.) $330 ▪ ✆ 03 788 8168, 🖥 caverafting.com

Nirgends wurde in der Region ein intensiverer Bergbau betrieben als in **Charleston**, einst eine lebendige Goldgräbermetropole mit 18 000 Einwohnern. Aber auch heute lohnt es sich, herzukommen, denn hier ist die Basis von Underworld Adventures. Ein Spaß für alle Altersklassen ist der **Nile River Rainforest Train**, eine 25-minütige Fahrt mit der Schmalspureisenbahn durch Wälder mit Blick auf interessante Kalksteinformationen. Die Zugfahrt ist Teil der unterhaltsamen Underworld-Rafting-Höhlentour, die auch eine Wanderung durch ein dramatisches Kalksteintal umfasst, bevor es mit Neoprenanzug und Höhlenhelm per Gummireifen in die Tiefe geht. Eine informative Führung durch das Metro-Höhlensystem endet in der fantastisch erleuchteten Glühwürmchenhöhle und führt durch eine wunderschöne Schlucht zum Nile River. Ängstliche-re Gemüter machen die **Glowworm Cave Tour**, Adrenalinjunkies versuchen sich im **Adventure Caving**.

Eine gute Übernachtungsmöglichkeit bietet sich 9 km nördlich von Charleston am SH6. Das Hotel **Beaconstone Birds**, Ferry Rd, ✆ 027 431 0491, 🖥 beaconstone.co.nz, ist eine der beliebtesten Unterkünfte an der Westküste, umgeben von 120 ha einheimischem Wald mit vielen Wanderwegen. Zu den günstigen Angeboten gehört ein frei stehendes Cottage mit Bergblick. Biotoiletten und Sonnenenergie zeigen das Umweltbewusstsein. Juni–Sep geschl.; Dorms $25, DZ $66, Cottage $70.

Te Miko

SH6, 20 km südlich von Charleston

1846 kletterte Charles Heaphy an wackligen Leitern aus morschen Rata-Reben in zwei Etappen auf die 50 m hohen, senkrechten Klippen von Te Miko, während man seinen Hund an einem Seil nach oben hievte. Er taufte sie später passenderweise Perpendicular Point. Te Miko blieb bis 1866 eine unüberwindbare Barriere für Packtiere. Erst im Zuge des Baus der neuen Telegra-

Die Pancake Rocks haben ein extra Spektakel auf Lager, wenn bei Flut das Wasser hindurchschießt.

WESTKÜSTE

fenlinie von Westport nach Greymouth schuf man den **Inland Pack Track** (s. Kasten). Die erst 1927 fertiggestellte Küstenstraße windet sich die Klippen hinauf und passiert den **Iramahuwhero Point Lookout** mit fantastischem Blick über die Küste bis zu Te Miko.

Punakaiki und Umgebung

Die **Pancake Rocks** bei Punakaiki, am SH6 22 km südlich von Charleston, sind häufig alles, was die Besucher vom Paparoa National Park zu sehen bekommen. Ein geteerter Rundweg führt an der Hauptstraße in 20 Min. zu den Felsen, wo verschiedene Schichten Kalkstein derart ver-

witter sind, dass sie großen Türmen aufeinander gestapelter Pfannkuchen ähneln. Ursache hierfür ist ein chemischer Prozess, bei dem durch den Druck von übereinander gelagerten Sedimenten abwechselnd feste und weichere Zwischenschichten entstehen. Das ganze Felsgebäude ist untergraben von riesigen Meereshöhlen mit sogenannten **Blowholes**, großen Löchern, durch die bei Flut das Wasser nach oben schießt und immense Fontänen produziert.

Noch schönere Beispiele von Paparoas Karstlandschaft entdeckt man auf verschiedenen anderen Spaziergängen. In der **Punakaiki Cavern**, 500 m weiter nördlich, gibt es ein paar Glühwürmchen (am Abend hingehen und Taschenlampe mitnehmen), und 2 km weiter kann man

---

Paparoa National Park und Inland Pack Track

Die besten Eindrücke von der dramatischen Kalksteinlandschaft im Paparoa National Park gewinnt man auf dem **Inland Pack Track** (27 km, 2–3 Tage, s. Karte S. 730), der nur von Wanderern mit viel Erfahrung begangen werden sollte. Der Track ist größtenteils leicht zu erwandern, allerdings stehen bei Flussüberquerungen keine Brücken zur Verfügung, sodass man selbst in der Trockenzeit schon mal bis zu den Knien im Wasser steht. Nach heftigen Regenfällen sind die Flüsse unter Umständen unpassierbar. Wer mit seiner Zeit haushalten muss oder nicht auf Komfort verzichten will, kann die beeindruckendsten Gesteinsformationen auch im Rahmen zweier Tagesausflüge kennenlernen.

Kürzere Wanderungen
Punakaiki–Pororari Rivers Loop (12 km, 3 1/2 Std., 100 Höhenmeter). Diese angenehme Route folgt dem Inland Pack Track bis zum Pororari River, an dessen Ufer es zwischen fantastischen Kalksteinklippen nach Punakaiki zurückgeht.
Fox River Cave Walk (10 km, 2 1/2 Std., 100 Höhenmeter). Die Wanderung stimmt mit dem letzten Abschnitt des Inland Pack Track überein und reicht von der Mündung des Fox River bis zu den Höhlen; zurück geht es auf demselben Weg.

Praktische Informationen zum Inland Pack Track
Der Startpunkt für den Inland Pack Track liegt 1 km südlich des Visitor Centre von Punakaiki am Südufer des Punakaiki River. Die DOC-Broschüre *Inland Pack Track* enthält alle nötigen Infos für die Wanderung; gut ist auch die Karte *Paparoa National Park* (Maßstab 1:50 000).
Der Inland Pack Track ist am besten von Süden nach Norden zu begehen, was den Vorteil hat, dass man die etwas problematische Abzweigung am Fossil Creek nicht verpasst. Entlang des Weges gibt es keine Hütten; am Ende des ersten langen Tages kann man auch unter einem **Felsüberhang** namens Ballroom Overhang übernachten. Wanderer sollten also zum Schutz vor den lästigen Sandfliegen ein **Zelt** einpacken. Sollten die Flüsse Hochwasser führen und ein Fortkommen überraschend vereiteln, muss man dann außerdem keine feuchte Nacht im Freien verbringen. **Lagerfeuer** sind am Ballroom Overhang erlaubt, aber das DOC empfiehlt die Mitnahme eines Kochers, da brauchbares Holz rar ist. Auf jeden Fall sollte man sich vor dem Aufbruch beim DOC über die **Wetterlage** informieren. Hier liegen auch **Formulare zur Registrierung** bereit, die zur eigenen Sicherheit unbedingt ausgefüllt werden sollten.

auf dem **Truman Track** (hin und zurück 30 Min.) von der Hauptstraße zu einem kleinen Strand mit interessanten Felsformationen laufen.

Neben den Felsen bietet die Umgebung auch diverse Möglichkeiten für Wasserratten, z. B. **Schwimmen** in den Flüssen Pororari und Punakaiki sowie am südlichen Ende des Pororari Beach – auch ein guter Ort zum **Surfen**.

Der Straßenabschnitt zwischen Punakaiki und Greymouth verläuft teilweise direkt entlang den Klippen und verspricht eine spektakuläre Fahrt. 2010 kam es zu einer Katastrophe in dieser Region, als eine Explosion im Kohlebergwerk von Pike River 29 Bergarbeiter begrub.

Außer zum Fotografieren lohnt einen Stopp eigentlich nur der **Barrytown Knife Maker**, 2662 Coast Rd/SH6, 📞 03 731 1053, 💻 barrytownknifemaking.com, der Besuchern beibringt, wie man ein Messer herstellt ($140, etwa 9–16 Uhr). Das winzige **Rapahoe**, 30 km südlich von Punakaiki, nennt der vermutlich schönsten Badestrand an der gesamten Küste sein Eigen und hat einen guten Ruf für Edelsteine. Ein Weg führt zum schönen Ausgangspunkt **Point Elizabeth** (hin und zurück 2 Std.).

ÜBERNACHTUNG

Hydrangea Cottages, SH6, 📞 03 731 1839, 💻 pancake-rocks.co.nz. Vier traumhafte, geschmackvoll eingerichtete Selbstversorger-Cottages aus einheimischem Holz und Stein, mit Meerblick. Studios $140, Suite $295

Punakaiki River–Bullock Creek (9,5 km, 4 Std., 220 m Aufstieg, 100 m Abstieg). Der Track verläuft über einen niedrigen Sattel zur Furt des Pororari River und gewährt wunderbare Ausblicke ins Landesinnere bis zur Paparoa Range. Den Bullock Creek sollte man mit Vorsicht durchqueren – nach heftigen Regenfällen ist er unpassierbar.

Bullock Creek–Fox River (10 km, 3–4 Std., 100 m Aufstieg, 150 m Abstieg). Auf diesem Abschnitt führt der Pfad an Sumpfland vorbei und klettert anschließend auf einen Kamm, um sich dann langsam zum Fossil Creek hinabzuwinden. Diesem folgt man, indem man von Pool zu Pool watet, und manchmal muss man auch über umgestürzte Baumstämme klettern. Nach etwa einer halben Stunde steht man an der Mündung des Fossil Creek in den größten Nebenfluss des Fox River, den **Dilemma Creek**. An dieser Stelle steht ein kleines Schild, nach dem man unbedingt Ausschau halten sollte, denn nun folgt der spektakulärste und vermutlich auch der gefährlichste Abschnitt der gesamten Wanderung: Insgesamt muss der Dilemma Creek 18 Mal durchwatet werden, und wer sich bereits bei der ersten Durchquerung schwer tut, sollte lieber umkehren, da es nur noch schlimmer wird. Auf dem unteren Flussabschnitt strömt das Wasser durch einen tiefen Canyon, der auf beiden Seiten von blendend weißen, senkrechten Felswänden begrenzt wird – ein wunderbarer Ort für eine Rast, wenn man irgendwo noch ein sonniges Fleckchen erwischt. Kurz vor der Mündung in den Fox River markiert ein Schild auf der linken Uferseite die Fortführung des eigentlichen Wanderwegs; zur Orientierung dient eine steil aufragende Felswand am rechten Flussufer.

Fox River–Ballroom Overhang (1 km, 30 Min. einfach, leichter Aufstieg). Kurz unterhalb des Zusammenflusses von Dilemma Creek und Fox River führt ein beschilderter Pfad auf die rechte Uferseite des Fox River und kreuzt diesen im weiteren Verlauf noch mehrere Male, bis man schließlich vor dem gigantischen, 100 m langen Kalksteinüberhang namens **Ballroom Overhang** steht, der leicht 100 Campern, für die es hier ein Plumpsklo gibt, Unterschlupf gewähren könnte.

Fox River–Mündung des Fox River (5 km, 2 Std., 100 m Abstieg). Von hier geht es denselben Weg zum Zusammenfluss der beiden Bäche zurück und weiter bis zur Mündung des Fox River. Nach kurzer Zeit passiert man die Abzweigung zur interessanten **Fox River Cave** (30 Min.) auf der anderen Flussseite. Der Inland Pack Track endet an einem Parkplatz, der rund 12 km vom Startpunkt entfernt liegt. Derzeit kommen hier gegen 11.45 und 15.55 Uhr in Richtung Süden fahrende Busse vorbei und nehmen Wanderer mit.

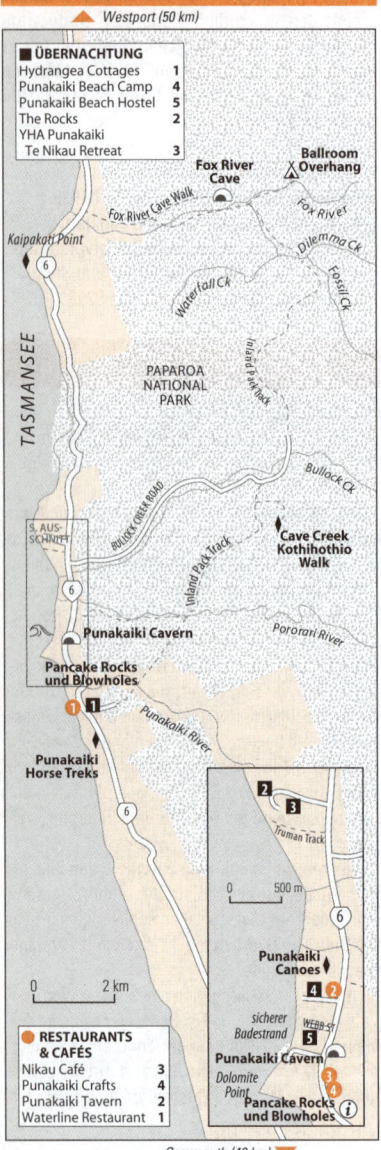

Punakaiki und der Inland Pack Track

N
↑

ÜBERNACHTUNG

Hydrangea Cottages	**1**
Punakaiki Beach Camp	**4**
Punakaiki Beach Hostel	**5**
The Rocks	**2**
YHA Punakaiki	
Te Nikau Retreat	**3**

Westport (50 km)

Fox River Cave

Ballroom Overhang

Fox River Cave Walk

Fox River

Kaipakati Point

6

Dilemma Ck

Waterfall Ck

Fossil Ck

TASMANSEE

PAPAROA NATIONAL PARK

Inland Pack Track

Bullock Ck

BULLOCK CREEK ROAD

S. AUS- SCHNITT

6

Cave Creek Kothihothio Walk

Inland Pack Track

Pororari River

Punakaiki Cavern

WESTKÜSTE

Pancake Rocks und Blowholes

❶ 🚩

Punakaiki River

Punakaiki Horse Treks

6

Truman Track

🚩 **2**

🚩 **3**

0   500 m

6

Punakaiki Canoes

🚩 **4** ❷

sicherer Badestrand

WEBB ST

🚩 **5**

Punakaiki Cavern

❸ i

Dolomite Point

Pancake Rocks und Blowholes

0   2 km

● **RESTAURANTS & CAFÉS**

Nikau Café	**3**
Punakaiki Crafts	**4**
Punakaiki Tavern	**2**
Waterline Restaurant	**1**

Greymouth (40 km) ▼

Punakaiki Beach Camp, SH6, ✆ 03 731 1894, 🖥 nzcamping.co.nz. Der schöne Wiesen-campingplatz ist von Wekarallen bevölkert und hat Zelt- und Wohnwagenstellplätze sowie eine Handvoll Cabins. In praktischer Nähe zu Strand und **Punakaiki Tavern** gelegen. Camping $15,50, Cabins $182, Cabins mit Küche $112

Punakaiki Beach Hostel, 4 Webb St, ✆ 03 731 1852, 🖥 punakaikibeachhostel.co.nz. Luftiges Holzhostel im Strandhauslook mit schönen Gemeinschaftsbereichen, Brettspielen und kostenl. TV. Camping $20, Dorms $27, DZ $65

The Rocks Hartmount Place, ✆ 03 731 1141, 🖥 therockshomestay.com. Nettes Homestay mit 3 gemütlichen Zimmern, alle mit Bad und Wald- oder Meerblick. Die Lounge hat ebenfalls Meerpanorama und kostenloses WLAN. Alle Preise inkl. Frühstück. $220

🧳 **YHA Punakaiki Te Nikau Retreat**, Hartmount Place, 200 m nördlich der Truman Track und 3 km nördlich des i-SITE, ✆ 03 731 1111, 🖥 tenikauretreat.co.nz. YHA-Hostel – eines der schönsten im ganzen Land, zwischen Wald und Nikaupalmen; mit kleinen Dorms, Zimmern, separaten Häuschen und rustikalen Cabins mit Bad und einem „Sterne-guckerzelt" (eher ein hölzerner Schlafsack mit Glasdach). Frisches Brot, Muffins und Eier gibt's zu kaufen. Camping $15, Sterneguckerzelt $45, Dorms $27, DZ $71, DZ mit Bad $86, Cabins $110

ESSEN

Punakaiki bietet nur wenige Optionen zum Essengehen. Einen Laden gibt's auch nicht; Selbstversorger müssen also alles mitbringen.

Nikau Café, SH6, neben i-SITE. Beliebt bei den Reisebussen, serviert „West Coast"-Früh-stück (Speck, Eier, Würstchen, Hash Browns und Toast), Pfannkuchen mit heißen Kirschen und Sahne, hausgemachte Pasteten und Tagesgerichte wie Lasagne mit Hackfleisch (Hauptgericht $12,50–18,50). ⏱ im Sommer tgl. 8–17, im Winter 8–16 Uhr.

Punakaiki Crafts, SH6, neben i-SITE. Kunst-handwerksladen mit kleinem Café, der Kaffee, Kuchen und Sandwiches serviert. ⏱ tgl. 9–mind. 16 Uhr.

Punakaiki Tavern, SH6, 1 km nördlich des i-SITE, ✆ 03 731 1188, 🖥 punakaikitavern.co.nz.

Schnörkelloses Pub mit günstigem, schlichtem Essen und guten Portionen (Hauptgericht $16,50–26). ⏰ tgl. 8 Uhr bis spät.

Waterline Restaurant, Punakaiki Resort, SH6, 700 m südlich des i-SITE, ✆ 03 731 1167, 🖥 punakaiki-resort.co.nz. Mit Abstand der schickste Laden in Punakaiki, mit Meerblick und elegant präsentierten Kreationen wie Jakobsmuscheln in Weißwein-Sahnesoße, gefolgt von Hirschmedaillons mit Kartoffelgratin (Hauptgericht $28–38). ⏰ tgl. Mittag- und Abendessen, mit Reservierung.

INFORMATIONEN UND TOUREN

In Punakaiki gibt es weder Benzin noch Geldautomaten – also vorsorgen!

DOC/i-SITE SH6, ✆ 03 731 1895, 🖥 doc.govt.nz. Das DOC-Besucherzentrum im Paparoa National Park ist gleichzeitig ein i-SITE mit Exponaten zu allen Aspekten des Parks, Infos zu Aktivitäten, Wanderkarten und Hilfe bei Buchungen. ⏰ tgl. Dez–April 9–18, Mai–Nov 9–16.30 Uhr.

Punakaiki Canoes SH6, 1 km nördlich der Pancake Rocks, ✆ 03 731 1870, 🖥 riverkayaking. co.nz. Die Basis am Pororari River vermietet Kajaks ($35/Std., $55/Tag) und organisiert auf Anfrage geführte Touren (ab $70).

Punakaiki Horse Treks, SH6, 600 m südlich der Pancake Rocks ✆ 03 731 1839, 🖥 pancakerocks.co.nz. Organisiert Ausritte im Wald, am Fluss und am Strand (Okt–April, 2 1/2 Std., $125).

TRANSPORT

Die **Busse** von InterCity und Atomic halten auf ihrem Weg nach Norden bzw. Süden eine halbe Stunde gegenüber der Pancake Rocks – genügend Zeit für eine kurze Besichtigung.

Greymouth

Der Grey River bahnt sich seinen Weg durch einen Einschnitt in der küstennahen Rapahoe Range und über eine tückische Sandbank, bis er bei **Greymouth** ins Meer fließt. Das graue Alltagsgesicht der größten Stadt an der Westküste dürfte für die meisten Besucher keinen Höhepunkt ihrer Reise darstellen. Jedoch ist Greymouth die Endstation des Touristenzugs **TranzAlpine** (immer mehr Reisende kommen mit dem Zug aus Christchurch und mieten hier ein Fahrzeug) und für Autofahrer ein willkommener Halt. Wie Hokitika genießt auch Greymouth einen Ruf für hochwertige Jadeschnitzerei (Kasten S. 739). Wer Jadegalerien und Abenteuertouren abgehakt hat, sollte sich aber bald wieder auf den Weg machen, vor allem im Winter, wenn der rasiermesserscharfe, kalte Wind, genannt: „**The Barber**" durch das Grey Valley pfeift und die Stadt in eisigen Nebel gehüllt ist.

Geschichte

Greymouths Entwicklung begann in den frühen Jahren des **Goldrauschs**, nachdem man auf dem Land fündig geworden war, das James Mackay 1860 für 300 britische Goldmünzen von den Poutini Ngai Tahu gekauft hatte. Seinen Charakter verdankt die Stadt dem Fluss, der nach starken Regenfällen zu einem reißenden Strom werden kann. Immer wieder wurde die Stadt von verheerenden **Überschwemmungen** heimgesucht.

Jade Boulder

1 Guinness St ▪ ⏰ Okt–April Mo–Fr 8.30–17.30, Sa und So 9–17 Uhr ▪ Eintritt frei ▪ 🖥 ianboustridge.com

Jade Boulder, eine Kombination aus Galerie, Studio und Laden, zeigt einige der schönsten Jadeschnitzereien in Greymouth, darunter auch Arbeiten des Meisterschnitzers Ian Boustridge. Selbst wenn man keine Jade kaufen möchte, lohnt der Abstecher, um den Arbeitsprozess in der Werkstatt zu verfolgen und den **Jade Trail** zu besuchen, der die Geschichte der Jade erzählt.

Shades of Jade

16 Tainui St ▪ Mo–Fr 8.30–17, Sa 10–14.30, So 12–14.30 Uhr ▪ 🖥 shadesofjade.co.nz

Besuchenswert ist auch das winzige **Shades of Jade**. Der reizende Laden gehört einheimischen Jadeschleifern, die eigene, aus neuseeländischem *pounamu* gefertigte Ware verkaufen, daher die guten Preise. Den Schleifern kann man jeden Tag bei der Arbeit zusehen.

WESTKÜSTE

History House Museum

Gresson St ▪ ⏲ Mo–Fr 10–16 Uhr ▪ $6
▪ ✆ 03 768 4028, ⌨ greydc.govt.nz/council-
services

Das **History House Museum** unternimmt einen
recht gelungenen Versuch, die Geschichte des
Grey District zu vermitteln, v. a. die Zeit vor 1920.
Gezeigt werden Erinnerungsstücke aus der See-
fahrer-, Gold-, Kohle- und Holzverarbeitungsära
sowie Fotos aus der Blütezeit der Stadt. Auch
der Kampf der Bewohner gegen Überschwemmungen wird umfassend behandelt.

Point Elizabeth Track

6 km nördlich der Stadt ▪ hin und zurück 5 km,
90 Min.

Ein schöner Abendspaziergang: Der **Point Elizabeth Track** folgt der Küste durch Nikauwälder bis
zu einem Aussichtspunkt. Wer will, kann noch
3 km weitergehen bis Rapahoe (S. 729) und dort
mit dem Bus zurück in die Stadt fahren (2x tgl.)

Greymouth hat einige gute Hostels, ansonsten
nur wenig erbauliche Unterkünfte. Ein paar
Tage im Voraus buchen sollte man während
diverser Veranstaltungen: den Kumara Races
(2. Wochenende im Jan), dem Coast to Coast
Race (2. Wochenende im Feb, Kasten S., 736),
dem Hokitika Wildfoods Festival (2. Wochenende im März) und dem Around Brunner Cycle
Race (3. Wochenende im April).
Coleraine Motel, 61 High St, ✆ 0800 270 077,
⌨ colerainemotel.co.nz. Units mit Satelliten-TV,
CD/DVD Player, dicken Fenstern und teilweise
mit Spa. Units $155, Executive Units $185
Dukes, 27 Guinness St, ✆ 03 768 9470,
⌨ duke.co.nz. Gut geführtes, buntes Hostel
im Stadtzentrum mit gemütlicher Bar, gut
ausgestatteten DZ, bequemen Betten und gut
informierten, hilfsbereiten Gastgebern, die
jeden Abend eine köstliche Suppe zubereiten.
Dorms $29, DZ $66, DZ mit Bad $80
Global Village, 42 Cowper St, ✆ 03 768 7272,
⌨ globalvillagebackpackers.co.nz. Helles,
geräumiges und gut ausgestattetes Hostel,

das an Parkland und einen Fluss grenzt.
Kreative Zimmer und viele Aktivitäten: kostenloser Fahrrad- und Kajakverleih, Sauna, Spa,
kleiner Fitnessraum, an den meisten Abenden
wird gegrillt. Alle Betten mit Bettzeug, und
es gibt ein paar nach Geschlechtern getrennte
Dorms. Camping $16, Dorms $27, Zimmer $66
Greymouth Seaside Top 10 Holiday Park,
2 Chesterfield St, ✆ 0800 867 104, ⌨ top10
greymouth.co.nz. Der zentraler gelegene und
bessere der beiden Motor Parks, direkt am
Strand und mit sehr guten Einrichtungen.
Camping $40, Cabins $57, Cabins mit Küche $90,
Motel Units $100
Noah's Ark, 16 Chapel St, ✆ 0800 662 472,
⌨ noahsarkbackpackers.co.nz. Großes,
gemütliches Hostel in 2-stöckiger Villa.
Tolle Veranden, großer Aufenthaltsraum mit
Satelliten-TV, kostenloser Radverleih und Spa.
Camping $19, Dorms $24, DZ $56

Rosewood, 20 High St, ✆ 0800 185 748,
⌨ rosewoodnz.co.nz. Attraktives
B&B in einem schönen, zweistöckigen Haus
aus den 20er-Jahren: komplett holzvertäfelt,
Bleiglasfenster und geschmackvolles Dekor.
Alle Zimmer mit eigenem Bad (im Zimmer
oder auf dem Flur); im Preis ist ein englisches
Frühstück enthalten. DZ $185
YHA Kainga-ra, 15 Alexander St, ✆ 03 768 4951,
⌨ yha.co.nz. Ungezwungenes, ruhiges Hostel
mit hervorragender Ausstattung (inkl. hilfreiches Buchungsbüro) in einem ehemaligen
Pfarrhaus. Dorms $29, 2BZ $25, DZ mit Bad $95

Ali's, 9 Tainui St, ✆ 03 768 5858. Schlichtes
Café mit Schanklizenz, das Snacks sowie
Mittag- und Abendessen serviert. Auf der
Karte stehen Burger, Maispuffer, Lachsfrika-
dellen sowie Steak und Pommes (Hauptgericht
$18,50–27). Die Qualität schwankt je nach
Küchenpersonal: Viel Betrieb ist ein gutes
Zeichen. ⏲ Mo–Fr 10 Uhr bis spät, Sa 11 Uhr
bis spät., So 11–15 Uhr.
Bonzai Pizzeria, 31 Mackay St, ✆ 03 768 4170,
⌨ bonzai.co.nz. Lebendiges Restaurant
(Hauptgericht $16–23) mit typischem Tearoom-
Essen sowie Backwaren, Quiches und einem
stattlichen Angebot an leckeren Pizzas zu fairen

WESTKÜSTE

Greymouth

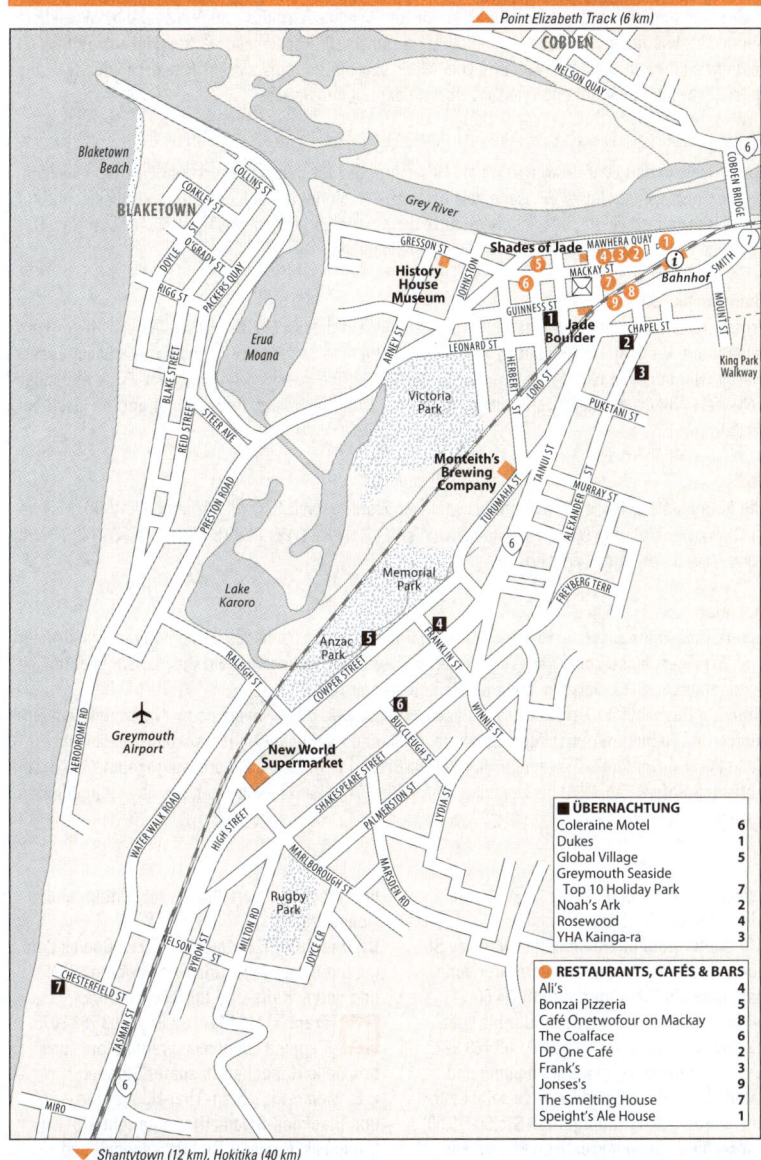

N
0 500 m

Point Elizabeth Track (6 km)

COBDEN
NELSON QUAY

Grey River

Blaketown Beach
BLAKETOWN
Erua Moana
Lake Karoro

COLLINS ST
COAKLEY ST
DOYLE ST
O'GRADY ST
PACKERS QUAY
RIGG ST
BLAKE STREET
REID STREET
STEER AVE
PRESTON ROAD

GRESSON ST
Shades of Jade
MACKAY ST
History House Museum
JOHNSTON
GUINNESS ST
LEONARD STREET
ARNEL ST
Jade Boulder
MAWHERA QUAY
SMITH ST
Bahnhof
CHAPEL ST
MOUNT ST
King Park Walkway
HERBERT ST
LORD ST
PUKETANI ST

Victoria Park

Monteith's Brewing Company
TAINUI ST
TUROMAHA ST
ALEXANDER ST
MURRAY ST
FREYBERG TERR

Memorial Park

Anzac Park
RALEIGH ST
FRANKLIN ST
COWPER STREET
WINNIE ST
BUCCLEUGH ST

Greymouth Airport
AERODROME RD
WATER WALK ROAD
SHAKESPEARE STREET
PALMERSTON ST
LYDIA ST

New World Supermarket
HIGH STREET
MARLBOROUGH ST
MARSDEN RD

Rugby Park
NELSON ST
BYRON ST
MILTON RD
JOYCE CR

CHESTERFIELD ST
TASMAN ST
MIRO

Shantytown (12 km), Hokitika (40 km)

Punakaiki, Westport
Reefton (80 km)
COBDEN BRIDGE

King Park Walkway

WESTKÜSTE

■ ÜBERNACHTUNG

Coleraine Motel	6
Dukes	1
Global Village	5
Greymouth Seaside Top 10 Holiday Park	7
Noah's Ark	2
Rosewood	4
YHA Kainga-ra	3

● RESTAURANTS, CAFÉS & BARS

Ali's	4
Bonzai Pizzeria	5
Café Onetwofour on Mackay	8
The Coalface	6
DP One Café	2
Frank's	3
Jonses's	9
The Smelting House	7
Speight's Ale House	1

In den vergangenen Jahren sind Kajaker und Rafter zu der Erkenntnis gelangt, dass einige der weltweit spannendsten und landschaftlich schönsten Wildwasserflüsse an Neuseelands Westküste liegen. Oft beängstigend steile Wasserläufe im zumeist IV. Wildwasser-Schwierigkeitsgrad (WW) bahnen sich ihren Weg vom Gebirge zum Meer und führen dank starker Niederschläge fast das ganze Jahr über ausreichend Wasser zum Kajakfahren und Raften.

Zugang

Bevor man in den 80er-Jahren erstmals Hubschrauber für den Transport zum Einstieg einsetzte, wurden nur wenige dieser Flüsse jemals befahren. Auch heute noch gelangt man zumeist nur auf dem Luftweg ins wilde Landesinnere, sodass die Kosten für eine solche Tour relativ hoch sind. Der Preis ist zumeist abhängig von der Anzahl der Teilnehmer.

Buchung und Saison

Trotz ihrer zunehmenden Beliebtheit werden Trips auf diesen Flüssen nach wie vor eher selten angeboten. Um Enttäuschungen zu vermeiden, sollte man daher so rechtzeitig wie möglich reservieren (Hauptsaison Nov–April, normalerweise ist Rafting aber von Anfang Sept–Ende Mai möglich). Das Mindestalter für Raftingtrips liegt bei 13 und für einige der schwierigeren Flüsse bei 15 Jahren.

Flüsse

Die **beliebtesten Flüsse** für Raftingfans sind (von Norden nach Süden): Karamea (WW III), Mokihinui (WW IV), Arahura (WW IV), Whitcombe (WW V), Hokitika (WW III–IV), Wanganui (WW III), Perth (WW V) und Whataroa (WW IV).

Anbieter

Eco-Rafting Franz Josef, ✆ 03 755 4254, 🖥 ecorafting.co.nz. Spannende Raftingtouren mit viel Natur und Sozialgeschichte, u. a. auf dem Whataroa River in der Nähe von Franz Josef. Raftingtouren mit Autoanfahrt ab $110, Ganztagestour mit Helitransfer ab $450.
Ultimate Descents, 51 Fairfax St, Murchison, ✆ 0800 748 377, 🖥 rivers.co.nz. Unter anderem eintägige Heli-Raftingtouren auf dem Karamea ($500) und zweitägige Touren auf dem Mokihinui.
Wild West Adventures, Greymouth, ✆ 0508 286 877, 🖥 fun-nz.com. Ein breites Angebot, vom Hardcore-Heli-Rafting (ab $485) bis zu leichterem Rafting ($175) auf den meisten der oben aufgeführten Flüsse.

Preisen; mit Alkoholausschank. ⏲ Mo–Sa 7 Uhr bis spät, So 15 Uhr bis spät.
Café Onetwofour on Mackay, 124 Mackay St. Großartige Lammburger und verführerische Pastaauswahl (Hauptgericht $18–24,50). ⏲ Mo–Fr 9 Uhr bis spät, Sa 10 Uhr bis spät.
The Coalface, 29 Boundary St, ✆ 03 768 9223. Gäste des stilvollen Lokals schnippeln und braten Fisch, Fleisch und Gemüse selbst auf dem heißen Stein (Hauptgericht $15,50–29,50) oder wählen eine der kreativen Pizzas, Pastas

und Whitebait-Gerichte. ⏲ tgl. Mittag- und Abendessen.
DP One Café, 126 Mawhera Quay. Cooles Café mit Internetzugang, Snacks (Gerichte $8–15) und gutem Kaffee. ⏲ tgl. 9.30–16 Uhr.
Frank's, 115 Mackay St, ✆ 03 768 9075. Peppige Lounge im ersten Stock für originelle Häppchen zu später Stunde, z. B. Momo-Klößchen, Thai-Hühnercurry und Blackball-Salami (Hauptgericht $18–29). Livemusik, Comedy, Dichterlesungen und

Kunstveranstaltungen bringen den Laden in Schwung. ◷ Do–Sa 17 Uhr bis spät.

Gaalburn Dairy Goat Farm, 18 km südlich von Greymouth, ☎ 03 736 9784, ▭ gaalburn cheese.co.nz. Wen es nach richtig gutem Ziegenkäse gelüstet, der ist in diesem Bauernladen gut aufgehoben: U. a. ist hier der fantastische *saanen* (eine Art Cheddar) zu haben. ◷ telefonisch erfragen.

Jones's, 37 Tainui St, ☎ 03 768 6464. Ein schickes Lokal mit überdurchschnittlichem Café/Bar-Essen (Hauptgericht $16,50–34,50) wie paniertem Camembert mit Preiselbeergelee, Cannelloni mit Kürbis-Haselnuss-Schimmelkäse-Füllung oder in Cider gedünstete Miesmuscheln. Am Wochenende gibt's auch Livemusik (Blues und Jazz). ◷ Mo–Fr 10–14 und 17.30 Uhr bis spät, Sa 17.30 Uhr bis spät.

The Smelting House, 102 MacKay St, ☎ 03 768 0012. Tolles kleines Café mit täglich wechselnden warmen Mahlzeiten (meist um $10) und Snacks: riesige *sausage rolls*, Blaubeer- und Boysenbeermuffins, Süßkartoffel-, Spinat- und Fetapuffer und leckere Gemüsepasteten. ◷ Mo–Fr 8–16 Uhr.

Speight's Ale House, 130 Mawhera Quay, ☎ 03 768 0667, ▭ greymouthspeights.co.nz. Große, muntere Restaurant-Bar in ehemaligem Verwaltungsgebäude von 1909 mit gutem Angebot an herzhaften Gerichten wie Whitebait-Frikadellen, Rumpsteak und paniertem Kohlenfisch von Stewart Island, meist serviert mit einem der hauseigenen Biere.

INFORMATIONEN

Touristeninformation, im Bahnhof an der Mackay Street, ☎ 03 768 5101, ▭ greydistrict. co.nz. Das gemeinsame Büro von i-SITE und West Coast Travel Centre hat Internetzugang ($3/30 Min.) und den Führer *Grey District*, der einen guten Stadtplan enthält. ◷ Nov–Ostern Mo–Fr 8.30–18, Sa 9–17, So 10–16 Uhr, Ostern–Okt Mo–Fr 8.30–17.30, Sa und So 9–16 Uhr.

TRANSPORT

Auto

Alle großen **Autovermietungen** haben im oder am Bahnhof ein Büro.

Touren und Aktivitäten in Greymouth

Aktivitäten in der Umgebung von Greymouth führen vorwiegend aufs Wasser und/oder unter die Erde:

Kea Tours, ☎ 03 768 9292, ▭ keatours.co.nz. Touren zu den Pancake Rocks (14.15 Uhr, 2 1/2 Std., $98) einschließlich Transfer von/zur Unterkunft oder dem i-SITE/Travel Centre.

Wild West Adventures, 8 Whall St, ☎ 0800 223 456, ▭ fun-nz.com. Einige der besten Aktivitäten der Stadt, vor allem Taniwha Cave Rafting (5 Std., 90–120 Min. unterirdisch, $165), eine einfache Höhlentour inkl. Gummireifen und Glühwürmchen. Neoprenanzüge und Helme mit Stirnlampe sind Pflicht. Eine noch sanftere, familienfreundliche Alternative ist Rain Forest Boat Cruising (3 Std., $160), das mit Kajaks und Flößen durch friedliche Gewässer führt. Auch im Angebot: diverse Rafting- und Heli-Rafting-Touren.

Air West Coast, Flughafen Greymouth, 2 km südlich der Stadt, ☎ 03 738 0524, ▭ airwest coast.co.nz. Landschaftlich schöne Rundflüge (mind. 2 Pers., ab $320) vorbei am Mount Cook, den Gletschern und Milford Sound.

On Yer Bike, 511 SH6, 5 km nördlich von Greymouth, ☎ 0800 669 372, ▭ onyerbike.co.nz. Adrenalingeladene Aktivitäten wie „Extreme Offroading" im Argo, einem Amphibienwagen mit 8 Rädern (ab $50/30 Min.), Quads ($115/Std.) und Karts. Kostenloser Transfer ab Greymouth.

Shantytown, Rutherglen Rd, Paroa, 12 km südlich der Stadt, ☎ 03 762 6634, ▭ shantytown. co.nz. Wer Kinder dabei hat, sollte diesen Nachbau einer Goldgräberstadt mit Aktivitäten wie Dampflokfahrten und Goldwaschen besuchen ($30). Transfer von Greymouth hin und zurück $26. ◷ tgl. 8.30–17 Uhr.

Busse

InterCity und Atomic fahren Richtung Süden nach HOKITIKA und FRANZ JOSEF, Richtung Norden nach WESTPORT und NELSON, wo die Ankunft auf den TranzAlpine abgestimmt ist. Ein Atomic-Bus aus Picton endet tgl. einmal hier, ist aber nicht mit den Zugabfahrtszeiten synchronisiert.

WESTKÜSTE

Busse nach:
ARTHUR'S PASS 2x tgl., 1 1/2 Std.;
CHRISTCHURCH 2x tgl., 4 1/2 Std.;
FOX GLACIER 2x tgl., 3 3/4–4 1/2 Std.;
FRANZ JOSEF 2x tgl., 3–3 1/2 Std.;
HOKITIKA 3–5x tgl., 30 Min.;
MURCHISON 1x tgl., 2 1/4 Std.;
PICTON 1x tgl., 7 Std.;
PUNAKAIKI 2x tgl., 30 Min.;
QUEENSTOWN 2x tgl., 9–10 Std.;
WANAKA 2x tgl., 8–8 1/2 Std.;
WESTPORT 2x tgl., 1 1/2–2 1/4 Std.

Eisenbahn
Der TranzAlpine (Kasten S. 596), Greymouths
einziger Personenzug, hält am Bahnhof an der
Mackay Street.

Züge nach:
ARTHUR'S PASS 1x tgl., 2 1/4 Std.;
CHRISTCHURCH 1x tgl., 4 Std. 20 Min.

Coast to Coast Race

Die Kiwis sind eine sportbegeisterte Nation
und vom Frühling bis zum Herbst sieht man
jedes Wochenende Massen von Neuseeländern ihre Muskeln stählen und ihre Fertigkei-
ten auf Fahrrädern und in Kajaks perfektio-
nieren. Ziel aller wahren „Multisportler" ist
das mörderische, 243 km lange **Coast to Coast
Race**, 🖳 coasttocoast.co.nz), das jedes Jahr
am zweiten Februarwochenende stattfindet.
Gestartet wird vor Sonnenaufgang vom Strand
bei **Kumara Junction**, 15 km südlich von Greymouth. Den Anfang des Wettkampfes bildet ein
Lauf über 3 km, gefolgt von einem 55 km langen Radrennen bergauf nach Otira, wo die
Wettkämpfer der grausamste Abschnitt erwartet: Zu Fuß geht es 33 km auf und ab durch die
mit Felsen durchsetzten Flussbetten der Neuseeländischen Alpen, bevor man für mehrere
Stunden im Kajak sitzt und den **Waimakariri
River** von Canterbury bezwingt. Als krönen-
der Abschluss darf nochmals der Fahrradsattel
bestiegen werden, bis **Sumner**, ein Vorort von
Christchurch, erreicht ist.

Hokitika und Umgebung

Südlich von Greymouth verläuft der SH6 durch
einen recht einsamen Küstenabschnitt, der bis
zum 40 km entfernten **Hokitika** keine Sehenswürdigkeiten bietet. „Hoki", wie es liebevoll genannt wird, liegt an einem langen, mit Treibholz
übersäten Strand und ist um Welten interessanter als Greymouth. Die Umgebung hat auch für
Wanderer einiges zu bieten – z. B. die Hokitika
Gorge (S. 741).

Doch die Stadt ist weniger für den wunderschönen Strand als für ihre Kunsthandwerksszene bekannt und mausert sich zunehmend zu
einer Künstlerenklave mit vielen Studios, Galerien und Läden. Das National Kiwi Centre, ein
privat geführtes Aquarium und Nachttierhaus,
ist ebenfalls sehenswert – auch wenn die hohen
Eintrittspreise schwer zu rechtfertigen sind.

Bewaffnet mit der kostenlosen Broschüre
Hokitika Heritage Walk vom i-SITE kann man
auf eigene Faust die historischen Wahrzeichen
der Stadt erkunden. Der restaurierte Hafen am
Gibson Quay ist perfekt für einen angenehmen
Abendspaziergang.

Eine der schönsten Waldlandschaften und
die herrlichsten **Wanderwege** dieser Gegend
liegen 30 km landeinwärts, wo das Hinterland,
in dem vor allem Milchwirtschaft betrieben wird,
auf die Ausläufer der Neuseeländischen Alpen
trifft. Kleinere Nebenstraßen (zunächst der Stafford Street stadtauswärts folgen) ermöglichen
eine etwa 70 km lange Spazierfahrt vorbei am
18 km von Hokitika entfernten **Lake Kaniere**.

Hinter Hokitika gibt es über 400 km lang keine
Bank mehr, erst wieder jenseits des Haast Passes in Wanaka. In Franz Josef ist immerhin ein
Geldautomat. Entlang der Küste wird der Sprit
immer teurer, es lohnt sich also, in Hokitika vollzutanken.

Geschichte

Wie die anderen Städte an der Westküste verdankt auch Hokitika seine Existenz dem **Goldrausch** in den 60er-Jahren des 19. Jhs. Hokitika
boomte nach den ersten Entdeckungen bei
Greymouth und zählte innerhalb von zwei Jahren bereits 6000 Einwohner – heute sind es im-

WESTKÜSTE

1 (2 km), **2** (5 km), **3** (12 km), Greymouth (40 km), Christchurch (260 km) ▲

■ ÜBERNACHTUNG		● RESTAURANTS & CAFÉS	
252 Beachside	4	Café de Paris	4
Awatuna Homestead	3	Fat Pipi	3
Beachfront Hotel	7	Ocean View	1
Beach Walk Motor		Stations Inn	5
Camp and Motels	2	West Coast Wine Co.	2
Birdsong	1		
Koru Cottage	6		
Mountain Jade	9		
Shining Star	5		
Teichelmann's B&B	8		

TASMANSEE

RICHARDS DR

4 **5** **6**

♣ **Glowworm Dell**

Friedhof

WHITCOMBE TERR

TUDOR ST

REVELL STREET

SEWELL STREET

FITZHERBERT ST

BEALEY ST

HALL ST

PARK STREET

SALE ST

6

Supermarkt

7 **1**

Vintage Sock Knitting
Machine Museum

2 **National**
Kiwi Centre

3 **Ruby Rock Gallery**

Bonz 'n' Stonz **The Regent Cinema**

Crooked Mile Cinema **4** **@** **Uhrturm**

8

TANCRED ST

HAMILTON ST

9 **5** **Westland**
Greenstone

laNZart

Hokitika Glass
Studio

Mountain Jade

CASS
SQUARE

BRITTAN ST

HAMPDEN STREET

Hokitika
Museum

Custom
House

GIBSON QUAY

WELD STREET

SALE ST

HAYES ST

JOLLIE ST

ROLLESTON ST

Signal Station
Lookout

STAFFORD STREET

GIBSON QUAY

LIVINGSTONE ST

HOFMANN ST

6

Hokitika River

5 (5 km), Lake Mahinapua (12 km), Lake Kaniere (18 km), Hokitika Gorge (35 km) ►

WESTKÜSTE

▼ SH6, Lake Mahinapua (10 km), Gletscher (135 km), Haast (280 km)

merhin noch 4000. Trotz einer gefährlichen Sandbank in der Mündung des Hokitika River avancierte der **Hafen** kurzzeitig zum geschäftigsten des Landes. Als das Gold schließlich seltener wurde und man immer mehr Wasser zum Auswaschen benötigte, wurde das Unternehmen zu unwirtschaftlich und in der Folge durch Milchwirtschaft und Holzindustrie ersetzt. 1954 schloss man den Hafen, der jedoch in den 90er-Jahren für den Heritage Walk der Stadt wieder hergerichtet wurde.

Hokitika Museum

Carnegie Building, Tancred, Ecke Hamilton St ▪
🕐 Mo–Fr 9–17, Sa und So 10–14 Uhr ▪Eintritt $5
▪ 📞 03 755 689

Hokitikas führende Rolle während des Goldrausches bestimmt zu Recht einen großen Teil des **Hokitika Museum**. Daneben sind die Fotos interessant, die das gefährliche Umschiffen der Sandbank in der Flussmündung und das Kneipenleben in der Tancred Street dokumentieren.

Vintage Sock Knitting Machine Museum

75 Revell St ▪ ⊕ tgl. 9–17 Uhr ▪ Eintritt frei
▪ ✆ 03 755 7251

Ein ganz einzigartiges, charmantes Erlebnis bietet ein Besuch im **Vintage Sock Knitting Machine Museum**, das gleichzeitig ein Geschäft für alle möglichen Wollprodukte ist. Das freundliche, kenntnisreiche Personal gibt gerne eine Einführung in die größte Sammlung von voll funktionsfähigen alten Sockenstrickmaschinen – einige Maschinen schaffen bis zu zehn Paare pro Stunde.

ÜBERNACHTUNG

Unterkünfte sind in Hokitika meist leicht zu finden. Nur während der Kumara Races (2. Wochenende im Januar) und den ganzen Februar über, einschließlich der Zeit des Coast to Coast Race (Kasten S. 736) sowie während des Wildfoods Festival (Kasten S. 740), ist eine Reservierung ratsam.

252 Beachside, 252 Revell St, ✆ 0508 252 252, ▯ 252beachside.co.nz. Geräumiges Motel mit Wohnmobilpark gegenüber dem Strand, mit Swimmingpool, Spa, eingezäuntem Kinderspielplatz und diversen bequemen Units. Die freundlichen Inhaber haben viele Infos zu Aktivitäten in Stadt und Umgebung. Wohnwagenstellplätze $32, Cabins $65, Studios $125

Awatuna Homestead, SH6, 13 km nördlich von Hokitika, ✆ 0800 006 888, ▯ awatunahomestead.co.nz. Einladendes B&B mit 3 gemütlichen, stilvoll eingerichteten Zimmern und einem Selbstversorger-Apartment. Gut zum Entspannen – es gibt Tiere, selbst angebautes Gemüse, viele Bücher, eine Badewanne im Freien und abendliches Geschichtenerzählen. Auf Wunsch Abendessen. Zimmer $290, Apartments $370

Beachfront Hotel, 111 Revell St, ✆ 03 755 8344, ▯ beachfronthotel.co.nz. Krönung der breiten Zimmerpalette sind die im 1. Stock, mit Meerblick, raumhohen Fenstern und Balkonen nur 50 m vom Wasser entfernt. DZ $135, DZ zum Meer $332

Beach Walk Motor Camp and Motels, 8 Greyhound Rd, nahe SH6, 5km nördlich von Hokitika, gleich hinter der Arahura-Brücke, ✆ 03 755 6550, ▯ jacquiegrantsplace.com. Klein, einfach und gepflegt, mit fabelhaften, preisgünstigen und relativ neuen Motel Units. Zelt- und Wohnmobilstellplätze $15, Motel Units $75

Birdsong, 124 SH6, 3 km nördlich der Stadt, ✆ 03 755 7179, ▯ birdsong.co.nz. Das Schönste der örtlichen Hostels ist klein, freundlich und relaxed. In jedem der fröhlichen Zimmer hängt ein Bild des Vogels, nach dem es benannt ist. Dorms $29,50, DZ $65, DZ mit Bad $89

Koru Cottage, 195 Sale St, ✆ 03 755 7636, ▯ korucottage.co.nz. Hübsches Selbstversorger-Cottage für 4 Pers. mit TV/DVD, Grill und komplett eingerichteter Küche. Wer möchte, kann in der Whitebait-Saison (Sep–Mitte Nov) sein Anglerglück mit einem Netz versuchen. $155

Mountain Jade, 41 Weld St, ✆ 03 755 8007, ▯ mountainjadebackpackers.co.nz. Zentrales, günstiges Hostel über dem gleichnamigen Jadestudio. Hat ein paar gemütliche 2BZ mit Blick auf den Parkplatz. Dorms $26, DZ $58, DZ mit Bad $85

Shining Star, 16 Richards Drive, ✆ 03 755 8921, ▯ accommodationwestcoast.co.nz. Den wunderbaren Campingplatz trennt noch nicht mal eine Straße vom Strand. Die stilisierten geometrischen Holzhütten haben alle ein Bad und einen tollen Meerblick, manche auch eine Kochgelegenheit. Wohnwagenstellplätze $25, Cabins $90

Teichelmann's B&B, 20 Hamilton St, ✆ 03 755 8232, ▯ teichelmanns.co.nz. Gemütliches, gut ausgestattetes B&B in zentraler Lage mit viel historischem Flair. Die freundlichen Gastgeber bieten verschiedene Zimmer mit Bad und ein romantisches Garten-Cottage mit Doppel-Whirlpool. Dazu gibt's ein herzhaftes Frühstück. DZ $225, Cottage $255

ESSEN UND UNTERHALTUNG

Kostenlose Abendunterhaltung bietet das **Glowworm Dell** („Glühwürmchen-Tal") rund 1 km nördlich des Zentrums am SH6. Der *Hokitika Guardian* (kostenlos beim i-SITE

WESTKÜSTE

Die Maori verehren *pounamu* (harter Nephrit) und *tangiwai* (der weichere, durchscheinende Bowenit), beide gemeinhin Jade genannt. In der prä-europäischen Kultur von Aotearoa nahm dieses Gestein den Platz haltbarer Metalle ein, sei es zum praktischen Gebrauch, zur Kriegsführung oder zur Zierde.

Auf Maori heißt die gesamte Südinsel **Te Wahi Pounamu** („Jadeort"), was die Bedeutung dieses Bodenschatzes für die Menschen der damaligen Zeit widerspiegelt. Der Gürtel, in dem Jade sehr häufig auftaucht, reicht von Greymouth über das reiche Gebiet des Arahura River bei Hokitika bis in den Süden zur Anita Bay am Milford Sound – wo der wunderschön gesprenkelte *tangiwai* vorkommt – und umfasst auch die Region von Wakatipu hinter Queenstown.

Der Wert von Jade hat sich über die Jahre kaum vermindert. Ausgrabungsstätten werden schwer bewacht, der Export von Jade ist verboten und in Nationalparks darf man generell nicht auf die Suche gehen; Zuwiderhandlungen gegen diese Auflagen können bis zu $200 000 Strafe und zwei Jahre Gefängnis nach sich ziehen. Der **Preis** hängt entscheidend von der Qualität ab, wobei Summen von $100 000 pro Tonne Jade keine Besonderheit darstellen – und bei Jadeskulpturen und -schmuck ist die Skala nach oben offen. Viele der günstigeren Exemplare sind recht grob bearbeitet, teurere Stücke hingegen (die Rede ist von mindestens $100 für ein ästhetisch ansprechendes Teil und ab $1000 für etwas wirklich Besonderes) tragen kunstvolle Muster der Maori. Am anderen Ende der Preisskala kann man bereits für $20 einen einfachen Anhänger erwerben.

Hokitika gilt als Zentrum für Jade und den Handel damit. Interessierte sollten jedoch immer im Hinterkopf behalten, dass die größeren **Läden** und **Galerien** fest in die Routen der Tourbusse integriert und die Preise entsprechend hoch sind. In diesen Geschäften kann man einiges über die Qualität des Steins und seine Bearbeitung lernen, aber vor einer Kaufentscheidung lohnt der Blick in einen der vielen kleineren Läden, die oft günstigere Preise haben. Man sollte sich auch nach der Herkunft des Rohmaterials erkundigen – es wird häufig vermutet, dass viele in Neuseeland verkaufte Jade-Produkte aus billigerem ausländischen Stein gefertigt sind.

Kunsthandwerk in Hokitika

i-SITE hat einen kostenlosen Stadtplan, auf dem Hokitikas Kunsthandwerksläden, Studios und Galerien eingezeichnet sind. Wer den Künstlern bei der Arbeit zusehen und vielleicht ein Stück kaufen will, tut das am besten in einem der folgenden Läden:

Bonz 'n' Stonz, Carving Studio 16 Hamilton St, ☎ 0800 214 949. Jadeliebhaber mit eigenen Ambitionen können in diesem tollen Studio selbst das Schnitzen lernen: Der sympathische Inhaber Steve Gwaliasi bietet Interessierten eine persönliche und unvergessliche Einführung in Design und Praxis (6 Std., Jade $150, Knochen $85, Muschel $75).

Hokitika Glass Studio, 9 Weld St, ☎ 03 755 7775, 🖥 hokitikaglass.co.nz. Die Glasbläser haben in Hoki ebenfalls eine lange Tradition, am besten wochentags in diesem Studio zu sehen. ⏰ 9–17 Uhr.

Ruby Rock Gallery, 23 Tancred St, ☎ 03 755 7448, 🖥 nzrubyrock.com. Besucher dieser Galerie erfahren mehr über Neuseelands einzigen Edelstein (Goodletite), der Rubin-, Saphir- und Turmalinkristalle enthält. Nirgends sonst auf der Erde gibt es diesen glänzenden Stein, den Edelsteinschneidemeister Gerry Commandeur zu Schmuck verarbeitet.

WESTKÜSTE

und in der ganzen Stadt erhältlich) enthält einen Veranstaltungskalender.
Café de Paris, 19 Tancred St, ☎ 03 755 8933. Große Auswahl günstiger Frühstücks-
und Mittagsangebote. Das etwas formellere Abendessen ist französisch angehaucht (Hauptgericht $22–34). Abends reservieren. ⏰ tgl. 7.30 Uhr bis spät.

Fat Pipi, 83a Revell St. Der winzige Take away ist berühmt für seine Pizzakreationen, z. B. „Green-piece" (mit Zucchini, Spinat, Pilzen, Feta, Oliven und Pesto aus gebratener roter Paprika) oder „Whitebait", eine Riesenportion mit Whitebait in Rührei, mit Mozzarella, Kapern und Zitrone (Pizza $20–26). ⏰ Do–So 17 Uhr bis spät.

Ocean View, 111 Revell St, ✆ 03 755 8344. Restaurant im Beachfront Hotel, mit stilvollem Abendessen à la carte, z. B. mit Cider glasiertes Schweinefleisch (Hauptgericht $28,30–35). Fensterplätze und Terrasse haben einen tollen Meerblick. ⏰ tgl. 16.30–21.30 Uhr.

Stations Inn, Blue Spur Rd, ✆ 03 755 5499, 🖥 stationsinnhokitika.co.nz. Hokitikas bestes Gourmetrestaurant liegt westlich der Stadt auf dem Weg zur Hokitika Gorge. Küchenchef Stuart Perry zaubert aufwendige Gerichte aus heimischen Zutaten, z. B. geschmortes Kaninchen in Teigkruste mit Speck-Chips und Süßkartoffelbrei, hausgeräucherten Malborough-Lachs mit selbst gebackenem Roggenbrot und mehrfach ausgezeichnete Rind- und Lammgerichte (Hauptgericht $26,50–38,50). ⏰ Di–Sa 18 Uhr bis spät.

West Coast Wine Co., 108 Revell St, ✆ 03 755 5417, 🖥 westcoastwine.co.nz. Winzige Bar in einem Weinladen mit hübschem Innenhof. Guter Wein, aber auch hervorragender Kaffee, leckerer Käse, Fleischplatten und „Yorkshire Pork Pies", die mit Yorkshire aber nicht mehr viel zu tun haben (Gerichte $4,80–18,50). ⏰ Di–Fr 11 Uhr bis spät, Sa 12 Uhr bis spät.

Kinos

The Regent, 23 Weld St, ✆ 03 755 8101, 🖥 hokitikaregent.com. Das 1935 erbaute Art-déco-Kino zeigt Mainstreamfilme mit neuester Technologie.

Crooked Mile Talking Movies, 36 Revell St, ✆ 03 755 5309, 🖥 crookedmile.co.nz. Programm- und Alternativkino.

INFORMATIONEN UND TOUREN

i-SITE, 36 Weld St, ✆ 03 755 6166, 🖥 hokitika.org. Erledigt DOC-Buchungen

Wildfoods Festival

Seit etwa zehn Jahren wird Hokitika mit dem jährlichen **Wildfoods Festival** (2. Sa im März, Karten im Vorverkauf $30, 🖥 wildfoods.co.nz) assoziiert, das die Einwohnerzahl des Ortes aufs Vierfache anschwellen lässt. Ungefähr 50 Stände am Cass Square verkaufen Buschdelikatessen wie marinierte Ziegenspieße, Wantan mit Räucheraal, *huhu*-Käferlarven, „Bergaustern" (Schafshoden) und natürlich Whitebait – und dazu gibt's hausgebrautes Bier und Wein von der Südinsel. Wer danach noch nicht kugelrund ist, kann beim Wildfoods Barn Dance ($10) das Tanzbein schwingen und sich am Strand am Lagerfeuer vergnügen.

und ist die beste Informationsquelle für den neuen Westland Wilderness Trail, einen viertägigen Offroad-Mountainbiketrail zwischen Greymouth und Ross, der bis zur Veröffentlichung dieses Führers zumindest zum Teil fertiggestellt sein sollte. ⏰ Dez–März tgl. 8.30–20 Uhr, April–Nov Mo–Fr 8.30–18, Sa und So 10–16 Uhr.

Wilderness Wings, ✆ 0800 755 8118, 🖥 wildernesswings.co.nz. Die Filiale am Flughafen bietet diverse landschaftlich schöne Flüge an, u. a. über die Gletscher (35 Min., $285, mind. 2 Pers.).

TRANSPORT

Busse

Busse aus Christchurch und anderen Orten an der Küste halten am i-SITE sowie vor dem National Kiwi Centre (64 Tancred St). Atomic-Busse halten vor dem i-SITE und dem Museum (S. 737).

Busse nach:
ARTHUR'S PASS 1x tgl., 1 3/4 Std.;
CHRISTCHURCH 1x tgl., 4 1/2 Std.;
FOX GLACIER 2–3x tgl., 3 Std.;
FRANZ JOSEF 2–3x tgl., 2 1/2 Std.;
GREYMOUTH 3–5x tgl., 30 Min.;
ROSS 2–3x tgl., 25 Min.;
WHATAROA 2–3x tgl., 1 1/2 Std.

Flüge

Air New Zealand fliegt täglich von CHRISTCHURCH nach Hokitika und zurück (2–4x tgl., 35 Min.). Der Flughafen liegt 2 km östlich des Zentrums.

Lake Kaniere

18 km östlich von Hokitika

Der bei Anglern, Wasserskiläufern und Wanderern beliebte **Lake Kaniere** bietet mehrere Picknick- und einfache Campingplätze ($6). Ausführliche Infos bietet die DOC-Broschüre *Central West Coast: Hokitika*. Zu den beliebtesten Wanderungen zählt der **Kaniere Water Race Walkway** (9 km einfach, 3 Std., 100 Höhenmeter), der am nördlichen Seeende beginnt und an einem Kanal entlangführt, der einst die Goldfelder mit Wasser versorgte.

Hokitika Gorge

35 km östlich von Hokitika

Die Straße am Ostufer des Lake Kaniere passiert die bemoosten Felsen und überirdischen Grüntöne der zauberhaften Dorothy Falls und führt zu einer Abzweigung Richtung Hokitika Gorge, wo ein entspannter Pfad zu einer Hängebrücke über den türkisfarbenen Hokitika River führt.

Von Hokitika zu den Gletschern

Der Highway verläuft für den Großteil der 135 km bis Franz Josef Glacier am Rand der Neuseeländischen Alpen entlang. Auf der Strecke liegen nur ein paar kleine Ortschaften wie **Ross**, **Pukekura** und **Harihari**. Die beliebtesten Attraktionen an dieser Strecke sind **Whataroa** mit seiner **Reiherkolonie** und **Okarito** mit einer hübschen Lagune und der Gelegenheit, **Kiwis** in freier Wildbahn zu erleben.

5 km **südlich** von Hokitika starten von einer ein wenig versteckten Anlegestelle beim SH6 gemächliche Touren **im Ruderboot** (tgl., Abfahrtszeiten variieren, 90 Min., $30, ✆ 03 755 7239) auf dem Mahinapua Creek, die im gleichnamigen See enden. Wenige Kilometer später empfiehlt sich der **Mahinapua Walkway** (hin und zurück 16 km, 4 Std., überwiegend flach; DOC-Broschüre vom i-SITE in Hokitika, $2) für eine leichte Wanderung mit Picknickmöglichkeiten an einem der Strände des Lake Mahinapua. Nochmals 2 km südlich auf dem SH6 führt der **Mananui Bush Walkway** (hin und zurück 30 Min.) durch Überreste von Küstenwald zu den Dünen. Wer mit Zelt oder Wohnmobil unterwegs ist, findet am **Lake Mahinapua** (1 km südlich, abseits des SH6) einen besonders schönen **Campingplatz** ($6).

Ross

Das winzige **Ross** 30 km südlich von Hokitika liegt unmittelbar auf einem von Neuseelands reichsten **Seifengoldfeldern**. Bis 2004 machte sich die Bergbaugesellschaft an dem großen Loch am Ortsrand zu schaffen, doch inzwischen wurde das Areal umgestaltet und ein See geschaffen.

Besucher sollten sich Zeit lassen für den gut beschilderten **Water Race Walk** (4 km Rundweg, 1 Std.) und das hervorragende **Jade Studio**, 23 St James St, ◷ tgl. 12–17 Uhr. Die **Touristeninformation**, 4 Aylmer St, ✆ 03 755 4077, ⌨ ross.org.nz, ◷ tgl. Dez–März 9–16, April–Nov 9–15 Uhr, mit Museum ($2) zeigt eine interessante audiovisuelle Präsentation zum Goldrausch von 1865, verleiht Goldwaschpfannen ($10) und bietet Goldwaschen mit Treffergarantie ($10,50) an.

Miner's Cottage

Bold St ▪ ◷ tgl. Dez–März 9–16, April–Nov 9–15 Uhr ▪ Eintritt frei

In der Hochphase des Goldrausches zählte Ross über 3000 Einwohner, aber schon Anfang des 20. Jhs. hatte sich der Boom wieder gelegt. Man war bereits dabei, alles aufzulösen, als ein paar Goldgräber im Jahr 1909 rund 500 m vom heutigen Visitor Centre entfernt auf den größten Goldklumpen stießen, der in Neuseeland jemals gefunden wurde: den 3,1 kg schweren „Honourable Roddy", benannt nach dem damaligen Bergbauminister. Das Nugget wurde von der Regierung gekauft und 1910 George V. als Krönungsgeschenk überreicht. Eine Nachbildung des faustgroßen Goldklumpens befindet sich im **Miner's Cottage** (1885), wo darüber hinaus viele Fotos aus der Zeit des Goldrausches zu sehen sind.

Pukekura

Eine riesige Sandfliege markiert im Weiler **Pukekura** (genannt: Puke), 23 km südlich von Ross, das **Bushman's Centre**, ✆ 03 755 4144, 💻 puke kura.co.nz. Das dazugehörige **Museum** ($4) zeigt auf unbeschwerte Weise, wie sich die Menschen dieser Region vom Wald ernähren, indem sie Holz verarbeiten, Wild einfangen, Jagd auf Possums machen und Torfmoos für ostasiatische Orchideenzüchter anbauen. ⊕ tgl. 9–5.30 Uhr.

Das **Café** des Zentrums ist für viele das Highlight (s. unten), aber der schöne – und oft warme – **Lake Ianthe**, 6 km weiter südlich, lockt auch mit netten Picknickplätzen.

ÜBERNACHTUNG UND ESSEN

Bushman's Centre Café, ✆ 03 755 4144, 💻 pukekura.co.nz. Serviert als Teil seines „Roadkill-Menüs" auch eine Opossum-Pastete (die angeblich aus „gespendeten" Exemplaren besteht, da die Tiere nicht mehr auf neuseeländischen Speisekarten stehen dürfen). **Puke Pub SH6**, ✆ 03 755 4008, 💻 pukekura. co.nz. Das Pub liegt gegenüber des Bushman's Centre und steht unter gleicher Leitung. Auf dem fantastischen Wildmenü ($20–27) steht u. a. heimisches Wallaby. Bietet auch Unterkünfte in Form eines Campingplatzes sowie DZ mit Gemeinschaftsbad und Kochgelegenheit. Pub tgl. 15 Uhr bis spät. Camping $10, DZ $45

Harihari

Beim winzigen **Harihari** 17 km weiter südlich landete Guy Menzies, der 1931 als Erster einen Soloflug von Sydney nach Neuseeland unternahm. Ein Nachbau von Menzies' Flugzeug steht beim südlichen Ortseingang im **Guy Menzies Park**. Die teils ungeteerte Whanganui Flat Road verläuft an Menzies' Landeplatz vorbei Richtung Küste und erreicht nach 20 km den Startpunkt des hübschen **Hari Hari Coastal Walkway** (8 km Rundweg, 2–3 Std., kaum Anstiege), der an Whitebait-Angelplätzen vorbei zum Doughboy Lookout (60 m) führt, von dem sich tolle Ausblicke auf die Küste und die Neuseeländischen Alpen bieten. Nach einem Stück an der eindrucksvollen Küste verläuft der Weg durch Kahikatea-Wald und an der Gleistrasse einer ehemaligen Baumfällerbahn entlang zurück.

ÜBERNACHTUNG

Flaxbush Motel, SH6, ✆ 03 753 3116, ✉ flaxbush123@xtra.co.nz. Wen Park und Küstenwanderweg zu einem Aufenthalt bewegen, der kann nicht schöner nächtigen als in dieser einladenden Arche für kranke und verletzte Tiere, die auch diverse Nutztiere beherbergt. Motel-Studios $90, Cottages $120

Whataroa und Waitangiroto-Naturschutzgebiet

SH6, 30 km südlich von Harihari ▪ White Heron Sanctuary Tours Okt–Feb 3–6x tgl., 2 1/2 Std. ▪ $120, Reservierung empfohlen ▪ ✆ 0800 523 456 oder ✆ 03 753 4120, 💻 whiteherontours.co.nz

Zwischen Oktober und Ende Februar findet sich Neuseelands gesamte Population des eleganten Silberreihers (Kotuku) im Waitangiroto Nature Reserve bei **Whataroa** zum Brüten ein. Überdies gesellt sich zu den rund 40 Kotuku-Nistpaaren eine etwas größere Zahl von Königslöfflern. Das Schutzgebiet liegt nahe Whataroa, 30 km südlich von Harihari, aber der Zugang wird streng kontrolliert. Ein Besuch ist nur möglich mit den sehr professionellen **White Heron Sanctuary Tours** im Zentrum von Whataroa. Der Ausflug beinhaltet eine Fahrt im Jetboot auf dem hübschen Waitangiroto River sowie eine 30-minütige Beobachtung der Vögel; Ferngläser werden den gestellt.

WESTKÜSTE

Okarito

Im Jahre 1642 bekam Abel Tasman als erster Europäer Aotearoa, und zwar bei **Okarito**, einer heute abgeschiedenen Siedlung an der Südseite der gleichnamigen Lagune, 15 km südlichen von Whataroa und 10 km abseits des SH6. Mitte des 19. Jhs. löste die Entdeckung von Gold einen 18-monatigen Boom aus, in dessen Verlauf entlang der Bucht 50 Läden und Hotels entstanden. Wie in anderen Gebieten auch wurde das Geschäft mit Gold später durch Holzverarbeitung und Flachsproduktion ersetzt, aber die Gemeinde ging dennoch unter und übrig blieben lediglich eine Handvoll Ferienhäuser, ein paar Dutzend ständige Einwohner und die Lagune mit ihrem wundervollen Strand.

ÜBERNACHTUNG

Okarito hat weder Cafés noch Läden. Besucher sollten also eigene Vorräte mitbringen.

MacDonalds Creek Campsite, SH6, 4 km südlich der Abfahrt Okarito. Der einfache DOC-Campingplatz am Ufer des Lake Mapourika ist leicht erreichbar über einen Kiesweg und bietet Möglichkeiten zum Schwimmen und Forellenfischen. Camping $6

Okarito Beach House & Royal Hostel, The Strand, ✆ 03 753 4080, 🖥 okaritobeach house.com. Mehrere Gebäude mit großer Auswahl an Unterkünften, u. a. komfortable DZ und ein romantisches Cottage. Dorms $20, DZ $60, DZ mit Bad $80, Cottage $80

The School House, The Strand, ✆ 03 752 0796, 🖥 doc.govt.nz. Ehemaliges Schulhaus von 1860 neben dem Denkmal zur Erinnerung an die Landsichtung von Abel Tasman. Das ganze Haus wird an 1 bis 2 Pers. vermietet. Duschen gibt's keine; der Campingplatz gegenüber hat eine Münzdusche ($1), aber keine Stellplätze mit Elektroanschluss. Juni–Aug geschlossen. Camping $10, Schulhaus $60

Touren und Aktivitäten in Okarito

Bei einer Kajak- oder Bootsfahrt ab Okarito können Besucher auf Tuchfühlung mit den 70 Vogelarten der Region gehen, darunter Kotuku (weißer Reiher) und Königslöffler. Bei Wanderführungen hat man gute Chancen, Kiwis zu sehen. Die Veranstalter der Region sind unten aufgeführt.

Wanderungen
Okarito Trig Walk (hin und zurück 1 1/2 Std., 200 Höhenmeter). Die Route beginnt am südlichen Stadtrand und klettert auf eine Landzunge mit fabelhaftem Ausblick auf Berge und Küste.
Pakihi Walk (hin und zurück 2 km, 20–30 Min., 50 Höhenmeter) Nach 5,5 km Richtung SH6 beginnt ein guter Kiesweg, der zu einem Aussichtspunkt mit weitem Blick über die Okarito-Lagune führt.

Tourenanbieter
Okarito Nature Tours, ✆ 03 753 4014, 🖥 okarito.co.nz. Bietet günstige geführte Kajaktouren (2 Std., $75, mind. 2 Pers.) und vermietet 2-Mann-Kajaks (halber Tag $40, ganzer Tag $60, mit Übernachtung an einsamem Strand $80). Wer die Tour mitmachen will, sollte vorher nach den Gezeiten fragen. Am schönsten ist es jedoch früh am Morgen, wenn das Wasser ruhig und die Vögel am aktivsten sind.
Experience Okarito Boat Tours, ✆ 03 753 4223, 🖥 okaritoboattours.co.nz. Keine Lust auf Paddeln? Dann ist eine entspannte Bootsfahrt durch die Lagune und ihre Zuflüsse die Lösung. Morgens (2 Std., $85) konzentrieren sich die Touren auf die Vögel, während später am Tag (1 Std., $45) eher die Landschaft im Vordergrund steht.
Okarito Kiwi Tours, 53 The Strand, ✆ 03 753 4330, 🖥 okaritokiwitours.co.nz. Diese hervorragenden, umweltschonenden Waldwanderungen haben den Kiwi im Visier (2–3 Std., $75). Wenn alles gut geht, beginnt die Tour etwa 90 Min. vor Sonnenuntergang und zeigt Teilnehmern den extrem seltenen braunen Okarito-Kiwi. Die ohnehin hohe Trefferquote (98 %) kann man noch mit unauffälliger Kleidung und guten Stiefeln verbessern.

Die Gletscher

Etwa 150 km südlich von Hokitika bahnen sich zwei weiße Eiszungen ihren Weg vom Gebirge bis zum dichten Regenwald der Küstenebene – Grund genug, diese Region in Te Wahipounamu, die South West New Zealand World Heritage Area, einzuschließen. Innerhalb weniger Kilometer fällt das Gelände von über 3000 m fast auf Meereshöhe ab und trägt zwei der größten und faszinierendsten der rund 60 recht ausgedehnten Gletscher, die vom eisigen Rückgrat der Südinsel nach unten strömen und zusammen das Herzstück des zerklüfteten **Westland National Park** bilden: den **Franz-Josef-Gletscher** und den **Fox-Gletscher**.

Das Gebiet ist durch die ungeheuren **Niederschläge** der Westküste geprägt, die mit durchschnittlich mehr als 5000 mm im Jahr zu den stärksten des Landes gehören. Gemeinsam mit dem extremen Neigungswinkel der Westhänge der Neuseeländischen Alpen bereiten diese Bedingungen den Boden für einige der am schnellsten wachsenden Gletscher der Welt – eine halbe Stunde am Fuße der beiden riesigen Eiswände genügt, um irgendwo einen Eisklotz abbrechen zu sehen. Trotzdem konnten diese phänomenalen Geschwindigkeiten dem Schmelzprozess nicht die Stirn bieten, und beide Gletscher haben sich über 3 km zurückgebildet, seitdem Cook sie kurz nach der „Kleinen Eiszeit" von 1750 zu Gesicht bekam. Weltweit sind Gletscher zwar auf dem Rückzug, aber diese beiden folgen nicht immer dem allgemeinen Trend, sondern wachsen von Zeit zu Zeit – üblicherweise rund fünf Jahre nach besonders heftigen Schneefällen in den Bergen.

Die Gletscher waren schon stark auf dem Rückzug, als die ersten Reisenden sie erblickten. Anfangs hießen sie Victoria und Albert, aber 1865 benannte der Geologe Julius von Haast den Franz-Josef-Gletscher nach dem österreichisch-ungarischen Herrscher, und 1872, nach einem Besuch des Premierministers William Fox, wurde der andere Gletscher entsprechend umgetauft.

Das Geschehen rund um die Eiszungen konzentriert sich auf zwei kleine **Dörfer**, die fast gänzlich vom Tourismus leben. Beide liegen in der Nähe der gleichnamigen Gletscher und haben ein vergleichbar großes Angebot an guten **Flugzeug- und Hubschrauber-Flügen** sowie geführten **Gletscherwanderungen** und **Heli-Skiing**. Das bessere Angebot an Unterkünften, Restaurants und Touren gibt es in Franz Josef, während Fox Glacier ruhiger ist.

Franz Josef Glacier

Franz Josef Glacier (Waiau) ist der etwas größere der beiden Gletscherorte. Der Franz-Josef-Gletscher ist nicht allzu weit entfernt, die Neuseeländischen Alpen bilden eine wunderbare Kulisse, und die Stadtplaner haben alles getan (u. a. mithilfe steiler Giebeldächer und Holzverkleidungen), um dem Dorf einen alpinen Charakter zu verleihen.

In Franz Josef kann man zum Gletscher wandern, sich einer geführten Gletscherbegehung anschließen, auf einem nahen See kajaken oder einen Rundflug unternehmen. Die geführten Gletscherwanderungen und die Kajaktouren finden mehr oder weniger bei jedem Wetter statt, Rundflüge fallen bei nebligem oder sehr regnerischem Wetter allerdings aus.

Glacier Hot Pools

Cron St ▪ ⏱ tgl. 12–10 Uhr, letzter Einlass 21 Uhr ▪ Hauptbecken $23, Privatbecken 45 Min. $42 ▪ ✆ 0800 044 044, 🖥 glacierhotpools.co.nz
Bei Regen nimmt man am besten ein Bad in den neuen **Glacier Hot Pools**. Die drei öffentlichen Becken werden künstlich auf 36 °C, 38 °C bzw. 40 °C erhitzt und sind von einheimischem Wald umgeben, der größtenteils hierher verpflanzt wurde. Zu den Privatbecken gehören kleine Schuppen mit Duschen. Besonders schön ist ein Bad nach einer anstrengenden Wanderung; Franz Josef Glacier Guides bieten Kombi-Angebote (Kasten S. 746).

West Coast Wildlife Centre

Cowan St, Ecke Cron St ▪ ⏱ tgl. ab 9 Uhr, saisonale Öffnungszeiten telefonisch erfragen

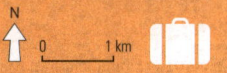

N
0   1 km

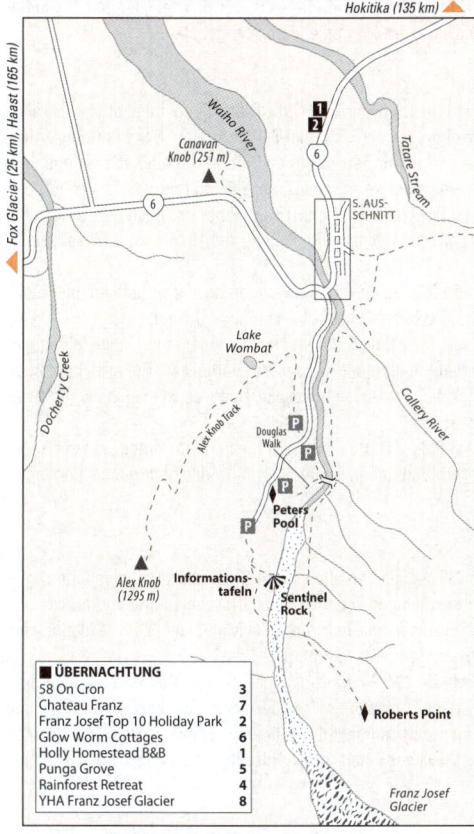

Hokitika (135 km)

Fox Glacier (25 km), Haast (165 km)

Waiho River

Canavan Knob (251 m)

Tatare Stream

6

S. AUS-SCHNITT

Lake Wombat

Docherty Creek

Alex Knob Track

Callery River

Douglas Walk

P

P

P

Peters Pool

P

Alex Knob (1295 m)

Informationstafeln

Sentinel Rock

Roberts Point

Franz Josef Glacier

■ ÜBERNACHTUNG

58 On Cron	3
Chateau Franz	7
Franz Josef Top 10 Holiday Park	2
Glow Worm Cottages	6
Holly Homestead B&B	1
Punga Grove	5
Rainforest Retreat	4
YHA Franz Josef Glacier	8

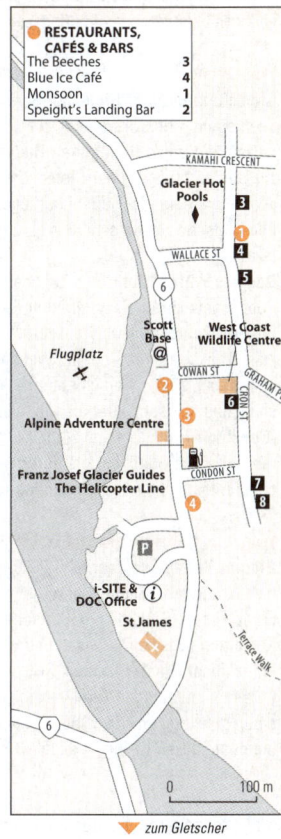

● RESTAURANTS, CAFÉS & BARS

The Beeches	3
Blue Ice Café	4
Monsoon	1
Speight's Landing Bar	2

KAMAHI CRESCENT

Glacier Hot Pools

3

4

WALLACE ST

5

6

Scott Base

West Coast Wildlife Centre

Flugplatz

COWAN ST

2

GRAHAM PL

Alpine Adventure Centre

3

6

CRON ST

Franz Josef Glacier Guides
The Helicopter Line

CONDON ST

7

4

8

P

i-SITE & DOC Office (i)

St James

Jetset Walk

6

0   100 m

WESTKÜSTE

zum Gletscher

■ $25, 24 Std. gültig, „Backstage-Pass" $40 ■ 03 752 0600, ☐ wildkiwi.co.nz

Der riesige Bau, in dem sich einst das Hukawai Glacier Centre befand, beherbergt heute das hochmoderne **West Coast Wildlife Centre** mit Neuseelands seltensten Kiwis, dem *rowi* und dem *Haast tokoeka*. Als Teil der von der Bank of New Zealand ins Leben gerufenen Operation Nest Egg (Kasten S. 92) können Besucher etwa von Juli bis Februar Kiwieier im Inkubator betrachten und etwa von September bis März das Brüten beobachten. Die Tickets sind 24 Std. gültig; im „Backstage-Pass" ist eine halbstündige Führung hinter den Kulissen enthalten.

ÜBERNACHTUNG

Dank der Popularität der Gegend und dank Busfahrplänen, die viele Reisende zu einer Übernachtung hier zwingen, kann es im Sommer zu Engpässen kommen – zwischen November und März (vor allem im Februar) sollte man daher mindestens eine Woche im

Es ist zwar möglich, den Franz-Josef-Gletscher auf eine Faust zu erklimmen, wer aber oben eine Wanderung machen will, braucht einen Führer. An schönen Tagen ist der Himmel über dem Gletscher voller Helikopter und Leichtflugzeuge. Kajaktouren werden ebenfalls angeboten.

Wanderungen

Gletscherparkplatz–Gletschertor (hin und zurück 6 km, 1 1/2 Std.). Diese Route beginnt am Parkplatz 5 km südlich des Ortes und steht ganz oben auf der Liste der Wanderungen. Der Pfad quert Kiesbetten, die von vergangenen Gletscherrückzügen herrühren, und bietet ausreichend Gelegenheit zur Beobachtung kleiner Gletscherseen und einer Verwerfungslinie, die quer durchs Tal verläuft und von tiefen, einander gegenüberliegenden Einschnitten markiert wird. Einer der besten Ausblicke auf den Gletscher bietet sich vom glatt geschliffenen Sentinel Rock, der rund 10 Min. vom Parkplatz entfernt liegt.

Douglas Walk (1 Std.). Eine Zugangsstraße führt zu dieser Rundwanderung, die vorbeiführt am Peter's Pool, einem klaren See, der infolge eines Gletscherrückzugs im späten 18. Jh. entstand.

Roberts Point Track (hin und zurück 12 km, 5 1/2 Std., 950 Höhenmeter). Abenteuerlustige folgen diesem Track, der vom Douglas Walk abzweigt und an der Hendes Hut vorbei zum Roberts Point hoch über dem Eis führt. Von hier oben eröffnen sich grandiose Ausblicke. Der Weg ist manchmal recht rutschig und mühsam, aber die Mühe lohnt sich.

Alex Knob Track (hin und zurück 12 km, 8 Std., 1000 Höhenmeter). Diese Route klettert auf der anderen Seite des Gletschertals durch mehrere Vegetationszonen über den Gletscher hinaus und bietet eine fantastische Aussicht auf das Tal.

Wandern, Heliwandern und Eisklettern

Glacier Valley Eco Tours, ☎ 0800 999 739, 🖥 glaciervalley.co.nz. Organisiert verschiedene regionale Naturwanderungen, darunter die dreistündigen Touren bis zur Gletscherzunge (Vorderseite) am Franz-Gletscher ($70) und Fox-Gletscher ($75) sowie eine Tour zum Lake Matheson (3 Std., $70) und eine Kombitour zu Lake Matheson und Fox-Gletscher (5 Std., $120).

Franz Josef Glacier Guides, SH6 ☎ 0800 484 337, 🖥 franzjosefglacier.com. Das Unternehmen bietet einen halbtägigen Trip (2–3x tgl., $123), bei dem man etwas über 1 Std. auf dem Eis verbringt, und einen ganztägigen Trip ($180), bei dem man sich ungefähr 5 Std. übers Eis bewegt. Das Unternehmen bietet auch Heli-Hiking (1–2x tgl., 3 Std., $399), das einen kurzen Hubschrauberflug mit der Erkundung

Voraus reservieren, bei den nobleren Unterkünften kann dies auch durchaus ein halbes Jahr im Voraus nötig sein.

58 On Cron, 58 Cron St, ☎ 03 752 0627, 🖥 58oncron.co.nz. Stilvolle Units mit italienischen Dekostoffen und Queensize- oder Super-Kingsize-Betten, manche mit Whirlpool. Gäste haben Zugang zu einem Gasgrill im Garten mit Baumbestand. DZ $175, Spa-Studios $230

Chateau Franz, 8 Cron St, ☎ 0800 728 372, 🖥 chateaufranz.co.nz. Bietet eine breite Unterkunftspalette: Budget-Dorms, kleinere Dorms mit Bad und vollständige Motel Units.

Spa-Bereich, Suppe zum Abendessen, TV und Videorekorder (inklusive Popcorn!) sind kostenlos. Dorms $23, DZ $55, DZ mit Bad $95, Motel Units $95

Franz Josef Top 10 Holiday Park, SH6, 1 km nördlich der Stadt, ☎ 0800 467 897, 🖥 mountainviewtop10.co.nz. Gut ausgestatteter Campingplatz mit guter Auswahl an Zelt- und Wohnmobilstellplätzen sowie Cabins und Units. Camping $40, Cabins $75, Cabins mit Küche $90, Units $145

Glow Worm Cottages, 27 Cron St, ☎ 0800 151 027, 🖥 glowwormcottages.co.nz. Kleines,

WESTKÜSTE

faszinierender Eishöhlen und Eisnadeln kombiniert – ein Erlebnis, das ohne Hubschrauber innerhalb eines Tages nicht zu bewerkstelligen wäre. Vor der Buchung sollte man seine Erwartungen deutlich zum Ausdruck bringen, nur dann hat man die Chance, mit einer Gruppe Gleichgesinnter zusammenzukommen. Im Angebot ist auch Eisklettern (7–8 Std., $250), bei dem man sich mit der entsprechenden Ausrüstung an steilen Eiswänden nach oben hangelt.

Rundflüge und Fallschirmspringen

Aus Sicherheitsgründen müssen bestimmte Flugbahnen eingehalten werden, was das Angebot der Unternehmen begrenzt. Jugendliche, Studenten, Senioren sowie YHA-Mitglieder und BBH-Karteninhaber erhalten häufig einen Rabatt, und auch alle anderen sollten danach fragen, was zumeist von Erfolg gekrönt ist, wenn sich eine Gruppe von 4–6 Pers. findet. Die meisten Leute bevorzugen einen Rundflug mit dem Hubschrauber. Diese landen alle auf einem Schneefeld hoch über dem Gletscher und lassen während des „Landgangs" die Rotoren laufen: Von einer friedlichen Stimmung kann dabei also nicht die Rede sein. Rundflüge im Flugzeug sind länger und kosten weniger für eine längere Strecke. Mit dem Kufenflugzeug im Schnee zu landen ist außerdem sehr lohnenswert – vor allem, nachdem der Motor aus ist.

Fox & Franz Josef Heliservices Alpine Adventure Centre, Main Rd, ✆ 0800 800 793, ⌨ scenicflights.co.nz. Der günstigste Anbieter vor Ort. Im Angebot: ein Gletscher plus Landung (20 Min., $190), zwei Gletscher plus Landung (30 Min., $260), zwei Gletscher plus Landung und Mount Cook (30 Min., $260).

Air Safaris, 6 Main Rd, ✆ 0800 723 274, ⌨ airsafaris.co.nz. Einen Tick günstiger als andere Anbieter, aber ohne Landung. Tipp: die Grand Traverse (50 Min., $295).

Skydive Franz, Main Rd, gegenüber der Bushaltestelle, ✆ 0800 458 677, ⌨ skydivefranz.co.nz. Das ultimative Abenteuer ist ein Tandemsprung (3660 m $299, 4570 m $399, 5490 m $549).

Kajakfahren

Glacier Country, 20 Cron St, ✆ 0800 423 262, ⌨ glacierkayaks.com. Bietet tolle geführte Kajaktouren. Die beliebteste Tour (ca. 3 Std. auf dem Wasser, $90) findet auf dem schwarzen Wasser des von Kahikatea-Bäumen und Neuseeland-Flachs umgebenen Lake Mapourika, 8 km nördlich der Stadt, statt, und zwar morgens, nachmittags und am frühen Abend, mit vielen Möglichkeiten zum Fotografieren. Außerdem ist noch eine Heli-Paddeltour ($450) im Angebot.

WESTKÜSTE

gemütliches Hostel unter der gleichen Leitung wie Chateau Franz mit gut ausgestatteter Küche, 6-Bett-Dorms, 4-Bettzimmer mit Bad und bequemen Motelzimmern. Suppe und Spa kostenlos. Dorms $26, DZ mit Bad $110

Holly Homestead B&B, SH6, 1,5 km nördlich der Stadt, ✆ 03 752 0299, ⌨ hollyhomestead.co.nz. Luxus im Überfluss in einem schönen zweistöckigen Haus aus den 1920er-Jahren. Die 5 Zimmer haben alle ein Bad, eines sogar eine Badewanne. Die Inhaber sind freundlich, die Terrasse hat Bergblick, und im Preis ist ein üppiges Frühstück enthalten.

Nachteile: Eignet sich nicht für Kinder unter 12 und ist nur im Sommer geöffnet (saisonale Öffnungszeiten auf telefonische Anfrage). DZ $265

Punga Grove, 40 Cron St, ✆ 0800 437 269, ⌨ pungagrove.co.nz. Stilvolle, moderne Luxus-Motel-Units, alle hübsch möbliert und mit Satelliten-TV. Die Regenwaldstudios gehen nach hinten auf den Wald hinaus und haben Gaskamin, Fußbodenheizung und Whirlpool. DZ $190

Rainforest Retreat, 46 Cron St, ✆ 0800 873 346, ⌨ rainforestretreat.co.nz. Große Lodge:

Campingplatz mit Kiesboden (gut für Wohnwägen, weniger gut für Zelte), Dorms, Zimmer mit Bad, geräumige Motel Units, romantische Holzhütten auf Stelzen, luxuriöse Lodges sowie Spa und Sauna. Camping $15–19,50, Dorms $27, DZ $112, Motel Units $155, Blockhäuser $185, Lodges $215

📖 **YHA Franz Josef Glacier**, 2–4 Cron St, 📞 03 752 0754, ✉ yha.franzjosef@yha.co.nz. Moderne, gut geführte Herberge am Ortsrand; die südlichsten Zimmer mit Blick auf den Wald. Große Küche, saubere, komfortable Zimmer (z. T. mit Bad), Barbecue-Bereich und kostenlose Saunanutzung: Ein toller Deal für den Preis! Dorms $23, DZ $72, DZ mit Bad $90

ESSEN UND UNTERHALTUNG

Die relativ isolierte Lage sorgt in Franz Josef für notorisch hohe Preise. Auch Selbstversorger müssen damit rechnen, für den Einkauf ungewöhnlich viel hinzublättern.
The Beeches, Main Rd, zwischen Cowan St und Condon St, 📞 03 752 0721. Tagsüber ein guter Ort für Kaffee und Mittagessen, abends mit breiter Auswahl an günstigen Gerichten wie Lammwürstchen und -haxe (Hauptgericht $14,95–30,95). Serviert wird drinnen und draußen. 🕐 tgl. Mittag- und Abendessen.
Blue Ice Café, Main Rd, zwischen Cowan St und Condon St, 📞 03 752 0707. Das moderne, luftige Restaurant im Erdgeschoss serviert einfallsreiche, leckere Gerichte ($20,50–36) und verschiedene Gourmetpizzas zum Mitnehmen oder zum Essen in der Bar im ersten Stock, wo Billard (kostenlos) und Musik für lebhaften Betrieb sorgen. 🕐 tgl. Mittag- und Abendessen, Bar bis spät geöffnet.
Monsoon, 46 Cron St, 📞 0800 873 346, 🖥 rainforestretreat.co.nz. Gesellige Café-Bar im Rainforest Retreat (S. 747) mit inspirierten Gerichten wie toskanischem Lammsalat und großartigen Burgern (Hauptgericht $18–29,95) sowie großer Getränkekarte. 🕐 tgl. 16.30 Uhr bis spät, Happy Hour 19–21 Uhr.

📖 **Speight's Landing Bar**, Main Rd, Ecke Cowan St, 📞 03 752 0229. Sehr beliebte, gestylte Café-Bar mit vielen Tischen im Freien (bei kaltem Wetter Decken und eine Feuerschale) sowie ansehnlichen Portionen

($13,50–39). Auch Vegetarisches und leichte Mahlzeiten wie Miesmuscheln in Weißwein stehen auf der Karte – und natürlich das hauseigene Bier. 🕐 tgl. 11 Uhr bis spät.

INFORMATIONEN

Es gibt einen Geldautomaten, aber keine Banken. Den zuverlässigsten Internetzugang hat Scott Base am SH6 (tgl. 9–18 Uhr, $4/Std.).
i-SITE/DOC, SH6, 📞 03 752 0796, ✉ westland npvc@doc.govt.nz). Das hervorragende Büro hat stapelweise Broschüren zu Wanderungen in der Region sowie erstklassige Exponate zu Gletschern und Geologie. Zweimal täglich gehen hier auch Wetterberichte ein – vor größeren Touren also immer hier nachfragen. 🕐 tgl. Nov–März 8.30–18, April–Okt 8.30–12 und 13–17 Uhr

NAHVERKEHR

Glacier Valley Eco Tours, 📞 0800 999 739, 🖥 glaciervalley.co.nz, bieten einen **Shuttleservice** zum Ende der Gletscherstraße (hin und zurück $12,50). Auf Anfrage gibt es auch bei Fox Bus, 📞 0800 369 287, einen Shuttle.

TRANSPORT

Die **Busse** von InterCity und Atomic halten am SH6, hier im Ort bekannt als „Main Rd", neben dem i-SITE/DOC-Büro.

Busse nach:
FOX GLACIER 3x tgl., 30 Min.;
HAAST 3x tgl., 3–3 1/2 Std.;
GREYMOUTH 3x tgl., 3–3 1/2 Std.;
HOKITIKA 3x tgl., 2 1/2 Std.;
MAKARORA 3x tgl., 4 Std. 20 Min.–5 Std.;
QUEENSTOWN 2x tgl., 7–8 Std.;
WANAKA 3x tgl., 6–7 Std.

Fox Glacier

Die Ortschaft **Fox Glacier**, 25 km südlich von Franz Josef Glacier, verteilt sich über eine Ebene mit den Flüssen Fox und Cook und dient als Dienstleistungszentrum für die hiesige Landwirtschaft und viele Touristen. Alle wichtigen Einrichtungen liegen am SH6 oder in der Cook Flat

WESTKÜSTE

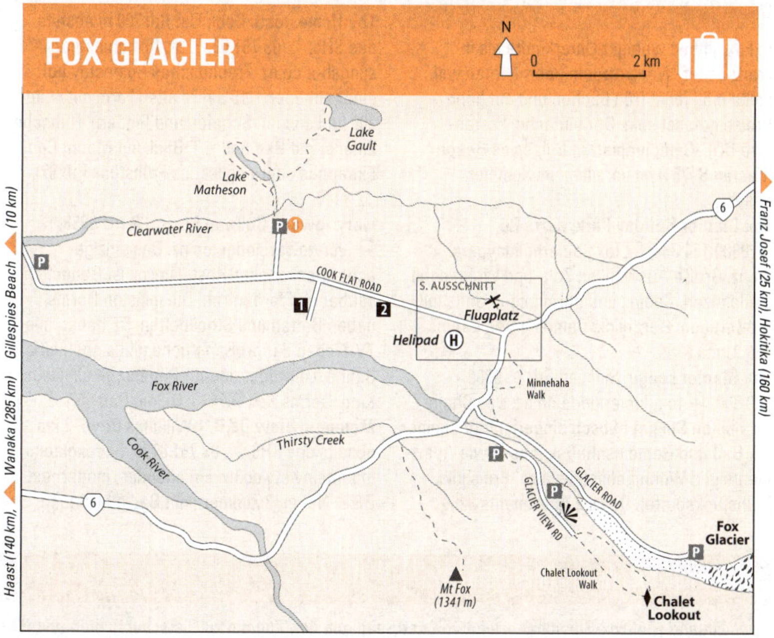

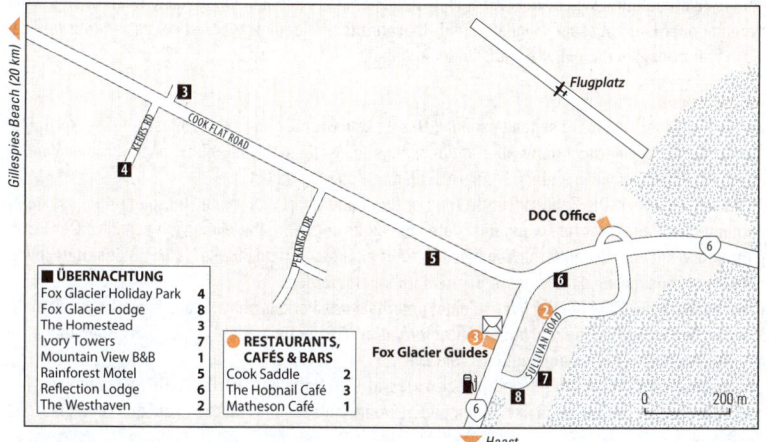

FOX GLACIER

N
0   2 km

Lake Gault

Lake Matheson

Clearwater River

P 1

COOK FLAT ROAD

S. AUSSCHNITT

1   **2**

Flugplatz

Helipad **H**

Fox River

Minnehaha Walk

Cook River

Thirsty Creek

P

P

GLACIER VIEW RD

GLACIER ROAD

Fox Glacier

P

Chalet Lookout Walk

Mt Fox (1341 m)

Chalet Lookout

Gillespies Beach ◀ (10 km)

Haast (140 km), ◀ Wanaka (285 km) Gillespies Beach ◀ (10 km)

Franz Josef (25 km), Hokitika (160 km) ▶

Gillespies Beach (20 km) ◀

3

FRANZ RD

COOK FLAT ROAD

4

FRANZ DR

Flugplatz

DOC Office

5

6

Fox Glacier Guides

3

SULLIVAN ROAD

■ **ÜBERNACHTUNG**
Fox Glacier Holiday Park   **4**
Fox Glacier Lodge   **8**
The Homestead   **3**
Ivory Towers   **7**
Mountain View B&B   **1**
Rainforest Motel   **5**
Reflection Lodge   **6**
The Westhaven   **2**

● **RESTAURANTS, CAFÉS & BARS**
Cook Saddle   **2**
The Hobnail Café   **3**
Matheson Café   **1**

2

7

6

8

0   200 m

▼ Haast

Road, die auf dem Weg zum ehemaligen Goldgräberort Gillespies Beach und dessen Robbenkolonie den wunderschönen Lake Matheson passiert. Die Gletscherzunge des Fox-Gletschers ist 6 km vom Ort entfernt.

Das informative **DOC**-Büro am SH6, ☎ 03 751 0807, ✉ foxsouthwestlandao@doc.govt.nz, ⏰ Mo–Fr 9–12 und 13–16.30 Uhr, zeigt Exponate Mit Schwerpunkt auf Tieflandwäldern und Gletscherbildung.

In Fox gibt es weniger Unterkünfte als in Franz Josef. Wer trotzdem übernachten will, sollte möglichst früh buchen und auf hohe Preise gefasst sein. Der einfache, kostenlose DOC-Campingplatz in Gillespies Beach (Kasten S. 751) ist vor allem im Sommer beliebt.

Fox Glacier Holiday Park, Kerrs Rd, ✆ 0800 154 366, 🖳 foxglacierholidaypark. co.nz. Große Auswahl an Zelt- und Wohnmobilstellplätzen, Cabins und geräumigen Units mit großartigem Bergblick. Camping $39, Cabins $68, Units $165

Fox Glacier Lodge, Sullivan Rd, ✆ 0800 369 800, 🖳 foxglacierlodge.co.nz. Das Chalet im alpinen Stil hat hübsch eingerichtete Zimmer mit Bad und Gemeinschaftsküche sowie Apartments und Wohnmobilstellplätze. Preis inkl. Frühstücksbuffet. DZ $99, Apartments $250

The Homestead, Cook Flat Rd, 700 m abseits des SH6, ✆ 03 751 0835, 📧 foxhomestead@ slingshot.co.nz. Freundliches Homestay auf einer schönen, 115 Jahre alten Farm mit knapp 900 ha Land mit Schafen und Rindern. Hübsche Zimmer mit Bad und z. T. Blick auf Mount Cook. Einfaches oder englisches Frühstück (ab $7). DZ $140

Ivory Towers, Sullivan Rd, ✆ 03 751 0838, 🖳 ivorytowerslodge.co.nz. Das einzige echte Backpacker-Hostel in Fox ist freundlich, sauber und farbenfroh. Die meisten Dorms haben Betten und Stockbetten, DZ haben alle TV. Neben der großen Küche gibt's noch eine Sauna, Leihräder und für Regentage ein kleines Kino. Dorms $28, DZ $73, DZ mit Bad $87

Mountain View B&B, 1 Williams Drive, 2 km abseits des SH6, ✆ 03 751 0770, 🖳 foxglacier mountainview.co.nz. Einladendes, modernes B&B. Neben 3 Zimmern mit Bad gibt's noch

Touren und Aktivitäten in Fox Glacier

Der Zugang zum Fox-Gletscher erfolgt von der Seite, um den Zugang zu Gletscherspalten und Eisnadeln zu erleichtern. Wie beim Franz-Josef-Gletscher sind auch hier die Gletscherwanderungen mit zunehmender Länge besser. Flughafen und Hubschrauberlandeplatz werden etwas seltener genutzt als in Franz Josef, haben aber ein ähnliches Angebot.

Wanderungen

Den Franz-Josef-Gletscher schon gesehen? Das ist kein Grund, den Fox auszulassen! Das Fox-Tal ist weniger steil, beeindruckt dafür aber mit gewaltigen Felsstürzen. Dadurch ist nicht nur die Wanderung zum Gletscher völlig anders, sondern auch der Gletscher selbst.

Zum Fox-Gletscher. Die Zugangsstraße Glacier Road überquert das breite Flussbett und muss gelegentlich umgeleitet werden, wenn das „tote" Eis unter der Fahrbahn allmählich schmilzt. Der Parkplatz liegt 6 km vom Ort entfernt. Von hier aus führt ein Pfad in rund 30 Min. zum Fuß des Gletschers, unterwegs müssen ein paar kleinere Bäche durchquert werden.

River Walk (2 km, 30 Min.). Der Weg beginnt unterhalb des Parkplatzes an der Glacier Road mit einer historischen Hängebrücke und hat den **Glacier Valley Viewpoint** an der Glacier View Road (die 3 km am Südufer des Fox River entlangführt) zum Ziel.

Chalet Lookout Walk (4 km, hin und zurück 1 1/2 Std., 150 Höhenmeter). Diese Route steigt vom Glacier Valley Viewpoint langsam nach oben und gewährt fantastische Ausblicke auf den Gletscher und die Berge.

Lake Matheson Walk und Peak Viewpoint (5 km westlich der Stadt an der Cook Flat Rd, 1 Std.). Fast jeder Bildband über Neuseeland enthält ein Foto des Lake Matheson, in dem sich Mount Cook und Mount Tasman spiegeln. Ein gut ausgeschilderter Pfad führt durch herrliche Landschaft einmal rund um den See, der durch das Schmelzen eines Eisbergs entstand, den der Fox-Gletscher bei seinem Rückzug vor rund 14 000 Jahren hinterließ. Der Rundgang bietet jedem die Möglichkeit, das

WESTKÜSTE

ein Cottage auf einem eigenem Grundstück am Stadtrand mit tollem Bergblick. Gut ausgestattete Zimmer mit geschmackvollem Dekor. Preis inkl. Frühstück. DZ $180

Rainforest Motel, 15 Cook Flat Rd, 200 m abseits des SH6, ☎ 0800 724 636, 🖥 rainforest motel.co.nz. Holzhütten mit hübschen, günstigen Studios und größeren Einzimmer-Units, 2 davon mit voll ausgestatteter Küche. Studios $145, Units $160

Reflection Lodge, Cook Flat Rd, 1,5 km abseits des SH6, ☎ 03 751 0707, 🖥 reflectionlodge.co. nz. Das romantische Homestay verdankt seinen Namen einem großen Gartenteich, in dem sich die Berge spiegeln; komfortable, freundliche Unterkunft mit passablen Preisen. Auf Wunsch auch Abendessen. DZ $210

The Westhaven, SH6, ☎ 0800 369 452, 🖥 thewesthaven.co.nz. Zentrales Motel mit modernen Queensize-, Kingsize- und Luxus-Units, letztere mit Super-Kingsize-Betten und Whirlpool. Alle Units mit WLAN und Fußbodenheizung. DZ $185

ESSEN

Cook Saddle, SH6, ☎ 03 751 0700. Bei den Einheimischen beliebter Saloon im Wildweststil mit gutem Essen und Riesenportionen, von Linsenburger bis Spareribs (Hauptgericht $12–27). Im Sommer regelmäßig Livemusik. ⏰ tgl. 12 Uhr bis spät.

The Hobnail Café, 44 Main Rd/SH6, ☎ 03 751 0825. Im Gebäude der Fox Glacier Guides. Alltagscafé mit Hang zum Kiwi-Tearoom-Stil, aber mit großer, günstiger Frühstücksauswahl; auch Salate, Sandwiches, Suppen und Burger (Gerichte $14–18). ⏰ tgl. 7.30–16 Uhr.

Matheson Café, Cook Flat Rd, ☎ 03 751 0878, 🖥 lakematheson.com. Architektonisch wunderschönes Café am berühmte See-Bild zu schießen. Die beste Chance haben Frühaufsteher, die schon vor dem Frühstück losziehen – den Hunger kann man anschließend mit dem hervorragenden Essen im **Matheson Café** s. oben) am Parkplatz stillen. Etwa 5 km nach dem Lake Matheson bietet der Peak Viewpoint an klaren Tagen einen tollen Blick auf das obere Ende des Fox Glacier und die schneebedeckten Berge.

Wanderungen vom Gillespies Beach. Nach weiteren 10 km entlang der Cook Flat Road kommt **Gillespies Beach** in Sicht, eine ehemalige Goldgräbersiedlung mit kleinem Friedhof und einfachem DOC-Campingplatz. Vom Campingplatz führt eine schöne Wanderung parallel zum Strand in nördliche Richtung vorbei an den Überresten eines alten Goldbaggers, der Gillespies Lagoon und einem kurzen Minentunnel zum **Galway Beach** mit dessen **Pelzrobbenkolonie** (hin und zurück 3 1/2 Std.).

Minnehaha Walk (1 km, 20 Min. Rundweg). Wer in Fox eine Betätigung für eine freie halbe Stunde sucht, kann diese mit dieser Wanderung im Flachen füllen, der sich durch üppigen, im Sommer schön schattigen und kühlen Wald windet. Nach Einbruch der Dunkelheit leuchten hier **Glühwürmchen**. Gletscherwandern, Heliwandern und Eisklettern.

Fox Glacier Guides, 44 Main Rd/SH6, ☎ 0800 111 600, 🖥 foxguides.co.nz. Ein kleineres Unternehmen als das am Franz Josef. Dadurch sind grundsätzlich weniger Wanderer auf dem Gletscher unterwegs. Bei der Halbtageswanderung (tgl. 2–4 Wanderungen, $99) ist man allerdings nur eine Stunde auf dem Eis, während es beim Tagesausflug ($149) über 3 Stunden sind. Außerdem im Angebot: Heliwandern (2 1/2 Std. auf dem Eis, $399) und Eisklettern (8–9 Std., $245).

Rundflüge und Fallschirmspringen

Fox & Franz Josef Heliservices Alpine Adventure Centre, Main Rd, Franz Josef, ☎ 0800 800 793, 🖥 scenic-flights.co.nz. Hat das gleiche Angebot wie in Franz Josef (Kasten S. 747).

Skydive NZ, ☎ 0800 751 0080, 🖥 skydivingnz.co.nz. Bietet Tandemsprünge aus 3660 m ($299) und 4877 m Höhe ($399).

WESTKÜSTE

Beginn des Wanderwegs um den Lake Matheson mit tollem Bergblick. Super für ein Frühstück ($7,50–19,50) wie Bagel mit Lachs und verlorenen Eiern, aber auch Mittags können sich Wanderer mit einem guten Lammburger oder Linguini mit *chorizo* belohnen. Nachmittags Kaffee und Kuchen. Wer im Sommer ein Abendessen genießen will, z. B. langsam gegarte Lammschulter mit Süßkartoffel und Senfrösti (Hauptgerichte $27,50–35), sollte reservieren. ⏲ tgl. 8–15 Uhr und Anfang Nov–März 18 Uhr bis spät.

NAHVERKEHR

Fox Glacier Shuttles & Tours, ✆ 0800 369 287, fährt zum Gletscher (hin und zurück ab $13) und zum Lake Matheson (hin und zurück ab $17). Auch die Robbenkolonie am Gillespies Beach wird angefahren (Preis auf Anfrage, je nach Passagierzahl).

TRANSPORT

Busse von InterCity und Atomic halten regelmäßig bei Fox Glacier Guides an der Main Road.

Busse nach:
FRANZ JOSEF 3x tgl., 30 Min.;
GREYMOUTH 3x tgl., 3 3/4–4 1/2 Std.;
HAAST 3x tgl., 2 Std. 40 Min.–3 Std.;
HOKITIKA 3x tgl., 3 Std.;
MAKARORA 3x tgl., 4 1/2 Std.;
QUEENSTOWN 3x tgl., 6–7 1/2 Std.;
WANAKA 3x tgl., 5–6 Std.

Südliches Westland und Haast Pass

Südlich der Gletscher wird die Westküste immer einsamer. Viele Reisende bringen die Strecke von den Gletschern nach Wanaka oder Queenstown an einem Tag hinter sich. Dabei verpassen sie jedoch wunderbare Landschaften. Natürlich gibt es auch hier einige Einrichtungen: Die meisten Übernachtungs- und Einkehrmöglichkeiten findet man rund um **Haast**, aber auch unterwegs laden immer mehr Orte zu einem Zwischenstopp ein. Bis 1965 führte nicht einmal

Kleine Gletscherkunde

Die Existenz eines Gletschers ist immer ein Balanceakt zwischen konkurrierenden Kräften: Der Neuschnee auf dem **Firnfeld** hoch in den Bergen kämpft mit dem schnellen Schmelzen am Ende der **Gletscherzunge** unten im Tal, wobei der Sieger bestimmt, ob der Gletscher wächst oder schrumpft. Aus den dichten Schneemassen bildet sich allmählich klares **Gletschereis**, das sich bis zu dem Punkt auftürmt, wo es unter seinem eigenen Gewicht nach unten zu „fließen" beginnt. Durch Reibung an den Talwänden verlangsamt sich die Bewegung an den Rändern, während das Eis in der Mitte ungehindert talwärts wandert und dadurch das charakteristische wellenförmige Aussehen auf seiner Oberfläche entsteht, das besonders bei so aktiven Gletschern wie Franz Josef und Fox zu beobachten ist. Bei einem jähen Gefälle entsteht ein **Gletscherbruch** mit hoch aufragenden Eisblöcken, Zacken und **Nadeln** (Séracs).
Wer mit dem Anblick schmuddeliger Gletscher in den europäischen Alpen oder den amerikanischen Rockies vertraut ist, erwartet vermutlich eine Oberfläche durchsetzt von **Felsschutt**, der von den Talwänden heruntergefallen ist. Franz Josef und Fox jedoch fallen so steil ab, dass sich keine Decke aus Gesteinsschutt bilden kann und sie daher jungfräulich weiß bleiben. Die Steine, die mit dem Gletscher in die Tiefe gelangen, werden nach dessen Rückzug als Endmoränen abgelagert. Manchmal hinterlassen rückläufige Gletscher riesige Eisbrocken, die bei ihrer Schmelze **Gletscherseen** bilden. Vergangene Gletscherbewegungen lassen sich am besten entlang der Talwand erkennen, dort, wo der Gletscher die gesamte Vegetation zerstört hat. Beim Fox und Franz Josef hinterließ der mit der Kleinen Eiszeit (um 1750) verbundene Eisvorstoß hoch oben an der Talwand eine deutliche Trennlinie zwischen ausgewachsenen Rata-Bäumen und Gebüsch.

eine Straße durch diese Gegend, und erst 1995 wurde der letzte Abschnitt über den Haast Pass asphaltiert.

Der SH6 verläuft größtenteils durchs Landesinnere, passiert den Startpunkt der Wanderung zu den Welcome **Flat Hot Springs** (s. Kasten) und führt durch Kahikatea- und Rimu-Wälder zurück zum Meer, das er am **Knight's Point** erreicht. Am Rande der Haast Coastal Plain mit ihren beeindruckenden **Dünen**, die Seen und einzelnen Kahikatea-Beständen Schutz bieten, geht es nun am Wasser entlang nach Haast. Nach den verstreuten Häusern von Haast führt die Straße Richtung Süden vorbei an **Jackson Bay**, einer alten Siedlung aus Kolonialzeiten. Der SH6 wendet sich von Haast wieder ins Landesinnere und bahnt sich einen Weg über den **Haast Pass** zur ehemaligen Holzfällerstadt **Makarora**, die nicht wirklich zur Westküste gehört, aber feucht genug ist, um einige Charakteristika mit ihr zu teilen, und die außerdem der Startpunkt für eine tolle Wanderung über den **Gillespie Pass** ist.

Paringa River und Lake Paringa

SH6, 17 km südlich von Bruce Bay

Dort, wo der SH6 den **Paringa River** überquert, erinnert eine Plakette an den südlichsten Punkt, den Thomas Brunner 1846–48 bei seinen Forschungsreisen erreichte. Ganz in der Nähe ist eine **Lachsfarm**, wo Tourbusse zu einem überteuerten Imbiss einkehren. Besser ist es, den leckeren Räucherlachs warm oder kalt mitzunehmen und 8 km weiter südlich im einfachen, aber wunderbar gelegenen **DOC-Campingplatz** am Nordufer des Lake Paringa ($6) zu essen.

Monro Beach Walk

SH6, 18 km südlich von Lake Paringa ▪ 5 km, 1 1/2 Std.

Der **Monro Beach Walk** führt durch wunderschönen Wald an einen Strand, wo man an Land und im Wasser die seltenen **Fjordlandpinguine** sehen kann (v. a. frühmorgens und am späten Nachmittag). Sie zeigen sich hauptsächlich während der Brutzeit (Juli–Dez), manchmal aber

Die beliebteste **Wanderung** in dieser Region führt zu den Welcome Flat Hot Springs, einer Reihe heißer Pools, in denen jeder ein Fleckchen mit der richtigen Wassertemperatur findet. Praktisch alle Besucher verbringen die Nacht in der angrenzenden Welcome Flat Hut des DOC (31 Betten, $15, Camping $5, Jahrespass nicht gültig). Bis dieser Führer in Druck geht, sollten die Betten auch online buchbar sein.

Eine ausführliche Beschreibung des Wegs findet man in der Broschüre *Copland Track*, die beim DOC erhältlich ist. **Startpunkt** der Wanderung ist ein Parkplatz am SH6, 26 km südlich von Fox Glacier. Atomic und InterCity-Busse setzen Wanderer hier ab bzw. sammeln sie nach vorheriger Ankündigung wieder ein. Die **Strecke** vom SH6 nach Welcome Flat (17 km, einfach 6–7 Std., 450 Höhenmeter) ist im Vergleich mit anderen Great Walks eher schwierig zu begehen. Der Pfad führt am Karangarua und Copland River entlang, wobei man unterwegs zahlreiche Bäche durchqueren muss. Sollten die Flüsse zu viel Wasser führen (was sehr häufig der Fall ist), so gibt es als Alternative einige Brücken, was insgesamt etwa eine Stunde mehr Zeit erfordert. Nach heftigen Regenfällen wird der Weg unpassierbar: Unbedingt Extra-Verpflegung mitnehmen, falls man ein oder zwei Tage festsitzt!

auch während der Mauser im Februar. Aber auch ohne Pinguine ist die Wanderung landschaftlich reizvoll und Balsam für die Seele.

Knight's Point und Ship Creek

Knight's Point liegt am SH6, 23 km südlich von Lake Paringa

Am **Knight's Point** kehrt der SH6 zur Küste zurück, wo eine Wegmarkierung der 1965 geschaffenen Straßenverbindung zwischen Westland und Otago gedenkt. 10 km weiter, am teefarbenen **Ship Creek**, beginnt die **Haast-Küstenebene**, wo ein Picknickplatz und Schilder an

WESTKÜSTE

einem einsamen, wilden Strand auf zwei schöne Spaziergänge hinweisen (beide hin und zurück 20 Min.): den **Kahikatea Swamp Forest Walk**, der flussaufwärts durch Kahikatea-Wald zu einem Aussichtspunkt führt, und den rollstuhlgeeigneten **Mataketake Dune Lake Walk** entlang der Küste zu dem von Dünen umgebenen Lake Matateke.

Vom Ship Creek, der den Beginn der Haast Coastal Plain markiert, sind es nur noch 15 km zu der 700 m langen Haast River Bridge, ihres Zeichens die längste einspurige Brücke des Landes.

Haast

Auf den ersten Blick erscheint **Haast** ziemlich verwirrend, da gleich drei winzige Gemeinden denselben Namen tragen: Kurz nach der Haast River Bridge, an der Kreuzung des SH6 mit der Nebenstraße nach Jackson Bay, liegt **Haast Junction**. Fährt man auf der Jackson Bay Road (S. 756) noch 4 km weiter, erreicht man **Haast Beach**, die größte Siedlung. **Haast Township** wiederum liegt am SH6 Richtung Haast Pass und Wanaka, 3 km hinter Haast Junction.

Gillespie Pass: Wilkin–Young Valley Circuit

Der Track über den 1490 m hohen Gillespie Pass verbindet das Tal des oberen Young River mit dem des **Siberia Stream** und des **Wilkin River**. Landschaftlich gesehen kann diese Wanderung mit jeder der wesentlich berühmteren Routen weiter südlich mithalten.
Ende 2007 entstand durch einen möglicherweise instabilen Erdrutsch ein See, woraufhin das Young Valley vorübergehend für Wanderer gesperrt wurde. Es ist jetzt wieder zugänglich unter der Bedingung, dass alle Wanderer das Tal bei starkem Regen meiden. Der neue Blue-Young Link Track, eine Verlängerung des Blue Pools Track, bietet einen alternativen Zugang zum Young Valley für den Fall, dass der Fluss viel Wasser führt. Die DOC-Broschüre *Gillespie Pass, Wilkin Valley Tracks* enthält alles Wissenswerte über die Wanderung. Sehr hilfreich sind auch die *Mount Aspiring National Parkmap* (1:160 000) und die *Wilkin Map* (1:50 000). Die Wanderung kann in kleinere Etappen aufgeteilt werden, indem man die Flugzeuge und Jetboote von Siberia Experience (S. 758) nutzt. Für die gesamte Strecke (58 km) werden zu Fuß drei Tage benötigt.

Zugang und Übernachtung
Alle **Hütten** ($15, keine Reservierung möglich) in den Tälern Wilkin und Young sind mit Matratzen und Heizung ausgestattet, besitzen aber keine Kochmöglichkeit. **Hüttentickets** und die ein Jahr gültigen **Hüttenpässe** bekommt man im DOC-Büro von Makarora (S. 758). Üblicherweise beginnt man die Wanderung im Young Valley und läuft das Wilkin Valley wieder hinunter. Sowohl am Start- als auch am Endpunkt der Tour muss der breite **Makarora River** durchquert werden, was aber nur Wanderer mit entsprechender Erfahrung versuchen sollten – fast jedes Jahr kommt hier jemand um.
Eine gute Idee ist es, die Wanderung über den **Blue-Young Link Track** anzugehen und vor Antritt der Tour eine Abholung per Jetboot in Kerin Forks zu organisieren, will man sich nicht mit Flussdurchquerungen herumschlagen, oder man versucht, im Siberia Valley spontan einen Platz im Flieger zu ergattern.

Die Route
Tag 1: Vom Zusammenfluss von Young und Makarora zur Young Hut (20 km, 6–7 Std., 500 Höhenmeter)
Vom Parkplatz Blue Pools führt der Weg durch Wald und über offenes Land, wobei die Flüsse Makarora und Blue River und die Bäche Ore und Leven on Brücken überspannt werden. Das Young Valley ist linker Hand am SH6 ausgeschildert. Nach dem Zaunübertritt folgt man orangefarbenen Stangen bis zum Zusammenfluss von Young und Makarora. Vom Zusammenfluss bis zur Young Hut folgt der Weg dem linken Ufer des Young durch Südbuchenwald nach Young Forks (kostenloser Campingplatz)

Von Weihnachten bis Ende Februar sollte man in Haast seine Unterkunft im Voraus buchen. Selbstversorger können sich im kleinen, eher teuren Supermarkt eindecken. Die Öffnungszeiten der Restaurants variieren.

Collyer House B&B, Nolans Rd, Okuru, am SH6, 13 km südlich von Haast Junction, ✆ 03 750 0022, 🖳 collyerhouse.co.nz. Einladende Luxusunterkunft mit 4 modernen Zimmern mit Bad und entferntem Meerblick; Preis inkl. großem englischen Frühstück. DZ $250

Fantail Café, Marks Rd, Haast Township, ✆ 03 750 0055. Ein lebhaftes kleines Café mit mehreren gemütlichen Räumen und Tischen im Freien. Das Frühstück ist hervorragend (z. B. getoastete Bagels mit leckerer Olivenpaste und gebratenen Pilzen, süße Donuts mit Rührei und French Toast), vegetarische Wraps, nette Kuchen und Kaffee (Gerichte $6–17,50). Öffnungszeiten variieren. 🕑 tgl. 8–16 Uhr.

Haast Beach Holiday Park, Jackson Bay Rd, Okuru, 15 km südlich von Haast Junction,

und, nach der Flussgabelung, dem South Branch. Ein steiler Abschnitt (100 Höhenmeter) führt, u. a. über mehrere instabile Erdrutsche, zum Stag Creek. Von hier geht es stetig durch den Wald bergan zur neuen Young Hut (20 Betten).

Tag 2: Young Hut–Siberia Hut (12 km, 6–8 Std., 700 m Aufstieg, 1000 m Abstieg)
Der nächste anstrengende Tag führt zunächst hinauf zur Baumgrenze, überragt vom 2202 m hohen Mount Awful. Es folgt der steile und lange Aufstieg zum Gillespie-Pass. Erst nach 3 Std. ist der Sattel erreicht, ein faszinierender Ort, der Ausblicke bis auf die schneebedeckten nördlichen Gipfel des Mount Aspiring National Park gewährt. Auf grasigen Abhängen geht es nun steil hinunter zum Gillespie Stream, dem man bis zu seinem Zusammenfluss mit dem Siberia Stream folgt. Nach einer weiteren Stunde flussabwärts kommt endlich die Siberia Hut in Sicht, die zwar abgebrannt ist, aber neu aufgebaut sein müsste, bis dieser Führer in Druck geht (neueste Informationen beim DOC). Ganz Konditionsstarke unternehmen zuvor eventuell noch den Abstecher zum Lake Crucible (hin und zurück 4–5 Std.) und laufen erst dann zur Hütte hinunter. Man kann aber auch zwei Nächte in der Hütte verbringen und die Wanderung zum Lake Crucible (13 km, hin und zurück 6–7 Std., 500 Höhenmeter) am nächsten Tag machen.

Abstecher zum Lake Crucible (13 km, hin und zurück 6–7 Std., 500 Höhenmeter). Von der Siberia Hut folgt man dem linken Ufer des Siberia Stream für kurze Zeit, bis man am anderen Flussufer den kataraktartigen Crucible Stream entdeckt. Man durchquert nun den Siberia Stream und steigt am rechten Ufer durch den Wald aufwärts. Die Etappe ist anstrengend, und die Wegmarkierungen sind auf den Wiesen weiter oben manchmal schwer zu finden, aber der Anblick des tiefen Sees mit seinen Eisbergen zu Füßen des Mount Alba lohnt die Mühe auf jeden Fall. Vom **Flugplatz im Siberia Valley** starten regelmäßig Flugzeuge, und vielleicht hat man Glück und kann einen der freien Restplätze ergattern.

Tag 3: Siberia Hut–Kerin Forks (8 km, 2–3 Std., 100 Höhenmeter)
Am südlichen Ende der Siberia Flats betritt man den Wald und steigt auf der linken Uferseite des Siberia Stream im Zickzack abwärts (der Weg führt vom Fluss weg) zum Wilkin River und der **Kerin Forks Hut** (10 Betten), wo sich viele Wanderer von einem Jetboot abholen lassen – da der Makarora River nach heftigen Regenfällen für Fußgänger unpassierbar wird, sollte man diese Art des Rücktransports nutzen. Als Alternative läuft man den letzten Abschnitt von **Kerin Forks nach Makarora** (17 km, 5–6 Std., 100 m Aufstieg, 200 m Abstieg), indem man dem linken Ufer des Wilkin River folgt, den Makarora River oberhalb des Zusammenflusses überquert und an seinem Flussufer zurück nach Makarora läuft.

WESTKÜSTE

☎ 03 750 0860, 🖥 haastbeachholidaypark. co.nz. Einfacher Ferienpark unweit vom Strand und Hapuku Estuary Walk. Zelte $15, Dorms $27, Cabins $65, Cabins mit Küche $75, Motel Units $90

Hard Antler Bar, Marks Rd, Haast Township, ☎ 03 750 0034. Die Lieblingsbar der Einheimischen hat große Portionen (Hauptgericht $20–30), z. B. einen herzhaften Wildeintopf, und günstiges Bier aus Zapfhähnen mit Hirschgeweihgriff. ⏰ tgl. 11–21 Uhr.

Heritage Park Lodge, Marks Rd, Haast Township, ☎ 03 750 0868, 🖥 heritageparklodge. co.nz. Das gut geführte Motel ist die beste Unterkunft im Ort, mit komfortablen Studios, echten Wolldecken und Einrichtungen für Selbstversorger. DZ $85

Wilderness Accommodation, Haast Township, ☎ 03 750 0029, 🖥 wildernessaccommo dation.co.nz. Einladende, günstige Bleibe, die Hostelzimmer mit 4 Betten mit verschiedenen Motel Studios kombiniert. Alle haben Zugang zu Gemeinschaftsbereich und Küche. Außerdem gibt's Leihroller – ideal für einen Ausflug zur Jackson Bay. Dorms $28, DZ $65, Motel Units $140

DOC Visitor Centre, SH6, Ecke Jackson Bay Rd, Haast Junction, ☎ 03 750 0809, 🖥 doc. govt.nz. Bietet Infotafeln zu allen Aspekten der Umgebung sowie den 20-minütigen Film *Edge of Wilderness* (auf Anfrage; $3). ⏰ tgl. Anfang Nov–April 9–18, sonst 9–16.30 Uhr.
Weitere Informationen auf der **Website** unter 🖥 haastnz.com.

Waiatoto River Safaris Hannahs Homestead, Jackson Bay Rd, ☎ 0800 538 723, 🖥 river safaris.co.nz. Organisiert Jetbootsafaris (Okt–Ende April tgl., auf Anfrage, 2 Std. $199) von der Küste bis ins Herz der Berge, mit Betonung auf Geschichte und Landschaft.

Haast River Safari, ☎ 0800 865 382, 🖥 haast river.co.nz. Angeboten werden Bootsfahrten (2–3x tgl., $139).

Waana Go Fishing Charters, ☎ 03 750 0134, 🖥 wannagonz.com. Halbtägige (ab $220 p. P.) und ganztägige ($250 p. P.) Charterfahrten für mindestens 4 Pers.

InterCity- und Atomic-**Busse** halten vor dem Fantail Café, aber ohne eigenes Auto ist man hier schlecht beraten.

Die Straße nach Jackson Bay

Die 50 km lange Strecke ins Fischerdorf Jackson Bay wird nur von einer bescheidenen Anzahl neugieriger Touristen befahren. 4 km hinter Haast Junction ist **Haast Beach** erreicht, das einen kleinen Laden und eine Zapfsäule besitzt.

Hapuku Estuary Walk und Umgebung

10 km von Haast Beach entfernt

Gegenüber dem **Haast Beach Holiday Park** (S. 755) folgt der **Hapuku Estuary Walk** (20-minütiger Rundgang) einem erhöhten Plankenweg über eine Brackwasser-Lagune und durch Kowhai-Wald. Besonders schön ist der Spaziergang im Oktober und November, wenn die Bäume leuchtend gelb blühen. Sanddünen bieten dem Rimu- und Kahikatea-Wald Schutz, und gelegentlich genießt man einen Blick auf die **Open Bay Islands**, heute ein **Schutzgebiet** mit einer recht großen Kolonie von Pelzrobben und Fjordlandpinguinen. Nach der Arawhata Bridge abbiegen und der unbefestigten Straße 5 km bis zum Anfang einer leichten, einstündigen Rundwanderung um **Lake Ellery** folgen.

Jackson Bay

50 km südlich von Haast, an der Straße von Haast nach Jackson Bay, liegt die ehemalige Robbenfangstation im Schutz von Jackson Head, der die heftigen Westwinde etwas abschwächt.

Wem die Sandfliegen nichts ausmachen, der kann auf dem **Wharekai Te Kou Walk** (hin und zurück 40 Min.) über die flache Landenge hinter dem Jackson Head zu einem Strand laufen, wo zwischen Juli und November manchmal Dickschnabelpinguine zu sehen sind. Fantastische Ausblicke auf die Küste bietet der **Smoothwater Track** (hin und zurück 3 Std.) zum gleichnamigen Fluss.

Die Versorgungseinrichtungen in Jackson Bay beschränken sich auf den rustikalen Diner **The Cray Pot** in einem alten Eisenbahnwag-

WESTKÜSTE

gon. Zum Essen gibt es frische Fish 'n' Chips (meistens mit Kohlenfisch), Fischsuppe u. Ä. (Hauptgericht $14,50–27,50) sowie Tee und Kaffee. ⊕ Mitte Sep–April 12–18.30 Uhr, saisonale Öffnungszeiten variieren.

Haast Pass

SH6, östlich von Haast

Von Haast sind es fast 150 km über den niedriger als Arthur's und Lewis Pass gelegenen **Haast Pass** nach Wanaka. Die Ngai Tahu benutzten diese Route für den Handel mit Jade und zeigten sie vermutlich dem Goldsucher Charles Cameron, der den Haast Pass 1863 als erster Pakeha überquerte. Bald darauf folgte der einflussreichere **Julius von Haast**, der, bescheiden wie er war, die Strecke nach sich selbst benannte.

Von Haast verläuft die Strecke zunächst entlang des breiten **Haast River** und windet sich dann in vielen Kurven den Pass hinauf. Zahlreiche kurze und gut ausgeschilderte Wege, meistens zu Wasserfällen an Nebenflüssen des Haast River, zweigen unterwegs von der Straße ab. Zu den beliebtesten Zielen gehören die **Thunder Creek Falls**, die **Fantail Falls** gleich neben der Straße und der **Blue Pools Walk** zu einem leuchtend blauen Bach, der aus einer engen, eisigen Schlucht sprudelt. Übernachtungsmöglichkeiten an der Strecke bieten die einfachen **DOC-Campingplätze** ($6 p. P.) **Pleasant Flat**, 45 km hinter Haast, und **Cameron Flat**, 10 km vor Makarora.

Makarora

Die Handvoll Häuser, die sich **Makarora** nennt, liegt auf der Hälfte der Strecke zwischen Haast und Wanaka, am nördlichen Rand des **Mount Aspiring National Park**. Wer schon in Vorfreude

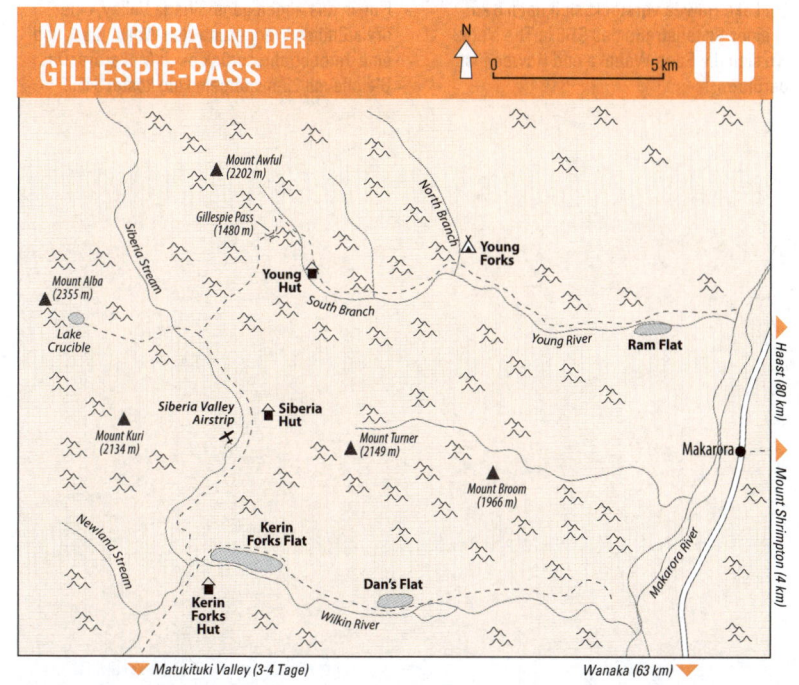

MAKARORA UND DER GILLESPIE-PASS

N
0   5 km

Mount Awful (2202 m)
Gillespie Pass (1480 m)
Siberia Stream
Mount Alba (2355 m)
Lake Crucible
Young Hut
South Branch
North Branch
Young Forks
Young River
Ram Flat
Siberia Valley Airstrip
Siberia Hut
Mount Kuri (2134 m)
Mount Turner (2149 m)
Mount Broom (1966 m)
Makarora
Newland Stream
Kerin Forks Flat
Dan's Flat
Kerin Forks Hut
Wilkin River
Makarora River

▼ Matukituki Valley (3-4 Tage)

Wanaka (63 km) ▼

WESTKÜSTE

► Haast (80 km)
► Mount Shrimpton (4 km)

auf den Komfort in Wanaka und Queenstown ist, wird in diesem Ort kaum verweilen wollen, aber unternehmungslustige Reisende mit ein paar Extra-Tagen im Gepäck können einen der hiesigen Wanderwege ins Auge fassen.

In der Nähe von Makarora liegen zwei **kurze Wanderwege**. Der **Makarora Bush Nature Walk** (15 Min. Rundwanderung) beginnt in der Nähe des DOC-Büros; davon zweigt der **Mount Shrimpton Track** (hin und zurück 5 km, 4–5 Std., 900 Höhenmeter) ab, der durch Silberbuchen steil ansteigt bis zur Baumgrenze auf eine Anhöhe über dem Makarora Valley.

ÜBERNACHTUNG UND ESSEN

Boundary Creek, SH6. Ruhiger Campingplatz am oberen Ende des Lake Wanaka, mit 40 Zeltstellplätzen direkt am Ufer. Einfach, aber idyllisch und umgeben von Wanderwegen in alle Richtungen. $6

Kidds Bush, Meads Rd, 3 km nördlich von Wanaka. Dieser einfache DOC-Campingplatz am Lake Hawea versteckt sich nach 6 km in einer Seitenstraße des SH6 in The Neck, wo sich die Seen Wanaka und Hawea fast berühren. $6

Makarora Tourist Centre, SH6 ✆ 03 443 8372, 🖥 makarora.co.nz. Makaroras Epizentrum. Hier gibt's Sprit und eine kleine Auswahl an Lebensmitteln sowie eine Café-Bar mit Frühstück, Sandwiches und Mittagsbuffet (Gerichte $10,90–18,90), außerdem einfaches Abendessen mit Steak, Hühnchen sowie Vegetarischem (Hauptgericht $20–30) sowie verschiedene günstige Unterkünfte. Camping p. P. $12, Dorms $30, DZ $70, Cabins mit Küche $85, Chalets $125

INFORMATIONEN UND TOUREN

DOC, SH6, ✆ 03 443 8365, ✉ mtaspiringgvc @doc.govt.nz. Das Büro hat Informationen und Hüttenpässe für Wanderungen, v. a. für den Gillespie Pass (Kasten S. 754). ⏰ Dez–April tgl. 8–17 Uhr, Mai–Nov Mo–Fr unregelmäßig besetzt.

Siberia Experience, ✆ 0800 345 606, 🖥 siberiaexperience.co.nz. Die vierstündige Siberia-Experience-Tour ($355) umfasst einen Flug in das abgelegene Siberia Valley, eine dreistündige Wanderung zum Wilkin River und eine Jetbootfahrt zurück nach Makarora. Das Gleiche mit 25-minütigem Flug kostet $455.

© ROUGH GUIDES

Auckland
Wellington
Christchurch

Central Otago

Stefan Loose Traveltipps

18 **Queenstown** Nervenkitzel pur bietet Nevis Highwire Bungy mit Neuseelands höchstem Bungy-Sprung (134 m), aber auch eine Jetbootfahrt oder ein Rafting-Ausflug auf dem Shotover River sind abenteuerlich, ganz zu schweigen von einem atemberaubenden Heli-Biking-Trip. S. 762

Weingüter In Central Otago, dem südlichsten Weinanbaugebiet der Welt, laden über 20 Weingüter zu einer Verkostung insbesondere des göttlichen Pinot Noir ein. S. 790 und S. 816

19 **Routeburn Track** Alpine Landschaften und dichter Wald machen diesen Wanderweg zu einem der schönsten in Neuseeland. S. 795

Canyoning Mit einem Neoprenanzug bekleidet geht es in die faszinierenden Schluchten des Matukituki Valley. S. 806

Otago Central Rail Trail Eine dreitägige Radtour entlang einer stillgelegten Bahnlinie durch die ländliche Maniototo-Region. S. 820

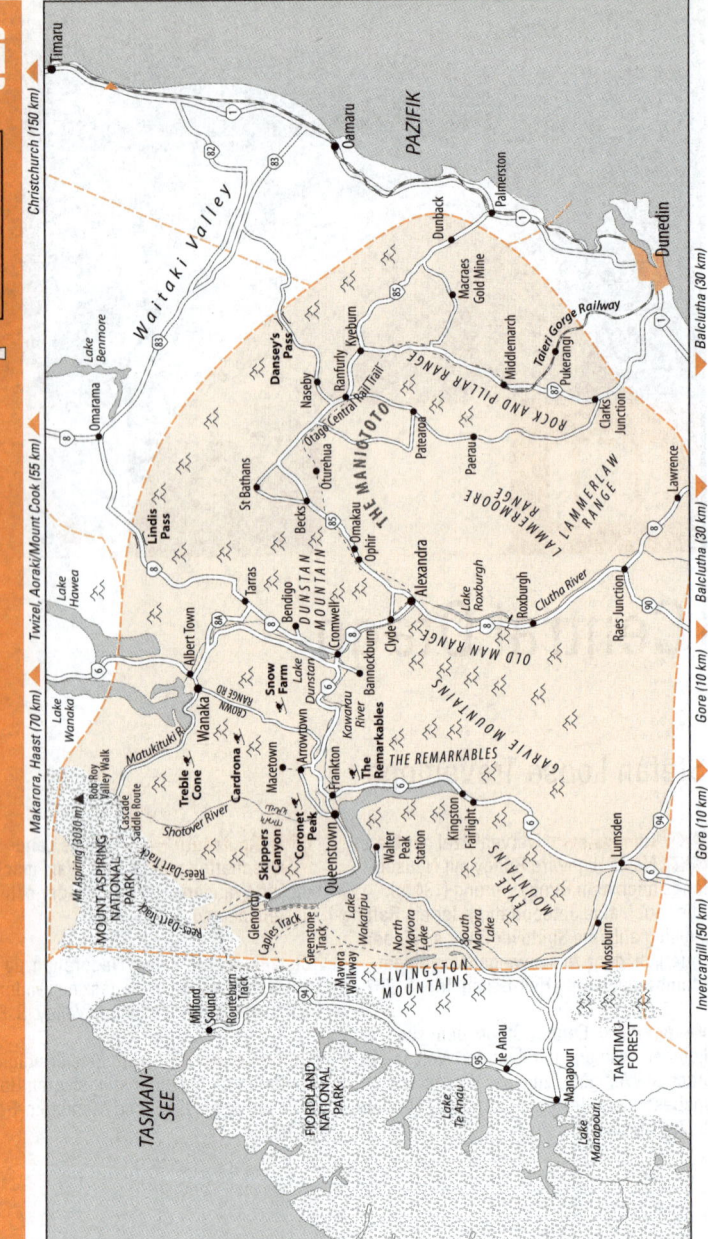

Umgeben von den feuchten Buchenwäldern und schroffen Felswänden Fiordlands, den schneegekrönten Gipfeln der Neuseeländischen Alpen, den fruchtbaren Ebenen südlich von Canterbury und den Schafsweiden Southlands liegt **Central Otago**. Unter dem klaren Himmel dieser atemberaubend schönen Region locken eiskalte, von Gletschern ausgehöhlte Seen und karge Berge. Das Zentrum dieses Gebiets bildet **Queenstown**, ein rohes Juwel mit traumhaften Ausblicken über den Lake Wakatipu bis zu den zerklüfteten Berggipfeln der Remarkables. Der Ort ist Neuseelands Hauptstadt für Abenteueraktivitäten: Hier lässt sich fast alles arrangieren, was irgendwie Adrenalinschübe auslöst. Weitaus zahmer präsentiert sich dagegen der Ferienort **Wanaka** am stillen Ufer des gleichnamigen Sees. In der gesamten Region finden sich Überreste des Goldrausches des 19. Jhs., besonders rund um **Cromwell** und inmitten der Landschaft des **Maniototo**, die sich unter einem unbeschreiblich weiten Himmel ausbreitet.

Central Otago wird geprägt durch seine Flüsse und Seen. Schmelz- und Regenwasser füllen den 70 km langen **Lake Wakatipu**, seinerseits die Quelle des Kawarau River, der durch die faszinierende Kawarau Gorge fließt. Unterwegs nimmt er noch das Wasser des Shotover River aus dem Gebiet der ehemaligen Goldfelder bei Skippers auf.

In **Queenstown** werden Aktivitäten wie Bungy-Jumping, Jetbootfahren, Rafting, Fallschirmspringen, Mountainbiking, Paragliding usw. in sehr erfolgreich vermarkteten Paketen angeboten. Aber natürlich muss man nichts davon in Anspruch nehmen. Viele Besucher geben sich damit zufrieden, am Seeufer zu entspannen und in den besten Cafés und Restaurants der Region zu speisen. In der wundervollen Umgebung sind bereits mehrere bekannte Filme gedreht worden, so z. B. einige Szenen aus *Die Chroniken von Narnia*-Trilogie und zuletzt ein Großteil von *Der Hobbit*.

Das benachbarte **Arrowtown** bietet eine nette Atempause vom Trubel in Queenstown und vermarktet sein Goldrauscherbe auf angenehme Art und Weise. Inmitten der alten Straßenzüge findet fast jeder etwas, was ihn anspricht: kleine Restaurants, coole Bars, ein alternatives Kino,

historische chinesische und Goldgräbersiedlungen und eine Tageswanderung zu den verwaisten Goldminen der nahe gelegenen Geisterstadt **Macetown**.

Glenorchy am nördlichen Ende des Lake Wakatipu ist Ausgangspunkt einiger der beliebtesten Wanderungen in Neuseeland. Dank eines guten Transportsystems sind die Startpunkte des sagenhaften **Routeburn Track** sowie der schönen Wanderwege **Caples** und **Greenstone** mühelos zu erreichen. Das Gleiche gilt für den gebirgigen **Rees-Dart Track**, den ersten Abschnitt der schwierigen Cascade Saddle Route. Das mit Gletschern bedeckte „Matterhorn des Südens" bildet das Herzstück des **Mount Aspiring National Park**, der über das bezaubernde Matukituki Valley mit dem Ferienort **Wanaka** am gleichnamigen See verbunden ist. Wanakas geruhsame Atmosphäre steht in absolutem Kontrast zur Hektik von Queenstown, auch wenn es nicht an Veranstaltern mangelt, die alle möglichen Aktivitäten anbieten.

Lake Wanaka und Lake Wakatipu speisen den Clutha River, der sich seinen Weg zur Küste südlich von Dunedin durch Landschaften bahnt, die von der fieberhaften Suche nach **Gold** gezeichnet sind. Das meiste Gold ist längst ausgebeutet und die Region größtenteils verlassen, doch rund um die beschaulichen Orte **Cromwell**, **Alexandra** und **Roxburgh** stößt man immer noch auf Zeugnisse der Goldgräberzeit. Die Goldsucher gründeten auch winzige Ortschaften im Maniototo wie **St Bathans** und **Naseby**, reizvolle Orte mit interessanten Relikten aus den Boomjahren.

Von Juni bis Oktober steht die Region ganz im Zeichen des **Wintersports**. Queenstown bildet die Basis für die Abfahrtsskigebiete **Coronet Peak** und **Remarkables**, Wanaka für **Cardona** und **Treble Cone** sowie das nordische Skigebiet **Snow Farm**.

Geschichte

Central Otago war zunächst von Maori besiedelt. Als jedoch in den 1830er-Jahren die ersten Europäer eintrafen, um Land für die Weidewirtschaft aufzukaufen, lebten hier nur noch wenige Ureinwohner. Nach der Gründung von Dunedin 1848 stieg das Interesse der Weißen an der Region; doch alles veränderte sich 1861, als der

Australier Gabriel Read am Tuapeka River südlich von Lawrence einige Körnchen **Gold** entdeckte und damit den heftigsten Goldrausch Neuseelands auslöste. Innerhalb weniger Wochen war Dunedin praktisch ausgestorben, und Tausende kampierten auf dem Goldfeld von **Tuapeka** rings um **Gabriels Gully**. Im Winter 1862 holten die kalifornischen Goldsucher Horatio Hartley und Christopher Reilly ihre ersten Nuggets aus dem Clutha River und hatten innerhalb von drei Monaten stolze 40 kg Gold zusammen. Das gab den Ausschlag für einen noch größeren Goldrausch, in dessen Zentrum diesmal **Cromwell** stand, das praktisch über Nacht zum Leben erwachte.

Gold am Shotover River

Später im Jahre 1862 war Thomas Arthur und Harry Redfern das Glück beim heutigen **Arthur's Point** am Shotover River 5 km nördlich von Queenstown hold, und aus Neuseeland und Australien setzte anschließend ein Massenexodus zu den neuen Feldern am „reichsten Fluss der Welt" ein. Die Hauptgoldader erstreckt sich unter dem **Mount Aurum**, und das Gold wird durch die Zuflüsse des Shotover zu den Goldfeldern transportiert. Bis 1864 waren die Flussufer ausgebeutet, und immer raffiniertere Schürfmethoden mussten entwickelt werden (Kasten S. 763).

Während im Skippers Canyon weiter nach Gold gesucht wurde, wurde man auch im heutigen **Arrowtown** fündig, der letzten großen Goldgräberstadt. Innerhalb weniger Jahre gingen die Erträge jedoch zurück. Als keine großen Schätze mehr zu holen waren und die Händler ihre Gewinne schwinden sahen, wurden **chinesische Gastarbeiter** angeheuert. Sie durchforsteten die von den Europäern hinterlassenen *tailings* (durchsiebtes Geröll).

Nach dem Goldrausch

Obwohl sich der Goldboom in Central Otago genauso rasch wie anderswo verflüchtigte, dauerte das Goldschürfen in der einen oder anderen Form immerhin fast 40 Jahre an, und der finanzielle Gewinn für die Südinsel war so bedeutsam, dass sie zumindest eine Zeit lang die treibende Wirtschaftskraft Neuseelands war. Dunedin blühte, und mit den Geldern aus den Goldfunden wurden die meisten der eleganten öffentlichen Gebäude errichtet.

Im Laufe der Zeit wurden viele Goldgräber-Claims aufgegeben, was nicht unbedingt an den kläglichen Schürfergebnissen, sondern vielmehr am unwirtlichen Winterwetter, an der Hungersnot, den sinkenden Goldpreisen und der Wasserknappheit lag. Andere hatten schlicht und ergreifend das Interesse an ihrem Besitztum verloren. Die Goldgräber hinterließen eine Landschaft voller verlassener Stollen, gefährlicher Schächte und merkwürdig aussehender Gerätschaften. Als sich Schafzucht und Obstanbau zu den wichtigsten Erwerbszweigen entwickelten, rostete die verlassene Technik jahrzehntelang einfach vor sich hin. Heute stellt die Goldgräberzeit eine wichtige Einnahmequelle für den Tourismus der Region dar.

18 **HIGHLIGHT**

Queenstown

Zweifellos handelt es sich bei Queenstown um das kommerziellste Urlaubsziel Neuseelands. Nicht selten beklagen sich Besucher, dass die Abenteuersport-Metropole des Landes zu überfüllt, zu laut, zu teuer, zu großspurig und Opfer einer hemmungslosen Erschließungs- und Bauwut sei. Das ist nicht ganz falsch: Tagsüber ist Queenstown vom fernen Widerhall der Angst- und Freudenschreie der Adrenalin-Junkies erfüllt, abends quellen aus den Bars die stampfenden Bässe der Musik, untermalt vom schrillen Pfeifen der *TSS Earnslaw*. Gleichzeitig aber ist es ein malerischer Ort, schön gelegen am azurblauen Lake Wakatipu und eingerahmt von zerklüfteten Bergen. Darüber hinaus erfreut sich die Stadt einer tollen Auswahl an Restaurants sowie einiger hervorragender Unterkünfte.

Queenstown genießt man am besten in kleinen Dosen, entweder als Ausgangsbasis für längere Abstecher in die Natur oder um an einer der zahllosen Abenteueraktivitäten teilzunehmen. Am begehrtesten ist zweifellos **Bungy-**

Die landläufige Vorstellung vom eifrigen Goldwäscher mit Pelzmütze und Sieb, der das Flussbett hingebungsvoll nach dem wertvollen Metall absucht, zeichnet zwar ein etwas verklärtes Bild der Anfangsjahre des Goldrauschs, ist jedoch nicht völlig aus der Luft gegriffen. Das Einzige, was ein Goldschürfer damals benötigte, waren eine Hacke und eine Schaufel, ein **Goldsieb** und vor allem ein spezieller Holzkasten, *rocker* genannt, in dem das Geröll gewaschen wurde. Als die leicht erreichbaren Stellen abgegrast waren, musste man sich andere Möglichkeiten einfallen lassen, um an ein neues Rohmaterial zu kommen. Die üblichste Technik bestand darin, den Fluss umzuleiten. Vor allem am Shotover River geschah dies mit außergewöhnlichen Methoden: In das Flussbett wurden Stahlplatten getrieben und Erdrutsche ausgelöst, die eine Weile die Fluten stauten, sodass ein Tunnel gegraben werden konnte.

Als die Ausbeute geringer wurde, errichtete man Dämme und pumpte das Wasser unter hohem Druck ins Erdreich, woraufhin das goldhaltige Geröll freigesetzt wurde, das man dann entweder im traditionellen Stil von Hand oder mit einer einfachen, nach dem gleichen Prinzip funktionierenden Maschine durchsiebte. Auf eigene Faust arbeitende Goldsucher konnten mit der fortschreitenden Technisierung bald nicht mehr mithalten, und viele wanderten zu neuen Goldfeldern ab.

Um auch an die unzugänglichsten Stellen zu gelangen, setzten größere Minengesellschaften **Bagger** ein, die am Ufer verankert waren, aber auf dem Fluss trieben. Mit riesigen Schaufeln wurde das Flussbett ausgehoben, der Ertrag im Sieb sortiert und alles Unbrauchbare ausgespuckt und am Ufer abgelagert.

Das Seifengold von Otago stammt aus unterirdischen Quarzschichten – als die Ausbeute magerer wurde, machte man sich auf die Suche nach der Hauptader. Der **Bergbau** erforderte einen beträchtlichen Einsatz an Maschinerie, und ganze Städte schossen aus dem Boden, um die Arbeiter zu beherbergen. Mit Hämmern, die anfänglich von Wasserkraft, später von Dampfkraft angetrieben wurden, zertrümmerte man die Felsbrocken zu feinem Pulverstaub. Dieser lief auf einem Band über Kupferplatten mit Quecksilberlegierung in Tücher, wo das Gold aufgefangen wurde; der Rest wanderte in einen gusseisernen Kessel. Anschließend trennte man das Gold vom Quecksilber, ein Arbeitsgang, der in späteren Jahren durch die Verwendung von Zyanid erleichtert wurde.

Auch wenn die Ausbeute keineswegs aufsehenerregend ist, gibt es immer noch Menschen, die sich mit Goldwaschen über Wasser halten. Auch größere, finanzkräftige Gesellschaften testen hin und wieder das Potenzial der Region, die laut Aussage eines Bergbauexperten noch immer „a shitload of gold" birgt.

Jumping; in der Umgebung der Stadt gibt es drei Basen, die als landschaftlich reizvollste Absprungstellen weltweit gepriesen werden. Abenteuerlustige können das Bungy-Jumping entweder als Einzelaktivität oder als Teil eines Pakets buchen, sei es zusammen mit **Whitewater Rafting** oder **Jetboating** auf dem Shotover River.

Aber auch Besucher, denen mehr nach Entals nach Anspannung zumute ist, kommen auf ihre Kosten. Sie können Spaziergänge am Seeufer entlang und hinauf zu Aussichtspunkten unternehmen, mit der altehrwürdigen *TSS Earnslaw*, dem einzigen noch erhaltenen Dampfer auf

dem **Lake Wakatipu**, eine Kreuzfahrt unternehmen, mit der Seilbahn auf **Bob's Peak** fahren und dort die sagenhafte Aussicht über Queenstown und die Remarkables genießen oder sich einer geführten **Weintour** zu den südlichsten Winzereien der Welt anschließen (S. 790). Auch der **Milford Sound** ist von Queenstown aus gut zu erreichen.

Der sommerliche Trubel ist aber noch gar nichts, wenn man ihn mit der Wintersaison vergleicht, während der in- und ausländische Skifahrer in Massen einfallen, um am **Coronet Peak** und in den **Remarkables** – zwei hervorragenden, 30 Min. von Queenstown entfernten Win-

Queenstown Zentrum

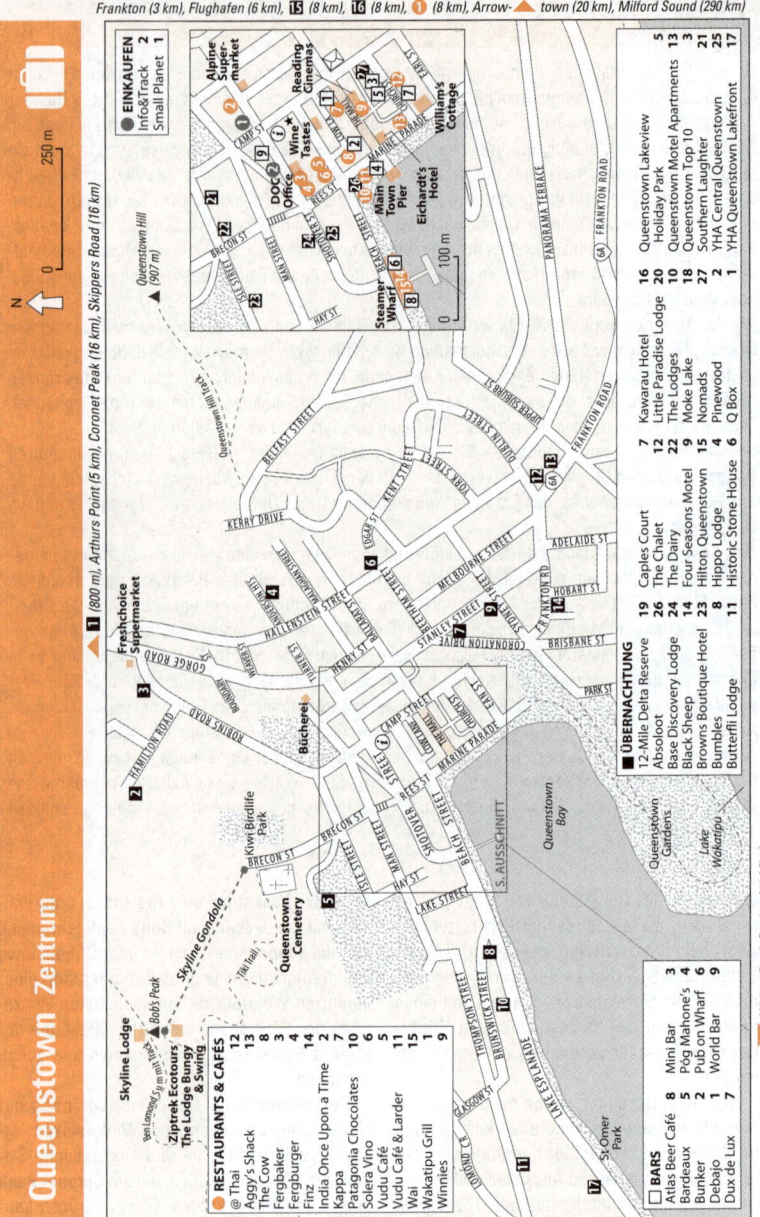

Frankton (3 km), Flughafen (6 km), **15** (8 km), **16** (8 km), **1** (8 km), Arrow-▲ town (20 km), Milford Sound (290 km)

1 (800 m), Arthurs Point (5 km), Coronet Peak (16 km), Skippers Road (16 km)

18 (9 km), **19** (10 km), **20** (28 km), Glenorchy (50 km)

Walter Peak Station (40 Min.)

● EINKAUFEN
Info&Track 2
Small Planet 1

● RESTAURANTS & CAFÉS
@ Thai 12
Aggy's Shack 13
The Cow 8
Fergbaker 4
Fergburger 3
Finz 14
India Once Upon a Time 2
Kappa 7
Patagonia Chocolates 10
Solera Vino 6
Vudu Café 5
Vudu Café & Larder 11
Wai 15
Wakatipu Grill 1
Winnies 9

□ BARS
Atlas Beer Café 8
Bardeaux 5
Bunker 2
Debajo 1
Dux de Lux 7
Mini Bar 3
Póg Mahone's 4
Pub on Wharf 6
World Bar 9

■ ÜBERNACHTUNG
12-Mile Delta Reserve
Absoloot
Base Discovery Lodge
Black Sheep
Browns Boutique Hotel
Bumbles
Butterfli Lodge
Caples Court 19
The Chalet 26
The Dairy 24
Four Seasons Lodge 14
Hilton Queenstown 23
Hippo Lodge 8
Historic Stone House 11
Kawarau Hotel 7
Little Paradise Lodge 12
The Lodges 22
Moke Lake 9
Nomads 15
Pinewood 4
Q Box 6
Queenstown Lakeview 5
Holiday Park
Queenstown Motel Apartments 13
Queenstown Top 10 3
Southern Laughter 21
YHA Central Queenstown 25
YHA Queenstown Lakefront 17

tersportgebieten – ihrer Leidenschaft zu frönen. Den absoluten Höhepunkt dieser Jahreszeit bildet das jährliche **Queenstown Winter Festival** Ende Juni/Anfang Juli.

Das Seeufer

An der Marine Parade

An warmen Tagen kann man wunderbar am See relaxen, z. B. auf der Rasenfläche an der Marine Parade. Ganz Hartgesottene nehmen auch ein Bad im See – allerdings liegt die sommerliche Temperatur des Wassers bei ca. 11 °C. Man kann den Fallschirmseglern zuschauen und am Abend den Sonnenuntergang über den Bergen genießen, während die *Earnslaw* zu ihrer letzten Tagesfahrt Richtung Walter Peak ausläuft.

Die Marine Parade führt Richtung Osten zu den **Queenstown Gardens**, einem hübschen Park auf der Halbinsel zwischen Queenstown Bay und dem Rest des Lake Wakatipu.

Eichardt's Hotel

2 Marine Parade

Von den Zeiten des Goldrauschs ist im Zentrum von Queenstown nur noch wenig zu sehen. In dem am See gelegenen **Eichardt's Hotel**, das teilweise aus dem Jahr 1871 stammt, haben jedoch schon die Goldsucher übernachtet. Bis Mitte der 1990er-Jahre war im Haus eine Kneipe untergebracht, heute beherbergt es ein super-exklusives Boutiquehotel. Gegenüber steht eine Statue des Gründers von Queenstown, William Rees – inklusive Schafsbock.

Das **Williams Cottage** von 1866 weiter die Straße hinunter ist das älteste Haus von Queenstown. Es weist viele ursprüngliche Elemente auf und dient heute als Laden und Café.

Wine Tastes

14 Beach St ▪ ⏰ tgl. 10.30–22 Uhr
▪ ✆ 03 409 2226, 🖥 winetastes.co.nz

Wer keine Zeit hat, den Winzereien in Gibbston (S. 790) und Bannockburn (S. 816) einen Besuch abzustatten, kann bei **Wine Tastes** über 80 Weine probieren, die einem aus raffinierten Zapf-

automaten serviert werden und im Probierglas (zumeist $2–5), im halben ($5–18) oder ganzen Glas ($10–35) probiert werden können. Wer möchte, kann sich dazu auch eine Käseplatte ($28–34) gönnen.

Kiwi Birdlife Park

Brecon St, am Fuß von Bob's Peak ▪ ⏰ Nov–Feb tgl. 9–18, März–Okt 9–17 Uhr; Conservation Show tgl. 11 und 15 Uhr; Kiwi-Fütterung tgl. 10, 12, 13.30 und 16.30 Uhr ▪ Eintritt $38 inkl. Audiotour, ganztägig gültig; Kombiticket mit Skyline Gondola $59 ▪ ✆ 03 442 8059, 🖥 kiwibird.co.nz

Der **Kiwi Birdlife Park**, der mit Teichen, Rasenflächen, einheimischem Wald und Volieren aufwartet, beherbergt einige der seltensten Vögel Neuseelands. Zwar handelt es sich eher um einen Zoo als um einen Wildpark, dafür werden Kuckuckskäuze, Keas, Kererus (neuseeländische Tauben), Kakarikis (Sittiche) und Neuseeland-Stelzenläufer – die gefährdetste Vogelart der Welt; S. 635 und Kasten S. 94 – sowie die Ergebnisse des Zuchtprogramms für den Nördlichen Streifenkiwi ansprechend präsentiert. Interessant sind auch die 30-minütige Conservation Show, bei der man Kererus, Keas und Tuataras ganz aus der Nähe bewundern kann, und die 15-minütige Kiwi-Fütterung.

Bob's Peak

Skyline Gondola und Tiki Trail am Ende der Brecon St ▪ ⏰ Seilbahn tgl. 9–21.30 Uhr ▪ $25 hin und zurück ▪ ✆ 03 441 0101, 🖥 skyline.co.nz

Den schönsten Panoramablick auf Queenstown, den Lake Wakatipu, die Remarkables sowie Cecil und Walter Peak bietet zweifellos **Bob's Peak**, der unmittelbar hinter der Stadt aufragt und innerhalb weniger Minuten mit der 450 Höhenmeter überwindenden **Skyline Gondola** erreichbar ist. Die Bahn endet am Skyline Complex, der Basis für eine Reihe von Aktivitäten. So kann man z. B. im **Queenstown Bike Park** (S. 775) wunderbar Mountainbike fahren.

Bei den Aktivitäten auf Bob's Peak muss die Gondelfahrt extra bezahlt werden. Wer Geld sparen und etwas für seine Fitness tun möchte, kann den Berg auch auf dem steilen **Tiki Trail** (1 Std., 450 m Anstieg) erklimmen.

Zum Komplex gehören auch ein Café und ein Buffetrestaurant mit neuseeländischen Speisen (Mittagessen $39, Abendessen $59, beides billiger in Kombination mit einer Seilbahnkarte).

Tandem-Paragliding

G Force Paragliding ▪ ⏱ tgl. 9–17 Uhr oder später ▪ $199, um 9 Uhr $179, jeweils ohne Seilbahnfahrt ▪ ✆ 0800 759 688, 🖵 nzgforce.com

An den meisten schönen Tagen sind am Himmel über Queenstown viele Paraglider zu sehen, die von Bob's Peak starten. Wer zu einer bestimmten Zeit fliegen möchte, sollte vorher anrufen, ansonsten wartet man an der Bergstation der Seilbahn einfach, bis man schließlich an der Reihe ist und seinen 10- bis 15-minütigen Gleitschirmflug antreten kann. Wenn von unten keine Gleitschirme am Himmel zu sehen sind, kann man sich die Seilbahnfahrt auf den Berg sparen. Denn dann spielt höchstwahrscheinlich das Wetter nicht mit.

Skyline Luge

⏱ tgl. 9 Uhr bis Sonnenuntergang ▪ 1 Fahrt $33, 2 Fahrten $38, 5 Fahrten $48; inkl. Seilbahnfahrt

Wagemutige können ihre Courage auf dieser 800 m langen, kurvenreichen Betonbahn unter Beweis stellen, die mit einer Art Plastikschlitten auf Rädern befahren wird – diese verfügen zwar über ein primitives Bremssystem, aber zumindest bei der ersten Fahrt ist Vorsicht geboten. Anschließend kann man mit einem Sessellift wieder nach oben fahren, um dann bei den nächsten Abfahrten, wenn man das Ganze im Griff hat, den Rennfahrer zu geben. Helme werden gestellt.

The Ledge Bungy und Ledge Swing

⏱ im Sommer meist 13–19, im Winter 16–21 Uhr ▪ Ledge Bungy $180, Ledge Swing $150 ▪ ✆ 0800 286 495, 🖵 bungy.co.nz

Sich in der Nähe der Bergstation der Seilbahn von einer 47 m hohen Plattform zu stürzen, fühlt sich an wie eine Art Tauchflug gen Queenstown. Dies ist die einzige Bungy-Absprungstelle, an der man zum Sprung Anlauf nimmt und teilwei-

---

Wanderungen in der Umgebung von Queenstown

Die meisten der nachfolgend aufgelisteten Wanderwege (in Reihenfolge ihres Schwierigkeitsgrads) sind in der DOC-Broschüre *Wakatipu Walks* beschrieben (Download auf 🖵 doc.govt.nz).

One Mile Creek Walkway (6 km hin und zurück, 1 1/2 Std., 50 m Anstieg). Ziemlich leichte Wanderung durch Buchenwald entlang einer 1924 angelegten Pipeline. Beginnt am See beim Kreisverkehr Fernhill und bietet eine gute Möglichkeit zum Kennenlernen der einheimischen Flora und Fauna.

Queenstown Hill Walk (5 km hin und zurück, 2–3 Std., 500 m Anstieg). Der recht steile Weg beginnt am oberen Ende der Belfast Street und führt durch überwiegend exotischen Baumbestand auf den Gipfel des Queenstown Hill (907 m), wo sich ein herrlicher Rundumblick eröffnet.

Ben Lomond Summit Track (11 km hin und zurück, 6–8 Std., 1400 m Anstieg). Tageswanderung auf den 1748 m hohen Ben Lomond, einen der höchsten Berge der Region mit entsprechend rauer Witterung, besonders im Winter, wenn der Pfad verschneit sein kann. Der Ausgangspunkt deckt sich mit dem One Mile Creek Walkway, aber man kann für die erste Etappe auch die Skyline Gondola nehmen und in der Nähe der Absprungrampe für die Gleitschirmflieger mit der Wanderung beginnen. Über Gebirgswiesen geht es zum Ben Lomond Saddle und anschließend steil bergauf zum Gipfel.

Ben Lomond-Moonlight Track (16 km einfach, 8–10 Std., 1400 m Anstieg). Anstrengende, schwer erkennbare Route (v. a. bei Schnee), die verschiedene Wege miteinander kombiniert: den Anstieg zum Ben Lomond Saddle, einen Wanderpfad durch subalpines Gelände zur ehemaligen Goldgräbersiedlung Sefferstown sowie die östlichste Etappe des Moonlight Track zum Arthur's Point. Wer die letzten 5 km zurück nach Queenstown nicht zu Fuß gehen möchte, sollte vor dem Start eine Abholung von Arthur's Point organisieren.

CENTRAL OTAGO

Natürlich kann man in Queenstown auch einfach nur abhängen und gut essen, aber wer das Potenzial dieses Ortes ausschöpfen will, muss aktiv werden. Es gibt wohl nur wenige Orte auf der Welt mit einem solch umfassenden Angebot an Abenteuer-Aktivitäten. Darüber informieren in diesem Kapitel gesonderte Kästen („Wanderungen in der Umgebung von Queenstown" S. 766, „Bungy-Jumping" S. 773, „Wassersport in und um Queenstown" S. 776 und „Wintersport in Queenstown" S. 778); alle anderen Aktivitäten sind auf S. 773 aufgeführt.

Die meisten Freizeitaktivitäten sind in Queenstown **teurer** als anderswo im Land. Wer die größtmögliche Leistung fürs Geld haben möchte, sollte die zahlreichen **Kombiangebote** unter die Lupe nehmen, die zwei bis fünf der begehrtesten Aktivitäten beinhalten. So umfasst z. B. das Angebot Awesome Foursome ($624) den 134 m hohen Nevis-Bungy-Sprung, eine Spritztour mit dem Shotover Jet, einen Hubschrauberflug und einen Rafting-Trip auf dem Shotover River. Die Preise sind eigentlich überall gleich, aber es gibt gelegentlich **Rabatte** für Backpacker. Einige Veranstalter bieten auch einen kleinen Rabatt, wenn man direkt bei ihnen bucht und nicht über eine Agentur.

se auch zusammen mit irgendwelchen Gegenständen wie Surfbrettern und Fahrrädern springen kann. Im Winter gibt es auch Nachtsprünge, und am Ende werden die Springer mit einem T-Shirt belohnt. Zur Absprungstelle gelangt man über den Tiki Trail oder mit der Seilbahn.

Der Ledee Swing ist mit 47 m der kürzeste der Swing-Sprünge in Queenstown, er liegt aber praktisch und spektakulär hoch über der Stadt. Im Preis inbegriffen sind Fotos, die man sich aus dem Netz herunterladen kann.

Ziptrek Ecotours

2-stündige Moa-Tour mehrmals tgl., 3-stündige Kea-Tour mehrmals tgl. ▪ Moa-Tour $129, Kea-Tour $179 ▪ ✆ 0800 947 8735, 🖥 ziptrek.co.nz

Eine Möglichkeit, von Bob's Peak wieder nach unten zu gelangen, bietet **Ziptrek Ecotours**. Die Tour ist eine etwas merkwürdige Mischung aus Abenteuer – auf Seilrutschen (Ziplines) geht es durch Douglasfichten – und Appell ans Umweltbewusstsein. Letzterer ist für Leute, die sich eh schon zum Naturschutz bekennen, etwas überflüssig. Anderen erscheint das Ganze wohl wie eine Moralpredigt. Aber die Seilrutschen inmitten der Bäume haben durchaus ihren Reiz.

Bei der **Moa-Tour** rutscht man über die ersten vier Ziplines (dreimal 100 m, einmal 300 m) und kommt nicht weit entfernt von der Bergstation der Seilbahn an. Bei der **Kea-Tour** kommen zwei weitere und sehr viel längere und steilere Seilrutschen hinzu, bis man schließlich in

der Nähe der Talstation der Seilbahn ankommt. Beim Seilrutschen sollte man geschlossene Schuhe tragen und selbst im Hochsommer eine Jacke mitnehmen.

TSS Earnslaw

Steamer Wharf ▪ ⏰ Ende Juni–Ende Mai gewöhnlich 10–18 Uhr, tgl. 3–6 90-min. Fahrten ▪ nur Fahrt $52 ▪ ✆ 0800 656 501, 🖥 realjourneys.co.nz

Das Dampfschiff **TSS Earnslaw** ist das einzige seiner Art auf dem Lake Wakatipu und zählt zu den bleibenden Eindrücken von Queenstown. Von den Bergen ringsherum wird das schrille Tröten der Schiffssirene zurückgeworfen, wenn der liebevoll restaurierte Dampfer laut stampfend an der Steamer Wharf ablegt. Das 51 m lange Schiff unternahm seine Jungfernfahrt im Jahr 1912 und war damals der größte und zweifellos eleganteste Dampfer weit und breit. Auf Hochglanz poliertes Messing und Holz bestimmen das Bild, selbst die Dampfmaschine erstrahlt noch wie am ersten Tag und darf während der Überfahrt einer näheren Inspektion unterzogen werden.

Walter Peak High Country Farm

Farmtour 2–3x tgl., 3 1/2 Std., $77 mit Überfahrt ▪ Farmtour mit Barbecue 1–2x tgl., 3 1/2 Std., $98 mit Überfahrt ▪ Abendessen 2–3x tgl., 3 1/2 Std.,

CENTRAL OTAGO

Überfahrt und Abendessen $98, Überfahrt und Buffet $118 ▪ Reiten 3 x tgl., 3 1/2 Std., $113 mit Überfahrt ▪ geführte Radtour tgl., 7 1/2 Std., $205 ▪ Radfahren auf eigene Faust tgl., $72

Die *Earnslaw* tuckert von Queenstown über den See zur **Walter Peak High Country Farm**, eine Touristenklave am südwestlichen Seeufer. Hier befindet sich die Walter Peak Homestead, eine gelungene Nachbildung des 1977 abgebrannten Gebäudes, die zu einer unterhaltsamen, wenngleich wenig authentischen **Farmtour** mit Demonstrationen im Schafscheren und in der Abrichtung von Hunden einlädt. Im Rahmen der Farmtour werden Tee und Scones gereicht; wer möchte, kann sich auch für ein mittägliches **Barbecue** entscheiden. Die Bootsfahrt kann mit allerlei Aktivitäten kombiniert werden: mit 40 Minuten **Reiten** mit Tee und Scones oder einer einfachen **geführten Radtour** entlang der Schotterstraße zu den Mavora Lakes, vorbei an mehreren Schäferhütten. Die Radler werden von einem Wagen begleitet und können auf diese Weise so weit fahren, wie sie möchten (15–35 km); Mittagessen und Nachmittagstee sind inbegriffen. Beim **Radeln auf eigene Faust** kann man, ausgestattet mit Karte und Proviantgutschein, den Von River und den Weg zu den Mavora Lakes erkunden. Oder man macht nur die Überfahrt und zahlt je Strecke $5 extra fürs Fahrrad. Es ist sogar möglich, Richtung Fiordland zu radeln, nämlich bis zum SH94 bei Burwood, 27 km östlich von Te Anau. Schließlich gibt es noch Bootsfahrten mit **Abendessen**.

Queenstown besitzt viele Unterkünfte der unterschiedlichsten Kategorien. Trotzdem übersteigt die Nachfrage im Hochsommer und Winter manchmal das Angebot, und die Preise ziehen dann empfindlich an. Das Angebot an **Budget- und Luxusunterkünften** ist hervorragend, nur in der mittleren Preislage ist es nicht so gut, da die Stadt nur wenige **Motels und B&Bs** in günstiger Lage vorzuweisen hat. In der Nebensaison (April, Mai und Nov) bieten einige Hotels gute Deals, und auch das i-SITE hat das ganze Jahr über Übernachtungsangebote parat. Fast alle Unterkünfte liegen nicht weit vom Zentrum entfernt, aber vielleicht

möchte man auch lieber in einem der schicken Hotels in Kawarau Falls, Richtung Glenorchy oder gar in **Arrowtown** nächtigen.

Zentrum

Absoloot, 50 Beach Rd, ☎ 03 442 9522, 🖥 absoloot.co.nz; Karte S. 764. Lebendiges Hostel mitten im Zentrum mit Lounge und ausgezeichnetem Seeblick von einigen Zimmern. Zumeist 6-Bett-Dorms mit Bad, TV und Kühlschrank, außerdem DZ mit Bad und kostenloses WLAN. Pokerabende, Billard-Wettbewerbe, Bar-Rabatte sowie Fahrrad- und Snowboard-Aufbewahrung. Dorms $29, 4-Bett-Dorms $35, DZ $90, mit Bad $110

Base Discovery Lodge, 49 Shotover St, ☎ 03 441 1185, 🖥 stayatbase.co.nz; Karte S. 764. Riesiges, lebendiges Hostel mit mehr als 300 Betten und zu kleiner Küche, dafür gibt es aber eine eigene Bar mit Speisen und Getränken sowie eine Reiseagentur. Dorms mit Schließfächern, Toilette und Dusche, außerdem separater Frauen-Dorm und DZ sowie Twins mit Bad und TV. Dorms $26, Frauen-Dorm $28, DZ $78, mit Bad $108

Black Sheep, 13 Frankton Rd, ☎ 03 442 7289, 🖥 blacksheepbackpackers.co.nz; Karte S. 764. Alteingesessenes Hostel in ehemaligem Motel, besonders preisgünstig April–Juni und Sep–Dez (dann ist die Übernachtung $5 p. P. billiger). Dorms zumeist mit 6 Betten, außerdem tolle Terrasse mit BBQ, Spa und entspannte Atmosphäre. Dorms $25, DZ $70, Deluxe $80

Browns Boutique Hotel, 26 Isle St, ☎ 03 441 2050, 🖥 brownshotel.co.nz; Karte S. 764. Edle, ruhige Lodge nicht weit vom Zentrum, 10 Zimmer mit kleinen Balkonen und tollem Blick über die Stadt auf die Remarkables. Luxuriöse Gästelounge mit offenem Kamin, im Sommer Frühstück auf der Terrasse. $345

Bumbles, 2 Brunswick St, ☎ 03 442 6298, 🖥 bumblesbackpackers.co.nz; Karte S. 764. Renovierte Herberge in günstiger Lage nahe dem See, mit tollem Blick von den meisten Zimmern und Gemeinschaftsbereichen. Große Küche, Grillstelle, Parkplatz. Dorms $29, DZ $62

Butterfli Lodge, 62 Thompson St, ☎ 03 442 6367, 🖥 butterfli.co.nz; Karte S. 764. Kleines Haus hoch am Hang mit grandioser Aussicht über den See; recht weit vom Zentrum, dafür aber gemütlich und freundlich. Rechtzeitige Buchung empfohlen, Mindestaufenthalt 2 Nächte. Außerdem gibt's ein paar Zeltstellplätze. Camping $15, Dorms 26, DZ $62

Caples Court, 20 Stanley St, ☎ 0800 282 275, 🖥 caplescourt.co.nz; Karte S. 764. Reizendes, komfortables Motel; jedes Zimmer ist anders eingerichtet, die meisten haben eine Küche und einen Balkon. 7 der 10 Units bieten einen Blick über Stadt und/oder See, die anderen liegen versteckt in einem ruhigen Garten. Wenn viel los ist, 2 Nächte Mindestaufenthalt. Garten-Units $130, Units mit Seeblick $170

🎒 **The Chalet**, 1 Dublin St, ☎ 03 442 7117, 🖥 chaletqueenstown.co.nz; Karte S. 764. Das stilvolle und ruhige B&B mit 7 Zimmern befindet sich in einem Haus im Schweizer Stil. Makellose Einrichtung, alle Zimmer mit kleinem Balkon, einige mit Blick auf See und Berge. Eindeutig eine der besten Unterkünfte im Ort. $250

The Dairy, 10 Isle St, ☎ 03 442 5164, 🖥 thedairy.co.nz; Karte S. 764. 13-Zimmer-Boutiquehotel mit hübschen, mit neuseeländischer Kunst geschmückten Gemeinschaftsbereichen und gut bestückter Selbstbedienungsbar. Gut ausgestattete, geschmackvoll-modern eingerichtete Zimmer, teils mit Badewanne. Frühstück und Nachmittagstee werden in der ehemaligen *dairy* (Eckladen) serviert. Die Zimmer mit Seeblick lohnen den Aufpreis. $465

Four Seasons Motel, 12 Stanley St, ☎ 03 442 8953, 🖥 queenstownmotel.com; Karte S. 764. Renoviertes Motel in der Innenstadt mit Units; angemessene Preise, eigener Parkplatz, gut ausgestattete Küchen, Bergblick, Pool (leider an der Hauptstraße), Spa. $160

Hippo Lodge, 4 Anderson Heights, ☎ 03 442 5785, 🖥 hippolodge.co.nz; Karte S. 764. 2 Wohnhäuser, die fantasievoll in 4 Bereiche unterteilt wurden, jeder mit eigenem Bad, Küche und Aufenthaltsraum sowie teilweise mit tollem Blick über Queenstown. Hier kann man für seine Übernachtung auch arbeiten (2–3 Std. am Tag). Camping $19, Dorms $28, DZ $68, mit Bad $88

Historic Stone House, 47 Hallenstein St, ☎ 03 442 9812, 🖥 historicstonehouse.co.nz;

Karte S. 764. Das Stonehouse ist ein historisches Steingebäude mit 2 Selbstversorger-Apartments mit separatem Schlafzimmer und 1 Apartment mit 3 Schlafzimmern für 6 Pers. mit offenem Kamin. Stilvolle Einrichtung und ruhige Lage. $225

The Lodges, 8 Lake Esplanade, ☎ 0800 284 356, 🖥 thelodges.co.nz; Karte S. 764. Erst kürzlich renovierte Apartments am See mit Küchen, Waschmaschinen und Parkplätzen, zumeist mit guten Seeblicken. Von Studios bis zu Apartments mit 3 Schlafzimmern. $185

Nomads, 5–11 Church St, ☎ 03 441 3922, 🖥 nomadsqueenstown.com; Karte S. 764. Großes, neues, recht edles Hostel mit kleiner Küche, aber tollen DZ mit TV, einem Bereich nur für Frauen, großen Lounges und Parkplätzen. Dorms $29, Zimmer mit Bad $130

🎒 **Pinewood**, 48 Hamilton Rd, ☎ 0800 746 396, 🖥 pinewood.co.nz; Karte S. 764. Mehrere ältere und neuere Selbstversorger-Gebäude inmitten von Grünflächen bilden dieses freundliche Hostel 10 Gehminuten außerhalb des Zentrums. Spa mit Aussicht ($10 für 30 Min.), Küchen und Aufenthaltsräume. Fahrradverleih (ab $29 für einen halben Tag) und The Hub mit Frühstück und Pizza. Dorms $25, DZ $60, mit Bad $100

🎒 **Queenstown Motel Apartments**, 62 Frankton Rd, ☎ 0800 661 668, 🖥 qma.co.nz; Karte S. 764. Preiswertes Motel in Stadtnähe mit funktionalen älteren (einige mit Seeblick) und 18 neueren Units, alle recht geschmackvoll eingerichtet. Umweltfreundlich ausgerichtet. Alte Units $95, neue $165, neue Units mit Seeblick $195

Southern Laughter, 4 Isle St, ☎ 03 441 8828, 🖥 kiwi-backpackers.co.nz; Karte S. 764. 3 Gebäude mit unterschiedlichen Zimmern und kostenlosem Spa, sehr freundlich. Dorms $26, Zimmer $68, mit Bad $78

YHA Central Queenstown, 48 Shotover St, ☎ 03 442 7400, 🖥 yha.co.nz; Karte S. 764. Mitten im Geschehen und fast wie kleines Hotel, alle Zimmer und Dorms mit Bad. Hinreichend ausgestattete Küche neben der Lounge mit schönem Seeblick. Dorms $38, DZ $110

YHA Queenstown Lakefront, 88 Lake Esplanade, ✆ 03 442 8413, ⌨ yha.co.nz; Karte S. 764. Eines der YHA-Vorzeigehäuser Neuseelands in exzellenter, ruhiger Lage 7 Gehminuten vom Zentrum. Überraschend gemütlich. Geräumige 4er- bis 8er-Dorms sowie Twins und DZ und 1 Apartment mit 2 Schlafzimmern. Sehr gute Küche, separate TV- und Ruhelounges. Dorms $33, DZ $87, Apartment $195

Kawarau Village

Hilton Queenstown, Peninsula Rd, ✆ 03 450 9400, ⌨ queenstown.hilton.com; Karte S. 782. Elegantes 5-Sterne-Hotel 8 Straßenkilometer von Queenstown, aber nur 10 Min. mit dem Wassertaxi (10x tgl., $15 hin und zurück). Unterschiedlich große und komfortable Zimmer, schön eingerichtet und viele mit Blick über den See zum Coronet Peak. Pool, Wellnessbereich, Feinkostladen, Pub, Cafés und der hervorragende Wakatipu Grill (S. 772). $240

Kawarau Hotel, Peninsula Rd, ✆ 03 450 9400, ⌨ kawarau.hilton.com; Karte S. 782. Das Hotel gehört zum benachbarten Hilton und bietet keine so fabelhaften Ausblicke, jedoch können die Gäste dieselben Einrichtungen nutzen. Stilvolle Zimmer, jedes mit kleiner Küche. Die Preise variieren stark je nach Nachfrage, daher sollte man sich nach Sonderangeboten erkundigen. $125

Richtung Glenorchy

Little Paradise Lodge, Meilejohn Bay, 28 km außerhalb an der Glenorchy Rd, ✆ 03 442 6196, ⌨ littleparadise.co.nz; Karte S. 782. Exzentrisches, alternatives, reizendes Gästehaus nahe dem See inmitten der Paradise Gardens (S. 782), mit handgefertigten Möbeln und Ziegenfellen auf dem Fußboden. Unterbringung in einem 3er-Dorm, in Standard-DZ oder einem bezaubernden Ferienhäuschen mit Bad. Kochgelegenheit, chlorfreier Pool, Kajakverleih ($10), kostenlose Benutzung von Angelausrüstung. Dorm $45, DZ $140

Camping

Wildes Zelten ist in der Stadt und ihrer Umgebung verboten, aber der Bezirk Queenstown unterhält ein paar kleine Campingplätze mit Cabins, und es gibt mehrere einfache DOC-Plätze, auf denen es aber im Jan, Feb und März recht voll wird.

12-Mile Delta Reserve, 11 km westlich von Queenstown Richtung Glenorchy, ✆ 03 428 4289, ⌨ 12miledelta.co.nz; Karte S. 782. DOC-Platz am See mit Platz für 100 Zelte oder Wohnmobile, nur einfache Toiletten und fließend Wasser. Nicht der schönste Platz, aber mit Bergpanorama und Zugang zum See. $7

Moke Lake, 6 km Richtung Glenorchy, dann 4 km die Moke Lake Rd entlang; Karte S. 782. Friedvoller DOC-Platz am See mit 18 Stellplätzen, Seewasser und Toiletten. Der See ist toll zum Kajakfahren, Baden und Angeln. $7

Q Box, 21 Bowen St, ✆ 03 441 1567, ⌨ qbox.co.nz; Karte S. 764. Obwohl er in einem Gewerbegebiet liegt, ist dieser neue kleine Platz recht attraktiv an einem Bach gelegen und bietet zahlreiche Wohnmobil-Stellplätze sowie ein paar Zeltplätze am Rand, dazu Duschen, Küche und eine stilvolle Lounge in Schiffscontainern sowie Waschmaschinen und WLAN. Stellplätze $30, mit Strom $35

Queenstown Top 10 Holiday Park Creeksyde, 54 Robins Rd, ✆ 0800 786 222, ⌨ camp.co.nz; Karte S. 764. Gut organisierter, gepflegter Holiday Park 10 Gehminuten vom See, mit schattigen Stellplätzen, viele davon von Wohnmobilen belegt. Spa-Badezimmer und Sauna ($15), Skigeschäft und Trockenräume. Camping $22,50, DZ $72, mit Bad $120, Selbstversorger-Units $125, Motel Units $205

Queenstown Lakeview Holiday Park, 45 Brecon St, ✆ 0800 482 735, ⌨ holidaypark. net.nz; Karte S. 764. Riesiger Platz am Fuß von Bob's Peak mit begrünten, aber nicht sehr schattigen Stellplätzen für Zelte und Wohnmobile (Duschen $2) sowie Studios ohne Küche, Selbstversorger-Units und relativ luxuriösen Tourist Flats. Sehr gute Einrichtungen. Camping $20, Studios $125, Units $145, Flats $160

ESSEN

Selbstversorger finden zwei große **Supermärkte**: **Alpine Supermarket**, 6 Shotover St, ⊕ Mo–Sa 7–22, So 9–22 Uhr; **Fresh Choice**, 64 Gorge Rd, ⊕ tgl. 7–24 Uhr.

@Thai, 3. Stock, 24 Church St, ☎ 03 442 3683, 🖥 atthai.co.nz; Karte S. 764. Wunderbar aromatisches Essen, darunter alle Curry- und Nudel-Klassiker, außerdem Garnelensalat mit Chili-Marmelade und Cashew-Nüssen ($23) und *choo chee* – frittierter Sandbarsch mit cremiger roter Currypaste und Kaffernlimetten-Blättern ($28). Freundlicher Service. ⏱ tgl. 11.30–22 Uhr.

Aggy's Shack, Marine Parade, Ecke Church St, ☎ 03 442 4076; Karte S. 764. Die besten Fish 'n' Chips ($12) in der Stadt, außerdem Räucheraal, marinierter roher Fisch und Seeigel und sogar Dunkelsturmtaucher mit Pommes frites ($20); kann alles draußen auf Bänken genossen werden. ⏱ tgl. 11 bis 22 Uhr oder später.

The Cow, Cow Lane, ☎ 03 442 8588, 🖥 thecowrestaurant.co.nz; Karte S. 764. Alteingesessene Pizzeria, in der man sich meist mit anderen einen Tisch teilt. Schnörkellose Pastagerichte ($19–21) und traditionelle Pizzas ($30 für eine große). BYO und Schanklizenz. ⏱ tgl. 12–24 Uhr.

Fergbaker, 40 Shotover St, ☎ 03 441 1206; Karte S. 764. Sandwiches, Couscous- und Kichererbsensalat, Pasteten ($6), gutes Brot, Bagels und Süßes. Alles zum Mitnehmen, auch der Kaffee. ⏱ So–Mi 7–22, Do–Sa 7–5 Uhr.

Fergburger, 42 Shotover St, ☎ 03 441 1232, 🖥 fergburger.com; Karte S. 764. Sehr beliebte Hamburger-Bar; verschiedenste Burger-Variationen, auch fleischlos, plus Pommes, dazu Bier und Wein. Mit dem Dawn Horn ($13) mit Schinken, Eiern und Kartoffelpuffern lässt sich toll der Tag einläuten. ⏱ tgl. 8.30–5 Uhr.

Finz, Steamer Wharf, ☎ 503 442 7405, 🖥 finz downunder.co.nz; Karte S. 764. Halbformelles Speiselokal mit tollem Seeblick und preisgünstigem Seafood wie *seafood chowder* ($18), Grünlippenmiesmuscheln ($28) und Seafoodplatte für 2 Pers. ($90). ⏱ tgl. 17–22 Uhr.

India Once Upon a Time, 15 Shotover St, ☎ 03 442 5335, 🖥 indiaonceuponatime.com; Karte S. 764. Der verlässlichste authentische Inder im Ort, mit köstlichem *patiala chicken* (mit Schwarzkümmel und Kardamom; $20) und einem umfassenden Maharaja-Bankett für $35. ⏱ tgl. 11.30–14.30 und 17–23 Uhr.

Kappa, 1. Stock, 36a The Mall, ☎ 03 441 1423; Karte S. 764. Relativ billiger, schnörkelloser Japaner mit gemischten Sushi ($10), Soba- oder Udon-Nudeln ($10–15), Bento-Lunchboxen (ab $13) und Spezialitäten des Hauses wie Neuseeland-Blaubarsch mit Nori-Algen und Spargel-Tempura ($16). ⏱ tgl. 12–14.30 und 19.30–22 Uhr.

Patagonia Chocolates, 50 Beach St, ☎ 03 442 9066, 🖥 patagoniachocolates.co.nz; Karte S. 764. Café am Wasser mit kalorienreichen Schokodrinks (z. B. mit Ingwer, Lavendel, Chili), köstlichem Kuchen und Eis (ab $6) und handgemachten Pralinen. Kostenloses WLAN tgl. 9–18 Uhr. ⏱ tgl. 9–22 Uhr.

Remarkables Market, Hawthorn Drive, Frankton, 🖥 remarkablesmarket.co.nz; Karte S. 764. Markt mit jeder Menge guten Lebensmitteln sowie Kunst und Kunsthandwerk. ⏱ Ende Okt–Anfang April Sa 8–13 Uhr.

Solera Vino, 25 Beach St, ☎ 03 442 6082, ✉ dine@soleravino.co.nz; Karte S. 764. Kleines, elegantes Lokal mit hervorragender mediterraner Küche (Mittagsgerichte um $15, Hauptgerichte abends zumeist $35) und umfangreicher Weinkarte. Günstige Tagesgerichte für $10–20. Fürs Abendessen reservieren. ⏱ tgl. 11–15 und 18–23 Uhr.

Vudu Café, 23 Beach St, ☎ 03 442 5357, 🖥 vudu.co.nz; Karte S. 764. Nach wie vor Queenstowns bestes Café, mit bequemen Sitznischen und vielen Magazinen. Tolles Essen, u. a. preiswertes Frühstück, Quiches, Muffins und guter Kaffee sowie sättigendere Gerichte wie Bohnen-Linsen-Suppe ($17) oder Wildfleischburger ($17). ⏱ tgl. 8–17 Uhr.

Vudu Café & Larder, 16 Rees St, ☎ 03 441 8370, 🖥 vudu.co.nz; Karte S. 764. Größeres und schickeres Schwestercafé des Originals in der Nähe, geschmückt mit einem großen Foto von Queenstown in den 1950er-Jahren; mit einigen Plätzen am See. Tolle Säfte, Smoothies und Bio-Kaffee, außerdem Eier mit Halloumi, Dukkah und Rucola ($16), Falafel mit Dicken Bohnen ($16) und *Reuben sandwich* ($15). ⏱ tgl. 7.30–18 Uhr.

Wai, Steamer Wharf, ☎ 03 442 5969, 🖥 wai.net.nz; Karte S. 764. Edles Restaurant am Wasser mit Tischen draußen auf dem Pier mit dem besten Essen der Stadt. Hauptgerichte wie Zackenbarsch mit knuspriger Polenta, Jakobsmuscheln und Limettenöl ($43), außerdem Lammlende mit Minzjoghurt und Ziegenkäse ($45), aber vielleicht nimmt man sich auch den ganzen Abend Zeit für das Gourmet-Probiermenü für $138 (mit Weinen $215). ⏲ tgl. 18–22 Uhr.

📖 **Wakatipu Grill**, Peninsula Rd, ☎ 03 450 9400, 🖥 queenstown.hilton.com; Karte S. 782. Feines Restaurant im Hilton, zu erreichen u. a. mit dem Wassertaxi, mit schöner Seeterrasse. Auf ein halbes Dutzend Stewart-Island-Austern ($25) könnte man ein Perendale-Lamm mit karamelliertem Fenchel und halbtrockenem Pinot-Noir ($38) folgen lassen. Zu den Mittagstagesgerichten ($30) werden ein Glas Wein und eine kleine Kostprobe von der Karte gereicht. ⏲ tgl. 6–23 Uhr.

Winnies, 7 The Mall, ☎ 03 442 8635, 🖥 winnies.co.nz; Karte S. 764. Beliebtes Pasta- und Pizzalokal (große Pizza $28) mit überdurchschnittlich guten Gerichten auf der Karte und Tagesangeboten zu vernünftigen Preisen. Auch Tische auf einem Balkon, freundliche Bedienung. ⏲ tgl. 12–1 Uhr oder später.

UNTERHALTUNG

Queenstown ist in erster Linie eine Kleinstadt mit Backpacker-Trinkgelagen sowie Bars und Clubs zum Sehen und gesehen werden. Sie steht nur selten auf dem Tourneeplan namhafter Musikgruppen, die gezeigten Filme entstammen vorwiegend dem Mainstream, und qualitativ hochwertige Kulturereignisse lassen sich an einer Hand abzählen.

Aktuelle **Veranstaltungshinweise** sind dem kostenlosen Unterhaltungsmagazin *The Source* zu entnehmen.

📖 **Atlas Beer Café**, Steamer Wharf, Beach St, ☎ 03 442 5995; Karte S. 764. Gemütliche, bei den Einheimischen beliebte Bar mit Blick auf den Anleger der *TSS Earnslaw*. Sehr gute Biere vom Fass (z. B. Emerson's) und fantasievolle Tapas wie marokkanische Fleischbällchen ($7,50). ⏲ tgl. 10–2 Uhr.

📖 **Bardeaux**, 5 Eureka Arcade, ☎ 03 442 8284, 🖥 goodgroup.co.nz; Karte S. 764. Verführerische kleine Cocktailbar mit Kamin-

feuer, wuchtigen Sofas und großer Whisky- und Weinauswahl. Am frühen Abend eher ruhig, ab 23 Uhr viel Trubel. ⏲ tgl. 16–4 Uhr.

The Bunker, Cow Lane, ☎ 03 441 8030, 🖥 thebunker.co.nz; Karte S. 764. Stilvolle und trendige Cocktailbar mit cooler Musik. ⏲ tgl. 17–4 Uhr.

Debajo, Cow Lane, ☎ 03 442 6099; Karte S. 764,. Spanische Musikkneipe für den späten Abend mit House-Musik und hochprozentigen Cocktails. ⏲ Do und So 0–4, Fr und Sa 23–4 Uhr.

📖 **Dux de Lux**, 14 Church St, ☎ 03 442 9688, 🖥 thedux.co.nz; Karte S. 764. Die einzige Brauereikneipe der Stadt, mit tollem Bier und guten Pizzas ($17–27) sowie Gartenbar mit Nachmittagssonne. Do–So Kiwi-Bands, die v. a. Rock, Reggae und Blues spielen, Di unterhaltsames Quiz. ⏲ tgl. 11–2.30 Uhr.

Mini Bar, Eureka Arcade, ☎ 03 441 3212, 🖥 goodgroup.co.nz; Karte S. 764. Gemütliche kleine Bar mit einem umfassendem Angebot an Biersorten aus der ganzen Welt. ⏲ tgl. 16–4 Uhr.

Póg Mahone's, 14 Rees St, ☎ 03 442 5382, 🖥 pogmahones.co.nz; Karte S. 764. Eine der besseren irischen Bars mit offenem Kamin, Tischen im Freien, Guinness vom Fass und herzhaftem Kneipenessen wie zweifach gekochtem Schweinebauch ($29) und *Irish stew* mit Sodabrot und Gemüse ($20). Unter der Woche jede Menge Angebote und Happy Hours. Livemusik Di–Sa ab 21 Uhr. ⏲ tgl. 11.30–1 Uhr oder später.

Pub on Wharf, 88 Beach St, ☎ 03 441 2155, 🖥 pubonwharf.co.nz; Karte S. 764. Besonders am frühen Abend bei der trinkfreudigen Klientel beliebte Kneipe mit billigem Essen ($20) und schönen Plätzen am Pier. Häufig Livemusik. ⏲ tgl. 10–22 Uhr oder viel später.

World Bar, 27 Shotover St, ☎ 03 442 6757, 🖥 theworldbar.co.nz; Karte S. 764. Alteingesessener Backpacker-Favorit unter den Bars und Clubs der Stadt für den späten Abend. ⏲ tgl. 16–4 Uhr.

Maori-Konzerte und Kino

Kiwi Haka, Bob's Peak Complex, ☎ 03 441 0101, 🖥 skyline.co.nz; Karte S. 764. Halbstündiges Maori-Konzert, tgl. um 17.15, 18, 19.15 und

CENTRAL OTAGO

20 Uhr, $59 inkl. Seilbahnfahrt, Reservierung erforderlich.

Reading Cinemas, 11 The Mall, ℅ 03 442 9990. Zeigt die üblichen Mainstream-Streifen. Anspruchsvollere Filme laufen in Arrowtown (S. 788).

AKTIVITÄTEN

Siehe auch Kästen S. 766 (Wanderungen), unten (Bungy-Jumping), S. 776 (Wassersport) und S. 778 (Wintersport).

Fallschirmspringen und Kunstflüge

NZone, 35 Shotover St, ℅ 0800 376 796, 🖥 nzone.biz. Queenstown ist ein teures Pflaster für Tandem-Fallschirmsprünge, doch der Blick über den Lake Wakatipu und die Landung am Fuße der Remarkables entschädigt für die Ausgabe. Sprünge von ca. 3600 m ($329, 45 Sek. freier Fall) und ca. 4500 m ($429, 65 Sek. freier Fall).

Bungy-Jumping

Der Bungy-Pionier **A. J. Hackett**, Camp St, Ecke Shotover St, ℅ 0800 286 495, 🖥 bungy.co.nz, betreibt alle drei Stationen um Queenstown: den 43 m hohen ältesten Sprungort Kawerau (S. 791), den 47 m hohen Ledge (S. 766) und den superhohen Nevis. Es werden mehrere Bungy-Swing-Kombinationen angeboten (z. B. alle drei Bungy-Sprünge für $465). Wer möchte, kann von der Website des Unternehmens Fotos oder einen Film der eigenen Ruhmestat herunterladen (einige kostenlos, andere zusätzlich $15–20).

Nevis Highwire (134 m; mehrere Abfahrten von Queenstown tgl. 8.40–14.40 Uhr). Der höchste Sprung Neuseelands: Acht Sekunden dauert der Spaß, aus einer Gondel dem Nevis River – einem Zufluss des Kawarau 32 km östlich von Queenstown – entgegenzuspringen. Die Zufahrt ist nur mit einem Geländewagen durch Privatgelände möglich, sodass selbst Zuschauer $50 berappen müssen, dafür aber bis zur Gondel gelangen und eine wunderschöne Aussicht genießen. Kostenlose T-Shirts, aber Fotos vom Sprung kosten extra. $260.

Aerostunts, ℅ 0800 788 687, 🖥 aerostunts. co.nz. 15-minütige Kunstflüge mit Loopings und anderen Kunststücken in einem Doppeldecker ($310).

Gleitschirm- und Drachenfliegen, Parasailing

An Schönwettertagen mit einer leichten Brise wimmelt es am Himmel über Queenstown von **Gleitschirmen**, die von Bob's Peak (S. 765) aus starten. Längere Gleitschirm- und Drachenflüge sind vom Coronet Peak möglich, 10 km nordöstlich der Stadt im Flight Park an der Malaghans Road. Weniger nervenaufreibend ist das Parasailing (Fallschirmsegeln) auf dem Lake Wakatipu.

Coronet Peak Tandems, ℅ 0800 467 325, 🖥 tandemparagliding.com. Flüge mit einem viermaligen neuseeländischen Champion und seiner Crew ($185).

Extreme Air, ℅ 0800 727 245, 🖥 extremeair. co.nz. Hier können Interessierte das Drachen- und Gleitschirmfliegen erlernen. Tageskurse ab $300.

Skytrek, ℅ 0800 759 873, 🖥 skytrek.co.nz. Drachenfliegen; ähnelt eher dem Vogelflug ($220).

Paraflights, Main Town Pier, ℅ 0800 225 520, 🖥 paraflights.co.nz. Hierbei kann man sich von einem Boot gezogen bis zu 200 m über den See erheben und 10 Min. die Aussicht genießen, bevor man wieder heruntergelassen wird – in der Theorie funktioniert das Ganze, ohne dass man nass wird. Solo $139, Tandem $109 p. P., Trio $89 p. P.

Herr der Ringe-Touren

Die Gegend rund um Queenstown hat von allen neuseeländischen Regionen die meisten *Herr der Ringe*-Drehorte vorzuweisen. Einige Kulissen sind sofort wiederzuerkennen, andere wurden digital so stark manipuliert, dass man schon Standbilder aus den Filmen sehen muss, um sie zu erkennen. Mit den Filmen wird eine ganze Tourenindustrie am Leben erhalten, und mit dem *Hobbit* hat dieser Trend noch einmal Auftrieb bekommen. Unterschiedlichste Veranstalter bewerben ihre Touren mit Filmbezügen. Wer jedoch unbedingt an einen Ort

CENTRAL OTAGO

möchte, an dem bereits Frodo anwesend war, muss eine Spezialtour von einem der hier aufgeführten Anbieter buchen.

Dart River Jet Safaris, Glenorchy, ✆ 0800 327 853, 🖥 dartriver.co.nz. Jetboot-Trips mit Schwerpunkt *Herr der Ringe* (Kasten S. 794).

Glenorchy Air, ✆ 03 442 2207, 🖥 trilogytrail.com. Arbeitete für die Filmcrew und organisiert nun den One Ring Trilogytrail (3 1/2 Std., $148), eine Minibustour zu Stätten um Queenstown; den Two Ring Trilogytrail (2–3 Std., $370), einen Flug über verschiedene Drehorte; sowie den Three Ring Trilogytrail (7 Std., davon 2 1/2 Std. im Flugzeug, $850).

Heliworks, ✆ 03 441 4011, 🖥 heliworks.co.nz. Dieses Unternehmen übernahm einen Großteil der Fliegerei für die Filmcrew und bietet viele verschiedene Rundflüge an (ab $450 für 45 Min. inkl. einer Landung).

Info&Track, 37 Shotover St, ✆ 03 442 9708, 🖥 infotrack.co.nz. Auf der günstigen Geländewagentour Paradise Safari (4 1/2 Std., $135) lernt man nicht nur Teile von Lothlorien, Isengard etc. kennen, sondern bekommt auch Einblicke in Maori-Legenden und die Geschichte des Goldabbaus.

Nomad Safaris, ✆ 0800 688 222, 🖥 nomadsafaris.co.nz. Der wichtigste Anbieter von Geländewagentouren veranstaltet unter dem Motto „Safaris of the Scenes" mehrere Touren zu den Drehorten mit häufigen Stopps. Die Fahrer wissen viel zu erzählen, da sie oft als Komparsen beschäftigt waren. Der Wakatipu-Basin-Trip (4 Std., $165) konzentriert sich auf das Gebiet um Queenstown, während der Glenorchy-Trip (4 Std., $165) weniger, aber vielleicht spektakulärere Drehorte vorführt.

OffRoad Adventures, ✆ 0800 633 762, 🖥 offroad4x4.co.nz. Gutes Angebot an Allradtouren, viele davon zu *Herr der Ringe*-Drehorten und oft billiger als die Konkurrenz.

Southern Lakes Sightseeing, Wanaka, ✆ 03 338 0982, 🖥 lordoftheringstours.co.nz. Bietet 3 Touren (auch per Hubschrauber), darunter die exzellente Trails Of Middle Earth (ganzer Tag, $299), bei dem man 20 Drehorte besucht und mit Schwertern und anderen Requisiten für Fotos posieren kann. Abholung in Wanaka und Queenstown möglich.

Klettersteige

Climbing Queenstown, 36 Shotover St, ✆ 0800 254 6246, 🖥 climbingqueenstown.com. Wer die Felswände um Queenstown erobern möchte, aber keinerlei Klettererfahrung hat, kann sich auf einer Via Ferrata („Eisenweg") einen Eindruck von der Kletterei verschaffen (tgl. 9 und 13.30 Uhr, 4 Std., $139). Diese Art der Klettersteige stammt ursprünglich aus Europa und ermöglichte es den Truppen während der beiden Weltkriege, gebirgiges Terrain zu überwinden. Perfekt ausgestattet klettert man über Stahlsprossen, die in Felswände oberhalb von Queenstown gebohrt wurden, nach oben. Zur Sicherung klinkt man sich in ein langes Stahlkabel ein, das neben dem Trail verläuft. Vorkenntnisse sind nicht erforderlich. Für Leute mit Erfahrung gibt es auch anspruchsvolle Routen. Das Unternehmen bietet auch konventionellere Kletterausflüge sowie Unterricht.

Motorrad-, Quadbike- und Geländewagentouren

Entweder man fährt selbst durch das karge Hochland von Central Otago oder überlässt anderen das Steuer bei informativen Touren, oft zu *Herr der Ringe*-Drehorten.

Nomad Safaris, ✆ 0800 688 222, 🖥 nomadsafaris.co.nz. Bei Weitem der größte Veranstalter von Geländewagentouren; im Angebot sind Trips zu *Herr der Ringe*-Drehorten (S. 773), nach Macetown (S. 786) und in den Skippers Canyon (S. 781). Für begeisterte Offroad-Fahrer gibt es Trips, bei denen sie selbst das Lenkrad eines Land Rover ($265, Mitfahrer $165) oder eines Quad (3 1/2 Std., davon 1 Std. Fahrt, $245) übernehmen können.

Off Road Adventures, 61a Shotover St, ✆ 0800 633 7623, 🖥 offroad.co.nz. Spannende Motorrad- und Quad-Touren über unterschiedliches Terrain. Das Angebot reicht von einfachen, familientauglichen Quad-Ausflügen (3 Std., davon 1 Std. auf dem Bike, $189) bis zur anspruchsvollen Adventure Tour, bei der man auf einer Hochlandfarm mit dem Motorrad steile Wege erklimmt (3 Std., davon 1 1/2 Std. auf dem Bike, $249).

Skippers Canyon Jet, ✆ 0800 226 966, 🖥 skipperscanyonjet.com. Die „Land Tour" bietet die beste Möglichkeit, den Skippers Canyon zu erkunden; die Familien der Führer leben schon seit der Goldgräberzeit in dieser Gegend. Die Tour umfasst u. a. einen Besuch im kürzlich erweiterten Winky's Museum mit Relikten der Goldgräberei, die Vorführung einer Goldwaschkanone und etwas Goldwaschen (4 1/2 Std., $149).

Mountainbiking

Queenstown entwickelt sich immer mehr zu einem wichtigen Ziel für Mountainbiker. Hier gab es schon immer tolle Radstrecken, doch mittlerweile gelangt man auch mit der Seilbahn zu den Abfahrten im Queenstown Bike Park (s. rechts). Der Queenstown Mountain Bike Club, 🖳 queenstownmtb.co.nz, hat wunderbare neue Trails angelegt, und der Queenstown Trail, Teil des New Zealand Cycle Trail, 🖳 wakatiputrails.co.nz, steht kurz vor der Vollendung. Ob gemächliche Touren am Seeufer, steile Abfahrten oder mehrtägige Expeditionen – es wird für alle Ansprüche etwas geboten, und die gesamte Region um Queenstown ist zudem ein Eldorado für Heli-Biker. Alle Fahrradshops verleihen geeignete Räder, und hier findet man auch Experten, die gerne den Weg zu den besten Trails erklären. Weitere Informationen finden sich auf 🖳 ridequeenstown.co.nz.

Fat Tyre Adventures, ☏ 0800 328 897, 🖳 fat-tyre.co.nz. Organisiert geführte Touren auf verschiedenen Singletrails mit bis zu fünf Stunden im Sattel, darunter einen tollen Trip in die Dunstan Mountains oberhalb von Cromwell (5 Std., $199). Im Angebot sind außerdem Tagestrips, bei denen man mit dem Hubschrauber in die Berge geflogen wird ($390–499). Zumeist Okt.–Mai.

Outside Sports, 36 Shotover St, ☏ 03 441 0074, 🖳 outsidesports. Großer Fahrradverleiher mit großem Angebot: einfache Hardtails für Touren am See (halber Tag $29, ganzer Tag $49), aber auch vollgefederte Bikes für die Wege im Queenstown Bike Park (halber Tag $49, ganzer Tag $79), echte Downhill-Bikes (halber Tag $75, ganzer Tag $110) und technisch anspruchsvolle Vorführräder (halber Tag $100, ganzer Tag $150). Auch Pakete mit Fahrrad-

verleih und Seilbahnfahrt (halber Tag $120, ganzer Tag $160). ⏰ tgl. 8.30–18 Uhr oder später.

Queenstown Bike Park, Bob's Peak, 🖳 skyline.co.nz/queenstown/MTB. In diesem Bike Park werden ständig neue Singletrails angelegt (einige mittelschwer, die meisten steil, manche halsbrecherisch). Auf dem Weg den Berg hinauf werden die Bikes an die Seilbahngondeln gehängt (10 Uhr bis Abenddämmerung, aber manchmal werden ab 18–20 Uhr keine Räder mehr transportiert), und mit einem Halbtagespass ($55) sollte man vier bis sechs Abfahrten absolvieren können. Vertigo bietet einen Radverleih an der Bergstation der Seilbahn. ⏰ 17. Sep–24. Dez und 8. Jan–April; Ostern geschl.

R&R Sport, Camp St, Ecke Shotover St, ☏ 03 409 0409, 🖳 rrsport.co.nz. Gute Räder zu moderaten Preisen: Hardtail (halber Tag $29, ganzer Tag $49), vollgefedert (halber Tag $49, ganzer Tag $69), Downhill (halber Tag $69, ganzer Tag $99). ⏰ tgl. 8.30–20.30 Uhr.

Revolution Tours, ☏ 0800 274 334, 🖳 revolutiontours.co.nz. 4-tägiger Trip durch das Hinterland auf der Westseite des Lake Wakatipu und bis nach Paradise; die drei Übernachtungen erfolgen in Farmhäusern ($1685).

Vertigo, 4 Brecon St, ☏ 0800 837 8446, 🖳 vertigobikes.co.nz. Günstiger Fahrradverleih in der Stadt und an der Bergstation der Seilbahn, außerdem Bike Park-Einführung mit zwei geführten Abfahrten ($159) sowie geführte Touren auf vollgefederten Bikes über den Skippers Pack Track, einst der einzige Zugang zum Skippers Canyon, bis im Jahr 1888 eine Straße gebaut wurde; bei der Tour geht's auf einem schmalen Weg fast 600 Höhenmeter hinunter (2 1/2 Std., $169). Auch Heli-Biking (4 Std., $399). ⏰ tgl. 8–18 Uhr.

Reiten

Ben Lomond Station, ☏ 0800 236 566, 🖳 nzhorsetreks.co.nz. Ausritte für Reiter mit ein wenig Erfahrung in herrlicher Landschaft – vom leichten Ritt um den Moke Lake (1 1/2 Std., $80) bis zum Ride into the Past, der an Goldgräberrelikten vorbeiführt (3 Std., $150). Nov–April tgl.

Jetbootfahren

Man sollte in Betracht ziehen, seine Dollars eher für einen günstigeren Jetboot-Trip anderswo im Land auszugeben. Andererseits hat Queenstown den tollen Shotover Jet und den spannenden Skippers Canyon Jet im Angebot, der durch den reizvollen und historisch bedeutsamen Skippers Canyon rast.

Shotover Jet, Camp St, Ecke Shotover St, ☎ 0800 746 868, 🖥 shotoverjet.com. Schick, touristisch und teuer, aber auch sehr aufregend. Mit kostenlosen Bussen werden Teilnehmer zum Arthur's Point gebracht, 5 km nördlich von Queenstown, und dann geht es mit PS-starken Jetbooten flussabwärts durch den Shotover Canyon. Die Beulen in den Booten zeugen von zahlreichen engen Kontakten mit Felsen. Zwanzig Minuten mit rasanten Drehungen um die eigene Achse und obligatorischen Duschen kosten $119. ⊙ tgl. 8.30–17 Uhr.

Skippers Canyon Jet, ☎ 0800 226 966, 🖥 skipperscanyonjet.com (3x tgl., 3 1/2 Std. mit 30 Min. Jetbootfahrt, $129). Nach der Anfahrt über die Skippers Road (S. 783) geht's per Jetboot entlang den alten Goldgräberstätten am oberen Shotover River. Es sind auch mehrere Kombinationen verfügbar, z. B. mit einem Rafting-Trip auf dem Shotover River ($309), was das Gesamtpaket noch spannender macht.

Rafting

Wildwasser-Rafting ist ein etablierter Abenteuersport in Queenstown und findet meist auf dem Kawarau und Shotover statt, manchmal auch auf dem abgelegenen Landsborough River. Wenngleich es auch so wirkt, als gebe es drei Rafting-Anbieter, jeder mit verschiedenen Paketen und Kombi-Deals, werden alle Rafts tatsächlich von Queenstown Rafting, 35 Shotover St, ☎ 0800 723 8464, 🖥 rafting.co.nz, betrieben.

Kawarau River (Schwierigkeitsgrad II–III, 4 Std. mit ca. 1 Std. auf dem Wasser). Dank seinem Wasserreichtum ist dies der verlässlichere Rafting-Fluss der beiden. Der 7 km lange, „Dog Leg" genannte Abschnitt des Kawarau weist vier Stromschnellen auf. Als Highlight gilt eine Stelle namens Chinese Dog Leg, angeblich die längste, kommerziell geraftete Stromschnelle Neuseelands. Da der Fluss aus dem See gespeist wird, ist der Wasserpegel keinen großen Schwankungen unterworfen, wenngleich er im Frühling natürlich etwas steigt und gegen Ende des Sommers sinkt. $195, Heli-Rafting $279.

Shotover River (Schwierigkeitsgrad III–IV, 5 Std. mit fast 2 Std. auf dem Wasser). Der Shotover ist anspruchsvoller als der Kawarau. Seine Stromschnellen mit so verheißungsvollen Namen wie The Squeeze, The Anvil und The Toilet erreichen ihren Höhepunkt bei einer Stelle namens Mother-in-Law, die bei Niedrigwasser durch den 170 m langen Oxenbridge Tunnel umfahren wird. Das Wasser der 14 km langen Raftstrecke kommt direkt aus den Bergen, weswegen der Pegel übers Jahr gesehen erheblich schwankt. Zur Zeit der Schneeschmelze im Oktober und November geht es auf dem Fluss ordentlich zur Sache, im Spätsommer hingegen wird er zahmer und eignet sich dann vor allem für unerfahrene Rafter. Im Winter gelangt kein Sonnenstrahl in die Schlucht, die dann extrem kalt wird; zu dieser Jahreszeit sind kürzere Trips im Angebot, wobei man die Stromschnellen direkt per Hubschrauber anfliegt. $195, Heli-Rafting 279.

Landsborough River (Schwierigkeitsgrad III, Mitte Nov–April Abfahrt freitags, 3 Tage). Wildnistour mit Hubschrauber-Anflug ($1495) und Camping am Fluss – hier geht's mehr um das Gesamterlebnis als um das Rafting an sich.

Familien-Rafting

Raftingtouren sind normalerweise Teilnehmern ab 13 Jahren vorbehalten, aber es werden auch Touren auf einfacheren Abschnitten (WW I–II) durchgeführt, bei denen Kinder jeden Alters mitfahren können.

Family Adventures, ✆ 0800 472 384, 🖳 familyadventures.co.nz, bieten einen Trip, bei dem man per Auto in den Skippers Canyon fährt und danach rund 90 Min. auf dem oberen Shotover River mit seinen Goldgräberrelikten verbringt, wobei man nicht einmal selbst zu paddeln braucht (insgesamt 5 Std., Erwachsene $179, Kinder $120).

Kajaktouren

Kayak Adventures Queenstown, ✆ 027 455 5993, 🖳 kayakadventuresqueenstown.com. Paddeln auf dem Lake Wakatipu, entweder mit einem Leihkajak ($35/Std., $45/3 Std.) oder bei einem geführten Halbtagestrip ($129), bei dem Stellen am See erkundet werden, die nur vom Wasser aus zugänglich sind.

River Surfing und Whitewater Sledging

Beim Whitewater Sledging und River Surfing werden die Teilnehmer mit Neoprenanzug, Helm und Flossen sowie einer handlichen Auftriebshilfe ausgestattet und dazu ermutigt, sich in die Fluten zu stürzen. Während Rafter nur relativ wenig Wasserkontakt haben, befindet man sich hierbei mitten in den Wellen, die aus dieser Perspektive riesig erscheinen können. Ein derartiges Abenteuer sollte also nur von sicheren Schwimmern gebucht werden, die sich auch in fließenden Gewässern wohlfühlen. Beim **River Surfing** klammert man sich an ein modifiziertes Boogy Board und surft die Wellen im Fluss ab. Eine ähnliche Technik erfordert das **Whitewater Sledging**: Man hält sich an den Griffen eines „Schlittens" fest und versucht, Arme und Körper stromlinienförmig auszurichten.

Frogz Whitewater Sledging, ✆ 0800 437 649, 🖳 frogz.co.nz, offeriert Sledging-Trips, wobei zweimal der Abschnitt Roaring Meg des Kawarau befahren wird. Abholung in Queenstown und Wanaka. 2x tgl., 5 Std. mit 2 Std. auf dem Wasser, $175.

Mad Dog River Boarding, 37 Shotover St, ✆ 0508 623 364, 🖳 riverboarding.co.nz. Gewöhnlich der billigste der River-Boarding-Anbieter, hat River Surfing auf dem Abschnitt Roaring Meg im Programm, inklusive Felssprüngen und Herumplanschen im Wasser, während man von einem Jetski gezogen wird. Nov–April 1–2x tgl., $169.

Serious Fun River Surfing, ✆ 0800 737 468, 🖳 riversurfing.co.nz, unternimmt 2 1/2-stündige Trips, je nach Bedingungen entweder auf dem Dog Leg oder zweimal auf dem Roaring Meg des Kawarau. Jeweils 4 Std., davon 2 Std. auf dem Wasser. Nov–April 1–2x tgl., $175.

Canyoning

Wer dem Wasser nicht abgeneigt ist, findet vielleicht auch Gefallen am Canyoning. Mit Neoprenanzug, Helm und Klettergeschirr ausgerüstet durchquert man teils zu Fuß, teils schwimmend enge Schluchten und muss hin und wieder ins Wasser springen, von Felsen hinunterrutschen oder sich über einen Abhang abseilen.

Canyoning.co.nz, ✆ 03 441 3003, 🖳 canyoning.co.nz. Der einzige Canyoning-Anbieter in Queenstown bietet Canyoning-Trips durch drei Canyons der Gegend; am einfachsten ist der Trip **Queenstown Canyon** (Okt–April 2x tgl., 3 Std., 2 Std. im Canyon, $185), eine Vor- oder Nachmittagstour zum Twelve Mile Delta vor den Toren der Stadt. Etwas mehr Ausdauer benötigt man für **Canyoning Routeburn** (Okt–April 1x tgl., 7 Std., davon über 3 Std. im Canyon, $240, ab Glenorchy $210), mit 20-minütiger Wanderung über den Routeburn Track, um dann einen schmalen Canyon zu erkunden, teilweise springend und rutschend. Weitaus anspruchsvoller ist die **Earnslaw-Heli-Canyon-Tour** (Okt–April je nach Nachfrage, ganzer Tag mit 5–6 Std. im Canyon, mit Hubschrauber-Anflug ab Queenstown $1500, mit Zugang zu Fuß $800), bei der Gruppen von 2 bis 4 Teilnehmern in abgelegenen Gegenden zahlreiche schwierige Seilabstiege vollführen.

Rundflüge und Fahrten im Heißluftballon

Viele Veranstalter bieten Rundflüge in Flugzeugen oder Hubschraubern an. Oft beinhalten auch Abenteuer-Aktivitäten einen Hubschrauberflug. Per Flugzeug oder Helikopter gelangt man auch zum Milford Sound. Ruhiger geht's bei morgendlichen Heißluftballonfahrten zu.

Alpine Choppers, ☏ 0800 801 3019, ▱ alpine choppers.co.nz. Rundflüge inklusive Landung auf den Remarkables (20 Min., $200) und Flüge zum Milford Sound (1 1/2–2 1/4 Std., $725).
Sunrise Balloons, ☏ 0800 468 247, ▱ balloon ingnz.com. Gestartet wird früh am Morgen, um rechtzeitig in 2000 m Höhe aufzusteigen

Wintersport in Queenstown

Zwei Skigebiete – **Coronet Peak** und die kleineren **Remarkables** – in unmittelbarer Nähe zahlreicher guter Hotels, Restaurants und Après-Ski-Angebote machen Queenstown zum beliebtesten Wintersportort Neuseelands. Das winterliche Highlight ist das zehntägige **Queenstown Winter Festival**, ▱ winterfestival.co.nz, das gegen Ende Juni/Anfang Juli stattfindet und neben klassischen Ski- und Snowboard-Veranstaltungen auch Schneeskulpturen, Ski-Golf sowie viele weitere Unterhaltungsangebote umfasst. Daneben gibt es zahlreiche andere Events wie den familienorientierten **Remarkables Spring Fling**, der in der ersten Ferienwoche im September abgehalten wird.

Informationen und Skipässe

Beide Skigebiete (und auch Mount Hutt) werden vom selben Unternehmen betreut, dessen Website, ▱ nzski.com, über die Schneelage informiert und viele praktische Tipps gibt. Tagesskipässe sind jeweils nur in einem Skigebiet gültig, doch es gibt auch einen **Saisonpass**, mit dem man die Lifte aller drei Skigebiete nutzen kann ($999).

Übernachtung und Ausrüstung

In keinem der Skigebiete gibt es **Unterkünfte**, doch verkehren ständig Shuttlebusse von und nach Queenstown ($12). Zu Engpässen bei Unterkünften kommt es nur während der Schulferien. Empfehlenswerte **Skiverleiher** sind Brown's, 39 Shotover St, ☏ 03 442 4003, ▱ brownsnz.com ($46 pro Tag für Standardski, Schuhe und Stöcke, $44 für ein Snowboard), sowie Outside Sports, 36 Shotover St, ☏ 03 441 0074, ▱ outsidesports.co.nz, mit etwas günstigeren Preisen.

Coronet Peak, ☏ 03 442 4640, 18 km nördlich von Queenstown, wurde 1947 eröffnet und war damit das erste richtige Skigebiet Neuseelands. Dank modernster Schneemaschinen geht die Wintersportsaison bis in den Frühling, eine besonders schöne Zeit, weil der Himmel dann meist blitzblau ist. Es gibt Pisten aller Schwierigkeitsgrade (3 für Anfänger, 16 für Fortgeschrittene, 12 für erfahrene Skifahrer), bei einem Höhenunterschied von über 400 m. Während der Saison, die normalerweise Anfang Juni beginnt und manchmal bis Mitte Oktober dauert, verkehren auf der Zufahrtsstraße Shuttlebusse von und nach Queenstown. Skipässe kosten derzeit $95 pro Tag (9–16 Uhr); im Juli–Sep kann man Fr und Sa von 16–21 Uhr für zusätzliche $49 die Pisten bei Flutlicht unsicher machen.

The Remarkables, ☏ 03 442 4615, 28 km östlich von Queenstown, ist ein Skigebiet, zu dem drei auf der Rückseite der Remarkables gelegene Täler gehören. Es gilt in erster Linie als gutes Übungsgelände für Anfänger, bietet aber auch ein paar anspruchsvollere Pisten für Geübte sowie tolle Möglichkeiten für Skitouren (3 Pisten für Anfänger, 8 für Fortgeschrittene, 18 für erfahrene Skifahrer). Die Talstation der Lifte liegt zwar 500 m höher als diejenige am Coronet Peak, dennoch ist die Saison hier ein wenig kürzer und dauert üblicherweise nur von Ende Juni bis Anfang Oktober. Mit 320 m ist auch der Gesamthöhenunterschied kleiner, doch lassen sich zusätzliche 120 m herausschinden, wenn man abseits der Pisten den landschaftlich fantastischen Homeward Run zur unbefestigten Zufahrtsstraße hinuntersaust und dort einen der zahlreichen kostenlosen Shuttles zurück zum Sessellift nimmt. Der eintägige Skipass kostet $91.

und die Bergkulisse zu bestaunen; an klaren Tagen sieht man sogar den Mount Cook. Nach der Landung wird ein Sektfrühstück serviert (3 Std., davon ca. 1 Std. in der Luft, $445).

Swinging
Eine Alternative zum Bungy-Jumping ist Swinging, bei dem man sich ebenfalls ins Leere stürzt, allerdings nicht auf und ab schwingend, sondern an einem Gummiseil in galantem Bogen hin und her pendelnd.
Canyon Swing, ☎ 0800 279 464, ⌨ canyon swing.co.nz. Bietet einen Swing mit 60 m Fallhöhe hoch über dem Shotover River. Manchmal tummeln sich viele Rafter auf dem Fluss und beobachten den Sprung (109 m, 7–10x tgl., insgesamt ca. 2 Std., $199, zweiter Sprung $39).
Nevis Swing, ☎ 0800 286 495, ⌨ bungy.co.nz. Bei der Nevis-Bungy-Sprungstelle, derzeit der höchste Swing der Welt; sehr nervenaufreibend, aber die Absprungoptionen sind hier begrenzter (125 m, 2x tgl., insgesamt 4 Std., $180, im Tandem p. P. $160).

Weintouren
Appellation Central Wine Tours, ☎ 03 442 0246, ⌨ appellationcentral.co.nz. Organisiert den informativen und unterhaltsamen Besuch der Weingüter im Gibbston Valley sowie bei Bannockburn und Cromwell in kleinen Gruppen. Zur Auswahl stehen die nachmittägliche Boutique Wine Tour (12–17 Uhr, $175) mit einem Mittagessen in einem der vier angesteuerten Güter sowie die gemächlichere, ganztägige Gourmet Wine Tour (9.30–16.30 Uhr, der $215) zu fünf Weingütern inklusive einer Käseprobe, Mittagessen auf einem der Weingüter und Kellereiführung beim Weingut Gibbston Valley (S. 790). Abholung in Queenstown und Arrowtown.

Autovermietungen
In Queenstown mit dem Auto zu fahren ist unproblematisch. **Parkplätze** im Zentrum sind rar, aber schon ein paar Straßen weiter außerhalb gibt es kostenlose Parkmöglichkeiten. Viele Autoverleiher konkurrieren mit guten Deals in der Stadt und am Flughafen; wer Interesse hat, hält Ausschau nach den Angeboten.

Bücherei
10 Gorge Rd, ☎ 03 441 0600, ⏰ Mo–Sa 10–17 Uhr.

Geld
Alle großen Banken unterhalten im Zentrum eine Filiale mit Geldautomat.

Gepäckaufbewahrung
Viele Unterkünfte bieten Gepäckaufbewahrung, besonders wenn man bei Abholung noch einmal in Queenstown nächtigen will. **Info&Track**, 37 Shotover St, ☎ 0800 462 248, ⌨ infotrack. co.nz, nimmt $5/Gepäckstück/Nacht.

Gepäcktransfers
Topline Tours, ☎ 0508 249 8059, ✉ topline@ teanau.co.nz, befördert Gepäck zwischen Queenstown und Te Anau (Rucksäcke $10–15, Fahrräder $10–15) sowie Queenstown und Milford Sound ($20–25).

Informationen
Das **i-SITE Visitor Centre**, Camp St, Ecke Shotover St, ☎ 03 442 4100, ⌨ queenstown information.co.nz, übernimmt ebenfalls Buchungen und gibt objektive Ratschläge. ⏰ Dez–März tgl. 8–19, April–Nov 8–18.30 Uhr. In der Shotover Street reiht sich außerdem ein Reservierungsbüro ans andere.
DOC Visitor Centre, 38 Shotover St, im 1. Stock des Geschäfts Outside Sports, ☎ 03 442 7935, ✉ queenstownvc@doc.govt.nz, ⏰ Okt–April tgl. 8.30–18, Mai–Sep 8.30–17.30 Uhr. Infos zum Wandern allgemein sowie zu den Great Walks und Nationalparks.
Zu den hilfreichen **Veröffentlichungen** zählen der kostenlose Führer *iTag*, ⌨ itag.co.nz, mit den aktuellen Preisen für Aktivitäten, und die Lokalzeitung *Mountain Scene*, die über angesagte Adressen informiert.

Internet
An der Shotover Street gibt's mehrere Internetcafés mit langen Öffnungszeiten, schnellen Verbindungen und günstigen Preisen (ca. $3/ Std.), darunter **Global Gossip**, 27 Shotover St, ☎ 03 441 3018. Außerdem kostenpflichtiger Internetzugang in der **Bücherei**.

CENTRAL OTAGO

Medizinische Hilfe

Apotheke: **Wilkinsons Pharmacy**,
The Mall, Ecke Rees St, ☏ 03 442 7313,
⊕ tgl. 8.30–22 Uhr.
Ärztliche Hilfe: **Mountain Lake Medical
Centre**, 38b Gorge Rd, ☏ 03 442 7188.

Outdoorausrüstung

Info&Track, 37 Shotover St, ☏ 03 442 9708,
🖳 infotrack.co.nz; Karte S. 764. Verleiht
Ausrüstung wie Rucksäcke ($7/Tag),
Schlafsäcke ($7/Tag) und Kochsets für 2 Pers.
($5/Tag), jedoch keine Zelte. ⊕ Nov–Mai tgl.
7.30–20, Juni–Okt 6.45–21 Uhr.
Small Planet, 17 Shotover St, ☏ 03 442 6393,
🖳 smallplanetsports.co.nz; Karte S. 764.
Verkauft neue und gebrauchte Sachen, darunter
Snowboards, Ski- und Kletterausrüstung sowie
Campingzubehör zu guten Preisen (auch Rück-
kauf sowie Ankauf von gebrauchten Sachen
für 25 % Kommission). Außerdem Ausrüstungs-
verleih, z. B. Zelte ($12/Tag), Klettergurte ($8/
Tag), Klettereisen ($10/Tag) und Lawinenpiepser
($10/Tag). ⊕ tgl. 9–20 Uhr.

Polizei

11 Camp St, ☏ 03 441 1600.

Post

13 Camp St, mit Poste restante.
⊕ Mo–Fr 8.30–17.30, Sa 9–16 Uhr.

NAHVERKEHR

Alle Sehenswürdigkeiten in der Innenstadt
von Queenstown lassen sich zu Fuß erreichen.
Die meisten Abenteueraktivitäten finden
außerhalb der Stadt statt, doch sämtliche
Organisatoren unterhalten kostenlose Shuttles
zwischen Stadtzentrum und Veranstaltungsort
und holen die Teilnehmer in der Stadt oder
von ihren Unterkünften ab.

Busse

Connectabus, ☏ 03 441 4471, 🖳 connectabus.
com. Wenige Verbindungen ab O'Connells
Mall an der Camp Street. Der nützlichste Bus
fährt von Queenstown nach Frankton (alle 15
Min., 10 Min.) und weiter zum Flughafen (5 Min.).
Von Frankton gibt es eine Verbindung nach

Arrowtown (12x tgl., 15 Min.), außerdem fährt
ein Bus von Queenstown zum Arthur's Point
(alle 30–60 Min., 15 Min.). Preise für eine
einfache Fahrt ab Queenstown: Flughafen $6,
Arrowtown $8, Tagespass $17, 7-Tage-Pass $40,
erhältlich in den Bussen.

Taxis

Taxistände in der Camp Street am oberen
Ende der Mall sowie in der Shotover Street.
Blue Bubble Taxis, ☏ 03 450 3000.

TRANSPORT

Busse

Alle Busse halten im Zentrum von Queenstown nahe der Kreuzung Camp Street und
Shotover Street, von wo das i-SITE weniger als
100 m entfernt ist und die meisten Unterkünfte
in weniger als 15 Min. zu Fuß erreichbar sind.
Atomic fährt nach Christchurch, Dunedin
und Greymouth;
InterCity/Newmans, das größte Busunternehmen, fährt alle größeren Zielorte an;
Southern Link, ☏ 0508 458 835, 🖳 southern
linkbus.co.nz, fährt nach Christchurch;
Topline Tours, ☏ 03 249 8059, 🖳 toplinetours.
co.nz, fährt im Sommer nach Te Anau;
Wanaka Connexions, ☏ 03 443 9120,
🖳 alpinecoachlines.co.nz, und **Connect
Wanaka**, ☏ 0800 405 066, 🖳 connectabus.
com, fahren nach Wanaka, Letzterer über die
spektakuläre Crown Range.

Wanderer werden gut bedient durch:
Tracknet, ☏ 03 249 7777, 🖳 tracknet.net,
fährt relativ regelmäßig nach Te Anau,
zum Milford Sound und Milford Track, zum
Routeburn Track und nach Invercargill;
Info&Track, ☏ 0800 462 248, 🖳 infotrack.co.nz,
Busse nach Glenorchy und zum Rees–Dart,
Greenstone/Caples und Routeburn Track.

Busse nach:
ALEXANDRA 4x tgl., 1 1/2 Std.;
AORAKI MOUNT COOK 1x tgl., 4–5 Std.;
ARROWTOWN 13x tgl., 40 Min.;
CHRISTCHURCH 5x tgl., 7–11 Std.;
CROMWELL 8x tgl., 1 Std.;
DUNEDIN 4x tgl., 4–5 Std.;

FRANZ JOSEF GLACIER 2x tgl., 7–8 Std.;
GLENORCHY 2–5x tgl., 1 Std.;
GREYMOUTH 1x tgl, 10 Std.;
INVERCARGILL 1x tgl., 3 Std.;
TE ANAU 3x tgl., 2 1/4 Std.;
TEKAPO 5x tgl., 3–4 Std.;
WANAKA 10x tgl., 1 1/2 Std.

Flüge

Der Flughafen von Queenstown, 🖥 queens
townairport.co.nz, liegt bei Frankton, 7 km
nordöstlich der Innenstadt. Für den **Transport
vom Flughafen** in die Stadt bietet sich der Super
Shuttle (Tür-zu-Tür-Service, $16 für 1 Pers.,
$21 für 2 Pers.) an; auch mit dem Connectabus
(s. Nahverkehr S. 780) gelangt man in die Stadt.
Blue Bubble Taxis, ✆ 03 450 3000, verlangt für
die Fahrt in die Stadt rund $35; viele große Miet-
wagenfirmen haben ein Büro am Flughafen.

Flüge nach:

AUCKLAND 5–6x tgl., 1 3/4 Std.;
CHRISTCHURCH 6x tgl., 1 Std.;
WELLINGTON 1x tgl., 1 3/4 Std.

Umgebung von Queenstown

Nur wenige Kilometer von Queenstown entfernt
ist der Kommerz schnell vergessen. An der Straße Richtung Glenorchy lädt die **Bob's Cove** zu
einer Rast am See ein, und in den **Little Paradise Gardens** lassen sich skurrile Pflanzungen
begutachten. Wilder geht es am **Shotover River**
zu, einst Paradies der Glücksritter. Früher wurde hier Gold gefunden, heute finden jede Menge Abenteueraktivitäten statt. Der Shotover ent-
springt in den Richardson Mountains nördlich
von Queenstown, fließt durch den beeindruckenden **Skippers Canyon** und mündet unterhalb des Lake Wakatipu in den Kawarau River.
Die Skippers Road, die dem Shotover River nur
an seinem Oberlauf folgt, zweigt 12 km nördlich
von Queenstown von der Coronet Peak Road ab.
Man erreicht sie über die Malaghans Road via
Arthur's Point.

Bob's Cove

Glenorchy Rd, 14 km westlich von Queenstown

Die am See verlaufende Straße von Queenstown nach Glenorchy ist eine der landschaftlich reizvollsten in dieser Gegend. Jenseits der
Vororte von Queenstown bietet sich als erster
Halt **Bob's Cove** an. Hier lässt sich gut beobachten, dass der **Wasserspiegel** des Sees alle fünf
Minuten um etwa 150 mm schwankt – ein Phänomen, das zwar selten, aber nicht einzigartig
ist. Bisher hat man jedoch kaum Erklärungen
dafür. Wer am Rand des Sees einen Stock in
den Boden steckt, kann das Phänomen bestens
beobachten.

Ein kurzer **Naturlehrpfad** (30–40 Min. hin und
zurück) führt durch einen Wald voller Makomakos zu den Überresten einer Kalkbrennerei aus
den 1870er-Jahren.

Little Paradise Gardens

Glenorchy Rd, 30 km westlich von Queenstown
▪ 🕐 etwa 9–17 Uhr; wenn das Schild draußen
steht, ist geöffnet ▪ $6 inkl. Tee oder Kaffee
▪ ✆ 03 442 6196, 🖥 littleparadise.co.nz

An der Straße nach Glenorchy liegt dieses
halbwilde kleine Paradies, eine Schöpfung des
Schweizer Eigentümers Thomas Schneider, der
einen Sinn für alles Exentrische hat. Die Anlage mit einer unendlichen Fülle von Pflanzen präsentiert sich fast immer als ein Meer aus Farben, doch nichts ist hier steril oder formell
angelegt. Der Garten liegt auf dem 45. Breitengrad, auf halber Strecke zwischen Äquator und
Südpol.

Arthur's Point

Die Gorge Road führt durch ein kleines Gewerbegebiet von Queenstown Richtung **Arthur's
Point**, 5 km nördlich von Queenstown, wo die
parabolförmige **Edith Cavell Bridge** den Shotover River überspannt. In der Schlucht darunter führen die Shotover Jets (Kasten S. 767) ihre
Kunststücke vor, und hier enden die Rafting-
Touren auf dem Shotover.

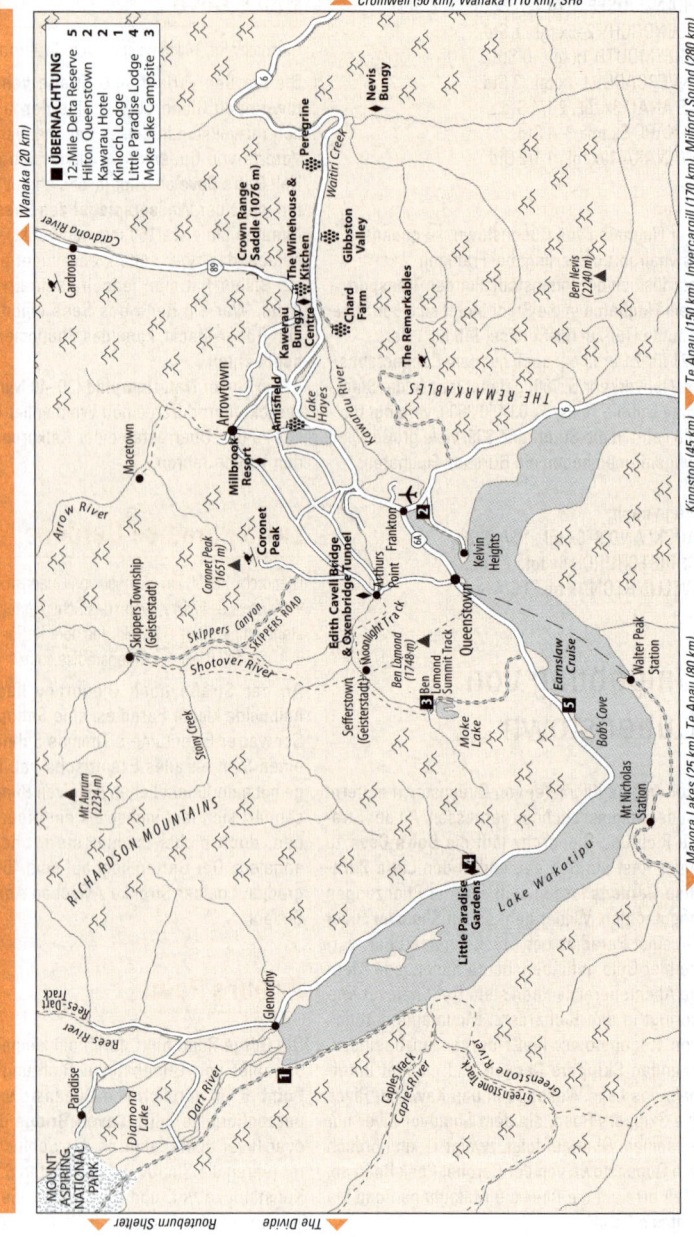

ÜBERNACHTUNG
- 12-Mile Delta Reserve **5**
- Hilton Queenstown **2**
- Kawarau Hotel **1**
- Kinloch Lodge **4**
- Little Paradise Lodge **3**
- Moke Lake Campsite

Cromwell (50 km), Wanaka (110 km), SH8

Wanaka (20 km)

Kingston (45 km), Te Anau (150 km), Invercargill (170 km), Milford Sound (280 km)

Mavora Lakes (25 km), Te Anau (80 km)

0   10 km

Cardrona River

Cardrona

Crown Range Saddle (1076 m)

Nevis Bungy

Peregrine

Waitiri Creek

Kawarau Bungy Centre

The Winehouse & Kitchen

Gibbston Valley

Chard Farm

Ben Nevis (2240 m)

The Remarkables

Arrowtown

Amisfield

Lake Hayes

Kawarau River

THE REMARKABLES

Millbrook Resort

Maoetown

Arrow River

Coronet Peak (1651 m)

Coronet Peak

Edith Cavell Bridge & Oxenbridge Tunnel

Arthur's Point

Frankton

Kelvin Heights

Skippers Township (Geisterstadt)

Skippers Canyon

SKIPPERS ROAD

Shotover River

Moonlight Track

Ben Lomond (1748 m)

Ben Lomond Summit Track

Queenstown

Earnslaw Cruise

Walter Peak Station

Stony Creek

Sefferstown (Geisterstadt)

Moke Lake

Bob's Cove

Mt Aurum (2234 m)

RICHARDSON MOUNTAINS

Lake Wakatipu

Mt Nicholas Station

Little Paradise Gardens

Glenorchy

MOUNT ASPIRING NATIONAL PARK

Paradise

Diamond Lake

Rees River

Rees-Dart Track

Dart River

Caples Track

Caples River

Greenstone Track

Greenstone River

Routeburn Shelter

The Divide

N

Oxenbridge Tunnel

Oxenbridge Tunnel Rd, Arthur's Point

Eine Rafting-Tour auf dem Shotover wird gekrönt mit der Fahrt durch den 170 m langen **Oxenbridge Tunnel**, der um 1911 gegraben wurde, um den Fluss umzuleiten und zu ermöglichen, dass im alten Flussbett nach Gold gesucht werden konnte. In drei Jahren Arbeit fanden die Goldgräber jedoch nur 2,5 kg Gold. Der Ausgang des Tunnels ist über die Oxenbridge Tunnel Road erreichbar.

Skippers Road

Auf der gefährlichen **Skippers Road**, einer schmalen und kurvenreichen unbefestigten Straße, genießen Mietfahrzeuge keinen Versicherungsschutz; die Einheimischen fahren hier ohne Rücksicht auf Verluste und lassen entgegenkommenden Fahrzeugen kaum Platz. Das ist sehr bedauerlich, da die Straße Zugang bietet zu einem Gebiet voller herrlicher Zeugnisse aus der Goldgräberzeit. Einen Eindruck von der Gegend vermitteln die Rafting- und Jetboottouren auf dem Fluss (Kasten S. 776), da diese entlang der Skippers Road beginnen. Das Gebiet lässt sich jedoch nur mit einer historisch ausgerichteten Allradtour vollständig erkunden (Kasten S. 794).

Nach ihrer Abzweigung von der Coronet Peak Road erreicht die Skippers Road nach zahlreichen Serpentinen den Fluss und eine Stelle namens **Pinchers Bluff**, wo chinesische und europäische Arbeiter die Straße in einen fast senkrecht abfallenden Felsvorsprung trieben, und erreicht schließlich den Ort Skippers. Geschäfte, Cafés oder Ähnliches gibt es an der Straße nicht.

Geschichte

Als die Goldwäscher Platz machten für mechanische Siebe, künstliche Wasserkanäle und große Bagger, wurde eine Straße erforderlich, mit deren Bau 1863 begonnen wurde. 20 Jahre lang schufteten chinesische Arbeiter, nur mit Hacken und Schaufeln bewaffnet, an der Skippers Road. Diejenigen, die den harten Bedingungen längerfristig standhielten, errichteten anstelle der üblichen Zelte festere Behausungen. Geschäftstüchtige Unternehmer eröffneten entlang der 40 km langen Straße insgesamt 27 Hotels, und Händler verkauften den Goldgräbern, die häufig an Skorbut litten, frisches Obst und Gemüse zu Wucherpreisen. Um die Wende zum 20. Jh. war der Fluss seiner kostbaren Substanz weitgehend beraubt, doch ein paar Goldsucher blieben, und selbst heute noch gibt es eine Handvoll Leute, die sich mit Goldwaschen ihren Lebensunterhalt verdienen.

Skippers Township

29 km nördlich von Queenstown

Die Skippers Road führt flussaufwärts zur **Skippers Bridge**. Sie wurde 1901 in ausreichender Höhe gebaut, um dem Winterhochwasser trotzen zu können, das alle vorherigen Brücken weggeschwemmt hatte.

Auf der anderen Seite der Brücke befinden sich die Überreste des Orts **Skippers** mit einst 1500 Einwohnern, die am Ende des Goldrauschs praktisch komplett den Ort verließen. Das alte Schulhaus wurde restauriert, und ringsum liegen die Ruinen einiger anderer Gebäude; insgesamt aber ist es eine gespenstische, menschenleere Siedlung.

Wer möchte, kann auf einem einfachen **DOC-Campingplatz** beim alten Schulhaus und Friedhof übernachten. Er bietet schöne Ausblicke

Der Kingston Flyer

Wer mit dem Auto Richtung Fiordland unterwegs ist, kann ein Stück altes Neuseeland begutachten: den **Kingston Flyer** (Okt–April 3x tgl., $35, ✆ 0800 4FLYER, 🖥 kingstonflyer. co.nz). Nach ein paar Jahren Ruhepause ist die Dampfbahn wieder in Betrieb und befährt eine 14 km lange Strecke von Kingston (47 km südlich von Queenstown) nach Fairlight. Von den 1890er-Jahren bis 1957 endete das Bahnnetz von Otago in Kingston, und der Rest der Reise nach Queenstown wurde mit Dampfschiffen wie der TSS *Earnslaw* auf dem Lake Wakatipu zurückgelegt. Auf der Bahntour (2 Std. hin und zurück) ziehen glänzend schwarze Lokomotiven alte Holzwaggons.

auf die umliegenden Berge und besitzt Toiletten (im Sommer mit Wasserspülung) und Wasseranschluss; ansonsten muss man alles mitbringen; $7.

Arrowtown und Umgebung

Arrowtown, 23 km nordöstlich von Queenstown am Zusammenfluss des Arrow River und Bush Creek, verströmt noch etwas von der Atmosphäre einer alten Goldgräberstadt, wenngleich das verbliebene historische Flair im Sommer zeitweilig unter dem Ansturm der Touristen verschwindet. Arrowtown ist jedoch keine leere Kulisse, sondern eine ganz normale Ortschaft mit kleinen Lebensmittelläden, Kneipen und einem Postamt sowie tollen Unterkünften und Restaurants. Die Einwohnerzahl von Arrowtown liegt bei etwa 2400, doch im Sommer, wenn die Ferienhäuser vermietet und die Busparkplätze voll sind, erreicht sie fast wieder ihre ehemalige Spitzenzahl von 7000 zur Zeit des **Goldrauschs**.

Arrowtown lässt sich am besten genießen, sobald die Massen abgezogen sind. Wer nur einen Ausflug von Queenstown unternimmt, kann zum Mittagessen herkommen und am Nachmittag wandern, im Fluss baden oder mit dem Rad zum ehemaligen Goldgräberort **Macetown** fahren, um sich abends einen Film anzuschauen oder essen zu gehen und schließlich mit dem Bus nach Queenstown zurückzufahren. Wer den Ort Ende April besucht, kann das **Autumn Festival**, 🖳 arrowtownautumnfestival.org.nz, miterleben, das einige historische Spaziergänge, Straßentheater und andere Veranstaltungen umfasst.

Geschichte

Ob es tatsächlich der Amerikaner William Fox war, der 1862 als Erster Gold im Arrow River fand, ist umstritten, fest steht jedoch, dass er die hiesige Geschichte prägte und seine Fundstelle geheim hielt, bis er über 100 kg Gold angehäuft hatte. Die Ortschaft wurde ursprünglich auch nach ihm benannt, aber später in Arrowtown umgetauft. Der Arrow River erlangte den Ruf, der weltweit goldreichste Fluss im Verhältnis zu seiner Größe zu sein. Das zog Scharen chinesischer Bergarbeiter an, die sich im **Arrowtown Chinese Settlement** niederließen (Kasten S. 785), und lockte Glücksritter in die Hügel der Umgebung, wo die Brüder Charley und John Mace den Ort **Macetown** gründeten, heute eine Geisterstadt.

Avenue of Trees

Zwei Reihen von 1867 gepflanzten Platanen und Eichen beschatten die winzigen Goldgräberhütten entlang der malerischen **Avenue of Trees**, Arrowtowns begehrtestes Fotomotiv. Die meisten der ungefähr 60 Hütten wurden gegen Ende des 19. Jhs. erbaut, und ihr armseliges Aussehen – sie sind extrem klein und stehen eng beieinander – ist nicht zuletzt auf den Mangel an Bauholz zurückzuführen. Die schützenden Berge ringsum bescheren Arrowtown warme, trockene Sommer und schneereiche Winter. Besonders schön präsentiert sich der Ort im Herbst, wenn sich die vielen Laubbäume goldgelb verfärben. Einige der Goldgräberhütten sind in kleine Geschäfte und Cafés verwandelt worden.

Lakes District Museum

49 Buckingham St ▪ 🕐 tgl. 8.30–17 Uhr ▪ Eintritt $8 ▪ 📞 03 442 1824, 🖳 museumqueenstown.com

Das **Lakes District Museum** beherbergt Gegenstände, die 1983 im Rahmen der Ausgrabung auf dem Gelände des Chinese Settlement zutage gefördert wurden, und vermittelt ein lebendiges Bild der Lokalgeschichte, besonders vom Leben der (chinesischen) Goldgräber und deren Familien. Dazu gehört auch eine Ausstellung über den Opiumkonsum, der in Neuseeland bis 1901 legal war. Technikfreunde können sich an Exponaten zu einem der frühesten Bewässerungsprojekte des Landes erfreuen, mit dem die Goldgräbergemeinden in Skippers und Macetown mit Strom versorgt wurden. Unten befinden sich noch eine Ausstellung zur alten Brauerei, eine Bäckerei, ein Druckereiraum und ein Schulzimmer.

Arrowtown Chinese Settlement

Am westlichen Ende der Buckingham St
■ ⏱ frei zugänglich ■ Eintritt frei

Ein Besuch des Lakes District Museum ist die beste Vorbereitung für einen Rundgang durch das **Arrowtown Chinese Settlement** mit seinen umfassend restaurierten Gebäuden an einem von Weiden gesäumten, schmalen Abschnitt des Bush Creek. Es ist bei weitem die besterhaltene chinesische Siedlung in Neuseeland. Sie bietet einen Einblick in eine faszinierende, aber auch traurige Episode der neuseeländischen Geschichte. Viele der Gebäude waren als vor-übergehende Behausungen gedacht und wurden erst zu festen Unterkünften, als die Goldgräber älter wurden. Als 1983 mit Ausgrabungen begonnen wurde, stand hier kaum noch etwas. Einige solidere Behausungen haben jedoch überdauert, einige davon sind restauriert worden, und Erläuterungstafeln hauchen ihnen wieder ein wenig Leben ein.

Ah Lum's Store

Das besterhaltene Gebäude ist **Ah Lum's Store**, 1883 im typischen kantonesischen Stil für Wong Hop Lee erbaut und von 1909 bis 1927 vermietet an Ah Lum, eine der wichtigsten Persönlichkei-

---

Das chinesische Erbe von Arrowtown

Die erste Welle von **Goldsuchern**, die Arrowtown Anfang der 60er-Jahre des 19. Jhs. überschwemmte, bestand aus Glücksrittern, die über Nacht reich zu werden hofften. Als auch an der Westküste Gold entdeckt wurde, brachen die meisten von ihnen Hals über Kopf nach Greymouth oder Hokitika auf und hinterließen ein Häuflein Menschen, das nicht in der Lage war, den Fortbestand der zahlreichen Geschäfte zu sichern, die in den boomenden Zeiten aus dem Boden geschossen waren.

Um das Problem zu lösen, griff man auf **chinesische Gastarbeiter** zurück. Die ersten Chinesen kamen 1866 nach Otago, und um 1870 betrug ihre Zahl bereits 5000. Sie ließen sich entlang des Bush Creek nieder, in „respektvoller" Entfernung zur Hauptsiedlung – ein Ausdruck des damals herrschenden **Rassismus**, der sich auch darin manifestierte, dass die Chinesen nur aufgegebene Claims bearbeiten und als Nachhut der europäischen Schürfer tätig werden durften. Selbst die Chinesen, die in gemeinnützigen Projekten, wie z. B. bei der presbyterianischen Kirche, arbeiteten, erhielten nur halb so viel Lohn wie die Europäer, die dieselbe Arbeit verrichteten.

Aber immerhin lassen damalige Zeitungsberichte durchblicken, dass viele Mitglieder der europäischen Gemeinde den Chinesen „Ehrlichkeit und Fleiß" bei der Arbeit bescheinigten und ihr Verhalten als „einwandfrei und korrekt" beurteilten – durchaus überraschend angesichts der Tatsache, dass sich die chinesische Gemeinde überwiegend aus alleinstehenden Männern zusammensetzte. Die meisten waren in der Hoffnung gekommen, schnell viel Geld zu verdienen und nach China zurückzukehren, weswegen anfänglich nur wenige mit ihren Familien kamen. Erst mit späteren Immigranten gelangten auch Frauen und Kinder nach Neuseeland.

Der Traum vom großen Geld erfüllte sich nur für wenige Glückliche, aber rund 90 % kehrten tatsächlich nach Hause zurück, viele davon in einem Sarg – sie hatten sich unter jämmerlichen Lebensbedingungen regelrecht zu Tode geschuftet. Eine noch viel größere Anzahl wurde zu Beginn der 80er-Jahre des 19. Jhs. vertrieben, als die **Rezession** den Rassenhass auf die Spitze trieb, und ausländischen Bürgern ungeheuerliche Steuern auferlegt wurden. Um diese Zeit hatten sich die Goldvorkommen bereits weitgehend erschöpft, und die wenigen verbliebenen Chinesen verdienten sich ihren Unterhalt als **Gemüsebauern oder Händler** und zogen weg, in erster Linie nach Auckland. Dennoch blieb die chinesische Gemeinde von Arrowtown bis in die 20er-Jahre des 20. Jhs. bestehen. Nachdem auch die Letzten abgewandert oder gestorben waren, überließ man die Siedlung am Bush Creek sich selbst – den Rest besorgten mehrere Überschwemmungen.

ten der chinesischen Gemeinde in ihren späteren Jahren. Ah Lum verkaufte chinesische und europäische Waren und betrieb außerdem eine Opiumhöhle und eine Bank.

Macetown

16 km nördlich von Arrowtown, zu erreichen zu Fuß, mit dem Fahrrad oder einem Allradfahrzeug

Als Anfang der 60er-Jahre des 19. Jhs. das Goldfieber den Distrikt Otago erfasste, schwärmten jede Menge Glücksritter aus und ließen kaum einen Flusslauf oder ein Tal unentdeckt. 1862 wurde bei Twelve Mile Seifengold gefunden, und sofort setzte der Run zu der Stelle ein, an der später **Macetown** entstehen sollte. Heute ist es eine Geisterstadt und ein beliebtes Ziel von Mountainbikern, Reitern und Wanderern.

Macetowns Vergangenheit ist die Geschichte von Aufstieg und Verfall: In seiner Glanzzeit beherbergte der Ort zwei Hotels, ein Postamt und eine Schule, doch als der Boom vorbei war, konnte er sich nicht wie Arrowtown und Queenstown der Landwirtschaft zuwenden, sondern war dem Untergang geweiht. Das Einzige, was von der Stadt erhalten blieb, sind zwei Steingebäude – das restaurierte Haus des Schulmeisters und die Bäckerei – sowie ein paar Holzhütten. Die Senken und Bachbetten ringsherum sind mit rostigen Gerätschaften übersät und eine Fundgrube für Liebhaber von Industrie-Archäologie.

Auf den ersten Blick mag der Ort etwas enttäuschend wirken, doch das mit Gras bewachsene Plateau gibt einen tollen Campingplatz ab. Um die einzigartige Atmosphäre richtig genießen zu können, sollte man ein oder zwei Tage – ausgerüstet mit Zelt und ausreichend Vorräten – vor Ort verbringen und die Umgebung in aller Ruhe erkunden.

ÜBERNACHTUNG

Arrowtown
Die meisten Unterkünfte in Arrowtown haben einen recht hohen Standard und sind weniger frequentiert als diejenigen in Queenstown.
Arrowtown Born of Gold Holiday Park, 12 Centennial Ave, ☎ 03 442 1876, 🖥 arrow townholidaypark.co.nz. Großzügiger Campingplatz mit Tennisplatz beim Schwimmbad des Orts. Moderne Gästeküche und Sanitärblock. Camping $18, Studios $120, Selbstversorger-Flats $120

Arrowtown Lodge, 7 Anglesea St, ☎ 03 442 1101, 🖥 arrowtownlodge.co.nz. 4 einladende und geschmackvoll eingerichtete Cottages mit Bad und Bergblick. Das kleine Frühstück kann auf der Sonnenterrasse serviert werden. Auf Wunsch Transport nach Macetown und zum Flughafen. $180

Bains Homestay, 32 Butel Rd, ☎ 03 442 1270, 🖥 bainshomestay.co.nz. Unterkunft in grüner Umgebung 300 m außerhalb des Zentrums nahe der Straße von Arrowtown zum Lake Hayes. Großes Selbstversorger-Apartment für 4 Pers. mit schönem Balkon. Preis inkl. Frühstück. $140

Poplar Lodge, 4 Merioneth St, ☎ 03 442 1466, 🖥 poplarlodge.co.nz. Gemütliches Hostel mit kleinen Dorms, Zimmern sowie 2 Units mit Bad. Freundliche Besitzer, herrlicher Rosengarten. Dorms $29, DZ $70, Units $99

Shades of Arrowtown, 9 Merioneth St, ☎ 03 442 1613, 🖥 shadesofarrowtown.co.nz. Stilvolles, gut geführtes, modernes Motel mit viel Grün im Herzen der Stadt. Große Auswahl an Units (meist mit Kochnische oder kompletter Küche) sowie ein Selbstversorger-Cottage für 6 Pers. Units $100, Cottage $175

Tussock Lodge, 48 Rutherford Rd, nahe dem Lake Hayes, 5 km südwestlich von Arrowtown, ☎ 03 442 1449, 🖥 tussock cottage.co.nz. Wunderschönes, luxuriöses Selbstversorger-Cottage mit 2 Zimmern in einem Gebäude mit Grasdach. Kostenlose Fahrrad- und Kajakbenutzung, freundliche und gut informierte Gastgeber. $225

Viking Lodge Motel, 21 Inverness Crescent, ☎ 0800 181 900, 🖥 vikinglodge.co.nz. Ausgezeichnetes Preis-Leistungs-Verhältnis. Chalets mit 1–2 Schlafzimmern, komplett eingerichteter Küche und Satelliten-TV; außerdem Pool und Kinderspielplatz mit Trampolin. $139

Macetown
Macetown Historic Reserve, von Arrowtown 15 km den Arrow River entlang. DOC-Platz mit Gras inmitten von Relikten der Goldgräberzeit,

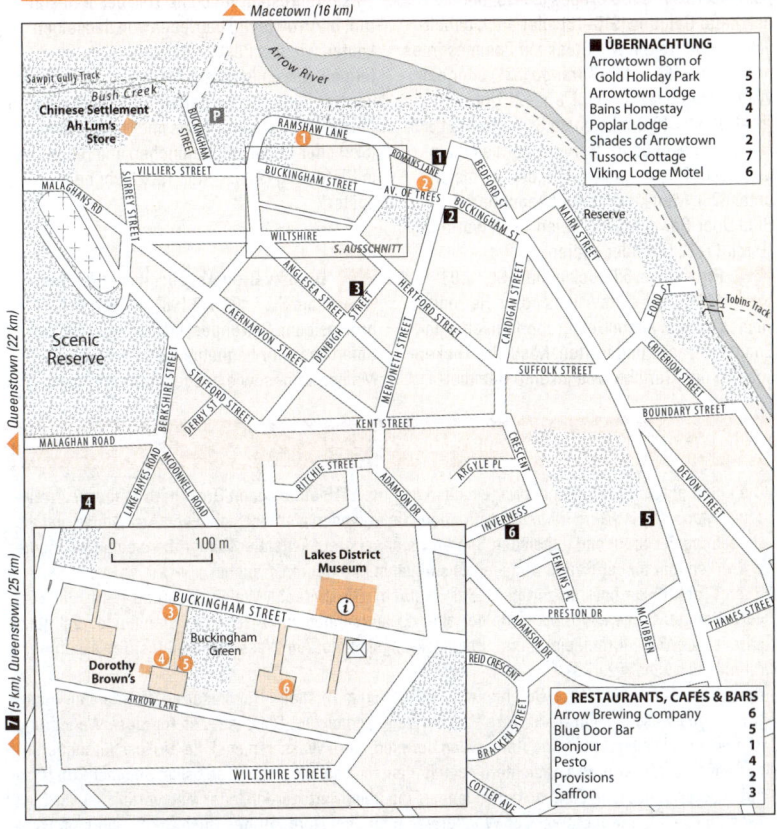

CENTRAL OTAGO

geschützt von niedrigen Steinmauern und Weiden, Platanen und Apfelbäumen. Plumpsklos, Wasser aus einem Bach. Kostenlos

ESSEN UND UNTERHALTUNG

Alle aufgeführten Lokale befinden sich in Arrowtown.

The Arrow Brewing Company, Royal Oak Arcade, 48–50 Buckingham St, ℘ 03 409 8849, ⌨ arrowbrewing.co.nz. Moderne Version einer traditionellen Kneipe, mit roten Sofas drinnen und einer Terrasse

draußen. Hier gibt's exzellente Biere sowie köstliche Pasteten (*pie and pint* $15) und Pizza mit allerlei Belägen ($22). ⊕ tgl. 11–22 Uhr oder später.

Blue Door Bar, 18 Buckingham St, ℘ 03 442 0885. Stilvolle, coole (und daher nicht gerade günstige) kleine Bar in einem 130 Jahre alten Kellergewölbe mit Kaminfeuer. Trotz seiner Eleganz völlig ungezwungen, manchmal Live-Jazz, -Blues und -Folk. ⊕ tgl. 17 Uhr bis spät.

Bonjour, 25 Ramshaw Lane, ℘ 03 409 8946, ⌨ bonjour-arrowtown.com. In dieser tollen kleinen Crêperie and Epicerie mit Tischen an der Ramshaw Lane stammt fast das gesamte Personal aus Frankreich. Es gibt Kaffee und *pain aux raisin*, süße Crêpes ($6–13) und herzhafte Galettes ($10–18) oder auch gehaltvollere Mahlzeiten wie Steak mit Pommes frites und Salat ($19), Ente *à l'orange* ($31) oder ein Winterfondue ($28). ⏰ tgl. 8.30–21 Uhr.

🧳 **Pesto**, 18 Buckingham St, ✆ 03 442 0885, 🖥 pesto.co.nz. Hervorragendes Pizza- und Pasta-Restaurant (Hauptgerichte meist unter $25). Man kann in der benachbarten Blue Door Bar auf einen freien Tisch warten. ⏰ tgl. 17–22 Uhr oder später.

🧳 **Provisions**, 65 Buckingham St, ✆ 03 442 0714, 🖥 provisions.co.nz. Reizendes kleines Café in altem Goldgräberhäuschen mit Sonnenterrasse und Garten. Köstliche Thekenspeisen und Gerichte wie pikante Hammel-nierchen auf Toast ($15) und saisonale Salate. Mit Alkohollizenz. ⏰ tgl. 9–17 Uhr.

Saffron, 18 Buckingham St, ✆ 03 442 0131, 🖥 saffronrestaurant.co.nz. Das beste Restaurant in Arrowtown, betrieben von denselben Leuten wie das Pesto; edel, aber nicht überformell. Spezialisiert auf Mahlzeiten aus Zutaten von der Südinsel, die perfekt zubereitet werden, beispielsweise Lammbries mit Markklößchen ($29) oder Confit von Kaninchen und Blutwurst in Blätterteig ($40). ⏰ tgl. 12–22 Uhr oder später.

Kino

🧳 **Dorothy Brown's**, abseits der Buckingham St, ✆ 03 442 1964, 🖥 dorothybrowns.com. Reizendes, kleines Kino mit zwei Sälen und sehr bequemen Sitzen, zeigt Mainstream- sowie ausgefallenere Filme

---

Wanderungen um Arrowtown und Macetown

Die unten aufgeführten Wanderwege sind in der im i-SITE erhältlichen Broschüre *Discover Arrowtown: Maps and Walking Guides* beschrieben. Sie erkunden die Geschichte von Arrowtown und die Umgebung der Stadt und folgen den Spuren vieler verstreut liegender Goldgräbersiedlungen, heute v. a. erkennbar an der Bepflanzung mit **Obstbäumen** und Beerensträuchern.

Bush Creek (3 km hin und zurück, 1 Std., einfach). Die einfache Waldwanderung führt zunächst vorbei an der Stelle, wo früher eine der alten Eislaufbahnen von Arrowtown stand, und folgt dann parallel zum Bush Creek einer alten Bewässerungsleitung. Am Wassereinlauf des Bewässerungsrohrs geht's wieder zurück.

Macetown Circuit (32 km, 8 Std. hin und zurück, 700 m Anstieg). Bei dieser anstrengenden Rundwanderung werden mehrere kürzere Wanderwege kombiniert. Die beste Zeit für diese Wanderung ist zwischen Weihnachten und April, wenn der niedrigere Wasserspiegel die 22 Flussdurchquerungen am Arrow River etwas erleichtert; nach Regenfällen kann es jedoch selbst im Sommer Probleme geben. Die Wanderung kann an einem langen Tag absolviert werden, oder man verteilt sie auf zwei Tage und zeltet in Macetown. Der Wanderweg folgt dem Nordufer des Bush Creek, führt am Fuße des German Hill vorbei und biegt dann ins Sawtooth Gully ab, wo er dem Big Hill Trail folgt, mit weiten Ausblicken zum Lake Hayes und den Remarkables. Anschließend geht es steil hinunter zum Eight Mile Creek, wobei sich der Pfad im nassen und schwer begehbaren Gelände ein wenig verliert. Nach drei bis vier Stunden stößt man nur 2 km vor Macetown auf die Arrow Creek Road. Der Rückweg folgt dieser zurück nach Arrowtown. Wer vom Staub genug hat, kann hin und wieder auf parallel zur Straße verlaufende Pfade ausweichen.

Sawpit Gully (5 km Rundweg, 2–3 Std., 300 m Anstieg). Für die klassische Arrowtown-Rundwanderung sollte man einigermaßen fit sein. Am besten begeht man den Weg gegen den Uhrzeigersinn. Unterwegs macht der Buchenwald subalpinem Tussock-Gras Platz, dann geht es wieder durch Wald, vorbei an verrotteten Relikten der Goldgräberzeit. Die Ausblicke auf die Remarkables und den Lake Hayes sind umwerfend. Anfangs folgt man dem Arrow River Trail parallel zur Straße nach Macetown, biegt dann links in den Sawpit Gully ab und geht eine Schleife zurück nach Arrowtown.

($15,50 oder 18,50); in der fantastischen Bar gibt's Alkohol und Snacks, die ins Kino mitgenommen werden dürfen.

TOUREN

Wer in Arrowtown oder Queenstown ein **Fahrrad** mietet, kann auf der Allradstraße am Arrow River entlang (mit 22 Flussdurchquerungen) oder auf dem Singletrail, der größtenteils parallel dazu verläuft und einige der Flussdurchquerungen überflüssig macht, nach Macetown gelangen. Rund 2 Std. je Strecke.

Nomad Safaris, ✆ 0800 688 222, 🖳 nomad safaris.co.nz. Die Touren ab Queenstown (4 Std., $165) folgen dem Arrow River und durchqueren diesen auf der Holperpiste nach Macetown über 20 Mal. Auch Abholung in Arrowtown.

Southern Explorer, ✆ 0800 493 975, 🖳 southernexplorer.co.nz. Kleiner Anbieter, der auf die Erkundung von Arrowtown und Macetown spezialisiert ist. Macetown-Touren (4 Std., $150) bieten die Möglichkeit, mit dem Mountainbike zurückzufahren, und gehen fast die ganze Strecke bergab. Es gibt auch eine Campingtour mit Übernachtung in Macetown ($279).

SONSTIGES

Fahrradverleih

Arrowtown Bike Hire, ✆ 03 442 1466, verleiht an einem Stand an der Ramshaw Lane Mountainbikes ($35/halber Tag, $49/8 Std.).

Informationen

i-SITE Visitor Centre, im Lakes District Museum, 49 Buckingham St, ✆ 03 442 1824, 🖳 museumqueenstown.com. Hier gibt es u. a. die Broschüren *Historic Buildings of Arrowtown* ($2) sowie *Arrowtown Chinese Settlement* ($4), außerdem Internetzugang. 🕐 tgl. 8.30–17 Uhr.

Macetown und Umgebung sind ziemlich detailliert in der Broschüre *Macetown and the Arrow Gorge* ($4) beschrieben, die im i-SITE in Arrowtown erhältlich ist.

Touren

Southern Explorer, ✆ 0800 493 975, 🖳 southernexplorer.co.nz. Der kleine Anbieter

ist auf Arrowtown und Macetown spezialisiert. Die Arrowtown Tour (2 Std., $65) umfasst Goldwaschen und *Herr der Ringe*-Drehorte.

TRANSPORT

Connectabus, ✆ 0800 405 066, 🖳 connecta bus.com, bietet Busverbindungen im gesamten Wakatipu-Becken mit Basis in Frankton. Bus Nr. 11 fährt in Queenstown vom oberen Ende der Mall an der Camp Street nach FRANKTON, von dort fährt die Nr. 10 zur Ramshaw Lane in Arrowtown. Ein Tagespass kostet $17 (7-Tage-Besucherkarte $40); der letzte Bus zurück nach Queenstown fährt um 22.25 Uhr. Busse nach QUEENSTOWN 13x tgl., 40 Min.

Gibbston

Der **Kawarau River** verlässt den Lake Wakatipu beim Queenstown Hilton, windet sich am Flughafen vorbei, nimmt das Wasser des Shotover River auf und stürzt sich dann in die **Kawarau Gorge**. Auf den nächsten 30 km bleibt der Fluss eingezwängt in sein enges Bett, bevor er sich schließlich beim Goldfields Mining Centre in Cromwell (S. 814) in den Lake Dunstan ergießt.

Das Flusstal ist ein wichtiges Ziel der Anbieter von Abenteuertouren aus Queenstown. Das **Gibbston Valley**, mehr oder weniger die ersten 12 km der Schlucht, hat sich jedoch auch mit **Weinbau** einen Namen gemacht. Erst in den 1980er-Jahren wurde in Central Otago mit dem kommerziellen Weinanbau begonnen. Die Güter liegen nahe dem 45. Breitengrad und wurden wegen ihrer Lage in der südlichsten Weinanbauregion der Welt lange Zeit als völlig indiskutabel abgetan – obwohl das französische Rhône-Tal ganz ähnliche klimatische Bedingungen aufweist. Es gibt heiße, trockene Sommer und lange, kalte Winter, was die Produktionskosten in die Höhe treibt und die Erträge begrenzt. Daher setzen die Weinbauern auf hochwertige, limitierte Produkte, deren Preise mit $25–40 pro Flasche ungewöhnlich hoch erscheinen – bis man einmal einen der leckeren Tropfen probiert hat.

Im Gibbston Valley machten die ersten Weinbauern der Region ihre Experimente, auch wenn

CENTRAL OTAGO

heute weit mehr Wein rund 30 km weiter westlich bei Cromwell und Bannockburn (S. 816) angebaut wird. Trotzdem ist das Gibbston Valley nach wie vor ein bedeutendes Weingebiet; ein halbes Dutzend Kellereien bieten Weinproben, und mehrere Güter betreiben ausgezeichnete Restaurants (s. Kasten).

Alle Weingüter lassen sich mit dem eigenen Auto erreichen, doch informativer sind die geführten **Weintouren** ab Queenstown (S. 779).

Geschichte

Schon 1864 erkannte der französische Minenbesitzer Jean Désiré Feraud, der das Interesse an seinem Goldclaim beim Frenchman's Point nahe Clyde verloren hatte, dass sich die Steilhänge am Südufer des **Kawarau River** zum

Weinanbau eigneten. Aus Australien brachte er Rebstöcke mit und produzierte bald Weine, die auf dortigen Messen sogar ausgezeichnet wurden. Anfang der 80er-Jahre des 19. Jhs. zog er jedoch nach Dunedin um und kehrte auch dem Wein den Rücken. Ein neuerlicher Anbau von Weinstöcken erfolgte erst 1976 mit der Anlage der Rippon-Weingärten vor den Toren von Wanaka (S. 803). Fünf Jahre später stellte sich heraus, dass auch in der Kawarau Gorge so hervorragende Sorten wie Pinot Gris, Riesling und ganz besonders Pinot Noir gediehen. Alan Brady brachte 1987 die ersten kommerziellen Weine seiner Winzerei Gibbston Valley Wines auf den Markt. Seitdem gewannen die Winzer im Tal zahlreiche Preise, besonders für ihren eleganten, fruchtigen Pinot Noir.

Weingüter im Gibbston Valley

Die folgenden Weingüter, gelistet nach zunehmender Entfernung von Queenstown, bieten Weinproben an und verfügen z. T. über ausgezeichnete Restaurants.

Amisfield, 10 Lake Hayes Rd, ☎ 03 442 0556, 🖳 amisfield.co.nz; Karte S. 782. Elegantes, modernes Weingut, kombiniert kunstvoll die hiesige Schieferbauweise mit großen Fenstern und altem Holz. Weinproben: 4 Weine $5, 6 Premiumweine $12, darunter der hoch geschätzte Amisfield Pinot Noir. Oder man gönnt sich ein „Trust the Chef"-Menü, bei dem in 3 Gängen 7 Gerichte serviert werden ($55, mit Weinen und Dessert $100). Der Connectabus zwischen Frankton und Arrowtown fährt direkt am Tor vorbei. ⏰ Weinproben tgl. 10–18 Uhr, Bistro tgl. 11.30–20 Uhr (letzte Reservierung für 17.30 Uhr).

Chard Farm, 205 Chard Rd, ☎ 03 442 6110, 🖳 chardfarm.co.nz; Karte S. 782. Unentgeltliche Kostproben vieler verschiedener Weine auf einem der ersten Weingüter im Tal. Erreichbar über eine steile, 2 km lange Schotterstraße, die gegenüber dem Kawarau Bungy vom SH6 abzweigt. ⏰ Mo–Fr 10–17, Sa und So 11–17 Uhr.

Peregrine, SH6, ☎ 03 442 4000, 🖳 peregrinewines.co.nz; Karte S. 782. Elegantes Weingut im Industriechick, das kostenlose Proben anbietet. Sehr gute Weine. ⏰ tgl. 10–17 Uhr.

Gibbston Valley, 1820 Gibbston Valley Hwy (SH6), ☎ 03 442 6910, 🖳 gvwines.co.nz; Karte S. 782. Das erste und kommerziellste Weingut der Region mit Weinproben (3 Weine $5) sowie Weintouren mit Besichtigung eines Ende der 1980er-Jahre 80 m tief in den Berg gesprengten Weinkellers: Die Cave Tour (stdl. 10–16 Uhr, 30 Min., $15) führt in den Weinkeller und umfasst eine Weinprobe, die Cave Tour Select (tgl. 11 und 14 Uhr, $25) bietet bessere Weine und ausführlichere Informationen. Außerdem gibt's hier ein beliebtes Garten- und Wintergartenrestaurant mit einem Menü für 2 Pers. ($46 mit Wein) sowie diversen Platten und Gerichten wie Schweinefleisch mit Puy-Linsen und Pilaw ($29). Interessant ist auch die benachbarte Käserei. ⏰ Dez–Feb tgl. 10–18 Uhr, März–Nov 10–17 Uhr.

The Winehouse & Kitchen, 1693 SH6, ☎ 03 442 7310, 🖳 winehouse.co.nz; Karte S. 782. Relativ neue Winzerei mit Restaurant beim Kawarau Bungy Centre, im Besitz des Mitbegründers von AJ Hackett Bungy, Henry van Asch. Umfassendes Angebot an Weinproben sowie Mittagessen im lockeren, aber guten Restaurant mit Gerichten wie Chili-Tintenfisch mit Mangosalat ($27). Drinnen ist das Restaurant mit kitschigen Kiwi-Ikonen geschmückt, draußen lockt eine schattige Terrasse mit großem Kamin und kunstvoll angelegtem Gemüsegarten. ⏰ tgl. 10–17 Uhr.

Kawerau Bungy Centre

SH6, 23 km östlich von Queenstown ■ ⏲ tgl. 9–17 Uhr ■ Eintritt frei; Bungy-Sprung $180, Bungy-Trampolin Erw. $20, Kinder $15 ■ ✆ 0800 286 495, 🖥 bungy.co.nz

Fast jeder hält hier an, um sich das Treiben am Kwarau Bungy Centre direkt am SH6 anzuschauen. Hier überquerte die alte Straße durch die Schlucht den Fluss über die **Kawerau Gorge Suspension Bridge**, die 1880 errichtet wurde. Und seit 1988 ist hier die erste kommerzielle Bungy-Sprungstelle der Welt in Betrieb. Hier wird immer noch am häufigsten gesprungen, und dies ist die einzige Bungy-Basis der Gegend, wo man auf Wunsch mit dem Kopf ins Wasser eintauchen kann.

Wer sich einen Bungy-Sprung gönnen möchte und es nicht so schlimm findet, dass es mit 43 m Höhe bei weitem nicht der höchste Sprung ist, sollte es hier wagen. Die Umgebung ist toll, und es gibt immer ein Publikum. Zum Angeben gibt's hinterher ein T-Shirt, und auch für die kostenlose Anreise von Queenstown ist gesorgt. Kinder sowie Erwachsene, die sich keinen Bungy-Sprung zutrauen, können aufs Bungy-Trampolin ausweichen.

Glenorchy

Glenorchy, am oberen Lake Wakatipu, 50 km nordwestlich von Queenstown, ist ein ruhiges, äußerst malerisches Örtchen und wie geschaffen für ein paar erholsame Tage. Viele Besucher benutzen Glenorchy jedoch nur als Zwischenstation auf dem Weg zu einigen der schönsten **Wanderwege**, die Neuseeland zu bieten hat – sei es eine Rundwanderung auf dem Rees-Dart Track oder Touren auf dem Routeburn Track, dem Greenstone Track und dem Caples Track.

Zwar kommen hier jeden Tag zahlreiche Touristen durch – viele davon, um eine Tour mit dem Dart River Jet zu unternehmen –, doch das winzige Glenorchy hat im Grunde genommen nicht viel mehr zu bieten als eine Tankstelle, ein Postamt, ein Lebensmittelgeschäft, ein paar Kneipen und Cafés sowie eine Handvoll Unterkünf-

te. Fast jeder Anbieter bewirbt seine Touren mit Bildern von *Herr der Ringe*-Drehorten, da in der Umgebung mehrere Szenen der Trilogie gedreht wurden. Tatsächlich ist die Landschaft hier so spektakulär, dass sie schon in zahlreichen Filmen als Ersatzkulisse für die Rocky Mountains oder die Alpen herhalten durfte. Auch Peter Jackson kam für seine *Hobbit*-Filme hierher zurück. Wer an speziellen Drehorten interessiert ist, sollte sich der von Nomad Safaris in Queenstown angebotenen Tour „Safari of the Scenes" anschließen (S. 774).

Geschichte

Die fantastische Landschaft um Glenorchy verdankt ihre Schönheit einer Sedimentablagerung am Meeresgrund, die vor ungefähr 220–270 Mio. Jahren erfolgte und sich in die grau-grünen Schiefer und *pounamu* (Jade) der Forbes Mountains und Humboldt Mountains verwandelte. Die West- und Nordflanken der Forbes Mountains wurden vom Dart Glacier geformt, heute nurmehr eine kurze Gletscherzunge, aber auf dem Höhepunkt seiner Ausdehnung vor 18 000 Jahren das Kernstück eines riesigen Gletschersystems, das den Boden des Lake Wakatipu aushöhlte.

In prä-europäischen Zeiten trug die Ebene am Delta der Flüsse Rees und Dart den Namen **Kotapahau**, „Ort des Rachemords", vielleicht eine Anspielung auf Kämpfe zwischen rivalisierenden Maori-Stämmen um die begehrte Jade, die in einigen Abschnitten des Dart River zu finden war. Auch heute noch gibt es dort Jadevorkommen, doch befinden sich diese meist innerhalb der schützenden Grenzen des Mount Aspiring National Parks.

Die ersten **Europäer**, die in diese Gegend vordrangen, waren Goldsucher, Landvermesser und Viehzüchter. Obwohl Glenorchy auf dem Landweg nicht erreichbar war, trudelten bereits zu Beginn des 20. Jhs. die ersten **Touristen** ein. Sie überquerten den Lake Wakatipu auf der *TSS Earnslaw* und wurden mit Pferdewagen ins 20 km nördlich von Glenorchy gelegene **Paradise** kutschiert, wo sie in der Arcadia Homestead unterkamen. Eine Verbindungsstraße zwischen Queenstown und Glenorchy kam erst 1962 zustande. Sie führt durch herrliche Landschaft am Seeufer entlang.

Glenorchy Holiday Park, 2 Oban St,
☎ 03 441 0303. Gut geführt, Stellplätze mit/
ohne Strom und Cabins für bis zu 4 Pers.
Duschen für Nicht-Gäste $5. Camping $15,
Dorms $20, Cabins $48

Glenorchy Lake House, 13 Mull St,
☎ 03 442 4900, 🖥 glenorchylakehouse.co.nz.
Zentral gelegene Lodge mit 2 üppig ausge-
statteten Zimmern mit geräumiger Lounge,
Bergblicken und großem Whirlpool im Freien.
Köstliches Frühstück. Zimmer mit Bad $325–380

Kinloch Foreshore Recreation Reserve.
Kleiner, sehr netter DOC-Platz am See bei der
Kinloch Lodge. Mit Zeltplätzen unter Bäumen,
Toilette, Barbecue-Bereich, Picknicktischen
und Flusswasser (kein Trinkwasser). $7

📖 **Kinloch Lodge**, 862 Kinloch Rd,
☎ 03 442 4900, 🖥 kinlochlodge.co.nz.
26 km außerhalb von Glenorchy, auf der
anderen Seite des Sees, aber nahe den Startpunkten für die Wanderwege Greenstone,
Caples und Routeburn. Wunderschöner, friedlicher Ort, um zu entspannen, z. B. im kostenlosen Spa mit Bergblick (für Nicht-Gäste
$10, inkl. Dusche). Engagierte Leitung, sehr
komfortable Zimmer mit Gemeinschaftsbad in
der Heritage Lodge von 1868 (mit kostenlosem
Internet), toller separater Backpacker-Bereich
(Wilderness Lodge) mit Dorms und netten
Zimmern (eins davon mit Bad). Auf Wunsch
Bootstransfer von Glenorchy ($15 p. P. je
Strecke, zwischen Glenorchy und Lodge mind.
2 Pers.), Fahrradverleih ($10/Std., $50/Tag),
Angelrutenverleih ($15/Tag), geführte Kajak-
touren und Transfer zu den Tracks (kostenlos
zum Routeburn und Greenstone/Caples, wenn
man 2 Nächte bleibt). Dorms $33, Backpacker-
DZ $90, mit Bad $132, B&B inkl. 3-Gänge-
Abendessen p. P. $139

Mt Earnslaw Motels, 87 Oban St, ☎ 03 442 6993,
🖥 mtearnslawmotel.co.nz. Glenorchys einziges
Motel bietet saubere, geräumige Units mit
extrabreiten Betten, doppelverglasten Fenstern,
kostenlosem WLAN und Zugang zu Waschmaschinen. $120

Sylvan Campsite, 23 km nordwestlich von
Glenorchy. Einfacher, aber sehr angenehmer
DOC-Platz neben dem gurgelnden Route Burn

mit Grillstellen, Picknicktischen und Toilette.
Buchen spenden Schatten, Wasser gibt's aus
dem Bach (entkeimen!), ein einfacher Spaziergang führt zum Lake Sylvan. $7

Café at The Trading Post, 13 Mull St,
☎ 03 442 7084, 🖥 glenorchytradingpost.co.nz.
Freundlicher kleiner Laden mit Fairtrade-
Biokaffee, Fruchtsmoothies ($7) und wunder-
baren *high teas* ($20). ⏰ Mo–Sa 10–16 Uhr.

Glenorchy Café & Bar, 27 Mull St, im ehemaligen Postamt, ☎ 03 442 9978. Geselliges,
sehr beliebtes Café, serviert Frühstück, Suppen,
Pizzas (nur samstagabends) und andere hausgemachte Leckereien (Tipp: die riesigen
Kekse). Hinten gibt es außerdem eine stilvolle
winzige Bar. ⏰ tgl. 8.30–17, im Sommer Sa
bis 22 Uhr.

Harry's Bar & Restaurant, Kinloch Lodge,
☎ 03 442 4900, 🖥 kinlochlodge.co.nz.
Das gemütliche Lokal mit Terrasse mit Seeblick
serviert tolles Frühstück sowie Gerichte wie
Wildfleischburger mit Pommes frites ($20).
Abends gibt es gutes Kneipenessen oder
3-Gänge-Mahlzeiten ($45, Buchung erforder-
lich). ⏰ Sommer tgl. 8–9.30, 12–15 und 18.30–
19.30, im Winter bis 17 Uhr.

Glenorchy General Store, 2 Oban St,
☎ 03 441 0303. DOC-Schautafeln, Lebensmittel,
Internet und WLAN ($6/Std.).

Es ist eine schöne Autofahrt von Queenstown nach Glenorchy, und von hier kann man
dann weiter zu den Ausgangspunkten der
wichtigsten Wanderwege fahren, wo es überall
Parkplätze gibt. Jedoch enden viele Wanderungen weit entfernt von ihrem Ausgangspunkt,
sodass man sein Fahrzeug besser in Queenstown oder Glenorchy stehen lässt und sich
mit **Shuttlebussen** zum entsprechenden Startpunkt begibt.

Buckley Transport, ☎ 03 442 8215, 🖥 buckley
transport.co.nz. Tracktransfer zum Routeburn
Shelter, sodass man früh losgehen kann
(9.15 Uhr, $45 ab Queenstown, ganzjährig).

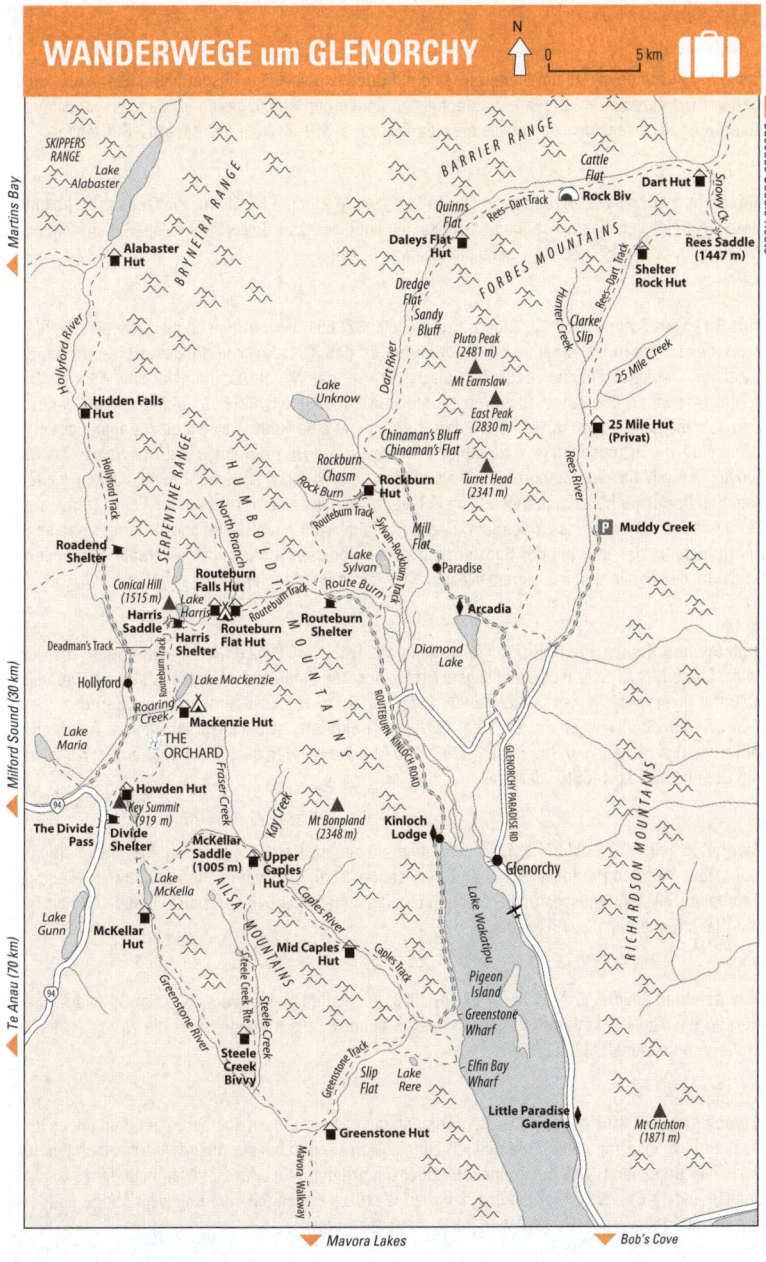

SKIPPERS RANGE
Lake Alabaster
BRYNEIRA RANGE

Martins Bay

BARRIER RANGE
Cattle Flat
Rock Biv
Dart Hut
Snowy Ck.
Cascade Saddle Route

Quinns Flat
Rees–Dart Track
Daleys Flat Hut
Rees Saddle (1447 m)
Shelter Rock Hut
FORBES MOUNTAINS

Alabaster Hut

Dredge Flat
Sandy Bluff
Hunter Creek
Clarke Slip
Rees–Dart Track

Hollyford River

Dart River

Pluto Peak (2481 m)
Mt Earnslaw
East Peak (2830 m)
25 Mile Hut (Privat)
25 Mile Creek

Hidden Falls Hut

Lake Unknow

SERPENTINE RANGE

Chinaman's Bluff
Chinaman's Flat
Rockburn Chasm
Rock Burn
Rockburn Hut
Turret Head (2341 m)

Roadend Shelter

Hollyford Track

HUMBOLDT RANGE

North Branch

Routeburn Track
Lake Sylvan
Swan–Rockburn Track
Mill Flat
Paradise

Rees River

Muddy Creek

Conical Hill (1515 m)
Routeburn Falls Hut
Lake Harris
Harris Saddle
Harris Shelter
Routeburn Flat Hut
Route Burn
Routeburn Shelter

Deadman's Track
Routeburn Track
Arcadia

Hollyford
Roaring Creek
Lake Mackenzie
Mackenzie Hut

Milford Sound (30 km)

Lake Maria

THE ORCHARD

HUMBOLDT MOUNTAINS

Diamond Lake

ROUTEBURN-KINLOCH ROAD

Howden Hut
Key Summit (919 m)
The Divide Pass
Divide Shelter
McKellar Saddle (1005 m)
Upper Caples Hut
Mt Bonpland (2348 m)
Kinloch Lodge
Glenorchy

GLENORCHY PARADISE RD.

RICHARDSON MOUNTAINS

Fraser Creek
Koy Creek

Lake McKella
Lake Gunn
McKellar Hut

Caples River
Mid Caples Hut
Caples Track
Lake Wakatipu
Pigeon Island
Greenstone Wharf

AILSA MOUNTAINS

Te Anau (70 km)

Greenstone River
Steele Creek Riv.
Steele Creek
Steele Creek Bivvy
Greenstone Track
Slip Flat
Lake Rere
Elfin Bay Wharf
Little Paradise Gardens
Mt Crichton (1871 m)

Greenstone Hut
Mavora Walkway

Mavora Lakes
Bob's Cove

CENTRAL OTAGO

Fast alle Aktivitäten in und um Glenorchy sind auf Queenstown-Gäste ausgerichtet, aber meist kann man vor Ort dazustoßen. Die unten aufgeführten Zeiten und Preise gelten für den Ausgangspunkt Glenorchy; ab Queenstown kosten die meisten Touren ca. $20–30 mehr und dauern 2 Std. länger.

Spaziergänge

Glenorchy Walkway (2 km Rundweg, 30–40 Min., eben). Um ein Gefühl für die Gegend zu bekommen, empfiehlt sich dieser Rundgang: Vom Kai am Ende der Islay Street geht es am Seeufer entlang und dann durch Feuchtgebiete einmal um die nahe Lagune.

Jetboottouren

Dart River Jet Safaris, Mull St, Glenorchy, ✆ 0800 327 853, 🖥 dartriver.co.nz. Busweise werden Besucher für die hervorragenden Jetboottouren auf dem Dart River herbeigekarrt, deren Hauptattraktion die majestätische Landschaft an der Grenze des Mount Aspiring National Park ist. Die Wilderness Safari (3 Std. von Glenorchy, 6 Std. von Queenstown, $219 von beiden Orten) umfasst eine 90-minütige Jetbootfahrt, eine Waldwanderung und eine Fahrt in einem geländegängigen Bus durch eine Traumlandschaft, u. a. zu einigen Drehorten von *Herr der Ringe* und *Der Hobbit*. Bei der Funyak Safari (7 Std. von Glenorchy, 9 Std. von Queenstown, $289) ist es außerdem möglich, im Jetboot den Dart River hinaufzufahren und im Schlauchkanadier, einem sogenannten Funyak, anschließend wieder flussabwärts zu paddeln. Diese Ausflüge sind auch für blutige Anfänger geeignet. Als Höhepunkt der Tour gilt der Spaziergang in den Rockburn Chasm, eine schmale, gewundene Schlucht, gefüllt mit ruhigem, klarem Wasser. Die Touren werden ganzjährig angeboten.

Reiten

High Country Horses, Priory Rd, 10 km nördlich des Orts, ✆ 03 442 9915, 🖥 high-country-horses.co.nz. Glenorchy ist zwar nicht der billigste Ort für Ausritte, dafür ist die Landschaft atemberaubend. Ausritte: River and Willows (2 Std. Reiten, $125) mit ein paar Flussüberquerungen, Paradise View (3 Std. Reiten, $160) mit zahlreichen *Herr der Ringe*-Drehorten und die anspruchsvollere Tour Mountain High, River Deep (5–6 Std. Reiten, $295). Die Ausritte werden ganzjährig angeboten; Abholung von Queenstown kostet $10–20 extra.

Mountainbiking

Revolution Tours, ✆ 0800 274 334, 🖥 revolutiontours.co.nz. Herrliche Landschaften bietet die einfache Tour Pedal to Paradise (9 Std. ab Queenstown, $220) über die flachen Schotterstraßen des Dart Valley, inkl. Mittagessen und Erfrischungen. Dieselben Wege finden sich z. T. auch im viertägigen Wakatipu Circuit (S. 775) wieder.

Allradtouren

Mountainland Rovers, 37 Mull St, ✆ 03 441 1323, 🖥 mountainlandrovers.co.nz. Im Geländewagen werden das Rees Valley und die spektakulären Lennox Falls erkundet oder die *Herr der Ringe*-Drehorte angesteuert (3 Std., $139).

Kajaktouren

Kinloch Kayaks, ✆ 03 442 4900, 🖥 kayakkinloch.co.nz. Sit-on-top-Kajaktouren auf dem etwas launischen Lake Wakatipu bietet die Kinloch Lodge. Man kann dabei die ruhigen Verzweigungen des Dart River erkunden (1 Std. bei Sonnenauf- oder -untergang, $40) oder 2 Std. lang auf dem See bleiben (10 und 14 Uhr, $80). Wer möchte, kann ab Glenorchy auch mit dem Kajak zur Lodge paddeln (30–40 Min., $60 einfach, Gepäck wird per Auto transportiert).

CENTRAL OTAGO

Außerdem gibt es eine Verbindung von dem anderen Ende des Routeburn Track nach Queenstown (Abfahrt an der Divide um 14 Uhr, $90) sowie ein Paket mit Hin- und Rücktransport für $125.

Info&Track, ☎ 0800 462 248, 🖥 infotrack.co.nz. Transfers von Queenstown nach Glenorchy ($20 einfach) und weiter zu den Ausgangspunkten der Tracks (Dart $50, Greenstone/Caples $35, Rees $35 und Routeburn $25). Das Routeburn-Paket kostet $116. Ende Okt–Ende April.

Kinloch Lodge, ☎ 03 442 4900, 🖥 kinlochlodge.co.nz. Bus von Glenorchy zur Lodge ($15) mit Verbindung zu den Routeburn- und Greenstone/Caples-*trailheads*.

Glenorchy Journeys, ☎ 03 409 0800, 🖥 glenorchyjourneys.co.nz. In Glenorchy ansässiger Anbieter mit Verbindungen von Glenorchy und Queenstown zu allen *trailheads* zu guten Preisen.

Busse nach:
DART TRACK 1–2x tgl., 40 Min.;
GREENSTONE/CAPLES TRACK 1–2x tgl., 50 Min.;
QUEENSTOWN 2–4x tgl., 1 Std.;
REES TRACK 1–2x tgl., 40 Min.;
ROUTEBURN SHELTER 2–3x tgl., 30 Min.

19 HIGHLIGHT

Routeburn Track

Die Berühmtheit des **Routeburn Track** (32 km, 2–3 Tage) wird nur von der des Milford Track übertroffen. Viele Leute sind der Meinung, dem Routeburn sei der Vorzug zu geben: Die Landschaft gestaltet sich abwechslungsreicher, die Abstände zwischen den Hütten sind besser durchdacht, und der Wanderweg verläuft länger oberhalb der Waldgrenze, weswegen es weniger Sandfliegen gibt. Zweifellos ist der Routeburn, ein Great Walk und einer der schönsten Wanderwege Neuseelands. Er führt über die Humboldt Mountains und gewährt Zugang zu Regionen, die für die Wildnis des Südwestens ganz typisch

sind: bewaldete Täler mit zahlreichen Vögeln und rauschenden Wasserfällen, Flussebenen, Seen und atemberaubende Gebirgslandschaften.

Die Beschaffenheit des Geländes macht den Routeburn zu einem mittelschweren Wanderweg, wobei die kurzen Entfernungen zwischen den Hütten die Sache wesentlich erleichtern. Wer einigermaßen Kondition besitzt und 5 oder 6 Std. pro Tag einen vollen Rucksack schleppen kann, dürfte kaum Probleme bekommen. Infolge der heftigen Regenfälle in dieser Region kann es vor allem im Sommer wegen Erdrutschen oder Überschwemmungen zu Schließungen kommen. Flotte Wanderer können die Strecke innerhalb von zwei langen Tagesmärschen zurücklegen, dann bleibt allerdings nicht viel Zeit, um die herrliche Gebirgsszenerie in sich aufzunehmen.

Die meisten Wanderer begehen den Routeburn Track von Glenorchy gen Westen in Richtung The Divide. Von dort über die Straße zurück nach Queenstown sind es fast 300 km. Wer also nicht denselben Weg zurückgehen möchte und einen oder zwei weitere Tage Zeit hat, sollte sich überlegen, den Routeburn mit dem Greenstone oder Caples zu einer 3–5-tägigen Rundwanderung zu kombinieren.

Der Routeburn kann das ganze Jahr über begangen werden, die Hauptwandersaison ist jedoch Oktober bis Ende April. Im **Winter** zeigt sich der Routeburn von einer gänzlich anderen Seite, weshalb eine Begehung gut überlegt sein will: Der Weg ist oft schneebedeckt und extrem rutschig; es herrscht eine große Lawinengefahr, und die Hütten haben keine Heizung. Sehr viel empfehlenswerter sind zu dieser Jahreszeit die Tagestouren vom Routeburn Shelter zur Routeburn Falls Hut sowie von The Divide zur Mackenzie Hut.

Routeburn Shelter zur Routeburn Flats Hut

7 km, 1 1/2–2 1/2 Std., 250 m Anstieg

Der Weg folgt dem Route Burn – einem Zufluss des Dart River – stetig bergan, ist jedoch mit Schotter bestreut und leicht begehbar. Eine

CENTRAL OTAGO

abwechslungsreiche Landschaft mit Wasserfällen und lichtem Buchenwald charakterisiert diese erste Etappe. Ungefähr 200 m unterhalb der Hütte (20 Betten) liegt der gleichnamige Campingplatz wunderschön am Rand einer Hochebene. Hier dürfen nur wenige Zelte aufgestellt werden, und den Campern stehen eine offene Feuerstelle sowie ein kleiner Unterstand mit einem Vorrat an Wasser zur Verfügung, das zum Kochen verwendet werden kann.

Routeburn Flats Hut zur Routeburn Falls Hut

2 km, 1–1 1/2 Std., 300 m Anstieg

Wer in Hütten übernachtet, sollte am ersten Tag möglichst auch noch die nächste Etappe gehen. Der steile Anstieg wird mit einer malerisch gelegenen Unterkunft (48 Betten) belohnt, die einen Ausblick auf die Routeburn Flats und den Sugar Loaf (1329 m) bietet.

Routeburn Falls Hut zur Lake Mackenzie Hut

11 km, 4–6 Std., 300 m Aufstieg, 350 m Abstieg

Am längsten und anstrengendsten ist der zweite Tag – man verbringt fast den ganzen Tag ungeschützt oberhalb der Waldgrenze, überquert den mit subalpinem Tussock-Gras bewachsenen Harris Saddle (1255 m) und marschiert durch sumpfiges Gelände, auf dem Sonnentau, Wasserschlauch und Orchideen gedeihen. Der Pfad steigt langsam zum Harris Saddle Shelter (2–3 Std.) an, der Windschutz für eine Rast und Toiletten bietet.

An einem klaren Tag sollte man hier den Rucksack abstellen und einen Abstecher auf den 1515 m hohen **Conical Hill** (2 km hin und zurück, mindestens 1 Std., 260 m Aufstieg) machen, um die sagenhafte Aussicht ins Hollyford Valley sowie bis zur Martins Bay und der Tasmansee zu genießen.

Hinter dem Harris Saddle Shelter überquert man die Grenze zwischen dem Mount Aspiring

National Park und dem Fiordland National Park und wandert eine ganze Weile oben am Hollyford Valley entlang, bevor es in Spitzkehren zwischen Buchen, Fuchsien und Ribbonwood (einem neuseeländischen Malvengewächs) hindurch zur Lake Mackenzie Hut (50 Betten) geht. Der Campingplatz liegt etwas entfernt von der Hütte bei einem See.

Lake Mackenzie Hut zur Howden Hut

9 km, 3–4 Std., 250 m Abstieg

Der Pfad verläuft am Berghang entlang, passiert The Orchard, ein mit Ribbonwood bewachsenes Fleckchen, sowie die Earland Falls und erreicht an der Howden Hut (28 Betten) die Kreuzung dreier Wanderwege: Der Greenstone Track und der Caples Track verlaufen nach Süden (beide Strecken führen zurück nach Glenorchy), während der Routeburn Track in westlicher Richtung weiterführt.

Howden Hut nach The Divide

3 km, 1–1 1/2 Std., 50 m Abstieg

Auf der letzten Etappe geht es die ersten 20 Min. steil bergauf zu einem Punkt, an dem sich ein halbstündiger Abstecher auf den **Key Summit** (919 m) mit herrlichen Aussichten über die drei Flusstäler Hollyford, Eglinton und Greenstone unternehmen lässt. Von der Abzweigung zum Key Summit führt der reguläre Pfad durch Silver Beech-Wald zum Divide Shelter und zum Parkplatz hinunter.

ÜBERNACHTUNG

Buchung

Für die Hütten und die Campingplätze des Routeburn Track sind während der Wandersaison Reservierungen erforderlich. Das Buchungssystem, mit dem Wanderern ein Bett garantiert wird, lässt aber einigen Spielraum. So können Wanderer den Weg in beide Richtungen begehen, unterwegs umkehren und bis zu 2 Nächte in einer zuvor bestimmten Hütte verbringen. Da die Besucherzahl begrenzt ist, sollte man frühzeitig buchen: 3 Monate, wenn man an einem ganz bestimmten Tag losmarschieren will oder mit einer größeren Gruppe unterwegs ist.

Am einfachsten bucht man online unter 🖥 doc.govt.nz, und zwar ab dem 1. Juli für die kommende Saison; wer möchte, kann auch schriftlich oder persönlich bei den DOC-Büros buchen.

Falls der Track aufgrund schlechter Witterung oder Unbegehbarkeit geschlossen sein sollte, werden die vollen Kosten erstattet – eine erneute Buchung ist jedoch nur möglich, wenn noch Plätze frei sind. Änderungswünsche bezüglich bestehender Reservierungen (je $10) sind vor Beginn der Wanderung anzumelden, können jedoch nur erfüllt werden, sofern die Kapazitäten dies zulassen.

Hütten

Die vier Hütten am Track haben Toiletten mit Spülung, Leitungswasser (das gefiltert oder abgekocht werden muss) und Gasherde, jedoch weder Koch- noch Essgeschirr. Auch Proviant muss natürlich mitgebracht werden. Die Hütten sind nicht beheizt und werden außerhalb der Hauptsaison auch nicht mit Gas versorgt. In der Hauptwanderzeit von Oktober bis Ende April gibt's in den Hütten einen Aufseher, und Hüttenpässe sind dann nicht gültig. Im Winter können Schlafplätze in den Hütten nicht gebucht werden, und die Jahreskarten sind gültig. Pro Pers. und Nacht Okt–Ende April $51,50, im Winter $15

Camping

Nahe den Hütten Routeburn Flats und Lake Mackenzie liegen einfache **Campingplätze** (mit Plumpsklos und Wasser); Camper dürfen allerdings nicht die Einrichtungen der Hütten benutzen. $15,30

Ultimate Hikes, ✆ 0800 659 255, 🖥 ultimate hikes.co.nz. Wer den Routeburn möglichst bequem erkunden und dabei noch einiges lernen möchte, sollte sich diesem Anbieter anvertrauen. Geboten werden Bustranfers ab Queenstown, 3 Tage geführtes Wandern, alle Mahlzeiten, warme Duschen und 2 Übernachtungen in Lodges mit 4-Bett-Zimmern und Gemeinschaftsbad, Bettdecken und einer Bar (Dez–März $1270, Nov und April $1125). Das Tempo ist gemächlich, und die Wanderer müssen nur ihre persönlichen Sachen tragen, also keine Lebensmittel oder Campingausrüstung. Allerdings dauert ein Tagesmarsch normalerweise 5–6 Std. und führt manchmal durch schwieriges Gelände, weswegen man vorher ordentlich trainieren sollte. Wer den Routeburn nur auf einer Tageswanderung kennenlernen und sich nicht auf die Shuttlebusse verlassen möchte, kann sich der Tageswanderung Routeburn Encounter (Nov–Ende April tgl., 10 Std., $169) anschließen, mit Transfers ab Queenstown, Wanderung zu den Routeburn Flats oder Routeburn Falls, Ausrüstung und Mittagessen. Weitere Angebote: Grand Traverse (Übernachtung in Mehrbettzimmern, Dez–März $1765, Nov und April $1560), eine 5-tägige Wandertour auf den Tracks Routeburn und Greenstone mit 6 Übernachtungen, sowie die Routeburn/Milford-Track-Kombitour (Übernachtung in Mehrbettzimmern, Dez–März $3265, Nov und April $2955).

Fahrzeugtransfers

Für 2 oder mehr Pers., die zusammen den Routeburn gehen und dann nach Queenstown zurückkehren möchten, kann es billiger und praktischer sein, sich sein Fahrzeug vom Anbieter **Routeburn Relocators**, ✆ 021 048 8698, 🖥 routeburntrack.info, vom Routeburn Shelter zu The Divide bringen zu lassen, damit es dort wartet, wenn man seine Wanderung beendet ($250/Fahrzeug).

Gepäcktransport

Einige Hotels und Hostels in Queenstown bieten Gepäcktransfers (S. 779).

Informationen

Das **DOC Visitor Centre** in Queenstown informiert über die aktuellen Wetterbedingungen und den Zustand der Wege; siehe auch 🖥 doc.govt.nz/routeburntrack.

CENTRAL OTAGO

Die **DOC-Broschüre** *Routeburn Track* ist okay, besser ist jedoch die *Routeburn, Caples & Greenstone Parkmap* (1:65 000, $19).

Am besten registriert man seine Wanderpläne auf ⌨ adventuresmart.org.nz.

Zwar kann man mit dem Auto zum Startpunkt des Routeburn fahren, doch wenn man nicht nur einen Tagesausflug macht, ist es besser, die **Busse** zu benutzen (S. 797). Diese setzen Wanderer gegen 7.30, 10 und 14 Uhr am Routeburn Shelter ab, und es bleibt noch genügend Zeit, um die Routeburn Flats Hut oder die Routeburn Falls Hut zu erreichen und unterwegs noch den North Branch des Route Burn zu erkunden. Fahrten zum Routeburn Shelter kosten $25 ab Glenorchy und $45 ab Queenstown. An **The Divide** (dem westlichen Ende des Routeburn Track) kann man einen der Busse nehmen, die zwischen TE ANAU und dem MILFORD SOUND pendeln. Am besten ist der Anbieter Tracknet, ☎ 0800 483 262, ⌨ tracknet. net, mit Bussen nach Te Anau (10.15, 15.15 und 17.45 Uhr sowie je nach Nachfrage auch 13.30 Uhr, $38) und nach Milford Sound (8.15, 10.45 und 14.15 Uhr, $33).

Greenstone Track und Caples Track

Der **Greenstone Track** (36 km, 2–3 Tage) und der **Caples Track** (27 km, 2 Tage) verlaufen grob parallel. Beide sind leicht zu bewältigende Pfade und führen durch sanft ansteigende, parallel verlaufende Flusstäler, wo statt reiner Wildnis friedlich weidende Kühe anzutreffen sind. Der Greenstone Track zieht sich durch ein breites, U-förmiges Tal, das einst von einem Seitenarm des gewaltigen Hollyford Glacier geformt wurde. Der Caples Track verläuft über den subalpinen McKellar Saddle ins engere Caples Valley, in dem der Weg sehr nahe am Fluss entlangführt.

Der Greenstone und der Caples können vom Parkplatz Greenstone, 6 km südlich der Kinloch Lodge, zu einer Schleife kombiniert werden, gewöhnlich wird jedoch der Routeburn Track mit dem Greenstone oder dem Caples kombiniert. Beide Tracks sind daher hier als Anschlusswanderung an den Routeburn beschrieben.

Im **Winter** sind die niedriger gelegenen Wanderwege Greenstone und Caples nicht ganz so unwirtlich wie der Routeburn, wenngleich auf dem McKellar Saddle oft Schnee liegt. Dafür sind die Hütten entlang dieser Tracks beheizt.

Greenstone Track

Howden Hut zur McKellar Hut
7 km, 2–2 1/2 Std., 50 m Abstieg
Auf dieser Etappe passiert man nach rund 20 Min. den kostenlosen, primitiven Campingplatz Greenstone Saddle. Anschließend läuft man am Lake McKellar entlang zur gleichnamigen Hütte (24 Betten).

McKellar Hut zur Greenstone Hut
17 km, 4 1/2–6 1/2 Std., 100 m Abstieg
Der leicht begehbare Weg beginnt mit der Überquerung des Greenstone River und folgt dann dem linken Flussufer durch ein breites, meist flaches Tal mit Buchenwald. Eine Hängebrücke führt über den Steele Creek, und nach weiteren 2 Std. ist die Greenstone Hut (20 Betten) erreicht. Die Hütte eignet sich als Basislager für einen Abstecher auf dem **Mavora Walkway**, einer einfachen, 2- bis 3-tägigen Wanderung gen Süden durch offenes Grasland und Buchenwald zu den schön gelegenen Mavora Lakes; unterwegs stehen 2 Hütten (je $5) zur Übernachtung bereit.

Greenstone Hut zum Greenstone-Parkplatz
10 km, 3–5 Std., 100 m Abstieg
Der Track folgt dem linken Flussufer. Das Tal wird immer schmaler, verengt sich zu einer Schlucht, und bald darauf mündet der Greenstone River in den Caples River, der die müden Wanderer mit mehreren tiefen, hervorragend zum Schwimmen geeigneten Teichen empfängt. Über eine Hängebrücke geht es auf die linke Uferseite des Cap-

798 GREENSTONE TRACK UND CAPLES TRACK   www.stefan-loose.de/neuseeland

Die Beschreibungen der Wanderwege Routeburn, Greenstone und Caples haben immer Glenorchy zum Ausgangspunkt. Eine kombinierte Wanderung auf den Tracks Greenstone/Caples und Routeburn kann allerdings auch an The Divide (nördlich von Te Anau) begonnen werden, wobei man eine Nacht vergleichsweise luxuriös in der Kinloch Lodge (S. 792) verbringt. Die Lodge bietet einen Transfer vom Greenstone-Parkplatz zur Unterkunft und von dort zum Routeburn Shelter.

les River, wo man auf den Caples Track trifft. Wer nach rechts abbiegt, gelangt zum **Greenstone-Parkplatz** (20–30 Min.); der Weg nach links führt zur Mid Caples Hut (s. unten).

Caples Track

Howden Hut zur Upper Caples Hut

14 km, 6–8 Std., 500 m Aufstieg, 550 m Abstieg

Ein ziemlich langer Tag mit einem sehr steilen Aufstieg durch den Wald hinauf zum **McKellar Saddle** (1005 m). Leider kann diese Etappe nicht geteilt werden, denn Zelten ist auf dem fragilen Sumpfland und Tussock-Gras am Sattel nicht erlaubt. Der Abstieg wird von Pfosten markiert und beinhaltet zahlreiche Überquerungen des noch schmalen Caples River, bis man endlich die rettende Upper Caples Hut (12 Betten) erreicht.

Upper Caples Hut zur Mid Caples Hut

7 km, 2–2 1/2 Std., 50 m Abstieg

Über zumeist grasbewachsenes Gelände geht es zur Mid Caples Hut (12 Betten). Das Wegende an der Greenstone Wharf liegt nur einen Tagesmarsch von der Upper Caples Hut entfernt, doch die Wanderung lässt sich gut in zwei Abschnitte aufteilen.

Mid Caples Hut zur Greenstone Wharf

7 km, 2–3 Std., 100 m Abstieg

Der Pfad quert eine kurze, aber spektakuläre Schlucht und führt danach am linken Flussufer entlang bis zur Gabelung mit dem Greenstone Track, von wo es nur noch 20 Minuten zum Parkplatz an der Greenstone Wharf sind.

Die Tracks sind das ganze Jahr über geöffnet, und die Buchungsmodalitäten bleiben ganz-

jährig dieselben. Der Greenstone und der Caples sind längst nicht so begehrt wie der Routeburn, und es gibt auch kein Reservierungssystem.

Auf jedem der beiden Wege gibt es 2 Hütten mit Plumpsklos und Leitungswasser; jedoch gibt es hier keine Gasherde, sodass man neben Proviant und Geschirr auch einen Kocher mitnehmen muss. Für die Hütten braucht man Übernachtungstickets oder eine Jahreskarte (Backcountry Pass). $15

Wie anderswo ist es auch hier gern gesehen, wenn man in Nähe der Hütten kampiert und deren Außeneinrichtungen nutzt. In beiden Tälern darf man am Rand des Waldes, nicht aber auf offenem Gelände zelten. Wildcamper sollten mindestens 50 m entfernt vom Weg ihr Zelt aufschlagen. $5

Informationen

Das **DOC Visitor Centre** in Queenstown informiert über die aktuellen Wetterbedingungen und den Zustand der Wege; siehe auch ⌨ doc.govt.nz.

Nützlich sind die **DOC-Broschüren** *Greenstone and Caples Tracks* sowie die *Routeburn, Caples & Greenstone Parkmap* (1:65 000, $19).

Sicherheit

Am besten registriert man seine Wanderpläne auf ⌨ adventuresmart.org.nz.

Bei der Greenstone Wharf gibt's einen Parkplatz, der für Wanderer, die eine Greenstone-Caples-Schleife absolvieren wollen, praktisch ist. Wer einen der Tracks mit dem Routeburn kombiniert, sollte die *trailhead*-Busse benutzen

CENTRAL OTAGO

(S. 795). Info&Track und Kinloch Lodge kommen beide gegen 12 Uhr vorbei, Glenorchy Journeys um 7 und 9 Uhr und auf Anfrage. Alle verlangen $35 nach/von GLENORCHY und $50 nach/von QUEENSTOWN. Wer hier vom Track kommt und abgeholt werden möchte, sollte den Bus vorausbuchen.

Rees-Dart Track

Der **Rees-Dart Track** (58 km, 3–4 Tage) ist der schwierigste längere Wanderweg in dieser Gegend, was v. a. am gebirgigen Terrain und den Entfernungen zwischen den Hütten liegt: mit 6–8 Std. Wanderzeit pro Tag muss man schon rechnen. Hier lernt man einen klassischen Vertreter der neuseeländischen Wanderwege kennen, die einer einfachen Formel folgen: Fluss durchqueren, zum Pass hochklettern, ins nächste Tal hinuntersteigen, Fluss durchqueren etc. Im Falle des Rees-Dart Track sind die einzigen Abweichungen ein lohnender Abstecher zum Cascade Saddle.

Der Rees-Dart Track wird gewöhnlich von November oder Dezember bis April begangen; im Winter ist er nur etwas für erfahrene Bergsteiger.

Muddy-Creek-Parkplatz zur Shelter Rock Hut

17 km, 6–7 Std., 400 Anstieg

Auf der ersten Etappe folgt man einer Geländewagenspur durch Gras und Kies am linken Ufer des verzweigten unteren Rees River und muss mehrere Male durchs Wasser waten. Mit Blick auf die Gipfel der Forbes Mountains geht es vorbei an der 25 Mile Hut der Rees Valley Station (privat und verfallen) und über den 25 Mile Creek bis zur Mündung des Hunter Creek in den Rees River.

Schon bald darauf steigt das Gelände im Rees Valley erheblich an, und es beginnen die Buchenwälder. Der Track führt dann fast bis zur Baumgrenze hinauf. An der alten Shelter Rock Hut vorbei marschiert man über Grasland ans Ufer des Rees River, wo die letzte Durchquerung für diesen Tag ansteht. Auf der anderen Seite wartet die Shelter Rock Hut (22 Betten) auf Übernachtungsgäste.

Shelter Rock Hut zur Dart Hut

9 km, 4–6 Std., 600 m Anstieg, 450 m Abstieg

Die zweite Tagesetappe ist die kürzeste, dafür jedoch sehr anstrengend. Am linken Flussufer des Rees River zieht sich der Pfad 2 km durch subalpine Vegetation und am Kiesufer entlang, überquert dann den Fluss und macht sich an den Anstieg zum 1447 m hohen Rees Saddle. Anschließend geht es steil nach unten Richtung Snowy Creek, der auf der folgenden Strecke rechter Hand des Wanderwegs verläuft und durch eine enge Schlucht rauscht.

Nach etwa 1 km geht es über eine Hängebrücke auf die andere Uferseite, wo ein steiniger, rutschiger Abstieg beginnt. An einer Reihe von Wasserfällen vorbei läuft man der nächsten Flussüberquerung entgegen, kurz vor dem Zusammenfluss von Snowy Creek und Dart River. Auf Grasflächen am rechten Ufer kann gezeltet werden, während am linken Ufer die Dart Hut (32 Betten) steht. Viele Wanderer verbringen hier gleich 2 Nächte und erkunden noch die **Cascade Saddle Route** (S. 807).

Dart Hut zur Daleys Flat Hut

16 km, 5–7 Std., 450 m Abstieg

Die Strecke steigt anfänglich ziemlich an und verläuft dann weit oberhalb des Flusses 3 km durch Buchenwald, bevor es zur Cattle Flat hintergeht, eine 5 km lange, grasbewachsene Schwemmebene; dieser Abschnitt ist recht kräftezehrend, aber gut markiert. Am Ende der Cattle Flat verschwindet der Weg wieder im Wald und führt bis zur wunderschönen Quinns Flat mehr oder weniger parallel zum Fluss. Die Daleys Flat Hut (20 Betten) liegt etwa eine halbe Stunde vom Dart River entfernt am Rande einer Lichtung, ein traumhafter Fleck – gäbe es nicht die Scharen nervtötender Sandfliegen.

Daleys Flat Hut zum Chinaman's Bluff

16 km, 5–6 Std., 100 m Anstieg, 150 m Abstieg

Der Pfad verläuft rund 4 km durch den Wald bis zur Dredge Flat, wo man sich seinen Weg selbst suchen muss; Markierungen zur Linken zeigen an, an welcher Stelle der Pfad wieder in den Wald hineinführt. Schließlich geht es steil nach oben zum Sandy Bluff und dann hinunter zum Fluss. Von hier ist es ein einfacher Spaziergang am Fluss entlang zum Chinaman's Bluff.

Am Chinaman's Bluff kann man in einen Bus von Track Transport steigen oder auf der Geländewagenpiste bis zum **Paradise-Parkplatz** (6 km, 2 Std.) weitermarschieren.

ÜBERNACHTUNG

Die Hütten auf dem Rees-Dart Track können nicht im Voraus gebucht werden. Demnächst sollen Hüttennutzer und Camper aber verpflichtet werden, für Januar und Februar vorauszubuchen. Die 3 **Hütten** verfügen über Heizöfen, aber keine Gasherde. Proviant und sämtliches Kochgeschirr müssen mitgebracht werden. Von November bis April sind Hüttenaufseher anwesend. Wanderer sollten eine Jahreskarte oder Hüttentickets mitbringen. $15

Zelten kann man bei den Hütten und überall am Weg (kostenlos), außer auf dem fragilen subalpinen Abschnitt zwischen Shelter Rock Hut and Dart Hut. $5

SONSTIGES

Informationen

Hilfreich für den Rees-Dart Track sind die Broschüre *Dart and Rees Valleys* und die Karte *Mount Aspiring Parkmap*, aber besser sind die detaillierteren Topokarten *Lake Williamson* und *Glenorchy* (jeweils 1:50 000). Das **DOC Visitor Centre** in Queenstown informiert über die aktuellen Wetterbedingungen und den Zustand der Wege; siehe auch 🖳 doc.govt.nz.

Sicherheit

Am besten registriert man seine Wanderpläne auf 🖳 adventuresmart.org.nz.

TRANSPORT

Man kann mit dem Auto zum Rees-*trailhead* am Parkplatz Muddy Creek, 22 km nördlich von Glenorchy, und zum Dart-*trailhead* am Parkplatz Paradise, 23 km von Glenorchy, fahren. Eine Allradpiste führt weiter zum Chinaman's Bluff, 30 km nördlich von Glenorchy. Gewöhnlich ist es aber einfacher, ab Queenstown oder Glenorchy einen Shuttlebus (S. 792) zu nehmen. Aufgrund der Fahrpläne der Zubringershuttles ist es praktischer, den Rees-Dart Track auf dem Hinweg am Rees River und zurück am Dart River entlang zu begehen. Info&Track setzt Wanderer gegen 10 Uhr am Rees-*trailhead* ab und holt sie um 14 Uhr am Chinaman's Bluff ab. Glenorchy Journeys ist um 8 und 10 Uhr am Rees und holt Wanderer nach Vorausbuchung am Chinaman's Bluff ab. Beide Unternehmen verlangen $35 ab Glenorchy und $50 ab Queenstown zu beiden *trailheads*.

Wanaka und Umgebung

Wanaka, nur 55 km nordöstlich von Queenstown, aber gut anderthalb Autostunden entfernt, ist so etwas wie die relaxte Cousine des kommerziellen Touristenzentrums. Es kann ebenfalls mit einer herrlichen Landschaft und handfesten Abenteueraktivitäten aufwarten, aber Wanaka ist ein kleines, überschaubares Städtchen, das eher an ein Dorf erinnert und ein wunderbares Gefühl von Helligkeit und Weite ausstrahlt – ein toller Ort für ein paar Tage Entspannung.

Die Lage des Orts am Südufer des **Lake Wanaka** ist einmalig: Hier gehen die mit Pappeln bestandenen Hügel von Central Otago in die atemberaubenden Bergriesen des Mount Aspiring National Park über.

Wanaka selbst bietet sich bestens zum Entspannen in Cafés und am Seeufer an, aber es gibt hier keine echten **Sehenswürdigkeiten**. Wer dennoch ein paar Highlights aufsuchen möchte, muss sich zur Puzzling World 2 km östlich begeben. Nach weiteren 7 km folgen Museen, eine Kleinbrauerei und einige Abenteuerangebote am Flugplatz. 3 km westlich von Wanaka liegt der wunderbare Rippon Vineyard. Nach einem hal-

CENTRAL OTAGO

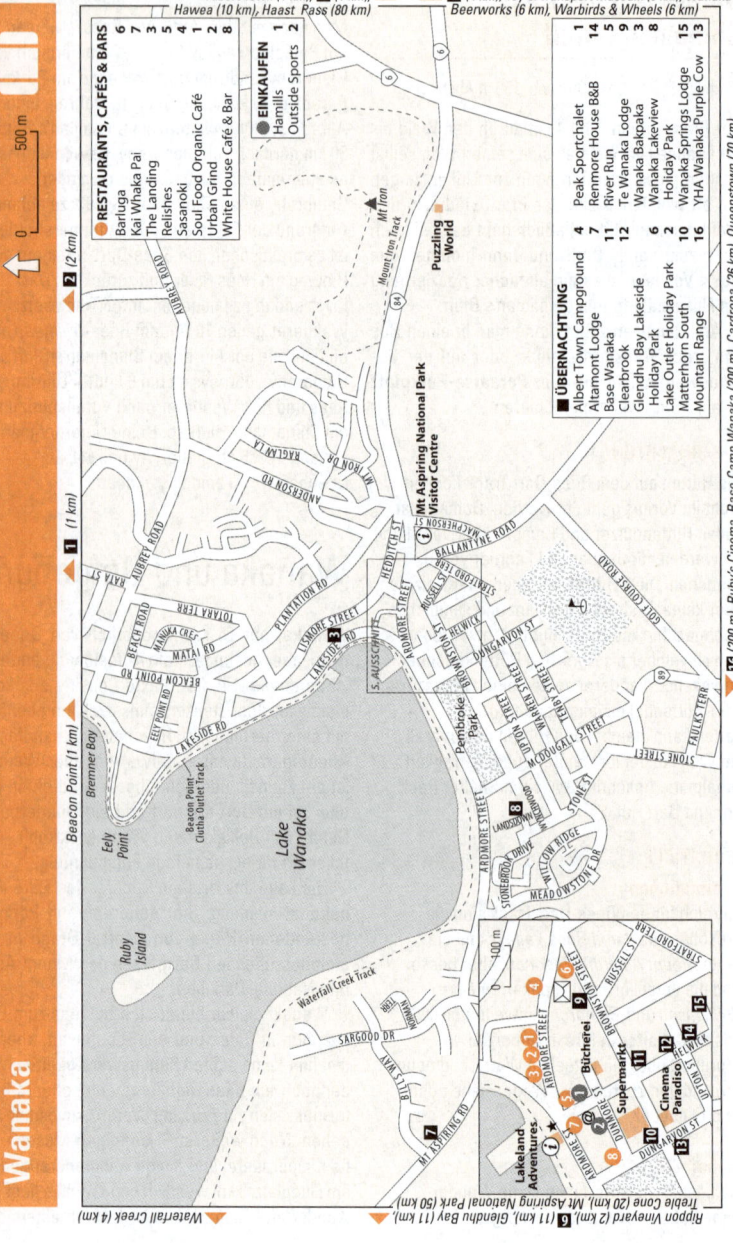

RESTAURANTS, CAFÉS & BARS

Barluga	6
Kai Whaka Pai	7
The Landing	3
Relishes	5
Sasanoki	4
Soul Food Organic Café	1
Urban Grind	2
White House Café & Bar	8

● EINKAUFEN

| Hamills | 1 |
| Outside Sports | 2 |

ÜBERNACHTUNG

Albert Town Campground	4
Altamont Lodge	7
Base Wanaka	11
Clearbrook	12
Glendhu Bay Lakeside Holiday Park	6
Lake Outlet Holiday Park	2
Matterhorn South	10
Mountain Range	16
Peak Sportchalet	1
Renmore House B&B	14
River Run	5
Te Wanaka Lodge	9
Wanaka Bakpaka	3
Wanaka Lakeview	8
Wanaka Springs Lodge	15
YHA Wanaka Purple Cow	13

Albert Town (1 km), **4** (1 km),
Hawea (10 km), Haast Pass (80 km)

5 (4 km), Toy & Transport Museum (6 km), Wanaka
Beerworks (6 km), Warbirds & Wheels (6 km)

2 (2 km)

1 (1 km)

Beacon Point (1 km)

AUBREY ROAD
ANDERSON RD
RAGLAN LA
MT IRON DR
PLANTATION RD
BEACH ROAD
HAYA ST
TOTARA TERR
WANAKA CRES
MATAI RD
BEACON POINT RD
FERN POINT RD
LAKESIDE RD
TISMORE STREET
LAKESIDE RD

Mt Iron
Mount Iron Track

Puzzling World

Mt Aspiring National Park Visitor Centre

MCPHERSON ST
MEDRUTGE ST
BALLANTYNE ROAD
RUSSELL ST
ARDMORE STREET
STRATFORD TERR
BRITANNIA ST
BRUNSWICK ST
DUNGARVON STREET
BELWIK
WARREN STREET
UPTON STREET
MCDOUGALL STREET
GOLF COURSE ROAD
STONE STREET
FAULKNER ST

3

Pembroke Park

8

LANDSBOROUGH DRIVE
WILLOW RIDGE
STONEBROOK DRIVE
ARDMORE STREET
MEADOWSTONE DR

Lake Wanaka

Ruby Island

Eely Point

Bremner Bay

Beacon Point Clutha Outlet Track

Waterfall Creek Track

SARGOOD DR
MT ASPIRING RD

7

Lakeland Adventures

3 2 1
Bücherei
4
9
11
Supermarkt
KROMORE STREET
RUSSELL ST
ARDMORE STREET
DUNGARVON ST
BRUNSWICK ST
UPTON ST
BELWIK
STRATFORD TERR

Cinema Paradiso

12
14
15
13
10
8

100 m

16 (200 m), Ruby's Cinema, Base Camp Wanaka (200 m), Cardrona (26 km), Queenstown (70 km)

Rippon Vineyard (2 km), Glendhu Bay (11 km), **6** (11 km),
Treble Cone (20 km), Mt Aspiring National Park (50 km)

Waterfall Creek (4 km)

N
0   500 m

(6)
(84)

ben Tag bei den Sehenswürdigkeiten bleibt noch genügend Zeit für Kajak-, Jetboot-, Kletter- und Canyoning-Touren.

Wanaka ist auch die perfekte Basis für Wanderungen in der Umgebung, insbesondere im **Mount Aspiring National Park**. In den Wintermonaten gerät Wanakas relative Beschaulichkeit durch die **Ski- und Snowboardfahrer** aus den Fugen, die in Scharen einfallen und die Pisten der **Skigebiete Treble Cone und Cardrona** sowie das nordische Skiterrain **Snow Farm** (Kasten S. 805) bevölkern.

Geschichte

Wanaka entstand in den 60er-Jahren des 19. Jhs. als Versorgungsposten für hiesige Claim-Besitzer und umherziehende Goldgräber, kam aber erst gegen Mitte des 20. Jhs. in die Gänge, als die mit Campingausrüstungen und Wohnwagen bewaffneten Kiwis das trocken-warme Sommerklima für sich entdeckten. Wanaka hat auch heute nicht mehr als rund 7000 Einwohner, doch in den letzten Jahren hat sich durch eine rege Bautätigkeit einiges in der Stadt getan, und Wanaka ist derzeit einer der am schnellsten wachsenden Orte Neuseelands.

Am Ufer des Lake Wanaka

Ein Highlight in Wanaka sind die Rasenflächen, die sich über 1 km am Kieselstrand des Seeufers erstrecken. Dort kann man wunderbar entspannen und einfach die Ausblicke auf die Berge genießen. Im Sommer nutzen viele Menschen dieses Areal zum Sonnenbaden, Picknicken und Enten füttern, und natürlich kann man alle möglichen Wassergefährte ausleihen, z. B. Sit-on-top-Kajaks und Tretboote.

Rippon Vineyard

246 Mount Aspiring Rd, 3 km westlich des Orts ▪ ⏲ Dez–April tgl. 11–17, Juli–Nov 12–17.30 Uhr ▪ ✆ 03 443 8084, 🖳 rippon.co.nz ▪ zu erreichen mit dem Auto von Wanaka oder in 40 Min. zu Fuß über den Waterfall Creek Track am See entlang, dann bergan durch die Weinstöcke

Wer interessante Weine in atemberaubender Landschaft probieren möchte, sollte sich zum **Rippon Vineyard** begeben, dem ältesten Weingut in Central Otago, gegründet 1982. Vom modernen Verkostungsraum auf einem Hügel schweift der Blick über die Weinstöcke und den See auf die Berge. Das nach biologischen und biodynamischen Prinzipien bewirtschaftete Weingut produziert einen sehr guten Pinot Noir, den man auch bei einer kostenlosen Weinprobe verkosten kann. Empfehlenswert sind außerdem der Riesling und der seltene Osteiner Riesling.

Es gibt kaum einen schöneren Picknickplatz als dieses Weingut, sodass man am besten ein paar Sandwiches einpackt und diese zusammen mit der herrlichen Aussicht genießt.

Stuart Landsborough's Puzzling World

188 SH84, 2 km östlich des Orts ▪ ⏲ Nov–April tgl. 8.30–18, Mai–Okt 8.30–17 Uhr ▪ $12 jeweils für „The Great Maze" oder „Illusion Rooms", $15 für beides ▪ ✆ 03 443 7489, 🖳 puzzlingworld.co.nz

Eine Reihe von Araukarien (eine Koniferen-Art) weist den Weg zur **Stuart Landsborough's Puzzling World**. Das Highlight ist „The Great Maze", ein 1500 m langes Holzlabyrinth. Wer sich in den Irrgarten begibt, muss alle vier Ecktürme erreichen, um zum Ausgang zu gelangen. Einen Besuch lohnen auch die „Illusion Rooms", u. a. mit Hologrammen, und das „Tilted House", das Perspektivspielereien gewidmet ist.

National Transport and Toy Museum

891 Wanaka–Luggate Hwy (SH6), 9 km südöstlich des Orts ▪ ⏲ tgl. 8.30–17 Uhr ▪ Eintritt $12, Familien $30 ▪ ✆ 03 443 8765, 🖳 nttmuseum.co.nz

Im **National Transport and Toy Museum** sind alle möglichen alten und neueren Fahrzeuge sowie jede Menge Spielzeug (darunter mehr als 500 Barbie-Puppen) ausgestellt. So findet sich in diesem Sammelsurium etwas für Jung und Alt.

Wanaka Beerworks

891 Wanaka–Luggate Hwy (SH6), 9 km südöstlich des Orts ▪ ⏲ tgl. 9–16 Uhr; Führungen tgl. um 14 Uhr ▪ Eintritt frei ▪ ✆ 03 443 1865 ▪ 🖵 wanakabeer works.co.nz

In unmittelbarer Nachbarschaft des Flugplatzes von Wanaka lohnt ein Besuch bei **Wanaka Beerworks**, wo der belgische Bierbrauer Dave De Vylder ausgezeichnetes Bier produziert. Neben den drei regulären Bieren werden im vierteljährlichen Wechsel außerdem jeweils drei Saisonbiere mit Flaschengärung gebraut, so z. B. ein Kirsch-Weizenbier. Ein Probierset mit drei Bieren nach Wahl und ein paar Knabbereien kostet $10. Die Biere findet man auch in Bars und Restaurants in Central Otago.

Warbirds & Wheels

11 Lloyd Dunn Ave, Wanaka Airport, 9 km südwestlich des Orts ▪ ⏲ tgl. 9–17 Uhr ▪ Eintritt $20 ▪ ✆ 03 443 7010, 🖵 warbirdsandwheels.com

Hier findet das Festival Warbirds over Wanaka (Kasten S. 812) statt, und in der Hälfte eines Hangars sind mehrere Kampfflugzeuge ausgestellt, darunter ein Strikemaster-Übungsflugzeug, eine Hurricane aus dem Zweiten Weltkrieg und eine Skyhawk der neuseeländischen Luftwaffe. Das Museum erzählt auch die schillernde Geschichte von Sir Tim Wallis, dem Begründer des Flugfestivals, Flugzeugbesitzer und Pionier des Wildfangs per Hubschrauber in den 1980er-Jahren.

Die andere Hälfte des Hangars beherbergt 25 Oldtimer. Die Ausstellungsstücke wechseln jedes halbe Jahr, und gewöhnlich kann man auch in der Werkstatt bei Restaurierungsarbeiten zuschauen. Außerdem gibt es eine **Visual Arts Gallery** mit einer guten Sammlung neuseeländischer Malerei, die zu Fiona Campbells Real Art Roadshow, 🖵 realartroadshow.co.nz, gehört.

Cardrona Valley

Die Nachricht von den Goldfunden, die William Fox 1862 bei Arrowtown machte, zog schnell zahlreiche Glücksritter an, die sich entlang der Crown Range ins **Cardrona Valley** wühlten, wo noch im selben Jahr **Gold** entdeckt wurde. Fünf Jahre später wanderten die Europäer zu den neuen Goldfeldern an der Westküste ab und überließen es den chinesischen Immigranten, nach den übersehenen Resten zu graben. Um 1870 waren auch die Chinesen wieder von dannen gezogen.

Die kleine Siedlung **Cardrona**, 25 km südlich von Wanaka, besteht aus einer Handvoll Cottages, einem verwilderten Friedhof, dem Cardrona Hotel (S. 810) und einem alten Ensemble aus Post und Laden.

Die kürzeste und schnellste Verbindung von Wanaka nach Queenstown ist die **Crown Range Road** (SH89) durch das Cardrona Valley. Südlich des Örtchens Cardrona erreicht sie schließlich die stolze Höhe von 1076 m und gehört damit zu den höchstgelegenen öffentlichen Straßen Neuseelands. Die Kurven sind an einigen Stellen so eng, dass Autofahrern mit Wohnwagen oder Anhänger von einer Befahrung abgeraten wird. Im Winter ist die Straße nach Schneefällen manchmal gesperrt. Aber an einem schönen Tag kommt man in den Genuss einer herrlichen Fahrt durch das grasbewachsene Hochland, vorbei an den Überresten aus der Goldgräber-Vergangenheit des Tals. Auf der Passhöhe bieten sich von einem Aussichtspunkt wunderbare Blicke über Queenstown und den Lake Wakatipu. Danach geht es in steilen Haarnadelkurven hinunter zum SH6 und nach Queenstown.

Matukituki Valley und Mount Aspiring National Park

Das **Matukituki Valley** ist so etwas wie der Freizeitpark von Wanaka, ein 60 km langer Arm, der sich von der sonnenverbrannten Landschaft um den Lake Wanaka bis zu den alpinen Ausläufern des Mount Aspiring erstreckt. Skiläufer auf dem Weg zum Treble Cone durchqueren die Schafweiden am Flussufer; Kletterlustige zieht es zu den schroffen Felswänden links und rechts der Straße, Kanuten auf den Matukituki River und Wanderer sowie Bergsteiger in den **Mount Aspiring National Park**. Der Park, bereits 1935

Im Juni bereitet sich Wanaka auf die Wintersaison vor. Radverleiher mutieren zu Skiverleihern, Surf-lehrer zu Snowboardlehrern. Shuttles fahren in kurzen Abständen zu den Skigebieten hinaus. Für eine Autofahrt in die Skigebiete sind **Schneeketten** erforderlich, die es an Tankstellen in Wanaka aus-zuleihen gibt.

Abfahrt und Langlauf

Das **Cardrona Alpine Resort**, ✆ 03 443 7411, 💻 cardrona.com, erstreckt sich über drei Talsenken an den Südosthängen des 1934 m hohen Mount Cardrona und ist über eine 12 km lange, mautfreie Schotterpiste zu erreichen, die 24 km südlich von Wanaka, kurz vor dem Weiler Cardrona, vom SH89 abzweigt. Das vorwiegend familienorientierte Skigebiet ist bekannt für trockenen Schnee und zahl-reiche einfache Abfahrten (5 für Anfänger, 13 für Fortgeschrittene, 9 für erfahrene Skifahrer). Es gibt Sessellifte sowie Schlepplifte für Skischüler. Der maximale Höhenunterschied misst 390 m; allen Wintersportlern stehen drei Terrainparks zur Verfügung.

Für die Zufahrtsstraße zu den Ausrüstungsläden auf halber Hanghöhe benötigen Autofahrer Schneeketten. Wintersportler ohne eigenen fahrbaren Untersatz gelangen mit Bussen von Wanaka oder Queenstown (1 1/2 Std.) hierher.

Das Resort bietet eine begrenzte Übernachtungsmöglichkeit direkt am Skihang, entweder in luxu-riösen Selbstversorger-Studios für zwei Personen ($220) oder in Apartments mit zwei oder drei Schlafzimmern für maximal acht Personen ($490–620). Skipass $95. ⏲ Ende Juni–Anfang Okt.

Erprobte Skihasen zieht es zu den Steilhängen von **Treble Cone**, ✆ 03 443 7443, 💻 treblecone.co.nz, 22 km westlich von Wanaka, zu erreichen über eine 7 km kostenlose Zufahrtsstraße. Die besondere Anziehungskraft dieser Gegend liegt in ihren baumlosen, von relativ wenigen Skifahrern bevölkerten Hängen (4 Pisten für Anfänger, 16 für Fortgeschrittene, 19 für erfahrene Skifahrer) in bezaubernder Lage oberhalb des Lake Wanaka mit einem Höhenunterschied von 700 m.

Das Terrain ist sehr abwechslungsreich und umfasst zahlreiche natürliche und künstlich angelegte Abfahrten. Für Anfänger gibt es drei ganz neue planierte Pisten, und auch Snowboarder kommen voll auf ihre Kosten. Von Wanaka starten morgens Zubringerbusse, und ein kleiner Shuttlebus bringt Skiläufer vom Beginn der Zufahrtsstraße an der Mount Aspiring Road zu den Liften hinauf. Touren ins Hinterland ab Treble Cone bietet **Aspiring Guides**, ✆ 03 443 9422, 💻 aspiringguides.com ($195). Skipass $95. ⏲ Ende Juni–Anfang Okt.

Angesichts der Tatsache, dass viele Neuseeländer eingeschworene Abfahrtsläufer sind, stellen die Langlaufloipen von **Snow Farm**, ✆ 03 443 7542, 💻 snowfarmnz.com, eine Überraschung dar. Das Gelände liegt 24 km südlich von Wanaka gegenüber von Cardrona und ist über eine 13 km lange, kur-vige Schotterstraße zu erreichen. Von Juli bis September tummeln sich Langläufer auf den insge-samt 55 km umfassenden Loipen. Tageskarte $40, eine Ausrüstung kann für $30 geliehen werden.

Heli-Skiing

Heli-skiing ist ein teurer Spaß, aber die einzige Möglichkeit, an den Ausgangspunkt der bis zu 1200 Höhenmeter überwindenden Steilabfahrten durch Pulverschnee zu gelangen. Harris Mountains Heli-Ski, ✆ 03 442 6722, 💻 heliski.co.nz, bietet rund 400 verschiedene Flüge zu fast 150 verschie-denen Gipfeln, vor allem in die **Harris Mountains** zwischen der Crown Range bei Queenstown und dem Mount Aspiring National Park bei Wanaka. Erfahrene Skiläufer profitieren von diesem kostspie-ligen Erlebnis am meisten.

Der Abflug ist auch von den **Witterungsbedingungen** abhängig, doch während der Saison kann man mit 70%iger Wahrscheinlichkeit abheben – i. d. R. folgt auf vier, fünf Schönwettertage eine Schlecht-wetterperiode. Das begehrteste der zahlreichen Angebote ist The Classic für $845 mit 4 Abfahrten.

CENTRAL OTAGO

geplant, aber erst 1964 realisiert, zählt zu den größten des Landes und reicht vom Haast Pass im Norden bis zum oberen Lake Wakatipu im Süden. Sein Herzstück bildet der pyramidenförmige **Mount Aspiring**, mit 3033 m Neuseelands höchster Berg außerhalb des Aoraki/Mount Cook National Park.

Fährt man auf dem ungeteerten Abschnitt der Mount Aspiring Road am Matukituki River entlang, ist vom Mount Aspiring nicht viel zu sehen, da der Mount Avalanche und der Avalanche Glacier den Blick verstellen. Zerklüftete Berge bestimmen die Szenerie bis zum **Raspberry Creek**, wo ein Parkplatz und öffentliche Toiletten den Beginn mehrerer wunderschöner Wanderwege in den Park markieren. Transportinformationen auf S. 813.

Auf der 55 km langen Strecke zwischen Wanaka und dem Parkplatz am Raspberry Creek verkehren **Busse** von Alpine Coachlines, ✆ 03 443 9120, ⌨ alpinecoachlines.co.nz (Nov–April 1–2x tgl., $35 einfach, Buchung sehr ratsam).

In den Haupttreisemonaten Januar, Februar, Juli und August und während großer Events (Kasten S. 812) ist eine Reservierung unbedingt erforderlich. Im Ort und am Seeufer darf nicht wild gezeltet werden.

Altamont Lodge, 121 Mount Aspiring Rd, 2 km westlich von Wanaka, ✆ 03 443 8864, ⌨ altamontlodge.co.nz. Einladende, holzgetäfelte Wanderer- und Skilodge mit Gemeinschaftsküche, Aufenthaltsraum, Spa und

---

Wanderungen im Matukituki Valley

Für diese Wanderungen empfehlen sich die DOC-Broschüren *Matukituki Valley Tracks* ($2) und *Rees and Dart Valleys* ($2) sowie die detaillierte Landkarte *Mount Aspiring National Park* ($19). Die Strecken eignen sich nur für relativ sportliche und erfahrene Wanderer, zumal der Park **extreme Klimaunterschiede** aufweist: Im Matukituki Valley fällt pro Jahr durchschnittlich 500 mm Niederschlag, während auf der westlichen Parkseite rund 6000 mm niedergehen. Die Wanderungen beginnen am Parkplatz Raspberry Creek, rund eine Autostunde von Wanaka entfernt. Mehrere Hütten in der Gegend werden vom New Zealand Alpine Club (NZAC) verwaltet, stehen aber jedem offen (Bezahlung im DOC Visitor Centre in Wanaka).

Raspberry Creek zur Aspiring Hut (9 km einfach, 2 1/2–3 Std., 100 m Anstieg). Die populäre und meist sehr idyllische Tageswanderung vom Raspberry Creek zur Aspiring Hut beginnt auf einer Geländewagenpiste, die vom Parkplatz sanft ansteigt und am westlichen Arm des Matukituki River entlangführt. Der Weg wendet sich nur einmal vom Fluss ab, um die Klippen auf der Strecke zum Downs Creek zu umgehen, von wo sich tolle Ausblicke auf den Rob Roy Glacier und den Mount Avalanche eröffnen. Lohnenswert ist der kurze Abstecher zu den **Bridal Veil Falls**. Wenig später erreicht man die historische **Cascade Hut** und nach weiteren 20 Min. die relativ luxuriöse, aus Stein erbaute **Aspiring Hut** (NZAC, 38 Betten, $25, inkl. Gas), ein beliebtes Basislager für Bergsteiger, die es auf die Gipfel rund um den Mount Aspiring zieht. In Nähe der Hütte kann auch gezeltet werden ($5).

Rob Roy Valley (10 km hin und zurück, 3–4 Std., 300 m Anstieg). Der zu Recht beliebte Rob Roy Valley Walk ist kürzer und steiler als der Anstieg zur Aspiring Hut, aber dafür spektakulärer. Vom Raspberry Creek-Parkplatz folgt man 15 Min. dem rechten Ufer des Matukituki bis zu einer Hängebrücke, die auf die linke Uferseite und zum Rob Roy führt. Am Bach entlang geht es durch Buchenwald, der allmählich einer Hochgebirgsvegetation weicht, bis plötzlich am Ende des Tals der Rob Roy Glacier ins Blickfeld kommt. Eco Wanaka Adventures, ✆ 0800 926 326, ⌨ ecowanaka.co.nz, bieten hier ganztägige geführte Wanderungen inkl. Picknicklunch ($235).

Aspiring Hut bis Pearl Flat (5 km, 1 1/2 Std., 100 m Anstieg). Ein herrlicher Tagesausflug von der Aspiring Hut führt zum Oberlauf des Matukituki River. Man folgt dem Flusslauf abwechselnd durch Wald und offenes Gelände bis zur Pearl Flat. Von hier kann man wieder zurückgehen oder weiter bis zum Talende (S. 807).

CENTRAL OTAGO

Tennisplatz. Zweckmäßige 2BZ, DZ und 3BZ mit Gemeinschaftsbad; Einzelreisende zahlen $49. $69

Base Wanaka, 73 Brownston St, ☎ 03 443 4291, 🖥 stayatbase.co.nz. Recht neues Hostel mitten im Ort mit eigener Bar, in der auch preiswerte Gerichte serviert werden. Recht enge Küche, dafür luftige Terrasse. Schicke Zimmer sowie gute Frauen-Dorms, Internet und Buchungsschalter. Dorms $26, Frauen-Dorms $31, DZ mit Bad $82

Clearbrook, 72 Helwick St, ☎ 0800 443 441, 🖥 clearbrook.co.nz. Schickes, preisgünstiges Motel mit geschmackvoll eingerichteten Luxus-Units (Studios, Apartments mit 1–2 Schlafzimmern) am Bullock Creek; alle verfügen über TV, Stereoanlage, Küche mit Geschirrspüler, Waschmaschine und Balkon mit Bergblick. Außerdem Häuser für 6 Pers. ($385). $155

Matterhorn South, 56 Brownston St, ☎ 03 443 1119, 🖥 matterhornsouth.co.nz. Hostel und Budget-Lodge mit Dorms unterschiedlicher Größe sowie modernen 4er-Zimmern mit Bad, TV, Kühlschrank und Zugang zu toller Küche und Gemeinschaftsraum. Dorms $26, DZ $68, Lodge-DZ mit Bad $95

Mountain Range, Heritage Park, nach 2 km an der Cardrona Valley Rd, ☎ 03 443 7400, 🖥 mountainrange.co.nz. Idyllische und friedliche 7-Zimmer-Luxuslodge inmitten von Tussock-Grasland am Ortsrand. Geräumige Zimmer, einfach, aber geschmackvoll mit neuseeländischer Kunst eingerichtet. Whirlpool, Hängematten, Willkommensdrinks

Pearl Flat bis Talende (3,2 km, 2 Std., 250 m Anstieg). Von der Pearl Flat zieht sich der Pfad am rechten Ufer entlang, quert ein großes Geröllfeld unterhalb des Mount Barff und klettert dann hoch über den Fluss. Auf manchen Landkarten ist der Scott Rock Bivvy eingezeichnet – nicht viel mehr als ein schützender Felsüberhang, der 50 m östlich des Flusses liegt und über eine Brücke erreicht werden kann.

Aspiring Hut bis French Ridge Hut (7,2 km, 4–5 Std., 1000 m Anstieg). Diese anstrengende, aber spektakuläre Wanderung führt vom Talboden sehr steil bergauf. Die Hütte (NZAC, 20 Betten, $20 p. P.) bietet eine herrliche Aussicht, liegt jedoch nur Dez–März unterhalb der Schneegrenze.

Cascade Saddle Route (4–5 Tage einfach). Einer der anstrengendsten Wanderwege in diesem Gebiet ist die Cascade Saddle Route, die die Aspiring Hut im Matukituki Valley mit dem Rees-Dart Track (S. 800) verbindet – eine wunderbare Hochgebirgstour mit atemberaubenden Aussichten auf den Dart Glacier und die Barrier Range. Im Prinzip sollte dieser Track nur bei guten Wetteraussichten und nur von (alpin) erfahrenen Wanderern begangen werden. Ohne spezielle Bergsteigerausrüstung lässt sich der Cascade Saddle nur von Januar bis März bewältigen, Wanderer sollten aber über warme und wasserfeste Kleidung verfügen. Ein Zelt bietet den Vorteil, dass man die Strecke in kürzere Etappen aufteilen kann, in dem man z. B. auf einer Gletscherbank oberhalb des Dart Glacier übernachtet. Die aktuellsten Informationen und eine Broschüre zum Herunterladen finden sich auf 🖥 doc.govt.nz.

Auf der Etappe von der **Aspiring Hut zur Dart Hut** (17 km, 8–11 Std., 1350 m Anstieg) lässt der Pfad die Baumgrenze hinter sich und erreicht einen mit Tussock-Gras bewachsenen Gebirgskamm, der bei Nässe oder Schnee rutschig ist. Orangefarbene Pfähle weisen den Weg zu einem Stahlmast auf der höchsten Stelle des Bergrückens (1835 m), zum Cascade Creek hinunter und auf der anderen Talseite wieder bergan zu den alpinen Wiesen am Cascade Saddle. Am Cascade Creek befindet sich eine Toilette für Camper. Wer kein Zelt im Gepäck hat, muss noch 4–5 Std. durchhalten. An Felsvorsprüngen und seichten Flussbetten vorbei gelangt man schließlich zur **Dart Hut**, von wo es aus auf dem Rees-Dart Track noch zwei Tagesmärsche zurück **nach Glenorchy** sind. Es ist eventuell geplant, dass die Dart Hut und andere Hütten auf dem Rundwanderweg Rees-Dart für Januar und Februar vorgebucht werden müssen.

und tolles Frühstück – ein verführerisches Paket. $320

Peak Sportchalet, 36 Hunter Crescent, rund 2 km nördlich vom Ort, ✆ 03 443 6990, 🖥 peak-sportchalet.co.nz. Geräumiges Selbstversorger-Studio und Chalet mit 2 Schlafzimmern in einem stillen Teil des Orts, im Besitz von einem netten deutschen Paar. Individuell eingerichtet, Bäder mit Fußbodenheizung, sehr gut isoliert. Frühstücksbuffet $10 extra. Toll für eine Familie oder zwei Paare.

Studio mit 1 Schlafzimmer $155, Chalet mit 2 Schlafzimmern $220

Renmore House B&B, 44 Upton St, ✆ 03 443 6566, 🖥 renmore-house.com. Großes Haus am Bullock Creek; ziemlich luxuriöse Unterbringung in 3 DZ mit Bad; überaus freundliche Gastgeber, kostenlose Fahrradbenutzung. $245

📖 **River Run**, 86 Halliday Rd, 5 km östlich von Wanaka, ✆ 03 443 9049, 🖥 river run.co.nz. Elegante Lodge etwas oberhalb des Clutha River mit 5 DZ, sonnigen Veranden

Hier sind die besten Wandermöglichkeiten in der unmittelbaren Umgebung von Wanaka aufgeführt. Eine umfassende Outdoor-Ausrüstung braucht man nicht, lediglich robuste Schuhe, Regenbekleidung, Sonnenschutz und die DOC-Broschüre *Wanaka Outdoor Pursuits* ($3,50), die eine gute Karte enthält.

Mount Iron Track (4,5 km hin und zurück, 1 1/2 Std., 240 m Anstieg). Der von Wanaka am einfachsten erreichbare Wanderpfad ist derjenige zum 549 m hohen Mount Iron, dessen westliche und nördliche Flanken von dem Gletscher, der einst seinen Südhang bedeckte, abgeschliffen wurden. Die Wanderung beginnt 1,5 km östlich von Wanaka am SH84 und führt durch Weideland sowie die vogelreichen Manuka-Wälder des Mount Iron Scenic Reserve über den Südhang zum Gipfel. Von oben bietet sich ein herrlicher Panoramablick. Den Rückweg kann man über den Osthang des Mount Iron antreten und gelangt in Nähe des Eingangs von Puzzling World (S. 803) wieder auf den SH84.

Roy's Peak Track (11 km, 4–6 Std., 1100 m Anstieg). Der Mount Roy Track ist eine erheblich anstrengendere Unternehmung. Er windet sich zum 1578 m hohen Gipfel des Roy's Peak hinauf, wo Wanderer mit der wunderschönen Aussicht über den Lake Wanaka und die ihn umgebenden Gletscher und Berge belohnt werden. Der Pfad, der 7 km westlich von Wanaka an der Mount Aspiring Road beginnt, ist zur Lammzeit vom 1. Oktober bis 10. November gesperrt.

Diamond Lake Track (7 km, 2 1/2 Std., 400 m Anstieg). Mit großartigen Ausblicken auf den See und die Berge wartet auch der Diamond Lake Track auf, der den 775 m hohen Gipfel des Rocky Hill zum Ziel hat. Vom Parkplatz 18 km westlich von Wanaka an der Mount Aspiring Road gehen noch zwei kürzere Wanderpfade ab, doch nur vom Rocky Hill genießt man die fantastische Aussicht.

Beacon Point-Clutha Outlet Circuit (16 km, 3–5 Std., zumeist eben). Diese lange, aber leichte Wanderung beginnt und endet in Wanaka. Am Seeufer geht es zum Eely Point (15 Min.) mit einer geschützten Bucht, die ein beliebtes Ziel zum Bootfahren und Picknicken darstellt. Kurz darauf erreicht man die Bremner Bay, und nach weiteren 30 Min. ist der Beacon Point erreicht. Nun kann man entweder auf demselben Weg zurückkehren oder über die Beacon Point Road zum Lake Outlet Holiday Park marschieren und dort in den Outlet Track einbiegen, der nach 4 km die Alison Avenue erreicht und unweit der Albert Town Bridge auf den SH6 stößt. Am Fuße des Mount Iron läuft man zurück nach Wanaka.

Waterfall Creek Track (2,5 km einfach, 35 Min., minimale Steigung). Das westliche Gegenstück des Beacon Point-Clutha Outlet Circuit verlässt die Roy's Bay und führt durch den Wanaka Station Park und am Rippon Vineyard vorbei zu einem Parkplatz am Waterfall Creek. Hier wechselt man auf den Millennium Walkway (5 km einfach, 1 Std., 100 Hm), der über die terrassierten Hänge am Seeufer auf den Ironside's Hill führt. Beide Wege dürfen auch von Radfahrern benutzt werden.

und Speisesaal, in dem ein ausgezeichnetes 3-gängiges Abendmenü ($90) serviert wird. Preis inkl. Frühstück und Drink am Abend. $400

Te Wanaka Lodge, 23 Brownston St, 📞 0800 926 252, 🖥 tewanaka.co.nz. Einladende Lodge mit 13 luxuriösen Zimmern mit Bad, Sky-TV und separatem Eingang; außerdem beheizter Whirlpool im schönen Garten, Hausbar, herzhaftes Frühstücksbuffet sowie freundliche und hilfsbereite Gastgeber, die viel über Outdoor-Aktivitäten wissen. $195

Wanaka Bakpaka, 117 Lakeside Rd, 📞 03 443 7837, 🖥 wanakabakpaka. co.nz. Gepflegtes Hostel 5 Gehminuten außerhalb des Zentrums; herrlicher See- und Bergblick, geruhsame Atmosphäre, im Sommer Grillabende, außerdem Verleih von Fahrrädern ($28 pro Tag) und jede Menge Platz draußen zum Genießen der Nachmittagssonne. Dorms $27, DZ $68, mit Bad und Seeblick $80

Wanaka Springs Lodge, 21 Warren St, 📞 0800 171 252, 🖥 wanakasprings.com. Edle Unterkunft mit komfortablen, schön eingerichteten Zimmern, stilvollen Gemeinschaftsräumen und Spa im Garten; gut informierte Besitzer. $330

YHA Wanaka Purple Cow, 94 Brownston St, 📞 03 443 1880, 🖥 yha.co.nz. Großes, freundliches Hostel mit Dorms mit bis zu 6 Betten, teilweise in separaten Blocks mit eigener Lounge, Bad und TV. Außerdem DZ mit Bad, einige mit Seeblick und TV/DVD, sowie luxuriösere Motel Units. Toller See- und Bergblick durch die großen Panoramafenster der Aufenthaltsräume. Billard (kostenlos), abends Filme, Leihräder. Dorms $28, DZ $86, mit Bad $102, mit Seeblick $110, Units $130

Campingplätze und Holiday Parks

Albert Town Campground, 6 km nordöstlich von Wanaka am SH6. Offener, informeller Campingplatz mit Wasser und Toiletten am Ufer des reißenden Clutha River. Viel Schatten. In den vier Wochen ab Weihnachten sehr voll. $7

Glendhu Bay Lakeside Holiday Park, 1127 Mount Aspiring Rd, 12 km westlich von Wanaka, 📞 03 443 7243, 🖥 glendhubaymotor camp.co.nz. Wunderschön am See gelegener Familienplatz mit zahlreichen Stellplätzen am Wasser, tollem Blick Richtung Mount Aspiring

und Bootsrampe. Camping $16, Herbergsbetten $20, Cabins $50

Outlet Holiday Park, 197 Lake Outlet Rd, 6 km von Wanaka, 📞 03 443 7478. Wunderbar gelegener, großzügig angelegter Campingplatz an der Mündung des Clutha River in den Lake Wanaka – ausgezeichnete Spaziermöglichkeiten am See oder Fluss. Zelt- und Wohnmobilstellplätze und einfache Cabins, teils mit Wohnbereich. Fahrradverleih ($15/3 Std.) für Touren auf dem Outlet Track. Camping $14, Cabins $55

Wanaka Lakeview Holiday Park, 212 Brownston St, 📞 03 443 7883, 🖥 wanakalakeview. kiwiholidayparks.com. Günstig gelegener Campingplatz, nur 10 Gehminuten vom Zentrum entfernt; Stellplätze $17, Dorms $20, Standard-Cabins $50, Selbstversorger-Flats $100

Barluga, Post Office Lane, 📞 03 443 5400. Kleine Weinbar nahe der Ardmore St mit Ledersofas und -sesseln, Kaminfeuer und Innenhof. Manchmal legen DJs auf, oder es gibt ein akustisches Konzert. ⏰ tgl. 16–2.30 Uhr.

Kai Whaka Pai, Ardmore St, Ecke Helwick St, 📞 03 443 7795. Bei Einheimischen sehr begehrtes Tageslokal, bietet Frühstück, Gebäck und hervorragenden Kaffee, abends einfache Speisen, Bier und Wein. Thai-Rindfleischsalat $18. ⏰ tgl. 7–23 Uhr.

The Landing, 80 Ardmore St, 📞 03 443 5099, 🖥 thelandinglakewanaka.co.nz. Ausgewähltes Angebot an gutem Essen und umfangreiche Weinkarte; schöner Balkon für laue Sommerabende. An Speisen gibt's z. B. Schweinebauch mit Auberginenpüree oder Risotto Milanese mit Jakobsmuscheln ($34). ⏰ tgl. 16–22 Uhr oder später.

Relishes, 99 Ardmore St, 📞 03 443 9018, 🖥 relishescafe.co.nz. Alteingesessenes, schnörkelloses Café, immer gut für einen guten Kaffee und ein Stück Kuchen. Es gibt aber auch Mittagsgerichte wie Caponata und frische Bocconcini auf Crostini ($16) und Abendspeisen wie gegrillte Lende mit Kräuterpolenta und Rosmarin-Knoblauch-Demiglace ($32); auch für ein Dessert sollte Platz gelassen werden. ⏰ tgl. 8–22 Uhr oder später.

CENTRAL OTAGO

Sasanoki, 139 Ardmore St, ✆ 03 443 6474. Exzellente japanische Speisen zu sehr günstigen Preisen, sowohl zum Mitnehmen als auch zum Essen vor Ort. Ausgezeichnete Udon-Nudeln, Sashimi und Donburi, zumeist $10–14; große Bento-Box und ein Sake für unter $35. ⊕ tgl. 11.30–14.30 und 17.30–21 Uhr.

Soul Food Organic Café, 74 Ardmore St, ✆ 03 443 7885. Ein unprätentiöses Feinkostgeschäft und Café mit Tischen drinnen und draußen, spezialisiert auf vegetarische sowie milch- und glutenfreie Gerichte. Toller Kaffee, Muffins, Frühstück, z. B. mit Schinken, Eiern und Pilzen ($14). Im Winter Suppen, im Sommer Salate, außerdem Säfte und Smoothies. ⊕ Mo–Fr 8–18, Sa und So 8–16 Uhr.

Urban Grind, 72 Ardmore St, ✆ 03 443 6748. Schickes, modernes Café mit nackten Backsteinwänden und übergroßen Lampenschirmen. Gerichte wie Eier mit Safran, Kichererbsen und Spinat ($14), klassische Pizza ($16–19) und abends Tapas wie gegrillte Ochsenzunge mit Mais und Schwarzbohnen-Salsa ($9) oder *truffle fries* mit Aioli ($7,50). Im Sommer sonntagnachmittags oft DJs. ⊕ tgl. 8.30–23 Uhr.

White House Café & Bar, 33 Dunmore St, ✆ 03 443 9595. Der Besitzer ist exzentrisch, die Karte winzig und die gesamte Einstellung eher relaxt, aber an guten Tagen machen die mediterran angehauchten Hauptgerichte wie der Salat mit Makrelen, Oliven, jungen Kartoffeln und Avocado ($35) oder das Ribeye-Steak mit Roter-Bete-Relish, Mangold und Bratkartoffeln ($40) vieles wieder wett; sehen lassen können sich auf jeden Fall die Desserts. ⊕ tgl. 18–22 Uhr oder später.

Cardrona Valley

Cardrona Hotel, Cardrona, ✆ 03 443 8153, 🖥 cardronahotel.co.nz. Das 1863 erbaute Hotel überstand die Überschwemmungen von 1878, denen der größte Teil des Orts zum Opfer fiel, und hielt dann bis 1961 durch. Nach Jahren des Verfalls wurde es 1984 wiedereröffnet; die Fassade ist in der alten Form erhalten geblieben, drinnen wurde das Gasthaus jedoch modernisiert. Im Winter lassen sich die Skifahrer auf den Sofas am Kamin nieder, im Sommer erwacht der Biergarten zum Leben.

Tolle Auswahl an Getränken, Mahlzeiten wie Lammburger mit Kartoffelpüree und Erben ($19) oder Lachs auf Zitronen-Couscous ($27) sowie B&B-Unterkünfte. ⊕ Restaurant und Bar tgl. 10–22 Uhr oder später.

Kinos

Cinema Paradiso, 72 Brownston St, ✆ 03 443 1505, 🖥 paradiso.net.nz. Hier sitzen Kingänger auf durchgesessenen alten Sofas und Sesseln, auf Flugzeugsitzen und sogar in einem aufgeschnittenen alten Morris Minor. Das Programm reicht von Hollywood bis Arthouse, und in der Filmpause stärken sich die Besucher mit Keksen, Eiscreme, Kaffee oder Alkohol aus dem angeschlossenen Café. Erwachsene $16.

Ruby's, 50 Cardrona Valley Rd, 2 km südlich des Orts, ✆ 03 443 6901, 🖥 rubyscinema. co.nz. Zwei schicke kleine digitale Kinos mit 36 bzw. 14 Plätzen und eine intime Cocktailbar. Bewaffnet mit einem Cocktail, einem Glas Wein oder einem Bier sowie ein paar Tapas kann man es sich auf den großen ledernen Fernsehsesseln im Kino bequem machen. Erwachsene $18,50.

AKTIVITÄTEN

Da das Freizeitpotenzial Wanakas nicht ganz so intensiv vermarktet wird wie in Queenstown, ist die Atmosphäre entspannter, und es gibt einige sehr gute Angebote. **Buchungen** lassen sich über die meisten Unterkünfte, zahlreiche Agenturen oder direkt beim Veranstalter tätigen. Einige Anbieter in Queenstown wie der Sledging-Veranstalter Frogz holen Teilnehmer kostenlos in Wanaka ab.

Ausflüge und Aktivitäten auf dem Wasser

Alpine Kayak Guides, ✆ 03 443 9023, 🖥 alpinekayaks.co.nz, organisiert Okt–April halbtägige Kajaktrips auf dem Clutha River (WW II, $149). Abfahrt ist beim i-SITE in Wanaka.

Eco Wanaka Adventures, ✆ 0800 926 326, 🖥 ecowanaka.co.nz. Wunderbar informative Rundfahrt (tgl. 9 und 13.30 Uhr, 4 Std., $180) über den Lake Wanaka zum Inselreservat Mou Wahu mit seiner Wekarallen-Population.

Das Highlight der Naturwanderung auf der Insel ist der Tee-Imbiss oberhalb des malerischen Sees der Insel, und man kann sogar einen Baum pflanzen und so die Wiederaufforstung von Mou Wahu unterstützen.

Lakeland Adventures, im i-SITE-Gebäude, ✆ 03 443 7495, 🖳 lakelandadventures.co.nz. Organisiert die unterschiedlichsten Aktivitäten, darunter eine geruhsame Seerundfahrt zur Stephensons Island mit kurzem Rundgang auf der Insel (2 Std., $85).

Pioneer Rafting, ✆ 03 443 1246, 🖳 ecoraft. co.nz. Diese Rafting-Touren sind für Familienausflüge geeignet. Ziel ist der Upper Clutha (WW II), wobei das Hauptaugenmerk der Touren auf dem Genießen der Landschaft und Goldwaschen liegt (Sep–April tgl., halber Tag $145).

Wanaka Kayaks, ✆ 0800 926 925, 🖳 wanaka kayaks.co.nz. Kajakverleih am See (Sit-on-top-Kajaks $12/Std., Einerkajaks $18, Zweierkajaks $30), z. B. für Touren zur Ruby Island (2 Std. hin und zurück), außerdem geführte Trips zur Ruby Island (3 Std., $75) oder an der Glendhu Bay (4 Std., $115).

Wanaka River Journeys, ✆ 0800 544 555, 🖳 wanakariverjourneys.co.nz. Preisgünstige Jetboot-Trips (Sep–Mai 2x tgl., 3 Std., $240) den Matukituki River hinauf, wobei man herrliche Blicke auf den Mount Aspiring, den Avalanche Glacier, den Mount Avalanche etc. genießt; der Führer weiß viel zu erzählen und unternimmt einen kurzen Spaziergang mit seinen Kunden.

Canyoning

Deep Canyon, 103 Ardmore St, ✆ 03 443 7922, 🖳 deepcanyon.co.nz, organisiert Anfang Okt–März täglich Exkursionen in kleinen Gruppen durch enge Canyons, bei denen gesprungen, gerutscht und abgeseilt werden muss. Warme Schutzkleidung hilft gegen das Gefühl der Verletzbarkeit, und am Ende gibt's ein Picknick. Für Neulinge eignet sich am besten der **Niger Stream** (7–8 Std., $240) entlang einem wunderschönen Fluss mit zahlreichen Sprüngen in tiefe Becken. Für die Tour **Big Nige** (8 Std., $305) benötigt man besser ein wenig Erfahrung im Abseilen. Die Tour **Leaping Burn** (8 Std., $430) ist noch anspruchsvoller und umfasst einige

längere Seilabstiege an Wasserfällen. Die Tour **Wilkin Wilderness-Wai Rata** (12 Std., $960) umfasst einen Hubschrauberflug, eine fabelhafte Canyon-Tour und eine Jetbootfahrt auf dem Wilkin River.

Fallschirmspringen und Gleitschirmfliegen

Skydive Lake Wanaka, Wanaka Airport, ✆ 0800 786 877, 🖳 skydivewanaka.com. Mit diesem Anbieter kann ein 10-minütiger Rundflug mit einem Tandem-Fallschirmsprung mit 45–60 Sekunden im freien Fall kombiniert werden ($295 von ca. 3600 m, $399 von ca. 4500 m).

Wanaka Paragliding, ✆ 0800 359 754, 🖳 wanakaparagliding.co.nz. Etwas weniger nervenaufreibend sind Tandem-Gleitschirmflüge vom Skigebiet Treble Cone hinunter zum See (800 m Höhenunterschied, 2 Std., davon 15–20 Min. in der Luft, $199 inkl. Transport).

Klettern und Bergsteigen

Basecamp Wanaka, 50 Cardrona Valley Rd, 2 km südlich des Orts, ✆ 03 443 1110, 🖳 basecampwanaka.co.nz. Beim auf Kinder ausgerichteten Clip 'N Climb drinnen ($20/Std.) Kinder $8–16, Turnschuhe mitbringen) kann man alle möglichen Kletterarten ausprobieren. Realistischer ist die erstklassig geformte Kletterwand draußen. Auch Unterricht wird angeboten. ⏲ Mo–Fr 12–20, Sa, So, Feiertage und Schulferien 10–20 Uhr.

Wanaka Rock Climbing, ✆ 03 443 6411, 🖳 wanakarock.co.nz, bietet eintägige Einführungskurse mit 2–4 Teilnehmern pro Gruppe (halber Tag 140 p. P., ganzer Tag $210). Auch geführte private Klettertrips ($345/Tag).

Adventure Consultants, ✆ 03 443 8711, 🖳 adventureconsultants.co.nz. Professionell organisierte Bergtouren, z. B. 5-tägige Besteigungen des Mount Aspiring ($4100) sowie exzellente 7-tägige Bergsteigerkurse inkl. Einführung, Eisklettern, Schneehöhlenbau und mehreren Besteigungen ($2550).

Radfahren

In Wanaka wimmelt es von Geschäften (S. 812), die **Mountainbikes** verleihen und die *Lake Wanaka Cycling Map* ($2) verkaufen, auf der Trails in der Umgebung verzeichnet sind. Die Wege entlang dem Seeufer stehen Radlern offen, und der „Sticky Forest" verfügt über ein extrem dichtes Netz hervorragender Pfade. Ansonsten kann man sich zum Dirt Park neben der Snow Farm (S. 805) im Cardrona Valley begeben (Tageskarte $30), wo man per Sessellift Zugang zu jeder Menge Freestyle-Terrain hat.

Freeride NZ, 17 Dunmore St, ☏ 0800 743 369, 🖳 freeridenz.com. Tolle geführte Mountainbike-Touren, von recht einfachen Querfeldeinfahrten (4 Std., $185) über Singletrail- und Allrad-straßen-Abfahrten (5 Std., $195) bis zu Heli-Biking (5 Std., $439).

Reiten

Timber Creek Equestrian Centre, ca. 4 km westlich von Wanaka beim Eingang zum Rippon Vineyard an der Mt Aspring Rd, ☏ 03 443 2933. Der Vineyard Trail Ride (1 3/4 Std., $89) ist ein zivilisierter und schöner Ritt übers Land und durch Rebstöcke, gefolgt von einer optionalen Weinprobe und dem sanften Ritt zurück.

Rundflüge

Die Flüge zum Milford Sound sind von Wanaka aus zwar etwas teurer als von Queenstown, dafür ist man etwa 30 Min. länger in der Luft und bekommt eine abwechslungsreichere Landschaft zu Gesicht – darunter der Mount Aspiring, das Olivine Ice Plateau und die unzugänglichen Seen Alabaster, McKerrow und Tutoko.

Alpine Helicopters, ☏ 03 443 4000, 🖳 alpineheli.co.nz. Hubschrauberrundflüge zum Milford Sound mit 1 oder 2 Landungen (2 Std., $795).

Wanaka Flightseeing, ☏ 03 443 8787, 🖳 flightseeing.co.nz. Mehrere klassische Rundflüge, darunter Flüge um den Mount Aspiring (50 Min., $200) und zum Milford Sound (4 Std. für $460).

SONSTIGES

Autovermietungen

Wanaka Rentacar, 2 Brownston St, ☏ 03 443 6641, 🖳 wanakarentacar.co.nz, bieten die billigsten Mietwagen in Wanaka: rund $40 pro Tag für einen Pkw ohne Kilometerbegrenzung bei längerer Mietdauer.

Fahrradverleih

Zahlreiche Läden in Wanaka vermieten Fahrräder, und viele Hostels und B&Bs halten für ihre Gäste Zweiräder bereit.

Thunderbikes, 48 Helwick St, ☏ 03 443 2558, Hardtail-Bikes für $20/4 Std. und $40/Tag und gefederte Tourenräder für $50 bzw. $75. ⏰ Mo–Fr 8.30–18, Sa und So 9–16 Uhr.

Events in Wanaka

Am **Silvesterabend** kam hier einst die Hälfte aller Teenager der Südinsel zusammen – inzwischen sind diese Feierlichkeiten stark heruntergefahren worden, heute wird stattdessen eine auf Familien ausgerichtete Feier veranstaltet.

Rippon Festival, 🖳 ripponfestival.co.nz. Eintägiges Rock-, Roots- und Reggae-Festival mit Top-Kiwi-Bands und traumhafter See- und Bergkulisse sowie munterer Nachfeier. Tickets rund $135. In jedem geraden Jahr am ersten Samstag im Februar.

A&P Show, 🖳 wanakashow.co.nz. Landwirtschaftsschau am Seeufer mit allen möglichen Veranstaltungen wie einem Jack-Russell-Rennen, dazu jede Menge Essen und Trinken. Unterkünfte sind dann allerdings schwer zu ergattern. Am zweiten Wochenende im März.

Warbirds over Wanaka, ☏ 0800 224 224, 🖳 warbirdsoverwanaka.com. Die größte Flugschau des Landes, und den Flugplatz von Wanaka mit über 60 000 Zuschauern. Tickets Fr $50, Sa $75, So $75, drei Tage $170. Drei Tage zu Ostern in geraden Jahren.

Festival of Colour, 🖳 festivalofcolour.co.nz. Kulturfestival mit Ausstellungen, Tanz, Musik und Theater sowie Top-Acts aus Neuseeland, im gesamten Ort und in Hawea. Jede Menge Gratis-Veranstaltungen. Mitte April in ungeraden Jahren.

Outside Sports, 17–23 Dunmore St,
📞 03 443 7966, mit ähnlichem Angebot.
🕐 in der Hauptsaison tgl. 8–20 Uhr.

Geld

Im Ort gibt es mehrere **Banken** mit Geldautomat und Geldwechselmöglichkeit.

Informationen

i-SITE Visitor Centre, 100 Ardmore St,
📞 03 443 1233, 🖥 lakewanaka.co.nz.
🕐 Dez–März tgl. 8.30–18, April–Nov 8.30–17.30 Uhr.
Mount Aspiring National Park Visitor Centre,
SH84, Ecke Ballantyne Rd, 500 m östlich der Innenstadt, 📞 03 443 7660, ✉ mtaspiringvc@doc.govt.nz. Hier gibt's die üblichen DOC-Infos.
🕐 Nov–Ostern tgl. 8–17, Ostern–Okt Mo–Fr 8.30–17, Sa 9.30–16 Uhr.

Internet

Wanaka Web, 3 Helwick St, 📞 03 443 7429, nimmt $5/Std. für eine superschnelle Verbindung mit der Möglichkeit, die Nutzung zu unterbrechen, ohne sein Guthaben zu verlieren. 🕐 gewöhnlich tgl. 9–21 Uhr.

Medizinische Hilfe

Apotheke: **Wanaka Pharmacy**,
33 Helwick St, 📞 03 443 8000,
🕐 Mo–Sa 8.30–19 Uhr.
Ärztliche Hilfe: **Wanaka Lakes Health Centre**,
23 Cardrona Valley Rd, 📞 03 443 7811),
🕐 Sprechstunden Mo–Fr 8.30–18 Uhr sowie 24-Std.-Notdienst.

Outdoor-Ausrüstung

Hamills, 10 Helwick St, 📞 03 443 8094.
Verleiht Angelzeug ($20/Tag) und verkauft Angellizenzen.
Outside Sports, 17 Dunmore St, 📞 03 443 7966,
🖥 outsidesports.co.nz. Hat so gut wie alles vorrätig, darunter Rucksäcke ($10/Tag), Schlafsäcke ($10), Jacken ($10), Wanderschuhe ($8) und Kocher ($5).

Post

39 Ardmore St, 📞 03 443 8211,
🕐 Mo–Fr 8.30–17.30, Sa 9–12 Uhr.

Ski und Snowboards

Racers Edge, 99 Ardmore St, 📞 03 443 7882,
🖥 racersedge.co.nz, Ski- ($38–55/Tag) und Snowboardverleih ($35), außerdem Wartung und Reparatur.

Taxi

Wanaka Taxis, 📞 0800 272 700.

TRANSPORT

Busse

Die Busse halten alle in der Nähe des i-SITE Visitor Centre. **Wanaka Connexions**, 📞 03 443 9120, 🖥 alpinecoachlines.co.nz, bietet Busse zwischen Dunedin und Queenstown mit Anschlüssen in Cromwell. **Connect Wanaka**,
📞 0800 405 066, 🖥 connectabus.com, bietet eine Verbindung nach Queenstown über die Crown Range; beides mit Halt am Flughafen von Queenstown. **Atomic** hat Busse nach Dunedin und fährt zudem innerhalb von einem Tag an der Westküste hinauf bis nach Greymouth. **Catch-A-Bus**, 📞 03 449 2024, 🖥 trailjourneys.co.nz, fährt tgl. über das Maniototo nach Dunedin.
Southern Link, 📞 0508 458 835, 🖥 southernlink bus.co.nz, bietet eine tgl. Verbindung über Tekapo nach Christchurch. **Intercity/Newmans** kommt auf der Strecke Queenstown–Cromwell–Franz Josef durch Wanaka, aber nicht auf der Fahrt von Queenstown nach Christchurch (Zustieg in Cromwell oder Tarras möglich, für $90 mit dem Taxi zu erreichen).

Busse nach:
CHRISTCHURCH 3x tgl., 7–8 Std.;
CROMWELL 5x tgl., 3/4–1 Std.;
DUNEDIN 2–3x tgl., 4–4 1/2 Std.;
FRANZ JOSEF GLACIER 1–2x tgl., 7 Std.;
QUEENSTOWN 10x tgl., 1 1/2 Std.

Flüge

Der Flughafen von Wanaka liegt etwa 9 km östlich des Zentrums am SH6. Ankommende Flüge werden von den Bussen von Alpine Coachlines, 📞 0800 754 926, erwartet; die Fahrt in die Stadt kostet $15.
Flüge mit Air New Zealand nach CHRISTCHURCH 1x tgl., 1 Std.

CENTRAL OTAGO

Den SH8 am Clutha River entlang

Der Lake Wanaka speist den **Clutha River**, den wasserreichsten und zweitlängsten Fluss Neuseelands – die Mündung in Balclutha südlich von Dunedin liegt 338 km von der Quelle des Flusses entfernt. Unterwegs, in Clyde und Roxburgh, blockieren große Staudämme den Fluss. Der SH8, die schnellste Verbindung von Queenstown zur Küste, zwängt sich zwischen die Old Man Range im Osten und die Knobby Range im Westen.

Um den Mittellauf des Clutha River, südöstlich von Queenstown und Wanaka, breitet sich eine geschichtsträchtige karge Hügellandschaft mit zahlreichen Zeugnissen der **Goldgräberzeit** der 1860er-Jahre aus.

Die meisten Boomtowns fristeten Anfang des 20. Jhs. nur noch ein kümmerliches Dasein. Einige wenige hielten sich jedoch mit **Obstbau** über Wasser; später kam der Weinanbau hinzu, der sich heute immer weiter ausbreitet. Mittlerweile werden hier einzigartige Weine kreiert, und mit dem **Wein** kamen die Restaurants, sodass die Region heute auch bei **Gourmets** beliebt ist. Das Angebot an Aktivitäten verblasst zwar im Vergleich zu Queenstown und Wanaka, doch das Gebiet ist dank einiger toller geführter Touren auch ein echtes Paradies für **Mountainbiker**.

Die Rekonstruktion einer Boomtown des 19. Jhs. in **Cromwell**, 50 km östlich von Queenstown, vermag die Aufmerksamkeit wahrscheinlich nicht lange zu fesseln, aber der Ort ist ein guter Ausgangspunkt für einen Abstecher in die ehemalige Goldgräbersiedlung **Bendigo** und die Weingüter um **Bannockburn**. Die beiden Orte **Clyde** und **Alexandra** haben sich als Ausgangspunkte für die beliebten Otago Central Rail Trail etabliert, und **Lawrence** vermarktet seine Rolle als Ort, an dem der Goldrausch seinen Anfang nahm.

Der SH8 folgt dem Lauf des Clutha mehr oder weniger unmittelbar; in der Regel verkehren täglich vier Busse auf der Strecke zwischen Dunedin und Queenstown.

Cromwell

Cromwell, eine ziemlich nichtssagende Versorgungsstadt 60 km östlich von Queenstown, versucht sein Goldgräbererbe möglichst umfassend auszuschlachten und den Wein- und Restaurantboom der Region für sich zu nutzen. Leider liegt fast der gesamte historische Kern von Cromwell auf dem Grund des **Lake Dunstan** – durch den 20 km flussabwärts gelegenen Clyde-Stausee (S.817) verschwand er unter den Wassermassen. Aber das Umland der Stadt mit seinen hervorragenden Weingütern, Obstplantagen und alten Goldfeldern erobert sich allmählich einen Platz auf der Touristenkarte.

Cromwell liegt zwar nur 120 km von der Küste entfernt – doch in Neuseeland ist dies die größtmögliche Entfernung zum Meer, die sich erreichen lässt. Deshalb kann die Region eine Art Kontinentalklima vorweisen, das sich wunderbar für den Obstanbau eignet. Auf die Bedeutung des Anbaus von Nektarinen, Pfirsichen, Äpfeln und Birnen weist auch eine 13 m hohe **Obstskulptur** am Highway hin, heute haben jedoch Kirschen und Weintrauben einen größeren Stellenwert.

Geschichte

Kurz nachdem Hartley und Reilly (S. 762) 1862 **Gold** am Ufer des Clutha River entdeckten, entstand am Zusammenfluss von Kawarau und Clutha eine Siedlung namens The Junction. Verarmte Goldsucher pflanzten hier die ersten **Obstbäume** der Region, nicht ahnend, dass Cromwell das Zentrum eines Steinobstanbaugebiets werden würde.

Old Cromwell Town
Melmore Terrace

Old Cromwell Town ist ein kurzer Straßenzug historischer Häuser am Lake Dunstan. Einige von Überflutung bedrohte Häuser wurden Stein für Stein abgetragen und später hier wieder aufgebaut. Diese Häuser beherbergen jetzt Souvenirgeschäfte, Delikatessenläden und Cafés.

Goldfields Mining Centre
SH6, 7 km westl. von Cromwell ▪ ⏰ tgl. 9–17.30 Uhr; Führungen zur vollen Stunde ▪ Eintritt $20, Führung $25 ▪ ✆ 0800 111 038, 💻 goldfieldsmining.co.nz

Eine Fußgängerbrücke führt hinüber zum **Gold-fields Mining Centre**, einer alten Goldgräbermine an einem Hang oberhalb des Kawarau River mit allerlei Hütten, Wasserrinnen und rostigen Gerätschaften. Am interessantesten ist aber das chinesische Dorf, das ironischerweise erst in den 1990er-Jahren als Filmkulisse entstand. Wer möchte, kann innerhalb von rund einer Stunde mit einer Karte ausgestattet alles auf eigene Faust erkunden, informativer sind allerdings die 50-minütigen **Führungen**. Außerdem gibt es hier das Restaurant Wild Earth sowie die Möglichkeit, Wein zu verkosten (s. unten).

Von hier werden auch **Jetbootfahrten** angeboten: Goldfields Jet, ☎ 03 445 1038, 🖥 goldfieldsjet.co.nz, bietet bei entsprechender Nachfrage Spritztouren auf dem Kawarau bis zum Fuß der Staircase-Stromschnellen (40 Min., $90).

ÜBERNACHTUNG

Burn Cottage Retreat, 168 Burn Cottage Rd, 3 km nördlich des Orts, ☎ 03 445 3050, 🖥 burncottageretreat.co.nz. 3 sehr gute Selbstversorger-Cottages plus 1 B&B-Zimmer inmitten von Weingärten und einem Funkiengarten. Die Cottages mit sonniger Terrasse und Grill. B&B $165, Cottages $185

Cromwell Top 10 Holiday Park, 1 Alpha St, ☎ 0800 107 275, 🖥 cromwellholidaypark. co.nz. Großer Platz am Ortsrand mit Whirlpool, Fernsehzimmer und Kinderspielplatz. Stellplatz $40, Cabins $75, mit Bad $100, Motel Units $135

Rosewood Accommodation, 102 Barry Ave, ☎ 03 445 1260, 🖥 rosewoodcromwell.co.nz. Das neue Management möchte die große und etwas abgewohnte ehemalige Sammelunterkunft für Arbeiter in einen guten Campingplatz mit Hostel verwandeln. Keine Dorms, nur DZ und 2BZ. Schon jetzt beliebt bei Erntehelfern. Fahrräder $10/Tag. Camping $15, DZ $62

ESSEN

A Drop of Red, SH6, 4 km südwestlich des Orts, ☎ 03 445 4151, 🖥 adropofred.com. Wunderbar relaxtes Café und Bistro mit 300 Weinen von 74 Weingütern in Central Otago. Es sind immer interessante Weine, die per Glas ausgeschenkt werden, im Angebot, und wenn man zwei Gläser bestellt, wird gerne

jede Flasche geöffnet. Zur Stärkung gibt's Croque Monsieur ($16), mediterranen Salat ($15) und amerikanischen Rindfleisch-*Sloppy Joe* ($19). ⏲ Di–So 11.30–17.30 Uhr sowie abends, falls Reservierungen vorliegen.

Grain & Seed Café, Melmore Terrace, Old Cromwell Town, ☎ 03 445 1077. In einem alten Getreidespeicher am Lake Dunstan. Guter Kaffee und leichte Gerichte (Schinken-Salat-Tomaten-Sandwich $12). Kostenloses WLAN. ⏲ tgl. 9–17 Uhr.

Jones' Fruit Orchards, SH6, 5 km westlich des Orts, ☎ 03 445 0275, 🖥 mrsjonesorchard. co.nz. Das halbe Dutzend Obststände rund um Cromwell wird auch gern von Tourbussen angesteuert, besonders jedoch dieser mit jeder Menge frischem und getrocknetem Obst und wundervollem Fruchteis, das man am besten im benachbarten Rosengarten genießt. ⏲ tgl. 8–17 Uhr oder später.

Weingüter

Northburn Station, 45 Northburn Station Rd, abseits des SH8, 4 km nördlich des Orts, ☎ 03 445 1743, 🖥 northburn.co. nz. Tolles Winzerrestaurant mit hübschem Garten auf einer Schaffarm, die auch Merinowolle für das neuseeländische Outdoorlabel Icebreaker produziert. Ausgezeichnet sind die Platten mit Pasteten, Würzsaucen, Käse, Lachs und Brot ($25 p. P.) und der mediterrane Lammsalat ($23); dazu werden eigene Weine kredenzt. Weinprobe $5. ⏲ tgl. 10.30–16.30 Uhr.

Wild Earth Restaurant, Goldfields Mining Centre, ☎ 03 445 4841. Über die Fußgängerbrücke über den Kawarau erreicht man die Probierstube für die sehr guten Wild-Earth-Weine, besonders den Pinot Noir. Auf dem Rasen am Fluss werden zu den Weinen passende Gerichte serviert wie Muscheln in Halbschale ($15), in Tequila gepökelter Lachs ($16) oder gegrilltes Halloumi mit Aubergine ($16). ⏲ tgl. 10–17 Uhr.

Wooing Tree, 7 Westmorland Place, ☎ 03 445 4142, 🖥 wooingtree.co.nz. Kleiner Familienbetrieb mitten in Cromwell, in dem alles per Hand erledigt wird. Eine Weinprobe kostet $5; besonders empfehlenswert sind der Pinot Noir, die gut zu einem Mittagessen passenden

Rosés sowie Blondie, ein ungewöhnlicher Blanc de Noir aus Pinot-Noir-Trauben. ⊙ tgl. 10–17 Uhr.

INFORMATIONEN

i-SITE Visitor Centre, 47 The Mall, ℘ 03 445 0212, ⌨ centralotagonz.com. Hat unter anderem die kostenlosen Broschüren *Discover Cromwell* und *Walk Cromwell*. Auch beherbergt es ein kleines **Museum** zur Goldgräbergeschichte. ⊙ Nov–März tgl. 9–18, April–Okt 9–17 Uhr. Das Visitor Centre soll neben die Obstskulptur an der Murray Terrace umziehen, das Museum aber an alter Stelle verbleiben.

TRANSPORT

Cromwell dient als Knotenpunkt für die **Busse** von Intercity/Newmans, Wanaka Connexions, Atomic, NakedBus, Southern Link und Catch-A-Bus. Die Busse halten an der Lode Lane, in unmittelbarer Nähe zu The Mall. Eventuell muss man hier umsteigen.

Busse nach:
ALEXANDRA 4x tgl., 30 Min.;
DUNEDIN 4x tgl., 3 1/2 Std.;
LAWRENCE 4x tgl., 2 Std.;
QUEENSTOWN 7x tgl., 1 Std.;
WANAKA 5x tgl., 3/4 Std.

Bannockburn

In ganz Central Otago finden sich abgelegene, verfallene Siedlungen und Goldwaschanlagen, z. B. im Nevis Valley und in Bendigo (Informationen vor Ort). Die umfassendsten Goldwaschanlagen findet man jedoch im winzigen **Bannockburn** 9 km südwestlich von Cromwell, das heute allerdings mehr für seine Weingüter bekannt ist.

Bannockburn Sluicings

Felton Rd ▪ ⊙ frei zugänglich ▪ Eintritt frei

Ausgerüstet mit der Broschüre *Walk Cromwell* lässt sich eine Erkundung der **Bannockburn Sluicings** unternehmen. In dieser narben-

übersäten Landschaft durchpflügten einst 2000 Glücksritter jeden Zentimeter Boden nach dem kostbaren Metall. Ein 2-stündiger Rundgang über das Gelände, auf dem zahlreiche Schautafeln die nötigen Hintergrundinformationen liefern, beginnt 1,5 km außerhalb des Weilers in der Felton Road.

Weingüter

Da Ausflüge zu den Goldfeldern im Allgemeinen durstig machen, sollte man sich die Gelegenheit nicht entgehen lassen, einige der Weingüter von Bannockburn zu besuchen. An den warmen Nordhängen um die Goldfelder werden seit den frühen 90er-Jahren Weinstöcke angebaut, aus deren Trauben – vornehmlich Pinot Noir und Pinot Gris – einige der besten Tropfen Neuseelands entstehen. Insgesamt laden fast ein Dutzend **Weingüter** zu Proben ein, die alle auf der kostenlosen *Central Otago Wine Map* verzeichnet sind. Im Winter sollte man seinen Besuch telefonisch ankündigen. Wer sich lieber einer organisierten **Weintour** anschließen möchte, wendet sich an Appellation Central Wine Tours in Queenstown (S. 779).

ESSEN

Carrick, 247 Cairnmuir Rd, ℘ 03 445 3480, ⌨ carrick.co.nz. Das Bio-Weingut am Bannockburn Inlet eignet sich toll für eine Probe der ausgezeichneten Weine ($5) oder ein Mittagessen mit z. B. in der Pfanne scharf angebratener Entenleber auf gerösteten Nektarinen, Walnüssen und Chicorée ($19). Sehr guter Pinot Noir sowie Chardonnay, Riesling, Pinot Gris und sogar – ungewöhnlich für diese südliche Lage – Sauvignon Blanc. ⊙ tgl. 11–17 Uhr.

Mount Difficulty, 73 Felton Rd, ℘ 03 445 3445, ⌨ mtdifficulty.co.nz. Tolle Weine und der ideale Ort, um sie zu probieren, entweder beim Weinkeller oder im Restaurant mit Blick auf die Rebstöcke und die Goldgräberrelikte. Dazu gibt's diverse Platten ($28 und $50) und Hauptgerichte wie Schweinebauch auf einem Salat mit Kichererbsen, Aubergine und Koriander ($30). ⊙ Weinproben tgl. 10.30–16.30, Restaurant tgl. 12–15 Uhr.

CENTRAL OTAGO

Clyde

Südöstlich von Cromwell führt der SH8 rund 20 km durch die windige **Cromwell Gorge** und am Ufer des Lake Dunstan entlang ins beschauliche **Clyde**. Die ehemalige Goldgräberstadt wartet mit guten Unterkünften und Restaurants auf und eignet sich gut als Basis für Erkundungstouren in die Umgebung und auf dem Otago Central Rail Trail (Kasten S. 820).

Seit Mitte der 80er-Jahre des 20. Jhs. wird die Stadt von dem gewaltigen **Clyde Dam** 1 km nördlich beherrscht. Sein Wasser garantiert das Überleben der umliegenden Obstplantagen, und das dazugehörige Kraftwerk deckt 5 % des neuseeländischen Strombedarfs. Der Bau des Staudamms war ursprünglich sehr umstritten, gilt aber als technische Meisterleistung, v. a. wegen seiner speziellen Vorrichtungen zum Schutz vor Erdbeben.

Die übrigen Sehenswürdigkeiten beschränken sich auf das **Clyde Museum**, 5 Blyth St, Di–So 14–16 Uhr (Eintritt $3), und das **Herb Factory Museum**, 10 Fache St, die erste Kräuterfabrik Neuseelands, Di–So 14–16 Uhr (ebenfalls $3, Kombiticket mit dem Clyde Museum $5).

Clyde Holiday and Sporting Complex, Whitby St, ✆ 03 449 2713, ✉ crrc@ihug.co.nz. Einfacher Campingplatz an einem Sportplatz mit Selbstversorger-Cabins, On-site-Caravans und Pool. Camping $18, Cabins $45

Dunstan House, 29 Sunderland St, ✆ 03 449 2295, 🖥 dunstanhouse.co.nz. Nobles B&B mit viel Flair in einer alten Kutschenstation. Die Zimmer (einige mit Bad) sind fantasievoll eingerichtet und haben zum Teil Zugang zur umlaufenden Veranda im 1. Stock. Außerdem stehen jede Menge Unterstellplätze für Fahrräder und in der Lounge ein Klavier zur Verfügung. Zimmer ohne Bad $120, mit Bad $160

Olivers, 34 Sutherland St, ✆ 03 449 2600, 🖥 oliverscentralotago.co.nz. Wunderschön umgebautes Haus mit 11 Zimmern im Herzen von Clyde. 5 Zimmer, alle völlig unterschiedlich, befinden sich in den alten Stallungen und bieten eine tolle Balance zwischen alter Einrichtung und modernem Komfort. Besonders ansprechend sind die 5 großzügigen Premium-Zimmer (einige im Haus, andere in den Stallungen). Ein fabelhaftes warmes Frühstück ist inbegriffen. $195, Premium $315

The Bank Café, 31 Sunderland St, ✆ 03 449 2955. Freundliches Café im Zentrum mit exzellentem Kaffee, *eggs Benedict* ($14) und mit Pesto-Huhn gefüllter Pita-Tasche mit Salat ($14). ⏲ tgl. 9–16 Uhr.

The Packing Shed, 68 Boulton Rd, Earnscleugh, 4 km südlich der Ortsmitte, ✆ 03 449 2757. Halbformelles Café in einem großen Garten mit köstlichem Mittagessen für unter $20; zu erreichen über die Brücke gegenüber vom Post Office Café und dann die Earnscleugh Road entlang. ⏲ Okt–März Do–So 10–16 Uhr.

Post Office Café & Bar, 2 Blyth St, ✆ 03 449 2488. Im alten Postamt von 1865 gibt es in der Bar köstliches Post Office Dark Ale, am schönsten ist jedoch der friedvolle Garten, in dem man herzhafte Gerichte wie Nachos ($11) oder eine Crêpe mit Lammfilet und Gemüse ($31) verspeisen kann. ⏲ tgl. 10–22 Uhr.

Auf Wunsch halten **Busse** in Clyde und lassen ihre Passagiere in der Hauptstraße, der Sunderland Street, aus- oder einsteigen.

Alexandra

Ein riesiges weißes Ziffernblatt – selbst aus 5 km Entfernung zu erkennen – schmückt die Felskulisse hinter **Alexandra**, von Einheimischen liebevoll Alex genannt. Der 10 km südöstlich von Clyde gelegene Ort verdankt seine Entstehung dem Goldrausch von 1862 und erlebte vier bombastische Jahre, ehe es sich in ein beschauliches und wohlhabendes Versorgungszentrum für die Menschen im Obstanbaugebiet von Central Otago verwandelte. Im Sommer werden an Obstständen köstliche Aprikosen, Pfirsiche und Nektarinen verkauft, im Dezember und Januar Kirschen.

CENTRAL OTAGO

Central Stories

21 Centennial Ave ▪ ⏰ tgl. 9–17 Uhr ▪ Spende
▪ ✆ 03 448 6230, 🖵 centralstories.co.nz
Ein großes Wasserrad markiert das faszinierende **Central Stories**, das Exponate zur Natur- und Sozialgeschichte der Region zeigt, u. a. zum Weinanbau im südlichsten Anbaugebiet der Welt.

Shaky Bridge

In den Anfangsjahren musste der Manuherikia River mit einem Kahn überquert werden. Seit 1879 gibt es die **Shaky Bridge**, eine Hängebrücke nur für Fußgänger. Über diese Brücke gelangt man zum Shaky Bridge Café (s. „Essen") und zu einem **Aussichtspunkt** (2 km einfach, 40 Min.) auf dem Tucker Hill, wo sich ein herrlicher Blick über die ganze Gegend eröffnet.

117 Avenue Motels, 117 Centennial Ave, ✆ 0800 758 899, 🖵 avenue-motel.co.nz. Sehr behagliches, zentral gelegenes Motel mit geschmackvoll eingerichteten Units und Suiten (einige mit Whirlpool und Xbox). Units $125, Suiten $145

Marj's Place, 5 Theyers St, 1 km nordwestlich des Orts, ✆ 03 448 7098, 🖵 marjsplace.co.nz. Sehr einladendes Hostel mit Homestay in 2 Häusern in einer ruhigen Straße. Homestay-Zimmer mit Gemeinschaftsbad, dafür aber mit Zugang zu Sauna und Whirlpool sowie einer gut ausgestatteten Küche. Die meisten Backpacker nächtigen auf der anderen Straßenseite; gute Ermäßigungen für längere Aufenthalte, z. B. zur Obsternte. Dorms $25, DZ $70

Courthouse Café, 8 Centennial Ave, ✆ 03 448 7818. Im alten Gerichtsgebäude von Alexandra von 1878; köstliches Essen, darunter Gemüselasagne mit tollem Salat ($12). Alkoholausschank. ⏰ Mo–Sa 7.30–16.30 Uhr.

Golden Cobweb, 55 Tarbert St, ✆ 03 448 8891. Chinesischer Imbiss, toll für preisgünstigen Sandbarsch mit Pommes für unter $10. ⏰ tgl. 18–22 Uhr.

Shaky Bridge Café, Graveyard Gully Rd, ✆ 03 448 5111, 🖵 williamhill.co.nz/cafe.html.

Auf lockere Art edles Café mit gutem Kaffee, leckeren Mittags- und Abendgerichten und Weinen vom benachbarten Gut. ⏰ Mo–Fr 9–16, Sa und So 9–17 Uhr.

Altitude Adventures, 88 Centennial Ave, ✆ 03 448 8917, 🖵 altitudeadventures.co.nz. Die zahlreichen baumlosen Hügel in der Umgebung eignen sich ausgezeichnet zum Mountainbiking, und leichtere Touren führen über den Clutha Gold Trail, der schließlich bis nach Lawrence führen soll. Der Anbieter verleiht Mountainbikes (ab $35 pro Tag) und organisiert alles Nötige für eine Radtour auf eigene Faust auf dem Otago Central Rail Trail (Kasten S. 820). Außerdem werden geführte Singletrail-Touren angeboten, für die mittelgute oder noch bessere Fertigkeiten erforderlich sind. Am besten ist wohl die Halbtagestour Knobby Range ($175) über Tussock-Grasland und steile felsige Trails. ⏰ Mo–Fr 9–17 Uhr.

i-SITE Visitor Centre, 21 Centennial Ave, im Central Stories, ✆ 03 448 9515, 🖵 centralotagonz.com, ⏰ Nov–Ostern tgl. 9–18, Ostern–Okt 9–17 Uhr.

InterCity, **Atomic** und **Wanaka Connexions** halten vor dem i-SITE Visitor Centre. **Catch-A-Bus** holt Fahrgäste ab, wo sie möchten.

Busse nach:
DUNEDIN 4x tgl., 3 Std.;
LAWRENCE 4x tgl., 1 1/4 Std.;
QUEENSTOWN 4x tgl., 1 1/2 Std.;
RANFURLY 1–2x tgl., 1 Std.

Roxburgh

40 km südlich von Alexandra liegt umrahmt von riesigen Obstplantagen die langweilige ehemalige Goldgräbersiedlung **Roxburgh**. Auf den Plantagen gedeihen Pfirsiche, Aprikosen, Äpfel, Himbeeren und Erdbeeren, die von Saisonarbeitern abgeerntet werden; das überschüssige Obst

gibt es von Anfang Dezember bis in den Mai hinein an zahllosen Straßenständen zu kaufen.

Eine Übernachtungsmöglichkeit bietet in friedvoller Lage die freundliche Lake Roxburgh Lodge, SH8, 8 km nördlich von Roxburgh, ☎ 03 446 8220, 🖥 lakeroxburghlodge.co.nz, mit wunderbaren Zimmern mit eigener Terrasse sowie einem exzellenten Restaurant sowie Fahrrad- und Kajakverleih (je $30/halber Tag). ⏱ Restaurant tgl. 8–10, 11–15 und 18–21 Uhr.

Schon seit 1960 stellt Jimmy's Pies, 143 Scotland St, ☎ 03 446 8596, Pasteten her, die man auf der ganzen Südinsel findet; die Gourmetversionen ($4,50–6) mit Füllungen wie Lamm oder Wild und Roten Johannisbeeren bekommt man allerdings nur hier. Auch Sandwiches, Kuchen und Kaffee zum Mitnehmen. ⏱ Mo–Fr 7.30–17 Uhr.

Lawrence

Von Roxburgh führt der SH8 ins 60 km östlich gelegene **Lawrence**. Es ist kaum zu glauben, dass dieses verschlafene Bauerndorf mit kaum 550 Einwohnern ab 1861, als der Australier Gabriel Read hier Gold fand, im Brennpunkt frenetischer Aktivitäten stand. 12 000 Goldschürfer versuchten ihr Glück im Gabriel's Gully. Von dem kurzlebigen Boom – er dauerte nur ein knappes Jahr – zeugen noch ein paar viktorianische Gebäude, die hastig aus verschiedenen Materialien und in unterschiedlichen Stilen errichtet wurden. Einige davon beherbergen mittlerweile edle **Galerien**.

Das kombinierte **Visitor Centre** und **Goldfields Museum**, 17 Ross Place, ☎ 03 485 9222, 🖥 lawrence.co.nz, vermittelt mit seiner anschaulichen Ausstellung das Lebensgefühl der turbulenten Zeit des Goldrausches; außerdem kostenloses WLAN. ⏱ Mo–Fr 9.30–16.30 Uhr.

Gabriel's Gully Historic Reserve

3,5 km auf der Gabriel's Gully Rd Richtung Norden
▪ ⏱ frei zugänglich ▪ Eintritt frei
Nördlich von Lawrence erläutern Hinweistafeln die Funktion der Goldschürfanlagen, für deren Erkundung etwa eine Stunde zu veranschlagen ist. Einen guten Überblick über die mittlerweile mit Abfallerz aufgefüllte Schlucht bekommt man, wenn man den steilen Hang **Jacob's Ladder**

hinaufsteigt. Gabriel's Gully ist auch vom Ort aus auf einer Rundwanderung (8,5 km Rundweg, 2 1/2 Std.) über Farmland zu erreichen.

TRANSPORT

InterCity, **Atomic** und **Wanaka Connexions** halten in der Ortsmitte.

Busse nach:
ALEXANDRA 4x tgl., 1 1/4 Std.;
CROMWELL 4x tgl., 2 Std.;
DUNEDIN 4x tgl., 1 1/4 Std.

Das Maniototo

Die interessanteste Strecke von Alexandra zur Ostküste führt über das Maniototo, ein Sammelbegriff für die drei Täler des Manuherikia River, Ida Burn und Taieri River und die sie trennenden, niedrigen Gebirgszüge. Obwohl das Maniototo leicht erreichbar ist, macht die Region einen gottverlassenen Eindruck.

Die Hauptattraktion der Region ist der **Otago Central Rail Trail** (Kasten S. 820), aber auch die alten Goldgräbersiedlungen wie **St Bathans** und **Naseby** sind sicher einen kurzen Besuch wert. Noch interessanter sind vielleicht die kleineren Hinterlassenschaften der Goldgräberzeit wie das Postamt in **Ophir** und die Goldwaschanlagen im **Ida Valley**. Zwischen diesen Ortschaften kommt man an Dutzenden kleiner, überwiegend leer stehender Cottages vorbei – ein Zeichen dafür, wie schwierig es ist, in dieser Gegend seinen Lebensunterhalt zu verdienen.

Geschichte

Wie nicht anders zu erwarten, war es auch hier die Hoffnung auf Gold, die die ersten Europäer anlockte. Ihre Suche wurde in der Nähe von Naseby belohnt, aber die Ausbeute nahm schnell ab und bald erwies sich die Landwirtschaft als profitabler – erst recht, als sich die **Eisenbahnbauer** entschieden, die Schienenstrecke von Dunedin nach Alexandra durch die Taieri Gorge und das Maniototo zu führen. 1898 erreichte die Bahnlinie **Ranfurly**, das Naseby schnell als Verwaltungszentrum ablöste. Mit der

CENTRAL OTAGO

Stilllegung der Bahnstrecke 1990 geriet die Region weiter ins Abseits; wiederbelebt wurde das Maniototo erst durch den **Otago Central Rail Trail**. In den vergangenen Jahren haben sich Umweltschützer für den Erhalt der Landschaft eingesetzt, die durch das groß angelegte **Project Hayes** bedroht war: Hier sollte Neuseelands größter Windpark entstehen. 2012 zog der Stromerzeuger Meridian Energy seine Pläne zurück.

Transport

Da im Maniototo nur sehr begrenzt öffentliche Verkehrsmittel verkehren, ist man hier am besten mit dem Auto oder dem Fahrrad unterwegs. **Taieri Gorge Railway** (Kasten S. 677) fährt täglich von Dunedin zum Otago Rail Trail, freitags und sonntags bis Middlemarch, ansonsten nur bis Pukerangi, sodass man die 18 km bis Middlemarch auf der Straße radeln muss. **Catch-A-Bus**, ☎ 03 449 2024, 🖥 trailjourneys.co.nz, fährt (Mo–Fr und So, im Hochsommer auch Sa) von Dunedin nach Cromwell, dann zurück mit Stopps in Middlemarch, Ranfurly, Alexandra, Clyde und Cromwell; am Freitag und Sonntag fahren die Busse weiter nach Wanaka. **Dunedin Connexions**, ☎ 03 443 9120, 🖥 alpinecoachlines. co.nz, holt Fahrgäste am Zug in Pukerangi oder Middlemarch ab und fährt durch das Maniototo nach Wanaka und Queenstown, jedoch nur, wenn es Buchungen gibt.

Omakau und Ophir

Wer Alexandra in nordöstlicher Richtung verlässt, gelangt bald in die Hochebene. Nach 25 km führt die Ophir Bridge Road über eine nette kleine Hängebrücke über dem Manuherikia River und erreicht nach einem weiteren Kilometer **Ophir**, die ursprüngliche Goldgräbersiedlung der Gegend. Ophir verfügt auch heute noch über das beeindruckende **Post & Telegraph Office** von 1886 (⊕ Mo–Fr 9–12 Uhr). Das 2 km nördlich gelegene **Omakau** bietet einfache Serviceeinrichtungen.

Flannery Lodge, 1 MacDonald St, Ophir, ☎ 03 447 3222, 🖥 ophir.co.nz. Hostel mit gehobener Qualität in sehr friedlicher Lage. 5-Bett-Dorms und DZ mit Bad in hübschen Cottages. Camping $25, Dorms $44, DZ $125
Muddy Creek Café, 2 Harvey St, Omakau, ☎ 03 447 3344. Gutes entspanntes Café mit Fish 'n' Chips ($15), Kürbis-Lasagne ($13), Kaffee und Kuchen sowie Burgern und getoasteten Sandwiches zum Mitnehmen. ⊕ Mo–Do 9–19, Fr und Sa 8.30–20, So 10–20 Uhr.

Ida Valley

Der SH85 führt am Ida Valley vorbei, doch es lohnt sich ein Abstecher nach Omakau, um von dort einige der interessantesten historischen Stätten des Maniototo zu erkunden.

Hervorragenden Kaffee und große Stücke Möhrenkuchen gibt's im besten Café der Region, der **Ida Valley Kitchen**, 3407 Ida Valley Rd, ☎ 03 444 5030. Snacks und Gerichte wie den *chicken wrap* ($14) kann man im schicken Café oder sonnigen Garten zu sich nehmen. ⊕ Sep–Mai tgl. 9–16 Uhr.

Hayes Engineering Works

Hayes Rd, Oturehua ▪ ⊕ Sep–Mai tgl. 9–17, Aug Sa und So 9–17 Uhr ▪ Eintritt $9, Führungen für Gruppen ab 12 Pers. n. V., $12 ▪ ☎ 03 444 5801, 🖥 hayesengineering.co.nz
Auf der ganzen Welt werden Drahtzäune immer noch mit den Vorrichtungen gespannt, die

Eine der schönsten Möglichkeiten, das Maniototo zu erkunden, bietet der Otago Central Rail Trail. Die größtenteils flache, 150 km lange Strecke zwischen Clyde und Middlemarch führt mit Ausnahme von St Bathans und Naseby durch alle historisch bedeutenden Ortschaften und kann sowohl per Rad als auch zu Fuß oder sogar auf dem Pferderücken erkundet werden. Sie folgt dem Verlauf der ehemaligen **Otago Central Branch Railway**, führt über umgebaute Eisenbahnbrücken und Viadukte (einige davon mehr als 100 m lang) und passiert wunderschöne Täler und landwirtschaftlich genutzte Ebenen.

Noch bis 1990 ratterten Passagierzüge durch das Maniototo. Seit Eröffnung des Trails Anfang 2000 hat die bislang strukturschwache Region einen ziemlichen Aufschwung erfahren, und entlang der Strecke entstanden alle Arten von Unterkünften sowie Pubs und Cafés, die zu einer Rast einladen.

Da die Strecke größtenteils aus festem Lehm- und Schotterbelag besteht, können Räder fast jeglichen Typs eingesetzt werden, wobei ein **Mountainbike** mit breiteren Reifen am bequemsten ist. Die Radtour lässt sich gut mit einer Bahnfahrt per **Taieri Gorge Railway** verbinden und so zu einer schönen Tour zwischen Clyde und Dunedin ausdehnen. Für die gesamte Radroute werden in der Regel 3 Tage benötigt.

Informationen

Eine Beschreibung der Strecke findet sich in der überall erhältlichen, kostenlosen Broschüre *Otago Central Rail Trail*. Brian und Diane Millers *Otago Central Rail Trail* ($15) ist ein toller Reisebegleiter im Taschenbuchformat mit Höhenprofilen. Mit historischen und anderen Hintergrundinformationen wartet zusätzlich Gerald Cunninghams *Guide to the Otago Central Rail Trail* ($31) auf. Die umfassendsten Infos bietet die Website 🖳 otagocentralrailtrail.co.nz; gute praktische Informationen bieten außerdem die kommerziellen Seiten 🖳 otagorailtrail.co.nz und 🖳 railtrail.co.nz.

Fahrradverleih und Tourenpakete

Für den Rail Trail gibt es zahlreiche Angebote, von einfachem Fahrradverleih bis hin zu Paketen mit Unterkunft, Transfers und Gepäcktransport.

Altitude Adventures, 88 Centennial Ave, Alexandra, ✆ 03 448 8917, 🖳 altitudeadventures.co.nz. Bietet ein eintägiges, 47 km langes Highlights-Paket mit Transport und Radverleih ($89), ein 4-Tages-Arrangement mit B&B-Übernachtung ($680) und verschiedene weitere Pakete.

Cycle Surgery, Middlemarch, ✆ 0800 292 534, 🖳 cyclesurgery.co.nz. Bietet Fahrradverleih ($35/Tag, Tandems $70, Radtaschen $5), Minibus-Shuttles und maßgeschneiderte Pakete mit Taieri-Gorge-Tickets, Unterkünften, Gepäcktransport und Mahlzeiten, alles für unterschiedlich gefüllte Geldbeutel.

Trail Journeys, Clyde, ✆ 0800 RAIL TRAIL, 🖳 trailjourneys.co.nz. Trips auf eigene Faust (ab $299 für 2 Tage mit Leihrad, Transport, Übernachtung und Gepäcktransfer) sowie Pakete mit Besichtigungen, z. B. eine 5-tägige Rad- und Weintour ab Queenstown ($1795).

einst Ernest Hayes 1906 in den **Hayes Engineering Works** erfand. Heute scheint in der Anlage rund um eine Wellblechwerkstatt die Zeit stehen geblieben zu sein. Alles sieht noch so aus wie 1952, als die Firma nach Christchurch umzog.

Neben der Werkstatt stehen das 1895 aus Lehmziegeln erbaute **Cottage**, in dem die Familie lebte (heute ein kleines Museum und Café), sowie das etwas eigenwillige Haus, das die Familie entwarf und erbaute und immer noch so ausgestattet ist wie in den 1920er-Jahren.

Gilchrist's General Store

3355 Ida Valley Rd, Oturehua ▪ ⏱ Mo–Fr 7.30–17.30, Sa und So 8–17.30 Uhr ▪ Eintritt frei ▪ ✆ 03 444 5808

Dieser Lebensmittelladen von 1929 mit Poststelle, Original-Holzregalen und alten Lebensmitteln ist ein lebendes Museum. Einst bildete der Laden den Mittelpunkt des Tals und hatte sogar zwölf Angestellte, danach ging es bergab, bis das Geschäft kurz vor der Schließung stand. Doch dann wurde es wiederbelebt, und heute kann man hier Pasteten kaufen, im Buchangebot stöbern oder einfach auf ein Schwätzchen hereinkommen.

St Bathans

Der SH85 erreicht nach etwa 60 km in Becks die Abzweigung zur winzigen ehemaligen Goldgräberstadt **St Bathans**, 17 km über die St Bathans Loop Road vom SH85 entfernt. Der Ort erlebte 1863 seine goldene Zeit, doch als in den 30er-Jahren des 20. Jhs. das Gold immer knapper wurde, waren die Boomjahre schnell zu Ende.

Heute ist St Bathans praktisch eine Geisterstadt mit nur sechs ständigen Einwohnern und einer Reihe hübscher Gebäude in der einzigen Straße. Hier steht das 1882 erbaute Vulcan Hotel, Loop Rd, ✆ 03 447 3629, an dessen alter Holztheke die Farmer aus der Umgebung und auswärtige Besucher auf ein Bier zusammenkommen. Mit seiner Gartenbar und dem guten Café/Restaurant – z. B. Schinken-Salat-Tomaten-Sandwich $14, Wild in Portwein mit Cranberry-Sauce $36 – eignet sich der Pub gut für eine Übernachtung, aber Achtung: In Zimmer Nr. 1 soll es spuken! ⏲ Bar/Restaurant tgl. 9–21 oder später. $100

Der landschaftliche Höhepunkt der Gegend ist der **Blue Lake** unmittelbar neben der Stadt, wo sich mineralienreiches Wasser in einem Krater sammelt, der durch die Ausbeutung des einst 120 m hohen Kildare Hill entstand. Ein kurzer Pfad führt vom Hotel zu einer Aussichtsstelle mit Blick über den azurblauen See, heute ein beliebtes Ziel für Wassersportler und zum Picknicken.

Naseby

25 km östlich von St Bathans und 9 km abseits des SH85 schmiegt sich die kleine Siedlung **Naseby** in rund 600 m Höhe an den Rand des Maniototo. Mit 4000 Einwohnern im Jahre 1865 war Naseby einst die größte Goldgräberstadt der Gegend, zählt heute aber nur noch rund 150 Seelen, die in einer Ansammlung kleiner Häuser (viele davon ursprünglich von Minenarbeitern aus sonnengetrockneten Lehmziegeln erbaut) leben und einen Laden, eine Tankstelle, zwei Pubs, ein Café und einen ausgezeichneten Campingplatz betreiben.

Die Geschichte des Ortes wird in zwei winzigen Museen erzählt, beide an der Kreuzung Earne Street und Leven Street gelegen: Das **Maniototo Early Settlers Museum**, ⏲ Dez–April Di–So 13–16 Uhr, Eintritt $2, und das **Jubilee Museum**, ⏲ tgl. 10–17 Uhr, dessen Eintrittskarte ($2 bzw. im Eintritt zum anderen Museum enthalten) man im Gemischtwarenladen auf der gegenüberliegenden Straßenseite bekommt.

Das hiesige **Visitor Centre** befindet sich in der ehemaligen Post, 16 Derwent St, ✆ 03 444 9961. Hier gibt es den Ortsplan A Walk Through History sowie Wanderkarten für den Naseby Forest. ⏲ Weihnachten–Mitte Jan 10–16.30, ansonsten 11–14 Uhr.

Der schönste der drei Wanderwege in der Umgebung ist der **One Tree Hill Track** (1,6 km, 1 Std. hin und zurück), der an der Brooms Street im Zentrum beginnt und sich an honigfarbenen, vom Wasser abgeschliffenen Felsen vorbei die Ostflanke des Hogburn Gully hinaufwindet.

Der nahe **Naseby Forest** umfasst viele tolle Singletrails fürs **Mountainbiking**, meist leicht hügelig ohne echte Anstiege. Mountain Bike Naseby, ✆ 03 444 9555, 🖥 mtbnaseby.co.nz, verleiht Räder (meist Hardtails; halber Tag $40, ganzer Tag $70) und bietet eine Karte der Trails.

Naseby ist die neuseeländische Curling-Hauptstadt. **Curling** wird im Winter traditionell im Freien gespielt, aber hier kann man sein Geschick auch drinnen bei Naseby Curling International, 1057 Channel Rd, ✆ 03 444 9878, 🖥 curling.co.nz, auf die Probe stellen; gewöhnlich sind Informationen über die Regeln erhältlich. ⏲ tgl. 9–17 Uhr, $20/Std.

ÜBERNACHTUNG UND ESSEN

Black Forest Café, 3 Derwent St, ✆ 03 444 7826. Gemütliches Café mit gutem Kaffee und Muffins, tollen Käse-Scones und kleinen

Gerichten wie *eggs Benedict* ($16) und Frittata ($10). Abendessen n. V. ⏲ tgl. 9–16 Uhr.

Larchview Holiday Park, 8 Swimming Dam Rd, ☎ 03 444 9904, ⌨ larchviewholidaypark.co.nz. Hübscher und ruhiger Platz im Wald 5 Fußminuten vom Ort, gegenüber vom beliebten Badesee mit Sprungbrett. Camping $13, Cabins $45, Selbstversorger-Haus $81

Naseby Trail Lodge, Derwent St, Ecke Oughter St, ☎ 03 444 8374, ⌨ nasebylodge.co.nz. Reizende moderne Lodge mit Selbstversorger-Units mit 1 oder 2 Schlafzimmern, gruppiert um das aus Strohballen errichtete, gute Restaurant The Falconer (z. B. Entenbrust mit cremigem Safran-Lauch, $32). ⏲ Restaurant: Weihnachten–April Mo–Sa etwa 18–22, sonst Fr und Sa 18–22 Uhr. $160

Old Doctors Residence, 58 Derwent St, ☎ 03 444 977, ⌨ olddoctorsresidence.co.nz. Ein fabelhaftes B&B, in dem die Gäste auf schönste Weise umsorgt werden; luxuriöse Unterkunft im aus Lehmziegeln erbauten ehemaligen Milchgeschäft oder in der Suite im alten Behandlungsraum und Wartezimmer der Arztpraxis. Gemütliche Gästelounge und jeden Abend Weinproben mit passendem Essen. Auf Wunsch auch üppige Mahlzeiten. $275

Dansey's Pass

Die Kyeburn Diggings Road verlässt Naseby in östlicher Richtung und führt durch eine wildromantische Landschaft über den **Dansey's Pass** nach Duntroon, ca. 65 km von Naseby. Die ersten 16 km bis zu den Kyeburn Diggings sind recht gut zu befahren, aber hinter dem Dansey's Pass Coach Inn ist die Straße schmal und für größere Wohnmobile nicht geeignet. Die Route führt über einen der letzten unberührten, von offenem Tussock-Grasland gesäumten Hochlandpässe im Land. Die Straße ist zwischen Juni und September nach Schneefällen manchmal gesperrt. Autofahrer sollten sich unbedingt vorher in Naseby nach dem aktuellen Zustand erkundigen. Von der Straße aus sind die Überreste alter Goldminen zu sehen.

16 km östlich von Naseby liegt am Wegesrand das reizende **Dansey's Pass Coach Inn**,

Kyeburn Diggings, Naseby, ☎ 03 444 9048, ⌨ danseyspass.co.nz. Das Gasthaus von 1862 mit Wildwestflair ist das einzige Relikt einer einst blühenden Goldgräberstadt mit 2000 Einwohnern; heute gibt es hier gutes Bier sowie im Wintergarten-Restaurant Mittagessen (z. B. gegrillten Lachs auf Kartoffelküchlein, $18) und Abendessen wie Lammrücken mit marokkanischem Chutney ($28). Die 19 Zimmer sind im viktorianischen Stil gehalten, und es gibt kostenloses WLAN. ⏲ tgl. 8–22 Uhr oder später. DZ $140, mit Bad $160

Ranfurly

Ranfurly ist die größte Siedlung des Maniototo – auch wenn das nicht viel heißen mag. Seit Eröffnung des Rail Trail genießt der überschaubare Ort einen verstärkten Zulauf und vermarktet sich selbst als Neuseelands Zentrum für **Rural Art Deco**. Beachtenswert ist jedoch lediglich eine Handvoll Gebäude wie das **Runfurly Lion Hotel** und die Firma **Runfurly Auto Repairs** mit ein paar Art-déco-Merkmalen; an den meisten anderen Gebäuden hingegen wurde viel mit Farbe und auf Alt getrimmten Schildern nachgeholfen. Aber der Ort macht das Beste aus dem Vorhandenen, besonders während des **Rural Art Deco Weekend** Ende Februar.

Art Deco Gallery
1 Charlemont St East ■ ⏲ Di–So 13–15.30 Uhr ■ $2 Spende

Das schönste historische Gebäude der Stadt beherbergt die **Art Deco Gallery** mit jeder Menge Art-déco-Mobiliar, aber die eigentliche Attraktion ist das Gebäude selbst, die Centennial Milk Bar von 1948.

E-Central Café, 14 Charlemont St East, ☎ 03 444 8300. Recht gutes Tagescafé mit speziellem Radler-Frühstück, gutem Kaffee und einer Auswahl kleiner Gerichte wie dem Pastagericht des Tages ($12). ⏲ tgl. 9–15.30 Uhr.

Komako, 634 Waipiata–Naseby Rd, 3 km südlich der Stadt, ☎ 03 444 9324, ⌨ komako.net.nz. 3 wunderschöne Cabins direkt am Rail Trail mit

CENTRAL OTAGO

tollem Ausblick. Pauschalangebote mit Übernachtung und Dinner, z. B. mit Gegrilltem oder einem Braten. $120

Old Post Office Backpackers, 11 Pery St, ☎ 03 444 9588, 🖥 oldpobackpackers.co.nz. Zentral gelegenes Hostel mit 20 Betten in verschiedenen Zimmern und 4- und 5-Bett-Dorms. Kleines Frühstück ($10), andere Mahlzeiten nach Vereinbarung. Dorms $28, Zimmer $65

Ranfurly Holiday Park, Reade St, Ecke Pery St, ☎ 0800 726 387, 🖥 ranfurlyholidaypark.co.nz. Lockerer, geräumiger und zentral gelegener Platz. Camping $13, mit Strom $30, Cabins $40, Motel Units $95

Ranfurly Lion Hotel, 10 Charlemont St East, ☎ 03 444 9140, 🖥 ranfurlyhotel.co.nz. Gutes Hotelrestaurant mit Art-déco-Ambiente; Braten $20, Fish 'n' Chips $25. ⏲ tgl. 7.30–23 Uhr.

Visitor Centre, 3 Charlemont St East, im ehemaligen Bahnhof, ☎ 03 444 1005, 🖥 maniototo.co.nz. Kostenlose audiovisuelle Show über die Region, Ausstellung zur Geschichte der Stadt und der Otago Central Railway. ⏲ Okt–Mai tgl. 9–17.30, Juni–Sep 9–17 Uhr.

Middlemarch

Bei Kyeburn, 15 km östlich von Ranfurly, zweigt der SH87 vom SH85 ab und führt durch das östliche Maniototo in Richtung Dunedin. Auf dieser Straße kommt man zwar langsamer voran als auf dem SH85, aber die eindrucksvolle Landschaft macht dies wieder wett. Ein Großteil der Strecke verläuft zwischen dem Taieri River auf der einen Seite und der hoch aufragenden Rock and Pillar Range auf der anderen Seite.

50 km südlich von Kyeburn liegt die winzige Ortschaft **Middlemarch**, 🖥 middlemarch.co.nz, am Ende des Rail Trail und freitags und sonntags die Endhaltestelle der **Taieri Gorge Railway** (S. 677). Viel hat der Ort nicht zu bieten, jedoch haben einige Farmen der Gegend B&B-Unterkünfte, vorwiegend für Rail-Trail-Radler.

Gladbrook, 860 Gladbrook Rd, 9 km südwestlich des Orts, ☎ 03 464 3888, 🖥 gladbrook station.co.nz. Hübsches ländliches B&B in einem stattlichen Farmhaus mit Gemeinschaftsbädern und Antiquitäten in den Zimmern. Mit Nachmittagstee, Frühstück, Tennis und Krocket. In der Nähe gibt es außerdem Selbstversorger-Cottages mit tollem Blick und Frühstück. Cottages $120, Farmhaus $170

Kissing Gate Café, 2 Swansea St (SH87), ☎ 03 464 3224. Hübsches Café in altem Holzcottage mit Garten. ⏲ tgl. 8.30–17 Uhr.

The Lodge, 24 Conway St, ☎ 027 228 4789, ✉ enquiries@thelodge-middlemarch.co.nz. Behagliche B&B-Zimmer in zentral gelegener alter Villa, inkl. kleinem Frühstück. DZ $100, mit Bad $140

Macraes Gold Mine

Macreas Rd, 55 km südöstlich von Ranfurly
▪ Führungen an den meisten Tagen 10 und 14 Uhr, telefonisch reservieren ▪ $30 ▪ ☎ 0800 465 386, 🖥 oceanagoldtours.com

Die bekannteste immer noch betriebene Goldmine in Otago ist die riesige Tagebaumine **Macraes Gold Mine** in den windigen Hügeln zwischen Ranfurly und Palmerston. Sie kann im Rahmen einer zweistündigen Führung besichtigt werden.

Auckland ○

○ Wellington

○ Christchurch

Fiordland

Stefan Loose Traveltipps

Te Anau Ein Hubschrauberflug über die atemberaubende Landschaft um Te Anau ist ein echter Thriller. S. 828

20 Milford Sound Ob auf dem Wasser im Boot oder unter Wasser zwischen roten und schwarzen Korallen – der Fjord ist ein einmaliges Erlebnis! S. 842

Milford Track Trotz Regen und Sandfliegen gilt diese Wanderung als eine der schönsten der Welt. S. 848

Doubtful Sound Die Schönheit des einsamen Fjords lässt sich am besten im Kajak oder auf kleinen Ausflugsboot erkunden. S. 853

Hump Ridge Track Schöne Wanderwege durchziehen das Gebiet abseits der ausgetretenen Pfade ganz im Süden. S. 858

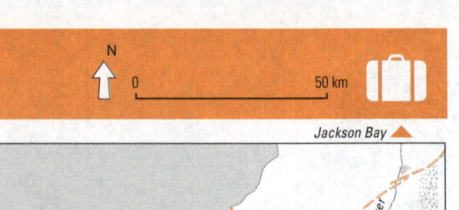

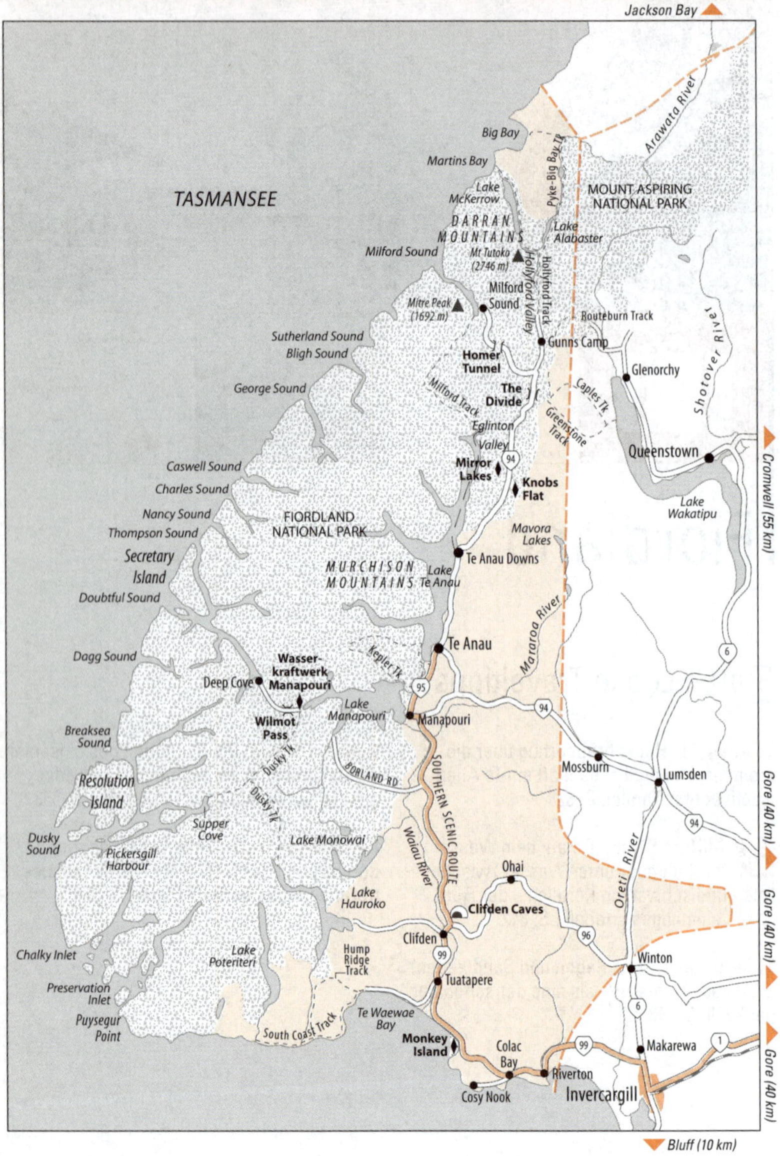

N

0   50 km

Jackson Bay ▲

TASMANSEE

Big Bay

Martins Bay

Lake McKerrow

Big Bay-Straße

Arawata River

MOUNT ASPIRING NATIONAL PARK

D A R R A N
M O U N T A I N S

Milford Sound

Mt Tutoko (2746 m) ▲

Lake Alabaster

Hollyford Track

Hollyford Valley

Mitre Peak (1692 m) ▲

Milford Sound

Routeburn Track

Gunns Camp

Glenorchy

Shotover River

Sutherland Sound

Bligh Sound

George Sound

Homer Tunnel

Milford Track

The Divide

Caples Tk

Greenstone Track

Queenstown

Cromwell (55 km) ▶

Eglinton Valley

94

Mirror Lakes

Knobs Flat

Caswell Sound

Charles Sound

Nancy Sound

Thompson Sound

FIORDLAND NATIONAL PARK

Mavora Lakes

Te Anau Downs

Secretary Island

M U R C H I S O N
M O U N T A I N S

Lake Te Anau

Mararoa River

Lake Wakatipu

Doubtful Sound

Dagg Sound

Kepler Tk

Te Anau

Dusky Tk

95

Wasser-kraftwerk Manapouri

Deep Cove

Wilmot Pass

Lake Manapouri

Manapouri

94

Breaksea Sound

Dusky Tk

BORLAND RD

Mossburn

Lumsden

6

Resolution Island

Supper Cove

Lake Monowai

SOUTHERN SCENIC ROUTE

Waiau River

94

Gore (40 km) ▶

Oreti River

Dusky Sound

Pickersgill Harbour

Lake Hauroko

Ohai

96

Gore (40 km) ▶

Chalky Inlet

Lake Poteriteri

Clifden Caves

Clifden

99

Winton

6

Preservation Inlet

Hump Ridge Track

Tuatapere

Gore (40 km) ▶

Puysegur Point

South Coast Track

Te Waewae Bay

Monkey Island

Colac Bay

Riverton

Makarewa

1

Gore (40 km) ▶

Cosy Nook

Invercargill

▼ Bluff (10 km)

FIORDLAND

Wie keine andere Region Neuseelands umfasst der Südwesten des Landes eine geballte Konzentration an atemberaubenden Landschaften. Fast das gesamte Fiordland liegt innerhalb des 12 500 km² großen **Fiordland National Park**, der sich von der Martins Bay, einst Standort der abgeschiedensten Siedlung Neuseelands, bis zu den Wäldern von Waitutu und zum Preservation Inlet an der Südküste erstreckt, wo Goldsucher einst eine Reihe kurzlebiger Orte errichteten. Zu den atemberaubenden Landschaften des Nationalparks gehören zwei der tiefsten Seen des Landes und 15 enge Fjorde. Das Gebiet wartet außerdem mit den höchsten Niederschlagsmengen Neuseelands und einigen der seltensten Vögel der Welt auf. Seine Schönheit ist auch den Vereinten Nationen nicht verborgen geblieben, die fast die gesamte Region – zusammen mit dem Mount Aspiring National Park, Teilen von Westland und dem Gebiet um Aoraki/Mount Cook – zur **Te Wahipounamu World Heritage Area** erklärt haben.

Ein charakteristisches Merkmal von Fiordland ist der häufige **Regen**. Das gilt insbesondere für den Milford Sound, der jährlich bis zu 7000 mm davon abbekommt und damit zu den regenreichsten Gebieten der Welt zählt. Die Siedlungen der Region liegen glücklicherweise im günstigen Regenschatten und erhalten weniger als die Hälfte der Niederschläge von der Küste. Trotz der häufigen Regengüsse ist der **Milford Sound** ein beliebtes Reiseziel und Schauplatz großen touristischen Trubels. Besonders schön präsentiert sich der Sound übrigens bei Regen, wenn sich schleierartige Wasserfälle in die Fjorde ergießen, wo Kolonien schwarzer und roter Korallen wachsen und sich Delphine, Pelzrobben und Dickschnabelpinguine tummeln. Viele Besucher, die von Queenstown mit dem Flugzeug hierherkommen, werden kaum mehr vom Fiordland zu sehen bekommen als den Milford. Einen besseren Eindruck von der Abgeschiedenheit der Gegend erhält man jedoch auf der spektakulären **Milford Road** zwischen dem Sound und **Te Anau**. Noch lohnender ist eine Wanderung auf dem **Milford Track**, oft als schönste Wanderroute der Welt angepriesen, wenngleich andere Routen – v. a. **Hollyford Track** und **Kepler Track** – durchaus mit ihm konkurrieren können.

Der ähnlich wie Te Anau an einem See gelegene Ort **Manapouri** ist das Sprungbrett für Ausflüge zum Wasserkraftwerk West Arm, zum Doubtful Sound und zu den isolierten Fjorden im Süden. Von Manapouri windet sich die **Southern Scenic Route** durch den Westen von Southland und entlang der Südwestküste der Südinsel. Die wichtigsten Orte hier sind **Tuatapere**, Ausgangspunkt des hervorragenden **Hump Ridge Track**, und das hübsche Küstenörtchen **Riverton**.

Geschichte

Fiordlands komplexe geologische Entwicklung erstreckt sich über die letzten 500 Mio. Jahre. Unter dem Druck und der Hitze tief im Innern der Erdkruste bildeten dicke Sedimentschichten kristallinen Granit, Gneis und Schiefer. Mit dem Ansteigen und Abfallen der Landmasse und des Meeresspiegels lagerten sich weichere Sand- und Kalksteinschichten darauf ab. Dann, während der Eiszeiten, hobelten gewaltige Eismassen die Täler aus, in die schließlich das Meerwasser drängte.

Nach einigen Tagen Aufenthalt im regenreichen und von **Sandfliegen** (namu) geplagten Fiordland leuchtet schnell ein, warum in dieser Gegend kaum Spuren ständiger Maori-Siedlungen zu finden sind, auch wenn die Ureinwohner höchstwahrscheinlich im Sommer zum Jagen hierher kamen und auf der Suche nach neuseeländischer Jade (pounamu) durch das Gebiet zogen. Ebenso wenig begeistert vom Fiordland muss wohl Kapitän **Cook** gewesen sein, als er 1770 seine erste Reise entlang der neuseeländischen Küste unternahm. Ankerplätze gab es kaum, und der finstere Himmel hielt ihn davon ab, in den Dusky Sound zu segeln. Wechselnde Winde ließen eine Fahrt in den Doubtful Sound außerdem zweifelhaft (doubtful) erscheinen. Den Milford Sound hat Cook sogar gänzlich übersehen.

Paradoxerweise war die südliche Fjordregion, die heute ein Revier für abenteuerlustige Wanderer und Angler ist, einst die am besten kartografierte Gegend des Landes. Cook kehrte 1773 hierher zurück, nachdem er vier Monate die südlichen Meere befahren hatte, und verbrachte fünf Wochen im Dusky Sound. Sein Fähnrich, George Vancouver, stattete dem

Fjord 1791 einen Besuch ab, und kurz darauf kamen die ersten Robbenjäger und Walfänger. **Europäer** erwarben Land am Ostufer des Lake Te Anau und des Lake Manapouri zu Spottpreisen und nutzten es als Weideland, während **Entdeckungsreisende** das Landesinnere erkundeten. Im Vergleich zu ihren Kollegen auf hoher See waren diese Entdecker mehr darauf aus, bleibenden Ruhm zu erlangen, und verewigten sich in den Namen der Pässe, Wasserfälle und Täler, die ihnen begegneten – Donald Sutherland setzte sich selbst ein Denkmal mit der Benen-

---

Tu-to-Raki-whanoa und Te Namu

Nach der Maori-Legende entstand das Fiordland, als der große Gott **Tu-to-Rakiwhanoa** mit seiner Axt die groben Furchen der südlichen Fjorde in der Umgebung des Preservation Inlet und des Dusky Sound ins Gestein hieb und nur die Inseln Resolution Island und Secretary Island unverändert ließ – dort sollen seine Füße gestanden haben. Seine Technik verbesserte er weiter nördlich, wo er mit den feineren Konturen des Milford Sound (Piopiotahi) sein Meisterwerk schuf.

Nachdem die atemberaubende Landschaft vollendet war, erhielt Tu Besuch von der Göttin des Todes, Te-Hine-nui-to-po, die befürchtete, Tus Werk könnte so wunderbar sein, dass die Menschen für immer in Piopiotahi leben wollten. Um die Menschen ihre Sterblichkeit nicht vergessen zu lassen, ließ sie die **Sandfliegen**, *namu*, frei. Der Ort, an dem sie dies tat, Te Namu-a-Te-Hine-nui-te-po, am Ende des Milford Track, ist heute unter dem Namen Sandfly Point bekannt. Zweifellos haben die teuflischen Plagegeister den gewünschten Effekt erzielt. Als James Cook 1773 in den Dusky Sound fuhr, hatte er bereits Bekanntschaft mit der Sandfliege gemacht:

„Die boshafteste Kreatur hier ist die kleine schwarze Sandfliege, die so zahlreich auftritt und so heimtückisch ist, dass sie alles übertrifft, was mir von dieser Art je begegnet ist … Der fast unaufhörliche Regen ist ein weiteres Übel in dieser Bucht."

---

nung des höchsten Wasserfalls Neuseelands. Quintin McKinnon erklomm den Mackinnon Pass, konnte die Kartografen jedoch nicht dazu bringen, seinen Namen korrekt zu schreiben.

Transport

Fast alle **Busse** in Fiordland befahren die Strecke Queenstown–Te Anau–Milford Sound. Die meisten sind Tourbusse, die ihre Kundschaft an den üblichen Aussichtspunkten vorbeischleusen; die übrigen sind Linienbusse, die Wanderer zum Start der Tracks fahren. Nur wer absolut keine Zeit übrig hat, sollte Milford von Queenstown aus besuchen, da man nach der langen Anfahrt nicht allzu viel vom Fjord hat. Weitaus schöner ist es, eine Nacht in Milford zu verbringen oder von Te Anau aus einen Tagesausflug zu unternehmen.

Von den **Flugverbindungen** sind in der Regel nur Rundflüge (S. 847) zum Milford Sound von Queenstown oder Wanaka von Interesse.

Te Anau

Te Anau, das Tor zu Fiordland, liegt am Ostufer des gleichnamigen Sees, der zu Neuseelands tiefsten und schönsten Gewässern gehört. Im Westen gräbt der See seine Finger tief in die bewaldeten Berge, die so einsam sind, dass ihre berühmteste Bewohnerin, die **Takahe**, ein halbes Jahrhundert als ausgestorben galt.

Ganz oben auf der To-do-Liste der meisten Besucher steht der **Milford Track** vom nördlichen Ende des Sees. Näher am Ort beginnt der **Kepler Track** (S. 835).

Fiordland Cinema

7 The Lane ▪ ⏲ tgl. 10–21 Uhr; tgl. 5–10 Filmvorführungen ▪ Eintritt $10; $1 Ermäßigung mit Coupon vom i-SITE ▪ 📞 03 249 8844, 🖥 fiordlandcinema.co.nz

Das **Fjordland Cinema** zeigt den fantastischen 32-minütigen Film *Ata Whenua: Shadowlands*, der Fiordland in allen Jahreszeiten aus der Vogelperspektive präsentiert und Lust auf einen Hubschrauberflug macht (Buchungen im Foyer).

Ein halbes Jahrhundert lang galt der flugunfähige, blaugrüne **Takahe** *(Notornis mantelli)* als ausgestorben. Der plumpe Vogel – ein naher Verwandter des Pukeko – ist so groß wie ein Truthahn und war einst in ganz Neuseeland verbreitet. Doch schon bei Ankunft der Maori war sein Territorium auf den äußersten Süden der Südinsel beschränkt. Als später die Europäer kamen, gab es nur einige wenige Takahe, die von den ersten Siedlern im Fiordland gesichtet wurden. Nach 1898 gab es keine belegbaren Begegnungen mehr. Die wenigen Wanderer und Ornithologen, die danach Spuren gesehen oder in den entlegenen Fiordland-Tälern den Ruf der Takahe gehört haben wollten, wurden als Spinner abgetan.

Der ambitionierte Vogelkundler **Geoffrey Orbell** sammelte die vagen Beweise und konzentrierte seine Suche auf das 500 km² große Gebiet der **Murchison Mountains**, die in inselgleicher Lage an drei Seiten von den westlichen Armen des Lake Te Anau umgeben sind und an der vierten Seite an die Wasserscheide grenzen. 1948 wurde seine Beharrlichkeit mit der ersten Sichtung einer Takahe seit 50 Jahren belohnt. Die wenigen noch existierenden Vögel schienen jedoch dem Untergang geweiht: Hirsche fraßen sich unbekümmert ihren Weg durch das Gras, auf das die Takahe für ihr Überleben angewiesen war. Durch selektive Jagd auf die Hirsche wurde die unmittelbare Gefahr beseitigt, dadurch konnte eine weitere Abnahme der Population durch Wiesel und harte Winter jedoch nicht verhindert werden.

Takahe legen meist drei Eier, doch selten überlebt mehr als ein Küken. Durch Entfernen der „überzähligen" Eier und Aufzucht mit Handpuppen konnte das DOC die Bestände allmählich wieder vergrößern. Außerdem hat das DOC mehrere Takahe-Populationen auf raubtierfreien Inseln angesiedelt – Maud Island in den Marlborough Sounds, Mana Island und Kapiti Island nordwestlich von Wellington sowie Maungatautiri bei Hamilton und Tiritiri Matangi im Hauraki Gulf vor Auckland –, wo sich die Vögel erfolgreich fortpflanzen. Heute gibt es wieder etwa 250 Tiere.

Der Fokus der Schutzmaßnahmen liegt auf der Sicherung der genetischen Qualität. Außerdem ist man auf der Suche nach neuen, größeren Brutplätzen und überwacht die Wildpopulation. Es besteht Grund zur Hoffnung, dass sich die Takahe-Bestände innerhalb der nächsten zehn Jahre weiter erholen werden.

Dazwischen laufen Mainstream-Filme; Zuschauer können Kaffee, Bier und Wein mit in den gemütlichen Kinosaal nehmen.

Te Anau Wildlife Centre

SH95 ▪ ⏲ offen zugänglich ▪ $1–2 Spende

Im DOC-geführten **Te Anau Wildlife Centre** spazieren Besucher durch einen Park mit Neuseelands seltensten Vögeln (die größtenteils verletzt waren oder in Gefangenschaft gezüchtet wurden), z. B. Kakariki (Papageien), Whio (Saumschnabelenten), Kea und Kaka (Waldpapageien). Es gibt Pläne, jedes Jahr ab Mitte Dezember ein Küken (s. Kasten S.) von einem Takahe-Pärchen aufziehen zu lassen.

Te Anau Glowworm Caves

⏲ tgl. Führung Nov–März 14, 17.45, 19 und 20.15, April–Sep 14 und 19 Uhr sowie einige Zusatzführungen, 2 1/2 Std. ▪ $70 ▪ ✆ 0800 656 601, 🖥 realjourneys.co.nz

Wer nicht vorhat, die noch eindrucksvolleren Höhlen in Waitomo zu besuchen, sollte sich die **Te Anau Glowworm Caves** ansehen. Der Name der Stadt lautet auf Maori korrekt *Te Ana-au* und bedeutet so viel wie „Höhle mit strudelndem Wasser". Auf der Suche nach dem Namensgeber der Stadt stieß man 1948 auf die Höhlen. Die Führung wirkt etwas übertrieben, umfasst aber eine hübsche Bootsfahrt vom Steg neben dem Besucherzentrum zum Westufer des Lake Te Anau. Danach geht es in kleinen Gruppen unter die Erde: 30 Min. in einem 200 m langen Abschnitt des Aurora-Höhlensystems, gefolgt von einer kurzen, unterirdischen Bootsfahrt mit Glühwürmchen und mehreren Wasserfällen.

ÜBERNACHTUNG

Am Lake Front Drive und Quintin Drive (ein Häuserblock weiter) gibt es jede Menge Motels. Unterkunftspreise fallen nur zwischen Juni und August merklich und sind in der Zwischensaison (Mitte April–Mai und Sep) teilweise verhandelbar. Wildes Campen ist bis 10 km außerhalb von Te Anau verboten; Verbotsschilder stehen z. T. auch weit außerhalb dieser Zone. Dafür gibt es ein paar günstige DOC-Campingplätze.

Arran Wines Motel, 64 Quintin Drive, ☎ 0800 666 911, 🖥 arranmotel.co.nz. Schöne Studios und 2-Zimmer-Units, z. T. mit Kochgelegenheit; kostenloses WLAN. Kleines Frühstück auf Anfrage. $155

Blue Ridge, 15 Melland Place, ☎ 03 249 7740, 🖥 blueridge.cnet.nz. Stilvolles B&B am ruhigen Stadtrand von Te Anau mit einer Suite im Haus des Inhabers und 3 mit Kochzeile nebenan, verbunden über einen hübschen Garten mit Whirlpool. Gute DVD-Auswahl, kostenloses WLAN und ein hervorragendes englisches Frühstück. $275

Bob and Maxine's Backpackers, 20 Paton Place, ☎ 03 931 3161, ✉ bob.anderson@woosh.co.nz. Leicht scheunenartiges, aber funktionales Hostel in einem neuen Stadtteil am Stadtrand mit schlichten, aber geräumigen 6-Bett-Dorms und einem 2BZ mit Bad. Stapelweise DVDs, kostenlose Anrufe innerhalb des nationalen Festnetzes und sehr billige Transfers zu Wanderwegen. Dorms $31, 2BZ $82

House of Wood, 44 Moana Crescent, ☎ 03 249 8404, 🖥 houseofwood.co.nz. B&B im alpinen Chalet-Stil, 2 km vom Stadtzentrum. Holzvertäfelte Zimmer mit Bad, gemütliche Lounge, die auch vom Hausherrn genutzt wird, kostenlose Fahrräder, üppiges Frühstück mit hausgemachter Marmelade. $145

Radfords Motel, 56 Lakefront Drive, ☎ 0800 782 972, 🖥 radfordslakeviewmotel.co.nz. Modernes, peinlichst sauberes, gut geführtes Motel mit höchstem Standard.

Units z. T. mit tollem Ausblick, kostenlosem WLAN und 50 Satelliten-TV-Sendern. $200

Rosie's Backpacker Homestay, 23 Tom Plato Drive, ☎ 03 249 8431, 🖥 rosiesbackpackers.co.nz. Das entspannte, kleine Hostel im Privathaus mit See- und Bergblick hat nur 12 Betten. Klavier-, Gitarren- und Klarinettenspieler sind gern gesehen. Früh buchen – das Haus ist schnell voll. Juni und Juli geschl. Dorms $31, DZ $74

Te Anau Lakefront Backpackers, 48 Lake Front Drive, ☎ 03 249 7713, 🖥 teanaubackpackers.co.nz. Alterndes, aber freundliches und gut organisiertes 110-Betten-Hostel in 3 Gebäuden um ein ehemaliges Motel. Dorms haben meist Bad und Küche, z. T. auch schönen Seeblick. Je 2 DZ und ein 2BZ teilen sich meist eine Küche; der gute Grillbereich vermindert auch den Andrang in der Hauptküche. Gut für Wanderer (Gepäckaufbewahrung $5). Camping $18, Dorms $28, DZ $74, DZ mit Bad $86

Te Anau Lodge, 52 Howden St, ☎ 03 249 7477, 🖥 teanaulodge.com. Extrem gemütliche Unterkunft in einem ehemaligen Kloster, das Ende der 1990er-Jahre hierher versetzt und erheblich modernisiert wurde. Die individuellen Zimmer im Stil der 1920er-Jahre haben oft tollen Bergblick. Das ausgezeichnete Frühstück wird in der holzgetäfelten Kapelle (mit Orgel!) serviert. $240

YHA Te Anau, 29 Mokonui St, ☎ 03 249 7847, ✉ yha.teanau@yha.co.nz. Komfortables, modernes, zweistöckiges Hostel in zentraler Lage mit 3- bis 8-Bett-Dorms, kostenloser Gepäckaufbewahrung, hilfreichem Personal, separater TV-Lounge und Grillbereich. Es gibt auch ein Familien-Cottage für Selbstversorger mit DZ und 2BZ, die gemeinsam oder getrennt vermietet werden. Dorms $33, DZ $98, DZ mit Bad $110

Campingplätze

Fiordland Great Views Holiday Park, SH94, 2 km östlich der Stadt, ☎ 03 249 7059, 🖥 fiordlandgreatviewsholidaypark.co.nz. Der günstigste unter Te Anaus großen Ferienparks liegt ein gutes Stück vom See entfernt, bietet aber teilweise einen weiten Bergblick. Die Einrichtung ist recht gut, der Inhaber

N
0 — 500 m

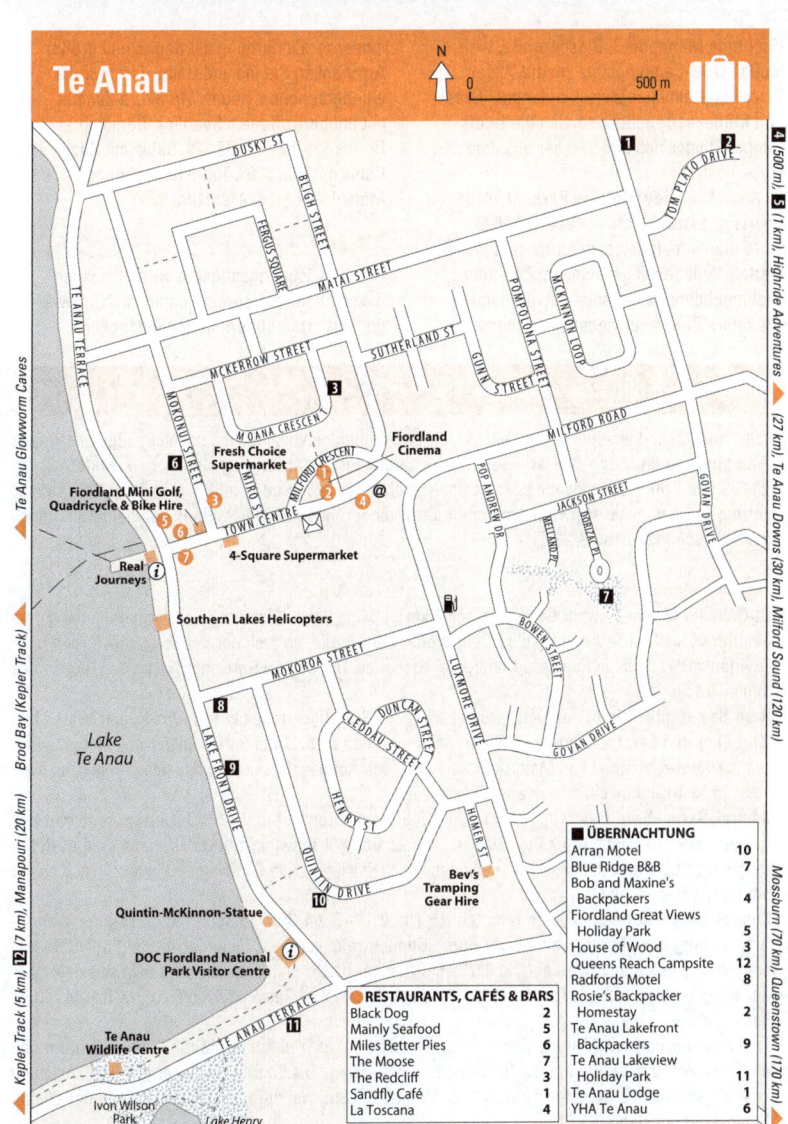

Te Anau Glowworm Caves

Te Anau Terrace

DUSKY ST
BLIGH STREET
FERGUS SQUARE
MATAI STREET
MCKERROW STREET
MOANA CRESCENT
MOKONUI STREET
MITRO ST
MILFORD CRESCENT
SUTHERLAND ST
POMPOLONA STREET
MCKINNON LOOP
TOM PLATO DRIVE
MILFORD ROAD
GUNN STREET
POP ANDREW DR
JACKSON STREET
GOVAN DRIVE
WELLORD ?
BOWEN STREET
LUXMORE DRIVE
GOVAN DRIVE
HOMER ST
MOKOROA STREET
DUNCAN STREET
CLEDDAU STREET
HENRY ST
QUINTIN DRIVE
LAKEFRONT DRIVE
TE ANAU TERRACE

Fresh Choice Supermarket
Fiordland Cinema
Fiordland Mini Golf, Quadricycle & Bike Hire
TOWN CENTRE
4-Square Supermarket
Real Journeys
Southern Lakes Helicopters
Quintin-McKinnon-Statue
DOC Fiordland National Park Visitor Centre
Bev's Tramping Gear Hire
Te Anau Wildlife Centre
Ivon Wilson Park
Lake Henry

Lake Te Anau

Brod Bay (Kepler Track)
Kepler Track (5 km), 12 (7 km), Manapouri (20 km)

4 (500 m), 5 (1 km), Highride Adventures (27 km), Te Anau Downs (30 km), Milford Sound (120 km)

Mossburn (70 km), Queenstown (170 km)

FIORDLAND

bietet kostenlose Transfers zum Kepler Track sowie einen Tagestrip nach Milford, inkl. Bootsfahrt, Besuch im Underwater Observatory und Mittagessen ($145).

Camping $14, Cabins $54, eigenständige Units $100, Motel $120

Queens Reach Campsite Queens Reach Rd, 8 km südlich von Te Anau abseits des SH95

(Richtung Manapouri). Dieser große, weitläufige DOC-Campingplatz am the Waiau River hat Stellplätze zwischen langem Gras und Manukasträuchern sowie eine Bootsrampe, Plumpsklos und Wasser aus dem Fluss. kostenlos

Te Anau Lakeview Holiday Park, 77 Manapouri Rd, 1 km südlich, ✆ 0800 483 2628, 🖳 teanau.info. Riesige, hervorragend ausgestattete Anlage mit geräumigen Zelt- und Wohnmobilbereichen sowie dem Hostel *Steamers Beach* mit vielen Einzelzimmern, moderner Einrichtung mit Sauna und großer Auswahl an Cabins und Units, darunter die wunderschönen, neuen *Marakura*-Zimmer mit unübertroffenem Seeblick. Camping $17, Dorms $29, EZ $36, DZ $70, Cabin mit Küche $84, Cabin mit Bad $109, Touristenwohnung $125, Motel Units $135, *Marakura* $200

ESSEN

Das Verköstigungsangebot wird allmählich besser. Selbstversorger können sich in zwei gut sortierten Supermärkten eindecken.

Touren und Aktivitäten in Te Anau

In Te Anau kann man sich gut auf eine lange Wanderung einstimmen, indem man einige der **kurzen Wanderwege** oder den **See** erkundet. Kurze Bootsfahrten führen zum Kepler bzw. Milford Track (S. 835 und 848); wer keine mehrtägige Tour machen will, kann auch eine eintägige geführte Wanderung auf einem Teilstück unternehmen. Die Wanderungen an der Milford Road sind allerdings genauso schön (Kasten S. 839).

Tageswanderungen von Te Anau

DOC Visitor Centre–Control Gates (einfach 4 km, 50 Min., flach). Einfacher Spaziergang entlang dem Seeufer vorbei am Te Anau Wildlife Centre bis zu der Stelle, an welcher der Waiau River den Lake Te Anau verlässt, um in den Lake Manapouri zu fließen. Die Control Gates markieren den Beginn des Kepler Track.

Brod Bay–Kepler-Gipfel (hin und zurück 20 km, 7–9 Std., 1000 Höhenmeter). Das Kepler Water Taxi fährt über den See zur Brod Bay ($25). Danach führt das erste Drittel des Kepler Track vorbei an der Luxmore Hut zum Gipfel von Mount Luxmore (1472 m). Auf dem Rückweg kann man den ganzen Weg nach Te Anau laufen: ein langer, aber schöner Tag.

Control Gates–Brod Bay (einfach 5 km, 1 1/2 Std., leichtes Auf und Ab). Der erste Abschnitt des Kepler Track führt nach Dock Bay (30 Min.), wo es sich gut schwimmen lässt. Danach geht es durch Berg- und Buchenwald und vorbei an einigen Kalksteinklippen zum Campingplatz in der Brod Bay, der per Boot erreichbar ist.

Control Gates–Rainbow Reach (einfach 9,5 km, 2 1/4–3 3/4 Std., zumeist flach). Leichte Wanderung entlang des oberen Waiau River durch Buchenwald. Wer will, kann die Tour auf 5–7 Std. ausdehnen und von Rainbow Reach (S. 837) 3 km zu einer Plattform laufen, die eine tolle Aussicht über das Feuchtgebiet bietet. Tracknet-Busse fahren zu den Control Gates und von Rainbow Reach zurück nach Te Anau.

Tageswanderung am Milford Track Ultimate Hikes (S. 851) bieten einfache Tageswanderungen entlang des Clinton River am Beginn des Milford Track an. Die Touren umfassen die Busfahrt nach Te Anau Downs, die Bootsfahrt nach Glade Wharf, 5–6 Std. wandern, ein Mittagessen in der Clinton Hut und die Rückfahrt ($195).

Seerundfahrten, Jetboot- und Kajakfahren

Cruise Te Anau, ✆ 03 249 8005, 🖳 cruiseteanau.co.nz. Seerundfahrten an Bord eines Motorbootes aus Kauri-Holz (im Sommer tgl. 10, 13 und 17 Uhr, 2 1/2 Std., $90, sowie 16–9.30 Uhr, inkl. Abendessen, Übernachtung und Frühstück, $275).

Da die meisten Besucher kurz vor einer Wanderung stehen oder von einer zurückkommen, ist wenig Bedarf an Kneipen.

Black Dog, 7 The Lane, ☎ 03 249 8844. Schicke City-Bar in der Altstadt von Te Anau: in Schale werfen und einen der Wochencocktails bestellen ($10). ⏱ 17.30–22 Uhr oder später, Happy Hour 17.30–18.30 Uhr.

🏠 **Mainly Seafood**, Te Anau Terrace, ☎ 027 516 5555, 🖥 mainlyseafood.co.nz. Der Kohlenfischburger ($10) von dieser mobilen Burgerbude schmeckt besonders gut bei Sonnenuntergang am See. Genauso gut ist der Wildburger ($10) – der Fisherman's Basket mit Meeresfrüchten ($18) reicht sogar für 2 (außer man kommt gerade von einer langen Wanderung). ⏱ tgl. 12–20 Uhr.

Miles Better Pies, 2 Milford Rd, ☎ 03 249 9044. Ziemlich gute Pasteten mit Wild, Steak, Pfeffer oder Thai-Hühnchen ($6) zum dort essen oder Mitnehmen. ⏱ tgl. 6.30–ca. 15 Uhr.

The Moose, 84 Lakefront Drive, ☎ 03 249 7100. Wildes Stammlokal der Einheimischen mit günstigen Drinks und Livemusik an Sommer-

Luxmore Jet, ☎ 0800 253 826, 🖥 luxmorejet.co.nz. Einstündige Jetbootfahrt vorbei an drei Drehorten aus dem *Herrn der Ringe* am friedlichen Waiau River (mehrmals tgl., $99).

Flüge

Air Fiordland, ☎ 03 249 7505, 🖥 airfiordland.com. Einer der besten Deals dieses Anbieters ist die Kombination aus einer Busfahrt zum Milford Sound mit einer Bootsfahrt und dem Rückflug über den Milford Track (9 Std., $520).

Southern Lakes Helicopters, 79 Lake Front Drive, ☎ 0508 249 7167, 🖥 southernlakeshelicopters.co.nz. Helikopterflüge vom Landeplatz am See beginnen bei $195 für 25 Min. und gehen bis zu mehrstündigen Flügen zum Milford, Doubtful und Dusky Sound, inkl. Landung in einer engen Schlucht oder im Schnee auf den Bergen. Außerdem im Angebot: Heli-Hiking und Transfers zum Start der Wanderwege.

Wings & Water, Lake Front Drive, ☎ 03 249 7405, 🖥 wingsandwater.co.nz. Wasserflugzeuge eignen sich ideal für einen Flug über das südliche Fiordland. Ein kleiner Rundflug (10 Min., $95), Überflug des Kepler Track (20 Min., $225) und Überflug des Doubtful Sound (40 Min., $310) sind nur einige der Optionen. Attraktiv ist auch die Kombination aus Jetbootfahrt über den Waiau River zum Lake Manapouri und Rückflug nach Te Anau über die Hidden Lakes (1 Std., $240).

Quadbikes und Reiten

Highride Adventures, ☎ 0508 444 474, 🖥 highride.co.nz. 3-stündige Quadbikefahrt von der Basis, 27 km nördlich der Stadt, durch die Berge mit tollem Ausblick auf die Seen Manapouri und Te Anau. Keine Vorkenntnisse nötig, Preis inkl. Shuttle ab Te Anau ($155). Im Angebot ist auch ein 3-stündiger Ausritt, inkl. Shuttle ab Te Anau ($95).

Sternenbeobachtung

Astronomy Fiordland, ☎ 0508 267 667, 🖥 astronomyfiordland.co.nz. Toller Ausflug zum Betrachten des Nachthimmels gleich außerhalb der Stadt, wo ein mobiles Teleskop den Blick auf Planeten, Galaxien und andere astronomische Kuriositäten freigibt (Beginn: gleich nach Sonnenuntergang, im Sommer ca. 22.30 Uhr; Dauer: 1 1/2 Std.; $45).

Sightseeing-Tour

Heritage Tales of the Fiordland Region, ☎ 0508 267 667. Auch ausgesprochene Gegner geführter Touren haben Spaß an dieser sehr unterhaltsamen 2-stündigen Einführung in die Region. Der Minibus ist auf 8 Personen begrenzt, was viel Spielraum für Fragen und Fotos lässt, und fährt nach Bedarf. ($40).

FIORDLAND

wochenenden. Zu den Pub-Standards gehören Burger mit Pommes ($18) und Seeteufel mit Salat ($28). ⊕ tgl. 10–22 Uhr oder später.

The Redcliff, 12 Mokonui St, ✆ 03 249 7431. Im gemütlichen Holz-Cottage verbirgt sich ein halbformelles Restaurant mit dem zuverlässig besten Essen in Fiordland sowie einer einladenden Bar, Tischen im Garten und einem hübschen Erker. Auf der Abendkarte stehen beispielsweise Lammkotelett mit Lamm/Nieren-Eintopf, Sahnepüree und Erbsenpesto ($36) oder Hasenrückenfilet ($37). Die Bar hat auch eine Snackkarte. ⊕ Sep/Okt–Mai tgl. 18–22 Uhr.

Sandfly Café, 9 The Lane, ✆ 03 249 9529. Das beste unter Te Anaus wenig erbaulichen Cafés ist entspannt und hat viele sonnige Tische an der Straße. Es serviert guten Kaffee und Snacks, z. B. Steaksandwiches ($12) oder Caesar-Salat mit Huhn ($14). ⊕ tgl. 7–16 Uhr oder später.

La Toscana, 108 Town Centre, ✆ 03 249 7756. Leere Weinflaschen zieren die Wände dieses altmodischen Italieners mit schlichtem, aber gutem Essen. Auf der Karte stehen Pizza (mittel $13–19, groß $17–27), Nudeln mit Wodka-flambierten *pancetta* in Sahnesoße ($17/21) und Tiramisu ($9). Alkohol wird ausgeschenkt, kann aber auch mitgebracht werden. ⊕ tgl. 18–22 Uhr.

Autovermietung

Autovermietung für Milford Sound:
Rent-a-dent im Parklands Motel, 16 Mokoroa St, ✆ 0800 727 552, ▭ teanaucarrentals.co.nz ($80–90/Tag).

Banken

Banken und Geldautomaten sind am Town Centre zu finden.

Fahrräder

Verleih bei den Hostels sowie bei **Fiordland Mini Golf**, **Quadricycle & Bike Hire**, 7 Mokonui St, ✆ 03 249 7211, ($24/halber Tag, $30/Tag) und **Outside Sports**, 38 Town Centre, ✆ 03 249 8195, ▭ outsidesports.co.nz ($30/halber Tag, $50/Tag).

Gepäckaufbewahrung

Für die Dauer einer Wanderung kann überflüssiges Gepäck in der Regel in der Unterkunft gelagert werden (gegen eine geringe Gebühr). Lakeview Holiday Park hat Schließfächer mit unbegrenzter Aufbewahrungsdauer für $10.

Informationen und Touren

i-SITE Town Centre, Ecke Lake Front Drive, ✆ 03 249 8900, ▭ fiordland.org.nz. Die beste Informationsquelle verkauft auch die Tickets für Real Journeys. ⊕ tgl. 8.30–17.30 Uhr.

Fiordland National Park Visitor Centre, Lake Front Drive, 500 m südlich der Stadt, ✉ fiordlandvc@doc.govt.nz. Stapelweise Wander- und Hütteninfos sowie eine Buchungsstelle für die Great Walks, ✆ 03 249 8514, ✉ greatwalksbooking@doc.govt.nz. Interessant ist auch das Sommerprogramm mit Vorträgen und ganztägigen, umweltbetonten Waldausflügen (Buchung im Voraus; Preise beginnen bei etwa $10, richten sich aber nach Länge, Transport und Vortragendem). Draußen steht eine Statue des Forschungsreisenden Quintin McKinnon. ⊕ tgl. Mitte Dez–Mitte März 8–18, Okt–Mitte Dez und Mitte März–April 8–17, Mai–Sep 8.30–16.30 Uhr.

Outdoor-Ausrüstung

Gute Anlaufstellen für die Anmietung von Outdoor-Bedarf sind u. a. **Bev's Tramping Gear Hire**, 16 Homer St, ✆ 03 249 7389, ▭ bevs-hire.co.nz, ⊕ Mo–Sa 9–12 und 17.30–19, So 17.30–19 Uhr. Bezahlung pro Ausrüstungsgegenstand und Tag (Rucksack $15, Schlafsack $15, usw.). Das Great Walks Package ($150) enthält außer Wanderschuhe und Essen alles Nötige für einen 3–4-Tagestrip. **Outside Sports**, 38 Town Centre, ✆ 03 249 8195, ▭ outsidesports.co.nz, die stärkste Konkurrenz, bietet alles an Ausrüstung, inkl. Zelt, Rucksack und Schlafsack ($30/4 Tage).

Safer Parking, 48 Caswell Rd, ✆ 03 249 7198, ▭ saferparking.co.nz, bietet für mehrtägige Wanderungen bewachtes Parken ($9/Nacht). Tracknet und Real Journeys bieten von hier

FIORDLAND

einen Transfer zu Milford Track, Milford Sound und Doubtful Sound.

Viele **Busse** fahren zum Startpunkt der Wanderwege, v. a. Tracknet und Topline Tours (s. unten).

TRANSPORT

InterCity/Newmans befahren täglich die Strecken Queenstown–Te Anau und Te Anau–Gore–Balclutha–Dunedin.

Tracknet, ✆ 0800 483 262, 🖳 tracknet.net, bedient die Strecke Queenstown–Te Anau–Milford (hin und zurück, 3x tgl.) und bietet einen Shuttle zum Kepler Track und nach Invercargill (nur im Sommer). Abholung und Ablieferung jeweils bei zentralen Unterkünften.

Topline Tours, ✆ 03 249 8059, 🖳 toplinetours.co.nz, fährt zum Kepler Track sowie nach Manapouri und Queenstown.

Busse nach:
THE DIVIDE 3–4x tgl., 1 Std.;
DUNEDIN 1x tgl., 4 1/2 Std.;
INVERCARGILL 1x tgl., 4 Std.;
MANAPOURI 2x tgl., 20 Min.;
MILFORD SOUND mind. 1x tgl., 2 1/4–2 3/4 Std.;
QUEENSTOWN mind. 7x tgl., 2 1/4 Std.;
TUATAPERE im Sommer 2x wöchentl., 1 1/2 Std.

Kepler Track

Der **Kepler Track** (45–70 km, 3–4 Tage) wurde 1988 als eine der „Great Walks" eröffnet. Er sollte ursprünglich den Milford und Routeburn Track entlasten, doch heute ist der Kepler Track genauso beliebt. Die weit geschwungene, von Te Anau zu Fuß zu erreichende Rundstrecke führt durch die Kepler Mountains am westlichen Ufer des Lake Te Anau. Üblicherweise wird der Weg **entgegen dem Uhrzeigersinn** gelaufen, um einen Großteil der Anstiege gleich am Anfang hinter sich zu bringen. Je nach Gusto kann man zwischen 45 km (mit Boot und Bus als Transfer) und 70 km (bei Start und Ende direkt in Te Anau) zurücklegen.

Die Route ist durchgehend gut begehbar, gewartet und ausgeschildert, lediglich ihre Länge und vor allem der lange Aufstieg zur Luxmore Hut zehren an den Kräften. Einige Streckenabschnitte werden nach Schneefällen mitunter gesperrt. Das **DOC-Büro** in Te Anau hat die aktuellsten Wettervorhersagen und Infos zu Track-Bedingungen. Infos unter 🖳 doc.govt.nz/kepler track. Die kostenlose DOC-Broschüre *Kepler Track* reicht als Orientierungshilfe aus, detaillierte Auskunft bietet die *Kepler Track Parkmap* im Maßstab 1:60 000 ($20). Das DOC kümmert sich nicht um die Routen einzelner Wanderer, deshalb sollte man auf 🖳 adventuresmart.org.nz sein Wandervorhaben registrieren.

Top-Athleten können sich bei der **Kepler Challenge** (1. Sa im Dez) austoben. Dabei muss der Track in unter 5 Std. zurückgelegt werden. Der aktuelle Rekord von 2005 liegt bei 4 Std. 37 Min. und 41 Sek. und wurde von Phil Costley aufgestellt.

Te Anau–Control Gates
5 km, 1 Std., flach

Die meisten Wanderer fahren mit dem Bus zu den Control Gates. Es geht aber auch zu Fuß: nach Süden über den Lake Front Drive, dann rechts am Seeufer entlang bis zur Abzweigung nach rechts, die zu den Control Gates führt. Der Abschnitt ist nicht besonders spannend, aber schön.

Control Gates–Brod Bay
5,6 km, 1–1 1/2 Std., flach

Die Strecke folgt dem Seeufer um die Dock Bay, überquert den Coral Creek und führt durch lauschige Wälder. Die Brod Bay empfiehlt sich mit einem Sandstrand als hübscher Ort für ein Bad im See und kann als idyllischer Zeltplatz genutzt werden.

Brod Bay–Luxmore Hut
8,2 km, 3–4 Std., 880 Höhenmeter

Wer kein Zelt dabei hat, muss von der Brod Bay weitergehen und den vom Strand ausgeschilderten Weg in Angriff nehmen. Der steile Aufstieg wird durch den guten Weg etwas gemildert. Nach ca. 2 Std. erreicht man Kalksteinfelsen, danach ist es noch fast 1 Std. bis zur Baumgrenze

FIORDLAND

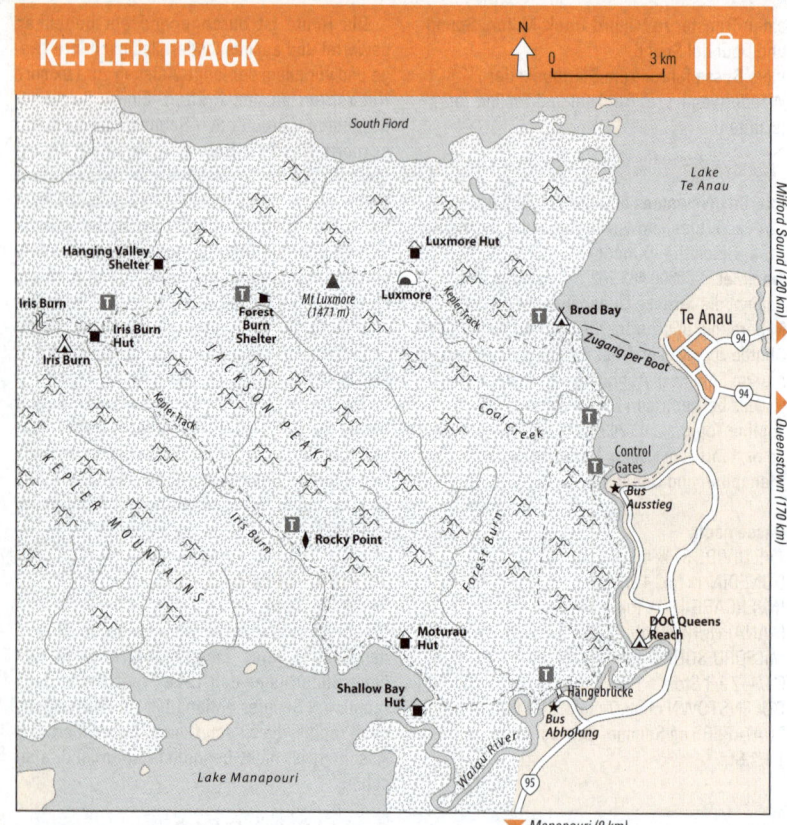

N

0   3 km

South Fiord

Lake
Te Anau

Hanging Valley
Shelter

Luxmore Hut

Iris Burn

Forest
Burn
Shelter

Mt Luxmore
(1471 m)

Luxmore

Iris Burn
Hut

Iris Burn

J A C K S O N   P E A K S

Brod Bay

Te Anau

Zugang per Boot

Coal Creek

Control
Gates

Bus
Ausstieg

Kepler Track

Iris Burn

Rocky Point

Forest Burn

DOC Queens
Reach

Moturau
Hut

K E P L E R   M O U N T A I N S

Shallow Bay
Hut

Hängebrücke

Bus
Abholung

Lake Manapouri

Waiau River

Milford Sound (120 km)

Queenstown (170 km)

Manapouri (9 km)

FIORDLAND

und dem herrlichen Blick über den Lake Te Anau, den Lake Manapouri und die Berge. Die Hütte liegt nochmals knapp 1 Std. von der Baumgrenze entfernt. Ein 10-minütiger Spaziergang führt von der Hütte zur kleinen Luxmore Cave.

Luxmore Hut–Iris Burn Hut

14,6 km, 5–6 Std., 300 m Aufstieg, 900 m Abstieg
Die Strecke führt durch offenes, alpines Gelände, in dem jegliches Anzeichen einer Wetterverschlechterung ernst genommen werden muss. Die Route steigt bis unterhalb des Mt Luxmore an (ein Abstecher zum 1471 m hohen Gipfel ist möglich), dahinter führt sie bergab zur Schutzhütte Forest Burn Shelter. Anschließend folgt sie

einem Bergkamm zu einer zweiten Schutzhütte, Hanging Valley Shelter, und biegt schließlich scharf nach Süden ab, an einem weiteren Bergkamm in Richtung Iris Burn entlang. Im Zickzack geht es hinunter in das bewaldete Hanging Valley und weiter bis zum Iris Burn, dem die Strecke bis zur Hütte und dem Zeltplatz auf einer großen, von Tussock-Gras bewachsenen Lichtung folgt. Lohnend ist der einfache Spaziergang zum Iris Burn Waterfall (40 Min. hin und zurück).

Iris Burn Hut–Moturau Hut

16,2 km, 4–6 Std., 300 m Abstieg
Die dritte Etappe beginnt mit einem Abstieg durch Südbuchenwald am Iris Burn entlang.

Ungefähr auf halber Strecke erreicht man Rocky Point, wo es Toiletten gibt, dahinter schließt sich eine kurze Schlucht an, bevor der Weg über mehrere herrliche Kilometer wieder den Flusslauf begleitet. Kurz bevor der Iris Burn in den Lake Manapouri mündet, schwenkt die Route nach Osten ab und folgt dem Bogen der Shallow Bay zur hübschen Moturau Hut am Seeufer. Wer den Track in 3 Tagen bewältigen will, marschiert zur Bushaltestelle bei Rainbow Reach weiter.

Moturau Hut–Rainbow Reach

6 km, 1 1/2 Std., flach

Der übliche Endpunkt der Wanderung ist am Rainbow Beach, nach einem leichten Spaziergang durch Buchenwald. Ambitionierte Wanderer können durch Buchenauen am Waiau River weiter zu den Control Gates (weitere 9,5 km, 2–3 Std., minimaler Anstieg) gehen. Unterwegs kann man angeln und schwimmen, aber Vorsicht: Die Strömung ist stark.

ÜBERNACHTUNG

Buchung

Während der Wandersaison gilt ein verpflichtendes Buchungssystem für Hütten und Campingplätze mit Platzgarantie. Wanderungen in beide Richtungen, Umkehr und bis zu zwei Übernachtungen pro Hütte sind erlaubt. Interessierte sollten bis zu drei Monate vorausbuchen, vor allem bei einem festen Datumswunsch oder größeren Gruppen. Ab dem 1. Juli kann unter 🖥 doc.govt.nz online gebucht werden, es ist aber auch per Post und persönlich in einem DOC-Besucherzentrum möglich ($2). Führen Wetter oder Track-Bedingungen zu einer Sperrung, wird der volle Preis erstattet; eine Umbuchung ist jedoch nur möglich, wenn noch etwas frei ist. Vor dem Start können vorhandene Buchungen geändert werden ($10/Buchung).

Hütten

Die drei größten Hütten – Luxmore (55 Betten), Iris Burn (50 Betten) und Moturau (40 Betten) – haben einen Hüttenwart, Gasherd und WC; Töpfe und Teller muss jeder selbst mitbringen. Die Benutzung der einfachen, sehr kleinen Shallow Bay Hut gleich neben dem Track am Lake Manapouri wird nicht empfohlen. In der Hauptsaison ist der Backcountry-Hüttenpass nicht gültig. Während der Nebensaison gibt es weder Hüttenwart noch Gasherd und nur noch Plumpsklos – dafür gilt der Hüttenpass. (Ende Okt–April $15,50 p. P./Nacht, Nebensaison $15 p. P./Nacht.)

Camping

Camper müssen den Kepler Track in einer sehr kurzen und zwei sehr langen Etappen in Angriff nehmen und dabei die Campingplätze Brod Bay und Iris Burn benutzen. Beide haben 15 Stellplätze, Plumpsklos und Wasser. ($15,30)

TRANSPORT

Der Kepler Track beginnt an den Control Gates, 5 km südwestlich von Te Anau. Man kann die Strecke dorthin am Südufer des Lake Te Anau zu Fuß zurücklegen. Aber die meisten nehmen den Shuttlebus von **Tracknet**, 📞 0800 483 262, 🖥 tracknet.net, der Wanderer von Oktober bis April gegen 8.30 und 9.30 Uhr von den Unterkünften im Ort abholt und an den Control Gates absetzt ($6). Die Wanderstrecke wird bevorzugt 11 km südlich der Control Gates an der Hängebrücke über den Waiau River beendet, von wo Tracknet um 10, 15 und 17 Uhr zurück nach Te Anau fährt ($10). Weitere 5 km Wegstrecke am See lassen sich einsparen, wenn man am ersten Tag ein Boot vom Pier in Te Anau zur Brod Bay nimmt. Diesen Service bietet **Kepler Water Taxi**, 📞 03/249 8364 (8.30 und 9.30 Uhr sowie nach Vereinbarung, $25) oder **Cruise Te Anau**, 📞 03 249 8005, 🖥 cruiseteanau.co.nz (meist 10 Uhr, $25).

Milford Road

Die 120 km lange Straße von Te Anau zum Milford Sound (SH94) darf als eine der schönsten der Welt gelten. Nimmt man jedes sich bietende Fotomotiv zum Anlass für einen Zwischenstopp, lässt sich die zweistündige Fahrt mühelos auf einen ganzen Tag ausdehnen – und noch länger, wenn man einige der wunderschönen

Wanderwege entlang der Strecke erkundet (beschrieben in der im i-SITE in Te Anau kostenlos erhältlichen Broschüre *Milford Road*). Wer bereits das erste Teilstück den Lake Te Anau entlang unübertrefflich schön findet, wird bei der Fahrt durch das Eglinton Valley kaum noch Worte finden. Hier dringt die Straße in steiles, bewaldetes Bergland vor und windet sich durch eine subalpine Wunderwelt, um dann an die scheinbar unbezwingbaren kahlen Felsen am Oberlauf des Hollyford River zu stoßen. Dort bahnt sie sich durch den Homer Tunnel den Weg ins steile Cleddau Valley und fällt zum Milford Sound ab.

Unterwegs gibt es kaum Häuser, keine Läden oder Tankstellen, aber jede Menge tolle Campingplätze.

Geschichte

Die Maori nutzten die Route entlang der Milford Road schon lange, um in der Anita Bay am Milford Sound nach *pounamu* zu suchen. Eine Straße wurde aber erst 1929 durch eine gigantische Arbeitsbeschaffungsmaßnahme mit 200 Arbeitern verwirklicht. Die größte Herausforderung war dabei der Homer Tunnel, der erst 1953 fertiggestellt wurde.

Eglinton Valley

Kaum lohnenswerte Zwischenstopps bieten sich auf den ersten 30 km von Te Anau Richtung Norden nach **Te Anau Downs**, wo die Boote zum Ausgangspunkt des Milford Track ablegen. Dahinter verlässt die Straße den See, biegt nach Osten ab zum **Eglinton Valley** und führt durch Südbuchenwälder, die von offenen Tussock-Grasebenen durchbrochen werden. Die einst als Weideland genutzte Ebene kehrt langsam zu ihrem Urzustand zurück. Doch im November und Dezember präsentiert sie sich noch immer als ein Meer aus weißen, rosa- und lilafarbenen Lupinen – schön anzuschauen, aber trotzdem Unkraut.

Mirror Lakes

Besonders schöne Berge flankieren das Tal und spiegeln sich bei gutem Wetter in den **Mirror Lakes**, die 58 km nördlich von Te Anau neben der Straße liegen. Aber auch ohne die Spiegelbilder ist der Ort traumhaft, mit Holzstegen zum flachsgesäumten Wasser (ursprünglich das Bett des Eglinton River).

Schneller zum Milford Sound

Jeder will zum Milford Sound, aber da er ziemlich weit ab vom Schuss liegt, hat man sich von jeher dafür eingesetzt, die Reise abzukürzen.

Ursprünglich sollte der „Southland–Westland-Link" eine Straßenverbindung zwischen Jackson Bay über das Hollyford Valley nach Milford schaffen. Von der 1936 genehmigten **Hollyford Valley Road** wurden jedoch nur 16 km ausgebaut. Manche halten heute den Bau einer 80 km langen Straße von diesem Teilstück bis zur Jackson Bay für die Antwort auf die infrastrukturellen Probleme der Region.

In den 1990er-Jahren wollte der Ngai Tahu *iwi* eine Schwebebahn von Queenstown durch das Greenstone Valley bis The Divide (nur 40 km von Milford Sound) bauen. Ein Bündnis aus Umweltschützern und Outdoorfans mobilisierte die öffentliche Meinung dagegen und ließ den Plan scheitern.

Der neuste Plan ist der Bau eines $160 Mio. teuren, 11 km langen **Tunnels** vom Beginn des Routeburn Tracks zum Hollyford Valley. Die Kosten sind ein großes Problem, aber das Projekt hat durchaus gut Chancen: Passagiere müssten von Queenstown bis Milford Sound nicht umsteigen (Hybridbusse sind im Gespräch), und die einfache Fahrtzeit würde halbiert, auf gut zwei Stunden.

Für jeden Befürworter dieser Pläne in Queenstown gibt es jedoch in Te Anau einen Gegner, denn die Stadt lebt größtenteils vom Verkehr Richtung Milford.

FIORDLAND

Etwa 20 km weiter nördlich markiert der Campingplatz *Cascade Creek* den Beginn des **Lake Gunn Nature Walk**.

The Divide

84 km nördlich von Te Anau

Nahe dem Ende des Tals wird die Strecke steiler und erreicht 84 km nördlich von Te Anau **The Divide**, den mit 532 m niedrigsten Ost-West-Pass über die Neuseeländischen Alpen. Hier beginnen und enden die Greenstone, Caples und Routeburn Tracks, wobei Letzterer bis zum Key Summit fortgesetzt werden kann (s. Kasten). Der Parkplatz an The Divide verfügt über Toiletten und eine Hütte für Wanderer mit einem Busfahrplan (4x tgl. zum Milford Sound, 1 1/4 Std.; 5x tgl. nach Te Anau, 1 Std.). Sicherer ist es allerdings, vorab eine Abholung zu arrangieren.

Weiter Richtung Milford fällt die Straße nach nur wenigen Kilometern in das Tal des Hollyford River ab. Ein **Aussichtspunkt** kurz vor der Abzweigung der Hollyford Road bietet den besten Ausblick.

Hollyford Valley

Von The Divide fällt die Milford Road ins **Hollyford Valley** ab, das der Hollyford River ausgehend von seiner Quelle in den Darren Mountains auf einer Länge von 80 km durchfließt, bevor er an der Martins Bay in die Tasmansee mündet. Die 16 km lange Schotterstraße Lower Hollyford Road bietet Zugang zum Hollyford Track, zum Lake Marian Walk und zum winzigen **Gunns Camp** (auch: Hollyford Camp), nach 8 km entlang der Talstraße. Das ehemalige Straßenbaucamp und langjährige Zuhause des Exzentrikers Murry Gunn bietet heute einfache Unterkünfte (S. 842), ein Museum und einen **Laden** mit Wanderbedarf, Postkarten, Büchern und Jade-Souvenirs. Die Straße endet 8 km hinter dem Ort am Road End, wo der Hollyford Track beginnt. Hier startet auch eine kürzere Wanderung zu den 200 m hohen **Humboldt Falls** (hin und zurück 20–30 Min.).

Gunns Camp Museum

🕐 tgl. Okt–März 8–20, April–Sep 9–19 Uhr ▪ Eintritt $1, für Gäste kostenlos

Für historisch Interessierte lohnt sich der halbstündige Besuch dieser kleinen Sammlung von Artefakten aus der Pionierzeit, mit Erinnerungsstücken aus der ehemaligen Siedlung in Martins Bay und Informationen zu den periodischen Flutkatastrophen sowie zum Bau von Milford Road und Homer Tunnel. Ein Foto aus dem Jahr 1989 zeigt den ehemals hier ansässigen Inhaber Murry Gunn in seiner Küche.

Wanderungen von der Milford Road

Alte (Wander-)Hasen machen sich gern über die Touristen lustig, die Zeit, Mühe und Geld in solche Tracks wie Milford und Routeburn investieren, während es entlang der Milford Road so viele exzellente, leicht zugängliche Pfade gibt.
Lake Gunn Nature Walk (3 km Rundweg, 45 Min., minimaler Anstieg). Naturlehrpfad, der auch mit dem Rollstuhl befahren werden kann. Beginnt 74 km nördlich von Te Anau.
The Divide–Key Summit hin und zurück (5 km; 2–3 Std., 400 Höhenmeter). Tolle Panoramaaussichten über drei Täler sind der Lohn für diese Wanderung auf dem westlichen Abschnitt des Routeburn Track. Beginnt 74 km nördlich von Te Anau.
Lake Marian (hin und zurück 5 km, 2–3 Std., 400 Höhenmeter). Malerischer Aufstieg zu einem alpinen See, vorbei an schönen Wasserfällen (hin und zurück 30–40 Min.). Beginnt in der Lower Hollyford Road, 1 km nach der Abzweigung von der Milford Road und 88 km nördlich von Te Anau.
Homer Hut–Gertrude Saddle (hin und zurück 10 km, 3–5 Std., 600 Höhenmeter). Weg mit relativ einfachem Beginn im dramatischen Gertrude Valley, umgeben von senkrechten Felswänden. Anschließend wird der Track steil, markiert durch Schneestangen und Steinmännchen, bis zum letzten Anstieg zum Sattel, der einen tollen Ausblick über den Milford Sound und den 2756 m hohen Mount Tutoko bietet. Start: 74 km nördlich von Te Anau an der Homer Hut.

FIORDLAND

Homer Tunnel

Nach der Abzweigung nach Hollyford verläuft die Milford Road weiter nach Westen bergauf zur Hollyford-Quelle, gesäumt von Krüppelbuchen, bis zum riesigen Gletschertal des Gertrude Valley auf über 900 m Höhe. Durch diese Landschaft voller Wasserfälle stolzieren viele neugierige **Keas**: Nicht füttern! Menschliche Nahrung kann ihnen gefährlich werden.

Anschließend geht es durch den 1200 m langen **Homer Tunnel** durch die Steilwand des Hollyford Valley Richtung Meer. Die Tunnelbauarbeiten begannen 1935, doch die Planung stand von Anfang an unter keinem guten Stern. Im vorgesehenen 10 %-igen Gefälle stießen die Bauarbeiter schon bald auf Wasser, das sie unentwegt abpumpen mussten. 1948 wurde der Bau eines Führungstunnels abgeschlossen, der das Abfließen des Wassers nach Westen ermöglichte. Nachdem man erneut alle verfügbaren Energien mobilisierte, konnte die erste Straßenverbindung zum Milford Sound 1953 schließlich fertiggestellt werden. Jedes Jahr im April liefern sich Einheimische nur mit Turnschuhen bekleidet ein Wettrennen durch den Homer Tunnel.

Trotz einiger Verbesserungen in jüngerer Zeit ist der schmale und stockfinstere Tunnel bis heute eine ziemlich raue Angelegenheit. Zu den Stoßzeiten im Sommer regelt eine **Ampel** den Verkehr, der dann nur einspurig ver-

Hollyford Track

Der lange, aber meist flache **Hollyford Track** (56 km, 3–4 Tage einfach) verläuft vom Ende der Hollyford Valley Road bis zur Martins Bay entlang des längsten Tals im Fiordland. Im Grunde ist es ein Fjord, der nie vom Meer geflutet wurde.

Mehr als die zu bezwingenden Gebirgskämme sind es die atemberaubende Berglandschaft und die **Wälder** aus Kahikatea, Rimu und Matai sowie der Unterwuchs aus Weinbeere, Fuchsien und Farnen, die den Reiz des Hollyford Track ausmachen. Long Reef in der Martins Bay ist Heimat einer **Pelzrobben**-Kolonie, von Sep–Dez kann man auch die seltenen **Dickschnabelpinguine** (Tawaki) sehen.

Die Wanderung ist keine Rundroute. Daher muss man für den Rückweg weitere 3–4 Tage einplanen – es sei denn, man hat genügend Geld für einen Flug von Martins Bay oder die Ausdauer für die anschließende lange und schwierige **Pyke–Big Bay Route** (Rundweg insgesamt 9–10 Tage; Details in der DOC-Broschüre *Pyke–Big Bay Route*).

Saison und Sicherheit

Der Track ist das ganze Jahr über geöffnet, im Winter aber recht schlammig. Jetboote (s. unten) fahren nur während der Saison für geführte Wanderungen auf dem Lake McKerrow. Infos zu aktuellen Bedingungen gibt es in der DOC-Broschüre *Hollyford Track* oder beim DOC in Te Anau. Wanderer werden nicht vom DOC überwacht, daher sollte man über 🖵 adventuresmart.org.nz jemanden von der anstehenden Wanderung in Kenntnis setzen.

Zugang, Unterkunft und geführte Wanderungen

Die **Busse** von **Tracknet**, 📞 0800 483 262, 🖵 tracknet.net, fahren von Te Anau zum Hollyford Road End (Nov–April Mo, Mi und Fr, $52). Geführte Wandergruppen **fliegen** von der Martins Bay über die Berge zum Milford Sound. Diese Flüge sowie Rückflüge nach Martins Bay veranstalten mehrere Fluguntenehmen (S. 847). Die lange Tagesstrecke entlang des hübschen, aber gleichförmigen Lake McKerrow lässt sich erheblich verkürzen, wenn man den **Jetboot-Service** von Hollyford Track zwischen Martins Bay und dem anderen Ende des Lake McKerrow nutzt (Ende Okt–Mitte April, um $110).

Für diesen Track gibt es kein **Buchungssystem**. Die 6 DOC-**Hütten** kosten alle $15/Nacht; der Backcountry-Hüttenpass ist gültig. Alle außer Alabaster Hut (26 Betten) und Martins Bay Hut (24 Betten) haben 12 Betten. Gaskocher und Töpfe mitbringen! **Camping** ist bei allen Hütten erlaubt ($5).

FIORDLAND

läuft (Wartezeiten bis zu 15 Min. sind möglich), sonst muss man auf entgegenkommende Fahrzeuge achten.

The Chasm

Nach dem Homer Tunnel führt die Straße in Serpentinen bergab zum Cleddau River. Etwa 10 km hinter dem Tunnel halten sämtliche Busse bei **The Chasm** und geben ihren Fahrgästen Gelegenheit zu einem kurzen Spaziergang zu den Stromschnellen des Cleddau (hin und zurück 15 Min.), der hier eine tiefe, eindrucksvolle Schlucht in den Fels gefräst hat. Von hier sind es noch 8 km bis zum Milford Sound.

ÜBERNACHTUNG

Camper können in einem der 12 einfachen DOC-Campingplätze entlang der Milford Road entweder auf Gras oder unter Bäumen nächtigen. Alle haben Plumpsklo, Giardia-freies Flusswasser und meist eine Feuerstelle. Die vollständige Liste steht im DOC-Gratisheft *Conservation Campsites*; die besten Plätze sind hier nach Entfernung von Te Anau aufgeführt.

Henry Creek, SH94, 25 km nördlich von Te Anau an der Milford Rd. Der erste DOC-Campingplatz an der Milford Road verteilt seine ansprechenden Stellplätze entlang des Seeufers und im Schutz von Buchen. Plumpsklos und Seewasser. $5

Trips & Tramps, ☎ 0800 305 807, 🖥 tripsandtramps.com. Dieser Anbieter b das beste Paket: Flug und Transfer vom Flugplatz Milford Sound zum Parkplatz am Hollyford Road End ($195). Das Gleiche ab Te Anau kostet $260.

Hollyford Track Guided Walk, ☎ 0800 832 226, 🖥 hollyfordtrack.com. Perfekt für alle, die lieber ohne großen Rucksack wandern und komfortable Unterkünfte mit herzhaftem Essen bevorzugen. Sachkundige Führer nehmen kleine Gruppen mit auf die 3-tägige Wanderung mit Übernachtung in der eher luxuriösen Martins Bay Lodge und der Pyke River Lodge. Im Preis ($1795) sind eine Jetbootfahrt auf dem Lake McKerrow (was den härtesten Abschnitt erspart) und der Rückflug ab Martins Bay enthalten Ende Okt–Mitte April.

Die Route

Road End–Hidden Falls Hut (9 km, 2–3 Std., minimaler Anstieg). Die Strecke folgt einem ungenutzten Abschnitt der Straße, die schon bald in einen Pfad übergeht, um dann teilweise am Fluss entlang zur Hidden Falls Hut zu führen.

Hidden Falls Hut–Alabaster Hut (10 km, 3–4 Std., 100 Höhenmeter). Ambitionierte Wanderer werden wahrscheinlich gleich den Weg zur Alabaster Hut in Angriff nehmen wollen, der durch Ribbonwood und Südbuchenwald zum Little Homer Saddle und vorbei an den Little Homer Falls verläuft.

Alabaster Hut–Demon Trail Hut (15 km, 3–4 Std., minimaler Anstieg). Auf diesem Teilstück zweigt recht bald ein Nebenpfad zur hübsch gelegenen McKerrow Island Hut ab, ansonsten führt der Weg am Ufer des Lake Alabaster weiter zur Demon Trail Hut.

Demon Trail Hut–Hokuri Hut (10 km, 5–6 Std., 100 Höhenmeter). Der anstrengendste Streckenabschnitt ist der Weg zur Hokuri Hut. Er verläuft am Seeufer entlang durch unwegsames Terrain (ehemaliger Viehweg) und erfordert einige Flussüberquerungen, bevor er die Hokuri Hut (12 Betten) erreicht.

Hokuri Hut–Martins Bay Hut (13 km, 4–5 Std., minimaler Anstieg). Der letzte Teil der Route passiert die spärlichen Überreste von Jamestown, einer Siedlung von Viehzüchtern, der nur eine kurze Blüte in den 1870er-Jahren beschieden war. Dahinter gelangt man zum kleinen, von Hollyford Track genutzten Flugfeld und dem Dutzend Behausungen von Martins Bay. Niemand lebt hier dauerhaft, nur gelegentliche Angler und Jäger nutzen sie. Parallel zur Martins Bay erreicht der Weg mit vereinzelten Ausblicken auf den Hollyford River schließlich die Martins Bay Hut.

FIORDLAND

Die wunderbare Landschaft entlang der Milford Road kann schnell vom Autofahren ablenken. Unabhängig von der Jahreszeit müssen Autofahrer außerdem mit starkem Busverkehr rechnen; Richtung Milford ist das Aufkommen zwischen 11 und 12 Uhr am größten, Richtung Te Anau zwischen 15 und 17 Uhr. Abgesehen von dem Laden im Hollyford Valley, 8 km abseits der eigentlichen Route, gibt es bis Milford keine Gelegenheit für den Kauf von **Proviant**. Den Wagen unbedingt in Te Anau auftanken: In Milford gibt es zwar eine **Zapfsäule**, aber oft keinen Sprit.

Im Winter (Mai–Okt) ist der durch subalpines Gelände führende Abschnitt der Milford Road eine der **lawinenanfälligsten** Strecken der Welt und wird durch ein hochmodernes Lawinenkontrollsystem überwacht. Wenn notwendig wird nach Sperrung der Straße aus Helikoptern Sprengstoff abgeworfen, um gefährliche Schneeakkumulationen zu lösen. Während dieser Zeit sind Schneeketten vorgeschrieben (an Tankstellen in Te Anau für $25/Tag zu bekommen). Ist Schnee gemeldet, werden Fahrzeuge an einem kleinen Häuschen etwas außerhalb von Te Anau angehalten, wo kontrolliert wird, ob man Schneeketten dabeihat und sie auch aufziehen kann – andernfalls geht's zurück nach Te Anau. Nicht selten kommt es vor, dass die Straße gesperrt wird und Autofahrer in Milford festsitzen. Vor der Abfahrt sollte man sich immer im DOC-Büro in Te Anau nach den Wettervorhersagen erkundigen. Regelmäßig aktualisierte Vorhersagen gibt es auch auf 🖥 www.milfordroad.co.nz.

Cascade Creek, SH94, 49 km nördlich von Te Anau. Kleiner DOC-Campingplatz mit Talblick 2 km innerhalb des Nationalparks. Bachwasser, Picknicktische und viele geschützte Stellplätze für Wohnmobile. $5

Knobs Flat, SH94, 52 km nördlich von Te Anau, 📞 03 249 9122, 🖥 knobsflat.co.nz. 6 sehr komfortable Motel Units in abgeschiedener Lage mit tollem Talblick von der Veranda. Kein TV oder Mobilfunknetz. Zur Ausstattung gehört eine vollständige Küche. Außerdem im Angebot: geführte Wanderungen durch das Eglinton Valley ($20/Std., $75/halber Tag) und Camping (keine Elektroanschlüsse) mit Dusche und gut ausgestatteter Küche. Camping $15, DZ $130

Totara, SH94, 53 km nördlich von Te Anau. DOC-Campingplatz mit großen Grasflächen und Buchen sowie Picknicktischen und einfachen Grillplätzen. $5

Deer Flat, SH94, 62 km nördlich von Te Anau. DOC-Campingplatz mit Wiesenstellplätze und Buchen. $5

Cascade Creek, SH94, 77 km nördlich von Te Anau. Der nächste DOC-Campingplatz am Milford Sound (40 km). Bietet auch Kurse im Fliegenfischen. $5

Gunns Camp, 8 km entlang der Lower Hollyford Rd, ✉ gunnscamp@ruralinzone.net. Die einzigen Unterkünfte in dieser Gegend sind in diesen Cabins untergebracht, die in den 1930er-Jahren als Familienquartier für Straßenbauarbeiter dienten. Sie werden ständig modernisiert; neuerdings gibt es Lounge und Küche. Trotzdem ist der alte, schlichte Charakter erhalten geblieben. Die Cabins haben meist Einzelbetten oder Zimmer mit 6 Stockbetten, verbunden durch eine Wohnküche mit Holz- oder Kohleofen. Von 7.30–10 und 18–22 Uhr läuft ein Generator. Kühlschränke, Mobilfunk und Internet gibt es allerdings nicht. Besucher sollten Essen mitbringen, können aber auch im kleinen Laden einkaufen. Einige Wohnmobilstellplätze. Camping $12, Stockbetten $20, Cabins mit DZ oder 2BZ $55

20 HIGHLIGHT

Milford Sound

Milford Sound (Piopiotahi): Der nördlichste und bekannteste der 15 Fjorde in Fiordland erhebt sich mit senkrechten Wänden und vielen Wasserfällen 1200 m über das Meer. Mit 15 km Länge und meist weniger als 1 km Breite gehört er

FIORDLAND

auch zu den schmalsten seiner Art. Sein Name ist irreführend: Ein „Sound" definiert sich als versunkenes Flusstal. Das hier ist aber definitiv ein durch Gletscher geformter Fjord.

Die schieren Ausmaße dieses wunderbaren Ortes sind eigentlich nur zu erfassen, wenn gerade ein Schiff durchfährt – selbst die größten Pötte sehen darin aus wie Spielzeuge.

Tatsächlich präsentiert sich der Milford bei Regenwetter am schönsten. Da kann man nur von Glück reden, dass es an über 180 Tagen im Jahr regnet (insgesamt bis zu **7000 mm Niederschlag**). Innerhalb von Minuten nach einem Wolkenbruch schießen Wasserfälle aus sämtlichen Felswänden, und leichter Nebel verleiht dem Ganzen eine überirdische Schönheit. Doch alle Wetterlagen des Milford Sound sind einen Besuch wert: Sonne (doch, die gibt es auch), Regen oder auch Schnee.

Kein anderer Fjord bietet diese spektakuläre **Schönheit**; das wirklich Besondere ist aber der leichte **Zugang**. Der winzige Flughafen kommt selten zur Ruhe, und Busladungen von Besuchern besteigen die Ausflugsdampfer (im Sommer den ganzen Tag, im Frühjahr und Herbst zur Mittagszeit).

Aber nicht irritieren lassen: Selbst die Menschenmassen können die Pracht nicht schmälern. Natürlich kann man auch mit dem Auto hierher fahren, aber erst vom Schiff oder Kajak aus entfaltet sich das Panorama in seiner ganzen Pracht.

Geschichte

Die Maori nennen den Fjord **Piopiotahi** („die einsame Drossel") und schreiben seine Entstehung dem Gott Tu-te-raki-whanoa zu, der an einen anderen Ort gerufen wurde, bevor er einen Weg ins Landesinnere in das Gestein meißeln konnte und hohe Felswände zurücklassen musste. Diese steilen Routen sind heute als Homer Pass und Mackinnon Pass bekannt, wurden aber vermutlich schon früher von den Maori genutzt. Als erster Europäer soll der Robbenfänger John Grono 1823 in den Piopiotahi gesegelt sein und den Fjord nach seinem Heimathafen in Südwales, Milford Haven, benannt haben. Der Hauptzufluss in den walisischen Milford war der Cleddau, weshalb man den Fluss am Ende des Fjords mit dem gleichen Namen bedachte.

Der erste Siedler war der Schotte **Donald Sutherland**, der sich mit seinem Hund John O'Groat 1877 hier niederließ und unverzüglich eine Reihe strohgedeckter Hütten in der Nachbarschaft des Süßwasserbeckens seiner sogenannten „City of Milford" errichtete. Zur Finanzierung seiner Erkundungstouren verdingte er

---

Das empfindliche Ökosystem des Milford Sound

Die Auswüchse des Touristenrummels sowie die Existenz einer kleinen Fischereiflotte verlangen nach Strategien zum Schutz dieses **empfindlichen Ökosystems**. Wie alle Fjorde besitzt der Milford Sound an seiner Mündung eine unterseeische Schwelle, die in diesem Fall nur 70 m unter der Oberfläche liegt, während die tiefste Stelle im Fjord fast 450 m misst. Das verhindert die natürliche Umwälzung des Wassers und die Vermischung des Salzwassers mit den ungeheuren Süßwassermengen, die sich in den Fjord ergießen, wodurch das seltsame Phänomen der **Deep Water Emergence** entsteht. Diese wiederum hat zur Folge, dass die Tanninkonzentration der oberen Süßwasserschicht (meist 2–6 m tief) ansteigt und noch weniger Licht, als ohnehin schon durch den immerwährenden Schatten der steil aufragenden Felswände abgehalten wird, das Wasser durchdringen kann. Die Folge ist eine relativ karge Gezeitenzone, die einen schmalen, aber überaus reichen und höchst fragilen Streifen lichtscheuer roter und schwarzer **Korallen** schützt. Normalerweise wachsen diese erst in viel größerer Tiefe, gedeihen aber hier dank der dunklen Umgebung prächtig. Bedauerlicherweise verwendet die hiesige Fischereiflotte Hummerreusen, die nicht selten alles Wachstum von den Fjordwänden abrasieren. An der Nordostküste ist ein Schutzgebiet eingerichtet worden, wo derlei Praktiken verboten sind, nach Meinung von Umweltschutzgruppen sollte diese Zone jedoch noch erweitert werden.

sich als Führer einer noch geringen Schar an Besuchern, die von Geschichten über die landschaftliche Pracht angelockt wurden.

Bis 1953 kamen alle Besucher per Boot oder zu Fuß über den Milford Track. Dann machte der Homer Tunnel endlich den Weg frei für den endlosen Strom an Reisebussen zu den Ausflugsschiffen.

Der Ort Milford Sound

Am Milford Sound liegt eine winzige Siedlung gleichen Namens. Außer einem Flugplatz, einem Fischerhafen, einer XXL-Kreuzfahrtmole, einem Postamt, einem Pub und ein paar Lodges hat der Ort jedoch nicht viel zu bieten.

Wer hier ist, ist vor allem von Wasser umgeben und sollte so viel Zeit wie möglich darauf verbringen. Wenn man sich für die Pionierzeit interessiert, kann man aber auch **Donald Sutherlands Grab** besuchen, das sich hinter dem Pub versteckt. Auch der 5-minütige **Spaziergang** zum Aussichtspunkt hinter der Mitre Peak Lodge und der **Piopiotahi Foreshore Walk** vom Parkplatz bis zur Siedlung am Rand des Fjords (5–10 Min., eben) lohnen sich.

Mitre Peak

Der Blick auf den Milford Sound wird beherrscht vom unverkennbaren dreieckigen Gipfel des **Mitre Peak** (1692 m). Die Ähnlichkeit zum namensgebenden Bischofshut ist eigentlich gar nicht so groß, aber die viktorianischen Pioniere suchten offensichtlich händeringend nach einer Alternative zum Maori-Namen Rahotu, was übersetzt soviel heißt wie „aufrechtes Glied" – die Ähnlichkeit zu einem solchen ist allerdings auch nicht gerade frappierend.

Sinbad Gully

Links fällt der Mitre Peak in die **Sinbad Gully** ab; dieses riesige Tal war in Fiordland die letzte Bastion des **Kakapo**, des größten Papageis der Welt. 1981 wurden hier eine Handvoll Vö-

gel gefunden und mit den ebenfalls gefährdeten Steward-Island-Kakapos gekreuzt. Heute sind alle Exemplare auf raubtierfreien Inseln geschützt. Durch Wieselfallen hofft man, Sinbad Gully eines Tages wieder sicher genug für die erneute Ansiedlung der Vögel zu machen.

Lady Bowen Falls und Stirling Falls

Nach einem Regenguss könnte man zwar meinen, Milford Sound bestehe komplett aus Wasserfällen. Aber nur zwei davon sind permanent zu sehen. Man betrachtet sie am besten vom Wasser aus. Gleich neben der Ortschaft Milford Sound donnern die 164 m hohen **Lady Bowen Falls** ins Wasser – besonders beeindruckend nach einem Regenguss.

Die 155 m hohen **Stirling Falls** auf halber Höhe des Fjords sind fast genauso imposant und werden von fast allen Ausflugsschiffen und manchen Kajakausflügen angefahren.

Milford Discovery Centre und Underwater Observatory

Harrison Cove, Ziel diverser Ausflugsschiffe v. a. von Southern Discoveries; 30–45 Min. Halt ■ $36 Aufpreis ■ ✆ 0800 246 536, ⌨ southern discoveries.co.nz

Nach etwa einem Drittel des Weges über den Fjord befindet sich das kürzlich erneuerte **Milford Discovery Centre und Underwater Observatory**. Es handelt sich um eine schwimmende Plattform, verankert in einem Felsen im Meeresschutzgebiet. Eine Wendeltreppe führt 8 m in die Tiefe, wo durch Sichtfenster ein „Unterwassergarten" mit Korallen und Meerespflanzen zu sehen ist, teilweise bevölkert von Haien und Robben. Aber die Hauptattraktion sind die seltenen **Korallen** und Pflanzen. Was sich vielleicht nicht sonderlich aufregend anhört, bietet die wahrscheinlich einzige Möglichkeit, diese Korallen zu Gesicht zu bekommen – es sei denn, man ist ein erfahrener Taucher.

FIORDLAND

Über Wasser sind interessante Infotafeln zur Milford Road, zum Bau des Homer Tunnels sowie zum Bau der Observatory Mitte der 1990er-Jahre zu entdecken.

ÜBERNACHTUNG UND ESSEN

Dieser Abschnitt enthält sämtliche Optionen für Übernachtung, Essen und Trinken in Milford Sound.

Blue Duck Bar, SH94, ☎ 03 249 7982. Ein eher unorigineller Pub mit Billardtischen, Sport-TV und kleiner Speisekarte mit Pizza, Hähnchenburger mit Pommes und Spaghetti Bolognese (alles um $19). ⏲ tgl. 16–ca. 23 Uhr, Essen 17–21 Uhr.

Blue Duck Café, SH94, ☎ 03 249 7982. Café mit gutem Espresso, Muffins, Sandwiches und Eis. Das Mittagsbuffet ($17–21) ist weniger spannend. Die Eckplätze bieten bei gutem Wetter einen Blick auf Mitre Peak. ⏲ tgl. Nov–März 8.30–16.30, April–Okt 9–16 Uhr.

Milford Sound Lodge, 1,5 km nach dem Kai, ☎ 03 249 8071, ▭ milfordlodge.com. Ein gut geführtes Hostel mit großen Dorms, 2BZ und DZ (mit Gemeinschaftsbad), einer engen Küche, Bar, komfortabler Lounge und teurem Laden. Am Flussufer sind 4 schöne Units mit großen Fenstern, Bad und TV. Im Voraus buchen! Camping $18, Dorms $30, 4BZ $33, DZ $85, Units $250

Mitre Peak Lodge, ☎ 03 249 7907. 35-Betten-Hotel aus dem 1950er-Jahren, in dem Teilnehmer geführter Milford-Track-Touren Vorrang haben. Restzimmer können telefonisch reserviert werden. Sie haben nicht den neuesten Standard, wobei die Zimmer mit Blick auf den Mitre Peak moderne Bäder haben. Gästen stehen Lounge-Bar, 3-Gänge-Abendmenü ($50), englisches Frühstück ($15) und Lunchpakete ($10) zur Verfügung. Checkout um 8.30 Uhr. Nur Nov–Mitte April geöffnet. $160, Fjordblick $210

TRANSPORT

Milford Sound ist ein Wunschziel der meisten Neuseeland-Besucher; während der Saison (Okt–April) haben landesweit jede Menge Veranstalter die Anreise im Angebot. Wer will, kann auch selbst über die Milford Road (S. 837) hinfahren, mit dem Bus anreisen oder direkt von Queenstown nach Wanaka fliegen (S. 781). Manche Unternehmen bieten eine Kombi aus Bus, Boot und Flug an (s. Kasten).

Busse
Zahlreiche Luxusbusse legen die 5 Std. von Queenstown nach Milford Sound über Te Anau zurück (häufige Foto-Stopps und Endloskommentare inklusive). Am Fjord setzen sie ihre Passagiere ab, die dann eine Rundfahrt machen und anschließend wieder einsteigen, um nach Queenstown zurückzukehren: ein atemloser 12–13-Stunden-Tag, der meist um 7 Uhr beginnt. Oft ist auch eine Abholung in Te Anau möglich, aber schöner ist es, sich in Te Anau einzumieten und dort in den Bus zu steigen. Die Reise dauert dann nur noch entspannte 8 Std. und folgt dem spannendsten Abschnitt der Milford Road; eine Bootsfahrt ist meist auch inklusive. Fahrten ohne Schiff sind am billigsten und v. a. sinnvoll für Kajakfahrer.

BBQ Bus, ☎ 03 442 1045, ▭ milford.net.nz. Günstigste, Backpacker-Fahrt von Queenstown inkl. Halt für kurze Waldspaziergänge, Grillen im Hollyford Valley und Fjordrundfahrt (auch mit Flug). Okt–April tgl., Mai, Aug und Sep 4x wöchentl. ($182). Auch ab Te Anau ($152).

Fiordland Tours, ☎ 0800 247 249, ▭ fiordland tours.co.nz. Kleinbusfahrten von Te Anau nach Milford Sound, mit Abholung an der Unterkunft,

---

FIORDLAND

Kombipakete mit Bus, Boot und Flugzeug

Wem ein Ganztagestrip von Queenstown nach Milford Sound (Bus/Boot/Bus) zu anstrengend ist und wer das eisige Rückgrat von oben sowie die schöne Milford Road vom Boden aus sehen will, ist mit einer Flug/Boot/Bus- oder Bus/Boot/Flug-Kombination gut bedient. Da Flüge wegen des schlechten Wetters schnell storniert werden, ist es sinnvoller, hinzufliegen, solange die Sonne scheint, und mit dem Bus zurückzufahren. Viele Anbieter haben solche Kombi-Angebote im Programm, die seltsamerweise mehr kosten, als beide Strecken zu fliegen. Übliche Preise: **Air Fiordland** $520, **Milford Sound Select** $495 und **Real Journeys** $568.

Eine Reise zum Milford Sound ohne einen Abstecher aufs Wasser ist nicht komplett. Glücklicherweise mangelt es nicht an entsprechenden lohnenswerten Angeboten.

Tagesrundfahrten

Obgleich imposant, ist der Ausblick vom Ufer auf den Milford Sound nichts im Vergleich zu den Eindrücken, die sich vom Wasser aus bieten. Die meisten Schiffe fahren den Fjord in seiner ganzen Länge ab. Bei den **Fairy Falls** halten die Boote dicht am Fuß des Wasserfalls und geben wagemutigen Passagieren die Gelegenheit, mit dem Wasser auf Tuchfühlung zu gehen.

Die einfachste Variante ist eine der **Tagestouren** (1 1/2–3 Std., im Sommer 20x tgl., im Winter 10x tgl.; im Jan, Feb und März am besten ein paar Tage im Voraus buchen). Zur Auswahl stehen große, schnelle und komfortable Schiffe und kleinere Boote mit persönlichem Charakter. Die meisten Anbieter haben variable **Preise** je nach Tageszeit: Zwischen 11 und 14 Uhr liegen sie 20–30 % über den Preisen um 9 oder 15 Uhr. Ansonsten richten sich die Preise nach Größe des Boots, Ausflugslänge und Essensqualität (falls vorhanden). Der Ausblick ist natürlich überall gleich schön.

Jucy Cruise, ☎ 0800 500 121, 🖥 jucycruize.co.nz. Spaßbetonte, günstige Fahrt auf relativ kleinem Boot (100 Passagiere; $65–75). Leichtes Mittagessen an Bord.

Mitre Peak Cruises, ☎ 03 249 8110 und 0800 744 633, 🖥 mitrepeak.com. Die kleinsten Boote und der persönlichste Service machen diese 2-stündigen Bootstrips attraktiv ($68–80).

Real Journeys, ☎ 0800 656 501, 🖥 realjourneys.co.nz. Größter Anbieter mit breiter Auswahl an Booten und professionellem Service. Einfache Fahrten (1 Std. 40 Min., $68–90) und entspanntere Naturtrips (2–2 1/2 Std., $75–95). Mittagessen $17 und $32, indisches Essen und Sushi müssen vorbestellt werden.

Southern Discoveries, ☎ 0800 264 536, 🖥 southerndiscoveries.co.nz. Mainstream-Fahrten von der einfachen Rundfahrt (1 3/4 Std., $65–90) bis zum Discover-More-Trip (3 Std., $115) mit Mittagsbuffet und Besuch im Milford Discovery Centre.

Fahrten mit Übernachtung

Alle Fahrten mit Übernachtung werden von **Real Journeys**, ☎ 0800 656 501, 🖥 realjourneys.co.nz, in zwei leicht unterschiedlichen Varianten angeboten. Während der Saison machen die beiden Schiffe guten Kommentaren, Bootsfahrt und hausgemachten Backwaren ($169, Mittagessen $20 Aufschlag).

Jucy, ☎ 0800 500 121, 🖥 jucycruize.co.nz. Günstiger Trip von Queenstown für Spätaufsteher. Abfahrt 8.15 Uhr, Anschluss zur Jucy Cruise um 15.15 Uhr und kurzer Halt zum Abendessen in Te Anau. Rückkehr um 21 Uhr ($159).

Milford Sound Select, ☎ 0800 477 479, 🖥 milfordsoundselect.co.nz. Mittelgroße Glasdachbusse sind ein schönes Detail dieser sehr preisgünstigen Bus/Boot/Bus-Kombi-Tour von Queenstown ($149).

Real Journeys, ☎ 0800 656 501, 🖥 realjourneys.co.nz. Gehobene Bus/Boot/Bus-Kombination von Queenstown mit keilförmigen Glasdachbussen, leicht angewinkelten Sitzen mit Panoramasicht und WLAN. Gute, mehrsprachige Kommentare. Fährt ganzjährig ($198); Abholung auch in Te Anau ($175).

Tracknet, ☎ 03 249 7777, 🖥 tracknet.net. Günstiger Transfer von Te Anau nach Milford Sound, allerdings mit Umwegen zu den Startpunkten einiger Wanderungen. (Okt–April 2x tgl., $49 einfach).

Trips & Tramps, ☎ 0800 305 807, 🖥 tripsandtramps.co.nz. Interaktive, naturorientierte Kleinbusfahrten von Te Anau inkl. Bus/Boot-Kombination und mehreren kurzen Wanderungen (9 Std., $165). Der Big Day Out (10 Std., $173) beinhaltet zusätzlich eine 2-stündige, eigenständige Wanderung oder eine kurze, geführte Wanderung am Hollyford Track;

von ca. 16.30–9.15 Uhr eine entspannte Fahrt um den Milford Sound und ankern meist an der Fjord-mündung im Schutz der **Anita Bay** (oder *Te-Wahi-Takiwai*, dem „Ort von Takiwai"), einem ehemaligen Jadesammelplatz. Neben gutem Essen und einer Übernachtung in einer geschützten Bucht bietet sich den Passagieren auch die Gelegenheit zum Kajakfahren. Die Busfahrt zurück nach Te Anau kostet weitere $60–80, nach Queenstown $135.

Milford Wanderer Das Backpacker-Boot hat 28 Kojen, meist enge 2B-Kabinen mit Gemeinschaftsbad (es gibt aber auch ein paar 4B-Kabinen). Bettzeug, Handtücher und das herzhafte 3-Gänge-Menü (exkl. Getränke) gleichen die beengten Verhältnisse wieder aus. Nov–März 2BZ $325, 4BZ $260; April 2BZ $228, 4BZ $182.

Milford Mariner Recht luxuriöses 60-Kojen-Boot mit komfortablen 2B-Kabinen mit Bad und hochwertigem Buffet. Nov–März $495, Sep, Okt. und April–Mitte Mai $347.

Kajakfahren und Tauchen

Die Natur des Milford Sound lässt sich am besten vom **Kajak** aus erleben. Dabei hat man die einmalige Chance, seine Fauna aus der Nähe zu sehen und in der Gischt der Wasserfälle zu paddeln. Wer sich das Ganze lieber unter Wasser ansieht (und ein PADI- oder SSI-Zertifikat hat), kann einen faszinierenden **Tauchgang** unternehmen, der schon in geringer Tiefe an schwarzen Korallen, Urkrebsen und Lippfischen vorbeiführt.

Rosco's Milford Sound Sea Kayaks, 72 Town Centre, Te Anau, ☎ 03 249 8500 und 0800 476 726, 🖥 roscomilfordkayaks.com. Angeboten wird eine große Auswahl an Kajaktrips im Milford Sound mit fachkundigen Führern, darunter der wunderbare Trip **Morning Glory** (6 Std., $175): Start bei Morgengrauen, lange Kajakfahrt, Rückfahrt per Wassertaxi. Der **Twilighter** (5 Std., $155) am Nachmittag ist ähnlich, wobei die Fahrt meist unruhiger ist und die Gruppe kleiner. Es gibt auch eine Kombination aus Kajakfahrt und Milford Track (4 Std., $99) sowie verschiedene andere Kombiangebote. Die meisten Trips sind Mitte Okt bis Mitte April im Angebot, nur der **Sunriser** (5 Std., $130) findet ganzjährig statt.

Tawaki Dive, ☎ 0800 829 254, 🖥 tawakidive.co.nz. Zwei geführte Tauchgänge ($159, $189 inkl. Transfer ab Te Anau; Ausrüstungsverleih zzgl. $99) als Teil einer 4-stündigen Rundfahrt.

der Übernachtungstrip (2 Tage, $330) umfasst außerdem eine Seekajakfahrt sowie eine Nacht in der Milford Sound Lodge. Manche Touren werden ganzjährig angeboten.

Busse nach:
THE DIVIDE 4x tgl., 1 1/4 Std.;
QUEENSTOWN mind. 7x tgl., 4 3/4–5 1/2 Std.;
TE ANAU mind. 7x tgl. 2 1/4–2 3/4 Std.

Flüge

Besucher mit akutem Zeitmangel können von Queenstown oder Wanaka aus einen einfachen Überflug des Milford Sound buchen (meist ca. $350). Da die Flugbedingungen jedoch sehr wetterabhängig sind, fliegen die meisten Anbieter nur nach Milford, wenn sie sicher sein können, dass auch der Rückflug klappt.

Air Fiordland, ☎ 0800 103 404, 🖥 airfiordland.com. Anbieter in Queenstown mit 4-stündigen Flug/Boot/Flug-Kombinationen ($445).

Real Journeys, ☎ 0800 656 501, 🖥 realjourneys.co.nz. Großer Anbieter mit eigenen Ausflugsbooten. Flüge ab Queenstown ($438).

Wanaka Flightseeing, ☎ 03 443 8787, 🖥 flightseeing.co.nz. Flug/Boot/Flug-Kombi-Touren von Wanaka mit besonders schönem Blick auf Mount Aspiring und Olivine Ice Plateau (4 Std., $460).

Flüge nach:
QUEENSTOWN mind. 20x tgl., 35 Min.;
WANAKA 2–3x tgl., 40 Min.

FIORDLAND

Milford Track

Wie kein anderer Great Walk ist der **Milford Track** (54 km, 4 Tage) zu einem Symbol für Neuseeland geworden. Der ihm anhaftende Ruf ist teils zufällig, teils historisch bedingt. Aber ohne Zweifel zeigt sich Fiordland auf dem Milford Track von seiner schönsten Seite. Ausgehend von der Nordspitze des Lake Te Anau folgt die Route dem Clinton River in die Berge, überquert den Mackinnon Pass und führt dann den Arthur River entlang zum Milford Sound.

Viele Wanderer betrachten den Track als überreglementiert, teuer und nicht sonderlich abwechslungsreich; andere bemängeln die schlechten Abstände zwischen den Hütten und deren von Sandfliegen heimgesuchte Lage. Zwar ist die Kritik nicht ganz unbegründet – allein die Unterkünfte und der Transport kosten um $340. Doch dafür ist die Route bestens gewartet, und die Hütten sind sauber. Dank der Regelung, dass die Strecke nur in eine Richtung begangen werden darf, kann man außerdem den ganzen Tag wandern, ohne einer Menschenseele zu begegnen. Zudem ist die Strecke anspruchsvoller, als viele glauben: Der einzige schwierige Aufstieg und der lange Marsch zum Boot ab Milford Sound müssen an den letzten beiden Tagen absolviert werden.

Während der Wandersaison (Ende Okt bis Ende April) gelten strenge **Buchungsbestimmungen** (S. 851). Außerhalb der Saison empfiehlt sich die Wanderung allerdings auch nur bedingt: Es gibt dann nur wenige Transportmöglichkeiten, einige Brücken werden entfernt, und Hütten werden nicht beheizt. Andererseits muss man in dieser Zeit nicht im Voraus buchen, und der Backcountry-Hüttenpass ist gültig. Die kostenlose DOC-Broschüre *Milford Track* reicht als erste Orientierung aus, detaillierte Auskunft bietet die *Milford Track Parkmap* im Maßstab 1:70 000 ($20).

Der **DOC in Te Anau**, 🖥 doc.govt.nz/milford track, hat die neusten Wettervorhersagen und Infos zu Track-Bedingungen. Wanderer werden nicht vom DOC überwacht. Deshalb sollten sie sich auf 🖥 adventuresmart.org.nz registrieren und dort ihr Wandervorhaben mitteilen.

Entlang des Tracks gibt es verschiedene Lawinengebiete – außerhalb der Saison deshalb auch unbedingt Lawinenwarnungen beim DOC checken!

Geschichte

Die **Maori** durchwanderten wahrscheinlich schon früh das Arthur Valley und das Clinton Valley auf der Suche nach *pounamu*, stichhaltige Beweise dafür gibt es jedoch nicht. Als erste **Europäer** kamen die Schotten Donald Sutherland und John Mackay 1880 vom Milford Sound durch das Arthur Valley. Der Legende nach kamen sie auf ihrem Weg an den grandiosen Mackay Falls vorbei und bestimmten dort durch das Werfen einer Münze, nach wem der Wasserfall benannt werden solle. Gleichzeitig wurde vereinbart, dass der Verlierer dem nächsten Wasserfall an der Strecke seinen Namen geben dürfe. Mackay gewann den ersten Entscheid, bereute sein Glück aber ein paar Tage später, als sie die weit erhabeneren Sutherland Falls passierten. Es ist durchaus denkbar, dass sie auch den benachbarten Mackinnon Pass erklommen, die Ehre der Namensgebung fiel jedoch **Quintin McKinnon** zu, der ihn 1888 in Begleitung von Ernest Mitchell im Auftrag des obersten Landvermessers von Otago, C. W. Adams, zum Zwecke der Erkundung einer Route durch das Clinton Valley überquerte.

Die ersten Touristen

Die Route war Mitte Oktober 1888 vollständig markiert, und schon im folgenden Jahr kamen die ersten **Touristen**, um sich von McKinnon durch das Gelände führen zu lassen. Richtig bekannt wurde die Strecke 1908, als eine Schriftstellerin ihren Eindruck des Milford Track dem Herausgeber des Londoner *Spectator* übermittelte. Sie hatte ihn als „eine bemerkenswerte Wanderung" bezeichnet, in einer Laune redaktionellen Überschwangs wurde der Artikel jedoch als „Die schönste Wanderung der Welt" übertitelt. Von 1903 bis 1966 waren die Wanderungen auf dem Track ein staatliches Monopol und nur geführte Touren waren erlaubt. Hütten deckten noch bis 1969 ihren Bedarf per Pferdetransport.

Für die **Allgemeinheit** wurde der Track erst zugänglich, als sich der Otago Tramping Club

N

0   5 km

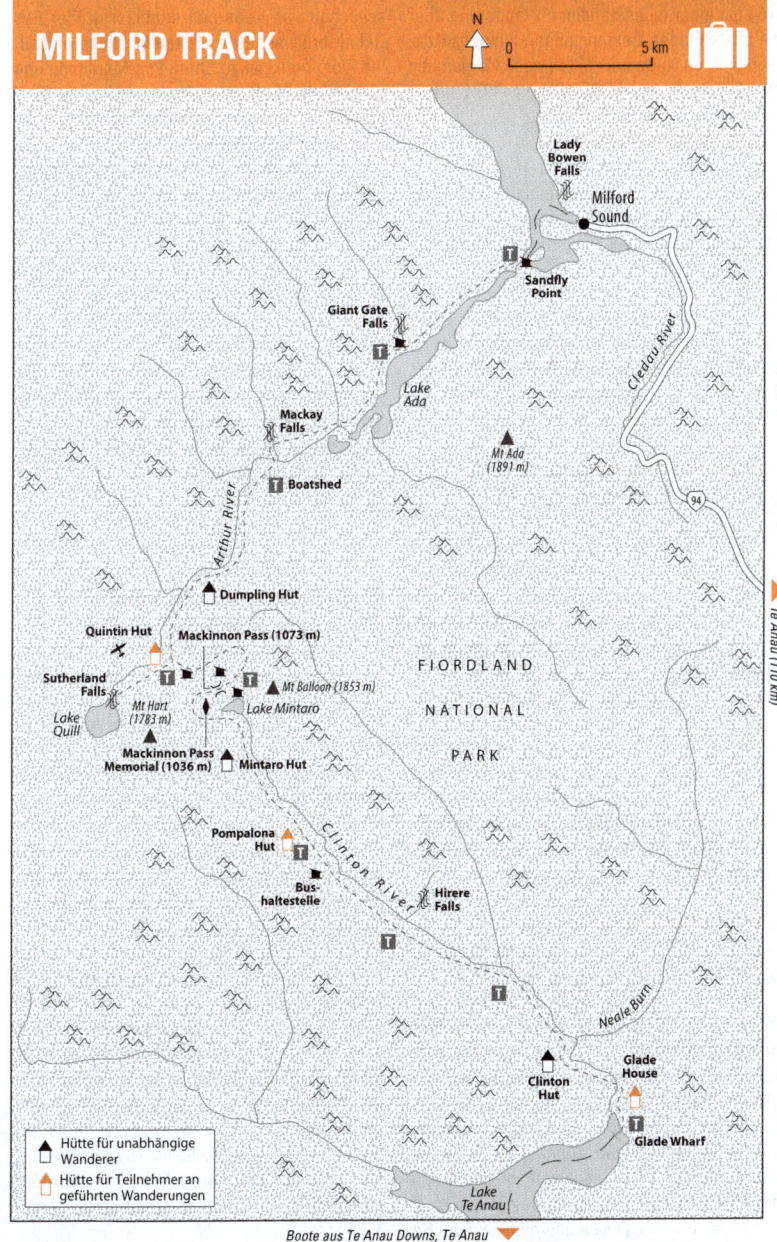

Lady Bowen Falls

Milford Sound

Cleddau River

Sandfly Point

Giant Gate Falls

Lake Ada

Mt Ada (1891 m)

94

Mackay Falls

Arthur River

Boatshed

Te Anau (110 km)

Dumpling Hut

Quintin Hut

Mackinnon Pass (1073 m)

FIORDLAND

Sutherland Falls

Mt Hart (1783 m)

Lake Quill

Mt Balloon (1853 m)

Lake Mintaro

NATIONAL

Mackinnon Pass Memorial (1036 m) **Mintaro Hut**

PARK

Pompalona Hut

Clinton River

Bus-haltestelle

Hirere Falls

Negle Burn

Clinton Hut

Glade House

▲ Hütte für unabhängige
□ Wanderer

▲ Hütte für Teilnehmer an
□ geführten Wanderungen

Glade Wharf

Lake Te Anau

Boote aus Te Anau Downs, Te Anau ▼

FIORDLAND

1964 mit einer eigenständigen Wanderung über die bestehenden Bestimmungen hinwegsetzte. 1966 wurden Hütten errichtet; noch im gleichen Jahr kamen die ersten unabhängigen Gruppen.

Glade Wharf–Clinton Hut
5 km, 1–1 1/2 Std., 50 Höhenmeter

Der erste Tag ist ein Kinderspiel. Man geht zunächst 2 km entlang einer Versorgungsroute für das Glade House (nur für geführte Wanderungen). Dahinter führt die Strecke über eine Hängebrücke zum Westufer des gemächlich dahinfließenden Clinton River. Angler können hier ein, zwei Stunden nach Forellen fischen, bevor es weiter durch dichten Südbuchenwald geht, der gelegentlich Ausblicke auf die jenseits der Clinton Hut aufragenden Berge freigibt.

Clinton Hut–Mintaro Hut
16,5 km, 4–7 Std., 350 Höhenmeter

Die Strecke folgt dem westlichen Ufer des Clinton River bis zu dessen Quelle, dem Lake Mintaro, in Nachbarschaft der Mintaro Hut. Auch dieser Abschnitt ist leicht. Im Verlauf des Marschs kann ein kurzer Abstecher zum Hidden Lake unternommen werden. Von der Abzweigung des Pfads ist bereits der Mackinnon Pass zu sehen. Bis zur Schutzhütte Bus Stop Shelter steigt der Weg ein wenig an, um dann wieder durch flacheres Gelände die Pompolona Hut (nur geführte Touren) zu erreichen. Von dort ist es noch 1 Std. Wegstrecke bis zur Mintaro Hut. Sofern sich ein schöner Sonnenuntergang ankündigt, lohnt es sich, das Gepäck dort abzustellen und auf den Mackinnon Pass zu steigen.

Mintaro Hut–Dumpling Hut
14 km, 5–7 Std., 550 m Aufstieg, 1030 m Abstieg

Die bislang zurückgelegte Strecke hat die Beine kaum auf den anstrengenden dritten Tag vorbereitet. Obwohl der breite Weg auf festem Untergrund durch das Gelände führt und gut gesichert ist, werden Anfänger beim Aufstieg auf den Mackinnon Pass (1 1/2–2 Std.) oftmals außer Puste geraten. Hat man den Wald erst einmal hinter sich gelassen, wird der Aufstieg auf den Passkamm leichter. Oben angekommen lässt sich in atemberaubender Umgebung das Mittagessen genießen. Man muss sich allerdings auf die Gesellschaft von Keas und unablässig über das Gebiet brummende Touristenflugzeuge einstellen. Vom Denkmal zu Ehren von McKinnon und Mitchell am niedrigsten Punkt des Kamms führt der Weg nach Osten und steigt zu einer Schutzhütte (mit Toiletten sowie Gaskocher im Sommer; Übernachtung nicht gestattet) an, die direkt unterhalb des bizarr geformten Mount Balloon liegt. Von dort geht es nur noch (z. T. steil) bergab; zuerst entlang der Flanke des Mount Balloon, dann parallel zum malerischen Roaring Burn und hinunter zum Arthur River. Am Zusammenfluss der beiden befindet sich die Quintin Hut (nur geführte Touren). Zwar ist die Hütte in Privatbesitz, die Nutzung der Toiletten und Schutz bei schlechtem Wetter werden jedoch allen Wanderern gewährt – die meisten stellen hier allerdings nur ihr Gepäck ab, um zum Fuß des höchsten Wasserfalls Neuseelands, des 560 m hohen Sutherland Falls, zu laufen (hin und zurück 4 km, 1–1 1/2 Std., 50 Höhenmeter). Von der Quintin Hut ist es noch 1 Std. Wegstrecke zur Dumpling Hut.

Dumpling Hut–Sandfly Point
18 km, 5–6 Std., 125 m Abstieg

Für diese Etappe sind ein früher Aufbruch und steter Marsch erforderlich, um eines der um 14 und 15.15 Uhr ablegenden Boote zu erreichen. Nach Regenfällen, wenn zahlreiche Wasserfälle über die Felswände in die Tiefe stürzen und der Arthur River zu einem imposanten Strom angeschwollen ist, kann die Strecke besonders reizvoll sein. Nachdem der Weg zunächst dem Flusslauf bis zum Boatshed folgt, wo es Toiletten gibt, überquert er auf einer Hängebrücke den Arthur River und führt zu den grandiosen Mackay Falls. Schön ist auch der Bell Rock, ein ausgehöhlter Stein, in den man hineinklettern kann. Weiter folgt der Weg dem Ufer des Lake Ada, der nach einem Erdrutsch vor 900 Jahren entstand und von Sutherland nach dessen schottischer Freundin benannt wurde. Ungefähr auf halber Uferstrecke gibt es einen kleinen Rastplatz und die Giant Gate Falls, die sich am besten von der Hängebrücke in Augenschein nehmen lassen, die am Fuß des Wasserfalls über den Fluss führt. Bis zur Schutzhütte am Sandfly Point sind es von hier noch rund 1 1/2 Std.

FIORDLAND

ÜBERNACHTUNG

Buchung

In der Hauptsaison gilt ein strenges Vorausbuchungssystem. Die Route darf nur von Süden nach Norden gewandert werden, sodass man die erste Nacht in der Clinton Hut, die zweite in der Mintaro Hut und die dritte in der Dumpling Hut verbringen wird. Rückmärsche oder eine zweite Nacht in der gleichen Hütte sind nicht gestattet. Ab dem 1. Juli kann unter 🖥 doc. govt.nz kostenlos online gebucht werden, es ist jedoch auch per Post und persönlich ($2) am Great Walks Booking Desk, PO Box 29, Te Anau, ✆ 03 249 8514, ✉ greatwalksbooking@doc. govt.nz, möglich. Die Übernachtungscoupons sollten in Te Anau vor 11 Uhr am Tag des Abmarschs abgeholt sein. Da die Zahl der Wanderer auf 40 pro Tag begrenzt ist, muss im Voraus gebucht werden. Wer zeitlich flexibel ist, kann 2 Monate vorher buchen; bei festem Datumswunsch oder größeren Gruppen sollten es 6 Monate sein. Sollte die Route aufgrund widriger Wetter- oder Streckenbedingungen gesperrt sein, werden die bezahlten Beträge in voller Höhe erstattet.

Hütten und Camping

Während der Saison sind die 3 Hütten mit 40 Betten bewirtschaftet und haben WC, Wasser (das aber aufbereitet werden muss), Heizung und Gaskocher, aber keine Töpfe und Teller. 3 Nächte kosten $153, Familien bekommen während der Saison 20 % Preisnachlass. In der Nebensaison gibt es weder Hüttenwart noch Gaskocher und nur Plumpsklos – dafür kostet die Übernachtung dann nur noch $15. Camping ist am Milford Track nicht möglich.

TOUREN

Milford Track Guided Walk, ✆ 0800 659 255, 🖥 ultimatehikes.co.nz. Lange Zeit konnte der Milford Track nur im Rahmen einer geführten Wanderung erwandert werden, und für viele Besucher ist das immer noch die beste Option: Teilnehmer müssen weniger Gepäck tragen und kommen in den Genuss bequemer Betten in sauberen, einfachen Hütten sowie vorbe-reiteter Mahlzeiten und Lunchpaketen. Geschlafen wird in Dorms mit Stockbetten oder im DZ mit Bad. Die 5-Tagestour umfasst eine Einführung in Queenstown, Transport zum Ausgangspunkt der Route, Unterkunft und Verpflegung auf dem Track, eine Nacht in der Mitre Peak Lodge, eine Bootstour auf dem Sound und schließlich die Rückfahrt per Bus nach Queenstown. Das gleiche Unternehmen bietet außerdem eine Reihe anderer geführter Wanderungen, z. B. über den Routeburn Track. EZ-Zuschlag $600. Stockbett/Pers. $1195, DZ/Pers. $2405

TRANSPORT

Das einzige realistische **Transportmittel zum Anfangs- und Endpunkt** des Milford Track sind Boote, die entweder vor oder bei Ausstellung der Übernachtungscoupons gebucht und bezahlt werden müssen. Wer die Route auf eigene Faust wandert, muss mit dem Bus von Tracknet von Te Anau ins 30 km nördlich gelegene Te Anau Downs fahren (30 Min., $23) und dann die Fähre von Real Journeys über den Lake Te Anau zur Glade Wharf nehmen (1 1/2 Std., $75). Eine frühe Abfahrt ist möglich; da der erste Wandertag jedoch sehr kurz ist, kann man auch den späteren Bus um 13.15 Uhr und die Fähre um 14 Uhr nehmen. Am Ende der Wanderstrecke im treffend benannten Sandfly Point nehmen die meisten Wanderer eines der Boote, die nach Milford Sound fahren (Nov–April tgl. 14 und 15.15 Uhr, 20 Min., $39). Abfahrt der Busse von Tracknet zurück nach Te Anau um 9.30, 14.30 und 17 Uhr (3 Std., $49). In der Nebensaison bietet Cruise Te Anau, ✆ 03 249 8005, 🖥 cruiseteanau.co.nz, ein komplettes Transportpaket für $180 (nur April–Nov) an.

Manapouri und Lake Manapouri

Sogar unter den vielen Anwärtern auf den Titel „schönster See Neuseelands" sticht der 178 m über dem Meeresspiegel gelegene **Lake Manapouri** mit seinem bewaldeten Ufer und seinen drei ausgeprägten Armen deutlich hervor. Der See besitzt ein riesiges Einzugsgebiet, das alles

Wasser, das über den Upper Waiau River vom Lake Te Anau abfließt, sammelt und ein gewaltiges Reservoir an erschließbarer Wasserenergie schafft – ein Umstand, der dem See schon fast zum Verhängnis wurde.

Die kleine Ortschaft **Manapouri** 20 km südlich von Te Anau breitet sich hübsch um das Seeufer am Beginn des Waiau River aus – seit dem Bau des Wasserkraftwerks ein schmaler Seearm mit dem Namen Pearl Harbour. Neben Bootsrundfahrten und Kajaktrips kann man in Manapouri ein paar kurze Wanderungen unternehmen. Unterkünfte und Restaurants sind sehr spärlich.

Manapouri Underground Power Station

Tour Okt–April tgl. 12.30 Uhr ▪ 3–4 Std. ▪ $70

Real Journeys (S. 854) ist der einzige Anbieter mit Zugang zu diesem umstrittenen Wasserkraftwerk. Nach einer Bootsfahrt erhalten Besucher anhand eines Maßstabsmodells im Besucherzentrum einen ersten Eindruck von den Dimensionen der Anlage, dann geht's per Bus durch 2 km lange Tunnel zur Aussichtsplattform in der Maschinenhalle. Vor der Rückfahrt sieht man kurz die freiliegenden Abschnitte der sieben Turbinen sowie einige Infotafeln.

Freestone Backpackers, 270 Hillside Rd (SH99), 3 km östlich von Manapouri, ☎ 03 249 6893, ⌨ freestone.co.nz. Die Unterkunft am Hügel mit tollem See- und Bergblick, Pferden, Hühnern sowie komfortablen Holzchalets (eins mit Bad) fühlt sich nicht wirklich an wie ein Hostel. Die Chalets haben einen Kanonenofen, eine Veranda und eine einfache Kochzeile. Ein Luxuszimmer im Haupthaus hat das vornehmste aller Bäder, und die freundlichen Hausherren geben manchmal klassische Konzerte. Dorms $20, DZ $66, DZ mit Bad $76, Luxus-Zimmer $150

Manapouri Lakeview Motor Inn, 68 Cathedral Drive, ☎ 0800 896262, ⌨ manapouri.com. Mit schönen Farben und einem guten Gespür für den Stil der späten 1960er-Jahre wurde diese klassische Lodge modernisiert. Die renovierten Motelzimmer sind nicht luxuriös, aber komfortabel und bieten fast immer Bergblick. Außerdem ist der Sonnenuntergang über dem See auf der Veranda unschlagbar. Zimmer meist $125 oder $140. Budgetzimmer $96

Possum Lodge 13 Murrell Ave, ☎ 03 249 6623, ⌨ possumlodge.co.nz. Ansprechend ruhiger, altmodischer und gut geführter Campingplatz mit einem Hostel am Übergang von Waiau River und See. Einige Wohnmobilstellplätze plus Motel Units im 1940er-Jahre-Look. Camping $17, Dorms $23, DZ und Cabins $55, Motel Units $105

Cathedral Café, 29 Waiau Drive, ☎ 03 249 6619. Molkerei, Postamt und funktionelles Café mit Alkoholausschank und günstigem Frühstück ($9–15) sowie leichten Gerichten ($10–24). ⏱ Nov–Ostern tgl. 7–20 Uhr, Ostern–Okt 7–18 Uhr.

Wanderungen in Manapouri

Die folgenden Wanderungen sind in der DOC-Broschüre *Fiordland National Park Day Walks* näher beschrieben. Details über den Bootszugang zum Hope Arm Track und Circle Track stehen im Abschnitt „Nahverkehr".

Circle Track (7 km, 3–4 Std. Rundwanderung, 330 Höhenmeter). Manapouris beliebteste Wanderung umrundet den See und klettert dann Richtung Südosten auf einen Grat mit atemberaubendem Blick über den See. Anschließend geht's nach Norden und zum Start zurück.

Hope Arm und Back Valley (15 km, 5–8 Std. Rundwanderung, 200 Höhenmeter). Schöner Wanderweg durch Podocarp- und Buchenwald westlich von Manapouri mit großartigem Seeblick und optionalem Abstecher zum Lake Rakatu (weitere 2 Std.). Am besten mit Übernachtung in der Hope Arm Hut (12 Betten, $5).

Pearl Harbour–Fraser's Beach (einfach 20 Min.). Anspruchsloser Uferweg durch Buchenwald begleitet von Fächerschwänzen und Brillenvögeln. Folgt z. T. dem Old Coach Road Walk.

Lakeview Café, 68 Cathedral Drive, am Manapouri Lakeview Motor Inn, ☎ 03 249 6652. Der Name ist Programm: Das traditionelle Pub bietet durch große Fenster und auf den Bänken im Freien einen großartigen Blick über Lake Manapouri. Auf der Karte stehen mittags Hühner-*quesadillas* ($15), abends Thai-Curry mit Huhn ($21) oder Fiordland-Wild ($34). Außerdem Fisch, Pommes und Burger zum Mitnehmen. Essen wird täglich 11–21.30 Uhr serviert.

INFORMATIONEN

Pearl Harbour, ☎ 0800 656 501, 🖥 real journeys.co.nz. Ein paar lokale Informationen gibt's bei der Real-Journeys-Buchungsstelle für den Doubtful Sound. ⏰ Nov–Feb tgl. 8–20, März–Okt 8–17.30 Uhr.

NAHVERKEHR

In Manapouri kommt man gut zu Fuß zurecht. Wer die schönsten Routen wandern will, muss aber über den knapp 100 m breiten Waiau River übersetzen.
Adventure Kayak & Cruise, 33 Waiau St, neben der Mobil-Tankstelle, ☎ 0800 324 966, 🖥 fiordlandadventure.co.nz. Vermietung von Ruderbooten für $10, mit Aufschlag für Übernachtungen am anderen Ufer. Vermietet auch Einzel- und Doppelkajaks. 1 Tag $50 p. P., 3 Tage $125. ⏰ Okt–April tgl., 9–16.30 Uhr.
Adventure Manapouri, ☎ 03 249 8070, 🖥 adventuremanapouri.co.nz. Regelmäßige Wassertaxifahrten über den Waiau (Okt–April tgl. 1, 15 und 18.30 Uhr, hin und zurück $15) und einen Shuttle (nur auf Anfrage; hin und zurück $20).

TRANSPORT

Topline Tours, ☎ 0508 249 8059, ✉ topline@teanau.co.nz, verkehren zwischen Te Anau und Manapouri (Okt–April tgl. etwa 10.30 und 16 Uhr; 1 Pers. $20, 2 Pers. $30). Die Busse von **Real Journeys** in Te Anau mit Anschluss an Boote zum westlichen Arm und Doubtful Sound nehmen z. T. auch Nicht-Bootspassagiere mit, wenn sie nicht voll sind ($15). Busse nach TE ANAU fahren 1–2x tgl. (20 Min.).

Doubtful Sound

Mit dem Bau des Manapouri-Wasserkraftwerks wurde auch der **Doubtful Sound** für Besucher zugänglich. Was früher die alleinige Domäne sporadischer Jachten sowie einiger weniger Jäger und Wanderer war, ist nun auch all denjenigen zugänglich, die gewillt sind, ein Boot über den Lake Manapouri zu nehmen und über den Wilmot Pass zu fahren. Neben der unberührten Schönheit gehört die Tierwelt zu den größten Attraktionen, darunter rund 60 **Große Tümmler**, die sich häufig in Nähe von Schiffen und Kajaks tummeln. **Pelzrobben** bevölkern die weiter draußen gelegenen Inseln, **Dickschnabelpinguine** suchen im Oktober und November das Gebiet zum Brüten auf, und der Wald, der bis an die Ufer reicht, beherbergt zahlreiche Kakas, Kiwis und andere seltene Vogelarten.

Wie in Milford fällt auch im Doubtful Sound endlos viel **Regen**. Aber gerade nach einem Wolkenbruch ist es auch hier am schönsten, denn dann donnert von jedem Felsen ein Wasserfall herab. Die Felsformationen sind nicht ganz so dramatisch wie im Milford Sound, dafür ist der Doubtful Sound wegen seiner Abgeschiedenheit längst nicht so überlaufen. Die Fahrt von Manapouri nach Doubtful Sound dauert 2 Stunden. Um die Schönheit und Einsamkeit des Orts in vollen Zügen genießen zu können, sollte man hier übernachten. Die Kosten sind hoch, und Besucher sind bei Unternehmungen eher auf sich allein gestellt, aber es lohnt sich: Andere Menschen oder Boote begegnen einem hier eher selten.

Geschichte

Kapitän Cook entdeckte den Doubtful Sound 1770, fuhr jedoch nicht hinein, weil es ihm zweifelhaft *(doubtful)* erschien, ob er in Anbetracht der um die steil aufragenden Fjordwände tosenden Winde wieder würde hinaussegeln können. Bessere Bedingungen fanden die beiden Anführer einer spanischen Expedition, Malaspina und Bauza, vor, die 1793 in den Fjord segelten und Febrero Point, Malaspina Reach sowie Bauza Island zu Namen verhalfen. Bald danach waren die Pelzrobbenkolonien durch Jagd stark dezimiert, und kaum noch jemand verirrte sich in die

FIORDLAND

Ein Tag (oder noch besser: mehrere) am Doubtful Sound ist ein Höhepunkt jeder Neuseeland-Reise; herrliche Kajaktrips und Bootsfahrten sorgen für unvergessliche Erlebnisse.

Adventure Kayak and Cruise, ☎ 0800 324 966, ⌨ fiordlandadventure.co.nz. Günstige Kajaktrips, z. B. eine geführte Ganztagestour mit gut 4 Std. Paddeln auf dem Fjord ($239) oder eine Übernachtungstour mit Camping am Fjord ($375). Ein tolles Kombipaket umfasst die Tagestour auf dem Doubtful Sound und Campen am Lake Manapouri. Danach lässt der Führer die Gruppe alleine, die am nächsten Tag unter Eigenregie wieder zurückpaddelt ($269). Der Kajakverleih auf Lake Manapouri kostet $35/Tag. ⏱ Ende Sep–Anfang Mai.

Deep Cove Charters, ☎ 0800 249 682, ⌨ doubtful-sound.com. Die kleine, aber moderne *Seafinn* (12 Kojen) bietet hervorragende Übernachtungsfahrten mit viel Platz und engagierter Crew. Passagiere bekommen Fjord und Tierwelt zu sehen, können aber auch Kajak fahren und angeln. Im Vorbeifahren prüft Skipper Chris meist seine Krebsreusen: Was er darin findet, landet auf dem Tisch. Alle Mahlzeiten inklusive, Übernachtung in leicht beengten DZ/2BZ mit Gemeinschaftsbad. Fahrten von Mitte Okt–März, Okt–Dez mit 10 % Preisnachlass. Preis pro Erw.: Stockbett $500, 2BZ $550, DZ $600.

Fiordland Wilderness Experiences, ☎ 03 249 7700, ⌨ fiordlandseakayak.co.nz. Die energiegeladenen, eindrucksvollen Kajaktrips ($399) mit Übernachtung laufen inzwischen unter der Regie von Real Journeys: 4–6 Std. im Glasbodenkajak und eine Nacht im einfachen Waldcamp am Fjord garantieren maximale Zeit auf dem Wasser. Mindestalter: 16 Jahre; Essen selbst mitbringen. Keine Vorkenntnisse erforderlich. Hin und wieder gibt's auch einen 6-Tages-Trip mit Kajak und Segeljacht zum Dusky Sound ($2650). ⏱ Mitte Okt–April 3–7x wöchentl.

Real Journeys Overnight Cruise, ☎ 0800 656 501, ⌨ realjourneys.co.nz. Bei diesem Ausflug verbringen Passagiere eine Nacht vor Anker im Doubtful Sound an Bord der *Fiordland Navigator*, einem modernen Schiff mit 70 Kojen, das aussieht wie ein traditioneller Flachboot. Ein Besuch im Wasserkraftwerk ist nicht inbegriffen, dafür hat man volle 24 Std. Zeit, die wunderbare Landschaft bei einer Wanderung, im Kajak oder auch beim Schwimmen zu genießen. Essen und Unterkunft sind hervorragend. Mitte Sep–Mitte Mai. 15 %-iger Preisaufschlag im Feb, 25 %-iger Rabatt im Sep und 10 %-iger Nachlass für YHA-Mitglieder. Preis pro Erw.: 4BZ $386, DZ/2BZ $695, EZ $1216.

Real Journeys Wilderness Cruise, ☎ 0800 656 501, ⌨ realjourneys.co.nz. Die günstigste Option am Doubtful Sound umfasst eine Bootsfahrt über Lake Manapouri, einen Besuch im Wasserkraftwerk und eine Busfahrt zur Deep Cove. Darauf folgt eine 3 1/2-stündige Bootsfahrt zur Fjordmündung (wo sich die Pelzrobben sonnen) und in den friedlichen Hall Arm (manchmal begleitet von Großen Tümmlern). Dann geht's per Bus und Boot zurück. Rundfahrt $265, vorbestelltes Mittagessen $17. ⏱ Ganzjährig, 1–2x tgl.

Gegend, bis in den 1960er-Jahren im Zuge des Wasserkraftwerkbaus die 21 km lange Versorgungsstraße über den **Wilmot Pass** den Westarm des Manapouri mit der Deep Cove verband.

Dusky Sound

Auf ihrer zweiten Reise 1773 erholten sich Kapitän Cook und seine Crew im **Dusky Sound**, 40 km südlich des Doubtful Sound, fünf Wochen lang von ihrer strapaziösen Überquerung des Südpolarmeers. Die meiste Zeit lagen sie im Pickersgill Harbour; am Astronomer's Point sieht man heute noch, wo Cooks Astronom Bäume fällen ließ, um die Sterne besser anpeilen zu können. Nicht weit entfernt davon bauten Schiffbrüchige in den 1790er-Jahren das erste Haus und Boot im europäischen Stil. Auf Pigeon Island steht die einsame Ruine eines von **Richard Henry** erbauten Hauses, der 1894–1908 gegen die Verdrängung gefährdeter Vogelarten durch eingeschleppte Wiesel und Ratten kämpfte.

Sehr wenige Touren kommen hierher – um so schöner für alle, die die Mühe auf sich nehmen. Die **Milford Wanderer Discovery Tour**, ✆ 0800 656 501, ⌨ realjourneys.co.nz, (weit im Voraus buchen; ab $1850) durchquert den Dusky Sound im Winter und fährt weiter zum Preservation Inlet und nach Stewart Island, eine 5- bis 7-tägige Fahrt, z. T. mit Heli-Transfer zum Boot.

Southern Scenic Route

Mehr Aufmerksamkeit, als ihm gemeinhin zuteil wird, verdient das Gebiet, wo die saftigen Schafweiden Southlands an den Fiordland National Park stoßen. Die kleinen Orte der sehr ländlichen Region sind durch die unterbewertete **Southern Scenic Route** (⌨ southernscenicroute.co.nz) verbunden. Sie folgt ausgehend von Te Anau via Manapouri dem Tal des Waiau River bis in die höhlenreiche Umgebung von **Clifden** und führt weiter zum SH99. Von Clifden verläuft eine Nebenstraße zum Lake Hauroko, von wo der Dusky Track in Angriff genommen werden kann, während die Southern Scenic Route ihren Weg nach Süden durch die kleinen Orte **Tuatapere** (Ausgangspunkt für die Wanderung auf dem Hump Ridge und South Coast Track) und **Riverton** weiter Richtung Invercargill fortsetzt.

Clifden

85 km südlich von Te Anau liegt **Clifden**. Der Ort ist eigentlich kaum der Rede Wert, wäre da nicht die historische **Clifden Suspension Bridge**. Sie ist eine der längsten Brücken der Südinsel und wurde nach ihrer Erbauung im Jahr 1899 bis in die 1970er-Jahre als Brücke über den Waiau River genutzt. Leider darf man sie nicht mehr zu Fuß überqueren.

Clifden Caves
1 km entlang der Clifden Gorge Road
▪ Freier Zugang ▪ Eintritt frei
In den **Clifden Caves** schlugen einst Maori während sommerlicher Exkursionen ihr Lager auf. Das 300 m lange Höhlensystem ist rund 1 km

nördlich der Brücke am SH96 ausgeschildert. Auf eigene Faust ist eine Erkundung der an Stalaktiten und Glühwürmchen reichen Höhlen schon ein kleines Abenteuer. Besucher sollten nicht ihre beste Kleidung tragen, da man in einigen Gängen nur kriechend vorankommt; Leuchtstreifen markieren den Weg zu drei kurzen Leitern an den steilsten Stellen. Man sollte sich keinesfalls allein in die Höhlen begeben. Am besten vorher jemanden von dem Vorhaben in Kenntnis setzen und mindestens zwei Taschenlampen mitnehmen.

Lake Hauroko

32 km westlich von Clifden harrt **Lake Hauroko**, mit 462 m der tiefste See Neuseelands, seiner Entdeckung. 20 km Schotterstraße sorgen sogar für genügend Einsamkeit zum Nacktbaden. Niedrige bewaldete Hügel säumen ihn und ge-

Jetboottouren um Lake Hauroko

Zum Kennenlernen der Wildnis um Lake Hauroko kann man sich an eines der Unternehmen wenden, die **Jetboottouren** auf dem See und einem 27 km langen Abschnitt des **Wairaurahiri River** (WW III) anbieten. Die beiden nachfolgenden Anbieter fahren nur bei entsprechender Passagierzahl; am besten mehrere Tage vorher anrufen.

Hump Ridge Jet, ✆ 0800 270 556, ⌨ humpridgejet.com. Ganztägige Sightseeingtour an die Küste ($210, mittags grillen zzgl. $25): gut 3 Std. auf dem Jetboot, ein paar kurze Wanderungen und jede Menge Jäger- und Fischerlatein aus den 1980er-Jahren. Auch gut als Transfer zum oder vom South Coast Track (einfach $170).

Wairaurahiri Jet, ✆ 0800 376 174, ⌨ wjet.co.nz. Dieser Anbieter tritt weitaus professioneller auf. Im Angebot: ein Tagesausflug an die Küste mit Mittags-Barbecue an der Waitutu Lodge ($225), Wandertransfers ($169) und im Sommer Sonnenuntergangstrips in den Wairaurahiri River (18–21 Uhr, $179) mit Barbecue.

ben den Weg für die „klingenden Winde" frei, nach denen er benannt ist. Der See markiert ein Ende des **Dusty Track**. Er ist einer der längsten und abgelegensten Wanderwege Neuseelands und außerdem erheblich anspruchsvoller als die Great Walks. Erfahrene Wanderer können sich in den DOC-Büros in der Region Informationen zum Track besorgen. An der First Bay endet die Straße. Hier gibt es nur einen Parkplatz und Toiletten; **Campen** kann man etwa 7 km vom Seeufer auf dem kostenlosen DOC-Campingplatz Thicket Burn (eine Wiese mit Toiletten und Wasserhähnen).

Tuatapere

Tuatapere breitet sich am Ufer des Waiau River 14 km südlich von Clifden aus. Die größte Stadt im südwestlichen Southland ist eine gute Basis zum Erkunden des südlichen Fiordlands. Früher waren hier jede Menge Sägewerke in Betrieb – die Stadt trug einst den Beinamen „The Hole in the Bush" (das Loch im Busch) –, heute sind nur noch ein einziges davon und ein kleiner Rest Buchen-/Podocarpwald übrig. Nach dem Niedergang der Holzwirtschaft wurde von der Gemeinde der **Hump Ridge Track** geschaffen, um mehr Besucher anzuziehen. Er kann ebenso wie der South Coast Track mit spannenden Jetbootfahrten auf dem nahen Wairaurahiri River bei Clifden kombiniert werden.

Die letzten Reste des Waldes – eine spärliche Ansammlung von Südbuchen, Kahikatea und Totara – können am Flussufer in Augenschein genommen werden; die Angestellten des Visitor Centre (S. 857) sind gerne bei der Wegsuche behilflich.

Geschichte

Nach maorischer Legende erlitt das große Kriegskanu *Takitimu* an der Schwelle zum Waiau River in der Te Waewae Bay vor etwa 600 Jahren Schiffbruch. Entlang des Flusses errichteten die Maori Sommerlager, von denen sie zu ihren Streifzügen aufbrachen und die ihnen als Zwischenstopps auf dem Weg zu den Jadegebieten am Milford Sound dienten. Erst die Ankunft europäischer **Pioniere** um 1885 verhalf Tuata-

pere jedoch zu seiner Existenz. 1909 reichte die **Eisenbahnverbindung** von Invercargill bis hierher und brachte vermehrt technisches Gerät in die Gegend, um den hiesigen Wald abzuholzen. In jüngerer Vergangenheit verlagerte sich das Interesse der Holzwirtschaft weiter nach Westen an den Rand des Fiordland National Park, wo die maorischen Besitzer in den 1970er-Jahren die Abholzung von Rimu-Bäumen zuließen. Umweltschützer konnten sich gegenüber dem Umweltministerium schließlich Gehör verschaffen und die Festschreibung einer umweltverträglichen Politik erreichen.

Last Light Lodge & Café, 2 Clifden Hwy, ☏ 03 226 6667, 🖥 lastlightlodge.com. Das ehemalige Holzfällercamp wird gerade rundumerneuert und könnte zur Haupteinnahmequelle des verschlafenen Nests werden. Die Zimmer sind klein und eher schlicht, dafür sind die Betten neu, und Dorms haben nur 3 Betten, sodass man darin oft alleine ist. Mittelpunkt des Orts ist die smarte Café-Bar mit vielen Tischen im Freien, Büchertausch, Internet und großer, guter Speisekarte mit Gerichten wie grünem Thai-Curry ($15) oder Muschel-Bacon-Eintopf ($10). Im Garten werden eigene Zutaten gezogen, größtenteils Bio. Abendessen nach Vereinbarung. Café tgl. 8–17 Uhr. Camping $15, Dorms $30, DZ $66

Tuatapere Motel & Shooters Backpackers Holiday Park, 73 Main St, ☏ 0800 009 993, 🖥 tuatapereaccommodation.co.nz. Etwas seelenlose, aber gut ausgestattete Kombination aus 4 geräumigen, modernen Motel Units, Hostel mit Whirlpool ($25/Std. für bis zu 8 Pers.) und Zelt- sowie Wohnmobilstellplätzen. Camping $15, DZ $60, Motel $120

Yesteryear Café, 3a Orawia Rd, ☏ 03 226 6682. Die tolle Hausmannskost in dieser alten Bäckerei kocht die Inhaberin selbst in altem Geschirr aus dem frühen 20. Jh. – eine Hommage an ihre Großmutter und die ihres Mannes, deren Marmeladentöpfe die Wände schmücken. Für Pfannkuchen mit Himbeermarmelade und Sahne wirft sie sogar den alten Kohleofen an. Ansonsten gibt's Pasteten, Hackfleisch auf Toast ($9) und jede

Menge Backwaren, untermalt von 1970er-Jahre-Musik, die auch Oma gefallen hätte. ⏱ tgl. Okt–April 7–17 Uhr.

INFORMATIONEN

Hump Ridge Track Buchungsstelle und Infozentrum, 31 Orawia Rd, ✆ 03 226 6739. In erster Linie für Wanderer auf dem Hump Ridge Track. Während der Wanderung bewahrt das Zentrum Gepäck auf, hilft aber auch mit Unterkünften und Transport vor Ort. Das kostenlose Bushman's Museum zeigt eine rosarote Version der Pioniergeschichte. ⏱ Dez–März Mo–Fr 9–17.30, Sa und So 15–17, Okt, Nov und April Mo–Fr 9–17 Uhr.

TRANSPORT

Trips & Tramps, ✆ 0800 305 807, 🖥 tripsandtramps.com, betreibt die einzige regionale Buslinie zwischen Tuatapere und Te Anau (Nov–Ende April, nur Mo und Do). Zwischen Tuatapere und Invercargill fährt kein Bus.

Busse nach:
MANAPOURI 2x wöchentl., 1 1/4 Std.;
TE ANAU 2x wöchentl., 1 1/2 Std.

Monkey Island

23 km südlich von Tuatapere

Südlich von Tuatapere folgt der SH99 den windgepeitschten Klippen um die breite, launische Te Waewae Bay, wo der Südwind die oft fotografierten Monterey-Zypressen in eine Art Blumenkohlform gebracht hat. Etwa 3 km hinter der Ortschaft Orepuki zeigen Wegweiser nach **Monkey Island**. Hier warten ein schöner Strand und ein einfacher, kostenloser Campingplatz mit Plumpsklo.

Cosy Nook

29 km südlich von Tuatapere

4 km weiter auf dem SH99 weist ein Schild nach Westen zum 3 km entfernt gelegenen **Cosy Nook**, einer malerischen Bucht zwischen Gra-nitfelsen, die eher aussieht, als würde sie nach Schottland gehören. Und tatsächlich: Der Schotte George Thomson taufte sie „Cozy Neuk", weil sie ihn an seine Heimat erinnerte. Hier gibt es eine Handvoll rustikaler Ferienhäuschen, im Wasser dümpeln ein paar Fischerboote.

Colac Bay

37 km südöstlich von Tuatapere

Dort, wo der Highway wieder zur Küste zurückkehrt, liegt die ruhige Ortschaft **Colac Bay**, deren Namen Walfänger im 18. Jh. vom Namen des Maori-Häuptlings Korako ableiteten. Hier gibt es ein landesweit bekanntes Surfrevier. Außerdem hat der Ort gute Bedingungen für Schwimmer und Speiselokale zu bieten.

Wohnmobile dürfen über Nacht an der Colac Foreshore Road zwischen Schiffsrampe und Schutzhütte stehen (max. 2 Nächte, kostenlos).

Riverton

Riverton (Aparima) liegt 12 östlich der Colac Bay und ist eine der ältesten Siedlungen des Landes. Sie wurde bereits in den 1790er-Jahren von Walfängern genutzt und formell durch den Walfänger John Howell 1836 gegründet. Howell wird auch die Ehre zuteil, den Grundstein für die heute so erfolgreiche Schafzucht Neuseelands gelegt zu haben. Der Ort breitet sich entlang einer Landzunge zwischen dem Meer und dem Jacob's River Estuary (eigentlich an der Mündung des Aparima und des Pourakino River) aus und wirkt mit seinen Fischerbooten herrlich entspannt.

Jenseits von Riverton führt der SH99 wieder landeinwärts und erreicht nach 40 km Invercargill. Die **östliche Verlängerung** der **Southern Scenic Route** führt am Catlins Coast entlang nach Dunedin (S. 683, „Von Dunedin nach Stewart Island").

Te Hikoi: Southern Journey

172 Palmerston St ▪ ⏱ tgl. Okt–März 10–17, April–Sep 10–15.30 Uhr ▪ Eintritt $6 ▪ ✆ 03 234 8260, 🖥 tehikoi.co.nz

Von Tuatapere aus lassen sich zwei wunderbare und vollkommen unterschiedliche Wanderwege erreichen: der traditionelle **South Coast Track** und der **Hump Ridge Track** mit seiner interessanten Kombination aus Küstenwanderung, historischen Stätten, subalpiner Landschaft und relativ luxuriösen Hütten. Beide sind in der DOC-Broschüre *Southern Fiordland Tracks* beschrieben.

Beide Tracks führen mehrere Kilometer am selben Küstenabschnitt entlang, der historisch gesehen zu den interessantesten des Landes gehört. Sie folgen teilweise der 100 km langen Route, die 1896 entlang der Südküste zu Goldgräbersiedlungen im südlichsten Fjord des Preservation Inlet angelegt wurde. Dieser Pfad ebnete den Weg für Holzfäller, die in den 1920er-Jahren zuhauf in die Region kamen. Der Transport der Holzstämme in die Sägewerke erfolgte in Förderwagen und führte auf Viadukten über die Flussläufe und Bäche. Vier der schönsten Viadukte sind aufwendig restauriert worden, darunter die 125 m lange Brücke über den Percy Burn, die 35 m hoch aufragt. Ebenso faszinierend sind die Überreste des ehemaligen Sägemühlen-Dorfes **Port Craig**.

Startpunkt beider Tracks ist der Rarakau-Parkplatz, 20 km westlich von Tuatapere. Er ist mit einem Bus (einfach $25) zu erreichen, der vom Hump Ridge Track-Büro betrieben wird. Dort befindet sich auch ein bewachter Parkplatz ($5 pro Tag).

Jetboote (Kasten S. 855) holen Wanderer an der Mündung des Wairaurahiri River ab oder setzen sie dort ab und ermöglichen es so, einzelne Wegabschnitte mit einer Bootsfahrt zu verbinden (einfach $170 p. P.).

South Coast Track

Der **South Coast Track** führt durch das größte neuseeländische Regenwaldgebiet der tieferen Lagen. Zwar ist die Strecke relativ einfach, aber bis zum Big River benötigt man dennoch fast 4 Tage – und muss denselben Weg zurücklaufen, sofern man nicht vorab die Abholung an der Wairaurahiri Hut von einem Jetboot arrangiert hat. Eine beliebte Alternative ist eine 3-tägige Tour, bei der man in der Port Craig School Hut ($15,30) des DOC übernachtet und die dortige Umgebung erkundet. Am Track liegen zwei weitere Hütten ($5,10), die 4–7 Std. voneinander entfernt sind; Camping ist kostenlos.

Rarakau–Port Craig School Hut (17 km 5–7 Std., minimaler Anstieg). Am ersten Tag folgt man entweder dem alten Holzfällerpfad oder – bei Ebbe – dem Strand, was ungefähr 30 Min. Marschzeit einspart.

Port Craig School Hut–Wairaurahiri Hut (16 km, 4–6 Std., 200 Höhenmeter). Auf dieser Etappe führt der Track entlang der alten Bahnlinie und quert alle vier restaurierten Viadukte, bevor er zum Wairaurahiri River abfällt. Eine Alternative ist die Übernachtung in der privaten *Waitutu Lodge* am Ufer des Wairaurahiri (zu buchen über das Visitor Centre in Tuatapere, $30, 🖥 waitutu.co.nz). Schlafsack und Essen mitnehmen.

Wairaurahiri Hut–Waitutu Hut (13 km, 4–6 Std., minimaler Anstieg). Dieser Abschnitt führt weitgehend über Maori-Gebiet durch das Küstentiefland. Trainierte, erfahrene Wanderer mit Campingausrüstung können von der Waitutu Hut zum Big River (12 km, 5–7 Std., minimaler Anstieg) weiterlaufen, wo die Westies Hut des DOC in einem Höhleneingang sitzt ($5,10).

Hump Ridge Track

Der privat verwaltete, 53 km lange **Hump Ridge Track** (im Voraus buchen unter ☎ 0800 486 774, 🖥 humpridgetrack.co.nz oder vor Ort in Tuatapere, S. 857) nimmt 3 Tage in Anspruch, mit Übernachtung in 2 komfortablen 32-Bett-Lodges mit Elektrolicht, Gasherd, Kochtöpfen und Geschirr, 8BZ, Bier- und Weinausschank (kein BYO), WC, heißen Duschen und vom Lodge-Manager selbst zubereitetem Porridge ($10). Es gibt sogar einen Heli-**Gepäcktransfer** (max. 15 kg; $70/Streckenabschnitt). Dieser lohnt sich vor allem beim ersten Abschnitt, der am steilsten ist.

FIORDLAND

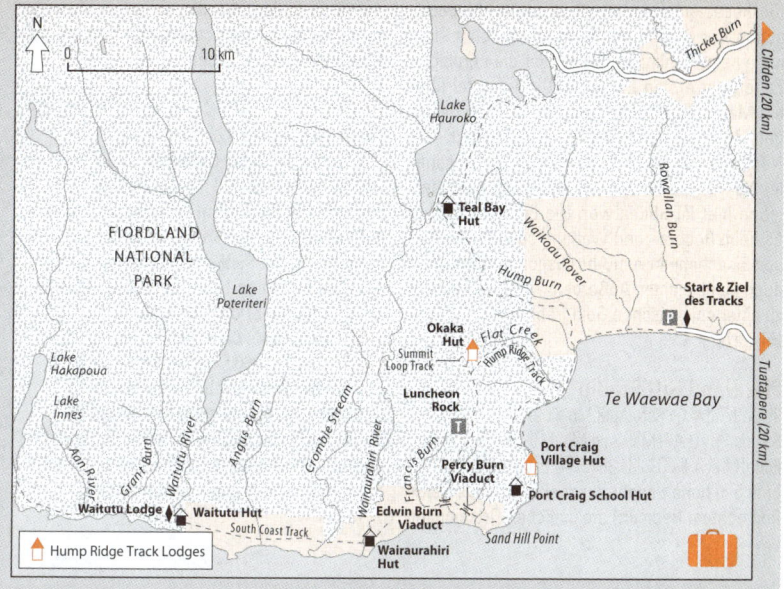

Die Wanderung kann z. T. schlammig sein, und abseits der Holzstege befindet man sich schnell mitten in der Wildnis. Der Weg erfordert einen guten Trainingsstand und eignet sich nicht für Anfänger oder Kinder unter 10 Jahren. Start ist in Rarakau; nur eine Gehrichtung ist erlaubt.

Zu den Übernachtungspaketen in der **Sommersaison** (Ende Okt–Mitte April) gehört der **Freedom Walk** ($130; Schlafsack und Essen mitbringen) mit je einer Nacht in jeder Lodge. DZ/2BZ mit Bettzeug kosten zusätzlich $100/Zimmer. Das Paket **Freedom Plus** umfasst eine Nacht in Tuatapere, Heli-Gepäcktransfer am 1. Tag sowie heiße Duschen ($350). Bei der 4-tägigen **geführten Wanderung** ($1395, Start meist am Mi) sind Mahlzeiten, ein kurzer Helikopterflug, Gepäcktransfer auf allen Abschnitten, Privatzimmer in den Lodges und B&B in Tuatapere inbegriffen. **Außerhalb der Saison** ist die Ausstattung der Lodges einfacher und es gibt keinen Gepäcktransfer.

Rarakau–Okaka Lodge (18 km, 6–9 Std., 900 Höhenmeter). Nach einem tollen Küstenabschnitt wendet sich der Weg auf Holzstegen landeinwärts durch Wald und dichten Farnbewuchs. Durch Buchenwald geht es steil bergauf zu einem Grat mit freiem Blick über den zurückgelegten Weg. Ein Abstecher führt zum Summit Loop Track (30 Min. Rundweg auf Holzstegen) mit malerischen Sandsteinfelsen und schöner Bergflora.

Okaka Lodge–Port Craig Lodge (19 km, 6–9 Std., 100 m Aufstieg, 900 m Abstieg). Der Track folgt nun der Hump Ridge und bietet mehrere Stunden lang magische Aussichten, bevor er über den Edwin Burn Viadukt zum South Coast Track absteigt. Dann geht's über einen alten Schienendamm zum majestätischen Percy Burn Viadukt und weiter nach Port Craig.

Port Craig Lodge–Rarakau (17 km, 5–7 Std., serpentinenreich). Führt durch hohe Rimubäume zur Küste hinunter, vorbei an Sandstränden und zurück nach Rarakau.

Wer sich für die Kulturgeschichte der Südküste interessiert, sollte sich eine Stunde Zeit nehmen für dieses gut präsentierte, moderne **Museum**; schon der Beginn der Ausstellung lohnt sich, mit einem 15-minütigen Film über die unruhigen Zeiten der ersten Europäer. Die Infotafel über ein Maori-Nesträuber-Camp ist nicht so gelungen, dafür veranschaulichen die Exponate zum Nestraub auf den Titi-Inseln und ein saisonaler Nahrungskalender, wie schwierig das Überleben hier im Süden war. Die Europäer hatten es beim Robben- und Walfang sowie beim Bau von Eisenbahnen zum Abtransport von Rimuholz auch nicht leichter. Außerdem werden Exponate zu einer chinesischen Goldgräberstadt in Round Hill gezeigt.

Fiordland Gift Studio

35 Bath Rd ▪ ⏰ Sep–April Mo–Fr 9–17, Sa und So 10–17, Mai–Aug Mo–Fr 9–16 Uhr. ▪ Eintritt frei ▪ 📞 03 234 8825, ⌨ paua.net.nz
Eine 5 m hohe Seeohrmuschel *(paua)* aus Beton (mit echtem Perlmutt) am östlichen Ortseingang unterstreicht Rivertons Ruf als *paua*-Hauptstadt. Das **Fiordland Gift Studio** ist wohl der beste von mehreren Läden, die die polierten Muscheln ganz oder als Schmuck verkaufen, und z. T. sehr günstige Angebote haben.

ESSEN

Beach House Café, 126 Rocks Hwy, 📞 03 234 8274. Gutes Café-Restaurant mit weitem Meerblick und holzgetäfeltem gemütlichem Speisesaal mit offenem Kamin. Auf der Karte stehen Kaffee und Kuchen, Lammburger mit Süßkartoffelpommes ($25) und Stewart-Island-Lachs auf Erbsenrisotto ($30). ⏰ tgl. 10–21 Uhr oder später.

Mrs Clark's Café, 108 Palmerston St, 📞 03 234 8600. Bester Kaffee und Kuchen der Stadt in lebhafter Umgebung. Gut sind auch die hausgemachten Baked Beans mit Hollandaise auf Vollkorntoast ($12) oder die Kohlenfischfrikadellen mit frischem Salat ($17). WLAN gibt's umsonst. ⏰ tgl. 7–16 Uhr.

© DUMONT BILDARCHIV / CLEMENS EMMLER

Anhang

Glossar

ANZAC Australian and New Zealand Army Corps; australisch-neuseeländisches Armeekorps; jede neuseeländische Stadt besitzt ein Denkmal für die ANZAC-Opfer beider Weltkriege

Aotearoa Maori für Neuseeland: „Das Land der langen weißen Wolke"

ariki Oberhaupt eines *iwi*

bach (ausgesprochen wie engl. „batch") Ferienhaus; ursprünglich eine Junggesellenunterkunft in Arbeitscamps, inzwischen eine Art nationale Institution in jeder nur denkbaren Form, von einer einfachen Hütte bis zu einer palastähnlichen Residenz

back-blocks abgelegene Gegenden

bludger Schmarotzer, Nichtstuer

bro Abkürzung für *brother;* von Maori oft als Ausdruck der Zuneigung benutzt

BYO Abkürzung für *bring your own* (Alkohol)

Captain Cooker Wildschwein; wahrscheinlich Nachkommen jener Schweine, die bei Cooks erster Reise im Gebiet der Marlborough Sounds freigelassen wurden

chilly bin Kühltasche

choice fantastisch

chook Hühnchen

chunder Erbrochenes

coaster (Ex-) Bewohner der Westküste auf der Südinsel

cocky Milch- oder Schafbauer

crib auf der Südinsel gebräuchliche Bezeichnung für *bach*

cuz oder cuzzy Abkürzung für *cousin,* siehe *bro*

dag witzige oder unterhaltsame Person

dairy „Tante-Emma-Laden", der alles Mögliche verkauft und sieben Tage die Woche, manchmal auch 24 Stunden, geöffnet hat

dob in denunzieren von Freunden und Nachbarn bei der Polizei; derzeit gibt es eine „dobber's charter", die Autofahrer dazu ermutigt, verkehrsgefährdende Fahrweisen anderer zur Anzeige zu bringen

DOC Department of Conservation, verwaltet u. a. die Nationalparks und Wanderrouten und ist maßgeblich an der Gestaltung der Umweltpolitik beteiligt

docket Quittung

domain öffentliche Grünanlage

EFTPOS auf Bankkarten basierendes Zahlungssystem in Geschäften, Bars und Restaurants

feijoa fleischige Frucht in Tomatengröße, die in ihrer Konsistenz an eine Melone erinnert und einen scharfen Geschmack hat

footie Rugby, niemals Fußball

freezing works Schlachthaus

Godzone Neuseeland, Abkürzung für „God's own country"

good as (gold) sehr gut, ausgezeichnet

greasies Essen zum Mitnehmen, insbesondere Fish'n'Chips

greenstone neuseeländische Jade, Nephrit; auf Maori *pounamu*

haka Maori-Tanz, der als eine Art Drohgebärde jedem Rugbyspiel der All Blacks vorangeht

handle ein großer Krug Bier

hangi Maori-Festmahl, wird im Erdofen zubereitet (S. 46 und S. 336)

hapu kleinere Stammeseinheit der Maori; mehrere *hapu* bilden ein *iwi*

harakeke Flachs

hard case siehe *dag*

hogget das Fleisch eines einjährigen Schafs; älter und geschmackvoller (wenngleich weniger saftig) als Lamm, aber nicht so zäh wie Hammel

Hollywood vorgetäuschte oder dramatisierte Sportverletzung, um einen Vorteil zu erlangen

hongi Maori-Gruß durch Aneinanderpressen der Nasen

hoon Rowdy oder Bösewicht

hori Schimpfwort für einen Maori

hot dog Wurst auf einem Spieß, die in Tomatenketchup getunkt wird; was im Rest der Welt als Hot Dog bekannt ist, heißt in Neuseeland „American Hot Dog"

hui Maori-Treffen oder -Versammlung

iwi größte Stammeseinheit der Maori

Jafa Just Another Fucking Aucklander. Abfälliger Ausdruck für die Einwohner von Auckland, z. B. in: „He's a bloody Jafa".

jandals unabdingliches Kiwi-Accessoire: Gummisandalen

jug 1 Liter Bier

kai Ausdruck der Maori für Essen; allgemein verbreitet

kaimoana Seafood

kainga Dorf

karanga an Besucher gerichtete Aufforderung, ein *marae* zu betreten

kaumatua Stammesälteste der Maori, ältere Menschen

kawa-marae Etikette oder Protokoll bei einem *marae*-Besuch

kete traditioneller Flechtkorb aus Flachs

kiore Polynesische Ratte

Kiwi Spitzname für Neuseeländer, daneben auch der Nationalvogel und das Maskottchen Neuseelands

kiwi fruit Kiwi; inzwischen gibt es auch Früchte mit goldfarbenem Fruchtfleisch, die weniger sauer als ihre grünen Artgenossen sind. Merke: Mit der Kurzform „Kiwis" bezeichnet man in Neuseeland nur die Einheimischen, nie die Früchte!

koha Spende

kohanga reo Vorschule, die ihren Schwerpunkt auf die Erlernung der maorischen Sprache legt (wörtlich „Sprachnest")

kuia weibliche Stammesälteste der Maori

kumara Süßkartoffel

kuri Polynesischer Hund, inzwischen ausgestorben

lay-by Anzahlung auf Waren, die man sich bis zur vollen Bezahlung zurücklegen lässt

mana maorischer Ausdruck für Status, Ansehen, Prestige oder Autorität; wird von allen Neuseeländern verwendet

manaia stilisierter Vogel oder Eidechse, beliebtes Muster in maorischen Schnitzereien

Manchester Bettwäsche bzw. Bettwäscheabteilung eines Kaufhauses

manuhiri Gast oder Besucher, insbesondere eines *marae*

maoritanga Maori-Kultur und -Brauchtum; maorische Lebensphilosophie, S. 120

marae wörtlich „Hof", der Ort vor einem Versammlungshaus, wo Zeremonien durchgeführt werden; auch für einen Komplex um ein Versammlungshaus gebräuchlich

mauri Lebenskraft oder Lebensprinzip

mere Kriegskeule, meist aus Jade

metalled Schotterstraße, wie es sie überall in den ländlichen Gebieten Neuseelands gibt

MMP Mixed Member Proportional, das Wahlsystem Neuseelands, vergleichbar dem deutschen Verhältniswahlrecht

moko Traditionelle Körper- und Gesichtstätowierungen, die bei den Maori neuerdings wieder in Mode sind

muttonbird möwengroßer Sturmtaucher, der ein wichtiger Bestandteil der präeuropäischen Nahrung der Maori war und wie öliger, leicht fischiger Hammel schmeckt – daher auch der Name

ngati Präfix, bezeichnet Stammeszugehörigkeit oder Abstammung; auch *ngai* und *ati*

OE Overseas Experience; in der Regel ein Jahr, das Kiwis mit Anfang 20 im Ausland verbringen

pa befestigtes Dorf früherer Zeiten, heute meist verlassene Siedlung auf einem Hügel

paddock Feld

Pakeha kein Maori, bezeichnet meist Weiße und wird im Allgemeinen nicht abwertend gebraucht. Wörtlich „fremd", kann aber auch als „Floh" oder „Plage" übersetzt werden; möglicherweise eine Abwandlung von *pakepakeha*, womit menschenähnliche Fabelwesen mit heller Haut gemeint sind

pashing Küssen oder Knutschen

patu kurze Kampfkeule

paua der muskulöse „Fuß" der Abalone-Muschel, oft klein gehackt und frittiert serviert; die prachtvoll irisierende Schale wird zu Schmuck verarbeitet

Pavlova Baiser-Torte mit Früchten und Sahne

pike out „kneifen", aufgeben

piss Bier

pissed betrunken

Podocarpaceen in Neuseeland beheimatete Familie der Nadelhölzer, zu der u. a. Rimu, Kahikatea, Matai, Miro und Totara gehören

pohutukawa knorriger einheimischer Baum, der besonders an der Küste der nördlichen Nordinsel zu finden ist. Blüht Mitte Dezember leuchtend rot und wird manchmal als „neuseeländischer Weihnachtsbaum" bezeichnet

poms Briten; nicht unbedingt beleidigend

pounamu Neuseeländische Jade

powhiri traditionelles Willkommensritual in einem *marae*

puha Maori-Wort für Gänsedistel, eine vielblättrige Pflanze, die von den Maori gesammelt und wie Spinat gegessen wird

puku Maori für Magen, Bauch; häufig als Kosename für eine mollige Person gebraucht

rangatira allgemeine Bezeichnung für einen Maori-Häuptling

rapt sehr zufrieden, begeistert

rattle your dags Beeilung!

root Vulgärausdruck für Sex

rooted sehr abgenutzt oder nicht mehr zu reparieren

rough as guts schlampig verarbeitet, schlecht funktionierend

sealed road asphaltierte Straße

section Stück Land, meist das ein Haus umgebende Grundstück

she'll be right Das wird schon wieder! Keine Sorge!

shout eine Runde ausgeben, etwas spendieren

skull Bier in sich reinkippen, schnell trinken

smoko kurze Arbeitspause

snarler, snag Wurst

squiz Blick, z. B. in „Give us a squiz"

stoked sehr zufrieden

sweet cool

taiaha langer Schlagstock

tall poppy jemand, der durch besondere Leistungen hervorsticht. „Cutting down tall poppies" bedeutet, jemanden auf das normale Mittelmaß zurückzustutzen

tamarillo leicht bittere, tiefrote Frucht, auch als Baumtomate bekannt

tane Mann

tangata whenua die Menschen des Landes, die Einheimischen

tangi Trauer oder Begräbnis

taniwha Furcht erregender Wassergeist der maorischen Legendenwelt

taonga Schatz, Besitz von großem Wert

tapu verboten oder tabu; häufig in Zusammenhang mit geweihtem Land gebraucht

te reo die maorische Sprache, Maori

tikanga Sitten, Werte und Verhaltensregeln der Maori

tiki Schmuckanhänger in Form einer stilisierten Menschenfigur

tiki tour Führung

togs Badekleidung

tohunga Maori-Priester, Experte in Sachen Maoritanga

true left linker Hand stromabwärts

true right rechter Hand stromabwärts

tukutuku geflochtene Holzgitter, die das Innere eines Versammlungshauses schmücken

tupuna Vorfahren; von großer spiritueller Bedeutung für die Maori

ute Abkürzung für „utility", kleinerer Lieferwagen

varsity Universität

Vegemite oder Marmite dunkler Brotaufstrich aus Hefeextrakt, für die einen ein Graus, von anderen heiß geliebt. Ein Dauerthema ist die Diskussion darüber, was besser schmeckt: das australische Vegemite oder das neuseeländische Marmite

wahine Frau

waiata Maori-Lied

wairua Geist, Seele

waka Maori-Kanu

waratah Stock, Latte; bezeichnet Schneemarkierungen entlang der Wanderpfade

wero Herausforderungsritual vor dem Betreten eines *marae*

whakapapa Familienstammbaum oder verwandtschaftliche Beziehung

whanau Großfamilie

whare Haus

whare runanga Versammlungshaus

whare whakairo mit Schnitzereien verziertes Haus

wop-wops abgelegene Gegenden

Index

ANHANG

ANHANG

ANHANG

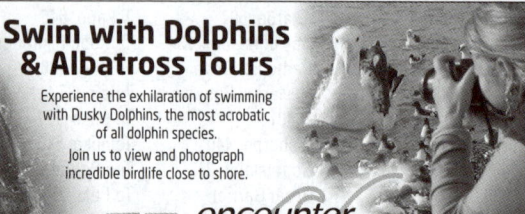

ANHANG

Bildnachweis

ANHANG

Impressum

Neuseeland
Stefan Loose Travel Handbücher
5., vollständig überarbeitete Auflage **2013**
© DuMont Reiseverlag, Ostfildern

Übersetzt von „The Rough Guide to New Zealand", 8th Edition,
publiziert von Rough Guides Ltd, 80 Strand, London, WC2R 0RL, 2012
Originaltitel: The Rough Guide to New Zealand
© Rough Guides Limited, 2012

Text © Rough Guides Limited, 2012
Karten © Rough Guides Limited, 2012
Übersetzung © Rough Guides Ltd 2012, DuMont Reiseverlag 2013

Gesamtredaktion und -herstellung
Bintang Buchservice GmbH
Zossener Str. 55/2, 10961 Berlin
www.bintang-berlin.de
Übersetzung: Silvia Mayer, Gunter Mühl, Kathrin Schnellbächer, Jessika Zollickhofer
An früheren Auflagen haben mitgewirkt: Günter Feigel, Meike Höpfner, Anke Munderloh,
Thomas Rach, Inga-Brita Thiele
Redaktion: Oliver Kiesow
Karten: Katharina Grimm, Klaus Schindler
Grafisches Konzept: Groschwitz, Hamburg
Layout und Herstellung: Gritta Deutschmann, Anja Linda Dicke
Farbseitengestaltung: Anja Linda Dicke
Umschlaggestaltung: Anja Linda Dicke, Thomas Rach

Printed in China

ANHANG

Kartenverzeichnis

Legende

1 : 1.600.000

1 cm = 16 km

0 10 20 30 40 50 km

Motorway	Hafen, Ankerplatz
State Highway	Internationaler Flughafen
Hauptstraße	Nationaler Flughafen
Nebenstraße	Sehenswürdigkeit
Straße nicht asphaltiert	Wasserfall
Wanderweg	Leuchtturm
Straße in Bau; Straße in Planung	Bergwerk
Straße für Kfz gesperrt	Berggipfel; Pass
Tunnel	Wanderweg
Eisenbahn	Skigebiet
Fähre, Schiffsverbindung	Badestrand
Nationalpark; Naturpark	Surfen
Vogelschutzgebiet	Tauchen
Meeresschutzgebiet	Paragleiten

Cape Reinga
Spirits Bay
Tom Bowling Bay
North Cape
Cape Reinga
Kapowairua
Motuopao I.
Cape Maria van Diemen
Te Paki
Te Hapua
Ohao Pt.
Te Paki Stream (Giant Sand Dunes)
Waitiki Landing
Paua
Karatia
Parengarenga Harbour
Aupouri Peninsula
Tangoake
Te Kao
Great Exhibition Bay
The Bluff
Ngataki
Rarawa Beach
Ninety Mile Beach
Waihopo
Houhora
Grenville Pt.
Moturoa Is.
Cape Karikari
Rangaunu Bay
Matai Bay
Pukenui
Karikari Peninsula
Merita
Motutangi
Rangiputa
Whatuwhiwhi
Kaimaunu
Tokerau Beach
Berghan Pt.
Doubtless Bay
Whangaroa Bay
Cavalli Is.
Waiharara
Cable Bay
Taemaro
Taupo Bay
Stephenson I.
L. Waiparera
Gumdiggers Park
Unahi
Lake Ohia
Cable Bay
Mangonui
Wainui
Motukawanui I.
Paparore
Taipa
Kahoe
Whangaroa
Matauri Bay
Waipapakauri Beach
Kaingaroa
Oruru
Waitaruke
Otoroa
Takou Bay
Waipapakauri
Karepohia
Peria
Omaunu
Te Tii
Pureru Penins.
Awanui
Pamapuria
Victoria Valley
Waiare
Kapiro
Purerua
Ahipara Bay
Kaitaia
Pukepoto
Waihou
Kerikeri
Ahipara
Tauroa Pt.
Takahue
Mangamuka
Manginangina Scenic Reserve
Waipapa
Waitangi
Tauroa Peninsula
Bridge
Umawera Valley
Waimate North
Puketona
Paihia
Manukau
Broadwood
Mohuiti
Okaihau
Ohaeawai
Opua
Herekino
Awaroa
Te Karae
Rangiahua
Horeke
Omapere
Kawa...
Herekino Harbour
Whangape
Ruarutua
Kohukohu
Motukiore
Ngawha
Moerewa
Waiom...
Pawarenga
Panguru
Rawene
Omanaia
Kaikohe
Ruapekapeka
Whangape Harbour
Mitimiti
Taheke
Tautoro
Opahi
Rangi Point
Kaeo
Waima
Kirioke
Matawaia
Hukereru
Opononi
Otaua
Matai
Tane...
Omapere
Waimamaku
Mataraua
Awarua
Kaikou
Waiotemarama
Wekaweka
Mangakahia
Twin Bridges
Moengawahine
Puru...
Giant Kauri Trees
Waipoua Forest
Tutamoe
Nukutawhiti
Maung...
Katui
Donnellys Crossing
Trounson Kauri Park
Parakao
Titoki
Aranga
Kiwi Watching
Whatoro
Houto
Avoca
Waipoua Coast Walkway
Kaihu
Maropiu
Waihue
Omana
Tangitero
Kai-Iwi Lakes
Mamaranui
Awakino
Omamari
Omanari Point
Dargaville
Turiwiri
Arapohue
Baylys Beach
Mt. Wesley
Te Kopuru
Tatariki
Naumai
Redhill
Ruawai
Matal...
Tikinui
Te Kowhai
M...
Taingaehe
Te Kauri Museum
Kellys Bay
Rototuna
L. Mokeno
Poute...
North Head
Kaipara Entrance

Tasman Sea

South Pacific Ocean

Bay of Islands
ritime & Historic Park
★ Hole in the Rock
Cape Brett

Ngaiotonga
Home Pt.
Whangaruru North
Tuparehuia
uku Oakura Whangaruru Harbour
okau Rimariki I.
Helena Bay
puawhanga
Whananaki
Whakapara
Marua Matapouri
Hikurangi Tutukaka
Kiripaka Ngunguru
Glenbervie Ngunguru Bay
WHANGAREI
Onerahi
Taiharuru
Parua Bay Bream Head
One Tree Whangarei Heads
Point Taurikura Ocean Beach
Marsden
Point
oewhare
otira
Taipuha
Waipu Hen and Chicken Is. ★ Mokohinau Is.
Bream Bay
Mareretu Taranga I. Fanal I.
Waipu Cove
Langs Beach
Brynderwyn Mangawhai Heads Aiguilles I.
Bailey
Maungaturoto Mangawhai Katherine Motairehe
hakapirau Mangawhai Bay Kawa Rakitu I.
Moreton Bay Harbour Port Fitzroy Okiwi
nopai Te Arai Little Great Barrier I.
Port Albert Te Arai Point Barrier I. Kaiaaraara Hut
Oruawharo Te Hana Cradock Whanga-
Hoteo Matakana parapara
North Tomarata Claris
Parakai Wellsford Goat Island Okupu Tryphena
Matakana Leigh Cape
apora Omaha Rodney
ead Omaha Bay Tryphena Cape Barrier
Kaipara Flats Takatu Pt. Sandspit Harbour
Glorit Warkworth Kawau I. Channel I.
Woodcocks Algies Bay Colville Channel
Kakanui Ahuroa Mahurangi Cape Colville Cuvier I.
Puhoi Stony Bay
Kauka- Waiwera Fletcher Bay ★ Coromandel
Beach pakapa Hauraki/Gulf Port Walkway
Makarau Jackson Moehau Port Charles
hurst Wainui Tiritiri Matangi I. 892 m Mercury Islands
Waitoki Silverdale Waiaro Waikawau Bay Great Mercury I.
iensville Dairy Flat Whangaparaoa Colville Little Bay Red Mercury I.
Woodhill Paremoremo Rakino I. Papaaroha Kennedy Bay
Riverhead Amadeo Bay Whanga- Otama Beach
nnet Colony Albany Waiheke I. poua Kuaotunu
iwai Beach Waimauku North Rangitoto Coromandel Mataranga
Kumeu Shore Is. Oneroa Te Rerenga Coromandel
ls Beach Hobsonville Takapuna Onetangi Manala Mercury Bay
AUCKLAND Devonport Ostend S. 880 Whitianga ★ Cathedral Cove
Tamaki Strait dandel Harbour Hahei
Howick Maraetai Ponui I. Cooks

Hauraki Gulf
Maritime Park

Jellicoe Channel

Parry

Bream Bay

Mercury Islands

Coromandel

879

S. 879
Hauraki Gulf
Tiritiri Matangi I.
Gulf Harbour
Orewa
Silverdale
Whangaparaoa
Waiwera
Puhoi
Ahuroa
Kakanui
Glorit
Woodcocks
Algies Bay
Mahurangi
Kaukapakapa
Makarau
Wainui
Waitoki
Dairy Flat
Shelly Beach
Parkhurst
Parakai
Helensville
Woodhill
Waimauku
Gannet Colony
Kumeu
Muriwai Beach
Bethells Beach
Riverhead
Paremoremo
Albany
North Shore
Takapuna
Devonport
Hobsonville
AUCKLAND
Henderson
Piha
Karekare
Titirangi
Waitakere Ranges
Whatipu
Grahams Beach
Awhitu Central
Awhitu
Manukau Harbour
MANUKAU
Papatoetoe
Howick
Maraetai
Rakino I.
Rangitoto Is.
Waiheke I.
Oneroa
Ostend
Onetangi
Tamaki Strait
Ponui I.
Pakihi I.
Firth of Thames
Orere
Clevedon
Kohukohunui 686 m
Ardmore
Manurewa
Clarks Beach
Kingseat
Papakura
Paerata
Pollok
Te Toro
Pukekohe
Bombay
Paparimu
Waiuku
Puni
Tuakau
Karioitahi
Te Kohanga
Pokeno
Mangatawhiri
Miranda
Kaiaua
Wharekawa
Matingarahi
Kereta
Manaia
Waitakaruru
Kopuku
Mangatarata
Meremere
Waikato River
Pukekawa
Port Waikato
Glen Murray
Rangiriri
Te Kauwhata
Limestone Downs
Waikaretu
Rotongaro
Waikorea
Glen Afton
Matira
Ohinewai
Mangawara
Huntly
Taupiri
Tasman Sea
Gibson Beach
Te Akau
Kauri Flat
Ngaruawahia
Te Kowhai
Waingaro
Raglan Harbour
Manu Bay
Whale Bay
Raglan
Whatawhata
Te Uku
Rangipu
Waitetuna
Ruapuke Beach
Ruapuke
Te Mata
Bridal Veil Falls
Te Papatapu
Pirongia 959 m
Pirongia
Aotea Harbour
Makomako
Kawhia
Ocean Beach
Kawhia Harbour
Albatross Pt.
Oparau
Te Awamutu
Ngutunui
Hauturu
Kinohaku
Taharoa
L. Taharoa
Tihiroa
Otorohanga
Te Anga
Awamarino
Marokopa
Natural Bridge
Waitomo Village
Waitomo Caves
Marokopa Falls
Kiritehere
Ngapaenga
Moeatoa
Te Kuiti
Te Kumi
Piopio
Arapae
Waikawau Stock Tunnel
Waikawau
Paemako
Te Mapara
Aria
Mahoenui
Awakino
Mokau
Mokauiti
Otangiwai
Matiere
Nihoniho
Ohura
Tongaporutu
Ahititi
White Cliffs
Pukearuhe
Mt. Messenger 306 m
Kotare
Okau
Uruti
Tatu
Mt. Damper Fall
Taumarunui
Aukopae
Taringamotu
Okahukura
Tuhua
Ongarue
Mangakahu Valley
Oruaiwi
Ngakonui
Pungapunga
Hauhungaroa 1078 m
Hauhungaroa Range
Manunui
Kuratau Junction
Kakaramea 1301 m
Tokaanu
Kuratau
Whareroa
Lake Taupo
Acacia Bay
Kinloch
Whakaroa
Waitahanui
Hatepe
Waitetoko
Te Rangiita
Motuoapa
Iwitahi
Taupo
Tauhara 1088 m
Huka Falls
Craters of the Moon
Wairakei
Aratiatia Rapids
Rotokawa
Tahorakuri
Broadlands
Waimahana
Mihi
Ohakuri
Orakei Korako Hidden Valley
Mokai
Atiamuri
Paeroa 979 m
Wai-O-Tapu Thermal Wonderland
Waimangu Thermal Valley
Upper Atiamuri
Kinleith
Tokoroa
Lichfield
Putaruru
Horohoro
Waireka
Waipa Village
Mamaku
Ngongotaha
Lake Rotorua
Rotorua
Okere Falls
Kaharoa
Te Pu
Ngawaro
Douglas Corner
Pyes Pa
Otopi
Ohauiti
Kiwi 360
Te Puke
Papamoa
Omanu Beach
Mount Maunganui
Te Puna
Bethlehem
TAURANGA
Lower Kaimai
Tauranga Harbour
Matakana I.
Katikati
Aongatete
Apata
Kaimai Range
Turangaomoana
Matamata
Summit 507 m
Hinuera
Tirau
Okoroire
Waharoa
Rings Scenic Tours (Hobbingen)
Kereone
Manawaru
Te Aroha
Te Aroha 953 m
Waitoa
Tatuanui
Morrinsville
Kiwitahi
Eureka
Te Rapa
Horotiu
Gordonton
Tauhei
Mangateparu
Te Puninga
Elstow
Springdale
Waitoa
Waiterimu
Matahuru
Kaihere
Paeroa
Tirohia
Kerepehi
Ngatea
Hauraki Plains
Orongo
Kopu
Thames
Kauaeranga
Puriri
Pipiroa
Wharepoa
Waikino
Waihi
Waimata
Bowentown
Waihi Beach
Athenree
Pios Beach
Katikati Entrance
Tahawai
Golden Valley
Whiritoa
Mataroa Bay
Parakiwai
Whangamata
Mayor I.
Onemana
Opoutere
Opoutere Beach
Wharekawa
Slipper I.
Pauanui
Hikuai
Tairua
Tairua Harbour
Tairua River
Coromandel Range
Thornton Bay
Tapu
Waiomu
Rapaura Watergardens
Maumaupaki 819 m
Whenuakite
Hot Water Beach
Hahei
Cathedral Cove
Cooks Beach
Coroglen
Kaimarama
Whitianga
Mercury Bay
Matarangi
Kuaotunu
Otama Beach
Whangapoua
Kennedy Bay
Little Bay
Te Rerenga
Coromandel
Coromandel Harbour
Coromandel Peninsula
Amadeo Bay
Papaaroha
Colville
Colville Bay
Waiaro
Whangaahei
Waikawau Bay
Port Charles
Moehau 892 m
Port Jackson
Cape Colville
Fletcher Bay
Stony Bay
Coromandel Walkway
Colville Channel
Cuvier I.
Mercury Islands
Great Mercury I.
Red Mercury I.
Hamilton
Cambridge
Ohaupo
Kaipaki
Te Rore
Rotorangi
Kihikihi
Kairangi
Karapiro
Horahora
Maungatautari Ecological Island
Piarere
Parawera
Pukeatua
Puketotara
Waikeria
Kiokio
Rotongata
Wharepapa South
Arohena
Wiltsdown
Otewa
Whawharua
Bawarewa
Mangatutu
Waipapa
Rangitoto
Eight Mile Junction
Puketutu
Kopaki
Waipa Valley
Tiroa
Benneydale
Barryville
Mangakino
Whakamaru
Maraetai
L. Maraetai
L. Whakamaru
Pureora
Piropiro
Porootarao
Mapiu
Waimiha
Tihoi
Hauhungaroa Range
S. 882
Ahimanawa Range
Kaimanawa
Bight
880

South Pacific Ocean

White Island
(Active volcano)

White Island

otiti I.

Bay of Plenty

Cape Runaway

Whangaparaoa Bay

Orete Pt.

Whanarua Bay

Lottin Pt.

Matakaoa Pt.

Hicks Bay
Hicks Bay

Te Araroa

East Cape
Lighthouse
East Cape

Beach
aketu
Pukehina
Pongakawa
akawa
Matata
Awakaponga
Edgecumbe
Otakiri
Thornton
Paroa
Whakatane
Ohope
Awakeri
Te Teko
Taneatua
Waimana
Kutarere
Nukuhou
North
Tanatana
Opotiki
Otara
Toatoa
Whitikau
Waioeka Pa
Waiohau
Waikitikiki
Motu
Wairata
Oponae
Tauwhare
Hopepe
Tawharemanuka
Traffords
Hill
Matawai
Rakauroa
Koranga
Oteko
Puha
Te Karaka
Waipaoa
Waimata
Ormond
Maka-
raka
Matawhero
Manutuke
Gisborne
Okitu
Poverty Bay
Young Nick's Head

Waihau Bay
Orini Beach
Raukokore
Potaka
Whanga-
paraoa
Natural Solution
Pukeamaru
992 m
Awatere
Rangitukia
Waiomatatini
Reporua
Mahora
Whareponga
Waipiro Bay
Te Puia Springs
Waima
Tokomaru Bay
Mawhai Pt.
Anaura Bay
Kaiaua Bay
Tolaga Bay
Pourewa I.
Puatai Beach
Gable End Foreland
Whangara
Pouawa

Waikawa Pt.
Te Kopua
Te Kaha Pt.
Awanui
Whitianga
Houpoto
Hawai
Torere
Omarumutu
Takaputahi

Te
Kaha

Pacific Coast
Macademias Farm
Whanarua
Bay
Raukumara
1413 m
Te Whanokao
1618 m
Hikurangi
1752 m
Pariokara
Omaio
Opape

Omaio Bay

Tapuaeroa

Tikitiki
Ruatoria
Pohutukura
Hiruharama
Kopuaroa
Takapau
Ihungia
Huiarua
Tuatini
Hikuwai
Arero
Cook's second landing 20.10.1769

Motu Falls

Maungahaumi
1213 m

Tauwhareparae

Huanui

Wharekaka

Tolaga Bay Cashmere Company

Arakihi
613 m

Takapau
Hauiti

Rotoehu
Rotoma
Kawerau
Putanaki
821 m
Tarawera Falls
Mt. Tarawera
1111 m
Rerewhakaaitu
Kopuriki
Horomanga
Galatea
Murupara
Maungapohatu
1366 m

Te Urewera

National

Park

Te Whaiti
Ngaputahi
Te Waiti
Ruatahuna
Taupeupe
Saddle
Minginui
Whirinaki
Forest
Maungataniwha
1369 m
L. Waikaremoana
Waikaremoana
Te Reinga
Ruakituri
Hangaroa
Rere
Wharekopae
Ngatapa
Pehiri
Waerengaokuri
Manuoha
1403 m
Anewaniwa
Kaitawa
Tuai
Tarapatiki
Ardkeen
Rangiahua
Lake
Waikaremoana
Track
Waingake
Waipaoa
Muriwai
Maraetaha
Bartletts

S. 883

Marumaru

S. 880

Albatross Pt.
Taharoa
L. Taharoa
Kinohaku
Otorohanga
31
Kiokio
Wharepapa South
Rotongata
Rotorua
Te Anga
Natural Bridge
Waitomo Village
37
Otewa
Mangatutu
Arohena
Waipara
Awamarino
Marokopa
Kiritehere
Marokopa Falls
Waitomo Caves
Te Kumi
Whawharua
Bawarewa
Ma
Moeatoa
Ngapaenga
Ngapaenga
Te Kuiti
Rangitoto
Mangakino
Whakamaru
L. Whak
Waikawau
Arapae
Eight Mile Junction
Waipa Valley
Barryville
Waikawau Stock Tunnel
Piopio
Paemako
Te Mapara
Kopaki
30
Tiroa
Pureora
Aria
Porootarao
Mapiu
Benneydale
Piropiro

North Taranaki Bight

Mahoenui
Mokauiti
Awakino
Mokau
Otangiwai
Matiere
Nihotupu
Okahu kura
Waimiha
4
Ongarue
Mangakahu Valley
32
Cr
3
Tongaporutu
Waitaanga
Ohura
Taringamotu
Oruaiwi
Hauhungaroa 1078 m
Ngakonui
White Cliffs
Pukearuhe
Ahititi
Okau
Kotare
40
Mt. Messenger 306 m
Tatu
Taumarunui
Ohinepane
Pungapunga
41
Kuratau Junction
K
Uruti
Mt. Damper Fall
13
Aukopae
Piriaka
Manunui
Kakaramea 1301 m
Tokaar
Bell Block
Waitara
Onaero
Waitoetoe
Tahora
Ohura Falls
Kirikau
Owhango
Tongariro
47
Brixton
Senty Hill
Tahora Saddle
Kohuratahi
Whakahoro
Kaitieke
Olo
Papakai
L. Re
NEW PLYMOUTH
Inglewood
Whangamomona Saddle
Whangamomona
Retaruke
Raurimu
Mt. Tongariro 1968 m
46
Tonga Cross
Oakura
Omata
Norfolk
Purangi
Pohokura
National Park
Eru
Whakapapa Village
Mt. Ngauruhoe 2287 m
Tonga
Lake Mangamahoe Scenic Park
Egmont Village
Tariki
Huiroa
Aotuhia
Whanganui
Ngaere
Midhirst
Strathmore
Te Wera
Makahu
Pokaka
Horopito
Mt. Ruapehu 2797 m (Active Volcano)
Tumahu
Warea
Mt. Taranaki (Mt. Egmont) 2518 m
Toko
Douglas
Te Mapuu 746 m
Tohunga Junction
49A
Ohakune
Cape Egmont
Kapoaiaia Stream
Pungarehu
Cardiff
Stratford
National Park
Raetihi
49
Kariol
Waiou
Army Mus
Rahotu
Okahu Stream
Kaponga
Mangatoki
Puraroto Caves
Mangaeturoa
Oaonui
Makara
Eltham
Taumatatahi
Makahaho
Bells Junction
Opunake
Te Kiri
Matapu
Normanby
Te Roti
Pipiriki
Jerusalem
Ranana
Raukawa Falls
Colliers
Ruanui
Mataroa
15
Kapuni
Manaia
Ohangai
Makakaho Junction
Tawhiwhi
Matahiwi
Korinoti
Kakatahi
Taihape
Pihama
Tokaora
Kaupokonui Beach
Ohawe
Hawera
Mokoia
Elvis Presley Museum
Hurleyville
Orangimea
Paparangi
Atene
Parikino
Tiriraukawa
Mangaweka
Manutahi
Alton
Puau
Downes Hut
Otairi
Ohingaiti
Pouha
Kakaramea
Waverley
Patea
Waitotara
Maxwell
Pungarehu
4
Rataiti
Vinegar Hill
Nukumaru
Kai Iwi
Kauangaroa
Hunterville
54
Kimbolton
Waiinu Beach
Kai Iwi Beach
Castlecliff Beach
Westmere
Kaitoke
Fordell
Rata
Tutaenui
Beaconsfield
Kiwitea
WANGANUI
Whangaehu
Ratana
Turakina
Marton
Lake Alice
Santoft
3
Halcombe
Cheltenha

South Taranaki Bight

Bulls
Mount Biggs
Feilding
Aorangi
Ohakea
Rongotea
3
Bunnythorp
Ash
Tangimoana
Himatangi Beach
Glen Oroua
PALMERSTON NORTH
Manawatu Gorge
Ballance
Himitangi
Longburn
56
Linton
Konini
Foxton Beach
Rangiotu
Opiki
Tokomaru
Manawatu River
Foxton
Makerua
Waiwera
Hama
Tane
Poroutawhao
Shannon
57
Ihakara
Eketahuna
Cape Stephens
Stephens I.
S. 884
L. Horowhenua
Ohau River
Ohau
Levin
Al
Waikawa Beach
Kuhu
S. 885

882

Rotorua
Kawerau
Lake L. Okataina
L. Okaroga
Tokoroa
Waipa Village
Tarawera Falls
Horohoro
Waireka
L. Tarawera
Waimangu
Mt. Tarawera
Thermal Valley
1111 m
Kinleith
Waikiriki
S. 881
Waimana
Tanatana
Nukuhou
North
Pa
Whitikau
Huiarua

Upper
Atiamuri
Wai-O-Tapu
Paeroa
Rerewhakaaitu
Waiohau
Oponae
Motu
Whitikau
Thermal Wonderland
979 m
Kopuriki
Tauwhare
Wairata
Motu Falls
Orakei Koraku
Mihi
Kaingaroa
Horomanga
Moutohora
Maungahaumi
Tauwharepare
Hidden Valley
Forest
Galatea
1213 m
Huanui
Mokai
Waimahana
Murupara
Te Urewera
Tawharemanuka
Traffords
Matawai Whatatutu
Tolaga Bay Cashme
Rakauroa
Arakihi
613 m
Aratiatia
Broadlands
Maungapohatu
Hill
Koranga
Puha
Rapids
Te Whaiti
1366 m
Otoko
Te Karaka
Wai
of the Moon
Rotokawa
Ngaputahi
Te Waiti
Wharekopae
Rere
Ngatapa
Waipaoa
Huka Falls
Taupo
Ruatahuna
National
Manuoha
Pehiri
Matawhero vaka
Ormond
Maka-
loch
Tahorakuri
Taupeupe
1403 m
Hangaroa
Waerengaokuri
Manutuke
Gisl

Lake
Tauhara
Saddle
Aniwaniwa
Ruakituri
Muriwai
Waindu
Taupo
1088 m
Whirinaki
Waikaremoana
Waingake
Poverty
reroa
Waitahanui
Iwitahi
Forest
L. Waikaremoana
Te Reinga
Young Nic
Hatepe
Rangitaiki
Kaitawa
Tuai
Maraetaha
Te Rangiita
Maungataniwha
Tarapatiki
Marumaru
Bartletts
Motuoapa
Waitetoko
Pohokura
1369 m
Rangiahua
Morere
Mahanga
angi
Waikaremoana
Ardkeen
Pukenui Beach
Track
Ohine-
Kopuawhara
ipo
Tarawera
paka
Frasertown
Tuhara
Oputama
Orak Beach
Te Haroto
Willow Flat
Oputama
Nuhaka
Mahia
Makorako
Kotemaori
Wairoa
Kihitu
Waikokopu
Table Cape
1727 m
Rauptanga
Waihua
Mahia Beach
Long Pt.
Mahia
Titiokura
Putorino
Mohaka
Whakamahi Beach
Te Kapu
Peninsula
Summit
Tutira
366 m
Kaweka
Pukefitiri
Te Pohue
L. Tutira
Hawke Bay
Ahuriri Pt.
1724 m
Patoka
Tangolo
Waipatiki Beach
Portland I.
Kuripapango
Whirinaki
Willowford
Eskdale
Otamauri
Rissington
Bay View
Westshore
Gentle Annie Road
Pukeokahu
NAPIER
River Valley
Kereru
Taradale
Moawhango
Taoroa
Fernhill
Flax-
Clive
Junction
mere
Haumoana
Mokai Bridge
Maraekakaho
HASTINGS
Pakipaki
Gannet Colony
Wakarara
Bridge Pa
Clifton
Cape Kidnappers
Havelock North
Tikokino
Te Mata Peak
Ocean Beach
Upper
1733 m
Pukehou
399 m
Kawhatau
Waimarama
Blackburn
Otane
Elsthorpe
Ashcott
Ruataniwha
Patangata
Kairakau Beach
Umutoi
Takapau
Waipawa
Mangakuri Beach
Waipukurau
Rakautatahi
Omakere
Norsewood
Hatuma
Wanstead
Queroa
Pourerere
Umutaoroa
Ormondville
Paoanui Pt.
Ruaroa
Matamau
Whetu-
Flemington
Aramoana
kura
Wallingford
Dannevirke
Te Uri
Maharahara
Kaitoke
Motea
Porangahau
oodville
Weber
305 m
Taumatawhakatangihangakoauauotamateaturipukakapikimaungahoronukupokaiwhenuakitanatahu

hiatua
Coonoor
803 m
Wimbledon
South Pacific Ocean
Ngaturi
Waione
Makuri
Puketoi
Herbertville
Mangatiti
Pongaroa
Cape Turnagain
Rakauriu
Akitio
Tiraumea

883

Tasman Sea

Cape Farewell
Hilltop Walk
Wharariki Beach
Puponga
Gannet Colony
Port Puponga
Farewell Spit
Whanganui Inlet
Seaford
Pakawau
Mangarakau
Opou
Golden Bay
Paturau River
Ruataniwha Inlet
Collingwood
Cape Stephens
Puramahoi
Parapara
Port Hardy
Kahurangi Pt.
Rockville
Separation Pt.
D'Urville I.
Bainham
Takapou
Totaranui
Greville Harbour
Attempt Hill
Mt. Stevens
Takaka
Awaroa Bay
Ragged Pt.
729 m
1213 m
Motupipi
Pahara
Abel Tasman
Owhata
Atau Paparoa
Heaphy
Track
Pupu Springs
National Park
French Pass
Wekakura Pt.
Abel Tasman
Hamama
Coast Track
Torrent Bay
Mt. Shewell
775 m
Devil River Pk.
Uruwhenua
Adele I.
Croisilles
Kahurangi
1775 m
Upper Takaka
Marahau
Harbour
Scotts Beach
Mt. Domett
Takaka Hill
Riwaka
Tasman Bay
Cape Soucis
Okiwi
Nikau Palm Walk
1623 m
Saddle Hill
791 m
Kaiteriteri
Delaware
Bay
Elaine Bay
Cobb
Pepin I.
Bay
Karamea
Caldervale
Reservoir
Motueka
Tennyson
Oparara
Cobb
Mariri
Kina Beach
Inlet
Basin
River
Pangatotara
Leslie-Karamea
Nyatimoti
Wakapuaka
Whangamoa
Karamea
Track
Tasman
Carluke
Market Cross
Pokororo
Saddle Hill
Rai Valley
Portage
Hector
Arapito
Harakeke
Ruby Bay
1214 m
Havelock
Anakiwa
Kongahu
National Park
Thorpe
Mapua
Queen
Bight
Dovedale
Redwoods
Weimea
Charlotte
Mt. Kendall
Stanley Brook
Valley
Inlet
Richmond
NELSON
Pelorus
Drive
Little Wanganui
1811 m
Stoke
Bridge
Te Namu
Tapawera
Brightwater
Canvastown
Corbyvale
Rakau
Foxhill
Hope
Tuamarina
Gentle Annie Point
Mararewa
Wakefield
Okaramio
Rapaura
Waimarie
Mt. Owen
Motupiko
Belgrove
Mt. Richmond
Keituna
Mokihinui
1875 m
Tui
Konatu
Renwick
Seddonville
Hiwipango
1760 m
Mokihinui
Korere
Golden Downs
Te Rou
Wairau
Woodbourne
Ngakawau
Charming Creek Walkway
Atapo
Valley
Granity
Hope Saddle
Red Hill
Craiglochart
Rossmore
Millerton
637 m
1790 m
Hillersden
Stockton
Owen River
Kiwikwa
Birchfield
Kawatiri
Glenhope
The Branch
Netherwood
Altimarlock
Denniston Incline
Howard Junction
Jordan
Richm
Banbury Coal Mine
Gowanbridge
Saint Arnaud
Pinnacle
Barometer
Brook
estport
Denniston
Tophouse
2131 m
1780 m
Fairdown
Newton
Buller Gorge
Long-
Gladstone
Burnetts
Flat
Swingbridge
ford
Rotoroa
Gr
Face
Inangahua
Murchison
Rotoroa
Gorge
Lyell
Six Mile
Tutaki
Pinnacle
Tiroroa
Berlins
Glengarry
Rainbow Ski Area
Moruia
Inangahua
Falls
Nelson Lakes
Paenga
National Park
Rotokohu
Mt. Victoria
Mt. Travers
Tapuae-o-Uenuku
Larrys
1637 m
2338 m
2885 m
Creek
Burnbrae
Reefton
Warwick
Moorsworth
Junction
Island Saddle
Crushington
Maruia
1350 m
Dillon Cone
Taipoiti
2174 m
d Pack
Maimai
Waiuta
Ghost
Mt. Una
Town
2301 m
Mt. Lyford
Alpine Village
Springs Junction
Lewis Pass
864 m
Mt. Tinline
Mt. Fyfe
Maori Leap

884

S. 886
S. 887

1 cm = 16 km   1 : 1.600.000

0   20   40   60 km

South Taranaki Bight

Nuku-maru
Waiinu Beach
Kai Iwi Beach
Castlecliff Beach
WANGANUI
Kai Iwi
Westmere
Kaitoke
Whangaehu
Fordell
Kauangaroa
Ohingaiti
Pouhakaura
Upper 1733 m
Kawhatau R.
S. 882
Blackburn
Ashcott
Takapau
Rakautatahi
Norsewood

Whangaehu
Ratana
Turakina
Lake Alice
Santoft
Marton
Rata
Tutaenui
Beaconsfield
Kimbolton
Kiwitea
Apiti
Umutoi
Mangarimu
Norsewood
Umutaoroa

Bulls
Ohakea
Halcombe
Cheltenham
Ruaroa
Matamau
Whetu-kura
Ormondy

Tangimoana
Rongotea
Feilding
Aorangi
Bunnythorpe
Raumai
Maharahara
Danevirke
Kaitoke

PALMERSTON NORTH
Ashhurst
Woodville

Himatangi Beach
Glen Oroua
Longburn
Manawatu Gorge
Ballance
Ngaturi
Weber

Himitangi
Rangiotu
Opiki
Linton
Tokomaru
Konini
Coonoor
803 m
Pahiatua
Waione

Foxton Beach
Foxton
Makerua
Kaitawa
Makuri
Puketoi
Mangatiti
Pongaroa

Manawatu River
Poroutawhao
Waitarere
L. Horowhenua
Ohau River
Shannon
Ihakara
Waiwera
Hamua
Tane
Newman
Rakaunui
Rakauiti
Pongaroa

Ohau
Kuhio
Levin
Eketahuna
Alfredton
Tiraumea
52

St. Mary's (Oldest Cath. Mission in NZ)
Waikawa Beach
Manakau
Mitre
Kaiparoro
Mount Bruce
DOC Wildlife Centre
Pukaha Mt. Bruce
Castle Hill
Mataikona
Whakataki
Castle Point

Otaki Beach
Te Horo
Otaki
Tararua Range
1571 m
Maurice-ville
Dreyers Rock
Tinui
Langdale
Whareama
Wairarapa

Kapiti I.
Waikanae
Southward Car Museum
Reikorangi
Masterton
Te Ore Ore
Carswell
Blairlogie
Wainuioru
Rewa
Whareama River
Riversdale Beach

Paraparaumu
Rings Scenic Tours
(Pelennor Fields)
Raumati
Paekakariki
Paraparaumu
Mt. Hector
1529 m
Greytown
Carterton
Ponatahi
Gladstone
Stronvar
579 m
Uruti Pt.
Homewood

Pukerua Bay
Plimmerton
Mana I.
Upper Hutt
Featherston
Longbush
Te Wharau
Flat Pt.

Porirua
Tawa
Redwood
58
Hay-wards
Stokes Valley
2
Pigeon Bush
Kaiwaiwai
Martin-borough
Kahutara
Te Wharau

WELLINGTON
Makara Beach
Ohau Pt.
Cape Terawhiti
Makara
East-bourne
LOWER HUTT
Wainuio-mata
53
Mt. Adams
664 m
Glendhu
Honeycomb Rock
Pahaoa

Sinclair Head
Baring Head
Turakirae Head
Mt. Matthews
941 m
Wharekauhau
Lake Onoke
Palliser Bay
Ruakokoputuna
Tuturumui
Pahaoa

Putangirua Pinnacles
Te Humenga Pt.
Mt. Ross
983 m
Lake Ferry
Pirinoa

Ngawi
Cape Palliser

Marlborough Sounds
Maritime Park
Chetwode Is.
Forsyth I.
Alligator Head
angi Bay
Cape Jackson
Endeavour Inlet
Motuara Cape
Island
Koamaru
Arapawa I.
Perano Head
Makara Beach
Robertson Pt.
Heim
Big Lagoon
White Bluffs
Clifford Bay
Cape Campbell
Hauwai
Wharanui
engu

Cook Strait

South Pacific Ocean

Tasman Sea

Birchf
Waimangaro
Carters
Cape Foulwind Beach
Seal Colony Cape **Westpo**
Tauranga Bay Foulwind Fairdor
Buller Gorge Tiro
Charleston 6

Nile River Caves Mt. Uria
Woodpecker Bay 1532 m
Tiromoana
Paparoa Inland Pack
Pahautane **National** Track
Punakaiki **Park** Maima
Pancake Rocks Mawheraiti

Pakiroa Beach Hukatere
Craigieburn
Barrytown
Greigs Atarau Totara
Blackball Raupo
Rapahoe Ahaura
Runanga Ngahere 7 Nelson Creek
Kamara
Greymouth Stillwater
Paroa Kokiri Aratika Moana
Gladstone Kopar
Kumara Junction **Shantytown** Te Kinga
Marsden L. Brunner Kotomo
Awatuna Kumara
Stafford Inchbonnie
Seaview Arahura Jacksons
Hokitika Blue Spur Turiwhate
Kaniere Aickens
Mananui Wainihinihi Otira Ar
L. Mahinapua Woodstock **Natio**
Ruatapu Rimu Kokatahi Arthur's Pass
924 m
Ross Kowhitirangi Mt. Rolleston
Donoghues 6 2271 m Arthur's Pass **Natio**
Historic Mt. Murchison
Goldfields 2400 m Bealey
Fergusons
Pukekura Black
Waitaha Range

Abut Head Herepo
White Heron Colony Harihari Mt. Whitcombe Castle Hill Vill
Okarito Rotokino 2644 m Mt. Enys
Lagoon Te Taho 2195 m
Okarito Whataroa Mt. Adams Mt. Arrowsmith
Kiwi The Forks 2223 m 2795 m Lake
Watching Colerida
Mabourika Mt. Hutt
Gillespies Beach Franz Josef Erewhon 2188 m
Gillespies Pt. **Lake Matheson** Station **Mt. Potts** Mt. Taylor
Fox **Franz Josef Glacier** **Helipark** 2330 m Mount
Karangarua **Fox Glacier** The Thumbs L. Clearwater Hutt
Jacobs River Mt. Tasman **Mount Cook** **Mt. Sunday** Alford
Heretaniwha Pt. 3498 m **National Park** 2545 m **(Edoras)** Ashburton Forest
Bruce Bay **Westland** Aoraki Hakatere Gorge Bushside
Lake **National Park** (Mt. Cook) Mesopotamia Staveley Buccleuch
Paringa 3754 m Station Mount Somers Cant
Mahitahi Mt. Sefton Rangitata Cavendish Ashburton
3157 m Mt. Musgrave Mayfield Forks
Lake 2246 m Mount Anama Greenstre
Paringa Aoraki Mt. Peel Peel Lismore
Cook Village Mt. Peel Mayfield Tiny
Shattered Peak Glentanner 1717 m Peel Forest 72
2089 m Mt. Ward **Mt. John Observatory** Clayton Arundel 79
2644 m Sherwood Woodbury
Mt. Huxley Dun Fiunary **Flightseeing** L. Downs Trentham Ealing
2499 m 2499 m **Grand Traverse** Lake Tekapo Cattle Valley **Geraldine**
Burke Orari
Pass Kimbell Allandale Bridge Rangitata

S. 888
S. 889

Charming Creek Walkway
Stockton
Millerton
Denniston Incline
Denniston
★ Banbury Coal Mine
netts
ace
angalua
ct
Berlins
Inangahua
kohu
rrys
reek

69
7

Mt. Victoria
1637 m
Reefton
Crushington

Waiuta
ua
★ Ghost Town
Mt. Rameses
1478 m
aura

arper
Pass
anklin
s Pass
ark

Mt. Ajax
1832 m
Haupiri

Mt. Crossley
1987 m

Mt. Binser
1859 m
ass

Transalpine
★ Pearson
Broken
orters Pass
45 m

ven
ham
Ashburton
Seafield Kyle
Wakanui
Riverside
ton Hakatere
ngbeach

Owen River
Matiri
Newton
Flat
Longford
Murchison
Six Mile
Glengarry
Paenga
Moruia Falls
Tutaki

Lyell

Buller Gorge Swingbridge

Hope Saddle
637 m
Glenhope
Kawatiri
Gowanbridge

Rainbow Ski Area
Nelson Lakes National Park
Mt. Travers
2338 m
Burnbrae
Warwick
Junction
Maruia

Springs Junction
Lewis Pass
Lewis Pass National Reserve
Maruia Springs
Amuri Pass
Boyle Village
Engineers Camp
Hope
Waiau Ferry Bridge
7A
Glynn Wye
Station
Thrillseeker Canyon

Howard Junction
Tophouse
Rotoroa
63
Saint Arnaud

Island Saddle
1350 m

Mt. Una
2301 m
Hanmer
Rainbow Rd.
Miromiro
1875 m

Jacks
Pass
Jollies
Pass

Hanmer Springs
Mouse
Point
Rotherham

Red Hill
1790 m
Kikiwa

Pinnacle
2131 m

Atapo
The Branch

Wairau River
Hillersden

Valley
Craiglochart
Rossmore

Netherwood
Altimarlock

Barometer
1780 m

Gladstone

Jordan

Richmond
Brook
Grassmere

Seddo
Lake
Richmond

Ward
Mirza

Tapuae-o-Uenuku
2885 m

Wharan

Kekerengu

Parikawa

Clarence

S. 884

S. 885

1

Molesworth

Inland
Dillon Cone
2174 m

Manakau
2610 m
Mangamaunu

Acheron Rd.

Mt. Tinline
1747 m

Mt. Lyford Alpine Village

Charwell

Mount Fyffe

Maori Leap

70
Whales Back
Saddle

Oaro
Hundalee
1

Waiau

Leamington
Mina
Domett
Cheviot

Kaikoura
★ Seal Colony
Hapuku
Puketa
Kaikoura Peninsula
Goose Bay

★ Whale, Dolphin & Pelagic Bird Watching

Spy Glass Point
Claverly
Conway Flat
Hawkswood
Spotswood

Rakautara
Mangamaunu Beach

Parnassus

Red Post
Junction
Culverden
Balmoral
Medbury
Horsley
Down
Hawarden
Masons Flat
Pyramid Valley

Weka
Pass
Waikari

Glasnevin

Whiterock
Amberley
Balcairn
Loburn North
Glentui
Loburn
Ashley

Coopers
Creek
Oxford
View Hill
Springfield
Cust
72
Fernside
The Warren
Bexley
Swannanoa
Annat
Waddington
Sheffield
Eyreton
Whitecliffs
Glentunnel
Homebush
Darfield
whistle
77
Hororata
Kirwee
Charing Cross
Aylesbury
Greendale
Rolleston
Te Pirita
Burnham
Dunsandel
Norwood
Lincoln
Rakaia
Bankside
Brookside
Leeston
Chertsey
Overdale
Milltown
1
Dromore
Fairton
Pendarves
Dorie
Rakaia Huts

Beckenham Hills
Scargill
Hurunui
Motunau
Waikari
Waipara
Spye
Omihi
1
Waipara

Balmoral
Pahau
7

Leithfield
Amberley Beach

Sefton
Waikuku Beach
Rangiora
Woodend
Ohoka
71
Kaiapoi
Belfast
Waimairi Beach
New Brighton
West
Melton
1
74
CHRISTCHURCH
Hornby
Sumner
Oaklands
Halswell
Lyttelton
Lyttelton Harbour
73
Allandale

Taitapu
Motukarara
Ataahua
L. Ellesmere
75
Southbridge
Birdlings
Flat

Motunau
Beach

Port Robinson
Hurunui Mouth
Gore Bay
Blythe Valley

Pegasus Bay

South Pacific Ocean

Pigeon Bay
Chorlton
Little
River
Wainui

Okains
Bay
Okains
Bay
Duvauchelle
Le Bons Bay
Onuku
Akaroa

Le Bons Bay
Hickory Bay

★ Banks Peninsula Track

Banks Peninsula

Victoria Range
Spenser Montains
St. Arnaud Range
Kaikoura Range
Seaward Kaikoura Range
Inland
Hanmer Range
Puketeraki Range
Dampier Range
ury Plains

TranzCoastal

Tasman Sea

Heret.

La
Parin.
Lake Moeraki
Knights Point

Haast Beach
Haast
Okuru
Hannah's Clearing
Jackson Head *Jackson*
Jackson Bay *Bay*
Seal Rocks
Cascade Pt. Neils Beach
Waiatoto
Halfway Bluff
Arawata

Haast Pass
563 m

**Cascade
River Valley**

**Mount
Aspiring**

Mt. Alba
Pollux **Siberia
Experience**
2355 m
Makaro

Awarua Pt.
Dagon
1693 m
Pollux
2542 m

Mt. Aspiring
3030 m

Big Bay
**Pyke Big Bay
Track**

Long Reef
L. Mt. Aspiring
3030 m
Mt. Edward
2586 m
Martins Bay
Mt. Alta
2347 m

National
Mount
Aspiring

Hollyford Track
McKerrow
Park
Rees/Dart Track
L. Wanaka

Yates Pt.
Alabaster

Milford Sound
Mt. Tutoko
2746 m
Mt. Earnslaw
2819 m
Centaur Peaks
2518 m
**Diamond
Lake Track**
Maungawera
Albert Town
Seabreeze Pt.
Mitre Peak
1692 m
Glendhu Bay
Wanaka
Poison Bay
Milford Sound
"Isengard"
"Lothlorien"
"Amon Hen"
Mount Barker
Luggate
Sutherland Sound
**Routeburn
Track**
Paradise
Jetboating
Mt. Cardrona
1934 m
Queer
bu
Bligh Sound
**Sutherland
Falls**
Mt. Christina
2502 m
Hollyford
**Skippers
Canyon**
Mt. F
196
George Sound
**Homer
Tunnel**
Mt. Bonpland
2348 m
Macetown
Cardrona
Mt. Pisa
The Divide
532 m
Kinloch
Glenorchy
Coronet Peak
1646 m
Arrowtown
Two Thumb Bay
Milford Track
L. Gunn
Caples Track
Elfin Bay
Mount
Creighton
Wharehuanui
Arrow Junction
Lowburn
Caswell Sound
Cascade Creek
**Greenstone
Track**
Tooth Pk.
2050 m
Queenstown
Frankton
**Kawarau
Gorge**
Gold Fiel
Knobs Flat
**Mirror
Lakes**
Fernhill
Closeburn
Kelvin
Heights
Bannockburn
Charles Sound
Mt. McDougall
2036 m
Fiordland
Nancy Sound
Double Cone
2324 m
**Clyde
Dam**
son Sound
Walter Peak
Station
Nevis
Crossing
Earnscle
secretary I.
Mt. Irene
1879 m
Lower
Nevis
Øbelisk
1695 m
Te Ana-au
Caves
Te Anau
Downs
Kingston
Gorge
Creek
National
Mt. Lyall
1905 m
Jade Peak
Old Man Ra
bes
Mt. Soaker
Kepler Track
**Fango
Forest**
S. 890
2035 m
Fairlight

Map labels

Scale: 1 cm = 16 km 1 : 1.600.000 0 20 40 60 km

S. 886

Fergusons
Pukekura
Goldfields
Waitaha
Mt. Murchsison
Mt. Bi
1859 m
Bealey
Cass
2400 m
Birdwood Range
Rolleston Range
Castle Hill Village
73
Pearbtan
Mt. Enys
2195 m
Broken
Porters Pass
945 m
Springf

Abut Head
White Heron Colony
Okarito
Lagoon
Rotokino
Te Taho
Herepo
Harihari
Mamas
L. Coleridge
Waimkariri
South Branch
Mt. Whitcombe
2644 m

Okarito
Whataroa
Kiwi
Watching
Mt. Adams
2223 m
The Forks
Tatare
Mt. Arrowsmith
2795 m
Lake
Coleridge
Ben More
1657 m
Anna
Shel

Gillespies Beach
Gillespies Pt.
Lake Matheson
Mapourika
Karangarua
Franz Josef
Franz Josef Glacier
Fox
Fox Glacier
Erewhon
Station
Mt. Potts,
Helipark
2330 m
Mt. Taylor
Whitecliffs
Windwhistle
77

Jacobs River
Pt.
e Bay
Mt. Tasman
3498 m
Aoraki
(Mt. Cook)
3754 m
Mount Cook
National Park
The Thumbs
Mt. Sunday
(Edoras)
2545 m
Ashburton
Gorge
Hakatere
Alford
Forest
Staveley
Bushside
S. 887
Methve

Mt. Sefton
3157 m
Mesopotamia
Station
Mt. Musgrave
2246 m
Mt. Peel
Peel
Mayfield
Buccleuch
Cavendish
Ashburton
Forks
Montalto
77
Cairnbrae
Lauriston
Canterbury
Mitcham
Ra

Mt. Ward
2644 m
Aoraki Mt.
Cook Village
Glentanner
Mt. John Observatory
Flightseeing
Grand Traverse
Lake Tekapo
Burke
Pass
Clayton
Sherwood
Downs
Mt. Peel
1717 m
Ruapuna
Mayfield
Ashburton
Anama
Greenstreet
Westerfield
Fairton
Chertsey
Dron
Ashbur

Mt. Huxley
2499 m
Dun Fiunary
2499 m
Mount Cook
Lookout
Lake Pukaki
Burke Pass
671 m
Winscombe
Fairlie
Cricklewood
Geraldine
Peel Forest
Arundel
Carew
Eiffelton
Ashton
Hinds
Longbeach
Lowcliffe
Tinwald
Ashbur

Mt. St. Mary
2332 m
"Plains of Rohan"
"Eastemmet Gullis"
"Pelennor Fields"
Twizel
Grays
Hills
Haldon
Albury
Mawaro
Cave
Pleasant
Point
Levels
Taiko
Milford
Seadown
Washdyke
Geraldine
Orari
Bridge
Rangitata
Orton
Orari
Winchester
Coldstream

Clearburn
Black Forest
Mount
Nessing
Cannington
Cattle
Creek
Struan
Motukaika
Gordons
Valley
Southburn
Gleniti
Fairview
TIMARU

Mt. Melina
1905 m
Omarama
8
Benmore
Dam
Aviemore
L. Waitaki
Cattle
Creek
Struan
Pareora
St. Andrews
Otaio
Hunter
Otaio Beach
Makikihi

Lindis Pass
971 m
83
Otematata
Aviemore
Lake Waitaki
Kurow
Wharua
Hakataramea
Pentland Hills
Waihaorunga
Kelchers
Studholme
82
Waimate

Lindis Pk.
1223 m
Lindis Valley
Kohurau
2008 m
Otekaieke
Takiroa Maori
Rock Art
Waihao Downs
Ikawai
Tawai
Arno
Morven
Glenavy
1

Tarras
St. Bathans
Mt. Ida
1691 m
Kyeburn
Diggings
Duntroon
Georgetown
Ngapara
Peebles
Papakaio
Windsor
Richmond
Waitaki

Crossing
Cambrians
Drybread
85
Hills Creek
Idaburn
Livingstone
Naseby
Tokarahi
Tapui
Five Forks
Enfield
Papakaio
Weston
Pukeuri
Ardgowan
Blue Penguin Colony

Lauder
Auripo
Ida Valley
Oturehua
Becks
Wedderburn
Mt. Pisgah
1643 m
Totara Estate
Reidston
Totara
Maheno
Oamaru
Cape Wanbrow

ng Centre
Omakau
Ophir
Otago Central
Rail Trail
Ranfurly
Kyeburn
Waipiata
Kokonga
Red Cutting
Summit 640 m
Waianakarua
All Day Bay
Kakanui
Taranui
Herbert
Waianakarua

Alexandra
"Plains of Rohan"
"Rohirrim Village"
Poolburn
Gimmerburn
Patearoa
Morrisons
Waihemo
Hampden
Moeraki Boulders
Moeraki
Katiki Point

Springvale
Galloway
Moa Creek
Hyde
Macraes Flat
Waynes
Dunback
87
65
Katiki Beach
Shag Pt.

Paerau
Rock and Pillar
Moonlight
S. 891
Macraes Gold Mine
Meadowbank

889

Tasman Sea

George Sound

Fiordland

Caswell Sound
Charles Sound
Nancy Sound
Thompson Sound

Secretary I.

National

Doubtful Sound

Dagg Sound

Towing Head

Breaksea I.
Breaksea Sound

Resolution I.

Five Fingers Point

Anchor I.

Park

West Cape
Cape Providence

Chalky Inlet
Chalky I.

Preservation Inlet
Coal I.

Puysegur Point

Franklin Mts.

Cascade Creek

Knobs Flat

Greenstone Track
2050 m

Eltin Bay
Tooth Pk.

Mount Creighton

Arthurs Pt.

Mt. McDougall
2036 m

Mirror Lakes

Stuart Mts.

Queenstown
Fernhill
Closeburn

Walter Peak Station

Mt. Irene
1879 m

Murchison Mts.

Te Ana-Au Caves

Te Anau Downs

Snowdon
1577 m

Mayora Lakes

Jane Peak

Mt. Lyall
1905 m

Mt. Soaker
1593 m

Kepler Mts.

Kepler Track

Spire Peak
1696 m

"Fangorn Forest"

The Dail

Eyre Mountains

Fairlig

Te Anau

Manapouri Power Station

Wilmot Pass

"Dead Marshes"

Manapouri

"River Anduin"

The Key

Mt. Nicholas Rd. 2035 m

Five Rivers
Lowther

Mid Dora
1478 m

Athol
Parawa

Mt. Kellard
1210 m

Mt. Ward
1719 m

Flat Mt.
1768 m

Manapouri

Mossburn

Lumsder

Castlerock

Josephville

Lintley
St. Pat

Mt. Clerke
1070 m

Cooper I.

Long I.

Mt. Solitary
1454 m

Monowai

Blackmount

Etal Creek

Caroline

Balfour
Glen
Ri

Dipton
West

Dipton

Benmore

Long I.

Monowai

Green L.

Waiau

Takitimu Mts.

Dingwall Mts.

Hunter Mts.

Caroline Pk.
1722 m

Birchwood

Ohai

Opio

Wreys
Bush South

Kauana

Otapiri

Princess Mts.

Otahu Flat

Nightcaps
Scotts
Orawia Gap

Hillend

Heenans Corner

Limehills

Cameron Mountains

Edwardson Snd.

Poteriteri

Clifden

Pukemaori

Wairio

Aparima

Winton

Hoko

Browns

L. Hauroko

Piko Piko

Otautau

Oreti Plains

Drummond

Lochiel

Treble Mt.
1049 m

Mt. Aitken
1189 m

Jetboating

Hump Ridge Track

Papatotara

Ringway

Fairfax

Isla Bank

Ryal Bush

Makarewa

Te Tua

Northope

Coal I.

Hakapoua

Te Waewae

Gummies Bush

Thornbury

Wallacetown

Lorneville

Long Pt.

South Coast/ Waitutu Track

Monkey Island Beach

Pahia Pt.

Te Waewae Bay

Waihoaka

Orepuki

Riverton

Kenning

Pahia

Colac Bay

Long wood

The Rocks

Oreti Beach

INVER

Waim
Woodend
Awarua

Wakaputa

Otatara

Centre I.

Escape Reefs

New River Estuary

Greenhills
Greenpoint
Ocean Beach

Awarua Bay

Bluff

Solander I.

Foveaux Strait

Dog I.

Bishop and Clerks Is.

Black Rock Pt.

Ruapuke I.

Rugged Is.

Mt. Anglem
980 m

North West Circuit Track

Codfish I.

Rakiura

Rakiara Track

Halfmoon Bay
(Oban)

Bench I.

Hazelburgh Group

Mason Bay

Mt. Rakeahua
681 m

Ulva Island Bird Sanctuary

Ernest Is.

Kiwi Watching

Doughboy Bay

National

Mt. Allen
749 m

Port Adventure

Shelter Pt.

Breaksea Is.

South Red Head Pt.

Park

Big Moggy I.

Pearl I.

Stewart I.

Big South Cape I.

Port Pegasus

Broad Bay

South West Cape

South Cape

S. 888

Livingstone Mts.

Thomson Mts.

Wakatipu

94

95

94

96

99

99

98

1